GUIDE DE L'ENQUÊTE PÉNALE

Jean-Paul Valat
Avocat général à la chambre criminelle de la Cour de cassation

Céline Michta
Colonelle de Gendarmerie

GUIDE DE L'ENQUÊTE PÉNALE

2023/2024

LexisNexis®

LexisNexis SA
141, rue de Javel – 75015 Paris

Avertissement de l'Éditeur

Toute utilisation ou traitement automatisé, par des tiers, de données personnelles pouvant figurer dans cet ouvrage sont formellement interdits.

DANGER
LE
PHOTOCOPILLAGE
TUE LE LIVRE

Le logo qui figure sur la couverture de ce livre mérite une explication. Son objet est d'alerter le lecteur sur la menace que représente pour l'avenir de l'écrit, tout particulièrement dans les domaines du droit, de l'économie et de la gestion, le développement massif du photocopillage.
Le Code de la propriété intellectuelle du 1er juillet 1992 interdit en effet expressément la photocopie à usage collectif sans autorisation des ayants droit. Or, cette pratique s'est généralisée dans les établissements d'enseignement supérieur, provoquant une baisse brutale des achats de livres au point que la possibilité même pour les auteurs de créer des œuvres nouvelles et de les faire éditer correctement soit aujourd'hui menacée.

Siège social : 141, rue de Javel – 75015 Paris

ISBN 978-2-7110-3830-5

Liste des abréviations

A .... Arrêté
AAS .... Agent d'accueil et de surveillance
AGIRA .... Association pour la gestion des informations sur le risque automobile
AGRASC .... Agence de gestion et de recouvrement des avoirs saisis et confisqués
AJDA .... *Actualité juridique. Droit administratif*
AJ pénal .... *Actualité juridique Pénal*
AN .... Assemblée nationale
ANSSI .... Agence nationale de la sécurité des systèmes d'information
ANTENJ .... Agence nationale des techniques d'enquête numérique judiciaires
APJ .... Agent de police judiciaire
APJA .... Agent de police judiciaire adjoint
ARSE .... Assignation à résidence avec surveillance électronique
BCN .... Bureau central national
BEPI .... Bureau de l'entraide pénale internationale
BNRDF .... Brigade nationale de répression de la délinquance fiscale
BO .... *Bulletin officiel* (des différents ministères)
BRI .... Brigade de recherche et d'intervention
Bull. civ. .... *Bulletin des arrêts des chambres civiles de la Cour de cassation*
Bull. crim. .... *Bulletin des arrêts de la chambre criminelle de la Cour de cassation*
CA .... Cour d'appel
CAAS .... Convention d'application des accords de Schengen
CACIR .... Centre automatisé de constatation des infractions routières
Cass. 1re, 2e civ. .... Cour de cassation (première ou deuxième chambre civile)
Cass. ass. plén. .... Cour de cassation, assemblée plénière
Cass. ch. réunies .... Cour de cassation, chambres réunies
Cass. com. .... Cour de cassation, chambre commerciale
Cass. crim. .... Cour de cassation, chambre criminelle
CCH .... Code de la construction et de l'habitation
C. civ. .... Code civil
C. com. .... Code de commerce
C. consom. .... Code de la consommation
C. défense .... Code de la défense
CDI .... Captation de données informatiques
C. douanes .... Code des douanes
CE .... Conseil d'État
CEDH .... Cour européenne des droits de l'homme
C. énergie .... Code de l'énergie
C. envir. .... Code de l'environnement
CESEDA .... Code de l'entrée et du séjour des étrangers et du droit d'asile
CGCT .... Code général des collectivités territoriales
CGI .... Code général des impôts

Circ. .... Circulaire
CJM .... Code de justice militaire
CJPM .... Code de la justice pénale des mineurs
CJUE .... Cour de justice de l'Union européenne
C. minier .... Code minier
CNIL .... Commission nationale de l'informatique et des libertés
Comm. com. électr. .... *Communication Commerce électronique*
Cons. const. .... Conseil constitutionnel
Cons. UE .... Conseil de l'Union européenne
Conv. .... Convention
Convention EDH .... Convention européenne de sauvegarde des droits de l'homme et des libertés fondamentales
CPCE .... Code des postes et des communications électroniques
C. pén. .... Code pénal
CPP .... Code de procédure pénale
CRI .... Commission rogatoire internationale
C. route .... Code de la route
C. rur. .... Code rural et de la pêche maritime
CSI .... Code de la sécurité intérieure
CSP .... Code de la santé publique
CTA .... Centre technique d'assistance
C. tourisme .... Code du tourisme
C. transp. .... Code des transports
C. trav. .... Code du travail
C. urb. .... Code de l'urbanisme
D. .... *Recueil Dalloz*
D. .... Décret
DACG .... Direction des affaires criminelles et des grâces
DCPJ .... Direction centrale de la Police judiciaire
DDSP .... Direction centrale de la sécurité publique
DEE .... Décision d'enquête européenne
Délib. .... Délibération
DEPI .... Demande d'entraide pénale internationale
DFMP .... Direction de la police municipale et de la prévention
DGCCRF .... Direction générale de la concurrence, de la consommation et de la répression des fraudes
DGGN .... Direction générale de la gendarmerie nationale
DGPN .... Direction générale de la police nationale
DGSE .... Direction générale de la sécurité extérieure
DGSI .... Direction générale de la sécurité intérieure
DIPJ .... Direction interrégionale de la police judiciaire
Dir. .... Directive
DP .... *Dalloz périodique* (jusqu'en 1940)
Dr. famille .... *Droit de la famille*
DRI .... Division des relations internationales
Dr. pén. .... *Droit pénal*
DSJ .... Direction des services judiciaires
ECE .... Équipe commune d'enquête
FADET .... Facture détaillée (« fadettes »)
FAED .... Fichier automatisé des empreintes digitales
FIJAIS .... Fichier judiciaire national automatisé des auteurs d'infractions sexuelles ou violentes
FIJAIT .... Fichier judiciaire national automatisé des auteurs d'infractions terroristes

FOVeS .... Fichier des objets et des véhicules signalés
FPR .... Fichier des personnes recherchées
FVV .... Fichier des véhicules volés
Gaz. Pal. .... *Gazette du Palais*
GIGN .... Groupe d'intervention de la gendarmerie nationale
GIR .... Groupement interministériel de recherche
ibid. .... *ibidem* (au même endroit)
IDPV .... Interface de levée de l'anonymat des agents de la police et de la gendarmerie nationales et des douanes dans les actes de procédure
IGGN .... Inspection générale de la gendarmerie nationale
IGPN .... Inspection générale de la police nationale
IMEI .... *International Mobile Equipment Identity*
IML .... Institut médico-légal
infra .... ci-dessous
Instr. gén. .... Instruction générale
IR .... informations rapides
IRCGN .... Institut de recherche criminelle de la gendarmerie nationale
ISVP .... Inspecteur de sécurité de la Ville de Paris
JCl. .... *JurisClasseur Encyclopédie*
JCP E .... *JurisClasseur Périodique*, édition Entreprise et affaires
JCP G .... *JurisClasseur Périodique*, édition Générale
JI .... Juge d'instruction
JIRS .... Juridiction interrégionale spécialisée
JLD .... Juge des libertés et de la détention
JO .... *Journal officiel* de la République française
JOAN CR .... *Journal officiel de l'Assemblée nationale* (débats et réponses ministérielles à questions orales)
JOUE .... *Journal officiel de l'Union européenne*
JUDEX .... Système judiciaire de documentation et d'exploitation
L. .... Loi
LAPI .... Lecture automatique des plaques d'immatriculation
Lebon .... *Lebon (Recueil des décisions du Conseil d'État)*
LPA .... *Les Petites affiches*
LPF .... Livre des procédures fiscales
LPS .... Laboratoire de police scientifique
LRPGN .... Logiciel de rédaction des procédures de la gendarmerie nationale
LRPPN .... Logiciel de rédaction des procédures de la police nationale
Mél. .... *Mélanges*
NATINF .... Nature d'infraction
OCE .... Opérateur de communication électronique
OCLCTIC .... Office central de lutte contre la criminalité liée aux technologies de l'information et de la communication
ODJ .... Officier de douane judiciaire
OFJ .... Officier fiscal judiciaire
OPJ .... Officier de police judiciaire
OPJ FA .... Officier de police judiciaire des forces armées
OTO .... Observation transfrontalière ordinaire
OTU .... Observation transfrontalière urgente
PE et Cons. UE .... Parlement européen et Conseil de l'Union européenne
PNAT .... Parquet national antiterroriste
PNIJ .... Plateforme nationale des interceptions judiciaires
PR .... Procureur de la République

préc. .... précité
PSIG .... Peloton de surveillance et d'intervention de la gendarmerie
PTS .... Police technique et scientifique
PV .... Procès-verbal
RAID .... Recherche, Assistance, Intervention, Dissuasion
Rapp. .... Rapport
RDI .... Recueil de données informatiques
RDP .... *Revue du droit public et de la science politique en France et à l'étranger*
Règl. .... Règlement
Rép. pén. Dalloz .... *Répertoire de droit pénal* Dalloz (Encyclopédie)
RFDA .... *Revue française de droit administratif*
RGDA .... *Revue générale du droit des assurances*
RGPD .... Règlement général sur la protection des données
RJ .... Renseignement judiciaire
RJDA .... *Revue de jurisprudence de droit des affaires*
RJE .... Réseau judiciaire européen
RJPF .... *Revue juridique personnes et famille*
RLDI .... *Revue Lamy Droit de l'immatériel*
RSC .... *Revue de science criminelle et de droit pénal comparé*
S. .... *Recueil Sirey*
SALVAC .... Système d'analyse des liens de la violence associée aux crimes
SCCOPOL .... Section centrale de coopération opérationnelle de la police
SEJF .... Service d'enquêtes judiciaires des finances
SIAT .... Service interministériel d'assistance technique
SIE .... Système d'information Europol
SIS .... Système d'information Schengen
SIV .... Système d'immatriculation des véhicules
SNDJ .... Service national de la douane judiciaire
STCL .... Système de traitement central des données LAPI
STIC .... Système de traitement des infractions constatées
STNCJ .... Service technique national de captation judiciaire
supra .... ci-dessus
TAJ .... Traitement d'antécédents judiciaires
TAP .... Tribunal de l'application des peines
T. confl. .... Tribunal des conflits
TFUE .... Traité sur le fonctionnement de l'Union européenne
TIC .... Techniciens en identification criminelle
TNR .... Traces non résolues
TTPS .... Technicien de tranquillité publique et de surveillance
TRACFIN .... Traitement du renseignement et action contre les circuits financiers clandestins
TTR .... Traitement en temps réel
UCCPI .... Unité centrale de coopération policière internationale
UE .... Union européenne
UMJ .... Unité médico-judiciaire
UNE .... Unité nationale Europol
V. .... Voir
V° .... *Verbo* (au mot)
ZGN .... Zone de gendarmerie nationale
ZPN .... Zone de police nationale

Préface

C'est pour moi un grand plaisir de préfacer, à leur demande, la première édition de l'ouvrage de Jean-Paul Valat et Céline Michta consacré au droit et à la pratique de l'enquête pénale. Il ne pouvait se trouver meilleur binôme pour mener à bien un tel projet, l'un et l'autre réunissant, de manière idéalement complémentaire, des qualités de fin juriste et de praticien d'expérience. Qu'on en juge. Le premier, magistrat, auteur de nombreux travaux doctrinaux, a exercé successivement les fonctions de juge d'instruction, de conseiller référendaire à la chambre criminelle de la Cour de cassation et de président de chambre de l'instruction avant de revenir à la chambre criminelle comme avocat général. La seconde, colonelle de gendarmerie, docteure en droit, auteure d'une thèse sur l'administration de la preuve en matière pénale, a exercé les fonctions d'officier de police judiciaire comme commandant de compagnie et les exerce désormais comme commandant d'une section de recherche après avoir partagé, trois ans durant, ses connaissances et son expérience au sein du parquet général de la chambre criminelle où elle fut détachée comme chargée de mission.

Comme on l'aura deviné, ce sont les années passées en commun au parquet général qui ont favorisé la naissance de cet heureux binôme et m'ont permis d'apprécier les éminentes qualités de ses deux membres. L'appréciation semble partagée car l'un et l'autre ont été choisis pour faire partie du comité scientifique chargé d'accompagner la réécriture de notre Code de procédure pénale, décidée à la suite des États généraux de la justice.

L'ouvrage issu de leur réflexion se distingue nettement des nombreux traités et manuels de procédure pénale proposés aux professionnels et aux étudiants. D'emblée, les auteurs affichent leur objectif. Il s'agit avant tout de permettre aux enquêteurs – officiers et agents de police judiciaire – de trouver aussi rapidement et commodément que possible des réponses aux questions qu'ils se posent. Autrement dit, l'ambition est de mettre en pratique la règle de procédure pénale, de proposer sa traduction concrète à l'intention d'enquêteurs souvent pressés par le temps. L'ouvrage comble ainsi un indéniable manque, la quasi-totalité des manuels, traités, répertoires ou encyclopédies de procédure pénale s'adressant à un public d'étudiants, d'universitaires, de magistrats ou d'avocats, souhaitant appréhender le procès pénal dans toutes ses phases et dans toutes ses dimensions. L'orientation choisie par les auteurs détermine bien entendu la présentation et le contenu de l'ouvrage.

Comme l'annonce son intitulé, il n'y est question que de l'enquête. En outre, celle-ci est considérée en adoptant le point de vue des enquêteurs même si, par des développements succincts mais très éclairants, les auteurs s'attachent toujours à replacer les dispositions qu'ils analysent dans un cadre plus large en évoquant, notamment, les contrôles et recours juridictionnels organisés pour assurer le respect de la légalité procédurale et la garantie des droits. Cela étant, l'enquête ne doit pas s'entendre ici dans son sens étroit. Le mot désigne l'ensemble des investigations de la phase préparatoire du procès pénal quel qu'en soit le cadre – y compris celles conduites au cours de l'information sous le contrôle du juge d'instruction. En s'attachant à l'enquête ainsi définie, l'ouvrage a le grand mérite de mettre en évidence, au-delà de la diversité des cadres juridiques, un puissant facteur d'unité de la phase de mise en état tenant à l'identité des investigations ainsi qu'à celle des acteurs qui les mettent en œuvre.

La devise des auteurs pourrait être clarté et efficacité. Le plan s'articule autour de cinq parties consacrées respectivement aux acteurs de l'enquête, aux contrôles d'identité, aux cadres de l'enquête, aux actes d'investigation et, enfin, aux aspects internationaux des enquêtes où l'on trouvera rassemblés des développements particulièrement éclairants et utiles sur des questions souvent méconnues. Sur tous ces sujets sont exposées les règles de droit positif en évitant les références historiques ou le rappel de controverses doctrinales lorsqu'ils ne sont pas utiles à la compréhension. En revanche, chaque fois qu'une solution est incertaine, les auteurs livrent l'ensemble des éléments de réflexion se rapportant à la question et expriment une opinion qui constituera un précieux point d'appui.

Clarté et efficacité ne sont donc pas superficialité. Il suffit de considérer les dimensions de l'ouvrage pour se convaincre qu'il n'a rien d'un digest de l'enquête ! Dans le champ qu'ils ont délimité, Jean-Paul Valat et Céline Michta manifestent un souci constant d'exhaustivité, de précision et de rigueur. Sur chaque sujet le lecteur sera pleinement éclairé. Les solutions jurisprudentielles les plus récentes sont bien sûr systématiquement analysées et, chaque fois que nécessaire, la doctrine, y compris administrative, se rapportant à la question traitée est exposée. Le respect de la légalité ne s'accommode pas d'approximations.

Même s'il a été conçu pour les enquêteurs, l'ouvrage intéressera un public bien plus large. D'abord, il va de soi que ce qui importe aux enquêteurs, importe également aux magistrats et aux avocats qui, dans leur rôle de contrôleur ou de défenseur, se préoccupent de la régularité des actes de l'enquête. Mais l'ouvrage alimentera également la réflexion de la doctrine. Elle y trouvera une mine d'informations et une vision très pratique d'une procédure mise à l'épreuve « du terrain ». Comme cela a été dit, la mise en perspective de l'enquête permet de saisir dans son unité ou, du moins, dans sa continuité le processus de recherche de la vérité. En outre, elle fait mesurer la technicité et, parfois, la complexité des dispositifs législatifs qui s'attachent à concilier cette recherche et la garantie des droits en même temps qu'ils s'efforcent d'encadrer des procédés d'investigation eux-mêmes de plus en plus complexes et intrusifs – on songe aux techniques spéciales d'enquête. Cette mise en perspective permet également de mettre en évidence les lacunes, incohérences, discordances ou redondances d'une législation foisonnante. Certes, ces imperfections portent souvent sur des points qui peuvent sembler de détail mais, en procédure pénale, on sait que le diable se niche souvent dans le détail.

À l'heure où l'on se préoccupe de remettre en ordre le Code de procédure pénale dont on critique, à juste titre, le caractère disparate, le plan confus et, sur le fond, les insuffisances, cette mise en perspective, qui est également une mise à plat, se révèlera, à coup sûr, particulièrement précieuse. Nul doute que la somme dont Jean-Paul Valat et Céline Michta sont les auteurs facilitera et alimentera la réflexion du comité scientifique, dont ils sont membres, chargé de suivre les travaux de refonte. On ne peut qu'espérer ardemment la pleine réussite de cette entreprise. La nouvelle édition du *Guide de l'enquête pénale* qu'elle imposera sera la rançon du succès que nous souhaitons à l'entreprise comme à l'ouvrage.

Frédéric DESPORTES
Premier avocat général
Chambre criminelle
Cour de cassation

Sommaire

TITRE 5 : LES ACTEURS DE L'ENQUÊTE ET LE SECRET

Partie 4
LES ACTES D'INVESTIGATION

TITRE 1 : GÉNÉRALITÉS

TITRE 2 : LES MODES CLASSIQUES D'ENQUÊTE IMPLIQUANT PRINCIPALEMENT LES SERVICES ENQUÊTEURS

TITRE 3 : LES INVESTIGATIONS NÉCESSITANT LE RECOURS À UN TIERS OU L'INTERVENTION D'UN ÉLÉMENT TECHNIQUE

TITRE 4 : LES FICHIERS

Partie 5
ASPECTS INTERNATIONAUX DES ENQUÊTES

Fiche 1
Objectifs de l'ouvrage

1 La décision d'écrire le présent ouvrage, consacré à l'enquête pénale, procède d'un double constat :
– celui du faible nombre de livres traitant de cette matière alors que le contentieux des nullités de procédure prend une part de plus en plus significative dans le procès pénal ;
– et celui de l'ancienneté des quelques ouvrages consacrés à ce sujet et de leur absence de mise à jour, ce qui n'est pas surprenant dans une matière aussi mouvante que la procédure pénale, sensible à la survenance de faits divers et à la volonté affichée par les responsables politiques d'y répondre immédiatement par une modification de la législation ou de la réglementation.

Certes, la phase d'enquête fait l'objet de fascicules d'encyclopédies juridiques plus récents, mais il a semblé aux auteurs que leur consultation pouvait se révéler complexe, spécialement pour les policiers et gendarmes qui, sur le terrain, n'ont pas accès aisément aux bases de données juridiques. L'idée du regroupement dans un livre des règles consacrées à l'enquête s'est donc imposée.

En effet, le Code de procédure pénale édicte un nombre très important de règles.

Or, l'inobservation de celles-ci n'a pas toujours les mêmes conséquences. Elle peut n'avoir aucun impact sur le sort de l'enquête comme elle peut, au contraire, entraîner son annulation intégrale sans possibilité de reprise des poursuites, ainsi qu'il est plus amplement exposé dans la suite de cet ouvrage (V. *infra*, n° 471). Une connaissance aussi complète que possible du droit positif en matière d'enquête est donc la meilleure garantie du succès des investigations.

Les auteurs ont en conséquence eu le souhait de regrouper dans un ouvrage toute la phase de l'enquête, quel que soit le régime juridique sous lequel celle-ci est menée. Leur volonté a été de ne pas faire une part trop importante à des concepts et à des thèses doctrinales qui ne constituent pas le souci premier des praticiens.

Leur propos a plutôt été d'exposer le droit positif en matière d'actes de police judiciaire et, lorsque celui-ci n'est pas stabilisé, de tenter de proposer des solutions permettant d'assurer autant qu'il sera possible la régularité de l'enquête. Ils ont, dans un souci de clarté et tenant compte de l'urgence qui guide parfois les investigations sur le terrain, présenté chaque sujet selon un double niveau de lecture, au prix, parfois, de redites ou de renvois.

Après avoir exposé l'état de la législation, les difficultés rencontrées en pratique, les controverses et les solutions apportées par la jurisprudence, ils ont synthétisé leurs propos en dégageant l'essentiel, spécialement à destination des praticiens.

L'intention des auteurs n'était cependant pas d'écrire un guide des bonnes pratiques destiné aux seuls enquêteurs de la police et de la gendarmerie nationales.

D'une part, la régularité des actes réalisés par les enquêteurs de la police et de la gendarmerie intéresse au premier chef les magistrats et les avocats qui, pour certains, dirigent lesdites procédures et, pour les autres, travaillent sur celles-ci.

Le magistrat qui voudra s'assurer que la procédure dont il est saisi et qu'il doit traiter est régulière, qu'il soit procureur de la République, substitut, juge d'instruction, juge des libertés et de la détention, magistrat siégeant au tribunal correctionnel, dans une chambre correctionnelle de la cour d'appel ou à la chambre de l'instruction, voire, pourquoi pas, à la Cour de cassation, devrait trouver dans l'ouvrage des éléments d'appréciation.

L'avocat qui voudra vérifier que la procédure suivie contre son client a été menée dans les formes imposées par la loi trouvera aussi dans cet ouvrage de quoi alimenter sa réflexion.

Les auteurs ont aussi, quand cela leur paraissait nécessaire, exposé les évolutions, difficultés, controverses, revirements en tentant de ne pas « asphyxier » le lecteur pour autant. Ils espèrent que celui-ci pourra ainsi nourrir également sa réflexion en discernant les éléments ayant conduit aux solutions préconisées par les circulaires, retenues par la loi, la jurisprudence mais aussi la pratique.

L'ouvrage ne leur semble pas pour autant n'être d'aucun intérêt pour les universitaires pour qui la connaissance des contraintes des enquêteurs constituera un élément à prendre en compte.

Enfin, les auteurs, qui savent par expérience personnelle que la phase d'enquête prend – prenait, il y a quelques années – peu de place dans les enseignements de l'Université, espèrent apporter aux étudiants des connaissances pratiques susceptibles de leur servir dans l'exercice de leurs futures professions, sans oublier, bien sûr, cette catégorie bien particulière d'étudiants que sont ceux qui préparent l'examen d'officier de police judiciaire.

Fiche 2

Définition de la mission de police judiciaire

2 Le Code de procédure pénale dispose que la police judiciaire est exercée, sous la direction du procureur de la République, par les officiers, fonctionnaires et agents désignés au présent titre (CPP, art. 12), qu'elle est chargée de constater les infractions à la loi pénale, d'en rassembler les preuves et d'en rechercher les auteurs et d'exécuter les délégations des juridictions d'instruction lorsqu'une information est ouverte (CPP, art. 14). Comme mentionné à l'article 12 du Code de procédure pénale, divers autres textes de ce code chargent différents fonctionnaires d'accomplir des missions de police judiciaire. D'autres textes, insérés dans d'autres codes, le font également. On verra que les articles 22 et suivants du Code de procédure pénale définissent les prérogatives d'agents et fonctionnaires chargés de missions de police judiciaire, comme le permet l'article 15 selon lequel la police judiciaire comprend non seulement les officiers de police judiciaire, les agents de police judiciaire, les agents de police judiciaire adjoints, les assistants d'enquête mais aussi les fonctionnaires et agents auxquels sont attribuées par la loi certaines fonctions de police judiciaire (V. *infra*, n° 298). Spécialement, le Code de procédure pénale réglemente de façon détaillée, aux articles 28-1, 28-2 et 28-3, les attributions et pouvoirs des officiers de douane judiciaire, officiers fiscaux judiciaires et inspecteurs judiciaires de l'environnement, agents dont les pouvoirs sont très proches de ceux des officiers de police judiciaire (V. *infra*, n° 323).

3 On sait cependant que les forces de l'ordre peuvent être conduites à exercer des missions de « police administrative » et des missions de « police judiciaire » et que la ligne de démarcation entre les deux n'est pas toujours aisée. La « police administrative » consiste à maintenir l'ordre, protéger les citoyens, prévenir la commission d'infractions et elle relève du droit administratif tandis que la mission de police judiciaire relève de la procédure pénale. Le juge qui intervient n'est, par conséquent, pas le même selon que les forces de l'ordre ont agi dans le cadre de leur mission de police administrative ou de police judiciaire.

POUR APPROFONDIR Pour M.-A. Granger (*La distinction police administrative/police judiciaire au sein de la jurisprudence du Conseil constitutionnel : RSC* 2011, p. 789), la distinction entre les deux types de police n'est pas un simple instrument de répartition des compétences, mais « une clé juridique essentielle ouvrant la voie à la résolution de la confrontation entre les droits et les libertés constitutionnellement garantis et les dispositifs policiers ».

4 **Ligne de partage.** Le départage entre les deux types de missions est d'autant plus délicat que ce sont souvent les mêmes agents qui, exerçant une mission de prévention (police administrative) et constatant la commission d'une infraction, deviennent alors compétents pour exercer une mission de police judiciaire.

5 **Contrôles d'identité.** La difficulté est particulièrement nette dans le domaine des contrôles d'identité où le législateur a institué des contrôles administratifs (V. *infra*, n° 494) et des contrôles de nature judiciaire (V. *infra*, n° 562) qui ont pourtant des points communs qui provoquent parfois une certaine confusion (V. *infra*, n° 487).

6 **Maintien de l'ordre ou mission de police judiciaire.** La difficulté se présente également dans les opérations qui peuvent, au premier abord, apparaître comme relevant du maintien de l'ordre mais qui, compte tenu de la commission d'infractions, s'avèrent être des opérations de police judiciaire.
Ainsi, le Tribunal des conflits a été conduit à juger que relevait des tribunaux judiciaires l'hypothèse suivante : un gardien de la paix assumait avec deux de ses collègues une mission nocturne de surveillance générale à bord d'une voiture de patrouille. Toutefois, ces fonctionnaires avaient également, à cette occasion, reçu la consigne d'intercepter et d'interpeller des individus qui avaient provoqué une rixe dans un débit de boissons et s'étaient enfuis dans une voiture dont la marque et la

couleur leur avaient été indiquées. Ayant aperçu, au cours de la nuit, un véhicule correspondant à cette description, ils avaient pris en chasse ce véhicule qui cherchait à leur échapper et dont le conducteur avait commis à cette occasion plusieurs infractions au Code de la route. Après avoir fait descendre les occupants de cette voiture, ils avaient entrepris de les fouiller. Au cours de cette opération un coup de feu provenant de l'arme d'un des gardiens avait blessé accidentellement l'un des passagers de la voiture. Ils devaient, dans ces conditions, être regardés comme exécutant une mission de police judiciaire (T. confl., 29 oct. 1990 : *Lebon*).

Illustre également la difficulté une espèce dans laquelle des policiers en patrouille, effectuant une surveillance, avaient été témoins d'un affrontement, à coup de projectiles et de barres de fer, entre une centaine de jeunes de deux quartiers de la ville. Ils avaient prêté main-forte à deux policiers municipaux qui tentaient de s'interposer, tout en demandant des renforts. Un des policiers, placé entre les deux groupes, avait fait usage de son lanceur de balles de défense pour faire reculer l'un des protagonistes. Il avait atteint une personne se trouvant à quelques mètres du groupe qui s'avançait en direction des policiers et l'avait blessée à l'œil. Les juges du fond avaient analysé la situation au regard des dispositions de l'article 431-3 du Code pénal relatif aux attroupements, en vigueur à l'époque des faits. L'alinéa 4 de ce texte prévoyait que les représentants de la force publique pouvaient faire directement usage de la force si des violences ou voies de fait étaient exercées contre eux ou s'ils ne pouvaient défendre autrement le terrain qu'ils occupaient, ce qui les exonérait des prescriptions prévues par les trois premiers alinéas du même article, relatives notamment aux sommations de se disperser. La chambre criminelle a censuré la décision attaquée : l'opération visait à mettre fin à des violences en train de se commettre, de sorte que les policiers avaient agi dans l'exercice de leur mission de police judiciaire et non de celle de maintien de l'ordre. Les juges du fond auraient donc dû rechercher si le mis en examen avait, dans ce cadre, fait légitimement usage de son *flash-ball* (Cass. crim., 21 févr. 2017, n° 16-80.080).

La solution était identique lorsqu'était en vigueur l'article 174 du décret du 20 mai 1903 portant règlement sur l'organisation du service de la gendarmerie. Il avait été jugé que le fait justificatif tiré de ce texte, qui autorisait l'emploi de la force armée notamment pour immobiliser les véhicules dont les conducteurs n'obtempéraient pas à l'ordre d'arrêt, ne pouvait être étendu au gendarme qui exécutait en tenue civile une mission de police judiciaire. En pareille circonstance, l'usage des armes était limité au cas de légitime défense (Cass. crim., 16 janv. 1996, n° 94-81.585 : *Bull. crim.* n° 22).

7 **Absence de définition précise dans les textes.** La mission de police judiciaire ne fait cependant pas l'objet d'une définition claire et précise du Code de procédure pénale ou d'un autre texte alors pourtant que nombreux sont les textes qui :

– octroient des pouvoirs aux fonctionnaires de police, militaires de la gendarmerie et agents habilités, lorsqu'ils agissent « dans le cadre d'une mission de police judiciaire ». Tel est le cas, par exemple, des articles 230-20, R. 15-33-9, R. 15-33-11, R. 15-33-23, R. 40-28 du Code de procédure pénale ou encore de l'article L. 322-10-1 du Code de l'environnement ;

– ou qui y font référence pour qualifier un service, comme c'est le cas des articles 64-1, 230-12, R. 40-28 du Code de procédure pénale.

8 **Indications.** Les divers articles du Code de procédure pénale donnent cependant quelques indications. Il peut être déduit de l'article 15-3 que la police judiciaire a mission de recevoir les plaintes déposées par les victimes d'infractions à la loi pénale, de l'article 17 que les officiers de police judiciaire procèdent à des enquêtes préliminaires dans les conditions prévues par les articles 75 à 78 et exercent les pouvoirs qui leur sont conférés par les articles 53 à 67 en cas de crimes et délits flagrants, des articles 81, 151 et 152 que les officiers de police judiciaire peuvent se voir confier par commission rogatoire du juge d'instruction le soin d'exécuter tous les actes d'information nécessaires à la manifestation de la vérité et qu'ils exercent, dans les limites de la commission rogatoire, tous les pouvoirs de ce magistrat.

Les pouvoirs des officiers de police judiciaire – et agents de police judiciaire – au cours des enquêtes, préliminaire, de flagrance ou sur commission rogatoire sont l'objet des développements de cet ouvrage.

9 **Tentative de définition.** Il peut donc être avancé que la mission de police judiciaire consiste, schématiquement, à procéder, dans les formes légales, à une enquête en vue d'identifier l'auteur d'une infraction et on pourrait ajouter « et le déférer à la justice », comme il était d'ailleurs indiqué dans l'annexe 2 de programmation des moyens de la sécurité intérieure pour les années 2003 à 2007 de la loi n° 2002-1094 du 29 août 2002 d'orientation et de programmation pour la sécurité.

Les actes qui peuvent être réalisés dans le cadre de ces enquêtes sont détaillés dans les explications qui suivent et font l'objet de tableaux récapitulatifs (V. *infra*, n° 817) dont on n'osera prétendre qu'ils sont totalement exhaustifs.

L'officier de police judiciaire qui est chargé d'une mission de police judiciaire ne peut, sauf à engager sa responsabilité personnelle, refuser d'exécuter l'ordre donné par le magistrat qu'après lui avoir expressément indiqué les raisons pour lesquelles cet ordre lui paraît « manifestement illégal et de nature à compromettre gravement un intérêt public » (Cass. crim., 26 févr. 1997, n° 96-84.960 : *Bull. crim.* n° 78).

10 **Magistrats en charge de missions de police judiciaire.** On ne serait cependant pas complet si l'on n'indiquait pas que les missions de police judiciaire ne sont pas l'apanage des policiers, gendarmes et fonctionnaires spécialement désignés. Le procureur de la République, ses substituts et les juges d'instruction disposent de pouvoirs de police judiciaire.

En ce qui concerne le procureur de la République, l'article 41, alinéa 4 du Code de procédure pénale précise qu'« il a tous les pouvoirs et prérogatives attachés à la qualité d'officier de police judiciaire prévus par la section II du chapitre Ier du titre Ier du présent livre, ainsi que par des lois spéciales », outre le pouvoir de direction de la police judiciaire que le code lui octroie. L'article 68 du Code de procédure pénale prévoit d'ailleurs qu'en cas de flagrance son arrivée sur les lieux dessaisit l'officier de police judiciaire et le même texte lui permet, s'il le souhaite, d'accomplir alors tous actes de police judiciaire prévus au chapitre sur les crimes et délits flagrants.

Quant au juge d'instruction, si, depuis l'entrée en vigueur du Code de procédure pénale, il n'est plus officier de police judiciaire, il n'en a pas perdu pour autant les prérogatives liées à cette qualité puisque ledit code lui accorde des pouvoirs aussi importants, voire parfois plus qu'aux officiers de police judiciaire à l'exception de celui de placer en garde à vue, ce qu'il peut toutefois ordonner de faire (CPP, art. 63 et 154).

11 **Distinction mission/acte de police judiciaire.** Il convient de distinguer la mission de police judiciaire du concept d'acte de police judiciaire.

12 **Agents et fonctionnaires.** C'est principalement pour les agents et fonctionnaires des diverses administrations auxquels sont attribuées par la loi certaines fonctions de police judiciaire que se pose la question de savoir si l'acte auquel ils procèdent s'inscrit dans un cadre administratif ou dans un cadre judiciaire et s'ils effectuent alors un « acte de police judiciaire ».

Ainsi la jurisprudence a considéré que constituaient des « actes de police judiciaire » :

– les procès-verbaux dressés par les agents de la Direction générale du commerce intérieur et des prix pour constater les infractions aux dispositions concernant les ententes et les positions dominantes assimilées à la pratique de prix illicites (Cass. crim., 16 déc. 1976, n° 76-90.587 : *Bull. crim.* n° 371, p. 943. – Cass. crim., 2 févr. 1978, n° 77-91.082 : *Bull. crim.* n° 041, p. 0102. – Cass. crim., 19 juill. 1978, n° 78-90.370 : *Bull. crim.* n° 240, p. 0633. Pour les agents de la direction de la concurrence, de la consommation et de la répression des fraudes Cass. crim., 9 mars 2010, n° 09-84.800 : *Bull. crim.* n° 48. Pour un procès-verbal d'infraction dressé en application de l'article L. 480-1 du Code de l'urbanisme ayant le caractère d'un acte de police judiciaire T. confl., 11 oct. 2021, n° 21-04.220) ;

– les procès-verbaux dressés par les agents de la direction de la concurrence, de la consommation et de la répression des fraudes pour constater les infractions à la législation sur les fraudes et les falsifications (Cass. crim., 2 juill. 1997, n° 96-85.755 : *Bull. crim.* n° 264).

Il ne s'agit pas de simples actes d'enquête administrative.

De même, la constatation des infractions à la réglementation du stationnement des véhicules automobiles est une opération de police judiciaire. Il s'ensuit que, sans même qu'il soit besoin de déterminer si le délit trouve son origine dans une faute personnelle détachable du service, l'action en responsabilité exercée par le contrevenant à la suite d'un coup qui lui a été porté par l'agent municipal qui le verbalisait relève de la compétence des tribunaux de l'ordre judiciaire (T. confl., 7 juin 1999, n° 99-03.134).

13 **Policiers et gendarmes.** La détermination de nature de l'acte peut concerner ceux réalisés par des policiers ou par des gendarmes.

C'est en se référant à l'exécution, ou non, d'un « acte de police judiciaire » que la chambre criminelle :

– écarte un moyen pris de l'irrégularité des actes accomplis, sur commission rogatoire, par des gendarmes français, dans les locaux du commissariat franco-italien de Vintimille en constatant qu'aucun acte de police judiciaire n'a été accompli en territoire étranger (Cass. crim., 6 déc. 2000, n° 00-86.039) ;

– écarte l'argumentation des demandeurs qui soutenaient que les officiers de police judiciaire avaient subdélégué leurs pouvoirs propres en adressant des réquisitions, d'une part, au général commandant la Garde républicaine à Paris, aux fins de faire établir, à partir d'une liste jointe à la réquisition, si les personnes dont l'identité figurait sur cette liste étaient effectivement domiciliées sur le domaine militaire d'une caserne située dans l'arrondissement sur lequel ils enquêtaient et aux fins de fournir « les dates et adresses de départ » pour celles n'y résidant plus et, d'autre part, au directeur des services fiscaux de Paris-sud aux fins, notamment, de déterminer si les personnes figurant sur une liste jointe, étaient propriétaires, locataires ou occupants d'une résidence principale ou secondaire dans les circonscriptions électorales concernées par les poursuites. Elle a retenu que, ce faisant, les enquêteurs, usant régulièrement de leur pouvoir de réquisition, ont demandé aux personnes et autorités requises, non d'accomplir des actes de police judiciaire ou de procéder à des examens techniques ou scientifiques, mais de leur fournir des informations, précisément définies, qu'elles détenaient ou auxquelles elles avaient accès en raison de leur fonction (Cass. crim., 30 oct. 2001, n° 01-84.779 : *Bull. crim.* n° 223) ;

– écarte le moyen de nullité des procès-verbaux d'exploitation de l'enregistrement vidéo de surveillances aériennes nocturnes d'entrepôts effectuées par la division aéroterrestre des douanes, pris de ce que ces opérations relèveraient de la police judiciaire, en retenant, d'une part, que la division aéroterrestre, rattachée à la Direction générale des douanes et contributions indirectes, n'a pas elle-même effectué des actes de police judiciaire, mais a été régulièrement requise pour limiter son concours à une intervention purement technique, à l'aide du matériel spécifique dont elle disposait pour filmer, par voie aérienne et de nuit, des entrepôts, et, d'autre part, aux termes des procès-verbaux d'exploitation établis par le seul agent de la douane judiciaire, le service requis n'a enregistré que des mouvements de camions, véhicules légers et piétons, sans aucune identification, les éléments ainsi recueillis, qui ne portent atteinte ni au respect de la vie privée ni aux droits de la défense, étant, au surplus, éventuellement soumis à la discussion des parties (Cass. crim., 9 avr. 2015, n° 14-87.661. – Cass. crim., 9 avr. 2015, n° 14-87.660 : *Bull. crim.* n° 76).

De même, elle a jugé que les renseignements transmis par un officier de liaison en poste à l'étranger et relatifs à une organisation d'approvisionnement de stupéfiants à destination de la France ne constituaient pas des actes de police judiciaire mais étaient seulement destinés à guider d'éventuelles investigations de la police judiciaire (Cass. crim., 13 sept. 2011, n° 11-83.100 : *Bull. crim.* n° 178. – Cass. crim., 1er avr. 2015, n° 14-87.647 : *Bull. crim.* n° 74). Néanmoins, les procès-verbaux constatant le recueil de renseignements ou le rapport de l'officier de liaison peuvent faire l'objet d'une requête en annulation. Mais ils ne pourront pas servir d'unique fondement à une déclaration de culpabilité (Cass. crim., 13 sept. 2011, n° 11-82.284. – Cass. crim., 19 sept. 2017, n° 17-82.317 : *Bull. crim.* n° 223).

L'ESSENTIEL **14** La police judiciaire est exercée par les policiers, les gendarmes et par des agents et fonctionnaires que la loi a chargés de telles missions (V. *supra*, n° 2), notamment les officiers de douane judiciaire, les agents fiscaux judiciaires et les inspecteurs judiciaires de l'environnement, sans oublier que le procureur de la République, ses substituts et les juges d'instruction disposent de pouvoirs de police judiciaire (V. *supra*, n° 10).

15 Ce sont souvent les mêmes agents, gendarmes ou policiers, qui, chargés d'exécuter une mission de prévention qualifiée d'opération de « police administrative », constatent la commission d'une infraction et exécutent alors une mission de « police judiciaire », pour laquelle ils sont compétents, en interpellant l'auteur de l'infraction et en procédant à une enquête (V. *supra*, nos 3 et s.).

16 Bien que les textes ne définissent pas précisément la mission de police judiciaire, il peut être considéré qu'elle consiste à procéder, dans les formes légales, à une enquête en vue d'identifier l'auteur d'une infraction et à le déférer à la justice (V. *supra*, n° 12).

17 S'agissant des fonctionnaires que la loi investit de certaines fonctions de police judiciaire, il est parfois nécessaire de déterminer s'ils exécutent un acte de police judiciaire à proprement parler ou s'ils agissent dans le cadre de leurs pouvoirs administratifs (V. *supra*, nos 12 et s.).

Partie 1
Les acteurs de l'enquête

Sommaire

18 L'article 15 du Code de procédure pénale dispose que :

« La police judiciaire comprend :

1° Les officiers de police judiciaire ;

2° Les agents de police judiciaire et les agents de police judiciaire adjoints ;

3° Les assistants d'enquête de la police nationale et de la gendarmerie nationale ;

4° Les fonctionnaires et agents auxquels sont attribuées par la loi certaines fonctions de police judiciaire ».

Les développements qui vont suivre sont consacrés à ces membres de la police judiciaire, c'est-à-dire à ceux qui sont chargés au titre de l'article 14 du Code de procédure pénale « (...), suivant les distinctions établies au présent titre, de constater les infractions à la loi pénale, d'en rassembler les preuves et d'en rechercher les auteurs tant qu'une information n'est pas ouverte. Lorsqu'une information est ouverte, elle exécute les délégations des juridictions d'instruction et défère à leurs réquisitions ».

19 **Agent agissant hors état de service.** Les fonctionnaires de police et les militaires de la gendarmerie peuvent constater une infraction alors même qu'ils ne sont pas en service. Ainsi un auteur, M. Buisson, indique que « du seul fait de son intervention alors qu'il est dans son activité de vie privée, le policier est aussitôt considéré comme étant en service et, *ipso facto*, recouvre sa qualité administrative, sa compétence, ses pouvoirs et la couverture juridique de l'État pour les dommages qu'il pourrait créer ou subir pendant son action ». En effet, la chambre criminelle juge qu'en application des articles 19 du décret n° 95-654 du 9 mai 1995 et R. 434-19 du Code de la sécurité intérieure, « tout fonctionnaire de police est considéré comme étant en service et agissant dans l'exercice de ses fonctions, dès lors qu'il intervient dans sa circonscription et dans le cadre de ses attributions, de sa propre initiative ou sur réquisition, pour prévenir et réprimer tout acte de nature à troubler la sécurité et l'ordre publics » (Cass. crim., 15 déc. 2015, n° 15-81.322). Il va sans

dire que la jurisprudence de la chambre criminelle vaut également pour le militaire de la gendarmerie soumis au même article du Code de la sécurité intérieure que le fonctionnaire de police.

POUR ALLER PLUS LOIN...

Fascicule JurisClasseur

• *JCl. Procédure pénale*, Art. 20 à 29, fasc. 20, *Police judiciaire*, par J. Buisson.

Titre 1
Les officiers de police judiciaire

Sommaire

20 La compétence judiciaire de l'officier de police judiciaire revêt, dans toutes ses composantes, une importance juridique cruciale. Elle repose sur un triptyque juridique composé de la compétence personnelle (V. Fiche 3 : La compétence personnelle de l'officier de police judiciaire), de la compétence matérielle (V. Fiche 4 : La compétence matérielle de l'officier de police judiciaire) et de la compétence territoriale (V. Fiche 5 : La compétence territoriale de l'officier de police judiciaire). Ce titre concerne les officiers de police judiciaire de la police et de la gendarmerie nationales qui se distinguent des fonctionnaires chargés de certaines fonctions de police judiciaire, lesquels disposent d'une compétence matérielle limitée (V. Titre 3 – « Des fonctionnaires et agents chargés de certaines fonctions de police judiciaire, V. *infra*, n°s 298 et s.).

21 La compétence judiciaire de l'officier de police judiciaire est une compétence « socle » ou « pivot » en ce sens que les compétences des autres acteurs de l'enquête se définissent par rapport à la sienne.

Fiche 3

La compétence personnelle de l'officier de police judiciaire

Sommaire

22 Cette compétence personnelle est double et consiste, d'une part, en une compétence générale qui découle de la qualité même d'officier de police judiciaire et, d'autre part, en une compétence spéciale, plus résiduelle mais indispensable pour la réalisation de certains actes d'enquête.

I
La compétence personnelle générale de l'officier de police judiciaire

23 La compétence personnelle de l'officier de police judiciaire est régie par l'article 16 du Code de procédure pénale qui dispose que :

> « Ont la qualité d'officier de police judiciaire :
> 1° Les maires et leurs adjoints ;
> 2° Les officiers et les gradés de la gendarmerie, les gendarmes nominativement désignés par arrêté des ministres de la justice et de l'intérieur, après avis conforme d'une commission ;
> 3° Les inspecteurs généraux, les sous-directeurs de police active, les contrôleurs généraux, les commissaires de police et les officiers de police ;
> 4° Les fonctionnaires du corps d'encadrement et d'application de la police nationale nominativement désignés par arrêté des ministres de la justice et de l'intérieur, après avis conforme d'une commission.
> La composition de la commission prévue aux 2° et 4° est déterminée par un décret en Conseil d'État pris sur le rapport du ministre de la justice et du ministre de l'intérieur.
> Ont également la qualité d'officier de police judiciaire les personnes exerçant des fonctions de directeur ou sous-directeur de la police judiciaire et de directeur ou sous-directeur de la gendarmerie.

Les fonctionnaires mentionnés aux 2° à 4° ci-dessus ne peuvent exercer effectivement les attributions attachées à leur qualité d'officier de police judiciaire ni se prévaloir de cette qualité que s'ils sont affectés à un emploi comportant cet exercice et en vertu d'une décision du procureur général près la cour d'appel les y habilitant personnellement. L'exercice de ces attributions est momentanément suspendu pendant le temps où ils participent, en unité constituée, à une opération de maintien de l'ordre.

Toutefois, les gendarmes mentionnés au 2° et les fonctionnaires mentionnés au 4° ne peuvent recevoir l'habilitation prévue au huitième alinéa que, d'une part, s'ils comptent au moins trente mois de services à compter du début de leur formation initiale, dont au moins six mois effectués dans un emploi comportant l'exercice des attributions attachées à la qualité d'agent de police judiciaire, et, d'autre part, s'ils sont affectés soit dans un service ou une catégorie de services déterminés en application de l'article 15-1 et figurant sur une liste fixée par arrêté des ministres de la justice et de l'intérieur, soit, à titre exclusif, dans une formation d'un service mentionnée par le même arrêté.

L'habilitation est délivrée par le procureur général près la cour d'appel dans le ressort de laquelle intervient la première affectation du fonctionnaire. Elle est valable pour toute la durée de ses fonctions, y compris en cas de changement d'affectation.

Les conditions d'octroi, de retrait et de suspension pour une durée déterminée de l'habilitation prévue aux neuvième et avant-dernier alinéas du présent article sont fixées par décret en Conseil d'État pris sur le rapport du ministre de la justice et des ministres intéressés ».

24 Les conditions qui président à l'attribution de la compétence personnelle varient en fonction du statut des militaires de la gendarmerie ou des policiers tels que listés à l'article 16. Si certains détiennent cette compétence à raison de leur seule qualité, d'autres doivent, outre une qualité préalable, être habilités : c'est l'habilitation « OPJ ».

A Officier de police judiciaire à raison de la seule qualité

1 Le maire et ses adjoints

25 Au titre de l'article 16, 1° du Code de procédure pénale sont officiers de police judiciaire le maire et ses adjoints. Ceux-ci sont officiers de police judiciaire du fait de leur mandat électif et n'ont pas besoin d'habilitation du procureur général près la cour d'appel dans le ressort de laquelle se trouve la commune pour se voir attribuer les compétences adossées à cette qualité d'officier de police judiciaire. Ces dispositions du Code de procédure pénale sont rappelées par l'article L. 2122-31 du Code général des collectivités territoriales.

26 **Paris, Lyon et Marseille.** La chambre criminelle a précisé la portée de l'article 16, 1° du Code de procédure pénale et juge que « les maires d'arrondissement et leurs adjoints institués dans les communes de Paris, Lyon et Marseille par la loi du 31 décembre 1982, qui détermine limitativement leurs attributions, n'ont pas cette qualité que l'article 16 du Code de procédure pénale et l'article L. 122-24 [L. 2122-31] du Code des communes confèrent aux seuls maires desdites communes et à leurs adjoints » (Cass. crim., 25 juill. 1983, n° 83-93.208) et que « les adjoints spéciaux, dont les attributions sont énumérées limitativement par l'article L. 122-3 du Code des communes, ne possèdent pas la qualité d'officier de police judiciaire » (Cass. crim., 24 mars 1987, n° 86-91.448). Quant à l'article L. 2113-13 du Code général des collectivités territoriales, il dispose que le maire délégué remplit dans la commune déléguée les fonctions d'officier de police judiciaire.

27 Certains auteurs jugent cette qualité anachronique à l'heure du développement des polices municipales et de la coopération avec la police nationale et la gendarmerie nationale. Toutefois, du fait de cette qualité, le maire et ses adjoints peuvent établir des procès-verbaux (T. confl., 8 nov. 1982, n° 2258, *Bau*) de constatation, par exemple, de violation de leurs arrêtés municipaux (V. *infra*, n° 86). Cependant, il est vrai, bien qu'en théorie ils aient le pouvoir juridique d'enquêter, que les élus, lorsqu'ils sont confrontés à des faits de délinquance dans leur commune, ont systématiquement recours aux forces de l'ordre. Ceci s'impose d'autant plus que ces édiles ne maîtrisent aucunement les règles de procédure pénale et s'en remettent aux policiers et aux gendarmes. C'est en ce sens que dès 1959, l'instruction générale prise pour l'application du Code de procédure pénale a invité, dans son article C. 45, les parquets à recourir « de préférence à d'autres officiers de police judiciaire », sous-entendu ceux de la police nationale et de la gendarmerie nationale.

2 Les personnes exerçant des fonctions de directeur ou de sous-directeur de la police judiciaire et de directeur ou de sous-directeur de la gendarmerie

28 Comme pour le maire et ses adjoints, l'article 16, alinéa 7 du Code de procédure pénale dispose que les personnes exerçant des fonctions de directeur ou de sous-directeur de la police judiciaire et de directeur ou de sous-directeur de la gendarmerie sont officiers de police judiciaire sans qu'il soit nécessaire que le procureur général de la cour d'appel où ils exercent leur fonction les habilite. À cet égard, il est possible de considérer que le major général de la gendarmerie nationale, bien qu'il ne porte pas le titre de sous-directeur, est visé par ce texte.

29 L'absence d'habilitation pour ces personnes pourrait résulter, selon M. Buisson, « de l'importance des fonctions exercées par ces agents, dont le législateur a estimé qu'elles ne rendaient pas nécessaire l'habilitation, alors même que cette capacité s'étend à tout le territoire national ».

30 Cette rédaction obsolète de l'article 16, alinéa 7 du Code de procédure pénale pourrait apparaître comme anecdotique, car force est de constater que ce ne sont pas les directeurs et sous-directeurs qui diligentent les investigations judiciaires. En revanche, c'est à eux que sont adressées les commissions rogatoires lorsque les magistrats instructeurs souhaitent pouvoir bénéficier de tous les moyens de ces institutions quand, par exemple, ils diligentent une enquête nationale qui se traduit par une opération de police judiciaire sur l'ensemble du territoire national. Saisir le directeur général de la gendarmerie nationale, c'est saisir toutes les unités, notamment judiciaires, de la gendarmerie nationale.

B Officier de police judiciaire devant être habilité

31 Pour être habilité en tant qu'officier de police judiciaire, le militaire de la gendarmerie nationale ou le fonctionnaire de police doit remplir deux conditions : disposer de la qualité d'officier de police judiciaire et être affecté à un emploi comportant l'exercice de la mission de police judiciaire.

1 La qualité d'officier de police judiciaire

32 Les conditions d'attribution de cette qualité varient selon l'institution dans laquelle servent ces officiers de police judiciaire.

a) La gendarmerie nationale

33 **Qualité d'officier de police judiciaire.** Selon l'article 16, 2° du Code de procédure pénale, ont la qualité d'officier de police judiciaire « les officiers et les gradés de la gendarmerie, nominativement désignés par arrêté des ministres de la justice et de l'intérieur, après avis conforme d'une commission ». Ainsi, les officiers et les gradés de la gendarmerie sont officiers de police judiciaire à raison de leur grade. Les gradés de la gendarmerie sont les sous-officiers ayant le grade de major, d'adjudant-chef, d'adjudant et de maréchal-des-logis-chef.

34 Quant aux gendarmes, il s'agit de militaires qui ne sont pas des gradés. Depuis la loi n° 2023-22 du 24 janvier 2023, les trois ans de service ont été réduits à « au moins trente mois de services à compter du début de leur formation initiale, dont au moins six mois effectués dans un emploi comportant l'exercice des attributions attachées à la qualité d'agent de police judiciaire ». Cependant, il sera toujours nécessaire de satisfaire à un examen d'officier de police judiciaire dont la réussite conditionne l'avis conforme de la commission prévue à l'article 16 et qui est similaire pour la gendarmerie nationale et pour la police nationale depuis l'ordonnance précitée (V. *supra*, n° 38). L'article R. 5 du Code de procédure pénale rappelle que la qualité d'officier de police judiciaire peut être attribuée aux sous-officiers de carrière de gendarmerie ayant satisfait aux épreuves d'un examen technique.

> **À SAVOIR** **L'article R. 5 du Code de procédure pénale devra être modifié afin de ne pas être en contradiction avec l'article 16, 2° du même code, notamment sur le temps nécessaire au passage de carrière des sous-officiers de la gendarmerie nationale.**

35 **Exercice des attributions d'officier de police judiciaire.** L'exercice effectif des attributions doit être distingué de la qualité. Ainsi, un capitaine de gendarmerie mobile a la qualité d'officier de police judiciaire mais n'en exerce pas les attributions, faute d'être affecté dans une unité inscrite au décret des catégories de services (V. *infra*, n° 44).

b) La police nationale

36 Selon l'article 16, 3° et 4° du Code de procédure pénale, et à l'instar de la distinction existant pour la gendarmerie nationale, sont officiers de police judiciaire à raison de leur grade (et/ou fonctions) les inspecteurs généraux, les sous-directeurs de police active, les contrôleurs généraux, les commissaires de police et les officiers de police. Quant aux fonctionnaires du corps d'encadrement et d'application de la police nationale [gardiens de la paix, brigadiers, brigadiers-chefs et majors] ils se voient attribuer la qualité d'officier de police judiciaire de manière nominative par arrêté des ministres de la Justice et de l'Intérieur, après avis conforme d'une commission qui est la même que celle prévue pour la gendarmerie nationale. Comme pour les gendarmes comptant au moins trente mois de service à compter du début de leur formation initiale, dont au moins six mois effectué dans un emploi comportant l'exercice des attributions attachées à la qualité d'agent de police judiciaire, ces fonctionnaires de police doivent satisfaire à un examen d'officier de police judiciaire dont la réussite conditionne l'avis conforme de la commission prévue à l'article 16 du Code de procédure pénale. Cette exigence est rappelée à l'article R. 5 du même code, qui devra être réécrit afin de ne pas être en contradiction avec l'article 16, 2°. En effet, l'article R. 5 prévoit que la qualité d'officier de police judiciaire est attribuée « aux fonctionnaires du corps d'encadrement et d'application de la police nationale ayant satisfait aux épreuves d'un examen technique et comptant au moins trois ans de service dans ce corps ».

À SAVOIR **Afin de satisfaire aux exigences désormais fixées par l'article 16, 2° et 4°, la formation des officiers de police judiciaire sera intégrée à la formation initiale – de 24 mois – des gardiens de la paix stagiaires et des élèves sous-officiers de la gendarmerie, leur permettant de présenter l'examen OPJ à l'issue de leur formation initiale. En cas de réussite, ils devront ensuite pendant six mois au moins exercer un emploi comportant l'exercice des attributions attachées à la qualité d'agent de police judiciaire avant de pouvoir faire une demande d'habilitation OPJ auprès du procureur général.**
Cette modification de l'article 16, 2° et 4°, ne modifie aucunement les modalités de l'examen OPJ au sein de la police nationale et de la gendarmerie nationale.

37 **Outre-mer.** L'article 879-1, alinéa 1er du Code de procédure pénale dispose que :

« Pour l'application des articles 16 à 19, les officiers de police de Mayotte mis à la disposition de l'État sont assimilés, selon les dispositions et dans les conditions prévues par ces articles, aux fonctionnaires titulaires du corps de commandement et d'encadrement de la police nationale ».

38 **La commission.** L'article R. 3 du Code de procédure pénale précise la composition de cette commission dont l'avis conforme est requis pour la désignation des militaires de la gendarmerie nationale et des fonctionnaires du corps d'encadrement et d'application de la police nationale auxquels est attribuée la qualité d'officier de police judiciaire. Elle est composée comme suit :

« 1° Le procureur général près la Cour de cassation ou son délégué choisi par lui parmi les premiers avocats généraux et les avocats généraux près la Cour de cassation, président ;
2° Cinq magistrats en activité ou honoraires ;
3° Le directeur général de la police nationale ou son représentant ;
4° Le directeur général de la gendarmerie nationale ou son représentant ;
5° Le directeur, chef de l'inspection générale de la police nationale ou son représentant ;
6° Le directeur central du recrutement et de la formation de la police nationale ou son représentant ;
7° Le chef de l'inspection générale de la gendarmerie nationale ou son représentant ;
8° Le directeur des personnels militaires de la gendarmerie nationale ou son représentant.
En cas de partage des voix, le président de la commission a voix prépondérante.
Les membres de la commission mentionnés au 2° sont nommés par arrêté conjoint du garde des sceaux, ministre de la justice, et du ministre de l'intérieur pour une durée de quatre ans renouvelable une fois et ont chacun un suppléant désigné dans les mêmes conditions. Ils ne peuvent exercer leurs fonctions au sein de la commission pour une durée supérieure à huit ans quelle que soit leur qualité de titulaire ou de suppléant ».

39 Selon l'article R. 6 du Code de procédure pénale, cette commission détermine la date et les sujets des épreuves des examens techniques d'officier de police judiciaire de la police et de la gendarmerie nationales. Chaque institution organise en son sein sa formation, élabore ses sujets et ses épreuves. L'article R. 5 du Code de procédure pénale indique que « les modalités d'organisation et le programme des épreuves de l'examen technique prévu aux deuxième et troisième alinéas sont fixés par arrêté conjoint du garde des sceaux, ministre de la justice, et du ministre de l'intérieur ». Les articles A. 2 à A. 12, pour la gendarmerie, et les articles A. 13 à A. 23 pour la police précisent ces modalités que sont notamment le contenu des épreuves, le programme des épreuves ainsi que l'organisation matérielle de celles-ci. Le contenu des épreuves est essentiellement tourné vers le droit pénal et la procédure pénale. Quant à la durée de formation, elle varie en fonction des institutions. Les copies des candidats sont soumises à un jury, qui diffère nécessairement entre la police nationale et la gendarmerie nationale, mais dont la composition est fixée à l'article R. 7 pour la gendarmerie et à l'article R. 8 pour la police.

c) Les réservistes opérationnels de la police et de la gendarmerie nationales

40 L'article 16-1, A du Code de procédure pénale permet que des fonctionnaires de police ou des militaires de la gendarmerie en service actif ou à la retraite puissent se voir attribuer la qualité d'officier de police judiciaire.

41 Pour les militaires de la gendarmerie et les fonctionnaires de police en service actif, seuls sont officiers de police judiciaire ceux qui sont d'ores et déjà des officiers de police judiciaire habilités dans leur corps d'origine, ou s'ils ne sont pas habilités dans leur corps d'origine, ceux qui disposent de cette qualité mais ne sont pas habilités faute d'être affectés dans un emploi comportant l'exercice de la mission de police judiciaire. Ils devront, dans ce cas, solliciter une habilitation auprès du procureur général (V. *infra*, n° 42).
Pour les militaires de la gendarmerie et les fonctionnaires de police à la retraite, ils doivent, pour pouvoir continuer à disposer de cette qualité, remplir deux conditions cumulatives :
- avoir détenu cette qualité lorsqu'ils étaient en service actif ;
- avoir actualisé leurs connaissances ;
- réunir les conditions d'expérience et d'aptitude.

Si ces conditions sont réunies, cette qualité d'officier de police judiciaire continue à leur être accordée pendant cinq ans après leur départ à la retraite.

42 Comme pour les officiers de police judiciaire, à l'exception de ceux qui n'ont pas besoin d'être habilités, ces officiers de police judiciaire doivent être affectés dans un emploi comportant l'exercice de la mission de police judiciaire pour être habilités par le procureur général.
Cette habilitation est délivrée par le procureur général près la cour d'appel dans le ressort de laquelle intervient la première affectation du réserviste. Elle est valable toute la durée de l'engagement dans la réserve. Son retrait et sa suspension sont soumis aux mêmes règles que celles applicables à un officier de police judiciaire de l'article 16 du Code de procédure pénale.

43 Les articles R. 15-2-1 et suivants du Code de procédure pénale (D. n° 2022-1113, 3 août 2022, relatif à la qualité d'officier de police judiciaire et d'agent de police judiciaire des fonctionnaires de la police nationale et militaires de la gendarmerie nationale retraités servant dans la réserve opérationnelle) pour la gendarmerie, et R. 15-6-1 pour la police nationale, précisent les conditions d'attribution de la qualité d'officier de police judiciaire à des militaires ou fonctionnaires ayant eu cette qualité au cours de leur carrière. Hormis les conditions tenant à l'aptitude et à l'expérience du militaire ou du fonctionnaire qui peut bénéficier, le cas échéant, d'une actualisation de ses connaissances, les articles R. 15-2-4 et R. 15-6-4 conditionnent l'octroi de la qualité d'officier de police judiciaire au fait que l'agent doit avoir quitté le service actif depuis moins de cinq ans. Quant à l'actualisation des connaissances, c'est un arrêté conjoint du garde des Sceaux et du ministre de l'Intérieur qui en fixe le contenu. L'arrêté du 29 novembre 2022 prévoit ainsi :
- dans son article 2 que la formation comprend le maintien et l'actualisation des connaissances juridiques, l'actualisation et le perfectionnement des savoirs techniques et la maîtrise des évolutions législatives, réglementaires, et procédurales ;
- dans son article 3 que la formation est obligatoire pour tout réserviste retraité ayant rompu le lien avec le service au sein duquel il exerçait en tant qu'officier de police judiciaire depuis plus d'un an. Tout réserviste retraité ayant rompu le lien avec le service au sein duquel il exerçait en tant qu'officier de police judiciaire depuis moins d'un an peut également bénéficier de cette formation, à sa demande ou à la demande de son chef de service d'affectation ;
- dans son article 4 que la durée de la formation est comprise entre huit et trente-deux heures, et est adaptée en fonction de l'expérience professionnelle antérieure du réserviste, du temps écoulé depuis la rupture du lien avec le service au sein duquel il exerçait en tant qu'officier de police judiciaire, et des fonctions qui lui seront confiées dans son service d'affectation.

2 L'affectation dans un emploi comportant l'exercice de la mission de police judiciaire

44 L'article 16 du Code de procédure pénale distingue s'agissant des affectations.

a) Les militaires de la gendarmerie (CPP, art. 16, 2°) et les inspecteurs généraux, les sous-directeurs de police active, les contrôleurs généraux, les commissaires de police et les officiers de police (CPP, art. 16, 3°)

45 Ils ne peuvent exercer effectivement les attributions attachées à leur qualité d'officier de police judiciaire ni se prévaloir de cette qualité que s'ils sont affectés à un emploi comportant l'exercice de la mission de police judiciaire. Cet emploi se traduit par une liste de catégories de services actifs pour la police nationale et de services ou unités pour la gendarmerie nationale. L'article 15-1 du Code de procédure pénale dispose que :

« Les catégories de services ou unités dans lesquels les officiers et agents de police judiciaire visés aux sections II et III du présent chapitre exercent leurs fonctions habituelles, les modalités de création de ces services ou unités ainsi que leurs critères de compétence territoriale sont déterminés par décret en Conseil d'État pris sur le rapport du ministre de la justice et du ministre intéressé. La compétence territoriale de ces services ou unités s'exerce, selon les distinctions prévues par ce décret, soit sur l'ensemble du territoire national, soit sur une ou plusieurs zones de défense, ou parties de celles-ci, soit sur l'ensemble d'un département ».

Ce décret porte le nom de « décret des catégories de services », dit « DCS ».

46 Ces services et unités figurent aux articles R. 15-18 à R. 15-21 pour la police nationale et R. 15-22 à R. 15-26 pour la gendarmerie nationale. Cette liste d'unités ou de services est très régulièrement modifiée par décret en Conseil d'État suite aux différentes réorganisations ou création d'unités ou de services au sein de la police et de la gendarmerie nationales.

Outre le fait que ce décret liste les unités et services au sein desquels doivent être affectés les officiers de police judiciaire énumérés à l'article 16, 2° et 3° du Code de procédure pénale, il détermine également l'étendue de leur compétence territoriale (V. *infra*, n° 101).

b) Les fonctionnaires de l'article 16, 4° du Code de procédure pénale

47 Pour ces fonctionnaires, outre le fait d'être affectés dans un service actif de la police nationale référencé aux articles R. 15-18 à R. 15-21 du Code de procédure pénale, il est de surcroît nécessaire que ce service ou la catégorie de services figure sur « une liste fixée par arrêté des ministres de la justice et de l'intérieur, soit, à titre exclusif, dans une formation d'un service mentionnée par le même arrêté ». Ces arrêtés régulièrement modifiés figurent aux articles A. 34 et A. 35 du Code de procédure pénale.

POUR APPROFONDIR Les services actifs de la police nationale sont composés du corps de commandement dont le statut est fixé par le décret n° 2005-716 du 29 mai 2005, le corps de conception et de direction dont le statut est fixé par le décret n° 95-655 du 9 mai 1995 modifié et le corps de maîtrise et d'application dont le statut est fixé par le décret n° 95-657 du 9 mai 1995 modifié.

c) Les commandants d'unité et les chefs de service

48 L'article R. 15-27 du Code de procédure pénale dispose que :

« La compétence territoriale des directeurs et chefs de services, des commandants d'unités et de leurs adjoints au sein desquels sont regroupés des services ou unités mentionnés à la présente section couvre l'ensemble du ressort territorial de ces services ou unités ».

49 Si la formation administrative à la tête de laquelle se trouvent ces directeurs, chefs de service et commandants d'unité ne figure pas au décret des catégories de service, ceux-ci et leurs adjoints n'en sont pas moins considérés comme étant affectés dans une unité ou un service exerçant la mission de police judiciaire car en réalité, cette formation regroupe des unités ou des services inscrits au décret.

C'est une compétence personnelle par assimilation (pour leur compétence territoriale V. *infra*, n° 107).

50 **Absence d'habilitation du chef de service.** Lorsque le chef de service n'est pas habilité, il n'y a pas de difficulté à ce que le service ou l'unité exécute des délégations judiciaires. En effet, la chambre criminelle juge que « la commission rogatoire qui déléguait, pour effectuer les recherches, non seulement le directeur de la surveillance du territoire, mais encore tout officier de police judiciaire dépendant de cette direction, pouvait être exécutée, comme elle l'a été, par l'un de ces officiers de police judiciaire, la circonstance que le directeur de la surveillance du territoire ne possédât pas lui-même cette qualité étant indifférente dès lors qu'il n'a pas personnellement participé à cette exécution » (Cass. crim., 13 sept. 1986, n° 86-93.291). De plus l'article D. 33 du Code de procédure pénale dispose que : « Lorsqu'un juge d'instruction adresse une commission rogatoire à un officier de police judiciaire chef d'un service de police ou d'une unité de gendarmerie, celui-ci peut en faire assurer l'exécution par un officier de police judiciaire placé sous son autorité, à condition que ce dernier agisse dans les limites de sa compétence territoriale ».

CONSEIL Dans cette hypothèse, il est prudent que le soit-transmis ou la commission rogatoire soit libellée à l'ordre du chef de service ET de tout officier de police judiciaire servant sous son autorité.

d) Les unités et services rattachés à une unité ou un service inscrit au décret des catégories de services

51 **Rattachement pérenne.** Il s'agit tout d'abord des unités ou services qui, bien que ne figurant pas expressément au décret des catégories de services, sont rattachés organiquement à l'un ou l'une y figurant. Ce cas est prévu à l'article D. 8-1 du Code de procédure pénale pour les offices centraux de police judiciaire qui sont tantôt rattachés à la sous-direction de la police judiciaire de la gendarmerie nationale, tantôt à la direction centrale de la police judiciaire de la police nationale. Les officiers de police judiciaire affectés dans ces offices sont bien affectés dans une unité ou un service exerçant la mission de police judiciaire (pour leur compétence territoriale V. *infra*, n° 103).

52 **Rattachement temporaire.** Il s'agit ici des unités ou services qui sont créés temporairement pour faire face à un phénomène de délinquance particulier ou en raison d'une enquête criminelle nécessitant de rassembler sous un même commandement et sous la direction d'un unique magistrat des enquêteurs venus de différents services ou unités. Cette pratique est courante au sein de la gendarmerie nationale qui crée chaque fois que de besoin des « cellules d'enquête » qui sont, pour l'occasion, rattachées à une unité inscrite au décret des catégories de services afin que les officiers de police judiciaire affectés dans cette cellule puissent se prévaloir d'une affection comportant la mission de police judiciaire (pour leur compétence territoriale V. *infra*, n° 101).

e) Cas particulier de l'officier de police judiciaire des forces armées

53 Cette compétence judiciaire est régie par l'article L. 211-3 du Code de justice militaire qui dispose que :

« Ont la qualité d'officiers de police judiciaire des forces armées :

1° Les officiers et gradés de la gendarmerie ainsi que les gendarmes qui ont été désignés comme officiers de police judiciaire en application de l'article 16 du code de procédure pénale ;

2° Les officiers, sous-officiers et agents assermentés des différents services des armées, pour l'exercice des missions particulières qui leur sont dévolues par les lois ou règlements, si la loi leur reconnaît des attributions attachées à ladite qualité ».

54 Aussi, parmi les membres de la police judiciaire figurant à l'article 15 du Code de procédure pénale, seuls les militaires de la gendarmerie nationale peuvent être habilités en tant qu'officiers de police judiciaire des forces armées (OPJ FA), à l'exclusion des fonctionnaires de la police nationale. Ici, la condition attachée à l'affectation dans une unité exerçant la mission de police judiciaire est non avenue puisque ces OPJ FA vont exercer leurs missions sur des territoires étrangers où l'armée française est déployée. Ces OPJ FA, aussi appelés communément « prévôts », sont affectés dans une unité construite pour la circonstance, ou appartiennent à la brigade de recherches prévôtale. On observera que la brigade de recherches prévôtale dispose d'une compétence territoriale nationale au titre de l'article R. 15-22 du Code de procédure pénale, et ce afin de lui permettre de poursuivre sur le territoire national des enquêtes qu'elle aurait commencées en territoire étranger ou inversement.
C'est le parquet général de la cour d'appel de Paris qui délivre l'habilitation OPJ FA.

f) Suspension de la compétence d'officier de police judiciaire lors d'opération de maintien de l'ordre

55 L'article 16, alinéa 8 du Code de procédure pénale prévoit que « l'exercice de ces attributions est momentanément suspendu pendant le temps où ils participent, en unité constituée, à une opération de maintien de l'ordre ». Cette suspension de la compétence judiciaire est logique puisque, lorsqu'ils agissent en unité constituée dans le cadre d'une opération de maintien de l'ordre, les militaires de la gendarmerie nationale et les fonctionnaires de police ne sont plus sous la direction du procureur de la République et sous la surveillance du procureur général, mais sous les ordres de l'autorité administrative ou de son représentant (Schéma national du maintien de l'ordre, version décembre 2021).
Cette suspension n'interdit aucunement que des officiers de police judiciaire soient intégrés dans les unités de forces mobiles que sont les escadrons de gendarmerie ou les compagnies de sécurité républicaine – il s'agit d'ailleurs d'une pratique courante –, non pas pour procéder aux opérations de maintien de l'ordre mais pour constater, en flagrant délit, les infractions commises par des fauteurs de trouble.

3 L'habilitation par le procureur général

56 L'habilitation est nécessaire pour les militaires et les fonctionnaires listés à l'article 16, 2° à 4° du Code de procédure pénale qui prévoit que ceux-ci « ne peuvent exercer effectivement

les attributions attachées à leur qualité d'officier de police judiciaire ni se prévaloir de cette qualité (...) qu'en vertu d'une décision du procureur général près la cour d'appel les y habilitant personnellement ». La procédure d'habilitation a été modifiée par la loi du 23 mars 2019 qui a complété l'article 16 du Code de procédure pénale qui dispose désormais que :

« L'habilitation est délivrée par le procureur général près la cour d'appel dans le ressort de laquelle intervient la première affectation du fonctionnaire. Elle est valable pour toute la durée de ses fonctions, y compris en cas de changement d'affectation.

Les conditions d'octroi, de retrait et de suspension pour une durée déterminée de l'habilitation prévue aux neuvième et avant-dernier alinéas du présent article sont fixées par décret en Conseil d'État pris sur le rapport du ministre de la justice et des ministres intéressés ».

Une circulaire de la DACG du 16 juin 2008 relative à l'habilitation des officiers de police judiciaire et portant application du décret n° 2008-290 du 28 mars 2008, bien que partiellement caduque en raison de la modification de l'article 16 indiquée *supra*, rappelle néanmoins le processus d'habilitation des officiers de police judiciaire, qui demeure en vigueur et que nous retraçons ici de manière plus succincte.

a) La demande d'habilitation

57 La demande d'habilitation ne concerne que les officiers de police judiciaire de l'article 16, 2° à 4° du Code de procédure pénale (V. *supra*, n°s 25 et s.). L'autorité administrative ou militaire compétente pour demander l'habilitation d'un officier de police judiciaire est définie à l'article R. 14 pour la gendarmerie nationale et à l'article R. 15-3 pour la police nationale. La circulaire de la DACG précise que :

« Lorsqu'un militaire de la gendarmerie est affecté dans un service de la police nationale ou, inversement, qu'un fonctionnaire de la police nationale est affecté dans une unité de la gendarmerie nationale, la demande d'habilitation doit être présentée par le chef du service ou de l'unité dans lequel il est nommé, conformément aux principes ci-dessus exposés. Cette situation vise plus particulièrement les officiers de police judiciaire de la gendarmerie nationale affectés dans des offices centraux rattachés à la direction centrale de la police judiciaire ou, inversement, les officiers de police judiciaire de la police nationale affectés dans des offices centraux rattachés à la direction générale de la gendarmerie nationale. Enfin, la demande d'habilitation des officiers de police judiciaire affectés au sein des UOC des GIR doit être présentée par le directeur de la direction régionale ou interrégionale de la police judiciaire ou par le commandant de région de gendarmerie, selon que le GIR est rattaché à un service de police ou à une unité de gendarmerie ».

En ce qui concerne son contenu, cette demande doit préciser les limites territoriales de la compétence de l'officier de police judiciaire ainsi que la nature des fonctions exercées et, le cas échéant, les sanctions disciplinaires dont l'officier de police judiciaire a pu faire l'objet.

58 Lorsqu'il reçoit une demande d'habilitation, le procureur général doit s'assurer :
– que l'officier de police judiciaire est affecté dans un emploi comportant l'exercice des attributions attachées à sa qualité ;
– que l'officier de police judiciaire présente en outre les qualités professionnelles et morales requises ;
– et que s'il s'agit d'un gendarme mentionné au 2° de l'article 16 ou d'un fonctionnaire mentionné au 4° de ce même article que celui-ci compte au moins trente mois de services à compter du début de sa formation initiale dont au moins six moins affectés dans un emploi comportant l'exercice des attributions attachées à la qualité d'agent de police judiciaire.

En outre, si cet officier de police judiciaire exerce ses fonctions sur plusieurs cours d'appel, le procureur général compétent doit recueillir l'avis de chaque procureur général dans le ressort duquel l'officier exerce ses fonctions.

59 **Changement d'affectation et habilitation unique.** Cette habilitation unique introduite par la loi du 23 mars 2019 induit quelques interrogations notamment en cas de changement d'affectation de l'officier de police judiciaire. La circulaire de la DACG du 8 avril 2019 indique que :

« Tout officier de police judiciaire demeure cependant rattaché, au regard de son service ou de son unité d'affectation, à une cour d'appel, et il devra notamment continuer à être noté par le procureur général en application de l'article 19-1 du Code de procédure pénale, ce qui justifie la tenue d'un dossier individuel pour chaque officier de police judiciaire, conformément aux articles 226 et D. 44 à D. 45-2 de ce même code.

Il en résulte qu'à chaque changement d'affectation de l'officier de police judiciaire, le procureur général devra en être informé par les autorités de la police nationale ou de la gendarmerie nationale actuellement compétentes pour transmettre les demandes d'habilitation. Le dossier individuel détenu par le parquet général de la cour d'appel dans laquelle l'OPJ exerçait ses fonctions, et comportant l'arrêté d'habilitation, devra être transféré au parquet général de la nouvelle cour d'appel du nouveau lieu d'affectation ».

60 Cependant, l'habilitation vise également à fixer l'étendue de la compétence territoriale d'un officier de police judiciaire. Un changement d'affectation peut induire une modification de la compétence territoriale qui est fonction de l'unité ou du service dans lequel est nouvellement affecté l'officier de police judiciaire (V. *supra*, n°s 46 et s.) et qui peut dès lors être différente de la précédente. Faudra-t-il dans ce cas que le parquet général du ressort dans lequel se trouve la nouvelle affectation de l'officier de police judiciaire fasse un *addendum* à l'arrêté d'habilitation unique ?

61 Ensuite, il se peut que ce changement d'affectation conduise l'officier de police judiciaire dans un emploi qui ne comprend pas l'exercice de la police judiciaire. Or, cet emploi est une condition de la délivrance de l'habilitation (V. *supra*, n° 44). En pareil cas, l'habilitation unique semble devoir être suspendue le temps de cette affection hors périmètre de la mission de police judiciaire.

62 **Mise à disposition temporaire et habilitation unique.** Enfin, se pose la question des habilitations temporaires délivrées aux officiers de police judiciaire mis temporairement à disposition d'un autre service ou d'unité d'investigations tel que le prévoit l'article 18, alinéa 2 du Code de procédure pénale. L'article D. 12, dans sa version antérieure à la loi du 23 mars 2019, indiquait que ces officiers de police judiciaire devaient être temporairement habilités par le procureur général près la cour d'appel sur le ressort de laquelle est établi le siège du service ou de l'unité d'accueil. Cette hypothèse semble pouvoir rejoindre la précédente en ce que, fort de son habilitation unique, l'officier de police judiciaire ne voit ici modifiée que sa compétence territoriale (V. *infra*, n°s 131 et s.).

63 **Observation.** Dès lors que la loi prévoit désormais une habilitation unique, il ne serait pas inutile qu'un répertoire national ou un registre permette de s'assurer en temps réel de l'affection des officiers de police judiciaire et en conséquence de leur compétence territoriale.

b) La décision de refus ou d'octroi d'habilitation

64 Conformément à l'article R. 15-1 du Code de procédure pénale, les décisions de refus ou d'octroi d'habilitation sont des arrêtés individuels. Toutefois, il est possible de recourir à des arrêtés collectifs notamment dans l'hypothèse où des officiers de police judiciaire (OPJ) appartenant au même service ou à la même unité viennent en renfort comme cela se pratique lors des renforts saisonniers.
Dans ce cas, et selon la DACG, il faut cependant que l'arrêté collectif :
– vise nommément chacun des OPJ habilités,
– comporte, pour chacun des OPJ habilités, l'ensemble des mentions exigées par la loi, et notamment celles prévues à l'article R. 15-1 du Code de procédure pénale, à savoir les fonctions en vue desquelles cette habilitation est accordée et la précision de ce que l'habilitation vaut seulement pour le temps pendant lequel l'officier de police judiciaire exercera lesdites fonctions, pour autant que l'exercice de ces fonctions soit effectif (Fiche DACG, 7 juill. 2009, sur la possibilité d'habiliter des OPJ par arrêté collectif).
En raison de l'instauration de l'habilitation unique, il est probable que les pratiques des parquets généraux soient amenées à s'adapter. Par exemple, pour la gendarmerie nationale, les renforts saisonniers sont constitués de militaires de la gendarmerie mobile appartenant aux escadrons qui ne sont pas inscrits au décret des catégories de services et qui ne sont donc pas habilités en raison de leur affectation. L'arrêté d'habilitation peut dès lors s'avérer nécessaire.

65 L'octroi ou le refus d'habilitation est une prérogative du procureur général et non du chef de service ou du commandant d'unité. Il s'ensuit que ce dernier ne peut pas décider de ne pas transmettre une demande d'habilitation au motif qu'il juge le militaire ou le fonctionnaire inapte à exercer les fonctions d'officier de police judiciaire. En revanche, il lui reviendra d'indiquer précisément dans la demande d'habilitation les raisons qui justifient, selon lui, un refus d'habilitation notamment en s'appuyant sur les sanctions disciplinaires y compris celles en cours au moment de la demande et tout élément attestant que l'officier de police judiciaire ne présente pas les qualités professionnelles et morales requises (V. *supra*, n° 58).

1) Le refus d'habilitation

66 Le refus d'habilitation doit être motivé. Le procureur général qui envisage une telle décision doit en informer l'officier de police judiciaire intéressé en lui indiquant qu'il peut, dans un délai de quinze jours, prendre connaissance de son dossier et être entendu, le cas échéant avec l'assistance d'un conseil de son choix, en application des dispositions des articles R. 15-1 et R. 15-5 du Code de procédure pénale.

Le recours contre un refus d'habilitation est régi par les articles 16-1 et 16-2 du Code de procédure pénale (V. *infra*, n° 410).

2) L'octroi d'habilitation

67 Cet octroi vaut désormais habilitation unique sous les réserves formulées précédemment (V. *supra*, nos 59 et s.). Cette habilitation indique les fonctions en vue desquelles l'habilitation est délivrée et l'étendue de la compétence territoriale de l'officier de police judiciaire qui est fixée par le décret des catégories de services. Précisons que le procureur général ne peut pas décider de restreindre cette compétence territoriale qui est dévolue au seul pouvoir exécutif conformément aux articles R. 15-18 à R. 15-26-1 du Code de procédure pénale.

c) La suspension et le retrait d'habilitation

68 Ces questions sont traitées au titre 4 « Contrôle par l'autorité judiciaire » (V. Fiche 12 : Direction, contrôle et surveillance de l'activité de police judiciaire, nos 411, 412, 420).

II La compétence personnelle spéciale de l'officier de police judiciaire

69 En complément de sa compétence personnelle générale, l'officier de police judiciaire doit parfois se voir délivrer une habilitation complémentaire pour pouvoir réaliser certains actes d'enquête. Ces habilitations spéciales ne sont pas réservées aux officiers de police judiciaire et peuvent également être délivrées aux agents de police judiciaire. Ces habilitations spéciales peuvent être classées en deux catégories.

A Habilitation spéciale nominativement délivrée

70 Cette habilitation spéciale est délivrée *in personam*, souvent à l'issue d'une formation spécifique qui sanctionne une compétence particulière en termes d'investigations et qui est requise pour intégrer certains services ou unités spécialisés.
Cette habilitation spécifique permet à l'officier de police judiciaire d'effectuer certains actes d'enquête encore plus attentatoires aux droits et libertés individuelles. Elle peut être délivrée par l'autorité hiérarchique ou par l'autorité judiciaire. Dans ce dernier cas, on peut citer le cas de l'infiltration (CPP, art. 706-81 et D. 15-1-2).
Si ces habilitations spéciales sont apparues dans les décrets relatifs aux différents fichiers de police, force est de constater que celles-ci sont de plus en plus nombreuses. Elles seront spécifiées, dans le présent ouvrage, lors de l'étude de chaque acte d'enquête. Toutefois, il est permis d'en citer quelques-unes pour illustrer le propos :
– l'accès aux différents fichiers de police (V. fiches relatives aux « fichiers de police », nos 4077 et 4093, n° 4134, n° 4199, n° 4403, n° 4430) ;
– l'enquête sous-pseudonyme (CPP, art. 230-46) (V. *infra*, n° 4018) ;
– l'infiltration (CPP, art. D. 15-1-1 à D. 15-1-4) (V. *infra*, n° 4047), etc.

71 Cette habilitation est parfois une autorisation comme celle qui figure à l'article 15-4 du Code de procédure pénale et qui autorise les officiers et agents de police judiciaire à être identifiés, dans les actes de procédure qu'ils rédigent, par un numéro d'immatriculation administrative. Cette autorisation est délivrée nominativement, sous conditions.
Parfois l'habilitation spéciale nécessite un agrément préalable par le chef de service ou le commandant d'unité. C'est le cas pour l'enquête sous pseudonyme et l'infiltration.

72 Quelle que soit la forme de cette habilitation ou autorisation nominative, elle fait l'objet d'un document officiel versé au dossier personnel de l'officier de police judiciaire détenu par son administration. Il en existe parfois une copie au dossier personnel de l'officier de police judiciaire détenu par le parquet général de la cour d'appel dans le ressort duquel siège le service ou l'unité de l'officier de police judiciaire.

B Habilitation à raison de l'affectation dans un service ou une unité spécifique

73 À la différence de la précédente habilitation *in personam* qui peut être décorrélée de toute affectation spécifique, cette habilitation est en quelque sorte délivrée à l'unité de gendarmerie ou au service de police. Dès lors, il suffit que le militaire de la gendarmerie ou le fonctionnaire de police y soit affecté pour pouvoir utiliser certains pouvoirs d'enquête. Comme pour l'habilitation spécifique personnelle, ces habilitations seront évoquées, dans le présent ouvrage, lors de l'étude de chaque acte d'enquête. Toutefois, on les retrouve essentiellement aux articles D. 15-1-5 (V. *infra*, n° 3780), D. 15-1-5-1 (V. *infra*, n° 3710), D. 15-1-6 (V. *infra*, n° 3886) et D. 15-1-7 (V. *infra*, n° 3970) du Code de procédure pénale.

74 **Habilitation *in personam* et affectation dans une unité ou un service.** Pour les actes d'enquête visés à l'article 230-46 du Code de procédure pénale, il s'agit d'une double habilitation en ce que cet article prévoit que « (...) les officiers ou agents de police judiciaire agissant au cours de l'enquête ou sur commission rogatoire peuvent, s'ils sont affectés dans un service spécialisé et spécialement habilités à cette fin dans des conditions précisées par arrêté du ministre de la justice et du ministre de l'intérieur, procéder sous pseudonyme aux actes suivants sans en être pénalement responsables ».

L'ESSENTIEL 75 La compétence personnelle de l'officier de police judiciaire est régie par l'article 16 du Code de procédure pénale et dépend du statut du militaire de la gendarmerie ou du policier. Certains détiennent cette compétence à raison de leur seule qualité ; d'autres doivent, outre une qualité préalable, être habilités : c'est l'habilitation « OPJ » (V. *supra*, n° 23).

76 **OPJ « sans habilitation ».** Sont OPJ à raison de leur seule qualité sans qu'il soit nécessaire que le procureur général de la cour d'appel où ils exercent leur fonction ou leur mandant les habilite :
- les maires et leurs adjoints (V. *supra*, n° 25) ;
- les personnes exerçant des fonctions de directeur ou de sous-directeur de la police judiciaire et de directeur ou de sous-directeur de la gendarmerie (major général) (V. *supra*, n° 28).

77 **OPJ « habilités ».** Tous les autres militaires de la gendarmerie et fonctionnaires de police de l'article 16 (V. *supra*, nos 31 et s.), et les réservistes opérationnels de l'article 16-1, A (V. *supra*, n° 40), doivent, pour pouvoir exercer les prérogatives de l'officier de police judiciaire, être habilités, ce qui implique qu'ils doivent non seulement être listés à l'article 16, mais encore exercer un emploi qui comprend la mission de police. Cette condition tenant à l'exercice d'un emploi revient à s'assurer préalablement à l'habilitation que l'officier de police judiciaire figurant à l'article 16 est affecté dans un service ou dans unité figurant au décret des catégories de services (V. *supra*, nos 44 et s.).

78 Le rattachement d'un service ou d'une unité à un de ceux inscrits au décret de catégories de services suffit à remplir cette qualité, tout comme cet emploi peut être exercé de manière permanente ou temporaire (V. *supra*, nos 51 et s.).

79 **OPJ FA.** Les officiers de police judiciaire des forces armées sont définis à l'article L. 211-3 du Code de justice militaire. Parmi les membres de la police judiciaire, seuls les militaires de la gendarmerie peuvent se voir attribuer cette qualité. C'est le parquet général de la cour d'appel de Paris qui délivre l'habilitation OPJ FA (V. *supra*, n° 53).

80 **Maintien de l'ordre.** Enfin, l'exercice des attributions de l'officier de police judiciaire est suspendu pendant le temps où il participe en unité constituée à une opération de maintien de l'ordre (V. *supra*, n° 55).

81 **Procédure d'habilitation par le procureur général.** Cette habilitation est délivrée par le procureur général près la cour d'appel dans le ressort de laquelle intervient la première affectation du fonctionnaire (V. *supra*, n° 56). Elle est valable pour toute la durée de ses fonctions, y compris en cas de changement d'affectation. C'est au seul magistrat du parquet général que revient la décision d'habilitation, mais il peut se fonder sur les éléments communiqués par l'autorité hiérarchique.

82 **Le retrait ou la suspension de l'habilitation.** Voir titre 4 « Contrôle par l'autorité judiciaire » (V. *infra*, nos 410 et s., n° 420).

83 **Habilitation spéciale.** Pour utiliser certains pouvoirs d'enquête, l'officier de police judiciaire doit disposer d'une seconde habilitation, dite « spéciale », qui peut être soit nominativement délivrée, soit être délivrée à raison de l'unité ou du service dans lequel il est affecté (V. *supra*, nos 70 et s.).

POUR ALLER PLUS LOIN...

Fascicule JurisClasseur

• *JCl. Procédure pénale*, fasc. 20, *Police judiciaire*, par J. Buisson.

Répertoire

• G. Roussel : *Rép. pén.* Dalloz, § 167.

Circulaire

• Circ. DACG, 8 juin 2019 de présentation des dispositions immédiatement applicables de la loi n° 2019-222 du 23 mars 2019 de programmation 2018-2022 et de réforme pour la justice relatives à l'enquête et à l'instruction (NOR : JUSD1910288C), § 1.4.1.

Fiche 4

La compétence matérielle de l'officier de police judiciaire

Sommaire

84 **Approche globale.** La compétence matérielle de l'officier de police judiciaire recouvre les attributions qui lui sont délivrées par le Code de procédure pénale et fait l'objet d'une étude acte par acte dans le présent ouvrage. Toutefois, il nous semble possible de dégager les grandes lignes de sa compétence matérielle.

85 Si cette compétence matérielle est qualifiée de générale, l'officier de police judiciaire dispose également d'attributions exclusives.

I Compétence matérielle générale de l'officier de police judiciaire

86 Cette compétence matérielle de l'officier de police judiciaire est fixée d'une manière générale par l'article 17 du Code de procédure pénale, qui n'a pas été modifié depuis 1958, et qui dispose que :

> « Les officiers de police judiciaire exercent les pouvoirs définis à l'article 14 ; ils reçoivent les plaintes et dénonciations ; ils procèdent à des enquêtes préliminaires dans les conditions prévues par les articles 75 à 78. En cas de crimes et délits flagrants, ils exercent les pouvoirs qui leur sont conférés par les articles 53 à 67. Ils ont le droit de requérir directement le concours de la force publique pour l'exécution de leur mission ».

L'article 14 renvoyant à l'exécution de la mission de police judiciaire, l'officier de police judiciaire a donc une compétence matérielle de portée générale lui permettant de constater toutes les infractions à la loi pénale et de recourir aux pouvoirs d'enquête pour rechercher et interpeller les auteurs. La loi pénale doit être entendue au sens large et concerne tous les comportements antisociaux incriminés par le Code pénal essentiellement, tout en précisant que ce code n'a pas l'exclusivité de la matière pénale. Cette précision aurait sans doute mérité de figurer dans le Code de procédure pénale, faisant dire à certains auteurs que la rédaction de l'article 17 « est peu lumineuse ».

87 Cette compétence générale de l'officier de police judiciaire perdure quel que soit l'unité ou le service dans lequel il est affecté, y compris lorsqu'il s'agit d'un service spécialisé qui a vocation à enquêter sur des infractions dont la liste est fixée par le règlement. Les offices centraux de la police nationale et de la gendarmerie nationale ou encore les unités spécialisées comme la gendarmerie des transports aériens peuvent valablement enquêter sur des infractions qui ne sont pas visées dans le texte les organisant. Ainsi, la chambre criminelle juge que « tout officier de police judiciaire, exerçant ses fonctions au sein d'un GIR, tient de l'article 75 du Code de procédure pénale le droit de procéder d'office à des enquêtes préliminaires » (Cass. crim., 19 mars 2008, n° 07-88.684).

88 **Limitation.** Cependant, pour la réalisation de certains actes, il est nécessaire que l'officier de police judiciaire recueille l'autorisation du magistrat du parquet, voire d'un juge des libertés et de la détention avant d'exécuter un acte d'enquête. Ce mécanisme est notamment largement prévu dans le cadre de l'enquête préliminaire, comme l'autorisation de perquisitionner sans assentiment délivrée par le juge des libertés ou de la détention, mais également, en flagrance notamment, lorsque l'acte d'enquête est particulièrement attentatoire aux libertés individuelles, comme l'autorisation délivrée par le procureur de la République de recourir à la géolocalisation. Ces autorisations seront étudiées dans le présent ouvrage au sein des fiches consacrées aux différents actes d'enquête.

II
Compétence matérielle exclusive de l'officier de police judiciaire

89 Dans leur ouvrage, M. Desportes et Mme Lazerges-Cousquer indiquent que relèvent des attributions de l'officier de police judiciaire les actes d'investigation « les plus importants ou les plus graves », en somme les plus attentatoires aux libertés individuelles. Si cette affirmation demeure exacte, force est de constater que le législateur donne désormais compétence à l'agent de police judiciaire pour exécuter certains de ces actes attentatoires aux libertés individuelles, sous réserve que ceux-ci soient autorisés par un magistrat. Il s'agit, dans une grande majorité, des actes d'enquête relevant de la délinquance et de la criminalité organisée.
Face à ce rôle accru de l'agent de police judiciaire, qui agit sur autorisation du magistrat et sous contrôle de l'officier de police judiciaire, ce dernier dispose-t-il encore de prérogatives exclusives ?

A La décision de placement en garde à vue

90 On rappellera simplement que l'article 63, I du Code de procédure pénale dispose que : « Seul un officier de police judiciaire peut, d'office ou sur instruction du procureur de la République, placer une personne en garde à vue ». Si l'officier de police judiciaire partage ce pouvoir avec le magistrat, du parquet ou instructeur, **il est le seul parmi les enquêteurs à en disposer**. Cette compétence exclusive de l'officier de police judiciaire est également indiquée aux articles 20 et D. 13 du Code de procédure pénale (V. *infra*, n°s 187 et 2778).

B Exécution des commissions rogatoires

91 L'article 151 du Code de procédure pénale dispose que : « Le juge d'instruction peut requérir par commission rogatoire tout juge de son tribunal, tout juge d'instruction ou tout officier de police judiciaire ».

92 Par la délivrance d'une commission rogatoire, qui n'est autre qu'un mandat judiciaire (V. *infra*, n° 1014), l'officier de police judiciaire tient sa compétence matérielle de celle déléguée par le juge d'instruction (CPP, art. 152), qui la tient lui-même de la saisine *in rem* (V. *infra*, n° 1015). Dans ce cas, et pour les seuls faits visés dans la commission rogatoire, l'officier de police judiciaire disposera de tous les pouvoirs du juge d'instruction délivrés par commission rogatoire générale mais aussi par commissions rogatoires spéciales, encore dites « techniques », à l'exception des actes qui relèvent de la compétence exclusive du

juge mandant (par ex., l'interrogatoire du mis en examen, CPP, art. 152, al. 2). Mais à la différence du juge d'instruction, l'officier de police judiciaire garde la possibilité de « se saisir d'office » (Cass. crim., 25 juin 2014, n° 14-81.647. – Cass. crim., 5 sept. 2007, n° 06-88.017. – Cass. crim., 12 mai 1992, n° 91-85.236. – Cass. crim., 25 juin 2014, n° 14-81.647) de tous faits qui seraient mis à jour de manière incidente par l'exécution de la commission rogatoire à raison des prérogatives qu'il tient de l'article 17 du Code de procédure pénale et de celles issues du régime juridique de l'enquête de flagrance et de l'enquête préliminaire pour autant qu'il soit territorialement compétent (V. *infra*, n°s 101 et s.).

Toutefois, les articles 99-4, 100-3 et 100-4 du Code de procédure pénale autorisent expressément l'agent de police judiciaire à procéder aux réquisitions prévues à l'alinéa 2 de l'article 60-2, aux réquisitions aux fins d'installation d'un dispositif d'interception des communications électroniques et aux opérations de perquisition informatique dans le cadre de l'exécution d'une commission rogatoire. De même, l'article 97-1 autorise l'agent de police judiciaire à réaliser les perquisitions prévues à l'article 57-1 (V. *infra*, n° 1959). Ceci a pour conséquence que, pour ces deux actes d'enquête, l'agent de police judiciaire peut rédiger le procès-verbal en son nom.

Enfin, l'article 99-5 du Code de procédure pénale autorise l'assistant d'enquête à procéder à la demande expresse et sous le contrôle de l'officier de police judiciaire aux réquisitions visant à la copie et à l'exploitation de données contenues sur un support informatique (V. *infra*, n°s 3464 et s.). L'article 21-3 du Code de procédure pénale autorise l'assistant d'enquête, dans des conditions qui doivent encore être précisées par décret, à procéder à la transcription des interceptions judiciaires (V. *infra*, n°s 295 et s.)

C Délégataire exclusif de certaines autorisations ?

93 Le Code de procédure pénale semble déléguer l'exécution de certains actes autorisés par le magistrat au seul officier de police judiciaire. Il en va ainsi de la comparution forcée prévue à l'article 61, alinéa 3 et à l'article 78 du Code de procédure pénale, de la perquisition réalisée sans assentiment sur autorisation du juge des libertés et de la détention dans le cadre de l'enquête préliminaire (CPP, art. 76). Ces articles ne visent que l'officier de police judiciaire à l'exclusion de tout autre membre de la police judiciaire. Cette compétence exclusive de l'officier de police judiciaire pourrait être justifiée par le fait que ces actes nécessitent par définition la contrainte, puisqu'il s'agit de forcer une personne à faire quelque chose, ce qui peut éventuellement conduire à recourir à la coercition, à la contrainte physique.

94 **Assistance de l'agent de police judiciaire.** Dans les hypothèses où il revient au seul officier de police judiciaire d'exécuter ces actes d'enquête et d'en dresser procès-verbal, rien n'interdit qu'il soit assisté à cette occasion par un agent de police judiciaire, comme le prévoient les articles 20 et D. 13 du Code de procédure pénale (V. *infra*, n° 190). Dans ce cas l'officier de police judiciaire doit être présent sur place et ne saurait diriger les opérations à distance ou exercer un contrôle *a posteriori*.

L'ESSENTIEL **95** La compétence matérielle de l'officier de police judiciaire est fixée d'une manière générale par l'article 17 du Code de procédure pénale. Celui-ci a, par référence à l'article 14, une compétence matérielle de portée générale lui permettant de constater toutes les infractions à la loi pénale et de recourir aux pouvoirs d'enquête pour rechercher et interpeller les auteurs. La loi pénale doit être entendue au sens large et concerne tous les comportements antisociaux incriminés par le Code pénal essentiellement, tout en précisant que ce code n'a pas l'exclusivité de la matière pénale (V. *supra*, n° 86).

96 Compétence exclusive de l'OPJ. L'OPJ est le seul à pouvoir :

– décider d'un placement en garde à vue, éventuellement sur instruction du magistrat en charge de l'enquête (V. *supra*, n° 90) ;

– sauf disposition expresse autorisant l'APJ à réaliser certains actes d'enquêtes, exécuter les commissions rogatoires, c'est-à-dire acter en procédure les actes diligentés sur délégation du juge d'instruction (V. *supra*, n° 91).

97 De même, il semble que l'officier de police judiciaire soit le seul à pouvoir être délégataire de certaines autorisations comme celles qui relèvent de l'article 76 ou encore de l'article 78 du Code de procédure pénale (V. *infra*, n°s 1693 et s.). Mais rien n'interdit qu'il soit assisté à cette occasion par un agent de police judiciaire.

POUR ALLER PLUS LOIN…

Ouvrage

- F. Desportes et L. Lazerges-Cousquer, *Traité de procédure pénale*, Economica, 4e éd., 2015, § 901 et 902.

Fiche 5

La compétence territoriale de l'officier de police judiciaire

Sommaire

98 Cette compétence territoriale est, aux côtés de la compétence matérielle et de la compétence personnelle, le troisième critère qui donne à l'officier de police judiciaire sa capacité judiciaire à exercer sa mission de police judiciaire entendue au sens de l'article 14 du Code de procédure pénale. Cette compétence territoriale de l'officier de police judiciaire est particulièrement importante en ce qu'elle constitue le fondement de sa « saisine » en enquête préliminaire et en flagrance. Dans le cadre de l'information, la saisine est également conditionnée à la délivrance d'une commission rogatoire (V. *infra*, n° 1014). La présente fiche a uniquement vocation à présenter les critères de compétences territoriales de l'officier de police judiciaire. S'agissant de la notion de « saisine », V. Fiche 26 : Les caractéristiques communes à l'enquête de flagrance et à l'enquête préliminaire (V. *infra*, n°s 813 et s.) et V. *infra*, n°s 117 et s.

99 La compétence territoriale de l'officier de police judiciaire est régie par les articles 15-1 et 18 du Code de procédure pénale, ainsi que par les articles R. 15-12 et suivants et D. 12 du même code, mais aussi par des règles de nature administrative, qui ont vocation à assurer une bonne administration de la justice.

I
La définition de la compétence territoriale

100 L'article 15-1 du Code de procédure pénale dispose que : « La compétence territoriale de ces services ou unités [ceux dans lesquels les officiers et agents de police judiciaire visés aux sections II et III du présent chapitre exercent leurs fonctions habituelles] s'exerce, selon les distinctions prévues par ce décret, soit sur l'ensemble du territoire national, soit sur une ou plusieurs zones de défense, ou parties de celles-ci, soit sur l'ensemble d'un département ».
L'article 18, alinéa 1er du Code de procédure pénale dispose que : « Les officiers de police judiciaire ont compétence dans les limites territoriales où ils exercent leurs fonctions habituelles ». Il rappelle le principe fixé par l'article 15-1 du même code.
Deux éléments sont toutefois à distinguer : l'étendue de la compétence territoriale de l'officier de police judiciaire et les critères de compétence territoriale.

A L'étendue de la compétence territoriale

1 Les différentes compétences territoriales

101 L'étendue de la compétence territoriale varie selon le type d'unité ou de service dans lequel l'officier de police judiciaire est affecté. En application de l'article 15-1 du Code de procédure pénale, la compétence territoriale est fixée par les articles R. 15-18 et suivants pour la police nationale et par les articles R. 15-22 et suivants pour la gendarmerie nationale.

102 Nous ne listerons pas ici les différents unités ou services car ceux-ci sont régulièrement modifiés au gré des réorganisations de la police nationale et de la gendarmerie nationale. Nous distinguerons simplement les différentes étendues que peuvent recouvrir les compétences territoriales des officiers de police judiciaire.

103 **Compétence nationale.** Les articles R. 15-18 et R. 15-22 listent les services et unités à compétence territoriale nationale. L'article D. 8-1 du Code de procédure pénale indique que les offices centraux relèvent soit de l'article R. 15-18 pour ceux qui sont sous commandement de la police nationale, soit de l'article R. 15-22 pour ceux qui sont sous commandement de la gendarmerie nationale. Ces offices centraux ont une compétence nationale.

104 **Compétence zonale ou pluri-zonale.** Les articles R. 15-19 et R. 15-23 du Code de procédure pénale listent les services et unités qui ont une compétence qui s'étend sur le ressort d'une ou plusieurs zones de défense ou parties de celles-ci. On rappellera que l'article R. 1211-4 du Code de la défense délimite sept zones de défense. C'est au moment de l'habilitation par le procureur général que celui-ci fixe, sur demande de l'autorité hiérarchique compétente, l'étendue de la compétence territoriale sur une ou plusieurs zones de défense ou parties d'entre elles. L'étendue de la compétence qui relève de ces articles R. 15-19 et R. 15-23 du Code de procédure pénale tient à l'organisation territoriale des services de police et des unités de gendarmerie et est fixée par décret. Ainsi, pour les unités et services spécialisés en police judiciaire, on peut citer le décret n° 2021-257 du 8 mars 2021 portant modification du décret n° 2016-568 du 10 mai 2016 relatif à la compétence territoriale de certaines des unités régionales et zonales de police judiciaire et de la gendarmerie nationale et le décret n° 2020-1776 du 30 décembre 2020 portant organisation des services territoriaux de police judiciaire de la police nationale. Dans chacun de ces décrets, un tableau détaille précisément les étendues de compétence des différents services et unités.

105 **Dispositifs d'appui opérationnel au sein de la gendarmerie nationale.** L'article R. 15-23, 12° concerne le cas particulier des dispositifs d'appui territorial qui disposent au titre de cet article d'une compétence supra-départementale. Ces dispositifs d'appui interdépartementaux (DAI) sont listés au décret n° 2019-107 du 15 février 2019. Leur création vise à une meilleure efficacité en s'affranchissant de certaines limites territoriales qui peuvent apparaître comme artificielles au regard de la typologie de la délinquance locale.

106 **Compétence départementale, compétence minimale.** Les articles R. 15-20 et R. 15-24

du Code de procédure pénale listent les services et unités qui ont une compétence qui s'étend sur le ressort d'un département, d'une collectivité territoriale ainsi qu'en Nouvelle-Calédonie.
Autrement dit, aucune unité de gendarmerie ni aucun service de police n'a une compétence territoriale inférieure au département.
Les articles R. 15-21 et R. 15-26 précisent les conditions dans lesquelles sont créés ou supprimés ces unités ou services.

107 **Cas particuliers des chefs de service et commandants d'unité.** L'article R. 15-27 du Code de procédure pénale dispose que : « La compétence territoriale des directeurs et chefs de services, des commandants d'unités et de leurs adjoints au sein desquels sont regroupés des services ou unités mentionnés à la présente section couvre l'ensemble du ressort territorial de ces services ou unités » (V. *supra*, n° 48). Ainsi, un commandant de compagnie de gendarmerie ou un directeur départemental de la police, bien que la compagnie ou la DDSP ne soit pas visée au décret des catégories de services, a compétence sur l'ensemble des ressorts des unités qui sont sous son commandement qui, elles, sont visées au décret de catégories de services. Il est donc compétent sur l'ensemble du département.

108 **Inadéquation entre compétence territoriale et ressort judiciaire.** Si les officiers de police judiciaire et les agents de police judiciaire agissant sous leur contrôle connaissent parfaitement l'étendue de leur compétence territoriale telle qu'elle est prévue par ces articles, ils doivent cependant se montrer attentifs lorsqu'il s'agit d'informer le parquet de la commission d'une infraction. En effet, les ressorts des tribunaux judiciaires ne correspondent que très rarement à celles des unités de gendarmerie ou des services de police. Ainsi, il n'est pas rare qu'une brigade de gendarmerie départementale dont la compétence territoriale est le département recouvre en réalité deux ressorts de tribunaux judiciaires. Comme il n'est pas rare qu'une direction régionale de police judiciaire soit compétente sur plusieurs cours d'appel ou parties de cours d'appel.

FOCUS La compétence territoriale du procureur de la République se définit en termes de ressort du tribunal judiciaire dans lequel il est chef de parquet. Les ressorts de tribunaux judiciaires sont fixés par l'article D. 211-1 du Code de l'organisation judiciaire qui renvoie au tableau IV en annexe du même code. De plus certaines juridictions spécialisées disposent d'un ressort plus étendu, V. CPP, art. 704, 706-2, 706-16, 706-107.

2 Les compétences territoriales liées à une mission particulière

109 Les articles R. 15-28 à R. 15-33 du Code de procédure pénale sont consacrés aux officiers de police judiciaire exerçant leur mission dans des véhicules affectés au transport de voyageurs.
L'article R. 15-28 du Code de procédure pénale dispose que :

> « Les officiers ou agents de police judiciaire appartenant aux services ou unités désignés aux articles R. 15-29 à R. 15-33 sont compétents, dans les limites définies par ces articles, pour exercer leur mission dans les véhicules affectés au transport collectif de voyageurs, dès lors que ces véhicules, ou le réseau sur lequel ils circulent, traversent tout ou partie de leur circonscription d'affectation ».

110 Puis, le Code de procédure pénale distingue les officiers de police judiciaire de la police nationale et ceux de la gendarmerie nationale, qui disposent chacune d'unités et de services différents consacrés à cette mission.

a) Pour la police nationale

CPP, art. R. 15-29 : « Par dérogation aux dispositions du 2° de l'article R. 15-19 et du 3° de l'article R. 15-20, les officiers et agents de police judiciaire appartenant aux directions zonales ou départementales de la police aux frontières ou aux services territoriaux de police aux frontières des directions territoriales de la police nationale sont compétents pour opérer sur l'ensemble du domaine ferroviaire du ressort de la direction zonale à laquelle ils appartiennent et des directions zonales limitrophes ».

CPP, art. R. 15-30 : « Les officiers et agents de police judiciaire appartenant aux sûretés départementale[s], aux circonscriptions de sécurité publique, aux services territoriaux de police judiciaire ou aux services territoriaux de sécurité publique des directions territoriales de la police nationale sont compétents sur l'ensemble des réseaux, lignes, stations, gares, arrêts et couloirs affectés aux transports collectifs de voyageurs dans leur département d'affectation et dans les départements limitrophes.
Toutefois, ceux affectés dans un service interdépartemental de sécurisation des réseaux de transport en commun de voyageurs sont compétents dans l'ensemble des départements couverts par ce service ainsi que dans les départements limitrophes du département de rattachement de ce dernier.
Les officiers et agents de police judiciaire affectés au service de police intervenant sur les réseaux de transport en commun de voyageurs de la zone de défense et de sécurité d'Île-de-France sont compétents sur toute l'étendue de cette zone de défense

et de sécurité et, au-delà des limites de cette zone, sur les lignes, stations, gares, arrêts et couloirs prolongeant ces réseaux dont la liste est fixée par arrêté conjoint du ministre de la justice et du ministre de l'Intérieur ».

CPP, art. R. 15-31 : « Les officiers et agents de police judiciaire affectés aux directions régionales de la police judiciaire de Paris et de Versailles sont compétents pour exercer leur mission sur l'ensemble des lignes, stations, gares, arrêts et couloirs des transports en commun de la région Île-de-France ».

b) Pour la gendarmerie nationale

CPP, art. R. 15-32 : « Les officiers et agents de police judiciaire appartenant aux brigades de recherches de la gendarmerie départementale visées à l'article R. 15-24 (1°), sont compétents pour opérer sur l'ensemble des lignes, stations, gares, arrêts et couloirs affectés aux transports collectifs de voyageurs dans le ressort de leur cour d'appel de rattachement ».

CPP, art. R. 15-33 : « Les officiers et agents de police judiciaire appartenant aux brigades de recherches, aux brigades territoriales organisées ou non en communautés de brigades, aux brigades motorisées de la gendarmerie départementale et aux pelotons de surveillance et d'intervention de la gendarmerie départementale visés aux 1°, 3° et 4° de l'article R. 15-24 sont compétents pour opérer sur l'ensemble des lignes, stations, gares, arrêts et couloirs affectés aux transports collectifs de voyageurs dans leur département d'affectation et dans les départements limitrophes ».

111 **La compétence territoriale spéciale n'efface pas la compétence territoriale générale.** Certains services ou unités voient leur compétence territoriale étendue à des domaines particuliers. Cette extension de compétence n'affecte en rien la compétence territoriale prévue initialement au Code de procédure pénale qui demeure. Ainsi, la chambre criminelle (Cass. crim., 15 juin 2021, n° 21-80.610) juge qu'un agent de police de judiciaire en fonction dans une brigade de gendarmerie des transports aériens peut relever l'infraction d'usage d'un téléphone lors de la conduite d'un véhicule commis en dehors d'un aérodrome. En effet, « l'arrêté du 28 avril 2006, relatif à l'organisation, à l'emploi et au soutien de la gendarmerie des transports aériens, ne restreint pas la compétence territoriale de cette unité, laquelle couvre une ou plusieurs zones de défense ou parties de celle-ci, mais se borne à préciser que cette compétence s'exerce aussi, dans les aérodromes civils et les aérodromes mixtes sur lesquels elle est implantée, sur leurs zones réservées ».

c) Le maire et ses adjoints

112 Il ressort de l'article L. 2113-13 du Code général des collectivités territoriales que le maire et ses adjoints n'ont de compétence territoriale que sur la seule étendue de leur commune.

3 Le Centre automatisé de constatation des infractions routières (CACIR)

113 L'article R. 15-26-1 du Code de procédure concerne une unité particulière qu'est le Centre automatisé de constatation des infractions routières. Cet article dispose que le CACIR « constitue un service commun au sein duquel les officiers et agents de police judiciaire de la police et de la gendarmerie nationales exercent leurs fonctions habituelles et dont la compétence s'étend à l'ensemble du territoire national pour les infractions constatées selon les modalités mentionnées au premier alinéa de l'article L. 130-9 du Code de la route. Sa création est décidée par un décret qui précise son lieu d'implantation ». Les militaires de la gendarmerie et les fonctionnaires de police qui y sont affectés disposent d'une compétence nationale leur permettant de constater les infractions à l'article L. 130-9 du Code de la route sur l'ensemble du territoire national.

114 Le décret n° 2004-1086 du 14 octobre 2004 portant création et organisation du Centre automatisé de constatation des infractions routières (CACIR) prévoit que ce service à compétence nationale est implanté à Rennes (Ille-et-Vilaine). Il est rattaché, pour emploi, à la direction centrale de la sécurité publique de la Direction générale de la police nationale du ministère de l'Intérieur. Puisque le CACIR est basé à Rennes, lieu où l'infraction est constatée par l'examen d'une photographie, il était nécessaire que lui soit donnée une compétence nationale, les infractions au Code de la route étant commises sur l'ensemble du territoire national.

B Les critères de compétence territoriale

1 Compétences territoriales différentes pour le procureur de la République et l'officier de police judiciaire

115 La compétence territoriale de l'officier de police judiciaire et celle du procureur de la

République ne coïncident pas nécessairement, les articles 14 et 18 du Code de procédure pénale relatifs à la compétence territoriale de l'officier de police judiciaire et l'article 43 relatif à la compétence du procureur de la République étant rédigés dans des termes différents.

116 Aussi, il n'est pas rare qu'un officier de police judiciaire travaille avec plusieurs procureurs de la République.
Il revient donc à l'officier de police judiciaire, lorsqu'il informe le magistrat, de s'assurer du ressort sur lequel a eu lieu l'infraction (V. *supra*, n° 108) afin d'informer celui qui est « territorialement compétent ». Corrélativement, le procureur de la République doit également vérifier sa compétence.

117 Lorsqu'un procureur de la République est compétent non pas en raison du lieu de commission de l'infraction mais en raison d'un des autres critères de l'article 43 du Code de procédure pénale (lieu de résidence de la personne soupçonnée, notamment), l'officier de police à qui le procureur de la République donne des instructions est/devient compétent territorialement pour mener l'enquête.

2 La ZGN et la ZPN, critère de saisine

118 **Concurrence territoriale entre les unités de gendarmerie et les services de police.** Les services de police et unités de gendarmerie sont nécessairement en concurrence, au regard de la compétence territoriale, lorsqu'une infraction pénale est commise en un point du territoire. Dans un souci de bonne administration, l'ensemble du territoire national fait l'objet d'un découpage administratif entre zone de police nationale (« ZPN ») et zone de gendarmerie nationale (« ZGN ») qui constitue un critère de saisine des services de police ou des unités de gendarmerie que la Chancellerie préconise de respecter mais qui ne s'impose pas juridiquement aux magistrats.

119 Ce découpage vise à rationaliser l'activité des services de police et des unités de gendarmerie en sous-distinguant au sein de leur zone de compétence territoriale judiciaire, c'est-à-dire celle fixée par le décret des catégories de services (V. *supra*, n° 101), une zone d'action prioritaire qui conduit à ce que, au sein de celle-ci, ne soit compétent qu'un service de police ou une unité de gendarmerie, et non les deux. La détermination des communes relevant de la ZPN ou de la ZGN est fixée par les articles L. 2214 et R. 2214-1 et suivants du Code général des collectivités territoriales et R. 431-2 du Code de la sécurité intérieure.

120 Ces ZGN et ZPN ne viennent aucunement réduire l'étendue de la compétence territoriale des officiers de police judiciaire qui reste celle fixée par le décret des catégories de services, mais elles sont des zones d'action prioritaire qui constituent le véritable critère de saisine de l'officier de police judiciaire ou du service de police ou de l'unité de gendarmerie. La saisine initiale de l'officier de police judiciaire en enquête de flagrance et en enquête préliminaire est donc une saisine « territoriale ». En effet, le magistrat du parquet n'intervient pas toujours pour désigner expressément l'unité ou le service auquel il confie l'enquête. Si tel est le cas, notamment lorsque les faits sont graves ou parce que d'autres enquêtes sont déjà en cours, le magistrat du parquet choisira alors parmi les unités de la gendarmerie, si les faits ont lieu en ZGN, ou parmi les services de police nationale, si les faits ont lieu en ZPN, lequel de ces services ou unités il désigne conformément à l'article 12 du Code de procédure pénale pour diligenter l'enquête préliminaire ou de flagrance.

121 Rappelons qu'une fois ce critère de saisine fixé, les officiers de police judiciaire peuvent enquêter sur l'ensemble de l'étendue de leur zone de compétence judiciaire et qu'il n'y a donc plus lieu de respecter la ZGN ou la ZPN lors des actes d'enquête, mais uniquement l'étendue de la compétence territoriale qui peut, le cas échéant, bénéficier d'une extension (V. *infra*, n°s 130 et s.).

122 **Liberté du magistrat.** Ce découpage territorial étant de nature administrative, le magistrat en charge de l'enquête est toujours libre de saisir le service ou l'unité de son choix, conformément à l'article 12-1 du Code de procédure pénale, dès lors que celui-ci est territorialement compétent au sens de l'article 18 du même code. C'est ainsi qu'il arrive qu'il saisisse une section de recherches pour des faits commis en ZPN et inversement, la direction zonale de la police judiciaire (DZPJ) pour des faits commis en ZGN.

123 Schéma.

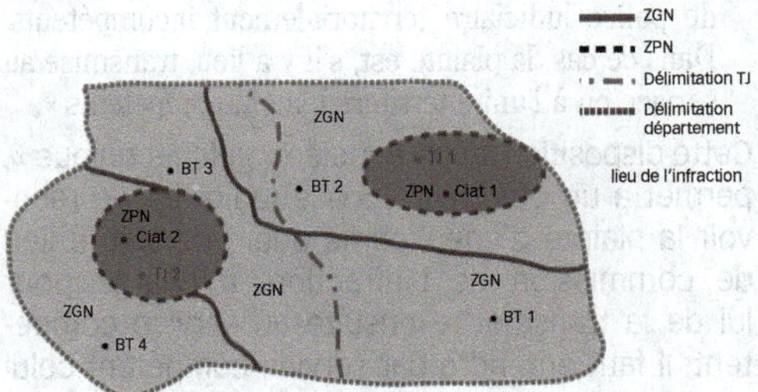

Département comportant deux TJ

124 **Commentaire.** Selon l'article 18, alinéa 1 du Code de procédure pénale, toutes les unités de gendarmerie et les services de police ayant compétence sur le département peuvent enquêter.
Selon le schéma résultant des ZPN et ZGN, les services de police traitent les affaires survenant dans la ZPN et les unités de gendarmerie celles survenant dans les ZGN.
Toutefois, selon l'article 12-1 du Code de procédure pénale, le magistrat reste libre de saisir toute unité ou service compétent sur le département, notamment si l'infraction s'inscrit dans un phénomène de délinquance et qu'une unité a déjà débuté les investigations ou si le magistrat décide, en raison de la gravité ou de la complexité des investigations, de saisir une unité ou un service à compétence supra-départementale.
En l'espèce, si une infraction est commise dans la ZGN de la BT 3 (brigade territoriale 3), selon l'article 18, les BT 1, 2, 3 et 4 et les commissariats 1 et 2 peuvent enquêter ainsi que tous ceux qui ont une compétence supérieure au département comme les sections de recherches (SR) ou encore les DZPJ.
Mais le schéma des « ZGN et ZPN » conduit à ce qu'en principe ce soit la BT 3 qui enquête.
Il résulte par ailleurs de l'article 43, alinéa 1 du Code de procédure pénale que le procureur de la République du TJ 1 (tribunal judiciaire 1) est incompétent alors que les services enquêteurs ont, eux, compétence (BT 1 et 2, et commissariat « Ciat » 1).

3 Dérogations aux critères de compétence

125 Le Code de procédure pénale prévoit des dérogations à la compétence territoriale classique.

126 **Guichet unique.** En premier lieu, l'article 15-3 du Code de procédure pénale dispose que :

> « Les officiers et agents de police judiciaire sont tenus de recevoir les plaintes déposées par les victimes d'infractions à la loi pénale, y compris lorsque ces plaintes sont déposées dans un service ou une unité de police judiciaire territorialement incompétents. Dans ce cas, la plainte est, s'il y a lieu, transmise au service ou à l'unité territorialement compétents ».

Cette disposition, aussi appelée « guichet unique », permet à un officier de police judiciaire de recevoir la plainte d'une victime quel que soit le lieu de commission de l'infraction, à charge pour lui de la transmettre ensuite au service compétent. Il faut entendre par service compétent celui qui l'est au titre des critères de saisine évoqués précédemment, c'est-à-dire selon que les faits se sont déroulés en ZGN ou en ZPN.
Cet article a été créé afin qu'une victime d'infraction ne soit pas renvoyée de service en service, faute pour ce service ou cette unité d'être territorialement compétent. Cela participe de la qualité de l'accueil que doit fournir toute unité et tout service à une personne qui souhaite déposer plainte.
Outre le guichet unique, la victime peut désormais porter plainte par un moyen de télécommunication audiovisuelle (V. *infra*, n° 2524). Cette possibilité semble pouvoir être assimilée à un « guichet unique en ligne » entraînant la transmission de la plainte ainsi recueillie aux services ou unités compétents, le cas échéant.

127 L'article 41, alinéa 3 du Code de procédure pénale dispose que :

> « Lorsqu'il s'agit d'actes d'enquête devant être exécutés dans un autre ressort que celui du tribunal judiciaire, il [le procureur de la République en charge de l'enquête] peut demander au procureur de la République territorialement compétent d'y procéder ou d'y faire procéder par un officier de police judiciaire. Il peut toutefois également requérir directement tout officier de police judiciaire sur l'ensemble du territoire national de procéder à ces actes ».

Cet article permet donc à un service de police ou à une unité de gendarmerie qui n'est pas compétent territorialement – les faits ne se sont pas déroulés dans sa zone de compétence – de le devenir pour un ou plusieurs actes déterminés sur décision du procureur de la République territorialement compétent au lieu des faits.
Cette disposition est utile lorsque le service d'enquête initialement saisi ne peut pas exécuter lui-même les actes d'enquête, soit que ceux-ci sont urgents, soit qu'ils doivent être réalisés dans des lieux éloignés de la zone de compétence des enquêteurs.

128 Selon la dépêche de la DACG (Dépêche « Mise en œuvre de la saisine par le parquet d'un service d'enquête situé en dehors de son ressort », 5 août 2016), cette demande à un autre service ou unité d'enquête peut être formulée par le magistrat ou bien encore directement par le service ou l'unité initialement saisi sur directive du magistrat. Les enquêteurs veilleront à acter les directives du magistrat au procès-verbal.

129 La dépêche précise que le procureur de la République pourra solliciter un service de police ou une unité de gendarmerie, selon que les actes sont à réaliser respectivement en ZGN ou en ZPN. Nous retrouvons ici le découpage administratif qui vise à la bonne organisation de la justice mais aussi à un

certain pragmatisme car il est certain que les enquêteurs connaissent parfaitement leur zone, qu'elle soit ZPN ou ZGN, et qu'il est plus judicieux de solliciter le service ou l'unité « local » plutôt que l'unité ou le service appartenant à la même institution qui, par définition, connaît moins bien la délinquance locale.

II L'extension de la compétence territoriale

130 Les extensions de compétence sont régies par l'article 18, alinéas 2 à 5 du Code de procédure pénale. Ces différents alinéas ont fait l'objet de nombreuses réformes conduisant à passer d'un régime d'autorisation à celui de simple information du magistrat par les enquêteurs. Pour l'heure, cet article 18 ne consacre pas encore une compétence nationale telle que souhaitée par les enquêteurs, mais le régime de ces extensions est désormais plus simple.

A Alinéa 2 de l'article 18 : extension de compétence par assimilation

131 La loi du 3 juin 2016 a simplifié le régime de l'extension de compétence des officiers mis à disposition ou appelés à suppléer (disposition prévue par l'article 18, alinéa 6 avant la loi du 3 juin 2016) d'autres officiers de police judiciaire en cas de besoin en supprimant l'alinéa 6 de l'article qui prévoyait le cas de la « suppléance entre officiers de police judiciaire ».

132 La mise à disposition d'un enquêteur étend automatiquement sa compétence territoriale par assimilation à celle du service ou de l'unité dans le(la)quel(le) il est détaché sans qu'il soit nécessaire de solliciter une habilitation temporaire auprès du procureur général.

CONSEIL Il semble recommandé d'informer le procureur de la République de ce détachement en raison de son pouvoir de direction de la police judiciaire prévu à l'article 12 du Code de procédure pénale.

133 Eu égard à la création de l'habilitation unique, la DACG précise que :

« À titre transitoire, s'agissant du traitement des demandes d'habilitation temporaire des officiers de police judiciaire bénéficiant actuellement d'une habilitation délivrée, sur le fondement des dispositions antérieures à la loi, par référence à un ressort territorial et à des fonctions déterminées, il est recommandé que le procureur général de leur lieu d'exercice habituel leur délivre une nouvelle habilitation sur le fondement de l'article 16 modifié, qui aura pour effet de couvrir les besoins de la mise à disposition temporaire ».

B Alinéa 3 de l'article 18 : extension de compétence par finalité

134 Cet alinéa 3, qui est le cas d'extension de compétence le plus fréquent, dispose que :

« Les officiers de police judiciaire peuvent se transporter sur toute l'étendue du territoire national, à l'effet d'y poursuivre leurs investigations et de procéder à des auditions, perquisitions et saisies, après en avoir informé le procureur de la République saisi de l'enquête ou le juge d'instruction. Ils sont tenus d'être assistés d'un officier de police judiciaire territorialement compétent si ce magistrat le décide. Le procureur de la République du tribunal judiciaire dans le ressort duquel les investigations sont réalisées est également informé par l'officier de police judiciaire de ce transport. L'information des magistrats mentionnés au présent alinéa n'est cependant pas nécessaire lorsque le transport s'effectue dans un ressort limitrophe à celui dans lequel l'officier exerce ses fonctions, Paris et les départements des Hauts-de-Seine, de Seine-Saint-Denis et du Val-de-Marne étant à cette fin considérés comme un seul département ».

Cet alinéa, qui prévoit désormais une simple information du magistrat du parquet ou du juge d'instruction en charge des investigations, remplace le régime d'autorisation qui prévalait avant la loi du 3 juin 2016. Il est complété par l'article D. 12 du Code de procédure pénale qui précise les conditions dans lesquelles l'information du magistrat ou de l'officier de police judiciaire territorialement compétent est nécessaire.

1 L'information du magistrat en charge de l'enquête

a) Le principe

135 Tant l'article 18, alinéa 3 que l'article D. 12 du Code de procédure pénale imposent à l'officier de police judiciaire qui se transporte hors des limites territoriales où il exerce ses fonctions habituelles d'aviser préalablement le procureur de la République saisi de l'enquête ou le juge d'instruction.
Cependant, lorsque le juge d'instruction a autorisé expressément les enquêteurs, par mention dans la commission rogatoire qu'il leur a délivrée, à se transporter sur toute l'étendue du territoire national, – ce que le texte ne lui impose plus depuis 2016 –, le défaut d'information du magistrat avant tout transport sur les lieux est sans effet sur la validité des actes accomplis par les enquêteurs hors des limites territoriales où ils exercent leurs fonctions habituelles (Cass. crim., 25 oct. 2022, n° 21-87.446).

b) L'exception : le déplacement dans le ressort limitrophe

136 Tant l'article 18, alinéa 3 que l'article D. 12 du Code de procédure pénale indiquent qu'une telle information du magistrat n'est pas nécessaire si le transport de l'officier de police judiciaire s'effectue dans un ressort limitrophe à celui dans lequel il exerce ses fonctions, le Code de procédure pénale prévoyant que « Paris et les départements des Hauts-de-Seine, de Seine-Saint-Denis et du Val-de-Marne sont considérés comme un seul département ».

137 **Quel ressort ?** La rédaction de ces deux articles pose cependant la question de la définition de la notion de « ressort » puisque, comme cela a été indiqué, les officiers de police judiciaire ont une compétence territoriale départementale *a minima*. Aussi, le ressort doit-il être entendu comme celui de la compétence territoriale de l'officier de police judiciaire, soit le département, ou comme le ressort du tribunal judiciaire où il exerce habituellement ses fonctions, sachant qu'un officier de police judiciaire peut exercer sur plusieurs ressorts ? Ce ressort est-il synonyme de département ou de « zone de police nationale » ou de « gendarmerie nationale » qui est la zone où l'officier de police judiciaire exerce habituellement ses fonctions (V. *supra*, n° 118) ?
De notre point de vue, et dans un véritable souci de simplification, il semble préférable de considérer que le ressort correspond au département limitrophe. C'est d'ailleurs la position de la Chancellerie, qu'elle exprime dans une circulaire du 31 mai 2011.

c) Compte-rendu au magistrat

138 En tout état de cause, que l'extension de compétence soit soumise ou non à information préalable du magistrat en charge de l'enquête, l'article D. 12 du Code de procédure pénale indique qu'« à l'issue de ses opérations, il tient ces derniers informés des résultats obtenus. Il mentionne dans sa procédure les avis donnés et, éventuellement, les concours qui lui ont été prêtés par le service local de police ou de gendarmerie ». Une mention au procès-verbal attestant de cette information est nécessaire et suffisante.

2 Information obligatoire du procureur de la République territorialement compétent

139 L'article 18, alinéa 3 du Code de procédure pénale impose à l'officier de police judiciaire qui poursuit ses investigations hors de son ressort de prévenir le procureur de la République territorialement compétent.
À la différence du procureur de la République en charge de l'enquête, cette information est obligatoire, que l'enquêteur se déplace dans le département limitrophe ou plus loin. Cette information apparaît naturelle, ce magistrat devant être informé des risques liés à une enquête se déroulant dans son ressort, d'autant plus si elle donne lieu à l'établissement de procédures incidentes.

3 L'information et le concours de l'officier de police judiciaire territorialement compétent

140 L'article D. 12 du Code de procédure pénale indique que :

> « Lorsque le procureur de la République saisi de l'enquête ou du [le] juge d'instruction a décidé qu'une assistance territoriale est nécessaire, l'officier de police judiciaire doit, dans le plus bref délai et autant que possible avant son transport, aviser un officier de police judiciaire exerçant ses fonctions

dans la circonscription où il doit opérer qu'il va recourir à son assistance ; il lui fournit en même temps les précisions indispensables, notamment de temps et de lieu. Il mentionne cet avis dans sa procédure ainsi que le concours de l'officier de police judiciaire l'ayant assisté ».

141 **Concours.** Ce texte ne fait que préciser ce qu'énonce l'article 18 du Code de procédure pénale, à savoir que l'assistance de l'officier de police judiciaire qui bénéficie de l'extension de compétence n'est pas obligatoire, étant laissée à la discrétion du magistrat mandant.

142 **Information.** Cette assistance doit être distinguée de l'information de l'officier de police judiciaire territorialement compétent, qui, à la lecture du premier alinéa de l'article D. 12 du Code de procédure pénale, est obligatoire, que l'officier de police judiciaire en charge de l'enquête se déplace dans le ressort limitrophe ou au-delà.

CONSEIL En pratique, et sauf contrainte opérationnelle particulière, la présence de l'officier de police judiciaire territorialement compétent est recommandée, notamment lorsqu'il s'agit d'opérations de perquisitions et de saisies qui peuvent donner lieu à des procédures incidentes qui ne pourront être constatées et initiées que par l'officier de police judiciaire territorialement compétent.

143 Enfin, le dernier alinéa de l'article D. 12 du Code de procédure pénale prévoit que :

> « Lorsque les investigations portent sur un fait ayant donné lieu à l'information prévue au dernier alinéa de l'article D. 3, l'officier de police judiciaire qui se transporte hors des limites territoriales où il exerce ses fonctions habituelles avise, selon les cas, les services relevant de la direction centrale de la police judiciaire ou de la direction centrale de la police aux frontières ou de la sous-direction de la police judiciaire de la direction générale de la gendarmerie nationale, sauf dans les cas prévus par le troisième alinéa du présent article ».

Il s'agit d'un avis supplémentaire justifié par l'importance de l'affaire. Que l'officier de police judiciaire se déplace ou non dans le ressort limitrophe, dès lors que l'enquête revêt une importance pour les services centraux de la police ou de la gendarmerie, que l'enquête soit diligentée en flagrance, en préliminaire ou dans le cadre d'une instruction, il est obligatoire d'informer ces services.

144 Tableau récapitulatif.

Investigations hors zone de compétence territoriale, article 18, alinéa 3		
	Département limitrophe	Autres départements
Information préalable du magistrat en charge de l'enquête.	NON	OUI
Information préalable du magistrat territorialement compétent.	OUI	OUI
Information préalable de l'officier de police judiciaire territorialement compétent.	OUI	OUI
Présence sur place de l'officier territorialement compétent.	OUI si imposée par le magistrat.	OUI si imposée par le magistrat.
Information des services centraux de la DGPN ou de la DGGN.	OUI, si concerne des faits qui font l'objet d'un suivi particulier.	

4 Extension de compétence territoriale et compétence matérielle de l'officier de police judiciaire

145 **La nécessité d'un transport physique hors du ressort.** La chambre criminelle juge que « si les officiers de police judiciaire n'ont, en principe, compétence que dans les limites territoriales où ils exercent leurs fonctions habituelles, rien ne leur interdit de recueillir des renseignements en dehors de leur circonscription par téléphone, télécopie ou tout autre moyen de communication, la valeur des renseignements ainsi obtenus étant soumise à la discussion contradictoire des parties et à l'appréciation des juges » (Cass. crim., 10 janv. 1995, n° 94-84.687) ou « de recueillir, notamment par un moyen de communication électronique, des

renseignements en dehors de leur circonscription, fût-ce en adressant directement une demande à une personne domiciliée à l'étranger, celle-ci restant, dans ce cas, libre de ne pas y répondre » (Cass. crim., 6 nov. 2013, n° 12-87.130).

146 Aussi, il n'y a pas lieu d'avoir recours aux dispositions de l'article 18, alinéa 3 du Code de procédure pénale lorsque les enquêteurs réalisent une audition, de témoin ou libre, par visioconférence conformément à l'article 706-71 du même code. En effet, l'alinéa 2 de cet article prévoit que :

> « Lorsque les nécessités de l'enquête ou de l'instruction le justifient, l'audition ou l'interrogatoire d'une personne ainsi que la confrontation entre plusieurs personnes peuvent être effectués en plusieurs points du territoire de la République ou entre le territoire de la République et celui d'un État membre de l'Union européenne dans le cadre de l'exécution d'une décision d'enquête européenne et se trouvant reliés par des moyens de télécommunications garantissant la confidentialité de la transmission ».

147 **Une extension limitée à certains actes ?** Cette extension de compétence ne peut s'exercer que pour la poursuite des investigations et l'exécution des auditions, perquisitions et saisies qui se rattachent directement à l'enquête. Le terme d'investigations est bien plus large que celui de perquisitions, saisies et auditions. Aussi, la question se pose de la réalisation d'autres actes d'enquête que ceux listés à l'article 18, alinéa 3 du Code de procédure pénale.

148 La rédaction de cette phrase de l'article 18 est celle du Code de procédure pénale tel qu'adopté en 1958. Or, depuis, de nombreux nouveaux actes d'enquête ont fait leur apparition dans le code. Aussi, il est possible de soutenir que l'extension de compétence territoriale ne se limite pas aux seules auditions, perquisitions et saisies, mais s'étend à toutes les investigations nécessaires à la manifestation de la vérité.

149 **Extension de compétence et interpellation.** Cette extension de compétence peut être utilisée aux seules fins de procéder à une interpellation hors ressort nécessaire à l'exécution d'actes d'investigation qui pourront l'être soit dans le département limitrophe, comme une perquisition, soit pour partie sur ce ressort et dans le ressort originel comme une garde à vue, par exemple. Les enquêteurs placeront, hors ressort, la personne en garde à vue, avant de la transporter dans leur service ou unité où ils poursuivront la mesure. Toutefois, il arrive également que des gardes à vue et auditions soient prises hors ressort pour des raisons opérationnelles, notamment lorsqu'en sus de ces auditions, des mesures de perquisitions, toujours hors ressort, sont nécessaires.

C Alinéa 4 de l'article 18 : extension de compétence à l'étranger

150 L'article 18, alinéa 4 du Code de procédure pénale dispose que :

> « Avec l'accord des autorités compétentes de l'État concerné, les officiers de police judiciaire peuvent, sur commission rogatoire expresse du juge d'instruction ou sur réquisitions du procureur de la République, procéder à des auditions sur le territoire d'un État étranger ».

151 Il s'agit d'une extension de compétence doublement limitée.
Tout d'abord dans son objet, en ce qu'elle ne permet que la réalisation d'auditions auxquelles il semble falloir ici donner un sens restrictif. Pour M. Buisson, afin de respecter la souveraineté étatique, les enquêteurs qui se déplacent à l'étranger sur instruction du procureur de la République ou du juge d'instruction sur le fondement de cet article ne peuvent y réaliser que des auditions non coercitives, c'est-à-dire, au sens du Code de procédure pénale, des auditions de témoins sans recourir à la retenue telle qu'elle résulte de l'article 61-1 du Code de procédure pénale et auxquelles il est possible d'assimiler une audition libre. Ce point de vue semble discutable : les dispositions de l'article 18, alinéa 4 doivent être mises en œuvre dans le cadre d'une décision d'enquête européenne. Dans ce cadre, la contrainte peut être exercée par l'autorité étrangère et les auditions menées par les enquêteurs français.
Ensuite, elle est également limitée parce qu'elle nécessite l'accord du pays étranger dans lequel l'audition doit être réalisée. Cet article 18, alinéa 4 du Code de procédure pénale est assez peu utilisé car il est souvent plus aisé d'avoir recours à d'autres outils juridiques de coopération judiciaire (V. *infra*, n° 4553).

D Alinéa 5 de l'article 18 : extension de compétence par les moyens

152 Le dernier alinéa de l'article 18 du Code de procédure pénale, issu de la loi n° 2016-339 du 22 mars 2016 relative à la prévention et à la lutte

contre les incivilités, contre les atteintes à la sécurité publique et contre les actes terroristes dans les transports collectifs de voyageurs, dispose que :

« Les officiers ou agents de police judiciaire exerçant habituellement leur mission dans les véhicules affectés au transport collectif de voyageurs ou dans les lieux destinés à l'accès à ces moyens de transport sont compétents pour opérer sur l'étendue de la zone de défense de leur service d'affectation, dans des conditions déterminées par décret en Conseil d'État. Lorsque les réquisitions prises par le procureur de la République en application de l'article 78-7 le prévoient expressément, ces officiers ou agents de police judiciaire sont compétents pour les mettre en œuvre sur l'ensemble du trajet d'un véhicule de transport ferroviaire de voyageurs ».

153 Cet alinéa 5, à la différence des autres, vise également les agents de police judiciaire, quand bien même l'article 18 du Code de procédure pénale se trouve dans la section consacrée aux officiers de police judiciaire.

154 **RATP et SNCF.** Ce texte ne concerne pas les agents de la RATP et de la SNCF, qui, bien que disposant de pouvoirs de verbalisation, ne sont ni officiers de police judiciaire, ni agents de police judiciaire, ni agents de police judiciaire adjoints (V. *infra*, n° 169).

E Sanction de l'incompétence territoriale

155 La doctrine considère que l'incompétence territoriale doit être sanctionnée par une nullité d'ordre public. Selon le professeur Garraud, « toute compétence est d'ordre public et d'intérêt général en matière pénale ».

M. Buisson est d'un avis quelque peu différent, indiquant qu'« en toute hypothèse, la violation des règles relatives à la compétence, constitutive d'un excès de pouvoir au sens du droit public, est sanctionnée de la nullité puisque l'acte a été accompli par un agent incompétent. Dès lors, apparaît sans intérêt la question du caractère d'ordre public de la norme régissant la compétence territoriale ».

156 La chambre criminelle quant à elle n'a jamais sanctionné l'incompétence territoriale d'un officier de police judiciaire. Dans quelques arrêts, elle a écarté l'exception de nullité (Cass. crim., 15 juin 2021, n° 21-80.610. – Cass. crim., 10 janv. 1995, n° 92-80.782. – Cass. crim., 29 juin 1993, n° 93-80.544).

Elle a cependant eu l'occasion de considérer qu'un moyen pris de l'incompétence territoriale des enquêteurs ne pouvait être soulevé pour la première fois devant elle, car si une telle nullité semble être d'ordre public, elle n'affecte pas la compétence des juridictions (Cass. crim., 13 nov. 1996, n° 95-84.897 : *Bull. crim.* n° 405).

Il nous semble qu'il devrait en aller de même pour le défaut de compétence personnelle et matérielle.

L'ESSENTIEL 157 L'officier de police judiciaire a compétence pour les infractions commises dans son ressort et pour celles sur lesquelles le magistrat le charge d'enquêter (V. *supra*, n° 98).

158 **Étendue de la compétence territoriale judiciaire.** Cette étendue est variable et dépend du service ou de l'unité dans lequel est affecté l'officier de police judiciaire. Cette étendue prévue au Code de procédure pénale peut être : nationale (V. *supra*, n° 103), zonale ou pluri-zonale (V. *supra*, n° 104), ou départementale (V. *supra*, n° 106). Quelques cas particuliers existent cependant (V. *supra*, n°s 105, 107) et il y a également des compétences spéciales qui s'ajoutent aux compétences territoriales générales (V. *supra*, n° 109).

159 Mais cette étendue peut aussi être fonction d'une mission particulière et concerne essentiellement les services ou les unités qui exercent dans les transports collectifs de voyageurs (V. *supra*, n°s 110 et s.) ou encore au CACIR (V. *supra*, n° 113).

160 **Critères de la compétence territoriale judiciaire.** Il n'existe pas de critères définissant la compétence territoriale de l'officier de police judiciaire à la différence de ceux qui existent pour le procureur de la République (V. *supra*, n° 115). Aussi, l'officier de police judiciaire étant placé sous la direction de ce magistrat, ces critères s'appliquent à l'enquêteur.

161 Toutefois, chaque unité et service ayant *a minima* une compétence judiciaire départementale, et vu qu'il y a sur un même département plusieurs services de police et unités de gendarmerie, cette compétence territoriale judiciaire est « découpée » en zones de compétence administrative, dénommées ZGN et ZPN, dont le but est de répartir entre les services et unités, de manière efficace et dans un souci de bonne administration, les différentes saisines (V. *supra*, n° 117).

162 **ZGN et ZPN.** Aussi, ce sont les ZGN et ZPN qui sont les véritables critères de répartition des saisines. Si l'infraction est commise en ZGN, la saisine reviendra à la gendarmerie, tandis que si elle est commise en ZPN, elle reviendra à la police (V. *supra*, n°s 118 et s.).

163 **Liberté du magistrat.** Cependant, il ne s'agit là que d'un découpage administratif et le magistrat en charge de l'enquête est libre de saisir tout service ou toute unité, indépendamment de ce découpage, dès lors que ce service ou cette unité est territorialement compétent au sens de l'article 18 du Code de procédure pénale (V. *supra*, n° 122).

164 **Dérogations aux critères de compétence territoriale.** Il s'agit essentiellement des articles 15-3 et 15-3-1-1 relatifs au dépôt de plainte de la victime qui peut être effectué en tout lieu du territoire national et de l'article 41, alinéa 3 qui permet à un service de police ou à une unité de gendarmerie qui n'est pas compétent territorialement – les faits ne se sont pas déroulés dans sa zone de compétence – de le devenir sur décision du procureur de la République territorialement compétent au lieu des faits (V. *supra*, n°s 125 et s.).

165 **Extension de compétence.** Elles sont de plusieurs natures :

– alinéa 2 de l'article 18 : extension de compétence par assimilation. La mise à disposition d'un enquêteur étend automatiquement sa compétence territoriale par assimilation à celle du service ou de l'unité dans lequel il est détaché sans qu'il soit nécessaire de solliciter une habilitation temporaire auprès du procureur général (V. *supra*, n° 131) ;

– alinéa 3 de l'article 18 : extension de compétence par finalité. C'est le cas le plus fréquent d'extension et il permet à l'officier de police judiciaire de se rendre sur le ressort limitrophe ou l'ensemble du territoire national sur simple information du magistrat en charge de l'enquête (V. *supra*, n°s 134 et s.). Certaines autres informations sont requises comme celle de l'officier de police judiciaire territorialement compétent – voire sa présence si le magistrat l'exige – et celle du magistrat dans le ressort duquel les investigations vont se dérouler.

166 La définition du « ressort limitrophe » peut poser question et il semble possible de considérer qu'il s'agit en réalité du « département limitrophe » (V. *supra*, n° 137). De même, il semble permis de soutenir que tous les actes d'investigation peuvent être exécutés dans le cadre d'une extension de compétence et pas uniquement les auditions, perquisitions et saisies (V. *supra*, n° 147). Cette extension de compétence n'est nécessaire qu'en cas de déplacement physique hors du ressort (V. *supra*, n° 145).

• Alinéa 4 de l'article 18 : extension de compétence à l'étranger. Cette extension de compétence est doublement limitée, en ce qu'elle n'est permise qu'avec l'accord des autorités étrangères et qu'elle ne concerne que des auditions non coercitives (V. *supra*, n°s 150 et s.).

• Alinéa 5 de l'article 18 : extension de compétence par les moyens. Cet alinéa prévoit que : « Les officiers ou agents de police judiciaire exerçant habituellement leur mission dans les véhicules affectés au transport collectif de voyageurs ou dans les lieux destinés à l'accès à ces moyens de transport sont compétents pour opérer sur l'étendue de la zone de défense de leur service d'affectation, dans des conditions déterminées par décret en Conseil d'État. Lorsque les réquisitions prises par le procureur de la République en application de l'article 78-7 le prévoient expressément, ces officiers ou agents de police judiciaire sont compétents pour les mettre en œuvre sur l'ensemble du trajet d'un véhicule de transport ferroviaire de voyageurs » (V. *supra*, n° 152).

167 L'incompétence territoriale de l'officier de police judiciaire, tout comme celle personnelle et matérielle, doivent pouvoir être qualifiées de nullités d'ordre public (V. *supra*, n° 155).

POUR ALLER PLUS LOIN...

Fascicule JurisClasseur

• *JCl. Procédure pénale*, Art. 12 à 19-1, fasc. 20, *Police judiciaire*, par J. Buisson.

Ouvrages

• H. Angevin, *Pratique de la chambre de l'instruction, traité-formulaire,* Litec, 2e éd., 2004, § 333.

• Garraud, *Traité théorique et pratique d'instruction criminelle*, t. 3, Sirey, 3e éd., p. 423.

Revue

• G. Bégranger, *Vers la compétence nationale des officiers de police judiciaire : AJ pénal* 2013, 384.

Circulaires

• Circ. DACG, 31 juill. 2003, relative à la présentation des dispositions de procédure pénale de la loi n° 2003-239 du 18 mars 2003 pour la sécurité intérieure (NOR : JUSD0330126C), § 1.

• Circ. 31 mai 2011, relative à présentation des dispositions de la loi n° 2011-392 du 14 avril 2011 autres que celles relatives à la garde à vue (NOR : JUSD1114853C).
• Circ. CRJM-2011-13/E6, 23 mai 2011.
• Circ. DGGN n° 121000, 22 févr. 2019, relative au dispositif d'appui interdépartemental.
• Circ. 27 mai 2019 de présentation des dispositions de procédure pénale relatives à l'enquête et à l'instruction applicables au 1er juin 2019 (NOR : JUSD1915381C), annexe 1.

Titre 2
Les agents de police judiciaire et les agents de police judiciaire adjoints

Sommaire

168 La compétence judiciaire des agents de police judiciaire (APJ) et des agents de police judiciaire adjoints (APJA) se décline comme celle des officiers de police judiciaire en trois composantes : personnelle, matérielle et territoriale. La compétence judiciaire des officiers de police judiciaire, objet du précédent titre, est la compétence « socle » à partir de laquelle se définit celle des agents de police judiciaire et des agents de police judiciaire adjoints. Les compétences judiciaires respectives de ces deux autres membres de la police judiciaire font chacune l'objet d'une fiche.
La loi n° 2023-22 du 24 janvier 2024 a créé les assistants d'enquête à l'article 21-3 du Code de procédure pénale, qui, bien que figurant à l'article 15, 3° du Code de procédure pénale, ne sont pas à proprement parler des acteurs de l'enquête mais viennent en quelque sorte prêter main forte aux enquêteurs dans la réalisation de certains actes d'investigations souvent chronophages et limitativement autorisés par la loi (V. *infra*, n° 295).

169 **RATP et SNCF.** Les agents de la RATP et de la SNCF, bien que disposant notamment de pouvoirs de verbalisation, ne sont ni agents de police judiciaire, ni agents de police judiciaire adjoints. Ils relèvent, s'agissant de leurs prérogatives judiciaires, de l'article 28 du Code de procédure pénale (V. *infra*, n° 298) ; ils ne peuvent être considérés, d'ailleurs, comme agents de la force publique.

Fiche 6

Les agents de police judiciaire

Sommaire

170 La compétence personnelle de l'agent de police judiciaire, acteur de l'enquête judiciaire à part entière (CPP, art. 15, 2°), est définie aux articles 20 et 20-1 du Code de procédure pénale tout comme sa compétence matérielle.

I Compétence personnelle des agents de police judiciaire

171 Comme pour les officiers de police judiciaire, cette compétence personnelle tient à deux éléments qui doivent être réunis cumulativement : la qualité d'agent de police judiciaire et une affectation dans un emploi comportant l'exercice de la police judiciaire. Mais, à la différence des officiers de police judiciaire, l'exercice des prérogatives d'agent de police judiciaire ne nécessite pas d'habilitation.

A La qualité d'agent de police judiciaire

172 Ce sont deux articles du Code de procédure pénale qui listent ceux qui peuvent se voir attribuer la qualité d'agent de police judiciaire.

1 L'article 20 du Code de procédure pénale

173 Selon l'article 20 du Code de procédure pénale, sont agents de police judiciaire :

> « 1° Les militaires de la gendarmerie autres que les volontaires, n'ayant pas la qualité d'officier de police judiciaire ;
> 2° Les fonctionnaires des services actifs de la police nationale, titulaires et stagiaires, n'ayant pas la qualité d'officier de police judiciaire ; ».

Ils ne peuvent toutefois exercer effectivement les attributions attachées à leur qualité d'agent de police judiciaire et se prévaloir de cette qualité que s'ils sont affectés à un emploi comportant cet exercice ; l'exercice de ces attributions est momentanément suspendu pendant le temps où ils participent, en unité constituée, à une opération de maintien de l'ordre.

174 C'est une définition par défaut que propose cet article 20 du Code de procédure pénale puisque la qualité d'agent de police judiciaire est accordée à des fonctionnaires et militaires qui ne sont pas officiers de police judiciaire.

a) La gendarmerie nationale

175 **Qualité d'agent de police judiciaire.** Dans la gendarmerie nationale, il n'y a pas d'officiers ou de gradés qui aient la qualité d'agent de police judiciaire hormis quelques rares exceptions liées à des dispositions statutaires. Ils ont tous nécessairement celle d'officier de police judiciaire. Les gendarmes, quant à eux, peuvent avoir la qualité d'officier de police judiciaire ou celle d'agent de police judiciaire, selon qu'ils ont satisfait ou non à l'examen d'officier de police judiciaire. Aussi, pour tenir compte de ces exceptions statutaires mais aussi pour intégrer le cas des officiers-élèves, l'article 20 du Code de procédure pénale a été modifié par la loi du 24 janvier 2023 et dispose désormais au 1° que « les militaires de la gendarmerie nationale autres que les volontaires, n'ayant pas la qualité d'officier de police judiciaire » ont la qualité d'agent de police judiciaire. Cette qualité est donc une qualité attribuée par défaut de celle d'officier de police judiciaire, hormis pour les volontaires qui peuvent être agents de police judiciaire adjoints (V. *infra*, n° 237).

176 **Exercice des attributions d'agent de police judiciaire.** Comme pour l'officier de police judiciaire, l'exercice effectif des attributions doit être distingué de la qualité. Ainsi, un gendarme mobile a la qualité d'agent de police judiciaire mais n'en exerce pas les attributions, faute d'être affecté dans une unité inscrite au décret des catégories de services (V. *infra*, n° 184). De même, si ayant plus de trois ans d'ancienneté, il passe avec succès l'examen d'officier de police judiciaire, il aura la qualité d'officier de police judiciaire sans en exercer les attributions.

177 À ces gendarmes agents de police judiciaire s'ajoutent les élèves-gendarmes, c'est-à-dire les militaires qui sont encore en école de sous-officiers mais qui effectuent la fin de leur scolarité dans l'unité dans laquelle ils vont être affectés.

178 Les volontaires de la gendarmerie, c'est-à-dire les gendarmes sous contrat que sont les gendarmes adjoints volontaires, sont quant à eux agents de police judiciaire adjoints (V. *infra*, n° 237).

b) La police nationale

179 Dans la police nationale, la qualité d'agent de police judiciaire n'est pas liée au grade. Elle résulte de l'absence de qualité d'officier de police judiciaire. Les fonctionnaires des services actifs de la police nationale, titulaires ou stagiaires, qui ne sont pas officiers de police judiciaire, sont agents de police judiciaire. Un major de police qui n'a pas satisfait aux épreuves de l'examen d'officier de police judiciaire sera agent de police judiciaire.
Ainsi, tout fonctionnaire de police de carrière – ce qui exclut les agents sous contrat qui sont agents de police judiciaire adjoints – est au minimum agent de police judiciaire, même si, compte tenu de son affectation, il n'en exerce pas les prérogatives. Il en est ainsi du policier affecté dans une compagnie républicaine de sécurité.

180 **Outre-mer.** L'article 879-1 du Code de procédure pénale dispose que :

> « Pour l'application des articles 20 et 21, les agents de police de Mayotte mis à la disposition de l'État sont assimilés, selon les dispositions et dans les conditions prévues par ces articles, aux agents de la police nationale ».

181 **Suspension et retrait d'habilitation OPJ.** Lorsqu'un officier de police judiciaire, policier ou gendarme, voit son habilitation suspendue ou retirée, devient-il agent de police judiciaire ? Sur cette question, V. Fiche 12 : Direction, contrôle et surveillance de l'activité de police judiciaire (V. *infra*, n° 420).

2 L'article 20-1 du Code de procédure pénale

182 Cet article dispose que :

> « Lorsqu'ils n'ont pas la qualité d'officier de police judiciaire en application de l'article 16-1, A, les fonctionnaires de la police nationale et les militaires de la gendarmerie nationale actifs ou à la retraite ayant eu durant leur activité la qualité d'officier ou d'agent de police judiciaire peuvent bénéficier de la qualité d'agent de police judiciaire lorsqu'ils servent dans la réserve opérationnelle de la police nationale ou dans la réserve opérationnelle de la gendarmerie nationale. Un décret en Conseil d'État fixe les conditions d'application du présent article. Il précise les conditions d'expérience et les qualités requises pour bénéficier de la qualité d'agent de police judiciaire au titre du présent article ».

183 Cet article 20-1 du Code de procédure pénale est le pendant de l'article 16-1, A du même code et concerne la réserve opérationnelle de la gendarmerie nationale et de la police nationale. Cette réserve opérationnelle est notamment composée de fonctionnaires de la police nationale et de militaires de la gendarmerie nationale actifs ou à la retraite. Ceux-ci peuvent se voir attribuer la qualité d'agent de police judiciaire dès lors qu'ils ne satisfont pas aux exigences de l'article 16-1, A du Code de procédure pénale leur permettant d'être officier de police judiciaire.
En théorie, un policier ou un gendarme, bien qu'en activité, peut être réserviste dans l'autre force de sécurité intérieure.

B Emploi comportant l'exercice de la mission de police judiciaire

184 Le fait que la qualité d'agent de police judiciaire soit liée, aux termes de l'article 20 du Code de procédure pénale, à la condition d'être affecté à un emploi comportant cet exercice correspond à ce qui est prévu pour les officiers de police judiciaire. Aussi nous renvoyons expressément à ces développements (V. *supra*, n°s 44 et s.).

Nous indiquons simplement ici que le détachement d'un fonctionnaire de police ou d'un militaire de la gendarmerie ne disposant d'aucune capacité judiciaire – unité et service exclus du décret de catégories de services – dans un service ou une unité inscrit au décret des catégories de services octroie, de droit, à celui-ci la qualité d'agent de police judiciaire.

CONSEIL Lorsque des militaires ou fonctionnaires sont envoyés en renfort au profit de services de police ou d'unités de gendarmerie, il est opportun d'informer le procureur de la République du ressort de ces renforts. En effet, bien que la qualité d'agent de police judiciaire s'acquière sans nécessité d'habilitation, il n'en demeure pas moins que le procureur dirige, au titre de l'article 12 du Code de procédure pénale, la police judiciaire. À ce titre, il doit être informé de l'arrivée de nouveaux agents de police judiciaire sur son ressort.

185 De même que pour les officiers de police judiciaire, « l'exercice de ces attributions est momentanément suspendu pendant le temps où ils participent, en unité constituée, à une opération de maintien de l'ordre ». Nous y renvoyons également (V. *supra*, n° 55).

Les agents de police judiciaire

II Compétence matérielle des agents de police judiciaire

186 La compétence matérielle de l'agent de police judiciaire est légalement liée à celle de l'officier de police judiciaire. En effet, les agents de police judiciaire ont, d'une part, vocation à seconder les officiers, et, d'autre part, n'agissent de manière autonome que sous le contrôle de l'officier de police judiciaire.

187 Les fiches consacrées aux principales caractéristiques de l'enquête de flagrance et de l'enquête préliminaire explicitent les pouvoirs des agents de police judiciaire qui se sont fortement développés au gré des récentes réformes (V. *infra*, n°s 872 et s., n°s 939 et s.). La compétence matérielle de l'agent de police judiciaire sera étudiée, acte d'enquête par acte d'enquête, dans la fiche qui leur est consacrée. Nous rappelons simplement quelques points-clés.

A L'agent de police judiciaire, second de l'officier de police judiciaire

188 L'article 20 du Code de procédure pénale dispose que les agents de police judiciaire peuvent seconder, dans l'exercice de leurs fonctions, les officiers de police judiciaire ; constater les crimes, délits ou contraventions et en dresser procès-verbal ; recevoir par procès-verbal les déclarations qui leur sont faites par toutes personnes susceptibles de leur fournir des indices, preuves et renseignements sur les auteurs et complices de ces infractions. Les agents de police judiciaire n'ont pas qualité pour décider des mesures de garde à vue. Comme l'officier de police judiciaire, l'agent de police judiciaire dispose d'une compétence matérielle générale issue de l'article 12 du Code de procédure pénale.

189 L'article 20, de portée générale, est complété par les articles D. 13 et D. 14 du Code de procédure pénale qui précisent davantage les missions des agents de police judiciaire.

190 L'article D. 13 précise que :

« Les agents de police judiciaire secondent les officiers de police judiciaire dans l'exercice de leurs fonctions, en se limitant strictement aux opérations qui leur sont prescrites et sans que puisse leur être délégué aucun des pouvoirs propres de l'officier de police judiciaire chargé de l'enquête.
En outre, les agents de police judiciaire ont notamment pour mission d'assurer l'exécution :
1° Des mesures de contrainte contre les témoins défaillants en application des articles 62, 109, 110 et 153 du Code de procédure pénale ;
2° Des mandats d'amener, de dépôt, d'arrêt et des ordonnances de prise de corps ;
3° Des arrêts et des jugements de condamnation ;
4° Des contraintes judiciaires.
Les agents de police judiciaire énumérés aux articles 20 et 21 n'ont, en aucun cas, qualité pour décider des mesures de garde à vue ».

191 L'article D. 14 du même code ajoute que :

« Les agents de police judiciaire énumérés à l'article 20 ont compétence pour constater tous crimes, délits ou contraventions et pour en dresser procès-verbal.
En outre, ils peuvent effectuer des enquêtes préliminaires soit d'office, soit sur instructions du procureur de la République ou de leurs chefs hiérarchiques.
Dans le cadre d'une procédure de crime ou délit flagrant, ils ont qualité pour entendre les personnes susceptibles de fournir des renseignements sur les faits en cause, mais seulement s'ils ont reçu des ordres à cet effet et dans les limites qui leur ont été ainsi fixées.
Indépendamment de ces attributions, ils secondent les officiers de police judiciaire comme il est dit à l'article D. 13.
Ils font parvenir leurs procès-verbaux au procureur de la République par l'intermédiaire de leurs chefs hiérarchiques, qui les transmettent sans délai, conformément à l'article 19 ».

192 **Une exclusion : la décision de placement en garde à vue.** La décision de placement en garde à vue est un acte d'enquête qui échappe totalement et, quel que soit le cadre juridique, à la compétence matérielle de l'agent de police judiciaire. En effet, cette décision relève du seul officier de police judiciaire qui peut être amené à la prendre sur décision du magistrat en charge de l'enquête.

193 **Constat de l'infraction.** L'article 20 le précise expressément : l'agent de police judiciaire peut constater les crimes et les délits. Ce constat est différent des constatations régies par l'article 54 du Code de procédure pénale réservées à l'officier de police judiciaire. Ce que vise l'article 20, c'est le pouvoir de l'agent de police judiciaire de relever une infraction (Cass. crim., 22 juin 1977, n° 76-91.465), d'en constater l'existence pour la porter à la connaissance de l'officier de police judiciaire et du procureur de la République. Ce pouvoir de constat autorise donc, que l'infraction soit flagrante au sens de l'article 53 ou non, l'agent de police judiciaire à dresser procès-verbal de ce constat.

194 **Auditions et recueil de renseignements.** Le pouvoir, pour l'agent de police judiciaire, de procéder à des auditions et à des recueils de renseignements est étudié dans les fiches consacrées aux auditions, auditions libres et auditions de garde à vue.

195 La loi n° 2022-23 du 24 janvier 2022 a étendu les pouvoirs de l'agent de police judiciaire dans le cadre de l'enquête de flagrance (V. *infra*, n° 871) et lui en octroie lors de l'exécution d'une commission rogatoire (V. *supra*, n° 92 et *infra*, n° 1959).

B Une compétence matérielle « sous contrôle » de l'officier de police judiciaire

196 Le Code de procédure pénale a recours à plusieurs expressions qui indiquent clairement que l'agent de police judiciaire ne saurait agir complètement de sa propre initiative lors de la réalisation des actes d'enquête, laissant cependant apparaître des variations dans l'intensité du contrôle de ses actes par l'officier de police judiciaire.

1 Un cadre général : « sous le contrôle de l'officier de police judiciaire »

197 Si l'expression de l'article 75 du Code de procédure pénale a une portée générale en ce qu'elle prévoit que l'agent de police judiciaire agit, en enquête préliminaire, sous le contrôle de l'officier de police judiciaire, elle n'est pas la seule à être utilisée au sein de ce code. Cette notion d'action sous contrôle se retrouve également dans le cadre de l'enquête de flagrance, mais il y est recouru uniquement pour les actes pour lesquels la loi donne spécifiquement compétence matérielle à l'agent de police judiciaire. Le Code de procédure pénale ne prévoit que rarement que l'agent de police judiciaire agisse en dehors de tout contrôle. On pourra ici citer l'article 63-4-3 qui permet à l'agent de police judiciaire de conduire des auditions de personnes gardées à vue, ainsi que l'article 61-1 où n'apparaît pas la mention « sous contrôle ».

198 Aussi, il peut y avoir quelques hésitations quant à la déclinaison concrète et opérationnelle d'un tel contrôle. Autrement dit : comment s'exerce-t-il concrètement ? Par un arrêt du 7 décembre 2021 (Cass. crim., 7 déc. 2021, n° 20-82.733), la chambre criminelle a rappelé, s'agissant de l'enquête préliminaire, que :

> « 11. L'exercice de ce contrôle est une condition de la régularité de la recherche de la preuve et son absence relève des dispositions de l'article 802 du Code de procédure pénale. L'existence du grief exigé par ce texte est établie lorsque l'irrégularité elle-même a occasionné au requérant un préjudice, qui ne peut résulter de sa seule mise en cause par l'acte critiqué (Cass. crim., 7 septembre 2021, pourvoi n° 20-87.191, en cours de publication).
>
> 12. En l'espèce, c'est à tort que les juges ont déduit du seul visa du commissaire de police, chef de service, apposé sur le soit-transmis de clôture de la procédure au procureur de la République, l'existence du contrôle d'un officier de police judiciaire sur les perquisitions litigieuses sans mentionner aucune autre pièce de nature à en établir la réalité ».

CONSEIL En conséquence, il est recommandé de mentionner expressément au procès-verbal que l'agent de police judiciaire agit sous le contrôle de l'officier de police judiciaire. Cette mention peut apparaître dans le procès-verbal propre à l'acte d'investigations ou dans le procès-verbal de synthèse.

2 Les cas particuliers : un contrôle à l'intensité variable

199 Outre le contrôle de l'officier de police judiciaire, il existe d'autres exemples de subordination de l'action de l'agent de police judiciaire à l'officier de police judiciaire. Quelques exemples attestent de cette hétérogénéité.

200 **L'assistance de l'officier de police judiciaire.** L'agent de police judiciaire peut voir son rôle limité à « assister » l'officier de police judiciaire lorsqu'il procède à la visite de véhicules (CPP, art. 78-2-3). La jurisprudence en a déduit que seul un officier de police judiciaire peut procéder à la visite d'un véhicule automobile dans les conditions visées par cet article. Autrement dit, en cas de contrôle de véhicule, l'officier de police judiciaire est physiquement présent, le rôle de l'agent de police judiciaire est alors de l'assister dans cette opération (Cass. crim., 28 sept. 2010, n° 10-82.699 : *Bull. crim.* n° 142 ; V. *infra*, n° 588).

201 **Les hésitations sémantiques du législateur.** Dans leur traité de procédure pénale, M. Desportes et Mme Lazerges-Cousquer soulignent que « dans tous les cas, lorsque des agents de police judiciaire accomplissent des actes d'investigation, les officiers de police judiciaire conservent un pouvoir de contrôle qui découle de leur autorité hiérarchique. (...) Selon le cas le législateur précise que ces actes doivent être effectués "sous le contrôle", sous "l'autorité" ou encore "sur les ordres ou la responsabilité" d'un officier de police judiciaire. »

202 Au sein du Code de procédure pénale, nous pouvons citer les exemples suivants :
- l'article 706-81 prévoit qu'un agent de police judiciaire peut réaliser des opérations d'infiltration « sous la responsabilité » d'un officier de police judiciaire ;
- l'article 230-32 prévoit que la géolocalisation peut être mise en place par un agent de police judiciaire « sous la responsabilité » de l'officier de police judiciaire qui dresse le procès-verbal ; la chambre criminelle a admis dans une espèce où un agent de police judiciaire avait procédé à la pose d'une balise, que le compte-rendu de l'exécution de la mesure par l'officier de police judiciaire au procureur de la République suffisait à établir que l'agent de police judiciaire avait agi sous la responsabilité de l'officier de police judiciaire (Cass. crim., 18 sept. 2019, n° 18-84.752) ;
- l'article 57-1 dispose que « sous la responsabilité » des officiers de police judiciaire, les agents de police judiciaire peuvent accéder, au cours d'une perquisition, par un système informatique, à des données et qu'ils peuvent « sous leur contrôle » procéder à des réquisitions ;
- l'article 706-32 dispose pour sa part que les agents de police judiciaire peuvent « sous l'autorité » de l'officier de police judiciaire acquérir à certaines conditions des stupéfiants ;
- l'article 706-80 relatif à un cas d'extension de compétence territoriale, emploie la même formule ;
- les articles 78-2, 78-2-1, 78-2-2, I et 78-2-4 recourent à l'expression « sur ordre et sous la

responsabilité » de l'officier de police judiciaire, ce qui signifie que si l'agent de police judiciaire peut lui-même réaliser ces actes, c'est sous la condition que l'officier de police judiciaire lui ait donné l'ordre de le faire, la présence de ce dernier n'étant pas impérative sur les lieux du contrôle.

203 Enfin, la chambre criminelle a jugé que, conformément aux articles 53 et 78-2-3 du Code de procédure pénale, l'agent de police judiciaire, agissant selon la procédure de flagrance qui était caractérisée, pouvait, sur instruction de l'officier de police judiciaire auprès duquel il avait fait un rapport de la situation, appréhender matériellement l'objet suspect, sans qu'aucune fouille n'ait été réalisée, et le lui rapporter aux fins de saisie et de mise sous scellé (Cass. crim., 11 déc. 2019, n° 19-83.183).

204 **Pouvoir autonome de l'agent de police judiciaire en matière de police de la route.** Depuis la loi du 25 mai 2021, l'article L. 234-9 du Code de la route permet aux agents de police judiciaire agissant seuls « même en l'absence d'infraction préalable ou d'accident, [de] soumettre toute personne qui conduit un véhicule ou qui accompagne un élève conducteur à des vérifications destinées à établir l'état alcoolique (...) ».

205 En revanche, les agents de police judiciaire adjoints ne peuvent le faire que « sur l'ordre et sous la responsabilité des officiers de police judiciaire ». Aussi, de notre point de vue, la jurisprudence de la chambre criminelle applicable à l'article L. 234-9 du Code de la route lorsque l'agent de police judiciaire devait agir sur ordre ou sous la responsabilité de l'officier de police judiciaire est transposable à l'agent de police judiciaire adjoint. Sur le fondement de ce texte, la chambre criminelle a posé des règles strictes et précisé au travers de plusieurs arrêts les mentions devant figurer sur le procès-verbal, à savoir :

– l'identité de l'officier de police judiciaire sur l'ordre et sous la responsabilité duquel le contrôle est réalisé (Cass. crim., 17 juin 2014, n° 13-86.059. – Cass. crim., 7 juin 2011, n° 11-80.273) ;

– « la nature de l'ordre reçu, concernant les heures et lieux du contrôle » (Cass. crim., 10 mars 1998, n° 97-81.908 : *Bull. crim.* n° 90) ou encore « l'heure et le lieu du contrôle préventif effectué » (Cass. crim., 20 févr. 2013, n° 12-82.478. – Cass. crim., 4 nov. 2014, n° 14-81.459. – Cass. crim., 17 juin 2014, n° 13-86.059. – Cass. crim., 17 févr. 2015, n° 14-81.031).

Toutefois, il n'est pas nécessaire que soit joint à la procédure un écrit matérialisant l'ordre de l'officier de police judiciaire (Cass. crim., 10 mars 1998, n° 97-81.908 : *Bull. crim.* n° 90).

De très nombreux articles au sein du Code de la route prévoient cette action de l'agent de police judiciaire « sur l'ordre ou la responsabilité de l'officier de police judiciaire » (C. route, art. R. 243-2, L. 234-3, R. 130-1-1, L. 130-3, L. 234-9, L. 130-4, R. 244-2, R. 233-3, L. 225-5, L. 234-4, R. 225-4, L. 325-1-1, L. 325-1, L. 327-4, L. 235-2, R. 235-3, R. 343-2, R. 234-4, L. 344-1, R. 343-4, R. 235-4, L. 325-2, R. 130-1-2, R. 344-2, R. 344-4, R. 243-1, R. 235-6, R. 130-2, L. 224-1, R. 235-7, L. 330-2, R. 244-1, L. 330-3, R. 235-9, R. 245-1, R. 235-10, L. 343-1, R. 245-2, R. 325-3, R. 325-9, R. 325-11, R. 325-14, R. 325-15, R. 325-16, R. 325-22, L. 243-1, L. 244-1, L. 245-1, R. 327-2, R. 342-4).

206 **Ordre, instruction, sous la responsabilité, sous l'autorité.** Ces différentes formules paraissent postuler l'intervention préalable de l'officier de police judiciaire qui ne saurait voir sa responsabilité engagée à raison d'une opération qu'il n'aurait pas connue voire autorisée. Elles sont très présentes au sein du Code de la route. À l'inverse, celles relevant du « contrôle de l'officier de police judiciaire » laissent, nous semble-t-il, une autonomie plus grande à l'agent de police judiciaire à condition que ce contrôle ne se limite pas à un simple visa au moment de la transmission de la procédure (V. *supra*, n° 198).

> **CONSEIL** Il est rappelé que l'agent de police judiciaire doit faire apparaître dans chaque acte de procédure la mention selon laquelle il a agi « sous le contrôle » de l'officier de police judiciaire.

3 La discipline des agents de police judiciaire

207 Celle-ci est assurée par la chambre de l'instruction s'agissant de leur capacité judiciaire, outre celle exercée par leur hiérarchie en cas de faute disciplinaire (V. *infra*, n° 421).

III

La compétence territoriale de l'agent de police judiciaire

208 La compétence territoriale de l'agent de police judiciaire est définie à l'article 21-1 du Code de procédure pénale qui dispose que :

« Les agents de police judiciaire et agents de police judiciaire adjoints ont compétence dans les limites territoriales où ils exercent leurs fonctions habituelles ainsi que dans celles où l'officier de police judiciaire responsable du service de la police nationale ou de l'unité de gendarmerie auprès duquel ils ont été nominativement mis à disposition temporaire exerce ses fonctions. Lorsqu'ils secondent un officier de police judiciaire, ils ont compétence dans les limites territoriales où ce dernier exerce ses attributions en application des dispositions de l'article 18 ».

209 **Étendue de la compétence territoriale et décret des catégories de services.** Comme l'officier de police judiciaire, l'agent de police judiciaire tire sa compétence territoriale de celle du service ou de l'unité dans lequel il est affecté. Il s'agit donc des mêmes règles et c'est à nouveau vers le décret des catégories de services qu'il faut se tourner pour connaître l'étendue de cette compétence territoriale. Ainsi, les agents de police judiciaire peuvent avoir une compétence territoriale nationale, ou zonale ou pluri-zonale, ou départementale en fonction de l'unité ou du service dans lequel ils sont affectés. En conséquence nous renvoyons expressément à la compétence territoriale des officiers de police judiciaire (V. *supra*, n°s 98 et s.).

210 **Compétence territoriale par assimilation.** L'article 21-1 du Code de procédure pénale indique que l'agent de police judiciaire a la même compétence territoriale que l'officier de police judiciaire auprès duquel il a été « nominativement mis à disposition temporaire » et que, lorsqu'il seconde un officier de police judiciaire il a compétence « dans les limites territoriales où ce dernier exerce ses attributions en application des dispositions de l'article 18 ».

211 Qu'il soit détaché ou qu'il seconde un officier de police judiciaire, l'agent de police judiciaire cale en quelque sorte son pas sur celui de l'officier. Pour certains auteurs, cette assimilation est logique car « il serait en effet absurde qu'en pareil cas, les deux compétences ne coïncident pas ».

212 **Extension de compétence.** L'article 18 du Code de procédure pénale ne prévoit les extensions de compétence qu'au profit de l'officier de police judiciaire. S'il découle de la dernière phrase de l'article 21-1 du Code de procédure pénale que l'extension de compétence bénéficie à l'agent de police judiciaire lorsqu'il seconde effectivement l'officier de police judiciaire lors de la réalisation d'un acte d'enquête hors de la zone de compétence habituelle, il est possible de s'interroger sur la possibilité pour un agent de police judiciaire d'en bénéficier hors les cas où il seconde l'officier de police judiciaire.

213 Pour M. Buisson, l'article 18 ne s'applique qu'au seul officier de police judiciaire et l'agent de police judiciaire ne peut en bénéficier que dans l'hypothèse d'une « compétence territoriale empruntée ». Il s'ensuit que lorsqu'il agit seul, l'agent de police judiciaire ne pourrait pas bénéficier des extensions de compétence et il ne pourrait sortir de sa zone de compétence qu'en assistant l'officier de police judiciaire.

214 **Sanction de l'incompétence judiciaire de l'agent de police judiciaire.** Ce qui a été dit pour l'officier de police judiciaire vaut pour l'agent de police judiciaire (V. *supra*, n° 156).

L'ESSENTIEL 215 La compétence judiciaire des officiers de police judiciaire est la compétence « socle » à partir de laquelle se définit celle des agents de police judiciaire.

216 **Compétence personnelle.** L'exercice effectif des attributions attachées à la qualité d'agent de police judiciaire ne nécessite, à la différence de celui de l'officier de police judiciaire, aucune habilitation (V. *supra*, n°s 172 et s.). Cette compétence est définie aux articles 20 et 20-1 du Code de procédure pénale.

217 Sont APJ :
- les élèves-gendarmes affectés en unité opérationnelle et les gendarmes n'ayant pas la qualité d'officier de police judiciaire ;
- les fonctionnaires des services actifs de la police nationale, titulaires et stagiaires, n'ayant pas la qualité d'officier de police judiciaire.

218 **Qualité d'agent de police judiciaire dans la gendarmerie.** Les gendarmes peuvent avoir la qualité d'officier de police judiciaire ou celle d'agent de police judiciaire.

219 **Exercice des attributions d'agent de police judiciaire dans la gendarmerie.** L'exercice effectif des attributions doit être distingué de la qualité. Ainsi, un gendarme mobile a la qualité d'agent de police judiciaire mais n'en exerce pas les attributions, faute d'être affecté dans une unité inscrite au décret des catégories de services (V. *supra*, n° 184). De même, après un délai de trente mois après le début de sa formation initiale dont six mois dans un emploi comportant les attributions d'APJ, l'agent de police judiciaire peut prétendre à l'habilitation OPJ s'il passe avec succès l'examen d'officier de police judiciaire.

220 **Qualité d'agent de police judiciaire dans la police.** La qualité d'agent de police judiciaire n'est pas liée au grade. Elle résulte de l'absence de la qualité d'officier de police judiciaire. Un major de police qui n'a pas satisfait aux épreuves de l'examen d'officier de police judiciaire sera agent de police judiciaire.

Tout fonctionnaire de police de carrière – ce qui exclut les agents sous contrat qui sont agents de police judiciaire adjoints – est au minimum agent de police judiciaire, même si, compte tenu de son affectation, il n'en exerce pas les prérogatives. Il est ainsi du policier affecté dans une compagnie républicaine de sécurité (V. *supra*, n° 179).

221 Peuvent également être agents de police judiciaire, les fonctionnaires de police ou militaires de la gendarmerie d'active ou à la retraite qui ont ou ayant eu la qualité d'officier ou d'agent de police judiciaire, et qui servent dans la réserve opérationnelle de la police ou de la gendarmerie nationale (V. *supra*, n° 183).

222 Comme pour les officiers de police judiciaire, les agents de police judiciaire doivent, pour se voir attribuer les prérogatives attachées à cette qualité, être affectés dans un emploi comportant l'exercice de la police judiciaire. Ces services et unités comportant un emploi de police judiciaire sont listés au décret des catégories de services (V. *supra*, n°s 184 et s.).

223 **Compétence matérielle.** La compétence matérielle de l'agent de police judiciaire est légalement liée à celle de l'officier de police judiciaire. Il dispose donc d'une compétence matérielle générale. Il a pour mission de seconder l'officier de police judiciaire et l'article 20 l'autorise à constater toutes infractions, flagrantes ou non, pour les porter à la connaissance de l'officier de police judiciaire mais il ne lui est pas permis de décider d'une mesure de placement en garde à vue (V. *supra*, n°s 188 et s.).

224 Quel que soit le cadre juridique dans lequel il intervient, il le fait sous le contrôle de l'officier de police judiciaire. Ce contrôle n'interdit aucunement à l'agent de police judiciaire d'agir d'initiative, c'est-à-dire seul et hors la présence physique de l'officier de police judiciaire, ainsi que l'autorise l'article 75 du Code de procédure pénale, mais son action est contrôlée. Toutefois ce contrôle ne peut résulter d'un visa du chef du service lors de la transmission de la procédure au parquet. La preuve de ce contrôle doit résulter d'une mention expresse au procès-verbal (V. *supra*, n°s 196 et s.).

225 La discipline des agents de police judiciaire est assurée par la hiérarchie et par la chambre de l'instruction (V. *supra*, n° 207).

226 **Compétence territoriale.** Elle est fonction du service ou de l'unité dans lequel l'agent de police judiciaire est affecté. L'étendue de cette compétence territoriale est fixée au décret des catégories de services. Les agents de police judiciaire peuvent donc avoir une compétence territoriale nationale, ou zonale ou pluri-zonale, ou départementale en fonction de l'unité ou du service dans lequel ils sont affectés (V. *supra*, n° 208).

227 Cette compétence territoriale de l'agent de police judiciaire peut également être assimilée à celle de l'officier de police judiciaire qu'il seconde ou auprès duquel il a été nominativement mis à disposition.

228 L'agent de police judiciaire ne peut bénéficier des extensions de compétence prévues à l'article 18 du Code de procédure pénale que lorsqu'il agit en assistance de l'officier de police judiciaire (V. *supra*, n° 212).

POUR ALLER PLUS LOIN...

Fascicule JurisClasseur

- *JCl. Procédure pénale*, Art. 12 à 19-1 et Art. 20 à 29, fasc. 20, *Police judiciaire*, par J. Buisson.

Ouvrage

- F. Desportes et L. Lazerges-Cousquer, *Traité de procédure pénale*, Economica, 2015, § 915.

Fiche 7

Les agents de police judiciaire adjoints

Sommaire

229 Bien qu'apparaissant aux côtés de l'agent de police judiciaire dans l'article 15, 2° du Code de procédure pénale, les agents de police judiciaire adjoints sont composés d'agents au statut hétéroclite et n'ont quasiment aucun pouvoir d'investigations tels que prévus au Code de procédure pénale.

I

Compétence personnelle des agents de police judiciaire adjoints

230 L'article 21 du Code de procédure pénale énumère les agents de police judiciaire adjoints qui sont :

« 1° Les fonctionnaires des services actifs de police nationale ne remplissant pas les conditions prévues par l'article 20 ;

1° bis Les volontaires servant en qualité de militaire dans la gendarmerie et les militaires servant au titre de la réserve opérationnelle de la gendarmerie nationale ne remplissant pas les conditions prévues par l'article 20-1 ;

1° ter Les policiers adjoints mentionnés à l'article L. 411-5 du code de la sécurité intérieure et les membres de la réserve opérationnelle de la police nationale qui ne remplissent pas les conditions prévues aux articles 16-1, A ou 20-1 du présent code ;

1° quater Les contrôleurs relevant du statut des administrations parisiennes exerçant leurs fonctions dans la spécialité voie publique et les agents de surveillance de Paris ;
1° quinquies (Abrogé) ;
1° sexies (Abrogé) ;
2° Les agents de police municipale ;
3° Les gardes champêtres, lorsqu'ils agissent pour l'exercice des attributions fixées au dernier alinéa de l'article L. 521-1 du code de la sécurité intérieure ».

231 **Pas de nécessité d'affectation dans un emploi comportant l'exercice de la mission de police judiciaire.** Si cette affectation est une condition *sine qua non* de l'attribution de la qualité d'officier de police judiciaire et d'agent de police judiciaire, elle n'est pas exigée pour les agents de police judiciaire adjoints. Cette absence peut s'expliquer par le fait que leurs pouvoirs d'investigation judiciaire sont peu nombreux et que leurs attributions, limitées au constat d'infractions, sont régies par des dispositions spéciales contenues dans d'autres codes que le Code de procédure pénale.

A Les agents de police judiciaire adjoints « par défaut »

232 Il s'agit de fonctionnaires de police ou de militaires de la gendarmerie qui ne remplissent pas toutes les conditions pour être agents de police judiciaire prévus, en fonction des cas, aux articles 16-1, A (V. *supra*, n° 40) 20 (V. *supra*, n° 172) et 20-1 (V. *supra*, n° 182) du Code de procédure pénale.

1 Les fonctionnaires actifs

233 Les fonctionnaires des services actifs de la police nationale qui ne remplissent pas les conditions prévues par l'article 20 sont agents de police judiciaire adjoints selon le 1° de l'article 21.

> **À SAVOIR** **Les services actifs de la police nationale sont composés du corps de commandement dont le statut est fixé par le décret n° 2005-716 du 29 mai 2005, du corps de conception et de direction dont le statut est fixé par le décret n° 95-655 du 9 mai 1995 modifié et du corps de maîtrise et d'application dont le statut est fixé par le décret n° 95-657 du 9 mai 1995 modifié.**

2 Les réservistes opérationnels

234 Il existe deux catégories de réservistes opérationnels (sur le recours à la réquisition et l'emploi de réserviste, V. Cass. crim., 25 janv. 2022, n° 21-82.761) : les anciens membres des forces de l'ordre et les citoyens volontaires.

235 **Les anciens membres des forces de l'ordre.** Il s'agit des militaires servant au titre de la réserve opérationnelle de la gendarmerie nationale ne remplissant pas les conditions prévues par l'article 20-1 (CPP, art. 21, 1° bis) et des membres de la réserve opérationnelle de la police nationale qui ne remplissent pas les conditions prévues aux articles 16-1, A ou 20-1 du Code de procédure pénale (CPP, art. 21, 1° ter). En d'autres termes, il s'agit des gendarmes et des policiers qui ont quitté le service actif.

236 **Les citoyens volontaires.** Peut également être réserviste tout citoyen qui a signé un contrat d'engagement dans la réserve opérationnelle de la gendarmerie ou de la police. Ce sont des citoyens qui viennent ponctuellement renforcer les forces de l'ordre.

B Les agents de police judiciaire adjoints « par nature »

1 Les volontaires servant dans la police ou la gendarmerie

237 La première catégorie d'agents de police judiciaire adjoints est constituée des « volontaires » de la police nationale (CPP, art. 21, 1° ter) et de la gendarmerie nationale (CPP, art. 21, 1° bis). Au sein de cette dernière, il s'agit des « gendarmes adjoints volontaires » appelés aussi « GAV » alors que dans la police il s'agit des « adjoints de sécurité ». Le contrat qui les lie à chacune de ces institutions est temporaire (trois ans dans la police et cinq ans dans la gendarmerie). Il s'agit d'un contrat à temps plein à la différence des réservistes citoyens.

238 Les volontaires de la police nationale voient leur statut fixé par l'article L. 411-5, alinéa 1er du Code de la sécurité intérieure qui dispose que :

« Pour développer des activités répondant à des besoins non satisfaits, l'État peut faire appel à des agents âgés de dix-huit à moins de trente ans, recrutés en qualité de contractuels de droit public pour une période de trois ans, renouvelable une fois par reconduction expresse, afin d'exercer des missions d'adjoints de sécurité auprès des fonctionnaires des services actifs de la police nationale. Un décret en Conseil d'État fixe les modalités d'application du présent article.

Il définit notamment les missions des adjoints de sécurité ainsi que les conditions d'évaluation des activités concernées ».

239 Les volontaires servant en qualité de militaires voient leur statut fixé par les articles L. 4221-1 à L. 4221-10 du Code de la défense.

2 Les agents de la Ville de Paris

240 La direction de la police municipale et de la prévention (DFMP) de la Ville de Paris comprend plusieurs corps dont les membres ne disposent pas tous de la qualité d'agent de police judiciaire adjoint. Ce corps sera, pour partie à terme, fusionné avec la police municipale de Paris (V. *infra*, n° 247).

a) Les contrôleurs relevant du statut des administrations parisiennes exerçant leurs fonctions dans la spécialité voie publique et les agents de surveillance de Paris

241 Inscrits au 1° quater de l'article 21 du Code de procédure pénale, les agents de surveillance de Paris (ASP) et les contrôleurs qui les encadrent sont au nombre de 1 000 environ. Il s'agit de fonctionnaires rattachés à la collectivité dénommée « Ville de Paris ». Leur statut et leurs fonctions sont fixés par la loi n° 2017-257 du 28 février 2017 relative au statut de Paris et à l'aménagement métropolitain.
Ils ont rejoint la Ville de Paris en 2018. Ils étaient auparavant rattachés à la préfecture de police.
C'est parce qu'ils exercent la spécialité « voie publique » que ces fonctionnaires sont agents de police judiciaire adjoints. Leurs missions sont principalement axées sur la circulation routière : stationnement gênant, protection des piétons (verbalisation des cyclistes qui ne respectent pas les feux rouges par exemple), respect des pistes cyclables, des couloirs de bus, places pour personnes handicapées, zones de livraison, trottoirs, nuisances sonores des deux-roues…
Ces fonctionnaires et agents voient leurs missions régies par l'article L. 532-1 du Code de la sécurité intérieure.
Ils ont vocation à devenir policiers municipaux après une formation dédiée. Le corps d'ASP et de contrôleurs s'éteindra à terme.

b) Les autres agents de la Ville de Paris

242 **Les agents d'accueil et de surveillance (AAS).** Ces agents de la ville sont chargés d'un service de police au sens de l'article L. 531-1 du Code de la sécurité intérieure. Ce corps, composé d'environ 700 agents, comporte trois spécialités :
– la spécialité médiation : les agents effectuent des maraudes dans les rues et vont au contact du public, par exemple pour prévenir les rixes ;
– la spécialité bâtiment : agents qui gardent les mairies d'arrondissement par exemple ;
– la spécialité espace vert : agents qui assurent la sécurité dans les parcs et jardins.
Ils peuvent constater par procès-verbal certaines contraventions énumérées à l'article L. 531-1 du Code de la sécurité intérieure.
Les agents qui composent ce corps n'ont pas vocation à devenir policiers municipaux de la Ville de Paris.

243 **Les inspecteurs de sécurité de la Ville de Paris (ISVP).** Ces agents de la Ville de Paris sont chargés d'un service de police. Leur mission principale est la lutte contre les incivilités (verbalisation des dépôts sauvages sur la voie publique, des épanchements d'urine, jets de mégots…), la sécurisation des équipements municipaux et des agents. Ils sont encadrés par des techniciens de tranquillité publique et de surveillance (TTPS) qui sont agents de catégorie B.
Ces agents, au nombre de 1 000 environ, ont vocation à devenir policiers municipaux après une formation dédiée. Le corps d'ISVP et de TTPS s'éteindra à terme.

244 Les agents de police municipale de la Ville de Paris (ainsi que les chefs de service et les directeurs de la police municipale). Ce corps, créé par la loi n° 2021-646 du 25 mai 2021 et régi par les articles L. 533-1 et suivants du Code de la sécurité intérieure, est constitué non seulement des ISVP et ASP qui sont intégrés après formation dédiée (actuellement 200 ISVP et ASP sont formés chaque trimestre pour devenir policiers municipaux), mais aussi d'agents de police municipale recrutés sur concours par la Ville de Paris (il y en a actuellement 350).
Ils sont agents de police judiciaire adjoints conformément à l'article 21, 2° du Code de procédure pénale (V. *infra*, n° 247).

3 Les agents de la police municipale

245 Le livre V du Code de la sécurité intérieure ne précise aucune règle spécifique relative à la création d'un service de police municipale. Il faut donc se référer aux règles de droit commun de création d'un service municipal qui relève uniquement, pour celle-ci, de la libre appréciation du maire (CGCT, art. L. 2121-29).

L'article L. 2212-5 du Code général des collectivités territoriales précise que : « Les missions des agents de police municipale et l'organisation des services de police municipale sont régies par les dispositions du titre Ier du livre V du Code de la sécurité intérieure ».

246 **Statut des agents de la police municipale.** Fonctionnaires publics territoriaux, les agents de police municipale (catégorie C), les chefs de service de police municipale (catégorie B) et les directeurs de police municipale (catégorie A) sont recrutés, selon les lois et décrets portant statuts particuliers de leurs cadres d'emplois respectifs (L. n° 84-53, 26 janv. 1984 portant dispositions statutaires relatives à la fonction publique territoriale ; D. n° 2006-1391, 17 nov. 2006 portant statut particulier du cadre d'emplois des agents de police municipale ; D. n° 2011-444, 21 avr. 2011 portant statut particulier du cadre d'emplois des chefs de service de police municipale ; D. n° 2006-1392, 17 nov. 2006 portant statut particulier du cadre d'emplois des directeurs de police municipale).
Les policiers municipaux sont nommés par le maire ou le président de l'établissement public de coopération intercommunale, agréés par le représentant de l'État dans le département et le procureur de la République, puis assermentés (CSI, art. L. 511-2).
Les policiers municipaux peuvent être mis en commun au profit de plusieurs communes (CSI, art. L. 512-1 et L. 522-2).

247 Les articles L. 533-1 et suivants du Code de la sécurité intérieure traitent du statut et des missions des agents de police municipale de la Ville de Paris (V. *supra*, n° 241).

4 Les gardes champêtres

248 L'article L. 2121-29 du Code général des collectivités territoriales dispose que « le conseil municipal règle par ses délibérations les affaires de la commune » et qu'à ce titre il lui revient de créer, si nécessaire, un emploi de garde champêtre (catégorie C) qui est un fonctionnaire public territorial (L. n° 84-53, 26 janv. 1984 portant dispositions statutaires relatives à la fonction publique territoriale ; D. n° 94-731, 24 août 1994 portant statut particulier du cadre d'emplois des gardes champêtres).

249 Les gardes champêtres sont nommés par le maire, agréés par le procureur de la République et assermentés (CSI, art. L. 522-1). Selon l'article L. 521-1 du Code de la sécurité intérieure, « les gardes champêtres concourent à la police des campagnes. Ils sont chargés de rechercher, chacun dans le territoire pour lequel il est assermenté, les contraventions aux règlements et arrêtés de police municipale (...) ».
Comme pour les policiers municipaux, les gardes champêtres peuvent être mis en commun au profit de plusieurs communes (CSI, art. L. 512-1 et L. 522-2).

250 **Alsace-Moselle.** L'article L. 523-1 du Code de la sécurité intérieure dispose que « dans les départements de la Moselle, du Haut-Rhin et du Bas-Rhin, il y a au moins un garde champêtre par commune. La commune juge de la nécessité d'en établir davantage ».

251 **Outre-mer.** L'article 809-2 du Code de procédure pénale dispose que :

> « En Polynésie française, les fonctionnaires et agents mentionnés à l'article 35 de la loi organique n° 2004-192 du 27 février 2004 portant statut d'autonomie de la Polynésie française sont agents de police judiciaire adjoints dans les conditions prévues à l'article 21 du présent code ».

L'article 879-1, alinéa 2 du même code dispose que :

> « Pour l'application des articles 20 et 21, les agents de police de Mayotte mis à la disposition de l'État sont assimilés, selon les dispositions et dans les conditions prévues par ces articles, aux agents de la police nationale ».

II La compétence matérielle des agents de police judiciaire adjoints

252 L'article 21 du Code de procédure pénale dispose que les agents de police judiciaire adjoints ont pour mission de :

« (...) Seconder, dans l'exercice de leurs fonctions, les officiers de police judiciaire ;
Rendre compte à leurs chefs hiérarchiques de tous crimes, délits ou contraventions dont ils ont connaissance ;
Constater, en se conformant aux ordres de leurs chefs, les infractions à la loi pénale et de recueillir tous les renseignements en vue de découvrir les auteurs de ces infractions, le tout dans le cadre et dans les formes prévues par les lois organiques ou spéciales qui leur sont propres ;
Constater par procès-verbal les contraventions aux dispositions du code de la route dont la liste est fixée par décret en Conseil d'État ainsi que les contraventions prévues à l'article 621-1 du code pénal.
Lorsqu'ils constatent une infraction par procès-verbal, les agents de police judiciaire adjoints peuvent recueillir les éventuelles observations du contrevenant ».

253 Cette compétence matérielle est double car elle comporte une partie « générale » et une partie « spéciale » propre au statut des différents agents de police judiciaire adjoints.

A La compétence matérielle générale

254 D'une manière générale, l'agent de police judiciaire adjoint a pour mission de « seconder » l'officier de police judiciaire, et par extension l'agent de police judiciaire bien que le Code de procédure ne l'indique pas expressément.
Il n'a donc pas qualité pour décider des mesures de garde à vue (CPP, art. D.13) et ses missions sont définies à l'article D. 14 qui dispose que :

> « Les agents de police judiciaire énumérés à l'article 21 rendent compte de tous crimes, délits ou contraventions dont ils ont connaissance sous forme de rapports adressés à leurs chefs hiérarchiques. Ces derniers, qui ont la qualité d'officiers de police judiciaire, informent sans délai le procureur de la République en lui transmettant notamment les rapports de ces agents de police judiciaire, en application de l'article 19 ».

L'article R. 411-5, 7° du Code de la sécurité intérieure ne fait que traduire ces règles pour les adjoints de sécurité de la police nationale en indiquant que ceux-ci ont pour tâche « d'exercer des missions de police judiciaire dans les conditions fixées par l'article 21 du Code de procédure pénale ».

255 **Assistance à l'officier de police judiciaire et/ou à l'agent de police judiciaire.** Si l'agent de police judiciaire ne peut procéder à aucun acte d'investigation prévu au Code de procédure pénale, rien n'interdit à ce dernier de seconder et d'assister les enquêteurs, officier ou agent de police judiciaire, dans leurs investigations. Que l'enquête se déroule en flagrance ou sur commission rogatoire, l'officier de police judiciaire peut parfaitement se faire aider d'un agent de police judiciaire adjoint sous la réserve, déjà évoquée plusieurs fois, que cet acte d'enquête ne soit pas exécuté par le seul agent de police judiciaire adjoint (V. *infra*, n° 871). Celui-ci peut, dans les mêmes conditions, assister et seconder un agent de police judiciaire agissant lui-même sous le contrôle d'un officier de police judiciaire.

256 **Pouvoir général de constat d'infraction.** Hormis les cas où la loi leur donne une compétence matérielle spéciale (V. *infra*, n° 260), ils ont, comme les agents de police judiciaire, le pouvoir de procéder au constat d'une infraction flagrante ou non et de recueillir les éventuelles observations du contrevenant (CPP, art. 21 dernier alinéa). Ils en informent nécessairement leur chef hiérarchique, officier de police judiciaire. Dans ce cas, l'article D. 14-1 indique qu'ils rédigent un rapport. La chambre criminelle a indiqué que ce pouvoir de constat d'infraction vaut pour tout agent de police judiciaire adjoint, y compris celui dont la compétence matérielle est régie par un autre code (Cass. crim., 14 nov. 2000, n° 00-82.007 : *Bull. crim.* n° 340).

257 **Relevé d'identité.** L'article 78-6 du Code de procédure pénale dispose que :

> « Les agents de police judiciaire adjoints mentionnés aux 1° bis, 1° ter, 1° quater et 2° de l'article 21 sont habilités à relever l'identité des contrevenants pour dresser les procès-verbaux concernant des contraventions aux arrêtés de police du maire, des contraventions

au Code de la route que la loi et les règlements les autorisent à verbaliser ou des contraventions qu'ils peuvent constater en vertu d'une disposition législative expresse ».

Cette disposition est d'une logique implacable tant il semble difficile de dresser procès-verbal d'une contravention sans mentionner l'identité du contrevenant (V. *infra*, n° 666). L'article L. 522-4 du Code de la sécurité intérieure étend ce pouvoir de relevé d'identité aux gardes champêtres qui ne figurent pas à l'article 78-6 du Code de procédure pénale.

258 **Pouvoir de contrainte.** Les agents de police judiciaire adjoints peuvent, comme tout citoyen, interpeller une personne en train de commettre un crime ou un délit flagrant conformément à l'article 73 du Code de procédure pénale et avoir recours, le cas échéant, au menottage de la personne interpellée (V. *infra*, n° 1700).

De même, ils peuvent, sur ordre de l'officier de police judiciaire qu'ils ont informé, lui présenter sans délai une personne se trouvant dans l'impossibilité de justifier de son identité ou celle ayant commis un délit flagrant.

Les articles R. 515-1 à R. 515-12 du Code de la sécurité intérieure rappellent, pour les agents de la police municipale, cette obligation de conduire sans délai la personne interpellée devant l'officier de police judiciaire dans certaines hypothèses. Cette conduite est considérée, au titre de l'article 73 du Code de procédure pénale, comme une conduite sous contrainte par la force publique devant l'officier de police judiciaire. Si l'officier de police judiciaire souhaite entendre immédiatement la personne et que les conditions de l'article 62-2 du Code de procédure pénale sont remplies, le placement en garde à vue de celle-ci est obligatoire (V. *infra*, n°s 2707 et s.).

259 **Discipline.** La discipline des agents de police judiciaire adjoints est exercée par leurs supérieurs hiérarchiques et seulement par eux car il ne semble pas possible de les attraire devant la chambre de l'instruction, l'article 224 du Code de procédure pénale ne visant que les officiers et agents de police judiciaire.

B La compétence matérielle spécifique

260 Cette compétence matérielle spéciale est contenue dans des lois organiques ou spéciales qui leur sont propres. Il s'agit d'un pouvoir autonome de constat d'infraction qui dépend du statut de l'agent de police judiciaire adjoint.

261 À cette occasion, l'article 21, dernier alinéa du Code de procédure pénale ajoute que « lorsqu'ils constatent une infraction par procès-verbal, les agents de police judiciaire adjoints peuvent recueillir les éventuelles observations du contrevenant ».

1 Les agents de police judiciaire adjoints de la police et de la gendarmerie nationale

262 **Code de la route.** Les agents de police judiciaire adjoints de la police et de la gendarmerie peuvent, lorsque cela est prévu par la loi ou par décret en Conseil d'État, constater certaines infractions au Code de la route (C. route, art. R. 243-2, L. 234-3, R. 130-1-1, L. 234-9, L. 130-4, R. 244-2, L. 225-5, L. 235-2, R. 235 3, R. 343-2, L. 344-1, R. 343-4, R. 235-4, L. 325-2, R. 130-1-2, R. 344-2, R. 344-4, R. 130-2, L. 224-1, L. 330-2, L. 343-1, R. 325-3, R. 325-9, R. 325-11, R. 325-14, R. 325-15, R. 325-16, R. 325-22 et R. 342-4).

263 **Outrage sexiste.** De même, ils peuvent constater l'infraction d'outrage sexiste incriminée à l'article 621-1 du Code pénal.

264 **Pouvoir d'investigation.** L'article D. 15-5-2 du Code de procédure pénale prévoit que l'agent de police judiciaire adjoint peut aider les enquêteurs à mettre en œuvre les diligences issues de la notification des droits d'une personne placée en garde à vue.

2 Les contrôleurs relevant du statut des administrations parisiennes et les agents de surveillance de Paris

265 Ces agents (V. *supra*, n°s 241 et s.) n'ont pas de pouvoir de police judiciaire au sens de pouvoirs d'investigation et ne peuvent que constater des infractions expressément listées au Code de la sécurité intérieure comme l'article L. 532-1 ou au Code de procédure pénale comme l'article R. 15-33-29-3. Les agents de la Ville de Paris mentionnés aux articles L. 531-1, L. 532-1 et L. 533-1 du Code de la sécurité intérieure sont autorisés à accéder aux images de vidéoprotection (V. *infra*, n° 268).

3 Les agents de la police municipale et les gardes champêtres

266 Leurs pouvoirs se limitent également à un pouvoir de constat d'infractions ainsi que cela est rappelé dans des termes différents pour les agents

de la police municipale et les gardes champêtres dont les compétences matérielles ne sont pas parfaitement identiques.

a) Agents de la police municipale

267 Leurs missions sont définies, conformément à l'article 21, 2° du Code de procédure pénale, à l'article L. 511-1 du Code de la sécurité intérieure qui dispose que :

« Sans préjudice de la compétence générale de la police nationale et de la gendarmerie nationale, les agents de police municipale exécutent, dans la limite de leurs attributions et sous son autorité, les tâches relevant de la compétence du maire que celui-ci leur confie en matière de prévention et de surveillance du bon ordre, de la tranquillité, de la sécurité et de la salubrité publiques.
Ils sont chargés d'assurer l'exécution des arrêtés de police du maire et de constater par procès-verbaux les contraventions auxdits arrêtés. Sans préjudice des compétences qui leur sont dévolues par des lois spéciales, ils constatent également par procès-verbaux les contraventions aux dispositions du code de la route dont la liste est fixée par décret en Conseil d'État ainsi que les contraventions mentionnées au livre VI du code pénal dont la liste est fixée par décret en Conseil d'État, dès lors qu'elles ne nécessitent pas de leur part d'actes d'enquête et à l'exclusion de celles réprimant des atteintes à l'intégrité des personnes.
Ils sont habilités à établir l'avis de paiement prévu à l'article L. 2333-87 du code général des collectivités territoriales.
Ils peuvent également constater par rapport le délit prévu par l'article L. 272-4.
Ils exercent leurs fonctions sur le territoire communal, dans les conditions prévues au 2° de l'article 21 du Code de procédure pénale.
Affectés sur décision du maire à la sécurité d'une manifestation sportive, récréative ou culturelle ou à celle des périmètres de protection institués en application de l'article L. 226-1 du présent code ou à la surveillance de l'accès à un bâtiment communal, ils peuvent procéder à l'inspection visuelle des bagages et, avec le consentement de leur propriétaire, à leur fouille. Ils peuvent également procéder, avec le consentement exprès des personnes, à des palpations de sécurité. Dans ce cas, la palpation de sécurité doit être effectuée par une personne de même sexe que la personne qui en fait l'objet.
Affectés par le maire à des missions de maintien du bon ordre au sein des transports publics de voyageurs, les agents de police municipale peuvent constater par procès-verbaux les infractions mentionnées à l'article L. 2241-1 du code des transports sur le territoire de la commune ou des communes formant un ensemble d'un seul tenant dans les conditions définies à l'article L. 512-1-1 du présent code, sans pouvoir excéder le ressort du tribunal auprès duquel ils ont prêté serment.
À cette fin, les communes contiguës desservies par un ou plusieurs réseaux de transports publics peuvent conclure entre elles une convention locale de sûreté des transports collectifs afin de permettre à leurs polices municipales d'exercer indistinctement leurs compétences sur les parties de réseaux qui les traversent.
Cette convention est conclue sous l'autorité du représentant de l'État dans le département dans le respect des conventions de coordination des interventions de la police municipale et des forces de sécurité de l'État prévues à la section 2 du chapitre II du présent titre et dans le respect du contrat d'objectif départemental de sûreté dans les transports collectifs ».

268 De plus, l'article 21-2, alinéa 1er du Code de procédure pénale dispose que :

« Sans préjudice de l'obligation de rendre compte au maire qu'ils tiennent de l'article 21, les agents de police municipale rendent compte immédiatement à tout officier de police judiciaire de la police nationale ou de la gendarmerie nationale territorialement compétent de tous crimes, délits ou contraventions dont ils ont connaissance ».

Un décret du 12 août 2022 relatif à l'extension des destinataires d'images de vidéoprotection, pris pour l'application des articles L. 252-2, L. 252-3 et L. 255-1 du Code de la sécurité intérieure, modifiés par l'article 40 de la loi n° 2021-646 du 25 mai 2021 pour une sécurité globale préservant les libertés, autorise les policiers municipaux à accéder aux images de vidéoprotection.

b) Les gardes champêtres

269 L'article L. 521-1 du Code de la sécurité intérieure définit la mission des gardes champêtres et dispose ainsi que :

« Les gardes champêtres concourent à la police des campagnes.
Ils sont chargés de rechercher, chacun dans le territoire pour lequel il est assermenté, les contraventions aux règlements et arrêtés de police municipale.
Ils dressent des procès-verbaux pour constater ces contraventions.
Les gardes champêtres sont également autorisés à constater par procès-verbal les contraventions aux dispositions du Code de la route dont la liste est fixée par décret en Conseil d'État. À cette occasion, ils sont habilités à procéder aux épreuves de dépistage mentionnées à l'article L. 234-3 du Code de la route, dans les conditions prévues au deuxième alinéa de l'article L. 234-4 du même code, et aux épreuves de dépistage mentionnées aux deux premiers alinéas

de l'article L. 235-2 dudit code, sur l'ordre et sous la responsabilité des officiers de police judiciaire, dans les conditions prévues à l'avant-dernier alinéa du même article L. 235-2.
Ils constatent également les contraventions mentionnées au livre VI du Code pénal, dont la liste est fixée par décret en Conseil d'État, dès lors qu'elles ne nécessitent pas de leur part d'actes d'enquête et à l'exclusion de celles réprimant des atteintes à l'intégrité des personnes ».

Les gardes champêtres peuvent également relever les infractions prévues à l'article R. 15-33-29-3 du Code de procédure pénale.
À l'instar des policiers municipaux, et bien que cela ne soit pas expressément prévu au présent article, il semble logique que les gardes champêtres rendent compte immédiatement à tout officier de police judiciaire de la police nationale ou de la gendarmerie nationale territorialement compétent de tous crimes, délits ou contraventions dont ils ont connaissance.

c) Les infractions pouvant être relevées par les agents de police municipale et les gardes champêtres

270 Pour une meilleure lisibilité, celles-ci font l'objet d'un tableau établi par la direction des libertés publiques et des affaires juridiques (DLPAJ).

Agents de police municipale	Gardes champêtres
Délit d'occupation halls d'immeuble	
Article L. 272-4 du Code de la sécurité intérieure Le fait d'occuper en réunion les espaces communs ou les toits des immeubles collectifs d'habitation en empêchant délibérément l'accès ou la libre circulation des personnes ou le bon fonctionnement des dispositifs de sécurité et de sûreté est puni de deux mois d'emprisonnement et de 3 750 € d'amende. Lorsque cette infraction est accompagnée de voies de fait ou de menaces, de quelque nature que ce soit, elle est punie de six mois d'emprisonnement et de 7 500 € d'amende. Les personnes coupables des infractions prévues aux deux premiers alinéas encourent également, à titre de peine complémentaire, une peine de travail d'intérêt général. Pour le délit prévu au premier alinéa du présent article, y compris en cas de récidive, l'action publique peut être éteinte, dans les conditions prévues aux articles 495-17 à 495-25 du Code de procédure pénale, par le versement d'une amende forfaitaire d'un montant de 200 €. Le montant de l'amende forfaitaire minorée est de 150 € et le montant de l'amende forfaitaire majorée est de 450 €.	
Arrêtés municipaux	
Article L. 511-1 du Code de la sécurité intérieure, R. 610-5 du Code pénal et R. 15-33-29-3 du Code de procédure pénale Les agents de police municipale sont chargés d'assurer l'exécution des arrêtés de police du maire et de constater par procès-verbaux les contraventions auxdits arrêtés.	Article L. 521-1 du Code de la sécurité intérieure Les gardes champêtres recherchent les contraventions aux règlements et arrêtés de police municipale et les constatent par procès-verbal.
Circulation et stationnement	
Article L. 130-4 du Code de la route Sans préjudice de la compétence générale des officiers et des agents de police judiciaire, ont compétence pour constater par procès-verbal les contraventions prévues par la partie réglementaire du présent code ou par d'autres dispositions réglementaires, dans la mesure où elles se rattachent à la sécurité et à la circulation routières : (...)	

<table>
<tr><th>Agents de police municipale</th><th>Gardes champêtres</th></tr>
<tr><td colspan="2">2° Les gardes champêtres des communes ; (...)
11° Les agents de police judiciaire adjoints ; (...)
La liste des contraventions que chaque catégorie d'agents mentionnée ci-dessus est habilitée à constater est fixée par décret en Conseil d'État.</td></tr>
<tr><td>Article R. 130-2 du Code de la route
Les agents de police judiciaire adjoints mentionnés au 2° de l'article 21 du Code de procédure pénale peuvent constater par procès-verbal, lorsqu'elles sont commises à l'intérieur du territoire communal sur les voies autres que les autoroutes, les contraventions aux articles R. 644-2 et R. 653-1 du Code pénal commises à l'occasion de la conduite d'un véhicule, les contraventions aux dispositions du présent code à l'exception de celles prévues aux articles R. 121-1 à R. 121-5, R. 221-18, R. 222-2, R. 234-1, R. 314-2, R. 411-32, R. 412-17, R. 412-52, R. 413-15.</td><td>Article R. 130-3 du Code de la route
Les gardes champêtres peuvent constater par procès-verbal si elles sont commises à l'intérieur du territoire communal et sur des voies autres que les autoroutes :
a/ Les contraventions de police prévues aux articles R. 644-2 et R. 653-1 du Code pénal lorsqu'il s'agit de contraventions se rapportant à la circulation routière ;
b/ Les contraventions aux dispositions du présent code à l'exception de celles prévues aux articles R. 121-1 à R. 121-5, R. 221-18, R. 222-2, R. 234-1, R. 314-2, R. 411-32, R. 412-17, R. 412-51 et R. 412-52.</td></tr>
<tr><td colspan="2">Contraventions au Code pénal</td></tr>
<tr><td colspan="2">Article R. 15-33-29-3 du Code de procédure pénale
Les contraventions prévues par le Code pénal que les agents de police municipale, les gardes champêtres, les agents de surveillance de Paris mentionnés à l'article 21 du présent code ainsi que les agents de la ville de Paris chargés d'un service de police peuvent, en application des dispositions des articles L. 2212-5, L. 2213-18, L. 2512-16-1 et L. 2512-16 du Code général des collectivités territoriales, constater par procès-verbaux lorsqu'elles sont commises sur le territoire communal, sur le territoire de la commune de Paris ou sur le territoire pour lesquels ils sont assermentés et qu'elles ne nécessitent pas de leur part d'actes d'enquête sont les suivantes :
1° Divagation d'animaux dangereux, prévue par l'article R. 622-2 du Code pénal ;
2° Bruits ou tapages injurieux ou nocturnes prévus par l'article R. 623-2 du même code ;
3° Excitation d'animaux dangereux, prévue par l'article R. 623-3 du même code ;
4° Menaces de destruction, prévues par les articles R. 631-1 et R. 634-1 du même code, lorsqu'elles concernent des biens appartenant à la commune ;
5° Abandon d'ordures, déchets, matériaux et autres objets, prévu par les articles R. 632-1, R. 633-6, R. 635-8 et R. 644-2 du même code ;
6° Destructions, dégradations et détériorations légères, prévues par l'article R. 635-1 du même code, lorsqu'elles concernent des biens appartenant à la commune ;
7° Atteintes volontaires ou involontaires à animal et mauvais traitements à animal, prévus par les articles R. 653-1, R. 654-1 et R. 655-1 du même code.
Ces agents et fonctionnaires peuvent également constater par procès-verbaux les contraventions de non-respect des arrêtés de police prévues par l'article R. 610-5 du Code pénal, conformément aux dispositions du Code général des collectivités territoriales, ainsi que, s'agissant des agents de police municipale, des gardes champêtres et des agents de surveillance de Paris, les contraventions aux dispositions du Code de la route dont la liste est fixée par les articles R. 130-1-1 à R. 130-3 de ce code et les contraventions relatives à l'interdiction de fumer dans les lieux affectés à un usage collectif prévues par les articles R. 3512-1 et R. 3512-2 du Code de la santé publique.</td></tr>
<tr><td></td><td>Article 24 du Code de procédure pénale
Outre les compétences mentionnées à l'article 22 du présent code et à l'article L. 521-1 du Code de la sécurité intérieure, les gardes champêtres recherchent et constatent par procès-verbal les délits et contraventions qui portent atteinte aux propriétés situées dans les communes pour lesquelles ils sont assermentés, dans les mêmes conditions que celles énoncées, en matière d'infractions forestières, aux articles L. 161-14 à L. 161-18 du Code forestier ainsi que, en matière environnementale, à l'article L. 172-8 du Code de l'environnement.</td></tr>
</table>

Agents de police municipale	Gardes champêtres
Arrêts et stationnement de véhicules dans les cours des gares	
Article L. 2241-1 du Code des transports Les contraventions aux dispositions des arrêtés de l'autorité administrative compétente de l'État concernant la circulation, l'arrêt et le stationnement des véhicules dans les cours de gares sont constatées également par : 1° les agents de police judiciaire ; 2° les agents de police judiciaire adjoints ; (...)	
Transports publics de voyageurs	
Article L. 511-1 du Code de la sécurité intérieure Affectés par le maire à des missions de maintien du bon ordre au sein des transports publics de voyageurs, les agents de police municipale peuvent constater par procès-verbaux les infractions mentionnées à l'article L. 2241-1 du Code des transports sur le territoire de la commune ou des communes formant un ensemble d'un seul tenant dans les conditions définies à l'article L. 512-1-1 du présent code, sans pouvoir excéder le ressort du tribunal auprès duquel ils ont prêté serment.	
Réserves naturelles	
	Article L. 332-20 du Code de l'environnement (...) II. Outre les officiers et agents de police judiciaire, les inspecteurs de l'environnement mentionnés à l'article L. 172-1 et les agents des réserves naturelles, sont habilités à constater sur le territoire des réserves naturelles les infractions mentionnées au I (l'abandon d'ordures, déchets, matériaux et autres objets) : (...) 4° bis Les gardes champêtres ;
Parcs nationaux	
Article L. 331-20 du Code de l'environnement Les agents habilités à constater les infractions en matière forestière, de chasse et de pêche ont qualité pour constater les infractions spécialement définies pour la protection des parcs nationaux.	
Protection de la faune et de la flore	
Article L. 415-1 du Code de l'environnement I. Outre les officiers et agents de police judiciaire et les inspecteurs de l'environnement mentionnés à l'article L. 172-1, sont habilités à rechercher et à constater les infractions aux dispositions du présent titre (Titre 1er : Protection du patrimoine naturel) et des textes pris pour son application : (...) 3e Les gardes champêtres ; 5° Les agents de police judiciaires adjoints mentionnés à l'article 21 du Code de procédure pénale, qui exercent ces missions dans les limites et selon les modalités fixées par le Code de procédure pénale ;	
Chasse	
	Article L. 428-20 du Code de l'environnement Outre les officiers et agents de police judiciaire et les inspecteurs de l'environnement mentionnés à l'article L. 172-1, sont habilités à rechercher et à constater les infractions aux dispositions du présent titre (Titre II : Chasse) et aux textes pris pour son application : (...)

<table>
<tr><th>Agents de police municipale</th><th>Gardes champêtres</th></tr>
<tr><td></td><td>4° Les gardes champêtres
Article L. 428-29 du Code de l'environnement
Hors de leur domicile, les chasseurs et les personnes les accompagnant sont tenus d'ouvrir leurs carniers, sacs ou poches à gibier à toute réquisition (…) des agents mentionnés aux 2° (…) de l'article L. 428-20.</td></tr>
<tr><td colspan="2">Pêche</td></tr>
<tr><td colspan="2">Article L. 437-1 du Code de l'environnement
I. – Outre les officiers et agents de police judiciaire et les inspecteurs de l'environnement mentionnés à l'article L. 172-1, sont habilités à rechercher et à constater les infractions aux dispositions du présent titre et des textes pris pour son application : (…)
4° Les gardes champêtres ;
5° Les agents de police judiciaire adjoints mentionnés à l'article 21 du Code de procédure pénale, qui exercent ces missions dans les limites et selon les modalités fixées par le Code de procédure pénale ;</td></tr>
<tr><td colspan="2">Déchets</td></tr>
<tr><td colspan="2">Article L. 541-44 du Code de l'environnement
Outre les officiers et agents de police judiciaire et les inspecteurs de l'environnement mentionnés à l'article L. 172-1, sont habilités à rechercher et à constater les infractions aux dispositions du présent chapitre et des textes pris pour son application : (…)
5° Les agents de police judiciaire adjoints mentionnés à l'article 21 du Code de procédure pénale, qui exercent ces missions dans les limites et selon les modalités fixées par le Code de procédure pénale ;
5° bis Les gardes champêtres ; (…)</td></tr>
<tr><td colspan="2">Police de l'eau</td></tr>
<tr><td></td><td>Article L. 216-3 du Code de l'environnement
Outre les officiers et agents de police judiciaire et les inspecteurs de l'environnement mentionnés à l'article L. 172-1, sont habilités à rechercher et à constater les infractions aux dispositions des chapitres Ier à VII du présent titre (Titre 1er Eau et milieux aquatiques et marins) ainsi que des textes et des décisions pris pour leur application : (…)
6e Les gardes champêtres</td></tr>
<tr><td colspan="2">Bruits de voisinage</td></tr>
<tr><td colspan="2">Article L. 571-18 du Code de l'environnement
II. – En outre, les fonctionnaires et agents des collectivités territoriales, mentionnés à l'article L. 1312-1 du Code de la santé publique et assermentés à cet effet dans des conditions définies par décret en Conseil d'État sont chargés de procéder à la recherche et à la constatation des infractions aux règles relatives à la lutte contre les bruits de voisinage, telles que définies par décret en Conseil d'État.
Article R. 571-92 du Code de l'environnement
Les infractions aux règles relatives à la lutte contre les bruits de voisinage telles que définies par les articles R. 1337-6 à R. 1337-10 du Code de la santé publique peuvent être recherchées et constatées, outre par les agents mentionnés à l'article R. 1312-1 du même code, par des agents des communes désignés par le maire, à la condition qu'ils soient agréés par le procureur de la République et assermentés dans les conditions fixées à l'article R. 571-93 du présent code.</td></tr>
<tr><td colspan="2">Publicités enseignes et pré-enseignes</td></tr>
<tr><td colspan="2">Article L. 116-2 Code de la voirie routière
Sans préjudice de la compétence reconnue à cet effet à d'autres fonctionnaires et agents par les lois et règlements en vigueur, peuvent constater les infractions à la police de la conservation du domaine public routier et établir les procès-verbaux concernant ces infractions :
1° Sur les voies de toutes catégories, les agents de police municipale, les gardes champêtres des communes et les gardes particuliers assermentés (…)
Article L. 581-40, 3° du Code de l'environnement</td></tr>
</table>

<table>
<tr><th>Agents de police municipale</th><th>Gardes champêtres</th></tr>
<tr><td colspan="2">Navigation fluviale</td></tr>
<tr><td colspan="2">Article 41 du Code du domaine public fluvial et de la navigation intérieure
Les contraventions sont constatées concurremment par les fonctionnaires des services de l'État, des collectivités territoriales et de leurs groupements, les conducteurs de chantier ou agents de travaux assermentés à cet effet ou par les maires adjoints et les gardes champêtres.
Article L. 2132-23 du Code général de la propriété des personnes publiques
Outre les agents mentionnés à l'article L. 2132-21, les fonctionnaires des collectivités territoriales et de leurs groupements, les adjoints au maire, et les personnels de Voies navigables de France sur le domaine qui lui a été confié ont compétence pour constater concurremment les contraventions en matière de grande voirie fixées par les articles L. 2132-5 à L. 2132-10, L. 2132-16, L. 2132-17 et les textes pris pour leur application.</td></tr>
<tr><td colspan="2">Animaux dangereux</td></tr>
<tr><td colspan="2">Article L. 215-3-1 du Code rural et de la pêche maritime
Les gardes champêtres et les agents de police municipale constatent par procès-verbaux les infractions aux dispositions des articles L. 211-14 et L. 211-16 ainsi que des textes ou décisions pris pour leur application.</td></tr>
<tr><td colspan="2">Bois et forêts</td></tr>
<tr><td colspan="2">Article L. 161-4 du Code forestier (nouveau) et article 22 du Code de procédure pénale.
Sont habilités à rechercher et constater les infractions forestières, outre les officiers et agents de police judiciaire : (...)
3° Les gardes champêtres et les agents de police municipale. (...)</td></tr>
<tr><td colspan="2">Tabacs</td></tr>
<tr><td colspan="2">Article L. 220 du Livre des procédures fiscales
Les procès-verbaux constatant les infractions aux lois et règlements sur les tabacs peuvent être établis par les agents des douanes, les agents de l'administration des finances, les gendarmes, les commissaires de police, les agents des services des ponts et chaussées autorisés par la loi à dresser des procès-verbaux, les agents assermentés de l'office national des forêts, les gardes champêtres et généralement tout agent assermenté.</td></tr>
<tr><td colspan="2">Article L. 3515-2 du Code de la santé publique
Les agents de police municipale, les gardes champêtres, les agents de surveillance de Paris ainsi que les agents de la ville de Paris chargés d'un service de police mentionnés, respectivement, aux articles L. 511-1, L. 521-1, L. 523-1 et L. 531-1 du Code de la sécurité intérieure peuvent constater par procès-verbaux les infractions aux articles L. 3512-8, L. 3512-12, L. 3513-5 et L. 3513-6 du présent code et aux règlements pris pour leur application, lorsqu'elles sont commises sur le territoire communal, sur le territoire de la ville de Paris ou sur le territoire pour lequel ils sont assermentés et lorsqu'elles ne nécessitent pas de leur part d'actes d'enquête. Ces agents peuvent, pour constater une infraction aux articles L. 3512-12 et L. 3513-5, exiger que le client établisse la preuve de sa majorité, par la production de tout document officiel muni d'une photographie.</td></tr>
<tr><td colspan="2">Alcools, alambics et boissons</td></tr>
<tr><td colspan="2">Article L. 221 du Livre des procédures fiscales
Les procès-verbaux constatant les infractions aux lois et règlements sur les alcools, alambics et boissons, peuvent être établis par les personnes mentionnées par l'article L. 220.</td></tr>
<tr><td colspan="2">Menaces et crises sanitaires graves</td></tr>
<tr><td colspan="2">Article L. 3136-1 du Code de la santé publique
Les agents mentionnés aux articles L. 511-1, L. 521-1, L. 531-1 et L. 532-1 du Code de la sécurité intérieure peuvent constater par procès-verbaux les contraventions prévues au troisième alinéa du présent article lorsqu'elles sont commises respectivement sur le territoire communal, sur le territoire pour lequel ils sont assermentés ou sur le territoire de la ville de Paris et qu'elles ne nécessitent pas de leur part d'actes d'enquête.</td></tr>
</table>

Agents de police municipale	Gardes champêtres
Protoxyde d'azote	
Article L. 3631-2 du Code de la santé publique Les agents de police municipale, les gardes champêtres, les agents de surveillance de Paris ainsi que les agents de la ville de Paris chargés d'un service de police, mentionnés respectivement aux articles L. 511-1, L. 521-1, L. 523-1 et L. 531-1 du Code de la sécurité intérieure, peuvent constater par procès-verbal les infractions aux articles L. 3611-2 et L. 3611-3 du présent code et aux règlements pris pour leur application, lorsqu'elles sont commises sur le territoire communal, sur le territoire de la ville de Paris ou sur le territoire pour lequel ils sont assermentés et lorsqu'elles ne nécessitent pas d'actes d'enquête de leur part. Ces agents peuvent, pour constater une infraction à l'article L. 3611-3, exiger que le cessionnaire établisse la preuve de sa majorité par la production de tout document officiel muni d'une photographie.	
Climatisation et chauffage	
Article R. 2122-7-1 du Code général de la propriété des personnes publiques Violation de l'article L. 2112-1-1 A sanctionnant l'utilisation sur le domaine public les systèmes de chauffage ou de climatisation consommant de l'énergie et fonctionnant en extérieur est interdite.	

III Compétence territoriale des agents de police judiciaire adjoints

271 La compétence territoriale des agents de police judiciaire adjoints est fonction du corps auquel ils appartiennent.

A Les agents de police judiciaire adjoints de la police et de la gendarmerie nationale

272 L'article 21-1 du Code de procédure pénale régit la compétence territoriale tant des agents de police judiciaire que des agents de police judiciaire adjoints. Toutefois, si cet article indique que les agents de police judiciaire adjoints « ont compétence dans les limites territoriales où ils exercent leurs fonctions habituelles », le décret des catégories de services (CPP, art. R. 15-18 et R. 15-26-1) ne vise que les officiers et agents de police judiciaire à l'exclusion des agents de police judiciaire adjoints.

273 Aussi, il semble possible de soutenir que la compétence territoriale de l'agent de police judiciaire adjoint, dès lors que celui-ci est en mesure d'agir seul pour constater certaines infractions, est celle de l'unité ou du service dans lequel il est affecté. Aussi nous renvoyons à la fiche consacrée à celle des agents de police judiciaire (V. *supra*, n°s 208 et s.).

274 **Compétence territoriale assimilée.** Comme l'agent de police judiciaire, l'agent de police judiciaire adjoint tire sa compétence territoriale de celle de l'unité ou du service dans lequel il est affecté. Il ne peut instrumenter seul hors de cette zone sauf lorsqu'il seconde l'officier de police judiciaire.

B Les contrôleurs relevant du statut des administrations parisiennes et les agents de surveillance de Paris

275 Ces contrôleurs et agents sont compétents sur le territoire de la « Ville de Paris » (CGCT, art. L. 2512-1 et L. 2512-13).

C Les agents de la police municipale et les gardes champêtres

276 **Agents de police municipale.** Comme le maire sous l'autorité duquel ils sont placés et qui a la qualité d'officier de police judiciaire, les policiers municipaux et les gardes champêtres exercent leurs fonctions sur le territoire communal.
L'article L. 511-1, 5° du Code de la sécurité intérieure dispose qu'« ils exercent leurs fonctions sur le territoire communal, dans les conditions

prévues au 2° de l'article 21 du Code de procédure pénale ». Par exception à ce principe, lorsqu'ils sont recrutés par le président d'un établissement public de coopération intercommunale, les policiers municipaux sont placés sous l'autorité de ce dernier pour l'exécution des décisions relevant des compétences qui lui ont été transférées par les communes membres de l'établissement (CGCT, art. L. 5211-9-2).

277 **Gardes champêtres.** De la même manière, l'article L. 521-1, alinéa 2 du Code de la sécurité intérieure dispose qu'« ils sont chargés de rechercher, chacun dans le territoire pour lequel il est assermenté, les contraventions aux règlements et arrêtés de police municipale ».

IV

Procès-verbaux et rapports

278 **Rapports.** Il ressort des articles D. 21 et D. 14-1 du Code de procédure pénale que lorsqu'ils procèdent à des constats d'infractions au titre du pouvoir général qu'ils tirent de ces textes, les agents de police judiciaire adjoints rédigent des rapports.

279 **Procès-verbal.** À l'inverse, lorsque la loi les autorise expressément à relever des infractions et à les constater, ils doivent rédiger des procès-verbaux. Il s'agit essentiellement, comme cela a été exposé précédemment, de constater des contraventions. Dans ce cas, ils sont autorisés à relever l'identité des contrevenants (V. *supra*, n° 257).

280 **Valeur des rapports et des procès-verbaux.** L'article 537 du Code de procédure pénale dispose que :

> « Les contraventions sont prouvées soit par procès-verbaux ou rapports, soit par témoins à défaut de rapports et procès-verbaux, ou à leur appui.
> Sauf dans les cas où la loi en dispose autrement, les procès-verbaux ou rapports établis par les officiers et agents de police judiciaire et les agents de police judiciaire adjoints, ou les fonctionnaires ou agents chargés de certaines fonctions de police judiciaire auxquels la loi a attribué le pouvoir de constater les contraventions, font foi jusqu'à preuve contraire.
> La preuve contraire ne peut être rapportée que par écrit ou par témoins ».

281 Pour connaître la valeur probante des procès-verbaux ou des rapports établis par les agents de police judiciaire adjoints, il y a lieu de se reporter aux textes qui fondent cette compétence matérielle.
Cependant lorsqu'ils constatent un crime ou délit, le rapport qu'ils dressent relève de l'article 430 du Code de procédure pénale qui dispose que « sauf dans le cas où la loi en dispose autrement, les procès-verbaux et les rapports constatant les délits ne valent qu'à titre de simples renseignements » (V. *infra*, n° 1601).

282 **Agents de police municipale et gardes champêtres.** En application des articles 21-2 et 27 du Code de procédure pénale, les agents de police municipale et les gardes champêtres adressent leurs rapports et, pour les infractions qu'ils sont habilités à constater, leurs procès-verbaux – dans les cinq jours au plus tard pour les gardes champêtres – simultanément au maire et, par l'intermédiaire des officiers de police judiciaire de la police ou de la gendarmerie nationales territorialement compétents, au procureur de la République.

283 **Sanction de l'incompétence judiciaire de l'agent de police judiciaire adjoint.** Nous renvoyons à ce qui a été dit pour les officiers de police judiciaire (V. *supra*, n° 156).

L'ESSENTIEL 284 La compétence judiciaire des officiers de police judiciaire est la compétence « socle » à partir de laquelle se définissent celles des agents de police judiciaire et des agents de police judiciaire adjoints.
285 **Compétence personnelle.** La compétence personnelle de l'agent de police judiciaire adjoint est définie par l'article 21 du Code de procédure pénale. Sont agents de police judiciaire adjoints :
– les fonctionnaires actifs de la police nationale qui ne remplissent pas les conditions de l'article 20 (V. *supra*, n° 233) ;
– les réservistes opérationnels de la police et de la gendarmerie qui ne remplissent pas les conditions des articles 16-1, A et 20-1 du Code de procédure pénale (V. *supra*, n° 234) ;

– les volontaires servant dans la police ou la gendarmerie, à savoir les adjoints de sécurité et les gendarmes adjoints volontaires (V. *supra*, n° 237) ;
– les fonctionnaires rattachés à la collectivité « Ville de Paris » exerçant leurs fonctions sur la voie publique (V. *supra*, n° 241) ;
– les policiers municipaux (V. *supra*, n° 245) ;
– les gardes champêtres (V. *supra*, n° 248).
Cette qualité d'agent de police judiciaire adjoint n'est pas conditionnée à l'affectation dans un emploi comportant la mission de police judiciaire.

286 Certains fonctionnaires et agents particuliers sont « assimilés » aux agents de police judiciaire notamment dans les départements et collectivités ultramarins (V. *supra*, n° 251).

287 **Compétence matérielle.** Comme les agents de police judiciaire, les agents de police judiciaire adjoints de la police et de la gendarmerie ont pour mission de seconder et d'assister les officiers de police judiciaire. Ils ont aussi celle d'assister les agents de police judiciaire. Ils disposent d'un pouvoir général de constat des infractions pour en informer leur hiérarchie et agir sous ses ordres (V. *supra*, n°s 255 et s.), mais ils ne disposent d'aucun pouvoir d'enquête en propre.

288 Lorsqu'ils sont autorisés par la loi ou le règlement à constater eux-mêmes par procès-verbal des infractions, ils disposent du pouvoir de relever l'identité du contrevenant (V. *supra*, n° 257). À cette occasion, ils sont également autorisés à recueillir ses éventuelles observations.

289 Ils sont autorisés à utiliser la contrainte, en tant que membres de la force publique, mais uniquement le temps strictement nécessaire à l'intervention d'un officier de police judiciaire.

290 L'agent de police judiciaire adjoint n'a de compétence matérielle autonome que lorsque celle-ci est autorisée par la loi, laquelle est fonction de l'institution ou du corps auquel il appartient. Il faut donc consulter les différents codes pour s'assurer de cette compétence matérielle autonome. Cette compétence matérielle spécifique est particulièrement étendue pour tous les agents de police judiciaire adjoints en matière de police de la route (V. *supra*, n°s 260 et s.). Toutefois les policiers municipaux et les gardes champêtres ont une compétence matérielle spécifique très variée (V. *supra*, n° 271).

291 **Compétence territoriale.** La qualité d'agent de police judiciaire adjoint de la police et de la gendarmerie nationales n'est pas conditionnée à l'affectation dans un emploi comportant la mission de police judiciaire mais la compétence territoriale de cet agent est celle de l'unité ou du service dans lequel il est affecté. Elle peut s'étendre à celle de l'officier de police judiciaire auprès duquel il est mis à disposition et lorsqu'il le seconde (V. *supra*, n° 271).

292 S'agissant des autres agents de police judiciaire adjoints, leur compétence territoriale est l'étendue de la « Ville de Paris » ou de la commune ou de la communauté de communes par laquelle ils sont employés (V. *supra*, n°s 275 et s.).

293 **Rapports et procès-verbaux.** Sauf lorsque la loi ou le règlement leur donnent une compétence matérielle spécifique, les agents de police judiciaire adjoints rédigent des rapports. Lorsqu'ils sont autorisés par la loi ou le règlement, ils rédigent des procès-verbaux dont la valeur probante peut être renforcée. Celle-ci est régie par l'article 537 du Code de procédure pénale pour les contraventions prévues par le Code pénal et par chaque code incriminant des infractions spécifiques auquel il convient de se référer pour connaître la valeur probante du procès-verbal (V. *supra*, n° 278).

294 Ces rapports et procès-verbaux sont transmis dans les meilleurs délais à la hiérarchie, ainsi qu'au maire, le cas échéant. L'officier de police judiciaire en informe alors le procureur de la République (V. *supra*, n° 282).

Fiche 8
Les assistants d'enquête

295 **Nouveau membre de la police judiciaire.** La police judiciaire compte, depuis la loi n° 023-22 du 24 janvier 2023, un nouveau membre : l'assistant d'enquête, institué par le 3° de l'article 15 du Code de procédure pénale et dont les missions sont notamment définies par l'article 21-3 du même Code.

Il faudra cependant qu'un décret en Conseil d'État vienne préciser les modalités de mise en œuvre de ces dispositions, pour que l'assistant d'enquête prenne corps. En attendant, les dispositions relatives à l'assistant d'enquête ne sont pas applicables.

Bien que membre de la police judiciaire, l'assistant d'enquête ne disposera pas de pouvoirs d'investigation comme en ont les officiers et agents de police judiciaire ou encore les agents de police judiciaire adjoints.

Ainsi que le précise le Conseil constitutionnel, ses « attributions, qui sont limitées à l'accomplissement de tâches matérielles exécutées à la demande expresse d'officiers ou d'agents de police judiciaire, ne comportent aucun pouvoir d'enquête ou d'instruction » (§ 88, Décision n° 2022-846 DC du 19 janvier 2023, Loi d'orientation et de programmation du ministère de l'intérieur).

296 **Qui seront les assistants d'enquête ?** Selon l'article 21-3 du Code de procédure pénale, « Ils sont recrutés parmi les militaires du corps de soutien technique et administratif de la gendarmerie nationale, les personnels administratifs de catégorie B de la police nationale et de la gendarmerie nationale et les agents de police judiciaire adjoints de la police nationale et de la gendarmerie nationale ayant satisfait à une formation sanctionnée par un examen certifiant leur aptitude à assurer les missions que la loi leur confie ».

Mais le décret à intervenir devra préciser les modalités d'application de l'article 21-3 du Code de procédure pénale, notamment les modalités de l'affectation des assistants d'enquête et celles selon lesquelles ils prêtent serment à l'occasion de cette affectation.

297 **Pouvoirs des assistants d'enquête.** Ce même article 21-3 prévoit que la mission des assistants d'enquête sera « de seconder, dans l'exercice de leurs fonctions, les officiers et les agents de police judiciaire de la police nationale et de la gendarmerie nationale, aux seules fins d'effectuer, à la demande expresse et sous le contrôle de l'officier de police judiciaire ou, lorsqu'il est compétent, de l'agent de police judiciaire, les actes suivants et d'en établir les procès-verbaux :

> « 1° Procéder à la convocation de toute personne devant être entendue par un officier ou un agent de police judiciaire et contacter, le cas échéant, l'interprète nécessaire à cette audition ;
>
> 2° Procéder à la notification de leurs droits aux victimes, en application de l'article 10-2 ;
>
> 3° Procéder, avec l'autorisation préalable du procureur de la République ou du juge des libertés et de la détention lorsque celle-ci est prévue, aux réquisitions prévues aux articles 60, 60-3, 77-1 et 99-5 ainsi qu'à celles prévues aux articles 60-1 et 77-1-1 lorsqu'elles concernent des enregistrements issus de système de vidéoprotection ;
>
> 4° Informer de la garde à vue, par téléphone, les personnes mentionnées à l'article 63-2 ;
>
> 5° Procéder aux diligences prévues à l'article 63-3 ;
>
> 6° Informer l'avocat désigné ou commis d'office de la nature et de la date présumée de l'infraction sur laquelle porte l'enquête, en application de l'article 63-3-1 ;
>
> 7° Procéder aux convocations prévues à l'article 390-1 ;
>
> 8° Procéder aux transcriptions des enregistrements prévus à l'article 100-5 et au troisième alinéa de l'article 706-95-18 préalablement identifiés comme nécessaires à la manifestation de la vérité par les officiers de police judiciaire.
>
> En cas de difficulté rencontrée dans l'exécution de ces missions, notamment en cas d'impossibilité de prévenir ou de contacter les personnes mentionnées aux 1° et 4° à 6° du présent article, l'officier ou l'agent de police judiciaire en est immédiatement avisé ».

L'article 21-3, 1° du Code de procédure pénale dispose que les assistants d'enquête peuvent

procéder à la demande expresse de l'officier de police judiciaire ou de l'agent de police judiciaire à la convocation de toute personne devant être entendue par ces derniers et contacter, le cas échéant, l'interprète nécessaire à cette audition.
Le texte ne précise pas si cette convocation concerne toutes les auditions, c'est-à-dire de témoin, de victime, d'audition libre et de garde à vue. Cependant les travaux parlementaires indiquent que les assistants d'enquête auront pour mission d'aviser une victime, de convoquer les différentes parties à la procédure (mis en cause, témoin ou victime).
En conséquence, il est possible de soutenir que toute convocation aux fins d'audition de témoin, de victime, d'audition libre ou de garde à vue peut être réalisée par un assistant d'enquête sous réserve du respect du formalisme attenant à une telle convocation.
Le décret à venir devra en outre préciser les modalités selon lesquelles les assistants procéderont aux transcriptions des enregistrements prévus à l'article 100-5 et au troisième alinéa de l'article 706-95-18, étant précisé que le Conseil constitutionnel a jugé que les assistants d'enquête ne pourraient pas procéder aux transcriptions dont l'identification préalable aurait été faite par un agent de police judiciaire. Il est nécessaire que cette identification soit effectuée par l'officier de police judiciaire (Décision n° 2022-846 DC du 19 janvier 2023).
Aussi, à l'heure où est rédigé cet ouvrage, le décret d'application de l'article 21-3 du Code de procédure pénale n'étant pas encore intervenu, il est difficile de brosser le portrait-type de cet assistant d'enquête sauf à dire qu'il s'inscrit dans une logique d'allègement des tâches que les forces de l'ordre qualifient « d'indues » et qui avait déjà conduit à l'insertion dans le Code de procédure pénale d'un article D. 15-5-2 du Code de procédure pénale permettant de faire réaliser certaines missions « administratives » par « (...) tout personnel de la police ou de la gendarmerie nationale, y compris n'ayant pas la qualité d'agent de police judiciaire adjoint (...) » (V. *infra*, n° 2621).

Titre 3

Des fonctionnaires et agents chargés de certaines fonctions de police judiciaire

Sommaire

Fiche 9

Fiche introductive

Sommaire

298 **Fonctionnaires n'appartenant pas aux forces de sécurité, investis de fonctions de police judiciaire.** Les fonctionnaires de police et les militaires de la gendarmerie ne sont pas les seuls fonctionnaires à qui la loi attribue des pouvoirs de police judiciaire.

L'article 15 du Code de procédure pénale dispose que la police judiciaire comprend, aux côtés des officiers de police judiciaire, agents de police judiciaire, agents de police judiciaire adjoints et assistants d'enquête, des fonctionnaires et agents auxquels sont attribuées par la loi certaines fonctions de police judiciaire.

Ces fonctionnaires et agents sont très nombreux à tel point que les auteurs s'avouent incapables de les recenser de façon exhaustive. Le Conseil d'État a été chargé en 2020 par le Premier ministre de réaliser une étude sur les pouvoirs d'enquête de l'administration. Son étude, adoptée en assemblée générale le 15 avril 2021, note qu'elle « ne peut donc prétendre procéder à un recensement exhaustif des catégories d'agents qui disposent de pouvoirs de police judiciaire ou de contrôle administratif ». Elle évalue cependant à 55 000 le nombre de fonctionnaires consacrant leur activité à une mission de contrôle.

Les attributions de ces fonctionnaires et agents sont variables et le plus souvent beaucoup plus limitées que celles des officiers de police judiciaire et agents de police judiciaire. Nombreux sont ceux qui n'ont d'autre pouvoir que celui de constater certaines infractions. En revanche les procès-verbaux qu'ils établissent ont généralement une force probante renforcée, ce qui n'est pas le cas de ceux établis par les fonctionnaires dont le statut est réglementé par les articles 28-1, 28-2 et 28-3 du Code de procédure pénale.

L'appréhension de leurs pouvoirs est rendue délicate, d'une part, par le fait que ce sont presque toujours des lois spéciales qui réglementent les pouvoirs de police judiciaire de ces fonctionnaires et agents et, d'autre part, que, parfois, les textes séparent entièrement les dispositions relatives aux opérations de police administrative et judiciaire tandis que d'autres textes contiennent des dispositions communes aux contrôles administratifs et aux pouvoirs de recherche et de constatation des infractions pénales. Comme ce sont souvent les mêmes opérations de contrôle qui peuvent comporter des suites administratives ou déboucher sur la constatation d'une infraction, la distinction entre les deux procédures est parfois malaisée.

Le praticien n'aura donc pas d'autre choix que de se reporter au(x) texte(s) dont chaque fonctionnaire tire ses pouvoirs, tant en matière administrative que judiciaire, afin de vérifier l'étendue de ceux-ci, aucune typologie claire ne pouvant être dégagée.

L'objet de cet ouvrage étant principalement de traiter de l'enquête de police, il ne saurait être tenté d'ébaucher ici une liste des fonctionnaires concernés et de détailler leurs pouvoirs.

I
Un code peu disert

299 Le Code de procédure pénale consacre quelques dispositions aux fonctionnaires auxquels la loi a attribué certaines fonctions de police judiciaire, sans toujours définir leurs pouvoirs.
C'est ainsi que l'article 22 évoque :
– les agents des services de l'État chargés des forêts ;
– les agents en service à l'Office national des forêts ;
– les agents de l'établissement public du domaine national de Chambord, commissionnés à raison de leurs compétences en matière forestière et assermentés à cet effet :
• les gardes champêtres,
• les agents de police municipale ;
tout en renvoyant au chapitre Ier du titre VI du livre Ier du Code forestier le soin de déterminer de quels pouvoirs ils disposent.
La lecture de l'article 24 du Code de procédure pénale n'apporte pas beaucoup plus d'informations sur les pouvoirs des gardes champêtres car s'il prévoit qu'ils recherchent et constatent par procès-verbal les délits et contraventions qui portent atteinte aux propriétés situées dans les communes pour lesquelles ils sont assermentés, dans les mêmes conditions que celles énoncées, en matière d'infractions forestières, aux articles L. 161-14 à L. 161-18 du Code forestier ainsi que, en matière environnementale, à l'article L. 172-8 du Code de l'environnement, il renvoie pour le surplus à l'article L. 521-1 du Code de la sécurité intérieure et à l'article 22 qui lui-même renvoie au chapitre Ier du titre VI du livre Ier du Code forestier.
Certains pouvoirs des gardes champêtres sont précisés par le Code de procédure pénale mais aux côtés d'autres qu'ils tiennent du Code de la sécurité intérieure (CPP, art. 24).
Quant à l'article 29, il prévoit que les gardes particuliers assermentés constatent par procès-verbaux tous délits et contraventions portant atteinte aux propriétés dont ils ont la garde, sans plus de précision.
C'est dire que le Code de procédure pénale apporte peu de précisions sur les pouvoirs de police judiciaire des fonctionnaires et agents autres que les officiers de police judiciaire, agents de police judiciaire et agents de police judiciaire adjoints. Le renvoi aux conditions et limites fixées par les lois spéciales rend l'appréhension des contours des pouvoirs de ces fonctionnaires peu aisée.

300 **Article 28 : ébauche d'un socle commun ?** Néanmoins, l'article 28 du Code de procédure pénale a été complété au fil des réformes et énonce désormais un certain nombre de règles applicables de façon plus générale à l'exercice des missions de police judiciaire des agents à qui la loi a attribué des pouvoirs de police judiciaire.
Le Conseil d'État, évoquant ce texte, dans son rapport (V. *supra*, n° 298), parle d'« esquisse d'un cadre commun aux pouvoirs de police judiciaire des agents de l'administration... ».

II
Pouvoirs généraux

301 Il est précisé par l'article 28 du Code de procédure pénale que les pouvoirs des fonctionnaires et agents en question sont exercés dans les conditions et dans les limites fixées par ces lois. Comme il a déjà été souligné, cela impose au praticien de se reporter aux textes spéciaux qui réglementent leurs pouvoirs et de les lire en combinaison avec les dispositions plus générales du Code de procédure pénale.
Le même texte indique également que ces agents peuvent, dans certains cas :
– procéder à des auditions. Ils doivent alors respecter les formalités de « l'audition libre » prévue à l'article 61-1 du Code de procédure pénale quand il existe à l'égard de la personne entendue des raisons plausibles de soupçonner qu'elle a commis ou tenté de commettre une infraction (CPP, art. 28, al. 5) ;

– être saisis d'une commission rogatoire par un juge d'instruction (CPP, art. 28, al. 2), mais les lois spéciales sont peu nombreuses à avoir prévu cette possibilité. En l'état, seuls les fonctionnaires habilités du ministère de l'Économie et de l'Autorité de la concurrence (C. com., art. L. 450-1, II bis), les fonctionnaires habilités de la concurrence, de la consommation et de la répression des fraudes (C. consom., art. L. 511-4) et les inspecteurs de l'environnement affectés à l'Office français de la biodiversité (C. envir., art. L. 172-10, al. 3) peuvent se voir confier des commissions rogatoires. En outre, les fonctionnaires qui peuvent recevoir délégation du juge d'instruction, aux termes mêmes de l'article 28, ne disposent pas de la totalité des pouvoirs dont jouirait un officier de police judiciaire mais exercent, dans les limites de la commission rogatoire, les pouvoirs qui leur sont conférés par les lois spéciales.

302 **Tableau.** Le tableau figurant ci-dessous, qui n'a aucune prétention à l'exhaustivité, recense, pour quelques fonctionnaires dotés de certains pouvoirs de police judiciaire avec lesquels les autorités judiciaires sont souvent en relation :
– les textes qui fixent les conditions et limites de leurs pouvoirs, comme prévu par l'alinéa 1 ;
– si la loi prévoit que ces fonctionnaires peuvent être requis par commission rogatoire, comme envisagé à l'alinéa 2 ;
– si ces fonctionnaires sont autorisés à procéder à des auditions, qu'ils doivent, dans ce cas, selon l'alinéa 5, effectuer dans les formes et conditions prévues à l'article 61-1 du Code de procédure pénale.
Dans la mesure du possible, il est également indiqué dans le tableau quelle est la force probante des procès-verbaux établis par ces fonctionnaires et agents et le délai que la loi fixe pour la transmission des procès-verbaux.
Mais il n'est pas possible dans le cadre d'une présentation schématique de dresser un état de l'ensemble des pouvoirs de ces fonctionnaires en matières administrative et judiciaire, dès lors que c'est souvent la matière sur laquelle ils instrumentent qui détermine l'étendue de leurs pouvoirs plutôt que leur fonction.

	Textes définissant leurs pouvoirs	Peuvent-ils être requis par commission rogatoire ?	Peuvent-ils procéder à des auditions ? (Application de 61-1 CPP)	Valeur des procès-verbaux qu'ils dressent	Délai dont ils disposent pour adresser leurs procès-verbaux
Inspecteurs de l'environnement (C. envir., art. L. 172-1)	C. envir., art. L. 172-1.	Oui (art. L. 172-10).	Oui (art. L. 172-8).	Jusqu'à preuve contraire (art. L. 172-16).	5 jours de leur clôture (art. L. 172-16).
Inspecteurs du travail	C. trav., art. L. 8112-1 et L. 8112-2.	Non	Oui en matière de travail illégal (C. trav., art. L. 8271-6-1).	Jusqu'à preuve contraire (C. trav. art. L. 8113-7), mais dans leur champ de compétence. S'ils relèvent un outrage à leur encontre le procès-verbal ne fait pas foi jusqu'à preuve contraire (Cass. crim., 6 févr. 2007, n° 06-83.356 : *Bull. crim.* n° 33).	Pas prévu.

	Textes définissant leurs pouvoirs	Peuvent-ils être requis par commission rogatoire ?	Peuvent-ils procéder à des auditions ? (Application de 61-1 CPP)	Valeur des procès-verbaux qu'ils dressent	Délai dont ils disposent pour adresser leurs procès-verbaux
Agents de la douane administrative	C. douanes, art. 60 et s (V. encadré ci-dessous).	Non (cela relève des officiers de douane judiciaire).	Oui (C. douanes, art. 67 F).	Jusqu'à preuve contraire si rédigé par un seul agent (C. douanes, art. 337). Jusqu'à inscription de faux si rédigés par deux agents (C. douanes, art. 336).	5 jours de l'établissement (63 ter : accès aux locaux, 65 quinquies : données conservées par opérateurs de communications électroniques).
Agents de la DGCCRF	C. consom., art. L. 511-3.	Certains peuvent recevoir commission rogatoire pour certaines infractions (C. consom., art. L. 511-4).	Oui (C. consom., art. L. 512-10).	Jusqu'à preuve contraire (C. consom., art. L. 512-2).	24 h (C. consom. art. L. 512-28, L. 512-31, L. 512-62 [pas de délai en matière de visite].

ATTENTION Par décision n° 2022-1010 QPC du 22 septembre 2022, le Conseil constitutionnel a déclaré contraire à la Constitution l'article 60 du Code des douanes, dans sa rédaction issue du décret n° 48-1985 du 8 décembre 1948 portant refonte du code des douanes. L'abrogation de ces dispositions est toutefois reportée au 1er septembre 2023. Les mesures prises avant la publication de cette décision ne peuvent être contestées sur le fondement de cette inconstitutionnalité.

III

Quelques agents aux missions spécifiques

303 **Les agents de sûreté de la SNCF.** Ces agents, qui ne peuvent être considérés comme appartenant à la force publique (V. *infra*, n° 2599), ont pour mission la prévention. Ils doivent veiller à la sécurité des personnes (clients et agents de l'entreprise) et des biens et veiller au bon fonctionnement de l'entreprise.

Entrent dans le cadre de leurs missions : la surveillance des gares, l'accompagnement des trains, la contribution aux opérations anti-fraude.

Au-delà du pouvoir d'interpellation en flagrant délit qu'ils tiennent, comme tout citoyen, de l'article 73 du Code de procédure pénale, ils disposent de pouvoirs de police administrative et de pouvoirs de police judiciaire.

Au titre des premiers, ils peuvent procéder à une inspection visuelle et, avec le consentement de la personne concernée, à une fouille des bagages. S'ils sont agréés par arrêté préfectoral, ils peuvent aussi, en cas de circonstances particulières liées à l'existence de menaces graves pour la sécurité publique, toujours avec le consentement de la personne concernée, procéder sur elle à une palpation de sécurité (CSI, art. L. 613-2 ; C. transp., art. L. 2251-9).

Leurs pouvoirs de police judiciaire les autorisent :

– à interdire aux usagers contrevenant aux dispositions tarifaires ou compromettant la sécurité des personnes ou la régularité des circulations ou troublant l'ordre public ou refusant de se soumettre à l'inspection visuelle ou à la fouille de leurs bagages ou aux palpations de sécurité, l'accès aux véhicules de transport ou à leur enjoindre d'en descendre (C. transp., art. L. 2241-6) ;

– à constater par procès-verbal des infractions à la police du transport ferroviaire (C. transp., art. L. 2241-1) ;

– à recueillir ou relever l'identité des contrevenants (C. transp., art. L. 2241-2) ;

– à saisir les marchandises vendues à la sauvette (C. transp., art. L. 2241-5 ; C. pén., art. 446-1).

304 **Les agents du Groupe de protection et de sécurité des réseaux de la RATP.** Leur situation est très comparable à celles des agents de sûreté de la SNCF puisque l'article L. 2251-1 du Code des transports prévoit notamment que :

> « Les services internes de sécurité de la SNCF et de la Régie autonome des transports parisiens sont chargés, dans le cadre d'une mission de prévention, de veiller à la sécurité des personnes et des biens, de protéger les agents de l'entreprise et son patrimoine et de veiller au bon fonctionnement du service. La prévention des violences et des atteintes à caractère sexiste dans les transports publics est un axe prioritaire de leur action ».

Ce sont, eux aussi, des fonctionnaires et agents auxquels sont attribuées par la loi certaines fonctions de police judiciaire (CPP, art. 15, 3°). Ils exercent leurs pouvoirs dans les conditions et dans les limites fixées par des lois spéciales, notamment des articles L. 2241-1 à 11 du Code des transports, et peuvent :

– constater une infraction à la police des transports (C. transp., art. L. 2241-1) ;

– percevoir le montant de l'indemnité forfaitaire en invitant le contrevenant à régler immédiatement l'indemnité forfaitaire relative à l'infraction (C. transp., art. L. 2241-3 ; CPP, art. 529-3) ;

– dresser des procès-verbaux qui feront foi jusqu'à preuve contraire (C. transp., art. L. 2241-7) ;

– recueillir ou relever selon qu'ils sont assermentés ou assermentés et agréés, à défaut de paiement immédiat, l'identité et l'adresse du contrevenant (C. transp., art. L. 2241-2 ; CPP, art. 529-4) ;

– requérir, en cas de « refus d'identité » l'assistance d'un APJ ou OPJ (pour un contrôle d'identité) (CPP, art. 529-4) ;

– appréhender, en vue de leur confiscation par le tribunal, les marchandises de toute nature offertes, mises en vente ou exposées en vue de la vente dans les véhicules et emprises immobilières des transports publics de voyageurs sans l'autorisation administrative nécessaire (C. transp., art. L. 2241-5) ;

– saisir dans les mêmes conditions les étals supportant ces marchandises (C. transp., art. L. 2241-5) ; enjoindre et contraindre des personnes à quitter les emprises et les véhicules (C. transp., art. L. 2241-6).

305 **La douane administrative.** En matière douanière, comme en matière fiscale, de véritables enquêtes ont été mises en place par le législateur en application du Code des douanes ou du Livre des procédures fiscales.

C'est ainsi que le Code des douanes autorise les agents de la douane administrative à effectuer un nombre très important d'actes pour la recherche des infractions au Code des douanes.

Ils peuvent ainsi :

– exercer le « droit de visite général » (V. *supra*, encadré n° 302) ;

– contrôler et relever l'identité des intéressés (C. douanes, art. 67 et 67-1) ;

– visiter des navires (C. douanes, art. 62 et 63) ;

– avoir recours au « droit d'exercice », applicable aux locaux et lieux à usage professionnel (C. douanes, art. 63 ter) ;

– user du droit de communication, qui s'exerce à l'égard soit des particuliers, soit d'autorités publiques (C. douanes, art. 64 A et 64 B et 65 à 65 quater) ;

– exercer le droit de contrôle « FEOGA » (C. douanes, art. 65, A à 65 C) ou le droit de contrôle des envois postaux (C. douanes, art. 66 et 66 bis) ;

– consulter des traitements automatisés de données (C. douanes, art. 67 quinquies ; CPP, art. 230-10, al. 1er et 230-16, 3°) ;

– prélever des échantillons aux fins d'analyse ou d'expertise (C. douanes, art. 67 quinquies B) ;

– faire appel à des personnes qualifiées aux fins d'expertise (C. douanes, art. 67 quinquies A) ;

– effectuer des opérations à caractère judiciaire en cas d'indices de commission d'une infraction douanière et, dans ce cadre, sur autorisation préalable du juge des libertés et de la détention :

• procéder à des visites en tous lieux (même des domiciles) où les marchandises, produits et documents se rapportant à ces infractions sont susceptibles d'être détenus ou d'être accessibles ou disponibles,

• procéder à des « visites *in corpore* » lorsque des indices sérieux laissent présumer qu'une personne transporte des produits stupéfiants dissimulés dans son organisme, avec l'autorisation du président du tribunal en cas d'opposition de l'intéressé.

Ils peuvent également, toujours en cas d'indices de commission d'une infraction douanière, avoir

recours à des procédures spéciales d'enquête douanière :
– surveillance des suspects et infiltration d'un réseau de fraude par les agents des douanes (C. douanes, art. 67 bis), une simple filature relevant de l'article 60 (V. *supra*, encadré n° 302) ;
– usage d'un pseudonyme à l'occasion d'échanges électroniques, prise de contact par ce moyen avec des suspects et obtention par le même moyen de données les concernant (C. douanes, art. 67 bis-1 A) ;
– acquisition de stupéfiants et recours à certains procédés (usage d'une identité d'emprunt, utilisation de contenus illicites, etc.) à l'occasion d'une communication électronique (C. douanes, art. 67 bis-1) ;
– localisation en temps réel d'une personne, d'un véhicule ou d'un autre objet (C. douanes, art. 67 bis-2) ;
– demande à d'autres autorités publiques de ne pas procéder au contrôle, à l'interpellation ou à la saisie d'une personne ou d'un bien surveillés (C. douanes, art. 67 bis-3) ;
– substitution des agents des douanes aux prestataires de services postaux et aux opérateurs de fret pour l'acheminement de biens (C. douanes, art. 67 bis-4) ;
– saisir ou retenir ou consigner des marchandises, moyens de transport et documents (C. douanes, art. 323, 2 et 324 à 332), suite à une opération de contrôle administratif fructueuse (par ex., le droit de visite général) ou d'une opération judiciaire qui s'y prête (par ex., le droit de visite domiciliaire) ;
– arrêter, retenir et procéder à des auditions.

IV Droits et obligations plus généraux

306 **Convocation devant le tribunal.** Les fonctionnaires dotés de certains pouvoirs de police judiciaire peuvent, depuis l'entrée en vigueur de la loi du 23 mars 2019, valablement délivrer une convocation en justice sur instructions du procureur de la République. Le texte de l'article 390-1 du Code de procédure pénale a été modifié précisément pour le leur permettre, étant observé que la chambre criminelle a considéré qu'avant l'entrée en vigueur de la loi, un officier de douane judiciaire en avait déjà le pouvoir en considération du fait que, lorsqu'il exécutait une enquête sur réquisition du procureur de la République ou sur commission rogatoire du juge d'instruction, il disposait des mêmes prérogatives et obligations que celles attribuées aux officiers de police judiciaire, ce qui incluait la notification au prévenu, à l'issue de l'enquête, d'une convocation en justice en application de l'article 390-1 du même code (Cass. crim., 17 févr. 2021, n° 19-83.707).

307 **Secret de l'enquête.** Les fonctionnaires visés par le 4° de l'article 15 du Code de procédure pénale sont, comme les officiers de police judiciaire et agents de police judiciaire, tenus au secret de l'enquête. Si ces fonctionnaires se font accompagner par une équipe de télévision au cours de leurs investigations, le secret de l'enquête est violé. C'est à tort qu'une cour d'appel considère que tel n'est pas le cas en retenant que les agents de la direction départementale de la protection des populations sont seulement tenus à une obligation de discrétion professionnelle, comme fonctionnaires, et non au secret de l'enquête puisqu'ils ne procèdent pas à des enquêtes mais à de simples contrôles n'aboutissant que rarement à des poursuites, mais plus souvent à de simples avertissements (Cass. crim., 9 mars 2021, n° 20-83.304).

308 **Détournement de procédure.** La Cour de cassation veille à ce que des pouvoirs de contrainte donnés par la loi dans le cadre de la procédure administrative ne soient pas détournés à des fins judiciaires. Ainsi la chambre criminelle a-t-elle censuré le procédé consistant, pour les douaniers, à procéder à la visite d'un véhicule en application de l'article 60 du Code des douanes (V. *supra*, encadré n° 302) pour y saisir un détecteur de radar que les fonctionnaires de police d'une compagnie républicaine de sécurité n'étaient pas habilités à saisir après avoir constaté une simple contravention d'excès de vitesse. À cette occasion, la Haute juridiction devait rappeler que « les pouvoirs d'investigation conférés aux officiers et agents de police judiciaire ou à certains fonctionnaires par des lois spéciales ne peuvent être exercés que dans les conditions et dans les limites fixées par les textes qui les prévoient, sans qu'il leur soit permis de mettre en œuvre, par un détournement de procédure, des pouvoirs que la loi ne leur a pas reconnus. Si, pour l'application du Code des douanes et en vue de la recherche de la fraude, les agents des Douanes peuvent procéder à la visite des moyens de transport, ils ne peuvent cependant, sans commettre un détournement de procédure, procéder à la visite d'un véhicule pour la constatation d'une infraction à la circulation routière » (Cass. crim., 18 déc. 1989, n° 89-91.659 : *Bull. crim.* n° 485).

V Travail en commun

309 Les fonctionnaires dotés de certains pouvoirs de police judiciaire peuvent être conduits à travailler avec les enquêteurs « classiques », tant en assistance qu'en cosaisine.

A Assistance

310 **Par la voie d'une réquisition.** Les enquêteurs « classiques » peuvent requérir des agents de l'administration de les assister dans leurs opérations. Ainsi, des policiers exécutant une commission rogatoire du chef de favoritisme peuvent se faire assister de fonctionnaires de la DGCCRF, requis comme personnes qualifiées. Dans ce cas ces fonctionnaires, qui ne sont évidemment pas inscrits sur une liste d'experts, doivent prêter serment comme l'impose l'article 60 du Code de procédure pénale (Cass. crim., 3 déc. 1998, n° 98-83.443 : *Bull. crim.* n° 333). La nullité, en l'absence de prestation de serment, est encourue même si aucun acte positif de constatation ou d'examen technique scientifique n'a été réalisé par lesdits fonctionnaires (Cass. crim., 21 juin 2006, n° 06-82.774 : *Bull. crim.* n° 193).
Les enquêteurs peuvent également se faire accompagner de contrôleurs des services fiscaux (Cass. crim., 5 févr. 2002, n° 01-83.210 : *Bull. crim.* n° 19).
Quand ils sont requis, lesdits fonctionnaires perdent leurs pouvoirs propres.

B Cosaisine

311 L'article 28 du Code de procédure pénale permet que les fonctionnaires dotés de certains pouvoirs de police judiciaire soient cosaisis avec les enquêteurs « classiques », d'office ou sur instructions du procureur de la République.
Ces fonctionnaires doivent, dans ce cas, collaborer constamment dans l'intérêt de la justice, mettre en commun leur compétence, leurs aptitudes et les moyens complémentaires dont ils disposent, partager les renseignements recueillis et s'informer mutuellement des opérations effectuées dans le cadre des instructions données par le magistrat (CPP, art. D. 14-2, D. 5).
Il faut cependant tenir compte des spécificités du texte. Les fonctionnaires visés sont ceux à qui la loi spéciale attribue certains pouvoirs de police judiciaire. Ainsi, un agent de contrôle de l'inspection du travail que les articles L. 8271-1 et L. 8271-2 du Code du travail investissent du pouvoir de rechercher et constater les infractions constitutives de travail illégal dispose des pouvoirs de police judiciaire lui permettant, non seulement d'agir seul, mais aussi d'être cosaisi avec des enquêteurs classiques, ce qui n'est pas le cas d'un directeur d'organisme chargé de la gestion d'un régime obligatoire de sécurité sociale, ou d'un directeur d'organisme chargé du recouvrement des cotisations de sécurité sociale ou du service des allocations et prestations, visé à l'article L. 114-9 du Code de la sécurité sociale.
Lorsque c'est un juge d'instruction qui veut réaliser une cosaisine, il est nécessaire que la loi prévoie que les fonctionnaires et agents concernés puissent être requis par commission rogatoire. En l'état, seuls les fonctionnaires habilités du ministère de l'Économie et de l'Autorité de la concurrence (C. com., art. L. 450-1, II bis), les fonctionnaires habilités de la concurrence, de la consommation et de la répression des fraudes (C. consom., art. L. 511-4) et les inspecteurs de l'environnement affectés à l'Office français de la biodiversité (C. envir., art. L. 172-10, al. 3) peuvent se voir confier des commissions rogatoires, comme il a été indiqué, mais aussi, évidemment, être cosaisis.
La cosaisine de fonctionnaires de l'article 28 et d'officier de police judiciaire a fait l'objet d'une fiche Focus de la DACG à laquelle on pourra utilement se reporter (DACG Focus : *La cosaisine des fonctionnaires et agents dotés de pouvoirs de police judiciaire*, juin 2021).

312 **Assistance aux actes d'enquête.** Le troisième alinéa de l'article 28 du Code de procédure pénale prévoit expressément que les fonctionnaires et agents visés par le texte peuvent assister les officiers de police judiciaire dans les actes auxquels ils procèdent. Cela leur permet de participer aux actes d'enquête qu'ils ne pourraient pas exécuter eux-mêmes.
Ils peuvent notamment assister aux perquisitions. L'article 56 a d'ailleurs été également modifié pour permettre aux agents auxquels l'officier de police judiciaire a recours en application de l'article 60 de prendre connaissance des papiers, documents ou données informatiques trouvés en perquisition avant de procéder à leur saisie.

C Cas spécifique des offices centraux et groupements interministériels de recherche (GIR)

313 Des fonctionnaires relevant de l'article 28 du Code de procédure pénale sont affectés tant au sein d'offices centraux dirigés par des policiers ou par des gendarmes, que dans certains GIR, composés également de membres des forces de l'ordre des deux administrations.
La question se pose alors de savoir dans quel cadre ces fonctionnaires peuvent intervenir.
Doivent-ils être requis par les policiers ou gendarmes en charge des investigations et prêter serment ?
Peuvent-ils agir dans le cadre d'une cosaisine – auquel cas, il faut que leur statut le leur permette (V. *supra*, n° 311) et sont-ils dispensés de prêter serment ?
La question n'a pas été tranchée par la jurisprudence.
Il nous semble cependant que la raison d'être de l'affectation de fonctionnaires de l'article 28 dans un office central ou dans un GIR est de faciliter la réalisation des enquêtes confiées à ces services et que, s'il faut en passer par la réquisition et la prestation de serment ou par une cosaisine ordonnée par le magistrat chargé de l'enquête, l'objectif n'aura pas été atteint. Notre préférence – mais ce n'est qu'un avis personnel – irait plutôt à une désignation de l'office ou du GIR qui procéderait aux investigations par l'intermédiaire de tous ses membres : officiers et agents de police judiciaire et agents des administrations relevant de l'article 28 qui y sont affectés, sans qu'il soit besoin de réquisition, de prestation de serment ou de cosaisine.

D Du « constat à l'investigation » et la création de polices thématiques

314 Au fil du temps, le législateur a donc donné à certaines catégories de fonctionnaires des pouvoirs de plus en plus importants, ce qui a conduit certains auteurs à relever que ces agents étaient passés du « constat à l'investigation ».
Mais le législateur a franchi un pas supplémentaire en instituant des corps de fonctionnaires de ces administrations qu'il a dotés de pouvoirs quasi identiques à ceux des officiers de police judiciaire réglementés par le Code de procédure pénale.
Ce fut d'abord le cas avec la création de catégories d'agents des douanes habilités à effectuer des enquêtes judiciaires sur réquisition du procureur de la République ou sur commission rogatoire du juge d'instruction (V. Fiche 9 : Les officiers de douane judiciaire).
Le législateur créa ensuite, sur le même modèle, un statut d'agent des services fiscaux habilité à effectuer des enquêtes selon les mêmes modalités (V. Fiche 10 : Les officiers fiscaux judiciaires).
Plus récemment, le législateur a créé l'embryon d'une véritable police de l'environnement, selon le même modèle, en permettant à des inspecteurs de l'environnement affectés à l'Office français de la biodiversité de procéder à des enquêtes judiciaires sur réquisition du procureur de la République ou sur commission rogatoire du juge d'instruction (V. Fiche 11 : Les officiers judiciaires de l'environnement).

L'ESSENTIEL 315 La police judiciaire comprend, aux côtés des officiers de police judiciaire, agents de police judiciaire et agents de police judiciaire adjoints, des fonctionnaires et agents auxquels sont attribuées par la loi certaines fonctions de police judiciaire (V. *supra*, n° 298).
Ceux-ci sont si nombreux que les auteurs et le Conseil d'État se sont dits hors d'état d'en dresser une liste exhaustive. Ils ont le plus souvent compétence pour procéder à des enquêtes administratives et sont, en outre, investis de pouvoirs de police judiciaire dont l'étendue est définie par les lois spéciales, ce qui rend l'appréhension de leurs pouvoirs délicate. Nombre d'entre eux ne sont habilités qu'à constater certaines infractions tandis que d'autres disposent de pouvoirs plus importants (V. *supra*, n° 298).
316 Le Code de procédure pénale ne consacre que peu de dispositions aux agents dotés de pouvoirs de police judiciaire. Cependant, l'article 28 du Code de procédure pénale procède à une ébauche de socle de droit commun (V. *supra*, n° 300).
317 Ainsi, il y est prévu que ces agents exercent leurs pouvoirs de police judiciaire dans les conditions et dans les limites fixées par les lois spéciales qui leur attribuent des pouvoirs. C'est dire que ce n'est pas dans le Code de procédure pénale que l'on trouvera la délimitation de leurs pouvoirs. Il faudra se reporter aux textes spéciaux, souvent organisés autour d'une matière plus qu'autour du statut des agents.
318 Il est également possible, quand la loi spéciale le prévoit, que ces fonctionnaires soient requis par commission rogatoire du juge d'instruction (V. *supra*, n° 301). Dans ce cas, ils ne disposent pas de la totalité des pouvoirs dont jouirait un officier de police judiciaire mais exercent, dans les limites de la commission

rogatoire, les pouvoirs qui leur sont conférés par les lois spéciales.

319 Les pouvoirs et compétences de certains fonctionnaires en lien régulier avec les magistrats sont synthétisés dans un tableau (V. *supra*, n° 302) et des précisions sont apportées sur les agents de sûreté SNCF (V. *supra*, n°s 303, 304, 305).

320 Les agents d'une administration relevant de l'article 28 peuvent, sur instructions du procureur, notifier à une personne une convocation en justice valant citation (V. *supra*, n° 306).

321 Ils peuvent travailler en commun avec les enquêteurs « classiques » qui peuvent les requérir (V. *supra*, n° 310). Dans ce cas, ces agents doivent prêter le serment prévu à l'article 60 du Code de procédure pénale et ils perdent leurs pouvoirs propres.

Ils peuvent également être cosaisis avec les enquêteurs dans des conditions différentes selon que les investigations se déroulent au cours d'une enquête préliminaire ou de flagrance ou au cours d'une instruction (V. *supra*, n° 311).

Le cas des fonctionnaires de l'article 28 affectés en offices centraux ou en GIR n'a pas été tranché par la jurisprudence (V. *supra*, n° 313).

322 Les agents d'une administration relevant de l'article 28 peuvent assister aux actes d'enquête (V. *supra*, n° 312). Lorsqu'ils sont autorisés à procéder à des auditions de suspects, ils doivent le faire selon la procédure de l'audition libre prévue par l'article 61-1 du Code de procédure pénale (V. *supra*, n° 301).

POUR ALLER PLUS LOIN...

Fascicule JurisClasseur

- *JCl. Procédure pénale*, Art. 20 à 29, fasc. 20, *Police judiciaire*, par J. Buisson.

Répertoires

- G. Roussel, Rép. pén. Dalloz, Police judiciaire.
- DACG Focus : *La cosaisine des fonctionnaires et agents dotés de pouvoirs de police judiciaire*, juin 2021.

Fiche 10

Les officiers de douane judiciaire

Sommaire

323 **Création de la loi du 23 juin 1999.** Cette loi a créé ce que d'aucuns ont appelé une « police thématique » en octroyant à des fonctionnaires des douanes, pour la recherche et la constatation d'un certain nombre d'infractions qui ne sont pas exclusivement prévues par le Code des douanes, le pouvoir d'effectuer des enquêtes judiciaires sur réquisition du procureur de la République ou sur commission rogatoire du juge d'instruction. Ces fonctionnaires disposent, dans les matières de leur compétence, de pouvoirs identiques à ceux qu'ont les officiers de police judiciaire pour l'ensemble de la délinquance et de la criminalité.
Les articles 28-1 et R. 15-33-1 à R. 15-33-23 du Code de procédure pénale fixent les règles qui concernent les agents des douanes dotés de pouvoirs de police judiciaire.
Ils sont très souvent désignés sous le nom d'officiers de douane judiciaire (ODJ), appellation qui sera reprise dans les développements qui suivent.

I Les agents

A Catégories d'agents

324 Peuvent devenir officiers de douane judiciaire des agents des douanes de catégories A et B (inspecteurs et contrôleurs) qui doivent être désignés par arrêté des ministres de la Justice et du Budget. Ils doivent justifier d'au moins deux ans de service effectif en qualité de titulaire et avoir satisfait aux épreuves d'un examen technique. La formation à cet examen dure près de neuf mois. Une dispense d'examen est possible pour certaines catégories d'agents en raison de leurs responsabilités et de leurs compétences (CPP, art. R. 15-33-6).

325 **Impartialité.** Des justiciables ont soutenu que les agents de la douane judiciaire étant intéressés financièrement au résultat de leurs enquêtes, ils ne pouvaient être considérés comme impartiaux. La chambre criminelle a écarté cet argument en retenant que le défaut d'impartialité qui résulterait d'un éventuel intérêt financier

à l'enquête des agents du SNDJ ne pouvait constituer une cause de nullité de la procédure qu'à la condition que ce grief ait eu pour effet de porter atteinte au caractère équitable et contradictoire de la procédure ou de compromettre l'équilibre des droits des parties (Cass. crim., 17 janv. 2018, n° 16-83.612 : *Bull. crim.* n° 17).

326 **Constitutionnalité du dispositif.** Saisie d'une question prioritaire de constitutionnalité relative aux dispositions de l'article 28-1 du Code de procédure pénale, la chambre criminelle a jugé qu'elle ne présentait pas un caractère sérieux compte tenu de ce que les officiers de douane judiciaire n'étaient habilités à effectuer des enquêtes que sur réquisition du procureur de la République ou sur commission rogatoire du juge d'instruction, l'administration des douanes n'en assurant ni la direction ni le contrôle. Elle a également pris en compte le fait que les agents des douanes ne pouvaient exercer d'autres attributions ou accomplir d'autres actes que ceux prévus par le Code de procédure pénale dans le cadre des faits dont ils étaient saisis par l'autorité judiciaire. Elle s'est également fondée sur le fait qu'en cas d'enquête effectuée en application de l'article 28-1, l'action pour l'application des sanctions fiscales était exercée par le ministère public ou, sur son autorisation, par l'administration des douanes et enfin elle a relevé que si l'administration des douanes pouvait exercer, dans ces procédures, l'action en paiement des sommes fraudées ou indûment perçues, il n'en résultait à son bénéfice aucune prérogative particulière au cours du procès (Cass. crim., 13 juin 2019, n° 19-90.015).

B Avis commission

327 Les agents des douanes ne peuvent être désignés par les ministres pour devenir officiers de douane judiciaire que sur avis conforme d'une commission dont la composition et le fonctionnement sont réglés par les articles R. 15-33-1 et suivants du Code de procédure pénale. Elle comprend des magistrats et des responsables de la Direction générale des douanes et droits indirects.

C Habilitation

328 **Désignation, affectation, habilitation.** Les officiers de douane judiciaire doivent non seulement avoir été désignés par les ministres sur avis conforme de la commission sus évoquée mais ils doivent, en outre, être affectés au service d'enquêtes judiciaires du ministère des Finances, seul service comprenant des officiers de douane judiciaire. Une affectation en dehors du service d'enquêtes judiciaires précité fait d'ailleurs perdre l'habilitation (CPP, art. R. 15-33-9).

Ils doivent, en outre, être habilités personnellement par un arrêté du procureur général près la cour d'appel de Paris (CPP, art. R. 15-33-7 et R. 15-33-8).

329 **Retrait, suspension.** Les articles 28-1 et R. 15-33-9 du Code de procédure pénale prévoient aussi que le même procureur général peut prononcer le retrait ou la suspension de l'habilitation d'office ou sur proposition du magistrat délégué aux missions judiciaires de la douane et de l'administration fiscale et en réglementent la procédure.

D Direction, surveillance, contrôle

330 **Régime inspiré de celui des officiers de police judiciaire.** L'article 28-1 du Code de procédure pénale prévoit que, pour l'exercice de leurs missions de police judiciaire, les officiers de douane judiciaire, à l'instar des officiers de police judiciaire, sont placés sous la direction du procureur de la République, sous la surveillance du procureur général et sous le contrôle de la chambre de l'instruction du siège de leur fonction dans les conditions prévues par les articles 224 à 230.

E Direction administrative

331 Les agents des douanes visés par l'article 28-1 du Code de procédure pénale sont placés sous la direction administrative du magistrat délégué aux missions judiciaires de la douane et de l'administration fiscale, directeur du « service d'enquêtes judiciaires des finances » (SEJF), lequel est placé en détachement auprès du ministre du Budget. Ce magistrat veille à ce que les officiers de douane judiciaire ne reçoivent, dans l'exécution de leurs missions judiciaires, des ordres que du procureur de la République ou du juge d'instruction qui les a chargés d'enquêter et qu'ils exécutent prioritairement ces missions.

332 **Du service national de douane judiciaire au service d'enquêtes judiciaires des finances.** La loi du 23 juin 1999 qui avait institué le statut d'officier de douane judiciaire a été suivie d'un arrêté du 5 décembre 2002 créant un service de douane judiciaire dans lequel étaient affectés les officiers que la loi avait institués.

En 2010, un statut d'officier fiscal judiciaire a été créé. Ces officiers étaient affectés à la Brigade

nationale de répression de la délinquance fiscale (BNRDF) relevant de la direction centrale de la police judiciaire.
En 2019, il a été décidé que des officiers fiscaux judiciaires relèveraient également du ministère du Budget et c'est ainsi qu'une trentaine d'officiers fiscaux judiciaires ont été affectés, aux côtés de leurs collègues douaniers, dans le service de douane judiciaire qui est donc devenu le « service d'enquêtes judiciaires des finances » (SEJF). À la fin de l'année 2021, ce service comprenait 228 officiers de douane judiciaire et 39 officiers fiscaux judiciaires.
Il dispose également d'un « référent santé publique », pharmacien inspecteur de santé publique, qui peut apporter son concours quant à l'identification ou la classification des produits de santé (médicaments, dopants, stupéfiants et psychotropes, cosmétiques, micro-organismes et toxines, produits phytopharmaceutiques, produits du corps humain...) et procéder à des analyses, donner des avis techniques, participer aux perquisitions, etc.

II Les infractions

A Liste limitée d'infractions

333 Alors que les officiers de police judiciaire, à l'exception de ceux visés à l'article L. 130-1 du Code de la route (V. *infra*, n° 548), peuvent constater toutes les infractions à la loi pénale, la compétence des officiers de douane judiciaire est limitée à un certain nombre d'infractions énumérées par l'article 28-1 du Code de procédure pénale, dans son I.
Il s'agit des :

« 1° infractions prévues par le code des douanes ;
2° infractions en matière de contributions indirectes, d'escroquerie sur la taxe sur la valeur ajoutée et de vols de biens culturels ;
3° infractions relatives à la protection des intérêts financiers de l'Union européenne ;
4° infractions prévues par les articles L. 2339-1 à L. 2339-11, L. 2344-7 et L. 2353-13 du code de la défense [infractions en matière d'armes, de munitions et de matériels de guerre] ;
5° infractions prévues par les articles 324-1 à 324-9 du code pénal [blanchiment] ;
5° bis délits d'association de malfaiteurs prévus à l'article 450-1 du code pénal, lorsqu'ils ont pour objet la préparation de l'une des infractions mentionnées aux 1° à 5° et 6° à 8° du présent I ;
6° infractions prévues au code de la propriété intellectuelle ;
6° bis infractions prévues aux articles L. 3512-23 à L. 3512-25 du code de la santé publique et à leurs textes d'application [traçabilité des produits du tabac] ;
7° infractions prévues aux articles 56 et 57 de la loi n° 2010-476 du 12 mai 2010 relative à l'ouverture à la concurrence et à la régulation du secteur des jeux d'argent et de hasard en ligne, le cas échéant par le biais de la participation sous une identité d'emprunt à des échanges électroniques sur un site de jeux ou paris agréé ou non, et notamment à une session de jeu en ligne ».

334 **Infractions connexes.** Le législateur a cependant prévu que les officiers de douane judiciaire seraient également compétents pour rechercher et constater les infractions connexes à celles faisant l'objet de la liste ci-dessus présentée.
Un commentateur y voyait la possibilité, pour les officiers de douane judiciaire, d'enquêter sur des infractions de faux, d'escroquerie, d'abus de confiance souvent connexes aux infractions douanières et se demandait même si les parquets ne seraient pas conduits à inverser la hiérarchie prévue par le texte et à rechercher systématiquement si les faits en cause n'étaient pas susceptibles de revêtir une qualification douanière permettant d'en confier la recherche aux officiers de douane judiciaire.
La chambre criminelle a toutefois posé des limites à une telle extension : la cellule TRACFIN avait signalé à un parquet des mouvements suspects sur les comptes d'une personne âgée isolée sur lesquels cette dernière avait consenti une procuration. Concomitamment, le titulaire de la procuration avait réalisé des investissements immobiliers, souscrit des contrats d'assurance-vie. Ses comptes bancaires et ceux de membres de sa famille présentaient des soldes positifs élevés. Le procureur de la République avait chargé le service national de la douane judiciaire (SNDJ) d'une enquête à la suite de laquelle le titulaire de la procuration avait été condamné, en première instance, du chef d'abus de confiance. La cour d'appel, devant laquelle le prévenu soutenait que le SNDJ avait enquêté sur des faits dont

la dénonciation n'évoquait qu'un éventuel abus de faiblesse, avait écarté le moyen de nullité en retenant que le signalement TRACFIN ne visait pas exclusivement le délit d'abus de faiblesse, mais décrivait en premier lieu une situation financière suspecte en ce que les fonds placés par le prévenu et son épouse pouvaient provenir de l'infraction d'abus de faiblesse, connexe au blanchiment et avait conclu que le blanchiment, même non explicitement nommé, était compris dans le signalement, de sorte que le service désigné était compétent pour enquêter. La chambre criminelle a censuré cette décision car ni les réquisitions du procureur de la République saisissant la douane judiciaire ni la note de TRACFIN à laquelle ces réquisitions renvoyaient ne visaient l'une des infractions mentionnées par l'article 28-1, I, 1° à 7° du Code de procédure pénale (Cass. crim., 28 juin 2017, n° 16-83.372 : *Bull. crim.* n° 181).
Cependant, les infractions qui peuvent être à l'origine d'un blanchiment sont nombreuses et à un demandeur au pourvoi qui soutenait qu'une infraction fiscale aux contributions indirectes, punie de sanctions purement fiscales, à l'exclusion de toute peine privative de liberté, et pour laquelle l'action publique n'est pas ouverte, ne constitue pas un crime ou un délit au sens de l'article 324-1 du Code pénal, la chambre criminelle a répondu par la négative en retenant que « la fraude aux accises, caractérisant l'infraction aux contributions indirectes prévue à l'article 1791 du code général des impôts, peut constituer le délit d'origine du blanchiment sanctionné par l'article 324-1 du code pénal, infraction générale, distincte et autonome qui ne relève pas de l'action de l'administration fiscale et dont la recherche ou la constatation peut être confiée aux agents de la douane judiciaire en application de l'article 28-1 du code de procédure pénale » (Cass. crim., 9 avr. 2015, n° 14-87.660 : *Bull. crim.* n° 76 ; *Dr. pén.* 2015, comm. 88, note J.-H. Robert).

B Stupéfiants et terrorisme

335 L'article 28-1 du Code de procédure pénale précise que les officiers de douane judiciaire n'ont pas compétence en matière de trafic de stupéfiants, domaine dans lequel la douane administrative intervient fréquemment.
Toutefois, le même article 28-1 prévoit que, pour la recherche et la constatation des infractions de trafic de stupéfiants, de blanchiment et de financement du terrorisme et des infractions qui leur sont connexes, le procureur de la République ou le juge d'instruction peut constituer des unités temporaires composées d'officiers de police judiciaire et d'officiers de douane judiciaire, dont il désigne le chef, ces unités ayant compétence sur tout le territoire national.
En pratique, la constitution d'équipes mixtes prend la forme d'une cosaisine prévue par le soit-transmis du procureur de la République ou la commission rogatoire du juge d'instruction.

III Les prérogatives

A Compétence territoriale

336 La compétence territoriale des officiers de douane judiciaire est expressément réglée par l'article 28-1 du Code de procédure pénale qui prévoit que ceux-ci ont compétence sur l'ensemble du territoire national.
Ils sont habilités par le procureur général près la cour d'appel de Paris (CPP, art. R. 15-33-8) parce que le siège du service national auquel ils sont affectés se trouve en banlieue parisienne, à Ivry-sur-Seine, dans le ressort de la cour d'appel de Paris, même si l'article 28-1 prévoit que « la décision d'habilitation est prise par le procureur général près la cour d'appel du siège de leur fonction », ce qui ne serait utile que si de nouveaux services indépendants du service situé en région parisienne devaient être créés.
En l'état, le service national de douane judiciaire, que le décret du 16 mai 2019 a remplacé par le « service d'enquêtes judiciaires des finances » dans lequel ont été intégrés les officiers de douane judiciaire aux côtés d'officiers fiscaux judiciaires (*V. supra*, n° 332), est le seul service à comprendre des officiers de douane judiciaire et, même s'ils sont affectés dans les unités locales (au nombre de dix : Bordeaux, Lyon-Dijon, Fort-de-France, Lille, Marseille-Nice, Metz, Nantes, Paris, Perpignan et Toulouse-Perpignan), ils dépendent du service situé à Ivry-sur-Seine et ont compétence sur l'ensemble du territoire.

B Pouvoirs d'enquête presque identiques à ceux des officiers de police judiciaire

337 L'article 28-1 du Code de procédure pénale prévoit que les agents des douanes qui enquêtent sur réquisition du procureur de la République ou sur commission rogatoire d'un juge d'instruction disposent des mêmes prérogatives et obligations que celles attribuées aux officiers de police judiciaire, y compris lorsque ces prérogatives et obligations sont confiées à des services ou unités de police ou de gendarmerie spécialement désignés.

L'insertion par la loi du 3 juin 2016 de la phrase « y compris lorsque ces prérogatives... » était expliquée ainsi par le rapport de M. Mercier au Sénat :

> « ... un certain nombre de dispositions du code de procédure pénale, relatives à l'enquête, sont toutefois réservées à des officiers de police judiciaire lorsqu'ils sont affectés dans des services spécialisés du ministère de l'intérieur, ou font référence à des services "placés sous l'autorité ou la tutelle du ministre de l'intérieur" ou "aux services de la police nationale ou de la gendarmerie nationale". Tel est par exemple le cas de l'enquête sous pseudonyme prévue à l'article 706-87-1 du code de procédure pénale. Dans ces conditions, l'articulation entre l'article 28-1 du Code de procédure pénale et de telles mesures est ambiguë, voire source de fragilité pour les enquêtes confiées au service national de douane judiciaire.
>
> L'amendement du Gouvernement vise à remédier à cette difficulté en clarifiant le fait que les agents du service national de douane judiciaire disposent, uniquement dans le champ de compétence d'attributions qui leur est dévolu et sous les mêmes réserves que celles applicables aux officiers de police judiciaire, des mêmes prérogatives d'enquête attribuées tant à titre général aux officiers de police judiciaire, que celles réservées à certains services de police ou de gendarmerie ».

En matière d'infractions de jeux prévues au 7° de l'énumération des infractions sur lesquelles les officiers de douane judiciaire peuvent enquêter, ceux-ci peuvent procéder « le cas échéant par le biais de la participation sous une identité d'emprunt à des échanges électroniques sur un site de jeux ou paris agréé ou non, et notamment à une session de jeu en ligne » et « l'utilisation d'une identité d'emprunt est sans incidence sur la régularité des constatations effectuées », un décret en Conseil d'État précisant les conditions dans lesquelles les agents habilités par le directeur général de l'Autorité procèdent dans ce cas à leurs constatations ».

338 **Criminalité organisée.** Lorsque les infractions sur lesquelles les officiers de douane judiciaire ont compétence pour enquêter relèvent de la criminalité et de la délinquance organisées, les dispositions propres à cette matière s'appliquent. Tel est le cas des infractions de financement du terrorisme, du trafic de stupéfiants, du trafic d'armes, de l'escroquerie sur la TVA en bande organisée, du blanchiment, ou encore du trafic de biens culturels en bande organisée (Wiki-DACG). Un groupe d'appui opérationnel et technique (GAOT) a été mis en place au sein du SEJF pour assurer la mise en place des techniques spéciales d'enquête auxquelles le service peut avoir recours.

339 **Port et usage des armes.** En leur qualité d'agents des douanes, les officiers de douane judiciaire ont le droit au port d'armes (C. douanes, art. 56) et ils peuvent en faire usage en cas d'absolue nécessité et de manière strictement proportionnée :

> « 1° Lorsque des atteintes à la vie ou à l'intégrité physique sont portées contre eux ou contre autrui ou lorsque des personnes armées menacent leur vie ou leur intégrité physique ou celles d'autrui ;
>
> 2° Lorsque, après deux sommations faites à haute voix, ils ne peuvent défendre autrement les lieux qu'ils occupent ou les personnes qui leur sont confiées ;
>
> 3° Lorsque, immédiatement après deux sommations adressées à haute voix, ils ne peuvent contraindre à s'arrêter, autrement que par l'usage des armes, des personnes qui cherchent à échapper à leur garde ou à leurs investigations et qui sont susceptibles de perpétrer, dans leur fuite, des atteintes à leur vie ou à leur intégrité physique ou à celles d'autrui ;
>
> 4° Lorsqu'ils ne peuvent immobiliser, autrement que par l'usage des armes, des véhicules, embarcations ou autres moyens de transport, dont les conducteurs n'obtempèrent pas à l'ordre d'arrêt et dont les occupants sont susceptibles de perpétrer, dans leur fuite, des atteintes à leur vie ou à leur intégrité physique ou à celles d'autrui ;
>
> 5° Dans le but exclusif d'empêcher la réitération, dans un temps rapproché, d'un ou de plusieurs meurtres ou tentatives de meurtre venant d'être commis, lorsqu'ils ont des raisons réelles et objectives d'estimer que cette réitération est probable au regard des informations dont ils disposent au moment où ils font usage de leurs armes » (CSI, art. L. 435-1).

340 **Pas d'enquête d'initiative.** L'article 28-1 du Code de procédure pénale n'autorise les officiers de douane judiciaire à enquêter que sur réquisition du procureur de la République ou commission rogatoire du juge d'instruction, ce qui ne leur permet pas de prendre l'initiative d'une enquête.

Cette restriction a été instaurée notamment pour prévenir une éventuelle concurrence avec les services de police et de gendarmerie.
Pour cette raison, il peut être considéré que les officiers de douane judiciaire n'ont pas tout à fait les mêmes pouvoirs que les officiers de police judiciaire.

341 **Les ordres et instructions ne peuvent émaner que du procureur de la République ou du juge d'instruction.** L'article R. 15-33-18 du Code de procédure pénale précise qu'à l'occasion d'une enquête judiciaire ou de l'exécution d'une commission rogatoire, les officiers de douane judiciaire ne peuvent solliciter ou recevoir des ordres ou instructions que de l'autorité judiciaire qui les a requis et, selon l'article R. 15-33-11, une des missions du magistrat délégué aux missions judiciaires de la douane et de l'administration fiscale est de veiller à l'application de ce principe.

342 **Assistants spécialisés.** Les officiers de douane judiciaire peuvent, comme d'ailleurs les officiers de police judiciaire, recevoir l'aide d'assistants spécialisés visés aux articles 706 et 706-2 du Code de procédure pénale.

343 **Règles de procédure.** Les articles R. 15-33-20 à R. 15-33-23 énoncent des principes relatifs à l'établissement des procédures.
Ils sont inspirés de ceux applicables aux officiers de police judiciaire (V. *infra*, n°s 1537, 1536, 1543).
Il est notamment prévu que les officiers de douane judiciaire doivent, comme les officiers de police judiciaire, énoncer leur nom et leur qualité dans les procès-verbaux qu'ils établissent (V. CPP, art. D. 9), qu'en enquête préliminaire, ils peuvent, comme les officiers de police judiciaire, relater l'ensemble de leurs diligences dans un seul procès-verbal (V. CPP, art. D. 11) mais pas en enquête de flagrance alors que les officiers de police judiciaire le peuvent (V. CPP, art. D. 11) tandis que sur commission rogatoire, ils doivent, comme les officiers de police judiciaire (V. CPP, art. D. 10), dresser un procès-verbal par acte.
Quand plusieurs agents concourent à une enquête, quel que soit son cadre juridique, chacun doit être identifié.
Les officiers de douane judiciaire sont autorisés par l'article 28-1 du Code de procédure pénale, comme les officiers de police judiciaire, à déclarer comme domicile l'adresse du service dont ils dépendent.
Ils peuvent également dresser les actes sous leur numéro d'immatriculation, les dispositions de l'article 15-4 du Code de procédure pénale leur étant applicables (V. *infra*, n° 1562).

L'agent des douanes désigné pour assurer l'exécution d'une mission de police judiciaire en rend compte immédiatement au procureur de la République ou au juge d'instruction requérant si celui-ci a prescrit cette diligence. Il l'informe sans délai des difficultés qui viendraient à se présenter, sollicite ses instructions et l'informe régulièrement de son activité.

C Limite prévue par l'article 28-1, VIII du Code de procédure pénale

344 Le dernier alinéa de l'article 28-1 du Code de procédure pénale dispose que :

> « Les agents de l'administration des douanes mentionnés aux I et II ne peuvent, à peine de nullité, exercer d'autres attributions ou accomplir d'autres actes que ceux prévus par le présent code dans le cadre des faits dont ils sont saisis par l'autorité judiciaire ».

Le premier directeur du service national de douane judiciaire expliquait cette règle ainsi :

> « Cette muraille de Chine juridique, ardemment souhaitée par le législateur, prohibe de manière radicale toute possibilité de cumuler des pouvoirs par les agents de la douane judiciaire. Ainsi, au cas d'enquête préliminaire ou flagrante ou au cours d'une commission rogatoire, les agents habilités ne pourront pas appliquer le code des douanes. Dans le même esprit, l'Administration ne pourra plus exercer l'action fiscale dans les procédures douanières judiciaires. Dans ce cas, le parquet devient titulaire de cette action aux termes de l'article 343 du code des douanes. Cette disposition a pour objet d'éviter un cumul entre les qualités d'enquêteur judiciaire et de partie au procès pénal. Il n'en demeure pas moins que l'Administration demandera, en qualité de partie civile, dans le cadre des procédures judiciaires douanières, au tribunal le paiement des droits éludés, ainsi que la condamnation à une amende douanière ».

NOTA BENE Ce qui a été relevé à l'époque n'est plus complètement d'actualité. Le ministère public peut, depuis l'entrée en vigueur de la loi n° 2010-1658 du 29 décembre 2010, autoriser l'administration des douanes à exercer l'action fiscale dans les procédures douanières judiciaires (C. douanes, art. 343).

Il s'est trouvé un plaideur pour soutenir que ce principe interdisait à la douane judiciaire de consulter les fichiers mis à disposition de la douane administrative et notamment la base de gestion de l'accompagnement des mouvements de marchandises soumises à accises, dénommée Gamma. La chambre criminelle a écarté cette prétention en approuvant la cour d'appel d'avoir retenu qu'au même titre que les services de police, s'agissant des fichiers auxquels ils ont accès, les agents des douanes habilités à exercer des fonctions de police judiciaire peuvent consulter, sans réquisition, les fichiers relevant de leur administration et pour lesquels ils bénéficient d'une habilitation (Cass. crim., 9 avr. 2015, n° 14-87.660 : *Bull. crim.* n° 76), ce qui a conduit un auteur à critiquer la décision dans un article intitulé *Une muraille de Chine branlante*.

De même, le fait que les dispositions de l'article 28-1 du Code de procédure pénale permettent à des officiers de douane judiciaire de procéder à des enquêtes judiciaires n'interdit pas aux agents de la douane administrative, agissant en application du Code des douanes et dans le respect des prérogatives qui leur sont reconnues, de procéder d'initiative à une enquête en vue de la recherche de la fraude, y compris en présence d'indices laissant présumer la commission d'une infraction (Cass. crim., 9 sept. 2020, n° 19-80.776).

D Le recours au SEJF

345 La DACG, dans le Focus qu'elle consacre aux officiers de douane judiciaire, fait valoir que la saisine du SEFJ peut être envisagée au regard de :

« – la technicité d'une matière dans laquelle le SEJF dispose d'une expertise spécifique et d'une connaissance des réseaux criminels, ce qui est particulièrement le cas des escroqueries à la TVA ou des infractions douanières. Une cellule d'analyse implantée au sein du SEJF est, à ce titre, chargée de la réalisation d'analyses stratégiques sur les phénomènes criminels et de l'appui opérationnel aux enquêtes ;

– la nécessité d'opérer des investigations financières, particulièrement pour mettre en évidence des mécanismes de blanchiment ;

– la capacité du SEJF à diligenter une enquête patrimoniale et à identifier les avoirs criminels en vue de leur saisie ;

– le regroupement au sein d'un même service des compétences complémentaires des ODJ et des OFJ en matière de blanchiment de fraude fiscale, lorsqu'il existe des présomptions caractérisées que celle-ci résulte d'une des conditions prévues aux 1° à 5° du II de l'article L. 228 du livre des procédures fiscales ».

POUR ALLER PLUS LOIN...

Revues

- M. Dobkine : *D.* 2001, p. 1475.
- J.-H. Robert, *Une muraille de Chine branlante* : *Dr. pén.* 2015, comm. 88.

Fiche 11

Les officiers fiscaux judiciaires

Sommaire

346 La loi de finances rectificative du 30 décembre 2009 a institué un statut d'agent des services fiscaux habilités à effectuer des enquêtes judiciaires sous le contrôle du procureur de la République ou du juge d'instruction, calqué sur celui d'officier de douane judiciaire créé quelques années plus tôt, dans le but de donner à des agents du fisc, pour lutter contre les délits de fraude fiscale les plus élaborés, des pouvoirs de même type que ceux dont disposaient les officiers de police judiciaire. La dénomination d'officier fiscal judiciaire (OFJ), souvent utilisée, sera retenue dans les développements qui suivent.

347 **Textes.** Les dispositions relatives à ce statut figurent aux articles 28-2 et R. 15-33-29-4-1 à R. 15-33-29-17 du Code de procédure pénale.

348 Les officiers fiscaux judiciaires ainsi créés ont initialement été affectés à la Brigade nationale de répression de la délinquance fiscale (BNRDF), créée par le décret n° 2010-1318 du 4 novembre 2010, qui relève de la direction centrale de la police judiciaire. Cette brigade comprenait et comprend toujours des officiers et agents de police judiciaire et des officiers fiscaux judiciaires. Certains auraient été affectés dans des groupements d'intervention régionaux (V. *supra*, n° 332).

349 Malgré les réserves du Conseil d'État (avis sur un projet de loi relatif à la lutte contre la fraude NOR : CPAE1805937L/Verte) qui disait ne pas être « convaincu de la nécessité de créer un nouveau service d'enquête et n'a pas compris pourquoi dans un souci de bonne administration, n'était pas retenue l'option consistant à renforcer le service existant », la loi n° 2018-898 du 23 octobre 2018 a modifié l'article 28-2 du Code de procédure pénale de façon à pouvoir affecter des officiers fiscaux judiciaires également dans un service dépendant du ministère du Budget, et c'est le SNDJ, alors transformé en service d'enquêtes judiciaires des finances ou SEJF (V. *supra*, n°°331), qui accueille désormais des officiers fiscaux judiciaires aux côtés des officiers de douane judiciaire qui y demeurent majoritaires.
Début 2020, vingt-sept officiers fiscaux judiciaires avaient été intégrés au SEJF, service de trois cents personnes. Il était prévu que le nombre des officiers fiscaux judiciaires soit rapidement porté à quarante.

350 Le statut des officiers fiscaux judiciaires étant fortement inspiré de celui des officiers de douane judiciaire, il sera exposé en identifiant les principaux points communs et quelques différences.

I
Statut

A De nombreux points communs

351 **Catégories d'agents.** Les officiers fiscaux judiciaires ne peuvent être désignés que parmi les fonctionnaires des catégories A et B par arrêté des ministres de la Justice et du Budget sur avis conforme d'une commission. Ils doivent justifier d'au moins deux ans de services effectifs en qualité d'agent titulaire et avoir réussi les épreuves d'un examen technique. Certains peuvent être dispensés de l'examen technique en raison de leurs responsabilités et de leurs compétences (CPP, art. R. 15-33-29-7).

352 **Avis d'une commission.** Une commission doit, pour les deux catégories de fonctionnaires, donner son avis conforme avant désignation par les ministres compétents. La composition de cette commission qui est toujours la même pour les officiers de douane judiciaire (CPP, art. R. 15-33-1) varie pour les officiers fiscaux judiciaires (CPP, art. R. 15-33-29-5) selon qu'ils sont affectés dans un service dépendant du ministère de l'Intérieur ou d'un service relevant du ministère du Budget.

353 **Habilitation.** Comme tout officier de police judiciaire et comme les officiers de douane judiciaire, les officiers fiscaux judiciaires ne peuvent mener des enquêtes que s'ils ont été habilités personnellement en vertu d'une décision du procureur général. L'affectation en dehors du service d'enquêtes judiciaires des finances du ministère du Budget ou du service de police judiciaire de la direction centrale de la police judiciaire du ministère de l'Intérieur entraîne la caducité de l'habilitation (CPP, art. R. 15-33-29-10).
La décision d'habilitation est prise par le procureur général près la cour d'appel du siège de leur fonction.
Les conditions de suspension et de retrait sont identiques à celles des officiers de douane judiciaire.

354 **Direction, surveillance, contrôle.** Alors que l'article 28-1 du Code de procédure pénale prévoit que « ..., les agents des douanes sont placés sous la direction du procureur de la République, sous la surveillance du procureur général et sous le contrôle de la chambre de l'instruction du siège de leur fonction dans les conditions prévues par les articles 224 à 230 », l'article 28-2 dispose que : « Les agents des services fiscaux habilités dans les conditions prévues au II sont placés **exclusivement** sous la direction du procureur de la République, sous la surveillance du procureur général et sous le contrôle de la chambre de l'instruction dans les conditions prévues par les articles 224 à 230 ».

B Particularisme des officiers fiscaux judiciaires

355 **Direction administrative.** L'article 28-1 du Code de procédure pénale précise que les officiers de douane judiciaire sont placés sous la direction administrative d'un magistrat de l'ordre judiciaire qui, selon l'article R. 15-33-11, veille au respect des principes énoncés aux articles R. 15-33-18 et R. 15-33-19, donne aux agents des douanes chargés de missions de police judiciaire des éléments d'information sur le sens de leurs missions et les conditions pratiques de l'exécution de celles-ci et fait des propositions à l'autorité judiciaire sur les types de missions de police judiciaire qui pourraient être confiées aux agents des douanes.
L'article 28-2 du Code de procédure pénale ne contient pas d'indication identique pour les officiers fiscaux judiciaires. C'est l'article R. 15-33-29-4-2 qui précise que les missions confiées par les articles R. 15-33-11 à R. 15-33-13 au magistrat délégué aux missions judiciaires de la douane et de l'administration fiscale à l'égard des agents des douanes sont applicables aux agents des services fiscaux placés sous son autorité. Mais les officiers fiscaux judiciaires affectés à la BNRDF ne relèvent évidemment pas de la direction administrative d'un magistrat.

356 **Assistants spécialisés.** Il n'existe pas, pour les officiers fiscaux judiciaires, de disposition prévoyant qu'ils peuvent bénéficier de l'aide d'assistants spécialisés.

357 **« Muraille de Chine ».** L'interdiction prévue pour les officiers fiscaux judiciaires est plus précise que celle édictée pour les officiers de douane judiciaire.
Tandis que ces derniers ne peuvent, à peine de nullité, exercer d'autres attributions ou accomplir

d'autres actes que ceux prévus par le Code de procédure pénale dans le cadre des faits dont ils sont saisis par l'autorité judiciaire, les officiers fiscaux judiciaires ne peuvent participer à une procédure de contrôle de l'impôt prévue par le Livre des procédures fiscales pendant la durée de leur habilitation. Ils ne peuvent effectuer des enquêtes judiciaires dans le cadre de faits pour lesquels ils ont participé à une procédure de contrôle de l'impôt avant d'être habilités à effectuer des enquêtes. Ils ne peuvent, même après la fin de leur habilitation, participer à une procédure de contrôle de l'impôt dans le cadre de faits dont ils avaient été saisis par le procureur de la République ou toute autre autorité judiciaire au titre de leur habilitation.

II Compétence

358 **Pas d'enquête d'initiative.** Les officiers fiscaux judiciaires ne peuvent, pas plus que les officiers de douane judiciaire, procéder à des enquêtes d'initiative. Ils ne peuvent, selon l'article 28-2 du Code de procédure pénale, procéder à des enquêtes judiciaires que sur réquisition du procureur de la République ou sur commission rogatoire du juge d'instruction.

A Compétence territoriale

359 **Ensemble du territoire national.** Les officiers fiscaux judiciaires peuvent procéder à des enquêtes judiciaires sur l'ensemble du territoire national.

B Compétence d'attribution

360 **Compétence limitée à certaines fraudes fiscales, à leur blanchiment et aux infractions connexes.** La principale particularité de la compétence des officiers fiscaux judiciaires est qu'ils ne peuvent enquêter que sur des infractions de fraudes fiscales prévues aux articles 1741 et 1743 du Code général des impôts et sur le blanchiment de ces infractions et les infractions connexes, mais encore faut-il que ces infractions aient été commises dans des circonstances particulières. En d'autres termes, leur compétence est limitée aux fraudes les plus sophistiquées.

361 **Les fraudes fiscales.** L'article 1741 du Code général des impôts incrimine la soustraction à l'impôt ou sa tentative :

– par omission volontaire de faire sa déclaration dans les délais ;
– par dissimulation volontaire d'une part des sommes sujettes à l'impôt ;
– par organisation de l'insolvabilité ;
– par obstacle par d'autres manœuvres au recouvrement de l'impôt ;
– en agissant de toute autre manière frauduleuse.

L'article 1743 du Code général des impôts incrimine et punit des peines prévues à l'article 1741 :

– l'omission de passation d'écritures ou le fait de passer des écritures inexactes ou fictives au livre-journal ;
– l'entremise en vue de faire échapper à l'impôt tout ou partie de la fortune d'autrui soit en favorisant les dépôts de titres à l'étranger, soit en transférant ou faisant transférer des coupons à l'étranger pour y être encaissés ou négociés, soit en émettant ou en encaissant des chèques ou tous autres instruments créés pour le paiement des dividendes, intérêts, arrérages ou produits quelconques de valeurs mobilières ou en tentant ces opérations ;
– la fourniture de renseignements inexacts en vue de l'obtention des agréments prévus aux articles 199 undecies A, 199 undecies B, 217 undecies, 217 duodecies, 244 quater W et 244 quater X ou de l'autorisation préalable prévue à l'article 199 undecies A.

362 **Circonstances de commission.** Les officiers fiscaux judiciaires ont compétence pour procéder à une enquête judiciaire sur ces fraudes fiscales et leur blanchiment lorsqu'il existe des présomptions caractérisées que ces infractions résultent :

> « 1° Soit de l'utilisation, aux fins de se soustraire à l'impôt, de comptes ouverts ou de contrats souscrits auprès d'organismes établis à l'étranger ;
> 2° Soit de l'interposition de personnes physiques ou morales ou de tout organisme, fiducie ou institution comparable établis à l'étranger ;

3° Soit de l'usage d'une fausse identité ou de faux documents au sens de l'article 441-1 du code pénal, ou de toute autre falsification ;
4° Soit d'une domiciliation fiscale fictive ou artificielle à l'étranger ;
5° Soit de toute autre manœuvre destinée à égarer l'administration ».

L'existence de ces circonstances a d'ailleurs pour effet d'aggraver la peine encourue pour la fraude ainsi commise (CGI, art. 1741).

363 **Pas de nécessité d'un avis de la commission des infractions fiscales.** En application de l'article L. 228 du Livre des procédures fiscales, l'avis de la commission des infractions fiscales n'est pas requis lorsqu'il existe des présomptions caractérisées qu'une infraction fiscale a été commise pour laquelle existe un risque de dépérissement des preuves et qui résulte d'une de ces cinq circonstances. La plainte de l'administration pourrait toutefois être nécessaire.

III

Prérogatives et obligations

364 **Prérogatives identiques à celles des officiers de police judiciaire.** Les officiers fiscaux judiciaires, pour l'exercice de leurs missions, disposent des mêmes prérogatives que les officiers de police judiciaire et ont les mêmes obligations, y compris lorsque ces prérogatives et obligations sont confiées à des services ou unités de police ou de gendarmerie spécialement désignés (V. *supra*, n° 337).

Selon MM. Detraz et Salomon, ils disposent donc des pouvoirs « de saisies de documents et de données informatiques ainsi que d'analyses techniques, mais aussi du droit de garde à vue et du droit d'interrogatoire, afin de rechercher les éléments de nature à confirmer l'existence de fraude fiscale », ou bien encore de ceux prévus par « l'article 54, alinéas 2 et 3 (conservation des indices et saisie des objets sur les lieux) ; l'article 55-1 (opérations de prélèvements externes et de relevés signalétiques) ; les articles 56 et 57 à 59 (perquisitions et saisies domiciliaires) ; l'article 60 (constatations ou examens techniques ou scientifiques) ; l'article 60-1 et 60-2 (réquisitions adressées aux établissements, organismes, administrations publiques ou opérateurs de télécommunications et mise à disposition d'informations par les organismes publics ou les personnes morales de droit privé) ; l'article 61 (interdiction de s'éloigner) ; l'article 62 (auditions et convocations de témoins) ; l'article 63 à 66 (garde à vue) ; les articles 75 à 78 (régime de l'enquête préliminaire) ».

365 **Prohibitions.** Il n'est pas inutile d'insister sur la « muraille de Chine » (V. *supra*, 357), destinée à cloisonner les procédures administrative et judiciaire, qui interdit aux officiers fiscaux judiciaires de :
- participer à une procédure de contrôle de l'impôt pendant la durée de leur habilitation ;
- effectuer une enquête judiciaire dans le cadre de faits pour lesquels ils ont participé à une procédure de contrôle de l'impôt avant d'être habilités ;
- participer, même après la fin de leur habilitation, à une procédure de contrôle de l'impôt dans le cadre de faits sur lesquels ils ont enquêté.

366 **Établissement des procédures.** Ils peuvent dresser les actes sous leur numéro d'immatriculation, les dispositions de l'article 15-4 du Code de procédure pénale leur étant applicables (V. *infra*, n° 1562).

L'article R. 15-33-29-17 du Code de procédure pénale précise que les dispositions des articles R. 15-33-18 et R. 15-33-20 à R. 15-33-23 sont applicables à l'exercice des missions de police judiciaire effectuées par les officiers fiscaux judiciaires.

Il s'ensuit :
- qu'ils ne peuvent solliciter ou recevoir des ordres ou instructions que de l'autorité judiciaire qui les a requis ;
- qu'ils doivent énoncer leur nom et leur qualité dans tous les procès-verbaux qu'ils établissent en matière de police judiciaire ;
- que lorsqu'ils agissent dans le cadre de l'enquête préliminaire, ils peuvent relater dans un seul procès-verbal les différentes opérations effectuées au cours de la même enquête ;
- qu'ils doivent au contraire, lorsqu'ils agissent sur commission rogatoire ou en enquête de flagrance, établir des procès-verbaux séparés pour chacun des actes qu'ils sont appelés à faire, ceux-ci devant mentionner le nom et la qualité de chaque agent qui a opéré personnellement, à l'exclusion de tout autre ;
- qu'ils doivent rendre compte immédiatement au procureur de la République ou au juge d'instruction requérant, si celui-ci l'a demandé, de

l'exécution de leurs missions, les informer sans délai des difficultés qui viendraient à se présenter et solliciter leurs instructions et les informer régulièrement de leur activité.

POUR ALLER PLUS LOIN...

Ouvrage

• S. Detraz et R. Salomon, *Précis de droit pénal fiscal*, LexisNexis, 2021, § 1601, 1619 et 1621.

Revue

• Interview N. Becache, directrice SEJF : *Option fin*, 17 janv. 2020.

Fiche 12

Les officiers judiciaires de l'environnement

367 **Création de la loi relative au parquet européen et à la justice pénale spécialisée.** Au cours de l'élaboration de cette loi, promulguée le 24 décembre 2020 sous le n° 2020-1672, le gouvernement a présenté un amendement tendant à investir certains inspecteurs de l'environnement des pouvoirs de police judiciaire dont disposent les officiers de police judiciaire.

L'exposé sommaire des motifs de cet amendement indique :

> « Le présent amendement vise à garantir l'efficacité de l'action judiciaire par le renforcement des prérogatives de certains inspecteurs de l'environnement affectés à l'Office français de la biodiversité.
>
> En effet, si les pouvoirs des inspecteurs de l'environnement ont été renforcés par la loi n° 2019-773 du 24 juillet 2019 portant création de l'Office français de la biodiversité, modifiant les missions des fédérations des chasseurs et renforçant la police de l'environnement, l'absence de pouvoirs coercitifs constitue parfois un frein dans le cadre des procédures judiciaires qu'ils conduisent.
>
> Les dispositions du présent amendement visent à leur permettre de mettre en œuvre l'ensemble des prérogatives dont disposent les officiers de police judiciaire prévus par le Code de procédure pénale dans le cadre d'enquêtes environnementales, telles que la possibilité de procéder à des perquisitions ou encore des gardes à vue.
>
> Cette évolution constitue le préalable à la création d'un service national d'enquête, lequel relève du domaine réglementaire. Elle répond par ailleurs aux attentes exprimées par la Convention citoyenne pour le climat de contrôler et sanctionner plus efficacement et rapidement les atteintes à l'environnement ».

Mme Naïma Moutchou, rapporteure à l'Assemblée nationale a présenté l'amendement ainsi :

> « La loi n° 2018-898 du 23 octobre 2018 relative à la lutte contre la fraude a profondément modifié le statut des officiers fiscaux judiciaires, agents des services fiscaux spécialement habilités à effectuer des enquêtes judiciaires et disposant des mêmes prérogatives que les officiers de police judiciaire. Les règles régissant les officiers fiscaux judiciaires sont codifiées à l'article 28-2 du Code de procédure pénale. Ils opèrent au sein du service d'enquêtes judiciaires des finances (SEJF) créé le 1er juillet 2019 au ministère de l'Action et des Comptes publics.
>
> L'article 8 bis C, issu d'un amendement du Gouvernement adopté avec l'avis favorable de la rapporteure, suit une logique similaire pour la création d'officiers judiciaires de l'environnement. En effet, si les pouvoirs des inspecteurs de l'environnement ont été renforcés par la loi n° 2019-773 du 24 juillet 2019 portant création de l'Office français de la biodiversité, modifiant les missions des fédérations des chasseurs et renforçant la police de l'environnement, l'absence de pouvoirs coercitifs constitue un frein dans le cadre des procédures judiciaires qu'ils conduisent.
>
> Le I autorise les inspecteurs de l'environnement affectés à l'Office français de la biodiversité, désignés par arrêté des ministres de la justice et de l'environnement, à disposer, pour les enquêtes judiciaires qu'ils diligentent, des prérogatives et obligations attribuées aux officiers de police judiciaire. Ils ont compétence sur l'ensemble du territoire national mais ils doivent, pour certaines infractions commises en bande organisée, opérer en co-saisine avec des officiers et agents de police judiciaire ou des agents des douanes (1).
>
> Le II précise la procédure d'habilitation, qui relève du procureur général près la cour d'appel de la résidence administrative des agents. Un décret en Conseil d'État prévoit les modalités d'attribution, de suspension et de retrait.
>
> Le III place les inspecteurs de l'environnement habilités sous la direction du procureur de la République, la surveillance du procureur général et le contrôle de la chambre de l'instruction, selon un régime comparable à celui des officiers de police judiciaire.
>
> Le IV fait défense aux inspecteurs de l'environnement habilités d'exercer d'autres attributions ou d'accomplir d'autres actes que ceux prévus par le Code de procédure pénale dans le cadre des faits dont ils sont saisis par l'autorité judiciaire ».

En commission, le garde des Sceaux a indiqué que :

> « L'amendement a pour objet la création d'officiers de police judiciaire de l'environnement. Il permet à certains inspecteurs de l'environnement de mettre en œuvre l'ensemble des prérogatives dont disposent les officiers de police judiciaire dans le cadre d'enquêtes environnementales, telle la possibilité de procéder à des perquisitions ou des gardes à vue. Cela crédibilise le travail de ces agents ; cela permet à la justice environnementale d'avancer ».

Le texte a été voté dans les termes du projet après une rapide discussion au cours de laquelle le sénateur, rapporteur du texte en commission mixte paritaire, est le seul à avoir élevé une objection en indiquant :

> « Sans que ce point soit bloquant, nous nous interrogeons sur l'article 8 bis C qui, à la suite d'un amendement gouvernemental adopté par l'Assemblée nationale, donne aux inspecteurs de l'Office français de la biodiversité (OFB) des compétences de police judiciaire. Cela ne m'enthousiasme pas pour des questions de principe : cette dissémination des officiers de police judiciaire n'est pas une grande avancée démocratique. Quelle sera l'articulation entre la fonction de direction de l'enquête dévolue aux parquets et ces inspecteurs issus d'agences de l'État moins indépendantes ? Je crains que cette dissémination engendre certaines difficultés. Mais ce sujet technique ne doit pas entraîner de longs débats entre nous, tout comme le suivant ».

Le texte a pris place à l'article 28-3 du Code de procédure pénale.

368 **Désignation, habilitation.** Les inspecteurs de l'environnement affectés à l'Office français de la biodiversité concernés par le texte doivent, comme les officiers de douane judiciaire et les officiers fiscaux judiciaires, être désignés par arrêté conjoint de leur ministre de tutelle et du ministre de la Justice après avis conforme d'une commission, dont la composition et le fonctionnement sont réglés par un décret, qui n'avait pas encore été publié en janvier 2023.

Pour exercer leurs fonctions de police judiciaire, ils doivent être habilités par le procureur général, les conditions de refus et de retrait d'habilitation étant, comme pour les officiers de douane judiciaire et officiers fiscaux judiciaires, réglées par la loi.

369 **Direction, contrôle, surveillance.** Les inspecteurs de l'environnement dotés de pouvoirs de police judiciaire sont, comme les officiers fiscaux judiciaires, placés exclusivement sous la direction du procureur de la République, sous la surveillance du procureur général et sous le contrôle de la chambre de l'instruction du siège de leur fonction dans les conditions prévues aux articles 224 à 230.

370 **Les infractions pour lesquelles ils ont compétence.** Les inspecteurs de l'environnement visés à l'article 28-3 du Code de procédure pénale ont une compétence d'attribution.

Celle-ci est limitée aux infractions portant atteinte à l'environnement prévues par le Code de l'environnement, les textes pris pour son application et les dispositions du Code pénal relatives à l'abandon d'ordures, déchets, matériaux et autres objets (C. envir., art. L. 172-1).

Pour certaines infractions commises en bande organisée (celles prévues aux articles L. 415-6 et au VII de l'article L. 541-46 du Code de l'environnement), ils ne sont compétents que lorsqu'ils concourent à la réalisation d'une même enquête avec des officiers de police judiciaire et agents de police judiciaire ou officiers de douane judiciaire.

371 **Compétence territoriale.** Comme les officiers de douane judiciaire et officiers fiscaux judiciaires, les inspecteurs de l'environnement visés à l'article 28-3 du Code de procédure pénale ont une compétence nationale.

Les travaux préparatoires évoquent la constitution d'un service dédié pour la répression des infractions environnementales.

372 **Pouvoirs de police judiciaire.** Leurs pouvoirs de police judiciaire sont identiques à ceux des officiers de police judiciaire, y compris lorsque ces prérogatives ou obligations sont confiées à des services ou des unités de police ou de gendarmerie spécialement désignés.

373 **Pas d'enquête d'initiative.** Les inspecteurs de l'environnement visés par l'article 28-3 du Code de procédure pénale ne peuvent, pas plus que les officiers de douane judiciaire et les officiers fiscaux judiciaires, procéder à des enquêtes d'initiative. Ils ne peuvent en effet diligenter des enquêtes que sur réquisition du procureur de la République ou sur commission rogatoire d'un juge d'instruction.

374 **« Muraille de Chine ».** Comme pour les officiers de douane judiciaire et les officiers fiscaux judiciaires (V. *supra*, n° 344), la loi a prévu, pour les officiers judiciaires de l'environnement, une interdiction absolue puisque formellement édictée à peine de nullité d'exercer d'autres attributions ou d'accomplir d'autres actes que ceux prévus par le Code de procédure pénale dans le cadre des faits dont ils sont saisis par le procureur de la République ou toute autorité judiciaire.

L'ESSENTIEL **Règles générales**

375 Si, de longue date, le législateur a attribué certaines fonctions de police judiciaire à des fonctionnaires et agents, il a, plus récemment, créé de véritables « polices thématiques » en donnant à divers fonctionnaires la quasi-totalité des pouvoirs normalement dévolus aux officiers de police judiciaire.

376 Ont ainsi été créés, en 1999, des « officiers de douane judiciaire », en 2010 des officiers fiscaux judiciaires et, en 2020, des officiers judiciaires de l'environnement.

377 **Qualification.** Peuvent obtenir cette qualité des fonctionnaires de catégories A ou B appartenant respectivement à l'administration des douanes pour les premiers, à l'administration fiscale pour les deuxièmes ou être inspecteurs de l'environnement affectés à l'Office français de la biodiversité pour les troisièmes. Ils doivent réussir les épreuves d'un examen technique comportant notamment des sujets de procédure pénale. Ils sont désignés par arrêté conjoint de leurs ministres de tutelle et du ministre de la Justice. Ils n'ont la qualité que s'ils sont affectés dans un service particulier. Ils doivent être habilités par le procureur général comme les officiers de police judiciaire.

378 **Compétences d'attribution et territoriale.** Ils n'ont qu'une compétence d'attribution mais appartiennent à des services qui ont une compétence territoriale nationale.

379 **Pas d'initiative.** Ils ne peuvent pas procéder à des enquêtes d'initiative et ne sont autorisés à enquêter que sur réquisition du procureur de la République ou commission rogatoire du juge d'instruction.

C'est principalement de ce fait qu'il doit être considéré que ces membres de « police thématique » n'ont pas tout à fait les mêmes pouvoirs que les policiers et les gendarmes.

380 **Direction, surveillance, contrôle.** Ils sont placés – exclusivement pour certains – sous la direction du procureur de la République, sous la surveillance du procureur général et sous le contrôle de la chambre de l'instruction comme les officiers de police judiciaire.

381 **« Muraille de Chine ».** Afin d'éviter toute confusion entre les pouvoirs administratifs et les pouvoirs judiciaires des agents des administrations concernées, ont été édictées des prohibitions fortes.

Ainsi, les officiers de douane judiciaire et les officiers judiciaires de l'environnement ne peuvent, à peine de nullité, exercer d'autres attributions ou accomplir d'autres actes que ceux prévus par le Code de procédure pénale dans le cadre des faits dont ils sont saisis par l'autorité judiciaire.

Pour les officiers fiscaux judiciaires, la loi est encore plus précise puisqu'elle leur interdit, à peine de nullité, de participer à une procédure de contrôle de l'impôt pendant la durée de leur habilitation, d'effectuer une enquête judiciaire dans le cadre de faits pour lesquels ils ont participé à une procédure de contrôle de l'impôt avant d'être habilités, de participer, même après la fin de leur habilitation, à une procédure de contrôle de l'impôt dans le cadre de faits sur lesquels ils ont enquêté.

382 **Procédure.** Ils sont soumis quasiment aux mêmes règles de procédure que les officiers de police judiciaire (V. *supra*, n°s 343 et 366).

Règles particulières

383 **Les officiers de douane judiciaire.** Seul le service d'enquêtes judiciaires des finances comporte des officiers de douane judiciaire. Ce service est placé sous la direction d'un magistrat délégué aux missions judiciaires de la douane et de l'administration fiscale. Dans l'exécution de leurs missions judiciaires, les officiers de douane judiciaire ne reçoivent d'ordre que des magistrats mandants.

384 **Compétence d'attribution des officiers de douane judiciaire.** Leur compétence d'attribution est limitée à des infractions déterminées (V. *supra*, n° 337) et à celles qui leur sont connexes (V. *supra*, n° 334).

385 **Trafic de stupéfiants.** Ils ne sont pas autorisés à enquêter en matière de trafic de stupéfiants, mais ils peuvent être intégrés dans des unités temporaires aux côtés d'officiers de police judiciaire constituées sur décision du procureur de la République ou du juge d'instruction pour rechercher et constater les infractions de trafic de stupéfiants, le blanchiment, le financement du terrorisme et les infractions qui leur sont connexes.

386 **Recours aux ODJ.** La DACG a dressé une liste des circonstances pouvant justifier la saisine du SEJF (V. *supra*, n° 345).

387 **Les officiers fiscaux judiciaires.** Certains sont affectés à la Brigade nationale de répression de la délinquance fiscale dépendant de la direction centrale de la police judiciaire relevant du ministère de l'Intérieur tandis que d'autres sont affectés au service d'enquêtes judiciaires des finances relevant du ministère du Budget.

Selon qu'ils sont affectés dans l'un ou l'autre de ces services, ils sont on non placés sous la direction administrative du magistrat délégué aux missions judiciaires de la douane et de l'administration fiscale.

388 **Compétence d'attribution des officiers fiscaux judiciaires.** Les officiers fiscaux judiciaires n'ont compétence pour enquêter que sur les fraudes fiscales prévues aux articles 1741 et 1743 du Code général des impôts et sur le blanchiment de ces fraudes et les infractions qui leur sont connexes lorsque ces délits ont été commis avec une certaine sophistication, c'est-à-dire lorsqu'il existe des présomptions caractérisées que ces infractions résultent :

1° soit de l'utilisation, aux fins de se soustraire à l'impôt, de comptes ouverts ou de contrats souscrits auprès d'organismes établis à l'étranger ;

2° soit de l'interposition de personnes physiques ou morales ou de tout organisme, fiducie ou institution comparable établis à l'étranger ;

3° soit de l'usage d'une fausse identité ou de faux documents au sens de l'article 441-1 du code pénal, ou de toute autre falsification ;

4° soit d'une domiciliation fiscale fictive ou artificielle à l'étranger ;

5° soit de toute autre manœuvre destinée à égarer l'administration.

389 **Les officiers judiciaires de l'environnement.** Leur compétence d'attribution concerne les infractions portant atteinte à l'environnement prévues par le Code de l'environnement, les textes pris pour son application et les dispositions du Code pénal relatives à l'abandon d'ordures, déchets, matériaux et autres objets. Pour certaines infractions commises en bande organisée prévues aux articles L. 415-6 et au VII de l'article L. 541-46 du Code de l'environnement, ils ne peuvent agir qu'en concourant à la réalisation d'une même enquête avec des officiers de police judiciaire et agents de police judiciaire ou officiers de douane judiciaire.

Titre 4
Contrôle par l'autorité judiciaire

Sommaire

Fiche 13

Direction, contrôle et surveillance de l'activité de police judiciaire

Sommaire

390 **Constitution, Code de procédure pénale et Code de la sécurité intérieure.** Le Code de procédure pénale prévoit, à travers de nombreuses dispositions, que l'autorité judiciaire dirige, contrôle, surveille l'activité de police judiciaire.

Le Conseil constitutionnel a constitutionnalisé le principe en énonçant qu'« il résulte de l'article 66 de la Constitution que la police judiciaire doit être placée sous la direction et le contrôle de l'autorité judiciaire » (Cons. const., 10 mars 2011, n° 2011-625 DC. – Cons. const., 25 mars 2014, n° 2014-693 DC. – Cons. const., 20 mai 2021, n° 2021-817 DC).

L'article préliminaire du Code de procédure pénale énonce, à cet égard, que :

– les mesures de contraintes dont la personne suspectée ou poursuivie peut faire l'objet ;

– et celles portant atteinte à la vie privée d'une personne

ne peuvent être prises que sur décision ou sous le contrôle effectif de l'autorité judiciaire.

La loi précise que les premières doivent être strictement limitées aux nécessités de la procédure, proportionnées à la gravité de l'infraction reprochée et ne pas porter atteinte à la dignité de la personne tandis que les secondes doivent être nécessaires à la manifestation de la vérité et proportionnées à la gravité de l'infraction au regard des circonstances de l'espèce.

L'article 12 du Code de procédure pénale dit que la police judiciaire est exercée, sous la direction du procureur de la République – du juge d'instruction quand une information est ouverte (CPP, art. 14) – tandis que l'article 13 prévoit que la police judiciaire est placée, dans chaque ressort de cour d'appel, sous la surveillance du procureur général et sous le contrôle de la chambre de l'instruction. Ces règles valent également pour les officiers de douane judiciaire (CPP, art. 28-1), les officiers fiscaux judiciaires (CPP, art. 28-2), les officiers judiciaires de l'environnement (CPP, art. 28-3).

Le Code de la sécurité intérieure décline à son tour la règle en énonçant que « dans l'exercice de leurs missions judiciaires, la police nationale et la gendarmerie nationale sont soumises au contrôle de l'autorité judiciaire conformément aux dispositions du Code de procédure pénale (CSI, art. R. 434-23).
L'article 39-3 du Code de procédure pénale dispose que :

> « Dans le cadre de ses attributions de direction de la police judiciaire, le procureur de la République peut adresser des instructions générales ou particulières aux enquêteurs. Il contrôle la légalité des moyens mis en œuvre par ces derniers, la proportionnalité des actes d'investigation au regard de la nature et de la gravité des faits, l'orientation donnée à l'enquête ainsi que la qualité de celle-ci.
> Il veille à ce que les investigations tendent à la manifestation de la vérité et qu'elles soient accomplies à charge et à décharge, dans le respect des droits de la victime, du plaignant et de la personne suspectée ».

La grande variété des termes utilisés par le législateur – direction, contrôle, contrôle effectif, contrôle de la légalité, décision, surveillance, autorisation – peut engendrer une certaine perplexité. Une doctrine particulièrement autorisée relève que la distinction entre les notions peut paraître subtile.
Peuvent toutefois être dégagées les grandes lignes suivantes :
– le procureur de la République est investi par les textes de plusieurs pouvoirs : de direction, d'autorisation, de contrôle ;
– le juge d'instruction a sensiblement les mêmes pouvoirs quand une information est ouverte, mais ces pouvoirs sont moins généraux ne concernant que les affaires qu'il est chargé d'instruire ;
– le procureur général a un pouvoir de surveillance sur la « police judiciaire » qui se traduit notamment par son pouvoir d'habiliter les officiers de police judiciaire et de suspendre ou retirer cette habilitation ainsi que de celui de saisir la chambre de l'instruction aux fins qu'elle exerce le contrôle dont elle est chargée sur l'ensemble des agents de la force publique investis d'une capacité de police judiciaire ;
– le juge des libertés et de la détention est investi de pouvoirs d'autorisation, parfois de contrôle mais dont l'exercice est cependant moins abouti que celui des autres organes judiciaires.

I

Direction, autorisation, contrôle par les magistrats des juridictions du premier degré

A Par le procureur de la République

1 Information

391 Pour que le procureur de la République soit en mesure d'exercer ses prérogatives, encore faut-il qu'il soit informé rapidement de la survenance des infractions.
L'article 54 du Code de procédure pénale dispose à cette fin qu'« en cas de crime flagrant, l'officier de police judiciaire qui en est avisé, informe immédiatement le procureur de la République... », disposition, qui, en vertu de l'article 67 du même code, est applicable « au cas de délit flagrant, dans tous les cas où la loi prévoit une peine d'emprisonnement ». L'obligation d'information est reprise par l'article D. 3 du Code de procédure pénale qui vise tout délit flagrant sans limiter l'information à ceux punis d'emprisonnement.
Mais ce texte n'est que la déclinaison de l'article 19 du Code de procédure pénale qui, plus général, dispose que « les officiers de police judiciaire sont tenus d'informer sans délai le procureur de la République des crimes, délits et contraventions dont ils ont connaissance. Dès la clôture de leurs opérations, ils doivent lui faire parvenir directement l'original ainsi qu'une copie des procès-verbaux qu'ils ont dressés ».
Certes, les procureurs de la République donnent souvent des instructions aux enquêteurs de leur ressort de ne les alerter de façon immédiate que des affaires d'une certaine importance pour ne pas être submergés d'informations non urgentes. Cette façon de faire n'est pas de nature à obérer

l'information du procureur puisque d'autres textes prévoient expressément son information dans des cas particuliers.

Il en est ainsi, par exemple, des cas où :

– l'officier de police judiciaire se transporte hors de son ressort (CPP, art. 18) ;

– une personne est placée en garde à vue (CPP, art. 63, 70), le procureur de la République étant également informé de la qualification des faits qu'il peut modifier ;

– un mineur est placé en rétention (CPP, art. 78-3) ;

– une personne soupçonnée d'être liée au terrorisme est placée en retenue pour vérification de situation (CPP, art. 78-3-1) ;

– une personne découverte en exécution d'un mandat d'amener ou d'arrêt est placée en rétention (CPP, art. 133-1) ;

– les officiers de police judiciaire procèdent à une opération de surveillance (CPP, art. 706-10) ;

– Les officiers de police judiciaire doivent poursuivre leurs opérations après interruption d'une infiltration (CPP, art. 706-85) ;

– à l'occasion d'une perquisition, l'officier de police judiciaire découvre des éléments couverts par le secret de la défense nationale (CPP, art. 56-4) ;

– l'enregistrement audiovisuel des auditions en garde à vue pour crime ne peut avoir lieu en raison d'une impossibilité technique (CPP, art. 64-1) ;

– est découvert un cadavre dont les causes de la mort sont inconnues ou suspectes (CPP, art. 74) ;

– au cours d'une enquête préliminaire, son autorisation est nécessaire pour que l'enquêteur adresse des réquisitions (CPP, art. 77-1 et 77-1-1) ;

– une personne arrêtée en vertu d'un mandat d'arrêt après clôture de l'instruction est placée en rétention (CPP, art. 135-2) ;

– une enquête préliminaire menée d'office est commencée depuis plus de six mois (CPP, art. 75-1) ;

– au cours d'une enquête préliminaire concernant un crime ou un délit est identifiée une personne à l'encontre de laquelle existent des indices faisant présumer qu'elle a commis ou tenté de commettre l'infraction (CPP, art. 75-2).

392 **Exigences contrastées.** Il a été relevé que la jurisprudence se montre exigeante sur l'avis donné au procureur de la République des placements en garde à vue (V. *infra*, n° 3052) puisqu'elle juge que tout retard injustifié fait nécessairement grief alors qu'elle est moins scrupuleuse quant à la nécessité d'aviser le procureur de la République dans les autres domaines retenant, par exemple, que « le défaut d'information du procureur de la République, par les officiers de police judiciaire, des infractions dont ils ont connaissance dans l'exercice de leurs fonctions, prévue par l'article 19 du Code de procédure pénale, est sans effet sur la validité des actes accomplis par ces derniers » (Cass. crim., 1er déc. 2004, n° 04-80.536 : *Bull. crim.* n° 302), position qui relativiserait considérablement le pouvoir de direction de la police judiciaire par le parquet.

2 Pouvoir de direction

393 **Décision quant aux actes d'enquête.** Le pouvoir de direction du parquet, énoncé à l'article 12 du Code de procédure pénale, trouve son corollaire dans l'article R. 2-16 du même code selon lequel « les officiers de police judiciaire, à l'occasion d'une enquête ou de l'exécution d'une commission rogatoire, ne peuvent solliciter ou recevoir des ordres ou instructions que de l'autorité judiciaire dont ils dépendent ».

C'est donc bien le procureur de la République – ou le juge d'instruction quand une instruction est ouverte – qui décide, en lien avec l'enquêteur, des actes qu'il convient de réaliser dans le cadre de l'enquête.

394 **La notion de pouvoir de direction doit être relativisée.** Reste que les moyens mis au service de l'enquête dépendent au premier chef des supérieurs hiérarchiques des enquêteurs que sont leurs directeurs, rattachés à leur administration ou à leur arme, et que si le chef de service estime ne devoir affecter à l'enquête qu'un nombre réduit de personnels ou que des moyens matériels limités, l'autorité judiciaire sera le plus souvent obligée de se contenter d'en prendre acte.

Le fait que les moyens dépendent des supérieurs des enquêteurs appartenant à la police ou à la gendarmerie peut influer sur les priorités de politique de sécurité qui sont mises en œuvre. Si un service d'enquête, sur instruction de sa hiérarchie, privilégie tel ou tel type de délinquance dans ses enquêtes d'initiative, le procureur de la République pourra, de fait, être contraint de prendre en compte ces éléments dans la gestion de sa politique d'action publique, ce qui relativise quelque peu son pouvoir de direction.

3 Pouvoir d'autorisation

395 Moultes dispositions du Code de procédure pénale exigent que l'enquêteur soit autorisé par le procureur de la République à effectuer certains actes.

À titre d'exemples, il en va ainsi pour :

– une perquisition effectuée aux seules fins de rechercher et de saisir des biens dont la confiscation est prévue par les cinquième et sixième alinéas de l'article 131-21 (CPP, art. 56) ;

– la contrainte que l'officier de police judiciaire délivre aux personnes qui n'ont pas répondu à

une convocation à comparaître ou dont on peut craindre qu'elles ne répondent pas à une telle convocation (CPP, art. 61, 78) ;
– la décision de différer la présence de l'avocat lors des auditions ou confrontations réalisées au cours de la garde à vue (CPP, art. 63-4-2) ;
– les premières prolongations de garde à vue (CPP, art. 63) ;
– la levée de la garde à vue (CPP, art. 62-3, 63-8) ;
– les prolongations de la durée d'une enquête préliminaire (CPP, art. 75-3) ;
– les opérations de prélèvements externes effectuées au cours d'une enquête préliminaire (CPP, art. 76-2) ;
– les constatations ou les examens techniques ou scientifiques au cours d'une enquête préliminaire (CPP, art. 77-1) ;
– les réquisitions au cours d'une enquête préliminaire :
• à établissement ou organisme privé ou public ou à toute administration publique (CPP, art. 77-1-1),
• par voie télématique ou informatique (CPP, art. 77-1-2),
• aux fins d'ouverture des scellés pour réaliser une ou plusieurs copies de ces données, afin de permettre leur exploitation sans porter atteinte à leur intégrité. (CPP, art. 77-1-3) ;
– la prise d'empreintes digitales ou de photographies lorsque celle-ci constitue l'unique moyen d'établir l'identité de l'intéressé dans le cadre d'une procédure de vérification d'identité (CPP, art. 78-3) ;
– la poursuite, lors d'une ouverture d'information, selon la procédure dite du « sas », des techniques spéciales d'enquête mises en œuvre au cours de l'enquête initiale et toujours en cours (CPP, art. 80-5) ;
– le recours à une personne physique ou morale qualifiée, en vue d'effectuer les opérations techniques permettant d'obtenir l'accès aux informations chiffrées, leur version en clair ainsi que, dans le cas où un moyen de cryptologie a été utilisé, la convention secrète de déchiffrement, si cela apparaît nécessaire (CPP, art. 230-1) ;
– la mise en place d'un dispositif de géolocalisation pour huit ou quinze jours (CPP, art. 230-33), l'introduction dans des endroits privés pour y installer le dispositif (CPP, art. 230-34) et la poursuite d'une géolocalisation mise en place en urgence par l'officier de police judiciaire (CPP, art. 230-35) ;
– l'acquisition de contenu, produit, substance, prélèvement ou service dans le cadre d'une enquête sous pseudonyme (CPP, art. 230-46) ;
– la poursuite d'une opération de surveillance dans un état étranger (CPP, art. 694-6) ;
– le recours à la force publique pour notifier à une personne son inscription au FIJAIT (CPP, art. 706-25-8) et au FIJAIS (CPP, art. 706-53-6) ;
– le recours à un « coup d'achat » de stupéfiants (CPP, art. 706-32) ;
– l'autorisation donnée à un témoin de se domicilier au siège du service enquêteur (CPP, art. 706-57) ;
– l'instruction donnée à tout fonctionnaire ou agent public de ne pas procéder au contrôle et à l'interpellation de personnes sous surveillance afin de ne pas compromettre la poursuite des investigations (CPP, art. 706-80-1), livrer ou délivrer à la place des prestataires de services postaux et des opérateurs de fret ces objets, biens ou produits, sans être pénalement responsables (CPP, art. 706-80-2) ;
– l'autorisation de procéder à une opération d'infiltration (CPP, art. 706-81 et s.) ;
– l'acquisition des armes (CPP, art. 706-106) ;
– la saisie d'une somme d'argent versée sur un compte ouvert auprès d'un établissement habilité par la loi à tenir des comptes de dépôts ou la saisie d'actifs numériques (CPP, art. 706-154).

4 Pouvoir de contrôle

396 Beaucoup de textes prévoient expressément que le procureur de la République exerce son contrôle sur l'activité de police judiciaire.
C'est ainsi que l'article 41 prévoit que « Le procureur de la République contrôle les mesures de garde à vue » tandis que les articles 62 et 62-3 rappellent que la garde à vue est, non seulement, décidée sous le contrôle de l'autorité judiciaire mais qu'elle s'exécute sous le contrôle du procureur de la République, sans préjudice des prérogatives du juge des libertés et de la détention prévues aux articles 63-4-2 et 706-88 à 706-88-2 en matière de prolongation de la mesure au-delà de la quarante-huitième heure et de report de l'intervention de l'avocat.
L'article 53 prévoit que l'enquête de flagrance est menée sous le contrôle du procureur de la République.
L'article 78-1 dispose que l'application des règles relatives aux contrôles, vérifications et relevés d'identité est soumise au contrôle des autorités judiciaires mentionnées aux articles 12 et 13, soit le procureur de la République, le procureur général et la chambre de l'instruction. Ainsi, à titre d'exemple, l'article 78-3 permet au procureur de la République de mettre fin à tout moment à une rétention pour vérification d'identité de même que l'article 78-3-1 lui donne le même pouvoir s'agissant d'une rétention pour vérification de situation.
L'article 80, II et II bis du Code de procédure pénale complète l'article 12 en énonçant que non seulement le procureur de la République dirige les enquêtes judiciaires mais aussi qu'il les contrôle.

La tenue des fichiers de police est souvent opérée sous le contrôle du procureur de la République de même que leur usage pour les besoins d'une enquête. Spécialement la mise en œuvre des logiciels de rapprochements judiciaires ne peut être faite que sous le contrôle du procureur de la République au cours d'une enquête qu'il dirige (CPP, art. 230-20, 230-23).
Les géolocalisations autorisées par le procureur de la République sont effectuées sous son contrôle (CPP, art. 230-37).
Les enquêtes sous pseudonyme sont également contrôlées par le procureur de la République quand elles sont mises en œuvre sous sa direction (CPP, art. 230-46).
Les opérations d'infiltration sont effectuées, lors des enquêtes de flagrance et préliminaire, sous le contrôle du procureur de la République (CPP, art. 706-81).

5 L'intervention du procureur de la République au cours de l'instruction

397 Il n'est pas inutile de rappeler que lorsque le procureur de la République ouvre une information judiciaire, si, certes, il perd la direction de l'enquête, il continue néanmoins d'y être associé dès lors que certains actes d'instruction ne peuvent être régulièrement effectués qu'après qu'il a été mis en mesure de prendre ses réquisitions sur la question, qu'il a un droit de communication général et permanent sur le dossier d'instruction, qu'il peut, à toute époque de l'instruction, requérir la réalisation d'actes et interjeter appel en cas de refus, qu'il a, plus généralement, un droit d'appel de toutes les ordonnances du juge d'instruction et aussi le droit de présenter requête en annulation des actes d'instruction qui lui paraissent nuls (V. *infra*, n° 980).

B Le juge d'instruction

398 Le Code de procédure pénale donne au juge d'instruction, pour les affaires qu'il est chargé d'instruire, les mêmes pouvoirs de direction, d'autorisation, de contrôle, que ceux dont dispose le procureur pour les enquêtes.
Cependant, ces pouvoirs sont rappelés par certains textes et énoncés spécifiquement pour les actes que le juge d'instruction peut faire alors que le procureur ne le peut pas.

1 Pouvoir de direction

399 Les textes évoquant les pouvoirs de direction du juge d'instruction sont peu nombreux. L'article 152 du Code de procédure pénale précise cependant que :

> « Le juge d'instruction peut se transporter, sans être assisté de son greffier ni devoir en dresser procès-verbal, pour diriger et contrôler l'exécution de la commission rogatoire, dès lors qu'il ne procède pas lui-même à des actes d'instruction ».

400 **Pouvoirs limités quant aux délais d'exécution.** Ce qui a été dit pour le procureur de la République est également exact pour le juge d'instruction. Il ne gère pas les moyens mis en œuvre pour exécuter sa délégation. C'est le responsable du service de police ou de l'unité de gendarmerie qui a la main sur les moyens, de sorte que si le juge d'instruction a le droit de prescrire des actes que l'officier de police judiciaire ne peut refuser d'exécuter sans donner des explications convaincantes (Cass. crim., 26 févr. 1997, n° 96-84.960 : *Bull. crim.* n° 78), il n'a qu'une maîtrise imparfaite du délai d'exécution de ses instructions.

401 Il serait cependant excessif d'en déduire que le juge d'instruction est systématiquement démuni de tous pouvoirs car, en bonne intelligence, le magistrat instructeur et les enquêteurs parviennent à définir les priorités des enquêtes qu'ils réalisent en commun.

2 Pouvoir d'autorisation

402 En délivrant une commission rogatoire à un officier de police judiciaire, le juge d'instruction lui délègue ses pouvoirs. Il peut donc être retenu qu'il l'autorise à les exercer.
Cependant, plusieurs textes prévoient que le juge d'instruction peut donner aux officiers de police judiciaire des autorisations spécifiques. C'est par exemple le cas :
– en matière de garde à vue, des autorisations de différer l'exercice des droits de la défense en totalité ou en partie (CPP, art. 63-4-2) ainsi que des autorisations de prolongation de la mesure (CPP, art. 63 et 706-88) ;
– en matière de vérification d'identité où il peut autoriser la prise d'empreintes digitales ou de photographies (CPP, art. 78-3) ;
– en matière de réquisition à opérateurs de télécommunications, aux fins de préservation, d'informations (CPP, art. 99-4) ;
– en matière de réquisition à personne qualifiée ou à un service ou à un organisme de PTS pour faire une copie de données informatiques ou procéder aux opérations techniques nécessaires à leur mise à disposition des enquêteurs (CPP, art. 99-5) ;

– pour désigner une personne qualifiée pour effectuer les opérations techniques de mise au clair de données chiffrées (CPP, art. 230-1) ou avoir recours aux moyens de l'État couverts par le secret de la défense nationale (CPP, art. 230-2) ;
– pour les opérations de géolocalisation effectuées au cours d'une instruction (CPP, art. 230-33) ;
– pour une enquête sous pseudonyme dans le cadre d'une instruction (CPP, art. 230-46) ;
– pour un « coup d'achat » de produits stupéfiants (CPP, art. 706-32) ;
– pour consulter le FIJAIS dans certains cas particuliers (CPP, art. 706-53-7) ;
– pour qu'un témoin se domicilie au service enquêteur (CPP, art. 706-57) ;
– pour une livraison surveillée au cours d'une instruction ou autorisation de libre passage (CPP, art. 706-80-1 et s.) ;
– pour une livraison de produits ou marchandises illicites par les enquêteurs eux-mêmes (CPP, art. 706-80-2) ;
– pour une opération d'infiltration (CPP, art. 706-81 et s.) ;
– pour opérer des perquisitions de nuit (CPP, art. 706-91) ;
– plus généralement pour toutes les techniques spéciales d'enquête (CPP, art. 706-95-12).

3 Pouvoir de contrôle

403 Le juge d'instruction dispose d'un pouvoir de contrôle identique à celui donné au procureur sur les actes de même nature que ceux évoqués plus avant (V. *supra*, n° 396) quand ces actes sont exécutés dans le cadre d'une commission rogatoire. Il en va notamment ainsi en matière de garde à vue.
Mais, en outre, certaines dispositions du Code de procédure pénale lui octroient un pouvoir de contrôle sur des actes d'enquête qu'il peut ordonner et que le procureur ne peut pas prescrire.
Tel est notamment le cas :
– des interceptions de correspondances (CPP, art. 80-4, 100) ;
– des expertises (CPP, art. 156) ;
– des perquisitions de nuit en matière de criminalité organisée (CPP, art. 706-91, 706-92) ;
– de certaines techniques spéciales d'enquête (CPP, art. 706-95-14 ; 706-96-1 ; 706-102-5).

C Le juge des libertés et de la détention

404 **Autorisation et contrôle.** Le juge des libertés et de la détention, dont la création date de la loi du 15 juin 2000 mais dont les attributions n'ont cessé d'augmenter au fil des réformes, se trouve dans une situation différente de celle du procureur de la République et du juge d'instruction puisqu'il ne dirige pas l'enquête.
Il est, pour l'essentiel, investi d'un pouvoir d'autoriser un certain nombre d'actes – au demeurant de plus en plus nombreux – et, parfois, d'un pouvoir de contrôle dont la loi ne fixe pas toujours les règles de mise en œuvre.

1 Pouvoir d'autorisation

405 Le nombre d'actes qui ne peuvent être réalisés que sur autorisation du juge des libertés et de la détention est tel qu'il paraît utopique de prétendre en dresser une liste exhaustive.
Ne seront donc mentionnés que les plus courants.
C'est ainsi le juge des libertés et de la détention qui peut autoriser :
– le report de la présence de l'avocat, au-delà de la douzième heure, jusqu'à la vingt-quatrième heure et de la consultation des procès-verbaux d'audition du gardé à vue pour un crime ou un délit puni d'une peine d'emprisonnement supérieure ou égale à cinq ans (CPP, art. 63-4-2) ;
– l'enquêteur à procéder aux réquisitions des opérateurs de télécommunications aux fins de préservation, pour une durée ne pouvant excéder un an, du contenu des informations consultées par les personnes utilisatrices des services fournis par ces opérateurs (CPP, art. 77-1-2) ;
– le procureur de la République ou le juge d'instruction à procéder à une perquisition dans le cabinet ou au domicile d'un avocat (CPP, art. 56-1) ;
– la géolocalisation, passé un délai de huit ou quinze jours (CPP, art. 230-33), ainsi qu'au cours d'une enquête, l'introduction dans un lieu d'habitation pour placer le dispositif et au cours d'une instruction pour le placer de nuit (CPP, art. 230-35) ;
– l'audition d'un témoin anonyme aussi bien en enquête qu'au cours d'une instruction (CPP, art. 706-58) ;
– des perquisitions de nuit en criminalité et délinquance organisées au cours d'une enquête de flagrance ou d'une enquête préliminaire (CPP, art. 706-89 et 706-90) ;
– des interceptions de correspondances émises par la voie des communications électroniques au cours d'une enquête de flagrance ou préliminaire relative à des faits relevant de la criminalité ou de la délinquance organisée (CPP, art. 706-95) ;
– les techniques spéciales d'enquête au cours de l'enquête (CPP, art. 706-95-12) ;
– et leurs modalités de mise en œuvre (CPP, art. 706-96-1 et 706-102-5).

2 Pouvoir de contrôle

406 Les textes ne prévoient pas systématiquement que le juge des libertés et de la détention est investi d'un pouvoir de contrôle.
Il en dispose, de façon expresse lorsque :
– il est conduit à trancher les contestations quant à la régularité des saisies dans le cadre des perquisitions au domicile ou dans le cabinet d'un avocat, après avoir autorisé la perquisition (CPP, art. 56-1) ;
– il tranche les contestations relatives aux saisies opérées dans une entreprise de presse et dans les lieux qui relèvent du même régime (CPP, art. 56-2), de même que dans les locaux d'une juridiction (CPP, art. 56-5) ;
– il a autorisé, dans une enquête ouverte pour recherche d'une personne en fuite, une interception de correspondances émises par la voie des télécommunications (CPP, art. 74-2) ;
– il a autorisé des perquisitions sans assentiment au cours d'une enquête préliminaire (CPP, art. 76) ;
– il apprécie la validité des formalités imposées par le placement en garde à vue lorsqu'il statue sur le maintien en rétention d'un étranger en situation irrégulière, ;
– il a autorisé des opérations de géolocalisation ou leur poursuite (CPP, art. 230-37) ;
– il a autorisé, au cours d'une enquête préliminaire ou de flagrance relative à des faits relevant de la criminalité ou de la délinquance organisée, la mise en œuvre d'opérations d'interception de communications électroniques (CPP, art. 706-95) ;
– il a autorisé des opérations d'accès, à distance et à l'insu de la personne visée, aux correspondances stockées par la voie des communications électroniques accessibles au moyen d'un identifiant informatique (CPP, art. 706-95-1, 706-95-3) ;
– il a autorisé des techniques spéciales d'enquête (CPP, art. 706-95-14), notamment l'introduction dans un véhicule ou un lieu privé pour installer un dispositif de sonorisation ou de fixation d'images (CPP, art. 706-96-1) et l'introduction dans un véhicule ou dans un lieu privé pour installer un dispositif de captation de données informatiques (CPP, art. 706-102-1, 706-102-5).

II Notation des officiers de police judiciaire

407 Les articles D. 44 à D. 45-2 du Code de procédure pénale prévoient et organisent la notation des officiers de police judiciaire par l'autorité judiciaire.

408 **Proposition de notation.** Le procureur de la République établit tous les deux ans une proposition de notation, après avoir recueilli les observations des juges d'instruction, des présidents de chambres correctionnelles et le cas échéant des juges des enfants et des juges de l'application des peines.

409 **Notation par le procureur général.** Il la transmet ensuite au procureur général qui établit la notation définitive après avoir, le cas échéant, consulté les présidents de la chambre de l'instruction, de la chambre des mineurs, des chambres des appels correctionnels et des cours d'assises du ressort et les autres procureurs de son ressort concernés.
La notation comporte une appréciation générale circonstanciée, ainsi qu'une note chiffrée de 0 à 10 et une appréciation sur chacun des éléments suivants lorsqu'ils ont été observés :
1. Relations professionnelles avec l'autorité judiciaire ;
2. Qualité de la coordination de l'activité de police judiciaire du service ou de l'unité ;
3. Qualité des procédures et de la rédaction des rapports et des procès-verbaux ;
4. Qualité des constatations et des investigations techniques ;
5. Valeur des informations données au parquet ;
6. Engagement professionnel ;
7. Capacité à conduire les investigations ;
8. Degré de confiance accordé.
La notation est portée à la connaissance de l'officier de police judiciaire qui peut présenter des observations, après quoi elle est communiquée à l'autorité administrative ou militaire chargée d'établir les propositions d'avancement de l'intéressé et dont dépend l'officier de police judiciaire (CPP, art. D. 45-2). M. Buisson relève que la volonté de prendre en compte cette notation pour l'avancement « paraît quelque peu utopique, les administrations concernées paraissant n'utiliser ladite notation qu'à l'encontre des agents mal notés par la hiérarchie administrative, en complément et en soutien de la procédure disciplinaire qu'elles ont pu établir ».

Cette notation est versée au dossier individuel de l'officier de police judiciaire tenu au parquet général (CPP, art. D. 44 ; V. *infra*, n° 413).
Pour les services de police et les unités de gendarmerie qui sont territorialement compétents sur le ressort de plusieurs tribunaux judiciaires, c'est le procureur de la République du lieu d'implantation du service ou de l'unité qui établit le projet de notation. De même, si ces services ou unités ont compétence sur le ressort de plusieurs cours d'appel, c'est le procureur général du lieu d'implantation de l'unité ou du service qui procède à la notation.
La DACG indique que « Les officiers de police judiciaire disposant a minima d'une compétence territoriale départementale, celle-ci est susceptible d'excéder les limites du ressort juridictionnel du tribunal de grande instance, voire de la cour d'appel compétents à raison du siège du service ou de l'unité d'affectation.
Dans l'hypothèse où la compétence territoriale de l'officier de police judiciaire excède les limites du ressort du tribunal de grande instance précité, sans toutefois excéder celles du ressort de la cour d'appel susmentionnée, le procureur général établit la notation de l'officier de police judiciaire après consultation, le cas échéant, du ou des autres procureurs de la République concernés de son ressort, des présidents de la chambre de l'instruction, de la chambre des mineurs, de la chambre des appels correctionnels et des cours d'assises.
Dans l'hypothèse où la compétence territoriale de l'officier de police judiciaire excède les limites du ressort de la cour d'appel susmentionnée (services ou unités à compétence zonale ou nationale), le procureur général peut, en sus des consultations précitées, également recueillir l'avis des autres procureurs généraux concernés » (CPP, art. D. 44-2, Circulaire de la DACG n° CRIM 08-07/E6 du 15 février 2008 relative à la notation de l'activité judiciaire des officiers de police judiciaire et portant application du décret n° 2007-1817 du 24 décembre 2007, p. 3).

III

Surveillance et contrôle par les magistrats des juridictions du second degré

A Surveillance par le procureur général

410 L'article 16 du Code de procédure pénale, qui prévoit que les officiers de police judiciaire doivent être habilités par le procureur général pour exercer leurs attributions, renvoie aux articles R. 15-2 et R. 15-6 le soin de définir les conditions de suspension et de retrait de cette habilitation.
Les articles 16-1 et 16-2 du Code de procédure pénale organisent un recours au profit de l'officier de police judiciaire.
La chambre criminelle qualifie la procédure de retrait ou de suspension de « procédure disciplinaire spécifique » (Cass. crim., 8 janv. 2019, n° 18-82.353 : *Bull. crim.* n° 2).

1 Le retrait

411 Le procureur général prononce le retrait des attributions attachées à la qualité d'officier de police judiciaire, par arrêté pris soit d'office, soit sur la proposition du commandant du groupement ou du commandant régional de la gendarmerie, soit sur la proposition du chef de service.
Il entend préalablement l'officier de police judiciaire qui peut prendre connaissance du dossier relatif aux faits qui lui sont reprochés et se faire assister d'un conseil de son choix.
Le retrait présente un caractère définitif puisque l'habilitation ne peut être rendue que dans les formes prévues pour son attribution initiale.

2 La suspension

412 Elle ne peut être prononcée pour un délai supérieur à deux ans. Elle est décidée dans les mêmes conditions et selon la même procédure que le retrait. L'officier de police judiciaire dont l'habilitation a été suspendue reprend de plein droit, à l'expiration de la suspension, l'exercice des attributions attachées à sa qualité.

Le procureur général peut, à tout moment, abréger la durée de la suspension.

3 Dossier tenu au parquet général

413 Pour les besoins de la surveillance exercée par le procureur général, l'article D. 44 du Code de procédure pénale prévoit qu'est tenu en permanence au parquet général de chaque cour d'appel, le cas échéant de façon dématérialisée, un dossier individuel concernant l'activité, en tant qu'officier de police judiciaire et pour l'ensemble du ressort, de chacun des fonctionnaires et militaires habilités à exercer les attributions attachées à la qualité d'officier de police judiciaire.
Ce dossier comprend notamment :

> « 1° La ou les demandes d'habilitation, ainsi que les documents qui y sont joints ;
> 2° La copie des décisions prononcées par l'autorité judiciaire en application des dispositions des articles 16-1, 16-3, 224 à 229, R. 15-2 et R. 15-5, et notamment la copie des arrêtés d'habilitation ;
> 3° L'avis des promotions dont l'intéressé a pu faire l'objet depuis son affectation dans le ressort de la cour d'appel ;
> 4° La copie de tout document émanant d'un magistrat ou d'un service exerçant des attributions d'inspection et relatif à l'exercice des activités judiciaires de l'intéressé ;
> 5° Les notations établies en application des dispositions ci-après.
> Le dossier est communiqué à la chambre d'instruction lorsque celle-ci se trouve saisie dans les conditions fixées à l'article 225 du Code de procédure pénale ».

4 Les recours

a) Recours gracieux

414 L'article 16-1 du Code de procédure pénale prévoit tout d'abord un recours gracieux. L'officier de police judiciaire dont l'habilitation a été retirée ou suspendue peut demander au procureur général de rapporter sa décision. Il doit le faire dans le mois qui suit la notification de la décision.
Le procureur général dispose d'un mois pour statuer. À défaut, son silence vaut rejet de la demande.

b) Recours devant une commission

415 **Saisine de la commission.** En cas de rejet explicite ou implicite du recours gracieux, l'officier de police judiciaire peut former un recours non suspensif (Cass. crim., 21 juin 2016, n° 15-84.172 : *Bull. crim.* n° 191 ; *Dr. pén.* 2016, comm. 131, note A. Maron et M. Haas) devant une commission. Il doit le faire dans le délai d'un mois.
Le recours gracieux est donc un préalable nécessaire à la saisine de la commission puisque l'officier de police judiciaire ne peut la saisir qu'en cas de rejet, explicite ou implicite, du recours gracieux.

416 **Composition de la commission.** La commission examinant le recours est composée de trois magistrats du siège de la Cour de cassation ayant le grade de président de chambre ou de conseiller, qui sont désignés annuellement, en même temps que trois suppléants, par le bureau de la Cour de cassation. Elle est différente de celle prévue par l'article 16 du Code de procédure pénale dont l'avis conforme est requis pour la désignation des militaires de la gendarmerie nationale et des fonctionnaires du corps d'encadrement et d'application de la police nationale auxquels est attribuée la qualité d'officier de police judiciaire.
Les fonctions du ministère public sont remplies devant cette commission par le parquet général près la Cour de cassation.

417 **Procédure.** La commission statue par une décision motivée. Les débats ont lieu et la décision est rendue en chambre du conseil. Le débat est oral ; le requérant peut être entendu personnellement sur sa demande ou celle de son conseil ; il peut être assisté de son conseil.
La procédure devant la commission est fixée par les articles R. 15-7 à R. 15-16 (CPP, art. 16-3). Il en résulte notamment que, dans le cadre de l'instruction du recours, la commission procède ou fait procéder soit par l'un de ses membres, soit par commission rogatoire, à toutes mesures d'instruction utiles, notamment, s'il y a lieu, à l'audition du requérant qui peut se faire assister d'un conseil de son choix (CPP, art. R. 15-11), qu'elle organise le respect du principe du contradictoire, que l'officier de police judiciaire peut faire entendre des témoins (CPP, art. R. 15-13) et que la décision de la commission est susceptible de faire l'objet d'un pourvoi en cassation pour violation de la loi (CPP, art. R. 15-16) qui n'est pas suspensif (Cass. ass. plén., 1er juill. 1994, n° 94-82.593 : *Bull. crim.* n° 263).
La chambre criminelle juge la procédure mise en œuvre par le procureur général conforme aux dispositions de l'article 6 de la Convention européenne des droits de l'homme eu égard aux garanties prévues par les textes (Cass. crim., 8 janv. 2019, n° 18-82.353 : *Bull. crim.* n° 2 ; *Procédures* 2019, comm. 95, note J. Buisson ; *AJ pénal* 2019, p. 157, note J. Andrei).

5 Comportements retenus pour retirer l'habilitation

418 Contrairement à ce qu'il en est désormais pour les mesures que la chambre de l'instruction peut prononcer dans le cadre de son pouvoir de contrôle (V. *infra*, n° 426), la loi n'indique pas quels sont les manquements qui peuvent entraîner le retrait ou la suspension de l'habilitation OPJ par le procureur général.
La DACG indique (Wiki DACG, Intranet Justice) que :

« Une procédure disciplinaire peut être initiée devant le procureur général dès lors qu'un officier de police judiciaire est mis en cause dans une enquête judiciaire ou administrative, et notamment en cas de manquements professionnels ou d'atteintes à l'honneur ou à la probité ayant une incidence sur sa capacité à exercer des missions de police judiciaire de manière satisfaisante.

L'existence de la faute commise ainsi que sa gravité sont laissées à l'appréciation vigilante et circonstanciée du procureur général, et il lui appartient d'estimer l'incidence éventuelle de celle-ci sur la capacité de l'officier de police judiciaire à exercer ses missions de manière satisfaisante.

Parmi les situations ayant conduit des procureurs généraux à ordonner le retrait ou la suspension de l'habilitation d'un officier de police judiciaire, il peut être cité :

– la conduite d'un véhicule en état d'ivresse ;
– les violences exercées sur une personne gardée à vue ;
– la négligence réitérée dans le traitement de procédures judiciaires ;
– la rédaction de faux procès-verbaux ;
– la violation du secret d'enquêtes ou d'instructions en cours ;
– le vol ou le détournement de scellés ;
– la consultation de fichiers à des fins personnelles ».

419 **La jurisprudence de la chambre criminelle complète ces indications.** Dans les décisions rendues par la Cour de cassation, on relève, au titre des fautes justifiant le retrait de l'habilitation d'officier de police judiciaire :
– des violations des dispositions du Code de procédure pénale, un manque de discernement, des manquements à la loyauté à l'égard de l'autorité judiciaire, des négligences graves et répétées, un manque de professionnalisme et une confiance excessive envers un informateur (Cass. crim., 8 janv. 2019, n° 18-82.353 : *Bull. crim.* n° 2) ;
– le fait d'avoir remis son arme de service à un gardé à vue ayant manifesté des intentions suicidaires pour que celui-ci tente de se tuer en se tirant une balle dans la gorge, sans résultat puisque l'officier de police judiciaire avait déchargé l'arme, puis, une fois l'affaire révélée, d'avoir incité trois militaires de la brigade à dire que cette arme était en plastique (Cass. crim., 21 juin 2016, n° 15-84.172 : *Bull. crim.* n° 191).

6 L'officier de police judiciaire dont l'habilitation est suspendue ou retirée devient-il agent de police judiciaire ?

420 Certains responsables de service ou commandants d'unités considèrent que lorsqu'un membre de leur personnel fait l'objet d'un retrait ou d'une suspension de leur habilitation OPJ, il ne lui est pas interdit d'exercer les prérogatives des agents de police judiciaire.
À notre connaissance, la jurisprudence n'a pas tranché cette question.
La doctrine et la DACG s'accordent (V. *infra*, n° 429) pour considérer que lorsque c'est la chambre de l'instruction qui décide qu'un officier de police judiciaire ne pourra, temporairement ou définitivement, exercer ses fonctions d'officier de police judiciaire il ne peut « exercer une capacité inférieure à la sienne, et notamment celle d'agent de police judiciaire ou d'agent de police judiciaire adjoint, l'interdiction ayant pour effet, compte tenu de la finalité du contrôle, d'interdire à la personne concernée tout exercice de la police judiciaire ».
Le même raisonnement doit-il être appliqué lorsque c'est le procureur général qui prononce une suspension ou un retrait, ou peut-on considérer que dans un cas la chambre de l'instruction prive l'intéressé de l'exercice de toutes fonctions de police judiciaire tandis que le procureur général ne retire que la qualité d'officier de police judiciaire d'une personne qui, étant affectée dans un service de police judiciaire, est nécessairement agent de police judiciaire, en application de l'article 20 du Code de procédure pénale ? La pratique semble actuellement pencher en faveur de la deuxième solution.

B Contrôle par la chambre de l'instruction

421 **Autonomie du contrôle de la chambre de l'instruction.** Il existe, aux côtés du pouvoir du procureur général de suspendre ou retirer l'habilitation d'officier de police judiciaire, un contrôle confié à la chambre de l'instruction sur l'activité non seulement des officiers de police judiciaire mais plus généralement des fonctionnaires civils et des

militaires, officiers et agents de police judiciaire, pris en cette qualité (CPP, art. 224).
L'exercice par le procureur général des pouvoirs qu'il tient de l'article 16 du Code de procédure pénale ne s'oppose pas à ce que la chambre de l'instruction prenne les décisions disciplinaires prévues par l'article 227 du même code, les pouvoirs de l'un et de l'autre étant différents par leur nature et par leur étendue (Cass. crim., 4 mai 1988, n° 87-90.098 : *JurisData* n° 1988-001099 ; *Bull. crim.* n° 191 ; *D.* 1988, somm. p. 367, obs. J. Pradel).

422 **Possibilité de cumul de sanctions.** Les sanctions que la chambre de l'instruction peut prononcer n'excluent pas la possibilité que l'officier de police judiciaire ou l'agent de police judiciaire fasse l'objet de sanctions disciplinaires prononcées par ses supérieurs hiérarchiques (CPP, art. 227) et, bien entendu, n'excluent pas des sanctions pénales, l'article 228 du Code de procédure pénale prévoyant d'ailleurs expressément que : « Si la chambre de l'instruction estime que l'officier ou agent de police judiciaire a commis une infraction à la loi pénale, elle ordonne en outre la transmission du dossier au procureur général à toutes fins qu'il appartiendra ».

1 Étendue du contrôle

a) Quant aux personnes

423 **Contrôle concernant tous les enquêteurs.** Le contrôle de la chambre de l'instruction s'exerce sur les fonctionnaires civils et militaires, officiers et agents de police judiciaire, pris en cette qualité (CPP, art. 224), l'article 230 du Code de procédure pénale précisant que les dispositions de la section dédiée à ce contrôle sont applicables aux agents de police judiciaire adjoints, aux assistants d'enquête et aux fonctionnaires et agents chargés de certaines fonctions de police judiciaire.
Seuls échappent donc au contrôle de la chambre de l'instruction les maires et leurs adjoints qui sont officiers de police judiciaire mais ne sont ni fonctionnaires ni militaires investis de capacité de police judiciaire.

b) Quant aux actes

1) Absence de définition législative des manquements

424 Jusqu'à l'entrée en vigueur de la loi n° 2016-731 du 3 juin 2016, le Code de procédure pénale n'indiquait pas quels manquements étaient susceptibles d'entraîner les sanctions disciplinaires prévues par l'article 227 du même code. Il ne pouvait cependant s'agir que d'actes se rattachant à l'exercice des fonctions de police judiciaire telles que définies par l'article 14 du Code de procédure pénale. Tel était le cas de l'intervention d'un officier de police judiciaire ayant pour objet de vérifier les circonstances d'une tentative de suicide d'un détenu (Cass. crim., 12 mai 1992, n° 91-84.223 : *JurisData* n° 1992-001462 ; *Bull. crim.* n° 185 ; *Dr. pén.* 1992, comm. 243, note A. Maron, chron. 53, obs. V. Lesclous et C. Marsat).

2) Manquements retenus par la jurisprudence

425 La chambre criminelle de la Cour de cassation avait jugé que justifiait le prononcé d'une des sanctions prévues à l'article 227 du Code de procédure pénale le fait pour un fonctionnaire de police, en l'espèce le directeur de la police judiciaire de la préfecture de police de Paris, de refuser d'exécuter l'ordre donné par un juge d'instruction d'opérer une perquisition au domicile du maire de la ville sans avoir expressément indiqué au magistrat mandant les raisons pour lesquelles cet ordre lui paraissait manifestement illégal et de nature à compromettre gravement un intérêt public (Cass. crim., 26 févr. 1997, n° 96-84.960 : *Bull. crim.* n° 78).
Elle avait encore jugé que le fait, pour un agent de police judiciaire, de détruire une pièce à conviction pouvant apporter la preuve d'une infraction justifiait que soit prononcée contre lui l'interdiction définitive d'exercer les fonctions d'agent de police judiciaire sur l'ensemble du territoire (Cass. crim., 5 sept. 2018, n° 17-86.888 : *Bull. crim.* n° 146).
Elle avait également estimé que le prononcé de l'interdiction d'exercer les fonctions d'officier de police judiciaire et celles de délégué du juge d'instruction pendant une période d'une année sur l'ensemble du territoire national était justifié par le fait que deux officiers de police judiciaire avaient procédé à des interrogatoires d'un suspect sans faire apparaître leur intervention dans la procédure, avaient effectué une visite domiciliaire en vertu d'une délégation judiciaire sans établir de procès-verbal et avaient soumis un gardé à vue à des traitements humiliants ou portant atteinte à sa dignité en procédant à son interrogatoire alors qu'il était debout, nu, au centre de la pièce (Cass. crim., 10 janv. 1995, n° 94-82.198).

3) Définition législative et extension des fautes pouvant être sanctionnées

426 **Définition législative des manquements.** La loi n° 2016-731 du 3 juin 2016 est venue donner une définition des fautes pouvant être sanctionnées par la chambre de l'instruction.
Elle a, en effet, conféré au président de la chambre de l'instruction le pouvoir de prononcer une interdiction

conservatoire d'une durée d'un mois (CPP, art. 229-1) en cas de « manquement professionnel grave ou d'atteinte grave à l'honneur ou à la probité (...) ayant une incidence sur la capacité d'exercice des missions de police judiciaire ».

Cette décision du président constituant un « préambule » à la décision collégiale ultérieure de la chambre de l'instruction, qui est saisie de plein droit lorsque son président est lui-même saisi (CPP, art. 229-1, al. 3), on peut considérer que la décision d'interdiction d'exercice susceptible d'être prise par la chambre est, elle aussi, subordonnée à la caractérisation d'un « manquement professionnel grave » ou d'une « atteinte grave à l'honneur ou à la probité », au sens de l'article 229-1.

427 **Extension du contrôle à certains comportements privés.** La dualité des termes retenus par l'article 229-1 du Code de procédure pénale et leur caractère alternatif conduisent à retenir en outre que, désormais, non seulement une faute professionnelle commise dans l'exercice des fonctions d'officier ou agent de police judiciaire peut justifier le prononcé d'une interdiction, mais que c'est aussi le cas d'une « atteinte grave à l'honneur ou à la probité » résultant d'agissements privés, étrangers à la vie professionnelle, mais faisant naître un doute sérieux sur l'aptitude de leur auteur à diriger des enquêtes judiciaires.

428 **Confirmation jurisprudentielle.** C'est ce qu'a jugé la chambre criminelle.

S'agissant de manquements commis dans l'exercice des fonctions, elle a considéré que l'emploi d'agents de police judiciaire adjoints en dehors du cadre de l'article 21 du Code de procédure pénale constituait un manquement professionnel grave ayant une incidence sur la capacité d'exercice des missions de police judiciaire au sens des articles 227 et 229-2 du même code (Cass. crim., 21 janv. 2020, n° 19-81.530).

S'agissant de comportements privés, elle a approuvé une décision d'interdiction d'exercice des fonctions de dix ans pour un officier de police judiciaire poursuivi pour avoir tenté de filmer, à son insu, une femme qui se déshabillait dans le vestiaire individuel d'une piscine. La chambre criminelle a considéré qu'un tel comportement caractérisait une atteinte grave à l'honneur ou à la probité, ayant une incidence sur la capacité de l'intéressé à exercer des missions de police judiciaire (Cass. crim., 20 juin 2018, n° 17-80.645).

2 Sanctions prévues par la loi

429 L'article 227 du Code de procédure pénale prévoit que la chambre de l'instruction peut adresser à l'officier de police judiciaire ou à l'agent de police judiciaire des observations ou décider qu'il ne pourra, temporairement ou définitivement, exercer, soit dans le ressort de la cour d'appel, soit sur tout l'ensemble du territoire, ses fonctions d'officier de police judiciaire et de délégué du juge d'instruction ou ses fonctions d'agent de police judiciaire. En application de l'article 230 du même code, elle peut prononcer les mêmes sanctions à l'égard des agents de police judiciaire adjoints et des fonctionnaires et agents chargés de certaines fonctions de police judiciaire.

La chambre de l'instruction apprécie souverainement celles de ces sanctions qu'il convient de prononcer contre le fonctionnaire fautif (Cass. crim., 10 janv. 1995, n° 94-82.198).

Comme le relève la chambre criminelle, les dispositions des articles 224 et suivants du Code de procédure pénale « lui permettent, non de retirer, à ceux qui la possèdent, la qualité d'officier ou d'agent de police judiciaire, mais seulement de leur interdire d'en exercer les fonctions » (Cass. crim., 26 févr. 1997, n° 96-84.960 : *Bull. crim.* n° 78). M. Buisson estime que l'interdiction d'exercer ses fonctions, prononcée contre un officier de police judiciaire ne l'autorise pas à exercer la capacité d'agent de police judiciaire qu'il ne possède pas. L'interdiction aurait, selon lui, pour effet d'interdire tout exercice de la police judiciaire.

La DACG est du même avis (V. *supra*, n° 420). Elle indique (Wiki DACG, Intranet Justice) que l'interdiction d'exercer temporairement ou définitivement les fonctions d'officier ou agent de police judiciaire prononcée par la chambre de l'instruction ne permet pas à l'officier ou l'agent de police judiciaire d'exercer une capacité inférieure à la sienne, et notamment celle d'agent de police judiciaire ou d'agent de police judiciaire adjoint, l'interdiction ayant pour effet, compte tenu de la finalité du contrôle, d'interdire à la personne concernée tout exercice de la police judiciaire.

3 Procédure

a) Saisine

430 La chambre de l'instruction peut être saisie par le procureur général ou par son président. Elle peut également se saisir d'office à l'occasion de l'examen d'une procédure qui lui est soumise (CPP, art. 225).

b) Enquête

431 Une fois saisie, la chambre de l'instruction fait procéder à une enquête (CPP, art. 226). Cette enquête, essentielle aux droits de la défense, qui ne

se confond pas avec l'audience de la juridiction, doit la précéder (Cass. crim., 7 juin 2011, n° 10-85.090 : *Bull. crim.* n° 120). Le contenu de l'enquête, qui n'est pas réglé par l'article 226 du Code de procédure pénale, est laissé à la libre appréciation des magistrats composant la chambre de l'instruction (Cass. crim., 20 juin 2018, n° 17-80.645).

c) Respect du contradictoire

432 L'article 226 du Code de procédure pénale prévoit que la chambre de l'instruction entend le procureur général et l'officier ou l'agent de police judiciaire en cause, mais cette audition n'a pas lieu nécessairement au cours de l'enquête. Le texte permet qu'elle intervienne à l'audience (Cass. crim., 5 sept. 2018, n° 17-86.888 : *JurisData* n° 2018-014975 ; *AJ pénal* 2018, p. 531, G. Roussel) dont les débats se tiennent en chambre du conseil (Cass. crim., 26 nov. 1996, n° 95-86.173 : *JurisData* n° 1996-004955 ; *Bull. crim.* n° 425).

433 **Droits de la défense.** L'officier ou l'agent de police judiciaire doit avoir été préalablement mis à même de prendre connaissance de son dossier tenu au parquet général de la cour d'appel. Il peut se faire assister par un avocat.

d) Interdiction immédiate d'exercice des fonctions

434 Comme il a été indiqué, la loi n° 2016-731 du 3 juin 2016 a inséré dans la section du Code de procédure pénale relative au contrôle de l'activité des officiers et agents de police judiciaire un article 229-1 qui permet au président de la chambre de l'instruction, saisi par le procureur général, de décider immédiatement qu'un officier ou agent de police judiciaire ne pourra exercer ses fonctions de police judiciaire pour une durée maximale d'un mois.

Cette procédure est applicable « en cas de manquement professionnel grave ou d'atteinte grave à l'honneur ou à la probité… ayant une incidence sur la capacité d'exercice des missions de police judiciaire ».

La décision du président de la chambre de l'instruction prend effet immédiatement.

La saisine du président de la chambre de l'instruction par le procureur général vaut saisine de la chambre de l'instruction au titre du premier alinéa de l'article 225. La procédure normale sera alors suivie.

La durée de l'interdiction d'exercice des fonctions d'officier de police judiciaire prononcée à titre provisoire par le président de la chambre de l'instruction doit être déduite de la durée de l'interdiction d'exercice prononcée par ladite chambre (Cass. crim., 21 janv. 2020, n° 19-81.537).

4 Décision

435 Selon les articles 227 et 229 du Code de procédure pénale, les décisions prises par la chambre de l'instruction contre les officiers ou agents de police judiciaire sont notifiées, à la diligence du procureur général, aux autorités dont ils dépendent.

436 **Recours non suspensif.** La décision de la chambre de l'instruction est susceptible de pourvoi en cassation, mais celui-ci n'est plus suspensif depuis que la loi du 15 juin 2000 a modifié l'article 227 du Code de procédure pénale pour décider que les décisions prenaient effet immédiatement alors qu'auparavant la chambre criminelle leur attribuait un effet suspensif (Cass. crim., 26 févr. 1997, n° 96-84.960 : *Bull. crim.* n° 78).

POUR ALLER PLUS LOIN…

Fascicule JurisClasseur

- *JCl. Procédure pénale*, Art. 12 à 19-1, fasc. 20, *Police judiciaire*, par J. Buisson.

Répertoire

- G. Roussel, *Rép. pén.* Dalloz, *Police judiciaire*, § 388.

Ouvrage

- F. Desportes et L. Lazerges-Cousquer, *Traité de procédure pénale*, Economica, 4e éd., 2015, § 860 et 923.

Fiche 14

Contrôle de la régularité des actes d'enquête

Sommaire

437 On vient de voir que différentes dispositions du Code de procédure pénale énonçaient de façon spécifique que certains actes de police judiciaire étaient soumis au contrôle de l'autorité judiciaire tandis que l'article préliminaire de ce code prévoit de façon plus générale que les mesures de contraintes dont une personne suspectée ou poursuivie peut faire l'objet et celles qui portent atteinte à la vie privée d'une personne ne peuvent être prises que sur décision ou sous le contrôle effectif de l'autorité judiciaire.
Le terme de contrôle, dans le Code de procédure pénale, comme dans le langage courant, a plusieurs sens.
Il peut faire référence à l'action de diriger l'activité d'un groupe, la police judiciaire, ce qui a été évoqué dans la fiche précédente.
Il peut également avoir trait à « l'action de vérifier une situation au regard d'une norme », ce qui correspond à la définition donnée par le dictionnaire Larousse.
C'est à cette acception du terme que les développements qui vont suivre vont être consacrés.
Le contrôle effectif de la régularité procédurale des actes dépendant, d'une part, de l'autorité qui est investie du pouvoir de contrôle et, d'autre part, du stade d'avancement de la procédure, il est fait le choix arbitraire – bien qu'ainsi des redites ne soient pas exclues – d'exposer les règles régissant le contrôle en fonction de l'autorité qui l'exerce.

I

La mise en œuvre du contrôle

A Mise en œuvre du contrôle par le procureur de la République

438 Lorsque le procureur de la République estime qu'un acte d'une enquête qui lui est soumise est entaché d'une nullité procédurale, plusieurs possibilités s'offrent à lui.

Il peut tout d'abord purement et simplement classer la procédure sans suite. C'est ce qu'il fera notamment s'il considère que la nullité commise est telle qu'elle vicie l'ensemble de la procédure et que, si elle était soumise à la juridiction compétente pour en assurer le contrôle de légalité, après annulation du ou des actes viciés et de ceux qui en découlent, il ne resterait plus suffisamment d'éléments permettant de faire aboutir une poursuite. Il pourra toutefois décider de faire juger l'affaire aux fins de pouvoir s'en servir à des fins pédagogiques. Dans ce cas il diffusera le jugement prononçant l'annulation.

Si, en revanche, la nullité qui, selon lui, a été commise lui apparaît ne pas entacher la procédure au point qu'il ne restera rien de celle-ci, il peut engager les poursuites et demander à la juridiction compétente de prononcer la nullité. Si, après annulation des actes irréguliers, il subsiste des éléments suffisants pour mener la poursuite à son terme ou s'il est possible de réitérer l'acte annulé, cette fois-ci de façon régulière, le procureur de la République pourra conduire la procédure à son terme.

Pratiquement, si le procureur de la République estime pouvoir engager des poursuites directement devant le tribunal correctionnel malgré une irrégularité, il saisit le tribunal correctionnel et peut lui demander de prononcer l'annulation de l'acte frappé d'irrégularité puis, compte tenu des éléments restant dans le dossier après annulation des seuls actes irréguliers, de prononcer une condamnation.

Il peut aussi laisser le prévenu prendre l'initiative de saisir le tribunal correctionnel d'une demande d'annulation. C'est notamment ce qu'il pourra faire quand il considérera que l'irrégularité commise n'a méconnu qu'une règle protégeant un intérêt privé que le prévenu peut ne pas vouloir invoquer.

Si le procureur de la République requiert l'ouverture d'une information, il peut présenter requête à la chambre de l'instruction pour qu'elle annule l'acte ou les actes irréguliers, comme le lui permettent les articles 170 et 173, alinéa 2 du Code de procédure pénale. Après intervention de la chambre de l'instruction, si l'annulation a laissé subsister suffisamment d'éléments ou s'il est possible de recommencer les actes annulés, la poursuite pourra aller à son terme.

Le procureur de la République peut également requérir le juge d'instruction de saisir la chambre de l'instruction aux fins d'annulation du ou des actes irréguliers.

Il peut également laisser le soin à la personne concernée par la nullité (personne mise en examen, témoin assisté, partie civile) de saisir la chambre de l'instruction aux fins de constater l'irrégularité et prononcer l'annulation du ou des actes viciés et de ceux qui trouvent leur support nécessaire dans les actes nuls.

B Mise en œuvre du contrôle par le juge d'instruction

439 Les possibilités qui s'offrent au juge d'instruction lorsqu'il estime qu'une nullité a été commise dans une procédure dont il est chargé sont moins nombreuses que celles dont dispose le procureur.

Le juge d'instruction a seulement la possibilité, que lui donnent les articles 170 et 173, alinéa 1 du Code de procédure pénale, de saisir la chambre de l'instruction aux fins d'annulation.

Cette procédure est applicable tant aux nullités affectant l'enquête préalable à l'ouverture de l'information qu'à celles commises pendant l'information.

Le juge d'instruction n'est pas compétent pour prononcer la nullité d'un acte d'instruction auquel il a procédé et qu'il estime irrégulier. Il ne peut pas, considérant que cet acte est irrégulier, le réitérer avant que la chambre de l'instruction ne se soit prononcée. Notamment il commet un excès de pouvoir en recommençant un interrogatoire de première comparution qu'il estime entaché d'irrégularité. En procédant ainsi, il empiète sur les attributions de la chambre de l'instruction, seule compétente, pendant l'information judiciaire, pour en apprécier la régularité, sous le contrôle de la Cour de cassation (Cass. crim., 19 sept. 2017, n° 17-81.016 : *Bull. crim.* n° 224 ; *Gaz. Pal.* 17 oct. 2017, n° 35, p. 23, S. Detraz).

S'agissant des actes effectués par des officiers de police judiciaire, un très vieil arrêt avait retenu que le juge d'instruction pouvait leur faire refaire des actes irréguliers en retenant que « par une conséquence nécessaire de l'objet de leurs fonctions et par suite, d'ailleurs, du paragraphe 2 de l'article 60 du Code d'instruction criminelle, les juges d'instruction ont le droit de refaire par eux-mêmes ou par des délégations nouvelles les actes des officiers de police judiciaire, par eux commis ou délégués, comme ceux des officiers de police judiciaire qui ont agi, sans leur concours, dans les affaires dont l'instruction leur est ensuite dévolue, lorsque ces actes leur paraissent incomplets ou entachés de vices qui ne permettraient pas de les employer comme éléments d'une procédure régulière ; qu'aucune disposition de loi n'interdit aux juges d'instruction de charger les officiers de police judiciaire, délégués par eux, qui auraient fait des actes de procédure incomplets ou irréguliers, de refaire eux-mêmes ces actes » (Cass. crim., 28 juill. 1899 : *Bull. crim.* n° 232). La solution de cet arrêt ne semble plus pouvoir être tenue pour valable, ne serait-ce que parce qu'elle se heurte au principe affirmé de façon générale depuis lors selon lequel « la chambre d'accusation est seule compétente, pendant la durée de l'instruction préparatoire, pour apprécier la régularité des actes de l'information, sous le contrôle de la Cour de cassation » (Cass. crim., 24 mars 1992, n° 92-80.100 : *Bull. crim.* n° 125), actes de l'information auxquels il y a incontestablement lieu d'assimiler les actes réalisés au cours de l'enquête effectuée avant l'ouverture de l'information.

C Mise en œuvre du contrôle par le juge des libertés et de la détention

440 La situation du juge des libertés et de la détention est assez différente de celles du procureur de la République et du juge d'instruction, ne serait-ce que parce qu'il n'est pas un organe de l'enquête.

La mise en œuvre du pouvoir de contrôle que la loi lui accorde est parfois organisée par une procédure détaillée mais, le plus souvent, elle ne l'est pas ou ne l'est qu'incomplètement, ce qui peut parfois donner l'impression d'un contrôle plus théorique qu'effectif.

1 Mise en œuvre organisée du pouvoir de contrôle

441 Ce n'est que de façon exceptionnelle que le Code de procédure pénale organise de manière détaillée la façon dont, pratiquement, le juge des libertés et de la détention peut rendre son contrôle effectif.

Tel est le cas en ce qui concerne ce que le Code de procédure pénale nomme « les autres techniques spéciales d'enquête » qui font l'objet de la section 6 du chapitre II du titre XXV du code qui réglemente le recours à :

- un IMSI-catcher ;
- un dispositif de sonorisation ou de fixation d'images ;
- un dispositif de captation de données informatiques.

Pour ces techniques spéciales d'enquête, l'article 706-95-14 du Code de procédure pénale donne au juge des libertés et de la détention le pouvoir, s'il estime que les opérations qu'il a autorisées et dont les procès-verbaux d'exécution lui ont été communiqués par le procureur immédiatement après exécution n'ont pas été réalisées conformément à son autorisation ou que les dispositions légales n'ont pas été respectées, d'ordonner – par décision motivée susceptible d'appel par le procureur de la République devant le président de la chambre de l'instruction – la destruction des procès-verbaux et des enregistrements effectués.

Les perquisitions dans un cabinet ou au domicile d'un avocat sont également une hypothèse dans laquelle le législateur a organisé le contrôle du juge des libertés et de la détention. En effet, après que la perquisition qu'il a autorisée aura été réalisée, c'est devant lui qu'il sera débattu des contestations sur la régularité de la saisie et il les tranchera en ordonnant ou non la restitution des objets et documents saisis et en prescrivant ou non la destruction du procès-verbal de saisie, par une ordonnance susceptible de recours devant le président de la chambre de l'instruction (CPP, art. 56-1).

2 Mise en œuvre du pouvoir de contrôle non détaillée par le Code de procédure pénale

442 Dans les autres cas où le Code de procédure pénale reconnaît au juge des libertés et de la détention un pouvoir de contrôle, il n'organise pas celui-ci, tout du moins de façon détaillée.

Si le texte ne prévoit aucune procédure, il ne paraît pas possible de considérer que le juge des libertés et de la détention aurait le même pouvoir d'ordonner la destruction des procès-verbaux que dans le cadre de l'article 706-95-14. Comme, par ailleurs, le juge des libertés et de la détention n'est pas au nombre des magistrats ayant la possibilité de saisir la chambre de l'instruction pour statuer sur une nullité qui lui semble avoir été commise, l'effectivité de son contrôle peut apparaître plus abstraite. Il faut cependant distinguer plusieurs cas de figure.

a) Possibilité pour le juge de se rendre sur place

443 Lorsque le juge des libertés et de la détention autorise, par exemple, qu'au cours d'une enquête préliminaire, une perquisition soit effectuée sans assentiment de la personne chez qui elle a lieu, la vérification de la régularité de l'opération lui échappera partiellement en ce qu'il ne pourra pas prononcer, *a posteriori*, l'annulation des opérations. Il n'est cependant pas totalement sans pouvoir puisque l'article 76 du Code de procédure pénale l'autorise à se transporter sur les lieux pour veiller au respect des dispositions légales. Il semble pouvoir en être déduit, bien que le texte ne le précise pas, que si, sur place, il estime qu'une irrégularité est en train d'être commise, il peut retirer son autorisation et empêcher que l'opération aille à son terme.

Cette disposition est similaire à celles prévues par des textes issus d'autres codes prévoyant que le juge des libertés et de la détention peut autoriser que des fonctionnaires de différentes administrations procèdent à des visites domiciliaires. Ces différents textes prévoient que le juge des libertés et de la détention peut se rendre sur place pour contrôler les opérations qu'il a autorisées (LPF, art. L. 16 B ; C. com., art. L. 450-4 ; C. transp., art. L. 1711-7 ; CPCE, art. L. 43 et L. 5-9-1 et L. 32-5 ; C. minier, art. L. 175-11 ; CCH, art. L. 181-5 ; C. énergie, art. L. 142-25, L. 135-7 ; C. route, art. L. 329-24 ; C. rur., art. L. 206-1 ; CSI, art. L. 229-2 ; C. urb., art. L. 461-3 ; C. envir., art. L. 171-2 ; CSP, art. L. 1421-2-1 ; C. consom., art. L. 512-54). Certains de ces textes précisent que, lorsque le juge se rend dans les locaux visités, il peut décider la suspension ou l'arrêt de la visite.

444 Il en est de même lorsqu'il autorise, dans le cadre d'une enquête préliminaire ou de flagrance diligentée pour des infractions relevant de la criminalité organisée, une perquisition de nuit (CPP, art. 706-89 et 706-90). L'article 706-92 du Code de procédure pénale lui permet de se déplacer sur les lieux pour veiller au respect des dispositions légales.

b) Renouvellement d'un acte

445 **Refus de renouvellement.** Lorsque le juge des libertés et de la détention a compétence pour autoriser un acte renouvelable, l'exercice de son pouvoir de contrôle peut le conduire à refuser d'accorder la poursuite ou le renouvellement de la mesure qui pourrait lui être demandé.

Ainsi, lorsqu'il a autorisé des interceptions de communications électroniques en application de l'article 706-95 du Code de procédure pénale, le renouvellement de l'autorisation peut lui être demandé au bout d'un mois. Pour qu'il puisse prendre sa décision en toute connaissance de cause, il doit recevoir du procureur de la République des procès-verbaux. Son information n'est toutefois pas totale puisque ce sont ceux relatifs aux diligences effectuées et non ceux relatifs au contenu qui doivent lui être transmis (Cass. crim., 26 mars 2008, n° 07-88.281 : *Bull. crim.* n° 74). La chambre criminelle considère que le texte n'exige pas que le juge des libertés et de la détention exerce un contrôle immédiat sur le déroulement de l'écoute (Cass. crim., 26 oct. 2010, n° 10-82.814).

S'il estime, au vu de ce qui lui est transmis, que l'interception a été faite de façon irrégulière, il peut ne pas accorder le renouvellement légalement possible. Il n'en reste pas moins qu'il n'a pas le droit d'ordonner l'annulation, la cancellation, la destruction, la suppression des procès-verbaux d'interception qui lui sont apparus irréguliers. Si le procureur de la République les utilise dans le cadre d'une poursuite qu'il met en œuvre par la suite, ce n'est pas le juge des libertés et de la détention qui tirera les conséquences de son contrôle mais, selon la façon dont la poursuite est engagée, ce sera soit la chambre de l'instruction soit le tribunal correctionnel.

446 **Contrôle plus théorique.** Le contrôle du juge des libertés et de la détention peut être encore plus théorique.

S'il autorise une interception de correspondances pour un mois et qu'il ne lui est pas demandé d'accorder le renouvellement, le procureur de la République doit certes lui adresser les procès-verbaux évoqués plus haut, mais le juge des libertés et de la détention ne pourra pas en tirer de conséquences dans la procédure en cause. Dans cette hypothèse, il pourra, tout au plus, se faire une opinion sur la qualité du travail du service d'enquête. Et encore ! Car la chambre criminelle admet qu'en cas d'ouverture d'information après qu'a été effectuée une interception autorisée par le juge des libertés et de la détention, les dispositions imposant que les procès-verbaux lui soient transmis ne sont pas, faute de grief, méconnues quand ces procès-verbaux sont adressés au juge d'instruction (Cass. crim., 26 juin 2007, n° 07-82.401 : *Bull. crim.* n° 172. – Cass. crim., 22 nov. 2011, n° 11-84.308 : *Bull. crim.* n° 234. – Cass. crim., 22 oct. 2013, n° 13-81.949 : *Bull. crim.* n° 197. – Cass. crim., 8 juill. 2015, n° 15-81.731 : *Bull. crim.* n° 174). Dans ce cas, le juge des libertés et de la détention ne saura rien de l'interception qu'il a autorisée.

Le contrôle du juge des libertés et de la détention peut également être assez théorique quand il autorise une opération unique qui n'a pas, normalement, vocation à être renouvelée. Ainsi, par exemple, s'il autorise un officier de police judiciaire à requérir d'un opérateur de communications qu'il préserve le contenu d'informations consultées (CPP, art. 77-1-2), le texte ne donne aucune indication sur la façon dont le juge des libertés et de la détention peut exercer le contrôle de la mesure. Celui-ci ne sera, de fait, effectué que par la juridiction d'instruction ou de jugement qui deviendra compétente si le procureur de la République engage des poursuites.
De même, si le texte prévoit que le juge des libertés et de la détention peut se déplacer mais qu'il n'use pas de ce droit, par exemple en cas de perquisition de nuit, même si le procureur de la République ou l'officier de police judiciaire doit l'informer dans les meilleurs délais, cette information risque de ne pas lui permettre de tirer personnellement les conséquences d'une nullité qu'il estimerait avoir été commise.

D Mise en œuvre par une partie

447 **Devant la juridiction correctionnelle.** Lorsque le procureur de la République engage, après l'enquête, des poursuites devant le tribunal correctionnel, les parties ont la possibilité de demander au tribunal, avant toute défense au fond – on dit aussi *in limine litis* –, d'annuler les actes de l'enquête qu'elles jugent irréguliers.
De telles nullités peuvent donc être invoquées quand le tribunal correctionnel est saisi par voie de citation directe, comparution immédiate, comparution par procès-verbal, convocation par officier de police judiciaire. Il n'y a que quand le tribunal correctionnel est saisi par ordonnance de renvoi du juge d'instruction ou arrêt de renvoi de la chambre de l'instruction qu'il ne peut, en principe, examiner les nullités qui auraient été commises au cours de l'enquête (CPP, art. 385).

448 **Devant la chambre de l'instruction.** Lorsqu'une information est ouverte soit par le procureur de la République soit sur plainte avec constitution de partie civile, les parties, mais aussi le témoin assisté qui n'a pas le statut de partie (Cass. crim., 14 févr. 2012, n° 10-83.808 : *JurisData* n° 2012-004929 ; *Bull. crim.* n° 45. – Cass. crim., 31 oct. 2017, n° 16-86.897 : *JurisData* n° 2017-021685 ; *Bull. crim.* n° 237), peuvent présenter des requêtes en annulation des actes de l'enquête initiale, des actes d'instruction, des actes d'enquête réalisés sur commission rogatoire pourvu qu'ils le fassent dans le délai de six mois que la loi leur ouvre.

II Le contrôle effectif

449 Les quelques cas pour lesquels le Code de procédure pénale a organisé le contrôle par le juge des libertés et de la détention ayant été examinés, il ne sera exposé – au demeurant de façon succincte, l'essentiel étant pour l'enquêteur de connaître le schéma procédural – que l'examen des moyens de nullité par la chambre de l'instruction et la juridiction correctionnelle.

A Par la chambre de l'instruction

450 **Procédure.** L'article 173 du Code de procédure pénale prévoit qu'outre le procureur de la République et le juge d'instruction, les parties ou le témoin assisté qui estiment qu'une nullité a été commise peuvent saisir la chambre de l'instruction pour lui demander de prononcer l'annulation du ou des actes nuls et de ceux qui trouvent leur support nécessaire dans le ou les actes annulés.
Ce droit des parties est limité aux actes d'enquête et d'instruction qui ne sont pas susceptibles d'appel. Si une partie estime qu'un acte susceptible d'appel est nul, c'est à l'occasion de l'appel qu'elle doit invoquer la nullité, ce qui, en pratique concerne essentiellement les actes juridictionnels effectués par le juge d'instruction lui-même ou par le juge des libertés et de la détention.
Une requête en annulation doit être présentée, à peine d'irrecevabilité, dans un délai de six mois à partir du jour de réalisation de l'acte ou du jour où la partie en a eu connaissance.
Le président de la chambre de l'instruction examine tout d'abord les conditions de dépôt de la requête et peut constater son irrecevabilité.
Ensuite, après examen par le procureur général, la requête est soumise à la chambre qui détermine si les actes contestés sont effectivement nuls et, dans l'affirmative, s'il convient d'annuler

également les actes qui trouvent leur support nécessaire dans le ou les actes nuls. Lorsque la solution paraît s'imposer au président de façon manifeste, il peut statuer seul sauf opposition du requérant (CPP, art. 170-1).
Les décisions rendues par la chambre de l'instruction ou son président sont susceptibles d'un pourvoi en cassation qui n'est examiné immédiatement que si le président de la chambre criminelle de la Cour de cassation estime que l'intérêt de l'ordre public ou d'une bonne administration de la justice le commande. Sinon, le pourvoi sur la décision relative aux nullités pourra être examiné en même temps que celui éventuellement formé contre la décision sur le fond, ce qu'est un arrêt ordonnant la mise en accusation devant la cour d'assises ou la cour criminelle (Cass. crim., 21 juill. 1966, n° 66-92.423 : *Bull. crim.* n° 207. – Cass. crim., 2 mai 2016, n° 14-86.915 : *Bull. crim.* n° 63. – Cass. crim., 20 avr. 2022, n° 12-85.641). Il s'ensuit que le pourvoi formé contre un arrêt rejetant une requête en annulation dont l'examen immédiat n'a pas été admis par le président de la chambre criminelle au cours de l'instruction pourra être examiné en même temps qu'un pourvoi formé contre l'arrêt de mise en accusation et seulement à ce moment-là.
La chambre de l'instruction, lorsqu'elle est saisie d'une requête en annulation, peut relever d'office des moyens de nullité qui ne lui auraient pas été proposés (CPP, art. 174). Quand elle est saisie de l'entier dossier, notamment quand elle est saisie du règlement de la procédure – appel d'un non-lieu, d'un renvoi devant le tribunal correctionnel ou d'une mise en accusation devant la cour criminelle ou la cour d'assises –, elle doit relever d'office les nullités qu'elle découvre (CPP, art. 206).

B Par la juridiction correctionnelle

451 Le tribunal correctionnel n'a pas la possibilité de relever d'office les nullités qu'il estimerait caractérisées, et ce même en l'absence du prévenu défaillant (Cass. crim., 11 déc. 2013, n° 13-80.271 : *Bull. crim.* n° 255). La chambre criminelle rappelle la règle régulièrement en énonçant que selon l'article 385 du Code de procédure pénale : « Les juges ne peuvent prononcer la nullité d'un acte de la procédure antérieure que s'il en a été excipé par les parties dans les conditions prévues par ce texte ; que cette règle s'applique à toutes les nullités, même substantielles, touchant à l'ordre public, à la seule exception de celle affectant la compétence ». Ainsi le tribunal ne pas peut annuler d'office une garde à vue au cours de laquelle « les exigences posées par le médecin n'ont pas été respectées » (Cass. crim., 10 déc. 2003, n° 03-83.344 : *Bull. crim.* n° 243).

452 Lorsque la juridiction correctionnelle est saisie par une ordonnance de renvoi du juge d'instruction ou par un arrêt de renvoi de la chambre de l'instruction, ses pouvoirs sont limités puisque les parties ont eu la possibilité de saisir la chambre de l'instruction au cours de l'information. Le tribunal, pas plus que la cour, ne peut examiner les nullités qui auraient été commises au cours de l'instruction ou avant, au cours de l'enquête préalable.
L'alinéa 3 de l'article 385 du Code de procédure pénale prévoit bien que le tribunal correctionnel peut examiner les nullités de la procédure d'instruction si les formalités organisant le contradictoire pour clôturer l'instruction n'ont pas été respectées mais la chambre criminelle, dans une telle hypothèse, fait jouer les dispositions de l'alinéa 2 qui prévoient le renvoi au procureur de la République pour saisir le juge d'instruction aux fins de régularisation.
Il s'ensuit qu'en l'état de la jurisprudence :
– quand la décision de renvoi n'a pas été portée à la connaissance des parties de façon régulière ;
– quand l'ordonnance de règlement n'a pas été rendue conformément aux dispositions de l'article 184, c'est-à-dire quand le juge d'instruction :
• n'a pas statué sur tous les faits dont il était saisi (Cass. crim., 4 mars 2004, n° 03-85.983 ; *Bull. crim.* n° 57) ;
• ou quand il a renvoyé devant le tribunal une personne qu'il n'avait pas mise en examen ;
• ou quand il a renvoyé une personne devant le tribunal pour des faits dont il n'était pas saisi ;
le tribunal doit renvoyer la procédure au ministère public pour lui permettre de saisir à nouveau la juridiction d'instruction afin que la procédure soit régularisée.

C Principes applicables aux demandes d'annulation

1 Présentation générale

453 Deux articles – l'un propre à l'instruction, l'autre de portée générale – régissent les conditions du prononcé de la nullité d'actes de la procédure :
– l'article 171 du Code de procédure pénale qui dispose : « Il y a nullité lorsque la méconnaissance d'une formalité substantielle prévue par une disposition [du Code de procédure pénale], a porté atteinte aux intérêts de la partie qu'elle concerne » ;

– l'article 802 du même code, aux termes duquel : « En cas de violation des formes prescrites par la loi à peine de nullité ou d'inobservation des formalités substantielles, toute juridiction, y compris la Cour de cassation, qui est saisie d'une demande d'annulation ou qui relève d'office une telle irrégularité ne peut prononcer la nullité que lorsque celle-ci a eu pour effet de porter atteinte aux intérêts de la partie qu'elle concerne ».

454 **Disposition prévue à peine de nullité ?** Le juge devant qui est soulevée une irrégularité doit tout d'abord vérifier si le non-respect de la disposition qui est invoqué est susceptible d'entraîner la nullité de l'acte effectué.

Il résulte, en effet, des termes mêmes de ces articles 171, qui évoque une « formalité substantielle », et 802, qui parle de « formes prescrites par la loi à peine de nullité ou d'inobservation des formalités substantielles », que la méconnaissance de certaines dispositions n'entraîne pas la nullité d'un acte. Elle n'a cet effet que si la loi considère la formalité comme « substantielle » ou qu'elle est prescrite « à peine de nullité ». Or, les articles du Code de procédure pénale précisant de façon expresse qu'une formalité qu'ils édictent est prévue à peine de nullité – nullités textuelles – sont assez peu nombreux et la jurisprudence considère que nombre de dispositions du Code de procédure pénale ne sont pas substantielles ou prescrites à peine de nullité.

Ainsi, c'est en considérant que la disposition méconnue n'est pas prescrite à peine de nullité que la chambre criminelle juge qu'il n'y a pas lieu d'invalider, de quelque façon que ce soit, les procédures dans lesquelles :

– le procureur de la République a pris des réquisitions de placement en détention provisoire qui, bien qu'écrites, ne sont pas motivées alors que l'article 82, alinéa 3 du Code de procédure pénale, prévoit qu'elles doivent être écrites et motivées par référence aux seules dispositions de l'article 144 du même code (Cass. crim., 22 mars 2022, n° 22-80.019. – Cass. crim., 29 mars 2022, n° 22-80.025) ;

– il ne ressort pas de la procédure d'enquête préliminaire que le suspect ou son avocat, qui ont eu communication de la procédure sur leur demande, ont été informés de leur droit de formuler des observations (Cass. crim., 12 janv. 2022, n° 20-85.849) ;

– le président de la cour d'assises d'appel a donné lecture de la qualification avant de donner connaissance du sens de la décision rendue en premier ressort, contrairement à ce que prescrit précisément l'article 327 du Code de procédure pénale, l'ordre de présentation des divers éléments imposés par le texte n'étant pas prévu à peine de nullité (Cass. crim., 9 mai 2019, n° 18-82.885 : *Bull. crim.* n° 90) ;

– l'acte de signification, à l'accusé devant la cour d'assises, de la liste des témoins et experts ne mentionne pas la profession d'un expert cité par le ministère public en méconnaissance des dispositions de l'article 281 du Code de procédure pénale selon lequel l'acte de signification doit mentionner les nom, prénoms, profession et résidence des témoins et experts (Cass. crim., 22 juin 2016, n° 15-82.685 : *Bull. crim.* n° 194) ;

– les témoins ne se sont pas retirés dans la salle leur étant réservée, comme le prévoit l'article 325 du Code de procédure pénale (Cass. crim., 14 nov. 2019, n° 18-84.269) ;

– la minute de la décision du tribunal de police, contenant sa motivation, n'a pas été mise à la disposition du prévenu dans le délai de trois jours suivant le prononcé de la décision, prévu par l'article 486 du Code de procédure pénale (Cass. crim., 18 sept. 2019, n° 19-80.582) ;

– l'arrêt d'une chambre de l'instruction n'a pas été notifié dans les trois jours de son prononcé comme le prévoit l'article 217 du Code de procédure pénale (Cass. crim., 13 avr. 2016, n° 16-80.818) ;

– un juge d'instruction français a transmis une commission rogatoire internationale à un juge d'instruction suisse directement et non par l'intermédiaire de la Chancellerie comme prévu par l'article 15 de la Convention européenne d'entraide judiciaire en matière pénale, du 20 avril 1959, dans sa rédaction alors en vigueur (Cass. crim., 31 mai 2017, n° 15-84.040) ;

– un juge d'instruction n'a pas rendu dans le délai prescrit par l'article 175-2 du Code de procédure pénale l'ordonnance expliquant la durée de la procédure, justifiant sa poursuite et précisant les perspectives de règlement (Cass. crim., 17 janv. 2006, n°s 05-82.197 et 05-86.223 : *Bull. crim.* n° 20) ;

– les officiers de police judiciaire, pénétrant dans des locaux professionnels en application de l'article 78-2-1 du Code de procédure pénale, n'ont pas présenté à la personne disposant des lieux ou à son représentant les réquisitions écrites du procureur de la République (Cass. crim., 15 févr. 2005, n°s 04-87.191, 04-87.193 et 04-87.192 : *Bull. crim.* n° 57 ; *D.* 2005, IR p. 917 ; *JCP* G 2005, IV, 1793 ; *RSC* 2005, 862, note Cerf-Hollender ; *ibid.* 2006, note J. Buisson) ;

– les délais, en matière de mandats d'arrêt européens, n'ont pas été respectés et notamment ceux de :

• six jours, prévu par l'article 695-26, alinéa 3 du Code de procédure pénale pour la réception de la copie certifiée conforme du mandat d'arrêt européen (Cass. crim., 1er sept. 2004, n° 04-84.987 :

Bull. crim. n° 192. – Cass. crim., 25 janv. 2006, n° 05-87.718 : *Bull. crim.* n° 28. – Cass. crim., 9 août 2017, n° 17-84.448),

• cinq jours ouvrables à compter de la date de sa présentation au procureur général, prévu par l'article 695-29 du Code de procédure pénale pour que la personne recherchée comparaisse devant la chambre de l'instruction (Cass. crim., 20 mai 2008, n° 08-82.902. – Cass. crim., 30 janv. 2008, n° 08-80.065),

• vingt jours à compter de la comparution, prévu par l'article 695-31, alinéa 4 du même code pour que la chambre de l'instruction statue (Cass. crim., 8 juin 2006, n° 06-83.342. – Cass. crim., 4 avr. 2007, n° 07-81.571. – Cass. crim., 16 mai 2007, n° 07-82.803. – Cass. crim., 6 mai 2008, n° 08-82.330. – Cass. crim., 30 janv. 2008, préc. – Cass. crim., 3 mars 2009, n° 09-80.700),

• dix jours, prévu par l'article 695-33 du Code de procédure pénale pour que l'État d'émission réponde à la demande d'informations complémentaires présentée par la chambre de l'instruction, lorsqu'elle a jugé insuffisantes pour lui permettre de statuer les informations précédemment communiquées (Cass. crim., 21 juill. 2005, n° 05-84.058) ;

– le délai raisonnable, prévu par l'article 6, § 1 de la Convention européenne des droits de l'homme et par l'article préliminaire du Code de procédure pénale, pour traiter une procédure n'a pas été respecté. La Cour de cassation considère que le non-respect de ce délai n'entraîne pas la nullité de la procédure (Cass. crim., 3 févr. 1993, n° 92-83.443 : *Bull. crim.* n° 57. – Cass. crim., 22 sept. 1998, n° 98-83.555 : *Bull. crim.* n° 231. – Cass. crim., 3 mai 2012, n° 11-88.725 : *Bull. crim.* n° 105. – Cass. crim., 9 avr. 2015, n° 13-86.112. – Cass. ass. plén., 4 juin 2021, n° 21-81.656, publié au bulletin. – Cass. crim., 9 nov. 2022, n° 21-85.655, publié au bulletin). Il permet seulement à celui qui en aurait souffert de saisir éventuellement la juridiction nationale compétente d'une demande de réparation ou, s'il y a lieu, de saisir la Commission [Cour] européenne des droits de l'homme (Cass. crim., 7 mars 1989, n° 87-90.500 : *Bull. crim.* n° 109. – Cass. crim., 24 avr. 2013, n° 12-82.863 : *Bull. crim.* n° 100), la juridiction de jugement devant également tirer de la durée de la procédure les conséquences au regard de la valeur probante des éléments de preuve et la prendre également en considération quant à la détermination de la peine (Cass. crim., 9 nov. 2022, n° 21-85.655, publié au bulletin).

Cette formulation doit, évidemment, être comprise comme signifiant également que la formalité méconnue n'est pas substantielle.

455 Toutefois, il convient de relativiser l'impression que le Code de procédure pénale n'édicterait que des conseils de bonne pratique et ne poserait pas des règles contraignantes, car de nombreux arrêts considèrent que la méconnaissance d'une règle entraîne la nullité de l'acte en cause.

456 Par deux arrêts du 7 septembre 2021 (Cass. crim., 7 sept. 2021, n°s 20-87.191 et 21-80.642), la chambre criminelle a donc apporté des précisions quant à la méthodologie qui doit être suivie par les juges pour mettre en œuvre la règle énoncée par les articles 171 et 802 lorsque la disposition méconnue est substantielle ou prévue à peine de nullité. À cette occasion, elle a donné des définitions des notions, souvent confondues ou mal distinguées, d'intérêt à agir, de qualité pour agir et de grief.

Elle a énoncé que :

> « 13. Hors les cas de nullité d'ordre public, qui touchent à la bonne administration de la justice, la chambre de l'instruction, saisie d'une requête en nullité, doit successivement d'abord rechercher si le requérant a intérêt à demander l'annulation de l'acte, puis, s'il a qualité pour la demander et, enfin, si l'irrégularité alléguée lui a causé un grief.
>
> 14. Le requérant a intérêt à agir s'il a un intérêt à obtenir l'annulation de l'acte.
>
> 15. Pour déterminer si le requérant a qualité pour agir en nullité, la chambre de l'instruction doit rechercher si la formalité substantielle ou prescrite à peine de nullité, dont la méconnaissance est alléguée, a pour objet de préserver un droit ou un intérêt qui lui est propre.
>
> 16. L'existence d'un grief est établie lorsque l'irrégularité elle-même a occasionné un préjudice au requérant, lequel ne peut résulter de la seule mise en cause de celui-ci par l'acte critiqué ».

Il résulte de ces arrêts que l'intérêt et la qualité à agir sont des conditions de recevabilité tandis que la question du grief se pose lorsqu'il s'agit d'apprécier le bien-fondé de la demande d'annulation.

457 **Partie à la procédure ou tiers à qui le recours est ouvert.** Même si les arrêts du 7 septembre 2021 ne le précisent pas, il faut, bien sûr, que la personne qui exerce le recours en annulation soit partie à la procédure ou spécialement autorisée par une disposition particulière à exercer un recours.

Comme il a été indiqué (V. *supra*, n° 450) les parties et la personne ayant acquis le statut de témoin assisté au cours de l'instruction peuvent exercer un recours en annulation devant la chambre de l'instruction (CPP, art. 173).

Le prévenu, dont l'affaire n'est pas passée par l'instruction, peut soulever les nullités de procédure devant le tribunal correctionnel (CPP, art. 385).
Les tiers à qui la loi a permis de former un recours, tels ceux concernés par une saisie (requérant, tiers, partie intéressée, tiers ayant des droits : CPP, art. 99 et s., 706-148, 706-150, 706-152, 706-154, 706-158) peuvent, à l'occasion de leur recours devant la chambre de l'instruction, discuter non seulement de l'opportunité de la mesure mais aussi de sa légalité.
Mais les personnes qui ne remplissent aucune de ces conditions ne peuvent évidemment pas demander la nullité d'un acte : il en va ainsi de la compagnie d'assurance appelée en garantie et du civilement responsable qui ne peuvent soulever la nullité de la procédure d'instruction (Cass. crim., 5 sept. 1988, n° 86-92.682 : *Bull. crim.* n° 313) ou de la personne visée dans une plainte avec constitution de partie civile mais qui n'a pas été placée sous le statut de témoin assisté (Cass. crim., 2 oct. 2012, n° 11-87.979 : *Bull. crim.* n° 201).

2 L'intérêt à agir

458 La chambre criminelle n'a pas eu l'occasion de donner une définition explicite de la notion. Elle a seulement indiqué, dans ses arrêts du 7 septembre 2021, que « le requérant a intérêt à agir s'il a un intérêt à obtenir l'annulation de l'acte ».
Cette condition devrait être souvent remplie car, en règle générale, si une partie demande l'annulation d'un acte, c'est qu'elle a intérêt à ce qu'il soit retiré du dossier ou cancellé. Tel est le cas d'un acte qui comporte une mise en cause, contient un élément de preuve ou constitue le support de tout ou partie de la procédure.
Il y a cependant des cas où la jurisprudence dénie logiquement à une personne qui est partie à la procédure un quelconque intérêt à agir. C'est le cas lorsqu'une partie civile soulève l'irrégularité de l'avis d'audience devant la chambre de l'instruction délivré à la personne mise en examen (Cass. crim., 9 janv. 1973, n° 71-92.597 : *Bull. crim.* n° 23) ou quand le mis en examen se pourvoit contre un arrêt ayant levé son contrôle judiciaire (Cass. crim., 24 oct. 1978, n° 78-91.658 : *Bull. crim.* n° 286). C'est également le cas quand une personne se pourvoit contre une décision ayant jugé que les faits qui lui étaient reprochés étaient amnistiés et qu'en conséquence l'action publique était éteinte (Cass. crim., 28 avr. 1977, n° 96-85.278 : *Bull. crim.* n° 147).

3 Nullité d'ordre public

459 Lorsque le moyen d'annulation porte sur une nullité d'ordre public, le juge n'a pas à se demander si le demandeur a qualité pour agir et si l'irrégularité lui a causé un grief. Toute partie qui y a intérêt a qualité pour invoquer une nullité d'ordre public (Cass. crim., 7 sept. 2021, n°s 20-87.191 et 21-80.642).
Dans ses deux arrêts du 7 septembre 2021, la chambre criminelle indique que les nullités d'ordre public sont celles « qui touchent à la bonne administration de la justice » (Cass. crim., 14 oct. 2003, n° 03-84.539 : *Bull. crim.* n° 187).
Elle confirme ainsi une solution acquise depuis longtemps. En pratique, il s'agit pour l'essentiel des nullités résultant de la violation des règles relatives à la composition, à la compétence et à l'étendue de la saisine des juridictions.
Constitue ainsi une nullité d'ordre public :
– une audition de témoin réalisée par un juge d'instruction en dehors des limites de sa saisine (Cass. crim., 8 juin 2017, n° 17-80.709 : *Bull. crim.* n° 159) ;
– la désignation par le juge d'instruction d'un expert non inscrit sur une liste sans motiver le recours à un spécialiste non inscrit (Cass. crim., 16 avr. 1991, n° 91-80.681) ;
– le fait qu'un expert entende la partie civile alors que le juge d'instruction, dans l'ordonnance le commettant, lui a précisé qu'il ne pouvait procéder à des auditions sans y avoir été préalablement autorisé (Cass. crim., 17 janv. 2006, n° 05-86.326 : *Bull. crim.* n° 19) ;
– le fait qu'un officier de police judiciaire au cours d'une enquête préliminaire requiert une personne qualifiée sans y avoir été autorisé par le procureur de la République (Cass. crim., 16 sept. 2003, n° 03-82.918 : *Bull. crim.* n° 160. – Cass. crim., 14 oct. 2003, n° 03-84.539 : *Bull. crim.* n° 187. – Cass. crim., 18 juin 2019, n° 19-80.105 : *Bull. crim.* 2019, n° 121). Cette solution paraît être justifiée par le fait qu'en pareille hypothèse, l'officier de police judiciaire empiète sur la compétence du procureur de la République. La chambre criminelle a d'ailleurs déjà eu l'occasion d'affirmer que « lorsque la loi subordonne l'accomplissement de certains actes, destinés à la recherche et à la constatation des crimes et des délits, à l'autorisation formelle des autorités judiciaires, les officiers de police judiciaire ou les agents des administrations auxquels des lois spéciales attribuent certains pouvoirs de police judiciaire ne peuvent, sans commettre un excès de pouvoir viciant la procédure, s'affranchir d'une telle autorisation » (Cass. crim., 19 déc. 1996, n° 96-84.251 : *Bull. crim.* n° 481. En revanche, le fait qu'un acte attentatoire à la vie privée ait été effectué par un agent compétent mais sans le contrôle également prévu par la loi relève des irrégularités qui ne sont sanctionnées d'une annulation que si le requérant justifie d'une atteinte à ses intérêts : Cass. crim.,

7 déc. 2021, n° 20-82.733. – Cass. crim., 12 juill. 2022, n° 21-83.729 : *Bull. crim.* n° 56) ;
– le fait que l'officier de police judiciaire, toujours au cours d'une enquête préliminaire, délivre des réquisitions sur le fondement des articles 77-1-1 du Code de procédure pénale sans autorisation du procureur de la République (Cass. crim., 1er sept. 2005, n° 05-84.061 : *Bull. crim.* n° 211. – Cass. crim., 6 déc. 2005, n° 05-85.076 : *Bull. crim.* n° 319) ;
– le magistrat commis par une cour d'assises pour exécuter un supplément d'information, qui, donc, n'agit pas dans le cadre d'une information, procède à une mise en examen (Cass. crim., 15 nov. 2017, n° 17-83.257 : *Bull. crim.* n° 262) ;
– le juge d'instruction accomplit des actes en méconnaissance des règles tenant à la souveraineté des États en faisant procéder par des opérateurs de téléphonie français à l'interception de communications émises à partir de téléphones mobiles étrangers ou situés à l'étranger nécessitant l'assistance technique d'un autre État (Cass. crim., 20 juin 2018, n° 17-86.657 : *Bull. crim.* n° 116).

La partie concernée ne peut renoncer à une nullité d'ordre public, alors qu'il lui est possible de renoncer à une nullité d'intérêt privé (Cass. crim., 9 avr. 1986, n° 86-90.503 : *Bull. crim.* n° 121).

Si le juge se trouve en présence d'une nullité d'ordre public ou, ce qui est équivalent, « échappant aux prévisions de l'article 802 du Code de procédure pénale », il doit prononcer l'annulation sans examiner la qualité pour agir ni l'existence d'un grief.

4 La qualité pour agir

460 L'examen de la qualité à agir ne s'impose que si la nullité invoquée n'est pas une nullité d'ordre public.

a) Principe : nécessité d'une atteinte à un droit propre

461 La chambre criminelle a précisé dans ses arrêts du 7 septembre 2021 que « pour déterminer si le requérant a qualité pour agir en nullité, la chambre de l'instruction doit rechercher si la formalité substantielle ou prescrite à peine de nullité dont la méconnaissance est alléguée, a pour objet de préserver un droit ou un intérêt qui lui est propre ».

La jurisprudence de la chambre criminelle a connu des variations quant à cette notion, mais depuis deux arrêts du 14 février 2012 elle est mieux fixée. La chambre a énoncé à cette date que « la méconnaissance des formalités substantielles auxquelles est subordonnée la garde à vue ne peut être invoquée à l'appui d'une demande d'annulation d'acte ou de pièce de procédure que par la partie qu'elle concerne » (Cass. crim., 14 févr. 2012, n° 11-87.757 : *Bull. crim.* n° 42. – Cass. crim., 14 févr. 2012, n° 11-84.694 : *Bull. crim.* n° 43).

Elle a donc estimé qu'un prévenu ne pouvait se prévaloir de l'irrégularité de la garde à vue de son coprévenu à qui le droit au silence n'avait pas été notifié quand bien même ce coprévenu l'incriminait ce qui, soutenait le demandeur, lui aurait fait grief.

La chambre criminelle a décliné cette jurisprudence en jugeant que seule est recevable à invoquer l'irrégularité d'une mesure attentatoire à la vie privée :
– la partie dont la vie privée a été atteinte :
• propriétaire ou occupant des lieux en cas de perquisition (Cass. crim., 23 nov. 2016, n° 16-81.904 : *Bull. crim.* n° 306. – Cass. crim., 9 sept. 2020, n° 19-85.128. – Cass. crim., 17 juin 2015, n° 14-80.886 : *Bull. crim.* n° 155),
• utilisateur ou titulaire d'un droit sur l'objet en cas de géolocalisation (Cass. crim., 23 nov. 2016, n° 16-81.904 : *Bull. crim.* n° 306),
• personne dont l'image a été captée ou dont les propos ont été écoutés et/ou enregistrés en cas de captation d'image, de sonorisation ou d'interceptions (Cass. crim., 26 juin 2013, n° 13-81.491 : *Bull. crim.* n° 164. – Cass. crim., 23 janv. 2013, n° 12-85.059 : *Bull. crim.* n° 29. – Cass. crim., 18 mai 2021, n° 20-86.266),
• titulaire ou utilisateur d'une ligne téléphonique en cas d'interceptions ou de demande de fadettes (Cass. crim., 6 févr. 2018, n° 17-84.380 : *Bull. crim.* n° 30) ;
– ou qui a été privée de liberté par une mesure de garde à vue ou une retenue douanière (Cass. crim., 14 févr. 2012, n° 11-84.694 : *Bull. crim.* n° 43. – Cass. crim., 7 mars 2012, n° 11-88.118 : *Bull. crim.* n° 64. – Cass. crim., 9 déc. 2015, n° 14-86.333. – Cass. crim., 2 mars 2016, n° 15-81.733. – Cass. crim., 30 janv. 2019, n° 17-86.618 : *Bull. crim.* n° 30).

Dans ses arrêts précités du 7 septembre 2021, la chambre criminelle a confirmé cette conception en énonçant que « pour déterminer si le requérant a qualité pour agir en nullité, la chambre de l'instruction doit rechercher si la formalité substantielle ou prescrite à peine de nullité, dont la méconnaissance est alléguée, a pour objet de préserver un droit ou un intérêt qui lui est propre ».

Pour vérifier si le demandeur à la nullité est ou non concerné par l'irrégularité invoquée, le juge doit identifier l'objet de la formalité méconnue.

Il s'ensuit, a jugé la chambre criminelle, que « les dispositions de l'article 76 du Code de procédure pénale, en ce qu'elles exigent l'assentiment de l'occupant des lieux à la perquisition, ont pour objet la protection de la vie et du domicile privés. Il en résulte que le moyen de nullité soulevé par M. [L] est irrecevable, en ce qu'il invoque la violation des prescriptions de ce texte pour des opérations effectuées dans un local sur lequel il ne peut se prévaloir d'aucun droit ».

462 **Droit de ne pas s'auto-accuser.** La chambre criminelle avait déjà énoncé que c'était à la chambre de l'instruction qu'il appartenait de rechercher si la formalité substantielle ou prescrite à peine de nullité dont la méconnaissance était alléguée, avait pour objet de préserver un droit ou un intérêt qui était propre au demandeur à la nullité.

Par un arrêt du 25 octobre 2022, elle a précisé que si le requérant n'alléguait pas que la formalité avait pour objet de préserver un droit ou un intérêt propre, il appartenait à la chambre de l'instruction de rechercher s'il résultait de la procédure que tel pourrait être le cas.

Ainsi, lorsque des personnes mises en examen soulèvent la nullité de communications téléphoniques cryptées, la chambre de l'instruction ne peut, sans porter atteinte à leur droit de ne pas s'auto-incriminer, leur opposer qu'aucun d'eux n'a admis utiliser ces téléphones ou avoir le pseudonyme que l'exploitation des communications permet de leur attribuer ou être l'un des interlocuteurs dont les communications ont été captées, alors qu'il résulte de la procédure que les enquêteurs avaient attribué à chacun d'eux l'usage d'un téléphone crypté (Cass. crim., 25 oct. 2022, n° 21-85.763, publié au bulletin).

b) Exceptions : atteinte à une règle tendant à garantir l'authenticité de la preuve et procédé déloyal

1) Authenticité de la preuve

463 Dans un des arrêts rendus le 7 septembre 2021 (n° 21-80.642, § 19 et s.), la chambre criminelle prévoit une exception en retenant que : « toute partie a qualité pour invoquer la méconnaissance de la formalité prise de l'absence de signature du procès-verbal de perquisition et saisie ».

Elle a fait cette exception en considération de ce que l'exigence de la signature est une formalité substantielle qui a pour objet d'authentifier la présence effective sur les lieux des objets découverts et saisis au cours de la perquisition. Comme il se déduit des articles 6 de la Convention européenne des droits de l'homme, tel qu'interprété par la Cour européenne des droits de l'homme (CEDH, arrêt, 10 mars 2009, n° 4378/02, *Bykov c/ Russie*), et préliminaire du Code de procédure pénale que tout requérant doit se voir offrir la possibilité de remettre en question l'authenticité des éléments de preuve et de s'opposer à leur utilisation, elle en conclut que toute partie a qualité pour invoquer la nullité tirée de sa méconnaissance.

Autrement dit, lorsque la formalité méconnue a pour objet d'authentifier les éléments de preuve recueillis, il ne peut être opposé au demandeur en nullité que son droit à la vie privée n'aurait pas été méconnu.

L'énoncé d'un tel principe constitue un revirement de jurisprudence par rapport aux arrêts qui avaient considéré que les mis en examen qui n'avaient aucun droit sur le local perquisitionné n'étaient pas recevables à se plaindre que le procès-verbal de perquisition n'ait pas été signé par les deux témoins requis par les enquêteurs (Cass. crim., 12 juill. 2016, n° 16-81.198) et que les demandeurs ne pouvaient exciper de l'irrégularité de l'introduction des policiers dans les lieux et de celle des conditions de découverte des objets et effets saisis alors qu'ils ne pouvaient se prévaloir d'aucun droit sur les lieux où un carton et les sacs contenus par ce dernier avaient été appréhendés (Cass. crim., 20 déc. 2017, n° 17-82.345).

Ce changement a rapidement conduit la chambre criminelle à modifier son approche en matière de pesée de stupéfiants. Alors que dans un arrêt du 11 décembre 2019 (Cass. crim., 11 déc. 2019, n° 18-84.912, publié au bulletin), elle avait retenu que l'irrégularité de la pesée de produits stupéfiants ne pouvait être invoquée que par celui entre les mains duquel les produits stupéfiants, objet de la pesée, avaient été trouvés, les autres prévenus étant sans qualité pour agir, elle a, par un arrêt du 9 novembre 2021, considéré que le co-mis en examen était recevable à se plaindre de l'irrégularité de la pesée de stupéfiants trouvés en possession d'une autre personne « dès lors que la violation des dispositions de l'article 706-30-1 (...), qui ont pour objet de garantir le caractère contradictoire du déroulement de ces opérations et ainsi d'authentifier le poids des produits saisis, peut être invoquée par toute partie qui y a intérêt » (Cass. crim., 9 nov. 2021, n° 21-83.095, publié au bulletin).

Cette évolution pourrait conduire la chambre criminelle à revenir sur d'autres solutions antérieures, par exemple, sur le non-respect des prescriptions en matière d'audition de témoin (Cass. crim., 7 févr. 2017, n° 16-84.353 : *Bull. crim.* n° 34). La systématisation de la solution apparaît comme une clarification. Elle est en effet de nature à éclairer de nombreuses décisions retenues avant les arrêts du 7 septembre 2021 en leur donnant un fondement sûr.

La chambre criminelle avait ainsi déjà jugé que :
– toutes les parties étaient recevables à invoquer le défaut de prestation de serment du témoin, ce qui peut s'expliquer par le fait que cette exigence tend à assurer la sincérité et l'authenticité de l'audition (Cass. crim., 30 oct. 2001, n° 01-84.779 : *Bull. crim.* n° 223) ;
– le prévenu pouvait demander l'annulation de l'audition d'un mineur victime effectuée sans enregistrement audiovisuel, prévu tant dans son intérêt que dans celui de la victime (Cass. crim., 24 mai 2016, n° 16-80.564).

2) Procédé déloyal

464 Dans l'arrêt du 25 octobre 2022 précité (V. *supra*, n° 462), la chambre criminelle confirme que lorsque le demandeur invoque le recours par l'autorité publique à un procédé déloyal, il ne peut pas lui être opposé un défaut de qualité pris de l'absence d'un droit ou d'un intérêt propre (Cass. crim., 25 oct. 2022, n° 21-85.763, publié au bulletin et les précédents Cass. crim., 25 avr. 2017, n° 17-90.005. – Cass. crim., 14 nov. 2017, n° 17-82.435 : *Bull. crim.* n° 259. – Cass. crim., 6 févr. 2018, n° 17-85.301 : *Bull. crim.* n° 32. – Cass. crim., 30 nov. 2021, n° 21-83.414. – Cass. crim., 20 déc. 2017, n° 17-82.435 : *Bull. crim.* n° 298).

5 Nécessité de l'existence d'un grief

465 La recherche d'un grief ne s'impose qu'au cas où c'est une nullité d'ordre privé qui a été commise.

466 Tant l'article 171 que l'article 802 du Code de procédure pénale prévoient qu'une annulation ne peut être prononcée que si l'irrégularité commise a « porté atteinte aux intérêts de la partie qu'elle concerne », ce qui s'est traduit dans la jurisprudence par la recherche de l'existence d'un grief. Dans les arrêts rendus le 7 septembre 2021, la chambre criminelle a précisé que « l'existence d'un grief est[était] établie lorsque l'irrégularité elle-même a occasionné un préjudice au requérant, lequel ne peut résulter de la seule mise en cause de celui-ci par l'acte critiqué ».
Elle s'est donc attachée à la recherche d'un préjudice effectif ce qui l'a conduite, dans l'arrêt n° 20-87.191, à retenir qu'il n'y avait pas eu de préjudice puisque le demandeur n'avait pas contesté la présence, à son domicile, des objets qui y avaient été saisis au cours de la perquisition bien que cette dernière soit irrégulière puisque le demandeur, en garde à vue sur le continent et ne pouvant assister à la perquisition de son domicile situé en Corse, n'avait pas été invité à désigner un représentant de son choix pour y assister.
Le demandeur avait soutenu que l'irrégularité de la perquisition lui faisait grief puisque cette opération avait été prise en compte pour ordonner son placement en détention provisoire puis pour rejeter ses demandes de mise en liberté. La chambre criminelle a écarté l'argument en expliquant que c'était l'irrégularité elle-même qui devait avoir occasionné un préjudice au requérant et non la seule mise en cause de l'intéressé par l'acte critiqué.

467 **Preuve du grief.** C'est en principe au demandeur qu'il appartient d'apporter la preuve du grief (Cass. crim., 19 mai 2020, n°s 18-82.844 et 19-83.339, publié au bulletin).
Ainsi, n'encourt pas la censure l'arrêt d'une chambre de l'instruction refusant d'annuler une perquisition effectuée au cours d'une enquête préliminaire par un agent de police judiciaire en déduisant à tort l'existence du contrôle de l'officier de police judiciaire du visa du commissaire de police sur la transmission de la procédure au parquet, dès lors que l'occupant des lieux, qui n'a pas contesté la présence de l'objet qui y a été découvert, ne se prévaut d'aucun grief résultant de cette irrégularité (Cass. crim., 7 déc. 2021, n° 20-82.733, publié au bulletin).

468 **Inexistence d'un grief.** Bien que la jurisprudence soit foisonnante, il est possible de relever trois séries de circonstances excluant l'existence d'un grief :
– lorsque la méconnaissance des dispositions légales a été mineure ou qu'il y a été remédié de sorte que les droits de la partie concernée ont été assurés dans des conditions équivalentes à celles prévues par la loi, ou, en tout cas, suffisantes, par exemple quand l'imprimé de notification des droits à toute personne suspectée ou poursuivie soumise à une mesure privative de liberté prévu par l'article 803-6 du Code de procédure pénale n'a pas été remis à une personne placée en garde à vue mais qu'elle a bénéficié, par le truchement d'un interprète, de l'information de l'intégralité de ses droits mentionnés à l'article 63-1 du Code de procédure pénale aux différentes étapes de sa garde à vue et a renoncé, de manière non équivoque, à l'assistance d'un avocat (Cass. crim., 7 févr. 2017, n° 16-85.187 : *Bull. crim.* n° 32) ;
– lorsque la méconnaissance des règles protectrices est demeurée sans conséquence, par exemple quand une personne soutient avoir été entendue en violation des dispositions de l'article 105 du Code de procédure pénale pendant sa garde à vue mais que, dans ses auditions, elle n'a fait aucune déclaration à charge contre elle-même (Cass. crim., 14 janv. 2003, n° 02-87.062 : *Bull. crim.* n° 6. – Cass. crim., 2 mars 2004, n° 03-87.667) ;

– lorsque l'avocat, présent lors de l'acte, n'a élevé aucune protestation, hypothèse qui concerne davantage les convocations devant le juge d'instruction ou le juge des libertés et de la détention que les actes réalisés par les enquêteurs.

469 **Irrégularité faisant nécessairement grief.** Dans certains cas, au contraire, la chambre criminelle, retient que l'irrégularité commise a nécessairement fait grief.

Cette solution est appliquée dans des hypothèses où la démonstration d'un grief serait extrêmement difficile à apporter et face à des irrégularités qui paraissent porter gravement atteinte à l'image d'une justice équitable, notamment quand sont en cause la protection des droits à la liberté individuelle et les droits de la défense. Il n'en reste pas moins qu'en érigeant certaines irrégularités en nullités faisant nécessairement grief, la Cour de cassation fait de ces nullités des nullités textuelles que le législateur, sauf entre le 4 janvier 1993 et le 24 août de la même année, avait souhaité abandonner.

Constituent ainsi des hypothèses où la nullité fait nécessairement grief, par exemple :

– le retard dans la mise en œuvre de l'obligation d'informer le procureur de la République du placement en garde à vue d'une personne, non justifié par des circonstances insurmontables (Cass. crim., 12 janv. 2021, n° 20-82.600) ;

– l'absence de conservation d'un échantillon des produits stupéfiants, imposée par l'article 706-30-1 du Code de procédure pénale en cas de destruction de ces produits (Cass. crim., 16 déc. 2020, n° 20-83.377) ;

– le dépassement du délai légal en matière de garde à vue (Cass. crim., 13 févr. 1996, n° 95-85.538 : *Bull. crim.* n° 74) ;

– le défaut d'information du placement en garde à vue d'un mineur, donnée aux parents, tuteur, personne ou service auquel est confié le mineur, en application de l'article 4, II, de l'ordonnance n° 45-174 du 2 février 1945 (Cass. crim., 17 juin 2020, n° 20-80.065, publié au bulletin) ;

– le défaut de délivrance de l'autorisation de communiquer à un avocat désigné, avant un débat contradictoire tenu en vue d'un éventuel placement en détention provisoire (Cass. crim., 10 mars 2021, n° 20-86.919, publié au bulletin) ;

– le défaut de notification de qualification criminelle résultant d'une circonstance aggravante établie dès le début de la garde à vue dès lors que les auditions des personnes gardées à vue n'ont pas été enregistrées, comme elles auraient dû l'être en application de l'article 64-1 du Code de procédure pénale (Cass. crim., 29 sept. 2020, n° 20-80.509, publié au bulletin).

470 Modélisation de la démarche à suivre.

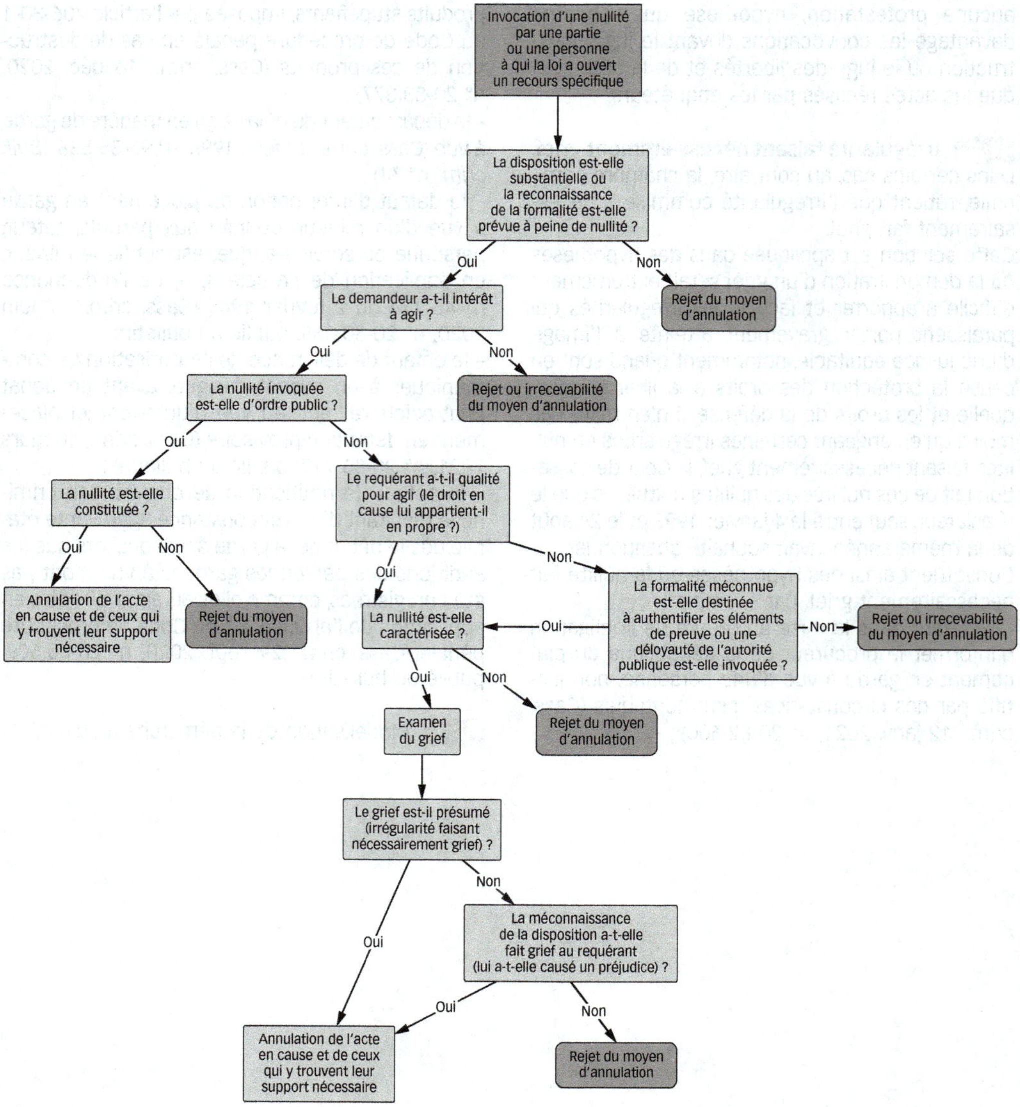

D Conséquences de l'irrégularité

471 Annulation de l'acte irrégulier et des actes qui y trouvent leur support. Lorsqu'un acte réalisé irrégulièrement doit être annulé, la question se pose de savoir si les actes réalisés après l'acte vicié doivent également être annulés. La position de la chambre criminelle est que l'annulation doit être étendue à l'acte subséquent, qui, si l'acte annulé n'avait pas été accompli, n'aurait pu légalement exister, car il « découle », « dérive » ou « procède » de ce dernier, qui en est le « support nécessaire » ou le « soutien exclusif » ou encore le « fondement exclusif et nécessaire ».

Il est parfois délicat de déterminer si un acte trouve ou non son support nécessaire dans l'acte vicié et annulé.

Un arrêt illustre bien cette problématique : à la suite d'une enquête portant sur un trafic de stupéfiants, le ministère public avait ouvert une information. Le juge d'instruction avait autorisé la sonorisation d'un domicile et la perquisition de locaux d'habitation en dehors des heures prévues à l'article 59 du Code de procédure pénale. Un des mis en examen a demandé l'annulation des opérations de perquisition à son domicile et par voie de conséquence, notamment, de son interpellation et de sa mise en examen et il a contesté la régularité d'un enregistrement permis par la mesure de sonorisation, dont il était apparu que les services enquêteurs avaient conservé une copie de travail.

La chambre de l'instruction a jugé que la copie de travail et les pièces de la procédure s'y rapportant, à savoir la vérification demandée par le juge d'instruction et le complément de renseignements en exécution du supplément d'information, devaient être annulés mais elle a considéré que cette irrégularité n'était pas de nature à affecter par elle-même la régularité des opérations de sonorisation ainsi que la mise sous scellés fermés des enregistrements des conversations retranscrites et de l'ensemble de la sonorisation, lesquels au surplus n'avaient pas été ouverts, en raison précisément de l'existence de la copie de travail. La chambre criminelle a approuvé cette solution « dès lors que n'était irrégulière que la conservation par les services enquêteurs d'une copie de travail des enregistrements postérieurement à la retranscription des conversations utiles issues de la mesure de sonorisation ».

La chambre de l'instruction avait, par ailleurs, prononcé l'annulation de l'autorisation de perquisition du domicile en dehors des heures légales, mais elle avait refusé de faire droit à la demande d'annulation de l'interpellation du demandeur, de sa mesure de garde à vue, de sa mise en examen et de son placement en détention provisoire, en retenant que ces actes reposaient sur des éléments extérieurs à l'autorisation de perquisition annulée, telles les interceptions téléphoniques, faisant apparaître, après son identification, qu'il se livrait à un commerce de produits stupéfiants ou sur les surveillances physiques montrant les rencontres avec les protagonistes du trafic et la livraison à son domicile de 30 kilogrammes de résine de cannabis. À cet égard, la chambre criminelle a jugé que si la décision avait, à juste titre, retenu que l'interrogatoire de première comparution et la mise en examen n'avaient pas pour support nécessaire l'ordonnance de perquisition annulée, en présence des indices graves ou concordants dont disposait, par ailleurs, le juge d'instruction, en revanche, elle l'a censurée pour le surplus au motif qu'elle aurait dû constater que l'interpellation et le placement en garde à vue de l'intéressé n'avaient pu être réalisés à son domicile que sur le fondement exclusif de l'ordonnance annulée (Cass. crim., 21 juin 2016, n° 16-80.126 : *Bull. crim.* n° 188).

472 Impossibilité de tenir compte de l'acte irrégulier pour ordonner le renvoi devant la juridiction de jugement ou pour prononcer une condamnation. Il arrive que la chambre criminelle retienne qu'un acte, bien qu'irrégulier, ne doit pas pour autant être annulé mais, simplement, qu'il ne pourra être pris en compte pour ordonner le renvoi devant la juridiction de jugement ou pour prononcer une condamnation.

Jusqu'à présent, ce type de solution n'a été retenu par la chambre criminelle que dans des hypothèses où les règles avaient changé entre la date de réalisation de l'acte et le moment où une juridiction du fond se prononçait. C'est en matière de garde à vue que cette solution a été dégagée. Après avoir intégré dans sa jurisprudence la position de la Cour européenne des droits de l'homme imposant qu'une personne placée en garde à vue soit informée, dès le début de la mesure, de son droit de se taire et sauf exceptions justifiées par des raisons impérieuses tenant aux circonstances particulières de l'espèce, pouvoir bénéficier, en l'absence de renonciation non équivoque, de l'assistance effective d'un avocat, la chambre criminelle a admis que les juridictions du fond ne sanctionnent pas par une annulation des auditions effectuées en garde à vue en méconnaissance des principes dégagés par la Cour européenne des droits de l'homme dès lors que les juges ne s'étaient pas fondés, pour condamner, exclusivement ni même essentiellement sur les déclarations recueillies en garde à vue (Cass. crim., 6 déc. 2011, n° 11-80.326 : *Bull. crim.* n° 247. – Cass. crim., 14 mars 2012, n° 11-81.274 : *Bull. crim.* n° 72 ; Cass. crim., 21 mars 2012, n° 11-83.637 : *Bull. crim.* n° 78. – Cass. crim., 31 mai 2012, n° 11-83.494 : *Bull. crim.* n° 141. – Cass. crim., 13 juin 2012, n°s 10-82.420, 11-81.573 : *Bull. crim.* n° 147. – Cass. crim., 18 sept. 2012, n° 11-85.031 : *Bull. crim.* n° 190. – Cass. crim., 12 déc. 2012, n° 12-80.788 : *Bull. crim.* n° 275. – Cass. crim., 24 avr. 2013, n° 12-83.602 : *Bull. crim.* n° 101. – Cass. crim., 15 juin 2016, n° 14-87.715 : *Bull. crim.* n° 184).

E Les suites d'une annulation

473 On vient de montrer qu'une irrégularité n'était pas systématiquement sanctionnée par une annulation. Le prononcé d'une annulation est néanmoins la solution la plus courante en cas d'irrégularité.

474 **Suites variables.** Il convient d'insister sur le fait que toutes les annulations n'ont pas les mêmes conséquences.

La nullité de l'acte peut avoir des effets limités. D'une part, la nullité peut être cantonnée à l'acte attaqué, voire à certaines mentions de l'acte. D'autre part, il est parfois possible de refaire l'acte après son annulation. Cela fait perdre du temps mais cela n'influe pas sur le caractère complet de l'enquête.

En revanche, il arrive que la nullité d'un acte ait davantage d'effets. Tout d'abord, il y a des cas où l'acte annulé ne peut être refait. C'est le cas lorsqu'il s'agit d'un prélèvement de matière sur une scène de crime qui est annulé et qu'ensuite, il ne reste plus assez de matière pour refaire l'examen ou l'analyse. D'autre part, comme il a été indiqué, l'application de la règle du support nécessaire peut conduire les juges à devoir annuler beaucoup plus que l'acte vicié si les investigations effectuées après celui-ci n'auraient pas pu exister sans que l'acte irrégulier ait été effectué. Dans les situations les plus extrêmes, non seulement l'irrégularité d'un acte entraînera l'annulation d'actes réalisés après celui qui est vicié, mais il ne sera possible de refaire ni l'acte entaché de nullité ni les actes qui en étaient la suite. Cela aboutira parfois à la remise en liberté de la personne poursuivie qui pourra en profiter pour disparaître, ou à « vider » le dossier de tous les éléments de preuve déterminants voire à annuler les poursuites qui, en raison de la prescription, ne pourront être reprises.

L'irrégularité d'un acte fait au départ de l'enquête a souvent des conséquences plus importantes que celles commises à la fin de l'enquête, ne serait-ce qu'en raison du risque d'annulation d'actes multiples en application de la règle du « support nécessaire ». Par exemple, quand un contrôle d'identité permet de découvrir de la drogue, que la découverte de celle-ci conduit à remonter une filière d'approvisionnement et qu'il s'avère que le contrôle d'identité est irrégulier, l'ensemble de l'enquête risque l'annulation compte tenu de la règle qui vient d'être évoquée.

Il convient en outre d'ajouter qu'une irrégularité n'entraînant aujourd'hui annulation qu'en cas de grief pourra être considérée, demain, comme entraînant l'annulation sans grief ou avec grief présumé (irrégularité faisant nécessairement grief : à titre d'exemple, V. *infra*, n° 1444).

475 Ces considérations conduisent donc à réaffirmer avec force que le strict respect des dispositions du code est l'unique moyen d'assurer la bonne fin des procédures. Il est essentiel que les règles définies par le Code de procédure pénale soient respectées à la lettre. Il serait extrêmement téméraire et hasardeux de parier sur une « tolérance » de la jurisprudence.

L'ESSENTIEL **476** De multiples dispositions du Code de procédure pénale prévoient que la police judiciaire est dirigée et contrôlée par l'autorité judiciaire. Il s'agit d'un principe constitutionnel (V. *supra*, n° 390).

477 Les magistrats qui contrôlent la police judiciaire sont :
- le procureur de la République qui doit être informé, dirige, autorise, contrôle (V. *supra*, n°s 391 à 397) ;
- le juge d'instruction, qui, dans les affaires dont il est chargé, a les mêmes pouvoirs de direction, autorisation et contrôle (V. *supra*, n°s 398 à 403) ;
- le procureur général qui a un pouvoir de surveillance des officiers de police judiciaire, qui les habilite et peut leur retirer cette habilitation ou la suspendre et les déférer devant la chambre de l'instruction (V. *supra*, n°s 410 à 419) ;
- la chambre de l'instruction dont le rôle de contrôle n'est pas cantonné aux officiers de police judiciaire puisqu'elle contrôle tous les fonctionnaires et militaires chargés de fonctions de police judiciaire de même que les assistants d'enquête et les fonctionnaires et agents chargés de certaines fonctions de police judiciaire (V. *supra*, n°s 421 à 436) ;
- le juge des libertés et de la détention qui autorise et parfois contrôle sans diriger (V. *supra*, n°s 390, 404 à 406).

478 La notation des officiers de police judiciaire relève du procureur général sur proposition du procureur de la République après consultation des magistrats travaillant avec les officiers de police judiciaire (V. *supra*, n°s 407 et s.).

479 Le contrôle de la régularité des enquêtes relève de plusieurs entités qui n'ont pas toutes les mêmes possibilités (V. *supra*, n° 437).
Ce contrôle peut être mis en œuvre par le procureur de la République (V. *supra*, n° 438), le juge d'instruction (V. *supra*, n° 438), le juge des libertés et de la détention dans des conditions variables selon les textes lui donnant compétence (V. *supra*, n° 440), par les parties (V. *supra*, n° 447).

480 Le contrôle effectif de la régularité, en dehors de l'hypothèse où le procureur déciderait de classer sans suite une procédure en raison des nullités commises, relève soit de la juridiction de jugement, tribunal correctionnel puis chambre correctionnelle de la cour d'appel (V. *supra*, n°s 451 et s.) ou, quand une instruction est ouverte de la chambre de l'instruction statuant en collégialité voire de son seul président (V. *supra*, n° 450).

481 L'examen des nullités doit conduire les juges à (V. *supra*, n°s 453 à 475) :
1. rechercher si le demandeur, partie à la procédure ou à qui la loi a spécifiquement ouvert un recours, invoque une nullité substantielle ou prévue par la loi à peine de nullité ;

2. si le demandeur a intérêt à agir, ce qui sera souvent le cas quand l'acte querellé l'incriminera ;
3. rechercher si la nullité invoquée est d'ordre public ou d'ordre privé ;
4. si elle est d'ordre public et qu'elle est avérée, le juge devra annuler l'acte et tous ceux qui trouvent leur support nécessaire dans cet acte ;
5. si la nullité invoquée est d'ordre privé, le juge devra rechercher si le demandeur a qualité pour agir, en d'autres termes si le droit dont il se prévaut lui appartient en propre (il ne peut se prévaloir d'un droit appartenant à un des coprévenus ou co-mis en examen mais il peut en revanche, arguer d'une méconnaissance d'une règle tendant à garantir l'authenticité de la preuve). Si le requérant n'allègue pas que la formalité a pour objet de préserver un droit ou un intérêt propre, il appartient néanmoins à la juridiction de rechercher s'il résulte de la procédure que tel pourrait être le cas ;
6. si la nullité d'ordre privé est caractérisée, le juge doit encore se demander si elle cause un grief au demandeur, c'est-à-dire si elle lui occasionne un préjudice, lequel ne peut résulter de sa seule mise en cause par l'acte critiqué mais doit résulter de l'irrégularité elle-même. Ce n'est que si toutes ces conditions sont réunies qu'il y a lieu de prononcer l'annulation. Il y a cependant des irrégularités qui sont si graves qu'elles font nécessairement grief.

POUR ALLER PLUS LOIN…

Fascicule JurisClasseur

• *JCl. Procédure pénale*, Art. 191 à 230, fasc. 30. *Chambre de l'instruction, Pouvoirs de la chambre de l'instruction : révision, évocation, annulation. – Supplément d'information. – Décisions sur le fond*, par J-P. Valat.

Ouvrage

• F. Desportes et L. Lazerges-Cousquer, *Traité de procédure pénale*, Economica, 4e éd., 2015, § 2020.

Partie 2

De la police administrative à la police judiciaire : les contrôles d'identité

Sommaire

Fiche 15
Fiche introductive

482 **Définition.** Le contrôle de l'identité n'est pas précisément défini, mais ses contours font l'objet d'un consensus autour de l'idée qu'il s'agit de « l'acte d'un agent de l'autorité publique consistant à demander à un particulier, sous les conditions posées par la loi, de justifier de son identité aux fins de l'examen du justificatif fourni, en tout lieu où cet agent se trouve légalement ».

483 **Toute discrimination est prohibée.** Un tel contrôle ne peut être ni le prétexte ni la conséquence, d'une discrimination, ainsi que le rappelle l'article R. 434-16 du Code de la sécurité intérieure :

> « Lorsque la loi l'autorise à procéder à un contrôle d'identité, le policier ou le gendarme ne se fonde sur aucune caractéristique physique ou aucun signe distinctif pour déterminer les personnes à contrôler, sauf s'il dispose d'un signalement précis motivant le contrôle.
>
> Le contrôle d'identité se déroule sans qu'il soit porté atteinte à la dignité de la personne qui en fait l'objet ».

Est considéré comme discriminatoire un contrôle d'identité effectué par des policiers munis d'une réquisition écrite délivrée par le procureur de la République, aux fins de recherche et de poursuite des infractions de trafic de stupéfiants, infractions à caractère terroriste, vols, vols aggravés et ports d'armes prohibées, qui, selon le procès-verbal qu'ils ont dressé, procèdent au contrôle d'un « individu de type nord-africain », qui s'avère être de nationalité égyptienne et faire l'objet d'un arrêté de reconduite à la frontière demeuré inexécuté. De telles mentions sont de nature à faire présumer que le contrôle d'identité a été motivé par l'appartenance ethnique, réelle ou supposée, de la personne contrôlée, en méconnaissance de l'article 14 de la Convention européenne des droits de l'homme (Cass. crim., 3 nov. 2016, n° 15-85.548 : *Bull. crim.* n° 284 ; *Procédures* 2017, comm. 19, A.-S. Chavent-Leclère).

Les contrôles d'identité qui ne révèlent aucune anomalie et n'engendrent pas l'établissement d'une procédure peuvent aussi être argués de discrimination par le biais de la mise en cause de la responsabilité de l'État pour faute lourde. La première chambre civile de la Cour de cassation juge, en la matière, qu' :

> « une faute lourde de l'État, au sens de l'article L. 141-1 du code de l'organisation judiciaire, doit être regardée comme constituée lorsqu'il est établi qu'un contrôle d'identité a été réalisé selon des critères tirés de caractéristiques physiques associées à une origine, réelle ou supposée, sans aucune justification objective préalable.
>
> La charge de la preuve est aménagée en ce qu'il appartient à celui qui s'en prétend victime d'apporter des éléments de fait de nature à traduire une différence de traitement et laissant présumer l'existence d'une discrimination, et, le cas échéant, à l'administration de démontrer, soit l'absence de différence de traitement, soit que celle-ci est justifiée par des éléments objectifs étrangers à toute discrimination.
>
> Les juges apprécient souverainement si celui qui s'en prévaut rapporte la preuve de faits de nature à traduire une différence de traitement laissant présumer l'existence d'une discrimination dans le choix de la personne » (Cass. 1re civ., 9 nov. 2016, n° 15-25.873 : *Bull. civ.* I, n° 212. – Cass. 1re civ., 9 nov. 2016, n° 15-24.212 : *Bull. civ.* I, n° 211. – Cass. 1re civ., 9 nov. 2016, n° 15-24.210 : *Bull. civ.* I, n° 210).

L'appréciation souveraine dont dispose la cour d'appel peut conduire à des solutions qui, à première vue, peuvent donner l'impression d'être opposées. Ainsi, une cour d'appel, qui constate que « les études et informations statistiques produites attestent de la fréquence de contrôles d'identité effectués, selon des motifs discriminatoires, sur une même catégorie de population appartenant aux "minorités visibles", c'est-à-dire déterminée par des caractéristiques physiques résultant de son origine ethnique, réelle ou supposée, et se fonde sur un témoignage pour retenir que les opérations de contrôle ont visé, durant une heure trente, de façon systématique et exclusive, un type de population en raison de sa couleur de peau ou de son origine, en déduit souverainement que la victime apporte des éléments de nature à traduire une différence de traitement laissant présumer l'existence d'une discrimination.

Lorsqu'ainsi, au regard d'une telle présomption, elle estime souverainement que l'Agent judiciaire de l'État ne démontre pas en quoi ce contrôle d'identité était justifié par des circonstances objectives, étrangères à toute discrimination, elle en déduit exactement que la responsabilité de l'État se trouve engagée sur le fondement de l'article L. 141-1 du code de l'organisation judiciaire » (Cass. 1re civ., 9 nov. 2016, n° 15-25.873 : *Bull. civ.* I, n° 212).

En revanche, une cour d'appel énonce à bon droit que des études et informations statistiques sont, à elles seules, insuffisantes à laisser présumer une discrimination et, déduisant ensuite souverainement du contenu des attestations produites que l'intéressé ne rapporte pas la preuve de faits de nature à traduire une différence de traitement, retient exactement que la responsabilité de l'État ne peut être engagée pour discrimination dans le choix de la personne (Cass. 1re civ., 9 nov. 2016, n° 15-24.212 : *Bull. civ.* I, n° 211).

De même, les juges procèdent à une appréciation souveraine de l'existence de la différence de traitement et des éléments objectifs de nature à la justifier, lorsqu'ils concluent que le choix de la personne contrôlée ne présente pas de caractère discriminatoire, le contrôle ayant eu lieu parce que l'intéressé correspondait au signalement de l'un des suspects et non en fonction de critères tirés de caractéristiques physiques (Cass. 1re civ., 9 nov. 2016, n° 15-24.210 : *Bull. civ.* I, n° 210).

484 **Palpation de sécurité.** L'article R. 434-16 du Code de la sécurité intérieure qui proscrit toute discrimination lors des contrôles d'identité prévoit la possibilité de réaliser une palpation de sécurité lors de ces contrôles :

> « ... La palpation de sécurité est exclusivement une mesure de sûreté. Elle ne revêt pas un caractère systématique. Elle est réservée aux cas dans lesquels elle apparaît nécessaire à la garantie de la sécurité du policier ou du gendarme qui l'accomplit ou de celle d'autrui. Elle a pour finalité de vérifier que la personne contrôlée n'est pas porteuse d'un objet dangereux pour elle-même ou pour autrui.
>
> Chaque fois que les circonstances le permettent, la palpation de sécurité est pratiquée à l'abri du regard du public ».

La loi ne donne pas de définition de la palpation de sécurité.

La circulaire (NOR : JUSD1113979C, § III.7.2.1) de la direction des affaires criminelles et des grâces du ministère de la Justice du 23 mai 2011, relative à l'application des dispositions relatives à la garde à vue de la loi n° 2011-392 du 14 avril 2011, la définit comme consistant en de « simples tapotements par-dessus les vêtements d'une personne afin de s'assurer qu'elle n'est pas porteuse d'objets dangereux pour elle-même ou autrui ». Cette palpation doit être réalisée par un agent de même sexe que la personne contrôlée.

La principale difficulté qui se présente à l'agent de police judiciaire est de déterminer si l'action qu'il entreprend relève d'une fouille réservée, en flagrance, à l'officier de police judiciaire, ou requérant, s'il est en préliminaire, l'accord de la personne concernée, ou bien s'il s'agit d'une simple palpation de sécurité qu'il peut valablement effectuer.

On citera quelques exemples illustrant la difficulté.

Dans l'hypothèse suivante, les agents de police judiciaire ont excédé leurs pouvoirs. Des militaires de la gendarmerie, qui effectuaient une surveillance générale, ont cru reconnaître, devant un commerce, une personne faisant l'objet d'une fiche de recherches. Lors du contrôle, l'individu a contesté être la personne recherchée et déclaré ne pas disposer de document d'identité. Les gendarmes ayant décidé, en application de l'article 78-3 du Code de procédure pénale, de l'amener dans leurs locaux aux fins de vérification de son identité, ont procédé à une « fouille palpation » au cours de laquelle ils ont découvert, dans sa sacoche, un faux permis de conduire. L'intéressé, placé en garde à vue, a décliné sa véritable identité. Poursuivi pour détention de faux document administratif, il a soulevé l'irrégularité de la fouille opérée sans son consentement. Les juges d'appel ont écarté le moyen en retenant que la mesure à laquelle s'étaient livrés les gendarmes, qui avait comporté la fouille de la sacoche de l'intéressé à l'intérieur de laquelle avait été trouvé le document objet des poursuites, ne pouvait être assimilée à une perquisition requérant l'assentiment du propriétaire de la chose et qu'elle avait constitué l'unique moyen de garantir la sécurité des personnes à l'occasion du contrôle d'identité requérant un transport dans les locaux des représentants de la force publique, habilités à procéder à l'exécution des recherches sollicitées et, par suite, au contrôle d'identité rendu nécessaire par les dénégations de l'intéressé. Leur décision a été censurée car la palpation de sécurité opérée sur une personne faisant l'objet d'un contrôle d'identité n'autorise pas l'officier de police judiciaire à procéder, sans l'assentiment de l'intéressé, à la fouille de sa sacoche, dès lors que cette palpation n'a pas préalablement révélé l'existence d'un indice de la commission d'une infraction flagrante (Cass. crim., 23 mars 2016, n° 14-87.370 : *Bull. crim.* n° 102).

En revanche, leur action est régulière dans les circonstances suivantes. Des agents de police judiciaire, agissant conformément aux instructions de l'officier de police judiciaire compétent, ont aperçu un véhicule qui, à leur vue, a tourné brusquement à droite sans faire usage de son clignotant. Ils ont décidé de procéder à son contrôle et, après l'avoir rattrapé, ont effectué une palpation de sécurité du passager qui a présenté une boîte contenant une balance électronique. Ils ont invité le conducteur à sortir de la voiture. Ils ont alors constaté, selon le procès-verbal, dans sa sacoche restée ouverte, deux emballages faisant penser à un conditionnement de produits stupéfiants, puis ont effectué une palpation de la sacoche. Interrogé sur le contenu, le conducteur a confirmé qu'il s'agissait de produits stupéfiants. Procédant en flagrant délit, les policiers ont interpellé les deux personnes. La fouille de la sacoche par l'officier de police judiciaire a permis la découverte de deux sachets contenant, au total, plus de 200 grammes de cocaïne. Le conducteur, poursuivi pour infractions à la législation sur les stupéfiants, a invoqué la nullité du procès-verbal de saisine et d'interpellation et des actes subséquents, en raison de l'irrégularité de la palpation de sécurité ainsi que de la fouille de sa sacoche. Pour écarter la nullité, l'arrêt a retenu que les policiers disposaient de la faculté d'inviter le conducteur du véhicule, qui venait de commettre à deux reprises la contravention prévue à l'article R. 412-10 du Code de la route, à justifier de son identité en application de l'article 78-2 du Code de procédure pénale, et étaient fondés à considérer que le conducteur et le passager avaient tenté d'échapper au contrôle et à effectuer sur eux une palpation de sécurité destinée à détecter la présence éventuelle d'objet dangereux. Il a encore ajouté qu'eu égard à la réticence du conducteur à présenter aux policiers la sacoche, sa palpation était nécessaire à la sécurité des fonctionnaires. Les juges ont également retenu que les éléments qui leur ont été soumis ne permettaient pas de remettre en cause les constatations des policiers, dont il ne pouvait être déduit qu'ils auraient procédé irrégulièrement à la fouille de la sacoche et ont conclu que la découverte de la balance électronique et la palpation de la sacoche de nature à conforter l'identification visuelle de conditionnements de produits stupéfiants, outre les propos spontanés du prévenu, désormais contestés, avaient constitué des indices apparents suffisants d'un comportement délictueux. Leur décision a été approuvée par la Cour de cassation dès lors que la palpation de sécurité des personnes contrôlées et de la sacoche que portait l'une d'entre elles avait été justifiée par leur comportement apparent d'évitement des fonctionnaires de police et que le procès-verbal litigieux n'était contredit par aucun autre élément du dossier (Cass. crim., 9 déc. 2015, n° 14-84.852).

De même, c'est vainement qu'il est soutenu que des agents de police judiciaire ont illégalement procédé à une fouille à corps en inspectant la poche intérieure d'une veste alors que la présence visible d'armes à feu à l'intérieur des véhicules, l'attitude des sept suspects, qui ont pris la fuite, et la découverte d'une paire de ciseaux permettaient aux agents interpellateurs de craindre pour leur sécurité et de poursuivre la palpation de sécurité sur les poches intérieures de la veste (Cass. crim., 29 mars 2017, n°s 16-82.763 et 09-82.511).

Ne sont pas non plus irrégulières les palpations de sécurité effectuées sur un individu qui, lors du contrôle d'identité, tente vainement de prendre la fuite à la vue du véhicule de police, fait l'objet d'une palpation de sécurité qui permet de découvrir, au niveau de la jambe gauche, une protubérance rectangulaire, s'avérant constituée de résine de cannabis puis, à son arrivée au commissariat, d'une seconde palpation de sécurité permettant de découvrir, au niveau de la cheville gauche, une poche plastique contenant de nombreux sachets de résine de cannabis, conditionnés pour la vente, ainsi que deux blocs plus importants, le tout pesant trois cent onze grammes. C'est vainement que la personne interpellée fait valoir que les palpations de sécurité, effectuées par un agent de police judiciaire, étaient en réalité une fouille de la seule compétence d'un officier de police judiciaire, dès lors que les palpations de sécurité auxquelles a été soumis l'intéressé ne pouvaient être assimilées à une perquisition et avaient pour finalité de vérifier que la personne contrôlée n'était porteuse d'aucun objet dangereux pour elle-même ou pour autrui (Cass. crim., 11 déc. 2019, n° 19-82.454).

485 **Consultation de fichiers à l'occasion des contrôles d'identité, administratifs ou judiciaires.** Lors d'un contrôle d'identité, qu'il soit administratif ou judiciaire, les représentants des forces de l'ordre peuvent estimer utile de s'assurer que la personne qui justifie auprès d'eux de son identité n'est pas inscrite dans un fichier qui nécessiterait des diligences de leur part.

À part le cas des logiciels de rapprochement judiciaire dont l'article 230-26 du Code de procédure pénale prohibe l'utilisation « pour les besoins d'enquêtes administratives » (mais il ne s'agit pas, à proprement parler d'un fichier qui pourrait être consulté à l'occasion d'un contrôle d'identité), une telle consultation n'apparaît pas prohibée.

L'article 1er du décret n° 2010-569 du 28 mai 2010 qui régit le fichier des personnes recherchées (FPR) indique d'ailleurs que la finalité du fichier est de faciliter les recherches, les surveillances et les contrôles effectués, dans le cadre de leurs

Fiche introductive

attributions respectives, par les services de la police nationale, les unités de la gendarmerie nationale et les agents des douanes exerçant des missions de **police judiciaire** ou de **police administrative**.

486 **Justification satisfaisante de l'identité.** Si la législation française impose aux ressortissants étrangers d'être porteurs d'un titre de séjour (CESEDA, art. L. 812-1), elle n'oblige pas les nationaux à détenir une carte nationale d'identité.
Un Français faisant l'objet d'un contrôle d'identité doit donc pouvoir produire, pour justifier de son identité, tout document probant, voire tout témoignage d'un tiers. Il est cependant évident que les documents comportant une photographie dont rien ne permet de douter de l'authenticité apportent rapidement une preuve peu discutable tandis que les documents sans photographie ainsi évidemment que l'absence de tout document risquent de conduire à une procédure de vérification d'identité.

487 **Les différents types de contrôles d'identité.** On distingue deux catégories de contrôles d'identité : ceux qui sont faits à l'initiative des officiers de police judiciaire et, sur l'ordre et sous la responsabilité de ceux-ci, des agents de police judiciaire et agents de police judiciaire adjoints et ceux qui sont faits sur réquisitions écrites du procureur de la République.
Mais on peut également les distinguer selon qu'il s'agit de contrôles administratifs préventifs ou de contrôles judiciaires liés à la commission, possible ou avérée, d'une infraction. Dans les deux cas, ils sont opérés sous le contrôle des autorités judiciaires mentionnées aux articles 12 et 13 du Code de procédure pénale (CPP, art. 78-1) et peuvent être soumis au juge judiciaire.
La doctrine a souligné combien les contrôles judiciaires et administratifs tendaient à se rapprocher en relevant qu'il « est en effet des contrôles judiciaires aux allures de contrôle administratif. Tel est le cas lorsque le procureur de la République décide de faire procéder à un contrôle dans un lieu et pour un temps déterminé… ». En effet, un tel contrôle ordonné par le procureur de la République peut apparaître comme d'essence judiciaire. Pourtant les conditions le justifiant ne sont pas liées à la circonstance qu'une infraction vient d'être commise ou s'apprête à l'être, ce qui le rapproche davantage d'un contrôle administratif. La ligne de partage entre prévention de la délinquance qui relève du contrôle administratif et infraction sur le point d'être commise qui relève du contrôle de police judiciaire est délicate à tracer !
Certains peuvent s'accompagner de fouilles des véhicules et des bagages.
D'autres concernent spécifiquement la police des étrangers.
Plusieurs contrôles pouvant obéir à des règles communes, l'ordre dans lequel ils seront exposés est nécessairement arbitraire. Il a ainsi été fait le choix de présenter tout d'abord les contrôles préventifs (Titre 1), puis les contrôles liés à la commission d'une infraction (Titre 2), ceux relatifs à la situation des étrangers (Titre 3) avant que soient exposées les vérifications d'identité et de situation (Titre 4).

L'ESSENTIEL 488 Le contrôle d'identité qui consiste pour un agent de l'autorité publique à demander à un particulier, dans les cas prévus par la loi, de justifier de son identité aux fins d'examiner le justificatif fourni, ne doit jamais se fonder sur des caractéristiques physiques ou signes distinctifs sauf si l'auteur du contrôle est en possession d'un signalement précis motivant le contrôle.

489 Si un contrôle s'avérait être discriminatoire, il serait annulé, sans préjudice de la mise en cause de la responsabilité de l'État pour faute lourde.

490 Un contrôle d'identité peut donner lieu à une palpation de sécurité qui ne doit pas être systématique et doit être réservée aux cas où elle est destinée à prévenir un risque pour l'agent ou pour autrui.

491 En revanche, à l'occasion d'un simple contrôle d'identité une fouille ne peut être effectuée. Elle ne peut l'être que par un officier de police judiciaire dans le cadre d'une enquête de flagrance ou au cours d'une enquête préliminaire avec le consentement de la personne fouillée.

492 On distingue les contrôles réalisés d'initiative par les agents de ceux faits sur réquisition du procureur de la République, mais on distingue également les contrôles préventifs qui relèvent de la police administrative, des contrôles liés à la possibilité de réalisation d'une infraction qui constituent des opérations de police judiciaire. Tous sont placés sous le contrôle de l'autorité judiciaire.

493 Lors d'un contrôle d'identité, il est licite que l'agent qui y procède consulte des fichiers de police, spécialement le fichier des personnes recherchées (FPR) dont la fonction est de faciliter les recherches par les agents exerçant des missions de police judiciaire ou de police administrative.

POUR ALLER PLUS LOIN...

Fascicule JurisClasseur

- *JCl. Procédure pénale*, Art. 78-1 à 78-7, fasc. 20-10, *Contrôles, vérifications et relevés d'identité*, par J. Buisson.

Ouvrage

- F. Desportes et L. Lazerges, *Traité de procédure pénale*, Economica, 4e éd., 2015, n° 2228, p. 1474.

Titre 1
Les contrôles préventifs

Sommaire

Fiche 16

Contrôles administratifs non individualisés

Sommaire

I

Contrôle d'identité préventif

A L'alinéa 8 de l'article 78-2 du Code de procédure pénale

494 **Contrôle d'identité administratif.** Aux côtés des contrôles d'identité de police judiciaire, le législateur a institué un contrôle de police administrative, dit préventif, dans la mesure où il est décorrélé de toute suspicion d'infraction imputable à la personne contrôlée.

495 Le texte prévoit que :

« L'identité de toute personne, quel que soit son comportement, peut également être contrôlée, selon les modalités prévues au premier alinéa, pour prévenir une atteinte à l'ordre public, notamment à la sécurité des personnes ou des biens ».

B Qui peut être contrôlé ?

496 **Indifférence du comportement de la personne contrôlée.** Le texte précise que « toute personne, quel que soit son comportement » peut faire l'objet d'un contrôle d'identité préventif, ce qui signifie que, contrairement à ce qui est prévu pour les contrôles d'identité judiciaires, l'attitude de la personne qui fait l'objet du contrôle est indifférente. Pourvu que les autres conditions du contrôle soient réunies, celui-ci peut concerner toutes les personnes qui se trouvent dans la zone de contrôle. C'est la loi du n° 93-992 du 10 août 1993 qui a ajouté cette précision en réaction à une jurisprudence de la chambre criminelle de la Cour de cassation qui avait semblé introduire dans le contrôle administratif préventif une condition relative à l'attitude

de la personne contrôlée en énonçant que l'application du texte « est subordonnée à la prévention "d'une atteinte à l'ordre public" qui soit directement rattachable au comportement de la personne dont l'identité est contrôlée » (Cass. crim., 10 nov. 1992, n° 92-83.352 : *Bull. crim.* n° 370).
Le Conseil constitutionnel, saisi par des parlementaires du texte de la loi du 10 août 1993 avant qu'elle soit promulguée, a estimé qu'il était loisible au législateur de prévoir que le contrôle d'identité d'une personne pouvait ne pas être lié à son comportement mais il a toutefois émis une réserve d'interprétation estimant que l'autorité concernée devait justifier, dans tous les cas, des circonstances particulières établissant le risque d'atteinte à l'ordre public ayant motivé le contrôle (Cons. const., 5 août 1993, n° 93-323 DC). Le Conseil a également ajouté qu'il revenait à l'autorité judiciaire, gardienne de la liberté individuelle, de contrôler en particulier les conditions relatives à la légalité, à la réalité et à la pertinence des raisons ayant motivé les opérations de contrôle et de vérification d'identité ; qu'à cette fin il lui appartenait d'apprécier, s'il y a lieu, le comportement des personnes concernées.
Cette dernière précision a pu semer le trouble et conduire les forces de l'ordre à prendre en compte l'attitude de la personne contrôlée.
On a pu ainsi relever des décisions qui faisaient état de ce que les forces de l'ordre, bien que procédant à un contrôle préventif, s'étaient fondées sur le comportement de la personne, qui avait tenté de faire demi-tour en accélérant le pas, à la vue du véhicule de police (Cass. crim., 23 mai 1995, n° 94-83.887 : *Bull. crim.* n° 187) ou qui s'était éloignée pour se soustraire à leur contrôle (Cass. crim., 17 déc. 1996, n° 96-82.829 : *Bull. crim.* n° 470) ou que les individus, en voyant les policiers, avaient pris rapidement la direction des escaliers menant au parking souterrain (Cass. crim., 10 oct. 1996, n° 96-83.079 : *Bull. crim.* n° 356) ou encore que l'intéressé avait tenté de descendre de l'autobus lorsqu'il avait vu les policiers (Cass. 2e civ., 4 mars 1999, n° 97-50.086 : *Bull. civ.* II, n° 39).
Ces confusions ne devraient plus avoir cours. La Cour de cassation indique nettement que « l'identité de toute personne peut être contrôlée pour prévenir une atteinte à l'ordre public, notamment à la sécurité des personnes et des biens, quel que soit le comportement de la personne contrôlée, même si celui-ci n'a aucun lien avec des infractions précédemment relevées dans le secteur du contrôle » (Cass. 2e civ., 26 avr. 2001, n° 99-50.038 : *Bull. civ.* II, n° 79).
Il est cependant exact que le comportement de la personne guide parfois les forces de l'ordre dans leur appréciation de la nécessité de procéder à un contrôle d'identité. Il est sans doute plus efficace, au regard de la prévention d'une atteinte à l'ordre public, de contrôler l'identité d'une personne qui a un comportement bizarre plutôt que celle d'une personne qui a un comportement tout à fait banal.

C Qui peut procéder au contrôle ?

497 L'alinéa 8 de l'article 78-2 du Code de procédure pénale précise que le contrôle administratif préventif peut être effectué selon les modalités prévues au premier alinéa.
Il s'ensuit qu'un tel contrôle peut être effectué par les officiers de police judiciaire et, sur l'ordre et sous la responsabilité de ceux-ci, par les agents de police judiciaire et agents de police judiciaire adjoints mentionnés aux articles 20 et 21, 1°. Les articles 16, 20 et 21 du Code de procédure pénale énumèrent les catégories de personnes ayant cette qualité (V. *supra*, nos 23, 173, 230).
Les agents de police judiciaire adjoints de la gendarmerie de l'article 21, 1° bis et les policiers adjoints mentionnés à l'article L. 411-5 du Code de la sécurité intérieure de l'article 21, 1° ter, qui ne sont pas visés par l'alinéa 8, ne peuvent opérer seuls un tel contrôle. Ils ne peuvent intervenir qu'en assistance d'un officier de police judiciaire.

D Dans quel but ce contrôle peut-il avoir lieu ?

498 Un contrôle administratif préventif ne peut avoir lieu de façon discrétionnaire, ainsi que l'avait souligné le Conseil constitutionnel dans sa décision du 5 août 1993. Le Conseil avait en effet relevé, comme il a déjà été souligné, que « la prévention d'atteintes à l'ordre public, notamment d'atteintes à la sécurité des personnes ou des biens, est nécessaire à la sauvegarde de principes et de droits ayant valeur constitutionnelle » mais que « la pratique de contrôles d'identité généralisés et discrétionnaires serait incompatible avec le respect de la liberté individuelle » de sorte que « l'autorité concernée doit justifier, dans tous les cas, des circonstances particulières établissant le risque d'atteinte à l'ordre public qui a motivé le contrôle ».
Il faut donc que le contrôle soit réalisé pour prévenir une atteinte à l'ordre public, notamment à la sécurité des personnes ou des biens.
Ce risque de trouble peut résulter d'événements préexistants ou d'un événement particulier.

1 Événements préexistants

499 **Conditions d'un contrôle régulier.** C'est très souvent la commission répétée d'infractions dans une zone déterminée dans un passé récent qui fait craindre la répétition de tels comportements et qui justifie que des contrôles d'identité préventifs soient mis en œuvre.

Ainsi un contrôle d'identité préventif est justifié lorsqu'il est effectué dans une gare qui est la première gare française sur le trajet Genève-Paris et gare de correspondance pour les voyageurs en provenance des lignes longeant la frontière franco-suisse, ce qui fait d'elle un pôle d'attraction pour les individus ayant franchi clandestinement la frontière terrestre franco-suisse et désirant emprunter les transports ferroviaires à destination de Paris et de Lyon, alors que de nombreuses procédures ont été établies par le service auquel appartiennent les policiers qui ont procédé au contrôle au cours des années précédentes, à un rythme pluri-hebdomadaire, pour des faits d'entrées ou de séjours irréguliers en France constatés sur des voyageurs en correspondance ou en partance sur les grandes lignes (Cass. crim., 15 janv. 2003, n° 02-81.008).

Il est également régulier lorsque plusieurs personnes font du tapage sur un terrain vague bordant la voie publique, ce qui caractérise les circonstances particulières établissant le risque d'une atteinte à l'ordre public, notamment à la sécurité des personnes et des biens, justifiant qu'il soit procédé à un contrôle d'identité sur le fondement de l'article 78-2, alinéa 7[8], du Code de procédure pénale (Cass. crim., 1er déc. 2004, n° 03-87.297).

Les arrêts de censure rendus par la Cour de cassation sont plus nombreux que ceux de rejet, mais il est possible de dégager des lignes directrices des arrêts qui cassent des décisions d'annulation du contrôle d'identité.

Ainsi, un arrêt, qui avait déclaré un contrôle irrégulier en énonçant que « ... ni le fait invoqué dans des termes généraux et non circonstanciés que de nombreux délits sont commis dans le quartier en cause, ni l'attitude assez banale de X... consistant en un changement de direction à l'arrivée des policiers ne constitue un indice suffisant de commission effective ou imminente d'une infraction ou une atteinte déterminée à l'ordre public sur le point de se perpétrer », a été censuré car, si la cour d'appel avait pu estimer que les circonstances de l'affaire ne permettaient pas d'effectuer un contrôle judiciaire d'identité, elle n'avait pas donné de base légale à sa décision au regard des dispositions relatives au contrôle administratif d'identité (Cass. crim., 23 mai 1995, n° 94-83.887 : *Bull. crim.* n° 187).

De même, a été censuré un arrêt rendu dans le contexte suivant. Des policiers avaient procédé à un contrôle préventif en indiquant que la place où avait eu lieu le contrôle était un lieu où la sécurité des personnes et des biens se trouvait menacée en raison de nombreuses infractions récentes et qu'à leur vue, deux individus avaient pris rapidement la direction des escaliers menant au parking souterrain. La chambre d'accusation avait annulé les opérations aux motifs que le seul fait d'accélérer le pas à la vue des policiers ne constituait pas l'indice requis par l'article 78-2, alinéa 1er du Code de procédure pénale, et que, pour éviter des contrôles d'identité généralisés et discrétionnaires, le contrôle administratif qui pouvait porter atteinte à la liberté de circuler librement, devait être motivé strictement par l'analyse des éléments concrets contenus dans le procès-verbal. Elle en avait conclu, qu'en l'espèce, le risque d'atteinte à l'ordre public n'était pas caractérisé par les termes généraux et abstraits utilisés au procès-verbal litigieux. Cette décision a été censurée car il appartenait à la chambre d'accusation de rechercher si la nature et le nombre des infractions antérieures évoquées par le procès-verbal ne caractérisaient pas un risque d'atteinte à l'ordre public, notamment à la sécurité des personnes ou des biens (Cass. crim., 10 oct. 1996, n° 96-83.079 : *Bull. crim.* n° 356).

Il a encore été jugé que le premier président qui estimait qu'une interpellation ne reposait pas sur des motifs suffisants d'atteinte à l'ordre public ou à la sécurité des personnes, en retenant qu'aucun lien n'était démontré entre l'interpellation et les délits mentionnés dans le procès-verbal recensant des infractions précédemment relevées dans le secteur du contrôle, ajoutait à la loi une condition qu'elle ne comportait pas (Cass. 2e civ., 26 avr. 2001, n° 99-50.038 : *Bull. civ.* II, n° 79).

Il se déduit de ces décisions que la motivation du contrôle doit comporter des éléments suffisants à établir des événements antérieurs qui font craindre une atteinte à la sûreté des personnes ou des biens et que le juge doit, au besoin, rechercher les preuves qu'il estime manquantes, et ce indépendamment du comportement de la personne concernée nonobstant la réserve du Conseil constitutionnel.

500 **Exemples de contrôles irréguliers.** À l'inverse ont été considérés comme irréguliers les contrôles préventifs administratifs effectués dans les conditions suivantes :

– contrôle effectué dans le métro parisien, aux motifs, retenus par la cour d'appel, que la fréquence des agressions et des vols à la tire dans l'enceinte du métropolitain et la facilité qu'offrent les couloirs souterrains souvent isolés pour les commettre, laquelle a conduit les autorités à créer des services de surveillance particuliers, justifient le contrôle d'identité de toute personne. Cette motivation a été censurée car elle ne retient qu'un motif d'ordre général, ne se réfère à aucun élément de la procédure et ne précise pas en quoi la sûreté des personnes et des biens était immédiatement menacée à la station dans laquelle le contrôle a eu lieu, à l'heure à laquelle il a été effectué (Cass. crim., 4 oct. 1984, n° 83-94.341 : *Bull. crim.* n° 287) ;

– contrôle d'identité effectué sur la place du Capitole à Toulouse, justifié par les policiers par le fait qu'il s'agit d'un « lieu où la sécurité des personnes et des biens se trouve menacée en raison de nombreuses infractions », censuré car la référence abstraite à de « nombreuses infractions », ni aucune circonstance particulière à l'espèce, n'étaient de nature à motiver un contrôle d'identité administratif préventif (Cass. crim., 17 déc. 1996, n° 96-82.829 : *Bull. crim.* n° 470) ;

– contrôle effectué dans le cadre d'une décision du ministre de l'Intérieur concernant la mise en place du plan Vigipirate, censuré car cette seule référence, sans relever aucune des circonstances exigées par l'article 78-2 du Code de procédure pénale, ne permet pas de procéder à un contrôle d'identité administratif (Cass. 2e civ., 18 mars 1998, n° 97-50.017 : *Bull. civ.* II, n° 94. – Cass. 1re civ., 13 sept. 2017, n° 16-22.967) ;

– contrôle d'une « personne au comportement étrange lors de l'exercice d'une mission de surveillance sur une ligne de transports en commun où les attentats et agressions sont fréquents de jour et de nuit », censuré car le procès-verbal de police indiquait seulement que les policiers effectuaient une mission de sécurisation sur une ligne d'autobus, qu'ils recherchaient des objets suspects et qu'à leur vue, la personne contrôlée avait tenté de descendre de l'autobus. Or, il ne résultait pas de ces énonciations des éléments suffisants pour caractériser une menace à l'ordre public (Cass. 2e civ., 4 mars 1999, n° 97-50.086 : *Bull. civ.* II, n° 39) ;

– contrôle réalisé en se référant à « la recrudescence de vols de ce type de deux roues » après avoir constaté la présence, à 23 heures, de deux personnes dans une cabine téléphonique située à proximité de deux scooters, censuré car la justification du contrôle se réfère à une considération abstraite et générale, sans relever de circonstances particulières de nature à caractériser un risque d'atteinte à l'ordre public, notamment à la sécurité des personnes ou des biens (Cass. crim., 12 mai 1999, n° 99-81.153 : *Bull. crim.* n° 95).

2 Événement particulier

501 Une circulaire du ministère de l'Intérieur (NOR : INTD9300235C : *BO Intérieur* 93/4) envisage à ce titre la mise en œuvre de contrôles d'identité administratifs à l'occasion de rencontres sportives, concerts, spectacles, événements prévus à l'avance.

Elle évoque également le cas d'une alerte à la bombe, événement qui survient de façon soudaine. Il faut bien convenir toutefois qu'une atteinte à l'ordre public résultant d'un tel événement peut souvent être le motif justifiant un contrôle d'identité judiciaire en raison du caractère plausible de la commission d'une infraction.

E Lieu du contrôle

502 La zone dans laquelle le contrôle pourra être réalisé doit être délimitée. En effet, le contrôle n'est possible qu'au regard de faits qui ont été commis précédemment ou qui surviennent. À cet égard, ne peuvent être prises en compte que la zone dans laquelle des infractions récurrentes ont été commises dans les semaines précédentes ou la zone dans laquelle survient l'incident soudain ou celle où se déroule la manifestation sportive, culturelle, etc., qui fait craindre une atteinte à l'ordre public. Retenir une zone très large reviendrait à admettre les contrôles généralisés et discrétionnaires que le Conseil constitutionnel prohibe.

Si le texte issu de la loi du 10 juin 1983 imposait que le contrôle se déroule dans des **lieux déterminés**, la rédaction actuelle permet de considérer que l'exigence est moins forte et que le contrôle peut avoir lieu dans plusieurs quartiers d'une ville.

503 **Lieux publics et ouverts au public.** Les contrôles d'identité administratifs préventifs auront principalement lieu dans les lieux publics (rue, hall de gare, station de métro, moyens de transport, etc.).

Mais ils pourront également se dérouler dans des lieux ouverts au public tels que des bars, restaurants, magasins, le législateur n'ayant pas posé de restriction.

504 **Lieux privés.** L'absence de restriction dans le texte permet de considérer qu'un contrôle d'identité préventif peut également avoir lieu dans un lieu privé clos pour autant que le policier ou le gendarme qui y procède y ait eu accès légalement. D'ailleurs, un amendement qui voulait limiter la possibilité d'effectuer ce type de contrôle aux seuls lieux publics a été rejeté.

Ainsi des policiers ou des gendarmes, entrés dans les lieux sur réquisition du propriétaire ou sur appel des pompiers, pourront contrôler l'identité des personnes se trouvant sur place pour peu que soit caractérisé un risque d'atteinte à l'ordre public. Il est vrai, cependant, que si les forces de l'ordre, entrées légalement en un lieu privé, y décèlent la commission d'une infraction, ils pourront aussi contrôler l'identité des personnes trouvées sur place dans le cadre d'un contrôle d'identité judiciaire (CPP, art. 78-2, al. 4).

F Temps du contrôle

505 L'absence de restriction dans le texte peut faire penser qu'un contrôle d'identité administratif préventif peut se dérouler à tout moment. Cela est exact, mais toutefois sous réserve du respect du principe de loyauté qui s'impose aux forces de l'ordre. C'est ainsi qu'a été annulé un contrôle exécuté dans les conditions suivantes : l'opération avait été prescrite le 7 novembre 2008 de 13 heures 30 à 19 heures 30 par un premier procès-verbal, puis, le même jour de 19 heures 30 à 1 heure 30 par un second. La lecture d'un seul procès-verbal ne permettait ni au juge, ni, *a fortiori*, aux conseils des personnes arrêtées en suite des contrôles d'exercer un contrôle effectif sur la régularité de la procédure scindée qui leur était présentée et de constater que l'opération de sécurisation ne durait pas sept ou six heures, mais en réalité douze heures. L'annulation prononcée par un magistrat qui estimait qu'une telle présentation des contrôles d'identité fondés sur l'article 78-2, alinéa 7 [devenu al. 8] du Code de procédure pénale revêtait un caractère manifestement déloyal, a été approuvée par la Cour de cassation (Cass. 1re civ., 3 févr. 2010, n° 08-21.419 : *Bull. civ.* I, n° 29 ; *Dr. pén.* mai 2010, n° 5, comm. 62, p. 40-41, note A. Maron et M. Haas).

G Motivation du contrôle

506 **Réserve du Conseil constitutionnel.** Dans sa décision du 5 août 1993 (Cons. const., 5 août 1993, n° 93-323 DC), le Conseil constitutionnel a complété sa réserve d'interprétation en relevant « qu'il appartient aux autorités administratives et judiciaires de veiller au respect intégral de l'ensemble des conditions de forme et de fond posées par le législateur ; qu'en particulier il incombe aux tribunaux compétents de censurer et de réprimer les illégalités qui seraient commises et de pourvoir éventuellement à la réparation de leurs conséquences dommageables ; qu'ainsi il revient à l'autorité judiciaire gardienne de la liberté individuelle de contrôler en particulier les conditions relatives à la légalité, à la réalité et à la pertinence des raisons ayant motivé les opérations de contrôle et de vérification d'identité ».

L'exemple cité au paragraphe précédent illustre l'effectivité du contrôle exercé par l'autorité judiciaire sur la légalité, la réalité et la pertinence des raisons ayant motivé les opérations de contrôle d'identité. Mais l'autorité judiciaire n'est pas systématiquement saisie.

507 **Intervention limitée de l'autorité judiciaire.** En effet, pour que l'autorité judiciaire exerce son contrôle, encore faut-il que le contrôle d'identité ait donné lieu à l'établissement d'une procédure.

Or ce n'est pas systématiquement le cas.

Ce n'est que dans deux hypothèses qu'une procédure est établie.

C'est ce qui se passe, tout d'abord, en cas de vérification d'identité consécutive au refus ou à l'impossibilité pour la personne contrôlée de justifier de son identité (CPP, art. 78-3, al. 6).

C'est également le cas lorsqu'une infraction est relevée (CPP, art. D. 11).

En revanche, lorsque la personne contrôlée est en mesure de justifier de son identité et que le contrôle n'est pas l'occasion de constater une infraction ou la situation irrégulière d'un étranger au regard des obligations résultant du Code de l'entrée et du séjour des étrangers et du droit d'asile, aucun procès-verbal n'est établi. Tout au plus, dans cette hypothèse, est-il possible de retrouver dans les archives du service y ayant procédé la trace du contrôle, mais pas l'identité des personnes contrôlées à moins qu'un problème n'ait surgi. Ces identités ne sont même pas relevées par écrit lors du contrôle.

Dans cette hypothèse, l'autorité judiciaire ne pourra être saisie que par une plainte pour discrimination ou arrestation arbitraire ou, au civil, en responsabilité pour faute lourde de l'État (V. *supra*, n° 483), mais les plaignants risqueront de se heurter à des difficultés de preuve, leur identité n'ayant même pas été relevée à l'occasion du contrôle qui n'a pas conduit à l'établissement d'une procédure.

Ce n'est réellement que dans le cas où une infraction a été relevée à la suite du contrôle d'identité, qu'une juridiction sera conduite à contrôler la légalité, la réalité et la pertinence des raisons ayant motivé les opérations de contrôle d'identité.

L'ESSENTIEL 508 L'article 78-2, alinéa 8 du Code de procédure pénale permet aux officiers de police judiciaire et, sous leur responsabilité et leur contrôle, aux agents de police judiciaire et agents de police judiciaire adjoints des articles 20, 21-1° du Code de procédure pénale de contrôler l'identité de toute personne pour prévenir une atteinte à l'ordre public, notamment à la sécurité des personnes ou des biens (V. *supra*, n° 497).

509 L'attitude de la personne contrôlée est indifférente. C'est la prévention d'une atteinte à l'ordre public qui est le critère déterminant. Le contrôle peut être effectué quel que soit le comportement de la personne contrôlée, même si celui-ci n'a aucun lien avec les infractions précédemment relevées dans le secteur du contrôle (V. *supra*, n° 496).

510 Le risque de troubles peut résulter d'événements préexistants. Ce sera le cas lorsqu'il sera établi que, dans la zone où les contrôles sont effectués, des infractions ont eu lieu récemment. Dans ce cas, les contrôles ont précisément pour but de prévenir le renouvellement de tels actes (V. *supra*, n° 499).

511 Un événement particulier peut également justifier ce type de contrôle : ce sera le cas, par exemple, de rencontres sportives, de concerts, de spectacles, de rassemblements, voire d'une alerte à la bombe (V. *supra*, n° 501).

512 Si c'est principalement dans les lieux publics et spécialement dans la rue que ces contrôles se dérouleront, il est possible qu'ils prennent place dans un lieu privé pour autant que les policiers ou gendarmes aient pu y pénétrer de façon régulière, par exemple sur réquisition du propriétaire ou sur appel des pompiers et à condition que le risque de trouble à l'ordre public soit caractérisé (V. *supra*, n° 502).

513 Si le texte de l'article 78-2, alinéa 8 du Code de procédure pénale ne limite pas la durée du contrôle, il ne faut pas que le cumul de plusieurs contrôles, en apparence indépendants les uns des autres, conduise à une impossibilité pour l'autorité judiciaire d'exercer son contrôle (V. *supra*, n° 505).

514 Le procès-verbal qui est dressé à la suite du contrôle doit permettre à l'autorité judiciaire de contrôler les motifs qui ont justifié l'opération au regard de la prévention d'une atteinte à l'ordre public. Les raisons justifiant le contrôle dans la zone où il a eu lieu doivent être mentionnées aussi précisément que possible (V. *supra*, n° 506).

II
Fouille de véhicules et de bagages

515 En même temps qu'il réformait le contrôle d'identité administratif préventif, le législateur de 2003 (L. n° 2003-239, 18 mars 2003) autorisait la fouille des véhicules à l'occasion de ce contrôle d'identité. Par des textes successifs (L. n° 2016-339, 22 mars 2016 ; L. n° 2016-731, 3 juin 2016), il a étendu le champ de ce contrôle.

516 L'article 78-2-4 du Code de procédure pénale, dans sa rédaction actuelle, autorise, à certaines conditions, la fouille des véhicules et des bagages à l'occasion d'un contrôle d'identité administratif préventif.

Le texte dispose :

> « I. – Pour prévenir une atteinte grave à la sécurité des personnes et des biens, les officiers de police judiciaire et, sur l'ordre et sous la responsabilité de ceux-ci, les agents de police judiciaire et les agents de police judiciaire adjoints mentionnés aux 1°, 1° bis et 1° ter de l'article 21 peuvent procéder non seulement aux contrôles d'identité prévus au huitième alinéa de l'article 78-2 mais aussi, avec l'accord du conducteur ou du propriétaire du bagage ou, à défaut, sur instructions du procureur de la République communiquées par tous moyens, à :
> 1° La visite des véhicules circulant, arrêtés ou stationnant sur la voie publique ou dans des lieux accessibles au public ;
> 2° L'inspection visuelle des bagages ou leur fouille.
> II. – Pour l'application du 1° du I du présent article, le II de l'article 78-2-2 est applicable.
> Dans l'attente des instructions du procureur de la République, le véhicule peut être immobilisé pour une durée qui ne peut excéder trente minutes.
> III. – Pour l'application du 2° du I du présent article, le III de l'article 78-2-2 est applicable.
> Dans l'attente des instructions du procureur de la République, le propriétaire du bagage peut être retenu pour une durée qui ne peut excéder trente minutes ».

A Atteinte grave à la sécurité des personnes et des biens

517 **Gravité.** Si le contrôle d'identité administratif préventif peut être effectué en vue de prévenir une atteinte à l'ordre public, notamment à la sécurité des personnes et des biens, la fouille de véhicules et de bagages ne peut avoir lieu que pour prévenir une **atteinte grave** à la sécurité des personnes et des biens.

Il est délicat de tracer une frontière précise entre les deux cas de figure. En l'absence de jurisprudence permettant d'ébaucher les contours de chacune des deux notions, il ne pourra qu'être recommandé aux forces de l'ordre de bien distinguer les deux situations et de caractériser la gravité de l'atteinte à l'ordre public (commission d'infractions criminelles par exemple) lorsqu'ils opéreront une fouille de véhicule ou de bagages en plus du contrôle d'identité.

B Autorité compétente pour procéder à la visite des véhicules, à l'inspection visuelle des bagages ou à leur fouille

518 La liste des personnes pouvant procéder aux opérations visées à l'article 78-2-4 du Code de procédure pénale est plus large que celle visée à l'article 78-2, alinéa 8 du même code alors pourtant que le premier de ces textes les autorise à « procéder non seulement aux contrôles d'identité prévus au huitième alinéa de l'article 78-2 ».

Outre les officiers de police judiciaire et agents de police judiciaire et agents de police judiciaire adjoints mentionnés aux articles 20 et 21, 1° du Code de procédure pénale, les agents de police judiciaire adjoints mentionnés aux 1° bis et au 1° ter de cet article peuvent procéder, sur l'ordre et sous la responsabilité de l'officier de police judiciaire, aux fouilles de véhicules et de bagages. Il s'agit des volontaires servant en qualité de militaire dans la gendarmerie et des militaires servant au titre de la réserve opérationnelle de la gendarmerie nationale ne remplissant pas les conditions prévues par l'article 20-1 (CPP, art. 21, 1° bis) et des policiers adjoints mentionnés à l'article L. 411-5 du Code de la sécurité intérieure et des membres de la réserve civile de la police nationale qui ne remplissent pas les conditions prévues à l'article 20-1 du présent code (CPP, art. 21, 1° ter).

Il ne peut qu'être déduit de cette différence de personnes pouvant procéder au contrôle que cet article 78-2-4 crée un contrôle légèrement différent de celui prévu par le 8e alinéa de l'article 78-2, notamment en ce qu'il est couplé à une visite, inspection ou fouille.

M. Buisson relève : « Ainsi, ce contrôle d'identité préventif, support éventuel de fouilles et d'inspections visuelles, présente la particularité de pouvoir être également entrepris par certains autres agents incompétents pour effectuer un contrôle d'identité ordinaire », mais il insiste sur le fait que l'exécution de la fouille ou de l'inspection visuelle doit être le fait de l'officier de police judiciaire, les agents de police judiciaire et agents de police judiciaire adjoints visés à l'article 21, 1°, 1° bis et 1° ter ne pouvant être alors que ses assistants. Il paraît, en l'état de la jurisprudence, prudent de retenir cette interprétation.

Se pose cependant une difficulté au plan pratique, si l'on retient cette façon de voir. Les agents de police judiciaire ou agents de police judiciaire adjoints qui auront procédé au contrôle d'identité en l'absence de l'officier de police judiciaire devront le faire venir pour procéder à la visite ou la fouille, lorsque – comme ce sera souvent le cas –, c'est le contrôle qui révèle la nécessité de procéder à la visite ou à la fouille. Or, le texte ne prévoit pas spécifiquement l'immobilisation du véhicule dans l'attente de l'arrivée de l'officier de police judiciaire alors qu'il la prévoit le temps que le procureur de la République donne son autorisation (pour trente minutes au maximum) et le temps de la visite elle-même (temps strictement nécessaire au déroulement de la visite). Sauf à rendre le texte inapplicable, il semble qu'il faille considérer que les agents de police judiciaire et agents de police judiciaire adjoints peuvent immobiliser le véhicule le temps que l'officier de police judiciaire arrive sur place.

C La fouille est liée au contrôle d'identité

519 La rédaction de l'article 78-2-4 du Code de procédure pénale, qui prévoit que les forces de l'ordre peuvent procéder non seulement aux contrôles d'identité… mais aussi… à la visite des véhicules et à… l'inspection visuelle des bagages ou à leur fouille montre que le législateur a entendu lier les opérations et n'entendait pas permettre une fouille de véhicule ou de bagages, dans le cadre d'une opération de police administrative, indépendamment d'un contrôle d'identité. Comme déjà souligné, ce texte semble avoir créé un contrôle d'identité différent de celui réglementé par l'article 78-2, alinéa 8.

Il est cependant possible de procéder à la visite d'un véhicule alors que le conducteur ou le propriétaire est absent ou en présence d'une personne requise (V. *infra*, n° 525). Dans cette hypothèse, il semble que la visite puisse être indépendante d'un contrôle d'identité.

D Véhicules

520 **Visite.** M. Buisson, au *JurisClasseur*, fait valoir qu'il n'existe pas de différence entre visite et fouille bien qu'au cours des travaux préparatoires de la loi il ait été tenté d'opérer une distinction.

1 Quel type de véhicules ?

521 **Véhicules circulant, arrêtés ou stationnant sur la voie publique ou dans des lieux accessibles au public.** L'article 78-2-4 du Code de procédure pénale déclarant applicable le II de l'article 78-2-2, en sont exclus les véhicules spécialement aménagés à usage d'habitation et effectivement utilisés comme résidence qui relèvent du droit commun des perquisitions et visites domiciliaires.

2 Fouille acceptée ou autorisée

522 **Accord du conducteur ou, à défaut, instructions du procureur de la République.** La fouille ou visite du véhicule ne peut être réalisée qu'avec l'accord du conducteur, dit le texte. Il ne prévoit pas d'enregistrement de cet accord. Il semble cependant prudent de le consigner dans un écrit signé par le conducteur, voire dans un écrit qu'il rédigerait de sa main.
Si le conducteur ne donne pas son accord, la fouille peut éventuellement être réalisée sur instructions du procureur de la République. Celles-ci peuvent être communiquées par tout moyen. Il est vrai que l'on se trouve dans une hypothèse où les personnels investis de pouvoirs de police judiciaire sont sur le terrain. Il ne leur est matériellement pas possible d'obtenir une instruction écrite et, le plus souvent, c'est par téléphone que l'autorisation sera donnée. Là encore, il semble préférable de l'acter dans un procès-verbal s'il en est dressé un. Même en l'absence d'obligation légale d'établir une procédure, il ne peut qu'être recommandé d'établir un écrit faisant état des instructions téléphoniques du procureur de la République.

523 **Immobilisation du véhicule dans l'attente des instructions du procureur de la République.** Il est prévu que, dans l'attente des instructions du procureur de la République, le véhicule peut être immobilisé trente minutes au maximum.

3 Modalités de la visite

a) Durée et personnes présentes

524 **Immobilisation du véhicule le temps de sa visite.** Le véhicule en circulation, pour les besoins de sa fouille, ne peut être immobilisé que le temps strictement nécessaire à ladite fouille.

525 **Présences requises.** La visite d'un véhicule en circulation doit être faite en présence du conducteur.
La visite d'un véhicule à l'arrêt ou en stationnement doit être faite en présence du conducteur ou du propriétaire. À défaut, elle doit être faite en présence d'une personne requise par l'officier de police judiciaire ou l'agent de police judiciaire ne relevant pas de son autorité administrative. Dans cette hypothèse, il y a de fortes chances que la visite du véhicule ait lieu indépendamment d'un contrôle d'identité.
Il peut être fait exception à la présence du conducteur ou du propriétaire si la visite comporte des risques graves pour la sécurité des personnes et des biens. On pense à cet égard à une voiture dont on craindrait qu'elle renferme des explosifs.

b) Horaires

526 La visite de véhicule n'est pas une perquisition domiciliaire, sauf en cas d'aménagement à cette fin et d'utilisation effective (CPP, art. 78-2-2, II). Elle n'est donc, en règle générale, pas soumise aux horaires prévus par l'article 59 du Code de procédure pénale.

c) Procès-verbal

527 **Rédaction d'un procès-verbal.** La rédaction d'un procès-verbal n'est pas toujours nécessaire.
Elle l'est :
- en cas de découverte d'une infraction ;
- si le conducteur ou le propriétaire le demande ;
- si la visite a lieu en l'absence du conducteur ou du propriétaire.

528 **Contenu du procès-verbal.** Le procès-verbal doit mentionner le lieu et les dates et heures de début et de fin des opérations de fouille du véhicule.

529 **Sort du procès-verbal.** Un exemplaire du procès-verbal est remis à la personne présente lors de la fouille et un autre exemplaire est transmis sans délai au procureur de la République.

E Bagages

530 **Inspection visuelle ou fouille.** Le texte prévoit aussi bien l'inspection visuelle que la fouille. Les deux termes ne paraissent pas identiques. Il est donc possible de « jeter un coup d'œil », comme de procéder à une recherche plus approfondie dans les bagages.

1 Fouille acceptée ou autorisée

531 **Accord du propriétaire du bagage ou, à défaut, instructions du procureur de la République.** Comme pour la fouille des véhicules, il est prévu que l'inspection visuelle ou la fouille du bagage nécessite l'accord du propriétaire du bagage. Là encore, il paraît utile de consigner cet accord dans un document signé par le propriétaire.

Il est également prévu que l'inspection visuelle ou la fouille peut être réalisée sur instructions du procureur de la République à défaut d'accord du propriétaire du bagage. L'observation faite à propos de la fouille des véhicules vaut pour les bagages : il paraît prudent d'acter les instructions du procureur de la République dans un procès-verbal.

532 **Retenue du propriétaire du bagage dans l'attente des instructions du procureur de la République.** Dans l'attente des instructions du procureur de la République, le propriétaire du bagage peut être retenu pour trente minutes au maximum.

2 Modalités

a) Durée et personne présente

533 **Retenue des propriétaires des bagages le temps de leur fouille.** Les propriétaires des bagages ne peuvent être retenus que le temps strictement nécessaire au déroulement de l'inspection visuelle ou de la fouille des bagages.

534 **Présences requises.** L'inspection visuelle ou la fouille des bagages doit avoir lieu en présence du propriétaire.

Il n'est pas prévu, comme pour les véhicules, de disposition spéciale pour le cas où le propriétaire du bagage ne serait pas présent. Il est exact que, le plus souvent, une telle fouille aura lieu alors que le propriétaire sera sur place.

b) Procès-verbal

535 **Rédaction d'un procès-verbal.** La rédaction d'un procès-verbal n'est prévue que :
- en cas de découverte d'une infraction ;
- si le propriétaire du bagage le demande.

536 **Contenu du procès-verbal.** Le procès-verbal doit mentionner le lieu et les dates et heures de début et de fin de l'inspection visuelle ou de la fouille du bagage.

537 **Sort du procès-verbal.** Un exemplaire en est remis à l'intéressé et un autre exemplaire est transmis sans délai au procureur de la République.

L'ESSENTIEL 538 Pour prévenir une **atteinte GRAVE** à la sécurité des personnes et des biens, les officiers de police judiciaire et, sur l'ordre et sous la responsabilité de ceux-ci, les agents de police judiciaire et les agents de police judiciaire adjoints mentionnés aux 1°, 1° bis et 1° ter de l'article 21 peuvent procéder à des contrôles d'identité du type de ceux prévus par l'alinéa 8 de l'article 78-2 couplés avec une visite des véhicules ou l'inspection visuelle des bagages ou leur fouille (V. *supra*, n° 516).

539 Les agents habilités à effectuer cette visite ou cette fouille sont plus nombreux que ceux qui peuvent réaliser le contrôle d'identité prévu par l'alinéa 8 de l'article 78 du Code de procédure pénale. Ces visites et fouilles peuvent aussi être le fait des volontaires servant en qualité de militaire dans la gendarmerie et des militaires servant au titre de la réserve opérationnelle de la gendarmerie nationale ne remplissant pas les conditions prévues par l'article 20-1 et des policiers adjoints et membres de la réserve opérationnelle de la police nationale (V. *supra*, n° 518).

540 La visite de véhicules et l'inspection ou la fouille des bagages ne pourront, quant à elles, être réalisées que par l'officier de police judiciaire. Il pourra néanmoins être assisté dans ces opérations, mais seulement assisté, par les agents visés à l'article 78-2-4 du Code de procédure pénale (V. *supra*, n° 518).

541 Les véhicules pouvant être visités ou fouillés, ce qui revient au même, sont ceux qui circulent, sont arrêtés ou stationnent sur la voie publique ou dans des lieux accessibles au public. Sont exclus du texte les véhicules aménagés à usage d'habitation et utilisés comme tels (V. *supra*, n° 520).

542 La fouille du véhicule peut avoir lieu si elle est acceptée par le conducteur et, à défaut, sur instructions du procureur de la République. L'enquêteur devra conserver la preuve de cet accord ou de cette autorisation.

La fouille du véhicule, qui peut être immobilisé le temps de la visite, doit être faite en présence du conducteur ou du propriétaire et, à défaut, en présence d'une personne requise, indépendante de l'agent de la force publique (V. *supra*, n° 520).

543 La rédaction d'un procès-verbal n'est requise que dans des cas particuliers (V. *supra*, n° 527).

544 Les bagages peuvent faire l'objet d'une inspection visuelle ou d'une véritable fouille sur accord du propriétaire, ou, à défaut, sur instructions du procureur de la République. Elle doit être réalisée en présence du propriétaire qui, à cette fin, peut être retenu (V. *supra*, n° 530).

POUR ALLER PLUS LOIN...

Fascicule JurisClasseur

- *JCl. Procédure pénale*, Art. 78-1 à 78-7, fasc. 20-10, *Contrôles, vérifications et relevés d'identité*, par J. Buisson.

Fiche 17
Contrôle routier

Sommaire

545 Dans un but préventif, l'article R. 233-1 du Code de la route permet aux agents de l'autorité compétente de procéder au contrôle des documents que les conducteurs et accompagnateurs d'apprentis-conducteurs doivent avoir en leur possession.

Si ce contrôle les conduit à relever une infraction, ils sont autorisés à relever l'identité des contrevenants. Ils sont en outre parfois conduits à constater un délit ou un crime flagrant.

I Agents de l'autorité compétente

546 Aucun texte ne précise quels agents de l'autorité publique peuvent procéder spécifiquement à un contrôle des pièces afférentes à la conduite d'un véhicule.
Ce sont donc les articles L. 130-1 et suivants du Code de la route qui donnent compétence à certains agents de l'autorité publique pour rechercher et constater les infractions audit code et les infractions d'homicides et blessures involontaires commis à l'occasion d'accidents de la circulation qui doivent être pris en compte pour déterminer qui peut procéder au contrôle dès lors que la finalité du contrôle, si elle est préventive, peut déboucher sur la découverte d'une infraction que les agents énumérés aux articles L. 130-1 et suivants pourront constater.

Il faut évidemment y ajouter les personnels visés à l'article 16 du Code de procédure pénale.

A Article 16 du Code de procédure pénale

547 Ce texte énumère les personnes ayant la qualité d'officier de police judiciaire. On renvoie pour l'étude des différents cas à ce qui a été dit précédemment (V. *supra*, n° 23).

548 Ce n'est qu'exceptionnellement que des officiers de police judiciaire visés à l'article 16 du Code de procédure pénale procéderont à des

contrôles des pièces afférentes à la conduite d'un véhicule.
Les contrôles routiers seront beaucoup plus souvent le fait des agents visés aux articles L. 130-1 et suivants du Code de la route, qui ont une compétence judiciaire limitée aux infractions au Code de la route et aux homicides et blessures involontaires commis à l'occasion de la conduite.

B Article L. 130-1 du Code de la route

549 Officier de police judiciaire à compétence particulière. Ce texte dispose que :

> « Les fonctionnaires du corps de commandement et d'encadrement de la police nationale, autres que ceux visés au 3° de l'article 16 du Code de procédure pénale affectés à une circonscription territoriale ne dépassant pas le ressort de la cour d'appel, nominativement désignés par arrêté des ministres de la justice et de l'intérieur après avis conforme de la commission prévue à l'article 16 (3°) du Code de procédure pénale, ont la qualité d'officier de police judiciaire, uniquement dans les limites de cette circonscription, pour rechercher et constater les infractions au présent code et les infractions d'atteintes involontaires à la vie ou à l'intégrité d'une personne commises à l'occasion d'accidents de la circulation, à l'exclusion de celles commises en relation avec des manifestations sur la voie publique, et de toutes autres infractions ».

L'article L. 130-2 du Code de la route précise que ces fonctionnaires ne peuvent en aucun cas décider des mesures de garde à vue ni procéder à la visite des véhicules et qu'ils ne peuvent exercer effectivement les attributions attachées à leur qualité d'officier de police judiciaire que dans les conditions prévues à l'article 16 du Code de procédure pénale.

C Article L. 130-3 du Code de la route

550 Ce texte donne compétence aux agents de police judiciaire.
Il dispose que :

> « Les fonctionnaires du corps de commandement de la police nationale [Lieutenant ; Capitaine ; Commandant ; Commandant divisionnaire] mentionnés à l'article L. 130-1 qui n'ont pas obtenu la qualité d'officier de police judiciaire peuvent, dans les conditions fixées par l'article 20 du Code de procédure pénale, exercer les attributions attachées à leur qualité d'agent de police judiciaire pour la recherche et la constatation des infractions prévues à l'article L. 130-1.
> Les fonctionnaires du corps d'encadrement et d'application de la police nationale [gardien de la paix ; brigadier de police ; brigadier-chef de police ; major de police] affectés à une circonscription territoriale ne dépassant pas le ressort de la cour d'appel peuvent, dans les limites de cette circonscription et dans les conditions fixées par l'article 20 du Code de procédure pénale, exercer les attributions attachées à leur qualité d'agent de police judiciaire pour la recherche et la constatation des mêmes catégories d'infractions.
> Les fonctionnaires mentionnés au présent article sont placés sous la surveillance du procureur général et sous le contrôle de la chambre de l'instruction, conformément aux articles 224 à 229 du Code de procédure pénale ».

Dans ce cadre, les agents de police judiciaire secondent l'officier de police judiciaire. Ils ne peuvent évidemment pas prendre une mesure de garde à vue.

D Les militaires de la gendarmerie

551 Les militaires de la gendarmerie ne sont pas visés par les articles L. 130-1 et L. 130-3 du Code de la route qui ne concernent que les seuls fonctionnaires de police. De fait, ces textes réduisent les pouvoirs généraux que les articles 16 et 20 du Code de procédure pénale attribuent en qualité d'officier de police judiciaire aux « fonctionnaires du corps d'encadrement et d'application de la police nationale » et en qualité d'agent de police judicaire aux « fonctionnaires des services actifs de la police nationale, titulaires et stagiaires, n'ayant pas la qualité d'officier de police judiciaire ».

E Autres agents

552 Les articles L. 130-4, L. 130-5 et L. 130-6 du Code de la route donnent compétence à d'autres agents pour constater des infractions spécialement déterminées. Dès lors que leur compétence ne concerne pas les infractions à l'obligation de présentation des documents permettant la conduite d'un véhicule que régit l'article R. 233-1 du Code de la route et dont le refus est sanctionné par l'article L. 233-2 du même code, il paraît difficile de leur reconnaître un droit général au contrôle prévu par le premier de ces textes car ils risqueraient, lors du contrôle, de découvrir des infractions qu'ils n'auraient pas légalement le pouvoir de constater.

II

Documents sur lesquels porte le contrôle

553 L'article R. 233-1 du Code de la route dresse la liste des documents qui doivent être présentés sur réquisition de l'agent compétent. S'agissant de l'identité du conducteur, c'est le permis de conduire qui est le plus à même de l'établir, la jurisprudence considérant que les agents peuvent contrôler l'identité du conducteur à partir des documents nécessaires à la conduite et à la circulation du véhicule (CA Paris, 11 févr. 1961 : *D.* 1961, somm. p. 107).

III

Ouverture du coffre

554 La question de l'ouverture du coffre d'un véhicule à l'occasion d'un contrôle des documents afférents à sa conduite a été assez débattue.
Un arrêt de la chambre criminelle de la Cour de cassation du 23 juin 1964 l'a clairement prohibée en retenant que « l'obligation imposée par l'article L. 4 du Code de la route à tout conducteur de se soumettre à toutes vérifications prescrites par ledit code et concernant le véhicule ou la personne, ne saurait autoriser les fonctionnaires ou agents, chargés de constater les infractions à la circulation, à exiger sous peine de sanctions pénales l'ouverture du coffre d'un véhicule hors le cas d'investigations entreprises dans les formes légales » (Cass. crim., 23 juin 1964, n° 62-93.147 : *Bull. crim.* n° 208).
La chambre criminelle a, par la suite, jugé que « l'exigence de l'ouverture d'un coffre d'automobile au cours d'investigations policières concernant un crime flagrant n'a pas le caractère d'une perquisition domiciliaire et n'est donc pas soumise à toutes les restrictions pouvant résulter des articles 56 et suivants du Code de procédure pénale. Est dès lors justifiée la condamnation d'un conducteur qui en de telles circonstances a refusé de se soumettre "aux vérifications prescrites concernant le véhicule ou la personne" visées par l'article L. 4 du Code de la route, ledit texte ne concernant pas seulement la constatation des infractions à la sécurité et à la circulation routières » (Cass. crim., 8 nov. 1979, n° 78-92.914 : *Bull. crim.* n° 311 ; *JCP* G 1980, II, 19337, note J. Davia ; *D.* 1980, IR p. 523, obs. M. Puech).
Cet arrêt ne remettait pas en cause le fait qu'hors flagrance, l'ouverture forcée du coffre d'un véhicule n'était pas possible. Ce qui est, en revanche, plus surprenant et a fait l'objet de critiques, a été de considérer que la sanction du refus de se plier à des investigations réalisées en flagrance pouvait tomber sous le coup des dispositions de l'article L. 4 du Code de la route, devenu aujourd'hui L. 233-2.
En tout état de cause, les solutions sont aujourd'hui plus nettes dès lors que la loi prévoit expressément la visite des véhicules, y compris de leur coffre, en police administrative pour prévenir une atteinte grave à la sécurité des personnes (V. *supra*, n°s 515 et s.) et sur réquisitions du procureur de la République pour la recherche et la poursuite d'un certain nombre d'infractions au premier rang desquelles le terrorisme (V. *infra*, n° 625), lorsqu'il existe plusieurs raisons plausibles de soupçonner qu'une personne a commis, comme auteur ou comme complice, un crime ou un délit flagrant (V. *infra*, n° 583) ou en vue de la recherche et de la poursuite de l'infraction de participation à une manifestation ou à une réunion publique en étant porteur d'une arme (V. *infra*, n° 632).

IV

Découverte d'une infraction

A Infractions liées à l'absence de présentation des documents énumérés à l'article R. 233-1 du Code de la route susceptibles de justifier de l'identité

555 **Défaut de présentation du permis de conduire.** Cette fiche étant consacrée aux contrôles d'identité, nous n'évoquerons que les documents qui peuvent justifier de l'identité, c'est-à-dire le permis de conduire. L'attestation de sécurité routière, visée par l'article R. 233-1 du Code de la route, n'apparaît pas permettre de justifier d'une identité. Selon le III de l'article R. 233-1 du Code de la route, le fait de ne pas présenter immédiatement aux agents de l'autorité compétente les éléments exigés est puni de l'amende prévue pour les contraventions de la première classe (C. route, art. R. 233-1, III). Cette disposition s'applique notamment au permis de conduire.
Le conducteur peut cependant ne pas commettre de seconde infraction, si, invité à présenter son permis de conduire dans le délai de cinq jours, il se plie à cette invitation. Mais s'il ne le fait pas, il commet alors une contravention de la quatrième classe (C. route, art. R. 233-1, V).

556 **Découverte d'un défaut de permis de conduire.** Si, lors du contrôle, le conducteur reconnaît ne pas être titulaire du permis de conduire ou ne plus l'être en raison d'un retrait ou d'une annulation, l'agent a, quel que soit son statut, le pouvoir de constater l'infraction.
S'il est officier de police judiciaire « classique », il tire le pouvoir de constatation des articles 14 et 17 du Code de procédure pénale l'autorisant à « constater les infractions à la loi pénale ».
S'il est agent de police judiciaire « classique », il peut constater l'infraction en application des dispositions de l'alinéa 7 de l'article 20 du Code de procédure pénale qui lui donnent pouvoir « de constater les crimes, délits ou contraventions et d'en dresser procès-verbal ».
S'il est officier de police judiciaire à « compétence routière », il peut « constater les infractions » prévues par le Code de la route, ce qui est le cas du défaut de permis de conduire ou de conduite malgré retrait ou annulation.
S'il est agent de police judiciaire à compétence « routière », il peut, en sa qualité d'agent de police judiciaire relativement aux infractions définies par le Code de la route, relever les mêmes infractions.

B Découverte d'une autre infraction

557 **Découverte d'une autre infraction prévue par le Code de la route.** Si le conducteur ou son passager ne porte pas de ceinture de sécurité, les officiers de police judiciaire et agents de police judiciaire « classiques » ont évidemment compétence mais il en va de même des personnels de police judiciaire à compétence routière puisque le défaut de port de ceinture de sécurité est une infraction punie par le Code de la route.

558 **Officiers de police judiciaire ou agents de police judiciaire « classiques ».** Les officiers de police judiciaire ou agents de police judiciaire à compétence « classique » qui, à l'occasion du contrôle routier, découvriraient une autre infraction, non prévue par le Code de la route, auraient bien évidemment la possibilité de la constater en vertu des textes évoqués plus haut.

559 **Officiers de police judiciaire et agents de police judiciaire à compétence « routière ».** La question se pose en termes différents pour les officiers de police judiciaire et agents de police judiciaire « routiers » puisque leur compétence est limitée aux infractions prévues par le Code de la route.
Si l'infraction est flagrante et est punie d'une peine d'emprisonnement, les officiers de police judiciaire et agents de police judiciaire à compétence « routière », peuvent, comme tout citoyen en vertu de l'article 73 du Code de procédure pénale, appréhender l'auteur et le conduire devant l'officier de police judiciaire « classique » le plus proche. Ce sera le cas si les agents aperçoivent à l'intérieur du véhicule un sachet contenant de la poudre blanche susceptible d'être de l'héroïne.

En revanche, ils ne seront pas autorisés à saisir le paquet compte tenu de leurs pouvoirs limités aux infractions au Code de la route.

Si l'infraction n'est pas flagrante, ils ne pourront pas la constater, en dresser procès-verbal et entendre le conducteur, mais ils pourront dresser un compte-rendu de ce qu'ils ont vu ou appris et l'adresser à l'officier de police judiciaire investi des pouvoirs classiques de police judiciaire. Gageons que ce cas de figure sera plutôt rare, car le fait qu'une infraction soit apparente est souvent lié au fait qu'elle est en train de se commettre tandis que, lorsqu'elle a été commise depuis un certain temps, les signes de sa commission peuvent être moins visibles.

L'ESSENTIEL **560** Les officiers de police judiciaire « classiques », ceux à compétence routière visés à l'article L. 130-1 du Code de la route et les agents de police judiciaire peuvent requérir tout conducteur ou, le cas échéant, tout accompagnateur d'un apprenti conducteur, de présenter le titre justifiant de son autorisation de conduire. Ce peut donc être l'occasion de vérifier l'identité de ce conducteur ou accompagnateur, ce qui peut conduire ceux qui ne disposent pas de la totalité des pouvoirs de police judiciaire à faire appel à l'officier de police judiciaire de droit commun, spécialement en cas de découverte d'une infraction ne relevant pas du Code de la route.

561 La question de l'ouverture du coffre du véhicule a fait l'objet de controverses qui ne devraient plus avoir cours puisque la fouille des véhicules est possible tant en police administrative (V. *infra*, n° 583) qu'en police judiciaire (V. *infra*, n°s 626, 632 ; V. égal. *supra*, n° 554).

POUR ALLER PLUS LOIN...

Revue

- P. Chambon, *L'ouverture forcée du coffre des véhicules automobiles : JCP* G 1980, I, 2983.

Titre 2

Les contrôles liés à une infraction suspectée ou commise

Sommaire

Fiche 18
Contrôles d'initiative

Sommaire

I
Contrôle d'identité

A L'article 78-2, alinéas 1 à 6 du Code de procédure pénale

562 Ce texte permet aux forces de l'ordre de procéder d'initiative au contrôle de l'identité de personnes dont le comportement montre qu'elles ont un lien avec une infraction, que ce soit en tant qu'auteur, complice ou témoin.
Plus précisément, les six premiers alinéas du texte disposent que :

> « Les officiers de police judiciaire et, sur l'ordre et sous la responsabilité de ceux-ci, les agents de police judiciaire et agents de police judiciaire adjoints mentionnés aux articles 20 et 21-1° peuvent inviter à justifier, par tout moyen, de son identité toute personne à l'égard de laquelle existe une ou plusieurs raisons plausibles de soupçonner :
> – qu'elle a commis ou tenté de commettre une infraction ;
> – ou qu'elle se prépare à commettre un crime ou un délit ;
> – ou qu'elle est susceptible de fournir des renseignements utiles à l'enquête en cas de crime ou de délit ;
> – ou qu'elle a violé les obligations ou interdictions auxquelles elle est soumise dans le cadre d'un contrôle judiciaire, d'une mesure d'assignation à résidence avec surveillance électronique, d'une peine ou d'une mesure suivie par le juge de l'application des peines ;
> – ou qu'elle fait l'objet de recherches ordonnées par une autorité judiciaire ».

563 La qualité des personnes pouvant procéder à ce type de contrôle (B), l'existence de raisons plausibles (C) et le lien avec l'infraction (D) nécessitent des explications.

B Qui peut procéder au contrôle ?

564 Ce sont, classiquement, les officiers de police judiciaire et, sur leur ordre et sous leur contrôle, les agents de police judiciaire et certains agents de police judiciaire adjoints qui peuvent effectuer ce type de contrôle.
On renvoie donc sur ce point aux développements relatifs à ceux-ci (V. *supra*, n° 497).
Il suffit de rappeler que sont officiers de police judiciaire les personnes visées à l'article 16 du Code de procédure pénale, que sont agents de police judiciaire ceux mentionnés à l'article 20 du même code et agents de police judiciaire adjoints ceux qui sont énumérés à l'article 21 du même code. Parmi ces derniers, seuls les fonctionnaires des services actifs de police nationale ne remplissant pas les conditions prévues par l'article 20 peuvent réaliser des contrôles d'identité.

C Une ou plusieurs raisons plausibles de soupçonner

1 Des indices aux raisons plausibles

565 Avant la loi du 18 mars 2003, le texte prévoyait qu'un contrôle d'identité d'initiative était possible en présence d'un « indice faisant présumer » la commission d'une infraction.
Par la loi du 18 mars 2003, le législateur a voulu mettre le droit interne en concordance avec les textes sur la garde à vue mais aussi avec l'article 5.1 c de la Convention européenne des droits de l'homme qui prévoit que « nul ne peut être privé de sa liberté, sauf… s'il a été arrêté et détenu en vue d'être conduit devant l'autorité judiciaire compétente, lorsqu'il y a des raisons plausibles de soupçonner qu'il a commis une infraction… ».
En fait la substitution de termes n'a pas changé l'approche qu'a la Cour de cassation. D'ailleurs, en réponse à une question prioritaire de constitutionnalité, la chambre criminelle a retenu que la substitution de termes n'avait pas modifié la portée du texte (Cass. crim., 17 août 2011, n° 11-90.063).
Il est patent qu'une seule raison plausible suffit, ce qui conduit un auteur à s'interroger sur la nécessité d'utiliser, dans le texte, tant le singulier que le pluriel.
Il était et il reste nécessaire que tant le policier ou le gendarme, que la personne contrôlée et l'autorité judiciaire puissent percevoir les éléments concrets, objectifs rattachant l'attitude de la personne contrôlée à la raison pour laquelle le contrôle a lieu.
Le policier ou le gendarme doit mentionner dans le procès-verbal qu'il établit ces raisons plausibles qui l'ont conduit à considérer que la personne avait un lien, comme auteur, complice ou témoin avec une infraction. Ceci, en tout cas, dans l'hypothèse où le policer ou le gendarme doit établir un procès-verbal, c'est-à-dire, en pratique, quand il découvrira une infraction car, lorsqu'il ne trouvera rien et que la personne contrôlée justifiera de son identité, aucune procédure ne sera dressée.
Un exemple du contrôle effectué par l'autorité judiciaire est illustré par un arrêt de la chambre criminelle qui estime « justifié au regard des prescriptions de l'article 78-2 du Code de procédure pénale le contrôle d'identité d'une personne opéré, sur leur initiative, par des gardiens de la paix en patrouille de service dès lors que leur attention est attirée par le comportement de cette personne qui, avec d'autres, stationne à la nuit tombante pendant plus d'une demi-heure sans raison apparente à proximité d'un parking où sont garés des véhicules automobiles, l'une d'elles s'approchant même des voitures en stationnement, éléments constituant à l'égard de l'intéressée un indice faisant présumer qu'elle se prépare à commettre un vol de voiture ou des vols dans les voitures ». Les indices – à l'époque –, ou les raisons plausibles – aujourd'hui – sont suffisamment établies par le « manège » des individus et mises en relation avec la préparation de vols soit de véhicules soit d'objets se trouvant à l'intérieur des véhicules (Cass. crim., 13 janv. 1986, n° 84-90.041 : *Bull. crim.* n° 19).

2 Une jurisprudence contrastée

566 Les juges qui examinent la régularité du contrôle d'identité d'initiative doivent déterminer si le comportement décrit par les policiers ou les gendarmes était objectivement et concrètement de nature à faire soupçonner un lien de la personne avec une infraction. C'est donc une appréciation *in concreto* à laquelle se livrent les juges du fond. Cela explique des solutions jurisprudentielles des juges du fond que certains ont pu qualifier de contradictoires.

567 **Décisions récentes de la Cour de cassation.** Les décisions étant disparates et pour certaines anciennes, on se bornera à citer quelques décisions plus récentes de la Cour de cassation.

a) Raisons plausibles admises

568 La Cour de cassation a estimé qu'étaient caractérisées une ou plusieurs raisons plausibles justifiant le contrôle :
– quand des agents de police judiciaire, agissant conformément aux instructions de l'officier de

police judiciaire compétent, ont décidé de procéder au contrôle des passagers d'un véhicule qui, à leur vue, avait tourné brusquement à droite sans clignotant. La chambre criminelle a considéré le contrôle justifié par le « comportement apparent d'évitement des fonctionnaires de police » (Cass. crim., 9 déc. 2015, n° 14-84.852) ;
– quand un jeune homme déambule « le regard voilé », dans un état d'ivresse manifeste susceptible de provenir notamment de l'utilisation de produits stupéfiants, ce qui fait présumer qu'une infraction vient d'être commise (Cass. crim., 7 avr. 1993, n° 92-82.151) ;
– quand l'intéressé, qui fait l'objet d'un contrôle routier, prend la fuite et se réfugie dans un immeuble où il s'enferme dans un local-poubelle. Ces circonstances de fait constituent tout d'abord une raison plausible puis un indice objectif, permettant, respectivement, un contrôle d'identité puis l'ouverture d'une enquête de flagrance, la fuite d'une personne manifestant une volonté persistante de se soustraire à un contrôle d'identité requis par le procureur de la République (Cass. crim., 14 avr. 2015, n° 14-83.462 : *Bull. crim.* n° 80) ;
– quand la personne contrôlée prend la fuite à la vue d'un fonctionnaire de police. Ce seul fait suffit à caractériser l'existence d'une ou plusieurs raisons plausibles de soupçonner qu'elle a commis ou tenté de commettre une infraction (Cass. 1re civ., 29 juin 2011, n° 10-20.601) ;
– quand les policiers entendent un bruit provenant d'une cave dont la porte est entrouverte et dont la gâche de la serrure paraît forcée (Cass. 1re civ., 12 avr. 2012, n° 11-14.007) ;
– quand les policiers, procédant à une enquête sur un trafic de stupéfiants, contrôlent l'identité d'un homme qu'ils ont vu entrer, après avoir sifflé, dans l'immeuble où demeurent les personnes suspectées de se livrer au trafic, pour en ressortir quelques instants plus tard, ce qui caractérise l'existence de raisons plausibles de soupçonner que cet individu peut être mis en cause en raison de la rapidité de son passage chez les suspects aux fins d'acquérir des produits stupéfiants ou, à tout le moins, est susceptible de fournir des renseignements utiles à l'enquête en cours (Cass. crim., 26 oct. 2010, n° 10-82.814) ;
– quand des policiers, enquêtant sur des vols commis sur des aires d'autoroute contrôlent, sur une aire connue pour être celle où des voleurs par ruse se débarrassent des effets sans valeur de leur victime, un véhicule semblable par la marque et la couleur à celui utilisé par les auteurs de ces vols, avec à bord deux occupants correspondant au signalement donné des voleurs, ce qui constitue une ou plusieurs raisons plausibles de soupçonner que les occupants de cette voiture ont commis ou tenté de commettre une infraction, ou qu'ils sont susceptibles de fournir des renseignements utiles à l'enquête (Cass. crim., 15 févr. 2011, n° 10-83.277) ;
– quand un fonctionnaire de police remarque la présence d'un homme, qui décapote un véhicule, que la consultation du fichier national fait apparaître que ce véhicule est déclaré volé depuis trois jours de sorte qu'il existe ainsi des raisons plausibles de soupçonner que le mis en cause a commis une infraction ou se prépare à commettre un délit (Cass. crim., 23 nov. 2011, n° 11-83.102) ;
– quand, à la suite d'un vol venant de se commettre dans un café, les policiers, après avoir remarqué un homme paraissant correspondre au signalement de l'auteur, se rapprochent de lui et sentent qu'il dégage une forte odeur de cannabis et que sa palpation de sécurité révèle l'existence d'un paquet contenant des produits stupéfiants qu'il leur remet. Il y a bien, en ce cas, existence d'un indice autorisant, en application de l'article 78-2 du Code de procédure pénale, le contrôle d'identité au cours duquel est constaté un flagrant délit d'infraction à la législation sur les stupéfiants (Cass. crim., 19 oct. 2016, n° 15-84.476) ;
– quand les policiers constatent que deux BMW circulent à vive allure sur l'autoroute en direction d'un campement de gens du voyage et qu'alors que ces véhicules vont pénétrer dans celui-ci, ils effectuent un demi-tour après s'être enquis de la présence de policiers en surveillance, avant de repartir à vive allure lorsque les véhicules de police actionnent leurs signaux sonores et lumineux ; qu'en outre les policiers constatent peu après qu'une Clio circulant rapidement est entrée dans le campement, puis qu'un individu est monté sur le mur d'enceinte de celui-ci avant de regarder autour de lui et de prendre la fuite en direction d'une caravane. Il se déduit de ces circonstances des raisons plausibles de soupçonner les intéressés d'avoir commis ou tenté de commettre une infraction, ou bien de se préparer à commettre un crime ou un délit (Cass. crim., 2 nov. 2016, n° 16-81.716 : *Bull. crim.* n° 281) ;
– quand les policiers voient quatre hommes à l'angle de deux rues dont l'un, à leur vue, s'est détaché du groupe et a quitté les lieux en se retournant plusieurs fois. Ces circonstances suffisent à établir l'existence de raisons plausibles de soupçonner que l'intéressé a commis ou tenté de commettre une infraction ou qu'il se prépare à commettre un crime ou un délit (Cass. crim., 9 nov. 2016, n° 15-83.761) ;
– quand les fonctionnaires de police relèvent à l'encontre du prévenu l'infraction d'excès de vitesse supérieur à 50 km/h, le contrôle est régulier, peu important que cette infraction n'ait pas

Contrôles d'initiative

fait l'objet de poursuites (Cass. crim., 11 juill. 2017, n° 16-86.907) ;

– quand des policiers constatent la présence, à une heure tardive, d'un groupe d'individus lavant cinq motos-cross et un quad non immatriculés, deux personnes déchargeant ensuite deux autres motocross non immatriculées d'une camionnette. L'arrêt ayant estimé qu'il en résultait des indices de commission d'un recel de vol en raison de l'absence d'immatriculation est approuvé (Cass. crim., 25 oct. 2022, n° 22-81.466, publié au bulletin).

b) Annulations injustifiées

569 La Cour de cassation a, dans le même esprit, estimé injustifiée l'annulation du contrôle prononcée dans les cas suivants :

– une patrouille de police avait remarqué deux personnes ayant le visage dissimulé par leur capuche qui scrutaient les alentours aux fins évidentes de détecter toute présence policière. La cour d'appel a annulé le contrôle et la procédure subséquente en retenant que le port d'une capuche sur la tête, pratique habituelle chez les adolescents et les jeunes adultes n'établissait pas la volonté de se dissimuler le visage et que, considérer l'action de regarder autour de soi, fût-ce avec attention et insistance, comme destinée à détecter une présence policière relevait d'une appréciation subjective, de sorte que ces seuls éléments ne sauraient caractériser une raison plausible de soupçonner une personne d'avoir commis ou tenté de commettre ou de se préparer à commettre une infraction et justifier un contrôle d'identité, au regard des exigences de l'article 78-2 du Code de procédure pénale. L'arrêt a été censuré pour s'être déterminé par des motifs généraux, sans mieux rechercher si les circonstances particulières de l'espèce ne constituaient pas une ou plusieurs raisons plausibles de soupçonner objectivement un comportement délictueux (Cass. crim., 27 févr. 2013, n° 12-82.016) ;

– une personne avait fait l'objet d'un contrôle d'identité, alors qu'elle se déplaçait, poussant, sur un trottoir, un scooter, et ce alors qu'elle n'avait pas de casque avec elle ; les vérifications effectuées ayant établi que ce scooter avait été volé deux mois auparavant, la personne contrôlée affirmant l'avoir acheté à un tiers non identifié et ne pas l'avoir assuré. La cour d'appel a annulé le contrôle d'identité en retenant que le port d'un casque n'est pas imposé à celui qui se borne à pousser un cyclomoteur sur le trottoir, que la référence abstraite, dans le procès-verbal, à une recrudescence de vols de véhicules de ce type sur l'étendue de la circonscription ne suffisait pas à caractériser la réalité, sur le lieu du contrôle, d'un risque sérieux et actuel d'une atteinte à l'ordre public, et, enfin, que l'agent de police judiciaire agissait hors de toute réquisition du procureur de la République ; que, dès lors, le contrôle d'identité portait atteinte au droit de toute personne de cheminer sur un trottoir en poussant un cyclomoteur, fût-ce à une heure tardive. Cette décision a été censurée pour ne pas avoir mieux recherché si les circonstances particulières de l'espèce ne constituaient pas une ou plusieurs raisons plausibles de soupçonner objectivement un comportement délictueux (Cass. crim., 8 janv. 2013, n° 12-81.126).

3 La flagrance

570 Parfois c'est la caractérisation d'une infraction flagrante qui est retenue pour justifier le contrôle d'identité.

Tel est le cas lorsqu'est approuvé un arrêt qui rejette l'exception de nullité de la procédure prise de l'irrégularité du contrôle d'identité du prévenu, en énonçant notamment que la présence du prévenu à proximité d'un secteur connu des services de police pour y accueillir des trafics de stupéfiants, l'attitude de méfiance puis de fuite qu'il a manifestée à la vue des policiers, faisant preuve de nervosité en les voyant et ne cessant ensuite de se retourner dans leur direction, puis accélérant le pas pour rejoindre l'angle de la rue, et l'odeur caractéristique de résine de cannabis perçue par les policiers à son approche, constituent autant d'indices apparents d'un comportement délictueux caractérisant un état de flagrance justifiant le contrôle d'identité du prévenu (Cass. crim., 18 juill. 2017, n° 16-85.829).

Une telle approche est parfaitement logique dès lors que l'article 78-2 du Code de procédure pénale prévoit le contrôle d'identité lorsqu'il existe des raisons plausibles de soupçonner que la personne contrôlée a commis ou tenté de commettre une infraction, ce qui peut s'entendre comme visant une infraction ancienne, récente, ou véritablement flagrante. Comme le relève un auteur : « La plupart du temps, l'infraction ou le commencement d'exécution constitutif de la tentative à l'origine du contrôle d'identité sont constatés en situation de flagrance ».

D'autres fois, les juges du fond estiment l'état de flagrance caractérisé tandis que la Cour de cassation considère que ce sont les raisons plausibles de soupçonner que la personne contrôlée allait commettre un délit qui justifiait le contrôle.

C'est le cas lorsque la cour d'appel retient que des fonctionnaires de police, alertés par un chauffeur routier de la présence suspecte d'une personne à bord d'un véhicule stationné à proximité d'une zone de fret et paraissant s'intéresser aux marchandises, ont procédé à son contrôle et ont alors constaté qu'elle se débarrassait d'un petit sachet qu'elle jetait à ses pieds, que l'examen de son contenu a révélé qu'il s'agissait de stupéfiants et qu'une perquisition au domicile de l'intéressé a permis la découverte de résine et d'herbe de cannabis. La cour d'appel a rejeté l'exception de nullité de la procédure prise de l'irrégularité du contrôle d'identité, en énonçant que les officiers de police judiciaire avaient agi en flagrant délit après avoir relevé des indices apparents d'un comportement délictueux révélant l'existence d'infractions répondant à la définition de l'article 53 du Code de procédure pénale, en l'espèce la présence d'un petit sachet blanc pouvant contenir des produits stupéfiants. La chambre criminelle n'y a vu quant à elle, que des raisons plausibles de soupçonner que le prévenu se préparait à commettre un délit justifiant le contrôle d'identité (Cass. crim., 5 oct. 2005, n° 05-81.417).

C'est encore le cas quand une patrouille remarque deux individus affairés entre une voiture et un scooter, qui manipulent un objet que les policiers n'identifient pas, et s'écartent subitement à la vue des regards de la patrouille, se penchent à l'angle de deux rues pour regarder les agissements de cette dernière et communiquent entre eux, avant de s'engouffrer dans un bar-tabac lorsque les policiers sortent de leur véhicule. Un tel comportement ne suffit pas, selon la chambre criminelle, à caractériser l'état de flagrance pas plus que la possession de 1 400 € placés dans une poche de veste et une sacoche, découverte à l'occasion dudit contrôle, ne constituent, à eux seuls, des indices apparents laissant penser qu'une infraction était en train de se commettre ou sur le point de se commettre au sens de l'article 53 du Code de procédure pénale. En revanche, ces comportements caractérisent une raison plausible de soupçonner que les individus considérés ont commis ou tenté de commettre une infraction ou s'y préparaient, justifiant qu'il ait été procédé à leur contrôle d'identité (Cass. crim., 5 oct. 2022, n° 21-86.753 : *Dalloz actualités*, 14 nov. 2022, comm. G. de Foucher et C. Méléard).

4 Contrôles irréguliers

571 En revanche un contrôle ne peut être tenu pour régulier :

– quand les policiers, après avoir reçu une dénonciation téléphonique anonyme, procédant à une enquête préliminaire pour séjour irrégulier en France de la personne dénoncée, de nationalité ivoirienne, se transportent au domicile de celle-ci, où, agissant sur le fondement de l'article 78-2, alinéa 1er du Code de procédure pénale, ils l'invitent à produire un document d'identité, puis alors qu'elle présente un passeport dépourvu de visa, l'interpellent en flagrant délit, après vérification au fichier national des étrangers. Cette dénonciation non corroborée par d'autres éléments d'information ni confortée par des vérifications apportant des éléments précis et concordants ne constitue pas une raison plausible de soupçonner que la personne contrôlée a commis ou tenté de commettre une infraction (Cass. 1re civ., 31 mai 2005, n° 04-50.033 : *Bull. civ.* I, n° 234) ;

– quand il est fondé sur le fait que l'intéressé s'est présenté à deux reprises dans un poste de secours tenu par des policiers tout en refusant d'être conduit à l'hôpital malgré l'importance apparente de sa blessure au pied droit, ce qui ne peut être tenu pour une ou plusieurs raisons plausibles de soupçonner une infraction de séjour irrégulier (Cass. 1re civ., 25 oct. 2005, n° 04-50.084 : *Bull. civ.* I, n° 384) ;

– quand il est fondé sur le seul demi-tour effectué par l'intéressé sur un marché à la vue de policiers en patrouille procédant au contrôle d'individus se livrant à la vente de cigarettes de contrebande, sans dire en quoi le seul demi-tour effectué sur un marché à la vue de policiers constituait une raison plausible que l'intéressé ait commis une infraction, que celle-ci soit ou non de revente illicite de cigarettes (Cass. 1re civ., 10 mai 2006, n° 04-50.145 : *Bull. civ.* I, n° 230) ;

– quand il est opéré à partir d'un simple renseignement anonyme dénonçant une personne comme se livrant au trafic de stupéfiants (Cass. crim., 3 mai 2007, n° 07-81.331 : *Bull. crim.* n° 117) ;

– quand il est seulement retenu que la personne contrôlée, après avoir hésité à entrer dans un magasin, a fait « rapidement demi-tour » en voyant les policiers, ce qui permettait de soupçonner l'existence d'une infraction sans toutefois dire en quoi le seul demi-tour effectué par l'intéressé à la vue de policiers constituait une raison plausible de concevoir un tel soupçon (Cass. 1re civ., 24 oct. 2012, n° 11-24.569).

D Lien entre la personne contrôlée et l'infraction

572 L'identité d'une personne peut être contrôlée pour cinq raisons qui seront examinées successivement.

1 La personne a commis ou tenté de commettre une infraction

573 Il convient de distinguer l'hypothèse dans laquelle une infraction a été commise et celle où elle a été tentée.

Contrôles d'initiative

a) Infraction commise

574 **Rapprochement avec la flagrance.** La possibilité, prévue par le texte, d'opérer un contrôle lorsqu'il existe au moins une raison plausible de soupçonner que la personne a commis une infraction, fait naturellement penser à l'infraction qui vient de se commettre. Dans ce cas, les conditions du contrôle d'identité sont très proches de celles qui caractérisent l'état de flagrance. On a d'ailleurs vu que, parfois – mais pas toujours –, la chambre criminelle retient la flagrance, là où les policiers ou les gendarmes ont retenu ce cas de figure de l'article 78-2 du Code de procédure pénale (V. *supra*, n° 570). Le contrôle d'identité peut indifféremment intervenir avant l'ouverture de toute enquête (Cass. 1re civ., 4 oct. 2005, n° 04-50.103 : *Bull. civ.* I, n° 357) et constituer l'acte qui révèle l'infraction flagrante (Cass. crim., 2 mai 2007, n° 07-81.517 : *Bull. crim.* n° 112) ou alors même qu'une enquête en flagrance est en cours (Cass. 2e civ., 14 déc. 2000, n° 99-50.035 : *Bull. civ.* II, n° 170).

575 **Infraction non flagrante.** Mais la formulation générale retenue par le texte permet en réalité de contrôler l'identité d'une personne soupçonnée d'avoir commis une infraction il y a déjà un certain temps. Dans cette hypothèse où les conditions de la flagrance ne sont pas réunies, il est également possible de procéder à un contrôle d'identité sur le fondement de l'alinéa 2 de l'article 78-2 du Code de procédure pénale. Ce type de contrôle peut avoir lieu avant ouverture d'une enquête. Ce serait le cas si une personne alertait les policiers ou les gendarmes de ce qu'elle vient de reconnaître dans la rue l'auteur d'une infraction commise à son préjudice quelque temps plus tôt et pour laquelle elle n'a pas encore porté plainte.

Il peut également être effectué alors qu'une enquête préliminaire est ouverte (Cass. 2e civ., 10 nov. 1999, n° 98-50.035 : *Bull. civ.* II, n° 168) ou que les enquêteurs sont saisis d'une commission rogatoire. Il peut d'ailleurs aussi, dans ces cas, être justifié par le fait qu'il existe au moins une raison plausible de soupçonner que la personne est susceptible de fournir des renseignements utiles à l'enquête en cas de crime ou de délit (al. 4) (Cass. 2e civ., 24 juin 1998, n° 97-50.040 : *Bull. civ.* II, n° 215), voire encore qu'elle fait l'objet de recherches ordonnées par une autorité judiciaire (al. 6).

576 **Contravention.** Le fait que cet alinéa concerne une infraction quand d'autres alinéas visent les « crime et délit » montre que le contrôle est possible lorsque c'est une contravention qui a été commise. Ainsi, le contrôle d'identité effectué sur une personne se trouvant la nuit dans le bois de Boulogne, en infraction à un arrêté du 13 août 1985 interdisant la circulation des piétons dans les sous-bois parisiens en dehors des heures légales est justifié (Cass. 2e civ., 10 nov. 1999, n° 98-50.040).

b) Infraction tentée

577 **Incrimination de la tentative.** Le Code pénal incrimine la tentative de tous les crimes, mais il ne sanctionne celle des délits que « dans les cas prévus par la loi ».

Un contrôle d'identité peut être opéré sur une personne à l'égard de laquelle il existe au moins une raison plausible de soupçonner qu'elle a tenté de commettre un crime. En revanche, pour qu'un contrôle d'identité soit effectué à l'encontre d'une personne ayant tenté de commettre un délit, faut-il que la tentative de ce délit soit sanctionnée par le Code pénal ? La question a fait l'objet d'interrogations. Lors de l'élaboration de la loi, le garde des Sceaux, a estimé que tous les délits tentés justifiaient un contrôle d'identité même si le Code pénal n'incriminait pas la tentative de tous les délits. Cette position pourrait se recommander de ce que le Code pénal assimile la tentative à l'infraction consommée (C. pén., art. 121-4) et du fait que, comme le relève un auteur, « la loi ne rend pas obligatoires des poursuites pénales à la suite d'un contrôle d'identité, lequel peut, en outre, être réalisé indépendamment de toute infraction dans le cadre de la deuxième hypothèse prévue par le troisième alinéa de l'article 78-2 ».

Il ne peut toutefois qu'être recommandé de ne procéder à un contrôle d'identité que pour des tentatives de délits punissables. D'une part, et c'est essentiel, cette vision est la plus respectueuse du principe posé par le Code pénal. D'autre part, le plus souvent, si la tentative d'un délit n'est pas incriminée, c'est que cela est inutile, soit que le commencement d'exécution constitue lui-même une infraction punie par la loi, soit que la caractérisation matérielle du commencement d'exécution s'accorde mal avec la définition de l'infraction.

578 **Contraventions.** La problématique ci-dessus évoquée à propos des délits dont la tentative n'est pas punissable pourrait se poser également pour la tentative de contravention qui n'est jamais sanctionnée par la loi ou le règlement.

Les raisons qui conduisent à exclure un contrôle d'identité pour la tentative de délit non punie par la loi conduisent à écarter la possibilité d'un contrôle d'identité sur une personne ayant tenté de commettre une contravention, alors qu'au surplus les infractions, le plus souvent matérielles, que sont les contraventions se prêtent mal à la caractérisation d'un commencement d'exécution interrompu indépendamment de la volonté de son auteur.

2 La personne se prépare à commettre un crime ou un délit

579 En principe, le droit pénal ne sanctionne pas celui qui se prépare à commettre un crime ou un délit, sauf le cas particulier de l'association de malfaiteurs qui suppose l'existence d'un groupement formé ou d'une entente établie en vue de la préparation de l'infraction et, en outre, la caractérisation de la préparation par un ou plusieurs faits matériels.

Le législateur a cependant estimé nécessaire de permettre que l'identité d'une personne à l'égard de laquelle il existe au moins une raison plausible de soupçonner qu'elle se prépare à commettre un crime ou un délit puisse être contrôlée.

Les raisons plausibles relatives à un tel cas sont parfois plus difficiles à établir. On a vu qu'elles peuvent se trouver, par exemple, dans le fait que la personne, avec d'autres, stationne à la nuit tombante pendant plus d'une demi-heure sans raison apparente à proximité d'un parking où sont garés des véhicules automobiles, l'une d'elles s'approchant même des voitures en stationnement. Ces éléments constituent à l'égard de l'intéressé un indice faisant présumer qu'il se prépare à commettre un vol de voiture ou des vols dans les voitures (Cass. crim., 13 janv. 1986, n° 84-90.041 : *Bull. crim.* n° 19).

Le fait qu'une personne tente de se dissimuler à la vue d'un véhicule de police a même été considéré comme caractérisant un comportement laissant légitimement croire aux policiers qu'elle était sur le point de commettre ou venait de commettre une infraction (Cass. 1re civ., 17 janv. 2006, n° 03-50.097 : *Bull. civ.* I, n° 21). Cette position n'est cependant pas constante. Il a, en effet, également été jugé que la circonstance que trois individus, descendus d'un véhicule venant de se garer sur le parking de la gare, se dirigent vers l'entrée de celle-ci et qu'à la vue des policiers, l'un d'eux se ravise et fasse demi-tour pour remonter dans le véhicule ne constitue pas un indice de nature à faire présumer que cet homme avait commis ou allait tenter de commettre une infraction (Cass. 2e civ., 18 mars 1998, n° 96-50.017 : *Bull. civ.* II, n° 93).

L'examen de la jurisprudence montre que les juridictions ne font pas systématiquement la distinction entre les raisons de soupçonner que la personne s'apprête à commettre une infraction et celles de soupçonner qu'elle a commis ou tenté de commettre une infraction (Cass. crim., 8 mars 2000, n° 99-82.075. – Cass. crim., 27 févr. 2013, n° 12-82.016. – Cass. crim., 9 nov. 2016, n° 15-83.761).

Pourtant, alors que le contrôle opéré à l'égard d'une personne soupçonnée d'avoir commis une infraction est un contrôle de police judiciaire, celui effectué à l'égard d'une personne qui s'apprête à commettre un crime ou un délit est, en réalité, un contrôle préventif ressortissant en principe de la police administrative.

3 La personne est susceptible de fournir des renseignements utiles à l'enquête en cas de crime ou de délit

580 L'alinéa 4 de l'article 78-2 du Code de procédure pénale permet à l'officier de police judiciaire et sur l'ordre et sous la responsabilité de celui-ci, aux agents de police judiciaire et agents de police judiciaire adjoints mentionnés aux articles 20 et 21-1° de vérifier l'identité d'un témoin, ce qui complète les dispositions de l'article 61 du Code de procédure pénale qui permettent à l'officier de police judiciaire de défendre à toute personne de s'éloigner du lieu de l'infraction jusqu'à la clôture de ses opérations et qui peut appeler et entendre toutes les personnes susceptibles de fournir des renseignements sur les faits ou sur les objets et documents saisis. Elles viennent également s'ajouter à celles de l'article 62 qui autorisent les enquêteurs, si les nécessités de l'enquête le justifient, à retenir les témoins le temps strictement nécessaire à leur audition, sans que cette durée puisse excéder quatre heures.

Les dispositions de l'alinéa 4 de l'article 78-2 ne se limitent cependant pas à régir l'enquête de flagrance. Elles s'appliquent également en enquête préliminaire et sur commission rogatoire, mais vont au-delà en ce qu'elles permettent de contrôler l'identité de personnes qui n'auraient pas été témoins des faits mais seraient en possession d'informations utiles à l'enquête relative à un crime ou à un délit.

C'est ainsi que des policiers, procédant à une enquête pour des faits de violences volontaires, dégradations et vols imputés à des ressortissants africains, conduits à en rechercher les auteurs dans un foyer Sonacotra, peuvent contrôler l'identité des personnes découvertes sur place car elles sont susceptibles de fournir des renseignements utiles à l'enquête au sens de l'article 78-2 du Code de procédure pénale. S'il est alors découvert que ces personnes sont dépourvues de tout document les autorisant à pénétrer et à séjourner en France et se trouvent en situation irrégulière au regard de l'article 5 de l'ordonnance du 2 novembre 1945, la procédure est régulière (Cass. crim., 4 nov. 1992, n° 92-80.410).

De même, ces dispositions autorisent les services de police, enquêtant sur une agression sexuelle imputée à un Roumain, qui se rendent dans un hôtel susceptible d'être fréquenté par des personnes de

Contrôles d'initiative

nationalité roumaine à interpeller, sur le parking de cet établissement, une personne qui se trouve à proximité d'une voiture immatriculée à l'étranger, comme susceptible de fournir des renseignements utiles à l'enquête en cours. Le contrôle d'identité est régulier au regard de l'article 78-2 du Code de procédure pénale (Cass. 2e civ., 24 juin 1998, n° 97-50.040 : *Bull. civ.* II, n° 215).

4 La personne a violé les obligations ou interdictions auxquelles elle est soumise dans le cadre d'un contrôle judiciaire, d'une mesure d'assignation à résidence avec surveillance électronique, d'une peine ou d'une mesure suivie par le juge de l'application des peines

581 Cette hypothèse a été insérée à l'article 78-2 du Code de procédure pénale par la loi du 3 juin 2016. Le gouvernement estimait que les textes existants ne permettaient pas de contrôler l'identité de personnes se trouvant dans ce cas tandis que le Sénat était plus dubitatif.

Il sera observé que si les policiers ou les gendarmes savent que la personne est soumise à un contrôle judiciaire, à une mesure d'assignation à résidence avec surveillance électronique, à une peine ou à une mesure suivie par le juge de l'application des peines et qu'elle ne les a pas respectées, c'est qu'ils la connaissent déjà et n'ont pas besoin de contrôler son identité même si le contrôle n'est pas pour autant irrégulier (Cass. crim., 1er févr. 1994 : *Bull. crim.* n° 44 ; *Dr. pén.* 1994, comm. 93. – Cass. crim., 17 mai 1995, n° 94-85.231 : *Bull. crim.* n° 177. – Cass. crim., 9 janv. 2002, n° 01-86.964 : *Bull. crim.* n° 2). Ce dont les policiers ou les gendarmes ont surtout besoin, dans cette hypothèse, c'est d'être autorisés à interpeller la personne concernée pour non-respect de ses obligations, à l'instar de ce que prévoient les articles 141-4, 709-1-1, 712-17 du Code de procédure pénale.

Mais, la plupart du temps, c'est parce qu'un contrôle d'identité aura été initié sur un autre fondement que la consultation du fichier des personnes recherchées révélera que l'intéressé a violé des obligations ou interdictions qui lui étaient imposées. C'est le fondement ayant entraîné le contrôle qui doit être régulier. Si tel n'était pas le cas, le fait qu'il s'avère ensuite que la personne contrôlée est recherchée ne pourrait pas valider *a posteriori* le contrôle irrégulier.

5 La personne fait l'objet de recherches ordonnées par une autorité judiciaire

582 L'observation faite à propos des personnes n'ayant pas respecté une obligation ou une interdiction prononcée par une autorité judiciaire est également valable pour celles faisant l'objet de recherches judiciaires. C'est le plus souvent à l'occasion d'un contrôle justifié par une autre des raisons permettant de procéder à des contrôles d'identité que la consultation du fichier des personnes recherchées révélera que la personne contrôlée est recherchée.

Il pourra cependant arriver que l'officier de police judiciaire chargé de l'exécution d'un mandat, spécialement pour le mandat de recherche, soit en possession de la photo de la personne recherchée et que le contrôle d'identité d'une personne ressemblant à celle figurant sur la photo lui permette de lever les doutes qu'il pourrait avoir.

II Visite de véhicule en cas de raison plausible de soupçonner l'existence d'une infraction

583 L'article 78-2-3 du Code de procédure pénale. Ce texte dispose que :

« Les officiers de police judiciaire, assistés, le cas échéant, des agents de police judiciaire et des agents de police judiciaire adjoints mentionnés aux 1°, 1° bis et 1° ter de l'article 21, peuvent procéder à la visite des véhicules circulant ou arrêtés sur la voie publique ou dans des lieux accessibles au public

lorsqu'il existe à l'égard du conducteur ou d'un passager une ou plusieurs raisons plausibles de soupçonner qu'il a commis, comme auteur ou comme complice, un crime ou un délit flagrant ; ces dispositions s'appliquent également à la tentative.
Le II de l'article 78-2-2 est applicable au présent article ».

A Conditions

584 **Flagrance.** Le texte est plus restrictif que l'article 78-2, alinéa 2 du Code de procédure pénale. La visite n'est possible que si le crime ou le délit commis ou tenté est flagrant.
On fait instinctivement un rapprochement avec les conditions de l'article 53 du Code de procédure pénale. On aurait pu être tenté de considérer que les raisons plausibles visées par l'article 78-2-3 étaient d'une intensité moindre que l'indice exigé par la jurisprudence pour considérer la flagrance comme constituée. M. Desportes et Mme Lazerges, dans leur *Traité de procédure pénale*, évoquent une suspicion de flagrance. Cependant, la position de la chambre criminelle qui tient pour équivalents les termes « indices » et « raisons plausibles » (Cass. crim., 17 août 2011, n° 11-90.063) (V. *supra*, n° 565) ne milite pas en faveur de cette interprétation.
Dès lors, il n'est pas certain que ce texte présente une véritable utilité, un officier de police judiciaire s'étant vu reconnaître antérieurement par la jurisprudence le droit de procéder à une fouille de véhicule dans le cadre d'une enquête de flagrance, même parfois dans des conditions bien plus larges, comme dans l'arrêt *Trignol* (Cass. crim., 8 nov. 1979, n° 78-92.914 : *Bull. crim.* n° 311. – P. Chambon, *L'ouverture forcée du coffre des véhicules automobiles : JCP* G 1980, I, 2983) où la fouille du coffre a été tenue pour valable parce qu'une enquête de crime flagrant était en cours mais alors qu'aucun indice ou raison plausible de participation du conducteur du véhicule ou de son passager à cette infraction n'était établi.
Il a été indiqué au cours des travaux préparatoires que le texte avait pour but d'autoriser explicitement les visites de véhicules au cours d'enquêtes de flagrance, mais M. Buisson expose que les intervenants croyaient qu'existait une différence entre visite et fouille de véhicule, ce qui n'est pas exact.
Un arrêt est illustratif de la difficulté à distinguer les hypothèses d'application de l'article 78-2-3 du Code de procédure pénale et celles où ce sont les règles de l'enquête de flagrance qui doivent être mises en œuvre (Cass. crim., 11 déc. 2019, n° 19-83.183). Des agents de police judiciaire avaient remarqué une personne qui se tenait entre deux véhicules avec son téléphone en main en mode « lampe torche ». Lorsqu'ils s'étaient approchés, ils avaient constaté que cette personne était alcoolisée et paraissait paniquée et, depuis l'extérieur du véhicule, avaient aperçu dans le coffre un rectangle marron de cinq sur six centimètres entouré d'un film transparent, pouvant s'apparenter à une plaquette de résine de cannabis conditionnée. Agissant alors selon la procédure de flagrance, ils avaient contrôlé l'identité de la personne qui leur avait confirmé la nature du paquet découvert.
Un des agents de police judiciaire qui se trouvait sur les lieux de l'interpellation en avait avisé un officier de police judiciaire qui lui avait demandé d'appréhender la plaquette de résine de cannabis. La personne interpellée a soutenu que selon l'article 78-2-3 du Code de procédure pénale, la visite d'un véhicule dans le cadre d'une enquête de flagrance devait être réalisée par un officier de police judiciaire assisté le cas échéant d'un agent de police judiciaire. Ce moyen a été écarté par la chambre criminelle dès lors que l'agent de police judiciaire, agissant selon la procédure de flagrance, pouvait, sur instruction de l'officier de police judiciaire auprès duquel il avait fait un rapport de la situation, appréhender matériellement l'objet suspect et le lui rapporter aux fins de saisie et de mise sous scellé.

585 **Visite liée à un contrôle d'identité ?** Selon M. Buisson, la visite de véhicules prévue par l'article 78-2-3 du Code de procédure pénale se situe nécessairement dans le cadre d'un contrôle d'identité. Il s'appuie sur les travaux préparatoires et la place de l'article 78-2-3 dans le code.
Mme Girault, quant à elle, relève que : « L'article 78-2-3 qui régit la visite des véhicules en cas de flagrance ne fait (…) aucune référence au contrôle d'identité ».
La discussion est cependant assez théorique car une fouille de véhicule ne se fera que très exceptionnellement sans contrôle d'identité concomitant.

586 **Véhicule arrêté ou circulant sur la voie publique.** Le texte vise les « véhicules circulant ou arrêtés sur la voie publique ou dans des lieux accessibles au public ». En sont exclus les véhicules spécialement aménagés à usage d'habitation et effectivement utilisés comme résidence. Ceux-ci relèveraient du droit commun de la perquisition domiciliaire (V. *infra*, n° 1961). Par hypothèse, un crime ou un délit flagrant ayant été commis, un officier de police judiciaire pourrait procéder à la fouille d'un véhicule aménagé pour y habiter.

Contrôles d'initiative

587 **Pas de fouille de bagages.** À la différence des textes régissant la visite des véhicules et la fouille des bagages dans le cadre des articles 78-2-4, 78-2-2, II et 78-2-5 du Code de procédure pénale, l'article 78-2-3 ne prévoit, en cas de raison plausible de soupçonner un crime ou un délit flagrant, que la visite des véhicules. La fouille des bagages n'est pas prévue. Puisque, par hypothèse, les conditions d'ouverture d'une enquête de flagrance sont réunies, l'officier de police judiciaire semble pouvoir mettre en œuvre la totalité de ses pouvoirs en un tel cas et procéder à une fouille de bagage.

B Qui peut y procéder ?

588 **Officier de police judiciaire et agent de police judiciaire et agent de police judiciaire adjoint en assistance.** La fouille de véhicules prévue par l'article 78-2-3 du Code de procédure pénale ne peut être effectuée que par un officier de police judiciaire. Celui-ci peut être assisté, le cas échéant, par des agents de police judiciaire et des agents de police judiciaire adjoints mentionnés aux 1°, 1° bis et 1° ter de l'article 21 (Cass. crim., 28 sept. 2010, n° 10-82.699 : *Bull. crim.* n° 142).

C Modalités de la visite

589 **Immobilisation du véhicule pendant le temps nécessaire à l'officier de police judiciaire pour arriver.** Le texte ne prévoit pas spécifiquement la possibilité d'immobiliser le véhicule sur le lieu du contrôle d'identité le temps que l'officier de police judiciaire se rende sur place. Cependant, la plupart des patrouilles conduites à procéder à des contrôles d'identité ne sont composées que d'agents de police judiciaire, le nombre réduit d'officiers de police judiciaire ne permettant pas que ceux-ci dirigent effectivement les patrouilles. Il apparaît donc indispensable, sauf à rendre le texte sans effet, de permettre aux agents de police judiciaire qui procèdent à un contrôle d'identité et qui jugent nécessaire de procéder à une visite du véhicule de la personne contrôlée d'immobiliser le véhicule le temps que l'officier de police judiciaire, seul habilité à procéder à cette mesure plus intrusive, arrive sur place.

590 **Immobilisation du véhicule pendant la visite elle-même.** L'article 78-2-3 dispose que le II de l'article 78-2-2 du Code de procédure pénale, qui prévoit que « les véhicules en circulation ne peuvent être immobilisés que le temps strictement nécessaire au déroulement de la visite », est applicable.

591 **Présence de la personne concernée.** Le même renvoi implique que la visite portant sur un véhicule à l'arrêt ou en stationnement se déroule en présence du conducteur ou du propriétaire du véhicule ou, à défaut, d'une personne requise à cet effet par l'officier ou l'agent de police judiciaire ne relevant pas de son autorité administrative, cette présence n'étant toutefois pas requise si la visite comporte des risques graves pour la sécurité des personnes et des biens.

592 **Rédaction d'un procès-verbal.** Il est, là encore, renvoyé au II de l'article 78-2-2 du Code de procédure pénale, de telle sorte que la rédaction d'un procès-verbal ne s'impose qu'en cas de découverte d'une infraction ou si le conducteur ou le propriétaire du véhicule le demande ainsi que dans le cas où la visite se déroule en leur absence. Ce procès-verbal, dont un exemplaire est remis à l'intéressé et un autre transmis sans délai au procureur de la République, doit indiquer le lieu et les dates et heures de début et de fin des opérations.

L'ESSENTIEL 593 Les officiers de police judiciaire ainsi que sous leur contrôle et leur responsabilité les agents de police judiciaire et agents de police judiciaire adjoints de l'article 21, 1° du Code de procédure pénale peuvent procéder d'initiative au contrôle de l'identité de personnes dont le comportement montre qu'elles ont un lien avec une infraction, que ce soit en tant qu'auteur, complice ou témoin.

594 La condition du contrôle est qu'il existe au moins une raison plausible de soupçonner que la personne concernée a commis ou tenté de commettre une infraction, se prépare à commettre un crime ou un délit, est susceptible de fournir des renseignements utiles en cas de crime ou de délit, ne respecte pas ses obligations judiciaires ou est recherchée par une autorité judiciaire.

595 Il est souvent délicat de déterminer ce qui caractérise ou pas une raison plausible et la jurisprudence peut, à cet égard, apparaître contrastée (V. *supra*, n°s 567 et s.).

596 En ce qui concerne les infractions tentées, il semble prudent de retenir que seuls peuvent donner lieu à contrôle d'identité les infractions criminelles et délictuelles dont la tentative est réprimée par la loi, les délits dont la tentative n'est pas incriminée et les contraventions ne permettant pas d'opérer un contrôle.

597 Le caractère plausible de la raison de soupçonner qu'une personne se prépare à commettre un crime ou un délit est parfois

source de discussion tant il est vrai que certains comportements peuvent être équivoques et procéder d'intentions différentes.

598 Le contrôle est également possible quand il existe au moins une raison plausible de soupçonner qu'une personne peut fournir des renseignements sur un crime ou un délit ce qui permet de vérifier l'identité des témoins, au sens large.

599 Les cas de contrôles de personnes ayant violé leurs obligations judiciaires ou recherchées sont plus délicats à appréhender dès lors que le plus souvent, c'est le contrôlé effectué qui révèle que la personne n'a pas respecté ses obligations ou qu'elle est recherchée.

600 Les contrôles effectués sur le fondement de l'article 78-2, alinéas 1 à 6 du Code de procédure pénale peuvent s'accompagner en cas de **crime ou délit flagrant** d'une visite de véhicule qui, pour l'essentiel, doit être réalisée dans les mêmes conditions que celle prévue en cas d'atteinte grave à la sécurité des personnes et des biens (V. *supra*, n° 520).

601 La fouille du véhicule doit être le fait de l'officier de police judiciaire que les agents de police judiciaire et agents de police judiciaire adjoints peuvent seulement assister.

POUR ALLER PLUS LOIN...

Fascicule JurisClasseur

• *JCl. Procédure pénale*, Art. 78-1 à 78-7, fasc. 20-10, *Contrôles, vérifications et relevés d'identité*, par J. Buisson.

Répertoire

• C. Girault, Rép. pén. Dalloz, Contrôles et vérifications d'identité.

Ouvrage

• F. Desportes et L. Lazerges, *Traité de procédure pénale*, Economica, 4e éd., 2015, § 2364.

Revue

• A. Maron, *Conditions d'exercice des contrôles et vérifications d'identité : JCP* G 22 juill. 1992, n° 29, doctr. 3601.

Circulaire

• Circ. n° 83-23-SDLC.-F1, p. 11.

Fiche 19

Contrôles sur réquisitions du procureur de la République

Sommaire

602 Le procureur de la République peut, depuis 1993, ordonner, pour une période et un lieu déterminés, des contrôles d'identité en vue de la recherche et de la poursuite d'infractions qu'il détermine (I).

Mais il peut également ordonner le même type de contrôles pour certaines infractions graves (II), ces contrôles pouvant être accompagnés de visite de véhicules ou de navires ou de fouilles de bagages.

I Contrôles en vue de la recherche et de la poursuite d'infractions déterminées par le procureur de la République

603 **Loi du 10 août 1993.** Cette loi a institué un contrôle d'identité sur instructions du procureur de la République, inspiré des « opérations coup de poing » qui étaient réalisées depuis quelques

années, pour rechercher d'éventuelles infractions de conduite sous l'empire d'un état alcoolique.
Le septième alinéa de l'article 78-2 du Code de procédure pénale dispose que :

> « Sur réquisitions écrites du procureur de la République aux fins de recherche et de poursuite d'infractions qu'il précise, l'identité de toute personne peut être également contrôlée, selon les mêmes modalités, dans les lieux et pour une période de temps déterminés par ce magistrat. Le fait que le contrôle d'identité révèle des infractions autres que celles visées dans les réquisitions du procureur de la République ne constitue pas une cause de nullité des procédures incidentes ».

604 **Qui peut procéder à ces contrôles ?** L'emploi des termes « selon les mêmes modalités » conduit à retenir que ce type de contrôle peut être réalisé par les officiers de police judiciaire et, sur l'ordre et sous la responsabilité de ceux-ci, par les agents de police judiciaire et agents de police judiciaire adjoints mentionnés aux articles 20 et 21, 1° du Code de procédure pénale.

605 **Qui peut requérir ces contrôles ?** Le procureur de la République du ressort dans lequel va se dérouler le contrôle est, bien sûr, compétent pour les requérir, mais la loi n° 2016-339 du 22 mars 2016 a prévu une ou des compétences concurrentes en ce qui concerne les trains. Ces dispositions apparaissent indispensables quand on sait que « Les trains à grande vitesse changeant de commune toutes les minutes, de département toutes les dix à quinze minutes et de région toutes les demi-heures ».
L'article 78-7 du Code de procédure pénale prévoit en conséquence que :

> « Sans préjudice des prérogatives des procureurs territorialement compétents, le procureur de la République du lieu où se situe la gare de départ d'un véhicule de transport ferroviaire de voyageurs peut, en vue des contrôles et des vérifications mis en œuvre dans ce véhicule sur son trajet, prendre les réquisitions et les instructions prévues au sixième alinéa de l'article 78-2 et à l'article 78-2-2.
> Lorsque la gare de départ se situe hors du territoire national, sans préjudice des prérogatives des procureurs territorialement compétents, les réquisitions et les instructions mentionnées au premier alinéa du présent article peuvent être prises par le procureur de la République du lieu où se situe la gare d'arrivée. Les procureurs des lieux où le train marque un arrêt en sont informés.
> Lorsque les gares de départ et d'arrivée se situent hors du territoire national, sans préjudice des prérogatives des procureurs territorialement compétents, les réquisitions et les instructions mentionnées au même premier alinéa peuvent être prises par le procureur de la République du lieu du premier arrêt du train en France. Les procureurs des autres lieux où le train marque un arrêt en sont informés ».

NOTA BENE Au moment de la promulgation de l'article 78-7, c'était le 6e alinéa de l'article 78-2 qui permettait au procureur d'ordonner des contrôles d'identité en vue de la recherche et la poursuite d'infractions. Aujourd'hui c'est le 7e alinéa. L'article 78-7 n'a pas été modifié en conséquence. Il s'agit à l'évidence d'une omission. L'article 78-7 ne peut avoir de sens que si on considère qu'il vise en réalité le 7e alinéa de 78-2.

606 La nécessité de réquisitions écrites (A), la nature des infractions recherchées (B), l'absence de condition quant aux personnes (C), la détermination des lieux et des périodes (D), la prohibition des contrôles généralisés dans le temps et l'espace (E) et la réalisation de procédures incidentes (F) appellent quelques développements.

A Réquisitions écrites

607 **Motivation.** Le législateur a imposé que les réquisitions fassent l'objet d'un écrit.
Cela permet, en cas de contestation, de vérifier la nature des infractions recherchées, la zone où le contrôle était requis ainsi que la période pendant laquelle il pouvait avoir lieu.
M. Buisson fait valoir, au *JurisClasseur*, que le caractère écrit des réquisitions emporte implicitement nécessité de motivation du contrôle. Le procureur doit non seulement indiquer dans la réquisition les infractions recherchées mais aussi donner les raisons, illustrées éventuellement par des rapports chiffrés, pour lesquelles il convient de rechercher telle ou telle infraction dans telle zone déterminée.
La direction des affaires criminelles et des grâces a, dans une circulaire du 19 août 1993, rappelé que « bien que la loi n'exige pas que le procureur de la République motive ses réquisitions, elle prévoit que celles-ci doivent préciser la nature des infractions recherchées. Le législateur a ainsi clairement montré qu'il souhaitait que ces opérations de contrôle d'identité ne soient pas ordonnées de façon purement aléatoire, mais qu'elles interviennent dans des lieux où des infractions déterminées sont effectivement susceptibles d'être commises ou de se commettre ».
Il sera toutefois relevé que le texte de l'article 78-2-2 du Code de procédure pénale n'exige une motivation que pour le renouvellement. La première

chambre civile de la Cour de cassation a d'ailleurs jugé, à propos de cet article 78-2-2 rédigé dans des termes proches, que ce texte « n'exige pas que, pour prendre ses réquisitions, le procureur de la République démontre l'existence d'indices de commission, ou de risque de commission, des infractions visées par ledit article ou un risque d'atteinte à l'ordre public » (Cass. 2e civ., 19 févr. 2004, n° 03-50.025 : *Bull. civ.* II, n° 70). Certains auteurs ont cependant noté que le Conseil constitutionnel imposait que les lieux contrôlés soient en lien avec les infractions recherchées et posait ainsi une exigence plus importante. La première chambre civile de la Cour de cassation a toutefois persisté (Cass. 1re civ., 2 sept. 2020, n° 19-50.013), suivant en cela l'avis de la chambre criminelle (Cass. crim., 24 mars 2020, n° 19-87.843) qu'elle avait sollicité, en retenant que la réserve d'interprétation du Conseil constitutionnel, selon laquelle les dispositions contestées des articles 78-2 et 78-2-2 du Code de procédure pénale « ne sauraient, sans méconnaître la liberté d'aller et venir, autoriser le procureur de la République à retenir des lieux et périodes sans lien avec la recherche des infractions visées dans ses réquisitions », n'impose pas qu'un tel lien résulte nécessairement des mentions des réquisitions. C'est au juge judiciaire, saisi d'une contestation, qu'il incombe d'apprécier l'effectivité dudit lien sur la base de ces mentions ou, à défaut, des pièces au vu desquelles les réquisitions ont été prises.

Cette règle s'accorde bien avec la pratique : le plus souvent, le service de police ou l'unité de gendarmerie qui va réaliser le contrôle d'identité présente une demande motivée à laquelle le procureur de la République fait référence dans sa réquisition ou bien le procureur de la République motive sa réquisition en s'appuyant sur un document établi par le chef de service qui demande à pouvoir effectuer des contrôles.

B Nature des infractions recherchées

608 Le législateur n'a pas défini de type d'infraction particulier permettant cette sorte de contrôle d'identité. Il appartient donc au procureur de la République de définir les infractions que le contrôle a pour but de rechercher et de poursuivre. Il pourra, pour ce faire, s'appuyer sur les statistiques de son ressort et cibler les zones où certaines infractions sont les plus fréquentes. Ainsi, dans des zones pavillonnaires où surviennent de nombreux cambriolages, il paraît naturel que le procureur prescrive des contrôles d'identité de ce type qui, outre leur aspect judiciaire de recherche d'auteurs d'infractions, auront un aspect dissuasif, ce qui les apparente plus ou moins à une opération de police administrative.

La direction des affaires criminelles et des grâces du ministère de la Justice recommande aux procureurs de la République :

> « Dans cette perspective, il est nécessaire que les chefs de services et d'unités sollicitant la délivrance de telles réquisitions [de contrôles requis], en explicitent les motifs, les objectifs, ainsi que les moyens qui seront, le cas échéant, mis en œuvre.
>
> La motivation des demandes de réquisitions ne saurait se trouver réduite à une simple référence à des considérations générales ou hypothétiques sur la délinquance locale. Il s'agira par exemple de faire état des faits de délinquance recensés et des plaintes enregistrées sur le secteur concerné au cours d'une période récente, ainsi que des résultats obtenus à l'occasion d'une précédente opération de contrôles d'identité menée dans des conditions similaires.
>
> De même, pour la prévention d'infractions liées à des troubles à l'ordre public, la délivrance de réquisitions judiciaires aux fins de contrôles d'identité apparaît justifiée préalablement à la tenue de certains événements, tels que des manifestations, des confrontations sportives ou des rencontres organisées dans le cadre d'événements nationaux ou internationaux.
>
> À la demande du procureur de la République, la copie des plaintes et tout autre élément statistique ou qualitatif étayant la demande de réquisitions devront lui être communiqués ».

609 **Contraventions.** Le texte visant la recherche d'infractions, le procureur de la République a la faculté de délivrer des réquisitions en vue de la recherche de toutes les infractions, y compris de contraventions. Un amendement, qui tendait à limiter ce type de contrôle aux crimes et délits, a d'ailleurs été rejeté lors de l'élaboration de la loi.

C Conditions quant aux personnes

610 À la différence des contrôles d'identité prévus par les alinéas 1 à 6 du même article, ceux prévus par l'alinéa 7 visent toute personne se trouvant dans la zone et à la période du contrôle indépendamment de son attitude.

Le Conseil constitutionnel (Cons. const., 24 janv. 2017, n° 2016-606/607 QPC) a été saisi d'une question prioritaire de constitutionnalité soutenant, notamment, que l'alinéa 7 de l'article 78-2 du Code de procédure pénale donnait la faculté aux services de police judiciaire d'effectuer, sur réquisitions du procureur de la République, des contrôles d'identité de manière généralisée et discriminatoire.

Le Conseil, retenant que l'objectif de valeur constitutionnelle de recherche des auteurs d'infractions pouvait justifier que soient engagées des procédures de contrôle d'identité, a estimé qu'il était loisible au législateur de prévoir que les contrôles mis en œuvre dans ce cadre puissent ne pas être liés au comportement de la personne, mais que la pratique de contrôles d'identité généralisés et discrétionnaires serait incompatible avec le respect de la liberté personnelle, en particulier avec la liberté d'aller et de venir.

Compte tenu de ce que les réquisitions du procureur de la République, magistrat de l'ordre judiciaire, ne pouvaient viser que des lieux et des périodes de temps déterminés et sous la réserve que le procureur de la République ne retienne pas des lieux et périodes sans lien avec la recherche des infractions visées dans ses réquisitions et que, par un cumul de réquisitions portant sur des lieux ou des périodes différents, il n'autorise pas la pratique de contrôles d'identité généralisés dans le temps ou dans l'espace, il a déclaré le texte conforme à la Constitution.

D Détermination des lieux et des périodes

1 Lieux

611 Le texte ne donne pas de précision quant aux lieux où peut avoir lieu le contrôle. Au cours de l'élaboration de la loi, ont été rejetés des amendements tendant à interdire un tel contrôle dans un lieu de culte ou dans un établissement de soins. Le législateur a entendu n'exclure aucun lieu. Le contrôle peut être réalisé dans un lieu public mais aussi dans un lieu privé pour autant que les policiers ou les gendarmes y aient eu accès régulièrement.

Cependant, un tel contrôle ne peut être prescrit que dans des zones où ont eu lieu des infractions du type de celles que le procureur de la République entend rechercher et poursuivre puisque telle est la finalité de ce contrôle.

612 **Précision quant au lieu.** Il ne peut pas être exigé une trop grande précision dans la délimitation de la zone. Si est irrégulier un contrôle opéré dans le métro alors que la réquisition ne visait pas expressément ce lieu (Cass. 2e civ., 4 févr. 1998, n° 97-50.027 : *Bull. civ.* II, n° 43), une réquisition qui vise un quartier sensible de la ville détermine suffisamment le lieu du contrôle d'autant que la zone urbaine sensible en question constitue un ensemble immobilier administrativement reconnu au périmètre délimité par décret n° 96-1156 du 26 décembre 1996 fixant la liste des zones urbaines sensibles (Cass. 1re civ., 14 févr. 2006, n° 05-12.194 : *Bull. civ.* I, n° 75).

613 **Lieu clos.** Ce qui a été dit à propos des contrôles d'identité administratifs (V. *supra*, n° 504) est valable pour les contrôles requis par le procureur de la République, même si l'hypothèse risque d'être plus rare, le procureur de la République requérant des contrôles dans des zones publiques. Toujours est-il qu'un amendement qui tendait à exclure les lieux clos du champ des contrôles requis a été rejeté.

Comme il a déjà été indiqué, un contrôle peut avoir lieu dans un endroit clos si les auteurs du contrôle y sont entrés régulièrement. Ainsi lorsque la flagrance est caractérisée et autorise les enquêteurs à entrer dans une propriété, ils peuvent contrôler l'identité des personnes qui s'y trouvent (Cass. crim., 25 juin 2014, n° 14-81.647 : *Bull. crim.* n° 164).

2 Périodes

614 Comme pour le lieu, la loi ne donne pas d'indication quant à la période de temps pendant laquelle le contrôle peut être effectué, si ce n'est que celle-ci doit être déterminée.

E Prohibition des contrôles généralisés dans le temps et l'espace

615 Comme précédemment indiqué, le Conseil constitutionnel prohibe le cumul de réquisitions portant sur des lieux ou des périodes différents qui permettrait la pratique de contrôles d'identité généralisés dans le temps ou dans l'espace.

Il n'a pas fallu beaucoup de temps pour que la Cour de cassation soit conduite à mettre en œuvre la réserve d'interprétation du Conseil constitutionnel.

Par un arrêt du 14 mars 2018, la première chambre civile a censuré la pratique d'un procureur de la République ayant requis trois opérations successives de contrôle d'identité dans la même zone couvrant six arrondissements, pour rechercher des personnes susceptibles de commettre des infractions énumérées dans l'acte, d'une part le 31 mai 2016, de 12 heures à 24 heures, d'autre part, le 1er juin de 0 heure à 12 heures puis de 12 heures à 24 heures. La Cour de cassation a considéré que la succession ininterrompue de réquisitions de contrôles d'identité dans les mêmes lieux conduisait à un contrôle unique de trente-six heures, généralisé dans le temps et dans l'espace, et que cette façon de procéder était contraire à la réserve d'interprétation du Conseil constitutionnel (Cass. 1re civ., 14 mars 2018, n° 17-14.424 : *Bull. civ.* I, n° 47 ; *D.* 2018, somm. p. 620 ; *Dr. pén.* 2018, comm. 90, note A. Maron et M. Haas).

Le 13 septembre 2017, la chambre criminelle, saisie d'un contrôle d'identité effectué en application de l'article 78-2-2 – mais la réserve d'interprétation valait également pour ce texte – a approuvé un arrêt qui avait jugé irrégulières les réquisitions du procureur de la République permettant de multiplier des contrôles d'identité, identiques quant aux lieux et horaires, pour une durée globale supérieure à vingt-quatre heures sans que cette période de temps ait été reconduite par décision expresse et motivée de ce magistrat (Cass. crim., 13 sept. 2017, n° 17-83.986 : *Bull. crim.* n° 220).

En revanche, des réquisitions de contrôles d'identité diligentées par le procureur de la République pour des périodes limitées, de huit à douze heures, et espacées entre elles de plus de vingt-quatre heures, ne constituent pas une succession ininterrompue de réquisitions de contrôles d'identité dans les mêmes lieux qui caractériserait un contrôle unique généralisé dans le temps et dans l'espace, contraire à la réserve d'interprétation émise par le Conseil constitutionnel dans sa décision n° 2016-606/607 du 24 janvier 2017 (Cass. 1re civ., 5 sept. 2018, n° 17-22.507).

F Procédures incidentes

616 La dernière phrase de l'alinéa 7 de l'article 78-2 du Code de procédure pénale prévoit que le fait que le contrôle d'identité révèle des infractions autres que celles visées dans les réquisitions du procureur de la République ne constitue pas une cause de nullité des procédures incidentes. Cette disposition est critiquée par certains qui y voient une atténuation de l'obligation pesant sur le procureur de la République de mentionner de façon précise les infractions recherchées par le contrôle.

Les parlementaires qui, en 1993, au moment de la création de cette disposition, avaient saisi le Conseil constitutionnel, avaient soutenu que cette dernière disposition méconnaissait la liberté individuelle et sa protection par l'autorité judiciaire que garantissait l'article 66 de la Constitution dès lors que la prise en compte d'infractions qui ne seraient pas énoncées *a priori* par le procureur de la République privait selon eux « l'autorité judiciaire de toute maîtrise effective de l'opération ». Le Conseil avait écarté cette argumentation en retenant que :

> « 5. Considérant qu'il appartient au législateur d'assurer la conciliation entre, d'une part, l'exercice des libertés constitutionnellement garanties et, d'autre part, les besoins de la recherche des auteurs d'infractions, qui sont nécessaires l'un et l'autre à la sauvegarde de droits de valeur constitutionnelle ; qu'il incombe à l'autorité judiciaire, conformément à l'article 66 de la Constitution, d'exercer un contrôle effectif sur le respect des conditions de forme et de fond par lesquelles le législateur a entendu assurer cette conciliation ;
> 6. Considérant que le législateur a confié au procureur de la République, magistrat de l'ordre judiciaire, la responsabilité de définir précisément les conditions dans lesquelles les procédures de contrôle et de vérification d'identité qu'il prescrit doivent être effectuées ; que la circonstance que le déroulement de ces opérations conduise les autorités de police judiciaire à relever des infractions qui n'auraient pas été visées préalablement par ce magistrat ne saurait, eu égard aux exigences de la recherche des auteurs de telles infractions, priver ces autorités des pouvoirs qu'elles tiennent de façon générale des dispositions du Code de procédure pénale ; que par ailleurs celles-ci demeurent soumises aux obligations qui leur incombent en application des prescriptions de ce code, notamment à l'égard du procureur de la République ; que, dès lors, les garanties attachées au respect de la liberté individuelle sous le contrôle de l'autorité judiciaire ne sont pas méconnues ; qu'ainsi le grief invoqué doit être écarté ; ».

II

Contrôles requis par le procureur de la République en vue de la recherche et de la poursuite d'infractions déterminées par la loi

A Contrôle d'identité requis sur le fondement de l'article 78-2-2 du Code de procédure pénale

617 Ce texte permet au procureur de la République de prescrire des contrôles d'identité en vue de la recherche et de la poursuite d'un certain nombre d'infractions graves et, dans les mêmes conditions, des visites de véhicules, navires, bagages dont les conditions seront exposées infra (V. *infra*, n° 625).

618 Le contrôle d'identité. Le I du texte prévoit que :

« Sur réquisitions écrites du procureur de la République, dans les lieux et pour la période de temps que ce magistrat détermine et qui ne peut excéder vingt-quatre heures, renouvelables sur décision expresse et motivée selon la même procédure, les officiers de police judiciaire et, sur l'ordre et sous la responsabilité de ceux-ci, les agents de police judiciaire et les agents de police judiciaire adjoints mentionnés aux 1°, 1° bis et 1° ter de l'article 21 du présent code, peuvent procéder aux contrôles d'identité prévus au septième alinéa de l'article 78-2, aux fins de recherche et de poursuite des infractions suivantes :

1° Actes de terrorisme mentionnés aux articles 421-1 à 421-6 du code pénal ;

2° Infractions en matière de prolifération des armes de destruction massive et de leurs vecteurs mentionnées aux 1° et 2° du I de l'article L. 1333-9, à l'article L. 1333-11, au II des articles L. 1333-13-3 et L. 1333-13-4 et aux articles L. 1333-13-5, L. 2339-14, L. 2339-15, L. 2341-1, L. 2341-2, L. 2341-4, L. 2342-59 et L. 2342-60 du code de la défense ;

3° Infractions en matière d'armes mentionnées à l'article 222-54 du code pénal et à l'article L. 317-8 du code de la sécurité intérieure ;

4° Infractions en matière d'explosifs mentionnés à l'article 322-11-1 du code pénal et à l'article L. 2353-4 du code de la défense ;

5° Infractions de vol mentionnées aux articles 311-3 à 311-11 du code pénal ;

6° Infractions de recel mentionnées aux articles 321-1 et 321-2 du même code ;

7° Faits de trafic de stupéfiants mentionnés aux articles 222-34 à 222-38 dudit code ».

1 Conditions identiques à celles prévues à l'article 78-2, alinéa 7 du Code de procédure pénale

619 L'article 78-2-2 présente des points communs avec l'article 78-2, alinéa 7. Ainsi, ce qui a été dit sur la nécessité d'un écrit, sur la motivation s'agissant des réquisitions prises sur le fondement de l'article 78-2, alinéa 7 (V. *supra*, n° 607) est valable pour les réquisitions prises sur le fondement de l'article 78-2-2. Il en est de même en ce qui concerne les personnes contrôlées qui sont toutes celles se trouvant dans la zone fixée par les réquisitions (V. *supra*, n° 610) et les lieux qui sont choisis par le procureur de la République (V. *supra*, n° 611).

620 **Compétences concurrentes de plusieurs procureurs pour les trains.** Les dispositions de l'article 78-7 du Code de procédure pénale, valables pour les contrôles requis sur le fondement de l'article 78-2, alinéa 7, sont également applicables aux contrôles requis en application de l'article 78-2-2 du même code (V. *supra*, n° 605).

2 Différences avec le contrôle requis sur le fondement de l'article 78-2, alinéa 7

621 **Infractions ciblées par la loi.** Ce n'est pas le procureur de la République qui choisit les infractions que le contrôle a pour objet de rechercher, mais c'est la loi qui fixe une liste d'infractions permettant le contrôle. À l'origine, les infractions visées étaient principalement celles de terrorisme et celles qui lui étaient liées puisque le texte a été introduit dans le Code de procédure pénale juste après les attentats du 11 septembre 2001 mais, par la suite, le législateur y a ajouté d'autres infractions sans lien avec le terrorisme.

622 **Agents des forces de l'ordre pouvant procéder au contrôle.** À la liste de l'article 78-2 (V. *supra*, n° 604), le législateur a ajouté les agents de police judiciaire adjoints des 1° bis et 1° ter de l'article 21 soit les volontaires servant en qualité de militaire dans la gendarmerie et les militaires servant au titre de la réserve opérationnelle de la gendarmerie nationale ne remplissant pas les conditions prévues par l'article 20-1 et les policiers adjoints mentionnés à l'article L. 411-5 du Code de la sécurité intérieure et les membres de la réserve opérationnelle de la police nationale qui ne remplissent pas les conditions prévues aux articles 16-1, A ou 20-1 du présent code qui peuvent aussi procéder au contrôle d'identité mais, bien sûr, sur l'ordre et la responsabilité de l'officier de police judiciaire.

623 **Durée.** Alors que l'article 78-2, alinéa 7 ne prévoit qu'une « période déterminée », l'article 78-2-2 prévoit, lui, une période qui ne peut excéder vingt-quatre heures mais qui est renouvelable sur décision expresse et motivée du procureur de la République.

B Visite de véhicules, bagages, navires

624 Aux côtés des visites de véhicules réglementées, en matière de police administrative (V. *supra*, n°s 516 et s.) et, en matière de police judiciaire à l'initiative des forces de l'ordre (V. *supra*, n°s 583 et s.), le législateur a également prévu des visites de véhicules et de navires ainsi que des fouilles de bagages sur réquisitions du procureur de la République.
Deux hypothèses qui toutes deux concernent des infractions limitativement énumérées sont prévues aux articles 78-2-2 et 78-2-5 qui seront exposées successivement.

1 L'article 78-2-2, II et III, III bis du Code de procédure pénale

625 Le texte prévoit que le procureur de la République peut prescrire la visite des véhicules, celle des bagages et celle des navires.

La visite des véhicules et des bagages a déjà été exposée à propos des contrôles administratifs (V. *supra*, n° 515) et des contrôles justifiés par une raison plausible de soupçonner l'existence d'une infraction (V. *supra*, n° 583). Ne seront donc abordées ici que les différences entre les visites requises par le procureur de la République et les autres visites avant que soit évoquée la visite des navires.

a) Véhicules et bagages

626 **Infractions permettant visites et fouilles.** C'est en vue de la recherche et de la poursuite des infractions visées au I de l'article 78-2-2 que le procureur de la République peut prescrire la réalisation de visites de véhicules et de fouilles de bagages.

627 **Personnes compétentes pour procéder aux visites.** Le texte relatif aux visites « administratives » n'est pas rédigé comme celui relatif aux visites « judiciaires ». Le premier prévoit que « les officiers de police judiciaire et sur l'ordre et la responsabilité de ceux-ci, les agents de police judiciaire et agents de police judiciaire adjoints mentionnés aux 1°, 1° bis et 1°ter de l'article 21 » peuvent procéder aux visite, inspection, fouille tandis que le second donne ce droit aux « officiers de police judiciaire, assistés, le cas échéant, des agents de police judiciaire et agents de police judiciaire adjoints mentionnés aux 1°, 1° bis et 1°ter de l'article 21 ». Cette disparité de rédaction n'emporte pas de différence dès lors qu'il a été indiqué (V. *supra*, n° 518) que le texte sur les visites « administratives » devait s'entendre comme signifiant que c'est l'officier de police judiciaire qui procède à la visite après le contrôle effectué soit par lui-même soit par des agents de police judiciaire ou agents de police judiciaire adjoints.
Il a été indiqué que se posait une difficulté matérielle en ce qui concerne les visites administratives puisque la nécessité de la visite peut découler de la façon dont se passe le contrôle d'identité, ce qui imposait une immobilisation du véhicule le temps que l'officier de police judiciaire se rende sur place. Ici, cette difficulté ne se pose pas puisque le procureur de la République délivre des réquisitions prescrivant des contrôles d'identité et des visites de véhicules ou de bagages. Les patrouilles de police ou de gendarmerie devront donc être dirigées par un officier de police judiciaire qui est le seul à pouvoir procéder aux visites ou fouilles, les agents de police judiciaire et agents de police judiciaire adjoints ne faisant que l'assister.

628 **La visite des véhicules et l'inspection visuelle et la fouille des bagages n'ont pas à être acceptées.** Lors d'un contrôle « administratif »,

la visite des véhicules et l'inspection visuelle ou la fouille des bagages doivent être acceptées. À défaut, il est rendu compte au procureur de la République qui peut donner instructions d'y procéder. Ici, rien de tel. La visite et la fouille ont été autorisées à l'avance par le procureur de la République. Les questions relatives à l'immobilisation du véhicule ou à la rétention du propriétaire du bagage dans l'attente des instructions du procureur de la République ne se posent donc pas.

629 La visite et la fouille peuvent-elles être ordonnées indépendamment d'un contrôle d'identité ? La question fait débat.
M. Buisson, après avoir examiné les raisons militant pour et contre cette possibilité, conclut qu'« il apparaît, à la lecture des travaux préparatoires, que le législateur a voulu maintenir l'association antérieure entre le contrôle d'identité et la fouille de véhicule en y ajoutant l'inspection visuelle et la fouille de bagages. Il a finalement entendu élaborer une opération unique composée d'un contrôle d'identité auquel le procureur a la faculté d'associer un ou deux autres actes ». Il ajoute que cette interprétation a été adoptée par la Cour de cassation (Cass. crim., avis, 12 janv. 2016, n° 14-25.068. – Cass. 1re civ., 16 mars 2016, n° 14-25.068).
Mme Girault fait valoir, quant à elle, qu'il « est à noter que la visite du véhicule peut d'ailleurs être effectuée à titre principal, c'est-à-dire indépendamment d'un contrôle d'identité, lorsque le conducteur ou le propriétaire sont absents ».
La question restera vraisemblablement théorique dès lors que les procureurs de la République ordonneront rarement des visites ou fouilles sans prescrire en même temps des contrôles d'identité.

b) Navires

630 La loi n° 2019-222 du 23 mars 2019 a élargi le champ d'application de ce type de contrôle aux navires présents en mer territoriale. Selon l'exposé des motifs du texte, si le Code des transports permettait une procédure de fouille de sûreté des navires pour prévenir une atteinte grave à la sécurité des personnes et des biens, restreinte à la recherche de matériels, armes ou explosifs, il n'existait pas de dispositif, contrairement au transport terrestre, permettant, sur réquisitions du procureur de la République et dans des lieux et pour une période de temps déterminés, de procéder à la fouille de tous les navires ou engins flottants aux fins de recherche et de poursuites d'infractions déterminées alors que ce moyen de transport était susceptible d'être utilisé par les délinquants.

Le texte détaille de façon précise les modalités :

« III bis. – Dans les mêmes conditions et pour les mêmes infractions que celles prévues au I, les officiers de police judiciaire, assistés, le cas échéant, des agents de police judiciaire et des agents de police judiciaire adjoints mentionnés aux 1°, 1° bis et 1° ter de l'article 21, peuvent accéder à bord et procéder à une visite des navires présents en mer territoriale, se dirigeant ou ayant déclaré leur intention de se diriger vers un port ou vers les eaux intérieures, ou présents en amont de la limite transversale de la mer, ainsi que des bateaux, engins flottants, établissements flottants et matériels flottants se trouvant dans la mer territoriale ou en amont de la limite transversale de la mer, ainsi que sur les lacs et plans d'eau.
La visite se déroule en présence du capitaine ou de son représentant. Est considérée comme le capitaine la personne qui exerce, de droit ou de fait, le commandement, la conduite ou la garde du navire, du bateau, de l'engin flottant, de l'établissement flottant ou du matériel flottant lors de la visite.
La visite comprend l'inspection des extérieurs ainsi que des cales, des soutes et des locaux.
La visite des locaux spécialement aménagés à un usage d'habitation et effectivement utilisés comme résidence ne peut être faite que conformément aux dispositions relatives aux perquisitions et visites domiciliaires.
Le navire, le bateau, l'engin flottant, l'établissement flottant ou le matériel flottant ne peut être immobilisé que le temps strictement nécessaire au déroulement de la visite, dans la limite de douze heures.
L'officier de police judiciaire responsable de la visite rend compte du déroulement des opérations au procureur de la République et l'informe sans délai de toute infraction constatée ».

631 L'article 78-2-2 du Code de procédure pénale se termine par la formule classique et parfois critiquée selon laquelle le fait que les opérations prévues aux I, II, III et III bis révèlent des infractions autres que celles visées dans les réquisitions du procureur de la République ne constitue pas une cause de nullité des procédures incidentes.

2 L'article 78-2-5 du Code de procédure pénale

632 Ce texte est issu d'un amendement déposé par le gouvernement lors de l'examen d'une proposition de loi visant à prévenir les violences lors des manifestations et à sanctionner leurs auteurs. Cette proposition tendait à réagir à d'importantes violences commises lors de manifestations récentes, notamment du fait des *black blocs*. Pendant le cours de l'examen de la proposition, sont intervenues les manifestations des

« gilets jaunes », émaillées elles aussi de violences, ce qui a conforté les parlementaires dans leur volonté de légiférer. Le texte prévoyait initialement de donner la possibilité à l'autorité administrative d'instaurer des périmètres de contrôles aux abords des manifestations afin d'éviter l'introduction d'armes ou d'objets en tenant lieu dans les manifestations, mais l'Assemblée nationale a préféré lui substituer un dispositif judiciaire permettant, sur réquisitions du procureur de la République, de procéder à des mesures de visite et de fouille.

Aux termes de ce texte, et aux fins de recherche et de poursuite de l'infraction de participation à une manifestation ou à une réunion publique en étant porteur d'une arme :

> « ... les officiers de police judiciaire mentionnés aux 2° à 4° de l'article 16 du présent code et, sous la responsabilité de ces derniers, les agents mentionnés à l'article 20 et aux 1°, 1° bis et 1° ter de l'article 21 peuvent, sur réquisitions écrites du procureur de la République, procéder sur les lieux d'une manifestation sur la voie publique et à ses abords immédiats à :
>
> 1° L'inspection visuelle des bagages des personnes et leur fouille, dans les conditions prévues au III de l'article 78-2-2 ;
>
> 2° La visite des véhicules circulant, arrêtés ou stationnant sur la voie publique ou dans des lieux accessibles au public, dans les conditions prévues au II du même article 78-2-2.
>
> Le fait que les opérations prévues aux 1° et 2° du présent article révèlent d'autres infractions ne constitue pas une cause de nullité des procédures incidentes ».

633 **Réquisitions du procureur de la République.** Celles-ci doivent être écrites. Le procureur de la République doit y préciser le lieu et la durée des opérations qui sont fonction de la durée et du lieu de la manifestation à l'occasion de laquelle il requiert des inspections, fouilles, visites.

634 Les différents renvois du texte aux II et au III de l'article 78-2-2 ont pour conséquence que les développements se trouvant *supra* s'appliquent à ces fouilles et visites.

Cependant, l'utilisation de l'expression « dans les conditions prévues au... de l'article 78-2-2 » ne signifie pas que, comme dans le cas prévu par l'article 78-2-2, seuls les officiers de police judiciaire peuvent effectuer l'inspection visuelle ou la fouille des bagages et la visite des véhicules (V. *infra*, n° 637).

635 **Palpations de sécurité.** Le texte de la proposition autorisait les forces de l'ordre à effectuer des palpations de sécurité. Celui voté ne le prévoit pas mais, lors de sa discussion, le gouvernement a fait valoir que cette précision n'était pas nécessaire dans un cadre judiciaire, les officiers de police judiciaire et agents de police judiciaire ayant toujours la possibilité, à l'occasion d'un contrôle, de procéder à une palpation.

636 **Avantage de la création d'un contrôle spécifique plutôt que d'avoir recours aux contrôles de l'article 78-2-2.** Le Sénat s'est interrogé sur la nécessité de créer un dispositif spécial alors qu'existait déjà l'article 78-2-2 du Code de procédure pénale. Il y a vu deux avantages : d'une part, l'article 78-2-2 ne vise que des infractions lourdes, peu adaptées pour couvrir les infractions commises lors des manifestations. D'autre part, la création d'un régime dédié permet aux forces de l'ordre de s'adapter plus aisément. L'article 78-2-2 exige une énumération précise des lieux de contrôle. Or les manifestations peuvent se déplacer à un endroit non prévu. Le nouveau texte permet de s'adapter aux changements puisque la réquisition vise les lieux d'une manifestation et ses abords immédiats.

637 Personnes pouvant procéder aux actes prévus aux 1° et 2° de l'article 78-2-5 du Code de procédure pénale.

Les opérations en question peuvent être effectuées par les officiers de police judiciaire des 2° à 4° de l'article 16, ce qui signifie que les maires et leurs adjoints, visés par le 1° de l'article 16 du Code de procédure pénale ne peuvent pas procéder à des inspections et fouilles de bagages et visites de véhicules.

Elles peuvent également être réalisés, sous la responsabilité de l'officier de police judiciaire – qui peut donc ne pas être sur place – par les militaires de la gendarmerie nationale autres que les volontaires, n'ayant pas la qualité d'officier de police judiciaire ou les fonctionnaires des services actifs de la police nationale, titulaires et stagiaires, n'ayant pas la qualité d'officier de police judiciaire (CPP, art. 20) ainsi que par les fonctionnaires des services actifs de police nationale ne remplissant pas les conditions prévues par l'article 20 (CPP, art. 21, 1°, les volontaires servant en qualité de militaire dans la gendarmerie et les militaires servant au titre de la réserve opérationnelle de la gendarmerie nationale ne remplissant pas les conditions prévues par l'article 20-1 (CPP, art. 21, 1° bis), les policiers adjoints mentionnés à l'article L. 411-5 du Code de la sécurité intérieure et les membres de la réserve opérationnelle de la police nationale qui ne remplissent pas les conditions prévues aux articles 16-1 A ou 20-1 du présent code (CPP, art. 21, 1° ter) (Circ. Crim/2019-9/H2/12.04.2019).

638 **Visite indépendante d'un contrôle d'identité ?** L'article 78-2-5 ne fait aucune référence à un contrôle et semble avoir créé un cas de visite ou de fouille pouvant être effectuée sans qu'un contrôle d'identité ait lieu en même temps (Rapp. Sénat n° 363, Mme C. Troendlé). Si le procureur de la République juge nécessaire de faire également procéder à des contrôles d'identité, il peut délivrer des réquisitions à cette fin sur un autre fondement. La direction des affaires criminelles et des grâces du ministère de la Justice suggère, dans sa foire aux questions (FAQ, n° 1624), de recourir à une réquisition fondée sur l'article 78-2, alinéa 7. Si, par ailleurs, la visite d'un véhicule ou de bagages révèle une infraction, un contrôle d'identité sera possible sur le fondement de l'article 78-2, alinéa 2.

639 **Constitutionnalité de l'article 78-2-5 du Code de procédure pénale.** La disposition a été soumise au Conseil constitutionnel qui a jugé, qu'eu égard aux garanties prévues par le texte, le législateur avait procédé à une conciliation qui n'est pas déséquilibrée entre les libertés d'aller et venir et de réunion, le droit à l'expression collective des idées et des opinions et le principe de proportionnalité des peines et n'avait pas porté au droit d'expression collective des idées et des opinions une atteinte qui ne serait pas nécessaire, adaptée et proportionnée (Cons. const., 4 avr. 2019, n° 2019-780 DC).

III Lutte contre le travail illégal

A Champ d'application

640 **Article 78-2-1 du Code de procédure pénale.** Malgré l'intitulé de la loi (L. 24 avr. 1997 portant diverses dispositions relatives à l'immigration) dont est issue cette disposition, le texte est avant tout destiné à lutter contre le travail illégal qui concerne aussi bien des nationaux que des étrangers démunis de titre de séjour.

641 Le texte permet au procureur de requérir les forces de l'ordre de pénétrer dans des locaux professionnels, sans le consentement de l'employeur, afin de vérifier s'il a satisfait à ses obligations sociales et fiscales relativement aux personnes qu'il fait travailler dont l'identité peut être contrôlée.

642 **Flagrance.** La caractérisation d'un état de flagrance permet d'entrer sur un chantier, indépendamment des dispositions de l'article 78-2-1 du Code de procédure pénale.
Ainsi, des policiers qui, constatant sur un chantier de construction non clôturé, la présence de plusieurs personnes occupées à travailler au moyen d'une grue vétuste et sans être munies de casque de protection, effectuent un contrôle d'identité révélant qu'il s'agit de ressortissants polonais dépourvus de tout document de nature à établir la régularité de leur activité en France et qui poursuivent leur enquête selon la procédure de flagrant délit, procèdent de façon régulière. Les dispositions de l'article 78-2-1 du Code de procédure pénale ne sont pas applicables. Au vu des manquements caractérisés à la réglementation sur la sécurité des travailleurs qu'ils ont constatés, les policiers sont, dans ce cas, en droit de procéder à un contrôle d'identité en application de l'article 78-2, alinéa 1er du Code de procédure pénale et, ledit contrôle ayant révélé des délits flagrants de travail illégal, d'agir sur le fondement des articles 53 et suivants du même code (Cass. crim., 2 mai 2007, n° 07-81.517 : *Bull. crim.* n° 112).

643 **Enquête préliminaire.** La recherche de preuves du travail dissimulé peut être réalisée sans avoir recours à l'article 78-2-1 du Code de procédure pénale, notamment dans le cadre d'une enquête préliminaire.
Ainsi dans une espèce où des policiers, au cours d'une enquête préliminaire portant sur les conditions d'embauche et de rémunération de salariés, ont effectué une perquisition au domicile des employeurs, y ont découvert des documents comptables révélant qu'une partie de la rémunération versée aux salariés avait été occultée, le moyen qui invoquait la nullité de la perquisition, soutenant qu'elle avait eu lieu dans un domicile, en violation de l'article 78-2-1 du Code de procédure pénale a été rejeté dès lors que les dispositions de l'article 78-2-1 du même code n'excluent pas l'application de celles des articles 76 et 77-1 de ce code pour la constatation des infractions en matière de travail dissimulé (Cass. crim., 21 nov. 2000, n° 00-81.443 : *Bull. crim.* n° 346).

B Les réquisitions du procureur

644 Celles-ci doivent être **écrites**.

645 **Infractions.** Elles doivent préciser les infractions que le procureur entend faire rechercher et poursuivre parmi celles de travail dissimulé (C. trav., art. L. 8221-1, L. 8221-2) et emploi d'un étranger sans titre l'autorisant à exercer une activité salariée (C. trav., art. L. 5221-8 et L. 5221-11).

646 **Présentation.** Elles doivent être présentées à la personne disposant des lieux ou à son représentant, selon le texte, mais la chambre criminelle a jugé que ces dispositions n'étaient pas prévues à peine de nullité (Cass. crim., 15 févr. 2005, n°s 04-87.191, 04-87.193 et 04-87.192 : *Bull. crim.* n° 57 ; *D.* 2005, IR p. 917 ; *JCP* G 2005, IV, 1793 ; *RSC* 2005, 862, note Cerf-Hollender ; *ibid.* 2006, note Buisson), bien que le Conseil constitutionnel ait considéré que la présentation des réquisitions participait des garanties procédurales rendant le texte conforme à la Constitution (Cons. const., 22 avr. 1997, n° 97-389 DC).

647 **Autorité judiciaire.** Dans cette même décision, le Conseil a retenu que le fait que l'opération soit requise par le procureur de la République, magistrat de l'ordre judiciaire, constituait une garantie suffisante compte tenu des garanties procédurales prévues alors que les parlementaires ayant saisi le Conseil soutenaient que seul un magistrat du siège aurait pu autoriser de telles opérations, la mesure en cause, qui pouvait intervenir sans l'accord du propriétaire, étant en réalité assimilable à une perquisition et que ce juge aurait dû avoir par ailleurs « le contrôle effectif de la nécessité de procéder à chaque visite ainsi que les pouvoirs d'en suivre effectivement le cours, d'en régler les éventuels incidents et d'y mettre fin à tout moment ».

C Modalités du contrôle

648 **Qui peut procéder au contrôle ?** Le texte prévoit que « les officiers de police judiciaire et, sur l'ordre ou la responsabilité de ceux-ci, les agents de police judiciaire et agents de police judiciaire adjoints mentionnés aux articles 20 et 21 (1°) sont habilités... ».

M. Buisson fait valoir que l'emploi du « ou » doit résulter d'une erreur, les agents de police judiciaire ne pouvant agir que sur l'ordre ET la responsabilité de l'officier de police judiciaire car l'instruction donnée ne peut aller sans la responsabilité et inversement.

De fait, les autres textes du Code de procédure pénale qui prévoient des situations identiques prévoient l'ordre ET la responsabilité (CPP, art. 78-2, 78-2-2, 78-2-4).

Les agents de police judiciaire et agents de police judiciaire adjoints visés par ce texte sont uniquement les :

– élèves-gendarmes affectés en unité opérationnelle et les gendarmes n'ayant pas la qualité d'officier de police judiciaire ;

– fonctionnaires des services actifs de la police nationale, titulaires et stagiaires, n'ayant pas la qualité d'officier de police judiciaire ;

– fonctionnaires des services actifs de police nationale ne remplissant pas les conditions prévues par l'article 20.

649 **Lieux où le contrôle peut avoir lieu.** Sont visés par le texte : les lieux à usage professionnel, ainsi que leurs annexes et dépendances, sauf s'ils constituent un domicile, où sont en cours des activités de construction, de production, de transformation, de réparation, de prestation de services ou de commercialisation.

Ainsi, le contrôle de musiciens, embauchés pour un concert donné dans une salle de spectacles, effectué en application de l'article 78-2-1 du Code de procédure pénale dans les lieux de passage séparant la salle de spectacle des loges des artistes, est régulier. La loge dans laquelle se trouve le chef d'orchestre ne peut être qualifiée de domicile car elle est mise provisoirement, le temps d'un spectacle, à sa disposition (Cass. crim., 6 déc. 2005, n° 05-85.951 : *Bull. crim.* n° 315).

650 **Moment de la pénétration dans les lieux.** Le texte ne donne aucune précision quant aux heures pendant lesquelles le contrôle peut être réalisé. Mme Girault considère que les officiers de police judiciaire et leurs assistants peuvent intervenir de nuit. De fait, dans l'affaire qui vient d'être évoquée, le contrôle avait commencé à 22 heures 30 sans que quiconque ne s'en émeuve, ce qui semble logique dès lors que les « heures légales » ne concernent que les perquisitions domiciliaires.

651 **But du contrôle.** Le contrôle peut avoir lieu en vue :

– de s'assurer que ces activités ont donné lieu à l'immatriculation au répertoire des métiers ou au registre au registre national des entreprises ou au registre du commerce et des sociétés lorsqu'elle est obligatoire, ainsi qu'aux déclarations exigées par les organismes de protection sociale et l'administration fiscale ;

– de se faire présenter le registre unique du personnel et les documents attestant que les

déclarations préalables à l'embauche ont été effectuées ;
– de contrôler l'identité des personnes occupées, dans le seul but de vérifier qu'elles figurent sur le registre ou qu'elles ont fait l'objet des déclarations mentionnées à l'alinéa précédent.

Le contrôle d'identité n'est donc pas la première finalité de ce contrôle d'autant que le contrôle d'identité lui-même est destiné à vérifier si la personne est effectivement déclarée. Cependant, il ne fait pas de doute que si, lors de ce contrôle, il apparaît que l'employé n'avait pas de titre lui permettant de séjourner et travailler, il sera possible de constater le séjour irrégulier.

652 **Personnes occupées.** Le texte ne permettant que le contrôle des personnes occupées, il convient que « l'occupation », et non la seule présence sur place, soit relevée dans le procès-verbal. Il est insuffisant que dans une audition ultérieure, la personne concernée reconnaisse qu'elle se trouvait sur place pour travailler (Cass. 1re civ., 6 janv. 2010, n° 08-15.513 : *Bull. civ.* I, n° 2 ; *Dr. pén.* févr. 2010, n° 2, comm. A. Maron et M. Haas ; *RJPF* avr. 2010, n° 4, p. 13-14, note E. Putman).

De même, des policiers qui, après être entrés régulièrement dans des lieux à usage professionnel, ne constatent aucune activité professionnelle mais interrogent un fichier de police au sujet d'un véhicule partiellement démonté dont le numéro de série, après vérification au fichier, apparaît comme correspondant à un véhicule volé, outrepassent les pouvoirs qu'ils tiennent des réquisitions du procureur de la République. Aucune activité de réparation n'étant en cours dans les locaux, ils ne pouvaient se maintenir dans les locaux et procéder à des actes d'investigation, hors le cas de flagrance (Cass. crim., 1er sept. 2020, n° 19-87.499 : *Dalloz actualité*, 24 sept. 2020, obs. Fucini).

En revanche, lorsque le procès-verbal mentionne « … que le chantier est composé de trois immeubles en cours de ravalement de leurs façades, [que] des échafaudages sont montés sur toutes les faces de ces trois immeubles, et [que] des ouvriers sont repérés, tantôt au sol, tantôt sur ces échafaudages » puis qu'il a été demandé à l'ensemble de ces ouvriers de descendre et de se rassembler à l'entrée du chantier pour procéder à un contrôle de leur identité, il s'en déduit que les personnes dont l'identité a été contrôlée étaient occupées à l'activité de rénovation objet de la réquisition du procureur de la République (Cass. crim., 31 oct. 2017, n° 16-86.894).

653 **Durée des réquisitions du procureur de la République.** Le texte prévoit que les réquisitions sont prises pour une durée maximum d'un mois.

654 **Procès-verbal.** Les mesures prises en application du texte font l'objet d'un procès-verbal remis à l'intéressé. Le texte n'opérant aucune distinction, la rédaction du procès-verbal semble s'imposer, que l'opération ait révélé une infraction ou pas.

L'ESSENTIEL 655 Le procureur de la République peut prendre des réquisitions pour qu'il soit procédé à des contrôles d'identité aux fins de recherche et poursuite d'infractions dont il dresse la liste (V. *supra*, n° 603) ou d'infractions graves énumérées par la loi, au nombre desquelles figurent le terrorisme et le trafic de stupéfiants (V. *supra*, n° 617).

656 Ces contrôles d'identité peuvent être réalisés par des officiers de police judiciaire et des agents de police judiciaire et agents de police judiciaire adjoints visés aux articles 20 et 21, 1° du Code de procédure pénale. Les contrôles relatifs au terrorisme et au trafic de stupéfiants peuvent également être opérés par des agents de police judiciaire adjoints visés aux articles 21, 1° bis et 21, 1° ter.

657 Ces réquisitions sont nécessairement écrites. Bien que le texte ne l'impose pas formellement, elles sont le plus souvent motivées par référence à un rapport de police ou de gendarmerie exposant la nécessité desdits contrôles dans la zone où il est envisagé d'y procéder.

658 Un tel contrôle est indépendant du comportement de la personne qui en fait l'objet. La condition nécessaire est que la personne se trouve dans la zone visée par la réquisition.

La pratique des contrôles généralisés dans le temps et dans l'espace est prohibée (V. *supra*, n° 615).

659 Aucun lieu n'est exclu par la loi. Comme déjà vu, le contrôle peut se dérouler dans un lieu privé dans lequel les forces de l'ordre sont entrées régulièrement.

660 Le procureur de la République peut demander également qu'en sus des contrôles relatifs aux infractions visées par la loi (terrorisme, trafic de stupéfiants notamment), il soit procédé à des visites de véhicules, bagages et navires que seul l'officier de police judiciaire sera à même d'exécuter, les agents de police judiciaire et agents de police judiciaire adjoints se bornant à l'assister.

La visite des véhicules et l'inspection des bagages n'ont pas, comme il est prévu en matière de police administrative, à être acceptées.

661 Les navires qui peuvent faire l'objet d'une visite sont ceux présents en mer territoriale, se dirigeant ou ayant déclaré leur

intention de se diriger vers un port ou vers les eaux intérieures, ou présents en amont de la limite transversale de la mer, ainsi que les bateaux, engins flottants, établissements flottants et matériels flottants se trouvant dans la mer territoriale ou en amont de la limite transversale de la mer, ainsi que sur les lacs et plans d'eau.

662 L'article 78-2-5 du Code de procédure pénale, créé par une loi du 10 avril 2019, permet au procureur de la République de requérir les officiers de police judiciaire (sauf les maires) et, sous la responsabilité de ces derniers, les agents mentionnés à l'article 20 et aux 1°, 1° bis et 1° ter de l'article 21 de procéder, sur les lieux d'une manifestation sur la voie publique et à ses abords immédiats, à l'inspection visuelle et à la fouille des bagages et à la visite des véhicules aux fins de recherche et de poursuite de l'infraction de participation armée à une manifestation ou à une réunion publique. L'officier de police judiciaire peut être assisté d'agents de police judiciaire et d'agents de police judiciaire adjoints mais il peut également ne pas être présent sur place pourvu qu'il exerce son contrôle sur l'activité des agents.

663 Le procureur de la République peut, aux termes de l'article 78-2-1 du Code de procédure pénale, requérir un officier de police judiciaire, qui peut être assisté des agents de police judiciaire et agents de police judiciaire adjoints visés aux articles 20 et 21, 1° du Code de procédure pénale, de pénétrer dans des locaux professionnels sans le consentement de l'employeur pour vérifier si ce dernier a satisfait à ses obligations sociales et fiscales en ce qui concerne les personnes qu'il fait travailler. Ne peuvent être contrôlées que les personnes effectivement en train de travailler et non celles qui sont simplement sur place.

POUR ALLER PLUS LOIN...

Fascicule JurisClasseur

• *JCl. Procédure pénale*, Art. 78-1 à 78-7, fasc. 20-10, *Contrôles, vérifications et relevés d'identité*, par J. Buisson.

Répertoire

• C. Girault, Rép. pén. Dalloz, Contrôles et vérifications d'identité.

Circulaire

• Circ. « Loi n° 93-992 du 10 août 1993, relative aux contrôles et vérifications d'identité » (NOR : JUSD9330024C).

Fiche 20

Relevé d'identité par agent de police judiciaire adjoint

664 **Histoire.** Certains agents avaient le pouvoir de relever des contraventions mais ne disposaient pas de la faculté de contrôler l'identité des contrevenants. C'est pour combler cette lacune que la loi n° 99-291 du 15 avril 1999 relative aux polices municipales est venue créer un relevé d'identité qui se veut un succédané du contrôle d'identité mais qui, en fait, atteint sensiblement le même résultat.

665 **Texte.** Le texte de l'article 78-6 du Code de procédure pénale, plusieurs fois modifié, prévoit actuellement que :

« Les agents de police judiciaire adjoints mentionnés aux 1° bis, 1° ter, 1° quater et 2° de l'article 21 sont habilités à relever l'identité des contrevenants pour dresser les procès-verbaux concernant des contraventions aux arrêtés de police du maire, des contraventions au code de la route que la loi et les règlements les autorisent à verbaliser ou des contraventions qu'ils peuvent constater en vertu d'une disposition législative expresse.

Si le contrevenant refuse ou se trouve dans l'impossibilité de justifier de son identité, l'agent de police judiciaire adjoint mentionné au premier alinéa en rend compte immédiatement à tout officier de police judiciaire de la police nationale ou de la gendarmerie nationale territorialement compétent, qui peut alors lui ordonner sans délai de lui présenter sur-le-champ le contrevenant ou de retenir celui-ci pendant le temps nécessaire à son arrivée ou à celle d'un agent de police judiciaire agissant sous son contrôle. À défaut de cet ordre, l'agent de police judiciaire adjoint mentionné au premier alinéa ne peut retenir le contrevenant. Pendant le temps nécessaire à l'information et à la décision de l'officier de police judiciaire, le contrevenant est tenu de demeurer à la disposition d'un agent mentionné au même premier alinéa. La violation de cette obligation est punie de deux mois d'emprisonnement et de 7 500 € d'amende. Lorsque l'officier de police judiciaire décide de procéder à une vérification d'identité, dans les conditions prévues à l'article 78-3, le délai prévu au troisième alinéa de cet article court à compter du relevé d'identité ».

666 **Les agents concernés.** Les agents visés par l'énumération du texte sont :

- les volontaires servant en qualité de militaire dans la gendarmerie et les militaires servant au titre de la réserve opérationnelle de la gendarmerie nationale ne remplissant pas les conditions prévues par l'article 20-1 (1° bis) ;
- les policiers adjoints mentionnés à l'article L. 411-5 du Code de la sécurité intérieure et les membres de la réserve opérationnelle de la police nationale qui ne remplissent pas les conditions prévues aux articles 16-1, A ou 20-1 du présent code (1° ter) ;
- les contrôleurs relevant du statut des administrations parisiennes exerçant leurs fonctions dans la spécialité voie publique et les agents de surveillance de Paris (1° quater) ;
- les agents de police municipale (2°).

667 **Contraventions à l'occasion desquelles peut être opéré un relevé d'identité.** Le texte dresse la liste suivante : contraventions aux arrêtés de police du maire, des contraventions au Code de la route que la loi et les règlements les autorisent à verbaliser ou des contraventions qu'ils peuvent constater en vertu d'une disposition législative expresse (pour les infractions qu'un agent de police municipale peut relever, V. *supra*, n°s 267, 270).

668 **Document justificatif de l'identité comportant une photographie.** Comme pour les contrôles d'identité proprement dits (V. *supra*, n° 486), la justification de l'identité ne sera tenue pour totalement satisfaisante que si le document présenté comporte une photographie et que son authenticité ne peut pas être mise en doute.

669 **Contrainte.** Initialement le texte ne permettait pas à l'agent de police judiciaire adjoint de contraindre, sans l'intervention d'un officier de police judiciaire, la personne dont l'identité était relevée. Cette intervention est toujours nécessaire, mais si la personne refuse de décliner son identité ou

est dans l'impossibilité de le faire, le non-respect de l'obligation de rester sur place le temps de la décision mais aussi de l'information de l'officier de police judiciaire est sanctionné pénalement, ce qui rend la demande de l'agent de police judiciaire plus incitative, pour ne pas dire contraignante.

M. Buisson estime d'ailleurs que « ... le relevé d'identité n'est pas, quant à son contenu, différent du contrôle d'identité puisqu'il revient pareillement à demander à une personne de justifier de son identité et que l'impossibilité ou le refus de communiquer l'identité aboutissent, sur instruction d'un officier de police judiciaire territorialement compétent, à une vérification d'identité ».

670 **Autres relevés d'identité.** Signalons, pour mémoire, mais sans s'y attarder puisque cet ouvrage est consacré à l'enquête, que l'article 529-4 du Code de procédure pénale permet aux agents assermentés des exploitants de services publics de transports terrestres de procéder, dans certaines conditions, à des relevés d'identité et à faire au besoin appel à un officier de police judiciaire.

Des dispositions du même type sont prévues par le Code des transports au profit des agents portuaires (C. transp., art. L. 5336-7) tandis que le Code des douanes prévoit que les agents des douanes sont habilités à relever l'identité des personnes afin de rédiger les procès-verbaux prévus par ledit code, l'intervention d'un officier de police judiciaire pouvant être sollicitée aux fins de vérification d'identité en cas de refus ou d'impossibilité de justifier de celle-ci (C. douanes, art. 67-1).

L'ESSENTIEL 671 Certains agents avaient le pouvoir de relever des contraventions mais pas celui de contrôler l'identité des contrevenants. Une loi est venue donner aux volontaires servant en qualité de militaire dans la gendarmerie, aux militaires servant au titre de la réserve opérationnelle de la gendarmerie nationale ne remplissant pas les conditions prévues par l'article 20-1, aux policiers-adjoints et aux agents de surveillance de Paris et aux agents de police municipale, qui n'avaient pas le droit de procéder à un contrôle d'identité, le pouvoir de procéder à un relevé d'identité.

Si le contrevenant ne décline pas son identité, l'agent peut faire appel à un officier de police judiciaire et, s'il en reçoit l'ordre, conduire la personne devant l'officier de police judiciaire ou la contraindre à rester sur place dans l'attente de ce dernier ou d'un agent de police judiciaire agissant sous son contrôle, et ce sous peine de poursuites en cas de refus de demeurer à sa disposition.

POUR ALLER PLUS LOIN...

Fascicule JurisClasseur

- *JCl. Procédure pénale*, Art. 78-1 à 78-7, fasc. 20-10, *Contrôles, vérifications et relevés d'identité*, par J. Buisson.

Titre 3

Contrôles relatifs à la situation des étrangers

Sommaire

Fiche 21
Contrôles Schengen

Sommaire

672 La suppression des frontières intérieures résultant de la convention d'application des accords de Schengen (CAAS) a conduit le législateur à instaurer des contrôles d'identité dans des zones proches des frontières et dans les lieux par lesquels transitent souvent les étrangers.

673 **Ambivalence.** Ce sont les alinéas 9 à 17 de l'article 78-2 du Code de procédure pénale ainsi que l'article 67 quater du Code des douanes qui organisent les contrôles d'identité « Schengen », dont les principales caractéristiques seront évoquées ci-après.
Ces textes ne sont cependant pas dénués d'ambivalence dès lors qu'ils tendent davantage à la vérification des titres de séjour des étrangers qu'au contrôle à proprement parler de leur identité et qu'ils sont pourtant présentés comme concernant toute personne et pas seulement les étrangers, faute de pouvoir résoudre la difficulté à identifier un étranger sans procéder à un contrôle qui pourrait paraître discriminatoire.

I
Personnes susceptibles d'être contrôlées

674 Toute personne qui se trouve dans une des zones où les contrôles sont possibles peut être contrôlée. De ce point de vue, ce type de contrôle se rattache aux contrôles administratifs.
Le contrôle est possible indépendamment de la caractérisation d'un risque spécifique à l'ordre public et de l'attitude de la personne contrôlée.

675 **Risque d'infractions et d'atteinte à l'ordre public présumé.** Le Conseil constitutionnel a estimé que « les zones concernées, précisément définies dans leur nature et leur étendue, présentent des risques particuliers d'infractions et d'atteintes à l'ordre public liés à la circulation internationale des personnes ; que, dès lors, la suppression de certains contrôles aux frontières qui découlerait de la mise en vigueur des accords de Schengen pouvait conduire le législateur à prendre les dispositions susmentionnées sans rompre l'équilibre que le respect de la Constitution impose d'assurer entre les nécessités de l'ordre public et la sauvegarde de la liberté individuelle » (Cons. const., 5 août 1993, n° 93-323 DC).

C'est ainsi qu'une décision jugeant irrégulier un contrôle d'identité réalisé dans une gare, aux motifs qu'en vertu de la décision précitée du Conseil constitutionnel, l'autorité administrative devait justifier, dans tous les cas, des circonstances particulières établissant le risque d'atteinte à l'ordre public ayant motivé le contrôle, ce qui n'était pas le cas en l'espèce, le rapport de l'agent de police judiciaire ayant procédé au contrôle ne faisant état d'aucun risque d'atteinte à l'ordre public, a été censurée car, par ses motifs, elle subordonnait la régularité du contrôle d'identité dans une gare ferroviaire ouverte au trafic international à la justification par l'autorité administrative de circonstances particulières établissant un risque d'atteinte à l'ordre public, ce qui revenait à ajouter à la loi une condition qu'elle ne comportait pas (Cass. 2e civ., 23 mai 2001, n° 00-50.045 : *Bull. civ.* II, n° 105).

676 **Contrôle indépendant de l'attitude de la personne contrôlée.** De même, une décision ayant jugé un contrôle d'identité « Schengen » irrégulier aux motifs qu'il n'avait pas été fait mention dans le procès-verbal d'interpellation des éléments objectifs déduits des circonstances extérieures à la personne même de l'intéressé et qu'ainsi il était établi qu'en l'absence de toute référence à son comportement les agents de police n'avaient pu que se référer à son apparence pour l'interpeller, ce qui entachait la procédure d'irrégularité, a été censurée car, ainsi, elle subordonnait la régularité du contrôle d'identité dans la zone frontalière terrestre de 20 kilomètres entre la France et les États parties à la convention signée à Schengen le 19 juin 1990 à la justification par l'autorité administrative de circonstances particulières tenant au comportement de l'intéressé (Cass. 1re civ., 25 mars 2009, n° 08-11.587 : *Bull. civ.* I, n° 68).

677 **Absence de motivation mais explications suffisantes sur la mise en œuvre du contrôle.** Aucune disposition n'impose aux fonctionnaires de police ou aux militaires de la gendarmerie procédant à ce type de contrôle de motiver de quelque façon que ce soit l'atteinte à l'ordre public dont on rappellera que, selon le Conseil constitutionnel, elle est inhérente à la circulation internationale des personnes. La mention dans le procès-verbal d'interpellation de ce que le contrôle a été fait pour la prévention et la recherche des infractions liées à la criminalité transfrontière (Cass. 1re civ., 12 juin 2013, n° 12-19.121. – Cass. 1re civ., 6 nov. 2013, n° 12-25.652. – Cass. 1re civ., 5 nov. 2014, n° 13-26.233. – Cass. 1re civ., 5 nov. 2014, n° 13-26.233) ou de ce qu'il a été effectué en vue de vérifier le respect des obligations de détention, de port et de présentation des titres et documents prévus par la loi (Cass. 1re civ., 28 févr. 2018, n° 17-50.001 : *Bull. civ.* I, n° 36) suffit.

Il est toutefois nécessaire que l'autorité judiciaire, dans le cas où une infraction lui est déférée à la suite d'un contrôle d'identité, soit en mesure de vérifier les conditions de mise en œuvre de ce contrôle. Ainsi, est justifiée une décision qui déclare irrégulier un contrôle d'identité effectué à la gare Saint-Jean de Bordeaux et annule la procédure subséquente en relevant que ne figure à la procédure qu'un procès-verbal d'audition de la personne contrôlée faisant uniquement état de son contrôle dans ladite gare et qu'ainsi elle n'est pas en mesure d'apprécier le respect par les policiers des dispositions relatives aux contrôles « Schengen ». Au même titre que les autres contrôles d'identité, le contrôle prévu à l'article 78-2, alinéa 9 du Code de procédure pénale qui s'applique à toute personne se trouvant dans une zone accessible au public de gares ouvertes au trafic international et désignées par arrêté est soumis à des conditions, autres que celles relatives au lieu du contrôle, au respect desquelles le juge judiciaire doit veiller (Cass. crim., 8 mars 2017, n° 15-86.160 : *Bull. crim.* n° 64).

II
Modalités du contrôle

678 **Qui peut procéder au contrôle ?** Les contrôles d'identité « Schengen » peuvent être effectués par les officiers de police judiciaire et, sur l'ordre et sous la responsabilité de ceux-ci, par les agents de police judiciaire et agents de police judiciaire adjoints mentionnés

aux articles 20 et 21, 1° du Code de procédure pénale.

Les contrôles prévus par l'article 67 quarter du Code des douanes peuvent être effectués par les agents investis des fonctions de chef de poste ou par les fonctionnaires désignés par eux, titulaires du grade de contrôleur ou d'un grade supérieur. L'initiative de la mise en œuvre de ces contrôles leur appartient normalement.

La circulaire du ministère de la Justice du 11 décembre 1995, relative aux contrôles d'identité définis à l'article 78-2, 4e alinéa, du Code de procédure pénale et aux contrôles de titre définis à l'article 67 quater du Code des douanes, relevait toutefois :

> « Cependant, le procureur de la République, qui n'est pas juge de l'opportunité des contrôles, devra être néanmoins avisé des opérations de contrôles systématiques en raison, notamment, des infractions pénales pouvant être découvertes à l'occasion de ces opérations. Ce signalement pourra permettre à ce magistrat de présenter éventuellement aux officiers de police judiciaire les observations relatives à l'application des principes de mise en œuvre précités ».

679 **Détournement de pouvoirs.** La relative facilité de mise en œuvre de ces contrôles ne saurait conduire à réaliser une opération qui ne serait pas possible dans un autre cadre. Il n'est pas possible d'éluder les conditions de fond et de forme applicables aux autres types de contrôle d'identité, lorsque les opérations ne sont pas destinées à vérifier le respect des obligations de détention, de port et de présentation des titres et documents prévus par la loi mais relèvent, par leur objet, d'une autre catégorie légalement définie de contrôle.

Ainsi, la chambre criminelle a censuré un contrôle d'identité effectué, en gare de Montpellier, à la suite d'un renseignement anonyme selon lequel une personne prendrait le train à Montpellier pour Toulouse où elle se livrait habituellement à la revente de produits stupéfiants, contrôle au cours duquel ils ont découvert de l'héroïne sur l'intéressé. L'opération effectuée ne répondait pas à toutes les conditions prévues pour les contrôles « Schengen » (Cass. crim., 3 mai 2007, n° 07-81.331 : *Bull. crim.* n° 117), notamment elle n'avait pas pour but la vérification du respect des obligations de détention d'un « titre de séjour ».

III But du contrôle

680 Le contrôle « Schengen » est, depuis sa création, destiné à « vérifier le respect des obligations de détention, de port et de présentation des titres et documents prévues par la loi ».

On rappellera à cet égard, que depuis le 1er mai 2021, les conditions d'entrée en France sont prévues par l'article L. 311-1 du CESEDA et celles du séjour par l'article L. 411-1.

681 En revanche, a été ajoutée à l'article 78-2 du Code de procédure pénale plus tardivement, la précision que le contrôle est exercé « pour la prévention et la recherche de la criminalité transfrontalière ». Cet ajout fit suite à la jurisprudence de la Cour de justice de l'Union européenne estimant que la législation française n'encadrait pas suffisamment le contrôle frontalier au regard des articles 67, § 2, du TFUE, 20 et 21 du règlement (CE) n° 562/2006 du 15 mars 2006 et permettait des mesures ayant un effet équivalent aux contrôles systématiques aux frontières que l'Accord de Schengen avait supprimés (CJUE, 22 juin 2010, aff. C-188/10 et C-189/10, *Melki et Abdeli*). Si cette précision ne figurait pas dans la loi, le Conseil constitutionnel avait cependant, dès 1993 (V. *supra*, n° 674), estimé que les zones fixées par la loi présentaient des risques particuliers d'infractions et d'atteintes à l'ordre public liés à la circulation internationale des personnes. Mais on verra que cet ajout du législateur ne fut pas la seule réponse à la jurisprudence de la Cour de justice de l'Union européenne (V. *infra*, n° 709).

IV Lieux où peuvent être effectués les contrôles

682 Les lieux dans lesquels les contrôles d'identité « Schengen » peuvent être effectués sont de plus en plus nombreux au fil des réformes.

683 **Trois grandes catégories.** Les alinéas 9 à 17 de l'article 78-2 peuvent être synthétisés selon le découpage qui suit.

A Zone de 20 kilomètres de la frontière terrestre

684 **Vraiment 20 kilomètres.** Les contrôles sont possibles « dans une zone comprise entre la frontière terrestre de la France avec les États parties à la convention signée à Schengen le 19 juin 1990 et une ligne tracée à 20 kilomètres en deçà ».

1 Trains

685 **20 kilomètres et au-delà jusqu'au premier arrêt du train international.** « Lorsque ce contrôle a lieu à bord d'un train effectuant une liaison internationale, il peut être opéré sur la portion du trajet entre la frontière et le premier arrêt qui se situe au-delà des vingt kilomètres de la frontière. »

686 **70 kilomètres voire plus en cas de caractéristiques particulières.** « Toutefois, sur celles des lignes ferroviaires effectuant une liaison internationale et présentant des caractéristiques particulières de desserte, le contrôle peut également être opéré entre cet arrêt et un arrêt situé dans la limite des cinquante kilomètres suivants. Ces lignes et ces arrêts sont désignés par arrêté ministériel. »

2 Autoroutes

687 **20 kilomètres et au-delà jusqu'au premier péage.** « Lorsqu'il existe une section autoroutière démarrant dans la zone mentionnée à la première phrase du présent alinéa [20 km] et que le premier péage autoroutier se situe au-delà de la ligne des 20 kilomètres, le contrôle peut en outre avoir lieu jusqu'à ce premier péage sur les aires de stationnement ainsi que sur le lieu de ce péage et les aires de stationnement attenantes. Les péages concernés par cette disposition sont désignés par arrêté. »

C'est actuellement l'arrêté du 13 juillet 2004 pris en application des articles 10, 81 et 85 de la loi n° 2003-1119 du 26 novembre 2003 relative à la maîtrise de l'immigration, au séjour des étrangers en France et à la nationalité qui fixe la liste des péages concernés.

B Ports, aéroports, gares

688 Les contrôles peuvent avoir lieu dans deux situations distinctes bien qu'elles aient en commun de concerner ports et aéroports.

689 **Tous les ports, aéroports, gares ouverts au trafic international, désignés par arrêté.** Les contrôles peuvent avoir lieu « dans les zones accessibles au public des ports, aéroports et gares ferroviaires ou routières ouverts au trafic international et désignés par arrêté et aux abords de ces gares ».

Les contrôles sont possibles sur la totalité de l'emprise ferroviaire, dans les lieux dans lesquels le public est autorisé à pénétrer, circuler ou stationner (Cass. 1re civ., 14 févr. 2006, n° 05-16.189 : *Bull. civ.* I, n° 76), notamment dans le hall de la gare (Cass. 1re civ., 20 juin 2006, n° 05-16.190 : *Bull. civ.* I, n° 318), ou à proximité du lieu de débarquement situé dans la zone de trafic des passagers, dans le secteur d'un quai de port mentionné à l'article 1er de l'arrêté du 23 avril 2003 (Cass. 1re civ., 18 mai 2005, n° 04-50.018 : *Bull. civ.* I, n° 214).

Ce n'est pas parce qu'une gare n'est pas visée dans l'arrêté prévu par le texte (actuellement l'arrêté du 22 mars 2012) que tout contrôle d'identité y est prohibé. Il peut avoir lieu sur d'autres fondements, notamment dans le cadre d'un contrôle préventif administratif (Cass. crim., 15 janv. 2003, n° 02-81.008 ; V. *supra*, n° 494).

690 **Aux abords de certains ports et aéroports.** Les contrôles peuvent également se dérouler « dans un rayon maximal de dix kilomètres autour des ports et aéroports constituant des points de passage frontaliers au sens de l'article 2 du règlement (UE)

n° 2016/399 du Parlement européen et du Conseil du 9 mars 2016 concernant un code de l'Union relatif au régime de franchissement des frontières par les personnes (code frontières Schengen), désignés par arrêté en raison de l'importance de leur fréquentation et de leur vulnérabilité ».
Cet arrêté (A. 28 déc. 2018) fixe le rayon autour du point de passage frontalier dans la limite duquel les contrôles peuvent être effectués.

691 **Autoroute commençant autour de ports et aéroports : 10 kilomètres et au-delà jusqu'au premier péage.** Lorsqu'il existe une section autoroutière commençant dans la zone de dix kilomètres autour des ports et aéroports constituant des points de passage frontaliers et que le premier péage autoroutier se situe au-delà des limites de cette zone, le contrôle peut en outre avoir lieu jusqu'à ce premier péage sur les aires de stationnement ainsi que sur le lieu de ce péage et les aires de stationnement attenantes. Les péages concernés par cette disposition sont désignés par arrêté (A. 28 déc. 2018).

C Visite sommaire de véhicules

692 **Texte.** Les articles L. 812-3 et L. 812-4 du CESEDA prévoient la possibilité d'une visite sommaire de véhicules par la police et la gendarmerie.

693 **Lieu.** Dans la bande de vingt kilomètres ainsi que sur les aires de stationnement des autoroutes commençant dans cette zone jusqu'au premier péage lorsqu'il se situe au-delà des vingt kilomètres de même qu'au péage et sur les aires de stationnement attenantes, des visites sommaires de véhicules peuvent être effectuées.

694 **Finalité de la visite.** Ces visites ne peuvent être réalisées qu'en vue de vérifier le respect des obligations de détention, de port et de présentation des pièces ou documents sous le couvert desquels un étranger est autorisé à circuler ou à séjourner en France ou de rechercher et constater les infractions relatives à l'entrée et au séjour des étrangers en France.

695 **Qui peut effectuer la visite ?** Ce sont les officiers de police judiciaire de la police nationale ou de la gendarmerie nationale que le texte désigne, précisant qu'ils peuvent être assistés des agents de police judiciaire et des agents de police judiciaire adjoints mentionnés à l'article 20 et au 1° de l'article 21 du Code de procédure pénale. Les articles L. 812-3 et L. 812-4 du CESEDA ne mentionnent pas la douane qui, pour sa part, semble pouvoir effectuer une telle visite sur le fondement de l'article 60 du Code des douanes (V. *supra*, encadré n° 302).

696 **Quels sont les véhicules pouvant être visités.** Ce sont les véhicules circulant sur la voie publique, à l'exclusion des voitures particulières. Autrement dit ce sont les camions et autocars qui sont principalement concernés.

697 **Consentement ou autorisation.** Une telle visite ne peut être effectuée qu'avec l'accord du conducteur ou, à défaut, sur instructions du procureur de la République.

698 **Immobilisation.** Dans l'attente des instructions du procureur de la République, le véhicule peut être immobilisé pour une durée qui ne peut excéder quatre heures. Si c'est un agent de police judiciaire qui procède au contrôle d'identité sans qu'un officier de police judiciaire soit sur place et qu'il estime nécessaire de réaliser une visite de véhicule, comme il ne peut procéder seul à cette visite, il y a lieu de considérer qu'il peut immobiliser le véhicule le temps que l'officier de police judiciaire arrive sur les lieux (V. *supra*, n° 589).

699 **Déroulement de la visite.** La visite, dont la durée est limitée au temps strictement nécessaire, se déroule en présence du conducteur et donne lieu à l'établissement d'un procès-verbal mentionnant les dates et heures du début et de la fin des opérations.

700 **Procès-verbal.** Un exemplaire du procès-verbal est remis au conducteur et un autre est transmis sans délai au procureur de la République.

D Outre mer

701 Des dispositions spécifiques à l'outre-mer figurent dans le Code de procédure pénale mais ne trouvent pas leur équivalent dans le Code des douanes.

1 Guyane

702 Il est possible de procéder à un contrôle « dans une zone comprise entre les frontières terrestres ou le littoral du département de la Guyane et une ligne tracée à vingt kilomètres en deçà, et sur une ligne tracée à cinq kilomètres de part et d'autre, ainsi que sur la route nationale 2 sur le territoire de la commune de Régina ».

Contrôles Schengen

Ces dispositions ont été reconnues conformes à la Constitution (Cons. const., 22 avr. 1997, n° 97-389 DC).

2 Autres territoires ultramarins

703 Des contrôles sont possibles :

704 **En Guadeloupe.** Dans une zone comprise entre le littoral et une ligne tracée à un kilomètre en deçà, ainsi que sur le territoire des communes que traversent les routes nationales 1, 2, 4, 5, 6, 9, 10 et 11.

705 **À Mayotte.** Sur l'ensemble du territoire. Le fait que le texte vise l'ensemble du département ne rompt pas l'équilibre que le respect de la Constitution impose d'assurer entre les nécessités de l'ordre public et la sauvegarde de la liberté d'aller et de venir ni le principe d'égalité devant la loi pour autant que la mise en œuvre des contrôles ne s'opère qu'en se fondant sur des critères excluant, dans le strict respect des principes et règles de valeur constitutionnelle, toute discrimination de quelque nature que ce soit entre les personnes (Cons. const., 25 nov. 2022, n° 2022-1025 QPC).

706 **À Saint-Martin.** Dans une zone comprise entre le littoral et une ligne tracée à un kilomètre en deçà.

707 **À Saint-Barthélemy.** Dans une zone comprise entre le littoral et une ligne tracée à un kilomètre en deçà.

708 **En Martinique.** Dans une zone comprise entre le littoral et une ligne tracée à un kilomètre en deçà, ainsi que dans une zone d'un kilomètre de part et d'autre de la route nationale 1 qui traverse les communes de Sainte-Marie, La Trinité, Le Robert et Le Lamentin, de la route nationale 2 qui traverse les communes de Saint-Pierre, Le Carbet, Le Morne-Rouge, l'Ajoupa-Bouillon et Basse-Pointe, de la route nationale 3 qui traverse les communes de Le Morne-Rouge, l'Ajoupa-Bouillon, Basse-Pointe, Fonds-Saint-Denis et Fort-de-France, de la route nationale 5 qui traverse les communes de Le Lamentin, Ducos, Rivière-Salée, Sainte-Luce, Rivière-Pilote et Le Marin, de la route nationale 6 qui traverse les communes de Ducos, Le Lamentin, Le Robert, Le François et Le Vauclin, Rivière-Salée, Sainte-Luce, Rivière-Pilote et Le Marin et de la route départementale 1 qui traverse les communes de Le Robert, Le François et Le Vauclin.

V Durée du contrôle et absence de caractère systématique

709 L'arrêt *Melki et Abdeli* de la Cour de justice de l'Union européenne (V. *supra*, n° 681), qui avait dit pour droit que le Traité sur le fonctionnement de l'Union européenne et le règlement établissant le code frontières Schengen s'opposaient à la législation française conférant aux autorités de police la compétence de contrôler, uniquement dans une zone de 20 kilomètres à partir de la frontière terrestre, l'identité de toute personne, indépendamment du comportement de celle-ci et de circonstances particulières établissant un risque d'atteinte à l'ordre public, en vue de vérifier le respect des obligations de détention, de port et de présentation des titres et des documents prévues par la loi, sans prévoir l'encadrement nécessaire de cette compétence garantissant que l'exercice pratique de ladite compétence ne puisse pas revêtir un effet équivalent à celui des vérifications aux frontières, avait conduit la Cour de cassation à invalider les contrôles faits en application du dispositif « Schengen » (Cass. 1re civ., 23 févr. 2011, n° 09-70.462 : *Bull. civ.* I, n° 35. – Cass. 1re civ., 18 mai 2011, n° 10-30.776 : *Bull. civ.* I, n° 92).
Le législateur est rapidement intervenu en précisant la finalité des contrôles (V. *supra*, n° 681), mais également en précisant que le contrôle des obligations de détention, de port et de présentation des titres et documents prévus par la loi ne pouvait être pratiqué que pour une durée limitée dans un même lieu et ne pouvait consister en un contrôle systématique des personnes présentes ou circulant dans les zones ou lieux concernés.

710 **Durée.** La loi n° 2011-267 du 14 mars 2011 qui a introduit une durée limitée de contrôle a fixé celle-ci à six heures consécutives. Mais la loi n° 2017-1510 du 30 octobre 2017 a porté cette durée à douze heures consécutives.

Alors que la durée maximale du contrôle était de six heures, la Cour de cassation a prononcé une censure dans l'hypothèse suivante. Un étranger avait fait l'objet d'un contrôle d'identité « Schengen » sur instruction du directeur départemental de la police aux frontières. Ce contrôle s'intercalait entre quatre contrôles ordonnés par le procureur de la République sur les mêmes lieux. L'ensemble avait duré neuf heures. La Cour de cassation a approuvé la cour d'appel d'avoir jugé ce contrôle irrégulier en retenant que l'enchaînement de ces contrôles constituait un contrôle unique sur la base de données n'apparaissant pas dans le procès-verbal et d'en avoir déduit qu'un tel enchaînement, qui n'avait pas été porté à la connaissance du procureur de la République, n'avait pas respecté les critères déterminés par la loi pour limiter dans la durée et encadrer objectivement et efficacement le recours à de tels contrôles, indépendamment du caractère non consécutif des périodes (Cass. 1re civ., 9 juill. 2014, n° 13-22.010 : *Bull. civ.* I, n° 129).

711 **Intensité et fréquence des contrôles.** La Cour de justice de l'Union européenne a considéré, dans son arrêt *Melki*, que les dispositions de l'article 78-2 risquaient d'aboutir à des contrôles ayant un effet équivalent à celui des vérifications aux frontières.

La Cour de cassation en a déduit que l'opération ne pouvait consister en un contrôle systématique des personnes présentes ou circulant dans les zones ou lieux concernés (Cass. 1re civ., 25 mai 2016, n° 15-50.063 : *Bull. civ.* I, n° 118).

Mais se pose également la question de la fréquence et du caractère aléatoire des contrôles. Le règlement (UE) n° 2016/399 du Parlement européen et du Conseil du 9 mars 2016 concernant un code de l'Union relatif au régime de franchissement des frontières par les personnes (Code frontières Schengen) prévoit d'ailleurs à son article 23 que les vérifications aux frontières ne sont réalisées qu'à l'improviste. La première chambre civile a sur ce point une approche pragmatique, comme l'illustre l'espèce suivante : un officier de police judiciaire avait prescrit, pour une durée de quatre heures, des contrôles en gare de Lyon à Paris afin de vérifier le respect du port et de la détention des documents permettant le transit et le séjour, sur le fondement de l'article 78-2, alinéa 8 [9], du Code de procédure pénale. Un ressortissant tunisien qui s'est révélé être en situation irrégulière avait ainsi été contrôlé. Le juge d'appel avait estimé le contrôle irrégulier au motif que les contrôles n'avaient pas été effectués dans l'ensemble de la gare mais, au contraire, sur un quai précis, en fonction d'informations préalablement recueillies portant sur l'arrivée de migrants clandestins. Il en déduisait que le caractère aléatoire, exigé par l'article 78-2, alinéa 8 [9], du Code de procédure pénale, impliquait non seulement que le contrôle ne soit pas systématique mais encore que seul le hasard préside au choix des personnes contrôlées. Cette décision a été censurée puisqu'il résultait du procès-verbal de police que le contrôle, circonscrit à la partie de la gare où circulait un train utilisé par des filières d'immigration irrégulière, avait été réalisé pour la prévention et la recherche des infractions liées à la criminalité transfrontalière, pendant une durée n'excédant pas six heures, d'une manière ciblée, dans le temps et l'espace, suffisant à garantir le caractère non systématique des opérations (Cass. 1re civ., 25 mai 2016, n° 15-50.063 : *Bull. civ.* I, n° 111).

Le Conseil d'État a une approche identique. Saisi de requêtes tendant à ce qu'il soit enjoint au ministre de l'Intérieur de mettre fin aux contrôles frontaliers permanents et discriminatoires à l'égard des migrants à la frontière franco-italienne et dans les trains en provenance de celle-ci, il a constaté que de nombreux contrôles d'identité ou de titres de séjour ou de circulation étaient opérés par les forces de l'ordre, depuis quelques semaines dans le département des Alpes-Maritimes, en raison d'un afflux particulièrement important de migrants de divers pays et provenant d'Italie et que ces contrôles avaient lieu tant à la frontière qu'à l'intérieur du territoire français, dans certaines villes ainsi que dans les trains en provenance d'Italie. Mais a estimé qu'il ne ressortait ni des pièces des dossiers, ni des informations données au cours de l'audience que ces contrôles, par leur ampleur, leur fréquence et leurs modalités de mise en œuvre, excéderaient manifestement le cadre défini par les dispositions légales et procéderaient ainsi d'une décision du ministre de l'Intérieur ou d'une autre autorité nationale, de rétablir à la frontière franco-italienne un contrôle permanent et systématique, dont le Conseil d'État pourrait connaître en premier et dernier ressort (CE, juge réf., 29 juin 2015, n° 391192, inédit au *recueil Lebon*).

VI

Révélation d'une autre infraction

712 Le texte prévoit classiquement que le fait que le contrôle d'identité révèle une infraction autre que celle de non-respect des obligations de détention, de port et de présentation des titres et document ne constitue pas une cause de nullité des procédures incidentes.

Il sera toutefois souligné que cette disposition est insérée après les dispositions relatives à la métropole et n'est pas reproduite après celles relatives à l'outre-mer. Il ne semble pas pour autant qu'il faille en déduire que le principe ne s'appliquerait qu'en métropole dès lors qu'il s'agit d'une règle générale.

L'ESSENTIEL 713 La suppression des frontières intérieures au sein de l'espace Schengen a conduit le législateur à instituer la possibilité de procéder à des contrôles d'identité dans les zones d'arrivée des étrangers afin de vérifier leur respect des obligations de détention, port et présentation des documents prévus par la loi et de prévenir et rechercher la criminalité transfrontalière.

714 Ces contrôles peuvent être réalisés indépendamment de toute caractérisation d'un risque de trouble à l'ordre public et sans lien avec l'attitude de la personne contrôlée. Il suffit qu'elle se trouve dans une des zones définies par la loi. Le contrôle n'a, dès lors, pas à être motivé.

715 Ces contrôles peuvent être effectués d'initiative par un officier de police judiciaire et, sous son contrôle et sa responsabilité, par les agents de police judiciaire et agents de police judiciaire adjoints mentionnés aux articles 20, 21, 1° du Code de procédure pénale. Les agents des douanes peuvent également procéder à ce type de contrôle. Il n'est cependant pas inutile que le procureur de la République soit avisé de la réalisation des contrôles Schengen.

716 Les lieux où les contrôles Schengen peuvent être effectués sont les zones frontalières allant de 20 à plus de 70 kilomètres mais aussi certains ports, aéroports et gares.

717 Ces contrôles peuvent s'accompagner d'une visite sommaire des véhicules dans certaines conditions notamment avec le consentement du conducteur ou, à défaut, l'autorisation du procureur de la République (V. *supra*, n° 692).

718 Des dispositions spécifiques sont prévues pour l'outre-mer (V. *supra*, n° 701).

719 Les contrôles Schengen ne peuvent en aucun cas être organisés de telle façon qu'ils reviendraient à rétablir les contrôles systématiques aux frontières que la Convention de Schengen a précisément eu pour but de supprimer. Il s'ensuit que de tels contrôles ne peuvent être mis en place pour plus de douze heures, qu'ils ne peuvent concerner de façon systématique toutes les personnes présentes ou circulant dans la zone et qu'ils doivent être effectués à l'improviste, de façon aléatoire.

Fiche 22

Contrôle de la détention des titres

Sommaire

720 **Obligation de justifier de la régularité de l'entrée ou du séjour.** La loi impose à tout étranger d'être en mesure de présenter les pièces ou documents sous le couvert desquels il est autorisé à circuler ou à séjourner en France (CESEDA, art. L. 812-1, L. 311-1, L. 411-1).

Le respect de cette obligation peut faire l'objet d'une vérification aussi bien en dehors d'un contrôle d'identité que consécutivement à un tel contrôle. L'article L. 812-2 du CESEDA prévoit en effet que :

> « Les contrôles des obligations de détention, de port et de présentation des pièces et documents prévus à l'article L. 812-1 peuvent être effectués dans les situations suivantes :
>
> 1° En dehors de tout contrôle d'identité, si des éléments objectifs déduits de circonstances extérieures à la personne même de l'intéressé sont de nature à faire apparaître sa qualité d'étranger ; ces contrôles ne peuvent être pratiqués que pour une durée n'excédant pas six heures consécutives dans un même lieu et ne peuvent consister en un contrôle systématique des personnes présentes ou circulant dans ce lieu ;
>
> 2° À la suite d'un contrôle d'identité effectué en application des articles 78-1 à 78-2-2 du code de procédure pénale, selon les modalités prévues à ces articles, si des éléments objectifs déduits de circonstances extérieures à la personne même de l'intéressé sont de nature à faire apparaître sa qualité d'étranger ;
>
> 3° En application de l'article 67 quater du code des douanes, selon les modalités prévues à cet article ».

721 **Opération délicate.** Il est particulièrement délicat de déterminer l'extranéité d'une personne sans risque de procéder de façon discriminatoire. C'est pourquoi il est inscrit dans la loi que la vérification des titres de séjour, quel que soit le cadre dans lequel elle a lieu, doit s'appuyer sur des éléments objectifs d'extranéité.

I Contrôle des titres de séjour sans contrôle d'identité

722 Le contrôle des titres sans contrôle d'identité préalable est sans doute moins fréquent que l'hypothèse inverse, mais on peut considérer que l'on se trouve dans l'hypothèse prévue par le 1° de l'article L. 812-2 du CESEDA, c'est-à-dire en dehors d'un contrôle d'identité puisque c'est une interpellation en flagrance qui intervient :

– en cas d'interpellation, en flagrant délit, sur la voie publique, devant un tribunal d'instance, d'un étranger en séjour irrégulier sur le territoire

français, par des services informés de sa présence, alors que l'administration n'était pas à l'origine de sa convocation (Cass. 1re civ., 23 janv. 2008, n° 06-21.340 : *Bull. civ.* I, n° 22) ;
– lorsqu'un ressortissant étranger en situation irrégulière sur le territoire national est convoqué en préfecture et interpellé à cette occasion, le caractère loyal de cette convocation étant établi par le constat, d'une part, que cet acte mentionnait la possibilité de notifications d'arrêtés de réadmission et de placement en rétention à l'occasion de cette procédure, d'autre part, que l'intéressé, qui s'était présenté à quatre précédentes convocations, en avait compris l'objet (Cass. 1re civ., 1er juin 2017, n° 16-20.054 : *Bull. civ.* I, n° 126) ;
– en cas d'interpellation pour séjour irrégulier, dans les locaux d'une préfecture, d'un étranger qui y a été convoqué pour l'exécution de la mesure d'éloignement dont il faisait l'objet (Cass. 1re civ., 11 mars 2009, n° 08-11.252 : *Bull. civ.* I, n° 52) ou qui s'y est rendu sans y être convoqué et sans que sa présence soit nécessaire (Cass. 1re civ., 11 mars 2009, n° 08-12.166 : *Bull. civ.* I, n° 53) ou encore qui s'y est rendu spontanément pour obtenir un nouveau récépissé de carte de séjour alors qu'il faisait l'objet d'un arrêté d'expulsion (Cass. 1re civ., 11 mars 2009, n° 07-21.961 : *Bull. civ.* I, n° 51).

723 **Respect du principe de loyauté.** Les hypothèses d'interpellation en préfecture doivent obéir au principe de loyauté. La préfecture ne peut user de prétextes « fallacieux » pour faire venir l'étranger dans ses locaux et l'y faire interpeller par la police ou la gendarmerie.
Ont ainsi été jugées irrégulières les interpellations réalisées :
– à la suite d'une convocation à la préfecture d'un étranger, faisant l'objet d'un arrêté de reconduite à la frontière, qui sollicite l'examen de sa situation administrative, opération nécessitant sa présence personnelle (Cass. 1re civ., 6 févr. 2007, n° 05-10.880 : *Bull. civ.* I, n° 53. – Cass. 1re civ., 25 juin 2008, n° 07-14.985 : *Bull. civ.* I, n° 181) ;
– pour délit de séjour irrégulier par des gendarmes (Cass. 1re civ., 11 mars 2009, n° 08-11.796 : *Bull. civ.* I, n° 55. – Cass. 1re civ., 11 mars 2009, n° 08-11.177 : *Bull. civ.* I, n° 54) ou des policiers (Cass. 1re civ., 11 mars 2009, n° 08-11.177 : *Bull. civ.* I, n° 54), qui pour y procéder, ont utilisé la convocation d'un étranger dans leurs locaux pour un examen de son dossier de mariage nécessitant sa présence personnelle.

II
Contrôle des titres de séjour consécutif à un contrôle d'identité

724 C'est le plus souvent dans le prolongement d'un contrôle d'identité qu'est mis en œuvre le contrôle des titres que l'étranger doit présenter (pièces ou documents sous le couvert desquels il est autorisé à circuler ou à séjourner en France).
Pour qu'il puisse y avoir contrôle régulier du titre en vertu duquel l'étranger séjourne en France, encore faut-il que le contrôle d'identité soit régulier. Celui-ci ayant nécessairement été effectué en application des nombreuses dispositions précédemment exposées, il sera, quant à sa régularité, renvoyé aux développements qui les concernent, étant toutefois souligné que le Conseil constitutionnel a énoncé que les dispositions de l'article L. 611-1 du CESEDA [devenus L. 812-1 et L. 812-2] ne sauraient autoriser le recours à des contrôles d'identité sur le fondement du sixième alinéa de l'article 78-2 ou de l'article 78-2-2 du Code de procédure pénale aux seules fins de contrôler la régularité du séjour des personnes contrôlées (Cons. const., 24 janv. 2017, n° 2016-606/607 QPC).
La question la plus délicate est celle de l'élément permettant de déterminer qu'une personne est étrangère. Initialement, la législation ne donnait aucune indication quant à la façon dont les membres des forces de l'ordre pouvaient déceler l'extranéité d'une personne. La jurisprudence a alors énoncé qu'il était nécessaire que ce soient des éléments objectifs déduits de circonstances extérieures à la personne même de l'intéressé qui soient de nature à le faire apparaître comme étranger (Cass. crim., 25 avr. 1985, n° 84-92.916 : *Bull. crim.* n° 159). La loi a, par la suite, repris cette exigence pour le contrôle de la situation d'un étranger, qu'il soit réalisé en dehors d'un contrôle d'identité ou consécutivement à un tel contrôle.

III

Éléments objectifs d'extranéité

725 **Grande diversité des décisions.** La question étant délicate, il n'est pas surprenant que la diversité des solutions ait pu à une époque, selon un auteur, apparaître relever de la cacophonie.
Il semble maintenant acquis que le contrôle n'est pas justifié par des éléments objectifs déduits de circonstances extérieures à la personne même de l'intéressé qui soient de nature à le faire apparaître comme étranger par :
– le fait qu'une personne s'exprime dans une langue étrangère (Cass. crim., 10 nov. 1992, n° 92-83.352 : *Bull. crim.* n° 370. – Cass. 2e civ., 14 déc. 2000, n° 99-50.089 : *Bull. civ.* II, n° 171) ;
– le fait de s'être présenté à deux reprises dans un poste de secours tenu par des policiers tout en refusant d'être conduit à l'hôpital malgré l'importance apparente d'une blessure au pied (Cass. 1re civ., 25 oct. 2005, n° 04-50.084 : *Bull. civ.* I, n° 384) ;
– un appel téléphonique anonyme dénonçant une personne comme se trouvant en séjour irrégulier (Cass. 1re civ., 31 mai 2005, n° 04-50.033 : *Bull. civ.* I, n° 234). En revanche, si la dénonciation a été corroborée par des vérifications en préfecture dont il résulte que la personne dénoncée est bien en situation irrégulière, son contrôle est régulier (Cass. crim., 23 oct. 1991, n° 90-85.321 : *Bull. crim.* n° 371) ;
– le fait d'être né à l'étranger et de ne pas répondre aux questions relatives à sa date de naissance (Cass. 1re civ., 28 mars 2012, n° 11-11.099 : *Bull. civ.* I, n° 75).
En revanche, il est justifié :
– lorsque c'est le maire, qui, saisi d'une demande de mariage, sollicite les gendarmes pour qu'ils vérifient les conditions de séjour en France du futur marié (Cass. crim., 18 mars 1992 : *Dr. pén.* 1992, comm. 190, A. Maron) ;
– lorsque la personne qui est contrôlée est déjà connue des policiers comme étant un étranger, précédemment appréhendé pour séjour irrégulier en France et méconnaissance d'un arrêté d'expulsion (Cass. crim., 17 mai 1995, n° 94-85.231 : *Bull. crim.* n° 177) ;
– lorsque la personne déclare spontanément être de nationalité étrangère (Cass. 1re civ., 13 mai 2015, n° 14-50.047 : *Bull. civ.* I, n° 108).

IV

Ordre des opérations

726 Il découle de ce qui vient d'être exposé, ainsi que l'énonce la Cour de cassation, que, « si le constat des éléments objectifs, déduits de circonstances extérieures à la personne, de nature à faire apparaître sa qualité d'étranger, doit précéder le contrôle des titres de séjour intervenu sur le fondement de l'article L. 611-1 [L. 812-1 et L. 812-2] du Code de l'entrée et du séjour des étrangers et du droit d'asile, un tel constat n'a pas à être préalable au contrôle d'identité effectué en application de l'article 78-2 du Code de procédure pénale, mais peut résulter de celui-ci » (Cass. 1re civ., 13 juill. 2016, n° 15-22.854 : *Bull. civ.* I, n° 161. – Cass. 1re civ., 17 mai 2017, n° 16-15.229 : *Bull. civ.* I, n° 116).
En d'autres termes, si le contrôle de titres est opéré sur le fondement du CESEDA, les éléments objectifs et extérieurs à la personne établissant qu'elle est étrangère doivent être réunis avant ledit contrôle tandis que s'il s'agit d'un contrôle d'identité prévu par le Code de procédure pénale, quel que soit son fondement, pourvu qu'il soit régulier, la nationalité étrangère peut être révélée par ce contrôle.

L'ESSENTIEL 727 La loi imposant à tout étranger d'être en mesure de présenter les pièces ou documents sous le couvert desquels il est autorisé à circuler ou à séjourner en France, il est prévu, corrélativement, que des contrôles puissent être réalisés. Afin d'éviter à ces contrôles tout caractère discriminatoire, il est indispensable que des éléments objectifs déduits de circonstances extérieures à la personne même de l'intéressé soient de nature à faire apparaître sa qualité d'étranger. Il ne saurait évidemment être question de se fonder sur la couleur de peau d'une personne ni sur le fait qu'elle s'exprime dans une langue étrangère.

728 Ces contrôles peuvent être effectués à l'occasion d'un contrôle d'identité régulier mais aussi indépendamment de tout contrôle d'identité, à condition que soit respecté le principe de loyauté et notamment que l'administration ne convoque pas l'étranger sous un prétexte fallacieux.

POUR ALLER PLUS LOIN…

Revue

- A. Maron, *Conditions d'exercice des contrôles et vérifications d'identité : JCP* G 1992, I, 3601.

Fiche 23
Vérification du droit de circulation et de séjour des étrangers

Sommaire

729 **Création par une loi n° 2012-1560 du 31 décembre 2012.** Par deux arrêts *El Dridi* du 28 avril 2011 et *Achughbabian* du 6 décembre 2011, la Cour de justice de l'Union européenne a considéré que la directive « retour » du 16 décembre 2008, autorisant les États membres à prendre un certain nombre de mesures administratives, y compris coercitives, afin d'assurer l'éloignement effectif d'un étranger en situation irrégulière, ne permettait pas aux États membres de punir d'une peine d'emprisonnement le seul fait, pour un étranger, de séjourner irrégulièrement sur son territoire.
La Cour de cassation en a tiré les conséquences par trois arrêts du 5 juillet 2012, jugeant que, désormais, les services de police et de gendarmerie n'avaient plus la possibilité de placer en garde à vue un étranger en situation irrégulière auquel nulle autre infraction n'est reprochée. Or la garde à vue était, jusque-là, la principale procédure permettant aux services de police ou de gendarmerie de retenir un étranger pour faire le point sur sa situation et, le cas échéant, décider de le placer en rétention administrative en vue de son éloignement.
La loi du 31 décembre 2012 a donc créé une nouvelle mesure de retenue administrative, plus brève que la garde à vue mais plus longue que la simple vérification d'identité, et explicitement destinée à vérifier le droit au séjour de la personne appréhendée.
Le texte, initialement inséré dans le CESEDA à l'article L. 611-1-1, est maintenant contenu dans les articles L. 813-1 à L. 813-16 de ce code.

I Placement en retenue

A La retenue

730 **Dans quel cas un étranger peut-il être placé en retenue aux fins de vérification de sa situation ?** La retenue aux fins de vérification du droit de circuler et de séjourner est applicable à l'étranger qui, à l'occasion d'un contrôle des documents sous le couvert desquels il circule et séjourne, n'est pas en mesure de justifier de son droit (CESEDA, art. L. 813-1). Une mesure de retenue peut faire suite à une audition libre sur des faits de détention d'un faux permis de conduire au cours de laquelle, bien que l'arrêt ne le précise pas, il semble être apparu que l'étranger n'a pas pu justifier de son droit de circulation et de séjour (Cass. 1re civ., 2 avr. 2014, n° 13-50.036).

731 **Finalité de la retenue.** La retenue est destinée à procéder aux vérifications du droit de circulation et de séjour de l'étranger (CESEDA, art. L. 813-1).

Elle n'a pas de caractère obligatoire. Ainsi, lorsqu'aucune mesure d'enquête ou de vérification n'est nécessaire et que l'irrégularité de la situation d'un étranger est apparue dès le contrôle, cette personne peut être invitée à suivre les policiers pour recevoir la notification de son placement en rétention et de ses droits, sans qu'il y ait lieu d'organiser une retenue aux fins de vérification de son droit de circulation ou de séjour sur le territoire français, au sens de l'article L. 611-1-1 [L. 8131] du Code de l'entrée et du séjour des étrangers et du droit d'asile (Cass. 1re civ., 28 mai 2014, n° 13-50.034. – Cass. 1re civ., 21 nov. 2018, n° 18-11.421).

En revanche, si une opération préalable de vérification du droit de circulation ou de séjour de l'étranger est nécessaire, son placement en retenue s'impose (Cass. 1re civ., 19 sept. 2019, n° 18-18.741).

732 **Lieu de la retenue.** L'étranger peut être conduit dans un local de police ou de gendarmerie (CESEDA, art. L. 813-1).

733 **Qui peut décider de la retenue ?** La décision relève de l'officier de police judiciaire (CESEDA, art. L. 813-1).

734 **Durée de la retenue.** L'étranger ne peut être retenu que le temps strictement exigé par l'examen de son droit de circulation ou de séjour, le prononcé et la notification des décisions administratives.

La retenue ne peut en tout état de cause dépasser vingt-quatre heures à compter du contrôle de titre de circulation ou de séjour. Sa durée était initialement de seize heures. Le Conseil constitutionnel a estimé que le législateur « en fixant à vingt-quatre heures, et non au-delà, la durée maximale de la retenue prévue à l'article L. 611-1-1[L. 813-3], le législateur a assuré entre la protection de la liberté individuelle et de la liberté d'aller et de venir et l'objectif à valeur constitutionnelle de protection de l'ordre public, une conciliation qui n'est pas déséquilibrée » (Cons. const., 6 sept. 2018, n° 2018-770 DC, § 99).

La mesure de retenue peut être fractionnée dans le temps, notamment lorsque l'interruption temporaire intervient pour rendre effectives les vérifications administratives concernant le droit de circulation et de séjour de l'intéressé dès lors que la durée maximale n'est pas dépassée (Cass. 1re civ., 1er févr. 2017, n° 16-14.700 : *Bull. civ.* I, n° 34).

Lorsqu'un étranger a été retenu aux fins de vérification de son identité (CPP, art. 78-3 ; V. *infra*, n° 757), la retenue effectuée à ce titre s'impute sur la durée de celle prononcée pour vérification de titre de séjour. Si l'étranger doit être placé en garde à vue, la durée de la retenue s'impute sur celle de la garde à vue (CESEDA, art. L. 813-15).

B Contrôle de l'autorité judiciaire

735 **Contrôle du procureur de la République.** L'article L. 813-4 du CESEDA impose d'informer le procureur de la République dès le début de la retenue à laquelle il peut mettre fin à tout moment. Pour conclure que l'augmentation de la durée de retenue de seize à vingt-quatre heures était conforme à la Constitution, le Conseil constitutionnel a pris en compte le fait que « le procureur de la République est informé, dès le début de la mesure, de la retenue d'un étranger décidée en application de l'article L. 611-1-1 aux fins de vérification de son droit de circulation ou de séjour sur le territoire français et il peut y mettre fin à tout moment » (Cons. const., 6 sept. 2018, n° 2018-770 DC, § 96).

736 **Information du procureur de la République dès le début de la mesure.** La première chambre civile de la Cour de cassation, après avoir jugé que le procureur de la République devait être informé dès le début de la retenue et non à compter de la présentation des personnes interpellées à l'officier de police judiciaire (Cass. 1re civ., 17 mai 2017, n° 16-15.229 : *Bull. civ.* I, n° 116), retient désormais que le début de la retenue, en ce qui concerne l'information du procureur de la République, s'entend de la présentation de l'intéressé à l'officier de police judiciaire (Cass. 1re civ., 7 févr. 2018, n° 16-24.824 : *Bull. civ.* I, n° 21. – Cass. 1re civ., 5 sept. 2018, n° 17-22.507).

Et elle juge que « l'information du procureur de la République vingt-sept minutes après la notification des droits en retenue est intervenue dès le début de la retenue au sens de l'article L. 611-1-1 [L. 813-4] du Code de l'entrée et du séjour des étrangers et du droit d'asile » (Cass. 1re civ., 5 sept. 2018, n° 17-22.507).

737 **Circonstances insurmontables justifiant le retard à informer le procureur de la République.** En revanche, si, en principe, le retard à informer le procureur de la République peut, comme en matière de placement en garde à vue, être justifié par des circonstances insurmontables, le fait que « plusieurs interpellations

se sont déroulées concomitamment, ce qui a entraîné des contraintes matérielles pour organiser la présentation des personnes interpellées à l'officier de police judiciaire et que le procureur de la République a été avisé immédiatement après celle-ci » est impropre à justifier un retard d'information du procureur de deux heures et onze minutes à compter du début du contrôle (Cass. 1re civ., 17 mai 2017, n° 16-15.229 : *Bull. civ.* I, n° 116).

II

Droits garantis à l'étranger retenu

738 Les articles L. 813-5 à L. 813-7 du CESEDA règlent de façon détaillée les droits dont dispose l'étranger retenu. Parmi ceux-ci, outre le droit à l'interprète, le droit d'être informé des motifs de sa retenue, le droit d'être examiné par un médecin et d'aviser la famille et l'autorité consulaire, figure le droit à l'assistance d'un avocat qui peut s'entretenir avec la personne retenue et l'assister, si l'étranger le demande, lors de ses auditions. Celles-ci sont effectuées par l'officier de police judiciaire ou, sous son contrôle, par un agent de police judiciaire.

739 **Délai dans lequel doit être donnée l'information.** L'étranger doit, selon l'article L. 813-5 du CESEDA, être « aussitôt » informé de ses droits par un officier de police judiciaire ou, sous le contrôle de celui-ci, par un agent de police judiciaire, mais la Cour de cassation considère que le juge des libertés et de la détention apprécie souverainement l'absence de grief, au sens de l'article L. 552-13 [L. 743-12] du Code de l'entrée et du séjour des étrangers et du droit d'asile, résultant, pour l'étranger placé en retenue, du retard de la notification de ses droits. Ainsi, le juge ayant constaté que la notification était intervenue à 10 heures 30, par un interprète immédiatement requis, alors que l'étranger avait été contrôlé à 7 heures 50 et présenté à l'officier de police judiciaire à 8 heures 39, il a pu en déduire que l'étranger ne justifiait d'aucune atteinte à ses droits et n'avait pas à s'expliquer sur d'éventuelles circonstances insurmontables (Cass. 1re civ., 13 févr. 2019, n° 18-14.627).

740 **Délai de mise en œuvre du droit d'aviser la famille.** Le droit de prévenir à tout moment sa famille et toute personne de son choix n'impose pas de diligence immédiate, dès lors que l'exercice effectif du droit de la personne retenue est mis en œuvre dans un délai raisonnable, a jugé la Cour de cassation dans une espèce où la personne informée de ses droits à 16 heures 50, avait pu téléphoner à son mari à 17 heures 30 (Cass. 1re civ., 30 avr. 2014, n° 13-50.055 : *Bull. civ.* I, n° 73).

III

Déroulement de la procédure

741 Ce sont les articles L. 813-8 à L. 813-12 du CESEDA qui réglementent le déroulement de la procédure.

Puisqu'elle a pour but de vérifier le droit de circulation et de séjour de l'étranger, l'article L. 813-8 prévoit logiquement que, sous le contrôle de l'officier de police judiciaire, l'étranger est mis en mesure de fournir par tout moyen les pièces et documents requis.

742 **Diligences.** L'officier de police judiciaire ou l'agent de police judiciaire n'a pas d'obligation de procéder à des diligences de façon continue. La seule obligation prévue par le texte est que le délai maximum de retenue ne soit pas dépassé (Cass. 1re civ., 2 avr. 2014, n° 13-14.822 : *Bull. civ.* I, n° 61).

743 **Contrainte.** La contrainte doit être proportionnée (CESEDA, art. L. 813-12). L'étranger, notamment, ne peut être placé dans une pièce occupée simultanément par une ou plusieurs personnes gardées à vue (CESEDA, art. L. 813-11).

744 **Inspection des bagages et effets personnels.** Il peut, à certaines conditions prévues par l'article L. 813-9 du CESEDA, être procédé par l'officier de police judiciaire à l'inspection des bagages et des effets personnels de l'étranger.

745 **Empreintes, photos.** Il est possible, si l'étranger ne fournit pas d'éléments permettant d'apprécier son droit de circulation ou de séjour, de relever ses empreintes digitales ou de le photographier pour établir sa situation, mais les empreintes et photos ne peuvent être mémorisées et faire l'objet d'un traitement automatisé que s'il apparaît, à l'issue de la retenue, que l'étranger ne dispose pas d'un droit de circulation ou de séjour (CESEDA, art. L. 813-10).
La première chambre civile a estimé que « le juge peut considérer qu'aucune atteinte à la vie privée de l'étranger ne résulte de l'absence d'information du procureur de la République sur une prise d'empreintes digitales qui a eu pour seul effet de confirmer l'identité de l'intéressé et de raccourcir la durée de la mesure de retenue pour vérification du droit de circulation ou de séjour » (Cass. 1re civ., 7 déc. 2016, n° 15-19.990 : *Bull. civ.* I, n° 241).

746 **Procès-verbal.** L'article L. 813-13 du CESEDA prévoit la rédaction d'un procès-verbal dont le détail est énuméré par ce texte.

747 **Conservation de la procédure.** L'article L. 813-14 du CESEDA dispose que la vérification ne peut donner lieu à aucune mise en mémoire sur fichiers, sauf si est établie une procédure d'enquête ou d'exécution adressée à l'autorité judiciaire ou si une décision administrative est intervenue. Il est donc nécessaire que le procès-verbal et toutes les pièces se rapportant à la vérification soient détruits dans les six mois de la fin de la retenue, et ce sous le contrôle du procureur de la République.

IV
Non-respect des prescriptions relatives à la vérification de situation

748 **Pas de nullité sans grief.** L'article L. 813-16 du CESEDA dispose que « les prescriptions énumérées au présent chapitre sont imposées à peine de nullité, sous réserve des dispositions de l'article L. 743-12 ».
Or, l'article L. 743-12 prévoit qu'« en cas de violation des formes prescrites par la loi à peine de nullité ou d'inobservation des formalités substantielles, le juge des libertés et de la détention saisi d'une demande sur ce motif ou qui relève d'office une telle irrégularité ne peut prononcer la mainlevée du placement ou du maintien en rétention que lorsque celle-ci a eu pour effet de porter atteinte aux droits de l'étranger ».
Il s'ensuit que le non-respect des règles relatives à la procédure de vérification des titres et de retenue n'est sanctionné par la nullité qu'en cas de grief.
Il a été indiqué qu'il n'y avait pas lieu à annulation quand le juge constatait souverainement que la notification en présence d'un interprète deux heures quarante après l'interpellation de l'étranger ne lui avait occasionné aucun grief (Cass. 1re civ., 13 févr. 2019, n° 18-14.627, cité *supra*, n° 739) mais la première chambre civile de la Cour de cassation juge aussi que :

– « Lorsqu'il constate une irrégularité des actes de procédure préalables au placement en rétention, il incombe au juge de rechercher si celle-ci a eu pour effet de porter atteinte aux droits de l'étranger, au sens de l'article L. 552-13 [devenu L. 743-12] du Code de l'entrée et du séjour des étrangers et du droit d'asile. Ce juge peut considérer qu'aucune atteinte à la vie privée de l'étranger ne résulte de l'absence d'information du procureur de la République sur une prise d'empreintes digitales qui a eu pour seul effet de confirmer l'identité de l'intéressé et de raccourcir la durée de la mesure de retenue pour vérification du droit de circulation ou de séjour » (Cass. 1re civ., 7 déc. 2016, n° 15-19.990 : *Bull. civ.* I, n° 241) ;
– en revanche, elle juge que « tout retard dans l'information donnée au procureur de la République du placement d'un étranger en retenue, non justifié par des circonstances insurmontables, est de nature à porter atteinte aux droits de la personne concernée » (Cass. 1re civ., 17 mai 2017, n° 16-15.229 : *Bull. civ.* I, n° 116) sans caractériser concrètement le grief qui est résulté du retard.

L'ESSENTIEL 749 Le simple séjour irrégulier d'un étranger en France n'étant plus pénalement réprimé, aucune mesure de garde à vue ne peut être prise quand il est découvert qu'un étranger est démuni de titre de séjour. Le législateur a donc créé une mesure de retenue permettant de vérifier la situation de la personne concernée. Cette procédure n'a pas de caractère obligatoire sauf s'il y a lieu de procéder à une mesure d'enquête ou de vérification.

750 Cette retenue se déroule dans un local de police ou de gendarmerie.

751 Elle est décidée par un officier de police judiciaire.

752 Elle ne peut durer plus de vingt-quatre heures.

753 Le procureur de la République doit être informé de la retenue dès le début de la mesure. Le début de la retenue, au regard de l'information du procureur de la République, s'entend de la présentation de l'intéressé à l'officier de police judiciaire.

754 L'étranger placé en retenue dispose du droit d'être assisté d'un interprète, du droit d'être informé des motifs de sa retenue, de celui d'être examiné par un médecin, de celui d'aviser sa famille et son autorité consulaire et du droit d'être assisté d'un avocat avec qui il peut s'entretenir et qui peut l'assister lors de ses auditions. L'étranger doit être informé de ces droits « aussitôt » et le juge, saisi ensuite, apprécie souverainement si le retard éventuel dans la délivrance de cette information a fait grief à l'étranger.

755 Pendant sa retenue, l'étranger est mis en mesure de fournir les pièces et documents requis. Ce n'est que si l'étranger ne fournit pas d'éléments permettant d'apprécier son droit de circulation et de séjour que ses empreintes peuvent être relevées et qu'il peut être photographié. Ces éléments ne peuvent être mémorisés que si l'étranger ne dispose pas d'un titre de circulation ou de séjour.

756 Aucune mise en mémoire sur fichiers de la procédure ne peut intervenir sauf si une procédure d'enquête ou d'exécution est adressée à l'autorité judiciaire ou si une décision administrative intervient.

Titre 4
Vérifications d'identité et de situation

Sommaire

Fiche 24

Procédure de vérification d'identité

Sommaire

757 Le contrôle d'identité ne permet pas toujours de s'assurer de façon immédiate de l'identité de la personne qui en est l'objet. Il est parfois nécessaire de procéder à des recherches qui prennent un certain temps.

C'est pourquoi l'article 78-3 du Code de procédure pénale délimite les contours de la procédure de vérification d'identité et organise une rétention limitée dans le temps pour opérer cette vérification.

Le texte de l'article 78-3 prévoit des règles relatives à la mise en œuvre de la vérification et de la rétention et donne des garanties à la personne qui en fait l'objet.

I Mise en œuvre de la vérification d'identité et de la rétention

758 **Refus ou impossibilité de justifier de l'identité.** La procédure de rétention pour vérification d'identité est possible « si l'intéressé refuse ou se trouve dans l'impossibilité de justifier de son identité » et « en cas de nécessité ».

De ce point de vue, une personne qui déclare spontanément son identité, mais ne fournit aucun élément permettant d'en justifier, est considérée comme refusant de justifier de son identité au sens du 4e alinéa de l'article 78-3 du Code de procédure pénale (Cass. 1re civ., 10 juill. 2013, n° 12-23.463 : *Bull. civ.* I, n° 152 ; *Gaz. Pal.* 13-15 oct. 2013, n° 286-288, p. 40-41, note F. Fourment ; *AJ pénal* oct. 2013, jurispr. p. 550-551, note C. Saas).

En revanche, un étranger qui présente un passeport démontrant l'irrégularité de son séjour sur le territoire national n'a pas à être placé en rétention car les garanties prévues par l'article 78-3 du Code de procédure pénale ne s'appliquent que dans le cas où la personne contrôlée ne peut ou ne veut justifier de son identité (Cass. crim., 13 janv. 1986, n° 84-90.041 : *Bull. crim.* n° 19).

759 **Lieu.** La personne dont l'identité doit être vérifiée peut être retenue sur place ou conduite dans un local de police, dit le texte. La conduite dans une unité de gendarmerie semble tout autant possible.

La vérification sur place n'est pas toujours aisée à mettre en œuvre car l'officier de police judiciaire à qui la personne doit être présentée et qui est le maître d'œuvre de la procédure n'est pas systématiquement présent. En outre, les patrouilles qui, par définition, se trouvent en dehors des locaux de police ou de gendarmerie n'ont pas toujours accès, dans ces circonstances, aux fichiers nécessaires.

760 **Présentation à un officier de police judiciaire.** La personne dont il y a lieu de vérifier l'identité est immédiatement présentée à un officier de police judiciaire.

761 **Moyens.** L'officier de police judiciaire met la personne en mesure de fournir par tous moyens les éléments permettant d'établir son identité. Il procède s'il y a lieu aux vérifications nécessaires. Il semble qu'il faille comprendre que l'officier de police judiciaire peut faire appel à des personnes susceptibles de confirmer l'identité de la personne contrôlée par témoignage, voire, mieux, en apportant une pièce justificative de l'identité de la personne concernée.

762 **Déplacement au domicile de la personne contrôlée ?** La question peut se poser de savoir si l'officier de police judiciaire peut se rendre au domicile de la personne dont il convient d'établir l'identité pour y rechercher sa pièce d'identité. La chambre criminelle a approuvé une cour d'appel d'avoir estimé que des gendarmes qui avaient suivi, à leur invitation, des ressortissants étrangers à leur domicile pour y chercher leurs documents d'identité n'étaient pas tenus de mettre en œuvre les dispositions de l'article 78-3 du Code de procédure pénale (Cass. crim., 12 nov. 2008, n° 08-81.378), mais cela ne renseigne pas sur la possibilité pour l'officier de police judiciaire de procéder à une « visite » domiciliaire, à défaut d'une véritable perquisition. Il nous semble que si une entrée sans assentiment dans le domicile n'est pas possible dans le cadre d'une vérification, il n'est pas interdit aux forces de l'ordre d'accompagner chez elle la personne dont l'identité doit être établie pour qu'elle y récupère ses documents justificatifs d'identité. C'est le sens de la loi qui veut que la personne contrôlée soit mise en mesure d'établir son identité.

763 **Empreintes, photo.** Ce n'est que si la personne interpellée maintient son refus de justifier de son identité ou qu'elle fournit des éléments manifestement inexacts que peuvent être mises en œuvre la prise d'empreintes digitales et la prise de photos. Mais deux conditions doivent être réunies : il faut, d'une part, que le procureur de la République ou le juge d'instruction autorise les opérations en question. Il faut, d'autre part, que la prise d'empreintes ou la prise de photos soit l'unique moyen d'établir l'identité de l'intéressé.
Quand le procureur de la République ou le juge d'instruction a donné son accord, l'incitation paraît forte puisque l'article 78-5 du Code de procédure pénale punit de trois mois d'emprisonnement et de 3 750 € d'amende ceux qui auront refusé de se prêter aux prises d'empreintes digitales ou de photographies autorisées, même si, pour certains, elle est d'application restreinte, d'efficacité réduite et que le délit est imparfait.

764 **Durée de la rétention pour vérification.** La personne qui fait l'objet d'une vérification d'identité ne peut être retenue que pendant le temps strictement exigé par l'établissement de son identité, avec un maximum de quatre heures à compter du contrôle effectué en application de l'article 78-2, ce délai étant porté à huit heures à Mayotte.
Le procureur de la République peut mettre fin à la vérification d'identité à tout moment, pour autant qu'il ait été informé, ce qui n'est pas toujours obligatoire (V. *infra*, n° 766).

765 **Champ d'application.** Bien que seul l'article 78-2 soit visé au 3ᵉ alinéa de l'article 78-3, il semble que la procédure de vérification d'identité puisse être mise en œuvre après des contrôles d'identité opérés sur d'autres fondements que l'article 78-2.

II

Garanties données à la personne faisant l'objet d'une rétention pour vérification d'identité

766 **Avis au procureur de la République.** La personne qui fait l'objet de la vérification est « aussitôt » informée par l'officier de police judiciaire ou, sous le contrôle de celui-ci, par un agent de police judiciaire, de son droit de faire aviser le procureur de la République de la vérification qui la concerne.

Lorsque la personne contrôlée est mineure, le procureur de la République doit être informé dès le début de la rétention.
Le procureur de la République peut mettre fin à la vérification à tout moment. Cette hypothèse ne concernera, de fait, que les mineurs et les personnes qui auront demandé que le procureur de la République soit avisé.

767 **Droit de prévenir les proches.** La personne présentée à l'officier de police judiciaire est aussitôt informée par celui-ci de son droit « de prévenir à tout moment sa famille ou toute personne de son choix ». C'est donc en principe la personne concernée qui prévient elle-même sa famille ou la personne de son choix, mais « si des circonstances particulières l'exigent, l'officier de police judiciaire ou, sous son contrôle, un agent de police judiciaire, prévient lui-même la famille ou la personne choisie ». Aucune disposition ne prévoit que l'officier de police judiciaire doive être autorisé par un magistrat à prévenir lui-même la famille ou la personne désignée par la personne faisant l'objet de la vérification d'identité. C'est donc un pouvoir propre de l'officier de police judiciaire.

768 **Mineur.** Le mineur, outre que le procureur de la République doit en toute hypothèse être avisé de sa rétention, doit, sauf impossibilité, être assisté de son représentant légal.
On peut supposer que, s'il est possible de faire venir le représentant légal, celui-ci devrait normalement être en mesure d'apporter les éléments nécessaires à l'établissement de l'identité.

769 **Exigence de rédaction d'un procès-verbal.** Le texte prévoit que l'officier de police judiciaire doit dresser un procès-verbal qui doit faire état :
- des motifs qui justifient le contrôle ainsi que la vérification d'identité ;
- des conditions dans lesquelles la personne a été présentée devant lui, informée de ses droits et mise en mesure de les exercer ;
- du jour et de l'heure à partir desquels le contrôle a été effectué ;
- du jour et de l'heure de fin de la rétention et de la durée de celle-ci ;
- éventuellement de la prise d'empreintes ou de photographies qui doit alors être spécialement motivée.

L'existence de ce procès-verbal est un des éléments que le Conseil constitutionnel a pris en compte pour juger le texte conforme à la Constitution (Cons. const., 20 janv. 1981, n° 80-127 DC).

770 **Procès-verbal signé.** Le procès-verbal est présenté à la signature de l'intéressé. Si ce dernier refuse de le signer, mention est faite du refus et des motifs de celui-ci.

771 **Remise éventuelle de copie.** Une copie du procès-verbal doit être remise à la personne dont l'identité est vérifiée si la vérification n'est suivie à son égard d'aucune procédure d'enquête ou d'exécution adressée à l'autorité judiciaire.

772 Procès-verbal transmis au procureur de la République. Le procès-verbal est transmis au procureur de la République.

773 **Conservation ou destruction de la procédure.** Lorsque la vérification n'a pas de suite judiciaire (aucune procédure d'enquête ou d'exécution n'est adressée à l'autorité judiciaire), la vérification ne peut donner lieu à aucune mise en mémoire sur fichiers et le procès-verbal ainsi que toutes les pièces se rapportant à la vérification sont détruits dans un délai de six mois sous le contrôle du procureur de la République.
Dans le cas contraire, la procédure relative à la vérification pourra être intégrée à la procédure ultérieure (Cass. crim., 2 nov. 2016, n° 16-81.716 : *Bull. crim.* n° 281).

774 **Garde à vue.** Le texte prévoit que : « Dans le cas où il y a lieu à procédure d'enquête ou d'exécution adressée à l'autorité judiciaire et assortie du maintien en garde à vue, la personne retenue doit être aussitôt informée de son droit de faire aviser le procureur de la République de la mesure dont elle fait l'objet ».
Il est surprenant que le législateur ait parlé de « maintien » en garde à vue alors, précisément, que la rétention n'est pas une garde à vue. En outre, le texte est redondant avec les dispositions actuelles relatives à la garde à vue qui imposent que le procureur de la République soit prévenu dès le début de la mesure.
En revanche, il est moins surprenant que le législateur ait prévu que si une garde à vue avait lieu ensuite, la durée de la rétention s'impute sur celle de la garde à vue (CPP, art. 78-4).

775 **Distinction entre rétention et garde à vue.** Un certain nombre de dispositions relatives à la rétention font penser aux modalités de la garde à vue et aux droits conférés aux personnes qui sont concernées par cette mesure, mais il existe un certain nombre de différences qui distinguent les deux mesures.
Si l'officier de police judiciaire a clairement le pouvoir de placement en garde à vue – qu'il partage d'ailleurs depuis 2011 avec le procureur de la République ou le juge d'instruction – en matière de

rétention, ce sont plutôt les circonstances, à savoir le fait que l'agent de police judiciaire ait conduit devant lui la personne qui refuse de décliner son identité ou qui est dans l'impossibilité de le faire, qui le conduit à mettre en œuvre les dispositions de l'article 78-3 du Code de procédure pénale.
L'officier de police judiciaire doit dans tous les cas informer le procureur de la République ou le juge d'instruction d'un placement en garde à vue alors qu'en matière de rétention, sauf pour les mineurs, l'avis au procureur est laissé à la discrétion de la personne concernée.
Les droits de la personne en rétention sont nettement moins importants que ceux de la personne gardée à vue. La personne en rétention peut seulement faire aviser le procureur de la République et prévenir sa famille.
Ces quelques exemples, parmi d'autres, montrent que si les deux mesures ont quelques points communs, elles n'en présentent pas moins des différences significatives qui doivent conduire à bien les distinguer même si, quand une garde à vue est prise par la suite, la durée de rétention s'imputera sur celle de la garde à vue.

776 **Nullités.** Le dernier alinéa de l'article 78-3 du Code de procédure pénale dispose que « les prescriptions énumérées au présent article sont imposées à peine de nullité », ce qui est assez rare dans le Code de procédure pénale.
L'article 802 du Code de procédure pénale qui impose la démonstration d'un grief pour que la nullité soit prononcée y compris « en cas de violation des formes prescrites par la loi à peine de nullité » aurait pu limiter la portée de cette disposition mais la chambre criminelle a jugé que « la méconnaissance des garanties prévues par l'alinéa 1er de l'article 78-3 du Code de procédure pénale cause nécessairement grief à la personne dont l'identité est vérifiée » (Cass. crim., 2 nov. 2016, n° 16-81.716 : *Bull. crim.* n° 281).
En tout état de cause, une éventuelle nullité du contrôle d'identité n'affecte pas la validité des poursuites exercées pour des infractions contre les autorités de police commises à cette occasion par la personne contrôlée (Cass. crim., 7 févr. 1995, nos 94-81.502, 94-81.502 et 94-81.502 : *Bull. crim.* n° 51. – Cass. crim., 1er sept. 2004, n° 04-80.362 : *Bull. crim.* n° 190. – Cass. crim., 11 mai 2005, n° 04-86.134 : *RSC* 2006, 401, obs. J. Buisson).

L'ESSENTIEL 777 Lorsqu'une personne faisant l'objet d'un contrôle d'identité refuse ou est dans l'impossibilité de justifier de son identité et en cas de nécessité, elle peut faire l'objet d'une procédure de vérification d'identité emportant rétention dans un local de police ou de gendarmerie qui ne peut durer plus de quatre heures (huit heures à Mayotte). Cette procédure présente quelques points communs avec une garde à vue (V. *supra*, n° 775).

778 La personne en question est immédiatement présentée à l'officier de police judiciaire qui la met en mesure d'établir son identité par tous moyens (témoignages, production de documents).

779 Ce n'est que si la personne maintient son refus de justifier de son identité ou qu'elle produit des éléments manifestement inexacts, que ses empreintes digitales peuvent être relevées et qu'elle peut être prise en photo si ces éléments sont seuls permettant d'aboutir, et ce sur autorisation, selon les cas, du procureur de la République ou du juge d'instruction.

780 Le procureur de la République, qui n'est informé obligatoirement de la rétention que si la personne l'a demandé ou s'il s'agit d'un mineur, peut mettre fin à la rétention à tout moment.

781 La personne en rétention a le droit de faire prévenir le procureur de la République et de prévenir ses proches elle-même sauf si des circonstances particulières exigent que ce soit fait par l'officier de police judiciaire ou, sous son contrôle, par un agent de police judiciaire. Si la personne est mineure elle doit être, sauf impossibilité, assistée de son représentant légal.

782 La rédaction d'un procès-verbal est obligatoire. La loi en détaille les éléments (V. *supra*, n° 770).

POUR ALLER PLUS LOIN...

Fascicule JurisClasseur

• *JCl. Procédure pénale*, Art. 78-1 à 78-7, fasc. 20-20, *Contrôles, vérifications et relevés d'identité*, par J. Buisson.

Fiche 25

Retenue pour vérification de situation d'une personne soupçonnée d'être liée au terrorisme

Sommaire

783 La loi du 3 juin 2016 a inséré dans le chapitre du Code de procédure pénale consacré aux contrôles, vérifications et relevés d'identité un article 78-3-1 qui, dans ses modalités, est inspiré de la procédure de vérification d'identité de l'article 78-3 mais qui, dans sa finalité, en diffère sensiblement.

784 **Procédure inspirée de la vérification d'identité.** L'article 78-3-1 du Code de procédure pénale prévoit que peut faire l'objet d'une retenue pour vérification de sa situation toute personne faisant l'objet d'un contrôle ou d'une vérification d'identité révélant qu'il existe des raisons sérieuses de penser que son comportement peut être lié à des activités à caractère terroriste.

Cette formulation ne doit pas être comprise comme signifiant qu'il résulte de l'attitude de la personne, dans les instants précédant le contrôle, des raisons plausibles de soupçonner qu'elle se préparait à commettre un acte de terrorisme mais plutôt que l'interrogation du fichier des personnes recherchées a fait apparaître qu'elle faisait l'objet d'une fiche « S » (Sûreté de l'État), et notamment d'une fiche « S14 » (djihadistes revenant d'Irak ou de Syrie) ou « S15 » (personne suspectée de radicalisation islamiste).

Ayant pour point commun avec la rétention pour vérification d'identité de donner la possibilité de retenir une personne pendant quatre heures maximum, la procédure de l'article 78-3-1 du Code de procédure pénale a emprunté à cette procédure un certain nombre de dispositions.

Mais comme elle a une autre finalité que celle de découvrir une identité, elle a également prévu des dispositions différentes qui la rapprochent peu ou prou d'une garde à vue.

I Mise en œuvre de la retenue

785 **À la suite d'un contrôle d'identité.** La retenue prévue par l'article 78-3-1 du Code de procédure pénale peut être mise en œuvre à l'égard d'une personne faisant l'objet d'un contrôle d'identité. Ce sera le cas lorsque la personne contrôlée apparaîtra, à l'occasion d'une consultation du fichier

des personnes recherchées (FPR), comme étant « fichée S » et, partant, qu'il pourra sembler utile de vérifier ses points de chute, ses fréquentations. Il paraît en revanche peu logique de prétendre vouloir vérifier qu'elle ne fait pas l'objet d'une condamnation par défaut ou que son témoignage est nécessaire dans une enquête en cours car, si c'était le cas, elle aurait été inscrite au FPR à ce titre ce qui, à soi seul, justifierait qu'elle soit retenue le temps de la notification du jugement ou d'une date de convocation, sans qu'il soit besoin d'entamer une retenue pour vérification de situation.

786 La retenue pour vérification de situation peut être mise en œuvre à l'égard d'une personne faisant l'objet d'une vérification d'identité. Par hypothèse, la personne concernée aura refusé de justifier de son identité ou se sera trouvée dans l'impossibilité d'en justifier et les policiers ou les gendarmes seront parvenus à établir cette identité. Il se pourrait que soit alors nécessaire de vérifier sa situation au regard d'une proximité d'activités terroristes. Mais comme les deux mesures de rétention et de retenue ne peuvent se cumuler dans le temps, ainsi qu'il résulte des travaux préparatoires, il y a quelques risques que l'enchaînement rétention-retenue puisse rarement être mis en œuvre.

787 **Présentation à l'officier de police judiciaire.** La retenue pour vérification de situation est décidée par l'officier de police judiciaire comme l'est la rétention pour vérification d'identité.

788 **Mineur.** Lorsque la personne dont la situation apparaît devoir être vérifiée est mineure, la retenue doit faire l'objet d'un accord exprès du procureur de la République.
Le mineur doit en outre être assisté de son représentant légal, sauf impossibilité dûment justifiée.

789 **Finalité de la retenue.** La retenue a pour but de vérifier la situation de la personne par la consultation de traitements de données à caractère personnel mis en œuvre pour le compte de l'État qui intéressent la sûreté de l'État, la défense ou la sécurité publique ou qui ont pour objet la prévention, la recherche, la constatation ou la poursuite des infractions pénales ou l'exécution des condamnations pénales ou des mesures de sûreté et, le cas échéant, en interrogeant les services à l'origine du signalement de l'intéressé ainsi que les organismes de coopération internationale en matière de police judiciaire ou les services de police étrangers.
S'agissant des informations contenues dans les fichiers qui peuvent être consultés au cours de la vérification, on peut imaginer qu'il s'agit d'informations n'ayant pas été enregistrées au FPR qui, lui, aura été consulté lors du contrôle d'identité ou de la vérification d'identité.

790 **Lieu.** L'article 78-3-1 du Code de procédure pénale prévoit, comme l'article 78-3, que la retenue peut s'exercer sur place ou dans le local de police. Là aussi, aucune raison ne semble s'opposer à la conduite d'une personne contrôlée dans une unité de gendarmerie. L'hypothèse de retenue sur place semble, là encore, moins vraisemblable dès lors que la vérification de situation nécessitera sans doute la consultation de fichiers qui ne sont pas systématiquement disponibles pour une patrouille.

791 **Durée.** La retenue prévue par l'article 78-3-1 ne peut durer que le temps strictement nécessaire à sa finalité et au maximum quatre heures, à l'instar de la rétention prévue par l'article 78-3, sauf à Mayotte où elle peut durer jusqu'à huit heures.
Le point de départ, dans les deux cas, est fixé, par la loi, au début du contrôle d'identité.

II Garanties données à la personne retenue

A Informations

792 **Information du procureur.** Le texte impose que le procureur territorialement compétent soit informé de la retenue dès son début.

793 **Possibilité pour le procureur de la République de mettre fin à la mesure.** Comme dans la rétention aux fins de vérifications d'identité, le procureur de la République peut mettre fin, à tout moment, à la mesure.

794 **Droits notifiés à la personne concernée.** La personne retenue pour vérification de situation doit être « immédiatement » informée de ses droits alors que celle placée en rétention doit l'être « aussitôt », ce qui ne semble pas entraîner de différence significative.

Les droits notifiés aux deux personnes sont assez différents. La possibilité d'information des proches existe dans les deux cas, mais elle se décline différemment. La personne en rétention peut prévenir elle-même, à tout moment, sa famille ou toute personne de son choix, sauf circonstances particulières appréciées par l'officier de police judiciaire, tandis que la personne retenue pour vérification de situation a le droit de faire prévenir, par l'intermédiaire de l'officier de police judiciaire, toute personne de son choix ainsi que son employeur. Et c'est le procureur de la République, saisi par l'officier de police judiciaire, qui peut décider qu'il ne sera pas fait droit à la demande.
La personne retenue pour vérification de situation doit en outre être informée du fondement légal de son placement en retenue, de la durée maximale de la mesure, du fait que la retenue dont elle fait l'objet ne peut donner lieu à audition et qu'elle a le droit de garder le silence.
Il peut paraître paradoxal que la personne ait le droit au silence alors qu'elle ne peut faire l'objet d'une audition. Peut-être faut-il en déduire que le législateur a envisagé que la personne réponde à des questions sans que, pourtant, ses réponses soient consignées dans un procès-verbal d'audition. Il est précisé que l'information est donnée à la personne concernée dans une langue qu'elle comprend, ce que l'article 78-3 du Code de procédure pénale ne précise pas, mais il semble aventureux d'en inférer une quelconque différence.

795 **Personne habilitée à notifier les droits.** L'article 78-3-1 prévoit que les droits peuvent être notifiés par un agent de police judiciaire sous le contrôle de l'officier de police judiciaire, à l'instar de l'article 78-3.

B Mise en œuvre des garanties

796 **Délai pour qu'un proche ou l'employeur soit prévenu.** L'officier de police judiciaire doit, sauf circonstances insurmontables qui doivent être mentionnées au procès-verbal, avertir la personne choisie par le retenu ou son employeur dans les deux heures à compter du moment où la personne retenue l'a demandé.

797 **Obligation de dresser un procès-verbal.** Tant l'article 78-3 que l'article 78-3-1 du Code de procédure pénale imposent à l'officier de police judiciaire la rédaction d'un procès-verbal.
S'agissant de la retenue pour vérification de situation, le procès-verbal doit mentionner les motifs qui justifient la vérification de situation administrative et les conditions dans lesquelles la personne a été présentée à l'officier de police judiciaire, informée de ses droits et mise en mesure de les exercer. Il précise le jour et l'heure à partir desquels la vérification a été effectuée, le jour et l'heure de la fin de la retenue et la durée de celle-ci.

798 **Signature du procès-verbal.** Dans les deux cas, le procès-verbal est présenté à la signature de la personne concernée et, si elle refuse de signer, les raisons doivent en être mentionnées.

799 **Transmission du procès-verbal au procureur de la République.** Les dispositions des deux textes sont équivalentes, si ce n'est que, dans le cas de l'article 78-3-1, la transmission doit avoir lieu sans délai.

800 **Remise d'une copie.** Copie du procès-verbal doit être remise à la personne dont la situation a été vérifiée.

C Contrôle de la mise en œuvre des garanties

801 **Nullité.** Comme dans l'hypothèse de l'article 78-3 du Code de procédure pénale, il est prévu que les prescriptions énumérées par le texte sont imposées à peine de nullité (V. *supra*, n° 776).

L'ESSENTIEL 802 Toute personne faisant l'objet d'un contrôle ou d'une vérification d'identité révélant qu'il existe des raisons sérieuses de soupçonner que son comportement pouvait être lié à des activités terroristes peut faire l'objet d'une vérification de situation avec une retenue pouvant durer jusqu'à quatre heures.
803 Ce sont principalement les personnes faisant l'objet d'une fiche « S » qui sont concernées par cette procédure, décidée par l'officier de police judiciaire, sur accord exprès du procureur de la République quand la personne est mineure.
804 La vérification de la situation se fait par la consultation de fichiers intéressant la sûreté de l'État, la défense ou la sécurité publique. Il y a fort à gager que si une personne fait l'objet d'une vérification de situation, c'est parce qu'elle apparaissait déjà comme étant fichée « S » lors d'un contrôle d'identité, à moins que la retenue n'ait pour raison d'essayer d'obtenir des renseignements actualisés, mais la loi a prévu que la retenue ne pouvait pas donner lieu à audition, tout en prévoyant de façon paradoxale, que la personne devait se voir notifier le droit au silence.
805 C'est dans un local de police ou de gendarmerie qu'une retenue prendra le plus

souvent place même si le texte prévoit qu'elle peut se faire « sur place ».

806 Le procureur de la République est nécessairement informé de la retenue dès le début de la mesure.

La personne retenue dispose de droits plus importants que celle placée en rétention pour vérification d'identité et ses droits doivent lui être notifiés immédiatement.

807 La loi a réglementé la rédaction du procès-verbal qui doit obligatoirement être dressé (V. *supra*, n° 797).

808 Tableau récapitulatif. Étant rappelé que sont :

– Agents de police judiciaire, art. 20 :

« 1° Les militaires de la gendarmerie nationale autres que les volontaires, n'ayant pas la qualité d'officier de police judiciaire ;

2° Les fonctionnaires des services actifs de la police nationale, titulaires et stagiaires, n'ayant pas la qualité d'officier de police judiciaire ».

– Agents de police judiciaire adjoints art. 21 :

« 1° Les fonctionnaires des services actifs de police nationale ne remplissant pas les conditions prévues par l'article 20 ;

1° bis Les volontaires servant en qualité de militaire dans la gendarmerie et les militaires servant au titre de la réserve opérationnelle de la gendarmerie nationale ne remplissant pas les conditions prévues par l'article 20-1 ;

1° ter Les policiers adjoints mentionnés à l'article L. 411-5 du code de la sécurité intérieure et les membres de la réserve opérationnelle de la police nationale qui ne remplissent pas les conditions prévues aux articles 16-1, A ou 20-1 du présent code ; ».

Le tableau qui suit résume les pouvoirs des différents membres des forces de l'ordre :

	POLICE ADMINISTRATIVE					POLICE JUDICIAIRE							
	CONTRÔLE D'IDENTITÉ			VISITE VEHICULES ET FOUILLE BAGAGES	VISITE SOMMAIRE VEHICULES SAUF VOITURES PARTICULIERES	CONTRÔLE D'IDENTITÉ				VISITE VH ET FOUILLES BAGAGES			VISITE DES NAVIRES
Texte	78-2, al. 8 CPP	78-2, al. 9 à 17 CPP	78-2-4 CPP	78-2-4 CPP	L.812-3 et L812-4 CESEDA	78-2, al. 1 à 6 CPP	78-2, al. 7 CPP	78-2-1 CPP	78-2-2, I CPP	78-2-2, II et III CPP	78-2-3 CPP	78-2-5 CPP	78-2-2, 78-2-2, III bis CPP
Type	Initiative	Initiative	Initiative	Initiative	Initiative	Initiative	Réquisition PR	Réquisition PR	Réquisition PR	Réquisition PR	Initiative	Réquisition PR	Réquisition PR
Objet	Prévenir une atteinte à l'ordre public	Prévenir les infractions transfrontalières ou ultra-marines (contrôle Schengen).	Prévenir une atteinte grave à l'ordre public	Prévenir une atteinte grave à l'ordre public	Vérifier le respect des obligations de détention, de port et de présentation des pièces ou documents de séjour, rechercher les infractions relatives à l'entrée et au séjour des étrangers en France. **Ne prévoit pas la fouille des bagages.**	Raisons plausibles de soupçonner que la personne a commis une infraction, se prépare à commettre un crime ou délit, a violé un contrôle judiciaire, est recherchée ou est susceptible de fournir des renseignements utiles à l'enquête en cours.	Lutte contre certaines infractions spécifiées dans la réquisition (ex : alcoolémie, conduite sous stupéfiants, etc.).	Lutte contre les infractions spécifiques à la législation du travail, sur les lieux d'activité.	Lutte contre les infractions liées au terrorisme, armes, vols, stupéfiants.	Lutte contre les infractions liées au terrorisme, armes, vols, stupéfiants.	Raisons plausibles de soupçonner que le conducteur ou le passager d'un véhicule a commis ou tenté de commettre un crime ou délit flagrant **Pas de fouille de bagages**	Recherche de l'infraction de participation armée à manifestation sur les lieux et aux abords immédiats d'une manifestation ou d'une réunion publique	Lutte contre les infractions liées au terrorisme, armes, vols, stupéfiants.
OPJ	Oui	Oui	Oui	Oui	Oui	Oui	Oui	Oui	Oui	Oui	Oui	Oui (sauf maire)	Oui
APJ APJA art. 21, 1° CPP	Sur l'ordre et sous la responsabilité de l'officier de police judiciaire. Peuvent donc être seuls sur place	Sur l'ordre et sous la responsabilité de l'officier de police judiciaire. Peuvent donc être seuls sur place	Sur l'ordre et sous la responsabilité de l'officier de police judiciaire. Peuvent donc être seuls sur place	Non, selon J. Buisson V.n° 518 (conseil qu'en l'état nous recomamndons de suivre). Peuvent seulement assister l'officier de police judiciaire	Non. Peuvent seulement assister l'officier de police judiciaire	Sur l'ordre et sous la responsabilité de l'officier de police judiciaire. Peuvent donc être seuls sur place	Sur l'ordre et sous la responsabilité de l'officier de police judiciaire. Peuvent donc être seuls sur place	Sur l'ordre et sous la responsabilité de l'officier de police judiciaire. Peuvent donc être seuls sur place	Sur l'ordre et sous la responsabilité de l'officier de police judiciaire. Peuvent donc être seuls sur place	Non. Peuvent seulement assister l'officier de police judiciaire	Non. Peuvent seulement assister l'officier de police judiciaire	Sous la responsabilité de l'officier de police judiciaire. Peuvent donc être seuls sur place	Non. Peuvent seulement assister l'officier de police judiciaire
APJA 21,1° bis et 21, 1° ter	Non	Non	Sur l'ordre et sous la responsabilité de l'officier de police judiciaire. Peuvent donc être seuls sur place	Non, selon J. Buisson V.n° 518 (conseil qu'en l'état nous recomamndons de suivre). Peuvent seulement assister l'officier de police judiciaire	Non	Non	Non	Non	Sur l'ordre et sous la responsabilité de l'officier de police judiciaire. Peuvent donc être seuls sur place	Non. Peuvent seulement assister l'officier de police judiciaire	Non. Peuvent seulement assister l'officier de police judiciaire	Sous la responsabilité de l'officier de police judiciaire. Peuvent donc être seuls sur place	Non. Peuvent seulement assister l'officier de police judiciaire

Partie 3
Le cadre juridique des enquêtes

Sommaire

Titre 1
L'enquête de flagrance et l'enquête préliminaire

Sommaire

Fiche 26

Fiche introductive

809 L'article 14 du Code de procédure pénale dispose que la police judiciaire « (...) est chargée, suivant les distinctions établies au présent titre, de constater les infractions à la loi pénale, d'en rassembler les preuves et d'en rechercher les auteurs tant qu'une information n'est pas ouverte. Lorsqu'une information est ouverte, elle exécute les délégations des juridictions d'instruction et défère à leurs réquisitions ». Quant à l'article 17, il précise que « les officiers de police judiciaire exercent les pouvoirs définis à l'article 14 ; ils reçoivent les plaintes et dénonciations ; ils procèdent à des enquêtes préliminaires dans les conditions prévues par les articles 75 à 78. En cas de crimes et délits flagrants, ils exercent les pouvoirs qui leur sont conférés par les articles 53 à 67 ».
« Bref, c'est la police judiciaire qui mène l'enquête. »

810 L'enquête préliminaire représente près de 90 % des enquêtes qui sont diligentées en France. Ce chiffre très élevé résulte de la nature de l'enquête préliminaire en ce qu'elle est une enquête, par défaut – autrefois dite officieuse (sous l'empire du Code d'instruction criminelle, cette enquête n'était régie par aucun texte jusqu'au décret organique du 20 mai 1903 ainsi que le décret du 9 octobre 1920 portant sur les frais de justice avant d'entrer officiellement dans le Code de procédure pénale par la loi n° 57-1426 du 31 décembre 1957 portant nouveau Code de procédure pénale) – qui est diligentée lorsque les conditions de la flagrance ne sont pas réunies ou que la durée de l'enquête de flagrance est épuisée et qu'aucune instruction n'a été ouverte. Les caractéristiques de l'instruction font l'objet d'une fiche dédiée.
Cet ouvrage n'a pas vocation à retracer l'histoire de la procédure pénale et celle de l'enquête préliminaire, mais il faut ici souligner que cette enquête, qui se définit en miroir de l'enquête de flagrance, a connu une importante évolution depuis son entrée officielle dans le Code de procédure pénale en 1958. Autrefois, en raison de ce caractère officieux, les enquêteurs ne pouvaient utiliser que des actes d'enquête non coercitifs, ce qui a valu à l'enquête préliminaire d'être définie comme « non coercitive », caractéristique que le Code de procédure pénale de 1958 a entérinée.

811 De nos jours, ce caractère « non coercitif » de l'enquête préliminaire ne traduit plus la réalité juridique car, depuis la loi du 9 mars 2004, l'enquête préliminaire permet de recourir à la contrainte au travers de certains actes d'enquête qui s'exercent soit sans le consentement de la personne qui en est l'objet, soit à l'insu de cette personne. Aussi, ce n'est plus uniquement l'aspect non coercitif, même s'il demeure, qui caractérise cette enquête puisque tantôt le magistrat du parquet, tantôt le juge des libertés et de la détention, permettent de diligenter de nombreux actes d'enquête « coercitifs ». Cette évolution a été poursuivie par les lois du 3 juin 2016 et du 23 mars 2019.
L'enquête préliminaire se définit par défaut de l'enquête de flagrance, mais ces deux enquêtes ont des caractéristiques communes.

POUR ALLER PLUS LOIN...

Ouvrage

• F. Desportes et L. Lazerges-Cousquer, *Traité de procédure pénale*, Economica, 2015, n° 1540.

Fiche 27

Les caractéristiques communes à l'enquête de flagrance et à l'enquête préliminaire

Sommaire

812 Ces caractéristiques communes tiennent à la saisine et aux actes d'enquête dont, pour beaucoup, le régime juridique est identique.

I

La saisine

813 Lorsqu'une instruction est ouverte, seuls les officiers de police judiciaire appartenant à l'unité de gendarmerie ou au service de police, ou ceux placés sous les ordres du commandant d'unité ou du chef de service saisis par le juge d'instruction peuvent acter dans le cadre des différentes commissions rogatoires qu'il leur délivre. L'officier de police judiciaire tire sa compétence de la délégation donnée par le juge d'instruction. Ce dernier, saisi *in rem* par un réquisitoire introductif du procureur de la République ou une plainte avec constitution de partie civile, doit, comme l'officier de police judiciaire auquel il délivre des commissions rogatoires, veiller à respecter cette « saisine », ce « cadre factuel » de l'enquête.

814 En enquêtes de flagrance et préliminaire, si les enquêteurs utilisent souvent le terme de « saisine », il faut bien se garder de tout mimétisme juridique avec l'instruction. Les officiers de police judiciaire ainsi que les agents de police judiciaire, pour l'enquête préliminaire, sont compétents pour enquêter sur des faits portés à leur connaissance non pas en raison d'une délégation donnée par un magistrat mais en raison de leur compétence territoriale. Toutefois, le choix de telle ou telle unité de gendarmerie ou de tel ou tel service d'enquête peut également constituer un critère.

815 **La compétence territoriale de l'officier de police judiciaire.** La question fait l'objet de développement dans la fiche consacrée aux officiers de police judiciaire (V. *supra*, n°s 98 et s.). Y sont notamment évoqués les critères de saisine (V. *supra*, n° 118).
Il suffira d'attirer l'attention sur la nécessité de dresser un procès-verbal de saisine qui peut prendre différentes formes.

816 **Procès-verbal de saisine.** Le procès-verbal de transport-constatations ou celui de l'audition d'une victime sont souvent qualifiés d'acte de « saisine » dans le jargon des enquêteurs. Lorsqu'ils appartiennent à des unités ou à des services spécialisés, les enquêteurs rédigent presque systématiquement un procès-verbal de saisine. Parce qu'ils interviennent en second lieu, ce procès-verbal permet de « geler » la procédure au moment où ils la prennent en compte et de faire en quelque sorte un premier point d'étape des investigations. Cet acte indique aussi très souvent les raisons de leur déplacement, sur ordre hiérarchique et/ou désignation du magistrat du parquet, l'ordre hiérarchique étant ensuite confirmé ou non par le magistrat.

II

Les actes d'enquête au régime juridique identique en enquête préliminaire et en enquête de flagrance

817 Les mêmes actes d'investigation peuvent être réalisés tant en enquête de flagrance qu'en enquête préliminaire. Ces actes ont souvent un régime juridique identique : ils sont listés dans le premier tableau. Le second tableau énumère les actes d'enquête dont le régime juridique est différent selon qu'ils sont réalisés en enquête préliminaire ou en enquête de flagrance.

818 Tableau récapitulatif des actes dont le régime est identique en préliminaire et en flagrance.

Acte d'enquête	Articles du Code de procédure pénale
Transport et constatations	54 et 67 (pas de texte pour l'enquête préliminaire)
Perquisitions dans lieux protégés	56-1 à 56-5, 76, al. 3
Audition de personnes non mises en cause	61 et 62, 78
Audition libre et confrontation	61-1 et 61-2, 77
Reconstitution et séance d'identification	61-3 et 76-1
Garde à vue et retenue	62-2 à 65 et 77 L. 413-1 du CJPM
Mise au clair de données chiffrées	230-1
Consultation des fichiers auxquels les services de police et les unités de gendarmerie ont accès (Cass. crim., 15 sept. 2009, n° 09-82.597)	230-6, 230-19, 706-56
Géolocalisation	230-32 et s.
Enquête sous pseudonyme	230-46
Captation d'images sur la voie publique (Cass. crim., 8 déc. 2020, n° 20-83.885)	Pas de texte spécifique. Le procureur peut l'ordonner sur le fondement des articles 39-3 et 41 du CPP
Captations et fixations d'images dans les lieux publics au moyen de dispositifs aéroportés	articles 230-47 et s.
Actes innommés (filature)	Pas de texte spécifique
Surveillances des marchandises ou des personnes	706-80
Opération de « libre passage »	706-80-1

Acte d'enquête	Articles du Code de procédure pénale
Livraison de produits ou marchandises illicites par les enquêteurs	706-80-2
Infiltration	706-81 et s.
Garde à vue de 96 heures	706-88
Interceptions téléphoniques	706-95
Accès à distance aux correspondances stockées par la voie des communications électroniques accessibles au moyen d'un identifiant informatique	706-95-1
IMSI-catcher	706-95-20
Sonorisation et fixations d'images de certains lieux ou véhicules	706-96-1
Captation de données informatiques	706-102-1
Pesée contradictoire et échantillonnage	706-30-1
Coup d'achat stupéfiants	706-32
Examen ou prise de sang de l'auteur d'une infraction à caractère sexuel aux fins de dépistage	706-47-2
Expertise médico-psychologique du mineur victime d'infractions prévues à l'art. 706-47	706-48
Enregistrement audio et/ou visuel des auditions de mineurs victimes d'infractions prévues à l'art. 706-47	706-52
Consultation FIJAISV	706-53-7
Protection adresse des témoins	706-57
Audition de témoin sous anonymat	706-58
Garde à vue « terroriste »	706-88-1
Coup d'achat « trafic d'armes »	706-106

819 Tableau récapitulatif des actes d'enquête au régime différent entre enquête préliminaire et enquête de flagrance.

Acte d'enquête	Articles du Code de procédure pénale
Perquisitions dans les lieux non protégés	57-1, 76
Opérations de prélèvements	55-1 et 76-2
Examens techniques et scientifiques	60 et 77-1
Réquisitions et réquisitions informatiques	60-1, 60-1-1, 60-1-2, 60-2, 60-3 et 77-1-1, 77-1-2 et 77-1-3
Comparution forcée	78

L'ESSENTIEL 820 **La saisine.** Les officiers de police judiciaire ainsi que les agents de police judiciaire, pour l'enquête préliminaire, sont compétents pour enquêter sur des faits portés à leur connaissance non pas en raison d'une délégation donnée par un magistrat mais en raison de leur compétence territoriale (V. *supra*, n°s 813 et s.).

821 La question de la compétence territoriale de l'officier de police judiciaire fait l'objet de développements dans la fiche dédiée (V. *supra*, n° 98). Y sont notamment évoqués les critères de saisine (V. *supra*, n° 118). Il faut attirer l'attention sur la nécessité de dresser un procès-verbal de saisine qui peut prendre différentes formes (V. *supra*, n° 816).

822 Tableau récapitulatif des actes dont le régime est identique en préliminaire et en flagrance. V. *supra*, n° 818.

823 Tableau récapitulatif des actes d'enquête au régime différent entre enquête préliminaire et enquête de flagrance. V. *supra*, n° 819.

Fiche 28

Les principales caractéristiques de l'enquête de flagrance

Sommaire

824 Ces principales caractéristiques de l'enquête de flagrance tiennent, d'une part, à la notion même d'état de flagrance, d'autre part, à la durée de cette enquête et, enfin, au rôle prépondérant de l'officier de police judiciaire.

I

La définition de l'état de flagrance

825 C'est l'article 53, alinéa 1er du Code de procédure pénale qui définit l'état de flagrance auquel il faut adosser une jurisprudence abondante qui tente de sérier cette notion.

A Les différentes situations de flagrance

826 L'article 53, alinéa 1er du Code de procédure pénale dispose que :

> « Est qualifié crime ou délit flagrant le crime ou le délit qui se commet actuellement, ou qui vient de se commettre. Il y a aussi crime ou délit flagrant lorsque, dans un temps très voisin de l'action, la personne soupçonnée est poursuivie par la clameur publique, ou est trouvée en possession d'objets, ou présente des traces ou indices, laissant penser qu'elle a participé au crime ou au délit ».

1 Le champ d'application de l'enquête de flagrance

827 **Contravention et délit non puni d'emprisonnement.** Compte tenu de la rédaction des articles 53 et 67 du Code de procédure pénale, il n'est pas possible de recourir aux pouvoirs prévus aux articles 54 et suivants pour un délit non puni d'emprisonnement ou pour une contravention. Ce sont alors les seuls pouvoirs de l'enquête préliminaire ou, le cas échéant, de l'instruction qui seront mis en œuvre.

828 **Tentative.** Conformément aux dispositions de l'article 121-4 du Code pénal, l'état de flagrance peut être constaté en cas de tentative de crime ou de délit puni d'une peine d'emprisonnement quand la tentative (Cass. crim., 22 avr. 1992, n° 90-85.125) est, dans ce dernier cas, expressément réprimée par la loi.

2 La définition de l'état de flagrance

829 L'article 53 du Code de procédure pénale prévoit quatre cas de flagrance qui recouvrent les situations suivantes :
- le crime ou le délit se commet actuellement ;
- le crime ou le délit vient de se commettre ;
- dans un temps très voisin de l'action, la personne soupçonnée est poursuivie par la clameur publique ;
- dans un temps très voisin de l'action, la personne soupçonnée est trouvée en possession d'objets, ou présente des traces ou indices laissant penser qu'elle a participé au crime ou au délit.

En réalité, comme l'indiquent certains auteurs, les deux derniers cas de flagrance ne sont que des exemples de la flagrance issue de ce que le crime ou le délit vient de se commettre. En effet, il n'y a réellement que deux cas à distinguer.

a) L'infraction en train de se commettre

830 **La flagrance « évidente ».** C'est l'acception commune de la flagrance qui correspond à l'hypothèse dans laquelle le crime ou le délit est perçu personnellement par le policier ou le gendarme. Il s'agit de l'état de flagrance qui ne souffre aucune contestation lorsque le « voleur est pris la main dans le sac » par les membres des forces de l'ordre qui constatent eux-mêmes, fortuitement (à l'occasion d'une patrouille) ou dans le cadre d'une opération judiciaire (de surveillance par exemple, V. *infra*, nos 1363 et s.), l'infraction en train de se commettre devant eux.

Un rappel doit être fait ici s'agissant de l'infraction continue, comme le recel ou les infractions de détention illégale (détention d'arme, de stupéfiants, d'images pédopornographiques, etc.) ou encore la séquestration (Cass. crim., 8 nov. 1979, n° 79-92.914), dont la constatation conduit à ouvrir une enquête de flagrance lorsqu'elle est découverte. Dans ce cas, l'état de flagrance est lui aussi « continu » tant que dure le comportement délictueux qui matérialise l'infraction.

b) L'infraction qui vient de se commettre

831 **La flagrance « réputée » ou « assimilée ».** Il s'agit là du cas le plus fréquent, dans le sens où les enquêteurs ne constatent pas eux-mêmes l'infraction en train de se commettre, mais sont avertis ou découvrent qu'une infraction vient de se commettre ; c'est la flagrance « réputée » ou « présumée ». C'est la personne qui vient signaler qu'on vient de lui voler son sac à main ou les propriétaires qui constatent que leur maison a été cambriolée pendant qu'ils étaient partis pendant quelques heures, la personne qui s'est fait agresser la veille lors d'une soirée festive...

À la différence de la flagrance « évidente », il y a un certain temps qui s'est écoulé entre le moment où l'infraction a été commise et le moment où elle a été révélée aux enquêteurs. C'est le délai de flagrance, qui ne doit pas être confondu avec la durée pendant laquelle l'enquête de flagrance peut se poursuivre (huit ou seize jours, V. *infra*, nos 857 et s.), appelé parfois « temps de la flagrance ».

832 **Le délai de flagrance.** Le délai de flagrance est la durée maximale entre le moment de la commission de l'infraction et sa constatation officielle par les enquêteurs qui leur permet d'ouvrir une enquête de flagrance. L'existence d'un état de flagrance doit être appréciée au moment de l'intervention des policiers ou des gendarmes (Cass. crim., 9 janv. 1990, n° 89-84.238. – Cass. crim., 11 mars 1992, n° 91-84.175).

Notion cardinale ouvrant le régime juridique de l'enquête de flagrance, la durée maximale de ce délai de flagrance n'a jamais été définie ni par le législateur, ni par la jurisprudence. Les différents auteurs qui analysent cette notion semblent considérer que si le délai de vingt-quatre heures est un délai acceptable, celui de quarante-huit heures semble trop étendu. À ce jour, un arrêt de la chambre criminelle ayant validé un délai à vingt-huit heures (Cass. crim., 26 févr. 1991, n° 90-87.360), celui-ci apparaît comme le délai maximal admis faute d'une jurisprudence abondante sur le sujet. Toutefois, un autre arrêt a considéré régulière la perquisition opérée suivant la procédure de flagrance au domicile d'un individu dès la réception de la plainte de la victime pour des faits d'extorsion de fonds sous la menace d'une arme, dès lors que la victime, impressionnée par des menaces de représailles, a hésité à porter plainte et ne s'est résolue à le faire que deux jours plus tard, à l'instigation d'un membre de sa famille (Cass. crim., 8 avr. 1998, n° 97-80.610). Il s'agit là d'un cas d'espèce ; il semble prudent de ne pas considérer que toute infraction découverte dans un délai de quarante-huit heures autorise l'ouverture d'une enquête de flagrance.

833 Ce délai de flagrance doit faire l'objet d'une attention particulière lors de la rédaction du procès-verbal de saisine (transport-constatation, plainte…) afin qu'y soit parfaitement caractérisé l'état de flagrance.

B L'existence d'indices objectifs et apparents de la commission d'une infraction

834 Par un principe aussi ancien que constant, la chambre criminelle indique que « pour que les officiers de police judiciaire puissent agir en flagrance, il faut et il suffit qu'ils aient connaissance d'indices apparents d'un comportement délictueux révélant l'existence d'infractions répondant à la définition de l'art. 53 du Code de procédure pénale » (Cass. crim., 22 janv. 1953 : *Bull. crim.* n° 24. – Cass. crim., 11 juill. 2007, n° 07-83.427). Par cette formule, la chambre criminelle matérialise concrètement et donne corps à la définition de la flagrance telle qu'elle est prévue par l'article 53 du Code de procédure pénale et indique les éléments qu'il faut constater pour qu'elle soit constituée. Les auteurs formulent cette exigence jurisprudentielle en indiquant qu'« il doit donc exister des indices objectifs rendant probable la commission d'une infraction, apparents ou découverts à l'occasion d'une procédure régulière », tout en précisant qu'il ne s'agit aucunement d'établir dès ce stade la certitude de la commission d'une infraction. C'est pour cette raison que l'apparence joue un rôle essentiel dans la caractérisation de la flagrance.

1 Indices objectifs

835 L'article 53 du Code de procédure pénale donne un exemple de ces indices objectifs que sont les objets découverts en possession d'une personne et provenant ou ayant servi à commettre une infraction flagrante. Bien que la formule du Code de procédure pénale soit au pluriel, il va de soi qu'un unique indice suffit à partir du moment où il est objectif. À l'inverse, il peut également s'agir de plusieurs indices qui, cumulés, caractérisent l'objectivité.

836 **Unique indice objectif.** La chambre criminelle a jugé que la découverte d'un sac en plastique laissant apparaître des paquets de stupéfiants (Cass. crim., 12 mai 1992, n° 91-85.236) ou encore le jet de pains de cannabis par la fenêtre d'un appartement alors que des policiers interviennent (Cass. crim., 24 janv. 2017, n° 16-85.577) constituaient des indices objectifs de flagrance.

837 La chambre criminelle a même jugé que l'indice pouvait indirectement être constaté par les enquêteurs lorsque ces derniers utilisent un chien « stupéfiants ». Elle a dans un premier temps jugé que « la forte odeur de cannabis émanant de la cave du requérant, personnellement constatée par les gendarmes après un marquage du chien dressé à la recherche de stupéfiants, constituaient les indices apparents d'un comportement délictueux caractérisant la flagrance » (Cass. crim., 17 juin 2017, n° 17-80.859), pour ensuite juger que « l'action significative, constatée par les fonctionnaires de police, d'un chien spécialement dressé pour la recherche des produits stupéfiants devant la porte d'un domicile constitu[ait] e un indice objectif apparent d'un comportement suspect, caractérisant la flagrance et justifiant la perquisition des lieux » (Cass. crim., 11 déc. 2019, n° 19-82.457). Désormais le seul marquage du chien, à l'exclusion de tout autre indice, suffit à caractériser l'état de flagrance.

838 **Pluralité d'indices devenant objectifs par leur cumul.** La chambre criminelle a jugé que « lors de la surveillance du 29 avril 2020, les enquêteurs ont constaté qu'après l'arrivée de deux premières voitures, M. [F] et les autres occupants du parking se sont assurés de façon coordonnée que les voies d'accès étaient libres pour accueillir un troisième véhicule puis procéder au déchargement et au chargement de plusieurs sacs, comportement qui constitue l'indice apparent et objectif d'une infraction en train de se commettre, justifiant que l'enquête se poursuive dans le cadre de la flagrance » (Cass. crim., 9 nov.

2021, n° 21-82.606 ; V. aussi Cass. crim., 8 févr. 2022, n° 21-84.623).

Cette flagrance peut aussi résulter d'une proximité temporelle et géographique entre des faits et des comportements. La chambre criminelle a rejeté un pourvoi soutenant qu'un contrôle et une interpellation étaient irréguliers, en retenant que :

« 11. (...) Si les agents de sécurité portuaire n'ont pas qualité d'agents de police judiciaire et ne peuvent procéder à un contrôle d'identité tel que prévu par l'article 78-2 du Code de procédure pénale, ils ont, en cas de crime ou de délit flagrant, comme toute personne, qualité pour en appréhender l'auteur et le conduire devant l'officier de police judiciaire le plus proche.

12. Les juges rappellent que les agents de la sécurité portuaire avaient été placés sur les extérieurs du terminal portuaire dès le début des opérations d'intervention sur Port 2000 et l'arrivée du premier équipage de la brigade anti-criminalité.

13. Ils ajoutent que les interpellations M. [E] et M. [A] avaient fait l'objet d'une diffusion par les ondes et qu'ainsi les agents de la sécurité portuaire pouvaient légitimement faire le rapprochement entre l'opération en cours sur la zone portuaire et la présence aux abords de Port 2000, sur la voie d'accès unique à celui-ci, d'un véhicule avec à son bord un seul individu à la conduite hésitante ».

14. Ils en concluent que ces agents étaient fondés à soupçonner une implication de M. [E] dans la commission de faits délictueux survenus sur le port, que les conditions prévues par l'article 73 du Code de procédure pénale étaient réunies, et qu'après avoir obtenu de M. [E] qu'il s'arrête, ils n'ont pas procédé à un contrôle d'identité mais n'ont fait que s'assurer de sa personne avant de le remettre à un officier de police judiciaire » (Cass. crim., 16 déc. 2020, n° 20-83.891 et Cass. crim., 5 oct. 2011, n° 11-81.125 : *Bull. crim.* n° 195).

Enfin, cette flagrance peut également résulter d'une nouvelle incrimination pénale. La chambre criminelle a jugé que :

« 10. (...) le 8 mars 2018, l'arrêté n° 313 du conseil des ministres de la Polynésie française, portant modification de l'arrêté fixant la liste des substances vénéneuses destinées à la médecine et les exonérations à ce classement, avait classé les graines de cannabis parmi les produits stupéfiants prohibés si bien que, d'une part, leur détention avant le 8 mars 2018, donc pendant l'enquête initiale de flagrance, n'était pas prohibée et que, d'autre part, en découvrant, en boutique, lesdits produits après publication de l'arrêté, les enquêteurs ont pu légitimement procéder en enquête de flagrance, sur la même qualification mais concernant des faits nouveaux, nés de la publication de l'arrêté.

11. En l'état de ces énonciations, la cour d'appel n'a méconnu aucun des textes visés au moyen pour les motifs qui suivent.

12. En premier lieu, la chambre de l'instruction a déduit des renseignements recueillis par les enquêteurs, corroborés par leurs constatations ultérieures, l'existence d'indices apparents d'infractions en train de se commettre, objet de l'enquête, les autorisant, sur le seul fondement de l'article 53 du Code de procédure pénale, à agir en flagrance et à réaliser dans ce cadre une perquisition » (Cass. crim., 5 janv. 2022, n° 20-84.002).

À l'inverse, elle a jugé que ne constituaient pas des indices objectifs de flagrance le fait que le suspect ait déjà été mis en cause dans des procédures concernant des infractions à la législation sur les stupéfiants, qu'il ait acheté trois kilogrammes de soufre minéral dans un magasin situé à trente kilomètres de son domicile et qu'il ait eu un comportement suffisamment suspect lors de cet achat pour justifier un signalement effectué par le directeur du magasin aux forces de l'ordre, bien que cela puisse conforter l'hypothèse d'un usage de souffre dans le cadre d'une culture de cannabis alors qu'au surplus l'intéressé bénéficiait d'un logement à proximité de hangars en partie désaffectés (Cass. crim., 21 avr. 2020, n° 19-85.521).

839 **Absence d'indices objectifs.** Ne sont pas des indices objectifs les simples soupçons ou la conviction d'un enquêteur. Ainsi, la jurisprudence exclut les dénonciations et les renseignements anonymes. Ces derniers peuvent parfaitement fonder l'ouverture d'une enquête, mais celle-ci sera nécessairement diligentée sous le régime de l'enquête préliminaire (Cass. crim., 6 oct. 2015, n° 15-82.247). En revanche, si ces renseignements anonymes sont corroborés par des indices objectifs, l'enquête de flagrance pourra être ouverte (Cass. crim., 24 oct. 2012, n° 11-84.709. – Cass. crim., 10 sept. 2014, n° 13-84.031). Ainsi, le constat de travaux se déroulant au sein d'une propriété privée corroborant une dénonciation non anonyme d'emploi d'étrangers sans titre de séjour constitue un indice apparent d'infractions en train de se commettre (travail dissimulé) (Cass. crim., 25 juin 2014, n° 14-81.647).

2 Indices rendant probable la commission d'une infraction flagrante

840 Il ne s'agit pas d'acquérir à ce stade du constat de l'état de flagrance des certitudes mais bien d'apprécier un degré de vraisemblance, car c'est l'enquête qui, *in fine*, démontrera ou non la réalité de la commission de l'infraction et conduira éventuellement à l'identification des auteurs. Quelques exemples permettent d'éclairer ce caractère de vraisemblance du ou des indices.

841 **Des déclarations.** Celles de la victime (Cass. crim., 8 oct. 1985, n° 84-95.606. – Cass. crim., 11 mai 1999, n° 99-81.587), de l'auteur des faits, d'un complice, d'un coauteur ou d'un tiers pourvu qu'elles ne soient pas anonymes peuvent constituer des indices (V. *supra*, n° 839). La chambre criminelle juge que caractérise l'état de flagrance la dénonciation non anonyme faite aux policiers par un internaute qui révèle la détention, par un autre internaute, de photographies de mineurs à caractère pornographique (Cass. crim., 1er oct. 2003, n° 03-84.142). Elle a même admis que l'officier de police judiciaire pouvait agir en enquête de flagrance sur dénonciation de la victime sans qu'il soit nécessaire de recueillir préalablement la plainte dans un procès-verbal. Ceci devra être simplement fait ultérieurement (Cass. crim., 11 mai 1999, n° 99-81.587). Encore, est assimilé au délit flagrant le délit commis dans un établissement militaire dont le chef de corps requiert un officier de police judiciaire de le constater (Cass. crim., 26 oct. 1993, n° 92-84.403). Enfin, jusqu'à la loi du 23 juin 1999, l'article 53 du Code de procédure pénale prévoyait un dernier cas de flagrance fondée sur la réquisition du chef de maison.

842 **Un comportement.** Une attitude peut constituer cet indice, notamment lorsque cette attitude est un des éléments constitutifs de l'infraction. De même, la chambre criminelle a considéré que la fuite d'une personne contrôlée constitue un indice objectif rendant probable la commission d'une infraction (Cass. crim., 14 avr. 2015, n° 14-83.462). C'est encore le cas d'une attitude ou d'un comportement, y compris lorsque, sans être par eux-mêmes délictueux, ils font présumer l'implication possible de leur auteur dans la commission d'une infraction : le visage blême d'un conducteur contrôlé disant aux policiers « ce que vous cherchez est là » (Cass. crim., 9 janv. 2002, n° 01-86.964), le fait de se soustraire au contrôle d'identité ordonné par le procureur de la République (Cass. crim., 14 avr. 2015, n° 14-83.462) ou le fait de prendre la fuite (Cass. crim., 17 avr. 2019, n° 18-84.722) à la vue des policiers ou encore la simple présence en un lieu où se commet habituellement une infraction, en l'espèce une barge aperçue par un équipage de gendarmes requis pour lutter contre l'orpaillage illégal (Cass. crim., 31 mai 2017, n° 16-82.478).

843 **Un ou des indices matériels.** Tout indice matériel (traces, odeurs) peut justifier l'ouverture d'une enquête de flagrance. Il en va ainsi de traces de sang ou d'une forte odeur de cannabis (Cass. crim., 4 nov. 1999, n° 99-85.397).

3 Indices apparents préalables ou découverts à l'issue d'investigations régulières

844 **Indices apparents et préalables.** Ces indices, outre le fait d'être objectifs, doivent être apparents, ce qui impose qu'ils soient constatés préalablement à l'état de flagrance. Autrement dit, ils ne peuvent être révélés par une recherche visant à leur découverte. La chambre criminelle a jugé que pour pouvoir agir en enquête de flagrance, les officiers de police judiciaire devaient avoir eu connaissance, au préalable, d'indices apparents d'un comportement révélant l'existence d'une infraction en train de se commettre ou qui vient d'être commise. Elle a donc sanctionné l'arrêt qui ne caractérisait pas, avant l'accomplissement de la fouille du véhicule, un indice apparent d'un comportement délictueux pouvant révéler l'existence d'une infraction répondant à la définition donnée des crimes et délits flagrants par l'article 53 du Code de procédure pénale (Cass. crim., 11 juill. 2007, n° 07-83.427).
De même, elle a jugé qu'« ont excédé les pouvoirs qu'ils tenaient de la réquisition du procureur de la République aux fins de contrôles d'identité, visant les articles 78, alinéa 2, et 78-2-2 du Code de procédure pénale, les policiers qui, le 6 mai 2013, après avoir pénétré dans les parties communes d'un immeuble d'habitation, ont forcé la boîte aux lettres d'un particulier, accessoire d'un domicile, sur le seul fondement de la réquisition précitée et sans avoir préalablement constaté l'indice d'un flagrant délit qu'ils n'ont considéré caractérisé qu'à la suite de la découverte, faite illégalement, des produits stupéfiants contenus dans ladite boîte aux lettres » (Cass. crim., 15 oct. 2014, n° 14-83.702). L'état de flagrance doit exister préalablement et ne peut être constitué rétroactivement.

845 **Indices découverts à l'occasion d'actes d'enquête distincts.** Cette situation est très fréquente : il s'agit des hypothèses où la flagrance est révélée fortuitement à l'occasion d'un acte d'enquête réalisé généralement dans un autre cadre juridique qui peut être une enquête préliminaire ou une instruction, ou encore une mesure administrative de contrôle. Ici, l'indice n'est pas immédiatement apparent mais il est révélé fortuitement par un acte d'enquête ou administratif régulier. C'est là qu'il devient apparent. C'est une flagrance « incidente ».
Il en va ainsi lorsqu'à l'occasion de la constatation d'un accident, des policiers observent une arme visible dans la boîte à gants disloquée du véhicule accidenté (Cass. crim., 2 mars 1993, n° 91-81.033. – Cass. crim., 5 janv. 2005, n° 04-81.714) ou lorsqu'à l'occasion d'un contrôle routier ils perçoivent une odeur de

cannabis (Cass. crim., 4 nov. 1999, n° 99-85.397), ou encore lorsqu'à l'occasion d'une perquisition en préliminaire (Cass. crim., 5 sept. 2018, n° 16-87.180) ils découvrent une arme. Ici, l'indice est objectif et rend probable la commission d'une infraction.

846 **Conséquence de l'irrégularité de l'acte permettant la découverte de l'infraction flagrante.** Sur le fondement de la théorie de l'acte support, une infraction flagrante découverte de manière incidente par un acte dont l'irrégularité est constatée entraînera la nullité des actes d'investigation subséquents dès lors qu'ils y trouvent leur fondement exclusif et nécessaire (Cass. crim., 21 juin 2016, n° 16-80.126. – Cass. crim., 3 sept. 2019, n° 19-80.164. – Cass. crim., 22 juin 2000, n° 00-82.632. – Cass. crim., 6 mai 2003, n° 02-87.567. – Cass. crim., 15 oct. 2003, n° 03-82.683. – Cass. crim., 26 sept. 2018, n° 18-80.684). Ainsi, lorsque le contrôle d'identité est irrégulier, la procédure subséquente, diligentée en flagrance, sera annulée dès lors qu'elle y trouve son support nécessaire (Cass. crim., 8 mars 2017, n° 15-86.160). Il en va de même lorsqu'une perquisition administrative permet la découverte d'indices d'infraction flagrante. Il revient ici au juge judiciaire d'apprécier la légalité de la mesure administrative sur le fondement de l'article 111-5 du Code pénal, au besoin en sollicitant des explications complémentaires auprès de l'autorité préfectorale (V. *a contrario* : Cass. crim., 10 janv. 2018, n° 16-85.074. – Cass. crim., 28 mars 2017, n°s 16-85.072 et 16-85.073).

C Constat de l'état de flagrance

847 Si c'est à l'officier de police judiciaire qu'il incombe de déterminer, en fonction de ses constatations factuelles, le cadre juridique approprié dans lequel vont se dérouler les investigations, puis ensuite aux juges saisis d'une éventuelle contestation de celui-ci, d'indiquer à partir des constatations figurant au dossier de la procédure quel était le cadre juridique idoine, le constat initial de l'état de flagrance ne résulte pas nécessairement des constatations du seul officier de police judiciaire.

1 Le constat initial de l'état de flagrance

848 Nous l'avons déjà évoqué au travers de quelques exemples : ce constat de l'état de flagrance peut être le fait de tout agent, d'un citoyen (Cass. crim., 2 juin 2004, n° 03-87.876. – Cass. crim., 16 déc. 2020, n° 20-83.891)… et même d'un chien (V. *supra*, n° 837). S'agissant du citoyen, ce sont les dispositions de l'article 73 du Code de procédure pénale qui s'appliquent dans cette hypothèse qui correspond à la situation dans laquelle l'infraction est en train de se commettre. Le citoyen est autorisé à appréhender l'auteur et à le remettre dans les meilleurs délais (Cass. crim., 16 févr. 1988, n° 87-84.107) aux forces de l'ordre. L'article 73 du Code de procédure pénale évoque la conduite devant l'officier de police judiciaire mais il ne s'agit que du but final car, en pratique, le plus souvent ce seront des policiers ou des gendarmes qui ne seront pas nécessairement officiers de police judiciaire qui se déplaceront sur les lieux. Cette conduite devant l'officier de police judiciaire est imposée, d'une part, par le fait que le Code de procédure pénale prévoit sa compétence quasi exclusive lorsque l'enquête est diligentée en flagrance (V. *infra*, n° 863) et, d'autre part, parce qu'il est le seul membre des forces de sécurité à pouvoir décider un éventuel placement en garde à vue (V. *infra*, n° 2777).

849 **Constat par un officier de police judiciaire, un agent de police judiciaire ou un agent de police judiciaire adjoint.** L'article 17 du Code de procédure pénale autorise bien sûr l'officier de police judiciaire à constater cet état de flagrance. L'article 20 dispose de même pour l'agent de police judiciaire qui a pour mission de « constater les crimes, délits ou contraventions et d'en dresser procès-verbal ». L'article 21 dispose, pour les agents de police judiciaire adjoints, qu'ils doivent « rendre compte à leurs chefs hiérarchiques de tous crimes, délits ou contraventions dont ils ont connaissance ». Les articles D. 14 et D. 14-1 du Code de procédure pénale confirment cette compétence des agents de police judiciaire pour constater par procès-verbal cette situation de flagrance et celle des agents de police judiciaire adjoints pour acter sous forme de rapport et pour en aviser leur chef hiérarchique. Lorsque la loi l'y autorise expressément, l'agent de police judiciaire adjoint peut constater les infractions par procès-verbal (V. *supra*, n° 252) (Cass. crim., 27 mai 2015, n° 14-84.086).
Une fois ce constat fait, c'est l'officier de police judiciaire qui prend la main pour diligenter et acter dans le cadre de cette enquête de flagrance, de manière quasi exclusive (V. *infra*, n°s 863 et s.).

2 Contrôle de l'autorité judiciaire sur la caractérisation de l'état de flagrance

850 **L'information du parquet n'est pas une condition de régularité de l'enquête de flagrance.** Conformément à l'article 54 du Code de procédure pénale, « en cas de crime flagrant, l'officier de police judiciaire qui en est avisé informe immédiatement le procureur de la République (…) ». Cette information

du magistrat du parquet n'est pas une condition légale de l'état de flagrance (Cass. crim., 26 févr. 1991, n° 90-87.360 : *Bull. crim.* n° 96). Elle ne constitue pas un élément de sa régularité. L'officier de police judiciaire dispose de pouvoirs propres lui permettant de constater l'état de flagrance, ce qui n'interdit pas au magistrat de requalifier une situation dont il est informé et de lui (re)donner un cadre juridique idoine (Cass. crim., 17 oct. 2017, n° 17-80.880).

851 Toutefois, il peut arriver que l'officier de police judiciaire se méprenne sur le cadre juridique de l'enquête. Deux situations sont à distinguer :

a) Erreur sur l'existence de l'état de flagrance

852 Lorsque l'officier de police judiciaire apprécie de manière erronée la situation de flagrance en la qualifiant à tort en raison d'indices inopérants, alors la procédure sera annulée conformément à la jurisprudence constante de la chambre criminelle qui juge que « pour que les officiers de police judiciaire puissent agir en flagrance, il faut (...) qu'ils aient connaissance d'indices apparents d'un comportement délictueux révélant l'existence d'infractions répondant à la définition de l'article 53 du Code de procédure pénale » (V. *supra*, n° 834).
Cependant, la chambre criminelle admet que cette erreur sur l'existence de l'état de flagrance est sans incidence sur la procédure qui en découle lorsque les actes réalisés ne sont pas coercitifs et que ce sont les mêmes que ceux qui auraient pu être réalisés en préliminaire (Cass. crim., 17 mai 1994, n° 93-83.549).

b) Une erreur de qualification mais pas une erreur sur la situation de flagrance

853 **Théorie de l'apparence.** Il s'agit ici d'une erreur de qualification des faits et non de l'état de flagrance. Elle est adossée, par les auteurs, à la théorie de l'apparence. Ici, l'officier de police judiciaire a cru de bonne foi se trouver dans une situation de flagrance en raison de l'existence d'indices objectifs et apparents opérants. Mais ce n'est qu'après les premiers actes d'enquête, souvent des vérifications sommaires, qu'il constate que la situation ne peut relever de la flagrance en raison de la nature de l'infraction, qui n'est pas un crime ou un délit puni d'emprisonnement (V. *supra*, n° 827). La chambre criminelle indique que cet état de flagrance « apparent » doit s'apprécier au moment de l'intervention de l'officier de police judiciaire. En effet, si la flagrance ne peut se déduire rétroactivement, sa constatation objective ne peut être contestée par des éléments qui sont connus postérieurement. En revanche, une fois ces éléments disqualifiant la flagrance connus, la procédure, qui ne sera pas annulée, devra se poursuivre sous le régime préliminaire une fois la bonne qualification rétablie (Cass. crim., 11 mars 1992, n° 91-84.175. – Cass. crim., 9 janv. 1990, n° 89-84.238). Une telle situation peut se rencontrer en matière de violences volontaires ou involontaires quand, une fois l'examen médicolégal réalisé, il apparaît que l'ITT conduit à requalifier les faits en contravention.

854 **Constatations des enquêteurs et constatations des juges.** La chambre criminelle juge avec constance que, pour pouvoir agir dans le cadre de la procédure de flagrant délit et mettre en œuvre les pouvoirs prévus aux articles 53 et suivants du Code de procédure pénale, un officier de police judiciaire doit avoir eu, au préalable, connaissance d'indices objectifs et apparents d'un comportement révélant l'existence d'une infraction en train ou venant de se commettre. Elle interdit aux juges, auxquels il est demandé d'apprécier les conditions de mise en œuvre d'une telle procédure, de substituer, pour la justifier, leurs propres déductions aux constatations initiales de l'officier de police judiciaire (Cass. crim., 22 févr. 1996, n° 95-85.861).

855 Mais elle juge également qu'a justifié sa décision « la chambre de l'instruction, qui, examinant, comme elle y était invitée par le moyen d'annulation, la légalité de l'introduction des policiers dans la propriété de M. [R] et des actes subséquents, a déduit, à juste titre, des renseignements non anonymes recueillis par les policiers, corroborés par leurs constatations ultérieures, l'existence d'indices apparents d'infractions en train de se commettre, objet de l'enquête, les autorisant, sur le seul fondement de l'article 53 du Code de procédure pénale, à pénétrer dans le domicile de M. [R] et à y procéder, notamment, à des contrôles d'identité » (Cass. crim., 25 juin 2014, n° 14-81.647 ; dans le même sens Cass. crim., 17 oct. 2017, n° 17-80.880).
Autrement dit, quelle que soit la qualification donnée aux investigations par les enquêteurs, il revient aux juges saisis d'une contestation d'apprécier si les conditions de la flagrance étaient réunies à partir des constatations réalisées par les enquêteurs antérieurement à l'accomplissement des actes contestés. En revanche, les juges ne peuvent, pour justifier la flagrance, substituer leurs propres déductions aux constatations initiales de l'officier de police judiciaire. Elle a rappelé cette distinction en jugeant qu'une chambre de l'instruction ne pouvait valider l'entrée dans un lieu privé de policiers qui avaient constaté le franchissement d'un feu rouge par un véhicule circulant à vive allure, en retenant que le comportement du conducteur du véhicule évoquait davantage un

délit flagrant de mise en danger d'autrui (Cass. crim., 7 janv. 2020, n° 19-83.774).

856 Force est d'admettre que la différence entre requalification des faits et substitution de constatations par les juges est parfois factuellement subtile.

II La durée de l'enquête de flagrance

857 L'article 53, alinéas 2 et 3 du Code de procédure pénale dispose que :

> « À la suite de la constatation d'un crime ou d'un délit flagrant, l'enquête menée sous le contrôle du procureur de la République dans les conditions prévues par le présent chapitre peut se poursuivre sans discontinuer pendant une durée de huit jours.
> Lorsque des investigations nécessaires à la manifestation de la vérité pour un crime ou un délit puni d'une peine supérieure ou égale à cinq ans d'emprisonnement ne peuvent être différées, le procureur de la République peut décider la prolongation, dans les mêmes conditions, de l'enquête pour une durée maximale de huit jours ».

La durée de l'enquête de flagrance est fixée par le Code de procédure pénale et sa pérennisation est soumise à conditions.

A Délimitation de la durée de l'enquête de flagrance

858 Cette durée de l'enquête de flagrance, qui est la durée pendant laquelle les pouvoirs d'enquête propres à la flagrance peuvent être utilisés par les enquêteurs, ne doit pas être confondue avec le délai de flagrance (V. *supra*, n° 832) qui est la durée entre la commission de l'infraction (point de départ) et sa constatation (date à laquelle elle est révélée).
Si le délai de flagrance n'est pas fixé par le Code de procédure pénale (V. *supra*, n° 832), il en va différemment pour la durée de l'enquête de flagrance qui est parfaitement balisée par la loi.
La durée de l'enquête de flagrance est de huit jours au maximum, qui peut être portée à seize dès lors que les investigations concernent des crimes ou des délits punis d'une peine d'emprisonnement supérieure ou égale à cinq ans.
Cependant, cette durée de huit ou seize jours est une durée maximale qui n'est pas acquise du seul fait que l'état de flagrance a été constaté. L'article 53 du Code de procédure pénale dispose d'ailleurs que l'enquête « peut se poursuivre » (Cass. crim., 12 mai 2009, n° 09-81.434) et non « se poursuit ». Certaines conditions doivent être réunies par ailleurs.

B La pérennisation de l'enquête de flagrance

859 Des conditions communes entourent la pérennisation de l'enquête de flagrance, qu'elle dure huit ou seize jours, tandis que d'autres sont propres à sa prolongation.

1 La durée de droit commun : huit jours

860 **Investigations se succédant sans discontinuité.** Cette durée de huit jours est la durée de droit commun en ce qu'elle concerne toute enquête de flagrance relative à un crime ou un délit puni d'emprisonnement.
Pour débuter, il n'est pas besoin d'avoir une autorisation du procureur de la République. Il suffit de constater préalablement l'état de flagrance. Mais cette enquête ne se poursuit pas pendant huit jours du seul fait du constat de l'état de flagrance. L'article 53, alinéa 2 du Code de procédure pénale exige que les investigations se succèdent sans discontinuité. Cela découle de la notion d'urgence qui sous-tend la flagrance. Si les enquêteurs peuvent interrompre leur enquête, c'est que finalement elle n'est pas urgente.
Toutefois, il y a lieu de préciser ici que cette exigence de continuité s'applique aux investigations et non aux actes de procédure que sont les procès-verbaux. En effet, la chambre criminelle juge que « la procédure de flagrant délit est valablement suivie lorsque la recherche des auteurs du crime ou du délit flagrant se poursuit sans interruption. Il n'est pas nécessaire que le procès-verbal relatant les investigations des officiers de police judiciaire soit rédigé le jour même de ces dernières » (Cass. crim., 11 févr. 1992, n° 91-86.502 : *Bull. crim.* n° 64. – Cass. crim., 20 déc. 1994, n° 94-84.744).

De même, l'interruption de l'enquête de flagrance peut résulter d'une action volontaire des enquêteurs qui décident, avant l'expiration du délai de huit jours, de poursuivre sous le régime de l'enquête préliminaire, parce qu'ils ne disposent plus d'éléments leur permettant de poursuivre leurs investigations de manière continue (V. *infra*, n° 897). La rupture dans la continuité impose aux enquêteurs d'acter les investigations suivantes sous le régime de l'enquête préliminaire.

2 La prolongation de la durée de l'enquête de flagrance à seize jours

861 Lorsque les investigations portent sur des faits qui sont des crimes ou des délits punis d'au moins cinq ans d'emprisonnement, l'article 53, alinéa 3 du Code de procédure pénale permet de porter la durée maximale de l'enquête de flagrance à seize jours. Au préalable, il est nécessaire que l'enquête se soit déroulée sans discontinuer pendant les huit premiers jours.
Cette prolongation de l'enquête de flagrance relève de la seule autorité du procureur de la République qui doit, par une autorisation expresse et motivée, expliciter en quoi cette prolongation est nécessaire et notamment indiquer pourquoi les actes d'investigation envisagés pendant celle-ci ne peuvent être différés.
Cette autorisation, en ce qu'elle vient proroger un délai, doit intervenir avant l'expiration de celui de huit jours et ne peut intervenir après avec effet rétroactif. Elle doit être jointe en procédure, mais il n'est pas nécessaire que les enquêteurs en disposent sur-le-champ pour poursuivre au-delà de huit jours ; l'autorisation verbale du magistrat est suffisante.

3 Faits nouveaux

862 La chambre criminelle a jugé que « l'enquête de flagrance, qui avait commencé le 12 juin 2012 par la découverte du véhicule volé et faussement immatriculé, n'ayant pu légalement continuer au-delà d'un délai de huit jours, à défaut de prorogation autorisée par le procureur de la République, les actes de recherche ne pouvaient être accomplis que selon les règles de l'enquête préliminaire, s'agissant notamment des diverses réquisitions adressées par les policiers portant sur les mêmes infractions et véhicule, objet de l'enquête initiale, nonobstant un changement de plaques d'immatriculation et la découverte d'un autre véhicule volé qui n'a pas donné lieu à l'ouverture d'une procédure incidente » (Cass. crim., 18 déc. 2013, n° 13-85.375).
Par cet arrêt, la chambre criminelle indique qu'une enquête de flagrance dont la durée est expirée, soit que la durée légale est atteinte, soit que les conditions du maintien de l'enquête de flagrance ne sont pas réunies (en cas d'absence de continuité des actes ou d'autorisation de prolongation), ne peut être ravivée par la découverte d'éléments nouveaux se rapportant aux mêmes faits qui ont conduit à l'ouverture de l'enquête de flagrance.
En revanche, si les investigations diligentées sous le régime de l'enquête préliminaire permettent la découverte d'infractions incidentes distinctes des premières, dans ce cas, les enquêteurs pourront non pas poursuivre l'enquête de flagrance initiale mais en ouvrir une nouvelle (V. *infra*, n° 1364).
En tout état de cause, que l'enquête de flagrance arrive à son terme légal ou qu'elle soit interrompue avant, les investigations devront alors se poursuivre sous le régime de l'enquête préliminaire ou dans le cadre d'une instruction (V. *infra*, n° 1399).

III L'officier de police judiciaire, acteur principal de l'enquête de flagrance

863 L'officier de police judiciaire était, en 1958, l'acteur principal voire exclusif de l'enquête de flagrance. Si son rôle est toujours principal, il partage désormais certaines compétences avec l'agent de police judiciaire, et ce depuis la loi du 9 mars 2004 qui a inséré dans le Code de procédure pénale le régime dérogatoire relatif à la délinquance et à la criminalité organisées.

A Une compétence exclusive pour certains actes

864 L'enquête de flagrance est caractérisée par l'autorisation donnée par le Code de procédure pénale de recourir à la contrainte pour accomplir les actes d'enquête sur lequel l'autorité judiciaire a un droit de regard.

1 Le monopole de la contrainte

865 L'autorisation de recourir à la contrainte pour réaliser certains actes d'enquête est justifiée par l'urgence qui est la raison d'être de l'enquête de flagrance. Afin d'éviter le dépérissement des preuves ou la fuite de l'auteur, le législateur a, dans un souci d'efficacité de la mission de police judiciaire, autorisé les enquêteurs à procéder « sans assentiment ».

L'enquête de flagrance constitue en cela un régime exorbitant du droit commun de l'enquête judiciaire qu'est celui de l'enquête préliminaire. Dès lors, ce pouvoir exorbitant ne pouvait être placé qu'entre les mains d'enquêteurs disposant d'une qualification particulière : l'officier de police judiciaire. Il est encore aujourd'hui seul à pouvoir décider du placement en garde à vue, mesure privative de liberté la plus attentatoire de l'enquête judiciaire (V. *infra*, n° 2777).

Ce pouvoir d'utiliser la contrainte, d'initiative ou sur autorisation, apparaît aujourd'hui comme étant le critère qui définit la compétence de l'officier de police judiciaire, plus que le cadre juridique dans lequel il agit (V. *supra*, n° 89 et *infra*, n° 945).

866 **Portée de la compétence exclusive de l'officier de police judiciaire.** Si l'article 66 du Code de procédure pénale dispose que « les procès-verbaux dressés par l'officier de police judiciaire en exécution des articles 54 à 62 sont rédigés sur-le-champ ou dès que possible et signés par lui sur chaque feuillet du procès-verbal », rien n'interdit à l'officier de police judiciaire d'être assisté dans la réalisation de ses investigations par un ou plusieurs agents de police judiciaire, comme le rappellent d'ailleurs les articles 20 et D. 14 du Code de procédure pénale.

Si seul l'officier de police judiciaire peut diligenter les actes d'enquête pour lesquels le Code de procédure pénale ne prévoit que sa seule compétence, cela signifie qu'il doit être présent lors de leur réalisation et qu'il lui revient d'acter le résultat de ses investigations dans des procès-verbaux à son nom, mais cela n'exclut pas la participation des agents de police judiciaire aux actes d'enquête sous réserve que l'officier de police judiciaire ne leur délègue pas ses pouvoirs, en d'autres termes qu'ils exécutent l'acte entièrement à sa place.

2 Le contrôle de l'autorité judiciaire

867 Outre le pouvoir d'utiliser la contrainte, la compétence de l'officier de police judiciaire se caractérise en enquête de flagrance par sa capacité à agir d'initiative. Si le procureur de la République est, conformément à l'article 54 du Code de procédure pénale – qui est une déclinaison de l'article 19, plus général –, immédiatement informé de la commission d'un crime ou d'un délit flagrant, l'initiative des actes d'enquête revient ensuite à l'officier de police judiciaire, sauf dans l'hypothèse où le magistrat du parquet, se déplaçant sur place, dessaisirait ce dernier pour officier directement (CPP, art. 68). L'article 69 du même code autorise d'ailleurs, bien qu'il y soit très rarement recouru, le magistrat à se rendre dans les ressorts des tribunaux limitrophes pour diligenter des actes d'enquête dans l'hypothèse où il aura dessaisi l'officier de police judiciaire.

868 Aussi, c'est bien un contrôle très majoritairement (seule la géolocalisation prévue aux articles 230-32 du Code de procédure pénale prévoit une autorisation préalable même en cas de flagrance) *a posteriori* que prévoit le Code de procédure pénale pour les actes d'enquête réalisés par l'officier de police judiciaire. La chambre criminelle a refusé de transmettre au Conseil constitutionnel une question prioritaire de constitutionnalité portant sur l'article 56 du Code de procédure pénale, au motif notamment que « aménagée dans le cadre d'un régime protecteur des libertés conçu conformément aux articles 4 et 5 de la Déclaration des droits de l'homme de 1789 ainsi qu'à l'article 66 de la Constitution, l'enquête de flagrance, dans l'exécution de laquelle prend place l'acte contesté [la perquisition], est assortie, dès son ouverture et tout au long de son exécution, des garanties appropriées comportant, au bénéfice de la personne contrainte, le droit à un recours effectif devant l'autorité judiciaire, à qui il appartient de vérifier la légalité des actes accomplis par les officiers et agents de police judiciaire » (Cass. crim., 24 mai 2016, n° 16-90.007). À ce jour, le Conseil constitutionnel semble considérer le contrôle de l'enquête de flagrance conforme à la Constitution compte tenu de l'existence d'un recours effectif devant l'autorité judiciaire (Cons. const., 5 août 1993, n° 93-323 DC, *Loi relative aux contrôles et vérifications d'identité*, consid. 5-10. – Cons. const., 13 mars 2003, n° 2003-467 DC, *Loi pour la sécurité intérieure*, consid. 22. – Cons. const., 2 mars 2004, n° 2004-492 DC, *Loi portant adaptation de la justice aux évolutions de la criminalité*, consid. 6 ; et surtout Cons. const., 30 juill. 2010, n° 2010-14/22 QPC).

La jurisprudence de la Cour européenne des droits de l'homme laisse penser que ce régime de l'enquête de flagrance, notamment en raison de sa durée, ne répond pas pleinement aux exigences européennes. Elle ne s'est, pour l'instant, pas prononcée sur l'enquête de flagrance française (CEDH, 2 sept. 2010, *Uzun* c/ *Allemagne*).

869 **Délinquance et criminalité organisée.** Pour les actes d'investigation relevant des articles 706-73 et suivants du Code de procédure pénale, le législateur a changé de paradigme. Peu importe la cadre de l'enquête, préliminaire ou de flagrance, les investigations dites « techniques spéciales d'enquête » (TSE) ne peuvent être utilisées que sur autorisation motivée – en droit et en fait – du procureur de la République, voire du juge des libertés et de la détention. Dans ce cadre d'enquête particulier qu'est la procédure relative à la délinquance et à la criminalité organisées, l'officier de police judiciaire, y compris en flagrance, n'agit plus d'initiative. L'intervention de l'autorité judiciaire n'est plus uniquement *a posteriori* ; elle est aussi *a priori* et, le cas échéant, graduelle. Une double autorisation peut être nécessaire : celle du parquet et celle du juge des libertés et de la détention. L'explication tient au fait que ces actes d'enquête sont particulièrement attentatoires aux droits et libertés fondamentaux et imposent dès lors une autorisation préalable (V. not. CEDH, 2 sept. 2010, n° 35623/05, *Uzun* c/ *Allemagne*).

870 **La pratique judiciaire.** Si la lecture des dispositions du Code de procédure pénale pourrait conduire à imaginer que l'officier de police judiciaire dirige comme il l'entend l'enquête de flagrance, il en va autrement dans la pratique judiciaire. Grâce au traitement en temps réel des parquets (TTR) et aux nouvelles technologies, les magistrats ont organisé un suivi des enquêtes de flagrance et préliminaires. Ainsi, et bien que le Code de procédure pénale de l'impose pas, l'officier de police judiciaire informe très régulièrement le magistrat des avancées de son enquête. Parfois, lorsqu'il s'agit de faits simples, le magistrat a déjà donné des directives permanentes de conduite des investigations en fonction des situations.

B Une compétence partagée avec l'agent de police judiciaire pour certains actes

871 Face à la quantité des enquêtes judiciaires et au nombre limité d'officiers de police judiciaire, le législateur s'est résolu à ne plus faire de l'enquête de flagrance une compétence exclusive de l'officier de police judiciaire. Désormais l'agent de police judiciaire, lorsqu'il est autorisé par la loi, peut réaliser seul des investigations et rédiger des procès-verbaux. Cette compétence, lorsqu'elle existe, est précisée tout au long de cet ouvrage et pour chaque acte d'enquête. Nous prendrons ici simplement quelques exemples pour illustrer notre propos.

1 La compétence de l'agent de police judiciaire, une autorisation expresse de la loi

872 Pour mémoire, nous rappelons que l'agent de police judiciaire, comme l'agent de police judiciaire adjoint, peut parfaitement constater seul une situation de flagrance (V. *supra*, n° 849). Mais l'agent de police judiciaire peut également réaliser et acter certaines investigations, comme entendre une personne en audition libre ou dans le cadre d'une mesure de garde à vue, et procéder à des réquisitions judiciaires depuis la loi du 23 mars 2019, par exemple (V. *supra*, n°s 186 et s.). Ainsi, c'est « acte par acte » que le Code de procédure pénale donne compétence à l'agent de police judiciaire dans le cadre de l'enquête de flagrance.
Ainsi, la loi n° 2023-22 du 24 janvier 2023 a encore étendu la possibilité pour l'agent de police judiciaire de diligenter et d'acter des investigations dans le cadre d'une enquête de flagrance, sous le contrôle de l'officier de police judiciaire. Il peut désormais requérir toute personne susceptible d'avoir connaissance des mesures appliquées pour protéger les données contenues dans un système informatique auquel il est permis d'accéder dans le cadre d'une perquisition (CPP, art. 57-1) (V. *infra*, n° 1959, 2173 et s.).

873 **Le régime de la délinquance et de la criminalité organisées plus permissif ?** La lecture des articles 706-73 et suivants de Code de procédure pénale montre que le législateur, s'agissant de cette procédure dérogatoire, a presque systématiquement prévu la compétence de l'agent de police judiciaire pour la réalisation de ces actes d'enquête spécifiques (V. *supra*, n° 186).

2 Contrôle de l'agent de police judiciaire agissant en flagrance

874 L'agent de police judiciaire agissant en flagrance est soumis au contrôle de l'officier de police judiciaire qui se double parfois de celui de l'autorité judiciaire.

a) Le contrôle par l'officier de police judiciaire

875 Cette compétence spécifique de l'agent de police judiciaire dans le cadre de l'enquête de flagrance ne fait pas de celui-ci un officier de police judiciaire « bis ». Il enquête et établit des procès-verbaux en son nom propre sous le contrôle de l'officier de police judiciaire sans que celui-ci soit nécessairement présent au cours de l'acte d'investigation.

876 **Les actes d'enquête de droit commun.** Ce contrôle, qui se caractérise par l'expression « sous le contrôle de ce dernier [officier de police judiciaire] », est prévu pour tous les actes d'enquête de droit commun pouvant être réalisés par l'agent de police judiciaire. Cette expression a été insérée dans de nombreux actes d'enquête par la loi du 23 mars 2019. L'article D. 15-5-1 du Code de procédure pénale utilise l'expression « sur instruction de l'officier de police judiciaire ». Ici le contrôle nous apparaît plus fort en ce que l'agent de police judiciaire a reçu des directives pour agir, alors que la notion de contrôle peut se comprendre comme un contrôle *a posteriori* résultant par exemple d'un compte-rendu.

Il est quelques rares cas où le Code de procédure pénale semble autoriser l'agent de police judiciaire à diligenter seul et sans contrôle l'acte d'enquête. Ainsi, l'article 61-1 relatif à l'audition libre n'indique pas la qualité de l'enquêteur pouvant y procéder (V. *infra*, n° 2617), tandis que l'article 63-4-3 ne prévoit pas le contrôle de l'agent de police judiciaire qui procède à une audition de garde à vue (V. *infra*, n° 3127).

CONSEIL Dans l'attente d'une décision de la chambre criminelle, il paraît opportun de s'assurer que lorsque ces actes sont diligentés en flagrance, apparaisse au procès-verbal qu'ils ont été réalisés sous le contrôle de l'officier de police judiciaire.

877 **Les actes d'enquête prévus aux articles 706-73 et suivants du Code de procédure pénale.** La loi du 9 mars 2004, puis celle du 3 juin 2016 et enfin celle du 23 mars 2019 ont, tour à tour, permis la réalisation d'actes d'enquête souvent dénommés « techniques spéciales d'enquête » (TSE) dans le cadre des enquêtes préliminaires et de flagrance. À cette occasion, le législateur a prévu que ces actes d'enquête, dans leur très grande majorité, puissent être effectués par l'officier de police judiciaire ou, sous son contrôle, par l'agent de police judiciaire.

878 **Mention au procès-verbal.** Ce contrôle de l'agent de police judiciaire par l'officier de police judiciaire étant prévu expressément par la loi, il doit apparaître tout aussi expressément au procès-verbal de l'acte d'investigation fait par l'agent de police judiciaire ou dans un autre procès-verbal détaillant l'intervention des différents agents, comme le procès-verbal ou le rapport de synthèse.

b) Le contrôle par l'autorité judiciaire

879 **Droit commun.** Pour les actes d'enquête relevant du droit commun (V. *supra*, n° 867), le contrôle de l'agent de police judiciaire par l'autorité judiciaire résulte de celui exercé sur l'officier de police judiciaire et consiste donc principalement en un contrôle *a posteriori*.

880 **Délinquance et criminalité organisée.** Pour les actes d'investigation relevant des articles 706-73 et suivants du Code de procédure pénale (V. *supra*, n° 869), le contrôle de l'autorité judiciaire se fait *a priori*, par le biais des autorisations, sur l'officier de police judiciaire et par voie de conséquence sur l'agent de police judiciaire qui agit sous le contrôle de ce dernier.

881 En raison de l'extension de la compétence des agents de police judiciaire, mais aussi de l'alignement entre leur régime juridique du fait de la procédure applicable à la délinquance et à la criminalité organisées, enquête de flagrance et enquête préliminaire se ressemblent fortement au point que certains, comme les membres du comité Léger (comité de réflexion mis en place en 2008 par le Président de la République et le Premier ministre, « tendant à redonner aux codes pénal et de procédure pénale la cohérence qui leur fait aujourd'hui défaut, en veillant à ce que ces codes rénovés répondent à la fois aux exigences d'une lutte plus efficace contre toutes les formes de délinquance et à un respect accru des droits des mis en cause et des victimes »), envisagent de ne conserver qu'un cadre unique d'enquête. Le Code de procédure pénale n'ayant pas encore consacré cette idée, l'enquête préliminaire conserve encore ses caractéristiques.

L'ESSENTIEL 882 Cette enquête, dont le champ d'application est limité aux crimes et aux délits punis d'une peine d'emprisonnement, doit résulter d'un état de flagrance caractérisé, aux termes de l'article 53 du Code de procédure pénale, par une des situations suivantes (V. *supra*, n° 829) :
– le crime ou le délit se commet actuellement ;

– le crime ou le délit vient de se commettre ;
– dans un temps très voisin de l'action, la personne soupçonnée est poursuivie par la clameur publique ;
– dans un temps très voisin de l'action, la personne soupçonnée est trouvée en possession d'objets, ou présente des traces ou indices, laissant penser qu'elle a participé au crime ou au délit.

883 La jurisprudence encadre cet état de flagrance et précise sa définition au travers de deux exigences :
– le délai de la flagrance est la durée maximale entre le moment de la commission de l'infraction et sa constatation officielle par les enquêteurs permettant l'ouverture d'une enquête de flagrance. Il ne doit pas être confondu avec la durée de l'enquête de flagrance. L'existence d'une situation de flagrance doit être appréciée au moment de l'intervention des policiers ou des gendarmes. La jurisprudence n'a jamais fixé de durée, la plus longue validée par un arrêt semblant être de vingt-huit heures (V. *supra*, n° 832) ;
– l'existence d'indices objectifs et apparents de la commission d'un crime ou d'un délit puni d'une peine d'emprisonnement. La chambre criminelle juge que « pour que les officiers de police judiciaire puissent agir en flagrance, il faut et il suffit qu'ils aient connaissance d'indices apparents d'un comportement délictueux révélant l'existence d'infractions répondant à la définition de l'art. 53 du Code de procédure pénale » (V. *supra*, n°s 834 et s.).

884 **Indice objectif.** Il peut être unique ou pluriel et ne peut résulter du simple soupçon d'un enquêteur ou encore d'un renseignement anonyme (V. *supra*, n°s 836 et s.). Il peut s'agir de déclarations de victime, d'un comportement d'une personne ou encore d'indices matériels (V. *supra*, n°s 841 et s.).

885 **Indices apparents et préalables.** L'exigence d'apparence de ces indices impose qu'ils soient constatés préalablement à l'état de flagrance. Autrement dit, ils ne peuvent être révélés par une recherche visant à leur découverte. La chambre criminelle juge que pour pouvoir agir en enquête de flagrance, les officiers de police judiciaire doivent avoir eu connaissance, au préalable, d'indices objectifs et apparents d'un comportement révélant l'existence d'une infraction en train de se commettre ou qui vient d'être commise. Mais cette apparence peut résulter d'un acte d'enquête diligenté à l'occasion d'une autre enquête et qui met à jour fortuitement un état de flagrance (V. *supra*, n°s 844 et s.).

886 Le constat de l'état de flagrance peut être réalisé tant par un officier de police judiciaire que par un agent de police judiciaire ou un agent de police judiciaire adjoint (V. *supra*, n° 847). Toutefois, le magistrat du parquet exerce un contrôle sur l'état de flagrance au travers de l'information qui lui est donnée sans que celle-ci constitue une condition de régularité de la procédure (V. *supra*, n° 849).
Pour apprécier cet état de flagrance, la jurisprudence se réfère à la **théorie de l'apparence** (V. *supra*, n°s 853 et s.). La procédure demeure valable dès lors que l'officier de police judiciaire qui a légalement constaté un état de flagrance en matérialisant par exemple des indices objectifs et apparents, constate, après les premiers actes d'enquête, que l'infraction en cause n'est pas un crime ou un délit puni d'emprisonnement.

La durée de l'enquête de flagrance

Cette durée est de huit jours et, pour se poursuivre pendant ce temps, il est nécessaire que les investigations se succèdent sans discontinuité. Toutefois, cette exigence de continuité s'applique aux investigations et non aux actes, autrement dit aux procès-verbaux (V. *supra*, n°s 857 et s.).

887 Cette durée peut être portée à seize jours sur autorisation du magistrat du parquet, lorsque l'infraction est un crime ou un délit puni d'au moins cinq ans d'emprisonnement. Le magistrat doit toutefois expliciter en quoi cette prolongation est nécessaire et en quoi les investigations ne peuvent être différées (V. *supra*, n° 861).

888 Une enquête de flagrance dont la durée est expirée, soit que la durée légale est atteinte, soit que les conditions du maintien de l'enquête de flagrance ne sont pas réunies (en cas d'absence de continuité des actes ou d'autorisation de prolongation), ne peut être ravivée par la découverte d'éléments nouveaux se rapportant aux mêmes faits qui ont conduit à l'ouverture de l'enquête de flagrance.

889 En tout état de cause, que l'enquête de flagrance arrive à son terme légal ou qu'elle soit interrompue avant, les investigations devront alors se poursuivre sous le régime de l'enquête préliminaire ou dans le cadre d'une instruction.

L'officier de police judiciaire, acteur principal de l'enquête de flagrance

890 L'officier de police judiciaire a le monopole de la contrainte et est le seul à pouvoir acter en procédure. Cependant, rien n'interdit

à l'agent de police judiciaire de lui porter assistance (V. *supra*, n° 863).

891 Le contrôle de l'autorité judiciaire s'exerce, pour les actes d'enquête de droit commun, généralement *a posteriori* (V. *supra*, n° 867), à l'inverse des actes d'enquête qui relèvent de la délinquance et de la criminalité organisées qui doivent, eux, être autorisés par l'autorité judiciaire (V. *supra*, n° 869).

892 Pour certains actes expressément prévus par la loi, l'agent de police judiciaire peut être amené à acter en procédure. Toutefois sa participation active à l'enquête de flagrance se fait sous le contrôle de l'officier de police judiciaire. Lorsqu'il s'agit des actes d'enquête prévus aux articles 706-73 et suivants du Code de procédure pénale ou par d'autres dispositions expresses, l'agent de police judiciaire agit suite à une autorisation de l'autorité judiciaire et sous le contrôle de l'officier de police judiciaire (V. *supra*, n°s 872 et s.).

POUR ALLER PLUS LOIN…

Fascicule JurisClasseur

• *JCl. Procédure pénale*, Art. 53 à 73, fasc. 20, *Crimes et délits flagrants*, par J. Buisson.

Ouvrages

• F. Desportes et L. Lazerges-Cousquer, *Traité de procédure pénale*, Economica, 2015, n° 16.

• F. Desportes et L. Lazerges-Cousquer, *Traité de procédure pénale*, Economica, 2015, n° 1539.

• F. Desportes et L. Lazerges-Cousquer, *Traité de procédure pénale*, Economica, 2015, nos 1609 et s.

• F. Desportes et L. Lazerges-Cousquer, *Traité de procédure pénale*, Economica, 2015, n° 1610.

• F. Desportes et L. Lazerges-Cousquer, *Traité de procédure pénale*, Economica, 2015, n° 1614.

Fiche 29

Les principales caractéristiques de l'enquête préliminaire

Sommaire

893 L'enquête préliminaire se définit par défaut par rapport à l'enquête de flagrance. Elle est placée sous le contrôle du procureur de la République et l'officier de police judiciaire n'est pas le seul acteur de cette enquête.

I La définition de l'enquête préliminaire

894 Bien que l'enquête préliminaire soit généralement ouverte en raison de l'absence de flagrance d'une infraction pénale, elle peut néanmoins résulter d'un choix délibéré de l'enquêteur ou du parquet.

A Une enquête par défaut

895 Souvent présentée comme le cadre général de l'enquête judiciaire ou encore comme le régime de droit commun, l'enquête préliminaire est visée à l'article 75 du Code de procédure pénale qui dispose que :

« Les officiers de police judiciaire et, sous le contrôle de ceux-ci, les agents de police judiciaire désignés à l'article 20 procèdent à des enquêtes préliminaires soit sur les instructions du procureur de la République, soit d'office ».

896 **Simple soupçon d'infraction.** Il est communément admis que lorsque les conditions de la flagrance ne sont pas réunies (V. *supra*, n° 829), seule une enquête préliminaire peut être diligentée (Cass. crim., 9 nov. 2010, n° 10-82.918). Elle se caractérise donc par une absence de flagrance.
Toutefois, cette seule définition ne permet pas de retracer totalement les situations où les enquêteurs pourront agir dans le cadre juridique de l'enquête préliminaire. Si l'enquête de flagrance nécessite notamment qu'existent des indices objectifs et apparents de commission d'une infraction en train de se commettre ou venant de se commettre,

l'enquête préliminaire peut être ouverte sur le fondement d'un simple soupçon (Cass. crim., 23 janv. 2013, n° 12-85.056), voire d'un renseignement anonyme (Cass. crim., 8 nov. 1989, n° 89-80.728 : *Bull. crim.* n° 406. – Cass. crim., 30 mai 1980, n° 80-90.075 : *Bull. crim.* n° 165).
Le premier but de l'enquête préliminaire est alors de caractériser, de confirmer l'existence de l'infraction (Cass. crim., 19 mars 2008, n° 07-88.684), puis d'en rechercher les auteurs et de rassembler les preuves. En cela, les critères d'ouverture d'une enquête préliminaire sont bien moins contraignants que ceux de l'enquête de flagrance. C'est pour cette raison que les pouvoirs d'investigation qui en découlent sont limités.
Cela étant, l'enquête préliminaire est souvent utilisée pour déterminer si les faits dénoncés sont susceptibles de constituer une infraction, ce qui conduit la DACG à ne pas être hostile à ce que des enquêtes soient ouvertes sur des faits potentiellement prescrits (Dépêche CRIM-BOAP, relative au traitement des infractions sexuelles susceptibles d'être prescrites, n° 2021-0023-C10).
Par ailleurs, l'article 75 du Code de procédure pénale ne fait pas de l'absence de l'état de flagrance la seule condition d'ouverture d'une enquête préliminaire. Elle peut aussi résulter du choix du magistrat du parquet ou de l'enquêteur.

B Le choix de l'enquête préliminaire

897 L'enquête de flagrance, qui résulte de la caractérisation de l'état de flagrance, n'est pas obligatoire dans tous les cas de crimes et délits flagrants. L'officier de police judiciaire pourra également opérer suivant les règles de l'enquête préliminaire. Si l'instruction de 1959 dans son paragraphe C. 101 indique que « l'option [entre enquête de flagrance et enquête préliminaire] sera commandée en chaque affaire par les circonstances de l'infraction et les difficultés prévisibles pour la recherche des auteurs ou le rassemblement des preuves », les réalités opérationnelles peuvent conduire à recourir à ce cadre juridique plutôt qu'à celui de la flagrance.
En effet, le nombre d'officiers de police judiciaire n'est pas toujours suffisant dans certains services de police ou unités de gendarmerie, tant et si bien qu'en cas de délits flagrants, ce sont les agents de police judiciaire qui se rendent sur place. Sachant que l'officier de police judiciaire ne pourra se déplacer, les agents de police judiciaire procèdent donc aux actes d'enquête dans le cadre de l'enquête préliminaire, puisqu'à titre personnel, ils y disposent de pouvoirs plus étendus que dans l'enquête de flagrance (V. *infra*, n°s 927 et s.).

898 Ce choix de l'enquête préliminaire peut être réalisé dès le début des investigations ou après quelques jours du fait que les enquêteurs n'ont pas pu poursuivre l'enquête sans discontinuité (V. *supra*, n° 859). Autrement dit, une enquête préliminaire peut débuter avant même l'expiration du délai de huit jours, qui est la durée de droit commun de l'enquête de flagrance.

899 **Choix définitif ?** De notre point de vue, le choix de l'enquête préliminaire n'est pas irrémédiable tant que les enquêteurs agissent dans le délai de flagrance (V. *supra*, n° 832). Ainsi, si l'officier de police judiciaire devait finalement reprendre à son compte l'enquête débutée par des agents de police judiciaire et que cette intervention a lieu pendant le délai où l'état de flagrance peut encore être caractérisé, l'enquête pourra se poursuivre en flagrance. Passé ce délai, l'officier de police judiciaire devra poursuivre sous le régime de l'enquête préliminaire.

900 **La bascule de l'enquête préliminaire à l'enquête de flagrance.** S'il est presque naturel de basculer de l'enquête de flagrance vers l'enquête préliminaire, il est cependant également possible juridiquement de basculer au cours d'une enquête préliminaire vers une enquête de flagrance à raison de faits nouveaux. Les conditions qui y président sont étudiées dans une fiche spécifique (V. Fiche 34 : D'une enquête à l'autre, n°s 1361 et s.).

II L'enquête préliminaire, une enquête « parquet »

901 L'enquête préliminaire est souvent appelée « l'enquête parquet », notamment en raison du contrôle du procureur de la République sur cette enquête et aussi parce que c'est souvent

ce dernier qui l'a ordonnée par soit-transmis. Son contrôle est double et porte sur la durée, comme sur les actes d'enquête.

A Le contrôle sur la durée

902 À nouveau, l'enquête préliminaire se distingue de l'enquête de flagrance par sa durée. Il s'agit d'ailleurs d'une critique récurrente faite à ce cadre juridique (commission Mattéi, *Le renforcement de l'équilibre des enquêtes préliminaires et du secret professionnel de l'avocat*, sept. 2020 ; Rapport Nadal sur la modernisation de l'action publique, nov. 2013). Mais par la loi n° 2021-1729 du 22 décembre 2021, le législateur est venu encadrer la durée de l'enquête préliminaire.

1 La durée de l'enquête préliminaire

a) Le procureur peut limiter la durée de l'enquête...

903 L'article 75-1 du Code de procédure pénale, qui n'a pas été modifié par la loi du 22 décembre 2021, dispose que :

« Lorsqu'il donne instruction aux officiers de police judiciaire de procéder à une enquête préliminaire, le procureur de la République fixe le délai dans lequel cette enquête doit être effectuée. Il peut le proroger au vu des justifications fournies par les enquêteurs.

Lorsque l'enquête est menée d'office, les officiers de police judiciaire rendent compte au procureur de la République de son état d'avancement lorsqu'elle est commencée depuis plus de six mois ».

904 Aussi et dans la limite de la durée maximale de l'enquête préliminaire prévue à l'article 75-3 du Code de procédure pénale, le procureur de la République peut fixer un délai aux enquêteurs lorsqu'il leur adresse ses directives, généralement par soit-transmis. La durée peut être prorogée sur demande argumentée des enquêteurs, mais toujours dans la limite fixée par l'article 75-3.

b) ... dans la limite maximale de celle fixée par la loi

905 L'article 75-3, alinéa 1er du Code de procédure pénale fixe les délais maximums de l'enquête préliminaire que nous présentons sous forme de tableau.

Nature de l'enquête	Durée initiale	Durée de la prolongation	Magistrat autorisant la prolongation	Durée maximale
Enquête préliminaire de droit commun (CPP, art. 75-3, al. 1 et 2).	2 ans	1 an	Autorisation écrite et motivée du procureur de la République.	3 ans
Enquête préliminaire relevant des articles 706-73 ou 706-73-1 ou de la compétence du PNAT (CPP, art. 75-3, al. 4).	3 ans	2 ans	Autorisation écrite et motivée du procureur de la République ou du procureur NAT.	5 ans

1) Point de départ et personnes concernées

906 **Point de départ.** L'article 75-3, alinéa 1er dispose que le point de départ du calcul de la durée de l'enquête préliminaire est celui du premier acte de l'enquête « y compris si celui-ci est intervenu dans le cadre d'une enquête de flagrance ». Si la nature « d'acte d'enquête » pourra donner lieu à quelques hésitations, il nous semble possible, dans l'attente de la jurisprudence de la chambre criminelle, de se rapprocher de celle en matière d'actes d'enquête interruptifs de la prescription.

907 **Autorisation de prolongation.** Comme pour la prolongation de l'enquête de flagrance, la décision du magistrat est écrite et motivée. Cependant, l'article 75-2, alinéa 1er ne précise aucun critère, à la différence de l'article 53 du Code de procédure pénale (V. *supra*, n° 859). La décision du magistrat est versée au dossier.

908 **Personne concernée.** L'article 75-3, alinéa 3 prévoit que des actes d'enquête puissent être réalisés à l'expiration du délai maximum prévu par la loi lorsqu'ils concernent une personne mise en cause au sens de l'article 75-2 du Code de procédure pénale qui définit cette dernière comme celle « à l'encontre de laquelle existent des indices faisant présumer qu'elle a commis ou tenté de commettre l'infraction... ».

2) Computation des délais

909 Le dernier alinéa de l'article 75-3 du Code de procédure pénale précise quelques règles en matière de computation des délais et dispose qu'il n'est pas tenu compte :

– « lorsque l'enquête a donné lieu à une décision de classement sans suite puis a repris sur décision du procureur de la République, de la durée pendant laquelle l'enquête a été suspendue » ;
– « en cas d'entraide judiciaire internationale, du délai entre la signature de la demande par le parquet émetteur et la réception par ce même parquet des pièces d'exécution ».

Et en cas de « regroupement de plusieurs enquêtes dans le cadre d'une même procédure, il est tenu compte, pour la computation des délais prévus au présent article, de la date de commencement de l'enquête la plus ancienne ».

3) Sanction du dépassement de la durée autorisée

910 L'article 75-3, alinéa 3 du Code de procédure pénale précise que c'est la procédure des enquêteurs qui doit être clôturée dans les délais fixés par la loi et non celle du parquet. Autrement dit, c'est à la date de transmission de la procédure d'enquête au procureur de la République que s'apprécie le respect du délai de l'enquête préliminaire. Le magistrat du parquet n'est, quant à lui, contraint par aucun délai s'agissant de l'opportunité des poursuites et de sa décision sur la mise en mouvement de l'action publique.

911 **Nullité de la procédure.** L'article 75-3 précise que « tout acte d'enquête intervenant après l'expiration de ces délais est nul, sauf s'il concerne une personne qui a été mise en cause au cours de la procédure, au sens de l'article 75-2, depuis moins de deux ans ou, en cas de prolongation, de trois ans ». Cet article semble indiquer que la personne mise en cause ne pourra obtenir la nullité des actes de procédures pour cause de dépassement de délai.

912 **Enquêtes concernées**. En vertu de l'article 59 de la loi du 22 décembre 2021, le nouvel article 75-3 n'est applicable qu'aux enquêtes commencées à compter de la publication de la loi, c'est-à-dire le 24 décembre 2021. Toute procédure ouverte antérieurement restera donc régie par la loi antérieure et, par conséquent, dépourvue de limite de durée.

2 Accès au dossier de la procédure

913 L'autre critique formulée à l'endroit de l'enquête préliminaire, outre sa durée, était celle d'absence d'accès au dossier. La loi du 22 décembre 2021 est venue y répondre.

a) Accès à tout moment de l'enquête préliminaire à l'initiative du procureur de la République

914 **Décision exclusive du magistrat.** D'initiative, et dès lors qu'il « estime que cette décision ne risque pas de porter atteinte à l'efficacité des investigations » (CPP, art. 77-2, I, al. 1er) le procureur de la République peut mettre tout ou partie du dossier de procédure à la disposition de :
– la personne mise en cause ou de son avocat ;
– la victime ou de son avocat.

915 **Droit de formuler des observations.** Ces personnes destinataires de la procédure peuvent alors formuler des observations tenant à « la régularité de la procédure, sur la qualification des faits pouvant être retenue, sur le caractère éventuellement insuffisant de l'enquête, sur la nécessité de procéder à de nouveaux actes qui seraient nécessaires à la manifestation de la vérité et sur les modalités d'engagement éventuel des poursuites ou le recours éventuel à la procédure de comparution sur reconnaissance préalable de culpabilité » (CPP, art. 77-2, I, al. 2).

b) Accès à la demande de la personne mise en cause

916 **Conditions limitées pour accéder au dossier.** Outre l'accès à l'initiative du procureur de la République, la personne qui peut demander à accéder au dossier doit remplir les conditions suivantes :
1) Condition préalable
Elle doit être celle à l'encontre de laquelle il existe une ou plusieurs raisons plausibles de soupçonner qu'elle a commis ou tenté de commettre, en tant qu'auteur ou complice, une infraction punie d'une peine privative de liberté. Cette demande est exclue si la personne est mise en cause pour un délit non puni d'emprisonnement ou une contravention.
2) Conditions alternatives :
– la personne a été interrogée dans le cadre d'une audition libre ou d'une garde à vue qui s'est déroulée il y a plus d'un an ;
– il a été procédé à une perquisition chez la personne il y a plus d'un an ;
– il a été porté atteinte à la présomption d'innocence de la personne par un moyen de communication au public. Cette condition n'est pas applicable lorsque les révélations émanent de la personne elle-même ou de son avocat, directement ou indirectement, ou que l'enquête porte sur des faits relevant des articles 706-73 ou 706-73-1 ou relevant de la compétence du procureur de la République antiterroriste.

917 **Modalités de la demande d'accès au dossier.** La demande est formulée auprès du procureur de la République, par lettre recommandée avec demande d'avis de réception ou par déclaration au greffe contre récépissé. Le magistrat s'assure ensuite de la réunion des conditions légales puis avise cette personne ou son avocat de la mise à la disposition de son avocat, ou à sa disposition si elle n'est pas assistée par un avocat, d'une copie de la procédure et de la possibilité de formuler les observations. Ces observations sont soumises aux mêmes conditions que celles décrites (V. *supra*, n° 915).
Le procureur de la République statue dans un délai d'un mois à compter de la réception de la demande, par une décision motivée versée au dossier. À défaut, le silence vaut refus de communication.
Pendant ce délai d'un mois qui suit la réception de la demande, le procureur de la République ne peut prendre aucune décision de poursuites hors l'ouverture d'une information, l'application de l'article 393 ou le recours à la procédure de comparution sur reconnaissance préalable de culpabilité prévue aux articles 495-7 à 495-13.

918 L'article D. 15-6-3 du Code de procédure pénale (D. n° 2022-256, 13 avr. 2022, NOR : JUSD2209781D) détaille les modalités de demande d'accès au dossier faites au procureur de la République, le contenu de la décision de ce magistrat, la mise à disposition du dossier, le cas échéant, le délai pour formuler les observations ainsi que les modalités de saisine du procureur général, le cas échéant.

919 **Refus de communication du dossier de la procédure.** Le procureur de la République peut décider, pour une durée maximale de six mois à compter de la demande, de refuser l'accès à tout ou partie du dossier, par décision écrite et motivée dès lors que cette communication ou qu'une partie de cette communication :
– risque de porter atteinte à l'efficacité des investigations (CPP, art. 77-2, II, al. 6) ;
– ou s'il existe un risque de pression sur les victimes, les autres personnes mises en cause, leurs avocats, les témoins, les enquêteurs, les experts ou toute autre personne concourant à la procédure (CPP, art. 77-2, II, al. 8).
Ce délai, pendant lequel le procureur de la République peut refuser la communication, est porté à un an si les faits concernent des crimes ou délits mentionnés aux articles 706-73 ou 706-73-1 ou relevant de la compétence du procureur de la République antiterroriste.

920 **Recours en cas de refus.** La personne à l'origine de la demande peut contester un refus devant le procureur général, qui statue également dans un délai d'un mois à compter de sa saisine, par une décision motivée versée au dossier.

921 **Droit de la victime.** L'article 77-2, III précise que si la personne mise en cause – sous réserve que les conditions prévues aux 1°, 2° ou 3° du II de l'article 77-2 soient remplies – sollicite un accès au dossier, la victime ayant porté plainte est informée qu'elle dispose du droit d'accéder au dossier et de formuler des observations (V. *infra*, n° 915).

c) Communication obligatoire du dossier

922 L'article 77-2, V prévoit une communication obligatoire du dossier à la personne à l'encontre de laquelle il existe une ou plusieurs raisons plausibles de soupçonner qu'elle a commis ou tenté de commettre, en tant qu'auteur ou complice, une infraction dès lors qu'une période de deux ans s'est écoulée depuis :
– qu'elle a été interrogée dans le cadre d'une audition libre ou d'une garde à vue ;
– qu'il a été procédé chez elle à une perquisition.
La communication est faite dans mêmes conditions que celle faite d'initiative par le procureur de la République (V. *supra*, n° 914). Le plaignant bénéficie de la même communication.

923 **Sanction de la non-communication du dossier.** Faute de communication, l'enquête préliminaire ne peut plus se poursuivre. Cependant l'article 77-2, V ne prévoit pas de sanction en cas de continuation de l'enquête préliminaire. Toutefois, s'il s'agit d'en limiter la durée, alors la sanction pourrait être celle de la nullité prévue à l'article 75-3 du Code de procédure pénale (V. *supra*, n° 910).

d) Suites données aux observations

924 Toutes les observations formulées lors de la communication du dossier sont versées à la procédure.
Le procureur de la République apprécie en opportunité les suites à donner à ces observations.
Les personnes concernées sont informées de sa décision, qui, lorsqu'elle consiste en un refus de procéder à un acte demandé, peut être contestée devant le procureur général. Le texte ne prévoit pas de délai de contestation, ni de délai de réponse du procureur général (CPP, art. 77-2, IV).

925 Tableau récapitulatif des conditions d'accès au dossier de la procédure par la personne mise en cause.

Nature de l'enquête	Condition préalable	Conditions supplémentaires MAIS alternatives	Conditions de refus de communication	Recours
Droit commun.	Personne à l'encontre de laquelle il existe une ou plusieurs raisons plausibles de soupçonner qu'elle a commis ou tenté de commettre, en tant qu'auteur ou complice, une infraction punie d'une peine privative de liberté.	– la personne a été interrogée dans le cadre d'une audition libre ou d'une garde à vue qui s'est tenue il y a plus d'un an ; – il a été procédé à une perquisition chez la personne il y a plus d'un an ; – il a été porté atteinte à la présomption d'innocence de la personne par un moyen de communication au public.	– risque de porter atteinte à l'efficacité des investigations ; – ou risque de pression sur les victimes, les autres personnes mises en cause, leurs avocats, les témoins, les enquêteurs, les experts ou toute autre personne concourant à la procédure. Le procureur de la République statue dans un délai d'un mois à compter de la réception de la demande, par une décision motivée versée au dossier. À défaut, le silence vaut refus de communication.	Refus valable 6 mois. La personne à l'origine de la demande peut contester un refus devant le procureur général, qui statue également dans un délai d'un mois à compter de sa saisine, par une décision motivée versée au dossier.
Art. 706-73, 706-73-1 et infractions relevant de la compétence du PNAT.		– la personne a été interrogée dans le cadre d'une audition libre ou d'une garde à vue qui s'est tenue il y a plus d'un an ; – il a été procédé à une perquisition chez la personne il y a plus d'un an.		Refus valable 1 an. La personne à l'origine de la demande peut contester un refus devant le procureur général, qui statue également dans un délai d'un mois à compter de sa saisine, par une décision motivée versée au dossier.

B Le contrôle des actes d'enquête

926 Si l'information du magistrat du parquet est impérative lors d'une enquête de flagrance conformément à l'article 54 du Code de procédure pénale, elle semble moins rigoureuse s'agissant de l'enquête préliminaire. Mais le contrôle du parquet s'opère tout autant.

1 L'information générale du parquet

927 L'article 19 du Code de procédure pénale indique que « les officiers de police judiciaire sont tenus d'informer sans délai le procureur de la République des crimes, délits et contraventions dont ils ont connaissance ». Toutefois, cet article, pas plus que l'article 54 propre à la flagrance, n'est une condition de régularité de l'enquête préliminaire (Cass. crim., 1er déc. 2004, n° 04-80.536).

928 Nous avons également vu que lorsque l'enquête est menée d'office par les enquêteurs, ceux-ci doivent informer le magistrat du parquet dès lors qu'ils ont identifié un « suspect » (CPP, art. 75-2, al. 1er). À nouveau, dans la logique de sa jurisprudence afférente aux articles 19 et 54 du Code de procédure pénale, la chambre criminelle juge que cette information n'est pas prescrite à peine de nullité (Cass. crim., 23 août 2005, n° 03-87.719).
Au cours de l'enquête préliminaire, l'information du parquet n'en est pas moins fréquente car les enquêteurs doivent solliciter l'autorisation de ce dernier pour pouvoir diligenter certains actes d'enquête.

2 L'autorisation de certains actes d'enquête donnée par le magistrat du parquet

929 Si certains actes d'enquête peuvent être réalisés d'initiative par les enquêteurs en ce qu'ils ne nécessitent aucune contrainte, d'autres exigent l'intervention du magistrat du parquet.

a) Assentiment exprès

930 L'enquête préliminaire est souvent qualifiée d'enquête non coercitive. Si cette qualification peut être valablement remise en question aujourd'hui, il n'en demeure pas moins que bon nombre d'investigations nécessitent, pour être accomplies, que soit recueilli l'assentiment exprès de la personne. Cet assentiment exprès est ainsi impérieux en cas de perquisition (V. *infra*, nos 2002 et s.) dès lors que les enquêteurs ne disposent pas d'une ordonnance du juge des libertés et de la détention (CPP, art. 76).
De même, lorsque les enquêteurs ont besoin d'entendre une personne, ils la convoquent et le fait qu'elle se présente implique qu'elle donne son consentement à être entendue.

931 Dans la pratique, il n'est ainsi pas rare que la personne placée en garde à vue se soit présentée d'elle-même dans les locaux de police ou de gendarmerie, à la suite d'une convocation verbale ou écrite des enquêteurs (V. *infra*, nos 1676 et 2757).

b) Autorisation expresse

932 Les enquêteurs doivent solliciter l'accord du magistrat du parquet afin de réaliser certains actes.
Il en est ainsi :
– du recours à la comparution forcée ;
– de l'autorisation de procéder à des prélèvements prévus à l'article 55-1 du Code de procédure pénale (CPP, art. 76-2) ;
– du pouvoir de réquisition (CPP, art. 77-1, 77-1-1, 77-1-2 et 77-1-3 ; V. *infra*, n° 3418) ;
– de la géolocalisation pour une période de quinze jours (CPP, art. 230-33).

933 Selon une jurisprudence constante de la chambre criminelle, la nécessité d'une autorisation du procureur de la République aux fins de réquisition est édictée dans l'intérêt d'une bonne administration de la justice et la méconnaissance des dispositions de l'article 77-1-1 n'entre pas dans les prévisions de l'article 802 du Code de procédure pénale (Cass. crim., 14 oct. 2003, n° 03-84.539. – Cass. crim., 16 sept. 2003, n° 03-82.918. – Cass. crim., 1er sept. 2005, n° 05-84.061 et Cass. crim., 6 déc. 2005, n° 05-85.076). Autrement dit, il s'agit là d'une nullité d'ordre public ; la démonstration d'un grief n'est pas nécessaire.

934 **Interdiction des directives permanentes.** La chambre criminelle juge par ailleurs que l'autorisation donnée par le procureur de la République aux officiers de police judiciaire de faire procéder à des examens techniques ou scientifiques doit être donnée dans le cadre de la procédure d'enquête préliminaire en cours et non par voie d'autorisation générale et permanente. Autrement dit, le procureur de la République ne peut autoriser, d'une manière permanente et générale, les enquêteurs à recourir au pouvoir de réquisition fondé sur l'article 77-1 du Code de procédure pénale dans toutes leurs enquêtes préliminaires (Cass. crim., 17 déc. 2019, n° 19-83.574). Il semble pouvoir, en revanche, recourir à une autorisation générale enquête par

enquête. En somme, il peut, au début de l'enquête, délivrer aux enquêteurs l'autorisation de « procéder à toutes réquisitions utiles à la manifestation de la vérité » (Cass. crim., 20 juill. 2011, n° 11-81.823), ainsi que cela se fait également dans une commission rogatoire où, pour l'exécution de celle-ci, le juge d'instruction délègue son pouvoir de réquisition de façon générale.
Toutefois, le législateur est intervenu pour autoriser le magistrat du parquet à délivrer des autorisations permanentes (CPP, art. 77-1 et 77-1-1, V. *infra*, n°s 3477 et 3486). Au vu du nombre d'exceptions, il est possible d'affirmer que l'interdiction est devenue l'exception.

c) Le contrôle de l'autorité judiciaire sur certains actes

935 À la suite des lois des 9 mars 2004, 3 juin 2016 et 23 mars 2019, de nombreux pouvoirs d'investigation, dits « techniques spéciales d'enquête » peuvent désormais être utilisés tant en enquête de flagrance qu'en enquête préliminaire. Les deux régimes juridiques prévus aux articles 706-73 et suivants du Code de procédure pénale sont strictement identiques à l'exception des règles régissant les perquisitions de nuit (V. *infra*, n° 1980). D'ailleurs, le Code de procédure pénale recourt désormais à l'expression « lorsque les nécessités de l'enquête ou de l'instruction l'exigent », ne distinguant même plus le cadre de l'enquête.

936 Toutefois, dans le cadre de ces techniques spéciales d'enquête, ce n'est plus le magistrat du parquet qui autorise ces actes d'enquête mais le juge des libertés et de la détention. Le contrôle se fait alors *a priori*, acte par acte, sur requête du procureur de la République (V. *supra*, n°s 817 et 881).

C Les acteurs de l'enquête préliminaire

937 Nous évoquerons uniquement les grandes lignes de la compétence matérielle des différents acteurs de l'enquête préliminaire et nous renvoyons pour plus de détails aux fiches consacrées aux officiers et agents de police judiciaire « compétence de la police judiciaire » (V. *supra*, n°s 86 et s., n°s 186 et s.).

938 Les dispositions relatives à l'enquête préliminaire ne contiennent pas de dispositions identiques à celles des articles 68 et 69 du Code de procédure pénale qui prévoient qu'au cours de l'enquête de flagrance, l'arrivée du procureur de la République sur place dessaisit l'officier de police judiciaire et que ce magistrat peut diligenter l'enquête lui-même (V. *supra*, n° 867). Plus que jamais, dans l'enquête préliminaire, c'est la police judiciaire entendue au sens de l'article 15 du Code de procédure pénale qui mène l'enquête. Toutefois, et à la différence de l'enquête de flagrance, l'agent de police judiciaire joue un rôle important.

1 L'agent de police judiciaire, acteur autonome de l'enquête préliminaire

939 L'article 75 du Code de procédure pénale dispose, dans son premier alinéa, que « les officiers de police judiciaire et, sous le contrôle de ceux-ci, les agents de police judiciaire désignés à l'article 20 procèdent à des enquêtes préliminaires (...) ».
Quant à l'article D. 14, il précise qu'« en outre, ils [les agents de police judiciaire] peuvent effectuer des enquêtes préliminaires soit d'office, soit sur instructions du procureur de la République ou de leurs chefs hiérarchiques ». La compétence matérielle de l'agent de police judiciaire en matière d'enquête préliminaire est donc certaine.
Si cet article 75 du Code de procédure pénale fait en quelque sorte office de règle générale, d'autres dispositions distinguent deux catégories de compétences de l'agent de police judiciaire.

a) Les actes réalisés avec assentiment

940 Reposant sur l'idée que l'enquête préliminaire est non coercitive, l'agent de police judiciaire peut procéder, seul, à tout acte d'enquête dès lors qu'il est réalisé avec assentiment de la personne, qu'il s'agisse des actes prévus par le Code de procédure pénale ou de ceux dits « innommés » (V. *infra*, n° 1581). La chambre criminelle juge que :

> « … les agents de police judiciaire peuvent, en enquête préliminaire, et au contraire de l'enquête de flagrance, procéder à une perquisition dès lors qu'ils agissent sous le contrôle de l'officier de police judiciaire » (Cass. crim., 7 déc. 2021, n° 20-82.733, § 9, publié au bulletin).

b) Les actes de droit commun réalisés sans assentiment mais sur autorisation expresse de la loi et sous le contrôle de l'officier de police judiciaire

1) L'autorisation expresse de la loi

941 Si l'agent de police judiciaire ne dispose pas du pouvoir de placer en garde à vue conformément aux articles 20 et D. 13 du Code de procédure pénale, il peut parfaitement procéder aux actes d'auditions ou de notifications au cours de la mesure de garde à vue (V. *infra*, n° 3048). De même, l'article 230-38 du Code de procédure pénale prévoit que tant l'officier de police judiciaire que l'agent de police judiciaire peuvent dresser un procès-verbal des opérations de géolocalisation. Enfin, les lois du 9 mars 2004, du 3 juin 2016 et du 23 mars 2019 régissant la procédure relative à la délinquance et à la criminalité organisées autorisent l'agent de police judiciaire à diligenter des actes d'enquête indépendamment de tout assentiment (V. *supra*, n° 817).

2) Sous le contrôle de l'officier de police judiciaire

942 À nouveau, c'est l'article 75 du Code de procédure pénale qui fixe la règle et qui impose que l'agent agisse sous le contrôle de l'officier de police judiciaire. Si ce contrôle n'impose pas une présence *in situ* de l'officier de police judiciaire (exemple d'actes imposant la présence *in situ* de l'officier de police judiciaire : Cass. 1re civ., 16 mars 2016, n° 14-25.068 et Cass. crim., avis, 12 janv. 2016, n° 9003), celui-ci devra contrôler ses actes. La chambre criminelle exige que l'existence de ce contrôle soit établie par une mention expresse au procès-verbal [de perquisition] ou qu'elle peut résulter, à défaut, d'une mention spécifique dans les pièces de procédure (Cass. crim., 7 déc. 2021, n° 20-82.733, § 9, publié au bulletin).

943 La chambre criminelle autorise que ce contrôle puisse prendre plusieurs formes et résulter d'une action tant *a priori* qu'*a posteriori* de l'officier de police judiciaire (V. *supra*, n° 186).

944 Désormais, de très nombreux articles prévoient expressément que l'acte d'enquête est réalisé « par l'officier de police judiciaire, ou sous son contrôle par l'agent de police judiciaire ».

2 L'officier de police judiciaire, seul dépositaire de la contrainte en enquête préliminaire ?

945 Si les pouvoirs de l'agent de police judiciaire se sont particulièrement étendus (V. *supra*, n° 941), il n'en demeure pas moins que certains articles du Code de procédure pénale confient au seul officier de police judiciaire, en enquête préliminaire, à l'instar de l'enquête de flagrance, la compétence matérielle pour l'exécution de certains actes coercitifs.

946 Ainsi l'article 76 du Code de procédure pénale prévoit que c'est l'officier de police judiciaire qui procède à la perquisition faisant suite à une ordonnance du juge des libertés et de la détention, comme l'article 78 du Code de procédure pénale confie au seul officier de police judiciaire le recours à la contrainte pour faire comparaître des personnes devant lui (V. *supra*, n° 93 et *infra*, n° 1685).

3 La rédaction des procès-verbaux

947 Aucun article consacré à l'enquête préliminaire ne renvoie à l'article 66 (V. *supra*, n° 866) du Code de procédure pénale. Toutefois, d'une manière générale, s'il n'est pas exigé que les procès-verbaux soient rédigés sur-le-champ, les enquêteurs doivent veiller à les rédiger dans les meilleurs délais, tant pour des raisons juridiques que de bonne administration du service (V. *infra*, n° 1535).

L'ESSENTIEL 948 L'enquête préliminaire se définit par défaut de l'enquête de flagrance et peut débuter sur le fondement de simples soupçons. Pourtant, cette enquête préliminaire peut aussi être un choix volontaire des enquêteurs, alors que l'état de flagrance existe, pour des raisons opérationnelles, comme l'absence d'officier de police judiciaire (V. *supra*, nos 895 et s.).

949 L'enquête préliminaire est aussi dénommée « enquête parquet », car le parquet est l'autorité autorisant la quasi-totalité des actes d'enquête, même si cette compétence est partagée, de plus en plus, avec le juge des libertés et de la détention notamment s'agissant des actes particulièrement attentatoires aux droits et libertés individuelles.

La durée de l'enquête préliminaire

950 L'article 75-3, alinéa 1er fixe les délais maximums de l'enquête préliminaire que nous présentons sous forme de tableau.

Nature de l'enquête	Durée initiale	Durée de la prolongation	Magistrat autorisant la prolongation	Durée maximale
Enquête préliminaire de droit commun (CPP, art. 75-3 al. 1 et 2).	2 ans	1 an	Autorisation écrite et motivée du procureur de la République.	3 ans

Nature de l'enquête	Durée initiale	Durée de la prolongation	Magistrat autorisant la prolongation	Durée maximale
Enquête préliminaire relevant des articles 706-73 ou 706-73-1 ou de la compétence du PNAT (CPP, art. 75-3 al. 4).	3 ans	2 ans	Autorisation écrite et motivée du procureur de la République ou du procureur NAT.	5 ans

951 Le point de départ est le premier acte d'enquête et des règles particulières de computation des délais ont été prévues par le législateur. Le dépassement de cette durée est sanctionné par la nullité des actes exécutés postérieurement (V. *supra*, n°s 909 et s.). La durée de l'enquête préliminaire n'est applicable qu'aux enquêtes débutées après l'entrée en vigueur de la loi du 22 décembre 2021.

952 **Exception.** Des actes d'enquête peuvent être réalisés à l'expiration du délai maximum prévu par la loi lorsqu'ils concernent une personne mise en cause (V. *supra*, n° 908).

L'accès au dossier pendant l'enquête préliminaire

953 Le procureur de la République peut décider à tout moment de la procédure de donner accès à cette dernière à la personne mise en cause et/ou à la victime ou à leurs avocats. Cette communication ne doit cependant pas porter atteinte à l'efficacité des investigations (V. *supra*, n° 914).

954 Tableau récapitulatif des conditions d'accès au dossier de la procédure par la personne mise en cause.

V. *supra*, n° 925.

Toutes les parties qui consultent le dossier peuvent formuler des observations (V. *supra*, n° 915).

955 **Le contrôle des actes d'enquête.** Dans le droit commun de l'enquête préliminaire, il est de principe que les actes d'enquête s'exécutent de manière non coercitive, c'est-à-dire avec l'assentiment exprès de la personne (V. *supra*, n°s 930 et s.). Mais le magistrat du parquet est aussi celui qui autorise tous les actes d'enquête qui mobilisent une contrainte, au sens de l'absence d'assentiment. En la matière, la chambre criminelle interdit les directives permanentes visant à donner des autorisations générales (V. *supra*, n° 935).

956 Quant à la délinquance et la criminalité organisées, les actes d'enquête sont nécessairement autorisés par l'autorité judiciaire (V. *supra*, n° 936).

Les acteurs de l'enquête préliminaire

957 L'agent de police judiciaire tient un rôle important dans le cadre de l'enquête préliminaire en raison de son caractère, par principe, non coercitif. Cependant, dès lors que les actes d'enquête nécessitent la contrainte, c'est l'officier de police judiciaire qui les exécute (V. *supra*, n°s 945 et s.).

958 En tout état de cause, que l'agent de police judiciaire agisse seul parce que l'acte d'enquête est non coercitif ou parce que la loi l'autorise expressément à le faire, il doit agir sous le contrôle de l'officier de police judiciaire.

959 Cependant, s'agissant de la contrainte au sens de coercition, elle semble revenir au seul officier de police judiciaire, comme en enquête de flagrance (V. *supra*, n°s 945 et s.).

960 Aucun article consacré à l'enquête préliminaire ne renvoie à l'article 66 du Code de procédure pénale. Toutefois, d'une manière générale, s'il n'est pas exigé que les procès-verbaux soient rédigés sur-le-champ, les enquêteurs doivent veiller à les rédiger dans les meilleurs délais, tant pour des raisons juridiques que de bonne administration du service (V. *supra*, n° 947).

Titre 2
L'enquête sur commission rogatoire

Sommaire

Fiche 30

Définition de l'instruction

Sommaire

I Définition

961 **Absence de définition de l'instruction dans le Code de procédure pénale.** Le Code de procédure pénale ne donne pas de définition précise de l'instruction préparatoire. Son article 49 dispose que « le juge d'instruction est chargé de procéder aux informations, ainsi qu'il est dit au chapitre Ier du titre III », chapitre dans lequel on trouve, pour l'essentiel, des règles définissant la façon de procéder sans qu'une définition générale de l'instruction soit donnée.

Le recours à l'instruction préparatoire tend à devenir moins fréquent qu'auparavant. En 2021, sur 587 100 affaires poursuivies, 17 694 l'ont été dans le cadre de l'ouverture d'une information, 73 % d'entre elles étant le fait du parquet et 27 % étant ouvertes à la suite d'une plainte avec constitution de partie civile (Références statistiques Justice, 2022). Néanmoins, l'instruction reste le procédé de mise en état des affaires pénales les plus graves, étant même obligatoire pour les affaires criminelles.

Il convient donc de tenter de tracer les contours de l'instruction.

La présente fiche sera nécessairement très schématique, l'instruction préparatoire faisant l'objet de nombreuses publications que l'on pourra utilement consulter pour approfondir.

962 **Mise en état des affaires pénales.** Tout procès est précédé d'une période préalable au cours de laquelle sont réunis des éléments de preuve et où sont enregistrées les positions des parties. Cette période, appelée mise en état, prend en matière pénale le nom d'instruction. Cette dernière expression peut désigner de façon générale la procédure précédant la phase de jugement, qu'il s'agisse d'une simple enquête préliminaire ou de flagrance à laquelle seront joints les renseignements recueillis sur la personne poursuivie, soit, si une information est ouverte, l'ensemble de l'enquête de police et de la procédure d'information préalable menée par le juge d'instruction. Mais, dans un sens plus restreint qui sera celui utilisé ici, on appelle instruction préparatoire l'information préalable conduite par le juge d'instruction ; c'est le sens que donne l'article 79 du Code de procédure pénale à cette expression.

963 **Manifestation de la vérité.** L'article 81 du Code de procédure pénale donne une indication quant au but d'une instruction puisqu'il dispose que : « Le juge d'instruction procède, conformément à la loi, à tous les actes d'information qu'il juge utiles à la manifestation de la vérité... ».

964 **Instruction préparatoire ou information judiciaire.** De l'ensemble des textes régissant les pouvoirs du juge d'instruction il est possible de dégager une définition : l'instruction est la phase de la procédure au cours de laquelle un magistrat doté de pouvoirs particuliers, le juge d'instruction, juridiction du premier degré, recherche si les faits dont il a été saisi ont bien été commis et, dans l'affirmative, s'il existe contre des personnes dénommées des charges suffisantes de participation aux faits comme auteurs ou complices, auquel cas il les renvoie devant la juridiction de jugement.

Il devra, dans ce cadre, respecter un certain nombre de principes incontournables (II). Seront ensuite exposés succinctement les pouvoirs que détient le juge d'instruction pour mener son instruction (III).

II Grands principes

A Indépendance

965 Le juge d'instruction est un magistrat du siège. Il est inamovible : il ne peut recevoir une affectation, même en avancement, sans l'avoir demandée. Il est nommé pour dix ans dans ses fonctions. À l'issue, s'il ne reçoit pas une affectation qu'il a demandée, il est déchargé des fonctions de l'instruction et continue d'exercer comme juge ou vice-président dans le tribunal où il exerçait lesdites fonctions. Il est en outre indépendant, ce qui au cours de l'instruction a notamment pour conséquence qu'il n'est pas tenu de suivre les réquisitions du ministère public qu'il a, tout au plus dans certains cas, l'obligation de consulter.

B Éthique

1 Impartialité

966 **Principe.** Le juge d'instruction, comme tout juge, doit être impartial. Il ne doit pas faire preuve de parti pris, ni donner l'impression qu'il serait de parti pris ou aurait des préjugés (CEDH, 31 août 2021, n° 61344/16, *Karrar c/ Belisque*). La notion est généralement associée à la neutralité, l'équité, l'objectivité.

967 **Impartialité subjective.** L'impartialité exigée peut être de nature subjective, c'est-à-dire que le juge ne doit pas faire preuve de partialité personnelle subjective.

968 **Impartialité objective.** Elle peut être aussi de nature objective dans le cas où, aucune partialité personnelle n'étant établie à l'égard du juge, le fait qu'il ait exercé certaines fonctions pourrait faire craindre que son jugement ne soit pas absolument impartial.

969 **Recours.** Deux procédures permettent d'obtenir qu'un juge dont l'impartialité est suspectée ne puisse procéder à l'instruction de l'affaire : la récusation et le renvoi pour suspicion légitime. Ces deux procédures concernent aussi bien des cas où la partialité personnelle du juge est mise en cause que des cas où l'impartialité n'est pas objectivement garantie. Les parties qui se prévalent d'une atteinte à l'impartialité du juge, invoquent aussi fréquemment les dispositions de l'article 6 de la Convention européenne des droits de l'homme

relatives au droit des parties à être entendues par un tribunal indépendant et impartial.
Si la chambre criminelle de la Cour de cassation a parfois jugé que le grief de partialité pouvait être invoqué contre un magistrat d'une juridiction d'instruction indépendamment de la mise en œuvre des procédures de récusation ou de renvoi (Cass. crim., 23 mars 2004, n° 03-87.854 : *JurisData* n° 2004-023342 ; *Bull. crim.* n° 76. – Cass. crim., 20 févr. 2008, n°s 02-82.676 et 07-82.110 : *JurisData* n° 2008-042917 ; *Bull. crim.* n° 44), elle a plus souvent considéré qu'une partie n'était plus recevable à mettre en cause l'impartialité du juge d'instruction devant la chambre de l'instruction puis la chambre criminelle quand elle n'avait pas usé de la possibilité d'en obtenir le respect en récusant ce magistrat par application de l'article 668 du Code de procédure pénale (Cass. crim., 29 nov. 2005, n° 05-82.859. – Cass. crim., 11 mai 2006, n° 06-81.117. – Cass. crim., 31 oct. 2006, n° 06-86.128. – Cass. crim., 20 déc. 2006, n°s 06-82.382 et 01-81.195 : *JurisData* n° 2006-037308. – Cass. crim., 17 déc. 2013, n° 12-84.297 et 13-86.565. – Cass. crim., 18 févr. 2015, n°s 09-81.257 et 14-85.722. – Cass. crim., 6 mai 2015, n° 13-88.039. – Cass. crim., 22 sept. 2015, n° 14-81.574. – Cass. crim., 24 août 2016, n° 16-83.639. – Cass. crim., 13 juin 2019, n° 18-80.291).

2 Instruction à charge et à décharge

970 L'impartialité du juge postule qu'il instruise à charge et à décharge, en d'autres termes qu'il ne fasse pas preuve de parti pris, notamment en négligeant de procéder à certaines vérifications. La loi du 15 juin 2000 a inscrit à l'article 81 du Code de procédure pénale un principe général préexistant.
Il s'ensuit qu'un juge d'instruction ne peut délivrer une commission rogatoire ne visant qu'à établir les seuls éléments à charge des infractions poursuivies, car il « doit effectuer tous les actes qu'il juge utiles à la manifestation de la vérité en veillant à l'équilibre des droits des parties et au caractère équitable de la procédure, et en instruisant, de façon impartiale, à charge et à décharge » (Cass. crim., 26 avr. 2017, n° 16-86.840 : *Bull. crim.* n° 128).
Le juge d'instruction doit chercher à déterminer si les faits pénalement qualifiés dont il est saisi sont constitués et s'ils sont imputables à telle ou telle personne.

971 **Lors du règlement de la procédure.** À l'issue de l'instruction, le juge d'instruction doit préciser, dans son ordonnance de règlement, les éléments à charge et à décharge concernant chacune des personnes mises en examen (CPP, art. 184).

C Respect de la présomption d'innocence

972 L'article 9 de la Déclaration des droits de l'homme et du citoyen énonce que tout homme est présumé innocent jusqu'à ce qu'il ait été déclaré coupable, ce que l'article préliminaire du Code de procédure pénale rappelle en prévoyant que : « Toute personne suspectée ou poursuivie est présumée innocente tant que sa culpabilité n'a pas été établie. Les atteintes à sa présomption d'innocence sont prévenues, réparées et réprimées dans les conditions prévues par la loi ».
Certaines mesures prises au cours d'une instruction sont à l'évidence ressenties comme portant atteinte à la présomption d'innocence. La mise en examen, acte par lequel le juge d'instruction signifie à la personne qu'il considère qu'existent à son encontre des indices graves ou concordants de participation aux faits dont il est saisi et plus encore le prononcé d'une mesure de sûreté sont vécus comme portant atteinte à la présomption d'innocence. Ce n'est cependant pas le cas dès lors que ces mesures sont révisables et qu'elles n'ont pas un caractère définitif.
Ainsi la chambre criminelle retient qu'il n'y a pas atteinte à la présomption d'innocence :
– du fait d'une décision de mise en accusation, même quand la personne poursuivie conteste sa participation, dès lors que la juridiction de jugement apprécie librement la culpabilité de la personne renvoyée devant elle (Cass. crim., 11 juill. 1994, n° 94-82.188 : *Bull. crim.* n° 274) ;
– lorsque le juge d'instruction relève dans son ordonnance de renvoi devant le tribunal correctionnel que la participation du mis en examen au trafic est établie car il ne s'agit que du simple rappel des charges qui justifiaient sa mise en examen (Cass. crim., 5 déc. 2000, n° 00-86.031) ;
– lorsqu'un arrêt de mise en accusation retient des motifs qui préjugeraient de la culpabilité de la personne mise en accusation. Ces motifs sont dépourvus de l'autorité de la chose jugée et, même s'ils présentent comme établis certains des faits poursuivis, ils ne peuvent porter atteinte à la présomption d'innocence dont l'accusé continuera de bénéficier jusqu'à déclaration éventuelle de culpabilité devenue irrévocable, prononcée par la juridiction de jugement, qui conserve son entière liberté pour en apprécier la valeur, après débats contradictoires (Cass. crim., 13 nov. 1996, n°s 96-82.087, 96-83.708 : *Bull. crim.* n° 401) ;
– lorsque les juridictions d'instruction se prononcent sur une demande de mise en liberté, sur la prolongation de la détention provisoire ou le maintien en détention d'une personne mise en examen et que, pour motiver concrètement la

nécessité de la détention et l'insuffisance d'autres mesures de sûreté, elles se réfèrent, ainsi qu'il leur appartient, aux indices, éléments de preuve et faits constants relevés dans la procédure à l'égard de la personne concernée, sans présenter la personne détenue comme étant coupable des faits qui lui sont reprochés (Cass. crim., 11 déc. 2018, n° 18-85.460 : *Bull. crim.* n° 208). La solution devrait pouvoir être maintenue alors même que la chambre criminelle exige désormais que la chambre de l'instruction, statuant sur la détention provisoire, s'assure de l'existence d'indices graves ou concordants (Cass. crim., 9 févr. 2021, n° 20-86.339, publié au bulletin) ;

– lorsque le juge d'instruction écrit dans l'ordonnance saisissant le juge des libertés et de la détention aux fins de placement en détention provisoire que « le mis en examen a été interpellé en possession de cocaïne, qu'il est démontré à ce stade du dossier que depuis au moins deux ans il se livre à une activité de revente avec une quarantaine de clients », car le juge d'instruction ne statue pas sur le placement en détention provisoire (Cass. crim., 24 mars 2010, n° 10-80.130).

En revanche, le juge d'instruction doit vérifier les explications qui lui sont données par la personne poursuivie, lui paraîtraient-elles peu crédibles.

973 **Autres dispositions légales protégeant la présomption d'innocence.** Par ailleurs, des recours sont prévus pour prévenir ou corriger certaines atteintes à la présomption d'innocence : interdiction de publier les actes d'accusation et tous autres actes de procédure avant qu'ils aient été lus en audience publique (L. 29 juill. 1881, art. 38), possibilité de poursuites du chef de diffamation, injures ou dénonciation calomnieuse, faculté pour toute personne présentée publiquement, avant toute condamnation, comme coupable de faits faisant l'objet d'une l'enquête ou d'une instruction judiciaire, d'obtenir du juge civil l'insertion d'une rectification ou la diffusion d'un communiqué ou la réparation du préjudice causé (C. civ., art. 9-1), possibilité pour le juge d'instruction ou la chambre de l'instruction, en cas de non-lieu, d'ordonner la publication d'un communiqué ou de l'intégralité de la décision (CPP, art. 177-1 et 212-1).

D Instruction théoriquement secrète

974 Ainsi qu'il est exposé plus en détail (V. *infra*, n°s 1432 et s.), l'article 11 du Code de procédure pénale prévoit que l'instruction est secrète. Il s'ensuit que le juge d'instruction mais aussi ses collaborateurs, au nombre desquels figurent bien évidemment les officiers de police judiciaire à qui il donne commission rogatoire, doivent garder secrètes les investigations à réaliser mais aussi celles déjà effectuées.

975 **Fenêtres de publicité.** Ce secret n'est toutefois pas absolu dans la mesure où le législateur a, lui-même, organisé des phases publiques au cours de l'instruction. Ainsi, les débats concernant la détention devant le juge des libertés et de la détention ou la chambre de l'instruction sont, sauf exceptions qui doivent être justifiées, publics.

976 **Procureur de la République.** Dans le but d'éviter la propagation d'informations parcellaires ou inexactes ou pour mettre fin à un trouble à l'ordre public, le législateur a en outre, autorisé le procureur de la République, ou, avec son accord et sous son contrôle, un officier de police judiciaire, à rendre publics des éléments du dossier pour autant qu'il s'agisse d'éléments objectifs tirés de la procédure ne comportant aucune appréciation sur le bien-fondé des charges retenues contre les personnes mises en cause.

977 **Toutes les personnes pouvant connaître les éléments du dossier ne sont pas tenues au secret.** L'article 11 du Code de procédure pénale n'astreint au secret que ceux qui concourent à la procédure.

Or, ont connaissance des éléments du dossier non seulement les avocats mais aussi les parties, soit directement en lisant, dans certains cas, la copie du dossier, soit indirectement par ce que leurs avocats leur en disent pour préparer leur défense. Sans s'arrêter aux obligations des avocats qui, selon la chambre criminelle, ne concourent pas à la procédure au sens de l'article 11 du Code de procédure pénale, mais peuvent néanmoins commettre une violation du secret professionnel en révélant sciemment à une personne étrangère à la procédure le contenu d'un acte couvert par le secret de l'instruction (Cass. crim., 18 sept. 2001, n° 00-86.518 : *Bull. crim.* n° 179), il ne peut qu'être constaté que les parties, qui, sans contestation possible, ne sont pas soumises au secret, ont la possibilité de révéler à des tiers les éléments de l'enquête secrète dont elles ont connaissance.

E Une instruction de plus en plus contradictoire

978 L'instruction, presque totalement inquisitoire et secrète au XIXe siècle puisque même l'inculpé et son avocat n'avaient pas accès au

dossier, est, au fil du temps, devenue de plus en plus contradictoire.
Si le procureur de la République, en sa qualité de partie poursuivante tenue à une obligation d'impartialité, dispose encore de droits plus importants que le mis en examen et la partie civile, la différence tend à s'amenuiser au fil des réformes.
Sans entrer dans le détail des différentes possibilités offertes aux parties privées, il convient de noter que, depuis 1993, elles disposent notamment du droit de demander tous actes au juge d'instruction qui doit, soit réaliser l'acte, soit, en cas de refus, s'en expliquer par une ordonnance susceptible d'appel et qu'elles peuvent également présenter des requêtes en annulation.
Conjugué au fait que les procureurs de la République n'ouvrent plus d'informations judiciaires que dans les affaires les plus lourdes dès lors que différentes lois lui ont accordé des pouvoirs qu'auparavant seul le juge d'instruction pouvait mettre en œuvre, la durée moyenne des instructions qui oscillait en 1993 de 17,7 à 23,5 mois en matière criminelle et de 10,3 mois à 16,5 mois en matière correctionnelle selon que la personne poursuivie était ou non en détention provisoire (*Infostat Justice* n° 58) est passée à 34,4 mois en 2021 et même 42,3 mois quand l'affaire se termine par un non-lieu (Références statistiques Justice, 2022).

979 **Mise à disposition de la procédure.** Le principe du contradictoire prend également une autre forme. Au cours de l'instruction, le juge ne peut interroger les personnes mises en examen et entendre les parties civiles et témoins assistés que sur des éléments dont leurs avocats ont pu prendre connaissance. À cette fin, les procès-verbaux sur lesquels portera l'interrogatoire ou l'audition devront se trouver au dossier au moins quatre jours ouvrables avant l'acte.
Cela peut donc conduire le juge d'instruction à réclamer aux enquêteurs le retour de la commission rogatoire ou au moins un retour partiel quand il apparaît nécessaire de recueillir rapidement les explications d'une partie sur un fait résultant de l'exécution de la commission rogatoire.

F Séparation des fonctions

1 Séparation des fonctions de poursuite et d'instruction

980 **Le procureur de la République est dessaisi.** Le procureur de la République qui déclenche les poursuites ne peut accomplir d'actes d'instruction. Il peut seulement, à certaines conditions, aux termes de l'article 80-5 du Code de procédure pénale, lorsqu'il requiert l'ouverture d'une information, s'il est nécessaire que les investigations en cours ne fassent l'objet d'aucune interruption, autoriser les officiers et agents de police judiciaire des services ou unités de police judiciaire qui étaient chargés de l'enquête à poursuivre un certain nombre d'opérations pour quarante-huit heures au maximum, le juge d'instruction pouvant y mettre un terme (V. *infra*, n° 1413).
Le procureur de la République ne peut pas ordonner à des gendarmes d'effectuer une enquête sur les faits pour lesquels il a requis l'ouverture d'une information.
Il ne peut pas non plus restreindre l'étendue de la saisine du juge d'instruction (Cass. crim., 24 mars 1977 : *Bull. crim.* n° 112).
En d'autres termes, une fois l'information ouverte, le procureur de la République ne dirige plus l'enquête mais il y est associé de façon très proche dans la mesure où certains actes nécessitent qu'il donne son avis, qu'il peut faire appel de toutes les décisions juridictionnelles du juge d'instruction et qu'il peut se faire communiquer le dossier d'instruction à tout moment et demander au juge de procéder à des actes d'instruction (V. *supra*, n° 397).

981 **Le juge d'instruction ne peut jamais se saisir d'office.** Un juge d'instruction ne peut, en aucun cas, se saisir d'office. En cas de découverte de faits nouveaux, il peut seulement opérer des vérifications sommaires (V. *infra*, n° 1015).

2 Séparation des fonctions d'instruction et de jugement

982 Le juge d'instruction ne peut, à peine de nullité, participer au jugement des affaires pénales dont il a connu en sa qualité de juge d'instruction.
L'interdiction concerne évidemment le juge d'instruction normalement en charge de l'affaire mais elle s'applique aussi à celui qui remplace le juge d'instruction titulaire empêché (Cass. crim., 21 mai 1957 : *Bull. crim.* n° 425. – Cass. crim., 18 mars 1982 : *Bull. crim.* n° 79) même si ce n'est que pour notifier l'inculpation [la mise en examen] sans procéder à un interrogatoire au fond (Cass. crim., 18 mai 1976 : *Bull. crim.* n° 168), ainsi qu'à l'auditeur de justice qui assiste le juge d'instruction (Cass. crim., 21 juin 1978 : *Bull. crim.* n° 209).
L'interdiction vaut tant pour la participation du juge d'instruction au jugement de l'affaire devant le tribunal correctionnel (Cass. crim., 7 mars 1946 : *Bull. crim.* n° 82) que devant la cour d'appel (Cass. crim., 23 mars 1934 : *Bull. crim.* n° 67. – Cass. crim., 7 avr. 1992 : *Bull. crim.* n° 148) ou la cour d'assises (Cass. crim., 3 juin 1992 : *Bull. crim.* n° 220).

Définition de l'instruction

En revanche, le seul fait qu'un magistrat exerce les fonctions de l'instruction ne le rend pas inapte à juger au fond d'autres affaires que celles qu'il a instruites (Cass. crim., 11 déc. 1974 : *Bull. crim.* n° 365), à condition qu'il n'y ait fait aucun acte.

G Compétence

1 Compétence territoriale

983 L'article 52 du Code de procédure pénale définit les critères de compétence territoriale du juge d'instruction : « Sont compétents le juge d'instruction du lieu de l'infraction, celui de la résidence de l'une des personnes soupçonnées d'avoir participé à l'infraction, celui du lieu d'arrestation d'une de ces personnes, même lorsque cette arrestation a été opérée pour une autre cause et celui du lieu de détention d'une de ces personnes, même lorsque cette détention est effectuée pour une autre cause. Pour les infractions mentionnées à l'article 113-2-1 du Code pénal, est également compétent le juge d'instruction, selon le cas, du lieu de résidence ou du siège des personnes physiques ou morales mentionnées au même article 113-2-1 ».

Mais il convient d'ajouter à ces règles celles édictées par l'article 52-1 du Code de procédure pénale et D. 221-1 du Code de la justice pénale des mineurs.

Selon le premier de ces textes, les juges d'instruction composant un pôle de l'instruction sont seuls compétents pour connaître :

– des informations en matière de crime sauf s'il s'agit d'un crime puni de quinze ans ou de vingt ans de réclusion criminelle qui n'est pas commis en état de récidive légale et que le procureur de la République considère qu'il résulte des circonstances de l'espèce et de son absence de complexité que le recours à la cosaisine, même en cours d'instruction, paraît peu probable. Dans ce dernier cas, l'instruction peut être conduite par le juge d'instruction d'un tribunal qui n'est pas pôle de l'instruction ;

– et des informations donnant lieu à une cosaisine conformément aux articles 83-1 et 83-2.

S'agissant des mineurs, en principe, le juge d'instruction compétent est celui du tribunal judiciaire, siège d'un tribunal pour enfants (CJPM, art. L. 211-2, L. 221-1, L. 221-2).

2 Compétences spéciales

984 **Spécialisation accrue des juges d'instruction.** Le législateur a pris en compte la nécessaire spécialisation des juges d'instruction pour certains contentieux et a ainsi instauré des règles de compétence particulières, notamment en matière de :

– terrorisme (CPP, art. 706-17) ;
– criminalité organisée (CPP, art. 706-75) ;
– délinquance financière de grande ou de très grande complexité (CPP, art. 704) ;
– infractions à la transparence des marchés (CPP, art. 704-1) ;
– contrefaçon (CPP, art. 706-1) ;
– corruption et d'infractions à la probité (CPP, art. 706-1-1) ;
– atteinte à la santé publique (CPP, art. 706-2) ;
– pollution des eaux marines (CPP, art. 706-107) ;
– atteintes à l'environnement (CPP, art. 706-107 à 706-111) ;
– crimes contre l'humanité, crimes et délits de guerre (CPP, art. 628-1) ;
– crimes sériels ou non élucidés (CPP, art. 706-106-1).

III Déroulement de l'instruction et pouvoirs du juge d'instruction

A Désignation du juge d'instruction

985 **Désignation d'un juge.** Lorsqu'une information est ouverte dans un tribunal où il n'y a qu'un seul juge d'instruction, celle-ci lui est automatiquement confiée.

En revanche, dans les tribunaux où siègent plusieurs juges d'instruction, il est nécessaire que le président du tribunal désigne celui des juges d'instruction du tribunal qui sera chargé de mener l'instruction ainsi ouverte. Le président du tribunal judiciaire peut procéder aux désignations du juge d'instruction, affaire par affaire, en examinant lui-même le dossier pour apprécier quel juge sera le plus à même de mener à bien l'information, compte tenu de ses appétences, compétences et spécialisation. Le président peut également établir un tableau de roulement qui déterminera à l'avance quel juge sera chargé des informations ouvertes chaque jour porté sur le tableau. Le président qui a établi un tableau de roulement peut toutefois user de son pouvoir de désignation individualisé et, dérogeant au tableau de roulement, désigner un juge qui n'est pas de permanence (CPP, art. 83).

986 **Désignation de plusieurs juges.** La loi permet, lorsque l'affaire est grave ou complexe, de désigner aux côtés du juge d'instruction chargé de l'information, un ou plusieurs juges d'instruction qui lui sont adjoints. Ils instruisent alors en « cosaisine ».

Il ne s'agit pas d'une collégialité où chaque juge aurait des pouvoirs identiques. Celle-ci, qui avait été prévue par une loi du 5 mars 2007, n'est jamais entrée en vigueur, principalement pour des raisons budgétaires. L'idée a finalement été abandonnée. Dans la « cosaisine », le juge d'instruction chargé de l'information coordonne le déroulement de celle-ci et il a seul qualité pour faire un certain nombre d'actes (saisir le juge des libertés et de la détention, ordonner une mise en liberté d'office, rendre l'avis de fin d'information prévu par l'article 175 et l'ordonnance de règlement).

Ces dispositions ne sont bien évidemment applicables que dans les tribunaux où existe un pôle de l'instruction, regroupant plusieurs juges d'instruction.

La cosaisine peut être décidée, selon les cas, par le président du tribunal, par le président de la chambre de l'instruction ou par la chambre de l'instruction.

Elle peut être demandée par les parties.

Quand le procureur de la République la demande au moment de l'ouverture de l'information, elle est de droit.

En pratique, la cosaisine est utilisée dans les affaires criminelles, dans les affaires relevant de règles de compétence particulières en raison de la spécificité du contentieux traité (terrorisme, criminalité et délinquance organisées, infractions en matière de santé, infractions financières complexes, infractions en matière de pollution).

B Saisine du juge d'instruction

987 Diversité des modes de saisine du juge d'instruction. Le juge d'instruction peut être saisi de plusieurs façons.

La plus courante est la saisine par un réquisitoire introductif délivré par le procureur de la République.

Le deuxième mode est celui par lequel la victime, après avoir vainement porté plainte auprès du procureur ou d'un service enquêteur, saisit le juge d'instruction d'une plainte avec constitution de partie civile dénonçant un ou plusieurs faits, mettant ainsi en mouvement l'action publique, comme le fait le procureur de la République lorsque c'est lui qui engage les poursuites en délivrant un réquisitoire introductif.

Pour mémoire, il sera également signalé qu'un juge d'instruction peut être saisi par le dessaisissement d'un autre juge d'instruction ou d'un juge des enfants, par le tribunal correctionnel, saisi selon la procédure de comparution immédiate, qui estime que la complexité de l'affaire nécessite des investigations supplémentaires approfondies et renvoie le dossier au procureur de la République qui doit ouvrir une information (Cass. crim., 21 nov. 2012, n° 12-80.621 : *Bull. crim.* n° 254), ou encore en recherche des causes de la mort ou d'une disparition. Il peut aussi se voir confier l'exécution d'un supplément d'information par le tribunal correctionnel (CPP, art. 388-5 et 397-2) ou la chambre de l'instruction (CPP, art. 205 à 207) ou le président de la cour d'assises (CPP, art. 283).

En revanche, comme il a déjà été indiqué, le juge d'instruction ne peut jamais s'autosaisir.

988 **Saisine *in rem*.** Le juge d'instruction est saisi *in rem*, c'est-à-dire qu'il est saisi de tous les faits mais des seuls faits visés par le réquisitoire introductif ou par la plainte avec constitution de partie civile, et ce indépendamment de la qualification juridique qui peut leur être donnée car il appartient au juge d'examiner les faits sous toutes les qualifications possibles (Cass. crim., 23 janv. 1990 : *Bull. crim.* n° 43).

Ce principe a pour conséquence que le juge d'instruction ne peut pas dépasser sa saisine et procéder à des investigations sur des faits qui apparaîtraient postérieurement au réquisitoire ou à la plainte, dont il n'a évidemment pas été saisi par le réquisitoire ou la plainte et dont il ne peut pas se saisir. Seuls le procureur de la République ou la victime ont le pouvoir de le faire.

Le principe impose également au juge d'instruction d'enquêter sur l'ensemble des faits dénoncés, ce qui doit le conduire à procéder à des vérifications sur tous ces éléments, même quand ils lui semblent peu vraisemblables, comme cela se produit quelquefois lorsque des plaideurs récurrents dénoncent, dans leurs plaintes avec constitution de partie civile, une multitude de faits.

C Commission rogatoire

989 Le code est conçu autour de l'idée que le juge d'instruction réalise lui-même la plupart des actes d'instruction et ne donne commission rogatoire qu'exceptionnellement, le juge devant, lorsqu'il délègue ses pouvoirs, vérifier les éléments d'information ainsi recueillis (CPP, art. 81, al. 5). La réalité est différente. La charge des cabinets d'instruction est telle que les magistrats instructeurs sont le plus souvent conduits à déléguer la plupart des actes qui peuvent l'être. Il est, d'ailleurs, certains actes qui nécessitent des investigations simultanées et l'intervention de plusieurs personnes que, matériellement, le juge d'instruction qui doit être assisté de son greffier, serait bien dans l'incapacité de réaliser lui-même.
Les juges d'instruction ont donc très souvent recours à la faculté ouverte par l'article 81 du Code de procédure pénale de donner commission rogatoire aux officiers de police judiciaire afin de leur faire exécuter tous les actes d'information nécessaires dans les conditions et sous les réserves prévues aux articles 151 et 152, ce dernier interdisant à l'officier de police judiciaire de procéder aux interrogatoires et confrontations des personnes mises en examen et ne leur permettant de procéder à l'audition des parties civiles ou du témoin assisté qu'à la demande de ceux-ci. À ces actes que le juge d'instruction ne peut déléguer, il convient d'ajouter les perquisitions chez les avocats, journalistes et assimilés, médecins, notaires, huissiers, personnes exerçant des fonctions juridictionnelles, dans les lieux abritant des secrets de la défense nationale, actes que le juge d'instruction ne peut charger un officier de police judiciaire de réaliser en exécution d'une commission rogatoire (CPP, art. 56-1 à 56-5). Tout au plus peut-il, dans ces hypothèses, se faire assister par un officier de police judiciaire.
Une commission rogatoire ne peut prescrire que des actes d'instruction se rattachant directement à la répression de l'infraction visée aux poursuites, car, sinon, le juge d'instruction dépasserait sa saisine. Ainsi est nulle une commission rogatoire délivrée dans une affaire de tentative d'extorsion commise à l'encontre de la gérante de fait d'un bar qui charge les enquêteurs de répertorier l'ensemble des débits de boissons, bars et autres restaurants au sein desquels les personnes soupçonnées de la tentative d'extorsion seraient associées ou qu'elles dirigeraient, directement ou indirectement, de déterminer les conditions dans lesquelles lesdits établissements ont été financés, par qui ils sont gérés et la nature de leurs revenus, d'identifier l'ensemble des gérants et salariés desdits établissements et de se renseigner sur leurs habitudes, antécédents et fréquentations, d'effectuer une enquête approfondie sur un « sex-shop » ainsi que sur un autre établissement, d'adresser toutes réquisitions utiles dans le but de déterminer l'origine réelle du patrimoine de l'ensemble des personnes impliquées dans cette affaire (Cass. crim., 28 sept. 2005, n° 05-84.495 : *Bull. crim.* n° 246).
Elle doit être délivrée à un officier de police judiciaire et non à un service mais si elle est adressée au service, il n'y a aucune irrégularité dès lors qu'elle est bien exécutée par un ou des officiers de police judiciaire (Cass. crim., 9 avr. 2015, n° 14-87.661).

990 **Procès-verbaux séparés.** L'article D. 10 impose aux officiers de police judiciaire qui exécutent une commission rogatoire d'établir des procès-verbaux séparés pour chacun des actes qu'ils sont appelés à faire, chaque procès-verbal devant mentionner le nom et la qualité de l'officier de police judiciaire qui a opéré personnellement, à l'exclusion de tout autre (pour plus de détails, V. *infra*, n° 1545).

991 **Délai d'exécution d'une commission rogatoire.** L'article 151, alinéa 4 du Code de procédure pénale prévoit que : « Le juge d'instruction fixe le délai dans lequel la commission rogatoire doit lui être retournée avec les procès-verbaux dressés pour son exécution par l'officier de police judiciaire. À défaut d'une telle fixation, la commission rogatoire et les procès-verbaux doivent lui être transmis dans les huit jours de la fin des opérations exécutées en vertu de celle-ci », mais le dépassement du délai ne vicie pas les actes effectués même après la date fixée pour le retour de la commission rogatoire (Cass. crim., 10 déc. 2003, n° 03-85.986. – Cass. crim., 15 févr. 2006, n° 05-87.002 : *Bull. crim.* n° 44. – Cass. crim., 15 févr. 2006, n° 05-87.002 : *Bull. crim.* n° 44).

992 **Compte-rendu au magistrat mandat.** L'article D. 34 du Code de procédure pénale prévoit que l'officier de police judiciaire chargé de l'exécution d'une commission rogatoire tient le magistrat commettant informé de son activité, qu'il lui réfère sans délai des difficultés qui viendraient à se présenter et sollicite ses instructions.

D Expertises

993 Lorsque se pose au juge d'instruction une question d'ordre technique, il peut ordonner une expertise.
Les conditions justifiant le recours à une expertise sont identiques à celles dans lesquelles, en

enquête de flagrance ou en enquête préliminaire, l'enquêteur estime devoir faire procéder à des constatations ou à des examens techniques ou scientifiques (CPP, art. 60 et 77-1).
Mais, dans le cadre d'une information, seul le juge d'instruction peut ordonner l'expertise et ne peut pas déléguer à l'enquêteur ses pouvoirs de décider de l'expertise et de choisir l'expert.

E Réquisitions

994 Le juge d'instruction dispose de deux droits de réquisition différents.
D'une part, l'article 51 du Code de procédure pénale lui octroie le droit, dans l'exercice de ses fonctions, de requérir directement la force publique.
D'autre part, l'article 81 lui donne le pouvoir de procéder, conformément à la loi, à tous les actes d'information qu'il juge utiles à la manifestation de la vérité. Il a longtemps été considéré comme lui permettant d'adresser des réquisitions à divers organismes publics et privés. Désormais, l'article 99-3 prévoit de façon expresse que le juge d'instruction peut, par tout moyen, requérir de toute personne, de tout établissement ou organisme privé ou public ou de toute administration publique qui sont susceptibles de détenir des documents intéressant l'instruction, y compris ceux issus d'un système informatique ou d'un traitement de données nominatives, de lui remettre ces documents, notamment sous forme numérique, sans que puisse lui être opposée, sans motif légitime, l'obligation au secret professionnel.
Les réquisitions relatives aux données de connexion, de trafic et de localisation obéissent à un régime spécifique, nécessitant que certaines conditions, fixées à l'article 60-1-2 du Code de procédure pénale, soient réunies (V. *infra*, n°s 3505 et s.).
En pratique, les juges d'instruction usent assez peu de leur droit personnel de réquisition et en chargent souvent les officiers de police judiciaire délégataires de leurs commissions rogatoires.
Le législateur en a d'ailleurs plus ou moins pris acte. Si l'article 99-3 prévoit que le droit de réquisition qu'il énonce appartient au juge d'instruction ou à l'officier de police judiciaire délégataire, le droit de réquisition par voie télématique (CPP, art. 99-4, al. 1) est prévu au bénéfice du seul officier de police judiciaire, voire à l'agent de police judiciaire agissant sous le contrôle de celui-ci, sur autorisation du juge d'instruction, pour les réquisitions aux fins de préservation du contenu des informations consultées par les personnes utilisatrices des services fournis par les opérateurs, prévues à l'alinéa 2 de l'article 99-4 de ce Code.

F Transport, perquisitions, saisies

995 L'article 92 du Code de procédure pénale énonce que « le juge d'instruction peut se transporter sur les lieux pour y effectuer toutes constatations utiles ou procéder à des perquisitions » tandis que l'article 93 lui permet, si les nécessités de l'information l'exigent, de se transporter avec son greffier dans toute l'étendue du territoire national, à effet d'y procéder à tous actes d'instruction.
Les articles 94 à 97 réglementent le droit qu'a le juge d'instruction de procéder à des perquisitions et des saisies.
Là encore, force est de constater qu'en pratique le magistrat instructeur se transporte peu aux fins de perquisition et qu'il délègue souvent ses pouvoirs en la matière à un officier de police judiciaire. En revanche, il use plus souvent de son pouvoir de saisie, spécialement de saisie en vue d'une confiscation (V. *infra*, n°s 2137 et s., 2329 et s.).

G Interrogatoires et auditions

996 Les interrogatoires, auditions, confrontations sont des actes importants de l'instruction. Seul le juge d'instruction peut interroger la personne mise en examen et la confronter. Les auditions de partie civile et de témoin assisté ne peuvent être réalisées par un officier de police judiciaire que si la personne concernée le demande. Ce n'est pas si courant, et c'est donc le plus souvent le juge d'instruction qui procède aux auditions de partie civile et de témoin assisté et, partant, à leurs confrontations entre eux et avec le mis en examen.

997 Le premier interrogatoire d'une personne mise en examen, dit « interrogatoire de première comparution », obéit à un régime particulier. À cette occasion le juge d'instruction doit notifier à la personne mise en examen un certain nombre de droits qu'elle pourra exercer au cours de l'information.

998 **Témoin assisté.** Entre le statut de témoin « simple » et celui de personne mise en examen, existe un statut de témoin assisté qui peut s'acquérir de diverses façons mais qui, très schématiquement, est octroyé à une personne mise en cause sans que, pour autant, il existe à son encontre des indices graves ou concordants contre elle et qu'il soit nécessaire de lui imposer une mesure de sûreté. Ce témoin assisté ne prête pas serment.
Il dispose de droits moins importants que ceux que fait acquérir une mise en examen. Il a, comme

son nom l'indique, pour principal droit celui d'être assisté d'un avocat qui a accès au dossier. Il peut demander à être mis en examen pour bénéficier de droits plus importants et cela ne peut lui être refusé.

H Mandats

999 Le juge d'instruction a le pouvoir de décerner quatre mandats différents :
– le mandat de recherche qui est l'ordre donné à la force publique de rechercher la personne à l'encontre de laquelle il est décerné – parce qu'il existe une ou plusieurs raisons plausibles de soupçonner qu'elle a commis ou tenté de commettre une infraction – et de la placer en garde à vue (CPP, art. 122, al. 2) ;
– le mandat de comparution qui a pour objet de mettre en demeure la personne à l'encontre de laquelle il est décerné de se présenter devant le juge à la date et à l'heure indiquées par ce mandat (CPP, art. 122, al. 4). Il ne s'agit en fait que d'une convocation un peu plus solennelle que celle adressée par courrier ;
– le mandat d'amener qui est l'ordre donné à la force publique de conduire immédiatement devant lui la personne à l'encontre de laquelle il est décerné (CPP, art. 122, al. 5) ;
– le mandat d'arrêt qui est l'ordre donné par le juge d'instruction à la force publique de rechercher la personne à l'encontre de laquelle il est décerné et de la conduire devant lui après l'avoir, le cas échéant, conduite à la maison d'arrêt indiquée sur le mandat, où elle sera reçue et détenue (CPP, art. 122, al. 6).

I Mesures de sûreté

1000 Le juge d'instruction peut placer la personne mise en examen sous contrôle judiciaire ou sous assignation à résidence avec surveillance électronique et il peut saisir le juge des libertés et de la détention aux fins de placement en détention provisoire.
Le contrôle judiciaire est une mesure de sûreté pouvant comporter de multiples obligations ou interdictions listées à l'article 138 du Code de procédure pénale. Parmi elles, figurent notamment les interdictions de sortir de limites données, l'interdiction de se rendre en un ou plusieurs endroits, l'interdiction d'entrer en contact avec des personnes spécialement désignées, l'interdiction, contrôlée par un dispositif électronique mobile anti-rapprochement, de se rapprocher d'une victime de violences conjugales, l'interdiction d'exercer des activités de nature professionnelle ou sociale, l'obligation de déposer un cautionnement, l'obligation de soins ou de suivi par un service socio-éducatif, l'interdiction de conduire. En cas de non-respect de ces obligations ou interdictions, le contrôle judiciaire peut être révoqué et la personne concernée placée en détention provisoire.
L'assignation à résidence avec surveillance électronique est une mesure de sûreté plus contraignante qui oblige la personne à demeurer à son domicile et à ne s'en absenter qu'aux conditions et pour les motifs déterminés par le juge et qui est contrôlée par bracelet électronique voire, dans certains cas, par bracelet électronique mobile. L'assignation peut en outre être accompagnée des obligations et interdictions prévues pour le contrôle judiciaire. Là aussi, le non-respect de l'assignation ou des obligations supplémentaires peut entraîner la révocation de la mesure et le placement en détention provisoire.
Le juge d'instruction avait initialement le pouvoir de placer une personne mise en examen en détention provisoire et de gérer les demandes de mise en liberté et les prolongations et maintien en détention, mais le législateur a décidé de confier les compétences en matière de détention provisoire à un magistrat différent, le juge des libertés et de la détention, sans pour autant enlever tout pouvoir au juge d'instruction.
Dès lors, le placement en détention provisoire ne peut être ordonné que par le juge des libertés et de la détention, mais il doit être saisi par le juge d'instruction. Dans certains cas et à certaines conditions (CPP, art. 137-4), si le juge d'instruction refuse de saisir le juge des libertés et de la détention, le procureur de la République peut le saisir directement.
Les demandes de mise en liberté et prolongations sont du ressort du juge des libertés et de la détention qui doit être saisi par le juge d'instruction. Celui-ci peut ne pas saisir le juge des libertés et de la détention s'il estime que la mise en liberté s'impose.
Il résulte de ce régime que deux juges différents, le juge d'instruction et le juge des libertés et de la détention, peuvent ordonner la mise en liberté mais que seul le juge des libertés et de la détention peut placer en détention provisoire, prolonger la détention ou refuser la mise en liberté.
En revanche, lors de la clôture de l'information, le juge d'instruction décide seul du maintien en détention sans intervention du juge des libertés et de la détention.

J Techniques spéciales d'enquête (TSE)

1001 Le juge d'instruction peut, dans le cadre de son information, autoriser le recours aux techniques spéciales d'enquête qui font, dans d'autres fiches, l'objet de plus amples développements (V. *infra*, n°s 3688, 3720, 3857, 3904, 4033).

K Clôture contradictoire

1002 Lorsque le juge d'instruction estime que son information est terminée, il communique le dossier au procureur de la République et en avise en même temps les avocats des parties ou, si elles ne sont pas assistées par un avocat, les parties, qui peuvent adresser des observations écrites au juge d'instruction, formuler des demandes d'actes ou d'expertises ou présenter des requêtes en annulation.

Le but de ces dispositions est, très schématiquement, de permettre aux parties de faire valoir tous leurs moyens avant que le juge d'instruction ne prenne la décision, soit de clôturer le dossier par un non-lieu, soit de renvoyer l'affaire devant une juridiction de jugement.

L'ESSENTIEL 1003 **Définition de l'instruction.** L'instruction est la phase de la procédure au cours de laquelle le juge d'instruction recherche si les faits dont il a été saisi ont été commis et par qui ils l'ont été. S'il existe des charges suffisantes contre des personnes identifiées, il les renvoie devant une juridiction de jugement. Sinon, il rend une ordonnance de non-lieu (V. *supra*, n° 964).

1004 Le juge d'instruction est un magistrat du siège indépendant. Il est libre de ses décisions dans le respect de la loi (V. *supra*, n° 965).

Il doit être impartial, instruire à charge et à décharge, respecter la présomption d'innocence, le secret de l'instruction (V. *supra*, n°s 966 à 977).

1005 **L'instruction est de plus en plus contradictoire.** Au principe ancien qui permet à la personne poursuivie de prendre connaissance des éléments du dossier, les réformes successives ont ajouté du contradictoire permettant notamment aux parties d'intervenir dans le déroulement de l'instruction en demandant au juge d'instruction de procéder à des actes et en les autorisant également à faire examiner, en cours d'instruction, la régularité de la procédure (V. *supra*, n° 978).

1006 **Séparation des fonctions.** Le procureur de la République, maître d'œuvre de la procédure en enquête préliminaire ou en enquête de flagrance, est dessaisi en cas d'ouverture d'information et n'est plus qu'associé à la procédure (V. *supra*, n° 980).

Le juge d'instruction ne peut juger au fond une affaire dont il a connu en sa qualité de magistrat instructeur (V. *supra*, n° 982).

1007 **Pas d'autosaisine.** Le juge d'instruction ne peut pas se saisir lui-même d'une affaire ni de faits qui ne lui ont pas été déférés par l'acte de saisine (V. *supra*, n° 988).

1008 **Compétence.** La compétence territoriale du juge d'instruction est définie par l'article 52 du Code de procédure pénale, auquel il convient d'ajouter les règles de compétence matérielle spéciales (V. *supra*, n°s 983 et s.).

1009 **Saisine, désignation.** Le juge d'instruction est le plus souvent saisi par un réquisitoire introductif du procureur de la République, mais il peut l'être par une plainte avec constitution de partie civile de la victime (V. *supra*, n° 987).

Dans les tribunaux où il y a plusieurs juges d'instruction, le président du tribunal désigne le juge chargé de l'instruction. Il peut en désigner plusieurs (V. *supra*, n°s 985 et s.).

1010 Le juge d'instruction, saisi *in rem* (V. *supra*, n° 988), peut, dans le cadre de sa mission, délivrer des commissions rogatoires (V. *supra*, n° 989), ordonner des expertises (V. *supra*, n° 993), adresser des réquisitions (V. *supra*, n° 994), se transporter sur les lieux, procéder à des perquisitions, à des saisies (V. *supra*, n° 995), effectuer des interrogatoires, auditions, confrontations (V. *supra*, n° 996), décerner des mandats (V. *supra*, n° 999), placer les personnes mises en examen sous contrôle judiciaire ou sous assignation à résidence avec surveillance électronique et saisir le juge des libertés et de la détention aux fins de placement en détention provisoire (V. *supra*, n° 1000), autoriser le recours à des techniques spéciales d'enquête et il doit mettre en œuvre une procédure contradictoire avant de clôturer l'instruction (V. *supra*, n° 1002).

POUR ALLER PLUS LOIN...

Revue

- V. Lesclous et C. Marsat : *Dr. pén.* 1993, chron. 57.

Fiche 31

Spécificités de l'instruction

Sommaire

1011 Les très grands traits de ce qu'est une information judiciaire confiée à un juge d'instruction ayant été brossés, les développements qui viennent vont se concentrer sur les grandes différences entre les enquêtes préliminaire et de flagrance et celle sur commission rogatoire auxquelles l'officier de police judiciaire peut se trouver confronté.

I

Seul l'officier de police judiciaire est délégataire du juge d'instruction

1012 **Préliminaire.** Les agents de police judiciaire procèdent aux enquêtes préliminaires sous le contrôle des officiers de police judiciaire (CPP, art. 75), ce qui leur donne, notamment, le droit de procéder à des perquisitions quand la personne chez qui elle a lieu a donné son assentiment (Cass. crim., 7 déc. 2021, n° 20-82.733, publié au bulletin).

1013 **Flagrance.** En enquête de flagrance, certaines dispositions prévoient l'intervention des agents de police judiciaire sous la responsabilité ou le contrôle des officiers de police judiciaire. Tel est le cas :

– de l'accès par un système informatique implanté sur les lieux où se déroule la perquisition à des données intéressant l'enquête en cours et stockées dans ledit système ou dans un autre système informatique, dès lors que ces données sont accessibles à partir du système initial ou disponibles pour le système initial (CPP, art. 57-1) ;

– de la notification des résultats des examens techniques et scientifiques aux personnes à l'encontre desquelles il existe des indices faisant présumer qu'elles ont commis ou tenté de commettre une infraction, ainsi qu'aux victimes (CPP, art. 60) ;
– des réquisitions relatives aux informations intéressant l'enquête, y compris celles issues d'un système informatique ou d'un traitement de données nominatives (CPP, art. 60-1) ;
– des réquisitions adressées aux opérateurs de télécommunications afin qu'ils prennent les mesures propres à assurer la préservation du contenu des informations consultées par les personnes utilisatrices des services fournis par les opérateurs (CPP, art. 60-2) ;
– de la réquisition adressée à personne qualifiée de procéder à l'ouverture des scellés support de données informatiques pour réaliser copie de ces données, afin de permettre leur exploitation sans porter atteinte à leur intégrité (CPP, art. 60-3) ;
– de l'audition de toutes personnes susceptibles de fournir des renseignements sur les faits en cause (CPP, art. 61) ;
– de l'information à la personne placée en garde à vue dudit placement et des droits afférents (CPP, art. 63-1) ;
– de la détermination du moment, des modalités et de la durée de la communication d'une personne gardée à vue avec les tiers (personne avec laquelle elle vit habituellement, parents en ligne directe, frères et sœurs, employeur, autorités consulaires) (CPP, art. 63-2) ;
– de la saisine du bâtonnier afin que soient désignés plusieurs avocats lorsqu'il est nécessaire de procéder à l'audition simultanée de plusieurs personnes placées en garde à vue (CPP, art. 63-3-1) ;
– de l'audition ou de la confrontation (CPP, art. 63-4-3).

1014 **Sur commission rogatoire.** Les articles 81 et 151 du Code de procédure pénale prévoient que le juge d'instruction peut donner commission rogatoire à un officier de police judiciaire et aucun des textes relatifs aux commissions rogatoires n'évoque directement l'intervention des agents de police judiciaire.
L'article 20 du Code de procédure pénale donne cependant le droit à l'agent de police judiciaire de seconder l'officier de police judiciaire et l'article 21-3 octroie à l'assistant d'enquête celui de procéder, à la demande expresse de l'officier de police judiciaire et sous son contrôle, à la réquisition prévue à l'article 99-5 et de délivrer certaines informations (CPP, art. 21-3) (V. *supra*, n°s 295 et s. et *infra*, n° 3464).
En pratique, la commission rogatoire sera traitée, sous la direction de l'officier de police judiciaire, mais il n'empêche que l'agent de police judiciaire y prendra sa part. La limite est qu'il ne peut pas rédiger seul les procès-verbaux.
En outre, l'article 154 précise que les articles 61-3 et 62-2 à 64-1 sont applicables lors de l'exécution des commissions rogatoires. Il semble donc logique d'en déduire que le renvoi, notamment à l'article 63-1, permet à l'agent de police judiciaire, sur commission rogatoire, de notifier à une personne placée en garde à vue sur décision de l'officier de police judiciaire qu'elle est placée sous ce régime et de lui notifier les droits afférents. Il pourra être utile de préciser que cette notification est faite sous le contrôle de l'officier de police judiciaire.

II Saisine limitée

A Saisine délimitée par le réquisitoire du procureur ou la plainte avec constitution de partie civile

1015 Le juge d'instruction étant saisi *in rem*, c'est-à-dire uniquement des faits visés au réquisitoire introductif (en pratique ceux objet de la procédure jointe à ce réquisitoire et qualifiés par cet acte, ou ceux dénoncés dans la plainte avec constitution de partie civile), ses investigations ne peuvent porter que sur ces faits. Il en va, évidemment, de même des officiers de police judiciaire agissant sur commission rogatoire du juge d'instruction puisqu'ils ont, dans les limites de la commission rogatoire, tous les pouvoirs du juge d'instruction (CPP, art. 152).
Le juge d'instruction ne peut donc pas prescrire d'enquêter sur des faits qui ne sont pas dans sa saisine (V. *supra*, n° 989).
L'officier de police judiciaire ne peut pas davantage enquêter sur des faits non inclus dans la saisine du juge d'instruction et non visés dans la commission rogatoire.

Il arrive cependant qu'au cours de l'instruction, le juge, ou au cours de l'exécution de la commission rogatoire l'officier de police judiciaire, découvrent des faits nouveaux qui ne sont pas inclus dans la saisine du juge. Alors qu'en cas de découverte de nouveaux faits au cours d'une enquête préliminaire ou de flagrance les enquêteurs peuvent s'en saisir pourvu qu'ils soient territorialement compétents, le juge d'instruction ou l'officier de police judiciaire exécutant sa commission rogatoire, sauf procédure incidente si l'enquêteur est territorialement compétent (V. *infra*, n° 1019), ne peut pas s'autosaisir.

B Découverte de faits nouveaux

1016 **Faits nouveaux découverts par le juge d'instruction.** Lorsque le juge d'instruction, régulièrement saisi de faits déterminés, découvre des faits nouveaux, il doit, aux termes de l'article 80, alinéa 3 du Code de procédure pénale, communiquer immédiatement au procureur de la République les plaintes ou les procès-verbaux qui les constatent. Le procureur peut alors, soit saisir le juge par réquisitoire supplétif, soit saisir la juridiction de jugement, soit faire poursuivre les investigations sous son autorité, soit encore utiliser les autres modes de poursuite ou alternatifs aux poursuites à sa disposition, soit saisir le procureur territorialement compétent, soit enfin user de son pouvoir d'opportunité des poursuites en procédant au classement sans suite.
Le juge d'instruction peut toutefois, avant toute communication au procureur de la République, consigner la substance des faits nouveaux dans un procès-verbal et, le cas échéant, effectuer d'urgence des vérifications sommaires pour en apprécier la vraisemblance, mais il ne peut, sans excéder ses pouvoirs, procéder à des actes qui, présentant un caractère coercitif, exigent la mise en mouvement préalable de l'action publique (Cass. crim., 6 févr. 1996 : *JurisData* n° 1996-000288 ; *Bull. crim.* n° 60).
Le caractère nouveau des faits et l'étendue des vérifications sommaires que le juge peut faire donnent lieu à un contentieux nourri.

1017 **Faits nouveaux découverts par l'officier de police judiciaire.** Lorsque c'est l'officier de police judiciaire, agissant sur délégation du juge d'instruction, qui découvre des faits nouveaux, il doit en rendre compte à son mandant mais il peut également en informer le procureur de la République (Cass. crim., 14 janv. 1992 : *Bull. crim.* n° 13. – Cass. crim., 21 févr. 1995 : *Bull. crim.* n° 75. – Cass. crim., 1er févr. 2011, n° 10-83.523 : *JurisData* n° 2011-001693 ; *Bull. crim.* n° 15. – Cass. crim., 31 oct. 2012, n° 12-84.220. – Cass. crim., 30 oct. 2012, n° 11-87.244 : *Bull. crim.* n° 228). Il n'y a qu'avantage à ce que l'officier de police judiciaire prenne l'attache tant du juge d'instruction que du procureur de la République.
Il a, comme le juge d'instruction, la possibilité de procéder à des vérifications sommaires en réalisant des actes ne présentant pas un caractère coercitif.
D'une jurisprudence fournie, on extraira quelques exemples dont il résulte que ne constituent pas des actes coercitifs irréguliers :
– la poursuite d'écoutes téléphoniques légalement ordonnées dans l'information initiale et la transcription des conversations interceptées même si elles révèlent la commission d'infractions dont le juge n'a pas été antérieurement saisi (Cass. crim., 31 oct. 2012, n° 12-84.220) ;
– des réquisitions adressées à des opérateurs de téléphonie par des officiers de police judiciaire effectuant sur commission rogatoire la surveillance d'une cabine téléphonique, afin d'obtenir la liste des appels, antérieurs à ces réquisitions, concernant un numéro espagnol appelé depuis cette cabine, de manière à déterminer si les propos échangés lors de cet appel se rapportaient ou non à des faits dont le magistrat instructeur était saisi (Cass. crim., 1er févr. 2011, n° 10-83.523 : *JurisData* n° 2011-001693 ; *Bull. crim.* n° 15).

1018 **Le cas particulier du trafic de stupéfiants.** Les informations ouvertes pour trafic de stupéfiants posent souvent un problème aux enquêteurs qui, lors de l'exécution de la commission rogatoire, constatent souvent la poursuite du trafic après l'ouverture de l'information et découvrent que des livraisons postérieures au réquisitoire introductif sont envisagées ou sont effectuées, ce qui peut poser question au regard de la délimitation de la saisine du juge d'instruction et, par conséquent, de leur capacité à enquêter. Doivent-ils, en cas de découverte de drogue livrée après l'ouverture de l'information, nécessairement ouvrir une enquête incidente en flagrance pour détention – à condition qu'ils soient territorialement compétents –, ou peuvent-ils saisir les stupéfiants découverts dans le cadre de la commission rogatoire qu'ils exécutent ?
La jurisprudence de la chambre criminelle est à cet égard pragmatique.
Dans les affaires où le juge d'instruction est saisi du chef d'association de malfaiteurs en vue de la préparation de trafic de stupéfiants, la chambre criminelle admet, à certaines conditions, que les investigations soient réalisées dans le cadre de la commission rogatoire délivrée immédiatement après l'ouverture de l'information. Ainsi elle a estimé régulières la saisie de plus de trois tonnes de cannabis et l'interpellation des protagonistes en vertu d'une commission rogatoire du juge d'instruction dont la saisine avait été délimitée par divers

réquisitoires dont le dernier remontait à trois semaines (Cass. crim., 9 oct. 2013, nos 13-85.228 et 11-81.148). Elle a eu la même position dans une affaire où les enquêteurs avaient reçu en janvier une information selon laquelle un individu déjà connu de leurs services était susceptible de se livrer au commerce de stupéfiants et plus particulièrement à des importations de cocaïne d'Espagne vers le sud de la France. Les premières investigations avaient révélé que l'intéressé était en relation avec d'anciens codétenus, connus pour des faits de trafic de stupéfiants. Une instruction avait été ouverte le 16 janvier des chefs d'infractions à la législation sur les stupéfiants et association de malfaiteurs. Des surveillances physiques, des interceptions de communications, des réquisitions à des opérateurs de téléphonie en vue notamment de la géolocalisation d'une ligne et de son suivi dynamique, des opérations de captation d'images en continu avaient été mises en place. La possibilité qu'une importation de stupéfiants ait eu lieu le 17 juin, conduisait les policiers à interpeller, le 18 juin, les suspects et à découvrir des stupéfiants, de l'argent, des armes qu'ils saisissaient dans le cadre des délégations qu'ils exécutaient. À l'issue des gardes à vue, le procureur de la République délivrait au juge d'instruction un réquisitoire supplétif le saisissant des faits postérieurs au réquisitoire introductif. Plusieurs mis en examen introduisaient des requêtes en annulation fondées notamment sur la violation du principe de la saisine *in rem* du juge d'instruction. Ils faisaient notamment valoir une violation, par les officiers de police judiciaire agissant sur commissions rogatoires, des limites de la saisine initiale du juge d'instruction, tant par le recours à des moyens coercitifs pour établir des faits nouveaux d'importation de stupéfiants, que dans les auditions des personnes gardées à vue, portant sur ces mêmes faits. La chambre de l'instruction écartait ces griefs en retenant que, « si les enquêteurs ont pu assister à des agissements des personnes mises en cause leur laissant penser qu'elles se livraient à des importations, ils n'en ont eu la certitude qu'au moment de leur interpellation ; (...) ces mêmes agissements démontraient la persistance, de la part des intéressées, de projets de commettre des infractions en lien avec le délit d'association de malfaiteurs dont était saisi le magistrat instructeur » et en ajoutant que « ces indices n'ont été confortés qu'à l'issue des investigations physiques et techniques, ainsi que des arrestations et des saisies opérées ». La chambre criminelle a rejeté le pourvoi estimant « qu'en l'état de ces motifs, d'où il se déduit que, d'une part, les moyens coercitifs à l'occasion desquels étaient apparus les indices de la commission de faits nouveaux avaient été mis en œuvre régulièrement pour établir les délits dont le juge d'instruction était saisi et dont ils étaient le prolongement, que, d'autre part, les officiers de police judiciaire pouvaient, lors de l'audition des personnes placées en garde à vue pour ces mêmes délits, effectuer des vérifications sommaires sur les faits nouveaux qu'ils avaient constatés, avant de transmettre les procès-verbaux les relatant au juge mandant » (Cass. crim., 14 janv. 2014, n° 13-84.909).
La chambre criminelle a pris la même position dans des arrêts postérieurs (Cass. crim., 6 déc. 2016, n° 16-84.631. – Cass. crim., 10 avr. 2018, n° 17-85.301 : *Bull. crim.* n° 69). Il peut donc être considéré que sa doctrine est bien établie.

1019 **Pouvoirs propres des officiers de police judiciaire.** Les officiers de police judiciaire qui découvrent des faits nouveaux au cours de l'exécution d'une commission rogatoire peuvent également, en vertu des pouvoirs propres qu'ils tiennent de la loi, effectuer d'urgence les vérifications sommaires qui s'imposent pour en apprécier la vraisemblance pourvu qu'elles ne présentent pas un caractère coercitif exigeant la mise en mouvement de l'action publique (Cass. crim., 27 mars 2012, n° 11-88.321 : *Bull. crim.* n° 82. – Cass. crim., 6 janv. 2015, n° 14-85.528 : *Bull. crim.* n° 8. – Cass. crim., 24 juin 2015, n° 14-86.817. – Cass. crim., 15 juin 2016, n° 15-86.043 : *Bull. crim.* n° 186).

1020 Ajoutons que si les faits sont bien hors de la saisine du juge d'instruction, les enquêteurs, après avis au procureur de la République et s'ils sont territorialement compétents, pourront diligenter une procédure distincte qu'ils transmettront au procureur de la République.
S'ils ne sont pas territorialement compétents, les officiers de police judiciaire territorialement compétents, qui éventuellement les accompagnent sur ordre de leur mandant comme il est possible aux termes de l'article 18 du Code de procédure pénale, pourront diligenter cette procédure distincte et la transmettre au procureur de la République territorialement compétent.
En présence de faits nouveaux, que leur découverte ait donné lieu ou non à vérifications sommaires, le juge d'instruction demandera le plus souvent à l'officier de police judiciaire de lui adresser un rapport et les procès-verbaux correspondants afin de communiquer ces pièces au procureur de la République comme l'impose l'article 80, alinéa 3 du Code de procédure pénale. Il pourra même éventuellement lui demander de clôturer la commission rogatoire dans la perspective de lui en délivrer une nouvelle.
Le procureur de la République, en possession soit des pièces transmises par le juge d'instruction, soit d'une procédure distincte adressée par les

enquêteurs, pourra vouloir saisir le juge d'instruction des faits qui n'étaient pas initialement dans la saisine du juge d'instruction. Il le fera alors par un réquisitoire supplétif.
Le juge d'instruction qui voudra charger l'officier de police judiciaire d'enquêter sur ces faits nouveaux dont il aura été saisi par réquisitoire supplétif aura plusieurs possibilités. Il pourra délivrer à l'officier de police judiciaire une nouvelle commission rogatoire. Il aura également la possibilité de délivrer une commission rogatoire complémentaire. Il pourra aussi adresser à l'officier de police judiciaire un soit-transmis pour lui indiquer qu'ayant été saisi de faits nouveaux, il lui demande d'enquêter à leur sujet dans le cadre de l'exécution de la commission rogatoire primitivement délivrée (Cass. crim., 19 janv. 2016, n° 15-81.039. – Cass. crim., 19 janv. 2016, n° 15-81.041 : *Bull. crim.* n° 14).

III Audition des témoins

1021 L'audition des témoins au cours de l'instruction présente des particularités importantes tenant, d'une part, à l'obligation de prêter serment, d'autre part aux dispositions de l'article 105 du Code de procédure pénale, et enfin à l'existence d'une catégorie particulière des témoins que sont les témoins assistés.

A Serment

1022 Au cours d'une instruction et donc sur commission rogatoire devant l'officier de police judiciaire, les témoins doivent prêter serment de dire toute la vérité, rien que la vérité (CPP, art. 103 et 153), ce qui n'est pas le cas lorsque des témoins sont entendus au cours d'une enquête préliminaire ou d'une enquête de flagrance.
Le témoin contre lequel il n'existe aucune raison plausible de soupçonner qu'il a commis ou tenté de commettre une infraction ne peut être retenu que le temps strictement nécessaire à son audition. En revanche si le témoin – à l'égard duquel il existe des raisons plausibles de soupçonner qu'il a participé comme auteur ou complice à l'infraction – est placé en garde à vue, il ne prête pas serment. Le Conseil constitutionnel (Cons. const., 4 nov. 2016, n° 2016-594 QPC) ayant déclaré contraire à la Constitution l'ancienne rédaction qui prévoyait que « le fait que les personnes gardées à vue aient été entendues après avoir prêté serment ne constitue toutefois pas une cause de nullité de la procédure », une erreur consistant à faire prêter serment devrait logiquement conduire à l'annulation de l'audition.

1023 **Faux témoignage.** L'article 434-13 du Code pénal punit de cinq ans d'emprisonnement et de 75 000 € d'amende le témoignage mensonger fait sous serment devant toute juridiction ou devant un officier de police judiciaire agissant en exécution d'une commission rogatoire. Les peines sont aggravées par l'article 434-14 en cas de remise de don ou de récompense ou lorsque le faux témoignage est fait dans une procédure criminelle.
Le juge d'instruction constitue une juridiction et le texte est donc applicable au faux témoignage fait devant lui.
L'article 434-13, dans son alinéa 2, réduit cependant de fait la portée du texte dans la mesure où il prévoit que le faux témoin est exempt de peine s'il a rétracté spontanément son témoignage avant la décision mettant fin à la procédure rendue par la juridiction d'instruction ou par la juridiction de jugement. Certes, l'infraction est constituée dès que le faux témoignage est porté devant l'officier de police judiciaire, mais il n'est pas possible de prononcer une condamnation avant l'issue de la procédure dans lequel le témoignage est délivré.

B Article 105

1024 Les textes relatifs à l'instruction comportent une disposition qui n'a pas son équivalent dans le cadre de l'enquête préliminaire ou de l'enquête de flagrance. C'est celle prévue par l'article 105 qui interdit au juge d'instruction ou à l'officier de police judiciaire saisi par commission rogatoire d'entendre comme témoin les personnes à l'encontre desquelles il existe des indices graves **et** concordants d'avoir participé aux faits dont le juge d'instruction est saisi.
La jurisprudence ne se montre pas très exigeante quant aux conditions d'application de cet article 105. La chambre criminelle retient le plus souvent que « le juge d'instruction a la faculté de ne mettre en examen une personne déterminée qu'après s'être éclairé, notamment en faisant

Spécificités de l'instruction

procéder à son audition en qualité de témoin, sur sa participation aux agissements incriminés dans des conditions pouvant engager sa responsabilité pénale » (Cass. crim., 25 juin 2013, n° 12-88.021 : *Bull. crim.* n° 155. – Cass. crim., 6 déc. 2017, n° 16-83.860).

La chambre criminelle considère en outre qu'il n'y a pas de nullité lorsque la personne n'a pas fait de déclaration lui faisant grief (Cass. crim., 14 janv. 2003, n° 02-87.062 : *JurisData* n° 2003-017560 ; *Bull. crim.* n° 6 ; *Procédures* 2003, comm. 152, obs. J. Buisson. – Cass. crim., 2 mars 2004, n° 03.87-667).

Au titre des quelques décisions de la Cour de cassation estimant que les dispositions de l'article 105 avaient été violées, on peut signaler :

– l'annulation des auditions prolongées d'une personne contre laquelle existaient des accusations précises (Cass. crim., 30 avr. 1960 : *Bull. crim.* n° 227 ; *JCP* G 1960, II, 11660) ou qui avait fait des aveux circonstanciés (Cass. crim., 13 févr. 1975 : *Bull. crim.* n° 53 ; *JCP* G 1977, II, 18727, 1re esp., note Mayer-Jack ; *Gaz. Pal.* 1975, 1, p. 344. – Cass. crim., 16 juin 1981 : *Bull. crim.* n° 207 ; *D.* 1983, IR p. 76, obs. G. Roujou de Boubée) ou à qui, en raison de ses déclarations, il avait été donné connaissance des dispositions de l'article 105 avant de poursuivre son audition (Cass. crim., 9 juill. 1975 : *JCP* G 1977, II, 18727, 3e esp., note Mayer-Jack) ;

– les auditions réalisées alors que le juge d'instruction avait « indiqué, par écrit, dans une procédure, que les éléments à charge préexistants à l'encontre de personnes soupçonnées, complétés par des investigations menées sur commission rogatoire, lui paraiss[ai]ent suffisants pour impliquer celles-ci en toute certitude » (Cass. crim., 20 juin 2001, n° 01-82.607 : *JurisData* n° 2001-011154 ; *Bull. crim.* n° 156).

C Témoin assisté

1025 Le statut de témoin assisté s'acquiert dans plusieurs circonstances, soit obligatoirement, soit à l'initiative du juge d'instruction. L'objet de cet ouvrage, destiné avant tout aux enquêteurs, n'est pas d'exposer en détail ce statut mais d'attirer l'attention des enquêteurs sur deux cas de figure qu'ils sont susceptibles de rencontrer. Ils doivent avoir deux règles à l'esprit.

D'une part, comme il a déjà été indiqué (V. *supra*, n° 996), les personnes ayant acquis le statut de témoin assisté ne peuvent être entendues sur commission rogatoire par un officier de police judiciaire qu'à leur demande.

D'autre part, il résulte des dispositions de l'article 113-2 du Code de procédure pénale telles qu'interprétées par un arrêt du 6 août 2008 de la chambre criminelle (Cass. crim., 6 août 2008, n° 08-82.924 : *JurisData* n° 2008-044944 ; *Bull. crim.* n° 171) que l'officier de police judiciaire ne peut entendre une personne nommément visée par une plainte avec constitution de partie civile comme simple témoin, et donc éventuellement la placer en garde à vue, que s'il l'a informée de ce qu'elle était nommément visée et qu'elle a consenti à être entendue par l'officier de police judiciaire et non par le juge d'instruction sous le statut de témoin assisté.

IV Partie civile

1026 Il a été indiqué que l'article 152 du Code de procédure pénale prévoyait que l'officier de police judiciaire ne pouvait entendre une partie civile sur commission rogatoire qu'à sa demande (V. *supra*, n° 996).

La chambre criminelle a cependant validé le placement en garde à vue d'une partie civile sur commission rogatoire en retenant que « ne constituent pas une cause de nullité le placement en garde à vue et l'audition, par les policiers sur commission rogatoire, d'une personne, dès lors qu'il existe à son encontre des indices faisant présumer qu'elle a commis l'infraction, objet de l'information, ou qu'elle y a participé, quand bien même se serait-elle constituée partie civile dans cette procédure », et ce sans évoquer le fait que la partie civile avait ou non demandé à être entendue (Cass. crim., 28 avr. 2004, nos 01-84.554 et 04-80.789 : *Bull. crim.* n° 103).

V Exécution des mandats

1027 Les officiers de police judiciaire et agents de police judiciaire peuvent être conduits, dans le cadre d'une enquête diligentée sous le contrôle du juge d'instruction, à exécuter des mandats de recherche, de comparution, d'amener et d'arrêt.
Ils peuvent également se trouver en position de devoir exécuter des mandats de juge d'instruction alors qu'ils ne sont par ailleurs pas saisis de l'enquête relative aux faits dans le cadre desquels le mandat est décerné. Les règles d'exécution sont les mêmes.

A Notification des différents mandats

1028 **Mandat de recherche.** La mise à exécution d'un mandat de recherche ne présente pas de différences significatives selon que le mandat a été décerné par un procureur de la République en enquête préliminaire ou de flagrance ou qu'il s'agit d'un mandat de recherche décerné par un juge d'instruction, si ce n'est quant au magistrat à qui il doit être rendu compte.
L'officier de police judiciaire, l'agent de police judiciaire ou l'agent de la force publique qui exécute le mandat de recherche doit l'exhiber à la personne qui en est l'objet et lui en délivrer copie.
Le mandat de recherche délivré par le juge d'instruction peut être notifié et exécuté par un agent de la police judiciaire ou par un agent de la force publique, mais l'intervention de l'officier de police judiciaire s'imposera dès lors que ce mandat tend à rechercher la personne à l'encontre de laquelle il est décerné et à la placer en garde à vue, mesure que seul l'officier de police judiciaire peut décider.

1029 **Mandat de comparution.** Le mandat de comparution, qui a pour objet de mettre en demeure la personne à l'encontre de laquelle il est décerné de se présenter devant le juge à la date et à l'heure indiquées par ce mandat, peut être notifié par un officier ou agent de la police judiciaire, ou par un agent de la force publique. Copie doit être délivrée à la personne qui en fait l'objet.

1030 **Mandat d'amener.** Le mandat d'amener, qui est l'ordre donné à la force publique de conduire immédiatement devant lui la personne à l'encontre de laquelle il est décerné, est notifié et exécuté par un officier ou agent de la police judiciaire ou par un agent de la force publique. L'article R. 188 du Code de procédure pénale exclut les officiers de gendarmerie et les commissaires de police et commissaires adjoints de la liste des personnes pouvant notifier ce type de mandat.
L'agent qui notifie le mandat en fait l'exhibition à la personne concernée et lui en délivre copie.

1031 **Mandat d'arrêt.** Le mandat d'arrêt qui peut être délivré contre une personne en fuite ou qui réside à l'étranger et qui donne mission à la force publique de rechercher la personne à l'encontre de laquelle il est décerné et de la conduire devant lui après l'avoir, le cas échéant, conduite à la maison d'arrêt indiquée sur le mandat, où elle sera reçue et détenue est notifié dans les mêmes conditions que le mandat d'amener.

B Entrée dans les lieux pour notification d'un mandat de recherche, d'un mandat d'amener ou d'un mandat d'arrêt

1032 **Entrée dans les lieux et découverte de la personne recherchée.** Pour notifier un mandat de recherche, d'amener ou d'arrêt, l'agent chargé de l'exécuter peut s'introduire dans le domicile d'un citoyen. Il ne peut le faire qu'aux heures légales, soit entre 6 heures et 21 heures.
Il n'existe pas de dérogation à ces horaires comme il y en a pour les perquisitions en matière de trafic de stupéfiants (CPP, art. 706-28), de proxénétisme (CPP, art. 706-35), de criminalité et délinquance organisées (CPP, art. 706-89 à 706-90).
L'agent chargé de l'exécution d'un mandat d'amener peut se faire accompagner d'une force suffisante pour que la personne ne puisse se soustraire à la loi.
En pénétrant dans les lieux où la personne faisant l'objet du mandat est susceptible de se trouver, l'enquêteur ne réalise pas une perquisition.
Si, dans les lieux, il trouve la personne faisant l'objet du mandat, il l'appréhende et ne peut pas fouiller les lieux plus avant en vue de la recherche d'objets à saisir, tout du moins en vertu du mandat.

Spécificités de l'instruction

Il ne pourrait procéder à une perquisition qu'en exécution d'une commission rogatoire qu'il serait par ailleurs chargé d'exécuter.

1033 **Notification à dernier domicile connu.** Si l'enquêteur ne peut saisir la personne faisant l'objet du mandat, l'alinéa 3 de l'article 134 du Code de procédure pénale lui impose de dresser un procès-verbal de perquisition et de recherches infructueuses. Ce n'est pas une perquisition classique avec fouille des lieux en vue de la recherche d'objets que l'enquêteur réalise, mais une fouille en vue de rechercher si la personne ne s'est pas cachée. Il s'agit donc d'une « visite domiciliaire à vocation déterminée n'autorisant que la recherche de la personne faisant l'objet du mandat ».

L'établissement, dans cette hypothèse, d'un procès-verbal de perquisition et de recherches infructueuses est essentiel, car – sauf absence de tout domicile en France – ce n'est qu'à cette condition que le juge d'instruction pourra valablement renvoyer devant la juridiction de jugement une personne qui n'aura pas été retrouvée et interrogée. L'enquêteur doit également s'assurer que l'adresse à laquelle il procède à la perquisition et à l'établissement d'un procès-verbal de recherches infructueuses est bien la dernière adresse connue de la personne recherchée.

Cette perquisition peut être effectuée par un agent de police judiciaire (Cass. crim., 10 avr. 2019, n° 18-83.709 : *Bull. crim.* n° 75).

C Possibilité de rétention

1034 **Interpellation à moins de 200 km.** Lorsque l'exécution du mandat d'amener ou du mandat d'arrêt a lieu à **moins de deux cents kilomètres** du siège du juge mandant, la personne interpellée en exécution d'un mandat d'amener est en principe immédiatement interrogée par le juge d'instruction et celle faisant l'objet d'un mandat d'arrêt est présentée dans les vingt-quatre heures suivant son arrestation devant le juge d'instruction ou à défaut le président du tribunal ou le juge désigné par celui-ci pour qu'il soit procédé à son interrogatoire et qu'il soit le cas échéant statué sur son placement en détention provisoire dans les conditions prévues par l'article 145.

Mais si la présentation au magistrat ne peut être immédiate, la personne interpellée en exécution d'un mandat d'amener peut être retenue par les services de police ou de gendarmerie pendant une durée maximum de vingt-quatre heures suivant son arrestation avant d'être présentée devant le juge d'instruction ou à défaut le président du tribunal ou un juge désigné par celui-ci, qui procède immédiatement à son interrogatoire.

Lorsque la personne interpellée l'est en exécution d'un mandat d'arrêt, elle doit être présentée dans les vingt-quatre heures suivant son arrestation devant le juge d'instruction ou à défaut le président du tribunal ou le juge désigné par celui-ci pour qu'il soit procédé à son interrogatoire et qu'il soit le cas échéant statué sur son placement en détention provisoire.

Ce délai de vingt-quatre heures emporte rétention.

1035 **Obligation et droits liés à la rétention.** En cas de rétention, aussi bien dans le cadre de l'exécution d'un mandat d'amener que d'un mandat d'arrêt, le procureur de la République du lieu de l'arrestation doit être informé dès le début de cette rétention. En outre, la personne a le droit de faire prévenir un proche dans les conditions prévues par l'article 63-2, d'être examinée par un médecin dans les conditions prévues à l'article 63-3 et d'être assistée d'un avocat dans les conditions prévues aux articles 63-3-1 à 63-4-4. On renvoie pour la mise en œuvre de ces droits aux développements relatifs à la garde à vue (V. *infra*, n°s 2870 et s.).

1036 **Interpellation à plus de 200 km.** Lorsque la personne est trouvée à **plus de deux cents kilomètres** du siège du juge mandant, que ce soit en exécution d'un mandat d'amener ou d'un mandat d'arrêt, le législateur a souhaité que la personne soit, si possible, conduite devant le juge mandant dans les vingt-quatre heures mais il a pris en compte que ce n'était pas toujours possible en prévoyant qu'en pareil cas, la personne arrêtée soit conduite – dans les vingt-quatre heures pour le mandat d'arrêt –, devant le juge des libertés et de la détention du lieu d'arrestation qui sera chargé d'organiser son transfèrement dans les quatre jours (six jours avec l'outre-mer) vers le juge d'instruction mandant.

À cet égard, l'article 133 du Code de procédure pénale n'exige pas que soient mentionnées en procédure les circonstances rendant impossible la conduite devant le juge mandant, dans les vingt-quatre heures, de la personne interpellée en vertu d'un mandat d'arrêt (Cass. crim., 6 déc. 2016, n° 16-86.021 : *Bull. crim.* n° 323).

1037 **Obligations de l'enquêteur.** Une rétention peut donc avoir lieu soit avant présentation dans les vingt-quatre heures au juge d'instruction, soit avant conduite devant le juge des libertés et de la détention. Le procureur de la République doit être informé, et les droits de faire prévenir un proche, d'être examiné par un médecin et d'être assisté d'un avocat, doivent être mis en œuvre par l'enquêteur.

VI Expertise

1038 **Seul le juge d'instruction peut ordonner une expertise.** Il a été indiqué que dans le cadre d'une information, seul le juge d'instruction peut ordonner l'expertise et que l'enquêteur n'a pas le pouvoir d'ordonner un examen technique (V. *supra*, n° 993). Le fait que l'officier de police judiciaire outrepasse ses pouvoirs constitue indéniablement une nullité (Cass. crim., 20 janv. 1972 : *Bull. crim.* n° 30. – Cass. crim., 2 sept. 1986, n° 86-93.266 : *JurisData* n° 1986-001622).

1039 **Qu'est-ce, à proprement parler, qu'une expertise ?** Cette règle essentielle peut parfois être difficile à mettre en œuvre dans la mesure où l'on peut s'interroger sur ce qui constitue « une question d'ordre technique ».

A Ne sont pas des expertises

1040 La jurisprudence a précisé que ne constituaient pas des expertises :
– la détermination du taux d'alcool d'une victime, sans interprétation du résultat. Il s'agit de simples constatations (Cass. crim., 6 oct. 1986, n° 86-93.988 : *Bull. crim.* n° 270. – Cass. crim., 2 sept. 1986, n° 86-93.266 : *JurisData* n° 1986-001622) ;
– la prise de photographies du corps de la victime (Cass. crim., 5 mai 1959 : *Bull. crim.* n° 242) ;
– la simple pesée, par un pharmacien requis par un officier de police judiciaire, d'un projectile extrait du corps de la victime (Cass. crim., 20 janv. 1972 : *Bull. crim.* n° 30) ;
– la délivrance d'un certificat médical par un médecin à la demande du juge d'instruction (Cass. crim., 3 oct. 1979 : *Bull. crim.* n° 269) ou de la victime (Cass. crim., 9 juill. 1980, n° 80-90.568 : *JurisData* n° 1980-095033) ;
– la simple traduction d'un écrit puisque « les formes prescrites, pour la désignation des experts, par les articles 156 et suivants du Code de procédure pénale ne doivent être observées, en ce qui concerne la désignation de traducteurs-interprètes, que dans le cas où la mission qui leur est confiée par le juge d'instruction ne se limite pas à la simple traduction de documents mais comporte des questions d'ordre technique portant sur le fond de l'affaire et revêt ainsi le caractère d'une expertise » (Cass. crim., 20 août 1986, n° 86-92.877 : *JurisData* n° 1986-001610) ;
– une analyse de sang pour déterminer son groupe et la teneur en alcool (Cass. crim., 17 mars 1987, n° 86-96.682 : *JCP* G 1988, II, 20993, note Chambon) ;
– le concours matériel apporté par un officier de police judiciaire qui a aidé les experts à reconstituer les scellés qui ne saurait constituer une participation à l'expertise pour laquelle il n'avait pas à être désigné (Cass. crim., 24 nov. 1987, n° 87-84.993 : *JurisData* n° 1987-002209) ;
– la demande adressée par un officier de police judiciaire, agissant sur commission rogatoire, au directeur d'un laboratoire de police scientifique de le renseigner sur la provenance d'un document qu'il lui soumet (Cass. crim., 7 juin 1988, n° 88-81.828 : *JurisData* n° 1988-001476) ;
– la traduction d'un procès-verbal d'écoute téléphonique d'une conversation tenue en arabe dès lors que la mission ne comportait aucune question d'ordre technique ;
– le certificat médical d'un médecin relatif à la compatibilité de l'état de santé d'une personne avec une mesure de garde à vue (Cass. crim., 17 févr. 1999, n° 98-80.557) ;
– un prélèvement d'échantillon en vue d'une expertise toxicologique. Le prélèvement peut être dissocié de l'expertise elle-même (Cass. crim., 23 avr. 2013, n° 13-80.638, F-D : *JurisData* n° 2013-010046).
Les mesures anthropométriques, les relevés de traces diverses, les prises de photographies, et autres opérations techniques (CPP, art. C. 349) constituent de simples renseignements qui échappent aux règles de l'expertise et dont les résultats seront versés au dossier à titre de renseignements soumis à débat contradictoire (Cass. crim., 5 mai 1959 : *Bull. crim.* n° 242. – Cass. crim., 4 nov. 2010, n° 10-84.389, 6337 : *JurisData* n° 2010-022614).

B Sont des expertises

1041 La jurisprudence a, en revanche, précisé que constituaient des expertises :
– la mission de déterminer qui est l'auteur du brouillon d'une lettre (Cass. crim., 20 déc. 1972 : *Bull. crim.* n° 395) ;
– l'examen mental tendant à déterminer notamment si l'inculpé était en état de démence (Cass. crim., 9 janv. 1975 : *Bull. crim.* n° 10) ;
– l'examen d'un projectile à l'effet de déterminer son calibre et de rechercher quelle est l'arme qui l'a tiré (Cass. crim., 18 avr. 1972 : *Bull. crim.* n° 129) ;

– la reconstitution d'un texte incomplet comme accessoire à une mission de traduction (Cass. ass. plén., 19 oct. 1984, n° 84-93.713 : *JurisData* n° 1984-702398) ;
– l'examen médical en vue de précéder à des recherches sur l'état de santé de l'inculpé ordonné par le juge d'instruction (Cass. crim., 5 oct. 1976 : *Bull. crim.* n° 277) ;
– l'examen psychologique prévu par l'article 81 du Code de procédure pénale (Cass. crim., 28 janv. 1969 : *Bull. crim.* n° 50. – Cass. crim., 20 avr. 1972 : *Bull. crim.* n° 136. – Cass. crim., 5 janv. 1977 : *Bull. crim.* n° 8).

C Copie et exploitation de données informatiques

1042 **Régime hybride.** Le législateur a instauré un régime hybride pour les données informatiques, où l'officier de police judiciaire – et même l'agent de police judiciaire agissant sous le contrôle de l'officier de police judiciaire – peut choisir le spécialiste avec l'autorisation du juge d'instruction. L'article 99-5 du Code de procédure pénale permet en effet à l'officier de police judiciaire ou, sous son contrôle, à l'agent de police judiciaire, ainsi qu'à l'assistant d'enquête sur demande expresse et sous contrôle de l'officier de police judiciaire, avec l'autorisation expresse du juge d'instruction, de requérir, par tout moyen, toute personne qualifiée inscrite sur une liste d'experts ou ayant prêté par écrit serment d'apporter son concours à la justice en son honneur et en sa conscience ou à des services ou des organismes de police technique et scientifique de la police nationale et de la gendarmerie nationale, sans qu'il soit nécessaire de requérir ces derniers, de procéder à l'ouverture des scellés contenant des supports de données informatiques pour réaliser une ou plusieurs copies de ces données ou de procéder aux opérations techniques nécessaires à leur mise à la disposition de l'officier de police judiciaire, afin de permettre leur exploitation sans porter atteinte à leur intégrité (V. *infra*, n°s 3451 et s).

L'ESSENTIEL 1043 **Seul l'officier de police judiciaire est délégataire du juge d'instruction.** Les articles 81 et 151 du Code de procédure pénale qui prévoient que le juge d'instruction peut donner commission rogatoire à des policiers ou à des gendarmes n'autorisent que la délégation à un officier de police judiciaire sans évoquer l'intervention d'un agent de police judiciaire. Cependant, les agents de police judiciaire secondant les officiers de police judiciaire et l'article 154 procédant par renvoi, l'agent de police judiciaire peut, par exemple, notifier à une personne qu'elle est placée en garde à vue sur décision de l'officier de police judiciaire et lui notifier les droits afférents. Il est conseillé de faire apparaître que cette notification est réalisée sous le contrôle de l'officier de police judiciaire (V. *supra*, n°s 1012 et s.). Les assistants d'enquête peuvent également intervenir mais de façon très limitée (V. *supra*, n°s 1014, 1042).

1044 **Saisine limitée.** Le juge d'instruction est saisi des seuls faits visés dans le réquisitoire ou dénoncés dans la plainte avec constitution de partie civile qui l'ont saisi (V. *supra*, n° 1015). Il ne peut investiguer sur d'autres faits. L'officier de police judiciaire, qui est son délégataire, ne le peut pas davantage dans le cadre de la commission rogatoire.

1045 **Découverte de faits nouveaux.** Lorsque le juge d'instruction découvre des faits nouveaux en cours d'instruction, il doit communiquer immédiatement au procureur de la République les procès-verbaux constatant ces faits nouveaux. Il peut toutefois procéder avant communication au procureur de la République à des vérifications sommaires pour apprécier la vraisemblance de ces faits nouveaux, mais sans procéder à des actes coercitifs (V. *supra*, n° 1016).
L'officier de police judiciaire qui découvre des faits nouveaux lors de l'exécution d'une commission rogatoire est dans la même situation. Il doit aviser le juge mandant, ne serait-ce que pour s'assurer que les faits ne sont pas compris dans la saisine du juge d'instruction, et peut procéder à des vérifications sommaires. S'il se confirme que le juge d'instruction n'est pas saisi des faits, il doit aviser le procureur de la République. Il ne peut plus faire d'acte dans le cadre de la commission rogatoire mais, s'il est territorialement compétent, il peut ouvrir une procédure incidente. S'il ne l'est pas, il faudra que ce soit un officier de police judiciaire ayant compétence territoriale qui ouvre une nouvelle enquête (V. *supra*, n° 1017).
Le procureur de la République à qui auront été adressées les pièces constatant les faits nouveaux (vérifications sommaires du juge d'instruction ou enquête distincte), pourra utiliser toutes les voies de droit que l'article 40-1 du Code de procédure pénale lui offre. S'il entend saisir le juge d'instruction, il le fera le plus souvent par un réquisitoire supplétif.
Le juge d'instruction saisi supplétivement pourra délivrer une nouvelle commission rogatoire aux enquêteurs, ou leur donner consigne d'étendre leurs investigations aux faits nouveaux dont il a été saisi (V. *supra*, n° 1017).

1046 **Auditions des témoins.** L'audition de témoin par un officier de police judiciaire exécutant une commission rogatoire se différencie de celle à laquelle il procède en enquête préliminaire ou de flagrance en ce que les témoins, à l'exception des témoins assistés et de ceux placés en garde à vue, doivent prêter serment, le faux témoignage étant pénalement punissable (V. *supra*, n°s 1021 et s.).

L'audition de témoin, sur commission rogatoire, se distingue des autres auditions de témoins en ce que l'article 105 du Code de procédure pénale prohibe l'audition en qualité de témoin d'une personne à l'encontre de laquelle il existe des indices graves et concordants de participation aux infractions dont le juge d'instruction est saisi (V. *supra*, n° 1024).

La personne ayant acquis le statut de témoin assisté ne peut être entendue qu'à sa demande par l'officier de police judiciaire exécutant une commission rogatoire.

La personne nommément visée par une plainte avec constitution de partie civile et donc susceptible de devenir témoin assisté ne peut être entendue comme simple témoin par un officier de police judiciaire chargé d'une commission rogatoire que s'il l'informe qu'elle est nommément visée et qu'elle consent à être entendue par l'officier de police judiciaire plutôt que par le juge d'instruction sous le statut plus protecteur de témoin assisté (V. *supra*, n° 1025).

1047 **Partie civile.** La partie civile ne peut être entendue par un officier de police judiciaire que si elle le demande mais, s'il existe à son encontre des indices faisant présumer qu'elle a commis l'infraction, elle peut quand même être placée en garde à vue (V. *supra*, n° 1026).

1048 **Mandats.** Le juge d'instruction peut charger un officier de police judiciaire, un agent de police judiciaire de notifier les mandats de recherche, de comparution, d'amener, d'arrêt (V. *supra*, n° 1027).

Pour notifier le mandat, l'agent de la force publique peut s'introduire dans le domicile de la personne recherchée aux heures légales.

Il ne peut pas, à l'occasion de l'exécution du mandat, fouiller ledit domicile pour y chercher des objets et les saisir.

Si, en revanche, l'agent de la force publique ne trouve pas à son dernier domicile connu la personne recherchée, il doit dresser un procès-verbal de perquisition et de recherches infructueuses. Il ne s'agit pas d'une perquisition pour rechercher des objets et les saisir, mais d'une visite complète des lieux pour s'assurer que la personne n'est pas cachée. Cet acte est essentiel, car, en l'absence de découverte de la personne recherchée, le procès-verbal de perquisition et de recherches infructueuses est indispensable pour que la personne puisse quand même être jugée (V. *supra*, n° 1032).

L'agent de la force publique pourra, dans le cadre de l'exécution d'un mandat d'amener ou d'un mandat d'arrêt, que l'interpellation ait lieu à plus ou moins de 200 km du siège du juge mandant, si la conduite devant le magistrat compétent ne peut être immédiate, placer la personne concernée en rétention, ce qui lui ouvre des droits et impose que le procureur de la République soit informé (V. *supra*, n° 1034).

1049 **Expertise.** Seul le juge d'instruction peut ordonner une expertise quand se pose une question d'ordre technique.

La jurisprudence s'est prononcée sur différentes hypothèses pour dire si la prestation effectuée répondait ou non à une question d'ordre technique (V. *supra*, n° 1038).

POUR ALLER PLUS LOIN...

Ouvrage

• A. Decocq, J. Montreuil et J. Buisson, *Droit de la police*, Litec, 1998, n° 1328.

Titre 3
Les enquêtes spéciales

Sommaire

Fiche 32

Les enquêtes aux fins de recherche des causes de la mort, de la cause des blessures d'une personne grièvement blessée, de recherche d'une personne disparue

Sommaire

Introduction

1050 L'enquête aux fins de recherche des causes de la mort et celle de découverte de personne grièvement blessée sont régies par le même article 74 du Code de procédure pénale qui a été créé par la loi n° 72-1226 du 29 décembre 1972. Seule était alors concernée l'enquête aux fins de recherche des causes de la mort, dont on peut trouver les prémices dans l'article 81 du Code civil, issu d'une loi du 21 mars 1803, qui dispose toujours que « lorsqu'il y aura des signes ou indices de mort violente, ou d'autres circonstances qui donneront lieu de le soupçonner, on ne pourra faire l'inhumation qu'après qu'un officier de police, assisté d'un docteur en médecine ou en chirurgie, aura dressé procès-verbal de l'état du cadavre et des circonstances y relatives, ainsi que des renseignements qu'il aura pu recueillir sur les prénoms, nom, âge, profession, lieu de naissance et domicile de la personne décédée ».

1051 Retouché par la loi du 9 mars 2004, l'article 74 fut étendu à l'enquête aux fins de recherche des causes des blessures d'une personne grièvement blessée. Mais ce n'est que par la loi du 12 mai 2009 que l'article 74 du Code de procédure pénale est venu lister les pouvoirs d'investigation pouvant être utilisés par les enquêteurs.

1052 Quant à l'enquête de recherche de personne disparue, elle est régie par l'article 74-1 du Code de procédure pénale. Elle a été créée par la loi n° 2022-1138 du 9 septembre 2002 visant à remédier aux insuffisances de la législation de l'époque qui ne permettait pas un traitement judiciaire efficace des disparitions inquiétantes.

À SAVOIR **Deux procédures existaient alors : l'enquête administrative instituée par la loi n° 95-73 du 21 janvier 1995 d'orientation et de programmation relative à la sécurité, complétée par une circulaire du 23 mai 1997 – permettant de rechercher soit un mineur, soit un majeur protégé, soit une personne majeure disparue dans des conditions inquiétantes ou suspectes eu égard aux circonstances, à son âge, son état de santé et la recherche dans l'intérêt des familles régie par les circulaires du 21 février et du 6 juin 1983 qui concerne les disparitions des seuls majeurs ne laissant présumer aucun crime ni délit et ne présentant aucun caractère inquiétant ou suspect.**

1053 Ces trois enquêtes sont souvent étudiées en même temps car les pouvoirs d'investigation conférés à cette occasion sont (presque) les mêmes, mais aussi parce que le point commun à ces trois enquêtes est l'absence de cause connue à la mort, aux blessures graves ou à la disparition.

1054 Ces enquêtes des articles 74 et 74-1 du Code de procédure pénale sont parfois qualifiées d'enquêtes *sui generis* ou de « pré-enquêtes » en ce qu'elles ne présupposent pas, à l'inverse de celles de flagrance ou préliminaire, l'existence d'une infraction mais simplement une cause inconnue ou suspecte de la mort ou de blessures graves ou d'explication cohérente de la disparition d'une personne. C'est donc fort logiquement que tout le panel des pouvoirs d'investigation ne peut être utilisé lors de cette enquête. Nées d'une cause inconnue ou d'un doute, ces enquêtes doivent conduire à lever ces incertitudes et notamment à révéler l'existence de la commission d'une infraction. L'enquête pour recherche de disparition inquiétante utilise les mêmes ressorts mais se distingue toutefois des enquêtes réglementées par l'article 74.

I

Enquête aux fins de recherche des causes de la mort ou de graves blessures

1055 Parce que cette enquête peut être ouverte indépendamment de toute infraction, elle ne permet de recourir à certains pouvoirs d'investigation que dans un temps limité avant de se poursuivre sous une autre forme.

A Conditions d'ouverture de l'enquête de l'article 74 du Code de procédure pénale

1056 Le premier alinéa de l'article 74 du Code de procédure pénale dispose que :

> « En cas de découverte d'un cadavre, qu'il s'agisse ou non d'une mort violente, mais si la cause en est inconnue ou suspecte, l'officier de police judiciaire ou, sous son contrôle, l'agent de police judiciaire qui en est avisé informe immédiatement le procureur de la République, se transporte sans délai sur les lieux et procède aux premières constatations (...)
> (Al. 5) Les dispositions des quatre premiers alinéas sont également applicables en cas de découverte d'une personne grièvement blessée lorsque la cause de ses blessures est inconnue ou suspecte ».

Cette enquête est donc limitée à la découverte d'un cadavre ou d'une personne grièvement blessée, dont la cause de la mort ou des blessures est « suspecte ou inconnue ». Ces deux conditions sont cumulatives : la découverte et la cause inconnue ou suspecte.

1 Découverte d'un cadavre ou d'une personne grièvement blessée

a) Découverte d'un cadavre

1057 Cette enquête est aussi parfois appelée « enquête de découverte de cadavre » au lieu d'enquête pour recherche des causes de la mort. C'est au moment où le cadavre est découvert que les causes doivent apparaître aux enquêteurs comme inconnues ou suspectes, et non pas une fois la personne inhumée (ou incinérée, ce qui compliquera la mission des enquêteurs). En effet le terme de « découverte » est synonyme de constat. Celui-ci peut avoir lieu dans tout endroit, un domicile, un lieu privé, un hôpital, la voie publique.

1058 Très généralement, ce sont les secours (pompiers, SAMU) qui appellent les policiers ou les gendarmes en cas de découverte d'un cadavre dans un domicile suite, par exemple, à une intervention pour une « personne ne répondant plus aux appels ».

1059 Mais, lorsque des enquêteurs reçoivent une lettre anonyme indiquant que Mme X, décédée depuis plus d'un an et inhumée dans le cimetière communal n'est pas morte de causes naturelles, l'article 74 du Code de procédure pénale ne trouve pas à s'appliquer faute de « découverte de cadavre ». L'enquête sera alors diligentée sous le régime de l'enquête préliminaire dans le but de confirmer ou non ces allégations.

1060 Quant au terme de « cadavre », certains auteurs pensent qu'en recourant aux mots « immédiatement » et « sans délai », le législateur aurait voulu exclure du champ d'application de l'article 74 du Code de procédure pénale la découverte d'ossements ou de squelette humains. Il est vrai que la définition du mot « cadavre » n'inclut pas celle d'ossements humains. En réalité, dans cette dernière hypothèse, le lieu de découverte des ossements peut constituer l'indice laissant supposer l'existence de l'intervention d'un tiers et ainsi justifier l'ouverture d'une enquête préliminaire. Dans le cas contraire, une enquête en recherche des causes de la mort devrait pouvoir être néanmoins ouverte, même si la chambre criminelle n'a jamais eu à se prononcer sur la question.

b) Découverte d'une personne grièvement blessée

1061 **Notion floue.** Si la notion de découverte de cadavre laisse peu de place aux hésitations quant aux situations qu'elle recouvre, il en va différemment de celle de personne « grièvement blessée ». Les travaux parlementaires indiquent que le législateur envisageait le cas où les blessures étaient telles que la personne n'était pas en mesure de parler ou de s'exprimer de manière cohérente. On pense ici à des personnes dans le coma ou dont les blessures ont endommagé temporairement ou définitivement les capacités intellectuelles.

1062 **Notion large.** Pour M. Desportes et Mme Lazerges-Cousquer, le terme « découverte » milite pour cette interprétation d'une personne hors d'état de communiquer mais recouvre aussi l'hypothèse d'une impossibilité volontaire. Ces auteurs citent le cas d'un enfant ou d'une femme battus qui dissimuleraient volontairement la cause de blessures pourtant apparentes ou encore d'un salarié victime d'un accident du travail qui en ferait de même par crainte ou pour toute autre cause. Pour ces derniers, l'enquête pour recherche des causes des blessures graves pourra être plus adaptée qu'une enquête ou une information du chef d'une infraction déterminée.
Le fascicule de l'École Nationale de la Magistrature consacré aux enquêtes indique que « la rédaction de l'alinéa 6 n'exclut pas d'avoir recours à l'article 74 dans l'hypothèse où la personne, bien que grièvement blessée, est consciente mais donne des explications qui n'apparaissent pas véridiques aux enquêteurs. Or, si ces derniers ont

des doutes – la cause étant ainsi suspecte – il est utile de leur donner les moyens juridiques d'établir la vérité, afin de contrer une tentative de dissimulation de l'infraction par la victime. Ils doivent même y être encouragés » (Fascicule ENM, *Les enquêtes*, août 2017, p. 48).

1063 Pour d'autres auteurs, les blessures graves relevant de l'article 74 du Code de procédure pénale sont uniquement celles qui mettent la personne dans l'incapacité de s'exprimer et donc de renseigner les enquêteurs sur les causes de ses blessures.

1064 Pour l'heure, la chambre criminelle n'a pas eu l'occasion de se prononcer. Toutes ces définitions apparaissent donc acceptables.

2 Cause inconnue ou suspecte

1065 Il n'est pas aisé de définir ce qu'est une cause inconnue ou suspecte de la mort ou de blessures graves, mais il faut cependant distinguer la recherche des causes de la mort ou de blessures graves qui relève de l'article 74 du Code de procédure pénale de la notion de la responsabilité pénale. La recherche de la responsabilité pénale présuppose l'existence ou la suspicion d'une infraction préalable qui donne lieu à l'ouverture d'une enquête de flagrance ou préliminaire, tandis que les recherches des causes de la mort ou de blessures graves se situent en amont de l'établissement de la responsabilité pénale : on cherche à établir la cause d'une situation qui peut être indépendante de toute infraction pénale. Puis, si infraction pénale il y a, il sera alors temps de déterminer les responsabilités pénales.

a) La cause inconnue

1066 Elle pourrait se définir comme l'absence d'évidence de toute cause au moment de la découverte du cadavre ou de la personne grièvement blessée. Cette absence d'évidence est en quelque sorte immédiate, c'est-à-dire que la cause évidente de la mort ou des blessures ne « saute » pas aux yeux des enquêteurs qui ont été appelés sur place. Tel est le cas lorsque le décès ne paraît lié ni à l'âge, ni à une maladie connue, ni à une cause objective naturelle. C'est encore le cas lorsque le médecin, lors de la levée de corps, oppose un obstacle médico-légal à l'inhumation.

b) La cause suspecte

1067 Elle pourrait se définir comme étant l'existence d'un doute, d'une suspicion résultant souvent d'une incohérence lors des premières constatations ou des circonstances. Cette situation se produit en cas de mort par suicide sous ses différentes formes (noyade, pendaison, arme à feu…) ou bien par surdose de produits médicamenteux ou stupéfiants ou encore par accident mortel.

c) Cas particuliers

1068 La DACG recommande l'ouverture systématique d'une enquête sur le fondement de l'article 74 du Code de procédure pénale en cas de mort intervenue soit en milieu carcéral, soit au cours d'une garde à vue, soit au cours d'une rétention (administrative ou en chambre de sûreté aux fins de dégrisement). Cette préconisation doit être approuvée car tout incident dans ces lieux est susceptible d'engendrer des questionnements.

1069 **Mort en opérations extérieures.** La loi de programmation militaire n° 2013-1168 du 18 décembre 2013 régit le cas de la mort intervenue dans le cadre d'une opération militaire se déroulant à l'extérieur du territoire français. Ce statut figure à l'article L. 211-7 du Code de justice militaire qui dispose que « pour l'application de l'article 74 du Code de procédure pénale, est présumée ne pas avoir une cause inconnue ou suspecte la mort violente d'un militaire au cours d'une action de combat se déroulant dans le cadre d'une opération militaire hors du territoire de la République ».

Il s'agit d'une présomption simple qui peut donc être renversée. À ce titre, les travaux parlementaires indiquent que « de manière très concrète, tout élément, quel que soit sa nature, laissant à penser que le décès n'est pas lié aux seules opérations de combat en opération extérieure rendra la cause du décès inconnue ou suspecte et pourra donc donner lieu à application de l'article 74 du Code de procédure pénale. Des constatations matérielles ou médicales (absence d'impacts permettant d'expliquer le décès ou positionnement des impacts par exemple), des circonstances particulières autour du décès (disputes antérieures avec un camarade, menaces…) portées à la connaissance des autorités militaires ou judiciaires pourront ainsi, notamment, amener à suspecter que la mort n'est pas issue des seules opérations de combats » (Rapp. n° 50 [2013-2014] de M. J.-L. Carrère, fait au nom de la commission des affaires étrangères, de la défense et des forces armées, déposé le 8 octobre 2013, p. 193 et s.).

1070 Toutefois, cet article L. 211-7 du Code de justice militaire n'évoque que la mort au combat à l'exclusion des blessures graves. La jurisprudence n'a jamais eu à se pencher sur une éventuelle assimilation mais les blessures graves relevant du même article 74 du Code de procédure pénale et les travaux parlementaires indiquant que « l'objectif de la modification proposée [de l'article L. 211-7 du CJM] est donc d'écarter expressément le risque de systématisation de l'enquête aux fins des recherches des causes de la mort ou des blessures graves survenues en actions de combat », cette présomption semble donc également valoir pour les blessures graves d'un militaire français en opérations extérieures.

d) Exemples

1071 La DACG indique que n'est pas une mort suspecte ou inconnue, celle :
- d'évidence criminelle (par ex. : cadavre trouvé porteur d'un impact de balle entre les yeux et les mains liées dans le dos) ;
- d'évidence accidentelle (accident de la circulation, du travail, etc. – ce qui n'exclut naturellement pas l'existence d'une infraction) ;
- d'évidence naturelle (décès dû au grand âge ou, plus généralement, à une cause médicale certaine, même si celle-ci demeure relativement indéterminée ; par ex. : fibrose cardiaque ou infarctus du myocarde) ;
- d'évidence suicidaire (homme dépressif découvert pendu à l'intérieur de son domicile clos, ayant laissé un écrit authentifié explicitant son geste suicidaire).

Nous retrouvons, dans ces exemples, la notion d'évidence évoquée précédemment.

B Les pouvoirs d'investigation de l'enquête aux fins de recherche des causes de la mort ou de graves blessures

1072 Ces pouvoirs d'investigation sont conditionnés à l'ouverture de l'enquête qui ne peut être décidée que par le seul procureur de la République immédiatement informé de la découverte d'un cadavre ou d'une personne grièvement blessée dont la cause de la mort ou des blessures est inconnue ou suspecte.

1 Enquête diligentée sur la seule décision du procureur de la République

1073 Lorsque l'enquêteur est appelé sur place par la personne qui a découvert le cadavre estimant que la cause est inconnue ou suspecte, il procède à des premières constatations. Certains auteurs évoquent des « constats précurseurs » plutôt que des constatations, qui est un terme très connoté judiciairement. Celles-ci précèdent naturellement l'information immédiate du procureur de la République afin qu'il décide, le cas échéant, de l'ouverture de cette enquête.

a) Nature des constatations

1074 Ces premières constatations ou « constats précurseurs » ne peuvent relever que de la police administrative puisqu'ils se situent en amont de l'ouverture de l'enquête de l'article 74 du Code de procédure pénale.

1075 On observera que l'article 74 du Code de procédure pénale ne renvoie pas à l'article 54 qui prévoit les constatations lors de l'enquête de flagrance (V. *infra*, n° 1776).
Cette absence de renvoi apparaît logique, car c'est à l'issue de ces constatations que l'officier de police judiciaire ou l'agent de police judiciaire va informer le magistrat de l'existence ou non d'une cause inconnue ou suspecte de la mort ou de graves blessures conduisant ce dernier à décider de l'ouverture de l'enquête prévue à l'article 74.

1076 **Intervention du médecin.** Ces constatations consistent très fréquemment en l'intervention d'un médecin, requis à cet effet, qui vient établir un certificat de décès conformément aux articles L. 2223-42 et R. 2213-17 du Code général des collectivités territoriales. C'est à cette occasion que ce dernier pourra émettre un obstacle médico-légal qui est le fait juridique faisant officiellement naître la cause inconnue ou suspecte. On rappellera que la délivrance d'un certificat de décès est un acte gratuit ainsi que le prévoit l'article R. 2213-17 du même code.

1077 Mais ces constatations peuvent également consister à recueillir des renseignements auprès des personnes présentes afin d'établir le contexte du décès. Il est fréquent que le déplacement du médecin n'intervienne pas immédiatement, mais plusieurs heures après l'appel à ce dernier ; aussi, nous semble-t-il possible, pendant ce laps de temps, de procéder à un gel des lieux et à des prises de vue, tout comme à des placements sous scellés provisoires afin de préserver une éventuelle scène de crime.

1078 **Autres intervenants.** La jurisprudence de la chambre criminelle qualifie d'« acte de police administrative qui ne peut être imputé sur les frais de justice » (Cass. crim., 23 nov. 2010, n°s 10-81.495 ; 10-81.607 et 10-81.610) la réquisition de transport du corps d'une personne décédée sur un navire après que le médecin a conclu à une mort par pendaison. Ces frais de transport du corps de la personne décédée sont imputables à la commune sur le fondement de l'article L. 2223-19 du Code général des collectivités territoriales.

1079 **Rédaction et nature du procès-verbal.** À l'issue de ces constatations élémentaires et notamment si le médecin n'émet pas d'obstacle médico-légal, les enquêteurs rédigent un procès-verbal retraçant leurs opérations. Ce procès-verbal, qui n'est donc pas de nature judiciaire, reçoit des dénominations différentes selon les pratiques rédactionnelles propres à la gendarmerie ou à la police nationales. Ce procès-verbal est transmis au parquet qui pourra éventuellement décider que des constatations complémentaires doivent être réalisées, voire, d'emblée, décider de l'ouverture d'une enquête (V. *infra*, n° 1084).

b) Information immédiate du procureur de la République

1080 L'article 74 du Code de procédure pénale dispose que l'officier de police judiciaire ou, sous son contrôle, l'agent de police judiciaire, avisé de la découverte d'un cadavre ou d'une personne grièvement blessée dont la cause de la mort ou des blessures est suspecte ou inconnue en informe immédiatement le procureur de la République.

C'est bien entendu à l'issue des constatations élémentaires et de l'intervention du médecin concluant à une cause inconnue ou suspecte de la mort ou des blessures graves que l'officier de police judiciaire informe le procureur de la République.

1081 **Constatations complémentaires.** L'article 74 du Code de procédure pénale dispose que :

> « En cas de découverte d'un cadavre, qu'il s'agisse ou non d'une mort violente, mais si la cause en est inconnue ou suspecte, l'officier de police judiciaire ou, sous son contrôle, l'agent de police judiciaire, qui en est avisé informe immédiatement le procureur de la République, se transporte sans délai sur les lieux et procède aux premières constatations.
>
> Le procureur de la République se rend sur place s'il le juge nécessaire et se fait assister de personnes capables d'apprécier la nature des circonstances du décès (...).
>
> Sauf si elles sont inscrites sur une des listes prévues à l'article 157, les personnes ainsi appelées prêtent, par écrit, serment d'apporter leur concours à la justice en leur honneur et en leur conscience
>
> Sur instructions du procureur de la République, une enquête aux fins de recherche des causes de la mort est ouverte. Dans ce cadre et à ces fins, il peut être procédé aux actes prévus par les articles 56 à 62, dans les conditions prévues par ces dispositions. À l'issue d'un délai de huit jours à compter des instructions de ce magistrat, ces investigations peuvent se poursuivre dans les formes de l'enquête préliminaire ».

Aussi, avant même toute décision du magistrat du parquet d'ouvrir une enquête, l'officier de police judiciaire – comme le magistrat – peut requérir une personne qualifiée sur le fondement de cet article 74 du Code de procédure pénale afin de venir corroborer ou infirmer les éléments généralement constatés par le médecin. Il n'est donc pas rare qu'outre le médecin qui n'est pas toujours légiste, un fonctionnaire ou un militaire d'une unité ou d'un service de police technique ou scientifique procède à des constatations plus approfondies suite à l'établissement d'un certificat de décès avec obstacle médico-légal avant même la décision d'ouverture d'une enquête sur le fondement de l'article 74.

1082 En effet, il arrive très souvent que le médecin qui se déplace et qui constate le décès délivre, parfois systématiquement, un certificat avec obstacle médico-légal, en raison du seul fait que la mort soit violente (suicide par arme à feu). Or, malgré cet obstacle, les enquêteurs pourront, dans le même temps, découvrir une lettre annonçant le suicide, les constatations réalisées par le technicien corroborant par ailleurs la thèse du suicide.

CONSEIL De notre point de vue, le moindre doute, suspicion, hésitation de l'enquêteur doit être porté à la connaissance du magistrat et en tout état de cause faire l'objet de constatations complémentaires (gel des lieux, scellés, photographies), car tout indice perdu à ce stade le sera de manière irrémédiable en cas d'ouverture d'une enquête par la suite.

1083 **Sanction de l'absence d'information immédiate du procureur de la République.** La chambre criminelle a jugé dans un arrêt du 3 avril 2001 que « M. [X] ne saurait se faire un grief de ce que le procureur de la République n'aurait pas été informé immédiatement de la découverte du cadavre de M. [Y], dont la mort était inconnue ou suspecte, dès lors qu'il n'est pas justifié que l'irrégularité alléguée ait porté atteinte à ses intérêts » (Cass. crim., 3 avr. 2001, n° 01-80.939). Le défaut d'information du magistrat du parquet constitue donc une irrégularité de procédure qui, pour être sanctionnée, nécessite la démonstration d'un grief au sens l'article 802 du Code de procédure pénale.

1084 Décision d'ouverture d'une enquête pour recherche des causes de la mort ou de blessures graves. Fort de ces éléments, le magistrat du parquet aura plusieurs choix :
– soit lever l'obstacle médico-légal du médecin ou approuver l'absence d'obstacle émis par ce dernier et conclure que la mort ou les blessures graves n'ont pas de cause inconnue ou suspecte. Dans ce cas, les enquêteurs rédigent un procès-verbal sur le fondement de l'article 74 du Code de procédure pénale qui ne contient que les éléments de constatations, notamment ceux délivrés par le médecin et qui acte la décision du magistrat de clôturer la procédure pour absence de cause inconnue ou suspecte des causes de la mort ou de blessures graves ;
– soit décider de l'ouverture d'une enquête pour recherche des causes de la mort ou de blessures graves. Le procureur de la République donne ici « instructions » pour qu'une enquête aux fins de recherche des causes de la mort ou de blessures graves soit ouverte, conformément à l'article 74, alinéa 4 du Code de procédure pénale. Cette décision est actée au procès-verbal ou adressée à l'officier de police judiciaire par un soit-transmis, dans lequel le magistrat du parquet pourra utilement donner des directives, le cas échéant ;
– soit décider de l'ouverture d'une information judiciaire pour recherche des causes de la mort. La recherche des causes de blessures graves ne peut pas, quant à elle, faire l'objet d'une information (CPP, art. 80-4) (V. *infra*, n°s 1115 et s.).

2 Les actes d'investigation de l'article 74 du Code de procédure pénale

1085 Tant la compétence exclusive de l'officier de police judiciaire que les pouvoirs d'enquête qu'il détient, de même que la durée de cette enquête, font dire au professeur Pradel que l'enquête pour recherches des causes de la mort ou de blessures graves est une « enquête de flagrance par assimilation ».

a) Compétence de l'officier et de l'agent de police judiciaire

1086 **Enquête « déléguée ».** L'article 74, alinéa 2 du Code de procédure pénale dispose que le procureur de la République « peut, toutefois, déléguer aux mêmes fins un officier de police judiciaire de son choix ou, sous le contrôle de ce dernier, un agent de police judiciaire de son choix ». L'officier de police judiciaire peut lui-même déléguer ses pouvoirs à un autre officier de police judiciaire. En revanche, avant la loi du 24 janvier 2023, l'officier de police judiciaire ne pouvait pas les déléguer à un de ses collègues n'ayant pas cette qualité (Cass. crim., 1er avr. 1987, n° 86-92.507. – Cass. crim., 15 févr. 2006, n° 05-86.773). Il pouvait cependant, en application des articles 20 et 21 du Code de procédure pénale, se faire assister par un agent de police judiciaire ou un agent de police judiciaire adjoint à condition que ce soit lui qui conduise les investigations et dresse les procès-verbaux (V. *supra*, n° 866).
Depuis la loi précitée, l'agent de police judiciaire peut désormais diligenter une enquête aux fins de recherches des causes de la mort ou de blessures graves. L'article 74 précise cependant que l'agent de police judiciaire agit sous le contrôle de l'officier de police judiciaire (V. *supra*, n° 196).

b) Les pouvoirs de l'officier et de l'agent de police judiciaire

1087 L'article 74, alinéa 4 dispose que « dans ce cadre et à ces fins, il peut être procédé aux actes prévus par les articles 56 à 62, dans les conditions prévues par ces dispositions ». Il s'agit de la rédaction du texte tel que modifié par la loi du 12 mai 2009 alors que d'autres lois créant de nouveaux pouvoirs d'enquête ont été adoptées depuis. Désormais, des articles spécifiques du Code de procédure pénale prévoient expressément que des actes d'enquête autres que ceux des articles 56 à 62 puissent être utilisés dans le cadre d'une enquête aux fins de recherche des causes de la mort ou de blessures graves.

1) Actes autorisés

α) Actes autorisés par l'article 74 du Code de procédure pénale

1088 **Le transport-constatations.** L'article 74 du Code de procédure pénale ne renvoie pas à l'article 54 du Code de procédure pénale. Une telle absence apparaît logique puisque ce transport-constatations est expressément prévu par l'alinéa 1er de cet article (V. *supra*, n° 1081). Si de nouvelles constatations, plus précises sont requises, elles le seront alors avec l'autorisation du magistrat notamment si elles doivent conduire à des prélèvements et à des exploitations soumises aux frais de justice.

1089 **Les perquisitions et saisies.** Prévues aux articles 56 à 59 du Code de procédure pénale, elles peuvent être réalisées sans le consentement de la personne (V. *infra*, n° 2002 et n°s 2118 et s.). Les perquisitions dans les lieux protégés peuvent également être réalisées dans le cadre de l'article 74 du Code de procédure pénale sous réserve des conditions propres qui leur sont applicables.

La chambre criminelle juge qu'est régulière la perquisition effectuée en présence de deux témoins requis dans le cadre d'une enquête visant à éclaircir les causes du décès de M. [X] et qui a permis la découverte, de manière incidente, d'un stock important d'amphores issues des fonds marins recueillies sans autorisation (Cass. crim., 3 mars 2015, n° 14-80.202).

On observera que l'article 74 permettant désormais à l'agent de police judiciaire de diligenter une telle enquête, celui-ci peut donc être amené à procéder à des perquisitions sans assentiment.

1090 **Les examens techniques et scientifiques.** Prévus à l'article 60 du Code de procédure pénale, il est possible de requérir ou de solliciter toutes personnes qualifiées à cette fin. Ces examens s'inscrivent en complément des réquisitions qui sont adressées aux personnes « capables d'apprécier la nature des circonstances du décès ».

1091 **Les autres réquisitions.** Il s'agit de toutes les réquisitions prévues aux articles 60-1, 60-2, 77-1-1, 77-1-2 à l'exclusion de celles de l'article 60-1-2 du Code de procédure pénale (V. *infra*, n°s 1102 et 3505).

1092 **Les auditions de témoins.** Elles sont prévues aux articles 61 et 62 du Code de procédure pénale. L'officier ou l'agent de police judiciaire peut entendre toute personne susceptible de lui fournir des renseignements sur les causes de la mort ou des blessures graves. Au besoin, il peut, selon l'article 61, lui interdire de s'éloigner des lieux non pas de l'infraction, mais de ceux de la découverte de la personne morte ou gravement blessée.

1093 **Assistant d'enquête.** L'article 21-3 du Code de procédure pénale donne compétence aux assistants d'enquête pour procéder notamment à certaines réquisitions sur la demande expresse et sous le contrôle de l'officier de police judiciaire. Cependant, l'article 74 limitant expressément à l'officier et à l'agent de police judiciaire sur délégation du procureur de la République l'exécution des actes enquêtes, il nous semble que l'assistant d'enquête ne peut officier dans ce cadre d'enquête spécial (V. *supra*, n° 1086).

β) Actes autorisés spécifiquement par d'autres articles

1094 **L'autopsie.** L'article 230-38 du Code de procédure pénale dispose qu'une autopsie peut être ordonnée dans le cadre d'une enquête judiciaire en application de l'article 74 du Code de procédure pénale.

1095 **La géolocalisation.** L'article 230-33 du Code de procédure pénale permet de recourir à la géolocalisation dans le cadre d'une enquête aux fins de recherche des causes de la mort ou de graves blessures pour « une durée maximale de quinze jours consécutifs » sur autorisation du procureur de la République. À l'issue de ce délai, la géolocalisation peut être autorisée par le juge des libertés et de la détention à la requête du procureur de la République, pour une durée maximale d'un mois renouvelable dans les mêmes conditions de forme et de durée, sans pouvoir excéder un an.

1096 **Captation et fixation d'images dans les lieux publics au moyen de dispositifs aéroportés.** L'article 230-47 du Code de procédure pénale dispose qu'« il peut être recouru, au moyen de caméras aéroportées, à la mise en place d'un dispositif technique ayant pour objet la captation, la fixation, la transmission et l'enregistrement sans leur consentement de l'image d'une ou de plusieurs personnes se trouvant dans un lieu public, si cette opération est exigée par les nécessités : 2° D'une procédure d'enquête ou d'instruction de recherche des causes de la mort ou de la disparition prévue aux articles 74, 74-1 et 80-4 ». Dans le cadre d'une procédure prévue aux articles 74 à 74-2, l'opération qui est autorisée par le procureur de la République pour un mois peut être renouvelée une fois (V. *infra*, n°s 3823 et s.).

1097 **Logiciels de rapprochement judiciaire.** L'article 230-20 du Code de procédure pénale dispose qu'« afin de faciliter le rassemblement des preuves des infractions et l'identification de leurs auteurs, les services de la police nationale et de la gendarmerie nationale chargés d'une mission de police judiciaire ainsi que le service placé sous l'autorité du ministre chargé du budget chargé d'effectuer des enquêtes judiciaires peuvent mettre en œuvre, sous le contrôle de l'autorité judiciaire, des logiciels destinés à faciliter l'exploitation et le rapprochement d'informations sur les modes opératoires réunies par ces services au cours : 2° Des procédures de recherche des causes de la mort ou d'une disparition prévues par les articles 74 et 74-1 ». Pour les autres conditions préalables au recours à ces logiciels, nous renvoyons à la fiche dédiée (V. *infra*, n° 4195).

1098 **Fichiers d'antécédents.** Les articles 230-6 et 230-7 du Code de procédure pénale prévoient leur utilisation et leur alimentation dans le cadre de procédures de recherche des causes de la mort mentionnées à l'article 74. On observera que l'article R. 40-25 du Code de procédure pénale y ajoute, au 3°, les personnes faisant l'objet d'une enquête ou d'une instruction pour recherche des causes de blessures graves au sens de l'article 74.

1099 **Fichiers d'analyse sérielle.** Les articles 230-12 et 230-13 du Code de procédure pénale prévoient l'utilisation et l'alimentation des fichiers d'analyse sérielle par des « procédures de recherche des causes de la mort prévues par l'article 74 ». Aucun texte ne vise les causes de blessures graves et la recherche de personne disparue.

1100 **FNAEG.** L'article 706-54 du Code de procédure pénale prévoit que « le fichier prévu par le présent article contient également les empreintes génétiques recueillies à l'occasion : 1° Des procédures de recherche des causes de la mort ou de recherche des causes d'une disparition prévues par les articles 74, 74-1 et 80-4 ». Cette fois-ci, c'est la cause de recherche de blessures graves qui n'est pas prévue.

2) Actes exclus

1101 **Audition libre et garde à vue.** L'article 74 du Code de procédure pénale n'a pas été modifié après l'introduction dans ce code, par la loi du 27 mai 2014, de l'audition libre (CPP, art. 61-1).

Ainsi tant l'audition libre que la garde à vue sont des actes qui ne peuvent être utilisés au cours d'une enquête aux fins de recherches des causes de la mort ou de blessures graves. D'une part, aucun texte ne prévoit la possibilité d'un placement en garde à vue ou d'une audition libre pour les personnes entendues au cours d'une enquête réalisée sur le fondement de l'article 74 du Code de procédure pénale. D'autre part, de telles mesures ne peuvent concerner que des personnes à l'encontre desquelles il existe une ou plusieurs raisons plausibles de soupçonner qu'elles ont commis ou tenté de commettre un crime ou un délit puni d'une peine d'emprisonnement (pour la garde à vue) ou une infraction (pour l'audition libre). Or, par nature, si de tels soupçons existent, c'est que l'enquête de l'article 74 n'est plus le bon cadre juridique.

De la même manière, et tant pour des raisons de coordination des textes que des conditions de mise en œuvre de ces actes d'enquête, les articles 61-2 (assistance par un avocat de la victime confrontée à la personne faisant l'objet d'une audition libre) et 61-3 du Code de procédure pénale (assistance par un avocat des personnes à l'encontre desquelles existent une ou plusieurs raisons plausibles de soupçonner qu'elles ont commis ou tenté de commettre un crime ou un délit puni d'une peine d'emprisonnement lors d'une reconstitution ou d'une parade d'identification) ne sont pas non plus applicables à l'enquête en recherche des causes de la mort ou de blessures graves.

La circulaire de la DACG précise que :

> « Ce renvoi textuel [les articles 56 à 62] ne vise ni les dispositions relatives à la mesure de garde à vue, ni l'article 70 du Code de procédure pénale relatif à la délivrance par le procureur de la République d'un mandat de recherche. Ces actes ne paraissent donc pas pouvoir être mis en œuvre. Par ailleurs, le nouvel alinéa 4 de l'article 74 précise que les actes prévus aux articles 56 et 62 doivent être réalisés dans les conditions énoncées par ces dispositions. Ainsi, les perquisitions et saisies prévues aux articles 56-1, 56-2 et 56-3 du Code de procédure pénale, ne peuvent être effectuées que par un magistrat et en présence, le cas échéant, du responsable de l'ordre ou de l'organisation professionnelle, à laquelle l'intéressé appartient ».

1102 **Données de connexion.** L'article 60-1-2 du Code de procédure pénale n'autorise pas le recueil des données de connexion dans le cadre d'une procédure en recherche des causes de la mort ou des causes de blessures graves. Il ne le permet que dans le cadre d'une enquête ouverte, en application de l'article 74-1 du Code de procédure pénale, pour recherche d'une personne disparue (V. *infra*, n° 3505). Cette exclusion est regrettable car il peut ne pas être indifférent de savoir avec qui et où la personne décédée a été en contact.

Il n'est pas non plus possible de recourir à l'article 60-1-1 du Code de procédure pénale relatif au recueil des données de connexion émises par avocat, car cet article exige, comme condition préalable, l'existence de raisons plausibles de soupçonner que l'avocat a commis ou tenté de commettre une infraction, en tant qu'auteur ou complice.

3 Durée de l'enquête

1103 L'article 74 du Code de procédure pénale dispose que cette enquête dure au maximum huit jours à compter des instructions du procureur de la République. Cette durée n'est pas renouvelable.

> **CONSEIL** À défaut de soit-transmis délivré par le magistrat du parquet, il y a lieu d'acter expressément au procès-verbal les instructions du procureur de la République de procéder à une enquête sur le fondement de l'article 74 du Code de procédure pénale en les datant avec précision afin qu'il n'y ait pas difficulté sur le calcul du délai de huit jours.

1104 Ce délai de huit jours est un délai maximum. L'enquête peut donc durer moins longtemps, notamment si les enquêteurs découvrent au bout de quelques heures ou de quelques jours les causes de la mort ou des blessures graves.

4 Fin de l'enquête de l'article 74 du Code de procédure pénale

1105 L'article 74 du Code de procédure pénale n'indique pas comment se termine l'enquête qu'il prévoit. Trois hypothèses se présentent aux enquêteurs et aux magistrats :
– soit les investigations démontrent que les causes de la mort ou des blessures graves ne sont pas dues à une infraction pénale ;
– soit l'enquête de l'article 74 du Code de procédure pénale révèle que les causes de la mort ou de blessures graves ont une origine criminelle ou délictuelle ;
– soit l'enquête ne permet pas, au bout de huit jours, de connaître ces causes.

a) Absence d'infraction

1106 Si les investigations démontrent que les causes de la mort ou des blessures graves sont dues à une cause ou à un acte qui ne constituent pas une infraction pénale, les enquêteurs mettent alors fin à l'enquête.
Ils clôturent leur procédure, rédigée au visa de l'article 74, et la transmettent au magistrat du parquet qui décide un classement sans suite.
La fin de cette enquête intervient dès que cette cause est connue sans qu'il soit nécessaire d'attendre l'expiration du délai de huit jours.

b) Ouverture d'une enquête préliminaire ou de flagrance ou d'une instruction

1107 Si, dans le délai de huit jours, les investigations entreprises sur le fondement de l'article 74 du Code de procédure pénale démontrent que la cause de la mort ou des blessures graves est d'origine criminelle ou délictuelle, le magistrat du parquet peut décider d'ouvrir une enquête préliminaire ou de flagrance, voire une instruction (V. *infra*, n°s 1115 et s.).

1108 Dans ce cas, une enquête est diligentée selon les règles applicables à la flagrance ou à l'enquête préliminaire. Si c'est très souvent l'enquête préliminaire qui succède à l'enquête de l'article 74 du Code de procédure pénale, il est possible qu'elle puisse être diligentée dans le cadre juridique de la flagrance.
En effet, si les enquêteurs établissent rapidement, c'est-à-dire sous vingt-quatre heures à compter de la date de la mort ou de la survenance des blessures, que celles-ci ont une origine criminelle ou délictuelle, dans ce cas, l'enquête de l'article 74 pourra se poursuivre sous le régime de l'enquête de flagrance.

1109 **Absence de continuité entre les enquêtes.** Le Code de procédure pénale ne prévoit pas de dispositions particulières permettant la « continuité » des actes d'enquête débutés sous le régime de l'article 74 et se poursuivant dans un autre cadre juridique. Aucun « sas » n'est prévu (V. *infra*, n° 1413).
Ainsi, on peut s'interroger sur ce qu'il convient de faire si une géolocalisation a été mise en œuvre sur le fondement de l'article 74 et qu'au bout de quatre jours, les enquêteurs acquièrent la certitude que la personne a été assassinée. S'ils enquêtent alors en la forme préliminaire, la géolocalisation ordonnée quatre jours plus tôt se poursuit-elle ou faut-il formuler une nouvelle demande ? Si le juge des libertés et de la détention autorise la mesure, faut-il imputer les premiers jours sur la durée totale autorisée ? Autant de questions auxquelles la jurisprudence devra répondre.
En revanche, si au bout de quatre jours c'est une information judiciaire qui est ouverte du chef d'assassinat, nous serions plus enclins à penser que tout recommence à zéro dès lors que c'est un magistrat différent qui a en charge les investigations.

CONSEIL De notre point de vue, il y a lieu de clôturer cette procédure de l'article 74, d'ouvrir une enquête judiciaire et de renouveler les autorisations d'actes d'enquête, le cas échéant, auprès du magistrat compétent.

1110 **Bascule incidente.** Dans leur ouvrage, M. Desportes et Mme Lazerges-Cousquer indiquent que si une personne devait être placée en garde à vue – mais aussi auditionnée librement –, cela signifierait que des raisons plausibles de la soupçonner existent, attestant en quelque sorte de ce que l'enquête de l'article 74 a basculé, incidemment, vers une enquête préliminaire ou de flagrance. Selon eux, cette possibilité résulte de ce que « le passage de l'enquête pour recherche des causes à l'enquête préliminaire ou de flagrance s'effectue sans solution de continuité ». Ce faisant, la garde à vue – pas plus que l'audition libre – ne serait irrégulière.

CONSEIL Il reste toutefois recommandé de bien acter la fin d'un cadre juridique et le début du nouveau, ne serait-ce que dans un souci de clarté de la procédure mais aussi de computation des délais.

c) Persistance des causes inconnues ou suspectes

1111 L'article 74, alinéa 4 du Code de procédure pénale dispose qu'« à l'issue d'un délai de huit jours à compter des instructions de ce magistrat, ces investigations peuvent se poursuivre dans les formes de l'enquête préliminaire ».
Aussi, selon la doctrine « lorsque le doute subsiste à l'issue de l'enquête menée par l'officier de police judiciaire, le procureur de la République peut : soit ordonner la suite des investigations par la voie de l'enquête préliminaire – soit saisir (pour autant qu'il l'estime utile) le juge d'instruction, par des réquisitions spéciales pour rechercher les causes de la mort ».

1112 **En cas de blessures graves.** En cas de blessures graves, seule la poursuite des investigations dans les formes de l'enquête préliminaire semble possible au-delà de huit jours si les causes demeurent inconnues ou suspectes. L'ouverture d'une information judiciaire n'est pas possible. Elle est réservée à la seule découverte de cadavre (CPP, art. 74, al. 5).

1113 **En cas de mort suspecte.** Si les causes demeurent inconnues ou suspectes, les investigations peuvent être poursuivies, au-delà du huitième jour, dans les formes de l'enquête préliminaire ou dans le cadre d'une information ouverte pour recherche des causes de la mort (CPP, art. 74, al. 5 et 80-4 ; V. *infra*, n° 1115).

1114 **Pouvoirs d'investigation limités.** Les formes de l'enquête préliminaire limitent les pouvoirs de l'officier de police judiciaire. Toute coercition est exclue dans une enquête poursuivie « dans les formes de l'enquête préliminaire » : une perquisition ne pourrait pas être autorisée par le juge des libertés et de la détention dès lors que l'article 76 conditionne un tel acte à un quantum de peine encourue, ce qui sous-entend l'existence d'une infraction. En somme, seuls peuvent être réalisés les actes d'enquête des articles 56 à 62 qui trouvent leur pendant dans le cadre de l'enquête préliminaire mais sans coercition (V. *supra*, n°s 1088 et s.) ainsi que les actes d'enquête prévus par des articles spécifiques (V. *infra*, n°s 1124 et s.).
En conséquence, à l'issue de ce délai de huit jours, l'ouverture d'une instruction peut apparaître nécessaire mais elle est limitée, comme nous l'avons indiqué, au seul cas de mort inconnue ou suspecte.
Toutefois, cette instruction pour recherche des causes de la mort ne nécessite pas que le délai de huit jours soit expiré pour être ouverte par le magistrat du parquet et peut l'être dès la découverte d'un cadavre.

C Les particularités de l'information ouverte pour recherche des causes de la mort

1115 Cette information est régie par l'article 80-4 du Code de procédure pénale qui dispose dans son alinéa 1er que :

> « Pendant le déroulement de l'information pour recherche des causes de la mort ou des causes d'une disparition mentionnée aux articles 74 et 74-1, le juge d'instruction procède conformément aux dispositions du chapitre Ier du titre III du livre Ier. Les interceptions des correspondances émises par la voie des télécommunications sont effectuées sous son autorité et son contrôle dans les conditions prévues au deuxième alinéa de l'article 100 et aux articles 100-1 à 100-7. Les interceptions ne peuvent excéder une durée de deux mois renouvelable ».

1 Nature hybride de l'instruction

1116 Le juge d'instruction ne conduit pas une information au sens classique du terme dès lors qu'il ne cherche pas à identifier les auteurs d'une infraction mais à déterminer si une infraction a été commise.

1117 **L'action publique n'est pas mise en mouvement en l'absence d'infraction.** Aussi l'article 83 du Code de procédure pénale qui fixe les règles de désignation des juges d'instruction ne reçoit pas application dans ce cas (Cass. crim., 11 mai 1989, n° 89-81.416 : *Bull. crim.* n° 193). Le procureur de la République peut saisir le juge d'instruction de son choix sans passer par le président du tribunal.

1118 **Saisine du juge d'instruction.** L'étendue de la saisine du juge d'instruction n'est pas soumise aux limites de l'article 80 du Code de procédure pénale. Le juge ne peut se saisir d'autres faits que ceux visés dans les réquisitions du procureur de la République comme rechercher les causes de la mort d'une autre personne, mais n'étant pas saisi d'une infraction déterminée, il peut demander à l'officier de police judiciaire, sans excéder sa saisine, de lui faire exécuter tous les actes rendus nécessaires par cette information (Cass. crim., 24 févr. 1987). Ce magistrat procède conformément aux dispositions du chapitre Ier du titre III du livre Ier et peut déléguer ses pouvoirs par commission rogatoire.

1119 Le juge d'instruction ne sera pas appelé à porter une quelconque appréciation juridictionnelle sur la réalité des charges, mais seulement à éclairer le procureur auquel appartiendra la décision sur la suite de la procédure. Cette information judiciaire n'est en fait qu'une modalité de l'enquête prévue par l'article 74 du Code de procédure pénale.

1120 **Constitution de partie civile.** L'article 80-4 du Code de procédure pénale dispose en outre que les membres de la famille de la personne décédée peuvent se constituer parties civiles. Cette précision est indispensable puisque la jurisprudence considérait auparavant que, dans le cadre de cette procédure, aucune constitution de partie civile n'était possible, les réquisitions du procureur ne tendant pas à poursuivre une infraction, mais seulement à rechercher si une atteinte avait pu être portée à la loi pénale. Elles ne pouvaient donc avoir pour effet de mettre l'action publique en mouvement (Cass. crim., 26 juill. 1966 : *Bull. crim.* n° 215).

2 Les pouvoirs d'investigation du juge d'instruction

a) Actes autorisés

1121 Il s'agit des pouvoirs listés au chapitre Ier du titre III du livre Ier auxquels renvoie l'article 80-4 du Code de procédure pénale, c'est-à-dire : transports, perquisitions, auditions, saisies et réquisitions des articles 99-4 et 99-5 du même code. Certains d'entre eux appellent quelques observations.

1122 **Perquisitions.** Comme pour l'enquête, les perquisitions dans les lieux « protégés » peuvent être réalisées sous réserve des conditions qui leur sont propres.

1123 **Interceptions de communication.** On notera cependant une exception à cette règle : les interceptions de correspondances émises par la voie des télécommunications sont ordonnées pour deux mois renouvelables alors que, en droit commun, elles peuvent être ordonnées pour quatre mois renouvelables (CPP, art. 100-2).

1124 **Pouvoirs spécifiques.** Il faut ajouter ceux qui sont spécifiquement prévus par un renvoi à l'article 80-4 du Code de procédure pénale. Nous retrouvons, ici, les mêmes pouvoirs que ceux de l'article 74-1 (V. *supra*, n° 1095) et pour une étude spécifique de ces actes nous renvoyons aux fiches qui leur sont consacrées :

– autopsie (CPP, art. 230-28 et s.) ;

– géolocalisation (CPP, art. 230-33). Elle est autorisée par le juge d'instruction « pour une durée maximale de quatre mois renouvelable dans les mêmes conditions de forme et de durée » et la durée totale de cette opération ne peut pas excéder un an ;

– réquisitions adressées à la plateforme nationale des interceptions judiciaires (PNIJ) (CPP, 230-45) ;

– captations et fixations d'images dans les lieux publics au moyen de dispositifs aéroportés (CPP, art. 230-47 et s.). L'autorisation est donnée par le juge d'instruction « pour une durée maximale de quatre mois renouvelable, sans que la durée totale des opérations puisse excéder deux ans » (V. *infra*, n° 3828) ;

– FNAEG (CPP, art. 706-54) : l'article 706-54 du Code de procédure pénale prévoit que « le fichier prévu par le présent article contient également les empreintes génétiques recueillies à l'occasion : 1° Des procédures de recherche des causes de la mort ou de recherche des causes d'une disparition prévues par les articles 74, 74-1 et 80-4 ».

1125 **Hésitations.** On peut avoir quelques hésitations quant à la possibilité de recourir à certains actes d'investigation au cours d'une instruction pour recherche des causes de la mort :

– les logiciels de rapprochement judiciaire : l'article 230-20 du Code de procédure pénale ne renvoie pas à l'article 80-4 mais vise uniquement les « procédures de recherche des causes de la mort ou d'une disparition prévues par les articles 74 et 74-1 ». Cependant, ce même article (1°) fait référence de manière assez large aux « investigations exécutées sur commission rogatoire ». Ceci nous conduit à conclure que ces logiciels peuvent être utilisés dans le cadre d'une instruction pour recherche des causes de la mort ;

– les fichiers d'antécédents judiciaires et les fichiers d'analyse sérielle : les articles 230-6 et 230-7 pour les fichiers d'antécédents, et 230-12, 230-13 pour les fichiers d'analyse sérielle, ne renvoient qu'à l'article 74 du Code de procédure pénale et pas à l'article 80-4 du même code, mais ils font référence à l'instruction pour recherche des causes de la mort ce qui nous conduit à dire qu'ils peuvent être utilisés à cette occasion.

b) Actes exclus

1126 **Les réquisitions « données de connexion ».** Les réquisitions prévues à l'article 60-1-2 du Code de procédure pénale auxquelles renvoie l'article 99-3 ne sont pas autorisées dans le cadre d'une instruction pour recherche des causes de la mort, pas plus que celles prévues à l'article 60-1-1 (V. *supra*, n° 1102). L'article 60-1-2, 4° renvoie uniquement à l'instruction aux fins de recherche de personne disparue. On peut à nouveau regretter qu'il soit impossible d'avoir recours aux « fadettes » dans ce cadre (V. *supra*, n° 1102).

1127 **Garde à vue et audition libre.** Malgré la rédaction de l'article 80-4 du Code de procédure pénale qui indique que le juge d'instruction procède conformément aux règles du code relatives à l'instruction, on peut s'interroger sur la possibilité de placer une personne en garde à vue ou de l'entendre librement. En effet, l'article 154, qui réglemente ces mesures, renvoie aux dispositions des articles 61-1 et 61-2 et des articles 61-3, 62-2 à 64-1 du Code de procédure pénale qui concernent les personnes à l'encontre desquelles existe au moins une raison plausible de soupçonner qu'elles ont commis ou tenté de commettre une infraction, ce qui peut être source de difficultés puisque, dans ce type d'information, les investigations ne tendent pas à la poursuite d'une infraction à la loi pénale. La circulaire de la direction des affaires criminelles et des grâces fait d'ailleurs valoir que :

> « La solution tirée de l'arrêt de la chambre criminelle de la Cour de cassation du 24 février 1987 (*Bull. crim.* n° 93), selon lequel le juge d'instruction peut donner commission rogatoire afin de faire exécuter tous les actes rendus nécessaires à l'information pour recherches des causes de la mort, qui semblait justifier le recours à des mesures de garde à vue, ne semble plus pouvoir être appliquée : en effet il a été pris sous l'empire des dispositions du Code de procédure pénale antérieures à la loi du 15 juin 2000, qui a fixé comme condition à cette mesure l'existence de raisons plausibles de soupçonner la commission d'une infraction ».

1128 **Communications stockées sur un serveur de messagerie.** L'article 74 du Code de procédure pénale ne permet pas de procéder aux opérations d'accès à distance aux correspondances stockées par la voie des communications électroniques accessibles au moyen d'un identifiant informatique, faute de renvoi aux dispositions des articles 706-95-1 et 706-95-2 du même code.

3 Fin de l'instruction

1129 L'instruction, à la différence de l'enquête pour recherche des causes de la mort, n'est pas limitée dans le temps.

CONSEIL Dès lors que le délai de huit jours est expiré, il peut apparaître judicieux de suggérer l'ouverture d'une information sur le fondement de l'article 80-4 du Code de procédure pénale afin de pouvoir continuer à utiliser les pouvoirs spécifiques dont le recours semble limité à huit jours lorsqu'ils sont diligentés dans le cadre de l'enquête pour recherches des causes de la mort ou de blessures graves.

1130 **Clôture de l'information pour recherche des causes de la mort.** À l'issue de l'information pour recherche des causes de la mort, le juge d'instruction transmet la procédure au procureur de la République sur la base d'une ordonnance de soit-communiqué dont la nature est purement administrative. Le procureur de la République apprécie les suites à donner et peut décider de classer la procédure sans suite, poursuivre les investigations dans le cadre d'une enquête préliminaire ou de flagrance ou dans le cadre d'une procédure d'information judiciaire sur la base d'une ou de plusieurs infractions déterminées.

L'ESSENTIEL 1131 L'enquête aux fins de recherche des causes de la mort ou consécutive à la découverte de personne grièvement blessée est régie par l'article 74 du Code de procédure pénale. La raison d'être de cette enquête est non pas l'existence d'une infraction mais celle d'une cause inconnue ou suspecte de la mort ou des blessures graves (V. *supra*, n° 1050).

1132 Cette enquête est donc ouverte lorsque les enquêteurs découvrent un cadavre ou une personne grièvement blessée dont les causes de la mort ou des blessures sont inconnues ou suspectes. Si, d'emblée, la cause résulte d'une infraction pénale, les enquêteurs devront diligenter une enquête de flagrance ou une enquête préliminaire, selon la date de la commission de l'infraction.

1133 **Découverte d'un cadavre.** Il doit s'agir d'une personne décédée. C'est au moment où le cadavre est découvert que les causes doivent apparaître aux enquêteurs comme inconnues ou suspectes et non une fois la personne inhumée (ou incinérée, ce qui compliquera la mission des enquêteurs). En effet le terme de « découverte » est synonyme de constat. Celui-ci peut avoir lieu dans tout endroit, un domicile, un lieu privé, un hôpital, la voie publique (V. *supra*, nos 1057 et s.).

1134 **Découverte de personne grièvement blessée.** Cette notion est floue et englobe très certainement la personne inconsciente qui ne peut communiquer comme celle, bien que consciente, qui dissimule les causes de ses blessures graves par crainte ou avec l'intention de se faire justice elle-même (V. *supra*, nos 1061 et s.).

1135 **Cause inconnue ou suspecte.** À ce stade de la découverte, rien n'indique que la cause résulte d'une infraction mais celle-ci est inconnue ou suspecte. Cela recouvre tant l'absence d'évidence de la cause au moment de la découverte que la suspicion résultant souvent d'une incohérence lors des premières constatations ou des circonstances (V. *supra*, n°s 1066 et s.).

1136 C'est sur instructions du procureur de la République qu'une enquête aux fins de recherche des causes de la mort peut être ouverte.

1137 Certaines situations donnent lieu à une ouverture systématique d'une enquête de l'article 74 du Code de procédure pénale comme un décès intervenu en milieu carcéral, au cours d'une garde à vue, au cours d'une rétention (administrative ou en chambre de sûreté aux fins de dégrisement). À l'inverse, les morts de soldats en opérations extérieures ne donnent pas lieu à une telle enquête (V. *supra*, n° 1069).

1138 Exemples de morts qui ne sont ni inconnues ni suspectes (V. *supra*, n° 1071). Celles :
– d'évidence criminelle (par ex. : cadavre trouvé porteur d'un impact de balle entre les yeux et les mains liées dans le dos) ;
– d'évidence accidentelle (accident de la circulation, du travail, etc.), ce qui n'exclut naturellement pas l'existence d'une infraction ;
– d'évidence naturelle (décès dû au grand âge ou, plus généralement, à une cause médicale certaine, même si celle-ci demeure relativement indéterminée ; par ex. : fibrose cardiaque ou infarctus du myocarde ?) ;
– d'évidence suicidaire (homme dépressif découvert pendu à l'intérieur de son domicile clos, ayant laissé un écrit authentifié explicitant son geste suicidaire).

1139 **Les pouvoirs d'investigation.** Les premières constatations ou « constats précurseurs » effectués lors de la découverte du cadavre ou de la personne grièvement blessée relèvent de la police administrative. Ils consistent très souvent en l'intervention d'un médecin qui délivre un certificat médical de décès, assorti, le cas échéant, d'un obstacle médico-légal (V. *supra*, n° 1076).

1140 Le procureur de la République doit être informé immédiatement non pas de la découverte du cadavre ou de la personne grièvement blessée mais de ce que la cause est inconnue ou suspecte. En effet, si la cause n'est ni inconnue ni suspecte, les enquêteurs rédigeront un procès-verbal qui n'est pas de nature judiciaire clôturant leur découverte (V. *supra*, n°s 1080 et s.).

1141 Si la cause est inconnue ou suspecte, les enquêteurs peuvent souvent dans le même temps que l'information du magistrat, procéder à des constatations au sens de l'article 54 du Code de procédure pénale en requérant des personnes qualifiées, le cas échéant (V. *supra*, n° 1081). À la lumière de ces constatations, seul le procureur de la République peut décider de l'ouverture d'une enquête aux fins de recherches des causes de la mort ou de blessures graves (V. *supra*, n°s 1082 et s.).

1142 **Enquête « déléguée ».** L'officier de police judiciaire et sous son contrôle l'agent de police judiciaire, sont compétents pour réaliser les actes d'enquête et rédiger les procès-verbaux (V. *supra*, n°s 1086 et s.).

1143 Dans le cadre de l'enquête ordonnée par le procureur de la République, les pouvoirs d'enquête suivants peuvent être utilisés : transport-constatations, perquisitions et saisies, examens techniques et scientifiques, réquisitions prévues aux articles 60-1 et 60-2 du Code de procédure pénale et auditions de témoins (V. *supra*, n°s 1088 et s.).

1144 D'autres actes d'enquête peuvent être effectués qui résultent d'articles spécifiques du Code de procédure pénale : autopsie, géolocalisation, captations et fixation d'images dans les lieux publics au moyen de dispositifs aéroportés, logiciels de rapprochement judiciaire, utilisation de fichiers d'antécédents, fichiers d'analyse sérielle et FNAEG (V. *supra*, n°s 1094 et s.).

1145 Les actes d'enquête exclus sont : l'audition libre et la garde à vue (V. *supra*, n° 1101) ainsi que les réquisitions relatives aux données de connexion (CPP, art. 60-1-1, 60-1-2 et 99-3).

1146 **Durée de l'enquête.** Limitée à huit jours, elle ne peut être renouvelée. Ce délai de huit jours étant un délai maximum, l'enquête peut durer moins longtemps notamment si les enquêteurs découvrent au bout de quelques heures ou de quelques jours les causes de la mort ou des blessures graves (V. *supra*, n° 1103).

1147 Fin ou suites de l'enquête aux fins de recherches des causes de la mort ou de blessures graves. Trois hypothèses se présentent aux enquêteurs et aux magistrats :
– soit les investigations démontrent que les causes de la mort ou des blessures graves ne sont pas dues à une infraction pénale (V. *supra*, n° 1106) ;
– soit l'enquête de l'article 74 du Code de procédure pénale révèle que les causes de la mort ou de blessures graves ont une origine criminelle ou délictuelle. Une enquête préliminaire ou de flagrance si les circonstances sont réunies, ou une instruction est ouverte (V. *supra*, n°s 1107 et s.) ;

– soit l'enquête ne permet pas, au bout de huit jours, de connaître les causes. Dans ce cas, l'enquête se poursuit dans les formes de l'enquête préliminaire sans que le Code de procédure pénale n'ait particulièrement prévu cette hypothèse et notamment la continuité des actes. Les pouvoirs d'enquête sont très limités, aucune mesure coercitive n'étant possible, sauf, éventuellement, la poursuite d'actes antérieurement ordonnés, comme, par exemple, la géolocalisation (V. *supra*, n°s 1111 et s.).

1148 Particularités de l'information pour recherche des causes de la mort. Cette instruction est limitée au seul cas de recherche des causes de la mort.

1149 Le juge d'instruction ne conduit pas une information au sens classique du terme dès lors qu'il ne cherche pas à identifier les auteurs d'une infraction mais à déterminer si une infraction a été commise (V. *supra*, n° 1116).

1150 **Pouvoirs d'investigation.** Le juge d'instruction procède conformément aux dispositions du chapitre Ier du titre III du livre Ier, ce qui englobe la quasi-totalité des pouvoirs qui lui sont conférés par le Code de procédure pénale. Il peut donc procéder ou faire procéder à : transport-constatations, perquisitions et saisies, examens techniques et scientifiques, réquisitions et auditions de témoins (V. *supra*, n°s 1088, 1121 et s.).

1151 **Écoutes téléphoniques.** Les interceptions de correspondances émises par la voie des télécommunications sont ordonnées pour deux mois renouvelables alors que, de droit commun, elles peuvent être ordonnées pour quatre mois renouvelables (V. *supra*, n°s 1123 et s.).

1152 D'autres actes d'enquête sont autorisés qui résultent d'articles spécifiques du Code de procédure pénale : autopsie, géolocalisation, captations et fixation d'images dans les lieux publics au moyen de dispositifs aéroportés, logiciels de rapprochement judiciaire, utilisation de fichiers d'antécédents, fichiers d'analyse sérielle et FNAEG (V. *supra*, n°s 1125 et s.).

1153 Les actes d'enquête exclus sont : l'audition libre et la garde à vue ainsi que les réquisitions relatives aux données de connexion (CPP, art. 60-1-1 et 60-1-2) (V. *supra*, n° 1101).

1154 À l'issue de l'information pour recherche des causes de la mort, le juge d'instruction transmet la procédure au procureur de la République sur la base d'une ordonnance de soit-communiqué qui est un acte d'administration judiciaire. Le procureur de la République apprécie les suites à donner et peut décider de classer la procédure sans suite, poursuivre les investigations dans le cadre d'une enquête préliminaire ou de flagrance ou dans le cadre d'une procédure d'information judiciaire sur la base d'une ou de plusieurs infractions déterminées (V. *supra*, n° 1130).

II L'enquête aux fins de recherche de personne disparue

1155 L'article 74-1 du Code de procédure pénale dispose que :

> « Lorsque la disparition d'un mineur ou d'un majeur protégé vient d'intervenir ou d'être constatée, les officiers de police judiciaire, ou, sous leur contrôle, les agents de police judiciaire, peuvent, sur instructions du procureur de la République, procéder aux actes prévus par les articles 56 à 62, aux fins de découvrir la personne disparue. À l'issue d'un délai de huit jours à compter des instructions de ce magistrat, ces investigations peuvent se poursuivre dans les formes de l'enquête préliminaire.
>
> Le procureur de la République peut également requérir l'ouverture d'une information pour recherche des causes de la disparition.
>
> Les dispositions du présent article sont également applicables en cas de disparition d'un majeur présentant un caractère inquiétant ou suspect eu égard aux circonstances, à l'âge de l'intéressé ou à son état de santé ».

A Les disparitions de l'article 74-1 du Code de procédure pénale

1 La disparition inquiétante par nature

1156 Lorsqu'un mineur ou un majeur protégé disparaît, le caractère suspect est présumé et résulte de la vulnérabilité de ces personnes. Nous rappellerons ici qu'est un majeur protégé toute personne placée sous un régime de tutelle, de curatelle ou de sauvegarde de justice par un juge, du fait de son état physique ou mental (maladie, handicap, paralysie, troubles psychiatriques, etc.). Autrement dit, dès lors que la personne est un mineur ou un majeur protégé, il s'agit d'une hypothèse d'ouverture automatique d'une enquête sur le fondement de l'article 74-1 du Code de procédure pénale, sauf bien sûr, si, à ce stade, les enquêteurs ont déjà acquis la certitude que cette disparition résulte d'un acte criminel ou délictuel. S'agissant du mineur, l'enquête de l'article 74-1 fait souvent suite à quelques vérifications sommaires diligentées dans le cadre de l'article 26 de la loi du 21 janvier 1995 – procédure qui présente alors un caractère obligatoire (V. *supra*, n° 1163) – et qui n'auront pas permis de retrouver le mineur.

2 La disparition inquiétante en raison des circonstances

1157 Lorsque la personne est majeure, sa seule disparition ne suffit pas pour ouvrir une enquête sur le fondement de l'article 74-1 du Code de procédure pénale. Il faut, selon le dernier alinéa, constater une seconde condition qui est le caractère suspect ou inquiétant de la disparition.
Selon cet alinéa, ce caractère suspect ou inquiétant de la disparition résulte des circonstances, de l'âge de l'intéressé ou de son état de santé. Il s'agit de critères alternatifs. Comme pour les personnes vulnérables, cette enquête n'a pas lieu d'être ouverte si, dès le constat de la disparition, les éléments indiquent qu'elle résulte d'un acte criminel ou délictuel.
Peut être jugée comme situation inquiétante : la joggeuse qui ne rentre pas de son footing, la personne âgée atteinte d'Alzheimer qui a quitté son domicile ou son EHPAD, tout comme la personne qui a laissé une lettre de suicide sur la table de la cuisine…

3 Critère commun : la temporalité

1158 **Une disparition « flagrante ».** L'alinéa 1er de l'article 74-1 du Code de procédure pénale fixe un critère de temporalité et prévoit que la disparition « vient d'intervenir ou d'être constatée ». Bien que cette circonstance temporelle ne soit pas reprise dans le dernier alinéa de l'article concernant les majeurs, la circulaire de la DACG indique que ce critère est applicable à toutes les hypothèses de disparition. Ceci semble logique dans la mesure où la différence de régime n'aurait pas de sens et qu'une disparition constatée depuis plusieurs semaines sans action particulière des personnes qui l'ont constatée ne peut permettre de recourir à des pouvoirs d'investigation qui renvoient à l'enquête de flagrance.

1159 La rédaction du texte permet de dire que c'est le moment du constat de la disparition ou encore de la « découverte » de celle-ci, pour raisonner par mimétisme avec l'enquête de découverte de cadavre ou de blessures graves, qui peut conduire à l'ouverture de cette enquête. Si, pour le mineur ou le majeur protégé, leur surveillance, qu'elle résulte des parents ou des personnes sous la responsabilité desquelles elles sont placées, conduit souvent à constater la disparition rapidement – sous quelques heures –, il en va différemment pour les majeurs qui sont libres d'aller et venir comme bon leur semble. Ainsi ce constat de la disparition peut intervenir plusieurs jours après la disparition effective – dont la date exacte sera souvent révélée par l'enquête. C'est très souvent lorsqu'une personne majeure ne donne plus de nouvelles que les proches s'inquiètent.

1160 Pour le majeur, tout est donc question de circonstances comme l'indique clairement l'article 74-1 du Code de procédure pénale. La disparition d'une joggeuse peut être inquiétante au bout de quelques heures, tandis que celle d'un routier ou d'une personne voyageant beaucoup peut n'apparaître comme telle qu'au bout de plusieurs jours.

1161 À l'inverse, si la disparition est connue et constatée mais ne vient pas de se produire au sens « d'être découverte », l'article 74-1 du Code de procédure pénale ne pourra pas être utilisé. Il faudra alors recourir soit à l'enquête judiciaire, sous réserve du constat ou de la suspicion d'une infraction, soit à l'enquête administrative de recherche dans l'intérêt des familles.

4 Articulation avec l'article 26 de la loi du 21 janvier 1995 (« recherche dans l'intérêt des familles »)

1162 Cet article dispose que :

« Les dispositions du présent article s'appliquent à la disparition d'un mineur ou d'un majeur protégé, ou

à celle d'un majeur dont les services de police et de gendarmerie estiment qu'elle présente un caractère inquiétant ou suspect, eu égard aux circonstances, à son âge ou à son état de santé.
En cas de désaccord entre le déclarant et lesdits services sur la qualification de la disparition, il est, si le déclarant le demande, soumis sans délai à fin de décision au procureur de la République.
La disparition déclarée par le conjoint, le concubin, le partenaire lié par un pacte civil de solidarité, un descendant, un ascendant, un frère, une sœur, un proche, le représentant légal ou l'employeur doit immédiatement faire l'objet d'une enquête par les services de police et de gendarmerie.
Les chefs de service de la police nationale ou des unités de la gendarmerie nationale font procéder à toutes recherches et auditions utiles à l'enquête, dont ils font dresser un rapport détaillé ou un procès-verbal si nécessaire.
Dans le cadre de cette enquête, les chefs de service de la police nationale ou des unités de la gendarmerie nationale peuvent directement requérir des organismes publics ou des établissements privés détenant des fichiers nominatifs, sans que puisse leur être opposée l'obligation au secret, que leur soit communiqué tout renseignement permettant de localiser la personne faisant l'objet des recherches.
Le procureur de la République est informé de la disparition de la personne, dès la découverte d'indices laissant présumer la commission d'une infraction ou lorsque les dispositions de l'article 74-1 du Code de procédure pénale sont susceptibles de recevoir application.
Sauf si les circonstances de la disparition ou les nécessités de l'enquête s'y opposent, toute personne déclarée disparue est immédiatement inscrite au fichier des personnes recherchées.
Sauf nécessité impérieuse de l'enquête, le déclarant est tenu informé du résultat des recherches entreprises, sous réserve du droit de la personne majeure déclarée disparue et retrouvée de s'opposer expressément à la communication de son adresse au déclarant en signant devant un officier de police judiciaire un document spécifiquement établi à cet effet.
Lors de la déclaration de disparition, le déclarant s'engage à prévenir immédiatement les services de police ou de gendarmerie de toutes nouvelles qu'il pourrait avoir.
L'adresse d'une personne mineure ou majeure protégée déclarée disparue ne peut être communiquée à son représentant légal qu'avec l'autorisation du juge des enfants ou du juge des tutelles, lequel apprécie, au regard des éléments du dossier, si cette communication présenterait un danger pour le mineur ou le majeur protégé.
À défaut de découverte, dans le délai d'un an, soit de la personne déclarée disparue, soit de la preuve de sa mort, un certificat de vaines recherches peut être délivré au déclarant à sa demande. Ce certificat est délivré pour faire valoir ce que de droit, mais n'arrête pas la poursuite des recherches.
Lorsque le procureur de la République fait application des dispositions de l'article 74-1 du Code de procédure pénale, il est mis fin aux recherches administratives prévues par le présent article ».

1163 **Enquête de nature administrative.** Cette enquête, aussi dénommée enquête de « recherche dans l'intérêt des familles » prévue à l'article 26 de la loi du 21 janvier 1995, a été modifiée par la loi du 9 septembre 2002 afin de la coordonner avec le nouvel article 74-1 du Code de procédure pénale.

1164 **Enquête parfois obligatoire.** Cette enquête administrative est obligatoire lorsque la disparition concerne un « mineur ou un... majeur protégé, ou... un majeur dont les services de police et de gendarmerie estiment qu'elle présente un caractère inquiétant ou suspect, eu égard aux circonstances, à son âge ou à son état de santé » ou lorsqu'elle est déclarée « par le conjoint, le concubin, le partenaire lié par un pacte civil de solidarité, un descendant, un ascendant, un frère, une sœur, un proche, le représentant légal ou l'employeur ».

1165 **Information du procureur de la République.** L'article 26 dispose que lorsqu'une enquête administrative a été ouverte, le procureur de la République doit être informé de la disparition de la personne, non seulement dès la découverte d'indices laissant présumer la commission d'une infraction, mais également si les dispositions de l'article 74-1 du Code de procédure pénale sont susceptibles de recevoir application.

1166 Une telle information permet au procureur de la République de choisir, au vu des éléments en sa possession, le cadre juridique le plus adapté à la recherche de la personne disparue en fonction des critères énoncés précédemment à savoir :
– enquête administrative de l'article 26 ;
– enquête de l'article 74-1 qui conduit à la clôture de celle prévue par l'article 26 si elle a été ouverte ; une enquête de l'article 74 peut également être ouverte si la personne est découverte décédée ou grièvement blessée alors que les causes sont inconnues ou suspectes ;
– enquête judiciaire de flagrance, préliminaire ou ouverture d'une information.

1167 **Pouvoirs d'investigation.** Lorsque les éléments dont disposent les enquêteurs au moment où leur est signalée la disparition ne leur indiquent pas qu'elle est inquiétante, ils peuvent procéder à

des recherches et à des auditions afin de retrouver la personne disparue. Il en va souvent ainsi du mineur fugueur pour lequel les enquêteurs vont contacter les proches et amis et vérifier les adresses connues. Si ces premières recherches ne permettent pas de retrouver rapidement le mineur, le magistrat du parquet ouvre alors une enquête sur le fondement de l'article 74-1.
L'article 26 permet également d'inscrire la personne au fichier des personnes recherchées.
Il autorise aussi les réquisitions informatiques mais les réquisitions aux fins d'obtenir les données de connexion, prévues par l'article 60-1-2 du Code de procédure pénale, ne sont pas possibles dans ce cadre.

> **CONSEIL** Si la personne est retrouvée dès cette phase administrative d'enquête, et notamment s'il s'agit d'un mineur coutumier de fugues, il peut être opportun d'acter dans un procès-verbal – selon une terminologie propre à chaque institution – le lieu où le mineur a été retrouvé. Il pourra être utile de s'y référer ultérieurement en cas de nouvelle fugue du mineur.

B Les pouvoirs d'investigation de l'enquête aux fins de recherche de personne disparue

1 Enquête diligentée sur la seule décision du procureur de la République

a) Enquête « déléguée »

1168 Comme l'enquête de l'article 74 du Code de procédure pénale, celle de disparition inquiétante prévue par l'article 74-1 du Code de procédure pénale doit faire l'objet d'une décision préalable du magistrat du parquet (V. *supra*, n° 1073). C'est à ce dernier qu'il revient de « qualifier » la disparition d'inquiétante au regard des éléments qui lui sont communiqués par les enquêteurs. Que la disparition soit par nature inquiétante ou en raison des circonstances, le procureur de la République est seul juge de l'opportunité d'ouvrir une telle enquête.

1169 Au regard des circonstances, le magistrat est donc libre d'ouvrir cette enquête, voire de lui préférer l'ouverture d'une enquête préliminaire ou de flagrance s'il estime que les éléments laissent supposer que la cause de la disparition est le fait d'un tiers. Le magistrat peut enfin décider, dès lors que ni un mineur ni un majeur protégé ne sont en cause, de recourir à l'enquête de « recherche dans l'intérêt des familles ».

b) Information du procureur de la République

1170 À la différence de l'article 74 du Code de procédure pénale, l'article 74-1 ne prévoit pas l'information immédiate du parquet. Cependant, ce magistrat étant le seul à pouvoir ordonner l'ouverture d'une telle enquête, son information est nécessaire afin de pouvoir recourir aux pouvoirs d'investigation prévus. Elle doit, de surcroît, intervenir le plus rapidement possible.
Il va également de soi que les enquêteurs peuvent procéder à quelques vérifications sommaires avant d'en référer au magistrat dès lors qu'ils ne recourent à aucun des pouvoirs coercitifs prévus aux articles 56 à 62 du Code de procédure pénale. Ainsi, il n'est pas interdit, lorsque le mineur disparu est un fugueur multi-réitérant, de procéder à des vérifications aux différents points de chute connus avant d'aviser le magistrat (V. *supra*, n° 1167).

c) Compétence des officiers et agents de police judiciaire

1171 L'article 74-1 du Code de procédure pénale, modifié par la loi du 24 janvier 2023 prévoit désormais que « les officiers de police judiciaire ou, sous leur contrôle, les agents de police judiciaire peuvent, sur instructions du procureur de la République, procéder aux actes prévus par les articles 56 à 62, aux fins de découvrir la personne disparue ». Auparavant, l'article 74-1 prévoyait que l'officier de police judiciaire pouvait être assisté d'un agent de police judiciaire, ce qui imposait la présence de l'officier de police judiciaire sur place (V. *supra*, n° 200).

2 Les actes d'enquête de l'article 74-1 du Code de procédure pénale

a) Identité des actes d'investigation

1172 **Actes d'investigation prévus à l'article 74-1.** Cet article renvoie aux mêmes actes d'enquête que ceux de l'article 74, à savoir ceux prévus aux articles 56 à 62 du Code de procédure pénale. Il s'agit des perquisitions et saisies, examens techniques et scientifiques, réquisitions prévues aux articles 60-1 et 60-2 du Code de procédure pénale et auditions de témoins. Nous

renvoyons expressément aux pouvoirs d'investigation prévus dans le cadre d'une enquête pour recherche des causes de la mort ou de blessures de personne grièvement blessée (V. *supra*, nos 1088 et s.).
L'article 74-1 ne renvoie pas plus que l'article 74 du Code de procédure pénale aux constatations de l'article 54. Cependant, celles-ci doivent être réalisées, dans un premier temps sommairement afin de préserver les éventuels indices, notamment si l'enquête pour recherche de personne disparue devait finalement s'orienter vers une enquête préliminaire ou de flagrance, voire une instruction.

1173 **Les actes prévus par d'autres articles du Code de procédure pénale.** Il s'agit des mêmes actes que ceux prévus pour l'enquête de découverte de cadavre, à savoir : la géolocalisation, la captation et la fixation d'images de personne au moyen de dispositifs aéroportés, les fichiers d'antécédents, les logiciels de rapprochement judiciaire, les fichiers d'analyse sérielle, le FNAEG, à l'exception de l'autopsie, naturellement.

b) Actes d'enquêtes supplémentaires

1174 **Les réquisitions informatiques et données de connexion.** Celles prévues aux articles 60-1, 60-2, 77-1-1 et 77-1-2 peuvent être utilisées par les enquêteurs dans le cadre d'une enquête aux fins de recherche de personne disparue.

1175 L'article 60-1-2 du Code de procédure pénale, introduit par la loi n° 2022-299 du 2 mars 2022 visant à combattre le harcèlement scolaire, peut être utilisé lorsqu'il s'agit d'une enquête relevant de l'article 74-1 du Code de procédure pénale, contrairement à ce qui est possible en recherche des causes de la mort (V. *supra*, n° 1103). Dans ce cadre, les enquêteurs peuvent donc, par le biais d'une réquisition aux fins d'obtenir des données de connexion, recueillir :
– les données techniques permettant d'identifier la source de la connexion ou celles relatives aux équipements terminaux utilisés mentionnées au 3° du II bis de l'article L. 34-1 du Code des postes et des communications électroniques ;
– les données de trafic et de localisation mentionnées au III de l'article L. 34-1 du Code des postes et des communications électroniques.
Pour une étude de ces réquisitions, nous renvoyons à la fiche qui leur est consacrée (V. *infra*, n° 3505).

1176 **Inscription au fichier des personnes recherchées.** Si l'article 26 de la loi du 21 janvier 1995 prévoit expressément cette inscription, l'article 74-1 du Code de procédure pénale n'en dit rien. Cependant, cette inscription est autorisée par le décret n° 2010-569 du 28 mai 2010 relatif au fichier des personnes recherchées (V. *infra*, n° 4165) qui autorise l'inscription « à la demande des services et unités de police judiciaire ou des autorités judiciaires, les personnes faisant l'objet d'une recherche pour les besoins d'une enquête de police judiciaire : 3° Soit en cas de disparition de personnes dans des conditions inquiétantes ou suspectes » (D. n° 2010-569, art. 2, II, 3°).

c) Actes exclus

1177 Les actes exclus sont, comme dans le cadre d'une enquête effectuée en application de l'article 74 du Code de procédure pénale : les auditions libres, les gardes à vue ainsi que les actes d'enquête prévus aux articles 61-2 et 61-3 du Code de procédure pénale, tout comme le recueil des données de connexion concernant les avocats, prévu à l'article 60-1-1 puisque tous ces actes ne peuvent être utilisés que s'il existe des soupçons de commission d'infraction. Sont également exclues les opérations d'accès à distance aux correspondances stockées par la voie des communications électroniques accessibles au moyen d'un identifiant informatique, faute de renvoi aux dispositions des articles 706-95-1 et 706-95-2.

3 Durée de l'enquête pour recherche de personne disparue

1178 **La durée de cette enquête est de huit jours non renouvelable.** Les dispositions de l'article 74-1 du Code de procédure pénale étant identiques à celles de l'article 74, nous y renvoyons expressément (V. *supra*, n° 1103).

4 Fin de l'enquête pour recherche de personne disparue

1179 L'épilogue de l'enquête diffère quelque peu de celle en recherche des causes de la mort dans la mesure où son objet n'est pas identique. Ainsi, à l'issue des huit jours d'enquête, les situations suivantes peuvent se présenter.

a) Ignorance de l'endroit où se trouve la personne disparue

1) Poursuite des investigations dans les formes de l'enquête préliminaire

1180 L'enquête peut se poursuivre dans les formes de l'enquête préliminaire. Si, après plusieurs mois, les enquêteurs n'aboutissent pas, le parquet peut décider de classer l'affaire sans suite. Mais les recherches ne sont pas pour autant nécessairement abandonnées. L'enquête peut toujours se poursuivre sur le fondement de l'article 26 de la loi du 21 janvier 1995 (recherche dans l'intérêt des familles).

2) Ouverture d'une information pour recherche de personne disparue

1181 Le procureur de la République peut également décider de l'ouverture d'une information judiciaire aux fins de recherche de personne disparue. Cette instruction ne doit pas être confondue avec celle que le magistrat peut ouvrir, dans l'hypothèse où il est établi que la disparition résulte d'un acte délictuel ou criminel. Cette information est régie par l'article 80-4 du Code de procédure pénale déjà évoqué précédemment. Les conditions d'ouverture, la nature de l'information, les pouvoirs et sa clôture sont donc parfaitement identiques à celle de découverte de cadavre. Nous y renvoyons (V. *supra*, n°s 1115 et s.).

1182 **Pouvoirs d'investigation supplémentaires.** Cette instruction est identique, quant à ses particularités, à celle pour recherche des causes de la mort. Elle est prévue au même article du Code de procédure pénale, l'article 80-4. Le juge d'instruction dispose des mêmes pouvoirs que pour l'enquête de découverte de cadavre auxquels s'ajoute la possibilité de réquisitions aux fins de recueil des données de connexion prévues à l'article 60-1-2 du Code de procédure pénale (V. *infra*, n° 3506). Les mesures de garde à vue et d'audition libre, comme le recueil des données de connexion concernant un avocat prévu à l'article 60-1-1, sont exclus.

1183 À l'issue de l'information pour recherche de personne disparue, le juge d'instruction transmet la procédure au procureur de la République sur la base d'une ordonnance de soit-communiqué qui est un acte d'administration judiciaire. Le procureur de la République apprécie les suites à donner et peut décider de classer la procédure sans suite, poursuivre les investigations dans le cadre d'une enquête préliminaire ou de flagrance ou dans le cadre d'une procédure d'information judiciaire sur la base d'une ou de plusieurs infractions déterminées.

b) Découverte de la personne disparue, vivante et en bonne santé

1184 Le procureur de la République sera vraisemblablement conduit à procéder à un classement sans suite si la disparition n'est pas liée à une infraction.

c) Découverte de la personne disparue, vivante mais blessée

1185 Dans ce cas, le procureur de la République peut décider de l'ouverture d'une enquête pour recherche de blessures graves. Si les causes des blessures sont déterminées, il peut, le cas échéant, ordonner une enquête classique ou mettre l'action publique en mouvement.

d) Découverte de la personne décédée

1186 Le procureur de la République peut décider de l'ouverture d'une enquête pour recherche des causes de la mort. Dans ce cas, un nouveau délai de huit jours débute car l'objet de la recherche n'est plus le même. Il peut également ouvrir une information pour recherche des causes de la mort.

e) Recueil d'éléments attestant que la disparition résulte d'une infraction, souvent d'un enlèvement et d'une séquestration

1187 Dans ce cas, le parquet peut ouvrir une enquête de flagrance, si les conditions de l'article 53 du Code de procédure pénale sont réunies, ou une enquête préliminaire ou encore une information pour retrouver la victime et identifier les auteurs des infractions.

1188 Souvent, passé un délai de huit jours, le magistrat du parquet ouvre une information pour « enlèvement et séquestration », l'absence prolongée de la personne disparue constituant l'indice de ce qu'elle a été victime d'une infraction.

L'ESSENTIEL 1189 L'enquête aux fins de recherche de personne disparue, aussi dénommée « enquête de disparition inquiétante », est régie par l'article 74-1 du Code de procédure pénale. Elle ressemble à celles prévues à l'article 74 du Code de procédure pénale, s'agissant des conditions d'ouverture ainsi que des pouvoirs d'investigation.

1190 Cette enquête est ouverte lorsque les enquêteurs constatent ou sont avertis d'une disparition d'un mineur ou d'un majeur protégé, inquiétante par nature (V. *supra*, n° 1157) ou de celle d'une personne majeure à raison des circonstances, de l'âge ou de l'état de santé de la personne (V. *supra*, n° 1155).

1191 **Disparition « flagrante ».** Une telle enquête n'est possible que si la disparition vient d'intervenir ou vient d'être constatée. Ici, le point de départ n'est pas le moment de la disparition mais celui où elle est constatée. Bien sûr ces deux événements sont souvent simultanés, voire très proches dans le temps lorsqu'il s'agit de mineur ou de personne protégée. Le délai peut être plus long lorsqu'il s'agit de personnes majeures (V. *supra*, n°s 1156 et s.).

1192 **Enquête de recherche dans l'intérêt des familles.** L'enquête de disparition inquiétante s'articule avec celle dite dans l'intérêt des familles qui est de nature administrative et qui la précède parfois. Obligatoire lorsqu'il s'agit de mineur ou de majeur protégé, ou lorsque certaines personnes listées par l'article 26 de la loi du 21 janvier 1995 donnent l'alerte, cette dernière permet de recourir à des actes d'enquête non coercitifs, comme les auditions et les réquisitions à l'exclusion de celles prévues à l'article 60-1-2 du Code de procédure pénale. La personne disparue peut être inscrite au fichier des personnes recherchées. Lorsque cette enquête administrative est ouverte, le procureur de la République en est informé (V. *supra*, n°s 1161 et s.).

1193 **Enquête « déléguée ».** L'enquête prévue par l'article 74-1 ne peut être ouverte que sur instructions du procureur de la République qui en décide au regard des premiers éléments transmis par l'officier de police judiciaire qui peut procéder à quelques vérifications sommaires afin de confirmer le caractère inquiétant de la disparition (V. *supra*, n° 1167).

1194 L'officier de police judiciaire et sous son contrôle l'agent de police judiciaire sont compétents pour réaliser les actes d'enquête et dresser les procès-verbaux (V. *supra*, n° 1170).

1195 **Pouvoirs d'investigation.** Sur instructions du procureur de la République, les pouvoirs d'enquête suivants peuvent être utilisés : perquisitions et saisies, examens techniques et scientifiques, réquisitions prévues aux articles 60-1, 60-1-2 et 60-2 du Code de procédure pénale et auditions de témoins.

1196 D'autres actes d'enquête sont autorisés mais résultent d'articles spécifiques du Code de procédure pénale : géolocalisation, captations et fixation d'images dans les lieux publics au moyen de dispositifs aéroportés, logiciels de rapprochement judiciaire, utilisation de fichiers d'antécédents, fichiers d'analyse sérielle et FNAEG (V. *supra*, n°s 1174 et s.).

1197 Les actes d'enquête exclus sont : l'audition libre et la garde à vue ainsi que les actes prévus aux articles 61-2 et 61-3 du Code de procédure pénale de même que le recueil des données de connexion concernant un avocat prévu à l'article 60-1-1 (V. *supra*, n° 1175).

1198 **Durée de l'enquête.** Limitée à huit jours, elle ne peut être renouvelée. Ce délai de huit jours est un délai maximum ; l'enquête peut donc durer moins longtemps notamment si les enquêteurs découvrent au bout de quelques heures ou de quelques jours la personne disparue (V. *supra*, n° 1178).

1199 Fin ou suites de l'enquête aux fins de recherche de personne disparue (V. *supra*, n°s 1179 et s.). Les suites réservées à l'enquête varieront selon que les enquêteurs :

– ignoreront où se trouve la personne disparue. Ils pourront alors poursuivre leurs investigations dans les formes de l'enquête préliminaire ou dans le cadre d'une information judiciaire. L'instruction est identique, quant à ses particularités, à celle pour recherche des causes de la mort. Elle est prévue au même article du Code de procédure pénale, l'article 80-4. Le juge d'instruction dispose des mêmes pouvoirs que pour l'enquête de découverte de cadavre auxquels s'ajoute la possibilité de réquisitions aux fins de recueil des données de connexion prévues à l'article 60-1-2 du Code de procédure pénale ;

– auront retrouvé la personne disparue en bonne santé, ce qui pourra entraîner un classement si la disparition n'est pas liée à une infraction ;

– auront retrouvé la personne disparue, vivante mais blessée, ce qui peut conduire le procureur à ordonner une enquête ou à ouvrir une information « classique » ;

– auront retrouvé la personne décédée, ce qui amènera à une nouvelle enquête ou instruction ;

– auront recueilli des éléments attestant que la disparition résulte d'une infraction, souvent d'un enlèvement et d'une séquestration.

POUR ALLER PLUS LOIN...

Fascicule JurisClasseur

• *JCl. Procédure pénale*, Art. 74 et 74-1, fasc. 20, *Mort, blessures graves et disparition suspectes*, par F. Defferrard.

Répertoire

• F. Molins, *Rép. pén.* Dalloz, n°s 8, 18, 23.

Ouvrages

• F. Desportes et L. Lazerges-Cousquer, *Traité de procédure pénale*, Economica, 2015, n°s 2179 et 2182.

• J. Pradel, *Procédure pénale*, Cujas, 15e éd., 2010, n° 566.

Circulaires

• Circ. 19 juill. 2010, relative à la présentation des dispositions de nature pénale de la loi n° 2009-526 du 12 mai 2009 de simplification et de clarification du droit et de l'allègement des procédures et du décret n° 2010-671 du 18 juin 2010 relatif à la signature électronique et numérique en matière pénale et modifiant certaines dispositions de droit pénal et de procédure pénale (NOR : JUSD1019268C, § 1.2.).

• Circ. 8 nov. 2002 de présentation des dispositions de procédure pénale de la loi n° 2002-1138 du 9 septembre 2002 d'orientation et de programmation pour la justice (NOR : JUSD0230179C, § 6.5.1.2 a).

Fiche 33
Recherche de personne en fuite

Sommaire

1200 **L'article 74-2 du Code de procédure pénale.** La loi du 9 mars 2004 a inséré dans le Code de procédure pénale un article 74-2 destiné à réglementer la recherche des personnes en fuite tandis qu'était créé parallèlement un Office central de recherche des personnes en fuite.
La circulaire de la DACG rend compte de ce que le texte a été institué pour répondre au « vide juridique ne permettant pas de rechercher de manière active une personne en dehors du cadre de l'enquête de police judiciaire – en flagrance ou en préliminaire ou de celui de l'instruction ».
Le texte a, depuis, été amendé et l'Office central a vu ses fonctions reprises par l'Office de lutte contre le crime organisé, ce qui ne signifie pas, pour autant, que la procédure prévue par l'article 74-2 du Code de procédure pénale ne puisse être mise en œuvre qu'en matière de criminalité organisée. Le dispositif n'est pas destiné à être utilisé pour ramener à exécution l'ensemble des peines fermes dont le ministère public a la charge de poursuivre l'exécution (CPP, art. 707-1) mais a vocation à être mis en œuvre seulement lorsque les personnes concernées sont en fuite et qu'il apparaît nécessaire d'avoir recours à des moyens particuliers.

Le texte prévoit actuellement que :

« Les officiers de police judiciaire, assistés le cas échéant des agents de police judiciaire, peuvent, sur instructions du procureur de la République, procéder aux actes prévus par les articles 56 à 62 aux fins de rechercher et de découvrir une personne en fuite dans les cas suivants :

1° Personne faisant l'objet d'un mandat d'arrêt délivré par le juge d'instruction, le juge des libertés et de la détention, la chambre de l'instruction ou son président ou le président de la cour d'assises, alors qu'elle est renvoyée devant une juridiction de jugement ;

2° Personne faisant l'objet d'un mandat d'arrêt délivré par une juridiction de jugement ou par le juge de l'application des peines ;

3° Personne condamnée à une peine privative de liberté sans sursis supérieure ou égale à un an ou à une peine privative de liberté supérieure ou égale à un an résultant de la révocation d'un sursis assorti ou non d'une probation, lorsque cette condamnation est exécutoire ou passée en force de chose jugée ;

4° Personne inscrite au fichier judiciaire national automatisé des auteurs d'infractions terroristes ayant manqué aux obligations prévues à l'article 706-25-7 ;

5° Personne inscrite au fichier judiciaire national automatisé des auteurs d'infractions sexuelles ou violentes ayant manqué aux obligations prévues à l'article 706-53-5 ;

6° Personne ayant fait l'objet d'une décision de retrait ou de révocation d'un aménagement de peine ou d'une libération sous contrainte, ou d'une décision de mise à exécution de l'emprisonnement prévu par la juridiction de jugement en cas de violation des obligations et interdictions résultant d'une peine, dès lors que cette décision a pour conséquence la mise à exécution d'un quantum ou d'un reliquat de peine d'emprisonnement supérieur à un an.

Si les nécessités de l'enquête pour rechercher la personne en fuite l'exigent, le juge des libertés et de la détention du tribunal judiciaire peut, à la requête du procureur de la République, autoriser l'interception, l'enregistrement et la transcription de correspondances émises par la voie des télécommunications selon les modalités prévues par les articles 100, 100-1 et 100-3 à 100-7, pour une durée maximale de deux mois renouvelable dans les mêmes conditions de forme et de durée, dans la limite de six mois en matière correctionnelle. Ces opérations sont faites sous l'autorité et le contrôle du juge des libertés et de la détention.

Pour l'application des dispositions des articles 100-3 à 100-5, les attributions confiées au juge d'instruction ou à l'officier de police judiciaire commis par lui sont exercées par le procureur de la République ou l'officier de police judiciaire requis par ce magistrat.

Le juge des libertés et de la détention est informé sans délai des actes accomplis en application de l'alinéa précédent.

Si les nécessités de l'enquête pour rechercher la personne en fuite l'exigent, les sections 1, 2 et 4 à 6 du chapitre II du titre XXV du livre IV sont applicables lorsque la personne concernée a fait l'objet de l'une des décisions mentionnées aux 1° à 3° et 6° du présent article pour l'une des infractions mentionnées aux articles 706-73 et 706-73-1 ».

1201 **Initiative du procureur de la République.** L'officier de police judiciaire ne peut pas décider de son propre chef de mettre en œuvre les dispositions de l'article 74-2 car le texte prévoit que c'est sur instructions du procureur de la République qu'une enquête en recherche d'une personne en fuite est ouverte, ce qui apparaît logique dès lors que c'est à lui qu'incombe l'exécution des peines.

1202 Tant les personnes susceptibles d'être recherchées en application de l'article 74-2 (I) que les dispositifs mis en œuvre pour ces recherches (II) nécessitent quelques développements.

I

Personnes pouvant être recherchées en application de la procédure prévue par l'article 74-2 du Code de procédure pénale

A Personne en fuite

1203 **Notion de fuite.** Les dispositions de l'article 74-2 du Code de procédure pénale sont applicables pour rechercher et découvrir une personne en fuite.

La notion de fuite ne fait pas l'objet d'une définition légale. Les arrêts de la chambre criminelle rendus en matière de mandat d'arrêt permettent de retenir qu'une personne qui se sait recherchée et se soustrait volontairement à la procédure d'information se trouve par conséquent en fuite (Cass. crim., 15 mai 2018, n° 17-82.866 : *Bull. crim.* n° 92. – Cass. crim., 11 janv. 2017, n° 16-80.619 : *Bull. crim.* n° 16).

Les six catégories de personnes visées par le texte ne sont pas *ipso facto* en fuite. Certaines le sont et c'est pour cette raison qu'un mandat d'arrêt a été décerné contre elles. C'est le cas des personnes visées par le 1° et le 2°. Mais celles qui sont condamnées à une peine ferme égale ou supérieure à un an d'emprisonnement ou celles qui se sont vu retirer un aménagement de peine ne sont pas nécessairement en fuite. Elles peuvent avoir l'intention de déférer à l'exécution de la peine quand elles en seront requises. Celles qui ont manqué à leurs obligations par rapport à leur inscription au fichier ne sont pas non plus nécessairement pour autant en fuite.

Pour que les dispositions de l'article 74-2 puissent être valablement utilisées, il faut, non seulement, que la personne se trouve dans un des cas prévus aux 1° à 6°, mais aussi qu'elle soit en fuite. Ceci étant, la chambre criminelle n'a jamais eu l'occasion de valider ou censurer une procédure de recherche de personnes ayant mobilisé les dispositions des articles 56 à 62 du Code de procédure pénale alors que la personne recherchée n'était pas réellement en fuite.

B Catégories de personnes

1 Personne renvoyée devant une juridiction de jugement faisant l'objet d'un mandat d'arrêt délivré par le juge d'instruction, le juge des libertés et de la détention, la chambre de l'instruction ou son président ou le président de la cour d'assises

1204 **Compétence du juge d'instruction au cours de l'instruction.** Il est normal que le 1° de l'article 74-2 n'évoque pas l'exécution d'un mandat d'arrêt délivré par le juge d'instruction exécuté au cours de l'instruction, puisque dans ce cas c'est le juge d'instruction lui-même qui fait exécuter sa décision. C'est donc lui qui charge les officiers de police judiciaire par commission rogatoire de ramener à exécution les mandats qu'il délivre et non le procureur de la République comme il est prévu pour l'exécution des décisions des juridictions de jugement (CPP, art. 707-1 et 709).

1205 **Chambre de l'instruction ou président de la chambre de l'instruction.** La chambre de l'instruction et son président peuvent, dans certaines conditions, tant au cours de l'instruction qu'après que le juge d'instruction s'est dessaisi, délivrer un mandat d'arrêt.

Si l'instruction est toujours en cours, c'est le juge d'instruction qui se chargera de faire exécuter le mandat d'arrêt. Si la personne est renvoyée devant la juridiction de jugement, c'est le ministère public qui s'en chargera. Dès lors, la personne concernée étant par hypothèse en fuite, les dispositions de l'article 74-2 du Code de procédure pénale seront applicables.

1206 **Président de la cour d'assises.** Le président de la cour d'assises peut délivrer un mandat d'arrêt « si l'accusé, après avoir été convoqué par la voie administrative au greffe de la cour d'assises, ne se présente pas, sans motif légitime d'excuse, au jour fixé pour être interrogé par le président de la cour d'assises » (CPP, art. 272-1, al. 1).

C'est donc le ministère public qui se chargera de faire exécuter ce mandat, les dispositions de l'article 74-2 du Code de procédure pénale étant applicables.

1207 **Juge des libertés et de la détention.** L'article 74-2 du Code de procédure pénale prévoit qu'il peut s'appliquer à un mandat d'arrêt délivré par le juge des libertés et de la détention. La délivrance d'un mandat d'arrêt par le juge des libertés et de la détention est possible « si la personne se soustrait aux obligations du contrôle judiciaire alors qu'elle est renvoyée devant la juridiction de jugement ». Dans ce cas, « le procureur de la République peut, (...), saisir le juge des libertés et de la détention pour que celui-ci décerne mandat d'arrêt (...) à son encontre [la personne qui s'est soustraite à ses obligations] » (CPP, art. 141-2).

2 Personne faisant l'objet d'un mandat d'arrêt délivré par une juridiction de jugement ou par le juge de l'application des peines

a) Mandat d'arrêt délivré par une juridiction de jugement

1208 **Tribunal correctionnel ou chambre correctionnelle de la cour d'appel.** Le tribunal correctionnel prononçant une peine d'emprisonnement ferme selon la procédure de comparution immédiate ou selon la procédure de comparution différée peut décerner mandat d'arrêt quelle que soit la peine prononcée (CPP, art. 395, 397-4). Lorsqu'il est saisi par citation directe, renvoi par la juridiction d'instruction, comparution volontaire des parties, convocation par procès-verbal, il peut décerner mandat d'arrêt quand il condamne le prévenu à une peine d'emprisonnement ferme d'au moins un an (CPP, art. 465) à moins que le prévenu soit en état de récidive auquel cas la délivrance d'un mandat d'arrêt est possible quelle que soit la durée de la peine d'emprisonnement prononcée (CPP, art. 465-1).
Les mêmes dispositions sont applicables devant la cour d'appel (CPP, art. 512).

1209 **Tribunal de police.** Le tribunal de police ne pouvant condamner à de l'emprisonnement ferme, il ne peut évidemment pas décerner de mandat d'arrêt.

1210 **Cour d'assises.** La cour d'assises peut décerner un mandat d'arrêt contre l'accusé :
- pendant le déroulement de l'audience s'il se soustrait aux obligations du contrôle judiciaire ou s'il apparaît que la détention est l'unique moyen d'assurer sa présence lors des débats ou d'empêcher des pressions sur les victimes ou les témoins (CPP, art. 272-1, al. 2) ;
- lorsqu'il est absent sans excuse valable à l'ouverture de l'audience ou que son absence est constatée au cours des débats qu'il n'est pas possible de suspendre jusqu'à son retour, et que la cour décide de renvoyer l'affaire à une session ultérieure (CPP, art. 379-2) ;
- lorsqu'il est condamné après avoir fait défaut postérieurement à son interrogatoire sur les faits et sa personnalité et qu'il est donc jugé par arrêt contradictoire à signifier (CPP, art. 379-2) ;
- lorsqu'il est condamné par défaut (CPP, art. 379-3).

Les dispositions de l'article 74-2 du Code de procédure pénale doivent trouver à s'appliquer dans ces différents cas de figure puisqu'il s'agit de mandats d'arrêt décernés par une juridiction de jugement.

b) Juge de l'application des peines

1211 Le juge de l'application des peines peut, selon l'article 712-17 du Code de procédure pénale, décerner mandat d'arrêt contre un condamné placé sous son contrôle qui ne respecte pas les obligations qui lui incombent, si celui-ci est en fuite ou réside à l'étranger.

3 Personne condamnée à une peine privative de liberté sans sursis supérieure ou égale à un an ou à une peine privative de liberté supérieure ou égale à un an résultant de la révocation d'un sursis assorti ou non d'une probation, lorsque cette condamnation est exécutoire ou passée en force de chose jugée

1212 Les personnes condamnées à une peine exécutoire d'au moins un an d'emprisonnement ferme ou ayant au moins un an d'emprisonnement ferme à purger après révocation d'un sursis peuvent voir leur peine ramenée à exécution en dehors des dispositions de l'article 74-2 du Code de procédure pénale.
L'article 707-1 du Code de procédure pénale donne en effet mission au ministère public de poursuivre l'exécution des sentences pénales. L'article 709 du même code lui donne le droit de requérir la force publique à cette fin. Il peut, en vertu de l'article 716-5 du même code, autoriser les agents de la force publique à pénétrer au domicile de la personne condamnée afin de se saisir de celle-ci entre 6 heures et 21 heures et ordonner que la personne soit conduite devant lui. Le ministère public peut donc faire exécuter la majeure partie des peines sans avoir recours aux dispositions particulières prévues à l'article 74-2 du Code de procédure pénale.
Schématiquement, le procureur chargé de la mise à exécution d'une peine ferme peut utiliser plusieurs voies pour ramener à exécution cette peine contre une personne qui n'est pas en fuite.
Si le condamné réside hors de son ressort, le procureur adresse les pièces d'exécution à son collègue compétent pour le lieu du domicile du condamné.
Lorsque le condamné réside dans le ressort du tribunal ayant prononcé la condamnation, le procureur peut adresser les pièces d'exécution à un service de police ou à une unité de gendarmerie compétent dans son ressort auquel il demande de conduire le

condamné à la maison d'arrêt du ressort. Mais il peut aussi se faire présenter la personne condamnée par le service de police ou l'unité de gendarmerie. Bien que cette présentation ne soit obligatoire que pour les mineurs, son utilisation pour les majeurs permet au parquetier de procéder à une ultime vérification de la régularité des pièces d'exécution, de s'assurer de l'identité de la personne arrêtée, d'expliquer au condamné la suite de la procédure et notamment les éventuelles voies de recours, s'il en existe encore, ou d'aménagement de peine et enfin de remplir la notice individuelle prévue par l'article D. 158 du Code de procédure pénale.

Le procureur peut également adresser au condamné, par l'intermédiaire d'un officier de police judiciaire ou d'un agent de police judiciaire, un avis lui prescrivant d'avoir à se constituer prisonnier dans un délai ou à une date déterminée au centre pénitentiaire dépendant du parquet du lieu d'exécution.

Si le condamné est sans domicile connu, mais qu'il n'y a pas pour autant lieu à application des dispositions de l'article 74-2 du Code de procédure pénale, le procureur fait inscrire l'extrait de jugement au FPR par l'intermédiaire d'une note de recherches.

Le recours aux dispositions de l'article 74-2 du Code de procédure pénale n'est donc pas impératif mais ce texte permet de recourir à des actes d'enquête plus nombreux et, pour certains, intrusifs, en vue de ramener à exécution certaines peines plus importantes.

4 Personnes inscrites à des fichiers, ayant manqué à leurs obligations

a) Personne inscrite au fichier judiciaire national automatisé des auteurs d'infractions terroristes (FIJAIT) ayant manqué aux obligations prévues à l'article 706-25-7

1213 Les personnes inscrites au fichier judiciaire national automatisé des auteurs d'infractions terroristes doivent, sous peine de sanction pénale pouvant aller jusqu'à deux ans d'emprisonnement et 30 000 € d'amende, justifier de leur adresse, de leurs changements d'adresse, déclarer tout déplacement à l'étranger ou, si elles résident à l'étranger, leur venue en France. Elles sont enregistrées au FPR pendant toute la durée de leur inscription au FIJAIT (V. *infra*, n° 4237).

Si ces personnes manquent aux obligations précitées, leur recherche peut être faite avec les moyens de l'article 74-2 du Code de procédure pénale, leur défaillance s'apparentant à une volonté d'échapper au contrôle de la justice.

b) Personne inscrite au fichier judiciaire national automatisé des auteurs d'infractions sexuelles ou violentes (FIJAIS) ayant manqué aux obligations prévues à l'article 706-53-5

1214 Les personnes inscrites au FIJAIS doivent justifier de leur adresse et déclarer rapidement tout changement d'adresse. Celles qui ont été condamnées pour un crime ou pour un délit puni de dix ans d'emprisonnement doivent justifier de leur adresse une fois tous les six mois. Ce délai peut même être porté à un mois en cas de dangerosité particulière de la personne concernée. Il est automatiquement porté à un mois en cas de condamnation en récidive (V. *infra*, n° 4294).

Tout manquement à ces obligations est sanctionné pénalement d'une peine de deux ans d'emprisonnement et de 30 000 € d'amende. Comme pour les personnes inscrites au FIJAIT, le manquement est assimilé à une tentative de fuite vis-à-vis des autorités judiciaires, de sorte que les prérogatives offertes par les articles 56 à 62 du Code de procédure pénale sur l'enquête de flagrance sont données aux enquêteurs chargés de retrouver ceux qui tentent d'échapper aux « radars de la justice ».

5 Personne ayant fait l'objet d'une décision de retrait ou de révocation d'un aménagement de peine ou d'une libération sous contrainte, ou d'une décision de mise à exécution de l'emprisonnement prévu par la juridiction de jugement en cas de violation des obligations et interdictions résultant d'une peine, dès lors que cette décision a pour conséquence la mise à exécution d'un quantum ou d'un reliquat de peine d'emprisonnement supérieur à un an

1215 C'est la loi du 3 juin 2016 qui a ajouté cette hypothèse à l'article 74-2 du Code de procédure pénale pour permettre, selon les travaux préparatoires, de réparer une omission. Il a été envisagé de permettre le recours aux dispositions de l'article 74-2 du Code de procédure pénale pour tous les condamnés, mais il a finalement été décidé de limiter la possibilité de recourir à cette possibilité dans un nombre limité de cas.

Dans le même temps, l'article 78-2 du Code de procédure pénale a été modifié pour permettre de contrôler l'identité des personnes à l'encontre desquelles il existe une ou plusieurs raisons plausibles de soupçonner qu'elles ont violé les obligations ou interdictions d'une peine ou d'une mesure suivie par le juge de l'application des peines.
Le Parlement considérait manifestement les deux modifications comme complémentaires, ce dont il semble devoir être déduit que la « mesure suivie par le juge de l'application des peines » englobe tous les retraits, révocations, mises à exécution.
Comme il a déjà été souligné (V. *supra*, n° 581), la plupart du temps, ce sera un contrôle d'identité effectué sur un autre fondement qui conduira à consulter le fichier des personnes recherchées et permettra de découvrir que la personne contrôlée y est inscrite pour avoir violé des obligations ou interdictions qui lui étaient imposées ou parce que ses manquements ont entraîné le retrait d'une mesure favorable.

6 Personne recherchée pour l'exécution d'un mandat d'arrêt européen ou d'une demande d'extradition

1216 La procédure prévue par l'article 74-2 du Code de procédure pénale est applicable à d'autres personnes que celles qui y sont visées. D'autres textes que l'article 74-2 prévoient le recours à la procédure qui est prévue par ce texte. C'est le cas des textes régissant le mandat d'arrêt européen et de ceux réglementant la procédure d'extradition passive (V. *infra*, n°s 4761 et s.) qui n'exigent pas que la personne soit en fuite, cet état étant sans doute considéré comme inhérent au fait que la personne se trouve dans un pays étranger à celui dans lequel elle est poursuivie ou condamnée.

a) Mandat d'arrêt européen

1217 La procédure définie par l'article 74-2 du Code de procédure pénale peut être mise en œuvre soit pour rechercher en France la personne faisant l'objet d'un mandat d'arrêt européen émis par une autorité étrangère (CPP, art. 695-26), soit pour retrouver une personne à qui le mandat a été notifié et qui, placée sous contrôle judiciaire ou sous assignation à résidence avec surveillance électronique, se soustrait volontairement à ses obligations ou qui, après avoir bénéficié d'une mise en liberté pure et simple, entend manifestement se dérober à l'exécution du mandat d'arrêt européen (CPP, art. 695-36), et, enfin, à l'issue de la procédure, pour rechercher la personne qui est en liberté lorsque la décision de la chambre de l'instruction autorisant sa remise est prononcée (CPP, art. 695-37).

b) Extradition

1218 À l'instar de ce qui est prévu en matière de mandat d'arrêt européen, la procédure de l'article 74-2 est applicable pour la recherche d'une personne faisant l'objet d'une demande d'extradition ou d'arrestation provisoire (CPP, art. 696-9-1), pour retrouver celui à qui a été notifiée la demande et qui, placé sous contrôle judiciaire ou sous assignation à résidence avec surveillance électronique, se soustrait volontairement à ses obligations ou qui, après avoir bénéficié d'une mise en liberté pure et simple, entend manifestement se dérober à la demande d'extradition (CPP, art. 696-21).

II Dispositifs mis en œuvre pour rechercher les personnes en fuite visées à l'article 74-2 du Code de procédure pénale

1219 L'article 74-2 prévoit que, pour la recherche des personnes en fuite qu'il énumère, les enquêteurs peuvent procéder aux actes prévus par les articles 56 à 62 (A), à des interceptions de correspondances (B) et que certaines techniques spéciales d'enquête peuvent être mises en œuvre (C). D'autres mesures sont également autorisées par des textes autres que l'article 74-2 du Code de procédure pénale (D).

1220 **Qui réalise les actes d'enquête ?** L'article 74-2 du Code de procédure pénale n'a pas été modifié par la loi du 24 janvier 2023 qui réserve donc toujours à l'officier de police judiciaire la compétence exclusive pour diligenter les investigations. L'agent de police judiciaire peut assister ce dernier, c'est-à-dire l'aider, mais ne peut en aucune façon procéder à des actes d'investigations même sous son contrôle (V. *supra*, n°s 201 et s.).

A Mesures prévues aux articles 56 à 62 du Code de procédure pénale

1221 **Actes d'enquête classiques.** L'article 74-2 permet le recours aux actes réglementés par les articles 56 à 62 du Code de procédure pénale, soit des perquisitions, des saisies, des réquisitions, des examens techniques et scientifiques (V. *supra*, n°s 1088 et 1172). Il paraît difficile d'avoir recours aux dispositions des articles 61-1 à 61-3 du Code de procédure pénale. Ils réglementent l'audition libre, l'assistance d'un avocat pour une victime lors d'une confrontation et l'assistance du suspect par un avocat lors d'une reconstitution ou d'une parade d'identification, toutes mesures apparaissant peu compatibles avec l'enquête destinée à rechercher une personne en fuite ou un condamné car, si la fuite a été facilitée par des tiers, alors une enquête distincte sera vraisemblablement ouverte et c'est dans ce cadre que les articles 61-1 et suivants pourraient être mis en œuvre.

1222 **Réquisitions de données de connexion.** En ce qui concerne les réquisitions, celles relatives aux données de connexion ne sont possibles, depuis l'entrée en vigueur de la loi n° 2022-299 du 2 mars 2022, que pour les infractions punies d'au moins trois ans d'emprisonnement – hors infractions commises par l'utilisation d'un réseau. La DACG préconise de n'y avoir recours, pour rechercher une personne en fuite, que si elle est poursuivie ou a été condamnée pour une infraction punie d'au moins trois ans d'emprisonnement (Dépêche 2021-00103, 25 févr. 2022). Une telle interprétation peut engendrer des difficultés dès lors que l'article 74-2 ne renvoie pas à l'article 60-1-2 alors que, pour les autres investigations, telle une interception de correspondances, il opère un renvoi spécifique. Il sera donc conseillé la plus extrême circonspection, dans l'attente d'une décision de la Cour de cassation validant la position de la DACG.

Il est renvoyé, pour les autres mesures, aux développements spécifiques qui les concernent (V. *supra*, n°s 817 et s.).

1223 **Lieux protégés.** Les articles 56-1 à 56-5 du Code de procédure pénale qui réglementent les perquisitions dans le cabinet ou au domicile d'un avocat (CPP, art. 56-1), dans les locaux d'une entreprise de presse, de communication audiovisuelle, d'une entreprise de communication au public en ligne, d'une agence de presse, dans les véhicules professionnels de ces entreprises ou agences ou au domicile d'un journaliste (CPP, art. 56-2), dans le cabinet d'un médecin, d'un notaire, d'un avoué ou d'un huissier de justice (CPP, art. 56-3) ou dans un lieu précisément identifié, abritant des éléments couverts par le secret de la défense nationale (CPP, art. 56-4) ou encore dans une juridiction ou au domicile d'une personne exerçant des fonctions juridictionnelles (CPP, art. 56-5) ne sont pas exclus de l'énumération de l'article 74-2. Le fait que ce soit aux officiers de police judiciaire que l'article 74-2 du Code de procédure pénale donne le droit de procéder aux perquisitions ne semble pas constituer un obstacle à la réalisation, par un magistrat du parquet, des perquisitions dans un lieu protégé, dès lors qu'« il [le procureur] a tous les pouvoirs et prérogatives attachés à la qualité d'officier de police judiciaire prévus par la section II du chapitre Ier du titre Ier du présent livre » (CPP, art. 41, al. 5).

1224 **Possibilité de pénétrer dans un domicile.** L'article 74-2 du Code de procédure pénale, par renvoi à l'article 56 du même code, permet aux officiers de police judiciaire de procéder à une perquisition pour la recherche des personnes visées. On notera cependant que, pour l'exécution des jugements, le ministère public peut, hors toute fuite et sans considération du quantum de la peine d'emprisonnement prononcée, autoriser les officiers de police judiciaire à pénétrer, aux heures légales, au domicile de la personne condamnée et que l'article 134 du Code de procédure pénale permet également aux officiers de police judiciaire de pénétrer dans les lieux aux heures légales pour exécuter des mandats.
Mais les dispositions de l'article 74-2 du Code de procédure pénale semblent permettre à l'officier de police judiciaire de procéder à une perquisition complète des lieux puisqu'il recherche une personne ou des indices permettant de la localiser alors que, comme on le verra (V. *infra*, n° 1281), l'article 134 du même code lui donne des pouvoirs plus limités.

Recherche de personne en fuite

B Interceptions de correspondances

1225 L'article 74-2 prévoit que, pour rechercher la personne en fuite, le juge des libertés et de la détention du tribunal judiciaire peut autoriser l'interception, l'enregistrement et la transcription de correspondances émises par la voie des télécommunications.

1226 **Personne visée.** L'article 74-2 du Code de procédure pénale n'indique pas quelles sont les personnes dont les correspondances peuvent être interceptées. La DACG fait valoir, à juste titre nous semble-t-il, qu'« il s'agit vraisemblablement de toutes les personnes qui seraient susceptibles de fournir des renseignements sur la retraite de la personne en fuite ».

1227 **Durée.** Les interceptions que le juge des libertés et de la détention peut autoriser ne peuvent l'être que par période de deux mois dans la limite maximum de six mois en matière correctionnelle. La loi n'a pas fixé de limite en matière criminelle. L'obligation de renouvellement de l'autorisation tous les deux mois subsiste toutefois en ce domaine.

1228 **Requête du procureur.** Comme pour les interceptions permises en matière de criminalité organisée, le juge des libertés et de la détention ne peut être saisi que par le procureur de la République.

1229 **L'interception est effectuée selon les modalités prévues par les articles 100, 100-1 et 100-3 à 100-7.** Il en résulte notamment que la décision autorisant l'interception doit être écrite, doit être motivée par référence aux éléments de fait et de droit justifiant que les opérations sont nécessaires, que l'officier de police judiciaire doit dresser procès-verbal de chacune des opérations d'interception et d'enregistrement, que les enregistrements doivent être placés sous scellés fermés sauf recours à la PNIJ, que l'officier de police judiciaire doit transcrire la correspondance utile à la manifestation de la vérité et, qu'en aucun cas, les correspondances avec un avocat relevant de l'exercice des droits de la défense et les correspondances avec un journaliste permettant d'identifier une source en violation de l'article 2 de la loi du 29 juillet 1881 sur la liberté de la presse ne peuvent être transcrites.

1230 **Le juge des libertés et de la détention contrôle sans délai les actes accomplis.** C'est ce que prévoit l'article 74-2 mais la DACG souligne que, par un arrêt du 23 mai 2006 (Cass. crim., 23 mai 2006, n° 06-83.241 : *Bull. crim.* n° 139), la chambre criminelle a jugé que l'article 706-95 du Code de procédure pénale n'exigeait pas que le juge des libertés et de la détention exerce un contrôle immédiat sur le déroulement de l'écoute mais seulement qu'il soit informé sans délai par le procureur de la République à l'issue de l'opération d'interception. Le principe dégagé par cet arrêt a été répété à plusieurs reprises mais pas spécifiquement dans le cadre d'une écoute relevant de l'article 74-2 du Code de procédure pénale.

1231 **Modalités pratiques.** La DACG, dans la circulaire précitée, précise les modalités de recours à la plateforme nationale des interceptions judiciaires (PNIJ).
Elle indique que l'officier de police judiciaire rédige directement les procès-verbaux de retranscription dans la PNIJ. Il les édite ensuite pour les joindre à la procédure.
Le procureur de la République a accès aux interceptions en cours et peut consulter les communications interceptées sur la PNIJ. Lorsqu'il est recouru à cette plateforme, les enregistrements ne sont pas placés sous scellés fermés. Ils sont placés sous scellés au sein de la PNIJ qui joue le rôle d'un coffre-fort numérique. Il suffit au procureur qui veut consulter les enregistrements de solliciter de l'Agence nationale des techniques d'enquêtes numériques judiciaires (ANTENJ) le transfert du scellé depuis le coffre-fort numérique. Il peut également demander à l'ANTENJ une copie chiffrée du scellé sur support physique, qui lui sera transmise par voie postale ou par porteur.

C Techniques spéciales d'enquête

1232 **Loi n° 2023-22 du 24 janvier 2023.** Ce texte a ajouté à l'article 74-2 du Code de procédure pénale un alinéa permettant, en cas de nécessité pour rechercher la personne en fuite, d'avoir recours à certaines techniques spéciales d'enquête.

1233 **Techniques spéciales d'enquête auxquelles il peut être recouru.** Ce ne sont pas toutes les techniques spéciales d'enquête qui peuvent être mises en œuvre pour rechercher une personne en fuite mais seulement celles prévues aux sections 1, 2 et 4 à 6 du chapitre II du titre XXV du livre IV, c'est-à-dire, celles relatives :

« 1° Aux opérations de :
– surveillance des marchandises ou des personnes prévues par l'article 706-80 du Code de procédure pénale (V. *infra*, n°s 3323 et s.),
– livraison surveillée ou opération de libre passage prévue par l'article 706-80-1 du Code de procédure pénale (V. *infra*, n°s 3334 et s.),

– livraison de produits ou marchandises illicites par les enquêteurs possible en vertu de l'article 706-80-2 du Code de procédure pénale (V. *infra*, n°s 3345 et s.) ;
2° À l'infiltration réglementée par les articles 706-81 à 706-87 du Code de procédure pénale (V. *infra*, n°s 4033 et s.) ;
3° Perquisitions dérogatoires dont le régime est fixé par les articles 706-89 à 706-94 du Code de procédure pénale (V. *infra*, n°s 1985 et s.) ;
4° à l'accès à distance aux correspondances stockées par la voie des communications électroniques accessibles au moyen d'un identifiant informatique réglementé par les articles 706-95 à 706-95-3 du Code de procédure pénale (V. *infra*, n°s 3614 et s.) ;
5° au recueil de données techniques de connexion par IMSI-catcher dont le régime est fixé par l'article 706-95-20 du Code de procédure pénale (V. *infra*, n° 3688) ;
6° aux sonorisations et fixations d'images de lieux ou véhicules réglementées par les articles 706-96 à 706-98 du Code de procédure pénale (V. *infra*, n°s 3722 et s.) ;
7° à la captation de données informatiques régie par les articles 706-102-1 à 706-102-5 du Code de procédure pénale (V. *infra*, n°s 3708 et s.). »

1234 **Personnes concernées.** Les techniques spéciales d'enquête auxquelles il peut être fait appel ne peuvent être mises en œuvre que si la personne en fuite a fait l'objet, pour une infraction relevant de la délinquance ou de la criminalité organisée mentionnée aux articles 706-73 et 706-73-1 :

« – d'un mandat d'arrêt délivré par le juge d'instruction, le juge des libertés et de la détention, la chambre de l'instruction ou son président ou le président de la cour d'assises, alors qu'elle est renvoyée devant une juridiction de jugement ;
– d'un mandat d'arrêt délivré par une juridiction de jugement ou par le juge de l'application des peines ;
– a été condamnée à une peine privative de liberté sans sursis supérieure ou égale à un an ou à une peine privative de liberté supérieure ou égale à un an résultant de la révocation d'un sursis assorti ou non d'une probation, lorsque cette condamnation est exécutoire ou passée en force de chose jugée ».

D Les autres mesures prévues

a) Géolocalisation

1235 **Texte.** L'article 230-32, 3° du Code de procédure pénale, qui réglemente la géolocalisation, autorise qu'il y soit recouru dans le cadre de la recherche d'une personne en fuite.

1236 **Autorité, délai.** La géolocalisation, dans ce cadre, peut être autorisée par le procureur de la République pour une durée de quinze jours. À l'issue de ce délai, seul le juge des libertés et de la détention peut autoriser la mesure, à la requête du procureur de la République, et ce pour un mois renouvelable, dans la limite maximale d'un an (CPP, art. 230-33).

1237 **Décision écrite et motivée.** Tant la décision du procureur de la République que celle du juge des libertés et de la détention doit être écrite et motivée par référence aux éléments de fait et de droit justifiant que les opérations de géolocalisation sont nécessaires.

b) Utilisation de dispositifs aéroportés (drones notamment) dans un lieu public

1238 **Texte.** L'article 230-47 du Code de procédure pénale, inséré dans un chapitre relatif aux captations et fixations d'images dans les lieux publics au moyen de dispositifs aéroportés, permet la mise en place d'un dispositif technique au moyen de caméras aéroportées ayant pour objet, sans le consentement des intéressés, la captation, la fixation, la transmission et l'enregistrement de l'image d'une ou de plusieurs personnes se trouvant dans un lieu public, si cette opération est exigée par les nécessités d'une procédure de recherche d'une personne en fuite prévue à l'article 74-2 du Code de procédure pénale.

1239 **Autorités, délai.** Le dispositif est autorisé par le procureur de la République pour un mois, renouvelable une fois seulement (CPP, art. 230-48). L'intervention du juge des libertés et de la détention n'est pas prévue.

1240 **Autorisation par tout moyen.** La décision autorisant le recours au dispositif comporte tous les éléments permettant d'identifier les lieux concernés ainsi que la durée de celle-ci. L'autorisation du procureur de la République peut être donnée par tout moyen. Elle doit être mentionnée ou versée au dossier de la procédure (CPP, art. 230-49).

1241 **Mise en place du dispositif.** Le dispositif est mis en place par l'officier de police requis par le procureur de la République ou, sous sa responsabilité, par l'agent de police judiciaire (CPP, art. 230-51).

1242 **Scellés, procès-verbal.** Les enregistrements sont placés sous scellés fermés. L'officier de police judiciaire ou l'agent de police judiciaire agissant sous sa responsabilité décrit, dans un procès-verbal qui est versé au dossier, les données enregistrées qui sont utiles à la manifestation de la vérité.

1243 **Respect de la vie privée.** Aucune séquence relative à la vie privée étrangère à l'objet pour lequel les opérations ont été autorisées ne peut être conservée dans le dossier de la procédure (CPP, art. 230-52).

III

Découverte de la personne en fuite

A Personne faisant l'objet d'un mandat d'arrêt

1244 Lorsqu'une personne faisant l'objet d'un mandat d'arrêt – autrement dit une personne visée par les 1° et 2° de l'article 74-2 du Code de procédure pénale – est découverte, ce sont les règles particulières à ce titre judiciaire, exposées à la fiche suivante (V. *infra*, n°s 1252 et s.), qui trouvent à s'appliquer.

B Personne ayant à purger une peine d'emprisonnement ferme en vertu d'une décision exécutoire

1245 Dans cette hypothèse, qui concerne les personnes visées aux 3° et 6° de l'article 74-2 du Code de procédure pénale, ce sont les règles relatives à l'exécution des peines qui doivent être appliquées.
Lorsque la personne recherchée a été trouvée, le procureur de la République peut demander aux fonctionnaires de police ou aux militaires de la gendarmerie de la conduire à la maison d'arrêt du ressort. Mais il doit se faire présenter cette personne si elle est mineure et peut le faire si elle est majeure, comme exposé plus avant (V. *supra*, n° 1212) pour une ultime vérification.

C Personne ayant manqué aux obligations lui incombant du fait de son inscription au FIJAIT ou au FIJAIS

1246 Tant l'article 706-25-7 du Code de procédure pénale relatif au FIJAIT que l'article 706-53-5 du même code relatif au FIJAIS érigent en infraction autonome punie de deux ans d'emprisonnement et de 30 000 € d'amende le fait de ne pas respecter les obligations résultant de l'inscription dans ces fichiers.

Le manquement permet donc de procéder à une enquête au cours de laquelle pourront être utilisées des prérogatives particulières et, lors de la découverte et de l'interpellation faite sur le fondement de l'article 74-2 du Code de procédure pénale, d'établir une procédure relative à l'infraction de manquement dans le cadre de laquelle la personne concernée pourra être placée en garde à vue puis, éventuellement, présentée au procureur de la République.

L'ESSENTIEL 1247 L'article 74-2 du Code de procédure pénale réglemente la recherche de la personne en fuite qui :
– est renvoyée devant une juridiction de jugement et fait l'objet d'un mandat d'arrêt du juge d'instruction, du juge des libertés et de la détention, de la chambre de l'instruction ou de son président ou du président de la cour d'assises ;
– fait l'objet d'un mandat d'arrêt délivré par une juridiction de jugement (tribunal correctionnel, cour d'appel, cour d'assises) ou par le juge de l'application des peines ;
– a été condamnée à une peine d'emprisonnement ferme supérieure ou égale à un an ou qui doit purger une peine identique, exécutoire ou passée en force de chose jugée, par suite de la révocation d'un sursis probatoire ou non ;
– inscrite au FIJAIT ou au FIJAIS, a manqué aux obligations résultant de son inscription ;
– a fait l'objet d'une décision de retrait ou de révocation d'un aménagement de peine ou d'une libération sous contrainte, ou d'une décision de mise à exécution de l'emprisonnement prévu par la juridiction de jugement en cas de violation des obligations et interdictions résultant d'une peine et qui, en conséquence, doit purger plus d'un an d'emprisonnement ;
– sans être nécessairement en fuite, fait l'objet d'un mandat d'arrêt européen délivré par une autorité judiciaire européenne ou d'une demande d'extradition d'un État étranger en vue de poursuites dans le pays étranger ou pour y purger une peine (V. *supra*, n° 1204).

1248 Le temps que l'instruction est en cours, c'est le juge d'instruction qui donne aux officiers de police judiciaire les instructions pour rechercher activement la personne contre laquelle il a délivré un mandat d'arrêt lorsqu'il estime que l'inscription au FPR, recherche purement passive, risque d'être insuffisante (V. *supra*, n° 1204).

1249 La procédure prévue par l'article 74-2, dont l'initiative revient au procureur de la République et non à l'officier de police judiciaire, n'a pas vocation à s'appliquer à l'exécution de toutes les peines de cette nature mais seulement quand la personne est en fuite et qu'il y a lieu de recourir à des moyens particuliers. La plupart des peines sont exécutées en vertu des pouvoirs généraux que le ministère public tient, notamment, des articles 707-1 et 709 du Code de procédure pénale (V. *supra*, n° 1212).

1250 Doit être considérée comme étant en fuite une personne qui se sait recherchée et se soustrait volontairement aux poursuites ou à l'exécution de la peine.

Pour retrouver la personne concernée, l'officier de police judiciaire peut avoir recours à :

– des perquisitions (dans les lieux protégés visés aux articles 56-1 à 56-5 du Code de procédure pénale, seul le procureur pourra y procéder) ;
– des saisies ;
– des réquisitions, celles relatives aux données de connexion n'étant possibles que pour les infractions punies d'au moins trois ans d'emprisonnement ;
– des examens techniques et scientifiques ;
– des interceptions de correspondances ;
– certaines techniques spéciales d'enquête pour rechercher les personnes visées aux 1° à 3° et 6° dans le cadre d'infractions relevant des articles 706-73 et 706-73-1 du Code de procédure pénale ;
– des géolocalisations ;
– l'utilisation de caméras aéroportées dans un lieu public ;
– l'entrée dans le domicile d'un citoyen entre 6 heures et 21 heures (V. *supra*, n° 1221).

1251 Lorsque la personne recherchée est découverte, la conduite à tenir par l'enquêteur varie selon que la personne fait l'objet d'un mandat d'arrêt, est recherchée pour l'exécution d'une peine, ou en raison de ses manquements aux obligations résultant de son inscription au FIJAIT ou au FIJAIS (V. *supra*, n° 1244).

POUR ALLER PLUS LOIN...

Ouvrage

• H. Angevin et H.-C. Le Gall, *La pratique de la cour d'assises*, LexisNexis, 7e éd., 2020, § 1297.

Circulaires

• Circ. CRIM-04-4-E8, 14 mai 2004.

• Circ. CRIM-2016-27/G1, 2 déc. 2016, annexe « Fiche technique interceptions de communications électroniques. Dans le cadre d'une enquête dirigée par le parquet ».

Fiche 34

Exécution des mandats de justice par les agents de la force publique

Sommaire

1252 **Objet de la fiche.** Les mandats de justice sont réglementés par les articles 122 à 136 du Code de procédure pénale situés dans la partie dudit code consacré à l'instruction. Cinq mandats différents y sont prévus.

Le juge d'instruction n'est cependant pas le seul magistrat habilité à délivrer des mandats.

Le procureur de la République a la possibilité de délivrer un mandat de recherche, le juge des libertés et de la détention, la chambre de l'instruction, les juridictions de jugement, le juge de l'application des peines peuvent aussi décerner des mandats.

L'objet de cette fiche n'est pas d'exposer de façon complète la réglementation des mandats, mais simplement d'attirer l'attention des officiers de police judiciaire, agents de police judiciaire et agents de police judiciaire adjoints sur les diligences à effectuer lorsqu'ils mettent à exécution des mandats nationaux ou des mandats d'arrêt européens ou qu'ils procèdent à une interpellation en vue de satisfaire à une demande d'extradition.

Toute classification des mandats comporte sa part d'arbitraire dès lors que certains mandats ont une double finalité. Ainsi, le mandat d'arrêt est un titre de recherche mais il est aussi un titre de détention. Le mandat de dépôt est un titre de détention mais il permet également de rechercher ou de transférer la personne lorsqu'il lui a été précédemment notifié.

C'est pourquoi, dans cet ouvrage qui se veut pratique et non doctrinal, le parti est retenu d'exposer l'économie des mandats dans l'ordre de présentation du code sans prétention de classification, soit, selon l'énumération de l'article 122 du Code de procédure pénale : mandat de recherche, mandat de comparution, mandat d'amener, mandat d'arrêt, mandat de dépôt, mandat d'arrêt européen, mandat d'arrêt à diffusion internationale (ordre d'arrestation provisoire, demande d'extradition).

I

Mandat de recherche

A Caractères généraux

1253 **Définition.** Le mandat de recherche est l'ordre donné à la force publique de rechercher la personne à l'encontre de laquelle il est décerné et de la placer en garde à vue.

1254 **Objectif du mandat de recherche.** Le mandat de recherche a été créé par la loi du 9 mars 2004 pour régler les difficultés qui pouvaient naître de la situation dans laquelle une personne dont le témoignage semblait important n'avait pas été trouvée par les enquêteurs sans que, pour autant, il existât contre elle des éléments suffisants pour délivrer un mandat de comparution, d'amener ou d'arrêt.
Dans cette hypothèse, les enquêteurs émettaient une note de recherches, inscrite au fichier des personnes recherchées, dont l'ensemble des services de police et de gendarmerie pouvait prendre connaissance. Cette note de recherches conduisait souvent à l'interpellation de la personne qui en faisait l'objet par un service de police ou de gendarmerie qui n'était pas en charge de l'enquête. Celui-ci, compte tenu du bref délai de rétention que la note de recherches pouvait justifier, se trouvait alors démuni puisqu'il n'était pas chargé de l'enquête et, lorsqu'une information était ouverte, détenteur d'une commission rogatoire. Il se bornait donc parfois à vérifier l'identité de la personne contrôlée et à lui faire préciser son adresse mais sans possibilité de la vérifier. Il arrivait cependant que le service ayant procédé au contrôle parvienne à contacter rapidement le magistrat responsable de l'enquête et, quand une information était ouverte, que le juge d'instruction leur délivre, par télécopie, une commission rogatoire permettant le placement en garde à vue et des auditions ou plus fréquemment le seul placement en garde à vue en attendant l'arrivée du service chargé de l'enquête, connaissant précisément les éléments du dossier.
Dans une telle situation, désormais, le procureur de la République ou le juge d'instruction délivrera un mandat de recherche qui permettra aux policiers ou gendarmes qui découvriront la personne de la placer en garde à vue et de l'entendre ou d'attendre l'arrivée sur place de ceux qui connaissent le mieux la procédure.

1255 **Contre qui peut-il être délivré ?** Le mandat de recherche peut être décerné à l'égard d'une personne à l'encontre de laquelle il existe une ou plusieurs raisons plausibles de soupçonner qu'elle a commis ou tenté de commettre une infraction.
Mais il ne peut être décerné à l'égard :
– d'une personne ayant fait l'objet d'un réquisitoire nominatif ;
– d'un témoin assisté ;
– d'une personne mise en examen.

1256 **Qui peut le délivrer ?** Il est délivré par le juge d'instruction mais le procureur de la République peut, lui aussi, décerner un mandat de recherche.

1257 **Mandat de recherche du procureur de la République.** Les articles 70 du Code de procédure pénale en enquête de flagrance et 77-4 du même code en enquête préliminaire, l'autorisent à décerner mandat de recherche contre toute personne à l'encontre de laquelle il existe une ou plusieurs raisons plausibles de soupçonner qu'elle a commis ou tenté de commettre l'infraction objet de l'enquête, en cas de nécessité dans le cadre d'une enquête portant sur un crime ou un délit puni d'au moins trois ans d'emprisonnement.

1258 **Diffusion.** Pour que le mandat de recherche puisse remplir son objet, il faut qu'il soit diffusé, ce que l'article 135-3 permet. Il est alors enregistré au fichier des personnes recherchées (FPR) (V. *infra*, n° 4164).

B Mise à exécution

1259 **Qui peut exécuter un mandat de recherche ?** L'alinéa 4 de l'article 123 du Code de procédure pénale dispose qu'un mandat de recherche peut être notifié et exécuté par un officier de police judiciaire, un agent de police judiciaire ou par un agent de la force publique tandis que l'article 134 du même code, qui réglemente l'entrée au domicile d'un citoyen pour exécuter le mandat, évoque simplement l'agent chargé de l'exécution. Il s'en déduit qu'un agent de police judiciaire adjoint peut notifier et exécuter un mandat de recherche. Cependant, dès lors que l'exécution d'un mandat de recherche aboutit à un placement en garde à vue qui relève du seul officier de police judiciaire, la présence de ce dernier lors de l'exécution du mandat s'impose.

Les articles R. 188 et suivants du Code de procédure pénale prévoient des primes de capture dont la modicité pourrait dissuader les agents de la force publique de les réclamer.

1260 **Entrée dans les lieux.** L'agent chargé de l'exécution d'un mandat de recherche peut s'introduire dans le domicile d'un citoyen entre 6 heures et 21 heures et il peut se faire accompagner d'une force suffisante pour que la personne ne puisse se soustraire à la loi. La force est prise dans le lieu le plus proche de celui où le mandat doit s'exécuter et elle est tenue de déférer aux réquisitions contenues dans ce mandat (CPP, art. 70, 77-4, 134, 135-1).

L'entrée dans les lieux ne peut être le prétexte à une fouille desdits lieux aux fins d'y rechercher des objets. Elle doit se limiter à la recherche de la personne faisant l'objet du mandat.

1261 **Notification, exhibition, délivrance d'une copie.** Le mandat de recherche est notifié et exécuté par un officier ou agent de la police judiciaire ou par un agent de la force publique, lequel en fait l'exhibition à la personne et lui en délivre copie (CPP, art. 123), mais si la personne est déjà détenue pour une autre cause, la notification peut lui être faite soit par un officier de police judiciaire ou un agent de police judiciaire soit, sur instructions du procureur de la République, par le chef de l'établissement pénitentiaire qui en délivre également une copie.

1262 **Découverte de la personne visée par le mandat de recherche.** Trois possibilités sont offertes par les articles 70, 77-4 et 135-1 du Code de procédure pénale lorsque la personne faisant l'objet d'un mandat de recherche est découverte.

La personne peut être placée en garde à vue par l'officier de police judiciaire du lieu de la découverte, qui peut procéder à son audition sur instruction du procureur de la République ou du juge d'instruction.

L'officier de police judiciaire déjà saisi des faits peut aussi se transporter sur place afin de procéder lui-même à l'audition.

Le procureur de la République ou le juge d'instruction ayant délivré le mandat de recherche peut aussi ordonner que, pendant la durée de la garde à vue, la personne soit conduite dans les locaux du service d'enquête saisi des faits.

En tout état de cause, le magistrat ayant décerné le mandat doit être prévenu dès le début de la mesure de garde à vue.

L'ESSENTIEL

1263 Le mandat de recherche est l'ordre donné à la force publique de rechercher la personne à l'encontre de laquelle il est décerné et de la placer en garde à vue (V. *supra*, n° 1253).

1264 Il peut être décerné contre une personne à l'encontre de laquelle existent une ou plusieurs raisons plausibles de soupçonner qu'elle a commis ou tenté de commettre une infraction par le procureur de la République tant au cours d'une enquête de flagrance qu'au cours d'une enquête préliminaire et par le juge d'instruction au cours de l'information judiciaire (V. *supra*, n° 1255).

Il fait l'objet d'une diffusion étant inscrit au FPR.

Sa mise à exécution conduisant au placement en garde à vue de la personne concernée, il devra, de fait, être notifié par un officier de police judiciaire (V. *supra*, n° 1259).

La découverte de la personne en faisant l'objet conduira :

– soit à son placement en garde à vue par l'officier de police judiciaire du lieu de la découverte, qui pourra procéder à son audition sur instruction du procureur de la République ou du juge d'instruction ;

– soit au transport sur place, pour audition, de l'officier de police judiciaire déjà saisi des faits ;

– soit, sur instructions du magistrat mandat, à la conduite de la personne concernée sous le régime de la garde à vue dans les locaux du service d'enquête saisi des faits (V. *supra*, n° 1262).

1265 Le régime d'exécution du mandat de recherche est le même quel que soit l'endroit du territoire national où la personne recherchée est trouvée.

1266 Le magistrat ayant décerné le mandat doit évidemment être prévenu dès le début de la mesure de garde à vue.

II
Mandat de comparution

A Caractères généraux

1267 **Définition.** Le mandat de comparution a pour objet de mettre en demeure la personne à l'encontre de laquelle il est décerné de se présenter devant le juge à la date et à l'heure indiquées par ce mandat.

1268 **Contre qui peut-il être délivré ?** Il peut être décerné contre une personne à l'égard de laquelle il existe des indices graves ou concordants rendant vraisemblable qu'elle ait pu participer, comme auteur ou complice, à la commission d'une infraction, y compris si cette personne est témoin assisté ou mise en examen. Il n'autorise pas le placement en garde à vue (CPP, art. 122, al. 7).

1269 **Qui peut le délivrer ?** Le juge d'instruction peut le décerner (CPP, art. 122, 124). Le juge des enfants est également habilité à le faire (CJPM, art. L. 611-1, L. 521-16, L. 423-11).

1270 **Mandat peu utilisé.** Il ne s'agit ni plus ni moins que d'une convocation un peu plus officielle que celle adressée par la poste. Il est donc assez peu utilisé, bien qu'il puisse avoir l'intérêt d'interrompre la prescription (Cass. crim., 21 juin 1918 : *Bull. crim.* n° 139), ce qui n'est pas le cas de la simple convocation en la forme administrative (Cass. crim., 28 août 1913 : *Bull. crim.* n° 429).

B Mise à exécution

1271 **Notification.** Le mandat de comparution peut être :
- signifié par huissier à celui qui en est l'objet ;
- mais il peut aussi être notifié à celui-ci par un officier ou agent de la police judiciaire, ou par un agent de la force publique ;
- si la personne est déjà détenue pour une autre cause, la notification peut, sur instructions du procureur de la République, être faite par le chef de l'établissement pénitentiaire. La personne n'étant pas libre de ses mouvements et le mandat de comparution ne constituant pas un ordre d'extraction, il y a un risque majeur que la personne concernée ne puisse se rendre à la convocation du juge d'instruction. L'utilisation d'un tel mandat ne se conçoit donc que s'il est délivré contre une personne sur le point de sortir de prison, qui sera libre à la date fixée.

1272 **Délivrance d'une copie.** L'huissier ou l'agent de la force publique ou le chef de l'établissement pénitentiaire doit délivrer copie du mandat à la personne qui en est l'objet.

1273 **Suites du mandat.** Si la personne visée défère à la convocation du juge d'instruction, celui-ci l'interrogera immédiatement. Si, en revanche, elle ne se rend pas à la convocation, le magistrat ne pourra qu'en prendre acte et, éventuellement, délivrer un mandat d'amener, qui, à la différence du mandat de comparution, autorise le recours à la force.

NOTA BENE Depuis le 1er juillet 2022, les huissiers de Justice sont devenus, aux côtés des commissaires-priseurs, des commissaires de Justice (Ord. n° 2016-728 du 2 juin 2016). Le Code de procédure pénale n'a pas été modifié. Il continue à viser les huissiers : c'est notamment le cas des articles 56-3, 101, 123 et implicitement de l'article 109 de ce Code, dont il sera question dans ce guide.

L'ESSENTIEL 1274 Le mandat de comparution qui a pour objet de mettre en demeure la personne à l'encontre de laquelle il est décerné – contre laquelle il existe des indices graves ou concordants rendant vraisemblable qu'elle ait pu participer, comme auteur ou complice, à la commission d'une infraction, y compris si cette personne est témoin assisté ou mise en examen – de se présenter devant le juge à la date et à l'heure indiquées par ce mandat peut être signifié par huissier, notifié par un officier ou agent de la police judiciaire, ou par un agent de la force publique ou, lorsque la personne est déjà détenue pour une autre cause, par le chef de l'établissement pénitentiaire sur instructions du procureur de la République (V. *supra*, nos 1267 et s.).

1275 Il est peu utilisé, n'emportant pas coercition et n'ayant, par rapport à une convocation par courrier, d'autre intérêt que d'interrompre la prescription (V. *supra*, n° 1270).

III

Mandat d'amener

A Caractères généraux

1276 **Définition.** Le mandat d'amener est l'ordre donné à la force publique de conduire immédiatement devant un magistrat la personne à l'encontre de laquelle il est décerné.

1277 **Diffusion.** Il n'a donc, en principe, pas vocation à être diffusé et inscrit au fichier des personnes recherchées même si l'article 23, I, 1° de la loi n° 2003-239 du 18 mars 2003 pour la sécurité intérieure, a prévu que tout mandat peut être inscrit au fichier des personnes recherchées, ce qui a été repris dans la nomenclature des inscriptions au FPR (V. *infra*, n° 4164). Il paraît plus logique, comme le préconisait d'ailleurs l'instruction générale du 27 février 1959, si une diffusion s'avère nécessaire, de transformer le mandat d'amener en mandat d'arrêt lorsque les conditions de délivrance sont réunies (CPP, art. C. 236).

1278 **Contre qui peut-il être délivré ?** Il peut être décerné contre une personne à l'égard de laquelle il existe des indices graves ou concordants rendant vraisemblable qu'elle ait pu participer, comme auteur ou complice, à la commission d'une infraction, y compris si cette personne est témoin assisté ou mise en examen. Le juge d'instruction est tenu d'entendre comme témoins assistés les personnes contre lesquelles il a été décerné un mandat d'amener, sauf à les mettre en examen conformément aux dispositions de l'article 116.
Ces personnes ne peuvent pas être mises en garde à vue pour les faits ayant donné lieu à la délivrance du mandat.

1279 **Qui peut délivrer un mandat d'amener ?** Le juge d'instruction peut délivrer un mandat d'amener (CPP, art. 122) mais il n'est pas le seul magistrat à pouvoir le faire.
Le juge des enfants peut décerner mandat d'amener contre le mineur qui se soustrait aux obligations et interdictions d'un contrôle judiciaire ou d'une assignation à résidence avec surveillance électronique avant sa comparution devant la juridiction de jugement (CJPM, art. L. 423-9 à L. 423-12) ou durant la période de mise à l'épreuve éducative (CJPM, art. L. 521-16) ou contre le mineur cité à personne qui encourt une peine de deux ans d'emprisonnement au moins qui ne comparaît pas à l'audience (CPP, art. 410-1).
Le président de la chambre de l'instruction ou le conseiller désigné par lui peut, en cas d'urgence, dans le cadre d'un supplément d'information, décerner mandat d'amener (CPP, art. 201).
L'article 310 du Code de procédure pénale permet au président de la cour d'assises de décerner mandat d'amener contre « toutes personnes » dès lors que leur audition est utile à la manifestation de la vérité.
L'article 320-1 du même code permet au président de la cour d'assises de faire « amener » par la force publique l'accusé libre qui ne comparaît pas, conséquence de la suppression de l'ordonnance de prise de corps. L'article 326 permet à la cour d'ordonner qu'un témoin cité qui ne comparaît pas soit immédiatement « amené » par la force publique devant la cour pour y être entendu. Même si le mot de « mandat » n'est pas employé par ces textes, cette mesure coercitive paraît pouvoir y être assimilée.
L'article 141-2 du même code permet au juge des libertés et de la détention de décerner mandat d'amener contre le prévenu qui, renvoyé devant le tribunal correctionnel mais non encore jugé, se soustrait aux obligations du contrôle judiciaire.
L'article 410-1 de ce code permet au tribunal correctionnel et au tribunal pour enfants, à l'appui d'un renvoi, de décerner mandat d'amener contre le prévenu cité qui ne comparaît pas.
Ces règles sont applicables à la chambre des appels correctionnels (CPP, art. 512).
Le procureur européen délégué peut, dans le cadre de la conduite des investigations qui lui sont confiées, décerner mandat d'amener (CPP, art. 696-118).
Le ministère public peut également être conduit à délivrer un mandat d'amener en cas d'extension d'extradition (CPP, art. 696-47-1) ou de mandat d'arrêt européen (CPP, art. 695-16. – Cass. crim., 10 janv. 2018, n° 17-83.974 : *Bull. crim.* n° 8).
Enfin, au stade de l'exécution d'une décision, la faculté de délivrer des mandats d'amener est consentie au juge d'application des peines par l'article 712-17 du même code contre un condamné placé sous son contrôle en cas d'inobservation par ce dernier des obligations qui lui incombent. En cas d'urgence et d'empêchement du juge de l'application des peines ainsi que du magistrat du siège qui le remplace, ce mandat peut même être décerné par le procureur de la République à charge de validation rapide par le juge.
En matière de surveillance de sûreté, le procureur de la République peut, en cas d'urgence, décerner

mandat d'amener en cas d'empêchement du juge de l'application des peines et du magistrat du siège qui le remplace (CPP, art. 706-53-19).

B Mise à exécution

1280 **Notification.** Le mandat d'amener est notifié et exécuté par un officier ou agent de la police judiciaire ou par un agent de la force publique (CPP, art. 123). L'article R. 188 du Code de procédure pénale précise que « l'exécution des mandats d'amener (...) est confiée aux militaires de la gendarmerie autres que les officiers et aux fonctionnaires de police autres que les commissaires et commissaires adjoints, ainsi qu'aux gardes champêtres ».
Quand la personne faisant l'objet du mandat d'amener est détenue pour autre cause, la notification peut aussi lui être faite, sur instructions du procureur de la République, par le chef de l'établissement pénitentiaire.

1281 **Entrée dans les lieux.** Comme indiqué à propos du mandat de recherche, l'agent chargé de la notification peut s'introduire dans le domicile d'un citoyen entre 6 heures et 21 heures et peut se faire accompagner d'une force suffisante pour que la personne ne puisse se soustraire à la loi.
Cette perquisition peut être faite par un agent de police judiciaire (Cass. crim., 12 avr. 2019, n° 18-83.709 : *Bull. crim.* n° 75).
Mais l'entrée dans les lieux ne peut être le prétexte à une fouille desdits lieux aux fins d'y rechercher des objets. Elle doit se limiter à la recherche de la personne faisant l'objet du mandat. L'article 142 du décret du 20 mai 1903 portant règlement sur l'organisation et le service de la gendarmerie, aujourd'hui abrogé, indiquait qu'aucune perquisition ne pouvait être effectuée pour la mise à exécution des mandats d'amener. La perquisition mentionnée par l'article 134 ne constitue pour certains auteurs qu'une visite domiciliaire à vocation déterminée n'autorisant que la recherche de la personne faisant l'objet du mandat. Sauf si une commission rogatoire lui a été délivrée à cette fin, l'agent chargé de l'exécution du mandat d'amener ne peut pas procéder à une perquisition accompagnée de saisie d'objets à l'occasion de l'opération.

1282 **Exhibition, délivrance d'une copie.** L'agent qui notifie le mandat d'amener en fait l'exhibition à la personne et lui en délivre copie.

1283 **Régimes différents selon l'endroit d'arrestation.** Les suites de la notification et de l'exécution d'un mandat d'amener dépendent de la distance entre le lieu d'interpellation et le siège de la juridiction compétente. Les règles varient selon que la personne a été trouvée à plus ou moins de 200 km. Cette distance se calcule, selon l'instruction générale du Code de procédure pénale, d'après le trajet qui devrait être accompli pour un transfèrement effectif en vue de la comparution devant le magistrat signataire (CPP, art. C. 256) et non à vol d'oiseau.

1 Personne découverte à 200 km ou moins

1284 **Interrogatoire immédiat.** Le principe posé par l'article 125 du Code de procédure pénale est que l'interrogatoire par le juge d'instruction doit être immédiat. Il faut considérer, nous semble-t-il, qu'est immédiat un interrogatoire qui a lieu juste après la conduite de la personne concernée devant le juge. Le fait qu'il faille un peu de temps pour conduire la personne dans le cabinet du juge ne modifie pas le caractère immédiat de l'interrogatoire. Il faut comprendre « immédiat » comme signifiant « aussitôt qu'il est matériellement possible ».

1285 **Rétention possible.** Le même article 125 prévoit que si l'interrogatoire ne peut être immédiat, la personne peut être retenue par les services de police ou de gendarmerie pendant une durée maximum de vingt-quatre heures suivant son arrestation avant d'être présentée devant le juge d'instruction ou à défaut le président du tribunal ou un juge désigné par celui-ci, qui procède immédiatement à son interrogatoire. Le texte prévoit également qu'à défaut, la personne est mise en liberté. Si tel n'est pas le cas, la personne arrêtée en vertu d'un mandat d'amener, qui a été retenue pendant plus de vingt-quatre heures sans avoir été interrogée, est considérée, selon l'article 126 du Code de procédure pénale, comme arbitrairement détenue et les articles 432-4 à 432-6 du Code pénal sont applicables aux magistrats ou fonctionnaires qui ont ordonné ou sciemment toléré cette rétention arbitraire.

1286 **Droits attachés à la rétention par le service capteur.** L'article 133-1 du Code de procédure pénale prévoit que, lorsque la personne est retenue par les services de police ou de gendarmerie avant sa présentation devant un magistrat, le procureur de la République du lieu de l'arrestation est informé dès le début de cette rétention et la personne a le droit :
– de faire prévenir un proche dans les conditions prévues par l'article 63-2 ;
– d'être examinée par un médecin dans les conditions prévues à l'article 63-3 ;

– d'être assistée d'un avocat dans les conditions prévues aux articles 63-3-1 à 63-4-4.

Ces dispositions trouveront à s'appliquer, notamment, lorsque la personne faisant l'objet du mandat d'amener sera trouvée hors des heures ouvrables ou lorsque l'emploi du temps du juge d'instruction ne lui permettra pas de recevoir immédiatement la personne arrêtée.

Pour rappel, l'avis au proche consiste à faire prévenir, par téléphone, une personne avec laquelle la personne concernée vit habituellement ou l'un de ses parents en ligne directe ou l'un de ses frères et sœurs de la mesure dont elle est l'objet et, en outre, de faire prévenir son employeur et les autorités consulaires quand la personne concernée est de nationalité étrangère. L'officier de police judiciaire peut en outre autoriser la personne à communiquer avec un des proches.

Lorsque la personne arrêtée en exécution du mandat d'amener est mineure, elle doit, en outre, se voir notifiés (CJPM, art. R. 332-1) :

> « 1° Le droit à ce que les représentants légaux ou l'adulte approprié mentionné à l'article L. 311-2 soient informés et le droit d'être accompagné par ceux-ci lors de ses auditions ou interrogatoires dans les conditions prévues par l'article L. 311-1, sauf circonstances particulières énoncées au deuxième alinéa de l'article L. 413-3 et au deuxième alinéa de l'article L. 413-7 ;
> 2° Le droit à la protection de sa vie privée garanti par l'interdiction de diffuser les enregistrements de ses auditions, par la tenue des audiences en publicité restreinte et par l'interdiction de publier le compte-rendu des débats d'audience ou de tout élément permettant son identification ;
> 3° Le droit d'être détenu séparément des personnes majeures détenues ;
> 4° Le droit à la préservation de sa santé, ainsi que le respect du droit à la liberté de religion ou de conviction ».

1287 **Notion de lieu d'arrestation.** Lorsqu'une personne est interpellée à son domicile puis conduite dans un service de police ou une unité de gendarmerie située dans un autre ressort judiciaire que celui de son domicile et qu'un mandat d'amener lui est notifié au siège de l'activité des enquêteurs, c'est la compétence du juge des libertés et de la détention de ce dernier lieu qu'il faut retenir (Cass. crim., 12 janv. 2000 : *JurisData* n° 2000-000464 ; *Bull. crim.* n° 17. – Cass. crim., 15 sept. 2015, n° 15-84.021).

2 Personne découverte à plus de 200 km

1288 **Principe : présentation dans les vingt-quatre heures.** La première hypothèse qu'envisage l'article 127 du Code de procédure pénale relatif à la personne trouvée à plus de 200 km est sa présentation dans les vingt-quatre heures au juge d'instruction qui a délivré le mandat. Les fonctionnaires de police ou les militaires de la gendarmerie du lieu d'arrestation pourront donc se trouver requis de conduire la personne arrêtée devant le juge d'instruction ayant délivré le mandat. Celui-ci pourra alors procéder à un interrogatoire de première comparution ou à un interrogatoire sur l'inobservation des obligations d'un contrôle judiciaire ou d'une assignation à résidence avec surveillance électronique, voire même à un interrogatoire au fond si le mis en examen renonce à se prévaloir de l'inobservation des délais de convocation de son avocat et de mise à disposition de la procédure (CPP, art. 114, al. 1).

1289 **Présentation au juge des libertés et de la détention.** Ce n'est que s'il n'est pas possible de conduire la personne découverte dans le délai de vingt-quatre heures devant le magistrat mandant qu'elle est conduite devant le juge des libertés et de la détention du lieu de l'arrestation. Les juges doivent justifier l'impossibilité de conduire la personne concernée devant le juge mandant dans les vingt-quatre heures (Cass. crim., 15 sept. 2015, n° 15-84.021). Là encore les fonctionnaires ou militaires du lieu d'arrestation pourront être sollicités pour conduire la personne arrêtée dans le cabinet du juge des libertés et de la détention.

1290 **Rétention.** L'article 133-1 prévoit que, dans le cas prévu par l'article 127, lorsque la personne est retenue par les services de police ou de gendarmerie avant sa présentation devant un magistrat, le procureur de la République du lieu de l'arrestation est informé dès le début de cette rétention et que la personne a le droit de faire prévenir un proche dans les conditions prévues par l'article 63-2, d'être examinée par un médecin dans les conditions prévues à l'article 63-3 et d'être assistée d'un avocat dans les conditions prévues aux articles 63-3-1 à 63-4-4. C'est bien évidemment aux policiers ou gendarmes procédant à la rétention qu'il incombe de mettre ces droits en œuvre. L'audition de la personne arrêtée se limitera à lui demander si le mandat s'applique à elle.

Si ces droits devaient être considérés comme applicables à l'hypothèse de conduite devant le juge mandant et pas seulement à celle de présentation au juge des libertés et de la détention du lieu d'arrestation, force est de constater que la mise en œuvre de ces droits au profit d'une personne qui est en transit entre le lieu d'arrestation et le lieu de présentation, parfois par les transports en commun, pourrait s'avérer délicate.

Les motifs d'une rétention dans l'attente de présentation au juge des libertés et de la détention devraient, semble-t-il, être mentionnés en procédure afin de permettre un contrôle des juges saisis ensuite de l'affaire. L'emploi du temps chargé du juge des libertés et de la détention le conduisant à différer en fin d'après-midi ou au lendemain matin la présentation de la personne arrêtée en exécution du mandat d'amener devrait pouvoir être tenu pour un motif légitime de rétention.
Lorsque la personne arrêtée est mineure, l'article R. 332-1 du Code de la justice pénale des mineurs est, en outre, applicable (V. *supra*, n° 1286).

1291 **Détention arbitraire.** Si la personne n'est pas interrogée dans les vingt-quatre heures par le magistrat, elle doit être libérée sur ordre du juge d'instruction sauf si sa conduite a été retardée par des circonstances insurmontables (CPP, art. 130-1). Au-delà, ou si le retard n'est pas dû à de telles circonstances, elle est considérée comme arbitrairement détenue. Les articles 432-4 à 432-6 du Code pénal sont applicables aux magistrats ou fonctionnaires qui auraient ordonné ou sciemment toléré cette rétention arbitraire (CPP, art. 126).

1292 **Office du juge des libertés et de la détention.** Selon l'article 128 du Code de procédure pénale, le juge des libertés et de la détention à qui est présentée une personne arrêtée dans son ressort en vertu d'un mandat d'amener interroge la personne sur son identité, reçoit ses déclarations, après l'avoir avertie qu'elle est libre de ne pas en faire, l'interpelle afin de savoir si elle consent à être transférée ou si elle préfère prolonger les effets du mandat d'amener, en attendant, au lieu où elle se trouve, la décision du juge d'instruction saisi de l'affaire.
Ce procès-verbal doit mentionner que la personne a reçu avis qu'elle est libre de ne pas faire de déclaration (CPP, art. 128).
Le recueil de ses déclarations sur les faits peut poser problème au regard d'une réserve d'interprétation du Conseil constitutionnel. La DACG estimait ainsi, dans sa circulaire du 31 mai 2011, que « dans la mesure où, comme par le passé, la loi ne prévoit pas que la comparution ait lieu en présence d'un avocat, le juge des libertés et de la détention ne pourra pas, compte tenu de la décision (...) du Conseil constitutionnel du 6 mai 2011, n° 2011-125 QPC, consigner par procès-verbal les déclarations de la personne sur les faits objets de la poursuite ». Cette position de la DACG date cependant de l'époque où la loi ne prévoyait pas d'intervention d'un avocat au cours de la rétention. Actuellement, si le juge des libertés et de la détention permet à l'avocat d'assister la personne qui lui est présentée, les déclarations de cette dernière semblent pouvoir être consignées.

1293 **Écrou.** Si la personne déclare s'opposer au transfèrement, elle est conduite dans la maison d'arrêt et avis immédiat est donné au juge d'instruction compétent. L'original ou la copie du procès-verbal de la comparution contenant un signalement complet est transmis sans délai à ce magistrat, avec toutes les indications propres à faciliter la reconnaissance d'identité.

1294 **Transfèrement.** Que la personne concernée accepte son transfèrement ou le refuse, elle doit être transférée devant le juge d'instruction ayant délivré le mandat dans le délai de quatre jours de la notification dudit mandat ou de six jours en cas de transfèrement d'un département d'outre-mer vers un autre département ou de la France métropolitaine vers un département d'outre-mer.
La différence entre l'hypothèse où la personne accepte son transfert ou le refuse, c'est que dans le second cas, le juge d'instruction saisi de l'affaire décide, aussitôt après la réception de ces pièces, s'il y a lieu d'ordonner le transfèrement (CPP, art. 129) tandis que, dans le premier cas, le juge des libertés et de la détention peut organiser le transfèrement sans attendre la décision du juge d'instruction.
Dans tous les cas, les fonctionnaires de police ou les militaires de la gendarmerie peuvent se voir requis d'assurer le transfèrement de la personne concernée du lieu d'arrestation jusqu'au siège du juge mandant.

1295 **Absence de découverte, notification à dernier domicile connu.** L'article 134, alinéa 3 du Code de procédure pénale prévoit que : « Si la personne ne peut être saisie, un procès-verbal de perquisition et de recherches infructueuses est adressé au magistrat qui a délivré le mandat. La personne est alors considérée comme mise en examen pour l'application de l'article 176 ».
Pour que la personne concernée soit considérée comme valablement renvoyée devant la juridiction de jugement, il faut que le procès-verbal dressé en application de l'article 134 fasse bien état d'une recherche au dernier domicile connu de la personne qui, en définitive, n'a pas été retrouvée (Cass. crim., 8 avr. 1892 : *Bull. crim.* n° 104. – Cass. crim., 1er déc. 1966 : *Bull. crim.* n° 275. – Cass. crim., 25 juill. 1979 : *Bull. crim.* n° 252). Les enquêteurs ont parfois du mal à concevoir qu'ils doivent fouiller un appartement dont ils savent qu'il a été repris par des personnes n'ayant strictement rien à voir avec l'affaire. Ce sont pourtant les exigences de la loi, laquelle impose que la personne ait effectivement été recherchée à son dernier domicile connu.
Ce n'est qu'en l'absence de toute indication sur l'existence d'un dernier domicile connu de la

personne concernée qu'elle peut être renvoyée devant la juridiction de jugement sans cette notification (Cass. crim., 30 mars 2004, n°s 02-85.180, 03-83.598 : *Bull. crim.*, 2004, n° 80. – Cass. crim., 12 juill. 2006, n° 06-82.800. Nous pensons en effet, comme M. Guéry (*Droit et pratique de l'instruction*, Dalloz, 2022-2023, § 413-19), que la solution dégagée par ces arrêts pour le mandat d'arrêt est transposable au mandat d'amener.

1296 **Clôture de l'information.** Lors de la clôture de l'information, le mandat d'amener cesse de pouvoir recevoir exécution (CPP, art. 179 et 181). C'est parfaitement logique car :

– ou bien la personne a été retrouvée et le plus souvent mise en examen et le juge d'instruction a procédé à une cessation de recherches. L'original du mandat lui a été retourné. Le mandat ne peut donc plus être exécuté par un service d'enquête. Il n'a plus de raison d'être ;

– ou bien la personne recherchée n'a pas pu être interpellée. Le juge d'instruction a demandé que le mandat soit notifié à dernier domicile connu conformément aux dispositions de l'article 134 du Code de procédure pénale afin de pouvoir renvoyer la personne devant la juridiction de jugement. Une fois cette notification réalisée, le mandat a été retourné au juge. Il n'y a donc plus d'original de cette pièce de justice entre les mains d'enquêteurs qui seraient susceptibles de la ramener à exécution.

Il se peut aussi que le juge d'instruction estime que la personne doive dès lors être considérée comme étant en fuite et qu'il délivre contre elle un mandat d'arrêt qui, lui, peut recevoir exécution après que l'ordonnance de clôture de l'information a été rendue.

ATTENTION Si le mandat d'amener est diffusé, comme le permet la loi du 18 mars 2003 (V. *supra*, n° 1277), le juge d'instruction ne devra pas oublier de faire procéder à une cessation de recherche, sans quoi il y aurait risque d'arrestation sur la base d'un titre ne pouvant plus recevoir exécution une fois l'ordonnance de règlement rendue, en application des articles 179 et 181 du Code de procédure pénale.

1297 **Renvoi devant la juridiction de jugement.** La notification régulière du mandat d'amener à dernier domicile connu permet au juge d'instruction de renvoyer la personne devant la juridiction de jugement qui la jugera alors en son absence.

Il ne peut qu'être conseillé de n'avoir recours à cette pratique qu'en matière correctionnelle et, dans les affaires devant être jugées par les juridictions criminelles, de décerner un mandat d'arrêt et de le notifier à dernier domicile connu, ne serait-ce que parce que seul le mandat d'arrêt reste exécutoire entre le règlement de l'information et le jugement.

Exécution des mandats de justice

L'ESSENTIEL 1298 Le mandat d'amener est l'ordre donné à la force publique de conduire immédiatement devant un magistrat la personne à l'encontre de laquelle il est décerné (V. *supra*, n° 1276).

1299 Il peut être décerné contre une personne à l'égard de laquelle il existe des indices graves ou concordants rendant vraisemblable qu'elle ait pu participer, comme auteur ou complice, à la commission d'une infraction, y compris si cette personne est témoin assisté ou mise en examen. Le juge d'instruction est tenu d'entendre comme témoins assistés les personnes contre lesquelles il a été décerné un mandat d'amener, sauf à les mettre en examen conformément aux dispositions de l'article 116.
Ces personnes ne peuvent pas être mises en garde à vue pour les faits ayant donné lieu à la délivrance du mandat (V. *supra*, n° 1278).

1300 Le juge d'instruction n'est pas le seul magistrat pouvant décerner mandat d'amener (V. *supra*, n° 1279).
Un tel mandat peut être délivré par :
– le juge des enfants (CJPM, art. L. 521-16) ;
– le président de la chambre de l'instruction ou le conseiller désigné par (CPP, art. 201) ;
– le président de la cour d'assises (CPP, art. 310, 320-1) ;
– la cour d'assises (CPP, art. 326) ;
– le juge des libertés et de la détention (CPP, art. 141-2) ;
– le tribunal correctionnel (CPP, art. 410-1) ;
– la cour d'appel (CPP, art. 512) ;
– le procureur européen délégué (CPP, art. 696-118) ;
– le ministère public (CPP, art. 696-47-1, 695-16, 706-53-19) ;
– le juge de l'application des peines (CPP, art. 712-17).

1301 Pour l'exécution d'un mandat d'amener, l'agent de la force publique peut s'introduire aux heures légales dans le domicile d'un citoyen mais, sauf s'il dispose d'une commission rogatoire prescrivant une perquisition aux fins de recherche d'objets, il ne peut y rechercher que la personne visée par le mandat.

La perquisition prévue par l'article 134 peut être effectuée par un agent de police judiciaire (V. *supra*, n° 1281).

1302 Si la personne faisant l'objet du mandat d'amener n'a pas été trouvée au cours de l'instruction, le juge d'instruction peut demander aux agents de la force publique de notifier le mandat à dernier domicile connu, c'est-à-dire de dresser un procès-verbal de perquisition à l'intérieur de ce domicile et de recherches infructueuses même s'il est hautement probable que l'intéressé ait abandonné ce domicile. Ce n'est que si ces formalités sont valablement réalisées que le juge d'instruction peut renvoyer la personne devant la juridiction de jugement pour qu'elle soit jugée (V. *supra*, n° 1295).

1303 Le mandat d'amener délivré en cours d'instruction cesse de produire effet à la clôture de l'information judiciaire (V. *supra*, n° 1296).

1304 Les conditions de mise à exécution d'un mandat d'amener varient selon que la personne recherchée est trouvée à 200 km ou moins du siège du magistrat ou de la juridiction ayant décerné le mandat ou à plus de 200 km, selon le tableau ci-dessous :

Mandat d'amener décerné au cours de l'instruction, exécuté à 200 km ou moins		
Phase 1	**Phase 2**	**Phase 3**
Conduite immédiate devant le JI pour interrogatoire. Si ce n'est pas possible, rétention pour 24 heures max. Dans ce cas : – information du PR du lieu d'arrestation dès le début de la rétention ; – droits pour la personne retenue : • de faire prévenir un proche, • d'être examinée par un médecin, • d'être assistée d'un avocat, • + R. 332-1 CJPM si mineur.	Interrogatoire par le JI.	Éventuellement saisine du JLD par le JI en vue de placement en détention provisoire.

Mandat d'amener décerné au cours de l'instruction, exécuté à plus de 200 km		
Phase 1	**Phase 2**	**Phase 3**
Conduite dans les 24 heures devant le JI pour interrogatoire En cas d'impossibilité, conduite devant le JLD du lieu de l'arrestation. Rétention impliquant : Avis immédiat au PR du lieu d'arrestation. Droits pour la personne interpellée. De faire prévenir un proche. D'être vue par un médecin. D'être assistée par un avocat. + R. 332-1 CJPM si mineur.	Le JLD l'interroge sur identité, reçoit éventuellement déclarations, l'interpelle afin de savoir si elle consent à être transférée ou si elle préfère prolonger les effets du mandat d'amener, en attendant, au lieu où elle se trouve, la décision du juge d'instruction saisi de l'affaire. Si la personne déclare s'opposer au transfèrement, elle est conduite dans la maison d'arrêt et avis immédiat est donné au juge d'instruction compétent.	Après transfèrement dans les 4 jours (6 pour outre-mer), interrogatoire par le juge d'instruction puis éventuellement saisine du juge des libertés et de la détention en vue de placement en détention provisoire.

IV
Mandat d'arrêt

A Caractères généraux

1305 **Définition.** Le mandat d'arrêt est l'ordre donné à la force publique de rechercher la personne à l'encontre de laquelle il est décerné et de la conduire devant lui [le magistrat qui l'a décerné] après l'avoir, le cas échéant, conduite à la maison d'arrêt indiquée sur le mandat, où elle sera reçue et détenue (CPP, art. 122).

1306 **Contre qui peut-il être délivré ?** Selon l'article 131 du Code de procédure pénale, le mandat d'arrêt ne peut valablement être délivré par un juge d'instruction que contre une personne en fuite (Cass. crim., 11 janv. 2017, n° 16-80.619 : *Bull. crim.* n° 16) ou résidant à l'étranger. Dans ce dernier cas, il n'est pas nécessaire que la personne soit en fuite mais le juge d'instruction doit s'assurer, en fonction des circonstances de l'espèce, de la nécessité et la proportionnalité de la mesure (Cass. crim., 14 juin 2022, n° 21-86.635, publié au bulletin).

Le juge d'instruction est tenu d'entendre comme témoins assistés les personnes contre lesquelles il a été décerné un mandat d'arrêt, sauf à les mettre en examen conformément aux dispositions de l'article 116. Ces personnes ne peuvent pas être mises en garde à vue pour les faits ayant donné lieu à la délivrance du mandat.

1307 **Qui peut délivrer un mandat d'arrêt ?** Le juge d'instruction peut décerner mandat d'arrêt (CPP, art. 122) mais il n'est pas le seul à pouvoir le faire.

Les dispositions déjà mentionnées (V. *supra*, n° 1279) des articles :
- L. 423-11 et L. 521-16 du Code de la justice pénale des mineurs (juge des enfants) ;
- 201 (président de la chambre de l'instruction ou conseiller délégué) ;
- 141-2 (juge des libertés et de la détention) ;
- 410-1 (tribunal correctionnel et tribunal pour enfants) ;
- 512 (qui rend les textes relatifs au tribunal correctionnel applicables devant la cour d'appel) ;
- 696-47-1 (extradition) ;
- 712-17 (juge de l'application des peines) ;
- 706-53-19 (rétention de sûreté) ;

du Code de procédure pénale, qui ont été mentionnés comme permettant de délivrer mandat d'amener, autorisent également la délivrance d'un mandat d'arrêt quand les conditions prévues par ces textes et/ou l'article 131 du Code de procédure pénale sont réunies.

Un mandat d'arrêt peut aussi être décerné par la chambre de l'instruction (CPP, art. 142-8 et 207), et, dans le cadre d'une réouverture sur charges nouvelles postérieurement à un arrêt de non-lieu, par le président de la chambre de l'instruction (CPP, art. 196).

Le président de la cour d'assises est également autorisé à décerner mandat d'arrêt contre l'accusé qui ne se présente pas pour être interrogé. La cour, sans les jurés, peut également le faire lorsque l'accusé se soustrait aux obligations du contrôle judiciaire ou s'il apparaît que sa détention est l'unique moyen d'assurer sa présence lors des débats ou d'empêcher des pressions sur les victimes ou les témoins (CPP, art. 272-1).

Les articles 379-2 et 379-3 du Code de procédure pénale permettent à la cour d'assises, sans les jurés, de décerner mandat d'arrêt au cours ou à l'issue de la procédure de défaut criminel.

L'article 465 du même code autorise le tribunal correctionnel à délivrer mandat d'arrêt contre le condamné à une peine d'au moins un an d'emprisonnement et, quelle que soit la peine prononcée, si les faits ont été commis en état de récidive légale (CPP, art. 465-1, al. 1er). L'article L. 123-2 du Code de la justice pénale des mineurs prévoit la même chose.

L'article 397-4 du Code de procédure pénale donne également le droit au tribunal correctionnel, saisi selon la procédure de comparution immédiate, de décerner mandat d'arrêt quelle que soit la durée de la peine prononcée.

Le tribunal correctionnel saisi de faits criminels, à l'appui d'un renvoi du ministère public à se mieux pourvoir, peut également décerner mandat d'arrêt contre le prévenu absent (CPP, art. 469).

L'article L. 521-4 du Code de la justice pénale des mineurs contient des dispositions de même nature pour le mineur.

L'article 519 prévoit la même faculté au bénéfice de la chambre des appels correctionnels.

Les articles 628-4, 697-1, 702, 706-72-4, 706-171 du Code de procédure pénale prévoient que la juridiction qui se déclare incompétente pour juger :
- des crimes contre l'humanité ou des crimes de guerre ;
- des infractions militaires en temps de paix ;

Exécution des mandats de justice

– des crimes et délits contre les intérêts fondamentaux de la Nation ;
– des atteintes aux systèmes de traitement automatisé de données ;
– des infractions relatives à la prolifération d'armes de destruction massive et de leurs vecteurs ;
peut décerner mandat d'arrêt.

En matière d'extradition passive, l'article 696-21 du Code de procédure pénale permet à la chambre de l'instruction de décerner mandat d'arrêt contre la personne réclamée qui s'est soustraite volontairement aux obligations du contrôle judiciaire ou de l'assignation à résidence avec surveillance électronique ou qui, après avoir bénéficié d'une mise en liberté non assortie du contrôle judiciaire ou de l'assignation à résidence avec surveillance électronique, entend manifestement se dérober à la demande d'extradition.

L'article 696-124 du Code de procédure pénale donne au juge des libertés et de la détention, dans les matières de la compétence du procureur européen délégué, le droit de décider de décerner mandat d'arrêt.

B Mise à exécution

1308 **Points communs.** La mise à exécution d'un mandat d'arrêt présente d'assez nombreux points communs (1°) avec celle d'un mandat d'amener mais aussi certaines différences, l'une des principales étant que le mandat d'arrêt peut être exécuté après la clôture de l'information, avant ou après le jugement, et que la juridiction de jugement peut en assortir la condamnation qu'elle prononce.

La présentation de l'exécution du mandat d'arrêt sera donc effectuée en distinguant la période où l'information est en cours (2°) et la période postérieure (3°).

1 Points communs avec la notification d'un mandat d'amener

1309 **Notification.** Ce qui a été dit à propos du mandat d'amener (V. *supra*, n° 1280) est également valable pour le mandat d'arrêt. Il peut donc être notifié par tout agent de la force publique, voire, quand la personne est détenue pour autre cause, par le chef de l'établissement pénitentiaire.

1310 **Entrée dans les lieux, exhibition d'une copie et délivrance de la copie.** Les développements concernant l'entrée dans les lieux pour exécuter un mandat d'amener (V. *supra*, n° 1281) sont pertinents également pour l'exécution d'un mandat d'arrêt. Il en va de même en ce qui concerne l'exhibition et la délivrance d'une copie (V. *supra*, n° 1282).

2 Mise à exécution du mandat d'arrêt pendant le temps de l'instruction

1311 Comme pour le mandat d'amener, la loi distingue selon que l'arrestation a lieu à 200 km ou moins du siège du juge ayant délivré le mandat ou à plus de 200 km.

a) Arrestation à 200 km ou moins

1312 Présentation dans les vingt-quatre heures de l'arrestation au juge ayant décerné le mandat. Le premier alinéa de l'article 133 du Code de procédure pénale dispose que :

« La personne saisie en vertu d'un mandat d'arrêt est présentée dans les vingt-quatre heures suivant son arrestation devant le juge d'instruction ou à défaut le président du tribunal ou le juge désigné par celui-ci pour qu'il soit procédé à son interrogatoire et qu'il soit le cas échéant statué sur son placement en détention provisoire dans les conditions prévues par l'article 145 ».

Il prévoit encore qu'à défaut, la personne est remise en liberté et que les dispositions de l'article 126, selon lesquelles toute personne arrêtée en vertu d'un mandat d'amener, qui a été retenue pendant plus de vingt-quatre heures sans avoir été interrogée, est considérée comme arbitrairement détenue, sont applicables.

1313 **Rétention.** Pour l'exécution du mandat d'amener, l'article 125 prévoit un interrogatoire immédiat quand l'article 133 prévoit un délai de vingt-quatre heures pour le mandat d'arrêt. La circulaire de la DACG considère que le délai de vingt-quatre heures constitue un délai de rétention. Il s'en déduit que si la présentation ne peut être immédiate, les agents qui auront interpellé la personne faisant l'objet du mandat d'arrêt devront mettre en œuvre les droits de faire prévenir un proche, d'être examiné par un médecin et d'être assisté d'un avocat, définis à l'article 133-1 du Code de procédure pénale (V. *supra*, n° 1286).

S'il s'agit d'un mineur, il y a lieu de lui notifier, en outre, les droits prévus à l'article R. 332-1 du Code de la justice pénale des mineurs (V. *supra*, n° 1286).

1314 **Lieu d'arrestation.** Comme pour le mandat d'amener, c'est le lieu où se trouve la personne concernée lors de la notification du mandat d'arrêt qui doit être pris en compte (V. *supra*, n° 1287).

La question pourrait se poser pour une personne interpellée au cours d'une enquête diligentée sous le contrôle du procureur de la République ou d'un juge d'instruction dans un ressort, conduite dans un service enquêteur situé en dehors du ressort de son lieu d'arrestation et dont on découvrirait alors qu'elle fait l'objet d'un mandat d'arrêt pour une autre affaire.

b) Arrestation à plus de 200 km

1315 Si la personne est arrêtée à plus de deux cents kilomètres du siège du juge d'instruction qui a délivré le mandat et qu'il n'est pas possible de la conduire dans un délai de vingt-quatre heures devant ce magistrat, elle est conduite, dans les vingt-quatre heures suivant son arrestation, devant le juge des libertés et de la détention du lieu de l'arrestation (CPP, art. 133, al. 2).
Le principe est donc, si possible, une présentation rapide au magistrat mandant, dans les vingt-quatre heures, et ce n'est qu'en cas d'impossibilité, que la personne arrêtée est présentée au juge des libertés et de la détention du lieu d'arrestation.
À propos de cette hypothèse précise, la chambre criminelle a jugé que l'article 133 du Code de procédure pénale n'exigeait pas que soient mentionnées en procédure les circonstances rendant impossible la conduite devant le juge mandant, dans les vingt-quatre heures, de la personne interpellée en vertu d'un mandat d'arrêt (Cass. crim., 6 déc. 2016, n° 16-86.021 : *Bull. crim.* n° 323).
Cette position est différente de ce qu'elle avait jugé quelques mois auparavant concernant la conduite devant le juge mandant d'une personne faisant l'objet d'un mandat d'amener puisqu'elle avait reproché aux juges d'avoir retenu qu'ils n'étaient pas tenus de justifier de l'impossibilité de conduire l'intéressé dans les vingt-quatre heures devant le juge mandant (Cass. crim., 15 sept. 2015, n° 15-84.021 cité *supra*, n° 1289). Or, si la procédure ne contient pas les éléments justifiant l'impossibilité, les juges seront bien en peine de les trouver.
Bien évidemment la conduite devant le magistrat incombera souvent au service capteur à qui il est recommandé d'acter en procédure les raisons justifiant la présentation devant le juge des libertés et de la détention local plutôt que devant le juge d'instruction mandant.

1316 **Rétention.** Les dispositions de l'article 133-1 sur la rétention et les droits qui en découlent – et pour le mineur ceux de l'article R. 332-1 du CJPM – s'appliquent que la personne soit présentée dans les vingt-quatre heures au juge mandant ou, toujours dans les vingt-quatre heures, au juge des libertés et de la détention local. Comme déjà signalé (V. *supra*, n° 1290), la mise en œuvre des droits peut s'avérer délicate à l'égard d'une personne qui sera en transit, éventuellement dans un train ou un avion.

1317 **Rôle du juge des libertés et de la détention.** Selon l'article 133, alinéa 2 du Code de procédure pénale, le juge des libertés et de la détention du lieu de l'arrestation reçoit les déclarations de la personne qui lui est présentée après l'avoir avertie qu'elle est libre de ne pas en faire. Mention est faite de cet avis au procès-verbal. Les observations faites à propos du mandat d'amener valent pour le mandat d'arrêt (V. *supra*, n° 1292).
Le juge des libertés et de la détention informe sans délai le magistrat qui a délivré le mandat et ordonne le transfèrement. Si celui-ci ne peut être effectué immédiatement, le juge des libertés et de la détention en avise le juge mandant.
Lorsqu'il y a lieu à transfèrement, la personne doit être conduite à la maison d'arrêt indiquée sur le mandat dans les délais prévus à l'article 130. Les dispositions de l'article 130-1 sont applicables.
Là encore, le service capteur peut être sollicité pour organiser les modalités du transfèrement, voire pour y procéder.

1318 **Délai de transfèrement.** Comme pour le mandat d'amener, le transfèrement doit avoir lieu dans les quatre jours de la notification du mandat et dans le délai de six jours en cas de transfèrement d'un département d'outre-mer vers un autre département ou de la France métropolitaine vers un département d'outre-mer et, en cas de non-respect des délais, la personne est libérée sur ordre du juge d'instruction saisi de l'affaire, à moins que sa conduite n'ait été retardée par des circonstances insurmontables.

1319 **Absence de découverte, notification à dernier domicile connu.** Les règles applicables au mandat d'amener (V. *supra*, n° 1295) le sont au mandat d'arrêt.

1320 **Clôture de l'information.** Le mandat d'arrêt ne cesse pas de pouvoir recevoir exécution après clôture de l'information.
Tant l'article 179 relatif au renvoi devant le tribunal correctionnel que l'article 181 du Code de procédure pénale relatif à l'ordonnance de mise en accusation devant la cour d'assises prévoient que « s'il a été décerné, le mandat d'arrêt conserve sa force exécutoire ».
La personne contre qui un mandat d'arrêt a été décerné peut donc être arrêtée après la fin de l'information.

Exécution des mandats de justice

3 Mise à exécution du mandat d'arrêt après la clôture de l'information

1321 **L'article 135-2 du Code de procédure pénale.** Ce texte, issu de la loi du 9 mars 2004, plusieurs fois modifié, règle le sort de la personne faisant l'objet d'un mandat d'arrêt qui est découverte après règlement de l'information. Le texte distingue les mandats exécutés avant décision de condamnation (*a*) ou après (*b*).

a) Mandat d'arrêt exécuté avant jugement ou arrêt de condamnation

1322 **Deux types de mandats.** Les mandats d'arrêt qui peuvent être exécutés avant la décision de condamnation sont de deux types.
Il s'agit, d'une part, des mandats d'arrêt délivrés au cours de l'information par le juge d'instruction bien évidemment mais aussi par la chambre de l'instruction ou son président (CPP, art. 142-8, 196, 201, 207) ou encore le juge des enfants (CJPM, art. L. 521-16). Il s'agit, d'autre part, des mandats d'arrêt délivrés après clôture de l'instruction par le juge des libertés et de la détention (CPP, art. 141-2), la cour d'assises, son président (CPP, art. 272-1, 379-2), les juridictions de jugement qui se déclarant incompétentes, le tribunal correctionnel dans le cadre de l'article 410-1 du Code de procédure pénale. Pour davantage de précisions, il est renvoyé à l'énumération qui en a été faite (V. *supra*, n° 1307).
L'alinéa 7 de l'article 135-2 prévoit que les mêmes dispositions sont applicables aux mandats d'arrêt exécutés après la clôture de l'information, qu'ils aient été délivrés avant ou après l'ordonnance de règlement.
Ces dispositions reprennent la distinction classique entre découverte et arrestation à 200 km ou moins et à plus de 200 km.

1) Découverte à 200 km ou moins

1323 Le principe posé par l'article 135-2 est celui de la présentation dans les meilleurs délais et au plus tard dans les vingt-quatre heures devant le procureur de la République du siège de la juridiction saisie des faits. Pendant le temps nécessaire à la présentation, la personne est en rétention par le service capteur et elle bénéficie des droits, prévus à l'article 133-1, de faire prévenir un proche, d'être examinée par un médecin et d'être assistée d'un avocat.
Le service capteur peut être mis à contribution pour conduire la personne concernée devant le procureur de la République mais ensuite, il ne devrait plus être fait appel à lui, sauf, éventuellement, pour conduire la personne à la maison d'arrêt.

1324 **Rôle du procureur de la République.** Le procureur de la République vérifie l'identité de la personne, lui notifie le mandat et la présente au juge des libertés et de la détention.

1325 **Rôle du juge des libertés et de la détention.** Le juge des libertés et de la détention statue sur les mesures de sûreté sur les réquisitions du procureur de la République. Il peut, dit le texte, ordonner un contrôle judiciaire ou la détention provisoire. Cet article n'a pas été modifié lors de la création de l'assignation à résidence avec surveillance électronique. Il ne la prévoit donc pas mais il pourrait être considéré que le juge des libertés et de la détention a également le pouvoir de placer la personne concernée sous assignation à résidence avec surveillance électronique dès lors que l'article 137 du Code de procédure pénale prévoit la liberté comme principe puis une gradation dans les mesures de sûreté allant du contrôle judiciaire à la détention provisoire en passant par l'assignation à résidence avec surveillance électronique.

1326 **Le mandat d'arrêt est un titre de détention.** Si le juge des libertés et de la détention ordonne le placement en détention provisoire, il n'a pas à prendre un mandat de dépôt. Le mandat d'arrêt est un titre de détention (Cass. crim., 20 nov. 1990, n° 90-85.622 : *Bull. crim.* n° 393) et il suffit, pour l'exécution de l'ordonnance de placement en détention provisoire, qui doit être motivée conformément aux dispositions de l'article 144 du Code de procédure pénale, que le juge en maintienne les effets (Cass. crim., 20 oct. 1987, n° 87-84.410 : *Bull. crim.* n° 357. – Cass. crim., 16 févr. 1988, n° 87-91.463 : *Bull. crim.* n° 76).

2) Découverte à plus de 200 km

1327 **Principe de présentation au procureur de la République de la juridiction saisie des faits.** L'alinéa 5 de l'article 135-2 ne prévoit un régime particulier en cas de découverte de la personne faisant l'objet du mandat d'arrêt à plus de 200 km que « s'il n'est pas possible de la conduire dans le délai de vingt-quatre heures devant le procureur de la République » du tribunal judiciaire dans le ressort duquel siège la juridiction de jugement saisie des faits. La règle est donc qu'il y a, si possible, lieu de conduire la personne arrêtée devant le procureur du tribunal saisi de l'affaire.

1328 **Intervention du juge des libertés et de la détention du lieu d'arrestation.** Ce n'est que

s'il n'est pas possible de conduire la personne devant le procureur du tribunal saisi que la personne devra être conduite devant le juge des libertés et de la détention du lieu d'arrestation.
Celui-ci vérifie son identité, lui notifie le mandat et reçoit ses éventuelles déclarations après l'avoir avertie qu'elle est libre de ne pas en faire. Les observations faites à propos du mandat d'amener sont également valables (V. *supra*, n° 1292).
Le juge des libertés et de la détention met ensuite le mandat à exécution en faisant conduire la personne à la maison d'arrêt et il en avise le procureur de la République du tribunal judiciaire dans le ressort duquel siège la juridiction de jugement. Celui-ci ordonne le transfèrement de la personne, qui doit comparaître devant lui dans les quatre jours de la notification du mandat ; ce délai est porté à six jours en cas de transfèrement entre un département d'outre-mer et la France métropolitaine ou un autre département d'outre-mer.
La procédure se déroule alors comme dans l'hypothèse de découverte de la personne concernée à moins de 200 km. Le procureur de la République saisit donc le juge des libertés et de la détention de son siège qui statue sur les mesures de sûreté, l'assignation à résidence avec surveillance électronique n'étant toujours pas expressément prévue (V. *supra*, n° 1325).

1329 **Possibilité de visioconférence.** La présentation au procureur de la République du siège de la juridiction saisie des faits et au juge des libertés et de la détention de la même juridiction peut avoir lieu, toujours dans le délai maximal de quatre jours (six pour l'outre-mer), par un moyen de télécommunication audiovisuelle sauf si la personne concernée le refuse. La personne ne peut toutefois pas refuser le recours à ces modalités si son transport paraît devoir être évité en raison de risques graves de trouble à l'ordre public ou d'évasion.
Il n'y a alors pas lieu d'ordonner le transfèrement de la personne.

1330 Pas de présentation devant le juge des libertés et de la détention du siège de la juridiction saisie des faits en cas de possibilité de comparution rapide devant la juridiction de jugement. Cette présentation n'est pas nécessaire si, dans le délai de vingt-quatre heures en cas d'arrestation à moins de 200 km et de quatre ou six jours dans le cas de découverte au-delà de 200 km, la personne peut comparaître devant la juridiction de jugement.
Une telle hypothèse, radicalement impossible en matière criminelle, ne pourra que très rarement se réaliser en matière correctionnelle.

b) Mise à exécution du mandat d'arrêt après jugement ou arrêt de condamnation

1331 **Écrou sans présentation devant le juge des libertés et de la détention.** Les règles précédemment exposées ne s'appliquent pas lorsque postérieurement à la délivrance du mandat d'arrêt décerné au cours de l'instruction ou après son règlement, la personne a été condamnée à une peine privative de liberté :
– en matière correctionnelle par un jugement contradictoire ou réputé contradictoire ;
– ou en matière criminelle par un arrêt rendu par défaut.
Elles ne sont pas non plus applicables lorsque le mandat a été délivré par la juridiction de jugement statuant par jugement contradictoire ou réputé contradictoire en matière correctionnelle ou par arrêt par défaut en matière criminelle (CPP, art. 135-2).
Dans ces cas, il n'y a pas lieu de présenter la personne arrêtée au juge des libertés et de la détention. Elle est placée en détention provisoire jusqu'à l'expiration des délais de recours et, en cas de recours, jusqu'à sa comparution devant la juridiction de jugement. Elle n'est pas privée d'accès au juge puisqu'elle peut former des demandes de mise en liberté.

L'ESSENTIEL 1332 Le mandat d'arrêt est l'ordre donné à la force publique de rechercher la personne à l'encontre de laquelle il est décerné et de la conduire devant le magistrat ou la juridiction qui l'a décerné après l'avoir, le cas échéant, conduite à la maison d'arrêt indiquée sur le mandat, où elle sera reçue et détenue (V. *supra*, n° 1305).
1333 Il ne peut être décerné que contre une personne en fuite ou résidant à l'étranger.
1334 Il peut être délivré par le juge d'instruction, par le juge des enfants, par le président de la chambre de l'instruction ou la chambre de l'instruction elle-même, par le tribunal correctionnel, par la chambre des appels correctionnels de la cour d'appel, par le président de la cour d'assises ou la cour d'assises elle-même, par le juge de l'application des peines (V. *supra*, n° 1307).
1335 La mise à exécution d'un mandat d'arrêt dépend de l'autorité qui l'a décerné, du lieu où est trouvée la personne qui en fait l'objet ainsi que du stade de la procédure auquel la personne concernée est découverte.

Les tableaux ci-dessous synthétisent les différents cas de figure :

Mandat d'arrêt exécuté à 200 km ou moins			
	1re phase	2e phase	3e phase
Mandat d'arrêt délivré et exécuté au cours de l'instruction.	Présentation dans les 24 heures devant le JI pour interrogatoire. Pendant cette rétention de 24 heures : – information du PR du lieu d'arrestation dès le début de la rétention ; – droits pour la personne retenue : • de faire prévenir un proche, • d'être examinée par un médecin, • d'être assistée d'un avocat + R. 332-1 CJPM si mineur.	Interrogatoire par le JI.	Éventuellement saisine du JLD par le JI en vue de placement en détention provisoire.
Mandat d'arrêt délivré pendant l'instruction ou après sa clôture et exécuté avant condamnation.	Présentation au PR du siège de la juridiction saisie dans les meilleurs délais et au plus tard dans les 24 heures. Pendant cette rétention : – information du PR dès le début de la rétention ; – droits pour la personne retenue de faire prévenir un proche, d'être examinée par un médecin, d'être assistée d'un avocat + R. 332-1 CJPM si mineur.	PR vérifie identité, notifie mandat et présente la personne au JLD.	JLD statue sur mesures de sûreté (ARSE non prévue par le texte).
Mandat décerné au cours instruction ou après sa clôture mais « confirmé » par condamnation contradictoire ou réputée contradictoire en matière correctionnelle, par défaut en matière criminelle. Mandat décerné par la juridiction de jugement statuant par décision contradictoire ou réputée contradictoire en matière correctionnelle ou par arrêt de défaut en matière criminelle.	Pas de présentation au JLD. La personne est placée en détention provisoire jusqu'à l'expiration des voies de recours et, en cas de recours, jusqu'à la comparution devant la juridiction de jugement (elle peut former des demandes de mise en liberté).		

Mandat d'arrêt exécuté à plus de 200 km			
	1re phase	2e phase	3e phase
Mandat d'arrêt délivré et exécuté en cours d'instruction.	Conduite dans le délai de vingt-quatre heures devant le JI. En cas d'impossibilité, conduite devant le JLD du lieu de l'arrestation. Rétention impliquant : – avis immédiat au PR du lieu d'arrestation ; – droits pour la personne interpellée. De faire prévenir un proche D'être vue par un médecin. D'être assistée par un avocat + R. 332-1 CJPM si mineur.	Conduite dans les vingt-quatre heures suivant son arrestation devant le juge des libertés et de la détention du lieu de l'arrestation qui reçoit ses déclarations après l'avoir avertie qu'elle est libre de ne pas en faire. Le juge des libertés et de la détention informe sans délai le magistrat qui a délivré le mandat et ordonne le transfèrement.	Lorsqu'il y a lieu à transfèrement, la personne doit être conduite à la maison d'arrêt indiquée sur le mandat (le transfèrement doit avoir lieu dans les 4 ou 6 jours). Interrogatoire par le JI (pas obligatoire si la personne était déjà mise en examen sauf pour lui faire part de la saisine du JLD aux fins de placement en détention provisoire.
Mandat d'arrêt délivré pendant l'instruction ou après sa clôture et exécuté avant condamnation.	S'il n'est pas possible de conduire la personne interpellée dans les 24 heures devant le PR de la juridiction saisie, conduite devant le JLD du lieu d'arrestation. Le JLD vérifie identité, notifie mandat, reçoit éventuelles déclarations. JLD met alors mandat à exécution en faisant conduire la personne à la maison d'arrêt. Il en avise le PR du tribunal du siège de la juridiction de jugement.	Le PR du siège de la juridiction de jugement ordonne le transfèrement de la personne, qui doit comparaître devant lui dans les 4 jours (6 pour outre-mer). Le PR (éventuellement par visioconférence) vérifie identité, notifie le mandat, présente la personne devant le JLD.	Le JLD (éventuellement par visioconférence) peut, sur les réquisitions du PR, soit placer la personne sous contrôle judiciaire, soit ordonner son placement en détention provisoire jusqu'à sa comparution devant la juridiction de jugement.
Mandat décerné au cours instruction ou après sa clôture mais « confirmé » par condamnation contradictoire ou réputée contradictoire en matière correctionnelle, par défaut en matière criminelle. Mandat décerné par la juridiction de jugement statuant par décision contradictoire ou réputée contradictoire en matière correctionnelle ou par arrêt de défaut en matière criminelle.	Pas de présentation au JLD. La personne est placée en détention provisoire jusqu'à l'expiration des voies de recours et, en cas de recours, jusqu'à la comparution devant la juridiction de jugement (elle peut former des demandes de mise en liberté).		

V

Mandat d'amener et mandat d'arrêt délivrés par le juge de l'application des peines

1336 Le régime de l'article 712-17 du Code de procédure pénale relatif au mandat d'amener et au mandat d'arrêt décernés par le juge de l'application des peines diffère quelque peu de celui des autres mandats. Il convient donc de signaler ses particularités.

A Caractères généraux

1337 **Contre qui peuvent-ils être délivrés ?** C'est contre un condamné placé sous son contrôle qui ne respecte pas les obligations qui lui incombent que le juge de l'application des peines peut délivrer un mandat d'amener ou, si le condamné est en fuite ou réside à l'étranger, un mandat d'arrêt.
La délivrance du mandat d'arrêt suspend, jusqu'à son exécution, le délai d'exécution de la peine ou des mesures d'aménagement.

1338 **Qui peut délivrer ces mandats ?** L'article 712-17 du Code de procédure pénale prévoit que c'est le juge de l'application des peines qui délivre ces deux mandats mais le texte prévoit une possibilité de substitution pour le mandat d'amener et pour lui seul.
On a vu qu'en cas d'urgence et d'empêchement du juge de l'application des peines ainsi que du magistrat du siège qui le remplace, le mandat d'amener peut être délivré par le procureur de la République.
Dans ce cas, le procureur de la République doit en informer le juge de l'application des peines dès que possible.
Si le mandat d'amener n'a pas déjà été mis à exécution, il devient caduc s'il n'est pas repris, dans le premier jour ouvrable qui suit, par le juge de l'application des peines.

B Mise à exécution

1339 **Régime commun aux deux mandats, d'amener et d'arrêt.** Comme pour les autres mandats, les règles sont différentes selon que la découverte et l'interpellation ont lieu à 200 km ou moins ou à plus de 200 km.
Les règles sont les mêmes pour le mandat d'amener et pour le mandat d'arrêt délivrés par le juge de l'application des peines.

1 Découverte à 200 km ou moins

1340 **Rétention.** Le procureur de la République du lieu de l'arrestation est avisé dès le début de la rétention de la personne par les services de police ou de gendarmerie. Pendant la rétention, qui ne peut durer plus de vingt-quatre heures, il est fait application des dispositions des articles 63-2 et 63-3 du Code de procédure pénale.

1341 **Présentation au procureur de la République.** La personne est conduite dans les meilleurs délais, et au plus tard dans les vingt-quatre heures de son arrestation, devant le procureur de la République du tribunal judiciaire dans le ressort duquel siège le juge de l'application des peines compétent.

1342 **Présentation au juge de l'application des peines.** Après avoir vérifié l'identité de la personne qui lui est présentée et lui avoir notifié le mandat, le procureur du siège du juge de l'application des peines la présente à ce magistrat qui procède conformément aux dispositions de l'article 712-6 (débat contradictoire).

1343 **Alternative à la présentation devant le juge de l'application des peines.** Si la présentation immédiate devant le juge de l'application des peines n'est pas possible, la personne est présentée devant le juge des libertés et de la détention. Ce juge peut, sur les réquisitions du procureur de la République, ordonner l'incarcération du condamné jusqu'à sa comparution, selon les cas, devant le juge de l'application des peines, qui doit intervenir dans un délai maximal de huit jours, ou devant le tribunal de l'application des peines, qui doit intervenir dans un délai maximal d'un mois.

2 Découverte à plus de 200 km

1344 **Principe de présentation immédiate.** Le texte ne prévoit des règles différentes que s'« il n'est pas possible de la conduire [la personne arrêtée] dans le délai de vingt-quatre heures devant le procureur de la République compétent en vertu du sixième alinéa » (celui du siège du juge de l'application des peines ayant délivré le mandat).

1345 En cas d'impossibilité de conduire la personne arrêtée dans les vingt-quatre heures devant le procureur de la République du siège du juge de l'application des peines. La personne arrêtée est conduite devant le procureur de la République du lieu de son arrestation.

1346 **Office du procureur de la République du lieu d'arrestation.** Ce magistrat vérifie l'identité de la personne qui lui est présentée, lui notifie le mandat et reçoit ses éventuelles déclarations après l'avoir avertie qu'elle est libre de ne pas en faire.

Ce magistrat met alors le mandat à exécution en faisant conduire la personne à la maison d'arrêt. Il en avise le juge de l'application des peines ayant délivré le mandat.

1347 **Office du juge de l'application des peines.** Celui-ci ordonne le transfèrement de la personne, qui doit comparaître devant lui dans les quatre jours de la notification du mandat ; ce délai est porté à six jours en cas de transfèrement entre un département d'outre-mer et la France métropolitaine ou un autre département d'outre-mer.

Le juge de l'application des peines procède comme prévu à l'article 712-6 du Code de procédure pénale (débat contradictoire).

1348 **Possibilité de visioconférence.** Les comparutions devant le juge de l'application des peines ou le tribunal de l'application des peines prévues aux septième (dans les huit jours ou dans le mois) et avant-dernier (dans les quatre ou six jours) alinéas de l'article 712-17 du Code de procédure pénale peuvent être réalisées selon les modalités prévues à l'article 706-71, c'est-à-dire par visioconférence.

Il n'y a alors pas lieu d'ordonner le transfèrement de la personne.

L'ESSENTIEL

Mandat d'amener ou d'arrêt du JAP exécuté à 200 km ou moins		
Conduite dans les meilleurs délais et au plus tard dans les 24 heures devant le PR du siège du JAP. Pendant ce délai : rétention dont le PR du lieu d'arrestation doit être informé dès le début et application des articles 63-2 et 63-3.	Le PR du siège du JAP vérifie identité de la personne, lui notifie le mandat et la présente au JAP.	JAP doit procéder conformément aux dispositions de l'article 712-6 du CPP (débat contradictoire). Si la présentation immédiate devant le JAP n'est pas possible, présentation devant le JLD qui peut ordonner l'incarcération jusqu'à comparution devant le JAP dans les 8 jours ou le TAP dans le mois (possibilité de visioconférence).

Mandat d'amener ou d'arrêt du JAP exécuté à plus de 200 km		
S'il n'est pas possible de conduire le condamné dans les 24 heures devant le PR du siège du JAP, la personne est conduite devant le PR du lieu d'arrestation.	PR du lieu arrestation vérifie identité, notifie mandat, reçoit éventuellement déclarations, met mandat à exécution en faisant conduire la personne arrêtée à la maison d'arrêt.	JAP ordonne le transfèrement qui doit intervenir dans les 4 jours (6 pour l'outre-mer). Possibilité de visioconférence auquel cas le transfèrement n'est pas nécessaire.

VI

Mandat de dépôt

1349 **Définition.** Le mandat de dépôt est l'ordre donné au chef de l'établissement pénitentiaire de recevoir et de détenir la personne à l'encontre de laquelle il est décerné.
Il permet également de rechercher ou de transférer la personne lorsqu'il lui a été précédemment notifié.

1350 **Contre qui peut-il être délivré ?** Il peut être décerné à l'encontre d'une personne mise en examen et ayant fait l'objet d'une ordonnance de placement en détention provisoire (CPP, art. 122).

1351 **Qui peut décerner mandat de dépôt ?** Le juge des libertés et de la détention peut, selon l'article 122 du Code de procédure pénale, décerner mandat de dépôt contre une personne que le juge d'instruction a mise en examen. Le mandat de dépôt est délivré par le juge des libertés et de la détention après un débat contradictoire à l'issue duquel il a ordonné le placement en détention provisoire de la personne concernée.
Le juge des libertés et de la détention n'est pas le seul à pouvoir décerner un mandat de dépôt.
La chambre de l'instruction, juridiction d'instruction du second degré, peut également décerner mandat de dépôt (CPP, art. 207) de même que son président, en cas d'urgence dans le cadre d'un supplément d'information (CPP, art. 201) ou dans le cadre d'une procédure en réouverture sur charges nouvelles (CPP, art. 196).
La cour d'assises peut également décerner mandat de dépôt contre l'accusé qui se soustrait aux obligations de son contrôle judiciaire ou s'il apparaît que sa détention est l'unique moyen d'assurer sa présence lors des débats ou d'empêcher des pressions sur les victimes ou les témoins (CPP, art. 272-1). Elle peut aussi, même si c'est beaucoup plus rare, lorsqu'une des personnes assistant à l'audience trouble l'ordre et résiste à une mesure d'expulsion ou cause du tumulte, la placer sous mandat de dépôt et la juger (CPP, art. 321). Elle peut encore décerner mandat de dépôt contre la personne condamnée pour délit connexe qui n'est pas détenue au moment où l'arrêt est rendu, si la peine prononcée est supérieure ou égale à un an d'emprisonnement et si les éléments de l'espèce justifient une mesure particulière de sûreté (CPP, art. 367).
Le tribunal correctionnel peut lui aussi décerner mandat de dépôt dans diverses hypothèses (CPP, art. 397-4, 464-2, 465 et 465-1). Il peut également, dans certains cas, lorsqu'il prononce une condamnation, décerner mandat de dépôt à effet différé (ordre que le condamné soit convoqué dans un délai qui ne saurait excéder un mois devant le procureur de la République afin que ce dernier fixe la date à laquelle la personne condamnée sera incarcérée).
Le tribunal correctionnel qui se déclare incompétent en raison de la qualification criminelle des faits peut également décerner mandat de dépôt (CPP, art. 469 et 519 pour la cour d'appel).
Dans les divers cas d'incompétence évoqués à propos du mandat d'arrêt, le tribunal peut également décerner mandat de dépôt (CPP, art. 628-4, 697-1, 702, 706-72-4, 706-171).

1352 **Notification.** Le mandat de dépôt est notifié par le juge des libertés et de la détention, la chambre de l'instruction ou la juridiction de jugement qui le délivre. Les forces de l'ordre ne jouent aucun rôle dans cette notification.

1353 **Intervention de policiers ou de gendarmes.** Les cas dans lesquels les forces de l'ordre ont à intervenir à propos d'un mandat de dépôt sont rares.
Il peut être fait appel aux fonctionnaires de police ou aux militaires de la gendarmerie pour conduire la personne faisant l'objet d'un mandat de dépôt à la maison d'arrêt où elle doit être écrouée.
Les forces de l'ordre peuvent avoir à interpeller une personne faisant l'objet d'un mandat de dépôt et qui a été remise en liberté par le juge d'instruction ou le juge des libertés et de la détention, cette décision étant ensuite infirmée par la chambre de l'instruction. Dans cette hypothèse, il n'est pas nécessaire que soit délivré un nouveau mandat de dépôt ou un mandat d'arrêt. Le mandat de dépôt préalablement notifié permet, selon l'article 122, alinéa 4, du Code de procédure pénale, de rechercher et de transférer la personne concernée (Cass. crim., 9 juill. 2003, n° 03-81.957 : *Bull. crim.* n° 136).

L'ESSENTIEL 1354 Le mandat de dépôt est l'ordre donné au chef de l'établissement pénitentiaire de recevoir et de détenir la personne à l'encontre de laquelle il est décerné.
Il permet également de rechercher ou de transférer la personne lorsqu'il lui a été précédemment notifié (V. *supra*, n° 1350).

1355 Le mandat de dépôt peut être délivré par le juge des libertés et de la détention, par la chambre de l'instruction ou son président, par le tribunal correctionnel ou la cour d'appel, par la cour d'assises (V. *supra*, n° 1351).

1356 Sa notification n'incombe pas aux agents de la force publique qui peuvent toutefois être amenés à intervenir pour conduire la personne placée sous mandat de dépôt à l'établissement pénitentiaire ou, lorsqu'elle a été libérée par une décision infirmée en appel, pour la rechercher et la transférer lorsque le mandat lui avait été précédemment notifié (V. *supra*, n° 1352).

VII

Mandat d'arrêt européen, demande d'extradition, ordre d'arrestation provisoire

1357 Ces questions qui impliquent l'intervention, activement ou passivement, d'un État étranger sont abordées dans la partie de cet ouvrage consacrée aux aspects internationaux des enquêtes (V. *infra*, nos 4761 et s., 4768 et s.).

POUR ALLER PLUS LOIN...

Ouvrage

- A. Decocq, J. Montreuil et J. Buisson, *Droit de la police*, Litec, 1991, n° 1016.

Circulaire

- Circ. CRIM-1-1-14/E8, 31 mai 2011.

Titre 4
Changement de cadre juridique de l'enquête

Sommaire

1358 Plusieurs cadres juridiques permettent aux enquêteurs de diligenter des enquêtes. Il s'agit de l'enquête de flagrance, de l'enquête préliminaire et de l'instruction. Ces cadres juridiques ont en commun une condition préalable tenant à leur mise en œuvre : l'existence d'une infraction.

Ces cadres juridiques visent à répondre aux objectifs définis à l'article 14 du Code de procédure pénale qui dispose que : « Elle [la police judiciaire] est chargée, suivant les distinctions établies au présent titre, de constater les infractions à la loi pénale, d'en rassembler les preuves et d'en rechercher les auteurs tant qu'une information n'est pas ouverte. Lorsqu'une information est ouverte, elle exécute les délégations des juridictions d'instruction et défère à leurs réquisitions ». À côté de ces cadres juridiques, d'autres, spécifiques, ne sont pas subordonnés dans leur mise en œuvre à l'existence d'une infraction, mais à la recherche des causes de la mort ou d'une disparition inquiétante ou à la recherche de la cause de blessures. Ces enquêtes spéciales font l'objet d'une fiche dédiée.

1359 Si le Code de procédure pénale définit et délimite le régime de l'enquête préliminaire, de l'enquête de flagrance et de l'instruction, les enquêteurs peuvent être amenés à passer de l'un à l'autre en raison de faits nouveaux, de l'expiration de la durée légale de l'enquête ou sur décision du procureur de la République qui souhaite ouvrir une instruction.

1360 Tel est l'objet de ces deux fiches qui décrivent les situations juridiques conduisant au passage d'un cadre juridique d'une enquête à une autre (V. Fiche 34 : D'une enquête à l'autre) et de l'enquête à l'instruction (V. Fiche 35 : De l'enquête à l'instruction).

Fiche 35
D'une enquête à l'autre

Sommaire

Introduction

1361 Aucune disposition du Code de procédure pénale ne prévoit expressément ce passage d'une enquête à l'autre, mais une telle possibilité découle des définitions et des conditions de mise en œuvre de l'enquête de flagrance et de l'enquête préliminaire. Il n'y a aucune difficulté juridique à concevoir la continuation d'une enquête de flagrance en enquête préliminaire en raison de l'expiration de la durée de l'enquête de flagrance ou à raison du choix des enquêteurs ou du magistrat. Suite à la modification de l'article 53 du Code de procédure pénale par la loi n° 99-515 du 23 juin 1999, la circulaire n° 99-30202 du 31 décembre 1999 de la DACG, commentant cette disposition sur la durée d'accomplissement de l'enquête de flagrance, indiquait ainsi « qu'à l'expiration du délai – et sauf dans l'hypothèse de l'ouverture d'une information – l'enquête se poursuivra selon les règles de l'enquête préliminaire ».

Est moins évident, en revanche, le changement de cadre juridique de l'enquête préliminaire en enquête de flagrance.

1362 Nous avons déjà étudié, dans la fiche dédiée aux principales caractéristiques de l'enquête de flagrance et de l'enquête préliminaire, les raisons qui conduisent les enquêteurs à « basculer » de l'enquête de flagrance à l'enquête préliminaire (V. *supra*, n°s 862 et 900).

C'est pourquoi, c'est essentiellement la question du passage de l'enquête préliminaire à l'enquête de flagrance qui sera étudiée ici (I), ainsi que la continuité – ou poursuite – des actes d'enquête, question qui se pose dans les deux cas de changement de cadre juridique (II).

I

Le passage de l'enquête préliminaire à l'enquête de flagrance

1363 Tant les conditions que les conséquences de ce changement de cadre juridique ont été fixées et précisées par la chambre criminelle.

A Les conditions du changement de cadre juridique

1364 La jurisprudence de la chambre criminelle permet de distinguer plusieurs hypothèses.

1 En cas de mêmes faits

1365 Nous sommes ici dans l'hypothèse où, bien que l'état de flagrance soit caractérisé, les enquêteurs ont décidé de recourir au cadre juridique de l'enquête préliminaire, par choix (V. *supra*, n° 897) ou par erreur en ce sens qu'ils ont pensé que cet état de flagrance n'était pas établi (Cass. crim., 15 mars 2011, n° 10-88.767).

1366 **Choix définitif ?** De notre point de vue, le choix de l'enquête préliminaire n'est pas irrémédiable tant que les enquêteurs agissent dans le temps de flagrance. Ainsi, si l'officier de police judiciaire devait finalement reprendre à son compte l'enquête débutée par des agents de police judiciaire ou qu'il se rendait finalement compte que l'état de flagrance est constitué et que cette intervention ou la correction de son erreur a lieu pendant une période où l'état de flagrance peut encore être caractérisé, l'enquête pourra se poursuivre en flagrance. Passé ce délai, l'officier de police judiciaire devra poursuivre sous le régime de l'enquête préliminaire.

2 En cas de faits nouveaux

1367 Dans un arrêt du 17 novembre 1998, la chambre criminelle a jugé que :

> « les officiers de police judiciaire agissant en enquête préliminaire peuvent procéder selon les règles prévues pour l'enquête de flagrance dès l'instant où ils relèvent des indices apparents d'un comportement délictueux révélant que l'infraction, objet de leurs investigations, se commet actuellement ou vient de se commettre et qu'elle répond ainsi à la définition de l'article 53 du Code de procédure pénale » (Cass. crim., 17 nov. 1998, n° 98-82.068).

Les officiers de police judiciaire informés d'un trafic de parfums volés qui en découvrent chez une personne peuvent ainsi se rendre chez le fournisseur, dont les coordonnées ont été trouvées au cours de la première perquisition, aux fins de procéder à une autre perquisition dans le cadre de la flagrance liée à un trafic consistant en l'écoulement de produits volés.

1368 La chambre criminelle a également jugé que les officiers de police judiciaire agissant en enquête préliminaire pouvaient néanmoins procéder selon les règles de la flagrance dès lors que préexistaient des indices objectifs et apparents d'un comportement délictueux révélant des infractions flagrantes objet de leurs investigations. Il s'agissait d'une espèce où les officiers de police judiciaire avaient été informés par un renseignement anonyme de l'existence d'un trafic de cocaïne entre la région parisienne et la République dominicaine et de ce qu'un des protagonistes dénoncés venait en accueillir un autre à l'aéroport en provenance de ce pays, lequel avait enregistré pour ce voyage un excédent de bagages de 50 kg par rapport à son voyage aller. Ils avaient alors procédé au contrôle d'identité des intéressés au cours duquel ceux-ci avaient prétendu n'avoir ni le code ni les clés des valises qui étaient toutes verrouillées. La chambre criminelle a validé l'ouverture de la valise et la perquisition à laquelle il a été procédé sans l'assentiment de leurs propriétaires au motif qu'il pouvait se déduire des constatations des officiers de police judiciaire antérieures à l'ouverture de la valise, l'existence d'indices objectifs et apparents rendant probable la commission d'infractions (Cass. crim., 5 oct. 2011, n° 11-81.125).

1369 De manière indirecte, la chambre criminelle a de nouveau confirmé cette possibilité de changement de cadre en jugeant que :

> « justifie sa décision la chambre de l'instruction qui, après avoir constaté que le mis en examen avait été trouvé par les agents des douanes détenteur de plusieurs kilogrammes de cannabis, énonce que la procédure ne pouvait alors qu'être suivie en flagrance,

peu important que l'intéressé ou d'autres personnes mises en cause aient pu, préalablement, faire l'objet d'une surveillance policière » (Cass. crim., 18 déc. 2012, n° 12-85.735).

1370 Il s'en déduit que si des éléments nouveaux se rapportant à ceux qui ont motivé l'ouverture de l'enquête de flagrance ne peuvent raviver cette dernière une fois qu'elle a basculé en enquête préliminaire, la découverte de faits nouveaux postérieurs et distincts constatée en flagrance permet, à l'inverse, de basculer vers une enquête de flagrance.

Il en va ainsi de la jeune fille dont l'audition, en enquête préliminaire, est justifiée par des renseignements fournis par des services sociaux, indiquant qu'elle serait victime au sein de sa famille d'abus sexuels et qui, lors de cette audition, indique aux enquêteurs que les derniers faits remontent à la veille au soir (Cass. crim., 17 mai 1993, n° 92-81.496).

Il s'agit aussi de l'hypothèse très fréquente d'une enquête portant sur des infractions à la législation sur les stupéfiants débutée en enquête préliminaire, car fondée sur un renseignement anonyme et qui permet, à l'occasion d'une surveillance, de constater des indices objectifs et apparents d'infractions à la législation sur les stupéfiants (Cass. crim., 17 nov. 1998, n° 98-82.068 et Cass. crim., 9 nov. 2021, n° 21-82.606).

1371 De nombreuses enquêtes préliminaires, dès lors qu'elles concernent des individus se livrant à des trafics ou à des faits répétitifs souvent en bande organisée, permettent de mettre à jour une infraction flagrante qui facilite juridiquement l'interpellation tout en apportant des éléments probants difficilement contestables par la suite. Il ne s'agit pas là d'une flagrance fortuite ou incidente (V. *supra*, n° 845) mais d'une flagrance « surveillée ». Dans ce cas de figure, les enquêteurs ne provoquent ni à l'infraction, ce qui constitue un procédé déloyal et sanctionné comme tel, ni même à la preuve, ce qui est autorisé par la loi et la chambre criminelle (V. *infra*, n°s 1635 et s.), mais attendent simplement de pouvoir constater une infraction flagrante.

B L'étendue du changement de cadre juridique de l'enquête préliminaire en enquête de flagrance

1372 Il n'est pas rare qu'une enquête préliminaire, notamment lorsqu'elle porte sur des faits de délinquance organisée, soit diligentée pour plusieurs faits et concerne, au moins à terme, plusieurs suspects. Aussi, lorsque s'opère le changement de cadre juridique vers l'enquête de flagrance à raison de l'existence d'indices objectifs et apparents, ce cadre juridique est-il applicable à tous les faits de l'enquête préliminaire, à tous les suspects, ou uniquement à certains d'entre eux ?

1 Extension de la flagrance en cas de connexité

1373 La chambre criminelle indique que :

« si à la suite de la constatation d'un crime ou délit flagrant, l'enquête de flagrance peut être étendue à l'ensemble des infractions connexes à celui-ci, c'est à la condition qu'il existe entre les faits objet des investigations des rapports étroits, analogues à ceux que la loi a spécialement prévus » (Cass. crim., 31 oct. 2017, n° 17-81.842).

Ces rapports étroits et analogues sont ceux qui relèvent de la notion de connexité de l'article 203 du Code de procédure pénale. Ce texte prévoit que des infractions sont connexes :

– soit lorsqu'elles ont été commises en même temps par plusieurs personnes réunies ;

– soit lorsqu'elles ont été commises par différentes personnes, même en différents temps et en divers lieux, mais par suite d'un concert formé à l'avance entre elles ;

– soit lorsque les coupables ont commis les unes pour se procurer les moyens de commettre les autres, pour en faciliter, pour en consommer l'exécution ou pour en assurer l'impunité ;

– soit encore, lorsque des choses enlevées, détournées ou obtenues à l'aide d'un crime ou d'un délit ont été, en tout ou partie, recelées.

Mais, de longue date la jurisprudence y assimile les cas dans lesquels il existe, entre les faits, des rapports étroits analogues à ceux que la loi a spécialement prévus.

1374 En conséquence, en cas de connexité, l'enquête de flagrance peut être étendue. Les actes d'enquête peuvent ainsi être accomplis sous le régime de la flagrance à l'égard d'une infraction non flagrante qui est connexe à une infraction flagrante. Mais cette connexité doit d'abord être établie, c'est-à-dire que la procédure doit démontrer l'existence de rapports étroits, analogues à ceux que la loi a spécialement prévus entre l'infraction flagrante et l'infraction non flagrante.

CONSEIL Les enquêteurs peuvent utilement rédiger un procès-verbal démontrant cette connexité et indiquant les conséquences, à savoir quels faits relèvent désormais du régime de flagrance.

En effet, il faut prendre garde à ne pas considérer qu'une infraction est connexe parce qu'elle a été révélée en même temps qu'une infraction flagrante.

1375 Par exemple, ne sont pas connexes, bien que découverts en même temps à l'occasion d'une perquisition, un trafic de stupéfiants et des documents démontrant qu'une escroquerie a été commise un an plus tôt. Dans ce cas, bien que découverte concomitamment, l'escroquerie devra faire l'objet d'une enquête préliminaire incidente. En pratique, cette extension de la flagrance pourra se rencontrer à l'occasion d'une enquête préliminaire ouverte pour infractions à la législation sur les stupéfiants. Elle concerne généralement plusieurs personnes ayant des rôles et des implications distincts. Aussi, au moment où les enquêteurs constatent un état de flagrance, souvent suite à des surveillances physiques ou des constatations matérielles, le cadre juridique pourra être étendu, dès lors que la connexité est démontrée, à d'autres faits ou à d'autres personnes visés par l'enquête préliminaire mais qui ne sont pas celles « prises la main dans le sac » lors des surveillances. Dans cette hypothèse, par exemple, les deux personnes interpellées suite à un voyage aux Pays-Bas pour acheter des stupéfiants le seront dans le cadre de la flagrance, constituée suite aux surveillances effectuées et aux éléments recueillis lors de l'enquête préliminaire. Pourront également être interpellés dans ce cadre juridique ceux qui leur auront donné l'argent ou l'ordre de s'y rendre. Il faudra, pour toute personne impliquée dans l'enquête préliminaire, démontrer un lien avec les faits constatés en flagrance pour pouvoir leur appliquer ce régime.

2 Maintien de la flagrance en cas de jonction de procédure

1376 La chambre criminelle indique que le fait que le procureur de la République décide d'une jonction de procédures entre des enquêtes diligentées en préliminaire et une en flagrance ne conduit pas à ce que les actes d'enquête diligentés dans ce dernier cas le soient désormais sous le régime de l'enquête préliminaire. Autrement dit, le régime de « droit commun » qu'est l'enquête préliminaire ne met pas fin, par capillarité, à la flagrance en cours (Cass. crim., 31 mai 2011, n° 11-81.412).

II La continuité des actes d'enquête en cas de changement de cadre juridique

1377 La question de la continuité des actes d'enquête se pose en cas de bascule de cadre juridique, mais aussi au moment de la clôture de l'enquête.

A Continuité et changement de cadre juridique

1378 **Absence de « sas ».** L'article 80-5 du Code de procédure pénale prévoit le cas du changement de cadre juridique de l'enquête de flagrance ou préliminaire vers l'instruction, en créant un « sas » qui permet une continuité entre des actes d'enquête prévus par la loi (V. *infra*, n° 1413). Rien de tel ne figure dans le Code de procédure pénale lors d'une bascule d'une enquête à une autre, bien que les enquêteurs pratiquent ainsi quotidiennement en passant de l'enquête de flagrance à l'enquête préliminaire et inversement.
En réalité, ce « sas » est-il vraiment nécessaire ? En comparant avec l'article 80-5 du Code de procédure pénale, la question pourrait éventuellement se poser pour les actes d'enquête « continus » que sont notamment les surveillances par des moyens humains ou techniques (interceptions, captations, infiltrations). À l'inverse, en cas d'actes d'enquête « instantanés », son intérêt semble moindre.

1 Actes d'enquête continus

1379 Ces actes continus dont la poursuite au moment du changement de cadre d'enquête pourrait être nécessaire sont ceux qui sont listés à l'article 80-5 du Code de procédure pénale. Il s'agit des actes d'enquête issus du régime dérogatoire relatif à la délinquance et à la criminalité organisées, à savoir :
– interception, enregistrement et transcription de correspondances émises par la voie des communications électroniques et accès à distance des correspondances stockées ou par un identifiant (CPP, art. 706-95 et 706-95-1) ;

- géolocalisation en temps réel (CPP, art. 230-32 à 230-35) ;
- surveillances (CPP, art. 706-80,706-81) ;
- recueil de données techniques de connexion et interceptions de correspondances émises par la voie des communications électroniques (CPP, art. 706-95-20) ;
- captation d'images et sonorisation (CPP, art. 706-96) ;
- captation de données informatiques (CPP, art. 706-102-1).

1380 Il n'est pas utile d'instituer un régime de « sas » en cas de bascule d'une enquête à une autre, car le régime juridique de ces actes d'enquête est strictement identique entre l'enquête préliminaire et l'enquête de flagrance. C'est le même procureur de la République qui dirige les deux enquêtes, c'est le même juge des libertés et de la détention qui peut être conduit à intervenir et les conditions de mise en œuvre des actes d'enquête sont identiques (V. *supra*, n° 818). La seule différence sera l'entête du procès-verbal qui fera apparaître, après le changement de cadre juridique, « enquête préliminaire » ou « enquête de flagrance » ainsi que la référence aux articles afférents.

2 Actes d'enquête instantanés

1381 La question peut se poser de savoir comment intituler le procès-verbal constatant les résultats d'un acte ordonné dans un cadre juridique différent. Une réquisition aux fins d'examens techniques délivrée au cours de l'enquête de flagrance mais dont les résultats parviennent à l'enquêteur alors que le temps de l'enquête de flagrance est passé doivent-ils être consignés dans un procès-verbal intitulé enquête de flagrance ou intitulé enquête préliminaire ?

1382 La question est en réalité de peu de portée : une réquisition faite en flagrance, c'est-à-dire sans autorisation préalable du magistrat, et dont le résultat arrive après changement de cadre d'enquête, pourra être actée, nous semble-t-il, indifféremment dans un procès-verbal à entête « enquête de flagrance » ou à entête « enquête préliminaire ».

1383 **Cas particulier de la garde à vue.** Cet acte d'enquête pouvant durer jusqu'à 144 heures, il peut être considéré comme un acte continu, passé un certain nombre de prolongations. Toutefois, dans l'hypothèse tout à fait rarissime où le changement de cadre d'enquête interviendrait au cours de cette mesure, aucune difficulté ne semble devoir exister. Comme pour les actes continus, le régime juridique de la mesure de garde à vue est exactement le même en enquête préliminaire qu'en enquête de flagrance, l'article 77 du Code de procédure pénale renvoyant expressément aux articles 62-2 à 64-1.

B Continuité et clôture de l'enquête

1384 L'article 19 du Code de procédure pénale prévoit notamment que, dès la clôture de leurs opérations, les officiers de police judiciaire doivent faire parvenir directement l'original ainsi qu'une copie des procès-verbaux qu'ils ont dressés au procureur de la République ; tous actes et documents y relatifs lui sont en même temps adressés ; les objets saisis sont mis à sa disposition. Or cette clôture d'opérations n'est pas synonyme de fin définitive de l'enquête.

1 Clôture sans transmission de procédure

1385 Au cours d'une enquête, les enquêteurs sont conduits en cas de changement de cadre juridique à clôturer un « cadre d'enquête » pour poursuivre dans un nouveau. Dans ce cas, c'est le cadre juridique qui est clôturé et non l'enquête qui, elle, se poursuit sous un autre régime.

> **CONSEIL** Dans un souci de bonne compréhension de la procédure par tous les acteurs du procès pénal, il est utile de rédiger un procès-verbal indiquant ce changement de cadre d'enquête. Celui-ci peut également être l'occasion de faire un premier point d'étape et d'acter, le cas échéant, les directives du magistrat pour la poursuite de l'enquête.

1386 La continuité des actes d'enquête s'opère alors selon les modalités exposées précédemment (V. *supra*, n°s 1377 et s.).

2 Clôture avec transmission de la procédure

1387 **La clôture n'est pas nécessairement la fin de l'enquête.** Qu'ils agissent en flagrance ou en préliminaire, il n'est pas rare que les enquêteurs transmettent au parquet leur procédure « pour examen », qui la leur retourne ensuite accompagnée d'un soit-transmis contenant des actes d'enquête supplémentaires à effectuer.
Dans ce cas, lorsque la procédure revient dans l'unité de gendarmerie ou dans le commissariat

de police, elle est diligentée sous le régime de l'enquête préliminaire, puisque les conditions de la flagrance ne sont plus réunies tant en raison de la durée de l'enquête de flagrance que de la condition de « continuité des actes d'enquête », sous réserve toutefois de l'apparition d'indices objectifs et apparents d'une infraction flagrante (V. *supra*, nos 1367 et s.).

1388 **Décision sur l'action publique et clôture de l'enquête.** À un plaideur qui soutenait que le procès-verbal d'enquête préliminaire était nul dès lors qu'il avait été clôturé après notification d'une convocation à comparaître devant le tribunal correctionnel, donc après l'engagement de la poursuite, la chambre criminelle a répondu que « les enquêteurs, qui ont clos le procès-verbal d'enquête après avoir notifié la convocation à comparaître, ont fait l'exacte application de l'article D. 11, alinéa 1er du Code de procédure pénale » (Cass. crim., 27 mai 2008, n° 07-84.300 et Cass. crim., 25 janv. 2014, n° 13-86.625). Cette solution qui concerne l'enquête préliminaire semble pouvoir être appliquée à l'enquête de flagrance dans la mesure où la chambre criminelle a précisé que les dispositions de l'article 66 du Code de procédure pénale imposant la rédaction sur-le-champ ou dès que possible des procès-verbaux n'étaient pas prescrites à peine de nullité (V. *supra*, n° 852).

1389 **Comparution à délai différé.** La loi du 23 mars 2019 a créé l'article 397-1-1 du Code de procédure pénale qui prévoit que :

> « Dans les cas prévus à l'article 395, s'il existe contre la personne des charges suffisantes pour la faire comparaître devant le tribunal correctionnel, mais que l'affaire n'est pas en état d'être jugée selon la procédure de comparution immédiate parce que n'ont pas encore été obtenus les résultats de réquisitions, d'examens techniques ou médicaux déjà sollicités, le procureur de la République peut, si le prévenu est assisté par un avocat choisi par lui ou désigné par le bâtonnier, le poursuivre devant le tribunal correctionnel selon la procédure de comparution à délai différé conformément aux dispositions du présent article ».

Cet article a pour objectif d'éviter l'ouverture purement formelle d'une instruction afin de pouvoir prononcer une mesure de sûreté garantissant la représentation du prévenu devant la juridiction dans l'attente des résultats des actes d'enquête diligentés avant la décision sur l'action publique.

L'ESSENTIEL 1390 Le changement de cadre juridique entre enquête de flagrance et enquête préliminaire est une situation que les enquêteurs rencontrent régulièrement. Si le passage de l'enquête de flagrance à l'enquête préliminaire est la suite logique des investigations en raison de la durée limitée de l'enquête de flagrance, il est également possible de passer d'une enquête préliminaire à une enquête de flagrance.

1391 Cette « bascule » de l'enquête préliminaire en enquête de flagrance est possible, lorsqu'il s'agit des mêmes faits, quand les enquêteurs ont fait le choix volontaire dès le départ de procéder selon le régime de l'enquête préliminaire ou qu'ils ont cru, à tort, que l'état de flagrance n'était pas caractérisé. Dans cette hypothèse, ils peuvent revenir à l'enquête de flagrance si l'état de flagrance est encore caractérisé au moment où ils procèdent à ce changement de cadre juridique (V. *supra*, n° 1365).

1392 En cas de faits nouveaux, la chambre criminelle autorise le changement de cadre juridique de l'enquête préliminaire à l'enquête de flagrance « dès l'instant où ils relèvent des indices apparents d'un comportement délictueux révélant que l'infraction, objet de leurs investigations, se commet actuellement ou vient de se commettre et qu'elle répond ainsi à la définition de l'article 53 du Code de procédure pénale » (V. *supra*, n° 1367).

1393 Lorsque ce changement de cadre juridique est régulier, la chambre criminelle précise que l'enquête de flagrance peut alors s'étendre « à l'ensemble des infractions connexes à l'infraction flagrante, (...) à la condition qu'il existe entre les faits objet des investigations des rapports étroits, analogues à ceux que la loi a spécialement prévus » (V. *supra*, n° 1373).

1394 La chambre criminelle juge également que la jonction de procédures entre des enquêtes diligentées pour partie en préliminaire et en flagrance ne fait pas disparaître l'état de flagrance pour les faits concernés (V. *supra*, n° 1376).

1395 Lorsqu'un tel changement de cadre juridique s'opère, de l'enquête de flagrance vers l'enquête préliminaire ou inversement, le Code de procédure pénale n'a pas prévu, à l'instar de l'article 80-5 dudit code, une continuité juridique entre les actes d'investigation en cours. Une telle disposition ne *semble in fine* pas utile, à la différence du changement de cadre juridique qui conduit à l'ouverture d'une information judiciaire.

1396 En effet, les actes d'enquête « continus » qui correspondent à des actes de surveillance qui sont ceux listés à l'article 80-5 du Code de procédure pénale ont un régime juridique identique, qu'ils soient diligentés dans le cadre d'une enquête de flagrance ou d'une enquête préliminaire, outre le fait que le magistrat est le même (V. *supra*, n° 1379).

1397 Quant aux actes « instantanés », la question se pose ici avec moins d'acuité, puisque ces actes d'enquête se réalisant en un trait de temps ; il reviendra simplement aux enquêteurs de les diligenter dans le respect du nouveau cadre juridique qui s'applique à eux (V. *supra*, n° 1381). Il en va de même pour la mesure de garde à vue, dont le régime est strictement identique entre les deux enquêtes.

1398 Les enquêteurs peuvent clôturer une procédure alors même que la décision sur l'action publique a été prise. Et lorsque des actes d'investigation ont été diligentés antérieurement à la clôture, le procureur de la République peut recourir à la procédure de l'article 397-1-1 du Code de procédure pénale lorsque la décision sur l'action publique est prise mais que les résultats de investigations ne seront pas connus immédiatement et qu'il est nécessaire de garantir la représentation du prévenu à son procès (V. *supra*, n°s 1385 et s.).

Fiche 36
De l'enquête à l'instruction

Sommaire

1399 Le passage de l'enquête à l'instruction, qui entraîne le changement de direction de l'enquête et, quelquefois, l'octroi de prérogatives différentes aux enquêteurs (III), peut engendrer des problèmes (II), dont la portée ne peut être mesurée que si sont préalablement exposés les cas les plus fréquents d'ouverture d'information (I).

I Cas d'ouverture d'une instruction

A L'information n'est que rarement obligatoire

1400 **Nombre d'instructions ouvertes.** Il n'est pas inutile d'avoir à l'esprit qu'en 2019, sur 4,5 millions d'affaires reçues par les parquets et 1,3 million d'affaires poursuivables, 17 833 seulement ont donné lieu à information (Source : chiffres-clés de la Justice 2020).
Certes, les affaires qui donnent lieu à ouverture d'information sont les plus importantes mais la tendance constante depuis plusieurs décennies est à une diminution du nombre d'ouvertures d'informations. En 2003, ce sont 35 143 affaires, soit deux fois plus, qui avaient été confiées à des juges d'instruction (Source : Infostat Justice n° 80).

1401 On dit que le recours à l'information n'est obligatoire qu'en matière de crime et sur plainte avec constitution de parte civile mais ces affirmations méritent d'être précisées.

1 Crimes

1402 **Flagrance.** Lorsqu'un crime est commis, il est très souvent porté à la connaissance de la police ou de la gendarmerie immédiatement, de sorte que l'enquête débute dans le cadre juridique de la flagrance, prévu par les articles 53 et suivants. L'enquête peut se poursuivre sous ce régime pendant huit jours à condition que des actes soient réalisés sans discontinuer (CPP, art. 53, al. 2). Le procureur de la République peut décider la prolongation de l'enquête sous le même régime de la flagrance pour une durée maximale de huit jours lorsque des investigations nécessaires à la manifestation de la vérité ne peuvent être différées (CPP, art. 53, al. 3).

1403 **Poursuite de l'enquête en préliminaire ou dans le cadre d'une instruction.** À l'issue de ces huit ou seize jours, les investigations peuvent être poursuivies dans le cadre de l'enquête préliminaire ou dans le cadre d'une instruction.

Lorsqu'aucun suspect sérieux n'aura encore été identifié et que les développements de l'enquête n'imposeront pas le recours à des actes que seul le juge d'instruction aurait le droit d'ordonner, l'enquête pourra se poursuivre dans le cadre préliminaire. Cette possibilité est d'ailleurs favorisée par le fait que nombre d'actes qu'autrefois seul le juge d'instruction pouvait prescrire peuvent maintenant être autorisés par le juge des libertés et de la détention, saisi par le procureur de la République et par le droit, plus récemment donné aux enquêteurs, de se déplacer sur tout le territoire national y compris en enquête préliminaire sans autre contrainte que de prévenir le magistrat dirigeant l'enquête et le procureur de la République territorialement compétent. Il arrive que le procureur de la République n'ouvre une information, après continuation des investigations en la forme préliminaire, qu'au moment où ont été réunis contre une personne des indices graves ou concordants de participation au crime justifiant une mise en examen, l'information étant obligatoire pour exercer l'action publique en matière de crimes (CPP, art. 79).

Mais si le procureur de la République considère que les investigations encore nécessaires seront mieux conduites dans le cadre d'une instruction, il a toute latitude pour choisir le moment où il ouvre une information. Dans l'hypothèse où il n'existe pas encore d'indices graves ou concordants contre une personne déterminée, il ouvre l'information contre personne non dénommée ou contre « X. », selon la terminologie couramment employée.

2 Plainte avec constitution de partie civile

1404 **Droit reconnu à la victime de mettre l'action publique en mouvement.** La jurisprudence a reconnu, au début du XXe siècle (Cass. crim., 8 déc. 1906 : *Bull. crim.* n° 443 ; *D.* 1907, p. 207), à la victime la possibilité de mettre l'action publique en mouvement en portant plainte avec constitution de partie civile devant le juge d'instruction même si le procureur de la République estimait qu'il n'y avait pas lieu à poursuite. Le Code de procédure pénale a consacré cette jurisprudence, en n'autorisant le juge d'instruction à dire n'y avoir lieu à informer que si, pour des causes affectant l'action publique elle-même, les faits ne peuvent légalement comporter une poursuite ou si, à supposer ces faits démontrés, ils ne peuvent admettre aucune qualification pénale.

1405 **Limitations apportées aux plaintes avec constitution de partie civile.** Le nombre de plaintes avec constitutions de partie civile infondées qui encombraient les cabinets d'instruction a conduit le législateur à poser des règles destinées à limiter le nombre de ces plaintes. Il a notamment prévu, en matière correctionnelle, que, sauf pour les affaires de presse et certaines infractions au Code électoral, une plainte avec constitution de partie civile ne pouvait être valablement déposée devant le juge d'instruction qu'après avoir été déposée au moins trois mois plus tôt dans un service de police, une unité de gendarmerie ou auprès du procureur de la République et que celui-ci n'ait pas l'intention de prendre l'initiative des poursuites (CPP, art. 85). Le législateur a également permis au juge d'instruction de dire qu'il n'y a pas lieu à informer quand il résulte de l'enquête préalable que l'infraction dénoncée n'a pas été commise.

En matière de crime, en revanche, la victime n'est pas soumise à ce mécanisme.

La nécessité de déposer une plainte préalable permet au procureur de la République d'avoir connaissance de presque toutes les plaintes et, s'il les estime fondées, d'engager les poursuites par une voie moins lourde que celle de l'instruction et, en principe, d'éviter les plaintes totalement infondées.

Si ce mécanisme a permis de réduire le nombre de plaintes avec constitution de partie civile, il n'a pas complètement réussi. Le législateur est donc, une nouvelle fois, intervenu pour autoriser le juge, en présence d'une plainte fondée, à dire n'y avoir lieu à informer tout en invitant la victime à citer directement devant le tribunal correctionnel la personne identifiée, par l'enquête initiale, comme responsable des faits.

Il n'en reste pas moins que, hors les cas qui viennent d'être exposés, le dépôt d'une plainte avec constitution de partie civile conduit de façon quasi mécanique à l'ouverture d'une information. Force est de constater que les affaires ouvertes sur plainte avec constitution de partie civile aboutissent plus souvent à des non-lieux que celles ouvertes par le parquet. Quand on sait que la durée moyenne d'une instruction se terminant par un non-lieu est de quarante et un mois, on peut imaginer que le législateur sera de nouveau conduit à intervenir.

3 Autre cas d'ouverture obligatoire d'une information

1406 **Réouverture sur charges nouvelles.** Le recours à une instruction s'impose également lorsqu'après clôture d'une information par une ordonnance ou un arrêt de non-lieu, des charges nouvelles apparaissent contre une personne mise en cause dans la première information. Dans ce cas, les nouvelles poursuites ne peuvent reprendre que dans le cadre d'une information, à la diligence du seul ministère public (CPP, art. 188 à 190). Le nombre de procédures de ce type est toutefois restreint.

B Latitude du procureur de la République

1407 **Pouvoir discrétionnaire dans le choix du mode de poursuite.** Hors les cas où l'ouverture d'une information est obligatoire, le procureur de la République dispose d'une grande latitude dans le choix du mode de poursuite.

Dans ces hypothèses, qui sont, de loin, les plus nombreuses, le procureur de la République qui veut engager l'action publique peut librement choisir la forme qu'emprunteront les poursuites. Il pourra procéder par voie de citation directe, par voie de convocation par procès-verbal, de comparution immédiate, de comparution différée quand il estimera que sont réunis suffisamment d'éléments contre un suspect. En 2019, les parquets ont engagé 510 724 poursuites devant le tribunal correctionnel quand ils en ont engagé 17 174 devant le juge d'instruction. Les tribunaux correctionnels ont statué, cette même année, sur 20 123 citations directes, 26 413 convocations par procès-verbal du procureur de la République, 174 745 convocations par officier de police judiciaire et 55 061 comparutions immédiates.

Mais le procureur pourra aussi ouvrir une information, soit :

– parce qu'il lui apparaît que des investigations sont encore nécessaires pour que de simples indices même graves ou concordants deviennent des charges suffisantes contre une personne d'avoir commis une infraction ;

– parce qu'aucun élément n'aura permis d'imputer l'infraction objet de l'enquête à une personne identifiée mais que les investigations seront conduites de façon plus satisfaisante sous la direction d'un juge d'instruction ;

– parce qu'il existe suffisamment d'indices contre une personne déterminée pour requérir sa mise en examen et éventuellement une mesure de sûreté à son égard.

1408 **Constitutionnalité de la latitude donnée au procureur de la République.** La chambre criminelle de la Cour de cassation a refusé de transmettre au Conseil constitutionnel des questions prioritaires de constitutionnalité qui soutenaient que ce pouvoir discrétionnaire de choisir le mode de poursuites était contraire aux droits et libertés garantis par la Constitution. Elle a considéré que les dispositions qui permettent au procureur de la République de décider que la poursuite se fera, après enquête préliminaire, par la voie de la citation directe devant le tribunal, sans ouverture d'information, ne modifient pas le déroulement du procès pénal, et ne privent pas la personne d'un procès juste et équitable. La personne poursuivie a devant la juridiction des garanties équivalentes à celles dont elle aurait bénéficié si l'affaire avait fait l'objet d'une information. Les droits de la défense sont respectés de la même façon (Cass. crim., 27 avr. 2011, n° 11-90.011. – Cass. crim., 6 mars 2013, n° 12-90.078 : *JurisData* n° 2013-003758. – Cass. crim., 11 févr. 2014, n° 13-88.059 : *Bull. crim.* n° 39. – Cass. crim., 19 févr. 2019, n° 18-85.596).

C Comment procède le procureur qui ouvre une instruction ?

1409 **Interruption des investigations.** Lorsque le procureur de la République décide d'ouvrir une information, il demande aux enquêteurs de clore la procédure en cours et, selon le degré d'urgence, de la lui adresser, de la lui apporter ou de la mettre à sa disposition par voie numérique. Éventuellement il demande aux enquêteurs de conduire devant lui la personne contre laquelle il compte engager les poursuites. On dit aussi qu'il demande que la personne lui soit présentée ou qu'elle soit déférée devant lui.

Lorsque la procédure est en possession du procureur, il en prend connaissance et, à moins que son examen ne le conduise à se raviser et à utiliser un autre mode de poursuite que l'instruction, il signe un réquisitoire introductif se référant à la procédure d'enquête et qualifiant les faits qu'il entend poursuivre. Il transmet alors le dossier au président du tribunal qui désigne le juge d'instruction chargé d'instruire l'affaire (sur ces points, V. *supra*, n° 985). Si le procureur de la République a demandé que la personne soit déférée, elle est conduite devant le juge d'instruction sous escorte.

Lorsque le juge d'instruction désigné est en possession du dossier et qu'il en a pris connaissance, il peut saisir un service d'enquête par commission rogatoire pour procéder aux investigations qu'il estime nécessaires. Il peut charger le service enquêteur précédemment saisi de poursuivre l'enquête sur les faits dont il a été saisi en procédant à tous actes utiles à la manifestation de la vérité, mais il peut également ne lui donner mission que de procéder à certains actes bien déterminés. Il peut aussi choisir de donner commission rogatoire à un autre service que celui primitivement saisi.

NOTA BENE L'action consistant à conduire et à présenter une personne devant un procureur ou un juge s'écrit « déférement », le verbe correspondant étant « déférer ». Les termes sont, par erreur, souvent écrits avec deux « rr », ce qui en modifie fondamentalement le sens, « déferrer » signifiant : « Ôter le fer fixé à quelque chose » et le « déferrement » étant l'action d'ôter ses fers à un cheval, un prisonnier, etc., d'enlever les ferrures d'une malle, d'une roue.

II Difficultés

A Hiatus

1410 Il est patent que le processus de clôture de l'enquête initiale et d'ouverture d'une information entraîne une interruption des investigations que les enquêteurs avaient commencé à faire au cours de l'enquête et qu'ils vont souvent devoir poursuivre en exécution de la commission rogatoire que le juge d'instruction leur délivrera.

1411 **Dessaisissement du procureur.** L'ouverture de l'information dessaisit en effet le procureur de la République qui ne peut plus ordonner d'actes d'enquête. Seul le juge d'instruction est compétent pour les ordonner et, entre le moment où les enquêteurs ont terminé l'enquête réalisée sous le contrôle du procureur de la République et celui où ils vont reprendre leurs recherches sous le contrôle du juge d'instruction, les policiers ou les gendarmes ne sont plus en charge de l'enquête. Il s'ensuit qu'un acte commencé au cours de l'enquête doit être interrompu quand les enquêteurs clôturent la procédure préliminaire ou flagrante et ne pourra être éventuellement repris que sur ordre du juge d'instruction.
Lorsque l'enquête initiale ne connaissait plus de développements, cela n'a pas d'incidence sur la manifestation de la vérité mais quand des actes avaient été commencés dans le cadre de l'enquête et que leur interruption engendre le risque de perte d'informations, la recherche de la vérité peut s'en trouver compromise.
Ainsi, une écoute téléphonique autorisée par le juge des libertés et de la détention au cours de l'enquête initiale devra être arrêtée lorsque les enquêteurs clôtureront la procédure pour la transmettre au procureur de la République. Lorsque le procureur de la République aura ouvert une information, le juge d'instruction saisi pourra délivrer une commission rogatoire aux fins de reprendre la surveillance téléphonique qui, au minimum, aura été arrêtée plusieurs heures. Dans ce laps de temps peut-être les interlocuteurs se seront-ils fixé un rendez-vous qu'il aurait été essentiel que les enquêteurs puissent surveiller.
Ce qui est vrai pour une écoute, l'est également pour une géolocalisation, une surveillance, etc.
Un tel processus pouvant, parfois, être très préjudiciable à la manifestation de la vérité, le législateur est intervenu.

B Le « sas »

1412 **Terrorisme.** Le législateur a agi, tout d'abord, par la loi n° 2016-731 du 3 juin 2016 en matière de terrorisme, en insérant dans le Code de procédure pénale un article 706-24-2 qui permettait aux enquêteurs spécialisés, sur autorisation du procureur de la République, de poursuivre les opérations prévues aux articles 706-80, 706-81, 706-95, 706-95-1, 706-95-4, 706-96 et 706-102-1 pendant quarante-huit heures au maximum après l'ouverture de l'information.

1413 **Droit commun.** Puis, par la loi n° 2019-222 du 23 mars 2019, il a étendu cette possibilité à tous les crimes et délits punis d'une peine supérieure ou égale à trois ans d'emprisonnement, abrogeant dès lors l'article 706-24-2 du Code de procédure pénale.
Désormais (CPP, art. 80-5) :

> « Lorsqu'il requiert l'ouverture d'une information, le procureur de la République peut, si la recherche de

la manifestation de la vérité pour un crime ou un délit puni d'une peine supérieure ou égale à trois ans d'emprisonnement nécessite que les investigations en cours ne fassent l'objet d'aucune interruption, autoriser les officiers et agents de police judiciaire des services ou unités de police judiciaire qui étaient chargés de l'enquête à poursuivre les opérations prévues aux articles 706-95, 230-32 à 230-35, 706-80, 706-81, 706-95-1, 706-95-20, 706-96 et 706-102-1 pendant une durée ne pouvant excéder quarante-huit heures à compter de la délivrance du réquisitoire introductif. Cette autorisation fait l'objet d'une décision écrite, spéciale et motivée, qui mentionne les actes dont la poursuite a été autorisée.

Le juge d'instruction peut à tout moment mettre un terme à ces opérations.

L'autorisation délivrée par le procureur de la République n'est versée au dossier de la procédure qu'en même temps que les procès-verbaux relatant l'exécution et constatant l'achèvement des actes dont la poursuite a été autorisée et qui ont, le cas échéant, été prolongés par le juge d'instruction ».

1414 **Poursuite des opérations.** Comme l'indique la circulaire de la DACG, ces dispositions, qu'elle appelle mécanisme du « sas », permettent, en cas d'ouverture d'une information, la prolongation des mesures d'interceptions de correspondances, de géolocalisation, de surveillance, d'infiltration, d'accès à distance de correspondances stockées par voie informatique, d'*IMSI-catcher*, de sonorisation et de captation de données informatiques commencées au cours de l'enquête, pour toutes les infractions pouvant faire l'objet de ces mesures.

Il résulte cependant d'une réserve d'interprétation du Conseil constitutionnel que « pour les actes d'enquête qui sont subordonnés à une autorisation préalable du juge des libertés et de la détention, la prolongation permise par les dispositions contestées ne saurait, sans méconnaître le droit au respect de la vie privée, l'inviolabilité du domicile et le secret des correspondances, conduire à excéder la durée initialement fixée par le juge des libertés et de la détention » (Cons. const., 21 mars 2019, n° 2019-778 DC, *Loi de programmation 2018-2022 et de réforme pour la justice*). La circulaire recommande d'aviser le juge d'instruction, lors de l'ouverture de l'information, de l'autorisation de poursuite des mesures en cours afin de lui permettre d'en assurer la continuité ou d'y mettre un terme.

1415 **Durée.** Le délai de quarante-huit heures pendant lequel les opérations peuvent être poursuivies doit être calculé en heures, à compter de celle à laquelle le réquisitoire introductif a été établi (Cass. crim., 29 nov. 2022, n° 22-82.615, publié au bulletin). Il y a donc tout intérêt, quand le mécanisme du sas est utilisé, à horodater le réquisitoire introductif.

1416 **Transfert de compétences ?** Le mécanisme peut, à première vue, apparaître contraire au principe qui veut qu'une fois le juge d'instruction saisi, c'est lui qui décide des actes d'enquête, mais ce transfert de compétences n'est qu'apparent puisque le juge d'instruction peut à tout moment mettre fin à la poursuite des actes, autorisée par le procureur.

III Effets, pour les enquêteurs, de l'ouverture d'information

A La direction d'enquête relève du seul juge d'instruction

1417 **Le juge d'instruction est le directeur de l'enquête.** À partir du moment où l'information est ouverte, c'est le juge d'instruction qui devient le directeur de l'enquête. Le procureur de la République qui la dirigeait jusque-là perd son pouvoir de direction. Il reste cependant associé à l'instruction car certains actes ne peuvent être valablement réalisés que si ses réquisitions ont été sollicitées. Cela ne signifie pas que le juge d'instruction ne peut procéder à ces actes que si le procureur de la République est d'accord, mais cela veut dire que le procureur de la République est informé et que si le juge ne suit pas ses réquisitions, le procureur de la République peut exercer des voies de recours. Il peut, en effet, requérir à tout moment le juge d'instruction d'effectuer des actes d'instruction et il peut faire appel de toutes les ordonnances du juge d'instruction, ce

De l'enquête à l'instruction

qui englobe non seulement celles que le juge doit rendre quand il estime qu'il n'y a pas lieu de procéder à l'acte demandé mais encore celles qui sont conformes à ses réquisitions. Il peut en outre se faire communiquer le dossier à tout moment et demander à la chambre de l'instruction l'annulation des actes qu'il juge irréguliers.

1418 **Le juge d'instruction est tenu informé des diligences.** Si le juge d'instruction en a fait la demande, l'officier de police judiciaire chargé par son chef hiérarchique d'exécuter la commission rogatoire doit en rendre compte immédiatement au magistrat mandant (CPP, art. D. 33).
L'officier de police judiciaire doit tenir le juge d'instruction mandant informé de son activité, lui référer sans délai des difficultés et solliciter ses instructions (CPP, art. D. 34).

1419 **Irrévocabilité de la saisine.** La saisine du juge d'instruction est irrévocable, ce qui signifie que le procureur ne peut plus procéder à un classement sans suite, ni ordonner aux services de police ou de gendarmerie de procéder à une enquête sur les mêmes faits. Il ne peut pas davantage, au cours de l'information, tenter de remettre en cause l'étendue de la saisine du juge. Les réquisitions supplétives qu'il prendrait en ce sens sont inopérantes, le juge étant tenu de statuer par ordonnance de règlement sur tous les faits dont il est saisi (Cass. crim., 24 mars 1977 : *Bull. crim.* n° 112, et les arrêts cités).

B Pouvoirs et obligations différents

1420 **Compétence du seul officier de police judiciaire.** Comme il a déjà été signalé (V. *supra*, n° 1014), parmi les enquêteurs des services de police et des unités de gendarmerie, seul un officier de police judiciaire peut se voir déléguer les pouvoirs d'enquête du juge d'instruction. L'officier de police judiciaire peut toutefois être secondé par un agent de police judiciaire ou un agent de police judiciaire adjoint (CPP, art. 20 et 21).

1421 **Pouvoirs coercitifs.** Dans le cadre de l'exécution d'une commission rogatoire, l'officier de police judiciaire dispose de pouvoirs coercitifs très comparables à ceux qui lui sont dévolus au cours de l'enquête de flagrance.
Ainsi, il n'a pas besoin de recueillir l'assentiment de la personne au domicile de laquelle il procède à une perquisition. La délégation du juge d'instruction l'autorise à effectuer cette perquisition.
Il peut également procéder à l'interpellation d'une personne (V. *infra*, n° 1677) afin de la placer en garde à vue s'il existe à son encontre une ou plusieurs raisons plausibles de soupçonner qu'elle a commis ou tenté de commettre un crime ou un délit puni d'une peine d'emprisonnement (CPP, art. 154 et 62-2).
En revanche, les pouvoirs de l'officier de police judiciaire ne sont pas limités dans la durée comme ils le sont dans le cadre de l'enquête de flagrance qui ne peut pas durer plus de huit ou seize jours. Les pouvoirs de l'officier de police judiciaire sont, en théorie, plus importants lorsqu'il exécute une commission rogatoire que lorsqu'il agit dans le cadre d'une enquête préliminaire, mais ce constat doit être relativisé compte tenu de l'évolution de la procédure pénale qui tend à permettre de plus en plus souvent la réalisation d'actes coercitifs au cours de l'enquête préliminaire sur autorisation du juge des libertés et de la détention.

1422 **Étendue de la saisine.** Il a déjà été signalé (V. *supra*, n° 1017), mais il n'est pas inutile d'y revenir, que l'officier de police judiciaire qui exécute une commission rogatoire ne peut se saisir *proprio motu* de faits nouveaux, tout du moins dans le cadre de la commission rogatoire, où il peut seulement procéder à des vérifications sommaires pour apprécier la vraisemblance de ces faits nouveaux. Il ne peut se saisir de faits non compris dans la saisine du juge d'instruction qu'après avoir vérifié auprès du juge d'instruction que les faits sont bien insusceptibles d'entrer dans sa saisine, en avoir rendu compte au procureur de la République qui le charge ou non de dresser une procédure distincte pour autant qu'il soit territorialement compétent. Sinon, c'est l'officier de police judiciaire territorialement compétent qui, seul, pourra ouvrir une procédure incidente.

1423 Prohibition de l'audition en qualité de témoin d'une personne à l'encontre de laquelle il existe des indices graves ET concordants de participation aux faits dont le juge d'instruction est saisi. Il a été noté (V. *supra*, n° 1024) que, dans le cadre d'une instruction, l'article 105 du Code de procédure pénale prohibe l'audition en qualité de témoins des personnes à l'encontre desquelles il existe des indices graves et concordants d'avoir participé aux faits dont le juge d'instruction est saisi, mais que la jurisprudence a une vision pragmatique de ces dispositions et qu'il ne peut en tout état de cause y avoir nullité que si un grief est résulté de l'audition en qualité de témoin effectuée alors que les indices graves ET concordants étaient réunis, ce qui n'est pas le cas lorsque la personne concernée nie les faits (Cass. crim., 14 janv. 2003, n° 02-87.062 : *JurisData* n° 2003-017560 ; *Bull. crim.* n° 6 ; *Procédures* 2003, comm. 152, obs. J. Buisson. – Cass. crim., 2 mars 2004, n° 03.87-667).

L'ESSENTIEL 1424 Ouvrir une information n'est obligatoire pour le procureur que lors de l'engagement des poursuites en matière criminelle (l'enquête peut, après la période de flagrance, se poursuivre en préliminaire s'il n'y a pas d'éléments justifiant la poursuite d'une personne identifiée et s'il n'y a pas lieu de mettre en œuvre des prérogatives qui n'appartiennent qu'au juge d'instruction) (V. *supra*, n°s 1402, 1403).

1425 La victime en portant plainte avec constitution de partie civile devant le doyen des juges d'instruction contraint le procureur à ouvrir une information, sauf dans certains cas limitativement énumérés (V. *supra*, n° 1404).

1426 La poursuite par le biais de l'information ne concerne cependant qu'un tout petit nombre d'affaires même si ce sont les plus graves ou les plus retentissantes (V. *supra*, n° 1400) et, en dehors des cas signalés aux paragraphes précédents, le choix, pour le procureur, d'ouvrir ou non une information, est discrétionnaire (V. *supra*, n° 1407).

1427 Lorsque le procureur ouvre une instruction, les investigations en cours doivent s'arrêter (V. *supra*, n° 1409). Pour éviter les difficultés que cela peut engendrer le législateur a prévu l'institution du sas qui permet, à certaines conditions, de ne pas interrompre certains actes d'enquête en cours, à charge pour le juge d'instruction de les faire poursuivre ou non (V. *supra*, n°s 1410 à 1416).

1428 Une fois l'instruction ouverte, c'est le juge d'instruction qui dirige l'enquête et qui doit être informé par les enquêteurs (V. *supra*, n°s 1417, 1418). Le procureur ne peut plus limiter la saisine du juge (V. *supra*, n° 1419).

1429 Seul l'officier de police judiciaire doit diligenter les actes d'enquête prescrits par le juge d'instruction par commission rogatoire, les agents de police judiciaire et les agents de police judiciaire adjoints pouvant seulement l'assister (V. *supra*, n° 1420). L'OPJ dispose de pouvoirs coercitifs identiques à ceux qui lui sont attribués en flagrance (V. *supra*, n° 1421).

1430 Il ne peut investiguer en exécution de la commission rogatoire au-delà des faits dont le juge d'instruction est saisi et il ne peut entendre comme témoins les personnes à l'encontre desquelles existent des indices graves et concordants de participation à ces faits (V. *supra*, n°s 1422, 1423).

POUR ALLER PLUS LOIN...

Revue

- V. Lesclous et Cl. Marsat : *Dr. pén.* 1993, chron. 57.

Circulaire

- Circ. CRIM/2019-8/H3, 5 avr. 2019.

Titre 5
Les acteurs de l'enquête et le secret

Sommaire

Fiche 37
Fiche introductive

1431 Le présent ouvrage étant consacré à l'enquête de police, l'objet des développements qui viennent ne sera pas de tenter d'y dresser un état des lieux complet de la question particulièrement épineuse du secret de l'enquête et de l'instruction. La question des obligations pouvant peser sur les avocats au regard des positions respectives de la chambre criminelle de la Cour de cassation, des chambres civiles de cette cour, du Conseil constitutionnel et de la Cour européenne des droits de l'homme pourrait justifier à elle seule de longs développements mais tel n'est pas l'objet de cet ouvrage.

La seule ambition de ce livre est d'informer les acteurs de l'enquête de ce que le droit positif leur permet de faire ou de ne pas faire. Or, de ce point de vue, s'il est patent que les officiers de police judiciaire, agents de police judiciaire et agents de police judiciaire adjoints ainsi que les magistrats du parquet et de l'instruction sont acteurs de l'enquête, il est indiscutable que les avocats ne le sont pas. La jurisprudence retient de façon constante que l'avocat ne concourt pas à la procédure même s'il doit notamment respecter le secret de l'instruction en matière pénale et qu'il commet le délit de violation du secret professionnel, en révélant à une personne étrangère à la procédure le contenu d'un acte couvert par le secret de l'instruction (Cass. crim., 18 sept. 2001, n° 00-86.518 : *Bull. crim.* n° 179). Les développements qui suivent ne concerneront donc pas les droits dont les avocats bénéficient ou ne disposent pas. Pour respecter le parti de se concentrer sur les acteurs de l'enquête, il ne sera pas non plus traité des collaborateurs des officiers de police judiciaire et magistrats chargés de l'enquête et de l'instruction que sont les greffiers, experts, personnes requises, pas plus que des « fenêtres de publicité » que le législateur a aménagées en rendant publiques certaines phases de la procédure. Seront ainsi seuls exposés les principes généraux du secret de l'enquête pénale et de l'information judiciaire auxquels les acteurs de l'enquête, ainsi circonscrits, sont soumis (V. Fiche 37 : Ce que les acteurs de l'enquête ne peuvent pas faire) avant que ne soient tracées les grandes lignes des informations que ces mêmes acteurs peuvent communiquer à des tiers à l'enquête (V. Fiche 38 : Ce que les acteurs de l'enquête peuvent faire).

Il sera également indiqué ce que les enquêteurs peuvent faire quand un secret professionnel leur est opposé (V. Fiche 39 : Le secret opposé à l'acteur de l'enquête).

Enfin, seront exposées les règles qui régissent l'échange d'informations entre services de police et unités de gendarmerie diligentant une enquête (V. Fiche 40 : Échange d'informations entre services enquêteurs).

Fiche 38

Ce que les acteurs de l'enquête ne peuvent pas faire

Sommaire

I La loi édicte un principe de secret de l'enquête

1432 **Les textes.** Le secret de l'enquête et de l'instruction résulte de plusieurs textes, au premier rang desquels se trouve l'article 11 du Code de procédure pénale qui prévoit que « Sauf dans le cas où la loi en dispose autrement et sans préjudice des droits de la défense, la procédure au cours de l'enquête et de l'instruction est secrète ».
Il ressort cependant de l'alinéa 2 que le respect de ce secret n'est imposé qu'à ceux qui concourent à la procédure. C'est à peine de sanction pénale que ce secret est édicté.
D'autres textes prévoient des limitations afin que certains éléments ne soient divulgués qu'à ceux qui ont le besoin d'en connaître.
Ainsi, lors d'une perquisition en enquête préliminaire ou de flagrance, l'officier de police judiciaire « a seul, avec les personnes désignées à l'article 57 du présent code, les fonctionnaires et agents agissant dans les conditions prévues au troisième alinéa de l'article 28 et celles auxquelles il a éventuellement recours en application de l'article 60, le droit de prendre connaissance des papiers, documents ou données informatiques avant de procéder à leur saisie » et « sans préjudice de l'application des articles 56-1 à 56-5, il a l'obligation de provoquer préalablement toutes mesures utiles pour que soit assuré le respect du secret professionnel et des droits de la défense » (CPP, art. 56, 76).
Lorsqu'une perquisition est effectuée au cours d'une information, les obligations sont les mêmes pour le juge d'instruction ou l'officier de police judiciaire exécutant une commission rogatoire. Ils doivent provoquer préalablement toutes mesures utiles pour que soit assuré le respect du secret professionnel et des droits de la défense et ont seuls le droit de prendre connaissance des documents et données informatiques avant de procéder à leur saisie (CPP, art. 96, 97).
L'article 98 du Code de procédure pénale renforce l'obligation de diffusion limitée en incriminant le fait de communiquer ou divulguer sans

autorisation de la personne mise en examen ou de ses ayants droit ou du signataire ou du destinataire d'un document provenant d'une perquisition, à une personne non qualifiée par la loi pour en prendre connaissance et ce sous réserve des nécessités de l'information judiciaire.

L'article 434-7-2 du Code pénal incrimine la violation du secret commise sciemment par une personne qui, en raison de ses fonctions, a connaissance, en application du Code de procédure pénale, d'informations issues d'une enquête ou d'une instruction en cours concernant un crime ou un délit.

Les peines sont aggravées lorsque cette révélation est faite à des personnes que celui qui fait la révélation sait susceptibles d'être impliquées comme auteurs, coauteurs, complices ou receleurs dans la commission de ces infractions, et que cette révélation est réalisée dans le dessein d'entraver le déroulement des investigations ou la manifestation de la vérité.

Cette sorte de révélation est encore aggravée quand l'enquête ou l'instruction concerne un crime ou un délit puni de dix ans d'emprisonnement relevant de la délinquance aggravée.

Ces dispositions sont édictées sans préjudice des droits de la défense reconnus à la personne suspectée ou poursuivie ou des droits des victimes.

Ce texte peut donc concerner toutes les personnes indépendamment du fait qu'elles concourent ou non à la procédure si les autres conditions posées par le texte sont réunies. C'est ainsi que, dans son ancienne rédaction, il a été appliqué aussi bien à un officier de gendarmerie (Cass. crim., 1er mars 2017, n° 15-87.069) qu'à des avocats (Cass. crim., 8 nov. 2011, n° 10-88.260. – Cass. crim., 27 mars 2012, n° 11-88.321 ; *Bull. crim.* n° 82), personnes ne concourant pourtant pas à la procédure. Les conditions posées par le texte dans sa version issue de la loi n° 2021-1729 du 22 décembre 2021 ne semblent pas devoir modifier les solutions antérieurement retenues.

De façon différente, d'autres textes ont pour effet de protéger le secret de l'enquête. Ainsi l'article 38 de la loi du 29 juillet 1881 sur la liberté de la presse interdit-il, à peine de sanctions pénales, de publier les actes d'accusation et tous autres actes de procédure criminelle ou correctionnelle avant qu'ils aient été lus en audience publique.

1433 **Les sanctions.** L'alinéa 2 de l'article 11 du Code de procédure pénale prévoit que « toute personne qui concourt à cette procédure est tenue au secret professionnel dans les conditions et sous les peines prévues à l'article 434-7-2 du Code pénal ». Ce texte punit de trois ans d'emprisonnement et 45 000 € d'amende la révélation à un « tiers », de cinq ans d'emprisonnement et 75 000 € d'amende la révélation à un « suspect » pour lui permettre d'entraver l'enquête et de sept ans d'emprisonnement et 100 000 € d'amende quand l'enquête susceptible d'être entravée par le « suspect » est relative à un crime ou un délit puni d'au moins dix ans d'emprisonnement relevant de l'article706-73 du Code de procédure pénale.

Celui qui concourt à l'enquête ou à l'instruction qui violerait le secret, hors les cas où la loi en dispose autrement, encourrait donc, selon les cas, de trois à sept ans d'emprisonnement et une amende allant de 45 000 à 100 000 €.

L'infraction prévue par l'article 98 du Code de procédure pénale de communication ou divulgation irrégulière d'un document issu d'une perquisition est punie de 4 500 € d'amende et de deux ans d'emprisonnement.

1434 Pourquoi un secret de l'enquête et de l'instruction ? La finalité du secret est double.

D'une part, le secret facilite le succès des investigations. Il permet de ne pas éventer les investigations à venir ou à tout le moins de ne pas permettre aux personnes visées d'en pressentir l'imminence, ce qui leur permettrait de prendre les dispositions pour les rendre infructueuses, par exemple en faisant définitivement disparaître les pièces à conviction ou en renonçant à s'entretenir de l'affaire par téléphone.

D'autre part, le secret protège la présomption d'innocence. On sait trop que dès lors qu'une poursuite pénale est révélée, la vie de la personne poursuivie en est bouleversée et qu'il en va de même quand la personne fait l'objet de soupçons qui ne sont pas véritablement étayés. Une garde à vue qui sera levée et n'aura pas de suite car les raisons plausibles qui justifiaient le placement en garde à vue (pour un exposé plus détaillé, V. *infra*, nos 2687 et s.) ne sont pas devenues des indices graves ou concordants de participation aux faits causera à la personne concernée un préjudice bien plus important si elle est rendue publique que si elle n'est connue que d'un tout petit cercle de personnes autorisées.

1435 **Conventionnalité et constitutionnalité du secret.** La Cour européenne des droits de l'homme a validé le principe du secret de l'enquête et de l'instruction. Elle a ainsi énoncé : « La Cour rappelle que le caractère secret de la procédure d'instruction peut se justifier par des raisons relatives à la protection de la vie privée des parties au procès et aux intérêts de la justice, au sens de la deuxième phrase de l'article 6 § 1 de la Convention » (CEDH, 14 juin 2005, n° 39553/02, *Menet* c/ *France*, § 50. – CEDH, 15 juill. 2003, n° 33400/96, *Ernst et a.* c/ *Belgique*, § 68).

Le Conseil constitutionnel, saisi d'une question prioritaire de constitutionnalité, a jugé l'article 11, alinéa 1 du Code de procédure pénale conforme à la Constitution après avoir relevé notamment que : « En premier lieu, en instaurant le secret de l'enquête et de l'instruction, le législateur a entendu, d'une part, garantir le bon déroulement de l'enquête et de l'instruction, poursuivant ainsi les objectifs de valeur constitutionnelle de prévention des atteintes à l'ordre public et de recherche des auteurs d'infractions, tous deux nécessaires à la sauvegarde de droits et de principes de valeur constitutionnelle. Il a entendu, d'autre part, protéger les personnes concernées par une enquête ou une instruction, afin de garantir le droit au respect de la vie privée et de la présomption d'innocence, qui résulte des articles 2 et 9 de la Déclaration de 1789 » (Cons. const., 2 mars 2018, n° 2017-693 QPC).

1436 **Durée du secret.** Le secret débute avec le commencement de l'enquête.
Il disparaît à compter de son achèvement ou de la clôture de l'instruction, lorsqu'une information a été ouverte (Circ. 27 nov. 1959, art. C. 23), ce que le Conseil constitutionnel a énoncé sous la forme suivante : « la portée du secret instauré par les dispositions contestées est limitée aux actes d'enquête et d'instruction et à la durée des investigations correspondantes » (même décision).
Cela ne signifie pas pour autant que les acteurs de l'enquête soient alors autorisés à donner des détails sur l'enquête car ils restent tenus au secret professionnel. C'est pourquoi la chambre criminelle a validé la condamnation d'un commandant de brigade de gendarmerie qui avait communiqué à un tiers un avis de condamnation, bien que cette dernière ait été prononcée en audience publique (Cass. crim., 8 févr. 1994, n° 89-84.035).

II Violation du secret de l'enquête ou de l'instruction commise par un officier de police judiciaire ou un magistrat

A Enquêteur

1437 L'article R. 434-8 du Code de déontologie de la police nationale et de la gendarmerie nationale, consacré au secret et à la discrétion professionnels, dispose que « soumis aux obligations du secret professionnel et au devoir de discrétion, le policier ou le gendarme s'abstient de divulguer à quiconque n'a ni le droit, ni le besoin d'en connaître, sous quelque forme que ce soit, les informations dont il a connaissance dans l'exercice ou au titre de ses fonctions », ce qui crée une obligation plus étendue que celle résultant de l'article 11 du Code de procédure pénale.

1438 La chambre criminelle de la Cour de cassation a jugé, au visa des articles 11 du Code de procédure pénale, 378 et 460 anciens, 226-13 et 321-1 nouveaux du Code pénal, et 25 de la loi du 13 juillet 1983 portant droits et obligations des fonctionnaires, que « les fonctionnaires de police sont tenus au secret professionnel en ce qui concerne les informations parvenues à leur connaissance dans l'exercice de leur profession, et auxquelles la loi a conféré un caractère confidentiel dans un intérêt général et d'ordre public ». Le fait, pour un fonctionnaire de police des renseignements généraux, de communiquer le contenu d'un fichier à un tiers est constitutif de l'infraction de violation du secret professionnel, le contenu des fichiers de police étant secret (Cass. crim., 7 nov. 1996, n° 96-80.655. – Cass. crim., 20 juin 2006, n° 05-86.491). Il ne fait pas de doute que la règle est identique pour les militaires de la gendarmerie. De même, l'agent de police ayant reçu une plainte, qui en informe la personne mise en cause sans que ce soit pour les besoins de l'enquête, commet l'infraction (Cass. crim., 14 mars 1962 : *Bull. crim.* n° 134).

1439 **Renseignements écrits ou oraux.** L'infraction sera constituée que le policier ou le gendarme communique les renseignements à un tiers oralement (Cass. crim., 20 juin 2006, n° 05-86.491) ou qu'il lui remette un document écrit. Seule pourra se poser la question de la constitution de l'infraction de recel dès lors que la chambre criminelle retient qu'une information, quelle qu'en soit la nature ou l'origine, échappe aux prévisions de l'article 321-1 du Code pénal qui ne répriment que le recel de choses (Cass. crim., 3 avr. 1995, n° 93-81.569 : *Bull. crim.* n° 142. – Cass. crim., 19 juin 2001, n° 99-85.188 : *Bull. crim.* n° 149).

1440 **Intention.** La chambre criminelle retient que l'intention frauduleuse de celui qui commet une violation du secret professionnel consiste dans la conscience qu'il a de révéler le secret dont il a connaissance, quel que soit le mobile qui a pu le déterminer (Cass. crim., 7 mars 1989, n° 87-90.500 : *Bull. crim.* n° 109), ce qui s'applique sans aucun doute à un enquêteur.

L'infraction prévue par l'article 434-7-2 du Code pénal incrimine la révélation faite « sciemment », ce qui est de nature à exclure de l'incrimination une révélation par imprudence.

1441 **Informations dont seul l'enquêteur dispose.** La communication de renseignements connus des seuls enquêteurs par un officier de police judiciaire à des journalistes est susceptible de constituer, le cas échéant, la violation du secret professionnel par une personne qui concourt à la procédure (Cass. crim., 24 mars 2020, n° 19-80.909). Ainsi un fonctionnaire de police qui indique à un journaliste, à propos de personnes soupçonnées de « taguer » des wagons de métro, que son service savait que ces personnes étaient très bien renseignées sur les dépôts de la RATP et qu'elles connaissaient toutes les mesures de sécurité qu'il fallait respecter pour éviter tout accident, est susceptible de commettre l'infraction. C'est à tort que la chambre de l'instruction, dont l'arrêt a été censuré, a retenu qu'il s'agissait de simples commentaires et non d'informations couvertes par le secret de l'enquête et de l'instruction.

B Magistrat

1442 Si, avant la clôture de l'information, un juge d'instruction révèle à la presse des informations tirées d'un dossier dont il a été chargé avant d'en être dessaisi, la violation du secret professionnel et la violation du secret de l'instruction se confondent et l'intéressé doit être condamné du seul chef de violation du secret de l'instruction, selon la cour d'appel de Rennes ayant statué dans une affaire très médiatisée de la seconde moitié du XXe siècle (CA Rennes, 7 mai 1979 : *JCP* G 1980, II, 19333, note Chambon. – J.-Y. Chevallier, *Quand le silence est d'or ou les mésaventures d'un juge trop bavard : JCP* G 1980, I, 2984 et la réplique du juge H. Pascal, *Quand le silence est d'or : JCP* G 1980, I, 2993 bis).

III Présence de journalistes lors d'actes d'enquête

1443 Depuis plusieurs décennies, les services de police et les unités de gendarmerie ont été incités à s'ouvrir à la société et à montrer leur travail, ce qui est difficilement compatible avec le respect du secret de l'enquête et de l'instruction.

La Charte de la communication externe de la police nationale (2005) décrit parfaitement les valeurs en conflit et la complexité de l'exercice :

> « Le besoin d'être informé est une composante essentielle du monde moderne. Aussi la police nationale se doit-elle de prendre totalement en compte la dimension de la communication dans son activité quotidienne (...) L'objectif à atteindre est de valoriser l'image de la police nationale et son action en mettant l'accent sur les initiatives susceptibles de :
> – rassurer la population ;
> – dissuader les délinquants ;
> – attirer les vocations ;
> – prévenir les polémiques ou clarifier les situations.
> Il convient cependant de ne pas s'affranchir de règles à caractère général ou propres à l'activité judiciaire et administrative telles que le droit à l'image, la présomption d'innocence, le secret de l'enquête, la sécurité des personnes, la politique de communication du préfet... ».

A Régularité de la procédure à laquelle un journaliste a assisté

1444 Les mesures destinées à sauvegarder le secret n'ayant pas toujours été prises, les juridictions ont eu à connaître d'affaires dans lesquelles la régularité de la procédure était mise en cause au motif que le secret avait été violé.

À une époque, la chambre criminelle considérait que la violation du secret de l'enquête et de l'instruction n'avait pas d'effet sur la régularité de la procédure à l'occasion de l'établissement de laquelle le secret avait été violé (Cass. crim., 22 déc. 1948 : *Bull. crim.*, n° 295. – Cass. crim., 24 avr. 1984 : *D.* 1986, p. 125). Sa position a ensuite évolué et elle a distingué selon que la violation était concomitante ou postérieure à l'acte. Une violation postérieure à l'acte n'était pas sanctionnée par la nullité (Cass. crim., 23 mai 2001, n° 01-81.567) tandis que la violation du secret de l'instruction concomitante aux actes de procédure pouvait en entraîner l'annulation si elle avait porté atteinte aux intérêts de la personne concernée (Cass. crim., 19 juin 1995, n° 94-85.915, *Dr. pén.* 1995, comm. 239, obs. A. Maron. – Cass. crim., 25 janv. 1996, n° 95-85.560 : *Bull. crim.* n° 51. – Cass. crim., 27 avr. 2000, n° 00-80.420 : *Bull. crim.* n° 170).

Mais, plus récemment, la position de la chambre criminelle s'est durcie et elle juge désormais que la présence de tiers – et donc de journalistes – lors de la réalisation d'un acte d'enquête porte nécessairement atteinte aux intérêts de la personne que cet acte concerne et le vicie (Cass. crim., 10 janv. 2017, n° 16-84.740 : *JCP* G 2017, act. 138, obs. Ph. Collet ; *Procédures* 2017, comm. 48, obs. A.-S. Chavent-Leclère ; *D.* 2017, p. 1684, obs. J. Pradel ; *AJ pénal* 2017, p. 140, obs. J.-B. Thierry ; *Gaz. Pal.* 25 avr. 2017, n° 292x9, p. 72, obs. F. Fourment ; *Gaz. Pal.* 23 mai 2017, n° 294c9, p. 31, obs. F. Fourment ; *RSC* 2017, p. 334, obs. F. Cordier), quand bien même le but des journalistes assistant à la perquisition est d'informer le public et quand bien même le journaliste aurait reçu l'accord d'une autorité publique (Cass. crim., 9 janv. 2019, n° 17-84.026 : *Bull. crim.* n° 8. – Cass. crim., 9 mars 2021, n° 20-83.304).

Tout est cependant affaire d'espèce : lorsque l'affaire a été médiatisée et que les médias en suivaient le déroulement, la seule présence de *paparazzi* lors d'une interpellation sur la voie publique ne suffit pas à caractériser la violation du secret de l'instruction par les fonctionnaires de police (Cass. crim., 19 oct. 2021, n° 21-81.569 : *Bull. crim.* n° 10).

On notera une évolution au sujet de l'accord donné par une autorité publique : un arrêt de la chambre criminelle du 5 novembre 2013 (Cass. crim., 5 nov. 2013, n° 11-85.984) rejetant le pourvoi formé contre un arrêt de condamnation, pouvait donner l'impression qu'avait été pris en compte le fait que le commandant de la section de recherches de la gendarmerie, pour laisser des journalistes filmer le déroulement de l'enquête, avait, d'une part, outrepassé les instructions de sa hiérarchie qui, par note de service, avait indiqué que « toute prise de vue dans le cadre d'une affaire judiciaire ou sur une intervention devra au préalable recevoir l'accord du parquet » et, d'autre, part, qu'il n'avait sollicité ni l'accord du procureur de la République ni celui du juge d'instruction. Il ressort de l'arrêt intervenu le 9 janvier 2019 que l'autorisation d'une autorité publique pour que le journaliste assiste aux investigations ne fait pas disparaître l'infraction. Cette précision est bienvenue compte tenu de certaines pratiques qui ont eu tendance à se développer. La règle apparaît empreinte de rectitude juridique car il ne peut être admis qu'une autorité publique donne une autorisation de ne pas respecter le secret prévu par une disposition de valeur législative sans que le texte ait expressément prévu de possibilité d'autorisation.

La position de la chambre criminelle relativement à l'effet sur la procédure d'une violation du secret, postérieure à l'acte ne paraît pas devoir être modifiée. Une telle violation reste sans effet sur la régularité de la procédure mais elle n'en constitue pas moins un délit dont l'acteur de l'enquête pourra être amené à répondre devant une juridiction pénale.

B Poursuites contre l'enquêteur

1445 Application de l'article 6-1 du Code de procédure pénale ? Des personnes ayant fait l'objet de procédures à l'occasion desquelles le secret n'avait pas été respecté ne se sont pas contentées d'essayer d'obtenir l'annulation des actes d'enquête viciés mais ont, en outre, porté plainte contre les enquêteurs, leurs supérieurs qui avaient autorisé la présence des journalistes et ces derniers qui avaient profité des éléments ainsi obtenus.

La chambre criminelle a, à une époque, considéré que la poursuite du chef de violation du secret de l'instruction ne pouvait être mise en œuvre que si l'illégalité des actes d'enquête ou d'instruction était préalablement constatée par une décision définitive de la juridiction répressive saisie (Cass. crim., 2 sept. 2003, n° 02-87.799 : *Bull. crim.* n° 147) puis elle est revenue sur cette position en considérant que « la violation du secret de l'enquête et de l'instruction, et du secret professionnel, par l'une des personnes qui y est tenue, sous les peines des articles 226-13 et 226-14 du Code pénal, n'implique pas la violation d'une disposition de procédure pénale, au sens de l'article 6-1 du Code de procédure pénale » (Cass. crim., 23 nov. 2010, n° 09-85.969).

À la suite de ce revirement de jurisprudence, la poursuite intentée contre un commandant de la section de recherches de la gendarmerie qui avait laissé une équipe de télévision filmer les actes d'enquête, a abouti à son renvoi devant la juridiction correctionnelle et à sa condamnation, validée par la chambre criminelle de la Cour de cassation (Cass. crim., 5 nov. 2013, n° 11-85.984).

1446 **Possibilité de poursuites également du chef d'atteinte à l'intimité de la vie privée.** L'infraction d'atteinte à l'intimité de la vie privée suppose de porter atteinte à l'intimité d'une personne soit en captant, enregistrant ou transmettant, sans son consentement, des paroles qu'elle a prononcées à titre privé ou confidentiel, soit en fixant, enregistrant ou transmettant, sans son consentement, son image alors qu'elle se trouve dans un lieu privé.
Les éléments constitutifs sont différents de ceux de la violation du secret de l'enquête ou de l'instruction qui peut être constituée par le seul fait de laisser assister une personne qui n'en a pas le droit à des actes secrets.
Il se peut toutefois que certaines situations caractérisent concomitamment les deux infractions.
Tel est le cas lorsque non seulement l'enquêteur aura permis que soient filmés des actes d'enquête telle une perquisition mais qu'aura également été enregistrée la parole ou l'image des personnes placées en garde à vue. La chambre criminelle retient que l'infraction d'atteinte à l'intimité de la vie privée est susceptible d'être caractérisée car une personne faisant l'objet d'une garde à vue n'est pas en mesure de s'opposer à cet enregistrement (Cass. crim., 21 avr. 2020, n° 19-81.507).

L'ESSENTIEL 1447 Le secret de l'enquête et de l'instruction, qui protège tout à la fois les investigations et la présomption d'innocence, s'impose aux enquêteurs (policiers, gendarmes, magistrats) et leur interdit, sous peine de sanction pénale, de révéler des informations issues de leurs enquêtes aux personnes non autorisées et d'admettre, lors de la réalisation des actes d'enquête qu'ils effectuent, la présence de tiers à qui la loi ne permet pas d'y assister (V. *supra*, n° 1443).

1448 Les enquêteurs ne peuvent pas non plus communiquer ou divulguer sans autorisation de la personne mise en examen ou de ses ayants droit des documents provenant d'une perquisition à d'autres qu'à ceux que la loi qualifie pour en prendre connaissance (V. *supra*, n° 1432).

1449 Enfin, la loi punit de peines pouvant aller jusqu'à sept ans d'emprisonnement dans les cas les plus graves le fait, pour un enquêteur, de révéler sciemment des informations à des personnes susceptibles d'être impliquées dans la commission des infractions, lorsque cette révélation est réalisée dans le dessein d'entraver le déroulement des investigations ou la manifestation de la vérité (V. *supra*, n° 1433).

1450 Le secret de l'enquête et de l'instruction s'arrête avec l'enquête mais les enquêteurs restent tenus par la suite au secret professionnel, y compris quand l'affaire a été évoquée en audience publique. Ils ne doivent, en tout cas, pas évoquer des éléments dont eux seuls auraient connaissance (V. *supra*, n° 1436).

1451 La jurisprudence condamne le fait qu'un journaliste assiste à des actes d'enquête. Non seulement, en acceptant cette présence, l'enquêteur commet une violation du secret de l'enquête ou de l'instruction, mais la procédure qu'il établit sera viciée (V. *supra*, n°s 1443 et s.).

Fiche 39

Ce que les acteurs de l'enquête peuvent faire

Sommaire

I

Au cours de l'enquête ou de l'instruction

A Révélations au public

1452 **L'alinéa 3 de l'article 11 du Code de procédure pénale.** Créé par la loi du 15 juin 2000 relatif à la présomption d'innocence, ce texte prévoit, dans sa version issue de la loi n° 2021-1729 du 22 décembre 2021, qu'« afin d'éviter la propagation d'informations parcellaires ou inexactes ou pour mettre fin à un trouble à l'ordre public ou lorsque tout autre impératif d'intérêt public le justifie, le procureur de la République peut, d'office et à la demande de la juridiction d'instruction ou des parties, directement ou par l'intermédiaire d'un officier de police judiciaire agissant avec son accord et sous son contrôle, rendre publics des éléments objectifs tirés de la procédure ne comportant aucune appréciation sur le bien-fondé des charges retenues contre les personnes mises en cause ».

La Chancellerie encourage les procureurs de la République à tenir des points-presse ou des conférences de presse lorsque survient une affaire qui suscite l'intérêt des médias.

Les limites tracées par le texte quant aux « éléments objectifs » que le procureur de la République peut rendre publics et quant à la nécessité dans laquelle il se trouve de ne pas porter d'appréciation sur le bien-fondé des charges retenues contre les personnes mises en cause peuvent générer du contentieux.

À cet égard, la chambre criminelle a validé un arrêt de chambre de l'instruction qui avait retenu que la procureure de la République avait agi dans le strict cadre prévu par l'article 11 du Code de procédure pénale en évoquant uniquement l'existence de « charges suffisamment sérieuses pour justifier un déférement, une mise en examen et un placement sous contrôle judiciaire », en indiquant sommairement les éléments objectifs de la procédure (saisie d'une comptabilité occulte, système de caisse noire, etc.) la conduisant à solliciter une mise en examen et un placement sous contrôle judiciaire notamment avec l'obligation de verser un cautionnement, et en ne portant aucune appréciation sur le bien-fondé des charges recueillies, sur leur imputabilité et *a fortiori* sur la culpabilité du mis en examen (Cass. crim., 7 mai 2014, n° 13-82.459).

1453 Absence de conséquence d'une méconnaissance des termes de l'alinéa 3 de l'article 11 du Code de procédure pénale sur la validité de la procédure à l'occasion de laquelle le procureur de la République s'est exprimé. Un tribunal correctionnel saisi, par comparution par procès-verbal, de faits d'infraction à la législation sur les étrangers, abus de confiance, escroqueries et tentative, et usage de faux administratifs, a fait droit à la demande d'annulation de la procédure présentée par la prévenue qui soutenait que sa convocation devant la juridiction de jugement était irrégulière, en raison de l'atteinte à la présomption d'innocence, commise par le procureur de la République, à l'occasion de déclarations à la presse, où il l'avait présentée comme coupable. Pour ce faire, le tribunal a retenu que le procureur de la République, par des propos la présentant comme coupable, tenus avant sa condamnation, avait porté atteinte à la présomption d'innocence de la prévenue. Il a donc annulé la convocation par procès-verbal qui le saisissait. Sur appel du procureur de la République, la juridiction du second degré a infirmé le jugement et tenu la convocation pour régulière en retenant que le procès-verbal de convocation à comparaître devant le tribunal ne contenait, en lui-même, aucune atteinte à la présomption d'innocence et ne préjugeait en rien de la culpabilité de la prévenue, le débat restant ouvert devant la juridiction de jugement.
La chambre criminelle a écarté le moyen présenté par la prévenue contre la décision d'appel en jugeant que la prise de position publique d'un procureur de la République, autorité de poursuite et non de jugement, présentant une personne non encore condamnée de manière définitive comme coupable, ne saurait entraîner la nullité de la procédure pénale, à laquelle elle est extérieure (Cass. crim., 30 sept. 2020, n° 19-81.664).
Une telle solution est dans la continuité d'un arrêt de 1947 qui avait jugé que « la communication faite à la presse par le ministère public, avant l'audience publique, d'un résumé des faits incriminés, n'est pas de nature à vicier la procédure » (Cass. crim., 5 juin 1947 : *Bull. crim.* n° 147).

1454 Le procureur de la République n'est pas le seul à pouvoir rendre publics les éléments visés à l'alinéa 3 du Code de procédure pénale. L'alinéa 3 de l'article 11 prévoyait initialement que c'était au procureur de la République qu'était donné le droit de rendre publics des éléments objectifs tirés de la procédure.
On pouvait cependant, assez souvent, constater que des enquêteurs acceptaient de répondre à des questions de journalistes quant à une enquête, ce qui pouvait poser problème au regard du texte qui ne prévoyait pas d'exonération pour les enquêteurs qui, dès lors, restaient tenus au secret.
La chambre criminelle avait cependant validé le prononcé d'un non-lieu dans une espèce où les gendarmes avaient diffusé des communiqués, publié des informations sur leur site Internet et où leur colonel avait donné une interview. Les demandeurs soutenaient que la faculté de communiquer au public sur les éléments d'une enquête en cours appartenait au seul procureur de la République, que les gendarmes ne tiraient d'aucune disposition légale la faculté de rédiger un communiqué sur le site Internet officiel de la gendarmerie concernant un dossier couvert par le secret de l'instruction et de l'enquête, ni *a fortiori* de donner des interviews révélant aux journalistes des informations couvertes par le secret, mais la chambre criminelle ne s'est pas arrêtée à ces arguments (Cass. crim., 14 nov. 2013, n° 12-87.813).
Nonobstant cette décision, la loi du 22 décembre 2021 a modifié l'alinéa 3 qui permet maintenant que soient rendus publics les éléments objectifs de l'enquête par le procureur de la République ou par l'intermédiaire d'un officier de police judiciaire agissant avec son accord et sous son contrôle.
On peut en revanche continuer de s'interroger sur la rectitude juridique de la communication d'informations sur des enquêtes en cours qui sont parfois livrées publiquement par des responsables syndicaux de la police dont il est peu vraisemblable qu'ils agissent avec l'accord du procureur de la République et sous son contrôle. Nous ne pouvons que déconseiller cette façon de pratiquer.

1455 **Communication du juge d'instruction.** Dès l'entrée en vigueur du Code de procédure pénale, la circulaire d'application avait envisagé que les acteurs de l'enquête soient conduits à recourir à la presse pour faire aboutir les investigations et que, ce faisant, ils dévoilent des éléments secrets. L'article C24 de la circulaire du 27 novembre 1959 précisait :

> « On peut admettre également que l'application de la règle du secret doive s'assouplir lorsque l'intérêt même de l'enquête et de l'instruction est en cause. En vue de la recherche de la vérité, certains renseignements peuvent être ainsi donnés à la presse par les magistrats ou les officiers de police judiciaire (publication de signalements, de photographies, de photos-robots, de numéros d'immatriculation ou d'appels à des témoins éventuels). De même, il pourra être utile, dans certains cas, de rectifier des erreurs pouvant figurer dans les renseignements de presse ».

1456 **Publication d'informations à la demande des autorités judiciaires.** L'article 39 bis de la loi du 29 juillet 1881 sur la liberté de la presse, qui interdit la publication d'informations relatives à l'identification d'un mineur, prévoit précisément un fait justificatif tenant à ce que ce sont les autorités judiciaires qui l'ont demandé, le législateur montrant par là même que ceux qui concourent à la procédure peuvent parfois déroger au secret.

B Révélations à d'autres administrations

1457 **Délimitation de la question.** La loi a expressément prévu des dérogations au secret pour permettre aux acteurs de l'enquête de communiquer à d'autres fonctionnaires ou administrations ou organismes investis de certaines missions, à qui cela est utile voire nécessaire, des informations obtenues au cours des investigations. Ces dispositions sont disséminées dans divers textes, ce qui complique leur appréhension. Il sera tenté de dresser une liste de celles auxquelles les acteurs de l'enquête ont le plus recours.

Ne seront pas traitées ici, mais dans une fiche spécifique (V. *infra*, n° 1515), les échanges d'informations entre enquêteurs.

Ne seront pas davantage abordées les possibilités ouvertes par la loi ou la jurisprudence pour une partie ou son avocat de communiquer les pièces de procédure à des tiers, ces questions ne relevant pas de ce que les acteurs de l'enquête sont, ou ne sont pas, autorisés à faire.

1 Communication d'informations autorisée en fonction de la qualité de la personne concernée

1458 **Article 11-1 du Code de procédure pénale.** Ce texte, issu de la loi du 9 mars 2004, prévoit que :

« Sur autorisation du procureur de la République ou du juge d'instruction selon les cas, peuvent être communiqués à des autorités ou organismes habilités à cette fin par arrêté du ministre de la justice, pris le cas échéant après avis du ou des ministres intéressés, des éléments des procédures judiciaires en cours permettant de réaliser des recherches ou enquêtes scientifiques ou techniques, destinées notamment à prévenir la commission d'accidents, ou de faciliter l'indemnisation des victimes ou la prise en charge de la réparation de leur préjudice. Les agents de ces autorités ou organismes sont alors tenus au secret professionnel en ce qui concerne ces informations, dans les conditions et sous les peines des articles 226-13 et 226-14 du Code pénal ».

1459 **Base légale pour la transmission aux compagnies d'assurance.** Ce texte donne une base légale à la transmission aux compagnies d'assurance, par les parquets ou les juges d'instruction, des procès-verbaux relatifs aux accidents de la circulation. Les assureurs ont toujours eu besoin de pouvoir prendre connaissance de ces procès-verbaux afin de procéder aux indemnisations prévues par les contrats souscrits auprès d'eux. La question a longtemps été réglée par de simples circulaires, ce qui n'était pas sans poser problème au regard du secret de l'enquête édicté par l'article 11 du Code de procédure pénale. Désormais, le directeur de l'Association pour la gestion des informations sur le risque automobile (AGIRA), aux fins d'indemniser, par l'intermédiaire du service Trans PV, les victimes d'accidents corporels et le cas échéant, matériels de la circulation routière figure au nombre des autorités ou organismes que le procureur de la République ou le juge d'instruction, selon le cas, peut, conformément aux dispositions de l'article 11-1, autoriser à se faire délivrer une copie des pièces d'une procédure judiciaire en cours (CPP, art. A. 1).

1460 **Modalités pratiques de la transmission aux compagnies d'assurance.** Au plan pratique, ainsi que l'exposait la ministre de la Justice le 6 octobre 2009 en réponse à la question écrite d'une parlementaire, le processus est le suivant :

« En pratique, à l'issue de leurs premières constatations, les différents services de police judiciaire adressent à l'Association pour la gestion des informations sur le risque automobile (AGIRA) dans le cadre du dispositif Trans-PV la copie certifiée conforme de la procédure destinée au parquet en même temps qu'ils feront parvenir l'original à celui-ci. Les procès-verbaux reçus par l'AGIRA sont scannés de manière à les conserver en archivage numérisé et sont transmis sans délai aux sociétés d'assurance membres de l'AGIRA. Ce dispositif vise à faciliter la gestion de l'indemnisation des victimes par les sociétés d'assurance et à alléger les tâches administratives des greffes des tribunaux en limitant la reproduction des pièces aux sociétés d'assurance. Tous les accidents de la circulation routière (accidents corporels avec blessés ou mortels et accidents matériels) qui donnent lieu à l'établissement d'une procédure (procès-verbal, procès-verbal "simplifié" et main courante) entrent dans le champ du dispositif de transmission à l'AGIRA Trans-PV. Les procès-verbaux ou pièces "complémentaires" sont également transmis dans la mesure où ils apportent des informations significatives à l'appui du procès-verbal initial, et ce, afin d'éviter aux sociétés d'assurance de s'adresser ultérieurement au greffe du tribunal. Du fait de cette délivrance systématique des procédures à l'AGIRA Trans-PV, les sociétés d'assurance qui souhaitent obtenir copie d'un procès-verbal doivent au préalable s'adresser à l'AGIRA Trans-PV en respectant un délai minimum de 3 mois après la date de l'accident. Ce n'est qu'à partir de ce délai et en cas de non-réception du procès-verbal par l'AGIRA Trans-PV que la société pourra en demander copie au greffe du tribunal concerné. Après diffusion, l'AGIRA Trans-PV retourne aux greffes la copie de la procédure. Toutefois, le procureur de la République a la possibilité d'autoriser l'AGIRA Trans-PV à ne pas retourner cette copie au greffe ».

1461 L'article A. 1 du Code de procédure pénale ne se limite pas à autoriser le directeur de l'AGIRA à se faire délivrer une copie des pièces d'une procédure judiciaire en cours. Il énumère dix-huit catégories d'administrations et précise que l'autorisation du procureur de la République peut être délivrée sans limitation de temps sous réserve de la possibilité d'y mettre fin à tout moment, ou pendant une période de temps déterminée, pour des catégories de procédures concernant des infractions dont elle précise la nature. Le texte prévoit que le procureur de la République ou le juge d'instruction peut autoriser la transmission d'une copie des pièces de procédure sous réserve que les données nominatives qui y figurent aient été occultées et que la copie des pièces de procédure est délivrée selon les cas par les services ou unités de police judiciaire, par les services de la juridiction ou, sauf opposition figurant dans l'autorisation, par un des organismes ou autorités visés au I ayant déjà obtenu copie de ces pièces.
Dans sa rédaction résultant d'un arrêté du 6 septembre 2022, il précise que les dispositions qu'il édicte sont applicables sans préjudice de la possibilité pour le procureur de la République ou le juge d'instruction d'autoriser :
– le directeur du bureau d'enquêtes techniques et administratives après accidents (BEA mer) ;
– le directeur du bureau d'enquêtes sur les accidents de transport terrestre (BEA-TT) ;
– le directeur du bureau d'enquêtes et d'analyses pour la sécurité de l'aviation civile (BEA de l'aviation civile) ;
– le directeur du bureau d'enquêtes et d'analyses sur les risques industriels (BEA-RI) ;
– le directeur du bureau enquêtes accidents défense mer (BEAD-mer) ;
– le directeur du bureau enquêtes accidents défense transport terrestre (BEAD-TT) ;
– le directeur du bureau enquêtes accidents pour la sécurité de l'aéronautique d'État (BEA-É) ;
– à se faire délivrer les pièces d'une procédure judiciaire en cours sur le fondement de dispositions particulières.

1462 **Article 11-2 du Code de procédure pénale.** Ce texte, beaucoup plus récent, a été pris pour éviter une difficulté récurrente identifiée de très longue date par le ministère de la Justice : comment prévenir un risque de réitération de la part d'un fonctionnaire condamné ou poursuivi quand les faits en cause sont de ceux qui justifient des mesures particulières à son encontre ?
La Chancellerie a pris, sur le sujet, de très nombreuses circulaires qui n'ont pas toujours eu les effets escomptés. C'est ainsi que le 7 décembre 1957, le directeur du cabinet du garde des Sceaux rappelait aux procureurs généraux que ses prescriptions sur « les avis à donner aux administrations, lorsque des poursuites sont exercées et que des condamnations sont prononcées contre des fonctionnaires et agents des administrations, étaient parfois perdues de vue par les parquets ». Il leur demandait « d'aviser des poursuites engagées et des condamnations définitives prononcées, les chefs directs de tout fonctionnaire ou agent à un titre quelconque, de l'administration. Ainsi : les (...) recteurs d'académie pour les membres de l`université et également pour les étudiants (...) ».
Malgré ce rappel et plusieurs circulaires postérieures, un scandale est né d'une absence d'information. Les autorités judiciaires n'avaient pas prévenu l'Éducation nationale de ce qu'un instituteur avait été condamné du chef de détention d'images pédophiles. L'instituteur est donc resté en poste et a commis des viols sur nombre d'enfants affectés dans sa classe. C'est ainsi que les articles 11-2 et 706-47-2 du Code de procédure pénale ont vu le jour, le législateur n'ayant pas limité la transmission d'informations aux seules administrations mais l'ayant étendu aux personnes publiques, aux personnes morales de droit privé chargées d'une mission de service public et aux ordres professionnels.
L'article 11-2 prévoit une information **facultative**. Il dispose que :

> « I. – Le ministère public peut informer par écrit l'administration des décisions suivantes rendues contre une personne qu'elle emploie, y compris à titre bénévole, lorsqu'elles concernent un crime ou un délit puni d'une peine d'emprisonnement :
> 1° La condamnation, même non définitive ;
> 2° La saisine d'une juridiction de jugement par le procureur de la République ou par le juge d'instruction ;
> 3° La mise en examen.
> Le ministère public ne peut procéder à cette information que s'il estime cette transmission nécessaire, en raison de la nature des faits ou des circonstances de leur commission, pour mettre fin ou prévenir un trouble à l'ordre public ou pour assurer la sécurité des personnes ou des biens.

Le ministère public peut informer, dans les mêmes conditions, les personnes publiques, les personnes morales de droit privé chargées d'une mission de service public ou les ordres professionnels des décisions mentionnées aux 1° à 3° du présent I prises à l'égard d'une personne dont l'activité professionnelle ou sociale est placée sous leur contrôle ou leur autorité.

II. – Dans tous les cas, le ministère public informe sans délai la personne de sa décision de transmettre l'information prévue au I. L'information est transmise à l'administration, ou aux personnes ou aux ordres mentionnés au dernier alinéa du même I.

Le ministère public notifie sans délai à l'administration, ou aux personnes ou aux ordres mentionnés au dernier alinéa dudit I, l'issue de la procédure et informe la personne concernée de cette notification.

L'administration, ou la personne ou l'ordre mentionné au dernier alinéa du même I, qui est destinataire de l'information prévue au même I ne peut la communiquer qu'aux personnes compétentes pour faire cesser ou suspendre l'exercice de l'activité mentionnée aux premier et dernier alinéas du même I.

Cette information est confidentielle. Sauf si l'information porte sur une condamnation prononcée publiquement et sous réserve de l'avant-dernier alinéa du présent II, toute personne qui en est destinataire est tenue au secret professionnel, sous les peines prévues à l'article 226-13 du code pénal. Toute personne en ayant eu connaissance est tenue au secret, sous les mêmes peines. Le fait justificatif prévu au 1° de l'article 226-14 du même code n'est pas applicable lorsque la personne mentionnée à ce même 1° a eu connaissance des faits par la transmission prévue au I du présent article.

III. – Les condamnations dont la mention au bulletin n° 2 du casier judiciaire a été exclue en application de l'article 775-1 du présent code ne peuvent être communiquées à l'initiative du ministère public, sauf en application du deuxième alinéa du II du présent article à la suite d'une première information transmise en application du I. Dans ce cas, l'information fait expressément état de la décision de ne pas mentionner la condamnation au bulletin n° 2 du casier judiciaire.

IV. – Hors le cas où une décision prononçant une sanction a été légalement fondée sur l'information transmise par le ministère public, lorsque la procédure pénale s'est terminée par un non-lieu ou une décision de relaxe ou d'acquittement, l'administration, la personne ou l'ordre mentionné au dernier alinéa du I supprime l'information du dossier relatif à l'activité de la personne concernée.

V. – Les modalités d'application du présent article sont déterminées par décret. Il précise les formes de la transmission par le ministère public de l'information, les modalités de transmission des décisions à l'issue des procédures et les modalités de suppression de l'information en application du IV ».

Dans le même temps, la loi a inséré un article 706-47-4 nouveau dans le Code de procédure pénale. Ce texte, spécifique à certaines infractions commises à l'encontre des mineurs, prévoit une information **obligatoire**. Il dispose que :

« I. – Par dérogation au I de l'article 11-2, le ministère public informe par écrit l'administration d'une condamnation, même non définitive, pour une ou plusieurs des infractions mentionnées au II du présent article, prononcée à l'encontre d'une personne dont il a été établi au cours de l'enquête ou de l'instruction qu'elle exerce une activité professionnelle ou sociale impliquant un contact habituel avec des mineurs et dont l'exercice est contrôlé, directement ou indirectement, par l'administration.

Il informe également par écrit l'administration, dans les mêmes circonstances, lorsqu'une personne est placée sous contrôle judiciaire et qu'elle est soumise à l'obligation prévue au 12° bis de l'article 138.

Les II à IV de l'article 11-2 sont applicables aux modalités de transmission et de conservation des informations mentionnées au présent article.

II. – Les infractions qui donnent lieu à l'information de l'administration dans les conditions prévues au I du présent article sont :

1° Les crimes et les délits mentionnés à l'article 706-47 du présent code ;

2° Les crimes prévus aux articles 221-1 à 221-5, 222-7, 222-8, 222-10 et 222-14 du code pénal et, lorsqu'ils sont commis sur un mineur de quinze ans, les délits prévus aux articles 222-11, 222-12 et 222-14 du même code ;

3° Les délits prévus à l'article 222-33 du même code ;

4° Les délits prévus au deuxième alinéa de l'article 222-39, aux articles 227-18 à 227-21 et 227-28-3 du même code ;

5° Les crimes et les délits prévus aux articles 421-1 à 421-6 du même code.

III. – Les modalités d'application du présent article sont déterminées par décret. Ce décret précise :

1° Les formes de la transmission de l'information par le ministère public ;

2° Les professions et activités ou catégories de professions et d'activités concernées ;

3° Les autorités administratives destinataires de l'information ».

Ces deux textes législatifs sont complétés par deux articles réglementaires, les articles D. 1er-13 et D. 47-9-1 résultant du décret n° 2016-612 du 18 mai 2016, qui précisent :

– les formes de la transmission par le ministère public de 1'information ;

– les modalités de transmission des décisions à l'issue des procédures ;

– les modalités de suppression de l'information en cas de non-lieu, relaxe ou acquittement ;
– l'article D. 47-9-1 précisant, sous la forme d'un tableau, les professions et activités ou catégories de professions et d'activités concernées et les autorités administratives destinataires de l'information prévue par l'article 706-47-4, ce qui est de nature à faciliter le travail des parquets.

La circulaire de la direction des affaires criminelles et des grâces insiste sur le fait que :

> « Même lorsque l'information n'est pas obligatoire, il importe que les magistrats du parquet fassent preuve d'une vigilance particulière afin que la possibilité d'informer l'administration soit prise en compte dans les choix et les modalités de mise en mouvement de l'action publique lorsque les faits sont caractérisés.
> Il est par ailleurs nécessaire que cette information soit effectuée dans des conditions mettant effectivement l'administration en situation d'en tirer les conséquences, c'est-à-dire qu'elle soit suffisamment précise et/ou accompagnée des pièces pertinentes pour éviter toute difficulté d'interprétation ou d'articulation avec les mesures administratives susceptibles d'être mises en œuvre ».

Elle relève également qu'il n'est pas possible d'avertir l'administration d'une garde à vue puisque les textes ne prévoient l'information que lorsque l'action publique est mise en mouvement. En conséquence, elle recommande, dans les procédures mettant en cause un agent exerçant une activité impliquant un contact avec les mineurs, et spécialement ceux travaillant dans un établissement d'enseignement, de réduire au maximum le temps écoulé entre la fin de la garde à vue et les poursuites.

Elle fait également remarquer qu'aucune information n'est possible si les poursuites ont été engagées par la partie civile sauf en cas de mise en examen ou de condamnation.

Elle signale d'autre part que l'information n'est obligatoire que pour des personnes relevant des catégories énumérées dans le tableau figurant à l'article D. 47-9-1 mais que pour celles exerçant une activité impliquant un contact habituel avec des mineurs, dont l'exercice serait contrôlé, directement ou indirectement, par l'administration, qui ne figurent pas dans le tableau de l'article D. 47-9-I, il pourrait toutefois y avoir lieu à information facultative.

Afin de permettre aux parquets d'exercer leur droit ou devoir d'information, les enquêteurs pourront utilement, en cas de procédure diligentée pour des faits visés à l'article 706-47-4 du Code de procédure pénale, réaliser des investigations permettant de déterminer si le mis en cause exerce une activité professionnelle ou extra-professionnelle le mettant en contact habituel avec des mineurs (interrogation de la personne lors de ses auditions, sur le point de savoir si ces activités professionnelles ou extraprofessionnelles le conduisent à être en contact habituel avec des mineurs, questions sur le même sujet à son entourage proche, annexion à la procédure d'une copie du bulletin de salaire ou de tout autre document permettant de déterminer le cadre et la nature de l'activité exercée, etc.).

2 Communication d'informations en fonction de la matière

a) Fraude en matière sociale

1463 **Ministère public.** L'article L. 116-14 du Code de la sécurité sociale permet à l'autorité judiciaire de communiquer aux organismes de protection sociale toute indication qu'elle recueille, à l'occasion de toute procédure judiciaire, de nature à faire présumer une fraude commise en matière sociale ou une manœuvre quelconque ayant eu pour objet ou pour résultat de frauder ou de compromettre le recouvrement des cotisations et contributions sociales.

Il autorise également l'Agence de gestion et de recouvrement des avoirs saisis et confisqués à communiquer aux organismes de protection sociale toute information utile à l'accomplissement de leur mission de recouvrement des cotisations et contributions dues et des prestations versées indûment.

Il prévoit encore que le ministère public près la juridiction pénale ayant prononcé la condamnation définitive à une interdiction temporaire ou définitive d'exercer sa profession d'une personne physique ou morale autorisée à dispenser des soins, à réaliser une prestation de service ou des analyses de biologie médicale ou à délivrer des produits ou dispositifs médicaux susceptibles de donner lieu à un remboursement de l'assurance maladie en avise sans délai le directeur de l'Union nationale des caisses d'assurance maladie, qui diffuse cette information à l'ensemble des organismes mentionnés à l'article L. 160-17 du Code de la sécurité sociale.

1464 **Officiers et agents de police judiciaire.** Par ailleurs, l'article L. 114-16-1 du Code de la sécurité sociale permet aux officiers et agents de police judiciaire d'échanger avec les agents de l'État ou des organismes de protection sociale, mentionnés à l'article L. 114-16-3, tous renseignements et tous documents utiles à l'accomplissement des missions de recherche et de constatation des fraudes en matière sociale énumérées à l'article L. 114-16-2, ainsi qu'au recouvrement des cotisations et contributions dues et des prestations sociales versées indûment.

b) Travail illégal

1465 Diverses dispositions du Code du travail permettent ou imposent aux officiers et agents de police judiciaire de communiquer des informations à des administrations ou organismes dans le cadre de la lutte contre le travail illégal.

1) Ainsi, les officiers et agents de police judiciaire doivent :

– communiquer aux autres agents de contrôle mentionnés à l'article L. 8271-1-2 tous renseignements et tous documents utiles à l'accomplissement de leur mission de lutte contre le travail illégal (C. trav., art. L. 8271-2) ;

– transmettre sur demande écrite, aux agents du Centre national du cinéma et de l'image animée, des directions régionales des affaires culturelles, de l'institution mentionnée à l'article L. 5312-1, de l'organisme gestionnaire du régime d'assurance chômage et des collectivités territoriales tous renseignements et tous documents nécessaires à l'appréciation des droits ou à l'exécution d'obligations qui entrent dans le champ de leurs compétences respectives (C. trav., art. L. 8271-4) ;

– transmettre aux organismes chargés d'un régime de protection sociale ou des caisses assurant le service des congés payés mentionnées au livre Ier de la troisième partie, sur leur demande écrite, tous renseignements et tous documents permettant à ces derniers de recouvrer les sommes impayées ou d'obtenir le remboursement de sommes indûment versées (C. trav., art. L. 8271-5) ;

– communiquer leurs procès-verbaux relevant une des infractions constitutives de travail illégal mentionnées aux 1° à 4° de l'article L. 8211-1 du Code du travail aux organismes de recouvrement mentionnés aux articles L. 213-1 et L. 752-1 du Code de la sécurité sociale et à l'article L. 723-3 du Code rural et de la pêche maritime, qui procèdent à la mise en recouvrement des cotisations et contributions qui leur sont dues sur la base des informations contenues dans ces procès-verbaux (C. trav., art. L. 8271-6-4).

2) Et les officiers et agents de police judiciaire peuvent :

– transmettre aux agents de l'organisme mentionné à l'article L. 767-1 du Code de la sécurité sociale [Centre des liaisons européennes et internationales de sécurité sociale] tous renseignements et documents utiles à l'accomplissement par ces derniers des missions confiées à cet organisme pour l'application des règlements et accords internationaux et européens de sécurité sociale. Ils peuvent, selon l'article L. 8271-6, échanger tous renseignements et tous documents nécessaires à l'accomplissement de leur mission de lutte contre le travail illégal avec les agents investis des mêmes compétences et les autorités chargées de la coordination de leurs actions dans les États étrangers (C. trav., art. L. 8271-5-1) ;

– transmettre aux agents habilités par le directeur du Conseil national des activités privées de sécurité, mentionnés à l'article L. 634-1 du Code de la sécurité intérieure, tous renseignements et tous documents leur permettant d'assurer le contrôle des personnes exerçant les activités privées de sécurité pour tirer les conséquences d'une situation de travail illégal (C. trav., art. L. 8271-6-3).

c) Matière économique, fiscale et financière

1466 **Vis-à-vis de l'administration fiscale.** L'article L. 82-C du Livre des procédures fiscales prévoit en son alinéa 1 que : « À l'occasion de toute procédure judiciaire, le ministère public **peut** communiquer les dossiers à l'administration des finances » tandis que l'alinéa 1 de l'article L. 101 du même cde dispose que : « L'autorité judiciaire **doit** communiquer à l'administration des finances toute indication qu'elle recueille, à l'occasion de toute procédure judiciaire, de nature à faire présumer une fraude commise en matière fiscale ou une manœuvre quelconque ayant eu pour objet ou pour résultat de frauder ou de compromettre un impôt ».

La chambre commerciale de la Cour de cassation a été saisie d'un contentieux de rectification du montant de l'impôt qui faisait suite à la transmission à l'administration fiscale par un procureur de la République, sur le fondement de l'article L. 101 du Livre des procédures fiscales, d'éléments permettant de penser que le contribuable demandeur possédait un compte dans une banque suisse. Le demandeur faisait valoir qu'il était constant que les renseignements transmis par le procureur de la République provenaient d'une perquisition effectuée au cours d'une enquête préliminaire, chez un ancien employé de banque suisse qui aurait dérobé le fichier des clients de son employeur. Il soutenait que les renseignements communiqués au fisc ne provenaient donc « ni d'une instance civile, commerciale ou pénale, ni d'une information judiciaire ». La chambre commerciale a écarté l'argumentation en considérant qu'« il ne résulte pas de l'énumération des situations dans lesquelles l'autorité judiciaire est susceptible de transmettre de telles informations que le législateur ait entendu exclure du champ d'application de ce texte les éléments recueillis et transmis par un procureur de la République dans le cadre d'une enquête pénale » (Cass. com., 14 avr. 2021, n° 19-18.616).

La chambre criminelle juge de façon expresse que « l'article 11 du Code de procédure pénale ne fait pas obstacle à l'application de l'article L. 101 du Livre des procédures fiscales… » (Cass. crim., 20 avr. 2017, n° 16-82.363).

1467 **Concurrence.** L'article L. 463-5 du Code de commerce prévoit une dérogation au secret de l'enquête et de l'instruction en disposant que : « Les juridictions d'instruction et de jugement peuvent communiquer à l'Autorité de la concurrence, sur sa demande, les procès-verbaux, rapports d'enquête ou autres pièces de l'instruction pénale ayant un lien direct avec des faits dont l'Autorité est saisie ».

1468 **Consommation.** Il ressort de l'article L. 621-10 du Code de la consommation que :

> « Le ministère public peut produire devant la juridiction saisie, nonobstant les dispositions législatives contraires, les procès-verbaux ou rapports d'enquête qu'il détient, dont la production est utile à la solution du litige ».

Et l'article L. 512-18 du même code règle le cas de la coopération internationale en édictant que :

> « Les dispositions de l'article 11 du Code de procédure pénale ou celles relatives au secret professionnel ne font pas obstacle à la communication, aux autorités compétentes des États membres de l'Union européenne et à la Commission européenne, d'informations et de documents détenus et recueillis par les agents de la concurrence, de la consommation et de la répression des fraudes dans l'exercice de leurs missions de recherche et de constatation des infractions et des manquements aux dispositions entrant dans le champ d'application du règlement (UE) n° 2017/2394 du Parlement européen et du Conseil du 12 décembre 2017 sur la coopération entre les autorités nationales chargées de veiller à l'application de la législation en matière de protection des consommateurs et abrogeant le règlement (CE) n° 2006/2004.
> Cette communication s'effectue selon les conditions et modalités de ce règlement ».

1469 **Sauvegarde des entreprises.** En matière de sauvegarde des entreprises, l'article L. 621-8, alinéa 2 du Code de commerce prévoit que :

> « Le ministère public communique au juge-commissaire sur la demande de celui-ci ou d'office, nonobstant toute disposition législative contraire, tous les renseignements qu'il détient et qui peuvent être utiles à la procédure ».

1470 **Texte plus général.** L'article L. 214-4 du Code de la sécurité intérieure prévoit que, dans le cadre de la lutte contre les activités lucratives non déclarées portant atteinte à l'ordre public et à la sécurité publique, les officiers et agents de police judiciaire communiquent aux agents chargés d'appliquer la législation en matière de douanes et droits indirects, d'impôts et de concurrence, consommation et répression des fraudes tous les éléments susceptibles de comporter une implication de nature financière, fiscale ou douanière, sans que puisse être opposée l'obligation au secret.

d) Terrorisme

1471 L'article 706-25-2 du Code de procédure pénale permet, par dérogation à l'article 11, au procureur de la République antiterroriste de communiquer aux services spécialisés de renseignement des éléments de toute nature figurant dans les procédures qu'il traite et nécessaires à l'exercice des missions de ces services en matière de prévention du terrorisme. De même les autres procureurs de la République peuvent communiquer aux autorités et services compétents pour la prévention du terrorisme des informations tirées de procédures faisant apparaître des éléments concernant une personne dont le comportement constitue une menace d'une particulière gravité pour la sécurité et l'ordre publics et qui, soit entre en relation de manière habituelle avec des personnes ou des organisations incitant, facilitant ou participant à des actes de terrorisme, soit soutient, diffuse, lorsque cette diffusion s'accompagne d'une manifestation d'adhésion à l'idéologie exprimée, ou adhère à des thèses incitant à la commission d'actes de terrorisme ou faisant l'apologie de tels actes.

e) Cybercriminalité

1472 De la même façon, l'article 706-105-1 du Code de procédure pénale permet au procureur de la République de Paris de communiquer à l'Agence nationale de la sécurité des systèmes d'information (ANSSI), à la Direction générale de la sécurité extérieure (DGSE), à la Direction générale de la sécurité intérieure (DGSI) et à l'état-major de la cyberdéfense de l'état-major des armées (Comcyber) des éléments de toute nature figurant dans ces procédures et nécessaires à l'exercice de leur mission en matière de sécurité et de défense des systèmes d'information.

f) Criminalité organisée d'une très grande complexité

1473 En cette matière, le II du même article 706-105-1 du Code de procédure pénale autorise le procureur de la République de Paris à communiquer des éléments de toute nature contenus dans les procédures judiciaires, relatifs exclusivement aux trafics de stupéfiants, à la traite des êtres humains, aux filières d'immigration clandestine, aux délits en matière d'armes et d'explosifs, et au blanchiment de ces infractions aux services spécialisés de renseignement, dits du premier cercle, mentionnés à l'article L. 811-2 et du second cercle, mentionnés à L. 811-4 du Code de la sécurité intérieure, pour l'exercice de leur mission au titre de la prévention de la criminalité et de la délinquance organisées.

3 La communication à une juridiction autre que pénale

1474 **Par le ministère public.** Seront évoquées ici les règles dégagées par la jurisprudence quant à la production par le ministère public d'une procédure pénale devant une juridiction civile, commerciale, sociale, voire pénale mais qui n'est pas en charge de celle dont émanent les pièces produites.

En revanche, il ne sera pas traité de la faculté qu'ont ou non les parties de produire des pièces dans de telles, conditions car cela ne concerne pas les prérogatives des acteurs de l'enquête, seul objet de ces développements.

La position de la Cour de cassation sur ce sujet est constante. La première chambre civile juge que : « Le secret de l'instruction n'est pas opposable au ministère public qui, dans l'exercice des missions que la loi lui attribue, notamment en matière de discipline des avocats, a qualité pour apprécier l'opportunité de communiquer au juge une procédure judiciaire de nature à l'éclairer et le juge ne peut rejeter la proposition du ministère public » (Cass. 1re civ., 10 juin 1992, n° 91-17.028 : *Bull. civ.* I, n° 176. – Cass. 1re civ., 30 juin 2016, nos 15-14.145, 15-13.755 et 15-13.904 : *Bull. civ.* I, n° 151). La chambre criminelle, saisie d'une question prioritaire de constitutionnalité relative à l'article 11 du Code de procédure pénale a estimé, pour sa part, que ce texte « tel qu'interprété de façon constante par la Cour de cassation, qui permet au ministère public de produire, dans une instance civile, des pièces tirées d'une information judiciaire en cours, sans que puisse lui être opposé le secret de l'instruction, ne porte pas atteinte au principe d'égalité, au principe du contradictoire et aux droits de la défense, dès lors que, d'une part, cette faculté relève des missions spécifiques d'intérêt général que la loi lui attribue, notamment en matière civile, d'autre part, le secret de l'instruction ne s'impose, en application de l'article 11 susvisé, aux personnes concourant à cette procédure, que sous la réserve des nécessités de l'exercice des droits de la défense, enfin, les informations transmises par le ministère public sont régulièrement communiquées et soumises à la libre discussion contradictoire de toutes les parties » (Cass. crim., 30 sept. 2015, n° 15-90.014).

1475 Commission d'indemnisation des victimes d'infractions (CIVI). L'article 706-6 du Code de procédure pénale précise que :

> « La commission ou son président peut procéder ou faire procéder à toutes auditions et investigations utiles, sans que puisse leur être opposé le secret professionnel. Ils peuvent notamment se faire communiquer copie des procès-verbaux constatant l'infraction ou de toutes les pièces de la procédure pénale, même en cours ».

La formulation du texte semble permettre au juge d'instruction de répondre directement au président ou à la commission sans devoir passer par le procureur de la République. En revanche, il sera conseillé aux officiers de police judiciaire de ne pas répondre directement mais de transmettre au procureur de la République ou au juge d'instruction pour compétence les demandes qu'ils pourraient recevoir.

C Transmission d'informations aux supérieurs hiérarchiques

1476 L'officier de police judiciaire en charge d'une enquête diligentée sous l'autorité du procureur de la République ou sous celle d'un juge d'instruction peut-il rendre compte de ses investigations à sa hiérarchie sans violer le secret de l'enquête et de l'instruction ? La réponse à cette question, que certains pourraient être conduits à se poser, est incontestablement affirmative.

Plusieurs dispositions militent en ce sens.

L'article D. 2 du Code de procédure pénale, s'il prévoit que « le procureur de la République et le juge d'instruction ont le libre choix des formations auxquelles appartiennent les officiers de police judiciaire territorialement compétents qui seront chargés de l'exécution de leurs réquisitions ou commissions rogatoires », dispose néanmoins que « le chef de la formation coordonne l'exécution des opérations de police judiciaire effectuées dans son service et veille à la transmission des procès-verbaux aux autorités judiciaires », ce qui implique qu'il soit informé desdites opérations de police judiciaire.

Il résulte de l'article D. 2-1 du même code, qui précise que « les officiers de police judiciaire des différents corps ou services entretiennent, à tous les échelons, des relations de coopération et d'aide réciproque, dans le respect des règles administratives et des procédures hiérarchiques en vigueur », que le pouvoir de direction de la police judiciaire du procureur de la République ou du juge d'instruction sur l'officier de police judiciaire n'est pas exclusif des relations que l'officier de police judiciaire entretient avec sa hiérarchie qui doit nécessairement être informée de ses tâches.

Certaines dispositions du Code de procédure pénale prévoient d'ailleurs explicitement que les informations recueillies au cours d'une enquête judiciaire doivent faire l'objet d'un compte-rendu auprès d'un responsable de la police nationale ou de la gendarmerie nationale en charge de la sécurité publique qui peut être précisément le supérieur hiérarchique de l'officier de police judiciaire. Il en va ainsi de l'article D. 6 du Code de procédure pénale qui prévoit que :

« Lorsqu'ils sont amenés, soit pour l'exécution d'une commission rogatoire, soit dans le cadre d'une enquête préliminaire ou de flagrance, à procéder à un acte d'enquête susceptible d'entraîner un trouble à l'ordre public, les officiers de police judiciaire ainsi que les agents de police judiciaire agissant conformément aux dispositions de l'article 706-80 de la police nationale ou de la gendarmerie nationale sont tenus, après avis donné au magistrat mandant, d'informer de leur intervention et par tout moyen le responsable de la police nationale ou de la gendarmerie nationale en charge de la sécurité publique.

Le service local facilite dans toute la mesure de ses moyens l'exécution de cette mission ; en tout état de cause, il est impérativement, et dans les meilleurs délais, avisé de la fin de celle-ci.

Dans la limite des instructions du magistrat mandant et des dispositions législatives ou réglementaires visant notamment les obligations qui lient les officiers de police judiciaire, les militaires de la gendarmerie et les fonctionnaires de la police nationale agissant dans les circonstances objet du premier alinéa informent le responsable de la police nationale ou de la gendarmerie nationale ayant en charge la sécurité publique du résultat de leur intervention dès lors que celui-ci peut avoir des incidences sur l'ordre public ».

NOTA BENE La rédaction quelque peu surprenante de l'alinéa 1 (judiciaire agissant conformément aux dispositions de l'article 706-80 de la police) provient de l'ajout des « APJ agissant conformément aux dispositions de l'article 706-80 » par le décret n° 2005-59 du 24 janvier 2005 à un endroit du texte qui n'est pas le mieux adapté.

L'article D. 8 du Code de procédure pénale prévoit, quant à lui, que :

« Dans le cadre des textes législatifs et réglementaires ou des accords interministériels en vigueur :

1° La police nationale et la gendarmerie nationale s'attachent à organiser et à mettre en œuvre la convergence de leurs systèmes centraux de documentation criminelle.

Les services de police et les unités de gendarmerie adressent aux services relevant de la direction centrale de la police judiciaire ou de la direction centrale de la police aux frontières ou de la sous-direction de la police judiciaire de la direction générale de la gendarmerie nationale les renseignements relatifs à la délinquance et à la criminalité susceptibles d'être exploités dans un but de centralisation, de classification ou de diffusion (avis, fiches, statistiques).

La direction centrale de la police judiciaire, la direction centrale de la police aux frontières et la sous-direction de la police judiciaire de la direction générale de la gendarmerie nationale transmettent aux autres services de la police et de la gendarmerie nationales par tout moyen, toutes indications utiles à l'identification ou à la recherche de malfaiteurs. Le service de police ou l'unité de gendarmerie qui est à l'origine d'une demande de diffusion doit figurer parmi les autorités à prévenir dès la découverte des individus recherchés.

2° Les services de la police nationale et les unités de la gendarmerie nationale informent les offices centraux de police judiciaire et les organes de coopération internationale policière énumérés aux articles D. 8-1 et D. 8-2.

Ces services ont la charge d'assurer, dans les matières relevant de leurs compétences respectives, la centralisation, la coordination et la diffusion nationales de l'information auprès des services de police et des unités de gendarmerie ».

Ces dispositions justifient la transmission d'informations à d'autres services d'enquête par la voie hiérarchique.

II

À l'issue de l'enquête ou de l'instruction

1477 Il a été indiqué que le secret de l'enquête et de l'instruction cessait avec la fin de cette enquête ou de cette instruction (V. *supra*, n° 1436). La procédure ne devient pas pour autant accessible à tous. Ce n'est plus l'article 11 qui impose cette solution mais d'autres principes, au premier rang desquels le secret professionnel, ainsi qu'il a été retenu par la chambre criminelle, comme précédemment indiqué, à propos de la divulgation d'un avis de condamnation, laquelle était pourtant connue pour avoir été prononcée en audience publique (Cass. crim., 8 févr. 1994, n° 89-84.035).
La matière, en ce qui concerne les tiers à la procédure dont le cas sera seul évoqué ici, a fait l'objet d'un décret du 29 juin 2020 relatif à l'*Open Data* des décisions judiciaires qui a rénové la matière.
Le principe posé par l'article R. 166 du Code de procédure pénale, issu de ce décret, est que la copie des arrêts de la Cour de cassation et des décisions des juridictions de jugement du premier ou du second degré, lorsqu'elles sont définitives et ont été rendues publiquement à la suite d'un débat public, peut être délivrée à des tiers, sans autorisation préalable. Les articles R. 167 à R. 169 prévoient certaines réserves permettant de refuser la délivrance ou permettant d'occulter un certain nombre de données en plus des nom et prénoms dont l'occultation est prévue par l'article L. 111-13 du Code de l'organisation judiciaire.
S'agissant des pièces d'une enquête, qui sont le cœur du sujet ici traité, l'article R. 170 prévoit que les copies des décisions non définitives, des décisions rendues par les juridictions d'instruction, les copies des autres actes ou pièces d'une procédure pénale, ne sont délivrées aux tiers qu'avec l'autorisation préalable du procureur de la République ou du procureur général et sous réserve que le demandeur justifie d'un motif légitime.
L'autorisation peut être accordée sous réserve de l'occultation des éléments ou des motifs de la décision qui n'ont pas à être divulgués.
Elle peut être refusée, par décision motivée, si la demande n'est pas justifiée par un motif légitime, si la délivrance de la copie est susceptible de porter atteinte à l'efficacité de l'enquête ou à la présomption d'innocence, ou pour l'un des motifs mentionnés à l'article R. 168.
La décision du procureur de la République ou du procureur général doit être notifiée à la personne intéressée, qui pourra former un recours devant le président de la chambre de l'instruction dans les deux mois suivant la notification de la décision (CPP, art. R. 171).

1478 **Communiqué après prononcé d'un non-lieu.** Les articles 177-1 et 212-1 du Code de procédure pénale prévoient la possibilité, en cas de non-lieu, pour le juge d'instruction ou la chambre de l'instruction, de décider de la publication de la décision elle-même, en tout ou partie, ou de l'insertion, dans des journaux ou sites Internet, d'un communiqué expliquant la décision.
Le juge d'instruction ou la chambre de l'instruction peuvent être saisis par la personne concernée auquel cas un éventuel refus doit être motivé, mais ils peuvent aussi prendre une telle décision d'office. Lorsque c'est la partie poursuivie qui fait la demande, celle-ci doit être présentée avant la clôture de l'information : la chambre de l'instruction ne peut plus être valablement saisie une fois la décision de non-lieu rendue (Cass. crim., 6 mars 2007, n° 06-83.103 : *Bull. crim.* n° 68).

L'ESSENTIEL 1479 Les procureurs de la République peuvent rendre publics des éléments objectifs tirés de la procédure ne comportant aucune appréciation sur le bien-fondé des charges retenues contre les personnes mises en cause afin d'éviter la propagation d'informations parcellaires ou inexactes ou pour mettre fin à un trouble à l'ordre public (V. *supra*, n° 1452).
1480 Le procureur de la République peut communiquer ces éléments lui-même, ou en charger un officier de police judiciaire qu'il devra contrôler. Les représentants syndicaux ne sont pas mentionnés par le texte. Ils restent donc soumis au principe (V. *supra*, n° 1454). Le juge d'instruction peut, quant à lui, faire éventuellement publier un communiqué en vue de faciliter ses recherches mais pas davantage (V. *supra*, n° 1455).
1481 La loi prévoit, dans certaines hypothèses, la possibilité pour les enquêteurs de communiquer des informations issues de leurs enquêtes à des administrations.
C'est notamment le cas pour les procès-verbaux d'accidents vis-à-vis des compagnies d'assurance (V. *supra*, n° 1458), pour les

fraudes en matière sociale, en matière de travail illégal (V. *supra*, nos 1463 et s.).

1482 Les procureurs peuvent ou doivent prévenir certains organismes et administrations publics ou ordres professionnels des poursuites ou condamnations qui visent les personnes placées sous leur responsabilité ou contrôle. Notamment s'agissant des infractions les plus graves commises à l'égard des mineurs, le procureur de la République a une obligation d'information. Il est essentiel que dans le cadre des enquêtes visant ces cas, les enquêteurs opèrent toutes les vérifications utiles pour déterminer si la personne en cause est en contact habituel avec des mineurs (V. *supra*, n° 1462).

POUR ALLER PLUS LOIN...

Circulaires

- Circ. CRIM/2016-14/H2, 4 août 2016.
- Circ. CRIM/2023-01/E1, 19 janvier 2023.

Fiche 40

Le secret opposé à l'acteur de l'enquête

Sommaire

1483 Si les enquêteurs et magistrats directement en charge des enquêtes sont tenus au secret de l'instruction et au secret professionnel, il arrive aussi, assez souvent, que les personnes qui sont l'objet de leurs investigations prétendent y échapper en raison du secret professionnel auquel elles sont elles-mêmes soumises.

Or, si le secret professionnel est parfois invoqué par une personne entendue (I), il n'a que rarement pour effet d'empêcher les investigations d'aboutir et ce pour plusieurs raisons.

D'une part, les organes d'enquête ont des pouvoirs étendus :

– l'article 41 du Code de procédure pénale donne au procureur de la République le pouvoir de procéder ou de faire procéder à tous les actes nécessaires à la recherche et à la poursuite des infractions à la loi pénale ;

– l'article 81 du même code permet au juge d'instruction de procéder, conformément à la loi, à tous les actes d'information qu'il juge utiles à la manifestation de la vérité ;

– la police judiciaire est chargée de constater les infractions à la loi pénale, d'en rassembler les preuves et d'en rechercher les auteurs tant qu'une information n'est pas ouverte et d'exécuter les délégations des juridictions d'instruction lorsqu'une information est ouverte.

D'autre part, si certains textes encadrent les éléments que les organes de l'enquête peuvent obtenir, d'autres, ou la jurisprudence, prévoient de façon beaucoup plus générale que le secret professionnel ne peut pas être opposé aux enquêtes (II), que celle-ci ne marque le pas face au secret que rarement (III) et que ce n'est, en définitive que de manière exceptionnelle que les investigations ne peuvent prospérer en raison d'un secret protégé (IV).

I

Les conditions dans lesquelles une personne soumise au secret professionnel peut l'opposer lors d'une audition ou d'un interrogatoire

1484 Lors d'une audition ou d'un interrogatoire, la personne entendue peut refuser de répondre à tout ou partie des questions qui lui sont posées en raison du secret professionnel auquel elle est tenue.

1485 **Personne poursuivie ou suspectée.** Lorsque c'est une personne poursuivie ou suspectée qui explique son refus de répondre par le secret professionnel, la seule question qui se pose, de fait, à l'enquêteur, est de savoir s'il peut néanmoins se procurer les éléments d'information qu'il recherche en les requérant auprès de tiers (V. *infra*, n° 1500) ou en procédant à une perquisition et en saisissant les documents les contenant (V. *infra*, n° 2187).

En effet, le fait de refuser de répondre aux questions ne peut, en lui-même, être considéré comme « fautif » ou comme démontrant une quelconque culpabilité puisque, pour la personne poursuivie ou suspectée, la faculté de se taire constitue un droit.

1486 **Témoin lors d'une instruction.** L'article 109 du Code de procédure pénale, relatif aux auditions de témoin par le juge d'instruction, reconnaît expressément le droit de ne pas déposer en raison du secret professionnel auquel une personne est astreinte, puisqu'il prévoit que :

> « Toute personne citée pour être entendue comme témoin est tenue de comparaître, de prêter serment et de déposer sous réserve des dispositions des articles 226-13 et 226-14 du Code pénal ».

Comme l'article 434-15-1 du Code pénal incrimine le fait de ne pas déposer, sans excuse ni justification, devant le juge d'instruction ou devant un officier de police judiciaire agissant sur commission rogatoire par une personne qui a été citée par lui pour y être entendue comme témoin et le punit de 3 750 € d'amende, il convient, quand c'est un témoin qui refuse de déposer en invoquant le secret professionnel, de vérifier si la personne y est bien tenue et si, par conséquent, son refus de déposer est légitime ou non. La difficulté réside dans la détermination des personnes effectivement tenues à un secret professionnel leur interdisant de déposer et dans la délimitation des contours de ce secret dont elles sont détentrices « soit par état ou par profession, soit en raison d'une fonction ou d'une mission temporaire », selon les termes de l'article 226-13 du Code pénal. Cela étant, cette vérification n'est essentielle que s'il est envisagé d'exercer des poursuites sur le fondement de l'article 434-15-1 du Code pénal, car la difficulté peut être résolue par l'enquêteur, comme dans le cas où le refus est opposé par une personne poursuivie ou suspectée, en recherchant si les éléments dont il a besoin peuvent être obtenus par voie de réquisition ou en procédant à une perquisition et à une saisie, car on verra que ce n'est pas parce qu'une personne est tenue au secret professionnel que l'enquêteur ne peut pas obtenir par réquisition les éléments que la personne estimait être couverts par ce secret (V. *infra*, n° 1504) ou les saisir au cours d'une perquisition (V. *infra*, n° 2187).

1487 **Témoin au cours d'une enquête préliminaire ou de flagrance.** Au cours d'une enquête préliminaire ou d'une enquête de flagrance, aucune disposition ne prévoit, comme le fait l'article 109 pour l'instruction, une obligation de déposer, pénalement sanctionnée.

Si au cours de ce type d'enquête, un témoin refuse de déposer en invoquant le secret professionnel, là encore l'enquêteur, qui ne peut en aucun cas user de moyen de contrainte pour conduire une personne à déposer, n'aura d'autre solution que de déterminer s'il peut trouver les renseignements dont il a besoin par le biais d'une réquisition ou d'une perquisition et d'une saisie.

II Le secret professionnel ne peut pas entraver les investigations

1488 Les administrations ne sont pas tout à fait soumises au même régime que les personnes privées : d'une part, un texte général les astreint à dénoncer tous les crimes et délits alors que tel n'est pas le cas des personnes privées qui ne sont tenues à dénonciation que dans des cas limitativement énumérés par la loi. D'autre part, des textes particuliers définissent les éléments que les administrations peuvent ou doivent transmettre aux autorités chargées des enquêtes pénales.
On examinera donc tout d'abord le cas des administrations (A) avant d'évoquer le droit de réquisition général dont disposent les enquêteurs pour faire aboutir leurs investigations (B).

A Les administrations sont souvent tenues de coopérer avec l'autorité judiciaire

1 L'obligation de dénoncer tous les crimes et délits

1489 **L'article 40, alinéa 2 du Code de procédure pénale.** Indépendamment des textes spéciaux qui permettent ou imposent aux administrations de communiquer certains éléments aux autorités judiciaires, ces administrations sont soumises à une obligation particulière en vertu de l'alinéa 2 de l'article 40 du Code de procédure pénale qui édicte que : « Toute autorité constituée, tout officier public ou fonctionnaire qui, dans l'exercice de ses fonctions, acquiert la connaissance d'un crime ou d'un délit est tenu d'en donner avis sans délai au procureur de la République et de transmettre à ce magistrat tous les renseignements, procès-verbaux et actes qui y sont relatifs ».
Cette règle est assez souvent reprise dans les textes particuliers. Elle l'est, par exemple, pour les maires (CSI, art. L. 132-2), pour l'Autorité de la concurrence (C. com., art. L. 462-6), en matière d'élimination des armes chimiques et de contrôle des produits chimiques (C. défense, art. L. 2342-56), pour les inspecteurs généraux et inspecteurs des armées, les membres du corps militaire du contrôle général des armées et les officiers de l'armée de terre, de la marine nationale, de l'armée de l'air et de la gendarmerie nationale titulaires d'un commandement et pour les membres du corps militaire des ingénieurs de l'armement habilités et les agents des douanes.
La chambre criminelle ne fait pas de ces dispositions une interprétation restrictive.
Ainsi, quand il est soutenu que l'infraction d'homicide involontaire visée à l'article 221-6 du Code pénal ne fait pas partie des infractions que l'inspecteur du travail est habilité à constater en vertu des articles L. 8112-1 et L. 8112-2 du Code du travail, elle écarte le moyen en considérant que ces articles n'interdisent pas à l'inspecteur du travail de faire état des infractions de droit commun dont les éléments constitutifs lui paraissent réunis et de les porter à la connaissance du procureur de la République en application de l'article 40 du Code de procédure pénale (Cass. crim., 9 janv. 2018, n° 17-80.200 : *Bull. crim.* n° 5).
De même, quand il est prétendu qu'il résulte de l'article L. 561-23 du Code monétaire et financier que TRACFIN n'est pas autorisé à saisir directement le procureur de la République par note d'information en cas de soupçons de faits susceptibles d'être qualifiés de blanchiment de fraude fiscale et que dans un tel cas, en application de l'alinéa 5 de l'article L. 561-29 du même code, les informations doivent être communiquées au ministre chargé du budget qui les transmet au procureur de la République sur avis conforme de la commission des infractions fiscales, elle répond que la cellule TRACFIN est soumise aux dispositions de l'article 40 du Code de procédure pénale, quelle que soit la qualification des faits portés à sa connaissance (Cass. crim., 30 juin 2021, n°s 16-80.657 et 20-83.355).

2 L'allègement du « verrou de Bercy »

1490 La loi soumettait la poursuite des infractions de fraude fiscale à la nécessité d'une plainte de la part de l'administration fiscale, qui ne pouvait être déposée que sur avis conforme de la Commission des infractions fiscales, saisie par le ministre du Budget. Il résultait de ce mécanisme, couramment appelé le « verrou de Bercy », que toutes les infractions de fraude fiscale n'étaient pas portées à la connaissance de l'autorité judiciaire et ne faisaient pas l'objet d'investigations, l'administration privilégiant le recouvrement des sommes qui lui étaient dues.

La loi n° 2018-898 du 23 octobre 2018 a allégé ce mécanisme sans le supprimer totalement.

Désormais, l'administration fiscale est tenue de dénoncer au procureur de la République les faits les plus graves, c'est-à-dire ceux qu'elle a examinés dans le cadre de son pouvoir de contrôle prévu à l'article L. 10 du Livre des procédures fiscales, qui ont conduit à l'application, sur des droits dont le montant est supérieur à 100 000 € et à 50 000 € pour les personnes soumises à une obligation renforcée de probité (députés, membres du gouvernement, représentants français au Parlement européen, titulaires d'une fonction de président du conseil régional, conseillers régionaux, membres des cabinets ministériels, membres des autorités administratives) à qui ont été appliquées :

1° soit la majoration de 100 % prévue à l'article 1732 du Code général des impôts ;

2° soit la majoration de 80 % prévue au *c* du 1 de l'article 1728, aux *b* ou *c* de l'article 1729, au I de l'article 1729-0, A ou au dernier alinéa de l'article 1758 du même code ;

3° soit la majoration de 40 % prévue au *b* du 1 de l'article 1728 ou aux *a* ou *b* de l'article 1729 dudit code, lorsqu'au cours des six années civiles précédant son application le contribuable a déjà fait l'objet lors d'un précédent contrôle de l'application des majorations mentionnées aux 1° et 2° du présent I et au présent 3° ou d'une plainte de l'administration.

3 Des textes spéciaux

1491 **Échange d'informations.** Les dispositions évoquées à la fiche précédente, qui permettent aux autorités judiciaires de communiquer des éléments normalement secrets à divers administrations et organismes, ont souvent, dans les textes spéciaux réglementant la communication d'information, leur pendant, définissant ce que ces administrations et organismes peuvent ou doivent communiquer aux autorités judiciaires.

1492 **Fraude sociale.** Ainsi, l'article L. 114-16-1 du Code de la sécurité sociale, déjà évoqué (V. *supra*, n° 1464), permet aux officiers et agents de police d'entrer en possession des renseignements et de tous documents utiles à l'accomplissement des missions de recherche et de constatation des fraudes en matière sociale énumérées à l'article L. 114-16-2, ainsi qu'au recouvrement des cotisations et contributions dues et des prestations sociales versées indûment, dont sont détenteurs les agents de l'État ou des organismes de protection sociale, mentionnés à l'article L. 114-16-3.

1493 **Travail illégal.** Les dispositions de l'article L. 8271-2 du Code du travail permettent aux officiers et agents de police judiciaire, qui sont visés à l'article L. 8271-1-2 de ce code, d'obtenir des autres agents de contrôle mentionnés au même texte et des agents de la concurrence, de la consommation et de la répression des fraudes tous renseignements et tous documents utiles à l'accomplissement de leur mission de lutte contre le travail illégal.

1494 **Matière fiscale.** La loi n° 2018-898 du 23 octobre 2018 a explicitement levé le secret fiscal des agents du fisc à l'égard du procureur de la République, en insérant au Livre des procédures fiscales un article L. 142, A qui dispose que :

> « Les agents des finances publiques sont déliés du secret professionnel à l'égard du procureur de la République avec lequel ils peuvent échanger des informations couvertes par ce secret indépendamment de l'existence d'une plainte ou d'une dénonciation déposée en application de l'article L. 228 ou d'une procédure judiciaire en cours ».

1495 **Disparition.** La loi n° 95-73 du 21 janvier 1995, d'orientation et de programmation relative à la sécurité – qui n'a pas été abrogée malgré l'introduction dans le Code de procédure pénale des dispositions de l'article 74-1 relatives à des situations proches, voire identiques – prévoit, en son article 26 relatif aux recherches de certaines personnes disparues (mineur ou majeur protégé, ou majeur dont les services de police et de gendarmerie estiment que la disparition présente un caractère inquiétant ou suspect, eu égard aux circonstances, à son âge ou à son état de santé), que, dans le cadre des enquêtes ouvertes pour rechercher les disparus, les chefs de service de la police nationale ou les commandants des unités de la gendarmerie nationale peuvent directement requérir des organismes publics ou des établissements privés détenant des fichiers nominatifs que leur soit communiqué tout renseignement permettant de localiser la personne faisant l'objet des recherches, sans que puisse leur être opposée l'obligation au secret.

1496 **Texte plus général.** L'article L. 214-4 du Code de la sécurité intérieure permet des échanges « croisés » entre services enquêteurs et administrations spécialisées. Il a été indiqué qu'il autorisait les enquêteurs à communiquer des informations aux douanes, aux impôts, à l'administration en charge de la concurrence, de la consommation et de la répression des fraudes (V. *supra*, n° 1470).

Inversement, dans le cadre de la lutte contre les activités lucratives non déclarées portant atteinte à l'ordre public et à la sécurité publique, les agents chargés d'appliquer la législation en matière de douanes et droits indirects, d'impôts et de concurrence, consommation et répression des fraudes répondent aux demandes formulées par les officiers et agents de police judiciaire concernant les renseignements et documents de nature financière, fiscale ou douanière, sans que puisse être opposée l'obligation au secret.

1497 **Caractère indispensable de ces dispositions ?** Ces textes peuvent cependant ne pas apparaître indispensables dès lors que les organes de l'enquête disposent du droit de requérir la communication de toute information sans que le secret professionnel puisse leur être opposé.

B Les enquêteurs disposent d'un droit général de réquisition des informations intéressant l'enquête

1498 **Réquisition tendant à la remise d'informations.** Les articles 60-1 pour l'enquête de flagrance, 77-1-1 pour l'enquête préliminaire, 99-3 pour l'information permettent aux magistrats en charge de l'enquête ou aux enquêteurs de requérir de toute personne, de tout établissement ou organisme privé ou public ou de toute administration publique qui sont susceptibles de détenir des informations intéressant l'enquête, y compris, sous réserve de l'article 60-1-2, celles issues d'un système informatique ou d'un traitement de données nominatives, de lui remettre ces informations, notamment sous forme numérique, le cas échéant selon des normes fixées par voie réglementaire, sans que puisse lui être opposée, sans motif légitime, l'obligation au secret professionnel, et ce à peine de sanction pénale (amende de 3 750 €) pour les personnes requises qui ne déféreraient pas à la réquisition.

1499 **Réquisition par voie informatique.** Certaines des informations utiles aux enquêtes peuvent être demandées par voie informatique. Les articles 60-2, 77-1-2 et 99-4 permettent à l'enquêteur intervenant par voie télématique ou informatique d'obtenir : 1° des opérateurs de communications électroniques tels que définis à l'article L. 34-1 du Code des postes et communications électroniques, ainsi que des personnes morales prestataires mentionnées par la loi n° 2004-575 du 21 juin 2004 pour la confiance dans l'économie numérique ; 2° des établissements financiers, bancaires et de crédit ; 3° du Groupement des Cartes Bancaires « CB » ; 4° des organismes sociaux mentionnés au Code de la sécurité sociale ainsi qu'au Code rural et de la pêche maritime ; 5° des entreprises d'assurance ; 6° des organismes publics ou privés gestionnaires de logements ; 7° des services des administrations publiques gestionnaires de fichiers administratifs, notamment fiscaux et bancaires ; 8° des entreprises de transport collectif de voyageurs ; 9° des opérateurs de distribution de l'énergie (CPP, art. R. 15-33-68), les informations utiles à la manifestation de la vérité contenues dans les systèmes informatiques ou traitements de données nominatives gérées par ces organismes, à l'exception de celles protégées par un secret prévu par la loi. Les modalités de recueil de ces informations sont régies par les articles R. 15-33-67 à R. 15-33-75 du Code de procédure pénale.

S'agissant des réquisitions aux opérateurs de télécommunication, des règles particulières sont posées par l'article 60-1-2 du Code de procédure pénale. À peine de nullité, les réquisitions portant sur les données techniques permettant d'identifier la source de la connexion ou celles relatives aux équipements terminaux utilisés… ou sur les données de trafic et de localisation… ne sont possibles, si les nécessités de la procédure l'exigent, que dans les cas suivants :

> « 1° La procédure porte sur un crime ou sur un délit puni d'au moins trois ans d'emprisonnement ;
> 2° La procédure porte sur un délit puni d'au moins un an d'emprisonnement commis par l'utilisation d'un réseau de communications électroniques et ces réquisitions ont pour seul objet d'identifier l'auteur de l'infraction ;
> 3° Ces réquisitions concernent les équipements terminaux de la victime et interviennent à la demande de celle-ci en cas de délit puni d'une peine d'emprisonnement ;
> 4° Ces réquisitions tendent à retrouver une personne disparue dans le cadre des procédures prévues aux articles 74-1 ou 80-4 du présent code ou sont effectuées dans le cadre de la procédure prévue à l'article 706-106-4 ».

La chambre criminelle ne semble pas avoir eu à statuer sur l'opposition du secret par un de ces organismes.

Les contentieux dont elle a été saisie concernaient surtout l'autorisation donnée aux enquêteurs par le magistrat, la conformité au droit de l'Union européenne des règles relatives aux réquisitions de données de connexion et de localisation, et, pour s'en tenir au secret, objet de ces développements, les professions bénéficiant d'un statut spécial.

III

Les investigations marquent parfois le pas devant le secret professionnel

1500 **Présomption de secret légitimement opposé.** Les textes précités précisent que les personnes ou organismes requis ne peuvent, sans motif légitime, opposer l'obligation au secret professionnel, ce qui, *a contrario*, signifie que le secret professionnel peut s'opposer à ce qu'il soit fait droit à la réquisition. Les articles 60-1 et 77-1-1 du Code de procédure pénale créent d'ailleurs une sorte de présomption de secret professionnel en prévoyant que, lorsque les réquisitions concernent des personnes mentionnées aux articles 56-1 à 56-5, c'est-à-dire des avocats, journalistes et assimilés, médecins, notaires, huissiers, personnes détenant des secrets de la défense nationale, personnes exerçant des fonctions juridictionnelles, la remise des informations ne peut intervenir qu'avec leur accord et que l'absence de remise n'est pas incriminée pénalement.
L'article 99-3 relatif aux réquisitions au cours de l'instruction ne vise, quant à lui, que les avocats, journalistes et assimilés, médecins, notaires, huissiers, personnes exerçant des fonctions juridictionnelles et ne renvoie pas à l'article 56-4 qui vise les lieux abritant des éléments couverts par le secret de la défense nationale.

1501 **Interprétation stricte.** La disposition prévoyant l'accord des personnes « protégées » doit cependant être interprétée strictement.
La chambre criminelle a jugé que lorsque les enquêteurs veulent se procurer les relevés bancaires des comptes professionnels d'un avocat et des photocopies de chèques les créditant, l'accord de l'avocat concerné n'est pas nécessaire. L'accord prévu par le texte n'est requis que pour les documents détenus par la personne « protégée » elle-même (Cass. crim., 17 déc. 2013, n° 13-85.717 : *Bull. crim.* n° 259).
De même, un médecin ne saurait se faire un grief de ce que la caisse primaire d'assurance maladie a été requise, en application de l'article 77-1-1 du Code de procédure pénale, de communiquer la liste de ses patientes sans qu'il ait préalablement donné son accord à la remise de ce document, dès lors qu'un tel accord n'est nécessaire que si l'un des professionnels visés aux articles 56-1 à 56-3 du Code de procédure pénale est directement requis de fournir les informations sollicitées (Cass. crim., 19 mars 2014, n°s 13-88.616 et 10-88.725 : *Bull. crim.* n° 88).

1502 **Intervention d'un juge pour le recueil des données de trafic et de localisation d'un avocat.** Il a été indiqué que le recueil des données de connexion était soumis à des conditions fixées par l'article 60-1-2 du Code de procédure pénale tenant notamment au type d'enquête et à la peine encourue (V. *supra*, n° 1499). Lorsque ce sont les données de trafic ou de localisation d'un avocat qui apparaissent utiles à l'enquête, les réquisitions ne peuvent être faites que sur ordonnance motivée du juge des libertés et de la détention, saisi à cette fin par le procureur de la République, en enquête préliminaire ou de flagrance ou par le juge d'instruction au cours d'une instruction (CPP, art. 60-1-1, 77-1-1 et 99-3).
L'ordonnance doit faire état des raisons plausibles de soupçonner que l'avocat a commis ou tenté de commettre, en tant qu'auteur ou complice, l'infraction qui fait l'objet de la procédure ou une infraction connexe au sens de l'article 203 ainsi que de la proportionnalité de la mesure au regard de la nature et de la gravité des faits.

1503 **Journaliste.** Les trois textes relatifs aux réquisitions prévoient également qu'à peine de nullité, ne peuvent être versés au dossier les éléments obtenus par une réquisition prise en violation de l'article 2 de la loi du 29 juillet 1881 sur la liberté de la presse, lequel protège le secret des sources des journalistes.
Si le journaliste est visé par l'article 56-2 de sorte que son accord est requis pour qu'il remette des informations le concernant, la disposition relative au secret des sources va bien plus loin en offrant une protection supérieure de ce secret. La mise en œuvre du principe est cependant délicate car, aux termes mêmes du texte de l'article 2 de la loi de 1881, le secret n'est pas totalement inviolable. Il peut y être porté atteinte directement ou indirectement si un impératif prépondérant d'intérêt public le justifie et si les mesures envisagées sont strictement nécessaires et proportionnées au but légitime poursuivi. Il est tenu compte, pour apprécier la nécessité de l'atteinte, de la gravité

du crime ou du délit, de l'importance de l'information recherchée pour la répression ou la prévention de cette infraction et du fait que les mesures d'investigation envisagées sont indispensables à la manifestation de la vérité.

L'atteinte admissible ne peut toutefois en aucun cas consister en une obligation pour le journaliste de révéler ses sources ni dans le fait de chercher à découvrir ses sources au moyen d'investigations portant sur toute personne qui, en raison de ses relations habituelles avec lui, peut détenir des renseignements permettant d'identifier lesdites sources. L'article 109, alinéa 2 du Code de procédure pénale lui permet d'ailleurs, lorsqu'il est entendu comme témoin sur des informations recueillies dans l'exercice de son activité, de ne pas en révéler l'origine. Ce n'est cependant qu'une possibilité dont il peut, s'il le souhaite, s'affranchir.

L'examen de la jurisprudence illustre la difficulté de déterminer ce qui est admissible ou ne l'est pas (Cass. crim., 6 déc. 2011, n° 11-83.970 : *Bull. crim.* n° 248. – Cass. crim., 14 mai 2013, n° 11-86.626 : *Bull. crim.* n° 106. – Cass. crim., 25 févr. 2014, n° 13-84.761 : *Bull. crim.* n° 54). Il s'ensuit que l'analyse de ces critères et, partant, de la possibilité ou non de demander des documents qui pourraient porter atteinte au secret des sources, requiert une concertation entre l'officier de police judiciaire et le magistrat sous le contrôle duquel il agit.

1504 **Pas de concordance absolue entre la protection instaurée par les articles 56-1 et suivants du Code de procédure pénale et la protection du secret dont bénéficient les personnes visées par ces textes.** Les dispositions des articles 60-1 et 77-1-1 ne permettent aux enquêteurs d'obtenir la remise d'informations de la part des avocats, journalistes et assimilés, médecins, notaires, huissiers, personnes détenant des secrets de la défense nationale, personnes exerçant des fonctions juridictionnelles que s'ils donnent leur accord.

Pourtant le secret professionnel auquel ces personnes sont astreintes ou dont elles bénéficient n'est pas toujours opposable aux enquêteurs lorsque ceux-ci recourent à d'autres modes d'investigation, telle une perquisition. Si la procédure pour effectuer une perquisition et une saisie est plus protectrice qu'en droit commun, le document renfermant les données secrètes peut néanmoins être saisi.

Ainsi, la chambre criminelle considère que, hors le cas où les droits de la défense sont en jeu de sorte que la saisie de documents couverts par le secret professionnel des avocats est interdite (Cass. crim., 5 juill. 1993, n° 93-81.275 et 93-81.275 : *Bull. crim.* n° 236) (V. *infra*, n° 2194), les documents détenus par un avocat ou son client couverts par le « simple » secret professionnel peuvent être saisis. De même, elle juge que seules les conversations téléphoniques relevant de l'exercice des droits de la défense ne peuvent être retranscrites (V. *infra*, n° 3549). Et même lorsque les droits de la défense sont en cause, elle fait une exception tenant à la participation de l'avocat à la commission de l'infraction qui justifie la saisie des correspondances échangées entre lui et son client (Cass. crim., 12 mars 1992, n°s 91-86.843 et 91-86.843 : *Bull. crim.* n° 112. – Cass. crim., 20 janv. 1993, n°s 92-85.548 et 92-85.548 : *Bull. crim.* n° 29. – Cass. crim., 5 oct. 1999, n° 98-80.007 : *Bull. crim.* n° 206. – Cass. crim., 27 juin 2001, n° 01-81.865 : *Bull. crim.* n° 163. – Cass. crim., 18 juin 2003, n° 03-81.979 : *Bull. crim.* n° 129. – Cass. crim., 1er mars 2006, n° 05-87.252 : *Bull. crim.* n° 60).

S'agissant des médecins, la chambre criminelle juge, de même, que le secret professionnel auquel ils sont astreints ne s'oppose pas à la saisie d'un dossier contenant des renseignements médicaux relatifs à l'admission et au séjour dans un établissement hospitalier d'un inculpé (Cass. crim., 24 avr. 1969, n° 68-93.507 : *Bull. crim.* n° 145). Il est très fréquent qu'un dossier médical soit saisi, soumis à un expert qui révèle dans son rapport des renseignements d'ordre médical nécessaires à la manifestation de la vérité.

Dans le même sens, les dispositions relatives au secret imposé aux professionnels de santé ne font pas obstacle à la désignation d'un expert pharmacien pour examiner un dossier contenant des renseignements médicaux et détenu par une fédération sportive investie de prérogatives de puissance publique en matière de lutte contre le dopage (Cass. crim., 24 nov. 2015, n° 15-83.349 : *JurisData* n° 2015-026226 ; *Bull. crim.* n° 268). Le secret des professionnels de santé n'est donc pas absolu. Comme l'écrit un auteur, « le secret médical cède le pas devant la perquisition judiciaire ».

Il en va de même pour les ministres du culte. L'obligation qui leur est imposée de garder le secret des faits dont ils ont connaissance dans l'exercice de leur ministère ne met pas obstacle à ce que le juge d'instruction procède à la saisie de tous documents, pièces ou objets utiles à la manifestation de la vérité, spécialement des pièces d'une procédure canonique (Cass. crim., 17 déc. 2002, n° 02-83.679 : *Bull. crim.* 2002, n° 231).

On peut même considérer que si le législateur a encadré aux articles 56-1 et suivants du Code de procédure pénale les modalités de perquisition et de saisie, c'est bien parce que le secret professionnel cède, le plus souvent, devant les nécessités de la recherche de la vérité. Si toute prise de connaissance des éléments secrets était interdite aux enquêteurs, il ne serait pas nécessaire d'organiser les modalités de saisie. Il suffirait de prohiber purement et simplement toute saisie.

IV Le secret professionnel est quelquefois infranchissable

A Organismes auxquels aucune réquisition ne peut être présentée

1505 Selon l'article 60-2 du Code de procédure pénale, les enquêteurs ne peuvent requérir les fondations, associations ou tout autre organisme à but non lucratif et poursuivant une finalité politique, philosophique, religieuse ou syndicale, dont le traitement se rapporte exclusivement aux membres ou aux anciens membres dudit organisme ou aux personnes entretenant avec celui-ci des contacts réguliers en liaison avec ses finalités et les organismes mettant en œuvre des traitements aux fins d'exercice à titre professionnel, de l'activité de journaliste, dans le respect des règles déontologiques de cette profession.

B Secret de la défense nationale

1506 Rares sont les secrets totalement opposables aux enquêteurs et aux magistrats qui les dirigent. Le secret de la défense nationale – dont certains soutiennent qu'il n'est pas un secret simplement professionnel – est un de ceux les mieux protégés dès lors que, si l'autorité gouvernementale, après consultation de la Commission du secret de la défense nationale, décide de ne pas le lever, les juridictions ne pourront rien faire pour avoir accès aux informations, même s'il leur apparaît que la manifestation de la vérité l'impose.

C Droits de la défense

1507 **Les principes dégagés par la Cour de cassation avant l'entrée en vigueur de la loi du 22 décembre 2021.** Lorsque sont en cause les droits de la défense, toute saisie de documents est impossible, tout comme est prohibée la retranscription des conversations téléphoniques entre un avocat et son client.

À propos des saisies, la chambre criminelle juge que « le pouvoir, reconnu à l'officier de police judiciaire par les articles 56 et 76 du Code de procédure pénale ou au juge d'instruction par l'article 96 dudit code, de saisir les objets et documents utiles à la manifestation de la vérité trouve sa limite dans le principe de la libre défense qui commande de respecter la confidentialité des correspondances échangées entre un avocat et son client et qui sont liées à l'exercice des droits de la défense » (Cass. crim., 13 déc. 2006, n° 06-87.169 : *Bull. crim.* n° 313).

À propos des écoutes téléphoniques, elle énonce que « si le juge d'instruction est, selon l'article 100 du Code de procédure pénale, investi du pouvoir de prescrire, lorsque les nécessités de l'information l'exigent, l'interception, l'enregistrement et la transcription de correspondances émises par la voie des télécommunications, ce pouvoir trouve sa limite dans le respect des droits de la défense, qui commande notamment la confidentialité des correspondances téléphoniques de l'avocat désigné par la personne mise en examen » (Cass. crim., 15 janv. 1997, n° 96-83.753 : *Bull. crim.* n° 14. – Cass. crim., 15 juin 2016, n° 15-86.043 : *Bull. crim.* n° 186).

Comme déjà évoqué (V. *supra*, n° 1504) une exception est faite quand la conversation est de nature à faire présumer la participation de l'avocat à une infraction (Cass. crim., 15 janv. 1997, n° 96-83.753 : *Bull. crim.* n° 14. – Cass. crim., 14 nov. 2001, n° 01-85.965 : *Bull. crim.* n° 238. – Cass. crim., 22 mars 2016, n° 15-83.205 : *Bull. crim.* n° 93).

1508 **La loi du 22 décembre 2021.** Ces solutions ont été globalement confirmées par la loi n° 2021-1729 du 22 décembre 2021 qui a ajouté à l'article préliminaire du Code de procédure pénale un alinéa qui dispose que « le respect du secret professionnel de la défense et du conseil, prévu à l'article 66-5 de la loi n° 71-1130 du 31 décembre

1971 portant réforme de certaines professions judiciaires et juridiques, est garanti au cours de la procédure pénale dans les conditions prévues par le présent code » et qui protège désormais le secret du conseil à la condition qu'il se rapporte à l'exercice des droits de la défense.

Les nouveautés apportées par cette loi sont exposées dans les développements consacrés aux perquisitions (V. *infra*, n° 2054), aux saisies (V. *infra*, n° 2191) et aux interceptions de correspondances (V. *infra*, n° 3549).

L'ESSENTIEL 1509 Le secret professionnel est parfois opposé à l'enquêteur lors d'une audition. Il ne peut dans une telle hypothèse que chercher s'il peut obtenir les renseignements qu'il recherche par une autre voie : réquisition ou saisie (V. *supra*, n° 1484).

1510 Les administrations, qui sont tenues à une obligation de dénonciation plus large que celle à laquelle les particuliers sont soumis, doivent, en vertu de textes spéciaux, communiquer à l'autorité judiciaire ou aux enquêteurs des éléments de leurs dossiers, notamment en matière de fraude sociale, de travail illégal, de disparition (V. *supra*, n°s 1489 et s.).

1511 Mais, en tout état de cause, les enquêteurs, sur autorisation ou non des autorités judiciaires selon le cadre d'enquête, ont un droit de réquisition général auquel le secret professionnel ne peut être opposé sauf de la part des avocats, journalistes médecins, notaires, huissiers, détenteurs d'un secret de la défense nationale ou personne exerçant des fonctions juridictionnelles, toutes personnes visées par les articles 56-1 à 56-5 du Code de procédure pénale (V. *supra*, n°s 1498 et s.).

1512 Néanmoins, le secret protégé par ces articles n'est pas absolu et, au prix du respect de formes particulières, l'enquête peut avoir accès à certains éléments protégés par le secret professionnel. Le secret cède devant les nécessités de la recherche de la vérité (V. *supra*, n° 1504).

1513 Il n'est que de rares cas où le secret peut être absolu. Il en est ainsi des droits de la défense, frontière infranchissable sauf quand l'avocat commet lui-même une infraction. La loi du 22 décembre 2021 a étendu la protection du secret au conseil en lien avec l'exercice des droits de la défense (V. *supra*, n° 1508).

1514 Il peut en aller de même du secret des sources des journalistes auquel la loi a attribué une protection renforcée (V. *supra*, n° 1503) et du secret de la défense nationale qui est à la discrétion du gouvernement même si une commission indépendante doit être consultée (V. *supra*, n° 1506).

POUR ALLER PLUS LOIN…

Fascicule JurisClasseur

• *JCl. Procédure pénale*, Art. 101 à 113-8, fasc. 20, *Audition des témoins*, § 33 et s., par J.-P. Valat.

Ouvrage

• Ch. Guéry et P. Chambon, *Droit et pratique de l'instruction préparatoire*, Dalloz Action, 2022-2023, § 541-71.

Circulaire

• Circ. CRIM-2022-05/H2, 28 févr. 2022.

Fiche 41

Échange d'informations entre services enquêteurs

Sommaire

1515 **Première vue.** Le secret de l'enquête et de l'instruction s'imposant au premier chef aux enquêteurs, la question peut se poser de savoir s'ils peuvent faire part à des collègues d'éléments dont ils ont eu connaissance dans le cadre de leur enquête secrète.

Il est patent que la mise en commun des éléments glanés au cours d'une enquête peut conduire à la résolution d'autres enquêtes. Il suffit, pour s'en convaincre, de penser aux rapprochements que font les services enquêteurs entre des modes opératoires, lesquels leur permettent souvent de dresser un portrait-robot ou de dessiner un schéma de la façon d'opérer d'une équipe ou d'un criminel en série. De même, la collecte, puis la mise en mémoire d'empreintes digitales, palmaires, génétiques, éléments incontestablement issus d'enquêtes soumises au secret, permettent très souvent la résolution d'affaires nouvelles.

Si la nécessité de la communication d'éléments issus des enquêtes n'est pas discutable, leur base légale a pu parfois poser question.

I

Les acteurs de l'enquête peuvent-ils se communiquer des informations issues d'enquêtes soumises aux dispositions de l'article 11 du Code de procédure pénale ?

1516 **Fichiers de police et de gendarmerie.** À supposer le secret édicté par l'article 11 du Code de procédure pénale applicable aux fichiers de police et de gendarmerie, il serait possible de considérer que la loi les créant et définissant les données qu'ils renferment déroge au principe de secret posé par ce texte.

1517 **Licéité du versement d'éléments d'une autre enquête.** La question peut susciter davantage

de discussion quand ce sont des éléments d'enquête d'une autre nature que des enquêteurs partagent, souvent en se les transmettant de façon informelle. La chambre criminelle juge de longue date qu'« aucune disposition du Code de procédure pénale n'interdit d'annexer à une procédure pénale les éléments d'une autre procédure dont la production peut être de nature à éclairer le juge et à contribuer à la manifestation de la vérité. La seule condition exigée est qu'une telle jonction ait un caractère contradictoire et que toutes les parties intéressées aient pu en débattre » (Cass. crim., 11 mars 1964, n° 63-91.109 : *Bull. crim.* n° 086).
Elle a appliqué cette règle :
– que les deux informations soient suivies par le même juge d'instruction (Cass. crim., 7 déc. 2005, n° 05-85.876 : *Bull. crim.* n° 327) ;
– que les pièces versées dans un dossier d'instruction proviennent d'un dossier d'instruction suivi dans une autre juridiction (Cass. crim., 23 juill. 1985, n° 85-92.574 : *Bull. crim.* n° 275. – Cass. crim., 6 oct. 1999, n° 99-85.045 : *Bull. crim.* n° 210. – Cass. crim., 16 mai 2000, n° 00-80.905 : *Bull. crim.* n° 190) ;
– ou que ce soit la cour d'appel qui ait ordonné, par arrêt avant dire droit, le versement de pièces issues d'un dossier d'instruction clôturé (Cass. crim., 9 déc. 1991, n° 90-84.994 : *Bull. crim.* n° 465).
Elle a très nettement affirmé que cette pratique ne méconnaissait pas le principe du secret de l'enquête et de l'instruction en énonçant que « ni l'article 11 du Code de procédure pénale, ni les dispositions des articles R. 155 et R156 du même Code n'interdisent aux juges de décider que soient annexés à une procédure pénale les éléments d'une autre procédure dont la production peut être de nature à les éclairer et à contribuer à la manifestation de la vérité ; la seule condition exigée est qu'une telle jonction ait un caractère contradictoire et que les pièces ou les procédures communiquées puissent être soumises à la discussion de toutes les parties » (Cass. crim., 16 mars 1981, n° 80-95.343 : *Bull. crim.* n° 091).

1518 **Limite temporelle, copie de travail.** Il arrive que les enquêteurs établissent une copie de travail des enregistrements sonores ou audiovisuels résultant de l'exploitation d'un dispositif de sonorisation ou de fixation d'images qu'ils ont mis en place. Deux arrêts de la chambre criminelle avaient pu donner l'impression que cette pratique était prohibée (Cass. crim., 8 juill. 2015, n° 15-81.731 : *Bull. crim.* n° 174. – Cass. crim., 11 mai 2021, n°s 20-86.182 et 20-82.415). Il semble que cette vision des choses procède d'une interprétation erronée de ces arrêts. Ce que ces décisions ont censuré c'est l'utilisation de cette copie de travail après clôture des investigations, une fois les enquêteurs dessaisis. En tout état de cause, cette utilisation irrégulière après clôture des investigations n'est pas de nature à entraîner la nullité des enregistrements qui ont été effectués de façon régulière (Cass. crim., 21 juin 2016, n° 16-80.126 : *Bull. crim.* n° 188).
Tant les enquêteurs que les magistrats peuvent se servir de ces copies de travail pendant qu'ils sont régulièrement saisis (Cass. crim., 5 oct. 2021, n° 21-82.331 : *Bull. crim.* n° 10 ; *RSC* 2021, p. 870, comm. J.-P. Valat). C'est l'utilisation, alors qu'ils sont dessaisis, qui pose problème.

II

L'accord du magistrat dirigeant l'enquête est-il nécessaire ?

1519 L'idée est parfois avancée que l'autorisation du procureur de la République ou du juge d'instruction en charge des investigations serait nécessaire à la validité de cet échange d'informations.
En réalité la jurisprudence n'a jamais posé une telle exigence.
La chambre criminelle l'a jugé, tout d'abord de façon implicite, en considérant que la solution est identique lorsque le versement de pièces n'a pas été fait à l'initiative d'un magistrat mais est le fait d'un enquêteur. Elle a jugé que « si les fonctionnaires de police chargés de l'exécution d'une commission rogatoire du 26 mars 1990 ont reçu communication de photographies diffusées par les services de police judiciaire de Montpellier et de Toulouse, cette communication n'emporte aucune irrégularité, dès lors qu'aucune disposition légale n'interdit d'utiliser dans une procédure des éléments recueillis lors de l'exécution

d'une commission rogatoire délivrée dans une autre information » (Cass. crim., 30 mars 1993, n° 93-80.141 : *Bull. crim.* n° 134).
Cette solution apparaît parfaitement logique : on ne voit pas pourquoi l'enquêteur agissant sur commission rogatoire aurait moins de pouvoir que le juge d'instruction mandant dès lors que « les officiers de police judiciaire commis rogatoirement doivent se conformer dans l'instruction des affaires dans lesquelles ils sont commis, aux mêmes règles que celles que doit observer le juge d'instruction » et « que l'officier de police judiciaire exerce, dans les limites de la commission rogatoire, tous les pouvoirs du juge d'instruction » (Cass. crim., 12 juin 1952 : *Bull. crim.* n° 153).
Au plan des principes, on voit mal, si l'article 11 du Code de procédure pénale devait trouver à s'appliquer en cas de communication d'informations ou de versement de pièces d'une procédure dans une autre, sur quelle base une autorisation du procureur de la République ou du juge d'instruction pourrait faire disparaître la difficulté. Le secret de l'enquête et de l'instruction n'est pas à la disposition du magistrat. Il s'impose à lui et ce magistrat ne peut s'en affranchir ou en affranchir les enquêteurs. C'est donc bien, comme l'a dit la chambre criminelle à plusieurs reprises, que l'article 11 ne s'oppose pas au versement de pièces dont la production peut être de nature à contribuer à la manifestation de la vérité, pourvu que cette jonction soit contradictoire et que les pièces ou les procédures communiquées puissent être soumises à la discussion de toutes les parties.

1520 La chambre criminelle a eu l'occasion de confirmer de la façon la plus nette cette possibilité de communication d'informations ou **de procès-verbaux** sans que l'accord du procureur ou du juge d'instruction en charge de l'enquête soit nécessaire dans une espèce où les enquêteurs ont utilisé les informations communiquées avant que le juge d'instruction, dont l'autorisation avait été sollicitée, ait donné son accord. La chambre criminelle a énoncé à cette occasion qu'« aucune disposition légale n'interdit d'utiliser dans une procédure les éléments recueillis lors de l'exécution d'une commission rogatoire délivrée dans une autre information ; qu'aucune atteinte au secret de l'instruction n'est portée par un officier de police judiciaire lorsqu'il exploite des renseignements résultant de pièces de procédure issues d'une autre procédure d'instruction et que le procès-verbal d'enquête n'encourt aucune annulation lorsque le magistrat instructeur n'a pas encore autorisé le versement de ces pièces, dès lors que leur exploitation ne s'est accompagnée d'aucun acte de nature à mettre en cause l'impartialité des enquêteurs ou leur loyauté dans la recherche de la preuve » (Cass. crim., 9 mai 2018, n° 18-80.066 : *Bull. crim.* n° 91 ; *Dr. pén.* 2018, comm. 135, note A. Maron et M. Haas).

1521 **Contrôle de la légalité des actes versés.** Le versement de pièces d'une procédure dans une autre emporte une conséquence. Depuis l'arrêt *Matheron* (CEDH, 29 mars 2005, n° 57752/00, *Matheron c/ France*) de la Cour européenne des droits de l'homme, la chambre criminelle juge que « le demandeur à la nullité est recevable à proposer des moyens tirés de l'irrégularité d'actes accomplis dans une information à laquelle il n'est pas partie, et qui ont été versés à la procédure, lorsqu'il invoque une atteinte à l'un de ses droits qui aurait été commise dans la procédure distincte ou que les pièces versées sont susceptibles d'avoir été illégalement recueillies » (Cass. crim., 7 déc. 2005, n° 05-85.876 : *Bull. crim.* n° 327) et elle ajoute que « l'autorité de chose jugée attachée à une décision prononcée, sur une requête en nullité, dans le cadre de l'information à laquelle il n'est pas partie ne peut lui être opposée » (Cass. crim., 16 févr. 2011, n° 10-82.865 : *Bull. crim.* n° 29). Il en va de même lorsque c'est une chambre des appels correctionnels qui a écarté un moyen de nullité. L'arrêt ne peut être opposé à celui qui, n'étant pas partie à cette procédure, présente, devant la juridiction d'instruction saisie d'une information ouverte sur la base de celle-ci, une demande portant sur les mêmes nullités (Cass. crim., 20 juin 2018, n° 17-86.657 : *Bull. crim.* n° 116).

III

Échange d'informations avec un service d'enquête étranger

1522 Cette question fait l'objet de développements spécifiques dans la partie de cet ouvrage consacrée aux aspects internationaux de l'enquête (V. *infra*, n° 4478).

L'ESSENTIEL 1523 Les enquêteurs peuvent échanger entre eux des informations et des copies de pièces issues de leurs enquêtes pour contribuer à la manifestation de la vérité. Le secret de l'enquête et de l'instruction ne s'oppose pas à une telle transmission qui ne nécessite pas l'autorisation du magistrat dirigeant l'enquête, même s'il est préférable d'évoquer la question avec lui.

Partie 4
Les actes d'investigation

Sommaire

Sommaire (suite)

Titre 1
Généralités

Sommaire

Fiche 42

Rédaction des procès-verbaux ; force probante

Sommaire

Introduction

1524 **Rôle cardinal du procès-verbal.** La mission de la police judiciaire consistant à constater les infractions à la loi pénale, à en rassembler les preuves et à en rechercher les auteurs tant qu'une information n'est pas ouverte et à exécuter les délégations des juridictions d'instruction dans le cas contraire se matérialise par l'établissement de procès-verbaux que nombre d'articles du code réglementent.

1525 Contrairement à ce que le libellé de ces actes pourrait faire penser, il s'agit de documents écrits relatant soit ce que l'enquêteur constate, soit ce qui lui est dit.

1526 Devant le tribunal correctionnel, les procès-verbaux établis par les enquêteurs constitueront le plus souvent le socle à partir duquel les juges forgeront leur intime conviction, à partir, dit l'article 427 du Code de procédure pénale, « ... des preuves qui lui sont apportées au cours des débats et contradictoirement discutées devant lui ».

1527 Devant la cour d'assises ou la cour criminelle où prévaut le principe d'oralité des débats, le juge forgera sa conviction à partir des déclarations faites lors de l'audience. Toutefois le président aura pris préalablement connaissance du dossier écrit pour pouvoir diriger utilement les débats.

1528 La présente fiche n'a pas vocation à retracer le contenu et les mentions devant figurer dans chacun des procès-verbaux propres aux actes d'enquête. L'idée est ici de tenter de dégager une doctrine générale de la rédaction du procès-verbal.

1529 En effet, au sein des différentes fiches, sont indiquées les mentions obligatoires devant figurer au procès-verbal en fonction de l'acte d'investigation qu'il relate, mais aussi de mentions, qui, si elles ne sont pas obligatoires, viennent utilement éclairer l'acteur du procès pénal qui aura à connaître de la procédure. Tel nous semble être la double utilité du procès-verbal :
– matérialiser l'acte d'enquête en faisant apparaître les conditions dans lesquelles il s'est déroulé, afin de permettre le contrôle de légalité puis de discuter de sa force probante lors de la phase juridictionnelle conformément aux principes du contradictoire et de l'intime conviction ;
– veiller à la cohérence de l'enquête judiciaire en faisant apparaître dans des procès-verbaux des éléments qui ne découlent pas d'actes d'investigation encadrés par le Code de procédure pénale. Il s'agit souvent de procès-verbaux relatant les contacts avec les magistrats, les chefs hiérarchiques qui conduisent parfois, selon les directives, à réorienter l'enquête. Il s'agit aussi de procès-verbaux de contexte ou encore du procès-verbal ou rapport de synthèse, qui a une place à part entière, notamment au sein des services ou unités d'investigations judiciaires.

1530 **Logiciels de rédaction des procédures.** Enfin, on précisera qu'aujourd'hui la rédaction des procès-verbaux est grandement facilitée par les logiciels de rédaction des procédures de la gendarmerie et de la police nationales, qui indiquent automatiquement les références textuelles, les informations et les mentions obligatoires. Ces logiciels proposent de nombreux procès-verbaux types, notamment dans les matières dites techniques ou sur lesquelles pèsent une attente particulière comme les violences intrafamiliales.

1531 Toutefois, l'officier de police judiciaire étant responsable de la procédure qu'il rédige, il doit connaître les principales règles qui régissent la rédaction des procès-verbaux.

> CONSEIL Le recours à ces logiciels désormais indispensables à la rédaction des procès-verbaux ne doit pas brider l'enquêteur dans sa liberté de manœuvre « rédactionnelle ». En effet, bien que les modèles de procès-verbaux soient efficacement balisés par les mentions obligatoires, il est recommandé d'acter en procédure tout ce qui se passe lors de la réalisation d'un acte d'enquête, les incidents, comme les attitudes d'une personne. Quant aux déclarations « spontanées » qu'une personne peut faire en perquisition, nous renvoyons à la fiche dédiée (V. *infra*, nos 2089 et 2977).

1532 **Procès-verbal et rapport.** L'article 430 du Code de procédure pénale fait référence tant « au procès-verbal » qu'au « rapport ». Les officiers et les agents de police judiciaire rédigent des procès-verbaux (CPP, art. 19), tandis que les agents de police judiciaire adjoints rédigent des procès-verbaux et des rapports (CPP, art. 21).
Le rapport est essentiellement utilisé par les personnes qui n'ont pas de compétence judiciaire pour réaliser des investigations mais qui sont requises comme personnes qualifiées, comme experts, etc., pour rendre compte de l'exécution de la mission qui leur a été confiée. Enfin, le rapport est parfois utilisé par les enquêteurs, notamment au sein de la police nationale, par les chefs de service pour rendre compte aux magistrats (V. *infra*, n° 1591).

I
Formalisme légalement imposé

1533 Nous exposerons tout d'abord le droit commun de la rédaction du procès-verbal avant d'aborder le recours au numéro d'immatriculation administrative.

A La forme du procès-verbal : droit commun

1 Règles générales

a) Une loi laconique

1534 Les règles de portée générale qui viennent régir la rédaction des procès-verbaux sont peu nombreuses et éparses.
Les officiers de douane judiciaire voient leurs actions régies par des dispositions inspirées du droit commun (V. *supra*, n° 343).

1535 **Moment de la rédaction.** En matière de procédure flagrante, l'article 66 du Code de procédure pénale disposait autrefois que « les procès-verbaux dressés par l'officier de police judiciaire en exécution des articles 54 à 62 sont rédigés sur-le-champ et signés par lui sur chaque feuillet du procès-verbal ». Toutefois, la chambre criminelle avait une lecture très indulgente de l'expression « sur-le-champ » et précisait que :

> « (...) les dispositions de l'article 66 du Code de procédure pénale relatives à la rédaction immédiate des procès-verbaux n'est pas prescrite à peine de nullité, une telle sanction ne pouvant être encourue que si le retard apporté à cette rédaction avait été de nature à compromettre les droits de la défense ou à porter atteinte au respect du secret professionnel tels que les articles 54 et suivants du même code entendent les garantir (...) » (Cass. crim., 8 oct. 1985, n° 84-95.606).

1536 Le législateur a pris acte de cette jurisprudence mais aussi de la réalité opérationnelle et a modifié l'article 66 par la loi du 23 mars 2019 en le complétant par la précision « sur-le-champ ou dès que possible ».

> **CONSEIL** Bien que le législateur autorise l'enquêteur à ne pas acter sur-le-champ, il est toutefois vivement conseillé d'acter dans les plus brefs délais, afin de préserver l'exhaustivité et l'exactitude des éléments renseignés sur le procès-verbal et ainsi d'éviter toute contestation sur ce fondement.

b) Précisions réglementaires

1537 Les articles D. 9, D. 10 et D. 11 du Code de procédure pénale sont plus explicites quant à la forme du procès-verbal.

1538 **Nom et qualité.** L'article D. 9 reprend l'article 19 du Code de procédure pénale, en précisant que les procès-verbaux doivent contenir le nom et la qualité du rédacteur, qui est celui qui réalise l'acte d'enquête. Toutefois, l'enquêteur peut acter en recourant à un numéro d'immatriculation administrative (V. *infra*, n°s 1553 et s.).
La chambre criminelle précise que l'officier de police judiciaire n'a pas l'obligation de justifier de son habilitation « OPJ » au procès-verbal (Cass. crim., 9 sept. 2020, n° 19-86.886).

1539 **Pluralité d'enquêteurs.** Si plusieurs officiers de police judiciaire concourent à une enquête préliminaire, le nom de celui qui a personnellement accompli chacune des opérations doit être précisé. Ces dispositions sont applicables aux agents de police judiciaire énumérés à l'article 20.
L'article D. 11, alinéa 2 indique que si plusieurs enquêteurs concourent à une enquête, le nom de celui qui a personnellement accompli chacune des opérations doit être précisé. Cette précision vaut notamment lorsqu'il est recouru au procès-verbal unique. Il faudra alors préciser « qui a fait quoi ».
En revanche, il n'est pas nécessaire d'indiquer le nom de tous les militaires de la gendarmerie ou fonctionnaires de la police nationale lorsqu'ils assistent l'officier de police judiciaire (Cass. crim., 19 oct. 1995, n° 94-81.397). Ainsi, lors d'une opération d'interpellation réalisée avec l'aide d'une unité ou d'un service spécialisé, il y a simplement lieu que l'officier de police judiciaire qui rédige le procès-verbal indique qu'il a été assisté par tel ou tel service ou unité.
En matière de géolocalisation, la chambre criminelle juge que la simple référence au service qui procède à l'installation du dispositif est suffisante sans qu'il n'y ait lieu d'indiquer l'identité des agents (V. *infra*, n° 3979).

1540 **Dates et heures.** Outre le nom et la qualité, la date doit également figurer sur le procès-verbal. Il en va ainsi de la date à laquelle l'acte d'enquête est réalisé mais aussi de celle de rédaction, qui peuvent être distinctes.
S'agissant de l'indication de l'heure de rédaction, si le logiciel d'aide à la rédaction des procédures peut indiquer cet horaire de manière automatique, celle-ci n'est nullement requise par le Code de procédure pénale. En revanche, il est impératif que figurent la date et l'heure auxquelles certains actes ont été réalisés, dès lors que l'horaire est une des conditions qui définit le régime applicable (perquisition, entrée dans un lieu privé pour installation d'une technique). De même, les heures de début et de fin d'une audition de témoin ou d'une audition libre, comme celles d'une garde à vue, doivent apparaître au procès-verbal puisque la durée de ces mesures en conditionne la légalité.

1541 **Signature.** Le procès-verbal doit être rédigé et signé par celui qui a compétence pour acter en procédure et qui a participé à l'acte d'enquête sans qu'il soit nécessaire que tous les officiers et agents de police judiciaire et adjoints qui y ont pris part le signent chacun (Cass. crim., 19 oct. 1995, n° 94-81.397). Il doit aussi être signé par le témoin. La jurisprudence est contrastée sur les conséquences à tirer de l'absence de signature sur le procès-verbal d'audition de témoin. En principe, celui-ci est non avenu mais certains arrêts le jugent nul.

Le procès-verbal de perquisition doit également être signé : l'absence de signature de la personne présente à la perquisition est une cause de nullité (Cass. crim., 7 sept. 2021, n° 21-80.642). La chambre criminelle juge que l'absence de signature sur le procès-verbal de saisie et de placement sous scellé n'entraîne pas la nullité de ce dernier, faute de grief, « dès lors que leur inventaire correspond précisément à celui figurant sur le procès-verbal distinct (...) décrivant les opérations de perquisition et de saisies auxquelles ils ont assisté » (Cass. crim., 26 févr. 2014, n° 13-87.065 : *Bull. crim.* n° 61).

1542 **Émargement.** Le procès-verbal récapitulatif de la mesure de garde à vue prévu à l'article 64, I du Code de procédure pénale (V. *infra*, n° 3199) doit être émargé. Le législateur a imposé que certaines mentions soient spécialement émargées, ce qui signifie que l'enquêteur et la personne gardée à vue apposent leur signature après chaque mention et non pas uniquement en fin de feuillet. L'objectif est ici de s'assurer, par le biais de la signature, que la personne a bien pris la mesure de ses droits ou de ses obligations. Une telle disposition peut apparaître artificielle (V. *infra*, n° 3203).

CONSEIL Pour éviter ce genre de mésaventure, il y a lieu de bien relire et de vérifier que toutes les personnes devant signer et/ou émarger l'ont bien fait.

1543 L'article 66 du Code de procédure pénale impose que l'enquêteur responsable de l'acte d'enquête signe sur chaque feuillet, c'est-à-dire sur chaque page. L'article 106 indique, de la même manière, s'agissant du témoin, que chaque page du procès-verbal doit être signée.

1544 **Procès-verbaux séparés.** Depuis le décret du 7 septembre 2016 (D. n° 2016-1202, 7 sept. 2016, portant simplification des dispositions du Code de procédure pénale : *JO* n° 209, 8 sept. 2016) modifiant les articles D. 10 et D. 11 du Code de procédure pénale, les enquêteurs peuvent, lors d'une enquête de flagrance ou d'une enquête préliminaire, « relater dans un seul procès-verbal les opérations effectuées au cours de la même enquête ». Cette possibilité est aussi dénommée « procès-verbal unique » et avait été validée indirectement par la chambre criminelle qui ne faisait pas de l'exigence de rédaction de procès-verbaux séparés une cause de nullité (*ibid.*). Dans une circulaire commune à la DACG, la DGGN et la DGPN, il est précisé qu'il peut être recouru, sous réserve de la validation du procureur de la République, au procès-verbal unique dans les cas suivants :

– consignation dans un procès-verbal unique de vérifications diverses (enquêtes de voisinage, résultats de réquisitions, consultation des fichiers, constatations...), notamment dans un procès-verbal de vaines recherches ;

– dans le cas d'une procédure simplifiée (la circulaire fait référence aux infractions suivantes : vol à l'étalage, port/détention/transport d'arme de catégorie D, usage de stupéfiants, infraction simple au Code de la route [défaut de permis de conduire, défaut d'assurance] ; non-représentation d'enfant, non-paiement de pension alimentaire, filouterie de carburant, filouterie d'hôtel, dépôts d'ordures sauvages...), l'intégralité de la procédure judiciaire peut être relatée sur un procès-verbal unique (contrôle, interpellation, audition, réponse pénale, éventuelle restitution d'objet à la victime ou destruction d'un objet illicite...).

1545 Seule la commission rogatoire reste soumise à l'exigence de rédaction séparée conformément à l'article D. 10. Celle-ci résulte de la nature de « mandat » de cette dernière où le juge y délègue ses pouvoirs un à un en les listant.

1546 **Erreur rédactionnelle.** La chambre criminelle précise qu'une erreur matérielle dans la rédaction du procès-verbal ne le prive ni de sa validité, ni de sa force probante, sauf si l'erreur fait obstacle aux droits de la défense ou qu'elle est le point de départ d'une formalité prescrite à peine de nullité (Cass. crim., 7 mars 1996, n° 94-84.553. – Cass. crim., 5 sept. 2001, n° 01-82.130).

De même, lorsqu'un article du Code de procédure pénale est visé au procès-verbal de manière erronée, la chambre criminelle juge qu'une telle erreur matérielle n'entraîne pas la nullité de l'acte dès lors que celui-ci contient par ailleurs l'ensemble des mentions et informations prescrites à peine de nullité (Cass. crim., 27 mars 2018, n° 17-85.603 : *Bull. crim.* n° 53).

1547 En complément, s'agissant de l'instruction, l'article 107 du Code de procédure pénale indique que :

> « Les procès-verbaux ne peuvent comporter aucun interligne. Les ratures et les renvois sont approuvés par le juge d'instruction, le greffier et le témoin et,

s'il y a lieu, par l'interprète. À défaut d'approbation, ces ratures et ces renvois sont non avenus.
Il en est de même du procès-verbal qui n'est pas régulièrement signé ».

En raison de l'utilisation des logiciels de rédaction des procédures, cet article semble désuet, notamment s'agissant de l'interdiction de l'interligne. Cependant, il peut arriver que l'enquêteur corrige à la main une faute de frappe sur son procès-verbal plutôt que de le retaper à nouveau, notamment si ce procès-verbal est également signé par un témoin, par exemple.

CONSEIL Si l'enquêteur constate qu'il a commis une erreur dans la rédaction de son procès-verbal qu'il a déjà transmis au magistrat, il est préférable de rédiger un nouveau procès-verbal corrigeant le premier, et laisser les deux en procédure.

1548 **Copie conforme.** La loi du 3 juin 2016 a abrogé l'obligation de certifier conforme la copie des procès-verbaux transmis au procureur de la République lors de la clôture de la procédure. Cette exigence demeure pour les procès-verbaux rédigés dans le cadre d'une instruction conformément à l'article 81, alinéas 2 et 3 du Code de procédure pénale.

2 Règles particulières

1549 Il ne s'agit là que d'exemples illustratifs, les mentions devant figurer au procès-verbal faisant l'objet d'une étude particulière au sein de la fiche relative à l'acte d'enquête auquel elles se rapportent. Ces mentions particulières du procès-verbal sont la traduction procédurale de droits, notamment ceux de la défense, que le législateur a voulu garantir. Afin qu'elles ne soient pas qu'une simple déclaration de principe, certaines mentions sont érigées par les articles 171 et 802 du Code de procédure pénale en condition de validité du procès-verbal. La chambre criminelle exige toutefois la preuve d'un grief pour prononcer la nullité (V. *supra*, n° 465).

1550 **Perquisition.** L'article 59 du Code de procédure pénale dispose que « les formalités mentionnées aux articles 56, 56-1 et 57 et au présent article sont prescrites à peine de nullité » (V. *infra*, n° 2090, PV de perquisition).

1551 **Questions et réponses.** L'article 429 du Code de procédure pénale dispose que « tout procès-verbal d'interrogatoire ou d'audition doit comporter les questions auxquelles il est répondu » (V. *infra*, n°s 2541, 2654, 3142).

1552 **Procès-verbal de « procédure ».** Dernier exemple enfin, celui de la mesure de garde à vue au cours de laquelle les procès-verbaux qui y sont rédigés peuvent être classés en deux catégories : les procès-verbaux de procédure et les procès-verbaux de fond. Le procès-verbal d'audition constitue le véritable acte d'enquête car y sont relatées les déclarations de la personne entendue, en présence ou non de son avocat. À côté de ce procès-verbal d'audition, qui est établi pour chaque audition (il y a donc autant de procès-verbaux que d'auditions), se trouve un procès-verbal dénommé « procès-verbal de notification, d'exercice et déroulement de la garde à vue » (telle est l'appellation retenue pour le procès-verbal qui figure dans le logiciel de rédaction des procédures de la gendarmerie nationale), imposé par l'article 64, I du Code de procédure pénale qui vient retracer les formalités exigées. Ces dernières ne visent aucunement à recueillir les déclarations de la personne (V. *infra*, n° 3199).

B Cas particulier de la rédaction sous numéro d'immatriculation administrative

1553 Les articles 15-3 et 15-4 du Code de procédure pénale offrent la possibilité aux enquêteurs de ne pas acter sous leur nom mais sous la forme d'un numéro afin de préserver leur identité à l'égard des tiers. Cette procédure ne doit pas être confondue avec celles prévues aux articles 706-52 et suivants et qui sont applicables à tout témoin – y compris un membre des forces de l'ordre – au cours d'une procédure judiciaire ou à l'article 656-1 du même code (V. *infra*, n°s 2476 et s.).
Le dispositif de rédaction sous numéro d'immatriculation administrative des agents participants à une procédure judiciaire est réservé aux seuls membres des forces de l'ordre, lorsqu'ils sont acteurs de la procédure. Ces dispositions existent également en matière administrative aux articles L. 229-1 à L. 229-6 du Code de la sécurité intérieure.

1 Le champ d'application du dispositif de rédaction sous numéro d'immatriculation administrative des agents participants à une procédure judiciaire

1554 Il existe trois cas dans lesquels les enquêteurs peuvent recourir à ce dispositif pour établir des actes de procédure.

a) Le recueil d'un dépôt de plainte

1555 Prévu à l'article 15-3, alinéa 2 du Code de procédure pénale, ce dispositif est ouvert à la seule condition que l'acte de procédure soit une audition qui comporte un dépôt de plainte. Aucune autorisation hiérarchique n'est requise pour recourir à ce dispositif.
Dès lors, seul le procès-verbal d'audition comportant un dépôt de plainte pourra être rédigé en recourant au numéro d'immatriculation administrative (V. *infra*, n° 1564).

> **CONSEIL** L'enquêteur devra s'assurer, avant d'utiliser son numéro d'immatriculation, que la personne qu'il va entendre souhaite bien porter plainte, faute de quoi il devra établir le procès-verbal sous son nom.

b) Tout au long d'une procédure judiciaire

1556 Il peut également être recouru à ce dispositif pour toute la durée d'une procédure judiciaire. L'article 15-4, I du Code de procédure pénale dispose que le recours à un numéro d'immatriculation administrative est autorisé pour tout « agent » de la police nationale ou de la gendarmerie nationale, lorsque la révélation de son identité est susceptible, compte tenu des conditions d'exercice de sa mission ou de la nature des faits, de mettre en danger sa vie ou son intégrité physique ou celle de ses proches.
Ces dispositions ont vocation à s'appliquer dans les actes de procédure établis par l'agent mais aussi lorsqu'il apparaît nécessaire de l'entendre en qualité de témoin. L'agent ne devient pas pour autant un « témoin anonyme ». La circulaire de la DACG précise qu'il est entendu à visage découvert.
Ce recours nécessite une autorisation préalable, qui doit être accordée par la hiérarchie, et qui permet à l'agent d'être identifié par un numéro d'immatriculation administrative. Cette autorisation est délivrée selon les modalités suivantes :
– une **autorisation permanente.** Elle peut être utilisée lorsque les faits sont des crimes ou des délits punis d'au moins trois ans d'emprisonnement. Elle est générale et délivrée par la hiérarchie pour la durée de l'affectation de l'agent ou de sa mise à disposition temporaire dans une unité, à condition qu'il conserve au cours de cette période des missions de même nature ;
– une **autorisation particulière**, lorsque les faits portent sur des délits punis de moins de trois ans d'emprisonnement. Elle est délivrée au cas par cas et à la double condition que l'agent bénéficie déjà d'une autorisation générale et qu'il existe des circonstances particulières dans la commission des faits ou en raison de la personnalité du mis en cause. Cette autorisation peut être délivrée dans l'urgence par tout moyen par le chef hiérarchique, défini par décret, ou son représentant dans le cadre de l'astreinte du service. Elle est ensuite confirmée par écrit du chef hiérarchique dès le premier jour ouvrable suivant sa délivrance.

1557 La chambre criminelle a jugé que la chambre de l'instruction, saisie d'une requête en annulation, fondée sur l'absence de mention, dans les procès-verbaux établis par les agents des douanes, de l'accomplissement des formalités prescrites par l'article 55 bis du Code des douanes et 15-4, II du Code de procédure pénale, n'était pas tenue de vérifier si le recours à la procédure de l'article 15-4 se justifiait ni l'existence de l'autorisation et de la transmission de celle-ci (Cass. crim., 9 sept. 2020, n° 19-86.886).

1558 Elle a encore jugé que l'appréciation de la requête en annulation d'un procès-verbal tirée de ce que ses rédacteurs avaient omis d'y indiquer leur nom et d'y apposer leur signature ainsi que le prévoient les articles D.9 et D.10 du Code de procédure pénale, lorsqu'elle ne nécessitait pas la révélation des nom et prénom des intéressés, relevait de la chambre de l'instruction, compétente pour constater que ces agents s'étaient régulièrement identifiés par leur matricule, ainsi que le permet l'article 15-4 du même code et non du président de cette juridiction. Dans un tel cas, aucun texte n'imposait à la chambre de l'instruction de vérifier si le recours à la procédure prévue à l'article 15-4 précité se justifiait ni de faire état de l'autorisation délivrée à l'agent (Cass. crim., 7 janv. 2020, n° 19-84.246, publié au bulletin).

1559 Cependant elle a également jugé qu'il appartient au juge pénal, lorsqu'il est saisi d'une contestation portant sur la régularité de la procédure d'identification par un numéro administratif, de vérifier si les conditions de sa mise en œuvre sont réunies (Cass. crim., 22 juin 2021, n° 20-84.513).

c) En cas de déposition ou de comparution comme témoin au cours d'une enquête, devant les juridictions d'instruction ou de jugement lorsque l'agent s'est constitué partie civile

1560 L'article 15-4, I, alinéas 6 et 7 du Code de procédure pénale autorise l'agent bénéficiaire de l'autorisation à déposer ou à comparaître comme témoin au cours de l'enquête ou devant les juridictions d'instruction ou de jugement et à se constituer partie civile en utilisant ces mêmes éléments d'identification, qui sont seuls mentionnés dans les procès-verbaux, citations, convocations, ordonnances, jugements ou arrêts. Il ne peut être fait état de ses nom et prénom au cours des audiences publiques.

1561 **Exclusion.** L'article 15-4, I du Code de procédure pénale n'est pas applicable lorsque, en raison d'un acte commis dans l'exercice de ses fonctions, le bénéficiaire de l'autorisation est entendu en application des articles 61-1 ou 62-2 du même code ou qu'il fait l'objet de poursuites pénales.

d) Agents concernés

1562 Le recours au numéro d'immatriculation administrative pour rédiger un acte de procédure n'est pas limité aux seuls rédacteurs de la procédure. Il s'étend à tous les agents ayant participé à l'acte de procédure.
L'ensemble des militaires de la gendarmerie nationale et des fonctionnaires de la police nationale en activité, ainsi que certains personnels civils, amenés à intervenir dans une procédure, peuvent être autorisés à recourir à ce dispositif dans le cadre d'une procédure pénale.
Précisons que l'article 15-4, I est applicable aux agents mentionnés aux articles 28-1 et 28-2 du Code de procédure pénale (V. *supra*, n°s 324 et 346).

1563 **Sanction en cas de révélation.** En dehors des cas légaux de communication de l'identité des agents, la révélation des nom et prénom du bénéficiaire d'une autorisation ou de tout élément permettant son identification ou sa localisation est punie de cinq ans d'emprisonnement et de 75 000 € d'amende. Les peines sont aggravées lorsque cette révélation a entraîné des violences ou la mort du bénéficiaire de l'autorisation, de son conjoint, de ses enfants ou de ses ascendants directs.
Lorsque la révélation a entraîné des violences à l'encontre du militaire ou de sa famille, les peines sont portées à sept ans d'emprisonnement et à 100 000 € d'amende. Les sanctions sont portées à dix ans d'emprisonnement et à 150 000 € d'amende si la révélation a entraîné la mort.

2 La mise en œuvre du dispositif de rédaction sous numéro d'immatriculation administrative des agents participants à une procédure judiciaire

a) Le numéro d'immatriculation

1564 L'arrêté du 30 mars 2018 relatif au numéro d'immatriculation administrative des agents de la police nationale et de la gendarmerie nationale (V. *supra*, n° 1555) précise dans :
– son article 1er que « pour les agents de la police nationale, à l'exclusion des agents affectés à la Direction générale de la sécurité intérieure, le numéro d'immatriculation administrative correspond au numéro référentiel des identités et de l'organisation « RIO » ;
– son article 2 que « pour les agents de la **gendarmerie nationale**, le numéro d'immatriculation administrative correspond au numéro de matricule opérationnel » ;
Il s'agit, dans les deux cas, d'un numéro à sept chiffres.

1565 Il remplace dans les actes de procédure le nom et prénom de l'agent. Si ce numéro a vocation à figurer naturellement dans l'entête du procès-verbal, il devra également y être recouru, au besoin dans le corps de texte, afin d'assurer une parfaite protection de l'identité du ou des enquêteurs.

1566 **Attribution d'un nouveau numéro.** L'article R. 2-20 prévoit que lorsque le numéro de l'agent est compromis, l'autorité hiérarchique peut lui en délivrer un nouveau.

b) Autorité délivrant l'autorisation

1567 Le décret n° 2018-219 du 30 mars 2018, codifié aux articles D. 8-3 et s. du Code de procédure pénale, définit les responsables hiérarchiques susceptibles de délivrer les autorisations mentionnées à l'article 15-4 du même code.

1568 **Police nationale.** L'article D. 8-3, 1° précise que dans la police nationale, les responsables hiérarchiques sont :
– les directeurs des services territoriaux de la police nationale ;
– les directeurs des établissements publics de la police nationale ;
– les chefs des services ou d'offices centraux relevant de la police nationale ;
– le chef de service du détachement de la police nationale auprès de la Direction nationale du renseignement et des enquêtes douanières ;
– le chef de l'unité de coordination des enquêtes de l'Inspection générale de la police nationale ;
– les directeurs ou sous-directeurs des services actifs de la police nationale ;
– ou, le cas échéant, le préfet de police, le directeur général de la sécurité intérieure ou le directeur général de la police nationale.

1569 **Gendarmerie nationale.** Pour la gendarmerie nationale (CPP, art. D. 8-3, 2°), il s'agit :
– des commandants de groupement ;

Rédaction des procès-verbaux ; force probante

– des commandants de section de recherches ;
– des commandants de section d'appui judiciaire ;
– des commandants de la gendarmerie dans les départements et collectivités d'outre-mer et en Nouvelle-Calédonie ;
– des commandants de région ;
– des commandants des gendarmeries spécialisées ;
– de commandant de la gendarmerie prévôtale ;
– de sous-directeur de la police judiciaire de la direction des opérations et de l'emploi de la Direction générale de la gendarmerie nationale ;
– des commandants des offices centraux relevant de la Direction générale de la gendarmerie nationale ;
– des commandants des organismes directement subordonnés au directeur général de la gendarmerie nationale, ou, le cas échéant, le directeur général de la gendarmerie nationale.

Ce même article précise au 3° que « les seconds et adjoints de ces autorités sont également habilités à délivrer ces autorisations ».

1570 **Agent détaché ou mis à disposition.** L'article R. 2-18 du Code de procédure pénale prévoit que lorsque les agents de la police ou de la gendarmerie nationales sont mis temporairement à disposition d'un service de la police nationale ou d'une unité de la gendarmerie nationale autre que celui dans lequel ils sont affectés, ces autorisations sont délivrées par les responsables hiérarchiques dont relève le service ou l'unité d'accueil.

1571 **Délivrance de l'autorisation.** L'article R. 2-19 du Code de procédure pénale rappelle que l'autorisation particulière ne peut être délivrée que si l'agent dispose déjà d'une autorisation générale (V. *supra*, n° 1556). Elle peut être délivrée en urgence par tout moyen par un responsable hiérarchique mais doit être confirmée par écrit dès le premier jour ouvrable suivant sa délivrance.

c) Identification de l'agent

1) Conditions de l'identification d'un agent

1572 L'article 15-4, III du Code de procédure pénale prévoit les cas dans lesquels il est possible d'accéder à l'identité de l'agent qui a recouru à ce dispositif.

Les magistrats saisis des faits peuvent identifier, à leur initiative, l'agent qui a utilisé son numéro d'immatriculation administrative dans un acte de procédure. Ils peuvent aussi être saisis par une partie à la procédure d'une requête écrite et motivée tendant à la communication des nom et prénom d'une personne ayant acté en utilisant ce dispositif.

1573 **Critères.** Le procureur de la République, le juge d'instruction ou le président de la juridiction de jugement, après avis du ministère public, décide des suites à donner à cette requête en tenant compte de :
– la menace que la révélation de l'identité de cette personne ferait peser sur sa vie ou son intégrité physique ou celles de ses proches ;
– la nécessité de communiquer cette identité pour l'exercice des droits de la défense de l'auteur de la demande.

1574 **Requête en nullité.** En cas de requête en nullité d'un acte d'enquête au cours duquel il a été recouru à ce dispositif et qui nécessite l'identification de l'agent pour son appréciation, l'article 15-4, III, alinéa 3 du Code de procédure pénale indique que « (…) le juge d'instruction, le président de la chambre de l'instruction ou le président de la juridiction de jugement statue sans verser ces éléments au débat contradictoire ni indiquer les nom et prénom du bénéficiaire de cette autorisation dans sa décision ».

2) Traitement de données à caractère personnel dénommé « interface de levée de l'anonymat des agents de la police et de la gendarmerie nationales et des douanes dans les actes de procédure » (IDPV)

1575 Pour entrer plus aisément en contact avec les rédacteurs des procédures, une interface d'identification baptisée « IDPV » servant à identifier un enquêteur ayant eu recours au numéro d'immatriculation administrative dans le cadre d'une procédure a été mise en place et est disponible sur l'intranet des services de police et des unités de gendarmerie, ainsi que dans les services des douanes. Cette application et le traitement de données qui lui est adossé sont prévus par l'arrêté du 30 mars 2018.

1576 **Accédants autorisés.** L'article 4 de l'arrêté liste les personnes autorisées à accéder à IDPV. Sont autorisés à opérer une requête simple en interrogeant l'interface *via* le numéro de matricule à identifier : les magistrats et personnels habilités relevant du ministère de la Justice, les officiers et agents de police judiciaire à l'exclusion des agents de police judiciaire adjoints. Dans le respect de leur doctrine interne, les autres accédants (police nationale, douane…) bénéficient du même droit.

II

Actes non soumis à un formalisme

1577 Outre la rédaction et le formalisme imposés lors de la réalisation des actes d'enquête régis par le Code de procédure pénale, la pratique judiciaire montre que les enquêteurs rédigent d'autres procès-verbaux qui ne sont prévus par aucun texte.
Ces procès-verbaux sont ainsi souvent des pièces importantes auxquelles il convient d'apporter un soin et une attention particuliers.

A Le procès-verbal *sui generis*

1578 Ces procès-verbaux servent à acter des investigations qui ne font pas l'objet d'un encadrement spécifique, mais aussi à relater certaines actions qui permettent de mieux comprendre la logique d'enquête. Le procès-verbal de renseignement judiciaire fait l'objet d'observations particulières.

1 Le procès-verbal d'investigations

a) Procès-verbal de « cohérence », de contexte

1579 Intitulé « procès-verbal d'investigations » au sein de la gendarmerie nationale ou « procès-verbal de contact » au sein de la police nationale, cet acte vise par exemple à mentionner les directives reçues par le magistrat en charge de l'enquête visant à orienter les investigations.

1580 Ce procès-verbal d'investigations peut aussi avoir pour objectif de « contextualiser » les conditions dans lesquelles se déroule une enquête. Ainsi, il est possible de faire état de l'écho médiatique d'une affaire, ou encore de produire des statistiques pour exposer la problématique que révèle l'enquête en cours (par ex. : étude statistique sur les lieux et les horaires des cambriolages afin de solliciter certaines mesures auprès du magistrat, comme des réquisitions aux fins de contrôle d'identité). Ce procès-verbal est soumis à une casuistique importante qui n'a de limite que l'imagination des enquêteurs (à titre d'exemple, la DGPN conseille de rédiger un PV de contexte afin de décrire une personne qui se dit « mineure » afin d'établir les doutes sur cette affirmation de la personne).

b) Procès-verbal d'actes d'enquête « innommés »

1581 Il pourra également être recouru à un procès-verbal (nous empruntons le qualificatif « d'innommé » à F. Desportes et L. Lazerges-Cousquer, *Traité de procédure pénale*, Economica, 2012, n° 908), lorsqu'il s'agit d'acter en procédure des investigations non encadrées par le Code de procédure pénale. Non pas qu'elles soient interdites, mais souvent parce qu'elles sont très faiblement attentatoires aux libertés publiques, tant et si bien que le législateur n'a pas entendu les régir spécifiquement.
Il en sera ainsi d'un appel reçu à la brigade locale par une personne souhaitant donner des informations mais qui n'a pas voulu laisser son nom. Ou encore, lorsque l'enquêteur souhaitera relater les consultations des pages Facebook et autres réseaux sociaux, en accès libre, et permettant d'identifier certains délinquants.

1582 **Procès-verbaux « précurseurs ».** Ces procès-verbaux précèdent quelquefois la loi comme ceux utilisés pour rendre compte de l'utilisation d'une balise de géolocalisation avant la loi du 28 mars 2014, ou encore celui prévoyant le « tapissage » avant que la loi du 3 juin 2016 n'intègre cet acte à l'article 61-3 du Code de procédure pénale (V. *infra*, n° 3158).

1583 **Formalisme.** Ces procès-verbaux sont épurés de toute mention obligatoire et ne comportent que celles fixées par le « droit commun du procès-verbal » régi par les articles 19, D. 9 à D. 11 du Code de procédure pénale (V. *supra*, n°s 1534 et s.). De par leur nature de procès-verbal, ils tirent leur force probante de l'article 430 du Code de procédure pénale et valent donc à titre de simples renseignements.

2 Le procès-verbal de renseignement judiciaire et la main courante

1584 Le procès-verbal de renseignement judiciaire appelé communément « RJ » est une pratique judiciaire propre à la gendarmerie nationale et se situe à la frontière entre la police judiciaire et le renseignement administratif. Côté police nationale, les enquêteurs n'utilisent pas de procès-verbal de RJ mais le dispositif de la main courante qui permet cependant de relater des infractions, dans certaines hypothèses définies par la police nationale.

1585 La gendarmerie a également déployé un acte intitulé « main courante » dans le but de simplifier le recueil de certaines informations. Cette main courante gendarmerie facilite le recueil et l'enregistrement d'informations rapportées par une personne sans que cela ne justifie une transmission à une autorité judiciaire, administrative ou militaire. Elle concerne toute information reçue d'un usager aux fins d'enregistrement, dès lors que les faits rapportés par l'usager ou la teneur de sa déclaration ne concernent pas une infraction, une procédure judiciaire, une demande d'enquête dans le cadre d'un soit-transmis d'une autorité administrative ou militaire. Entrant en concurrence directe avec le procès-verbal de RJ bien ancré dans les pratiques des militaires de la gendarmerie, elle semble n'avoir pas trouvé son public.
Utilisés par de nombreux enquêteurs, le procès-verbal de renseignement judiciaire et la main courante jouent un rôle non négligeable car ils permettent d'acter et de conserver les renseignements recueillis par les enquêteurs indépendamment de toute enquête judiciaire en cours.

1586 **Pré-judiciaire.** Cet acte de procédure vient combler un hiatus laissé par le Code de procédure pénale qu'est le domaine pré-judiciaire. En effet, les enquêteurs sont souvent confrontés à des situations qui ne relèvent pas du champ pénal ou à des faits qui sont susceptibles d'y entrer ultérieurement, dits faits pré-judiciaires ou encore à des faits initialement considérés comme entrant dans ce champ mais qui, *in fine*, n'en relèvent pas.

1587 **Absence de base légale ?** Cet acte de procédure permet de donner une existence à ces faits, de les conserver pour s'en servir au moment opportun. Parce qu'il est issu de la pratique, il n'a pas de base légale clairement identifiée. Toutefois, les articles 17, 19, 40 et 40-1 du Code de procédure pénale peuvent laisser deviner son existence. Une lecture en creux de ces articles permet de dire que le « RJ » ou la main courante offre la possibilité à l'enquêteur de transmettre des éléments à l'autorité judiciaire sans que ceux-ci caractérisent nécessairement une infraction, laissant ainsi l'opportunité au procureur de la République de décider de l'ouverture d'une enquête préliminaire.

1588 **Le Code de la sécurité intérieure et le RJ.** L'article L. 421-1 du Code de la sécurité intérieure sert de fondement à l'établissement des renseignements administratifs à destination de l'autorité préfectorale, qui permet d'envisager son pendant dans le domaine judiciaire en ce qu'il dispose que :

> « La gendarmerie nationale est une force armée instituée pour veiller à l'exécution des lois. La police judiciaire constitue l'une de ses missions essentielles. La gendarmerie nationale est destinée à assurer la sécurité publique et l'ordre public, particulièrement dans les zones rurales et périurbaines, ainsi que sur les voies de communication. Elle contribue à la mission de renseignement et d'information des autorités publiques, à la lutte contre le terrorisme, ainsi qu'à la protection des populations. L'ensemble de ses missions civiles s'exécute sur toute l'étendue du territoire national, hors de celui-ci en application des engagements internationaux de la France ».

Les parquets semblent pouvoir relever, sans aucun doute, de la catégorie des autorités publiques.

1589 **Forme du procès-verbal de renseignement judiciaire ou de la main courante.** La lecture combinée des articles 427 et 429 du Code de procédure pénale impose que ce procès-verbal emprunte les standards du procès-verbal de police judiciaire afin d'être recevable devant une juridiction de jugement (V. *supra*, nos 1534 et s.).
Toutefois, faute de cadre juridique dédié, le « RJ » et la main courante (aussi appelée « déclaration d'usager ») n'offrent pas aux enquêteurs la possibilité de mettre en œuvre des pouvoirs d'enquête, puisqu'ils ne relèvent ni de l'enquête de flagrance, ni de l'instruction préparatoire, ni de l'enquête préliminaire, bien qu'ils s'en approchent. Aussi, ces derniers permettent-ils de recueillir des renseignements par la consultation de sources ouvertes ou de recevoir des déclarations assorties, le cas échéant, de remise volontaire d'objets qui peuvent être placées sous scellés.

1590 En aucun cas il n'est possible de procéder à des actes coercitifs, même minimes comme des réquisitions. S'agissant de la consultation de fichiers de police, elle ne peut se faire que dans le « cadre administratif » puisqu'aucune enquête judiciaire n'est ouverte. Enfin, l'enquêteur ne saurait procéder à l'audition d'un mis en cause, car ce dernier est défini comme « une personne susceptible d'avoir commis ou tenté de commettre une infraction ». Si une infraction est constatée ou suffisamment caractérisée, l'article 14 du Code de procédure pénale trouve ici à s'appliquer et la phase d'enquête judiciaire est amorcée. Il faut alors ouvrir soit une enquête de flagrance, soit une enquête préliminaire.

B Le procès-verbal ou rapport de synthèse

1591 Largement utilisé par les services et unités de police judiciaire, ce procès-verbal de synthèse a parfois une véritable vocation probatoire.

1 Un procès-verbal souvent incontournable

1592 Dernière main portée à la procédure, ce procès-verbal de synthèse est rédigé par une seule personne : le directeur d'enquête. Né de la pratique judiciaire, il avait originellement pour objectif de présenter au magistrat instructeur un résumé de l'enquête où apparaissaient l'ensemble des actes d'enquête réalisés et les résultats obtenus. Cette pratique s'est ensuite étendue aux enquêtes diligentées sous le régime de la flagrance et en préliminaire.

1593 Ce procès-verbal, qui n'existe pas au sein du Code de procédure pénale, est une pièce essentielle de l'enquête judiciaire car, au-delà du seul résumé qu'il propose, il constitue une démonstration à part entière. Il vient décrire le cheminement intellectuel du directeur d'enquête argumenté et appuyé par les actes d'enquête réalisés tout au long des investigations. Ce procès-verbal n'est cependant pas rédigé systématiquement, notamment pour les infractions extrêmement courantes dont l'enquête se limite à quelques actes et pour lesquelles les mis en cause n'ont pu être identifiés (il s'agit essentiellement d'infractions relatives à la délinquance d'appropriation comme le vol de véhicule mais aussi l'usurpation de plaques d'immatriculation, les dégradations ayant causé un dommage léger, les délits de fuite. Ces procédures ne comportent généralement qu'un procès-verbal de transport-constatations ou/et une audition de la victime, des éventuelles auditions de témoins et sont souvent classées sans suite par le parquet compétent, faute d'auteurs identifiés. Ces procédures, dénommées « petits x » car elles concernent des faits peu importants pour lesquels l'auteur est inconnu, constituent un contentieux important pour les services d'enquête et pour les parquets. Aussi faute d'auteurs et en raison du petit volume de procès-verbaux qu'elles représentent, elles sont envoyées au parquet sous forme dématérialisée afin de désengorger le service du greffe notamment). Il l'est en revanche impérativement lorsque l'enquête revêt soit une sensibilité, soit une gravité ou encore une complexité certaine. La rédaction de ce procès-verbal est laissée à la discrétion de l'enquêteur mais il n'est pas rare que le magistrat en charge de l'enquête le demande expressément.

1594 **Affaires criminelles et affaires complexes.** Le procès-verbal de synthèse permet de comprendre l'histoire, les enjeux, les mis en cause et les indices qui pèsent sur chacun d'entre eux. Il en va ainsi dans les affaires criminelles bien sûr, mais surtout dans les affaires complexes, soit en raison de la matière « technique » comme la délinquance financière, soit en raison du type de délinquance comme celle relevant de la criminalité organisée, qui regroupent parfois plusieurs centaines de pièces de procédure. Le directeur d'enquête doit donc apporter un soin tout particulier à la rédaction de ce procès-verbal.

2 Un procès-verbal à vocation parfois probatoire

1595 Tout l'art de l'enquêteur réside dans une présentation efficace, objective et convaincante du travail qu'il a effectué. Il est aisé de comprendre que la qualité de la rédaction du procès-verbal de synthèse tant formelle que substantielle est déterminante.

1596 **Reconnaissance jurisprudentielle.** Si dans la pratique, le procès-verbal de synthèse a trouvé toute sa place parmi les autres procès-verbaux qui constituent une procédure, la chambre criminelle reconnaît également son existence ainsi que son rôle (Cass. crim., 3 nov. 2015, n° 14-80.844. – Cass. crim., 4 juill. 1989, n° 88-86.994. – Cass. crim., 9 mai 2012, n°s 10-80.069 et 11-85.795).

1597 De même, ce procès-verbal de synthèse, qui comme tous les autres procès-verbaux ne vaut que comme simple renseignement (CPP, art. 430), sert parfois à « rattraper » d'autres procès-verbaux dont la validité est contestée en raison de l'absence d'une formalité exigée par la loi. La chambre criminelle a pu avoir recours au procès-verbal de synthèse pour s'assurer que l'information tardive du magistrat lors d'un placement en garde à vue résultait bien de circonstances insurmontables. Celles-ci étaient imparfaitement explicitées dans le procès-verbal de garde à vue, c'est donc le procès-verbal de synthèse qui est venu le suppléer (Cass. crim., 6 mars 2012, n° 11-84.711).

1598 **Nature du procès-verbal de synthèse.** La chambre criminelle ne voit pas dans le procès-verbal de synthèse un acte d'enquête, ou tout au moins un acte d'enquête susceptible d'interrompre la prescription (Cass. crim., 3 nov. 2015, n° 14-80.844).

1599 L'acte d'enquête est défini par MM. Buisson et Guinchard comme « tout acte exécuté aux fins de rechercher la preuve et de parvenir à la manifestation de la vérité » ou selon une autre définition comme « un moyen de preuve autorisé par la loi, mis en œuvre par la police judiciaire ou l'autorité judiciaire, afin de permettre la manifestation de la vérité. Il est transcrit dans un procès-verbal ». Aussi, il semble que le procès-verbal de synthèse soit acte de police, ainsi que le définit M. Buisson dans sa thèse où il théorise que « l'enquête se définit comme une suite d'actes de police articulés autour d'une finalité intermédiaire, la découverte de la vérité, dans le but final de la sauvegarde de l'ordre public ». Tous les actes de procédure ne sont pas nécessairement des actes d'enquête.

1600 **Droits de la défense et intime conviction.** De notre point de vue, ce procès-verbal de synthèse participe de l'exercice concret des droits de la défense et de l'application objective du principe de l'intime conviction en ce qu'il relate les éléments probants recueillis et la méthode d'enquête suivie, et constitue en cela une démonstration probatoire. Ce document revêt une place importante dans la pratique de l'enquêteur judiciaire, et c'est généralement avec ce procès-verbal en mains (CPP, art. 331, al. 3) qu'il se présente à la barre de la cour d'assises lorsqu'il doit témoigner devant le jury et exposer, oralement cette fois, son enquête.

III La force probante des procès-verbaux

1601 La force probante est régie par l'article 430 du Code de procédure pénale qui pose le principe général selon lequel « sauf dans le cas où la loi en dispose autrement, les procès-verbaux et les rapports constatant les délits ne valent qu'à titre de simples renseignements », et par les articles 431, 433 et 537 du même code.

A Principe général : simple renseignement

1602 L'article 427 du Code de procédure pénale indique que le juge apprécie selon son intime conviction les preuves apportées devant lui et débattues contradictoirement. Comme nous l'avons indiqué, ces preuves ou éléments probants sont établis et soumis au juge au travers du procès-verbal.

1603 L'article 430 est la conséquence logique de l'article 427 dans la mesure où la loi fait de l'intime conviction le principe selon lequel le juge est amené à fonder sa décision. En effet, l'intime conviction ne peut s'accommoder d'un système de preuves légales contraignant le juge à tenir pour acquis certains éléments probants. La chambre criminelle a parfois été amenée à rappeler cette règle (Cass. crim., 3 déc. 2008, n° 08-82.179 : *Bull. crim.* n° 246. – Cass. crim., 28 oct. 2014, n° 13-84.840 : *Bull. crim.* n° 219 et Cass. crim., 5 oct. 2016, n° 16-82.743).

1604 Cependant le législateur a décidé d'accorder à certains procès-verbaux une force probante en quelque sorte renforcée qui vient heurter le principe de l'intime conviction en imposant au juge de tenir pour acquis les éléments probants rapportés au procès-verbal.

B Procès-verbaux faisant foi

1605 Il existe deux types de procès-verbaux faisant foi, ceux faisant foi jusqu'à preuve contraire et ceux faisant foi jusqu'à inscription de faux.

1 Procès-verbaux faisant foi jusqu'à preuve contraire

1606 Les procès-verbaux faisant foi jusqu'à la preuve du contraire sont prévus, de manière restrictive, à l'article 431 du Code de procédure pénale qui dispose que :

> « Dans les cas où les officiers de police judiciaire, les agents de police judiciaire ou les fonctionnaires et agents chargés de certaines fonctions de police judiciaire ont reçu d'une disposition spéciale de la loi le pouvoir de constater des délits par des procès-verbaux ou des rapports, la preuve contraire ne peut être rapportée que par écrit ou par témoins ».

1607 En revanche, cette force probante renforcée est de principe pour toutes les contraventions aux termes de l'article 537, alinéa 2 du même code qui précise que :

> « Les contraventions sont prouvées soit par procès-verbaux ou rapports, soit par témoins à défaut de rapports et procès-verbaux, ou à leur appui. Sauf dans les cas où la loi en dispose autrement, les procès-verbaux ou rapports établis par les officiers et agents de police judiciaire et les agents de police judiciaire adjoints, ou les fonctionnaires ou agents chargés de certaines fonctions de police judiciaire auxquels la loi a attribué le pouvoir de constater les contraventions, font foi jusqu'à preuve contraire. La preuve contraire ne peut être rapportée que par écrit ou par témoins ».

1608 La liste de ces procès-verbaux ayant une force probante renforcée ne peut être ici exhaustivement établie car ils sont dispersés dans de nombreux codes. Toutefois, la jurisprudence délimite strictement le champ d'application de ces procès-verbaux dont la force probante est renforcée :
- cette force probante renforcée ne concerne que les constatations matérielles effectuées par les agents à l'exclusion d'autres actes ; cette force probante ne vaut que si l'agent qui établit le procès-verbal dispose à la fois d'une compétence personnelle, matérielle et territoriale pour constater ces infractions (Cass. crim., 15 déc. 2015, n° 15-81.322). Ainsi, le procès-verbal d'un officier de police judiciaire de la police ou de la gendarmerie constatant un délit incriminé par le Code du travail vaudra comme simple renseignement, alors que le procès-verbal d'un inspecteur du travail constatant la même infraction aura une force probante renforcée (à titre d'exemple, C. trav., art. L. 8113-7 : « Les inspecteurs du travail, les contrôleurs du travail et les fonctionnaires de contrôle assimilés constatent les infractions par des procès-verbaux qui font foi jusqu'à preuve du contraire ») ;
- ces constatations doivent avoir été réalisées personnellement par les agents ou par un moyen auquel la loi accorde ce caractère (au titre de l'article L. 130-9 al. 1 du Code de la route, les informations fournies par un radar automatique bénéficient d'une valeur probante renforcée quand bien même aucun agent n'a constaté personnellement l'excès de vitesse). En matière de police de la route où le contentieux est particulièrement foisonnant, la chambre criminelle a assoupli sa jurisprudence afin de préserver l'efficacité des dispositions permettant de lutter contre l'insécurité routière mais aussi pour limiter les contraintes rédactionnelles et éviter un formalisme excessif aux agents (Cass. crim., 2 mai 2002, n° 01-86.963).

1609 **Preuve contraire.** La preuve contraire incombe au prévenu et il ne peut contredire la preuve apportée par le ministère public que par écrit ou par témoin. Le juge doit donc considérer comme probantes les énonciations établies au procès-verbal et il ne peut prononcer une relaxe sans constater que la preuve contraire a été rapportée par écrit ou par témoin (Cass. crim., 14 oct. 1991, n° 90-84.932. – Cass. crim., 15 févr. 2000, n° 99-83.971 ; *D.* 2000, 112 ; *Procédures* 2000, n° 134, obs. J. Buisson. – Cass. crim., 18 oct. 2000, n° 00-82.689 : *Procédures* 2000, comm. 71, note J. Buisson. – Cass. crim., 8 oct. 2008, n° 08-81.099. – Cass. crim., 25 nov. 2009, n° 09-84.792. – Cass. crim., 24 févr. 2010, n° 09-82.810. – Cass. crim., 8 déc. 2015, n° 15-81.470 : *Dr. pén.* 2016, n° 51, obs. A. Maron et M. Haas. – Cass. crim., 13 déc. 2016, n° 15-86.915 et Cass. crim., 14 déc. 2016, n° 16-81.105 : *Dalloz actualité*, 20 janv. 2017, obs. L. Priou-Alibert). La chambre criminelle exige une certaine qualité de la preuve contraire et ne se contente ni d'une attestation sur l'honneur, ni d'une attestation écrite de la main de la mère du prévenu pour entrer en voie de relaxe (Cass. crim., 25 avr. 2001, n° 00-87.946).

2 Procès-verbaux faisant foi jusqu'à inscription de faux

1610 La force probante des procès-verbaux est encore augmentée d'un cran par l'article 433 du Code de procédure pénale qui prévoit que :

> « Les matières donnant lieu à des procès-verbaux faisant foi jusqu'à inscription de faux sont réglées par des lois spéciales. (...) ».

Dans ces cas, le juge est lié par les énonciations du procès-verbal et ne peut s'en défaire que si le prévenu, au terme de la procédure d'inscription de faux, apporte la preuve contraire.

1611 **Force probante liée aux infractions.** Cette force probante semble ici liée aux infractions et non aux agents qui les constatent (Cass. crim., 28 sept. 2016, n° 15-84.383). Cette force probante confère à ces procès-verbaux une stabilité exceptionnelle et ne peut donc être accordée qu'à un nombre limité d'entre eux. Dès lors, comme pour les procès-verbaux valant jusqu'à preuve contraire, ces procès-verbaux faisant foi jusqu'à inscription en faux sont prévus spécifiquement par des dispositions qui figurent dans des codes autres que le Code pénal. Il en va ainsi de nombreux procès-verbaux rédigés par les agents des douanes.

1612 **Procédure d'inscription de faux.** Cette procédure particulièrement exigeante au plan formel est régie par des lois spéciales ou à défaut par les articles 642 à 647-4 du Code de procédure pénale.

3 Sanction d'une irrégularité du procès-verbal faisant foi

1613 D'une manière générale, une irrégularité dans le procès-verbal faisant foi ne conduit pas nécessairement à sa nullité, sauf si cela concerne sa validité, mais fait de ce procès-verbal un acte qui retombe dans le champ de l'article 430 du Code de procédure pénale : il vaut comme simple renseignement (Cass. crim., 5 nov. 1996, n° 96-80.151).

En cas de procès-verbal litigieux, la chambre criminelle a jugé que le juge ne doit pas se contenter de constater cette imperfection mais doit suppléer le défaut de mentions dudit procès-verbal en se référant à tout élément apporté au cours des débats et soumis à la discussion contradictoire (Cass. crim., 16 mars 2005, n° 04-82.435 : *Bull. crim.* n° 94).

Enfin, la chambre criminelle estime que cette force probante renforcée n'est pas contraire à l'article 6 de la Convention européenne des droits de l'homme et au principe de l'égalité des armes, dans la mesure où elle n'a pas de caractère irréfragable et que le mode de preuve est imposé à chacune des parties (Cass. crim., 12 nov. 1997, n° 96-84.325).

L'ESSENTIEL 1614 Les enquêteurs rédigent leurs procès-verbaux à l'aide de logiciels de rédaction de procédure développés tant par la gendarmerie (LRPGN) que par la police nationale (LRPPN). Ceux-ci sont des aides précieuses car ils indiquent automatiquement les mentions obligatoires et légalement prévues, garantissant ainsi la validité des procès-verbaux.

Les officiers et les agents de police judiciaire rédigent des procès-verbaux, tandis que les agents de police judiciaire adjoints rédigent des procès-verbaux et des rapports. Les tiers participant à la mission de justice rédigent, le cas échéant, des rapports (V. *supra*, n° 1532).

1615 Le contenu du procès-verbal relève à la fois de règles communes, ainsi que de règles propres à chaque acte d'enquête étudiées au cas par cas dans le présent ouvrage.

1616 **Moment de la rédaction.** Les procès-verbaux doivent, en principe, être rédigés sur-le-champ ou dès que possible » (V. *supra*, n° 1535).

1617 **Nom et qualité.** Le procès-verbal doit contenir : le nom et la qualité de l'agent qui le rédige. En cas de pluralité d'enquêteurs, et notamment lorsqu'il est recouru au procès-verbal unique, le nom de chacun des enquêteurs doit être mentionné. Il en va différemment lorsqu'un enquêteur fait appel à un service ou à une unité spécialisé pour l'assister dans son acte d'enquête. La seule référence à l'unité ou au service est suffisante (V. *supra*, n° 1538).

Dans tous les cas, il est possible de recourir à la procédure d'anonymisation.

1618 **Dates et heures.** La date à laquelle l'acte d'enquête est réalisé doit apparaître au procès-verbal et il est parfois nécessaire, lorsque cela entraîne des conséquences légales, de faire apparaître l'heure (V. *supra*, n° 1540).

1619 **Signature.** Le procès-verbal doit être rédigé et signé par celui qui a compétence pour acter en procédure et qui a participé à l'acte d'enquête sans qu'il soit nécessaire que les autres officiers et agents de police judiciaire et adjoints qui y ont pris part le signent tous. Certains actes d'enquête nécessitent que la personne à laquelle se rapporte l'acte émarge spécifiquement le procès-verbal. La signature est apposée sur chaque page du procès-verbal (V. *supra*, n° 1541).

1620 **Procès-verbaux séparés.** Au cours d'une enquête préliminaire ou de flagrance, les enquêteurs peuvent ne pas s'astreindre à rédiger des procès-verbaux séparés pour chaque acte d'enquête mais acter ceux-ci dans un procès-verbal unique. Seule l'exécution d'une commission rogatoire reste soumise à l'exigence de rédaction de procès-verbaux séparés (V. *supra*, n°s 1544, 1545).

1621 Parfois, il est des mentions spécifiquement imposées par le Code de procédure pénale propres à certains actes d'enquête (V. *supra*, n° 1549).

1622 **Rédaction sous anonymat.** Les enquêteurs de la gendarmerie et de la police nationale peuvent recourir, sous certaines conditions, à un numéro en lieu et place de leur identité lors de la rédaction de procès-verbaux. Ceci est possible dès lors qu'ils :

– recueillent un dépôt de plainte (V. *supra*, n° 1555) ;

– diligentent certaines enquêtes judiciaires (V. *supra*, n° 1556) ;

– déposent ou comparaissent comme témoin au cours d'une enquête, devant les juridictions d'instruction ou de jugement lorsque l'agent s'est constitué partie civile (V. *supra*, n° 1560).

S'agissant du recours à un numéro de matricule ou au RIO (V. *supra*, n° 1564) dans le cadre d'une procédure judiciaire, les enquêteurs doivent, selon le quantum de peine en-

courue pour l'infraction objet de leur enquête, obtenir une autorisation générale de leur hiérarchie et, le cas échéant, une autorisation spécifique.
En conséquence, le numéro remplace l'identité de l'enquêteur lors de la rédaction du procès-verbal, tant dans l'en-tête que dans le corps, si nécessaire (V. *supra*, n° 1564).

1623 Le recours à ce numéro n'est pas limité aux seuls rédacteurs ; tous les enquêteurs participants à l'enquête peuvent en bénéficier. Sont exclus de ce dispositif les militaires de la gendarmerie et les fonctionnaires de police ainsi que les personnels civils servant dans ces deux institutions lorsqu'ils sont entendus en tant que mis en cause (V. *supra*, n° 1561).

1624 La révélation de l'identité des agents recourant à ce dispositif constitue une infraction pénale (V. *supra*, n° 1563).

1625 L'autorité hiérarchique qui délivre cette autorisation est fixée par décret (V. *supra*, n° 1567). Cette décision relève de la seule hiérarchie et ne peut être contestée judiciairement quant à son opportunité (V. *supra*, n° 1571).

1626 Lorsqu'il est nécessaire d'identifier l'agent qui a acté de manière anonyme, les magistrats mais aussi les enquêteurs ont recours à une application dédiée dénommée IDPV (V. *supra*, n°s 1572 et s.).

1627 **Les procès-verbaux « libres ».** Si le Code de procédure pénale impose la rédaction de certains procès-verbaux, les enquêteurs sont libres de rédiger un acte de procédure à chaque fois qu'ils le jugent nécessaire. Il en va ainsi des procès-verbaux venant relater des éléments de contexte indispensables à la compréhension de l'enquête sans qu'ils soient issus d'actes d'enquête, ou encore des investigations qui ne sont pas spécifiquement encadrées par le Code de procédure pénale (V. *supra*, n°s 1579 et s.).
Parfois, il s'agit d'acter des faits qui, sans constituer des infractions, sont des informations utiles à consigner et qui peuvent, à terme, donner lieu à ouverture d'une enquête. Tel est le rôle du procès-verbal de renseignement judiciaire et de la main courante (V. *supra*, n°s 1584 et s.). Ces deux actes ne permettent cependant pas de procéder à des actes d'enquête coercitifs (V. *supra*, n° 1590).

1628 **Le procès-verbal ou rapport de synthèse.** Cet acte de procédure, qui n'est pas un acte d'enquête *stricto sensu*, a une place importante dans la pratique des services et unités de police judiciaire en ce qu'il vient présenter sous la forme de synthèse l'ensemble des investigations diligentées. Acte précieux et apprécié des acteurs du procès pénal, il participe à une bonne compréhension de l'affaire et peut avoir, dans certaines circonstances, un rôle probatoire non négligeable (V. *supra*, n°s 1592 et s.).

1629 **Force probante des procès-verbaux.** Par principe, les procès-verbaux et les rapports constatant les crimes et les délits ne valent qu'à titre de simples renseignements. Le juge est donc libre d'apprécier la force probante des actes d'enquête soumis lors du débat contradictoire (V. *supra*, n° 1602).

1630 Toutefois, sous certaines conditions, certains procès-verbaux se voient reconnaître une force probante renforcée, en raison de la qualité de l'agent qui constate l'infraction, ou en raison de la matière concernée. Il existe ainsi des procès-verbaux faisant foi jusqu'à preuve contraire (V. *supra*, n° 1606) et des procès-verbaux faisant foi jusqu'à inscription de faux (V. *supra*, n° 1610).

POUR ALLER PLUS LOIN...

Fascicule JurisClasseur

• *JCl. Procédure pénale*, *Audition de témoin*, par J.-P. Valat.

Ouvrages

• J. Buisson, *L'acte de police*, t. 2, thèse de droit, Lyon III, 1988, p. 594.

• F. Desportes et L. Lazerges-Cousquer, *Traité de procédure pénale*, Economica, 2012, n° 621.

• S. Guinchard et J. Buisson, *Procédure pénale*, LexisNexis, 8e éd., 2012, n° 580 ; 10e éd., 2014, p. 820.

• C. Michta, L'administration de la preuve en droit pénal français, exemple et pratique judiciaire de la gendarmerie nationale, thèse de droit, Strasbourg, 2017, p. 141.

• C. Soulard, *Guide pratique du contentieux douanier*, Litec, 2015, n°s 289 et s.

Circulaires

• Circ. n° 2018/3/H2, 3 avr. 2018.

• Circ. 16 nov. 2018, relative à la simplification de la procédure pénale à droit constant (NOR : JUSD 1831298 C).

Fiche 43

La loyauté de la preuve

Sommaire

1631 Les actes d'investigation décrits dans le présent ouvrage sont régis par les principes de légalité et de loyauté. Si le principe de légalité ne pose guère de difficulté de compréhension, le principe de loyauté est d'une approche parfois plus délicate selon que la preuve est apportée par un particulier ou par des enquêteurs ou l'autorité publique.

I
La preuve recueillie de façon déloyale par un particulier est recevable

1632 **Liberté de la preuve.** L'article 427 du Code de procédure pénale dispose que :

> « Hors les cas où la loi en dispose autrement, les infractions peuvent être établies par tout mode de preuve et le juge décide d'après son intime conviction.
> Le juge ne peut fonder sa décision que sur des preuves qui lui sont apportées au cours des débats et contradictoirement discutées devant lui ».

Ce principe de liberté de la preuve conduit la jurisprudence à retenir que lorsqu'une partie privée produit une preuve obtenue de façon déloyale ou illégale, le juge doit l'examiner. La chambre criminelle juge en effet de façon constante qu'« aucune disposition légale ne permet au juge répressif d'écarter les moyens de preuve produits par les parties, au seul motif qu'ils auraient été obtenus de façon illicite ou déloyale ; il leur appartient seulement d'en apprécier la valeur probante » (Cass. crim., 18 nov. 1986, n° 85-93.308 : *Bull. crim.* n° 345. – Cass. crim., 15 juin 1993, n° 92-82.509 : *Bull. crim.* n° 210. – Cass. crim.,

6 avr. 1994, n° 93-82.717 : *Bull. crim.* n° 136. – Cass. crim., 11 juin 2002, n° 01-85.560. – Cass. crim., 11 juin 2002, n° 01-85.559 : *Bull. crim.* n° 131. – Cass. crim., 17 déc. 2002, n° 01-88.596. – Cass. crim., 12 juin 2003, n° 02-81.122. – Cass. crim., 2 nov. 2005, n° 04-84.916. – Cass. crim., 24 avr. 2007, n° 06-87.656. – Cass. crim., 27 janv. 2010, n° 09-83.395 : *Bull. crim.* n° 16. – Cass. crim., 9 mars 2010, n° 08-88.501. – Cass. crim., 7 mars 2012, n° 11-88.118 : *Bull. crim.* n° 64).

Ainsi, la chambre criminelle en conclut, lorsque la question est posée en cours d'instruction, que « les enregistrements de conversations privées, réalisés à l'insu des personnes concernées par un particulier, en ce qu'ils ne constituent pas en eux-mêmes des actes ou des pièces de l'information, au sens de l'article 170 du Code de procédure pénale, et dès lors qu'ils ne procèdent d'aucune intervention, directe ou indirecte, d'une autorité publique, ne peuvent être annulés en application des articles 171 à 173 du même code. Il en va de même de leur transcription, qui a pour seul objet d'en matérialiser le contenu. Il s'agit de simples moyens de preuve soumis à la discussion contradictoire » (Cass. crim., 31 janv. 2012, n° 11-85.464 : *Bull. crim.* n° 27).

II

La preuve obtenue irrégulièrement par un officier de police judiciaire est nulle

1633 La règle est exactement inverse lorsque la preuve est apportée par une autorité publique.

L'autorité publique se doit de faire preuve de loyauté dans l'administration de la preuve et toute personne mise en examen est recevable à présenter un moyen de nullité pris du recours, par l'autorité publique, à un procédé déloyal, sans que puisse lui être opposé un défaut de qualité pris de l'absence d'un droit ou d'un intérêt propre (Cass. crim., 25 oct. 2022, n° 21-85.763, publié au bulletin).

Cette exigence de loyauté – de la part du service d'enquête mais également d'une administration à l'appui d'une plainte qu'elle dépose – est apparue très tôt dans la jurisprudence de la Cour de cassation bien qu'aucun texte de procédure pénale ne la prévoit expressément.

Le 31 janvier 1888, les chambres réunies de la Cour de cassation, statuant comme Conseil de la magistrature, ont sanctionné un juge d'instruction pour s'être fait passer au téléphone, auprès d'un témoin, pour l'inculpé, ce que la cour a stigmatisé en considérant « Qu'ainsi le juge V… a employé un procédé s'écartant des règles de la loyauté que doit observer toute information judiciaire, et constituant, par cela même, un acte contraire aux devoirs et à la dignité du magistrat » (Cass. ch. réunies, 31 janv. 1888 : *S.* 1889, I, 241).

Plus tard, le 12 juin 1952, la chambre criminelle a eu recours au principe de loyauté, jugeant déloyale la manœuvre par laquelle un policier, exécutant une commission rogatoire dans une affaire de corruption, avait préparé à l'avance les questions qu'il avait demandé à un témoin de poser au suspect par téléphone, pendant que lui-même avait pris l'écouteur pour entendre les réponses, opération dont il dressa procès-verbal (Cass. crim., 12 juin 1952, *Imbert : JCP* 1952, II, 7241).

Depuis, cette position de la chambre criminelle a été réaffirmée à de nombreuses reprises mais la distinction entre les comportements admissibles et ceux qui ne le sont pas fait parfois difficulté comme en atteste le fait qu'au cours des dernières années plusieurs affaires jugées par la chambre criminelle ont donné lieu à résistance de la part des juges du fond, ce qui a entraîné l'intervention de l'assemblée plénière de la Cour de cassation.

Le Conseil constitutionnel a consacré le principe en énonçant « qu'il appartient en tout état de cause à l'autorité judiciaire de veiller au respect du principe de loyauté dans l'administration de la preuve… » (Cons. const., 18 nov. 2011, n°s 2011-191/194/195/196/197 QPC).

1634 La Cour de cassation a, dans un arrêt rendu le 9 décembre 2019 (Cass. ass. plén., 9 déc. 2019, n° 18-86.767) en assemblée plénière, confirmé les principes antérieurement dégagés et apporté d'utiles précisions.

Elle a énoncé que « toute méthode d'investigation qui contribuerait à provoquer la commission de l'infraction est proscrite, le stratagème ainsi employé étant alors de nature à entraîner la nullité

des actes de procédure » puis elle a apporté deux précisions d'importance :
– d'une part, elle a ajouté qu'« en dehors de cette hypothèse, le recours, par les autorités publiques, à un stratagème tendant à la constatation d'une infraction ou l'identification de ses auteurs ne constitue pas, en soi, une atteinte au principe de loyauté de la preuve » ;
– d'autre part, a-t-elle expliqué : « pour qu'une telle atteinte soit constituée, il est nécessaire que le procédé employé, par un contournement ou un détournement d'une règle de procédure, ait pour objet ou pour effet de vicier la recherche de la preuve en portant atteinte à l'un des droits essentiels ou à l'une des garanties fondamentales de la personne suspectée ou poursuivie ».

Comme il vient d'être dit, ces trois affirmations confirment, en les énonçant de façon très nette, des solutions que la jurisprudence avait peu à peu dégagées. Comme déjà évoqué, la mise en œuvre de ces principes peut conduire à des appréciations divergentes, ce qui nous incite à illustrer les principes dégagés en exposant les différentes espèces plutôt que de tenter de définir des « lignes » mouvantes, tributaires d'éléments qu'une appréciation concrète des faits impose de prendre en compte.

A La provocation à l'infraction est interdite

1 Position de la Cour européenne des droits de l'homme

1635 **Principes énoncés.** La Cour européenne des droits de l'homme a eu l'occasion à plusieurs reprises d'énoncer qu'« il y a provocation policière lorsque les agents impliqués – membres des forces de l'ordre ou personnes intervenant à leur demande – ne se limitent pas à examiner d'une manière purement passive l'activité délictueuse, mais exercent sur la personne qui en fait l'objet une influence de nature à l'inciter à commettre une infraction qu'autrement elle n'aurait pas commise, pour en rendre possible la constatation, c'est-à-dire en apporter la preuve et la poursuivre ».

1636 La Cour a précisé ces notions en énonçant que « pour se prononcer sur cette question, la Cour vérifie s'il existait des soupçons objectifs selon lesquels le requérant avait été mêlé à une quelconque activité criminelle ou avait une propension à se livrer à une telle activité, si les agents infiltrés s'étaient simplement "associés" aux actes criminels ou étaient à l'origine de ces actes, et s'ils avaient exercé des pressions sur le requérant pour qu'il commette l'infraction en cause », précisant que « les agents infiltrés doivent éviter tout comportement pouvant être interprété comme une pression sur le requérant, comme prendre l'initiative de contacter le requérant, renouveler l'offre malgré un refus initial, inciter avec insistance, offrir un prix supérieur à celui du marché ou faire appel à la compassion du requérant en mentionnant les symptômes du sevrage » (CEDH, 15 mai 2018, n° 35517/11, *Virgil Dan Vasile c/ Roumanie*, § 41).

1637 **Applications concrètes.** La Cour européenne des droits de l'homme a estimé qu'il n'y avait pas eu provocation à l'infraction dans les circonstances suivantes concernant non pas directement un enquêteur mais, ce qui revient au même pour la Cour, une personne agissant sur ses injonctions.

Dans le cadre de l'organisation d'un concours en vue de recruter un médecin militaire, la personne en charge de l'organisation de l'épreuve avait proposé à une candidate de lui donner les sujets par avance moyennant rémunération. Interpellée en flagrant délit alors que la candidate lui donnait une somme d'argent, l'organisatrice devait affirmer avoir agi à la demande du président du jury à qui elle devait remettre l'argent peu après. Elle acceptait de collaborer avec les services d'enquête et remettait l'argent au président du jury lors d'une entrevue enregistrée. Le président du jury devait soutenir, mais en vain, qu'il avait été l'objet d'une « provocation policière ».

La Cour jugea la procédure conforme aux stipulations de la Convention européenne des droits de l'homme, et notamment à son article 6.

Pour ce faire, elle releva qu'avant la déclaration de l'organisatrice, les autorités ne disposaient pas d'éléments prouvant que le président du jury avait commis le délit de corruption passive, force étant de constater que c'était la déclaration de l'organisatrice, faite après qu'elle avait été elle-même prise en flagrant délit, qui était à l'origine de la mise en cause du requérant.

Néanmoins elle estima que :

> « En offrant à [l'organisatrice] une certaine protection et en lui fournissant le matériel technique nécessaire, les enquêteurs ont certes influencé le cours des événements. Toutefois, compte tenu de ses obligations de vérifier les plaintes pénales et de l'importance de contrecarrer l'effet corrosif qu'a la corruption sur l'état de droit dans une société démocratique, la Cour considère que la police n'a pas outrepassé ses fonctions (voir, *mutatis mutandis, Milinienė* c. *Lituanie*, n° 74355/01, § 38, 24 juin 2008). Elle considère que le rôle des enquêteurs n'a pas non plus été le facteur déterminant dans la commission des faits. L'élément déterminant a été en l'espèce les comportements de [l'organisatrice] et du requérant. Les enquêteurs se sont greffés sur l'ac-

tivité criminelle et ne l'ont pas provoquée, de sorte que [l'organisatrice] a joué en l'espèce le rôle d'un agent infiltré mais non celui d'un agent provocateur. Qui plus est, il n'y a pas de preuve que [l'organisatrice] aurait contraint le requérant à accepter l'enveloppe qu'elle avait déposée sur son bureau ».

Relevant au surplus que le requérant avait eu la possibilité de soulever de manière effective la question de la provocation policière, que la candidate et l'organisatrice avaient participé à la procédure et avaient été entendues en audience publique par la Haute Cour, que le requérant avait eu l'occasion de les interroger et de mettre en doute leur crédibilité ainsi que d'écouter les enregistrements originaux des conversations et qu'ainsi il avait bénéficié de garanties procédurales adéquates devant les juridictions nationales, la Cour a estimé qu'en l'espèce il n'y avait pas eu violation de l'article 6, § 1 de la Convention (CEDH, 8 avr. 2014, n° 36259/04, *Blaj c/ Roumanie*).

1638 La Cour européenne des droits de l'homme a même estimé conforme à la Convention une procédure dans laquelle les policiers avaient procédé à des sollicitations.

Le parquet de Paris avait ordonné une enquête sur le service télématique accessible par Minitel exploité par la société Eurofinacom sous l'enseigne « 36-15 ALINE » qu'il soupçonnait d'être utilisé par des prostituées pour entrer en contact avec des clients potentiels. Dans le cadre de cette enquête, des fonctionnaires de police se connectèrent au service sous un pseudo et ils constatèrent qu'il était possible d'accéder aux CV de « Lola massage », « Claire 37 ans », « Katy », « Fesseuse », « Lapine », « Helena 38 ans », « JF noire ch », « yeux amendes », « étudiante », « Katy 1er », « Elodye » et « Esclave mâle ». Ils envoyèrent des messages demandant leurs « conditions » aux titulaires des CV. « Lola massage » répondit « mon tarif est de 1 000 francs pour un RDV massage sublime du corps entier Paris 16 Foch pour d'autres infos votre tél. ? merci ou m'écrire BAL Lola massage » ; « Fesseuse » répondit : « 1 000 » ; « Helena 38 ans » répondit : « 1 200 ». À un second message « combien », « JF noire ch » répondit : « tel arrdt 1 500 ».

La société Eurofinacom, condamnée du chef de proxénétisme, dénonça devant la Cour européenne des droits de l'homme l'utilisation dans la procédure d'éléments recueillis à la suite d'une « provocation » policière, en méconnaissance de son droit à un procès équitable. Elle soutenait que le caractère « prostitutionnel » de certains messages échangés sur « 36-15 ALINE » n'avait pu être constaté par les officiers de police judiciaire qu'à la suite de sollicitations adressées par ceux-ci aux titulaires de certains pseudos, lesdits officiers ayant en particulier formulé des demandes de tarifs tout en dissimulant leur qualité. Aucune offre de relations sexuelles moyennant rétribution n'étant apparue spontanément sur leur écran, l'infraction retenue ne pourrait être que le fruit d'une provocation et d'un stratagème résultant d'entretiens individualisés avec certaines personnes ».

Après avoir rappelé que « si l'intervention d'"agents infiltrés" est admissible dans la mesure où elle est circonscrite et entourée de garanties, l'intérêt public ne saurait justifier l'utilisation d'éléments recueillis à la suite d'une provocation policière : un tel procédé est susceptible de priver *ab initio* et définitivement l'"accusé" d'un procès équitable », la Cour nota que « l'existence de "bonnes raisons de soupçonner" l'"accusé" d'avoir une propension à commettre une infraction est de nature à conférer à une opération telle que celle présentement considérée, le caractère d'une "infiltration" plutôt que d'une "provocation" », et elle retint que « s'il est vrai que les policiers enquêteurs ont provoqué l'offre prostitutionnelle qui leur a été personnellement faite le 30 décembre 1996 sur "36-15 ALINE", ils n'ont pas à proprement parlé incité à la commission des faits de proxénétisme qui ont fondé la condamnation de la société requérante, qui revêtaient un caractère permanent et étaient le fait, non des prostituées, mais, par définition, de la société requérante. Celle-ci ne saurait donc se plaindre à cet égard d'une méconnaissance de l'article 6, § 1 de la Convention » (CEDH, 7 sept. 2004, n° 58753/00, *Eurofinacom c/ France*).

2 Position du droit français

a) Prévision expresse de la loi

1639 La loi prévoit parfois de façon expresse qu'une procédure qu'elle encadre ne peut constituer une incitation à commettre les infractions pour la répression desquelles elle organise une technique particulière.

C'est ainsi que l'article 230-46 du Code de procédure pénale qui réglemente l'enquête sous pseudonyme, après avoir précisé que celle-ci est prévue « aux seules fins de **constater** les crimes et les délits punis d'une peine d'emprisonnement commis par la voie des communications électroniques, et lorsque les nécessités de l'enquête ou de l'instruction le justifient », dispose que « les actes autorisés ne peuvent constituer une incitation à commettre ces infractions ».

Il en est de même des dispositions des articles 706-32 du Code de procédure pénale relatif aux « coups d'achat de stupéfiants », 706-80-2 concernant les opérations livraison de produits ou marchandises illicites par les enquêteurs eux-mêmes, 706-81 relatives à l'infiltration, 706-106 qui permet l'achat d'armes, munitions et explosifs.

Autrement dit, ces actes d'enquête conçus pour faciliter la recherche et le recueil de la preuve, outre qu'ils ne peuvent inciter à la commission d'une infraction, ne peuvent être utilisés *ab initio*, tel un filet dérivant, mais doivent s'inscrire dans une enquête d'ores et déjà ouverte dans le but de démontrer les infractions soupçonnées et préexistantes à l'utilisation de cette technique d'enquête.

b) Provocations policières censurées par la chambre criminelle

1640 Dès lors que « constitue une violation du principe de loyauté de la preuve toute provocation à la commission de l'infraction de la part des agents de l'autorité publique » (Cass. ass. plén., 9 déc. 2019, n° 18-86.767), la chambre criminelle censure les procédures dans lesquelles il lui apparaît que, sans l'intervention des enquêteurs, la personne poursuivie n'aurait pas commis l'infraction qui lui est reprochée.
Elle a fait un tel constat dans une grande variété de situations.

1641 **Trafic d'influence.** Un élu, se disant victime d'une tentative d'extorsion de fonds de la part d'une personne prétendant pouvoir lui éviter des poursuites judiciaires, avait, en présence des enquêteurs, pris l'initiative d'appeler celui qui se proposait d'intervenir en sa faveur. Il avait dirigé la conversation, abordé le premier la question financière, avait fixé le montant de la rémunération et suscité un rendez-vous en vue de la remise des fonds. Les fonctionnaires de police avaient, selon l'arrêt, prêté de manière active leur assistance à cette opération que la chambre criminelle a estimé constitutive d'une provocation, organisée par le plaignant, ayant pour objet non pas de constater un délit sur le point de se commettre, mais d'inciter un délinquant en puissance, inactif depuis deux mois, contre lequel il n'avait pas cru devoir à l'époque porter plainte, à commettre des faits pénalement répréhensibles, et ont mis en place une « souricière » en vue de son interpellation.
La chambre criminelle a estimé qu'en l'espèce l'interpellation de celui qui proposait son entremise avait procédé d'une machination de nature à déterminer ses agissements délictueux et que, par ce stratagème, qui avait vicié la recherche et l'établissement de la vérité, il avait été porté atteinte au principe de la loyauté des preuves (Cass. crim., 27 févr. 1996, n° 95-81.366 : *Bull. crim.* n° 93).

1642 **Trafic de stupéfiants.** Des agents de l'administration des douanes avaient amené de la cocaïne, dont l'origine n'était restée connue que d'eux, dans une fourgonnette faussement immatriculée en Espagne. Ils l'avaient entreposée dans un château loué par leurs soins, puis acheminée à Narbonne, dans un autre véhicule leur appartenant. Ils l'avaient stockée dans un local également loué par eux. Ce sont encore des fonctionnaires de l'administration des Douanes qui avaient recruté un mois auparavant et séparément les prévenus, leur avaient fixé des rendez-vous séparés à Toulouse, Narbonne et en Espagne, et les avaient réunis à Narbonne pour le chargement de ce qui leur avait été présenté comme du cannabis. C'est au cours de ce chargement qu'ils avaient été interpellés.
La chambre criminelle a censuré cette opération en retenant que « la provocation à l'infraction par un agent de l'autorité publique exonère le prévenu de sa responsabilité pénale, lorsqu'elle procède de manœuvres de nature à déterminer les agissements délictueux portant ainsi atteinte au principe de la loyauté des preuves » (Cass. crim., 5 mai 1999, n° 97-83.117 : *Bull. crim.* n° 87).

1643 **Images pédopornographiques.** Une personne s'était connectée sur Internet à un site de rencontre homosexuel en se faisant passer pour un adolescent de quatorze ans à la demande de policiers de la brigade des mineurs. Elle était entrée en contact avec le prévenu qui avait accepté de lui transmettre des images de mineurs à caractère pornographique. L'interpellation avait eu lieu au cours d'un rendez-vous que les deux hommes s'étaient fixé. Si aucune image illicite n'avait été trouvée en possession du prévenu, il avait toutefois reconnu avoir conservé dans la mémoire de son ordinateur les images qu'il avait transmises à la personne ayant aidé la police.
La chambre criminelle a considéré qu'en un tel cas, il s'agissait d'une provocation à la commission d'une infraction par un agent de l'autorité publique ou par son intermédiaire qui portait atteinte au principe de la loyauté des preuves et au droit à un procès équitable, la déloyauté d'un tel procédé rendant irrecevables en justice les éléments de preuve ainsi obtenus (Cass. crim., 11 mai 2006, n° 05-84.837 : *Bull. crim.* n° 132).

1644 **Vol.** En matière de vol, la chambre criminelle a également considéré qu'il y avait provocation à la commission de l'infraction quand les policiers interpellaient en flagrant délit de vol à la roulotte dans un véhicule deux mineurs dont l'un avait été incité par un des policiers quelques heures plus tôt à commettre ce vol. Le policier avait proposé de faire stationner, près de l'endroit où les jeunes gens se réunissaient, une Renault Twingo, dans laquelle seraient disposés en évidence un téléphone portable et une sacoche d'ordinateur et avait remis à l'intéressé 7 € pour qu'il puisse offrir une pizza

La loyauté de la preuve

à ses camarades, afin de les attirer à proximité du véhicule, lui-même, devant faire le guet (Cass. crim., 9 août 2006, n° 06-83.219 : *Bull. crim.* n° 202).

1645 **Tentative de chantage.** La chambre criminelle a également considéré qu'il y avait eu un stratagème viciant la recherche des preuves lorsque, dans le but de rechercher les preuves d'une tentative de chantage dont une personne disait faire l'objet et d'en identifier les auteurs, un commissaire de police, sur autorisation du procureur de la République, s'était substitué à la victime durant plusieurs mois dans des négociations avec les suspects. Cet officier de police judiciaire s'était présenté en la seule qualité de représentant de la victime et sous un pseudonyme. Des communications téléphoniques, dont certaines avaient fait l'objet d'interceptions, avaient eu lieu entre l'enquêteur et le suspect. La chambre criminelle a considéré que cette enquête portait atteinte au droit à un procès équitable et au principe de loyauté des preuves, le stratagème mis en place viciant la recherche par un agent de l'autorité publique (Cass. crim., 11 juill. 2017, n° 17-80.313 : *Bull. crim.* n° 208). Cependant, à la suite de la résistance de la cour d'appel de renvoi, l'assemblée plénière de la Cour de cassation a, par l'arrêt évoqué plus haut qui a énoncé les trois principes gouvernant la question (Cass. ass. plén., 9 déc. 2019, n° 18-86.767), jugé régulier le procédé mis en œuvre par les enquêteurs.

3 La règle est identique lorsque c'est un agent public étranger qui intervient

1646 L'unité criminalité informatique d'un service de police de New York avait créé et exploitait un site de pornographie infantile aux fins d'identifier les pédophiles utilisant Internet. Un Français s'y était connecté. Les services américains en avaient informé la police française qui avait découvert chez l'internaute français du matériel informatique contenant des images pornographiques de mineurs. La chambre criminelle a considéré que l'enquête réalisée par la police française procédait d'une provocation à la commission d'une infraction organisée par les autorités américaines (Cass. crim., 7 févr. 2007, n° 06-87.753 : *Bull. crim.* n° 37), et ce quand bien même ce stratagème aurait permis la découverte d'autres infractions déjà commises ou en cours de commission, en l'espèce la détention d'autres images pédopornographiques adressées par l'internaute au site avant de s'y connecter. La chambre criminelle a considéré qu'il ne pouvait, en ce cas, être considéré qu'il s'agissait d'un simple moyen de révéler une infraction préexistante car, faute d'éléments antérieurs permettant d'en soupçonner l'existence, la découverte de la détention d'images pornographiques n'avait été permise que par la provocation à la commission d'une infraction organisée par les autorités américaines et dont les résultats avaient été transmis aux autorités françaises (Cass. crim., 4 juin 2008, n° 08-81.045 : *Bull. crim.* n° 141).

4 La participation ou l'instigation de l'autorité publique à la commission de l'infraction est tout autant prohibée

1647 La chambre criminelle assimile la provocation à la commission de l'infraction opérée par les enquêteurs à celle réalisée par des particuliers à laquelle ont participé des agents publics. Elle a donc la même approche que la Cour européenne des droits de l'homme pour qui la provocation policière peut résulter des agissements de membres des forces de l'ordre ou de personnes intervenant à leur demande.

1648 **Chantage, extorsion de fonds.** Ainsi, elle a censuré un arrêt de chambre de l'instruction ayant refusé d'annuler des enregistrements de conversations privées, réalisés par le représentant d'un plaignant sans le consentement de ses interlocuteurs, soupçonnés de tentative de chantage et d'extorsion de fonds. Les enquêteurs, informés par cette partie privée des lieux et heures des rendez-vous litigieux, avaient mené une surveillance constante pendant toute leur durée. À leur issue, ils s'étaient vu remettre les enregistrements par la partie qui y avait procédé. Ils les avaient retranscrits sur procès-verbal.
La chambre criminelle a jugé que la présence constante des enquêteurs sur les lieux des rencontres, la remise aux policiers par le représentant du plaignant des enregistrements litigieux dès la fin de ces rencontres, suivie, le lendemain ou le surlendemain, de leur retranscription par les enquêteurs, et les contacts réguliers entre ces derniers et le représentant du plaignant et l'autorité judiciaire pendant ces rencontres ayant conduit à l'interpellation des mis en cause à l'issue de la seconde d'entre elles, démontraient que l'autorité publique avait participé indirectement à l'obtention des enregistrements, par un particulier, sans le consentement des intéressés, de propos tenus par eux à titre privé (Cass. crim., 20 sept. 2016, n° 16-80.820 : *Bull. crim.* n° 244). Elle a censuré l'arrêt d'appel en énonçant que la participation de l'autorité publique à l'administration d'une preuve obtenue de façon illicite ou déloyale par une partie privée portait atteinte aux principes du procès équitable et de la loyauté des preuves.

Il y a cependant lieu de noter que la juridiction de renvoi a considéré qu'il ne résultait pas des éléments factuels de l'opération une participation directe ou indirecte des enquêteurs aux enregistrements litigieux. L'assemblée plénière de la Cour de cassation a approuvé cette analyse (Cass. ass. plén., 10 nov. 2017, n° 17-82.028 : *Bull. crim. ass. plén.*, n° 2), ce qui illustre le fait que l'appréciation du respect du principe de loyauté de l'administration de la preuve est souvent affaire d'espèce et se prête mal à une conceptualisation, comme le démontrent les résistances de cours d'appel de renvoi déjà évoquées qui ont contraint l'assemblée plénière de la Cour de cassation à intervenir à plusieurs reprises.

1649 **Vol de documents bancaires à l'instigation ou non de l'autorité publique.** C'est également en considération de cette ligne de partage entre participation ou non, instigation ou non, des autorités publiques que la chambre criminelle a jugé irrégulière une procédure suivie contre un résident français pour infractions cambiaires, puisqu'il s'avérait que celle-ci était assise sur des extraits de compte de particulier provenant d'un vol commis à l'instigation d'agents chargés des constatations et poursuites (Cass. crim., 28 oct. 1991, n° 90-83.692 : *Bull. crim.* n° 381).

Mais elle a, au contraire, estimé parfaitement régulière une procédure initiée par l'administration fiscale fondée sur des fichiers volés par le salarié d'une banque suisse dès lors que ces fichiers ne constituaient pas, au sens de l'article 170 du Code de procédure pénale, des actes ou pièces de l'information susceptibles d'être annulés, mais des moyens de preuve soumis à discussion contradictoire, et que, d'autre part, l'autorité publique n'était pas intervenue dans la confection ou l'obtention des pièces litigieuses, qui provenaient d'une perquisition régulièrement effectuée (Cass. crim., 27 nov. 2013, n° 13-85.042 : *Bull. crim.* n° 238).

B Contournement ou détournement d'une règle de procédure, ayant pour objet ou pour effet de vicier la recherche de la preuve en portant atteinte à l'un des droits essentiels ou à l'une des garanties fondamentales de la personne suspectée ou poursuivie

1650 En énonçant qu'une atteinte au principe de loyauté de la preuve pouvait être constituée quand le procédé employé, par un contournement ou un détournement d'une règle de procédure, avait pour objet ou pour effet de vicier la recherche de la preuve en portant atteinte à l'un des droits essentiels ou à l'une des garanties fondamentales de la personne suspectée ou poursuivie, l'assemblée plénière, dans son arrêt du 9 décembre 2019 a théorisé une règle que la chambre criminelle et l'assemblée plénière, elle-même (Cass. ass. plén., 6 mars 2015, n° 14-84.339 : *Bull. civ. ass. plén.*, n° 2), avaient déjà dégagée.

La Cour de cassation estime ainsi qu'il y a des hypothèses où l'administration de la preuve ne peut être tenue pour régulière bien qu'il n'y ait pas eu provocation à la commission de l'infraction.

1 Conjonction de deux mesures régulières

1651 **Sonorisation de cellules de garde à vue.** L'espèce jugée par la chambre criminelle le 7 janvier 2014 et, après résistance de la cour d'appel de renvoi, par l'assemblée plénière le 6 mars 2015, en fournit un exemple topique.

Dans une information ouverte du chef de vol à main armée, le juge d'instruction avait autorisé la mise en place d'un dispositif de sonorisation des cellules de garde à vue contiguës dans lesquelles avaient été placés deux suspects qu'il avait fait interpeller et qui s'étaient entretenus de l'affaire au cours d'un temps de repos, l'un des deux s'incriminant.

La chambre criminelle a censuré le procédé en retenant que la conjugaison des mesures de garde à vue, du placement des deux suspects dans des cellules contiguës et de la sonorisation des locaux participait d'un stratagème constituant un procédé déloyal de recherche des preuves, lequel avait amené un des suspects à s'incriminer lui-même au cours de sa garde à vue (Cass. crim., 7 janv. 2014, n° 13-85.246 : *Bull. crim.* n° 1).

La chambre de l'instruction désignée pour statuer sur le renvoi après cassation a estimé l'opération régulière dès lors que des raisons plausibles de soupçonner les suspects justifiaient le placement en garde à vue, que l'interception de leurs conversations avait eu lieu dans les conditions et formes légales, lesquelles n'excluent pas la sonorisation des cellules de garde à vue contrairement à d'autres lieux visés, que les intéressés, auxquels avait été notifiée l'interdiction de communiquer entre eux, avaient fait des déclarations spontanées, hors toute provocation des enquêteurs, et que le droit au silence ne s'appliquait qu'aux auditions et non aux périodes de repos.

De fait, les mesures prises étaient parfaitement légales.

Mais c'est la conjonction de deux mesures légales que l'assemblée plénière (Cass. ass. plén., 6 mars

2015, n° 14-84.339 : *Bull. civ. ass. plén.*, n° 2) a, comme la chambre criminelle, jugé déloyale. Elle a censuré le dispositif en considérant qu'au cours d'une mesure de garde à vue, le placement, durant les périodes de repos séparant les auditions, de deux personnes retenues dans des cellules contiguës préalablement sonorisées, de manière à susciter des échanges verbaux qui seraient enregistrés à leur insu pour être utilisés comme preuve, constituait un procédé déloyal d'enquête mettant en échec le droit de se taire et celui de ne pas s'incriminer soi-même et portant atteinte au droit à un procès équitable.

On voit donc que « loyauté » ne coïncide pas forcément avec « légalité » des actes considérés. Tout est question de circonstances et c'est ainsi qu'au contraire de la décision qui vient d'être évoquée, la chambre criminelle a validé un arrêt de chambre de l'instruction ayant considéré, pour diverses raisons factuelles exposées dans l'arrêt, que la conjugaison de la sonorisation de la cellule d'un détenu et de l'arrivée le même jour d'un codétenu mis en examen par le même magistrat instructeur ne constituait pas un stratagème (Cass. crim., 17 mars 2015, n° 14-88.351 : *Bull. crim.* n° 54).

2 Contournement ou détournement de procédure

1652 M. Desportes et Mme Lazerges-Cousquer, dans leur *Traité de procédure pénale*, distinguent contournement et détournement.

Ils estiment que le **contournement** d'une règle de procédure consiste pour l'enquêteur à se placer hors du cadre procédural prévu pour l'accomplissement d'un acte afin de recueillir des éléments d'information qu'il n'aurait pu obtenir en respectant les exigences légales tandis que le **détournement** est une forme de fraude à la loi consistant pour l'enquêteur à se placer faussement dans le champ d'application d'une disposition légale à seule fin de mettre en œuvre des pouvoirs conférés par celle-ci, dont il n'aurait pas disposé s'il s'était conformé à la loi.

a) Contournement de procédure

1653 Sauf erreur, la chambre criminelle n'a jamais eu explicitement recours à la notion de contournement de procédure pour censurer des procédés qu'elle jugeait déloyaux.

Selon ces auteurs, relèvent du contournement de procédure :

1) l'hypothèse où les autorités placent dans la cellule d'un détenu une personne chargée de lui soutirer des aveux, leurs conversations étant enregistrées. Pour la Cour européenne des droits de l'homme, ce procédé porte atteinte au droit de garder le silence et de ne pas s'accuser soi-même (CEDH, 5 nov. 2002, n° 48539/99, *Allan c/ R.U.*) ;

2) l'enregistrement effectué de manière clandestine, par un policier agissant dans l'exercice de ses fonctions, des propos qui lui sont tenus, fût-ce spontanément, par une personne suspecte car le procédé élude les règles de procédure et compromet les droits de la défense (Cass. crim., 16 déc. 1997, n° 96-85.589 : *Bull. crim.* n° 427). Il n'est toutefois pas indifférent de noter que la cour d'appel de renvoi ayant jugé le procédé régulier, l'affaire est revenue devant la chambre criminelle qui, cette fois, a jugé que l'enregistrement clandestin, par un policier, des propos qui lui sont tenus ne constitue pas un acte de procédure susceptible d'annulation, mais seulement un moyen de preuve soumis à la libre discussion des parties, lorsqu'il est effectué par lui, non dans l'exercice de ses fonctions, en vue, par exemple, de constater des agissements délictueux sur délégation judiciaire, mais pour se constituer la preuve de faits dont il est lui-même victime (Cass. crim., 19 janv. 1999, n° 98-83.787 : *Bull. crim.* n° 9) ;

3) l'espèce déjà évoquée (V. *supra*, n° 1633) dans laquelle un commissaire de police avait, dans une affaire de corruption, dicté à un témoin les questions à poser par téléphone au suspect, lui-même écoutant les réponses et ayant dressé un procès-verbal de l'échange (Cass. crim., 12 juin 1952, *Imbert : JCP* 1952, II, 7241) ;

4) le fait que les enquêteurs transcrivent, dans un procès-verbal d'investigations, des déclarations verbales que le gardé à vue n'avait pas voulu voir consignées dans son audition (Cass. crim., 3 avr. 2007, n° 07-80.807 : *Bull. crim.* n° 102) ;

5) le fait que les officiers de police judiciaire, chargés d'une commission rogatoire, aient retranscrit, dans un procès-verbal de renseignements, les confidences que le mis en examen leur avait faites sur sa participation aux infractions et le déroulement des faits lorsqu'ils le conduisaient à la maison d'arrêt après son placement en détention provisoire (Cass. crim., 5 mars 2013, n° 12-87.087 : *Bull. crim.* n° 56) ;

6) les hypothèses dans lesquelles les enquêteurs chargent des particuliers – qui peuvent apporter des preuves illicites – de faire un acte qu'eux-mêmes ne pourraient pas faire sans respecter des règles légales (V. *supra*, n° 1647).

Dans ces arrêts, si le terme de « contournement de procédure » n'a pas été utilisé, il a été relevé que le procédé éludait les règles de procédure et compromettait les droits de la défense (cas 2 et 4) ou qu'il avait pour but et pour résultat d'éluder les dispositions légales et les règles générales de procédure (cas 3) ou encore était contraire au droit à un procès équitable et aux droits de la défense et avait pour effet d'éluder les droits de la défense (cas 5) ou bien portait atteinte aux principes du procès équitable et de la loyauté des preuves (cas 6).

1654 Semble pouvoir entrer dans la catégorie des contournements de procédures bien qu'il y ait eu, en outre, une violation des dispositions de l'article 61-3 du Code de procédure pénale, l'hypothèse suivante : au cours d'une enquête menée du chef de viol et agressions sexuelles, une parade d'identification avait été organisée par les enquêteurs qui avaient dressé un procès-verbal selon lequel le suspect, qui était assisté de son avocat comme il l'avait demandé, et qui était placé au sein d'un groupe de quatre personnes, avait été reconnu formellement par une des plaignantes au vu de son âge, de sa taille, de ses cheveux et de la musculature de ses bras. C'est ce procès-verbal qui se trouvait dans la procédure au moment où le suspect avait été déféré devant le procureur puis le juge d'instruction et le juge des libertés et de la détention qui l'avait placé en détention provisoire. À la suite de protestations de l'avocat de la personne poursuivie et d'investigations du juge d'instruction, les enquêteurs avaient indiqué, dans un nouveau procès-verbal établi quelques semaines plus tard, que la présentation, à travers une glace sans tain, du suspect parmi un groupe constitué de quatre personnes, avait eu lieu en présence de l'avocat du mis en cause, que la victime avait hésité et désigné celui qui portait le numéro un, soit le gardé à vue, sans être formelle. Alors que l'avocat venait de partir et que la plaignante était conduite vers un bureau pour l'établissement du procès-verbal, elle avait souhaité revoir l'homme portant le numéro un, spécialement ses avant-bras. C'est ainsi que le gardé à vue avait été replacé au centre de la pièce, seul, en débardeur, après avoir enlevé sa chemise et que la plaignante avait alors déclaré le reconnaître formellement. L'arrêt de la chambre de l'instruction qui avait validé cette façon de faire a été censuré au visa de l'article 61-3 du Code de procédure pénale selon lequel toute personne placée en garde à vue doit pouvoir bénéficier de la présence d'un avocat lors d'une séance d'identification des suspects dont elle fait partie puisqu'une seconde présentation de la personne gardée à vue à la victime s'était déroulée en l'absence de l'avocat du demandeur, et au visa du principe de loyauté de la preuve puisque les circonstances de la présentation, telles que transcrites au premier procès-verbal, seul procès-verbal rédigé d'initiative par les enquêteurs, étaient manifestement inexactes (Cass. crim., 28 sept. 2022, n° 20-86.054, publié au bulletin).

b) Détournement de procédure

1655 Se placer faussement et à dessein dans le champ d'application des dispositions relatives à la criminalité et à la délinquance organisées. La chambre criminelle a, en revanche, donné un exemple de détournement de procédure en indiquant qu'il pouvait consister, pour des agents publics, à se placer faussement et à dessein dans le champ d'application des articles 706-73 et 706-73-1 du Code de procédure pénale, à seule fin de mettre en œuvre un dispositif de sonorisation qu'ils n'auraient pas pu mettre en place autrement. Cependant, dans l'affaire qui lui a donné l'occasion d'affirmer le principe, elle a estimé qu'il n'y avait pas eu détournement de procédure car l'absence d'implication effective des personnes concernées dans les faits objet de la mesure de sonorisation et le fait que ces personnes aient ultérieurement été mises en examen à raison de faits distincts, révélés par les opérations précitées, ne suffisaient pas à constituer un détournement de procédure (Cass. crim., 18 juin 2019, n° 19-80.015 : *Bull. crim.* n° 119).

1656 **Détournements de procédure sanctionnés par la chambre criminelle.** On retrouve le terme de « détournement de procédure » dans plusieurs décisions de la chambre criminelle.
Le 2 juin 1986, elle a considéré qu'une perquisition, opérée en application des articles 64 et 454 du Code des douanes par deux agents des douanes assistés d'un officier de police judiciaire mais accompagnés par deux inspecteurs des impôts, qui n'avait pas été dictée par un quelconque indice préalable d'une infraction douanière ou cambiaire alors qu'elle avait abouti à la saisie de documents comptables n'ayant été utilisés que pour étayer des poursuites fiscales constituait un détournement de procédure flagrant qui avait abouti à la méconnaissance certaine des garanties essentielles des droits de la défense (Cass. crim., 2 juin 1986, n° 86-90.975 : *Bull. crim.* n° 187).
Le 18 décembre 1989, elle a estimé que l'intervention de douaniers, à la demande des CRS, pour visiter la voiture d'un automobiliste ayant commis un excès de vitesse et y saisir un « radar antiradar » qu'ils ne pouvaient saisir eux-mêmes, constituait un détournement de procédure (Cass. crim., 18 déc. 1989, n° 89-81.659 : *Bull. crim.* n° 485).
Le 3 octobre 1996, elle a jugé qu'était justifié l'arrêt qui prononçait la nullité, pour détournement de procédure, d'une visite domiciliaire, ayant abouti à la saisie de sucre chez un viticulteur, à laquelle des fonctionnaires des Impôts avaient participé activement sans être munis de l'autorisation spéciale du président du tribunal de grande instance au titre de l'article L. 38 du Livre des procédures fiscales et

hors le cas de flagrance (Cass. crim., 3 oct. 1996, n° 95-83.879 : *Bull. crim.* n° 345).

1657 **Prévisions expresses de la loi.** La loi prévoit parfois de façon expresse qu'une procédure qu'elle organise ne saurait être utilisée à d'autres fins. C'est, par exemple, le cas de l'article 706-96-1 du Code de procédure pénale qui prévoit que l'introduction dans un véhicule ou un lieu privé pour y poser un dispositif de sonorisation ou de fixation d'image ne peut « avoir d'autre fin que la mise en place du dispositif technique » ou de l'article 706-102-5 du Code de procédure pénale qui prévoit une disposition identique en cas d'entrée pour mettre en place un dispositif de captation de données informatiques.
Il n'en reste pas moins que si, lors de l'entrée dans les lieux pour installer le dispositif de sonorisation ou de captation de données informatiques, l'enquêteur découvre des produits dont la détention est interdite (drogue, armes, etc.), il pourra toujours établir un rapport ou un procès-verbal de ce qu'il a découvert. D'ailleurs le Code de procédure pénale prévoit expressément que les infractions révélées incidemment par cet acte d'enquête ne sont pas nulles (CPP, art. 706-95-3).

3 Autres hypothèses où la recherche de la vérité peut être viciée

1658 Dans d'autres hypothèses, la jurisprudence a estimé que la recherche de la vérité avait été viciée sans évoquer les notions de contournement ou détournement de procédure.

1659 **Hypnose.** Il est aisé de concevoir que les dispositions légales relatives au mode d'administration des preuves sont violées et l'exercice des droits de la défense compromis lorsque le juge d'instruction fait procéder, sur commission rogatoire, à l'audition d'un suspect placé sous hypnose par un expert et qu'ensuite il confie à un psychologue-conseil une mission d'expertise tendant à une préparation technique d'audition aux fins de garde à vue, qu'au cours de cette mesure de contrainte, l'expert intervient à plusieurs reprises pour poser des questions à l'intéressé, lequel avoue alors le meurtre de son épouse et le dépeçage de son corps (Cass. crim., 28 nov. 2001, n° 01-86.467 : *Bull. crim.* n° 248).
C'est en revanche un peu moins manifeste quand c'est un témoin des faits, gendarme d'une brigade motorisée, qui a consenti à être placé sous hypnose pour tenter de stimuler sa mémoire sur un fait précis. La chambre criminelle, pour censurer le procédé, a retenu qu'il constituait une violation des dispositions légales relatives au mode d'administration des preuves compromettant l'exercice des droits de la défense (Cass. crim., 12 déc. 2000, n° 00-83.852 : *Bull. crim.* n° 369 ; *JCP* G 21 mars 2001, n° 12, II, 10495, note C. Puigelier ; *D.* 26 avr. 2001, n° 17, p. 1340, note D. Mayer et J.-F. Chassaing). S'il est patent que le procédé n'est pas envisagé par la loi sans pour autant être interdit ce qui, dans un système de liberté de la preuve, aurait pu conduire à son admission, l'arrêt n'indique pas en quoi il compromettait l'exercice des droits de la défense.

III Le stratagème tendant à la constatation d'une infraction ou à l'identification de ses auteurs est admis

1660 L'assemblée plénière de la Cour de cassation, dans l'arrêt précité du 9 décembre 2019, a énoncé que « le recours, par les autorités publiques, à un stratagème tendant à la constatation d'une infraction ou l'identification de ses auteurs ne constitue pas, en soi, une atteinte au principe de loyauté de la preuve ».
Cette affirmation confirme une règle que la chambre criminelle avait dégagée dans un certain nombre de décisions.

Et, c'est heureux. Il est évident qu'une enquête ne peut souvent être menée avec succès que si les enquêteurs peuvent recourir à un minimum de stratagème. Il suffit de penser à la possibilité d'entrer dans un immeuble équipé d'un interphone. Si les enquêteurs s'annoncent au suspect en disant qu'ils sont de la police ou de la gendarmerie, il y a fort à craindre qu'il ne les attende pas les bras ballants quand il cache chez lui de la drogue. Il y a tout lieu de craindre qu'il ne profite du temps que les enquêteurs mettront à atteindre son appartement pour faire disparaître la drogue dans la cuvette des toilettes. Il est impératif d'admettre qu'en un tel cas les enquêteurs puissent se présenter sous une autre qualité que celle qui est réellement la leur. Cet exemple « basique » montre bien qu'une dose d'inventivité et de ruse doit pouvoir être mise en œuvre par les enquêteurs. La discrétion, quand ce n'est pas la clandestinité, est inhérente à l'enquête de police si on veut qu'elle soit efficace.

1661 **Stratagèmes expressément prévus par le Code de procédure pénale.** La loi réglemente d'ailleurs d'assez nombreux stratagèmes que l'enquêteur peut utiliser : des écoutes téléphoniques, la pose de balises de géolocalisation, des dispositifs de sonorisation sont évidemment des stratagèmes. Il en est de même des surveillances, livraisons surveillées ou contrôlées, enquête sous pseudonyme, coups d'achat et infiltration qui sont mis en œuvre à l'insu de la personne concernée et qui se distinguent les uns des autres selon les critères succinctement exposés dans le tableau ci-dessous :

	Filature	Surveillance	Dispositif de libre passage	Livraison de produits ou marchandises illicites par les enquêteurs	Enquête sous pseudonyme	Coup d'achat	Infiltration
Texte	Pas de texte spécifique.	C. douanes, art. 706-80, 67 bis.	706-80-1, al. 1 et 2.	706-80-2.	230-46.	706-32 (stupéfiants) ; 706-106 (armes).	706-81 ; 706-82.
Objet	Les enquêteurs suivent une personne, suspecte ou non (V. *infra*, n° 3324), pour savoir ce qu'elle fait, qui elle rencontre, etc.	Les enquêteurs surveillent sur l'ensemble du territoire national des personnes suspectes de certaines infractions graves ou l'acheminement ou le transport des objets relatifs à l'infraction.	Les enquêteurs peuvent, dans le cadre d'une opération de surveillance, demander à tout fonctionnaire ou agent public de ne pas procéder au contrôle et à l'interpellation des personnes suspectes d'infractions graves ou de ne pas procéder au contrôle et à la saisie des objets, biens ou produits afin de ne pas compromettre la poursuite des investigations.	Les enquêteurs peuvent, dans le cadre d'une opération de surveillance, livrer ou délivrer à la place des prestataires de services postaux et des opérateurs de fret les objets, biens ou produits liés à l'infraction, sans être pénalement responsables.	Les enquêteurs participent à des échanges de messages électroniques en utilisant un pseudonyme pour rassembler les preuves et rechercher les auteurs des infractions. Ils peuvent aussi extraire ou conserver les données et acquérir objet lié à l'infraction.	Les enquêteurs peuvent acquérir, pour mettre à jour les infractions objet de l'enquête, de produits stupéfiants ou des armes, munitions, explosifs ou mettre à disposition des suspects de moyens juridiques, financiers ou des moyens de transport, dépôt, hébergement, conservation, télécommunication en vue de l'acquisition de stupéfiants ou d'armes (ou de leurs éléments), de munitions ou d'explosifs.	Les enquêteurs surveillent des suspects en se faisant passer auprès d'eux pour un coauteur, un complice ou un recéleur. Ils peuvent acquérir, détenir, transporter, livrer produits, documents, informations liés à l'infraction de même qu'ils peuvent utiliser ou mettre à disposition des suspects des moyens de caractère juridique ou financier ainsi que des moyens de transport, de dépôt, d'hébergement, de conservation et de télécommunication.
	Toutes infractions.	Infractions visées aux articles 706-73, 706-73-1, 706-74, 706-1, 706-1-1, 706-72, 706-1-2, 706-2-2 (V. *infra*, n° 3327).	Infractions visées aux articles 706-73, 706-73-1, 706-74, 706-1, 706-1-1, 706-72, 706-1-2, 706-2-2 (V. *infra*, n° 3327).	Infractions visées aux articles 706-73, 706-73-1, 706-74, 706-1, 706-1-1, 706-72, 706-1-2, 706-2-2 (V. *infra*, n° 3327).	Tous crimes et délits punis d'emprisonnement.	Stupéfiants (706-32) : acquisition, offre, cession de stupéfiants ; Armes (706-106) : Délits en matière d'armes et de produits explosifs prévus aux articles 222-52 à 222-54, 222-56 à 222-59, 322-6-1 et 322-11-1 du Code pénal, aux articles L. 2339-2, L. 2339-3, L. 2339-10, L. 2341-4, L. 2353-4 et L. 2353-5 du Code de la défense ainsi qu'aux articles L. 317-2 et L. 317-7 du Code de la sécurité intérieure.	Infractions visées à 706-73 et 706-73-1 mais aussi diverses autres infractions (V. *infra*, n° 4033).

	Filature	Surveillance	Dispositif de libre passage	Livraison de produits ou marchandises illicites par les enquêteurs	Enquête sous pseudonyme	Coup d'achat	Infiltration
Cadre juridique	Tous cadres juridiques (y compris enquêtes spéciales. V. *supra*, n°s 1050 et s.).	Préliminaire, flagrance (N.B. : le juge d'instruction a toujours pu accorder une extension de compétence aux enquêteurs indépendamment de ces dispositions qu'il n'était donc pas nécessaire de prévoir dans le cadre d'une l'information. Pour les douaniers, le texte ne crée pas une extension de compétence mais fonde la possibilité d'exercer la surveillance).	Préliminaire, flagrance, instruction.	Préliminaire, flagrance, instruction.	Préliminaire, flagrance, instruction.	Préliminaire, flagrance, instruction.	Préliminaire, flagrance, instruction.
Quels enquêteurs peuvent y avoir recours	Tous enquêteurs.	Officiers de police judiciaire et, sous leur autorité, les agents de police judiciaire.	Officiers de police judiciaire et, sous leur autorité, les agents de police judiciaire.	Officiers de police judiciaire et, sous leur autorité, les agents de police judiciaire.	Officiers et agents de police judiciaire qui sont affectés dans un service spécialisé (V. *infra*, n° 4016) et qui sont habilités et agréés (V. *infra*, n° 4017).	Officiers de police judiciaire et, sous leur autorité, les agents de police judiciaire.	Officiers et agents de police judiciaire agréés et habilités (V. *infra*, n°s 4044 et s.).
Autorisation	Pas d'autorisation nécessaire.	Simple information du procureur de la République chargé de l'enquête qui peut s'y opposer et du procureur de la République du lieu où la surveillance est susceptible de débuter (V. *infra*, n° 3328).	Procureur de la République ou juge d'instruction.	Procureur de la République ou juge d'instruction.	Autorisation du procureur de la République ou du juge d'instruction seulement pour acquérir contenu, produit, substance, prélèvement ou service.	Procureur de la République ou juge d'instruction.	Procureur de la République ou juge d'instruction.

1662 Et ce n'est pas parce que la loi ne réglemente pas certains stratagèmes qu'ils deviennent pour autant déloyaux ou illégaux.

1663 **Stratagèmes admis.** La chambre criminelle a considéré qu'il n'y avait pas atteinte au principe de loyauté dans l'administration de la preuve quand :

– sous prétexte de lui acheter de la drogue, un enquêteur contacte une personne susceptible d'avoir vendu de la drogue à la victime d'une surdose, dans le but d'établir qu'elle dispose effectivement de drogue. L'arrêt de la chambre d'accusation [d'instruction] qui a considéré qu'il ne s'agissait pas d'un stratagème constitutif de manœuvres déloyales susceptibles de dénaturer l'opération de police et de la rendre illicite est approuvé (Cass. crim., 24 févr. 1999, n° 98-83.574) ;

– un gardien de la paix fait mine d'accepter de l'argent de la part de malfaiteurs pour les renseigner sur les procédures dont ils pouvaient être l'objet. La chambre criminelle retient alors que « la participation simulée d'un fonctionnaire de police à une action illicite ne vicie pas la procédure lorsqu'elle ne détermine pas la personne intéressée à commettre le délit » (Cass. crim., 23 nov. 1999, n° 99-82.658 : *Bull. crim.* n° 269) ;

– un officier de police judiciaire utilise un pseudonyme pour se connecter à un service de messagerie (Cass. crim., 25 oct. 2000, n° 00-80.829 : *Bull. crim.* n° 317). Ce cas de figure a, depuis que cet arrêt a été rendu, été réglementé par la loi dans le cadre de l'enquête sous pseudonyme (V. *infra*, n° 4007) ;

– un internaute dénonce à la police la détention, par un autre utilisateur, de photographies de mineurs à caractère pornographique. En l'espèce, le dénonciateur avait exposé aux enquêteurs qu'en consultant un forum de discussion il était entré en contact avec un individu, disant être en possession de photographies de mineurs à caractère pornographique, lequel lui avait fixé un rendez-vous pour les lui remettre. Les policiers avaient accompagné le dénonciateur à ce rendez-vous et avaient interpellé l'individu qui était bien en possession d'images illicites. Si cet arrêt a validé cette opération, alors qu'un arrêt rendu le 11 mai 2006 avait estimé qu'une opération, pouvant à première vue paraître comparable, mise en œuvre par les policiers de la brigade des mineurs (V. *supra*, n° 1643) était irrégulière, c'est parce que le service enquêteur n'avait, ici, pas été à l'origine du rendez-vous (Cass. crim., 1er oct. 2003, n° 03-84.142 : *Bull. crim.* n° 176) et n'avait pas été l'instigateur de l'opération.

La chambre criminelle a également considéré qu'il n'y avait pas atteinte au principe de loyauté dans les exemples ci-dessous relatés ;

– une personne en garde à vue pour trafic de stupéfiants avait reconnu avoir, par deux fois, reçu de fortes sommes de la part d'individus et les avoir convoyées jusqu'à son oncle, conformément aux directives données par ce dernier, organisateur de ces opérations. Au cours de cette garde à vue, il avait reçu un message téléphonique de cet oncle qui lui demandait de participer à un nouveau transfert de fonds. Après avoir accepté de collaborer avec les policiers et recouvré sa liberté, cette personne avait téléphoné à son oncle, domicilié en Espagne, qui lui avait donné les instructions relatives au convoyage. Celui qui collaborait désormais avec la police avait toutefois imposé que la remise ait lieu en France ce qui avait permis aux policiers, informés des modalités de remise, de mettre en place un dispositif de surveillance qui leur permettant d'assister, dans un hôtel, à la réception d'un sac contenant l'argent. La chambre criminelle a validé l'opération dès lors que l'intervention des policiers avait eu lieu dans un contexte préexistant de trafic de stupéfiants qu'elle avait pour objet de constater et n'avait en rien déterminé, de la part de l'oncle, les agissements délictueux déjà commis et en train de se commettre, en l'espèce l'organisation de transports de fonds en relation avec ce trafic et leur réception, l'intéressé ayant en outre, à cet effet, librement choisi de pénétrer en France (Cass. crim., 8 juin 2005, n° 05-82.012 : *Bull. crim.* n° 173) ;

– le FBI avait mis en place un forum de *carding* d'infiltration dénommé *carderprofit* permettant aux utilisateurs de discuter de divers sujets liés à la fraude à la carte bancaire et de communiquer des offres d'achats, de vente et d'échanges de biens et services liés à la fraude à la carte bancaire. Il avait ainsi pu surveiller et enregistrer les discussions en ligne publiées sur le site, les messages envoyés par l'intermédiaire du site entre utilisateurs enregistrés et l'adresse IP de l'ordinateur des utilisateurs quand ils avaient consulté le compte. Des ressortissants français qui s'y étaient connectés ayant été identifiés, des perquisitions effectuées chez eux avaient permis de découvrir divers éléments confirmant l'existence d'activités frauduleuses sur Internet à partir de cartes bancaires et de découvrir des schémas techniques relatifs à des escroqueries. La chambre criminelle a estimé qu'il n'y avait pas eu provocation à la commission de l'infraction dès lors que ce site, dont la consultation n'était pas prohibée, était destiné à rassembler les preuves de la commission d'infractions et à en identifier les auteurs, mais n'avait pas pour objet d'inciter les personnes qui y accédaient à passer à l'acte (Cass. crim., 30 avr. 2014, n° 13-88.162 : *Bull. crim.* n° 119) ;

– afin de pouvoir interpeller une personne mise en cause dans plusieurs vols aggravés, des enquêteurs s'étaient fait passer auprès d'elle pour des acheteurs potentiels de son véhicule dont ils avaient repéré, en consultant un site Internet, qu'il le mettait en vente (Cass. crim., 15 déc. 2015, n°s 15-84.373 et 14-87.935 : *Bull. crim.* n° 293) ;

– un fonctionnaire territorial avait demandé à un administré qui déposait une demande d'agrément de « verser de l'argent pour que le dossier aboutisse ». L'administré avait prévenu les gendarmes qui l'avaient accompagné lors du rendez-vous qu'il avait pris avec le fonctionnaire pour lui remettre une somme d'argent en billets dont les numéros avaient été relevés. Les gendarmes avaient interpellé le fonctionnaire porteur de 5 000 € en billets dont les numéros correspondaient à ceux précédemment relevés. La chambre criminelle a validé le procédé, estimant que « ne constitue pas un stratagème portant atteinte à la loyauté des preuves, l'intervention des gendarmes qui a eu pour seul effet de permettre la constatation d'un délit de trafic d'influence dont ils n'ont pas déterminé la commission » (Cass. crim., 16 janv. 2008, n° 07-87.633 : *Bull. crim.* n° 14) ;

– un fonctionnaire de police, informé de la possible commission d'escroqueries en bande organisée par les responsables d'un garage qui revendaient des véhicules achetés en *leasing* à l'aide de faux documents et dont ils n'étaient pas propriétaires, avait contacté ce garage pour avoir un rendez-vous avec un commercial qu'il avait identifié ainsi. La chambre criminelle a validé le procédé en retenant que « ne porte pas atteinte, notamment, au principe de la loyauté des preuves et au droit à un procès équitable, le fait, pour un officier de police judiciaire, compétent pour ce faire, préalablement informé, de façon spontanée, par un tiers, de la possible commission d'infractions, de contacter, à l'aide d'un numéro de téléphone diffusé par elle sur Internet, la société mettant en vente un véhicule susceptible d'avoir été acquis en *leasing* à l'aide d'un dossier contenant des pièces falsifiées, et de se rendre au rendez-vous fixé par le commercial qui l'a rappelé à cette fin, sans prendre aucun engagement ni faire une quelconque autre demande » (Cass. crim., 12 sept. 2018, n° 17-87.498).

1664 **Le *testing*.** La pratique du *testing* a tout d'abord été admise par la chambre criminelle de la Cour de cassation alors qu'elle avait été mise en œuvre par une partie privée, l'opération ayant été organisée par des membres ou sympathisants de l'association SOS Racisme qui avaient ainsi souhaité révéler des pratiques discriminatoires à l'entrée de discothèques.

La chambre criminelle a donc logiquement fait appel à sa solution traditionnelle et jugé qu'aucune disposition légale ne permettait aux juges répressifs d'écarter les moyens de preuve produits par les parties au seul motif qu'ils auraient été obtenus de façon illicite ou déloyale ; qu'il leur appartenait seulement, en application du texte susvisé, d'en apprécier la valeur probante après les avoir soumis à la discussion contradictoire (Cass. crim., 11 juin 2002, n° 01-85.559 : *Bull. crim.* n° 131).

Par la suite, la loi a inséré dans la partie du Code pénal consacrée aux discriminations un article 225-3-1 qui dispose que :

> « Les délits prévus par la présente section sont constitués même s'ils sont commis à l'encontre d'une ou plusieurs personnes ayant sollicité l'un des biens, actes, services ou contrats mentionnés à l'article 225-2 dans le but de démontrer l'existence du comportement discriminatoire, dès lors que la preuve de ce comportement est établie ».

La chambre criminelle a refusé de renvoyer au Conseil constitutionnel une question prioritaire de constitutionnalité soutenant que ces dispositions portaient atteinte aux droits de la défense et au droit à un procès équitable. Pour justifier son refus, elle a retenu que, tout en facilitant la constatation des comportements discriminatoires, l'article 225-3-1 du Code pénal ne prévoyait aucune dérogation aux règles de poursuite et de jugement des infractions ; qu'en outre, il ne conférait pas au procureur de la République la faculté de provoquer à la commission d'une infraction et ne remettait pas en cause le pouvoir du juge d'apprécier la valeur probante des éléments à charge produits par les parties, après les avoir soumis à la discussion contradictoire (Cass. crim., 4 févr. 2015, n° 14-90.048 : *Bull. crim.* n° 26).

Elle a ensuite jugé, dans la même affaire où il était allégué que c'était le parquet qui était à l'origine de l'opération, que « l'autorité publique peut, sans provoquer à la commission d'une infraction ni manquer au principe de la loyauté des preuves et au droit à un procès équitable, prendre l'initiative de la mise en œuvre des dispositions de l'article 225-3-1 du Code pénal » (Cass. crim., 28 févr. 2017, n° 15-87.378).

1665 Comme le fait remarquer la DACG (DACG Focus, *Le testing*) qui a analysé les décisions rendues dans des procédures ayant mis en œuvre le *testing* :

> « Les prévenus pouvant contester par tous les moyens la preuve résultant du *testing* et le juge demeurant libre d'y accorder le crédit qu'il souhaite, un "*testing* concluant" n'est pas un moyen de preuve entraînant automatiquement la reconnaissance de culpabilité et la sanction des personnes soupçonnées de discrimination. Si à lui seul un *testing* peut suffire à prouver les faits de discrimination invoqués, la production d'autres éléments concrets semble néanmoins pouvoir utilement venir renforcer les résultats du *testing* réalisé pour emporter la conviction de la juridiction de jugement ».

IV

Conditions de recueil restées incertaines

1666 La chambre criminelle a estimé qu'il n'y avait pas lieu d'annuler le versement, dans un dossier d'instruction, d'enregistrements sonores révélant qu'une interdiction d'entrer en contact, imposée dans le cadre d'un contrôle judiciaire, n'avait pas été respectée.

Ces enregistrements avaient été remis aux enquêteurs par des journalistes qui, invoquant le droit à la protection de leurs sources, ne souhaitaient pas en révéler l'origine. Une des personnes poursuivies soutenait que ce processus de remise empêchait d'apprécier la légalité et la conformité au principe de loyauté des enregistrements, les règles applicables étant radicalement différentes selon qu'une autorité publique est intervenue ou non dans le processus de captation. La chambre criminelle a validé le versement de ces enregistrements en retenant que « … la circonstance que les enregistrements litigieux ont été remis aux enquêteurs par des journalistes ne saurait en elle-même conduire à exclure que l'autorité publique, sur qui seule pèse une obligation de légalité et de loyauté dans le recueil des preuves, ait concouru à la réalisation de ces enregistrements », mais que « … d'une part, il résulte des pièces de la procédure que des investigations, dont il n'est pas soutenu qu'elles seraient incomplètes, ont été conduites pour déterminer l'origine de ces enregistrements » et « d'autre part, le versement au dossier d'éléments de preuve ne saurait être déclaré irrégulier au seul motif que les conditions de leur recueil sont restées incertaines » (Cass. crim., 1er déc. 2020, n° 20-82.078).

L'ESSENTIEL 1667 En vertu du principe de la liberté de la preuve qui prévaut en matière pénale, si des parties privées produisent une preuve obtenue illicitement, illégalement ou de façon déloyale, le juge ne peut l'écarter pour ce seul motif. Il doit l'examiner et en apprécier la valeur probante (V. *supra*, n° 1632).

1668 L'enquêteur est, en revanche, soumis à une obligation de loyauté dans l'administration de la preuve ce dont il découle des règles que le doyen Carbonnier avait théorisées ainsi : « si les coups bas sont interdits, les ruses de guerre ne le sont pas ».

1669 La provocation à la commission de l'infraction est proscrite et entraîne la nullité des actes de procédure, qu'elle émane d'enquêteurs français ou étrangers. Il en va de même si les enquêteurs ont incité une partie privée à un acte déloyal ou qu'ils l'ont fait agir à leur place (V. *supra*, nos 1635 et s.).

1670 Il y a atteinte au principe de loyauté des preuves quand il y a contournement ou détournement d'une règle de procédure qui a pour objet ou pour effet de vicier la recherche de la preuve en portant atteinte à l'un des droits essentiels ou à l'une des garanties fondamentales de la personne suspectée ou poursuivie (V. *supra*, nos 1650 et s.).

1671 Si les enquêteurs ne peuvent provoquer à l'infraction, ils sont, en revanche, autorisés à recourir à un stratagème tendant à la constatation d'une infraction ou à l'identification de ses auteurs, la loi réglementant parfois les modalités de ces « ruses » (V. *supra*, nos 1660 et s.).

POUR ALLER PLUS LOIN…

Ouvrage

- F. Desportes et L. Lazerges-Cousquer, *Traité de procédure pénale*, Economica, 4e éd., 2015, § 576 et s.

Titre 2

Les modes classiques d'enquête impliquant principalement les services enquêteurs

Sommaire

Fiche 44

Interpellation

Sommaire

Introduction

1672 Le pouvoir d'interpellation ou d'arrestation est une source récurrente d'interrogation pour les enquêteurs, car, comme le souligne M. Buisson, « à la différence de nombreux autres États européens, la France ne dispose pas d'une disposition spécifique qui régisse l'interpellation par un agent de la force publique ». Seul l'article préliminaire III, alinéa 4 du Code de procédure pénale semble y faire référence (V. *supra*, n° 1701).

1673 Une première approche pourrait laisser penser que la question est réglée dans le Code de procédure pénale, pour l'enquête de flagrance par les articles 61 et 73, pour l'enquête préliminaire par l'article 78 et, pour l'instruction, par les textes régissant la délivrance des mandats et leur exécution.

En réalité, cette vision est erronée et la matière est beaucoup plus incertaine qu'il n'y paraît.

I

Un fondement légal incertain

A En flagrance

1674 **Les textes.** L'article 61 du Code de procédure pénale permet à l'officier de police judiciaire de contraindre à comparaître par la force publique :

– toute personne présente sur les lieux de l'infraction ;

– avec l'autorisation préalable du procureur de la République, les personnes qui n'ont pas répondu à une convocation à comparaître ou dont on peut craindre qu'elles ne répondent pas à une telle convocation, le procureur de la République pouvant également autoriser la comparution par la force publique sans convocation préalable en cas de risque de modification des preuves ou indices matériels, de pressions sur les témoins ou les victimes ainsi que sur leur famille ou leurs proches, ou de concertation entre les coauteurs ou complices de l'infraction.

L'article 73 du Code de procédure pénale prévoit que :

> « Dans les cas de crime flagrant ou de délit flagrant puni d'une peine d'emprisonnement, toute personne a qualité pour en appréhender l'auteur et le conduire devant l'officier de police judiciaire le plus proche ».

La doctrine retient le plus souvent que l'article 73 concerne non seulement tout citoyen mais aussi les agents de la force publique.

1675 **La doctrine.** Pour M. Buisson, « tout policier ou gendarme, qu'il soit officier ou agent de police judiciaire, peut procéder à l'arrestation de l'auteur présumé d'un crime ou d'un délit flagrant, à l'instar de tout particulier, puisque notre droit ne connaît pas de disposition spécifique applicable aux agents de la force publique (CPP, art. 73) ».

De même, de nombreux autres auteurs affirment que le pouvoir d'arrestation est une règle générale en matière de flagrance découlant de l'article 73 du Code de procédure pénale et que pour y procéder, l'officier de police judiciaire n'a besoin d'aucune autorisation préalable d'un magistrat.

Cette interprétation ne fait cependant pas l'unanimité.

Mme Gogorza relève que le prédécesseur de l'article 73 du Code de procédure pénale, l'article 106 du Code d'instruction criminelle, prévoyait que « tout dépositaire de la force publique, et même toute personne, sera tenue de saisir le prévenu surpris en flagrant délit... ». Si le législateur, lors de l'élaboration du Code de procédure pénale, n'a pas repris la même formulation, c'est peut-être qu'il entendait modifier les solutions ou, qu'au contraire, il estimait que la contrainte était inhérente à l'exercice des actes d'enquête, au moins dans les enquêtes coercitives.

Qu'il nous soit permis d'ajouter que l'article 73 du Code de procédure pénale impose à la personne ayant appréhendé l'auteur de le conduire devant l'officier de police judiciaire le plus proche. Si l'on devait considérer que ce texte justifie l'interpellation par les enquêteurs, lorsque c'est un officier de police judiciaire qui a procédé à cette interpellation, il serait absurde de lui imposer de conduire la personne appréhendée devant un officier de police judiciaire.

Le même auteur relève que si cet article 73 devait fonder légalement l'interpellation, il ne constituerait qu'une base légale temporellement limitée du pouvoir d'interpellation, car il ne permet l'arrestation que de celui ou celle qui commet actuellement un crime ou un délit, qui vient de le commettre, ou qui dans un temps très proche de l'action est poursuivi par la clameur publique ou présente des traces laissant croire qu'il a participé aux faits. Ce texte ne légaliserait pas l'arrestation pendant toute la durée de l'enquête de flagrance, c'est-à-dire pendant huit jours renouvelables, mais uniquement dans la limite temporelle de la flagrance, à savoir dans un délai oscillant entre vingt-quatre et quarante-huit heures après la commission de l'infraction. Passé ce délai, l'arrestation du suspect deviendrait impossible sur le fondement de l'article 73 du Code de procédure pénale et c'est au regard de l'article 61 dudit code qu'il conviendrait d'examiner la régularité de l'arrestation, cependant uniquement sur autorisation préalable du procureur de la République.

Cette vision des choses ne semble pas être celle de la chambre criminelle puisqu'elle valide l'interpellation en retenant que : « L'enquête s'est poursuivie selon la procédure de flagrance dès lors que les investigations entreprises dès la commission des faits n'ont été interrompues à aucun moment » (Cass. crim., 19 sept. 1990, n° 90-84.317 : *Bull. crim.* n° 318).

Le Conseil constitutionnel semble partager la même lecture de l'article 73 que la chambre criminelle et indique ainsi que « (...) lors d'une enquête de flagrance, les officiers et agents de police judiciaire peuvent procéder d'initiative à l'arrestation de l'auteur présumé » (Cons., const., n° 2019-778 DC du 21 mars 2019, Loi de programmation 2018-2022 et de réforme pour la Justice, § 190).

Mme Gogorza déduit de sa démonstration que l'article 61 serait plus adapté que l'article 73 à fonder l'interpellation, quoiqu'il ne soit pas naturel que l'officier de police judiciaire ait besoin, au cours d'une enquête de flagrance, de l'autorisation du procureur de la République.

B En enquête préliminaire

1676 La question pouvait sembler un peu plus claire en ce qui concerne l'enquête préliminaire qui, au départ au moins, était non coercitive. Aucune interpellation ne pouvait donc avoir lieu. On admettait cependant qu'une personne ayant répondu à la convocation d'un enquêteur et s'étant rendue librement au commissariat de police ou à la brigade de gendarmerie soit placée en garde à vue car, retenait-on, elle avait implicitement consenti à se voir placée sous la contrainte (Cass. crim., 13 nov. 1996, n°s 96-82.087 et 96-83.708 : *Bull. crim.* n° 401. – Cass. crim., 28 juin 2000, n° 99-81.688 : *Bull. crim.* n° 251. – V. *infra*, n°s 2807 et s.).

Depuis, le régime de l'enquête préliminaire a sensiblement changé. La loi n° 93-2 du 4 janvier 1993 a permis que les personnes convoquées par un officier de police judiciaire pour les nécessités de l'enquête qui ne comparaissaient pas puissent y être contraintes par la force publique sur décision du procureur de la République. Puis la loi n° 2004-204 du 9 mars 2004 a permis que sur autorisation du juge des libertés et de la détention, il puisse être passé outre au refus d'assentiment à la perquisition.

Il ne peut donc plus être affirmé que l'enquête préliminaire est non coercitive, pas plus qu'il ne peut être soutenu qu'aucune interpellation n'est possible.

C Au cours de l'instruction

1677 En ce qui concerne l'instruction, la contrainte peut être mise en œuvre indépendamment des mandats puisqu'un officier de police judiciaire, dans le cadre de l'exécution d'une commission rogatoire, peut placer une personne suspecte en garde à vue.

II Liens entre interpellation, arrestation et placement en garde à vue

1678 Les éléments précédemment évoqués supposent toutefois qu'interpellation, arrestation et garde à vue soient tenues pour équivalentes, ce qui est loin d'être certain.

1679 Mme Gogorza fait pertinemment valoir, à cet égard, qu'une différence doit être faite entre l'acte d'appréhension physique, l'arrestation, et l'acte procédural qui le prolonge, notamment la garde à vue du suspect pour l'entendre, même si elle constate que la différence tend à s'évaporer.

Elle s'interroge sur le point de savoir si la nécessité de placer une personne en garde à vue autorise à l'arrêter et conclut par la négative en relevant que le droit d'arrestation des officiers de police judiciaire est beaucoup plus limité que celui qu'ils ont de placer une personne en garde à vue.

Elle fait également valoir que les textes relatifs à la garde à vue n'évoquent que la retenue et pas l'appréhension de la personne concernée, que la garde à vue est un acte continu quand l'appréhension est un acte instantané.

Elle relève également que, dans certains cas, une interpellation peut avoir lieu sans possibilité de garde à vue à la suite comme l'a jugé le Conseil constitutionnel (Cons. const., 18 juin 2012, n° 2012-257 QPC) et que lorsqu'un suspect est interpellé par un particulier, cette interpellation n'est pas nécessairement suivie d'une garde à vue.

Elle conclut donc que « le fondement du pouvoir d'arrestation ne peut valablement être trouvé dans les dispositions propres à la garde à vue et corrélativement que le domaine et les conditions de régularité des interpellations policières sont elles-mêmes autonomes par rapport à l'acte de retenue qui vient les prolonger ».

1680 À l'inverse pour M. Buisson, c'est la nature coercitive de l'enquête de flagrance qui fonderait le pouvoir d'interpellation qui lui est consubstantiel. Il indique que « lorsque la loi confère à l'officier ou à l'agent de police judiciaire un pouvoir de contrainte par un titre exprès, il lui attribue logiquement, par un titre de contrainte implicite, le moyen d'exercer ce pouvoir, pour ne pas créer un vide juridique défini comme "une inadéquation entre la mission légalement impartie et les moyens juridiques accordés" ».
Dans le cadre de l'enquête de flagrance, le recours à la coercition serait l'accessoire de l'acte d'enquête qu'elle permet.

1681 **La jurisprudence.** Les controverses doctrinales sont loin d'avoir été tranchées par la jurisprudence. Si les arrêts de la chambre criminelle évoquent souvent l'interpellation et l'arrestation, il ne lui a pas été donné l'occasion d'expliquer la différence, même si un arrêt par lequel elle a jugé que « l'interpellation des prévenus et leur placement en garde à vue ne constituent pas une arrestation soumise aux règles de l'article 73 du Code de procédure pénale » (Cass. crim., 27 mai 2009, n° 08-84.591), confirme qu'il existe une différence entre les différents concepts.
Aucun autre arrêt ne semble avoir admis que placer une personne en garde à vue revenait à l'interpeller ou à l'arrêter. Aucun arrêt ne semble non plus avoir affirmé le contraire.

1682 **Les incertitudes conceptuelles sont sans emport sur les pratiques validées par la jurisprudence.** La grande incertitude conceptuelle qui règne en la matière est, en définitive, sans emport au regard des pratiques que la jurisprudence a validées et que les enquêteurs mettent en œuvre quotidiennement. On pourrait même dire que la distinction entre interpellation, arrestation et placement en garde à vue n'a que peu de conséquences, l'essentiel étant que, selon les situations, la jurisprudence valide ou non le recours à la contrainte.

A Les solutions certaines

1 En enquête de flagrance

1683 L'enquêteur peut décider du placement en garde à vue d'une personne qu'il trouve dans la rue (Cass. crim., 23 mars 1999, n° 98-86.263 : *Bull. crim.* n° 51) ou qui est présente lors de la perquisition qu'il diligente (Cass. crim., 18 juin 1998, n° 98-81.369 : *Bull. crim.* n° 200). Une fois que l'officier de police judiciaire a notifié à la personne concernée son placement en garde à vue, il peut la conduire à son service sous la contrainte et en tout autre lieu utile comme le réglementent d'ailleurs les articles 63-4-3-1 et D. 15-5-6 du Code de procédure pénale. La personne en question, indépendamment du fait qu'on puisse ou non soutenir qu'elle est « interpellée » ou « arrêtée », est bel et bien sous la contrainte et à la disposition de l'officier de police judiciaire pour les besoins de l'enquête, et c'est sans doute ce qui est le plus important pour l'enquêteur. Il peut, alors qu'il se trouve en présence d'une personne, lui notifier qu'il la place en garde à vue et elle est alors à sa disposition sous la contrainte.

2 Au cours d'une information

1684 Ce qui vient d'être exposé pour l'enquête de flagrance vaut tout aussi bien lorsqu'un officier de police judiciaire exécute une commission rogatoire d'un juge d'instruction. Mis en présence d'une personne, suspecte, cet officier de police judiciaire peut lui notifier son placement en garde à vue et la contraindre, comme dans une enquête de flagrance, sans qu'il ait besoin d'avoir recours à un mandat.

3 Au cours d'une enquête préliminaire

1685 Il était clair en 1958 que l'interpellation n'était pas permise. Comme il a été admis que la personne qui s'était présentée au commissariat ou à la brigade de gendarmerie sur convocation pouvait être placée en garde à vue parce qu'elle aurait implicitement consenti à cette éventualité en déférant à la convocation, il semblait pouvoir en être déduit qu'il n'y avait effectivement pas concordance entre interpellation et placement en garde à vue. La question a été renouvelée. L'interpellation proprement dite n'est possible, en vertu de l'article 78 du Code de procédure pénale, qu'en vertu d'une autorisation expresse du procureur de la République et, comme on le verra, l'ordre de comparution forcée donné par le procureur de la République ne peut pas être mis à exécution au domicile de la personne concernée.

B Les incertitudes

1686 De nombreuses incertitudes persistent, principalement pour l'enquête préliminaire.

1687 **Convocation.** Si l'on admet que la possibilité, en enquête préliminaire, de placer en garde à vue une personne qui s'est rendue à une convocation repose sur son consentement implicite à cette éventualité, il faudrait admettre que le même raisonnement soit tenu lorsque la personne chez qui a lieu une perquisition y a donné son assentiment exprès. Il pourrait tout autant être affirmé qu'en donnant son assentiment à la perquisition, elle a implicitement acquiescé à l'éventualité d'un placement en garde à vue. Il ne semble pourtant pas que la chambre criminelle ait validé une telle façon de voir les choses.

1688 **Perquisition autorisée par le juge des libertés et de la détention.** On pourrait également soutenir que, lorsque le juge des libertés et de la détention a autorisé la perquisition sans assentiment, la pénétration régulière dans les lieux de l'officier de police judiciaire lui permet de placer alors en garde à vue la personne présente sur les lieux.
Là encore, la chambre criminelle ne semble pas avoir admis un tel procédé. La DACG indique d'ailleurs que « pour permettre la pénétration dans un domicile d'agents chargés de l'exécution d'un ordre de comparution forcée, il apparaît nécessaire que l'autorisation délivrée par le procureur de la République le soit conjointement à une autorisation du juge des libertés et de la détention aux fins de perquisition ou de visite domiciliaire sans assentiment, sur le fondement de l'article 76 du Code de procédure pénale » (Dépêche n° 05-28-H8, 28 févr. 2017,). Il semble donc s'en déduire que la contrainte une fois sur place ne peut pas résulter d'un placement en garde à vue mais seulement d'un ordre de comparution forcée.

CONSEIL Même si certains auteurs soutiennent que l'entrée régulière dans les lieux autorise à exécuter tous les actes d'enquête, il est recommandé, dans l'attente d'une décision explicite de la chambre criminelle, de ne pas placer en garde à vue la personne présente lors d'une perquisition autorisée par le juge des libertés et de la détention dans le cadre d'une enquête préliminaire.

1689 Nous rappelons ici que cette entrée légale doit se faire dans le respect du principe de loyauté et ne pas consister en un détournement de procédure. La DACG indique que :

> « Il convient de préciser qu'une telle perquisition ne peut être autorisée par le juge des libertés et de la détention qu'aux fins de recueil de preuves – se rattachant au surplus à un crime ou à un délit puni d'une peine d'emprisonnement d'une durée égale ou supérieure à 3 ans – ou de saisie de biens dont la confiscation est prévue à l'article 131-21 du Code pénal. Dès lors, il conviendra de s'assurer de la nécessité d'une telle opération, qui semble dépasser le seul objectif d'interpellation d'une personne, sauf à considérer que la preuve recherchée réside dans la nécessité de procéder à son audition » (Dépêche n° 05-28-H8, 28 févr. 2017).

III Conditions de mise en œuvre du pouvoir d'interpellation

1690 Il y a lieu de distinguer le lieu de l'interpellation et les conditions qui entourent le recours à la coercition.

A Le lieu de l'interpellation

1691 Le régime diffère selon que l'interpellation a lieu sur la voie publique ou dans un domicile.

1 Interpellation domiciliaire

1692 **Principe général.** D'une manière générale, la protection de l'intimité de la vie privée implique que, sauf exception, une interpellation domiciliaire ne puisse se dérouler en dehors des heures légales prévues à l'article 59 du Code de procédure pénale. Cette règle est valable quel que soit le cadre juridique de l'enquête dans lequel les enquêteurs investiguent.

1693 **Enquête préliminaire.** On rappelle que la chambre criminelle a jugé que :

> « (...) l'article 78 du Code de procédure pénale ne permet pas à l'officier de police judiciaire, autorisé par le procureur de la République à contraindre une personne à comparaître par la force publique, de pénétrer de force dans un domicile, une telle atteinte

à la vie privée ne pouvant résulter que de dispositions légales spécifiques confiant à un juge le soin d'en apprécier préalablement la nécessité » (Cass. crim., 22 févr. 2017, n° 16-82.412 : *Bull. crim.* n° 50).

La modification du droit positif qu'a tentée le législateur été censurée par le Conseil constitutionnel (Cons. const., 21 mars 2019, n° 2019-778 DC, § 194) confortant ainsi la jurisprudence de la chambre criminelle (V. *supra*, nos 1686 et s.).

1694 **Définition du domicile.** Cette notion fait l'objet d'une étude approfondie dans la fiche consacrée à la perquisition (V. *infra*, nos 1947 et s.), mais aussi dans celle dédiée à la sonorisation et à la captation d'images (V. *infra*, n° 3944). Toutefois, nous rappelons ici l'interrogation qui conduit à délimiter la notion de domicile au travers du critère d'habitabilité, ce qui entraînera une interdiction de s'introduire dans un domicile entre 21 heures et 6 heures, mais permettrait, en revanche, de procéder à une interpellation nocturne dans un lieu privé qui n'est pas un lieu d'habitation (V. *infra*, nos 1947 et s. et 3952).

> CONSEIL Dans l'attente d'un texte législatif ou d'une jurisprudence répondant à cette question, il y a lieu de ne procéder à des interpellations dans les lieux d'habitation et les lieux privés que pendant les heures prévues à l'article 59 du Code de procédure pénale.

2 La voie publique

1695 Selon un raisonnement *a contrario*, il est possible d'affirmer que le pouvoir d'interpellation peut s'exercer sur la voie publique et dans un lieu public ou un lieu privé ouvert au public ouvert nuitamment – gare, restaurant, etc. –, à toute heure. La voie publique n'est pas soumise au respect des heures légales.

Dans le cadre de l'enquête préliminaire, cette interpellation doit être autorisée par le magistrat sur le fondement de l'article 78 du Code de procédure pénale.

B Délivrance de l'autorisation

1696 Comme nous l'avons indiqué précédemment, seul le cadre juridique de l'enquête préliminaire nécessite une autorisation. Nous détaillerons uniquement le cas de l'article 78 du Code de procédure pénale, puisque la question de l'interpellation sur commission rogatoire ne pose pas de difficulté (V. *supra*, nos 1677, 1684).

1 Les conditions de délivrance d'une autorisation de comparution par la force

1697 Le recours à la force publique ne peut intervenir dans le cadre de l'enquête préliminaire qu'après que l'officier de police judiciaire a convoqué la personne et lui a donné l'occasion de comparaître par elle-même. Ce préalable n'est cependant plus nécessaire si :

– les enquêteurs disposent d'éléments laissant craindre que la personne ne répondra pas et qu'en somme la convocation est inutile ;

– en cas de « risque de modification des preuves ou indices matériels, de pressions sur les témoins ou les victimes ainsi que sur leur famille ou leurs proches, ou de concertation entre les coauteurs ou complices de l'infraction ».

Si le texte de l'article 78 du Code de procédure pénale n'exige pas d'autre motivation que la référence à l'une des occurrences visées, il n'en demeure pas moins que les conditions doivent être remplies au regard des éléments de l'enquête connus du magistrat et des enquêteurs. La chambre criminelle (Cass. crim., 29 nov. 2016, n° 16-83.513 : *Bull. crim.* n° 312. – Cass. crim., 15 déc. 2015, n° 15-80.311) contrôle elle-même l'existence de ces conditions.

2 Forme de l'autorisation prévue à l'article 78 du Code de procédure pénale

1698 Cet article ne précise pas la forme que doit prendre cette autorisation délivrée par le procureur de la République. Aussi, rien ne semble interdire, notamment en cas d'urgence ou de temps contraint, que celle-ci puisse être donnée par tout moyen.

Selon les pratiques des parquets, cette autorisation est souvent délivrée sous la forme d'un soit-transmis ou de réquisition qui contiennent les motifs de la décision du magistrat selon les distinctions établies au paragraphe précédent.

> CONSEIL Si le magistrat a donné une autorisation verbale, il y a lieu pour l'officier de police judiciaire d'acter au procès-verbal cette dernière et d'indiquer dans quelle hypothèse il se trouve (personne qui n'a pas répondu à la convocation, personne qui risque de ne pas répondre et risque de modification des preuves et indices...) et de les établir matériellement.

3 Compétence exclusive de l'officier de police judiciaire

1699 Seul l'officier de police judiciaire peut être destinataire de cette autorisation qu'il pourra exécuter en s'assurant du concours d'autres militaires de la gendarmerie ou fonctionnaires de police. De plus, l'officier de police judiciaire doit être présent sur place au moment de l'interpellation (V. *supra*, n° 865).

C Conditions de recours à la contrainte physique

1 Éléments de définition

1700 **Contrainte et simple invitation à suivre les enquêteurs.** La chambre criminelle rappelle que le fait pour des gendarmes de se rendre au domicile d'un suspect et de l'inviter par téléphone à les rejoindre ne constitue pas un cas d'usage de la contrainte (Cass. crim., 21 janv. 2020, n° 19-80.806).

En revanche, et selon la lettre de l'article 73 du Code de procédure pénale, il nous semble que la notion de « simple invitation » est incompatible avec le fait de mettre les menottes à la personne même interpellée sans contrainte (V. *infra*, n° 2737).

2 Moyens employés

1701 Pour définir les caractéristiques des moyens qui peuvent être employés par les forces de l'ordre, il faut se tourner vers l'article préliminaire du Code de procédure pénale qui dispose, dans son III, alinéa 4, que :

> « Les mesures de contraintes dont la personne suspectée ou poursuivie peut faire l'objet sont prises sur décision ou sous le contrôle effectif de l'autorité judiciaire. Elles doivent être strictement limitées aux nécessités de la procédure, proportionnées à la gravité de l'infraction reprochée et ne pas porter atteinte à la dignité de la personne ».

1702 La chambre criminelle rappelle avec constance que l'usage de la force doit être nécessaire et proportionnée aux conditions de l'arrestation (Cass. crim., 13 avr. 2005, n° 04-83.939).

1703 **Critères d'appréciation de la nécessité et de la proportionnalité.** Si le recours à la contrainte sous-entend que les forces de l'ordre mobilisent une certaine coercition, celle-ci est soumise à une graduation qui va dépendre des éléments connus par les enquêteurs, au moment de l'interpellation.

Certains suspects se laissent interpeller sans difficulté et le simple recours au menottage est suffisant pour les conduire en sécurité au commissariat ou à la brigade – ce qui reste un cas de contrainte. À l'inverse, d'autres vont imposer de solliciter des unités d'intervention spécialisées et dans certains cas, des unités d'élite de la police ou de la gendarmerie nationales que sont la BRI, le RAID et le GIGN.

1704 Les critères d'engagement des moyens tiennent à la connaissance de la personne à interpeller et du lieu dans lequel il est prévu de l'interpeller. Naturellement, si les enquêteurs ont le choix, il vaut mieux l'interpeller dans un lieu favorable tactiquement aux forces de l'ordre, autrement dit un lieu choisi. Mais ceci n'est pas toujours possible, notamment lorsque l'interpellation est conduite sous le signe de l'urgence.

1705 **Choix opérationnel et compétence du chef de dispositif.** Il revient aux enquêteurs d'évaluer la dangerosité du suspect, des lieux, et, en fonction de ces éléments qui sont très souvent alimentés par l'enquête judiciaire elle-même ainsi que par la consultation des fichiers de police et des fichiers administratifs, il y aura alors lieu d'adapter le dispositif d'interpellation en conséquence. Si ce choix doit être porté à la connaissance du magistrat en charge de l'enquête, il s'agit d'une décision opérationnelle qui relève du chef opérationnel quant aux moyens à engager. Le domaine de l'intervention requiert des connaissances opérationnelles et tactiques dont le magistrat ne dispose pas.

En clair, la décision opérationnelle portant sur les moyens à engager relève du chef du dispositif opérationnel.

1706 **Le port des menottes et entraves.** La Cour européenne des droits de l'homme rappelle régulièrement que :

> « Le port de menottes ne pose normalement pas de problème [au regard de l'article 3 de la Convention] lorsqu'il est lié à une détention légale et n'entraine pas l'usage de la force, ni l'exposition publique, au-delà de ce qui est raisonnablement considéré comme nécessaire » (CEDH, 27 nov. 2003, n° 65436/01, *Hénaf c/ France*).

Quant à l'article 803 du Code de procédure pénale, il dispose que :

> « Nul ne peut être soumis au port des menottes ou des entraves que s'il est considéré soit comme dangereux pour autrui ou pour lui-même, soit comme susceptible de tenter de prendre la fuite ».

L'article R. 434-17 du Code de la sécurité intérieure précise que :

> « L'utilisation du port des menottes ou des entraves n'est justifiée que lorsque la personne appréhendée est considérée soit comme dangereuse pour autrui ou pour elle-même, soit comme susceptible de tenter de s'enfuir ».

Les menottes doivent être utilisées dans le respect des principes de proportionnalité et de nécessité. S'il revient à l'enquêteur seul de décider de ce port, celui-ci ne saurait être systématique.
La chambre criminelle juge à cet égard que la méconnaissance des dispositions de l'article 803 ne constitue pas une cause de nullité de la procédure et que la réparation du dommage éventuel en résultant ne pourrait être recherchée que par les autres voies prévues par la loi à cet effet (Cass. crim., 9 janv. 2018, n° 17-82.052).

1707 **Rédaction d'un procès-verbal d'interpellation.** La rédaction d'un procès-verbal d'interpellation est d'autant plus impérieuse que celle-ci a nécessité l'emploi d'importants moyens de coercition. Ce procès-verbal doit servir à exposer les raisons factuelles objectives qui ont conduit les enquêteurs à recourir à tel ou tel moyen. Deux cas doivent être distingués.

a) L'interpellation suivie de la remise à l'officier de police judiciaire

1708 Il s'agit souvent de l'interpellation sur le fondement de l'article 73 du Code de procédure pénale, à savoir un délit ou un crime flagrant qui est en train de se commettre et au cours duquel intervient un citoyen qui interpelle le suspect. La personne doit le conduire devant l'officier de police judiciaire le plus proche.

1) Interpellation par un citoyen

1709 La chambre criminelle impose que le citoyen conduise le suspect dans les meilleurs délais devant l'officier de police judiciaire (Cass. crim., 1er oct. 1979 : *Bull. crim.* n° 263). Dans la réalité, le citoyen appelle les forces de l'ordre qui le rejoignent sur le lieu d'interpellation. Toutefois, la mission « civique » du citoyen s'arrête à la seule interpellation et il ne doit pas attendre plusieurs heures avant d'avertir les forces de l'ordre (Cass. crim., 16 févr. 1988, n° 87-84.101).

1710 **Rédaction du procès-verbal de remise.** L'officier de police judiciaire devant lequel est présenté le suspect rédige un procès-verbal de remise où il décrit les conditions dans lesquelles la personne a été conduite devant lui. Ce procès-verbal peut notamment s'accompagner d'une audition du « citoyen interpellateur » qui est, par définition, un témoin des faits. Rien n'interdit de ne faire qu'un procès-verbal du tout (V. *supra*, n° 1539).

2) Interpellation par les forces de l'ordre

1711 Lorsque le suspect est interpellé en flagrant délit par des fonctionnaires de police ou des militaires de la gendarmerie, qui ne sont pas officiers de police judiciaire, il y a lieu, comme pour le citoyen, de le conduire dans les meilleurs délais devant un officier de police judiciaire. Une telle situation peut se produire en patrouille ou encore lors des opérations de maintien de l'ordre, au cours desquelles les fonctionnaires de police et les militaires de la gendarmerie ne disposent plus temporairement de leur qualité d'officier ou d'agent de police judiciaire (V. *supra*, nos 55 et 173).

1712 **Rédaction d'un rapport ou procès-verbal de remise.** Comme lorsque l'interpellation est réalisée par un citoyen, l'officier de police judiciaire doit rédiger un procès-verbal de remise. Cependant, dans la pratique, l'agent de la force publique rédige parfois un rapport, qui est un rapport-type, dans lequel il relate les conditions de l'interpellation. Ce document est joint à la procédure.
Il arrive que certaines difficultés surgissent au cours de l'interpellation, et, dans ce cas, l'officier de police judiciaire peut auditionner l'agent des forces de l'ordre. Il n'est pas rare que le magistrat du parquet sollicite une confrontation entre l'agent et le suspect alors même que l'agent de la force publique est assermenté. En effet, l'assermentation ne donne pas une force probante particulière aux procès-verbaux ou déclarations des forces de l'ordre, sauf cas particulier (V. *supra*, nos 1602 et s.).

b) L'interpellation par l'officier de police judiciaire

1713 Lorsque c'est l'officier de police judiciaire qui a procédé à l'interpellation, c'est évidemment à lui que revient de rédiger le procès-verbal d'interpellation. Il y a notamment lieu d'indiquer, le cas échéant, les renforts sollicités à cette fin, sans qu'il soit nécessaire que ces agents signent le procès-verbal (V. *supra*, n° 1541), pas plus qu'il n'est nécessaire que les agents des unités spécialisées qui ont éventuellement apporté leur concours soient identifiés dans le procès-verbal qu'ils n'ont, *a fortiori*, aucune obligation de signer (V. *infra*, n° 3979).
De même, l'officier de police judiciaire doit acter scrupuleusement tout incident qui se produit lors de cette phase d'interpellation afin d'éviter toute discussion inutile sur le déroulement des opérations mais aussi toute mise en cause ultérieure.

IV

Usage des armes par les forces de l'ordre

1714 **Un acte de défense.** L'article L. 435-1 du Code de la sécurité intérieure régit les cas d'usage des armes par les forces de l'ordre. Cependant cet article ne peut constituer la base légale du pouvoir d'interpellation dans la mesure où l'esprit de la loi est ici de décliner dans un texte spécifique les différents cas dans lesquels les forces de l'ordre peuvent faire usage de leurs armes à feu lorsqu'elles doivent se défendre, défendre autrui ou défendre une position ou un lieu.
Cet article L. 435-1 du Code de la sécurité intérieure, comme l'article 122-5 du Code pénal relatif à la légitime défense applicable à tout citoyen, correspond à une action de riposte. Tel n'est pas le cas de l'interpellation qui est une action d'initiative.
Cependant, cet article L. 435-1 du Code de la sécurité intérieure trouve à s'appliquer, lorsqu'au cours de l'interpellation, les forces de l'ordre doivent faire usage de leurs armes pour se défendre contre une personne qui, refusant de se laisser interpeller, emploie des moyens tels que les fonctionnaires de la police ou les militaires de la gendarmerie doivent, pour protéger la vie d'autrui ou la leur, user à leur tour des armes qu'ils ont à disposition.

1715 **Défense et acte d'investigation.** La présente fiche n'est pas le lieu d'une étude approfondie de l'article L. 435-1 du Code de la sécurité intérieure, mais il est cependant utile d'indiquer que seul le 3° a trait aux actes d'investigation, texte dont il résulte que dans l'exercice de leurs fonctions et revêtus de leur uniforme ou des insignes extérieurs et apparents de leur qualité, les agents de la police nationale et les militaires de la gendarmerie nationale peuvent, outre les cas mentionnés à l'article L. 211-9, faire usage de leurs armes en cas d'absolue nécessité et de manière strictement proportionnée :

> « 3° Lorsque, immédiatement après deux sommations adressées à haute voix, ils ne peuvent contraindre à s'arrêter, autrement que par l'usage des armes, des personnes qui cherchent à échapper à leur garde ou à leurs investigations et qui sont susceptibles de perpétrer, dans leur fuite, des atteintes à leur vie ou à leur intégrité physique ou à celles d'autrui ».

Il pourrait s'agir d'un suspect, dangereux, qui tente de s'évader lors d'une mesure de garde à vue (CEDH, 17 avr. 2014, n° 68780/10, *Guerdner et a. c/ France*), d'une perquisition, ou encore lors d'un transfèrement aux fins de présentation devant le magistrat. Naturellement, il faut que les conditions de cet article soient remplies et notamment celles, communes à tous les alinéas, d'absolue nécessité et de stricte proportion (Cass. crim., 6 oct. 2021, n° 21-84.295, § 21 et s. et Cass. crim., 19 oct. 2021, n° 21-84.806).

1716 **Importance du procès-verbal.** La rédaction du procès-verbal est d'autant plus cruciale qu'il y a eu un incident au cours de l'opération d'interpellation. Ce procès-verbal doit permettre aux magistrats d'apprécier les circonstances dans lesquelles elle s'est déroulée.
Naturellement, en cas d'incident grave voire de plainte de la personne interpellée, une enquête sera diligentée. Elle sera confiée à des services ou unités spécialisées de la police ou de la gendarmerie nationales, au premier rang desquelles figurent l'Inspection générale de la police nationale (IGPN) et l'Inspection générale de la gendarmerie nationale (IGGN).
S'agissant de l'IGGN, la Cour européenne des droits de l'homme a précisé que :

> « Cette inspection a une compétence nationale, indépendante des formations qui composent la gendarmerie, et qui possède sa propre chaîne de commandement. Dans ces conditions, elle juge que les services de l'inspection technique possèdent une indépendance suffisante aux fins de l'article 2 de la Convention » (CEDH, 17 avr. 2014, n° 68780/10, *Guerdner et a.* c/ *France*, § 83).

L'ESSENTIEL 1717 Le pouvoir d'interpellation ne fait pas l'objet d'un article de portée générale au sein du Code de procédure pénale.

1718 **Enquête de flagrance.** En réalité, c'est essentiellement au cours de l'enquête de flagrance que se pose la question de la base légale sur laquelle les enquêteurs peuvent se fonder pour interpeller une personne tout au long de l'enquête de flagrance (V. *supra*, nos 1674 et s.).

Interpellation

1719 **Enquête préliminaire.** Pour ce qui concerne l'enquête préliminaire, le pouvoir d'interpellation repose sur l'article 78 du Code de procédure pénale dont la portée a été limitée par la chambre criminelle qui interdit d'y recourir pour procéder à une interpellation dans un domicile (V. *supra*, n° 1685).

1720 **Instruction.** La contrainte peut être mise en œuvre indépendamment des mandats puisqu'un officier de police judiciaire, dans le cadre de l'exécution d'une commission rogatoire, peut placer une personne suspecte en garde à vue (V. *supra*, n° 1683).

1721 **Interpellation « domiciliaire ».** La protection de l'intimité de la vie privée et du domicile implique que, sauf exception, une arrestation ou une interpellation ne puisse se dérouler en dehors des heures légales prévues à l'article 59 du Code de procédure pénale (V. *supra*, n° 1692). Cette règle est valable quel que soit le cadre juridique de l'enquête dans lequel les enquêteurs investiguent.

1722 **Interpellation sur la voie publique.** Quel que soit le cadre juridique, cette interpellation est possible à toute heure. En enquête préliminaire, elle doit cependant être autorisée par le magistrat (V. *supra*, n°s 1694, 1695).

1723 **Autorisation prévue à l'article 78 du Code de procédure pénale.** Le recours à la force publique ne peut intervenir dans le cadre de l'enquête préliminaire qu'après que l'officier de police judiciaire a convoqué la personne et lui a donné l'occasion de comparaître par elle-même. Ce préalable n'est cependant plus nécessaire si :
– les enquêteurs disposent d'éléments laissant craindre que la personne ne répondra pas et qu'en somme la convocation est inutile ;
– en cas de « risque de modification des preuves ou indices matériels, de pressions sur les témoins ou les victimes ainsi que sur leur famille ou leurs proches, ou de concertation entre les coauteurs ou complices de l'infraction ».

1724 Cette autorisation peut être délivrée par tout moyen, mais il est recommandé qu'elle fasse l'objet d'une mention au procès-verbal si le magistrat ne l'a pas délivrée par écrit. Cette autorisation est délivrée à un officier de police judiciaire qui doit être présent lors de l'opération d'interpellation (V. *supra*, n°s 1698 et s.).

1725 **Le recours à la contrainte physique doit être nécessaire et proportionné.** Cette nécessité et cette proportionnalité doivent s'apprécier à l'aune des éléments dont disposent les enquêteurs au moment de l'opération d'interpellation et notamment s'agissant de la dangerosité du suspect. Cette phase opérationnelle est hautement risquée et doit, le cas échéant, être réalisée par des unités spécialisées (V. *supra*, n°s 1703 et s.). Le choix des moyens revient au chef opérationnel.

1726 **Rédaction du procès-verbal d'interpellation.** Il est recommandé d'acter au procès-verbal tout incident qui se produit lors de la phase d'interpellation. L'officier de police judiciaire doit notamment s'attacher à indiquer si le suspect a été conduit devant lui par un citoyen qui a fait usage de l'article 73 du Code de procédure pénale ou par un membre des forces de l'ordre, au travers d'un procès-verbal de remise voire, si nécessaire, en prenant une audition du « citoyen » (V. *supra*, n° 1707).

1727 En tout état de cause, l'officier de police judiciaire doit apporter une attention particulière à la rédaction de ce procès-verbal en y indiquant, le cas échéant :
– les éléments recueillis sur le suspect à interpeller, notamment lorsque d'importants moyens opérationnels sont engagés ;
– tout incident qui se produit au cours de l'interpellation (V. *supra*, n° 1713).

1728 **Usage des armes par les forces de l'ordre.** L'article L. 435-1 du Code de la sécurité intérieure ne vient pas encadrer le pouvoir d'interpellation mais les modalités de riposte des forces de l'ordre lorsqu'au cours d'une opération d'interpellation, elles subissent une agression de la part du suspect qui refuse d'être arrêté (V. *supra*, n°s 1714 et s.). Outre les conditions énoncées dans les différents cas visés à l'article L. 435-1 du Code de la sécurité intérieure, la riposte doit toujours être nécessaire et proportionnée à l'agression ou au risque pour autrui qui découle de la fuite du suspect.

POUR ALLER PLUS LOIN...

Fascicule JurisClasseur

• *JCl. Procédure pénale*, Art. 53 à 73, fasc. 20, *Crimes et délits flagrants*, par J. Buisson.

Répertoire

• C. Ambroise-Castérot : *Rép. pén.* Dalloz, V° *Arrestation*, n° 15.

Ouvrages

- C. Ambroise-Castérot et P. Bonfils, *Procédure pénale*, PUF, 2011, n° 355.
- B. Bouloc, *Procédure pénale*, Dalloz, 23e éd., 2012, n° 423.
- J. Buisson, *L'acte de police*, thèse, Université Jean Moulin-Lyon III, t. 2, 1988, p. 520.
- F. Desportes et L. Lazerges-Cousquer, *Traité de procédure pénale*, Economica, 2015, n° 2516.
- S. Guinchard et J. Buisson, *Procédure pénale*, LexisNexis, 6e éd., 2010, n° 67.

Revues

- A. Gogorza, *Arrestation et garde à vue : des fondements et de la régularité des interpellations pendant la phase policière : Dr. pén.* 2012, étude 23.
- J.-L. Lennon, *L'arrestation flagrante du délinquant sur le fondement de l'article 73 du Code de procédure pénale : D.* 2005, p. 2920.
- V. Lesclous et C. Marsat, *Chronique des parquets et de l'instruction : RDP* 1992, n° 26.
- H. Vlamynck, *Le policier et le principe de l'inviolabilité du domicile : AJ pénal* 2011, p. 352.

Fiche 45
Transport et constatations

Sommaire

1729 Si transport (I) et constatations sont indissociables lorsque les enquêteurs sont appelés sur une scène de crime ou de délit flagrant, il n'en demeure pas moins que les constatations ont un objet plus large en ce qu'elles recouvrent bien d'autres actes d'investigation (II), très divers, notamment l'exploitation de documents, des opérations de surveillance, etc.

I

Le transport

A Le transport : de quoi s'agit-il ?

1 Le transport, un acte d'investigation ?

1730 Comme l'interpellation, le transport n'est pas à proprement parler un pouvoir d'investigation dans la mesure où il ne permet pas de rechercher des éléments de preuve. Il est un préalable logique à la réalisation d'un acte d'investigation. En effet, l'article 54 du Code de procédure pénale indique que « en cas de crime flagrant, l'officier de police judiciaire qui en est avisé, informe immédiatement le procureur de la République, se transporte sans délai sur le lieu du crime et procède à toutes constatations utiles », tandis que l'article 92, alinéa 1er dispose que « le juge d'instruction peut se transporter sur les lieux pour y effectuer toutes constatations utiles ou procéder à des perquisitions ». Quant à l'article 93, il précise que « si les nécessités de l'information l'exigent, le juge d'instruction peut, après en avoir donné avis au procureur de la République de son tribunal, se transporter avec son greffier dans toute l'étendue du territoire national, à effet d'y procéder à tous actes d'instruction, à charge par lui d'aviser, au préalable, le procureur de la République du tribunal dans le ressort duquel il se transporte. Il mentionne sur son procès-verbal les motifs de son transport ». Le transport est donc un préalable à un acte d'investigation ou à un acte d'instruction.

2 Le transport, nécessaire préalable aux constatations

1731 Le procès-verbal de transport le plus connu est sans aucun doute celui dit de « transport-constatations » qui constitue souvent le premier procès-verbal de l'enquête, et qui fonde ce que l'on appelle la saisine (V. *supra*, nos 98 et 118). On y trouve la description circonstanciée des raisons qui ont conduit à l'intervention, *in situ*, des enquêteurs, souvent après un appel au 17. Succèdent alors immédiatement à ce transport, les opérations de constatations. Le fait que ces deux actes soient indissociables dans la pratique – mais aussi dans l'esprit du législateur comme en atteste la rédaction de l'article 54 du Code de procédure pénale – explique que ce premier procès-verbal de la procédure prenne la dénomination de « transport-constatations » (V. *infra*, n° 1845). Cependant, rien n'interdit de procéder à d'autre(s) transport(s)-constatations au cours de l'enquête ou de l'instruction, notamment lorsqu'il existe des scènes d'infractions secondaires. En effet, ce transport ne vise pas uniquement à se déplacer sur une scène d'infraction, mais peut également conduire à la réalisation, d'une manière générale, de tout acte d'investigation au cours de l'enquête ou de l'instruction.

B Qui peut se transporter ?

1 Le transport des enquêteurs

1732 Si l'article 54 impose le transport des enquêteurs, le procureur de la République tout comme le juge d'instruction peuvent également être amenés à se transporter. Cependant, force est de constater que les articles 54, 92 et 93 du Code de procédure pénale qui prévoient, d'une manière générale, le transport du magistrat, qu'il soit du parquet ou instructeur, sont ceux de 1958 et qu'ils n'ont pas ou peu (la loi n° 2010-768 du 9 juillet 2010 a modifié l'article 54 et la loi n° 75-701 du 6 août 1975 a modifié l'article 93) été modifiés depuis. À l'origine, l'obligation faite à l'officier de police judiciaire de se transporter immédiatement sur les lieux de commission du crime – ou du délit – flagrant avait pour objectif de permettre à celui-ci de procéder aux actes « les plus urgents dont l'énumération est donnée à l'article 54 » (Instr. gén. prise pour l'application du Code de procédure pénale, cinquième partie, 28 févr. 1959, C. 102) mais surtout d'aviser le procureur de la République « afin de permettre à ce magistrat d'apprécier l'opportunité de se rendre lui-même sur les lieux et de donner s'il le juge utile toutes les instructions nécessaires » (*ibid.*). Aujourd'hui, ces prérogatives apparaissent pour le moins datées, car les magistrats se déplacent rarement (sauf lorsque la loi l'impose, V. *infra*, nos 2054, 2063, 2066, 2070 et 2073), faute de temps pour diligenter eux-mêmes les actes d'enquête, sauf cas des crimes graves.

1733 **Le transport en enquête préliminaire.** Si le transport ne fait l'objet d'aucun article dans le chapitre dédié à l'enquête préliminaire au sein du titre II du livre Ier du Code de procédure pénale, il ne fait pas de doute qu'un transport – tout comme des constatations (V. *infra*, n° 1769) – peut être effectué dans ce cadre d'enquête. Le législateur de 1958, date de rédaction de l'article 54, alinéa 1er, estimait certainement à l'époque qu'un tel transport n'était pas nécessaire dans le cadre de l'enquête préliminaire. En effet, l'infraction qui, par définition, était commise depuis un certain temps, le rendait *de facto* inutile.

2 Le déplacement du procureur de la République

1734 L'article 68 du Code de procédure pénale semble prévoir un tel déplacement en indiquant que « l'arrivée du procureur de la République sur les lieux dessaisit l'officier de police judiciaire ». Cependant cet article, qui permet au magistrat du parquet de procéder à des mesures d'investigations – ce qui, on l'a dit, est rare en pratique, faute de temps et alors qu'il dispose des mêmes prérogatives que l'officier de police judiciaire (CPP, art. 8, al. 2) – n'interdit aucunement aux enquêteurs sur place de diligenter eux-mêmes les actes d'investigation.

1735 Ce « dessaisissement » par le procureur de la République ne saurait être assimilé, par exemple, à celui opéré par un juge d'instruction qui viendrait saisir un service en lieu et place d'un autre (V. *supra*, n° 1411). L'instruction générale du 28 février 1959 précise d'ailleurs que « (…) son transport n'impose pas au procureur de la République de faire lui-même toutes les diligences nécessaires à la manifestation de la vérité et à la recherche des auteurs du crime ou délit flagrant. Il peut se borner, s'il l'estime opportun, à prescrire aux officiers de police judiciaire de poursuivre les opérations. Même en dehors de tout transport, le procureur de la République dispose, quant à l'exécution de l'enquête, des prérogatives qui, résultant de son pouvoir de direction de la police judiciaire, sont énoncées aux articles D. 3 et suivants (C. 125) ».

1736 L'article 68 du Code de procédure pénale est l'occasion d'affirmer, à l'instar de l'article 12, le rôle de direction du magistrat du parquet sur la police judiciaire. C'est souvent lors de la commission d'une infraction particulièrement grave, troublant l'ordre public ou encore dont l'écho médiatique est important, que le procureur de la République est amené à se déplacer, et fait alors très majoritairement application de l'article 68, alinéa 3 du Code de procédure pénale et donne des directives verbales aux enquêteurs auxquels il aura confié l'enquête.

3 Le transport du juge d'instruction

1737 **Un transport plus encadré.** Selon le Code de procédure pénale, le transport du magistrat instructeur peut recouvrir différentes occurrences qui génèrent des régimes juridiques distincts.

a) Exécution d'actes d'instruction par le juge lui-même

1738 Ce transport est régi, d'une manière générale, par les articles 92 et 93 du Code de procédure pénale. L'article 92 précité prévoit que le juge d'instruction se déplace pour effectuer des perquisitions, tandis que l'article 93 prévoit que « le juge d'instruction peut, (…), se transporter avec son greffier dans toute l'étendue du territoire national, à effet d'y procéder à tous actes d'instruction ». L'article 93-1 du Code de procédure pénale étend même cette possibilité hors du territoire national. Les articles 112 et 117 prévoient des transports particuliers lorsqu'il s'agit d'auditionner un témoin malade qui est dans l'impossibilité de comparaître ou encore, en raison de l'urgence à entendre un témoin en danger de mort ou lorsque des indices sont sur le point de disparaître. L'article 117 prévoit également la possibilité de réaliser un interrogatoire ou une confrontation en urgence.

1739 **Régime juridique du transport conditionné par l'acte d'instruction qui le rend nécessaire.** Plus largement soumise au contradictoire, la procédure de l'instruction impose certaines règles qui n'ont pas lieu d'être pour l'enquête préliminaire ou l'enquête de flagrance. Si le transport doit faire l'objet dans certains cas d'un avis, le Code de procédure pénale n'impose aucunement qu'il fasse l'objet d'une ordonnance dédiée, même si en pratique les magistrats instructeurs rédigent un tel acte. Ici tout contentieux juridictionnel sur l'opportunité d'un transport, qui est un simple acte préalable à un acte d'instruction, ne semble pas possible.

1740 En réalité, si le transport est un acte d'instruction, il ne se conçoit pas sans un autre acte qui lui succède et qui rend le déplacement du juge nécessaire ou opportun. En conséquence, le régime juridique du transport est celui de l'acte d'instruction que souhaite effectuer le magistrat instructeur.

1741 **Avis au parquet et aux parties.** À titre liminaire, rappelons que lorsque le juge d'instruction souhaite réaliser un acte d'instruction, il doit être assisté de son greffier, à peine de nullité

Transport et constatations

(Cass. crim., 16 déc. 1980, n° 80-91.359). Le transport n'y déroge pas. Ce transport, lorsqu'il vise à l'exécution d'actes d'enquête par le juge d'instruction lui-même doit être précédé d'une information au procureur de la République territorialement compétent. La présence de ce dernier n'est pas indispensable et son absence n'est donc pas une cause de nullité (Cass. crim., 17 janv. 1959 : *Bull. crim.* n° 64).

Les articles 92, 93 et 93-1 du Code de procédure pénale limitent l'avis donné au parquet « aux constatations utiles et aux perquisitions » et aux déplacements du magistrat instructeur hors de son ressort, y compris à l'étranger. La notion de constatations utiles étant particulièrement floue et donc vaste, il est opportun que le magistrat instructeur avise le chef du parquet de chacun de ses déplacements, la jurisprudence de la chambre criminelle réservant l'indication du motif de ce déplacement au seul transport hors du ressort (Cass. crim., 11 juin 1985, n° 84-95.053, selon cette jurisprudence, le juge n'est tenu de faire connaître les motifs de son transport que lorsqu'il se déplace en dehors de son ressort), ainsi que cela est prévu à l'article 93, dernière phrase : « Il [le juge d'instruction] mentionne sur son procès-verbal les motifs de son transport ».

1742 S'agissant de l'avis aux parties, c'est l'acte d'instruction qui induit le transport du magistrat instructeur qui va dicter le régime juridique applicable. Dès lors, si le juge d'instruction veut simplement se rendre sur les lieux de la découverte d'un cadavre pour avoir une vue d'ensemble de la scène de crime hors la présence des parties, il n'a pas l'obligation de les informer, pas plus que le conseil du mis en examen, le cas échéant. Il doit cependant être assisté de son greffier et dresser procès-verbal de ses constatations.

1743 À l'inverse, si ce transport se fait en présence du mis en examen, et que le juge d'instruction souhaite l'interroger en dehors de son cabinet, il doit en donner avis au procureur de la République et convoquer, dans les délais requis, le conseil du mis en examen. Dès lors, ce n'est pas tant le transport qui génère ces obligations légales que le fait qu'il y ait un interrogatoire lors de ce transport.

1744 **Convocation des parties.** Lorsque le juge d'instruction se transporte avec le mis en examen en vue d'une reconstitution (V. *infra*, n° 1818), il sera nécessairement amené à lui poser des questions, de sorte qu'il est nécessaire de convoquer l'avocat de ce dernier. Un arrêt a même exigé qu'avis soit donné à l'avocat alors même qu'aucune question n'avait été posée à l'inculpée durant ce transport (Cass. crim., 15 févr. 1990, n° 89-86.566 : *Bull. crim.* n° 78).

1745 En revanche, la règle est différente lorsque le juge d'instruction procède à une perquisition en présence du mis en examen. La chambre criminelle a en effet jugé qu'est « régulière la perquisition effectuée par le juge d'instruction au domicile et en présence de la personne mise en examen, en l'absence de l'avocat qui n'a pas été avisé de ce transport, dès lors que cet acte a été accompli dans le respect des formalités prévues aux articles 95, 57 et 59 du Code de procédure pénale et que la personne mise en examen n'a été soumise à aucun interrogatoire, confrontation ou reconstitution qui eût impliqué l'information de son avocat, préalablement au transport décidé par le magistrat » (Cass. crim., 20 févr. 2002, n° 01-88.335).

b) Contrôle du juge d'instruction sur les actes qu'il a ordonnés

1746 Ce transport peut être aussi un moyen pour le magistrat instructeur de « diriger et contrôler l'exécution de la commission rogatoire, dès lors qu'il ne procède pas lui-même à des actes d'instruction », comme le prévoit l'article 152 du Code de procédure pénale. Son alinéa 3 précise qu'« à l'occasion de ce transport, il peut ordonner la prolongation des gardes à vue prononcées dans le cadre de la commission rogatoire. ». Dans cette hypothèse, aucune des exigences précédentes n'est imposée par le Code de procédure pénale : ni présence du greffier, ni information des parties et du parquet ne sont requises lorsque le juge d'instruction se transporte aux fins de contrôle (Cass. crim., 28 mai 1990, n° 89-83.915) des actes d'enquête qu'il a ordonnés.

1747 Le cas particulier du transport du juge d'instruction à l'étranger prévu à l'article 93-1 du Code de procédure pénale, qui se fait l'écho de l'article 18, alinéa 4, est évoqué dans la partie de cet ouvrage consacrée aux actes d'enquête à l'étranger (V. *infra*, n° 4556).

C Les transports spécialement prévus par le Code de procédure pénale

1 Les transports prévus par le Code de procédure pénale

a) Transport-constatations

1748 Ainsi que nous l'avons déjà indiqué, l'article 54 du Code de procédure pénale prévoit le transport des enquêteurs, sur-le-champ, en cas de découverte d'un crime ou d'un délit flagrant. Ce transport est tout aussi possible et souhaitable dans le cadre de l'enquête préliminaire, voire des enquêtes, dites « spéciales » prévues aux articles 74, 74-1 et 74-2 du Code de procédure pénale. En effet, la découverte d'un cadavre, surtout en cas de doute sur la cause de la mort, nécessite, quand bien même celle-ci remonte à plusieurs jours, de se transporter sur les lieux. Si l'officier de police judiciaire n'a pas l'obligation d'être le premier, il lui est conseillé de se déplacer si les enquêteurs sur les lieux lui font part de doutes sur la cause du décès.

1749 **Gel de lieux et retenue aux fins de constatations.** Ce transport immédiat, non pas après la commission de l'infraction mais dès sa découverte, permet, dans l'attente de la réalisation des constatations, de geler les lieux et ainsi limiter toute « pollution » de la scène d'infraction. En enquête de flagrance, l'article 61, alinéa 1er du Code de procédure pénale autorise l'officier de police judiciaire « à défendre à toute personne de s'éloigner du lieu de l'infraction jusqu'à clôture de ses opérations ». Cette mesure de contrainte, qui est une sorte de retenue aux fins de constatations, n'est possible que dans le cadre de l'enquête de flagrance. En effet, si l'article 54 du Code de procédure pénale n'a pas été décliné à l'enquête préliminaire, le législateur n'a également pas jugé utile de transposer l'article 61 à celle-ci. Cette retenue semble devoir être limitée au temps strictement nécessaire à la réalisation des constatations, bien que l'article du Code de procédure pénale soit silencieux, à la différence de celle prévue pour le témoin par exemple (CPP, art. 62).

1750 Toutefois, rien n'interdit aux enquêteurs, dans le cadre de l'enquête préliminaire, de demander aux personnes présentes de bien vouloir rester à leur disposition, et en cas de refus rien ne leur interdit de recueillir leur identité, sur le fondement de l'article 78-1 du Code de procédure pénale, afin de les convoquer et de les auditionner ultérieurement conformément à l'article 78. La nature de l'audition de ces personnes dépendra bien sûr de l'existence ou non de raisons plausibles qu'elles aient participé à la commission de l'infraction objet de l'enquête.

b) Transport et garde à vue

1751 De manière plus spécifique encore, et à l'occasion de la mesure de garde à vue, on trouvera souvent soit un procès-verbal dédié, soit une mention au sein de procès-verbal de déroulement de la mesure de garde à vue, relatif au transport de la personne gardée à vue. Cette indication du « transport » en procédure permet ainsi de traduire le fait que la personne gardée à vue est conduite à l'unité médico-judiciaire pour l'examen médical légalement prévu à l'article 63-3 du Code de procédure pénale, ou encore sur les lieux d'une perquisition ou d'une reconstitution.

1752 Ici, l'intérêt de ce procès-verbal ou de cette mention est double : indiquer le temps consacré à ce transport afin de mettre l'autorité judiciaire en mesure de contrôler que le temps total de la mesure de garde à vue n'a pas dépassé le maximum autorisé, mais aussi rendre compte très précisément, dans le souci de préserver les droits de la défense, des actes réalisés pendant la mesure de garde à vue et du temps qui leur est effectivement consacré.

1753 Cette exigence est telle que l'article 63-4-3-1 du Code de procédure pénale impose désormais que « si la personne gardée à vue est transportée sur un autre lieu où elle doit être entendue ou faire l'objet d'un des actes prévus à l'article 61-3, son avocat en est informé sans délai », à l'exception de celui aux fins d'examen médical (avant l'entrée en vigueur de l'article 48-III de la loi n° 2019-222 du 23 mars 2019, l'article 63-4-3-1 disposait : « Si la personne gardée à vue est transportée sur un autre lieu, son avocat en est informé sans délai »). Il s'agit de permettre à l'avocat de la personne de se rendre sur les lieux de l'audition, qui n'est pas le service de police ou l'unité de gendarmerie, ou de l'assister lors des opérations de reconstitution ou de tapissage prévues à l'article 61-3 du Code de procédure pénale.

c) Transport et actes d'instruction

1754 Bien que le Code de procédure pénale énumère un certain nombre de transports du juge que nous avons déjà évoqués, cette liste n'est pas exhaustive puisque l'article 93 du Code de procédure pénale fait expressément référence à « tous actes d'instruction ». Hormis certains transports obligatoires du magistrat instructeur comme les perquisitions dans les « lieux protégés », tous les autres sont laissés à « la conscience du juge », l'article 92 indiquant que « le juge d'instruction **peut** se transporter sur les lieux... ». Ainsi le juge d'instruction peut se transporter pour effectuer une perquisition alors même qu'elle ne concerne pas un lieu protégé. Il peut aussi se rendre sur les lieux d'une perquisition réalisée par les enquêteurs en exécution d'une commission rogatoire qu'il leur a délivrée (V. *supra*, n° 1746). Il peut encore se transporter pour procéder à une reconstitution.

d) Le transport, quelle utilité in fine ?

1755 Acte d'instruction informatif, préalable nécessaire ou point d'attention du législateur, le transport est un acte à l'utilité variable, et ce qui importe *in fine*, c'est l'acte d'investigation auquel il tend. Sa vocation semble ainsi être essentiellement informative, voire de permettre aux différents acteurs et/ou parties de s'organiser en conséquence afin de garantir leurs droits. Parce qu'il prépare les esprits, il prépare aussi l'acte dont il vise la réalisation. Ainsi, le transport permet aux enquêteurs et au magistrat de s'interroger sur l'étendue de leur compétence judiciaire, et lors de l'instruction, sur l'utilité des différents avis et convocations à émettre.

1756 En somme, le transport doit permettre au magistrat et plus particulièrement au juge d'instruction de s'interroger à plusieurs titres :

– sur la préparation opérationnelle de l'acte d'investigation qu'il souhaite réaliser. Pour ce faire, il peut utilement s'appuyer sur les chefs de service de la police nationale ou les commandants d'unité de la gendarmerie (il revient à ces derniers de faire les demandes de moyens en conséquence, et notamment de solliciter l'appui d'unités spécialisées, tant dans le domaine de la police technique et scientifique [IRCGN, SNPS, LPS], que de l'intervention [GIGN, RAID]), notamment lorsque la manœuvre est complexe et qu'il y a un risque de trouble à l'ordre public, comme une reconstitution sensible. Ici, le juge d'instruction ou le magistrat du parquet doit déléguer aux forces de l'ordre tout ce qui ne relève pas de l'acte d'enquête *stricto sensu*, comme la sécurisation de lieu, la protection des participants, le matériel nécessaire au bon déroulement des opérations. Les commandants d'unité et chefs de service sont rompus à ces actes ; le magistrat doit s'appuyer sur eux ;

– sur la régularité des avis, convocations et réquisitions qu'il doit adresser à toutes les personnes dont le magistrat juge la présence nécessaire : mis en examen et son conseil, parties civiles et leurs conseils le cas échéant, experts et personnes qualifiées, interprètes, sans oublier le parquet, et les forces de l'ordre éventuellement sollicitées en renfort, ou encore l'administration pénitentiaire si la personne est détenue et qu'il faut l'extraire.

1757 **Transport et compétence judiciaire des enquêteurs et des magistrats.** En effet, ce transport permet dans la pratique, au magistrat et à l'enquêteur, de s'interroger d'emblée et avant toute mobilisation de leurs pouvoirs d'investigation, sur leur compétence judiciaire (V. *supra*, n°s 100 et s.). S'agissant de la compétence territoriale, l'article 18, alinéa 3 du Code de procédure pénale indique que « les officiers de police judiciaire peuvent se transporter sur toute l'étendue du territoire national, à l'effet d'y poursuivre leurs investigations et de procéder à des auditions, perquisitions et saisies, après en avoir informé le procureur de la République saisi de l'enquête ou le juge d'instruction (…) ». Il en est de même pour l'article 93-1 du Code de procédure pénale. En somme, il évite les erreurs de procédure et particulièrement celle adossée à la compétence judiciaire – ici territoriale –, qui est d'ordre public ou « objective » et agit donc comme un couperet, puisqu'elle ne nécessite pas la démonstration d'un grief pour être prononcée (Cass. crim., 14 oct. 2003, n° 03-84.539 et Cass. crim., 15 janv. 2008, n° 07-86.944).

2 La forme du procès-verbal de transport

1758 **Le cas particulier du transport du juge d'instruction.** Pour mémoire, il faut rappeler que l'information du parquet, prévue par l'article 92 du Code de procédure pénale lorsque le juge d'instruction se transporte, doit être actée en procédure (Cass. crim., 11 déc. 1984, n° 84-94.617) (V. *supra*, n° 1741). Ce même article dispose que le juge d'instruction, lorsqu'il se transporte aux fins de réaliser lui-même des actes d'instruction, doit en dresser procès-verbal. Celui-ci fait foi jusqu'à inscription de faux (à l'instar des actes des actes du juge d'instruction tel l'interrogatoire de première comparution : Cass. crim., 10 août 1906 : *S.* 1910, 1, 154. – Cass. crim., 28 févr. 1974 : *Bull. crim.* n° 88 ; *JCP* G 1974, II, 17774, obs. P. Chambon. L'authenticité ne couvre cependant que les mentions relatant la présence des différentes personnes ayant participé au transport et les divers actes successifs accomplis par le juge. Les parties conservent le pouvoir de contester les données fournies par le procès-verbal de transport et, éventuellement, d'établir leur inexactitude : Cass. crim., 28 juin 1972, n° 72-91.868 : *Bull. crim.* n° 223), à la différence de celui établi par les enquêteurs qui ne vaut que comme simple renseignement (CPP, art. 430). Il doit bien sûr être également signé par le greffier à peine de nullité. L'article 92 ne renvoie à aucun formalisme particulier, comme celui prévu aux articles 106 et suivants qui ne trouvent donc pas à s'appliquer.

1759 **Enquête de flagrance et enquête préliminaire.** Toute mesure d'enquête devant être actée dans un procès-verbal, le transport n'échappe pas à cette règle (Cass. crim., 11 déc. 1984, n° 84-94.617, préc.). Ce procès-verbal doit comporter les mentions légales de droit commun (V. *supra*, n°s 1534 et s.). Cependant, le transport s'adossant nécessairement à un acte d'enquête subséquent, il va prendre la forme de l'acte dont il est l'antichambre. S'il ne répond à aucun formalisme particulier, il emprunte par capillarité celui de l'acte d'enquête support (Cass. crim., 24 janv. 1984, n° 83-94.417).

1760 Très concrètement, au procès-verbal qui porte le nom de l'acte d'enquête principal, il est fait mention dans les premières lignes que cet acte est précédé du transport sur les lieux. Le procès-verbal de transport-constatations mentionnera ainsi, par exemple, que les enquêteurs se sont transportés sur les lieux de l'infraction après un appel téléphonique au 17, en compagnie, le cas échéant du procureur de la République ou encore que ce dernier les a rejoints sur place.

1761 De même, le transport de la personne gardée à vue doit être mentionné au procès-verbal de déroulement de la garde à vue, même si cela ne figure pas explicitement dans l'article 64 du Code de procédure pénale, seule façon d'attester que l'avocat en a bien été informé.

1762 Ce procès-verbal de transport étant généralement inclus dans celui qui relate l'acte d'enquête ou d'instruction qui a rendu le transport nécessaire, il n'est pas rare que cette particularité apparaisse d'emblée dans la dénomination du procès-verbal. C'est ainsi que les procédures contiennent des procès-verbaux de « transport-constatations », de « transport-reconstitution », voire parfois de « transport-perquisition » lors d'une instruction, rédigés par les enquêteurs. À l'occasion de ce procès-verbal peuvent être mentionnés les avis et autres convocations qui ont été adressés aux parties.

1763 Qu'il soit rédigé par l'enquêteur ou par le magistrat instructeur, il nous apparaît en effet opportun que figure au procès-verbal la mention du transport lorsque celui-ci génère des droits et obligations qui dépendent essentiellement de la nature de la mesure d'investigation réalisée qui donne lieu au transport. De plus, il est tout aussi opportun de faire figurer au procès-verbal la présence du magistrat du parquet, des témoins et des personnes mises en cause et de leur conseil, ou encore des personnes qualifiées, experts et autres interprètes lorsqu'elle est requise, permettant ainsi de pallier un éventuel oubli dans un autre acte de la procédure. Cette mention du transport du magistrat est également l'occasion d'acter en procédure les directives, souvent verbales, données par ce dernier (Cass. crim., 20 mars 1995, n° 95-80.027), et ainsi d'assurer une bonne compréhension du déroulé de la procédure.

L'ESSENTIEL 1764 L'acte de transport est généralement indissociable de l'acte pour lequel l'enquêteur et le magistrat se déplacent. Encadré en enquête de flagrance par le seul article 54 du Code de procédure pénale qui lui adosse les opérations de constatations, cette notion de transport apparaît depuis la loi du 3 juin 2016 à l'occasion de la mesure de garde à vue. L'article 61-3 impose en effet à l'enquêteur d'informer l'avocat de la personne gardée à vue de tout transport de celle-ci dès lors qu'il s'agit de procéder à son audition dans un autre lieu que la brigade ou le commissariat (V. *supra*, n° 1732).

1765 Le transport peut être effectué dans tous les cadres d'enquête, y compris en enquête préliminaire, bien que le Code de procédure pénale ne le prévoie pas (V. *supra*, n° 1733).

1766 Dans le cadre de l'instruction, la notion de transport apparaît un peu plus au sein du Code de procédure pénale, mais comme pour l'enquête, il précède un acte d'instruction diligenté par le juge d'instruction lui-même. Néanmoins, l'article 93 dudit code dispose que le magistrat instructeur peut se transporter afin de réaliser « tous actes d'instruction ». Dans ce cas, certains avis, informations et convocations sont parfois nécessaires en fonction de l'acte d'instruction. Ces démarches relèvent du juge d'instruction, l'avis du parquet est impératif, ceux aux parties sont fonction de l'acte d'instruction envisagé, et la présence du greffier obligatoire. Mais lorsque le juge se déplace dans le seul but de contrôler les actes qu'il a diligentés, ces mêmes exigences ne sont pas requises (V. *supra*, n°s 1737 et s.).

1767 Le procès-verbal de transport, en enquête comme lors de l'instruction, existe rarement seul, mais appartient à un acte de procédure plus vaste qui regroupe le transport et l'acte d'enquête ou d'instruction pour lequel le transport est nécessaire. Ce procès-verbal est rédigé par l'officier de police judiciaire en enquête de flagrance, par l'officier de police ou sous son contrôle par l'agent de police judiciaire en enquête préliminaire, et enfin par le juge d'instruction dans le cadre d'une instruction (V. *supra*, n° 1758).

1768 Ce transport, qui se conçoit difficilement autrement que comme un préalable à une mesure d'enquête ou d'instruction, donne aux magistrats et aux enquêteurs un temps de réflexion supplémentaire, tant juridique qu'opérationnel, quant à l'acte d'investigation qu'ils projettent de mettre à exécution. Cette préparation ne doit pas être perçue comme anodine notamment lorsqu'elle mobilise de nombreux moyens et qu'elle donne lieu, à plusieurs actes en un. La reconstitution en est un excellent exemple ou encore certaines perquisitions dans des lieux protégés énumérés aux articles 56-1 et suivants du Code de procédure pénale (V. *supra*, n°s 1754 et s.).

II Les constatations

A Les constatations, de quoi s'agit-il ?

1 Une notion à géométrie variable

a) Approche doctrinale de la notion de constatations

1769 Tenter de répondre à cette question apparemment simple laisse d'emblée présager les difficultés inhérentes à la définition et aux contours de cette notion de « constatations ». Mesure d'enquête essentielle, adossée dans la pratique judiciaire à celle du transport, ces constatations ne sauraient être consignées aux seules opérations de police technique et scientifique réalisées sur une scène de crime. Bien conscients de cette difficulté, certains auteurs ont qualifié les constatations de « notion ouverte » voire « d'insaisissables », car force est de constater qu'au gré des progrès et des évolutions technologiques, les constatations, qui étaient assimilées aux opérations de police technique et scientifique en 1958, recouvrent aujourd'hui des actes extrêmement variés.

1770 Si ces constatations englobent certes les actes de police technique et scientifique, qu'il convient aujourd'hui de dénommer criminalistique tant la matière est vaste, il semble qu'elles aillent bien au-delà de « ce qui peut être visuellement constaté ». De manière plus imagée, M. Vlamynck écrit que dans le cadre des constatations, « l'officier de police judiciaire est dans une situation de récepteur, il touche avec les yeux », alors qu'au cours d'une perquisition « il est beaucoup plus actif, il touche avec les mains ».

b) Approche judiciaire de la notion de constatations

1771 Dès lors, cette notion de « constatations » apparaît comme un acte d'enquête presque « général » qui présente l'avantage de combler le vide juridique engendré par de nouvelles mesures d'enquête nées de la pratique, et ainsi de s'adapter aux évolutions des mesures de recherche et de recueil de la preuve pénale. Ces constatations, outre l'embryon de définition qu'en donne l'article 54 du Code de procédure pénale, se caractérisent par leur non-coercition et la mobilisation du sens de l'observation des enquêteurs, y compris en recourant à certains moyens technologiques très performants, comme ceux de la criminalistique permettant de découvrir ce qui est invisible à l'œil nu.

1772 Les constatations concernent tant les personnes que les biens ou les choses. Ainsi, il est possible de dresser un procès-verbal d'observation-surveillance des différents déplacements d'une personne suspecte dans le cadre d'une enquête préliminaire ouverte pour des faits de trafic de produits stupéfiants, comme de rédiger un procès-verbal de transport-constatations d'une scène de crime après la découverte d'un homicide volontaire relatant la découverte de traces et indices.

1773 Pour autant, cette apparente simplicité cache des interrogations profondes dues à la notion « ouverte », qui fait des constatations une mesure d'investigations refuge pour les magistrats et enquêteurs, et qui génèrent de nombreux procès-verbaux d'investigations *sui generis*. En effet, bon nombre des mesures d'investigations ordonnées ou effectuées par les magistrats et enquêteurs ne sont pas encadrées par le Code de procédure pénale et pourraient s'analyser juridiquement en de « simples constatations » visuelles, techniques ou scientifiques sans mobilisation particulière de la contrainte.

1774 L'ensemble de ces éléments, faute de simplifier l'élaboration d'un régime juridique dédié aux seules constatations, le complexifie grandement. En effet, les constatations, bien que les articles 54 et 92 du Code de procédure pénale soient peu disants, sont en réalité une porte ouverte sur une multitude de mesures d'enquête non prévues par le Code de procédure pénale, qui doivent cependant être diligentées dans le respect de normes souvent supra-législatives. De plus, ces opérations de constatations sont rarement monochromes et sont articulées avec d'autres actes d'enquête au régime juridique bien plus contraignant.

1775 Le tableau des difficultés et des enjeux étant dressé, tâchons de dégager quelques lignes directrices.

2 Les constatations, dans quel cadre d'enquête ?

1776 Le transport et les constatations sont régis par les mêmes articles du Code de procédure pénale, pour les raisons que nous avons indiquées précédemment. Ce sont donc les articles 54, 92, 93 et 93-1 dudit code qui définissent le cadre juridique de cet acte d'enquête. L'article 67 dispose que : « Les dispositions des articles 54 à 66, à l'exception de celles de l'article 64-1, sont applicables, au cas de délit flagrant, dans tous les cas où la loi prévoit une peine d'emprisonnement ». En conséquence, les constatations – comme le transport – peuvent être réalisées tant lorsqu'il s'agit d'un crime que d'un délit flagrant.

1777 Les articles consacrés à l'enquête préliminaire ne prévoient pas expressément ces opérations de constatations – pas plus qu'elles ne prévoient le transport – hormis une référence indirecte au sein de l'article 77-1 du Code de procédure pénale lorsqu'il s'agit de solliciter ou d'adresser une réquisition à une personne qualifiée « s'il y a lieu de procéder à des constatations ou à des examens techniques ou scientifiques ». Comme pour le transport, et pour les mêmes motifs, il ne fait pas de doute que les constatations sont autorisées dans le cadre de l'enquête préliminaire.

1778 Les raisons qui présidaient à son absence autrefois dans le Code de procédure pénale de 1958, à savoir le temps écoulé qui empêche de recueillir des indices sur la scène d'infraction, cèdent aujourd'hui devant les capacités techniques et technologiques à disposition des enquêteurs et magistrats. Mais surtout, d'un point de vue juridique, ces actes en ce qu'ils ne mobilisent aucune contrainte, peuvent être diligentés au cours de l'enquête préliminaire. Cette absence de coercition était la caractéristique juridique de l'enquête préliminaire, également dénommée « enquête non coercitive ».

1779 En effet, l'enquête préliminaire de 1958 qui a légalisé l'enquête officieuse repose sur un principe de non-coercition, qui peut résulter notamment de l'assentiment donné à l'acte d'enquête (J. Buisson, *Enquête préliminaire : Rép. pén.* Dalloz, n° 52 : « la contrainte conditionnelle, essence de l'enquête préliminaire, autorise une telle solution en dehors de toute réglementation par les textes. En effet, un acte d'enquête peut toujours être réalisé pour autant que, ne portant pas atteinte aux principes fondamentaux et aux règles en vigueur, il emporte, si elle se révèle indispensable, l'adhésion de la personne qui en est l'objet ». La possibilité de réaliser des constatations en enquête préliminaire relève presque de l'évidence au point que certains auteurs l'affirment sans aucune autre justification que celle du mimétisme avec l'enquête de flagrance). Quant à la chambre criminelle, elle entérine sans hésitation les constatations réalisées au cours de l'enquête préliminaire dès lors qu'elles ne procèdent pas d'un dispositif coercitif ou intrusif (Cass. crim., 23 oct. 2013, n° 13-82.762. – Cass. crim., 5 oct. 2016, n° 16-81.843. – Cass. crim., 31 janv. 2017, n° 16-84.462).

Transport et constatations

B Les constatations et notions voisines

1 Constatations et constat de l'infraction

1780 L'article 14 du Code de procédure pénale dispose, dans son premier alinéa, que la police judiciaire « (...) est chargée, suivant les distinctions établies au présent titre, de constater les infractions à la loi pénale, d'en rassembler les preuves et d'en rechercher les auteurs tant qu'une information n'est pas ouverte ». L'action de constater à laquelle il est fait ici référence renvoie à la notion de constat et non de constatations, qui est aussi le sens qu'il faut donner à l'article D. 14 du Code de procédure pénale qui dispose que « les agents de police judiciaire énumérés à l'article 20 ont compétence pour constater tous crimes, délits ou contraventions et pour en dresser procès-verbal ».

1781 Dès lors, les constatations de l'article 54 du Code de procédure pénale sont à distinguer du pouvoir de constater des infractions, dévolu aux agents de police judiciaire par l'article D. 14 du même code. En conséquence, l'agent de police judiciaire est compétent pour « relever » toute infraction, quel que soit le cadre juridique de l'enquête dans lequel elle se commet – flagrance ou préliminaire – et pourra en dresser procès-verbal.

1782 Ceci est, somme toute, logique, car faire dépendre l'existence d'une infraction, au travers de sa constatation en flagrance, par le seul officier de police judiciaire, limiterait ici drastiquement le nombre d'infractions relevées. En revanche, une fois le constat de l'infraction dressé, seul l'officier de police judiciaire pourra, lorsqu'il s'agit d'une infraction flagrante, rédiger le procès-verbal des constatations opérées sur le fondement de l'article 54 du Code de procédure pénale (V. *infra*, n° 1843).

2 Constatations et perquisition (V. *infra*, n°s 1822 et s.)

1783 De manière constante, la chambre criminelle de la Cour de cassation distingue les constatations des perquisitions en indiquant que « toute perquisition implique la recherche, à l'intérieur d'un lieu normalement clos, notamment au domicile d'un particulier, d'indices permettant d'établir l'existence d'une infraction ou d'en déterminer l'auteur » (Cass. crim., 4 mai 1994, n° 93-80.920. – Cass. crim., 12 févr. 2008, n° 07-87.753. – Cass. crim., 2 oct. 2013, n° 12-87.976. – Cass. crim., 23 oct. 2013, n° 13-82.762. – Cass. crim., 5 oct. 2016, n° 16-81.843). Lorsque l'acte d'enquête est opéré depuis l'extérieur, sans introduction dans un lieu clos, la chambre criminelle considère qu'il s'agit là de constatations.

1784 Ainsi, et à titre d'exemple, dans un arrêt du 29 mars 1994 (Cass. crim., 29 mars 1994, n° 93-84.995), les gendarmes avaient procédé, depuis l'extérieur, à la constatation de la présence d'objets volés dans un garage dont la porte leur avait été ouverte. Dans cette hypothèse, les juges ont retenu la qualification de constatations et exclu l'application de l'article 76 du Code de procédure pénale.

1785 Les constatations peuvent donc se définir en creux par rapport aux perquisitions. Cette distinction est essentielle lorsque ces opérations sont conduites dans des lieux clos, car elles conditionnent l'application de règles différentes, comme la présence constante de personne qui « peut se dire chez elle » – de son représentant ou de deux témoins – ou encore les horaires fixés à l'article 59 du Code de procédure pénale.

1786 Aussi, s'agissant des lieux clos, il y a lieu d'appliquer les règles afférentes à la perquisition chaque fois qu'il est nécessaire aux enquêteurs de fouiller les lieux pour rechercher et recueillir des indices ou tous autres éléments probants, qui peuvent être des documents ou toute chose utile à la manifestation de la vérité. Autrement dit, réalisent des constatations au sens de l'article 54 du Code de procédure pénale, les enquêteurs qui entrent légalement dans un lieu et qui y procèdent à de simples observations.

C Les constatations, quel régime juridique ?

1 Définition juridique de la notion de constatations

a) Une finalité : la recherche, le recueil et la conservation des preuves

1787 L'article 54 du Code de procédure pénale dispose que l'officier de police judiciaire « (...) procède à toutes constatations utiles » et « (...) veille à la conservation des indices susceptibles de disparaître et de tout ce qui peut servir à la manifestation de la vérité. Il saisit les armes et instruments qui ont servi à commettre le crime ou qui étaient destinés à le commettre ainsi que tout ce qui paraît avoir été le produit direct ou indirect de ce crime ». L'article 92 qui concerne l'instruction n'en dit pas plus.

1788 Si l'article 54 énumère les indices, les armes et instruments ainsi que le produit direct et indirect du crime, cette liste est à l'évidence non exhaustive et consiste en un échantillon d'éléments « utiles à la manifestation de la vérité » (Cass. crim., 13 janv. 1986, n° 84-90.041, en l'espèce un document est considéré comme un indice). De plus, si l'article 54, en ce qu'il associe les constatations au transport, peut laisser penser que ne relèvent des constatations que celles qui sont effectuées sur une scène d'infraction, il ressort des arrêts de la chambre criminelle que la notion de constatations ne se limite pas à la découverte de l'infraction. En effet, celles-ci peuvent prendre différentes formes et être réalisées à tout moment de la procédure.

b) Quelle définition ?

1789 La principale difficulté en matière de « constatations » réside dans la définition à donner à cet acte d'enquête. Que recouvre-t-il ? L'instruction générale de 1959 indiquait dans son paragraphe C. 102 que l'officier de police judiciaire, dans le cadre des pouvoirs qui lui sont conférés par l'article 54 du Code de procédure pénale « (...) saisit notamment les pièces à conviction et assure la conservation des indices. Ce dernier point est particulièrement important car l'examen des empreintes, les analyses et les autres méthodes relevant de la police scientifique sont des moyens de preuve souvent très efficaces ». Ni le Code de procédure pénale, ni la chambre criminelle ne donnent de définition de cette mesure d'enquête, mais cette dernière a déjà eu à se prononcer sur la nature de ces constatations.

c) Exemple de constatations

1790 Si la jurisprudence est venue donner des exemples de constatations, en étendant le champ d'application des articles 54 et 92 du Code de procédure pénale, force est de reconnaître que la pratique judiciaire a très souvent recours à cette notion, parfois sans la viser expressément au procès-verbal.

1) Pour la chambre criminelle, sont des constatations

1791 **Les opérations de police technique et scientifique.** La chambre criminelle a jugé que le support technique portant la trace de l'empreinte digitale, placé en annexe du procès-verbal de constatations des enquêteurs, n'entrait pas dans les prévisions de l'article 56 du Code de procédure pénale (Cass. crim., 29 sept. 1992, n° 89-84.237).

1792 **Des constatations visuelles effectuées sans méconnaître les articles 56 et 59 du Code de procédure pénale.** Elle a également jugé que des investigations effectuées par la police, au milieu de la nuit, dans le parking souterrain d'une résidence privée, échappaient aux règles relatives aux perquisitions, dès lors que les policiers étaient autorisés, de manière permanente, par une décision de l'assemblée générale des copropriétaires, à pénétrer en ce lieu et qu'ils n'avaient effectué, à l'intérieur du parking souterrain, que de simples constatations visuelles (Cass. crim., 14 oct. 2015, n° 15-81.765).

1793 **Des constatations visuelles dans un véhicule.** La chambre criminelle a validé les constatations opérées dans un véhicule en jugeant que : « L'officier de police judiciaire, autorisé par le juge d'instruction à mettre en place un dispositif de sonorisation d'un véhicule, et qui en constate l'impossibilité, peut régulièrement transcrire sur procès-verbal ses constatations visuelles sur le contenu du véhicule à son ouverture, dès lors qu'il n'a procédé à aucune recherche » (Cass. crim., 23 janv. 2013, n° 12-85.059).

1794 **Des constatations visuelles et liste d'œuvres protégées proposées sur Internet.** Enfin, elle a également indiqué que : « Ne constituent pas un traitement de données à caractère personnel relatives à des infractions, au sens des articles 2, 9 et 25 de la loi n° 78-17 du 6 janvier 1978, les constatations visuelles effectuées sur Internet et les renseignements recueillis en exécution de l'article L. 331-2 du Code de la propriété intellectuelle par un agent assermenté qui, sans recourir à un traitement préalable de surveillance automatisé, utilise un appareillage informatique et un logiciel de pair à pair, pour accéder manuellement, aux fins de téléchargement, à la liste des œuvres protégées irrégulièrement proposées sur la toile par un internaute, dont il se contente de relever l'adresse IP pour pouvoir localiser son fournisseur d'accès en vue de la découverte ultérieure de l'auteur des contrefaçons » (Cass. crim., 13 janv. 2009, n° 08-84.088).

1795 **Constatations et exploitation de la copie de données sur un support numérique placé sous scellé.** Ces constatations font l'objet du n° 3464 et, sur la distinction entre simples constatations et autres actes d'enquête, on pourra se reporter aux n°s 3730 et s.

2) La pratique judiciaire

1796 Il ne fait pas de doute que les procès-verbaux, qui appartiennent à la catégorie des « innommés » (V. *infra*, n° 1581) cités par certains auteurs, et que l'on retrouve en procédure sous la dénomination « procès-verbal d'investigations » sont des constatations, au sens des articles 54 et 92 du Code de procédure pénale. Il en va ainsi de l'exploitation de documents obtenus après réquisition auprès de certains établissements publics ou privés, comme la CAF, les fournisseurs d'électricité ou de gaz, les établissements bancaires ou encore les opérateurs de télécommunications. Les documents ainsi adressés, sous format papier ou numérique (CPP, art. D. 15-5-1), sont alors analysés par les enquêteurs, parfois avec l'aide de logiciels (V. *infra*, n°s 4190 et s.), et le résultat de ces exploitations fait l'objet d'un procès-verbal. Il s'agit là de constatations, non pas sur une scène d'infraction, mais sur des documents remis – puis saisis et placés sous scellés ouverts afin de permettre ladite exploitation.

1797 Ainsi, l'exploitation de données, de documents, de « contenu » (images de vidéoprotection…) ou de factures détaillées de téléphonie plus connues sous le nom de « fadettes » recueillis dans le cadre d'un autre acte d'enquête, et sous réserve que cette exploitation ne fasse pas l'objet d'une disposition (CPP, art. 57-1) ou d'une jurisprudence particulière (V. *infra*, n° 3505), peut être juridiquement considérée comme des constatations. La Cour de cassation n'a jamais eu à connaître directement de la validité de ces procès-verbaux, car en réalité, leur existence est intrinsèquement liée à celle de l'acte d'investigation qui a permis de recueillir ces documents, objets, « données ». En conséquence, c'est souvent l'acte « générateur » dont la légalité est contestée qui entraîne, par voie de conséquence, la nullité du procès-verbal d'investigation ou d'exploitation, selon la théorie de l'acte support (la jurisprudence est foisonnante sur ce sujet. La Cour de cassation juge que l'annulation d'un acte n'entraîne l'annulation d'un acte concomitant ou postérieur que s'il en constitue le support. Les formules utilisées variant selon les arrêts mais recouvrent le même concept : – la plupart des arrêts parlent de « support nécessaire » (Cass. crim., 22 juin 2000, n° 00-82.632 : *Bull. crim.* n° 242. – Cass. crim., 6 mai 2003, n° 02-87.567 : *Bull. crim.* n° 93. – Cass. crim., 15 oct. 2003, n° 03-82.683 : *Bull. crim.* n° 193. – Cass. crim., 26 sept. 2018, n° 18-80.684) ; – certains renforcent la formule en parlant de fondement ou de support « nécessaire et exclusif » (Cass. crim., 19 mars 2002, n° 11-82.240 : *Bull. crim.* n° 63. – Cass. crim., 21 juin 2016, n° 16-80.126 : *Bull. crim.* n° 188. – Cass. crim., 3 sept. 2019, n° 19-80.164).

1798 Imaginons qu'un enquêteur adresse une réquisition, dans le cadre d'une enquête préliminaire, à une mairie afin d'obtenir les images de vidéoprotection suite à un cambriolage par exemple. La nullité du procès-verbal d'exploitation de ces images pourra être prononcée, par voie de conséquence, si celui de réquisition est préalablement annulé, au motif que l'enquêteur a omis de solliciter au préalable l'autorisation du procureur de la République (Cass. crim., 21 oct. 2020, n°s 20-84.380 et 18-85.776). C'est parce que le procès-verbal d'exploitation trouve son support exclusif dans celui de réquisition qu'il sera alors annulé dans sa totalité (et éventuellement d'autres procès-verbaux, ou une partie de leur contenu, dès lors qu'ils trouveront leur support dans le procès-verbal de réquisition annulé).

1799 Ces procès-verbaux, qui souvent ne font pas référence à un article précis du Code de procédure pénale, mais plutôt à une série d'articles comme « vu les articles 75 à 78 du Code de procédure pénale », n'en sont pas moins à l'abri des nullités de procédure que d'autres, en raison du lien exclusif et consubstantiel qui existe avec l'acte d'investigation qui conduit à l'exploitation des éléments ainsi recueillis.

2 Les différents régimes juridiques des constatations

1800 Aucune règle particulière ne vient régir les constatations, telles qu'elles sont prévues par le législateur aux articles 54 et 92 du Code de procédure pénale. Les conditions légales imposées tiennent ici aux saisies éventuellement réalisées, qui sont étudiées dans une fiche dédiée (V. *infra*, nos 2116 et s.) et de la rédaction d'un « procès-verbal de constatations » (V. *infra*, n° 1845). En effet, l'article 54 ne renvoie à aucune autre disposition du Code de procédure pénale. Aussi, il est possible de soutenir que les constatations *stricto sensu* peuvent être réalisées à toute heure, sans la présence de l'occupant et aucun lieu ne reçoit de protection particulière à l'image des cabinets d'avocat, de médecin, des entreprises de presse ou encore les lieux couverts par le secret de la défense nationale. En effet, et à plusieurs reprises, la chambre criminelle a jugé que les constatations « échappent aux règles relatives à la perquisition » (Cass. crim., 14 sept. 2004, n° 04-83.754 et Cass. crim., 14 oct. 2015, n° 15-81.765) et donc aux articles 56 et suivants du Code de procédure pénale.

1801 Cela étant, des difficultés peuvent naître de ce que les constatations sont souvent adossées à d'autres actes d'enquête. Ici, c'est la mixité qui crée la difficulté.

a) Constatations et régularité de l'entrée dans un lieu clos

1802 Les constatations, en ce qu'elles conduisent parfois à s'introduire dans des locaux d'habitation ou des lieux privés clos, reçoivent la protection afférente à l'inviolabilité du domicile entendue dans son acception la plus large. Nous préférerons donc ici l'expression « lieu clos ». Aussi, et pour que les opérations de constatations soient régulières, la chambre criminelle exige que l'entrée dans le lieu clos soit régulière (Cass. crim., 14 sept. 2004, n° 04-83.754). Cette régularité découle très souvent, dans la pratique, de l'autorisation donnée par une personne, soit parce qu'elle occupe ce lieu clos, comme le propriétaire, soit parce que la loi le permet. De nombreuses dispositions autorisent les enquêteurs à entrer dans un lieu clos.

1803 De manière générale, on peut citer :
– les policiers et gendarmes, de même que tout citoyen, peuvent se trouver dans l'obligation de porter secours, fait justificatif qui leur permet de s'introduire au domicile d'autrui (C. pén., art. 223-6) ;
– la légitime défense (C. pén., art. 122-5) des personnes et des biens peut conduire les enquêteurs à s'introduire dans un lieu clos.
Tel est le cas par exemple d'un appel au secours de personnes se trouvant à l'intérieur d'un domicile ou encore de traces de sang observées sur le pas de la porte d'un domicile. Les forces de l'ordre peuvent ainsi entrer dans le lieu clos, et une fois à l'intérieur, si elles découvrent une infraction, elles peuvent alors procéder aux premières

constatations dans le cadre de l'enquête de flagrance ou de l'enquête préliminaire selon la distinction posée par l'article 53 du Code de procédure pénale ;
– l'article L. 126-1 du Code de la construction et de l'habitation dispose que « les propriétaires ou exploitants d'immeubles à usage d'habitation ou leurs représentants peuvent accorder à la police et à la gendarmerie nationales ainsi, le cas échéant, qu'à la police municipale une autorisation permanente de pénétrer dans les parties communes de ces immeubles » (Cass. crim., 5 oct. 2016, n° 16-81.843. – Cass. crim., 31 janv. 2017, n° 16-84.462. – Cass. crim., 4 nov. 2020, n° 20-82.791).

1804 Cette entrée dans un lieu clos peut aussi être légalement autorisée, de manière plus indirecte. Toujours dans le cadre des secours apportés à une personne, et dans la pratique, ce sont souvent les pompiers qui, intervenant dans un lieu clos, constatent des faits qui leur laissent penser à une infraction, appellent les policiers ou les gendarmes. Ceci est notamment le cas lorsque les pompiers découvrent une personne décédée à son domicile. L'enquête pour recherche des causes de la mort débute souvent ainsi, et les constatations dans le lieu clos découlent d'une entrée régulièrement autorisée par les pompiers.

1805 Enfin, les constatations peuvent également découler incidemment d'une introduction légalement autorisée à d'autres fins, comme l'autorisation légale d'entrer dans certains lieux afin d'y constater certaines infractions. On pourra citer :
– en matière de trafic de produits stupéfiants, la pénétration coercitive de nuit dans certains locaux privés qui ne sont pas des locaux d'habitation (CPP, art. 706-28) ;
– en matière de proxénétisme, la pénétration coercitive dans certains lieux, la nuit, y compris les hôtels (CPP, art. 706-35) ;
– en matière d'établissements de santé recevant des femmes enceintes (CSP, art. L. 2322-2) ;
– en matière de contrôle de la législation du travail (C. trav., art. L. 8113-1).

b) Constatations incidentes à un autre acte d'investigation

1806 Des constatations peuvent être opérées de manière incidente, à l'occasion d'un acte d'investigation pour lequel une autorisation de s'introduire dans un lieu clos ou un véhicule, par exemple, a été régulièrement sollicitée (Cass. crim., 23 janv. 2013, n° 12-85.059). En effet, sous réserve du respect du principe de loyauté – qui consisterait ici à faussement mobiliser les articles 706-96 et suivants afin de procéder en quelque sorte à une « pré-perquisition » –, l'enquêteur qui entre dans un domicile pour poser un dispositif de sonorisation, peut, s'il découvre de manière fortuite des armes lors de la recherche d'un endroit discret où poser ce dispositif, dresser à l'issue de ces opérations un procès-verbal de constatations relatant ce qu'il a vu. Quant à la possibilité de réaliser à cet instant, à l'appui de ses constatations visuelles, des photographies ou une vidéo – avec son téléphone par exemple – afin d'asseoir la force probante des éléments ainsi constatés, on pourrait tenter de la justifier en privilégiant la recherche d'une « conciliation entre le respect de la vie privée et d'autres exigences constitutionnelles, telles que la recherche des auteurs d'infractions et de la prévention des atteintes à l'ordre public » (Cons. const., 17 janv. 2012, n° 2011-209 QPC) telles que le rappelle le Conseil constitutionnel. Ainsi, il pourrait être soutenu que la préservation de la vie privée et celle de l'inviolabilité du domicile ne sauraient être méconnues, car l'enquêteur a légalement été autorisé à s'introduire dans le lieu privé, certes pour diligenter une autre mesure d'investigation, mais sauf déloyauté avérée et rappelée à l'article 706-95-14 (« Les opérations ne peuvent, à peine de nullité, avoir un autre objet que la recherche et la constatation des infractions visées dans les décisions du magistrat »), on ne saurait le lui reprocher puisque c'est fortuitement qu'il découvre ces éléments probants.
Cependant, la chambre criminelle a étendu aux plaques d'immatriculation le régime applicable aux personnes prévu à l'article 706-96 du Code de procédure pénale, en jugeant que « constitue une ingérence, au sens de l'article 8 de la Convention européenne des droits de l'homme, dans l'exercice du droit au respect de la vie privée et du domicile le fait, pour les policiers, de photographier clandestinement, au moyen d'un téléobjectif, les plaques d'immatriculation des véhicules se trouvant à l'intérieur d'une propriété privée non visibles de la voie publique, aux fins d'identification des titulaires des cartes grises. Une telle immixtion, opérée en enquête préliminaire, qui n'est prévue par aucune disposition de procédure pénale, est nécessairement irrégulière » (Cass. crim., 21 mars 2007, n° 06-89.444).
En conséquence, la jurisprudence nous conduit à hésiter à encourager les enquêteurs dans cette voie.

c) Constatations et atteinte à la vie privée

1807 Selon un raisonnement tiré d'une lecture *a contrario* des articles 706-96 et suivants du Code de procédure pénale, il serait possible de soutenir que les constatations visuelles, en ce qu'elles ne conduisent pas à la captation, à la fixation, à l'enregistrement ou à la transmission d'images de personnes dans un lieu privé, relèveraient alors des articles 54 et 92 du même code, et seraient de simples constatations visuelles. Une telle analyse, si elle a pu avoir cours à une époque (Cass. crim., 15 avr. 2015, n° 14-87.620), semble aujourd'hui à relativiser en raison d'une particulière prégnance de la norme européenne et du contrôle de proportionnalité désormais opéré par la chambre criminelle.

1808 À l'appui de cette éviction, il est nécessaire d'ajouter que la loi du 23 mars 2019 a inséré un alinéa à l'article préliminaire qui dispose que : « Au cours de la procédure pénale, les mesures portant atteinte à la vie privée d'une personne ne peuvent être prises, sur décision ou sous le contrôle effectif de l'autorité judiciaire, que si elles sont, au regard des circonstances de l'espèce, nécessaires à la manifestation de la vérité et proportionnées à la gravité de l'infraction ».

1809 Aussi, et pour faire relever une mesure d'enquête de tel ou tel régime juridique, il semble nécessaire de raisonner en deux temps :
– d'une part, s'interroger sur la « nature » de la mesure d'enquête afin de déterminer de quel régime juridique elle procède. Ainsi, la chambre criminelle a jugé que le recours à un endoscope relevait des dispositions de l'article 706-96 du Code de procédure pénale, en ce qu'il s'agissait d'un moyen de captation (Cass. crim., 23 janv. 2013, n° 12-85.056) ;
– d'autre part, face à l'absence de régime juridique spécifique, qu'il soit légal ou prétorien, de s'interroger sur l'atteinte portée à un droit ou à une liberté fondamentale ainsi que son intensité, notamment lorsque l'acte d'enquête est de nature furtive, c'est-à-dire réalisé à l'insu des personnes. Tel est le raisonnement qui a été suivi par la chambre criminelle s'agissant de la captation d'images de personnes sur la voie publique (Cass. crim., 11 déc. 2018, n° 18-82.365. – Cass. crim., 18 juin 2019, n° 18-86.421 et Cass. crim., 8 déc. 2020, n° 20-83.885). L'arrêt du 8 décembre 2020 est éclairant en ce que les juges indiquent que « l'ingérence dans la vie privée qui résulte d'une telle mesure présentant par sa nature même un caractère limité et étant proportionnée au regard de l'objectif poursuivi, elle n'est pas contraire à l'article 8 de la Convention européenne des droits de l'homme » (Cass. crim., 8 déc. 2020, n° 20-83.885, § 10).

1810 En conséquence, si les simples constatations visuelles qui ne mobilisent aucune technicité autre que l'œil de l'enquêteur peuvent être analysées comme portant une atteinte de faible intensité (sur le recours aux jumelles, V. *infra*, n° 3735) et temporaire à la vie privée, au sens de l'article 8 de la Convention européenne des droits de l'homme, il est alors possible de soutenir que les articles 54 et 92 du Code de procédure pénale constituent une base légale suffisante, ainsi que l'a déjà jugé la Cour éponyme (CEDH, 2 sept. 2010, n° 35623/05, *Uzun c/ Allemagne*) mais aussi la chambre criminelle (Cass. crim., 21 mars 2007, n° 06-89.444, *a contrario*).

d) Constatations par caméras aéroportées

1811 Par une loi du 22 janvier 2022, le législateur est venu encadrer l'utilisation des caméras aéroportées visant à capter, fixer et enregistrer des images de personnes dans les lieux publics (CPP, art. 230-47 et s.). Nous renvoyons à la fiche consacrée à cet acte d'investigation (V. *infra*, n°s 3819 et s.).

D Les constatations, des mesures d'enquêtes souvent mixtes

1812 La plasticité de la notion de constatations la conduit à embrasser un grand nombre de mesures d'enquête qu'il est difficile, pour ne pas dire périlleux, d'inscrire au sein d'un unique régime juridique. De plus, il est parfois difficile de dissocier dans la pratique les constatations d'autres mesures d'enquête qui se réalisent dans un même temps, à la fois dans un souci de pragmatisme opérationnel, mais aussi parfois en raison d'une indivisibilité des mesures.

1 La reconstitution judiciaire

a) La reconstitution judiciaire, un acte d'enquête issu de la pratique

1813 « La reconstitution est un transport spécifique qui a évolué au fil des années. Les techniques utilisées demeurent assez différentes selon les juridictions, et parfois même selon les magistrats ». Face à ce constat et suite à quelques reconstitutions ayant entraîné une crispation entre magistrats et enquêteurs, la direction des affaires criminelles et des grâces a publié en décembre 2014 un guide intitulé *Reconstitutions judiciaires* (accessible uniquement sur l'intranet Justice). Axé exclusivement sur la pratique des magistrats en la matière en ce qu'il constitue une sorte de recueil de bonnes pratiques, ce guide, dont ce n'était sans doute pas la vocation, passe sous silence les fondements juridiques de la reconstitution. Le guide indique notamment que l'utilité de la reconstitution « est avérée notamment en ce qu'elle permet de mettre en situation les déclarations respectives des mis en examen, des victimes et des témoins, d'affiner les constatations et de passer au crible de la critique le travail des experts ».

1814 La reconstitution permet également de figer par des images les points de vue des personnes concernées et de conforter l'opinion du juge qui devra prendre parti sur l'orientation du dossier ». Il est ajouté que « c'est pourquoi cette mesure d'instruction décidée en matière criminelle est habituelle, de même que dans des affaires délictuelles où l'atteinte aux personnes est très significative : graves accidents de la route, aériens, maritimes, du travail, etc. ».

1815 Enfin, s'agissant du cadre juridique de la reconstitution judiciaire, très peu d'articles du Code de procédure pénale sont cités et seul apparaît le cadre juridique de l'information judiciaire. En effet, l'introduction du guide puis son contenu pourraient laisser penser que la reconstitution ne peut se dérouler que dans le cadre juridique de l'information.

1816 Cette idée est assez communément répandue dans la pratique judiciaire des enquêteurs et des magistrats, comme celle qu'une confrontation ne puisse avoir lieu que dans le cabinet d'un juge d'instruction. Elle l'est d'ailleurs tellement que les enquêteurs, lorsqu'ils procèdent à cette mesure d'enquête dans le cadre de l'enquête préliminaire, voire de l'enquête de flagrance – elle se déroule alors souvent pendant la mesure de garde à vue –, usent d'un autre terme pour désigner cet acte d'investigation. Ainsi a-t-on créé le procès-verbal de « remise en situation » (ce procès-verbal a notamment cours au sein des unités de la gendarmerie nationale).

b) La reconstitution judiciaire possible dans tous les cadres d'enquête

1817 La chambre criminelle tout d'abord a jugé qu'une reconstitution pouvait parfaitement être réalisée au cours de l'enquête de flagrance (Cass. crim., 26 févr. 2003, n° 02-88.074), puis l'article 61-3, alinéas 1 et 2 du Code de procédure pénale, introduit par la loi n° 2016-731 du 3 juin 2016, a indirectement consacré son existence en prévoyant que « toute personne à l'égard de laquelle existent une ou plusieurs raisons plausibles de soupçonner qu'elle a participé, en tant qu'auteur ou complice, à la commission d'un crime ou d'un délit puni d'emprisonnement peut demander qu'un avocat de son choix ou, si elle n'est pas en mesure d'en désigner un, qu'un avocat commis d'office par le bâtonnier : 1° L'assiste lorsqu'elle participe à une opération de reconstitution de l'infraction (...) ».

Pour autant, la reconstitution ne fait pas l'objet d'une définition au sein du Code de procédure pénale. L'arrêt de la chambre criminelle précité n'en dit pas plus sur le régime juridique de cette mesure, mais indique uniquement que « la réalisation d'une reconstitution dans le cadre d'une enquête de flagrance n'est prohibée par aucun texte et que les officiers de police judiciaire, qui n'étaient pas tenus de rédiger un procès-verbal dans les formes prévues par les articles 62 et 429, alinéa 2 du Code de procédure pénale, ont agi dans la limite des pouvoirs conférés par les articles 53 à 66 du Code de procédure pénale ». Cette solution semble pouvoir être maintenue à condition toutefois que l'avocat soit présent, comme cela est prévu par l'article 61-3 du Code de procédure pénale depuis la loi du 3 juin 2016.

En conséquence, la reconstitution judiciaire est une combinaison à la fois d'un transport-constatation et d'une audition de mis en cause ou d'un interrogatoire d'une personne mise en examen, voire d'une confrontation avec la victime, le cas échéant, partie civile, voire d'audition d'un expert ou d'une personne qualifiée. Aujourd'hui, la reconstitution judiciaire est résolument une mesure d'enquête mixte dont le régime juridique dépend des différents actes qui la composent.

c) Les avis et convocations des parties aux fins de reconstitution judiciaire dans le cadre de l'instruction

1818 Cette difficulté a déjà fait l'objet de développement dans la précédente section consacrée au « transport ».

d) L'articulation entre transport et constatations

1819 Ici, il est nécessaire de distinguer selon que la personne « suspecte » est présente ou non. Le transport tel que nous l'avons étudié précédemment trouve ici sa raison d'être en ce qu'il matérialise un déplacement particulier, non pas des enquêteurs, mais du magistrat, du mis en cause ou du mis en examen et de ses avocats, éventuellement des parties civiles si elles se sont déjà constituées ou des victimes et des plaignants. Il ouvre ainsi droit à l'information des différentes parties à l'enquête pénale et au parquet, mais aussi à l'exercice des droits de la défense lorsque le transport sur les lieux a pour but une reconstitution.

1) En présence de la personne suspecte

1820 Lors de l'instruction, la chambre criminelle impose, si cette reconstitution implique une participation du mis en examen qui répondra à des questions du juge, qu'il soit fait application de l'article 114 du Code de procédure pénale et que son avocat soit convoqué dans les formes prescrites par cet article.
De même, en enquête préliminaire ou de flagrance, si la reconstitution vise à solliciter des explications du mis en cause quant à sa participation à l'infraction objet de l'enquête, l'article 61-3 du Code de procédure pénale trouvera à s'appliquer et la personne mise en cause pourra demander à être assistée d'un avocat. Ce droit devra en conséquence lui être notifié préalablement.
En pratique, hors mesure de garde à vue, il n'est pas inutile d'adresser une convocation plusieurs jours à l'avance au mis en cause et de l'informer de ses droits, et ce afin d'éviter d'attendre l'avocat le jour de la reconstitution. Bien sûr, si la reconstitution est réalisée pendant la mesure de garde à vue, d'une part l'avocat est informé du transport de son client conformément à l'article 63-4-3-1, et d'autre part continue à l'assister pendant cette reconstitution puisque la garde à vue se poursuit et que la personne va être auditionnée par les enquêteurs, voire par le magistrat du parquet si ce dernier se déplace.
Les droits afférents à la garde à vue demeurent, car en réalité cette reconstitution est une audition de garde à vue « en situation » et sur les lieux de l'infraction. Si l'information des droits prévue à l'article 61-3 du Code de procédure pénale peut sembler superfétatoire, il n'est pas inutile, surtout si l'avocat ne s'est pas déplacé ou que la personne a initialement renoncé à son droit à l'assistance d'un avocat, de l'informer des dispositions de l'article 61-3 du Code de procédure pénale et d'acter cette information au procès-verbal.

2) Hors de la présence de la personne suspecte

1821 Si le magistrat instructeur et les enquêteurs se transportent sur les lieux afin d'y réaliser de simples constatations hors la présence du mis en examen (Cass. crim., 8 déc. 1976, n° 76-90.868), l'information des parties n'est pas nécessaire. Seule celle du parquet est prescrite et son absence, *in fine*, n'est pas une cause de nullité (Cass. crim., 17 janv. 1956 : *Bull. crim.* n° 64). Il s'agit ici de simples constatations, au sens de l'article 92 du Code de procédure pénale. Si le magistrat instructeur veut procéder lui-même à celles-ci, il devra alors être assisté de son greffier et rédigera le procès-verbal de constatation. En revanche, si celui-ci souhaite simplement assister à l'acte, sans dessaisir les officiers de police judiciaire, mais uniquement pour contrôler les opérations de constatations, l'article 152 du Code de procédure pénale trouve à s'appliquer et la présence du greffier n'est pas nécessaire. Dans ce dernier cas, le procès-verbal sera rédigé par les enquêteurs.
Si cette reconstitution est réalisée au cours de l'enquête de flagrance ou préliminaire, et qu'il s'agit d'un simple transport sur les lieux aux fins de constatations matérielles, le cas échéant en présence du magistrat directeur d'enquête, dans ce cas, le respect du seul article 54 du Code de procédure pénale apparaît suffisant.

2 Le cas particulier des constatations-perquisition

1822 En pratique, les opérations de constatations seront réalisées lors de la découverte de l'infraction par les enquêteurs, souvent des techniciens en identification criminelle, pour tenter de mettre à jour des éléments indiciaux. Elles seront généralement suivies des perquisitions effectuées par les enquêteurs en charge du dossier et en présence constante de l'occupant.

1823 Cependant, opérations de perquisitions et de constatations se mêlent parfois intimement lorsque la scène d'infraction est un lieu clos. Ainsi, c'est au cours de la perquisition que sont réalisés certains relevés et prélèvements indiciaux et, inversement, certaines constatations, en ce qu'elles conduisent à rechercher le moindre détail, confinent à la recherche « active » donc à la perquisition. Il est alors très difficile de dire quel élément probant a été recueilli dans le cadre de la perquisition et quel autre sur le fondement de constatations.

1824 Face à ces recherches dans un lieu clos, qui sont, en somme, une mesure d'enquête « mixte », afin d'éviter toute contestation de recueil d'indice qui relèverait en réalité d'une fouille et non d'une simple observation, il nous apparaît plus opportun de rédiger un procès-verbal de perquisition, faute de pouvoir distinguer ce qui relève précisément de la fouille de la simple observation. Dans ce cas, cette mesure d'enquête est régie par les règles de perquisition dans un lieu privé, qui imposent que soient respectées les heures légales prévues à l'article 59 du Code de procédure pénale si celui-ci est un domicile. Les éventuelles saisies réalisées au cours de cet acte d'enquête relèvent des articles 56 et suivants du Code de procédure pénale.

1825 Dans l'hypothèse où la scène d'infraction est découverte en dehors des heures mentionnées à l'article 59 du Code de procédure pénale et que les constatations doivent être réalisées sur-le-champ, il est alors tout à fait possible de procéder à ces constatations mais en veillant à ne pas opérer de fouille active. Ensuite, un scellé est apposé sur le lieu privé, qui est la scène d'infraction – sur la porte du domicile par exemple – et les enquêteurs pourront ultérieurement procéder aux heures légales à la perquisition conformément aux règles des articles 56 et 59 du Code de procédure pénale.

3 L'observation-surveillance

a) Définition de l'observation-surveillance

1826 L'observation-surveillance est une mesure d'enquête très souvent utilisée lorsqu'il s'agit de diligenter des enquêtes relevant de la délinquance ou de la criminalité organisées. Si aujourd'hui le concept de surveillance en procédure pénale recouvre un grand nombre d'actes d'enquête que sont notamment les interceptions de communications (CPP, art. 100 et s. et 706-95 et s.), la géolocalisation (CPP, art. 203-32 et s.), la captation de données informatiques (CPP, art. 706-102-1 et s.), la sonorisation et la captation d'images (CPP, art. 706-96 et s.) pour ne citer qu'elles, il en est une, presque archaïque, qui consiste en une simple surveillance physique. Cette surveillance peut être statique et l'on parle alors bien volontiers dans les unités de gendarmerie et les services de police « d'observation-surveillance ». Elle peut également être dynamique ; il s'agit alors de filature et elle se déroule sur la voie publique ou dans des lieux accessibles au public ou dans des lieux privés accessibles sur autorisation (syndic).

1827 **Le silence du Code de procédure pénale.** Le Code de procédure pénale ne la définit pas, ne la réglemente pas et ne l'évoque qu'au travers de l'extension de compétence (V. *infra*, n° 1829). Une tentative de définition figurait dans l'avant-projet de nouveau Code de procédure pénale :

> « Les officiers de police judiciaire et, sous leur autorité, peuvent procéder, dans les ressorts où ils sont territorialement compétents, à la surveillance de personnes contre lesquelles il existe une ou plusieurs raisons plausibles de les soupçonner d'avoir commis un crime ou un délit. Pour effectuer cette surveillance sur l'ensemble du territoire national, ils peuvent solliciter du procureur de la République des réquisitions d'extension de compétence prévues par l'article 18 du CPP ».

1828 **Acte souvent mixte.** L'observation-surveillance est souvent associée à un moyen de surveillance « technique », que le Code de procédure pénale vient réglementer. Ainsi, il n'est pas rare, lorsque les enquêteurs décident de surveiller les moindres faits et gestes d'une personne mise en cause, d'organiser sa filature sur plusieurs jours, mais aussi de mettre son (ses) téléphone(s) sur écoute et de placer une balise de géolocalisation sur le véhicule suivi. De plus, au cours de cette surveillance, qui peut être à la fois statique et dynamique, les enquêteurs ont recours à des prises de vue, voire réalisent des vidéos de ce qu'ils constatent.

b) Le régime juridique de l'observation-surveillance

1829 **L'évocation de la surveillance dans l'article 706-80 du Code de procédure pénale.** Le seul texte à évoquer la surveillance – pris dans le sens d'observation-surveillance ou filature – est l'article 706-80 qui dispose que :

> « Les officiers de police judiciaire et, sous leur autorité, les agents de police judiciaire, après en avoir informé le procureur de la République et sauf opposition de ce magistrat, peuvent étendre à l'ensemble du territoire national la surveillance de personnes contre lesquelles il existe une ou plusieurs raisons plausibles de les soupçonner d'avoir commis l'un des crimes et délits entrant dans le champ d'application des articles 706-73, 706-73-1 ou 706-74 ou la surveillance de l'acheminement ou du transport des objets, biens ou produits tirés de la commission de ces infractions ou servant à les commettre. L'information préalable à l'extension de compétence prévue par le premier alinéa doit être donnée, par tout moyen, au procureur de la République déjà saisi et au procureur de la République près le tribunal judiciaire dans le ressort duquel les opérations de surveillance sont susceptibles de débuter ».

La surveillance de l'acheminement de produits, mentionnée par le texte, autorise une certaine passivité des forces de l'ordre dans le but de procéder à un flagrant délit programmé. Cet article vient essentiellement traiter de l'extension de compétence des officiers et agents de police judiciaire qui réalisent cette surveillance en ce qu'elle peut les conduire à traverser une bonne partie du territoire national imposant ainsi l'information des parquets territorialement compétents.

1830 L'absence de texte régissant l'observation résulte du fait que cette mesure, lorsqu'elle est mise en œuvre sur la voie publique ou dans des lieux accessibles au public, ne requiert aucune contrainte ou coercition et ne porte qu'une atteinte de très faible intensité au droit à la vie privée tel que garanti par l'article 8 de la Convention européenne des droits de l'homme (V. *supra*, n° 1810). Le régime juridique va dépendre du moyen technique utilisé pour réaliser cette observation surveillance, mais aussi du lieu où elle s'effectue. Il faut ici procéder par déduction avec les actes d'enquête de surveillance d'ores et déjà existants et encadrés par le Code de procédure pénale et la jurisprudence de la chambre criminelle.

1831 **Une légalité implicite de l'observation-surveillance.** Il semble possible d'affirmer que l'observation-surveillance, dynamique ou statique, qui consiste à surveiller les faits et gestes, les contacts d'une personne lors de ses déplacements sur la voie publique ou dans des lieux publics en recourant au besoin à des photographies ou à des moyens vidéo ne méconnaît aucune disposition du Code de procédure pénale, et ne nécessite pas plus une quelconque autorisation du magistrat en charge de l'enquête – flagrance, préliminaire ou instruction.

L'atteinte portée à la vie privée est d'une très faible intensité puisque l'observation a lieu sur la voie publique, qu'elle découle essentiellement de constatations visuelles qui ne nous semblent pas relever de la jurisprudence de la chambre criminelle sur la captation d'images sur la voie publique (V. *supra*, n°s 1807 et s.).

À ce jour, la chambre criminelle s'est uniquement prononcée sur la captation d'images sur la voie publique au moyen d'une caméra fixe filmant plusieurs jours sans discontinuer un endroit particulier (V. *supra*, n° 1809). Elle n'a pas encore eu à connaître de la captation d'images de personnes à l'occasion de filature ou d'observation statique de courte durée, mais elle semble implicitement autoriser la mesure d'enquête qu'est l'observation-surveillance.

C'est, en effet, très fréquemment que les notions de filatures apparaissent dans les arrêts de la chambre criminelle, sans que leur légalité ne soit contestée (Cass. crim., 4 juin 1991, n° 91-81.682 [filature administrative]. Sur le site Légifrance, plus de cent arrêts de la chambre criminelle font référence à des « filatures » afin de recueillir des éléments utiles à la manifestation de la vérité). Aussi, nous pensons possible d'assimiler le régime juridique de ces observations-surveillance à celui des constatations de l'article 54 du Code de procédure pénale, sous la réserve qu'elles ne requièrent pas d'autres mesures de surveillance encadrées par ledit code.

E Qui peut procéder aux constatations ?

1 Compétence de l'officier et de l'agent de police judiciaire

a) Enquête de flagrance

1) Une prérogative de l'officier de police judiciaire

1832 C'est l'officier de police judiciaire qui opère dès lors qu'il s'agit d'une enquête en flagrance (V. *supra*, n° 863). L'article 54 du Code de procédure pénale dispose en effet que « l'officier de police judiciaire (...) procède à toutes les constatations utiles ». Toutefois, si l'officier de police exerce les pouvoirs confiés par le Code de procédure pénale conformément à l'article 17, alinéa 2, la jurisprudence n'interdit pas qu'il soit assisté ou secondé par un agent de police judiciaire (Cass. crim., 25 mai 1992, n° 91-86.255 et Cass. crim., 15 juin 2000, n° 00-81.334).

1833 Lors des constatations sur une scène d'infraction, l'agent de police judiciaire peut parfaitement aider l'officier de police judiciaire dans le relevé des traces et empreintes, le gel des lieux, les prises de photographies. Lors d'une enquête de flagrance, rien n'interdit donc à un agent de police judiciaire de participer aux actes d'enquête dès lors qu'il ne réalise pas lui-même la totalité de l'acte et qu'il ne se substitue pas à l'officier de police judiciaire.

2) L'article D. 15-5-1-1 du Code de procédure pénale

1834 Introduit par le décret n° 2016-1202 du 7 septembre 2016 visant à la simplification de la procédure pénale et renuméroté à la faveur du décret n° 2019-507 du 24 mai 2019, ce texte autorise les personnels de police technique et scientifique (PTS) à appréhender et placer sous scellés, au cours de l'enquête, les prélèvements devant faire l'objet d'une exploitation ultérieure, sur instruction d'un OPJ mais en dehors de sa présence effective. Il s'agit ici de décharger les officiers de police judiciaire de leur présence effective sur les lieux, telle qu'exigée par l'article 54, lorsque celle-ci n'apparaît plus indispensable au déroulement des investigations. Dans la pratique, si l'officier de police judiciaire doit se rendre sur les lieux d'une infraction flagrante, celui-ci n'est plus tenu de rester pendant toute la durée des constatations que sont les opérations de police technique et scientifique. Ces dernières, notamment lorsqu'il est question de faits particulièrement graves, sont réalisées par des agents spécialisés et peuvent durer plusieurs heures. La présence de l'officier de police judiciaire semble peu utile, ce dernier pouvant alors se consacrer à d'autres actes d'investigation.

1835 Comme l'explique la circulaire de la DACG, cette prérogative permet « aux agents spécialisés, techniciens et ingénieurs de PTS, qui sont dépourvus de compétences judiciaires, d'appréhender et placer sous scellés les échantillons biologiques, objets, traces et indices, prélevés sur les lieux où ils interviennent sur la base des dispositions de l'article D. 7 du Code de procédure pénale, afin de décharger les OPJ de leur présence sur les lieux, lorsque celle-ci n'apparaît pas indispensable au déroulement des investigations ». Ces prérogatives ont été étendues aux agents de police judiciaire, malencontreusement oubliés dans la première rédaction du décret, par le décret n° 2016-1455 du 28 octobre 2016.

1836 Cet article D. 15-5-1-1 du Code de procédure pénale précise que cette nouvelle prérogative qui s'exerce sur instruction de l'officier de police judiciaire ne peut être mise en œuvre qu'aux seules fins d'examens techniques et scientifiques. Lorsqu'ils en font usage, les personnels de PTS doivent dresser inventaire des échantillons biologiques, objets, traces et indices prélevés et placés sous scellés et en faire mention dans leur rapport.

b) Enquête préliminaire

1837 Nous avons vu que les constatations n'étaient pas expressément prévues par le Code de procédure pénale dans le cadre de l'enquête préliminaire, mais qu'il ne faisait pas de doute que celles-ci pouvaient être réalisées. Aussi, les agents de police judiciaire peuvent, conformément à l'article 75 du Code de procédure pénale, réaliser seuls ces opérations de constatations, en dehors de la présence de l'officier de police judiciaire. Cet acte d'enquête doit toutefois être réalisé sous le contrôle de l'officier de police judiciaire. Naturellement, l'officier de police judiciaire peut également réaliser lui-même ces constatations.

1838 L'article D. 15-5-1-1 du Code de procédure pénale est applicable au cours de l'enquête préliminaire. Si cela va de soi pour les agents de police judiciaire, il apporte néanmoins une réponse à la compétence judiciaire des fonctionnaires dépourvus de cette compétence, qui peuvent donc, comme indiqué précédemment, procéder à ces constatations techniques et scientifiques.

c) Instruction

1839 Si, comme nous l'avons déjà exposé, la commission rogatoire limite la compétence matérielle et personnelle des officiers de police judiciaire en ce que seuls ceux qui y sont désignés par le juge d'instruction peuvent diligenter les actes d'investigation que le magistrat prescrit, il semble parfaitement possible que l'agent de police judiciaire puisse apporter son aide lors de la réalisation de constatations dès lors que ce n'est pas cet agent qui exécute la totalité de la mesure d'investigation. Cette possibilité a été consacrée par l'article D. 36-1 du Code de procédure pénale qui renvoie à l'article D. 15-5-1. Il faut sans aucun doute comprendre qu'il s'agit en fait de l'article D. 15-5-1-1 (V. *supra*, n° 1834).

2 La personne qualifiée et l'expert

1840 Cette question du recours à la personne qualifiée et à l'expert lors des opérations de constatations est étudiée dans une fiche dédiée. Il est cependant utile de mentionner ici que le recours à la personne qualifiée trouve un terrain d'application privilégié dans les opérations de constatations. En effet, qu'il s'agisse des techniciens en identification criminelle (TIC) de la gendarmerie nationale ou des fonctionnaires de l'identité judiciaire (IJ) de la police nationale, ceux-ci sont systématiquement mobilisés sur les scènes d'infractions criminelles mais aussi sur certaines de nature délictuelle, en flagrance notamment.

1841 Quant aux experts de l'Institut de recherche criminelle de la gendarmerie nationale (IRCGN) (V. *infra*, Annexe 8, organigramme IRCGN) ou ceux des différents laboratoires de police scientifique (LPS) (V. *infra*, Annexe n° 9 – organigramme LPS) de la police nationale, ils sont également mobilisés, soit sur le terrain, soit lorsqu'il s'agit d'exploiter et d'analyser les traces et indices retrouvés sur la scène d'infraction. Leur rôle est aujourd'hui crucial dans la résolution des enquêtes, notamment criminelles.

1842 L'article D. 7 du Code de procédure pénale prévoit expressément cette possibilité de recourir à des services et unités spécialisés de la police et de la gendarmerie nationales.

F La rédaction du PV de constatations

1843 Outre les règles générales applicables à la rédaction des procès-verbaux, certains éléments méritent quelques précisions et éclaircissements notamment s'agissant du procès-verbal de transport-constatations.

1844 Les articles 54 et 92 du Code de procédure pénale ne donnent pas d'indication particulière sur le contenu de ce procès-verbal. Dans la pratique, il n'est pas rare que ce procès-verbal ou rapport, notamment lorsqu'il est fait recours à des agents spécialisés en matière de police technique et scientifique, se compose de deux parties.

1 Le PV de transport-constatations

a) Le procès-verbal stricto sensu

1845 Le procès-verbal *stricto sensu* est rédigé, en flagrance et dans le cadre d'une commission rogatoire, par l'officier de police judiciaire. Il peut également l'être par l'agent de police judiciaire dans le cadre de l'enquête préliminaire.

1) Sur la forme du procès-verbal

1846 Rien n'est exigé par le Code de procédure pénale à l'exception de l'article 54 du Code de procédure pénale qui prévoit dans son dernier alinéa que mention doit être faite, en cas de saisie, de la présentation « pour reconnaissance aux personnes qui paraissent avoir participé au crime, si elles sont présentes ».

1847 Ici, il ne peut qu'être conseillé aux enquêteurs de présenter par principe, et pour reconnaissance, les objets saisis sur la scène d'infraction aux personnes présentes, car il est difficile, dès le premier acte d'enquête, de déterminer si celles-ci ont participé ou non à l'infraction. La liste des objets saisis est mentionnée dans le corps du procès-verbal et fait l'objet d'un inventaire dédié intitulé « inventaire des pièces à conviction », joint à la procédure.

1848 En effet, il n'est pas nécessaire de dresser un procès-verbal distinct pour acter la saisie et le placement sous scellés, qui doit être immédiat afin d'assurer la traçabilité et l'authenticité de la preuve (V. *infra*, n°s 2147 et s.). Doit simplement apparaître en procédure ce qui a été saisi, la description du lieu de la saisie, et l'indication du numéro du scellé contenant l'élément saisi qui sera reporté sur l'inventaire des pièces à conviction.

2) Sur le fond du procès-verbal

1849 Ce procès-verbal, lorsqu'il constitue l'acte de saisine des enquêteurs, fait mention des conditions dans lesquelles ceux-ci sont amenés à se rendre sur la scène d'infraction ou à la découvrir. Aussi, il n'est pas rare d'y trouver un préambule intitulé « Saisine ». Il est utile de préciser dans quelles conditions, par exemple, les enquêteurs sont entrés dans un lieu clos (appel des pompiers, de l'occupant, traces de sang sur le pas de la porte, etc.). À cette occasion, la notion de transport peut apparaître (V. *supra*, n°s 1732 et s.).

1850 Lorsqu'il s'agit de constatations simples, l'enquêteur décrit les opérations qu'il a conduites et dans quel lieu. Il mentionne également les horaires de début et de fin des constatations. Bien que nous ayons indiqué que celles-ci ne sont pas soumises aux dispositions de l'article 59 du Code de procédure pénale, une telle mention peut s'avérer indispensable à la compréhension de la procédure et, notamment, la raison pour laquelle les opérations de constatations ont dû être dissociées de celles de perquisition qui ne peuvent s'opérer qu'entre 6 heures et 21 heures. L'indication des horaires permet aussi aux magistrats chargés du contrôle de la procédure de parfaitement appréhender les conditions dans lesquelles ces mesures d'investigations ont été conduites.

1851 Toutefois, dans le cadre de l'enquête de flagrance et sur commission rogatoire, à la lecture des articles D. 15-5-1-1 et D. 36-1, il est possible de s'interroger sur la possibilité donnée à l'agent de police judiciaire qui procède à ces opérations de rédiger, non pas un rapport comme mentionné dans ces articles, mais un procès-verbal. En effet, les articles 20 et D. 14 du Code de procédure pénale disposent que les agents de police judiciaire dressent des procès-verbaux et non des rapports.

1852 Nous pensons que, dans cette hypothèse, il est parfaitement possible que l'agent de police judiciaire prenne à son compte la rédaction d'un procès-verbal distinct ou d'une partie du procès-verbal où il devra alors être fait mention de l'application de l'article D. 15-5-1-1 du Code de procédure pénale. Dans la pratique, il est très fréquent que l'officier de police judiciaire prenne sous son nom le procès-verbal et indique qu'il est « assisté de X, agent de police judiciaire » – la qualification particulière de l'agent est souvent mentionnée également – alors qu'il ne procède qu'à une partie des constatations, voire qu'il n'assiste pas à la totalité de celles-ci.

1853 Ici, l'intérêt rédactionnel de cet article D. 15-5-1-1 du Code de procédure pénale est d'offrir une transcription exacte du déroulement des opérations et ainsi de dissocier ces deux temps des constatations, sans qu'il soit impératif d'ailleurs de rédiger deux procès-verbaux distincts. L'officier de police judiciaire s'est rendu sur les lieux de l'infraction flagrante, a procédé aux premières constatations, puis a confié la suite des opérations à l'agent de police judiciaire ou fonctionnaire ne disposant pas de la qualité d'officier de police judiciaire. Ceci nous semble d'autant plus impérieux que face à des délits flagrants, dits de « délinquance de masse » comme les cambriolages, l'officier de police judiciaire ne peut matériellement assister à la totalité des opérations de constatations, mais peut cependant parfaitement donner les directives aux agents de police judiciaire placés sous son autorité et son contrôle pour y procéder.

b) Le rapport de police technique et scientifique

1854 La rédaction de ce rapport est expressément prévue à l'article D. 15-5-1-1 du Code de procédure pénale ainsi que l'inventaire des scellés réalisés. Souvent bien plus intéressant que le procès-verbal *stricto sensu*, le rapport rédigé par les agents de police technique et scientifique retrace exhaustivement les indices et les traces relevés puis saisis et immédiatement placés sous scellés, ainsi que les objets, tout comme la méthodologie suivie au cours de ces constatations. Évidemment, en fonction de l'importance et de la gravité de la scène d'infraction, ce rapport peut-être plus ou moins long.

2 Les autres procès-verbaux de constatations

1855 Comme nous l'avons indiqué, la notion de constatation reçoit une définition et une réalité judiciaire particulièrement vastes et il est ici impossible d'entrer dans le détail de chaque procès-verbal que pourraient générer des constatations particulières (V. *supra*, n° 1533). Cependant il est possible d'indiquer quelques principes communs à ces procès-verbaux indépendamment des mentions obligatoires qui doivent y figurer.

1856 Ce procès-verbal connaît une double particularité :

– il reçoit souvent un intitulé propre, comme « procès-verbal de reconstitution » ou procès-verbal d'observation-surveillance », voire procès-verbal d'investigations lorsqu'il s'agit d'acte *sui generis*, comme par exemple la découverte d'une arme lors d'une opération de pose de sonorisation dans un domicile ;

– il doit, lorsqu'il est « mixte » (V. *supra*, n° 1812), respecter le formalisme prévu par l'ensemble des pouvoirs d'investigation qui sont mobilisés au moment de sa réalisation.

1857 Ainsi, par exemple, pour le procès-verbal de reconstitution, il reviendra à l'enquêteur de mentionner les opérations de constatations qui ont consisté dans les observations des actes réalisés par la personne mise en cause ou mise en examen, mais aussi de transcrire éventuellement les questions et les réponses posées. Il faudra ici surtout veiller à notifier l'ensemble des droits afférents qu'ils soient prévus par l'article 61-3 du Code de procédure pénale. De même, il est opportun de faire figurer dans le procès-verbal les éventuelles directives ou autorisations données par le magistrat (Cass. crim., 8 déc. 2020, n° 20-83.885. – V. *supra*, n° 1529).

1858 Que ce soit au cours d'une instruction ou en enquête de flagrance ou préliminaire, rien n'interdit de filmer la reconstitution. Ces opérations ne sont soumises à aucun formalisme particulier, la chambre criminelle jugeant qu'il s'agit là de constatations et non d'interrogatoires ou d'auditions dès lors que le juge se limite à des vérifications ou à des constatations matérielles ayant pour objet la reconstitution des circonstances d'un crime et à demander aux témoins leur emplacement respectif au moment des faits, sans procéder à leur audition (Cass. crim., 28 juin 1988, n° 88-82.531).

1859 **Le procès-verbal de reconstitution au cours de l'instruction.** Le procès-verbal rédigé à l'issue d'une reconstitution réalisée dans le cadre d'une instruction est à la charge du magistrat instructeur, ainsi que le prévoit l'article 92 du Code de procédure pénale. Les pratiques des magistrats instructeurs, en matière de rédaction des procès-verbaux sont très variées. Les questions et les réponses posées, ainsi que les actes et les gestes réalisés par la personne, comme son refus, sont actés au procès-verbal d'interrogatoire, d'audition ou de confrontation, qui est distinct de celui de transport. Un auteur rappelle « qu'une pratique tout à fait irrégulière a eu tendance à s'instaurer ». Dans ces espèces, le juge d'instruction se transportait avec son greffier sur les lieux du crime, y interrogeait le mis en examen (inculpé), entendait la partie civile et les témoins et consignait les déclarations dans son procès-verbal de transport, sans le faire signer par chaque déclarant, et sans dresser aucun procès-verbal d'interrogatoire ou d'audition. La chambre criminelle a sévèrement sanctionné cette pratique en indiquant que les articles 102, 106 et 107 du Code de procédure pénale, auxquels renvoie l'article 121, étaient ainsi méconnus et qu'il revenait de surcroît à la chambre d'instruction (d'accusation) de relever d'office la nullité du procès-verbal de transport et prescrire son retrait du dossier (Cass. crim., 20 avr. 1972, n° 71-93.497 : *Bull. crim.* n° 136. – Cass. crim., 8 déc. 1976, n° 76-90.868 : *Bull. crim.* n° 353. – Cass. crim., 6 juill. 1977, n° 77-91.103 : *Bull. crim.* n° 257. – Cass. crim., 20 juill. 1983, n° 83-92.351 : *Bull. crim.* n° 223. – Cass. crim., 14 sept. 1985, n° 85-93.707 : *Bull. crim.* n° 285 ; *D.* 1986, IR p. 304, obs. Pradel ; V. aussi Cass. crim., 26 sept. 1985, n° 85-94.253 : *Bull. crim.* n° 287 ; *D.* 1986, IR p. 120, obs. Pradel. – Cass. crim., 15 mars 1988, n° 88-80.267 : *Bull. crim.* n° 128).

1860 En conséquence, en pratique, le juge d'instruction doit donc dresser des procès-verbaux séparés, régulièrement signés, des déclarations de chacun des intéressés. Il peut toutefois les insérer en un même contexte, dans son procès-verbal de transport, à la condition que chaque déclarant les signe en ce qui le concerne (Cass. crim., 5 juill. 1977, n° 77-90.602 : *Bull. crim.* n° 253). Cependant, ne nécessitent pas la rédaction d'un procès-verbal distinct de celui de « reconstitution » ou de « transport » – selon les pratiques des magistrats – « les précisions données par les enquêteurs » (Cass. crim., 2 sept. 1986, n° 86-93.266 : *Bull. crim.* n° 251 ; *JCP* G 1987, II, 20766, note Chambon), ou « la prise de clichés et de simples commentaires » (Cass. crim., 6 oct. 1986, n° 86-93.988 : *Bull. crim.* n° 270), ou « des commentaires et analyses de clichés photographiques ou des précisions données par les témoins » (Cass. crim., 28 juin 1988, n° 88-82.531 : *Bull. crim.* n° 293. – Cass. crim., 10 juill. 1991, n° 91-82.696 : *Bull. crim.* n° 298 ; *Gaz. Pal.* 1992, 1, somm. 31).

1861 S'agissant du cas particulier de la déclaration spontanée du mis en examen lors de la reconstitution, il convient de se montrer prudent quant au fait de la relater uniquement dans le procès-verbal de « transport » ou de « reconstitution ». Il semble opportun de demander au mis en examen de répéter cette déclaration spontanée à l'occasion d'un interrogatoire en bonne et due forme. En effet, rien n'interdit au magistrat instructeur de solliciter de nouvelles explications aux différentes parties à l'issue de la reconstitution à l'occasion d'auditions, d'interrogatoires ou de confrontations, et c'est le droit commun du recueil de la preuve testimoniale dans le cadre de l'instruction qui s'applique alors.

3 Quelques conseils aux enquêteurs

1862 En raison de la multitude des actes d'enquête qui peut découler de simples opérations de constatations, il faut veiller à décrire avec exhaustivité mais sans excès toutefois, les opérations telles qu'elles se sont déroulées ou qu'elles ont été conduites, y compris en actant les incidents. Ce souci du réalisme dans la rédaction du procès-verbal permettra, le cas échéant en cas de requête en nullité, à la juridiction de qualifier l'acte d'enquête qui lui est soumis et ainsi de contrôler que toutes les obligations et garanties ont été respectées.

1863 Ce point est essentiel notamment lorsque des actes d'enquête sont, par exemple, réalisés dans un même temps ou parce qu'ils peuvent se ressembler en raison de leur finalité. Il en est ainsi des constatations et des perquisitions. Nous l'avons vu, le critère tient à la fouille « active » de la part de l'enquêteur. En cas de doute, il est conseillé de préciser les circonstances de la découverte de tel ou tel objet, chose et autre trace ou indice. Si toutefois le doute est persistant, il est alors conseillé d'opter pour le régime juridique le plus favorable à la personne potentiellement mise en cause et de privilégier, par exemple, un procès-verbal de perquisition à celui de constatation.

1864 Lorsqu'à l'appui des constatations sur une scène d'infraction, les enquêteurs procèdent à une modélisation 3D (Cass. crim., 8 avr. 2015, n° 15-80.783), ou lorsqu'à l'occasion d'une observation-surveillance ou d'une reconstitution, les enquêteurs réalisent des photographies, des vidéos, il est conseillé de placer l'original sous scellés après avoir procédé au préalable à des copies de travail qui ne peuvent être utilisées qu'à l'occasion de cette procédure (Cass. crim., 8 juill. 2015, n° 15-81.731 : *Bull. crim.* n° 174). Bien sûr, l'enquêteur peut extraire des images ou insérer les photographies dans le corps de son procès-verbal, mais il semble opportun de conserver l'original afin de permettre une éventuelle expertise, si l'authenticité de ces éléments probants devait être contestée. De même, une telle conservation offre également la possibilité de procéder à d'autres exploitations techniques ultérieures comme un « nettoyage » de l'image…

1865 **Le procès-verbal d'observation-surveillance… à l'étranger.** L'enquêteur rédige – à l'aide du logiciel de rédaction de procédure (LRPGN ou LRPPN) un procès-verbal d'observation-surveillance où il indique les constatations qu'il a réalisées sur le territoire national mais aussi celles effectuées hors territoire national, le cas échéant. Aussi, il mentionne explicitement les horaires d'entrée et de sortie sur le territoire de l'État membre requis, ainsi que la référence soit à la demande d'entraide, soit de l'appel à la Section centrale de coopération opérationnelle de la police (SCCOPOL), ainsi que l'accord de l'État membre requis.

1866 Si un enquêteur unique rédige le procès-verbal, souvent le chef de dispositif, en fonction de ce que lui ont indiqué ses coéquipiers en temps réel, celui-ci doit veiller à indiquer le nom du coéquipier qui a constaté un élément déterminant lors de la mission d'observation-surveillance. Cette précision permet, d'une part, de satisfaire à l'exigence de constatations *in personam* imposée par la jurisprudence de la chambre criminelle. Et d'autre part, ces unités qui réalisent les missions d'observation-surveillance doivent une partie de leur efficacité à leur discrétion. Il n'est jamais utile que toute l'unité défile à la barre alors qu'un seul agent a réalisé les constatations déterminantes. La précision du procès-verbal permettra donc au président de la juridiction, sur demande du parquet ou des avocats, de ne faire procéder qu'au témoignage utile et ainsi de préserver la nécessaire discrétion de ces unités.

L'ESSENTIEL **1867** La notion de constatations est une notion « ouverte » qui regroupe en réalité de très nombreux actes d'investigation, qui appartiennent à la catégorie des actes que certains auteurs appellent « innommés ». Le Code de procédure pénale ne définit pas cette notion, mais il est possible de dire qu'elle consiste à observer, à constater (V. *supra*, n° 1769).

1868 L'article 54 du Code de procédure pénale vient encadrer un acte essentiel à la réussite d'une enquête, qui est le transport-constatations. En réalité cet acte est faiblement encadré, en raison de l'absence de pouvoirs de contrainte que nécessite son exécution. Acte fondamental de l'enquête, mais aujourd'hui devenu hautement sophistiqué techniquement, l'article D. 15-5-1-1 Code de procédure pénale autorise, pour cette raison, que ces constatations dites de « police technique et scientifique » puissent être désormais réalisées par les agents de police judiciaire et certains fonctionnaires non titulaires de compétence judiciaire, y compris en enquête de flagrance et hors la présence d'un officier de police judiciaire. Ceux-ci rédigent un procès-verbal ou un rapport qui sera annexé à la procédure (V. *supra*, n°s 1834 et s.). Enfin, toute preuve indiciale doit immédiatement être placée sous scellé (V. *infra*, n° 2226).

1869 Cependant, les constatations ne se limitent pas, dans la jurisprudence de la chambre criminelle, au « transport-constatations », qui est souvent celui qui fonde la « saisine » de l'officier ou de l'agent de police judiciaire, mais recouvrent des mesures d'investigations bien plus vastes, comme les observations-surveillance et les filatures (V. *supra*, n°s 1826 et s.).

1870 Ces observations-surveillance, y compris lorsqu'elles s'accompagnent de photographies ou de vidéos réalisées sur la voie publique, portent une très faible atteinte à la vie privée, sporadique et non continue – à la différence de la captation d'images sur la voie publique pendant plusieurs jours sans discontinuer. Elles ne nécessitent pas d'autorisation spécifique du magistrat chargé de l'enquête. L'information, même ultérieure de ce dernier, est suffisante (V. *supra*, n° 1825).

1871 La régularité des opérations de constatations tient souvent aux modalités d'accès aux lieux où elles se déroulent. Cet accès doit donc être légal et peut résulter soit de la nature du lieu – public – ou de l'autorisation donnée pour y entrer, soit par le particulier qui fait appel aux enquêteurs, soit au magistrat qui a autorisé l'intrusion dans le lieu privé, ou en raison d'une autorisation de la loi (appel police-secours, intervention de pompiers...) (V. *supra*, n° 1802).

1872 Parce que ces constatations sont souvent composées en réalité de plusieurs mesures d'enquête, le régime juridique qui leur est applicable emprunte alors à tous les actes qui les composent. Il en va ainsi de la reconstitution. Très fréquemment réalisée lors de l'instruction, elle demeure possible lors des enquêtes préliminaire et de flagrance. Cet acte, né de la pratique, est désormais mentionné à l'article 61-3 du Code de procédure pénale, aux côtés de celui de tapissage – qui n'a pas été décliné dans le Code de procédure pénale aux articles consacrés à l'instruction. Si le législateur n'a pas défini précisément la notion de reconstitution, il a cependant garanti les droits de la défense lors de sa réalisation en imposant la notification du droit à l'assistance d'un avocat. L'enquêteur doit donc y veiller avant de procéder à une reconstitution (V. *supra*, n°s 1813 et s.).

1873 Mais lorsqu'aucune disposition du Code de procédure pénale ne vient encadrer les opérations de constatations autres que celles communément dénommées « transport-constatations » et notamment lorsqu'elles peuvent conduire à une atteinte à la vie privée, même de faible intensité et temporaire, il est nécessaire de solliciter le magistrat en charge de l'enquête afin soit de l'informer, soit d'obtenir son autorisation pour y procéder (V. *supra*, n° 1807).

1874 Enfin, l'enquêteur doit apporter un soin particulier à la rédaction du procès-verbal retraçant ses constatations, qu'il s'agisse de celles effectuées sur la scène d'infraction ou lors d'une observation discrète, afin que le magistrat – et éventuellement la juridiction – puisse contrôler la bonne qualification de cet acte d'enquête. En effet, il est parfois délicat de distinguer ou de dissocier les constatations d'autres mesures d'investigations, comme les perquisitions qui se caractérisent par une « fouille active » de la part de l'enquêteur, à la différence des constatations qui sous-entendent une observation passive (V. *supra*, n°s 1845 et s.).

1875 D'une manière générale, il est conseillé de placer immédiatement sous scellé, après réalisation d'une copie de travail, toute preuve saisie ou élément matériel réalisé à l'appui des constatations (vidéos, photographies, modélisation 3D de la scène d'infraction) afin de permettre, le cas échéant, soit une expertise en cas de contestation, soit de procéder à des exploitations ou investigations complémentaires.

POUR ALLER PLUS LOIN...

Répertoire

• J. Buisson, *Enquête préliminaire : Rép. pén.* Dalloz, n°s 51 et 52.

Ouvrages

• F. Debove et F. Falletti, *Précis de droit pénal et de procédure pénale*, PUF, 2017, p. 764.

• F. Desportes et L. Lazerges-Cousquer, *Traité de procédure pénale*, Economica, 2e éd., 2012, n° 2022 ; 4e éd., n° 2306.

• F. Desportes et L. Lazerges-Cousquer, *Traité de procédure pénale*, Economica, 2015, n°s 901 et 906.

• F. Desportes et L. Lazerges-Cousquer, *Traité de procédure pénale*, Economica, 2015, n° 2218.

• C. Guéry, *Droit et pratique de l'instruction préparatoire*, Dalloz Action, 2018-2019, n°s 53 et s., n°s 53.05 et 532-22.

• J. Pradel, *Procédure pénale*, Cujas, 14e éd., 2010, n° 555.

Revues

• P. Collet, *L'insaisissable notion de surveillance en droit pénal : RSC* 2019, p. 549.

• H. Vlamynck, *Le policier et le principe de l'inviolabilité du domicile : AJ pénal* 2011, 352.

Circulaire

• Circ. DACG, 8 sept. 2016, relative aux mesures de simplification de la procédure.

Fiche 46

Prélèvements externes et relevés signalétiques

Sommaire

Introduction

1876 La présente fiche est consacrée aux prélèvements externes qui doivent être distingués :

– des prélèvements effectués lors des constatations sur une scène d'infraction et qui portent sur des objets (V. *supra*, nos 1729 et s.) ;

– des prélèvements effectués lors des autopsies (V. *infra*, nos 3381 et s.) ;

– des fouilles corporelles et des fouilles *in corpore* (V. *infra*, nos 1965 et 3168).

1877 Les prélèvements externes sont réalisés sur le corps humain et bénéficient à ce titre, depuis la loi du 18 mars 2003, d'un régime juridique autonome prévu à l'article 55-1 auquel renvoient les articles 76-2 (enquête préliminaire) et 154-1 (instruction) du Code de procédure pénale. Ces prélèvements constituent un acte d'enquête à part entière même s'ils n'ont d'intérêt qu'en raison des analyses et des comparaisons auxquelles ils donneront lieu.

Aux côtés de ces prélèvements externes, les enquêteurs peuvent aussi procéder à des relevés signalétiques également prévus par l'article 55-1 du Code de procédure pénale.

I

Définition des opérations de prélèvement externe et de relevé signalétique

1878 Une lecture combinée des articles du Code de procédure pénale et de la jurisprudence criminelle permet de proposer une définition.

II

L'article 55-1 du Code de procédure pénale

1879 Ce texte dispose que :

« L'officier de police judiciaire peut procéder, ou faire procéder sous son contrôle, sur toute personne susceptible de fournir des renseignements sur les faits en cause ou sur toute personne à l'encontre de laquelle il existe une ou plusieurs raisons plausibles de soupçonner qu'elle a commis ou tenté de commettre l'infraction, aux opérations de prélèvements externes nécessaires à la réalisation d'examens techniques et scientifiques de comparaison avec les traces et indices prélevés pour les nécessités de l'enquête.

L'officier de police judiciaire peut également procéder, ou faire procéder sous son contrôle, aux opérations permettant l'enregistrement, la comparaison et l'identification des traces et des indices ainsi que des résultats des opérations de relevés signalétiques dans les fichiers mentionnés au deuxième alinéa, selon les règles propres à chacun de ces fichiers.

Le refus, par une personne à l'encontre de laquelle il existe une ou plusieurs raisons plausibles de soupçonner qu'elle a commis ou tenté de commettre une infraction, de se soumettre aux opérations de prélèvement, mentionnées aux premier et deuxième alinéas ordonnées par l'officier de police judiciaire est puni d'un an d'emprisonnement et de 15 000 euros d'amende.

Sans préjudice de l'application de l'avant-dernier alinéa, lorsque la prise d'empreintes digitales ou palmaires ou d'une photographie constitue l'unique moyen d'identifier une personne qui est entendue en application des articles 61-1 ou 62-2 pour un crime ou un délit puni d'au moins trois ans d'emprisonnement et qui refuse de justifier de son identité ou qui fournit des éléments d'identité manifestement inexacts, cette opération peut être effectuée sans le consentement de cette personne, sur autorisation écrite du procureur de la République saisi d'une demande motivée par l'officier de police judiciaire. L'officier de police judiciaire ou, sous son contrôle, un agent de police judiciaire recourt à la contrainte dans la mesure strictement nécessaire et de manière proportionnée. Il tient compte, s'il y a lieu, de la vulnérabilité de la personne. Cette opération fait l'objet d'un procès-verbal, qui mentionne les raisons pour lesquelles elle constitue l'unique moyen d'identifier la personne ainsi que le jour et l'heure auxquels il y est procédé. Le procès-verbal est transmis au procureur de la République, copie en ayant été remise à l'intéressé ».

A Les prélèvements externes

1880 L'article 55-1 du Code de procédure pénale ne définit pas ce que sont les « prélèvements externes », à la différence des relevés signalétiques qu'il détaille.

C'est le Conseil constitutionnel qui définit ce qu'il faut entendre par prélèvement externe. Dans sa décision n° 2003-467 DC du 13 mars 2003 ainsi que dans le commentaire de celle-ci, il est précisé que « l'expression "prélèvement externe" fait référence à un prélèvement n'impliquant aucune intervention chirurgicale, douloureuse ou intrusive, ni aucun procédé attentatoire à la pudeur ni à la dignité des intéressés. Pour les tests portant sur l'ADN, un simple recueil de salive suffira » (commentaire de la décision n° 2003-467 DC du 13 mars 2003, p. 10).

1881 Quant à la DACG, elle indique que :

« Les prélèvements externes consistent en des prélèvements n'impliquant aucune intervention corporelle interne et ne comportant aucun procédé douloureux. Il ne peut donc s'agir d'une prise de sang [la chambre criminelle a cependant jugé qu'une prise de sang sans le consentement pouvait être réalisée en flagrance sur réquisition de l'officier de police judiciaire, Cass. crim., 21 mars 2020, n° 19-85.756 et V. *infra*, n° 1920]. Il peut en revanche consister en un prélèvement d'empreintes digitales, ou en un prélèvement de matériel biologique, grâce à l'utilisation d'un écouvillon buccal, en vue d'effectuer une analyse d'empreinte génétique ».

En conséquence, ces prélèvements peuvent consister à recueillir quelques cheveux avec leur bulbe, à procéder à des tamponnoirs sur différentes parties du corps exposées à des résidus de tir, à des prélèvements de l'épiderme par le frottement d'un écouvillon, etc.

Ainsi tout prélèvement externe est possible dès lors qu'il vise à permettre la réalisation d'examens techniques et scientifiques de comparaison avec les traces et indices prélevés pour les nécessités de l'enquête ou contenus dans un fichier de police.

1882 **Le prélèvement d'ADN.** Ce prélèvement est prévu à l'article 706-56 du Code de procédure pénale (V. *infra*, nos 4349 et s.) lorsqu'il concerne, notamment, les personnes suspectes.

S'agissant des personnes pouvant fournir des renseignements, à savoir les témoins, les prélèvements de matériel génétique ne sont prévus par aucun texte. Si le premier alinéa de l'article 55-1 peut éventuellement être interprété comme le permettant, il ne peut qu'être constaté que les articles 706-54 et 706-56 ne le prévoient pas. Le prélèvement de l'ADN d'un témoin peut cependant être utile pour déterminer que du matériel génétique trouvé sur une scène de crime n'est pas celui de l'auteur de l'infraction mais y a été déposé par un témoin dont la présence, à cet endroit, n'avait rien d'anormal. L'intérêt de « discriminer » les ADN est donc évident. Dans cette mesure, il semble possible de recueillir l'ADN d'un témoin avec son accord pour procéder à une « discrimination » et dans ce seul but. Comme il ne peut être considéré que ce prélèvement est fait dans le cadre de l'article 55-1 (il est fait hors cadre législativement encadré), l'autorisation du procureur en enquête préliminaire ne semble pas impérative même s'il apparaît préférable de l'informer et de s'en entretenir avec lui (la consultation du juge d'instruction est également souhaitable quand le prélèvement est fait au cours d'une information). Bien évidemment de tels prélèvements ne pourront pas être enregistrés au FNAEG ni même comparés avec les données enregistrées dans ce fichier.

B Les relevés signalétiques

1883 L'alinéa 2 de l'article 55-1 du Code de procédure pénale est un peu plus précis dans sa définition du relevé signalétique qui correspond notamment aux prises d'empreintes digitales et palmaires et aux photographies.

Il faut en réalité se tourner vers le fichier des empreintes digitales et vers celui des antécédents judiciaires pour connaître le détail de ces relevés.

1884 **Signalement et photographies.** L'article R. 40-24 du Code de procédure pénale fait référence aux « signes particuliers » qui sont ceux qui distinguent une personne. Il en va ainsi, par exemple, de tatouages, de *piercings* ou de cicatrices. Il y a naturellement lieu de décrire l'aspect général de la personne également (taille, corpulence et type).

L'article R. 40-26 du Code de procédure pénale indique que les informations pouvant être enregistrées dans le traitement des antécédents judiciaires sont :

– pour les mis en cause : « signalement » et « autres photographies » ;

– pour les personnes faisant l'objet d'une enquête ou d'une instruction pour recherche des causes de la mort ou d'une disparition : « signalement » et « photographies ».

L'article R. 434-17 du Code de la sécurité intérieure prévoit que le policier ou le gendarme doit prendre « toutes les mesures possibles pour préserver (...) la dignité de cette personne ». En conséquence, il ne semble pas possible de réaliser des photographies d'un tatouage sur les parties intimes dans le cadre d'une enquête pour des faits de cambriolage.

1885 **Finalité.** L'alinéa 2 de l'article 55-1 du Code de procédure pénale prévoit la possibilité de procéder à de tels relevés dans le seul but d'alimenter puis de consulter les fichiers de police, et ce indépendamment de toute réalisation d'examens techniques et scientifiques de comparaison avec les indices relevés au cours de l'enquête. Toutefois, il ne fait pas de doute que de tels relevés sont également réalisables dans le but de comparer une empreinte digitale à une trace trouvée sur une scène d'infraction. Dans cette hypothèse, le relevé de l'empreinte digitale ou de l'empreinte génétique s'apparente à un prélèvement externe bien que le matériel biologique prélevé soit infime voire qu'il n'y ait pas, à proprement parler, d'opération de prélèvement, au sens de « recueil d'un échantillon biologique d'un organe, d'un tissu ou d'un liquide» (définition dictionnaire Larousse).

1886 **Liste non exhaustive.** Toutefois, l'emploi de l'adverbe « notamment » conduit à considérer que d'autres relevés signalétiques sont possibles dès lors qu'ils servent à l'alimentation des fichiers de police, mais aussi et d'une manière plus générale à la manifestation de la vérité. À titre d'exemple, on peut envisager de faire l'empreinte d'un pavillon d'oreille d'une personne suspectée d'avoir participé à un cambriolage, dès lors que la trace d'une oreille aura été relevée lors des constatations sur la porte vitrée de l'habitation.

III
Régime juridique

A Cadres d'enquête

1887 Les articles 55-1, 76-2 et 154-1 du Code de procédure pénale autorisent à procéder à des prélèvements et à des relevés signalétiques dans tous les cadres d'enquête, sans que le législateur n'ait fixé de quantum de peines. Toutes les infractions sont donc éligibles aux opérations prévues à l'article 55-1.
Toutefois, le Conseil constitutionnel a assorti la déclaration de constitutionnalité de l'article 55-1 du Code de procédure pénale dans sa rédaction issue de la loi du 18 mars 2003 de la réserve d'interprétation suivante :

> « (…) en l'absence de voies d'exécution d'office du prélèvement et compte tenu de la gravité des faits susceptibles d'avoir été commis, le législateur n'a pas fixé un quantum disproportionné pour le refus de prélèvement ; qu'il appartiendra toutefois à la juridiction répressive, lors du prononcé de la peine sanctionnant ce refus, de proportionner cette dernière à celle qui pourrait être infligée pour le crime ou le délit à l'occasion duquel le prélèvement a été demandé » (Cons. const., 13 mars 2003, n° 2003-467 DC, *Loi pour la sécurité intérieure*, § 57).

Cette possibilité de procéder dans le cadre de l'enquête préliminaire et de l'instruction tant aux prélèvements externes qu'aux relevés signalétiques a été clarifiée par la loi du 24 janvier 2023. En effet, les articles 76-2 et 154-1 renvoient désormais à la notion d'opérations et plus uniquement à celle de prélèvements externes ce qui pouvait conduire à penser que les relevés signalétiques n'étaient pas autorisés dans ces deux cadres juridiques.

1888 **Recherches des causes de la mort, de blessures graves ou de personne disparue.** On notera que les articles 74, 74-1 et 80-4 du Code de procédure pénale ne renvoient pas à l'article 55-1. Cependant, rien n'interdit de procéder à des prélèvements externes sur une personne susceptible de fournir des renseignements dans le cadre d'une telle enquête, dès lors que celle-ci ne s'y oppose pas. Dans le cas contraire, il ne pourra lui être relevé l'infraction de refus de prélèvement (V. *infra*, n° 1900) puisque la personne n'a pas d'obligation pénalement sanctionnée de s'y soumettre faute de cadre juridique d'enquête l'imposant.

1889 Le cadre d'enquête autorisant le prélèvement ou le relevé signalétique, qui suppose que la personne soit à la disposition des enquêteurs, ne doit pas être confondu avec le régime juridique propre à chaque fichier de police qui autorise l'enregistrement et la conservation des traces et empreintes ainsi recueillies et qui diffère selon le cadre juridique et, souvent, le quantum de peines (V. *infra*, n°s 4366 et 4409).

B Personne concernée

1890 **Prélèvements externes.** Toujours selon l'article 55-1 du Code de procédure pénale, ces prélèvements externes peuvent concerner :
– toute personne susceptible de fournir des renseignements sur les faits en cause ;
– toute personne à l'encontre de laquelle il existe une ou plusieurs raisons plausibles de soupçonner qu'elle a commis ou tenté de commettre l'infraction.

1891 **Relevés signalétiques.** Dès lors qu'ils sont réalisés dans le seul but d'alimenter les fichiers, ils doivent répondre aux « règles propres à chacun des fichiers ». Ainsi, la prise de photos comportant des caractéristiques techniques permettant de recourir à un dispositif de reconnaissance faciale est prévue par l'article R. 40-26 du Code de procédure pénale, tant pour le suspect que pour la victime, afin d'alimenter le fichier des antécédents judiciaires (V. *infra*, n° 4184). Ce même article prévoit que d'autres photographies puissent être prises et conservées au fichier ainsi que le signalement de la personne qui correspond à sa description physique.

1892 Dans le fichier automatisé des empreintes digitales, régi par le décret n° 87-249 du 8 avril 1987 modifié, sont enregistrées les empreintes digitales et palmaires (doigts et paumes de la main) (V. *infra*, n° 4392).

1893 **Empreinte génétique.** Enfin, pour les empreintes génétiques, relevées sur une personne ou résultant de traces biologiques, elles relèvent de l'article 706-54 du Code de procédure pénale.

C Autorisation du magistrat

1 Absence d'autorisation du magistrat en flagrance

1894 L'article 55-1 du Code de procédure pénale permet à l'officier de police judiciaire de procéder ou de faire procéder à des prélèvements externes ou à des relevés signalétiques. Aussi, dans le cadre de l'enquête de flagrance, celui-ci peut décider d'initiative d'y procéder sans qu'il soit nécessaire d'obtenir au préalable l'autorisation du procureur de la République.

2 Nécessité d'une autorisation du magistrat en enquête préliminaire

1895 L'article 76-2 du Code de procédure pénale dispose que :

> « Le procureur de la République ou, sur autorisation de celui-ci, l'officier ou l'agent de police judiciaire peut faire procéder aux opérations de prélèvements externes prévues par l'article 55-1.
> Les dispositions des deuxième, troisième et dernier alinéas de l'article 55-1 sont applicables ».

Dans le cadre de l'enquête préliminaire, le magistrat du parquet doit donc autoriser les prélèvements externes et les relevés signalétiques. Cette autorisation est souvent délivrée dans le cadre de directives permanentes du parquet. À ce jour la jurisprudence prohibant l'autorisation permanente de procéder à des réquisitions au titre de l'article 77-1 du Code de procédure pénale (Cass. crim., 17 déc. 2019, n° 19-83.574) n'a pas été appliquée à l'article 76-2.

CONSEIL Que l'autorisation résulte de directives permanentes ou qu'elle soit donnée au cas par cas, il y a lieu d'en faire mention au procès-verbal dès lors que les prélèvements ou les relevés signalétiques sont réalisés dans le cadre d'une enquête préliminaire.

1896 **Instruction.** L'article 154-1 du Code de procédure pénale dispose que :

> « Pour les nécessités de l'exécution de la commission rogatoire, l'officier de police judiciaire peut faire procéder aux opérations de prélèvements externes prévues par l'article 55-1 ».

Cet article n'impose pas que l'officier de police judiciaire sollicite une autorisation du magistrat instructeur pour procéder aux opérations de prélèvements externes ou aux relevés signalétiques. La délégation que le juge d'instruction donne à l'officier de police judiciaire suffit.

D Compétence personnelle des agents

1897 Plusieurs enseignements doivent être tirés de l'article 55-1 du Code de procédure pénale :
- le recours à un médecin n'est pas forcément nécessaire puisque cet article autorise l'officier de police judiciaire à « procéder ou à faire procéder » à ces opérations ;
- l'officier de police judiciaire peut confier cette opération à une personne qui agit « sous son contrôle » ; dans ce cadre, l'article D. 15-5-1-1 du Code de procédure pénale précise que :

> « Les opérations prévues par les articles 55-1 et 706-56 peuvent être effectuées, sur instruction d'un officier de police judiciaire, par un agent de police judiciaire, ou par un agent spécialisé, technicien ou ingénieur de police technique et scientifique ».

Cet article D. 15-5-1-1 ajoute que :

> « (...) lorsque les agents de police judiciaire, les agents spécialisés, techniciens ou ingénieurs de police technique et scientifique procèdent, conformément aux instructions d'un officier de police judiciaire, aux prélèvements et au placement sous scellés des échantillons biologiques, des objets et des traces et indices utiles à la manifestation de la vérité, aux fins d'examens techniques et scientifiques, ils en dressent inventaire et en font mention dans leur rapport ».

Le cas échéant, il pourra être pertinent de faire réaliser ces prélèvements par des agents, fonctionnaires ou militaires formés à cet effet, notamment lorsque certains éléments biologiques doivent être recueillis (comme un bulbe de cheveu par exemple).

1898 On rappellera que le fait que l'agent agisse sous le contrôle de l'officier de police judiciaire n'impose pas que ce dernier soit effectivement présent au moment des opérations mais uniquement qu'il les contrôle (V. *supra*, n° 196).

1899 **Pas de nécessité de réquisition.** La loi du 24 janvier 2023 a mis fin à la nécessité de requérir les services de police et les unités de gendarmerie pour procéder à des opérations de police technique et scientifique. Afin que cette simplification soit effective, le législateur a modifié en conséquence l'article 55-1 alinéa 3 qui dispose désormais que « L'officier de police judiciaire peut également procéder, ou faire procéder sous son contrôle, aux opérations permettant l'enregistrement, la comparaison et l'identification des traces et des indices ainsi que des résultats des opérations de relevés signalétiques dans les fichiers mentionnés au deuxième alinéa, selon les règles propres à chacun de ces fichiers ».
Par cette modification, il s'agit de supprimer la nécessité de délivrer une réquisition aux services de PTS notamment pour extraire le profil génétique d'une personne et l'enregistrer dans le fichier national automatisé des empreintes génétiques (FNAEG) et ainsi simplifier les opérations de comparaison des prélèvements signalétiques avec les différents fichiers biométriques (V. *infra*, n°s 4157 et s.).

CONSEIL La mention « sous le contrôle de l'officier de police judiciaire » doit apparaître au procès-verbal rédigé par l'agent.
Ces dispositions sont également applicables au prélèvement d'ADN (CPP, art. 706-56).
En lieu et place de la réquisition adressée aux services et organismes de PTS, il semble conseillé de rédiger un PV reprenant les éléments autrefois contenus dans la réquisition et notamment la mission précise demandée.

E Emploi de la contrainte

1 Contrainte interdite par principe

1900 Le législateur ayant prévu une infraction en cas de refus de se soumettre, il semble qu'il faille en déduire que le prélèvement de force ou contraint n'est pas possible.
L'article 55-1, alinéa 3 du Code de procédure pénale incrimine « le refus, par une personne à l'encontre de laquelle il existe une ou plusieurs raisons plausibles de soupçonner qu'elle a commis ou tenté de commettre une infraction, de se soumettre aux opérations de prélèvement, mentionnées aux premier et deuxième alinéas ordonnées par l'officier de police judiciaire… » (un an d'emprisonnement et 15 000 € d'amende) tandis que l'article 706-56 du même code incrimine spécifiquement le refus de se soumettre à un prélèvement ADN (V. *infra*, n° 4353).

1901 **Infraction et contrôle de proportionnalité.** S'agissant de l'infraction de refus de se soumettre, la chambre criminelle juge que la juridiction peut, dans le cadre de l'exercice de son contrôle de proportionnalité, constater une disproportion entre les faits reprochés aux prévenus et l'atteinte au respect de leur vie privée résultant de l'enregistrement de leur empreinte génétique au FNAEG et ainsi décider de relaxer les prévenus du chef de refus de soumettre à un prélèvement ADN (Cass. crim., 22 sept. 2021, n° 20-80.489).

1902 Matériel biologique s'étant détaché du corps. Nous renvoyons sur ce point *infra*, n° 4352.

2 Contrainte autorisée par exception

1903 La loi du 24 janvier 2022 a ajouté un nouvel alinéa à l'article 55-1 du Code de procédure pénale qui permet de procéder à des opérations de relevés signalétiques sous la contrainte, à l'exclusion des prélèvements externes. Le texte impose que plusieurs conditions soient réunies au préalable.

a) Conditions préalables

1904 Trois conditions cumulatives doivent être réunies :
– la prise d'empreintes digitales ou palmaires ou d'une photographie constitue l'unique moyen d'identifier une personne ;
– cette personne doit être une personne suspecte entendue dans le cadre d'une audition libre ou d'une mesure de garde à vue pour un crime ou un délit puni d'au moins trois ans d'emprisonnement ;
– cette personne doit refuser de justifier de son identité ou fournit des éléments d'identité manifestement inexacts.

b) Autorisation du magistrat

1905 Si les conditions préalables sont réunies, c'est le procureur de la République dans le cadre d'une enquête de flagrance ou préliminaire, ou le juge d'instruction dans le cadre d'une information judiciaire (CPP, art. 154-1, dernier al.) qui autorise la réalisation de cette opération sans le consentement de la personne.

Cette autorisation délivrée par le magistrat est écrite et s'appuie sur une demande motivée de l'officier de police judiciaire au regard des conditions énoncées *supra*.

1906 **Mise en œuvre de la contrainte.** L'article 55-1 du Code de procédure pénale précise que « l'officier de police judiciaire ou, sous son contrôle, un agent de police judiciaire recourt à la contrainte dans la mesure strictement nécessaire et de manière proportionnée. Il tient compte, s'il y a lieu, de la vulnérabilité de la personne ».

1907 La DACG précise que l'emploi de la contrainte « paraît ainsi devoir être proscrite à l'encontre de personnes souffrant d'un handicap physique ou psychique, ou dont le discernement apparaît altéré » et que « l'usage de la contrainte pour relever les empreintes digitales doit être évité face à une personne très récalcitrante ou manifestant une résistance physique importante dans la mesure où le recueil de l'empreinte des cinq doigts et des deux paumes des mains serait en tout état de cause impossible à réaliser dans des conditions satisfaisantes ».

1908 **Interdiction du recours à la contrainte lors d'une audition libre et présence de l'avocat.** Par une décision du 10 février 2023 (Cons., const., n° 2022-1034 QPC), le Conseil constitutionnel a jugé que :
– d'une part, « les opérations de prise d'empreintes digitales ou palmaires ou de photographies sans le consentement de la personne, qu'elle soit mineure ou majeure, ne sauraient, sans priver de garanties légales les exigences constitutionnelles précitées, être effectuées hors la présence de son avocat, des représentants légaux ou de l'adulte approprié » ;
– d'autre part, que « les dispositions contestées permettent de recourir à la contrainte dans le cadre du régime de l'audition libre alors que le respect des droits de la défense dans ce cadre exige que la personne intéressée soit entendue sans contrainte et en droit de quitter à tout moment les locaux où elle est entendue. Dès lors, les mots « 61-1 ou » figurant au quatrième alinéa de l'article 55-1 du Code de procédure pénale méconnaissent les exigences constitutionnelles précitées et les dispositions de l'article L. 413-17 du Code de la justice pénale des mineurs ne sauraient être interprétées comme s'appliquant aux mineurs entendus sous le régime de l'audition libre ».
En conséquence, la décision de recourir à la contrainte ne peut être décidée par le magistrat à l'égard d'une personne auditionnée librement, qu'elle soit mineure ou majeure (V. *infra*, n° 1914).
Et dans le cas où le recours à la contrainte est décidée, à l'occasion de la mesure de garde à vue, la personne majeure doit lors être assistée de son avocat pendant les opérations de signalisation.

1909 **Rédaction d'un procès-verbal spécifique.** Les opérations doivent faire l'objet d'un procès-verbal mentionnant les raisons pour lesquelles elles constituent l'unique moyen d'identifier la personne ainsi que le jour et l'heure auxquels il y est procédé.
Copie du procès-verbal doit être remise à l'intéressé et le procès-verbal doit être transmis au magistrat en charge de l'affaire (CPP, art. 55-1 et 154-1). Il devra également faire mention de la présence de l'avocat.

3 Cas particulier du mineur

1910 Le relevé signalétique sous contrainte pour le mineur est prévu aux articles L. 413-16 et L. 413-17 du Code de la justice pénale des mineurs. Les conditions préalables sont les mêmes que celles prévues à l'article 55-1 du Code de procédure pénale :
– le mineur doit être entendu « en application des articles L. 412-1 et L. 413-6 du présent code », c'est-à-dire en audition libre ou en garde à vue ;
– cette opération constitue l'unique moyen d'identifier le mineur qui refuse de justifier de son identité ou qui fournit des éléments d'identité manifestement inexacts ;
– le mineur apparaît manifestement âgé d'au moins treize ans ;
– l'infraction dont il est soupçonné constitue un crime ou un délit puni d'au moins cinq ans d'emprisonnement.

1911 L'article L. 413-16 du Code de la justice pénale des mineurs précise que l'officier ou l'agent de police judiciaire qui envisage de procéder ou de faire procéder à un relevé signalétique doit :
– s'efforcer d'obtenir le consentement de ce mineur ;
– informer le mineur, en présence de son avocat, des peines prévues au troisième alinéa de l'article 55-1 du Code de procédure pénale s'il refuse de se soumettre à cette opération ;
– informer le mineur, en présence de son avocat que, sous certaines conditions, l'officier de police judiciaire pourra procéder à ce relevé sous la contrainte.

1912 **Mise en œuvre de la contrainte à l'égard du mineur.** En cas d'échec du recueil de ce consentement, l'article L. 413-17 du Code de la justice pénale des mineurs dispose en outre que l'avocat du mineur ainsi que, sauf impossibilité qu'il conviendrait alors de faire acter en procédure, ses représentants légaux ou, à défaut, l'adulte approprié mentionné à l'article L. 311-1 du même code, doivent être informés de l'opération de prise d'empreintes digitales, palmaires ou de photographies sans consentement, avant la réalisation de celle-ci. La DACG recommande que l'officier de police judiciaire ou l'agent de police judiciaire acte en procédure l'ensemble des démarches ci-dessus énoncées pour justifier qu'elles ont été effectivement réalisées.

1913 **Autorisation du magistrat.** Comme pour le majeur, cette opération doit être autorisée par écrit par le magistrat mandant (V. *supra*, n° 1905).

1914 **Présence de l'avocat, des représentants légaux ou de l'adulte approprié et interdiction du recours à la contrainte lors de l'audition libre.** Suite à la déclaration d'inconstitutionnalité d'une partie de l'article 55-1 du Code de procédure pénale (V. *supra*, n° 1908), le recours à la contrainte à l'égard du mineur devra se faire en présence de son avocat, de son représentant légal ou de l'adulte approprié. L'avocat étant d'ores et déjà présent pour d'autres motifs, il reviendra cependant aux enquêteurs de veiller à la présence du représentant légal ou de l'adulte approprié.
Enfin, et comme pour les personnes majeures, le recours à la contrainte n'est pas autorisé si le mineur est auditionné librement.

1915 **Rédaction d'un procès-verbal.** L'opération fait l'objet d'un procès-verbal, qui mentionne les raisons pour lesquelles elle constitue l'unique moyen d'identifier la personne ainsi que le jour et l'heure auxquels il y est procédé. Le procès-verbal est transmis au magistrat en charge du dossier, copie en ayant été remise à l'intéressé ainsi qu'aux représentants légaux ou à l'adulte approprié (CJPM, art. L. 413-17).

1916 **Refus de se soumettre au relevé signalétique.** Selon la circulaire de la DACG, tant pour le majeur que pour le mineur, « la mise en œuvre des dispositions présentées [recours au relevé signalétique sans consentement] n'est pas exclusive de la possibilité d'engager des poursuites du chef de refus de se soumettre aux opérations de relevés signalétiques intégrés dans un fichier de police ».

IV Prélèvements spécifiques

A Vérification d'identité

1917 Le relevé des empreintes digitales dans le cadre d'une procédure de vérification d'identité ne peut avoir lieu que sur autorisation du procureur de la République ou du juge d'instruction (CPP, art. 78-3 al. 4). Les dispositions de l'article 55-1 et notamment celles relatives à la contrainte ne sont pas applicables dans le cadre d'un contrôle d'identité car, selon les travaux préparatoires, cela aurait été « contraire aux principes régissant les libertés publiques » (Assemblée nationale, Étude d'impact de la loi du 24 janvier 2022, NOR : JUSX2116059L/Bleue-1, p. 157).

B Dépistage de l'imprégnation alcoolique

1918 L'article L. 3354-1 du Code de la santé publique dispose que :

> « Les officiers ou agents de la police judiciaire doivent, lors de la constatation d'un crime, d'un délit ou d'un accident de la circulation, faire procéder, sur la personne de l'auteur présumé, aux vérifications prévues au I de l'article L. 234-1 du code de la route et à l'article L. 4274-14 du code des transports destinées à établir la preuve de la présence d'alcool dans son organisme lorsqu'il semble que le crime, le délit ou l'accident a été commis ou causé sous l'empire d'un état alcoolique. Ces vérifications sont obligatoires dans tous les cas de crimes, délits ou accidents suivis de mort. Dans tous les cas où elles peuvent être utiles, elles sont également effectuées sur la victime ».

Ce dépistage s'effectue à l'aide d'un éthylomètre ou par le biais d'une analyse sanguine.

> **CONSEIL** En tout état de cause, indépendamment de tout indice laissant présumer que la personne suspecte a agi sous l'empire d'un état alcoolique, il est recommandé de la faire *a minima* « souffler dans l'éthylotest ».

C Dépistage de consommation de stupéfiants

1919 L'article L. 235-2 du Code de la route permet aux enquêteurs de faire procéder à un dépistage de consommation de produits stupéfiants sur

un conducteur dès lors qu'il existe des raisons plausibles de soupçonner qu'il a fait usage de tels produits.
Comme pour le dépistage d'alcoolémie, il est prévu que « si les épreuves de dépistage se révèlent positives ou lorsque le conducteur refuse ou est dans l'impossibilité de les subir, les officiers ou agents de police judiciaire font procéder à des vérifications consistant en des analyses ou examens médicaux, cliniques et biologiques, (...) ».

D Emploi de la contrainte

1920 Par un arrêt du 31 mars 2020 (Cass. crim., 31 mars 2020, n° 19-85.756), la chambre criminelle a jugé qu'aux fins de preuve de la prise de produits stupéfiants, l'officier de police judiciaire pouvait, sur instructions du ministère public, requérir un médecin de procéder à une prise de sang forcée sur un suspect dans le cadre d'une enquête de flagrance. Selon la chambre criminelle, « l'article 8 de la Conv. EDH n'interdit pas, en soi, le recours à une intervention médicale sans le consentement d'un suspect en vue de l'obtention de la preuve de sa participation à une infraction dans toutes ses circonstances ».
Pour un auteur, « cette indifférence au consentement marque un recul évident du principe de l'inviolabilité du corps humain, de plus en plus menacé en procédure pénale ».
Ainsi, en l'état des textes et de la jurisprudence, il est possible de faire prélever le sang d'un suspect de force par un médecin, alors qu'il n'est pas possible que l'officier de police judiciaire lui prélève un cheveu de force.

L'ESSENTIEL 1921 Les prélèvements externes et les relevés signalétiques sont des actes d'enquête à part entière même s'ils n'ont d'intérêt qu'en raison des analyses et des comparaisons auxquelles ils donneront lieu.

1922 **Définition du prélèvement externe.** Les prélèvements externes consistent en des prélèvements n'impliquant aucune intervention corporelle interne et ne comportant aucun procédé douloureux. Il ne peut donc s'agir d'une prise de sang, sauf cas particulier (V. *supra*, nos 1878 et 1920).
Il peut en revanche consister en un prélèvement d'empreintes digitales, ou en un prélèvement de matériel biologique, grâce à l'utilisation d'un écouvillon buccal, en vue d'effectuer une analyse d'empreinte génétique. De plus, tout prélèvement externe est possible dès lors qu'il vise à permettre la réalisation d'examens techniques et scientifiques de comparaison avec les traces et indices prélevés pour les nécessités de l'enquête (V. *supra*, nos 1880 et s.).

1923 **Définition du relevé signalétique.** Il correspond notamment aux prises d'empreintes digitales et palmaires et aux photographies (V. *supra*, nos 1883 et s.).

1924 **Cadres d'enquête.** Le Code de procédure pénale autorise de procéder à des prélèvements et à des relevés signalétiques dans tous les cadres d'enquête, sans que le législateur n'ait fixé de quantum de peines. Toutes les infractions sont donc éligibles aux opérations prévues à l'article 55-1.
S'agissant des enquêtes pour recherche des causes de la mort, de blessures graves ou de personne disparue, ces prélèvements externes et relevés signalétiques nous semblent possibles dès lors que la personne ne s'y oppose pas (V. *supra*, n° 1888).

1925 Personnes concernées. Il s'agit de :
– toute personne susceptible de fournir des renseignements sur les faits en cause ;
– toute personne à l'encontre de laquelle il existe une ou plusieurs raisons plausibles de soupçonner qu'elle a commis ou tenté de commettre l'infraction (V. *supra*, nos 1890 et s.).

1926 **Autorisation du magistrat.** Dans le cadre de l'enquête de flagrance, il n'est pas nécessaire de recueillir l'autorisation. Quant à l'enquête préliminaire, le Code de procédure pénale prévoit expressément l'autorisation du magistrat pour procéder à ces actes. Pour l'instruction, cette autorisation n'est pas prévue par la loi mais semble découler des principes généraux encadrant ce cadre d'enquête et de la délivrance de la commission rogatoire générale adressée aux enquêteurs (V. *supra*, nos 1894 et s.).

1927 **Agents compétents.** L'officier de police judiciaire, ou l'agent de police judiciaire agissant sous son contrôle, peut procéder à ces prélèvements et relevés. Toutefois, ces opérations peuvent aussi être effectuées, sur instruction d'un officier de police judiciaire, par un agent de police judiciaire, ou par un agent spécialisé, technicien ou ingénieur de police technique et scientifique (V. *supra*, n° 1897).

1928 **Emploi de la contrainte.** Par principe, il n'est pas possible de recourir à la contrainte, au sens de recours à la force physique, pour procéder à des prélèvements ou à des relevés, mais l'enquêteur peut, notamment dans l'hypothèse d'une recherche de trace génétique, recourir à du matériel biologique qui se serait détaché du corps (V. *supra*, n° 1902).

1929 Toutefois, il est possible de recourir à la contrainte pour procéder aux seules opérations de relevés signalétiques, à l'exclusion des prélèvements externes. Trois conditions cumulatives doivent être réunies :
– la prise d'empreintes digitales ou palmaires ou d'une photographie constitue l'unique moyen d'identifier une personne ;
– cette personne doit être une personne suspecte entendue dans le cadre d'une audition libre ou d'une mesure de garde à vue pour un crime ou un délit puni d'au moins trois ans d'emprisonnement ;
– cette personne doit refuser de justifier de son identité ou fournit des éléments d'identité manifestement inexacts.
Si les conditions préalables sont réunies, le procureur de la République dans le cadre d'une enquête de flagrance ou préliminaire, ou le juge d'instruction dans le cadre d'une information judiciaire, peut autoriser que cette opération soit effectuée sans le consentement de la personne. Cette autorisation délivrée par le magistrat est écrite et s'appuie sur une demande motivée de l'officier de police judiciaire. Un procès-verbal spécifique est dressé à l'issue des opérations (V. *supra*, n°s 1902 et s.).
La chambre criminelle a cependant jugé que l'officier de police judiciaire pouvait, sur instructions du ministère public, requérir un médecin de procéder à une prise de sang forcée sur un suspect dans le cadre d'une enquête de flagrance (V. *supra*, n° 1903).

1930 **Cas du mineur.** S'agissant du mineur, les conditions sont plus strictes. Le mineur doit :
– faire l'objet d'une audition libre ou d'une retenue ;
– apparaître manifestement âgé d'au moins treize ans.
Outre les conditions communes avec le majeur, l'officier ou l'agent de police judiciaire doit :
– s'efforcer d'obtenir le consentement de ce mineur ;
– informer le mineur, en présence de son avocat, des peines prévues au troisième alinéa de l'article 55-1 du Code de procédure pénale s'il refuse de se soumettre à cette opération ;
– informer le mineur, en présence de son avocat que, sous certaines conditions, l'officier de police judiciaire pourra procéder à ce relevé sous la contrainte.
Naturellement, une telle action nécessite l'autorisation du magistrat chargé de l'enquête (V. *supra*, n°s 1910 et s.).

1931 **Vérification d'identité.** En ce qui concerne la prise d'empreintes digitales, leur relevé ne peut être effectué que conformément aux dispositions du quatrième alinéa de l'article 78-3, à savoir sur autorisation du procureur de la République ou du juge d'instruction. Le relevé contraint n'est pas autorisé (V. *supra*, n° 1917).

1932 **Dépistage de l'imprégnation alcoolique.** Ce dépistage s'effectue à l'aide d'un éthylomètre ou par le biais d'une analyse sanguine (V. *supra*, n° 1918).

1933 **Dépistage de consommation de stupéfiants.** L'article L. 235-2 du Code de la route permet aux enquêteurs de faire procéder à un dépistage de consommation de produits stupéfiants sur un conducteur dès lors qu'il existe des raisons plausibles de soupçonner qu'il a fait usage de tels produits.

POUR ALLER PLUS LOIN...

Revue

• P. Collet, *L'admission nouvelle d'un prélèvement sanguin coercitif en enquête de flagrance :* *Gaz. Pal.* 16 juin 2020, n° 22, p. 24.

Circulaires

• Circ. DACG, 31 juill. 2003, de présentation des dispositions de procédure pénale de la loi n° 2003-239 du 18 mars 2003 pour la sécurité intérieure (JUSD0330126C).
• Circ. 28 mars 2022 de présentation des dispositions résultant de la loi n° 2022-52 du 24 janvier 2022 relative à la responsabilité pénale et à la sécurité intérieure permettant le recours à des relevés signalétiques contraints et le maintien en détention d'un prévenu en dépit d'une erreur sur sa majorité ou sa minorité (JUSD2209905C), p. 3 et s.
• Le « DACG FOCUS, La police technique et scientifique », janvier 2023

Fiche 47

Perquisitions – Visites domiciliaires

Sommaire

Introduction

1934 Avec la garde à vue, la perquisition est un des actes d'investigation essentiels de l'enquête judiciaire en ce qu'elle permet la découverte d'éléments matériels utiles à la manifestation de la vérité. Cet acte d'enquête, parce qu'il porte atteinte à l'inviolabilité du domicile, a toujours fait l'objet d'une attention particulière du législateur. Ainsi, la Constitution de 1789 disposait qu'« aucun agent de la force publique ne peut entrer dans la maison d'un citoyen, si ce n'est pour l'exécution des mandements de police et de justice, ou dans les cas formellement prévus par la loi » (Const. 1789,

Titre IV, art. 9, *in* G. Roussel, *La perquisition : de la recherche de preuves à la recherche d'unité : AJ pénal* 2016, 236).

Si les articles 56 et suivants du Code de procédure pénale ont connu des réformes, en nombre raisonnable, c'est surtout la jurisprudence qui donne à la perquisition une certaine élasticité juridique, et ce afin de répondre aux nombreuses évolutions technologiques.

La perquisition est associée à la saisie qui en constitue en quelque sorte la concrétisation « positive ». Si le succès d'une perquisition se traduit nécessairement par la réalisation de saisie et de placement sous scellés subséquents, toute saisie – et placement sous scellé – ne procède pas nécessairement d'une perquisition. Aussi, une fiche dédiée aux saisies, qu'elles procèdent ou non d'une perquisition, figure dans cet ouvrage, à laquelle nous renvoyons (V. *infra*, nos 2116 et s.).

Aux côtés de la perquisition probatoire qui vise à la manifestation de la vérité, existe depuis la loi n° 2010-768 du 9 juillet 2010, une perquisition qui peut aussi être effectuée en vue de la recherche de biens afin de garantir une peine de confiscation. Toutefois, c'est bien la perquisition probatoire, visant à la recherche d'éléments de preuve, qui occupe principalement les enquêteurs. La principale difficulté de cet acte d'enquête tient à la délimitation de son champ d'application, car le domicile n'est pas le seul lieu qui peut être perquisitionné. La jurisprudence admet des perquisitions domiciliaires mais aussi non domiciliaires, des visites qui trouvent leur place dans d'autres codes que le Code de procédure pénale mais aussi des fouilles. Pour l'enquêteur, il peut exister des hésitations sur la nature de l'acte d'enquête à utiliser lorsqu'il s'agit par exemple de rechercher des éléments dans un téléphone portable, ou dans un hangar professionnel.

1935 **Les hésitations sémantiques.** Si le Code de procédure pénale, dans ses articles 56 et suivants et 94 et suivants fait référence aux perquisitions, l'article 76 utilise l'expression « perquisitions, visites domiciliaires ». Les vocables « visite » et « fouille » sont utilisés par le Code de procédure pénale aux articles 78-2 et suivants, lorsqu'il s'agit de véhicules, de bagages ou encore de locaux professionnels. Il en va de même dans le Code de la sécurité intérieure (CSI, art. L. 229-1 et s.), dans le Code des douanes (C. douanes, art. 64) ou dans le Livre des procédures fiscales (LPF, art. L. 16 B), qui recourent au mot « visite » pour qualifier des actes d'enquête qui, dans le Code de procédure pénale, correspondent à la perquisition. En somme, le mot « visite » semble être utilisé pour désigner un acte qui est une perquisition de nature non judiciaire. Tel est le sens des décisions du Conseil constitutionnel qui veille à ce que les mêmes garanties soient accordées à ces « visites » et aux perquisitions (Cons. const., 30 juill. 2010, n° 2010-19/27 QPC).

Du côté de la doctrine, on pourra lire notamment que la notion de visite est réservée aux véhicules, tandis que celle de fouille s'applique davantage aux personnes – fouilles corporelles –, et que, « *grosso modo*, elles sont en principe assimilées à des perquisitions, mais essentiellement en ce qu'elles requièrent le consentement de la personne en enquête préliminaire ». Dans le *Répertoire Dalloz* relatif aux contrôles d'identité, on peut lire sous le chapeau « Visite des véhicules » que ce régime s'applique aux « visites, inspections et fouilles ».

Enfin, on trouvera la notion de perquisition « non domiciliaire » dans les notes sous l'article 56 du Code de procédure pénale, au titre desquelles figurent la fouille de véhicule et les fouilles corporelles.

Ces hésitations sémantiques résultent sans aucun doute de ce que la perquisition autrefois adossée au seul domicile recouvre aujourd'hui un acte d'enquête au champ d'application bien plus vaste et qui dépasse le seul domicile et même le seul lieu privé.

I

Champ d'application de la perquisition

1936 Le Code de procédure pénale encadre les perquisitions aux articles 56 et suivants, 76 et suivants et 99 et suivants sans jamais en donner une définition. C'est donc la jurisprudence et la doctrine qui l'ont construite. La perquisition se définit tant par sa nature que par le lieu où elle s'exerce.

A La nature de l'acte de perquisition

1937 La chambre criminelle définit avec constance la perquisition comme un acte d'investigation judiciaire qui « implique la recherche, à l'intérieur d'un lieu normalement clos, notamment au domicile d'un particulier, d'indices permettant d'établir l'existence d'une infraction ou d'en déterminer l'auteur » (Cass. crim., 29 mars 1994, n° 93-84.995), tout en indiquant que la perquisition est une « fouille ». En d'autres termes, une recherche active qui permet de la distinguer d'autres actes d'enquêtes.

1 Une fouille, une recherche active d'éléments de preuve

1938 Une jurisprudence étoffée rappelle la distinction fondée sur ce critère de « fouille » qui caractérise l'acte de perquisition.
Ainsi, dans une espèce où les policiers, invités à entrer dans les lieux par le mari, n'ont procédé à aucune fouille et qu'ils se sont bornés, en accord avec celui-ci, à effectuer un passage dans l'étude d'avoué et le garage y donnant accès, où ils ont constaté l'absence de traces de sang, la chambre criminelle a écarté l'argumentation de la requérante qui soutenait que les constatations effectuées au domicile conjugal par l'officier de police judiciaire ayant dressé un procès-verbal de transport s'analysaient comme une perquisition effectuée en méconnaissance des dispositions des articles 56-1 et 56-3 du Code de procédure pénale et a approuvé l'arrêt attaqué en considérant que les diligences avaient été accomplies dans le strict cadre de l'article 54 du Code de procédure pénale » et « que les opérations critiquées ne constitu[ai]ent pas une perquisition au sens des articles 56 et suivants du Code de procédure pénale » (Cass. crim., 14 sept. 2004, n° 04-83.754).

1939 De même, la chambre criminelle a jugé que ne relevait pas d'une perquisition la constatation, par les gendarmes depuis l'extérieur, de la présence d'objets volés dans un garage dont la porte leur avait été ouverte (Cass. crim., 29 mars 1994, n° 93-84.995). Ainsi que déjà relevé, un auteur indique que « les constatations ne doivent pas être confondues avec les perquisitions et des fouilles dont le régime juridique est différent : dans le premier cas, l'officier de police judiciaire est dans une situation de récepteur ("il touche avec les yeux"), dans le second il est beaucoup plus actif ("il touche avec les mains") ». La chambre criminelle a jugé également que ne constituait pas une perquisition la remise volontaire d'un objet, en l'espèce un dossier, qui se trouvait dans un cabinet médical (Cass. crim., 20 sept. 1995, n° 95-81.140. – Cass. crim., 17 oct. 2006, n° 06-80.306) ou encore que les opérations critiquées ne constituaient pas une perquisition au sens de l'article 56 du Code de procédure pénale, les objets ayant été volontairement remis par leur détenteur, les saisies et placements sous scellés ayant été régulièrement accomplis au regard de l'article 97 du Code de procédure pénale (Cass. crim., 12 févr. 2008, n° 07-87.753 ; dans le même sens, Cass. crim., 18 sept. 2012, n° 11-82.146. – Cass. crim., 18 oct. 2006, n° 06-85.823).

2 Les actes qui ne sont pas des perquisitions

1940 La jurisprudence de la chambre criminelle a dû parfois préciser les contours de la perquisition en la distinguant d'autres actes d'enquête avec lesquels elle ne doit pas être confondue.

1941 **Perquisition et constatations.** Tout d'abord, la perquisition se distingue des constatations prévues à l'article 54 du Code de procédure pénale. Un arrêt du 5 octobre 2016 de la chambre criminelle indique que les enquêteurs « n'ont procédé, sur ledit véhicule volé en stationnement dans le parking, qu'à de simples constatations visuelles, lesquelles, n'entrant pas dans les prévisions de l'article 76 du Code de procédure pénale, ne sont pas assimilables à une perquisition » (Cass. crim., 5 oct. 2016, n° 16-81.843). Il s'agit là d'une jurisprudence constante (Cass. crim., 2 oct. 2013, n° 12-87.976. – Cass. crim., 23 oct. 2013, n° 13-82.762. – Cass. crim., 23 janv. 2013, n° 12-85.059 et Cass. crim., 7 mai 2019, n° 18-85.596) déjà évoquée dans la fiche dédiée au transport – constatations (V. *supra*, n° 1783). Néanmoins, les constatations, en ce qu'elles conduisent parfois à s'introduire dans des locaux d'habitation ou des lieux privés clos, sont soumises à la protection afférente à l'inviolabilité du domicile entendue dans son acception la plus large. Mais, dès lors qu'elles sont moins intrusives que la perquisition, elles voient leurs garanties limitées à l'autorisation légale d'accéder pour les enquêteurs aux lieux où ils diligentent ces opérations.

1942 En conséquence, les constatations peuvent être réalisées à toute heure, sans la présence de l'occupant et aucun lieu ne reçoit de protection particulière, même les cabinets d'avocat, de médecin, les entreprises de presse ou encore les lieux où s'exerce le secret de la défense nationale (CPP, art. 54 qui ne renvoie pas aux articles 56 et suivants du même code). Dans son arrêt du 14 septembre 2004, déjà évoqué (V. *supra*, n° 1938), la chambre criminelle juge que l'entrée des enquêteurs dans le domicile du mari, avocat, avec son accord et le passage dans l'étude d'avoué où exerçait son épouse et le garage y donnant accès, dans lesquels ils n'ont procédé à aucune fouille et seulement regardé s'il y avait ou non des traces de sang, ne constituent pas une perquisition au sens des articles 56 et suivants du Code de procédure pénale mais seulement des constatations (Cass. crim., 14 sept. 2004, n° 04-83.754).

1943 **Perquisition et remise volontaire.** Dans la mesure où la remise volontaire par un tiers, y compris en recourant à la réquisition (Cass. crim., 5 janv. 1995, n° 93-85.607. – Cass. crim., 20 sept. 1995, n° 95-81.140. – Cass. crim., 22 mai 2002, n° 01-86.184. – Cass. crim., 12 févr. 2008, n° 07-87.753. – Cass. crim., 18 sept. 2012, n° 11-82.146), ne procède pas d'une recherche active ou d'une fouille de la part des enquêteurs, la chambre criminelle juge que cet acte d'investigation n'est pas une perquisition.

1944 **Perquisition et mesures de sécurité.** La chambre criminelle a jugé que le fait que, sur réquisition du responsable d'un ensemble immobilier, des agents de police judiciaire aient procédé à l'ouverture de la porte d'un appartement illicitement occupé dont la serrure avait été changée et qu'après la tentative de fuite d'un des occupants avec un sac contenant de la résine de cannabis, ils aient appréhendé « en raison du rassemblement au pied de l'immeuble de nombreux amis de l'auteur, sur instruction d'un officier de police judiciaire », aux fins de remise à celui-ci, un certain nombre de pièces à conviction, et notamment 3 493 kg de résine de cannabis, transportées dans les locaux du commissariat de police où elles ont été placées sous scellés, ne constitue pas une perquisition soumise aux règles de l'article 76 du Code de procédure pénale (Cass. crim., 23 juill. 2008, n° 08-81.832).

1945 **Perquisitions et captation d'images et sonorisation.** Les textes précisent que l'introduction dans un lieu privé ou dans un lieu d'habitation aux fins d'y installer soit un moyen de géolocalisation en temps réel (CPP, art. 230-34), soit un système de captation d'images et/ou de sonorisation (CPP, art. 706-96-1) ne peut avoir d'autre fin que la mise en place du dispositif technique. À nouveau et comme pour les constatations, cette introduction est soumise aux règles relatives à l'inviolabilité du domicile. Qu'il s'agisse d'un véhicule, d'un lieu privé ou d'un local d'habitation, le Code de procédure pénale prévoit ici qu'une telle introduction ne puisse se faire que sous le contrôle d'un magistrat du siège, en la personne du juge d'instruction ou du juge des libertés et de la détention. Ce dernier est d'ailleurs le seul pouvant donner l'autorisation lorsqu'il s'agit de s'introduire dans un local d'habitation en dehors des heures légales. L'autorisation est rendue nécessaire en l'absence de l'occupant, dans la mesure où ce pouvoir d'enquête vise précisément à être réalisé à son insu. La perquisition étant une recherche active, une fouille, il reste alors à définir où elle se déroule. Si l'article 59 du Code de procédure pénale renvoie à la notion de domicile, la perquisition est un acte d'enquête qui va en réalité bien au-delà, au point qu'il est possible se demander si ce critère de domicile est, à la lecture de la jurisprudence actuelle de la chambre criminelle, encore pertinent.

B Le lieu de la perquisition

1946 La jurisprudence a constamment étendu la notion de domicile qui est le lieu où se déroule le plus souvent la perquisition tout en assimilant régulièrement certains actes d'investigation à des perquisitions.

1 La perquisition domiciliaire : du domicile au lieu privé

a) Le domicile et la jurisprudence de la chambre criminelle

1947 Comme indiqué précédemment, la perquisition « implique la recherche, à l'intérieur d'un lieu normalement clos, notamment au domicile d'un particulier, d'indices permettant d'établir l'existence d'une infraction ou d'en déterminer l'auteur » (Cass. crim., 29 mars 1994, n° 93-84.995, préc.). Par cette définition, la chambre criminelle distingue la perquisition du domicile de celle effectuée dans un lieu normalement clos, autrement dit un lieu privé. Cette distinction résulte d'une évolution de la jurisprudence qui sanctuarisait autrefois le seul domicile. En effet, la perquisition a toujours été, historiquement, soumise à la garantie de l'inviolabilité du domicile, comme en atteste par exemple le droit révolutionnaire qui prévoyait que « la maison de toute personne habitant le territoire français est un asile inviolable » (Constitution de la République française du 22 frimaire an VIII, art. 76).

1948 Désormais, en matière de perquisition, la conception traditionnelle du domicile est élargie et s'étend au lieu clos. La jurisprudence a fait du domicile une notion autonome en droit pénal, qui a été définie par un arrêt du 13 octobre 1982. La chambre criminelle est venue préciser que « le terme domicile ne désigne pas seulement le lieu où une personne a son principal établissement, mais encore le lieu, qu'elle y habite ou non, où elle a le droit de se dire chez elle, quels que soient le titre juridique de son occupation et l'affectation donnée aux locaux » (Cass. crim., 13 oct. 1982, n° 81-92.708). Pour la doctrine et la chambre criminelle, il est préférable de retenir la notion de lieu clos.

1949 Dans leur *Traité de procédure pénale*, M. Desportes et Mme Lazerges-Cousquer indiquent que « compte tenu de la coïncidence entre le champ d'application de la mesure d'investigation et celui de l'incrimination, il convient de se reporter à la jurisprudence élaborée pour l'application de cette dernière afin de cerner les notions de "lieu privé" ». Ainsi, reprenant cette jurisprudence de la chambre criminelle relative à l'article 226-1 du Code pénal au sujet de la violation de la vie privée, on formulera deux observations :
– la définition du lieu privé, tout comme celle du domicile, relève essentiellement de la casuistique ainsi que le démontrent les différentes jurisprudences adossées à l'article 226-1 du Code pénal qui sont celles rendues par les juges du fond ;
– de manière assez unanime, la définition du lieu privé semble être « un endroit qui n'est ouvert à personne sauf autorisation de celui qui l'occupe d'une manière permanente ou temporaire » (Cass. crim., 28 nov. 2006, n° 06-81.200) ou encore, mais de manière plus confidentielle, le lieu « où une personne est fondée à se croire à l'abri des regards d'autrui »(Paris, 5 févr. 1979 : *JCP* G 1980, II, 19343 : « Un bateau revêt le caractère d'un lieu privé lorsque, ne se trouvant plus à proximité d'une plage ou d'un port, mais au large, toute personne à bord, si aucune embarcation n'évolue dans le voisinage, est fondée à se croire à l'abri des regards d'autrui » et Paris, 2 nov. 2000 : *Dr. pén.* 2001, 42).

1950 **Exemples de domicile.** La chambre criminelle a ainsi jugé que devaient être considérés comme des domiciles : un poulailler (Cass. crim., 19 juin 1957 : *Bull. crim.* n° 507), un parc à ferraille (Cass. crim., 15 oct. 1974, n° 74-90.335 : *Bull. crim.* n° 292), une chambre d'hôtel (Cass. crim., 15 nov. 2017, n° 17-82.401. – Cass. crim., 7 sept. 2021, n° 21-80.642), un bateau aménagé (Cass. crim., 20 nov. 1984, n° 84-91.829 : *Bull. crim.* n° 355), un bureau (Cass. crim., 30 mai 1996, n° 95-85.954 : *Bull. crim.* n° 226), une résidence annexe (Cass. crim., 1er févr. 1988, n° 86-95.678 : *Bull. crim.* n° 47), une caravane ou une tente (C. urb., art. R. 443-16 et C. tourisme, art. R. 331-11) et les locaux professionnels (Cass. crim., 24 juin 1997, n° 87-82.333. – Cass. crim., 13 oct. 1998, n° 98-82.522. – Cass. crim., 30 mai 1996, n° 95-85.954) qui bénéficient souvent du régime de la perquisition en raison de lois spéciales.

1951 **Exemples de lieux qui ne sont pas des domiciles.** Cette définition de domicile a cependant des limites et la chambre criminelle exclut de celle-ci les lieux inhabitables (Cass. crim., 6 mai 2002, n° 01-85.565, cas d'une hutte qui n'était, au moment des faits ni raccordée au réseau électrique ni desservie en eau courante et Cass. crim., 23 mars 2021, n° 20-83.493 s'agissant d'un hangar), les lieux non clos (Cass. crim., 26 sept. 1990, n° 89-86.600 [cour d'immeuble délimitée par un portail ouvert en permanence]. – Cass. crim., 9 janv. 1992, n° 90-87.381 [terrain non clôturé]) ou encore qui, bien que clos et habitables, ne peuvent faire l'objet d'une jouissance privée, comme un appartement détruit par les flammes (Cass. crim., 31 mai 1994, n° 94-81.199 : *Bull. crim.* n° 213 et Cass. crim., 17 oct. 1995, n° 95-81.847 : *Bull. crim.* n° 310), une cellule de prison (Cass. crim., 18 oct. 1989, n° 89-80.462 et CPP, art. D. 269), le vestiaire d'une caserne de pompier (Cass. crim., 17 mai 1993, n° 90-85.991), le hall d'un hôtel (Cass. crim., 6 avr. 1993, n° 93-80.600), un coffre bancaire (Cass. crim., 14 oct. 1969, n° 69-90.775 : *Bull. crim.* n° 248) ou une consigne de gare (Cass. crim., 12 oct. 1993, n° 93-83.490).

1952 Mais les critères ne sont pas très nets et il semble que la jurisprudence de la chambre criminelle, sous l'influence de la Cour européenne des droits de l'homme, entende désormais comme domicile pouvant faire l'objet d'une perquisition, tout lieu privé.

b) Le domicile et Cour européenne des droits de l'homme

1953 La Cour européenne des droits de l'homme garantit le droit à la protection du domicile (CEDH, 8 mars 2022, n° 53069/15, *Sabani c/ Belgique*) qu'elle définit largement en y assimilant les locaux professionnels, c'est-à-dire des lieux privés selon la jurisprudence de la chambre criminelle. Dans son arrêt *Société Colas c/ France* (CEDH, 16 avr. 2002, n° 37971/97), la Cour européenne juge « qu'au sens de sa jurisprudence, le terme "domicile" a une connotation plus large que le mot "home" (figurant dans le texte anglais de l'article 8) et peut englober par exemple le bureau ou le cabinet d'un membre d'une profession libérale (*Niemietz* préc., p. 34, § 30) ». Dans son arrêt *Fédération nationale des associations et des syndicats sportifs (FNASS) et autres c/ France*, elle rappelle également que « tout comme la "vie privée", la notion de "domicile" figurant à l'article 8 de la Convention est un concept autonome, qui ne dépend pas des qualifications du droit interne, mais est défini en fonction des circonstances factuelles, notamment par l'existence de liens suffisants et continus avec un lieu

déterminé (n° 58255/00, *Prokopovitch c/ Russie*, § 36, CEDH 2004-XI [extraits]). Le domicile est normalement le lieu, l'espace physiquement déterminé où se développe la vie privée et familiale » (CEDH, 18 janv. 2018, *FNASS et a. c/ France*).
Enfin, elle rappelle que « la notion de domicile n'est pas limitée aux lieux d'habitation où se déroule la vie privée. Elle comprend le domicile professionnel car interpréter les mots "vie privée" et "domicile" comme incluant certains locaux ou activités professionnels ou commerciaux répond à l'objet et au but essentiels de l'article 8 : prémunir l'individu contre des ingérences arbitraires des pouvoirs publics » (CEDH, 16 déc. 1992, *Niemietz c/ Allemagne*, § 31, série A, n° 251-B).

1954 **Les limites de la jurisprudence européenne.** La Cour européenne des droits de l'homme juge que la notion de domicile ne doit pas être indéfiniment étendue bien qu'elle puisse donner l'impression contraire en jugeant qu'elle peut s'appliquer à des locaux commerciaux. Elle a en particulier considéré, dans le prolongement de son interprétation dynamique de la Convention, que le droit d'une société au respect de son siège social, de ses agences et de ses autres locaux professionnels peut relever de l'article 8 de la Convention (V. CEDH, 16 déc. 1992, *Niemietz c/ Allemagne*, § 30, série A, n° 251-B. – CEDH, 30 mars 1989, *Chappell c/ Royaume-Uni*, § 26 et 63, série A, n° 152-A ; et n° 37971/97, *Sté Colas Est et a. c/ France*, § 41, CEDH 2002-III). Toutefois, « cette conception extensive du "domicile" et cette interprétation évolutive de l'article 8 doivent trouver des limites, sauf à heurter le bon sens et à dénaturer totalement l'intention des rédacteurs de la Convention ». À cet égard, la Cour a jugé qu'une exploitation agricole spécialisée dans l'élevage porcin et abritant plusieurs centaines de porcs pouvait difficilement être qualifiée de « domicile », fût-il professionnel (V. CEDH, 6 sept. 2005, n°s 63512/00 et 63513/00, *Leveau et Fillon c/ France* [déc.]. – CEDH, 2 juin 2008, n° 72118/01, *Khamidov c/ Russie*).

1955 Les jurisprudences de la chambre criminelle et de la Cour européenne des droits de l'homme ne sont pas parfaitement symétriques en ce qu'un lieu privé au sens du droit interne peut être exclu de la notion de domicile tel que défini par la Cour européenne. Il faut noter que la définition de domicile telle que l'entend la Cour européenne sert de fondement à l'application de l'article 8 de la Convention, alors que la notion de lieu privé sert à définir l'objet de la perquisition en droit interne.

1956 Or, tous les actes d'enquête qui portent atteinte à la vie privée ne sont pas aussi attentatoires qu'une perquisition. Ainsi la chambre criminelle a-t-elle jugé dans une affaire où les gendarmes avaient pris des photographies de l'intérieur des locaux d'une société, en l'espèce un hangar et une aire extérieure, conformément aux articles L. 541-44 et L. 541-45 du Code de l'environnement, que « ce hangar qui abritait des camions et un regard d'évacuation, était bien à usage professionnel, sans qu'il ne soit allégué ni établi qu'il était pourvu des équipements nécessaires à une habitation effective. Il ne pouvait en conséquence bénéficier de la protection du domicile garantie par les dispositions de l'article 8 de la Convention européenne des droits de l'homme » (Cass. crim., 23 mars 2021, n° 20-83.493). Il en aurait sans doute été différemment si les enquêteurs avaient procédé à une recherche active dans ces locaux.

1957 Toutefois, aux côtés de la perquisition domiciliaire qui porte, il est vrai, mal son nom, se sont développées des perquisitions « par assimilation » dites non domiciliaires.

2 La perquisition non domiciliaire : du lieu privé à l'objet privé

a) L'assimilation légale au sein du Code de procédure pénale

1958 **Messages stockés sur serveur informatique.** La chambre criminelle a jugé que ne relevaient pas du régime des interceptions de correspondances émises par la voie des communications électroniques « l'appréhension, l'enregistrement et la transcription de correspondances émises ou reçues par la voie des télécommunications antérieurement à la date de la décision écrite d'interception prise par le juge d'instruction, lesquels doivent être réalisés conformément aux dispositions légales relatives aux perquisitions » (Cass. crim., 8 juill. 2015, n° 14-88.457). Depuis, le législateur a instauré une procédure autonome permettant l'accès à ces messages qui ne relève ni de la perquisition, ni de l'interception de correspondances. Elle est régie par les articles 706-95-1 et 706-95-2 du Code de procédure pénale.

1959 **Perquisition informatique.** Les articles 57-1, 76-3 et 97-1 du Code de procédure pénale autorisent les enquêteurs, lorsqu'ils procèdent à une perquisition, à « accéder par un système informatique implanté sur les lieux où se déroule la perquisition à des données intéressant l'enquête en cours et stockées dans ledit système ou dans un autre système informatique, dès lors que ces données sont accessibles à partir du système initial ou disponibles pour le système initial ».

L'alinéa 2 dispose, quant à lui, que les enquêteurs peuvent « dans les conditions de perquisition prévues au présent code, accéder par un système informatique implanté dans les locaux d'un service ou d'une unité de police ou de gendarmerie à des données intéressant l'enquête en cours et stockées dans un autre système informatique, si ces données sont accessibles à partir du système initial ». Cette incise dans l'article 57-1 confirme un arrêt de la chambre criminelle qui a retenu que « l'exploitation par les officiers de police judiciaire de données informatiques présentes sur un site Internet, à partir de leur propre matériel et au moyen du code personnel de l'utilisateur découvert à l'occasion d'une perquisition opérée au domicile de l'intéressé avec l'autorisation du juge des libertés et de la détention, constitue une simple investigation n'exigeant pas une nouvelle décision de ce magistrat » (Cass. crim., 6 nov. 2013, n° 12-87.130, publié au bulletin).
Sur la distinction entre l'accès par un système informatique implanté sur les lieux où se déroule la perquisition à des données stockées dans ledit système et celui par un système informatique implanté sur les lieux où se déroule la perquisition à des données stockées dans un autre système informatique, nous renvoyons au n° 2173.

1960 Cet article 57-1 du Code de procédure pénale permet donc d'accéder, lors d'une perquisition, et sans qu'il soit nécessaire d'obtenir une seconde autorisation du magistrat lorsque cette opération se déroule lors d'une enquête préliminaire, à :
– un système informatique qui se trouve dans les lieux mêmes – comme l'ordinateur familial par exemple – ;
– un lieu de stockage « extérieur » aux lieux de la perquisition domiciliaire – comme un *cloud* par exemple, à partir de ce système informatique.
Dans cette hypothèse, la chambre criminelle juge que « la mise en œuvre des dispositions de l'article 32 de la Convention du 23 novembre 2001, aux termes desquelles une Partie peut, sans l'autorisation d'une autre Partie, accéder à des données informatiques stockées situées dans un autre État si elle obtient le consentement légal et volontaire de la personne légalement autorisée à les divulguer, suppose qu'ait été recueillie la preuve du stockage des données sur le territoire de cet État » (*ibid.*).

1961 **Fouille ou visite de véhicule (V. *supra*, n°s 583 et s.).** La chambre criminelle considère que lorsqu'un véhicule est réservé à l'usage de transport, il n'est pas assimilable à un domicile et les règles protectrices applicables en matière de perquisition de domicile prévues aux articles 56 et 76 du Code de procédure pénale ne sont pas applicables (Cass. crim., 8 nov. 1979, n° 78-92.914). Selon la même logique, les articles 78-2-2 et 78-2-3, par renvoi, prévoient que ce n'est que lorsque les véhicules sont spécialement aménagés à usage d'habitation et effectivement utilisés comme résidence que leur visite ne peut être faite que conformément aux dispositions relatives aux perquisitions et visites domiciliaires. Ces règles n'épuisent cependant pas le sujet, ce qui fait dire à des auteurs que « malgré le caractère très sensible de la question, les solutions jurisprudentielles applicables aux visites de véhicules demeurent incertaines et les solutions légales incomplètes ».

1962 Si la chambre criminelle indique, depuis l'arrêt du 8 novembre 1979 précité, que la visite d'un véhicule, qui en l'espèce consistait en l'ouverture du coffre, ne constitue pas une perquisition domiciliaire, il nous semble désormais possible de soutenir que, à la lecture de la jurisprudence actuelle de la chambre criminelle (V. *infra*, n° 1964), toute fouille de véhicule qui intervient en dehors d'un des cadres juridiques prévus aux articles 78-2, 78-2-2 et 78-2-3 du Code de procédure pénale devra bénéficier du régime de la perquisition. Seule la question de l'application de l'article 59 demeure ; nous renvoyons aux développements *infra* (V. *infra*, n° 1977).
Dit autrement, soit la fouille du véhicule intervient à l'occasion de contrôle d'identité ou dans le cadre de réquisition délivrée par le parquet, et dans ce cas, ce sont les règles prévues aux articles 78-2 et suivants qui s'appliquent, soit la fouille du véhicule intervient dans le cadre d'une enquête judiciaire, et ce sont les règles de la perquisition qui s'appliquent. Il revient ici à l'enquêteur de déterminer le lieu où est stationné le véhicule pour en déduire le régime juridique applicable : un local d'habitation, un lieu privé ou la voie publique. Ainsi, le véhicule stationné sur la voie publique pourra faire l'objet d'une perquisition sans respect des horaires légaux, sauf si celui-ci est assimilable à un domicile (caravane) (V. *infra*, n° 1997).

1963 Pour la chambre criminelle, la « visite » de véhicule doit consister en une recherche active dans celui-ci, faute de quoi les dispositions précédentes ne trouvent pas à s'appliquer (Cass. crim., 13 oct. 2020, n° 20-80.010).

b) L'assimilation prétorienne

1964 Force est de constater que la chambre criminelle a parfois étendu les règles protectrices de la perquisition à des actes d'enquête que le Code de procédure pénale n'a pas encadrés ou à la catégorisation encore incertaine, mais qui sont à l'évidence attentatoires aux libertés individuelles. Les exemples en sont nombreux.

1965 **Fouille corporelle.** De longue date (Cass. crim., 21 juill. 1982, n° 82-91.034), la chambre criminelle assimile la fouille corporelle à une perquisition (V. *infra*, n° 3168 et CPP, art. 63-7). De même, elle a assimilé à une perquisition la fouille d'un visiteur au sein d'un établissement pénitentiaire (Cass. crim., 6 janv. 2010, n° 08-87.337). Mais elle exclut de ce régime les simples palpations de sécurité (Cass. crim., 13 janv. 2021, n° 20-80.588. – Cass. crim., 10 déc. 2019, n° 17-83.577. – Cass. crim., 1er mars 2006, n° 05-87.252).

1966 **Objets personnels.** Les objets bénéficiant du régime protecteur de la perquisition sont aussi nombreux que variés. La chambre criminelle assimile à une perquisition la fouille d'un portefeuille par des agents de l'administration des douanes (Cass. crim., 15 oct. 1984, n° 83-93.689) pour y saisir un document, ou encore la fouille d'une sacoche (Cass. crim., 23 mars 2016, n° 14-87.370) ou d'un bagage (Cass. crim., 5 oct. 2011, n° 11-81.125. – V. *supra*, n° 530). Plus récemment encore, elle a assimilé la recherche d'éléments dans un téléphone portable à une perquisition (Cass. crim., 12 janv. 2021, n° 20-84.045).

3 Domicile et lieu privé, critères dépassés ?

1967 La jurisprudence de la chambre criminelle en matière de perquisition laisse une impression de flou assez déroutante pour le praticien. Si la doctrine s'accorde depuis longtemps pour substituer à la notion de domicile celle de lieu clos ou encore lieu privé, force est de constater que le législateur lui a emboîté le pas puisque l'expression « lieu privé » est désormais utilisée pour d'autres pouvoirs d'enquête que la perquisition (à titre d'exemple, CPP, art. 230-34) (V. *infra*, nos 3945 et s.).

1968 Sous l'influence de la Cour européenne des droits de l'homme et de l'article 8 de la Convention, notamment depuis 2002 et son arrêt *Colas c/ France*, il semble que le critère du lieu privé ait laissé sa place à un concept plus large puisque, désormais, certains objets bénéficient de la protection du régime de la perquisition. Aussi, il nous semble possible de soutenir que toute atteinte à la vie privée, au sens de l'article 8 de la Convention, quel que soit son support (lieu, objet y compris virtuel), et qui consiste en une fouille ou une recherche active semble désormais devoir bénéficier du régime de la perquisition. Cependant, la distinction entre ce qui relève du domicile ou du local d'habitation semble devoir conserver sa pertinence, car, comme nous le détaillerons ci-après, elle peut avoir son importance lorsqu'il s'agit des heures légales de perquisitions prévues à l'article 59 du Code de procédure pénale.

II Conditions de mise en œuvre de droit commun de la perquisition

1969 Les conditions de mise en œuvre de la perquisition tiennent à sa nécessité, aux horaires et à la présence de l'occupant.

A Nécessité de la perquisition

1970 Il résulte des articles 56, 76 et 94 du Code de procédure pénale, bien qu'ils ne soient pas rédigés dans les mêmes termes, que la perquisition doit être justifiée soit par la recherche de papiers, documents, objets ou de données utiles à la manifestation de la vérité, soit par la confiscation – et donc la saisie préalable – de biens prévue à l'article 131-21 du Code pénal. La doctrine enseigne que la perquisition doit être en lien direct avec l'infraction objet de l'enquête et qu'elle obéit, dès lors, à des exigences de nécessité et de proportionnalité eu égard notamment à la gravité de l'infraction en cause. D'autres auteurs ajoutent que ces dispositions visent à éviter, d'une part, que la perquisition ne se déroule dans des lieux « où rien ne permet de supposer l'existence de tels objets ou données » et, d'autre part, à prévenir tout détournement de procédure (Cass. crim., 15 févr. 2000, n° 99-86.623).

1971 La chambre criminelle précise que « selon l'article 56 du Code de procédure pénale, en cas de constatation d'un délit flagrant, l'officier de police judiciaire peut procéder à une perquisition non seulement chez toute personne qui paraît avoir participé à l'infraction mais aussi chez celle qui paraît détenir des pièces ou objets relatifs aux faits incriminés sans qu'il soit nécessaire qu'une infraction flagrante soit caractérisée à son égard » (Cass. crim., 27 janv. 1987, n° 86-93.278). Une perquisition peut donc parfaitement se dérouler chez une personne qui n'est pas mise en cause, dès lors qu'il est probable que, à la lumière des éléments en possession des enquêteurs, puissent être découverts chez elle des éléments susceptibles d'être utiles à la manifestation de la vérité.

1972 **Quanta légaux autorisant la perquisition.** Les opérations de perquisition sont possibles :
– dans le cadre de l'enquête de flagrance, c'est-à-dire lorsqu'il s'agit d'un crime ou un délit puni d'une peine d'emprisonnement (CPP, art. 67) ;
– dans le cadre de l'enquête préliminaire, pour toutes infractions, dès lors qu'elle se déroule avec l'assentiment de la personne chez qui elle a lieu ou pour une infraction punie d'une peine de 3 ans d'emprisonnement au moins, lorsqu'elle s'effectue avec l'autorisation du juge des libertés et de la détention (CPP, art. 76).
De plus, des perquisitions peuvent être également réalisées à l'occasion des enquêtes pour recherches des causes de la mort ou de blessures graves, de personne disparue ou de personne en fuite (V. *supra*, n°s 1074 et s., 1155 et s, 1200 et s.).

1973 **Contrôle de la nécessité.** Certains auteurs estiment que cette exigence de nécessité est « de peu de portée ». Toutefois, ce contrôle de la nécessité de la perquisition est exercé par le magistrat du parquet sur le fondement de l'article 39-3 du Code de procédure pénale. En effet, il n'est pas rare que, bien que le code ne l'exige pas, les enquêteurs informent le magistrat de la perquisition à venir et que ce dernier soit ainsi mis en mesure d'exercer un contrôle de nécessité. Il en va de même du juge d'instruction ; les enquêteurs qui exécutent la délégation du juge d'instruction l'informent le plus souvent, en application de l'article D. 34 du Code de procédure pénale, de ce qu'ils envisagent de procéder à une perquisition. Dans le cas particulier de l'enquête de flagrance, la chambre criminelle juge que le contrôle *a posteriori* du magistrat du parquet, tel qu'organisé au cours de cette enquête, est « un régime protecteur des libertés conçu conformément aux articles 4 et 5 de la Déclaration des droits de l'homme de 1789 ainsi qu'à l'article 66 de la Constitution » (Cass. crim., 24 mai 2016, n° 16-90.007 QPC).
L'article 56, alinéa 1er du Code de procédure pénale semble, en matière de violences conjugales, avoir tranché la question de la nécessité en prévoyant, dans sa rédaction issue de la loi n° 2020-936 du 30 juillet 2020 visant à protéger les victimes de ces violences, que « lorsque l'enquête porte sur des infractions de violences, l'officier de police judiciaire peut, d'office ou sur instructions du procureur de la République, procéder à la saisie des armes qui sont détenues par la personne suspectée ou dont celle-ci a la libre disposition, quel que soit le lieu où se trouvent ces armes ».

1974 **Contrôle de la proportionnalité.** Il nous semble que le législateur a pris en compte la proportionnalité entre l'atteinte que la perquisition porte aux droits fondamentaux et la gravité de l'infraction, en fixant dans certains cas un seuil minimum d'emprisonnement sanctionnant l'infraction pour laquelle la perquisition est possible (CPP, art. 76). En outre, quand la perquisition est autorisée par le juge des libertés et de la détention, ou lorsqu'elle est réalisée dans le cadre des articles 706-89 et suivants, le magistrat qui délivre cette autorisation doit motiver sa décision. La chambre criminelle contrôle la qualité de cette motivation (V. *infra*, n°s 2008 et s.).

1975 **La jurisprudence de la Cour européenne des droits de l'homme.** Dans son arrêt *Modestou c/ Grèce*, la Cour rappelle « avoir toujours jugé que les États contractants pouvaient estimer nécessaire de recourir à des mesures telles que des perquisitions et des saisies pour établir la preuve matérielle de certaines infractions. Il lui revient alors de contrôler le caractère pertinent et suffisant des motifs invoqués pour justifier pareilles mesures, ainsi que le respect du principe de proportionnalité. En ce qui concerne ce dernier point, la Cour doit d'abord veiller à ce que la législation et la pratique pertinentes apportent aux individus des garanties adéquates et effectives contre les abus. (…) La Cour rappelle également que figure parmi ces garanties l'existence d'un "contrôle efficace" des mesures attentatoires à l'article 8 de la Convention (*Lambert c/ France*, 24 août 1998, § 34, Recueil des arrêts et décisions 1998-V) » (CEDH, 16 mars 2017, n° 51693/13, *Modestou c/ Grèce*).

1976 **Mention au procès-verbal.** L'enquêteur n'a pas l'obligation de justifier les raisons qui le conduisent à réaliser une perquisition, d'autant plus lorsqu'elle est réalisée sur instruction ou sur autorisation du magistrat. En cas de contestation de la nécessité de la perquisition, dans le cadre d'une requête en nullité ou de l'article 802-2 du Code de procédure pénale, il reviendra à la juridiction d'apprécier cette nécessité au regard des éléments de la procédure. Cependant rien n'interdit non plus à l'enquêteur d'expliquer au procès-verbal les raisons qui le conduisent à procéder à cet acte.

B Horaires de la perquisition

1977 Si la notion de domicile semble avoir perdu de l'intérêt lorsqu'il s'agit de définir l'acte de perquisition, elle demeure cruciale pour la mise en œuvre de l'article 59 du Code de procédure pénale qui dispose que « sauf réclamation faite de l'intérieur de la maison ou exceptions prévues par la loi, les perquisitions et les visites domiciliaires ne peuvent être commencées avant 6 heures et après 21 heures ». En conséquence, la distinction entre perquisition domiciliaire et non domiciliaire présente un intérêt en ce qu'elle conditionne l'application ou non de cet article 59.

1 Perquisition entre 6 heures et 21 heures

1978 L'article 59 du Code de procédure pénale interdit les perquisitions de nuit en raison du principe d'inviolabilité du domicile. Le créneau horaire fixé par l'article 59 du Code de procédure pénale ne concerne pas le temps de la perquisition mais le moment de l'introduction dans le domicile. En effet, débutée entre 6 heures et 21 heures, la perquisition peut se poursuivre sans restriction d'horaires. Les cas sont rares, mais une perquisition débutée entre 6 heures et 21 heures pourrait ainsi se poursuivre pendant 24 heures ou plus, sans qu'il y ait lieu d'y mettre fin, à chaque fois entre 21 heures et 6 heures. Lorsque la perquisition nécessite un assentiment exprès, ce dernier doit intervenir entre 6 heures et 21 heures. Aussi, il est conseillé d'horodater cet assentiment surtout lorsqu'on approche de la fin des heures légales de perquisition.

1979 **Dérogation volontaire aux heures légales.** Tant la chambre criminelle (Cass. crim., 3 juin 1991, n° 90-81.435) que la doctrine estiment que, dès lors que les enquêteurs ne se trouvent pas dans une situation dérogatoire prévue par la loi, ils ne peuvent s'affranchir des heures légales de perquisition même avec l'accord de l'occupant des lieux. La méconnaissance de ces heures légales constitue une cause de nullité d'ordre public et aucun grief n'est donc nécessaire pour prononcer la nullité.

Cependant, il ne paraîtrait pas iconoclaste de retenir que la perquisition peut se faire hors des heures légales si les enquêteurs sont entrés régulièrement dans le lieu privé. Il ne fait pas de doute que des enquêteurs entrés dans un lieu privé avant 21 heures peuvent poursuivre une perquisition au-delà de cet horaire. Dès lors, pourquoi ne pas admettre, s'ils entrent de nuit, de façon régulière dans un lieu privé pour y avoir été appelés par les pompiers sur une découverte de cadavre ou un meurtre, qu'ils puissent effectuer une perquisition alors qu'ils peuvent déjà procéder aux constatations dans ce lieu, l'article 54 du Code de procédure pénale ne faisant aucune référence aux horaires. Toutefois, cette vision n'a jamais été, pour l'heure, consacrée par la jurisprudence. Il est donc recommandé, dans cette hypothèse, de faire les constatations de nuit, de placer les scellés sur le lieu privé et de n'y revenir qu'à partir de six heures pour procéder à la perquisition.

2 Perquisitions nocturnes

1980 L'article 59 du Code de procédure pénale prévoit deux catégories de perquisitions nocturnes.

a) La réclamation faite de l'intérieur

1981 Cette exception prévue expressément à l'article 59 du Code de procédure pénale est une reprise de la formule de l'article 76 de la Constitution du 22 frimaire an VIII. À bien y regarder, elle ne consiste pas uniquement en une demande d'intervention des forces de l'ordre mais recouvre tout appel à l'aide depuis l'intérieur d'un domicile autorisant les forces de l'ordre à intervenir en dehors des heures légales. Il faut noter que la « réclamation faite de l'intérieur » ne consiste pas, en première intention, à demander qu'il soit procédé à une perquisition mais plus généralement en une demande de porter secours. L'autorisation légale d'entrée dans le domicile doit, selon la chambre criminelle, être accordée par l'occupant des lieux (Cass. crim., 12 janv. 1988, n° 86-96.756).

b) Les perquisitions nocturnes stricto sensu

1982 Les perquisitions nocturnes sont autorisées par des articles spécifiques du Code de procédure pénale et concernent des infractions d'une particulière gravité et/ou qui se déroulent essentiellement la nuit.

1983 **Le trafic de stupéfiants.** L'article 706-28, alinéa 1er du Code de procédure pénale dispose que « pour la recherche et la constatation des infractions visées à l'article 706-26, les visites, perquisitions et saisies prévues par l'article 59 peuvent être opérées en dehors des heures prévues par cet article à l'intérieur des locaux où l'on use en société de stupéfiants ou dans lesquels sont fabriqués, transformés ou entreposés illicitement des stupéfiants lorsqu'il ne s'agit pas de locaux d'habitation ». La perquisition nocturne est limitée aux infractions listées à l'article 706-26 du Code de procédure pénale et n'est pas autorisée dans les locaux d'habitation.

1984 **Le proxénétisme.** L'article 706-35, alinéa 1er du Code de procédure pénale dispose que « pour la recherche et la constatation des infractions visées à l'article 706-34, les visites, perquisitions et saisies prévues par l'article 59 peuvent être opérées à toute heure du jour et de la nuit, à l'intérieur de tout hôtel, maison meublée, pension, débit de boissons, club, cercle, dancing, lieu de spectacle et leurs annexes et en tout autre lieu ouvert au public ou utilisé par le public lorsqu'il est constaté que des personnes se livrant à la prostitution y sont reçues habituellement ». À la différence de l'article 706-28, cet article n'exclut pas les locaux d'habitation. Mais il limite la possibilité de perquisitionner aux seules recherches d'infractions prévues aux articles 225-5 à 225-12-4 du Code pénal.

c) Délinquance et criminalité organisées

1985 Les articles 706-89 à 706-92 du Code de procédure pénale organisent les perquisitions nocturnes selon des règles qui diffèrent en fonction du cadre juridique de l'enquête. Le point commun est, d'une part, la nécessaire autorisation d'un magistrat (V. *infra*, n° 1994) et, d'autre part, l'infraction objet de l'enquête qui doit relever des articles 706-73 et 706-73-1 du même code.

1) En flagrance

1986 Selon l'article 706-89 du Code de procédure pénale, « le juge des libertés et de la détention du tribunal judiciaire peut, à la requête du procureur de la République, autoriser que les perquisitions, visites domiciliaires et saisies de pièces à conviction soient opérées en dehors des heures prévues par l'article 59 ». La perquisition peut donc se dérouler dans un local d'habitation.

2) En enquête préliminaire

1987 Selon l'article 706-90 du Code de procédure pénale, « le juge des libertés et de la détention du tribunal judiciaire peut, à la requête du procureur de la République, décider que les perquisitions, visites domiciliaires et saisies de pièces à conviction pourront être effectuées en dehors des heures prévues à l'article 59, lorsque ces opérations ne concernent pas des locaux d'habitation ». Les locaux d'habitation ne peuvent donc faire l'objet d'une perquisition de nuit sauf, selon l'alinéa 2 de cet article, « en cas d'urgence et pour les enquêtes préliminaires concernant une ou plusieurs infractions mentionnées au 11° de l'article 706-73 [terrorisme], ces opérations peuvent toutefois concerner des locaux d'habitation en dehors des heures prévues à l'article 59 lorsque leur réalisation est nécessaire afin de prévenir un risque d'atteinte à la vie ou à l'intégrité physique ».

3) Dans le cadre d'une instruction

1988 Selon l'article 706-91 du Code de procédure pénale, à l'instar de l'enquête préliminaire, les locaux d'habitation sont exclus du champ d'application de cet article sauf la possibilité pour le juge d'instruction, en cas d'urgence, d'autoriser les officiers de police judiciaire à procéder à ces opérations dans les locaux d'habitation :

« 1° Lorsqu'il s'agit d'un crime ou d'un délit flagrant ;
2° Lorsqu'il existe un risque immédiat de disparition des preuves ou des indices matériels ;
3° Lorsqu'il existe une ou plusieurs raisons plausibles de soupçonner qu'une ou plusieurs personnes se trouvant dans les locaux où la perquisition doit avoir lieu sont en train de commettre des crimes ou des délits entrant dans le champ d'application des articles 706-73 et 706-73-1 ;
4° Lorsque leur réalisation, dans le cadre d'une information relative à une ou plusieurs infractions mentionnées au 11° de l'article 706-73, est nécessaire afin de prévenir un risque d'atteinte à la vie ou à l'intégrité physique ».

3 Cas particuliers

1989 **Trafic de stupéfiants.** Les articles 706-26 et 706-28 du Code de procédure pénale ne permettent de procéder à des perquisitions nocturnes que dans des locaux autres que d'habitation lorsque l'enquête ou l'instruction porte sur les infractions de trafic de stupéfiants prévues aux articles 222-34 à 222-40 du Code pénal ou sur l'association de malfaiteurs prévue à l'article 450-1 du même code. Ces infractions relèvent également de la criminalité organisée étant visées aux 3° et 15° de l'article 706-73 du même code. Comme telles, elles permettent de procéder, sur autorisation judiciaire, à des perquisitions nocturnes dans les conditions des articles 706-89 à 706-91 qui n'obéissent pas exactement aux mêmes conditions que celles prévues par l'article 706-28.

1990 Il s'ensuit qu'au cours d'une enquête préliminaire, une perquisition nocturne ne peut pas être faite dans un local d'habitation que ce soit en application de l'article 706-28 ou de l'article 706-90 du Code de procédure pénale.
En revanche, au cours d'une enquête de flagrance, s'il ne peut pas être procédé à une perquisition nocturne dans un local d'habitation en application

de l'article 706-28, il est possible d'en faire une en application de l'article 706-89.
Lorsqu'une information est ouverte, l'article 706-28 ne permet pas de perquisitionner nuitamment dans un local d'habitation, alors que l'article 706-91 le permet à condition qu'il y ait urgence et qu'il s'agisse d'un crime ou un délit flagrant (1°) ou qu'il existe un risque immédiat de disparition des preuves ou des indices matériels (2°) ou qu'il existe une ou plusieurs raisons plausibles de soupçonner qu'une ou plusieurs personnes se trouvant dans les locaux où la perquisition doit avoir lieu sont en train de commettre des crimes ou des délits relevant de la criminalité ou de la délinquance organisées (3°). La détention de stupéfiants étant un délit continu il y a fort à parier que la condition prévue au 3° sera toujours caractérisée.

Trafic de stupéfiants			
Possibilité de procéder à une perquisition nocturne			
	Préliminaire	Flagrance	Commission rogatoire
Dans un local d'habitation.	NON	OUI en vertu de 706-89 sur autorisation JLD.	OUI sur autorisation du JI en cas d'urgence et aux conditions spécifiques prévues par 706-91.
Dans un local autre.	OUI en vertu de 706-28 si assentiment et de 706-90 sur autorisation du JLD.	OUI en vertu de 706-28 (sans intervention d'un magistrat) et de 706-89 sur autorisation du JLD.	OUI en vertu de 706-28 (sans autre autorisation du JI que celle résultant de la CR) et 706-91 (sur autorisation du JI).

1991 Le maintien dans le Code de procédure pénale de l'article 706-28 plus restrictif (exclusion des locaux d'habitation) peut s'expliquer par le fait qu'il permet aux enquêteurs d'agir plus rapidement car ils n'auront pas besoin d'obtenir une autorisation judiciaire.

1992 **Proxénétisme.** Les règles concernant les perquisitions nocturnes relèvent également de plusieurs dispositions. L'article 706-35 du Code de procédure pénale autorise les perquisitions nocturnes à l'intérieur de « tout hôtel, maison meublée, pension, débit de boissons, club, cercle, dancing, lieu de spectacle et leurs annexes et en tout autre lieu ouvert au public ou utilisé par le public lorsqu'il est constaté que des personnes se livrant à la prostitution y sont reçues habituellement » pour toutes les infractions de proxénétisme, de recours à la prostitution ainsi que d'association de malfaiteurs en vue de ces infractions, alors que les articles 706-89 et 706-91 permettent de perquisitionner nuitamment, sur autorisation judiciaire, un local d'habitation dans les mêmes conditions qu'en matière de stupéfiants mais seulement pour les infractions de proxénétisme les plus graves, le proxénétisme « simple » et le recours à la prostitution étant exclus de la liste des infractions autorisant ces dernières perquisitions.

1993 La coexistence dans le Code de procédure pénale de ces différentes dispositions s'explique par le fait que le local d'habitation est protégé par l'exigence d'une autorisation judiciaire et que les nécessités de l'enquête judiciaire justifient que l'entrée dans les lieux où se déroule le plus souvent la prostitution ne soit pas soumise à l'obligation d'obtenir une autorisation préalable.

1994 **Formalisme de l'autorisation du magistrat, juge des libertés et de la détention ou juge d'instruction.** L'article 706-92 du Code de procédure pénale exige que l'autorisation du magistrat fasse l'objet d'une ordonnance écrite « précisant la qualification de l'infraction dont la preuve est recherchée ainsi que l'adresse des lieux dans lesquels les visites, perquisitions et saisies peuvent être faites » et qui soit « motivée par référence aux éléments de fait et de droit justifiant que ces opérations sont nécessaires et qu'elles ne peuvent être réalisées pendant les heures prévues à l'article 59 ».

1995 **Quel juge des libertés et de la détention ?** Selon l'article 706-92 du Code de procédure pénale, en enquête de flagrance ou préliminaire, le juge des libertés et de la détention compétent est celui du tribunal judiciaire dont le procureur de la République dirige l'enquête, quelle que soit la juridiction dans le ressort de laquelle la perquisition doit avoir lieu, mais « le procureur de la République peut également saisir le juge des libertés et de la détention du tribunal judiciaire dans le ressort duquel la perquisition doit avoir lieu, par l'intermédiaire du procureur de la République de cette juridiction ». En tout état de cause, il semble opportun d'informer le procureur territorialement compétent lorsque la perquisition a lieu sur un ressort différent de celui du magistrat l'autorisant.

1996 **Urgence.** Si les perquisitions sont réalisées sous le sceau de l'urgence dans des locaux d'habitation, en enquête de flagrance pour des infractions de terrorisme, ou dans le cadre d'une instruction pour des infractions flagrantes relevant de la criminalité organisée, le magistrat doit en outre motiver son ordonnance au regard de ces conditions listées à l'article 706-90 et aux 1° à 4° de l'article 706-91.
Une autorisation verbale donnée par le juge, même suivie, après la réalisation de l'acte, de la formalisation d'une ordonnance écrite et motivée est nulle et cette irrégularité fait nécessairement grief (Cass. crim., 13 sept. 2022, n° 21-87.452, publié au bulletin).
Le juge d'instruction qui autorise une perquisition de nuit dans un local d'habitation peut délivrer son ordonnance à l'avance. La situation d'urgence s'appréciant au moment où la perquisition est réalisée, il est nécessaire, dans ce cas, que le magistrat contrôle, au moment de la perquisition, la persistance de l'urgence. Ce contrôle peut résulter d'un échange, même oral, entre l'enquêteur et le juge, lequel devra être acté en procédure (Cass. crim., 15 nov. 2022, n° 21-87.295, publié au bulletin).

1997 **Contrôle de la perquisition nocturne.** Le magistrat qui autorise ces perquisitions est « informé dans les meilleurs délais par le procureur de la République ou l'officier de police judiciaire des actes accomplis en application des articles 706-89 à 706-91 ».

4 Perquisitions non domiciliaires

1998 **Exclusion de l'article 59 du Code de procédure pénale.** L'article 59 du Code de procédure pénale qui définit les horaires légaux d'entrée dans les lieux n'est pas applicable à toutes les perquisitions. Toutefois, en raison d'une jurisprudence extensive, tant en ce qui concerne la notion de domicile, que celle de perquisition elle-même (V. *supra*, n°s 1947 et s.), il nous semble nécessaire de distinguer préalablement selon que la perquisition concerne ou non un domicile ou plus exactement un lieu privé, ce qui conditionnera les horaires de perquisition.

1999 **Domicile, lieu privé et local d'habitation.** On ne peut que regretter que la clarification de ces notions n'ait pas été faite par le législateur. Le domicile est-il l'addition des notions de lieu privé et de local d'habitation ? Il apparaît que le local d'habitation bénéficie d'une « surprotection » du législateur qui encadre plus strictement les perquisitions qui s'y déroulent de nuit (V. *supra*, n°s 1980 et s.). De même, s'agissant des sonorisations et des captations d'image, le législateur protège davantage le local d'habitation en exigeant que, lorsque ces actes d'enquête ont lieu en dehors des heures légales, ils soient autorisés par un juge des libertés et de la détention (CPP, art. 706-96-1). Ce même raisonnement prévaut lorsqu'une géolocalisation impose de s'introduire dans un local d'habitation (CPP, art. 230-34). Reste à définir le local d'habitation, qui ne peut l'être que strictement. Il semble que l'on puisse ici faire référence à la notion d'habitabilité parfois reprise par la chambre criminelle mais qui ne l'a utilisée que pour faire application de l'article 56 et jamais, semble-t-il, de l'article 59 (V. *supra*, n° 1951).
Ainsi, il semble possible de dire que seules les perquisitions concernant les lieux privés, ce qui inclut les locaux d'habitation, sont soumises au respect des heures légales. Les perquisitions non domiciliaires, qualifiées aussi parfois de « fouille » ou de perquisition par « assimilation », n'ont pas à respecter cet article 59 du Code de procédure pénale, ce qui relève du bon sens. Dans leur ouvrage de procédure pénale, M. Desportes et Mme Lazerges-Cousquer indiquent qu'« en définitive, l'assimilation aux perquisitions ne vaut que pour la détermination de l'agent compétent pour procéder à la fouille et l'exigence de consentement ». Cette remarque, formulée à l'occasion de l'étude portant sur les fouilles corporelles, nous semble pouvoir être étendue aux perquisitions non domiciliaires.

2000 Pour mémoire, on rappellera que cet article 59 du Code de procédure pénale n'est pas applicable aux constatations (Cass. crim., 14 oct. 2015, n° 15-81.765), ni aux auditions (Cass. crim., 15 mars 1990, n° 87-84.629) effectuées dans un lieu privé ou un local d'habitation, dès lors que l'agent est entré légalement dans celui-ci (appel des pompiers, invitation de la personne, V. *supra*, n° 1802).

C Personnes présentes lors de la perquisition

2001 Les articles 57, 76, 95 et 96 du Code de procédure pénale prévoient que la perquisition s'opère en présence des personnes désignées par ces articles. Les régimes diffèrent selon le cadre juridique de l'enquête. Cette présence soulève des questions relatives au consentement et à la désignation de la personne présente.

1 Assentiment exprès à la perquisition

2002 L'article 76 du Code de procédure pénale dispose que :

> « Les perquisitions, visites domiciliaires et saisies de pièces à conviction ou de biens dont la confiscation est prévue à l'article 131-21 du Code pénal ne peuvent être effectuées sans l'assentiment exprès de la personne chez laquelle l'opération a lieu. Cet assentiment doit faire l'objet d'une déclaration écrite de la main de l'intéressé ou, si celui-ci ne sait écrire, il en est fait mention au procès-verbal ainsi que de son assentiment ».

Seul l'article 76 prévoit un assentiment exprès, qui n'est dès lors pas requis lorsque la perquisition se déroule à l'occasion d'une enquête de flagrance, dans le cadre d'une instruction (Cass. crim., 18 avr. 2000, n° 00-80.402. – Cass. crim., 15 mars 2011, n° 10-88.767) ou lors des enquêtes pour recherche des causes de la mort, de blessures de personne grièvement blessée, de personne disparue ou encore de personne en fuite (V. *supra*, n°s 1089, 1172). Ceci est fort logique. En effet, l'enquête préliminaire se caractérise par sa nature « non coercitive » imposant que les actes d'enquête qui sont réalisés dans ce cadre le soient avec le consentement de la personne. L'article 76 ne fait que décliner ce principe à la perquisition. Toutefois, il est possible de s'extraire de cet assentiment par une autorisation du juge des libertés et de la détention (V. *infra*, n° 2008).
La chambre criminelle a précisé que c'est au moment de la perquisition que s'apprécie la qualification pénale et le quantum de la peine encourue permettant de recourir à la perquisition sans assentiment. Elle juge que : « Lorsque l'enquête est diligentée pour des faits punis d'au moins trois ans d'emprisonnement, conformément aux exigences des articles 76 et (...) du Code de procédure pénale, les mesures prévues par ces dispositions peuvent être mises en œuvre, quelles que soient les qualifications retenues à l'issue de l'enquête à l'égard de chacune des personnes impliquées » (Cass. crim., 12 juill. 2022, n° 21-83.805, publié au bulletin).

a) Nécessité d'un assentiment exprès

2003 Cet assentiment doit être recueilli préalablement à la perquisition et ne se déduit pas de la seule autorisation d'entrée dans les lieux (V. *infra*, n° 2080). Il doit être donné tant pour les opérations de perquisitions que pour les saisies qui seront éventuellement effectuées. De plus, le document qui permet de recueillir l'assentiment doit contenir l'information selon laquelle la personne peut s'y opposer.

2004 L'instruction générale de 1959 préconisait la formule suivante : « Sachant que je puis m'opposer à la visite de mon domicile, je consens expressément à ce que vous y opériez les perquisitions et saisies que vous jugeriez utiles à l'enquête en cours ». Toutefois, il ne s'agit pas là d'une formule légale même si elle est encore reprise aujourd'hui, pour partie, dans les logiciels de rédaction de procédure. La perquisition ne concernant pas que le domicile, il y a lieu d'indiquer quel est le lieu ou l'objet soumis à perquisition. S'il s'agit d'un lieu privé, l'adresse ne semble pas devoir expressément figurer dans l'assentiment dès lors qu'elle figure au procès-verbal auquel il doit être joint.

2005 La chambre criminelle n'impose pas le respect « mot à mot » de cette formule sacramentelle de 1959 (Cass. crim., 28 janv. 1987, n° 85-95.180) dès lors qu'il ressort sans ambiguïté des pièces de la procédure que la personne consent à la perquisition et aux éventuelles saisies, ce qui est le cas lorsque la personne a indiqué de sa main les mentions de son identité, de son domicile, de la date et de l'heure, ainsi que sa signature précédée des termes « lu et approuvé ».

2006 **Formulaire-type.** Aujourd'hui, cet assentiment consiste à recopier, de manière manuscrite, une formule type qui figure sur un document dédié, dont le contenu varie selon que la perquisition est réalisée à des fins probatoires ou à des fins confiscatoires. La personne émarge ce document (Instr. gén. prise pour l'application du Code de procédure pénale : *JO* n° C 136, 28 févr. 1959). L'assentiment régulièrement donné est irrévocable ; autrement dit, la personne qui constate que les enquêteurs découvrent des éléments compromettants ne peut le retirer (Cass. crim., 5 déc. 2000, n° 00-85.041). De même, une écriture tremblante due à une forte émotion ne saurait vicier un tel assentiment dès lors que les juges se sont assurés de sa validité (Cass. crim., 16 janv. 2018, n° 16-87.168).

2007 **Qui donne son assentiment ?** La personne qui donne son assentiment est celle chez laquelle a lieu la perquisition, telle est la lettre de l'article 76 du Code de procédure pénale (Cass. crim., 24 juin 1987, n° 87-82.333). La chambre criminelle retient que, lorsque le domicile perquisitionné est celui de plusieurs personnes, l'une d'entre elles seulement peut donner son assentiment (Cass. crim., 23 oct. 2013, n° 12-82.627), mais « dès lors que les dispositions méconnues de l'article 76 du Code de procédure pénale protègent le droit au respect de la vie privée, le bailleur est sans qualité pour autoriser les enquêteurs à pénétrer dans un local qu'il a donné à bail » (Cass. crim., 9 nov. 2021, n° 21-81.359).

CONSEIL Il nous semble préférable, dans le cas où plusieurs personnes habitent le domicile, de recueillir prioritairement l'assentiment de la personne mise en cause dès lors qu'elle est présente (Cass. crim., 25 juin 2013, n° 13-81.977). Il pourrait également être prudent de solliciter l'assentiment de chaque personne dont la chambre est perquisitionnée.
Pour la détermination de cette personne V. *infra*, n°s 2016 et s.

b) Exception à l'assentiment exprès

2008 L'article 76, alinéa 4 du Code de procédure pénale prévoit qu'il est possible de déroger à l'obligation d'assentiment « si les nécessités de l'enquête relative à un crime ou à un délit puni d'une peine d'emprisonnement d'une durée égale ou supérieure à trois ans l'exigent ou si la recherche de biens dont la confiscation est prévue à l'article 131-21 du Code pénal le justifie ».
La perquisition à des fins probatoires peut donc être réalisée dans le cadre de l'enquête préliminaire, sur autorisation du juge des libertés et de la détention, nonobstant l'absence d'assentiment de la personne concernée, si elle porte sur un crime ou un délit puni d'une peine supérieure ou égale à trois ans et dans tous les cas lorsque la perquisition est à des fins confiscatoires.
Dans le cadre d'une enquête préliminaire pour des faits de nature contraventionnelle ou pour des délits punis de moins de trois ans d'emprisonnement, les enquêteurs ne pourront procéder à une perquisition que s'ils recueillent l'assentiment de la personne chez qui elle a lieu.

2009 **Nécessité de la perquisition.** Il s'agit là des mêmes exigences que celles qui président à la mise en œuvre de l'article 56 du Code de procédure pénale et, comme l'indique la circulaire de la DACG, il faut que « les éléments de fait déjà recueillis par les enquêteurs [laissent] présumer qu'il est possible que se trouvent dans les lieux où la perquisition est envisagée des pièces ou objets dont la saisie permettrait d'apporter la preuve de l'infraction, soit que ceux-ci se trouvent en possession de la personne qui paraît avoir participé à la commission de cette infraction, soit qu'ils sont relatifs aux faits incriminés ». Ces éléments devront apparaître dans la requête du procureur de la République *a minima*, voire dans la décision du juge des libertés et de la détention.

2010 **Autorisation du juge des libertés et de la détention.** Cet assentiment est remplacé par une autorisation du juge des libertés et de la détention saisi sur requête du procureur de la République, lui-même sollicité par les enquêteurs. En pratique, il n'est pas rare que l'enquêteur adresse un courriel au magistrat du parquet pour lui indiquer les raisons pour lesquelles il craint qu'un refus lui soit opposé. Le parquetier reprend alors à son compte ces motivations, en droit et en fait, s'il les juge pertinentes.
La décision du juge des libertés et de la détention doit être écrite et motivée, et contenir « la qualification de l'infraction dont la preuve est recherchée ainsi que l'adresse des lieux dans lesquels ces opérations peuvent être effectuées ; cette décision est motivée par référence aux éléments de fait et de droit justifiant que ces opérations sont nécessaires ».
La chambre criminelle contrôle la qualité de la motivation de l'ordonnance autorisant la perquisition. Elle juge que l'autorisation de perquisitions réalisées sur le fondement de l'article 76, alinéa 4 du Code de procédure pénale « sans l'assentiment de la personne chez qui elles ont lieu, doit être motivée au regard des éléments de fait et de droit justifiant de leur nécessité ; que cette exigence d'une motivation adaptée et circonstanciée s'impose au regard des droits protégés par la Convention européenne des droits de l'homme et en tenant compte de l'évolution du statut et du rôle juridictionnel du juge des libertés et de la détention voulue par le législateur ; que cette motivation constitue une garantie essentielle contre le risque d'une atteinte disproportionnée au droit au respect de la vie privée de la personne concernée et doit permettre au justiciable de connaître les raisons précises pour lesquelles ces opérations ont été autorisées » et que dès lors :
– l'ordonnance du juge des libertés et de la détention qui n'explique pas en quoi la société propriétaire des locaux en cause était concernée par les faits objet de l'enquête, diligentée à l'encontre d'un tiers, et ne justifie donc pas de la nécessité de la mesure (Cass. crim., 26 mars 2019, n° 18-85.047 et pour un exemple d'ordonnance conforme s'agissant de l'implication de la personne dont le lieu privé est perquisitionné, Cass. crim., 1er déc. 2020, n° 20-81.993), n'est pas conforme ;
– l'ordonnance « qui se borne à se référer à la requête présentée par le procureur de la République aux fins de perquisition, en application de l'article 76, alinéa 4, du Code de procédure pénale n'est pas conforme aux exigences de ce texte », y compris

quand elle indique adopter les motifs de la requête (Cass. crim., 23 nov. 2016, n° 15-83.649. – Cass. crim., 10 janv. 2018, n° 17-83.932 et Cass. crim., 21 janv. 2020, n° 19-80.806).
En revanche, l'ordonnance du juge des libertés et de la détention répond aux exigences de l'article 76, alinéa 4 du Code de procédure pénale et notamment à celle tenant à la motivation en droit et en fait, même si cette dernière est rédigée dans des termes exactement repris de la requête du procureur de la République (Cass. crim., 21 janv. 2020, n° 18-84.899).
De même, est conforme l'ordonnance qui se réfère expressément à la procédure d'enquête dont la synthèse, jointe à la requête du parquet, expose les éléments de fait permettant de suspecter l'existence d'un trafic de stupéfiants, infraction punie d'une peine d'emprisonnement égale ou supérieure à cinq ans, qui précise l'adresse du lieu dans lequel les opérations peuvent être effectuées et qui expose le motif pour lequel il convient de recourir à cette procédure, à savoir éviter la disparition éventuelle des produits stupéfiants ainsi que de tous les éléments de preuve permettant de constater les infractions visées et d'identifier leurs auteurs (Cass. crim., 26 juin 2018, n° 18-80.596. – Cass. crim., 20 mars 2018, n° 17-81.358. – Cass. crim., 11 oct. 2017, n° 17-80.876. – Cass. crim., 11 oct. 2017, n° 17-80.874).

2011 Quant à la portée de la décision, la chambre criminelle a jugé que l'officier de police judiciaire qui découvrait un coffre-fort lors d'une perquisition autorisée par le juge des libertés et de la détention « tenait de ses pouvoirs propres la faculté de requérir un serrurier pour procéder à l'opération contestée » (Cass. crim., 3 avr. 2013, n° 12-86.275).
L'Assemblée plénière de la Cour de cassation a jugé que les saisies opérées par les agents de l'Autorité des marchés financiers (AMF) en exécution d'une ordonnance délivrée par le juge des libertés et de la détention sur le fondement de l'article L. 621-12 du code monétaire et financier peuvent porter sur tous les documents et supports d'information qui sont en lien avec l'objet de l'enquête et se trouvent dans les lieux que le juge a désignés ou qui sont accessibles depuis ceux-ci, sans qu'il soit nécessaire que ces documents et supports appartiennent ou soient à la disposition de l'occupant des lieux (Ass. Plén., 16 déc. 2022, n°s 21-23.719 et 21-23.685). L'autorisation du magistrat porte donc sur le lieu à perquisitionner.

2012 Moment de la délivrance de l'autorisation du juge des libertés et de la détention. Les enquêteurs n'ont pas à être en possession effective de cette autorisation au moment de la perquisition. Il suffit que le magistrat du parquet leur indique qu'ils disposent de cette autorisation pour qu'ils y procèdent. Cependant il est indispensable que cette autorisation soit préalable aux opérations de perquisition (Cass. crim., 3 avr. 2013, n° 12-86.275). L'article 76 du Code de procédure pénale ne prévoit pas de procédure d'urgence ou de régularisation.
La chambre criminelle a estimé que l'autorisation du juge des libertés et de la détention pouvait être délivrée plusieurs mois avant la perquisition pour autant qu'au moment de sa réalisation la perquisition soit toujours nécessaire (Cass. crim., 16 mai 2018, n° 17-84.909).

2013 Contrôle de la perquisition par le juge des libertés et de la détention. L'article 76 dispose que « les opérations sont effectuées sous le contrôle du magistrat qui les a autorisées, et qui peut se déplacer sur les lieux pour veiller au respect des dispositions légales ». La chambre criminelle ne s'est pas prononcée sur la nature de ce contrôle et, notamment, n'a pas précisé si les enquêteurs ou le magistrat du parquet devaient informer le juge des libertés et de la détention des résultats de la perquisition. Il ressort cependant de la formulation de cet alinéa de l'article 76 que ce contrôle apparaît moins strict que celui fixé aux articles 706-95 et suivants relatifs aux écoutes téléphoniques, où le juge des libertés et de la détention doit être informé, sans délai, par la transmission des procès-verbaux d'opération d'interception (Cass. crim., 23 mai 2006, n° 06-83.241 et Cass. crim., 26 mars 2008, n° 07-88.281).

2014 Magistrats compétents. L'article 76, dernier alinéa du Code de procédure pénale précise utilement qu'« est compétent le juge des libertés et de la détention du tribunal judiciaire dont le procureur de la République dirige l'enquête, quelle que soit la juridiction dans le ressort de laquelle la perquisition doit avoir lieu. Le juge des libertés et de la détention peut alors se déplacer sur les lieux quelle que soit leur localisation sur le territoire national. Le procureur de la République peut également saisir le juge des libertés et de la détention du tribunal judiciaire dans le ressort duquel la perquisition doit avoir lieu, par l'intermédiaire du procureur de la République de cette juridiction » (V. *infra*, n° 2135).

2015 Détournement de procédure. Comme il a déjà été précisé (V. *supra*, n° 1970), le recours à la mesure de perquisition ne peut avoir d'autres finalités que « la recherche et la constatation des infractions visées dans la décision du juge des libertés et de la détention ou la saisie des biens dont la confiscation est prévue à l'article 131-21 du Code pénal » sauf à méconnaître le principe de loyauté dans la recherche de la preuve. Toutefois, comme le précise l'article 76 du Code de procédure pénale, le fait que la perquisition révèle des infractions autres que celles visées dans la décision d'autorisation ne constitue pas une cause de nullité des procédures incidentes.

2 Assistance à la perquisition

a) L'occupant des lieux

2016 **Occupant des lieux.** Par principe, la perquisition doit se dérouler en présence constante de « la personne qui peut se dire chez elle ». Toutefois, il n'est pas toujours aisé de définir qui peut se dire « chez soi », notamment lorsque les lieux sont occupés illégalement, lorsqu'ils sont inoccupés ou occupés par une multitude de personnes ou encore lorsque la perquisition concerne les locaux d'une personne morale. La chambre criminelle a recours au terme d'« occupant » (Cass. crim., 5 oct. 2021, n° 21-82.399. – Cass. crim., 7 sept. 2021, n° 21-80.642. – Cass. crim., 6 févr. 2018, n° 17-84.380) pour définir cette personne, ce qui présente l'avantage de la simplicité et mériterait d'être consacré dans la loi, comme cela est le cas à l'article L. 229-2 du Code de la sécurité intérieure.

2017 **Occupant des lieux et personne morale.** La chambre criminelle juge qu'« à l'exception de celles qui ont lieu dans le bureau personnel du dirigeant social, et auxquelles ce dernier, sauf application de l'article 57, alinéa 2, du Code de procédure pénale, doit nécessairement assister, les perquisitions et saisies dans les locaux d'une société peuvent être pratiquées en la seule présence d'une personne se comportant comme le représentant qualifié de cette société » (Cass. crim., 30 mai 1996, n° 95-85.954. – Cass. crim., 13 oct. 1998, n° 98-82.522. – Cass. crim., 18 juin 2003, n° 03-81.979) ou encore qu'« il n'y a pas lieu à annulation de la perquisition effectuée dans le bureau du dirigeant social d'une société du groupe, en présence du responsable d'exploitation et du comptable qui ont assisté aux différentes opérations et ont signé le procès-verbal, le directeur du site étant absent » (Cass. crim., 6 mai 2002, n° 02-81.130).

2018 **Obligation de moyens.** Les enquêteurs ne sont pas « juges de la licéité du titre d'occupation » et ils doivent souvent composer avec les éléments en leur possession. Ils ne peuvent procéder à une perquisition en présence d'une personne au seul motif que celle-ci est présente lors de leur arrivée. Il leur revient de s'assurer que celle-ci occupe bien les lieux, sans qu'il soit nécessaire d'exiger la présentation d'un document. La déclaration de la personne suffit (Cass. crim., 20 juin 2018, n° 17-86.657).

2019 ***Quid* des opérations qualifiées de perquisition mais qui n'ont pas lieu dans un domicile ?** Les règles relatives à la perquisition n'étant plus limitées au seul domicile, il est dès lors nécessaire de déterminer, dans ces autres hypothèses, en présence de quelle personne elle doit s'effectuer. Notamment se pose la question de savoir si la personne à qui l'enquêteur a saisi le téléphone portable doit assister aux opérations d'exploitation par l'enquêteur lui-même – sans recours à un technicien auquel cas, il semble que les articles 60-3, 77-1-3 et 99-5 règlent la question – du contenu de cet appareil. En effet, la chambre criminelle assimile l'exploitation du téléphone par l'enquêteur lui-même à une perquisition (Cass. crim., 12 janv. 2021, n° 20-84.045). Pour l'heure, à l'aune des jurisprudences relatées *supra*, il est difficile de définir une règle en la matière.

Il semble possible de soutenir que lorsque la perquisition porte sur des objets, elle doit s'effectuer en présence du détenteur au moment des opérations de perquisition, car la chambre criminelle, lorsqu'elle examine les conditions de recevabilité d'une action en nullité, s'attache au « titre » de droit ou de fait dont dispose la personne sur le lieu ou l'objet de la perquisition (Cass. crim., 7 sept. 2021, n°s 21.80-642 et 20.97-191. – Cass. crim., 9 nov. 2021, n°s 20-84.394, 21-83.094 et 21-83.095), ce qui impliquerait qu'elle soit présente lors de la fouille d'un objet sur lequel elle a un droit ou un titre. Une telle solution n'est pas sans inconvénient, notamment lorsque la « fouille » concerne un appareil numérique dont l'extraction et l'exploitation du contenu peuvent prendre plusieurs heures, voire davantage. Le professeur J.-Y. Maréchal estime, pour sa part, que si l'exploitation du contenu d'un téléphone portable peut être faite hors la présence de l'avocat du gardé à vue, elle doit en revanche être menée en présence de la personne retenue sous la contrainte qui n'a pas à donner son accord en flagrance ou au cours d'une instruction mais doit le donner en préliminaire, la communication du code de déverrouillage du téléphone ne pouvant être assimilée à un consentement à l'exploitation du contenu du téléphone. Il estime que la question des heures de fouille n'a guère de sens, comme pour les fouilles corporelles.

2020 Aussi, l'assimilation de ces actes d'enquête à la perquisition découle plus de l'absence, dans le Code de procédure pénale, de textes permettant de réaliser une recherche active ailleurs que dans un lieu d'habitation, un lieu privé ou encore un véhicule. Dès lors, ces actes d'investigation correspondent plus largement à une recherche dans la vie privée plutôt qu'à une perquisition dans un lieu protégé par le principe de l'inviolabilité du domicile.

2021 **De la recevabilité à l'appréciation de la force probante.** Pour ces actes d'enquête « assimilés » à la perquisition, la présence de l'occupant doit sans doute être analysée comme une garantie de l'authenticité des éléments découverts lors de la fouille plus que comme une condition de validité, susceptible d'entraîner la nullité de l'acte d'enquête. C'est la force probante des éléments découverts qui sera alors discutée devant le juge et non la recevabilité de la preuve recueillie. Une telle lecture nous semble pouvoir être soutenue car le Code de procédure pénale permet d'accéder à de tels contenus sans présence de la personne titulaire d'un droit ou d'un titre sur l'objet fouillé (CPP, art. 60-3, 77-1-3 et 99-5).

b) En cas d'impossibilité, désignation d'un représentant, ou à défaut, de deux témoins

2022 Les articles 57, 76, 95 et 96 du Code de procédure pénale fixent des règles différentes selon le cadre juridique de l'enquête au cours de laquelle la perquisition est exécutée, notamment lorsque l'occupant est empêché.

2023 L'article 57 du Code de procédure pénale dispose que :

> « (...) les opérations prescrites par ledit article sont faites en présence de la personne au domicile de laquelle la perquisition a lieu. En cas d'impossibilité, l'officier de police judiciaire aura l'obligation de l'inviter à désigner un représentant de son choix ; à défaut, l'officier de police judiciaire choisira deux témoins requis à cet effet par lui, en dehors des personnes relevant de son autorité administrative ».

S'agissant de l'article 76 du Code de procédure pénale, lorsque la perquisition est autorisée par le juge des libertés et de la détention, bien que le texte ne renvoie pas à l'article 57, les auteurs s'accordent à dire qu'il y a lieu de faire application de l'article 57 du Code de procédure pénale lorsque les enquêteurs sont dans l'impossibilité d'effectuer la perquisition en présence de l'occupant.

1) Matérialisation de l'impossibilité

2024 **Perquisition chez le mis en cause.** La chambre criminelle est particulièrement exigeante lorsque la perquisition a lieu chez le mis en cause. Elle juge que sa présence est requise quand bien même d'autres occupants seraient présents (Cass. crim., 25 juin 2013, n° 13-81.977). De même, elle exige que lorsque la personne est à disposition de l'officier de police judiciaire, la perquisition ait lieu en sa présence, sauf impossibilité qui doit être caractérisée (Cass. crim., 8 juin 2017, n° 16-87.122). La difficulté principale réside dans la définition de l'impossibilité que la Cour de cassation contrôle de façon exigeante (Cass. crim., 5 mars 1998, n° 96-82.678). Il revient aux enquêteurs de caractériser une telle impossibilité (Cass. crim., 5 févr. 2020, n° 19-85.188 et Cass. crim., 5 oct. 2021, n° 21-80.399). Il est recommandé de l'acter précisément au procès-verbal de perquisition.

2025 **Exemples.** La chambre criminelle refuse d'assimiler les commodités des enquêteurs à une impossibilité et juge que « ni la simple commodité des enquêteurs, qui ne résulte d'ailleurs d'aucune des énonciations des procès-verbaux de perquisition, ni l'état de santé de N., qui n'a pas interdit sa garde à vue au commissariat de police, et dont rien n'établit qu'il ne pouvait être amené jusqu'à son domicile, ne sauraient en l'espèce constituer l'impossibilité prévue par l'article 57 du Code de procédure pénale ; que la méconnaissance de ce texte porte nécessairement atteinte aux droits de la personne chez laquelle la perquisition a été pratiquée » (Cass. crim., 23 févr. 1988, n° 87-90.117. – Cass. crim., 7 déc. 1993, n° 93-84.188).

2026 De même, elle estime que « tout en constatant que la perquisition avait été provoquée par la découverte d'un bail au nom de la personne gardée à vue et l'observation de son véhicule à l'adresse correspondante, et que l'ouverture du box perquisitionné avait été obtenue par l'utilisation de ses clés, trouvées, avec le bail, lors de son interpellation, mais sans relever l'existence d'éléments établissant que le demandeur ne pouvait être l'utilisateur dudit box, la chambre de l'instruction, qui n'a pas constaté l'impossibilité, pour l'intéressé, d'assister à la mesure ou de désigner un représentant de son choix, n'a pas justifié sa décision » (Cass. crim., 8 juin 2017, n° 16-87.122 et Cass. crim., 5 oct. 2021, n° 21-82.399). De même, « ... la seule circonstance que l'inculpé est détenu ne constitue pas une impossibilité d'assister à une perquisition opérée à son domicile » (Cass. crim., 27 sept. 1984, n° 84-93.474).

2027 À l'inverse, la chambre criminelle approuve une cour d'appel d'avoir écarté le moyen de nullité selon lequel la perquisition effectuée dans un local de Brunoy aurait été réalisée irrégulièrement en l'absence de l'intéressé, en retenant que « M. A. a déclaré, lors de son interpellation, être domicilié à Argenteuil, puis, lors de sa garde à vue, à Paris 17e, et a refusé de fournir tout renseignement au sujet du local correspondant aux clés qu'il détenait », les juges ajoutant « qu'il s'en déduit que, préalablement à la perquisition, les policiers n'étaient détenteurs d'aucune information de nature à faire apparaître que M. A. avait son domicile à Brunoy » (Cass. crim., 11 juill. 2017, n° 17-80.039).

Elle juge également que la présence de l'occupant n'est pas requise dès lors que le lieu perquisitionné ne peut être qualifié comme étant le domicile de la personne (Cass. crim., 30 mars 1971, n° 70-92.957). En l'espèce la personne s'était fait provisoirement héberger chez les époux X. pour se soustraire aux recherches dont elle était l'objet ; elle y vivait clandestinement dans une pièce dont elle n'avait d'ailleurs pas la jouissance exclusive et qui ne pouvait être considérée comme son domicile ; elle avait elle-même indiqué, lors de son interrogatoire, qu'elle était domiciliée dans un autre lieu avec sa famille ».

Ou encore, la perquisition d'une chambre d'hôtel doit être réalisée en présence de la personne sur laquelle les clés ont été découvertes (Cass. crim., 9 nov. 2021, n° 21-83.095).

On rappellera que la recherche de l'occupant des lieux reste une obligation de moyens pour les enquêteurs (Cass. crim., 6 mars 2013, n° 12-87.810).

2028 **Perquisition chez le mis en examen au cours d'une instruction.** Les articles 95 et 96 du Code de procédure pénale prévoient, lorsque les investigations sont diligentées dans le cadre de l'instruction, une distinction selon que la perquisition a lieu ou non chez le mis en examen. Dans ce dernier cas, l'article 95 renvoie expressément aux dispositions des articles 57 et 59 du Code de procédure pénale, s'agissant de l'impossibilité d'effectuer la perquisition en présence de ce dernier et des horaires. Quant à l'article 96 du Code de procédure pénale, il recèle une apparente contradiction (V. *infra*, n° 2034).

2029 **Exception légale à la présence de la personne au domicile de laquelle est faite la perquisition.** L'article 706-94 du Code de procédure pénale prévoit, dans les trois types d'enquête (préliminaire, flagrance, sur commission rogatoire), des cas où la perquisition peut être faite sans que la personne au domicile de laquelle elle est réalisée soit présente. Ce texte pose cependant plusieurs conditions : d'une part des conditions communes à tous les cadres d'enquête, d'autre part, des conditions spécifiques.

Au titre des dispositions communes, de première part, le texte ne peut s'appliquer que dans le cadre d'une procédure relative à une infraction relevant des articles 706-73 ou 706-73-1 du Code de procédure pénale.

De deuxième part, le texte n'est applicable que lorsque la personne au domicile de laquelle la perquisition doit être effectuée est en garde à vue ou détenue en un autre lieu.

De troisième part, il est nécessaire que le transport sur les lieux de la perquisition de la personne gardée à vue ou détenue paraisse devoir être évité en raison des risques graves soit de troubles à l'ordre public ou d'évasion, soit de disparition des preuves pendant le temps nécessaire au transport.

Dans tous ces cas, la perquisition doit alors être réalisée en présence de deux témoins requis dans les conditions prévues au deuxième alinéa de l'article 57, ou d'un représentant désigné par celui dont le domicile est en cause.

Mais, au titre des dispositions spécifiques, il faut aussi :

- qu'en enquête préliminaire le procureur de la République ait donné son accord préalable à cette façon de procéder ;
- qu'au cours d'une instruction le juge d'instruction ait donné son accord préalable ;
- qu'en enquête préliminaire, le juge des libertés et de la détention ait donné son accord. Mais, dans ce cadre d'enquête, cette possibilité de perquisition sans que la personne au domicile de laquelle l'acte a lieu soit présente est limitée aux perquisitions nocturnes (V. *supra*, n° 1980 et s.) faites sans l'assentiment de la personne chez qui l'opération a lieu, à condition qu'il s'agisse pas d'un local d'habitation ou qu'il s'agisse d'infractions terroristes auquel cas les locaux d'habitation peuvent être concernés.

2030 **Perquisition chez le majeur protégé.** Par une décision du 15 janvier 2021, le Conseil constitutionnel a déclaré l'alinéa 1er de l'article 706-113 du Code de procédure pénale contraire à la Constitution (Cons. const., 15 janv. 2021, n° 2020-873 QPC, § 9). En conséquence, le législateur a introduit l'article 706-112-3 dans le Code de procédure pénale qui dispose que :

> « Lorsque les éléments recueillis au cours d'une enquête préliminaire font apparaître qu'une personne chez laquelle il doit être procédé à une perquisition fait l'objet d'une mesure de protection juridique révélant qu'elle n'est pas en mesure d'exercer seule son droit de s'opposer à la réalisation de cette opération, l'officier en avise par tout moyen son curateur ou son tuteur, afin que l'assentiment éventuel de la personne prévu aux deux premiers alinéas de l'article 76 ne soit donné qu'après qu'elle a pu s'entretenir avec lui. À défaut, la perquisition doit être autorisée par le juge des libertés et de la détention en application de l'avant-dernier alinéa du même article 76 ».

Si l'assentiment du tuteur ou du curateur n'a pas à être recueilli, celui du majeur ne peut intervenir qu'après entretien avec cette personne. Faute de quoi, il y a lieu de solliciter le juge des libertés et de la détention.

2031 Cette obligation nous apparaît à nouveau être une obligation de moyen et il ne devrait pas pouvoir être reproché aux enquêteurs un défaut d'information dès lors que ceux-ci ignoraient, de bonne foi, la situation de tutelle ou de curatelle (Cass. crim., 11 mai 2021, n° 20-82.267. – Cass. crim., 10 janv. 2017, n° 15-84.469 : *Bull. crim.* n° 10, devant cependant inciter à la prudence).

2032 **Perquisition concernant un mineur.** Le Code de la justice pénale des mineurs n'a pas prévu de dispositions spécifiques concernant les mineurs car ces derniers habitent par principe chez des majeurs. Aussi, c'est en présence de l'occupant des lieux que doit se réaliser la perquisition d'un domicile où vit le mineur. S'il n'y a qu'intérêt à réaliser la perquisition de la chambre du mineur en sa présence notamment lorsqu'il est mis en cause, outre celle d'un occupant des lieux, aucune décision de la chambre criminelle n'impose que cette perquisition soit faite en sa présence.

2) Désignation d'un représentant de son choix

2033 L'impossibilité effective et réelle doit donner lieu à une désignation officielle d'un représentant. Quand la personne est dans l'impossibilité d'y assister (refus, éloignement, etc.), il doit lui être demandé de désigner un représentant (Cass. crim., 5 févr. 2020, n° 19-85.188). Cette désignation doit être le fait exclusif de l'occupant empêché et ne peut être imposée d'emblée. Ainsi la chambre criminelle juge que le conjoint ne saurait être désigné comme tel de plein droit (Cass. crim., 7 déc. 1993, n° 93-84.188).

2034 **Perquisition, au cours d'une instruction, chez une personne autre que le mis en examen.** Les alinéas 1 et 2 de l'article 96 du Code de procédure pénale disposent étonnamment que « si la perquisition a lieu dans un domicile autre que celui de la personne mise en examen, la personne chez laquelle elle doit s'effectuer est invitée à y assister. Si cette personne est absente ou refuse d'y assister, la perquisition a lieu en présence de deux de ses parents ou alliés présents sur les lieux, ou à défaut, en présence de deux témoins. Le juge d'instruction doit se conformer aux dispositions des articles 57 (alinéa 2) et 59 ». Dès lors, si la personne est absente ou refuse d'y assister, il doit être fait appel à « deux de ses parents ou alliés présents sur les lieux », tandis que ce même article renvoie à l'article 57, alinéa 2 qui prévoit qu'en cas d'impossibilité, elle peut désigner un représentant.
Cette différence ne semble pas avoir été prise en compte par la chambre criminelle puisqu'elle a jugé qu'il résultait des articles 57 et 96 que « la personne, autre que celle mise en examen, chez laquelle une perquisition est opérée doit être invitée à y assister ou, en cas d'impossibilité, à désigner un représentant de son choix » (Cass. crim., 5 févr. 2020, n° 19-85.188).

3) Ou, à défaut de représentant, de deux témoins

2035 L'article 57 du Code de procédure pénale prévoit le recours à deux témoins dès lors qu'est caractérisée l'impossibilité (Cass. crim., 30 nov. 1999, n° 99-81.172 et Cass. crim., 20 juin 2018, n° 17-86.657) pour l'occupant d'être présent et de désigner un représentant.

2036 **Impossibilité.** Ainsi, en cas d'impossibilité de désignation d'un représentant, notamment lorsque l'occupant n'est pas identifié ou qu'il refuse de se déplacer et de désigner un représentant, les enquêteurs peuvent requérir deux témoins.
L'absence d'élément d'identification du locataire du box, malgré la recherche effectuée pour connaître son identité et ses coordonnées, rendant impossible sa présence ou celle d'un représentant, justifie, au regard des nécessités de l'enquête de flagrance portant sur des infractions graves en cours de commission ou risquant de se commettre, le recours à deux témoins pour assister à la perquisition du box qui ne pouvait être différée (Cass. crim., 6 mars 2013, n° 12-87.810).

2037 **Finalité de la présence des témoins.** L'obligation de procéder en présence de deux témoins, à défaut de la présence de la personne concernée ou de son représentant, a pour finalité de garantir le caractère contradictoire du déroulement des opérations de saisie ainsi que d'authentifier la présence effective sur les lieux des objets saisis (Cass. crim., 13 sept. 2022, n° 22-80.515, publié au bulletin).

2038 **Qualité des témoins.** Le Code de procédure pénale exige que les témoins requis ne soient pas placés sous l'autorité de ceux-ci.
L'officier de police judiciaire ne peut donc requérir deux agents de police municipale car ceux-ci sont agents de police judiciaire adjoints et ils ont mission de seconder les officiers de police judiciaire (même arrêt).

2039 **Serment ?** Lorsque les investigations sont diligentées dans le cadre d'une instruction, il n'est pas nécessaire que les deux témoins requis, en l'absence de la personne chez qui la perquisition a lieu, prêtent serment de dire toute la vérité dans la mesure où ils ne sont pas appelés à témoigner mais uniquement à attester de la régularité des opérations de perquisition.

2040 **Secret de l'enquête et de l'instruction.** On rappellera que selon une jurisprudence récemment durcie, la présence de tiers, même autorisée par le magistrat, contrevient aux dispositions relatives au secret de l'enquête et de l'instruction (V. *supra*, n° 1443).
De plus, l'article 58 du Code de procédure pénale dispose que :

> « Sous réserve des nécessités des enquêtes, toute communication ou toute divulgation sans l'autorisation de la personne mise en examen ou de ses ayants droit ou du signataire ou du destinataire d'un document provenant d'une perquisition à une personne non qualifiée par la loi pour en prendre connaissance est punie de 4 500 euros d'amende et de deux ans d'emprisonnement ».

L'article 98 du Code de procédure pénale édicte la même règle s'agissant de l'information.

D Perquisition aux fins de confiscation

2041 Cette perquisition particulière répond aux mêmes exigences que la perquisition probatoire. Elle peut être décidée par l'officier de police judiciaire sauf quand elle tend à la saisie de patrimoine au sens des alinéas 5 et 6 de l'article 131-21 du Code pénal auquel cas elle ne peut, quel que soit le cadre d'enquête dans lequel elle est diligentée, être réalisée qu'après autorisation du magistrat qui dirige cette enquête (V. *infra*, n° 2329).

2042 **Enquête de flagrance (CPP, art. 56).** L'officier de police judiciaire peut procéder à une perquisition aux fins de confiscation de biens prévus à l'article 131-21 du Code pénal. S'il s'agit de biens dont la confiscation est prévue par les alinéas 5 et 6 de l'article 131-21 du Code pénal (biens dont le mis en cause ne peut justifier l'origine ou biens visés par un texte en permettant la confiscation en tout ou partie), la perquisition doit être préalablement autorisée par le procureur de la République.

2043 **Enquête préliminaire (CPP, art. 76).** Comme les autres actes de l'enquête préliminaire, la perquisition aux fins de confiscation de biens prévue à l'article 131-21 du Code pénal doit être réalisée avec l'assentiment de la personne. Toutefois, le juge des libertés et de la détention peut, sur requête du procureur de la République, par décision écrite et motivée, autoriser qu'elle se réalise sans assentiment. Dans ce cas, il n'y a pas de seuil tenant à la peine encourue.
Dans ce cas, les saisies probatoires incidentes sont régulières si elles sont fortuites. En revanche, une perquisition confiscatoire détournée de son objet devrait conduire à la nullité de l'acte si elle s'appuie sur une manœuvre déloyale.
Là encore, une saisie de patrimoine (C. pén., art. 131-21, al. 5 et 6) doit être autorisée par le procureur. Il faut donc, dans ce cas, une autorisation du procureur et l'assentiment de la personne concernée ou l'autorisation du juge des libertés et de la détention.

2044 **Instruction (CPP, art. 94 et s.).** Le juge d'instruction – et les officiers de police judiciaire commis rogatoirement – peuvent procéder à des perquisitions dans tous les lieux où peuvent se trouver des biens dont la confiscation est prévue par l'article 131-21 du Code pénal. Les meubles corporels saisis en vue d'une confiscation ne relèvent pas du régime spécifique des saisies spéciales et doivent l'être sur le fondement des articles 94 et 97 (V. *infra*, n°s 2120 et 2403).

2045 Tableau récapitulatif.

Objet de la saisie	Autorité compétente
Saisie de patrimoine (CPP, art. 131-21 al. 5 et 6), V. *infra*, n° 2339.	Juge des libertés ou de la détention sur requête du procureur de la République (mais la perquisition doit être autorisée par le procureur). Juge d'instruction.
Cas particuliers	
Saisies immobilières, V. *infra*, n° 2346. Biens et droits mobiliers incorporels, V. *infra*, n° 2365.	Juge des libertés ou de la détention sur requête du procureur de la République. Juge d'instruction.

Objet de la saisie	Autorité compétente
Créances de somme d'argent, V. *infra*, n° 2379.	
Créances figurant sur des contrats d'assurance-vie, V. *infra*, n° 2384.	
Droits sociaux, V. *infra*, n° 2388.	
Fonds de commerce, V. *infra*, n° 2390.	
Somme d'argent ou d'actifs numérique déposés sur un compte bancaire, V. *infra*, n° 2371.	Officier de police judiciaire sur autorisation du procureur de la République ou du juge d'instruction (validation nécessaire par le juge dans les 10 jours).
Saisie en valeur, V. *infra*, n° 2399.	Juge des libertés ou de la détention sur requête du procureur de la République. Juge d'instruction.

III Les lieux protégés

2046 Les règles relatives aux lieux protégés seront ici rappelées succinctement car elles font l'objet d'une étude détaillée dans la fiche consacrée aux saisies.

A Locaux diplomatiques protégés

2047 C'est la Convention de Vienne du 18 avril 1961 (D. n° 71-284, 29 mars 1971) qui définit les règles de perquisition applicables aux locaux diplomatiques et consulaires.

1 Locaux diplomatiques

2048 L'article 22.1 stipule que les locaux de la mission diplomatique sont inviolables et l'article 22.3 qu'ils ne peuvent faire l'objet de perquisitions. L'article 30 étend cette inviolabilité au domicile privé de l'agent diplomatique.
Cependant l'article 22.1 prévoit que les agents de l'État accréditaire peuvent entrer dans ces locaux avec le consentement du chef de la mission diplomatique.

2 Locaux consulaires

2049 La protection est moindre ici, et l'article 31.1 ne protège que la partie des locaux de la mission consulaire où se déroule l'activité professionnelle. Le domicile des agents consulaires, y compris du consul, ne bénéficie donc pas de la protection consulaire. Conformément à l'article 31.2, les agents de l'État accréditaire peuvent, à l'instar des locaux diplomatiques, entrer dans les locaux consulaires où se déroule l'activité professionnelle avec l'autorisation du chef de la mission consulaire – chef de poste – ou de la personne désignée par lui, voire par le chef de la mission diplomatique.

3 Les locaux de l'Union européenne

2050 L'article premier du Protocole n° 7 sur les privilèges et immunités de l'Union européenne annexé au Traité sur l'Union européenne dispose que « les locaux et les bâtiments de l'Union sont inviolables. Ils sont exempts de perquisition, réquisition, confiscation ou expropriation. Les biens et avoirs de l'Union ne peuvent être l'objet d'aucune mesure de contrainte administrative ou judiciaire sans une autorisation de la Cour de justice ».
Ces dispositions sont celles que l'on retrouve pour toutes les organisations internationales ayant leur siège en France. La chambre criminelle juge cependant que les juridictions françaises sont compétentes pour connaître des crimes et délits commis dans les locaux d'une mission étrangère. Les locaux de cette mission sont simplement inviolables en ce qu'il n'est pas permis aux agents de l'État accréditaire d'y pénétrer sans le consentement du chef de la mission (Cass. crim., 30 janv. 1979, n° 78-93.782).

B Locaux des assemblées et de la présidence de la République

2051 Bien qu'il semble n'exister aucun texte, il est admis qu'y pénétrer aux fins d'enquête et de perquisition suppose l'autorisation du président de l'Assemblée nationale ou du Sénat.
S'agissant de la Présidence de la République, l'inviolabilité a été opposée à des magistrats en vertu du principe de séparation des pouvoirs (« Des gendarmes ont empêché, mercredi, deux juges d'instruction enquêtant sur d'éventuelles pressions de la justice dans l'affaire *Borel* de pénétrer dans l'Élysée. Les deux juges ont quitté les abords du palais présidentiel en milieu de journée sans avoir pu y entrer » : *Le Monde* avec AFP et Reuters, 2 mai 2007 à 12 h 27, mise à jour 12 févr. 2008 à 15 h 48). Si, pour certains auteurs, l'autorisation de la Présidence de la République semble *a minima* requise pour y pénétrer, pour d'autres, il n'existe aucune règle constitutionnelle qui interdise de perquisitionner au sein d'un ministère, y compris dans les locaux dépendants du Premier ministre. Mais la chambre criminelle n'a pas eu à trancher cette question à ce jour.

C Locaux universitaires

2052 L'existence d'une protection particulière de ces locaux est discutée en doctrine. Selon M. Buisson, l'introduction de la force publique ne pourrait se faire dans une université qu'avec l'autorisation écrite du procureur de la République sur la base d'un décret du 15 novembre 1811. Selon d'autres auteurs, ces dispositions auraient été abrogées suite à l'entrée en vigueur du Code de procédure pénale.

D Locaux de certains professionnels

2053 Les règles applicables à certains lieux protégés figurent aux articles 56-1 à 56-5 du Code de procédure pénale. Si l'article 96 renvoie à ces articles s'agissant de l'instruction, rien de tel n'apparaît pour l'article 76 du Code de procédure pénale. Cependant, il va de soi que ces articles 56-1 à 56-5 sont également applicables à l'enquête préliminaire.
La liste de ces lieux protégés est exhaustive et ne vaut que pour ces professions à l'exclusion de toute autre, y compris lorsque la personne non visée par la liste serait dépositaire de secrets à raison de son activité professionnelle.

1 Le cabinet et le domicile des avocats

2054 **Locaux protégés.** La protection de l'article 56-1 du Code de procédure pénale, modifié par la loi n° 2021-1729 du 22 décembre 2021, s'étend au cabinet et au domicile de l'avocat, auxquels s'ajoutent les locaux de l'ordre des avocats ou des caisses de règlement pécuniaire des avocats (CARPA). La perquisition doit s'effectuer en présence d'un magistrat et du bâtonnier ou de son délégué. Le Conseil constitutionnel a jugé que les dispositions des articles 56-1 et 56-1-2 du Code de procédure pénale étaient conformes à la Constitution (Cons. const., n° 2022-1030 QPC du 19 janvier 2023).

2055 La protection de l'article 56-1 est étendue aux perquisitions ou visites domiciliaires effectuées, sur le fondement d'autres codes ou de lois spéciales, dans le cabinet d'un avocat ou à son domicile ou dans les locaux de l'ordre des avocats ou des caisses de règlement pécuniaire des avocats (CARPA) et chez le bâtonnier.

2056 **Décision écrite et motivée du juge des libertés et de la détention.** La décision de ce magistrat doit indiquer « la nature de l'infraction ou des infractions sur lesquelles portent les investigations, les raisons justifiant la perquisition, l'objet de celle-ci et sa proportionnalité au regard de la nature et de la gravité des faits ».
Cette décision est portée à la connaissance du bâtonnier ou de son délégué dès le début de la perquisition par le magistrat effectuant la perquisition.
La chambre criminelle avait jugé que « l'absence, dans la décision prise par le magistrat, des motifs justifiant la perquisition et décrivant l'objet de celle-ci, qui prive le bâtonnier, chargé de la protection des droits de la défense, de l'information qui lui est réservée et qui interdit ensuite le contrôle réel et effectif de cette mesure par le juge des libertés et de la détention éventuellement saisi, portait nécessairement atteinte aux intérêts de l'avocat concerné » (Cass. crim., 18 janv. 2022, n° 21-83.751, publié au bulletin. – Cass. crim., 8 juill. 2020, n° 19-85.491, publié au bulletin et Cass. crim., 9 févr. 2016, n° 15-85.063 ; *Bull. crim.* 216, n° 34). Cette jurisprudence devrait être toujours pertinente.

2057 **Magistrats compétents.** Quel que soit le cadre juridique de l'enquête, flagrance, préliminaire, ou instruction, seul le juge des libertés et de la détention est compétent pour autoriser une telle perquisition. En revanche, magistrats du parquet et de l'instruction restent compétents pour effectuer ces perquisitions.

2058 Toutefois, lorsque la perquisition a lieu dans les locaux de l'ordre des avocats ou des caisses de règlement pécuniaire des avocats, les attributions confiées au juge des libertés et de la détention sont exercées par le président du tribunal judiciaire qui doit être préalablement avisé de la perquisition. Il en est de même en cas de perquisition au cabinet ou au domicile du bâtonnier.

2059 **Avocat suspect.** L'article 56-1 du Code de procédure pénale précise que si la perquisition est justifiée par la mise en cause de l'avocat, elle ne peut être autorisée que s'il existe des raisons plausibles de le soupçonner d'avoir commis ou tenté de commettre, en tant qu'auteur ou complice, l'infraction qui fait l'objet de la procédure ou une infraction connexe au sens de l'article 203 du Code de procédure pénale.

2060 **Protection du secret professionnel de la défense.** L'article 56-1, alinéa 2 du Code de procédure pénale dispose que le magistrat qui effectue la perquisition « veille à ce que les investigations conduites ne portent pas atteinte au libre exercice de la profession d'avocat et à ce qu'aucun document relevant de l'exercice des droits de la défense et couvert par le secret professionnel de la défense et du conseil, prévu à l'article 66-5 de la loi n° 71-1130 du 31 décembre 1971 portant réforme de certaines professions judiciaires et juridiques, ne soit saisi et placé sous scellé ».

L'article 56-1-1 dispose que lorsqu'un document protégé par ce secret est découvert dans un autre lieu que ceux visés à l'article 56-1, ce document « doit alors être placé sous scellé fermé et faire l'objet d'un procès-verbal distinct de celui prévu à l'article 57 ». La chambre criminelle retenait, sous l'empire de l'ancien texte de l'article 56-1, que le placement sous scellé devait être immédiat sauf à faire nécessairement grief aux intérêts de l'avocat auquel appartenait le document (Cass. crim., 18 janv. 2022, n° 21-83.728). Cette solution devrait être toujours pertinente.

Cet article précise également que la personne chez laquelle il est procédé à ces opérations peut s'opposer à la saisie de ce document, comme peut le faire le bâtonnier dans le cadre d'une perquisition relevant de l'article 56-1 (V. *infra*, n° 2189).

2061 **Définition du secret professionnel de la défense.** Selon la DACG, les dispositions issues de la loi n° 2021-1729 du 22 décembre 2021 permettent un « renforcement significatif de la protection du secret professionnel des avocats au cours de la procédure pénale par rapport à la jurisprudence de la Cour de cassation ». Cette dernière jugeait qu'il n'y a pas lieu à protection lorsque « l'avocat n'assure pas la défense de la personne, qui n'est ni mise en examen ou témoin assisté ni même n'a été placée en garde à vue dans la procédure en cause » (Cass. crim., 22 mars 2016, n° 15-83.205 : *Bull. crim.* n° 93 ; n° 15-83.206 : *Bull. crim.* n° 88).

La DACG appuie son raisonnement sur les travaux parlementaires qui indiquent que « celui qui prend conseil parce qu'il s'attend à être prochainement poursuivi ou parce qu'il sait avoir commis une infraction pénale prépare en réalité déjà sa défense » (Propos du rapporteur du projet de loi M. Mazars en Commission des lois de l'Assemblée nationale – Rapp. n° 4146 de la commission des lois de l'Assemblée nationale sur le projet de loi pour la confiance dans l'institution judiciaire, p. 70). Ainsi, elle considère que doivent être protégés les échanges de la personne « avec son avocat, même si aucune procédure pénale n'est déjà engagée, ou, si c'est le cas, même si la personne n'est pas encore mise en cause dans cette procédure et a fait connaître aux enquêteurs ou aux magistrats le choix de son conseil ». Elle résume en indiquant que « cette protection s'appliquera lorsqu'une personne a commis ou pense avoir commis une infraction, mais non lorsque des conseils sont demandés à un avocat avant toute commission d'une infraction, et qu'il s'agit donc de conseils qui auraient pu être sollicités auprès de toutes autres personnes exerçant des missions de conseil juridique, comme par exemple des notaires » (V. *infra*, n° 2195).

Une décision de la chambre criminelle va dans ce sens. La haute juridiction a en effet jugé que « l'interdiction de la transcription des correspondances entre un avocat et son client, relevant de l'exercice des droits de la défense, s'étendait à celles échangées entre l'avocat et les proches du client ». Il s'ensuit que les conversations interceptées entre la compagne de la personne placée sous surveillance et des avocats qu'elle a successivement sollicités pour assurer la défense de son compagnon concernent la défense de celui-ci ne peuvent être transcrites (Comp. avec Cass. crim., 13 sept. 2022, n° 21-87.452, publié au bulletin). Il ne pourrait en être autrement que si le contenu et la nature des échanges étaient propres à faire présumer la participation de l'avocat à une infraction. En revanche, les conversations que la compagne de la personne en fuite a pu avoir avec les secrétaires de l'avocat ne sont pas protégées par les dispositions de l'alinéa 3 de l'article 100-5 du Code de procédure pénale (Cass. crim., 13 déc. 2022, n° 21-87.435, publié au bulletin, V. *infra*, n° 3549).

2062 **Exception.** Le Code de procédure pénale prévoit une exception à ce secret professionnel de la défense. L'article 56-1-2 dispose que :

« Dans les cas prévus aux articles 56-1 et 56-1-1, sans préjudice des prérogatives du bâtonnier ou de son délégué prévues à l'article 56-1 et des droits de la personne perquisitionnée prévus à l'article 56-1-1, le secret professionnel du conseil n'est pas opposable aux mesures d'enquête ou d'instruction lorsque celles-ci sont relatives aux infractions mentionnées aux articles 1741 et 1743 du code général des impôts et aux articles 421-2-2, 433-1, 433-2 et 435-1 à 435-10 du code pénal ainsi qu'au blanchiment de ces délits, sous réserve que les consultations, correspondances ou pièces détenues ou transmises par l'avocat ou son client établissent la preuve de leur utilisation aux fins de commettre ou de faciliter la commission desdites infractions ».

Selon la DACG, et sous réserve de la jurisprudence de la chambre criminelle, cet article 56-1-2 « ne paraît pas remettre en cause la protection instituée par la nouvelle rédaction de l'article 56-1 qui interdit expressément la saisie des documents qui relèvent de l'exercice des droits de la défense et qui sont couverts par le secret du conseil, protection qui s'applique à toutes les infractions » mais « en revanche, il découle de l'article 56-1-2 que si cette même personne [le client] utilise les conseils et documents fournis par l'avocat, sous couvert de la préparation de sa défense, pour poursuivre la commission de cette fraude fiscale, et que donc les consultations, correspondances ou pièces, détenues ou transmises par l'avocat ou son client établissent alors la preuve de leur utilisation aux fins de commettre ou de faciliter la commission de cette infraction, la saisie sera possible ».

2 Le cabinet des médecins, notaires et huissiers

2063 **Limitation au seul cabinet.** L'article 56-3 du Code de procédure pénale protège uniquement les cabinets, c'est-à-dire les locaux professionnels à l'exclusion des domiciles. S'agissant des médecins, la DACG, par voie de circulaire, a recommandé de « retenir une acception suffisamment large de la notion de cabinet, de nature à garantir la protection s'attachant tant à l'activité du médecin qu'aux dossiers médicaux constitués et détenus par celui-ci ». La chambre criminelle a ainsi jugé que la chambre d'hôtel occupée par un médecin qui suit une équipe cycliste en déplacement ne constitue pas son cabinet et que les dispositions de l'article 56-3 ne lui sont pas applicables dès lors que l'officier de police judiciaire n'a pas procédé à la recherche et à la saisie de dossiers médicaux couverts par le secret professionnel (Cass. crim., 8 juin 1999, n°s 99-81.291, 99-81.807).

Cet article ajoute donc une garantie supplémentaire par rapport aux perquisitions de droit commun dès lors qu'elle a lieu dans un cabinet d'une des professions listées à cet article.

Cette garantie supplémentaire consiste, d'une part, en ce que celle-ci est effectuée par un magistrat et, d'autre part, en la présence de la personne responsable de l'ordre ou de l'organisation professionnelle à laquelle appartient l'intéressé ou de son représentant.

2064 Le Conseil d'État a précisé que le représentant de la profession ne saurait prendre d'abord connaissance des documents, les sélectionner et ne remettre au magistrat que ceux dont il estime qu'ils intéressent son enquête (CE, 15 mai 1987 : *Lebon*). C'est donc au magistrat de prendre connaissance des documents qu'il découvre et de solliciter l'avis du représentant de la profession. Ce dernier ne dispose, à la différence des cas prévus aux articles 56-1, 56-3 et 56-4, d'aucun pouvoir d'opposition. Tout au plus peut-il faire acter ses remarques sur le procès-verbal de perquisition.

3 Les locaux de presse

2065 **Les locaux protégés.** Il s'agit, au titre de l'article 56-2 du Code de procédure pénale, des « locaux d'une entreprise de presse, d'une entreprise de communication audiovisuelle, d'une entreprise de communication au public en ligne, d'une agence de presse, dans les véhicules professionnels de ces entreprises ou agences ou au domicile d'un journaliste lorsque les investigations sont liées à son activité professionnelle ». Certaines notions méritent d'être définies :

- l'entreprise de presse est définie par les articles 1er et 2 de la loi n° 86-897 du 1er août 1986 ;
- l'entreprise de communication audiovisuelle est définie par l'article 2 de la loi n° 86-1067 du 30 septembre 1986 ;
- le journaliste est défini par l'article 2 de la loi du 29 juillet 1881, catégorie dont font partie les correspondants de presse ou les journalistes d'investigations publiant des ouvrages et tirant la majorité de leurs revenus de leurs droits d'auteurs et le directeur de la publication d'un organe de presse.

2066 **Les garanties.** Elles sont similaires à celles de l'article 56-1 du Code de procédure pénale, s'agissant de la décision de perquisition, en ce qu'elles prévoient qu'elles « sont réalisées sur décision écrite et motivée du magistrat qui indique la nature de l'infraction ou des infractions sur lesquelles portent les investigations, ainsi que les raisons justifiant la perquisition et l'objet de celle-ci. Le contenu de cette décision est porté dès le début de la perquisition à la connaissance de la personne présente en application de l'article 57 ». Seuls le magistrat et la personne présente ont le droit de prendre connaissance des documents avant une éventuelle saisie, et il revient au magistrat de veiller « à ce que les investigations conduites respectent le libre exercice de la profession de journaliste, ne portent pas atteinte au secret des sources en violation de l'article 2 de la loi du 29 juillet 1881 sur la liberté de la presse et ne constituent pas un obstacle ou n'entraînent pas un retard injustifié à la diffusion de l'information ».

2067 **Exigence de la CEDH et liberté de la presse.** Dans son arrêt *Martin c/ France* (CEDH, 12 avr. 2012, n° 30002/08), la Cour européenne des droits de l'homme a notamment jugé que la perquisition effectuée dans des locaux d'une entreprise de presse devait être proportionnée au but recherché et ne pas porter atteinte à l'article 10 (§ 89), s'agissant d'une enquête pour recel de violation de secret.

4 Locaux abritant des éléments couverts par le secret de la défense nationale et les enceintes militaires

a) Les enceintes militaires

2068 L'article 698-3 du Code de procédure pénale dispose que :

> « Lorsque le procureur de la République, le juge d'instruction et les officiers de police judiciaire sont amenés, soit à constater des infractions dans les établissements militaires, soit à rechercher, en ces mêmes lieux, des personnes ou des objets relatifs à ces infractions, ils doivent adresser à l'autorité militaire des réquisitions tendant à obtenir l'entrée dans ces établissements.
>
> Les réquisitions doivent, sauf nécessité, préciser la nature et les motifs des investigations jugées nécessaires. L'autorité militaire est tenue de s'y soumettre et se fait représenter aux opérations.
>
> Le procureur de la République, le juge d'instruction et les officiers de police judiciaire veillent, en liaison avec le représentant qualifié de l'autorité militaire, au respect des prescriptions relatives au secret militaire. Le représentant de l'autorité militaire est tenu au respect du secret de l'enquête et de l'instruction ».

Le terme de réquisition peut surprendre puisque l'autorité militaire est obligée de s'y soumettre.

b) Lieux abritant des éléments couverts par le secret de la défense nationale

2069 L'article 56-4 du Code de procédure pénale, modifié à la suite d'une décision du Conseil constitutionnel de 2011 (Cons. const., 10 nov. 2011, n° 2011-192 QPC), encadre les perquisitions dans de tels lieux. Cet article prévoit deux situations qui aboutissent *in fine* aux mêmes garanties.

1) Lorsque les enquêteurs savent à l'avance que les lieux perquisitionnés abritent des éléments couverts par le secret de la défense nationale, art. 56-4, I

2070 La liste est établie par arrêté (A. 10 janv. 2018 modifiant A. 21 juin 2010 fixant, en application de l'article R. 2311-9-1 du Code de la défense, la liste des lieux abritant des éléments couverts par le secret de la défense nationale) du Premier ministre et la délimitation définie par décret (D. n° 2010-678, 21 juin 2010, relatif à la protection du secret de la défense nationale et C. défense, art. R. 2311-9-1). Dans ce cas, la perquisition ne peut être réalisée que par un magistrat en présence du président de la commission consultative du secret de la défense nationale ou de son représentant. Le procureur de la République prend une décision écrite, communiquée au président de la commission lui indiquant les éléments recherchés. Le magistrat doit en outre communiquer, au début de la perquisition, au président de la commission et au responsable des lieux, la nature de l'infraction justifiant les investigations, les raisons justifiant la perquisition, son objet et les lieux précisément visés.

2071 Seul le président de la commission peut prendre connaissance des éléments classifiés, le magistrat ne pouvant saisir que ceux qui se rapportent à l'objet de sa perquisition. Pour les saisies et la procédure de déclassification, V. *infra*, n° 2215.

2) Lorsque les enquêteurs découvrent à l'occasion de la perquisition que les lieux abritent des éléments couverts par le secret de la défense nationale, art. 56-4, II

> « Le magistrat présent sur le lieu ou immédiatement avisé par l'officier de police judiciaire en informe le président de la Commission du secret de la défense nationale. Les éléments classifiés sont placés sous scellés, sans en prendre connaissance, par le magistrat ou l'officier de police judiciaire qui les a découverts, puis sont remis ou transmis, par tout moyen en conformité avec la réglementation applicable aux secrets de la défense nationale, au président de la commission afin qu'il en assure la garde. Les opérations relatives aux éléments classifiés font l'objet d'un procès-verbal qui n'est pas joint au dossier de la procédure. La déclassification et la communica-

tion des éléments ainsi placés sous scellés relèvent de la procédure prévue par les articles L. 2312-4 et suivants du code de la défense » (V. *infra*, n° 3677).

5 Les locaux juridictionnels

2072 **Protection des locaux et du domicile.** L'article 56-5 du Code de procédure pénale a été introduit par la loi du 3 juin 2016 et protège « les locaux d'une juridiction ou [le] domicile d'une personne exerçant des fonctions juridictionnelles » dès lors que la perquisition vise « à la saisie de documents susceptibles d'être couverts par le secret du délibéré ». Si tel n'est pas l'objectif de la perquisition, alors celle-ci se déroulera selon les dispositions de droit commun.

2073 **Les garanties.** La perquisition « ne peut être effectuée que par un magistrat, sur décision écrite et motivée de celui-ci, en présence du premier président de la cour d'appel ou du premier président de la Cour de cassation ou de son délégué. Cette décision indique la nature de l'infraction sur laquelle portent les investigations, les raisons justifiant la perquisition et l'objet de celle-ci. Le contenu de la décision est porté dès le début de la perquisition à la connaissance du premier président ou de son délégué par le magistrat. Celui-ci, le premier président ou son délégué ont seuls le droit de consulter ou de prendre connaissance des documents ou des objets se trouvant sur les lieux préalablement à leur éventuelle saisie ». Enfin, « le magistrat qui effectue la perquisition veille à ce que les investigations conduites ne portent pas atteinte à l'indépendance de la justice » (Cass. crim., 22 mars 2016, n° 15-83.207 : *Bull. crim.* n° 92).

IV Déroulement de la perquisition

2074 Nous évoquerons ici la compétence matérielle des enquêteurs à procéder à une perquisition, ainsi que la question de l'entrée dans les lieux et la rédaction du procès-verbal.

A Qui peut procéder à une perquisition ?

1 La compétence de l'officier de police judiciaire

a) Enquête de flagrance et instruction

2075 Les articles 53 et 56, pour la flagrance et l'article 152 du Code de procédure pénale, pour l'instruction, donnent compétence exclusive à l'officier de police judiciaire pour procéder à une perquisition. Le fait que ce dernier soit le seul à pouvoir diligenter cet acte d'enquête tient notamment à ce qu'il utilise la contrainte pour y procéder. Cette contrainte se traduit *a minima* par l'absence d'assentiment de la personne chez qui se déroule la perquisition, mais peut aussi conduire à exercer une coercition physique.
Toutefois, s'il revient à l'officier de police judiciaire d'acter à son nom le procès-verbal de perquisition, rien ne lui interdit de se faire assister d'agents de police judiciaire, dont l'une des missions est, aux termes de l'article 20 du Code de procédure pénale, de seconder les officiers de police judiciaire.
Ce principe tend quelque peu à s'effriter suite à la loi du 24 janvier 2023. En effet, l'article 57-1 du Code de procédure pénale prévoit la compétence de l'agent de police judiciaire :
– sous la responsabilité de l'officier de police judiciaire pour réaliser la perquisition informatique prévue par ce texte ;
– sous le contrôle de l'officier de police judiciaire, pour requérir toute personne susceptible :

> « 1° D'avoir connaissance des mesures appliquées pour protéger les données auxquelles il est permis d'accéder dans le cadre de la perquisition ;
> 2° De leur remettre les informations permettant d'accéder aux données stockées dans ledit système ou dans un autre système informatique ».

De même, l'agent de police judiciaire peut réaliser une perquisition informatique lors d'une instruction, sous le contrôle de l'officier de police judiciaire (V. *supra*, n° 196).

b) Enquête préliminaire

2076 L'article 76 du Code de procédure pénale ne précise pas quels enquêteurs peuvent procéder à une perquisition. Toutefois, il se déduit de l'article 75 que la perquisition peut être réalisée par un agent de police judiciaire, sous le contrôle de l'officier de police judiciaire. Tel est le point de vue de la chambre criminelle. Elle impose cependant un contrôle de l'officier de police judiciaire, qui peut être établi par une mention expresse au procès-verbal de perquisition ou peut résulter, à défaut, d'une mention spécifique dans les pièces de procédure (Cass. crim., 7 déc. 2021, n° 20-82.733).

2077 À l'inverse, lorsque la perquisition est autorisée par le juge des libertés et de la détention, l'article 76 du Code de procédure pénale semble devoir être compris comme confiant au seul officier de police judiciaire la possibilité de procéder à celle-ci.

c) Enquêtes spéciales

Depuis la loi n° 2023-22 du 24 janvier 2023, les agents de police judiciaire peuvent sous le contrôle de l'officier de police judiciaire procéder aux enquêtes prévues aux articles 74 et 74-1du Code de procédure pénale (V. *supra*, n°s 1087 et 1172) et donc, à ce titre, effectuer des perquisitions. On observera ici que dans ce cas, l'agent de police judiciaire peut ainsi procéder à une perquisition sans assentiment sous le seul contrôle de l'officier de police judiciaire et indépendamment de toute autorisation judiciaire préalable. En effet, l'autorisation du procureur de la République n'est requise que pour l'ouverture de ces deux enquêtes. En revanche, une telle possibilité n'est pas ouverte à l'agent de police judiciaire lorsqu'il participe à une enquête prévue à l'article 74-2.

2 Les autres personnes présentes

2078 Comme nous l'avons indiqué *supra*, les tiers ne sont pas autorisés à assister à la perquisition afin que soit respecté le secret de l'enquête ou de l'instruction (V. *supra*, n°s 1443 et 2040). Pour autant, les enquêteurs peuvent s'adjoindre l'appui opérationnel d'agents de police judiciaire et d'agents de police judiciaire adjoints. Ces derniers, membres de la police judiciaire au sens de l'article 15 du Code de procédure pénale, ne sont naturellement pas soumis aux restrictions précédentes. Il en va de même des membres des unités d'intervention qui peuvent être sollicités afin de prêter main-forte aux enquêteurs lorsque la perquisition se déroule dans des circonstances où il existe un risque physique à l'égard des enquêteurs ou qu'elle nécessite au préalable l'interpellation de l'occupant puis, éventuellement, sa surveillance le temps qu'il assiste à la perquisition.

2079 **Les fonctionnaires de l'article 28.** L'article 56 du Code de procédure pénale précise que l'officier de police judiciaire a « avec les personnes désignées à l'article 57 du présent code, les fonctionnaires et agents agissant dans les conditions prévues au troisième alinéa de l'article 28 et celles auxquelles il a éventuellement recours en application de l'article 60, le droit de prendre connaissance des papiers, documents ou données informatiques avant de procéder à leur saisi ». Ces dispositions valent pour les perquisitions réalisées dans le cadre de l'enquête préliminaire et dans le cadre d'une instruction, les articles 76 et 96 précisant que l'article 56 est applicable aux perquisitions réalisées dans ces deux cadres juridiques.
Enfin, des personnes requises au titre des articles 60, 77-1 ou 151 du Code de procédure pénale peuvent participer à ces opérations de perquisition lorsqu'elles nécessitent de mobiliser des technicités particulières (Cass. crim., 22 févr. 1996, n° 95-85.861. – Cass. crim., 6 févr. 1997, n° 96-84.012. – Cass. crim., 17 oct. 1994, n° 94-82.780).

B Comment entrer dans les lieux

1 Consentement à l'entrée dans les lieux

2080 Selon la jurisprudence constante de la chambre criminelle, le pouvoir de pénétrer dans des locaux ou le consentement d'un particulier pour entrer dans son domicile n'emporte pas celui d'y opérer des perquisitions et des saisies (Cass. crim., 19 juin 1957 : *Bull. crim.* n° 507). L'autorisation de pénétrer dans un domicile ne saurait être confondue avec l'autorisation de perquisitionner, ainsi que l'a affirmé la chambre criminelle qui a rappelé qu'« on ne saurait déduire du fait que (...) aurait été invité par (...) à pénétrer chez lui, un consentement quelconque à une perquisition ».

2 Usage de la contrainte

2081 La perquisition nécessite une entrée dans les lieux qui peut se faire avec ou sans l'usage de la contrainte. Si cette contrainte peut découler du seul fait que l'assentiment de la personne n'est pas sollicité, il arrive aussi que les enquêteurs soient obligés d'employer la coercition physique pour entrer dans le lieu privé et clos.
Il peut être recouru à la contrainte chaque fois que l'assentiment n'est pas requis, soit en flagrance, soit sur autorisation du juge des libertés et de la détention en enquête préliminaire, soit sur commission rogatoire.
Cet usage de la contrainte doit toutefois respecter les principes de nécessité et de proportionnalité

conformément à l'article préliminaire du Code de procédure pénale.

2082 **Bris de porte.** Cependant, dans la pratique, y compris dans le cadre de l'enquête de flagrance, les enquêteurs avertissent *a minima* voire sollicitent l'accord du magistrat pour recourir à cette coercition. Cette courtoisie découle plus de contraintes budgétaires que légales puisque les frais afférents à l'ouverture ou au démontage d'une porte d'entrée constituent des frais de justice (CPP, art. R. 92, 6°) lorsque cette opération, menée avec l'accord préalable au moins verbal du magistrat, est nécessaire au bon déroulement d'une enquête. Dans ce cas, la remise en état des biens endommagés obéit à des règles spécifiques et suit une procédure d'indemnisation directement mise en œuvre par les services du ministère de la justice sur demande de la victime du dommage.

CONSEIL Il n'appartient pas au service enquêteur de faire procéder à la réparation d'initiative. Il doit se limiter à faire procéder à la fermeture des lieux et à indiquer à la victime du dommage les démarches à entreprendre consistant à adresser un courrier à la Direction des Services judiciaires du ministère de la Justice afin de solliciter le remboursement de frais occasionnés par la réparation.

2083 **Communication du code de déverrouillage.** Nous l'avons vu, l'exploitation d'un téléphone portable est assimilée à une perquisition (V. *supra*, n° 1966). Il s'ensuit qu'au cours d'une enquête préliminaire, le consentement de la personne concernée est requis pour que l'enquêteur déverrouille ce téléphone et le fouille. Pourtant le refus de communiquer le code de déverrouillage constitue une infraction pénale. Cette apparente contradiction n'est pas résolue en l'état.

CONSEIL En tout état de cause, lorsque la personne concernée communique son code de déverrouillage et consent à la fouille à l'intérieur du téléphone, il est recommandé de lui faire signer un assentiment exprès à fouiller le téléphone.

3 Rétention lors de la perquisition

2084 Il est de jurisprudence constante que la perquisition, lorsqu'elle se déroule sans l'assentiment de la personne, n'impose pas que celle-ci soit placée préalablement en garde à vue (Cass. crim., 12 déc. 2000, n° 00-80.172). Toutefois, la question du maintien de la personne à disposition de l'enquêteur nécessite parfois un certain degré de coercition. Plusieurs cas sont à distinguer :

a) La personne accepte de rester volontairement à la disposition des enquêteurs

2085 Dans ce cas, la jurisprudence relève que le temps de rétention est décompté de la durée de la garde à vue lorsqu'elle succède immédiatement à la perquisition (Cass. crim., 12 déc. 2000, n° 00-83.852).

b) La personne ne souhaite pas rester à disposition des enquêteurs

2086 Nous sommes ici dans le cas d'une perquisition sans assentiment : les enquêteurs peuvent ordonner à la personne concernée de rester sur place pour assister à la perquisition ainsi que le prévoit le dernier alinéa de l'article 56 auquel il est renvoyé par les articles 76, alinéa 3 et 96, alinéa 4 du Code de procédure pénale. La circulaire de la direction des affaires criminelles et des grâces indique utilement que :

> « Dans ce cas, si une garde à vue se révèle ultérieurement nécessaire, le temps de la rétention pendant la perquisition sera déduit du délai de garde à vue. Il conviendra sur ce point d'exiger des enquêteurs qu'ils informent le procureur de la République ou le juge d'instruction de la rétention d'une personne à laquelle ils doivent recourir en application de l'article 56 dernier alinéa. S'il apparaît en effet qu'il existe à l'encontre de cette dernière des éléments suffisants pour justifier son placement en garde à vue, il devra être recouru immédiatement à cette mesure. Dans le cas contraire, cela reviendrait à opérer un détournement de procédure entraînant une notification tardive des droits ».

2087 L'imputation du temps de rétention sur la durée de la garde à vue qui lui succède immédiatement est une jurisprudence constante de la chambre criminelle, mais semble désormais pouvoir se fonder sur le III de l'article 63 du Code de procédure pénale qui dispose que « si, avant d'être placée en garde à vue, la personne a été appréhendée ou a fait l'objet de toute autre mesure de contrainte pour ces mêmes faits, l'heure du début de la garde à vue est fixée, pour le respect des durées prévues au II du présent article, à l'heure à partir de laquelle la personne a été privée de liberté ».

c) La personne est placée en garde à vue préalablement aux opérations de perquisition

2088 Cette hypothèse est fréquente et suppose que les conditions de l'article 62-2 du Code de procédure pénale soient remplies, autrement dit qu'il existe déjà des raisons plausibles de soupçonner que la personne a commis ou tenté de commettre une infraction punie d'une peine d'emprisonnement. Au titre des objectifs que doit viser le placement en garde à vue, l'enquêteur pourra notamment indiquer dans son procès-verbal : « 1° Permettre l'exécution des investigations impliquant la présence ou la participation de la personne ».

De même, si de telles raisons plausibles apparaissent au cours de la perquisition et que les enquêteurs souhaitent contraindre la personne à demeurer à leur disposition, ils peuvent la placer en garde à vue (Cass. crim., 12 juin 2013, n° 13-80.893).

2089 **Interdiction de toute audition pendant la perquisition.** L'avocat n'assiste pas aux opérations de perquisition, quand bien même celles-ci ont lieu au cours de la mesure de garde à vue. La circulaire de la direction des affaires criminelles et des grâces précise que :

> « La représentation des objets saisis, prévue par le dernier alinéa de l'article 54 du Code de procédure pénale (non modifié par la loi du 14 avril), en l'absence d'avocat, paraît également toujours possible, dans la mesure où les dispositions nouvelles du Code de procédure pénale garantissent à toute personne gardée à vue le droit à un procès équitable. D'une part, la représentation d'objets saisis doit se comprendre comme une interpellation relative à un objet qui ne doit pas appeler d'explications longues et détaillées. D'autre part, le droit de garder le silence a été nécessairement notifié à la personne gardée à vue. Celle-ci est donc libre de se taire pendant toute la perquisition. Enfin, le dernier alinéa de l'article préliminaire du Code de procédure pénale, issu de l'article 1er de la loi, dispose qu'en "matière criminelle et correctionnelle, aucune condamnation ne peut être prononcée contre une personne sur le seul fondement de déclarations qu'elle a faites sans avoir pu s'entretenir avec un avocat et être assistée par lui". Il résulte des dispositions du dernier alinéa de l'article préliminaire du Code de procédure pénale que les déclarations faites par la personne gardée à vue lors de la représentation d'objets ne sauraient suffire à asseoir, à elles seules, l'accusation et devront être corroborées par d'autres éléments de preuve. Il importe de rappeler que l'officier ou l'agent de police judiciaire, de retour au service, peut entendre, le cas échéant en présence de l'avocat, la personne gardée à vue pour lui demander de confirmer les déclarations qu'elle a faites au cours de la perquisition. Les droits de la personne gardée à vue sont ainsi sauvegardés comme est préservée l'indispensable efficacité des investigations » (V. *infra*, nos 2975 et s.).

La chambre criminelle a jugé, à l'occasion d'une question prioritaire de constitutionnalité portant sur la conformité de l'absence d'avocat lors de la perquisition, que :

> « 7. La question posée ne présente pas un caractère sérieux, dès lors que la personne gardée à vue se voit notifier, dès le début de la mesure de garde à vue, le droit de se taire au cours de ses auditions, que l'objet d'une mesure de perquisition tend à la recherche d'indices de commission d'une infraction et non au recueil de déclarations de la personne gardée à vue, sous la réserve des réponses non incriminantes qu'elle peut faire aux questions posées sur le fondement de l'article 54, dernier alinéa, du Code de procédure pénale en vue de la reconnaissance des objets saisis, qui ne constituent pas des auditions, et que le Conseil constitutionnel, comme la Cour de cassation, prohibent l'interrogatoire ou le recueil de déclarations de la personne qui serait réalisé en dehors du cadre légal de l'audition de garde à vue et ferait l'objet, dans la procédure, d'un acte de transcription des propos tenus à cette occasion » (Cass. crim., 20 avr. 2022, n° 22-90.002).

CONSEIL D'une manière générale, y compris au cours d'une perquisition réalisée en dehors d'une mesure de garde à vue, il est recommandé de ne pas solliciter d'explication lors de cet acte d'enquête qui doit rester un acte matériel de recherche de preuves. Si la personne devait faire des déclarations lors d'une perquisition, il y a lieu de lui rappeler qu'elle sera auditionnée ultérieurement, tout en veillant lors de cette audition à lui faire répéter ses déclarations. La reconnaissance qui doit être faite au titre de l'article 54 du Code de procédure pénale ne consiste qu'à confirmer que les objets ont bien été trouvés lors de la perquisition et aucunement qu'ils appartiennent ou pas à la personne présente.

C Rédaction du procès-verbal de perquisition

2090 La rédaction du procès-verbal de perquisition est facilitée par l'utilisation du logiciel de rédaction des procédures, ce qui ne dispense pas l'enquêteur de veiller à la cohérence de son procès-verbal.

1 Les mentions obligatoires

2091 Outre les dispositions communes à la rédaction des procès-verbaux qui font l'objet d'une fiche dédiée (V. *supra*, n°s 1534 et s.), l'article 57 du Code de procédure pénale indique, dans son dernier alinéa, que « le procès-verbal de ces opérations, dressé ainsi qu'il est dit à l'article 66, est signé par les personnes visées au présent article ; au cas de refus, il en est fait mention au procès-verbal ». La chambre criminelle jugeait, à l'époque où le texte prévoyait la rédaction « sur-le-champ » que l'exigence d'immédiateté de l'établissement de ce procès-verbal n'était pas prescrite à peine de nullité (Cass. crim., 8 oct. 1985, n° 84-95.606 et Cass. crim., 9 janv. 2018, n° 17-82.946). Le législateur a entériné cette jurisprudence en modifiant l'article 66 du Code de procédure pénale qui prévoit désormais que les procès-verbaux doivent être rédigés sur-le-champ ou dès que possible. Ainsi, doivent figurer de manière spécifique au procès-verbal de perquisition :
– le lieu exact de la perquisition ;
– l'identité de la personne chez qui la perquisition a lieu, et s'il s'agit d'une personne différente, l'identité de la personne y assistant ainsi que la modalité de sa désignation – et notamment la caractérisation de l'impossibilité prévue à l'article 57 (V. *supra*, n° 2033) – et sa signature sur chaque feuillet ;
– les horaires de début et de fin de la perquisition ;
– la qualité de l'enquêteur qui procède à la perquisition et sa signature. À cet égard, est régulier le procès-verbal d'une perquisition signé, sur chaque feuillet, par certains des policiers qui y participaient du moment que parmi les signataires figurait l'officier de police judiciaire rédacteur et délégué par le juge d'instruction (Cass. crim., 19 oct. 1995, n° 94-81.397) ;
– le déroulement des opérations de perquisition et, le cas échéant, donner la liste des objets saisis.

2092 **Cas particulier de la reconnaissance prévue à l'article 54 du Code de procédure pénale.** L'article 56 du Code de procédure pénale ne renvoie pas à l'article 54. Pourtant, les procès-verbaux de perquisition contiennent la mention « présentation pour reconnaissance » et les arrêts de la chambre criminelle y font régulièrement référence (Cass. crim., 6 févr. 2018, n° 17-84.380. – V. *supra*, n° 2089). Ainsi que nous l'avons indiqué, cette « reconnaissance » n'est pas une auto-incrimination consistant à reconnaître que les objets découverts appartiennent à telle ou telle personne, le cas échéant à la personne qui assiste à la perquisition, mais opère tel un gage d'authenticité. Cette reconnaissance vise seulement à attester de ce que les objets ont bien été découverts à l'occasion de la perquisition. Aussi, ce « certificat d'authenticité » nous semble plus attaché à la force probante des éléments saisis qui pourra être discutée devant le juge, qu'à constituer une condition de recevabilité de la preuve recueillie à cette occasion (V. *infra*, n°s 2125, 2230 et 2976).

2 Les mentions utiles

2093 Il est utile de viser dans le procès-verbal l'ordonnance du magistrat qui a autorisé la perquisition (V. *supra*, n° 2010) et de préciser s'il s'agit de perquisitions dérogatoires (V. *supra*, n° 1980 et n°s 2046 et s.).
Cette autorisation peut être utilement jointe au procès-verbal, mais le magistrat du parquet ou le juge d'instruction pourra aussi la joindre à la procédure au moment où il recevra la procédure. Mais surtout, il nous semble particulièrement utile de mentionner au procès-verbal toutes les personnes présentes, en plus de celles dont la présence est obligatoire et leur qualité (personne requise, maître de chien et chien, fonctionnaires de l'article 28 du Code de procédure pénale), et éventuellement l'appui opérationnel d'unités d'intervention sans qu'il soit nécessaire de citer exhaustivement les noms des fonctionnaires ou militaires les composant (V. *supra*, n° 1539 et *infra*, n° 3979).
Enfin, il y a lieu d'acter tout incident intervenu au cours de la perquisition.

D Voie de recours

2094 L'article 802-2 du Code de procédure pénale crée un mécanisme original en permettant qu'une personne qui a fait l'objet d'une perquisition puisse formuler une demande d'annulation de cet acte quand bien même elle ne serait pas, *in fine*, poursuivie devant une juridiction d'instruction ou de jugement.

2095 Autrement dit, ce texte ouvre une voie de recours à une personne qui est « tiers » à la procédure, ou en tout cas, qui n'est pas mise en cause. Cet article détaille la procédure de cette demande d'annulation qui se fait par voie de requête au greffe de la juridiction où la procédure a été menée ou, à défaut, de la juridiction dans le ressort de laquelle la mesure a été réalisée.
L'article 802-2 du Code de procédure pénale précise utilement que :
– la requête ne peut intervenir au plus tôt que six mois après l'accomplissement de la perquisition

Perquisitions – Visites domiciliaires

et dans un délai d'un an à compter de la date à laquelle la personne a eu connaissance de cette mesure. Cette dernière disposition permet de ne pas obérer les droits de la personne qui n'aura pas eu connaissance de la perquisition dès sa réalisation parce qu'elle aura été effectuée en présence de deux témoins en raison de son absence et qu'elle ne découvrira qu'à son retour qu'une perquisition a eu lieu ;

– la requête n'a aucun effet suspensif sur l'enquête ou l'instruction en cours ;

– si la perquisition est intervenue à l'occasion d'une procédure pour laquelle des poursuites ont été engagées à l'encontre d'autres personnes que celle ayant formé la demande d'annulation, celle-ci est transmise par le juge des libertés et de la détention soit au président de la chambre de l'instruction lorsqu'une instruction est en cours, soit au président de la juridiction de jugement lorsque celle-ci est saisie ;

– le requérant ne peut prétendre qu'à la mise à disposition des seules pièces de la procédure se rapportant à la perquisition qu'il conteste.

Enfin, la requête est examinée par le juge des libertés et de la détention dans un délai d'un mois. Sur requête du procureur de la République, le délai peut être ramené à huit jours si les nécessités de l'enquête le justifient.

L'ESSENTIEL **2096** La perquisition est un acte d'investigation essentiel de l'enquête judiciaire en ce qu'elle permet la recherche active d'éléments probants dans un « domicile ». Mais aux côtés de cette perquisition probatoire existe également une perquisition à des fins confiscatoires (V. *supra*, n° 1934).

2097 La chambre criminelle définit la perquisition comme un acte d'investigation judiciaire qui « implique la recherche, à l'intérieur d'un lieu normalement clos, notamment au domicile d'un particulier, d'indices permettant d'établir l'existence d'une infraction ou d'en déterminer l'auteur ». Elle précise toutefois sa définition en indiquant que la perquisition est une « fouille » (V. *supra*, n° 1938), en d'autres termes, une recherche active qui permet de la distinguer des autres actes d'enquêtes que sont les constatations (V. *supra*, n° 1941), la remise volontaire (V. *supra*, n° 1943), les mesures de sécurité (V. *supra*, n° 1944), la captation d'images et la sonorisation (V. *supra*, n° 1945).

2098 La jurisprudence a constamment étendu la notion de domicile qui est le lieu où se déroule souvent la perquisition tout en assimilant régulièrement certains actes d'investigation à des perquisitions.

2099 La perquisition domiciliaire est celle qui se déroule dans un lieu normalement clos, un lieu privé (V. *supra*, nos 1947 et s.). La chambre criminelle juge que « le terme domicile ne désigne pas seulement le lieu où une personne a son principal établissement, mais encore le lieu, qu'elle y habite ou non, où elle a le droit de se dire chez elle, quels que soient le titre juridique de son occupation et l'affectation donnée aux locaux ». Les exemples d'assimilation au domicile sont nombreux et relèvent essentiellement de la casuistique. Mais les critères ne sont pas très nets et il semble que la jurisprudence de la chambre criminelle, sous l'influence de la Cour européenne des droits de l'homme, entende désormais comme domicile pouvant faire l'objet d'une perquisition, tout lieu privé (V. *supra*, nos 1953 et s.).

2100 **La perquisition non domiciliaire.** Il s'agit des cas où des recherches actives, bien que ne se déroulant pas dans un lieu privé, sont assimilées par la loi ou la chambre criminelle à une perquisition : messages stockés sur un serveur informatique, perquisition informatique, fouille ou visite de véhicule (V. *supra*, nos 1958 et s.), mais aussi fouille corporelle ou fouille dans des objets personnels (V. *supra*, nos 1965 et s.).

2101 Les conditions de mise en œuvre de la perquisition tiennent à sa nécessité, aux horaires et à la présence de l'occupant. L'enquêteur n'a pas à « motiver » la nécessité de la perquisition mais celle-ci doit avoir une utilité, à savoir être justifiée par la recherche d'éléments probants ou par des fins confiscatoires (V. *supra*, nos 1970 et s.).

2102 Conformément à l'article 59 du Code de procédure pénale, la perquisition domiciliaire doit débuter entre 6 heures et 21 heures (V. *supra*, n° 1977), sauf réclamation faite de l'intérieur. Des perquisitions nocturnes peuvent être effectuées, mais elles s'inscrivent dans le cadre de régimes dérogatoires prévus aux articles 706-28, 706-35 et 706-89 à 706-92 du Code de procédure pénale (V. *supra*, nos 1981 et s.). Les perquisitions non domiciliaires peuvent être effectuées en dehors des heures légales fixées par l'article 59 du Code de procédure pénale (V. *supra*, nos 1998 et s.).

2103 Dans le cadre de l'enquête préliminaire, la perquisition nécessite de recueillir l'assentiment exprès de la personne chez qui la perquisition a lieu (V. *supra*, n° 2003). Les enquêteurs peuvent y déroger sur autorisation du juge des libertés et de la détention, dès lors que la peine encourue pour l'infraction objet de l'enquête est d'au moins trois ans. La décision du magistrat doit être écrite, motivée et intervenir antérieurement à l'acte de perquisition (V. *supra*, n°s 2008 et s.).

2104 La perquisition doit s'effectuer en présence constante de l'occupant des lieux et, en cas d'impossibilité, qui doit être caractérisée par les enquêteurs, en présence du représentant qu'elle a désigné, ou à défaut de deux témoins (V. *supra*, n°s 2016 et s.). Seule incombe aux enquêteurs une obligation de moyens lorsqu'il s'agit de déterminer la personne qui est l'occupante des lieux. Ils ne sont pas juges de la licéité du titre d'occupation d'un lieu. Cependant, lorsque la perquisition porte sur un « objet », la personne présente est celle qui dispose de l'objet au moment où a lieu la perquisition.

2105 Lorsque la perquisition concerne un lieu occupé par un majeur protégé, il y a lieu, conformément à l'article 706-112-1 du Code de procédure pénale, d'en informer le curateur ou le tuteur (V. *supra*, n° 2030). L'assentiment du majeur protégé ne peut être donné qu'après qu'il a pu s'entretenir avec son tuteur ou son curateur.

2106 Aucune personne autre que les enquêteurs, la personne présente et celles autorisées au titre de la loi ne peuvent assister à une perquisition. Les journalistes ne peuvent y assister même avec l'autorisation du magistrat (V. *supra*, n° 2040).

2107 **Perquisition aux seules fins de confiscation.** Cette perquisition particulière connaît les mêmes exigences que la perquisition probatoire. Cependant, si elle est effectuée en vue d'une saisie de patrimoine au sens des alinéas 5 et 6 de l'article 131-21 du Code pénal, elle doit être autorisée par le procureur qui dirige l'enquête préliminaire ou de flagrance et, au cours d'une instruction, comme toutes les perquisitions, par le juge d'instruction (V. *supra*, n°s 2041 et s.).

2108 Lorsque la perquisition est à visée confiscatoire et qu'elle est autorisée par le juge des libertés et de la détention en enquête préliminaire, l'article 76, alinéa 3 ne prévoit pas, comme en matière probatoire, de seuil de gravité de l'infraction objet de l'enquête.

2109 Certains lieux font l'objet d'une protection particulière :

– les locaux diplomatiques (V. *supra*, n°s 2048 et s.), régis par le principe de l'inviolabilité des locaux professionnels et du domicile du chef de la mission diplomatique ;

– seuls les locaux professionnels consulaires et ceux de l'Union européenne sont protégés à l'exclusion des domiciles ;

– locaux des assemblées et de la présidence de la République. Aucun texte spécifique ne régit les perquisitions dans ces lieux, mais une autorisation semble devoir être *a minima* sollicitée en ce qu'elle serait fondée sur le principe de séparation des pouvoirs (V. *supra*, n° 2051) ;

– locaux universitaires. À nouveau, il semble qu'une autorisation soit recommandée, à tout le moins une information préalable (V. *supra*, n° 2052) ;

– le cabinet, le domicile des avocats, les locaux de l'ordre des avocats et les caisses de règlement pécuniaire des avocats : l'article 56-1 du Code de procédure pénale régit cette perquisition qui ne peut être autorisée que par le juge des libertés et de la détention ou le président du tribunal et exécutée que par le magistrat en charge de l'enquête et en présence du bâtonnier ou de son délégué ; la protection du secret professionnel de la défense s'étend au lieu où se trouvent des documents relatifs à ce secret (V. *supra*, n°s 2054 et s.) ;

– le cabinet des médecins, notaires et huissiers fait également l'objet de dispositions protectrices prévues à l'article 56-3 du Code de procédure pénale. Elles imposent que la perquisition soit réalisée par un magistrat en présence d'une personne responsable de l'ordre ou de l'organisation professionnelle à laquelle appartient l'intéressé ou de son représentant (V. *supra*, n° 2063) ;

– les locaux de presse, protégés au titre de l'article 56-2 du Code de procédure pénale, bénéficient de garanties de même type que celles de l'article 56-1. La perquisition doit faire l'objet d'une décision écrite et motivée du magistrat qui dirige l'enquête et se fait en sa présence et en celle du journaliste (V. *supra*, n°s 2065 et s.) ;

– les enceintes militaires ne sont soumises à aucune protection particulière si ce n'est l'information préalable de l'autorité militaire (V. *supra*, n° 2068) ;

– les locaux abritant des éléments couverts par le secret de la défense nationale font l'objet d'une protection particulière prévue à l'article 56-4 du Code de procédure pénale. La perquisition ne peut être réalisée que par un magistrat en présence du président de la commission consultative du secret de la défense nationale ou de son représentant. Le procureur de la République ou le juge d'instruction prend une décision écrite, communiquée au président de la commission lui indiquant les éléments recherchés (V. *supra*, n°s 2070 et s.) ;

– les locaux juridictionnels sont protégés par l'article 56-5 du Code de procédure pénale. La perquisition « ne peut être effectuée que par un magistrat, sur décision écrite et motivée de celui-ci, en présence du premier président de la cour d'appel ou du premier président de la Cour de cassation ou de son délégué » (V. *supra*, n°s 2072 et s.).

2110 En flagrance, en enquête préliminaire sur autorisation du juge des libertés et de la détention et dans le cadre de l'instruction, seul l'officier de police judiciaire peut procéder à une perquisition. L'agent de police judiciaire peut l'assister lors de ces opérations mais ne peut acter en son nom propre. L'agent de police judiciaire peut toutefois procéder à une perquisition informatique, quel que soit le cadre juridique, sous le contrôle de l'officier de police judiciaire.

L'agent de police judiciaire peut, sous le contrôle de l'officier de police judiciaire, réaliser une perquisition soumise à assentiment (V. *supra*, n°s 2075 et s.).

D'autres personnes peuvent assister les enquêteurs pendant la perquisition, comme les personnes requises, d'autres membres des forces de l'ordre (maître de chien, unités d'intervention), les fonctionnaires de l'article 28 du Code de procédure pénale.

2111 Rappelons que l'autorisation d'entrée dans les lieux ne vaut pas assentiment de perquisitionner. L'entrée dans les lieux d'une perquisition peut parfois nécessiter de recourir à la contrainte. Les principes de nécessité et de proportionnalité sont alors applicables. Rappelons que le Code de procédure pénale prévoit que les dommages causés à cette occasion relèvent des frais de justice (V. *supra*, n° 2080).

2112 Dès lors que la perquisition se fait sans assentiment, le Code de procédure pénale prévoit que la personne peut être retenue sur place par décision de l'officier de police judiciaire. En effet, rien n'impose à l'enquêteur de placer en garde à vue une personne dont le domicile est perquisitionné et contre laquelle il n'existe aucun soupçon. En revanche, l'officier de police judiciaire pourra la placer en garde à vue, si les conditions de l'article 62-2 du Code de procédure pénale sont remplies et si cette personne risque de ne pas vouloir rester à la disposition de l'enquêteur (V. *supra*, n°s 2084 et s.).

2113 La perquisition étant un acte d'enquête matériel, il n'y a pas lieu à poser des questions lors du déroulement de celle-ci (V. *supra*, n° 2089).

2114 Quant à la rédaction du procès-verbal de perquisition, le logiciel de rédaction de procédures indique automatiquement les mentions obligatoires et prescrites à peine de nullité devant figurer en procédure (V. *supra*, n°s 2091 et s.). Il y a lieu d'y faire figurer tous les incidents qui émaillent éventuellement la perquisition.

2115 L'article 802-2 du Code de procédure pénale ouvre une voie de recours au bénéfice des personnes chez qui il a été procédé à une perquisition mais qui ne sont pas poursuivies.

POUR ALLER PLUS LOIN...

Fascicules JurisClasseur

- *JCl. Procédure pénale*, Art. 92 à 98, *Transport, perquisitions et saisies*, par J. Dumont et A. Bonnet.
- *JCl. Procédure pénale*, Art. 75 à 78, fasc. 20, *Enquête préliminaire*, par V. Lesclous.
- *JCl. Procédure pénale*, Art. 53 à 73, fasc. 20.

Ouvrages

- J. Buisson, *L'acte de police judiciaire*, thèse, Lyon II, 1988, t. 2, p. 657.
- F. Desportes et L. Lazerges-Cousquer, *Traité de procédure pénale*, Economica, 4e éd., 2015, n°s 2328 et s., 2268, 2361 et s.
- F. Desportes et L. Lazerges-Cousquer, *Traité de procédure pénale*, Economica, 2e éd., 2012, n° 2330.
- F. Desportes et L. Lazerges-Cousquer, *Traité de procédure pénale*, Economica, 2e éd., 2012, n°s 2356 et s.
- F. Desportes et L. Lazerges-Cousquer, *Traité de procédure pénale*, Economica, 2e éd., 2012, n° 2331.
- F. Desportes et L. Lazerges-Cousquer, *Traité de procédure pénale*, Economica, 2e éd., 2012, n° 2334.
- F. Desportes et L. Lazerges-Cousquer, *Traité de procédure pénale*, Economica, 2e éd., 2012, n° 2357.
- F. Desportes et L. Lazerges-Cousquer, *Traité de procédure pénale*, Economica, 2e éd., 2012, n° 2340.

• F. Desportes et L. Lazerges-Cousquer, *Traité de procédure pénale*, Economica, 2e éd., 2012, n° 2347.
• F. Desportes et L. Lazerges-Cousquer, *Traité de procédure pénale*, Economica, 2e éd., 2012, n° 2350.
• F. Desportes et L. Lazerges-Cousquer, *Traité de procédure pénale*, Economica, 2e éd., 2012, n° 2348.
• J.-Y. Maréchal, *Le régime juridique de l'exploitation des données d'un téléphone portable*, Lexis360, 11 févr. 2021.
• H. Matsopoulou, *Les enquêtes de police*, LGDJ, 1996, p. 548.

Revue

• H. Vlamynck, *Le policier et le principe de l'inviolabilité du domicile : AJ pénal* 2011, 352.

Circulaires

• Circ. DACG n° 97-13 E1, 24 nov. 1997.
• Circ. DACG, 2 sept. 2004 (NOR : JUSD0430177C), p. 42.
• Circ. DACG, 21 sept. 2004 de présentation des dispositions générales de procédure pénale de la loi du 9 mars 2004 applicables à compter du 1er octobre 2004 (NOR : JUSD0430184C).
• Circ. DACG, 28 févr. 2022 présentant les dispositions de la loi n° 2021-1729 du 22 décembre 2021 pour la confiance dans l'institution judiciaire renforçant la protection des droits de la défense (NOR : JUSD2206745C), p. 6 et 7.

Fiche 48

Présentation des saisies

2116 Qu'est-ce qu'une saisie ? La saisie est généralement présentée comme le placement sous main de justice d'un objet, d'un bien, d'un document. La saisie a pour effet de rendre le bien indisponible.

2117 Perquisition et saisie. Même si le Code de procédure pénale ne semble envisager la saisie que comme la suite d'une perquisition, il est tout à fait possible d'opérer une saisie en dehors de toute perquisition.
Lorsqu'un enquêteur se rend sur une scène de crime dans un lieu public et qu'il appréhende des objets utiles à la manifestation de la vérité, il procède bel et bien à des saisies en dehors de toute perquisition (V. *supra*, n°s 1824, 1846, 1875).
Quand une personne remet spontanément à un enquêteur ou à un magistrat un objet nécessaire à la manifestation de la vérité, cet objet a vocation à être saisi alors qu'il n'a nullement été trouvé au cours d'une perquisition.
La chambre criminelle, souvent saisie de pourvois soutenant que l'appréhension d'un objet ou d'un document par l'enquêteur est le fruit d'une véritable perquisition et non d'une remise volontaire, fait litière de tels arguments quand elle constate que l'appréhension est le résultat d'une opération ne constituant pas une perquisition. Tel est le cas lorsque c'est le gardien d'une résidence qui a découvert dans une cave occupée illégalement des stupéfiants et du matériel de conditionnement et qui les a remis aux policiers (Cass. crim., 12 févr. 2008, n° 07-87.862 : *Bull. crim.* n° 35 ; *RSC* oct.-déc. 2009, n° 4, comm. 6, p. 893, J. Buisson).
Le principe a été énoncé ainsi par la chambre criminelle : « les formalités prévues par l'article 76 du Code de procédure pénale ne sont pas applicables lorsque, (...), la saisie procède non d'une perquisition, mais d'une remise volontaire » (Cass. crim., 22 mai 2002, n° 01-86.184), mais il ne fait pas de doute que la règle énoncée à propos d'une enquête préliminaire vaut également pour l'enquête de flagrance et pour l'exécution d'une commission rogatoire.

2118 Saisie probatoire. Pendant longtemps la saisie n'a été conçue par le Code de procédure pénale que comme un élément concourant à la preuve d'une infraction.
L'article 56 du Code de procédure pénale réglemente, en effet, la saisie des papiers, documents, données informatiques ou autres objets en la possession des personnes qui paraissent avoir participé au crime ou détenir des pièces, informations ou objets relatifs aux faits incriminés, dans l'hypothèse où la nature du crime ou du délit puni d'une peine d'emprisonnement est telle que la preuve en puisse être acquise par la saisie.
L'article 76 du Code de procédure pénale, relatif aux saisies effectuées au cours d'une enquête préliminaire, évoque de manière plus synthétique les « pièces à conviction ».
Les textes relatifs à l'instruction envisagent la saisie des documents et des objets ou des données informatiques dont la découverte serait utile à la manifestation de la vérité.

2119 Saisie patrimoniale. La loi du 9 juillet 2010 a instauré des saisies spéciales pour « garantir que le crime ne paie pas » (Commission, Communication au Parlement et au Conseil, 20 nov. 2008, *Produit du crime organisé, Garantir que « le crime ne paie pas »*, COMQO08, 766 final. À ce propos : Ch. Cutajar, *Garantir que le crime ne paie pas, À propos de dix priorités stratégiques proposées par la Commission européenne : JCP* G 2008. 733).
Les règles particulières instituées par cette loi, qui figurent aux articles 706-141 et suivants du Code de procédure pénale, s'appliquent aux saisies portant sur tout ou partie des biens d'une personne, sur un bien immobilier, sur un bien ou un droit mobilier incorporel ou une créance ainsi qu'aux saisies qui n'entraînent pas de dépossession du bien. Ces saisies sont destinées à garantir l'exécution de la peine complémentaire de confiscation prévue à l'article 131-21 du Code pénal.

2120 Opération matérielle de saisie. Si le Code de procédure pénale réglemente les saisies spéciales au titre XXIX dudit code, cela ne signifie pas pour autant qu'elles soient sans relation avec les saisies probatoires.

Matériellement, les saisies en vue d'une confiscation pourront être réalisées à l'occasion d'une perquisition domiciliaire.

L'article 56 du Code de procédure pénale prévoit que :

> « L'officier de police judiciaire peut également se transporter en tous lieux dans lesquels sont susceptibles de se trouver des biens dont la confiscation est prévue à l'article 131-21 du Code pénal, pour y procéder à une perquisition aux fins de saisie de ces biens ».

La première édition (2015) du *Guide des saisies et confiscations*, diffusé par la direction des affaires criminelles et des grâces, indique :

> « En l'état actuel des textes, en dehors de toute saisie spéciale, les saisies de biens meubles corporels (en ce compris les saisies de numéraires) sont régies par les seules dispositions relatives aux perquisitions, c'est-à-dire par les articles 54 et 56 (enquête de flagrance), 76 (enquête préliminaire), 94 et 97 (information judiciaire) du Code de procédure pénale, qui sont également les textes régissant le placement sous scellé » (p. 35).

La chambre criminelle a adopté cette solution en énonçant que « la saisie en valeur des biens meubles corporels, qui ne sont pas visés à l'article 706-141 du Code de procédure pénale, ne peut être effectuée que sur le fondement des articles 94 et 97 du même code » dans une espèce où les enquêteurs avaient saisi des meubles meublants et des vêtements en exécution d'une commission rogatoire dont le juge d'instruction avait ensuite prononcé la saisie en valeur (Cass. crim., 7 août 2019, n° 18-87.174 : *RSC* 2019, p. 895, J.-F. Renucci. – M. Hy, *Non-application du régime des saisies pénales spéciales à la saisie en valeur des biens meubles corporels : AJ pénal* 2019, p. 512 ; *Dalloz actualité*, 20 sept. 2019, obs. C. Fonteix). Autrement dit : les biens meubles corporels saisis à titre d'instrument, d'objet ou de produit de l'infraction ne peuvent l'être, au cours d'une instruction, qu'en application de l'article 97 du Code de procédure pénale (Cass. crim., 23 févr. 2022, n° 21-82.588).

Fiche 49

Saisies en vue de la manifestation de la vérité ou saisies probatoires

Sommaire

Sommaire (suite)

I
Qui peut procéder à une saisie probatoire ?

2121 Les règles sont différentes selon le cadre juridique de l'enquête. Tantôt seul un magistrat peut procéder à la saisie, tantôt un officier de police peut la faire et il est même des cas où un agent de police judiciaire peut effectuer une saisie.

2122 **En flagrance et en préliminaire, un magistrat du parquet.** L'article 41 du Code de procédure pénale qui prévoit que « le procureur de la République procède (...) à tous les actes nécessaires à la recherche et à la poursuite des infractions à la loi pénale » et l'article 68 qui, en cas de flagrance, prévoit que « l'arrivée du procureur de la République sur les lieux dessaisit l'officier de police judiciaire. Le procureur de la République accomplit alors tous actes de police judiciaire prévus au présent chapitre » lui donnent certainement le droit de procéder lui-même à une saisie au cours des enquêtes qu'il dirige (préliminaire et de flagrance) même si, en pratique, cela est exceptionnel.

A Enquête de flagrance

2123 **Un officier de police judiciaire.** Au cours d'une enquête de flagrance, le seul enquêteur à pouvoir procéder à une saisie – sauf les saisies prévues aux articles 56-1 et suivants ci-après examinées – est l'officier de police judiciaire. Le régime des saisies est en effet conditionné par celui des perquisitions. Or, dans le cadre d'une enquête de flagrance, seul un officier de police judiciaire peut procéder à une perquisition.

En revanche, l'officier de police judiciaire peut être assisté par des agents de police judiciaire (Cass. crim., 25 mai 1992, n° 91-86.255 : *Bull. crim.* n° 205), ce qui paraît logique au regard des dispositions de l'article 20 du Code de procédure pénale qui leur donnent mission de seconder, dans l'exercice de leurs fonctions, les officiers de police judiciaire.
Quand un véhicule est fouillé en application de l'article 78-2-3 du Code de procédure pénale, il est impératif que l'officier de police judiciaire soit présent sur les lieux et instrumente lui-même (Cass. crim., 28 sept. 2010, n° 10-82.699 : *Bull. crim.* n° 142) ; il ne suffit pas que l'agent agisse « sous le contrôle de l'officier » (V. *supra*, n°s 517, 627).

2124 Ce sont les articles 54 et 56 et suivants qui réglementent les perquisitions et saisies.

2125 **L'article 54 du Code de procédure pénale.** Ce texte prévoit que l'officier de police judiciaire se transporte sans délai sur le lieu du crime et procède à toutes constatations utiles. Il doit veiller à la conservation des indices susceptibles de disparaître et de tout ce qui peut servir à la manifestation de la vérité. Il saisit les armes et instruments qui ont servi à commettre le crime ou qui étaient destinés à le commettre ainsi que tout ce qui paraît avoir été le produit direct ou indirect de ce crime. Il représente les objets saisis, pour reconnaissance, aux personnes qui paraissent avoir participé au crime, si elles sont présentes (V. *supra*, n° 1730).

2126 **L'article 56 du Code de procédure pénale.** Ce texte concerne les perquisitions au domicile des « personnes qui paraissent avoir participé au crime ou détenir des pièces, informations ou objets relatifs aux faits incriminés ». Il ne dit pas expressément que l'officier de police judiciaire saisit ces objets, mais cela résulte de son alinéa 4 qui dispose que : « Tous objets et documents saisis sont immédiatement inventoriés et placés sous scellés ».

2127 **Les mêmes règles sont applicables en matière de contravention.** En matière de contravention également c'est, sauf disposition contraire de la loi, l'officier de police judiciaire qui a compétence pour procéder à une saisie. Un agent de police judiciaire n'est pas autorisé à saisir un appareil de détection des cinémomètres (Cass. crim., 17 juin 1987, n° 86-93.873 : *Bull. crim.* n° 253).

2128 **Que peut faire un agent de police judiciaire qui constate une infraction flagrante ?** Lorsqu'un crime est découvert, ce n'est pas toujours un officier de police judiciaire qui arrive en premier sur les lieux. Les premiers représentants des forces de l'ordre à intervenir sur place sont souvent agents de police judiciaire mais pas officiers de police judiciaire. De même les patrouilles de police et de gendarmerie, composées d'agents de police judiciaire, sont souvent conduites à constater la commission d'infractions en train de se produire.

Se pose la question de ce qu'elles peuvent faire des objets découverts alors qu'aucun officier de police judiciaire ne se trouve sur place, au moins de façon immédiate.

En l'absence de précision des textes, et pour éviter tout risque de déperdition des preuves, voire de dangers imminents pour les riverains de la scène de crime, la jurisprudence permet à l'agent de police judiciaire d'appréhender l'objet, l'indice, l'arme, en vue de sa remise à l'officier de police judiciaire seul habilité à effectuer la saisie (Cass. crim., 2 mars 1993, n° 91-81.033 : *Bull. crim.* n° 93 ; *Dr. pén.* 1993, chron. 59, V. Lesclous et Cl. Marsat. – Cass. crim., 24 janv. 2007, n° 06-88.351 : *Bull. crim.* n° 20). Ce faisant, les agents de police judiciaire n'excèdent pas les pouvoirs qu'ils tiennent de l'article 20 du Code de procédure pénale (Cass. crim., 24 janv. 2007, n° 06-88.351 : *Bull. crim.* n° 20).

Ils sont même autorisés, s'ils aperçoivent un objet suspect, tel un paquet entouré de film plastique s'apparentant à un conditionnement de résine de cannabis, dans un véhicule, à l'appréhender sur instructions de l'officier de police judiciaire à qui ils ont rendu compte et à le lui rapporter pour qu'il procède à la saisie et à la mise sous scellé (Cass. crim., 11 déc. 2019, n° 19-83.183).

2129 **Cas particulier des stupéfiants saisis en haute mer.** La loi n° 94-589 du 15 juillet 1994 modifiée permet au commandant d'un bâtiment de l'État, sans qu'il ait besoin d'une habilitation spéciale, d'arraisonner et de faire procéder, en haute mer, à la visite et à la fouille d'un navire dans le cadre des mesures de contrôle et de coercition prévues par la Convention de Vienne du 20 décembre 1988 contre le trafic illicite de stupéfiants et de substances psychotropes ainsi qu'à la saisie des produits stupéfiants qui y sont découverts (Cass. crim., 14 nov. 2019, n° 18-82.324, publié au bulletin).

B Enquête préliminaire

2130 **La saisie avec assentiment de la personne chez qui la perquisition a lieu.** L'article 76 du Code de procédure pénale pose le principe de l'assentiment de la personne chez qui la perquisition et la saisie ont lieu. Dès lors que la personne concernée consent à la mesure, le législateur peut se montrer moins exigeant quant aux pouvoirs de l'agent de l'autorité qui y procède. C'est pourquoi il est admis que la perquisition et la saisie, en enquête préliminaire, soient effectuées par un agent de police judiciaire agissant sous le contrôle d'un officier de police judiciaire. Ce contrôle doit être établi par une mention au procès-verbal de perquisition ou peut résulter, à défaut, d'une mention spécifique dans les pièces de procédure (Cass. crim., 7 déc. 2021, n° 20-82.733). L'agent de police judiciaire adjoint aurait, dans ce type d'enquête, le pouvoir d'appréhender matériellement l'indice pour le remettre à l'officier de police judiciaire ou à l'agent de police judiciaire.

2131 **La saisie sur autorisation du juge des libertés et de la détention.** Le législateur a, par ailleurs, prévu qu'une perquisition puisse être effectuée sans assentiment de la personne chez qui elle a lieu, et en conséquence, qu'une saisie intervienne, sur autorisation du juge des libertés et de la détention, si les nécessités de l'enquête l'exigent et si l'enquête porte sur un crime ou un délit puni d'au moins trois ans d'emprisonnement.

2132 Une saisie consécutive à une perquisition opérée sur autorisation du juge des libertés et de la détention peut-elle être effectuée par un agent de police judiciaire ? La question fait débat. Certains auteurs se réfèrent à la notion de contrainte acceptée et de contrainte autorisée.

D'autres relèvent que : « Le fait que l'agent de police judiciaire ait au cours de l'enquête préliminaire un pouvoir que ne lui reconnaît pas la loi pendant l'enquête de flagrance ne saurait surprendre. En effet, les saisies opérées dans le cadre de l'enquête préliminaire impliquent, comme nous le verrons, soit le consentement de l'intéressé, soit l'autorisation du juge des libertés et de la détention, ... ».

L'arrêt du 7 décembre 2021 énonce qu'il se déduit des articles 75 et 76 du Code de procédure pénale que les agents de police judiciaire peuvent, en enquête préliminaire, et au contraire de l'enquête de flagrance, procéder à une perquisition dès lors qu'ils agissent sous le contrôle de l'officier de police judiciaire, sans opérer de distinction entre la perquisition à laquelle il a été consenti et celle autorisée par le juge des libertés et de la détention, mais il est vrai qu'en l'espèce la chambre criminelle statuait sur une perquisition à laquelle il avait été consenti.

CONSEIL Dans le doute, dans l'attente d'une décision indiscutable de la chambre criminelle, il ne peut qu'être conseillé que ce soit l'officier de police judiciaire lui-même qui effectue la saisie consécutive à la perquisition autorisée par le juge des libertés et de la détention.

2133 **L'autorisation du juge des libertés et de la détention.** L'article 76 du Code de procédure pénale réglemente de façon détaillée l'intervention du juge des libertés et de la détention.

Il prévoit, qu'à peine de nullité – précision rare dans le Code de procédure pénale même si elle n'a pas autant de conséquences que son libellé pourrait le laisser penser, dès lors que ces nullités textuelles sont, elles aussi, soumises, en application de l'article 802 du Code de procédure pénale, à la démonstration d'un grief (V. *supra*, n° 454) – la décision du juge des libertés et de la détention précise la qualification de l'infraction dont la preuve est recherchée ainsi que l'adresse des lieux dans lesquels ces opérations peuvent être effectuées.

Le texte prévoit également que l'autorisation doit être motivée par référence aux éléments de fait et de droit justifiant que ces opérations sont nécessaires. Sur ce point, la chambre criminelle a augmenté le niveau de ses exigences. Après avoir admis que le juge des libertés et de la détention pouvait motiver son ordonnance autorisant la perquisition sans assentiment en visant les motifs de la requête du procureur de la République et en les adoptant (Cass. crim., 6 mars 2013, n° 12-87.810 : *Bull. crim.* n° 62. – Cass. crim., 29 mai 2013, n° 13-80.908), elle refuse désormais cette façon de procéder en considérant qu'une « motivation adaptée et circonstanciée s'impose au regard des droits protégés par la Convention européenne des droits de l'homme et en tenant compte de l'évolution du statut et du rôle juridictionnel du juge des libertés et de la détention voulue par le législateur ; que cette motivation constitue une garantie essentielle contre le risque d'une atteinte disproportionnée au droit au respect de la vie privée de la personne concernée et doit permettre au justiciable de connaître les raisons précises pour lesquelles ces opérations ont été autorisées » (Cass. crim., 23 nov. 2016, n° 15-83.649 : *Bull. crim.* n° 307 ; *AJ pénal* 2017, p. 76, J.-B. Thierry), tout en jugeant plus récemment qu'il n'importe que la motivation du juge des libertés et de la détention soit la reprise exacte des termes de la requête du procureur de la République (Cass. crim., 21 janv. 2020, n° 18-84.899).

2134 **Contrôle du juge des libertés et de la détention.** L'article 76 du Code de procédure pénale dispose encore que :

> « Les opérations sont effectuées sous le contrôle du magistrat qui les a autorisées, et qui peut se déplacer sur les lieux pour veiller au respect des dispositions légales ».

Il ajoute que :

> « Les opérations ne peuvent, à peine de nullité, avoir un autre objet que la recherche et la constatation des infractions visées dans la décision du juge des libertés et de la détention ou la saisie des biens dont la confiscation est prévue à l'article 131-21 du Code pénal. Toutefois, le fait que ces opérations révèlent des infractions autres que celles visées dans la décision ne constitue pas une cause de nullité des procédures incidentes ».

La formule est classique dans le Code de procédure pénale mais sa mise en œuvre peut conduire à une grande perplexité. Si, sur place, les enquêteurs découvrent autre chose que ce qu'ils avaient indiqué chercher dans leur rapport destiné au juge des libertés et de la détention, s'agit-il d'un élément fortuit, qui n'invalide pas la découverte incidente, ou au contraire d'un véritable détournement de procédure, qui vicie la procédure ? La ligne de partage est sans doute à rechercher dans la volonté réelle des enquêteurs, ce qui peut être difficile à établir (V. *supra*, n° 1655).

2135 **Quel est le juge des libertés et de la détention territorialement compétent ?** Le texte a pris soin de régler les questions de compétence territoriale en faisant le choix de retenir des solutions multiples.

Sont en effet compétents pour donner l'autorisation de perquisition sans assentiment, tant le juge des libertés et de la détention du tribunal judiciaire dont le procureur de la République dirige l'enquête, quelle que soit la juridiction dans le ressort de laquelle la perquisition doit avoir lieu, que celui du tribunal judiciaire dans le ressort duquel la perquisition doit avoir lieu, si le procureur de la République dirigeant l'enquête le saisit par l'intermédiaire de son collègue du lieu de la perquisition. Dans le premier cas, le juge des libertés et de la détention du tribunal dont le procureur dirige l'enquête peut se déplacer sur tout le territoire national pour veiller au respect des dispositions légales.

2136 **Règles communes avec celles de l'enquête de flagrance.** Pour le reste, les saisies effectuées au cours d'une enquête préliminaire sont soumises aux règles définies pour l'enquête de flagrance. L'article 76, alinéa 3 renvoie expressément à ces règles en énonçant que : « Les dispositions prévues par les articles 56 et 59 du présent code sont applicables ».

C Enquête sur commission rogatoire

2137 **Le juge d'instruction peut instrumenter lui-même ou donner commission rogatoire.** Alors que les articles 54 et 56 relatifs à l'enquête de flagrance et l'article 76 relatif à l'enquête préliminaire n'envisagent que l'intervention d'un enquêteur, les dispositions relatives aux perquisitions et saisies en cours d'instruction envisagent que l'acte soit réalisé par le magistrat ou par l'enquêteur.

C'est ainsi que l'article 92 du Code de procédure pénale prévoit que le juge d'instruction peut se « transporter sur les lieux pour (...) procéder à des perquisitions » et que l'article 97 qui prévoit la recherche de documents ou de données informatiques dispose que « le juge d'instruction ou l'officier de police judiciaire par lui commis a seul le droit d'en prendre connaissance avant de procéder à la saisie ».

C'est la résultante d'un code d'instruction criminelle qui, initialement, réservait, hors flagrance, l'investigation au juge d'instruction.

Aujourd'hui, les juges d'instruction qui procèdent eux-mêmes aux perquisitions sont rares, sauf le cas où la loi réserve ce pouvoir à un magistrat (V. *infra*, n°s 2186 et s.).

Cependant, si ce sont principalement les officiers de police judiciaire qui procèdent aux perquisitions en cours d'instruction, il arrive, un peu plus fréquemment, que le juge d'instruction soit conduit à placer sous scellé un objet qui lui est remis spontanément, notamment à l'occasion d'une audition.

2138 Si le juge d'instruction délègue ses pouvoirs à des services de police ou à des unités de gendarmerie, seul un officier de police judiciaire peut procéder à la saisie d'objets. Cela résulte non seulement des dispositions de l'article 97 qui n'évoque que l'officier de police judiciaire, mais également des articles 151 et D. 10 qui réglementent les commissions rogatoires, lesquelles sont exécutées par un officier de police judiciaire et non par un agent de police judiciaire. Ce dernier ne peut qu'assister l'officier de police judiciaire conformément aux dispositions de l'article 20 du Code de procédure pénale.

La loi n° 2023-22 du 24 janvier 2023 a modifié l'article 97-1 du Code de procédure pénale et prévoit désormais que l'agent de police judiciaire agissant sous le contrôle de l'officier de police judiciaire peut procéder aux opérations prévues par l'article 57-1 du Code de procédure pénale (V. *supra*, n° 2075). Ce texte permet à l'enquêteur d'accéder par un système informatique à des données stockées dans ledit système ou dans un autre système informatique. Les données découvertes intéressant l'enquête peuvent être copiées sur un support qui peut être saisi et placé sous scellés. Compte tenu de ce que le pouvoir de saisie appartient toujours en propre à l'officier de police judiciaire, il ne peut qu'être conseillé qu'en cas de recherche des données par l'agent de police judiciaire ce soit l'officier de police judiciaire qui procède à la saisie du support.

CONSEIL Lorsqu'à l'occasion d'une perquisition effectuée dans le cadre de l'exécution d'une commission rogatoire, c'est l'agent de police judiciaire qui accède par un système informatique à des données stockées dans ledit système ou dans un autre système informatique sous le contrôle de l'officier de police judiciaire, il est vivement recommandé que ce soit ce dernier qui procède à la saisie du support sur lequel les données seront enregistrées.

L'ESSENTIEL 2139 La saisie consiste à placer sous main de justice un élément susceptible de contribuer à apporter la preuve de l'infraction (saisie probatoire) ou un bien dont la juridiction de jugement pourra éventuellement prononcer la confiscation si elle est prévue par la loi (saisie spéciale). La saisie a pour effet de rendre le bien saisi indisponible (V. *supra*, n°s 2116, 2118, 2119).

2140 Une saisie est pratiquée le plus souvent au cours d'une perquisition mais elle peut également intervenir en dehors de toute perquisition, notamment en cas de remise volontaire, au cours d'une audition, lors de constatations, etc. Dans ce cas, les règles légales de la perquisition ne s'appliquent pas (V. *supra*, n° 2117).

2141 Matériellement la façon de réaliser une saisie spéciale n'est pas nécessairement différente de celle utilisée pour saisir un élément de preuve. Ainsi, la saisie d'un compte bancaire se fera par la délivrance d'une réquisition de blocage du solde du compte. La saisie d'une voiture se fera de la même façon, que la voiture soit susceptible d'apporter un élément de preuve ou qu'elle soit un élément confiscable du patrimoine.

2142 **Les saisies purement probatoires.** Elles peuvent être effectuées par un magistrat, ce qui est rare.
Le plus souvent c'est un enquêteur qui y procédera.

2143 **Enquête de flagrance.** Ce sera un officier de police judiciaire en enquête de flagrance et en exécution d'une commission rogatoire. Il pourra être secondé par les agents de police judiciaire en application de l'article 20 du Code de procédure pénale (V. *supra*, n° 2123). Ces règles sont également applicables en matière de contravention (V. *supra*, n° 2127).

2144 **Enquête préliminaire.** En enquête préliminaire, un agent de police judiciaire pourra procéder à une saisie sous le contrôle de l'officier de police judiciaire puisqu'elle suppose l'assentiment de la personne entre les mains de laquelle se trouve l'objet. Lorsqu'elle est soumise à l'autorisation du juge des libertés et de la détention, la question n'est pas tranchée et suscite un débat (V. *supra*, n°s 2130 et s.).

2145 **Découverte par un agent de police judiciaire d'un objet prouvant une infraction flagrante.** Lorsqu'un agent de police judiciaire constate une infraction flagrante, il a le pouvoir d'appréhender l'objet susceptible d'en constituer la preuve et de le remettre à l'officier de police judiciaire qui procédera à sa saisie (V. *supra*, n° 2128).

2146 **Sur commission rogatoire.** Une commission rogatoire est exécutée par un officier de police judiciaire. C'est donc lui qui a le pouvoir de saisir (V. *supra*, n°s 2137, 2138).

II Finalité, nécessité

A Finalité

2147 La finalité d'une saisie probatoire est bien évidemment d'appréhender et de conserver dans des conditions garantissant leur authenticité les objets, au sens large, utiles à la manifestation de la vérité (CPP, art. 54), pouvant apporter la preuve de l'infraction (CPP, art. 56), nécessaires à la manifestation de la vérité (CPP, art. 97), bref, les pièces à conviction (CPP, art. 76).

2148 **Mise sous scellé.** On verra qu'en principe, la saisie est suivie d'une mise sous scellé qui permet de s'assurer que le bien placé sous main de justice ne subit aucune transformation après son appréhension, ce qui garantit authenticité et intégrité.

B Nécessité

2149 **Le principe de nécessité est au cœur des textes régissant les saisies.** L'article 54 du Code de procédure pénale prévoit que l'officier de police judiciaire veille à la conservation des indices susceptibles de disparaître et de tout ce qui peut servir à la manifestation de la vérité et qu'il saisit les armes et instruments en relation avec le crime. L'article 56 du même code prévoit également la saisie des objets pouvant concourir à la preuve de l'infraction, autrement dit qui sont nécessaires à l'apport de cette preuve, mais l'officier de police judiciaire ne doit maintenir la saisie que des objets utiles à la manifestation de la vérité.
L'article 76, qui évoque les pièces à conviction, renvoie à l'article 56 tandis que l'article 94 parle des lieux où se trouvent des objets utiles à la manifestation de la vérité et l'article 97 évoque, lui aussi, le maintien de la saisie des seuls objets utiles à la manifestation de la vérité.

2150 **La notion de nécessité peut être entendue de deux façons.** L'utilisation, par les textes, du terme « nécessité » peut signifier que l'officier de police judiciaire ne peut saisir que les pièces

utiles à la manifestation de la vérité et que tout autre objet ne pourrait pas être saisi.
L'emploi du terme peut aussi s'entendre comme signifiant que l'officier de police judiciaire a une obligation de saisir les objets qui peuvent apporter la preuve de l'infraction.

2151 **Pas plus qu'il n'est nécessaire.** La formule des articles 56 – auquel l'article 76 renvoie – et 97 selon laquelle l'officier de police judiciaire, avec l'accord du procureur de la République ou du juge d'instruction ne maintient que la saisie des objets, documents et données informatiques utiles à la manifestation de la vérité et l'article préliminaire du Code de procédure pénale qui prévoit que les mesures de contraintes dont la personne suspectée ou poursuivie peut faire l'objet doivent être strictement limitées aux nécessités de la procédure pourrait faire penser que toute saisie d'un objet qui n'apparaît pas nécessaire se trouve atteinte de nullité.
Telle n'est pas la solution retenue. Elle aurait d'ailleurs peu d'intérêt pour la personne poursuivie car, si la saisie inutile était annulée, cela n'obérerait nullement la poursuite puisque, par hypothèse, la saisie de l'objet n'apportait rien à la manifestation de la vérité.
Ce n'est qu'exceptionnellement que la chambre criminelle se prononce explicitement sur la nécessité. C'est d'ailleurs plutôt au regard de la qualification de l'enquête qu'elle se positionne quand elle retient qu'en cas de constatation d'un délit flagrant, l'officier de police judiciaire peut procéder à une perquisition non seulement chez toute personne qui paraît avoir participé à l'infraction mais aussi chez celle qui paraît détenir des pièces ou objets relatifs aux faits incriminés, sans qu'il soit nécessaire qu'une infraction flagrante soit caractérisée à son égard (Cass. crim., 27 janv. 1987, n° 86-93.278 : *D.* 1988, 179).
C'est donc normalement par la voie de la restitution qu'est réglé le sort des objets dont la saisie n'est pas ou plus utile. La personne qui estime que le maintien de la saisie ne se justifie pas au regard des nécessités de la manifestation de la vérité peut à tout moment demander la restitution du bien pour autant que le procureur de la République ou le juge d'instruction n'ait pas déjà fait restituer ces objets en vertu des dispositions précitées des articles 56 et 97 du Code de procédure pénale.

2152 **Nécessaire ne signifie pas indispensable.** Le libellé des textes précédemment évoqués pourrait donner à penser que tout objet ou document susceptible d'apporter la preuve d'une infraction doit absolument être saisi.
Ce n'est pas le cas.
Une telle règle serait d'abord difficile à mettre en œuvre. Un objet vu sur une scène de crime et qui n'est pas apparu essentiel à l'enquête lors des constatations et qui, par conséquent, n'a pas été saisi, peut s'avérer, par la suite, important pour atteindre la vérité. L'appréciation d'une éventuelle nullité ne pourrait se faire qu'en se replaçant dans le contexte des constatations. En outre, la nullité ne pourrait évidemment pas concerner l'objet non saisi puisque, par hypothèse, il n'aurait pas été placé sous main de justice. Il ne serait donc envisageable que d'invalider la procédure dans son ensemble, en ce qu'elle est incomplète pour ne pas avoir procédé à la saisie de tous les objets utiles. Cette solution serait parfaitement inéquitable.
La solution retenue par la chambre criminelle est beaucoup plus pragmatique : elle a clairement indiqué, dans une affaire où des produits stupéfiants n'avaient pas été placés sous scellés, ayant été détruits par les policiers, ce dont la personne poursuivie s'emparait pour soutenir que la procédure était nulle, que « le placement sous scellés, qui constitue un moyen d'authentification des produits, n'est pas obligatoire ; en son absence, la preuve de la nature des produits est soumise au principe de la libre administration de la preuve » (Cass. crim., 11 déc. 2019, n° 18-84.912, publié au bulletin).
Cette décision illustre le fait que si l'absence de saisie d'un objet important ne vicie pas la procédure, le placement sous scellé est préférable pour éviter de longues et vaines discussions.

L'ESSENTIEL 2153 **Finalité.** La finalité d'une saisie probatoire est d'appréhender et de conserver dans des conditions garantissant leur authenticité les pièces à conviction et de les mettre sous main de justice. Elle est généralement suivie d'un placement sous scellé bien qu'il ait été admis, dans certaines circonstances, une mise sous cote (V. *supra*, n° 2139, V. *infra*, n° 2233).
2154 **Nécessité.** Les textes prévoient que ne sont saisis que les objets utiles à la manifestation de la vérité.
Deux idées sont à retenir.
Il convient, avant de saisir les objets, de s'interroger sur leur véritable utilité pour la manifestation de la vérité. La saisie d'un trop grand nombre d'objets est source de difficultés matérielles.
Mais il faut également veiller à saisir tout ce qui est utile à la manifestation de la vérité. Certes, si un objet susceptible d'apporter la preuve d'une infraction n'a pas été saisi, la procédure n'est pas nulle pour autant mais la preuve de l'infraction pourra être nettement plus difficile à apporter (V. *supra*, n° 2152).

III Proportionnalité, loyauté

A Proportionnalité

2155 **L'article préliminaire.** Ce texte, issu de la loi du 15 juin 2000, dispose notamment que les mesures de contraintes dont la personne suspectée ou poursuivie peut faire l'objet… doivent être… proportionnées à la gravité de l'infraction reprochée.

2156 **La position de la chambre criminelle de la Cour de cassation.** Autant la chambre criminelle veille avec un soin particulier à ce que les juges du fond contrôlent la proportionnalité entre la gravité de l'infraction et l'atteinte portée au droit de propriété ou au droit à la vie privée en ce qui concerne certaines saisies aux fins de confiscation (V. *infra*, n° 2335) ainsi que dans le cadre des saisies probatoires chez des personnes dont l'activité est couverte par un secret protégé, autant, en l'état de sa jurisprudence, elle n'exige pas que les juges du fond, se prononçant sur une saisie probatoire, fassent la balance entre la gravité de l'infraction et l'atteinte portée au droit à la vie privée de son propriétaire ou au droit de propriété d'un bien dont la saisie est utile à la manifestation de la vérité.

La Cour européenne des droits de l'homme se livre, pour sa part, à un contrôle de proportionnalité entre l'atteinte portée au droit de propriété et la gravité de l'infraction. Mais, un auteur, M. Ascensi fait valoir que « l'appréciation de la Cour est à la fois concrète et globale » et que « les critères utilisés semblent varier en fonction des circonstances concrètes des affaires ».

Qu'il soit permis d'ajouter que, parfois, le contrôle s'apparente autant à un contrôle de la nécessité que de la proportionnalité, voire de la nécessité dans la durée. C'est notamment le cas lorsque la Cour européenne (CEDH, 7 juin 2007, n° 71362/01, *Smirnov c/ Russie*, § 58) juge que l'ordinateur saisi n'était, en lui-même, ni l'objet, ni l'instrument, ni le produit d'une infraction pénale, que ce qui pouvait être utile et déterminant pour l'enquête, c'était les informations qui se trouvaient enregistrées sur le disque dur et que, dans ces conditions, la poursuite de la rétention de l'unité centrale n'était pas justifiée alors que le demandeur en avait besoin pour rédiger des documents juridiques et pour conserver les dossiers de ses clients et alors que les informations recherchées avaient été examinées par l'enquêteur, imprimées et versées au dossier. La Cour conclut que les autorités étatiques n'ont pas ménagé un « juste équilibre » entre les impératifs de l'intérêt général et les exigences de la protection du droit du requérant au respect de ses biens et que, partant, il y a eu violation de l'article 1 du Protocole n° 1.

B Loyauté

2157 Le principe de loyauté dans l'administration de la preuve interdit à un agent public français ou étranger de provoquer à la commission de l'infraction.

S'il peut recevoir une preuve d'un particulier quand bien même elle aurait été recueillie illégalement, il ne peut, en revanche, inciter ce particulier à une telle démarche.

L'enquêteur peut avoir recours à un stratagème tendant à la constatation d'une infraction ou l'identification de ses auteurs.

Ces principes, plus amplement exposés ailleurs (V. *supra*, n° 1631), interdisent donc à l'enquêteur de saisir des éléments de preuve obtenus en méconnaissance de cette obligation de loyauté tels les enregistrements de la sonorisation de cellules de garde à vue contiguës, mais lui permettent en revanche de saisir la bande magnétique remise par une partie contenant l'enregistrement d'une conversation opérée à l'insu d'un des participants (Cass. crim., 18 nov. 1986, n° 85-93.308 : *Bull. crim.* n° 345. – Cass. crim., 31 janv. 2012, n° 11-85.464 : *Bull. crim.* n° 27).

L'ESSENTIEL 2158 **Le principe de proportionnalité.** Il est peu présent dans les décisions de la chambre criminelle en matière de saisie probatoire. La Cour européenne des droits de l'homme procède, en revanche, à une appréciation concrète et globale (V. *supra*, n° 2156).

2159 **La loyauté de la preuve.** Le principe de loyauté peut être énoncé de façon simple. Un agent public français ou étranger ne peut provoquer à la commission de l'infraction.

S'il peut recevoir une preuve d'un particulier quand bien même elle aurait été recueillie illégalement, il ne peut, en revanche, inciter ce particulier à se procurer une preuve illégalement.

L'enquêteur peut avoir recours à un stratagème tendant à la constatation d'une infraction ou l'identification de ses auteurs (V. *supra*, n° 1660).

Il ne peut donc pas saisir un élément provenant d'une action déloyale de sa part ou de celle d'un agent étranger. En revanche, il peut saisir un élément de preuve remis par un particulier quand bien même ce particulier, agissant de sa propre initiative, se l'est procuré illégalement (V. *supra*, n° 2157).

IV

Saisie à nouveau

2160 Lorsqu'un objet est déjà saisi à des fins probatoires et qu'il apparaît nécessaire de le mettre sous main de justice dans le cadre d'une autre procédure où il est susceptible d'apporter la preuve de l'infraction, il est possible de le saisir une deuxième fois. Certains juges d'instruction, dans cette hypothèse, rendent une ordonnance de « saisie à nouveau » qu'ils adressent au greffe des scellés afin que celui-ci sache que l'objet doit être conservé dans le cadre des deux procédures. Il paraît également possible de matérialiser la deuxième saisie par l'apposition d'un cachet de cire et d'un carton de scellé comme pour une première saisie. Ainsi, le greffe des scellés ne risquera pas d'envoyer le scellé à la destruction sans s'apercevoir que sa conservation est nécessaire dans deux affaires.

2161 Différente est l'hypothèse dans laquelle une saisie est annulée et où le juge d'instruction souhaite procéder à une nouvelle saisie de l'objet. Dans ce cas, il doit commencer par restituer l'objet concerné puisqu'il n'y a plus de titre permettant de le conserver. Ce n'est qu'ensuite qu'il peut éventuellement le saisir ou le faire saisir à nouveau (Cass. crim., 23 mars 1977, n° 75-92.170 : *Bull. crim.* n° 109, p. 0264. – Cass. crim., 23 févr. 2022, n° 21-82.588). Il est cependant nécessaire de ne pas, dans ce cadre, se référer à l'acte annulé (Cass. crim., 23 janv. 1990, n° 89-85.607 : *Bull. crim.* n° 42).

V

Objets sur lesquels une saisie peut porter

2162 Les articles 54, 56, 76, 94 et suivants du Code de procédure pénale énumèrent différentes sortes d'éléments qui peuvent être saisis. Certains de ces éléments méritent des explications particulières.

A Documents et papiers

2163 L'article 56 évoque les documents et papiers tandis que l'article 97 vise les documents, ce qui n'était peut-être pas indispensable dès lors que tant les textes relatifs à la saisie en enquête de flagrance que ceux relatifs à l'enquête préliminaire ou sur commission rogatoire visent, de façon générale, les objets.

2164 **Documents argués de faux.** Il existe des règles particulières en matière de faux. Seules celles en relation éventuelle avec la saisie des pièces arguées de faux seront mentionnées.

L'article 642 du Code de procédure pénale dispose que :

> « Lorsqu'il est porté à la connaissance du procureur de la République qu'une pièce arguée de faux figure dans un dépôt public ou a été établie dans un dépôt public [Cabinet d'un juge d'instruction (Cass. crim., 6 juill. 1934 : *DH* 1935, somm. 12 ; *Gaz. Pal.* 1934, 2, 536), bureau du président d'une cour d'assises (Cass. crim., 19 oct. 1993 : *JurisData* n° 1993-002195 ; *Bull. crim.* n° 297), greffe d'une juridiction (même décision), étude d'un notaire (Cass. crim., 11 oct. 1994 : *JurisData* n° 1994-002325 ; *Bull. crim.* n° 323), une mairie (Cass. crim., 19 févr. 1998 : *JurisData* n° 1998-001044 ; *Bull. crim.* n° 74) ou un commissariat de police (Cass. crim., 16 juill. 1948 : *Bull. crim.*

n° 201), études des officiers ministériels, locaux d'archives des ministères et collectivités territoriales, les casernes de gendarmerie, les musées ou bibliothèques publics, les bureaux et cabinets des comptables publics, etc.], le procureur de la République peut se transporter dans ce dépôt pour procéder à tous examens et vérifications nécessaires. Le procureur de la République ne peut déléguer les pouvoirs ci-dessus à un officier de police judiciaire. Le procureur de la République peut, en cas d'urgence, ordonner le transport au greffe des documents suspectés ».

L'interdiction, pour le procureur, de déléguer son pouvoir à un officier de police judiciaire, cède devant les pouvoirs généraux du chef du ministère public. La chambre criminelle a en effet jugé que « le pouvoir attribué au procureur de la République par l'article 642 du Code de procédure pénale, d'accomplir personnellement certains actes lorsque lui est révélé la présence dans un dépôt public de pièces arguées de faux, n'affecte d'aucune manière la plénitude des pouvoirs par ailleurs conférés à ce magistrat par l'article 41 du même code de faire procéder par des officiers et agents de police judiciaire de son ressort à tous actes nécessaires à la recherche et à la poursuite d'infractions à la loi pénale » (Cass. crim., 9 mai 1990, n° 90-80.903 ; *Gaz. Pal.* 1990, 2, chron. dr. crim., p. 638).

On se gardera, bien évidemment, de transposer cette règle aux hypothèses dans lesquelles d'autres textes, tels les articles 56-1 et suivants, prévoient qu'en raison d'un secret protégé la perquisition – et par conséquent la saisie – ne peuvent être effectuées que par un magistrat (V. *infra*, n° 2186).

L'article 643 du Code de procédure pénale prévoit que :

« Dans toute information pour faux en écritures, le juge d'instruction, aussitôt que la pièce arguée de faux a été produite devant lui ou a été placée sous main de justice, en ordonne le dépôt au greffe. Il la revêt de sa signature ainsi que le greffier qui dresse du dépôt un acte décrivant l'état de la pièce. Toutefois, avant le dépôt au greffe, le juge d'instruction peut ordonner que la pièce soit reproduite par photographie ou par tout autre moyen ».

L'article 645 prévoit quant à lui que :

« Tout dépositaire public de pièces arguées de faux, ou ayant servi à établir des faux, est tenu, sur ordonnance du juge d'instruction, de les lui remettre et de fournir, le cas échéant, les pièces de comparaison qui sont en sa possession. Si les pièces ainsi remises par un officier public ou saisies entre ses mains ont le caractère d'actes authentiques, il peut demander à ce qu'il lui en soit laissé une copie, certifiée conforme par le greffier, ou une reproduction par photographie ou par tout autre moyen. Ladite copie ou reproduction est mise au rang des minutes de l'office jusqu'à restitution de la pièce originale ».

Le juge d'instruction a donc le pouvoir de se faire remettre la pièce en vue de la saisir sans être forcé de procéder à une perquisition.

2165 Un auteur a cependant pu noter que les règles spéciales qui viennent d'être signalées étaient d'un faible intérêt et d'une utilité relative « au regard des pouvoirs accordés, en droit commun, au ministère public et au juge d'instruction, qui peuvent donc, dans une large mesure, ne pas les appliquer ».

B Objets

2166 **Terme générique.** Les textes utilisent le terme générique d'objets, ce qui pourrait concerner tant les biens meubles que les immeubles. Cependant, si les meubles font indubitablement partie des objets pouvant être saisis, la question de la saisie d'un immeuble à des fins exclusivement probatoires est discutée.

1 Meubles

2167 **Meubles corporels.** Si l'on s'en tient à la définition donnée par le Code civil des biens meubles par nature, à savoir les biens qui peuvent se transporter d'un lieu à un autre, on saisit que la variété de ce qui peut être saisi est immense.

2168 **Bien meubles incorporels.** La question de la saisie des biens meubles incorporels s'est simplifiée depuis que le législateur a, d'une part, prévu de façon spéciale le cas des données informatiques (V. *infra*, n° 2170) et, d'autre part, a organisé dans le cadre des saisies aux fins de confiscation, la saisie portant sur certains biens ou droits mobiliers incorporels au chapitre 4 du titre XXIX du Code de procédure pénale (CPP, art. 706-153 à 706-157 ; V. *infra*, n° 2365).

2 Immeubles

2169 **Doctrine partagée.** Les auteurs sont partagés sur la possibilité de saisir un immeuble à des fins probatoires.

Mais la question présente en définitive un intérêt restreint.

En effet, si un immeuble peut, aux termes de la loi, faire l'objet d'une confiscation, le Code de procédure pénale en permet la saisie et l'organise de façon détaillée.

S'il est nécessaire d'empêcher la pénétration dans les lieux avant qu'il soit possible d'y pratiquer une perquisition ou d'y organiser une reconstitution,

nul doute que les dispositions légales permettent le gel des lieux par apposition de scellés. Certes, il est possible de discuter pour savoir si cette mise sous scellé emporte indisponibilité du bien permettant de la qualifier de saisie, mais la question de la finalité probatoire de la saisie d'un immeuble ne se pose pas.
Il semble plus efficient de retenir que la jurisprudence considère que le procédé consistant à apposer les scellés sur un immeuble est licite (Cass. crim., 29 nov. 1995, n° 95-83.951 : *Bull. crim.* n° 363) et qu'elle prévoit que le propriétaire qui veut reprendre pleine possession de son bien peut présenter à cette fin une demande de restitution (Cass. crim., 7 févr. 1978, n° 77-92.356 : *Bull. crim.* n° 46).
Toujours est-il que les règles relatives aux saisies de droit commun s'entendent comme régissant, pour l'essentiel, les biens meubles.

C Données informatiques

2170 **Lois des 9 mars et 21 juin 2004.** Ces deux textes ont introduit les données informatiques dans l'énumération de l'article 56 du Code de procédure pénale.

2171 Deux sortes de saisies de données informatiques sont réglementées par le Code de procédure pénale dans sa partie consacrée aux perquisitions : celle des données stockées à l'endroit où se déroule la perquisition domiciliaire et celle des données stockées ailleurs mais accessibles depuis le domicile perquisitionné et depuis le siège du service enquêteur considéré comme le prolongement du domicile.

1 Saisie de données informatiques stockées sur place

2172 **Modalités de saisie.** L'alinéa 1 de l'article 56 du Code de procédure pénale prévoit de façon expresse la saisie de données informatiques réalisée au cours d'une perquisition domiciliaire.
Il a été relevé qu'en réalité c'était le support sur lequel les données sont enregistrées qui faisait l'objet d'une saisie à proprement parler. C'est ce que prévoit l'alinéa 5 du même texte en énonçant qu'« il est procédé à la saisie des données informatiques nécessaires à la manifestation de la vérité en plaçant sous main de justice soit le support physique de ces données, soit une copie réalisée en présence des personnes qui assistent à la perquisition ».
L'alinéa 6 réglemente l'effacement, sur le support d'origine, des données dont la détention n'est pas possible, en cas de copie sur un support placé sous scellé. Il prévoit à cet effet que : « Si une copie est réalisée, il peut être procédé, sur instruction du procureur de la République, à l'effacement définitif, sur le support physique qui n'a pas été placé sous main de justice, des données informatiques dont la détention ou l'usage est illégal ou dangereux pour la sécurité des personnes ou des biens ».

2 Saisie de données informatiques accessibles depuis le lieu objet de la perquisition domiciliaire

2173 L'article 57-1 pour l'enquête de flagrance prévoit que :

> « Les officiers de police judiciaire ou, sous leur responsabilité, les agents de police judiciaire peuvent, au cours d'une perquisition effectuée dans les conditions prévues par le présent code, accéder par un système informatique implanté sur les lieux où se déroule la perquisition à des données intéressant l'enquête en cours et stockées dans ledit système ou dans un autre système informatique, dès lors que ces données sont accessibles à partir du système initial ou disponibles pour le système initial ».

Et il est prévu que :

> « Les données auxquelles il aura été permis d'accéder dans les conditions prévues par le présent article peuvent être copiées sur tout support. Les supports de stockage informatique peuvent être saisis et placés sous scellés dans les conditions prévues par le présent code » (V. *supra*, n°s 1958 et s.).

Des dispositions équivalentes sont prévues en enquête préliminaire et sur commission rogatoire par les articles 76-3 et 97-1 qui diffèrent de l'article 57-1 en ce que l'agent de police judiciaire y agit « sous le contrôle » de l'officier de police judiciaire et non sous sa responsabilité, ce qui ne devrait pas emporter de conséquences significatives.

a) Accès par un système informatique implanté sur les lieux où se déroule la perquisition à des données stockées dans ledit système

2174 Les dispositions de l'article 57-1 du Code de procédure pénale, en ce qu'elles permettent d'« accéder par un système informatique implanté sur les lieux où se déroule la perquisition à des données intéressant l'enquête en cours et stockées dans ledit système », semblent permettre d'accéder, depuis le poste informatique perquisitionné, à l'intranet de l'organisme dans lequel est effectuée la perquisition. S'il fallait considérer qu'elles ne permettent que d'accéder au disque dur de l'ordinateur trouvé sur place, elles feraient double emploi avec les dispositions de l'article 56.

b) Accès par un système informatique implanté sur les lieux où se déroule la perquisition à des données stockées dans un autre système informatique

2175 Cette possibilité, instituée par la loi du 18 mars 2003, est de nature à faciliter la recherche des preuves. Elle permet aux enquêteurs d'accéder aux ordinateurs et serveurs distants, dans le réseau Internet, notamment au *Cloud*.
Elle est cependant soumise à des conditions. En effet, le texte a pris soin de prévoir que :

> « S'il est préalablement avéré que ces données, accessibles à partir du système initial ou disponibles pour le système initial, sont stockées dans un autre système informatique situé en dehors du territoire national, elles sont recueillies par l'officier de police judiciaire, sous réserve des conditions d'accès prévues par les engagements internationaux en vigueur ».

Cette disposition peut rendre, en pratique les enquêtes délicates quand il faudra passer par la délivrance d'une décision d'enquête européenne, ou d'une commission rogatoire internationale.
La direction des affaires criminelles et des grâces du ministère de la Justice a édité en 2015 un guide pratique relatif à l'obtention de données électroniques aux États-Unis susceptible de guider l'enquêteur dans la recherche de données stockées sur les serveurs d'Apple, de Microsoft, Google, Yahoo, Facebook, Instagram, Twitter, Tumblr, Pinterest, LinkedIn, Snapchat, Skype, WhatsApp, Viber, Dropbox ou à tout le moins de renseignements relatifs à ces comptes (V. *infra*, n°s 4721 et s.).
Prenant une position de nature à accélérer le cours des enquêtes et à les rendre plus efficientes, la chambre criminelle a jugé que des officiers de police judiciaire pouvaient, sans méconnaître les règles de compétence territoriale et d'entraide judiciaire internationale, recueillir, notamment par un moyen de communication électronique, des renseignements en dehors de leur circonscription, fût-ce en adressant directement une demande à une personne domiciliée à l'étranger, en l'espèce Google États-Unis, cette société restant, dans ce cas, libre de ne pas y répondre et qu'ils pouvaient exploiter des données informatiques présentes sur un site Internet, à partir de leur propre matériel et au moyen du code personnel de l'utilisateur découvert à l'occasion d'une perquisition opérée au domicile de l'intéressé avec l'autorisation du juge des libertés et de la détention, car il s'agit d'une simple investigation n'exigeant pas une nouvelle décision de ce magistrat (Cass. crim., 6 nov. 2013, n° 12-87.130 : *Bull. crim.* n° 217).

2176 **Loi n° 2014-1353 du 13 novembre 2014.** Cette loi a ajouté au texte une disposition selon laquelle les enquêteurs : « ... peuvent également, dans les conditions de perquisition prévues au présent code, accéder par un système informatique implanté dans les locaux d'un service ou d'une unité de police ou de gendarmerie à des données intéressant l'enquête en cours et stockées dans un autre système informatique, si ces données sont accessibles à partir du système initial ».
Cette disposition permet aux enquêteurs de ne pas devoir rester de façon démesurément longue sur les lieux de la perquisition et de poursuivre leurs investigations depuis leur service. Comme le fait valoir la circulaire de la direction des affaires criminelles et des grâces du ministère de la Justice :

> « Cette disposition ne modifie pas les garanties dont bénéficie la personne au titre des articles 57 et 76 du Code de procédure pénale. Ainsi, dans le cadre de l'enquête préliminaire, les dispositions de l'article 76 du Code de procédure pénale (consentement de la personne chez laquelle la perquisition a lieu sauf autorisation du juge des libertés et de la détention) s'appliquent à la perquisition informatique à distance créée par le nouvel article 57-1 du Code de procédure pénale. Les dispositions de l'article 57 sont applicables aux perquisitions à distance. Elles interdisent à l'enquêteur de consulter et saisir des données en dehors de la présence de l'intéressé, d'un tiers désigné ou de deux témoins ».

2177 **Présence de la personne titulaire du système distant.** Un auteur a fait valoir que la perquisition à distance pourrait poser des problèmes au regard des dispositions de l'article 57 qui imposent la présence de la personne chez qui la perquisition a lieu ou, en cas d'impossibilité de celle-ci, de son représentant, ou, à défaut de deux témoins, lesquelles pourraient également concerner le titulaire du système distant.
La chambre criminelle de la Cour de cassation n'a pas eu l'occasion de se prononcer sur la nécessité de la présence, lors d'une perquisition de ce type, du titulaire du système distant. Il nous semble que si une telle exigence devait être posée, elle réduirait à peu de chose l'avancée législative qu'a constituée l'institution de la perquisition informatique à distance.

2178 **Droit de réquisition.** Pour pallier une éventuelle opposition du titulaire du système distant, le texte dispose que :

> « Les officiers de police judiciaire ou, sous leur contrôle, les agents de police judiciaire peuvent, par

tout moyen, requérir toute personne susceptible : 1° D'avoir connaissance des mesures appliquées pour protéger les données auxquelles il est permis d'accéder dans le cadre de la perquisition ; 2° De leur remettre les informations permettant d'accéder aux données mentionnées au 1°. À l'exception des personnes mentionnées aux articles 56-1 à 56-5, le fait de s'abstenir de répondre dans les meilleurs délais à cette réquisition est puni d'une amende de 3 750 € ».

Il s'ensuit que, sauf les cas où un secret est protégé par la loi, le titulaire du système distant ne peut s'opposer à la perquisition informatique à distance, sauf à encourir des sanctions pénales, et ce quel que soit le type d'enquête. Même au cours d'une enquête préliminaire, c'est l'assentiment de la seule personne au domicile de laquelle se trouve le système à partir duquel il est possible d'avoir accès au système distant qui doit être recueilli.

D Armes

2179 L'article 54 du Code de procédure pénale dispose que l'officier de police judiciaire saisit les armes sur le lieu du crime. En matière de violences, l'article 56 prévoit la saisie, d'office ou sur instruction du procureur de la République, des armes qui sont détenues par la personne suspectée ou dont celle-ci a la libre disposition, quel que soit le lieu où se trouvent ces armes. Cela peut donc concerner des armes qui ne sont pas nécessairement en lien avec les violences ainsi que des armes dont la détention est licite.
Si des armes détenues illégalement, mais sans rapport avec l'enquête en cours, sont découvertes, une procédure incidente est ouverte et les armes sont saisies dans le cadre de cette procédure incidente (V. *supra*, n°s 1045, 1422) (Cass. crim., 23 juin 2015, n° 15-81.071 : *Bull. crim.* n° 157).

E Instrument et produit de l'infraction

2180 On verra (V. *infra*, n°s 2326, 2336, 2345, 2350) que le produit ou l'instrument de l'infraction peuvent être saisis à des fins patrimoniales, mais l'un et l'autre peuvent également permettre d'apporter la preuve de l'infraction.
Il en sera ainsi des outils dont le cambrioleur se sera servi pour forcer la porte du logement visité, qui constituent indubitablement les instruments ayant servi à commettre l'infraction.
De même, la somme que l'escroc a obtenue de sa victime, si elle est retrouvée, sera de nature à apporter la preuve de l'infraction.

Il est donc des biens qui peuvent être saisis à titre probatoire comme instrument ou produit de l'infraction.

L'ESSENTIEL 2181 **Grande variété des objets saisissables.** Les textes prévoient la possibilité de saisir, outre les biens susceptibles de confiscations en vertu des dispositions du Code pénal, les papiers, documents, données informatiques ou autres objets en la possession des personnes qui paraissent avoir participé au crime ou détenir des pièces, informations ou objets relatifs aux faits incriminés, pièces à conviction.
Le Code de procédure pénale édicte quelques règles spéciales.

2182 **Faux.** C'est le cas en matière de faux où les textes semblent donner pouvoir au seul procureur de la République de saisir les faux se trouvant dans un dépôt public mais la jurisprudence a admis que le procureur de la République puisse déléguer ses pouvoirs à un officier de police judiciaire.

2183 **Immeubles.** L'enquêteur peut, dans le cadre de la recherche de la preuve, poser les scellés sur un bien immobilier pour interdire son accès dans l'attente d'une perquisition, d'une reconstitution (V. *supra*, n° 2169). La saisie d'un bien immobilier en vue de sa confiscation est également possible, mais elle obéit aux règles sur les saisies spéciales dans lesquelles la décision n'appartient pas à l'enquêteur mais au magistrat, l'enquêteur ne procédant, éventuellement, qu'aux opérations matérielles prescrites par le juge des libertés et de la détention ou le juge d'instruction (V. *supra*, n° 2169).

2184 **Données informatiques.** La saisie des données informatiques stockées dans un ordinateur découvert sur les lieux d'une perquisition est réalisée en plaçant sous main de justice soit le support physique de ces données, soit une copie réalisée en présence des personnes qui assistent à la perquisition (V. *supra*, n° 2172). L'effacement des données dont la détention ou l'usage est illégal ou dangereux pour la sécurité des personnes ou des biens peut être ordonné par le procureur de la République si une copie a été réalisée.
La consultation des données stockées ailleurs que sur l'ordinateur découvert mais accessibles depuis cet appareil (intranet et Internet) peut être effectuée depuis le lieu de la perquisition mais aussi depuis le service enquêteur. Il convient, dans cette dernière hypothèse, que la personne dont l'ordinateur sert de point d'entrée dans le réseau

soit présente, et, à défaut, son représentant ou deux témoins (V. *supra*, n°s 2173 et s.). Le titulaire du système distant, s'il n'est pas protégé par les dispositions spéciales relatives au secret professionnel, ne peut s'opposer à cette « perquisition à distance » (V. *supra*, n° 2178).

2185 **Armes.** Une disposition particulière permet, en matière de violences, à l'officier de police judiciaire, d'office ou sur instructions du procureur de la République, de saisir toutes les armes dont la personne suspectée est propriétaire ou dont elle a la libre disposition, y compris les armes détenues légalement (V. *supra*, n° 2179).

VI Un secret légalement protégé peut s'opposer à la saisie

2186 **Confidentialité et sauvegarde du secret.** Il n'est pas inutile, avant d'évoquer le fait que le secret peut parfois être opposé à l'enquêteur, de noter qu'il est lui-même astreint, dans son action, au respect d'une confidentialité voire du secret. Le Code de procédure pénale limite en effet le nombre de personnes pouvant connaître les éléments découverts au cours d'une perquisition et prévoit des mesures pour faire respecter le secret professionnel.
Tout d'abord, l'article 56 du Code de procédure pénale institue une confidentialité des perquisitions en prévoyant que seul l'officier de police judiciaire – la règle s'appliquerait à un magistrat qui diligenterait la perquisition lui-même – a le droit de prendre connaissance des papiers, documents ou données informatiques avant de les saisir.
Cependant, l'officier de police judiciaire a parfois besoin de se faire assister d'un spécialiste. C'est pourquoi la personne désignée en application de l'article 60 peut également prendre connaissance des éléments découverts au cours de la perquisition.
Comme la perquisition doit être faite en présence de la personne au domicile de laquelle elle a lieu et que les objets doivent lui être représentés, celle-ci a également connaissance des papiers, documents ou données informatiques saisis.
Ensuite, le texte prévoit que l'officier de police judiciaire a l'obligation de provoquer préalablement toutes mesures utiles pour que soit assuré le respect du secret professionnel et des droits de la défense.
Ces règles, qui figurent dans le Code de procédure pénale depuis son entrée en vigueur, s'appliquent aussi à l'enquête préliminaire et au cours d'une information, les articles 76, 96 et 99 renvoyant aux dispositions du code sur l'enquête de flagrance.
Ces dispositions ont, peu à peu, été complétées, organisant un régime spécial pour les perquisitions et saisies réalisées chez des personnes exerçant certaines professions ou assurant certaines fonctions.
Leur régime sera exposé schématiquement, ces questions ayant donné lieu à d'abondants développements auxquels le lecteur pourra se reporter s'il lui apparaît nécessaire d'approfondir la question.

A Secret professionnel

1 Ne fait pas obstacle à la saisie

2187 Le principe paraît pouvoir s'énoncer simplement : le secret professionnel ne fait pas, en principe, obstacle à la saisie de documents utiles à la manifestation de la vérité.
La chambre criminelle juge que l'obligation à laquelle une personne est tenue, par fonction ou profession, de garder le secret, ne met pas obstacle à ce que le juge d'instruction procède à la saisie de tous documents, pièces ou objets utiles à la manifestation de la vérité, les pouvoirs que ce magistrat tient de l'article 81 du Code de procédure pénale ne souffrant en principe aucune restriction.

2188 La chambre criminelle a fait application de ce principe à la saisie de documents comptables relatifs à l'exploitation d'un cabinet dentaire (Cass. crim., 8 juin 1966, n° 66-90.067 : *Bull. crim.* n° 167 ; *D.* 1966, p. 542), à la saisie d'un dossier contenant des renseignements médicaux relatifs à l'admission et au séjour dans un établissement hospitalier d'un inculpé [mis en examen], dont le juge d'instruction a ordonné l'examen par des experts afin de vérifier si son état, au moment de son hospitalisation, pouvait être médicalement expliqué ou s'il était simulé

(Cass. crim., 24 avr. 1969, n° 68-93.507 : *Bull. crim.* n° 145 ; *D.* 1969, p. 637, rapp. Chappar ; *JCP* G 1970, II, 16306, note Savatier), à la saisie de documents comptables ayant trait à l'exploitation d'une charge de commissionnaire agréé près une bourse de commerce (Cass. crim., 23 mars 1977, n° 75-92.170 : *Bull. crim.* n° 109, p. 0264), ou encore à la saisie des pièces d'une enquête canonique au cours de laquelle la personne qui dépose doit dire la vérité, sous la foi du serment, fût-ce pour s'accuser (Cass. crim., 17 déc. 2002, n° 02-83.679 : *Bull. crim.* 2002, n° 231).

2 Garanties procédurales

2189 **Pas fondamentalement différentes de celles prévues pour la perquisition.** On a indiqué (V. *supra*, n° 2053) que les articles 56-1 à 56-5 du Code de procédure pénale prévoyaient que les perquisitions dans le cabinet ou le domicile d'un avocat, dans les locaux d'une entreprise de presse, d'une entreprise de communication audiovisuelle, d'une entreprise de communication au public en ligne, d'une agence de presse, dans les véhicules professionnels de ces entreprises ou agences ou au domicile d'un journaliste, le cabinet d'un médecin, d'un notaire ou d'un huissier, un lieu précisément identifié, abritant des éléments couverts par le secret de la défense nationale, dans les locaux d'une juridiction ou au domicile d'une personne exerçant des fonctions juridictionnelles et qui tendent à la saisie de documents susceptibles d'être couverts par le secret du délibéré, étaient effectuées par un magistrat, procureur ou juge d'instruction, selon le cadre procédural, et non par un officier de police judiciaire voire, au cours d'une enquête préliminaire, par un agent de police judiciaire et qu'elles devaient avoir lieu en présence de la personne responsable de l'organisation professionnelle à laquelle appartient la personne concernée ou de son représentant.

Aucune particularité n'est prévue pour la saisie, mais il est constant qu'elle devra suivre le régime de la perquisition. C'est donc le magistrat qui procédera à la saisie, même s'il lui est possible, pour les opérations purement matérielles, de se faire aider par un officier de police judiciaire.

Le magistrat, soumis aux obligations générales de l'article 56, aura seul, avec les personnes désignées à l'article 57 du Code de procédure pénale et celles auxquelles il a éventuellement recours en application de l'article 60, le droit de prendre connaissance des papiers, documents ou données informatiques avant de procéder à leur saisie et devra provoquer préalablement toutes mesures utiles pour que soit assuré le respect du secret professionnel et des droits de la défense. Il n'en va différemment que dans le cas particulier de la perquisition régie par l'article 56-1 où seuls le magistrat et le bâtonnier peuvent prendre connaissance des documents.

2190 **Les articles 56-1 à 56-5 du Code de procédure pénale doivent être interprétés strictement.** D'autres personnes que celles protégées par les articles 56-1 à 56-5 du Code de procédure pénale sont tenues au secret professionnel, mais elles n'ont pas pour autant la possibilité de revendiquer l'application de règles protectrices qui n'ont été édictées que pour les situations particulières qu'elles concernent.

Ainsi, l'expert-comptable est tenu au secret professionnel. Mais cela n'interdit pas la réalisation d'une perquisition dans son cabinet selon les règles classiques de procédure (Cass. crim., 22 févr. 2001, n°s 99-30.041 et 99-30.042 : *Bull. crim.* n° 47).

Plus généralement, les dispositions protectrices des articles 56-1 à 56-5 sont d'interprétation stricte. Ainsi la chambre criminelle juge qu'aucune disposition législative ne prévoit de formalité spécifique en matière de perquisition dans les locaux professionnels d'un mandataire judiciaire (Cass. crim., 18 juin 2003, n° 03-81.979 : *Bull. crim.* n° 129) et que la chambre d'hôtel occupée par le médecin attaché à une équipe sportive en déplacement ne peut être considérée comme un cabinet médical (Cass. crim., 8 juin 1999, n°s 99-81.291 et 99-81.807 : *Bull. crim.* n° 124).

B Les avocats

2191 **Avocats.** Les avocats sont tenus au secret professionnel qui, comme il vient d'être indiqué, ne fait pas obstacle à la saisie de documents couverts par ce secret, sauf quand sont en cause les droits de la défense, dont la loi n° 2021-1729 du 22 décembre 2021 pour la confiance dans l'institution judiciaire a élargi le périmètre.

1 Régime dual

2192 La loi du 22 décembre 2021 n'a pas fondamentalement modifié l'économie du système. Elle a inséré dans l'article préliminaire du Code de procédure pénale un alinéa prévoyant que « le respect du secret professionnel de la défense et du conseil, prévu à l'article 66-5 de la loi n° 71-1130 du 31 décembre 1971 portant réforme de certaines professions judiciaires et juridiques, est garanti au cours de la procédure pénale dans les conditions prévues par le présent code » et elle a modifié les conditions des perquisitions concernant les avocats mais n'a pas remis en cause le principe dégagé par la jurisprudence selon lequel : « Si, selon les principes rappelés par l'article 66-5 de la loi du 31 décembre 1971, les correspondances échangées entre le client et son avocat sont, en toutes matières, couvertes par le secret professionnel, il demeure que le juge d'instruction tient de l'article 97 du Code de procédure pénale le pouvoir de les saisir dès lors qu'elles ne concernent pas l'exercice des droits de la défense » (Cass. crim., 7 mars 1994, n°s 93-84.931 et 93-84.931 : *Bull. crim.* n° 87. – Cass. crim., 25 nov. 2020, n° 19-84.304, publié au bulletin).

a) « Simple » secret professionnel

2193 Il est donc possible de saisir des documents qui sont couverts par le secret professionnel auquel est tenu l'avocat dès lors qu'ils n'intéressent pas les droits de la défense. Les dispositions le permettant ne sont pas contraires à la Constitution (Cons. Const., 19 janv. 2023, n° 2022-1030 QPC). C'est ainsi que le secret professionnel du conseil juridique et fiscal, devenu avocat, ne met pas obstacle à la saisie de documents lorsque ceux-ci sont étrangers à l'exercice des droits de la défense. Il en est ainsi d'un rapport d'audit établi par un conseil juridique et fiscal qui, depuis son accès à la profession d'avocat, n'a pas été chargé d'assurer en justice la défense des intérêts de son client (Cass. crim., 5 juill. 1993, n°s 93-81.275 et 93-81.275 : *Bull. crim.* n° 236).

b) Droits de la défense

2194 **Frontière constituée par une atteinte aux droits de la défense.** En revanche, « le pouvoir, reconnu à l'officier de police judiciaire par les articles 56 et 76 du Code de procédure pénale ou au juge d'instruction par l'article 96 dudit code, de saisir les objets et documents utiles à la manifestation de la vérité trouve sa limite dans le principe de la libre défense qui commande de respecter la confidentialité des correspondances échangées entre un avocat et son client et qui sont liées à l'exercice des droits de la défense.

Dès lors encourt la cassation l'arrêt de la chambre de l'instruction qui refuse d'annuler la saisie, effectuée au cours d'une perquisition au domicile de la personne mise en examen, d'un courrier reçu de son avocat ayant trait à l'exécution d'une condamnation pénale, en l'espèce un suivi socio-judiciaire, prononcée dans une instance distincte » (Cass. crim., 13 déc. 2006, n° 06-87.169 : *Bull. crim.* n° 313).

De même que doit être annulée la saisie par les services de l'Autorité de la concurrence de correspondances relevant du secret professionnel entre un avocat et son client et liées à l'exercice des droits de la défense (Cass. crim., 24 avr. 2013, n° 12-80.331 : *Bull. crim.* n° 102).

2195 **Extension du périmètre des droits de la défense.** La Chancellerie expose que la nouvelle loi élargit le périmètre des droits de la défense interdisant toute saisie. Jusque-là, la jurisprudence limitait la protection liée aux droits de la défense aux hypothèses où la personne était poursuivie ou à tout le moins suspectée et qu'elle avait désigné formellement un avocat. Le législateur a estimé que la protection liée aux droits de la défense devait être ouverte plus tôt : quand une personne prend conseil parce qu'elle s'attend à être poursuivie ou qu'ayant commis une infraction elle prépare sa défense (V. *supra*, n° 2061).

Cependant l'extension du périmètre ne joue pas pour certaines infractions. L'article 56-1-2 du Code de procédure pénale prévoit que le secret professionnel du conseil n'est pas opposable aux mesures d'enquête ou d'instruction lorsque celles-ci sont relatives aux infractions de fraude fiscale, financement du terrorisme, corruption et blanchiment de ces délits, sous réserve que les consultations, correspondances ou pièces détenues ou transmises par l'avocat ou son client établissent la preuve de leur utilisation aux fins de commettre ou de faciliter la commission desdites infractions. Cela conduit la DACG à opérer une distinction : elle estime que, sous réserve de la jurisprudence à venir de la Cour de cassation, cet article s'appliquera en cas de perquisition mais qu'il ne paraît pas remettre en cause la protection instituée par la nouvelle rédaction de l'article 56-1 qui interdit expressément la saisie des documents qui relèvent de l'exercice des droits de la défense et qui sont couverts par le secret du conseil, protection qui s'applique à toutes les infractions.

Ainsi, pour elle, la personne qui a commis un délit de fraude fiscale et qui va demander des conseils juridiques à un avocat afin de commencer à préparer sa défense pour le cas où elle serait poursuivie, même si aucune procédure pénale n'est encore engagée contre elle et qu'elle n'a donc pas pu désigner, dans le cadre de cette procédure, cet avocat comme défenseur, sera assurée que les échanges qu'elle aura avec cet avocat seront protégés et ne pourront faire l'objet d'une saisie, car ces échanges relèvent déjà de l'exercice des droits de la défense.

En revanche, elle estime qu'il découle de l'article 56-1-2 que si cette même personne utilise les conseils et documents fournis par l'avocat, sous couvert de la préparation de sa défense, pour poursuivre la commission de cette fraude fiscale, et que donc les consultations, correspondances ou pièces, détenues ou transmises par l'avocat ou son client établissent alors la preuve de leur utilisation aux fins de commettre ou de faciliter la commission de cette infraction, la saisie sera possible.

2196 **Frontière franchissable en cas de participation de l'avocat à une infraction.** Mais la chambre criminelle admettait avant l'entrée en vigueur de la loi du 22 décembre 2021 une exception à la protection liée à l'exercice des droits de la défense : la participation de l'avocat à la commission d'une infraction justifiait la saisie des correspondances échangées entre lui et son client (Cass. crim., 12 mars 1992, n°s 91-86.843 et 91-86.843 : *Bull. crim.* n° 112. – Cass. crim., 20 janv. 1993, n°s 92-85.548 et 92-85.548 : *Bull. crim.* n° 29. – Cass. crim., 5 oct. 1999, n° 98-80.007 : *Bull. crim.* n° 206. – Cass. crim., 27 juin 2001, n° 01-81.865 : *Bull. crim.* n° 163. – Cass. crim., 18 juin 2003, n° 03-81.979 : *Bull. crim.* n° 129. – Cass. crim., 1er mars 2006, n° 05-87.252 : *Bull. crim.* n° 60). L'article 56-1 du Code de procédure pénale définit l'avocat « suspect » comme celui à l'endroit duquel il existe des raisons plausibles de soupçonner qu'il a commis ou tenté de commettre une infraction. Ces éléments doivent apparaître en procédure préalablement.

La loi n'a pas remis en cause cette jurisprudence. La Chancellerie relève dans la circulaire précitée que :

> « La seule exception à l'interdiction de la saisie de documents relevant de l'exercice des droits de la défense et couverts par le secret de la défense, que le législateur n'a pas estimé opportun de rappeler dans la loi, est l'hypothèse, retenue depuis toujours par la jurisprudence, dans laquelle l'avocat est auteur ou complice d'une infraction, la saisie de pièces pouvant établir sa participation à une infraction étant toujours possible. En réalité, dans une telle hypothèse, il n'existe plus de secret de la défense devant être protégé dans la mesure où l'avocat est sorti de son rôle de défenseur ».

2197 **Synthèse.** De l'ensemble de ces solutions, il résulte que le secret professionnel des avocats ne s'oppose pas à la saisie si les droits de la défense, dont le périmètre a été élargi par la loi du 22 décembre 2021, ne sont pas en cause.

C'est ce qui fait dire à certains que les solutions jurisprudentielles tiennent en deux propositions : la protection des droits de la défense l'emporte sur les nécessités de la recherche de la vérité mais celles-ci l'emportent sur le respect du secret professionnel.

2 Particularités procédurales

2198 Il a été indiqué précédemment quelles étaient les particularités procédurales des perquisitions réalisées dans le cabinet ou le domicile d'un avocat (V. *supra*, n°s 2053, 2189).

Seront donc principalement évoquées ici les spécificités relatives aux saisies qui s'ensuivent.

a) Autorisation par un juge

2199 **Par le juge des libertés et de la détention.** Il a été indiqué (V. *supra*, n° 2057) qu'avant la loi du 22 décembre 2021, c'était le même magistrat qui décidait d'opérer une perquisition dans le cabinet ou au domicile d'un avocat et qui la réalisait et que, désormais, que la perquisition soit diligentée au cours d'une enquête préliminaire ou de flagrance par un procureur ou qu'elle le soit par un juge d'instruction au cours d'une information judiciaire, ce ne sont pas eux qui en décident mais le juge des libertés et de la détention ou le président du tribunal judiciaire selon que la perquisition a lieu dans le cabinet ou au domicile d'un avocat ou dans les locaux de l'Ordre ou dans ceux d'une caisse de règlement pécuniaire (V. *supra*, n°s 2057 et s.).

Il a également été signalé que les motifs de l'autorisation n'étaient pas totalement identiques selon que la perquisition est justifiée par la mise en cause de l'avocat ou pas (V. *supra*, n° 2059).

Au regard des saisies traitées ici, il est important d'avoir à l'esprit que la loi prévoit expressément qu'aucune saisie ne peut, à peine de nullité, concerner des documents ou des objets relatifs à d'autres infractions que celles mentionnées dans la décision du juge des libertés et de la détention.

b) Rôle du bâtonnier

2200 **Information devant être donnée au bâtonnier.** Il a également été souligné que la perquisition devait être réalisée par le procureur de la République ou le juge d'instruction selon les cas et toujours en présence du bâtonnier ou de son délégué (V. *supra*, n° 2054) et que le contenu de la décision autorisant la perquisition devait être porté à la connaissance du bâtonnier ou de son délégué dès le début de la perquisition. L'absence de communication de ces renseignements ou leur imprécision prive le bâtonnier, chargé de la protection des droits de la défense, de l'information qui lui est réservée ce qui interdit ensuite le contrôle réel et effectif de cette mesure par le juge des libertés et de la détention éventuellement saisi d'une contestation. Elle porte nécessairement atteinte aux intérêts de l'avocat concerné (Cass. crim., 25 juin 2013, n° 12-88.021 : *Bull. crim.* n° 155. – Cass. crim., 8 juill. 2020, n° 19-85.491, publié au bulletin. – Cass. crim., 9 févr. 2016, n° 15-85.063 : *Bull. crim.* n° 34. – Cass. crim., 18 janv. 2022, n° 21-83.751 ; *Gaz. Pal.* 8 mars 2022, n° 8, p. 21, obs. T. Baudesson et C. Merveilleux du Vignaux).

2201 **Opposition du bâtonnier.** Au cours de la perquisition, le bâtonnier ou son délégué a le droit de consulter ou de prendre connaissance des documents ou objets avec le magistrat qui opère la perquisition. Le magistrat doit veiller à ce que les investigations conduites ne portent pas atteinte au libre exercice de la profession d'avocat et à ce qu'aucun document relevant de l'exercice des droits de la défense et couvert par le secret professionnel de la défense et du conseil, prévu à l'article 66-5 de la loi n° 71-1130 du 31 décembre 1971 portant réforme de certaines professions judiciaires et juridiques, ne soit saisi et placé sous scellé. Le bâtonnier ou son délégué peut s'opposer à la saisie d'un document ou d'un objet s'il estime que cette saisie serait irrégulière.
En cas d'opposition du bâtonnier ou de son représentant à la saisie, le document ou l'objet doit être placé sous scellé fermé. Ces opérations font l'objet d'un procès-verbal mentionnant les objections du bâtonnier ou de son délégué, qui n'est pas joint au dossier de la procédure. Si d'autres documents ou d'autres objets ont été saisis au cours de la perquisition sans soulever de contestation, ce procès-verbal est distinct de celui prévu par l'article 57. Ce procès-verbal, ainsi que le document ou l'objet placé sous scellé fermé, sont transmis sans délai au juge des libertés et de la détention, avec l'original ou une copie du dossier de la procédure.

2202 **Quel juge des libertés et de la détention ?** Les contestations peuvent être examinées et tranchées par le juge des libertés et de la détention qui a autorisé la perquisition.
Mais il doit en aller différemment dans le cas d'une perquisition autorisée sur le fondement de l'article L. 16B du Livre des procédures fiscales dans le cabinet ou au domicile d'un avocat. En effet, dans ce cas c'est le juge des libertés et de la détention qui diligente la perquisition qu'il a autorisée et procède aux saisies. Dès lors il convient, selon une réserve d'interprétation du Conseil constitutionnel, que ce soit un autre juge des libertés qui statue sur les contestations (Cons. Const., 19 janv. 2023, n° 2022-1031 QPC).

2203 **Audience du juge des libertés et de la détention.** Dans les cinq jours de la réception de ces pièces, le juge des libertés et de la détention statue sur la contestation par ordonnance motivée.
À cette fin, il entend le magistrat qui a procédé à la perquisition et, le cas échéant, le procureur de la République, ainsi que l'avocat au cabinet ou au domicile duquel elle a été effectuée et le bâtonnier ou son délégué. Il peut ouvrir le scellé en présence de ces personnes.

2204 **Décision du juge des libertés et de la détention.** S'il estime qu'il n'y a pas lieu à saisir le document ou l'objet, le juge des libertés et de la détention ordonne sa restitution immédiate, ainsi que la destruction du procès-verbal des opérations et, le cas échéant, la cancellation de toute référence à ce document, à son contenu ou à cet objet qui figurerait dans le dossier de la procédure. Dans le cas contraire, il ordonne le versement du scellé et du procès-verbal au dossier de la procédure. Lors de cette audience, il n'entre pas dans l'office du juge des libertés et de la détention (ou du président du tribunal quand la perquisition a concerné une caisse des règlements pécuniaires des avocats [CARPA]) d'examiner la régularité de la saisine du juge d'instruction (Cass. crim., 18 janv. 2022, n° 21-83.751 : *Gaz. Pal.* 8 mars 2022, n° 8, p. 21, obs., T. Baudesson et C. Merveilleux du Vignaux).

c) Recours

2205 **Appel.** La décision du juge des libertés et de la détention peut faire l'objet d'un recours suspensif dans un délai de vingt-quatre heures.
Le procureur de la République, l'avocat, le bâtonnier ou son délégué, l'administration ou l'autorité administrative compétente (par ex. en cas de perquisition fiscale ou douanière) peuvent former ce recours. Le recours est examiné par le président de la chambre de l'instruction, dans les cinq jours suivant sa saisine. Il doit, à l'instar du juge des libertés et de la détention, entendre le magistrat qui a procédé à la perquisition et, le cas échéant, le procureur de la République, ainsi que l'avocat au cabinet ou au domicile duquel elle a été effectuée et le bâtonnier ou son délégué. Il peut ouvrir le scellé en présence de ces personnes.

2206 **Pourvoi en cas d'excès de pouvoirs ?** Le texte n'indique pas que la décision du président de la chambre de l'instruction puisse faire l'objet d'un pourvoi en cassation. Cependant, à l'époque où la décision du juge des libertés et de la détention n'était pas susceptible d'appel, la chambre criminelle avait admis que sa décision fasse l'objet d'un pourvoi en cas d'excès de pouvoirs (Cass. crim., 8 août 2007, n° 07-84.252 : *Bull. crim.* n° 188. – Cass. crim., 7 janv. 2020, n° 19-82.011, publié au bulletin). On peut donc imaginer qu'elle pourrait admettre que la décision du président de la chambre de l'instruction soit susceptible d'un pourvoi en un tel cas.

2207 **Autre recours possible.** La décision du juge des libertés et de la détention n'exclut pas la possibilité ultérieure pour les parties de demander la nullité de la saisie devant, selon les cas, la juridiction de jugement ou la chambre de l'instruction.

d) Perquisition dans un lieu non protégé conduisant à la découverte de documents couverts par le secret professionnel de la défense

2208 La loi du 22 décembre 2021 a également organisé une procédure permettant de soumettre à un juge la question du caractère secret s'opposant à la saisie de documents trouvés hors d'un cabinet ou domicile d'avocat. Dans cette hypothèse, la perquisition et la saisie seront, le plus souvent, effectuées par un officier de police judiciaire.

Le nouvel article 56-1-1 du Code de procédure pénale prévoit que :

> « Lorsque, à l'occasion d'une perquisition dans un lieu autre que ceux mentionnés à l'article 56-1, il est découvert un document mentionné au deuxième alinéa du même article 56-1 [relevant de l'exercice des droits de la défense et couvert par le secret professionnel de la défense et du conseil], la personne chez qui il est procédé à ces opérations peut s'opposer à la saisie de ce document. Le document doit alors être placé sous scellé fermé et faire l'objet d'un procès-verbal distinct de celui prévu à l'article 57. Ce procès-verbal ainsi que le document placé sous scellé fermé sont transmis sans délai au juge des libertés et de la détention, avec l'original ou une copie du dossier de la procédure. Les quatrième à neuvième alinéas de l'article 56-1 sont alors applicables ».

La procédure qui vient d'être exposée permettra ainsi de faire trancher la question de l'insaisissabilité du document.

On signalera que, dès avant l'entrée en vigueur de la loi du 22 décembre 2021, la chambre criminelle a approuvé la décision d'un président de cour d'appel annulant la saisie de documents appréhendés dans une entreprise par l'Autorité de la concurrence qui, sans émaner d'un avocat ou lui être adressés, reprenaient une stratégie de défense mise en place par un cabinet d'avocats, considérant que c'était par une appréciation relevant de son pouvoir souverain, que le juge d'appel avait constaté que les données confidentielles couvertes par le secret des correspondances échangées avec un avocat, et contenues dans les documents saisis, en constituaient l'objet essentiel (Cass. crim., 26 janv. 2022, n° 17-87.359 : *AJ pénal* 2022, p. 161, P. Combles de Nayves ; *Gaz. Pal.* 8 mars 2022, n° 8, p. 21, obs. T. Baudesson et C. Merveilleux du Vignaux).

C Les journalistes

1 Secret des sources

2209 Atteinte autorisée dans le seul cas où un impératif prépondérant d'intérêt public le justifie et si les mesures envisagées sont strictement nécessaires et proportionnées au but légitime poursuivi. Le secret professionnel des journalistes est principalement lié au secret de leurs sources. La protection de celui-ci est prise en compte par le législateur national, inspiré par la jurisprudence de la Cour européenne des droits de l'homme.

L'article 2 de la loi du 29 juillet 1881 sur la liberté de la presse dispose que le secret des sources des journalistes est protégé dans l'exercice de leur mission d'information du public, qu'il ne peut y être porté atteinte directement ou indirectement que si un impératif prépondérant d'intérêt public le justifie et si les mesures envisagées sont strictement nécessaires et proportionnées au but légitime poursuivi, cette atteinte ne pouvant en aucun cas consister en une obligation pour le journaliste de révéler ses sources.

À cet égard, le fait de chercher à découvrir les sources d'un journaliste au moyen d'investigations portant sur toute personne qui, en raison de ses relations habituelles avec un journaliste, peut détenir des renseignements permettant d'identifier ces sources est une atteinte indirecte au secret des sources.

Les juges doivent tenir compte de la gravité de l'infraction, de l'importance de l'information recherchée pour la répression ou la prévention de cette infraction et du fait que les mesures d'investigation envisagées sont indispensables à la manifestation de la vérité pour apprécier la nécessité de l'atteinte (Cass. crim., 14 mai 2013, n° 11-86.626 : *Bull. crim.* n° 106. – A.-S. Chavent-Leclère, *Le secret des sources cède devant le secret de l'instruction : Procédures* juill. 2013, n° 7, comm. 220, p. 22-23. V. égal. A.-S. Chavent-Leclère, *Nullité restreinte du réquisitoire : ibid.*, comm. 223, p. 24. – E. Derieux, *Limites de la protection des sources des journalistes : JCP* G 10 juin 2013, n° 24, act. 676, p. 1167. – Cass. crim., 6 déc. 2011, n° 11-83.970 : *Bull. crim.* n° 248. – S. Lavric, *Fadettes du Monde : violation du secret des sources : D.* 5 janv. 2012, n° 1, act. dr. pén. et proc. pén., p. 17. V. égal. A. Guedj et T. Fourrey, *La milliardaire, la juge, le procureur, les journalistes et les fadettes... : Légipresse* févr. 2012, n° 291, Cours et tribunaux, p. 105 à 112, et A.-S. Chavent-Leclère, *Le secret de l'enquête doit céder devant le secret des sources du journaliste : Procédures* févr. 2012, n° 2, comm. 47, p. 25-26. – Cass. crim., 25 févr. 2014, n° 13-84.761 : *Bull. crim.* n° 54).

2210 **Contrôle du juge des libertés et de la détention.** S'agissant des perquisitions et saisies, cette protection se traduit par les dispositions de l'article 56-2 du Code de procédure pénale qui instaure, notamment, un contrôle *a posteriori* par le juge des libertés et de la détention.

2211 **Lieux protégés.** Ce texte ne limite pas, *stricto sensu*, la protection au bureau du journaliste. Les règles prévues à l'article 56-2 sont applicables aux perquisitions dans les locaux d'une entreprise de presse, d'une entreprise de communication audiovisuelle, d'une entreprise de communication au public en ligne, d'une agence de presse, dans les véhicules professionnels de ces entreprises ou agences ou au domicile d'un journaliste lorsque les investigations sont liées à son activité professionnelle.

2 Particularités procédurales

2212 L'article 56-2 organise un système assez comparable à celui que l'article 56-1 du Code de procédure pénale met en place pour les avocats.
S'agissant de la saisie, ce texte prévoit que la personne présente lors de la perquisition en application de l'article 57 du présent code – c'est-à-dire, celle dont le domicile est perquisitionné – peut s'opposer à la saisie d'un document ou de tout objet si elle estime que cette saisie ne respecte pas le libre exercice de la profession de journaliste, porte atteinte au secret des sources, constitue un obstacle ou entraîne un retard injustifié à la diffusion de l'information.
En cas de contestation de la part de la personne présente, le document ou l'objet doit alors être placé sous scellé fermé. Ces opérations font l'objet d'un procès-verbal mentionnant les objections de la personne, qui n'est pas joint au dossier de la procédure. Si d'autres documents ou objets ont été saisis au cours de la perquisition sans soulever de contestation, ce procès-verbal est distinct de celui prévu par l'article 57. Ce procès-verbal ainsi que le document ou l'objet placé sous scellé fermé sont transmis sans délai au juge des libertés et de la détention, avec l'original ou une copie du dossier de la procédure.

2213 **Intervention du juge des libertés et de la détention.** Dans les cinq jours de la réception de ces pièces, le juge des libertés et de la détention statue sur la contestation par ordonnance motivée non susceptible de recours.
Il y a lieu de considérer que, là aussi, un pourvoi en cassation est possible en cas d'excès de pouvoir.
À cette fin, le juge des libertés et de la détention entend le magistrat qui a procédé à la perquisition et, le cas échéant, le procureur de la République, ainsi que la personne en présence de qui la perquisition a été effectuée. Il peut ouvrir le scellé en présence de ces personnes. Si le journaliste au domicile duquel la perquisition a été réalisée n'était pas présent lorsque celle-ci a été effectuée, notamment s'il a été fait application du deuxième alinéa de l'article 57, le journaliste peut se présenter devant le juge des libertés et de la détention pour être entendu par ce magistrat et assister, s'il y est procédé, à l'ouverture du scellé.
S'il estime qu'il n'y a pas lieu à saisir le document ou l'objet, le juge des libertés et de la détention ordonne sa restitution immédiate, ainsi que la destruction du procès-verbal des opérations et, le cas échéant, la cancellation de toute référence à ce document, à son contenu ou à cet objet qui figurerait dans le dossier de la procédure.
Dans le cas contraire, il ordonne le versement du scellé et du procès-verbal au dossier de la procédure.

2214 **Possibilité de requête en annulation.** La décision du juge des libertés et de la détention n'exclut pas la possibilité ultérieure pour les parties de demander la nullité de la saisie devant, selon les cas, la juridiction de jugement ou la chambre de l'instruction.

D Le secret-défense

2215 Certaines affaires dans lesquelles les juges avaient le sentiment que le secret-défense leur était opposé de façon abusive ont conduit le législateur à organiser une procédure qui, si elle n'autorise pas le juge à prendre connaissance de documents classifiés, lui permet néanmoins de faire vérifier si c'est à juste titre que le secret est opposé et de demander au ministre concerné de lever ledit secret.

2216 **Mise en œuvre procédurale de ce principe.** Seuls les éléments relatifs à la saisie seront exposés, ceux concernant la perquisition ayant été précédemment présentés (V. *supra*, n° 2068).
Le magistrat ne peut pas prendre connaissance des documents classifiés, ce qui rend plus délicate la détermination de la nécessité de la saisie. Celle-ci est, de fait, laissée à l'appréciation du président de la Commission du secret de la défense nationale ou de son représentant et éventuellement des personnes qui l'assistent, qui ont seuls la possibilité de consulter les pièces et documents classifiés. Il est donc nécessaire que le magistrat ait exposé de façon détaillée la nature de l'infraction sur laquelle portent les investigations, les raisons justifiant la perquisition et son objet.
L'article 56-4 du Code de procédure pénale, dont les dispositions sont prescrites à peine de nullité, prévoit que le magistrat ne peut saisir que les éléments relatifs aux infractions sur lesquelles portent les investigations, ce qui n'est que la déclinaison du principe général de spécialité des perquisitions mais qui, en l'espèce, dès lors que celui

qui choisit les éléments n'est pas celui qui dirige l'enquête, impose que le président de la Commission soit informé de façon détaillée des éléments de cette enquête.
C'est le président de la Commission qui est gardien des scellés et c'est lui qui conserve le procès-verbal de saisie et d'inventaire.

2217 **Pas d'intervention d'un magistrat du siège.** À la différence de ce qui est prévu pour les saisies chez un avocat ou chez un journaliste, nulle intervention du juge des libertés et de la détention n'est prévue. Ce magistrat, pas plus que le procureur de la République ou le juge d'instruction, n'est habilité à prendre connaissance de documents couverts par le secret de la défense nationale.
C'est la Commission du secret de la défense nationale, composée de membres autorisés à connaître de toute information classifiée dans le cadre de leur mission, qui va émettre un avis consultatif sur l'opportunité de déclassifier ou pas les documents. Il faudra donc que le magistrat demande, conformément aux prévisions de l'article L. 2312-4 du Code de la défense nationale, la déclassification. La Commission a la possibilité, pour émettre son avis, d'ouvrir les scellés (C. défense, art. L. 2312-5). Elle rendra son avis en prenant en compte les missions du service public de la justice, le respect de la présomption d'innocence et les droits de la défense, le respect des engagements internationaux de la France ainsi que la nécessité de préserver les capacités de défense et la sécurité des personnels.
La commission transmet ensuite son avis à l'autorité administrative ayant procédé à la classification qui décide s'il y a lieu de déclassifier totalement ou partiellement le document.

2218 **Pas de recours contre la décision de l'autorité administrative.** La décision de l'autorité administrative refusant de déclassifier n'est pas susceptible de recours. Dans le cadre d'une question prioritaire de constitutionnalité, il a été soutenu qu'en privant le juge du pouvoir et des moyens d'apprécier l'intégralité des éléments déterminants pour l'issue du procès et en ne prévoyant pas de recours juridictionnel permettant à un juge de porter une appréciation sur la nature des informations classifiées, le législateur avait méconnu l'article 16 de la Déclaration de 1789. Le Conseil constitutionnel a estimé les textes conformes à la Constitution dès lors qu'en raison des garanties d'indépendance conférées à la commission ainsi que des conditions et de la procédure de déclassification et de communication des informations classifiées, le législateur avait opéré, entre les exigences constitutionnelles précitées, une conciliation qui n'était pas déséquilibrée (Cons. const., 10 nov. 2011, n° 2011-192 QPC).

E Le secret du délibéré

2219 C'est à la suite d'une décision du Conseil constitutionnel à qui avait été transmise une question prioritaire de constitutionnalité que le législateur a introduit dans le Code de procédure pénale des dispositions particulières. Le Conseil avait estimé que « s'il est loisible au législateur de permettre la saisie d'éléments couverts par le secret du délibéré, il lui appartient de prévoir les conditions et modalités selon lesquelles une telle atteinte au principe d'indépendance peut être mise en œuvre afin que celle-ci demeure proportionnée » et qu'en « adoptant les dispositions contestées, le législateur a méconnu l'étendue de sa compétence dans des conditions qui affectent par elles-mêmes le principe d'indépendance des juridictions ». Il avait donc jugé le troisième alinéa de l'article 56 du Code de procédure pénale et les mots « Sous réserve de ce qui est dit à l'article 56 concernant le respect du secret professionnel et des droits de la défense » figurant à l'article 57 du même code, contraires à la Constitution avec effet différé (Cons. const., 4 déc. 2015, n° 2015-506 QPC).
La loi du 3 juin 2016 a donc inséré un article 56-5 dans le Code de procédure pénale.
S'agissant des règles concernant la saisie proprement dite – les conditions relatives à la perquisition ont été exposées *supra* (n° 2072) –, cet article dispose, sur le modèle de ce qui est prévu pour les avocats et les journalistes, que le premier président ou son délégué peut s'opposer à la saisie d'un document ou d'un objet s'il estime cette saisie irrégulière.
Dans ce cas, le document ou l'objet est placé sous scellé fermé. Ces opérations font l'objet d'un procès-verbal, qui n'est pas joint au dossier de la procédure, mentionnant les objections du premier président ou de son délégué.
Si d'autres documents ou objets ont été saisis au cours de la perquisition sans soulever d'opposition, ce procès-verbal est distinct de celui prévu à l'article 57. Le procès-verbal relatif à la contestation et le document ou l'objet placé sous scellé fermé sont transmis sans délai au juge des libertés et de la détention qui statue sur l'opposition par ordonnance motivée non susceptible de recours. À cette fin, il entend le magistrat qui a procédé à la perquisition et, le cas échéant, le procureur de la République, ainsi que le premier président ou son délégué. Il ouvre le scellé en présence de ces personnes.

S'il estime qu'il n'y a pas lieu à saisir le document ou l'objet, le juge des libertés et de la détention ordonne sa restitution immédiate, ainsi que la destruction du procès-verbal mentionné au même troisième alinéa et, le cas échéant, la cancellation de toute référence à ce document ou à son contenu ou à cet objet figurant dans le dossier de la procédure.

Dans le cas contraire, il ordonne le versement du scellé et du procès-verbal au dossier de la procédure. Cette décision n'exclut pas la possibilité ultérieure pour les parties de demander la nullité de la saisie devant, selon les cas, la juridiction de jugement ou la chambre de l'instruction.

Dès avant l'entrée en vigueur de la loi, la chambre criminelle a jugé, dans l'affaire qui avait donné lieu à la transmission de la question prioritaire de constitutionnalité, que si aucune disposition légale ne protège spécifiquement le secret du délibéré, principe indissociable des fonctions juridictionnelles en tant que garantie de l'indépendance des juges et d'un procès équitable, il se déduit de l'article 6 de la Convention européenne des droits de l'homme et des principes généraux du droit que l'atteinte que constitue la saisie par un juge d'instruction, dans le cadre des pouvoirs qu'il tient de l'article 81 du Code de procédure pénale, de documents couverts par ce secret ne saurait être justifiée qu'à la condition qu'elle constitue une mesure nécessaire à l'établissement de la preuve d'une infraction pénale (Cass. crim., 22 mars 2016, n° 15-83.207 : *Bull. crim.* n° 92 ; *Gaz. Pal.* 2016, n° 14, p. 19, note C. Ingrain, R. Lorrain et L. Saenko ; *JCP* G 2016, I, 581, note D. Soulez Larivière ; *AJ pénal* 2016, p. 261, note P. de Combles de Nayves ; *Dr. pén.* 2016, comm. 86, note A. Maron et M. Haas).

L'ESSENTIEL 2220 **Principe de confidentialité.** L'officier de police judiciaire a, dans tous les types d'enquête, seul le droit de prendre connaissance des documents saisis. Il peut cependant, si besoin est, se faire assister par une personne qualifiée qui a, elle aussi, le droit de prendre connaissance des documents saisis tout comme la personne au domicile de laquelle la perquisition a lieu puisque les objets et documents doivent lui être présentés (V. *supra*, n° 2186).

2221 **Le secret professionnel.** En principe le secret professionnel auquel sont tenus certains professionnels s'efface devant la recherche de la vérité, sauf si sont en cause les droits de la défense ou le secret de la défense-nationale. Il en découle que le secret professionnel ne fait pas, en principe, obstacle à la saisie de documents utiles à la manifestation de la vérité. C'est pourquoi peuvent être régulièrement saisis des dossiers médicaux ou les résultats d'une enquête canonique (V. *supra*, n° 2187).

2222 **Interdictions faites à l'officier de police judiciaire.** Le Code de procédure pénale a prévu que les perquisitions et saisies dans les locaux occupés par certaines personnes tenues au secret professionnel ne pouvaient être réalisées que par un magistrat. Il s'ensuit qu'un officier de police judiciaire ne pourra jamais, quel que soit le cadre procédural de l'enquête, procéder à une perquisition et à une saisie :

- dans le cabinet et le domicile d'un avocat ;
- dans les locaux d'une entreprise de presse, d'une entreprise de communication audiovisuelle, d'une entreprise de communication au public en ligne, d'une agence de presse, dans les véhicules professionnels de ces entreprises ou agences ou au domicile d'un journaliste lorsque les investigations sont liées à son activité professionnelle ;
- dans le cabinet d'un médecin, d'un notaire ou d'un huissier ;
- dans un lieu précisément identifié, abritant des éléments couverts par le secret de la défense nationale ;
- dans les locaux d'une juridiction ou au domicile d'une personne exerçant des fonctions juridictionnelles et qui tendent à la saisie de documents susceptibles d'être couverts par le secret du délibéré.

2223 Découverte fortuite par l'officier de police judiciaire de documents couverts par les secrets professionnels protégés par les articles 56-1 à 56-5 du Code de procédure pénale. Si, au cours d'une perquisition en dehors des endroits visés par les dispositions qui viennent d'être évoquées, l'officier de police judiciaire découvre fortuitement des documents couverts par le secret professionnel auquel ces personnes sont soumises, la situation est plus complexe.

S'agissant des avocats, si le document a trait aux droits de la défense, l'officier de police judiciaire ne peut le saisir sauf s'il est de nature à établir la participation de l'avocat à la commission d'une infraction (V. *supra*, nos 2194, 2196). Dans les autres cas, il peut le saisir. La personne assistant à la perquisition peut s'opposer à la saisie de telle sorte que les dispositions soumettant la question au juge des libertés et de la détention et éventuellement au président de la chambre de l'instruction s'appliqueront (V. *supra*, n° 2208).

S'agissant des journalistes, la raison d'être des dispositions de l'article 56-2 est de protéger le libre exercice de la profession de journaliste, le secret de ses sources et de ne pas retarder de façon injustifiée la diffusion de l'information. Si aucune de ces raisons n'est en cause, la saisie de documents découverts fortuitement semble possible. Si, par exemple, l'officier de police judiciaire découvre fortuitement chez une personne un document qui établit que c'est elle qui a renseigné un journaliste en violation d'un secret auquel cette personne est tenue, il semble qu'aucun principe n'interdise la saisie de ce document. Si l'officier de police judiciaire découvre, en dehors du cabinet d'un médecin, un document utile à la manifestation de la vérité, couvert par le secret médical, il peut le saisir. Le secret médical n'est pas opposable à l'autorité judiciaire quand il est utile à la manifestation de la vérité. Les officiers de police judiciaire saisissent d'ailleurs quotidiennement des documents qui leur sont remis spontanément à l'hôpital alors qu'incontestablement le praticien y a mentionné des éléments couverts par le secret médical et ce n'est pas la présence d'un représentant du conseil de l'ordre des médecins habituellement requise qui fait pour autant disparaître le secret. Si la saisie est possible, c'est parce que le secret, bel et bien existant, n'est pas opposable.

S'agissant du secret défense, qui est également opposable aux magistrats qui ne sont pas autorisés à prendre connaissance de documents classifiés, la loi a prévu l'hypothèse d'une découverte fortuite et a organisé une procédure empêchant des personnes non habilitées de prendre connaissance du document. Le II de l'article 56-4 du Code de procédure pénale prévoit que : « Lorsqu'à l'occasion d'une perquisition un lieu se révèle abriter des éléments couverts par le secret de la défense nationale, le magistrat présent sur le lieu ou immédiatement avisé par l'officier de police judiciaire en informe le président de la Commission du secret de la défense nationale. Les éléments classifiés sont placés sous scellés, sans en prendre connaissance, par le magistrat ou l'officier de police judiciaire qui les a découverts, puis sont remis ou transmis, par tout moyen en conformité avec la réglementation applicable aux secrets de la défense nationale, au président de la commission afin qu'il en assure la garde. Les opérations relatives aux éléments classifiés font l'objet d'un procès-verbal qui n'est pas joint au dossier de la procédure. La déclassification et la communication des éléments ainsi placés sous scellés relèvent de la procédure prévue par les articles L. 2312-4 et suivants du code de la défense ».

S'agissant du secret du délibéré, si, perquisitionnant pour une affaire sans lien avec les dispositions de l'article 56-5, l'officier de police judiciaire découvrait un projet de décision juridictionnelle à rendre, il ne pourrait le saisir, sauf à ce qu'en en prenant connaissance, il découvre que ce projet pourrait être nécessaire à l'établissement de la preuve d'une infraction pénale de la part du magistrat, auquel cas il devrait en référer au magistrat en charge des investigations. Ce cas de figure semble suffisamment peu plausible pour rester une hypothèse d'école.

VII Modalités du placement sous scellé

2224 **Moyen d'authentification des pièces à conviction.** Le placement sous scellés constitue un moyen d'authentification des pièces à conviction. Il est de nature à éviter de longues discussions sur une éventuelle modification de l'objet concerné. L'officier de police judiciaire a donc tout intérêt à placer les pièces à conviction sous scellés. Cependant si la pièce à conviction n'a pas été placée sous scellés, la procédure n'est pas nulle pour autant. Ainsi, comme déjà signalé, la chambre criminelle a jugé, dans une affaire de stupéfiants où les produits appréhendés n'avaient pas fait l'objet de placement sous scellés, que « le placement sous scellés, qui constitue un moyen d'authentification des produits, n'est pas obligatoire et en leur absence, la preuve de la nature du produit est soumise au principe de la libre administration de la preuve posé par l'article 427 du Code de procédure pénale » (Cass. crim., 11 déc. 2019, n° 18-84.912, publié au bulletin).

Elle a également jugé que la saisie n'avait aucun caractère obligatoire dans d'autres circonstances. C'est le cas lorsque des disquettes informatiques ou documents remis à un officier de police

judiciaire ne sont que le support d'informations demandées par celui-ci et conservées par l'auteur de la remise. Dans ce cas, il n'est pas nécessaire de procéder à leur saisie en application de l'article 97 du Code de procédure pénale (Cass. crim., 30 oct. 2001, n° 01-84.779 : *Bull. crim.* n° 223).
C'est encore le cas du support technique sur lequel a été transférée une empreinte digitale relevée sur un morceau de vitre. Il s'agit d'une annexe du procès-verbal de constatations des enquêteurs qui n'entre pas dans les prévisions de l'article 56 du Code de procédure pénale relatives au placement sous scellés (Cass. crim., 29 sept. 1992, n° 89-84.237 : *Bull. crim.* n° 289).

2225 **Procès-verbal.** Le placement sous scellés doit faire l'objet d'un procès-verbal. Quand la saisie est réalisée à l'occasion d'une perquisition, un procès-verbal commun à la perquisition et aux saisies pourra être établi. Il sera signé par la personne au domicile de laquelle la perquisition a lieu ou, si elle n'a pu assister à la perquisition et a désigné un représentant, par celui-ci et à défaut par les deux témoins que l'officier de police judiciaire aura requis, en dehors des personnes relevant de son autorité administrative.
Quand la saisie sera la suite d'une remise spontanée, un procès-verbal particulier sera dressé à moins que la remise soit opérée au cours d'une audition, auquel cas la saisie peut être mentionnée dans le corps du procès-verbal d'audition.

2226 **Immédiateté du placement sous scellés.** Les articles 56, pour l'enquête de flagrance, et 97, pour l'instruction, prévoient que tous objets et documents saisis sont immédiatement inventoriés et placés sous scellés.
La rapidité avec laquelle le placement sous scellé intervient est importante pour prévenir des discussions quant à l'éventuelle dégradation de la pièce à conviction, sa possible confusion avec d'autres objets identiques. La chambre criminelle juge que l'absence d'immédiateté du placement sous scellés n'est susceptible d'entraîner la nullité que s'il en est résulté un grief. Cela oblige les juridictions saisies de la difficulté à analyser les conditions entourant la saisie et à déterminer si l'irrégularité a pu porter atteinte aux intérêts de la personne qui s'en plaint.
La chambre criminelle a ainsi opposé à un demandeur qui demandait l'annulation d'une perquisition effectuée à son domicile sur commission rogatoire du juge d'instruction, en faisant valoir, notamment, que les documents saisis à cette occasion n'avaient pas fait l'objet de scellés provisoires, en violation des articles 56 et 97 du même code, le fait qu'il avait assisté à l'inventaire et à la mise sous scellés définitifs des documents saisis, sans en contester ni l'identité, ni l'origine, de sorte que la méconnaissance des articles 56 et 97 n'avait, en l'espèce, pas eu pour effet de porter atteinte à ses intérêts (Cass. crim., 17 sept. 1996, n° 96-82.105 : *Bull. crim.* n° 316).
De même, la chambre criminelle a approuvé une cour d'appel qui avait écarté un moyen pris de la tardiveté de la mise sous scellé en retenant que la description des objets mis sous scellés figurant au dossier correspondait à la description des objets appréhendés lors de la perquisition à laquelle le demandeur avait assisté et dont il avait signé le procès-verbal dressé à l'issue de ces opérations. La cour d'appel avait ajouté qu'il n'était en l'état ni démontré ni même allégué que les objets placés sous scellés ne correspondraient pas à ceux appréhendés au domicile du demandeur et qu'enfin, la nature des objets saisis, ordinateurs, carnets manuscrits, permettra, dans le cadre de l'information, que soit sollicitée toute mesure d'instruction utile, expertise informatique, expertise en comparaison d'écriture, si le demandeur estimait que les objets appréhendés avaient pu faire l'objet de substitution, d'altération ou de modification. La cour d'appel en avait conclu que la tardiveté de la mise sous scellés des objets appréhendés lors de la perquisition, effectuée pour partie hors la présence du demandeur, n'avait pas eu en l'espèce pour effet de porter atteinte aux droits de la défense (Cass. crim., 18 nov. 2015, n° 15-83.400 : *Bull. crim.* n° 260).
Il en est allé de même pour la saisie et la mise sous scellés d'un téléphone portable effectuées postérieurement à son dépôt dans la fouille de sécurité d'une personne lors de son placement en garde à vue et à son examen technique par un fonctionnaire spécialisé, dès lors qu'en l'absence de doute sur l'identité de ce téléphone et d'altération de l'intégrité du contenu de cet appareil, il n'avait pas été porté atteinte aux intérêts du mis en examen (Cass. crim., 30 mars 2016, n° 15-86.693 : *Bull. crim.* n° 110).
En revanche, il a été considéré que l'omission de placer immédiatement sous scellés, dès leur saisie, le téléphone portable et l'ordinateur d'un avocat ne préservait pas le secret professionnel de celui-ci et faisait nécessairement grief à ses intérêts (Cass. crim., 18 janv. 2022, n° 21-83.728 : *Gaz. Pal.* 8 mars 2022, n° 8, p. 21, obs. T. Baudesson et C. Merveilleux du Vignaux).
Le nombre important d'arrêts rendus sur cette question montre une réelle difficulté à procéder au placement immédiat sous scellés.
Mais ces contestations, qui pourraient être évitées, ont pour effet de ralentir l'avancement des procédures. Il est donc important, qu'autant que

possible, les objets saisis soient, comme le prescrit le texte, effectivement placés sous scellés immédiatement.

2227 **Scellés provisoires.** Il est exact que, dans la pratique, il peut être nécessaire de différer le placement sous scellés. Ce sera le cas de vêtements mouillés qu'il faudra faire sécher avant leur placement sous scellés sous peine de favoriser leur dégradation.
Ce pourra être aussi la charge de travail et le grand nombre d'objets à placer sous scellés qui ne permettront pas aux enquêteurs de procéder à l'apposition des cachets de cire sur les liens et les emballages des objets saisis de façon réellement immédiate.
Dans ce cas, il convient d'avoir recours à la procédure de scellés provisoires organisée par l'alinéa 4 de l'article 56 du Code de procédure pénale qui est applicable au cours de l'instruction (CPP, art. 97, al. 2) et qui est également applicable au cours d'une enquête préliminaire, l'article 76 prévoyant que les dispositions prévues par l'article 56 sont applicables.
Cette procédure consiste, si l'inventaire sur place présente des difficultés, à constituer des scellés fermés provisoires qui sont ensuite ouverts, inventoriés puis mis sous scellés définitifs en présence des personnes qui ont assisté à la perquisition suivant les modalités prévues à l'article 57.
Là aussi, la chambre criminelle considère que l'absence de la personne entre les mains de qui la saisie a été faite n'est cause de nullité que s'il a été porté atteinte aux intérêts de la personne poursuivie (Cass. crim., 31 oct. 2017, n° 17-81.611).
L'ouverture du scellé provisoire afin de constituer le scellé définitif n'est pas soumise à autorisation du magistrat.
Cette possibilité de placement sous scellés provisoires n'est pas expressément prévue dans le cadre des opérations de saisie pratiquées par les agents de la direction de la concurrence, de la consommation et de la répression des fraudes, autorisées par le juge des libertés et de la détention en matière d'infractions à la consommation. La chambre criminelle l'a cependant admis (Cass. crim., 4 mars 2020, n° 18-84.071) en l'absence de grief, mais elle a suggéré au rapport annuel de la Cour de cassation de 2020 de donner une base textuelle à cette extension des pouvoirs des enquêteurs, à l'instar de ce qui existe dans d'autres domaines.

2228 **Prise de photo.** Comme l'indique la DACG (DACG Focus, *Les scellés*, janv. 2022) il est de bonne pratique de photographier les « scellés, notamment lorsqu'ils sont objets de l'infraction, n'ont plus vocation à faire l'objet d'un examen technique et peuvent éventuellement être détruits ». Qu'il soit permis d'ajouter que dans nombre de cas, le versement d'une photo du scellé dans la procédure facilitera l'examen de ladite procédure par les magistrats qui pourront ainsi se dispenser de faire venir les scellés du greffe quand ils souhaiteront seulement visualiser l'objet en question.

2229 **Conditionnement.** La DACG recommande également, même si aucun texte ne l'impose expressément, de :
- conditionner le scellé de telle façon qu'il soit inviolable ;
- le conditionner, si possible, sous plastique transparent pour faciliter sa visualisation directe.

Ajoutons que lorsqu'il s'agit d'un document, il peut être utile d'en annexer une copie à la procédure.

A Représentation

2230 **Traçabilité.** Afin de garantir la traçabilité des scellés, de l'appréhension de l'objet jusqu'à la fin de la procédure, l'article 54 du Code de procédure pénale impose à l'officier de police judiciaire ou au magistrat de représenter « les objets saisis, pour reconnaissance, aux personnes qui paraissent avoir participé au crime, si elles sont présentes ».
Cette représentation à une personne en garde à vue et le recueil de ses réponses aux questions des officiers de police judiciaire ne constituent pas une audition, au sens de l'article 63-4-2 du Code de procédure pénale. La présence de l'avocat de la personne gardée à vue n'est donc pas nécessaire (Cass. crim., 22 oct. 2013, n° 13-81.945 : *Bull. crim.* n° 196). Ceci s'explique par le fait que cette reconnaissance a pour seul objet d'attester que les objets ont bien été découverts au cours de la perquisition (*V. supra*, n° 2092).
Le même souci de traçabilité a conduit le législateur à prévoir, aux articles 56, alinéa 4 et 57, que les personnes qui ont assisté à la perquisition où des scellés provisoires ont été constitués, lorsque la personne concernée est absente, doivent être également présentes lors de la mise sous scellés définitifs.

2231 **Enquête préliminaire et information judiciaire.** Les textes relatifs à l'enquête préliminaire et à l'enquête sur commission rogatoire ne prévoient pas expressément la représentation des objets saisis aux personnes présentes lors de la perquisition, mais il n'y a qu'avantage à ce que cela soit fait dès lors que cela évite des discussions sur les conditions de l'appréhension et de la conservation des objets saisis.

B Scellé fermé et scellé ouvert

2232 **Intégrité de la pièce à conviction.** La loi prévoit que les objets et documents saisis sont immédiatement inventoriés et placés sous scellés. Le scellé est le plus souvent un cachet de cire posé de telle façon qu'il soit impossible de modifier l'objet saisi, ficelé ou enveloppé, sans briser ledit cachet. Les services de la Douane utilisent, pour leur part, des scellés métalliques qui sont sertis.

Deux types de scellés existent en pratique : les scellés ouverts et les scellés fermés.

Ce n'est que de façon exceptionnelle que la loi prévoit l'obligation de placer un objet sous scellé fermé. Tel est le cas des enregistrements d'écoutes téléphoniques (CPP, art. 100-4), des objets ou documents que le magistrat veut saisir chez un avocat, chez un journaliste, chez une personne exerçant des fonctions juridictionnelles et qui font l'objet d'une contestation (CPP, art. 56-1, 56-2, 56-5), des enregistrements audiovisuels ou sonores d'audition d'un mineur victime (CPP, art. 706-52). En matière de « secret médical », aucune disposition n'impose la pratique du scellé fermé, même si, dans les faits, les magistrats et enquêteurs pratiquent ainsi.

Dans l'un et l'autre cas, ils doivent être confectionnés de façon à ce qu'en les manipulant, il ne soit pas possible de les altérer. C'est l'officier de police judiciaire qui est le plus à même de déterminer si le fait de laisser l'objet à l'air libre tout en le scellant risque d'en altérer le contenu.

Il y aura tout intérêt à placer sous scellé fermé un objet ou document sur lequel on pourra avoir besoin, par la suite, de rechercher des empreintes digitales ou génétiques.

À cet égard, on rappellera que la recherche d'empreintes génétiques sur une porte sur laquelle la victime avait tracé, avec son sang, l'inscription « Omar m'a tuer » a été impossible dès lors que « de nombreuses personnes ont pu approcher les pièces à conviction avant le meurtre et, faute de précautions suffisantes, après celui-ci ; que, dès lors, serait privée de pertinence toute recherche complémentaire sur les empreintes génétiques découvertes, comme sur celles qui pourraient l'être par de nouvelles investigations » (Cass. crim., 20 nov. 2002, n° 01-85.386 : *Bull. crim.* n° 209).

De même, il n'y aura qu'avantage à placer sous scellé fermé des billets de banque trouvés en possession d'un *dealer* afin d'éviter que des particules de drogue en suspension puissent se déposer dessus et risquer de fausser une expertise mesurant le taux de drogue supporté par ces billets.

Les conditions d'ouverture des scellés étant assez contraignantes pour les praticiens, il y aura intérêt, autant que faire se peut, à ce que, s'il est nécessaire de constituer des scellés fermés, ils soient contenus dans des emballages transparents permettant un examen visuel sans nécessité de briser le scellé (Cass. crim., 17 oct. 1989, n° 89-84.404 : *Bull. crim.* n° 365).

2233 **Mise sous cote ou annexe.** Certains services enquêteurs, dans un but de simplification, placent sous cote les documents appréhendés ou saisis, plutôt que sous scellés.

La chambre criminelle a validé cette façon de procéder, retenant que : « Satisfait aux prescriptions de l'article 54, alinéa 2 du Code de procédure pénale, notamment à l'obligation de conservation de tout ce qui peut servir à la manifestation de la vérité, l'officier de police judiciaire qui annexe le passeport d'un étranger au procès-verbal dressé [à cette fin] dans le cadre de l'enquête de flagrant délit suivie contre ce dernier du chef d'infraction à la législation sur les étrangers » (Cass. crim., 13 janv. 1986, n° 84-90.041 : *Bull. crim.* n° 19).

Et, comme déjà indiqué (V. *supra*, n° 2224), le fait que le juge d'instruction ait délivré commission rogatoire aux fins, notamment, de procéder à la saisie de listes électorales et de les « placer sous cotes » et que l'officier de police judiciaire ait exécuté exactement cette mission, sans placer les listes électorales sous scellés n'est pas cause de nullité dès lors que « les officiers de police judiciaire n'étaient pas tenus de placer sous scellés les disquettes et documents qui n'étaient que le support matériel des informations communiquées, à leur demande, par le directeur de la logistique, des télécommunications et de l'informatique à la mairie de Paris » (Cass. crim., 30 oct. 2001, n° 01-84.779 : *Bull. crim.* n° 223).

Certains services d'enquête, lorsqu'ils placent un document sous scellé, en versent une photocopie en annexe de leur procès-verbal. Le scellé ayant vocation à être conservé au service des scellés, le fait d'annexer une photocopie à la procédure facilite la prise de connaissance de l'ensemble des éléments du dossier.

C Prélèvements biologiques

2234 **Empreintes génétiques.** En matière de saisie d'empreintes génétiques, l'article R. 53-20 du Code de procédure pénale auquel le lecteur devra se reporter organise une procédure particulière.

Schématiquement, il convient d'avoir présent à l'esprit qu'il est nécessaire que les scellés relatifs :

– aux traces biologiques issues de personnes inconnues, recueillies dans le cadre d'une enquête

préliminaire, d'une enquête pour crime ou délit flagrant, ou d'une instruction préparatoire, relatives à l'une des infractions mentionnées à l'article 706-55 ;
– aux échantillons biologiques prélevés sur des cadavres non identifiés et les traces biologiques issues de personnes inconnues, recueillies dans le cadre d'une enquête ou d'une instruction pour recherche des causes de la mort ou pour recherche des causes d'une disparition inquiétante ou suspecte prévue par les articles 74,74-1 ;
– aux échantillons biologiques issus ou susceptibles d'être issus d'une personne disparue, recueillis dans le cadre d'une enquête ou d'une instruction pour recherche des causes d'une disparition inquiétante ou suspecte prévue par les articles 74-1 ou 80-4 ;
– et ayant fait l'objet d'un conditionnement normalisé, soient adressés au service central de préservation des prélèvements biologiques en vue de leur conservation.

2235 **L'article 60 du Code de procédure pénale.** Dans une hypothèse particulière, un scellé peut être constitué par une personne qui n'est ni magistrat ni enquêteur.
Afin de permettre aux médecins-légistes de placer sous scellés des prélèvements en l'absence d'un officier de police judiciaire, l'article 60 du Code de procédure pénale prévoit que les personnes désignées pour procéder aux examens techniques ou scientifiques peuvent, en le mentionnant dans leur rapport, placer sous scellés les objets résultant de leur examen ; en particulier, les médecins requis pour pratiquer une autopsie ou un examen médical peuvent placer sous scellés les prélèvements effectués. Cette disposition pourra concerner aussi bien des prélèvements biologiques que des projectiles extraits au cours de l'autopsie.

D Fausse monnaie

2236 **Centre d'analyse.** Il est prévu par l'article 56, alinéas 9 et 10 pour l'enquête de flagrance, 97, alinéas 9 et 10 pour l'enquête sur commission rogatoire mais aussi en enquête préliminaire, l'article 76 renvoyant à l'article 56, que :

> « Lorsque la saisie porte sur des billets de banque ou pièces de monnaie libellés en euros contrefaisants, l'officier de police judiciaire doit transmettre, pour analyse et identification, au moins un exemplaire de chaque type de billets ou pièces suspectés faux au centre d'analyse national habilité à cette fin. Le centre d'analyse national peut procéder à l'ouverture des scellés. Il en dresse inventaire dans un rapport qui doit mentionner toute ouverture ou réouverture des scellés. Lorsque les opérations sont terminées, le rapport et les scellés sont déposés entre les mains du greffier de la juridiction compétente. Ce dépôt est constaté par procès-verbal.
> Les dispositions du précédent alinéa ne sont pas applicables lorsqu'il n'existe qu'un seul exemplaire d'un type de billets ou de pièces suspectés faux, tant que celui-ci est nécessaire à la manifestation de la vérité ».

La fiche du *Guide des saisies et confiscations* de la DACG donne toutes précisions quant au cheminement que doivent suivre les billets contrefaisants (Guide, Fiche 2.1.4).
Il apparaît important de souligner que les magistrats ne sont pas habilités à ordonner la destruction par les enquêteurs de la fausse monnaie saisie. Ce n'est qu'après classement sans suite que le procureur de la République peut autoriser les enquêteurs à requérir de la Banque de France la destruction des scellés transmis.

E Espèces, lingots, effets ou valeurs

2237 Dépôt à la Caisse des dépôts et consignations ou à la Banque de France ou sur un compte ouvert par l'Agence de gestion et de recouvrement des avoirs saisis et confisqués (AGRASC).
L'alinéa 8 de l'article 56 et l'article 97, alinéa 8, prévoient que :

> « Le procureur de la République peut également, lorsque la saisie porte sur des espèces, lingots, effets ou valeurs dont la conservation en nature n'est pas nécessaire à la manifestation de la vérité ou à la sauvegarde des droits des personnes intéressées, autoriser leur dépôt à la Caisse des dépôts et consignations ou à la Banque de France ou sur un compte ouvert auprès d'un établissement bancaire par l'Agence de gestion et de recouvrement des avoirs saisis et confisqués ».

Ces dispositions sont également valables au cours d'une enquête préliminaire, l'article 76 renvoyant à l'article 56.
La DACG fait valoir dans le *Guide des saisies et confiscations* qu'elle publie que le dépôt à la Banque de France est tombé en désuétude et qu'il ne doit plus y être recouru (V. Guide, Fiche 2.1.4). Elle y donne toutes précisions quant aux modalités pratiques que l'officier de police judiciaire devra suivre.

F Produits stupéfiants

2238 Afin d'éviter de devoir conserver d'importantes quantités de produits stupéfiants, ce qui était source de difficultés, notamment pour en assurer la sécurité et nécessitait des surfaces de

stockage importantes, le législateur a prévu une possibilité de destruction des stupéfiants.
Une réglementation assez précise a été élaborée mais, si l'on en juge par le nombre d'arrêts de la chambre criminelle statuant sur cette question, il faut admettre qu'elle n'a pas épuisé le sujet.

2239 **Le texte.** L'article 706-30-1 du Code de procédure pénale prévoit que :

« Lorsqu'il est fait application des dispositions du quatrième alinéa de l'article 99-2 à des substances stupéfiantes saisies au cours de la procédure, le juge d'instruction doit conserver un échantillon de ces produits afin de permettre, le cas échéant, qu'ils fassent l'objet d'une expertise. Cet échantillon est placé sous scellés.
Il doit être procédé par le juge d'instruction ou par un officier de police judiciaire agissant sur commission rogatoire à la pesée des substances saisies avant leur destruction. Cette pesée doit être réalisée en présence de la personne qui détenait les substances, ou, à défaut, en présence de deux témoins requis par le juge d'instruction ou l'officier de police judiciaire et choisis en dehors des personnes relevant de leur autorité. La pesée peut également être réalisée, dans les mêmes conditions, au cours de l'enquête de flagrance ou de l'enquête préliminaire, par un officier de police judiciaire, ou, au cours de l'enquête douanière, par un agent des douanes de catégorie A ou B.
Le procès-verbal des opérations de pesée est signé par les personnes mentionnées ci-dessus. En cas de refus, il en est fait mention au procès-verbal ».

1 Échantillonnage

2240 **Au cours d'une instruction.** Le texte ne souffre aucune ambiguïté. Si le juge d'instruction décide de faire détruire les produits stupéfiants saisis, la conservation d'un échantillon est nécessaire. Il doit être placé sous scellé afin de pouvoir faire réaliser, si besoin, une expertise. La chambre criminelle sanctionne le défaut de placement sous scellé d'un échantillon avant destruction dès lors que « l'absence de conservation d'un échantillon des produits stupéfiants fait nécessairement grief à la personne mise en examen » (Cass. crim., 16 déc. 2020, n° 20-83.377).

2241 **Au cours d'une enquête de flagrance ou d'une enquête préliminaire.** Il résulte du texte même de l'article 706-30-1 du Code de procédure pénale que l'échantillonnage n'est imposé qu'au cours de l'instruction quand le juge d'instruction décide de faire détruire les produits stupéfiants. La chambre criminelle l'a confirmé (Cass. crim., 11 déc. 2019, n°s 18-84.912, publié au bulletin et 19-83.183) : les dispositions de l'alinéa 1 de l'article 706-30-1 ne sont applicables qu'à l'instruction.
Et pourtant, l'expérience prouve que des contestations quant à la nature du produit et quant à son degré de pureté peuvent survenir autant au cours d'une instruction qu'au cours du jugement qui suit une enquête préliminaire ou de flagrance. Une personne arrêtée en flagrant délit en possession de produits dont elle admet qu'ils sont stupéfiants peut très bien soutenir quelques jours plus tard, quand elle comparaît devant un tribunal correctionnel, qu'il s'agissait de farine, de lactose et qu'en tout état de cause il ne s'agissait pas de produits stupéfiants. Si pendant l'enquête de flagrance ou préliminaire, les produits ont été détruits sur instruction du procureur de la République, comme le permet l'article 41-5 du Code de procédure pénale, le juge risque de se trouver dans l'embarras faute de pouvoir ordonner une expertise. Certes, l'article 41-5 du Code de procédure pénale prévoit que les décisions de destruction sont notifiées par tout moyen aux personnes mises en cause qui peuvent les contester. Mais le texte envisage cette contestation comme permettant de demander la restitution ce qui, s'agissant de stupéfiants, semble impossible. D'autre part, si le délai pour contester, qui est de cinq jours après la notification de la décision, est réduit à vingt-quatre heures, en cas de notification orale d'une décision de destruction de produits, le texte prévoit logiquement que les délais et l'exercice du recours sont suspensifs. De telles dispositions peuvent rendre délicate la mise en œuvre d'une procédure de comparution immédiate, spécialement si un recours contre la décision de destruction est formé. Il est dommage que le texte n'ait pas prévu l'échantillonnage comme en cours d'instruction.
Bien sûr, la chambre criminelle, saisie de la question de la destruction des produits stupéfiants sans placement sous scellé d'un échantillon a approuvé les juges du fond d'avoir considéré qu'il s'agissait d'un moyen de fond soumis au principe de libre administration de la preuve. Autrement dit, si la procédure emporte suffisamment la conviction des juges du fond, ils peuvent entrer en voie de condamnation mais force est de constater que la destruction sans échantillonnage est source d'inutiles complications, faciles à éviter en ne détruisant les produits stupéfiants avant le jugement (Cass. crim., 6 févr. 2018, n° 17-84.700) qu'après avoir prélevé un échantillon qui sera placé sous scellé, et ce quel que soit le cadre juridique de l'enquête.

2 Pesée des produits stupéfiants

2242 **Au cours de l'instruction.** La pesée, avant destruction, des produits stupéfiants saisis au cours de l'instruction doit être réalisée en présence de la personne qui détenait les substances, ou, à défaut, en présence de deux témoins requis par le juge d'instruction ou l'officier de police judiciaire et choisis en dehors des personnes relevant de leur autorité.

2243 **Au cours d'une enquête préliminaire ou de flagrance.** L'article 706-30-1 du Code de procédure pénale disposant que la pesée **peut** également être réalisée, dans les mêmes conditions, au cours de l'enquête de flagrance ou de l'enquête préliminaire, par un officier de police judiciaire, on aurait pu penser qu'elle n'avait aucun caractère obligatoire dans ces cadres juridiques. Ce n'est pas la lecture que la chambre criminelle a faite de ces dispositions. Elle impose également qu'en enquête préliminaire ou de flagrance, les stupéfiants saisis soient pesés contradictoirement avant d'être détruits (Cass. crim., 31 oct. 2017, n° 17-80.872 : *Bull. crim.* n° 239).

2244 **Personne qui détient les substances.** La personne qui détient les substances est celle entre les mains de laquelle les stupéfiants ont été saisis, même si cette personne ignorait que de tels produits avaient été entreposés dans les locaux de sa société (Cass. crim., 9 nov. 2021, n° 21-83.095).

2245 **Procès-verbal – présence de l'avocat.** L'article 706-30-1 du Code de procédure pénale, s'il exige que la pesée des produits stupéfiants soit effectuée en présence de la personne qui les détenait, ne requiert pas la rédaction d'un procès-verbal de pesée distinct et spécifique, ni la présence de l'avocat de la personne concernée (Cass. crim., 5 sept. 2018, n° 18-80.334 : *Bull. crim.* n° 152 ; *Dr. pén.* 2018, comm. 203, note A. Maron et M. Haas).

2246 **Grief.** Par hypothèse, on se situe dans des cas où les stupéfiants ont été détruits. Une pesée irrégulière ne peut donc être réparée. C'est pourquoi la chambre criminelle retient que le grief de la personne concernée résulte nécessairement de la destruction des substances stupéfiantes (Cass. crim., 31 oct. 2017, n° 17-80.872 : *Bull. crim.* n° 239. – Cass. crim., 9 janv. 2019, n° 18-84.146). Si la solution a été énoncée à propos d'une enquête de flagrance ou d'une enquête préliminaire, il y a tout lieu de penser qu'elle vaut également pour une saisie de stupéfiants réalisée au cours d'une instruction.

En revanche, si la pesée a été faite régulièrement, la destruction irrégulière opérée par la suite ne fait pas grief à la personne poursuivie (Cass. crim., 9 avr. 2008, n° 08-80.604).

L'ESSENTIEL 2247 **Moyen d'authentification essentiel.** Le placement sous scellés est un moyen essentiel de garantie de l'authenticité de la pièce à conviction. Le strict respect des règles qui gouvernent la saisie et le placement sous scellés permet d'éviter de longues et vaines discussions.

L'attention des enquêteurs ne peut qu'être attirée sur la nécessité de placer les pièces à conviction sous scellés. Si la chambre criminelle de la Cour de cassation a jugé que dans l'hypothèse où de la poudre appréhendée n'avait pas été placée sous scellés, la procédure n'était pas nulle, la preuve de la nature du produit relevant de la libre administration de la preuve, force est de constater que l'absence de saisie et de scellés n'a pu que complexifier la tâche des intervenants ultérieurs, au risque, dans certaines situations moins nettes, de devoir conduire à des relaxes injustifiées, au seul bénéfice d'une procédure n'ayant pas suivi les règles édictées par le législateur (V. *supra*, n° 2224).

L'opération de placement sous scellé doit faire l'objet d'un procès-verbal.

2248 **Immédiateté du placement sous scellés.** Le placement sous scellés, doit, disent les textes, intervenir immédiatement après la saisie. Sans disconvenir que le scellé est plus facile à constituer de retour au bureau que sur les lieux d'une perquisition, il y a intérêt à respecter l'exigence d'immédiateté, même si la jurisprudence, pragmatique, recherche le grief qui aurait pu naître du non-respect de cette obligation. Il a déjà été soutenu que le fait de laisser des billets de banque dans un bureau de commissariat sans les placer immédiatement sous scellés fermés augmentait le risque de voir s'y déposer des particules de produits stupéfiants manipulés eux aussi pour les besoins de leur mise sous scellé et de fausser ainsi les résultats de l'expertise tendant à déterminer si les billets trouvés sur les suspects présentaient un taux habituel de stupéfiants ou un taux anormal. Cette discussion, importante au cas particulier, aurait pu être évitée en respectant le principe d'immédiateté du placement sous scellé et aurait pu dispenser d'avoir à constater que le retard ainsi mis à effectuer le placement sous scellés avait, en l'espèce, causé un grief (V. *supra*, n°s 2226, 2232).

2249 **Scellés provisoires.** En tout état de cause, l'officier de police judiciaire pourra recourir à la possibilité qui lui est offerte, si l'inventaire des objets et documents saisis sur place présente des difficultés, de réaliser des scellés fermés provisoires, qui seront ouverts, inventoriés et placés sous scellés définitifs en présence des personnes qui ont assisté à la perquisition suivant les modalités prévues à l'article 57 (V. *supra*, n° 2227).

2250 **Représentation des scellés.** Le Code de procédure pénale prévoit que l'officier de police judiciaire doit présenter les objets saisis, pour reconnaissance aux personnes qui paraissent avoir participé au crime, si elles sont présentes. Cette disposition, non prévue en enquête préliminaire et sur commission rogatoire, pourra utilement y être mise en œuvre car elle constitue un des éléments concourant à garantir l'authenticité des scellés. Dans le même esprit le législateur impose, en cas d'ouverture des scellés provisoires, la présence des personnes ayant assisté à la perquisition.

Le recueil des réponses de la personne chez qui la perquisition a lieu aux questions des officiers de police judiciaire à la suite de la présentation des scellés qui lui est faite n'est pas considéré comme une audition. Cette personne n'a donc pas la faculté d'être assistée par un avocat lors de cette présentation. Il faut d'ailleurs limiter les explications recueillies à la confirmation que l'objet a bien été trouvé sur place et ne pas poser de questions sur la provenance, l'origine, ... questions qui seront abordées lors d'une audition, éventuellement en présence de l'avocat.

2251 **Scellé fermé – scellé ouvert.** La loi ne réglemente que très exceptionnellement le fait que les objets saisis soient placés sous scellé fermé ou sous scellé ouvert (sauf les articles 56-1 et suivants qui ne concernent que les magistrats). L'officier de police judiciaire a cependant l'obligation de provoquer avant la saisie toutes mesures utiles pour que soit assuré le respect du secret professionnel. Mais lorsque le secret professionnel n'est pas en cause, ce sont des considérations d'opportunité qui pourront guider le choix de constituer des scellés ouverts ou des scellés fermés. La constitution de scellés ouverts ou de scellés fermés transparents facilite la prise de connaissance du contenu des objets pour les personnes qui auront à consulter la procédure et ce n'est pas négligeable compte tenu de la lourdeur de la procédure de bris et reconstitution de scellés. Les praticiens ne pourront donc qu'appeler de leurs vœux la confection de scellés ouverts ou transparents s'ils doivent être fermés mais force est de constater que tout est affaire d'espèce, le premier impératif à prendre en compte étant que les scellés soient confectionnés de façon que l'intégrité de l'objet saisi ne puisse être mise en cause (V. *supra*, n° 2232).

La jurisprudence admet le placement sous cote des objets placés sous main de justice (V. *supra*, n° 2233).

2252 **Dispositions spéciales concernant des scellés particuliers.** La loi prévoit des mesures particulières en ce qui concerne les traces et échantillons biologiques (V. *supra*, n° 2234), la fausse monnaie (V. *supra*, n° 2236), les espèces, lingots, effets ou valeurs (V. *supra*, n° 2237).

2253 **Cas particulier des stupéfiants dont la destruction est prescrite.** La loi a pris en compte la nécessité de ne pas conserver trop longtemps dans les greffes et les services enquêteurs de grandes quantités de produits stupéfiants. Elle permet en conséquence la destruction des stupéfiants saisis tout en en réglementant les conditions.

Il faut tout d'abord, dans tous les cadres d'enquête, que les stupéfiants soient pesés par l'officier de police judiciaire (V. *supra*, n° 2242) et pas par un agent de police judiciaire et ceci, impérativement en présence de la personne qui détenait les stupéfiants, ou, à défaut en présence de deux témoins requis, choisis en dehors des personnes relevant de l'autorité de l'officier de police judiciaire. La réalisation de cet acte n'impose pas la présence de l'avocat de la personne concernée (V. *supra*, n° 2245). Si la pesée n'est pas effectuée dans des conditions régulières et que les stupéfiants sont détruits, il ne sera pas possible de refaire l'acte irrégulier. Il en résultera donc un grief et la procédure sera annulée.

La loi prévoit qu'avant destruction, le juge d'instruction, ou l'officier de police judiciaire exécutant sa commission rogatoire, doit réaliser un échantillon du produit stupéfiant et le placer sous scellé aux fins d'une éventuelle expertise (V. *supra*, n° 2240). S'il n'a pas été prélevé d'échantillon placé sous scellé, là aussi, la destruction rend impossible de refaire l'acte et le grief qui en découle impose de prononcer la nullité de l'opération. Ces dispositions ne sont pas imposées au cours des enquêtes préliminaires et de flagrance. Cependant il y a tout intérêt à y procéder car, si la personne en cause conteste que les produits soient effectivement des stupéfiants, le meilleur moyen d'en avoir le cœur net est de faire analyser les produits, ce qui, en cas de destruction, ne sera possible que si un échantillon a été placé sous main de justice dans des conditions assurant son intégrité.

VIII Ouverture des scellés

A Enquête préliminaire ou de flagrance ou sur commission rogatoire

2254 Aucun texte ne prévoit qu'un officier de police judiciaire ou un agent de police judiciaire puisse, au cours de son enquête, ouvrir un scellé pour l'exploiter.
Il ne peut briser un scellé que pour exécuter une décision de restitution.
Pourtant, les nécessités de l'enquête requièrent souvent qu'un scellé soit ouvert pour exploitation. Les articles 60 et 77-1 permettent à la personne qualifiée, requise ou sollicitée de procéder aux examens techniques ou scientifiques en application de ces textes, d'ouvrir et de refermer les scellés (V. *infra*, n° 3473).
Et l'article 60-3 autorise les officiers de police judiciaire, agents de police judiciaire et assistants d'enquête, au cours d'une enquête de flagrance, à requérir toute personne qualifiée – ou à solliciter un service ou un organisme de police technique et scientifique de la police nationale et de la gendarmerie nationale, auquel cas il n'y a pas besoin d'établir une réquisition formelle – d'ouvrir un scellé contenant des supports de données informatiques pour réaliser une ou plusieurs copies de ces données ou de procéder aux opérations techniques nécessaires à leur mise à la disposition de l'officier de police judiciaire, afin de permettre leur exploitation sans porter atteinte à leur intégrité. Lorsque la réquisition est le fait de l'agent de police judiciaire ou de l'assistant d'enquête, leurs actes sont réalisés sous le contrôle de l'officier de police judiciaire (V. *infra*, n° 3464).
Au cours d'une enquête préliminaire la même faculté est ouverte à l'officier de police judiciaire ou à l'agent de police judiciaire mais sur autorisation du procureur de la République. Les assistants d'enquête ne sont pas visés par le texte (CPP, art. 77-1-3).
Ce type d'opération, puisqu'il ne constitue pas une expertise au sens juridique du terme (V. *supra*, n°s 993, 1040 et *infra* n°s 3462 et s.), est également possible au cours de l'exécution d'une commission rogatoire. Dans ce cas, la réquisition doit être autorisée par le juge d'instruction. Elle peut être faite par l'officier de police judiciaire ou, sous son contrôle par l'agent de police judiciaire ou l'assistant d'enquête (CPP, art. 99-5).

B En cours d'instruction : CPP, art. 97, al. 6

2255 En plus du cas de figure particulier de l'article 99-5, le Code organise, à l'article 97 alinéa 6, une réglementation de l'ouverture des scellés fermés en cours d'instruction. Le texte dispose que : « Lorsque ces scellés sont fermés, ils ne peuvent être ouverts et les documents dépouillés qu'en présence de la personne mise en examen, assistée de son avocat, ou eux dûment appelés. Toutefois, lorsque l'ouverture et la reconstitution du scellé fermé n'exigent pas que la personne mise en examen soit interrogée sur son contenu, elles peuvent être réalisées par le juge d'instruction assisté de son greffier hors la présence de celle-ci, en présence de son avocat ou celui-ci dûment convoqué ».
Si le juge d'instruction se borne à présenter à des témoins ou parties civiles, hors la présence du mis en examen, des scellés ouverts ou fermés qu'il n'ouvre pas, les dispositions de l'article 97 sont respectées (Cass. crim., 7 juin 1988, n° 88-81.828 : *Bull. crim.* n° 258).
Si les officiers de police judiciaire ouvrent le scellé sans respecter la procédure prévue par l'alinéa 6, il y a nullité mais encore faut-il qu'il en soit résulté un grief pour la personne poursuivie. La simple présentation aux témoins d'un blouson, dont le scellé fermé a été préalablement brisé, que le mis en examen, interrogé ultérieurement, a déclaré semblable à celui saisi, à la différence d'une déchirure à la doublure, n'est pas de nature à porter atteinte à ses intérêts (Cass. crim., 11 oct. 2000, n° 00-82.238 : *Bull. crim.* n° 296).
En revanche, l'expert, désigné par le juge d'instruction pour analyser l'objet ou le produit placé sous scellé, pourra l'ouvrir dans les conditions fixées par l'article 163 du Code de procédure pénale.

C Fausse monnaie

2256 Il a été indiqué (V. *supra*, n° 2234) que le centre d'analyse centralisant la fausse monnaie peut procéder à l'ouverture des scellés, à condition d'en dresser inventaire dans un rapport qui doit mentionner toute ouverture ou réouverture des scellés. Une fois les opérations terminées, le rapport et les scellés sont déposés entre les mains du greffier de la juridiction compétente, un procès-verbal constatant ce dépôt.

D Secrets protégés

2257 Comme déjà signalé, dans le cadre des procédures instituées pour veiller aux secrets protégés, le juge des libertés et de la détention et la Commission du secret de la défense nationale peuvent ouvrir les scellés fermés (V. *supra*, n°s 2203, 2213, 2217).

E Expertise

1 Diligences du juge d'instruction avant expertise

2258 Selon l'alinéa 1 de l'article 163 du Code de procédure pénale :

> « Avant de faire parvenir les scellés aux experts, le juge d'instruction ou le magistrat désigné par la juridiction procède, s'il y a lieu, à leur inventaire dans les conditions prévues par l'article 97. Il énumère ces scellés dans un procès-verbal ».

Mais le juge d'instruction n'est pas tenu de procéder à cet inventaire si celui-ci a déjà eu lieu (Cass. crim., 20 mars 1995, n° 95-80.027. – Cass. crim. 14 mai 2002, n° 02-80.721 : *Bull. crim.* n° 111).

Et l'ouverture des scellés fermés ne s'impose pas non plus au juge d'instruction lorsque ces scellés sont transparents et permettent l'identification des pièces à conviction déjà inventoriées qu'ils renferment (Cass. crim., 17 oct. 1989, n° 89-84.404 : *Bull. crim.* n° 365).

2 Diligences de l'expert

2259 L'alinéa 2 de l'article 163 du Code de procédure pénale dispose, quant à lui, que :

> « Pour l'application de leur mission, les experts sont habilités à procéder à l'ouverture ou à la réouverture des scellés, et à confectionner de nouveaux scellés après avoir, le cas échéant, procédé au reconditionnement des objets qu'ils étaient chargés d'examiner ; dans ce cas, ils en font mention dans leur rapport, après avoir, s'il y a lieu, dressé inventaire des scellés ; les dispositions du sixième alinéa de l'article 97 ne sont pas applicables ».

L'ESSENTIEL 2260 **Au cours d'une enquête préliminaire ou de flagrance.** Aucun texte n'autorise l'officier de police judiciaire ou l'agent de police judiciaire à ouvrir un sellé pour l'exploiter.

Les seuls textes qui existent autorisent :

– les personnes qualifiées requises en application des articles 60 et 77-1 à ouvrir les scellés pour l'exécution de leur mission ;

– l'officier de police judiciaire à requérir des personnes qualifiées – ou à demander à des services de PTS – d'ouvrir des scellés pour réaliser une ou plusieurs copies des supports de données informatiques ou procéder aux opérations techniques nécessaires pour les mettre à sa disposition, afin de permettre leur exploitation sans porter atteinte à leur intégrité, l'autorisation du procureur de la République étant nécessaire en enquête préliminaire.

2261 **Au cours de l'instruction.** En dehors de l'opération de copie ou de mise à disposition de support de données informatiques également possible dans le cadre de l'exécution d'une commission rogatoire, la loi ne prévoit l'ouverture des scellés fermés que par le juge d'instruction en présence de la personne mise en examen ou, au moins, de son avocat. L'officier de police judiciaire ne peut donc pas être amené à ouvrir des scellés en cours d'instruction (V. *supra*, n°s 2254 et 2255).

IX Statut des scellés et délivrance d'une copie de documents placés sous scellés

A Statut des scellés

2262 Les scellés ne font pas partie du dossier de la procédure au sens de l'article 197, alinéa 3, du Code de procédure pénale (Cass. crim., 9 janv. 1996, n° 95-85.279, n° 585 ; *Bull. crim.* n° 7 ; *Dr. pén.* 1996, comm. 93, obs. A. Maron ; *JCP* G 1996, IV, 773. – Cass. crim., 9 nov. 2011, n° 11-86.496 : *Bull. crim.* n° 231).

Si une copie du scellé (en l'espèce, un CD-Rom supportant des enregistrements de sonorisation et d'interceptions de correspondances) est annexée à un procès-verbal, cette copie ne constitue pas une pièce de procédure et elle ne peut être consultée que dans les conditions prévues par l'article 97, alinéa 6 du Code de procédure pénale (Cass. crim., 12 nov. 2015, n° 15-85.266 : *Bull. crim.* n° 248).
En revanche, si le document n'a pas été placé sous scellé, il doit être versé au dossier. Tel est le cas de la copie d'un cédérom de modélisation de la scène du crime n'ayant pas été placé sous scellé et déposé au greffe à titre de pièces à conviction, auquel l'avocat des demandeurs n'avait pas eu accès avant l'audience (Cass. crim., 8 avr. 2015, n° 15-80.783 : *Bull. crim.* n° 75) ou des cédéroms remis au juge d'instruction par les enquêteurs en exécution d'une commission rogatoire sur lesquels figure l'intégralité des factures détaillées de téléphonie et des cellules activées pendant la période des faits, qui n'ont pas été placés sous scellés et déposés au greffe à titre de pièces à conviction, mais ont été joints à un procès-verbal coté dans les pièces de fond (Cass. crim., 6 janv. 2015, n° 14-86.719 : *Bull. crim.* n° 2 ; *Dr. pén.* 2015, comm. 25, A. Maron et M. Haas).

B Délivrance d'une copie des scellés

2263 **Article 97.** L'alinéa 7 de cet article prévoit que :

> « Si les nécessités de l'instruction ne s'y opposent pas, copie ou photocopie des documents ou des données informatiques placés sous main de justice peuvent être délivrées à leurs frais, dans le plus bref délai, aux intéressés qui en font la demande ».

Cette disposition peut parfois être difficile à mettre en œuvre matériellement. Quand un scellé est fermé, il faut, afin d'en faire réaliser une copie, l'ouvrir dans les conditions prévues par l'alinéa 6 mais aussi, après copie, le refermer dans les mêmes conditions.
D'autre part, si les juridictions disposent de photocopieurs leur permettant d'établir la copie de documents sur papier, elles peuvent rencontrer davantage de difficultés s'il s'agit de faire d'autres sortes de copies, par exemple de photos en couleur, sans même parler des copies d'objets plus élaborés, impossibles à effectuer faute d'imprimantes en 3D.
La demande de délivrance d'une copie de scellé doit être présentée selon les modalités de l'article 82-1 et dans les formes prévues par l'article 81, alinéa 10, du même code (Cass. crim., 28 oct. 2014, n° 14-84.796 : *Bull. crim.* n° 217).

X Sort des objets saisis

2264 Cet ouvrage étant consacré à l'enquête, les développements qui suivent ne concerneront que le sort des scellés pendant l'enquête et à l'issue de celle-ci. Le sort que les juridictions de jugement peuvent réserver aux scellés ne sera pas abordé ici.

A Au cours de l'enquête ou de l'instruction

1 Restitution

a) Qui peut en décider

2265 **Au cours de l'enquête de flagrance ou préliminaire.** L'article 41-4 du Code de procédure pénale prévoit la compétence du procureur de la République ou du procureur général pour décider, d'office ou sur requête, de la restitution des objets placés sous main de justice lorsque la propriété n'en est pas sérieusement contestée.

Mais l'article 56 prévoit également qu'avec l'accord du procureur de la République, l'officier de police judiciaire ne maintient que la saisie des objets, documents et données informatiques utiles à la manifestation de la vérité, ce qui permet, même si cela se pratique rarement, de rendre des objets à la fin de la perquisition s'il apparaît qu'ils ne sont pas utiles à la manifestation de la vérité. Cette mesure s'apparente davantage à une renonciation à saisir qu'à une véritable restitution.

2266 **Au cours de l'instruction.** C'est l'article 99 qui réglemente la restitution, par le juge d'instruction, des biens saisis aussi bien au cours de l'instruction qu'au cours de l'enquête préliminaire ou flagrante qui a précédé l'ouverture de l'information.

2267 **Recours.** Les décisions de non-restitution prises par le procureur de la République ou le procureur général peuvent être déférées, dit l'article 41-4, par l'intéressé au président de la chambre de l'instruction ou à la chambre de l'instruction.

2268 Dans quel cas la décision doit-elle être prise par le président seul et dans quelles circonstances doit-elle être rendue collégialement ? La circulaire CRIM/2019-8/H3 du 5 avril 2019 de la direction des affaires criminelle et des grâces retient que : « Si l'auteur de la demande ou du recours n'a pas précisé s'il saisissait le président ou la chambre, il appartiendra au président d'apprécier, au regard de la plus ou moins grande complexité du dossier, si celui-ci doit être examiné par lui seul ou soumis à la chambre dans sa composition collégiale ».
Les décisions du juge d'instruction, qu'elles accordent la restitution ou la refusent, peuvent être, elles aussi, déférées au président de la chambre de l'instruction ou à la formation collégiale.

b) Motifs de non-restitution

1) Prélèvements effectués sur le corps humain à des fins de recherches médico-légales

2269 La chambre criminelle a jugé que : « Les prélèvements effectués sur le corps humain à des fins de recherches médico-légales pour les nécessités d'une enquête ou d'une information, qui ne peuvent faire l'objet d'un droit patrimonial aux termes de l'article 16-1 du Code civil, ne constituent pas des objets susceptibles de restitution au sens de l'article 41-4 du Code de procédure pénale » (Cass. crim., 3 avr. 2002, n° 01-81592 : *Bull. crim.* n° 75. – Cass. crim., 3 févr. 2010, n° 09-83.468 : *Bull. crim.* n° 18).
Depuis, a été inséré dans le Code de procédure pénale un article 230-30 qui prévoit qu'en principe les prélèvements biologiques réalisés au cours d'une autopsie judiciaire qui ne sont plus nécessaires à la manifestation de la vérité, peuvent être détruits sur ordre de l'autorité judiciaire mais que, sous réserve des contraintes de santé publique et lorsque ces prélèvements constituent les seuls éléments ayant permis l'identification du défunt, l'autorité judiciaire compétente peut autoriser leur restitution en vue d'une inhumation ou d'une crémation (V. *infra*, n°s 3390 et s.).

2) Objets dont la propriété est (sérieusement) contestée

2270 L'article 41-4 du Code de procédure pénale prévoit que le procureur est compétent pour décider de la restitution des objets lorsque la propriété n'en est pas sérieusement contestée tandis que l'article 99 dispose que le juge d'instruction l'est pour statuer sur la restitution des biens placés sous main de justice dont la propriété n'est pas contestée.
S'il y a contestation sérieuse il ne pourra être statué sur le sort de l'objet qu'au moment du jugement sur le fond.

2271 Le principe paraît simple, mais sa mise en œuvre est délicate.
Comme l'a relevé M. Ascensi (L. Ascensi, *Droit et pratique des saisies et confiscations pénales*, Dalloz, 2019-2020, § 245-111), la situation est différente selon que l'objet placé sous main de justice est revendiqué par celui entre les mains duquel il a été trouvé ou par un tiers.

α) Objet revendiqué par celui chez qui il a été trouvé

2272 De ce point de vue, il y a contestation sérieuse lorsqu'un galeriste chez qui un tableau a été saisi en demande la restitution alors qu'un tiers a porté plainte alléguant que ce tableau a été dérobé à sa famille pendant la Seconde Guerre mondiale (Cass. crim., 19 janv. 2010, n° 09-81.430).
Le juge doit rechercher de lui-même si la propriété n'est pas sérieusement contestée. Il ne peut refuser la restitution au seul motif que le demandeur ne justifie pas d'un droit lui permettant de détenir légitimement le bien ; il doit rechercher si la propriété est contestée ou susceptible de l'être (Cass. crim., 6 janv. 2021, n° 20-80.128, publié au bulletin) ce qui revient, peu ou prou, à lui imposer de refuser la restitution quand la propriété est tout simplement contestable (Cass. crim., 17 mars 2015, n° 13-87.873 : *Bull. crim.* n° 59).

β) Objet revendiqué par un tiers

2273 Lorsque celui qui revendique n'est pas celui qui détenait l'objet – ce qui suggère que la propriété pourrait être contestée –, il est nécessaire que le demandeur justifie d'un droit lui permettant de détenir légitimement la chose réclamée (Cass. crim., 15 févr. 2005, n° 04-81.060 : *Bull. crim.* n° 60).
Le maintien de la saisie est souvent le meilleur moyen de sauvegarder les droits des parties, spécialement quand les investigations sont insuffisamment avancées pour déterminer de façon exacte le cheminement de biens avant leur saisie (Cass. crim., 12 sept. 2018, n° 17-85.562).

γ) Objets présentant un danger pour les personnes ou les biens

2274 Tant l'article 41-4 que l'article 99 prévoient qu'« il n'y a pas lieu à restitution lorsque celle-ci est de nature à créer un danger pour les personnes ou les biens » ou « … lorsqu'elle présente un danger pour les personnes ou les biens ».

δ) Instrument ou produit de l'infraction

2275 L'article 41-4 ainsi que l'article 99 prévoient qu'il n'y a pas lieu à restitution de l'instrument ou du produit direct ou indirect de l'infraction.
L'instrument et le produit de l'infraction pouvant être confisqués, le maintien de la saisie apparaît être un des moyens les plus simples de garantir que, si elle est ordonnée, cette confiscation pourra être exécutée en nature.

ε) Objets dont une disposition particulière prévoit la destruction

2276 L'article 41-4 prévoit qu'il n'y a pas lieu à restitution lorsqu'une disposition particulière prévoit la destruction des objets placés sous main de justice. L'article 99 ne vise pas ce cas de figure.

ζ) Obstacle à la manifestation de la vérité

2277 L'article 99 du Code de procédure pénale prévoit que le juge d'instruction peut refuser d'ordonner la restitution lorsque celle-ci est de nature à faire obstacle à la manifestation de la vérité. L'article 41-4 ne contient pas de disposition identique, mais la chambre criminelle a jugé que ce motif de refus de restitution était également applicable en cours d'enquête préliminaire ou de flagrance (Cass. crim., 6 nov. 2019, n° 18-86.921, publié au bulletin).

η) Obstacle à la sauvegarde des droits des parties

2278 Cette hypothèse est prévue par l'article 99 mais ne l'est pas par l'article 41-4. En l'état, la chambre criminelle ne semble pas avoir estimé que ce motif de refus de restitution pouvait s'appliquer en cours d'enquête, l'arrêt du 6 novembre 2019 précité n'ayant pas fait mention de la sauvegarde des droits des parties.

θ) Confiscation prévue par la loi

2279 Ce motif de refus de restitution est prévu par l'article 99 et la chambre criminelle l'a jugé applicable à l'enquête préliminaire ou de flagrance (même arrêt). Comme il a été relevé au sujet du produit ou de l'instrument (V. *supra*, n° 2275), la saisie d'un bien susceptible d'être confisqué lors du jugement permet d'éviter qu'il ne disparaisse avant la fin de la procédure.
La restitution peut être refusée lorsque la confiscation est prévue par la loi, que la saisie ait été effectuée à des fins probatoires ou en vue de garantir une confiscation (Cass. crim., 17 nov. 2021, n° 21-82.084, publié au bulletin).

c) Procédure

1) Au cours d'une enquête préliminaire ou de flagrance

2280 L'article 41-4 du Code de procédure pénale ne prescrit pas de forme particulière pour la demande de restitution.
En revanche, le recours qui peut être intenté devant la chambre de l'instruction ou son président (V. *supra*, n° 2267) contre une décision de non-restitution émanant du procureur de la République ou du procureur général doit intervenir dans le délai d'un mois suivant sa notification et être faite par déclaration au greffe du tribunal ou de la cour ou par lettre recommandée avec demande d'avis de réception. Ce recours est suspensif.

2) Au cours d'une instruction

2281 **Procédure plus détaillée.** La procédure est davantage détaillée que lorsque la décision émane du parquet.
Le juge d'instruction doit rendre une ordonnance motivée. Il peut statuer sur réquisitions du procureur de la République, mais aussi, après avis du procureur de la République, d'office ou sur requête de la personne mise en examen, de la partie civile ou de toute autre personne qui prétend avoir droit sur l'objet.
La demande des parties doit être formée conformément à l'avant-dernier alinéa de l'article 81.
Le juge d'instruction doit statuer dans le mois de la réception de la demande. Son ordonnance est notifiée soit au requérant en cas de rejet de la demande, soit au ministère public et à toute autre partie intéressée en cas de décision de restitution. S'il ne rend pas d'ordonnance dans le délai, la personne peut saisir directement le président de la chambre de l'instruction, qui statue conformément aux trois derniers alinéas de l'article 186-1.
Le juge d'instruction peut également, avec l'accord du procureur de la République, décider d'office de restituer ou de faire restituer à la victime de l'infraction les objets placés sous main de justice dont la propriété n'est pas contestée.
Le recours devant le président de la chambre de l'instruction ou la chambre de l'instruction se fait sur simple requête déposée au greffe du tribunal, dans le délai et selon les modalités prévues par le quatrième alinéa de l'article 186. Ce délai est suspensif.
Devant la chambre de l'instruction, le tiers peut, au même titre que les parties, être entendu par le président de la chambre de l'instruction ou la chambre de l'instruction en ses observations, mais il ne peut prétendre à la mise à sa disposition de la procédure.

2 Cas particulier des saisies effectuées dans des lieux où peuvent être conservés des documents couverts par le secret

2282 **Avocats, journalistes, éléments couverts par le secret du délibéré.** Il a été indiqué que les articles 56-1 à 56-5 du Code de procédure pénale réglementaient les perquisitions réalisées dans le cabinet ou le domicile d'un avocat, dans les locaux d'une entreprise de presse, d'une entreprise de communication audiovisuelle, d'une entreprise de communication au public en ligne, d'une agence de presse, dans les véhicules professionnels de ces entreprises ou agences ou au domicile d'un journaliste, le cabinet d'un médecin, d'un notaire ou d'un huissier, un lieu précisément identifié, abritant des éléments couverts par le secret de la défense nationale, dans les locaux d'une juridiction ou au domicile d'une personne exerçant des fonctions juridictionnelles et qui tendent à la saisie de documents susceptibles d'être couverts par le secret du délibéré (V. *supra*, n° 2189).
En cas de contestation s'agissant des avocats, des journalistes et du secret du délibéré, les articles 56-1, 56-2 et 56-5 autorisent le juge des libertés et de la détention qui estime qu'il n'y a pas lieu à saisir le document ou l'objet, à ordonner sa restitution immédiate.
Le juge des libertés et de la détention peut également ordonner la destruction du procès-verbal des opérations et, le cas échéant, la cancellation de toute référence à ce document, à son contenu ou à cet objet qui figurerait dans le dossier de la procédure.

2283 **Médecins, notaires, huissiers.** Aucune procédure n'est prévue dans le cadre de l'article 56-3 pour les documents des médecins, notaires et huissiers. Il semble dès lors que la levée de la saisie de ces objets et documents ne relève que des demandes de restitution et éventuellement des requêtes en annulation de la saisie.

2284 **Secret de la défense nationale.** En matière de secret de la défense nationale, lors de la transmission de son avis, la commission restitue les scellés à l'autorité administrative (C. défense, art. L. 2312-5). Si le secret-défense est levé par le ministre, le document ou l'objet est transmis à l'autorité judiciaire qui a demandé la levée du secret. Dans le cas contraire, il semble logique que les documents et objets regagnent l'endroit où ils doivent être conservés.

B À l'issue de l'enquête ou de l'instruction

1 À l'issue de l'enquête

2285 À l'issue de l'enquête, si le procureur de la République engage des poursuites, en règle générale, il ne statue pas sur le sort des scellés que la juridiction de jugement pourra confisquer.
Quand le procureur de la République classe une procédure sans suite, il paraît logique qu'il se prononce sur le devenir des objets saisis, mais le législateur a pris en compte le fait que ce n'était pas toujours le cas. Il a en effet prévu que, si la restitution n'a pas été demandée ou décidée dans un délai de six mois à compter de la décision de classement, les objets non restitués deviennent propriété de l'État, sous réserve des droits des tiers. Le Conseil constitutionnel (Cons. const., 9 juill. 2014, n° 2014-406 QPC) a estimé que les propriétaires qui n'auraient pas été informés du classement sans suite devaient être mis à même d'exercer leur droit de réclamer la restitution des objets placés sous main de justice dès lors que leur titre est connu ou qu'ils ont réclamé cette qualité au cours de l'enquête ou de la procédure. Il est donc nécessaire que le procureur de la République les avise du classement.
En cas de décision de restitution, les biens peuvent aussi devenir propriété de l'État si le propriétaire ou la personne à laquelle la restitution a été accordée ne réclame pas l'objet dans un délai d'un mois à compter d'une mise en demeure adressée à son domicile.

2 À l'issue d'une instruction

2286 **Renvoi devant une juridiction de jugement.** Lorsque le juge d'instruction prononce le renvoi devant le tribunal correctionnel, la cour d'assises et plus rarement devant le tribunal de police, il ne statue en général pas sur le sort des scellés afin de laisser à la juridiction de jugement une plus grande liberté sur l'opportunité de prononcer les confiscations qu'elle jugera appropriées.

2287 **En cas de non-lieu.** Lorsque le juge d'instruction rend une ordonnance de non-lieu, l'article 177 du Code de procédure pénale prévoit qu'il statue par la même ordonnance sur la restitution des objets placés sous main de justice, qu'il peut refuser la restitution lorsque celle-ci présente un danger pour les personnes ou les biens et que sa décision peut être déférée, par toute personne qui y a intérêt, à la chambre de l'instruction dans les conditions et selon les modalités prévues par l'article 99.

L'article 212 du Code de procédure pénale permet à la chambre de l'instruction qui prononce un non-lieu de statuer sur la restitution des objets placés sous main de justice, laquelle peut, également, être refusée lorsqu'elle présente un danger pour les personnes ou les biens.

2288 Lorsque le juge d'instruction ou la chambre de l'instruction ne se sont pas prononcés sur la restitution des scellés en cas de non-lieu. Dans cette hypothèse, les personnes qui prétendent avoir un droit sur les scellés ne sont pas démunies. Elles peuvent, selon l'article 41-4 du Code de procédure pénale, demander au procureur de la République ou au procureur général, selon que le non-lieu a été rendu par le juge d'instruction ou la chambre de l'instruction, de leur accorder la restitution des objets saisis dont la propriété n'est pas sérieusement contestée. Et la décision de ce magistrat pourra être déférée par l'intéressé au président de la chambre de l'instruction ou à la chambre de l'instruction, dans le délai d'un mois suivant sa notification, par déclaration au greffe du tribunal ou de la cour ou par lettre recommandée avec demande d'avis de réception, ce recours étant suspensif.
La DACG recommande cependant aux procureurs de prendre en considération, avant de statuer, la possibilité de reprise d'une information sur charges nouvelles (Dépêche crim. PJ n° 08-32-H2, 16 mars 2011).

C Après jugement

2289 **Nécessité d'aviser la personne concernée.** L'article 41-4 prévoit que lorsque la juridiction saisie a épuisé sa compétence sans avoir statué sur la restitution des objets placés sous main de justice, le procureur de la République ou le procureur général est compétent pour décider, d'office ou sur requête, de la restitution de ces objets lorsque la propriété n'en est pas sérieusement contestée. La réserve du Conseil constitutionnel qui vient d'être évoquée (V. *supra*, n° 2285) valant également pour les propriétaires qui n'auraient pas été informés de ce que le jugement avait été rendu et n'avait pas statué sur le sort des scellés, lorsque ce sont les héritiers de la personne poursuivie décédée en cours d'instance qui deviennent propriétaires, il y a lieu de leur notifier le jugement (Cass. crim., 24 juin 2020, n° 19-84.961).

2290 **Instrument de l'infraction.** L'article 41-4 prévoit aussi qu'il n'y pas lieu à restitution lorsque celle-ci est de nature à créer un danger pour les personnes ou les biens, lorsque le bien saisi est l'instrument ou le produit direct ou indirect de l'infraction ou lorsqu'une disposition particulière prévoit la destruction des objets placés sous main de justice.
La chambre criminelle a cependant jugé que : « Lorsque la requête aux fins de restitution est présentée après que la juridiction de jugement saisie a épuisé sa compétence sans avoir statué sur la restitution des objets placés sous main de justice, la non-restitution de l'instrument de l'infraction ne saurait présenter un caractère obligatoire » (Cass. crim., 20 janv. 2021, n° 20-81.118, publié au bulletin).
La chambre criminelle s'est déterminée en considération du fait que l'article 131-21, alinéa 2 du Code pénal ne prévoit pas que la peine complémentaire de confiscation de l'instrument de l'infraction présente un caractère obligatoire, qu'en application de l'article 481, alinéa 3, du Code de procédure pénale, le refus de restitution d'un bien saisi constituant l'instrument ou le produit direct ou indirect de l'infraction est une simple faculté pour la juridiction saisie et que son interprétation n'est pas contraire à l'article 4, § 2, de la directive 2014/42/UE du Parlement européen et du Conseil du 3 avril 2014, dont les dispositions du deuxième alinéa de l'article 41-4 du Code de procédure pénale constituent la transposition, dès lors que le premier de ces textes n'interdit pas la restitution de l'instrument de l'infraction.
Dans ces conditions, il n'est pas possible de dire, en l'état, si la chambre criminelle étendra cette solution au cas où :
– s'agissant des demandes présentées après jugement ;
– la restitution est de nature à créer un danger pour les personnes ou les biens ;
– le bien saisi est le produit direct ou indirect de l'infraction ;
– une disposition particulière prévoit la destruction des objets placés sous main de justice ;
– l'absence de réponse n'est pas le fait d'une juridiction de jugement.
Le juge qui refuse la restitution doit par ailleurs, hormis le cas où le bien saisi constitue, dans sa totalité, l'objet ou le produit de l'infraction ou la valeur de ceux-ci, apprécier le caractère proportionné de l'atteinte ainsi portée au droit de propriété de l'intéressé, au regard de la situation personnelle de ce dernier et de la gravité concrète des faits, lorsqu'une telle garantie est invoquée ou procéder à cet examen d'office lorsqu'il s'agit d'une saisie de patrimoine (Cass. crim., 18 mars 2020, n° 19-82.978).
Les dispositions de l'article 41-4, en ce qu'elles permettent de refuser la restitution « lorsque le bien saisi est l'instrument ou le produit direct ou indirect de l'infraction » ont été déclarées conformes à la Constitution (Cons. const., 3 déc. 2021, n° 2021-951 QPC).

D Destruction, aliénation, attribution à l'État

1 Avant jugement

a) Lorsque la conservation n'est plus nécessaire à la manifestation de la vérité

2291 La conservation, par les greffes des juridictions, de nombreux scellés dont la conservation ne s'imposait plus au regard de la manifestation de la vérité constituait un réel souci tant en termes de surface nécessaire à l'entrepôt de ceux-ci qu'en termes de sécurité relativement à leur garde. Le législateur a pris ces difficultés en compte en rendant possibles la destruction, l'aliénation et l'attribution à l'État de tels scellés.

2292 **Condition commune : la conservation n'est plus nécessaire à la manifestation de la vérité.** Bien évidemment les mesures de destruction, aliénation, attribution à l'État ne peuvent être envisagées que si les nécessités de l'enquête ou de l'information n'imposent plus la conservation des scellés. Si la chose saisie peut nécessiter des examens techniques, une expertise, etc., il est évident qu'elle ne saurait être détruite, vendue ou remise à l'État.
De ce point de vue, la manifestation de la vérité ne se réduit pas à la seule caractérisation des infractions, mais s'étend aux circonstances de leur commission susceptibles d'avoir une influence sur l'appréciation de la gravité des faits poursuivis (Cass. crim., 15 sept. 2021, n° 21-80.814, publié au bulletin).

b) Destruction

1) En cas d'impossibilité de restituer

2293 La destruction peut être ordonnée, par le procureur de la République au cours d'une enquête et par le juge d'instruction au cours d'une instruction, lorsque la restitution est impossible soit parce que le propriétaire ne peut être identifié, soit parce que le propriétaire ne réclame pas l'objet dans un délai d'un mois à compter d'une mise en demeure adressée à son domicile.
La décision de destruction ne peut être prise que sous réserve des droits des tiers.

2) Objets dangereux, nuisibles ou dont la détention est illicite

2294 Le procureur de la République au cours de l'enquête et le juge d'instruction au cours de l'information peuvent aussi ordonner la destruction des objets qualifiés par la loi de dangereux ou nuisibles, ou dont la détention est illicite.
Mais le procureur de la République peut également l'ordonner lorsqu'aucune juridiction n'a été saisie ou que la juridiction saisie a épuisé sa compétence sans avoir statué sur le sort des scellés.

2295 **Dangerosité.** La dangerosité doit résulter d'une qualification de la loi, de sorte que ne peut être ordonnée la destruction d'un navire, saisi parce qu'il avait servi à transporter de la drogue, en raison de son mauvais état d'entretien et des difficultés de garde et de conservation à l'approche de la saison cyclonique annoncée comme devant être d'une particulière intensité. Les juges auraient dû rechercher si la loi elle-même qualifiait cet objet de dangereux ou de nuisible, ou en interdisait la détention (Cass. crim., 6 mars 2007, n° 06-87.446 : *Bull. crim.* n° 71).
De même, la destruction d'une turbine d'hélicoptère ne peut être ordonnée au motif que la réglementation aérienne sanctionne la violation des obligations relatives à la délivrance et à la régularité des documents de navigabilité de sorte que le non-respect de la réglementation relative aux documents rend l'aéronef spécifiquement dangereux. Par de tels motifs, il n'est pas constaté que la loi elle-même qualifie cet objet de dangereux ou de nuisible ou en interdit la détention (Cass. crim., 15 sept. 2021, n° 21-80.814, publié au bulletin).

2296 **Détention illicite.** Sont visés les produits stupéfiants, les armes détenues illégalement, les objets contrefaisants.

2297 **Forme de la décision.** La décision de destruction prise par le procureur de la République peut être écrite ou orale, à condition que le procès-verbal d'enquête rende compte de cette décision et de ses motifs (Cass. crim., 15 févr. 2023, n° 22-83.956, publié au bulletin).

2298 **Recours.** L'article 41-5 du Code de procédure pénale prévoit que les décisions du procureur de la République peuvent être contestées devant la chambre de l'instruction. Le président de cette juridiction ne peut dès lors statuer seul (Cass. crim., 15 févr. 2023, n° 22-83.956, publié au bulletin).

c) Remise à l'AGRASC aux fins d'aliénation

2299 **Deux hypothèses distinctes.** La vente des biens est possible dans deux hypothèses : soit parce que le propriétaire est inconnu ou se désintéresse du bien, soit parce que le bien perdrait de sa valeur s'il restait sous scellé.

Comme déjà signalé (V. *supra*, n° 2292), il faut que le bien ne soit plus nécessaire à la manifestation de la vérité.
La direction des affaires criminelles et des grâces du ministère de la Justice encourage les parquets à mettre en œuvre la vente avant jugement faisant valoir qu'elle présente de l'intérêt pour le budget de l'État, les personnes poursuivies qui, en cas de restitution, se voient restituer le produit de la vente sans déperdition, les victimes qui, en cas de confiscation, peuvent obtenir le paiement prioritaire des dommages-intérêts qui leur sont alloués. Elle préconise une prise de contact préalable avec l'AGRASC.

1) En cas d'impossibilité de restituer

2300 Le procureur de la République au cours de l'enquête et le juge d'instruction au cours de l'information peuvent ordonner la remise à l'AGRASC aux fins d'aliénation des biens meubles saisis dont la restitution s'avère impossible, soit parce que le propriétaire ne peut être identifié, soit parce que le propriétaire ne réclame pas l'objet dans un délai d'un mois à compter d'une mise en demeure adressée à son domicile.
Comme pour la destruction, la décision ne peut être prise que sous réserve des droits des tiers.

2) Risque de diminution de la valeur lorsque la confiscation est prévue par la loi

2301 Le procureur de la République au cours de l'enquête et le juge d'instruction au cours de l'instruction peuvent également autoriser la remise à l'AGRASC, en vue de leur aliénation, des biens meubles saisis dont la confiscation est prévue par la loi lorsque le maintien de la saisie serait de nature à diminuer la valeur du bien.
Est conforme au texte la décision ordonnant la remise du véhicule appartenant à une personne mise en examen du chef de blanchiment prise aux motifs que le véhicule ne manquerait pas d'être déprécié en cas de prolongation de la procédure d'instruction et que son aliénation apparaît conforme à l'intérêt de la mise en examen dans l'hypothèse d'un non-lieu, d'une relaxe ou du non-prononcé de la peine complémentaire de la confiscation prévue par l'article 324-7 du Code pénal (Cass. crim., 11 janv. 2001, n° 00-82.764 : *Bull. crim.* n° 8).

2302 **Droits des tiers.** Il sera noté que l'article 99-2 qui prévoit l'aliénation sur ordonnance du juge d'instruction dans une telle hypothèse mentionne que la décision ne peut être prise que sous réserve des droits des tiers, ce que l'article 41-5 relatif à la même hypothèse en cours d'enquête ne mentionne pas.

3) Vente

2303 En cas de vente, le produit de celle-ci est consigné afin de permettre, en cas de classement sans suite, de non-lieu ou de relaxe, ou lorsque la peine de confiscation n'est pas prononcée, de le restituer au propriétaire des objets s'il en fait la demande.

d) Remise à l'État

2304 L'article 41-5 et l'article 99-2 du Code de procédure pénale prévoient la remise à l'AGRASC, en vue de leur affectation à titre gratuit par l'autorité administrative aux services judiciaires ou à des services de police, des unités de gendarmerie, à l'Office français de la biodiversité ou à des services placés sous l'autorité du ministre chargé du budget qui effectuent des missions de police judiciaire de biens meubles saisis.

2305 **Risque de diminution de la valeur et confiscation prévue par la loi.** Outre l'inutilité du maintien de la saisie pour la manifestation de la vérité, condition commune à toutes les opérations évoquées au présent paragraphe, ce type de remise n'est possible que si, en outre, il existe un risque de diminution de la valeur du bien en cas de maintien de la saisie et que le bien est, aux termes de la loi, confiscable.

2306 **Champ d'application.** La DACG signale dans son *Guide des saisies et confiscations* que compte tenu des difficultés de mise en œuvre des dispositions législatives, il avait été décidé que cette procédure s'appliquerait principalement aux véhicules terrestres, maritimes et aériens soumis à immatriculation (V. Fiche 3.4.1 : Qui détaille la procédure à suivre. Il y est notamment mentionné la nécessité d'une évaluation de la valeur du bien).

2307 **Droits des tiers.** Il est encore nécessaire, tant au cours de l'enquête que de l'instruction, que la décision de remise à l'État ne préjudicie pas aux droits des tiers.

2308 **Autorités compétentes.** Le procureur de la République peut ordonner la remise au cours de l'enquête tandis que le juge d'instruction le peut au cours de l'instruction.

2309 **Services attributaires.** Les biens concernés peuvent être affectés à titre gratuit à :
– des services de police ;
– des unités de gendarmerie ;
– l'Office français de la biodiversité ;
– des services placés sous l'autorité du ministre chargé du budget qui effectuent des missions de police judiciaire.

La loi n° 2020-1721 du 29 décembre 2020 y a ajouté les services judiciaires.
L'AGRASC souhaite que soit joint au dossier qui lui est transmis l'accord du chef du service attributaire.

2310 **Classement sans suite, non-lieu, relaxe, acquittement ou confiscation non prononcée.** Dans ces hypothèses, le propriétaire qui en fait la demande obtient la restitution du bien, assortie s'il y a lieu d'une indemnité compensant la perte de valeur qui a pu résulter de l'usage du bien.
C'est pourquoi la loi prévoit une estimation préalable de la valeur du bien.

e) Recours

2311 **Motivation.** Les décisions de destruction, de remise à l'AGRASC pour aliénation ou d'affectation à l'État doivent être motivées. Le juge d'instruction ne peut statuer sans avoir pris l'avis du procureur de la République.

2312 **Notification par tout moyen.** Ces décisions sont notifiées par tout moyen aux personnes ayant des droits sur le bien, si celles-ci sont connues, et aux personnes mises en cause, et, s'agissant des décisions prises par le juge d'instruction, au procureur de la République et, plus généralement aux parties intéressées.

2313 **Contestation.** Les personnes concernées peuvent contester les décisions devant la chambre de l'instruction afin de demander, le cas échéant, la restitution du bien saisi. C'est la collégialité qui est compétente pour statuer sur le recours et non le président de la chambre de l'instruction statuant seul (Cass. crim., 15 déc. 2021, n° 21-80.411, publié au bulletin).
À l'occasion d'un appel d'une ordonnance de destruction, ou de remise à l'AGRASC aux fins d'aliénation ou d'affectation de biens meubles placés sous main de justice, rendue par le juge d'instruction, la chambre de l'instruction n'a pas le pouvoir de statuer sur la restitution des biens objet de ces décisions (Cass. crim., 11 mai 2022, n° 21-85.420, publié au bulletin).

2314 **Forme et délais.** La contestation doit intervenir dans les cinq jours qui suivent la notification de la décision, par déclaration au greffe du tribunal ou à l'autorité qui a procédé à cette notification.
S'agissant des ordonnances du juge d'instruction, il est renvoyé à l'article 186 du Code de procédure pénale de sorte que le délai de recours semble être de dix jours.
Dans le cas particulier d'une notification orale d'une décision de destruction de produits stupéfiants (produits dont la détention est illicite), le délai de contestation est de vingt-quatre heures. S'agissant de la même possibilité ouverte en cas de destruction de stupéfiants saisis à l'occasion de l'exécution d'une commission rogatoire, le texte est plus précis. Il prévoit que le recours peut être formé par déclaration au greffe du juge d'instruction ou par déclaration à l'autorité qui a procédé à la notification.
Les délais et l'exercice du recours sont suspensifs.

2 Après jugement

2315 **Objets confisqués : propriété de l'État.** Les objets dont une juridiction de jugement prononce la confiscation deviennent la propriété de l'État (C. pén., art. 131-21, al. 10). Celui-ci est donc en principe libre d'en faire ce qu'il veut.

2316 La remise aux domaines, à l'AGRASC, ou la destruction, imposent la consultation de la personne condamnée par une cour d'assises. La loi n° 2014-640 du 20 juin 2014 relative à la réforme des procédures de révision et de réexamen d'une condamnation pénale définitive a cependant prévu que, lorsqu'une procédure s'est achevée par une condamnation définitive prononcée par une cour d'assises, le procureur de la République ou le procureur général qui envisage d'ordonner la remise au service des domaines ou à l'AGRASC ou la destruction des objets placés sous main de justice dans le cadre de cette procédure en avertisse au préalable par écrit le condamné.
Cette disposition est destinée à permettre au condamné de faire part de son opposition qui sera tranchée par la chambre de l'instruction si le procureur ne renonce pas à son projet (CPP, art. 41-6). L'intention du législateur a été de ne pas obérer la possibilité de voir aboutir une demande en révision du fait de la destruction des scellés qui pourraient s'avérer importants dans le cadre d'une telle procédure.

E Propriété de l'État

2317 **Trois hypothèses.** La loi prévoit de façon expresse trois hypothèses dans lesquelles les biens deviennent propriété de l'État alors qu'aucune juridiction n'en a prononcé la confiscation. Or, c'est en principe la confiscation qui entraîne la dévolution à l'État (C. pén., art. 131-21).

2318 **Restitution non décidée ou demandée.** La première de ces hypothèses est celle où la restitution n'a pas été demandée ou décidée dans un délai de six mois à compter de la décision de classement ou de la décision par laquelle la dernière juridiction saisie a épuisé sa compétence. C'est cependant sous réserve des droits des tiers que cette propriété est acquise par l'État. Et, comme il

a été indiqué (V. *supra*, n° 2285), il est nécessaire que le procureur de la République avise les propriétaires qui n'auraient pas été informés du classement sans suite.
Cette disposition est applicable non seulement aux biens saisis à titre probatoire mais aussi aux biens ayant fait l'objet d'une saisie immobilière en vue d'une confiscation (Cass. crim., 19 oct. 2022, n° 21-87.450) et aux créances figurant sur les contrats d'assurance sur la vie saisies en application des articles 706-153 et 706-155, alinéa 2, du code de procédure pénale (Cass. crim., 8 mars 2023, n° 22-81.100 ; publié au bull.).

2319 **Bien non réclamé malgré décision de restitution.** Le deuxième cas dans lequel l'État devient propriétaire sans confiscation est celui où le propriétaire ou la personne à laquelle la restitution a été accordée ne réclame pas l'objet dans un délai d'un mois à compter d'une mise en demeure adressée à son domicile.

2320 **Biens dangereux dont la non-restitution ne peut plus être remise en cause.** Le troisième cas est celui des objets dont la restitution est de nature à créer un danger pour les personnes ou les biens qui deviennent propriété de l'État, sous réserve des droits des tiers, dès que la décision de non-restitution ne peut plus être contestée, ou dès que l'arrêt de non-restitution est devenu définitif.

L'ESSENTIEL 2321 Les décisions de restitution, aliénation, destruction, attribution à l'État relèvent des magistrats et non des enquêteurs (V. *supra*, n°s 2264 et s.).
Les articles 56 et 97 du Code de procédure pénale prévoient cependant qu'avec l'accord du procureur de la République ou du juge d'instruction, l'officier de police judiciaire ne maintient que la saisie des objets, documents et données informatiques utiles à la manifestation de la vérité, ainsi que des biens dont la confiscation est prévue à l'article 131-21 du Code pénal ce qui, sans constituer véritablement un pouvoir de restitution, implique néanmoins qu'un choix, en accord avec le magistrat mandant, soit fait entre ce qui doit rester entre les mains de la justice et ce qui peut ne pas l'être. En d'autres termes, puisque le texte s'applique à des objets « saisis », il donne à l'officier de police judiciaire un pouvoir – contrôlé par le magistrat – de rendre, sinon de restituer, des objets saisis.
Il n'est pas rare, non plus, qu'avant de se prononcer sur le sort des scellés, le magistrat compétent vérifie auprès de l'enquêteur si des investigations sur l'objet en question peuvent ou doivent encore être envisagées.

2322 **Remise à l'État.** L'affectation à titre gratuit par l'autorité administrative (AGRASC) à des services de police ou à des unités de gendarmerie est de la compétence, selon les cas, du procureur de la République ou du juge d'instruction et concerne pour l'essentiel des véhicules terrestres, maritimes et aériens soumis à immatriculation.
La propriété du bien n'est pas transférée au service attributaire. La personne concernée en reste propriétaire. Il en découle, s'il s'agit d'un véhicule, qu'il ne doit subir aucune modification visant à adapter son usage aux besoins spécifiques du service attributaire, qu'il ne peut faire l'objet d'une nouvelle immatriculation au système d'immatriculation des véhicules (SIV). Néanmoins, il est noté au SIV que le véhicule, toujours enregistré au nom de son propriétaire légitime, est affecté à un service de l'État. Il résulte également de l'absence de transfert de propriété qu'en cas de restitution, l'indemnisation incombe au service attributaire.

POUR ALLER PLUS LOIN...

Fascicules JurisClasseur
- *JCl. Procédure pénale*, Art. 75 à 78, fasc. 20, *Enquête préliminaire*, par V. Lesclous.
- *JCl. Procédure pénale*, Art. 642 à 647-4, fasc. 20, par J.-Y. Maréchal.

Répertoire
- J. Buisson, *Rép. pén.* Dalloz, *Enquête préliminaire*, § 5, 6 et 75.

Ouvrages
- L. Ascensi, *Droit et pratique des saisies et confiscations pénales*, Dalloz, 2019-2020, § 213-51, 221-230 et s., 221-32 et 221-272, 245-111.
- P. Chambon et Ch. Guéry, *Droit et pratique de l'instruction préparatoire*, Dalloz Action, 2018-2019, § 541.54.
- F. Desportes et L. Lazerges, *Traité de procédure pénale*, Economica, 4e éd., 2015, § 2375, 2376, 2379, 2382.

Revues
- Ph. Belloir, *Perquisitions et saisies en matière de lutte contre la cybercriminalité : RLDI* 2010, n° 60, p. 71.
- J. Bossan, *La protection du secret des sources des journalistes en procédure pénale : Dr. pén.* 2010, étude 14.

• E. Dreyer, *Sur la nécessité de protéger les sources des journalistes : D.* 2012, 2282.
• L. François, *La stigmatisation européenne des perquisitions dans les locaux d'entreprises de presse : Légipresse* juill.-août 2012, n° 296, p. 42.
• A. Guedj, *Le secret des sources des journalistes : AJ pénal* 2009, 163.
• P. Mairé, *Perquisitions et protection du secret de la défense nationale : Gaz. Pal.* 3 sept. 2009, n° 246, p. 2.
• V. Nioré, *Petit guide à l'usage du bâtonnier ou de son délégué en matière de visites domiciliaires, saisies et perquisitions judiciaires au domicile et en cabinet d'avocat : Gaz. Pal.* 8 mars 2011.
• Ph. Piot, *Perquisitions : les garanties spéciales de procédure pour les avocats et les journalistes : Gaz. Pal.* 11 févr. 2014, n° 42, p. 17.
• C. Porteron, *Nullités des perquisitions au cours de l'instruction : AJ pénal* 2005, 143.
• J.-F. Renucci, *Les avocats dans la jurisprudence de la Cour européenne des droits de l'homme : D.* 2016, 225.
• C. Ribeyre, Loi n° 2009-928 du 29 juillet 2009, relative à la programmation militaire pour les années 2009-2014 – Secret défense : RSC 2009, 886.

Circulaires

• Circ. n° 2021/F/0018/FC5, 26 mars 2001.
• Circ. CRIM/2011-23/G1, 5 déc. 2014.
• Circ. CRIM-2022-05/H2, 28 févr. 2022.

Fiche 50

Saisies spéciales en vue de garantir l'exécution de la condamnation et mesures conservatoires

Sommaire

2323 **S'assurer que le crime ne paie pas.** La volonté des pouvoirs publics de rendre la confiscation du produit des activités criminelles plus aisée a conduit le législateur, par paliers, à permettre la confiscation non seulement de l'instrument et du produit direct ou indirect de l'infraction mais plus largement de permettre la saisie de biens sans lien direct avec l'infraction, voire, dans certaines hypothèses, de l'ensemble du patrimoine des personnes condamnées.

L'effectivité de la confiscation postulait que les biens susceptibles d'être confisqués puissent être saisis au cours de l'enquête et de l'instruction. S'il avait fallu attendre l'issue du procès pour envisager de mettre en œuvre la confiscation, il y a fort à parier que les biens auraient été dissipés pendant le temps de la mise en état de l'affaire.

C'est pourquoi, après avoir mis en place, dans un domaine limité, des mesures conservatoires, le législateur est allé plus loin en instituant un titre vingt-neuvième dans le Code de procédure pénale dont les dispositions ont vocation à garantir l'exécution de la peine complémentaire de confiscation, organisant quatre catégories de saisies spéciales qui visent des biens autres que ceux constituant de « simples » pièces à conviction.

I

Les saisies spéciales (CPP, art. 706-141 et s.)

2324 **Le titre vingt-neuvième du Code de procédure pénale.** Ce titre réglemente les saisies de patrimoine (B), les saisies immobilières (C), celles portant sur certains biens ou droits mobiliers incorporels (D), et celles qui s'exécutent sans dépossession (E).

Mais il comporte aussi des dispositions communes à ces différents types de saisies qui seront évoquées brièvement (A), la matière ayant donné lieu à d'importants travaux auxquels il pourra être recouru si nécessaire.

Il sera également exposé le type particulier de saisie que constitue la saisie en valeur (F).

A Dispositions communes

2325 **Saisie et confiscation sont liées.** L'article 706-141 du Code de procédure pénale indique que les saisies spéciales sont prévues afin de garantir l'exécution de la peine de confiscation tandis que les articles 706-148 relatif aux saisies de patrimoine, 706-150 sur les saisies immobilières, 706-153 relatif aux saisies de biens ou droits mobiliers incorporels et 706-158 sur les saisies sans dépossession les autorisent sur les biens dont la confiscation est prévue par l'article 131-21 du Code pénal.

Un bien peut donc faire l'objet d'une saisie spéciale quand il est confiscable.

2326 **Une saisie peut intervenir sur plusieurs fondements prévus par le titre vingt-neuvième.** Il n'est pas exceptionnel qu'un bien soit confiscable, et, partant, saisissable sur plusieurs fondements.

M. Ascensi distingue deux situations.

Lorsque le bien relève d'une procédure en raison de sa nature (immeuble, bien incorporel) et d'une autre procédure en raison de son fondement (saisie de patrimoine), il y aura lieu d'appliquer cumulativement les règles protectrices des deux procédures.

C'est notamment le cas lorsque de l'argent déposé sur un compte bancaire est confiscable et saisissable au titre de la confiscation de patrimoine. Dans une telle hypothèse, il convient d'appliquer cumulativement les règles des deux procédures, c'est-à-dire que la saisie sera faite conformément aux dispositions de l'article 706-154 mais, puisqu'il s'agit d'une saisie de patrimoine, il sera nécessaire que le procureur de la République ait pris des réquisitions (Cass. crim., 11 juill. 2012, n° 12-82.050 : *Bull. crim.* n° 168. – Cass. crim., 27 nov. 2012, n° 12-85.344 : *Bull. crim.* n° 259), comme l'imposent les dispositions sur les saisies de patrimoine.

La deuxième situation est celle dans laquelle la saisie est possible sur plusieurs fondements. Le bien est saisissable comme produit de l'infraction mais il l'est aussi au titre des saisies de patrimoine. Dans ce cas, le juge n'est pas tenu de choisir une des procédures et il lui est permis de viser l'ensemble des dispositions applicables (Cass. crim., 22 févr. 2017, n° 16-83.257 : *Bull. crim.* n° 52 ; *AJ pénal* 2017. 244, obs. O. Violeau).

D'une façon générale, l'utilisation des saisies spéciales nécessite une réflexion stratégique et une véritable enquête patrimoniale préalable (les enquêteurs pourront utilement se référer à la fiche 1.1.3 du *Guide des saisies et confiscations* édité par la DACG quant à la façon de mener ce type d'auditions qui font d'ailleurs l'objet d'un canevas dans les logiciels de rédaction de la police et de la gendarmerie). Une difficulté peut en effet se présenter en matière de saisie de compte bancaire. Il peut arriver que les enquêteurs, autorisés par le magistrat mandant, saisissent le solde d'un compte bancaire pensant qu'il constitue tout ou partie du produit de l'infraction et qu'ils découvrent, par la suite, que l'argent a été déposé sur le compte avant la période de prévention. Cet argent ne peut donc pas être le produit de l'infraction. S'il n'est pas possible de considérer que la saisie de cette somme a été exécutée en valeur, par exemple parce que le profit généré par l'infraction n'a pas pu être évalué, ou qu'il n'est pas possible de considérer que la saisie a été faite sur le fondement de l'alinéa 6 de l'article 131-21 du Code pénal lorsqu'elle n'a pas été précédée de réquisitions du procureur de la République, il ne reste alors qu'une possibilité : celle consistant pour le juge d'instruction à procéder à une nouvelle saisie sur la base de l'alinéa 6 de l'article 131-21 du Code pénal en ayant sollicité préalablement les réquisitions du procureur de la République. Par un arrêt du 16 décembre 2015

(Cass. crim., 16 déc. 2015, n° 15-81.823), la chambre criminelle a admis le principe d'une nouvelle saisie en énonçant qu'aucune disposition de la loi n'interdit de saisir, en application de l'article 706-148 du Code de procédure pénale, des biens placés sous main de justice.
Pour éviter toute difficulté, il nous semble que cette nouvelle saisie devrait, si possible, intervenir dans le délai de dix jours à l'expiration duquel la saisie de compte bancaire devient caduque, ce qui conduit à insister sur la nécessité d'une enquête patrimoniale disponible pour le juge le plus tôt possible et de préférence avant de procéder aux saisies.

2327 **Propriété du bien saisi ?** Il n'est pas nécessaire, pour qu'un bien puisse être saisi, qu'il soit la propriété de la personne entre les mains de laquelle il est saisi. Soit la loi prévoit expressément qu'un bien peut être saisi quand la personne en a seulement la libre disposition, soit elle n'exige ni propriété ni libre disposition.

2328 **Notion de libre disposition.** Comme le précise le *Guide des saisies et confiscations* de la DACG, la démonstration de la libre disposition vise à établir, par un faisceau d'indices, le bénéficiaire économique du bien. Ces indices pourront résulter de ce que le mis en cause utilise régulièrement le bien, en a la possession, le loue, en assume l'entretien et les charges. Cette démonstration est moins difficile à faire que celle consistant à établir que le mis en cause est le véritable propriétaire, celle-ci supposant qu'il puisse être établi que le mis en cause ne se contente pas de faire usage du bien mais a le pouvoir d'en disposer, notamment en le vendant.

2329 **Qui peut décider d'une saisie spéciale ?** Alors que les saisies de droit commun sont décidées par l'officier de police judiciaire voire, en enquête préliminaire, par un agent de police judiciaire sous le contrôle de l'officier de police judiciaire, les saisies spéciales sont toujours décidées par un magistrat.
Au cours de l'enquête préliminaire ou de flagrance, le procureur de la République saisit le juge des libertés et de la détention aux fins qu'il ordonne la saisie. À l'origine, au cours de l'enquête préliminaire ou flagrante, c'est le procureur de la République qui décidait de certaines saisies après autorisation du juge des libertés et de la détention, mais désormais toutes ces saisies spéciales sont ordonnées par le juge des libertés et de la détention.
Au cours d'une information, la saisie est – et a toujours été – ordonnée par le juge d'instruction.

2330 **Est-il nécessaire que la personne visée par la saisie soit poursuivie ?** Une réponse négative s'impose et se déduit du fait que les saisies spéciales peuvent être ordonnées au cours de l'enquête alors qu'aucune poursuite n'est engagée.
La chambre criminelle a eu l'occasion de préciser que la saisie n'est pas subordonnée à la mise en examen du propriétaire des fonds saisis (Cass. crim., 7 déc. 2016, n° 16-81.280. – Cass. crim., 11 oct. 2017, n° 17-81.444. – Cass. crim., 26 juin 2019, n° 18-85.018. – Cass. crim., 24 juin 2020, n° 19-85.874). Cependant il est nécessaire qu'existent des indices de commission d'une infraction de nature à justifier la mesure de saisie pénale (Cass. crim., 4 mars 2020, n° 19-81.371. – Cass. crim., 10 mars 2021, n° 20-85.007).

2331 **Forme de la décision de saisie spéciale.** La décision de saisie spéciale prend la forme d'une ordonnance motivée du juge des libertés et de la détention ou du juge d'instruction selon les cas.
Si la chambre criminelle se montre exigeante quant à la motivation des ordonnances du juge des libertés et de la détention autorisant une perquisition sans assentiment et refuse que cette ordonnance se borne à se référer aux réquisitions du procureur de la République (Cass. crim., 23 nov. 2016, n° 15-83.649 : *Bull. crim.* n° 307), elle admet cependant que l'ordonnance de saisie reproduise les motifs énoncés dans la requête du ministère public qui analysent les éléments de fait et de droit rendant nécessaire la saisie, car, ce faisant, le juge des libertés et de la détention justifie de la nécessité de la mesure et se conforme à l'exigence de motivation prévue à l'article 706-150 du Code de procédure pénale (Cass. crim., 6 nov. 2019, n° 18-86.918. – V. égal. Cass. crim., 25 sept. 2019, n° 18-86.779).

2332 **Recours.** L'ordonnance du juge des libertés et de la détention ou du juge d'instruction peut faire l'objet d'un recours non suspensif organisé par les articles 706-148, 706-150, 706-153, 706-154, 706-158 du Code de procédure pénale.

2333 **Exécution de la saisie.** Les articles 56, 76 et 94 du Code de procédure pénale réglementent la saisie de droit commun par les enquêteurs mais leur donnent également le droit de se transporter en tous lieux dans lesquels sont susceptibles de se trouver des biens dont la confiscation est prévue à l'article 131-21 du Code pénal, pour y procéder à une perquisition aux fins de saisie de ces biens.
Lorsque la perquisition, en enquête de flagrance ou en enquête préliminaire, est effectuée aux

seules fins de rechercher et de saisir des biens dont la confiscation est prévue par les cinquième et sixième alinéas de ce même article, la perquisition doit être préalablement autorisée par le procureur de la République. Celui-ci devra, dans le même temps, saisir le juge des libertés et de la détention, seul compétent pour ordonner la saisie. Cette réserve mise à part, une saisie spéciale dans son exécution est réalisée comme l'est une saisie de droit commun, si ce n'est la nécessité – essentielle –, d'être ordonnée par le juge des libertés et de la détention ou le juge d'instruction.

2334 **Concours de personnes qualifiées.** Pour la réalisation de la saisie, le procureur de la République, le juge d'instruction ou l'officier de police judiciaire dûment autorisé par le magistrat sous le contrôle duquel il agit, peut, aux termes de l'article 706-142 du Code de procédure pénale, requérir le concours de toute personne qualifiée pour accomplir les actes nécessaires à la saisie spéciale.
Au cours des travaux préparatoires, a été évoquée à ce titre la possibilité de requérir une société d'élévateurs de meubles pour déménager ceux-ci ou d'un garage pour y entreposer des véhicules.

2335 **Contrôle de la proportionnalité des saisies spéciales.** La position de la chambre criminelle de la Cour de cassation n'est pas encore complètement fixée sur cette question.

2336 **Les solutions bien arrêtées.** Il est certain, en l'état, que les saisies de patrimoine, en nature ou en valeur, effectuées en vertu de l'alinéa 6 de l'article 131-21 du Code pénal (V. *infra*, n° 2338) doivent faire l'objet d'un contrôle de proportionnalité. Ainsi la personne mise en examen peut invoquer son droit à la vie privée et familiale (Cass. crim., 15 mars 2017, n° 16-80.801 : *Bull. crim.* n° 74) ou l'atteinte portée au droit de propriété (Cass. crim., 4 mai 2017, n° 16-87.330) pour tenter de s'opposer à la saisie, pour autant que le bien sur lequel porte la saisie ne soit pas le produit de l'infraction.
En effet, lorsque le bien sur lequel porte la saisie est le produit direct ou indirect de l'infraction, le moyen qui invoque la violation du principe de proportionnalité de la saisie, en nature ou en valeur, est inopérant (Cass. crim., 12 oct. 2016, n° 16-82.322 : *Bull. crim.* n° 265. – Cass. crim., 5 janv. 2017, n° 16-80.275 : *Bull. crim.* n° 7. – Cass. crim., 25 oct. 2017, n° 16-87.113), sauf en cas de co-action ou de complicité (Cass. crim., 24 oct. 2018, n° 18-80.834 : *Bull. crim.* n° 178) et lorsque le bien a été acheté avec des fonds provenant de l'infraction et des fonds illicites (Cass. crim., 27 juin 2018, n° 17-84.280 : *Bull. crim.* n° 127).

2337 **Les solutions à confirmer.** En l'état, la chambre criminelle a estimé que le juge devait contrôler la proportionnalité des saisies de patrimoine fondées sur le 6ᵉ alinéa de l'article 131-21 du Code pénal. En revanche, elle ne s'est pas prononcée sur l'hypothèse où c'est sur le fondement de l'alinéa 5 de ce même article que la saisie est effectuée. M. Ascensi milite pour l'adoption d'une solution identique.
La réponse à la question de savoir si le juge doit procéder au contrôle de proportionnalité d'office ou s'il ne doit y procéder que lorsque cela est invoqué est encore incertaine, même s'il semble que la tendance soit à imposer un contrôle d'office en matière d'atteinte au droit de propriété (Cass. crim., 4 mai 2017, n° 16-87.330. – Cass. crim., 27 juin 2018, n° 17-84.280 : *Bull. crim.* n° 127) et un contrôle uniquement lorsque cela est invoqué en matière d'atteinte à la vie privée et familiale (Cass. crim., 15 mars 2017, n° 16-80.801 : *Bull. crim.* n° 74. – Cass. crim., 21 mars 2018, n° 16-87.074).

B Saisies de patrimoine

1 Conditions de fond

2338 Le chapitre II du titre consacré aux saisies spéciales réglemente les saisies de patrimoine.
Celles-ci sont possibles dans deux cas, prévus respectivement par les alinéas 5 et 6 de l'article 131-21 du Code pénal.
L'alinéa 5 permet la confiscation des biens meubles ou immeubles, quelle qu'en soit la nature, *divis* ou *indivis*, appartenant au condamné ou, sous réserve des droits du propriétaire de bonne foi, dont il a la libre disposition, en cas de crime ou délit puni d'au moins cinq ans d'emprisonnement et ayant procuré un profit direct ou indirect, dans l'hypothèse où ni le condamné, ni le propriétaire, mis en mesure de s'expliquer sur les biens dont la confiscation est envisagée, n'ont pu en justifier l'origine. La DACG donne parfois à cette disposition le nom de confiscation élargie. La saisie correspondante est donc nommée saisie élargie.
L'alinéa 6, quant à lui, permet la confiscation de tout ou partie des biens appartenant au condamné ou, sous réserve des droits du propriétaire de bonne foi, dont il a la libre disposition, quelle qu'en soit la nature, meubles ou immeubles, divis ou indivis, lorsque la loi qui réprime le crime ou le délit le prévoit. Une telle hypothèse se présente fréquemment : c'est notamment le cas pour les infractions à la législation sur les stupéfiants (C. pén., art. 222-49), proxénétisme (C. pén., art. 225-25), diffusion d'images pornographiques en bande organisée (C. pén., art. 227-33), blanchiment

(C. pén., art. 324-7), terrorisme (C. pén., art. 422-6), association de malfaiteurs en vue de la préparation d'une infraction punie de dix ans d'emprisonnement (C. pén., art. 450-5).

2 Conditions de forme

a) Intervention obligatoire du procureur de la République

2339 La particularité de cette saisie spéciale est qu'elle n'est régulière que si le procureur de la République a donné son avis ou présenté requête, ce qui s'explique par l'atteinte importante que cette mesure, décorrélée de l'infraction, – que l'on songe qu'elle permet de saisir des biens obtenus par héritage, par un travail parfaitement honnête – porte au droit de propriété.
La procédure n'est donc régulière que si le procureur de la République a pris des réquisitions (Cass. crim., 11 juill. 2012, n° 12-82.050 : *Bull. crim.* n° 168), qui peuvent, cependant, ne pas tendre expressément à une saisie de patrimoine (Cass. crim., 16 mai 2018, n° 17-83.584 : *Bull. crim.* n° 96 ; *D.* 2018, 1075 ; *D.* 2018, 1711, chron. E. Pichon, G. Guého, G. Barbier, L. Ascensi et B. Laurent. – Cass. crim., 16 mai 2018, n° 17-83.585. – Cass. crim., 16 mai 2018, n° 17-83.586).

b) Décision prise par le juge des libertés et de la détention ou le juge d'instruction

2340 C'est, soit le juge des libertés et de la détention, soit le juge d'instruction, selon qu'une information est ou non ouverte, qui ordonne la saisie de patrimoine.

c) Règles de procédure

2341 **Ordonnance motivée.** Comme il a été indiqué (V. *supra*, n° 2331), l'ordonnance du magistrat doit être motivée.

2342 **Notification de l'ordonnance.** L'ordonnance du juge des libertés et de la détention ou du juge d'instruction doit être notifiée au ministère public, au propriétaire du bien saisi et, s'ils sont connus, aux tiers ayant des droits sur ce bien.

d) Recours

2343 **Possibilité de contester la décision par un appel.** La décision de saisie peut être déférée à la chambre de l'instruction (mais pas à son président siégeant seul, V. *infra*, n° 2355), par déclaration au greffe du tribunal, dans un délai de dix jours à compter de la notification de la décision. Cet appel n'est pas suspensif.

2344 **Procédure devant la chambre de l'instruction.** L'appelant ne peut prétendre devant la chambre de l'instruction qu'à la mise à disposition des seules pièces de la procédure se rapportant à la saisie qu'il conteste.
S'ils ne sont pas appelants, le propriétaire du bien et les tiers peuvent néanmoins être entendus par la chambre de l'instruction, sans toutefois pouvoir prétendre à la mise à disposition de la procédure.

3 Concours de saisies spéciales

2345 L'article 706-149 du Code de procédure pénale prévoit que les règles propres à certains types de biens prévues par le présent titre, à l'exclusion de celles relatives à la décision de saisie, s'appliquent aux biens compris en tout ou partie dans le patrimoine saisi.
Ainsi, si le juge souhaite saisir un immeuble qui n'est pas l'instrument ou le produit de l'infraction mais dont la confiscation générale est prévue par la loi pour l'infraction poursuivie, il devra cumulativement appliquer les règles de la saisie de patrimoine (notamment les réquisitions obligatoires du procureur de la République) et celles relatives aux saisies immobilières (V. *supra*, n° 2346).
Si, en revanche, l'immeuble est le produit de l'infraction, la saisie pourra n'obéir qu'aux règles relatives aux saisies immobilières, bien que la chambre criminelle ait considéré que rien n'interdisait au juge d'instruction de se référer à plusieurs motifs pour fonder la décision de saisie (Cass. crim., 22 févr. 2017, n° 16-83.257 : *Bull. crim.* n° 52 ; *AJ pénal* 2017, 244, obs. O. Violeau).
Cependant, il n'y a, le plus souvent, qu'avantage à solliciter les réquisitions du ministère public car cela laissera toute latitude à la chambre de l'instruction pour envisager un changement de fondement de la saisie, sous réserve du respect du contradictoire.

C Saisies immobilières

1 Conditions de fond

a) Immeubles

2346 **Immeubles saisissables.** L'article 706-150 du Code de procédure pénale prévoit la saisie des immeubles dont la confiscation est prévue par le Code pénal, c'est-à-dire ceux qui ont été l'instrument de l'infraction, ceux qui sont le produit de l'infraction, et ceux contenus dans le patrimoine quand une saisie de l'ensemble du patrimoine est possible.

2347 **Application des catégories du droit civil.** Les immeubles peuvent être, selon le Code civil, des immeubles par nature, par destination, par l'objet auquel il s'applique. La saisie pénale des immeubles peut s'appliquer à ces différentes sortes d'immeubles.

2348 **Type de propriété.** La saisie peut porter sur un immeuble détenu en pleine propriété, en indivision, en copropriété, dans le cadre d'un régime matrimonial.

b) Les catégories d'immeubles saisissables

1) Instrument de l'infraction

2349 La saisie immobilière est susceptible de concerner les immeubles ayant servi à commettre l'infraction ou qui étaient destinés à la commettre, et dont le condamné est propriétaire ou, sous réserve des droits du propriétaire de bonne foi, dont il a la libre disposition.

Tel est le cas d'un immeuble, discret et hors de la vue du public, appartenant au mis en examen qui y a enregistré une vidéo, dans laquelle il est vu en train de pratiquer des actes sexuels sur la partie civile, où il a fait venir la victime ainsi que sa mère, et où se trouvent des meubles et accessoires utilisés au cours des actes enregistrés, qu'il utilisait pour l'accomplissement des infractions pour lesquelles il est poursuivi notamment en y conviant les victimes à venir séjourner, la mise à disposition de cet immeuble constituant même l'un des moyens permettant d'attirer de jeunes femmes et mineures vulnérables sur le plan économique (Cass. crim., 24 oct. 2018, n° 18-82.370 : *Bull. crim.* n° 177).

C'est également le cas d'un garage automobile appartenant à une SCI dont le mis en examen détient la moitié des parts, utilisé pour stocker les produits stupéfiants, les conditionner en sachets et recevoir les acheteurs à qui les sachets de drogue étaient remis moyennant finance. C'est à bon droit que la cour d'appel prononce dans une telle hypothèse la confiscation du garage appartenant à la société civile immobilière mais également des parcelles de terrain sur lesquelles il est implanté et de bâtiments annexes, appartenant également à cette société (Cass. crim., 14 déc. 2016, n° 15-87.618).

Sont également les instruments de l'infraction des appartements, affectés à la prostitution, dont la mise en examen du chef de proxénétisme était propriétaire (Cass. crim., 5 sept. 2018, n° 17-82.888) ou un pavillon dans lequel est implanté un atelier clandestin de confection de vêtements dans lequel sont employés des étrangers en situation irrégulière (Cass. crim., 13 nov. 2018, n° 18-80.027).

2) Produit direct ou indirect de l'infraction

2350 Le 3e alinéa de l'article 131-21 du Code pénal prévoit que la confiscation peut porter sur tous les biens qui sont l'objet ou le produit direct ou indirect de l'infraction, à l'exception des biens susceptibles de restitution à la victime. Si le produit de l'infraction a été mêlé à des fonds d'origine licite pour l'acquisition d'un ou plusieurs biens, la confiscation peut ne porter sur ces biens qu'à concurrence de la valeur estimée de ce produit.

Des sommes provenant de l'exploitation illicite d'un appareil de jeu de hasard (Cass. crim., 9 mars 2011, n° 10-82.319) constituent le produit direct de l'infraction.

Il en va de même de l'économie réalisée par la fraude fiscale (Cass. crim., 3 avr. 2019, n° 18-83.052).

Mais le remploi des sommes frauduleusement obtenues permet de considérer que constituent également le produit de l'infraction :

– une maison appartenant au prévenu, construite sur un terrain et avec des matériaux financés par des sommes provenant d'un trafic de stupéfiants (Cass. crim., 27 avr. 2000, n° 99-84.559 : *Bull. crim.* n° 172) ;

– des tableaux acquis avec des sommes provenant d'une escroquerie (Cass. crim., 25 janv. 2006, n° 05-82.626) ;

– un immeuble acheté avec les fonds provenant de l'infraction poursuivie (en ce sens : Cass. crim., 4 sept. 2012, n° 11-87.143 : *Bull. crim.* n° 178. – Cass. crim., 7 déc. 2016, n° 16-80.879 : *Bull. crim.* n° 331) ;

– un immeuble obtenu par le biais d'une extorsion réalisée sous couvert d'une cession de parts sociales antidatée, imposée aux victimes (Cass. crim., 15 nov. 2017, n° 15-80.799).

3) Confiscation de patrimoine

2351 Peuvent également faire l'objet d'une saisie, au titre des saisies de patrimoine, les immeubles (V. *supra*, n° 2338) :

– appartenant au condamné ou, sous réserve des droits du propriétaire de bonne foi, dont il a la libre disposition, lorsque ni le condamné, ni le propriétaire, mis en mesure de s'expliquer sur les biens dont la confiscation est envisagée, n'ont pu en justifier l'origine et qu'il s'agit d'un crime ou d'un délit puni d'au moins cinq ans d'emprisonnement et ayant procuré un profit direct ou indirect ;

– appartenant au condamné ou, sous réserve des droits du propriétaire de bonne foi, dont il a la libre disposition lorsque la loi qui réprime le crime ou le délit le prévoit.

2 Conditions de forme

2352 **Autorité compétente.** Ce sont, là encore, le juge des libertés et de la détention et le juge d'instruction selon que l'on se trouve au stade de l'enquête ou de l'information, qui sont compétents pour ordonner la saisie immobilière.

Le juge des libertés et de la détention est saisi par requête du procureur de la République. Si l'enquête est achevée, le juge des libertés et de la détention perd sa compétence pour ordonner la saisie, même si le procureur de la République l'a saisi alors que l'enquête était en cours (Cass. crim., 8 avr. 2021, n° 20-85.474, publié au bulletin).

Le juge d'instruction, qui, contrairement au juge des libertés et de la détention, est déjà en charge du dossier, n'a pas besoin d'être saisi par le procureur de la République. Il n'a pas non plus besoin, légalement, de solliciter l'avis ou les réquisitions du procureur de la République si la saisie de l'immeuble ne s'inscrit pas dans le cadre d'une saisie de patrimoine.

2353 **Ordonnance motivée.** La décision du juge des libertés et de la détention ou du juge d'instruction résulte d'une ordonnance motivée.

La DACG indique, dans le *Guide des saisies et confiscations*, que l'ordonnance de saisie doit nécessairement contenir :

- l'identification à jour du bien et sa valorisation ;
- le cadastre détaillé, l'effet relatif ;
- le cas échéant, l'état descriptif de division et ses modifications ;
- l'identification du/des propriétaires : nom(s), prénom(s), date et lieu de naissance, domicile, nationalité ;
- pour une personne morale, les éléments tels qu'ils apparaissent sur le relevé Kbis (nature, dénomination, n° SIREN, adresse, représentant légal) ;
- les éléments grevant le bien (créanciers inscrits, nature, date, durée, montant) ;
- l'occupation du bien (libre, domicile des poursuivis, en location).

2354 **Notification.** La décision de saisie immobilière doit être notifiée au ministère public, au propriétaire du bien saisi et, s'ils sont connus, aux tiers ayant des droits sur ce bien.

De ce point de vue, les associés et titulaires de parts d'une société civile immobilière, seule propriétaire de l'immeuble saisi, ne sont pas des tiers ayant des droits sur ce bien (Cass. crim., 3 mai 2018, n° 16-87.534 : *Bull. crim.* n° 82 ; *Dr. pén.* 2018, comm. 117, note A. Maron et M. Haas. – Cass. crim., 16 janv. 2019, n° 17-83.006 : *Bull. crim.* n° 20).

2355 **Recours.** L'ordonnance de saisie immobilière peut être déférée à la chambre de l'instruction par déclaration au greffe du tribunal dans un délai de dix jours à compter de la notification de la décision. Cet appel n'est pas suspensif. Le président de la chambre de l'instruction ne devrait pas pouvoir statuer seul sur un tel recours, l'article D. 43-5 du Code de procédure pénale qui réglemente le jugement par un seul magistrat ne faisant pas référence aux dispositions de l'article 706-150 (V. Cass. crim., 2 juin 2021, n° 20-81.100, publié au bulletin – Cass. crim., 15 déc. 2021, n° 21-80.411, publié au bulletin).

2356 **Procédure devant la chambre de l'instruction.** L'appelant ne peut prétendre, lors de l'examen de son recours par la chambre de l'instruction, qu'à la mise à disposition des seules pièces de la procédure se rapportant à la saisie qu'il conteste.

Le propriétaire du bien et les tiers qui ne sont pas appelants peuvent néanmoins être entendus par la chambre de l'instruction, sans toutefois pouvoir prétendre à la mise à disposition de la procédure.

3 Effets de la saisie pénale immobilière

2357 **Indisponibilité.** Le bien devient indisponible. L'article 706-145 du Code de procédure pénale, contenu dans le chapitre relatif aux dispositions communes, dispose en effet que « nul ne peut valablement disposer des biens saisis dans le cadre d'une procédure pénale hors les cas prévus aux articles 41-5 et 99-2 et au présent chapitre ».

2358 **Opposabilité.** La saisie pénale d'un immeuble est opposable aux tiers à compter de la publication de la décision ordonnant la saisie au bureau des hypothèques ou, pour les départements du Bas-Rhin, du Haut-Rhin et de la Moselle, au livre foncier du lieu de situation de l'immeuble (CPP, art. 706-151). C'est l'Agence de gestion et de recouvrement des avoirs saisis et confisqués (AGRASC) qui procède aux formalités de publication au nom du procureur de la République ou du juge d'instruction.

2359 **Champ d'application de la saisie.** La saisie, valable jusqu'à mainlevée ou confiscation, porte sur la valeur totale de l'immeuble, et ce même si la saisie ne vise qu'à garantir une confiscation ne concernant qu'une fraction du bien (Cass. crim., 10 mars 2021, n° 20-84.117, publié au bulletin). Autrement dit, en cas d'indivision, même si le bien n'est pas confiscable dans sa totalité, il est saisissable pour le tout (Cass. crim., 11 oct. 2017, n° 17-80.987).

2360 **Privilèges ou saisie antérieurs.** C'est sans préjudice des privilèges et hypothèques préalablement inscrits ou des privilèges visés à l'article 2378 du Code civil et nés antérieurement à la date de publication de la décision de saisie pénale immobilière que la saisie produit effet sur la valeur totale de l'immeuble.

Par ailleurs, la publication préalable d'un commandement de saisie sur l'immeuble ne fait pas obstacle à la publication de la décision de saisie pénale immobilière.

2361 **Vente antérieure.** La cession de l'immeuble conclue avant la publication de la décision de saisie pénale immobilière et publiée après cette publication à la conservation des hypothèques ou au livre foncier pour les départements concernés est inopposable à l'État, sauf mainlevée ultérieure de la saisie (CPP, art. 706-152) Toutefois, si le maintien de la saisie du bien en la forme n'est pas nécessaire et que la vente n'apparaît pas frauduleuse eu égard à ses conditions et au prix obtenu, le magistrat compétent peut décider le report de la saisie pénale sur le prix de la vente, après désintéressement des créanciers titulaires d'une sûreté ayant pris rang antérieurement à la date à laquelle la saisie pénale est devenue opposable. Dans ce cas, la publication de la décision et la consignation du solde du prix de vente rendent la vente opposable à l'État.

2362 **Locataire, détenteur du bien saisi.** La situation du locataire du bien immobilier saisi n'est pas obérée. Il bénéficie du droit au maintien dans les lieux.

2363 **Possibilité d'aliénation par anticipation.** Lorsque les frais de conservation de l'immeuble saisi sont disproportionnés par rapport à sa valeur en l'état, le juge des libertés et de la détention, sur requête du procureur de la République, ou le juge d'instruction, après avis du procureur de la République, peut autoriser l'Agence de gestion et de recouvrement des avoirs saisis et confisqués à l'aliéner par anticipation. Cette décision d'autorisation fait l'objet d'une ordonnance motivée. Elle est notifiée aux parties intéressées ainsi qu'aux tiers ayant des droits sur le bien, qui peuvent la déférer à la chambre de l'instruction dans les conditions prévues aux deux derniers alinéas de l'article 99.

Le produit de la vente est consigné. En cas de non-lieu, de relaxe ou d'acquittement ou lorsque la peine de confiscation n'est pas prononcée, ce produit est restitué au propriétaire du bien s'il en fait la demande, sauf si le produit résulte de la vente d'un bien ayant été l'instrument ou le produit, direct ou indirect, d'une infraction.

La chambre criminelle juge qu'il se déduit de l'article 706-144 du Code de procédure pénale que le juge des libertés et de la détention, pendant l'enquête, ou le juge d'instruction, au cours de l'information judiciaire, est compétent pour autoriser, par ordonnance motivée rendue à la requête du propriétaire du bien ou du droit objet d'une saisie pénale spéciale, ou son représentant, et après avis du procureur de la République, l'aliénation de ce bien, lorsque le maintien de la saisie du bien ou du droit en la forme n'est pas nécessaire et que la vente n'apparaît pas frauduleuse. Ce magistrat doit également déterminer les conditions de cet acte, et décider du report de la saisie sur le prix de vente qui doit être consigné auprès de l'Agence de gestion et de recouvrement des avoirs saisis et confisqués (AGRASC) après, le cas échéant, désintéressement des créanciers titulaires d'une sûreté ayant pris rang antérieurement à la date à laquelle la saisie pénale spéciale est devenue opposable (Cass. crim., 15 sept. 2021, n° 20-84.674, publié au bulletin).

2364 **Dévolution à l'État sans prononcé d'une mesure de confiscation.** L'article 41-4 du Code de procédure pénale prévoit qu'un bien dont la restitution n'a pas été demandée ou décidée dans un délai de six mois à compter de la décision par laquelle la dernière juridiction saisie a épuisé sa compétence devient propriété de l'État, sous réserve des droits des tiers. Ce texte est applicable aux biens immobiliers saisis en application des dispositions de l'article 706-150 du Code de procédure pénale sur lesquels la juridiction de jugement a omis de se prononcer (Cass. crim., 19 oct. 2022, n° 21-87.450).

D Saisies portant sur certains biens ou droits mobiliers incorporels

1 Conditions de fond

2365 **Biens susceptibles d'être saisis.** L'article 706-153 du Code de procédure pénale vise les biens ou droits incorporels dont la confiscation est prévue par l'article 131-21 du Code pénal, lequel ne donne pas de précisions complémentaires.

Il s'agit en fait d'une grande variété de biens et droits, tels les fonds de commerce, les fonds libéraux (considérés comme des ensembles distincts des éléments qui le composent), les droits divers à une clientèle, les sommes d'argent inscrites sur des comptes bancaires, les droits d'associés ou d'actionnaires, les licences, les dividendes (Cass. crim., 25 févr. 2015, n° 13-81.946), les actifs numériques (bitcoins ou autres), les créances de loyers (Cass. crim., 11 oct. 2017, n°s 17-80.983, 17-80.985, 17-80.986, 17-80.978, 17-80.980, 17-80.981), les brevets d'inventions, les marques, les licences, ou les droits d'auteur.

2 Conditions de forme

2366 **Magistrat compétent.** Comme pour les autres saisies spéciales, le juge des libertés et de la détention et le juge d'instruction sont compétents pour ordonner une saisie de biens et droits incorporels selon que l'on se trouve en enquête, préliminaire ou de flagrance, ou en cours d'information.
Le juge des libertés et de la détention est saisi par requête du procureur de la République tandis que le juge d'instruction peut prendre la décision, *proprio motu*.

2367 **Ordonnance motivée.** L'ordonnance doit, d'une part, être motivée, et, d'autre part, selon le *Guide des saisies et confiscations* publié par la direction des affaires criminelles et des grâces, préciser le bien ou le droit incorporel sur lequel s'exerce la mesure. Elle doit, aussi, déterminer en quoi la chose constitue le produit de l'infraction ou représente sa valeur par exemple. La saisie ne peut valablement être mise en œuvre que si le bien ou droit sur lequel elle porte est suffisamment décrit pour en permettre l'identification, notamment en matière de saisie d'instruments financiers.

2368 **Notification.** L'ordonnance est notifiée, comme celles concernant les autres saisies spéciales, au ministère public, au propriétaire du bien ou du droit saisi et, s'ils sont connus, aux tiers ayant des droits sur ce bien ou sur ce droit.

2369 **Recours et procédure devant la chambre de l'instruction.** L'appel est possible. Il doit être formé par déclaration au greffe du tribunal dans un délai de dix jours à compter de la notification de la décision.
À la différence de ce que prévoient les textes relatifs à la saisie de patrimoine et à la saisie immobilière, cet appel peut être tranché par la chambre de l'instruction mais aussi par son président. S'agissant des compétences respectives de la collégialité et de son président, il ne peut, en l'état, qu'être renvoyé à la position de la direction des affaires criminelles et des grâces (V. *supra*, n°s 2268, 2267).
Lorsque le président statue seul, il doit avoir recours à la procédure applicable devant la formation collégiale, c'est-à-dire celle prévue aux articles 197-1 à 200 du Code de procédure pénale (Cass. crim., 7 déc. 2021, n° 21-83.514).
Comme pour les autres saisies spéciales, l'appelant ne peut prétendre dans le cadre de son appel qu'à la mise à disposition des seules pièces de la procédure se rapportant à la saisie qu'il conteste. Là aussi, s'ils ne sont pas appelants, le propriétaire du bien et les tiers peuvent néanmoins être entendus par le président de la chambre de l'instruction ou la chambre de l'instruction, sans toutefois pouvoir prétendre à la mise à disposition de la procédure.

2370 **Propriété indivise.** Le *Guide des saisies et confiscations* déjà évoqué relève qu'en cas de propriété indivise, la saisie porte sur l'ensemble du bien, quel qu'il soit et non sur la seule part indivise qui, en tant que telle, n'est pas individualisable. Les tiers à la procédure qui disposent d'une part de ce qui a été saisi doivent attendre que la mesure soit levée ou, en cas de prononcé de la confiscation, que le bien soit vendu aux enchères publiques, pour faire valoir leurs droits, qui sont réservés (V. Fiche 2.2.3. : Relative aux règles générales de saisie des biens ou droits incorporels).

3 Argent déposé sur des comptes bancaires et actifs numériques

2371 **Types de sommes saisissables.** L'article 706-154 du Code de procédure pénale instaure un régime particulier, dérogatoire à celui institué par l'article 706-153 du même code, pour l'argent déposé sur un compte bancaire et pour les actifs numériques.
Au titre des comptes bancaires sont évidemment visés les comptes de dépôt, mais le *Guide des saisies et confiscations* de la DACG relève que sont soumises aux dispositions de l'article 706-154 du Code de procédure pénale les sommes inscrites sur un livret A, un livret bleu, un livret de développement durable, un livret jeune, un livret d'épargne populaire ou encore un livret bancaire, sur lesquels les sommes déposées sont directement disponibles pour leur propriétaire, sans entraîner la clôture d'un quelconque contrat ou la perte des intérêts acquis mais qu'en revanche, ne sont pas soumis au régime de saisies de sommes figurant sur un compte bancaire les produits d'épargne (plans d'épargne logement, plans d'épargne retraite…) et les comptes-titres et assimilés (plans d'épargne en actions, SICAV).

Sont également saisissables, depuis l'entrée en vigueur de la loi n° 2023-22 du 24 janvier 2023, les actifs numériques mentionnés à l'article L. 54-10-1 du Code monétaire et financier.

2372 **Types de banque.** La DACG considère que les comptes bancaires sans banque, facilement accessibles, hébergés par les buralistes comme par exemple le compte Nickel ou les comptes mis à disposition par des opérateurs à destination des TPE-PME ou des associations (comptes créés par la société Qonto) ou les établissements qui émettent des cartes prépayées (PCS Mastercard) permettant d'effectuer des virements et des retraits dans toutes les devises sans aucuns frais (par ex. N26) ou pour des coûts dérisoires, relèvent de la catégorie des comptes de dépôt et, comme tels, de la procédure prévue par l'article 706-154 du Code de procédure pénale.
Cependant elle relève que certaines de ces « néo-banques » sont localisées à l'étranger, ce qui pourra nécessiter le recours aux mécanismes de l'entraide pénale internationale.

2373 **Banque étrangère.** La saisie des sommes déposées sur un compte bancaire ouvert dans une banque située à l'étranger est possible (Cass. crim., 5 janv. 2023, n° 22-81.155, publié au bulletin). La chambre criminelle a toutefois relevé que la saisie en question avait été effectuée sur le fondement de l'article 706-153 du Code de procédure pénale (V. *infra*, n° 2378).

2374 **Pouvoir de l'officier de police judiciaire pourvu qu'il soit autorisé.** Ce texte permet à l'officier de police judiciaire, par dérogation aux dispositions de l'article 706-153 du Code de procédure pénale, de saisir lui-même une somme d'argent versée sur un compte ouvert auprès d'un établissement habilité par la loi à tenir des comptes de dépôt, s'il y est autorisé par tout moyen par le procureur de la République ou le juge d'instruction.
Pratiquement, il le fera, comme avant l'entrée en vigueur des dispositions relatives aux saisies en vue de confiscation, en délivrant à la banque une réquisition aux fins de blocage des sommes inscrites sur le compte. Cependant, il y ajoutera la réquisition tendant au virement au compte de l'AGRASC si le juge a déjà ordonné la saisie. Dans le cas où le juge confirme ultérieurement la saisie, c'est le magistrat qui donne instruction de virement au compte de l'AGRASC.

2375 **Ordonnance de maintien ou de mainlevée.** Le maintien ou la mainlevée de la saisie doit être décidé par ordonnance motivée du juge des libertés et de la détention en cas d'enquête préliminaire ou de flagrance, du juge d'instruction en cas d'information dans les dix jours de la saisie.
Ce délai, à l'issue duquel la saisie cesse de produire effet (Cass. crim., 7 juin 2017, n° 16-86.898 : *Bull. crim.* n° 153), court à compter de la date de la notification de la décision de saisie par l'officier de police judiciaire à l'établissement tenant le compte objet de la mesure (Cass. crim., 1er avr. 2020, n° 19-85.770 ; publié au bulletin).
Si des poursuites sont envisagées selon la procédure de comparution immédiate, il est nécessaire de demander au juge des libertés et de la détention de statuer pendant la garde à vue, et avant la décision de poursuite afin d'éviter toute difficulté quant au sort de cette saisie, notamment en cas de renvoi prévu par l'article 397 du Code de procédure pénale.
Si la saisie a eu lieu au cours de l'enquête de flagrance et qu'une information est ouverte, c'est au juge d'instruction qu'il appartient de se prononcer dans les dix jours sur la mainlevée ou le maintien de la saisie (Cass. crim., 7 juin 2017, n° 16-86.898 : *Bull. crim.* n° 153).

2376 **Recours, procédure devant la chambre de l'instruction.** Comme pour les autres saisies spéciales, l'article 706-154 du Code de procédure pénale prévoit que :

> « L'ordonnance prise en application du premier alinéa est notifiée au ministère public, au titulaire du compte et, s'ils sont connus, aux tiers ayant des droits sur ce compte ou cet actif, qui peuvent la déférer à la chambre de l'instruction par déclaration au greffe du tribunal dans un délai de dix jours à compter de la notification de l'ordonnance. Cet appel n'est pas suspensif. L'appelant ne peut prétendre dans ce cadre qu'à la mise à disposition des seules pièces de la procédure se rapportant à la saisie qu'il conteste. S'ils ne sont pas appelants, le titulaire du compte et les tiers peuvent néanmoins être entendus par la chambre de l'instruction, sans toutefois pouvoir prétendre à la mise à disposition de la procédure ».

Le recours contre une telle ordonnance ne peut pas être examiné par le président siégeant à juge unique, les dispositions de l'article 706-153 et D. 43-5 du Code de procédure pénale n'étant pas applicables à ce cas de figure, réglementé par l'article 706-154 (Cass. crim., 2 juin 2021, n° 20-81.100, publié au bulletin).

2377 **Champ de la saisie.** Le dernier alinéa de l'article 706-154 du Code de procédure pénale énonce que :

> « Lorsque la saisie porte sur une somme d'argent versée sur un compte ouvert auprès d'un établissement habilité

par la loi à tenir des comptes de dépôts ou sur des actifs numériques mentionnés au même article L.54-10-1, elle s'applique indifféremment à l'ensemble des sommes inscrites au crédit de ce compte ou à l'ensemble des actifs numériques détenus au moment de la saisie et à concurrence, le cas échéant, du montant indiqué dans la décision de saisie ».

M. Ascensi fait valoir que :

« Si la décision de saisie ne mentionne aucun montant, cette mesure produira ses effets à l'égard de la totalité de la somme inscrite au crédit du compte au moment de la mise en œuvre de la saisie. En revanche, rien ne s'oppose à ce que la décision de saisie soit prise à concurrence d'un certain montant ».

La DACG commentant cette disposition relève que :

« Juridiquement, ce n'est pas le compte qui est saisi, mais les sommes inscrites à son crédit. Il est important que l'ordonnance de saisie mentionne la somme exacte dont la saisie est ordonnée. Ainsi, les sommes saisies sont celles présentes au crédit du compte au jour de l'exécution de la saisie : les sommes qui y entrent après ne sont pas appréhendées. Le compte n'est d'ailleurs pas bloqué, et continue de fonctionner normalement après l'exécution de la saisie. Il est donc indispensable, avant toute saisie, de demander aux enquêteurs d'établir le montant des sommes présentes sur le compte à saisir, afin de ne pas procéder à des saisies sur des comptes bancaires débiteurs. Ces réquisitions doivent être actualisées au jour de la saisie, ou au plus proche de celui-ci, afin de s'assurer de ce que les fonds dont la saisie est envisagée sont toujours présents sur le compte ».

2378 **Transfert à l'AGRASC.** L'article 706-160 du Code de procédure pénale prévoyant que l'AGRASC est chargée d'assurer, sur l'ensemble du territoire et sur mandat de justice… la gestion centralisée de toutes les sommes saisies lors de procédures pénales, l'officier de police judiciaire qui procède, sur autorisation du magistrat, à la saisie de sommes sur un compte bancaire doit ordonner à l'établissement de crédit de transférer les sommes saisies à l'AGRASC dont il communiquera le relevé d'identité bancaire. Si cela n'a pas été fait par l'officier de police judiciaire, le juge des libertés et de la détention ou le juge d'instruction devra le faire lorsqu'il statuera sur le maintien de la saisie.

S'agissant d'un compte tenu dans une banque étrangère, le juge ne peut, sans méconnaître les règles de compétence territoriale et de souveraineté des États, exiger de cet établissement, auquel il a notifié l'ordonnance attaquée, qu'il se libère des sommes saisies, en dehors de toute procédure d'entraide pénale, par virement au crédit du compte de l'AGRASC (Cass. crim., 5 janv. 2023, n° 22-81.155, publié au bulletin).

4 Créances de sommes d'argent

2379 **Définition.** L'alinéa 1 de l'article 706-155 du Code de procédure pénale prévoit que :

« Lorsque la saisie porte sur une créance ayant pour objet une somme d'argent, le tiers débiteur doit consigner sans délai la somme due à la Caisse des dépôts et consignations ou auprès de l'Agence de gestion et de recouvrement des avoirs saisis et confisqués lorsqu'elle est saisie ». L'opération consiste donc à appréhender entre les mains d'un tiers le montant de la somme qu'il doit à celui qui est l'objet de la mesure.

2380 **Biens saisissables.** La DACG cite, à titre d'exemples, le prix de vente d'un immeuble détenu par un notaire, la valeur représentée par un chèque de banque, un ticket-restaurant, un ticket-cadeau, une somme due en règlement d'une facture, une somme due par la Française des jeux en contrepartie d'un gain.

2381 **Tiers débiteur.** La chambre criminelle a jugé que le débiteur d'une créance saisie en application de l'article 706-153 du Code de procédure pénale n'est pas un tiers ayant des droits sur ce bien au sens de ce texte et n'a donc pas qualité pour exercer un recours contre l'ordonnance de saisie. S'il conteste devoir consigner, auprès de l'Agence de gestion et de recouvrement des avoirs saisis et confisqués, la somme due, il lui appartient de saisir le magistrat qui a ordonné ou autorisé la saisie ou le juge d'instruction en cas d'ouverture d'une information judiciaire postérieurement à la saisie, d'une requête relative à l'exécution de celle-ci sur le fondement de l'article 706-144 du Code de procédure pénale (Cass. crim., 20 nov. 2019, n° 18-82.066).

2382 **Créance conditionnelle ou à terme.** L'article 706-155 du Code de procédure pénale prévoit que pour les créances conditionnelles ou à terme, les fonds sont consignés lorsque ces créances deviennent exigibles.

Il convient donc de mentionner le terme dans l'ordonnance et de la notifier au débiteur pour que les sommes soient dûment consignées.

La chambre criminelle a approuvé un arrêt ayant confirmé la saisie d'une créance que le mis en examen détenait sur un office notarial correspondant à sa part sur le prix de vente d'un immeuble, peu important que cette ordonnance ait été prise avant que l'acte ne soit signé et donc que la créance ne soit exigible, dès lors qu'après réalisation de l'acte authentique, l'ordonnance de saisie n'a porté que sur cette seule part, en considération de la répartition du prix résultant de l'acte de démembrement de propriété (Cass. crim., 11 oct. 2017, n° 17-81.000).

2383 **Créance de loyer.** La DACG, dans son *Guide des saisies et confiscations*, émet quelques recommandations pour la saisie de créances de loyers.
Ainsi, elle suggère que l'ordonnance de saisie mentionne avec précision le montant de la créance saisie, suggérant d'être attentif à ne pas inclure dans la somme saisie les provisions sur charges ou les indemnités de gestion des agences immobilières.
Elle précise que la part versée par la caisse d'allocations familiales au propriétaire du bien peut être saisie également et que, dans cette hypothèse, elle doit être dûment identifiée dans l'ordonnance qui devra être notifiée à la caisse compétente.
Elle précise que l'AGRASC ne sera pas chargée de la gestion du bien, dont l'entretien et le paiement des charges restent à la charge du propriétaire, mais uniquement de la perception des loyers et de l'établissement des quittances correspondantes, cet élément pouvant être utilement mentionné dans le courrier de notification de l'ordonnance au locataire.
Elle ajoute que l'AGRASC ne voit qu'avantage à ce qu'une copie du contrat de bail et, le cas échéant, du mandat de gestion de l'agence, lui soient adressées lorsque l'ordonnance lui est notifiée.
Par la suite, l'AGRASC prend contact avec le locataire, le propriétaire et le cas échéant l'agence immobilière et assure un suivi mensuel des versements effectués par les locataires et les caisses d'allocations familiales et se tient à la disposition des juridictions pour leur communiquer l'état des versements pour un bien donné.

5 Créances figurant sur des contrats d'assurance sur la vie

2384 L'article 706-155, alinéa 2 du Code de procédure pénale prévoit des dispositions spécifiques aux contrats d'assurance sur la vie.
Le texte dispose que :

> « Lorsque la saisie porte sur une créance figurant sur un contrat d'assurance sur la vie, elle entraîne la suspension des facultés de rachat, de renonciation et de nantissement de ce contrat, dans l'attente du jugement définitif au fond. Cette saisie interdit également toute acceptation postérieure du bénéfice du contrat dans l'attente de ce jugement et l'assureur ne peut alors plus consentir d'avances au contractant. Cette saisie est notifiée au souscripteur ainsi qu'à l'assureur ou à l'organisme auprès duquel le contrat a été souscrit ».

2385 **Procédure impérative.** Lorsque des fonds, qui sont le produit direct de l'infraction poursuivie, sont placés par le mis en examen sur un contrat d'assurance sur la vie, le juge d'instruction ne peut les faire saisir sur le fondement de l'article 706-153 du Code de procédure pénale et enjoindre à l'assureur de les virer sur le compte de l'AGRASC ouvert à la Caisse des dépôts et consignations. Seule la procédure prévue par l'article 706-155, alinéa 2 du Code de procédure pénale est alors applicable (Cass. crim., 30 oct. 2012, n° 12-84.961 : *Bull. crim.* n° 229).
Mais ces dispositions de l'alinéa 2 de l'article 706-155 ne régissent que les effets de la saisie de la créance que détient, avant son décès, le souscripteur d'un tel contrat sur l'assureur. La saisie de la créance dont dispose le bénéficiaire du contrat sur l'assureur est, quant à elle, régie par les dispositions du premier alinéa de l'article 706-155 du Code de procédure pénale. Le tiers débiteur doit donc consigner sans délai la somme saisie à la Caisse des dépôts et consignations ou à l'Agence de recouvrement des avoirs saisis et confisqués. Cette consignation ne doit intervenir, s'agissant des créances conditionnelles ou à terme, que lorsque celles-ci sont exigibles. Cependant, la chambre criminelle a jugé qu'une telle saisie effectuée au visa de l'article 706-153 au lieu de l'article 706-155, alinéa 1 n'était pas irrégulière (Cass. crim., 15 déc. 2021, n° 21-82.015, publié au bulletin).

2386 **Blocage du contrat.** Le texte prévoit la suspension des facultés de rachat, de renonciation et de nantissement de ce contrat, ainsi que toute acceptation postérieure du bénéfice du contrat. L'assureur ne peut plus consentir d'avances au contractant. L'acceptation du contrat par le bénéficiaire ne fait pas obstacle à sa saisie (Cass. crim., 20 avr. 2017, n° 16-82.841).
Comme le souligne la DACG dans son *Guide des saisies et confiscations*, la saisie d'un contrat d'assurance sur la vie suspend les droits du souscripteur tout en interdisant au bénéficiaire d'accepter le bénéfice du contrat. Ce n'est qu'en cas de confiscation que le contrat d'assurance sur la vie sera résolu et que les fonds seront transférés sur le compte de l'AGRASC.

2387 **Formes.** La chambre criminelle a exclu l'application des dispositions de l'article 706-153 sur le fond, mais elles s'appliquent cependant quant aux conditions de forme (notification, recours) en l'absence de précision dans l'article 706-155 qui prévoit toutefois, en plus, que la saisie est notifiée au souscripteur, à l'assureur ou à l'organisme auprès duquel le contrat a été souscrit.

6 Saisie de droits sociaux

2388 **Champ d'application.** L'article 706-156 du Code de procédure pénale ne prévoit que des conditions de forme différentes, car, pour le reste, ces saisies, qui peuvent concerner un apport en société, l'octroi d'un crédit ou toute autre forme d'opération, pour lesquels le bénéficiaire émet un titre représentant la part de patrimoine investi par le titulaire (société anonyme, QPCVM, SICAV, FCP...), relèvent du régime défini par l'article 706-153 du Code de procédure pénale (V. *supra*, n° 2366).

2389 **Formes particulières.** Le texte dispose que :

« La saisie de parts sociales, valeurs mobilières, instruments financiers ou autres biens ou droits incorporels est notifiée à la personne émettrice.

Le cas échéant, la saisie est également notifiée à l'intermédiaire financier mentionné aux 2° à 7° de l'article L. 542-1 du Code monétaire et financier teneur du compte ainsi qu'à l'intermédiaire inscrit mentionné à l'article L. 228-1 du Code de commerce ».

7 Saisie de fonds de commerce

2390 **Publication en vue de rendre la saisie opposable.** L'article 706-157 du Code de procédure pénale pose des règles particulières de publication afin de rendre la saisie opposable.

Il dispose que :

« La saisie d'un fonds de commerce est opposable aux tiers à compter de son inscription, aux frais avancés du Trésor, sur le registre des nantissements tenu au greffe du tribunal de commerce du lieu de situation du fonds.

Les formalités de cette publication sont réalisées, au nom du procureur de la République, du juge d'instruction ou de la juridiction de jugement, par l'Agence de gestion et de recouvrement des avoirs saisis et confisqués ».

2391 **Conditions de fond.** La saisie d'un fonds de commerce obéit aux règles générales de l'article 706-153 du Code de procédure pénale. Il n'est pas nécessaire que le fonds soit la propriété de la personne poursuivie. Il peut être saisi dès lors qu'elle en a la libre disposition (Cass. crim., 29 janv. 2014, n° 13-80.063 : *Bull. crim.* n° 32).

2392 **Évaluation, difficultés.** Il est nécessaire d'évaluer le fonds. La DACG estime que seul un expert-comptable peut sérieusement y procéder, mais relève que ce type de saisie pose des difficultés.

Quand c'est la personne poursuivie qui exploite le fonds, elle peut être tentée de le laisser péricliter de sorte que les dettes s'accumuleront au point que le fonds n'aura plus aucune valeur quand il deviendra possible de le confisquer.

Ces difficultés ont conduit l'AGRASC à faire émerger des solutions de saisies alternatives, consistant à découper les éléments du fonds et à procéder à des ventes anticipées. Ainsi dans un débit de boissons la saisie pourra porter sur les licences d'exploitation et sur des biens d'équipement divers.

E Saisies sans dépossession

2393 **L'article 706-158 du Code de procédure pénale.** Ce texte a entériné une pratique de certains magistrats qui, parfois, laissaient entre les mains de la personne concernée par la saisie l'objet qu'ils faisaient saisir. Il était notamment recouru à cette pratique quand les conditions d'achat d'un objet volé étaient, en l'état, mal déterminées et que la question de la bonne ou de la mauvaise foi de l'acquéreur était encore en suspens.

La saisie sans dépossession peut également se révéler utile lorsque le bien saisi est particulièrement volumineux et difficile à conserver dans de bonnes conditions.

Le texte prévoit que :

« Au cours de l'enquête de flagrance ou de l'enquête préliminaire, le juge des libertés et de la détention, saisi par requête du procureur de la République, peut ordonner par décision motivée la saisie, aux frais avancés du Trésor, des biens dont la confiscation est prévue par l'article 131-21 du Code pénal sans en dessaisir le propriétaire ou le détenteur. Le juge d'instruction peut, au cours de l'information, ordonner cette saisie dans les mêmes conditions.

La décision prise en application du premier alinéa est notifiée au ministère public, au propriétaire du bien saisi et, s'ils sont connus, aux tiers ayant des droits sur ce bien, qui peuvent la déférer à la chambre de l'instruction par déclaration au greffe du tribunal dans un délai de dix jours à compter de la notification de la décision. Cet appel n'est pas suspensif. L'appelant ne peut prétendre dans ce cadre qu'à la mise à disposition des seules pièces de la procédure se rapportant à la saisie qu'il conteste. S'ils ne sont pas appelants, le propriétaire du bien et les tiers peuvent néanmoins être entendus par la chambre de l'instruction, sans toutefois pouvoir prétendre à la mise à disposition de la procédure.

Le magistrat qui ordonne la saisie sans dépossession désigne la personne à laquelle la garde du bien est confiée et qui doit en assurer l'entretien et la conservation, aux frais le cas échéant du propriétaire ou du détenteur du bien qui en est redevable conformément à l'article 706-143 du présent code.

> En dehors des actes d'entretien et de conservation, le gardien du bien saisi ne peut en user que si la décision de saisie le prévoit expressément ».

2394 **Champ d'application.** La saisie sans dépossession n'a vocation à s'appliquer qu'aux biens meubles corporels, les immeubles et les droits incorporels étant déjà saisis sans dépossession.

2395 **Régime comparable à ceux déjà examinés.** La lecture du texte montre que le régime des saisies sans dépossession présente de nombreux points communs avec les saisies déjà évoquées. C'est le cas en ce qui concerne les magistrats compétents, les notifications, le recours et la procédure devant la chambre de l'instruction.

2396 **Désignation du gardien.** Le texte laisse au magistrat le soin de désigner le gardien et la chambre criminelle juge que ce choix relève du pouvoir discrétionnaire du juge et échappe en conséquence à son contrôle (Cass. crim., 15 janv. 2020, n° 18-86.714, publié au bulletin).

2397 **Utilisation du bien.** La DACG préconise de laisser le gardien utiliser le bien, car sinon il existe un risque important qu'il ne soit plus entretenu.

2398 **Aliénation du bien par le saisi désigné comme gardien.** Si le propriétaire ou détenteur, désigné gardien, ne respecte pas la décision de saisie et vend ce bien à un tiers ignorant la saisie, le bien échappera de fait à la justice.
Mais le propriétaire ou détenteur désigné gardien pourra, pour sa part, être condamné du chef de détournement de bien saisi prévu par l'article 314-6 du Code pénal selon lequel :

> « Le fait, par le saisi, de détruire ou de détourner un objet saisi entre ses mains en garantie des droits d'un créancier et confié à sa garde ou à celle d'un tiers est puni de trois ans d'emprisonnement et de 375 000 euros d'amende. La tentative de l'infraction prévue au présent article est punie des mêmes peines ».

F Saisie en valeur

2399 **Fondements textuels.** L'article 131-21, alinéa 9 du Code pénal dispose que :

> « La confiscation peut être ordonnée en valeur. La confiscation en valeur peut être exécutée sur tous biens, quelle qu'en soit la nature, appartenant au condamné ou, sous réserve des droits du propriétaire de bonne foi, dont il a la libre disposition. Pour le recouvrement de la somme représentative de la valeur de la chose confisquée, les dispositions relatives à la contrainte judiciaire sont applicables ».

L'article 706-141-1 du Code de procédure pénale prévoit pour sa part que :

> « La saisie peut également être ordonnée en valeur. Les règles propres à certains types de biens prévues aux chapitres III et IV du présent titre s'appliquent aux biens sur lesquels la saisie en valeur s'exécute ».

2400 **En quoi consiste une saisie en valeur ?** Il s'agit de saisir un bien, sans lien avec l'infraction, d'une valeur équivalente au bien en nature confiscable en vertu des autres alinéas de l'article 131-21 du Code pénal.
La chambre criminelle a eu l'occasion de rappeler que « la confiscation en valeur peut être ordonnée sur tout bien quelle qu'en soit l'origine dont le prévenu a la propriété ou la libre disposition, même s'il ne constitue pas en lui-même le produit direct ou indirect de cette infraction » (Cass. crim., 12 nov. 2015, n° 15-83.784) et d'approuver une cour d'appel qui avait retenu que la confiscation en valeur pouvait être exécutée sur tous biens, quelle qu'en soit la nature, qu'ils soient d'origine licite ou illicite, appartenant au condamné ou sous réserve des droits du propriétaire de bonne foi, dont il a la libre disposition, quand bien même ils n'auraient pas de lien direct ou indirect avec l'infraction, dès lors que leur valeur correspondait au montant du profit ayant été généré par cette infraction (Cass. crim., 3 févr. 2016, n° 15-83.513).
La saisie en valeur n'est pas une saisie spéciale supplémentaire mais une faculté d'appliquer la saisie sur un autre bien que celui qui est confiscable en nature.

2401 **Intérêt pratique.** Ces dispositions permettent au magistrat de choisir le bien sur lequel il sera le plus facile, ou le moins coûteux, ou le plus rapide, d'effectuer la saisie. Il suffit de penser aux difficultés et coûts de conservation de certains scellés pour apprécier l'opportunité que constitue le choix ainsi laissé au magistrat. Un choix éclairé nécessite une analyse préalable. Il est préférable, autant que faire se peut, de ne pas saisir un bien grevé de sûretés qui peut se révéler sans intérêt financier et de ne pas saisir des biens dont la conservation, imputée sur les frais de justice à la charge de l'État sans recours contre les condamnés, est coûteuse.

2402 **Le montant d'une saisie pénale en valeur ne doit pas excéder la valeur du bien susceptible de confiscation.** Puisque la mesure consiste à saisir un bien d'une valeur équivalente à celle du bien confiscable, il est impératif que soit déterminée la valeur du bien qui aurait pu être saisi en nature et de celui sur lequel va s'appliquer la saisie en valeur (V. sur ce point DACG, *Guide des saisies et confiscations*, Fiche 1.1.4.). La

chambre criminelle juge en effet que « le montant d'une saisie pénale en valeur ne doit pas excéder la valeur du bien susceptible de confiscation » (Cass. crim., 12 nov. 2015, n° 15-83.114 : *Bull. crim.* n° 250. – Cass. crim., 30 sept. 2015, n° 15-81.744 : *Bull. crim.* n° 213. – Cass. crim., 6 déc. 2017, n° 16-86.105). Ceci n'interdit pas pour autant de saisir en valeur un bien d'une valeur supérieure à celle du bien qui aurait pu être saisi en nature si la saisie est cantonnée (Cass. crim., 3 mai 2018, n° 17-82.098 : *Bull. crim.* n° 79).
En cours d'enquête, cette évaluation, absolument indispensable, peut s'avérer délicate. Cette exigence renforce la nécessité, déjà soulignée, d'une enquête patrimoniale et de l'évaluation du produit de l'infraction.

2403 **Biens sur lesquels une saisie en valeur peut être exécutée.** Comme la confiscation, la saisie « peut être exécutée sur tous biens, quelle qu'en soit la nature, appartenant au condamné ou, sous réserve des droits du propriétaire de bonne foi, dont il a la libre disposition ».
Cependant la saisie en valeur de biens meubles corporels, qui ne sont pas visés à l'article 706-141 du Code de procédure pénale, ne peut être effectuée que sur le fondement des articles 94 et 97 du même code (Cass. crim., 7 août 2019, n° 18-87.174 : publié au bulletin). Ainsi, après saisie au cours d'une perquisition sur commission rogatoire de mobilier et effets vestimentaires garnissant le logement de la mise en examen, il n'est pas nécessaire que le juge d'instruction prenne une ordonnance de saisie en valeur. Les biens restent saisis en attendant une éventuelle confiscation en valeur prononcée par la juridiction de jugement.

2404 **Conséquences du principe.** Il est possible de saisir en valeur des biens sans rapport avec l'infraction (comme dans les saisies de patrimoine prévues par l'alinéa 6 de l'article 131-21 du Code pénal) mais, dans ce cas, sans que la loi ait eu à le prévoir.
En revanche si le bien confiscable en nature (par ex. le produit de l'infraction) se trouve entre les mains d'un tiers, il n'est pas possible d'exécuter une saisie en valeur sur d'autres biens de ce tiers. La personne concernée par la saisie n'est pas propriétaire des biens en question et n'en a pas la libre disposition.
La saisie en valeur n'a pas d'intérêt quand une saisie de patrimoine est possible puisque, dans cette dernière hypothèse, le magistrat peut saisir n'importe lequel des biens. Une saisie d'un bien de valeur équivalente n'a pas grand sens.

2405 **Procédure à suivre.** La procédure à suivre est celle applicable au bien sur lequel porte effectivement la saisie.
Ainsi, si plutôt que de saisir le produit de l'infraction, le magistrat décide de saisir en valeur une somme d'argent déposée sur un compte bancaire – d'un montant équivalent au produit de l'infraction –, ce sont les dispositions de l'article 706-154 du Code de procédure pénale qui devront été suivies.

L'ESSENTIEL 2406 **Un enquêteur peut saisir les biens faisant l'objet des règles sur les saisies spéciales.** La loi permet aux officiers de police judiciaire, voire aux agents de police judiciaire en enquête préliminaire, de saisir des biens qui, sans être nécessairement de nature à établir la preuve de l'infraction, peuvent être confisqués selon l'article 131-21 du Code pénal. Pour certains de ces biens, l'enquêteur doit se conformer aux règles « classiques » du Code de procédure pénale pour autant que le bien ne rentre pas dans les catégories de saisies spéciales prévues par le code.
Ainsi le véhicule volé, produit de l'infraction, pourra sans problème être saisi selon les règles classiques. Le véhicule ayant servi à commettre le vol, instrument de l'infraction, pourra également être saisi de façon « classique ». L'argent provenant du vol, retrouvé en espèces chez le voleur pourra tout autant être saisi de façon classique. Si, en revanche, cet argent a été déposé sur un compte bancaire, la saisie obéira aux règles prévues par l'article 706-154 du Code de procédure pénale. Si l'argent détourné a été investi dans l'achat d'un pavillon, celui-ci sera saisi selon les règles propres aux saisies immobilières. Si c'est pour l'achat d'un fonds de commerce qu'il a été employé, la saisie s'opérera selon les règles propres à ce type de bien.

2407 **Règles particulières.** Comme cela vient d'être évoqué, la saisie de certains de ces biens fait l'objet de règles particulières. C'est le cas des saisies de patrimoine (V. *supra*, n° 2338), des saisies immobilières (V. *supra*, n° 2346), des saisies d'argent déposé sur un compte bancaire (V. *supra*, n° 2371), des saisies de créances de sommes d'argent (V. *supra*, n° 2379), de celles portant sur des contrats d'assurance sur la vie (V. *supra*, n° 2384), des saisies de droits sociaux (V. *supra*, n° 2388), de fonds de commerce (V. *supra*, n° 2390), des saisies sans dépossession (V. *supra*, n° 2393).

2408 **La saisie peut intervenir sur des biens dont la personne en cause est propriétaire ou dont elle a la libre disposition.** Parfois la loi ne pose aucune de ces conditions (V. *supra*, n°s 2327, 2328).
Lorsque la loi spécifie que peut être saisi un bien dont la personne en cause a la libre disposition, c'est sous réserve des droits des tiers.

2409 Autorités décidant des saisies spéciales. Ce n'est pas l'enquêteur qui prend la décision lorsque le bien saisissable relève des saisies spéciales. La décision est toujours prise par un magistrat : juge des libertés et de la détention saisi par le procureur de la République en cas d'enquête préliminaire ou de flagrance, juge d'instruction en cas d'information. Ces magistrats doivent se prononcer par ordonnance motivée susceptible de recours (V. *supra*, n°s 2329 et s.).

Certaines saisies ne peuvent être ordonnées que si elles ont été précédées de réquisitions du procureur. C'est évidemment le cas des saisies ordonnées par le juge des libertés et de la détention qui ne peut être saisi que par le procureur mais c'est aussi le cas, lorsqu'une instruction est ouverte, des saisies de patrimoine qui permettent de saisir des biens sans rapport avec l'infraction dans des cas particuliers, définis par les alinéas 5 et 6 de l'article 131-21 du Code pénal (V. *supra*, n° 2338).

Et, dans le cas où la perquisition, en préliminaire ou en flagrance, a pour seul but de rechercher ce type de bien, elle doit avoir été préalablement autorisée par le procureur de la République (V. *supra*, n° 2333).

2410 Deux saisies spéciales méritent un focus particulier. La saisie de patrimoine peut porter, sous réserve d'être proportionnée (V. *supra*, n° 2336), sur des biens sans aucun rapport avec l'infraction et toucher des biens gagnés régulièrement, des biens acquis par héritage. Non seulement elle doit avoir été autorisée par un juge avant d'être effectuée, mais elle n'est valable que si elle a fait l'objet de réquisitions du procureur de la République. C'est aussi pourquoi l'autorisation préalable du procureur de la République, évoquée au paragraphe précédent, est exigée pour les perquisitions visant uniquement à cette sorte de saisies (V. *supra*, n° 2333).

La saisie de sommes déposées sur un compte bancaire ou d'actifs numériques (CPP, art. 706-154) obéit à un régime différent : l'enquêteur peut être autorisé par le procureur de la République ou le juge d'instruction, selon le cadre juridique, à saisir ces sommes ou actifs, à charge de validation par le juge des libertés et de la détention ou le juge d'instruction dans les dix jours (V. *supra*, n° 2371).

2411 Saisie en valeur. La saisie peut être pratiquée en nature sur le bien directement concerné mais la loi a généralisé la possibilité de saisir son équivalent. Ainsi, si l'enquête établit que l'infraction a engendré un produit de 100 000 €, la saisie pourra être effectuée sur de l'argent déposé sur un compte bancaire qui ne sera pas nécessairement celui provenant de l'infraction mais son équivalent. Il sera alors procédé à une saisie en valeur. De même, si l'argent provenant de l'infraction a été investi dans l'achat d'un bien immobilier, l'immeuble pourra être saisi en valeur mais s'il y a sur un compte bancaire une somme équivalente, il pourra être plus simple de la saisir en valeur. La saisie de compte bancaire est plus rapide et plus simple que la saisie immobilière.

Il s'ensuit que l'engagement de saisies en vue de confiscations nécessite, d'une part, une enquête patrimoniale pour connaître le périmètre des biens saisissables et, d'autre part, une stratégie afin de mettre en œuvre les mesures les plus efficaces.

II Les mesures conservatoires (CPP, art. 706-103)

2412 Situation antérieure à la promulgation de la loi du 9 juillet 2010. Avant l'entrée en vigueur de la loi instituant les saisies spéciales, le législateur, par la loi du 9 mars 2004, avait instauré un système permettant au juge des libertés et de la détention, lorsqu'une information était ouverte en matière de criminalité organisée, d'ordonner des mesures conservatoires prévues par les procédures civiles d'exécution sur les biens meubles ou immeubles, divis ou indivis, de la personne mise en examen pour garantir le paiement des amendes encourues, l'indemnisation des victimes et l'exécution de la confiscation.

Certains juges d'instruction s'étaient arrogé le même pouvoir sur le fondement de l'article 81 du Code de procédure pénale mais sans succès

(CA Versailles, 6 nov. 2009 : *D.* 2010, 355, comm. Ch. Cutajar).

2413 **Situation actuelle.** Le régime actuel a été recentré et ne concerne plus la garantie de l'exécution des confiscations. Celle-ci est mieux assurée par les saisies spéciales.
Désormais le juge des libertés et de la détention peut, en cas d'information ouverte en matière de criminalité organisée (infractions entrant dans le champ d'application des articles 706-73, 706-73-1 et 706-74), et sur requête du procureur de la République, ordonner des mesures conservatoires prévues par les procédures civiles d'exécution sur les biens meubles ou immeubles, divis ou indivis, de la personne mise en examen pour garantir seulement le paiement des amendes encourues et l'indemnisation des victimes.

2414 **Ajout de la loi du 9 juillet 2010 : CPP, art. 706-166.** La loi sur les saisies spéciales a étendu le mécanisme de l'article 706-103 aux infractions punies d'une peine égale ou supérieure à trois ans d'emprisonnement, figurant au sein du titre Ier du livre III du Code pénal, c'est-à-dire les appropriations frauduleuses (vol, extorsion, escroqueries et infractions voisines, détournements). Il faut donc qu'une information visant une de ces infractions soit ouverte. Sur requête du procureur de la République, le juge des libertés et de la détention peut ordonner le même type de mesures pour garantir le paiement des amendes et le cas échéant l'indemnisation des victimes.

2415 **Règles communes.** Aussi bien dans le cadre de l'article 706-103 que dans celui de l'article 706-166 du Code de procédure pénale, la condamnation vaut validation des mesures conservatoires et permet l'inscription définitive des sûretés. La décision de non-lieu, de relaxe ou d'acquittement emporte de plein droit, aux frais du Trésor, mainlevée des mesures ordonnées. Il en est de même en cas d'extinction de l'action publique et de l'action civile. Le juge des libertés et de la détention est compétent sur l'ensemble du territoire national et l'utilisation des dispositions n'interdit pas de recourir aux saisies spéciales.

2416 **Intérêt de ces dispositions ?** La DACG fait valoir dans son *Guide des saisies et confiscations* que l'intérêt de ces mesures est amoindri. Étant de caractère civil, elles ne bénéficient pas des mêmes dérogations que les saisies pénales en cas de concours de voies d'exécution et de procédure collective.
S'agissant de la garantie du paiement des amendes dont le montant est dévolu à l'État, il peut être plus expédient de procéder à une saisie spéciale. Si la confiscation est prononcée, il n'y aura pas lieu de mettre en œuvre le recouvrement des sommes, spécialement si c'est le solde d'un compte bancaire qui a été saisi et transféré sur le compte de l'AGRASC.
S'agissant de l'indemnisation des victimes, l'article 706-164 du Code de procédure pénale permet l'indemnisation des parties civiles sur les biens confisqués que l'AGRASC aura gérés. Le mécanisme des mesures conservatoires ne gardera un véritable intérêt que pour les créances de l'État, exclues des prévisions de l'article 706-164 du même code.

L'ESSENTIEL 2417 Les dispositions de l'article 706-103 du Code de procédure pénale permettaient, avant la loi du 9 juillet 2010, de garantir notamment la confiscation. Elles ne sont plus nécessaires, les saisies spéciales permettant plus aisément d'atteindre ce résultat. La loi n'a donc maintenu la possibilité de prendre des mesures conservatoires de nature civile que pour garantir le paiement des amendes et l'indemnisation des victimes en matière de criminalité organisée et d'appropriations frauduleuses punies d'au moins trois ans d'emprisonnement.
Mais les buts que ces mesures cherchent à atteindre peuvent l'être, plus facilement, par le biais des saisies spéciales de sorte que leur intérêt est amoindri (V. *supra*, n° 2416).

POUR ALLER PLUS LOIN...

Fascicules JurisClasseur
- *JCl. Procédure pénale*, Art. 706-148 à 706-158, fasc. 20, par E. Camous.
- *JCl. Procédure pénale*, Art. 706-141 à 706-147, fasc. 20, par E. Camous.

Répertoire
- *Rép. pén.* Dalloz, V° *Saisies spéciales*, par L. Ascensi.

Ouvrage et thèse
- L. Ascensi, *Droit et pratique des saisies et confiscations pénales*, Dalloz, 2019-2020, § 231.07, 231-25 et 234.91.

• M. Peter, *Les saisies pénales spéciales. Une évolution majeure pour une stratégie pénale patrimoniale repensée*, thèse, Aix-Marseille, 2018.

Revues

• E. Allain, *Le premier rapport d'activité de l'AGRASC : AJ pénal* 2012, 247.

• S. Almaseanu, *Saisie et confiscation pénales des assurances-vie : l'état du droit positif après la loi du 6 décembre 2013 : Gaz. Pal.* 19 juill. 2014, n° 200, p. 5.

• L. Ascensi, *Les saisies et confiscations en matière pénale après la loi du 9 juillet 2010 : l'édifice parachevé ? : AJ pénal* 2015, 228 ; *État des saisies et confiscations immobilières : AJ pénal* 2016, 66.

• J. Betemps et M. Wagner, *Peine complémentaire de confiscation : bien (mal) acquis ne profite jamais ? : Dr. pén.* 2013, fiche pratique 1.

• J. Buisson, *Saisie et confiscation en matière pénale : Procédures* 2010, comm. 352 ; *Loi n° 2011-267 du 14 mars 2011 d'orientation et de programmation pour la performance de la sécurité intérieure : Procédures* 2011, étude 5 ; *Lutte contre la fraude fiscale et la grande délinquance économique et financière : Procédures* 2014, comm. 82 ; *Agence de gestion et de recouvrement des avoirs saisis et confisqués : Procédures* 2017, comm. 111.

• E. Camous, *Les saisies en procédure pénale : un régime juridique éparpillé : Dr. pén.* 2010, étude 5 ; *Les saisies en procédure pénale : un régime juridique modernisé. Commentaire des dispositions de droit interne de la loi n° 2010-768 du 9 juillet 2010 visant à faciliter la saisie et la confiscation en matière pénale : Dr. pén.* 2011, étude 1.

• E. Camous et G. Cotelie, *La mise en état patrimoniale des affaires pénales : Dr. pén.* 2013, étude 12.

• Ch. Cutajar, *Garantir que le crime ne paie pas. À propos de dix priorités stratégiques proposées par la Commission européenne : JCP* G 2008, 733 ; *Commentaire des dispositions de droit interne de la loi n° 2010-768 du 9 juillet 2010 visant à faciliter la saisie et la confiscation en matière pénale : D.* 2010, 2305 ; *L'Agence de gestion et de recouvrement des avoirs saisis et confisqués : D.* 2011, 826 ; *Le nouveau droit des saisies pénales : AJ pénal* 2012, 124 ; (propos recueillis par), *L'Agence de gestion et de recouvrement des avoirs saisis et confisqués, AGRASC. Interview d'Élisabeth Pelsez, Directrice générale de l'AGRASC : AJ pénal* 2012, 139 ; *La lutte contre la fraude fiscale à l'épreuve des droits fondamentaux : JCP* G 2013, 824 ; *Le nouvel arsenal de lutte contre la fraude fiscale et la grande délinquance économique et financière : JCP* G 2013, 1366 ; *L'AGRASC publie son rapport 2013 : JCP* G 2014, 614.

• Ch. Duchaine, *Cas pratique : AJ pénal* 2012, 143.

• A. Fournier, *La saisie pénale des immeubles : spécificités et incertitudes pour le conservateur : JCP* N 2010, 913 ; *La nouvelle Agence de gestion et de recouvrement des avoirs saisis et confisqués (AGRASC) : JCP* N 2011, 334.

• E. Garçon et V Peltier, *Un an de droit de la peine. Janvier-décembre 2010 : Dr. pén.* 2011, chron. 2 ; *Commentaire de la loi n° 2012-409 du 27 mars 2012 de programmation relative à l'exécution des peines : Dr. pén.* 2012, étude 11.

• P. Labrousse, *Saisie à titre conservatoire des biens appartenant a une société dans le cadre d'une enquête pénale : RJDA* 2014, 79.

• M. Masse, *Notes brèves sur la rencontre de deux expressions : crime organisé et espace judiciaire européen : RSC* 2000, 469 ; *L'évolution du droit en matière de gel et de confiscation : RSC* 2006, 463.

• G. Notte, *Loi d'orientation et de programmation pour la performance de la sécurité intérieure (LOPPSI II) : JCP* E 2011, act. 86 et 150.

• M. Pattin, J. Gojkovic-Lette et J.-P. Lebeau, *Le cadre juridique du dispositif de captation des avoirs criminels et sa mise en œuvre par la Gendarmerie nationale : AJ pénal* 2012, 130.

• E. Pelsez et H. Robert, *Pour une meilleure appréhension des patrimoines frauduleux. À propos de l'Agence de gestion et de recouvrement des avoirs saisis et confisqués (AGRASC) : JCP* G 2011, T69.

• B. Petit, *Une nouvelle approche de la lutte contre la criminalité organisée : la prise en compte du volet financier des enquêtes : AJ pénal* 2012, 148.

• J. Pronier, *Saisies patrimoniales et saisies spéciales en matière pénale : une articulation complexe : AJ pénal* 2012, 661.

• C. Ribeyre, *Loi n° 2010-768 du 10 juillet 2010, visant à faciliter la saisie et la confiscation en matière pénale : RSC* 2010, 937.

• H. Robert, *Une importante réforme de procédure pénale inachevée. À propos de la loi du 9 juillet 2010 : JCP* G 2010, 1607 ; *Une nouvelle étape normative dans le renforcement des moyens de lutte contre la criminalité d'argent. À propos de la loi du 6 décembre 2013 : JCP* G 2014, 182.

• W. Roumier, *Adoption de la loi visant à faciliter la saisie et la confiscation en matière pénale : Dr. pén.* 2010, alerte 44.

• R. Schulz, *La saisie pénale sur contrat d'assurance-vie, un mécanisme difficile à appréhender : RGDA* 1er juin 2017, n° 6, p. 369.

• E. Senecal et S. Almaseanu, *Saisie pénale des avoirs bancaires : décryptage un fait d'actualité : JCP* E 2013, 632.

• R. Stifiel, *L'activité de l'AGRASC en matière de saisie pénale immobilière et de confiscations immobilières : AJ pénal* 2012, 142.

Fiche 51
Saisies des animaux

Sommaire

2418 **Article 99-1 du Code de procédure pénale.** Ce texte réglemente la saisie des animaux vivants qui, selon l'article 515-14 du Code civil, sont des « êtres vivants doués de sensibilité », tout en étant soumis au régime des biens. Il prévoit notamment que l'animal peut être placé, cédé, euthanasié.

2419 **Conditions de mise en œuvre de ces dispositions.** Le texte prévoit la mise en œuvre de ces dispositions lorsque, au cours d'une procédure judiciaire ou lors des contrôles mentionnés à l'article L. 214-23 du Code rural et de la pêche maritime, il a été procédé à la saisie ou au retrait, à quelque titre que ce soit, d'un ou plusieurs animaux vivants.

2420 **Autorités compétentes pour prendre la mesure.** C'est le procureur de la République près le tribunal judiciaire du lieu de l'infraction ou, lorsqu'il est saisi, le juge d'instruction qui peut prendre les mesures en question.

I Placement

2421 Le magistrat compétent peut placer l'animal dans un lieu de dépôt prévu à cet effet ou le confier à une fondation ou à une association de protection animale reconnue d'utilité publique ou déclarée. La décision mentionne le lieu de placement et vaut jusqu'à ce qu'il ait été statué sur l'infraction.

II

Cession à titre onéreux ou euthanasie

2422 **Animal dangereux ou dont la santé est en péril.** Lorsque les conditions du placement sont susceptibles de rendre l'animal dangereux ou de mettre sa santé en péril ou de ne plus répondre à la satisfaction des besoins physiologiques propres à son espèce, le juge d'instruction, lorsqu'il est saisi, ou le président du tribunal judiciaire ou un magistrat du siège délégué par lui peut, par ordonnance motivée prise sur les réquisitions du procureur de la République et après avis d'un vétérinaire, ordonner qu'il sera cédé à titre onéreux ou confié à un tiers ou qu'il sera procédé à son euthanasie.

2423 **Frais supérieurs à la valeur de l'animal.** La même procédure est applicable lorsque les conditions du placement d'un animal entraînent des frais conservatoires supérieurs à sa valeur économique. La seule différence est que ce n'est pas un vétérinaire qui doit donner son avis mais un expert agricole.

2424 **Conservation inutile pour la manifestation de la vérité d'un animal présentant un danger grave et immédiat.** Lorsque, au cours de la procédure judiciaire, la conservation de l'animal saisi ou retiré n'est plus nécessaire à la manifestation de la vérité et que l'animal est susceptible de présenter un danger grave et immédiat pour les personnes ou les animaux domestiques, le procureur de la République ou le juge d'instruction lorsqu'il est saisi ordonne la remise de l'animal à l'autorité administrative afin que celle-ci mette en œuvre les mesures prévues au II de l'article L. 211-11 du Code rural et de la pêche maritime. Lesdites dispositions peuvent aller jusqu'à l'euthanasie, étant précisé qu'est réputé présenter un danger grave et immédiat tout chien appartenant à une des catégories mentionnées à l'article L. 211-12, qui est détenu par une personne mentionnée à l'article L. 211-13 ou qui se trouve dans un lieu où sa présence est interdite par le I de l'article L. 211-16, ou qui circule sans être muselé et tenu en laisse dans les conditions prévues par le II du même article, ou dont le propriétaire ou le détenteur n'est pas titulaire de l'attestation d'aptitude prévue au I de l'article L. 211-13-1.

III

Cas particuliers prévus par l'article L. 172-13 du Code de l'environnement et concernant les espèces protégées

2425 **Police de l'environnement.** L'article L. 172-13 du Code de l'environnement prévoit que les inspecteurs de l'environnement et les autres fonctionnaires et agents de l'État, des collectivités territoriales et de leurs établissements publics habilités au titre des polices spéciales du Code de l'environnement à rechercher et à constater les infractions aux dispositions du même code peuvent :

– procéder ou faire procéder à la destruction des animaux morts ou non viables qu'ils ont saisis ;

– procéder ou faire procéder, sur autorisation du procureur de la République délivrée par tout moyen, au placement des animaux viables saisis dans un lieu de dépôt prévu à cet effet ;

– procéder ou faire procéder :

1° à la remise des animaux non domestiques ou non apprivoisés dont la conservation n'est plus nécessaire à la manifestation de la vérité, saisis dans un état viable, dans le milieu naturel où ils ont été prélevés ou dans un milieu compatible avec leurs exigences biologiques ;

2° à la destruction des animaux dont la conservation n'est plus nécessaire à la manifestation de la vérité susceptibles d'occasionner des dégâts.
Dans les autres cas, les dispositions des articles 99-1 et 41-5 du Code de procédure pénale sont applicables.

2426 **Espèces protégées.** Une circulaire de la DACG du 16 décembre 2013 appelle l'attention sur la nécessité de veiller au sort des animaux relevant de la Convention sur le commerce international des espèces sauvages menacées d'extinction. Le bureau de l'encadrement des impacts sur la biodiversité du ministère de la Transition écologique peut faciliter l'identification des structures d'accueil. Il est joignable à l'adresse : cites@developpement-durable.gouv.fr. L'Office français de la biodiversité, dont le site Internet se trouve à l'adresse : www.ofb.gouv.fr/contacts-et-implantations peut également apporter son expertise.

IV
Procédure

2427 **Formes.** L'ordonnance de cession à titre onéreux ou d'euthanasie est notifiée au propriétaire s'il est connu.

2428 **Recours.** Le propriétaire de l'animal peut déférer l'ordonnance de cession à titre onéreux ou l'ordonnance d'euthanasie au premier président de la cour d'appel du ressort ou à un magistrat de cette cour désigné par lui quand la saisie relève du procureur de la République et à la chambre de l'instruction dans les conditions prévues aux cinquième et sixième alinéas de l'article 99 lorsqu'il s'agit d'une ordonnance du juge d'instruction.

2429 **Consignation en cas de vente.** Le produit de la vente de l'animal est consigné pendant une durée de cinq ans. Lorsque l'instance judiciaire qui a motivé la saisie se conclut par un non-lieu ou par une décision de relaxe, le produit de la vente est restitué à la personne qui était propriétaire de l'animal au moment de la saisie si celle-ci en fait la demande.

2430 **Animal confié à un tiers.** Dans le cas où l'animal a été confié à un tiers, son propriétaire peut saisir le magistrat désigné au deuxième alinéa d'une requête tendant à la restitution de l'animal.

2431 **Frais de garde.** Les frais exposés pour la garde de l'animal dans le lieu de dépôt sont à la charge du propriétaire, sauf décision contraire du magistrat compétent saisi d'une demande d'exonération ou du tribunal statuant sur le fond. Cette exonération peut également être accordée en cas de non-lieu ou de relaxe.

L'ESSENTIEL 2432 **Êtres vivants doués de sensibilité.** Les animaux, rangés dans la catégorie des biens meubles, ne peuvent évidemment pas être traités comme les autres biens de cette nature.
Des règles particulières au détail desquelles il est renvoyé (V. *supra*, n°s 2418 et s.) organisent leur placement, leur cession, leur euthanasie. La réglementation comporte des mesures spécifiques aux espèces protégées.

Fiche 52

Audition de témoin

Sommaire

Introduction

2433 Pas de définition du témoin dans le code. Le Code de procédure pénale ne donne pas de définition du témoin.

La consultation des divers articles relatifs aux enquêtes permet de constater que le terme n'est utilisé ni dans les textes relatifs à l'enquête préliminaire ni par ceux relatifs à l'enquête de flagrance. L'article 61 du Code de procédure pénale relatif à l'enquête de flagrance n'évoque que « les personnes susceptibles de fournir des renseignements sur les faits ou sur les objets et documents saisis ». L'article 78 du même code relatif à l'enquête préliminaire donne encore moins d'indications.

En revanche, les textes relatifs à l'instruction y font une large part, sans pour autant le définir.

A Tentative de définition de la notion de témoin

2434 Selon la définition la plus couramment admise par les dictionnaires de la langue française, le témoin est celui qui est en mesure de « rapporter un fait en attestant sa vérité ». Encore faut-il prendre en considération que le fait dont il est question peut aussi bien être, pour le magistrat et l'enquêteur, le fait matériel constitutif de l'infraction autant que des faits autres, relatifs à la moralité d'une personne, à sa façon de se comporter, etc. L'« audition de témoin » peut en effet concerner toute personne dont la déposition est utile à la manifestation de la vérité.

Un certain nombre de situations peuvent conduire le magistrat ou l'enquêteur à se demander si la personne dont il souhaite recueillir les explications est bien un témoin. Il suffit de penser à la victime, à l'auteur. L'un et l'autre ont souvent assisté au fait constitutif de l'infraction. Ils seraient en mesure d'en attester la vérité. Pour autant, peut-on les considérer comme des témoins ?
La difficulté est cependant plus théorique que pratique dès lors que législation et jurisprudence ont fixé des règles précises en fonction de la situation : ainsi la personne mise en cause, celle qui est suspecte, celle qui est en garde à vue, celle qui est victime doivent être entendues en vertu de règles spécifiques.
Les développements qui vont suivre seront donc exclusivement consacrés à l'audition des personnes :
- contre lesquelles n'existent pas des raisons plausibles de soupçonner qu'elles ont commis ou tenté de commettre une infraction, qui ne peuvent être entendues que sous le régime de l'audition libre ou de la garde à vue ;
- qui ne se sont pas constituées parties civiles ;
- contre lesquelles il n'existe pas d'indices graves et concordants d'avoir participé aux faits dont le juge d'instruction est saisi, car l'article 105 du Code de procédure pénale prohibe l'audition en qualité de témoins des personnes contre lesquelles existent de tels indices ;
- qui ne sont pas mises en cause par la victime constituée partie civile car sinon elles peuvent être entendues en qualité de témoins assistés ;
- qui ne sont pas mises en cause par une plainte avec constitution de partie civile car sinon elles doivent, sauf renonciation, être entendues en qualité de témoins assistés ;
- qui ne sont pas poursuivies, le régime applicable à celles-ci étant réglementé tant au stade de l'instruction qu'au stade de la poursuite devant une juridiction de jugement ;
- pour lesquelles existe un régime particulier examiné par ailleurs dans cet ouvrage.
Les explications à venir ne concerneront donc que ceux que, par commodité de langage, on appelle parfois les « simples témoins » à l'exception de la victime, qui bien que pouvant être témoin des faits qui la concernent, a des droits particuliers (V. *infra*, n°s 2524 et s.).

B L'acte d'audition

2435 **Audition, recueil de déclarations et « interrogatoire ».** Les articles 61 et 101 et suivants du Code de procédure pénale évoquent le fait « d'entendre », de « recueillir les déclarations » et font référence aux « personnes entendues ». Quant à l'article 429 du Code de procédure pénale, il dispose que « tout procès-verbal d'interrogatoire ou d'audition doit comporter les questions auxquelles il est répondu ».

2436 L'acte d'audition consiste donc à poser des questions à une personne, qui y répond ou non. La personne auditionnée relate ce qu'elle sait, ce qu'elle a vu ou entendu. Elle peut être un témoin direct ou indirect et elle peut aussi être auditionnée en raison de son statut de victime (V. *infra*, n° 2524). C'est donc le fait d'interroger une personne et non simplement d'acter des déclarations spontanées qui caractérisent l'audition (Cass. crim., 28 mai 2014, n°s 13-83.197, 11-81.640 : *Bull. crim.* n° 142). La loi relative à la garde à vue du 14 avril 2011 ayant remplacé le terme « interrogatoire » par « audition » afin de bien distinguer l'audition au cours de la phase d'enquête de l'interrogatoire par le juge ou la juridiction, il nous semble permis d'utiliser le verbe « auditionner » plutôt que celui « d'interroger » pour bien caractériser cet acte d'enquête.

2437 **Confrontation.** La confrontation est une audition croisée, souvent entre un suspect et un témoin et/ou une victime. Le Code de procédure pénale prévoit des règles particulières lorsque cette confrontation se déroule en présence d'une personne mise en cause confrontée à une victime (V. *infra*, n°s 2655, 2974, 3132). Dans ce cas, la victime a le droit d'être assistée d'un avocat. En revanche, le Code de procédure pénale n'a pas prévu que le simple témoin bénéficie de la même assistance.

2438 **Séance d'identification et reconstitution.** Ces actes sont régis par les articles 61-3 du Code de procédure pénale notamment en ce qu'ils prévoient l'assistance d'un avocat (Cass. crim., 28 sept. 2022, n° 20-86.054, publié au bulletin) lorsqu'une personne suspecte participe à la séance d'identification ou à la reconstitution. Toutefois le Code de procédure pénale ne définit pas ces actes d'enquête.
Pour le témoin, il s'agit d'une audition ayant une finalité particulière. Elle consiste soit à identifier la personne suspecte à l'occasion d'une « parade », soit à être auditionnée au cours d'une reconstitution. Dans les deux cas, la nature de l'acte d'enquête reste le même, à savoir une audition à laquelle sont applicables les règles du présent chapitre.
Cependant, pour le suspect qui participe à un tapissage ou à une parade, voire à une reconstitution, le législateur a donc créé un régime spécifique ouvrant droit à la présence d'un avocat.

La parade comme la reconstitution n'est pas une audition de suspect, ce dernier ne déclarant d'ailleurs rien au cours de la parade.

2439 **Recueil de renseignements.** L'acte d'audition doit être distingué du recueil de simples renseignements qui consiste à acter en procédure des éléments recueillis par les enquêteurs sans que cela nécessite de procéder à une audition de la personne qui les communique. Ce procès-verbal de renseignement, qui n'apparaît pas dans le Code de procédure pénale, est utilisé pour acter un renseignement parvenu aux enquêteurs, comme un renseignement anonyme par exemple (V. *supra*, n° 896). Ce renseignement, anonyme (V. *infra*, n° 2484) ou pas, a essentiellement vocation à orienter les investigations (Cass. crim., 6 oct. 2015, n° 15-82.247 : *Bull. crim.* n° 217).

2440 Ces procès-verbaux de renseignements sont des actes signés de la seule main de l'enquêteur et sont souvent rédigés en style indirect. Leur utilité est certaine car elle permet de comprendre la cohérence d'une procédure ou d'une enquête. Ainsi, lorsqu'une enquête de voisinage est diligentée, le procès-verbal de renseignement qui en découle permet soit d'expliquer que celle-ci a bien été réalisée mais qu'elle n'a rien donné, soit de comprendre que c'est grâce à cette enquête de voisinage que le témoignage de telle ou telle personne s'est avéré important et qu'il a été recueilli par procès-verbal. Parfois, des éléments initialement recueillis sous la forme de renseignement peuvent, par la suite, nécessiter une audition plus formelle car leur contenu peut s'avérer crucial pour l'enquête. L'audition permet de donner une plus grande force probante aux éléments recueillis.

2441 Avant d'auditionner une personne, il est parfois nécessaire de la convoquer voire de la faire comparaître par la force publique.

I Convocation et comparution des personnes devant être auditionnées

2442 Les modalités de convocation des personnes diffèrent quelque peu selon le cadre juridique de l'enquête. Celles liées aux personnes mises en cause sont également évoquées dans les fiches qui leur sont consacrées. Nous y renvoyons donc expressément (V. *infra*, n°s 2610, 2757).

A Comparution dans le cadre des enquêtes de flagrance et préliminaire

1 Convocation sans contrainte

2443 **Approche générale.** Toutes les personnes auditionnées ne sont pas convoquées préalablement pour être entendues, car il arrive qu'elles se présentent d'elles-mêmes dans une brigade de gendarmerie ou un commissariat de police (c'est souvent le cas de la victime ; c'est plus rare pour le suspect). Cette convocation peut être adressée tant à la personne suspecte qu'à la personne non suspecte. C'est fréquemment que la personne suspecte est convoquée dans les locaux de police ou de gendarmerie pour y être placée en garde à vue sous réserve que les dispositions de l'article 62-2 du Code de procédure pénale soient remplies. Si les enquêteurs s'orientent vers une audition libre, ils devront s'assurer que la personne n'a pas été conduite devant l'officier de police judiciaire sous la contrainte de la force publique.

2444 Au plan opérationnel, la convocation permet aux enquêteurs de garder la maîtrise de l'enquête, en décidant à quel moment il est opportun d'entendre telle ou telle personne, mais aussi de limiter les risques inhérents à toute opération d'interpellation.

2445 Lorsque la personne n'est pas mise en cause, la convocation n'obéit à aucun formalisme particulier et peut très bien être verbale ou écrite. Lorsqu'il s'agit du témoin et/ou de la victime, le Code de procédure pénale ne prévoit pas que certaines informations lui soient communiquées au moment de cette convocation comme c'est le cas pour l'audition libre (V. *infra*, n° 2644). Les pratiques judiciaires sont ici très variées et police et gendarmerie ont développé des modèles de convocations propres.

La convocation écrite, lorsqu'elle est remise en mains propres, présente l'avantage d'attester de la réalité de celle-ci, notamment lorsque la personne convoquée ne comparaît pas et qu'il est alors nécessaire de recourir à la contrainte.
Cette convocation peut être faite par un assistant d'enquête (CPP, art. 21-3), (V. *supra*, n° 297).

2 Comparution forcée

2446 Dans le cadre des enquêtes de flagrance et préliminaire, les articles qui régissent la comparution forcée des personnes convoquées ne distinguent pas selon leur statut. Aussi, les articles 62, alinéa 2 (flagrance) et 78, alinéa 1er (préliminaire) s'appliquent tant au témoin qu'à la personne mise en cause. Toutefois quelques dérogations existent pour l'enquête de flagrance.

a) Enquête de flagrance

1) La personne suspecte

2447 L'article 73 du Code de procédure pénale permet aux enquêteurs d'interpeller la personne suspecte en faisant usage de la contrainte. Aucune autorisation du magistrat, ni convocation préalable ne sont nécessaires et seul l'officier de police judiciaire peut décider de recourir à la contrainte (V. *supra*, nos 1674 et s.). Il doit être présent au moment de son exercice mais il peut, comme pour tout acte réalisé au cours de l'enquête de flagrance, être assisté par des agents de police judiciaire ou des agents de police judiciaire adjoints, voire, dans certaines hypothèses, par des unités spécialisées (GIGN, RAID, BRI, antennes GIGN, PSIG, etc.) en fonction de la dangerosité de la personne à interpeller. Nous renvoyons ici aux développements consacrés à l'interpellation et notamment aux conditions de nécessité et de proportionnalité tenant à l'usage de la force publique (V. *supra*, n° 1703).
L'article 70 du Code de procédure pénale permet en outre au procureur de la République de délivrer un mandat de recherches.

2) La personne à l'égard de laquelle il n'existe aucun soupçon

2448 L'article 61 du Code de procédure pénale distingue trois cas.

2449 **La personne présente sur les lieux de l'infraction.** L'officier de police judiciaire peut défendre à cette personne de s'éloigner du lieu de l'infraction jusqu'à la clôture de ses opérations. L'article 61, alinéa 3 prévoit que l'officier de police judiciaire peut contraindre à comparaître par la force publique ces personnes. Aucune autorisation préalable n'est nécessaire, ni aucune condition particulière ne nécessite d'être remplie.

2450 **La personne convoquée.** L'article 61, alinéa 2 du Code de procédure pénale permet à l'officier de police judiciaire d'appeler et d'entendre toutes les personnes susceptibles de fournir des renseignements sur les faits ou sur les objets et documents saisis. Si cette personne ne défère pas à la convocation ou qu'il y a lieu de craindre qu'elle ne réponde pas à une convocation, l'officier de police judiciaire, peut, avec l'autorisation préalable du procureur de la République, la contraindre à comparaître par la force publique.

2451 **La personne pouvant interférer dans l'enquête.** Le procureur de la République peut également autoriser la comparution par la force publique sans convocation préalable « en cas de risque de modification des preuves ou indices matériels, de pressions sur les témoins ou les victimes ainsi que sur leur famille ou leurs proches, ou de concertation entre les coauteurs ou complices de l'infraction ».
La personne visée par ces dispositions peut sans doute être un proche de l'auteur mais, s'il s'agit d'une personne suspecte, les règles relatives à la contrainte résultant du placement en garde à vue trouveront à s'appliquer.

b) Enquête préliminaire

2452 Les modalités de comparution forcée dans le cadre de l'enquête sont régies par l'article 78 du Code de procédure pénale. Cet article est utilisé par les enquêteurs pour procéder à des interpellations dans ce cadre juridique originellement non coercitif.

2453 L'article 78 du Code de procédure pénale reprend les termes de l'article 61, alinéa 3 du même code. Cet article est applicable à toute personne que les enquêteurs souhaitent entendre, qu'elle soit suspecte ou témoin. Les conditions sont donc identiques à celles décrites précédemment (V. *supra*, n° 2443). Cependant, à la différence de l'enquête de flagrance, toute interpellation de suspect, c'est-à-dire tout recours à la force publique pour contraindre un suspect à comparaître, nécessite l'autorisation préalable du procureur de la République. L'article 73 du Code de procédure pénale est inapplicable, par définition, à l'enquête préliminaire.

2454 **Entrée dans un domicile.** Cet article 78 du Code de procédure pénale était utilisé par les enquêteurs pour procéder à l'interpellation de suspect dans le cadre de l'enquête préliminaire tant sur la voie publique que dans les domiciles. Par un arrêt du 22 février 2017, la chambre criminelle a jugé que « l'article 78 du Code de procédure pénale ne permet pas à l'officier de police judiciaire, autorisé par le procureur de la République à contraindre une personne à comparaître par la force publique, de pénétrer de force dans un domicile, une telle atteinte à la vie privée ne pouvant résulter que de dispositions légales spécifiques confiant à un juge le soin d'en apprécier préalablement la nécessité » (Cass. crim., 22 févr. 2017, n° 16-82.412 : *Bull. crim.* n° 50. – Cass. crim., 18 sept. 2019, n° 18-84.885 et Cons. const., 21 mars 2019, n° 2019-778 DC, § 195).

2455 **Carence législative.** Actuellement, aucune disposition du Code de procédure pénale ne permet donc d'entrer dans le domicile d'une personne pour l'interpeller en faisant usage de la force publique dans le cadre de l'enquête préliminaire (le projet de loi relatif à la loi de programmation 2018-2022 et de réforme pour la justice comportait un article 49-III visant à réformer cet article 78 du Code de procédure pénale encadrant l'entrée dans le domicile par des contraintes horaires mais en laissant toujours cette compétence au procureur de la République. Il a été déclaré contraire à la Constitution par la décision n° 2019-778 DC du 21 mars 2019, § 194 et 195). Dès lors, les enquêteurs recourent soit à l'interpellation sur la voie publique par la mise en place de dispositifs opérationnels parfois chronophages, soit recourent de manière combinée aux articles 76 et 78 du Code de procédure pénale, sous réserve de l'autorisation du juge des libertés et de la détention (V. *supra*, n° 2010).

CONSEIL Lorsque le magistrat autorise le recours à la force publique, il semble opportun qu'il délivre à l'officier de police judiciaire auquel il confie cette mission un soit-transmis où figurent les motifs de cette directive. À défaut, il paraît souhaitable que l'officier de police judiciaire acte au procès-verbal « d'interpellation » l'ordre donné par le magistrat.

B La comparution du témoin dans le cadre de l'instruction

2456 Seul le témoin, et la partie civile lorsqu'elle y consent, peuvent être entendus par un officier de police judiciaire. La personne ayant acquis la qualité de témoin assisté, celle à l'égard de laquelle il existe des indices graves et concordants et le mis en examen doivent être entendus par le juge d'instruction (CPP, art. 105).

1 Convocation sans contrainte

2457 **Audition par le juge d'instruction.** L'article 101 du Code de procédure pénale liste les différentes modalités de convocation de « toute personne dont la déposition » paraît utile au juge d'instruction. Le magistrat peut faire citer cette personne par huissier ou agent de la force publique qui lui remettent une convocation écrite en main propre ou le juge peut décider de recourir à la lettre simple, la lettre recommandée ou convoquer la personne « par la voie administrative ». Le Code de procédure pénale précise également que les témoins peuvent comparaître volontairement.

2458 Il arrive que le magistrat recoure aux forces de l'ordre pour faire remettre une convocation aux témoins, pour des raisons tenant à la fois à la difficulté d'en localiser certains mais aussi pour être sûr que la convocation touche bien son destinataire. Cette question est un sujet de crispation récurrent qui pourrait être facilement évité par une concertation et une meilleure connaissance des contraintes des uns et des autres.

2459 **Avertissement donné au témoin.** La citation délivrée à la demande du juge d'instruction ou la convocation qu'il adresse doit préciser que si le témoin ne comparaît pas ou refuse de comparaître, il pourra l'être par la force publique.

2460 **Impossibilité de comparaître.** L'article 112 du Code de procédure pénale dispose que « si un témoin est dans l'impossibilité de comparaître, le juge d'instruction se transporte pour l'entendre, ou délivre à cette fin commission rogatoire dans les formes prévues à l'article 151 ».
L'impossibilité de comparaître doit être distinguée du refus de comparaître et être due à une impossibilité matérielle impérieuse (témoin hospitalisé, dans l'incapacité de se déplacer, etc.). Tout abus de la part du témoin qui objecte une impossibilité de comparaître peut conduire à sa condamnation à une peine d'amende prévue à l'article 434-15-1 du Code pénal.

2461 **Audition par l'officier de police judiciaire.** L'article 153 du Code de procédure pénale prévoit que le témoin peut être entendu sur commission rogatoire. Cet article ne dit rien du formalisme si ce n'est qu'il renvoie au « témoin cité ». Il est cependant possible à l'officier de police judiciaire d'adresser au témoin une simple convocation écrite ou verbale. Il semble opportun de préciser, lors de cette convocation, que le refus de comparaître peut conduire le magistrat à recourir à la force publique.

Audition de témoin

2462 **Refus de comparaître devant le juge ou l'officier de police judiciaire.** Ainsi que ci-dessus précisé, l'article 434-15-1 du Code pénal incrimine le fait de ne pas comparaître, de ne pas prêter serment ou de ne pas déposer, sans excuse ni justification, devant le juge d'instruction ou devant un officier de police judiciaire agissant sur commission rogatoire par une personne qui a été citée par lui pour y être entendue comme témoin. La peine d'amende est de 3 750 €. Cette amende ne peut plus être prononcée directement par le juge d'instruction comme le prévoit – toujours – l'article 113, qui continue de renvoyer de façon obsolète à l'article 109.

2 Comparution forcée

2463 **Audition devant le juge d'instruction.** Lorsque le témoin a été cité – par huissier ou agent de la force publique et pas seulement convoqué – et qu'il ne comparaît pas, il peut y être contraint par la force publique conformément à l'article 109 du Code de procédure pénale. Cet article ainsi que l'article 110 précisent les modalités du recours à la force publique. C'est par la voie de la réquisition que le magistrat mandant donne l'ordre à la force publique de faire comparaître le témoin. Cette contrainte est précédée des réquisitions du procureur de la République. Une fois l'ordre donné, « le témoin est conduit directement et sans délai devant le magistrat qui prescrit la mesure ».
En pratique, il arrive que le magistrat fixe une date et un horaire de comparution que la force publique s'attachera à respecter.

2464 **Audition par l'officier de police judiciaire.** Si le témoin ne s'est pas présenté à sa convocation, l'article 153 du Code de procédure pénale dispose qu'« avis en est donné au magistrat mandant qui peut le contraindre à comparaître par la force publique ». L'officier de police judiciaire doit informer le magistrat de la défaillance du témoin et seul le magistrat peut décider de recourir à la force publique pour le faire comparaître devant l'officier de police judiciaire.

C Cas particuliers

1 Président de la République

2465 La Cour de cassation a jugé que le Président de la République ne pouvait être contraint de comparaître en tant que témoin (Cass. ass. plén., 10 oct. 2001, n° 01-84.922 : *Bull. civ. ass. plén.* n° 11). Cette position est désormais inscrite dans la Constitution à l'article 67, alinéa 2 qui dispose que le président de la République « ne peut, durant son mandat et devant aucune juridiction ou autorité administrative française, être requis de témoigner non plus que faire l'objet d'une action, d'un acte d'information, d'instruction ou de poursuite ». En conséquence, une fois son mandat terminé, l'ancien président de la République peut être entendu en qualité de témoin au sujet de faits étrangers à sa fonction présidentielle. Mais la question de savoir s'il peut être entendu à propos de faits se rattachant à l'exercice de son mandat fait débat.

2 Membres du gouvernement

2466 Les articles 652 et suivants prévoient deux façons de procéder lorsqu'un ministre est entendu comme témoin « simple ». Elles ne sont pas applicables lorsqu'un ministre est entendu comme témoin assisté (CPP, art. 652, al. 3).

2467 **Autorisation du Conseil des ministres.** Le magistrat peut demander, par l'intermédiaire du garde des Sceaux, que le Conseil des ministres autorise le ministre concerné à déposer. Le Conseil des ministres donne son autorisation par décret et, dans ce cas, la déposition est reçue dans les formes ordinaires (CPP, art. 653).

2468 **Absence d'autorisation du Conseil des ministres.** Si l'autorisation de déposer n'est pas donnée par le Conseil des ministres ou si elle n'est même pas demandée, l'audition suit alors des règles particulières. Elle est, dans ce cas, reçue par écrit dans la demeure du témoin par le premier président de la cour d'appel ou, si le témoin demeure en dehors du chef-lieu de la cour, par le président du tribunal judiciaire. Pour que cette audition puisse être reçue par écrit, le magistrat en charge de l'enquête doit adresser au premier président ou au président un exposé des faits et une liste des demandes et questions sur lesquels le témoignage est requis. La déposition ainsi recueillie, après remise ou envoi au greffe, est communiquée au ministère public et aux parties (CPP, art. 654).
L'audition des anciens ministres relève de la procédure de droit commun, que les questions qui leur seront posées aient trait à leurs attributions ministérielles ou non.

3 Agent diplomatique

2469 L'article 656 du Code de procédure pénale prévoit que la déposition d'un « agent d'une puissance étrangère » est reçue en la forme écrite par le premier président ou son délégué, dans les formes prévues par les articles 654, alinéa 2, et 655.

2470 La convention de Vienne sur les relations diplomatiques du 18 avril 1961 prévoit néanmoins que l'agent diplomatique n'est pas obligé de donner son témoignage (Conv. Vienne, 18 avr. 1961, art. 31-2).

CONSEIL Il convient avant toute chose d'interroger le ministère des Affaires étrangères sur le statut de la personne que l'on souhaite entendre.

2471 Le consul, bien qu'il ne soit pas un agent diplomatique, bénéficie également du droit de refuser de déposer puisqu'aucune mesure coercitive ni sanction ne peut être prise à son encontre (Conv. Vienne sur les relations consulaires, 24 avr. 1963, art. 44). Si un consul accepte de témoigner, il ne doit pas être gêné dans l'exercice de ses fonctions. La convention préconise encore que son témoignage soit reçu à sa résidence ou au poste consulaire, ou d'accepter une déclaration écrite de sa part, toutes les fois que cela est possible.

4 Parlementaires

2472 L'article 26 de la Constitution permet qu'un parlementaire soit entendu comme témoin puisque la chambre criminelle juge que « ne constitue pas une arrestation ou une mesure privative ou restrictive de liberté, au sens de l'article 26, alinéa 2, de la Constitution, l'obligation faite à un parlementaire de comparaître en qualité de témoin, en application des articles 109 et 153 du Code de procédure pénale, dès lors que ce dernier n'y est pas contraint par la force publique » (Cass. crim., 19 sept. 2007, n° 06-85.003, publié au bulletin).
Cette audition est toutefois soumise à la volonté du parlementaire dès lors qu'il ne peut subir de comparution forcée, aucune mesure de contrainte ne pouvant être exercée à son égard.

Audition de témoin

II Le formalisme de l'audition

2473 Comme bien d'autres actes d'enquête, l'audition de témoin est adossée à des notifications dont le contenu est fonction du cadre juridique et du statut de la personne auditionnée.

A Les règles communes

2474 Le procès-verbal d'audition répond aux règles générales relatives à l'établissement des procès-verbaux qui sont étudiées dans une fiche spécifique (V. *supra*, n°s 1534 et s.). Toutefois, il doit également contenir certaines mentions propres à l'acte d'audition.

1 L'identité de la personne entendue

2475 Le procès-verbal doit contenir les éléments d'identité du témoin. Si aucun article ne définit précisément les éléments d'identité, l'article 103 du Code de procédure pénale indique que « le juge leur demande leurs nom, prénoms, âge, état, profession, demeure, s'ils sont parents ou alliés des parties et à quel degré ou s'ils sont à leur service ».
Il est communément admis qu'il s'agit :
- du nom et, le cas échéant, du nom d'épouse, des prénoms ;
- des date et lieu de naissance ;
- de l'identité des parents (filiation) ;
- de la ou des adresses ;
- de la profession ;
- des coordonnées téléphoniques et courriel (CPP, art. 801-1) ;
- du sexe.

CONSEIL Il est opportun, lorsque la personne entendue décline son identité, d'indiquer au procès-verbal si cette identité est vérifiée, seulement déclarée ou manifestement fausse.

Il faut ici distinguer le cas des fonctionnaires ou des militaires dont l'identité est protégée de celui du citoyen-témoin dont il est parfois nécessaire de protéger l'identité.

a) La protection de l'identité de l'enquêteur ou de l'agent

1) Protection de l'identité des agents de certains services de police ou unités de gendarmerie

2476 L'article 656-1 du Code de procédure pénale réglemente l'audition d'agents affectés dans certains services de police ou unités de gendarmerie. L'objectif de ce dispositif est de garantir l'anonymat de ces personnes dont l'identité réelle ne doit jamais apparaître.

2477 **Les agents concernés.** Ils sont visés par l'article 656-1 du Code de procédure pénale : les agents d'un service mentionné à l'article L. 811-2 du Code de la sécurité intérieure ou d'un service désigné par le décret en Conseil d'État prévu à l'article L. 811-4 du même code et les personnes mentionnées à l'article 413-14 du Code pénal. Plusieurs actes réglementaires désignent les services et unités dont les agents voient leur identité protégée :
– arrêté du 7 avril 2011, relatif au respect de l'anonymat de certains fonctionnaires de police et militaires de la gendarmerie nationale modifié par l'arrêté du 15 avril 2015 ;
– arrêté du 7 avril 2011, relatif au respect de l'anonymat de militaires et de personnels civils du ministère de la Défense ;
– arrêté du 25 juin 2018 relatif à la préservation de l'anonymat des membres des unités d'intervention spécialisées dans la lutte contre le terrorisme ;
– arrêté du 20 octobre 2016, relatif à la préservation de l'anonymat des membres des unités des forces spéciales.
Les dispositions du texte sont également applicables au témoignage des agents étrangers affectés dans des services de police judiciaire spécialement chargés de la lutte contre le terrorisme sur des faits dont ils auraient eu connaissance à l'occasion de l'exercice de leurs fonctions

2478 **Renseignements sur lesquels l'audition est requise.** Si la protection de l'identité était autrefois liée à la nature de la mission, il semble désormais résulter des textes réglementaires que cette protection découle du seul fait que le service ou l'unité soit visé par le texte. La réalité de la mission de l'agent est, le cas échéant, attestée par son autorité hiérarchique.

2479 **Modalités de l'audition.** L'identité réelle de l'agent ne pouvant jamais apparaître, il semble concevable qu'il soit désigné dans son procès-verbal d'audition sous son identité d'emprunt ou sous X. Les questions ne doivent avoir ni pour objet ni pour effet de révéler, directement ou indirectement, la véritable identité de l'agent. L'autorité hiérarchique, si elle estime que l'audition, même réalisée dans les conditions d'anonymat prévues par le texte, comporte des risques pour l'agent, choisit le lieu où l'audition sera réalisée. L'emploi de l'indicatif dans le texte semble indiquer que le choix appartient à l'autorité hiérarchique et non au juge d'instruction.

2480 **Confrontation.** S'il est nécessaire de confronter une personne poursuivie et un agent visé par le texte, en raison des éléments de preuve à charge résultant des constatations personnelles de l'agent, l'acte doit être réalisé dans les conditions prévues par l'article 706-61 du Code de procédure pénale, soit par l'intermédiaire d'un dispositif technique permettant l'audition du témoin à distance, la voix du témoin étant rendue non identifiable par des procédés techniques appropriés.

2481 **Valeur probante des déclarations de l'agent.** Comme en cas de recours à la procédure du témoin anonyme de l'article 706-57 du Code de procédure pénale, aucune condamnation ne peut être prononcée sur le seul fondement des déclarations de l'agent.

2) Audition des agents de la police nationale ou de la gendarmerie nationale identifiés par un numéro d'immatriculation administrative

2482 L'article 15-4 du Code de procédure pénale prévoit que, dans l'exercice de ses fonctions, tout agent de la police nationale ou de la gendarmerie nationale peut être autorisé à ne pas être identifié par ses nom et prénom dans les actes de procédure qu'il établit ou dans lesquels il intervient concernant un crime ou un délit puni d'au moins trois ans d'emprisonnement ou un délit puni d'une peine moindre à certaines conditions particulières. Pour que l'autorité hiérarchique donne cette autorisation, il faut que la révélation de l'identité de l'agent soit susceptible, compte tenu des conditions d'exercice de sa mission ou de la nature des faits qu'il est habituellement amené à constater, de mettre en danger sa vie ou son intégrité physique ou celles de ses proches. Cette autorisation permet à l'agent d'être identifié par un numéro d'immatriculation administrative, sa qualité et son service ou unité d'affectation. Pour le détail de cette protection de l'identité des agents, nous renvoyons au n°s 1556 et s.

3) Autres protections

2483 L'agent ou l'enquêteur, lorsqu'il doit témoigner sur des faits qu'il a connu en raison de ses fonctions ou de sa mission en ce qu'il est dépositaire de l'autorité publique, peut aussi bénéficier de l'article 706-57 du Code de procédure pénale, c'est-à-dire déclarer comme domicile l'adresse du commissariat ou de la brigade de gendarmerie. Dans ce cas, l'autorisation du procureur de la République n'est pas nécessaire.
Nous renvoyons à la fiche sur l'infiltration pour le cas où l'enquêteur agit dans le cadre d'une telle opération (V. *infra*, n° 4051).

Comme tout citoyen, l'agent ou l'enquêteur peut également être entendu sous le régime du témoin anonyme dès lors que les conditions de mise en œuvre de ce régime sont remplies, lorsqu'il est lui-même témoin d'une infraction en dehors de la réalisation de toute enquête. Cela pourrait notamment être le cas de l'agent qui est témoin d'un usage des armes par un de ses collègues.

b) La protection de l'identité du citoyen-témoin

2484 **Distinction témoignage et renseignement anonyme.** Les articles 706-57 et suivants du Code de procédure pénale encadrent l'audition du témoin anonyme qu'il faut distinguer du simple renseignement anonyme qui ne relève pas du régime prévu par ces articles (V. *supra*, n° 2439). Les procès-verbaux dépourvus de force probante qui se bornent à consigner des déclarations d'une personne fournissant spontanément aux enquêteurs des renseignements destinés à permettre des investigations ultérieures ou à en faciliter l'exécution en cours n'entrent pas dans les prévisions des articles 706-57 et suivants du Code de procédure pénale (Cass. crim., 9 juill. 2003, n° 03-82.119. – Cass. crim., 28 mai 2014, n° 13-83.197. – Cass. crim., 6 oct. 2015, n° 15-82.247). Le recueil de déclarations n'étant pas une audition, au sens de la jurisprudence (V. *supra*, n° 2435), il n'y a pas lieu d'appliquer les règles du témoignage anonyme qui vont être exposées.
Deux catégories d'anonymisation sont prévues.
À titre liminaire, l'article 706-57, alinéa 1er du Code de procédure pénale rappelle que ces procédures ne sont applicables qu'au témoin, c'est-à-dire la personne à l'égard de laquelle il n'existe aucune raison plausible de soupçonner qu'elle a commis ou tenté de commettre une infraction et qui sont susceptibles d'apporter des éléments de preuve à la procédure.

1) Premier niveau de protection : déclaration comme adresse de celle du commissariat ou de la brigade de gendarmerie

2485 **Autorisation du procureur de la République.** L'article 706-57 du Code de procédure pénale ne consacre pas réellement une anonymisation totale de l'identité mais uniquement celle de l'adresse du témoin. Ce dernier peut, sur autorisation du procureur de la République, déclarer en lieu et place de son adresse celle du commissariat ou de la brigade dans lequel il vient témoigner.
Si le témoin a été convoqué en raison de sa profession, l'adresse déclarée peut être son adresse professionnelle, à savoir celle de la société ou de l'entreprise en question.

L'autorisation donnée par le magistrat est mentionnée au procès-verbal d'audition, conformément à l'article R. 53-22 du Code de procédure pénale.

2486 **Information de la personne.** L'article R. 53-24 dispose que la personne qui a déclaré l'adresse du commissariat ou de la brigade ou une adresse professionnelle est « avisée qu'elle doit faire connaître, pendant l'année qui suit son audition, ses changements d'adresse au service de police ou à l'unité de gendarmerie détenant le registre ». De plus, obligation est faite aux services de police ou aux unités de gendarmerie « à la demande des seules autorités judiciaires, de délivrer dans les meilleurs délais aux personnes ayant bénéficié des dispositions de l'article 706-57 les convocations émanant de ces autorités. Ils doivent de même remettre les citations à comparaître dont peuvent faire l'objet ces personnes. S'ils constatent à cette occasion qu'une personne a changé d'adresse, ils inscrivent sa nouvelle adresse dans le registre, en marge de la précédente. Il en est de même s'ils sont directement informés par cette personne de son changement d'adresse ».

2487 Lorsque la personne a changé d'adresse et que la convocation ou la citation à comparaître ne peut lui être remise, le magistrat mandant en est immédiatement informé.

2488 **Tenue d'un registre.** Cette adresse est inscrite sur le registre visé à l'article R. 53-24 ouvert à cet effet et tenu sous format papier ou numérique. L'article R. 53-23 du Code de procédure pénale précise que ce registre « est tenu au siège de chaque service de police nationale ou unité de gendarmerie nationale. Il est paraphé par le chef du service de police ou de l'unité de gendarmerie. Ce registre est présenté, à tout moment, au procureur de la République qui en fait la demande. Chaque inscription sur le registre comporte un numéro d'ordre. Ce numéro est mentionné dans le procès-verbal des déclarations de la personne entendue, ainsi que la dénomination et l'adresse du service ou de l'unité détenant le registre ».

2) Deuxième niveau de protection : l'audition recueillie de manière anonyme

2489 L'audition de témoin anonyme parfois dénommée audition « sous X » est régie par les articles 706-58 et suivants du Code de procédure pénale.
Plusieurs conditions doivent être remplies :
– la personne auditionnée doit être un témoin et non une personne mise en cause dans la procédure dans le cadre de laquelle est apporté

Audition de témoin

son témoignage (Cass. crim., 8 juill. 2015, n° 15-82.383) ;

– il doit s'agir d'une procédure concernant un crime ou un délit puni d'une peine d'au moins trois ans ;

– l'audition doit être susceptible « de mettre gravement en danger la vie ou l'intégrité physique de cette personne, des membres de sa famille ou de ses proches ».

2490 **Compétence du juge des libertés et de la détention.** Lorsque les conditions précédentes sont remplies, il revient au juge des libertés et de la détention, sur requête du procureur de la République ou du juge d'instruction, d'autoriser que le témoin soit entendu sous le sceau de l'anonymat.

Les raisons « pour lesquelles, au regard des éléments figurant dans le dossier de la procédure d'enquête ou d'information », le témoin doit être entendu anonymement, sont exposées dans la requête du magistrat à laquelle peut être joint le rapport des enquêteurs (CPP, art. R. 53-27). Cette requête qui précise l'identité du témoin n'est naturellement pas jointe à la procédure.

La décision du magistrat du siège doit être motivée et est jointe à la procédure. Elle ne fait pas apparaître l'identité du témoin. Ce magistrat peut décider d'entendre lui-même le témoin. Rappelons ici, que si cette audition intervient dans le cadre d'une commission rogatoire, le témoin doit prêter serment (V. *infra*, n° 2519).

2491 **Forme du procès-verbal, dossier et registre.** Par dérogation aux dispositions de droit commun qui régissent la rédaction du procès-verbal d'audition, celui-ci n'est pas signé par le témoin. Aucune identité, ni aucun élément d'identité (filiation, adresse, domicile, numéro de téléphone ou encore adresse mail ou sexe) n'apparaît au procès-verbal. Ces éléments, remplacés par un numéro d'ordre, sont consignés dans un registre ouvert dans chaque tribunal judiciaire (CPP, art. R. 53-28).

Deux procès-verbaux sont rédigés : celui d'audition expurgé de tous éléments d'identification de l'identité du témoin, qui contient le numéro d'ordre (que l'article R. 53-30 nomme « procès-verbal principal ») et celui où apparaissent l'identité du témoin ainsi que son accord pour témoigner de manière anonyme, expliquant le cas échéant les risques qui pèsent sur elle, sa famille ou ses proches (nommé « procès-verbal distinct » par l'article R. 53-30). Ce dernier procès-verbal est signé de la main du témoin.

La requête, le rapport ou le procès-verbal des enquêteurs et le procès-verbal d'audition non anonymisé de la personne constituent un dossier distinct conservé par le procureur de la République. Ils ne peuvent être communiqués que dans les conditions prévues à l'article 706-60 du Code de procédure pénale (V. *supra*, n° 2493). Ces documents sont conservés dans ce dossier distinct même si le juge des libertés et de la détention n'autorise pas le recours à la présente procédure.

2492 **Numéro d'ordre.** Si le juge des libertés et de la détention fait droit à la requête du procureur de la République ou du juge d'instruction, le témoin est entendu sous un numéro d'ordre.

CONSEIL Ce numéro d'ordre, qui est l'élément de traçabilité du témoin anonyme, doit figurer tant dans le dossier ouvert auprès du procureur de la République que dans le registre tenu par le tribunal judiciaire. Cette « double comptabilité » n'est pas une source de simplification bien que le Code de procédure pénale prévoie que le registre puisse être tenu sous format numérique. Il y a lieu d'apporter une vigilance particulière lors du report de ce numéro d'ordre dans les différents documents.

2493 **Refus et recours.** Le juge des libertés et de la détention peut refuser d'accorder l'autorisation de déposer de manière anonyme, soit que les conditions légales ne sont pas remplies, soit que, ainsi que le prévoit l'article 706-60 du Code de procédure pénale, « au regard des circonstances dans lesquelles l'infraction a été commise ou de la personnalité du témoin, la connaissance de l'identité de la personne est indispensable à l'exercice des droits de la défense ».

L'alinéa 2 de l'article 706-60 prévoit, pour la personne mise en examen, un recours spécifique (Cass. crim., 13 déc. 2017, n° 17-82.990. – Cass. crim., 8 juill. 2015, n° 15-82.383) contre la décision du juge des libertés et de la détention présenté devant le président de la chambre de l'instruction. Celui-ci peut soit ordonner l'annulation de l'audition et, dans ce cas, l'identité du témoin est préservée, soit lever l'anonymat du témoin avec l'accord exprès de ce dernier, ce qui permet de conserver l'audition en procédure et les éléments probatoires qu'elle contient. Pour ce faire, le président de la chambre de l'instruction s'appuie sur les pièces figurant au dossier distinct de la procédure (V. *supra*, n° 2491).

2494 **Force probante.** L'article 706-62 du Code de procédure pénale dispose que l'audition recueillie de manière anonyme ne peut servir de seul fondement à une déclaration de culpabilité. Les éléments qu'elle contient doivent

être corroborés (CEDH, 13 nov. 2003, *Rachdad c/ France*).
Si l'anonymat est levé, avec l'accord du témoin, cette audition et les éléments qu'elle contient retrouvent leur force probante pleine et entière. De même, la remise, par un témoin protégé, d'un enregistrement audiovisuel soumis à la discussion contradictoire des parties peut constituer une preuve valable (Cass. crim., 18 mai 2010, n° 09-83.156 : *Bull. crim.* n° 88).

2495 **Sanction.** L'article 706-59 du Code de procédure pénale prévoit que :

> « En aucune circonstance, l'identité ou l'adresse d'un témoin ayant bénéficié des dispositions des articles 706-57 ou 706-58 ne peut être révélée, hors le cas prévu par le dernier alinéa de l'article 706-60. La révélation de l'identité ou de l'adresse d'un témoin ayant bénéficié des dispositions des articles 706-57 ou 706-58 est punie de cinq ans d'emprisonnement et 75 000 euros d'amende ».

2496 **Article 6, § 3d) de la Convention européenne des droits de l'homme.** Afin de préserver le droit pour la personne poursuivie d'être confrontée à celui qui l'accuse, l'article 706-61 du Code de procédure pénale prévoit que le mis en examen, le prévenu ou l'accusé peut demander à être confronté avec un témoin entendu anonymement par l'intermédiaire d'un dispositif technique permettant l'audition du témoin à distance ou que ce témoin soit interrogé par son avocat par ce même moyen. La voix du témoin est alors rendue non identifiable par des procédés techniques appropriés.

2497 **Protection des témoins.** L'article 706-62-2 du Code de procédure pénale prévoit des mesures de protection des témoins et de leurs proches en cas de commission de certaines infractions (CPP, art. 628, 706-40-1, 706-73 et 706-73-1).
Ces mesures de protection peuvent notamment consister en l'attribution d'une identité d'emprunt. C'est la Commission nationale de protection et de réinsertion (CPP, art. 706-63-1) dont les missions sont fixées par le décret du 17 mars 2017 (D. n° 2014-346, 17 mars 2014, relatif à la protection des personnes mentionnées aux articles 706-62-2 et 706-63-1 du Code de procédure pénale) qui propose et administre ces mesures. Elle est placée sous le contrôle de l'autorité judiciaire (Cass. 1re civ., 2 mars 2022, n° 21-25.385).

2 Enregistrement de l'audition du mineur victime

2498 Le Code de procédure pénale prévoit que certaines auditions soient enregistrées dans un souci de protection de personnes qui témoignent. Il ne s'agit pas ici de protéger l'identité du témoin, mais de limiter la souffrance psychologique des victimes en évitant qu'elles aient à renouveler leur témoignage à chaque phase de la procédure.

a) Mineur victime d'une infraction listée à l'article 706-47

2499 L'article 706-52 du Code de procédure pénale impose que l'audition de tout mineur victime de l'une des infractions visées à l'article 706-47 du même code fasse l'objet d'un enregistrement audiovisuel, qui peut cependant être exclusivement sonore sur décision du magistrat dès lors que l'intérêt du mineur l'exige.
Ce même article 706-52 prévoit que, pour la réalisation de cet enregistrement, il est possible de recourir à une personne qualifiée. Dans la pratique, cette audition de mineur est souvent réalisée par des services ou des unités spécialisés ou par des enquêteurs spécialement formés (brigades de protection de la famille et de la brigade de protection des mineurs de Paris au sein de la police nationale et les enquêteurs formés « audition mineur victime » qui sont affectés dans les unités territoriales et les unités de recherches au sein de la gendarmerie). Aussi, le recours à la réquisition judiciaire de l'article 60 du Code de procédure pénale n'apparaît pas justifié (V. *infra*, n° 3423), sauf si les enquêteurs souhaitent que, lors de l'audition, soit présent, par exemple, un professionnel de santé.
L'article 706-52 ne prévoit pas que les enquêteurs sollicitent le consentement du mineur ou de son représentant légal pour procéder à cet enregistrement. En revanche, le mineur peut être assisté de la personne de son choix lors de cette audition (CPP, art. 706-53).

2500 **Impossibilité technique.** La seule raison autorisant le non-enregistrement des auditions de mineur victime d'une des infractions de l'article 706-47 est l'impossibilité technique. Celle-ci doit expressément être mentionnée au procès-verbal lorsqu'elle intervient et faire l'objet d'une information immédiate du magistrat. Ce dernier pourra, le cas échéant, décider que le mineur sera entendu dans un autre lieu ou dans un autre service ou unité disposant du matériel dédié.

> **CONSEIL** Ces auditions de mineur sont désormais réalisées dans des unités et services spécifiquement équipés de salle (au sein de la gendarmerie nationale, il s'agit des salles « Mélanie ») où sont installés des dispositifs permettant l'enregistrement audiovisuel.

Audition de témoin

De même, et grâce aux financements octroyés par certaines associations, des salles ont été équipées au sein de certaines unités médico-judiciaires (UMJ) pour recevoir les mineurs. Il y a lieu de privilégier le recours à ces installations, le magistrat pouvant d'ailleurs imposer d'y recourir.

2501 **Mineur victime d'une autre infraction.** Selon le guide de la DACG, « lorsqu'un mineur est victime d'une infraction non prévue à l'article 706-47, l'enregistrement audiovisuel n'est pas obligatoire mais, aucun texte ne l'interdisant, il est souhaitable de recourir à cet enregistrement, notamment en cas de faits graves ou de mineurs très jeunes. Cet enregistrement audiovisuel peut également être opportun lorsque le mineur est témoin de faits graves » (Guide relatif à la prise en charge des mineurs victimes). L'article 706-52, dans sa version postérieure à la publication du guide de la DACG, prévoit expressément la possibilité d'enregistrement pour les infractions de harcèlement et de harcèlement scolaire.

2502 **Mineur témoin.** Si le mineur est témoin sans être victime, cet enregistrement ne s'impose pas. Cependant, il est parfois délicat de faire le départ entre un témoin *stricto sensu* et une victime, notamment lorsque le mineur est témoin de violences conjugales ou intrafamiliales. Rien n'interdisant un tel enregistrement, il peut être utile de le réaliser avec l'accord du mineur et de son représentant légal.

b) Procès-verbal et enregistrement

2503 Deux procès-verbaux sont rédigés. Un sur-le-champ, relatant les modalités de l'audition filmée, et un autre de retranscription de l'audition, qui est rédigé ultérieurement (V. *supra*, n° 2546).

CONSEIL Le PV relatant les modalités et le contexte de l'audition peuvent être très importants lorsqu'il s'agit d'un tout petit qui s'exprime plus souvent par des gestes que des paroles. L'enquêteur spécialisé peut décider de décrire les gestes de l'enfant – sur une poupée – ou le dessin réalisé par celui-ci dans ce PV ou dans le PV de retranscription.

2504 En effet, malgré l'enregistrement de l'audition du mineur, les enquêteurs doivent établir une retranscription de celle-ci. Les enquêteurs ne sont toutefois pas contraints d'établir un procès-verbal reprenant la totalité des déclarations du mineur. Les travaux parlementaires indiquent que la transcription peut être limitée aux passages importants de l'audition, en horodatant ces passages, les autres parties de l'audition pouvant faire l'objet d'un résumé. Pareillement la DACG indique que :

> « en aucun cas la loi n'exige que les propos du mineur soient intégralement reproduits dans le procès-verbal. Outre les contraintes matérielles qu'elle ne manquerait pas de créer, une telle exigence aurait en effet d'autant moins d'utilité que l'enregistrement pourra être consulté ».

S'il est possible de recourir désormais à des logiciels de retranscription de la parole, il est tout aussi possible de consulter l'enregistrement plutôt que sa version écrite dont sont, par définition, exclues la communication non verbale et les attitudes du mineur, souvent révélatrices.

2505 **Sort des enregistrements.** L'enregistrement original est placé sous scellés fermés tandis qu'est établie une copie, aux fins d'en faciliter la consultation ultérieure au cours de la procédure, qui est simplement versée au dossier (CPP, art. 706-52, al. 4). L'original et sa copie sont détruits dans le mois de l'expiration d'un délai de cinq ans à compter de l'extinction de l'action publique. L'attention des praticiens est cependant attirée sur le fait que la circulaire DACG relative à la réforme de la révision rappelle la nécessité d'avoir égard aux dispositions de l'article 41-6 du Code de procédure pénale.
Le Code de procédure pénale prévoit que « le fait, pour toute personne, de diffuser un enregistrement ou une copie réalisée en application du présent article est puni d'un an d'emprisonnement et de 15 000 euros d'amende » (CPP, art. 706-52, al. 8).

3 Le recours à la visioconférence

a) Le champ d'application : audition et confrontation

2506 Selon l'article 706-71, alinéa 1er du Code de procédure pénale, le recours à la visioconférence est possible « aux fins d'une bonne administration de la justice », « si le magistrat en charge de la procédure ou le président de la juridiction saisie l'estime justifié ». L'alinéa 2 ajoute que :

> « Lorsque les nécessités de l'enquête ou de l'instruction le justifient, l'audition ou l'interrogatoire d'une personne ainsi que la confrontation entre plusieurs personnes peuvent être effectués en plusieurs points du territoire de la République ou entre le territoire de la République et celui d'un État membre de l'Union européenne dans le cadre de l'exécution

d'une décision d'enquête européenne et se trouvant reliés par des moyens de télécommunications garantissant la confidentialité de la transmission ».

2507 Ainsi peuvent être réalisées par visioconférence :
– l'audition de témoin, quel que soit le cadre d'enquête ; si le témoin est un mineur, il y a alors lieu de procéder également à un enregistrement (V. *supra*, n° 2498) ;
– la confrontation entre deux témoins et/ou victimes ;
– la confrontation entre une personne gardée à vue et un témoin/une victime ; dans ce cas, c'est le témoin ou la victime qui est « à distance ».

2508 **Choix de recourir à la visioconférence.** Le moyen de télécommunication employé peut être sonore ou audiovisuel (CPP, art. R. 53-33), sauf pour la présentation aux fins de prolongation de la garde à vue ou de la retenue judiciaire où doit être utilisé un moyen de télécommunication audiovisuelle. Le recours à un moyen de télécommunication relève, pour les auditions et les confrontations, soit du procureur de la République dans le cadre d'une enquête, soit du juge d'instruction après avis du procureur de la République dans le cas d'une information, mais rien n'interdit aux enquêteurs de proposer de recourir à ces moyens de télécommunications (CPP, art. R. 53-34 et R. 53-35). En effet, le magistrat peut souhaiter que les enquêteurs entendent le témoin en « présentiel » et leur demande alors de se déplacer, voire sollicite d'autres enquêteurs en recourant à l'article 41, alinéa 3 du Code de procédure pénale (V. *supra*, n° 126).

CONSEIL Cette décision pouvant être verbale ou écrite, il est recommandé de la mentionner au procès-verbal.

2509 **Avis à la personne entendue.** En ce qui concerne les auditions de témoins, aucune disposition légale n'impose de recueillir l'assentiment préalable de la personne entendue, pas plus que celui de son avocat si elle est assistée comme le lui permet l'article 10-2, 8°. Elle est informée de l'emploi de la visioconférence lors de son arrivée dans les locaux, sans qu'elle puisse s'y opposer.

2510 **Audition « hors ressort ».** L'article R. 53-36 du Code de procédure pénale indique que « lorsque l'un des points du territoire où sont effectués l'audition, l'interrogatoire ou la confrontation se trouve hors du ressort de la juridiction, le procureur de la République dans le ressort duquel ce point est situé en est préalablement informé ». On pourrait discuter du fait de savoir si l'audition doit être considérée comme se déroulant « hors ressort » lorsque la personne entendue se trouve éloignée de l'enquêteur dès lors que celui-ci agit bien dans sa zone de compétence, mais cette discussion présente en définitive peu d'intérêt, l'absence d'information du procureur ne semblant pas devoir être sanctionnée par une nullité (V. *supra*, n°s 138 et 146).

b) Rédaction du procès-verbal

2511 Deux types de procès-verbaux sont rédigés par les enquêteurs :
– le procès-verbal d'audition ou de confrontation : l'article 706-71 a été modifié par la loi du 24 janvier 2023 et, désormais, il n'est plus besoin de dresser procès-verbal dans chaque lieu où est utilisée la visioconférence. Un procès-verbal unique suffit. Celui-ci est dressé, soit sur le lieu où est entendue la personne, soit sur celui où se trouve l'enquêteur ou le magistrat. Dans ce dernier cas, il est transmis pour être signé par l'intéressé ou établi dans les conditions fixées par l'article 706-58 du Code de procédure pénale relatif à la protection des témoins (V. *supra*, n°s 2489 et s.) ;
– le procès-verbal d'opérations techniques : un procès-verbal unique devra être établi. Les articles D. 47-12-1 à D. 47-12-6 n'ont pas encore été modifiés. Le procès-verbal devrait pouvoir, à la discrétion des enquêteurs, être établi soit dans le lieu où se trouve la personne entendue soit dans celui où se trouve l'enquêteur ou le magistrat. Il devra en tout état de cause, mentionner les éléments relatifs notamment au matériel utilisé et aux éventuels incidents intervenus lors de la connexion.

2512 **Enquêteur rédacteur du procès-verbal d'audition.** Si l'article R. 53-37 du Code de procédure pénale n'indique pas expressément qu'il revient à l'officier de police judiciaire ou à l'agent de police judiciaire qui dirige l'audition de rédiger le procès-verbal d'audition, une telle pratique semble recommandée, car il n'est pas certain que l'enquêteur qui est en présence de la personne entendue soit territorialement compétent ou qu'il soit délégataire de la commission rogatoire.

2513 L'article 152 du Code de procédure pénale permet au seul officier de police judiciaire de procéder à une audition sur commission rogatoire. Il semble devoir s'en déduire que la personne entendue doit se trouver en présence d'un officier de police judiciaire qui dressera le procès-verbal technique. Il devrait néanmoins pouvoir faire assurer la surveillance technique par un agent de police judiciaire dont le rôle consiste à l'assister.

2514 **La signature des procès-verbaux.** Cette opération peut s'avérer techniquement complexe, car l'enquêteur qui pose les questions et qui acte le contenu de l'audition est celui qui n'est pas en présence de la personne entendue. L'article D. 47-12-3 du Code de procédure pénale organise une procédure de « contreseing simultané » lorsqu'il est recouru à la visioconférence par une juridiction de jugement ou d'instruction. Elle nous semble applicable à l'enquête judiciaire. Grâce aux messageries interpersonnelles professionnelles, il est possible, pour l'enquêteur qui dirige l'audition, d'envoyer le procès-verbal à la personne entendue qui l'émarge en retour. L'enquêteur signe ensuite le procès-verbal lorsqu'il lui parvient dans sa version originale ou sur le document « scanné » en cas d'urgence. La signature électronique ou numérique devrait simplifier ses complications techniques qui nuisent au recours à la visioconférence voulue pourtant comme une solution de simplification.

B Les règles particulières de l'audition

2515 Quelques règles particulières à certaines auditions doivent être précisées.

1 Les auditions au cours de l'instruction

a) Auditions nécessairement réalisées par le juge d'instruction

2516 **Personne mise en examen.** Le présent ouvrage ne concernant que la procédure d'enquête, on rappellera simplement ici que l'interrogatoire de la personne mise en examen relève de la compétence exclusive du magistrat instructeur et qu'il ne peut être délégué à un officier de police judiciaire par voie de commission rogatoire (CPP, art. 152, al. 1er).

b) Auditions pouvant être réalisées soit par le juge d'instruction soit par l'officier de police judiciaire

2517 **Témoin assisté et partie civile.** Rappelons que toute personne nommément visée par un réquisitoire introductif ou supplétif ne peut être entendue que comme témoin assisté (CPP, art. 113-1) et qu'une personne visée par une plainte avec constitution de partie civile et qui n'a pas acquis le statut de témoin assisté ne peut être entendue par un officier de police judiciaire qu'à la condition d'être informée par l'officier de police judiciaire de ce qu'elle est visée, puis qu'elle ait consenti à être entendue par l'officier de police judiciaire après avoir été avisée de son droit d'être entendue comme témoin assisté par le juge d'instruction (Cass. crim., 6 août 2008, n° 08-82.924, publié au bulletin. – Comp. Cass. crim., 23 mars 2004, n° 03-87.854, publié au bulletin).

Une fois que la personne concernée a acquis la qualité de témoin assisté, elle peut, comme la partie civile, être entendue par le juge d'instruction, ou, à sa demande, par l'officier de police judiciaire (CPP, art. 152). Cette demande peut résulter notamment d'une volonté du témoin assisté ou de la partie civile d'être entendu dans de très brefs délais souvent incompatibles avec l'emploi du temps du magistrat instructeur.

C'est à ce dernier que revient la décision d'entendre personnellement ces personnes ou de déléguer leur audition à un officier de police judiciaire.

> CONSEIL L'officier de police judiciaire doit s'assurer du statut de la personne qu'il entend et solliciter le magistrat en cas de doute sur ce dernier.

c) Modalités de l'audition de témoin par l'enquêteur

2518 Deux éléments sont spécifiques à l'audition de témoin au cours de l'instruction : la prestation de serment et la sanction de la carence du témoin. Nous rappelons que cet acte d'enquête est réalisé par un officier de police judiciaire puisqu'il intervient au cours d'une instruction.

1) La prestation de serment

2519 La formule sacramentelle est prévue par l'article 103 du Code de procédure pénale qui indique que « les témoins prêtent serment de dire toute la vérité, rien que la vérité ». Elle s'applique à tout témoin, déposant devant l'officier de police judiciaire, comme elle concerne celui témoignant devant le juge d'instruction. Le témoin assisté et la partie civile ne prêtent pas serment, pas plus que le mis en examen (CPP, art. 153 et 154). La victime qui ne s'est pas constituée partie civile est entendue sous le statut de témoin.

L'officier de police judiciaire fait prêter serment à la personne avant toute audition, mais après le recueil des éléments d'identité. Il lui demande également de préciser ses liens éventuels avec les protagonistes connus de l'enquête en cours. Cette prestation de serment ou le refus de prêter serment fait l'objet d'une mention au procès-verbal (CPP, art. 103).

2520 **Exclusion.** Les enfants de moins de seize ans sont entendus sans prestation de serment (CPP, art. 108). C'est la seule exclusion de prestation de serment existant dans le cadre de l'instruction, à la différence de ce qui est prévu devant la cour d'assises (CPP, art. 335) ou devant le tribunal correctionnel (CPP, art. 448).

2) Sanction de la carence du témoin

2521 L'article 109 du Code de procédure pénale dispose que « toute personne citée pour être entendue comme témoin est tenue de comparaître, de prêter serment et de déposer ». Outre la comparution qui peut être réalisée sous contrainte par la force publique (V. *supra*, n° 2463), l'obligation de prêter serment et de déposer est sanctionnée par l'amende prévue à l'article 434-15-1 du Code pénal.

2522 **Secrets professionnels.** Les obligations du témoin sont modérées lorsqu'il s'agit d'une personne dépositaire d'un secret professionnel tel qu'il résulte des articles 226-13 et 226-14 du Code pénal.
L'article 109 du Code de procédure pénale réserve un sort particulier aux journalistes, qui, s'ils sont tenus aux mêmes obligations que les autres témoins, sont cependant autorisés à ne pas révéler leurs sources. Cette modération est uniquement applicable aux informations qu'ils ont recueillies dans le cadre de l'exercice de leur activité de journaliste.
De manière similaire, la chambre criminelle reconnaît aux enquêteurs le droit de ne pas révéler le nom de leur « indicateur » ou informateur (Cass. crim., 6 juill. 1894 : *DP* 1899, 1, p. 171. – Cass. crim., 30 août 1906 : *DP* 1907, 1, p. 419 et Cass. crim., 4 avr. 1924 : *DP* 1925, 1, p. 10). Aujourd'hui, les enquêteurs rédigent un procès-verbal de renseignement dont le régime est encadré par la chambre criminelle (V. *supra*, n° 2439), notamment quant à sa force probante et l'impossibilité d'ouvrir une enquête de flagrance si ce renseignement est de nature anonyme (V. *supra*, n° 839).

2523 S'agissant des différents secrets opposables aux enquêteurs, quel que soit le cadre juridique de l'audition, nous renvoyons à la fiche consacrée aux acteurs de l'enquête et au secret (V. *supra*, n°s 1431 et s.).

2 Les auditions de victime

a) Obligation de recevoir la plainte

2524 **Article 15-3 du Code de procédure pénale.** L'article 15-3 du Code de procédure pénale impose aux officiers et agents de police judiciaire de recevoir les plaintes déposées par les victimes d'infractions pénales, et ce quand bien même ils ne seraient pas territorialement compétents. La victime d'une infraction peut donc déposer sa plainte dans tout commissariat ou toute brigade quel que soit le lieu de commission des faits. Cet article constitue une exception à la compétence territoriale des enquêteurs (V. *supra*, n° 125).
Tout dépôt de plainte fait l'objet d'un procès-verbal, dont une copie peut être délivrée à la victime à sa demande.
Cette obligation de recevoir les plaintes des victimes, y compris lorsque les enquêteurs ne sont pas territorialement compétents, figure également à l'article R. 434-1 du Code de la sécurité intérieure.
Outre ce guichet unique, l'article 15-3-1-1 du Code de procédure pénale dispose que la victime « peut déposer plainte et voir recueillir sa déposition par les services ou unités de police judiciaire par un moyen de télécommunication audiovisuelle garantissant la confidentialité de la transmission ».
Un décret en Conseil d'État doit encore préciser les modalités de ce dépôt de plainte par un moyen de télécommunication. Toutefois les travaux parlementaires indiquent qu'il s'agit de décliner l'idée de la « téléconsultation » à l'audition de victime.
L'article 15-3-1-1 précise que :
– La plainte par un moyen de télécommunication audiovisuelle ne peut être imposée à la victime ;
– Si la nature ou la gravité des faits le justifie, le dépôt d'une plainte par la victime selon les modalités prévues au présent article ne dispense pas les enquêteurs de procéder à une nouvelle audition sans recourir à un moyen de télécommunication.

b) Notifications et informations données à la victime

2525 **Article 15-3 du Code de procédure pénale.** Cet article impose également de remettre à la victime un récépissé qui mentionne « les délais de prescription de l'action publique définis aux articles 7 à 9 ainsi que la possibilité d'interrompre le délai de prescription par le dépôt d'une plainte avec constitution de partie civile, en application de l'article 85 ».

2526 **Les droits des victimes.** L'article 10-2 du Code de procédure pénale liste les droits qui doivent être notifiés aux victimes au moment où elles déposent plainte. Il s'agit des droits :

« 1° D'obtenir la réparation de leur préjudice, par l'indemnisation de celui-ci ou par tout autre moyen adapté, y compris, s'il y a lieu, une mesure de justice restaurative ;
2° De se constituer partie civile soit dans le cadre d'une mise en mouvement de l'action publique par le parquet, soit par la voie d'une citation directe de l'auteur des faits devant la juridiction compétente ou d'une plainte portée devant le juge d'instruction ;
3° D'être, si elles souhaitent se constituer partie civile, assistées d'un avocat qu'elles peuvent choisir ou qui, à leur demande, est désigné par le bâtonnier de l'ordre des avocats près la juridiction compétente, les frais étant à la charge des victimes sauf si elles remplissent les conditions d'accès à l'aide juridictionnelle ou si elles bénéficient d'une assurance de protection juridique ;
4° D'être aidées par un service relevant d'une ou de plusieurs collectivités publiques ou par une association d'aide aux victimes agréée dans des conditions définies par décret ;
5° De saisir, le cas échéant, la commission d'indemnisation des victimes d'infraction, lorsqu'il s'agit d'une infraction mentionnée aux articles 706-3 ou 706-14 du présent code ;
6° D'être informées sur les mesures de protection dont elles peuvent bénéficier, notamment les ordonnances de protection prévues au titre XIV du livre Ier du code civil. Les victimes sont également informées des peines encourues par les auteurs des violences et des conditions d'exécution des éventuelles condamnations qui pourraient être prononcées ;
7° De bénéficier, pour les victimes qui ne comprennent pas la langue française, d'un interprète et d'une traduction des informations indispensables à l'exercice de leurs droits ;
8° D'être accompagnées chacune, à leur demande, à tous les stades de la procédure, par leur représentant légal et par la personne majeure de leur choix, y compris par un avocat, sauf décision contraire motivée prise par l'autorité judiciaire compétente ;
9° De déclarer comme domicile l'adresse d'un tiers, sous réserve de l'accord exprès de celui-ci. Toutefois, lorsque la victime est une personne dépositaire de l'autorité publique ou chargée d'une mission de service public et que l'infraction a été commise en raison de ses fonctions ou de sa mission, elle est informée qu'elle peut déclarer, sans cet accord, son adresse professionnelle.
10° De se voir remettre le certificat d'examen médical constatant leur état de santé, s'il s'agit de victimes de violences pour lesquelles un examen médical a été requis par un officier de police judiciaire ou un magistrat ».

Cet article précise également que ces droits peuvent être notifiés par les officiers et les agents de police judiciaire ou, sous leur contrôle, les assistants d'enquête (CPP, art. 21-3).

2527 Les articles 10-3 et suivants précisent certains droits :
– la victime a droit à l'assistance d'un interprète si elle ne comprend pas la langue française (CPP, art. 10-3) ;
– elle peut être accompagnée, à tous les stades de l'enquête, par son représentant légal et par la personne majeure de son choix, y compris par son avocat, sauf décision contraire motivée de l'autorité judiciaire (CPP, art. 10-4) ; dans l'hypothèse où la victime est accompagnée d'un avocat, ce dernier est autorisé à l'issue de l'audition à poser des questions et formuler d'éventuelles observations écrites qui sont jointes à la procédure ;
– le certificat médical établi en cas de violences lui est remis à sa demande, au moment de son établissement ou ultérieurement (CPP, art. 10-5-1 et D. 1-12).
En pratique, l'ensemble de ces droits figure dans le récépissé de dépôt de plainte qui compile l'ensemble des droits devant être notifiés à la victime (V. *infra*, Annexe 1, Récépissé de dépôt de plainte).

2528 Violences conjugales. L'article 15-3-2 du Code de procédure pénale dispose que :

« en cas de plainte déposée pour une infraction punie d'au moins trois ans d'emprisonnement commise par le conjoint de la victime, son concubin ou le partenaire lié à elle par un pacte civil de solidarité, y compris lorsqu'ils ne cohabitent pas, ou commise par l'ancien conjoint ou concubin de la victime ou par le partenaire ayant été lié à elle par un pacte civil de solidarité, l'officier ou l'agent de police judiciaire qui reçoit la plainte informe la victime, oralement et par la remise d'un document, qu'elle peut demander ou consentir à bénéficier du dispositif électronique mobile anti-rapprochement (...) ».

FOCUS « La plainte en ligne »
Les articles D. 15-3-1 et D. 8-2-1 et s. du Code de procédure pénale prévoient que les victimes peuvent déposer des plaintes par voie électronique par le biais du « traitement harmonisé des enquêtes et des signalements pour les e-escroqueries » (THESEE) mis en œuvre par la direction générale de la police nationale, sur le site « www.service-public.fr ».
Toutefois, la plainte en ligne n'est possible que pour les faits suivants :
– escroquerie y compris si elle est connexe à l'infraction d'accès frauduleux à un système de traitement automatisé de données ;

– chantage ;
– extorsion connexe à l'infraction d'entrave au fonctionnement d'un système de traitement automatisé de données ou à l'infraction d'accès frauduleux à un système de traitement automatisé de données.
Si la victime dépose plainte en ligne, elle reçoit la notification des mêmes droits que si elle déposait plainte dans une brigade de gendarmerie ou un commissariat de police. Elle reçoit également par voie électronique son récépissé de dépôt de plainte et la copie de procès-verbal d'audition qu'elle aura signé numériquement conformément à l'article 801-1 du Code de procédure pénale.
L'article D. 8-2-10 dispose que « Le tribunal compétent pour connaître des infractions mentionnées à l'article 15-3-1 est le tribunal judiciaire de Paris ». Cette juridiction pourra, le cas échéant, délivrer des soit-transmis aux services ou unités compétents pour diligenter d'éventuelles investigations au regard des éléments contenus dans la plainte de la victime.
Enfin, la victime est libre de choisir de déposer plainte pour ce type d'infractions soit en ligne, soit directement dans la brigade ou le commissariat de son choix conformément à l'article 15-3.

III Le déroulement de l'audition

2529 **Compétences.** Les règles de compétence personnelle, matérielle et territoriale sont évoquées dans les fiches consacrées aux acteurs de la police judiciaire (V. *supra*, n°s 18 et s.). Très succinctement, on rappellera de nouveau la compétence exclusive de l'officier de police judiciaire lorsqu'il s'agit de recueillir une audition dans le cadre d'une commission rogatoire qui saisit le service ou l'unité où il est affecté. En enquête préliminaire ou de flagrance, l'audition de témoin peut être réalisée tant par l'officier de police judiciaire que par l'agent de police judiciaire agissant sous le contrôle de ce dernier.

A Les personnes présentes

1 Les personnes requises

2530 À titre principal, sur le fondement des articles 60, 77-1 et 153 du Code de procédure pénale, certaines personnes peuvent assister à l'audition en raison d'une compétence particulière. Il s'agit naturellement de l'interprète, lorsque la personne ne parle pas français ou qu'elle est sourde et/ou muette. Pour l'instruction, l'assistance de l'interprète est prévue à l'article 102 du Code de procédure pénale

2531 **Assistance à l'audition.** Indépendamment de tout examen médical, il est possible de recourir à des personnes qualifiées pour assister l'enquêteur dans le recueil des déclarations du témoin sans que cette personne requise puisse pour autant auditionner le témoin en lieu et place de l'enquêteur. Le recours à l'hypnose par une personne requise à cet effet est proscrit s'agissant de l'audition d'une personne suspecte (Cass. crim., 28 nov. 2001, n° 01-86.467 : *Bull. crim.* n° 248), ainsi que pour le témoin, quand bien même il a donné son consentement (Cass. crim., 12 déc. 2000, n° 00-83.852 : *Bull. crim.* n° 369).
L'article 706-53 du Code de procédure pénale prévoit la présence d'un psychologue ou d'un médecin spécialiste de l'enfance.

CONSEIL Au sein du pôle judiciaire de la gendarmerie nationale existe une unité spécialisée dénommée « département des sciences du comportement » qui peut assister les enquêteurs, notamment lors d'auditions complexes, tant de témoins que de mis en cause. Ces militaires sont habilités officiers de police judiciaire et peuvent donc assister l'enquêteur lors de ces auditions sans que la réquisition soit nécessaire (V. *infra*, n° 3423).

2 Les accompagnants

2532 **Mineur victime.** L'article 706-53 du Code de procédure pénale prévoit que le mineur victime d'un crime ou d'un délit peut être accompagné par son représentant légal et, le cas échéant, par la personne majeure de son choix, sauf s'il a été fait application de l'article 706-50 [désignation d'un administrateur *ad hoc*] ou sauf décision contraire motivée prise par l'autorité judiciaire compétente. Il peut être accompagné, dans les mêmes conditions, par un représentant d'une association conventionnée d'aide aux victimes.

2533 **Mineur témoin.** La situation du mineur simplement témoin n'est pas spécifiquement régie par le Code de procédure pénale. Le mineur témoin, qui n'est pas victime, semble pouvoir également être accompagné par son représentant légal, ne serait-ce qu'en raison des obligations légales qui pèsent sur ce dernier, ou la personne de son choix. Le magistrat, sur demande éventuelle de l'enquêteur, peut s'y opposer dans l'intérêt de l'enfant mais aussi dans celui de l'enquête, notamment lorsque des soupçons peuvent peser sur cet accompagnant.

2534 **L'avocat.** Le Code de procédure pénale ne prévoit pas que le témoin soit accompagné d'un avocat lors de son audition. En revanche, une telle assistance est prévue lorsqu'il s'agit d'une confrontation à laquelle participe la victime (V. *infra*, n°s 2630 et 2974) ainsi qu'au cours d'une simple audition de victime conformément à l'article 10-2, 8° du Code de procédure pénale qui semble être de portée générale (question à l'Assemblée nationale n° 16044 de Mme Thill, 5 févr. 2019 et Rapport de la Commission des lois de l'Assemblée nationale, n°s 4146 et 4147, 7 mai 2021).

CONSEIL Si un témoin se présente avec son avocat, rien n'interdit à l'officier de police judiciaire d'autoriser la présence de celui-ci, comme de la refuser. Toute difficulté doit faire l'objet d'une information du magistrat en charge de l'enquête.

La présence de ces personnes, ainsi que des enquêteurs présents en plus de celui qui procède à l'audition, doit être actée au procès-verbal.

2535 Nous renvoyons à nouveau à la fiche consacrée aux acteurs de l'enquête et au secret (V. *supra*, n°s 1431 et s.) s'agissant des personnes qui ne sont pas autorisées à assister à des actes d'enquête afin de respecter le secret de l'enquête et de l'instruction.

B Durée

2536 **Audition sans contrainte.** Le Code de procédure pénale ne fixe pas de durée pour l'audition de témoin dès lors qu'elle n'est pas réalisée sous la contrainte. L'audition peut donc durer aussi longtemps que nécessaire.

CONSEIL Si l'audition s'avère particulièrement longue, il y a lieu de procéder à des interruptions permettant au témoin de s'alimenter et de se reposer afin d'éviter tout débat sur les conditions de recueil des éléments testimoniaux.

2537 **Retenue du témoin.** L'article 62, alinéa 2 du Code de procédure pénale dispose que « si les nécessités de l'enquête le justifient, ces personnes peuvent être retenues sous contrainte le temps strictement nécessaire à leur audition, sans que cette durée puisse excéder quatre heures ». Cette durée de quatre heures doit notamment être respectée lorsque le témoin a fait l'objet d'une comparution forcée sur le fondement des articles 61 ou 78 du Code de procédure pénale.

CONSEIL Si cette contrainte ne semble pas avoir un régime juridique différent de celle qui peut être exercée dans le cadre d'une garde à vue, il semble préférable de l'exercer dans le respect du principe de proportionnalité.

Cette retenue est également prévue dans le cadre de l'instruction (CPP, art. 153) sans que le Code de procédure pénale ne fixe de durée maximale autre que celle « strictement nécessaire à son audition ».

2538 **Témoin devenant suspect.** Le Code de procédure pénale prévoit les hypothèses où le témoin, au cours de son audition, devient suspect :
– si le témoin est entendu sans qu'il soit fait usage du pouvoir de retenue prévu à l'article 62, alinéa 2 et que des raisons plausibles de soupçonner qu'il a commis ou tenté de commettre une infraction apparaissent, les droits prévus à l'article 61-1 doivent lui être notifiés ;
– si le témoin est entendu en étant retenu et que des raisons plausibles de soupçonner qu'il a commis ou tenté de commettre un crime ou un délit puni d'une peine d'emprisonnement et que les conditions de l'article 62-2 sont réunies, il doit être placé en garde à vue. Si ces conditions ne sont pas réunies, il doit être laissé libre de partir et faire l'objet d'une convocation ultérieure. Le temps d'audition en tant que témoin est décompté de celui de la garde à vue seulement si celle-ci succède immédiatement à cette audition (V. *infra*, n° 2822 et CPP, art. 63, III).

CONSEIL Dans toutes ces hypothèses, il y a lieu de clôturer l'audition de témoin et de débuter une nouvelle audition sous le régime de l'audition libre ou de la garde à vue.

C Le contenu

1 Rédaction du procès-verbal d'audition

2539 Les mentions de droit commun figurant au procès-verbal sont étudiées dans la fiche consacrée à la rédaction des procès-verbaux (V. *supra*, n°s 1534 et s.).

2540 Comme pour toute audition (audition libre et grade à vue), l'enquêteur recueille l'identité complète de la personne.

a) Questions-réponses

2541 L'article 429 du Code de procédure pénale dispose que « tout procès-verbal d'interrogatoire ou d'audition doit comporter les questions auxquelles il est répondu ». Les questions posées par l'enquêteur doivent apparaître afin que la juridiction apprécie la force probante à donner à ces déclarations. On rappellera toutefois que la chambre criminelle juge que cette obligation n'est pas prévue à peine de nullité (Cass. crim., 21 sept. 2005, n° 04-85.149 : *JurisData* n° 2005-030487 ; *AJ pénal* 2006, p. 127, obs. Roussel ; *RSC* 2006, p. 410, note Buisson. – Cass. crim., 27 mai 2008, n° 07-84.300 : *JurisData* n° 2008-044295 ; *Bull. crim.* n° 132 ; *RSC* 2009, p. 891, obs. Buisson ; *AJ pénal* 2008, p. 428).

2542 Bien que le Code de procédure pénale prévoie un jeu de questions-réponses, rien n'interdit à l'enquêteur de recueillir dans un premier temps les déclarations « brutes » du témoin et d'acter des éléments de son comportement comme les pleurs, la colère ou le silence.
De même, le Code de procédure pénale n'impose pas de retranscrire mot à mot les déclarations de la personne mais d'en faire une transcription fidèle et sincère (V. *supra*, n° 2498).
Au cours d'une instruction, le témoin doit prêter serment de dire « toute la vérité, rien que la vérité ». Le témoin peut, à certaines conditions, être condamné pour faux témoignage (CPP, art. 434-13). Aucune règle identique n'existe pour les témoignages délivrés au cours d'une enquête préliminaire ou de flagrance, ce qui ne dispense pas pour autant les témoins de devoir dire la vérité.

2543 **Approbation des ratures et renvoi.** L'article 107 du Code de procédure prévoit, pour l'instruction, que les procès-verbaux ne peuvent comporter aucun interligne et que les ratures et renvois doivent être approuvés. Ces dispositions sont un peu d'un autre temps puisqu'aujourd'hui les auditions sont réalisées à l'aide de logiciels de rédaction des procédures. Toutefois, si de telles ratures devaient exister notamment lorsque les enquêteurs recourent au carnet de déclarations (V. *supra*, n° 1547), il y a lieu de les parapher pour indiquer qu'elles ont été approuvées par le témoin, l'officier de police judiciaire ou le juge d'instruction et son greffier (Cass. crim., 12 nov. 1964 : *Bull. crim.* n° 295). Le défaut d'approbation n'entraîne pas la nullité du procès-verbal d'audition dès lors que les ratures ou renvois non approuvés portent sur une mention non substantielle de celui-ci (Cass. crim., 26 janv. 2000, n° 99-85.782).

b) Relecture

2544 Le Code de procédure pénale impose que le témoin relise sa déposition et atteste qu'il ne souhaite rien y modifier ni y ajouter. Bien sûr, si à l'occasion de cette relecture, le témoin souhaite modifier des éléments, il y a lieu d'y faire droit.

CONSEIL Cependant, si ces modifications sont telles qu'elles changent le sens de l'audition, il nous semble recommandé de ne pas modifier l'audition mais d'ajouter les modifications à l'occasion de nouvelles questions-réponses, et ce afin de conserver une trace de ces premières déclarations qui pourront, peut-être, s'avérer utiles ou déterminantes pour la suite de l'enquête.

Ainsi, l'article 61 prévoit que la personne entendue relise elle-même le procès-verbal et qu'elle peut y consigner ses observations. Quant à l'article 106, il précise que le témoin est « invité à relire sa déposition telle qu'elle vient d'être transcrite, puis à la signer s'il déclare y persister ».

2545 **Personne ne sachant pas lire.** Si la personne ne sait pas lire, c'est l'enquêteur qui relit les déclarations au témoin. Il arrive que le mineur ne sache pas lire ou malaisément. Il en est fait mention au procès-verbal.

CONSEIL Il est recommandé de s'assurer que la personne sait lire et comprend le français en lui faisant relire à haute voix les premières lignes du procès-verbal.

c) Signatures

2546 Les articles 61 et 106 du Code de procédure pénale indiquent que la personne signe sa déposition. Le mineur signe également ses déclarations, sauf s'il est trop jeune. Si l'article 106 est plus précis que l'article 61, il y a lieu de décliner l'article relatif à l'instruction aux enquêtes préliminaires et de flagrance. Le témoin, comme l'enquêteur, signe chacun des feuillets du procès-verbal. Si le témoin refuse de signer ou ne peut pas signer, il en est fait mention au procès-verbal.

2547 D'une manière plus générale, la signature des personnes requises doit figurer sur le procès-verbal et notamment, celle de l'interprète. Le représentant légal du mineur est également invité à signer le procès-verbal. Les autres personnes n'ont pas obligation de signer mais elles peuvent y procéder à leur demande.
Enfin, si plusieurs enquêteurs sont présents lors de l'audition, seul celui qui la dirige a obligation de signer le procès-verbal.

2548 **Témoin anonyme.** Rappelons que le témoin anonyme ne signe pas ses déclarations qui figurent en procédure – mais déclare cependant avoir relu et persister dans celles-ci. En revanche, il signe le procès-verbal distinct (CPP, art. R. 53-30. – V. *supra*, n° 2491).

2549 **Mineur victime.** Seul le procès-verbal retraçant les modalités de l'audition enregistrée est signé par le mineur, pour autant qu'il soit assez âgé pour le faire. Selon la chambre criminelle, le procès-verbal de retranscription des propos du mineur – qui, si les conditions de l'article 706-52 sont réunies, ont fait l'objet d'un enregistrement audiovisuel – ne constitue un procès-verbal d'audition mais un simple rapport valant à titre de renseignement (Cass. crim., 3 mai 2007, n°s 06-83.440, 01-84.249, 01-84.250).
Il n'est pas toujours possible de faire signer le procès-verbal par les parents, spécialement quand ils sont mis en cause. En l'absence de règle contraignante très nette, les enquêteurs devront s'adapter aux circonstances.

2 Technique d'audition

2550 Comme nous l'avons indiqué dans la présente fiche, certains enquêteurs sont formés spécifiquement à certaines auditions. Il en va ainsi des auditions de mineurs, victimes ou non, mais aussi de victimes particulières comme les personnes qui ont fait l'objet de violences et notamment de violences conjugales.
De même, les enquêteurs affectés dans des services ou unités d'investigations judiciaires sont formés au recueil des déclarations de personnes, témoins, voire suspects (V. *infra*, n° 3142).
En tout état de cause, l'acte d'audition n'est pas anodin et doit être préparé en amont notamment lorsque le témoignage de la personne apparaît déterminant.

2551 S'il est impossible de donner ici une « technique d'audition », il peut être conseillé, lorsqu'il s'agit d'entendre un témoin, de le laisser faire une première déclaration sans l'interrompre, puis de préciser certains points concernant la matérialisation des éléments constitutifs de l'infraction. Toutefois, lorsque le témoin éprouve des difficultés à se souvenir, il est possible de recourir à certaines techniques d'audition voire de recourir à une personne qualifiée (V. *supra*, n° 2530). Souvent, le plus difficile pour l'enquêteur est de laisser parler le témoin sans l'interrompre.

2552 **Technique d'audition du mineur.** Confiée à des enquêteurs ayant reçu une formation particulière, notamment lorsqu'il s'agit d'entendre les tout-petits, précision est ici apportée que la DACG a publié un *Guide relatif à la prise en charge des mineurs victimes* dédié aux auditions de mineurs.

L'ESSENTIEL 2553 **Qu'est-ce qu'une audition ?** L'audition est l'acte d'enquête par lequel les enquêteurs et les magistrats recueillent les déclarations d'une personne. Les textes du Code de procédure pénale ne définissent pas l'audition et ceux relatifs à l'enquête de flagrance et à l'enquête préliminaire n'évoquent même pas la notion de témoin (V. *supra*, n°s 2433 et s.).
2554 Cependant, il est possible de retenir que l'acte d'audition consiste à poser des questions à une personne, qui y répond ou non, et non à retracer dans un procès-verbal, en style indirect, des éléments testimoniaux. La personne auditionnée relate ce qu'elle sait, ce qu'elle a vu ou entendu. C'est le fait d'interroger une personne et non simplement d'acter des déclarations spontanées qui caractérisent l'audition (V. *supra*, n°s 2435 et s.).
2555 Les confrontations, séances d'identification et reconstitutions sont, pour la personne qui n'est pas suspecte, des auditions particulières et ne génèrent à son égard, hormis si elle est victime en plus d'être témoin, aucun droit (V. *supra*, n°s 2437 et s.).
2556 L'audition doit être distinguée du recueil de renseignement qui est un acte souvent fort utile au cours d'une enquête en ce qu'il permet parfois de la débuter, souvent de l'orienter (V. *supra*, n° 2439).
2557 **Modalités de comparution.** Le Code de procédure pénale prévoit que le témoin puisse être convoqué, sans qu'il soit recouru

à la contrainte, pour être entendu mais la loi permet également que ce même témoin puisse être conduit par la force devant les enquêteurs. Le régime de cette convocation ou comparution forcée reçoit un régime juridique différent selon le cadre juridique dans lequel elle se déroule (V. *supra*, n°s 2442 et s.).

Dans le cadre de l'enquête préliminaire, la chambre criminelle juge que l'article 78 du Code de procédure n'autorise pas les enquêteurs à entrer, par la contrainte, dans le domicile d'une personne aux fins de la faire comparaître par la force publique (V. *supra*, n°s 2452 et s.).

Le refus de comparaître ou de témoigner est puni des peines prévues à l'article 434-15-1 du Code pénal (V. *supra*, n° 2462).

2558 Des règles particulières existent s'agissant de l'audition en tant que témoin du Président de la République (V. *supra*, n° 2465), des ministres (V. *supra*, n° 2466), des parlementaires (V. *supra*, n° 2472) et des diplomates (V. *supra*, n° 2469).

2559 **Formalisme de l'audition.** Des règles particulières existent et visent essentiellement à protéger le témoin, en raison de la teneur de son témoignage ou de son âge.

2560 **Témoin anonyme.** L'identité du témoin peut être protégée partiellement, en éludant son adresse, ou totalement en le rendant anonyme. Dans ce dernier cas, la personne témoigne alors sous « X ». Ce témoignage particulier est autorisé par un juge des libertés et de la détention sous réserve de conditions préalables. Cet anonymat peut être contesté par la personne mise en examen. Si elle est traduite devant la juridiction de jugement, elle peut encore demander une confrontation organisée dans des conditions permettant de sauvegarder l'anonymat (CPP, art. 706-61). Aucune condamnation ne peut être prononcée sur le seul fondement de déclarations recueillies anonymement (V. *supra*, n°s 2489 et s.).

2561 **Enregistrement de l'audition du mineur victime.** L'audition du mineur victime de certaines infractions doit être ou peut être enregistrée. Il s'agit là d'une mesure visant à éviter de devoir renouveler un témoignage traumatisant. Cet enregistrement peut être uniquement sonore, mais il y a lieu de privilégier l'enregistrement audiovisuel. Aucun consentement n'est nécessaire à cet enregistrement. La loi prévoit que les enquêteurs dressent deux types de procès-verbaux, l'un rédigé souvent sur-le-champ et qui relate le déroulement de l'audition (le « contexte »), l'autre, rédigé ultérieurement, visant à relater les déclarations essentielles du mineur (V. *supra*, n°s 2498 et s.).

2562 **Visioconférence.** Tant les auditions que les confrontations peuvent être réalisées par ce moyen. L'accord du magistrat est nécessaire car celui-ci pourrait souhaiter que l'audition se fasse en « présentiel » et envoie alors les enquêteurs au lieu de résidence du témoin ou sollicite d'autres enquêteurs en recourant à l'article 41, alinéa 3 du Code de procédure pénale. Deux procès-verbaux doivent être rédigés, l'un contenant les déclarations de la personne, l'autre, dit « technique », constatant le bon déroulement des opérations (V. *supra*, n°s 2506 et s.).

2563 **Quelques règles particulières.** Elles tiennent au cadre juridique de l'instruction et au statut de victime qui se voit accorder de nombreux droits.

Le juge d'instruction dispose d'une compétence exclusive s'agissant de l'audition du mis en examen. Quant au témoin assisté et à la partie civile, leur audition par les enquêteurs est possible sous réserve que ceux-ci le demandent expressément (V. *supra*, n° 2516).

2564 **Audition de témoin lors de l'instruction.** L'audition de la personne âgée de plus de seize ans est caractérisée par une prestation de serment, obligatoire tant devant le juge d'instruction que devant l'officier de police judiciaire délégataire (V. *supra*, n°s 2518 et s.).

2565 **Audition de la victime.** Les enquêteurs sont dans l'obligation de recevoir la plainte de la victime, même lorsqu'ils ne sont pas compétents, et de lui remettre un récépissé. De plus, le Code de procédure pénale liste les droits et informations qui doivent lui être notifiés. Enfin, des dispositions particulières existent lorsqu'il s'agit de violences conjugales ou intrafamiliales (V. *supra*, n°s 2525 et s.).

2566 **Le déroulement de l'audition.** Le Code de procédure pénale ne prévoit pas de guide-âne pour le recueil de l'audition d'un témoin. Il nous semble impérieux que soient mentionnées au procès-verbal toutes les personnes qui assistent à ladite audition, qu'elles soient requises ou autorisées à accompagner la personne entendue (V. *supra*, n°s 2529 et s.).

2567 **Durée.** L'audition de témoin n'a pas de durée fixée par le Code de procédure pénale, hormis le cas où le témoin a comparu par la force publique. Dans ce cas, la durée, en enquête préliminaire et en flagrance – le code est muet pour l'instruction – ne saurait dépasser quatre heures.

2568 Dans les autres cas, lorsque le témoin comparaît volontairement, la durée n'est pas limitée et tant que le témoin accepte de rester à la disposition des enquêteurs, ils peuvent lui poser des questions (V. *supra*, n°s 2536 et s.).

2569 Le Code de procédure pénale prévoit les hypothèses de computation des délais lorsque le témoin devient suspect au cours de son audition. Il y a lieu de décompter le temps d'audition d'ores et déjà réalisé (V. *supra*, n°s 2538 et s.).

2570 **Les questions.** La loi exige qu'elles apparaissent expressément au procès-verbal (V. *supra*, n° 2541).

2571 La personne doit relire son audition et doit pouvoir y apporter des corrections avant d'attester de leur contenu en signant sa déclaration (V. *supra*, n°s 2544 et s.).

2572 **Techniques d'audition.** Les enquêteurs, notamment ceux servant dans des services ou des unités de police judiciaire, sont formés au recueil des auditions. Tant la police que la gendarmerie ont mis de telles formations en place, et plus particulièrement s'agissant des mineurs. Des formations sont aussi désormais dispensées concernant le recueil des personnes victimes de violences intrafamiliales (V. *supra*, n° 2550).

POUR ALLER PLUS LOIN...

Fascicule JurisClasseur

• *JCl. Procédure pénale*, Art. 101 à 113-8, fasc. 20, *Auditions de témoins*, par J.-P. Valat.

Circulaires

• Circ. DACG, 20 nov. 1999, relative à l'enregistrement audiovisuel ou sonore de l'audition des mineurs victimes d'infractions sexuelles (NOR : JUSD9930060C).

• Circ. CRIM/2014-15/E8, 24 sept. 2014.

Fiche 53

L'audition libre

Sommaire

Introduction

2573 Une personne mise en cause, c'est-à-dire à l'égard de qui il existe des raisons plausibles de soupçonner qu'elle a commis ou tenté de commettre une infraction, peut être entendue soit sous le régime de l'audition libre, soit sous le régime de la garde à vue.

2574 Les principaux critères de distinction entre l'audition libre et la garde à vue tiennent au fait :
– que la première peut être mise en œuvre pour toute infraction quand la seconde ne peut l'être que pour les infractions punies d'emprisonnement (V. *infra*, n°s 2705 et 2706) ;
– que seule la seconde autorise le recours à la contrainte (CPP, art. 61-1, dernier al. 62-2).
Cette contrainte peut résulter soit de la volonté de l'enquêteur qui souhaite « garder à vue » la personne qu'il entend, soit d'une contrainte antérieure à la mesure de garde à vue (V. *infra*, n°s 2730 et s.).

2575 Outre sa définition, qui est en miroir de celle de la garde à vue, l'audition libre emprunte également à cette dernière lorsqu'il s'agit des droits de la personne mise en cause.

2576 L'audition libre a brièvement existé dans le projet de loi présenté au Conseil d'État à l'automne 2010 (projet de loi relatif à la garde à vue ; loi du 14 avril 2011) avant d'en être supprimée. La jurisprudence du Conseil constitutionnel (Cons. const., 18 nov. 2011, n°s 2011-191/194/195/196/197 QPC et s.) l'a fait renaître avant qu'elle soit intégrée dans le Code de procédure pénale par la loi du 27 mai 2014 qui a créé l'article 61-1 et qui a notamment introduit à cette occasion l'assistance de l'avocat. Les articles 77 relatifs à l'enquête préliminaire et 154 pour l'instruction renvoient à l'article 61-1 du même code.

2577 De 2011 à 2014, le régime de l'audition libre du suspect, tel qu'encadré par la jurisprudence du Conseil constitutionnel, prévoyait uniquement que celui-ci était informé de son droit de quitter à tout moment les locaux de police ou de gendarmerie, matérialisant en cela l'absence de contrainte, et était informé de la nature et de la date de l'infraction qu'on le soupçonnait d'avoir commise ou tenté de commettre.

2578 Le régime juridique de l'audition libre est prévu à l'article 61-1 du Code de procédure pénale qui dispose que :

« Sans préjudice des garanties spécifiques applicables aux mineurs, la personne à l'égard de laquelle il existe des raisons plausibles de soupçonner qu'elle a commis ou tenté de commettre une infraction ne peut être entendue librement sur ces faits qu'après avoir été informée :
1° De la qualification, de la date et du lieu présumés de l'infraction qu'elle est soupçonnée d'avoir commise ou tenté de commettre ;
2° Du droit de quitter à tout moment les locaux où elle est entendue ;
3° Le cas échéant, du droit d'être assistée par un interprète ;
4° Du droit de faire des déclarations, de répondre aux questions qui lui sont posées ou de se taire ;
5° Si l'infraction pour laquelle elle est entendue est un crime ou un délit puni d'une peine d'emprisonnement, du droit d'être assistée au cours de son audition ou de sa confrontation, selon les modalités prévues aux articles 63-4-3 et 63-4-4, par un avocat choisi par elle ou, à sa demande, désigné d'office par le bâtonnier de l'ordre des avocats ; elle est informée que les frais seront à sa charge sauf si elle remplit les conditions d'accès à l'aide juridictionnelle, qui lui sont rappelées par tout moyen ; elle peut accepter expressément de poursuivre l'audition hors la présence de son avocat ;
6° De la possibilité de bénéficier, le cas échéant gratuitement, de conseils juridiques dans une structure d'accès au droit.
La notification des informations données en application du présent article est mentionnée au procès-verbal.
Si le déroulement de l'enquête le permet, lorsqu'une convocation écrite est adressée à la personne en vue de son audition, cette convocation indique l'infraction dont elle est soupçonnée, son droit d'être assistée par un avocat ainsi que les conditions d'accès à l'aide juridictionnelle, les modalités de désignation d'un avocat d'office et les lieux où elle peut obtenir des conseils juridiques avant cette audition.
Le présent article n'est pas applicable si la personne a été conduite, sous contrainte, par la force publique devant l'officier de police judiciaire ».

I Les conditions justifiant le recours à l'audition libre

2579 Ces conditions sont au nombre de trois et résultent de la lettre de l'article 61-1 du Code de procédure pénale.

A Raisons plausibles de soupçons à l'encontre de la personne

2580 La définition de la notion de raisons plausibles est naturellement la même que celle qui figure à l'article 62-2 du Code de procédure pénale qui fixe les conditions qui encadrent le recours à la garde à vue (V. *infra*, n°s 2707 et s.).

2581 Nous rappellerons simplement ici que la chambre criminelle n'a, semble-t-il, jamais donné de définition des « raisons plausibles », puisque, s'agissant d'éléments relevant de l'appréciation des juges du fond, elle se borne à vérifier que ceux-ci les ont bien matérialisées (Cass. crim., 4 janv. 2005, n° 04-84.876 : *Bull. crim.* n° 3 ; *AJ pénal* 2005, 160). C'est aussi la lecture de la Cour européenne des droits de l'homme (CEDH, 6 nov. 2007, n° 8207/06, *Stepuleac* c/ *Moldava*). Dans son arrêt du 30 août 1990, *Fox, Campbell et Hartley* c/ *Royaume-Uni*, la Cour européenne des droits de l'homme indique que les simples soupçons ne sont pas suffisants, à la différence des « soupçons plausibles ». Autrement dit, la Cour de Strasbourg, si elle n'impose pas nécessairement d'indices matériels, exige toutefois que ces soupçons soient objectivés :

> « La Cour estime que l'existence de soupçons plausibles présuppose celle de faits ou renseignements propres à persuader un observateur objectif que l'individu en cause peut avoir accompli l'infraction. Ce qui peut passer pour "plausible" dépend toutefois de l'ensemble des circonstances » (CEDH, 30 août 1990, n°s 12244/86 ; 12245/86 ; 12383/86, *Fox, Campbell et Hartley* c/ *R.U*, § 32 et CEDH, 23 févr. 2010, n° 20259/06, *Aytimur* c/ *Turquie*. – CEDH, 22 mai 2015, n° 15172/13, *Ilgar Mammadoc* c/ *Azerbaïdjan*, § 88).

La Cour européenne des droits de l'homme complète son raisonnement et précise que :

> « Ce qui est "plausible" dépend de l'ensemble des circonstances, mais les faits donnant naissance à des soupçons ne doivent pas être du même niveau que ceux nécessaires pour justifier une condamnation ou même pour porter une accusation » (CEDH, 28 nov. 2017, n° 72508/13, *Merabishvili* c/ *Géorgie*, § 184).

2582 Quant à la DACG, elle indique dans sa circulaire du 4 décembre 2000 que :

> « La loi n'exige toutefois pas que les indices relevés contre une personne présentent une certaine gravité pour permettre son placement en garde à vue, qui reste possible, quelle que soit l'importance ou la nature des indices en cause, dès lors que les nécessités de l'enquête ou de l'instruction le justifient. Il peut ainsi s'agir d'indices matériels mais également de la mise en cause d'un tiers (victime ou témoin), des déclarations de l'intéressé que contrediraient les constatations des enquêteurs, du comportement anormal de la personne sur le lieu des faits, etc. ».

2583 Comme l'ajoutent certains auteurs, « à ce stade, l'apparence suffit », mais ces raisons plausibles doivent résulter d'éléments objectifs comme des constatations matérielles, des témoignages ou le comportement de la personne. S'il n'est pas nécessaire qu'existent des indices graves ou concordants, la simple intuition de l'enquêteur ne saurait être suffisante.

2584 Il faut préciser que l'enquêteur n'a pas à énumérer ces raisons plausibles ou à les justifier dans son procès-verbal d'audition libre. En somme, il n'a pas à motiver expressément sa décision, qui doit toutefois reposer sur des éléments objectifs actés dans d'autres procès-verbaux.

2585 **Apparition de raisons plausibles au cours de l'audition de témoin.** L'article 62, alinéa 2 du Code de procédure pénale régit cette hypothèse et dispose que :

> « Si, au cours de l'audition d'une personne entendue librement en application du premier alinéa du présent article, il apparaît qu'il existe des raisons plausibles de soupçonner qu'elle [personne à l'encontre de laquelle il n'existait aucune raison plausible…] a commis ou tenté de commettre une infraction, cette personne doit être entendue en application de l'article 61-1 et les informations prévues aux 1° à 6° du même article lui sont alors notifiées sans délai, sauf si

son placement en garde à vue est nécessité en application de l'article 62-2 ».

2586 Le témoin n'étant pas soumis à contrainte, son audition en tant que personne mise en cause pourra se poursuivre sous le régime de l'audition libre.

2587 Il n'y a pas lieu ici à computation des délais, l'audition libre n'étant pas une mesure privative de liberté (V. *infra*, n° 2613). L'enquêteur établira un nouveau procès-verbal dans lequel il devra veiller à acter que la personne consent à rester à la disposition des enquêteurs.

B Commission ou tentative de commission d'une infraction

1 Une infraction suffit...

2588 L'article 61-1 du Code de procédure pénale dispose que l'audition libre peut être mise en œuvre dès lors que l'enquêteur se trouve face à la commission ou à la tentative de commission d'une infraction. Aussi, à la différence de la garde à vue qui n'est possible que pour les crimes et délits punis d'une peine d'emprisonnement (V. *infra*, n° 2713), l'audition libre l'est aussi pour les délits non punis d'emprisonnement et les contraventions. Il s'agit des infractions contenues dans le Code pénal, mais aussi dans toutes les lois spéciales hors Code pénal, comme le Code de l'environnement, le Code du travail, etc.

2589 Par ailleurs si les modalités de consommation de l'infraction sont indifférentes, encore faut-il que la tentative soit punissable. Il revient donc à l'enquêteur de s'en assurer conformément aux articles 121-4 et 121-5 du Code pénal, lorsqu'il envisage de recourir à l'audition libre pour une infraction « tentée ».

2590 Pour entendre une personne soupçonnée d'avoir commis ou tenté de commettre un délit non puni d'emprisonnement ou une contravention, l'enquêteur ne pourra recourir qu'à la seule audition libre.

2 ... mais seul un crime ou un délit puni d'emprisonnement ouvre droit à l'assistance d'un avocat

2591 L'enquêteur doit toujours avoir à l'esprit la distinction entre, d'un côté, l'infraction dont la généralité suffit pour recourir à l'audition, et, de l'autre, les seuls crimes ou délits punis d'emprisonnement. En effet, le droit à l'assistance de l'avocat doit être notifié à la personne auditionnée librement lorsqu'elle est soupçonnée de crime ou de délit puni d'emprisonnement. En cas de délit non puni d'emprisonnement ou de contravention, ce droit n'est pas accordé à la personne auditionnée librement (Cons. const., 8 févr. 2019, n° 2018-762 QPC).

C Absence de conduite sous contrainte, par la force publique, devant l'officier de police judiciaire

2592 Nous l'avons dit, la contrainte est le principal critère de distinction entre l'audition libre et la garde à vue. L'article 61-1, dernier alinéa du Code de procédure pénale dispose que :

> « Le présent article n'est pas applicable si la personne a été conduite, sous contrainte, par la force publique devant l'officier de police judiciaire ».

2593 En conséquence, les éléments relatifs à la conduite sous contrainte devant l'officier de police judiciaire en vue d'une audition de suspect exposés dans la fiche dédiée à la garde à vue valent entièrement ici (V. *infra*, n°s 2729 et s.). Nous les rappelons pour l'essentiel.

1 Seule la conduite sous contrainte par la force publique devant l'officier de police judiciaire préalablement à l'audition empêche de recourir à l'audition libre

2594 La Cour de cassation énonce avec constance que si le placement en garde à vue demeure une simple faculté pour l'officier de police judiciaire, il en va différemment lorsque la personne suspecte est mise sous contrainte à la disposition de l'officier de police judiciaire (Cass. crim., 10 juin 2008, n° 07-87.668. – Cass. crim., 6 déc. 2000, n° 00-86.221 : *Bull. crim.* n° 367. – Cass. crim., 31 mai 2007, n° 07-80.928 : *Bull. crim.* n° 146. – Cass. crim., 13 nov. 1996, n° 96-82.087 : *Bull. crim.* n° 401. – Cass. crim., 4 mars 1998, n° 97-85.695 : *Bull. crim.* n° 84. – Cass. crim., 6 mai 1997, n°s 97-81.026 et 96-80.369 : *Bull. crim.* n° 197. – Cass. crim., 28 juin 2000, n° 99-81.688) préalablement à son audition, peu importe la durée de cette contrainte.

2595 La nouvelle rédaction de l'article 73 du Code de procédure pénale nous paraît de nature à clarifier ces situations parfois complexes s'agissant de la contrainte. En effet, cet article issu de la loi du 27 mai 2014 dispose désormais que la personne « conduite sous la contrainte » doit être placée en garde à vue pour être entendue immédiatement après sa présentation par l'officier de police judiciaire. Autrement dit, une personne interpellée, arrêtée ou même retenue quelques instants mais qui n'est pas conduite sous la contrainte devant l'officier de police judiciaire, c'est-à-dire qui accepte de suivre les agents, n'a pas à être placée en garde à vue pour être entendue une fois arrivée à la brigade ou au commissariat dès lors qu'elle consent à cette audition (Cass. crim., 14 oct. 1998, n° 98-81.370 et Cass. crim., 10 mai 2000, n° 00-80.903).

2596 La précision selon laquelle l'interdiction de l'audition libre et l'obligation d'audition sous le régime de la garde à vue ne s'appliquent qu'en cas de conduite « sous contrainte » a été apportée pour mettre en évidence le fait que ces règles ne jouent pas si la personne a été amenée avec son accord, sans contrainte, par les enquêteurs dans leurs locaux même si elle y a été conduite dans le véhicule des agents interpellateurs (V. *infra*, n° 2603). Tel est également le sens de la jurisprudence de la Cour européenne des droits de l'homme (CEDH, 9 déc. 2021, n° 56138/16, *Jarrand c/ France*).

2597 Aussi, malgré la décision du Conseil constitutionnel du 18 juin 2012 (Cons. const., 18 juin 2012, n° 2012-257 QPC, consid. 8 et 9) qui a jugé que la personne suspecte conduite par la force devant l'officier de police judiciaire en application de l'article 78 du Code de procédure pénale pouvait être entendue librement à condition d'être informée de la nature de l'infraction et de son droit de quitter les locaux à tout moment, il semble opportun, d'autant que la précision apportée par l'article 73 est postérieure à cette décision, d'entendre sous le régime de la garde à vue une personne suspecte conduite sous contrainte par la force publique devant l'officier de police judiciaire quel que soit le fondement de cette contrainte, à savoir l'article 73 ou l'article 78 du Code de procédure pénale.

2598 **Mandat de recherche.** Conformément à l'article 122, alinéa 2 du Code de procédure pénale, il n'est pas possible d'entendre sous le régime de l'audition libre une personne qui fait l'objet d'un mandat de recherche.

2599 **Contrainte exercée par la seule force publique.** Selon l'article 73 du Code de procédure pénale, seule la contrainte exercée par la force publique pour conduire la personne interpellée devant l'officier de police judiciaire entraîne obligation de placer en garde à vue. Aussi, le placement en garde à vue n'est pas obligatoire lorsque l'auteur d'un crime ou d'un délit flagrant puni d'une peine d'emprisonnement est appréhendé par toute personne autre qu'un agent de la force publique qui la conduit devant l'officier de police judiciaire. Selon la circulaire de la DACG, les agents de sécurité de la Régie autonome des transports parisiens (RATP) et de la Société nationale des chemins de fer (SNCF) n'appartiennent pas à la force publique.

2 Les cas de contrainte qui autorisent une audition libre

2600 Le législateur autorise dans certains cas l'audition libre de la personne malgré la situation de contrainte préalable.

a) Audition libre à l'issue du placement en chambre de dégrisement

2601 Reprenant la jurisprudence de la Cour de cassation, la loi du 14 avril 2011 a inséré dans le Code de la santé publique un article L. 3341-2 qui dispose que :

> « Lorsqu'il est mis fin à la rétention en chambre de sûreté de la personne, son placement en garde à vue, si les conditions de cette mesure prévues par le code de procédure pénale sont réunies, n'est pas obligatoire dès lors qu'elle n'est pas tenue sous la contrainte de demeurer à la disposition des enquêteurs et qu'elle a été informée des droits mentionnés à l'article 61-1 du code de procédure pénale ».

b) Audition libre à l'issue des épreuves de dépistage

2602 Reprenant à nouveau la jurisprudence de la Cour de cassation (Cass. crim., 26 nov. 2003, n° 03-81.442. – Cass. crim., 11 mai 2004, n° 03-86.479. – Cass. crim., 2 sept. 2004, n° 03-86.721. – Cass. crim., 26 oct. 2005, n° 05-80.647. – Cass. crim., 24 oct. 2007, n° 07-82.310), le législateur a procédé de même avec les articles L. 234-18 et L. 235-5 du Code de la route :

> « Lorsqu'il a été procédé aux épreuves de dépistage et aux vérifications prévues par les articles L. 234-3 et L. 234-5, le placement en garde à vue de la personne, si les conditions de cette mesure prévues par le code de procédure pénale sont réunies, n'est pas obligatoire dès lors qu'elle n'est pas tenue sous la contrainte de demeurer à la disposition des

enquêteurs et qu'elle a été informée des droits mentionnés à l'article 61-1 du code de procédure pénale » (dépistage alcoolémie).

Lorsqu'il a été procédé aux épreuves de dépistage et aux vérifications prévues par l'article L. 235-2, le placement en garde à vue de la personne, si les conditions de cette mesure prévues par le code de procédure pénale sont réunies, n'est pas obligatoire dès lors qu'elle n'est pas tenue sous la contrainte de demeurer à la disposition des enquêteurs et qu'elle a été informée des droits mentionnés à l'article 61-1 du code de procédure pénale » (dépistage de produits classés comme stupéfiants).

c) Audition libre possible après arrestation/interpellation, opération de contrôle rétention « implicite »

2603 Nous le rappelons ici, la seule interpellation ou arrestation n'entraîne pas obligation de placer en garde à vue la personne conduite sans contrainte devant l'officier de police judiciaire qui peut ainsi procéder à une audition libre (V. *supra*, n° 2595).

2604 Le Code de procédure pénale prévoit parfois explicitement des rétentions de personne afin de pouvoir permettre l'exécution de certains actes d'enquête. C'est le cas de l'article 56 qui prévoit que l'officier de police judiciaire peut retenir sur place le temps strictement nécessaire à l'accomplissement d'une perquisition les personnes susceptibles de fournir des renseignements sur les objets, documents et données informatiques saisies (Cass. crim., 19 janv. 2000, n° 99-86.090 et Cass. crim., 14 oct. 1998, n° 98-81.370). Il en est de même de l'article 61 qui autorise l'officier de police judiciaire à défendre à toute personne de s'éloigner des lieux de l'infraction jusqu'à la clôture de ses opérations.

2605 Le principe d'une rétention doit être admis implicitement pour les opérations de contrôles d'identité (CPP, art. 78-1, al. 2) et de contrôle routier (Cass. crim., 21 juin 2006, n° 06-80.392. Il résulte des articles L. 234, 4, L. 234, 5, L. 234, 8 et L. 234, 9 du Code de la route que les officiers et agents de police judiciaire qui procèdent aux vérifications destinées à établir la preuve de l'état alcoolique d'un conducteur disposent du droit de retenir la personne concernée pendant le temps strictement nécessaire à ces opérations). Cette rétention implicite n'est pas une privation de liberté mais une simple restriction de liberté justifiée non pas par la nécessité de procéder à l'audition d'une personne suspecte mais à un autre acte d'investigation. Cette restriction doit cependant ne durer que le temps strictement nécessaire à la réalisation dudit acte d'enquête (Cass. crim., 26 oct. 2016, n° 16-82.463).

2606 Si, à l'occasion de ces contrôles, une infraction est découverte, le placement en garde à vue n'est obligatoire que si les agents sont obligés d'utiliser la contrainte pour conduire la personne dans leurs locaux. Si celle-ci accepte de les suivre, y compris en montant volontairement dans leur véhicule, l'officier de police judiciaire ne sera pas dans l'obligation d'entendre la personne sous le régime de la garde à vue.

2607 Cependant, dans ces hypothèses, il est fortement conseillé de rédiger un procès-verbal dédié aux conditions dans lesquelles l'infraction a été découverte et de mentionner expressément dans celui-ci que la personne a accepté de se rendre dans les locaux pour y être auditionnée sans contrainte. Une attention doit être apportée à la cohérence de ce procès-verbal avec le reste des actes d'enquête qui ne doit pas contenir de contradiction. En somme, la seule mention « sans contrainte » ne suffit pas à attester de la régularité de la procédure (Cass. crim., 18 mars 2020, n° 19-84.372 : *Bull. crim.* n° 309). Par exemple, le procès-verbal ne saurait mentionner que la personne a été conduite sans contrainte tout en indiquant qu'elle a été menottée... ou encore que la personne a accepté d'être placée en cellule.

2608 La circulaire de la DACG du 23 mai 2011 relative à la garde à vue précise que :

« Afin de prévenir toute contestation sur l'existence d'une contrainte, il convient de procéder systématiquement, au début de l'audition de l'intéressé, aux diligences suivantes lorsque la personne appréhendée a suivi de son plein gré les agents interpellateurs, a fortiori lorsqu'elle est montée dans leur véhicule :

– l'officier ou l'agent de police judiciaire doit lui demander de confirmer qu'elle a suivi de son plein gré les agents de la force publique et qu'elle n'a subi aucune contrainte de leur part lors du transport ;

– si elle confirme n'avoir subi aucune contrainte, elle doit être informée de ses droits conformément au nouvel article 61-1 (qualification, date et lieu présumés de l'infraction, droit de quitter à tout moment les locaux, droit d'être assistée par un interprète, droit de se taire et possibilité de bénéficier de conseils juridiques dans une structure d'accès au droit) ;

– dans le cas inverse, l'officier de police judiciaire devra, si l'un des motifs prévus à l'article 62-2 du code de procédure pénale peut être retenu, la placer en garde à vue ou la remettre en liberté et la convoquer pour audition ultérieure ».

3 Garde à vue obligatoire et retenue de témoin

2609 L'article 62, alinéa 4 du Code de procédure pénale régit ce cas sans ambiguïté et dispose que : « Si, au cours de l'audition d'une personne retenue en application du deuxième alinéa du présent article, il apparaît qu'il existe des raisons plausibles de soupçonner qu'elle a commis ou tenté de commettre un crime ou un délit puni d'une peine d'emprisonnement, elle ne peut être maintenue sous contrainte à la disposition des enquêteurs que sous le régime de la garde à vue. Son placement en garde à vue lui est alors notifié dans les conditions prévues à l'article 63-1 ».

Il en résulte que si au cours d'une audition de témoin retenu sous contrainte apparaissent des raisons plausibles de soupçonner ce dernier d'avoir commis ou tenté de commettre un crime ou un délit puni d'emprisonnement, son audition ne pourra se poursuivre que sous le régime de la garde à vue. Si l'infraction est une contravention, la personne devra être remise en liberté et convoquée ultérieurement pour audition libre.

4 La convocation ultérieure… et des cas encore en suspens

a) La convocation ultérieure

2610 Lorsque l'officier de police judiciaire estime que la personne, bien que conduite sous la contrainte devant lui, pourra être entendue ultérieurement, il peut décider de lui délivrer une convocation. Tel était l'objectif de la loi du 14 avril 2011, à savoir diminuer le nombre de gardes à vue, notamment en matière d'infractions au Code de la route.

CONSEIL La circulaire de la DACG recommande que le délai entre l'interpellation et la convocation ne soit pas inférieur à 24 heures et incite les enquêteurs, le parquet et le cas échéant, l'autorité administrative, à mettre ce délai à profit pour recueillir des éléments pertinents sur la personne convoquée.

EXEMPLE Il s'agit des infractions au Code de la route commises sous l'empire d'un état alcoolique – la personne effectue son dégrisement à domicile, et non dans une cellule, après qu'une personne de confiance est venue la récupérer à la brigade ou au commissariat. Il peut aussi s'agir d'une personne suspecte qui a refusé de suivre les gendarmes ou les policiers, qui ont dû la conduire sous la contrainte devant l'officier de police judiciaire, et qui une fois devant ce dernier, revient au calme et accepte de se présenter ultérieurement pour être entendue librement. Rappelons ici, que dans ce dernier cas, si l'officier de police judiciaire souhaite entendre la personne immédiatement, il ne pourra le faire que sous le régime de la garde à vue, conformément à l'article 73 du Code de procédure pénale.

En cas de remise d'une convocation écrite aux fins d'audition libre, celle-ci devra répondre aux exigences de l'article 61-1 du Code de procédure pénale (V. *infra*, n° 2644). Si la convocation est verbale, ces exigences n'ont pas à être respectées.

2611 Enfin, il arrive que les gendarmes ou les policiers qui procèdent à l'interpellation se méprennent de bonne foi sur la nature de l'infraction flagrante (V. *supra*, n° 852). Dans ce cas, l'officier de police judiciaire devant lequel la personne aura été conduite sous contrainte ne pourra légalement la placer en garde à vue s'il souhaite l'entendre immédiatement, les conditions de l'article 62-2 du Code de procédure pénale n'étant pas remplies. Il devra la remettre en liberté sur-le-champ et lui adresser une convocation pour audition libre ultérieure.

b) Cas encore en suspens

2612 Les questions en suspens concernant l'audition sont de même type que celles relatives à la garde à vue (V. *infra*, n° 2981).

5 Durée de l'audition libre

2613 Certains auteurs s'interrogent quant à « la durée d'une mise à disposition au-delà de laquelle une personne ne peut être considérée comme librement consentante ». Autrement dit, la contrainte ne pourrait-elle pas découler d'une mise à disposition excédant une certaine durée. Dans ce cas, c'est bien l'officier de police judiciaire qui crée cette contrainte et ferait ainsi basculer le régime de l'audition libre vers celui de la garde à vue…

2614 Afin d'éviter cet écueil, notamment lorsqu'il s'agit de délinquance économique et financière où les auditions peuvent être particulièrement longues eu égard à la complexité de la matière, il y a lieu pour les enquêteurs de renouveler le consentement à rester à leur disposition. Si la loi ne fixe aucune durée maximale pour l'audition libre, il est possible de s'inspirer de l'article 62 du Code de procédure pénale qui limite à quatre heures « la retenue du témoin ». Certes, l'audition libre ne recèle par définition aucune contrainte et ce délai de quatre heures

L'audition libre

ne saurait être analysé comme un maximum légal mais plutôt comme une indication de la durée à partir de laquelle il semble opportun de renouveler le consentement de rester à disposition des enquêteurs. Dans cette même logique, il y a lieu de mettre fin à l'audition libre pour permettre à la personne de s'alimenter ou de rentrer chez elle pour se reposer (V. *supra*, n° 2607) puis de la reprendre à l'issue de cette interruption, le cas échéant.

D Qui peut décider d'une audition libre et y procéder ?

2615 **La compétence pour décider de recourir à l'audition libre.** Avant même de s'interroger sur la question de savoir qui peut entendre librement une personne mise en cause, on peut se demander qui, de l'officier de police judiciaire ou de l'agent, peut décider de recourir à telle ou telle modalité d'audition.

2616 Les articles 20 et D. 13 du Code de procédure pénale interdisent uniquement à l'agent de police judiciaire de décider d'une mesure de placement en garde à vue. Aussi, il semble que celui-ci puisse donc décider de recourir à l'audition libre, sous le contrôle de l'officier de police judiciaire, sans toutefois que l'autorisation de ce dernier soit un préalable légal de sa mise en œuvre.

2617 **La compétence de l'agent de police judiciaire pour procéder à une audition libre.** L'article 61-1 du Code de procédure pénale ne donne aucune indication sur les compétences des agents pouvant procéder à une audition libre. La question ne concerne évidemment pas l'officier de police judiciaire qui dispose d'une compétence matérielle générale conformément à l'article 17 du Code de procédure pénale, mais de celle de l'agent de police judiciaire notamment dans le cadre d'une enquête de flagrance ou préliminaire. Les articles 20, D. 13 et D. 14 du Code de procédure sont antérieurs à la loi du 27 mai 2014 et ne traitent pas de cette compétence particulière ; au mieux ils indiquent que l'agent de police judiciaire a qualité pour entendre une personne susceptible de fournir des renseignements, laquelle ne saurait être assimilée à la personne mise en cause.

2618 Toutefois, plusieurs arguments militent en faveur d'une compétence matérielle de l'agent de police judiciaire aux fins de procéder à l'audition libre. En premier lieu, il faut observer que l'agent de police judiciaire, s'il ne peut décider du placement en garde à vue, peut conformément à l'article 63-1 du Code de procédure pénale informer la personne gardée à vue de ses droits, sous le contrôle d'un officier de police judiciaire. Plus encore, et sans que le Code de procédure pénale ne fasse référence à la notion de contrôle par l'officier de police judiciaire, l'article 63-4-3 dispose que « l'audition ou la confrontation est menée sous la direction de l'officier ou de l'agent de police judiciaire (…) ». Dès lors, il serait assez illogique que l'agent de police judiciaire puisse, en flagrance, entendre une personne gardée à vue et ne pas pouvoir procéder à une audition libre.

2619 En second lieu, l'audition libre est un acte d'enquête qui n'implique aucune contrainte. Or cette contrainte, ou cette coercition, est la raison d'être juridique de la compétence de l'officier de police judiciaire en flagrance (V. *supra*, n° 865). L'article 62 du Code de procédure pénale prévoit que le témoin puisse être entendu par « les enquêteurs » sans distinction et prévoit également que cette audition puisse se muer en audition libre en cas d'apparition de soupçons au cours de celle-ci sans que cet article fasse mention de la seule compétence de l'officier de police judiciaire. Aussi, il semble possible de soutenir que, tant dans le cadre de l'enquête de flagrance que de l'enquête préliminaire, l'agent de police judiciaire peut, sous le contrôle de l'officier de police judiciaire, entendre une personne mise en cause sous le régime de l'audition libre.

2620 **Compétence de l'agent de police judiciaire et audition libre en exécution d'une commission rogatoire.** La question n'a jamais été tranchée par la chambre criminelle, mais sa compétence semble exclue puisque seul l'officier de police judiciaire peut être délégataire d'une commission rogatoire et qu'il ne peut déléguer ce pouvoir à un agent de police judiciaire pour exécuter un acte d'enquête à sa place (V. *supra*, n° 1014). La chambre criminelle autorise l'agent de police judiciaire à assister l'officier de police judiciaire, ce qu'il fait lors d'une mesure de garde dont seul l'officier de police judiciaire est décisionnaire, mais il ne peut se substituer à celui-ci pour exécuter un acte d'enquête dans sa totalité. Aussi, il est vivement conseillé à l'agent de police judiciaire de ne pas procéder à une audition libre, seul, dans le cadre d'une commission rogatoire.

2621 **Notification des droits et compétence de l'agent de police judiciaire.** À nouveau, l'article 61-1 du Code de procédure pénale ne précise pas la qualité de l'agent pouvant notifier les droits à la personne auditionnée librement. Nous procédons ici au même raisonnement que précédemment qui nous conduit à retenir que l'agent de police judiciaire peut, en enquête préliminaire ou de flagrance, procéder à une audition libre. En effet, l'agent de police judiciaire peut notifier les droits de la mesure de garde à vue en flagrance ; il est logique qu'il puisse procéder de même à l'occasion d'une audition libre. Pour conforter ce point de vue, on ajoutera que l'article D. 15-5-2 du Code de procédure pénale, qui régit les modalités de déroulement de la garde à vue et notamment les avis faisant suite à la mise en œuvre des droits, autorise l'agent de police judiciaire à y procéder.

2622 **Fonctionnaires et agents des administrations et services publics auxquels des lois spéciales attribuent certains pouvoirs de police judiciaire et notamment les douaniers.** Il faut enfin préciser ici que l'article 67 F du Code des douanes permet aux douaniers de recourir à l'audition libre comme peuvent le faire les fonctionnaires et agents dotés de pouvoirs de police judiciaire en vertu de lois spéciales, c'est-à-dire ceux relevant de l'article 28 du Code de procédure pénale.
L'alinéa 5 de l'article 28 dispose ainsi que :

> « Lorsque ces fonctionnaires et agents sont autorisés à procéder à des auditions, l'article 61-1 est applicable dès lors qu'il existe à l'égard de la personne entendue des raisons plausibles de soupçonner qu'elle a commis ou tenté de commettre une infraction » (V. *supra*, n° 302).

II Les droits de la personne entendue librement

A Les droits de la personne mise en cause

2623 Les droits de la personne auditionnée librement empruntent pour partie à ceux de la garde à vue en ce qu'ils sont attachés à l'accusation en matière pénale, condition de mise en œuvre de l'audition libre. Toutefois, elle se distingue de la garde à vue par son absence de contrainte et n'est dès lors pas assimilée à une mesure de privation de liberté. En conséquence, la personne entendue librement ne bénéficie que des droits attachés à l'article 6 de la Convention européenne des droits de l'homme, propre à l'accusation en matière pénale, et non à ceux de l'article 5 attachés, eux, à la privation de liberté.
Ces droits sont fixés par l'article 61-1 du Code de procédure pénale, aux 1° à 6°. Ils doivent lui être notifiés (V. *infra*, n°s 2646 et s.).

1 Le droit d'être informée de la qualification, de la date et du lieu présumés de l'infraction que la personne est soupçonnée d'avoir commise ou tenté de commettre

2624 Les informations notifiées à la personne auditionnée librement correspondent exactement à celles notifiées à la personne gardée à vue. Nous renvoyons donc pour leur étude et leur détail à la fiche dédiée à la garde à vue (V. *infra*, n°s 2834 et s.).

2 Le droit de quitter à tout moment les locaux

2625 Ce droit de quitter à tout moment les locaux, qu'ils soient de police ou de gendarmerie mais aussi ceux des services des fonctionnaires de l'article 28 du Code de procédure pénale, est la traduction de ce que cette audition se déroule sans contrainte. Ce droit résulte de la décision du Conseil constitutionnel selon laquelle « le respect des droits de la défense exige qu'une personne à l'encontre de laquelle il apparaît, avant son audition ou au cours de celle-ci, qu'il existe des raisons plausibles de soupçonner qu'elle a commis ou tenté de commettre une infraction pour laquelle elle pourrait être placée en garde à vue, ne puisse être entendue ou continuer à être entendue librement par les enquêteurs que si elle a été informée (…) de son droit de quitter à tout moment les locaux de police ou de gendarmerie » (Cons. const., 18 nov. 2011, n°s 2011/191-194-195-196-197 QPC, consid. 20).

2626 En conséquence, ainsi que précédemment indiqué, il est nécessaire que figurent au procès-verbal les conditions dans lesquelles la personne a été conduite ou s'est rendue dans ces locaux. Autrement dit, les enquêteurs doivent acter que la personne n'a pas été conduite sous la contrainte par la force publique (V. *supra*, n° 2594) et qu'elle accepte de rester à la disposition des enquêteurs.

2627 Si la personne décide de quitter les locaux mais que l'enquêteur souhaite la garder à sa disposition, il n'aura alors pas d'autre choix que de poursuivre l'audition sous le régime de la garde à vue sous réserve que les conditions de l'article 62-2 du Code de procédure pénale soient remplies. En application du III de l'article 63 du même code, le temps d'audition libre devra être décompté du temps de garde à vue.

2628 La chambre criminelle a précisé qu'un individu ne se trouvant pas dans des locaux de police mais sur la voie publique et qui est informé de la nature et de la date de l'infraction n'a pas à être informé de son droit de quitter les lieux. Très précisément, elle a énoncé que « le conducteur d'un véhicule, interpellé sur la voie publique à la suite d'un contrôle routier et entendu sur place, ne saurait invoquer le fait que ne lui a pas été notifié le droit de quitter les lieux » (Cass. crim., 1er mars 2016, n° 14-87.368).

3 Le droit de faire des déclarations, de répondre aux questions posées ou de se taire

2629 Ce droit, qui est la traduction du droit à ne pas s'auto-incriminer, n'appelle pas d'autres observations que celles formulées lors de l'étude la mesure de garde à vue (V. *infra*, nos 2997 et s.). Cette exigence a été rappelée par la Cour européenne des droits de l'homme s'agissant de l'audition libre (CEDH, 28 avr. 2022, n° 83700/17, *Wang c/ France*. – CEDH, 28 avr. 2022, n° 052833/19, *Dubois c/ France*).

4 Le droit d'être assistée au cours de l'audition ou d'une confrontation par un avocat, si l'infraction pour laquelle elle est entendue est un crime ou un délit puni d'emprisonnement

2630 Ce droit à l'assistance d'un avocat n'est pas prévu lorsque l'audition libre porte sur des délits non punis d'emprisonnement et sur des contraventions.

L'article 61-1, 5° du Code de procédure pénale renvoie aux articles 63-4-3 à 63-4-4 du même code quant aux modalités. Le droit à l'assistance d'un avocat se limite à une assistance pendant les auditions et les éventuelles confrontations avec d'autres personnes mises en cause, libres ou gardées à vue, témoins ou victimes.

L'article D. 15-5-4 du Code de procédure pénale indique, comme pour la garde à vue, que :

> « La personne est avisée de son droit de demander l'assistance d'un avocat dès le début de l'audition ou à tout moment au cours de son déroulement ».

2631 Qu'en est-il des autres modalités de l'assistance par un avocat pendant l'audition libre, à savoir l'entretien confidentiel et le droit de consulter certains procès-verbaux dès lors que l'article 61-1 n'en prévoit pas la notification ? Pour certains auteurs, « par contraste avec le droit applicable à la garde à vue, l'avocat n'a théoriquement pas accès à certaines pièces d'un éventuel dossier et aucun entretien entre le suspect et son conseil n'est prévu par le législateur ».

2632 La DACG quant à elle semble promouvoir une lecture « par assimilation » avec le droit applicable à la garde à vue. S'appuyant sur la directive 2013/48/UE du 22 octobre 2013 relative au droit d'accès à un avocat dans le cadre des procédures pénales, elle considère que le droit à l'assistance englobe les mêmes modalités que celles prévues au titre de la mesure de garde à vue. La directive indique dans son article 2.1 que :

> « La présente directive s'applique aux suspects ou aux personnes poursuivies dans le cadre de procédures pénales, dès le moment où ils sont informés par les autorités compétentes d'un État membre, par notification officielle ou par tout autre moyen, qu'ils sont soupçonnés ou poursuivis pour avoir commis une infraction pénale, qu'ils soient privés de liberté ou non ».

Les articles 3a) et 3b) prévoient expressément le droit à l'entretien confidentiel et le droit à l'assistance effective lors des auditions. Quant à l'article 7.2 de la directive 2012/13/UE du 22 mai 2012, il prévoit un droit d'accès aux pièces du dossier qui peut être limité. Tel est également le sens de la jurisprudence de la Cour européenne des droits de l'homme (CEDH, 13 oct. 2009, *Dayanan c/ Turquie*, § 32 et CEDH, 17 févr. 2001, *Svipsta c/ Lettonie*).

2633 **Le droit à un entretien confidentiel.** La circulaire de la DACG précise que :

> « Afin de garantir toute l'effectivité du droit à l'assistance de l'avocat et plus généralement des droits de

la défense, il conviendra, lorsque la personne souhaitera s'entretenir avec son avocat, de lui accorder, avant toute audition, un temps suffisant afin que cet entretien ait lieu, dans des conditions qui en garantissent la confidentialité ».

Ainsi, sauf à vider de sens le 5° de l'article 61-1 du Code de procédure pénale, il semble à tout le moins que, nonobstant l'absence d'obligation de notification du droit à un entretien confidentiel, ce droit doit être accordé si la personne entendue en fait la demande. Pour l'heure, la chambre criminelle n'a jamais eu l'occasion de se prononcer sur les conséquences à tirer d'une absence d'entretien.

2634 **Le droit de consulter les procès-verbaux : deux lectures semblent s'opposer.** La circulaire de la DACG indique que :

> « Bien que l'article 61-1 du code de procédure pénale ne le précise pas expressément, rien ne paraît devoir s'opposer à ce que l'avocat intervenant puisse, conformément à ce qui est prévu e[illegible] garde à vue à l'article 63-4-1 du code de [illegible] ter, sous les mêmes rest[illegible] l'exclusion de toute copi[illegible] sonne qu'il assiste et qu[illegible] antérieurement, en ou h[illegible]

Elle ajoute que :

> « De même, comme la personne ga[illegible] semble justifié que la personne soupçonnée, [illegible] elle le demande, puisse prendre connaissance des procès-verbaux de ses auditions et confrontations antérieures, dans les conditions prévues par l'article 63-4-1, dernier alinéa, du code de procédure pénale ».

Certains auteurs indiquent, au contraire, que cette consultation des procès-verbaux résulte de la directive 2012/13/UE qui ne concerne que les personnes privées de liberté et qu'en conséquence ce droit n'est pas ouvert à la personne auditionnée librement. Toutefois la question peut se poser lorsque la personne a été entendue à plusieurs reprises au cours de l'enquête.
Pour l'heure, là encore, la chambre criminelle n'a jamais eu l'occasion de se prononcer sur le refus de communiquer des procès-verbaux à un avocat qui en fait la demande lors d'une audition libre.

2635 Enfin, ainsi que cela est prévu par l'article 61-1 du Code de procédure pénale, l'avocat a le droit de poser des questions en fin d'audition. L'officier ou l'agent de police judiciaire peut s'opposer aux questions si celles-ci sont de nature à nuire au bon déroulement de l'enquête, à condition de porter mention de ce refus au procès-verbal de l'audition. Par ailleurs, il ne peut faire état auprès de quiconque pendant la durée de l'audition libre des éléments recueillis. Il s'agit là des mêmes règles que pour la mesure de garde à vue (V. *infra*, n°s 3127 et s.).

2636 **La désignation de l'avocat.** Le conseil est choisi par la personne auditionnée librement ou, à sa demande, désigné d'office par le bâtonnier de l'Ordre des avocats. L'article 61-1, 5° précise qu'elle est informée que les frais seront à sa charge sauf si elle remplit les conditions d'accès à l'aide juridictionnelle qui lui sont rappelées par tout moyen. Ici, comme pour la mesure de garde à vue, il est logique qu'en cas d'indisponibilité de l'avocat choisi par la personne auditionnée, il lui soit proposé de recourir à un avocat commis d'office.

2637 **Majeur protégé.** L'article 706-112-2 du Code de procédure pénale (suite à la décision Cons. const., 14 sept. 2018, n° 2018-730 QPC) dispose que :

> « Lorsque les éléments recueillis au cours d'une procédure concernant un crime ou un délit puni d'une [illegible]'emprisonnement font apparaître qu'une per[illegible]devant être entendue librement en application [illegible]ticle 61-1 fait l'objet d'une mesure de protec[illegible]ridique, l'officier ou l'agent de police judiciaire [illegible]vise par tout moyen le curateur ou le tuteur, qui [illegible] désigner un avocat ou demander qu'un avocat [illegible] désigné par le bâtonnier pour assister la personne lors de son audition. Si le tuteur ou le curateur n'a pu être avisé et si la personne entendue n'a pas été assistée par un avocat, les déclarations de cette personne ne peuvent servir de seul fondement à sa condamnation ».

Ces dispositions ne sont pas applicables en cas de mesure de sauvegarde de justice.
Il revient aux enquêteurs d'informer le curateur ou le tuteur et de lui indiquer qu'il peut faire désigner un avocat (CPP, art. D. 47-14). Si le curateur ou le tuteur n'a pu être joint, les enquêteurs peuvent procéder à l'audition du majeur protégé. Cependant ses déclarations ne pourront servir de seul fondement à sa condamnation.

2638 Par décision en date du 25 février 2022, le Conseil constitutionnel a jugé que l'article 706-112-2 du Code de procédure pénale était conforme à la Constitution (Cons. const., 25 févr. 2022, n° 2021-975 QPC, § 16 et 17).

2639 **Outre-mer.** L'article 814, dernier alinéa du Code de procédure pénale prévoit, pour la Nouvelle-Calédonie, que les attributions dévolues à l'avocat « peuvent être exercées par une personne choisie par la personne gardée à vue, qui

L'audition libre

n'est pas mise en cause pour les mêmes faits ou pour des faits connexes et qui n'a fait l'objet d'aucune condamnation, incapacité ou déchéance mentionnée au bulletin n° 2 du casier judiciaire. Les dispositions de l'article 63-4-4 sont applicables à la personne choisie, qui en est informée par l'officier de police judiciaire » et, pour les territoires des îles Wallis-et-Futuna, il est spécifié qu'il peut être fait appel à une personne agréée par le président du tribunal de première instance.

S'agissant du département de Mayotte, l'article 880, dernier alinéa du Code de procédure pénale prévoit que ces attributions « peuvent être exercées par une personne choisie par la personne gardée à vue, qui n'est pas mise en cause pour les mêmes faits ou pour des faits connexes et qui n'a fait l'objet d'aucune condamnation, incapacité ou déchéance mentionnée au bulletin n° 2 du casier judiciaire. Les dispositions de l'article 63-4-4 sont applicables à la personne choisie, qui en est informée par l'officier de police judiciaire ».

On rappelle que « sans préjudice de l'application de l'article 434-7-2 du Code pénal, le fait pour une personne, qui a été appelée à intervenir dans les conditions prévues à l'alinéa précédent, de faire état auprès de quiconque de l'entretien, des auditions ou du contenu des procès-verbaux consultés dans le but d'entraver le cours de la justice est puni d'un an d'emprisonnement et de 15 000 € d'amende » (CPP, art. 880 et 814).

5 La possibilité de bénéficier, le cas échéant gratuitement, de conseils juridiques dans une structure d'accès au droit

2640 Il s'agit là d'un droit nouveau créé par la loi du 27 mai 2014 qui ne semble pas être particulièrement contraignant au regard de ses contours assez flous. Selon les travaux parlementaires « ce droit est reconnu depuis longtemps en droit français par l'article 53 de la loi du 10 juillet 1991 relative à l'aide juridique » et il résulte également de l'article 3-b) de la directive 2012/13/UE du 22 mai 2012 dite « B », aux termes duquel « les États membres veillent à ce que les suspects ou les personnes poursuivies reçoivent rapidement des informations concernant (...) le droit de bénéficier de conseils juridiques gratuits et les conditions d'obtention de tels conseils ».

Il ressort de l'étude d'impact de la loi du 27 mai 2014 que ce droit n'est pas un préalable à l'audition libre et qu'il ne saurait en conséquence retarder ou reporter cet acte d'enquête. En revanche, si la personne est préalablement convoquée et que la date indiquée sur la convocation le lui permet, elle pourra se renseigner auprès d'organismes fournissant ce type de conseil gratuitement.

6 Le cas échéant, le droit d'être assisté par un interprète

2641 Ce droit à l'assistance d'un interprète prévu plus généralement à l'article 803-5 du Code de procédure pénale est similaire au droit prévu lors d'une mesure de garde à vue ; nous renvoyons donc sur ce sujet à la fiche consacrée à la mesure de garde à vue (V. *infra*, n°s 3040 et s.).

7 Remise d'un formulaire de notification des droits

2642 La circulaire de la DACG du 19 décembre 2014 prévoit un « formulaire général » de notification des droits, dans son annexe 3. Ce document ne nous apparaît pas être la consécration d'une obligation légale puisque l'article 61-1 du Code de procédure pénale ne renvoie pas à l'article 803-6 du même code à la différence de l'article 63-1 relatif à la garde à vue (V. *infra*, n° 3037). De même, contrairement à son intitulé, ce formulaire ne saurait valoir « notification des droits » puisque, rédigé en termes génériques, il ne mentionne pas les informations devant être notifiées à la personne auditionnée librement prévues par le 1° de l'article 61-1 du Code de procédure pénale (V. *supra*, n° 2624).

Ce document à vocation informative participe, à n'en pas douter, d'une meilleure compréhension de la part de la personne entendue librement quant à ses droits mais il ne saurait, en cas de non-remise, entraîner la nullité de l'acte d'enquête.

B L'extension de l'audition libre

2643 La question se pose de savoir ce qu'il convient de faire si, à l'occasion de l'audition libre, de nouveaux faits apparaissent. La nouvelle qualification pénale ou la qualification pénale supplémentaire doit-elle être notifiée à la personne ? Dès lors que l'article 65 ne renvoie pas à l'article 61-1 du Code de procédure pénale, il peut être soutenu qu'il n'y a pas lieu de transposer à l'audition libre la jurisprudence de la chambre criminelle relative à l'extension de garde à vue d'autant que ces textes sont issus de la même loi (V. *infra*, nos 2839 et s.). À l'inverse, il pourrait être retenu qu'éluder de telles dispositions restreindrait les droits de la personne entendue surtout quand les éléments nouveaux sont susceptibles d'aggraver la peine encourue (V. *infra*, n° 2843).

C La convocation aux fins d'audition libre

2644 L'avant-dernier alinéa de l'article 61-1 du Code de procédure pénale dispose que :

« Si le déroulement de l'enquête le permet, lorsqu'une convocation écrite est adressée à la personne en vue de son audition, cette convocation indique l'infraction dont elle est soupçonnée, son droit d'être assistée par un avocat ainsi que les conditions d'accès à l'aide juridictionnelle, les modalités de désignation d'un avocat d'office et les lieux où elle peut obtenir des conseils juridiques avant cette audition ».

Il s'ensuit que, d'une part, une telle convocation n'est pas obligatoire avant de procéder à une audition et, que, d'autre part, si elle est adressée à la personne mise en cause, elle doit remplir certaines exigences. La circulaire de la DACG du 19 décembre 2014 détaille :

« Afin de limiter des délais d'attente excessifs liés à la désignation d'office d'un avocat, l'avant-dernier alinéa de l'article 61-1 du code de procédure pénale prévoit que si le déroulement de l'enquête le permet, une convocation écrite peut être adressée à la personne soupçonnée. Outre la mention de l'infraction dont la personne est soupçonnée, celle-ci mentionne notamment son droit d'être assistée par un avocat ainsi que les conditions d'accès à l'aide juridictionnelle, les modalités de désignation d'un avocat d'office et les lieux où elle peut obtenir des conseils juridiques avant cette audition. Cette information préalable est de nature à permettre aux personnes suspectées de s'organiser suffisamment en amont de leur convocation pour se présenter dans les services de police ou les unités de gendarmerie accompagnées de leur avocat. Il convient donc d'y recourir chaque fois que possible et d'appeler l'attention des personnes convoquées sur la nécessité d'entreprendre au plus tôt les démarches nécessaires pour l'obtention de l'aide à l'intervention de l'avocat au cours de l'audition libre. L'envoi de cette convocation est laissé à la seule appréciation des enquêteurs en fonction des nécessités de l'enquête et sous réserve des éventuelles instructions pouvant leur être données par le procureur de la République ou le juge d'instruction. Il est rappelé, conformément à la circulaire du 23 mai 2014 précitée, que la personne peut être convoquée sans qu'il ne lui soit donné aucune indication sur les raisons de cette convocation ».

Dans cette dernière hypothèse visée par la DACG, il s'agit d'une convocation verbale, faite par personne ou par téléphone par exemple.

On indiquera ici que cette convocation ne doit pas être utilisée pour faire comparaître une personne afin de la placer en garde à vue. Une telle pratique, en ce qu'elle méconnaît le principe de loyauté dans la recherche de la preuve, ne doit pas être avalisée. Si les enquêteurs veulent convoquer une personne pour la placer en garde à vue, il leur revient alors de ne pas indiquer dans la convocation que celle-ci concerne l'audition libre et de recourir alors à la simple convocation déposée dans la boîte aux lettres ou en mains propres si les circonstances le permettent (Cass. crim., 24 avr. 1996, n° 96-80.672). La simple convocation, qui ne prévoit pas le cadre légal de l'audition, n'a dès lors pas à remplir les exigences de l'article 61-1, avant-dernier alinéa.

Cette convocation peut être faite par un assistant d'enquête (CPP, art. 21-3), (V. *supra*, nos 295 et s.) qui peut, le cas échéant, contacter l'interprète.

III Déroulement de l'audition libre

2645 Bien moins complexe et contraignant procéduralement que celui de la garde à vue, le déroulement de l'audition libre mérite cependant quelques observations tenant au moment de la notification des droits (A), à l'arrivée de l'avocat (B), aux auditions (C) et enfin à la clôture de cet acte d'enquête (D).

A Le moment de la notification des droits

2646 Il se déduit du premier alinéa de l'article 61-1 du Code de procédure pénale que les droits de la personne entendue librement doivent lui être notifiés avant toute audition. Ce

même article précise que cette notification doit être actée au procès-verbal. Aussi, à la différence de la mesure de garde à vue, il n'y a pas lieu, ici, d'établir un procès-verbal de déroulement comme l'impose l'article 64 du Code de procédure pénale pour la garde à vue, pas plus qu'il n'y a lieu de faire émarger spécifiquement chaque information ou droit notifié à la personne.
Si la circulaire précitée de la DACG laisse planer un doute sur les modalités de cette notification lorsqu'il est fait usage de la convocation, les travaux parlementaires précisent clairement que les informations concernant les droits de la personne suspecte convoquée qui figurent sur la convocation n'ont pas à « être réitérées par oral au début de l'audition ».

CONSEIL Dans l'attente d'une décision de la chambre criminelle, il est utile de s'assurer que la personne convoquée qui se présente sans avocat a bien pris connaissance des mentions figurant dans la convocation.

CONSEIL Il est opportun de préciser lorsque la personne entendue décline son identité si celle-ci est « déclarée », « vérifiée », voire « manifestement fausse ».

2647 Ainsi que nous l'avons déjà exposé, le procès-verbal d'audition libre doit indiquer les conditions dans lesquelles la personne comparaît devant les enquêteurs afin que l'autorité judiciaire puisse contrôler l'absence de toute contrainte (V. *supra*, n°s 2592 et s.). Le procès-verbal doit donc mentionner que la personne a, soit été conduite sans contrainte par la force publique devant les enquêteurs, soit s'est présentée d'elle-même dans les locaux – avec ou sans convocation – et que, dans les deux cas, elle accepte de rester à leur disposition.

B Arrivée de l'avocat

2648 Si la personne a été préalablement convoquée conformément aux modalités de l'avant-dernier alinéa de l'article 61-1 du Code de procédure pénale, elle peut se présenter d'emblée avec son avocat, lorsque l'infraction sur laquelle elle doit être entendue lui ferait encourir une peine d'emprisonnement. En tout état de cause, la présence de l'avocat peut être sollicitée une fois que la personne s'est vue notifier ses droits dans les locaux de police ou de gendarmerie.

2649 **Absence de délai de carence.** Dès lors, se pose la question du délai de deux heures, qui est prévu par l'article 63-4-2, alinéa 2 du Code de procédure pénale. De manière unanime, il apparaît que si l'enquêteur n'a pas à attendre un délai de deux heures avant de débuter l'audition libre, sauf à anéantir une grande partie de la souplesse juridique et judiciaire de cet acte d'enquête, il est recommandé de laisser un délai à l'avocat pour arriver. Ce délai peut être convenu avec l'avocat lui-même lorsqu'il est informé.

2650 **Renonciation à l'assistance d'un avocat.** Une fois la personne informée de ses droits, par convocation ou lors de son arrivée dans les locaux pour y être entendue, elle peut indiquer ou décider de ne pas être assistée d'un avocat. Comme pour la garde à vue, la renonciation qui doit être univoque, n'est pas définitive, la personne pouvant à tout moment solliciter l'assistance d'un avocat (V. *infra*, n°s 2954 et s.).

2651 L'article 61-1, 5° du Code de procédure pénale précise que la personne « peut accepter expressément de poursuivre l'audition hors la présence de son avocat ». Les travaux parlementaires indiquent que cette précision vise « à sécuriser le dispositif en précisant bien qu'il est possible d'auditionner le suspect, hors la présence de son avocat, soit qu'il ait renoncé expressément à la présence de son avocat, soit qu'il ait décidé expressément de poursuivre son audition après avoir contacté son avocat, pour répondre à certaines questions, sans attendre son arrivée afin d'aller plus vite ».
La circulaire DACG précise que :

> « Dans un souci évident de garantie des droits de la personne et de sécurité juridique des procédures, et conformément aux dispositions du 5° de l'article 61-1 du code de procédure pénale, cet accord pour poursuivre l'audition sans avocat doit être exprès et mentionné sur procès-verbal, en début d'audition [il pourra s'agir par exemple de la mention suivante : "Vous m'informez/Je prends acte de l'indisponibilité de mon avocat, Maître XXX/ l'avocat désigné d'office. J'accepte néanmoins que mon audition se poursuive hors sa présence"]. Cette renonciation ne revêt pas un caractère irrévocable. Comme en matière de garde à vue, dans le cas où l'avocat de la personne viendrait à se manifester alors que son audition a débuté, il apparaît nécessaire :
> – de permettre à cette dernière de bénéficier de l'assistance de l'avocat, et par conséquent d'interrompre le cas échéant l'audition afin que l'avocat puisse s'entretenir avec son client et prendre connaissance de ses procès-verbaux d'audition ;

– ou de s'assurer et d'acter en procédure que la personne consent à poursuivre l'audition hors l'assistance de son conseil.

À défaut pour la personne soupçonnée de consentir à son audition hors l'assistance d'un avocat, il apparaît nécessaire de la convoquer à une date ultérieure ».

Nous rappelons ici que, conformément à l'article D. 15-5-5 du Code de procédure pénale, la personne auditionnée librement est informée lors de la notification des droits qu'elle peut à tout moment solliciter l'assistance d'un avocat si les conditions de l'article 61-1, 5° du Code de procédure pénale sont réunies.

C Audition, confrontation et autres actes d'investigation

1 Auditions et confrontations

2652 **Visioconférence.** L'audition libre peut être réalisée en recourant au dispositif de visioconférence conformément à l'article 706-71 du Code de procédure pénale (V. *supra*, n°s 2506 et s.).

2653 **Prestation de serment au cours d'une information ?** Parce que la prestation de serment méconnaissait le droit de se taire, le Conseil constitutionnel a censuré l'article 153 du Code de procédure pénale (Cons. const., 4 nov. 2016, n° 2016-594 QPC). Aussi, les mêmes causes produisant les mêmes effets, il nous semble que la personne auditionnée librement ne doit pas prêter serment, lorsque cette audition a lieu dans le cadre d'une information judiciaire.

a) Auditions

2654 À nouveau, nous renvoyons à la garde à vue s'agissant des principes, et notamment celui de loyauté, qui guident l'audition ou les auditions de la personne entendue librement (V. *infra*, n° 3146). Comme mentionné précédemment, l'audition libre n'est encadrée par aucun délai (V. *supra*, n°s 2613 et s.) ; aussi les enquêteurs peuvent, avec l'accord de la personne, l'entendre à plusieurs reprises voire sur deux journées différentes, par exemple en lui donnant rendez-vous le lendemain pour terminer de lui poser leurs questions.

Comme pour la mesure de garde à vue, le procès-verbal doit en principe contenir les questions auxquelles il est répondu conformément à l'article 429 du Code de procédure pénale, mais on sait que la chambre criminelle juge que les dispositions de ce texte ne sont pas prévues à peine de nullité (Cass. crim., 21 sept. 2005, n° 04-85.149 : *AJ pénal* 2006, p. 127, obs. Roussel ; *RSC* 2006, p. 410, note Buisson. – Cass. crim., 27 mai 2008, n° 07-84.300 : *Bull. crim.* n° 132 ; *RSC* 2009, p. 891, obs. Buisson ; *AJ pénal* 2008, p. 428).

b) Confrontations

2655 L'assistance de la personne entendue librement est prévue lors des auditions mais aussi lors des confrontations avec d'autres personnes mises en cause, libres ou gardées à vue, témoins ou victimes. Notamment, l'article 61-2 du Code de procédure pénale dispose que la victime qui doit être confrontée à un suspect faisant l'objet d'une audition libre et bénéficiant de l'assistance d'un avocat (ce qui est possible pour celui entendu librement sur des crimes et délits punis d'emprisonnement) peut, elle aussi, dans cette hypothèse, être assistée par un avocat, comme il est prévu par l'article 63-4-5 en cas de garde à vue.

Le texte précise que la victime doit être informée de ce droit avant la confrontation. Une fois cette information donnée, elle pourra désigner l'avocat de son choix. Lorsqu'elle est mineure, ce choix revient à son représentant légal, mais elle pourra demander à ce que le bâtonnier lui en désigne un d'office. Dans cette dernière hypothèse, le dernier alinéa de l'article 61-2 du Code de procédure pénale dispose que la victime doit être informée « que les frais seront à sa charge sauf si elle remplit les conditions d'accès à l'aide juridictionnelle ».

2 Signalisation

2656 L'article 55-1 du Code de procédure pénale prévoit que les opérations de signalement peuvent être réalisées à l'égard de toute personne suspecte (V. *supra*, n° 1890). Dès lors, la personne auditionnée librement peut être soumise aux opérations de signalisation prévues à l'article 55-1 auxquels renvoient les articles 76-2 et 154-1. Son ADN peut, quant à lui, être prélevé si l'infraction soupçonnée est de celles visées aux articles 706-54 et suivants du Code de procédure pénale.

Ces opérations doivent nécessairement être réalisées après la clôture de l'audition et, rappelons-le, avec l'autorisation du magistrat du parquet lorsque l'enquête est diligentée dans le cadre préliminaire, conformément à l'article 76-2. Les modalités étant les mêmes que pour la mesure de garde à vue, nous y renvoyons (V. *infra*, n° 3172).

Toutefois, à la suite de la décision du Conseil constitutionnel (Cons. Const., n° 2022-1034 QPC, 10 févr. 2023), la signalisation ne peut être réalisée sous la contrainte. Si la personne oppose un refus, elle ne pourra pas être signalisée (V. *supra*, n° 1908).

3 Autres actes

2657 Si les conditions de l'audition libre sont réunies et qu'il y a lieu de procéder à un tapissage (V. *supra*, n° 2438) ou une reconstitution (V. *supra*, n°s 1813 et s.), la personne concernée devra se voir notifier spécifiquement les droits prévus à l'article 61-3 du Code de procédure pénale.

D Fin de l'audition libre

1 Articles 63-4-3 et 63-4-4 du Code de procédure pénale

2658 Pour mémoire, on rappellera que, comme pour la mesure de garde à vue, l'avocat peut poser des questions et formuler des observations à la fin de l'audition de la personne. De même, pendant toute la durée de l'audition libre, notamment lorsque celle-ci se déroule en plusieurs fois, l'avocat est tenu au secret. Ces deux dispositions étant issues du régime de la mesure de garde à vue, nous y renvoyons (V. *infra*, n°s 3127 et s. et 3154).

2 Clôture du PV de l'audition libre

2659 L'article 77 du Code de procédure pénale renvoyant notamment à l'article 63-8, il y a lieu, avant de clôturer l'acte d'enquête proprement dit qu'est l'audition libre, comme pour la garde à vue, de notifier à la personne les dispositions de l'article 77-2 du même code relatives à la communication de la procédure lorsqu'il s'agit d'une enquête préliminaire (V. *infra*, n° 3210).
Dans les autres cas, le magistrat, qu'il soit du parquet ou juge d'instruction, décidera des suites à donner en fonction des éléments recueillis lors de cette audition une fois qu'elle lui aura été transmise par les services ou unités d'enquête, car, à la différence de la garde à vue, le magistrat n'est pas nécessairement informé immédiatement de la réalisation de cet acte d'enquête.

IV Audition libre du mineur

2660 Le régime de l'audition libre des mineurs est identique à celui des majeurs à l'exception des points qui concernent l'information des représentants légaux ou des personnes et services assimilés, l'assistance d'un avocat et de droits supplémentaires.

2661 Les articles L. 412-1 et L. 412-2 du Code de la justice pénale des mineurs définissent le régime juridique de l'audition libre applicable aux mineurs. Ces articles ne fixent pas de seuil d'âge à partir duquel un mineur peut être entendu librement. Tout mineur, quel que soit son âge, peut être auditionné comme personne mise en cause.

CONSEIL Si la contrainte ne peut être exercée que sur un mineur de plus de dix ans, il semble toutefois prudent de s'assurer de la capacité de compréhension, sans aller jusqu'au discernement qui ne concerne que la responsabilité pénale du mineur. Il est ici utile de recourir à des enquêteurs spécialisés dans le recueil de la parole de l'enfant.

A Information des représentants légaux ou des personnes et services assimilés

2662 Lorsqu'un mineur est entendu librement en application de l'article 61-1 du Code de procédure, l'officier ou l'agent de police judiciaire en informe par tout moyen ses représentants légaux, la personne ou le service auquel le mineur est confié.
La circulaire de la DACG du 27 mai 2019 précise :

> « Si la convocation en vue d'une audition est adressée par courrier, elle devra être adressée au mineur ainsi qu'à ses parents ou représentants légaux. La convocation adressée au mineur comme celle adressée aux représentants légaux fera mention de leur droit de désigner un avocat lorsque l'enquête est relative à un crime ou un délit puni d'une peine d'emprisonnement.
> Dans le cas contraire, les représentants légaux pourront être informés par tout moyen ».

B Assistance obligatoire d'un avocat

2663 Comme pour la mesure de garde à vue, l'assistance de l'avocat est obligatoire. L'article L. 412-2 du Code de la justice pénale des mineurs en règle les détails en disposant que :

« Lorsque l'enquête concerne un crime ou un délit puni d'une peine d'emprisonnement et que le mineur n'a pas sollicité l'assistance d'un avocat en application des articles 61-1 et 61-3 du code de procédure pénale, cette demande peut également être faite par ses représentants légaux, qui sont alors avisés de ce droit lorsqu'ils sont informés en application de l'article L. 412-1. Lorsque le mineur ou ses représentants légaux n'ont pas sollicité la désignation d'un avocat, le procureur de la République, le juge des enfants, le juge d'instruction ou l'officier ou l'agent de police judiciaire en informe par tout moyen et sans délai le bâtonnier afin qu'il en commette un d'office ».

Cependant, comme pour le majeur, le droit à l'assistance d'un avocat est limité aux auditions et aux éventuelles confrontations portant sur des crimes ou des délits punis d'emprisonnement.

C Autres droits du mineur auditionné librement

2664 L'article R. 412-1 du Code de la justice pénale des mineurs prévoit que :

« Lors de l'audition libre d'un mineur, lui sont notifiés dans des termes simples et accessibles, outre les droits prévus à l'article 61-1 du code de procédure pénale, les droits suivants :
1° Le droit à ce que les représentants légaux ou l'adulte approprié mentionné à l'article L. 311-2 soient informés et le droit d'être accompagné par ceux-ci lors de ses auditions dans les conditions prévues par l'article L. 311-1 ;
2° Le droit à la protection de sa vie privée garanti par l'interdiction de diffuser les enregistrements de ses auditions, par la tenue des audiences en publicité restreinte et par l'interdiction de publier le compte-rendu des débats d'audience ou de tout élément permettant son identification ».

2665 S'agissant de la désignation de l'adulte approprié et du droit d'être accompagné pendant les auditions nous renvoyons ici à la garde à vue, les dispositions étant les mêmes (V. *infra*, n° 2901).

2666 **Pas d'enregistrement audiovisuel.** En revanche, contrairement aux dispositions prévues pour la garde à vue d'un mineur, ces auditions ne sont pas enregistrées.

D Mentions particulières au procès-verbal

2667 Comme pour le majeur, la notification des droits doit figurer en bonne place au procès-verbal ainsi que les modalités de comparution du mineur (présentation spontanée, demande des enquêteurs, convocation écrite). De même, doivent figurer au procès-verbal les informations communiquées au représentant légal.

2668 Il est recommandé à l'enquêteur de vérifier que le mineur sait lire et écrire et, à défaut, de le mentionner au procès-verbal en indiquant qu'il lui a été fait lecture de ses droits, le cas échéant, en présence de son représentant légal qu'il faudra informer de la mesure et auquel il faudra notifier les informations relatives au droit à l'assistance d'un avocat, pour les crimes et délits punis d'emprisonnement, et le droit d'accompagner le mineur pendant l'audition.

2669 Une fois l'audition clôturée, les procès-verbaux sont émargés par le mineur. Les dispositions du Code de justice des mineurs sont silencieuses sur ce point, mais il nous semble opportun que le représentant légal présent à l'audition signe également le procès-verbal. S'il n'a pas été présent parce que l'officier ou l'agent de police judiciaire s'y est opposé, il lui en est donné lecture et, à nouveau, il est recommandé de le faire émarger pour attester de sa prise de connaissance des déclarations faites et, le cas échéant, d'acter le refus (V. *supra*, n° 1541).

L'ESSENTIEL 2670 Le critère de distinction entre la mesure de garde à vue et l'audition libre fait appel à la notion de contrainte telle qu'elle apparaît à l'article 62-2, alinéa 1er du Code de procédure pénale et au dernier alinéa de l'article 61-1 du même code. Par ailleurs, l'audition libre est possible pour toutes les infractions, ce qui n'est pas le cas de la garde à vue.

2671 Née officiellement en 2010 sous la plume du Conseil constitutionnel, l'audition libre a fait son apparition dans le Code de procédure pénale par la loi du 27 mai 2014 (V. *supra*, n° 2576).

2672 Les conditions qui président à l'audition libre sont :
- l'existence de raisons plausibles de soupçonner une personne ;
- la commission de toute infraction (crime, délit puni ou non d'emprisonnement et contravention) ou la tentative punissable (crime et délit lorsque cela est prévu par la loi) ;

L'audition libre

– l'absence de conduite sous contrainte, par la force publique, devant l'officier de police judiciaire.

2673 Toutefois, la loi prévoit des cas où il est possible de procéder à une audition libre alors qu'une contrainte a été exercée (V. *supra*, n°s 2600 et s.).

2674 Le législateur n'a pas fixé de durée à l'audition libre, mais l'enquêteur doit veiller à solliciter le renouvellement du consentement à rester à sa disposition dès lors que l'audition se prolonge dans le temps (V. *supra*, n° 2614).

2675 Tant l'officier de police judiciaire que l'agent de police judiciaire peuvent décider de recourir à l'audition libre. Lorsque celle-ci est diligentée dans le cadre d'une commission rogatoire, il semble que seul l'officier de police judiciaire soit compétent.

2676 Les droits devant être notifiés à la personne auditionnée doivent l'être avant toute audition et sont prévus à l'article 61-1 du Code de procédure pénale. Ils sont pour partie ceux prévus pour la mesure de la garde à vue. Le principe de liberté est ici affirmé par le droit de la personne de quitter à tout moment les locaux dans lesquels elle est entendue (V. *supra*, nos 2625 et s.).

2677 Le droit à l'assistance d'un avocat (en cas d'infraction punie d'emprisonnement) vaut pour les auditions et les confrontations, mais le droit à un entretien confidentiel n'a pas à être notifié à la personne (V. *supra*, n° 2630). Si l'avocat ou la personne sollicite de s'entretenir confidentiellement, il est conseillé à l'enquêteur d'y faire droit en fixant une durée de trente minutes, le cas échéant. De plus, la personne peut bénéficier de conseils juridiques gratuits dans des structures idoines (V. *supra*, n° 2640). Enfin, lorsque la personne entendue est un majeur protégé et que l'enquêteur dispose de cette information, il doit aviser le tuteur ou le curateur.

2678 L'article 61-1, 5° du Code de procédure pénale précise que les frais de l'avocat désigné d'office par le bâtonnier sont à la charge de la personne sauf si elle remplit les conditions d'accès à l'aide juridictionnelle.

2679 Comme pour la garde à vue, la personne peut être assistée d'un interprète, le cas échéant, et un formulaire improprement appelé de « notification » des droits est communiqué à la personne. Il a une valeur informative (V. *supra*, n° 2642).

2680 Pour gagner du temps sur les formalités, l'article 61-1 du Code de procédure pénale prévoit que la personne peut être convoquée par écrit. Le contenu de cette convocation est fixé par ce même article (V. *supra*, n° 2644).

2681 Le procès-verbal d'audition libre doit mentionner que la personne s'est présentée volontairement ou qu'elle a été conduite sans contrainte dans les locaux et qu'elle accepte de rester à la disposition des enquêteurs. Les droits doivent lui être notifiés avant le début de l'audition *stricto sensu*. Il n'y pas lieu d'appliquer le délai de deux heures avant de débuter l'audition (V. *supra*, nos 2649 et s.). Enfin, la personne peut renoncer à l'assistance d'un avocat mais conserve la possibilité de changer d'avis (V. *supra*, nos 2650 et s.).

2682 Les auditions et confrontations sont dirigées par l'officier ou l'agent de police judiciaire et l'avocat peut poser des questions avec leur accord. Des opérations de signalisation peuvent être effectuées une fois l'audition libre terminée à condition que la personne concernée soit d'accord (V. *supra*, nos 2654 et s.).

2683 **Audition libre des mineurs.** Prévue aux articles L. 412-1 et L. 412-2 du Code de la justice pénale des mineurs, cette audition libre est autorisée pour tous les mineurs et pour toutes les infractions. Il s'agit toutefois pour l'enquêteur d'apprécier la capacité du mineur à comprendre ce dont il s'agit. Le recours à une unité spécialisée dans l'audition des mineurs les moins âgés est recommandé (V. *supra*, nos 2662 et s.).

2684 La première différence avec le majeur tient à l'information obligatoire des représentants légaux ou de la personne ou du service auquel le mineur est confié. Il peut s'agir, le cas échéant, d'un adulte approprié (V. *supra*, nos 2665 et s.).

2685 La seconde différence tient à l'assistance obligatoire du mineur par un avocat pour les crimes et délits punis d'une peine d'emprisonnement (V. *supra*, n° 2663). Quant à l'article L. 412-1 du Code de la justice pénale des mineurs, il prévoit quelques droits supplémentaires et notamment celui, pour les parents et assimilés, d'accompagner le mineur pendant l'audition.

2686 L'enquêteur veillera à s'assurer que le mineur sait lire et écrire avant de lui faire émarger les procès-verbaux. Le représentant légal ou la personne qui accompagne le mineur est également invité à signer le procès-verbal. Tout refus est acté (V. *supra*, nos 2667 et s.).

POUR ALLER PLUS LOIN...

Répertoire

• M. Jacquelin : *Rép. pén.* Dalloz.

Ouvrages

• F. Desportes et F. Lazerges-Cousquer, *Traité de procédure pénale*, Economica, 2012, n° 2528.

• F. Desportes et L. Lazerges-Cousquer, *Traité de procédure pénale*, Economica, 2015, nos 2455-7 et s., 2520-3 et s., 2539, 2540.

Revue

• A. Gogorza, *Arrestation et garde à vue : des fondements et de la régularité des interpellations pendant la phase policière : Dr. pén.* oct. 2012, n° 10, étude 23, §15.

Circulaires

• Circ. DACG CRIM 2000-13 F1, 4 déc. 2004, relative à la loi du 15 juin 2000 (NOR : JUSD0030205C).

• Circ. CRIM-2011-13/E6, 23 mai 2011.

• Circ. Gendarmerie nationale n° 51251-GEND-OE-SDPJ-PJ, 31 mai 2011 relative à la loi relative à la garde à vue, p. 5.

• Circ. 19 déc. 2014 de présentation des dispositions de la loi n° 2014-535 du 27 mai 2014 portant transposition de la directive 2012/13/UE du Parlement européen et du Conseil, du 22 mai 2012 relative au droit à l'information dans le cadre des procédures pénales, Annexe 2, Modèle de convocation.

• Circ. DACG, 20 mars 2017, relative à l'audition de personnes soupçonnées par les fonctionnaires et agents dotés de pouvoirs de police judiciaire en vertu de l'article 28 du Code de procédure pénale.

• Circ. DACG CRIM 2019-3/Cab, 25 mars 2019, Présentation des dispositions de la loi n° 2019-222 du 23 mars 2019 de programmation 2018-2022 et de réforme pour la justice et du décret n° 2019-507 du 24 mai 2019 relatives à la procédure pénale applicables aux mineurs.

Fiche 54
La garde à vue

Sommaire

2687 Acte majeur de l'enquête judiciaire, la mesure de garde à vue est sans aucun doute aussi l'acte d'enquête le plus complexe juridiquement. Cette complexité est accentuée par l'instabilité juridique de la norme pénale dont les sources sont nombreuses. De plus, la jurisprudence de la chambre criminelle en la matière est foisonnante, ce qui peut donner lieu à quelques contradictions et hésitations dans l'interprétation de certaines dispositions.

2688 Malgré ces difficultés, tout enquêteur doit parfaitement maîtriser cet acte d'enquête au cours duquel les erreurs commises sont souvent sanctionnées par la nullité de tout ou partie de la mesure, voire des actes d'enquête subséquents (Cass. crim., 30 mars 2021, n° 20-86.407. – Cass. crim., 17 mars 2021, n° 20-82.679. – Cass. crim., 18 mars 2009, n° 08-83.172) (sur la question, V. *supra*, n° 471). Dans la présente fiche, le cas des mineurs et celui des outre-mer seront évoqués lorsqu'ils diffèrent de celui des majeurs.

I

Approche globale de la mesure de garde à vue

2689 Profondément réformée par la loi n° 2011-392 du 14 avril 2011, la mesure de garde à vue reste aujourd'hui un acte d'enquête mobilisant la contrainte auquel il est très largement recouru notamment lorsque les faits qui lui sont reprochés sont d'une particulière gravité.

À cette loi, s'est ajoutée celle n° 2014-535 du 27 mai 2014 créant l'article 61-1 du Code de procédure pénale, qui a introduit l'audition libre dans notre législation. Cette loi a transposé la directive 2012/13/UE du Parlement européen et du Conseil du 22 mai 2012, relative au droit à l'information dans le cadre des procédures pénales. Elle fait l'objet d'une fiche dédiée (V. *supra*, n°s 2573 et s.).

2690 Il existe deux statuts différents permettant de recueillir les déclarations d'une personne mise en cause dans le cadre d'une enquête pénale, la garde à vue et l'audition libre. Il revient à l'officier de police judiciaire, éventuellement sur instruction du magistrat, de choisir entre ces deux modalités de recherche et de recueil de la preuve, en fonction des circonstances, c'est-à-dire de faits juridiques qui s'imposent à lui.

2691 Le critère de distinction entre la mesure de garde à vue et l'audition libre fait appel à la notion de contrainte telle qu'elle apparaît à l'article 62-2, alinéa 1er du Code de procédure pénale qui dispose que :

> « La garde à vue est une mesure de contrainte décidée par un officier de police judiciaire, sous le contrôle de l'autorité judiciaire, par laquelle une personne à l'encontre de laquelle il existe une ou plusieurs raisons plausibles de soupçonner qu'elle a commis ou tenté de commettre un crime ou un délit puni d'une peine d'emprisonnement est maintenue à la disposition des enquêteurs ».

2692 Avant la loi du 14 avril 2011, cette notion de contrainte n'apparaissait pas expressément dans le Code de procédure pénale mais résultait, de façon très claire, de la jurisprudence de la chambre criminelle de la Cour de cassation (Cass. crim., 28 juin 2000, n° 99-81.688 : *Bull. crim.* n° 251. – Cass. crim., 25 oct. 2000, n° 00-84.726. – Cass. crim., 11 oct. 2000, n° 00-82.238. – Cass. crim., 11 oct. 2000, n° 00-83.187. – Cass. crim., 18 oct. 2000, n° 99-85.350. – Cass. crim., 6 déc. 2000, n° 00-82.997. – Cass. crim., 6 mai 2003, n° 02-87.567 : *Bull. crim.* 2003, n° 93. – Cass. crim., 2 sept. 2004, n° 03-86.721. – Cass. crim., 7 sept. 2004, n° 03-85.956. – Cass. crim., 15 sept. 2004, n°s 04-84.012 et 03-86.221. – Cass. crim., 23 mai 2007, n°s 06-88.816 et 04-86.923. – Cass. crim., 13 mai 2009, n° 08-86.103. – Cass. crim., 6 nov. 2013, n°s 13-84.320 : *Bull. crim.* 2013, n° 220. – Cass. crim., 18 févr. 2014, n° 13-80.343). Auparavant, le décret organique portant règlement sur le service de la gendarmerie nationale indiquait dans son article 124, alinéa 4 :

> « Doit être considérée en état de garde à vue toute personne qui n'est pas laissée libre de se retirer, notamment à la fin de son audition ».

2693 En somme, c'est lorsque l'enquêteur a besoin de recourir à la contrainte (V. *infra*, n°s 2733 et s.), qui parfois s'impose à lui, ainsi que le prévoit l'article 73, alinéa 2 du Code de procédure pénale (mais également les articles 70, 77-4 et 135-1 du même code), qu'il devra utiliser la garde à vue. Il s'agit d'une approche juridique à laquelle s'adosse une approche judiciaire, car il n'est pas rare que la personne mise en cause se présente d'elle-même dans une unité de gendarmerie ou dans un service de police, qu'elle consente à rester à la disposition des enquêteurs, mais que ceux-ci décident néanmoins de recourir à la mesure de garde à vue.

2694 De plus, depuis le 1er janvier 2015, les garanties offertes à la personne mise en cause, auditionnée lors d'une mesure de garde à vue ou lors d'une audition libre, sont identiques s'agissant des droits de la défense au sens de l'article 6, § 3 de la Convention européenne des droits de l'homme qui concerne la « personne accusée », au sens de l'article 6, § 1, indépendamment du fait qu'elle soit contrainte ou non (CEDH, 27 févr. 1980, n° 6903/75, *Deweer c/ Belgique*, série A, n° 35, § 42 et 44 et CEDH, 14 oct. 2010, n° 1466/07, *Brusco c/ France*), suite à l'entrée en vigueur des dispositions prévues au 5° de l'article 61-1 du Code de procédure pénale permettant à la personne auditionnée librement d'être assistée par un avocat.

2695 En France, la mesure de garde à vue dépasse la seule notion d'acte d'enquête permettant de recueillir les déclarations de la personne mise en cause. Cet aspect « psycho-sociologique » de la garde à vue, issu de plusieurs décennies de pratique judiciaire, n'est pas à négliger, bien que nous nous proposions uniquement ici d'en faire une analyse juridique. En effet, cette approche extra-juridique permet d'expliquer, ou de tenter d'expliquer certaines pratiques qui conduisent à préférer recourir à la mesure de garde à vue plutôt qu'à l'audition libre. Si le droit de demander à être placé en garde à vue n'existe pas (encore) dans le Code de procédure pénale, les enquêteurs et magistrats privilégient parfois cet acte en arguant qu'il serait plus protecteur. Ainsi, certains auteurs évoquent, pour expliquer l'augmentation du nombre des gardes à vue entre 1994 et 2009 de 110 %, « le goût du paradoxe » car la garde à vue a été souvent décidée « pour assurer la protection des droits de la personne et mettre ainsi la procédure à l'abri de l'annulation ».

2696 Un autre argument tient à la pression médiatique, qu'on le déplore ou qu'on s'en félicite, en ce qu'il peut apparaître comme difficilement compréhensible par le citoyen lambda qu'une personne qui a commis un crime soit entendue sous le régime de l'audition libre, alors que cela est juridiquement parfaitement possible. Le Conseil constitutionnel observait à cet égard que :

> « Le simple fait que la même mesure de contrainte (mêmes conditions de placement en garde à vue, même durée, mêmes droits et même contrôle de l'autorité judiciaire) s'applique à l'assassin comme au débiteur de pension alimentaire à jour de ses obligations mais qui n'a pas déclaré son adresse à son ex-conjoint souligne un problème aigu de proportionnalité... » (comm. de Cons. const., 30 juill. 2010, n° 2010-14/22 QPC, *M. Daniel W. et a.*).

2697 Enfin, selon une approche plus juridique, ces quelques hésitations qui peuvent exister quant au choix de recourir à la mesure de garde à vue ou à l'audition libre s'expliquent également par le fait que la mesure de garde à vue n'est pas qu'un acte d'enquête visant au recueil des déclarations de la personne mise en cause. Elle est bien plus que cela.

2698 Les travaux qui ont présidé à la loi du 14 avril 2011 attestent parfaitement de cette nature ambivalente de la garde à vue, dont on trouve d'ailleurs trace dans l'article 62-2, 2° qui dispose que :

> « Cette mesure doit constituer l'unique moyen de parvenir à l'un au moins des objectifs suivants :
> 1° Permettre l'exécution des investigations impliquant la présence de la personne ;
> 2° Garantir la présentation de la personne devant le procureur de la République afin que ce magistrat puisse apprécier la suite à donner à l'enquête ; (...) ».

2699 Cette mesure n'est donc pas réservée à la preuve, elle peut aussi permettre de recueillir des preuves matérielles. Ainsi, sous réserve que les autres conditions de l'article 62-2 soient remplies, une personne peut être placée en garde à vue aux fins de réalisation d'un autre acte d'enquête qu'une audition. Cette possibilité a toujours existé comme en atteste la jurisprudence de la chambre criminelle validant une garde à vue prise uniquement en vue du déferement devant le procureur de la République (Cass. crim., 22 mai 2001, n° 00-87.932).

2700 Dans une telle hypothèse, la garde à vue opère plus comme une mesure de sûreté que comme une mesure d'enquête en ce qu'elle permet à la personne mise en cause d'être présentée au magistrat qui décide alors des suites à donner à la procédure. Mais plus que les suites à donner, la présentation au magistrat du parquet est motivée soit par les modalités de poursuite (la comparution immédiate ou le rappel à la loi par le magistrat du parquet), soit par la volonté de prononcer des mesures de sûreté (contrôle judiciaire, par exemple) dans l'attente du jugement. Cette même logique est observée au cours de l'instruction, où la présentation au juge d'instruction succède très souvent et immédiatement à la fin de la mesure de garde à vue.

2701 D'ailleurs, lorsqu'il détermine les six objectifs – initiaux – permettant de recourir à la mesure de garde à vue, le législateur s'inspire de l'article 144 du Code de procédure pénale relatif à la détention provisoire. La garde à vue, mesure de sûreté, joue tel un « sas » entre deux phases de la procédure judiciaire et constitue une pierre angulaire de la stratégie procédurale, voire de celle de l'enquête entière.

2702 Ensuite, c'est la nature de la mesure de garde à vue, en ce qu'elle constitue une privation de liberté, certes temporaire, mais pouvant aller jusqu'à 96 heures voire 120 heures selon le régime dérogatoire applicable, qui en fait un acte d'enquête différent des autres. Cette privation de liberté, qui se traduit par le placement dans une cellule, mais aussi ses conditions parfois considérées

La garde à vue

comme « indignes » (Rapports du Contrôleur général des lieux de privation de liberté, 2008 et 2009) ont été au cœur des arguments soulevés à l'appui de la question prioritaire de constitutionnalité sur la garde à vue accueillie en 2010.

2703 Le Conseil constitutionnel n'a toutefois pas retenu l'argument de l'indignité développé à l'occasion de cette question prioritaire de constitutionnalité (Cons. const., 30 juill. 2010, n° 2010-14/22 QPC, *M. Daniel W. et a. [Garde à vue]*, consid. 19 et 20). Si cet argument n'a pas entraîné la censure, il n'en demeure pas moins que la dégradation des conditions des gardes à vue a eu un impact sur la réforme engagée.

2704 Le législateur a d'ailleurs introduit dans le Code de procédure pénale les articles 63-5 à 63-7 relatifs au respect de la dignité de la personne gardée à vue et plus particulièrement aux mesures de sécurité, auxquelles renvoie un arrêté du 1er juin 2011 (V. *infra*, n° 3161).

II

La décision de placement en garde à vue

2705 Pour appréhender parfaitement la mesure de garde à vue, il nous semble important de connaître sa définition, qui est officiellement apparue dans le Code de procédure pénale à l'occasion de la loi du 14 avril 2011 ainsi que ci-dessus précisé. L'article 62-2 du Code de procédure pénale dispose que :

> « La garde à vue est une mesure de contrainte décidée par un officier de police judiciaire, sous le contrôle de l'autorité judiciaire, par laquelle une personne à l'encontre de laquelle il existe une ou plusieurs raisons plausibles de soupçonner qu'elle a commis ou tenté de commettre un crime ou un délit puni d'une peine d'emprisonnement est maintenue à la disposition des enquêteurs ».

2706 Cette définition conditionne la première étape de la garde à vue : la décision de placement en garde à vue. Les conditions de placement en garde à vue ont connu des évolutions multiples qui ne seront pas étudiées dans cet ouvrage car ce n'est pas sa vocation.

A Les conditions de placement en garde à vue

2707 Il est possible de placer une personne en garde à vue dès lors que certaines conditions sont réunies. Cependant, il se peut que le placement en garde à vue soit obligatoire.

1 L'infraction doit être un crime ou un délit puni d'emprisonnement

2708 Outre la définition de la mesure de garde à vue, la loi du 14 avril 2011 a également mis fin à quelques hésitations juridiques portant sur la nature de l'infraction permettant de recourir à cet acte d'enquête. En effet, le texte de l'article 77, alinéa 1er du Code de procédure pénale, dans sa rédaction antérieure à la loi de 2010, disposait que :

> « L'officier de police judiciaire peut, pour les nécessités de l'enquête, garder à sa disposition toute personne à l'encontre de laquelle il existe une ou plusieurs raisons plausibles de soupçonner qu'elle a commis ou tenté de commettre une **infraction** ».

2709 Désormais la lettre de l'article 62-2 du Code de procédure ne fait plus de doute : seuls les crimes et les délits punis d'emprisonnement peuvent donner lieu à un placement en garde à vue.

2710 Ces crimes et ces délits sont ceux du Code pénal, bien sûr, mais également ceux contenus dans les lois spéciales, codifiées ou non. Leur part augmente d'ailleurs sans cesse. Il revient ainsi à l'enquêteur et au magistrat d'aller vérifier, lorsqu'il s'agit de lois spéciales, le quantum de la peine encourue et de ne pas se fier à sa seule nature délictuelle.

2711 Enfin, les modalités de consommation de l'infraction sont ici indifférentes, le législateur ayant de tout temps prévu que l'infraction motivant le placement en garde à vue pouvait être consommée ou simplement tentée, si la loi punit la tentative. Il revient à nouveau à l'enquêteur et au magistrat de s'assurer que la tentative est bien punissable, conformément aux articles 121-4 et 121-5 du Code pénal, lorsqu'il envisage de recourir à la garde à vue pour une infraction « tentée ».

2 Existence de raisons plausibles de soupçons à l'encontre de la personne

2712 La « nature » des soupçons a évolué au cours de l'histoire de la garde à vue. Aujourd'hui l'article 62-2 du Code de procédure pénale impose l'existence de raisons plausibles de soupçonner la personne, s'alignant en cela sur l'article 5, § 1 de la Convention européenne des droits de l'homme.
En conséquence, en l'absence de soupçons, il n'est pas possible de placer en garde à vue un « simple témoin », ainsi que l'indique l'article 62, alinéa 1er du Code de procédure pénale, issu de la loi n° 2014-535 du 27 mai 2014 qui dispose que :

> « Les personnes à l'encontre desquelles il n'existe aucune raison plausible de soupçonner qu'elles ont commis ou tenté de commettre une infraction sont entendues par les enquêteurs sans faire l'objet d'une mesure de contrainte ».

2713 D'ailleurs, l'article 62, alinéa 2 du Code de procédure pénale prévoit que les simples témoins peuvent être retenus sous contrainte le temps strictement nécessaire à leur audition, sans que cette durée puisse excéder quatre heures si les nécessités de l'enquête le justifient. Une contrainte est donc possible à l'égard d'un témoin, mais elle est allégée par rapport à celle applicable à la personne soupçonnée (V. *supra*, nos 2821 et 2446).

2714 **Les raisons plausibles : de quoi s'agit-il concrètement ?** La chambre criminelle n'a, semble-t-il, jamais donné de définition des « raisons plausibles ». Puisqu'il s'agit d'éléments relevant de l'appréciation des juges du fond, elle se borne à vérifier que ceux-ci les ont bien matérialisées (Cass. crim., 4 janv. 2005, n° 04-84.876 : *Bull. crim.* n° 3 ; *AJ pénal* 2005, 160). C'est aussi la lecture de la Cour européenne des droits de l'homme (CEDH, 6 nov. 2007, n° 8207/06, *Stepuleac c/ Moldava*).

2715 Lors de la discussion du projet de loi pour la sécurité intérieure en 2003, qui a donné lieu au remplacement du mot « indices » par « raisons plausibles », le garde des Sceaux de l'époque a indiqué que « les indices et les raisons plausibles recouvrent exactement la même chose » (*JOAN* CR, 17 janv. 2003, p. 244). Toutefois, pour tenter de cerner cette notion de raisons plausibles, il est utile de se tourner vers la jurisprudence de la Cour de Strasbourg.

Dans son arrêt du 30 août 1990, *Fox, Campbell et Hartley* c/ *Royaume-Uni*, la Cour européenne des droits de l'homme indique que les simples soupçons ne sont pas suffisants, à la différence des « soupçons plausibles ». Autrement dit, la Cour, si elle n'impose pas nécessairement d'indices matériels, exige toutefois que ces soupçons soient objectivés :

> « La Cour estime que l'existence de soupçons plausibles présuppose celle de faits ou renseignements propres à persuader un observateur objectif que l'individu en cause peut avoir accompli l'infraction. Ce qui peut passer pour "plausible" dépend toutefois de l'ensemble des circonstances » (CEDH, 30 août 1990, nos 12244/86 ; 12245/86 ; 12383/86, *Fox, Campbell et Hartley c/ R.U.*, § 32 et CEDH, 23 févr. 2010, n° 20259/06, *Aytimur c/ Turquie*. – CEDH, 22 mai 2015, *Ilgar Mammadoc c/ Azerbaïdjan*, n° 15172/13 § 88).

La Cour complète son raisonnement et précise que :

> « Ce qui est "plausible" dépend de l'ensemble des circonstances, mais les faits donnant naissance à des soupçons ne doivent pas être du même niveau que ceux nécessaires pour justifier une condamnation ou même pour porter une accusation » (CEDH, 28 nov. 2017, n° 72508/13, *Merabishvili c/ Géorgie*, § 184).

2716 Quant à la direction des affaires criminelles et des grâces, elle indique dans sa circulaire du 4 décembre 2000 que :

> « La loi n'exige toutefois pas que les indices relevés contre une personne présentent une certaine gravité pour permettre son placement en garde à vue, qui reste possible, quelle que soit l'importance ou la nature des indices en cause, dès lors que les nécessités de l'enquête ou de l'instruction le justifient. Il peut ainsi s'agir d'indices matériels mais également de la mise en cause d'un tiers (victime ou témoin), des déclarations de l'intéressé que contrediraient les constatations des enquêteurs, du comportement anormal de la personne sur le lieu des faits, etc. ».

2717 Comme l'ajoutent certains auteurs, « à ce stade, l'apparence suffit », mais ces raisons plausibles doivent résulter d'éléments objectifs comme des constatations matérielles, des témoignages ou le comportement de la personne. S'il n'est pas nécessaire qu'existent des indices graves ou concordants, la simple intuition de l'enquêteur ne saurait être suffisante.
Enfin, il faut préciser que l'officier n'a pas à énumérer ces raisons plausibles ou à les justifier dans son procès-verbal de garde à vue. Le magistrat chargé du contrôle effectif de la mesure, à savoir le procureur de la République ou le juge

d'instruction, tout comme les juridictions qui la contrôlent ultérieurement se fondent sur les éléments contenus dans la procédure. En somme, l'enquêteur n'a pas à motiver expressément sa décision, qui doit toutefois reposer sur des éléments objectifs.

3 Unique moyen de parvenir à l'un au moins des six objectifs fixés par la loi

2718 À nouveau, il s'agit là d'une innovation de la loi du 14 avril 2011 qui a objectivé les « nécessités de l'enquête » qui figuraient dans l'ancienne rédaction de l'article 63 du Code de procédure pénale en les déclinant sous la forme de six objectifs qui sont les suivants :

« 1° Permettre l'exécution des investigations impliquant la présence ou la participation de la personne ;
2° Garantir la présentation de la personne devant le procureur de la République afin que ce magistrat puisse apprécier la suite à donner à l'enquête ;
3° Empêcher que la personne ne modifie les preuves ou indices matériels ;
4° Empêcher que la personne ne fasse pression sur les témoins ou les victimes ainsi que sur leur famille ou leurs proches ;
5° Empêcher que la personne ne se concerte avec d'autres personnes susceptibles d'être ses coauteurs ou complices ;
6° Garantir la mise en œuvre des mesures destinées à faire cesser le crime ou le délit ».

2719 Le fait que la garde à vue constitue l'unique moyen de parvenir à l'un au moins de ces six objectifs rappelle le caractère subsidiaire de cette mesure à l'aune du principe de proportionnalité qui figure à l'article préliminaire, III, alinéa 4 du Code de procédure pénale :

« Les mesures de contraintes dont la personne suspectée ou poursuivie peut faire l'objet sont prises sur décision ou sous le contrôle effectif de l'autorité judiciaire. Elles doivent être strictement limitées aux nécessités de la procédure, proportionnées à la gravité de l'infraction reprochée et ne pas porter atteinte à la dignité de la personne ».

2720 Concernant ces objectifs, aussi dénommés « motifs de placement en garde à vue » ainsi que cela apparaît au 1° du I de l'article 64 du Code de procédure pénale, la circulaire de la direction des affaires criminelles et des grâces précise :

« En premier lieu, lorsque la décision de placer en garde à vue est prise d'office par un officier de police judiciaire, il lui appartient de viser le ou les motifs qui justifient le placement en garde à vue. Lorsque la garde à vue est prise sur décision du procureur de la République, il revient à ce dernier de préciser, par tout moyen, à l'officier de police judiciaire le ou les motifs pertinents. Dans tous les cas, le ou les motifs retenus doivent être actés en procédure.
En deuxième lieu, le choix de tous les motifs pertinents est bien sûr recommandé mais la mention en procédure d'un seul motif est suffisante pour justifier le placement en garde à vue. Ainsi, l'absence de mention d'un motif qui aurait pu être également retenu ne vicie bien évidemment pas le placement en garde à vue dès lors que l'un des motifs prévus à l'article 62-2 a été visé.
En troisième lieu, le ou les motifs sont appréciés au moment de la décision de placement en garde à vue. Ainsi, il est indifférent qu'au cours de la garde à vue, un motif retenu initialement ne s'avère plus pertinent, dès lors qu'il existe toujours au moins un motif justifiant le maintien de la mesure.
En dernier lieu, l'article 62-2 n'exige pas que la décision de placement en garde à vue soit motivée en fait. Il importe uniquement qu'apparaissent clairement en procédure au moins l'un des six objectifs prévus à l'article 62-2 ».

2721 **Quel contrôle sur l'existence des motifs/objectifs ?** La loi du 14 avril 2011 a substitué le critère de nécessité de la mesure de garde à vue à celui, plus précis, de l'existence d'un unique moyen de parvenir à l'un – au moins – des six objectifs fixés par l'article 62-2 du Code de procédure pénale.
Autrefois la chambre criminelle, sous l'empire du critère de la nécessité, affirmait que :

« La décision de placer en garde à vue une personne à l'encontre de laquelle il existe une ou plusieurs raisons plausibles de soupçonner qu'elle a commis ou tenté de commettre une infraction relève d'une faculté que l'officier de police judiciaire tient de la loi et qu'il exerce, dans les conditions qu'elle définit, sous le seul contrôle du procureur de la République ou, le cas échéant, du juge d'instruction, la cour d'appel a excédé ses pouvoirs » (Cass. crim., 4 janv. 2005, n° 04-84.876 : *Bull. crim.* n° 3).

2722 Mais aujourd'hui, la chambre criminelle de la Cour de cassation exerce un contrôle de légalité sur le critère de l'unique moyen. Tout en respectant le pouvoir d'appréciation des juges du fond, elle s'assure de la motivation de leur décision, lorsqu'il s'agit de juger si la mesure de garde à vue était ou non l'unique moyen de parvenir à l'un des six objectifs fixés par l'article 62-2 du Code de procédure pénale. Elle approuve notamment l'annulation d'une garde à vue aux motifs qu' :

« … en l'état de ces énonciations, exemptes d'insuffisance comme de contradiction et procédant de son appréciation souveraine des faits et circonstances de la cause, dont il résulte que, lors du placement en garde à vue de M. X..., seul moment à prendre en considération pour le contrôle de légalité de la mesure, celle-ci, dans le cadre de laquelle il a été procédé aux auditions de l'intéressé, n'était pas, en l'état des éléments dont disposaient alors les officiers de police judiciaire ayant décidé d'y recourir, l'unique moyen de garantir sa comparution éventuelle devant le procureur de la République au terme de ces investigations » (Cass. crim., 7 juin 2017, n° 16-87.588 ; V. égal. Cass. crim., 28 mars 2017, n° 16-85.018. – Cass. crim., 20 déc. 2017, n° 16-81.680).

2723 Aussi, à l'instar des « raisons plausibles », l'enquêteur n'a pas à expliciter son choix de retenir tel ou tel objectif ou motif de placement en garde à vue ; il suffit simplement que celui-ci existe et que l'autorité judiciaire puisse le contrôler à la lumière des éléments figurant en procédure et s'assurer qu'il constitue bien l'unique moyen. Autrement dit, il ne revient pas à l'enquêteur de motiver expressément sa décision au sein du procès-verbal de déroulement de garde à vue, le 1° du I de l'article 64 du Code de procédure pénale imposant uniquement que figure au procès-verbal un des six objectifs et qu'il soit porté à la connaissance du gardé à vue, qui l'émarge alors spécialement (V. *infra*, n°s 3199 et s.).

4 Les mineurs

2724 **Plusieurs hypothèses sont à distinguer en fonction de l'âge du mineur :**
– le mineur âgé de moins de dix ans ne peut faire l'objet d'aucune mesure de contrainte. Lorsqu'il est mis en cause, il ne peut être entendu que sous le régime de l'audition libre (V. *supra*, n°s 2660 et s.) ;
– le mineur ayant entre dix et treize ans peut exceptionnellement faire l'objet d'une mesure de contrainte qui est une rétention ;
– le mineur âgé de plus de treize ans peut être placé en garde à vue mais la prolongation de la mesure n'est possible que si le mineur est âgé de plus de seize ans, et selon certaines circonstances (V. *infra*, n° 2806).

a) Mineur âgé de dix à treize ans

2725 L'article L. 413-1, alinéa 1er du Code de la justice pénale des mineurs dispose que :

> « À titre exceptionnel, le mineur âgé de dix à treize ans à l'encontre duquel il existe une ou plusieurs raisons plausibles de soupçonner qu'il a commis ou tenté de commettre un crime ou un délit puni d'au moins cinq ans d'emprisonnement peut, si cette mesure est l'unique moyen de parvenir à l'un au moins des objectifs mentionnés à l'article 62-2 du code de procédure pénale, être retenu à la disposition d'un officier de police judiciaire, avec l'accord préalable et sous le contrôle du procureur de la République ou du juge d'instruction, pour une durée que ce magistrat détermine et qui ne peut excéder douze heures ».

Mais la rétention se distingue de la garde à vue en ce que :
– l'infraction en raison de laquelle la rétention est décidée est un crime ou un délit puni d'au moins cinq ans d'emprisonnement et non un crime ou un délit puni d'une peine d'emprisonnement ;
– la rétention est décidée, non pas par l'officier de police judiciaire comme mentionné à l'article 63 du Code de procédure pénale, mais par le magistrat dont l'officier de police judiciaire doit recueillir l'accord préalable.
Cette rétention s'exécute sous le contrôle du magistrat du parquet ou d'un juge d'instruction spécialisé dans la protection de l'enfance ou d'un juge des enfants.
Les autres conditions de la garde à vue sont applicables et il doit donc exister des raisons plausibles de soupçonner que ce mineur a commis ou tenté de commettre une infraction et la rétention doit permettre de parvenir à au moins un des six objectifs prévus à l'article 62-2 du Code de procédure pénale.

b) Mineurs de plus de treize ans

2726 L'article L. 413-6 du Code de la justice pénale des mineurs dispose que :

> « Le mineur âgé d'au moins treize ans peut être placé en garde à vue dans les cas et conditions prévus aux articles 62 à 66 du code de procédure pénale sous réserve des dispositions de la présente section ».

Cet article ne vient donc pas déroger à l'article 62-2 du Code de procédure pénale s'agissant des conditions de placement en garde à vue.

2727 **Doute sur l'âge du mineur.** Les analyses biométriques ou osseuses permettant de déterminer l'âge du mineur (qui ne l'est d'ailleurs peut-être pas) ne sont pas toujours réalisées pendant la durée de la mesure de garde à vue ; il y a alors lieu, en cas de doute légitime sur l'âge du mineur, d'appliquer le régime juridique le plus favorable (Cass. crim., 11 déc. 2019, n° 18-84.838. – Cons. const., 21 mars 2019, n° 2018-768 QPC. – Cass. 1re civ., 3 oct. 2018, n° 18-19.442). Ici, la consultation des différents fichiers notamment le TAJ et les fichiers administratifs peut apporter des précisions utiles sur l'âge du mineur, de même que peuvent être prises en compte les incohérences, variations, imprécisions tant des explications données que des documents produits (Cass. crim., 4 mars 2020, n° 19-80.311).

2728 **Le mineur devenu majeur.** Lorsque le suspect, mineur au moment des faits, est placé en garde à vue alors qu'il est devenu majeur, il y a lieu d'appliquer les règles prévues pour les majeurs. En effet, la chambre criminelle juge que « les règles édictées par l'article 4 de l'ordonnance du 2 février 1945 visent à protéger le mineur, non pas en raison de son manque de discernement au jour des faits, mais en raison de sa vulnérabilité supposée au moment de son audition » (Cass. crim., 25 oct. 2000, n° 00-83.253). Cette solution devrait rester valable sous l'empire du Code de la justice pénale des mineurs.

B Le placement en garde à vue et contrainte

2729 Le placement en garde à vue est une faculté pour l'officier de police judiciaire, qui peut néanmoins y être contraint légalement en raison de l'existence d'une contrainte préalable.

1 Le placement en garde à vue, une faculté

2730 La chambre criminelle a toujours indiqué que le placement en garde à vue était une faculté à la main de l'officier de police judiciaire. Ainsi a-t-elle jugé dans un arrêt du 28 juin 2000 « qu'aucune disposition du code de procédure pénale n'imposait à l'officier de police judiciaire de placer en garde à vue une personne qui s'est présentée librement aux services de police (...) » (Cass. crim., 28 juin 2000, n° 99-81.688).
Cette simple faculté résultait autrefois de la lettre de l'article 63 du Code de procédure pénale dans sa rédaction antérieure à la loi de 2011, qui disposait que :

> « L'officier de police judiciaire **peut**, pour les nécessités de l'enquête, placer en garde à vue toute personne à l'encontre de laquelle il existe une ou plusieurs raisons plausibles de soupçonner qu'elle a commis ou tenté de commettre une infraction. Il en informe dès le début de la garde à vue le procureur de la République ».

2731 Cette faculté est désormais clairement inscrite à l'article 73, alinéa 2 du Code de procédure pénale qui dispose que :

> « Lorsque la personne est présentée devant l'officier de police judiciaire, son placement en garde à vue, lorsque les conditions de cette mesure prévue par le présent code sont réunies, n'est pas obligatoire dès lors qu'elle n'est pas tenue sous la contrainte de demeurer à la disposition des enquêteurs et qu'elle a été informée qu'elle peut à tout moment quitter les locaux de police ou de gendarmerie ».

2732 Si la décision de placement en garde à vue reste une faculté, cela ne signifie aucunement que cette mesure soit à la discrétion de l'enquêteur. Aussi, lorsque l'officier de police judiciaire décide de placer en garde à vue, parce qu'il souhaite garder, par la contrainte, une personne mise en cause à disposition, il doit s'assurer que certaines conditions sont remplies.

2733 La Cour de cassation énonce avec constance que si le placement en garde à vue demeure une simple faculté pour l'officier de police judiciaire, il en va différemment lorsque la personne suspecte est soumise à une contrainte (Cass. crim., 10 juin 2008, n° 07-87.668. – Cass. crim., 6 déc. 2000, n° 00-86.221 : *Bull. crim.* n° 367. – Cass. crim., 31 mai 2007, n° 07-80.928 : *Bull. crim.* n° 146. – Cass. crim., 13 nov. 1996, n° 96-82.087 : *Bull. crim.* n° 401. – Cass. crim., 4 mars 1998, n° 97-85.695 : *Bull. crim.* n° 84. – Cass. crim., 6 mai 1997, n°s 97-81.026 et 96-80.369 : *Bull. crim.* n° 197. – Cass. crim., 28 juin 2000, n° 99-81.688) préalablement à son audition, peu important la durée de cette contrainte.
Ainsi la chambre criminelle a-t-elle jugé qu'« il résulte de l'article 63 du code de procédure pénale, dans sa rédaction issue de la loi n° 2000-516 du 15 juin 2000, applicable en la cause, que, lorsqu'elle est mise sous la contrainte à la disposition de l'officier de police judiciaire pour les nécessités de l'enquête, la personne à l'encontre de laquelle il existe des indices faisant présumer qu'elle a commis ou tenté de commettre une infraction doit être placée en garde à vue et recevoir notification de ses droits » (Cass. crim., 6 mai 2003, n° 02-87.567 : *Bull. crim.* 2003, n° 93).

2734 L'article 73, alinéa 2 du Code de procédure pénale, dans sa rédaction issue de la loi du 14 avril 2011 (Cons. const., 18 nov. 2011, nos 20 11-191/194/195/196/197 QPC, consid. 18 et 19), après avoir rappelé le caractère facultatif du placement en garde à vue, est venu consacrer cette jurisprudence en indiquant que « le présent alinéa n'est toutefois pas applicable si la personne a été conduite, sous contrainte, par la force publique devant l'officier de police judiciaire ». Tel est également le sens de la jurisprudence de la Cour européenne des droits de l'homme qui interdit le recours à l'audition libre s'il y a eu conduite sous contrainte (CEDH, 9 déc. 2021, n° 56138/16, *Jarrand c/ France*).

2735 En toute logique, l'article 61-1 du Code de procédure pénale relatif à l'audition libre rappelle ce principe et dispose que « le présent article n'est pas applicable si la personne a été conduite, sous contrainte, par la force publique devant l'officier de police judiciaire ». Reste désormais à définir cette contrainte et plus précisément les situations de contrainte qui imposent le placement en garde à vue.

2 Les cas de contrainte qui imposent un placement en garde à vue

2736 La circulaire de la DACG indique que :

> « Une personne doit être considérée comme ayant subi une mesure de contrainte par les agents de la force publique si :
> – ceux-ci l'ont contrainte à monter dans leur véhicule ;
> – ou si elle a été menottée durant le trajet ».

2737 Ainsi, une personne interpellée sur la voie publique ou à son domicile, et qui a été contrainte de suivre les gendarmes ou les policiers, c'est-à-dire que celle-ci y a été forcée sans qu'il soit nécessairement fait usage de menottes, doit être placée en garde à vue si l'officier de police judiciaire souhaite l'entendre immédiatement.

2738 Si les conditions du placement en garde à vue ne sont pas réunies au sens de l'article 62-2 du Code de procédure pénale, l'officier de police judiciaire devra faire cesser sur-le-champ la contrainte et, le cas échéant, remettre une convocation à la personne pour l'entendre librement ultérieurement. Tel peut ainsi être le cas d'une hypothèse de flagrance apparente, alors que l'infraction relevée n'est, après analyse de la situation, qu'une contravention (cas des violences volontaires contraventionnelles lorsqu'elles n'ont engendré aucune ITT, C. pén., art. R. 624-1) (V. *supra*, n° 853).

2739 La nouvelle rédaction de l'article 73 du Code de procédure pénale paraît de nature à clarifier ces situations parfois complexes s'agissant de la contrainte. En effet, l'article 73 tel qu'issu de la loi du 27 mai 2014, dispose désormais que c'est la personne « conduite sous la contrainte » qui, entendue immédiatement après sa présentation à l'officier de police judiciaire, doit être placée en garde à vue. Autrement dit, une personne qui n'est pas conduite sous la contrainte devant l'officier de police judiciaire puisqu'elle accepte de suivre les agents, n'a pas à être placée en garde à vue pour être entendue une fois arrivée à la brigade ou au commissariat, dès lors qu'elle consent à cette audition (Cass. crim., 14 oct. 1998, n° 98-81.370 et Cass. crim., 10 mai 2000, n° 00-809.03). Dans cette hypothèse, elle sera entendue sous le régime de l'audition libre.

2740 La précision selon laquelle l'interdiction de l'audition libre et l'obligation d'audition sous le régime de la garde à vue ne s'appliquent qu'en cas de conduite « sous contrainte », a été apportée pour mettre en évidence que ces règles ne jouent pas si la personne a été amenée avec son accord, sans contrainte, par les enquêteurs dans leurs locaux, même si elle y a été conduite dans le véhicule des agents interpellateurs (V. *supra*, n° 2603).

2741 **Contrainte exercée par la seule force publique.** Selon l'article 73 du Code de procédure pénale, seule la contrainte exercée par la force publique pour conduire la personne interpellée devant l'officier de police judiciaire entraîne obligation de placer en garde à vue. Aussi, le placement en garde à vue n'est pas obligatoire lorsque l'auteur d'un crime ou un délit flagrant puni d'une peine d'emprisonnement est appréhendé par toute autre personne qu'un agent de la force publique qui la conduit devant l'officier de police judiciaire. Selon la circulaire de la DACG, n'appartiennent pas à la force publique les agents de sécurité de la Régie autonome des transports parisiens (RATP) et de la Société nationale des chemins de fer (SNCF), ainsi qu'il a déjà été précisé (V. *supra*, n° 2599).

2742 Quant à la durée de la période entre l'appréhension ou l'interpellation et la conduite au commissariat ou à la brigade, elle doit être la plus réduite possible. Pour la chambre criminelle, elle doit correspondre uniquement au temps nécessaire à la mise à disposition de la police, de la personne arrêtée, sans pouvoir durer plusieurs heures, faute de quoi, il y aurait séquestration arbitraire (Cass. crim.,16 févr. 1988, n° 87-90.179).

2743 Quant aux mineurs, avant les lois des 14 avril 2011 et 23 mai 2014, la chambre criminelle avait jugé :

> « Attendu que, pour déclarer irrégulières les mesures de garde à vue, l'arrêt attaqué relève que les intéressés ont été présentés aux policiers par leur mère de façon coercitive et qu'étaient réunis à leur arrivée au service de police des indices graves laissant présumer leur participation aux faits reprochés ; qu'il

La garde à vue

retient que la méconnaissance des règles en matière de garde de vue a nécessairement porté atteinte aux intérêts des 2 mineurs ;
Mais attendu qu'en prononçant ainsi, alors qu'aucune pièce de la procédure n'établit que les mineurs aient été l'objet d'une mesure de contrainte, exercée par les enquêteurs, avant leur placement en garde à vue et qu'ils pouvaient dès lors être entendus par l'officier de police judiciaire avant ce placement, la chambre d'accusation a méconnu le sens et la portée des dispositions susvisées et des principes rappelés ci-dessus » (Cass. crim., 25 oct. 2000, n° 00-84.726, 1re esp.).
« Attendu que, pour rejeter la requête en annulation de cette audition, l'arrêt attaqué énonce que M. avait accepté de suivre les policiers jusqu'à leur service sans que la pose d'entraves soit nécessaire, le quittant ensuite librement après son audition, sans même en aviser les forces de l'ordre, depuis la simple salle d'attente où il se trouvait ; que les juges ajoutent que dans ce contexte, nonobstant l'absence de mention expresse quant à l'information du requérant de son droit de quitter à tout moment les locaux de police, il résulte de la procédure un faisceau d'indices établissant qu'il avait bien connaissance de cette faculté et qu'il avait parfaitement conscience, lors de son audition, de ne pas s'être trouvé dans une situation de contrainte pouvant imposer son placement en garde à vue ;
Mais attendu qu'en statuant ainsi, alors que le mineur, conduit par les policiers auprès d'un officier de police judiciaire pour être entendu sur une infraction qu'il était soupçonné d'avoir commise, se trouvait nécessairement dans une situation de contrainte et devait bénéficier des droits attachés au placement en garde à vue, prévus par l'article 4 de l'ordonnance du 2 février 1945, la chambre de l'instruction n'a pas tiré les conséquences légales de ses propres constatations ; » (Cass. crim., 6 nov. 2013, n° 13-84.320 : *Bull. crim.* 2013, n° 220, 2de esp.).

Cette jurisprudence se retrouve parfaitement dans la rédaction actuelle de l'article 73 du Code de procédure pénale.

2744 Dans le premier cas, la conduite sous contrainte ne résulte pas de la force publique, mais de la mère de famille, alors que dans la seconde espèce, si l'éducatrice a remis le mineur aux policiers, ce sont bien ces derniers qui l'ont conduit sous la contrainte devant l'officier de police judiciaire et l'audition qui y succédait ne pouvait donc l'être que sous le régime de la garde à vue.

2745 **L'exécution d'un mandat de recherche.** Celui-ci impose que la personne appréhendée à la suite de sa délivrance soit placée en garde à vue si l'officier de police judiciaire souhaite procéder à son audition immédiate. L'article 122, alinéa 2 du Code de procédure pénale dispose que le mandat de recherche est « l'ordre donné à la force publique de rechercher la personne à l'encontre de laquelle il est décerné et de la placer en garde à vue ».

2746 Toujours selon cet article, le mandat de recherche « peut être décerné à l'égard d'une personne à l'encontre de laquelle il existe une ou plusieurs raisons plausibles de soupçonner qu'elle a commis ou tenté de commettre une infraction ». La contrainte est ici intrinsèque au mandat de recherche qui implique qu'au moins l'un des motifs de l'article 62-2 du Code de procédure soit satisfait car, en tout état de cause, il s'agit de permettre la présentation de la personne au magistrat. Seul le cas où l'infraction est une contravention empêchera un placement en garde à vue.

3 Les cas de contrainte qui n'imposent pas un placement en garde à vue

2747 Il s'agit ici des cas où la personne suspecte est déjà placée dans une situation de contrainte préalablement à son audition par l'officier de police judiciaire ou l'agent de police judiciaire. Le législateur a prévu nombre de ces situations.

a) Audition sur des faits distincts

2748 L'article 65 du Code de procédure pénale prévoit le cas de la personne suspecte qui, placée en garde à vue pour des faits, est entendue pour des faits distincts de ceux qui ont justifié la garde à vue. Le législateur n'oblige pas à placer la personne une seconde fois en garde à vue, mais impose cependant qu'elle bénéficie de l'assistance d'un avocat dans toutes ses composantes, y compris le droit à un entretien confidentiel (Cass. crim., 2 mars 2021, n° 20-85.491 et Cass. crim., 31 oct. 2006, n° 06-80.176).

b) Audition à l'issue du placement en chambre de dégrisement

2749 Comme précédemment indiqué (V. *supra*, n° 2601), le placement en garde à vue n'est pas obligatoire quand il est mis fin à la rétention en chambre de sûreté.

c) Audition à l'issue des épreuves de dépistage

2750 Reprenant à nouveau la jurisprudence de la Cour de cassation (Cass. crim., 26 nov. 2003, n° 03-81.442. – Cass. crim., 11 mai 2004, n° 03-86.479. – Cass. crim., 2 sept. 2004, n° 03-86.721. – Cass. crim., 26 oct. 2005, n° 05-80.647. – Cass. crim., 24 oct. 2007, n° 07-82.310), le législateur a procédé de même avec les articles L. 234-18 et L. 235-5 du Code de la route, évoqués plus haut (V. *supra*, n° 2602) qui permettent de ne pas placer en garde à vue les personnes s'étant révélées positives aux dépistages alcoolémie et de produits classés comme stupéfiants.

d) Audition après arrestation/interpellation ou opération de contrôle

2751 Nous avons déjà indiqué que la contrainte liée à la seule interpellation ou arrestation n'entraîne pas obligation de placer en garde à vue la personne conduite sans contrainte devant l'officier de police judiciaire (V. *supra*, n° 2595).

2752 Cette solution doit, de notre point de vue, être étendue à tous les cas où le Code de procédure pénale prévoit une « rétention implicite » (pour permettre la mise à exécution de certains actes d'enquête. Tel est le cas de la rétention sur les lieux de perquisition (CPP, art. 56 et Cass. crim., 19 janv. 2000, n° 99-86.090. – Cass. crim., 14 oct. 1998, n° 98-81.370), de l'interdiction de s'éloigner des lieux de l'infraction (CPP, art. 61), des contrôles d'identité (CPP, art. 78-2 et s.) et des opérations de contrôle en matière de police route (C. route, art. L. 130-1 et R. 233-1). Si à l'occasion de ces contrôles, une infraction est découverte, le placement en garde à vue n'est obligatoire que si les agents sont obligés de recourir à la contrainte et donc de « conduire sous contrainte » la personne dans leurs locaux. Si celle-ci accepte de les suivre, y compris en montant volontairement dans leur véhicule, l'officier de police judiciaire ne sera pas dans l'obligation d'entendre la personne sous le régime de la garde à vue.
Il ne s'agit pas d'une privation de liberté, mais d'une simple restriction de liberté justifiée non pas par la nécessité de procéder à l'audition d'une personne suspecte mais à un autre acte d'investigation qui ne doit cependant durer que le temps strictement nécessaire à la réalisation dudit acte d'enquête (V. en ce sens : Cass. crim., 26 oct. 2016, n° 16-82.463. – V. *supra*, n° 2605).

À SAVOIR **Pour M. Buisson « lorsque la loi confère à l'officier ou à l'agent de police judiciaire un pouvoir de contrainte par un titre exprès, il lui attribue logiquement, par un titre de contrainte implicite, le moyen d'exercer ce pouvoir, pour ne pas créer un vide juridique défini comme "une inadéquation entre la mission légalement impartie et les moyens juridiques accordés" » (J. Buisson, *L'acte de police*, thèse, Université Jean Moulin-Lyon III, t. 2, p. 520). De même, et toujours selon cet auteur, ce pouvoir implicite de retenue « ne soulève aucune difficulté juridique, constitutionnelle ou conventionnelle, sous l'angle des garanties dues au citoyen en ce qu'elle n'organise jamais que le complément, l'annexe, d'un pouvoir explicite car, dans un État de droit, aucune contrainte ne peut être conférée implicitement à titre principal » (J. Buisson, *La vérification de l'état alcoolique comporte pouvoir de rétention : Procédures* oct. 2006, n° 10, comm. 19). En cela, ce pouvoir tient à une « restriction de liberté » prévue par l'article 2 du protocole additionnel n° 4 de la Convention EDH, dans la mesure où cette retenue implicite produit des restrictions « d'un degré ou d'intensité » moindre qu'une privation de liberté (CEDH, 6 nov. 1980, *Guzzardi c/ Italie*).**

2753 Rappelons qu'il est conseillé, dans ces hypothèses, de rédiger un procès-verbal dédié aux conditions dans lesquelles l'infraction a été découverte et mentionnant expressément que la personne a accepté de se rendre dans les locaux pour y être auditionnée sans contrainte (V. *supra*, n°s 2607, 2608).

e) Garde à vue et arrestation en haute mer

2754 Suite à la condamnation de la France par la Cour européenne des droits de l'homme pour violation de l'article 5, § 3 de la Convention en raison de la non-présentation devant un juge, après leur arrivée sur le sol français, de personnes qui avaient subi une durée de privation de liberté de plusieurs jours en mer (CEDH, 4 déc. 2014, n°s 17110/10 et 17301/10, *Ali Samatar et a. c/ France*, et CEDH, 4 déc. 2014, n°s 46695/10 et 54588/10, *Hassan et a. c/ France*), l'article L. 1521-18 du Code de la défense a été amendé.
Celui-ci précise désormais que, dès leur arrivée sur le sol français, les personnes faisant l'objet de mesures de coercition sont mises à la disposition de l'autorité judiciaire, et que si elles font l'objet d'une mesure de garde à vue à leur arrivée sur le sol français, elles sont présentées dans les plus brefs délais soit, à la requête du procureur de la République, au juge des libertés et de la détention, soit au juge d'instruction, qui peuvent ordonner leur remise en liberté. À défaut d'une telle décision, la garde à vue se poursuit.

2755 La circulaire de la DACG précise que :

« Le texte ne vise pas à confier au juge des libertés et de la détention ou au juge d'instruction devant lequel la personne est présentée un nouveau rôle dans la décision de placement en garde à vue : celle-ci reste une prérogative des officiers de police judiciaire.

Cependant, par le pouvoir d'ordonner une remise en liberté dont disposent ces juges dans ce cadre, ils ont vocation à contrôler, immédiatement après son commencement, la proportionnalité et nécessité d'une telle mesure.

En effet, les motifs d'une telle remise en liberté n'ayant pas été précisés, c'est sur les critères justifiant d'un placement en garde à vue, fixés à l'article 62-2 du code de procédure pénale qu'il conviendra de se fonder.

Ce dispositif permet de maintenir la possibilité de recourir à une mesure de garde à vue dont il apparaît difficile de se priver dans tous les cas, y compris s'agissant de faits particulièrement graves comme, par exemple, des faits de piraterie maritime ou de trafics de stupéfiants principalement concernés par les MRPL (NdA : mesures restrictives ou privatives de liberté). La garde à vue permet en outre de garantir le maintien de la personne soupçonnée à la disposition de la justice et apparaît particulièrement indiquée s'agissant de personnes arrêtées en haute mer qui sont souvent des ressortissants étrangers ne disposant pas de garanties de représentation suffisantes. Les parquets ne sont donc pas contraints d'ouvrir des informations judiciaires dès l'arrivée des personnes sur le territoire national aux fins de leur mise en examen et de leur placement en détention provisoire sans que le juge d'instruction puisse disposer d'éléments recueillis par les officiers de police judiciaire figurant dans la procédure ».

2756 La chambre criminelle (Cass. crim., 11 mars 2020, n° 18-84.307) a eu à connaître d'un arraisonnement en haute mer d'un navire dont les occupants étaient suspectés de se livrer à du trafic de stupéfiants. Dans cette espèce, elle a jugé ainsi :

« 54. Selon l'article L. 1521-18 du code de la défense, dès leur arrivée sur le sol français, les personnes faisant l'objet de mesures de coercition sur un bâtiment de l'État, en application des articles L. 1521-11 et suivants de ce code, sont mises à la disposition de l'autorité judiciaire. Si elles font l'objet d'une mesure de garde à vue, elles sont présentées dans les plus brefs délais, soit, à la requête du procureur de la République, au juge des libertés et de la détention, soit au juge d'instruction, qui peuvent ordonner leur remise en liberté.

55. Devant les juges du fond, les prévenus ont soutenu que la procédure était irrégulière, car ils n'avaient pas été présentés au juge des libertés et de la détention, à leur arrivée à Nouméa, le 23 octobre 2017.

56. Pour rejeter cette exception, la cour d'appel énonce qu'à leur arrivée à Nouméa, ils n'ont pas été soumis à un régime coercitif, mais qu'ils ont procédé, comme tout étranger entrant en Nouvelle-Calédonie, aux formalités douanières, et qu'ils n'ont fait l'objet d'une nouvelle mesure coercitive, une retenue douanière, qu'à compter de la découverte de produits stupéfiants dans le voilier, puis d'une garde à vue, et qu'ils ont été présentés au juge des libertés et de la détention, le 25 octobre 2017, aucune présentation devant le juge des libertés et de la détention n'ayant été nécessaire à leur arrivée sur le sol français, en l'absence de placement en garde à vue à ce moment.

57. En se déterminant ainsi, alors que les demandeurs, privés de liberté depuis l'arraisonnement, intervenu le 20 octobre 2017, ont été remis, par l'autorité navale, aux fonctionnaires de l'administration des douanes, le 23 octobre 2017, à leur arrivée à Nouméa, puis placés en rétention douanière et en garde à vue sans avoir été présentés au juge des libertés et de la détention, la cour d'appel a méconnu les textes précités ».

4 La convocation ultérieure… et des cas encore en suspens

a) La convocation ultérieure

2757 On a vu que l'officier de police judiciaire est dans l'obligation de placer la personne en garde à vue dès lors que, d'une part, elle a été conduite sous la contrainte devant lui, et d'autre part, que les conditions prévues à l'article 62-2 du Code de procédure pénale sont remplies, et que celui-ci souhaite l'entendre immédiatement.

2758 On a également vu que, dès lors que l'officier de police judiciaire estime que la personne, bien que conduite sous la contrainte devant lui, pourra être entendue ultérieurement, il peut décider de lui délivrer une convocation (V. *supra*, n°s 297 et s).

2759 Enfin, il arrive que les gendarmes ou policiers qui procèdent à l'interpellation se méprennent de bonne foi sur la nature de l'infraction flagrante (V. *supra*, n° 2738).

On renverra sur ces points à ce qui a été dit sur l'audition libre (V. *supra*, n°s 2610 et s.).

b) Cas encore en suspens

2760 Deux situations suscitent encore des interrogations : celle où la personne est hospitalisée et celle de la personne en détention.

Dans une espèce jugée le 25 octobre 2011 (Cass. crim., 25 oct. 2011, n° 11-82.780), la Cour de cassation a été confrontée à l'audition d'une personne hospitalisée. Il était soutenu que la contrainte de fait liée à l'hospitalisation imposait, au même titre que la contrainte exercée par la police, le placement de l'intéressé en garde à vue. La chambre criminelle n'a pas tranché la question, cassant la décision de la chambre de l'instruction parce qu'elle ne s'était pas assurée de l'aptitude médicale de la personne concernée à subir une audition dans des conditions compatibles avec l'article 3 de la Convention EDH.
Dans un arrêt rendu le 6 février 2002, qui concernait l'hypothèse d'une personne placée en détention provisoire que les enquêteurs souhaitaient entendre après extraction de la maison d'arrêt, la chambre criminelle a jugé que l'intéressé « ne s'étant opposé ni à son extraction de la maison d'arrêt ni à l'exécution de la perquisition et aux auditions qui ont suivi, les policiers, qui ne l'ont soumis à aucune contrainte autre que celle inhérente au mandat de dépôt dont il faisait l'objet, ont pu estimer qu'il n'y avait pas lieu de le placer en garde à vue » (Cass. crim., 6 févr. 2002, n° 01-87.991).

2761 Ces deux arrêts sont antérieurs aux réformes de la garde à vue et de l'audition libre. Aujourd'hui la personne suspectée a le droit, même quand elle n'est pas placée en garde à vue, d'être assistée d'un avocat dès lors qu'elle encourt une peine d'emprisonnement. Les interrogations suscitées par les situations dont la chambre criminelle a eu à connaître auparavant semblent pouvoir être résolues en recourant à l'audition libre.
Ainsi, si une personne hospitalisée doit être interrogée sur-le-champ ou si une personne détenue accepte d'être entendue dans un local de la prison ou dans une unité de gendarmerie ou un service de police, elle doit se voir notifier les droits prévus à l'article 61-1 du Code de procédure pénale. Comme déjà indiqué (V. *supra*, n° 2613) l'enquêteur devra se demander si la poursuite de l'audition libre au-delà d'un certain temps n'est pas de nature à transformer un consentement à être entendu en une contrainte de fait qui obligerait à basculer vers une garde à vue.
Le droit de quitter les locaux apparaît théorique en ce qui concerne une telle personne mais elle aura toujours la possibilité de refuser d'être entendue, ce qui aboutira au même résultat que si, entièrement libre de ses mouvements, elle quittait les locaux du service enquêteur.
En cas de refus d'audition par la personne hospitalisée, l'officier de police judiciaire devra attendre sa sortie de l'hôpital ou il devra la placer en garde à vue en milieu hospitalier avec les difficultés matérielles de garde que cela implique.
Si la personne détenue refuse d'être entendue en audition libre, l'officier de police judiciaire pourra, en théorie, l'extraire de force de sa cellule pour l'entendre sous le régime de la garde à vue. Il y aura cependant de grandes chances que la personne exerce alors son droit au silence et que l'extraction de force et le placement en garde à vue n'aient servi à rien. Ajoutons cependant que si une garde à vue est décidée, la personne détenue peut être entendue au sein de l'établissement pénitentiaire mais aussi extraite, et que dans ce dernier cas, il n'est pas nécessaire de la réintégrer chaque soir à l'établissement pénitentiaire mais uniquement à l'issue de la mesure (CPP, art. D. 215-28).

C Cas particuliers tenant au statut de la personne

1 La partie civile

2762 Le statut de partie civile n'est pas un obstacle au placement en garde à vue bien que l'article 152 du Code de procédure pénale prévoie que la partie civile ne peut être entendue par un officier de police judiciaire que si elle le demande. La chambre criminelle juge en effet que : « Ne constituent pas une cause de nullité le placement en garde à vue et l'audition par les policiers, sur commission rogatoire, d'une personne, dès lors qu'il existe à son encontre des indices faisant présumer qu'elle a commis l'infraction, objet de l'information, ou qu'elle y a participé, quand bien même se serait-elle constituée partie civile dans cette procédure » (Cass. crim., 28 avr. 2004, n°s 01-84554 et 04-80.789).
Aussi, dès lors que les conditions de l'article 62-2 du Code de procédure pénale sont remplies, la partie civile peut être placée en garde à vue (V. *supra*, n° 1026).

2 Immunité du Président de la République

2763 L'article 67 de la Constitution proclame que :

> « Le Président de la République n'est pas responsable des actes accomplis en cette qualité, sous réserve des dispositions des articles 53-2 et 68.
> Il ne peut, durant son mandat et devant aucune juridiction ou autorité administrative française, être requis de témoigner non plus que faire l'objet d'une action, d'un acte d'information, d'instruction ou de

La garde à vue

poursuite. Tout délai de prescription ou de forclusion est suspendu ».

Les instances et procédures auxquelles il est ainsi fait obstacle peuvent être reprises ou engagées contre lui à l'expiration d'un délai d'un mois suivant la cessation des fonctions ».

Pendant toute la durée de son mandat, aucune mesure de garde à vue ne peut être prise à son encontre quels que soient les faits reprochés. À l'issue de son mandat – sauf détention d'un autre mandat parlementaire – et uniquement pour des infractions sans rapport avec sa qualité de chef d'État, l'ancien président de la République redevient un justiciable ordinaire et pourra être placé en garde à vue selon les règles de droit commun, sans que soit nécessaire une quelconque autorisation de la part du magistrat en charge de l'enquête.

3 Immunité des membres du gouvernement

2764 L'article 68-1 de la Constitution du 4 octobre 1958 dispose que les membres du gouvernement sont pénalement responsables des actes commis dans l'exercice de leurs fonctions et qualifiés de crimes ou délits au moment où ils sont commis.

2765 **Membres du gouvernement.** Par membres du gouvernement, il faut entendre le Premier ministre, les ministres, ministres délégués, secrétaires d'État et vraisemblablement les hauts commissaires.

2766 **Dans l'exercice de leurs fonctions.** La notion d'exercice des fonctions est entendue restrictivement par la chambre criminelle de la Cour de cassation : il s'agit des affaires ayant un rapport direct avec la conduite des affaires de l'État relevant des attributions des membres du gouvernement, à l'exclusion des comportements concernant la vie privée, les mandats électifs locaux ou même les actes commis à l'occasion de l'exercice de leurs fonctions (Cass. crim., 26 juin 1995, n°s 95-82.333, 95-82.333. – Cass. crim., 6 févr. 1997, n° 96-80.615. – Cass. crim., 16 févr. 2000, n° 99-86.307). Les articles 18 et 21 de la loi organique n° 93-1252 du 23 novembre 1993 sur la Cour de justice de la République disposent que :

« Dans la mesure où il n'y est pas dérogé par le présent chapitre, la commission d'instruction procède à tous les actes qu'elle juge utiles à la manifestation de la vérité selon les règles édictées par le code de procédure pénale et spécialement celles relatives aux droits de la défense.

Ces pouvoirs sont exercés, jusqu'à la réunion de la commission d'instruction, par le président de cette commission.

Les auditions et interrogatoires des membres du Gouvernement sont effectués par la commission d'instruction. Il en va de même des confrontations auxquelles ils participent ».

2767 **Faits commis en dehors de l'exercice de leurs fonctions.** Les infractions réalisées en dehors de l'exercice des fonctions par les membres du gouvernement relèvent des juridictions de droit commun, selon les règles de compétence définies par le Code de procédure pénale.

4 Immunité parlementaire

2768 L'article 26, alinéa 2 de la Constitution proclame que :

« Aucun membre du Parlement ne peut faire l'objet, en matière criminelle ou correctionnelle, d'une arrestation ou de toute autre mesure privative ou restrictive de liberté qu'avec l'autorisation du Bureau de l'assemblée dont il fait partie. Cette autorisation n'est pas requise en cas de crime ou délit flagrant ou de condamnation définitive ».

2769 **Les conditions de placement en garde à vue.** Il est donc possible de mettre en œuvre une mesure coercitive à l'encontre d'un parlementaire durant son mandat :

– soit, sur autorisation préalablement obtenue du Bureau de l'assemblée (la demande doit être formulée par le procureur général près la cour d'appel compétente, transmise par le garde des Sceaux au président de l'Assemblée nationale ou du Sénat, instruite par une délégation du Bureau puis examinée par celui-ci. Il a pour seul rôle de se prononcer sur son caractère sérieux, loyal et sincère) à laquelle appartient le parlementaire concerné (le non-respect a pour effet la nullité des actes effectués en méconnaissance de cette disposition) ;

– soit, sans requérir d'autorisation, lorsqu'il s'agit d'un crime ou d'un délit commis en flagrance. Le magistrat n'a pas à solliciter l'autorisation du Bureau de l'assemblée parlementaire pour recourir à la mesure coercitive.

2770 Dès lors, sauf en flagrance, le magistrat doit obtenir préalablement l'autorisation du Bureau de l'assemblée parlementaire pour toutes mesures coercitives pendant la durée de l'enquête concernant un crime ou un délit.

2771 En pratique, en présence d'une personne faisant état de sa qualité de parlementaire et susceptible de faire l'objet d'une mesure de placement en garde à vue, l'officier de police judiciaire doit, en cas de crime ou délit flagrant, immédiatement aviser le magistrat du parquet de permanence et se conformer strictement à ses instructions.

2772 **Parlementaires européens.** Cette immunité est régie par l'article 9 du protocole sur les privilèges et immunités de l'Union européenne du 26 octobre 2012 et prévoit que, pendant la durée des sessions du Parlement européen, les membres de celui-ci bénéficient :
– sur leur territoire national, des immunités reconnues aux membres du Parlement de leur pays ;
– sur le territoire de tout État membre, de l'exemption de toute mesure de détention et de toute poursuite judiciaire sauf en cas de flagrant délit.
L'immunité s'applique également lorsqu'ils se rendent au lieu de réunion du Parlement européen ou en reviennent.

5 L'immunité diplomatique

2773 Elle est prévue par la Convention de Vienne du 18 avril 1961 ratifiée et publiée par décret n° 71-284 du 29 mars 1971. Cette immunité diplomatique s'applique non seulement à l'agent diplomatique, mais encore aux bénéficiaires suivants :
– aux membres de la famille de l'agent diplomatique qui font partie de son ménage, s'ils ne sont pas ressortissants de l'État accréditaire (art. 37, 1°) ;
– aux membres du personnel administratif et technique de la mission (cf. définition article 1, *f)* du décret du 29 mars 1971), ainsi qu'aux membres de leurs familles qui font partie de leurs ménages respectifs, s'ils ne sont pas ressortissants de l'État accréditaire ou n'y ont pas leur résidence permanente (art. 37, 2°) ;
– aux membres du personnel de service de la mission (cf. définition article 1, *g)* du décret du 29 mars 1971), qui ne sont pas ressortissants de l'État accréditaire ou n'y ont pas leur résidence principale, pour les actes accomplis dans l'exercice de leurs fonctions (art. 37, 3°).

2774 Cette immunité entraîne une inviolabilité personnelle de l'agent diplomatique (art. 29). Aussi, les bénéficiaires de cette inviolabilité ne peuvent faire l'objet d'une interpellation, d'une fouille à corps, d'une palpation de sécurité, d'un placement en garde à vue ou d'une mesure de rétention ou de détention de quelque nature qu'elle soit. Les actes accomplis au mépris de cette immunité sont frappés de nullité absolue.

6 Immunité consulaire

2775 Elle est prévue par la Convention de Vienne du 24 avril 1963 publiée par décret n° 71-288 du 29 mars 1971. Cette immunité consulaire s'applique aux bénéficiaires suivants :
– le chef de poste consulaire (le consul) ;
– les membres du poste consulaire (c'est-à-dire les fonctionnaires consulaires, les employés consulaires, et les membres du personnel de service, tels que définis à l'article 1 de la Convention de 1963).

2776 Comme l'immunité diplomatique, elle entraîne une inviolabilité personnelle qui est cependant moins absolue. En effet, les fonctionnaires consulaires peuvent être placés en garde à vue en cas de crime grave sur autorisation judiciaire. C'est donc au magistrat qu'il revient de prendre cette décision (art. 41.1). La notion de crime « grave » n'existe pas en droit français, puisque par définition dans notre Code pénal les crimes sont des infractions graves, et la chambre criminelle n'a pas eu à connaître de cette situation. Cependant, il est possible d'avancer que dès lors qu'un crime est commis sur le territoire national par un bénéficiaire de cette immunité, la décision expresse de l'autorité judiciaire d'autoriser son placement en garde à vue devrait suffire à respecter l'article 41.1 de la Convention de Vienne de 1963.

D Qui peut placer en garde à vue ?

2777 L'alinéa 1er du I de l'article 63 du Code de procédure pénale dispose que :

> « Seul l'officier de police judiciaire peut, d'office ou sur instruction du procureur de la République, placer une personne en garde à vue ».

Et l'article 154 prévoit qu'en cas d'exécution d'une commission rogatoire, les attributions conférées au procureur de la République en matière de garde à vue sont exercées par le juge d'instruction.
Aussi, depuis la loi du 14 avril 2011, figure expressément dans le Code de procédure pénale le fait que l'officier de police judiciaire peut recevoir instruction de placer en garde à vue.

1 L'officier de police judiciaire territorialement compétent

a) La compétence exclusive de l'officier de police judiciaire

2778 Il s'agit d'une compétence matérielle exclusive de l'officier de police judiciaire attachée à sa qualité et d'un critère de distinction majeure entre les pouvoirs de l'officier de police judiciaire et ceux de l'agent de police judiciaire et *a fortiori* de ceux de l'agent de police judiciaire adjoint. L'article 20 du Code de procédure pénale indique que « les agents de police judiciaire n'ont pas qualité pour décider des mesures de garde à vue », l'article D. 13 ajoutant même que les agents de police judiciaire des articles 20 et 21 « n'ont, **en aucun cas**, qualité pour décider des mesures de garde à vue ».

2779 Si cette formulation de la loi peut apparaître redondante, elle semble présenter toutefois des avantages de pédagogie juridique en ce que, d'une part, elle indique très clairement qu'il s'agit là d'une prérogative qui ne peut être déléguée, le magistrat lui-même ne pouvant se substituer à l'officier de police judiciaire (V. *infra*, n° 2789). D'autre part, seule la décision de placement relève de la compétence exclusive de l'officier de police judiciaire. La notification de la décision de placement peut quant à elle être déléguée à l'agent de police judiciaire (V. *infra*, n° 3048). Il est donc impératif que le procès-verbal de placement en garde à vue et de notification des droits précise expressément que la décision a bien été prise par un officier de police judiciaire notamment lorsque c'est l'agent de police judiciaire qui notifie la mesure.

2780 L'officier de police judiciaire qui décide du placement en garde à vue doit être territorialement compétent, qu'il agisse dans sa zone de compétence initiale au sens de l'article 15-1 du Code de procédure pénale ou qu'il agisse en vertu d'une extension de compétence au titre de l'article 18 du même code (V. *supra*, nos 115 et s.). S'il procède à une interpellation en dehors de toute compétence judiciaire territoriale, il y aura lieu d'appliquer l'article 73 du Code de procédure pénale et il reviendra alors à l'officier de police judiciaire, non territorialement compétent, de remettre la personne à un officier de police judiciaire territorialement compétent.

2781 Lors de l'exécution d'une commission rogatoire, l'officier de police judiciaire doit être territorialement compétent mais également matériellement saisi des faits. C'est-à-dire que le service ou l'unité dans lequel il est affecté doit être celui saisi par le juge d'instruction pour diligenter l'enquête conformément aux articles 151 et 152 du Code de procédure pénale (V. *supra*, n° 1015).

b) La compétence exclusive de l'officier de police judiciaire présent in situ ?

2782 La pratique, et notamment la carence en officiers de police judiciaire dans certains services, conduit à se poser la question de savoir s'il est possible de décider « à distance » d'une mesure de garde à vue. L'hypothèse serait celle d'une patrouille de fonctionnaires de police ou de gendarmes, composée uniquement d'agents de police judiciaire – ce qui est fréquent – qui constaterait la commission d'un crime ou d'un délit flagrant, ou encore d'une même patrouille qui aurait pour directive de procéder à l'interpellation puis de conduire au commissariat ou à la brigade une personne dans le cadre d'une enquête. Ces agents de police judiciaire peuvent-ils procéder à la notification des droits après que l'officier de police judiciaire a décidé du placement en garde à vue « à distance » ?

2783 Dans notre première hypothèse, le placement en garde à vue serait décidé suite au compte-rendu des agents de police judiciaire qui aviseraient l'officier de police judiciaire de permanence, qui, depuis son lieu de résidence, déciderait du placement en garde à vue, sur la foi des éléments transmis par les agents de police judiciaire et des conditions fixées par l'article 62-2 du Code de procédure pénale. Dans la seconde hypothèse, l'enquête étant en cours, l'officier de police judiciaire aurait, au vu des éléments du dossier, décidé que le placement en garde à vue de la personne est nécessaire au regard des critères de l'article 62-2 et les agents de police judiciaires iraient, seuls, interpeller la personne et lui notifieraient ainsi ses droits *in situ*.

2784 D'un point de vue opérationnel et de l'organisation du service, les avantages semblent immédiats notamment au sein de la police nationale, où les fonctionnaires n'habitent pas forcément à proximité du commissariat dans lequel ils travaillent. Il en va ici différemment de la gendarmerie dans la mesure où les militaires sont logés dans des casernes qui abritent les locaux de service.

2785 Du point de vue des droits de la défense, il est possible aussi d'y voir un argument favorable à la décision « à distance » qui consiste en une notification immédiate des droits, puisque le placement en garde à vue est concomitant à l'interpellation par les agents de police judiciaire. Tel n'est pas le cas lorsque les agents de police judiciaire doivent au préalable conduire la personne suspecte devant l'officier de police judiciaire afin qu'il décide du placement en garde à vue. Le temps s'écoulant entre l'arrestation et la présentation à l'officier de police judiciaire à la caserne ou au commissariat peut être plus ou moins long en fonction des circonstances et des aléas de la circulation.

2786 Pour autant, plusieurs textes du Code de procédure pénale, tel le III de l'article 63, les articles 73 et 78, ainsi que la jurisprudence de la chambre criminelle, qui n'a certes jamais eu à connaître de ces cas particuliers, conduisent à émettre des réserves vis-à-vis de cette pratique. En effet, l'article 73 dispose quant à lui que la personne suspecte interpellée doit être conduite devant l'officier de police judiciaire, ce qui laisse à penser que la décision de placement en garde à vue doit se faire en présence physique de ce dernier. Quant au mécanisme de l'article 78 du Code de procédure pénale, c'est l'officier de police judiciaire que le magistrat du parquet autorise à recourir à la force pour procéder à l'arrestation de la personne suspecte. Sa présence nous semble donc impérative.

2787 Enfin et surtout, c'est parce que cette présence est impérative que le législateur a prévu au III de l'article 63 précisément le cas où la personne placée en garde à vue a d'abord fait l'objet d'une appréhension sans placement immédiat en garde à vue. Cet article vient consacrer une jurisprudence constante de la chambre criminelle qui, en pareilles circonstances, fait rétroagir le début de la mesure de garde à vue au moment de l'interpellation, c'est-à-dire au moment de la privation effective de liberté (V. *infra*, n°s 2807 et s.).

2788 Aussi, si cette décision de placement en garde à vue à distance ne saurait être exclue *ex abrupto*, elle doit être entourée des plus grandes précautions. Elle ne peut être envisagée que si elle est absolument nécessaire, en présence de circonstances exceptionnelles et non en raison de simples contingences de service.

2 Le placement en garde à vue sur instruction du magistrat

2789 Comme nous l'avons indiqué précédemment, le placement en garde à vue d'une personne suspecte peut résulter de l'instruction du magistrat. Si le I de l'article 63 du Code de procédure pénale fait expressément référence au procureur de la République, l'article 154, alinéa 2 du même code enseigne que cette instruction peut aussi être donnée par le juge d'instruction. Cette incise au sein du I de l'article 63 du Code de procédure pénale, introduite par la loi du 14 avril 2011, n'est pas une nouveauté puisqu'elle ne fait que consacrer une pratique validée par la chambre criminelle.

2790 Sous l'empire des lois antérieures à celle du 14 avril 2011, la chambre criminelle avait en effet jugé que :

> « Aucune disposition légale ne fait obstacle à ce que l'officier de police judiciaire sollicite les instructions du magistrat mandant avant de décider de placer une personne en garde à vue » (Cass. crim., 27 sept. 2005, n° 05-83.590 : *Bull. crim.* n° 237.

La circulaire du 23 mai 2011 relative à l'application des dispositions relatives à la garde à vue de la loi n° 2011-392 du 14 avril 2011 relative à la garde à vue [NOR : JUSD1113979C] précise que l'alinéa 1er du I de l'article 63 du Code de procédure pénale reconnaît « au procureur de la République le pouvoir de demander à l'officier de police judiciaire de prendre une telle mesure : les instructions du procureur de la République sont, dans cette hypothèse, transcrites en procédure. Dans le silence des textes en vigueur avant le 1er juin 2011, les procureurs de la République pouvaient donner des instructions en ce sens à un officier de police judiciaire, soit d'initiative, soit sur sollicitation de ce dernier. La loi clarifie donc l'état du droit. L'affirmation de ce pouvoir par la loi s'inscrit, au demeurant, dans le prolongement logique des dispositions des articles 2 et 12 du Code de procédure pénale qui confient au procureur de la République la mise en mouvement de l'action publique et la direction de la police judiciaire » [§ 1].

Tel nous semble être l'esprit de cette incise, ainsi que l'indiquent également les travaux parlementaires. En tout état de cause, si l'enquêteur devait recevoir une telle instruction – du magistrat instructeur ou du parquet –, il lui incombe de la mettre à exécution sauf si les conditions de l'article 62-2 du Code de procédure pénale ne sont pas remplies. La question de savoir si le magistrat, instructeur ou du parquet, peut procéder lui-même au placement en garde à vue est discutée en doctrine. Si le juge d'instruction ne semble pas tenir un tel pouvoir du Code de procédure pénale faute de disposition le lui accordant, il en va différemment du procureur de la République qui tient de l'article 41, alinéa 4 « tous les pouvoirs et prérogatives attachés à la qualité d'officier de police judiciaire ». De plus, comme l'indiquent certains auteurs, l'article 68 du Code de procédure pénale prévoit que « l'arrivée du procureur de la République sur les lieux dessaisit l'officier de police judiciaire. Le procureur de la République accomplit alors tous actes de police judiciaire prévus au présent chapitre ». D'autres auteurs estimaient au contraire que « sont exclus [du pouvoir de placer en garde à vue] le procureur de la République puisqu'il est amené à contrôler la mesure ». En tout état de cause, le procureur de la République ne procède jamais à un placement en garde à vue, faute de disposer du temps nécessaire pour réaliser des actes d'enquête. De plus, le rôle du magistrat n'est pas tant de donner des instructions que de contrôler la mesure (V. *infra*, n°s 3050 et s.).

2791 *In fine*, il est pertinent de mentionner au procès-verbal de placement en garde à vue que celui-ci fait suite à une instruction du magistrat en charge de l'enquête.

2792 **Retenue du mineur de dix à treize ans.** Nous rappelons ici, que seul le magistrat a compétence pour décider du placement en retenue du mineur de dix à treize ans (V. *supra*, n°s 2724 et s.).

III Conséquences du placement en garde à vue

2793 La décision de l'officier de police judiciaire de placer une personne suspecte en garde à vue induit des conséquences juridiques importantes qui se traduisent par la notification d'un certain nombre d'informations et de droits à la personne gardée à vue et par l'avis donné, dès le début de la mesure, à l'autorité judiciaire.
Si, de manière pédagogique, ces informations et notifications sont étudiées successivement, il n'en demeure pas moins que, dans la pratique, elles peuvent être simultanées notamment lorsqu'un enquêteur est, par exemple, lors d'opérations de police judiciaire d'envergure, missionné pour informer le magistrat en charge du dossier d'enquête des placements en garde en vue.
Nous étudierons donc, dans l'ordre de priorité donnée par le Code de procédure pénale, les droits et informations qui doivent être immédiatement notifiés à la personne gardée à vue, puis l'information dès le début de la mesure donnée au magistrat. Enfin, le déroulement de la mesure de garde à vue fera l'objet de développements spécifiques (IV).

A La notification de la mesure et des droits

2794 Ce qu'il est commun d'appeler la « notification des droits » à la personne gardée à vue se divise en réalité en deux notifications distinctes. La première tient à la notification de la mesure en elle-même, tandis que la seconde concerne *stricto sensu* les droits de la personne gardée à vue.

1 La notification de la mesure

2795 **Les informations.** Il ne s'agit pas de droits ici, mais d'informations qui doivent être données « immédiatement » à la personne gardée à vue, dans une langue qu'elle comprend. Elle doit être informée :

> « 1° De son placement en garde à vue ainsi que de la durée de la mesure et de la ou des prolongations dont celle-ci peut faire l'objet ;
> 2° De la qualification, de la date et du lieu présumés de l'infraction qu'elle est soupçonnée d'avoir commise ou tenté de commettre ainsi que des motifs mentionnés aux 1° à 6° de l'article 62-2 justifiant son placement en garde à vue ; » (CPP, art. 63-1, 1° et 2°).

2796 L'information du placement en garde à vue ne pose pas de difficulté en tant que telle puisqu'il s'agit simplement d'indiquer clairement à la personne qu'elle fait l'objet d'une mesure de garde à vue. En revanche, l'information sur sa durée et sur la qualification des faits, sur la date et le lieu présumés de l'infraction et sur les motifs mérite quelques développements.

a) La durée de la garde à vue

2797 Cette durée est fonction de la qualification pénale des faits qui conditionne le régime de droit commun ou dérogatoire dont va dépendre la mesure de garde à vue. Cependant, certaines mesures privatives de liberté préalables à la mesure de garde à vue viennent s'imputer sur la durée totale de celle-ci. Enfin, une attention particulière doit être portée à la garde à vue précédée d'une interpellation car il s'agit là d'une situation fréquente.

1) Durées et prolongations de garde à vue

2798 Elles s'échelonnent entre 24 heures et 144 heures maximum. Ainsi la première période de 24 heures est commune à toutes les mesures de garde à vue, puis la durée totale diffère ensuite en fonction du nombre de prolongations autorisées qui dépend de la qualification pénale des faits notifiée à la personne.

2799 S'agissant de la décision de prolongation, nous renvoyons *infra*, n°s 2805 et suivants.

α) La garde à vue « de droit commun »

2800 La garde à vue est prise pour une durée de 24 heures. Elle ne peut pas être prolongée lorsque la peine encourue est inférieure à un an. Quand la peine encourue est supérieure ou égale à un an, la garde à vue peut être prolongée pour une durée de 24 heures (CPP, art. 63, II).

β) La garde à vue « criminalité organisée »

2801 Pour les infractions relevant des articles 706-73-1 et 706-74 du Code de procédure pénale, la durée de la garde à vue est régie par l'article 63, II du même code. C'est donc le régime de droit commun qui s'applique.

2802 Pour les infractions relevant de l'article 706-73 du Code de procédure pénale, c'est l'article 706-88 du même code qui s'applique. Il permet que la garde à vue de droit commun puisse être prolongée jusqu'à 96 heures, soit par deux prolongations supplémentaires de 24 heures chacune (dites première et deuxième prolongations), soit par une prolongation supplémentaire de 48 heures d'emblée ; aux premières 48 heures de droit commun s'ajoutent donc 48 heures dérogatoires.

γ) La garde à vue « terroriste »

2803 L'article 706-88-1 du Code de procédure pénale autorise, pour des infractions relevant de l'article 706-73, 11° du Code de procédure pénale, que deux nouvelles prolongations de 24 heures (dites troisième et quatrième prolongations) s'ajoutent aux 96 heures maximum prévues à l'article 706-88 du Code de procédure pénale. La garde à vue en matière terroriste est d'une durée maximum de 144 heures. Notons que les infractions de provocation à des actes de terrorisme ou d'apologie (C. pén., art. 421-2-5 et CPP, art. 706-24-1) de ces actes relèvent du droit commun ; la garde à vue est donc limitée à 48 heures.

2804 La durée de la mesure de garde à vue ainsi que des prolongations dont elle peut faire l'objet doivent être notifiées à la personne dès son placement en garde à vue conformément à l'article 63-1 du Code de procédure pénale.

2805 **Tableau récapitulatif des prolongations possibles après une première période de 24 heures.**

<table>
<tr><th rowspan="2">Prolongations possibles (de 24 heures chacune)</th><th rowspan="2">Articles du Code de procédure pénale</th><th rowspan="2">Infractions</th><th colspan="2">Magistrat compétent</th><th rowspan="2">Durée totale de la garde à vue</th></tr>
<tr><th>Enquête</th><th>Instruction</th></tr>
<tr><td>Prolongation unique</td><td>II de l'article 63, 77 et 154, 706-73-1 et 706-74</td><td>Crime ou délit puni d'une peine d'emprisonnement supérieure ou égale à un an</td><td>Procureur de la République</td><td>Juge d'instruction</td><td>48 heures</td></tr>
<tr><td>1re prolongation supplémentaire</td><td rowspan="2">706-88</td><td rowspan="2">Infractions de l'article 706-73</td><td rowspan="2">Juge des libertés et de la détention</td><td rowspan="2">Juge d'instruction</td><td>72 heures</td></tr>
<tr><td>2e prolongation supplémentaire</td><td>96 heures</td></tr>
<tr><td>3e prolongation supplémentaire</td><td rowspan="2">706-88-1</td><td rowspan="2">Infractions de l'article 706-73, 11°</td><td rowspan="2" colspan="2">Juge des libertés et de la détention</td><td>120 heures</td></tr>
<tr><td>4e prolongation supplémentaire</td><td>144 heures</td></tr>
</table>

Les première et deuxième prolongations supplémentaires peuvent être fusionnées en une seule prolongation d'une durée de 48 heures ; le magistrat doit motiver ce choix, comme celui de prolonger une quatrième et une cinquième fois la garde à vue lorsque l'infraction relève de l'article 706-73, 11° du Code de procédure pénale (V. *infra*, n° 3027).

2806 **Tableau récapitulatif pour les mineurs.**

Âge du mineur	1re période	Durée de la prolongation	Infractions/conditions	Magistrat compétent	Durée totale
Mineur de 10 à 13 ans (retenue)	12 h	12 h (CJPM, art. L. 413-2)	À titre exceptionnel	Procureur de la République ou juge d'instruction	24 h
Mineur de 13 à 16 ans	24 h	24 h (CJPM, art. L. 413-10)	Crime ou délit puni d'une peine supérieure ou égale à 5 ans	Procureur de la République ou juge d'instruction	48 h
Mineur de 16 à 18 ans	24 h	24 h (CPP, art. 63, II)	Crime ou délit puni d'une peine supérieure ou égale à 1 an	Procureur de la République ou juge d'instruction	48 h
	24 h	2e et 3e prolongations supplémentaires (24 h + 24 h) ou 48 h (CPP, art. 706-88 et CJPM, art. L. 413-11)	Infractions prévues à l'article 706-73 ***ET*** existence d'une ou plusieurs raisons plausibles de soupçonner qu'une ou plusieurs personnes **majeures** ont participé, comme auteurs ou complices, à la commission de l'infraction (y compris en matière de terrorisme)	Juge des libertés et de la détention ou Juge d'instruction	96 h

2) Durée de la garde à vue et computation des délais

2807 Le III de l'article 63 du Code de procédure pénale précise les cas de computation de délais au cours d'une mesure de garde à vue. Autrement dit, il explicite les cas où la durée de la garde à vue est en quelque sorte réduite par l'imputation d'une période au cours de laquelle la personne a été sous contrainte préalablement à cette mesure, soit qu'elle ait fait l'objet d'une audition tout aussi préalable, soit encore que la personne ait déjà été placée en garde à vue pour les mêmes faits.

α) Existence d'une mesure de contrainte préalable à la mesure de garde à vue

2808 **Le cadre général.** Le III de l'article 63 du Code de procédure pénale dispose que :

> « Si, avant d'être placée en garde à vue, la personne a été appréhendée ou a fait l'objet de toute autre mesure de contrainte pour ces mêmes faits, l'heure du début de la garde à vue est fixée, pour le respect des durées prévues au II du présent article, à l'heure à partir de laquelle la personne a été privée de liberté ».

2809 Cet article vient consacrer la jurisprudence constante de la chambre criminelle. Il s'agit de l'hypothèse très fréquente où la personne est interpellée par des agents ne disposant pas de la qualité d'officier de police judiciaire et qui ne peuvent donc pas décider de son placement en garde à vue et qui la conduisent devant l'officier de police judiciaire sous la contrainte. La chambre criminelle et désormais le Code de procédure pénale imposent que le début de la mesure soit fixé non pas au moment où la personne est effectivement placée en garde à vue par l'officier de police judiciaire mais au moment où a débuté sa privation de liberté, à savoir l'heure de son interpellation.

2810 Toutefois, cet article n'est pas sans poser de difficulté d'interprétation puisque, pour que soit décompté le temps de contrainte, le texte impose, d'une part, qu'il s'agisse d'une contrainte et, d'autre part, que cette contrainte ait été mise en œuvre à raison des mêmes faits. Dès lors, si une personne est interpellée sur la voie publique mais qu'elle accepte de suivre les agents sans contrainte pour être présentée à un officier de police judiciaire et que celui-ci décide de la placer en garde à vue, devra-t-il faire débuter la mesure au moment du placement ou au moment de l'interpellation sur la voie publique ?

2811 De même, lorsque les enquêteurs procèdent à une perquisition avant de placer la personne en garde à vue, la durée de cette perquisition doit-elle s'imputer sur la durée totale de la mesure de garde à vue ?

2812 **Personne retenue sans contrainte.** Il ressort de certains arrêts que l'enquêteur qui place en garde à vue une personne, afin de l'auditionner, à l'issue d'une perquisition à laquelle elle a assisté librement, n'a pas à faire rétroagir la mesure de garde à vue au moment où celle-ci a débuté (Cass. crim., 19 janv. 2000, n° 99-86.090. – Cass. crim., 10 mai 2000, n° 00-81.201).
Il est également possible, dans ce cas, si aucune contrainte n'est nécessaire et si la personne accepte d'être entendue, qu'elle le soit sous le régime de l'audition libre.

2813 **Personne retenue sous contrainte.** Si la personne **est retenue sous la contrainte**, le temps de sa conduite devant l'officier de police judiciaire ou durant le temps de la perquisition réalisée sans assentiment (V. *supra*, n°s 2084 et s.), il y aura lieu de faire rétroagir le début de la mesure où moment du début de la privation de liberté (Cass. crim., 13 avr. 1999, n° 98-87.873. – Cass. crim., 12 févr. 2000, n° 99-86.307. – Cass. crim., 12 déc. 2000, n° 00-83.852 et Cass. crim., 12 juin 2013, n° 13-80.893). Précisons ici que si l'officier de police judiciaire souhaite entendre immédiatement après cette perquisition la personne, il semble que cette audition doive impérativement s'exécuter sous le régime de la garde à vue dès lors que les conditions de l'article 62-2 du Code de procédure pénale sont réunies.

2814 **Les autres computations de délais... et les hésitations.** L'article 78-4 du Code de procédure pénale dispose que :

« La durée de la rétention prévue aux articles 78-3 [Vérification d'identité] et 78-3-1 [Retenue pour vérification de situation d'une personne soupçonnée d'être liée au terrorisme] s'impute, s'il y a lieu, sur celle de la garde à vue ».

Cette règle, claire, ne nécessite pas d'être explicitée davantage. Il en va de même pour l'article L. 813-15 du CESEDA qui dispose que :

« S'il apparaît, au cours de la retenue de l'étranger, que celui-ci doit faire l'objet d'un placement en garde à vue conformément aux articles 62 et suivants du code de procédure pénale, la durée de la retenue s'impute sur celle de la garde à vue ».

2815 La durée de la rétention douanière doit également être imputée sur celle de la garde à vue, ainsi que le prévoient les articles 323-9 et 67 ter du Code des douanes, que les deux mesures, prises pour des faits identiques, se succèdent immédiatement ou qu'elles soient séparées dans le temps.

2816 Suite à la décision du 8 juin 2012 du Conseil constitutionnel (Cons. const., 8 juin 2012, n° 2012-253 QPC), estimant que lorsqu'une personne est placée en garde à vue après avoir fait l'objet d'une mesure de rétention pour ivresse publique et manifeste (CSP, art. L. 3341-1 et L. 3341-2), la durée du placement en chambre de sûreté doit être prise en compte dans la durée de la garde à vue qui lui succède immédiatement.

2817 Une circulaire de la DACG précise que :

« Lorsqu'une mesure de garde à vue est mise en œuvre à l'issue de la rétention prévue aux articles L. 234-3, L. 234-4 et L. 235-2 du code de la route, il convient d'imputer la durée de cette rétention sur la durée de la garde à vue subséquente ».

2818 Cette imputation du temps de la rétention en cas d'ivresse publique manifeste ou en cas de contrôle lors d'un dépistage d'alcoolémie ou de stupéfiants n'est à opérer que si la mesure de garde à vue succède immédiatement à cette rétention (Cass. crim., 24 janv. 2007, n° 06-81.901). En effet, si, à l'issue du contrôle, la personne est convoquée ultérieurement, elle pourra d'une part être entendue sous le régime de l'audition libre (V. *supra*, n° 2600), ou sous celui de la garde à vue sans qu'il y ait à décompter le temps de retenue intervenue, souvent, plusieurs jours auparavant (sur la question de l'imputation de la rétention issue des articles L. 234-3, L. 234-4 et L. 235-2 du Code de la route, nous sommes en désaccord avec la circulaire de la DACG du 23 mai 2014 de présentation des dispositions de procédure pénale applicables le 2 juin 2014 de la loi portant transposition de la directive 2012/13/UE du Parlement européen et du Conseil, du 22 mai 2012 relative au droit à l'information dans le cadre des procédures pénales [§ 2.2.1, JUSD1412016C]). En effet l'imputation du temps de privation de liberté sur la durée de garde à vue qui succède immédiatement vise à éviter que cette privation de liberté n'excède le maximum légal prévu par la loi, comme en matière de gardes à vue successives portant sur des faits distincts (V. *infra*, n° 2824). Lorsque les deux mesures de privation de liberté sont espacées dans le temps, ce risque s'estompe.

2819 Enfin, s'agissant des rétentions et retenues prévues au Code de procédure pénale mais aussi dans des lois particulières, il semble que la jurisprudence de la chambre criminelle qui juge que la durée de ces mesures ne s'impute pas sur la durée de la garde à vue au motif que leur objet est différent reste d'actualité. En effet, le texte du III de l'article 63 expose clairement que cette imputation est obligatoire dès lors que la mesure de contrainte s'analyse en une « appréhension pour les mêmes faits ».

2820 On pourra citer notamment des arrêts qui admettent le cumul d'une garde à vue avec une rétention pour autre cause dans des espèces qui concernent :
– la rétention pour mise à exécution d'un mandat d'arrêt européen (CPP, art. 695-27. – Cass. crim., 13 avr. 2010, n° 10-81.810) ;
– la rétention pour mise à exécution d'une peine d'emprisonnement ou de réclusion (CPP, art. 716-5. – Cass. crim., 23 juill. 2008, n° 08-81.832) ;
– la retenue des personnes interpellées en haute mer à l'occasion d'opérations de lutte notamment contre la piraterie maritime, les trafics de stupéfiants et l'immigration clandestine (C. défense, art. L. 1521-12 à L. 1521-18). Il apparaît ici logique que cette retenue ne s'impute pas sur la durée de la garde à vue subséquente prise une fois les mis en cause à terre, car cette retenue pouvant durer plusieurs jours elle « consommerait » de fait toute la durée de garde à vue. Cependant la chambre criminelle a jugé que des membres d'équipage d'un navire arraisonné en haute-mer, qui, privés de liberté sur un bâtiment de la Marine nationale et placés, dès leur arrivée au port, en rétention douanière puis à l'issue en garde à vue, devaient être présentés dès leur arrivée sur le territoire national immédiatement au juge des libertés ou au juge d'instruction (Cass. crim., 11 mars 2020, n° 18-84.307).

Les solutions devraient logiquement être identiques pour :
– la rétention pour mise à exécution d'un mandat d'arrêt décerné contre une personne découverte après le règlement de l'information (CPP, art. 135-2) ;
– la rétention pour mise à exécution d'un mandat d'amener ou d'arrêt décerné par le juge de l'application des peines contre une personne condamnée (CPP, art. 712-17) ;
– la rétention en cas de soupçon de violation par une personne condamnée des obligations imposées par le juge de l'application des peines (CPP, art. 709-1-1) ;
– la rétention en cas de soupçon de violation par une personne placée sous contrôle judiciaire des obligations qui lui incombent au titre des 9° et 17° de l'article 138 du Code de procédure pénale ;

β) Audition précédant immédiatement la mesure de garde à vue

2821 Le III de l'article 63 du Code de procédure pénale dispose que : « Si la personne n'a pas fait l'objet d'une mesure de contrainte préalable, mais que son placement en garde à vue est effectué dans le prolongement immédiat d'une audition, cette heure est fixée à celle du début de l'audition ».

2822 Le Code de procédure pénale ne précisant pas la nature de l'audition qui précède immédiatement la garde à vue, il faut alors se tourner vers les travaux parlementaires (Amendement CL 22) qui indiquent que la durée de l'audition qu'il faut imputer sur celle de la garde à vue qui lui succède immédiatement, est tant l'audition de suspect – une audition libre – que l'audition de témoin.

2823 En conséquence, le temps d'audition libre indépendante de la mesure de garde à vue qui lui succède immédiatement doit être imputé sur la durée de cette dernière. En revanche, il n'y a pas lieu à imputation si l'audition libre a été effectuée antérieurement à la garde à vue et qu'elle ne la précède pas immédiatement, autrement dit, qu'il y a plusieurs heures voire jours entre ces deux auditions.

γ) Gardes à vue successives

2824 Le second alinéa du III de l'article 63 du Code de procédure pénale dispose que : « Si une personne a déjà été placée en garde à vue pour les mêmes faits, la durée des précédentes périodes de garde à vue s'impute sur la durée de la mesure ». Cette disposition vient consacrer une jurisprudence constante de la chambre criminelle dont il faut cependant reprendre quelques distinctions utiles.

2825 Lorsqu'il s'agit des mêmes faits, que les gardes à vue se succèdent immédiatement ou pas, c'est-à-dire lorsque la personne est remise en liberté ou pas entre deux mesures de garde à vue, la règle est celle du III de l'article 63 : la durée de la mesure de garde à vue initiale s'impute sur celle(s) qui suit(vent). À nouveau, il s'agit d'une consécration de la jurisprudence de la chambre criminelle (Cass. crim., 13 févr. 1996, n° 95-85.538. – Cass. crim., 13 nov. 1996, nos 96-82.087 et 96-83.708. – Cass. crim., 15 déc. 1999, n° 99-86.233. – Cass. crim., 11 déc. 1997, n° 97-85.766. – Cass. crim., 17 mars 2004, n° 03-87.739).

2826 Lorsqu'il s'agit de faits distincts, il faut alors distinguer selon que les mesures de gardes à vue se succèdent immédiatement ou selon qu'elles sont espacées par une période de liberté de la personne mise en cause.

• Gardes à vue immédiatement successives

2827 La chambre criminelle juge que « si une personne peut être soumise, à l'occasion de faits distincts, à des mesures de garde à vue immédiatement successives et indépendantes l'une de l'autre, elle ne peut toutefois être retenue de manière continue à la disposition des officiers de police judiciaire pendant une période totale excédant la durée maximale de garde à vue autorisée par la loi ; que le dépassement de ce délai porte nécessairement atteinte aux intérêts de la personne concernée ».

2828 Aussi, lorsque des gardes à vue successives portant sur des faits distincts se succèdent immédiatement, la durée maximale cumulée de ces mesures ne peut dépasser la durée légale maximale. La durée maximale dépend de la nature de l'infraction objet de la mesure de garde à vue. Il ne fait pas de doute que si une garde à vue dérogatoire (V. *supra*, nos 2798 et s.) succède immédiatement à une garde à vue de droit commun, le maximum légal est celui prévu aux articles 706-88 ou 706-88-1 du Code de procédure pénale, soit 96 ou 144 heures selon le cas.

2829 Toutefois, si c'est la garde à vue de droit commun qui succède immédiatement à celle dite dérogatoire qui a duré moins de 48 heures, il nous semble que le maximum légal est alors de 48 heures. Une autre solution reviendrait à contourner la durée maximale de droit commun et, de surcroît, il peut être considéré qu'en mettant fin à la garde à vue dérogatoire l'officier de police judiciaire et le magistrat ont, en quelque sorte, renoncé à cette durée dérogatoire.

• Gardes à vue non immédiatement successives

2830 En réalité ce cas n'en est pas un, dans la mesure où une personne poursuivie dans le cadre d'enquêtes différentes peut être placée en garde à vue dans le cadre de chacune de ces enquêtes sans que les durées de garde à vue ne soient autrement limitées que par la durée légale maximale prévue en fonction du régime de la mesure.

2831 Reste toutefois la question de la notion du laps de temps entre deux mesures de garde à vue permettant de considérer qu'elles ne sont pas immédiatement successives. La chambre criminelle n'a jamais eu à connaître de cette question, mais la réponse doit se trouver dans la notion de « délai raisonnable » ce qui n'aide guère plus l'enquêteur. Un délai de 24 heures nous semble raisonnable, mais il reviendra à la chambre criminelle de se prononcer…

3) Cas particulier

2832 **Orpaillage illégal.** L'article L. 621-8 du Code minier dispose que :

> « Lorsque l'infraction prévue à l'article L. 615-1 est commise dans les conditions définies au I ou au II de l'article L. 512-2 et que le transfert des personnes interpellées dans le délai légal de la garde à vue soulève des difficultés matérielles insurmontables, le point de départ de la garde à vue peut exceptionnellement être reporté à l'arrivée dans les locaux du siège où cette mesure doit se dérouler. Ce report ne peut excéder vingt heures. Il est autorisé par le procureur de la République ou la juridiction d'instruction. Mention des circonstances matérielles insurmontables au vu desquelles cette autorisation a été donnée est portée au procès-verbal ».

Il s'agit ici des infractions liées à l'orpaillage illégal, prévues à l'article L. 512-1 du Code minier, commises dans le département de la Guyane.

2833 En conclusion de ce paragraphe sur la computation des délais, on peut recommander qu'en cas de doute, l'officier de police judiciaire fasse rétroagir le début de la mesure de garde à vue au moment où a débuté l'acte d'enquête qui a précédé la garde à vue (perquisition, audition, rétention, autre garde à vue). Notons que la jurisprudence n'est pas très abondante sur ce sujet sans doute en raison de cette pratique des enquêteurs qui font rétroagir par principe et « dans l'intérêt » de la personne privée de liberté le début de la mesure de garde à vue.

b) La qualification, la date et le lieu présumés de l'infraction et les motifs du placement en garde à vue

1) La qualification des faits

2834 Il s'agit là d'un point particulièrement épineux en raison, d'une part, des modifications de

l'article 63-1 du Code de procédure pénale par la loi du 27 mai 2014 qui a substitué la notification de la qualification de l'infraction à celle de la nature de l'infraction et, d'autre part, parce que les faits sont susceptibles d'évoluer au cours de la mesure de garde à vue. Ce n'est pas excessivement fréquent, mais cette situation doit être parfaitement maîtrisée par les enquêteurs car toute erreur est source de nullité.
De plus, la qualification des faits est étroitement liée à l'information donnée au magistrat en charge du contrôle de la mesure de garde à vue, qui peut la modifier (V. *infra*, n° 3080). Une chose est certaine : la qualification notifiée à la personne gardée à vue doit être la même que celle dont est informé le magistrat en charge de l'enquête.

2835 **Définition de la notion de qualification.** Avant la loi du 27 mai 2014, l'article 63-1, 2° du Code de procédure pénale imposait que soient notifiées à la personne gardée à vue « la nature et (...) la date présumée de l'infraction qu'elle est soupçonnée d'avoir commise ou tenté de commettre ». Pour la DACG, à l'époque, il ne s'agissait pas de « détailler » les faits mais d'aviser la personne de « la qualification juridique de l'infraction telle qu'elle peut[ouvait] être appréciée à ce stade de l'enquête ». La circulaire ajoutait que cette information n'impliquait pas « que soient précisés les articles définissant ou réprimant l'infraction ou les infractions et peut[ouvait] seulement faire référence à des catégories génériques d'infractions – telles que, par exemple, "trafic de stupéfiants" sans distinguer les différents délits prévus par les articles 222-34 à 222-40 du Code pénal – dès lors qu'elles sont suffisamment précises pour déterminer le régime applicable ».

2836 Dans sa circulaire du 19 décembre 2014 consécutive à la loi du 27 mai 2014 qui a modifié l'article 63-1 imposant que soit notifiée la qualification de l'infraction, la DACG précise que :

> « L'exigence de qualification n'impose toutefois pas de préciser à la personne les articles incriminant et réprimant l'infraction. La personne peut ainsi être informée qu'elle est soupçonnée d'un "vol aggravé par la circonstance de réunion", sans que lui soit donné connaissance des articles 311-1 et 311-4 (1°) du code pénal ».

2837 La loi du 27 mai 2014 a mis en conformité l'article 63-1 avec l'article 6 de la directive européenne transposée qui exige que la notification de la qualification juridique éventuelle de l'infraction présumée soit « ... donnée de manière suffisamment détaillée, en tenant compte du stade de la procédure pénale auquel une telle description intervient, pour préserver l'équité de la procédure et permettre un exercice effectif des droits de la défense » (PE et Cons. UE, dir. 2012/13/UE, 22 mai 2012, relative à l'information dans le cadre des procédures pénales, consid. 28), ainsi qu'avec la jurisprudence de la Cour européenne des droits de l'homme relative à l'article 6, § 1 et 3 (CEDH, 25 mars 1999, *Pélissier et Sassi c/ France*, § 51. – CEDH, 30 janv. 2001, *Vaudelle c/ France*, § 65 et 66. – CEDH, 5 mars 2013, n° 61005/09, *Varela Geis c/ Espagne*, § 41 et 42). Cette modification législative a aussi entériné la pratique judiciaire. Très concrètement, les enquêteurs notifient à la personne la catégorie générique de l'infraction comme cela est préconisé. Ces catégories d'infractions sont celles de la base NATINF gérée par le ministère de la Justice. Communiquée au magistrat, elle permet de s'assurer de l'exacte qualification des faits.

> **EXEMPLE** Une personne placée en garde à vue pour un vol dans un centre commercial se verra notifier non pas l'article 311-4, 6° du Code pénal, mais « vol à l'étalage ». Chaque libellé NATINF correspond précisément à une infraction. Il arrive que certains enquêteurs indiquent le numéro NATINF dans le procès-verbal de notification de droits, ce qui n'est pas une obligation légale mais présente l'avantage de l'exactitude.

2838 **Le changement de qualification.** Ce point, qui est abordé plus loin (V. *infra*, n° 3092) sous l'angle de l'information donnée au magistrat, découle en réalité de ce que l'officier de police judiciaire choisit de notifier à la personne gardée à vue. La question est ici de savoir s'il faut procéder à une nouvelle notification de la qualification à chaque modification de celle-ci.

2839 Le I de l'article 63 du Code de procédure pénale ne prévoit que la modification faite par le magistrat à l'occasion de son information par l'officier de police judiciaire. Si le magistrat décide de modifier cette qualification, celle-ci doit être notifiée à la personne gardée à vue.
Cette nouvelle notification doit apparaître au procès-verbal et il est opportun de mentionner qu'elle l'est sur directive du magistrat.

2840 L'article 65 du Code de procédure pénale prévoit le cas où une personne placée en garde à vue est entendue dans le cadre d'une procédure suivie du chef d'une infraction autre que celle ayant justifié le placement en garde à vue. Cet article dispose que « s'il existe des raisons plausibles de soupçonner qu'elle a commis ou tenté de commettre cette infraction, elle doit faire l'objet des informations prévues aux 1° (...) de l'article 61-1 du Code de procédure pénale », identique à l'article 63-1, 1° prévoyant l'information portant sur la qualification des faits.

2841 **Extension de garde à vue.** Quant à la chambre criminelle, elle a, par deux arrêts, créé la notion d'extension de garde à vue qui s'entend de toute nouvelle infraction qui apparaîtrait au cours de la mesure de garde à vue. Cette « extension de garde à vue » (expression utilisée par la chambre criminelle dans un arrêt du 2 mars 2021, n° 20-85.491 et dans un avis du 30 mars 2021, n° 20-86.407) génère les droits garantis à toute personne suspecte au sens de l'article 6, § 1 et 3 de la Convention européenne des droits de l'homme (CEDH, 25 mars 1999, *Pélissier et Sassi c/ France*, § 51. – CEDH, 30 janv. 2001, *Vaudelle c/ France*, § 65 et 66. – CEDH, 5 mars 2013, n° 61005/09, *Varela Geis c/ Espagne*, § 41 et 42, préc.) et de l'article 6 de la directive européenne précitée et notamment son droit d'être informée des accusations à son endroit. Dès lors, que ces faits nouveaux résultent d'une procédure distincte – article 65 du Code de procédure pénale – ou de la procédure en cours, la personne doit en être informée dans les conditions de l'article 63-1, 1° du Code de procédure pénale.

2842 Il ne fait pas de doute que ces faits nouveaux qui seraient portés à la connaissance de l'officier de police judiciaire, de manière incidente en raison d'une révélation de la personne et du résultat d'un acte d'enquête, doivent être notifiés à la personne gardée à vue dès lors que l'officier de police judiciaire souhaite l'entendre sur ces faits nouveaux. En effet, la chambre criminelle juge que l'oubli ou l'erreur dans cette notification n'entraîne la nullité des auditions que « s'il en est résulté pour la personne une atteinte effective à ses intérêts » (Cass. crim., 21 févr. 2017, n° 16-85.224. – Cass. crim., 16 juin 2015, n° 14-87.878). La jurisprudence précise qu'une telle atteinte ne se trouve pas caractérisée lorsque, en répondant aux questions des enquêteurs, le demandeur n'a tenu aucun propos par lequel il s'est incriminé (Cass. crim., 2 nov. 2016, n° 16-81.716).

2843 **Circonstance aggravante.** Enfin, de manière constante, la chambre criminelle juge que la personne gardée à vue ne doit être informée d'une nouvelle circonstance aggravante que lorsque cette dernière a une incidence sur le régime juridique applicable à la mesure de garde à vue (Cass. crim., 10 nov. 2009, n° 09-84.702. – Cass. 1re civ., 6 janv. 2010, n° 08-18.633. – Cass. crim., 7 juin 2006, n° 06-82.405 et Cass. crim., 29 sept. 2020, n° 20-80.509). Cette jurisprudence pourrait à l'avenir être remise en cause suite aux arrêts relatifs à l'extension de garde à vue, mais aussi parce qu'elle peut apparaître comme présentant des garanties moindres que celles exigées par le droit de l'Union et le droit de la Convention européenne des droits de l'homme. De notre point de vue, une circonstance aggravante venant alourdir la peine encourue de manière substantielle doit être portée à la connaissance de la personne, et ce quand bien même elle ne modifie pas le régime de la garde à vue en cours.

2) La date de l'infraction, consommée ou tentée

2844 Cette date « présumée » peut être une date ou une période, qui fait référence à celle qui est connue au moment où l'officier de police judiciaire ou l'agent de police judiciaire notifie cette information (une période peut être notifiée lors de la garde à vue, tandis que l'enquête pourra éventuellement permettre d'affiner cette période voire de donner une date, comme la date de la mort. Sur la scène d'infraction, le légiste peut évaluer l'heure de la mort au sein d'une période, et une fois l'autopsie pratiquée être nettement plus précis). En effet, si certaines infractions peuvent être parfaitement datées, parfois à la minute près, certaines, en raison de leur nature, peuvent ne pas se consommer en un trait de temps, comme l'escroquerie, ou encore il peut y avoir un doute sur la date précise, comme la date de la mort d'une personne.

2845 Les travaux parlementaires de la loi du 14 avril 2011 donnent peu de renseignements sur le degré de précision attendu par le législateur quant à la date présumée de l'infraction. La circulaire de la DACG indique que cette information relative à la date « permet de faire référence à une date ou à une période de temps telle qu'elle peut être appréciée à ce stade de l'enquête : bien évidemment, une date imprécise notifiée à ce stade de la procédure ne saurait faire grief à la personne, dès lors qu'elle résulte des éléments de la procédure au moment du placement en garde à vue ».

2846 La chambre criminelle semble avoir entériné ce raisonnement et exige seulement que la date notifiée soit celle connue des enquêteurs au moment du placement en garde à vue (Cass. crim., 10 déc. 2014, n° 14-84.795 et Cass. crim., 19 mai 2016, n° 15-82.197).

CONSEIL L'article 63-1 du Code de procédure pénale n'exigeant qu'une date, il n'y a pas lieu d'être plus précis que le jour franc, qui est l'unité de décompte du temps dans le Code pénal et le Code de procédure pénale. En cas d'incertitude sur la date de l'infraction, il faut privilégier la notification d'une période, qui doit demeurer raisonnable au regard des circonstances de l'espèce.

3) Le lieu présumé de l'infraction

2847 La notification du lieu présumé de l'infraction à la personne gardée à vue a également été introduite par la loi du 24 mai 2014.

2848 S'il est possible de considérer que le lieu de l'infraction est plus aisément connu des enquêteurs et qu'il souffre moins d'aléas que la date présumée, cela va en réalité dépendre de la nature même de l'infraction. Cependant, si le lieu d'une infraction instantanée semble facilement déterminable, le lieu de commission de l'infraction continue ou continuée peut conduire à ce que les enquêteurs fassent référence à une zone, une région. L'idée ici est, dans un premier temps, de fixer la compétence territoriale des enquêteurs et des magistrats... et de la loi pénale française. Dans un second temps, il s'agit, comme pour la date, de donner des éléments à la personne gardée à vue et à son avocat de manière à ce qu'elle puisse préparer sa défense.

2849 Comme pour la date, ainsi que l'indique la circulaire de la DACG, le lieu est « le lieu géographique (commune notamment) tel qu'il peut être apprécié à ce stade de l'enquête ». Et un lieu imprécis à ce stade de la procédure ne saurait faire grief à la personne, dès lors que c'est ce qui résulte des éléments tirés de la procédure au moment où l'audition est réalisée.

2850 De même, l'omission, dans la notification à la personne gardée à vue, prévue à l'article 63-1 du Code de procédure pénale, du lieu présumé de l'infraction qu'elle est soupçonnée d'avoir commise ou tenté de commettre ne peut entraîner le prononcé d'une nullité que s'il en est résulté pour elle une atteinte effective à ses intérêts (Cass. crim., 27 mai 2015, n° 15-81.142).

CONSEIL Qu'il s'agisse de la date ou du lieu présumés de l'infraction, l'enquêteur doit s'assurer de la cohérence des éléments, notamment au regard du procès-verbal de constatations ou de saisine ou de tout autre procès-verbal au moment où il place la personne en garde à vue (si lors du placement en garde à vue pour des faits d'homicide, l'autopsie a déjà eu lieu, il est possible que le médecin légiste ait pu déterminer l'heure ou la période de la mort et que cette date de l'infraction présumée soit quelque peu différente des premières constatations faites sur la scène de crime. À l'inverse, si l'autopsie n'a pas eu lieu, c'est la date de la mort, telle qu'évaluée lors des premières constatations et seule connue au moment de la mesure de garde à vue, qui sera communiquée).

4) Des motifs justifiant le placement

2851 Les objectifs visés à l'article 62-2 du Code de procédure pénale ont été introduits par la loi du 14 avril 2011 et reçoivent également la dénomination de « motifs ». Si, dans sa première version, la loi n'imposait que l'existence d'un des six motifs pour que le placement en garde à vue soit possible et d'en informer le magistrat, la loi du 24 mai 2014 a ajouté que ceux-ci devaient être notifiés à la personne gardée à vue. Cette notification résulte des exigences de l'article 6, § 2 de la directive européenne sur le droit à l'information lors d'une mesure privative de liberté précitée.

2852 L'officier de police judiciaire, ou l'agent de police judiciaire sous son contrôle, doit notifier à la personne gardée à vue au moins l'un des six objectifs de l'article 62-2 du Code de procédure pénale faisant de la mesure de garde à vue l'unique moyen d'y parvenir. Si la garde à vue est l'unique moyen de parvenir à plusieurs objectifs, il faudra les notifier en conséquence. Il s'agit là d'une information formelle et la loi n'exige pas que l'officier de police judiciaire détaille factuellement les motifs. Si la garde à vue est décidée sur instruction du magistrat, il reviendra à celui-ci d'indiquer le(s) motif(s) à l'officier de police judiciaire afin qu'il les acte au procès-verbal. Une fois la mesure notifiée, il faut désormais notifier les droits qui en découlent.

2 La notification des droits

2853 Au fil des réformes de procédure pénale, le législateur n'a cessé d'allonger la liste des droits à notifier. Ainsi, aujourd'hui, il est impossible, même pour un enquêteur expérimenté, de procéder à la notification des droits d'une personne en garde à vue sans l'aide d'un logiciel de rédaction de procédures, ou tout au moins d'un imprimé-type (V. *infra*, n° 3037).

De manière très schématique, ces droits s'articulent autour d'un triptyque que sont : le droit à examen médical, le droit de prévenir un proche et le droit à l'assistance d'un avocat. Cependant, chacun de ces droits a fait l'objet d'ajouts au fil des réformes. L'article 63-1 du Code de procédure pénale liste ces droits ainsi que les modalités selon lesquelles ils doivent être notifiés.

2854 **Nouveaux droits des mineurs.** Comme pour le majeur, la notification des droits, entendue largement, comprend la notification de la mesure (V. *supra*, n°s 2795 et s.) et la notification des droits détaillés ci-après. Par un décret du 24 mai 2019 (D. n° 2019-507, 24 mai 2019 pris pour l'application des dispositions pénales de la loi n° 2019-222 du 23 mars 2019 de programmation 2018-2022 et de réforme pour la justice relative à la procédure numérique, aux enquêtes et aux poursuites), désormais inséré au Code de la justice pénale des mineurs, la liste des droits et informations devant être notifiés au mineur s'est allongée et complexifiée. L'article R. 413-1 dispose ainsi que :

« Lors de la retenue ou de la garde à vue d'un mineur, lui sont notifiés dans des termes simples et accessibles, outre les droits prévus aux articles L. 413-8 et L. 413-9 du présent code ainsi qu'à l'article 63-1 du code de procédure pénale, les droits suivants :

1° Le droit à ce que les représentants légaux ou l'adulte approprié mentionné à l'article L. 311-2 soient informés et le droit d'être accompagné par ceux-ci lors de ses auditions ou interrogatoires dans les conditions prévues par l'article L. 311-1, sauf circonstances particulières énoncées au deuxième alinéa de l'article L. 413-3 et au deuxième alinéa de l'article L. 413-7 ;

2° Le droit à la protection de sa vie privée garanti par l'interdiction de diffuser les enregistrements de ses auditions, par la tenue des audiences en publicité restreinte et par l'interdiction de publier le compte-rendu des débats d'audience ou de tout élément permettant son identification ;

3° Le droit d'être détenu séparément des personnes majeures détenues ;

4° Le droit à la préservation de sa santé, ainsi que le respect du droit à la liberté de religion ou de conviction ».

2855 Quant à la force contraignante de ces nouveaux droits et leur impact sur la validité de la mesure de retenue ou de garde à vue, la circulaire de la DACG du 27 mai 2019 indique :

« Ces nouveaux droits [prévus aux 1° à 4°] qui doivent donc permettre au mineur de mieux comprendre le déroulement de la procédure, sont prévus par l'article D. 594-18 [devenu pour partie R. 413-1 du code de justice des mineurs], qui précise qu'ils doivent être notifiés au mineur dans des termes simples et accessibles.

Il convient de souligner que, pour l'essentiel, ces nouveaux droits, dont la notification est exigée par la directive, ne constituent pas des droits qui peuvent être mis en œuvre si le mineur (ou ses parents) le demande. Ils correspondent en effet à des garanties de procédure pénale qui doivent s'appliquer en tout état de cause, indépendamment de toute demande. C'est du reste pour cela qu'ils ont été prévus par voie réglementaire et, sous réserve de la jurisprudence à venir de la Cour de cassation, il ne semble donc pas que l'absence de notification de ceux-ci puisse constituer une cause de nullité ».

2856 Toutefois, on observera que ces dispositions sont désormais inscrites dans un texte de nature législative et non plus réglementaire. L'obstacle au prononcé d'une nullité pourrait être à relativiser (Cass. crim., 5 mai 1997, n° 85-82.685 : *Bull. crim.* 1997, n° 166. – Cass. crim., 20 juin 1996, n° 93-82.187).

2857 Ces nouveaux droits pourraient ainsi utilement trouver leur place dans le formulaire prévu à l'article 803-6 du Code de procédure pénale (V. *infra*, n°s 3037 et s.) qui pourrait être remis tant au mineur qu'à ses représentants légaux ou à l'adulte approprié.

a) Moment de la notification des droits

2858 Comme nous l'avons déjà indiqué, il y a en réalité deux notifications, celle portant sur la mesure et celle portant sur les droits (V. *supra*, n° 2793). Dans la pratique, elles sont effectuées dans un même trait de temps car elles sont intimement liées et il n'y aurait que peu de sens à les dissocier. Aussi, les conditions qui tiennent au moment où elles doivent être formulées et les circonstances insurmontables empêchant qu'elles le soient sont les mêmes et sont étudiées dans le présent paragraphe. Dans la sémantique des enquêteurs que nous faisons nôtre, la « notification des droits » correspond à ces deux notifications.

2859 **Notification immédiate.** L'article 63-1 du Code de procédure pénale dispose que « la personne placée en garde à vue est immédiatement informée ». En premier lieu, il faut distinguer la notification des droits, de l'exercice des droits. Seule la notification doit être immédiate. L'exercice des droits, c'est-à-dire la réponse que la personne apporte puis la déclinaison effective de ses demandes, notamment les diligences des enquêteurs, fait l'objet de régimes distincts étudiés un à un aux paragraphes suivants.

2860 Cette notification des droits correspond à l'énumération des éléments qui figurent à l'article 63-1 du Code de procédure pénale.

2861 **À compter du placement en garde à vue.** Si les articles 63 et 63-3-1 utilisent l'expression « dès le début de la mesure », il ne faut pas s'y tromper, cette notification doit avoir lieu dès le placement en garde à vue. En effet, nous avons précédemment indiqué (V. *supra*, n° 2807) que le début de la mesure ne coïncide pas nécessairement avec le moment du placement en garde à vue, notamment lorsque la loi impose de faire rétroagir le début de celle-ci en raison de l'exercice d'une mesure de contrainte ou d'une autre mesure de garde à vue antérieure portant sur les mêmes faits. Si le moment où les droits devaient être notifiés était le « début de la mesure », dans ce cas, la notification serait mécaniquement tardive.
La chambre criminelle juge avec constance qu'est régulière la mesure de garde à vue dont la notification est intervenue dès le placement effectif de la personne en garde à vue ; qu'il n'importe, à cet égard, que, dans son intérêt même, le délai de garde à vue ait été calculé à compter, non pas de ce placement, mais de son arrivée dans les services de police (Cass. crim., 13 nov. 1996, n°s 96-82.087 et 96-83.708 : *Bull. crim.* n° 401. – Cass. crim., 6 mai 1997, n°s 97-81.026 et 96-80.369. – Cass. crim., 19 janv. 2000, n° 99-86.090 et Cass. crim., 29 oct. 2002, n° 02-85.591).

2862 **Majeur protégé.** L'article D. 15-5-7 du Code de procédure pénale dispose que :

> « En cas de placement en garde à vue d'une personne majeure, l'officier ou l'agent de police judiciaire lui demande si elle fait l'objet d'une mesure de protection juridique, afin de mettre en œuvre s'il y a lieu les dispositions de l'article 706-112-1 et de l'article D. 47-14 ».

Ces articles renvoient à la possibilité pour le tuteur, curateur ou mandataire judiciaire de désigner un avocat ou de demander un examen médical (V. *infra*, n° 2904).

b) Circonstances insurmontables faisant obstacle à la notification des droits

2863 Elles doivent être distinguées des circonstances insurmontables propres à l'exercice des droits et qui font l'objet d'une étude « droit par droit » puisque le législateur prévoit des exigences et des diligences distinctes selon les droits en jeu.

2864 Tout d'abord, à la différence de l'exercice des droits (examen médical, avis à un proche), le législateur n'a pas prévu de délai pour procéder à la notification des droits. Nous l'avons dit, elle est immédiate. Toutefois, comme le soulignent certains auteurs, une notification intervenant dix ou quinze minutes après le placement en garde à vue ne peut être regardée comme tardive (Cass. crim., 27 juin 2000, n° 00-80.411. – Cass. 1re civ., 27 mai 2010, n° 09-12.397 et Cass. crim., 1er mars 2006, n° 06-80.503).

2865 Cependant, la chambre criminelle admet, de manière constante, la prise en compte de circonstances exceptionnelles qui conduisent à différer la notification des droits à la personne gardée à vue, mais la circonstance insurmontable qui a empêché la notification immédiate doit dans ce cas être caractérisée. À défaut il est alors nécessairement porté atteinte aux intérêts de la personne gardée à vue (Cass. crim., 14 déc. 1999, n° 99-84.148. – Cass. crim., 31 mai 2007, n° 07-80.928).

2866 On observera que les circonstances insurmontables empêchant une notification immédiate correspondent souvent à celles relatives à l'information du magistrat (V. *infra*, n°s 3070 et s.), tels le grand nombre d'interpellations, l'impossibilité de pénétrer dans un local de police assiégé par des manifestants ou la nécessité de donner des soins en urgence.

2867 Ainsi, l'état d'ébriété de la personne peut constituer une telle circonstance insurmontable (Cass. crim., 16 avr. 2019, n° 18-82.932. – Cass. crim., 4 janv. 2005, n° 04-84.876.

> **CONSEIL** Pour l'état d'ébriété, en fonction de la gravité de l'infraction poursuivie – crime ou délit puni d'emprisonnement – et des circonstances, il est possible, voire recommandé, de placer la personne en dégrisement, puis, à l'issue, de l'entendre sous le régime de la garde à vue si elle n'accepte pas de rester à la disposition des enquêteurs ou de la convoquer ultérieurement aux fins d'audition libre ; V. *supra*, n° 2749).

La chambre criminelle exige que ces circonstances insurmontables soient étayées par des éléments concrets et non par une simple référence à un taux d'alcool (Cass. crim., 5 juin 2019, n° 18-83.590. – Cass. crim., 19 mai 2009, n° 08-86.466. – Cass. crim., 18 févr. 2015, n° 13-87.291 et Cass. crim., 6 déc. 2016, n° 15-86.619). Si l'état d'ébriété peut être une circonstance insurmontable à la notification des droits de la personne placée en garde à vue, elle ne l'est pas pour l'information du magistrat (V. *infra*, n° 3059). Dès lors qu'une personne sous l'empire d'un état alcoolique n'est pas en mesure de comprendre ses droits mais qu'elle fait l'objet d'une mesure de garde à vue, seule la notification de ses droits doit être reportée ; le magistrat, autorité de contrôle de la mesure, doit quant à lui être avisé immédiatement de cette mesure.

2868 De même, l'absence d'interprète ou la rareté de la langue comprise et parlée par la personne gardée à vue peut constituer une circonstance insurmontable (Cass. 2e civ., 11 avr. 2002, n° 00-50.087 et Cass. 1re civ., 19 juin 2007, n° 06-19.153). La deuxième chambre civile, dans un arrêt du 4 juillet 2002 (Cass. 2e civ., 4 juill. 2002, n° 01-50.005), expose clairement ce que sont des circonstances insurmontables au regard des obligations de l'officier de police judiciaire et des diligences qu'il met en œuvre, en jugeant que :

> « Mais attendu que par motifs propres et adoptés, l'ordonnance relève que le délai entre le placement en garde à vue à compter de 14 heures 35 et la notification des droits à 15 heures 55 est raisonnable et se justifie par les diligences faites par la police, nécessitées par la détention par M. C. d'un passeport japonais, en vue de déterminer sa véritable nationalité et la langue parlée par lui, qu'il a été vérifié à 14 heures 45 qu'il était incapable de s'entretenir en langue japonaise avec un fonctionnaire de l'ambassade du Japon, et que l'interprète en langue chinoise a prêté serment à 15 heures 35 ;
> Et attendu qu'il résulte du dossier que l'officier de police judiciaire a établi un procès-verbal de recherche d'interprète, daté du 17 janvier 2001 à 14 heures 55, mentionnant que les droits relatifs à la mesure de garde à vue seraient notifiés à M. C. dès la présence d'un interprète en langue chinoise, ainsi qu'une réquisition à un interprète en cette langue, présent au service de 14 heures 30 à 19 heures, de l'assister dans la traduction des actes de deux procédures distinctes, dont celle concernant M. X., se disant Shoda, dans le cadre de laquelle cet interprète a effectivement prêté serment à 15 heures 35 ;
> D'où il suit qu'en raison de l'impossibilité, du fait de ces circonstances insurmontables, de faire immédiatement appel à un interprète en langue chinoise lors du placement en garde à vue de l'étranger, le moyen n'est pas fondé ».

2869 Dans la pratique, les difficultés n'apparaissent pas tant lors de la notification des droits mais lors de leur exercice qui s'apparente parfois à un parcours du combattant pour l'officier de police judiciaire.

CONSEIL D'une manière générale, il est recommandé de procéder à un contrôle du taux d'alcoolémie de la personne gardée à vue – systématiquement dans certains cas – ou lorsqu'existe une suspicion de consommation d'alcool... voire de produits stupéfiants. L'enquêteur a alors tout intérêt à acter ces éléments au procès-verbal et à informer le parquet des résultats de ces vérifications. Au besoin, l'officier peut notifier à nouveau, à l'issue de ces vérifications, les droits à la personne après l'en avoir informée.

3 Les droits à notifier

a) Le droit pour la personne gardée à vue de faire prévenir un proche et son employeur, ainsi que, si elle est de nationalité étrangère, les autorités consulaires dont elle est ressortissante, et, le cas échéant de communiquer avec des personnes conformément à l'article 63-2

2870 L'article 63-2, I est l'article originel qui prévoit l'information du proche et de l'employeur (antérieurement à la loi du 14 avril 2011, la personne gardée à vue devait choisir entre informer un proche ou son employeur), et, lorsque la personne gardée à vue est de nationalité étrangère, de faire contacter les autorités consulaires. Quant au II de cet article, introduit par la loi du 3 juin 2016, il autorise une communication directe entre la personne gardée à vue avec l'une des personnes visées au I.

1) Personnes pouvant être prévenues

2871 Si l'article 63-1 fait référence au « proche », l'article 63-2 du Code de procédure pénale liste exhaustivement les tiers que la personne gardée à vue peut faire informer. Il s'agit d'une « personne avec laquelle elle vit habituellement ou l'un de ses parents en ligne directe ou l'un de ses frères et sœurs » et l'employeur.

2872 Il n'est pas toujours aisé pour l'enquêteur de s'assurer de ce que la personne dont le nom et les coordonnées sont communiqués par la personne gardée à vue est bien une des personnes listées à l'article 63-2. En effet, il est assez rare que les personnes placées en garde à vue aient sur elles leur livret de famille et leur contrat de travail. Le risque est, bien sûr, que, sous couvert d'indiquer à l'enquêteur que telle ou telle personne est un proche, celui-ci informe sans le vouloir le complice, le coauteur ou le comparse des faits objet de l'enquête en cours. Aucun fichier ne permettant de s'assurer du lien familial entre les personnes, l'enquêteur pourra toujours, en cas de doute sérieux et de risque portant sur l'efficacité de l'enquête, solliciter le magistrat afin qu'il diffère cette information le temps de s'assurer du lien exigé par le texte. Ce report pourra être fondé sur la nécessité de recueillir ou de conserver les preuves conformément à l'article 63-2, alinéa 3 du Code de procédure pénale et plus rarement sur le risque d'atteinte grave à la vie, à la liberté ou à l'intégrité physique d'une personne.

2873 Quant aux autorités consulaires (Conv. Vienne sur les relations consulaires, 24 avr. 1963, art. 36, *b*), là aussi, il peut parfois s'avérer difficile de déterminer la nationalité de la personne. L'enquêteur peut ici se fier, sans risque, à ce que lui indique la personne gardée à vue et s'assurer auprès des autorités consulaires qu'elle est bel et bien ressortissante de ce pays. La circulaire de la DACG communique un lien permettant d'accéder à un annuaire des consulats : www.diplomatie.gouv.fr. Dès lors que la personne est de nationalité étrangère, il reviendra à l'enquêteur de notifier ce droit (Cass. crim., 16 avr. 2013, n° 13-90.006).

2) Information communiquée

2874 Le I de l'article 63-2 dispose que la personne gardée à vue peut faire prévenir ces personnes « de la mesure dont elle est l'objet ». Aussi, une lecture stricte du texte conduit à retenir que l'officier de police judiciaire ou l'agent de police judiciaire ne doit informer le proche, l'employeur ou les autorités consulaires que du seul fait que la personne est placée en garde à vue sans indiquer les faits reprochés. De plus, l'article 11 du Code de procédure pénale semble militer fortement pour que l'enquêteur ne révèle pas les motifs du placement en garde à vue.

2875 Cependant, l'enquêteur ou l'assistant d'enquête sous le contrôle de celui-ci profite généralement de cet appel aux proches et à l'employeur pour les informer conformément à l'article 63-3-1, alinéa 3 qu'ils peuvent désigner un avocat au profit de la personne gardée à vue et demander l'intervention d'un médecin. L'examen médical peut être sollicité par les seuls membres de la famille, à la différence de l'assistance d'un avocat qui peut être sollicitée par tous les « proches » sous réserve que la personne gardée à vue avalise ce choix (V. *infra*, n° 2946). À nouveau l'enquêteur ou l'assistant d'enquête n'a pas à fournir de plus amples informations aux « proches » ; elles seront données à l'avocat, conformément à ce même article 63-3-1, alinéa 4 qui prévoit que soient communiquées « la nature et la date présumée de l'infraction sur laquelle porte l'enquête ».

3) Les modalités d'information

2876 **Par téléphone.** Toujours selon le I de l'article 63-2, l'information – souvent intitulé « avis » dans les procès-verbaux – est donnée par téléphone. S'il est possible d'envisager de recourir au SMS, il semble toutefois recommandé de préférer l'appel vocal ce qui permet de s'assurer, d'une part, de l'identité de la personne qualifiée de « proche », et d'autre part, de ce que les informations ont bien été reçues dans le délai de trois heures. Cependant, il semble possible de recourir au SMS si, après plusieurs appels, la personne ne répond pas.

2877 **Par qui ?** Cette information peut être donnée par l'officier de police judiciaire, l'agent de police judiciaire, l'agent de police judiciaire adjoint ou l'assistant d'enquête qui agit sous le contrôle et à la demande des enquêteurs (CPP, art. 21-3 et 63-2, art. D. 15-5-2).

2878 Lorsque la personne est placée en garde à vue en présence d'un proche, cette information se fait *de facto* verbalement. Il est ici recommandé de l'acter au procès-verbal de déroulement de garde à vue.

2879 **Dans un délai de trois heures.** L'alinéa 2 du I de l'article 63-2 dispose que :

> « Sauf en cas de circonstance insurmontable, qui doit être mentionnée au procès-verbal, les diligences incombant aux enquêteurs ou, sous leur contrôle, aux assistants d'enquête en application du premier alinéa doivent intervenir au plus tard dans un délai de trois heures à compter du moment où la personne a formulé la demande ».

Le délai de trois heures commence à courir à compter du moment où la personne formule sa demande, et non au moment de la notification des droits.

2880 Quant aux circonstances insurmontables, le législateur fait ici référence aux difficultés à joindre la personne désignée, ce que nous avons évoqué au paragraphe précédent. Elles peuvent aussi résulter de difficultés techniques (zone blanche, erreur de numéro donné par la personne gardée à vue, etc.). En tout état de cause, quelle que soit la nature de la circonstance insurmontable, elle doit être actée au procès-verbal afin de permettre à la juridiction, le cas échéant, d'en apprécier la réalité.

2881 Il nous semble que ce délai de trois heures doive également être respecté lors de la notification des droits en cas de prolongation de la mesure de garde à vue. En effet, les articles encadrant les prolongations renvoient expressément à l'article 63-2 du Code de procédure pénale.

CONSEIL Comme pour les autres droits, l'enquêteur doit faire diligence mais n'a cependant pas une obligation de résultat. Il a toutefois, nous semble-t-il, une obligation de moyen renforcée. Si la personne désignée au titre du I de l'article 63-2 du Code de procédure pénale ne peut être jointe, l'enquêteur doit renouveler ses diligences, certes pas indéfiniment, mais au moins deux fois. Il semble recommandé de proposer de joindre une autre personne en cas de non-réponse de la primo-contactée.

4) Possibilité de différer ou de ne pas délivrer l'avis aux proches

2882 Le magistrat peut, à la demande de l'enquêteur mais aussi d'office, décider de différer l'avis aux tiers, voire décider qu'il ne sera pas délivré pendant toute la durée de la garde à vue. Au-delà de la 48e heure, le maintien du report de l'avis relève du juge des libertés et de la détention – en enquête de flagrance et préliminaire – ou du juge d'instruction (CPP, art. 63-2). Il n'est pas possible en ce qui concerne l'avis aux autorités consulaires.

2883 Lorsque la durée de la garde à vue dépasse les 96 heures, conformément à l'article 706-88-1 du Code de procédure pénale, la personne peut réitérer sa demande de s'entretenir avec un proche tel que prévu aux articles 63-1 et 63-2 du même code.

2884 Cet avis différé ou non délivré est décidé par le magistrat pour deux motifs exclusifs et impérieux, à savoir : « permettre le recueil ou la conservation des preuves » ou « prévenir une atteinte grave à la vie, à la liberté ou à l'intégrité physique d'une personne ».

2885 Bien que cette décision incombe au magistrat auquel il revient de la motiver au regard des éléments légaux précédemment cités, ceux-ci lui sont souvent communiqués par les enquêteurs qui sont à l'origine de la demande de report ou de non-délivrance de l'avis. En conséquence, si au procès-verbal doit apparaître, au moins, une des deux causes de report ou de non-délivrance de l'avis, celle-ci doit pouvoir être justifiée par une mention en procédure qui fait état de la demande par l'enquêteur ou de la retranscription de la décision du magistrat qui peut être verbale ou écrite (par téléphone, de manière manuscrite sur l'avis de placement en garde à vue, voire en recourant un modèle dédié développé par certains TTR [mail]).

5) Communication directe entre la personne gardée à vue et l'une des personnes mentionnées au I de l'article 63-2 du Code de procédure pénale

2886 La loi du 3 juin 2016 a prévu une possibilité de communication directe entre la personne gardée à vue et une des personnes (CPP, art. 63-2, II) visées au I de l'article 63-2 (V. *supra*, n° 2870). Aussi, c'est souvent à cette occasion que la personne placée en garde à vue informe ses proches des motifs de la mesure.

2887 L'article 63-2, II permet une telle communication par téléphone, par écrit ou lors d'un entretien. L'officier de police judiciaire a « la main » sur cette communication dans la mesure où il peut s'y opposer dès lors qu'il la juge incompatible avec un des objectifs mentionnés à l'article 62-2 du Code de procédure pénale. Il n'a pas à motiver davantage sa décision. Toutefois, la mention de l'opposition de l'officier de police judiciaire, en référence à l'article 62-2 ou au risque de commission d'une infraction (recel de malfaiteurs, dégradation d'une scène d'infraction, etc.), doit apparaître au procès-verbal.

2888 De manière logique, il n'y a pas lieu de permettre une telle communication lorsque le magistrat a différé l'avis à tiers prévu au I de l'article 62-3 (V. *supra*, n° 2882).

2889 Toutefois, si l'officier de police judiciaire autorise une telle communication, il dispose de la possibilité de la contrôler. La loi ne fait pas de cette communication un « entretien confidentiel » comme l'est celui qui est prévu pour l'avocat. Cette communication ne relève pas des droits de la défense. L'article 63-2, II prévoit ainsi que l'entretien se déroule en présence de l'officier de police judiciaire ou d'une personne désignée par lui (cette personne n'est pas nécessairement un officier de police judiciaire, il peut ainsi s'agir d'un agent de police judiciaire ou d'un agent de police judiciaire adjoint, voire d'un assistant d'enquête ou encore d'un agent de la force publique [gendarme mobile, fonctionnaire d'unité d'intervention dépourvu de compétence judiciaire, etc.]). Il s'agit uniquement d'informer les tiers dans le but de les rassurer, mais aussi de leur permettre de mobiliser certains droits comme l'examen médical ou l'assistance d'un avocat.

2890 L'officier de police judiciaire fixe les modalités de cette communication si elle intervient par téléphone ou lors d'un entretien en présentiel. Cet échange est limité à trente minutes. La loi ne le précise pas mais l'officier de police judiciaire peut y mettre fin si la communication devient incompatible avec l'un des objectifs de l'article 62-2 ou lorsque la personne gardée à vue est en train (ou tente) de commettre une infraction.

2891 Toutefois, s'agissant de la demande communication avec les autorités consulaires, l'officier de police judiciaire ne peut s'y opposer au-delà de quarante-huit heures de garde à vue.

6) Cas des mineurs

2892 **Information des représentants légaux et de la personne ou du service auquel le mineur est confié.** Le Code de la justice pénale des mineurs a modifié les dispositions autrefois contenues dans l'article 4 de l'ordonnance du 2 février 1945 et dans les articles D. 15-6-1 et D. 594-17 et suivants du Code de procédure pénale relatifs à l'avis donné au représentant légal du mineur placé en garde à vue ou retenu. Les articles du Code de la justice pénale des mineurs, pas plus que ne le faisait l'article 4 de l'ordonnance relative à l'enfance délinquante, ne renvoient au droit de communication avec un tiers de l'article 63-2, II du Code de procédure pénale qui semble réservé au majeur placé en garde à vue.

2893 De manière inchangée par rapport à l'ordonnance du 2 février 1945, l'avis donné au représentant légal demeure une obligation qui incombe à l'officier ou à l'agent de police judiciaire, qui doit faire diligences, non pas dans un délai de trois heures mais immédiatement, sauf circonstances insurmontables.

2894 **Lorsqu'il s'agit d'un mineur de dix à treize ans**, l'article L. 413-3 du Code de la justice pénale des mineurs dispose que :

> « L'officier de police judiciaire informe par tout moyen les représentants légaux du mineur ainsi que la personne ou le service auquel il est confié de la mesure de retenue dont il fait l'objet.
> Il ne peut être dérogé aux dispositions de l'alinéa précédent que pour permettre le recueil ou la conservation des preuves ou pour prévenir une atteinte grave à la vie, à la liberté ou à l'intégrité physique d'une personne, sur décision du procureur de la République ou du juge chargé de l'information prise au regard des circonstances de l'espèce, et pour la durée que le magistrat détermine et qui ne peut excéder douze heures.
> Les représentants légaux sont informés que le mineur doit être assisté par un avocat et qu'ils peuvent désigner un avocat ou demander qu'un avocat soit commis d'office ».

2895 En conséquence, le magistrat, éventuellement sur proposition des enquêteurs, peut décider de différer l'avis au représentant légal mais dans le seul but de permettre le recueil ou la conservation des preuves ou pour prévenir une atteinte grave à la vie, à la liberté ou à l'intégrité physique d'une personne. Ce report ne peut excéder douze heures.

2896 **Lorsqu'il s'agit d'un mineur d'au moins treize ans**, l'article L. 413-7 du Code de la justice pénale des mineurs dispose que :

> « Après avoir avisé le procureur de la République ou le juge d'instruction du placement en garde à vue du mineur, l'officier de police judiciaire en informe les représentants légaux et la personne ou le service auquel le mineur est confié.
> Il ne peut être dérogé aux dispositions de l'alinéa précédent que pour permettre le recueil ou la conservation des preuves ou pour prévenir une atteinte grave à la vie, à la liberté ou à l'intégrité physique d'une personne, sur décision du procureur de la République ou du juge d'instruction prise au regard des circonstances de l'espèce, et pour la durée que le magistrat détermine et qui ne peut excéder vingt-quatre heures ou, lorsque la garde à vue ne peut faire l'objet d'une prolongation, douze heures.
> Les représentants légaux sont informés du droit du mineur à être assisté par un avocat ».

2897 Comme pour le mineur de dix à treize ans, l'avis à représentant légal ne peut être différé par le magistrat que dans le seul but de permettre le recueil ou la conservation des preuves ou pour prévenir une atteinte grave à la vie, à la liberté ou à l'intégrité physique d'une personne. Ce report est limité à douze heures lorsque la garde à vue est insusceptible de prolongation ou à vingt-quatre heures lorsque la prolongation est possible.

2898 **Interrogation.** La question se pose de savoir comment les règles spécifiques aux avis de garde à vue donnés aux représentants légaux doivent se combiner avec les dispositions générales de l'article L. 311-1 du Code de la justice pénale des mineurs qui prévoit que, dans toutes les procédures concernant un mineur, ses représentants légaux doivent être informés des décisions prises et peuvent l'accompagner lors des auditions et interrogatoires.
En effet, l'article L. 311-2 du même code permet de ne pas délivrer l'information prévue à l'article précédent lorsque cela :

« 1° Serait contraire à l'intérêt supérieur du mineur (...)
3° Pourrait, sur la base d'éléments objectifs et factuels, compromettre de manière significative la procédure pénale ».

Selon la DACG, les nouvelles dispositions ne remettent pas en cause les exigences prévues pour les gardes à vue et retenues.
Il reviendra à la chambre criminelle d'apporter la réponse.

2899 **Qui, l'officier ou l'agent de police judiciaire, doit-il aviser ?** Les articles L. 431-3 et L. 413-7 du Code de la justice pénale des mineurs indiquent que l'avis est donné aux représentants légaux (Cass. crim., 20 déc. 2000, n° 00-86.499. En l'espèce, la chambre criminelle juge que l'information de la belle-mère d'un mineur, présente lors de la perquisition ne vaut pas information du représentant légal au sens du II de l'article 4 de l'ordonnance de 1945) ainsi que, le cas échéant, à la personne ou au service auquel il est confié.
En l'état du droit positif, les enquêteurs doivent, lorsque le mineur ne vit pas avec ses représentants légaux, procéder à un double avis, à savoir les représentants légaux et la personne ou le service auquel il est confié.
Toutefois, dans un cas d'espèce particulier où la victime du mineur était la personne responsable du service auquel il était confié, la chambre criminelle a jugé que « l'information de la garde à vue du mineur donnée à la personne désignée à la fois comme représentant légal du mineur et comme victime présumée de ses violences ne garanti[ssai]t pas la conduite d'une procédure respectueuse des intérêts contraires en présence » et que « l'irrégularité de cette information fai[sai]t nécessairement grief au mineur dès lors que la formalité prévue a[vai]t pour finalité de permettre à la personne désignée d'assister le mineur dans ses choix de personne gardée à vue dans le seul intérêt de sa défense » (Cass. crim., 17 juin 2020, n° 20-80.065).

2900 L'article R. 413-2 du Code de la justice pénale des mineurs dispose que « lorsqu'elle n'est pas donnée aux représentants légaux, l'information prévue aux articles L. 413-3 et L. 413-7 est donnée à l'adulte approprié mentionné à l'article L. 311-2 », celui-ci étant :

« un adulte approprié, qui doit être accepté en tant que tel par l'autorité compétente, pour recevoir ces informations et pour l'accompagner au cours de la procédure.
Lorsque le mineur n'a désigné aucun adulte ou que l'adulte désigné n'est pas acceptable pour l'autorité compétente, le procureur de la République, le juge des enfants ou le juge d'instruction désigne, en tenant compte de l'intérêt supérieur de l'enfant, une autre personne pour recevoir ces informations et accompagner le mineur.
Cette personne peut également être un représentant d'une autorité ou d'une institution compétente en matière de protection de l'enfance, notamment un représentant ad hoc figurant sur la liste dressée en application de l'article 706-51 du code de procédure pénale ».

2901 La désignation de cet adulte approprié peut être faite par le mineur ou le magistrat. Si elle est faite par le mineur, celle-ci devra être acceptée par l'officier de police judiciaire. La circulaire DACG précitée indique que :

« Il peut en pratique s'agir de n'importe quelle personne majeure, qu'il s'agisse ou non d'un membre de la famille du mineur, dès lors que cette personne, étant désignée par le mineur, aura nécessairement sa confiance. En pratique, le refus de la personne désignée, même s'il n'a pas à être motivé, ne devrait être justifié que parce que l'intervention de cette personne semble contraire aux intérêts du mineur ou risque de compromettre le déroulement de la procédure. En cas de doute, l'officier de police judiciaire pourra en référer au procureur de la République.
L'article 6-2 [devenu art. L. 311-2 du CJPM] prévoit que lorsque le mineur n'a désigné aucun adulte ou que l'adulte désigné n'est pas acceptable pour l'autorité compétente, le procureur de la République, le juge des enfants ou le juge d'instruction désigne, en tenant compte de l'intérêt supérieur de l'enfant, une autre personne pour recevoir ces informations et accompagner le mineur.
L'article D. 594-19 [devenu art. D. 311-2 du CJPM] dispose que dans un tel cas l'officier de police judiciaire devra informer le magistrat compétent. Il n'appartient donc pas aux enquêteurs de désigner eux-mêmes un adulte approprié à la place du mineur, cette désignation relevant, selon les cas, de la seule compétence du procureur de la République, du juge des enfants ou du juge d'instruction.
Toutefois en pratique, les enquêteurs pourront adresser des propositions au magistrat, l'article D. 594-19 précisant que l'adulte approprié désigné par ce dernier est choisi en priorité parmi les proches du mineur ».

2902 **Contenu de l'avis donné aux représentants légaux et à la personne ou au service auquel le mineur est confié ou à l'adulte approprié.** L'article R. 413-2 du Code de la justice pénale des mineurs précise les éléments devant être communiqués lors de l'avis :

« Lorsque (...) l'officier de police judiciaire informe du placement en retenue ou en garde à vue d'un

La garde à vue

mineur, ses représentants légaux et la personne ou le service auquel il est confié, il leur donne connaissance de la qualification, de la date et du lieu présumés de l'infraction que le mineur est soupçonné avoir commis ou tenté de commettre ainsi que des motifs mentionnés aux 1° à 6° de l'article 62-2 du code de procédure pénale justifiant son placement en retenue ou en garde à vue ».

L'article D. 311-1 du Code de la justice pénale des mineurs résume assez bien les exigences posées en matière d'information des titulaires de l'autorité parentale ou du majeur approprié :

« Chaque fois qu'une information est donnée au mineur en application de l'article L. 311-1, elle est également donnée par tout moyen et dans les meilleurs délais aux représentants légaux ou à l'adulte approprié mentionnés à l'article L. 311-2 ».

2903 **Diligences.** Bien que devant être exécutées sans délai, ces diligences restent une obligation de moyen auxquelles s'appliquent les circonstances insurmontables. L'article L. 311-2 du Code de la justice pénale des mineurs évoque « des efforts raisonnables » pour joindre les parents et dispense de l'avis dans le cas où leur identité est inconnue. La chambre criminelle a cependant jugé que :

« Vu l'article 4 II de l'ordonnance du 2 février 1945 relative à l'enfance délinquante :

11. Selon ce texte, lorsqu'un mineur est placé en garde à vue, l'officier de police judiciaire doit, dès que le procureur de la République ou le juge chargé de l'information a été avisé de cette mesure, en informer les parents, le tuteur, la personne ou le service auquel est confié le mineur. Une telle information constitue une garantie essentielle des droits du mineur placé en garde à vue.

12. Pour écarter le moyen de nullité tiré du caractère tardif de l'avis à famille, l'arrêt attaqué énonce qu'il résulte de la procédure que le mineur a été informé de ses droits dès le début de la garde à vue et que sa mère, qu'il a désignée pour être avisée de la mesure, contactée le 24 juillet 2018 à 17 heures 50, n'a pu être jointe.

13. En se déterminant ainsi, alors que les mentions du procès-verbal, qui établissent seulement l'existence d'un appel infructueux, ne démontrent pas l'accomplissement de diligences suffisantes répondant aux exigences de l'article 4 II susvisé, la chambre de l'instruction a méconnu ce texte et le principe ci-dessus rappelé » (Cass. crim., 29 sept. 2020, n° 20-80.105).

2904 **Majeur protégé.** L'article 706-112-1 du Code de procédure pénale dispose que :

« Lorsque les éléments recueillis au cours de la garde à vue d'une personne font apparaître que celle-ci fait l'objet d'une mesure de protection juridique, l'officier ou l'agent de police judiciaire en avise le curateur ou le tuteur. S'il est établi que la personne bénéficie d'une mesure de sauvegarde de justice, l'officier ou l'agent de police judiciaire avise s'il y a lieu le mandataire spécial désigné par le juge des tutelles. (...) Le procureur de la République ou le juge d'instruction peut, à la demande de l'officier de police judiciaire, décider que l'avis prévu au présent article sera différé ou ne sera pas délivré si cette décision est, au regard des circonstances, indispensable afin de permettre le recueil ou la conservation des preuves ou de prévenir une atteinte grave à la vie, à la liberté ou à l'intégrité physique d'une personne ».

2905 Comme pour le mineur, l'avis au curateur, au tuteur ou au mandataire spécial, est une obligation. Le report de cet avis ne peut être différé que sur décision du magistrat afin de permettre le recueil ou la conservation des preuves ou pour prévenir une atteinte grave à la vie, à la liberté ou à l'intégrité physique d'une personne. Cependant, à la différence de ce qui est prévu pour le mineur pour lequel la durée du report de l'avis est limitée, celui-ci peut ne pas être délivré du tout au cours de la mesure de garde à vue.

2906 L'article D. 47-14 du Code de procédure pénale prévoit que le tuteur, le curateur ou le mandataire spécial est avisé :

« 1° qu'il peut désigner un avocat ou demander qu'un avocat soit désigné par le bâtonnier ;

2° qu'il peut demander que la personne soit examinée par un médecin ».

2907 Enfin, une fois le tuteur, le curateur ou le mandataire spécial avisé, l'officier de police judiciaire peut autoriser le gardé à vue à communiquer avec cette personne dans les conditions de l'article 63-2 (CPP, art. D. 47-14).

b) Le droit d'être examiné par un médecin désigné par le procureur de la République ou l'officier de police judiciaire conformément à l'article 63-3 du Code de procédure pénale

2908 La demande d'examen peut émaner du gardé à vue ou du magistrat. L'examen peut, dans certains cas, être obligatoire.

1) À la demande de la personne gardée à vue, du procureur ou de l'officier de police judiciaire

2909 **Qui peut demander un examen médical ?** L'article 63-3 du Code de procédure pénale dispose que :

« Toute personne placée en garde à vue peut, à sa demande, être examinée par un médecin désigné

par le procureur de la République ou l'officier de police judiciaire…
À tout moment, le procureur de la République ou l'officier de police judiciaire peut d'office désigner un médecin pour examiner la personne gardée à vue.
En l'absence de demande de la personne gardée à vue, du procureur de la République ou de l'officier de police judiciaire, un examen médical est de droit si un membre de sa famille le demande ».

2910 Ainsi, la personne gardée à vue peut demander à être examinée par un médecin lors de son placement en garde à vue, puis, le cas échéant, lors de la première prolongation. Le magistrat et l'officier de police judiciaire peuvent également décider que la personne sera examinée par un médecin même lorsque celle-ci a décidé de ne pas exercer ce droit.
Pour mémoire, rappelons que cet examen est de droit, tant lors du placement en garde à vue que lors des prolongations, si un membre de la famille, informé de ce droit par les enquêteurs lors de l'avis à famille (V. *infra*, n° 2912) en fait la demande.

2911 Lorsqu'il est fait application des articles 706-88 et 706-88-1 du Code de procédure pénale, l'examen médical est de droit à chaque prolongation de garde à vue, à savoir à compter de la 48e heure (CPP, art. 706-88, al. 4), à compter de la 96e puis de la 120e heure (CPP, art. 706-88-1, al. 3). L'article 706-88, alinéa 4 du Code de procédure pénale ne semble prévoir l'examen médical de droit que pour la première prolongation supplémentaire à l'exclusion de la seconde. Dans l'intérêt de la personne gardée à vue, l'examen médical semble devoir être effectué également lors de la seconde prolongation supplémentaire.

2) Examen obligatoire ou d'office

2912 L'examen médical peut donc être décidé d'office par les enquêteurs ou le magistrat. Cet examen est obligatoire lorsqu'il est demandé par la personne, ou par un membre de la famille. Il est également obligatoire à compter de la 48e heure (CPP, art. 706-88, al. 4) (même remarque qu'au n° 2911), à compter de la 96e puis de la 120e heure (CPP, art. 706-88-1, al. 3). À compter de la 48e heure de garde à vue, la personne gardée à vue peut demander un examen médical en plus de celui obligatoire par le texte. Il peut donc y avoir par période de 24 heures, lors des prolongations supplémentaires, deux examens médicaux.

CONSEIL L'examen médical systématique de la personne gardée à vue, dès le début de la mesure et à chaque prolongation semble être une pratique à encourager afin de pallier toute mauvaise surprise ultérieure sur l'état de santé de la personne. De même, il est recommandé de procéder à un dépistage de l'imprégnation alcoolique et, lorsque les circonstances ou l'infraction poursuivie y incitent, à un dépistage de produits stupéfiants, pour les mêmes motifs.

2913 **Majeur protégé.** L'article 706-112-1 du Code de procédure pénale dispose que :

« Si la personne (…) n'a pas fait l'objet d'un examen médical, le curateur, le tuteur ou le mandataire spécial peuvent (…) demander que la personne soit examinée par un médecin ».

Cet examen est de droit.

3) Réquisition délivrée à médecin désigné par le magistrat ou l'officier de police judiciaire

2914 Naturellement le médecin est requis par le magistrat ou l'officier de police. La personne ou la famille ne peut désigner le médecin de son choix. Le praticien est requis sur le fondement de l'article 63-3 du Code de procédure pénale et de l'article 60 du même code qui constitue le droit commun du pouvoir de réquisition à personne qualifiée (V. *infra*, n° 3460).

2915 En conséquence, si le médecin est inscrit sur une liste d'expert, il ne prête pas serment, à la différence de celui qui est requis pour l'occasion. Dans cette dernière hypothèse, l'enquêteur doit veiller à joindre la prestation de serment à la procédure. Suite à la loi du 23 mars 2019, l'agent de police judiciaire peut requérir, sous le contrôle de l'officier de police judiciaire, un médecin dans le cadre de l'enquête de flagrance et de l'enquête préliminaire. Ce pouvoir a été étendu à l'assistant d'enquête sous le contrôle et à la demande expresse de l'officier de police judiciaire (CPP, art. 21-3 ; V. *supra*, n°s 295 et s.) par la loi du 24 janvier 2023. L'article 154 du Code de procédure pénale renvoyant expressément aux dispositions des articles 63-2, 63-3, 63-3-1, il est possible de s'interroger sur la possibilité donnée à l'assistant d'enquête de procéder aux diligences dans le cadre d'une instruction.

2916 **Missions du médecin requis.** L'article 63-3 du Code de procédure pénale prévoit que :

« Le médecin se prononce sur l'aptitude au maintien en garde à vue et procède à toutes constatations utiles ».

2917 Le médecin se prononce doublement, tant sur l'aptitude au maintien en garde à vue

La garde à vue

que sur toutes les constatations qu'il peut réaliser lors de l'examen de la personne. Il est ici impossible de les lister, mais on songe aux traces de blessures pouvant résulter de l'interpellation, voire de blessures datant de plusieurs jours qu'il est utile de mentionner afin d'éviter tout contentieux ultérieur. Cela peut aussi être le fait que la personne prend un traitement médical, voire qu'elle présente des troubles psychologiques ou psychiatriques. Dans cette dernière hypothèse, l'enquêteur doit en informer le magistrat afin que celui-ci ordonne, au cours de la mesure de garde à vue, un examen médical complémentaire confié à un médecin spécialisé, sur le fondement des articles 60 et 77-1 ou une expertise conformément à l'article 156 du Code de procédure pénale.

2918 **Outre-mer.** L'article 813 du Code de procédure pénale dispose que :

> « Dans le territoire de la Polynésie française, en l'absence d'un médecin dans l'île où se déroule la garde à vue, l'examen prévu par l'article 63-3 est effectué par un infirmier diplômé ou, à défaut, par un membre du corps des auxiliaires de santé publique ».

L'article 865 du Code de procédure précise quant à lui, s'agissant toujours de la Polynésie, que :

> « Dans le territoire de la Polynésie française, les examens prévus à l'article 706-88 peuvent être effectués dans les conditions définies à l'article 813 ».

4) Réquisition du médecin dans un délai de trois heures

2919 **À la demande de la personne gardée à vue.** Déserts médicaux, désintérêt des médecins pour cette mission et schéma national de la médecine légale complexifient particulièrement la mission des enquêteurs lorsqu'il s'agit de faire examiner la personne gardée à vue. L'article 63-3 du Code de procédure pénale, comme l'article 63-2, dispose que : « Sauf en cas de circonstance insurmontable, les diligences incombant aux enquêteurs ou, sous leur contrôle, aux assistants d'enquête en application du présent alinéa en application du présent alinéa doivent intervenir au plus tard dans un délai de trois heures à compter du moment où la personne a formulé la demande ».

2920 Ainsi, cette obligation de moyen renforcée ne vaut que lorsque c'est la personne gardée à vue qui souhaite exercer ce droit et non lorsque l'examen médical est décidé par le magistrat ou l'enquêteur ou qu'il est demandé par la famille. Cela n'a toutefois pas été affirmé par la jurisprudence de sorte que, dans l'attente d'une décision de la chambre criminelle, il est recommandé aux enquêteurs de faire appel au médecin dans le même délai que celui imposé lorsque c'est la personne qui demande un examen médical, soit trois heures à compter de la demande.

2921 De même, lorsque cet examen est de droit à l'occasion des prolongations prévues aux articles 706-88 et 706-88-1, le Code de procédure pénale ne précise pas si ce délai est applicable. Dans l'attente d'une décision de la chambre criminelle, il est recommandé de faire diligence dans les trois heures à compter non pas de la notification des droits adossés à la prolongation, mais à compter de l'heure de début effectif de la prolongation. En effet, il peut être ici soutenu que la volonté du législateur est que la personne en garde à vue soit examinée toutes les vingt-quatre heures, à l'instar de l'entretien avec l'avocat.

2922 **À tout moment par le magistrat ou l'officier de police judiciaire.** L'article 63-3, alinéa 2 du Code de procédure pénale dispose qu'« à tout moment, le procureur de la République ou l'officier de police judiciaire peut d'office désigner un médecin pour examiner la personne gardée à vue ». Cette possibilité doit être utilisée, notamment lorsque, malgré l'examen médical – au cours de prolongation, le cas échéant – l'officier ou l'agent de police judiciaire constate que l'aptitude au maintien en garde à vue semble compromise en raison d'une dégradation de l'état de santé de la personne, comme une agitation, des propos incohérents, voire des plaintes de la personne. Si le médecin intervient dans ce cadre et qu'il décide de prononcer une inaptitude, la personne devra être remise en liberté après que l'enquêteur aura informé le magistrat.

2923 **Les diligences.** L'enquêteur doit requérir un médecin et le fait que celui qu'il a choisi, ou qui est désigné par le parquet ou par le schéma national de médecine légale, ne réponde pas ou ne soit pas disponible, ne saurait conduire à ne pas pratiquer d'examen médical. L'enquêteur doit, à l'évidence, se tourner vers plusieurs médecins et le cas échéant, se rendre aux urgences du centre hospitalier le plus proche. De même, si l'enquêteur constate que le médecin requis ne se présente pas à l'heure convenue ou que celui-ci indique, après avoir accepté, ne finalement pas pouvoir se déplacer, l'enquêteur doit en requérir un autre (Cass. 1re civ., 10 oct. 2012, n° 11-30.131). Néanmoins si l'enquêteur a procédé aux diligences dans le délai de trois heures, le fait que le médecin procède à l'examen au-delà de ce délai ne devrait pas poser de problème.

Il est dans ce cas essentiel que la chronologie apparaisse en procédure.
Ces diligences peuvent être effectuées par les enquêteurs ou par un assistant d'enquête qui agit sous leur contrôle (CPP, art. 21-3 et 63-3). Là encore (V. *supra*, n° 2915), le renvoi de l'article 154 aux articles concernant la garde à vue en flagrance conduit à s'interroger sur la possibilité donnée à l'assistant d'enquête de procéder aux diligences dans le cadre d'une instruction.

2924 **Diligences et majeur protégé.** L'article 706-112-1 du Code de procédure pénale prévoit que lorsque les éléments recueillis au cours de la garde à vue d'une personne font apparaître qu'elle fait l'objet d'une mesure de protection juridique, son tuteur ou son curateur doit être avisé dans un délai de six heures (sauf circonstances insurmontables) qu'il peut demander, pour le majeur protégé, l'assistance d'un avocat et l'examen par un médecin.

2925 Le code est muet sur le délai dans lequel ces diligences doivent être effectuées quand le majeur protégé fait savoir, dès son arrivée au service ou à la brigade, qu'il fait l'objet d'une mesure de protection. Il semble prudent, dans cette hypothèse, de donner l'information dans les trois heures. L'article 63-2, dans sa version en vigueur du 15 novembre 2016 au 1er juin 2019, prévoyait en effet que le tuteur ou le curateur devait être prévenu du placement en garde à vue dans les trois heures, même si à l'époque, il ne pouvait pas demander un examen médical.

2926 Toutes les difficultés doivent être actées en détail au procès-verbal afin d'attester de circonstances insurmontables ayant conduit à ce que l'examen se déroule plus de trois heures après que la personne a exercé son droit.

5) Conditions de l'examen

2927 L'article 63-3 du Code de procédure pénale dispose que « sauf décision contraire du médecin, l'examen médical doit être pratiqué à l'abri du regard et de toute écoute extérieurs afin de permettre le respect de la dignité et du secret professionnel ». De notre point de vue, il est peu de situations qui permettent de s'exonérer de ces exigences. Le secret médical et le droit à la dignité exigent que les circonstances qui conduiraient à faire examiner une personne gardée à vue en présence d'un membre des forces de l'ordre devront faire l'objet d'une mention particulièrement circonstanciée au procès-verbal. Il peut s'agir d'une personne d'une particulière dangerosité ou d'une crainte justifiée du médecin.

CONSEIL Dans cette hypothèse, et avant de méconnaître le secret médical et le droit à la dignité, il semble possible de proposer quelques alternatives au praticien comme de laisser les menottes à la personne gardée à vue, poster un membre des forces de l'ordre au plus près de la porte, etc. À l'inverse et si le médecin exige que les menottes soient retirées à la personne alors que celle-ci présente des risques majeurs de dangerosité, l'officier de police judiciaire peut refuser, mais il est recommandé d'en informer le magistrat et d'acter ces éléments au procès-verbal).

6) Établissement d'un certificat médical

2928 L'article 63-3 du Code de procédure pénale précise que « le certificat médical est versé au dossier ». L'enquêteur doit procéder à cette jonction dès réception car ce certificat médical fait partie des pièces dont l'avocat peut solliciter la communication au titre de l'article 63-4 du Code de procédure pénale.

2929 Ce certificat médical contient les éléments en réponse à la mission énoncée dans la réquisition délivrée au praticien.

2930 Sur l'aptitude, la décision du médecin peut être : aptitude, aptitude restreinte ou inaptitude de la personne à la garde à vue. L'aptitude restreinte consiste souvent en une « inaptitude au placement en cellule de garde à vue », voire parfois sur la durée même de la mesure. On pense ici aux femmes enceintes ou aux personnes souffrant de pathologies particulières. Cette inaptitude peut être physique, psychologique ou psychiatrique. Dans ce dernier cas, le magistrat peut ordonner une expertise au cours de la mesure de garde à vue en requérant, le cas échéant, un médecin spécialiste. La situation est plus facile à résoudre quand il existe à proximité des hôpitaux des chambres spécialement aménagées, comme à l'Hôtel Dieu à Paris.

2931 Enfin, le médecin peut être amené à délivrer une ordonnance prescrivant des médicaments qui conditionne l'aptitude, conduisant à la prise de médicaments (Guide, *La délivrance de médicaments lors mesure de garde à vue*, ARS Bourgogne-Franche-Comté) lors de la mesure de garde à vue. Il arrive aussi que l'aptitude soit conditionnée à la prise d'un traitement médicamenteux (Cass. crim., 11 mai 2021, n° 20-82.267). Cette situation est épineuse pour les forces de l'ordre et il faut ici s'attacher à recueillir les consignes strictes du médecin, voire à le faire intervenir à nouveau lors de la mesure en cas de difficulté.

7) Conséquence de l'inaptitude à la mesure de garde à vue

2932 Il y a peu de débats sur les conséquences de l'inaptitude médicale à la garde à vue d'une personne mise en cause. La chambre criminelle juge, au visa de l'article 63-3 du Code de procédure pénale, « qu'il résulte de ce texte que la poursuite de la garde à vue d'une personne dans des conditions qui sont, selon le constat médical, incompatibles avec son état de santé, porte nécessairement atteinte à ses intérêts » (Cass. crim., 27 oct. 2009, n° 09-82.505). En conséquence, dès que le médecin constate l'inaptitude médicale de la personne à la mesure de garde à vue, l'officier de police judiciaire en informe le magistrat qui doit y mettre fin sur-le-champ.

2933 **Gardé à vue hospitalisé.** Le Code de procédure pénale ne prévoit pas que la mesure de garde à vue puisse être suspendue à l'occasion de l'hospitalisation de la personne. Aussi, il doit y être mis fin, puis elle pourra être reprise à l'issue (Cass. crim., 12 juill. 2012, n° 12-82.136). Cependant, lorsqu'il existe une salle carcérale dans l'hôpital, il est possible de maintenir la personne en garde à vue et de l'auditionner si son état le permet. La mesure de garde à vue peut, en théorie, se poursuivre dans un hôpital qui n'est pas doté de salles carcérales mais cela suppose que la personne concernée soit gardée en permanence ce qui rend, en pratique, la mesure très compliquée à mettre en place.

8) Mineurs

2934 S'agissant du mineur de dix à treize ans (retenue), l'article L. 413-4 du Code de la justice pénale des mineurs dispose que :

> « Dès le début de la retenue, le procureur de la République ou le juge d'instruction désigne un médecin qui examine le mineur dans les conditions prévues à l'article 63-3 du code de procédure pénale ».

2935 C'est au magistrat en charge de l'enquête qu'incombe de désigner le médecin dès le début de la mesure. Comme pour le majeur, la réquisition doit être délivrée dans un délai de trois heures à compter de la désignation par le magistrat.
Cet examen médical doit être renouvelé en cas de prolongation de la retenue.

2936 S'agissant du mineur d'au moins treize ans et de moins de seize ans, l'article L. 413-8 du Code de la justice pénale des mineurs prévoit les mêmes règles que pour le mineur placé en retenue.

2937 S'agissant du mineur d'au moins seize ans, l'article L. 413-8 du Code de la justice pénale des mineurs dispose que :

> « Lorsqu'un mineur d'au moins seize ans est placé en garde à vue, il est informé de son droit de demander un examen médical conformément aux dispositions de l'article 63-3 du code de procédure pénale. Ses représentants légaux sont avisés de leur droit de demander un examen médical lorsqu'ils sont informés de la garde à vue. L'avocat du mineur peut également demander que celui-ci fasse l'objet d'un examen médical ».

2938 C'est le même régime que pour les majeurs, à l'exception de l'obligation qu'a l'enquêteur, lorsqu'il avise les représentants légaux du placement en garde à vue, de les informer de ce qu'ils peuvent demander un examen médical pour le mineur. Cet examen est alors de droit.

c) Le droit d'être assisté par un avocat conformément aux articles 63-3-1 à 63-4-3-1 du Code de procédure pénale

2939 Ce droit à l'assistance d'un avocat donne lieu à une jurisprudence foisonnante, parfois difficilement lisible.

1) Contenu de la notification du droit à l'assistance d'un avocat

2940 Le droit à l'assistance d'un avocat, qui est notifié dès le début de la mesure se décompose, depuis la loi du 14 avril 2011, en plusieurs droits distincts :
- le droit à un entretien confidentiel, qui était le seul qui préexistait à la loi précitée ;
- le droit de consulter certains procès-verbaux, pour l'avocat et la personne gardée à vue ;
- le droit d'être assisté pendant les auditions et confrontations par un avocat ; ce droit peut être sollicité dès le début de la mesure ou à tout moment au cours de son déroulement. L'article D. 15-5-5 du Code de procédure pénale, créé par un décret du 28 octobre 2016, impose que cette précision figure au procès-verbal de notification (D. n° 2016-1455, 28 oct. 2016).

2941 En conséquence, les officiers de police judiciaire ou, sous le contrôle de ceux-ci, les agents de police judiciaire doivent explicitement notifier et acter sur le procès-verbal de notification les différentes modalités qui composent ce droit à l'assistance d'un avocat. Il doit aussi être notifié que l'intervention de l'avocat peut être différée, pour des raisons impérieuses, sur décision du procureur de la République ou, le cas échéant, du juge d'instruction ou du juge des libertés et de la détention.

2942 Cette notification est renouvelée à chaque prolongation.

2943 **Mineurs.** Depuis la loi du 18 novembre 2016 (L. n° 2016-1547, 18 nov. 2016 de modernisation de la justice du XXIe siècle), qu'il soit placé en retenue ou en garde à vue, le mineur doit être assisté par un avocat. La rédaction de l'article L. 413-5 du Code de la justice pénale des mineurs traduit bien cette obligation, à la différence de l'article L. 413-9 dont la rédaction évoque à la fois une obligation et un droit.
Cependant, il ne fait aucun doute qu'il s'agit là d'une obligation qui comprend les mêmes occurrences (entretien, assistance aux auditions et consultation de certains procès-verbaux) et lors de la notification des droits au mineur, il lui est indiqué qu'il sera assisté par un avocat.

2944 Les enquêteurs doivent mettre en œuvre les mêmes diligences que pour le majeur s'agissant de l'avis à l'avocat. Certains cas particuliers seront évoqués tout au long de l'étude de ce droit à l'assistance d'un avocat.

2945 La chambre criminelle juge que :

« Vu l'article 4.IV de l'ordonnance n° 45-174 du 2 février 1945, dans sa rédaction applicable à la cause et issue de la loi n° 2016-1547 du 18 novembre 2016 ;

16. Selon ce texte, dès le début de la garde à vue, le mineur doit être assisté par un avocat dans les conditions prévues aux articles 63-3-1 à 63-4-3 du code de procédure pénale. Il doit être immédiatement informé de ce droit. Lorsque le mineur n'a pas sollicité l'assistance d'un avocat, cette demande peut également être faite par ses représentants légaux, qui sont alors avisés de ce droit lorsqu'ils sont informés de la garde à vue en application du II du même article. Lorsque le mineur ou ses représentants légaux n'ont pas désigné d'avocat, le procureur de la République, le juge chargé de l'instruction ou l'officier de police judiciaire doit, dès le début de la garde à vue, informer par tout moyen et sans délai le bâtonnier afin qu'il en commette un d'office.

17. Cette information vise à garantir l'assistance effective du mineur gardé à vue par un avocat, ainsi que le libre choix de l'avocat qui prodiguera cette assistance. Cette information est prévue dans l'intérêt du mineur placé en garde à vue et son absence entraîne la nullité du placement en garde à vue » (Cass. crim., 6 oct. 2019, n° 18-81.084).

2) La désignation et l'avis à avocat (CPP, art. 63-3-1)

2946 **La désignation de l'avocat. Plusieurs personnes peuvent désigner un avocat.**

1. La personne gardée à vue.

Première concernée, c'est à elle, majeure ou mineure, que revient naturellement ce choix. Elle peut recourir à un avocat de son choix, dit « désigné », c'est-à-dire à un avocat qu'elle connaît ou dont elle a les coordonnées. La personne peut également choisir d'être assistée par un avocat commis d'office, et ce notamment lorsque l'avocat désigné n'est pas disponible ou ne répond pas aux sollicitations des enquêteurs (V. *infra*, n°s 2951 et s.).

2. Les personnes prévues en application du I de l'article 63-2, alinéa premier (V. supra, n° 2871).

Il s'agit ici de « personne avec laquelle elle vit habituellement ou l'un de ses parents en ligne directe ou l'un de ses frères et sœurs », de son employeur, et si la personne est de nationalité étrangère, les autorités consulaires. Comme nous l'avons indiqué précédemment, lorsque ces personnes sont prévenues conformément à l'article 62-3 du Code de procédure pénale, l'enquêteur doit les informer de ce qu'elles peuvent désigner un avocat (Cass. crim., 4 oct. 2016, n° 16-81.778 et Cass. crim., 13 nov. 2018, n° 18-82.108).

3. Représentants légaux du mineur.

Les articles L. 413-3 (retenue) et L. 413-7 du Code de la justice pénale des mineurs imposent que les représentants légaux soient informés « du droit du mineur à être assisté par un avocat », lors de l'avis qui doit leur être donné sans délai (V. *supra*, n° 2879). Il revient également aux enquêteurs d'informer le représentant légal de la carence de l'avocat commis d'office afin de lui permettre d'en désigner un autre (Cass. crim., 8 sept. 2021, n° 21-80.260).

Toutefois, cette désignation par les tiers peut, d'une part, conduire à ce qu'un avocat soit désigné alors que la personne gardée à vue n'en a pas souhaité ou que l'avocat désigné par les tiers soit différent de celui choisi – désigné ou commis d'office. Aussi, la personne gardée à vue doit confirmer la désignation faite par les tiers (Cass. crim., 19 oct. 2021, n° 21-81.569). Elle peut donc y souscrire ou maintenir son choix. Évidemment son choix prévaut.

4. Le magistrat.

Celui-ci peut, d'initiative ou à la demande des enquêteurs, officier ou agent de police judiciaire, solliciter le bâtonnier aux fins de désignation de plusieurs avocats lorsqu'il est nécessaire de procéder à des auditions simultanées. Il s'agit ici, par exemple, d'une opération de police judiciaire menée dans un ressort où la permanence du barreau local n'est pas suffisamment étoffée et que toutes les personnes gardées à vue ont sollicité un avocat commis d'office.

De même, lorsqu'un mineur est retenu ou placé en garde à vue et lorsque ni lui ni ses représentants légaux n'ont désigné d'avocat, les articles L. 413-5 et L. 413-9 du Code de la justice pénale des mineurs prévoient qu'il revient au magistrat ou à l'officier de police judiciaire de demander au bâtonnier par tout moyen qu'il lui en soit commis un d'office.

2947 **Outre-mer.** Plusieurs dispositions viennent déroger aux articles 63-3-1 et s. du Code de procédure pénale en ce qui concerne les territoires ultramarins.

• En Polynésie, Nouvelle-Calédonie et dans les îles Wallis-et-Futuna, l'article 814 du Code de procédure pénale dispose que :

> « En Nouvelle-Calédonie, lorsque la garde à vue se déroule en dehors des communes de Nouméa, Mont-Doré, Dumbea et Païta et que le déplacement d'un avocat paraît matériellement impossible, les attributions dévolues à l'avocat par les articles 63-4 à 63-4-3 peuvent être exercées par une personne choisie par la personne gardée à vue, qui n'est pas mise en cause pour les mêmes faits ou pour des faits connexes et qui n'a fait l'objet d'aucune condamnation, incapacité ou déchéance mentionnée au bulletin n° 2 du casier judiciaire. Les dispositions de l'article 63-4-4 sont applicables à la personne choisie, qui en est informée par l'officier de police judiciaire.
>
> (...)
>
> Les dispositions des alinéas précédents s'appliquent dans le territoire de la Polynésie française, lorsque la garde à vue se déroule dans une île où il n'y a pas d'avocat et que le déplacement d'un avocat paraît matériellement impossible.
>
> Dans les territoires des îles Wallis-et-Futuna, il peut être fait appel pour les attributions dévolues à l'avocat par les articles 63-4 à 63-4-3 à une personne agréée par le président du tribunal de première instance. Lorsque cette personne n'est pas désignée par la personne gardée à vue, elle l'est d'office par le président de cette juridiction. Les dispositions de l'article 63-4-4 et celles du deuxième alinéa du présent article sont applicables à la personne choisie, qui en est informée par l'officier de police judiciaire ».

• À Mayotte, l'article 880 du Code de procédure pénale dispose que :

> « Lorsque le déplacement d'un avocat ou d'une personne agréée en application de l'article 879 paraît matériellement impossible, les attributions dévolues à l'avocat par les articles 63-4 à 63-4-3 peuvent être exercées par une personne choisie par la personne gardée à vue, qui n'est pas mise en cause pour les mêmes faits ou pour des faits connexes et qui n'a fait l'objet d'aucune condamnation, incapacité ou déchéance mentionnée au bulletin n° 2 du casier judiciaire. Les dispositions de l'article 63-4-4 sont applicables à la personne choisie, qui en est informée par l'officier de police judiciaire ».

2948 **Outre-mer et mineurs.** Les articles L. 721-5 et L. 722-3 du Code de la justice pénale des mineurs complètent le dispositif et disposent que :

> « En Nouvelle-Calédonie, les articles L. 412-2, L. 413-5 et L. 413-9 s'appliquent dans les conditions suivantes :
>
> 1° Lorsque l'audition libre, la retenue ou la garde à vue du mineur se déroule en dehors des communes de Nouméa, Mont-Dore, Dumbéa et Païta et que le déplacement d'un avocat paraît matériellement impossible, les attributions dévolues à l'avocat par les articles 61-1, 63-4 à 63-4-3 du code de procédure pénale peuvent être exercées par une personne majeure, choisie par les représentants légaux du mineur ou à défaut par le mineur lui-même, qui n'est pas mise en cause pour les mêmes faits ou pour des faits connexes et qui n'a fait l'objet d'aucune condamnation, incapacité ou déchéance mentionnée au bulletin n° 2 du casier judiciaire ;
>
> 2° Les dispositions de l'article 63-4-4 du même code sont applicables à la personne choisie, qui en est informée par l'officier de police judiciaire.
>
> En Polynésie française, les articles L. 412-2, L. 413-5 et L. 413-9 s'appliquent dans les conditions suivantes :
>
> 1° En l'absence d'avocat dans l'île où se déroule l'audition libre, la retenue ou la garde à vue du mineur et lorsque le déplacement d'un avocat paraît matériellement impossible, les attributions dévolues à l'avocat par les articles 61-1, 63-4 à 63-4-3 du code de procédure pénale peuvent être exercées par une personne majeure, choisie par les représentants légaux du mineur ou à défaut par le mineur lui-même, qui n'est pas mise en cause pour les mêmes faits ou pour des faits connexes et qui n'a fait l'objet d'aucune condamnation, incapacité ou déchéance mentionnée au bulletin n° 2 du casier judiciaire ;
>
> 2° Les dispositions de l'article 63-4-4 du même code sont applicables à la personne choisie, qui en est informée par l'officier de police judiciaire ».

2949 **Le conflit d'intérêts.** S'il constate un conflit d'intérêts, l'avocat peut solliciter la désignation d'un autre avocat. Cette appréciation relève ici du pouvoir discrétionnaire du conseil conformément à l'article 7 du décret régissant les règles de déontologie de la profession d'avocat (D. n° 2005-790, 12 juill. 2005, relatif aux règles de déontologie de la profession d'avocat).

2950 Si le magistrat ou l'officier de police judiciaire estime qu'il existe un conflit d'intérêts, il semble opportun de solliciter l'avocat pour recueillir son analyse et, en cas de divergence d'opinions entre le conseil et le ministère public, le bâtonnier doit être saisi par le magistrat ou l'officier de police judiciaire aux fins de désignation d'un autre avocat (Cass. crim., 20 sept. 2016, n° 16-81.638. Les échanges entre le magistrat et le bâtonnier ne constituent pas des actes ou des pièces de procédure pouvant faire l'objet d'une requête en nullité). La chambre criminelle juge que « (...) selon [l'article 63-3-1], l'officier de police judiciaire doit informer de sa désignation l'avocat choisi par la personne placée en garde à vue, seul le bâtonnier ayant qualité pour désigner un autre défenseur en cas de conflit d'intérêts ; que le refus d'informer l'avocat choisi porte nécessairement atteinte aux intérêts de la personne concernée » (Cass. crim., 21 oct. 2015, n° 15-81.032).
L'article 63-3-1 du Code de procédure pénale prévoit le cas d'une « divergence » entre le magistrat et l'officier de police judiciaire. Sur ce point, la DACG préconise que les officiers de police judiciaire « prennent autant que de besoin l'attache du procureur de la République dès qu'ils estiment qu'il existe un conflit d'intérêts : il appartiendra au magistrat saisi d'évoquer la situation avec l'avocat concerné puis, le cas échéant, de saisir le bâtonnier ».

2951 **L'avis à avocat.** Les enquêteurs peuvent parfois rencontrer des difficultés lorsqu'il s'agit de joindre un avocat.
1. Les diligences.
À la différence des articles 63-2 et 63-3, le Code de procédure pénale ne prévoit pas un délai de trois heures pour aviser l'avocat, ni de circonstances insurmontables d'ailleurs. Il ne faut bien sûr pas en déduire que les enquêteurs peuvent procéder à leur rythme, mais bien au contraire que cet avis ne souffre aucun retard. Tirant les conséquences de ce droit à l'assistance d'un avocat pendant les auditions de garde à vue, les barreaux se sont organisés pour répondre à cette exigence légale. Il ne devrait donc y avoir aucune difficulté...
2. L'impossibilité de joindre ou l'absence de l'avocat désigné.
Cette hypothèse est réglée par le Code de procédure pénale. L'officier ou l'agent de police judiciaire doit, face à cette impossibilité, après en avoir informé la personne gardée à vue, lui proposer de recourir à un avocat commis d'office. La personne peut alors désigner un autre avocat – dans ce cas, les enquêteurs doivent en informer le magistrat –, accepter un avocat commis d'office, voire renoncer à l'assistance d'un avocat.
3. L'impossibilité de joindre la permanence du barreau.
Tout d'abord, la permanence peut ne pas être joignable en raison de l'horaire à laquelle débute la garde à vue – en pleine nuit, ou parce que l'avocat est temporairement indisponible. Dans ce cas, l'enquêteur doit tenter de rappeler l'avocat et laisser un message sur le répondeur. En cas de vaines tentatives, l'enquêteur doit en informer le magistrat et la personne gardée à vue. Le délai de deux heures prévu à l'article 63-4-2 du Code de procédure pénale débute alors après le dernier appel infructueux à la permanence (V. *infra*, n° 2979).
4. Les circonstances insurmontables prétoriennes.
La chambre criminelle juge que :

> « Attendu que, pour rejeter le moyen de nullité pris de l'absence d'assistance de M. J. par un avocat à partir du moment où il en avait formulé la demande, l'arrêt retient notamment que la décision prise collectivement par un barreau de suspendre toute participation des avocats au service des commissions d'office constitue une circonstance insurmontable de nature à empêcher l'assistance du gardé à vue par un avocat ;
> Attendu qu'en prononçant par ces motifs, et dès lors qu'ainsi que la Cour de cassation est en mesure de s'en assurer, les officiers de police judiciaire, qui n'avaient pas d'autre diligence à effectuer, avaient eu la confirmation, par un contact téléphonique avec le service de la permanence du barreau, de ce qu'aucune assistance au titre de la commission d'office ne serait assurée, la chambre de l'instruction a justifié sa décision ; » (Cass. crim., 9 févr. 2016, n° 15-84.277. – Cass. crim., 9 mai 1994, n° 94-80.802. – Cass. crim., 12 mars 1997, n° 96-86.596 et Cass. crim., 17 oct. 2001, n° 01-85.043. *Contra* : Cass. crim., 8 mars 2022, n° 21-84.035, non publié au bulletin).

CONSEIL D'une manière générale, qu'il s'agisse de l'avis à tiers, au médecin ou à avocat, il est conseillé d'utiliser un téléphone portable plutôt que le téléphone fixe du service ou de l'unité, ce qui permet, le cas échéant, d'attester de l'appel passé en temps et en heure. Enfin, comme pour l'avis à tiers et à médecin, il est recommandé d'acter au procès-verbal toutes les diligences effectuées et d'en informer sans délai le magistrat.

2952 **Le contenu de l'avis.** L'article 63-3-1 du Code de procédure pénale dispose que « l'avocat désigné est informé par l'officier de police judiciaire ou, sous le contrôle de celui-ci, par un agent de police judiciaire ou un assistant d'enquête de la nature et de la date présumée de l'infraction sur laquelle porte l'enquête ».

Cet avis peut donc être donné par l'officier de police judiciaire, par un agent de police judiciaire, un agent de police judiciaire adjoint ou par un assistant d'enquête, ces deux derniers agissant sous le contrôle de l'officier de police judiciaire (CPP, art. 21-3 et D. 15-5-2 du CPP).
L'observation précédemment faite (V. *supra*, n°s 2915, 2923) vaut encore ici quant au pouvoir de l'assistant d'enquête de procéder aux diligences dans le cadre d'une instruction.
L'absence de cette information ou son incomplétude peut constituer une cause de nullité.
On peut regretter que le législateur n'ait pas harmonisé le contenu des informations données au magistrat (V. *infra*, n°s 3076 et s.) et à la personne gardée à vue (V. *supra*, n° 2789) avec celle donnée à l'avocat (V. *supra*, n° 2795). Aussi rien n'interdit, pour plus de simplicité, que l'officier ou l'agent de police judiciaire informe l'avocat des mêmes éléments que ceux communiqués à la personne gardée à vue. Une telle pratique étant en faveur de la personne, aucun grief ne saurait être tiré de cette information *ultra petita*.

2953 **Déplacement du gardé à vue.** Les articles 63-4-3-1 et D. 15-5-6 du Code de procédure pénale imposent que l'avocat soit informé de tout déplacement de la personne gardée à vue, si, à l'occasion de ce déplacement, il est procédé à son audition. À l'inverse, il n'y a pas lieu à tel avis si ce déplacement ne vise pas à l'audition de la personne mais à la réalisation d'un autre acte d'enquête, comme des constatations médicales ou une perquisition.

5. Droit permanent à l'assistance et renonciation non équivoque.

2954 Au visa de l'article 6, § 3 de la Convention européenne des droits de l'homme, la chambre criminelle juge « (...) qu'il se déduit de ce texte que toute personne placée en garde à vue doit, dès le début de cette mesure, être informée de son droit de se taire, et sauf exceptions justifiées par des raisons impérieuses tenant aux circonstances particulières de l'espèce, pouvoir bénéficier, en l'absence de renonciation non équivoque, de l'assistance d'un avocat ; » (Cass. crim., 5 nov. 2013, n° 13-82.682 et Cass. crim., 14 déc. 2011, n° 11-81.329).

2955 L'assistance d'un avocat peut être sollicitée par la personne gardée à vue à tout moment au cours de la mesure et pas uniquement au début de celle-ci lorsque les droits lui sont notifiés, ou lors des éventuelles prolongations. L'article D. 15-5-5 du Code de procédure pénale dispose qu'elle en est informée. De même, elle peut solliciter l'assistance d'un avocat après avoir renoncé de manière non équivoque à être assistée. Dans ce cas, l'audition doit être interrompue afin que ce droit puisse être mis en œuvre dans les conditions prévues par le Code de procédure pénale.

2956 Quant à la renonciation non équivoque, la chambre criminelle exige que la renonciation ne fasse aucun doute. Autrement dit, la personne concernée doit avoir clairement exprimé son refus d'être assistée d'un avocat, au besoin par le truchement d'un interprète (Cass. crim., 17 janv. 2012, n° 11-86.797), et ce refus ne saurait résulter d'une quelconque déduction faite par l'enquêteur.

2957 De plus, la personne peut renoncer à l'assistance d'un avocat de façon globale ou partielle. Dans ce cas, elle peut, par exemple, souhaiter maintenir l'entretien confidentiel et l'accès de son avocat aux procès-verbaux, mais ne pas souhaiter qu'il l'assiste lors des auditions (*ibid.*).

2958 **Renonciation et article préliminaire, III du Code de procédure pénale.** Cet article dispose que :

> « En matière criminelle et correctionnelle, aucune condamnation ne peut être prononcée contre une personne sur le seul fondement de déclarations qu'elle a faites sans avoir pu s'entretenir avec un avocat et être assistée par lui ».

Cet article ne trouve pas à s'appliquer lorsque la personne a renoncé de manière non équivoque à son droit à l'assistance d'un avocat.

3) Le droit à un entretien confidentiel

2959 Antérieur à la loi du 14 avril 2011, ce droit à un entretien confidentiel est prévu à l'article 63-4 du Code de procédure pénale qui dispose que « l'avocat désigné dans les conditions prévues à l'article 63-3-1 peut communiquer avec la personne gardée à vue dans des conditions qui garantissent la confidentialité de l'entretien. La durée de l'entretien ne peut excéder trente minutes ».

2960 **Moment de l'entretien.** La personne gardée à vue ne peut s'entretenir avec son avocat qu'une seule fois par tranche de vingt-quatre heures (F. Desportes et L. Lazerges-Cousquer, *Traité de procédure pénale*, Economica, 2015, n° 2593, ces auteurs notent que les entretiens ne se « capitalisent » pas. Ainsi, si l'avocat ne s'est pas présenté lors des premières vingt-quatre heures, et qu'à l'occasion de la prolongation, la personne gardée à vue sollicite un nouvel entretien, il ne pourra avoir qu'un entretien de trente minutes avec lui, et non deux ou un d'une heure).

Cet entretien ne peut excéder trente minutes. Si l'avocat se présente avant l'expiration du délai de carence, l'entretien a lieu sur-le-champ. Si l'avocat se présente après l'expiration du délai de carence et que l'audition de la personne gardée à vue a débuté, l'officier ou l'agent de police judiciaire en informe cette dernière qui décide alors, soit de s'entretenir immédiatement avec son avocat, ce qui met fin à l'audition, soit que celui-ci assiste à l'audition en cours. L'entretien a alors lieu à l'issue de l'audition.

2961 À la différence des autres composantes du droit à l'assistance d'un avocat, le législateur n'a pas prévu que l'entretien puisse être différé à la suite d'une décision de report par le magistrat ou le juge des libertés et de la détention, sauf lorsqu'il est fait application des dispositions des articles 706-88 et 706-88-1 du Code de procédure pénale (V. *infra*, n° 2985). L'avocat qui est informé de la décision de report risque de ne pas souhaiter venir deux fois dans les locaux de garde à vue, c'est-à-dire une fois pour l'entretien et une fois pour l'assistance. Il pourra être tenté d'attendre l'expiration du délai de report pour se déplacer.

2962 Toutefois, en cas d'extension de garde à vue (V. *supra*, n° 2840 et *infra*, n° 3095), un entretien confidentiel supplémentaire, au sein d'une même tranche de vingt-quatre heures, est de droit pour la personne gardée à vue. La chambre criminelle juge, en effet, que :

> « 8. Il résulte des articles 6, § 3, de la Convention européenne des droits de l'homme, 48, § 2, de la Charte des droits fondamentaux de l'Union européenne, 3, § 3, *a)* de la directive n° 2013/48/UE du Parlement et du Conseil du 22 octobre 2013, préliminaire, 63-3-1, 63-4 et 65 du code de procédure pénale que pour que soit garanti le droit effectif et concret à l'assistance d'un avocat au stade de l'enquête, toute personne entendue sur des faits qu'elle est soupçonnée d'avoir commis ou tenté de commettre a le droit, si elle a demandé à être assistée d'un avocat, de s'entretenir au préalable et confidentiellement avec celui-ci (Cass. crim., 2 mars 2021, n° 20-85.491).
> 9. Il s'ensuit que la personne gardée à vue qui est entendue dans le cadre d'une procédure suivie du chef d'une infraction autre que celle ayant justifié le placement en garde à vue et à l'encontre de laquelle il existe des raisons plausibles de soupçonner qu'elle a commis ou tenté de commettre cette infraction bénéficie, après avoir été avertie de son droit d'être assistée d'un avocat et si elle a déclaré vouloir l'exercer, du droit de communiquer avec celui-ci dans des conditions qui garantissent la confidentialité de l'entretien, pour une durée ne pouvant excéder trente minutes, avant toute audition sur les nouveaux faits.
> 10. La personne gardée à vue peut renoncer à ce droit, expressément ou tacitement, notamment lorsqu'elle accepte, en présence de son avocat, qu'il soit immédiatement procédé à son audition sans entretien préalable ».

2963 **Conditions de l'entretien.** L'article 63-4 du Code de procédure pénale précise que l'entretien se déroule « dans des conditions qui garantissent la confidentialité ». Si les nouveaux bâtiments abritant les commissariats et unités de gendarmerie disposent de locaux dédiés à l'entretien confidentiel et à l'examen médical, très nombreux sont ceux qui en sont dépourvus. Il appartient, quelle que soit la configuration des lieux, aux chefs de service de faire en sorte que l'avocat et son client puissent s'entretenir à l'abri des yeux et des oreilles de tous. L'entretien est confidentiel ; le secret est absolu.

2964 La difficulté réside souvent dans les risques liés soit à la dangerosité de la personne gardée à vue, soit d'évasion en raison de la configuration des locaux. Le point de crispation entre avocats et enquêteurs a souvent trait au maintien des menottes à la personne gardée à vue. Si l'approche consensuelle doit être privilégiée, il se peut que l'avocat refuse catégoriquement de s'entretenir avec une personne menottée. Il faut alors en informer immédiatement le magistrat auquel il reviendra de prendre la décision. Ces difficultés doivent être actées au procès-verbal, y compris l'éventuel incident formulé par l'avocat, qui pourra faire des observations.

4) Le droit de consulter certaines pièces de procédure

2965 **Les procès-verbaux pouvant être consultés, à la demande.** Possibilité introduite par la loi du 14 avril 2011, elle consiste en la prise de connaissance de certaines pièces par l'avocat, mais aussi par la personne gardée à vue depuis la loi du 27 mai 2014, déjà citée.
Ainsi, l'article 63-4-1 du Code de procédure pénale dispose-t-il que :

> « À sa demande, l'avocat peut consulter le procès-verbal établi en application de l'avant-dernier alinéa de l'article 63-1 constatant la notification du placement en garde à vue et des droits y étant attachés, le certificat médical établi en application de l'article 63-3, ainsi que les procès-verbaux d'audition de la personne qu'il assiste. Il ne peut en demander ou en réaliser une copie. Il peut toutefois prendre des notes. La personne gardée à vue peut également consulter les documents mentionnés au premier alinéa du présent article ou une copie de ceux-ci ».

La garde à vue

2966 **À l'initiative de l'avocat ou de la personne gardée à vue.** Ce droit de consulter ces pièces ne devient effectif que si l'avocat ou la personne gardée à vue demande à l'exercer. Ainsi, un avocat ou une personne gardée à vue à laquelle ce droit a été notifié ne saurait se prévaloir d'une violation dès lors que ni elle ni son avocat n'ont sollicité la consultation des procès-verbaux exhaustivement listés par la loi.
Les procès-verbaux pouvant être consultés sont uniquement ceux énumérés à l'article 63-4-1 du Code de procédure pénale.

2967 **Le procès-verbal de notification des droits.** Il s'agit de l'acte mentionnant les droits notifiés à la personne qui concernent tant la notification de la mesure que les droits de la personne gardée à vue. Il peut s'agir d'un procès-verbal ou de l'imprimé de notification, si la mesure a été notifiée sur le terrain en dehors des locaux (V. *infra*, n°s 3037 et s.). À supposer que l'avocat soit présent dès le début de la mesure de garde à vue, il devra attendre que le procès-verbal ait été rédigé par les enquêteurs pour le consulter.

2968 **Le certificat médical.** À nouveau, ce certificat médical est communiqué sous la double réserve que la personne ou toute personne qui peut le solliciter, ait demandé un examen médical, et que le médecin ait déjà examiné la personne gardée à vue. Seul le certificat médical est communiqué ; la réquisition préalable n'a pas à l'être.

2969 **Les procès-verbaux d'audition de la personne que l'avocat assiste.** De même, ne sont communiqués que les procès-verbaux d'ores et déjà établis et qui concernent le seul client de l'avocat. La circulaire DACG apporte ici quelques utiles précisions :

> « Il peut aussi, le cas échéant, prendre connaissance des procès-verbaux des auditions et confrontation de la personne établis antérieurement au placement en garde à vue, si elle a d'abord été entendue librement sur les faits, comme suspect ou comme témoin, ou si elle a fait l'objet d'une précédente garde à vue. Il appartient à l'avocat de décider s'il souhaite prendre connaissance de ces pièces avant ou après l'entretien de trente minutes avec le gardé à vue ».

2970 Le Code de procédure pénale prévoit qu'il peut s'agir des procès-verbaux originaux ou de copies, ce qui relève du pouvoir discrétionnaire de l'officier de police judiciaire. En tout état de cause, ni l'avocat, ni la personne gardée à vue qui dispose également du droit de consulter ces documents depuis la loi du 27 mai 2014, ne peuvent les garder par-devers eux.

2971 Les éventuels obstacles à cette communication ne peuvent, selon la chambre criminelle, résulter que de circonstances insurmontables :

> « Attendu que, pour rejeter la requête en annulation fondée sur la méconnaissance, par un officier de police judiciaire, du droit de l'avocat à la communication du procès-verbal de notification du placement en garde à vue, l'arrêt énonce qu'il résulte de la chronologie des actes résultant de la procédure qu'il a été satisfait aux exigences posées par l'article 63-4-1 précité dès que l'avocat s'est présenté au lieu où étaient détenues les pièces de procédure, soit au commissariat de police, ce qui n'avait pas été possible lorsqu'il avait demandé la communication de ce procès-verbal au lieu où il avait rencontré son client, dans une geôle distante de trois cents mètres ;
> Mais attendu qu'en se déterminant ainsi, alors qu'il résultait du procès-verbal établi par l'officier de police judiciaire que l'avocat du requérant avait, dès l'entretien confidentiel avec celui-ci, formulé la demande expresse de consultation à laquelle il a droit et qu'aucune circonstance insurmontable ne faisait obstacle à ce que la pièce demandée puisse être mise à sa disposition, la chambre de l'instruction a méconnu le texte susvisé et le principe ci-dessus rappelé » (Cass. crim., 17 nov. 2015, n° 15-83.437).

2972 **L'accès à l'entier dossier.** Le refus de permettre à l'avocat d'accéder, au cours de la mesure de garde à vue, à l'entier dossier de la procédure tel que détenu par le service ou l'unité d'enquête ne prive pas d'un droit effectif et concret à un procès équitable la personne concernée (Cass. crim., 9 avr. 2015, n° 14-87.660. – Cass. crim., 19 janv. 2016, n° 15-81.039. – Cass. crim., 15 juin 2016, n° 15-86.043) et ne peut fonder une requête en nullité, selon la jurisprudence constante de la chambre criminelle. Elle juge en effet que l'absence d'accès à l'entier dossier de la procédure n'est pas incompatible avec l'article 6, § 3 de la Convention EDH (Cass. crim., 19 sept. 2012, n° 11-88.111) et ne résulte pas d'une transposition incomplète de l'article 7 de la directive du 22 mai 2012, relative au droit à l'information dans le cadre des procédures pénales, qui laisse la faculté aux États membres de n'ouvrir l'accès à l'intégralité des pièces du dossier que lors de la phase juridictionnelle du procès pénal (Cass. crim., 4 oct. 2016, n° 16-82.309). Il s'agit là d'une revendication constante des avocats qui sollicitent souvent, lors de la mesure de garde à vue, l'accès à l'entier dossier. Les enquêteurs ne sont tenus de leur remettre que les pièces exhaustivement listées par le Code de procédure pénale, et ce quand bien même les avocats leur indiquent qu'ils vont faire des observations.

2973 **Le report de la consultation des procès-verbaux.** La question est abordée *infra*, n° 2985.

5) Le droit d'être assisté par un avocat pendant les auditions et confrontations

2974 L'article 63-4-2, alinéa 1er du Code de procédure pénale dispose que :

« La personne gardée à vue peut demander que l'avocat assiste à ses auditions et confrontations. Dans ce cas, la première audition, sauf si elle porte uniquement sur les éléments d'identité, ne peut débuter sans la présence de l'avocat choisi ou commis d'office avant l'expiration d'un délai de deux heures suivant l'avis adressé dans les conditions prévues à l'article 63-3-1 de la demande formulée par la personne gardée à vue d'être assistée par un avocat ».

Aussi la définition de la notion d'audition est un préalable à l'assistance de l'avocat.

2975 **Définition de la notion d'audition.** Interroger la personne mise en cause, lui demander de s'expliquer sur des faits qu'on lui reproche, tel est le but de la mesure de garde à vue, même si l'article 62-2 du Code de procédure pénale en a étendu les finalités (V. *supra*, n° 2699). L'article 63-4-2 indique que les éléments d'identité ne constituent pas une telle audition. Ceux-ci peuvent donc être recueillis hors la présence de l'avocat et pendant le délai de carence (Cass. crim., 12 mars 2013, n° 12-86.592).

Pour l'heure, la chambre criminelle n'a jamais eu à se prononcer sur le contenu exact de ces « éléments d'identité ». La loi n° 2021-1729 du 22 décembre 2021 pour la confiance dans l'institution judiciaire a complété le dernier alinéa de l'article préliminaire du Code de procédure pénale, qui dispose désormais que :

« En matière de crime ou de délit, le droit de se taire sur les faits qui lui sont reprochés est notifié à toute personne suspectée ou poursuivie avant tout recueil de ses observations et avant tout interrogatoire, y compris pour obtenir des renseignements sur sa personnalité (...) ».

L'article 63-4-2 n'a pas, pour autant, été modifié et continue de considérer que les renseignements d'identité peuvent être recueillis en l'absence de l'avocat.

CONSEIL Ces nouvelles dispositions qui peuvent apparaître plus restrictives que celles issues de la loi du 14 avril 2011 (V. Amendement du gouvernement n° 163 rect., 3 mars 2011, art. 7) relative à la garde à vue doivent inciter à la prudence et conduire à ne pas recueillir trop d'éléments lors du relevé d'identité et à ne pas « empiéter » sur la « personnalité » voire sur le fond, ce qui, dans certaines hypothèses, pourrait engendrer du contentieux. Ainsi demander, lors de l'interrogatoire d'identité, des précisions sur la profession apparaît naturel mais peut susciter la discussion quand c'est dans le cadre d'une enquête portant sur une infraction de travail dissimulé.

2976 Cette notion d'audition, dont la définition semble évidente, nécessite cependant que la chambre criminelle intervienne régulièrement pour préciser si tel acte d'enquête entre ou non dans le champ d'application de l'article 63-4-2. Ainsi, elle juge que :

« Ne constitue pas une audition, au sens de l'art. 63-4-2, nécessitant la présence de l'avocat de la personne gardée à vue, la présentation à celle-ci, pour reconnaissance, en application de l'article 54, dernier alinéa., des objets saisis en sa présence au cours d'une perquisition. Le recueil, dans ces conditions, des seuls propos par lesquels la personne reconnaît les objets qui lui sont présentés ne porte pas atteinte au droit à un procès équitable garanti par l'art. 6 Convention EDH » (Cass. crim., 22 oct. 2013, n° 13-81.945).

De même, elle juge que :

« La communication à un officier de police judiciaire, sur sa sollicitation, d'une information permettant l'accès à un espace privé préalablement identifié, qu'il soit ou non dématérialisé (code d'accès à un téléphone), pour les besoins d'une perquisition, ne constitue pas une audition au sens de l'art. 63-4-2 nécessitant la présence de l'avocat de la personne gardée à vue » (Cass. crim., 12 janv. 2021, n° 20-84.045).

2977 **Autres déclarations.** Ces déclarations, parfois dénommées « déclarations faites en *off* » notamment à l'occasion d'un temps de repos ou d'un transport vers l'unité alors que la personne est placée en garde à vue constituent des auditions pour la chambre criminelle (Cass. crim., 25 avr. 2017, n° 16-87.518). Le fait que les enquêteurs les aient qualifiées autrement est sans incidence sur leur nature.

2978 Néanmoins, si les enquêteurs, lors de la présentation des objets trouvés en perquisition, posent au gardé à vue des questions qui ne se limitent pas à leur seule reconnaissance, la juridiction qui contrôle la régularité de la procédure doit s'expliquer sur la teneur des propos consignés dans le procès-verbal de perquisition susceptibles de constituer une audition (Cass. crim., 10 mars 2015, n° 14-86.950).

La chambre criminelle a jugé que :

« Lors de la perquisition effectuée au domicile de M. Z. le 27 juin 2016 de 6 h 30 à 7 heures, celui-ci, qui avait déclaré demander l'assistance d'un avocat choisi le même jour à 6 heures, s'est vu présenter quatre téléphones portables qu'il a dit ne plus utiliser, ainsi qu'une clé de contact de véhicule qu'il a identifiée comme étant celle d'une voiture Audi A3 ne lui appartenant pas, qu'il a reconnu utiliser et avoir stationnée dans un box de sa résidence ; Attendu que, pour écarter le moyen de nullité tiré de la violation des dispositions de l'article 63-3-1 du Code de procédure pénale, les juges énoncent notamment qu'il n'a pas été porté atteinte aux droits de M. Z. dès lors qu'il avait été informé du droit de se taire le 27 juin 2016 à 6 h 05, que les objets saisis ne lui ont été présentés qu'en vue d'une reconnaissance et que les réponses qu'il a faites ne peuvent être considérées comme auto-incriminantes ; Attendu qu'en se déterminant ainsi, la chambre de l'instruction, qui s'est expliquée comme elle le devait sur la teneur des déclarations de M. Z. et en a déduit qu'elles n'avaient pas le caractère d'une audition au sens de l'article 63-4-2 du Code de procédure pénale, mais répondaient aux prescriptions de l'article 54, dernier alinéa, du même code a justifié sa décision » (Cass. crim., 6 févr. 2018, n° 17-84.380).

CONSEIL L'enquêteur doit veiller à ne pas poser de questions lors des opérations de perquisition hormis celles portant sur la reconnaissance des objets saisis entendue comme la confirmation que ceux-ci ont bien été trouvés sur place, notamment lorsque la personne est placée en garde à vue. Si la personne fait des déclarations spontanées, il doit veiller à ce qu'elles soient réitérées en présence de l'avocat ou s'assurer du refus non équivoque de l'assistance de celui-ci lors de ses déclarations.

2979 **Délai de deux heures dit « délai de carence ».** Dès lors que la personne gardée à vue a sollicité l'assistance d'un avocat, la première audition ne peut débuter avant l'expiration d'un délai de deux heures. Tout d'abord, comme cela a été indiqué précédemment, ce délai de carence ne vaut pas pour les questions portant sur les éléments d'identité. Mais surtout, il est important de savoir à compter de quand court ce délai de carence. La chambre criminelle juge que « le délai de deux heures, prévu par l'article 63-4-2 du code de procédure pénale, qui doit séparer l'avis donné à l'avocat de l'audition de la personne gardée à vue ne vaut que pour la première audition » (Cass. crim., 20 févr. 2019, n° 18-83.017).

2980 Dans sa circulaire du 20 mai 2011, la DACG précise que :

« L'effectivité de l'assistance de l'avocat impose, enfin, que le délai d'attente de 2 heures soit respecté lorsque la personne, qui y aurait pourtant renoncé au moment de la notification des droits, décide en cours de mesure de solliciter l'intervention d'un conseil ; il en est de même lorsqu'un nouvel avocat a été désigné suite à la constatation d'un conflit d'intérêts. En revanche, la maîtrise de la durée de la garde à vue justifie que ce délai ne soit pas de nouveau respecté lorsque, à la demande de la personne ou du fait de l'organisation de la permanence du barreau, un avocat autre que celui initialement désigné se présente en cours de mesure pour l'assister » (§ III.5.2.3. L'attente et l'arrivée de l'avocat).

2981 **Les cas en suspens.** La chambre criminelle n'a pas tranché la question du point de départ du délai de carence lorsque la personne désigne un avocat qui ne peut se déplacer et qui accepte alors d'être assistée par un avocat commis d'office (Cass. crim., 11 juill. 2012, n° 12-82.136 n'apparaît pas comme déterminant car la garde à vue en question relève du régime antérieur à la loi du 14 avril 2011, V. *Gaz. Pal.* 16-18 sept. 2012, n° 260-262, jurispr. p. 19 à 22, note O. Bachelet). Le point de départ court-il à compter de l'avis à l'avocat désigné ou à l'avocat commis d'office ? Ici, il semble que le délai de carence doive bénéficier à l'avocat commis d'office, d'autant que l'enquêteur, avisé de cette impossibilité, s'exécute assez rapidement de sorte que le temps perdu ne semble pas obérer le temps de garde à vue. Une lecture différente pourrait être faite si un avis est laissé sur un répondeur, à plusieurs reprises, sans réponse ou que la réponse de la permanence du barreau arrive très tardivement.

2982 **Arrivée de l'avocat.** L'article 63-4-2, alinéa 2 du Code de procédure pénale prévoit que lorsque l'avocat se présente au-delà du délai de carence de deux heures :

– l'audition ou la confrontation doit être interrompue si la personne concernée le demande, afin de permettre l'entretien avec l'avocat et la consultation des procès-verbaux et pièces visées à l'article 63-4-1 ;

– à défaut de demande d'entretien, l'avocat peut aussitôt assister à cette audition ou confrontation.

6) Exception aux droits de la défense

2983 Les quatre derniers alinéas de l'article 63-4-2 du Code de procédure pénale prévoient le report des droits de la défense selon des modalités qui ne sont pas toujours empreintes de simplicité. Plusieurs cas sont à distinguer.

α) Audition immédiate sans respect du délai de carence, « état de nécessité spécifique »

2984 Il résulte de l'article 63-4-2, en son alinéa 3 que, lorsque les nécessités de l'enquête l'exigent, une audition immédiate de la personne peut avoir lieu, le procureur ayant alors la faculté d'autoriser que l'audition débute sans attendre l'expiration de ce délai à la double condition qu'il soit saisi d'une demande par l'officier de police judiciaire et qu'il prenne cette décision par un écrit motivé. La DACG précise utilement dans sa circulaire de référence que « en cas de besoin, les officiers ou agents de police judiciaire peuvent simplement acter cette autorisation en procédure, à charge pour le procureur de la République de joindre ultérieurement à la procédure sa décision écrite » (III.5.2.3. L'attente et l'arrivée de l'avocat).
Selon certains auteurs, cette dispense d'attendre l'expiration du délai de carence ne dispense pas les enquêteurs de procéder aux diligences afin d'aviser immédiatement l'avocat, dès lors que la personne aura sollicité son assistance. L'article 63-4-2, alinéa 3 permet simplement de débuter les auditions avant expiration du délai de carence.
Bien qu'antérieur à la loi du 14 avril 2011, la jurisprudence de la chambre criminelle donne un exemple de ces nécessités de l'enquête autorisant une audition sans attendre l'expiration du délai de carence. Ainsi en est-il d'une personne gardée à vue qui déclare spontanément pouvoir indiquer où se trouve la personne sur laquelle elle a tirée tout en ignorant l'état dans lequel elle se trouve (Cass. crim., 17 janv. 2012, n° 11-86.471. – Cass. crim., 17 déc. 2013, n°s 12-84.297 et 13-86.565. Ces arrêts, qui portent sur une mesure de garde à vue antérieure à la loi du 14 avril 2011, auraient également pu se fonder, nous semble-t-il, sur l'état de nécessité, les droits de défense s'effaçant temporairement face à une situation de « vie ou de mort », comme relaté dans l'arrêt de la chambre criminelle. D'ailleurs, dans la seconde affaire, la chambre criminelle fait référence à « une raison impérieuse de retarder l'intervention de l'avocat »).

β) Report de la présence de l'avocat lors des auditions et de la consultation des procès-verbaux

2985 L'article 63-4-2, alinéas 4 à 6 du Code de procédure pénale vient encadrer le report de l'assistance de l'avocat aux auditions et celui de la consultation des procès-verbaux. D'emblée, il faut noter que le droit à l'entretien ne peut être reporté pour les infractions de droit commun, alors qu'il peut l'être dans le cadre du régime dérogatoire prévu à l'article 706-88. Cette discordance, qui s'explique en droit commun par le fait que le droit à l'entretien a été institué avant l'intervention de la loi du 14 avril 2011, crée une complexité procédurale supplémentaire et, nous semble-t-il, constitue un frein en droit commun à l'intervention de l'avocat, qui, ne pouvant pas assister son client ni accéder aux procès-verbaux en cas d'utilisation de ce report, préférera parfois attendre l'expiration de celui-ci avant de se présenter dans le service de police ou l'unité de gendarmerie (V. *supra*, n° 2961). Dans les paragraphes suivants, nous utiliserons l'expression générique « report de l'assistance d'un avocat » dans le sens de report du droit à l'assistance aux auditions et à la consultation, autorisée par la loi, de certains procès-verbaux, à l'exclusion de l'entretien confidentiel.

2986 **Mineurs.** Ces reports ne sont pas applicables aux retenues et gardes à vue des mineurs.

2987 **Les conditions du report.** Ce report doit apparaître indispensable pour des raisons impérieuses tenant aux circonstances particulières de l'enquête :
– soit pour permettre le bon déroulement d'investigations urgentes tendant au recueil ou à la conservation des preuves ;
– soit pour prévenir une atteinte grave et imminente à la vie, à la liberté ou à l'intégrité physique de la personne, lorsqu'il est fait application de l'article 63-4-2, alinéa 4 et d'une « simple » atteinte aux personnes lorsqu'il est fait application de l'article 706-88, alinéa 5 du Code procédure pénale.
Pour justifier les différentes raisons de ces reports, les parlementaires ont donné le seul exemple d'une personne soupçonnée d'enlèvement et dont les déclarations doivent être immédiatement recueillies pour tenter de retrouver en vie sa victime.
Ce report doit résulter d'une décision écrite et motivée du magistrat suite à la demande de l'officier de police judiciaire. C'est très logiquement que le législateur a prévu que l'initiative du report revienne à l'officier de police, car ce dernier est le plus à même d'apprécier l'intérêt opérationnel et stratégique du report. Toutefois, rien ne semble interdire que l'idée revienne au magistrat. Aussi, c'est tout aussi logiquement que l'officier de police judiciaire communiquera au magistrat les éléments précis et circonstanciés lui permettant de motiver le report. La décision n'a pas besoin d'être jointe sur-le-champ à la procédure. Une mention au procès-verbal est suffisante, charge à l'officier de police judiciaire d'en informer la

La garde à vue

personne gardée à vue (V. *infra*, n° 3031) puis au magistrat de joindre sa décision à la procédure.

2988 **La durée du report et magistrat compétent.** Elle varie selon la nature de l'infraction objet de la mesure de garde à vue :
– infractions de droit commun : le procureur ou le juge d'instruction sont compétents pour reporter le droit à l'assistance de l'avocat, à l'exception de l'entretien confidentiel, pendant une durée de douze heures. Ce report peut être renouvelé une fois, pour la même durée, par le juge des libertés et de la détention, quel que soit le cadre juridique dès lors que l'infraction objet de la mesure de garde à vue est punie d'une peine d'emprisonnement supérieure ou égale à cinq ans ;
– infractions relevant de l'article 706-73 du Code de procédure pénale : le procureur de la République ou le juge d'instruction peut reporter la totalité des droits de la défense (entretien confidentiel, assistance aux auditions et consultation des PV) jusqu'à 24 heures. Ce report peut être renouvelé, une seule fois, pour une durée de 24 heures par le juge des libertés et de la détention ou le juge d'instruction. Une dernière période de renouvellement de 24 heures peut être décidée par le juge des libertés et de la détention en matière de terrorisme ou de trafic de stupéfiants. Dans ce cas, le rapport atteint 72 heures.

2989 L'article 706-88 du Code de procédure pénale indique qu'il s'agit d'une durée maximum. En conséquence, le magistrat pourrait, en théorie, autoriser un report pour une durée moindre.

2990 **Report de l'avis**. La lettre de l'article 706-88 du Code de procédure prévoit le report de l'intervention de l'avocat et non le report de l'avis à avocat. Cependant, il semble possible de soutenir, sauf à priver cette disposition de toute efficacité, que le report de l'intervention décidé par le magistrat entraîne logiquement le report de l'avis à l'avocat. À l'expiration du délai de report, l'avocat doit alors être immédiatement informé de ce que le gardé à vue souhaite son assistance.

2991 **Tableau récapitulatif.**

	Droits reportés	Durée	Magistrat compétent	
			Enquête	Instruction
Droit commun Art. 63-4-2	Droit à l'assistance pendant les auditions et les confrontations. Droit de consulter certains PV.	12 heures	Procureur de la République	Juge d'instruction
		Renouvellement de 12 heures si peine encourue supérieure ou égale à 5 ans	Juge des libertés et de la détention	
	Pas de possibilité de report du droit à un entretien.	Pas de report pendant la prolongation		
Crim. Org. Art. 706-73 Art. 706-88	Droit de s'entretenir avec un avocat. Droit à l'assistance pendant les auditions et les confrontations. Droit de consulter certains PV (PV de notification des droits, d'audition et le certificat médical le cas échéant).	24 heures	Procureur de la République	Juge d'instruction
		24 heures supplémentaires de report	Juge des libertés et de la détention	Juge d'instruction
Stups et Terrorisme 3° et 11° de l'article 706-73	Droit de s'entretenir avec un avocat. Droit à l'assistance pendant les auditions et les confrontations. Droit de consulter certains PV (*idem*).	24 heures supplémentaires de report	Juge des libertés et de la détention	Juge d'instruction

2992 **Conséquences de l'obstacle légal aux droits de la défense (report des droits et audition sans attendre l'expiration du délai de carence).** Lorsque le report des droits de la défense (assistance aux auditions et consultation des PV en droit commun et la totalité des droits de la défense en criminalité organisée) est mis en œuvre ou lorsque le magistrat autorise que les enquêteurs procèdent à l'audition de la personne gardée à vue sans attendre l'expiration du délai de carence, l'article préliminaire, III trouve alors à s'appliquer.

> « En matière criminelle et correctionnelle, aucune condamnation ne peut être prononcée contre une personne sur le seul fondement de déclarations qu'elle a faites sans avoir pu s'entretenir avec un avocat et être assistée par lui. »

2993 La portée de cet article est limitée aux matières criminelles et correctionnelles et ne trouve à s'appliquer que lorsque la personne a sollicité l'assistance d'un avocat. Tel n'est pas le cas, nous l'avons déjà écrit, lorsque la personne a renoncé de manière non équivoque à cette assistance. Il paraîtrait logique que cet article ne trouve pas non plus à s'appliquer lorsque l'absence de l'avocat est due à sa propre carence.

2994 La Cour européenne des droits de l'homme a jugé que :

> « On ne saurait pour autant imputer à un État la responsabilité de toute défaillance d'un avocat d'office (...). De l'indépendance du barreau par rapport à l'État, il découle que la conduite de la défense appartient pour l'essentiel à l'accusé et à son avocat, commis au titre de l'aide judiciaire ou rétribué par son client. L'article 6 § 3 c) n'oblige les autorités nationales compétentes à intervenir que si la carence de l'avocat d'office apparaît manifeste ou si on les en informe suffisamment de quelque autre manière (...) » (CEDH, 21 avr. 1998, n° 22600/93, § 38, *Daud c/ Portugal*. – CEDH, 19 déc. 1989, *Kamasinski c/ Autriche*, n° 9783/82, § 65 et CEDH, 24 sept. 2002, n° 32771/96, *Cuscani c/ Royaume-Uni*, § 39).

2995 Le III de l'article préliminaire du Code de procédure pénale ne rend pas nulles les auditions réalisées hors la présence de l'avocat. L'absence de ce dernier lorsqu'elle est prévue par la loi n'est pas une cause de nullité des actes de procédure, mais une cause d'atténuation de la force probante des éléments ainsi recueillis. Il existe d'ailleurs d'autres exemples dans le Code de procédure pénale (CPP, art. 706-62, 706-87, 706-24, 656-1).

2996 Sur le rôle de l'avocat pendant la garde à vue, nous renvoyons à la « conduite de l'audition » à propos de la « présence de l'avocat et police de l'audition » (V. *infra*, nos 3127 et s.).

d) Droit de se taire

2997 **Fondement.** Aussi dénommé « droit à ne pas s'auto-incriminer » ou « droit au silence », il a été consacré par l'arrêt *Funke c/ France* qui a reconnu « le droit de se taire et de ne pas contribuer à sa propre incrimination » et la décision *John Murray c/ Royaume-Uni* du 8 février 1996 (CEDH, 25 févr. 1993, n° 39482/98, *Funke c/ France*. – CEDH, 8 févr. 1996, n° 18731/91, *John Murray c/ Royaume-Uni*) qui précise que ce droit est une garantie issue de l'article 6. Ce droit est inscrit dans le Pacte international relatif aux droits civils et politiques à l'article 14, § 3, *g)*, mais ne l'est pas expressément dans la Convention européenne des droits de l'homme. Pour la Cour, le fondement du droit de se taire est à rechercher dans l'objectif qui vise « à soustraire le prévenu de la coercition abusive des autorités et ainsi à éviter les erreurs judiciaires », mais peut aussi « être rapproché de la liberté d'expression, dont il constituerait en quelque sorte le versant négatif ». Dans ce cadre, la jurisprudence européenne rappelle que ce droit vaut pour toute procédure en matière pénale quelle que soit sa « gravité » et qu'il est applicable à « toutes les phases qui se déroulent avant la phase de jugement » (CEDH, 17 déc. 1996, n° 19187/91, *Saunders c/ Royaume-Uni*. – CEDH, 24 nov. 1993, n° 13972/88, *Imbrioscia c/ Suisse*).

2998 Suite à l'arrêt *Brusco c/ France* (CEDH, 14 oct. 2010, n° 1466/07, *Brusco c/ France*) qui rappelle que « le droit de ne pas contribuer à sa propre incrimination et le droit de garder le silence sont des normes internationales généralement reconnues qui sont au cœur de la notion de procès équitable », ce droit a été inséré dans le Code de procédure pénale par la loi du 14 avril 2011. Il a été inscrit à l'article 63-1 du Code de procédure pénale qui dispose que la personne placée en garde à vue est informée « du droit, lors des auditions, après avoir décliné son identité, de faire des déclarations, de répondre aux questions qui lui sont posées ou de se taire ». Plus exactement, par cette loi relative à la garde à vue, ce droit de ne pas s'auto-incriminer a fait sa seconde entrée au sein de l'administration de la preuve. Il avait en effet été inscrit dans le Code de procédure pénale par la loi du 15 juin 2000, mais la loi du 18 mars 2003 avait supprimé, non le droit, mais l'obligation de le notifier.

La garde à vue

> **À SAVOIR** **L'article 63-1 du Code de procédure pénale tel qu'issu de la loi n° 2000-516 du 15 juin 2000 disposait que « la personne gardée à vue est également immédiatement informée qu'elle a le droit de ne pas répondre aux questions qui lui seront posées par les enquêteurs », puis il a été amendé par la loi n° 2002-307 du 4 mars 2002 selon la formule suivante : « la personne gardée à vue est également immédiatement informée qu'elle a le choix de faire des déclarations, de répondre aux questions qui lui seront posées ou de se taire », pour finalement être supprimé par la loi n° 2003-239 du 18 mars 2003, précitée.**

2999 Mais à cette occasion, ce droit a été adossé au droit à l'assistance d'un avocat, car la Cour européenne des droits de l'homme estime que « la vulnérabilité particulière dans laquelle se trouve la personne gardée à vue ne peut être compensée de manière adéquate que par l'assistance d'un avocat dont la tâche consiste notamment à faire en sorte que soit respecté le droit de tout accusé de ne pas s'auto-incriminer » (CEDH, 27 nov. 2008, *Salduz c/ Turquie*, préc.).

3000 Cependant, la Cour précise que ce droit à ne pas s'auto-incriminer n'est pas un droit absolu et qu'il est possible pour le juge de tirer des conclusions probantes du silence de l'accusé. Ainsi, dans l'arrêt *John Murray c/ Royaume-Uni*, la Cour indique que « c'est seulement si les preuves à charge appellent une explication que l'accusé devrait être en mesure de donner, que l'absence d'explication peut permettre de conclure par un simple raisonnement de bon sens qu'il n'existe aucune explication possible et que l'accusé est coupable » (CEDH, 8 févr. 1996, *John Murray*, préc., § 51). Cette exception n'est pas expressément inscrite au Code de procédure pénale et pour cause ; il n'en est guère besoin puisque le juge doit apprécier la force probante des preuves selon son intime conviction. La raison et les déductions logiques sont le fondement de l'intime conviction.

3001 **Notification du droit de se taire.** L'article 63-1 du Code de procédure pénale dispose que :

> « La personne placée en garde à vue est immédiatement informée par un officier de police judiciaire ou, sous le contrôle de celui-ci, par un agent de police judiciaire, dans une langue qu'elle comprend, le cas échéant au moyen du formulaire prévu au treizième alinéa :
> (...) 3° Du fait qu'elle bénéficie :
> (...) – du droit, lors des auditions, après avoir décliné son identité, de faire des déclarations, de répondre aux questions qui lui sont posées ou de se taire ».

3002 Ce droit est donc notifié à la personne, à l'instar des autres, dès son placement en garde à vue. De manière logique, ce droit est le dernier à l'être, et notamment après les éléments d'identité de manière à éviter que la personne se mure dans le silence dès le placement en garde à vue, ce que rien d'ailleurs ne lui interdit de faire. Toutefois, l'ordre de notification des droits a le mérite de considérer que les éléments qui précèdent la notification du droit au silence n'ont pas besoin d'être énoncés en présence de l'avocat.

3003 **Notification unique.** La chambre criminelle a jugé que le droit de se taire n'a à être notifié qu'une fois à la personne gardée à vue, au moment de son placement en garde à vue, aucun texte n'imposant qu'il soit notifié à nouveau lors de la prolongation ou des éventuelles prolongations (Cass. crim., 23 nov. 2016, n° 16-81.904). De même, ce droit n'a pas à être notifié avant chaque audition, pour les mêmes raisons.

3004 Une fois notifié, ce droit peut être utilisé à tout moment par la personne gardée à vue, pendant toute la garde à vue, pendant certaines auditions, ou uniquement lors de certaines questions.

4 Droits et modalités des prolongations de garde à vue

3005 S'agissant du nombre de prolongations possible et de la durée totale de la mesure de garde à vue, les règles sont étudiées par ailleurs (V. *supra*, n°s 2798 et s., et pour les mineurs nous renvoyons *supra*, n° 2806).

a) Magistrats compétents et présentation

3006 Ces magistrats sont au nombre de trois. Si le procureur de la République et le juge d'instruction n'interviennent que dans le cadre juridique où ils sont compétents, le juge des libertés et de la détention est compétent tant en enquête préliminaire et de flagrance que lors d'une instruction. Ce sont le II de l'article 63 et les articles 154, 706-88 et 706-88-1 du Code de procédure pénale qui définissent le rôle de chacun.

3007 **Présentation en vue de la prolongation de garde à vue.** Cette présentation peut être physique ou en recourant à un moyen de télécommunication audiovisuel ou sonore. Le recours à ce moyen technique, prévu aux articles 63, II et 706-71, alinéa 3, relève d'une faculté de la compétence du magistrat conformément à l'article R. 54-34 du Code de procédure pénale mais l'article R. 54-33 précise que, pour la présentation aux fins de prolongation de la garde à vue ou de la retenue judiciaire, il faut nécessairement que le moyen de télécommunication utilisé soit audiovisuel.

1) Unique prolongation – garde à vue de droit commun

3008 Selon le II de l'article 63 du Code de procédure pénale et l'article 154 du même code, ce sont le procureur de la République ou le juge d'instruction qui autorisent la prolongation. La présentation n'est pas obligatoire devant le magistrat qui décide de la prolongation et cette décision n'est pas soumise à motivation. Toutefois, si le magistrat souhaite se faire présenter la personne, il peut recourir à un moyen de télécommunication audiovisuelle.
On rappellera que la prolongation de droit commun n'est possible que lorsque la peine encourue pour l'infraction poursuivie est un crime ou un délit dont la peine encourue est supérieure ou égale à un an.

2) Les première et deuxième prolongations – garde à vue dérogatoire

3009 Prévues à l'article 706-88 du Code de procédure pénale, elles ne sont possibles que pour les infractions prévues à l'article 706-73. Ces première et deuxième prolongations supplémentaires peuvent être regroupées en une, c'est-à-dire une prolongation décidée d'emblée pour une durée de 48 heures, selon l'article 706-88, alinéa 5 qui dispose :

> « Si la durée prévisible des investigations restant à réaliser à l'issue des premières quarante-huit heures de garde à vue le justifie, le juge des libertés et de la détention ou le juge d'instruction peuvent décider, selon les modalités prévues au deuxième alinéa, que la garde à vue fera l'objet d'une seule prolongation supplémentaire de quarante-huit heures ».

3010 En enquête de flagrance ou préliminaire, ces prolongations supplémentaires sont autorisées par le juge des libertés et de la détention sur requête du procureur de la République.

3011 Dans le cadre d'une instruction, les prolongations sont autorisées par le juge d'instruction.

3012 S'agissant de la présentation au magistrat, l'article 706-88, alinéa 3 dispose que :

> « La personne gardée à vue doit être présentée au magistrat qui statue sur la prolongation préalablement à cette décision. La seconde prolongation peut toutefois, à titre exceptionnel, être autorisée sans présentation préalable de la personne en raison des nécessités des investigations en cours ou à effectuer ».

3013 Si la première prolongation supplémentaire est nécessairement précédée d'une présentation au magistrat, physique ou par un moyen de télécommunication audiovisuelle, la deuxième peut être autorisée sans présentation préalable. Il va de soi que si le magistrat décide d'emblée d'une prolongation supplémentaire de 48 heures, il s'agit alors de la première prolongation supplémentaire au sens de l'article 706-88 du Code de procédure pénale de sorte que la personne doit lui être présentée.

3014 En cas de non-présentation, le magistrat devra motiver sa décision au regard des nécessités des investigations en cours ou à effectuer. Ces dispositions n'ayant pas été modifiées par la loi du 23 mars 2019, il semble que l'esprit de la loi du 14 avril 2011 doive encore prévaloir et que cette autorisation de non-présentation fasse l'objet d'une décision écrite et motivée.

3) Les troisième et quatrième prolongations – garde à vue « terroriste »

3015 Prévues à l'article 708-88-1, ces prolongations exceptionnelles supplémentaires de vingt-quatre heures chacune ne peuvent être autorisées que par le juge des libertés et de la détention, quel que soit le cadre juridique, enquête de flagrance ou préliminaire, ou instruction. Ces prolongations supplémentaires ne peuvent intervenir que si l'infraction poursuivie est celle de l'article 706-73, 11° du Code de procédure pénale et que « s'il ressort des premiers éléments de l'enquête ou de la garde à vue elle-même qu'il existe un risque sérieux de l'imminence d'une action terroriste en France ou à l'étranger ou que les nécessités de la coopération internationale le requièrent impérativement ».

4) Mineurs

3016 L'article L. 413-2 du Code de la justice pénale des mineurs dispose que pour la prolongation de la retenue, le mineur doit être présenté au magistrat, « sauf si les circonstances rendent cette présentation impossible ».

3017 L'article L. 413-10 du même code dispose que, pour la garde à vue du mineur de moins de seize ans, celle-ci :

« Ne peut être prolongée sans présentation préalable du mineur au procureur de la République ou au juge d'instruction compétent en application de l'article 63-9 et de l'article 154 du code de procédure pénale. Cette présentation peut être réalisée par l'utilisation d'un moyen de télécommunication audiovisuelle conformément aux dispositions de l'article 706-71 du code de procédure pénale ».

3018 Deux particularités méritent d'être signalées :
– il ne peut être dérogé à la présentation du mineur de treize à seize ans alors que des circonstances exceptionnelles le permettent lorsqu'il s'agit d'une retenue pour un mineur de dix à treize ans ;
– la présentation par un moyen de télécommunication audiovisuelle n'a pas été prévue pour la retenue mais uniquement pour la garde à vue du mineur.

b) Décision de prolongation

3019 **Droit de présenter des observations à chaque prolongation.** Ce droit, apparu dans la loi du 27 mai 2014, est notifié à la personne gardée à vue lors de son placement en garde vue. Rappelons qu'il s'agit, selon l'article 63-1, 3° :

« Du droit de présenter des observations au procureur de la République ou, le cas échéant, au juge des libertés et de la détention, lorsque ce magistrat se prononce sur l'éventuelle prolongation de la garde à vue, tendant à ce qu'il soit mis fin à cette mesure. Si la personne n'est pas présentée devant le magistrat, elle peut faire connaître oralement ses observations dans un procès-verbal d'audition, qui est communiqué à celui-ci avant qu'il ne statue sur la prolongation de la mesure ».

3020 Ce droit peut être exercé lors de chaque prolongation, au moment de la présentation devant le magistrat ou par écrit, lorsque le magistrat décide que la première prolongation se fera sans présentation. S'agissant de ce droit apparu dans la loi 27 mai 2014, la chambre criminelle juge qu'« il ne résulte d'aucun texte ni d'aucun principe une quelconque obligation d'informer cette personne des modalités par lesquelles ses observations sont transmises à l'autorité judiciaire compétente » (Cass. crim., 20 oct. 2015, n° 15-82.265).

3021 La circulaire de la DACG du 23 mai 2014 précise que :

« Si la personne est effectivement présentée devant le magistrat, y compris par visioconférence, elle pourra exercer oralement son droit devant lui.

Si la personne n'est pas présentée devant le magistrat, les nouvelles dispositions prévoient qu'elle pourra faire connaître oralement ses observations dans un procès-verbal d'audition qui sera communiqué au magistrat avant qu'il ne statue sur la prolongation de la mesure ».

3022 Les enquêteurs devront donc lui demander ses éventuelles observations à l'issue de sa dernière audition avant que ne soit demandée une prolongation au procureur de la République ou au juge d'instruction. Le procès-verbal d'audition devra ainsi, soit comporter une mention indiquant que la personne gardée à vue ne souhaite pas faire d'observation, soit, au contraire, contenir ses observations (Circ. 23 mai 2014 de présentation des dispositions de procédure pénale applicables le 2 juin 2014 de la loi portant transposition de la directive 2012/13/UE du Parlement européen et du Conseil, du 22 mai 2012 relative au droit à l'information dans le cadre des procédures pénales : « En pratique, ces observations peuvent également figurer dans un PV spécifique, voire être intégrées à la demande de prolongation adressée au magistrat par les enquêteurs, dès lors qu'elles figurent dans un document écrit figurant dans la procédure et communiqué au magistrat devant se prononcer sur la prolongation », § 2.1.1, 5).

3023 **Mineurs.** Le mineur retenu ou gardé à vue peut présenter des observations, comme le majeur. De plus, bien que le Code de la justice pénale des mineurs soit silencieux sur cette question, il semble logique que cette possibilité puisse également être donnée au représentant légal ou à l'adulte approprié qui accompagne, le cas échéant, le mineur lors de l'audition.

3024 **Moment de la décision de prolongation.** Il va de soi que la décision de prolongation doit être prise avant l'expiration de chaque période de 24 heures (Cass. crim., 30 oct. 2001, n° 01-85.530) ou de 48 heures, lorsqu'il s'agit d'une garde à vue de l'article 706-88-1 et qu'il a été fait application de la possibilité de prolonger pour une durée de 48 heures conformément à l'article 706-88, alinéa 5 du Code de procédure pénale. Une autorisation de prolongation ne saurait produire ses effets de manière rétroactive. En effet, la mesure de garde à vue est une mesure privative de liberté et les principes applicables au renouvellement d'une telle privation procèdent de la même nature juridique que ceux de la détention provisoire.

3025 Quant à la décision de prolongation, elle peut être prise plusieurs heures avant l'expiration du délai, notamment lorsque ce délai expire tôt le matin ou en pleine nuit (Cass. crim., 20 déc. 2000, n° 00-86.499). Une fois autorisée, y compris plusieurs heures à l'avance, la prolongation débute à l'expiration du délai de la précédente période, et l'erreur matérielle du magistrat quant à son point de départ est sans incidence sur sa régularité, dès lors que la durée de la garde à vue n'a pas dépassé le maximum légal autorisé (Cass. crim., 15 févr. 2000, n° 99-86.623).

3026 **Motifs de prolongation de la garde à vue : existence d'un septième motif.** Une fois les observations recueillies, le magistrat autorise (ou non) la prolongation qui doit être motivée au regard des critères prévus à l'article 62-2 du Code de procédure pénale. Mais le II de l'article 63 ajoute un septième motif propre à la prolongation, qui est de « permettre, dans les cas où il n'existe pas dans le tribunal de locaux relevant de l'article 803-3, la présentation de la personne devant l'autorité judiciaire ». La distinction avec le motif prévu au 2° de l'article 62-2 officialise la garde à vue motivée par des contraintes d'horaire que ses détracteurs nomment « garde à vue de confort ».

3027 **Motivation de la décision du magistrat.** Le II de l'article 63 et les articles 706-88 et 706-88-1 du Code de procédure pénale disposent que la décision du magistrat qui autorise la prolongation doit être « écrite et motivée », sans précision supplémentaire, notamment quant à « des éléments de fait et de droit », formule que l'on retrouve désormais pour certains actes d'enquête (par ex. : CPP, art. 76, 100-1, 230-33, 706-92, 706-95-13). La chambre criminelle est donc venue préciser le contenu de cette motivation et décide que le juge des libertés et de la détention qui prolonge la mesure de garde à vue ne saurait se borner à faire référence, dans sa décision, à la requête du procureur de la République ; que ce faisant, la décision de prolongation n'est pas conforme aux exigences de l'article 706-88, alinéa 2 du Code de procédure pénale. Les hauts magistrats ajoutent que :

> « (...) l'ordonnance du juge des libertés et de la détention autorisant, à la requête du procureur de la République, à titre exceptionnel, la prolongation de la garde à vue d'une personne, doit être motivée ; que cette exigence s'impose au regard des droits protégés par la Convention européenne des droits de l'homme et en raison de l'évolution du statut et du rôle juridictionnel du juge des libertés et de la détention voulue par le législateur ; que cette motivation constitue une garantie essentielle contre le risque d'une atteinte disproportionnée à la liberté individuelle et doit permettre à l'intéressé de connaître les raisons précises pour lesquelles cette prolongation a été autorisée » (Cass. crim., 23 nov. 2016, n° 16-81.904).

3028 Cependant, à l'aune de la jurisprudence relative à la qualité de la motivation des décisions du juge des libertés et de la détention concernant d'autres actes d'enquête, il semble possible de soutenir que celui-ci peut reprendre à son compte les motivations contenues dans la requête du procureur de la République. En somme, si la seule référence à la requête est sanctionnée par la chambre criminelle, il est possible de soutenir que le « copier-coller » semble autorisé (Cass. crim., 21 janv. 2020, n° 18-84.899).

3029 On rappellera que cette motivation doit contenir, au moins, un des objectifs visés à l'article 62-2 et au II de l'article 63 du Code de procédure pénale et mentionner, le cas échéant, des motivations spécifiques selon que la garde à vue est prolongée d'emblée de 48 heures supplémentaires s'ajoutant aux 48 premières heures ou que la garde à vue fait l'objet de prolongations prévues à l'article 706-88-1 du Code de procédure pénale. Il y a là, à n'en pas douter, une obligation de motiver, en droit et en fait.

3030 **Motivation de la décision de prolongation des retenues et des gardes à vue de mineurs.** La motivation du magistrat doit répondre aux exigences du droit des majeurs et être complétée par les exigences propres au droit des mineurs (V. *supra*, n° 2806). S'agissant de la retenue, le magistrat veillera à expliciter la nécessité de la prolonger « à titre exceptionnel ».

3031 **Droits à notifier.** Le tableau ci-après récapitule les droits à notifier lors de chaque prolongation. Après que le magistrat a pris la décision de prolonger la garde à vue, l'officier ou l'agent de police judiciaire procède à une notification en deux temps :
– il notifie cette décision de prolongation en indiquant si la personne a été présentée ou non et s'il a été fait usage d'un moyen de télécommunication audiovisuelle. L'officier ou l'agent de police judiciaire n'a pas à notifier la motivation de la décision de prolongation, qu'il s'agisse des motifs et des objectifs prévus par l'article 62-2 et le II de l'article 63 du Code de procédure pénale. Cette décision, rédigée par le magistrat, sera jointe ultérieurement à la procédure (Cass. crim., 30 oct. 2001, n° 01-85.328). La chambre criminelle juge que l'officier de police judiciaire n'a pas à notifier le contenu de la décision, mais simplement à informer la personne de ce que le magistrat a

La garde à vue

autorisé la prolongation et que cette notification doit intervenir avant l'expiration du délai (Cass. crim., 30 oct. 2001, n° 01-85.530) ;
– il notifie les droits adossés à la prolongation, en fonction du cadre juridique de la mesure de garde à vue, en application du II de l'article 63 et des articles 63-1, 7086-88 et 706-88-1 du Code de procédure pénale.

CONSEIL Il est recommandé, comme cela est fait dans la pratique, de notifier les droits au même moment que la décision de prolongation et non au moment où expire le délai de la période précédente. Ceci est d'autant plus recommandé que la garde à vue aura débuté tôt le matin ou tard la nuit. Cependant, rien n'interdit à l'officier ou à l'agent de police judiciaire de notifier cette prolongation et les droits afférents, une heure avant l'expiration du délai alors que le magistrat a délivré l'autorisation de prolonger la mesure plusieurs heures auparavant.

3032 **Cas particulier d'un nouvel examen médical.** Si l'article 706-88-1 du Code de procédure pénale prévoit un nouvel examen médical, à la demande de la personne et à l'initiative du magistrat ou de l'officier de police judiciaire à chaque prolongation, l'article 706-88 ne prévoit quant à lui qu'un examen médical à l'occasion de la première prolongation supplémentaire (V. *supra*, n° 2911). Cependant, l'article 63-3 du Code de procédure pénale dispose que tant le magistrat que l'enquêteur peuvent décider d'initiative de faire examiner la personne, en conséquence si ces derniers le jugent utile ils pourront requérir un médecin.

3033 **Tableau récapitulatif des diligences à effectuer lors des prolongations.**

Prolongations de 24 h	De 24 à 48 h	De 48 à 72 h	De 72 à 96 h (si le juge ordonne d'emblée une prolongation supplémentaire de 48 h, aucun texte ne prévoit d'examen médical au bout de 72 h ; il semble cependant prudent de procéder d'office à un examen médical à ce stade)	De 96 à 120 h	De 120 à 144 h
Présentation (la présentation peut se faire grâce à un moyen de télécommunication audiovisuelle ; V. *supra*, n° 3008)	Facultative	Obligatoire	Facultative	Obligatoire	Obligatoire
Droit de prévenir un proche	Non	Non	Non	Non	Non
Droits à notifier					
Droit de communiquer avec proche	Non	Non	Non	Non	Non

Prolongations de 24 h	De 24 à 48 h	De 48 à 72 h	De 72 à 96 h (si le juge ordonne d'emblée une prolongation supplémentaire de 48 h, aucun texte ne prévoit d'examen médical au bout de 72 h ; il semble cependant prudent de procéder d'office à un examen médical à ce stade)	De 96 à 120 h	De 120 à 144 h
Droit à examen médical	Oui (1 examen médical si demandé)	Oui (1 examen médical obligatoire + 1 examen supplémentaire si demandé)	Non prévu mais recommandé (V. *supra*, n° 3032) Oui (1 examen médical obligatoire + 1 examen supplémentaire si demandé)	Oui (1 examen médical obligatoire + 1 examen supplémentaire si demandé)	Oui (1 examen médical obligatoire + 1 examen supplémentaire si demandé)
Droit de s'entretenir avec un avocat	Oui	Oui	Oui	Oui	Oui
Droit à l'assistance d'un avocat lors des auditions et des confrontations	Oui	Oui	Oui	Oui	Oui
Droit de consulter les procès-verbaux	Oui	Oui	Oui	Oui	Oui
Droit de se taire	Non	Non	Non	Non	Non
Droit de formuler des observations	Non (car droit notifié dès le début de la garde à vue)	Non	Non	Non	Non

3034 Pour le mineur, ce sont exactement les mêmes droits – dont beaucoup sont des obligations – que ceux notifiés lors du placement en retenue ou en garde à vue, à l'exception du droit de se taire pour lequel il n'y a pas lieu à re-notifier ainsi que la chambre criminelle le juge (V. *supra*, n° 3003).

3035 **Rappel concernant les droits de la défense.** Nous rappellerons que lorsque certains droits sont reportés sur décision du procureur ou du juge d'instruction, puis du juge des libertés et de la détention (V. *supra*, n° 2983), ce report doit être notifié à la personne gardée à vue. Ce report ne dispense aucunement de la notification des droits ; elle la complète.

Ainsi, par exemple, lorsque le juge des libertés et de la détention ou le juge d'instruction autorise un nouveau report du droit à l'assistance d'un avocat (aux auditions et consultation des PV pour le droit commun et la totalité des droits de la défense pour la criminalité organisée) au-delà de la 24e heure de garde à vue, la personne doit être informée du report – la décision écrite et motivée pouvant être jointe ultérieurement à la procédure.

3036 **Exercice effectif des droits et diligences.** Comme nous l'avons indiqué précédemment, la prolongation – même décidée plusieurs heures auparavant – prend effet à compter de l'expiration de la précédente période de 24 heures (Cass. crim., 12 mars 2013, n° 12-86.592). Dès lors, l'exercice des droits et les diligences pour les permettre doivent être mis en œuvre à compter de l'expiration de ce délai et non au moment de la décision de prolongation – sauf si celle-ci est concomitante à l'expiration du délai. Autrement dit, le droit à un nouvel examen médical ou le droit à l'entretien avec un avocat (V. *supra*, n° 2963, sauf lorsqu'il est fait application de l'article 65 du Code de procédure pénale) peut être mis en œuvre une fois par tranche de 24 heures.
Il va de soi que les délais fixés par les articles 63-3 (V. *supra*, n° 2923) et 63-3-1 s'agissant des diligences à effectuer sont applicables lors des prolongations (V. *supra*, n° 2951).

5 Modalités de la notification de la mesure de garde à vue et des droits

a) Nécessité d'une assistance matérielle ou d'un imprimé pour notifier les droits

3037 **Coexistence de deux obligations d'information.** L'article 63-1 du Code de procédure pénale liste les droits à notifier à la personne placée en garde à vue. Ils sont si nombreux que l'aide d'un logiciel de rédaction est presque le seul moyen de ne pas en oublier.
Des difficultés supplémentaires surviennent lorsque c'est sur le terrain que doivent être notifiés les droits alors que l'enquêteur ne peut pas se servir de son logiciel de rédaction des procédures. L'article 63-1 lui permet cependant de notifier lesdits droits au moyen d'un formulaire.
Lorsque l'article 63-1 du Code de procédure pénale a prévu la notification par remise d'un formulaire, il a renvoyé à celui prévu par l'article 803-6.
Or le champ d'application de l'article 803-6 ne recouvre pas celui de l'article 63-1. Le premier oblige à notifier un certain nombre d'informations à toute personne privée de liberté, tandis que le second décline de façon pratique et circonstanciée les droits à notifier à la personne gardée à vue.
La DACG a élaboré un formulaire sur la base de l'article 803-6 dont la première chambre civile et la chambre criminelle de la Cour de cassation ont rapidement jugé qu'il ne valait pas notification au sens de l'article 63-1 (Cass. crim., 2 nov. 2016, n° 16-81.716. – Cass. crim., 14 oct. 2014, n° 14-85.555. – Cass. 1re civ., 21 nov. 2012, n° 11-30.458. – Cass. 1re civ., 8 mars 2017, n° 16-13.533). C'est pourquoi certains services enquêteurs et, pour la gendarmerie, sa direction générale, ont élaboré un formulaire (V. *infra*, Annexes 6 et 7) de notification des droits qui est rempli à la main sur place et signé par la personne gardée à vue.

3038 Certes, la chambre criminelle a jugé que l'absence de remise du formulaire prévu par l'article 803-6 pouvait ne pas entraîner de nullité s'il n'en était pas résulté de grief (Cass. crim., 7 févr. 2017, n° 16-85.187). Il est cependant prudent de doubler la notification prévue par l'article 63-1, qui peut se faire à l'aide du logiciel de rédaction des procédures ou en remplissant à la main un imprimé signé du gardé à vue, d'une remise du formulaire prévu à l'article 803-6 du Code de procédure pénale.

3039 **Expérimentation.** L'article 50 de la loi du 23 mars 2019 prévoit, à titre expérimental, qu'il pourra être procédé à l'enregistrement sonore ou audiovisuel des formalités prévoyant la notification de leurs droits aux personnes entendues, arrêtées ou placées en garde à vue. Un arrêté du 30 juin 2021 (A. n° INTD2119175A, 30 juin 2021 : *JO* 9 juill. 2021, texte n° 22) fixe la liste des services de police et des unités de gendarmerie désignés pour cette expérimentation, qui doit durer jusqu'au 1er janvier 2022 et qui concerne, en « application de l'article 63 du Code de procédure pénale, la notification de leurs droits prévue par le 3° de l'article 63-1 du même code ».

b) Interprète

1) Cas de recours et droit à un interprète

3040 Déclinaison de l'article 803-5 du Code de procédure pénale à la mesure de garde à vue, l'article 63-1, 3° dispose que la personne placée en garde à vue dispose du droit, s'il y a lieu, d'être assistée d'un interprète. Ce même article précise, dans ses dispositions finales que :

> « Si la personne est atteinte de surdité et qu'elle ne sait ni lire, ni écrire, elle doit être assistée par un interprète en langue des signes ou par toute personne qualifiée maîtrisant un langage ou une méthode permettant de communiquer avec elle. Il peut également être recouru à tout dispositif technique permettant de communiquer avec une personne atteinte de surdité.
> Si la personne ne comprend pas le français, ses droits doivent lui être notifiés par un interprète, le

cas échéant après qu'un formulaire lui a été remis pour son information immédiate ».

3041 En effet, le recours à un interprète ne se limite pas au cas où la personne gardée à vue ne comprend pas le français, mais aussi au cas dans lequel celle-ci est dans l'impossibilité de communiquer autrement que par le truchement d'un interprète ou d'une assistance technique. L'article D. 594-5 du Code de procédure pénale reprend ces exigences et notamment le cas où il est nécessaire de requérir une « personne qualifiée maîtrisant un langage, une méthode ou un dispositif technique permettant de communiquer avec elles ». Cela peut être le cas pour les langues très rares et certains dialectes dans nos territoires ultramarins.

3042 Ce droit à l'interprète doit être notifié à la personne gardée à vue au moment du placement en garde à vue, conformément à l'article D. 594-1 du Code de procédure pénale qui dispose que :

« Si la personne soupçonnée ou poursuivie n'a pas demandé à bénéficier de l'assistance d'un interprète mais qu'il existe un doute sur sa capacité à parler ou comprendre la langue française, l'autorité qui procède à son audition ou devant laquelle cette personne comparaît s'assure par tous moyens appropriés qu'elle parle et comprend cette langue. S'il apparaît que la personne ne parle pas ou ne comprend pas la langue française, l'assistance de l'interprète doit intervenir sans délai ».

CONSEIL Il est recommandé de faire lire à haute voix la notification des droits à la personne gardée à vue afin de s'assurer d'une part de son niveau de français, mais aussi de son niveau de compréhension (à rapprocher de Cass. crim., 11 mai 2021, n° 21-81.148). À cette occasion, il peut apparaître que la personne doive être assistée d'un interprète, d'une personne pouvant communiquer avec elle, ou encore que la personne présente des troubles qui laissent à penser qu'elle pourrait être sous tutelle ou curatelle.

3043 Le fait qu'une personne sollicite un interprète en cours de mesure ou que la personne indique, *a posteriori,* ne pas suffisamment maîtriser le français, ne constitue pas une cause de nullité, sauf s'il est démontré que la personne était, effectivement, dans l'incapacité de comprendre (Cass. crim., 11 févr. 1998, n° 97-85.542. – Cass. 2e civ., 10 oct. 2002, n° 01-50.060). L'enquêteur a, quant à lui, toute latitude pour faire intervenir d'autorité un interprète, s'il juge que la personne ne comprend pas suffisamment bien le français, bien que celle-ci affirme le contraire.

3044 **Réquisition à personne qualifiée.** L'intervention d'un interprète ou de toute personne permettant de communiquer avec la personne gardée à vue trouve son support juridique dans la réquisition à personne qualifiée des articles 60, 77-1, 81 et 102 du Code de procédure pénale. La mission confiée à l'interprète ne souffre d'aucune difficulté en ce qu'elle vise à la traduction tant des paroles prononcées que des documents présentés lors de la mesure. Cependant, bien que la chambre criminelle (Cass. crim., 26 mai 1999, n° 99-81.457) ait jugé que « l'article 102 du Code de procédure pénale n'est pas applicable à l'enquête de flagrance et qu'aucun texte n'exige que celui qui apporte son assistance à un officier de police judiciaire, pour que la personne placée en garde à vue soit informée de ses droits dans une langue qu'elle comprend, ait prêté serment », il semble recommandé de recourir à la réquisition notamment en ce qu'elle évite des contestations inutiles sur l'intervention de l'interprète.

Cet interprète peut être requis par un assistant d'enquête (CPP, art. 21-3, V. *supra*, n° 297 et *infra*, nos 3457 et s.)

3045 **Quel interprète ?** L'article D. 594-16 du Code de procédure pénale dispose que :

« Lorsqu'en application des dispositions du présent code un interprète ou un traducteur est requis ou désigné par l'autorité judiciaire compétente, celui-ci est choisi :

1° Sur la liste nationale des experts judiciaires dressée par le bureau de la Cour de cassation, ou sur la liste des experts judiciaires dressée par chaque cour d'appel ;

2° À défaut, sur la liste des interprètes traducteurs prévue par l'article R. 141-1 du code de l'entrée et du séjour des étrangers et du droit d'asile ;

3° En cas de nécessité, il peut être désigné une personne majeure ne figurant sur aucune de ces listes, dès lors que l'interprète ou le traducteur n'est pas choisi parmi les enquêteurs, les magistrats ou les greffiers chargés du dossier, les parties ou les témoins.

Les interprètes ou les traducteurs ne figurant sur aucune des listes mentionnées au 1° ou au 2° prêtent, chaque fois qu'ils sont commis, le serment d'apporter leur concours à la justice en leur honneur et leur conscience. Leur serment est alors consigné par procès-verbal.

Les interprètes et les traducteurs sont tenus de respecter la confidentialité de l'interprétation et des traductions fournies ».

La chambre criminelle exige également que l'interprète soit impartial (Cass. crim., 6 oct. 2021, n° 21-84.188).

La garde à vue

CONSEIL Ce décret interdit de recourir à un interprète parmi les forces de l'ordre. Cependant, faute de pouvoir trouver un interprète dès le début de la mesure de garde à vue, les enquêteurs pourraient solliciter l'un des leurs (Cass. crim., 26 mai 1999, n° 99-81.457) pour procéder à la notification des droits, en s'aidant au besoin du formulaire de la DACG – sous réserve qu'il soit traduit dans la langue souhaitée. L'idée est ici de ne pas laisser la personne, de surcroît étrangère, sans aucune information sur ce qu'il lui arrive. Néanmoins, dès que l'interprète se sera présenté, il semble nécessaire de lui faire valider cette notification, le défaut d'impartialité objective de l'enquêteur-interprète constituant ici une cause sérieuse de contestation, et donc éventuellement de nullité.

Enfin, l'article D. 594-2 du Code de procédure pénale dispose que :

« Si la personne suspectée ou poursuivie qui fait l'objet d'une audition conteste l'absence d'interprète ou la qualité de l'interprétation, elle peut faire des observations qui sont soit mentionnées dans le procès-verbal d'audition, d'interrogatoire ou dans les notes d'audience si elles sont faites immédiatement, soit versées au dossier de la procédure si elles sont faites ultérieurement ».

2) Interprète et notification tardive des droits

3046 On rappellera ici (V. *supra*, n° 2863) que la notification des droits est considérée comme tardive dès lors que les enquêteurs ne peuvent justifier l'impossibilité de faire appel à un interprète (Cass. 2e civ., 24 févr. 2000, n° 98-50.044). Cette impossibilité résulte souvent de la rareté de la langue, ou encore de l'absence d'interprète inscrit sur la liste de la cour d'appel parlant la langue de la personne gardée à vue, notamment dans les territoires ultramarins. L'obligation de l'enquêteur est une obligation de moyen ; il doit faire diligence, informer le magistrat de ses éventuelles difficultés et acter ses démarches en procédure.

3047 **Modalités d'intervention de l'interprète.** Les différentes traductions du formulaire de la DACG, qui peuvent être une aide à la traduction, ne sauraient valoir notification des droits mais constituent cependant une information utile à la personne étrangère placée en garde à vue (Cass. 1re civ., 21 nov. 2012, n° 11-30.458). En revanche, le Code de procédure pénale ne précisant pas selon quelles modalités peut intervenir l'interprète lors de la mesure de garde à vue, il peut utilement être recouru au téléphone voire à la visioconférence au sens de l'article 706-71, alinéa 1er du Code de procédure pénale, au moins pour la notification des droits, afin de garantir son immédiateté et son effectivité.

3) Qui peut procéder à la notification des droits ?

3048 La loi du 14 avril 2011 relative à la garde à vue a clarifié les compétences des OPJ et des APJ lors de la mesure de garde à vue. Ainsi, la lecture combinée des articles 63 et 63-1 du Code de procédure pénale réserve la compétence exclusive de la décision de placement en garde à vue à l'officier de police judiciaire, tandis que la notification des droits qui en découlent peut être réalisée soit par ce dernier, soit par un agent de police judiciaire agissant sous son contrôle, dans le cadre de l'enquête de flagrance comme de l'enquête préliminaire conformément à l'article 77 qui renvoie aux articles 62-2 à 64-1. La mention du contrôle de l'officier de police judiciaire doit clairement apparaître au procès-verbal.

3049 S'agissant de l'instruction, si l'article 154 renvoie également aux articles 62-2 à 64-1, qui prévoient la compétence de l'agent de police judiciaire en matière de notification des droits, l'article 151 quant à lui dispose que seul l'officier de police judiciaire peut être délégataire d'une commission rogatoire délivrée par un juge d'instruction. Certains auteurs, analysant un arrêt de la chambre criminelle, indiquent que « l'OPJ désigné peut toujours se faire assister matériellement de personnes n'ayant pas cette qualité, du moment qu'elles n'accomplissent pas elles-mêmes des actes d'investigation ». Aussi, il est possible de soutenir que l'agent de police judiciaire peut notifier les droits, sous le contrôle de l'officier de police judiciaire, lors de l'exécution d'une commission rogatoire.

B L'information de l'autorité judiciaire

1 Le moment de l'information du magistrat

3050 L'information du magistrat doit intervenir « dès le début de la mesure ». La jurisprudence de la chambre criminelle est venue encadrer très strictement la temporalité de cette information et notamment les circonstances insurmontables qui peuvent faire obstacle à son immédiateté.

3051 On rappellera que la retenue d'un mineur doit être autorisée par le magistrat (V. *supra*, n° 2725).

a) Information « dès le début de la mesure »

1) Absence de délai fixé par la loi et la jurisprudence

3052 Le délai pour informer le magistrat relève d'une appréciation casuistique puisqu'aucun délai n'est donné par loi ou la chambre criminelle.

3053 À titre d'exemples, la chambre criminelle semble considérer qu'un délai de vingt-cinq minutes (Cass. crim., 6 févr. 2018, n° 17-84.700) ou encore d'une demi-heure (Cass. crim., 20 déc. 2017, n° 17-84.017) pour prévenir le procureur de la République est un délai raisonnable, mais elle a considéré qu'étaient excessifs les délais à compter du placement en garde à vue de quarante-cinq minutes (Cass. crim., 24 mai 2016, n° 16-80.564. Ici, une perquisition avait été diligentée après le placement en garde à vue mais avant la notification des droits et l'avis au procureur), une heure (Cass. crim., 12 avr. 2005, n° 04-86.780), d'1 heure 15 minutes (Cass. crim., 23 juin 2004, n° 04-82.638), d'1 heure 41 minutes (Cass. crim., 3 sept. 2003, n° 02-85.697), 2 heures 45 minutes (Cass. crim., 23 août 2006, n° 06-83.790).

3054 Il est difficile de fixer un délai au-delà duquel l'information serait nécessairement tardive. Toutefois, il semble, à la lumière de la jurisprudence de la chambre criminelle, qu'un délai de trente minutes entre le placement en garde à vue et l'information du magistrat réponde aux exigences de « brièveté » imposées par le Code de procédure pénale.

3055 Au-delà de ce bref délai, tout retard devra être justifié par l'existence de circonstances insurmontables pour ne pas entraîner la nullité de la mesure de garde à vue (V. *infra*, n° 3070). La chambre criminelle juge avec constance que tout retard dans l'information du magistrat du placement en garde à vue d'une personne, sauf circonstances insurmontables, fait nécessairement grief à l'intéressé (Cass. crim., 24 nov. 1998, n° 98-82.496. – Cass. crim., 29 févr. 2000, n° 99-85.573. – Cass. crim., 23 juin 2004, n° 04-82.638. – Cass. crim., 10 mai 2001, n° 01-81.441), ou encore que, sauf ces mêmes circonstances insurmontables, le magistrat doit être informé dans les meilleurs délais du placement en garde à vue (Cass. crim., 20 mars 2007, n° 06-89.050).

2) Point de départ pour le calcul du délai d'information

3056 Cependant, pour apprécier justement ce délai, encore faut-il savoir avec précision quel est son point de départ. Pour la chambre criminelle, il s'agit du moment du placement en garde à vue (Cass. crim., 4 avr. 2013, n° 12-85.968. – Cass. crim., 24 mai 2016, n° 16-80.564. – Cass. 1re civ., 17 mai 2017, n° 16-15.229. – Cass. crim., 24 oct. 2017, n° 17-84.627 et Cass. crim., 29 mars 2017, n° 16-82.763) et non le début de la mesure de garde à vue qui peut être différent du précédent (V. *supra*, n° 2861), ni le moment de la notification des droits, qui peut également différer des deux premiers (V. *supra*, n° 2863).

3057 Ainsi, la chambre criminelle a jugé que les juges du fond ne pouvaient prendre exclusivement en compte l'heure de l'interpellation, pour apprécier le caractère tardif des formalités requises mais le moment où la personne a effectivement été placée en garde à vue. En l'espèce, l'obligation d'aviser le procureur de la République pèse sur l'officier de police judiciaire à compter de l'heure de la présentation de la personne devant lui et non à compter de l'interpellation.

3058 En conséquence, dans une situation optimale, l'information du parquet succède immédiatement à la notification de la mesure et des droits à la personne qui elle-même succède au placement en garde à vue par l'officier de police judiciaire.

3059 Toutefois, lorsque l'officier de police judiciaire décide de reporter la notification de la mesure et des droits notamment en raison de l'état d'ébriété de la personne gardée à vue, ce report ne saurait affecter l'information du magistrat. Dès lors que la personne est gardée à vue, peu importe que ses droits ne lui aient pas été notifiés faute pour elle de pouvoir les comprendre (V. *supra*, n° 2867), la privation de liberté étant effective, elle doit être contrôlée « dès son début » par l'autorité judiciaire de sorte que l'information du magistrat s'impose (Cass. crim., 7 janv. 2009, n° 08-83.428).

b) Une information donnée par qui et comment ?

1) Compétence (exclusive ?) de l'officier de police judiciaire

3060 Il ressort du I de l'article 63, alinéa 2 du Code de procédure pénale que l'information du magistrat incombe à l'officier de police judiciaire.

La garde à vue

Ceci peut apparaître logique dans la mesure où c'est ce dernier qui a décidé du placement en garde à vue, en s'assurant au préalable que les conditions prévues à l'article 62-2 du Code de procédure pénale étaient remplies et notamment l'existence d'un des six objectifs visés par cet article.

3061 Cependant, si le texte ne prévoit pas, à la différence de la notification de la mesure et des droits, l'intervention de l'agent de police judiciaire, la chambre criminelle n'a jamais eu à connaître de la qualité de la personne informant le parquet. Cependant elle a jugé qu'un avis de placement en garde à vue donné non pas à un magistrat mais à un auditeur de justice qui l'assiste n'entraîne pas la nullité de la garde à vue (Cass. crim., 31 oct. 2001, n° 01-85.345). Cette jurisprudence autorise-t-elle, *mutatis mutandis*, l'agent de police judiciaire à informer le magistrat ? Il y a là un pas qui, avant d'être franchi, nécessite, nous semble-t-il, d'être autorisé soit par la loi, soit par la jurisprudence de manière expresse étant cependant noté qu'on ne perçoit pas le grief qui pourrait en résulter, l'essentiel étant que le magistrat soit informé.

2) Quelles modalités d'information du magistrat ?

3062 Le I de l'article 63, alinéa 2 du Code de procédure pénale, issu de la loi du 14 avril 2011, a consacré la jurisprudence de la chambre criminelle s'agissant des modalités d'information du magistrat. Aussi, c'est fort opportunément que le texte prévoit que cette information est donnée « par tout moyen ».

3063 Ainsi la chambre criminelle a-t-elle validé le recours à l'envoi par télécopie d'un « billet de garde à vue » (Cass. crim., 14 avr. 2010, n° 10-80.562), sans exiger qu'un récépissé soit joint à la procédure (Cass. crim., 1er avr. 2008, n° 07-84.542 et Cass. crim., 10 déc. 2003, n° 03-80.203). Quant à la DACG, elle précise que l'avis à magistrat peut toujours être fait par téléphone, envoi d'un message électronique, ou d'un billet de garde à vue par télécopie.

3064 L'envoi par message électronique de données couvertes par le secret de l'enquête peut constituer un danger.
D'une part, la garantie que les courriels touchent immédiatement leur destinataire n'est pas absolue. Il est donc prudent de s'en faire accuser réception.
D'autre part, les courriels ne sont pas totalement sécurisés. L'Agence nationale de la sécurité des systèmes d'information (ANSSI) préconise d'ailleurs de les chiffrer. La Commission nationale de l'informatique et des libertés (CNIL) a sanctionné un opérateur de télécommunication pour avoir envoyé des mots de passe « en clair » par mails considérant que cette transmission rend le mot de passe aisément et immédiatement utilisable par un tiers qui aurait un accès indu au message qui le contient (CNIL, délib. SAN-20216021, 28 déc. 2021).

> **CONSEIL** Il est donc vivement conseillé d'avoir recours au dispositif PLINE, qui est un système d'échanges sécurisé (A. 24 oct. 2019, NOR : JUST1927458A et JUST1927457A et Cass. crim., 12 janv. 2022, n° 21-86.075 qui semble supprimer l'exigence de la preuve de bonne réception par le destinataire autrefois imposée par la chambre criminelle ; V. Cass. crim., 18 déc. 2018, n° 18-86.050) déployé par le ministère de la Justice et qui fonctionne aussi au profit du ministère de l'Intérieur.

3065 La chambre criminelle exerce un contrôle matériel sur cette information donnée au magistrat et s'assure elle-même de ce qu'elle a bien eu lieu « dès le début de la mesure », au besoin en recherchant dans d'autres pièces de procédure que le procès-verbal de garde à vue (Cass. crim., 2 févr. 2016, n° 14-88.541 et Cass. crim., 15 mars 2016, n° 15-86.023).

> **CONSEIL** Il est recommandé, afin d'éviter toute contestation, de mentionner expressément au procès-verbal de garde à vue, la date, l'heure et le moyen utilisé pour informer le magistrat. De même, il peut être utile de conserver, dans la mesure du possible, et de verser au dossier toute pièce justificative de l'avis (Cass. crim., 23 févr. 2011, n° 10-84.922).

3) Quel magistrat ?

3066 C'est le I de l'article 63, alinéa 2 du Code de procédure pénale qui encadre l'information donnée au magistrat du parquet et l'article 154, alinéa 2, octroie ces prérogatives au juge d'instruction lorsqu'une instruction est ouverte.

3067 L'article 63-9 du Code de procédure pénale vient régler les difficultés liées aux compétences concurrentes entre magistrat en charge de l'enquête et magistrat territorialement compétent. En effet, il arrive que la mesure de garde à vue ne soit pas toujours prise dans le ressort du magistrat qui a en charge l'enquête (V. *supra*, n° 108).

3068 La règle posée par le Code de procédure pénale est assez pragmatique : c'est le magistrat sous la direction duquel l'enquête est menée qui est compétent, quel que soit le lieu de placement en garde à vue, « pour être avisé, (...) en contrôler le déroulement, en ordonner la prolongation et décider de l'issue de la mesure ». Toutefois, le Code de procédure pénale prévoit que le procureur de la République du lieu où se déroule la garde à vue est également compétent pour contrôler et ordonner la prolongation.

3069 Une telle règle permet en effet de pallier les éventuelles difficultés matérielles liées à l'éloignement tout en assurant, au besoin, un contrôle *in situ* de la mesure.

CONSEIL Lorsque la garde à vue n'a pas lieu dans le ressort du magistrat en charge de l'enquête, il est fortement recommandé d'aviser les deux parquets du placement en garde à vue, et ce quand bien même le magistrat en charge de l'enquête n'aurait pas besoin de solliciter son collègue, car en cas de difficulté au cours de la mesure, c'est le parquet local qui sera compétent. Toutefois, il va de soi que la seule information qui doive être donnée « dès le début de la mesure » est celle donnée au magistrat en charge de l'enquête. L'information donnée, éventuellement dans un temps plus lointain, au magistrat « local » ne saurait entraîner la nullité de la mesure, puisqu'il s'agit d'une règle de bonne administration. La circulaire DACG indique que cette information du magistrat « territorialement compétent » au lieu de la garde à vue est donnée par le magistrat en charge de l'enquête. Les magistrats demandant souvent aux enquêteurs de procéder à cette information. Nous recommandons une nouvelle fois à l'officier de police judiciaire d'informer d'initiative le parquet « local ».

c) Les circonstances insurmontables

3070 À titre liminaire, il faut ici bien distinguer les circonstances insurmontables tenant à l'information du magistrat de celles relatives à la notification des droits (V. *supra*, n° 2863). En effet, le fait qu'il existe une circonstance insurmontable dans l'information du magistrat n'entraîne pas, *de facto*, celles dans la notification des droits.

3071 Ainsi, dans l'hypothèse où une personne n'est pas en mesure de comprendre ces droits, l'officier de police judiciaire se trouve face à une circonstance insurmontable lors de la notification, qui ne l'empêche aucunement d'informer du placement en garde à vue le magistrat. Inversement, l'officier de police judiciaire peut être empêché dans son avis au magistrat et pouvoir tout à fait notifier sans difficulté les droits à la personne qu'il vient de placer en garde à vue.

3072 La chambre criminelle juge que tout retard non justifié par une circonstance insurmontable porte nécessairement atteinte aux intérêts du gardé à vue, cet avis étant nécessaire pour que le magistrat exerce un contrôle effectif sur la mesure (Cass. crim., 24 nov. 1998, n° 98-82.496. – Cass. crim., 29 févr. 2000, n° 99-85.573 et Cass. crim., 29 févr. 2000, n° 99-84.899 [cas du juge d'instruction]. – Cass. crim., 23 juin 2004, n° 04-82.638). On rappellera que l'exigence d'attester de circonstances insurmontables n'existe que lorsque le bref délai pour informer le magistrat est dépassé.

3073 La Cour de cassation assure un contrôle rigoureux sur la qualification de circonstances insurmontables et apprécie *in concreto* les faits. Autrement dit, elle contrôle le bien-fondé du report de l'avis au procureur de la République et vérifie la réalité des difficultés rencontrées par l'officier de police judiciaire pour aviser le procureur de la République. Mais elle s'assure aussi que les magistrats qui retiennent l'absence de telles circonstances la caractérisent de façon suffisante (Cass. crim., 12 avr. 2005, n° 04-86.780).

3074 La chambre criminelle a jugé que la réalisation d'une perquisition ne constituait pas une circonstance insurmontable empêchant l'information immédiate du magistrat (Cass. crim., 10 mai 2001, n° 01-81.441), pas plus que la complexité des interpellations (Cass. crim., 20 mars 2007, n° 06-89.050) ou encore la défaillance technique du fax (Cass. crim., 19 déc. 2007, n° 07-83.340). Mais elle a aussi jugé que la complexité des interpellations intervenues à l'issue de contrôles d'identité et qui ont conduit les enquêteurs à mobiliser des moyens peu habituels, constitue en l'espèce une circonstance insurmontable (Cass. 2e civ., 19 févr. 2004, n° 03-50.025). De même, l'état de santé de la personne gardée à vue qui a nécessité son transfert à l'hôpital peut constituer une circonstance insurmontable (Cass. crim., 27 nov. 2007, n° 07-83.786). Enfin, elle a jugé que des troubles à l'ordre public lors des interpellations constituent des circonstances insurmontables justifiant un délai d'une heure avant l'avis à magistrat (Cass. crim., 28 oct. 2020, n° 19-85.812).

3075 Cependant, il est quelques arrêts où la chambre criminelle considère que le délai d'information ne méconnaît pas l'exigence de brièveté, tout en l'expliquant par les circonstances, sans qualifier ces dernières d'insurmontables. Ainsi, un délai de 35 minutes après le placement en garde à vue ne méconnaît pas les exigences légales « en raison des circonstances de [son] interpellation » (Cass. crim., 16 déc. 2020, n° 20-83.891). En l'espèce, la personne n'avait pas de papiers d'identité et il a fallu s'assurer de celle-ci autrement avant d'informer le parquet.

CONSEIL De notre point de vue, une fois passé le délai d'une demi-heure, il est nécessaire d'indiquer au procès-verbal de déroulement de la mesure de garde à vue les circonstances qui ont conduit à « décaler » l'information au magistrat. Ces explications qui, dans certains cas, peuvent faire l'objet d'un acte de procédure dédié (notamment lorsque la situation opérationnelle a pris le pas sur la mesure d'investigation, comme la prise à partie des forces de l'ordre lors d'une interpellation), sont d'autant plus impérieuses que l'évolution des technologies de l'information et le fait, par exemple, que les forces de l'ordre soient aujourd'hui dotées de téléphones portables personnels, de tablettes numériques permettant l'envoi d'un billet de garde à vue, laissent peu de place à des « impossibilités matérielles » sur ce fondement, comme cela pouvait l'être autrefois. Il ne faut pas hésiter à acter que l'officier de police judiciaire a tenté de joindre à plusieurs reprises le magistrat avant de pouvoir l'informer effectivement, par exemple.

2 Le contenu de l'information donnée au magistrat

3076 Le I de l'article 63, alinéa 2 du Code de procédure pénale, auquel renvoient les articles 77 et 154, dispose que l'officier de police judiciaire « donne connaissance des motifs justifiant, en application de l'article 62-2, ce placement et l'avise de la qualification des faits qu'il a notifiée à la personne en application du 2° de l'article 63-1. Le procureur de la République peut modifier cette qualification ; dans ce cas, la nouvelle qualification est notifiée à la personne dans les conditions prévues au même article 63-1 ». L'ensemble de ces éléments doit être communiqué au magistrat (Cass. crim., 17 janv. 2023, n° 22-83.722). Aux côtés de l'information donnée au magistrat, qui va bien au-delà de ce qu'impose le texte, nous porterons une attention particulière au changement de qualification.

a) Un contenu au-delà du texte du I de l'article 63 du Code de procédure pénale

3077 Il suffit de consulter un « avis à magistrat » ou un « billet de garde à vue » pour constater que l'information donnée au magistrat dépasse largement les éléments listés au I de l'article 63 du Code de procédure pénale. Les éléments qui doivent être communiqués au magistrat, lors de l'avis donné dès le début de la mesure, visent à permettre un contrôle de légalité sur la mesure de garde à vue décidée par l'officier de police judiciaire.

1) Les motifs de l'article 62-2 du Code de procédure pénale

3078 S'agissant des motifs justifiant le placement en garde à vue, le I de l'article 63 renvoie à l'article 62-2 du Code de procédure pénale qui les liste exhaustivement. Nous avons déjà évoqué ce point précédemment (V. *supra*, n° 2851) et il revient ici simplement à l'officier de police judiciaire d'indiquer au magistrat quel(s) motif(s) il a visé(s) dans la notification des droits. Cette information peut consister en une simple croix mise dans un formulaire d'avis à magistrat proposant ces différents motifs. Ni l'article 62-2 ni le I de l'article 63, pas plus que la jurisprudence n'imposent que l'officier de police judiciaire motive son (ses) choix de motifs.

3079 Il revient cependant au magistrat de s'assurer de leur réalité (Cass. crim., 7 juin 2017, n° 16-87.588. – Cass. crim., 28 mars 2017, n° 16-85.018) et, en cas de désaccord sur le(s) motif(s) choisi(s) par l'officier de police judiciaire, le magistrat peut demander à ce dernier de les modifier. La circulaire de la DACG relative à la loi du 14 avril 2011 préconise d'acter au procès-verbal une telle modification. Toutefois, si le I de l'article 63 prévoit qu'en cas de changement de qualification par le magistrat, information en est donnée à la personne gardée à vue, il n'est pas prévu qu'elle soit informée lorsque le magistrat modifie le motif de placement en garde à vue. Ceci peut apparaître logique dans la mesure où la chambre criminelle juge que peu importe le motif pourvu qu'il y en ait un.

2) La qualification pénale retenue et notifiée par l'officier de police judiciaire

3080 La qualification pénale communiquée au magistrat est celle qui est notifiée à la personne gardée à vue en vertu de l'article 63-1, 2° du Code de procédure pénale. Concrètement, l'officier de police judiciaire indique simplement dans son avis ou billet de garde à vue la (les) « NATINF » qu'il a retenue(s) et qui correspond(ent) à la qualification notifiée à la personne gardée à vue. En effet, s'agissant d'un échange entre deux professionnels, le recours à une qualification exhaustive juridiquement est de rigueur, à la différence de la personne gardée à vue pour laquelle, il y a une tolérance sémantique (V. *supra*, n°s 2835 et s.).

3081 Bien sûr, cette qualification pénale est celle qui est retenue au regard des éléments dont dispose l'officier de police judiciaire au moment de la notification. Ainsi, la chambre criminelle juge que lorsqu'une circonstance aggravante d'une incrimination est connue dès le début de la mesure, elle doit être notifiée à la personne (Cass. crim., 29 sept. 2020, n° 20-80.509). Mais l'absence de cette notification ne peut entraîner le prononcé d'une nullité que s'il en est résulté pour l'intéressé une atteinte effective à ses intérêts, au sens de l'article 802 du Code de procédure pénale. Ainsi la jurisprudence précise qu'une telle atteinte ne se trouve pas caractérisée lorsque, au cours d'une audition de la personne gardée à vue, réalisée sans notification préalable de la modification de qualification, cette dernière, en répondant aux questions des enquêteurs, n'a tenu aucun propos par lequel elle se serait incriminée (Cass. crim., 15 oct. 2019, n° 19-82.380).

3082 La qualification pénale doit permettre au magistrat de s'assurer de la légalité de la garde à vue au regard du critère fixé par l'article 62-2 du Code de procédure pénale qui prévoit qu'une telle mesure ne peut être mise en œuvre qu'en cas de crime ou de délit puni d'emprisonnement.

b) L'article 62-3 du Code de procédure pénale et... la pratique

3083 Outre les formalités de l'article 63 du Code de procédure pénale, dont le défaut d'accomplissement fait nécessairement grief à la personne concernée (Cass. crim., 4 nov. 2015, n° 15-82.456. – Cass. crim., 25 juin 2013, n° 13-81.977 et Cass. crim., 13 nov. 2013, n° 12-86.951), l'article 62-3 du Code de procédure pénale impose en plus que le magistrat « apprécie si le maintien de la personne en garde à vue et, le cas échéant, la prolongation de cette mesure sont nécessaires à l'enquête et proportionnés à la gravité des faits que la personne est soupçonnée d'avoir commis ou tenté de commettre. Il assure la sauvegarde des droits reconnus par la loi à la personne gardée à vue ».

3084 Il revient ici au magistrat de s'assurer de la proportionnalité de cette mesure au regard de la gravité des faits. Cette proportionnalité relève nécessairement d'une appréciation casuistique et pourra conduire à lever une mesure de garde à vue au motif qu'une audition libre aurait paru plus proportionnée. En cas de divergence d'appréciation sur les éléments qui motivent le placement en garde à vue, le dernier mot revient au magistrat.

3085 **Les autres éléments d'information donnés au magistrat lors du placement en garde à vue.** Si ces éléments ne sont pas prescrits *in extenso* par le texte du I de l'article 63 du Code de procédure pénale, ils peuvent trouver leur fondement dans l'article 62-3. Dans la pratique, les avis et billets de garde à vue contiennent des informations bien plus complètes que celles imposées par la loi. Si certains parquets ont pu imposer « leur » avis ou billet de garde à vue, force est de constater que celui qui figure dans le LRPGN – élaboré en collaboration avec la DACG – est appliqué et applicable sur l'ensemble du territoire national. De son côté, la police nationale utilise le LRPPN (logiciel de rédaction des procédures de la police nationale).

3086 Cet avis à magistrat contient notamment plusieurs séries d'informations :
- unité d'enquête, officier de police judiciaire responsable, date et heure du début de la mesure, lieu de la garde à vue, cadre d'enquête, numéro de PV ;
- les faits (la qualification pénale) motivant la garde à vue et le(s) motif(s) de l'article 62-2 ;
- l'identité complète de la personne : nom, prénom, date et lieu de naissance, sexe, filiation (père et mère), adresse et profession ;
- le nom et la qualité du magistrat informé ;
- divers éléments relatifs à la remise ou non d'un formulaire de déclaration des droits, à la notification des droits ou à son report, les droits exercés par la personne (droit au silence, médecin, avocat, information de la famille et information de l'employeur et le cas échéant du consulat.

CONSEIL Il est opportun de préciser lorsque la personne entendue décline son identité si celle-ci est « déclarée », « vérifiée », voire « manifestement fausse ».

3087 À l'exception de la qualification pénale et des motifs, ces informations ne sont pas prescrites par le Code de procédure pénale, mais elles permettent au magistrat de s'assurer de sa compétence territoriale, de l'effectivité des droits de la personne gardée à vue, mais aussi de la proportionnalité de cette mesure et d'anticiper les diligences à effectuer dans la perspective d'une éventuelle réponse pénale.

3 Le contrôle du magistrat

a) Le contrôle de proportionnalité et la sauvegarde des droits

3088 Dans l'exposé des motifs du projet de loi relatif à la garde à vue du 14 avril 2011 apparaissait clairement la volonté du législateur, à qui la Cour européenne des droits de l'homme (CEDH,

23 nov. 2010, n° 37104/06, *Moulin c/ France*), le Conseil constitutionnel (Cons. const., 30 juill. 2010, n° 2010-14/22 QPC) et la chambre criminelle (Cass. crim., 19 oct. 2010, n°s 10-82.902, 10-82.306 et 10-85.051) avaient enjoint de veiller à ce que l'autorité judiciaire assure un contrôle effectif sur la mesure de garde à vue. On pouvait ainsi lire que :

« Le principe, également essentiel, et qui découle des exigences constitutionnelles, du contrôle du procureur de la République sur la garde à vue est affirmé de façon explicite. Il est notamment précisé que ce magistrat apprécie si le maintien de la personne en garde à vue et, le cas échéant, la prolongation de cette mesure sont nécessaires à l'enquête et proportionnés à la gravité des faits. Il est également indiqué que ce magistrat assure la sauvegarde des droits reconnus par la loi à la personne gardée à vue et qu'il peut ordonner à tout moment que la personne gardée à vue soit présentée devant lui ou remise en liberté ».

3089 Cette mission de contrôle est désormais inscrite à l'article 39-3 et, s'agissant plus particulièrement de la garde à vue, à l'article 62-3 du Code de procédure pénale. Ce dernier texte dispose en conséquence que :

« La garde à vue s'exécute sous le contrôle du procureur de la République, sans préjudice des prérogatives du juge des libertés et de la détention prévues aux articles 63-4-2 et 706-88 à 706-88-2 (Nda : cet article 706-88-2 est abrogé) en matière de prolongation de la mesure au-delà de la quarante-huitième heure et de report de l'intervention de l'avocat.

Le procureur de la République apprécie si le maintien de la personne en garde à vue et, le cas échéant, la prolongation de cette mesure sont nécessaires à l'enquête et proportionnés à la gravité des faits que la personne est soupçonnée d'avoir commis ou tenté de commettre.

Il assure la sauvegarde des droits reconnus par la loi à la personne gardée à vue.

Il peut ordonner à tout moment que la personne gardée à vue soit présentée devant lui ou remise en liberté ».

3090 L'article 63 du Code de procédure pénale prévoit que le magistrat peut donner des instructions pour placer en garde à vue une personne. Il peut donc également décider que la mesure n'est pas justifiée, estimant conformément à l'article 62-2 du Code de procédure pénale, qu'au regard des faits, les objectifs visés par ce texte ne sont pas remplis ou que la contrainte n'est pas nécessaire. L'avis immédiat au magistrat vise donc à permettre à celui-ci d'exercer ce contrôle dès le début de la privation de liberté.

b) Le cas particulier de la modification de la qualification

3091 Deux hypothèses doivent être distinguées : celle qui conduit à modifier la qualification des faits et celle qui conduit à ajouter de nouveaux faits et donc de nouvelles qualifications.

1) Modification de la qualification pénale

3092 Par modification de la qualification pénale, il faut comprendre qu'il s'agit des mêmes faits mais dont la qualification pénale est modifiée en raison soit d'une erreur, soit d'un élément qui a été omis ou qui n'a volontairement pas été pris en compte pour la déterminer. Cette modification de la qualification peut émaner soit du magistrat, soit de l'enquêteur.

3093 Le I de l'article 63 du Code de procédure pénale vient régler le cas de la modification par le magistrat de la qualification pénale retenue par l'officier de police judiciaire. Il s'agit là pour le magistrat de corriger en quelque sorte une qualification qu'il juge erronée, quel qu'en soit le motif. Le Code de procédure pénale prévoit alors que « le procureur de la République peut modifier cette qualification ; dans ce cas, la nouvelle qualification est notifiée à la personne dans les conditions prévues au même article 63-1 ». Évidemment, le magistrat n'a pas à être avisé à nouveau, puisque c'est lui-même qui procède à cette correction. En revanche, il reviendra à l'officier de police judiciaire de notifier cette nouvelle qualification à la personne gardée à vue (V. *supra*, n° 2838).

3094 Lorsque c'est l'officier de police judiciaire qui modifie la qualification pénale il est recommandé d'en informer le magistrat en charge de l'enquête, bien que la chambre criminelle n'ait pas eu à connaître de ce point particulier. La question d'une nouvelle notification à la personne se pose (V. *supra*, n° 2838).

2) Extension de garde à vue

3095 À la différence de la modification de la qualification pénale, l'extension de garde à vue concerne les cas où des nouveaux faits viennent s'ajouter à ceux qui ont motivé le placement en garde à vue et sur lesquels les enquêteurs souhaitent entendre la personne.

3096 Le Code de procédure pénale ne vient régir que l'hypothèse où une personne est entendue sur des faits distincts, issus ou non d'une autre procédure, et n'indique pas dans quelle mesure le magistrat doit en être informé. Dans son avis du 30 mars 2021 (Cass. crim., avis, 30 mars 2021, n° 20-86.407) la chambre criminelle indique que le procureur de la République doit être informé de tout fait nouveau autre que ceux ayant justifié le placement initial en garde à vue, et ce afin d'assurer le contrôle de la mesure dont il a la charge.

3097 Il nous semble raisonnable de penser que cette information du magistrat doive être donnée par l'officier de police judiciaire dès qu'il a connaissance de ces faits nouveaux et qu'il les a notifiés à la personne gardée à vue. De surcroît, cette information du magistrat va au-delà de l'article 65 du Code de procédure pénale, c'est-à-dire que ces faits peuvent certes relever d'une autre procédure, mais ils peuvent aussi être des faits nouveaux dans la procédure en cours.

3098 La circulaire de la DACG du 23 mai 2014 évoque en effet seulement les cas de l'audition qui intervient dans le cadre d'une procédure incidente ou d'une autre procédure relative à des faits totalement étrangers à la procédure dans le cadre de laquelle la mesure de garde à vue a été prise. Mais il semble logique que cette information du magistrat soit étendue à tout fait nouveau y compris celui relevant de la procédure en cours. Dans ce dernier cas, ces faits nouveaux pourront soit constituer une nouvelle infraction, soit une ou des circonstances aggravantes de l'infraction déjà notifiée à la personne gardée à vue.

3099 En cas de doute, il est prudent d'informer le magistrat et d'acter au procès-verbal les directives données par celui-ci.

IV Le déroulement de la mesure de garde à vue

3100 Une fois la notification effectuée par l'officier de police judiciaire ou, sous son contrôle, par l'agent de police judiciaire, la mesure de garde à vue entendue comme acte d'enquête débute alors concrètement. Cependant, cette mesure ne saurait se résumer à des auditions.

A L'exercice des droits (pour mémoire)

3101 L'exercice des droits est la mise en œuvre effective de ceux-ci à la demande de la personne gardée à vue ou à l'initiative des enquêteurs ou du magistrat. Le Code de procédure pénale exige que les enquêteurs procèdent à toutes les diligences dans un délai fixé par la loi (de façon plus ou moins précise), afin de rendre les droits effectifs. Ces diligences ont déjà fait l'objet d'une étude détaillée, droit par droit.

3102 Afin que cet exercice des droits soit effectif et mis en œuvre rapidement, un décret du 7 septembre 2016, visant à la simplification de la procédure pénale, a créé l'article D. 15-5-2 du Code de procédure pénale qui prévoit que :

> « L'officier ou l'agent de police judiciaire responsable des modalités de déroulement de la garde à vue peut requérir par tout moyen un officier ou agent de police judiciaire appartenant à un service territorialement compétent autre que celui chargé de l'enquête de faire procéder aux diligences suivantes :
> 1° Prévenir par téléphone de la garde à vue les personnes mentionnées à l'article 63-2 ;
> 2° Contacter l'avocat désigné ou commis d'office pour assister la personne en garde à vue en application des articles 63-3-1 et suivants, et l'informer des lieux et horaires des auditions ;
> 3° Contacter le médecin devant examiner la personne en garde à vue en application de l'article 63-3 ;
> 4° Contacter l'interprète conformément aux dispositions de l'article 63-1.
> L'officier ou l'agent de police judiciaire requis mentionne, dans un rapport transmis à l'officier de police judiciaire requérant, les modalités d'exécution de ces diligences, qui peuvent être effectuées par tout personnel de la police ou de la gendarmerie nationale, y compris n'ayant pas la qualité d'agent de police judiciaire adjoint, placé sous sa responsabilité et son contrôle ».

3103 Cet article autorise donc tous personnels de la police ou de la gendarmerie nationales, y compris ceux n'ayant pas la qualité d'agent de police judiciaire adjoint, placés sous la responsabilité et le contrôle de l'officier de police judiciaire ou l'agent de police judiciaire à procéder aux avis limitativement prévus à cet article. Cette disposition nous semble également applicable lorsque la mesure de garde à vue est prise dans le cadre d'une instruction, ce personnel ne faisant, dans ce cas, qu'assister l'officier de police judiciaire et n'exécutant pas personnellement un acte d'enquête. On observera que cet article n'a pas encore été modifié suite à la loi du 24 janvier 2023 autorisant les assistants d'enquête à procéder à ces diligences (CPP, art. 21-3 ; V. *supra*, n°s 295 et s.). De même, comme déjà signalé (V. *supra*, n°s 2915, 2923, 2952) le renvoi de l'article 154 du Code de procédure pénale aux textes sur la garde à vue en flagrance conduit à s'interroger sur la possibilité qu'aurait l'assistant d'enquête de procéder aux diligences dans le cadre d'une instruction.

3104 Enfin, conformément au I de l'article 64 du Code de procédure pénale (V. *infra*, n° 3199), « les informations données et les demandes faites en application des articles 63-2 à 63-3-1 et les suites qui leur ont été données » doivent être actées dans un procès-verbal.

B L'enregistrement audiovisuel des auditions

3105 **Conditions de l'enregistrement audiovisuel.** L'article 64-1 du Code de procédure pénale, auquel renvoient les articles 77 pour l'enquête préliminaire et 154 pour l'instruction, impose un enregistrement audiovisuel des auditions de personnes majeures, effectuées dans le cadre d'une mesure de garde à vue sous une double condition.

3106 **Première condition : les faits doivent être de nature criminelle.** Ils peuvent relever indifféremment du droit commun ou de la criminalité organisée (Cons. const., 6 avr. 2012, n° 2012-228/229 QPC et Cass. crim., 18 janv. 2012, n° 11-90.116).

C'est donc la qualification pénale des faits qui conditionne l'obligation d'enregistrement audiovisuel. La chambre criminelle juge (Cass. crim., 29 sept. 2020, n° 20-80.509) que :

> « 17. (...) le juge d'instruction, sous le contrôle duquel était placée la mesure de garde à vue et qui a mis en examen les intéressés du chef criminel de faux en écriture publique par personne dépositaire de l'autorité publique et complicité, devait, conformément au second alinéa du I de l'article 63, applicable par renvoi de l'article 154 du code de procédure pénale, leur faire notifier cette qualification criminelle par l'officier de police judiciaire.
>
> 18. Le défaut de notification de cette qualification criminelle a nécessairement porté atteinte aux intérêts des personnes concernées dès lors que leurs auditions n'ont pas été enregistrées, comme elles auraient dû l'être en application de l'article 64-1 du code de procédure pénale ».

3107 L'article D. 15-6 précise que l'enregistrement peut intervenir en cours de garde à vue, si les faits devaient recevoir une nouvelle qualification. S'il est impérieux de procéder à l'enregistrement des auditions qui font suite à une requalification criminelle de faits antérieurement qualifiés de délit, il nous semble prudent, de continuer à procéder à un enregistrement si des faits criminels devaient être requalifiés en délit au cours de la même mesure de garde à vue.

3108 **Seconde condition : les auditions doivent se dérouler dans des locaux d'un service de police ou d'une unité de la gendarmerie exerçant des missions de police judiciaire.** La chambre criminelle rappelle que « l'article 64-1 du Code de procédure pénale n'impose l'enregistrement audiovisuel des interrogatoires des personnes placées en garde à vue pour crime que lorsque ces actes sont réalisés dans les locaux d'un service ou d'une unité de police ou de gendarmerie ». En l'espèce, la première audition de garde à vue s'était déroulée dans une chambre d'hôpital (Cass. crim., 11 juill. 2012, n° 12-82.136). Il en va de même, lorsque la personne gardée à vue est conduite hors les locaux de police et de gendarmerie pour qu'il soit procédé à une reconstitution à l'occasion de laquelle des questions sont formulées. Si celle-ci peut être assistée de son avocat conformément à l'article 61-3 du Code de procédure pénale, l'enregistrement audiovisuel de la reconstitution ne sera pas obligatoire en ce qu'elle ne se déroule pas dans des locaux de police ou de gendarmerie.

3109 De même, seules les auditions, y compris les confrontations bien qu'elles ne soient pas visées par l'article 64-1 du Code de procédure pénale, doivent être filmées et non toute la mesure de garde à vue. Ainsi, n'ont pas à être filmés : le placement en garde à vue, la notification des droits, les avis donnés et l'exercice des droits, pas plus que les actes d'enquête réalisés au cours de la mesure.

3110 Bien que l'article 64-1 du Code de procédure pénale n'en dise rien, il semble nécessaire que l'enquêteur acte au procès-verbal que les auditions font l'objet d'un enregistrement audiovisuel et opportun qu'il informe la personne de ce qu'un enregistrement est effectué. Il n'y a pas lieu en revanche de recueillir le consentement de celle-ci.

3111 **Finalité de l'enregistrement audiovisuel.** L'article 64-1 du Code de procédure pénale dispose que « l'enregistrement ne peut être consulté, au cours de l'instruction ou devant la juridiction de jugement, qu'en cas de contestation du contenu du procès-verbal d'audition, sur décision du juge d'instruction ou de la juridiction de jugement, à la demande du ministère public ou d'une des parties ».
Ainsi, cet enregistrement audiovisuel n'a pas vocation à remplacer le procès-verbal d'audition « écrit » qui doit toujours être établi (V. *infra*, n°s 3140 et s.), mais constitue simplement une mesure de contrôle en cas de contestation des déclarations actées au procès-verbal (Cass. crim., 12 avr. 2016, n° 15-86.802).

3112 L'article D. 15-6 du Code de procédure pénale prévoit néanmoins qu'« une copie de l'enregistrement peut être conservée par le service ou l'unité de police judiciaire en charge de la procédure, qui peut la consulter pour les nécessités des investigations. Cette copie est détruite au plus tard dans un délai de cinq ans après le dernier acte de procédure dressé par les enquêteurs ».

3113 Lorsqu'une instruction est ouverte, l'article 64-1 précise que : « Les huit derniers alinéas de l'article 114 ne sont pas applicables. Lorsqu'une partie demande la consultation de l'enregistrement, cette demande est formée et le juge d'instruction statue conformément aux deux premiers alinéas de l'article 82-1 ». L'avocat ne peut donc pas en demander une copie sur ce fondement. La question de savoir s'il pourrait en demander une copie sur le fondement de l'article 97, alinéa 6 du Code de procédure pénale, comme pour les enregistrements de sonorisation (Cass. crim., 5 oct. 2021, n° 21-82.331), reste entière.

3114 Les enregistrements sont détruits à l'expiration d'un délai de cinq ans à compter de la date de l'extinction de l'action publique.

3115 On mentionnera également que le fait de diffuser l'enregistrement ainsi réalisé constitue un délit puni d'un an d'emprisonnement et de 15 000 € d'amende.

3116 **Exceptions à l'enregistrement audiovisuel.** L'article 64-1 du Code de procédure pénale prévoit deux exceptions à l'enregistrement audiovisuel des auditions que la chambre criminelle est venue préciser.

3117 Lorsque le nombre de personnes gardées à vue devant être simultanément interrogées, au cours de la même procédure ou de procédures distinctes, fait obstacle à l'enregistrement de toutes les auditions, l'officier de police judiciaire en réfère sans délai au procureur de la République qui désigne, par décision écrite versée au dossier, au regard des nécessités de l'enquête, la ou les personnes dont les auditions ne seront pas enregistrées. La chambre criminelle a rappelé avec force que, dans ce cas de figure, l'officier de police judiciaire doit en informer le magistrat et qu'il revient uniquement à ce dernier de décider quelles seront les auditions et confrontations qui ne seront pas enregistrées. Le non-respect de ces prescriptions constitue une cause de nullité (Cass. crim., 22 juin 2010, n° 10-81.275).

3118 Lorsque l'enregistrement ne peut être effectué en raison d'une impossibilité technique, il en est fait mention dans le procès-verbal d'audition qui précise la nature de cette impossibilité. Le procureur de la République en est immédiatement avisé. À nouveau, la chambre criminelle a précisé que toute impossibilité technique doit être actée en procédure, conformément à l'article R. 53-38 du Code de procédure pénale, ainsi que la nature de celle-ci, dès lors qu'elle est apparue avant la clôture du procès-verbal (Cass. crim., 22 juin 2010, n° 10-81.275).
L'enquêteur ne peut donc se contenter de mentionner qu'il n'a pas réalisé l'enregistrement « en raison d'une impossibilité technique », il doit en indiquer la nature et aviser immédiatement le magistrat sous le contrôle duquel se déroule l'enquête.

3119 **Procès-verbal et mise sous scellés.** L'article 64-1 du Code de procédure pénale précise enfin que « l'enregistrement original est placé sous scellé fermé et une copie est versée au dossier. Cette copie peut être commune à l'ensemble des enregistrements effectués au cours de la procédure ».
Comme indiqué précédemment et conformément à l'article D. 15-6, une copie supplémentaire peut être réalisée et conservée à des fins d'investigations.

3120 Il revient donc à l'enquêteur de mentionner au procès-verbal le fait que les auditions sont enregistrées, que les enregistrements ont été placés sous scellés (la chambre criminelle juge que le défaut de mention au procès-verbal du placement sous scellé ne saurait entraîner la nullité des auditions de garde à vue, en l'absence d'atteinte portée aux intérêts du demandeur, Cass. crim., 8 juill.

2015, n° 15-81.025) et, le cas échéant, de mentionner toute difficulté rencontrée lors du ou des enregistrements.

3121 Sur instruction du procureur de la République ou du procureur général, les scellés sont détruits par le greffe de la juridiction à l'expiration d'un délai de cinq ans à compter de la date d'extinction de l'action publique (CPP, art. 64-1). Les copies le sont au plus tard dans un délai de cinq ans après le dernier acte de procédure dressé par les enquêteurs (CPP, art. D. 15-6).

3122 **Les spécificités de l'enregistrement audiovisuel des retenues et gardes à vue de mineur.** L'article L. 413-12 du Code de la justice pénale des mineurs, applicable tant à la retenue qu'à la garde à vue et aussi bien en matière criminelle que correctionnelle dispose que :

> « Les interrogatoires des mineurs placés en garde à vue ou en retenue font l'objet d'un enregistrement audiovisuel.
> Lorsque l'enregistrement ne peut être effectué en raison d'une impossibilité technique, il en est fait mention dans le procès-verbal d'interrogatoire qui précise la nature de cette impossibilité. Le procureur de la République ou le juge d'instruction en est immédiatement avisé. En l'absence d'enregistrement, que cette absence ait fait ou non l'objet d'une mention dans le procès-verbal et d'un avis au magistrat compétent, aucune condamnation ne peut être prononcée sur le seul fondement des déclarations du mineur si celles-ci sont contestées ».

3123 Une différence notable existe avec l'enregistrement audiovisuel des majeurs : lorsque l'enregistrement n'a pas pu avoir lieu, y compris lorsque cette impossibilité a fait l'objet d'une mention et d'un avis à magistrat, les déclarations du mineur ne pourront servir d'unique fondement à une déclaration de culpabilité. Toutefois, il semble que si cette impossibilité technique n'est pas justifiée en procédure, les auditions risquent d'être frappées de nullité, ainsi que le juge la chambre criminelle pour le cas des majeurs (V. *supra*, n° 3118).

3124 Pour le reste, les articles L. 413-13 à L. 413-15 et D. 413-4 du Code de la justice pénale des mineurs renvoient au régime juridique de l'enregistrement audiovisuel des gardes à vue de majeurs.

3125 **Exclusion du recours à la visioconférence.** L'audition de garde à vue par visioconférence (CPP, art. 706-71) ne nous semble pas possible juridiquement faute de compétence judiciaire des enquêteurs, qui se trouvent en présence de la personne gardée à vue, pour exercer un titre de contrainte. Si ceux-ci devaient être compétents pour exercer la contrainte – et donc pour l'auditionner –, l'utilisation de la visioconférence serait alors peu utile.

C Déroulement des auditions

3126 Nous avons déjà délimité la notion d'audition précédemment (V. *supra*, n° 2975), à laquelle il faut assimiler la confrontation comme le précise l'article 63-3-1 du Code de procédure pénale.

1 Présence de l'avocat et police de l'audition

3127 **Conduite de l'audition.** Aux termes de l'article 63-4-3 du Code de procédure pénale, l'audition est menée par l'officier de police judiciaire ou l'agent de police judiciaire, agissant sous son contrôle. Cet article confie donc la police de l'audition à l'enquêteur qui la conduit, officier de police judiciaire ou agent de police judiciaire, qui « peut à tout moment, en cas de difficulté, y mettre un terme et en aviser immédiatement le procureur de la République qui informe, s'il y a lieu, le bâtonnier aux fins de désignation d'un autre avocat ».

3128 Dans ce cadre, la circulaire de la DACG précise que :

> « Investi par l'article 63-4-3 de la direction de l'audition, l'officier ou l'agent de police judiciaire peut aussi exiger de l'avocat qu'il respecte la sérénité de cet acte par exemple en coupant la sonnerie de son téléphone et, à défaut, inviter l'avocat à quitter la pièce dans laquelle il se déroule : mention devra être faite en procédure de cet incident qui ne saurait en aucun cas constituer une difficulté au sens de l'article 63-4-3 entraînant l'interruption de l'acte en cours ».

3129 **Audition en garde à vue dans le cadre d'une instruction.** L'audition étant le cœur de la mesure de garde à vue, il est recommandé de ne pas confier au seul agent de police judiciaire l'audition d'une personne gardée à vue dans le cadre de l'instruction. Si ce dernier peut parfaitement assister l'officier de police judiciaire, en raison de ses compétences techniques par exemple, il semble exclu de lui confier la conduite exclusive d'une audition de personnes gardée à vue, le juge d'instruction ne pouvant déléguer ses pouvoirs qu'au seul officier de police judiciaire (V. *supra*, n° 3049).

3130 **Avis d'auditions à l'avocat.** On rappellera que, conformément à l'article 63-4-3-1 du Code de procédure pénale, l'enquêteur doit informer l'avocat des déplacements de la personne gardée à vue, si à l'occasion de ceux-ci il est procédé à une audition. Au titre de ces déplacements conduisant à une audition, doit être assimilée l'opération de reconstitution de l'infraction, telle que mentionnée à l'article 61-3 du Code de procédure pénale (V. *supra*, n° 3109), qui est effectuée lors d'une mesure de garde à vue. Il est ici tout à fait certain que les enquêteurs solliciteront la personne gardée à vue en lui posant des questions.

3131 **Avis d'horaires d'audition.** Lorsque la personne sollicite l'intervention d'un avocat, ce dernier doit être informé par les enquêteurs des horaires auxquels se tiendront les auditions. La jurisprudence de la chambre criminelle est en ce sens (Cass. crim., 20 déc. 2017, n° 17-84.017 et Cass. crim., 8 sept. 2021, n° 21-80.260).

3132 **Confrontations.** Lorsqu'une confrontation est prévue avec la victime, l'article 63-4-5 du Code de procédure pénale prévoit que celle-ci peut être assistée d'un avocat qu'elle a choisi ou désigné par le bâtonnier. Si la victime est mineure, le représentant légal peut choisir un avocat. L'officier de police judiciaire ou l'agent de police judiciaire doit informer le représentant légal de ce droit.

3133 Il est nécessaire d'informer la personne gardée à vue de cette confrontation avec la victime assistée de son avocat, spécialement si la personne gardée à vue a renoncé à être assistée.

3134 Lorsque l'avocat de la victime arrive, il peut consulter les procès-verbaux d'audition de son client (CPP, art. 63-4-5).

3135 **Conséquences de l'absence de l'avocat régulièrement informé.** Cette question, déjà évoquée (V. *supra*, n° 2992), n'a pas encore été explicitement tranchée par la chambre criminelle, sans doute parce que la situation dans laquelle une personne condamnée sur le seul fondement de ses déclarations auto-incriminantes sans qu'existe aucun autre élément probant est somme toute très rare.

Il y a lieu de considérer que l'absence de l'avocat régulièrement informé de l'heure de la prochaine audition dès lors qu'elle est due à sa propre carence ne devrait pas conduire à l'application de l'article préliminaire, III du Code de procédure pénale. Les déclarations de la personne gardée à vue devraient donc avoir une valeur probante pleine et entière.

3136 **Présence des représentants légaux ou de l'adulte approprié.** L'article L. 311-1 du Code de la justice pénale des mineurs précise que le mineur a le droit d'être accompagné par ses représentants légaux (V. *supra*, n° 2901) :

> « Lors de ses auditions ou interrogatoires si l'autorité qui procède à cet acte estime qu'il est dans l'intérêt supérieur de l'enfant d'être accompagné et que la présence de ces personnes ne portera pas préjudice à la procédure ; au cours de l'enquête, l'audition ou l'interrogatoire du mineur peut débuter en leur absence à l'issue d'un délai de deux heures à compter du moment où celles-ci ont été avisées.
>
> Les représentants légaux du mineur sont convoqués à toutes les audiences des juridictions pour mineurs et, si nécessaire, lors de ses auditions et interrogatoires.
>
> Lorsque l'information des représentants légaux ou l'accompagnement du mineur par ces derniers n'est pas possible ou n'est pas souhaitable, les informations mentionnées aux alinéas précédents sont communiquées à un adulte approprié et le mineur est accompagné par cet adulte, dans les cas et selon les modalités prévues par le présent code ».

Il en va de même pour l'adulte approprié conformément à l'article L. 311-3, 2° du même code.

3137 La circulaire DACG précise le contour de cet accompagnement :

> « (...) ce droit à l'accompagnement constitue une *faculté* laissée à la seule appréciation de l'autorité qui procède à l'audition ou l'interrogatoire, à savoir l'enquêteur ou le magistrat.
>
> C'est en effet uniquement si celui-ci estime qu'il est dans l'intérêt supérieur de l'enfant d'être accompagné et que la présence de ces personnes ne porte pas préjudice à la procédure, qu'il décidera que le mineur pourra être accompagné. Lorsque la décision émane de l'officier de police judiciaire, notamment lors d'une garde à vue, celui-ci n'a pas l'obligation d'en référer au magistrat. Toutefois, au regard de son rôle de direction de la police judiciaire, ce dernier peut évidemment interroger l'enquêteur pour savoir s'il envisage ou non l'accompagnement du mineur, et, s'il y a lieu, lui donner instruction de permettre que le mineur soit accompagné.
>
> Cet accompagnement peut être décidé d'office, alors que le mineur ne l'a pas sollicité. Il n'est du reste nullement exigé que l'enquêteur ou le magistrat doive demander au mineur s'il souhaite être accompagné par ses parents même si, bien évidemment, cet accompagnement pourra résulter d'une demande de celui-ci. (...).
>
> Dans le souci de préserver l'efficacité des investigations, s'il est décidé de contacter les titulaires de l'autorité parentale pour accompagner le mineur, il est prévu par l'article 6-1 que l'audition ou l'interrogatoire peut débuter en l'absence de ces personnes

à l'issue d'un délai de deux heures à compter du moment où celles-ci ont été avisées. Cette règle n'a vocation en pratique à s'appliquer qu'au cours de l'enquête, principalement pour la garde à vue, voire le cas échéant pour l'audition libre, puisque c'est dans ces seuls cas qu'une audition ou un interrogatoire peut intervenir en urgence.
Les titulaires de l'autorité parentale pour accompagner le mineur ont le droit d'être présents à ses côtés. En revanche, cette présence se limite à un accompagnement du mineur et la loi ne prévoit pas qu'ils bénéficient du droit de poser des questions ou de formuler des observations. Rien n'interdit cependant à l'enquêteur ou au magistrat, s'il l'estime utile, de l'inviter à présenter des observations sur l'audition du mineur.
Le procès-verbal d'audition du mineur doit faire état de leur présence, mais il n'est pas exigé qu'il soit signé par eux (sauf s'ils ont été interrogés au cours de l'audition ou de l'interrogatoire).
S'il apparaît, au cours de l'audition ou de l'interrogatoire, qu'en raison de son comportement, cette personne gêne le déroulement de la procédure, il est évidemment possible de mettre immédiatement fin à l'accompagnement du mineur, en le mentionnant dans le procès-verbal ».

3138 Ainsi, comme pour l'avocat, il reviendra à l'enquêteur d'informer les titulaires de l'autorité parentale ou, le cas échéant, l'adulte approprié, des horaires des auditions. Les observations formulées précédemment demeurent (V. *supra*, n°s 2855 et s.) et il reviendra à la chambre criminelle de trancher la question de la méconnaissance de ces dispositions dont on observera qu'elles sont désormais régies par un texte de nature législative et non plus réglementaire, qui pouvait auparavant faire obstacle au prononcé d'une nullité (Cass. crim., 5 mai 1997, n° 85-82.685 : *Bull. crim.* 1997, n° 166. – Cass. crim., 20 juin 1996, n° 93-82.187).

2 Le contenu de l'audition

a) Les questions-réponses

3139 **Prestation de serment.** La personne mise en cause, lorsqu'elle est auditionnée en garde à vue dans le cadre d'une commission rogatoire, ne prête pas serment conformément à l'article 153, dernier alinéa du Code de procédure pénale (Cons. const., 4 nov. 2016, n° 2016-594).

3140 **Questions posées par l'officier de police judiciaire ou l'agent de police judiciaire.** À titre liminaire, il convient de rappeler que c'est aux enquêteurs qu'il revient de poser les questions. Ainsi, si ces derniers peuvent se faire assister par des personnes requises, qui ne sont pas officiers ou agents de police judiciaire, cela ne doit pas conduire à « déléguer » (Cass. crim., 28 nov. 2001, n° 01-86.467) ce pouvoir d'audition que l'enquêteur tient seul de la loi.

3141 La professionnalisation des techniques d'audition, grâce aux différentes formations et l'appui des unités ou services spécialisés (Département des sciences du comportement du service central de renseignement criminel [SCRC] du Pôle judiciaire de la gendarmerie nationale [PJGN]) en la matière peuvent parfaitement être mises à profit lors des auditions de garde à vue.

3142 Ensuite, les enquêteurs doivent respecter le principe de loyauté lors des auditions de garde à vue. Aussi, l'article 429, alinéa 2 du Code de procédure pénale impose que :

> « Tout procès-verbal d'interrogatoire ou d'audition doit comporter les questions auxquelles il est répondu ».

3143 Cependant, la transcription des questions et des réponses au procès-verbal de garde à vue n'a pas besoin d'être une retranscription « mot à mot ». Une telle exigence reviendrait à obérer conséquemment le temps de garde à vue et il est autorisé de reproduire un résumé de la réponse de la personne gardée à vue sous la stricte réserve de ne pas dénaturer ses propos, et ce d'autant que la chambre criminelle juge que la disposition selon laquelle tout procès-verbal d'audition doit comporter les questions posées à la personne entendue n'est pas prescrite à peine de nullité (Cass. crim., 21 sept. 2005, n° 04-85.149 : *AJ pénal* 2006, p. 127, obs. Roussel ; *RSC* 2006, p. 410, note Buisson. – Cass. crim., 27 mai 2008, n° 07-84.300 : *Bull. crim.* n° 132 ; *RSC* 2009, p. 891, obs. Buisson ; *AJ pénal* 2008, p. 428).

3144 La DACG a ainsi précisé à l'occasion de sa circulaire sur l'enregistrement audiovisuel des mineurs victimes d'infractions sexuelles que « comme pour n'importe quel autre procès-verbal d'audition, la restitution des propos tenus lors de l'entretien n'est pas nécessairement exhaustive. Il s'agit d'une synthèse certes fidèle des déclarations, mais qui n'exclut en aucun cas les reformulations ». Quant à la chambre criminelle, elle juge que « le caractère partiel, voire erroné, de la retranscription par procès-verbal des déclarations d'une personne gardée à vue dont les auditions ont été enregistrées en application de l'article 64-1 du Code de procédure pénale n'est pas, en lui seul, une cause de nullité de ce procès-verbal, la personne mise en examen disposant, en application de ce même texte, de la faculté de solliciter une retranscription intégrale de ses déclarations dans un cadre contradictoire, en présence de son avocat le cas échéant, sous le contrôle du juge d'instruction et du greffier » (Cass. crim., 8 mars 2022, n° 21-84.524, publié au bulletin).

3145 En cas de contestation, notamment lorsque les faits poursuivis sont de nature criminelle, il sera possible de solliciter la consultation de l'enregistrement audiovisuel (V. *supra*, n° 3111). Mais surtout, quel que soit le cadre juridique de l'audition, enregistrée ou pas, la personne gardée à vue doit relire et signer ses déclarations et peut à tout moment demander à l'enquêteur de modifier la formulation choisie, comme elle peut, *a posteriori*, revenir sur ces mêmes déclarations à l'occasion d'une autre audition.

3146 **Principe de loyauté.** En matière d'audition de garde à vue, tant la chambre criminelle que la Cour européenne des droits de l'homme ont eu à vérifier le respect de ce principe. Ces principes sont exposés dans une autre fiche (V. *supra*, n°s 1631 et s.).
Tout au plus convient-il de rappeler ici que la chambre criminelle a sanctionné :
– en raison du caractère déloyal du procédé, le fait qu'un enquêteur ait dressé procès-verbal de déclarations spontanées alors que la personne concernée n'avait pas voulu les voir consignées dans son audition (Cass. crim., 3 avr. 2007, n° 07-80.807) ;
– le placement en garde à vue dans deux cellules contiguës préalablement sonorisées de deux personnes interpellées dans la même affaire (Cass. ass. plén., 6 mars 2015, n° 14-84.339) ;
– le recours à l'hypnose (Cass. crim., 12 déc. 2000, n° 00-83.852) lors d'auditions de garde à vue.

3147 **Questions posées par l'avocat.** L'article 63-4-3 du Code de procédure pénale autorise l'avocat à poser – et non à faire poser – des questions à la personne gardée à vue, mais seulement à l'issue de chaque audition ou confrontation. L'officier ou agent de police judiciaire peut s'opposer aux questions si celles-ci lui semblent de nature à nuire au bon déroulement de l'enquête et ce refus devra être porté au procès-verbal. L'avocat peut également relire le procès-verbal d'audition que, toutefois, il ne signera pas. L'avocat peut, enfin, à l'issue de chaque audition ou confrontation, présenter des observations écrites qui seront jointes à la procédure.

3148 La chambre criminelle fait une lecture stricte du rôle de l'avocat lors de l'audition en lui imposant un respect scrupuleux des prérogatives de l'officier de police judiciaire ou de l'agent de police judiciaire qui dispose, de manière exclusive, de la conduite de l'audition. Elle rappelle que ce n'est qu'une fois que l'enquêteur a mis fin (matériellement et non procéduralement) à l'audition, en somme lorsqu'il a épuisé ses questions pour cette audition, que l'avocat peut poser les siennes (Cass. crim., 20 nov. 2013, n° 13-84.280).

b) Cas particuliers

3149 **Audition sur faits distincts.** L'article 65 du Code de procédure pénale dispose que :

> « Si, au cours de sa garde à vue, la personne est entendue dans le cadre d'une procédure suivie du chef d'une autre infraction et qu'il existe des raisons plausibles de soupçonner qu'elle a commis ou tenté de commettre cette infraction, elle doit faire l'objet des informations prévues aux 1°, 3° et 4° de l'article 61-1 et être avertie qu'elle a le droit d'être assistée par un avocat conformément aux articles 63-3-1 à 63-4-3 ».

3150 Ce cas a déjà été évoqué précédemment (V. *supra*, n°s 2841, 2962 et 3095). La chambre criminelle impose en effet que, lorsqu'il est fait application de cet article, d'une part, le magistrat en charge du contrôle de la mesure de garde à vue en soit informé notamment s'agissant de la qualification des faits, d'autre part, que la personne gardée à vue puisse s'entretenir confidentiellement avec son avocat sur les faits motivant le recours à cet article (Cass. crim., 2 mars 2021, n° 20-85.491 et Cass., avis, 30 mars 2021, n° 20-86.407).

3151 Il est en revanche inutile de notifier à nouveau le droit à un examen médical ou le droit de faire prévenir un proche. Ni l'arrêt de la chambre criminelle, ni la dépêche de la DACG qui a suivi cette décision ne précisent le sort qui doit être réservé au délai de carence prévu à l'article 63-4-2 du Code de procédure pénale. Cependant, il semble que ce délai de deux heures doive être respecté puisque l'arrêt de la chambre criminelle vise expressément l'article 63-4-2 du Code de procédure pénale, si la personne gardée à vue n'avait pas sollicité d'avocat auparavant ou si elle décide de prendre un autre avocat pour ces faits distincts. À l'inverse, il est possible de soutenir que si la personne gardée à vue conserve le même avocat, le délai de carence n'a pas à être respecté, charge à l'enquêteur d'aviser l'avocat de cette nouvelle audition et de lui permettre d'y assister (V. *supra*, n°s 2979 et 3131).

Enfin, si les faits distincts sont de nature criminelle, l'audition devra faire l'objet d'un enregistrement audiovisuel conformément à l'article 64-1 du Code de procédure pénale.

3152 **Transfert de garde à vue.** Certains services de police judiciaire pratiquent « le transfert de garde à vue » notamment en cas de changement d'enquêteurs au cours de la mesure. Cette notion est inconnue du Code de procédure pénale et il nous semble nécessaire de distinguer deux cas :
– soit un enquêteur est remplacé par un autre enquêteur et, dans ce cas, il suffit d'indiquer dans l'entête du procès-verbal d'audition le nom du nouvel enquêteur. Ici, rien n'interdit de préciser qu'il y a eu suppléance dans un procès-verbal dédié ou dans le procès-verbal de synthèse pour les unités qui le pratiquent. Le Code de procédure pénale impose uniquement que l'audition soit réalisée par un officier ou un agent de police judiciaire territorialement compétent conformément à l'article 429 dudit code. Le changement d'enquêteur, dès lors qu'il remplit ces exigences procédurales, est sans incidence sur la validité de la procédure ;
– soit un service/unité de police judiciaire est dessaisi au profit d'un/une autre. *Mutatis mutandis*, le raisonnement précédent est applicable. Cependant, il apparaît ici plus aisé de mettre fin à la mesure, et d'en prendre immédiatement une nouvelle en veillant à respecter les règles sur la computation des délais (V. *supra*, n°s 2824 et s.).

3153 **Audition sur des faits relevant du droit commun et de la criminalité organisée.** De manière assez surprenante, la chambre criminelle n'a jamais eu à statuer pour l'instant sur la possibilité d'auditionner une personne sur des faits de droit commun au-delà de la 48e heure lorsque sa garde à vue porte également sur des faits relevant de la criminalité organisée et que la mesure dure plus de 48 heures. Il ne s'agit pas de l'hypothèse où deux gardes à vue se succèdent immédiatement, la première relevant du droit commun, la seconde de la criminalité organisée (V. *supra*, n° 2824) mais de celle où les faits sont si liés qu'ils sont traités dans une procédure unique.
De notre point de vue, les enquêteurs doivent pouvoir poser des questions tout au long et à tout moment de cette garde vue, sur tous les faits qui ont été notifiés à la personne. Ceci nous semble justifié car la garde à vue forme un tout indivisible ou indissociable et parce que la privation de liberté est régulière, s'appuyant sur les articles 706-88 voire 706-88-1 du Code de procédure pénale.

c) Le secret de l'enquête au cours de la mesure de garde à vue

3154 L'avocat est soumis au secret professionnel, mais le législateur a inséré dans le Code de procédure pénale à l'occasion de la loi du 14 avril 2011 un article 63-4-4 qui dispose que :

> « Sans préjudice de l'exercice des droits de la défense, l'avocat ne peut faire état auprès de quiconque pendant la durée de la garde à vue ni des entretiens avec la personne qu'il assiste, ni des informations qu'il a recueillies en consultant les procès-verbaux et en assistant aux auditions et aux confrontations ».

3155 Cette obligation n'est imposée que pendant le temps de la garde à vue et concerne toutes les informations dont l'avocat a connaissance, qu'elles résultent des auditions et confrontations auxquelles il assiste ou des pièces de procédure qu'il consulte. La violation de cette obligation pourra conduire l'avocat à être poursuivi sur le fondement de l'article 226-13 du Code pénal (Cass. crim., 14 mai 2014, n° 13-82.180) ou sur celui de l'article 434-7-2 du même code si elle est faite dans « le dessein d'entraver le déroulement des investigations ou la manifestation de la vérité » en les communiquant à « des personnes qu'elle sait susceptibles d'être impliquées comme auteurs, coauteurs, complices ou receleurs, dans la commission de ces infractions ». Si la chambre criminelle a déjà eu à connaître de la violation de cette obligation (Cass. crim., 3 mars 2020, n° 19-82.073), elle ne s'est pas encore prononcée sur le contour du fait justificatif spécial que semble constituer l'exercice des droits de la défense et qui autoriserait l'avocat à divulguer, au cours de la mesure de la garde à vue, des éléments issus de celle-ci.

3156 **Outre-mer.** Les articles 814 et 880 du Code de procédure pénale rappellent cette obligation aux personnes subrogeant l'avocat lors de la mesure de garde à vue. Ces deux articles ajoutent par rapport à l'article 63-4-4 que :

> « Sans préjudice de l'application de l'article 434-7-2 du code pénal, le fait pour une personne, qui a été appelée à intervenir dans les conditions prévues à l'alinéa précédent, de faire état auprès de quiconque de l'entretien, des auditions ou du contenu des procès-verbaux consultés dans le but d'entraver le cours de la justice est puni d'un an d'emprisonnement et de 15 000 € d'amende ».

3157 **Sur le secret de l'enquête nous renvoyons à la fiche dédiée (V. *supra*, n°s 1431 et s.).**

3 Les autres actes de la mesure de garde à vue

3158 Au cours d'une mesure de garde à vue, d'autres actes d'enquête peuvent être réalisés, comme la perquisition, la parade d'identification ou « tapissage », la reconstitution ou encore l'examen médical ou psychiatrique.
Ces actes, tantôt judiciaires, tantôt administratifs, ont en commun de respecter la dignité de la personne gardée à vue conformément à l'article 63-5 du Code de procédure pénale qui dispose que :

> « La garde à vue doit s'exécuter dans des conditions assurant le respect de la dignité de la personne ».

L'exigence de respect de la dignité de la personne figure également à l'article R. 434-17 du Code de la sécurité intérieure.

a) Autres actes d'enquête au cours de la mesure de garde à vue

1) Les « fouilles »

3159 La fouille de la personne gardée à vue est réalisée tant pour des raisons de sécurité, dite mesures de sécurité, qu'à des fins probatoires, dite « fouille-perquisition ». Les articles 63-5 à 63-7 du Code de procédure pénale régissent le cadre juridique de celles-ci. Qu'elles soient à visée sécuritaire ou probatoire, les fouilles doivent être réalisées dans le strict respect de la dignité de la personne (Cons. const., 30 juill. 2010, n° 2010-14/22 QPC, consid. 19 et 20).

3160 **Les mesures de sécurité.** Prévues aux articles 63-5 et 63-6 du Code de procédure pénale, leur régime juridique est complété par un arrêté du 1er juin 2011 relatif aux mesures de sécurité, pris en application de l'article 63-6 du Code de procédure pénale. En vertu du principe de proportionnalité, ces mesures et fouilles sont réalisées dans le seul but de s'assurer que la personne gardée à vue ou retenue n'est porteuse d'aucun objet susceptible d'être dangereux pour elle-même ou pour autrui. Elles ne peuvent jamais consister en une fouille intégrale, caractérisée par une mise à nu complète de la personne.

3161 Elles comprennent, selon l'article 2 de l'arrêté du 1er juin 2011 (A. 1er juin 2011, relatif aux mesures de sécurité, pris en application de l'article 63-6 du Code de procédure pénale) :
- la palpation de sécurité, pratiquée par une personne du même sexe au travers des vêtements ;
- l'utilisation de moyens de détection électronique en dotation dans les services ;
- le retrait d'objets et d'effets pouvant constituer un danger pour la personne ou pour autrui ;
- le retrait de vêtements, effectué de façon non systématique et si les circonstances l'imposent.

3162 **Placement en chambre de sûreté.** Lors du placement en chambre de sûreté, certains objets et vêtements peuvent être retirés à la personne gardée à vue afin de garantir sa propre sécurité. Ce retrait n'est pas systématique et doit être effectué avec discernement et en fonction des circonstances.

3163 Lors de son audition, les objets dont le port ou la détention sont nécessaires au respect de la dignité de la personne lui sont restitués.

> EXEMPLE Il peut s'agir des lunettes, de la ceinture, de bijoux, de l'appareil auditif ou encore du soutien-gorge s'il a été retiré lors du placement en chambre de sûreté, etc.

3164 **Procès-verbal d'inventaire.** Si des objets sont retirés dans ce cadre pour la durée de la garde à vue, ils font l'objet d'un procès-verbal d'inventaire exhaustif, qui est daté et signé par la personne gardée à vue et par l'officier ou l'agent de police judiciaire lors de la remise et de la restitution.

3165 **Le port des menottes et entraves.** La Cour européenne des droits de l'homme rappelle régulièrement que « le port de menottes ne pose normalement pas de problème [au regard de l'article 3 de la Convention] lorsqu'il est lié à une détention légale et n'entraîne pas l'usage de la force, ni l'exposition publique, au-delà de ce qui est raisonnablement considéré comme nécessaire » (CEDH, 27 nov. 2003, n° 65436/01, *Hénaf c/ France*).
Quant à l'article 803 du Code de procédure pénale, il dispose que :

> « Nul ne peut être soumis au port des menottes ou des entraves que s'il est considéré soit comme dangereux pour autrui ou pour lui-même, soit comme susceptible de tenter de prendre la fuite ».

L'article R. 434-17 du Code de la sécurité intérieure précise que :

> « L'utilisation du port des menottes ou des entraves n'est justifiée que lorsque la personne appréhendée est considérée soit comme dangereuse pour autrui ou pour elle-même, soit comme susceptible de tenter de s'enfuir ».

3166 À nouveau, les menottes doivent être utilisées dans le respect des principes de proportionnalité et de nécessité. S'il revient à l'enquêteur seul de décider de ce port, celui-ci ne saurait être systématique [V. la note-express de la gendarmerie nationale, NE n° 42619 GEND/DOE/SDPJ/BPJ, 10 juill. 2012, relative au régime juridique du port des objets de sûreté [menottes et entraves]). Cependant, en cas de contestation, notamment de la part de l'avocat qui peut exiger que son client soit « libre » de menottes, lors de l'entretien confidentiel, ou de la part du médecin, il y a lieu d'acter au procès-verbal les raisons qui ont motivé leur maintien (dangerosité, absence de local confidentiel sécurisé, etc.).

3167 **Les fouilles judiciaires.** Les fouilles judiciaires sont régies par l'article 63-7 du Code de procédure pénale. Elles sont définies comme étant des mesures visant à découvrir sur la personne gardée à vue des objets susceptibles de participer à la manifestation de la vérité. Elles consistent en des fouilles « perquisition » et des fouilles *in corpore*, correspondant à des investigations internes. Comme les mesures de sécurité, elles doivent respecter les principes de proportionnalité, de nécessité et de discernement.

3168 La fouille « perquisition » qui consiste, graduellement, en la palpation au travers des vêtements, le retrait de vêtements et *in fine*, si cela est nécessaire, une mise à nu, doit remplir les conditions suivantes :

- elle est mise en œuvre si la palpation apparaît manifestement insuffisante et si l'utilisation de moyen de détection électronique est impossible ou elle-même insuffisante ;
- elle doit être décidée par un officier de police judiciaire ;
- elle doit être réalisée par une personne de même sexe ;
- elle doit être réalisée dans un lieu préservant la dignité de la personne.

On observera que l'utilisation d'un moyen de détection électronique sera nécessairement insuffisante lorsque l'enquêteur recherche des objets non métalliques.

3169 La fouille *in corpore* ou investigations internes est strictement liée à la mesure de garde à vue. Elle doit être décidée par un officier de police judiciaire et effectuée par un médecin dûment requis à cet effet. Il est nécessaire de recueillir explicitement et par écrit, sur le même modèle que la perquisition, le consentement de la personne gardée à vue dès lors que cette fouille « judiciaire », qu'elle soit intégrale ou non, est réalisée dans le cadre d'une enquête préliminaire.

3170 Si l'enquêteur procède à une fouille intégrale ou fait procéder à une fouille *in corpore*, il doit en faire mention au procès-verbal de déroulement de la mesure de garde à vue conformément au 5° du I de l'article 64 du Code de procédure pénale.

3171 **Procès-verbal de saisie, éventuellement, incidente.** L'enquêteur doit acter en procédure les objets découverts lors de la fouille, rédiger un procès-verbal de saisie et de placement sous scellés de ceux qui sont utiles à la manifestation de la vérité. La découverte d'objets, aussi bien à l'occasion d'une mesure de sécurité que d'une fouille judiciaire, peut donner lieu à des saisies incidentes si l'objet découvert est utile à la manifestation de la vérité dans une autre procédure ou si la détention de cet objet – arme, stupéfiants – constitue, en elle-même, une infraction.

2) Formalités anthropométriques

3172 Il s'agit des relevés signalétiques et du prélèvement d'ADN. Les relevés signalétiques sont prévus par les articles 55-1 du Code de procédure pénale pour l'enquête de flagrance, 76-2 pour l'enquête préliminaire et 154-1 pour l'instruction. Quant au prélèvement ADN, il est régi par les articles 706-54 à 706-56-1-1 du Code de procédure pénale. Ils sont plus amplement exposés dans la fiche dédiée (V. *supra*, n°s 1876 et s.). Les opérations de prise d'empreintes digitales ou palmaires ou de photographies sans le consentement de la personne ne peuvent être faites qu'en présence de son avocat (Cons. Const., n° 2022-1034 QPC, 10 févr. 2023) (V. *supra*, n°s 1903 et s.).

3173 **Nature des infractions.** Il suffit de rappeler ici que si une personne est en garde à vue, c'est parce qu'il existe des raisons plausibles de soupçonner qu'elle a commis ou tenté de commettre un crime ou un délit puni d'emprisonnement. De ce seul fait, elle est éligible aux relevés signalétiques de l'article 55-1 du Code de procédure pénale ainsi qu'aux conditions exposées infra au prélèvement ADN de l'article 706-56 du même code.

3174 Si pour le relevé signalétique, qui consiste en la prise d'empreintes digitales et palmaires ainsi que de photographies, il suffit que la personne soit soupçonnée de la commission d'une infraction, il en va différemment pour le prélèvement ADN qui nécessite que l'infraction reprochée à la personne soit comprise dans la liste fixée par l'article 706-55 du Code de procédure pénale. Dans ce dernier cas, l'enquêteur doit donc s'assurer de la légalité du prélèvement. Il est notamment aidé par l'interface du fichier FNAEG qui impose de remplir le champ relatif à l'infraction poursuivie avant de pouvoir accéder aux différentes fonctionnalités.

3175 **Autorisation du procureur de la République en enquête préliminaire.** Dans le cadre de l'enquête préliminaire, il est rappelé que l'article 76-2 du Code de procédure pénale subordonne à l'autorisation du procureur de la République les opérations de prélèvements externes qui comprennent tant les relevés signalétiques que le prélèvement ADN.

3176 **Procès-verbal.** Si le relevé signalétique peut faire l'objet d'une mention dans le procès-verbal de déroulement de la mesure de garde à vue, le prélèvement ADN doit, quant à lui, faire l'objet d'un procès-verbal dédié en ce qu'il conduit notamment à la saisie du matériel génétique, à la réquisition d'une personne qualifiée aux fins d'analyse et enfin à la consultation du FNAEG.

b) Vidéosurveillance des cellules de garde à vue

3177 Les articles L. 256-1 à L. 256-5 du Code de la sécurité intérieure régissent le recours à ce moyen de surveillance des cellules de garde à vue dont la finalité est de prévenir les risques d'évasion et les menaces d'atteintes à la personne gardée à vue ou d'autrui.

1) Décision de mise en œuvre

3178 Selon l'article L. 256-2 du Code de la sécurité intérieure, le placement sous vidéosurveillance de la personne placée en garde à vue est décidé par le chef du service responsable de la sécurité des lieux concernés ou son représentant, lorsqu'il existe des raisons sérieuses de penser que cette personne pourrait tenter de s'évader ou représenter une menace pour elle-même ou pour autrui. Ce placement sous vidéosurveillance est décidé pour une durée strictement nécessaire au regard du comportement de la personne concernée, qui ne peut excéder vingt-quatre heures. Il est mis fin à la mesure dès que les motifs qui l'ont justifiée ne sont plus réunis.

3179 **Information de l'autorité judiciaire.** L'autorité judiciaire compétente sous le contrôle de laquelle s'exerce la garde à vue ou la retenue douanière est informée sans délai de la mesure. Elle peut y mettre fin à tout moment.

3180 **Prolongation sur décision de l'autorité judiciaire.** Si la mesure de garde à vue est prolongée, le placement de la personne sous vidéosurveillance ne peut être prolongé, sur demande du chef de service établissant que les motifs justifiant la mesure sont toujours réunis, qu'avec l'autorisation de l'autorité judiciaire compétente, pour des périodes de même durée, jusqu'à la levée de la garde à vue.

2) Droits des personnes placées sous vidéosurveillance

3181 La décision de placement sous vidéosurveillance est notifiée à la personne concernée, qui est informée qu'elle peut à tout moment demander à l'autorité judiciaire compétente qu'il soit mis fin à la mesure de placement sous vidéosurveillance.

3182 **Mineur.** Lorsque la personne concernée est mineure, ses représentants légaux et l'avocat qui l'assiste, en application de l'article L. 413-9 du Code de la justice pénale des mineurs, sont informés sans délai de la décision de placement sous vidéosurveillance ainsi que, le cas échéant, de son renouvellement. Le médecin désigné en application de l'article L. 413-8 du même code indique si le placement sous vidéosurveillance du mineur est compatible avec son état de santé.

3183 **Majeur protégé.** Lorsque la personne concernée bénéficie d'une mesure de protection juridique, son avocat et, le cas échéant, la personne désignée en application de l'article 446 du Code civil sont informés sans délai de la décision de placement sous vidéosurveillance et, le cas échéant, de son renouvellement. Un médecin inscrit sur la liste mentionnée à l'article 431 du même code indique si le placement sous vidéosurveillance de la personne sous protection juridique est compatible avec son état de santé.

> **CONSEIL** À l'instar de toutes les notifications, il est utile que celle-ci fasse l'objet d'une mention au procès-verbal lors du placement en cellule de la personne gardée à vue en veillant à faire apparaître le nom de la personne qui a décidé de cette mesure et la motivation qui doit pouvoir consister en une simple référence aux risques mentionnés à l'article L. 256-1 du Code de la sécurité intérieure.

3) Modalités d'exécution

3184 **Information.** Une affiche apposée à l'entrée de la cellule équipée d'un système de vidéosurveillance informe de l'existence dudit système ainsi que des modalités d'accès et de rectification des données recueillies. De plus, la personne concernée, son avocat et, soit ses représentants légaux lorsqu'elle est mineure, soit la personne désignée en application de l'article 446 du Code civil lorsqu'elle bénéficie d'une mesure de protection juridique, sont informés du droit prévu à l'article L. 256-4 du Code de la sécurité intérieure de demander la conservation des enregistrements ainsi que de la durée de cette conservation. Ils sont également informés des droits dont ils bénéficient en application de la loi n° 78-17 du 6 janvier 1978, relative à l'informatique, aux fichiers et aux libertés, à l'exception du droit d'opposition prévu à l'article 110 de la même loi, qui ne s'applique pas aux systèmes de vidéosurveillance mentionnés à l'article L. 256-1 du même code.

3185 **Finalité.** Le système de vidéosurveillance permet un contrôle en temps réel de la personne placée en garde à vue et les images issues du système de vidéosurveillance peuvent être consultées en temps réel par le chef de service ou son représentant individuellement désigné et spécialement habilité par lui, pour les seules finalités mentionnées à l'article L. 256-1 du Code de la sécurité intérieure. Sont enregistrées dans ces traitements l'ensemble des séquences vidéo provenant des systèmes de vidéosurveillance des cellules concernées. Un pare-vue fixé dans la cellule de garde à vue garantit l'intimité de la personne tout en permettant la restitution d'images opacifiées. L'emplacement des caméras est visible.

3186 En conséquence, aucun dispositif biométrique ou de captation du son n'est couplé avec ces traitements de vidéosurveillance. Aucun rapprochement, interconnexion ou mise en relation automatisé avec d'autres traitements de données à caractère personnel ne peut être réalisé.

3187 **Sort des enregistrements.** À l'issue de la garde à vue, hors le cas où ils sont utilisés dans le cadre d'une procédure judiciaire, administrative ou disciplinaire, les enregistrements sont conservés sous la responsabilité du chef du service ayant prononcé le placement de la personne sous vidéosurveillance pendant une durée de quarante-huit heures, sans que nul ne puisse y avoir accès, sauf pour les besoins d'un signalement dans ce délai à l'autorité judiciaire, dans les conditions prévues à l'article 40 du Code de procédure pénale.

Cette durée est portée à sept jours à compter du lendemain de la levée de la garde à vue lorsque la personne ayant fait l'objet de la mesure demande, dans un délai de quarante-huit heures à compter de la fin de la garde à vue, la conservation des enregistrements la concernant. À l'issue de ces délais, les enregistrements sont détruits.

L'autorité responsable tient un registre des systèmes de vidéosurveillance mis en œuvre, qui précise l'identité des personnes qui ont fait l'objet d'un placement sous vidéosurveillance, la durée des enregistrements réalisés ainsi que les personnes ayant visionné les images, y compris en temps réel.

c) Les actes administratifs

3188 Sauf si la mesure de garde à vue est de très courte durée, la personne entendue sous ce régime de contrainte doit pouvoir s'alimenter et se reposer.

Le I de l'article 64 du Code de procédure pénale indique que doivent être mentionnés au procès-verbal les moments où la personne a pu s'alimenter et se reposer, sans préciser la fréquence des repas et des périodes de repos. L'article R. 15-33-77 du Code de procédure pénale, ainsi que les recommandations du CGLPL (Recommandations minimales du Contrôleur général des lieux de privation de liberté pour le respect de la dignité et des droits fondamentaux des personnes privées de liberté, NOR : CPLX2009511X) et la pratique judiciaire donnent quelques précisions sur leur mise en œuvre concrète.

3189 **Alimentation.** L'article R. 15-33-77 du Code de procédure pénale précise uniquement que doivent apparaître au registre les dates et heures des repas et les contre-indications alimentaires. Dans une note-express de la gendarmerie nationale, il est indiqué que :

> « La personne gardée à vue doit bénéficier, sauf exception circonstancielle qui devra être mentionnée dans la procédure et dans le registre de garde à vue, d'un repas chaud, dans l'heure qui précède ou qui suit midi et dix-neuf heures.
>
> (...) La fourniture des repas relève de la responsabilité exclusive de la gendarmerie nationale, le gardé à vue ou sa famille ne pouvant acquérir ou fournir ce repas pour des raisons de sécurité générale (fourniture d'écrits ou d'objets propres à favoriser l'évasion ou le suicide des personnes gardées à vue). Dans les cas particuliers médicaux avérés, tels les allergies à certains aliments, ou des affections médicales ou chirurgicales imposant un régime alimentaire particulier, il peut être dérogé à cette règle, dès lors que la gendarmerie n'est pas en mesure de fournir un repas adapté. Ces cas particuliers médicaux doivent être prouvés par certificat médical.
>
> (...) Le repas fourni doit permettre le respect des principes religieux dont ces personnes feraient état. La personne gardée à vue peut refuser le repas gratuit qui lui est proposé. Ce refus est alors mentionné dans la procédure en application des dispositions du code de procédure pénale et sur le registre de garde à vue ».

3190 **Repos.** L'article R. 15-33-77 du Code de procédure pénale dispose, comme pour l'alimentation, que le registre doit indiquer les dates et heures de repos. La personne gardée à vue ne peut être privée de sommeil et elle doit pouvoir se reposer à intervalles réguliers pendant la mesure. Les temps de repos n'ont pas tous à être effectués dans la cellule de garde à vue ou la chambre de sûreté selon les appellations. Ils peuvent l'être dans la salle d'audition ou dans un local dédié, placé sous surveillance, naturellement.

3191 S'agissant des mineurs, l'article R. 413-1, 3° du Code de procédure pénale dispose notamment que le mineur, placé en retenue ou en garde à vue, a « le droit d'être détenu séparément des personnes majeures détenues ».

3192 Selon l'article 41, alinéa 4, le procureur de la République « visite les locaux de garde à vue chaque fois qu'il l'estime nécessaire et au moins une fois par an ; il tient à cet effet un registre répertoriant le nombre et la fréquence des contrôles effectués dans ces différents locaux ». Il peut décider que certaines cellules ne seront pas utilisées tant pour des raisons touchant au respect de la dignité, que pour des raisons de sécurité.

3193 **Kits d'hygiène.** La personne gardée à vue, notamment lorsque cette mesure dure plus de vingt-quatre heures, doit pouvoir disposer de kit d'hygiène. Ceux-ci doivent être fournis, à l'instar des repas, par l'administration (CE, 22 nov. 2021, n° 456924).

3194 **Dignité et contentieux de la nullité.** Toute privation d'alimentation ou de repos pourrait constituer un manquement grave au sens de l'article 3 de la Convention EDH et méconnaître le principe de dignité inscrit à l'article préliminaire et à l'article 64-5 du Code de procédure pénale, ainsi qu'aux principes de légalité et de loyauté des preuves. Pour l'heure, la chambre criminelle juge que :

> « (...) une éventuelle violation des dispositions de l'article 3 de la Convention européenne des droits de l'homme, de l'article 10 du Pacte international relatif aux droits civils et politiques et de l'article préliminaire du code de procédure pénale, si elle est susceptible d'engager la responsabilité de la puissance publique en raison du mauvais fonctionnement du service public, ne saurait constituer une cause de nullité de procédure » (Cass. crim., 22 juin 2010, n° 09-86.658).

3195 Néanmoins, et rejoignant ici certains auteurs, on ne voit pas comment, au-delà d'un certain degré, l'atteinte à la dignité pourrait ne pas avoir de conséquence sur la validité des déclarations de la personne gardée à vue (Cass. crim., 7 mai 2008, n° 08-81.419).

V La fin de la mesure de garde à vue

3196 L'article 63-8, alinéa 1er du Code de procédure pénale dispose que :

> « À l'issue de la garde à vue, la personne est, sur instruction du procureur de la République sous la direction duquel l'enquête est menée, soit remise en liberté, soit déférée devant ce magistrat ».

A Levée de la garde à vue

3197 La décision de levée de la garde à vue constitue un moment requérant une attention particulière des enquêteurs, notamment lorsque le magistrat décide d'une présentation de la personne gardée à vue. Celle-ci doit alors lui être « déférée » (V. *infra*, n° 3215). Les enquêteurs doivent alors clôturer la procédure et la mettre en ordre afin qu'elle puisse être consultée par les magistrats que par les avocats.

1 Conditions de la levée de la mesure de garde à vue

3198 La mesure de garde à vue peut prendre fin pour plusieurs motifs. En premier lieu, en raison de l'expiration de sa durée légale, qui varie en fonction de la nature de l'infraction qui l'a motivée. Ensuite, avant le terme de la durée légale, sur décision de l'enquêteur avec l'autorisation du magistrat ou du magistrat lui-même, ce qui est très souvent le cas. Cette décision peut être motivée pour des raisons d'opportunité, comme le fait que les éléments recherchés ont été recueillis – la personne est passée aux aveux ou encore la mesure de garde à vue a permis de l'exonérer de toute responsabilité – ou à l'inverse, parce que la personne est mutique et rien ne semble pouvoir y remédier. Mais cette décision peut aussi être motivée par le fait que les conditions de l'article 62-2 du Code de procédure pénale ne sont plus remplies (disparition des raisons plausibles, plus de nécessité de contrainte) ou que l'infraction initialement qualifiée de délit puni d'emprisonnement est finalement une contravention.

2 Le PV de déroulement de la mesure de garde à vue

3199 Au moment où la décision de levée de mesure de garde à vue est prise, l'enquêteur clôture la procédure de garde à vue. Le I de l'article 64 du Code de procédure pénale indique que l'officier de police judiciaire doit établir un procès-verbal où doivent figurer des mentions obligatoires qui sont les suivantes :

> « 1° Les motifs justifiant le placement en garde à vue, conformément aux 1° à 6° de l'article 62-2 ;
> 2° La durée des auditions de la personne gardée à vue et des repos qui ont séparé ces auditions, les heures auxquelles elle a pu s'alimenter, le jour et l'heure à partir desquels elle a été gardée à vue, ainsi que le jour et l'heure à partir desquels elle a été soit libérée, soit déférée devant le magistrat compétent ;
> 3° Le cas échéant, les auditions de la personne gardée à vue effectuées dans une autre procédure pendant la durée de la garde à vue ;
> 4° Les informations données et les demandes faites en application des articles 63-2 à 63-3-1 et les suites qui leur ont été données ;
> 5° S'il a été procédé à une fouille intégrale ou à des investigations corporelles internes.
> Ces mentions doivent être spécialement émargées par la personne gardée à vue. En cas de refus, il en est fait mention ».

3200 Si la dernière touche rédactionnelle est réalisée au moment de la levée de la garde à vue, il n'en demeure pas moins que ce procès-verbal dénommé « procès-verbal de déroulement » de garde à vue est en réalité alimenté, c'est-à-dire rédigé, au fur et à mesure des avis, des exercices et autres actes qui jalonnent la garde à vue. Il est donc bien plus étoffé que ce que prévoit la lettre du I de l'article 64 du Code de procédure pénale, puisqu'apparaissent notamment les autres actes d'enquête réalisés lors de la mesure, ainsi que les informations liées à la fin de la mesure (V. *infra*, n°s 3209 et s.).

Au sein de la gendarmerie nationale, ce procès-verbal de déroulement est généré automatiquement par le LRPGN.

3201 Cependant, les pratiques judiciaires sont très différentes, entre la gendarmerie nationale qui recourt à un procès-verbal de « notification, d'exercice des droits et de déroulement de la mesure de garde à vue », et la police nationale qui pratique la rédaction d'un procès-verbal à chaque avis, exercice de droits et actes... mais a aussi recours au procès-verbal de déroulement.

3202 En tout état de cause, ce procès-verbal de déroulement ou les différents procès-verbaux, ainsi, que nous l'avons mentionné tout au long de cette fiche, retrace(nt), minute par minute, le déroulement de la garde à vue. Ces procès-verbaux doivent notamment permettre, de manière horodatée, de constater que les droits, avis et exercices ont été notifiés et exécutés dans les délais impartis par la loi et qu'à aucun moment la personne ne s'est trouvée en situation de détention arbitraire.

3203 **Émargements spéciaux.** Ce procès-verbal de déroulement ou les différents procès-verbaux sont émargés par la personne gardée à vue ainsi que par l'officier de police judiciaire responsable de la mesure, et le cas échéant, l'agent de police judiciaire qui a agi sous son contrôle, conformément à l'article 66 du Code de procédure pénale, c'est-à-dire à la fin de chaque feuillet (V. *supra*, n° 1542).

3204 Cependant le Code de procédure pénale prévoit des émargements spéciaux, qui correspondent à un émargement spécifique, après chaque mention écrite des éléments visés aux 1° à 5°, c'est-à-dire l'apposition de la signature de la personne gardée à vue. Le I de l'article 64 n'est parfois qu'un rappel de cette obligation qui figure déjà dans d'autres articles comme l'article 63-1, relatif à la notification des droits qui dispose que :

> « Mention de l'information donnée en application du présent article est portée au procès-verbal de déroulement de la garde à vue et émargée par la personne gardée à vue. En cas de refus d'émargement, il en est fait mention ».

3205 La signature de la personne gardée à vue à l'issue de chaque notification d'un droit et de son exercice est exigée par la loi mais la chambre criminelle considère qu'il n'y a pas lieu à annulation en l'absence de grief (Cass. crim., 1er févr. 1995, n° 94-85.223). En effet, à partir de l'instant où la personne gardée à vue aura émargé le procès-verbal de notification des droits en fin de feuillet mais sans émargement spécifique de chaque droit, et que de surcroît elle aura pu exercer ses droits, il semble difficile de pouvoir exciper d'un quelconque grief. Enfin, on précisera que cette obligation d'émargement spécifique ne vaut que pour la personne gardée à vue, l'enquêteur émargeant quant à lui uniquement en fin de feuillet, comme indiqué précédemment.

3206 **Registre de garde à vue.** Le II de l'article 64 du Code de procédure dispose enfin que :

> « Les mentions et émargements prévus aux 2° et 5° du I concernant les dates et heures du début et de fin de garde à vue et la durée des auditions et des repos séparant ces auditions ainsi que le recours à des fouilles intégrales ou des investigations corporelles internes figurent également sur un registre spécial, tenu à cet effet dans tout local de police ou de gendarmerie susceptible de recevoir une personne gardée à vue. Ce registre peut être tenu sous forme dématérialisée.
> Dans les corps ou services où les officiers de police judiciaire sont astreints à tenir un carnet de déclarations, les mentions et émargements prévus au premier alinéa du présent II sont également portés sur ce carnet. Seules les mentions sont reproduites au procès-verbal qui est transmis à l'autorité judiciaire ».

3207 Quant à l'article R. 15-33-77 du Code de procédure pénale, il décline le « registre dématérialisé » qui n'est pour l'heure pas mis en œuvre dans les unités de la gendarmerie nationale, ni dans les services de la police nationale. Aussi, c'est toujours un registre papier, qui s'apparente à un grimoire, qui est tenu dans tous les services et unités, dans lequel les enquêteurs recopient des informations qui sont déjà toutes contenues dans les différents procès-verbaux établis au cours de la mesure de garde à vue et les font émarger par la personne gardée à vue. Le procureur de la République, lorsqu'il contrôle les locaux de garde à vue, vise à cette occasion ce registre. Il est fait mention, au procès-verbal de déroulement, que le registre a été rempli, par renvoi généralement à un numéro de garde à vue.

B Les suites de la mesure de garde à vue

3208 Si l'article 63-8 du Code de procédure pénale prévoit qu'une fois la mesure de garde à vue levée, la personne peut être libre (1°) ou déférée (2°), ces deux occurrences peuvent recouvrir des modalités différentes.

1 La remise en liberté

a) La remise en liberté sans suite judiciaire immédiate

3209 Dans ce cas, qu'il s'agisse du procureur de la République ou du juge d'instruction, la personne gardée à vue est laissée libre et aucune décision ne lui est notifiée, soit parce que les charges à son endroit sont inexistantes, insuffisantes ou méritent d'être corroborées ou parce que le magistrat souhaite prendre sa décision une fois qu'il aura pu consulter la procédure dans son entier et se donner un temps de réflexion.

3210 Dans cette hypothèse, l'article 63-8 du Code de procédure pénale impose que les dispositions de l'article 77-2 soient portées à la connaissance de la personne remise en liberté, ce qui consiste à notifier – dans le procès-verbal de déroulement de garde à vue notamment – ledit article qui prévoit que :

> « I. – Toute personne contre laquelle il existe une ou plusieurs raisons plausibles de soupçonner qu'elle a commis ou tenté de commettre une infraction punie d'une peine privative de liberté et qui a fait l'objet d'un des actes prévus aux articles 61-1 et 62-2 peut, un an après l'accomplissement du premier de ces actes, demander au procureur de la République, par lettre recommandée avec demande d'avis de réception ou par déclaration au greffe contre récépissé, de consulter le dossier de la procédure afin de formuler ses observations.
> Dans le cas où une telle demande lui a été présentée, le procureur de la République doit, lorsque l'enquête lui paraît terminée et s'il envisage de poursuivre la personne par citation directe ou selon la procédure prévue à l'article 390-1, aviser celle-ci, ou son avocat, de la mise à la disposition de son avocat, ou d'elle-même si elle n'est pas assistée par un avocat, d'une copie de la procédure et de la possibilité de formuler des observations ainsi que des demandes d'actes utiles à la manifestation de la vérité dans un délai d'un mois, selon les formes mentionnées au premier alinéa du présent I.
> Lorsqu'une victime a porté plainte dans le cadre de cette enquête et qu'une demande de consultation du dossier de la procédure a été formulée par la personne mise en cause, le procureur de la République avise cette victime qu'elle dispose des mêmes droits dans les mêmes conditions.
> Pendant ce délai d'un mois, le procureur de la République ne peut prendre aucune décision sur l'action publique, hors l'ouverture d'une information, l'application de l'article 393 ou le recours à la procédure de comparution sur reconnaissance de culpabilité prévue aux articles 495-7 à 495-13.

La garde à vue

II. – À tout moment de la procédure, même en l'absence de demande prévue au premier alinéa du I, le procureur de la République peut communiquer tout ou partie de la procédure à la personne mise en cause ou à la victime pour recueillir leurs éventuelles observations ou celles de leur avocat.

III. – Dans les cas mentionnés aux I et II, les observations ou demandes d'actes de la personne ou de son avocat sont versées au dossier de la procédure. Le procureur de la République apprécie les suites devant être apportées à ces observations et demandes. Il en informe les personnes concernées ».

3211 Toutefois, ces dispositions ne sont pas applicables lorsqu'il s'agit des infractions relevant du champ d'application des articles 706-73, 706-73-1 et 706-74 du Code de procédure pénale, qui sont soumises à l'article 706-105 du même code qui prévoit que :

« Lorsque, au cours de l'enquête, il a été fait application des dispositions des articles 706-80 à 706-95, la personne ayant été placée en garde à vue six mois auparavant et qui n'a pas fait l'objet de poursuites peut interroger le procureur de la République dans le ressort duquel la garde à vue s'est déroulée sur la suite donnée ou susceptible d'être donnée à l'enquête. Cette demande est adressée par lettre recommandée avec demande d'avis de réception.

Lorsque le procureur de la République décide de poursuivre l'enquête préliminaire et qu'il envisage de procéder à une nouvelle audition ou à un nouvel interrogatoire de la personne au cours de cette enquête, cette personne est informée, dans les deux mois suivant la réception de sa demande, qu'elle peut demander qu'un avocat désigné par elle ou commis d'office à sa demande par le bâtonnier puisse consulter le dossier de la procédure. Le dossier est alors mis à la disposition de l'avocat au plus tard dans un délai de quinze jours à compter de la demande et avant, le cas échéant, toute nouvelle audition ou tout nouvel interrogatoire de la personne.

Lorsque le procureur de la République a décidé de classer l'affaire en ce qui concerne la personne, il l'informe dans les deux mois suivant la réception de sa demande.

Dans les autres cas, le procureur de la République n'est pas tenu de répondre à la personne. Il en est de même lorsqu'il n'a pas été fait application des dispositions des articles 706-80 à 706-95 au cours de l'enquête.

Lorsque l'enquête n'a pas été menée sous la direction du procureur de la République du tribunal judiciaire dans le ressort duquel la garde à vue a été réalisée, celui-ci adresse sans délai la demande au procureur qui dirige l'enquête ».

b) La remise en liberté avec suite judiciaire immédiate

3212 Bien que remise en liberté, la personne peut se voir notifier par l'officier de police judiciaire un certain nombre de décisions judiciaires, consistant en des réponses pénales. Ainsi, sur décision du procureur de la République, la personne peut se voir délivrer une convocation par officier de police judiciaire (CPP, art. 390-1), une convocation pour comparution sur reconnaissance préalable de culpabilité (CPP, art. 495-7) – voire les deux en même temps pour parer à un refus de la CRPC – une convocation à délai différé (CPP, art. 397-1-1). Enfin, le magistrat peut décider de prononcer une mesure alternative aux poursuites (CPP, art. 41-1, 41-1-2, 41-1-3 et 41-2).

3213 Conformément à l'article 64-1, 1° du Code de procédure pénale, la notification de la décision judiciaire ou de la mesure alternative aux poursuites est mentionnée au procès-verbal de déroulement de la mesure de garde à vue.

3214 **Instruction.** Lorsque la garde à vue a eu lieu dans le cadre d'une instruction, le juge d'instruction peut, à l'issue de la mesure, faire remettre par un officier de police judiciaire à l'intéressé une convocation en vue d'un interrogatoire de première comparution en application de l'article 80-2 du Code de procédure pénale.

2 Le défèrement

3215 À l'issue de la mesure de garde à vue, toute rétention de l'intéressé par un service aux fins d'enquête est irrégulière (Cass. crim., 2 févr. 2005, n° 04-86.805). Toutefois, il est possible de retenir la personne, après levée de la garde à vue, sur le fondement des articles 803-2 et 803-3 du Code de procédure pénale le temps de la conduire au palais de justice puis, éventuellement, dans des locaux de la juridiction spécialement aménagée.

a) Cas de défèrement

3216 Le procureur de la République ou le juge d'instruction peut décider qu'à l'issue de la mesure de garde à vue la personne lui sera déférée. S'agissant du juge d'instruction, ce défèrement vise à procéder à l'interrogatoire de première comparution, qui pourra se solder soit par une mise en examen assortie ou non d'une mesure de sûreté comme le contrôle judiciaire, l'assignation à résidence sous surveillance électronique ou la saisine du juge des libertés et de la détention aux fins de placement en détention provisoire, soit par le placement sous statut de témoin assisté.

3217 S'agissant du procureur de la République, ce déférement qui consiste à se faire présenter physiquement la personne peut être l'occasion de procéder à certains rappels à la personne par ce magistrat *in personam* (Cass. crim., 18 oct. 2022, n° 22-81.934, publié au bulletin, précise les conditions dans lesquelles les déclarations de la personne déférée sont recevables.). Mais surtout ce déférement intervient lorsque le magistrat du parquet décide d'une convocation devant la juridiction de jugement assortie d'une mesure de sûreté (CPP, art. 393 et s.) ou lorsqu'il décide d'une comparution immédiate ou enfin lorsqu'il décide de l'ouverture d'une information judiciaire.

3218 **Conditions du déférement.** L'article 803-2 du Code de procédure pénale (Cons. const., 6 mai 2011, n° 2011-125 QPC) dispose que :

> « Toute personne ayant fait l'objet d'un déférement à l'issue de sa garde à vue ou de sa retenue à la demande du procureur de la République ou du juge de l'application des peines comparaît le jour même devant ce magistrat ou, en cas d'ouverture d'une information, devant le juge d'instruction saisi de la procédure. Il en est de même si la personne est déférée devant le juge d'instruction à l'issue d'une garde à vue au cours d'une commission rogatoire, ou si la personne est conduite devant un magistrat en exécution d'un mandat d'amener ou d'arrêt ».

3219 L'article 803-2 du Code de procédure pénale précise que la comparution doit avoir lieu le jour même, c'est-à-dire avant minuit. Ce temps est mis à profit pour conduire la personne devant la juridiction, étant précisé que le temps de transport peut parfois durer plusieurs heures. Cette disposition permet aux enquêteurs de ne pas avoir à anticiper ce temps de transport en le décomptant de la durée de la garde à vue.

3220 Le point de départ du délai est l'heure à laquelle la garde à vue a été effectivement levée pour « mise en route » de la personne vers le palais de justice et non l'heure à laquelle le parquet a décidé de la levée de la mesure de garde à vue (Cass. crim., 26 oct. 2004, n° 04-84.550). En effet, les opérations de clôture de la procédure justifient un certain décalage.

b) La retenue judiciaire aux fins de déférement

3221 Cette retenue prévue par l'article 803-3 du Code de procédure pénale est une exception à l'article 803-2, qui permet de présenter la personne au magistrat le « jour suivant » la levée de la mesure de garde à vue. La chambre criminelle a ainsi jugé :

> « Attendu que, pour rejeter la requête en annulation de la rétention de M. B. dans les locaux spécialement aménagés du palais de justice, l'arrêt énonce que celui-ci s'est vu notifier sa fin de garde à vue à 18 heures le 25 août 2016 et que la permanence du parquet a été avisée de son arrivée au dépôt à 21 heures 20 par télécopie ; que les juges ajoutent que, compte tenu de l'heure tardive, il était nécessaire de mettre en œuvre la procédure de rétention ; que la cour d'appel en déduit qu'au vu des pièces de la procédure, contrairement à l'appréciation des premiers juges, l'autorité judiciaire était en mesure d'exercer son contrôle ;
> Attendu qu'en l'état de ces énonciations, exemptes d'insuffisance comme de contradiction et procédant de son appréciation souveraine des faits et circonstances de la cause, dont il résulte que les juges se sont assurés de la nécessité de la mesure de rétention subie par M. B., la cour d'appel a justifié sa décision ; » (Cass. crim., 27 juin 2018, n° 17-86.881).

Cette rétention (Cons. const., 17 déc. 2010, n° 2010-80 QPC) qui succède à la mesure de garde à vue est strictement encadrée et n'est possible que sous la double condition que la juridiction dispose de locaux spécialement aménagés » et que cette rétention n'excède pas une durée de vingt heures à compter de l'heure de la levée de la garde à vue. La personne est immédiatement remise en liberté en cas de dépassement de cette durée. On rappellera que l'article 63 du Code de procédure pénale prévoit qu'une prolongation de garde à vue peut être motivée par l'absence de tels locaux aménagés (V. *supra*, n° 3026). Il revient alors aux enquêteurs et au magistrat de s'organiser pour permettre la présentation de la personne dans les seules conditions de l'article 803-2 du Code de procédure pénale, soit avant minuit le jour même de la levée de la mesure. Cet article 803-3 n'est pas applicable lorsque la mesure de garde à vue a été prise conformément aux articles 706-88 et 706-88-1 du Code de procédure pénale. Dans ce cas, seul l'article 803-2 l'est et la personne devra être présentée le jour même au magistrat ou à la juridiction.

3222 **Contrôle de la rétention judiciaire aux fins de déférement.** Le magistrat qui a ordonné le déférement doit être immédiatement avisé de l'arrivée (Cass. crim., 28 févr. 2012, n° 11-86.953) de la personne dans les locaux de la juridiction.

3223 La circulaire du 31 mai 2011 relative à la présentation des dispositions de la loi n° 2011-392 du 14 avril 2011 autres que celles relatives à la garde à vue, précise :

> « En pratique, il appartient au responsable en charge des locaux dans lesquels la personne est retenue d'aviser le procureur de la République. Il n'est pas nécessaire que cet avis apparaisse dans un procès-verbal joint à la procédure, il suffit qu'il soit men-

tionné sur le registre tenu par le responsable du dépôt conformément aux dispositions du troisième (devenu cinquième) alinéa de l'article 803-3 ».

3224 **Garde à vue prolongée par un magistrat du parquet.** L'article 803-3 du Code de procédure pénale, lu à la lumière de l'article 803-2, exigeant seulement que la personne déférée soit présentée, au terme du délai de vingt heures, à un magistrat du parquet, le Conseil constitutionnel (Cons. const., 17 déc. 2010, n° 2010-80 QPC) a estimé qu'en cas de prolongation de la garde à vue autorisée par un magistrat du parquet, cela posait une difficulté au regard de sa jurisprudence exigeant l'intervention d'un magistrat du siège au-delà de quarante-huit heures. Il a donc émis une réserve qui a conduit le législateur à prévoir, à l'alinéa de l'article 803-3 du Code de procédure pénale, que : « Lorsque la garde à vue a été prolongée mais que cette prolongation n'a pas été ordonnée par le juge des libertés et de la détention ou par un juge d'instruction, la personne retenue doit être effectivement présentée à la juridiction saisie ou, à défaut, au juge des libertés et de la détention avant l'expiration du délai de vingt heures ».
Il s'ensuit que lorsque la garde à vue a été prolongée par le procureur de la République et que la personne déférée ne peut pas effectivement comparaître devant le juge d'instruction ou la juridiction de jugement dans les vingt heures de la levée de garde à vue, bien qu'elle ait comparu devant le procureur de la République, elle doit être présentée dans ce délai au juge des libertés et de la détention.

c) Droits de la personne retenue

3225 La personne retenue doit avoir la possibilité de s'alimenter et, à sa demande, de faire prévenir par téléphone une des personnes visées à l'article 63-2, d'être examinée par un médecin désigné conformément aux dispositions de l'article 63-3 et de s'entretenir, à tout moment, avec un avocat désigné par elle ou commis d'office à sa demande, selon les modalités prévues par l'article 63-3-1. L'avocat peut demander à consulter le dossier de la procédure.

3226 **Registre spécial.** L'article 803-3 du Code de procédure pénale impose la tenue d'un registre spécial dans le local de rétention qui doit contenir :
– l'identité de la personne retenue ;
– l'heure de son arrivée dans les locaux et l'heure de conduite devant le magistrat ;
– l'application des dispositions relatives aux droits à s'alimenter, à faire prévenir un proche et l'employeur, à bénéficier d'un examen médical et à pouvoir s'entretenir avec un avocat.

3227 Une copie de ce registre peut d'ailleurs être sollicitée afin qu'il soit statué sur la régularité de cette rétention judiciaire (Cass. crim., 23 févr. 2011, n° 10-88.184). Il a lieu dès lors de le renseigner avec soin.

3228 La chambre criminelle s'est prononcée sur le rôle de ce registre spécial et sur les mentions devant y figurer :

> « (...), ni l'article 803-3 du Code de procédure pénale ni aucune autre disposition ne prévoit que soient versés à la procédure des procès-verbaux relatant les conditions dans lesquelles les personnes sont déférées puis retenues dans les locaux de la juridiction.
> En revanche, l'article 803-3, alinéa 5, prévoit la tenue d'un registre spécial dans lequel doivent être consignées l'identité de la personne retenue, l'heure de son arrivée dans les locaux et celle de sa conduite devant le magistrat ainsi que l'application des dispositions mentionnées à l'alinéa 4 de ce texte relatives à son droit à s'alimenter, à faire prévenir un proche et son employeur, à bénéficier d'un examen médical et à pouvoir s'entretenir avec un avocat, registre permettant d'effectuer des vérifications lorsqu'est alléguée la violation des garanties prévues par l'article 803-3 susvisé, ce qui n'a pas été le cas en l'espèce » (Cass. crim., 9 nov. 2021, n° 21-82.606).

3229 **Conséquence de l'irrégularité de la rétention de l'article 803-3.** Par de très rares arrêts, la chambre criminelle est venue tirer les conséquences de l'irrégularité de cette rétention. Elle ainsi jugé que dans le cadre d'une procédure de comparution immédiate « le procès-verbal valant saisine du tribunal avait, pour support nécessaire, la rétention du prévenu entachée d'illégalité » (Cass. crim., 6 déc. 2005, n° 05-82.459) de sorte que l'irrégularité de la rétention entraîne la nullité de la saisine de la juridiction.

L'ESSENTIEL Cadre général

3230 Le critère de distinction entre la mesure de garde à vue et l'audition libre fait appel à la notion de contrainte telle qu'elle apparaît à l'article 62-2, alinéa 1er du Code de procédure pénale.

3231 **Faculté de placer en garde à vue.** L'enquêteur a recours à la garde à vue lorsqu'il a besoin de mettre en œuvre la contrainte (V. *supra*, nos 2733 et s.) pour garder la personne à sa disposition afin de l'auditionner sur les faits dont elle est soupçonnée dans le cadre d'une procédure relative à une infraction punie d'emprisonnement. La définition de la garde à vue figure désormais explicitement à

l'article 62-2 du Code de procédure pénale qui dispose qu'elle « est une mesure de contrainte décidée par un officier de police judiciaire, sous le contrôle de l'autorité judiciaire, par laquelle une personne à l'encontre de laquelle il existe une ou plusieurs raisons plausibles de soupçonner qu'elle a commis ou tenté de commettre un crime ou un délit puni d'une peine d'emprisonnement est maintenue à la disposition des enquêteurs » (V. *supra*, n° 2705).
Mais cette mesure n'est pas réservée au recueil des déclarations ; elle peut aussi permettre de réunir des preuves matérielles. Ainsi, sous réserve que les autres conditions de l'article 62-2 soient remplies, une personne peut être placée en garde à vue aux fins de réalisation d'un acte d'enquête autre qu'une audition.

3232 La décision de placement en garde à vue est une faculté pour l'OPJ, seul enquêteur habilité à en décider. Le magistrat peut également lui donner instruction de placer une personne en garde à vue.

3233 Les conditions légales du placement en garde à vue figurent à l'article 62-2 du Code de procédure pénale :
– l'infraction doit être un crime ou un délit puni d'emprisonnement (V. *supra*, n°s 2708 et s.). Les modalités de consommation de l'infraction sont ici indifférentes, l'infraction motivant le placement en garde à vue pouvant être consommée ou simplement tentée (quand la tentative est, aux termes de la loi, punissable) ;
– il doit exister des soupçons plausibles (V. *supra*, n° 2712). Ces raisons plausibles sont des éléments objectifs comme des constatations matérielles, des témoignages, le comportement de la personne. S'il n'est pas nécessaire qu'existent des indices graves ou concordants, la simple intuition de l'enquêteur ne saurait être suffisante ;
– la garde à vue doit être l'unique moyen de parvenir à l'un (au moins) des six objectifs fixés par l'article 62-2 du Code de procédure pénale (V. *supra*, n° 2718), qui sont :
1° permettre l'exécution des investigations impliquant la présence ou la participation de la personne ;
2° garantir la présentation de la personne devant le procureur de la République afin que ce magistrat puisse apprécier la suite à donner à l'enquête ;
3° empêcher que la personne ne modifie les preuves ou indices matériels ;
4° empêcher que la personne ne fasse pression sur les témoins ou les victimes ainsi que sur leur famille ou leurs proches ;
5° empêcher que la personne ne se concerte avec d'autres personnes susceptibles d'être ses coauteurs ou complices ;
6° garantir la mise en œuvre des mesures destinées à faire cesser le crime ou le délit.

3234 L'enquêteur n'a pas à expliciter son choix de retenir tel ou tel objectif ou motif de placement en garde à vue ; il suffit simplement que celui-ci existe et que l'autorité judiciaire puisse le contrôler à la lumière des éléments figurant en procédure.

3235 **Obligation de placer en garde à vue.** Si le placement en garde à vue demeure une simple faculté pour l'officier de police judiciaire, il en va différemment lorsque la personne suspecte est soumise à une contrainte préalablement à son audition, peu important la durée de cette contrainte. L'article 73, alinéa 2 du Code de procédure pénale, après avoir rappelé le caractère facultatif du placement en garde à vue, précise que « le présent alinéa n'est toutefois pas applicable si la personne a été conduite, sous contrainte, par la force publique devant l'officier de police judiciaire » (V. *supra*, n°s 2733 et s.). Mais seule la contrainte exercée par la force publique entraîne l'application de l'article 73 du Code de procédure pénale. Celle exercée par une personne privée n'entraîne pas l'obligation de placement en garde à vue.

3236 La mise à exécution d'un mandat de recherche entraîne de droit le placement en garde à vue.

3237 Mais, il est des cas de contrainte qui n'imposent pas le placement en garde à vue (V. *supra*, n°s 2600 et s.) :
– audition sur des faits distincts (CPP, art. 65) ;
– audition à l'issue du placement en chambre de dégrisement (CSP, art. L. 3341-2) ;
– audition à l'issue des épreuves de dépistage (C. route, art. L. 234-18 et L. 235-5) ;
– audition après arrestation/interpellation ou opération de contrôle.

3238 **Convocation ultérieure.** Dès lors que l'officier de police judiciaire estime que la personne, bien que conduite sous la contrainte devant lui, pourra être entendue ultérieurement, il peut décider de lui délivrer une convocation (V. *supra*, n° 2757).

Cas particuliers

3239 **Le mineur (V. *supra*, n°s 2724 et s.).** Le mineur âgé de moins de dix ans ne peut faire l'objet d'aucune mesure de contrainte.

3240 Le mineur ayant entre dix et treize ans peut exceptionnellement faire l'objet d'une

mesure de contrainte qui est une retenue. Les conditions de placement diffèrent sur deux points de celles du majeur :
– l'infraction en raison de laquelle la retenue est décidée doit être un crime ou un délit puni d'au moins cinq ans d'emprisonnement et non un crime ou un délit puni d'une peine d'emprisonnement quelconque ;
– la retenue est décidée, non pas par l'officier de police judiciaire comme mentionné à l'article 63 du Code de procédure pénale, mais par le magistrat dont l'officier de police judiciaire doit recueillir l'accord préalable.

3241 Le mineur de plus de treize ans peut être placé en garde à vue si les conditions de l'article 62-2 du Code de procédure pénale sont remplies.

La prolongation, pour le mineur de treize à seize ans, n'est possible que si l'infraction est punie d'une peine égale ou supérieure à cinq ans.

La prolongation pour le mineur de plus de seize ans répond au droit des majeurs, sans pouvoir excéder 96 heures.

3242 Cas particuliers tenant au statut de la personne : partie civile, chef d'État, ministre, parlementaire et diplomate (V. *supra*, n°s 2762 et s.).

3243 Seul l'OPJ, territorialement compétent, peut placer une personne en garde à vue. Lors de l'exécution d'une commission rogatoire, l'officier de police judiciaire doit être territorialement compétent mais doit également être matériellement saisi des faits. L'APJ ne dispose pas de cette prérogative. Toutefois, l'OPJ peut agir sur instruction du magistrat et, dans le cadre de la retenue d'un mineur de moins de treize ans, c'est au seul magistrat que revient la décision de placement en retenue (V. *supra*, n°s 2778 et s.).

La notification des droits

3244 La notification des droits comprend en réalité la notification de la mesure de garde à vue et celle des droits attachés à cette mesure. Les droits devant être notifiés figurent à l'article 63-1 du Code de procédure pénale (V. *supra*, n°s 2795 et s.). Ces droits doivent être notifiés immédiatement.

3245 Au titre de la mesure, doivent être notifiés :
– le placement en garde à vue ainsi que de la durée de la mesure et de la ou des prolongations dont celle-ci peut faire l'objet ;
– la qualification, la date et le lieu présumés de l'infraction que la personne est soupçonnée d'avoir commise ou tenté de commettre ainsi que des motifs mentionnés aux 1° à 6° de l'article 62-2 justifiant son placement en garde à vue.

3246 **Tableau récapitulatif des prolongations possibles après une première période de vingt-quatre heures.**
V. *supra*, n° 2805.

3247 **Tableau récapitulatif des prolongations pour les mineurs.**
V. *supra*, n° 2806.

Computation des délais et durée de la garde à vue

3248 Le III de l'article 63 du Code de procédure pénale impose que le début de la mesure soit fixé non pas au moment où la personne est effectivement placée en garde à vue par l'officier de police judiciaire, mais au moment où a débuté sa privation de liberté, à savoir l'heure de son interpellation (V. *supra*, n°s 2808 et s.).

3249 La loi prévoit spécifiquement certains cas où la durée d'une privation de liberté s'impute sur la durée totale (V. *supra*, n°s 2815 et s., et 2821), et des cas où elle ne s'impute pas (V. *supra*, n° 2821), tandis que la jurisprudence règle le cas des gardes à vue successives ou non, portant sur les mêmes faits ou non (V. *supra*, n°s 2824 et s.).

La qualification des faits

3250 Très concrètement, les enquêteurs notifient à la personne la catégorie générique de l'infraction comme cela est préconisé. Ces catégories d'infractions sont celles de la base NATINF. Communiquée au magistrat, elle permet de s'assurer de l'exacte qualification des faits. Ce dernier peut la modifier et il faudra alors, le cas échéant, procéder à une nouvelle notification de la qualification retenue par le magistrat (V. *supra*, n°s 2834 et s.).

La date et le lieu présumés de l'infraction

3251 La date qui doit être notifiée correspond à la date présumée des faits. Toutefois cette date peut également consister en une période. Cette date est celle qui est connue au moment où l'officier de police judiciaire ou l'agent de police judiciaire notifie cette information. Quant au lieu, il s'agit du « lieu géographique (commune notamment) tel qu'il peut être apprécié à ce stade de l'enquête ». Une imprécision quant au lieu ne saurait, à ce stade, faire grief à la personne, dès lors que le lieu indiqué résulte des éléments tirés de la procédure au moment où l'audition est réalisée (V. *supra*, n°s 2844 et s.).

Les motifs justifiant le placement

3252 L'officier de police judiciaire, ou l'agent de police judiciaire sous son contrôle, doit notifier à la personne gardée à vue au moins l'un des six objectifs de l'article 62-2 du Code de procédure pénale faisant de la mesure de garde à vue l'unique moyen d'y parvenir. Si la garde à vue est l'unique moyen de parvenir à plusieurs objectifs, il faudra les notifier en conséquence (V. *supra*, n°s 2851 et s.).

La notification des droits, *stricto sensu*

3253 **Nouveaux droits des mineurs.** L'article R. 413-1 du Code de la justice pénale des mineurs ajoute des droits à notifier par rapport à ceux devant l'être au majeur :
« Lors de la retenue ou de la garde à vue d'un mineur, lui sont notifiés dans des termes simples et accessibles, outre les droits prévus aux articles L. 413-8 et L. 413-9 du présent code ainsi qu'à l'article 63-1 du Code de procédure pénale, les droits suivants :
1° Le droit à ce que les représentants légaux ou l'adulte approprié mentionné à l'article L. 311-2 soient informés et le droit d'être accompagné par ceux-ci lors de ses auditions ou interrogatoires dans les conditions prévues par l'article L. 311-1, sauf circonstances particulières énoncées au deuxième alinéa de l'article L. 413-3 et au deuxième alinéa de l'article L. 413-7 ;
2° Le droit à la protection de sa vie privée garanti par l'interdiction de diffuser les enregistrements de ses auditions, par la tenue des audiences en publicité restreinte et par l'interdiction de publier le compte-rendu des débats d'audience ou de tout élément permettant son identification ;
3° Le droit d'être détenu séparément des personnes majeures détenues ;
4° Le droit à la préservation de sa santé, ainsi que le respect du droit à la liberté de religion ou de conviction ».

3254 La notification des droits correspond à l'énumération des éléments qui figurent à l'article 63-1, 3° du Code de procédure pénale et qui s'allonge au gré des réformes, tant et si bien qu'aujourd'hui, il est, nous semble-t-il, impossible de notifier ces droits sans l'aide d'un imprimé ou du logiciel de rédaction des procédures de la gendarmerie ou de la police nationales. Il s'agit des droits suivants :
– droit de faire prévenir un proche et son employeur ainsi que, si elle est de nationalité étrangère, les autorités consulaires de l'État dont elle est ressortissante, et, le cas échéant, de communiquer avec ces personnes, conformément à l'article 63-2 ;
– droit d'être examinée par un médecin, conformément à l'article 63-3 ;
– droit d'être assistée par un avocat, conformément aux articles 63-3-1 à 63-4-3 ;
– s'il y a lieu, droit d'être assistée par un interprète ;
– droit de consulter, dans les meilleurs délais et au plus tard avant l'éventuelle prolongation de la garde à vue, les documents mentionnés à l'article 63-4-1 ;
– droit de présenter des observations au procureur de la République ou, le cas échéant, au juge des libertés et de la détention, lorsque ce magistrat se prononce sur l'éventuelle prolongation de la garde à vue, tendant à ce qu'il soit mis fin à cette mesure. Si la personne n'est pas présentée devant le magistrat, elle peut faire connaître oralement ses observations dans un procès-verbal d'audition, qui est communiqué à celui-ci avant qu'il ne statue sur la prolongation de la mesure ;
– droit, lors des auditions, après avoir décliné son identité, de faire des déclarations, de répondre aux questions qui lui sont posées ou de se taire.

Si la personne est atteinte de surdité et qu'elle ne sait ni lire, ni écrire, elle doit être assistée par un interprète en langue des signes ou par toute personne qualifiée maîtrisant un langage ou une méthode permettant de communiquer avec elle. Il peut également être recouru à tout dispositif technique permettant de communiquer avec une personne atteinte de surdité.

Si la personne ne comprend pas le français, ses droits doivent lui être notifiés par un interprète, le cas échéant après qu'un formulaire lui a été remis pour son information immédiate.

En application de l'article 803-6, un document énonçant ces droits est remis à la personne lors de la notification de sa garde à vue.

3255 Cette notification doit être faite immédiatement à compter du placement en garde à vue (V. *supra*, n° 2861). L'OPJ veille à cette occasion à demander à la personne si elle fait l'objet d'une mesure de protection juridique (tutelle, curatelle, etc.).

3256 Des circonstances exceptionnelles, dites insurmontables, peuvent conduire à différer la notification des droits à la personne gardée à vue. Mais la circonstance insurmontable qui a empêché la notification immédiate doit dans ce cas être caractérisée ; à défaut il est alors nécessairement porté atteinte aux intérêts de la personne gardée à vue. On observera que les circonstances insurmontables empêchant une notification immédiate correspondent souvent aux mêmes circonstances insurmontables qui conduisent à différer l'information du magistrat, comme le grand nombre d'interpellations, l'impossibilité de pénétrer dans un local de police assiégé par des manifestants, la nécessité de donner des soins en urgence mais pas toujours, par exemple en cas de personne en état d'ébriété qui ne peut se voir notifier ses droits alors que le magistrat peut être informé (V. *supra*, n°s 2863 et s.).

Les droits à notifier

Le droit de prévenir un proche et son employeur, ainsi que, si elle est de nationalité étrangère, les autorités consulaires dont elle est ressortissante, et, le cas échéant de communiquer avec des personnes conformément à l'article 63-2.

3257 La notion de « proches » se définit comme la « personne avec laquelle elle vit habituellement ou l'un de ses parents en ligne directe ou l'un de ses frères et sœurs ».

3258 Quant aux autorités consulaires, ce droit doit être notifié dès lors que la personne est de nationalité étrangère.

3259 L'information de ces personnes peut se faire par tout moyen. Une fois que la personne gardée à vue a sollicité cette information, l'enquêteur doit y faire droit dans un délai de trois heures à compter de la demande. Cependant il ne s'agit là que d'une obligation de moyen et le magistrat en charge de l'enquête peut décider de reporter, voire de ne pas faire droit à cet avis (V. *supra*, n°s 2870 et s.).

3260 L'article 63-2, II permet une communication directe avec l'une des personnes visées à l'article 63-2, I, par téléphone, par écrit ou lors d'un entretien. L'officier de police judiciaire a « la main » sur cette communication dans la mesure où il peut s'y opposer dès lors qu'il la juge incompatible avec un des objectifs mentionnés à l'article 62-2 du Code de procédure pénale (V. *supra*, n° 2887).

3261 **Mineurs.** L'avis donné au représentant légal ou à un adulte approprié, le cas échéant (V. *supra*, n° 2892), est une obligation qui incombe à l'officier ou à l'agent de police judiciaire, qui doit faire diligences non pas dans un délai de trois heures mais immédiatement, sauf circonstances insurmontables. Le magistrat peut différer, mais non reporter, cette information (V. *supra*, n°s 2894 et s.).

3262 **Majeur protégé.** L'avis au curateur, au tuteur ou au mandataire spécial est une obligation. Le report de cet avis ne peut être différé que sur décision du magistrat afin de permettre le recueil ou la conservation des preuves ou de prévenir une atteinte grave à la vie, à la liberté ou à l'intégrité physique d'une personne. L'article D. 47-14 du Code de procédure pénale prévoit que l'avis donné au tuteur, curateur ou mandataire spécial par les enquêteurs mentionne qu'il peut :

1° désigner un avocat ou demander qu'un avocat soit désigné par le bâtonnier ;

2° demander que la personne soit examinée par un médecin ;

Enfin, le droit à communication de l'article 63-2 du Code de procédure pénale peut être autorisé par l'officier de police judiciaire, toujours selon l'article D. 47-14 du Code de procédure pénale.

Le droit d'être examiné par un médecin désigné par le procureur de la République ou l'officier de police judiciaire conformément à l'article 63-3 du Code de procédure pénale.

3263 Cet examen peut être effectué à la demande de la personne gardée à vue, du magistrat ou de l'officier de police judiciaire. Magistrats et enquêteurs peuvent décider à tout moment d'un examen médical ; il est de droit lorsqu'il est demandé par le gardé à vue ou ceux qui peuvent le demander et notamment le tuteur et le curateur pour le majeur protégé.

3264 **Mineurs.** Pour les mineurs de moins de seize ans, l'examen médical est obligatoire. Pour les mineurs de plus de seize ans, c'est le régime du majeur qui s'applique, tout en précisant qu'il revient à l'enquêteur qui avise les représentants légaux de les informer de ce qu'ils peuvent demander un examen médical pour le mineur. Cet examen est alors de droit.

3265 L'examen médical est réalisé par un médecin requis sur le fondement de l'article 63-3 du Code de procédure pénale et doit être requis et si possible effectué dans un délai de trois heures à compter de la demande de la personne gardée à vue. L'examen doit être pratiqué à l'abri du regard et de toute écoute extérieure afin de permettre le respect de la dignité et du secret professionnel. Le médecin doit se prononcer sur l'aptitude à la mesure de garde à vue et procéder à toutes les constatations utiles. Il établit un certificat médical. En cas d'inaptitude, la mesure de garde à vue doit être levée sur-le-champ (V. *supra*, n°s 2923 et s.).

Le droit d'être assisté par un avocat conformément aux articles 63-3-1 à 63-4-3-1 du Code de procédure pénale (V. *supra*, n°s 2940 et s.).

3266 Le droit à l'assistance d'un avocat, qui est notifié dès le début de la mesure, se décompose en plusieurs droits distincts :
– le droit à un entretien confidentiel, qui était le seul qui préexistait à la loi du 14 avril 2011 ;
– le droit, pour l'avocat et la personne gardée à vue, de consulter certains procès-verbaux ;
– le droit d'être assisté pendant les auditions et confrontations par un avocat ; ce droit peut être sollicité dès le début de la mesure ou à tout moment au cours de son déroulement.

3267 **Mineurs.** Qu'il soit placé en retenue ou en garde à vue, le mineur doit être assisté par un avocat. Les mêmes diligences que celles prévues pour le majeur visant à permettre un exercice de ce droit sont applicables au mineur (V. *supra*, n° 2943).

3268 L'avocat est désigné par la personne gardée à vue mais peut aussi l'être par les personnes qui peuvent ou doivent être informées de la mesure (V. *supra*, n° 2946), ainsi que par le bâtonnier sur requête du magistrat notamment en cas de conflit d'intérêts (V. *supra*, n° 2944).

3269 L'avis à avocat doit être fait sans délai et il revient à l'enquêteur de mettre tout en œuvre pour le joindre. En tout état de cause, il faut acter au procès-verbal les difficultés rencontrées et en informer sans délai le magistrat (V. *supra*, n°s 2951 et s.).

3270 L'avocat est informé de la nature et de la date présumée de l'infraction sur laquelle porte l'enquête, ainsi que de tout déplacement de la personne gardée à vue dès lors qu'au cours de ce déplacement il est procédé à une audition.

3271 L'assistance d'un avocat peut être sollicitée par la personne gardée à vue à tout moment au cours de la mesure et pas uniquement au moment où on lui notifie ses droits. Elle peut même solliciter l'assistance d'un avocat après y avoir renoncé de manière non équivoque. Il n'y a pas lieu à faire application du III de l'article préliminaire du Code de procédure pénale lorsque la personne a renoncé à l'assistance d'un avocat (V. *supra*, n° 2958).

3272 **Le droit à un entretien confidentiel.** D'une durée de trente minutes par tranche de vingt-quatre heures, cet entretien doit se faire en toute confidentialité. Il ne peut être reporté, sauf lors des gardes à vue dérogatoires. Lorsqu'il est fait application de l'article 65 du Code de procédure pénale (audition sur des faits distincts), la personne gardée à vue a droit à un nouvel entretien (V. *supra*, n°s 2959 et s.).

3273 **Le droit de consulter certaines pièces de procédure.** Peuvent être consultés, le PV de notification des droits, les PV d'audition de la personne et le certificat médical (V. *supra*, n°s 2967 et s.). Ni la personne gardée à vue ni l'avocat ne peuvent consulter l'entier dossier de la procédure.

3274 **Le droit d'être assisté par un avocat pendant les auditions et confrontations.** La personne gardée à vue qui en fait la demande peut être assistée d'un avocat au cours de ses auditions et confrontations. Dès lors que la personne gardée à vue a sollicité l'assistance d'un avocat, la première audition ne peut débuter avant l'expiration d'un délai de deux heures à compter de l'avis donné à l'avocat. Toutefois, pendant ce délai, il est possible de questionner la personne sur ses éléments d'identité (V. *supra*, n° 2979).

Exception aux droits de la défense (V. *supra*, n°s 2983 et s.)

3275 L'audition peut débuter sans respect du délai de carence, sur décision motivée du magistrat.

3276 L'assistance de l'avocat aux auditions et aux confrontations et la consultation des PV peuvent être reportées par le magistrat. En cas de garde à vue dérogatoire, le droit à un entretien confidentiel peut aussi être reporté.

3277 Ces exceptions ne sont pas applicables aux mineurs.

3278 **Tableau récapitulatif du report des droits.** V. *supra*, n° 2991.

3279 **Conséquences du report des droits de la défense.** La règle, prévue au III de l'article préliminaire du Code de procédure pénale selon laquelle « en matière criminelle et correctionnelle, aucune condamnation ne peut être prononcée contre une personne sur le seul fondement de déclarations qu'elle a faites sans avoir pu s'entretenir avec un avocat et être assistée par lui » trouve à s'appliquer en cas de report de la mise en œuvre des droits de la défense pendant la garde à vue. Il s'ensuit que les déclarations faites par la personne mise en cause pendant la période où son avocat ne pouvait l'assister en raison du report décidé par un magistrat ne pourront à elles seules justifier une condamnation. Elles ne le pourront que si elles sont corroborées par d'autres éléments (V. *supra*, n° 2992).

Droit de se taire

3280 Ce droit est notifié à la personne, à l'instar des autres droits, dès son placement

La garde à vue

en garde à vue, mais il n'a pas à être re-notifié lors des prolongations.

Droits et modalités des prolongations de garde à vue

3281 Pour le nombre et la durée totale des prolongations, nous renvoyons aux n°s 2805 et 3247.

3282 Selon les cas, la personne doit, avant toute décision de prolongation, être présentée ou non au magistrat (V. *supra*, n°s 3007, 3008, 3013, 3014). Quand la présentation a lieu elle peut se faire en recourant à un moyen de communication audiovisuel.

3283 La décision de ne pas faire présenter la personne dont il est envisagé de prolonger la garde à vue doit tantôt être motivée (V. *supra*, n° 3014) au regard de l'un des six objectifs visés à l'article 62-2 du Code de procédure pénale ou de l'objectif supplémentaire prévu au II de l'article 63, alinéa 1er, tantôt non (V. *supra*, n° 3008). La décision de prolongation doit toujours être précédée du recueil des éventuelles observations de la personne gardée à vue (V. *supra*, n°s 3019 et s.).

3284 S'il va de soi que la décision de prolongation doit être prise avant l'expiration de chaque période de vingt-quatre heures, rien n'interdit de la prendre plusieurs heures avant l'expiration de cette période. La prolongation – même décidée plusieurs heures auparavant – prend effet à compter de l'expiration de la précédente période de vingt-quatre heures. Dès lors, l'exercice des droits et les diligences pour qu'ils soient effectifs doivent être mis en œuvre à compter de l'expiration de ce délai et non au moment de la décision de prolongation – sauf si celle-ci est concomitante à l'expiration du délai (V. *supra*, n° 3024).

3285 **Tableau récapitulatif des diligences à effectuer lors des prolongations.** V. *supra*, n° 3033.

3286 Pour le mineur, ce sont exactement les mêmes droits – dont beaucoup sont des obligations – que ceux notifiés lors du placement en retenue ou en garde à vue. Le droit de se taire et celui de faire des observations sont, comme pour les majeurs, notifiés une seule fois lors du placement en garde à vue.

Modalités de la notification de la mesure de garde à vue et des droits

3287 La notification est le plus souvent réalisée à l'aide du LRPGN ou du LRPPN et lorsqu'elle intervient sur le terrain, elle se fait grâce à un imprimé de notification des droits (V. *supra*, n°s 3037 et s.). En tout état de cause, que la notification se fasse dans un commissariat ou dans une brigade, ou sur le terrain, il y a lieu de remettre le formulaire prévu à l'article 803-6 du Code de procédure pénale, téléchargeable sur le site de la DACG.

3288 **Le droit à un interprète.** Le recours à un interprète ne se limite pas au cas où la personne gardée à vue ne comprend pas le français, mais à tous les cas où celle-ci est dans l'impossibilité de communiquer autrement que par le truchement d'un interprète ou d'une assistance technique (surdité, personne muette, etc.). L'interprète, qui doit remplir certaines conditions personnelles, est requis (V. *supra*, n° 3045).

3289 Ce droit à l'interprète doit être notifié à la personne gardée à vue au moment du placement en garde à vue.

3290 **Qui peut procéder à la notification des droits ?** La notification des droits peut être réalisée, en enquête de flagrance comme en enquête préliminaire, par un OPJ ou un APJ, agissant sous son contrôle. S'agissant de l'instruction, il semble possible d'autoriser l'APJ à notifier les droits (V. *supra*, n° 3049).

L'information de l'autorité judiciaire

3291 L'information du magistrat doit intervenir « dès le début de la mesure », c'est-à-dire dès le placement en garde à vue, mais le délai pour informer le parquet relève d'une appréciation casuistique puisqu'aucun délai n'est donné par loi ou la chambre criminelle. Il semble, à la lumière de sa jurisprudence, qu'un délai de trente minutes entre le placement en garde à vue et l'information du magistrat réponde aux exigences de « brièveté » imposées par le Code de procédure pénale (V. *supra*, n° 3054).

3292 Cette information doit être donnée par l'OPJ par tout moyen (appel téléphonique, courriel, billet de garde à vue) au magistrat « sous la direction duquel l'enquête est menée », quel que soit le lieu de placement en garde à vue. L'OPJ « donne connaissance des motifs justifiant, en application de l'article 62-2, ce placement et l'avise de la qualification des faits qu'il a notifiée à la personne en application du 2° de l'article 63-1. Le procureur de la République peut modifier cette qualification ; dans ce cas, la nouvelle qualification est notifiée à la personne dans les conditions prévues au même article 63-1 ».

3293 Le magistrat peut modifier la qualification des faits et, dans ce cas, la nouvelle qualification doit être notifiée à la personne gardée à vue.

3294 Des circonstances insurmontables peuvent justifier que cette information ne soit pas donnée dès le placement en garde à vue. Il revient à l'OPJ d'expliciter en procédure ces raisons que la chambre criminelle contrôle avec rigueur (V. *supra*, nos 3072 et s.).

3295 Dans la pratique, les informations données au magistrat, notamment au travers du billet de garde à vue, dépassent largement les exigences du Code de procédure pénale (V. *supra*, nos 3086 et s.).

Déroulement de la mesure de garde à vue

3296 **Enregistrement audiovisuel de la mesure de garde à vue.** Celui-ci est obligatoire dès lors que :
– les faits sont de nature criminelle, qu'ils relèvent du droit commun ou de la criminalité organisée ;
– les auditions se déroulent dans des locaux d'un service de police ou d'une unité de la gendarmerie exerçant des missions de police judiciaire.

Seules les auditions sont filmées et non les autres actes de la mesure de garde à vue. Cet enregistrement ne remplace pas le PV ; il est réalisé comme une mesure de contrôle en cas de contestation des déclarations actées au procès-verbal (V. *supra*, n° 3111). Toutefois, il est des exceptions à l'enregistrement audiovisuel : impossibilité technique, nombre important de gardes à vue, problème technique (V. *supra*, nos 3116 et s.). L'impossibilité d'enregistrer doit être actée et justifiée en procédure et le magistrat doit être prévenu immédiatement.

L'enregistrement est placé sous scellé. Le Code de procédure pénale autorise que des copies soient réalisées notamment à des fins d'investigations. Les scellés sont détruits par le greffe de la juridiction à l'expiration d'un délai de cinq ans à compter de la date d'extinction de l'action publique (CPP, art. 64-1), au plus tard dans le mois qui suit le délai de cinq ans après le dernier acte de procédure dressé par les enquêteurs s'agissant des copies (V. *supra*, n° 3121).

3297 **Enregistrement audiovisuel des retenues et gardes à vue de mineurs.** Toutes les retenues et gardes à vue de mineurs doivent être enregistrées, que ce soit en matière criminelle ou correctionnelle. Une différence notable existe avec l'enregistrement audiovisuel des majeurs : lorsque l'enregistrement n'a pas pu avoir lieu, y compris lorsque son absence a fait l'objet d'une mention et d'un avis à magistrat, les déclarations du mineur ne pourront servir d'unique fondement à une déclaration de culpabilité.

Déroulement des auditions

3298 La police de l'audition appartient à l'officier de police judiciaire ou à l'agent de police judiciaire. Cependant, dès lors que l'avocat a annoncé sa venue et qu'il souhaite assister aux auditions, il est nécessaire de l'informer de l'horaire de la prochaine audition (V. *supra*, nos 3131 et s.).

3299 En cas de confrontations, la victime peut être assistée d'un avocat qui peut consulter, le cas échéant, les procès-verbaux d'auditions de sa cliente (V. *supra*, n° 3132).

3300 L'absence de l'avocat régulièrement informé dès lors qu'elle est due à sa propre carence ne devrait pas conduire à l'application du III de l'article préliminaire du Code de procédure pénale. Les déclarations de la personne gardée à vue devraient donc avoir une valeur probante pleine et entière (V. *supra*, n° 3135).

3301 Le mineur peut être accompagné lors de son audition par un représentant légal ou un adulte approprié. Toutefois lorsque cette présence trouble la sérénité de l'audition, l'officier de police judiciaire peut mettre fin à cette présence (V. *supra*, nos 3137 et s.).

3302 Les questions et les réponses doivent apparaître dans le procès-verbal d'audition sans qu'il soit cependant nécessaire d'en faire une transcription mot à mot. L'absence de ces questions au procès-verbal ne vicie pas pour autant ce dernier. L'officier de police judiciaire ou l'agent de police judiciaire doit respecter le principe de loyauté lors de ces auditions (V. *supra*, nos 3146 et s.).

3303 Il va sans dire que tout moyen de recueil des déclarations de la personne gardée à vue méconnaissant le droit au respect de la dignité est absolument interdit en ce qu'il contreviendrait à tous les principes fondamentaux de notre droit et entraînerait la nullité de l'audition en question.

3304 L'avocat peut poser des questions, mais uniquement lorsque l'officier de police judiciaire ou l'agent de police judiciaire a terminé de poser ses propres questions. L'avocat ne doit pas intervenir en cours d'audition. Enfin, ce dernier ne peut divulguer, pendant toute la durée de la mesure, les informations recueillies pendant les auditions (V. *supra*, n° 3155).

Les autres actes de la mesure de garde à vue

3305 La fouille de la personne gardée à vue est réalisée tant pour des raisons de sécurité, qu'à des fins « probatoires ». Dans le premier cas, on parle de mesures de sécurité et dans le second de « fouille-perquisition » ou « fouilles judiciaires ».

3306 Les mesures de sécurité (V. *supra*, n° 3159) sont réalisées dans le seul but de s'assurer que la personne gardée à vue ou retenue n'est porteuse d'aucun objet susceptible d'être dangereux pour elle-même ou pour autrui. Elles ne peuvent jamais consister en une fouille intégrale, caractérisée par une mise à nu complète de la personne. Elles comprennent :
– la palpation de sécurité, pratiquée par une personne du même sexe au travers des vêtements ;
– l'utilisation de moyens de détection électronique en dotation dans les services ;
– le retrait d'objets et d'effets pouvant constituer un danger pour la personne ou pour autrui ;
– le retrait de vêtements, effectué de façon non systématique et seulement si les circonstances l'imposent.
Les objets retirés à la personne retenue ou gardée à vue font l'objet d'un PV d'inventaire. Quant aux menottes et entraves, leur port doit respecter les principes de proportionnalité et de nécessité (V. *supra*, n° 3165).

3307 La fouille judiciaire est une mesure visant à découvrir sur la personne gardée à vue des objets susceptibles de participer à la manifestation de la vérité. Aussi dénommée « fouille perquisition », elle consiste, dans une démarche progressive, à procéder à une palpation au travers des vêtements, au retrait de vêtements et *in fine*, si cela est nécessaire, à une mise à nu (V. *supra*, n° 3167). Elle doit remplir les conditions suivantes :
– elle est mise en œuvre si la palpation apparaît manifestement insuffisante et si l'utilisation de moyen de détection électronique est impossible ou elle-même insuffisante ;
– elle doit être décidée par un officier de police judiciaire ;
– elle doit être réalisée par une personne de même sexe ;
– elle doit être réalisée dans un lieu préservant la dignité de la personne.

3308 La fouille « in corpore », qu'on nomme aussi « investigations internes », est strictement liée à la mesure de garde à vue ; elle doit être décidée par un officier de police judiciaire et effectuée par un médecin dûment requis à cet effet. Il est nécessaire de recueillir explicitement et par écrit, sur le même modèle que l'assentiment à perquisition, le consentement de la personne gardée à vue dès lors que cette fouille « judiciaire », qu'elle soit intégrale ou non, est réalisée dans le cadre d'une enquête préliminaire (V. *supra*, n° 3169).

3309 **Formalités anthropométriques.** Si, pour le relevé signalétique, qui consiste en la prise d'empreintes digitales et palmaires ainsi que de photographies, il suffit que la personne soit soupçonnée de la commission d'une infraction, il en va différemment pour le prélèvement ADN qui nécessite que l'infraction reprochée à la personne soit contenue dans la liste fixée par l'article 706-55 du Code de procédure pénale. Dans ce dernier cas, l'enquêteur doit donc s'assurer de la légalité du prélèvement. En enquête préliminaire, il est nécessaire de recueillir l'autorisation du magistrat pour procéder au relevé signalétique. Ces formalités sont actées en procédure (V. *supra*, n° 3172).

3310 Les temps d'alimentation et de repos doivent être réguliers et actés en procédure (V. *supra*, n°s 3189 et s.).

La fin de la mesure de garde à vue

3311 La garde à vue peut être levée pour plusieurs raisons, soit parce que sa durée légale arrive à expiration ou sur décision du magistrat.

3312 Au moment de cette levée de la mesure, l'enquêteur clôture la mesure et rédige (ou met un point final) au PV de déroulement de la mesure prévu par le I de l'article 64 du Code de procédure pénale, qui doit contenir des mentions obligatoires (V. *supra*, n° 3199). Au sein de la gendarmerie, il est généré automatiquement par le LRPGN. Certaines mentions de ce PV doivent être émargées spécifiquement par la personne gardée à vue. Enfin, il revient à l'OPJ ou à l'APJ de renseigner le registre de garde à vue qui n'est pas encore dématérialisé (V. *supra*, n°s 3206 et s.).

3313 À l'issue, la personne peut être remise en liberté sans décision judiciaire. Une information lui est notifiée sur son droit de demander des informations sur les suites de l'enquête (V. *supra*, n°s 3209 et s.). À l'inverse, une décision judiciaire peut lui être notifiée, comme un acte de poursuite ou une mesure alternative aux poursuites ou une convocation pour interrogatoire de première comparution, qui est mentionnée au PV de déroulement.

3314 La personne peut enfin être déférée devant le magistrat. Cette comparution devant le magistrat doit avoir lieu le jour même, c'est-à-dire avant minuit. Le point de départ du délai est l'heure à laquelle la garde à vue a été effectivement levée pour « mise en route » de la personne vers le palais de justice et non l'heure à laquelle le parquet a décidé de la levée de la mesure de garde à vue (V. *supra*, n°s 3218 et s.).

3315 **La retenue judiciaire aux fins de déferement.** Cette rétention, qui succède à la mesure de garde à vue, est strictement encadrée et n'est possible que sous la double condition que la juridiction dispose de « locaux spécialement aménagés » et que cette rétention n'excède pas une durée de vingt heures à compter de l'heure de la levée de la garde à vue (V. *supra*, n° 3221).

3316 Le magistrat qui a ordonné le déferement doit être immédiatement avisé de l'arrivée de la personne dans les locaux de la juridiction.

3317 Si la garde à vue a été prolongée par le procureur de la République et non par un magistrat du siège, la personne retenue doit, à défaut de pouvoir comparaître devant la juridiction de jugement ou le juge d'instruction dans le délai de vingt heures, être présentée au juge des libertés et de la détention.

3318 La personne retenue doit avoir la possibilité de s'alimenter et, à sa demande, de faire prévenir par téléphone une des personnes visées à l'article 63-2, d'être examinée par un médecin désigné conformément aux dispositions de l'article 63-3 et de s'entretenir, à tout moment, avec un avocat désigné par elle ou commis d'office à sa demande, selon les modalités prévues par l'article 63-3-1. L'avocat peut demander à consulter le dossier de la procédure (V. *supra*, n° 3225).

3319 Lorsque la garde à vue a duré plus de 72 heures, seul l'article 803-2 sera applicable ; la personne devra être présentée le jour même au magistrat ou à la juridiction.

3320 L'article 803-3 du Code de procédure pénale impose la tenue d'un registre spécial dans le local de rétention qui doit contenir (V. *supra*, n° 3227) :
– l'identité de la personne retenue ;
– l'heure de son arrivée dans les locaux et l'heure de conduite devant le magistrat ;
– l'application des dispositions relatives aux droits à s'alimenter, à faire prévenir un proche et l'employeur, à bénéficier d'un examen médical et à pouvoir s'entretenir avec un avocat.

POUR ALLER PLUS LOIN...

Ouvrages

• F. Desportes et F. Lazerges-Cousquer, *Traité de procédure pénale*, Economica, 2012, n° 2528.
• F. Desportes et L. Lazerges-Cousquer, *Traité de procédure pénale*, Economica, 2015, n°s 1890, 2521-2, 2530, 2542, 2559, 2579, 2585 et s., 2591, 2593, 2598-1.
• F. Desportes et L. Lazerges-Cousquer, *Traité de procédure pénale*, Economica, 2015, n°s 2519 et s.
• F. Desportes et L. Lazerges-Cousquer, *Traité de procédure pénale*, Economica, 2015, 2523-3 et s.
• Y. Mayaud, *Les droits de la défense, cause d'irresponsabilité pénale*, in *Mél. offerts à R. Gassin*, PUAM, 2007.
• J. Pradel, *Procédure pénale*, Cujas, 2017, n° 535.
• F. Sudre, *Les grands arrêts de la Cour européenne des droits de l'homme*, PUF, 7e éd., 2015, p. 415.

Circulaires

• Circ. CRIM/99-4-F1, 20 avr. 1999, relative aux enregistrements audiovisuels et sonores de l'audition d'un mineur victime d'infractions sexuelles.
• Circ. DACG CRIM/2000-13 F1, 4 déc. 2004, relative à la loi du 15 juin 2000 (NOR : JUSD0030205C).
• Circ. n° 43000/DEF/GEND/PM/AF/RAF, 25 mai 2007, relative à l'alimentation des personnes gardées à vue.
• Circ. 23 mai 2011, relative à l'application des dispositions relatives à la garde à vue de la loi n° 2011-392 du 14 avril 2011 relative à la garde à vue (NOR : JUSD1113979C).
• Circ. 23 mai 2014 de présentation des dispositions de procédure pénale applicables le 2 juin 2014 de la loi portant transposition de la directive 2012/13/UE du Parlement européen et du Conseil du 22 mai 2012 relative au droit à l'information dans le cadre des procédures pénales (NOR : JUSD1412016C).
• Circ. 19 déc. 2014 de présentation des dispositions applicables à compter du 1er janvier 2015 de la loi n° 2014-535 du 27 mai 2014 portant transposition de la directive 2012/13/UE du Parlement européen et du Conseil, du 22 mai 2012 relative au droit à l'information dans le cadre des procédures

pénales (accès à l'avocat dans le cadre de l'audition libre), V. § III-1.2.
• Circ. 17 juin 2016 de présentation des dispositions générales de procédure pénale immédiatement applicables de la loi n° 2016-731 du 3 juin 2016 renforçant la lutte contre le crime organisé, le terrorisme et leur financement et améliorant l'efficacité et les garanties de la procédure pénale.
• Circ. DACG du 27 mai 2019 dite de présentation des dispositions de la loi n° 2019-222 du 23 mars 2019 de programmation 2018-2022 et de réforme pour la justice et du décret n° 2019-507 du 24 mai 2019, relatives à la procédure pénale applicables aux mineurs (NOR : JUSD1915418 C).
• Circ. DACG du 23 mai 2011, relative à l'application des dispositions relatives à la garde à vue de la loi n° 2011-392 du 14 avril 2011 relative à la garde à vue n° III.5.2.2.
• Circ. DACG du 23 mai 2011, relative à l'application des dispositions relatives à la garde à vue de la loi n° 2011-392 du 14 avril 2011 relative à la garde à vue n° III.5.4.
« L'état de nécessité des droits de la défense », V. Y. Mayaud, *Les droits de la défense, cause d'irresponsabilité pénale*, in *Mél. offerts à R. Gassin*, PUAM, 2007).

Fiche 55
Surveillances et filature

Sommaire

Introduction

3321 Ni le Code de procédure pénale, ni la jurisprudence de la chambre criminelle ne définissent l'acte d'enquête que constitue une opération de surveillance de personnes. En revanche, la loi encadre les modalités de surveillance lorsqu'elles font appel à des techniques particulières comme la sonorisation, la captation d'images dans un lieu privé ou sur la voie publique, les interceptions judiciaires, mais elle ne dit rien de ce qu'on appelle communément la « filature ».

Le terme de filature apparaît régulièrement dans les arrêts de la chambre criminelle sans que cet acte d'enquête ne fasse l'objet de contestation particulière (il est régulièrement fait référence à « des surveillances et filature », V. Cass. crim., 25 juill. 2018, n° 18-80.651 : *Bull. crim.* n° 134. – Cass. crim., 20 juin 2018, n° 17-86.657 : *Bull. crim.* n° 116. – Cass. crim., 2 nov. 2016, n° 16-81.716 : *Bull. crim.* n° 281. – Cass. crim., 15 déc. 2015, n°s 15-84.373 et 14-87.935 : *Bull. crim.* n° 293. – Cass. crim., 19 févr. 2014, n° 13-85.233 : *Bull. crim.* n° 45 (douanes). – Cass. crim., 14 janv. 2014, n° 13-84.909 : *Bull. crim.* n° 8 et Cass. crim., 4 juin 1991, n° 91-81.682.).

La Convention d'application des accords de Schengen, dans ses articles 40 et 41, régit quant à elle les observations transfrontalières qui relèvent de la coopération internationale (V. *supra*, n°s 1826 et s. et *infra*, n°s 4574 et s.).

3322 En revanche, le Code de procédure pénale contient des dispositions relatives à « la surveillance » qui encadrent l'extension de compétence territoriale spécifique, les livraisons contrôlées et les livraisons surveillées, mais qui ne concernent qu'indirectement les opérations de filature.

I

Extension de compétence et surveillance

3323 L'article 706-80 du Code de procédure pénale dispose que :

« Les officiers de police judiciaire et, sous leur autorité, les agents de police judiciaire, après en avoir informé le procureur de la République et sauf opposition de ce magistrat, peuvent étendre à l'ensemble du territoire national la surveillance de personnes contre lesquelles il existe une ou plusieurs raisons plausibles de les soupçonner d'avoir commis l'un des crimes et délits entrant dans le champ d'application des articles 706-73, 706-73-1 ou 706-74 ou la surveillance de l'acheminement ou du transport des objets, biens ou produits tirés de la commission de ces infractions ou servant à les commettre.

L'information préalable à l'extension de compétence prévue par le premier alinéa doit être donnée, par tout moyen, au procureur de la République déjà saisi et au procureur de la République près le tribunal judiciaire dans le ressort duquel les opérations de surveillance sont susceptibles de débuter ».

A Conditions de mise en œuvre

1 Enquête de flagrance et préliminaire et personnes suspectes

3324 L'article 706-80 du Code de procédure pénale est réservé aux seules enquêtes de flagrance et préliminaire. Cette disposition existe également à l'article 67 bis du Code des douanes. Lors de la rédaction de cet article, en 2004, il n'est sans doute pas apparu utile au législateur de prévoir cette disposition pour l'instruction, dès lors que le juge d'instruction pouvait autoriser les officiers de police judiciaire à poursuivre leurs investigations judiciaires sur tout le territoire national grâce à l'article 18, alinéa 4 (dans sa rédaction antérieure à celle de la loi du 23 mars 2019).

3325 **Personnes suspectes.** À la différence des articles 40 et 41 de la Convention d'application des accords de Schengen qui autorisent la surveillance de personnes à l'égard desquelles il n'existe aucune raison de les soupçonner d'avoir commis ou tenté de commettre une infraction (V. *infra*, n° 4579), l'article 706-80 limite la possibilité de recourir à l'extension de compétence aux surveillances des seules personnes suspectes d'infractions détaillées (V. *infra*, n° 3328).
Autrement dit, l'extension de compétence ne peut pas concerner des opérations de surveillance à l'égard de témoins ou de toute autre personne susceptible de conduire les enquêteurs aux personnes mises en cause, dès lors qu'elles ne sont pas elles-mêmes soupçonnées d'être impliquées dans des infractions limitativement énumérées.
En revanche, l'article 18, alinéa 3 autorise la surveillance de personnes non suspectes mais susceptibles d'apporter des éléments utiles à l'enquête (V. *supra*, n° 134).

3326 **Objets de la surveillance.** L'article 706-80 du Code de procédure pénale précise que cette surveillance peut également concerner des objets, puisqu'est visée la surveillance de « l'acheminement ou du transport des objets, biens ou produits tirés de la commission de ces infractions ou servant à les commettre ».
En pratique, la surveillance concerne de manière simultanée les personnes et les biens, comme en matière de trafic de produits stupéfiants. Cependant, il est bien d'autres trafics, comme en attestent les infractions listées *infra*, qui ne nécessitent pas que les personnes suspectes se déplacent en même temps que les objets de leur trafic.

2 Une surveillance exercée à l'occasion d'infractions limitées

3327 **Délinquance et criminalités organisées.** Les faits doivent concerner les infractions visées aux articles 706-73, 706-73-1 et 706-74 du Code de procédure pénale.

3328 Toutefois, d'autres dispositions du Code de procédure pénale renvoient à cet article 706-80. Il en va ainsi :
– de l'article 706-1 du Code de procédure pénale qui renvoie aux délits prévus aux articles L. 335-2, L. 335-3, L. 335-4, L. 343-4, L. 521-10, L. 615-14, L. 716-9 et L. 716-10 du Code de la propriété intellectuelle lorsqu'ils sont commis en bande organisée ;

– de l'article 706-1-1 du Code de procédure pénale qui renvoie aux délits prévus :
• aux articles 432-11, 432-15, 433-1, 433-2, 434-9, 434-9-1, 435-1 à 435-4 et 435-7 à 435-10 du Code pénal,
• aux articles 1741 et 1743 du Code général des impôts, lorsqu'ils sont commis en bande organisée ou lorsqu'il existe des présomptions caractérisées que ces infractions résultent d'un des comportements mentionnés aux 1° à 5° du II de l'article L. 228 du Livre des procédures fiscales,
• au dernier alinéa de l'article 414 et à l'article 415 du Code des douanes, lorsqu'ils sont punis d'une peine d'emprisonnement d'une durée supérieure à cinq ans,
• et au blanchiment de ces précédents délits,
• aux articles L. 465-1 à L. 465-3-3 du Code monétaire et financier lorsqu'ils sont commis en bande organisée ;
– de l'article 706-1-2 du Code de procédure pénale qui renvoie aux délits prévus au dernier alinéa des articles L. 241-3 et L. 242-6 du Code de commerce ;
– de l'article 706-2-2 du Code de procédure pénale qui renvoie aux délits prévus :
• aux articles L. 5421-2, L. 5421-13, L. 5426-1, L. 5432-1, L. 5432-2, L. 5432-3, L. 5438-4, L. 5438-6, L. 5439-1, L. 5439-2, L. 5442-10, L. 5442-14, L. 5461-3 et L. 5462-3 du Code de la santé publique, lorsqu'ils sont punis d'une peine d'emprisonnement d'une durée supérieure à cinq ans,
• aux articles L. 451-2 et L. 454-3 du Code de la consommation,
• et au blanchiment de ces délits ;
– de l'article 706-72 du Code de procédure pénale qui renvoie aux délits prévus aux articles 323-1 à 323-4-1 et 411-9 du Code pénal, lorsqu'ils sont commis sur un système de traitement automatisé d'informations, au délit prévu à l'article 323-4-1 du Code pénal et au blanchiment des mêmes délits ainsi qu'à l'association de malfaiteurs lorsqu'elle a pour objet la préparation de l'un desdits délits.
Autrement dit, cette extension de compétence dépasse la seule criminalité organisée visée aux articles 706-73 et suivants du Code de procédure pénale.

3 Information du procureur de la République

3329 L'article 706-80 du Code de procédure pénale prévoit une double information qui doit être donnée au :
– procureur de la République près le tribunal judiciaire dans le ressort duquel les opérations sont susceptibles de débuter ;
– procureur de la République « déjà saisi », lequel peut s'y opposer et qui est celui qui a en charge l'enquête déjà ouverte dans le cadre de laquelle la surveillance a vocation à intervenir.
La loi précise ensuite que cette information préalable du procureur de la République peut lui être donnée par tout moyen.

CONSEIL Il faut veiller à acter au procès-verbal cette information, ses modalités (téléphone, SMS...), la réponse du magistrat ainsi que le moment où elle lui a été donnée.

3330 La chambre criminelle juge que :

« La détermination du lieu où est susceptible de débuter la surveillance de personnes contre lesquelles il existe une ou plusieurs raisons plausibles de les soupçonner d'avoir commis l'un de ces crimes et délits ou de l'acheminement ou du transport des objets, biens ou produits tirés de la commission de ces infractions ou servant à les commettre est une question de pur fait échappant au contrôle de la Cour de cassation » (Cass. crim., 23 mai 2017, n° 16-87.323 : *Bull. crim.* n° 140).

3331 Cette position de la chambre criminelle doit être approuvée, car « le comportement des personnes surveillées pouvant être imprévisible, il n'est pas évident de savoir effectivement à l'avance à quel endroit il faudra débuter la surveillance. Cette position respecte non seulement la lettre de l'article 706-80 du Code de procédure pénale, qui évoque le lieu où les opérations sont "susceptibles de débuter", mais aussi son esprit, dans la mesure où cet article a pour but de permettre une opération de surveillance sur l'ensemble du territoire national en informant un seul magistrat, la surveillance pouvant alors se dérouler sur l'ensemble du territoire ».
Pour autant, cette imprévisibilité du lieu où peuvent débuter les surveillances ne saurait exonérer les enquêteurs d'informer le magistrat territorialement compétent, puisque telle est l'obligation imposée par l'article 706-80.

B Utilité de cette extension de compétence

3332 L'étude de l'article 706-80 du Code de procédure pénale aurait pu légitimement trouver sa place dans la fiche consacrée à la compétence territoriale des enquêteurs, en ce qu'il octroie une extension de compétence à l'ensemble du territoire national pour les officiers et agents de police judiciaire qui agissent dans le cadre d'une enquête de flagrance ou préliminaire portant sur des faits constituant les infractions précédemment énumérées.

3333 Or, nous avons vu que l'article 18 du Code de procédure pénale a été profondément modifié par la loi du 23 mars 2019 qui a supprimé les autorisations d'extension de compétence en les remplaçant par une simple information du magistrat, quel que soit le cadre de l'enquête judiciaire, à savoir de flagrance, préliminaire ou une instruction (V. *supra*, n°s 130 et s.).

Dans sa circulaire du 2 septembre 2004, la DACG précisait que :

> « Le recours jusqu'à maintenant indispensable à la procédure de l'article 18, alinéa 4 du code de procédure pénale, qui suppose des réquisitions préalables du procureur de la République, lorsqu'il apparaît nécessaire aux officiers de police judiciaire de sortir de leur zone de compétence territoriale a semblé particulièrement lourd et facteur de perte d'efficacité pour certaines investigations nécessitant une rapidité particulière.
> Le législateur a inséré un nouvel article 706-80 dans le code de procédure pénale aux termes duquel les officiers de police judiciaire et les agents de police judiciaire agissant sous leur autorité peuvent, après en avoir informé le procureur de la République et sauf opposition de ce magistrat, étendre à l'ensemble du territoire national la surveillance des personnes et des objets, biens et produits dont il existe des raisons plausibles de penser qu'elles ont commis, ou qui servent ou sont tirés de la commission des infractions visées aux articles 706-73 et 706-74 du code de procédure pénale ».

En fait, l'article 706-80 du Code de procédure pénale était le précurseur de la réforme de l'article 18 du même code entérinée par la loi du 23 mars 2019 (V. *supra*, n° 3325). Aujourd'hui, il n'est plus qu'une déclinaison particulière de cet article général. Toutefois, il préserve une utilité en ce qu'il détermine quel est le magistrat compétent devant être informé par les enquêteurs.

II Les livraisons surveillées

3334 L'article 706-80-1 du Code de procédure pénale encadre ce que la DACG appelle « le dispositif de libre passage ». Il doit être distingué :

– du mécanisme prévu par l'article 706-80 qui ne sera pas considéré ici comme une livraison surveillée quand bien même il permet de surveiller l'acheminement ou le transport de l'objet ou du produit de l'infraction sans y mettre fin de façon immédiate ;
– des livraisons contrôlées (V. *infra*, n°s 3345 et s.) ;
– de l'enquête sous pseudonyme (CPP, art. 230-46 et s., V. *infra*, n°s 4007 et s.) ;
– des coups d'achat spécifiquement prévus pour les infractions à la législation sur les stupéfiants et le trafic d'armes (CPP, art. 706-32 et 706-106, V. *infra*, n°s 3358 et s.) ;
– de l'infiltration (CPP, art. 706-81 et s., V. *infra*, n°s 4033 et s.).

L'introduction dans le Code de procédure pénale des articles 706-80-1 et 706-80-2 par la loi du 23 mars 2019 vise à la « clarification du cadre procédural applicable aux opérations de surveillance en matière de criminalité et de délinquance organisées » selon les travaux parlementaires. Pour la DACG, grâce à ces dispositions, « il sera ainsi possible d'éviter par exemple un contrôle douanier en zone aéroportuaire, ou encore un contrôle routier ou douanier à un poste frontière ou de péage ».

Le mécanisme des livraisons surveillées se décline selon deux mesures différentes, seule la seconde concernant réellement une livraison.

A Autorisation de ne pas procéder au contrôle ou à l'interpellation de personnes suspectes

3335 Prévue au premier alinéa de l'article 706-80-1 du Code de procédure pénale, cette autorisation permet aux enquêteurs de demander à d'autres membres des forces de l'ordre de ne pas contrôler ou interpeller une ou des personnes suspectes parce qu'elles font l'objet d'une surveillance par leur service ou leur unité.

3336 **Personnes suspectes.** L'article 706-80-1, alinéa 1er du Code de procédure pénale limite cette possibilité aux personnes à l'égard desquelles il existe une ou plusieurs raisons plausibles de soupçonner qu'elles ont commis certaines infractions (V. *infra*, n° 3340). Cette précision semble logique, car il n'y a pas de raison de procéder à l'interpellation d'une personne non suspecte.

3337 **Utilité.** L'utilité de cette disposition est explicitée au sein de l'article 706-80-1 en ce qu'il vise à « demander à tout fonctionnaire ou agent public de ne pas procéder au contrôle et à l'interpellation de ces personnes afin de ne pas compromettre la poursuite des investigations ». On comprend bien ici l'idée : il s'agit de surveiller ces personnes afin de les « prendre la main dans le sac » ou tout au moins de les laisser amener les enquêteurs à matérialiser les infractions qu'elles commettent ou s'apprêtent à commettre.
De plus, ce texte constitue un acte de coordination entre les services et unités d'enquête afin d'éviter qu'une surveillance ne puisse être conduite à son terme en raison d'initiatives malheureuses ou inopportunes consistant à arrêter prématurément les suspects, notamment lorsqu'ils passent par des points de contrôle ou ont été repérés du fait de leurs comportements suspects par des enquêteurs qui sont sans rapport avec ceux exerçant la surveillance.

B Autorisation de ne pas procéder au contrôle et à la saisie d'objets, de biens ou de produits

3338 Prévue au deuxième alinéa de l'article 706-80-1 du Code de procédure pénale, il s'agit d'une autorisation donnée aux forces de l'ordre, dans le cadre d'une opération de surveillance de l'acheminement ou du transport des objets, biens ou produits tirés de la commission d'infractions de demander à tout fonctionnaire ou agent public de ne pas contrôler et de ne pas procéder à la saisie d'objets, biens ou produits afin de ne pas compromettre la poursuite des investigations.

3339 L'utilité est identique à celle qui prévaut pour les personnes, sauf que, dans cette hypothèse, la surveillance des biens est décorrélée de celles des personnes suspectes. En effet, il arrive que les malfaiteurs fassent transporter l'objet de leur trafic par des personnes à leur insu et de bonne foi.

C Régime juridique de l'autorisation

1 Les infractions visées

3340 Si l'article 706-80-1 du Code de procédure pénale vise les articles 706-73, 706-73-1 et 706-74 du Code de procédure pénale relatifs à la délinquance et à la criminalité organisées, d'autres articles du Code de procédure pénale autorisent le recours à la livraison surveillée. Ils sont les mêmes que ceux qui permettent l'extension de compétence prévue à l'article 706-80 du Code de procédure pénale. Nous renvoyons donc expressément à cette liste (V. *supra*, n° 3328).

2 Cadre juridique de l'enquête judiciaire

3341 À la différence de l'article 706-80 du Code de procédure pénale, le cadre juridique n'est pas limité, et il peut s'agir de toute enquête judiciaire : flagrance, préliminaire et instruction.
Ces opérations de surveillance peuvent être réalisées tant par les officiers de police judiciaire que par les agents de police judiciaire, agissant sous l'autorité de ceux-ci.

3 Régime de l'autorisation

3342 L'article 706-80-1, alinéa 3 du Code de procédure pénale prévoit que l'autorisation est délivrée par le procureur de la République ou le juge d'instruction. Elle peut être donnée par tout moyen et est mentionnée ou versée au dossier de la procédure. Dispositif doté d'une grande souplesse, comparable à celle prévue à l'article 706-80 du même code, il est justifié par le fait que ce genre d'opération peut se décider et se déclencher à tout moment. L'article 706-80-1, alinéas 1 et 2 impose cependant que le magistrat contrôle la nécessité de cet acte d'enquête sans que le Code de procédure pénale n'impose pour autant une quelconque décision écrite et motivée de sa part. Ce faisant, l'autorisation est donnée au cas par cas.

CONSEIL Il y a également lieu d'informer le magistrat saisi des suites de ces opérations et de le mentionner au procès-verbal.

3343 Lorsque l'autorisation est donnée par le juge d'instruction, celui-ci en avise préalablement le parquet. Il s'agit d'un simple avis, qui va permettre au magistrat du parquet d'informer à son tour le procureur du tribunal judiciaire de Paris, compétent pour la Juridiction nationale chargée de la lutte contre la criminalité organisée (JUNALCO), ce qui permet d'assurer une centralisation de l'information et une meilleure coordination de l'action des juridictions en matière de lutte contre la criminalité organisée.

Cette information du parquet parisien est également requise lorsque ces livraisons surveillées interviennent lors d'une enquête de flagrance ou préliminaire.

CONSEIL La DACG indique que l'avis adressé au magistrat du parquet du tribunal judiciaire de Paris peut se faire sur la boîte structurelle suivante : ls.pr.tgi-paris@justice.fr.

3344 **Inscription au fichier des objets et des véhicules signalés (FOVeS).** En pratique, il n'est pas rare que le service de police ou l'unité de gendarmerie qui a recours à ce dispositif en informe les autres services et unités par un message « interne » comportant les éléments permettant d'identifier les personnes et souvent les véhicules à ne pas contrôler. Ce message, qui varie dans sa forme et son contenu en fonction de l'institution dont il émane, est également doublé d'une inscription au FOVeS comportant la mention « ne pas contrôler et ne pas interpeller. Informer le service ou l'unité en charge de l'enquête », ainsi que le prévoit l'article 1er de l'arrêté du 7 juillet 2017 portant autorisation d'un traitement automatisé de données à caractère personnel dénommé « FOVeS » (V. *infra*, n° 4446).

III Les livraisons contrôlées

A Présentation

3345 L'article 706-80-2 du Code de procédure pénale encadre la substitution des enquêteurs aux prestataires des services postaux et opérateurs de fret afin de permettre aux enquêteurs de réaliser eux-mêmes certaines livraisons dans le but de matérialiser l'infraction objet de leur enquête. Pour la DACG, il s'agit d'un « dispositif de livraison de produits ou de marchandises illicites par les enquêteurs ». En d'autres termes, il s'agit pour l'enquêteur de se faire passer non pas pour un coauteur, un complice ou un receleur d'un groupe criminel, mais de remplacer un prestataire extérieur au trafic.

Cet article, comme d'autres, autorise donc les enquêteurs à commettre un acte illicite dans le but de recueillir des éléments probants, ainsi que le prévoit expressément l'article 706-80-2 qui dispose que :

> « Dans le cadre d'une opération de surveillance de l'acheminement ou du transport des objets, biens ou produits tirés de la commission de l'une des infractions entrant dans le champ d'application des articles 706-73, 706-73-1 ou 706-74 ou servant à les commettre, et lorsque les nécessités de l'enquête ou de l'instruction l'exigent, les officiers de police judiciaire et, sous leur autorité, les agents de police judiciaire en charge des investigations peuvent, avec l'autorisation du procureur de la République ou du juge d'instruction saisi des faits, qui en avise préalablement le parquet, livrer ou délivrer à la place des prestataires de services postaux et des opérateurs de fret ces objets, biens ou produits, sans être pénalement responsables.
>
> À peine de nullité, l'autorisation du procureur de la République ou du juge d'instruction est écrite et motivée. Cette autorisation est versée au dossier de la procédure et les actes autorisés ne peuvent constituer une incitation à commettre une infraction ».

B Champ d'application

1 Infractions visées et cadre d'enquête

3346 Tant les infractions visées que les cadres d'enquête autorisant le recours au dispositif de l'article 706-80-2 du Code de procédure pénale sont identiques à ce qui est prévu au titre de l'article 706-80-1 du Code de procédure pénale. Nous y renvoyons expressément (V. *supra*, nos 3328 et 3340).

2 Régime de l'autorisation

3347 **Une autorisation écrite et motivée.** La mise en œuvre de ce dispositif devra faire l'objet d'une autorisation écrite et motivée. Cette modalité est prévue à peine de nullité. Une telle exigence procédurale est justifiée par le fait que cette autorisation conditionne l'irresponsabilité pénale attribuée aux enquêteurs qui recourent à ce dispositif. En droit pénal général, l'article 706-80-2 du Code de procédure pénale constitue un fait justificatif spécial.

L'autorisation est délivrée par le procureur de la République ou le juge d'instruction saisi des faits.

La préexistence d'une enquête judiciaire constitue une condition préalable obligatoire.

CONSEIL Il y a également lieu d'informer le magistrat saisi des suites de ces opérations et de le mentionner au procès-verbal.

De plus, l'article 706-80-2 du Code de procédure pénale, qui constitue une provocation à la seule preuve, rappelle expressément le principe d'interdiction de l'incitation à la commission d'une infraction (V. *supra*, n° 1639).

L'ESSENTIEL 3348 Le Code de procédure pénale pas plus que la jurisprudence de la chambre criminelle ne définissent l'acte d'enquête consistant en une surveillance (« filature »). En revanche, les autres actes d'enquête qui peuvent être réalisés à cette occasion comme la captation d'images dans un lieu privé ou sur la voie publique sont encadrés.

3349 **Surveillance et extension de compétence territoriale.** Cette extension de compétence concerne la mission de surveillance, exercée dans le cadre d'une enquête préliminaire ou de flagrance, de personnes à l'égard desquelles il existe une ou plusieurs raisons plausibles de les soupçonner d'avoir commis ou tenté de commettre une infraction. Cette surveillance peut également concerner l'acheminement ou le transport des objets, biens ou produits tirés de la commission des infractions objet de l'enquête ou servant à les commettre (V. *supra*, n°s 3324 et s.).

3350 Cette extension est possible non seulement lorsque les infractions sont visées aux articles 706-73, 706-73-1 et 706-74 du Code de procédure pénale, mais aussi dans divers textes qui renvoient à ce dispositif (V. *supra*, n° 3328).

3351 **Information du procureur de la République.** Une double information doit être donnée au :

– procureur de la République près le tribunal judiciaire dans le ressort duquel les opérations sont susceptibles de débuter ;

– procureur de la République « déjà saisi » lequel peut s'y opposer et qui est celui qui a en charge l'enquête déjà ouverte dans le cadre de laquelle la surveillance a vocation à intervenir.

La loi précise ensuite que cette information préalable du procureur de la République peut lui être donnée par tout moyen (V. *supra*, n° 3329).

3352 Depuis la loi du 23 mars 2019 qui prévoit que les extensions de compétence sont conditionnées à la seule information du magistrat, cette disposition particulière applicable à la surveillance semble avoir perdu de son intérêt (V. *supra*, n° 3332).

3353 **Livraisons surveillées ou dispositif de libre passage.** Elles se déclinent selon deux modalités, la seconde étant seule à viser une livraison à proprement parler :

– l'autorisation de demander à tout fonctionnaire ou agent public de ne pas procéder au contrôle ou à l'interpellation de personnes suspectes afin de ne pas compromettre la poursuite des investigations.

Cette autorisation ne peut concerner que des personnes à l'égard desquelles il existe une ou plusieurs raisons plausibles de soupçonner qu'elles ont commis certaines infractions (V. *supra*, n°s 3335 et s.) ;

– l'autorisation de demander à tout fonctionnaire ou agent public de ne pas procéder au contrôle et à la saisie d'objets, de biens ou de produits.

3354 **Magistrat autorisant la livraison surveillée.** L'autorisation est délivrée par le procureur de la République ou le juge d'instruction. Elle peut être donnée par tout moyen et est mentionnée ou versée au dossier de la procédure. Parallèlement, le parquet du tribunal judiciaire de Paris est également informé dans un souci de bonne coordination des services (V. *supra*, n° 3343). Cette autorisation peut également être inscrite dans le FOVeS (V. *supra*, n° 3344).

3355 **Les livraisons contrôlées.** La loi autorise ici la substitution des enquêteurs aux prestataires des services postaux et opérateurs de fret afin de permettre aux enquêteurs de réaliser eux-mêmes certaines livraisons dans le but de matérialiser l'infraction objet de leur enquête. En d'autres termes, il ne s'agit pas pour l'enquêteur de se faire passer pour un coauteur, un complice ou un receleur d'un groupe criminel mais de remplacer un prestataire extérieur au trafic.

Cette autorisation de la loi est un fait justificatif spécifique qui exempte de responsabilité pénale les enquêteurs qui y ont recours sous réserve que les conditions de mise en œuvre soient respectées (V. *supra*, n° 3345).

3356 Possibles dans tous les cadres d'enquête, ces livraisons contrôlées doivent concerner des infractions qui sont les mêmes que celles permettant les livraisons surveillées (V. *supra*, n°s 3328 et 3340).

3357 **Autorisation du magistrat.** L'autorisation est délivrée par le procureur de la République ou le juge d'instruction saisi des faits.

La préexistence d'une enquête judiciaire constitue une condition préalable obligatoire (V. *supra*, n° 3347).

POUR ALLER PLUS LOIN...

Revues

- P. Collet, *Les lacunes de la « vidéosurveillance » en procédure pénale : D.* 2021, p. 1099.
- S. Fucini : *Dalloz actualité*, 14 juin 2017.

Circulaires

- Circ. DACG, 2 sept. 2004 (NOR : JUSD0430177C).
- Circ. DACG, 17 déc. 2019 (NOR : JUSD1934576C), annexe 2.

Fiche 56
Les coups d'achat

Sommaire

3358 Aux côtés de l'infiltration (V. *infra*, n° 4033), de l'enquête sous pseudonyme (V. *supra*, n° 4007) et de la livraison contrôlée (V. *supra*, n°s 3345 et s.), le Code de procédure pénale organise une autre technique d'enquête au cours de laquelle, à certaines conditions, les enquêteurs sont autorisés à commettre des infractions pour faire aboutir leurs investigations : celle du « coup d'achat ».

3359 Initialement admis par la jurisprudence en matière de lutte contre le trafic de stupéfiants (Cass. crim., 2 mars 1971, n° 70-91.810 : *Bull. crim.* n° 071, p. 0183. – Cass. crim., 2 oct. 1979, n° 79-90.587 : *Bull. crim.* n° 266, p. 0722. – Cass. crim., 22 juin 1994, n° 92-85.637 : *Bull. crim.* n° 247), le « coup d'achat » a été légalisé par la loi n° 91-1264 du 19 décembre 1991 qui a inséré dans le Code de la santé publique et dans le Code des douanes des textes permettant aux enquêteurs de surveiller l'acheminement de stupéfiants et d'en acquérir, détenir, transporter, livrer pour constater les infractions en cette matière.

3360 Après quelques modifications législatives, l'état du droit est maintenant fixé.

Aux côtés de la faculté accordée aux enquêteurs de commettre des infractions à l'occasion d'infiltrations ou d'enquêtes sous pseudonyme précisément pour mettre à jour les crimes et délits sur lesquels ils enquêtent, et à côté des opérations de surveillance que le Code de procédure pénale a réglementées (V. *infra*, n°s 4007, 4033), possibilité leur est formellement donnée d'acheter des stupéfiants ou des armes et de mettre à disposition des suspects les moyens corrélatifs, dans le but exclusif de faire aboutir l'enquête.

3361 Des textes presque identiques. L'article 706-32 prévoit que :

« Sans préjudice des dispositions des articles 706-81 à 706-87 du présent code, et aux seules fins de constater les infractions d'acquisition, d'offre ou de cession de produits stupéfiants visées aux articles 222-37 et 222-39 du Code pénal, d'en identifier les auteurs et complices et d'effectuer les saisies prévues au présent code, les officiers de police judiciaire et, sous leur autorité, les agents de police judiciaire peuvent, avec l'autorisation du procureur de la République ou du juge d'instruction saisi des faits qui en avise préalablement le parquet, et sans être pénalement responsables de ces actes :

1° acquérir des produits stupéfiants ;

2° en vue de l'acquisition de produits stupéfiants, mettre à la disposition des personnes se livrant à ces infractions des moyens de caractère juridique ou financier ainsi que des moyens de transport, de dépôt, d'hébergement, de conservation et de télécommunication.

À peine de nullité, l'autorisation du procureur de la République ou du juge d'instruction, qui peut être donnée par tout moyen, est mentionnée ou versée au dossier de la procédure et les actes autorisés ne peuvent constituer une incitation à commettre une infraction ».

En matière d'armes, l'article 706-106 prévoit des dispositions identiques.

Là où l'article 706-32 permet l'acquisition de stupéfiants, l'article 706-106 autorise les enquêteurs à acquérir des armes ou leurs éléments ainsi que des munitions ou des explosifs.

Là où l'article 706-32 donne la permission d'acquérir des stupéfiants « aux seules fins de constater les infractions d'acquisition, d'offre ou de cession de produits stupéfiants visés aux articles 222-37 et 222-39 du Code pénal, d'en identifier les auteurs et complices... », l'article 706-106 donne l'autorisation « aux seules fins de constater les infractions mentionnées au 12° de l'article 706-73 » du Code de procédure pénale.

3362 **Détention de stupéfiants.** L'ancien article 706-32 prévoyait que l'enquêteur pouvait être autorisé à acquérir, détenir, transporter ou livrer des stupéfiants ou mettre des moyens à disposition.

La version actuelle a réécrit le texte et il n'y est plus question de détention de produits stupéfiants. On doit pouvoir considérer que l'autorisation d'acquisition emporte nécessairement celle de détenir ces produits.

I

Distinction avec les actes proches

A Différence avec la surveillance de l'acheminement

3363 Le « coup d'achat » doit être distingué de la « livraison surveillée » prévue à l'article 706-80-1 du Code de procédure pénale qui, comme on l'a vu, permet aux enquêteurs qui surveillent l'acheminement ou le transport d'objets en lien avec certaines infractions, sur autorisation du magistrat, de demander à tout fonctionnaire ou agent public de ne pas procéder au contrôle et à la saisie de ces objets, biens ou produits afin de ne pas compromettre la poursuite des investigations (V. *supra*, n° 3334).

Les articles 706-32 et 706-106 se limitent aux coups d'achat et à la mise à disposition de moyens au profit des suspects alors que les livraisons surveillée (V. *supra*, nos 1661, 3334) et contrôlée (V. *supra*, nos 1661, 3345) permettent aux enquêteurs de demander à des fonctionnaires de surseoir aux opérations entrant dans leurs missions ou de se substituer aux livreurs.

B Différence avec l'infiltration

3364 Les articles 706-32 et 706-106 précisent que les dispositions qu'ils édictent le sont « sans préjudice des dispositions des articles 706-81 à 706-87 ». Ces textes réglementent la technique de l'infiltration qui consiste, pour un officier ou un agent de police judiciaire, à surveiller des personnes suspectées de commettre un crime ou un délit en se faisant passer, auprès d'elles, comme un de leurs coauteurs, complices ou receleurs (V. *infra*, n° 4033).

On verra que les enquêteurs qui procèdent à une infiltration peuvent en effet acquérir des objets en lien avec l'infraction sur laquelle ils enquêtent comme ils peuvent fournir des moyens facilitant l'action des personnes sur les activités desquelles ils enquêtent, ce qui est d'ailleurs rappelé par l'article 706-82 qui n'exige pas d'autorisation spécifique, l'infiltration ayant été préalablement autorisée par le magistrat.

L'infiltration, possible pour tous les crimes ou délits entrant dans le champ d'application des articles 706-73 et 706-73-1, a donc un champ plus large que le coup d'achat et elle sera souvent mise en œuvre pour des affaires plus importantes. Mais il peut aussi arriver que l'opération d'infiltration ne nécessite pas de recourir à un coup d'achat et il y a de nombreux cas où les infractions objet de l'enquête ne nécessitent pas la mise en œuvre de la procédure d'infiltration qui est lourde, un « simple coup d'achat » suffisant à révéler l'infraction.

C Prolongement de l'enquête sous pseudonyme

3365 L'enquête sous pseudonyme consistant, pour les enquêteurs, à rassembler des preuves et à rechercher les auteurs de certaines infractions en participant avec eux à des échanges de messages électroniques sans utiliser leur véritable identité leur permet, après autorisation du magistrat compétent, d'acquérir tout contenu, produit, substance, prélèvement ou service, y compris illicite, ou transmettre en réponse à une demande expresse des contenus illicites (V. *infra*, n° 4007).

Il ne fait pas de doute que dans ce cadre les enquêteurs peuvent acquérir des fichiers informatiques. Lorsque, dans le cadre de contacts par Internet, ils se portent acquéreurs de produits dont la livraison ne peut pas intervenir par la voie des télécommunications (stupéfiants, armes), il nous semble qu'il faut considérer, si l'on veut conserver un peu d'efficacité au dispositif, que leur habilitation et le contrôle du magistrat auquel ils sont soumis les autorisent à aller prendre livraison de l'objet acquis sans devoir solliciter une nouvelle autorisation sur le fondement de l'article 706-32 ou de l'article 706-106 (V. *infra*, n° 4024). L'extension législative du champ d'application de l'enquête sous pseudonyme à toutes les infractions punies d'emprisonnement et plus seulement à celles relatives à la pédopornographie, milite en ce sens (V. *infra*, n° 4008).

II Infractions justifiant le coup d'achat

A Acquisition, offre, cession de stupéfiants

3366 Les infractions pour lesquelles le dispositif de l'article 706-32 peut être mis en œuvre sont celles visées aux articles 222-37 et 222-39 du Code pénal, soit :

1) transport, détention, offre, cession, acquisition, emploi de stupéfiants, facilitation à autrui de l'usage de stupéfiants, de délivrance (active ou passive) de stupéfiants au moyen d'ordonnances fictives ou de complaisance ;

2) cession ou offre de stupéfiants à une personne en vue de sa consommation personnelle.

3367 Auparavant le dispositif de l'article 706-32 ne visait pas la cession de stupéfiants à une personne en vue de sa consommation personnelle, ce qui avait conduit la chambre criminelle à retenir que l'achat de stupéfiants par un fonctionnaire de police à des revendeurs de rue qui les lui proposent, lorsqu'il est effectué en vue de constater l'infraction prévue à l'article 222-39, alinéa 1 du Code pénal, ne constitue pas une livraison surveillée (coup d'achat) entrant dans les prévisions de l'article 706-32 du Code de procédure pénale (Cass. crim., 5 juin 1997, n° 96-84.014 : *Bull. crim.* n° 229).

B Infractions mentionnées au 12° de l'article 706-73

3368 Le dispositif de l'article 706-106 peut être mis en œuvre pour les délits en matière d'armes et de produits explosifs prévus aux articles 222-52 à 222-54, 222-56 à 222-59, 322-6-1 et 322-11-1 du Code pénal, aux articles L. 2339-2, L. 2339-3, L. 2339-10, L. 2341-4, L. 2353-4 et L. 2353-5 du Code de la défense ainsi qu'aux articles L. 317-2 et L. 317-7 du Code de la sécurité intérieure, soit notamment, en ce qui concerne les plus courantes :

– l'acquisition, la détention, la cession, le port, le transport d'armes et matériels de catégories A ou B, la détention d'un dépôt d'armes ou de munitions des catégories A, B ou C voire D ;

– les infractions sur le marquage des armes ou de leurs éléments essentiels ;

– la reconstitution, la modification d'une arme en en changeant la catégorie ou la détention d'une arme ainsi modifiée ;

– les infractions en matière de détention, transport, fabrication d'engins de destruction, de substances ou produits incendiaires ou explosifs :

– les infractions en matière de commerce de matériels de guerre, armes, munitions et de leurs éléments, d'engin explosif ou incendiaire ou produit explosif.

III

Officier de police judiciaire ou agent de police judiciaire sous son autorité

3369 Le coup d'achat n'est pas réservé par les articles 706-32 et 706-106 du Code de procédure pénale au seul officier de police judiciaire. Il peut aussi, disent les textes, être réalisé par un agent de police judiciaire agissant sous l'autorité de l'officier de police judiciaire.

3370 **Au cours d'une information.** Cela paraît possible également dans le cadre d'une information où, pourtant, seul l'officier de police judiciaire peut procéder à l'exécution d'une commission rogatoire puisque le texte ne distingue pas entre l'autorisation du procureur et celle du juge d'instruction quand il évoque la possibilité donnée à l'officier de police judiciaire ou à l'agent de police judiciaire agissant sous son autorité de procéder au coup d'achat.
M. Buisson considère que « l'officier de police judiciaire détient seul le pouvoir d'effectuer [le] coup d'achat, l'agent de police judiciaire ne pouvant intervenir que "sous son autorité", ce qui implique que son ordre soit mentionné dans la procédure. La question pourrait être posée de savoir si l'absence de cette mention serait susceptible d'être sanctionnée de la nullité… ».

IV

Autorisation du procureur de la République ou du juge d'instruction

3371 Selon le cadre d'enquête, l'autorisation donnée aux enquêteurs doit émaner du procureur ou du magistrat instructeur.

A Forme : tout moyen

3372 L'autorisation du magistrat compétent peut être donnée par tout moyen, ce qui est heureux car ce sera souvent dans l'urgence que les enquêteurs seront amenés à solliciter le magistrat.

B Autorisation mentionnée ou versée en procédure

3373 Si le magistrat ne rédige pas une autorisation écrite, laquelle doit être annexée à la procédure, l'officier de police judiciaire devra mentionner l'existence de l'autorisation verbale en procédure.

C Absence d'autorisation

3374 Tant l'article 706-32 que l'article 706-106 – selon un schéma également prévu aux articles 230-46 sur l'enquête sous pseudonyme, 706-80-2 sur la livraison contrôlée, 706-82, 706-85 sur l'infiltration – prévoient que lorsque l'enquêteur achète des produits dont l'acquisition est interdite ou met à disposition des moyens pour commettre l'infraction, il ne sera pas pénalement responsable.
S'est donc naturellement posée la question de savoir ce qu'il en était quand l'enquêteur achetait de tels produits sans y avoir été autorisé par le magistrat compétent.

3375 **Procédure viciée.** La chambre criminelle a tout d'abord jugé que si les enquêteurs s'affranchissaient de l'autorisation du magistrat, ils commettaient un excès de pouvoir viciant la procédure

(Cass. crim., 19 déc. 1996, n° 96-84.251 : *JurisData* n° 1996-005321 ; *Bull. crim.* n° 481. – V. aussi : Cass. crim., 13 nov. 1997, n° 97-83.652 : *JurisData* n° 1997-005269 ; *Bull. crim.* n° 386 ; *Procédures* 1998, comm. 70, obs. J. Buisson ; *JCP* G 1998, IV, 1405. – Cass. crim., 4 déc. 1997, n° 97-82.859 : *JurisData* n° 1997-005454 ; *Bull. crim.* n° 417 ; *Dr. pén.* 1998, comm. 46, obs. A. Maron ; *Procédures* 1998, comm. 100, obs. J. Buisson ; *JCP* G 1998, IV, 1824).

3376 **Procédure régulière mais commission d'une infraction.** Puis la chambre criminelle a opéré un revirement et juge désormais que « cette autorisation, qui n'est prévue par la loi que pour exempter les fonctionnaires de leur responsabilité pénale à raison de leur participation à des infractions à la législation sur les stupéfiants, est sans incidence sur la régularité de la procédure » (Cass. crim., 1er avr. 1998, n° 97-84.372 : *JurisData* n° 1998-001853 ; *Bull. crim.* n° 124 ; *Dr. pén.* 1998, comm. 92, obs. A. Maron ; *JCP* G 1998, I, 153, note A. Maron ; *Procédures* 1998, comm. 126, obs. J. Buisson ; *Gaz. Pal.* 1998, 1, chron. dr. crim., p. 138. – Cass. crim., 30 avr. 1998, n° 98-80.142 : *JurisData* n° 1998-003461 ; *Bull. crim.* n° 147 ; *Dr. pén.* 1998, comm. 124, obs. A. Maron ; *Gaz. Pal.* 1998, 2, chron. dr. crim., p. 138).

Une lecture littérale de cette jurisprudence conduit à considérer qu'en l'absence d'autorisation, les enquêteurs pourraient être poursuivis pour acquisition de stupéfiants, même si la combinaison avec les dispositions de l'article 6-1 du Code de procédure pénale pourrait rendre leur poursuite devant une juridiction incertaine.

CONSEIL En tout état de cause, les enquêteurs ont tout intérêt à solliciter l'autorisation du magistrat pour éviter toute difficulté. La généralisation des téléphones mobiles rend la démarche relativement aisée.

V

Absence de provocation

3377 Selon une formule souvent utilisée dans le Code de procédure pénale, les « actes autorisés ne peuvent constituer une incitation à commettre une infraction », ce qui n'est que la traduction du principe général dégagé par la jurisprudence sur la loyauté de la preuve (V. *supra*, n° 1639). Il y a provocation à l'infraction exonérant le prévenu de sa responsabilité pénale lorsque les manœuvres des agents des Douanes ont été de nature à déterminer les agissements délictueux (V. *supra*, n° 1642).

L'ESSENTIEL 3378 Le Code de procédure pénale permet (V. *supra*, n° 3361) aux enquêteurs, sur autorisation d'un magistrat (V. *supra*, n° 3371), de procéder à l'achat de produits stupéfiants et d'armes dont l'acquisition et la détention sont illicites et de mettre à disposition des délinquants certains moyens facilitant leur commerce, dans le but de mettre à jour les infractions à la législation sur les stupéfiants et celles commises en matière d'armes (V. *supra*, n° 3366).

3379 Cette procédure doit être distinguée de celles, réglementées par d'autres textes, de la surveillance de l'acheminement, de l'infiltration, de l'enquête sous pseudonyme (V. *supra*, nos 3363 et s.).

3380 Le recours au « coup d'achat » ne doit pas déterminer à la commission de l'infraction. Il peut seulement servir à mettre à jour une infraction préexistante (V. *supra*, n° 3377).

POUR ALLER PLUS LOIN...

Fascicule JurisClasseur

• *JCl. Procédure pénale*, Art. 706-26 à 706-33, fasc. 20, *Règles particulières en matière de trafic de stupéfiants*, par J. Buisson.

Ouvrage

• J. Gojkovic-Lette, *Le « coup d'achat » : un instrument efficace dans la lutte contre la criminalité*, Observatoire des criminalités internationales, IRIS, juill. 2021.

Titre 3

Les investigations nécessitant le recours à un tiers ou l'intervention d'un élément technique

Sommaire

Fiche 57
L'autopsie judiciaire

Sommaire

3381 Il a fallu attendre la loi n° 2011-525 du 17 mai 2011 pour que l'autopsie fasse son entrée dans le Code de procédure pénale autrement que dans les textes fixant la rémunération de ceux qui y procédaient.

3382 Les autopsies étaient jusque-là ordonnées sur le fondement des articles 60, 74, 77-1 ou 156 réglementant les examens destinés à résoudre une question d'ordre technique ou scientifique.
Le législateur a alors inséré quatre articles dans le Code de procédure pénale, à l'initiative de la commission des lois du Sénat qui reprenait une proposition de loi qui n'avait pas abouti (Rapp. AN n° 3112 par E. Blanc, enregistré à la présidence le 26 janvier 2011), pour :
– inscrire dans la loi l'obligation pour les médecins légistes de veiller à ce que la restitution du corps après l'autopsie donne lieu à la meilleure restauration possible, obligation qui ne [valait] que pour les autopsies médicales, en vertu de l'article L. 1232-5 du Code de la santé publique ;
– préciser les formations que doivent suivre obligatoirement les médecins légistes pour être habilités à pratiquer une autopsie dans le cadre d'une enquête judiciaire : l'autopsie devrait être effectuée par une personne titulaire d'un diplôme de médecine légale incluant une formation en anatomo-pathologie ;
– préciser que les proches du défunt seraient immédiatement informés de l'autopsie par l'autorité judiciaire compétente et affirmer leur droit à connaître la nature des prélèvements effectués, à l'image de ce qui est prévu en matière d'autopsies médicales ;
– mettre fin au vide juridique actuel concernant le statut des prélèvements humains réalisés dans le cadre d'une autopsie judiciaire.

I

Qui peut ordonner une autopsie ?

3383 L'article 230-28 du Code de procédure pénale permet que soit ordonnée une autopsie dans le cadre d'une enquête judiciaire en application des articles 60, 74, 77-1 et 156 du même code.

A Enquête de flagrance

3384 L'autopsie peut donc être ordonnée en enquête de flagrance par l'officier de police judiciaire agissant seul, même si, en pratique, cet enquêteur prend l'avis du procureur de la République. C'est même quasiment toujours ce magistrat qui délivre la réquisition. Elle pourrait même, en théorie, être ordonnée, depuis la loi du 23 mars 2019, par un agent de police judiciaire agissant sous le contrôle de l'officier de police judiciaire.

B Enquête préliminaire

3385 Au cours d'une enquête préliminaire, l'autopsie peut être ordonnée par le procureur de la République ou, sur autorisation de celui-ci, par l'officier ou l'agent de police judiciaire. Là encore, dans la pratique, c'est presque tout le temps le procureur de la République qui signe la réquisition.

C Enquête en recherche des causes de la mort

3386 Au cours d'une enquête en recherche des causes de la mort, régie par l'article 74 du Code de procédure pénale, l'autopsie peut être ordonnée dans les mêmes conditions qu'au cours d'une enquête de flagrance, ce texte prévoyant que « sur instructions du procureur de la République, une enquête aux fins de recherche des causes de la mort est ouverte. Dans ce cadre et à ces fins, il peut être procédé aux actes prévus par les articles 56 à 62, dans les conditions prévues par ces dispositions ».
Au-delà de huit jours, ce sont les conditions de l'enquête préliminaire qui trouvent à s'appliquer.
Si le procureur de la République requiert une information pour recherche des causes de la mort, l'autopsie devra être ordonnée dans le cadre d'une expertise (CPP, art. 156).
Cependant, dès lors que l'enquête en recherche des causes de la mort est une enquête déléguée par le procureur de la République à l'officier de police judiciaire, pourrait se poser la question de la possibilité pour l'officier de police judiciaire, hors information où c'est toujours impossible, de requérir lui-même l'autopsie. La question est cependant plus théorique que pratique dans la mesure où, comme il a déjà été dit, les réquisitions aux fins d'autopsie sont presque toujours délivrées par le parquet.

D Information

3387 Au cours d'une information « classique », l'autopsie ne peut être ordonnée que par le juge d'instruction sous la forme d'une expertise réglementée par les articles 156 et suivants du Code de procédure pénale.

II

Qui peut effectuer une autopsie ?

3388 Le deuxième alinéa de l'article 230-28 du Code de procédure pénale prévoit que l'autopsie « ne peut être réalisée que par un praticien titulaire d'un diplôme attestant de sa formation en médecine légale ou d'un titre justifiant de son expérience en médecine légale ».

Cette disposition répondait au constat suivant alors fait par les parlementaires de ce que :

> « Si 80 % des médecins légistes pratiquant des autopsies sont désignés à partir des listes d'experts des cours d'appel, un grand nombre de ces médecins, pourtant répertoriés dans la rubrique "médecine

légale" de ces listes, ne sont pas titulaires d'un diplôme attestant de leur qualification dans ce domaine selon les termes du rapport de la mission interministérielle en vue d'une réforme de la médecine légale, rapport conjoint de l'Inspection générale des services judiciaires et de l'Inspection générale des affaires sociales de janvier 2006. En outre, les deux diplômes de médecine légale existant actuellement – diplôme d'études spécialisées complémentaires (DESC) de médecine légale et expertises médicales, d'une part, et la capacité de pratiques médico-judiciaires, d'autre part – proposent une formation qui apparaît trop souvent insuffisante pour la pratique des autopsies, notamment parce qu'ils ne garantissent pas une formation de base en anatomopathologie, seule discipline médicale qui inclut l'apprentissage de l'examen minutieux des organes au cours des maladies » (Rapp. Sénat n° 20, de M. Bernard Saugey, enregistré à la présidence le 6 octobre 2010).

III Prélèvements

A Saisie des prélèvements

3389 L'alinéa 3 de l'article 230-28 du Code de procédure pénale prévoit que le praticien désigné pour effectuer l'autopsie procède aux prélèvements biologiques qui sont nécessaires aux besoins de l'enquête ou de l'information judiciaire. Depuis l'entrée en vigueur de la loi du 23 mars 2019 qui a modifié l'article 60 du Code de procédure pénale sur ce point, « les médecins requis pour pratiquer une autopsie ou un examen médical peuvent placer sous scellés les prélèvements effectués ». Auparavant, pour éviter tout risque de confusion entre prélèvements effectués au cours de plusieurs autopsies effectuées le même jour et, partant, tout risque procédural, il était indispensable que l'officier de police judiciaire soit présent pour saisir et placer immédiatement les prélèvements sous scellé. Par renvoi de l'article 77 aux troisième et quatrième alinéas de l'article 60, cette disposition est applicable à l'enquête préliminaire.

En revanche, les dispositions relatives à l'expertise ordonnée par le juge d'instruction n'opèrent pas de renvoi à cette disposition. Il pourrait ne s'agir que d'un oubli, mais le doute sur ce point conduit à recommander, quand l'autopsie est effectuée au cours de l'instruction et qu'un prélèvement est opéré, que le juge d'instruction donne commission rogatoire à l'officier de police judiciaire pour assister à l'autopsie et saisisse les prélèvements qui pourraient être opérés au cours de cet acte. Cette contrainte n'en est pas véritablement une dès lors que les enquêteurs assistent habituellement aux autopsies, ne serait-ce que pour mieux informer le médecin légiste, mieux appréhender les causes de la mort et prendre des photos.

B Sort des prélèvements

3390 La chambre criminelle a jugé que les prélèvements effectués sur le corps humain à des fins de recherches médico-légales pour les nécessités d'une enquête ou d'une information, qui ne peuvent faire l'objet d'un droit patrimonial aux termes de l'article 16-1 du Code civil, ne constituent pas des objets susceptibles de restitution au sens des articles 41-4 et 99 du Code de procédure pénale (Cass. crim., 3 avr. 2002, n° 01-81.592 : *Bull. crim.* n° 75. – Cass. crim., 3 févr. 2010, n° 09-83.468 : *Bull. crim.* n° 18). Dans son rapport annuel de 2009, la Cour de cassation a relevé que « les demandes de restitution d'organes soulèvent des enjeux humains majeurs touchant tant à la dignité de l'être humain qu'à des considérations morales » et qu'il y avait « dans le silence des textes, une opportunité de légiférer en la matière ».

Le législateur s'est donc saisi de la question et a introduit dans le Code de procédure pénale un article 230-30 qui réglemente le sort des prélèvements.

3391 **Destruction.** Les prélèvements sont en principe détruits. L'alinéa 1 dispose que : « Lorsque les prélèvements biologiques réalisés au cours d'une autopsie judiciaire ne sont plus nécessaires à la manifestation de la vérité, l'autorité judiciaire compétente peut ordonner leur destruction ».

Selon l'alinéa 2 : « La destruction s'effectue selon les modalités prévues par l'article R. 1335-11 du Code de la santé publique », c'est-à-dire qu'ils sont incinérés.

Tant qu'aucun ordre de destruction n'est donné, la conservation des scellés est à la charge de l'IML.

3392 **Restitution.** La restitution des prélèvements est exceptionnellement possible. L'alinéa 3 prévoit en effet que : « Toutefois, sous réserve des contraintes de santé publique et lorsque ces prélèvements constituent les seuls éléments ayant permis l'identification du défunt, l'autorité judiciaire compétente peut autoriser leur restitution en vue d'une inhumation ou d'une crémation ».

IV
Lieu où se déroule une autopsie et ses modalités de mise en œuvre

3393 La réforme de la médecine légale, entreprise en 2010, est entrée en vigueur le 15 janvier 2011 sous la forme d'un « schéma d'organisation de la médecine légale ».
Tant la médecine légale thanatologique que la médecine légale du vivant ont été concernées par cette réforme.
Nous limiterons le bref descriptif qui suit à la médecine légale thanatologique.

3394 **Objectifs de la réforme.** La réforme visait notamment à mettre en place un maillage territorial harmonieux dans lequel trente structures dédiées aux autopsies étaient implantées dans les établissements publics de santé. Plusieurs juridictions étaient rattachées à ces structures portant le nom d'« institut médico-légal » (IML).
La réforme prévoyait que toute réquisition d'autopsie devait être nécessairement adressée à l'IML territorialement compétent pour la juridiction concernée. Il ne devait plus être fait appel aux praticiens exerçant en dehors des IML dédiés.
On verra (V. *infra*, n° 3402) que tous les objectifs n'ont pas été atteints.

3395 **Réquisition adressée au représentant légal de la structure.** Depuis la réforme, la réquisition doit, selon les préconisations de la DACG, être adressée, dans le cas des enquêtes effectuées sur le fondement des articles 60, 74 et 77-1 du Code de procédure pénale, au représentant légal de la structure de rattachement qui désignera le médecin qui exécutera personnellement la mission.

3396 **Serment.** C'est le représentant légal de la structure qui prête serment.

3397 **Signature du rapport.** Le rapport doit en revanche être signé par celui qui aura personnellement réalisé la mission.

3398 **Juridictions non concernées.** Le dispositif issu de la réforme de la médecine légale ne concerne pas les juridictions d'Ajaccio, Bastia, Saint-Pierre-et-Miquelon, Mamoudzou, Papeete et Nouméa qui ne sont pas rattachées à un IML et qui doivent en conséquence continuer comme par le passé.
La juridiction de Fort-de-France a, pour sa part, été rattachée à l'IML de Pointe-à-Pitre dont les médecins se transporteront à Fort-de-France pour réaliser les autopsies.
L'IML de Paris continue quant à lui de fonctionner à « l'acte » comme par le passé. Les parquets de Paris, Bobigny, Créteil et Meaux qui lui sont rattachés requièrent donc individuellement le médecin légiste qui pratiquera l'autopsie.
L'Institut de recherche criminelle de la gendarmerie nationale (IRCGN) a une compétence particulière de sorte que :

> « Toute juridiction du territoire national pourra avoir recours aux médecins légistes de l'IRCGN pour réaliser des autopsies judiciaires à la suite de catastrophes ayant causé un grand nombre de victimes, ou sur des personnes décédées à l'étranger et dont le corps est rapatrié sur le territoire national, ou encore en renfort des IML. Les personnels de l'IRCGN disposent en effet de moyens matériels leur permettant de pratiquer des autopsies de qualité de façon autonome, en tous lieux, y compris très isolés.
> En outre, la gendarmerie étant compétente pour les procédures impliquant des militaires, il y a lieu de requérir les médecins légistes de l'IRCGN pour réaliser les autopsies des militaires en service, à l'étranger comme sur le territoire national.
> Les juridictions adressent leurs réquisitions aux fins d'autopsie judiciaire directement aux médecins légistes exerçant au sein de cette structure. Aussi, dans un souci de bonne coordination avec les services de l'IRCGN, il importe que les juridictions prennent l'attache de cet établissement, afin de connaître le nom du praticien qui procédera à l'autopsie judiciaire prescrite ».

3399 **Dimension des structures, fonction de leur activité.** Le dimensionnement des structures est fonction de l'activité recensée pour les besoins judiciaires. En principe un IML n'est mis en place que s'il doit y être réalisé au moins cent autopsies par an et cinquante autopsies par praticien. L'organisation interne dépend également du nombre d'autopsies effectuées chaque année.

3400 **Financement.** Le financement a lui aussi été modifié. Jusqu'à l'entrée en vigueur de la réforme de 2011, les autopsies étaient payées aux médecins légistes sur la base d'un tarif fixé par arrêté intégré dans le Code de procédure pénale. La réforme a remplacé ce mode de rémunération à l'acte par un financement annuel et forfaitaire des structures hospitalières dédiées, sur les crédits de l'État issus du programme « justice judiciaire » du ministère de la Justice.

3401 **Difficultés.** Après une première phase de mise en œuvre, la DACG a constaté quelques difficultés qui l'ont conduite à procéder à des modifications. Un IML a notamment été créé à Nîmes. En outre, les levées de corps qui, à l'origine, n'étaient pas intégrées dans le schéma directeur de la médecine légale ont été, avec les examens externes, inclus dans le périmètre des IML et des UMJ, y compris quant aux modalités de financement.

3402 **Inspections.** En 2013, les inspections générales des services judiciaires, des finances, des affaires sociales, de l'administration, de la police nationale et de la gendarmerie nationale ont procédé à une évaluation du schéma d'organisation de la médecine légale.
Leurs conclusions ont été que les attentes de la réforme n'avaient que partiellement été satisfaites. Concernant spécifiquement la médecine légale thanatologique, le rapport d'inspection relevait que :
– les autopsies se déroulaient désormais sur trois fois moins de sites qu'antérieurement ;
– le standard de qualité qui était l'apanage jusque-là des IML les plus importants et, partant les plus performants, tendait à devenir partout la règle ;
– cependant, la réalisation des levées de corps continuait de se heurter à des difficultés multiples sur le terrain auxquelles la gendarmerie était particulièrement confrontée. La mission estimait qu'il n'était pas souhaitable de généraliser la tendance à les éviter ou à les remplacer par un examen de corps, voire par une autopsie car une levée de corps réalisée par un médecin légiste constituait une aide précieuse pour l'orientation des procédures, permettant d'éviter des autopsies inutiles comme des inhumations hâtives ;
– dans son ensemble, la gestion organisationnelle et financière du nouveau dispositif apparaissait non maîtrisée ;
– et la dérive des dépenses de médecine légale et la sous-budgétisation chronique des frais de justice étaient inquiétantes, l'existence d'impayés ayant été soulignée partout tandis que le nombre de personnels opérationnels de police et de gendarmerie mobilisés pour assurer escortes et transports avait été accru.

V L'attention portée aux proches de la personne autopsiée

3403 La proposition de loi (V. *supra*, n° 3382) reprise par l'amendement de la commission des lois du Sénat faisait valoir que les droits des proches du défunt ayant fait l'objet d'une autopsie judiciaire, étaient insuffisamment pris en compte.
Le législateur de 2011 a donc instauré des dispositions ayant pour objet :
1) de consacrer le droit des proches de recueillir le corps dès que sa conservation par la justice n'est plus justifiée par les besoins de l'enquête, conformément à l'arrêt *Pannullo et Forte* du 30 octobre 2001 de la Cour européenne des droits de l'homme ;
2) d'instituer, dans tous les cas, l'obligation pour les médecins légistes de veiller à ce que la restitution du corps après l'autopsie ait lieu dans des conditions préservant le respect dû au cadavre et la dignité des proches du défunt, cette obligation n'existant aujourd'hui que pour les autopsies médicales, en vertu de l'article L. 1232-5 du Code de la santé publique ;
3) de consacrer le droit des proches à accéder au corps du défunt avant sa mise en bière, dans des conditions garantissant à ceux-ci respect, dignité et humanité.

Le texte voté a également prévu que les proches devaient être prévenus de la réalisation d'une autopsie.

A Les proches doivent être prévenus de la réalisation d'une autopsie

3404 L'article 230-28, dernier alinéa, du Code de procédure pénale prévoit que :

> « Sous réserve des nécessités de l'enquête ou de l'information judiciaire, le conjoint, le concubin, le partenaire lié par un pacte civil de solidarité, les ascendants ou les descendants en ligne directe du défunt sont informés dans les meilleurs délais de ce qu'une autopsie a été ordonnée et que des prélèvements biologiques ont été effectués ».

Les termes « sont informés… de ce qu'une autopsie a été ordonnée » pourraient donner à penser que les proches doivent être prévenus avant la réalisation de l'autopsie, tandis que les mots « que des prélèvements biologiques ont été effectués » peuvent faire penser que c'est après la réalisation de l'autopsie que les proches doivent être informés. L'exposé des motifs de l'amendement à l'origine de cette disposition peut conduire à envisager la nécessité d'une double information : tout d'abord avant l'autopsie, les proches seraient prévenus qu'une autopsie a été ordonnée et va être réalisée puis, à l'issue de celle-ci, ils seraient informés de la nature des prélèvements effectués.

En tout état de cause, il est certain que les proches ne peuvent pas juridiquement s'opposer à la réalisation de l'autopsie, acte décidé par un magistrat ou un enquêteur agissant sous son contrôle.

B Remise du corps

3405 **Arrêt *Pannullo et Forte*.** L'arrêt *Pannullo et Forte* (CEDH, 30 oct. 2001, n° 37794/97), mentionné par les travaux du Parlement, concernait une affaire dans laquelle une enfant était décédée dans des conditions qui permettaient de s'interroger sur l'existence de fautes médicales. Un juge d'instruction avait été saisi selon la procédure de recherche des causes de la mort. Il avait, dans ce cadre, ordonné une autopsie dont le médecin légiste lui avait indiqué par téléphone les résultats, lui précisant que tous les prélèvements des viscères avaient été effectués et que le corps pouvait être rendu à la famille. Le juge d'instruction avait préféré attendre le retour des expertises complémentaires des prélèvements effectués. Ceux-ci tardant à être déposés, le corps fut néanmoins rendu sept mois plus tard, à la suite de nombreuses relances. La Cour européenne des droits de l'homme estima que les besoins de l'enquête impliquaient que les autorités françaises retiennent le corps de l'enfant le temps nécessaire à l'autopsie mais pas au-delà, et que les autorités françaises n'avaient pas ménagé un juste équilibre entre le droit des requérants au respect de leur vie privée et familiale et le but légitime visé.

3406 **La remise du corps fait l'objet de deux dispositions.** D'une part, le premier alinéa de l'article 230-29 du Code de procédure pénale dispose que :

> « Lorsqu'une autopsie judiciaire a été réalisée dans le cadre d'une enquête ou d'une information judiciaire et que la conservation du corps du défunt n'est plus nécessaire à la manifestation de la vérité, l'autorité judiciaire compétente délivre dans les meilleurs délais l'autorisation de remise du corps et le permis d'inhumer ».

D'autre part, le quatrième alinéa du même article prévoit que :

> « À l'issue d'un délai d'un mois à compter de la date de l'autopsie, les proches du défunt ayant qualité pour pourvoir aux funérailles peuvent demander la restitution du corps auprès du procureur de la République ou du juge d'instruction, qui doit y répondre par une décision écrite dans un délai de quinze jours ».

C Préservation du respect dû au cadavre et à la dignité des proches du défunt

3407 Le deuxième alinéa de l'article 230-29 du Code de procédure pénale prévoit que :

> « Le praticien ayant procédé à une autopsie judiciaire est tenu de s'assurer de la meilleure restauration possible du corps avant sa remise aux proches du défunt ».

Il s'agit, comme indiqué dans les travaux préparatoires, de la reprise de la règle énoncée à l'article L. 1232-5 du Code de la santé publique pour les autopsies médicales.

D Droit des proches à accéder au corps du défunt

3408 C'est le troisième alinéa de l'article 230-29 du Code de procédure pénale qui consacre ce droit en édictant que :

> « Il ne peut être refusé aux proches du défunt qui le souhaitent d'avoir accès au corps avant sa mise en bière, sauf pour des raisons de santé publique. L'accès au corps se déroule dans des conditions qui

leur garantissent respect, dignité, décence et humanité. Une charte de bonnes pratiques, dont le contenu est défini par voie réglementaire, informe les familles de leurs droits et devoirs. Elle est obligatoirement affichée en un lieu visible ».

Il sera noté à propos des dispositions réglementaires évoquées par cette disposition que l'article 230-31 du Code de procédure pénale prévoit que « les modalités d'application des dispositions du présent chapitre sont précisées par décret en Conseil d'État » mais qu'en l'état, le Code de procédure pénale ne contient aucune disposition réglementaire relative aux autopsies.

L'ESSENTIEL 3409 **Quand une autopsie peut-elle être ordonnée ?** Une autopsie peut être ordonnée au cours :
- d'une enquête de flagrance ;
- d'une enquête préliminaire ;
- d'une enquête ou d'une information en recherche des causes de la mort ;
- d'une instruction (V. *supra*, nos 3384 et s.).

3410 **Qui peut ordonner une autopsie ?** Une autopsie peut être ordonnée, selon le cadre juridique, par le procureur de la République, l'officier de police judiciaire, le juge d'instruction, voire éventuellement l'agent de police judiciaire sous le contrôle de l'officier de police, mais ce sont presque toujours les magistrats qui l'ordonnent et signent en conséquence les actes la prescrivant (V. *supra*, nos 3384 à 3387).

3411 **Médecin spécialisé.** Les autopsies doivent être réalisées par un médecin spécialisé en médecine légale (V. *supra*, n° 3388).

3412 **Prélèvements.** Le médecin légiste pratiquant l'autopsie est autorisé à placer sous scellé les prélèvements qu'il effectue (V. *supra*, n° 3389).

Lorsque leur conservation n'est plus nécessaire, les prélèvements sont en principe détruits (V. *supra*, n° 3391). Ils peuvent, s'ils sont les seuls éléments ayant permis l'identification du défunt, être restitués en vue d'inhumation ou de crémation (V. *supra*, n° 3392).

3413 Le schéma d'organisation de la médecine légale a institué trente instituts médicolégaux rattachés à des établissements publics de santé. Les autopsies ordonnées par les juridictions rattachées à ces instituts doivent obligatoirement y être réalisées (V. *supra*, n° 3394). La rémunération des autopsies ne se fait plus à l'acte mais dans le cadre de l'attribution d'un financement annuel et forfaitaire des structures hospitalières (V. *supra*, n° 3400).

3414 La réquisition ou l'ordonnance de commission d'expert est adressée au représentant légal de la structure qui prête serment et désigne le médecin chargé de l'autopsie qui signe le rapport (V. *supra*, nos 3395 et s.).

3415 Certaines régions et certains instituts ne sont toutefois pas inclus dans le schéma et fonctionnent à l'acte (V. *supra*, n° 3398).

3416 Les levées de corps sont maintenant incluses dans le schéma d'organisation (V. *supra*, nos 3401, 3402).

3417 La loi consacre le droit des proches d'être prévenus d'une autopsie (V. *supra*, n° 3404), de recueillir le corps dès que possible (V. *supra*, n° 3405), la préservation du respect dû au cadavre (V. *supra*, n° 3407) et le droit des proches d'accéder au corps du défunt (V. *supra*, n° 3408).

POUR ALLER PLUS LOIN...

Circulaire

- Circ. CRIM-10-30-E6, 28 déc. 2010.

Fiche 58

Examens techniques ou scientifiques et réquisitions à particulier ou entreprise

Sommaire

Introduction

3418 Les dispositions encadrant le pouvoir de réquisition sont dispersées dans de nombreux articles du Code de procédure pénale, mais il est possible d'affirmer que le droit commun est contenu dans les articles 60 à 60-3, 77-1 à 77-1-3 et 99-3 à 99-5. Le socle est constitué par les articles relatifs à l'enquête de flagrance auxquels les autres renvoient largement.

À côté de ce droit commun, se trouve toute une série de réquisitions spéciales qui sont adossées à des actes d'enquête, comme celles attachées à l'examen médical en garde à vue (CPP, art. 63-3), aux sonorisations et captation d'images (CPP, art. 706-95-17), aux interceptions judiciaires (CPP, art. 100-3 et 706-95), ou encore celles relatives à la mise au clair des données cryptées (CPP, art. 230-1 à 230-6). Elles ne seront pas étudiées dans la présente fiche car elles le sont dans chacune de celles consacrées à l'acte d'enquête auquel elles se rapportent.

I

Définition du pouvoir de réquisition

3419 La réquisition judiciaire se définit, d'une part, par la qualité de son destinataire et, d'autre part, en raison de la contrainte qu'elle sous-entend.

A Faire participer un tiers à l'action de justice

3420 Historiquement le pouvoir de réquisition était inscrit à l'article 17 du décret des 19 et 22 juillet 1791 (« le refus des secours et services requis par la police, en cas d'incendie ou autres fléaux calamiteux, sera puni par une amende du quart de la contribution mobilière, sans que l'amende puisse être au-dessous de trois livres ») ainsi qu'à l'article 310 du décret organique du 20 mai 1903 relatif à la gendarmerie (décret organique portant règlement sur l'organisation et le service de la gendarmerie abrogé et remplacé par la loi n° 2009-971 du 3 août 2009, relative à la gendarmerie nationale) qui prévoyait que « si la gendarmerie est attaquée dans l'exercice de ses fonctions, elle requiert de par la loi l'assistance des citoyens présents à l'effet de lui prêter main-forte, tant pour repousser les attaques dirigées contre elle que pour assurer l'exécution des réquisitions et ordres dont elle est chargée ». Il s'agissait là d'un pouvoir général de réquisition qui s'adressait aux citoyens.

3421 La raison d'être de la réquisition judiciaire est de faire participer un tiers à l'action de justice et constitue un « acte par lequel un officier de police judiciaire ou un magistrat impose à une personne de fournir une prestation qu'il n'est pas en mesure d'effectuer lui-même faute de moyens ou faute de compétences techniques ». Il s'agit bien d'une assistance qui ne saurait conduire à « déléguer » la mission de police judiciaire à des tiers. La réquisition ne pourra donc jamais consister en la réalisation de mesures relevant de la compétence exclusive de l'autorité judiciaire ou de la police judiciaire (Cass. crim., 22 mars 2016, 15-83.207, publié au bulletin) ni dans le détournement des règles de compétence de procédure pénale (Cass. crim., 30 oct. 2001, n° 01-84.779) au motif qu'elles sont contraignantes. Ainsi, par exemple, un officier de police judiciaire ne peut déléguer une audition de garde à vue à un tiers, comme un psychologue, mais il peut le requérir de l'assister.

3422 La chambre criminelle juge que les fonctionnaires appartenant à un service de police judiciaire chargés, par le procureur de la République, d'effectuer des actes d'enquête peuvent procéder à des constatations et examens, même techniques, sans intervenir comme personnes qualifiées au sens de l'article 60 du Code de procédure pénale. Ils peuvent ainsi réaliser des opérations de police technique et scientifique sur des objets et produits saisis et constituer un album photographique ainsi qu'un album d'identification par dactylotechnie (Cass. crim., 4 nov. 2010, n° 10-84.389, publié au bulletin). Suivant la même logique, elle juge que les enquêteurs n'ont pas à requérir des fonctionnaires qui ont participé à un acte d'enquête dès lors que la loi leur confère, dans le domaine où ils sont intervenus, des pouvoirs propres (Cass. crim., 6 mai 2002, n° 02-81.130 et Cass. crim., 25 janv. 2022, n° 21-82.761). Si ces fonctionnaires interviennent lors d'un acte d'enquête excédant leur champ de compétence, il y a lieu de les requérir (se déduit *a contrario* de Cass. crim., 18 avr. 2000, n° 00-80.402, publié au bulletin).
De la même manière, il n'y a pas lieu de recourir à la réquisition dès lors que le droit de solliciter la transmission des documents ou informations est prévu par des dispositions spécifiques. Tel est le cas de la consultation de fichiers de police dès lors que l'enquêteur qui y procède y est habilité (Cass. crim., 15 sept. 2009, n° 09-82.597 : *Bull. crim.* n° 255. – V. *infra*, n° 4077).

3423 **Cas concrets.** Sur le fondement de cette jurisprudence, de notre point de vue, il n'y a pas lieu de requérir les militaires de la gendarmerie ou les fonctionnaires de police qui apportent leur concours matériel lors d'une enquête.
On peut voir dans la loi du 24 janvier 2023 une concrétisation de ce point de vue s'agissant du recours aux services et organismes de police technique et scientifique de la police et de la gendarmerie nationales (V. *infra*, n°s 3457 et s.).
Ainsi, il n'est pas nécessaire de requérir un maître de chien « stupéfiants » lors d'une opération de perquisition.
De même, les fonctionnaires d'autres administrations, affectés dans un service de police ou une unité de gendarmerie comme les offices centraux ou un GIR, n'ont pas à être réquisitionnés

pour participer aux investigations de ces unités ou services, car ils sont placés sous les ordres du chef de service ou du commandant d'unité auquel l'enquête est confiée ou la commission rogatoire délivrée (V. *supra*, n° 313).
En dehors du cas où ces fonctionnaires de l'article 28 sont affectés en Offices ou en GIR, il n'y a pas lieu de les requérir lorsqu'ils apportent leur concours « à la réalisation d'une même enquête avec des officiers et agents de police judiciaire, le cas échéant, en les assistant dans les actes auxquels ils procèdent ». Il suffit de les « saisir » soit par soit-transmis, soit par commission rogatoire (V. *supra*, n° 311).

3424 **Réquisitions spéciales.** Le Code de procédure pénale prévoit cependant que certaines réquisitions peuvent être adressées à des services ou unités afin de fournir une prestation particulière, notamment lors de la mise en place d'un dispositif de géolocalisation, de sonorisation ou encore de captation d'images, ce qui peut conduire à semer un doute sur la nécessité de recourir à la réquisition à l'égard d'autres militaires ou fonctionnaires dont la mission principale n'est pas forcément la mission de police judiciaire.

3425 **Réquisition adressée à un suspect : le cas de remise du Code de déverrouillage d'un téléphone.** On verra que l'article 434-15-2 du Code pénal incrimine le fait pour « quiconque ayant connaissance de la convention secrète de déchiffrement d'un moyen de cryptologie susceptible d'avoir été utilisé pour préparer, faciliter ou commettre un crime ou un délit, de refuser de remettre ladite convention aux autorités judiciaires ou de la mettre en œuvre, sur les réquisitions de ces autorités » et que la chambre criminelle puis l'assemblée plénière de la Cour de cassation ont jugé ce texte applicable au suspect qui refuse de communiquer aux enquêteurs le code de déverrouillage de son smartphone lorsque celui-ci est équipé d'un moyen de cryptologie (V. *supra*, n° 3655).
Le texte prévoit les « réquisitions des autorités ». Le Conseil constitutionnel et la chambre criminelle ont estimé que celles-ci pouvaient être adressées au suspect (V. *supra*, n°s 3652, 3653) sans méconnaître le droit de ne pas s'accuser.
Quant à leur forme, la chambre criminelle a précisé que « la réquisition délivrée par un officier de police judiciaire agissant en vertu des articles 60-1, 77-1-1 et 99-3 du Code de procédure pénale, dans leur rédaction applicable au litige, sous le contrôle de l'autorité judiciaire, entre dans les prévisions de l'article 434-15-2 du Code pénal » (Cass. crim., 13 oct. 2020, n° 20-80.150, publié au bulletin).

B Ordre de délivrer des informations ou des prestations

3426 Outre le fait qu'elle s'adresse à un tiers à la mission de police judiciaire, la réquisition se définit par le fait qu'elle consiste en un ordre donné à ce tiers. Ce caractère contraignant se traduit par le fait que ne pas déférer à la réquisition constitue une infraction incriminée par différents textes qui seront cités lors de l'étude des différentes réquisitions. Ainsi, selon M. Buisson, l'article 77-1 du Code de procédure pénale octroie un pouvoir mettant en œuvre la contrainte psychologique, qui ne peut cependant jamais se traduire par une contrainte physique lorsque la personne requise refuse d'y déférer.

3427 La chambre criminelle (Cass. crim., 9 févr. 2016, n°s 15-85.068 ; 15-85.069 et 15-85.070, publié au bulletin) semble suivre cette logique lorsqu'elle juge que « la consultation sur place, par les policiers, d'images issues du système de vidéosurveillance équipant les lieux, et la communication de renseignements, faite volontairement aux officiers de police judiciaire, sans moyen coercitif, par les représentants des concessionnaires d'autoroutes n'exigent pas l'autorisation préalable du procureur de la République ». En l'espèce, il était reproché aux enquêteurs de ne pas avoir recouru aux dispositions de l'article 77-1-1 du Code de procédure. Il n'est donc pas besoin de recourir à la réquisition si la personne – ou l'administration (Cass. crim., 20 mai 2008, n° 08-81.443) – sollicitée remet volontairement les documents demandés (Cass. crim., 28 mars 2006, n° 06-80.351. – Cass. crim., 12 mars 2008, n° 07-88.604 et Cass. crim., 17 oct. 2017, n° 17-80.880).

> **CONSEIL** Les enquêteurs n'ont pas besoin d'établir une réquisition, mais d'acter dans un procès-verbal que les documents ou objets leur ont été remis sur simple demande de leur part. En revanche, il apparaît nécessaire, même lorsqu'il s'agit d'une remise volontaire, de placer ces objets sous scellés afin de garantir leur authenticité.

C Titulaire du pouvoir de réquisition

3428 Les titulaires du pouvoir de réquisition diffèrent selon le cadre juridique dans lequel sont diligentées les investigations. Précisons d'emblée que la question de la qualité du titulaire de ce pouvoir ne se pose que s'agissant des enquêteurs puisque le procureur de la République tient de l'article 41 du Code de procédure pénale un pouvoir général de réquisition et que le juge d'instruction tient ce même pouvoir des articles 81 et 99-3 et suivants du même code.

1 Enquête de flagrance

3429 Le pouvoir de réquisition au cours d'une enquête de flagrance était originellement un pouvoir propre de l'officier de police judiciaire, mais des modifications récentes ont imposé une autorisation dans certains cas.

a) Pouvoir propre de l'officier de police judiciaire

3430 Les articles 60 à 60-3 du Code de procédure pénale indiquent que l'officier de police judiciaire dispose d'un pouvoir de réquisition auquel il peut recourir d'initiative, dans les conditions fixées par les textes détaillés *infra*.
L'article 60-1, alinéa 1er du Code de procédure pénale rappelle que le procureur de la République est également compétent en matière de réquisition adressée à « tout établissement ou organisme privé ou public ou toute administration qui sont susceptibles de détenir des informations intéressant l'enquête ».

3431 **Pouvoir « sous contrôle » de l'agent de police judiciaire et de l'assistant d'enquête.** Par la loi du 23 mars 2019, le législateur est venu autoriser l'agent de police judiciaire à délivrer des réquisitions judiciaires dès lors que celui-ci agit sous le contrôle d'un officier de police judiciaire (V. *supra*, n° 196). La loi du 24 janvier 2023 a encore étendu les prérogatives de l'agent de police judiciaire en l'autorisant à requérir, sous contrôle de l'officier de police judiciaire, toute personne susceptible d'avoir connaissance des mesures appliquées pour protégées les données contenues dans un système informatique auquel il est permis d'accéder dans le cadre d'une perquisition (CPP, art. 57-1).
L'article 21-3 du Code de procédure pénale, créé par la loi du 24 janvier 2023, autorise également l'assistant d'enquête, sous le contrôle de l'officier de police judiciaire et à la demande expresse de ce dernier, à procéder à certaines réquisitions qui seront détaillées dans les paragraphes ci-après.

> CONSEIL Lorsque la réquisition est établie par l'agent de police judiciaire, il y a lieu de mentionner expressément au procès-verbal que celui-ci agit sous le contrôle de l'officier de police judiciaire.

b) Réquisitions soumises à autorisation

3432 **Données de connexion d'un avocat.** Conformément à l'article 60-1-1 du Code de procédure pénale, qui concerne les réquisitions aux fins de recueil de données de connexion émises par un avocat et liées à l'utilisation d'un réseau ou d'un service de communications électroniques, les réquisitions doivent être autorisées par ordonnance motivée du juge des libertés et de la détention, après réquisitions du procureur de la République.

3433 **Gel des données.** L'article 60-2, alinéa 2 du Code de procédure pénale soumet à autorisation du juge des libertés et de la détention, saisi par réquisitions du procureur de la République, la possibilité pour un officier de police judiciaire ou un agent de police judiciaire agissant sous son contrôle d'adresser une réquisition aux opérateurs de téléphonie « pour une durée ne pouvant excéder un an, du contenu des informations consultées par les personnes utilisatrices des services fournis par les opérateurs » (V. *supra*, n° 3502).

2 Enquête préliminaire

a) Nécessaire autorisation du procureur de la République ou du juge des libertés et de la détention

3434 En raison du caractère non coercitif de l'enquête préliminaire, tout acte d'enquête doit, soit faire l'objet du consentement de la personne concernée, soit être autorisé par le procureur de la République voire par le juge des libertés et de la détention (CPP, art. 77-1-2, al. 2). En conséquence, avant d'adresser une réquisition, l'officier de police judiciaire doit recueillir l'autorisation du procureur de la République (Cass. crim., 21 oct. 2020, nos 20-84.380 et 18-85.776). Cette autorisation n'est soumise à aucun formalisme particulier, aussi bien pour les réquisitions à personne qualifiée (CPP, art. 77-1. – Cass. crim., 28 sept. 2022, nos 20-86.054, 22-84.210, publié au bulletin) que pour les réquisitions tendant à la remise d'informations (CPP, art. 77-1-1. – Cass. crim., 23 mai 2006, n° 06-83.241). Dans tous les cas, elle doit être expressément mentionnée au procès-verbal de réquisition. Ont été validées par la chambre criminelle les mentions « sur autorisation du procureur de la République » (Cass. crim., 23 mai 2006, n° 06-83.241) ou « en accord avec le parquet » (Cass. crim., 9 janv. 2007, n° 06-87.698) ou encore « conformément aux instructions de M. le Procureur de la République » (Cass. crim., 8 juin 2010, nos 09-82.732, 09-84.085 : *Bull. crim.* n° 101 et Cass. crim., 1er févr. 2011, n° 10-83.523).

3435 **Réquisitions simplifiées.** Lorsque la loi permet que la réquisition soit adressée puis exécutée selon des modalités simplifiées, comme cela est le cas grâce à la PNIJ, la chambre criminelle a rappelé que cette simplification dans les modalités n'exonère pas les enquêteurs de recueillir, lorsqu'elle est prévue, l'autorisation du procureur de la République (Cass. crim., 27 mars 2018, n° 17-85.603 et Cass. crim., 30 mars 2021, n° 20-85.556, publié au bulletin). Tel est le sens de l'article R. 15-33-71 du Code de procédure pénale.

3436 **Autorisation « globale » donnée pour une enquête.** La chambre criminelle prohibe le fait que le procureur de la République donne aux officiers de police judiciaire, par voie d'autorisation générale et permanente préalable, la permission de faire procéder à des examens techniques ou scientifiques et impose que l'autorisation soit donnée dans le cadre de la procédure d'enquête préliminaire en cours (Cass. crim., 17 déc. 2019, n° 19-83.574, publié au bulletin).
L'autorisation du procureur doit être donnée au cas par cas. Si elle est accordée de façon générale, ce ne peut être que dans le cadre de l'enquête préliminaire que le procureur ordonne (Cass. crim., 30 mars 2021, n° 20-85.556, publié au bulletin).
En outre, l'article 77-1 du Code de procédure pénale a été modifié après que la chambre criminelle eut prohibé les instructions générales. Il prévoit désormais expressément deux cas où l'autorisation de requérir des personnes qualifiées n'est pas nécessaire (V. *supra*, n° 3477).

3437 **Nullité d'ordre public.** En revanche, hormis ces deux cas prévus par la loi, la chambre criminelle juge que, s'agissant de l'autorisation du procureur de la République délivrée dans le cadre de l'article 77-1 ou de l'article 77-1-1 du Code de procédure pénale, son absence constitue une nullité d'ordre public qui échappe dès lors à l'article 802 du même code. Autrement dit, il n'est pas nécessaire de démontrer un grief et cette nullité peut être invoquée par toute partie y ayant intérêt (pour l'article 77-1 : Cass. crim., 14 oct. 2003, n° 03-84.539, publié au bulletin. – Cass. crim., 16 sept. 2003, n° 03-82.918, publié au bulletin et Cass. crim., 18 juin 2019, n° 19-80.105, publié au bulletin. Pour l'article 77-1-1 : Cass. crim., 1er sept. 2005, n° 05-84.061, publié au bulletin et Cass. crim., 6 déc. 2005, n° 05-85.076, publié au bulletin).

3438 **Pouvoir propre de l'agent de police judiciaire ?** Les articles 77-1 et suivants ne mentionnent pas que le pouvoir de réquisition dévolu à l'agent de police judiciaire se fasse sous le contrôle de l'officier de police judiciaire. Cependant, l'article 75 du Code de procédure pénale, qui est de portée générale, dispose expressément que « les officiers de police judiciaire et, sous le contrôle de ceux-ci, les agents de police judiciaire désignés à l'article 20 procèdent à des enquêtes préliminaires soit sur les instructions du procureur de la République, soit d'office ».
L'article 21-3 du Code de procédure pénale, créé par la loi du 24 janvier 2023, autorise également l'assistant d'enquête, sous le contrôle de l'officier de police judiciaire et à la demande expresse de ce dernier, à procéder à certaines réquisitions qui seront détaillées dans les paragraphes ci-après.

> **CONSEIL** Il est recommandé de mentionner au procès-verbal de réquisition réalisé par un agent de police judiciaire que celui-ci a agi sous le contrôle de l'officier de police judiciaire.

b) Renvoi partiel aux articles de l'enquête de flagrance

3439 Les articles 77-1 à 77-1-3 du Code de procédure pénale renvoient partiellement aux articles relatifs au pouvoir de réquisition dans le cadre de l'enquête de flagrance. Toutefois, l'article 77-1-3 ne prévoit pas, à la différence de l'article 60-3 l'intervention de l'assistant d'enquête (CPP, art. 21-3).

3 Instruction

a) Pouvoir général de réquisition

3440 **Réquisition générale.** Conformément à l'article 81 du Code de procédure pénale, le juge d'instruction peut procéder à tous les actes d'investigation utiles à la manifestation de la vérité. Aussi, sur le fondement de l'article 152 du même code, le juge d'instruction peut déléguer son pouvoir de réquisition à l'officier de police judiciaire. Cette délégation de pouvoir est presque toujours expressément mentionnée lors de la délivrance d'une commission rogatoire.
La loi du 24 janvier 2023 permet désormais à l'agent de police judiciaire (CPP, art. 99-4 et 99-5), mais aussi à l'assistant d'enquête de procéder à certaines réquisitions (CPP, art. 21-3) dans le cadre de l'instruction.

3441 **Examen technique.** Le juge d'instruction ne peut pas déléguer son pouvoir d'ordonner une expertise. En pratique, l'officier de police judiciaire ne peut pas requérir un expert pour procéder à un examen technique ou scientifique (V. *supra*, nos 3462 et 1038).

b) Pouvoir spécifique de réquisition

3442 Les articles 99-3, 99-4 et 99-5 encadrent spécifiquement le pouvoir de réquisition du juge d'instruction, de l'officier de police judiciaire commis par lui voire des agents de police judiciaire et

assistants d'enquête agissant sous le contrôle de l'officier de police judiciaire :
– l'article 99-3 est le pendant de l'article 60-1 du Code de procédure pénale ainsi que des articles 60-1-1 et 60-1-2 auxquels il renvoie expressément (V. *supra*, n° 3444) ;
– l'article 99-5 est le pendant de l'article 60-3 du Code de procédure pénale auquel il renvoie expressément ;
– l'article 99-4 renvoie à l'article 60-2 du Code de procédure pénale en accordant au juge d'instruction les pouvoirs dévolus, en préliminaire et en flagrance, au juge des libertés et de la détention s'agissant du gel des données (CPP, art. 60-2, al. 2).

c) Données de connexion

3443 **Autorisation spéciale du juge d'instruction.** En matière de données de connexion, l'autorisation que le juge d'instruction donne à l'officier de police judiciaire de requérir les données doit fixer la durée et le périmètre des informations à demander et le magistrat doit exercer un contrôle effectif (Cass. crim., 25 oct. 2022, n° 21-87.397, publié au bulletin).

3444 **Autorisation du juge des libertés et de la détention pour les données de connexion d'un avocat.** Lorsque la réquisition concerne des données de connexion émises par un avocat telles qu'elles sont définies à l'article 60-1-1 du Code de procédure pénale, le juge d'instruction doit préalablement saisir le juge des libertés et de la détention afin qu'il les autorise par ordonnance motivée (V. *supra*, n° 3510).

II Les différentes réquisitions

3445 À titre liminaire, on indiquera que malgré un grand nombre d'articles dédiés aux réquisitions, le Code de procédure pénale ne contient pas d'article de portée générale concernant les enquêteurs, à la différence des articles 41 et 81 qui donnent ce pouvoir de réquisition aux magistrats du parquet et au juge d'instruction. Toutefois, certains auteurs ont pu voir dans l'article 14 du Code de procédure pénale, un fondement à ce pouvoir général des enquêteurs.

3446 Dans la pratique, faute de texte de portée générale, l'officier de police judiciaire vise dans ses procès-verbaux de réquisition l'article 60 ou l'article 77-1 du Code de procédure pénale, alors que ces articles concernent la personne qualifiée. Cette erreur étant de nature rédactionnelle, elle est sans incidence sur la validité de l'acte de procédure, dans la mesure où l'officier de police judiciaire dispose de ce pouvoir de réquisition au titre d'un autre article, à savoir l'article R. 642-1 du Code pénal (Cass. crim., 3 avr. 2013, n° 12-86.275, publié au bulletin. – Cass. crim., 7 nov. 2006, n° 06-81.304 et Cass. crim., 15 déc. 2009, n° 09-80.557), bien qu'il soit de nature réglementaire (V. *supra*, n° 1546).

A La réquisition à manouvrier

1 Les personnes pouvant être requises

3447 La réquisition découlant de l'article R. 642-1 du Code pénal est dénommée réquisition « à manouvrier » ou à « prestataire » ou encore à « professionnel ». Cet article est ce qui s'approche le plus d'un pouvoir de réquisition générale, car il sert essentiellement à requérir des personnes, souvent privées, susceptibles de fournir une prestation qui ne relève pas de la compétence technique de l'enquêteur et qui n'a pas pour finalité une demande d'avis à un scientifique ou à un technicien, cette dernière réquisition relevant de l'article 60 du Code de procédure pénale.
Cet article peut être utilisé quel que soit le cadre juridique de l'enquête, sous réserve du régime d'autorisation qui lui est propre (V. *supra*, n°s 3428 et s.).

3448 **Autonomie du pouvoir de réquisition à manouvrier.** La chambre criminelle juge que dans le cas où l'officier de police judiciaire dispose d'une autorisation d'effectuer une perquisition donnée par le juge des libertés et de la détention en application de l'article 76, alinéa 4, du Code de procédure pénale, cet enquêteur, sans avoir à en référer à ce magistrat, tire de ses pouvoirs propres la faculté de requérir un serrurier pour procéder à l'ouverture d'un coffre-fort découvert au domicile faisant l'objet de cette perquisition (Cass. crim., 3 avr. 2013, n° 12-86.275, publié au bulletin).

3449 **Réquisitions spéciales.** Bien que la loi ait accordé un droit général de réquisition, le législateur prévoit parfois des réquisitions spéciales à manouvrier ou à prestataire, tel l'article 100-3 du Code de procédure pénale s'agissant des interceptions judiciaires (Cass. crim., 23 mai 2006, n° 06-81.705).

2 Les conditions de la réquisition à manouvrier

3450 L'article R. 642-1 du Code pénal dispose que :

« Le fait, sans motif légitime, de refuser ou de négliger de répondre soit à une réquisition émanant d'un magistrat ou d'une autorité de police judiciaire agissant dans l'exercice de ses fonctions, soit, en cas d'atteinte à l'ordre public ou de sinistre ou dans toute autre situation présentant un danger pour les personnes, à une réquisition émanant d'une autorité administrative compétente, est puni de l'amende prévue pour les contraventions de la 2e classe ».

3451 Aussi, cet article n'impose aucun formalisme particulier s'agissant des conditions de fond de la réquisition. Ce sont donc les règles générales propres à chaque cadre d'enquête et à la rédaction des procès-verbaux qui s'appliquent. La personne requise n'a pas à prêter serment mais simplement à accepter d'apporter son concours à la justice.

3452 En revanche, la réquisition doit expressément mentionner que le refus d'y déférer constitue une infraction pénale.

B La réquisition à personne qualifiée

3453 Cette réquisition, prévue aux articles 60 et 77-1 du Code de procédure pénale, peut susciter deux difficultés. Celles-ci concernent, d'une part, la définition de la personne qualifiée et, d'autre part, dans le cadre de l'instruction, sa distinction avec l'expertise.

1 Définition de la personne qualifiée

3454 Dans des termes identiques, les articles 60 et 77-1 du Code de procédure pénale prévoient que « s'il y a lieu de procéder à des constatations ou à des examens techniques ou scientifiques », le procureur de la République ou les enquêteurs, selon les distinctions mentionnées précédemment (V. *supra*, n° 3428) peuvent recourir à toutes personnes qualifiées.

3455 L'article D. 7 du Code de procédure pénale précise que :

« Les officiers et agents de police judiciaire veillent à la préservation de l'état des lieux ainsi qu'à la conservation des traces et des indices jusqu'à ce qu'il soit procédé aux opérations de police technique et scientifique. Sauf désignation par le magistrat d'un service de police technique et scientifique particulier, ces opérations sont effectuées par les spécialistes auxquels font habituellement appel les premiers intervenants.

Lorsqu'il y a lieu de procéder à des examens techniques ou scientifiques qui ne peuvent être différés, les officiers de police judiciaire peuvent, selon le type d'enquête qu'ils conduisent, faire appel aux personnes qualifiées appartenant aux organismes spécialisés de la police nationale ou de la gendarmerie nationale ».

3456 Cependant, la personne qualifiée n'a pas vocation à n'intervenir que lors d'opérations de constatations tel que cela est prévu au premier alinéa de l'article D. 7, mais à chaque fois que l'enquêteur a besoin de recourir à « homme (ou une femme) de l'art » pour « procéder à des constatations ou à des examens techniques ou scientifiques ». Les missions qui sont confiées au titre de l'article 60 du Code de procédure pénale peuvent donc être très variées.

3457 **Fin de la réquisition aux services de police technique et scientifique de la police et de la gendarmerie nationale.** La loi du 24 janvier 2023 a supprimé l'obligation de délivrer une réquisition aux services de police technique et scientifique de la police et de la gendarmerie nationales autrefois prévue par les articles 60 et 77-1 du Code de procédure pénale, lorsque ces services procèdent à des opérations de police technique et scientifique, notamment lors de transport-constatations (V. *supra*, n° 1748). L'article 60 alinéa 2 dispose que :

« Lorsqu'ils sont sollicités à cet effet par l'officier de police judiciaire ou, sous le contrôle de ce dernier, par l'agent de police judiciaire, les services ou organismes de police technique et scientifique de la police nationale et de la gendarmerie nationale peuvent directement procéder à des constatations et à des examens techniques ou scientifiques relevant de leur compétence, sans qu'il soit nécessaire d'établir une réquisition à cette fin ».

Toutefois la réquisition demeure nécessaire lorsqu'il est fait appel à une tierce personne pour réaliser des constatations techniques ou scientifiques.

En pratique, la réquisition à personne qualifiée appartenant à un service ou organisme de police technique et scientifique de la police nationale et de la gendarmerie nationale pourra donc être remplacée par une simple mention dans le procès-verbal ou le rapport établi par ces services ou

unités indiquant qu'ils interviennent à la demande de l'enquêteur. Cette mention pourra également apparaître au procès-verbal de synthèse qui retrace les différentes investigations menées (V. *supra*, n° 1591).
En revanche, la réquisition à personne qualifiée de la police nationale ou de la gendarmerie nationale semble toujours nécessaire lors de l'instruction.

3458 **Services ou organismes de police technique et scientifique de la police nationale et de la gendarmerie nationale.** Selon les travaux parlementaires, ces services et organismes ne s'arrêtent pas au Service National de Police Scientifique (SNPS) ou à l'Institut de Recherches Criminelles de la Gendarmerie Nationale (IRCGN) mais à tous les services et organismes procédant à des examens et constatations criminalistiques. Aussi, et toujours à la lecture de ces travaux parlementaires, notamment ceux de l'Assemblée Nationale (rapport n° 436 enregistré à la présidence de l'Assemblée Nationale le 4 nov. 2022, p. 142 et s.), il apparaît clairement que les députés considèrent que relèvent des opérations de police technique et scientifique le fait de procéder à une copie de données contenues sur un support numérique (CPP, art. 60-3 et V. *infra*, n° 3464). De notre point de vue, ce sont donc tous les services ou organismes de la police et de la gendarmerie nationales qui ont des missions de criminalistique y compris numérique qui sont dispensés de réquisitions.

2 Personne qualifiée et expertise

a) Enquête de flagrance et enquête préliminaire

3459 La chambre criminelle considère que les examens effectués par les personnes qualifiées sont identiques en nature avec les expertises. Elle a jugé que « l'article 77-1 du code de procédure pénale confère au procureur de la République, agissant en enquête préliminaire, le pouvoir de charger toutes les personnes qualifiées de missions techniques ou scientifiques de même nature que celles qui peuvent être confiées aux experts par le juge d'instruction en application de l'article 156 du même code » (Cass. crim., 14 sept. 2005, n° 05-84.021 : *Bull. crim.*, n° 226. – Cass. crim., 19 mars 2014, n°s 10-88.725 et 13-88.616 et Cass. crim., 13 juin 2017, n° 17-80.641).

3460 **Réquisition spécifique à personne qualifiée.** Les lois spéciales dérogeant aux lois générales, les articles 60 et 77-1 du Code de procédure pénale ne sont pas applicables lorsqu'il existe des textes spécifiques encadrant le recours à la personne qualifiée. Ainsi en va-t-il, par exemple :
– de l'article 63-3 du Code de procédure pénale relatif à l'examen médical lors de la garde à vue ;
– des articles L. 3354-1 et R. 3354-5 du Code de la santé publique relatifs à la constatation d'un état alcoolique ou encore l'article L. 235-2 du Code de la route ;
– des articles 230-28 à 230-31 du Code de procédure pénale relatifs à l'autopsie (V. *supra*, n° 3383) ;
– des articles 230-1 à 230-5 du Code de procédure pénale relatifs à la mise au clair des données (V. *supra*, nos 3643 et s.) ;
– de l'article 706-142 qui permet de façon très générale au procureur de la République et au juge d'instruction, ou sur son autorisation, à l'officier de police judiciaire de requérir toute personne qualifiée pour accomplir les actes nécessaires à la saisie des biens visés aux articles 706-141 et suivants, c'est-à-dire les biens confiscables au titre de l'article 131-21 du Code pénal (V. *supra*, n° 2338). L'autorisation préalable du magistrat semble nécessaire quel que soit le cadre juridique, ce qui est cohérent avec le régime des perquisitions en la matière (V. *supra*, n° 2041).
Dans ces hypothèses, la chambre criminelle juge que les personnes qualifiées n'ont pas à prêter serment (Cass. crim., 17 févr. 1999, n° 98-80.557 et Cass. crim., 21 juin 2016, n° 15-86.449, publié au bulletin. – V. *supra*, n° 3469) et que les textes spéciaux s'appliquent quand bien même les enquêteurs auraient visé les articles 77-1 ou 60 du Code de procédure pénale (Cass. crim., 7 nov. 2006, n° 06-81.304 et Cass. crim., 15 déc. 2009, n° 09-83.878 : *Bull. crim.* n° 211).

3461 **Expertise ordonnée par le procureur de la République.** Certains articles font expressément référence à la notion d'expertise, comme les articles 706-47-1 et 706-48 du Code de procédure pénale. Dans ces hypothèses, la compétence en revient au procureur de la République qui peut déléguer son pouvoir de réquisition, dans le cadre de l'enquête préliminaire, à l'officier de police judiciaire (Cass. crim., 17 sept. 2014, n° 13-87.164).
La chambre criminelle n'a pas eu à se prononcer sur la possibilité pour les enquêteurs d'ordonner d'initiative une telle expertise dans le cadre de la flagrance. Les articles 706-47-1 et 706-48 ne visant que le procureur de la République, il paraît difficile d'investir l'officier de police judiciaire d'un tel pouvoir. En tout état de cause, eu égard au coût d'un tel acte, il y a peu de chance que les enquêteurs prennent une telle décision sans en référer au magistrat.

CONSEIL Qu'ils agissent dans le cadre de l'enquête de flagrance ou préliminaire, il est opportun de mentionner au procès-verbal que les enquêteurs ont agi sur autorisation du magistrat.

b) Instruction

3462 Comme cela est exposé dans la fiche consacrée à l'expertise, la délivrance d'une ordonnance de commission d'expert relève, conformément à l'article 156 du Code de procédure pénale, de la compétence exclusive du juge d'instruction (V. *supra*, n° 993). Cependant, tant la doctrine que la chambre criminelle (Cass. crim., 3 déc. 1998, n° 98-83.433 : *Bull. crim.* n° 333. – Cass. crim., 21 juin 2006, n° 06-82.774 : *Bull. crim.* n° 193) considèrent que le pouvoir de réquisition que le magistrat instructeur délègue à un officier de police judiciaire peut parfaitement le conduire à faire effectuer de simples constatations techniques par une personne qualifiée sous réserve que la mission qui lui est confiée ne relève pas de l'expertise. Ce pouvoir de réquisition relève de l'article 81 (voire des articles 99-3 et suivants dans le cadre des opérations de transport et constatations) du Code de procédure pénale et est délégué dans une commission rogatoire générale (V. *supra*, n° 3440).

3463 Le Code de procédure pénale, pas plus que la chambre criminelle, ne distinguent clairement l'expert de la personne qualifiée. Pour certains auteurs « on ne peut considérer que, durant l'information, expertise et réquisitions aux fins de constatations ou examen techniques ou scientifiques seraient interchangeables, sauf à ruiner la raison d'être des garanties particulières qui entourent, encore aujourd'hui, l'expertise. Afin de préserver la cohérence du dispositif législatif, il faut considérer que, dès lors qu'une instruction est ouverte, la jurisprudence de la chambre criminelle n'autorise le recours à une personne qualifiée que pour procéder à des constatations techniques. En revanche, chaque fois qu'il s'agit de procéder à des examens techniques ou scientifiques, domaine propre de l'expertise, cette mesure peut seule être prescrite ». Un arrêt de la chambre criminelle paraît retenir cette *summa divisio* (Cass. crim., 15 nov. 2006, n° 06-86.743).
Pour une approche plus pragmatique, il est possible de se référer aux cas concrets exposés dans la fiche consacrée à l'expertise (V. *supra*, n°s 1040 et s.) dans lesquels la chambre criminelle a fait le départ entre ces deux statuts.

3 Cas particulier de la réquisition aux fins de copie des données contenues sur un support numérique placé sous scellé

3464 La loi n° 2016-731 du 3 juin 2016 a introduit dans le Code de procédure pénale un article 60-3 permettant au procureur de la République ou à l'officier de police judiciaire de requérir une personne qualifiée de procéder à l'ouverture des scellés contenant des objets supportant des données informatiques pour réaliser une ou plusieurs copies de ces données, afin de permettre leur exploitation sans porter atteinte à leur intégrité.
Ce texte permettait, quel que soit l'acte d'enquête puisque des dispositions similaires avaient été édictées pour l'enquête préliminaire à l'article 77-1-3 et pour l'instruction à l'article 99-5, de faciliter l'exploitation des données enregistrées sur un support de données informatiques, tel un disque dur, une clé USB, un téléphone mobile, tout en évitant un risque de dégradation de l'original sans être bridé par les règles d'ouverture des scellés. Aucun texte n'autorisait en effet un enquêteur à ouvrir un scellé pour en exploiter le contenu et les règles d'ouverture des scellés prévues par les dispositions relatives à l'instruction étaient assez contraignantes.
La loi n° 2019-222 du 23 mars 2019 a autorisé l'agent de police judicaire, sous le contrôle de l'officier de police judiciaire, à délivrer ce type de réquisition.
Le texte permettait seulement à la personne qualifiée requise d'établir une copie. Il était nécessaire, pour exploiter la copie, de recourir la plupart du temps, en préliminaire et en flagrance, à une seconde réquisition et, au cours de l'instruction, à l'expertise (en ce sens : *Le recueil de la preuve numérique*, Guide méthodologique, p. 24), sauf si l'enquêteur disposait lui-même des compétences techniques lui permettant d'exploiter les données copiées sans qu'il soit nécessaire de procéder à « des constatations ou à des examens techniques ou scientifiques » ou de résoudre une « question d'ordre technique » au sens des articles 60 et 156 du Code de procédure pénale.
Le projet de loi d'orientation du ministère de l'Intérieur a prévu que la réquisition pourrait être délivrée par un assistant d'enquête au cours d'une enquête de flagrance ou d'une instruction. Cette modification a été adoptée par le Parlement.
Mais au cours des travaux parlementaires, la commission mixte paritaire a ajouté au texte un membre de phrase.

Le texte, issu de la loi n° 2023-22 du 24 janvier 2023, prévoit désormais que :

> « Lorsqu'ont été placés sous scellés des objets qui sont le support de données informatiques, le procureur de la République ou l'officier de police judiciaire ou, sous le contrôle de ce dernier, l'agent de police judiciaire ou l'assistant d'enquête peut, par tout moyen, requérir toute personne qualifiée inscrite sur une des listes prévues à l'article 157 ou ayant prêté par écrit le serment prévu à l'article 60 de procéder à l'ouverture des scellés pour réaliser une ou plusieurs copies de ces données ou de procéder aux opérations techniques nécessaires à leur mise à la disposition de l'officier de police judiciaire, afin de permettre leur exploitation sans porter atteinte à leur intégrité. La personne requise fait mention des opérations effectuées dans un rapport établi conformément aux articles 163 et 166.
>
> Les opérations mentionnées au premier alinéa du présent article peuvent être réalisées par les services ou les organismes de police technique et scientifique de la police nationale et de la gendarmerie nationale dans les conditions prévues aux deuxième et troisième alinéas de l'article 60 ».

L'ajout du membre de phrase relatif « aux opérations techniques nécessaires à leur mise à la disposition de l'officier de police judiciaire, afin de permettre leur exploitation sans porter atteinte à leur intégrité » est susceptible de plusieurs interprétations.

Lors de l'introduction de cette modification, les parlementaires l'ont présentée comme une disposition rédactionnelle. On pourrait donc en déduire que la modification autorise tout au plus la personne requise à « casser le code », l'exploitation des données constituant, comme c'était souvent le cas auparavant, une question d'ordre technique nécessitant une réquisition sur le fondement de l'article 60 en flagrance, de l'article 77-1 en enquête préliminaire et de recourir à l'expertise au cours d'une instruction.

Mais on peut également considérer que la modification législative répond à la difficulté que le Guide méthodologique relatif au recueil de la preuve numérique, dans sa version de 2019, signalait ainsi :

> **Une interprétation de l'article 60-3 du Code de procédure pénale consiste à considérer que cette disposition permet à la fois de réaliser la copie d'un support mais aussi son exploitation. Cette pratique est néanmoins contestable. Elle ne résulte pas de l'objet de l'amendement parlementaire à l'origine de cette proposition de loi. L'annexe I de la circulaire 2015-00010 du 2 décembre 2016 préconise de réserver cette disposition à la simple copie du support. Enfin, la création de l'article 60-3 a entendu préciser et non abroger l'article 60, qui conserve son application pour l'exploitation d'un support numérique.**

Et on pourrait considérer que, désormais, c'est une véritable exploitation consistant à éditer la liste des contacts, à établir des copies papier ou numériques des messages, à transcrire les messages audio, à éditer les photos, etc., que la personne requise peut faire.

Cette interprétation constructive nous parait être celle à privilégier dès lors qu'elle résulte d'une loi dont l'objectif affiché est de « renforcer la fonction investigation ».

3465 **Suppression de la réquisition.** L'enquêteur peut s'exonérer de la délivrance d'une réquisition dès lors que la demande est adressée à une personne qualifiée appartenant à un service de police technique de la police ou de la gendarmerie nationale (V. *supra*, n° 3457).

La suppression de la réquisition dans ce cas de figure vaut pour tous les cadres d'enquête : la flagrance (CPP, art. 60-3), l'enquête préliminaire (CPP, art. 77-1-3 par renvoi à l'article 60-3) et l'instruction (CPP, art. 99-5, par renvoi à l'article 60-3).

En revanche, le recours à la réquisition demeure nécessaire lorsqu'il est fait appel à une personne qualifiée « privée » c'est-à-dire qui n'appartient pas à un service de la police ou de la gendarmerie nationale.

3466 **Assistant d'enquête.** Les articles 60-3 et 99-5 du Code de procédure pénale donnent compétence, en enquête de flagrance et au cours d'une instruction, à l'assistant d'enquête pour requérir – lorsque la réquisition est nécessaire – la personne qualifiée aux fins de procéder aux opérations prévues à l'article 60-3 du Code de procédure pénale. Ce pouvoir de réquisition est soumis à l'autorisation préalable du magistrat lorsque celle-ci est prévue (CPP, art. 21-3, 3°) et est placé sous le contrôle de l'officier de police judiciaire, dans tous les cas.

Au cours d'une enquête préliminaire, l'assistant d'enquête n'est pas autorisé à délivrer la réquisition aux fins de procéder aux opérations visées à l'article 60-3 du Code de procédure pénale (V. *supra*, n° 3439).

3467 **Articulation avec la jurisprudence de la chambre criminelle.** La chambre criminelle juge que l'exploitation d'un téléphone portable est assimilable à une perquisition » (Cass. crim., 12 janv. 2021, n° 20-84.045. – V. *supra*, n° 1966).

Il semble que la personne requise ou sollicitée pour effectuer la copie puisse y procéder hors la présence de l'utilisateur du téléphone, car l'article 60-3 prévoit des conditions comparables à celles que l'article 163 impose pour une expertise qui peut être effectuée hors la présence de la personne entre les mains de laquelle l'objet à examiner a été trouvé. Le placement sous scellé, l'inventaire, le serment de la personne requise – le cas échéant – ou son inscription sur une liste d'experts sont autant de garanties qui permettent de justifier cette solution.

En revanche, si l'on admettait que l'enquêteur effectue lui-même les constatations ne requérant pas que soient résolues des questions techniques ou scientifiques et qu'il puisse consulter le journal des appels et les messages, se poserait la question de la présence de la personne qui utilise le téléphone compte tenu de l'assimilation de la fouille du téléphone à une perquisition. Pour l'heure, la chambre criminelle n'a pas encore précisé ce qu'elle entendait par « assimilée à une perquisition ». Il n'est donc pas possible, en l'état, de dire si l'assimilation évoquée conduit à imposer la présence de la personne titulaire d'un droit sur le téléphone lors de ladite exploitation. Il est juste possible d'affirmer que matériellement une telle exigence serait difficile à respecter. Dans le doute, le recours à la personne qualifiée permettra d'éluder la difficulté.

3468 **Droit commun.** Dans l'hypothèse où la réquisition demeure nécessaire, son régime juridique est identique à celui de l'article 60 du Code de procédure pénale, qui constitue le droit commun. La personne qualifiée doit :

– prêter serment par écrit tel qu'il est prévu à l'article 60 sauf si elle est inscrite sur une liste d'experts prévue à l'article 157 ;

– établir un rapport conformément aux articles 163 et 166 du Code de procédure pénale où elle mentionne les opérations effectuées.

4 Conditions de la réquisition à personne qualifiée

a) Prestation de serment

3469 Sauf si elle est inscrite sur une liste d'experts prévue à l'article 157 du Code de procédure pénale (Cass. crim., 20 sept. 2006, n° 06-84.741, publié au bulletin et Cass. crim., 19 oct. 2016, n° 15-83.937), la personne qualifiée doit prêter serment « d'apporter son concours à la justice en son honneur et en sa conscience » (CPP, art. 60, al. 2 et 77-1, al. 2). Le défaut de la prestation de serment est une cause de nullité non soumise à grief, ainsi que le juge la chambre criminelle (Cass. crim., 3 déc. 1998, n° 98-83.443 : *Bull. crim.* n° 333. – Cass. crim., 21 juin 2006, n° 06-82.774 : *Bull. crim.* n° 193 et Cass. crim., 27 mars 2019, n° 18-83.493).

La prestation de serment est incluse dans le corps de la réquisition judiciaire et il revient à la personne qualifiée, lorsqu'elle reçoit la réquisition, d'indiquer :

– soit qu'elle accepte la mission et qu'elle est inscrite sur une liste d'experts (ce que les enquêteurs vérifieront utilement) ;

– soit qu'elle accepte la mission et qu'elle prête serment d'apporter son concours à la justice en son honneur et en sa conscience ;

– soit qu'elle refuse la mission. L'infraction de refus de déférer à une réquisition pourra alors lui être imputée. Si la réquisition est prévue par un texte spécial, c'est ce dernier qui prévoit généralement la sanction en cas de refus d'exécution.

Naturellement si la personne qualifiée appartient à un service de police scientifique de la police ou de la gendarmerie nationale, il n'y a plus lieu à prestation serment dès lors que la personne qualifiée n'a plus besoin d'être requise pour exécuter sa mission (V. *supra*, n° 3457).

3470 **Impartialité de la personne qualifiée.** Lorsqu'au cours d'une enquête de flagrance ou d'une enquête préliminaire la réquisition adressée à la personne qualifiée vise à effectuer un examen technique ou scientifique, il y a lieu que les garanties applicables à l'expert le soient également à la personne qualifiée. La chambre criminelle juge que le fait que la personne requise appartienne à la même branche d'activité que la personne mise en cause, et dès lors qu'aucune concurrence n'est alléguée entre les sociétés appartenant à celles-ci, la critique de défaut d'impartialité de la personne requise doit être écartée (Cass. crim., 8 févr. 2022, n° 21-84.623).

b) Mission confiée et pouvoirs de la personne qualifiée

3471 **Mission confiée.** Le procès-verbal de réquisition doit également indiquer avec précision quelle est la mission confiée à la personne qualifiée. Cette mission peut parfois consister simplement en un libellé ou comprendre des questions (V. *supra*, n° 2916). Il n'est pas rare que lorsque la réquisition à personne qualifiée, lors d'une enquête de flagrance ou préliminaire, vise à la réalisation d'un examen technique ou scientifique, celle-ci soit délivrée par le magistrat.

CONSEIL Il n'est pas inutile que les enquêteurs fassent valider par le procureur de la République le libellé de la réquisition lorsque ce sont eux qui la délivrent et que la mission sort de l'ordinaire ou s'apparente à une expertise.

3472 **Personnes qualifiées co-requises.** La chambre criminelle juge qu'il appartient au ministère public ou, sur son autorisation, à l'officier ou agent de police judiciaire, de requérir nommément la seconde personne qualifiée qu'il voulait adjoindre à la première, sans abandonner à celle-ci une quelconque prérogative en ce sens, en pratique à laisser la première personne qualifiée choisir la seconde (Cass. crim., 5 avr. 2022, n° 21-84.630).

3473 **Pouvoirs de la personne qualifiée.** L'article 60 auquel renvoie l'article 77-1 du Code de procédure pénale dispose que :

> « Les personnes désignées pour procéder aux examens techniques ou scientifiques peuvent procéder à l'ouverture des scellés. (...). Ces personnes peuvent également, en le mentionnant dans leur rapport, replacer sous scellés les objets examinés et placer sous scellés les objets résultant de leur examen (...) ».

3474 Cette possibilité d'ouvrir les scellés sans solliciter au préalable l'autorisation du procureur de la République est la principale raison qui conduit les enquêteurs, au sein de la gendarmerie nationale, à requérir leurs camarades – qui disposent pourtant de la qualité d'officier de police judiciaire – affectés dans des unités spécialisées en investigations criminelles, alors que, comme nous l'avons indiqué précédemment, une telle réquisition n'est généralement pas nécessaire (V. *supra*, n° 3422).
Afin de décharger les enquêteurs de certaines tâches et notamment pour éviter qu'un officier de police judiciaire doive assister systématiquement à l'autopsie lors d'une enquête de flagrance, l'article 60 du Code de procédure pénale a été modifié afin de prévoir expressément que « (...) les médecins requis pour pratiquer une autopsie ou un examen médical peuvent placer sous scellés les prélèvements effectués ».

3475 **Rapport.** À l'issue de cet examen, la personne qualifiée, comme l'expert, remet un rapport qui retrace les opérations effectuées – ouverture, fermeture de scellés, inventaire – ainsi que les conclusions qui en découlent conformément aux dispositions des articles 163 et 166 du Code de procédure pénale.
Les conclusions du rapport peuvent, le cas échéant, être communiquées verbalement au procureur de la République et aux enquêteurs. La chambre criminelle juge que lorsqu'une instruction fait suite à une enquête préliminaire, la personne qualifiée n'a pas à remettre son rapport avant l'ouverture de l'information (Cass. crim., 16 déc. 2003, n° 03-83.555 et Cass. crim., 15 nov. 2006, n° 06-86.743).

3476 **Communication du rapport.** L'article 60, alinéa 4 auquel renvoie l'article 77-1, alinéa 2 du Code de procédure pénale prévoit que :

> « Sur instructions du procureur de la République, l'officier de police judiciaire ou, sous le contrôle de ce dernier, l'agent de police judiciaire donne connaissance des résultats des examens techniques et scientifiques aux personnes à l'encontre desquelles il existe des indices faisant présumer qu'elles ont commis ou tenté de commettre une infraction, ainsi qu'aux victimes ».

Lorsqu'une information est ouverte, le juge d'instruction doit donner connaissance aux parties « (...) s'il y a lieu, des conclusions des rapports des personnes requises en application des articles 60 et 77-1, lorsqu'il n'a pas été fait application des dispositions du quatrième alinéa de l'article 60. Une copie de l'intégralité du rapport est alors remise, à leur demande, aux avocats des parties ou aux parties si celles-ci ne sont pas assistées par un avocat » (CPP, art. 167).

c) Enquête préliminaire : exceptions et titulaire du pouvoir de réquisition

3477 **Prohibition des autorisations générales et permanentes.** La chambre criminelle a jugé que l'autorisation donnée par le procureur de la République aux officiers de police judiciaire de faire procéder à des examens techniques ou scientifiques, prévue par l'article 77-1 du Code de procédure pénale devait être donnée dans le cadre de la procédure d'enquête préliminaire en cours et non par voie d'autorisation générale et permanente préalable. Cette interprétation est, selon son arrêt, commandée par la nécessité de garantir une direction effective des enquêtes préliminaires par le procureur de la République (Cass. crim., 17 déc. 2019, n° 19-83.574, publié au bulletin).

3478 Le législateur est intervenu, par la loi du 24 décembre 2020, pour redonner à ces réquisitions une partie de la souplesse que la pratique s'était autorisée. Il a donc modifié l'article 77-1 du Code de procédure pénale, selon deux modalités :
– en permettant au procureur de la République par la voie d'instructions générales prises en application de l'article 39-3, d'autoriser les officiers ou agents de police judiciaire à requérir toutes personnes qualifiées afin de procéder à :
1) des examens médicaux ou psychologiques de la victime ;
2) des examens médicaux de la personne suspectée d'avoir commis une des infractions mentionnées à l'article 706-47 ou exigés en application de l'article 706-115.

> « Le procureur est avisé sans délai de ces réquisitions. Ces instructions générales ont une durée qui

ne peut excéder six mois. Elles peuvent être renouvelées » (CPP, art. 77-1, al. 3) ;

– en supprimant la nécessité d'une autorisation du procureur de la République pour requérir une personne qualifiée aux fins :

1) de procéder à la comparaison entre une empreinte génétique issue de trace biologique et l'empreinte génétique d'une personne à l'encontre de laquelle il existe une ou plusieurs raisons plausibles de soupçonner qu'elle a commis l'une des infractions mentionnées à l'article 706-55, ou à la comparaison entre plusieurs traces biologiques,

2) de procéder à la comparaison entre une trace digitale ou palmaire et l'empreinte digitale ou palmaire d'une personne à l'encontre de laquelle il existe une ou plusieurs raisons plausibles de soupçonner qu'elle a commis un crime ou un délit, ou à la comparaison entre plusieurs traces digitales ou palmaires (CPP, art. 77-1, al. 3 et s.).

La loi n° 2023-22 du 24 janvier 2023 a encore augmenté le champ d'application des directives permanentes (V. *supra*, n°s 934, 3477 et *infra*, n° 3486).

C Les réquisitions aux fins de remise d'informations

3479 Le Code de procédure pénale encadre avec une très grande précision les réquisitions aux fins de remise d'informations qui sont classées en trois catégories :

– les réquisitions aux fins de remise de documents (CPP, art. 60-1, 77-1-1 et 99-3) ;

– les réquisitions « informatiques » qui se subdivisent elles-mêmes en deux catégories (CPP, art. 60-2, 77-1-2 et 99-4) ;

– les réquisitions « données de connexion » (CPP, art. 60-1-2). Celles-ci font l'objet d'une étude dédiée.

1 Distinction entre les réquisitions des articles 60-1 et 60-2, alinéa 1er

3480 L'article 60-1 du Code de procédure pénale dispose que :

« Le procureur de la République ou l'officier de police judiciaire ou, sous le contrôle de ce dernier, l'agent de police judiciaire ou, dans le cas prévu au 3 de l'article 21-3, l'assistant d'enquête peut, par tout moyen, requérir de toute personne, de tout établissement ou organisme privé ou public ou de toute administration publique qui sont susceptibles de détenir des informations intéressant l'enquête, y compris, sous réserve de l'article 60-1-2, celles issues d'un système informatique ou d'un traitement de données nominatives, de lui remettre ces informations, notamment sous forme numérique ».

Tandis que l'article 60-2, alinéa 1er dispose que :

« Sur demande de l'officier de police judiciaire, ou sous le contrôle de ce dernier, de l'agent de police judiciaire, intervenant par voie télématique ou informatique, les organismes publics ou les personnes morales de droit privé, à l'exception de ceux visés au d du 2 de l'article 9 du règlement (UE) 2016/679 du 27 avril 2016 précité et au 2° de l'article 80 de la loi n° 78-17 du 6 janvier 1978 relative à l'informatique, aux fichiers et aux libertés, mettent à sa disposition les informations utiles à la manifestation de la vérité, à l'exception de celles protégées par un secret prévu par la loi et sous réserve de l'article 60-1-2 du présent code, contenues dans le ou les systèmes informatiques ou traitements de données nominatives qu'ils administrent ».

3481 Certains auteurs estiment qu'il n'est pas aisé de distinguer les champs d'application de l'article 60-1 relatif aux réquisitions visant à la remise de documents de celles de l'article 60-2, alinéa 1er relatif aux réquisitions dites « informatiques ».

La loi du 9 mars 2004 distinguait la réquisition, prévue par l'article 60-1, « de documents intéressant l'enquête, y compris ceux issus d'un système informatique ou d'un traitement de données nominatives » de celle, prévue par l'article 60-2, qui concernait la « demande de l'officier de police judiciaire, intervenant par voie télématique ou informatique, d'informations contenues dans le ou les systèmes informatiques ou traitements de données nominatives ». Les frais de justice versés aux opérateurs de téléphonie mobile pour une demande d'identification d'un abonné variaient d'ailleurs dans un rapport de un à dix selon que la demande était adressée sous forme copiable ou non (Tableau annexé à l'article A. 43-2, I du Code de procédure pénale, dans sa version issue de l'arrêté du 22 août 2006). Pratiquement, adresser la demande sous forme informatique, dans un fichier établi avec un tableur, revenait dix fois moins cher que de la demander en adressant une liste établie sur un document papier.

En outre, l'article 60-1 ne disait rien de la forme de la réponse tandis que l'article 60-2 prévoyait que : « Les organismes ou personnes visés au présent article mettent à disposition les informations requises par voie télématique ou informatique dans les meilleurs délais ».

Désormais, l'article 60-1 prévoit que la réquisition peut être adressée par tout moyen. Elle peut donc l'être par voie informatique ou télématique. Il dispose également que la remise des informations peut intervenir, notamment, sous forme numérique. La distinction avec l'article 60-2 est donc devenue moins importante.

Pour un des auteurs précités : « C'est dans le domaine d'application de ces réquisitions qu'on trouve une différence. D'une part les réquisitions prises au titre de l'article 77-1-2 ne peuvent pas être adressées aux associations, ou organismes non lucratifs à objet religieux, philosophique, politique ou syndical. D'autre part, les réquisitions prises au titre de l'article 77-1-2 ne peuvent justifier la transmission d'informations protégées par un secret "prévu par la loi" ». Les autres auteurs remarquent que la portée de cette dernière restriction est limitée par la possibilité dont disposent certains organismes d'opposer le secret professionnel. De fait, l'article 60-1 permet que le secret professionnel soit opposé pour « un motif légitime ».

Qu'il soit permis d'ajouter que la réquisition prévue à l'article 60-2 ne concerne que certaines catégories d'organismes (V. *supra*, n° 1499).

L'article 60-2 du Code de procédure pénale a donc perdu beaucoup de l'utilité qu'il présentait en 2004. En pratique, la distinction entre ces deux catégories de réquisition n'étant pas évidente, les enquêteurs visent régulièrement dans les procès-verbaux les deux références. Cependant, l'erreur de référence est sans incidence dès lors que les enquêteurs disposent légalement de l'autorisation de procéder à l'acte d'enquête (V. *supra*, n° 3446).

3482 La chambre criminelle admet également une certaine redondance entre les articles 77-1-1 et 77-1-2 (*mutatis mutandis* 60-1 et 60-2, al. 1er) comme en attestent de nombreux arrêts (Cass. crim., 12 juill. 2022, nos 21-83.710, 21-83.820, 21-84.096 et 20-86.652, publié au bulletin) où elle cite sans distinction ces deux références. Le Conseil constitutionnel semble partager la même position (Cons. const., 3 déc. 2021, n° 2021-952 QPC. – Cons. const., 20 mai 2022, n° 2022-993 QPC).

Toutefois, la loi du 24 janvier 2023 a modifié les articles 60-1 et 77-1-1 en autorisant les agents de police judiciaire et les assistants d'enquête à procéder à ces réquisitions. À l'inverse les articles 60-2 et 77-1-2 du même code n'ont pas été modifiés.

Les enquêteurs devront être attentifs à bien distinguer la réquisition fondée sur l'article 60-1 de celle effectuée sur le fondement de l'article 60-2 dès lors que la seconde ne peut pas être faite par un assistant d'enquête.

3483 Cette réquisition est sans aucun doute une des plus utilisées par les enquêteurs. Le terme de « document » doit ici recevoir une acception très large en ce qu'il ne recouvre pas que le « document écrit et papier ». Cette réquisition est utilisée lorsque les enquêteurs réclament la remise d'un enregistrement de vidéosurveillance (Cass. crim., 9 janv. 2018, n° 17-82.946 : *Bull. crim.* n° 4 et Cass. crim., 6 mars 2013, n° 12-87.810 : *Bull. crim.* n° 62) de la part d'un particulier ou d'une mairie, les comptes bancaires d'une personne auprès d'une banque (Cass. crim., 8 nov. 2005, n° 05-84.822, publié au bulletin) ou des documents fiscaux auprès de l'administration (Cass. crim., 9 avr. 2015, n° 14-87.660).

a) Régime juridique

3484 **Titulaire du pouvoir de réquisition.** Les articles 60-1 et 77-1-1 du Code de procédure pénale autorisent l'officier de police judiciaire ou, sous le contrôle de ce dernier, l'agent de police judiciaire ou, dans le cas prévu au 3° de l'article 21-3, l'assistant d'enquête à procéder à des réquisitions. En enquête préliminaire, la réquisition peut être soumise à autorisation au cas par cas ou à instruction générale.

Quant à l'article 99-3 du Code de procédure pénale, il ne prévoit que la seule compétence du juge d'instruction et de l'officier de police judiciaire pour délivrer ces réquisitions.

3485 **Autorisation en enquête préliminaire.** Comme pour les réquisitions aux fins d'examen technique ou scientifique, la chambre criminelle impose une autorisation du procureur donnée dans le cadre de l'enquête en cours et prohibe l'accord donné par voie d'autorisation générale et permanente (Cass. crim., 28 sept. 2022, nos 20-86.054, 22-84.210. – Cass. crim., 25 oct. 2022, n° 22-81.466).

Là aussi, le législateur est intervenu pour insérer un alinéa 4 à l'article 77-1-1 qui prévoit que :

> « Le procureur de la République peut, par la voie d'instructions générales prises en application de l'article 39-3, autoriser les officiers ou agents de police judiciaire ou, dans le cas prévu au 3° de l'article 21-3 et sous le contrôle de ces derniers, l'assistant d'enquête, pour des catégories d'infractions qu'il détermine, à requérir de toute personne, de tout établissement ou organisme privé ou public ou de toute administration publique, de leur remettre des informations intéressant l'enquête qui sont issues d'un système de vidéoprotection. Le procureur est avisé sans délai de ces réquisitions. Ces instructions générales ont une durée qui ne peut excéder six mois. Elles peuvent être renouvelées ».

3486 **Nouvelle extension des autorisations générales.** L'article 77-1-1 du Code de procédure pénale, issu de la loi du 24 janvier 2023, étend encore le champ des réquisitions pouvant faire l'objet d'autorisations générales. Dès lors qu'elles concernent un crime ou délit d'emprisonnement, les réquisitions suivantes sont autorisées :

– la remise d'enregistrements issus d'un système de vidéoprotection concernant les lieux dans lesquels l'infraction a été commise ou les lieux dans lesquels seraient susceptibles de se trouver ou de s'être trouvées les personnes contre lesquelles il existe une ou plusieurs raisons plausibles de soupçonner qu'elles ont commis ou tenté de commettre ladite infraction ;
– la recherche des comptes bancaires dont est titulaire une personne contre laquelle il existe une ou plusieurs raisons plausibles de soupçonner qu'elle a commis ou tenté de commettre l'infraction, ainsi que le solde de ces comptes ;
– la fourniture de listes de salariés, de collaborateurs, de personnels et de prestataires de services de sociétés de droit privé ou public, lorsque l'enquête porte sur les délits prévus aux articles L. 8224-1 et L. 8224-2 du Code du travail ;
– la remise de données relatives à l'état civil, aux documents d'identité et aux titres de séjour concernant la personne contre laquelle il existe une ou plusieurs raisons plausibles de soupçonner qu'elle a commis ou tenté de commettre l'infraction ;
– la remise de données relatives à la lecture automatisée de plaques d'immatriculation, lorsque l'infraction a été commise en utilisant un véhicule et que ces données sont susceptibles de permettre de localiser une personne contre laquelle il existe une ou plusieurs raisons plausibles de soupçonner qu'elle a commis ou tenté de commettre l'infraction.

L'article 77-1-1 indique également que :
– les instructions générales données sur le fondement de l'article 39-3 doivent préciser les réquisitions autorisées selon les infractions retenues, au regard de la nature ou de la gravité de celles-ci. Leur durée ne peut excéder six mois ;
– le procureur de la République peut les renouveler pour une même durée, les modifier ou y mettre fin avant leur terme ;
– il est immédiatement avisé de la délivrance des réquisitions réalisées en application de ses instructions générales. Cet avis précise les infractions pour lesquelles la réquisition a été établie. Le procureur de la République peut ordonner que cette réquisition soit rapportée.

3487 **La forme de la réquisition.** La réquisition peut être adressée « par tout moyen », comme la réponse à la réquisition. Ainsi, il est possible de requérir verbalement une personne ou un organisme. Les modalités doivent cependant apparaître au procès-verbal ainsi que le prévoit l'article D. 15-5 du Code de procédure pénale qui précise que :

> « Lorsqu'il est procédé à une réquisition prévue par l'article 60-1 sans établissement d'un procès-verbal dédié, il est fait mention de cet acte dans le procès-verbal faisant état des diligences accomplies par le magistrat requérant, l'officier de police judiciaire ou sous le contrôle de ce dernier, l'agent de police judiciaire. S'il y a lieu, le contenu de la réquisition faite par un moyen de communication électronique est annexé, sous format papier ou numérique, au procès-verbal précédent. Cette annexe n'a pas à être revêtue de la signature du requérant.
> Lorsque les documents requis sont transmis sous forme numérique, le cas échéant par un moyen de communication électronique, ils sont annexés sous format papier ou numérique au procès-verbal. La mise en annexe des documents requis peut se limiter aux éléments nécessaires à la manifestation de la vérité ».

Les articles 60-1, 77-1-1 et 99-3 du Code de procédure pénale prévoient que « le secret professionnel ne peut être opposé, sans motif légitime » et « le fait de s'abstenir de répondre à cette réquisition dans les meilleurs délais et s'il y a lieu selon les normes exigées est puni d'une amende de 3 750 euros ».

3488 **Réquisitions spéciales.** La loi du 29 août 2002, dite « loi d'orientation et de programmation pour la sécurité intérieure », a prévu, dans son article 5, le pouvoir pour l'officier et l'agent de police judiciaire de requérir les agents de la Direction générale de la comptabilité publique, de la Direction générale des douanes et droits indirects, de la Direction générale des impôts et de la Direction générale de la concurrence, de la consommation et de la répression des fraudes de leur remettre tous renseignements et documents de nature financière, fiscale ou douanière, sans que puisse leur être opposée l'obligation au secret. Il en va de même de l'article L. 34-1 du Code des postes et des communications électroniques.
Ces réquisitions spéciales, issues de textes dérogatoires aux prescriptions générales des articles 77-1-1 et 77-1-2, sont destinées à abolir les contraintes de ces textes et notamment la possibilité d'opposer le secret professionnel.
Cependant, malgré ces dispositions spécifiques, ces réquisitions sont régulièrement faites par les enquêteurs au visa des articles 77-1-1 et 77-1-2 du Code de procédure pénale, ce qui est, nous l'avons indiqué, sans grande conséquence (V. *supra*, n° 3446).

b) Personnes protégées

3489 Lorsque les réquisitions concernent des personnes mentionnées aux articles 56-1 à 56-5, les articles 60-1 et 77-1-1 du Code de procédure pénale prévoient que la remise des informations ne peut intervenir qu'avec leur accord. Au stade de l'instruction, une disposition identique est prévue mais l'article 56-4 n'y est pas visé. Il ne fait pas de doute que, dans le cadre d'une instruction, cette protection s'étend aux personnes physiques ou morales visées par les articles 56-4.

L'accord de la personne protégée n'est nécessaire que si la réquisition s'adresse à elle. Si elle la concerne mais est adressée à un tiers, l'accord n'est pas nécessaire.

La chambre criminelle a ainsi jugé que l'accord d'un avocat n'avait pas à être donné pour que sa banque délivre aux enquêteurs les relevées de ses comptes bancaires (Cass. crim., 17 déc. 2013, n° 13-85.717).

De même elle a jugé que pour la remise d'informations médicales sollicitées en application de l'article 77-1-1 du Code de procédure pénale, l'accord du médecin n'était nécessaire que s'il était lui-même directement requis de les fournir. Tel n'est pas le cas si ces informations ont été obtenues en requérant un organisme de sécurité sociale (Cass. crim., 19 mars 2014, n°s 10-88.725 et 13-88.616).

Elle a précisé que les opérateurs de téléphonie n'entraient dans aucune des catégories de personnes, mentionnées aux articles 56-1 à 56-3 du Code de procédure pénale (Cass. crim., 9 oct. 2013, n°s 13-85.228 et 11-81.148).

> **CONSEIL** En cas de refus de la part des personnes protégées, les enquêteurs pourront toujours procéder à des perquisitions, sous réserve des règles particulières applicables à ces personnes ou lieux protégés.

3490 **Les journalistes.** L'article 60-1 du Code de procédure pénale dispose que : « À peine de nullité, ne peuvent être versés au dossier les éléments obtenus par une réquisition prise en violation de l'article 2 de la loi du 29 juillet 1881 sur la liberté de la presse ». Si cet article consacre le principe de la protection du secret des sources (V. *supra*, n° 1503), il reste autorisé pour les enquêteurs et les magistrats de faire des réquisitions portant atteinte à ce secret sous réserve que soit démontrés l'existence d'un impératif prépondérant d'intérêt public et le fait que la mesure était strictement nécessaire et proportionnée au but légitime poursuivi (Cass. crim., 6 déc. 2011, n° 11-83.970, publié au bulletin).

3491 **Les avocats.** Le cas des avocats fait l'objet de développements que l'on trouvera aux n°s 3510 et s.

3 Les réquisitions informatiques

3492 Elles sont de deux types : celles visant la transmission d'informations contenues dans un système informatique ou dans un traitement de données et celles visant à la préservation du contenu d'informations consultées ou le gel des données.

a) La transmission d'information contenue dans un système informatique ou dans un traitement de données

3493 Prévue aux articles 60-2, alinéa 1er, 77-1-2 et 99-4 du Code de procédure pénale, ces réquisitions informatiques visent à obtenir des informations contenues dans un système informatique ou dans un traitement de données. Nous renvoyons ici aux éléments de distinction avec la réquisition prévue à l'article 60-1, 77-1-1 et 99-3 du Code de procédure pénale (V. *supra*, n°s 3480 et s.).

3494 **Régime juridique.** Si les dispositions relatives à l'inopposabilité du secret professionnel (V. *infra*, n° 3487) et aux personnes protégées sont les mêmes que celles prévues à l'article 60-1 du Code de procédure pénale (V. *supra*, n° 3489), quelques éléments diffèrent cependant :

– ne peuvent recevoir de telles réquisitions les églises et les groupements à caractère religieux, philosophique, politique ou syndical, ainsi que les organismes de la presse écrite ou audiovisuelle (V. Règl. [UE] n° 2016/679, 27 avr. 2016, préc., art. 9, 2, d et L. n° 78-17, 6 janv. 1978, relative à l'informatique, aux fichiers et aux libertés, art. 80, 2°). Cependant, rien ne semble interdire que les informations sollicitées puissent être transmises avec leur accord ;

– l'incrimination de non-réponse à réquisition sans motif légitime ne contient pas l'exigence de « meilleurs délais » ;

– les articles R. 15-33-67 et suivants prévoient des modalités simplifiées de transmissions et de réponse à ces réquisitions.

3495 **Autorisation du procureur lors d'une enquête préliminaire.** Il a été indiqué (V. *supra*, n° 1499) que le décret en Conseil d'État, prévu par l'article 60-2 du Code de procédure pénale auquel l'article 77-1-2 renvoie, énumérant les organismes pouvant être requis par voie télématique ou informatique, englobait les opérateurs de communications électroniques. Des réquisitions effectuées *via* la Plateforme nationale des interceptions judiciaires (PNIJ) à des opérateurs de télécommunications peuvent donc être effectuées sur le fondement de l'article 77-1-2 du Code de procédure pénale. Là encore, la chambre criminelle a retenu qu'une autorisation générale du procureur ne pouvait être donnée que dans le cadre de l'enquête qu'il ordonnait. Elle a, en outre, dans la même affaire, estimé que la mention du nom du magistrat dans la réquisition informatique établie pour saisir la PNIJ valait autorisation de procéder aux réquisitions ayant la même valeur qu'une mention expresse en procédure par procès-verbal de l'enquêteur (Cass. crim., 30 mars 2021, nos 20-85.556 et s.).

3496 **Titulaire du pouvoir de réquisition**. Les articles 60-2 alinéa 1er et 77-1-2 du Code de procédure pénale prévoient la compétence de l'officier de police judiciaire, ou sous son contrôle de l'agent de police judiciaire.
Dans le cadre de l'instruction, l'article 99-4 alinéa 1er prévoit la compétence du seul officier de police judiciaire pour procéder aux réquisitions prévues par le premier alinéa de l'article 60-2.

b) Le gel des données

3497 Nous avons déjà évoqué cette réquisition prévue à l'article 60-2, alinéa 2 du Code de procédure pénale s'agissant de la compétence du juge des libertés et de la détention pour l'autoriser (V. *supra*, n° 3433). L'objet de cette réquisition est de permettre aux enquêteurs, sur autorisation du juge des libertés et de la détention, de « requérir des opérateurs de télécommunications, et notamment de ceux mentionnés au 1 du I de l'article 6 de la loi 2004-575 du 21 juin 2004 pour la confiance dans l'économie numérique, de prendre, sans délai, toutes mesures propres à assurer la préservation, pour une durée ne pouvant excéder un an, du contenu des informations consultées par les personnes utilisatrices des services fournis par les opérateurs ».

3498 Il s'agit ici de solliciter des opérateurs de télécommunications de « geler » le contenu des informations consultées par les personnes utilisatrices des services fournis par les opérateurs. Cette possibilité, offerte par l'alinéa 2 de l'article 60-2, est relativement peu usitée (V., pour une évocation de l'utilité de l'article 60-2, alinéa 2 du Code de procédure pénale, A. Lallet, *Données personnelles : droit de l'Union européenne et Constitution : RFDA* 2021, p. 421. – Concl. sur CE, ass., 21 avr. 2021, nos 393099 et s., *French Data Network et a. : Lebon* ; *AJDA* 2021, 828 ; *ibid.* 1194, chron. C. Malverti et C. Beaufils ; *D.* 2021, 797, et les obs. ; *AJ pénal* 2021, 309, chron. A. Archambault ; *Légipresse* 2021, 253 et les obs.), car elle entre en concurrence avec la réquisition qui permet aux enquêteurs de disposer immédiatement des informations requises et de les conserver pardevers eux sans avoir à s'assurer que les opérateurs déférent à une demande de « gel des données ».
Cependant, elle trouve une réelle utilité lorsqu'il s'agit d'investiguer sur des faits anciens et qu'il est urgent de « geler » les données dans l'attente de déterminer quelles réquisitions seront utiles. Ce gel permet donc de conserver des données de connexion au-delà de la durée légale imposée par la loi.

3499 **Titulaire du pouvoir de réquisition** :
– l'article 60-2 alinéa 2 du Code de procédure pénale prévoit, en enquête de flagrance, la compétence de l'officier de police judiciaire ou, sous le contrôle de ce dernier, de l'agent de police judiciaire, intervenant sur réquisition du procureur de la République préalablement autorisé par ordonnance du juge des libertés et de la détention ;
– l'article 77-1-2 alinéa 2 du même code prévoit, en enquête préliminaire, sur autorisation du juge des libertés et de la détention saisi à cette fin par le procureur de la République, que l'officier ou l'agent de police peut procéder aux réquisitions prévues par le deuxième alinéa de l'article 60-2 ;
– l'article 99-4 alinéa 2 du même code, prévoit au cours de l'instruction, avec l'autorisation expresse du juge d'instruction, que l'officier de police judiciaire ou, sous le contrôle de celui-ci, l'agent de police judiciaire peut procéder aux réquisitions prévues par le deuxième alinéa de l'article 60-2.

4 Les réquisitions « données de connexion »

3500 Le régime juridique des réquisitions permettant d'accéder aux données de connexion, dont la définition relève des articles L. 34-1 et R. 10-13 du Code des postes et des communications électroniques, a profondément été modifié suite aux décisions de la Cour de justice de l'Union européenne (CJUE, 6 oct. 2020, aff. C-511/18, C-512/18, C-520/18, *La Quadrature du Net e.a., French Data Network e.a.* – CJUE 2 mars 2021, aff. C-746/18, *Prokuratuur*. – CJUE, 5 avr. 2022, aff. C-140/20, *Commissioner of An Garda Siochana*), à celle du Conseil d'État, aux arrêts de la chambre criminelle, auxquels il faut ajouter l'entrée en vigueur de la loi n° 2021-998 du 30 juillet 2021 relative à la prévention d'actes de terrorisme et au renseignement modifiant tant la possibilité que la durée de conservation des données de connexion puis celle du 2 mars 2022 (n° 2022-299) relative au harcèlement scolaire qui a modifié les conditions d'accès. Nous proposons de présenter sous forme de tableaux le régime juridique de conservation (V. *infra*, n° 3502), puis d'accès aux données de connexion, en fonction de leur nature (V. *infra*, n° 3506).

a) La conservation des données de connexion

3501 Naturellement, la possibilité d'accéder à ces données de connexion est conditionnée par le fait que les opérateurs conservent – de manière volontaire ou légalement contrainte – les différentes données de connexion, selon des règles tenant à la durée de conservation, mais aussi, et il s'agit là de la principale contrainte imposée par le droit de l'Union européenne, en fonction de certaines finalités.

Si ces règles de conservation peuvent apparaître quelque peu indifférentes aux enquêteurs et aux magistrats davantage concernés par les conditions légales d'accès, il n'en demeure pas moins que de la finalité et de la durée de conservation va dépendre une réponse positive à leur réquisition.

Les règles qui régissent la conservation des données sont prévues par l'article L. 34-1 du Code des postes et des communications électroniques tel que modifié par la loi du 30 juillet 2021.

L'article L. 34-1 est détaillé par deux décrets :

– décret n° 2021-1362 du 20 octobre 2021 relatif à la conservation des données permettant d'identifier toute personne ayant contribué à la création d'un contenu mis en ligne, pris en application du II de l'article 6 de la loi n° 2004-575 du 21 juin 2004 pour la confiance dans l'économie numérique, qui s'applique aux « hébergeurs » ;

– décret n° 2021-1361 du 20 octobre 2021 relatif aux catégories de données conservées par les opérateurs de communications électroniques, pris en application de l'article L. 34-1 du Code des postes et des communications électroniques.

3502 **Tableau « conservation des données de connexion ».** Le tableau suivant résume les données de connexion devant être conservées par les opérateurs ou les hébergeurs, la durée de conservation et les finalités.

CPCE, art. L. 34-1 et R. 10-13	Durée	Finalité(s)
II bis (1°) **les informations relatives à l'identité civile** que sont : 1° les nom et prénom, la date et le lieu de naissance pour une personne physique ou la raison sociale, ainsi que les nom, prénom, date et lieu de naissance de la personne agissant en son nom, lorsque le compte est ouvert au nom d'une personne morale ; 2° la ou les adresses postales associées ; 3° la ou les adresses de courrier électronique de l'utilisateur et du ou des comptes associés le cas échéant ; 4° le ou les numéros de téléphone.	**5 ans** à compter de la fin de validité de son contrat.	– besoin des procédures pénales ; – de la prévention des menaces contre la sécurité publique ; – de la sauvegarde de la sécurité nationale.
II bis (2°) **les informations fournies par l'utilisateur lors de la souscription d'un contrat ou de la création d'un compte** que sont : 1° l'identifiant utilisé ; 2° le ou les pseudonymes utilisés ; 3° les données destinées à permettre à l'utilisateur de vérifier son mot de passe ou de le modifier, le cas échéant par l'intermédiaire d'un double système d'identification de l'utilisateur, dans leur dernière version mise à jour. Et **les informations relatives au paiement** que sont : 1° le type de paiement utilisé ; 2° la référence du paiement ; 3° le montant ; 4° la date, l'heure et le lieu en cas de transaction physique.	**1 an** à compter de la fin de validité de son contrat ou de la clôture de son compte.	– besoin des procédures pénales ; – de la prévention des menaces contre la sécurité publique ; – de la sauvegarde de la sécurité nationale.

CPCE, art. L. 34-1 et R. 10-13	Durée	Finalité(s)
II bis (3°) **les données techniques permettant d'identifier la source de la connexion ou celles relatives aux équipements terminaux utilisés** que sont : – pour les opérateurs : 1° l'adresse IP attribuée à la source de la connexion et le port associé, 2° le numéro d'identifiant de l'utilisateur, 3° le numéro d'identification du terminal, 4° le numéro de téléphone à l'origine de la communication. – pour les fournisseurs d'accès à Internet et pour chaque connexion de leurs abonnés : *a)* l'identifiant de la connexion, *b)* l'identifiant attribué par ces personnes à l'abonné, *c)* l'adresse IP attribuée à la source de la connexion et le port associé ; – pour les hébergeurs de contenus en ligne et pour chaque opération de création d'un contenu : *a)* l'identifiant de la connexion à l'origine de la communication, *b)* les types de protocoles utilisés pour la connexion au service et pour le transfert des contenus. Le délai mentionné au premier alinéa du présent article court à compter du jour de la connexion ou de la création d'un contenu, pour chaque opération contribuant à cette création.	à l'expiration d'un délai **d'1 an** à compter de la connexion ou de l'utilisation des équipements terminaux.	– lutte contre la criminalité et la délinquance grave ; – de la prévention des menaces graves contre la sécurité publique ; – la sauvegarde de la sécurité nationale.
III – Les **données de trafic et de localisation** que sont : – pour les opérateurs : 1° les caractéristiques techniques ainsi que la date, l'horaire et la durée de chaque communication, 2° les données relatives aux services complémentaires demandés ou utilisés et leurs fournisseurs, 3° les données techniques permettant d'identifier le ou les destinataires de la communication, mentionnées aux 1° à 4° du IV de l'article L. 34-1, 4° pour les opérations effectuées à l'aide de téléphones mobiles, les données permettant d'identifier la localisation de la communication ; – pour les fournisseurs d'accès à Internet et pour chaque connexion de leurs abonnés : *a)* les dates et heure de début et de fin de la connexion, *b)* les caractéristiques de la ligne de l'abonné ; – pour les hébergeurs de contenus en ligne et pour chaque opération de création d'un contenu : *a)* l'identifiant attribué par le système d'information au contenu, objet de l'opération, *b)* la nature de l'opération, *c)* les date et heure de l'opération, *d)* l'identifiant utilisé par l'auteur de l'opération lorsque celui-ci l'a fourni.	**Pas de conservation possible sauf en cas d'injonction du Premier ministre.** **Valable 1 an, renouvelable.**	En cas de sauvegarde de la sécurité nationale, lorsqu'est constatée une menace grave, actuelle ou prévisible, contre cette dernière.

Examens techniques ou scientifiques

3503 **Article R. 10-14 du Code de procédure pénale.** On observera non sans intérêt que l'article R. 10-14 du Code de procédure pénale autorise les opérateurs à conserver des données de connexion « pour leurs besoins propres » (Note explicative, arrêts de la chambre criminelle du 12 juillet 2022), dont la liste, fixée au présent article, recouvre la quasi-totalité des données de connexion existantes.

3504 **Décret du Premier ministre.** Par décret n° 2021-1363 du 20 octobre 2021, réitéré par décret n° 2022-1327 du 17 octobre 2022 portant injonction, au regard de la menace grave et actuelle contre la sécurité nationale, de conservation pour une durée d'un an de certaines catégories de données de connexion, toutes les données de connexion listées dans le précédent tableau sont conservées par les opérateurs et les hébergeurs de contenu.

b) L'accès aux données de connexion

3505 Les conditions d'accès aux données de connexion sont fixées par les articles 60-1, 60-1-2 et 60-2 du Code de procédure pénale auxquels renvoient les articles 77-1-1 et 77-1-2, 99-3 et 99-4. Comme pour les conditions de conservation, nous proposons de les présenter sous forme de tableau.

3506 **Tableau « accès aux données de connexion ».**

Catégories de données de connexion	Article	Conditions
Informations relatives à l'identité civile que sont : 1° les nom et prénom, la date et le lieu de naissance pour une personne physique ou la raison sociale, ainsi que les nom, prénom, date et lieu de naissance de la personne agissant en son nom, lorsque le compte est ouvert au nom d'une personne morale ; 2° la ou les adresses postales associées ; 3° la ou les adresses de courrier électronique de l'utilisateur et du ou des comptes associés le cas échéant ; 4° le ou les numéros de téléphone.	60-1 et 60-2 77-1-1 et 77-1-2 99-4 et 99-5.	Pour toutes infractions et, le cas échéant, sur autorisation du procureur de la République.
Informations fournies par l'utilisateur lors de la souscription d'un contrat ou de la création d'un compte que sont : 1° l'identifiant utilisé ; 2° le ou les pseudonymes utilisés ; 3° les données destinées à permettre à l'utilisateur de vérifier son mot de passe ou de le modifier, le cas échéant par l'intermédiaire d'un double système d'identification de l'utilisateur, dans leur dernière version mise à jour. **Informations relatives au paiement** que sont : 1° le type de paiement utilisé ; 2° la référence du paiement ; 3° le montant ; 4° la date, l'heure et le lieu en cas de transaction physique.	60-1 et 60-2 77-1-1 et 77-1-2 99-4 et 99-5.	Pour toutes infractions et, le cas échéant, sur autorisation du procureur de la République.

Catégories de données de connexion	Article	Conditions
Données techniques permettant d'identifier la source de la connexion ou celles relatives aux équipements terminaux utilisés que sont : – pour les opérateurs : 1° l'adresse IP attribuée à la source de la connexion et le port associé ; 2° le numéro d'identifiant de l'utilisateur ; 3° le numéro d'identification du terminal ; 4° le numéro de téléphone à l'origine de la communication. – pour les fournisseurs d'accès à Internet et pour chaque connexion de leurs abonnés : *a)* l'identifiant de la connexion ; *b)* l'identifiant attribué par ces personnes à l'abonné ; *c)* l'adresse IP attribuée à la source de la connexion et le port associé ; – pour les hébergeurs de contenus en ligne et pour chaque opération de création d'un contenu : *a)* l'identifiant de la connexion à l'origine de la communication ; *b)* les types de protocoles utilisés pour la connexion au service et pour le transfert des contenus. Le délai mentionné au premier alinéa du présent article court à compter du jour de la connexion ou de la création d'un contenu, pour chaque opération contribuant à cette création.	60-1-2 auquel renvoient 77-1-1 et 99-4	Le cas échéant, sur autorisation du procureur de la République : 1° la procédure porte sur un crime ou sur un délit puni d'au moins trois ans d'emprisonnement ; 2° la procédure porte sur un délit puni d'au moins un an d'emprisonnement commis par l'utilisation d'un réseau de communications électroniques et ces réquisitions ont pour seul objet d'identifier l'auteur de l'infraction ; 3° ces réquisitions concernent les équipements terminaux de la victime et interviennent à la demande de celle-ci en cas de délit puni d'une peine d'emprisonnement ; 4° ces réquisitions tendent à retrouver une personne disparue dans le cadre des procédures prévues aux articles 74-1 et 80-4 du présent code ou sont effectuées dans le cadre de la procédure prévue à l'article 706-106-4. Suite aux arrêts du 12 juillet 2022 et pour les seules données relatives au trafic et à la localisation, il y a lieu que le magistrat motive son autorisation au regard du critère de « nécessité de l'enquête » et de la gravité des faits (V. *supra*, n° 3509).
Données de trafic et de localisation que sont : – pour les opérateurs : 1° les caractéristiques techniques ainsi que la date, l'horaire et la durée de chaque communication ; 2° les données relatives aux services complémentaires demandés ou utilisés et leurs fournisseurs ; 3° les données techniques permettant d'identifier le ou les destinataires de la communication, mentionnées aux 1° à 4° du IV du présent article ; 4° pour les opérations effectuées à l'aide de téléphones mobiles, les données permettant d'identifier la localisation de la communication. – pour les fournisseurs d'accès à Internet et pour chaque connexion de leurs abonnés : *a)* les dates et heure de début et de fin de la connexion ; *b)* les caractéristiques de la ligne de l'abonné ; – pour les hébergeurs de contenus en ligne et pour chaque opération de création d'un contenu : *a)* l'identifiant attribué par le système d'information au contenu, objet de l'opération ; *b)* la nature de l'opération ; *c)* les date et heure de l'opération ; *d)* l'identifiant utilisé par l'auteur de l'opération lorsque celui-ci l'a fourni.		

3507 **Jurisprudence de la chambre criminelle.** Par quatre arrêts du 12 juillet 2022, la chambre criminelle est venue préciser (Note explicative relative aux arrêts de la chambre criminelle du 12 juillet 2022, n°s 21-83.710, 21-83.820, 21-84.096 et 20-86.652) que :

– les réquisitions prévues aux articles 60-1 et 60-2, 77-1-1 et 77-1-2, 99-3 et 99-4 du Code de procédure pénale valent injonction de conservation rapide, au sens de la Convention du Conseil de l'Europe signée à Budapest le 23 novembre 2001 ;

– les données conservées par les opérateurs, soit pour leurs besoins propres, soit au titre de l'obligation de conservation générale imposée aux fins de sauvegarde de la sécurité nationale, peuvent donc l'être également, à la demande des enquêteurs, par voie de réquisitions, pour la répression d'une infraction grave déterminée (« criminalité grave »).

La criminalité grave n'est pas définie en droit de l'Union. Il appartient en conséquence à la juridiction, lorsqu'elle est saisie d'un moyen ou d'une exception de nullité, de vérifier que les éléments de fait justifiant la nécessité d'une telle mesure d'investigation répondent à un critère de criminalité grave au regard de la nature des agissements de la personne poursuivie, du montant du préjudice qui en résulte, des circonstances de la commission des faits et de la durée de la peine encourue ;

3508 **Analyse.** Les arrêts rendus par la chambre criminelle concernent des faits antérieurs à l'entrée en vigueur de la loi n° 2022-299 du 2 mars 2022 visant à combattre le harcèlement scolaire, qui a notamment créé l'article 60-1-2 du Code de procédure pénale. Aussi, cet article conditionnant l'accès à certaines données de connexion à des quanta de peines ou à des natures d'enquête, il nous semble que le critère européen tiré de « la criminalité grave » est rempli et que le nouvel article 60-1-2 est conforme au droit de l'Union, sur ce point. En effet, bien que la Cour de justice de l'Union européenne ne définisse pas la notion de criminalité grave, il est communément admis qu'une infraction punie d'une peine d'emprisonnement (V., pour une évocation de l'utilité de l'article 60-2, alinéa 2 du Code de procédure pénale, A. Lallet, *Données personnelles : droit de l'Union européenne et Constitution : RFDA* 2021, p. 421 ; concl. sur CE, ass., 21 avr. 2021, n°s 393099 et s., *French Data Network et a. : Lebon* ; *AJDA* 2021, 828 ; *ibid.* 1194, chron. C. Malverti et C. Beaufils ; *D.* 2021, 797, et les obs. ; *AJ pénal* 2021, 309, chron. A. Archambault ; *Légipresse* 2021, 253 et les obs.) entre dans cette catégorie qu'il ne faut pas assimiler à la notion de « criminalité et de délinquance organisées » que seul connaît notre Code de procédure pénale.

En revanche, cet article 60-1-2 du Code de procédure pénale n'est pas conforme au droit de l'Union en ce qu'il ne prévoit pas l'autorisation d'une autorité judiciaire indépendante préalablement à l'accès aux données de connexion (Cass. crim., 12 juill. 2022, n° 21-83.710, § 42). Cependant, la chambre criminelle juge que la méconnaissance du droit de l'Union ne pourra constituer une cause de nullité si :

– l'accès a porté sur des données régulièrement conservées. Cette condition est *de facto* remplie en raison de l'existence du décret du Premier ministre valant « injonction » et sous réserve que celui-ci soit renouvelé. Enquêteurs et magistrats peuvent donc puiser, par voie de réquisition, dans le « gisement » de données de connexion conservé au titre de la préservation de la sécurité nationale (V. *supra*, n° 3504) ;

– la ou les catégories de données visées, ainsi que la durée pour laquelle l'accès à celles-ci a eu lieu, étaient, au regard des circonstances de l'espèce, limitées à ce qui était strictement justifié par les nécessités de l'enquête. Cette condition nous semble également *de facto* remplie, pour les réquisitions adressées postérieurement à la loi n° 2022-299 du 2 mars 2022 visant à combattre le harcèlement scolaire, puisque l'article 60-1-2 du Code de procédure a imposé des quanta et des natures d'infraction pour accéder à certaines données (catégories 3 et 4).

3509 **Application concrète. Définition des données de trafic et de localisation.** La DACG (Focus DACG, *Les données de trafic et de localisation pendant l'enquête pénale*, juill. 2022) indique que les données de trafic et de localisation sont celles qui « correspondent essentiellement aux éléments contenus dans la facturation détaillée établie par les opérateurs de téléphonie, à savoir la liste des communications émises ou reçues depuis la ligne concernée et des connexions à Internet, leur date et leur durée ainsi que la localisation des équipements terminaux au moment de ces communications ou encore le détail des communications localisées à partir d'une antenne-relais identifiée (FADETS) ». En revanche, n'entrent pas dans le champ d'application de la jurisprudence de la chambre criminelle du 12 juillet 2022 les autres données telles que les données d'identité, adresse IP, numéro IMEI, etc.

Très concrètement, en se fondant sur le référentiel de la PNIJ, les prestations suivantes entrent dans le champ d'application de la jurisprudence de la

chambre criminelle et peuvent donc être demandées par les enquêteurs :
– MT10 / MT11 / MT12 : détail des trafics d'un abonné sur une période indivisible de 31 jours ;
– MT13 : détail des trafics d'un abonné sur une période indivisible de 31 jours, à partir/vers un numéro d'appel étranger en itinérance en France ;
– MT14 : détail des trafics d'un terminal sur une période indivisible de 31 jours, à partir/ vers un numéro IMEI ;
– MT20 / MT21 / MT22 : détail géolocalisé des trafics d'un abonné sur une période indivisible de 31 jours ;
– MT23 : détail géolocalisé des trafics d'un abonné sur une période indivisible de 31 jours, à partir/ vers un numéro d'appel étranger en itinérance en France ;
– MT24 : détail géolocalisé des trafics d'un terminal sur une période indivisible de 31 jours, à partir/vers un numéro IMEI ;
– MT30 : détail des trafics d'un abonné sur une période indivisible de 31 jours, à partir/vers un numéro d'appel étranger ;
– MT40 : détail des trafics écoulés dans un relais téléphonique (cellule) sur une période de 4 heures au cours des douze derniers mois ;
– FT10 : détail des trafics entrants et sortants d'un abonné au téléphone fixe sur une période indivisible de 31 jours ;
– FT20 : détail des trafics en relation avec un abonné d'un opérateur étranger sur une période indivisible de 31 jours ;
– FT40 : détail des données relatives au trafic d'une carte prépayée.

N'entrent pas dans le champ d'application des arrêts de la chambre criminelle, les prestations cotées : MA, MD, ME, FA, FE, PD, WA et WE.

Autorisation motivée du procureur de la République. La DACG recommande que les réquisitions visant au recueil des données de trafic et de localisation fassent l'objet d'une autorisation motivée du procureur de la République au regard des critères de gravité des faits et de nécessité de l'enquête (V. Modèle de motivation proposée par la DACG dans son Focus, *Les données de trafic et de localisation pendant l'enquête pénale*, juill. 2022). Cependant, la chambre criminelle semble permettre que le procureur de la République autorise sur le fondement des articles 77-1-1 et 77-1-2 du Code de procédure pénale (V. *supra*, n° 3436), pour toute la durée d'une enquête, que les enquêteurs procèdent à toutes les réquisitions utiles sans qu'il soit nécessaire d'obtenir pour chacune d'entre elles une autorisation spécifique. Dès lors, il nous semble possible de soutenir que le procureur de la République pourra délivrer une unique autorisation motivée aux fins de réquisitions pour recueil des données de trafic et de localisation valant pour toute la durée de l'enquête.

CONSEIL Le recours aux réquisitions visant au recueil des données de trafic et de localisation doit également être motivé à l'aune de ces critères dans le cadre de l'enquête de flagrance. Certains chefs de parquet ont donné pour directives de solliciter leur autorisation, dans les mêmes conditions que celles de l'enquête préliminaire. Si un tel contrôle préalable n'offre pas les garanties exigées par la Cour de justice de l'Union européenne, ces directives offrent l'avantage d'uniformiser le régime de recueil de ces données de connexion et de, malgré tout, s'assurer que les critères de gravité et de nécessité de l'enquête sont remplis.

Instruction. Bien que motivée au regard de la gravité et des nécessités de l'enquête, la réquisition autorisée par le procureur de la République n'est pas conforme au droit de l'Union européenne, ainsi que le juge la chambre criminelle dans ses arrêts du 12 juillet 2022. Il en va autrement des réquisitions autorisées dans le cadre d'une commission rogatoire par le juge d'instruction. Mais ce dernier ne peut pas se contenter de délivrer une commission rogatoire rédigée en termes généraux. Il faut qu'il autorise spécifiquement les enquêteurs à procéder aux réquisitions adressées aux opérateurs de télécommunications et qu'il en fixe la durée et le périmètre (Cass. crim., 25 oct. 2022, n° 21-87.397, publié au bulletin).

c) La protection de l'avocat et des droits de la défense

3510 La loi n° 2022-299 du 2 mars 2022 visant à combattre le harcèlement scolaire a également créé l'article 60-1-1 qui dispose que :

« Sous réserve de l'article 60-1-2, lorsque les réquisitions prévues à l'article 60-1 portent sur des données de connexion émises par un avocat et liées à l'utilisation d'un réseau ou d'un service de communications électroniques, qu'il s'agisse de données de trafic ou de données de localisation, elles ne peuvent être faites que sur ordonnance motivée du juge des libertés et de la détention, saisi à cette fin par le procureur de la République.

Cette ordonnance fait état des raisons plausibles de soupçonner que l'avocat a commis ou tenté de commettre, en tant qu'auteur ou complice, l'infraction qui fait l'objet de la procédure ou une infraction connexe au sens de l'article 203 ainsi que de la proportionnalité de la mesure au regard de la nature et de la gravité des faits ».

Examens techniques ou scientifiques

Il ressort de cet article que, lorsque des réquisitions sont adressées aux opérateurs, fournisseurs d'accès ou hébergeurs de contenus afin d'obtenir des données de connexion émises par un avocat, elles doivent être autorisées par un juge des libertés et de la détention.
Cette autorisation préalable est applicable à :
– tous les cadres d'enquête, sur requête du procureur de la République ou du juge d'instruction ;
– toutes les catégories de données de connexion.
Les réquisitions doivent concerner un avocat à l'égard duquel il existe des soupçons qu'il a commis ou tenté de commettre comme auteur ou complice une infraction. Si l'avocat n'est pas suspect, les réquisitions ne sont pas possibles.

L'ESSENTIEL 3511 Le droit commun des réquisitions résulte des articles 60 à 60-3 du Code de procédure pénale, auxquels s'ajoutent des articles encadrant des réquisitions spécialement prévues pour la mise en œuvre de certains actes d'enquête (V. *supra*, n° 3418).

3512 **Définition.** La réquisition a pour objectif de faire participer un tiers à l'action de justice, au besoin, en le menaçant des sanctions susceptibles d'être prononcées en cas de refus (V. *supra*, n° 3420). Aussi, il n'y a pas lieu de recourir à la réquisition lorsqu'il s'agit de faire participer des acteurs judiciaires ou encore lorsque la demande des enquêteurs est satisfaite volontairement par le tiers (V. *supra*, n° 3422).

3513 **Titulaires du pouvoir de réquisition.** En enquête de flagrance, il s'agit d'un pouvoir propre de l'officier de police judiciaire. L'agent de police judiciaire en dispose également sous la réserve qu'il agisse sous le contrôle de l'officier de police judiciaire. De plus, ce pouvoir est désormais limitativement attribué à l'assistant d'enquête. Dans certains cas, ce pouvoir est soumis à l'autorisation du procureur de la République voire du juge des libertés et de la détention (V. *supra*, n° 3434).
En enquête préliminaire, ce pouvoir appartient au procureur de la République qui peut, ou non, le déléguer sur autorisation. Cette autorisation, sauf cas prévus par la loi ou la jurisprudence, ne peut résulter d'instructions générales (V. *supra*, n° 3434). Cette autorisation doit apparaître expressément au procès-verbal même lorsque la loi prévoit des modalités simplifiées pour émettre des réquisitions (V. *supra*, n° 3477).
Lors d'une instruction, c'est le juge d'instruction qui délègue son pouvoir de réquisition à l'officier de police judiciaire. Cependant, les articles 99-3, 99-4 et 99-5 renvoient, dans l'esprit, aux articles 60-1 à 60-3 (V. *supra*, n° 3440).

3514 **La réquisition à « manouvrier ».** Elle n'est pas prévue au Code de procédure pénale et constitue une réquisition par défaut. Il s'agit souvent d'une réquisition aux fins d'aide matérielle aux enquêteurs (V. *supra*, n° 3447). La personne requise n'a pas à prêter serment, mais doit uniquement apporter son concours à la justice. Le refus d'y déférer est, sauf motif légitime, constitutif d'une infraction contraventionnelle.

3515 **La réquisition à personne qualifiée.** La personne qualifiée est requise aux fins de réaliser des « constatations ou des examens techniques ou scientifiques ». L'article 60 du Code de procédure pénale permet de requérir une personne qualifiée pour procéder à des constatations ou à des examens. Elle doit prêter serment sauf si elle est inscrite sur une liste d'experts. Cependant, une telle réquisition n'est plus nécessaire dès lors que le spécialiste appartient à un service de police technique ou scientifique de la police ou de la gendarmerie nationales (V. *supra*, n° 3457).
Le Code de procédure pénale contient de nombreuses réquisitions spéciales à personnes qualifiées (V. *supra*, n°s 3454 et s.).

3516 Lorsqu'au cours d'une instruction, il est nécessaire de procéder à un examen technique ou scientifique, seul le juge d'instruction est compétent pour le prescrire par ordonnance de commission d'expert et en définir l'étendue. Toutefois, il est parfois malaisé de distinguer ce qui relève d'une personne qualifiée, qui peut être requise par l'officier de police judiciaire, de ce qui relève de l'expertise, compétence exclusive du magistrat instructeur (V. *supra*, n°s 3462 et s.).

3517 Cas particulier de l'article 60-3 du Code de procédure. Cette réquisition à personne qualifiée permet aux enquêteurs de solliciter la réalisation d'une ou plusieurs copies de support numérique placé sous scellés ou de procéder aux opérations techniques nécessaires à leur mise à la disposition de l'officier de police judiciaire. Cependant, une telle réquisition n'est plus nécessaire dès lors que la personne qualifiée appartient à un service de police technique ou scientifique de la police ou de la gendarmerie nationales (V. *supra*, n° 3464).
En revanche, l'exploitation des éléments contenus sur le support ou sur la copie nécessite la réquisition d'une personne qualifiée sur le fondement des articles 60, 77-1 ou 81 du Code de procédure pénale (V. *supra*, n°s 3464 et s.) ou une expertise.

3518 **Conditions de la réquisition à personne qualifiée.** La personne qualifiée doit, sauf si elle est inscrite sur une liste d'experts, prêter serment d'apporter son concours à la justice en son honneur et sa conscience. Le refus est susceptible de constituer une infraction (V. *supra*, n° 3469).

3519 La mission de la personne qualifiée est définie avec précision par les enquêteurs ou les magistrats et actée au procès-verbal de réquisition. La personne qualifiée dispose, le cas échéant, de la possibilité d'ouvrir et de refermer les scellés. Elle doit alors le mentionner au rapport qu'elle remet à l'issue de la mission et qui est porté à la connaissance du suspect (V. *supra*, nos 3471 et s.).

3520 Lors de l'enquête préliminaire, il est possible que l'autorisation du procureur de la République bénéficie de modalités simplifiées, voire que la loi permette de s'en extraire (V. *supra*, nos 3477 et s.).

3521 **Les réquisitions aux fins de remise d'informations.** Elles se subdivisent en trois catégories :

– les réquisitions aux fins de remise de documents (CPP, art. 60-1, 77-1-1 et 99-3) ;
– les réquisitions « informatiques » qui se subdivisent elles-mêmes en deux catégories (CPP, art. 60-2, 77-1-2 et 99-4) ;
– les réquisitions « données de connexion » (CPP, art. 60-1-2). Il n'est plus très aisé de distinguer les articles 60-1 et 60-2, alinéa 1er du Code de procédure pénale (V. *supra*, nos 3480 et s.).

3522 **La réquisition aux fins de remise de documents.** Elle peut être adressée par tout moyen, y compris sous forme dématérialisée, et ne nécessite pas que le destinataire prête serment. Le destinataire ne peut opposer le secret professionnel que pour des motifs légitimes (V. *supra*, nos 3487 et s.).

Toutefois certaines personnes peuvent ne pas y déférer sans que cela constitue une infraction, et si elles y défèrent c'est avec leur accord. Il s'agit des personnes « protégées » telles qu'elles figurent aux articles 56-1 à 56-5 du Code de procédure pénale. Enfin, les sources des journalistes bénéficient d'une protection particulière (V. *supra*, n° 3489).

3523 **Les réquisitions informatiques.** Elles recouvrent à la fois la demande de transmission d'informations contenues dans un système informatique ou dans un traitement de données, dont le régime juridique est très proche de celles de l'article 60-1 (V. *supra*, n° 3493), et le « gel des données ». Cette dernière réquisition est utilisée par les enquêteurs et les magistrats dans des conditions particulières, notamment lorsqu'il s'agit d'investiguer sur des faits anciens et qu'il est urgent de « geler » les données dans l'attente de déterminer quelles réquisitions seront utiles. Ce gel permet donc de conserver des données de connexion au-delà de la durée légale imposée par la loi.

3524 **Les réquisitions « données de connexion ».** Ces réquisitions ont profondément été modifiées et complexifiées par le droit de l'Union européenne, conduisant à créer des catégories de données de connexion qui autrefois relevaient toutes des articles 60-1 et 60-2, alinéa 1er du Code de procédure pénale. Cette catégorisation impacte tant la conservation que l'accès aux données. Nous proposons de présenter le régime juridique sous forme de deux tableaux :

– tableau « conservation des données de connexion » (V. *supra*, n° 3502) ;
– tableau « accès aux données de connexion » (V. *supra*, n° 3506).

Actuellement, les opérateurs de communications, les hébergeurs de contenus et fournisseurs d'accès à Internet sont tenus de conserver toutes les données de connexion en raison d'un décret du Premier ministre portant injonction de conservation, motivé par la menace réelle et imminente d'atteinte à la sécurité nationale (V. *supra*, n° 3504). La chambre criminelle a jugé que le gisement constitué par cette injonction pouvait également servir à d'autres finalités et notamment à la lutte contre la criminalité grave (V. *supra*, n° 3507).

La DACG préconise que le procureur de la République délivre, à la demande de l'officier de police judiciaire, dans le cadre de l'enquête préliminaire, une autorisation motivée au regard de la gravité des faits et des nécessités de l'enquête pour accéder aux données de trafic et de localisation. Dans le référentiel PNIJ, il s'agit des prestations cotées MT et FT.

3525 **La protection de l'avocat et des droits de la défense.** L'article 60-1-1 du Code de procédure pénale prévoit que lorsque la réquisition vise à obtenir les données de connexion émises par un avocat, celle-ci doit être autorisée par un juge des libertés et de la détention. De plus, cette réquisition ne peut être sollicitée que si l'avocat est soupçonné d'avoir commis ou tenté de commettre une infraction (V. *supra*, n° 3510).

POUR ALLER PLUS LOIN...

Fascicule JurisClasseur

• *JCl. Procédure pénale*, fasc. 20, *Enquête préliminaire*, par V. Lesclous.

Répertoire

• J. Buisson : *Rép. pén.* Dalloz, V° *Enquête préliminaire*, n°s 17 et 58.

Ouvrages

• J. Buisson, *L'acte de police*, t. 1 et 2, thèse, Lyon III, 1988, n° 1, t. 2, p. 850.

• J. Buisson et S. Guinchard, *Procédure pénale*, Economica, 12e éd., 2019, n°s 970 et s.

• F. Desportes et L. Lazerges-Cousquer, *Traité de procédure pénale*, Economica, 2009, n° 2320.

• F. Desportes et L. Lazerges-Cousquer, *Traité de procédure pénale*, Economica, 2e éd., 2012, n° 2311.

• F. Desportes et L. Lazerges-Cousquer, *Traité de procédure pénale*, Economica, 2015, n° 2423.

• F. Desportes et L. Lazerges-Cousquer, *Traité de procédure pénale*, Economica, 2015, n° 2321.

• F. Desportes et L. Lazerges-Cousquer, *Traité de procédure pénale*, Economica, 2015, n°s 2422 et s.

• DACG Focus, La police technique et scientifique, janvier 2023.

Fiche 59

Interceptions judiciaires de correspondances émises par la voie des communications électroniques et accès, à distance, aux correspondances stockées par la voie des communications électroniques

Sommaire

Sommaire (suite)

Introduction

3526 Les interceptions judiciaires de correspondances émises par la voie des communications électroniques sont régies par les articles 100 à 100-8 et 706-95 du Code de procédure pénale. Ces actes d'investigation, auxquels la loi n° 91-646 du 10 juillet 1991, relative au secret des correspondances émises par la voie des communications électroniques, a donné une base légale spécifique, sont souvent dénommés « écoutes téléphoniques », même si, maintenant, les textes englobent aussi l'interception de messages écrits. Ils constituent sans aucun doute la première des techniques spéciales d'enquête.

3527 Ces interceptions seront parfois qualifiées de « judiciaires » au long des explications qui suivent pour les distinguer des interceptions de correspondances émises par la voie des communications électroniques appelées « interceptions de sécurité » qui peuvent être mises en œuvre par les services spécialisés de renseignement en vue de la recherche, la collecte, l'exploitation et la mise à disposition du gouvernement des renseignements relatifs aux enjeux géopolitiques et stratégiques ainsi qu'aux menaces et aux risques susceptibles d'affecter la vie de la Nation (CSI, art. L. 811-1, L. 852-1).

3528 Cette fiche sera aussi l'occasion d'aborder les articles 706-95-1 et suivants du Code de procédure pénale qui réglementent l'accès à distance aux correspondances stockées par la voie des communications électroniques accessibles au moyen d'un identifiant informatique, technique qui permet d'accéder à des messages écrits qui ont transité sur le réseau avant la mise en place de l'interception et qui sont stockés dans une messagerie (V. *infra*, n°s 3614 et s.).
Comme pour les autres techniques spéciales d'enquête, il faut tout d'abord définir précisément en quoi consiste l'interception de correspondances en la distinguant d'autres techniques parfois proches, avant de détailler son régime juridique.

I Définition des interceptions judiciaires

3529 La définition des interceptions judiciaires résulte d'une lecture combinée de dispositions législatives et de la jurisprudence de la chambre criminelle.

A Les dispositions législatives

1 Le Code de procédure pénale

3530 L'article 100 du Code de procédure pénale autorise « l'interception, l'enregistrement et la

transcription ». Il en va de même de l'article 706-95 du Code de procédure pénale qui concerne la délinquance et la criminalité organisées.
Les « correspondances émises par la voie des communications électroniques » ne sont pas définies dans le Code de procédure pénale.
La lecture des travaux parlementaires conduit à se tourner vers le Code des postes et des communications électroniques pour définir la notion de « correspondances émises par la voie des communications électroniques ».

2 Le Code des postes et des communications électroniques (CPCE)

3531 L'article L. 32 du Code des postes et des communications électroniques a été modifié par la loi du 23 décembre 2021 (L. n° 2021-1755, 23 déc. 2021 visant à renforcer la régulation environnementale du numérique par l'Autorité de régulation des communications électroniques, des postes et de la distribution de la presse) et a pour objectif de définir les notions qui gravitent autour de celles de communications électroniques. S'agissant précisément de la définition de ces dernières, il dispose que :

> « 1° Communications électroniques.
> On entend par communications électroniques les émissions, transmissions ou réceptions de signes, de signaux, d'écrits, d'images ou de sons, par câble, par la voie hertzienne, par moyen optique ou par d'autres moyens électromagnétiques ».

3532 La DACG précise que sont concernées « les correspondances émises ou reçues sur différents supports tels que les téléphones fixes ou mobiles, les tablettes ou les ordinateurs ». Elle ajoute que si cette interception suppose l'intervention de spécialistes des communications, il faut y assimiler les « interceptions effectuées par l'emploi de procédé particulier », autrement dit sans recours nécessairement à ces spécialistes.

3 Les actes d'enquête à ne pas confondre avec une interception judiciaire

3533 Les interceptions judiciaires doivent être distinguées :
– de la captation de données informatiques prévue à l'article 706-102-1 et suivants du Code de procédure pénale. Il s'agit là de capter des données et non des communications (V. *infra*, n°s 3857 et s.) ;
– de l'accès à distance et à l'insu de la personne visée aux correspondances stockées par la voie de communications électroniques accessibles au moyen d'un identifiant informatique (V. *infra*, n°s 3614 et s.) ;
– des perquisitions informatiques réalisées conformément aux articles 57-1, 76-3 et 97-1 du Code de procédure pénale (V. *supra*, n° 1959). Dans ce cas, les opérations sont réalisées en présence de la personne et non pas à son insu ;
– des opérations de sonorisation qui ne visent pas à intercepter des communications électroniques, mais uniquement des paroles prononcées à titre privé et confidentiel (V. *infra*, n°s 3723 et s.).

B La jurisprudence de la chambre criminelle

1 Approche positive de la notion d'interceptions judiciaires

3534 Pour la Cour de cassation, relèvent du régime des interceptions judiciaires :
– le fait pour un policier d'inviter une personne en vue de prendre rendez-vous pour une livraison de drogue et d'enregistrer cet entretien sur radiocassette, puis d'en dresser un procès-verbal (Cass. ass. plén., 24 nov. 1989, n° 89-84.439 : *Bull. crim. ass. plén.*, n° 440 et CEDH, 23 nov. 1993, n° 14838/89, *A. c/ France*) ;
– l'enregistrement par des fonctionnaires de police, agissant en enquête préliminaire, de conversations par apposition d'un dispositif relié au combiné de l'appareil, même réalisé avec l'accord de l'un des correspondants (Cass. crim., 27 févr. 1996, n° 95-81.366 : *Bull. crim.* n° 93).
De même, relève des dispositions prévues aux articles 100 et suivants du Code de procédure pénale, et non du dispositif prévu à l'article 706-95-20 dit *IMSI-catcher* (V. *infra*, n° 3688), le fait de procéder à l'interception, l'enregistrement et la transcription des correspondances des lignes téléphoniques identifiées à partir du numéro IMEI d'un téléphone attribué à une des personnes mises en cause (Cass. crim., 28 nov. 2017, n° 17-81.736 : *Bull. crim.* n° 269).

3535 Mais la chambre criminelle a été plus souvent amenée à indiquer quels étaient les procédés qui n'entraient pas dans le champ d'application des articles 100 et suivants du Code de procédure pénale.

2 Approche négative de la notion d'interceptions judiciaires

3536 La chambre criminelle a ainsi jugé que :
– le fonctionnaire qui décroche le téléphone qui sonne lors d'une perquisition au cours de laquelle

il assiste des agents de l'administration des Douanes et qui le passe au titulaire de la ligne, et qui a pu seulement entendre les propos échangés n'accomplit pas un acte d'investigation assimilable à une interception ni à l'enregistrement de communications téléphoniques (Cass. crim., 4 sept. 1991, n° 90-86.786 : *Bull. crim.* n° 312) ;
– « ne saurait constituer une interception de correspondance émise par la voie des télécommunications, au sens de l'article 100 du Code de procédure pénale, le simple compte-rendu de propos entendus par des policiers au cours d'une conversation téléphonique qui s'est déroulée en leur présence, sans artifice ni stratagème » (Cass. crim., 2 avr. 1997, n°s 97-80.269, 97-80.270 : *Bull. crim.* n° 131) ;
– « ne saurait constituer une interception de correspondance émise par la voie des télécommunications, au sens de l'article 100 du Code de procédure pénale, les simples lecture et transcription par les policiers, sans artifice ni stratagème, des messages parvenus sur la bande d'un récepteur de messagerie unilatérale » (Cass. crim., 14 avr. 1999, n° 98-87.224 : *Bull. crim.* n° 82) ;
– n'a pas réalisé une interception de correspondances l'enquêteur qui s'est connecté au réseau au moyen d'un terminal mis à la disposition du public par l'opérateur, sans modification préalable de l'installation et a lu, comme n'importe quel utilisateur les annonces y figurant (Cass. crim., 25 oct. 2000, n° 00-80.829 : *Bull. crim.* n° 317) ;
– de même n'entrent pas dans les prévisions des articles 100 et suivants du Code de procédure pénale l'écoute, l'enregistrement et la transcription, par un employé de France-Télécom, de messages pornographiques diffusés par un service téléphonique initialement destiné à diffuser des messages du Père Noël en contravention au contrat signé par le titulaire du service téléphonique (Cass. crim., 12 sept. 2000, n° 99-84.648) ;
– « n'entrent pas [davantage] dans les prévisions de ces textes l'appréhension, l'enregistrement et la transcription de correspondances émises ou reçues par la voie des télécommunications antérieurement à la date de la décision écrite d'interception prise par le juge d'instruction, lesquels doivent être réalisés conformément aux dispositions légales relatives aux perquisitions » (Cass. crim., 8 juill. 2015, n° 14-88.457 : *Bull. crim.* n° 176). Désormais cette appréhension doit être réalisée conformément à l'article 706-95-2 du Code de procédure pénale (V. *infra*, n° 3614) ;
– enfin « l'identification de numéros de téléphone "entrants" et "sortants" n'est pas une interception de correspondance émise par la voie des communications mais une simple mesure technique relevant de l'article 77-1 du Code de procédure pénale » (Cass. crim., 27 juin 2001, n° 01-82.578).

C Tentative de définition

3537 **Par la doctrine.** On peut lire au *JurisClasseur Procédure pénale*, qui se fonde sur la circulaire d'instruction générale (C. 100), que sont également concernées « les interceptions de correspondance émises ou reçues sur des équipements terminaux tels que téléphone, télécopieur, minitel, récepteurs de services, de radiomessagerie unilatérale, télex ou messagerie instantanée, éventuellement cryptée » et celles « faites par des radiotéléphones publics ou privés ».

3538 Au *Répertoire de droit pénal et de procédure pénale* Dalloz, il est précisé que « cette notion d'interceptions de communications électroniques recouvre une très large gamme de correspondances émises par le biais des technologies modernes (téléphone, télécopieur, Minitel, télex, mais aussi les systèmes de visioconférence et concerne tous les modes d'interception, la loi ne distinguant pas ».

3539 Le professeur Pradel définit l'interception des conversations téléphoniques par le « fait de les prendre au passage », c'est-à-dire « les recueillir pendant qu'elles se déroulent, et c'est le faire par un procédé technique ».

3540 **Bilan.** Les interceptions de correspondances émises par la voie des communications électroniques se caractérisent par le fait qu'elles consistent en une interception de communications quelle qu'en soit la forme – écrite, verbale, sonore ou visuelle – au moment où ce message est délivré, et ce par tout moyen. L'interception du message se fait en temps réel, ce qui ne veut pas dire que les enquêteurs écoutent ou lisent nécessairement en temps réel les communications des personnes surveillées.
Enfin, l'énumération des articles 100 et 706-95 du Code de procédure pénale n'étant pas cumulative mais alternative, on peut considérer que les enquêteurs sont soumis à ce régime dès qu'il y a interception ou enregistrement.

II

Conditions de mise en œuvre des interceptions judiciaires

3541 Le recours aux interceptions relève d'un champ d'application limité conformément au principe de proportionnalité et nécessite une autorisation d'un magistrat.

A Champ d'application

1 Dans le cadre de l'instruction

3542 L'article 100 du Code de procédure pénale dispose que les interceptions judiciaires sont possibles dès lors qu'il s'agit d'une instruction relative :
– à un crime ou un délit puni d'une peine d'emprisonnement égale ou supérieure à trois ans ;
– à un délit puni d'une peine d'emprisonnement commis par la voie des communications électroniques sur la ligne de la victime à la demande de cette dernière ;
– aux recherches des causes de la mort ou des causes d'une disparition mentionnée aux articles 74 et 74-1.

2 Dans le cadre d'une enquête

3543 **Enquête de recherche de personne en fuite.** L'article 74-2 du Code de procédure pénale dispose que :

« Si les nécessités de l'enquête pour rechercher la personne en fuite l'exigent, le juge des libertés et de la détention du tribunal judiciaire peut, à la requête du procureur de la République, autoriser l'interception, l'enregistrement et la transcription de correspondances émises par la voie des télécommunications selon les modalités prévues par les articles 100, 100-1 et 100-3 à 100-7, pour une durée maximale de deux mois renouvelable dans les mêmes conditions de forme et de durée, dans la limite de six mois en matière correctionnelle. Ces opérations sont faites sous l'autorité et le contrôle du juge des libertés et de la détention » (V. *supra*, n° 1225).

3544 **Délinquance et criminalité organisées.** L'article 706-95 du Code de procédure pénale prévoit que :

« Si les nécessités de l'enquête de flagrance ou de l'enquête préliminaire relative à l'une des infractions entrant dans le champ d'application des articles 706-73 et 706-73-1 l'exigent, le juge des libertés et de la détention du tribunal judiciaire peut, à la requête du procureur de la République, autoriser l'interception, l'enregistrement et la transcription de correspondances émises par la voie des communications électroniques ».

3545 **Autres infractions.** Cette technique spéciale d'enquête peut également être autorisée pour les infractions visées à :
– l'article 706-72, à savoir les délits prévus par l'article 323-4-1 du Code pénal et au blanchiment de ces mêmes délits ainsi qu'à l'association de malfaiteurs lorsqu'elle a pour objet la préparation de l'un desdits délits ;
– l'article 706-1-1, à savoir les délits prévus :
1) aux articles 432-11, 432-15, 433-1, 433-2, 434-9, 434-9-1, 435-1 à 435-4 et 435-7 à 435-10 du Code pénal,
2) aux articles 1741 et 1743 du Code général des impôts, lorsqu'ils sont commis en bande organisée ou lorsqu'il existe des présomptions caractérisées que ces infractions résultent d'un des comportements mentionnés aux 1° à 5° du II de l'article L. 228 du Livre des procédures fiscales,
3) au dernier alinéa de l'article 414 et à l'article 415 du Code des douanes, lorsqu'ils sont punis d'une peine d'emprisonnement d'une durée supérieure à cinq ans,
4° aux articles L. 465-1 à L. 465-3-3 du Code monétaire et financier lorsqu'ils sont commis en bande organisée ;
– à l'article 706-1-2, à savoir les délits prévus au dernier alinéa des articles L. 241-3 et L. 242-6 du Code de commerce ;
– à l'article 706-2-2, à savoir :
1) les délits prévus aux articles L. 5421-2, L. 5421-13, L. 5426-1, L. 5432-1, L. 5432-2, L. 5432-3, L. 5438-4, L. 5438-6, L. 5439-1, L. 5439-2, L. 5442-10, L. 5442-14, L. 5461-3 et L. 5462-3 du Code de la santé publique, lorsqu'ils sont punis d'une peine d'emprisonnement d'une durée supérieure à cinq ans,
2) les délits prévus aux articles L. 451-2 et L. 454-3 du Code de la consommation.
Et le blanchiment de ces délits.

3 Personnes concernées

3546 Les interceptions judiciaires peuvent concerner diverses personnes.

a) « Toute personne »

3547 Les articles 100 et suivants du Code de procédure pénale ne restreignent pas, eu égard à leur statut, les personnes pouvant faire l'objet d'une interception. Aussi, le mis en examen, le témoin assisté, la partie civile, le suspect et même le témoin peuvent être « mis sur écoute ». La chambre criminelle juge que les interceptions « peuvent être effectuées à l'insu des personnes intéressées, qui ne sont pas seulement celles sur lesquelles pèsent des indices de culpabilité » (Cass. crim., 17 juill. 1990, n° 90-82.614 : *Bull. crim.* n° 286).

b) Personnes protégées

3548 L'article 100-7 du Code de procédure pénale n'interdit pas de recourir à des interceptions, mais impose qu'elles fassent au préalable l'objet d'une information de certaines autorités. Ainsi, cet article dispose que :

– aucune interception ne peut avoir lieu sur la ligne d'un député ou d'un sénateur sans que le président de l'assemblée à laquelle il appartient en soit informé par le juge d'instruction. La chambre criminelle a précisé qu'« aucun texte ou principe ne permet d'étendre aux représentants au Parlement européen les dispositions de l'article 100-7, alinéa 1er, applicables aux seuls députés de l'Assemblée nationale et aux sénateurs de la République » (Cass. crim., 16 mars 2005, n° 05-80.092 : *Bull. crim.* n° 97) ;

– aucune interception ne peut avoir lieu sur une ligne dépendant du cabinet d'un avocat ou de son domicile sans que le bâtonnier en soit informé par le juge d'instruction ;

– aucune interception ne peut avoir lieu sur une ligne dépendant du cabinet d'un magistrat ou de son domicile sans que le premier président ou le procureur général de la juridiction où il réside en soit informé. Certains auteurs considèrent que le texte « ne paraît pas applicable aux magistrats en détachement ou à ceux à qui seraient affectés à l'administration centrale ou à la Cour de cassation. Il ne l'est pas davantage aux membres des tribunaux administratifs, des cours administratives d'appel ou du Conseil d'État ou à ceux des chambres régionales des comptes, ce qui ne paraît guère cohérent ». Même si au cours des travaux préparatoires l'auteur de l'amendement à l'origine du texte évoquait les seules cours d'appel, le texte, dont le libellé est clair, parle de juridiction, ce qu'est la Cour de cassation.

c) Cas particulier de l'avocat

3549 Outre les dispositions de l'alinéa 2 de l'article 100-7 du Code de procédure pénale, l'alinéa 4 de l'article 100, issu de la loi n° 2021-1729 du 22 décembre 2021, dispose « qu'aucune interception ne peut porter sur une ligne dépendant du cabinet d'un avocat ou de son domicile, sauf s'il existe des raisons plausibles de le soupçonner d'avoir commis ou tenté de commettre, en tant qu'auteur ou complice, l'infraction qui fait l'objet de la procédure ou une infraction connexe au sens de l'article 203 et à la condition que la mesure soit proportionnée au regard de la nature et de la gravité des faits ».

Pour pouvoir mettre en place un dispositif d'interception de ces communications sur une ligne dépendant du cabinet ou du domicile, il faut donc au préalable établir l'existence de raisons plausibles de soupçonner l'avocat d'avoir participé à l'infraction objet de la procédure ou à une infraction connexe.

3550 Ce nouvel alinéa de l'article 100 du Code de procédure pénale entérine une ancienne jurisprudence de la chambre criminelle qui juge que :

> « ... si le juge d'instruction est, selon l'article 100 du code de procédure pénale, investi du pouvoir de prescrire, lorsque les nécessités de l'information l'exigent, l'interception, l'enregistrement et la transcription de correspondances émises par la voie des télécommunications, ce pouvoir trouve sa limite dans le respect des droits de la défense, qui commande notamment la confidentialité des correspondances téléphoniques de l'avocat désigné par la personne mise en examen ; qu'il ne peut être dérogé à ce principe qu'à titre exceptionnel, s'il existe contre l'avocat des indices de participation à une infraction » (Cass. crim., 15 janv. 1997, n° 96-83.753, publié au bulletin).

La chambre criminelle fait référence à la notion d'« indice » tandis que l'article 100, dans sa nouvelle rédaction, emploie l'expression « raisons plausibles ». Ces deux notions étant très proches (V. *supra*, n° 2714), voire, pour certains auteurs, synonymes, il semble que la jurisprudence en la matière reste pertinente (Cass. crim., 15 juin 2016, n° 15-86.043 : *Bull. crim.* n° 186 et Cass. crim., 22 mars 2016, n° 15-83.205 : *Bull. crim.* n° 93).

3551 **Ligne d'un tiers.** S'agissant de l'interception fortuite des conservations d'un avocat sur la ligne d'un tiers, la chambre criminelle juge que :

> « aucune disposition légale ou conventionnelle ne fait obstacle à la captation, à l'enregistrement et à la transcription des propos d'un avocat intervenant sur

la ligne téléphonique d'un tiers régulièrement placée sous écoute, dès lors que, comme en l'espèce, en premier lieu, cet avocat n'assure pas la défense de la personne placée sous surveillance, qui n'est ni mise en examen ou témoin assisté ni même n'a été placée en garde à vue dans la procédure en cause, et, en second lieu, ses propos, seraient-ils échangés avec un client habituel, dont le contenu est étranger à tout exercice des droits de la défense dans ladite procédure ou dans toute autre, révèlent des indices de sa participation à des faits susceptibles de qualification pénale, tels que les a analysés, en l'espèce, sans insuffisance ni contradiction, la chambre de l'instruction » (Cass. crim., 22 mars 2016, n° 15-83.206 : *Bull. crim.* n° 88).

La chambre criminelle a également estimé régulier un procès-verbal relatant l'appel téléphonique d'un avocat, intercepté sur la ligne de la compagne d'un de ses clients, l'informant du défèrement de ce dernier et lui donnant rendez-vous au tribunal. Pour ce faire elle a relevé, d'une part, que « si l'interdiction de transcription des correspondances avec un avocat relevant de l'exercice des droits de la défense de son client s'étend[ait] à celles échangées à ce sujet entre l'avocat et les proches de celui-ci, les échanges litigieux relatifs au déferement de M. [K.] au tribunal et au rendez-vous pris entre l'avocat et la compagne de celui-ci n'ont[avaient] été rapportés que pour rendre compte des circonstances ayant permis la localisation du véhicule de cette dernière et l'installation sur celui-ci d'un dispositif de géolocalisation, de sorte que le procès-verbal en cause a[vait] eu pour seul objet de donner les informations nécessaires à la compréhension des investigations ».
Elle a, d'autre part, considéré que la compagne de M. [K] n'avait pas encore été placée en garde à vue dans le dossier au moment où s'était tenu l'échange téléphonique litigieux et n'était pas partie à la procédure au moment où la chambre de l'instruction avait statué, de sorte que cette conversation avec l'avocat ne pouvait relever de l'exercice des droits de sa défense (Cass. crim., 13 sept. 2022, n° 21-87.452, publié au bulletin).

3552 **Extension du périmètre des droits de la défense.** La loi n° 2021-1729 du 22 décembre 2021 pour la confiance dans l'institution judiciaire a élargi le périmètre du secret lié aux droits de la défense en ouvrant ces droits plus tôt : quand une personne prend conseil parce qu'elle s'attend à être poursuivie ou qu'ayant commis une infraction, elle prépare sa défense.
Un arrêt du 26 janvier 2022 a considéré que relevait de la protection du secret des droits de la défense, un échange de mail entre deux salariés d'une entreprise qui reprenait la stratégie de défense d'un cabinet d'avocats (Cass. crim., 26 janv. 2022, n° 17-87.359 : *AJ pénal* 2022, p. 161, P. Combles de Nayves). Cette décision ne semble pas être la conséquence de la récente loi, puisque la chambre criminelle avait déjà jugé que le contenu de conversations relatives à l'élaboration d'une stratégie de défense qui ne révélait pas d'indices de participation de l'avocat à l'infraction ne pouvait pas être transcrit (Cass. crim., 15 juin 2016, n° 15-86.043 : *Bull. crim.* n° 186 et Cass. crim., 22 mars 2016, n° 15-83.205 : *Bull. crim.* n° 93).
De même, l'arrêt du 13 septembre 2022 précité (V. *supra*, n° 3551) et un autre du 13 décembre 2022 (Cass. crim., 13 déc. 2022, n° 21-87.435, publié au bulletin) retiennent que « l'interdiction de transcription des correspondances avec un avocat relevant de l'exercice des droits de la défense de son client s'étend à celles échangées à ce sujet entre l'avocat et les proches de celui-ci ».
En revanche, les conversations que la compagne de la personne en fuite a pu avoir avec les secrétaires de l'avocat ne sont pas protégées par les dispositions de l'alinéa 3 de l'article 100-5 du Code de procédure pénale (V. *supra*, n° 2061). De même, ne saurait se prévaloir des droits de la défense, une personne qui n'est pas avocat mais qui utilise pour les besoins de sa société des locaux loués par un prête-nom, par ailleurs avocat, qui n'exerce, ni n'habite à cette adresse et qui n'est pas le conseil de la personne poursuivie (Cass. crim., 18 févr. 2015, n° 14-82.019 : *Bull. crim.* n° 30).

3553 **Enregistrement par un tiers.** Les enregistrements effectués par un particulier de propos tenus entre un client et son avocat, ainsi que leur transcription, ne relèvent pas de l'article 100-5 du Code de procédure pénale qui ne concerne que les interceptions par une autorité publique (Cass. crim., 31 janv. 2012, n° 11-85.464 : *Bull. crim.* n° 27).

B Durée des interceptions judiciaires

1 Pendant l'instruction

3554 **Droit commun.** L'article 100-2 du Code de procédure pénale prévoit que l'autorisation d'interception est donnée pour une durée de quatre mois renouvelable et que la durée totale de l'interception ne peut excéder un an.

3555 **Délinquance et criminalité organisées.** De la même manière, l'autorisation est délivrée pour une durée de quatre mois renouvelable mais la durée totale de l'interception peut aller jusqu'à deux ans.

3556 **Recherche des causes de la mort ou d'une disparition.** L'article 80-4 du Code de procédure pénale prévoit que la durée de l'interception est de deux mois, renouvelable dans la limite d'un an.

2 Pendant l'enquête

3557 **Délinquance et criminalité organisées et autres infractions.** L'article 706-95 du Code de procédure pénale dispose que dans le cas d'une enquête préliminaire ou de flagrance relative à des faits relevant des articles 706-73 et 706-73-1 du même code, l'interception judiciaire est d'une durée d'un mois, renouvelable une fois.
Pour les autres infractions pour lesquelles cette technique d'enquête peut être utilisée (V. *supra*, n° 3545), le Code de procédure pénale renvoie aux articles 706-95 et suivants ; c'est donc la même durée que celle applicable à la délinquance et à la criminalité organisées.

3558 **Enquête de recherche de personne en fuite.** L'article 74-2 du Code de procédure pénale prévoit que l'interception est mise en place pour une durée maximale de deux mois renouvelable, dans la limite de six mois en matière correctionnelle (V. *supra*, n° 1227).

3 Computation des délais

3559 **Point de départ.** La chambre criminelle juge que la mesure d'interception a pour point de départ le jour de la mise en place effective du dispositif et non le jour de la délivrance de l'autorisation (Cass. crim., 10 mai 2012, n° 11-87.328 : *Bull. crim.* n° 116).

CONSEIL L'officier de police judiciaire doit donc veiller à indiquer précisément sur le procès-verbal la date de mise en place effective et opérationnelle du dispositif d'interception au risque d'amputer son temps « légal » d'écoutes téléphoniques.
Malgré la position retenue par la chambre criminelle, il est conseillé de ne pas laisser passer trop de temps entre la délivrance de l'autorisation et la mise en place effective de l'interception, car il pourrait être soutenu que les éléments de fait rendant l'interception nécessaire ou les nécessités de l'enquête ont changé entre les deux dates.

3560 **Objet de l'interception : c'est une ligne et non une personne qui est écoutée.** La chambre criminelle a précisé que « la durée d'une écoute doit s'apprécier au regard de la ligne téléphonique interceptée et non de la personne qui en est titulaire » (Cass. crim., 8 juill. 2015, n° 15-81.731 : *Bull. crim.* n° 174). En effet, la lettre de l'article 100-1 précise bien que la décision d'interception doit comporter tous les éléments d'identification de la liaison à intercepter. Ainsi, plusieurs écoutes peuvent concerner une même personne dès lors que celle-ci utilise plusieurs lignes ou cartes SIM ou encore plusieurs boîtiers (V. *supra*, n° 3534), sous la réserve que chacune de ces interceptions ne dépasse pas la durée légale maximale autorisée. La durée s'apprécie donc « ligne par ligne ».

3561 **Interception continue et non fractionnée.** La DACG indique que « l'interception doit être continue et non fractionnée ».
Mais elle ajoute que « la mesure d'interception semble pouvoir être renouvelée après expiration de la période fixée par la première autorisation tant que la durée des opérations n'excède pas les maxima légaux et qu'il est établi que les opérations ont cessé après l'expiration de la durée d'autorisation initiale ». La chambre criminelle ne s'est jamais expressément prononcée sur cette dernière hypothèse mais on peut relever qu'en matière de sonorisations, elle a admis qu'il en soit ainsi (Cass. crim., 29 nov. 2022, n° 22-81.393, publié au bulletin).

3562 **Moment du renouvellement de la mesure.** Il est difficile de dégager ici une position définitive en s'appuyant sur la jurisprudence applicable à la géolocalisation ou à la sonorisation. En effet, s'agissant de la première technique d'enquête, la chambre criminelle juge que l'autorisation du juge des libertés et de la détention peut intervenir après l'expiration de la première période autorisée par le procureur (Cass. crim., 19 févr. 2019, n° 18-84.671 : *Bull. crim.* n° 38 ; V. *infra*, n° 3746), tandis que pour la seconde, elle impose un renouvellement impératif avant l'expiration de la période précédente (Cass. crim., 13 nov. 2008, n° 08-85.456 : *Bull. crim.* n° 230 ; V. *infra*, n° 3934). Aussi, bien que la DACG mentionne dans son « Wiki » que « au regard de la jurisprudence existante, la mesure d'interception semble pouvoir être renouvelée après expiration de la période fixée par la première autorisation tant que la durée des opérations n'excède par les maxima légaux et qu'il est établi que les opérations ont cessé après l'expiration de la durée d'autorisation initiale », il semble préférable, dans l'attente d'une décision de la chambre criminelle, de renouveler l'interception avant l'expiration de la période précédente.

C Autorisation du magistrat

3563 **Moment de l'autorisation.** Acte particulièrement attentatoire au droit à la vie privée, toute interception judiciaire doit faire l'objet d'une autorisation du juge d'instruction ou du juge des libertés et de la détention. Cette autorisation ne peut jamais être délivrée postérieurement à la mise en place de ce dispositif.
Sur ce point, la chambre criminelle précise que si la décision écrite par laquelle le juge des libertés et de la détention autorise l'interception de correspondances émises par la voie des télécommunications doit intervenir avant que la réquisition ne soit délivrée à l'opérateur téléphonique, il n'est pas exigé que l'autorisation ait été transmise préalablement à l'officier de police judiciaire (Cass. crim., 26 mars 2008, n° 07-88.281 : *Bull. crim.* n° 74).

1 Magistrat compétent

a) Au cours de l'instruction

3564 C'est naturellement le juge d'instruction qui est compétent pour autoriser l'interception judiciaire, et ce quel que soit l'objet de l'instruction : droit commun – y compris à la demande de la victime –, délinquance et criminalité organisées ou information pour recherches des causes de la mort ou de disparition de personne (CPP, art. 80-4).

b) Au cours d'une enquête

3565 **Délinquance et criminalité organisées.** Conformément à l'article 706-95, alinéa 1er du Code de procédure pénale c'est le juge des libertés et de la détention qui est compétent pour autoriser une interception judiciaire, sur requête du procureur de la République. L'alinéa 3 précise que :

> « Pour l'application des dispositions des articles 100-3 à 100-5, les attributions confiées au juge d'instruction ou à l'officier de police judiciaire commis par lui sont exercées par le procureur de la République ou l'officier de police judiciaire requis par ce magistrat ».

La chambre criminelle précise que « l'absence de la requête du procureur de la République ne saurait constituer une cause de nullité si les mentions portées sur d'autres actes établissent son existence et en reproduisent la teneur » (Cass. crim., 5 mars 2013, n° 12-88.167 : *Bull. crim.* n° 55).

3566 **Enquête de recherche de personne en fuite.** L'article 74-2 du Code de procédure pénale prévoit également, dans les mêmes conditions que précédemment, que le juge des libertés et de la détention est le magistrat compétent pour autoriser une interception judiciaire.

2 Contenu de l'autorisation

3567 Le contenu de cette autorisation est le même, qu'elle soit délivrée par le juge d'instruction ou par le juge des libertés et de la détention, les articles 706-95 et 74-2 renvoyant expressément, et selon les cas, aux articles 100-1 et suivants.

3568 **Nature et forme de l'autorisation du magistrat compétent.** Selon l'article 100 du Code de procédure pénale, la décision d'autorisation est écrite. Elle n'a pas de caractère juridictionnel et son opportunité ne peut pas faire l'objet d'un recours. Seule sa légalité peut être mise en cause par le biais d'une demande d'annulation.

3569 L'article 100-1 du Code de procédure pénale dispose que la décision d'interception judiciaire est « motivée par référence aux éléments de fait et de droit justifiant que ces opérations sont nécessaires. Elle comporte tous les éléments d'identification de la liaison à intercepter, l'infraction qui motive le recours à l'interception ainsi que la durée de celle-ci ». Ainsi cette autorisation doit mentionner :
- les éléments d'identification de la liaison à intercepter, tout en précisant qu'il n'est pas nécessaire que son titulaire soit identifié, son nom étant d'ailleurs souvent faux ;
- l'infraction qui motive le recours à l'interception ;
- la durée de celle-ci. La chambre criminelle tient la mention de cette durée pour une « garantie essentielle contre le risque d'une atteinte disproportionnée au droit au respect de la vie privée des personnes concernées, aux intérêts desquelles son absence porte nécessairement atteinte » (Cass. crim., 9 janv. 2018, n° 17-82.946 : *Bull. crim.* n° 4).

3570 **Forme.** La DACG note dans son Wiki que : « La décision du juge d'instruction peut continuer à prendre la forme d'une commission rogatoire spéciale, comportant les éléments de fait et de droit ainsi énoncés, ou d'une ordonnance motivée ». La décision du juge des libertés et de la détention prendra nécessairement la forme d'une ordonnance.
Il y a lieu, selon la lettre de l'article 100-1 du Code de procédure pénale, de délivrer une autorisation par « liaison à intercepter ».
La motivation étant peu ou prou la même que celle qui préside à l'autorisation délivrée préalablement

à une opération de sonorisation et de captation d'images dans un lieu privé ou à une perquisition, il nous semble que les exigences fixées par la chambre criminelle sont transposables à l'interception judiciaire, notamment lorsque cette autorisation du juge des libertés et de la détention reprend les termes de la requête du procureur de la République (Cass. crim., 21 janv. 2020, n° 18-84.899. – V. *supra*, n° 2010 et *infra*, n° 3966). Les articles 100-1 et 706-95 imposent que le renouvellement de l'autorisation satisfasse aux mêmes exigences.

3571 **Nécessité de l'interception.** Cette exigence était posée tant par l'article 100 que par l'article 706-95 du Code de procédure pénale mais son existence pouvait résulter de la procédure sans que le juge soit tenu de la mettre en exergue. Maintenant que la décision doit, depuis l'intervention de la loi du 23 mars 2019, être « motivée par référence aux éléments de faits et de droit justifiant que ces opérations sont nécessaires », il conviendra que cette nécessité ressorte de la motivation.

3572 **Interception et droits de la défense.** On rappelle ici qu'une motivation particulière est exigée notamment au regard de l'existence de raisons plausibles qui pèsent sur l'avocat préalablement à toute interception judiciaire concernant une ligne dépendant de son cabinet ou de son domicile (V. *supra*, n° 3549).

III Déroulement des opérations d'interceptions judiciaires

3573 Les opérations d'interceptions de communication sont désormais réalisées grâce à la Plateforme nationale des interceptions judiciaires (PNIJ) tout en restant soumises au contrôle du magistrat. Les procédures incidentes doivent faire l'objet d'une attention particulière.

A Agents qualifiés

3574 L'article 100-3 du Code de procédure pénale dispose que :

> « Le juge d'instruction ou l'officier de police judiciaire commis par lui ou, sous le contrôle de ce dernier, l'agent de police judiciaire, peut requérir tout agent qualifié d'un service ou organisme placé sous l'autorité ou la tutelle du ministre chargé des communications électroniques ou tout agent qualifié d'un exploitant de réseau ou fournisseur de services de communications électroniques autorisé, en vue de procéder à l'installation d'un dispositif d'interception ».

Cette réquisition peut être délivrée par un officier de police judiciaire ou sous son contrôle par un agent de police judiciaire suite à l'entrée en vigueur de la loi du 24 janvier 2023.

1 La PNIJ

3575 L'article 230-45 du Code de procédure pénale prévoit, s'agissant des réquisitions adressées en application des articles 100 à 100-7 et 706-95, que sauf impossibilité technique, les interceptions judiciaires doivent être transmises par l'intermédiaire de la PNIJ qui organise la centralisation de leur exécution.

L'article R. 40-43-1 du Code de procédure pénale précise que sauf impossibilité technique, le contenu des communications électroniques interceptées sur le fondement des articles 74-2, 80-4, 100 à 100-8 et 706-95 est mis à disposition « des magistrats, des officiers et agents de police judiciaire de la gendarmerie et de la police nationales chargés de les seconder ainsi que des agents des douanes et des services fiscaux habilités à effectuer des enquêtes judiciaires » par la PNIJ.

La PNIJ, en ce qu'elle permet l'interception des correspondances, est opérationnelle depuis le 1er janvier 2017. Elle permet :

– la mise à disposition, au profit des enquêteurs et des magistrats, du contenu des communications électroniques interceptées ;

– une transmission automatisée des réquisitions adressées aux opérateurs de communication électronique (OCE).

Concrètement, l'enquêteur se connecte à la plateforme, crée une affaire, établit les réquisitions aux opérateurs de communications électroniques (OCE) et peut consulter l'enregistrement et retranscrire les propos échangés directement à partir de l'interface de la plateforme.

2 Agent qualifié de l'article 100-3

3576 Avant la création de la PNIJ, les enquêteurs requéraient un agent d'un opérateur de communication électronique visé à l'article 100-3 du Code de procédure pénale qui mettait en place l'interception. Leurs prérogatives étaient fixées par le décret n° 93-119 du 28 janvier 1993. L'enquêteur devait aussi prendre en location le matériel d'enregistrement et d'exploitation des interceptions.

3577 Le recours direct aux agents visés à l'article 100-3 est toujours possible en cas d'impossibilité technique prévue à l'article 230-45 du Code de procédure pénale. Concrètement et toujours selon la DACG, cette impossibilité « peut consister soit en une incapacité technico-fonctionnelle totale ou partielle, soit en une difficulté ponctuelle, liée à la PNIJ » (DACG Focus, *Interceptions de correspondances*, juill. 2019).
Dans cette hypothèse, la chambre criminelle juge :
– d'une part, que « ni l'article 100-3 ni aucune autre disposition du Code de procédure pénale n'exigent que l'agent qualifié requis par l'officier de police judiciaire pour procéder à des interceptions de communications téléphoniques prête serment » (Cass. crim., 23 mai 2006, n° 06-81.705 : *Bull. crim.* n° 141) ;
– d'autre part, qu'« aucune violation des dispositions légales en matière d'interception de communications téléphoniques ne saurait résulter de la simple fourniture à un service de police du matériel technique lui permettant d'y procéder par un prestataire qui n'accomplit aucun acte de procédure » (Cass. crim., 22 mars 2016, n° 15-83.207 : *Bull. crim.* n° 92).
Le recours au prestataire de service est encore utilisé dans les départements et les collectivités territoriales ultramarines où la PNIJ n'est pas déployée, ainsi dans les cas où la PNIJ se trouve face à une impossibilité technique lorsque les suspects utilisent des applications ou des services de messagerie instantanée cryptée (Télégram, Signal, etc.).

3 Interceptions judiciaires et élément d'extranéité

3578 Nous renvoyons ici à la fiche consacrée aux aspects internationaux des enquêtes (V. *infra*, n°s 4471 et s.).

B Contrôle de la mesure

3579 **Intensité du contrôle.** Le déroulement de la mesure se fait sous le contrôle effectif du magistrat qui l'a autorisée.

3580 **Au cours de l'instruction.** Lorsque les enquêteurs agissent dans le cadre d'une instruction, le juge d'instruction est tenu informé *a minima* à l'échéance fixée par la commission rogatoire technique qu'il a délivrée. Le plus souvent, notamment quand l'interception apporte des éléments intéressants, le juge est informé en cours d'exécution par les enquêteurs.

3581 **Au cours de l'enquête, contrôle du juge des libertés et de la détention.** Lorsque les enquêteurs agissent dans le cadre d'une enquête, l'article 706-95 du Code de procédure pénale dispose que :

> « Le juge des libertés et de la détention qui a autorisé l'interception est informé sans délai par le procureur de la République des actes accomplis en application de l'alinéa précédent, notamment des procès-verbaux dressés en exécution de son autorisation, par application des articles 100-4 et 100-5 ».

S'agissant de cette information, la chambre criminelle juge :
– d'une part, que l'article 706-95 du Code de procédure pénale n'exige pas que le juge des libertés et de la détention exerce un contrôle immédiat sur le déroulement de l'écoute, mais seulement qu'il soit informé sans délai par le ministère public, à l'issue des opérations d'interception, d'enregistrement et de transcription prévues par les articles 100-3 à 100-5 (Cass. crim., 23 mai 2006, n° 06-83.241 : *Bull. crim.* n° 139) ;
– d'autre part, que les informations données par le procureur de la République au juge des libertés et de la détention portent sur les diligences effectuées et non sur leur contenu (Cass. crim., 26 mars 2008, n° 07-88.281 : *Bull. crim.* n° 74).

3582 **Ou contrôle du juge d'instruction.** Mais elle a également validé une procédure ayant fait l'objet d'une ouverture d'information dès la fin de l'enquête sans avoir été transmise au juge des libertés et de la détention. La chambre criminelle a approuvé la chambre de l'instruction d'avoir retenu que, dès la fin de l'interception, un juge d'instruction avait été saisi et avait ordonné la poursuite de cette interception en sorte qu'un magistrat du siège avait été informé sans délai des actes accomplis et avait pu exercer le contrôle des opérations effectuées. La Haute juridiction a estimé qu'elle était à même de s'assurer, au vu des pièces de la procédure, du déroulement régulier de la mesure et que, le demandeur n'ayant pas précisé la nature du grief qui lui aurait été causé, l'omission de la formalité prévue par la loi n'avait pas, en l'espèce, porté atteinte aux intérêts du mis en examen. La chambre criminelle a posé pour principe, à cette occasion, que « la méconnaissance des formalités substantielles prévues par l'alinéa 3 de l'article 706-95 du Code de procédure pénale n'est[était] constitutive d'une nullité que si l'irrégularité constatée a[vait] eu pour effet de porter atteinte aux intérêts de la partie concernée » (Cass. crim., 26 juin 2007, n° 07-82.401 : *Bull. crim.* n° 172. Dans le même sens Cass. crim., 22 nov. 2011, n° 11-84.308 : *Bull. crim.* n° 234).

3583 La DACG fait néanmoins la préconisation suivante :

« Le juge des libertés et de la détention qui a autorisé la mesure doit être informé sans délai par le procureur de la République de son déroulement à l'issue des opérations. Il revient donc au procureur de la République de transmettre les procès-verbaux réalisés à la fin des opérations. Le visa du juge des libertés et de la détention est préconisé pour conserver une trace de l'effectivité du contrôle ainsi exercé ».

CONSEIL Il est opportun de faire figurer au procès-verbal les différents comptes-rendus faits au magistrat visant à l'informer des résultats des opérations.

3584 **Sas.** Les dispositions relatives au sas (V. *supra*, nos 1409 et s.) sont également applicables aux interceptions judiciaires.

3585 **Découverte d'une infraction incidente.** Les officiers de police judiciaire qui, procédant à des écoutes téléphoniques sur commission rogatoire d'un juge d'instruction, découvrent des faits étrangers à l'information et susceptibles d'incrimination pénale ont le devoir d'en informer le juge d'instruction. Ils ne commettent donc aucune violation de l'article 151 du Code de procédure pénale lorsqu'ayant entendu des conversations étrangères à cette information mais révélant l'existence d'une infraction, ils en informent leur mandant, par un procès-verbal de renseignements, sans transcrire ces conversations (Cass. crim., 14 janv. 1992, nos 91-85.864 et 91-85.864 : *Bull. crim.* n° 13). Mais, ils peuvent et même doivent aussi aviser le procureur de la République à qui il appartient d'apprécier la suite à donner aux dénonciations qu'il reçoit (Cass. crim., 21 févr. 1995, n° 94-83.336 : *Bull. crim.* n° 75).

CONSEIL En cas de découverte de faits nouveaux lors de l'exécution d'une interception sur commission rogatoire du juge d'instruction, les enquêteurs doivent informer le juge d'instruction et vérifier auprès de lui qu'effectivement ces faits n'entrent pas dans sa saisine puis, lorsque tel est le cas, informer le procureur de la République qui a compétence pour décider de la suite à donner.
Lorsque c'est à l'occasion d'une interception autorisée par le juge des libertés et de la détention, l'information du procureur de la République semble suffire.

C Rédaction des procès-verbaux et scellés

1 Les procès-verbaux

3586 **Procès-verbaux.** Les articles 100-4 et 100-5 du Code de procédure pénale conduisent les enquêteurs à rédiger deux types de procès-verbaux.

a) Un procès-verbal technique

3587 Ce procès-verbal, prévu à l'article 100-4, vise à acter en procédure, pour chaque interception, la date et l'heure auxquelles l'opération a commencé et celles auxquelles elle s'est terminée. Ce procès-verbal peut être rédigé par un officier de police judiciaire ou sous son contrôle par un agent de police judiciaire suite à l'entrée en vigueur de la loi du 24 janvier 2023.

b) Un procès-verbal de retranscription

3588 Les correspondances qui sont véritablement utiles à la manifestation de la vérité doivent être transcrites mot à mot. Ce qui est autour de ces propos et qui sert à connaître le contexte dans lequel ceux-ci ont été tenus peut être résumé. Ce qui n'est absolument pas utile à la manifestation de la vérité n'a pas à être retranscrit. L'article 100-5 du Code de procédure pénale précise que les correspondances en langue étrangère sont transcrites en français avec l'assistance d'un interprète requis sur le fondement de cet article.

3589 Aussi, la totalité des communications n'a pas à être retranscrite ; seules celles utiles à la manifestation de la vérité le seront. La chambre criminelle a indiqué d'ailleurs que « seules les conversations relatives aux faits objet de l'instruction devaient être retranscrites par application des dispositions de l'article 100-5 du Code de procédure pénale et qu'aucun texte ne prescri[vai]t à peine de nullité une transcription intégrale des conversations interceptées » (Cass. crim., 10 janv. 2018, n° 17-84.084).

3590 Il s'agit là d'un choix en opportunité de l'enquêteur, qui pourra le cas échéant être contesté par l'avocat de la personne mise en cause

et donner lieu à une demande visant à écouter les enregistrements placés sous scellés (Cass. crim., 6 mai 2014, n° 13-88.597).
Cette retranscription est facilitée par l'interface de la PNIJ (V. *infra*, n° 3597) qui donne accès à un logiciel permettant la rédaction des procès-verbaux que l'enquêteur édite ensuite pour les joindre en procédure. Mais, surtout, la PNIJ permet aux magistrats d'accéder aux interceptions en cours et de consulter les communications interceptées.

3591 **Qui peut transcrire les interceptions ?** L'article 100-5 alinéa 1er dispose que « Le juge d'instruction, l'officier de police judiciaire commis par lui ou l'agent de police judiciaire ou l'assistant d'enquête agissant sous le contrôle de cet officier transcrit la correspondance utile à la manifestation de la vérité. Cette transcription est versée au dossier ».
S'agissant des pouvoirs des assistants d'enquête, l'article 21-3, 8° précise qu'ils peuvent « procéder aux transcriptions des enregistrements prévus à l'article 100-5 et au troisième alinéa de l'article 706-95-18 préalablement identifiés comme nécessaires à la manifestation de la vérité par les officiers de police judiciaire ». Un décret devrait préciser les modalités selon lesquelles ils procèdent aux transcriptions des enregistrements prévus à l'article 100-5 et au troisième alinéa de l'article 706-95-18. La loi votée par le Parlement prévoyait que les conversations à transcrire pouvaient être identifiées par l'agent de police judiciaire. Le Conseil constitutionnel a estimé qu'une telle possibilité était contraire à la Constitution. Seul l'officier de police judiciaire peut donc identifier les conversations à transcrire (Cons. const., n° 2022-846 DC du 19 janvier 2023).
Toutefois, l'article 100-5 prévoit deux cas dans lesquels ces communications ne peuvent être retranscrites.

1) La protection des sources

3592 L'article 100-5, dernier alinéa du Code de procédure pénale dispose que :

> « À peine de nullité, ne peuvent être transcrites les correspondances avec un journaliste permettant d'identifier une source en violation de l'article 2 de la loi du 29 juillet 1881 sur la liberté de la presse ».

2) La protection des droits de la défense

3593 L'article 100-5, alinéa 4 du Code de procédure pénale dispose que :

> « À peine de nullité, ne peuvent être transcrites les correspondances avec un avocat relevant de l'exercice des droits de la défense et couvertes par le secret professionnel de la défense et du conseil, prévu à l'article 66-5 de la loi n° 71-1130 du 31 décembre 1971 portant réforme de certaines professions judiciaires et juridiques, hors les cas prévus à l'article 56-1-2 du présent code ».

3594 Réformé suite à la Commission Mattéi qui a inspiré pour partie la loi n° 2021-1729 du 22 décembre 2021 pour la confiance dans l'institution judiciaire, l'article 100-5 crée une exception à cette interdiction de transcription en ce qu'il la permet dès lors qu'elle concerne une infraction mentionnée « aux articles 1741 et 1743 du Code général des impôts et aux articles 421-2-2,433-1,433-2 et 435-1 à 435-10 du Code pénal ainsi qu'au blanchiment de ces délits, sous réserve que les (…) correspondances (…) établissent la preuve de leur utilisation aux fins de commettre ou de faciliter la commission desdites infractions ».

3595 La difficulté réside, pour l'enquêteur, dans la distinction parfois subtile entre ce qui relève de l'exercice des droits de la défense et celle qui atteste d'un comportement constitutif d'une infraction pénale ou apportant des éléments s'y rapportant.
Si l'écoute concerne expressément l'avocat (V. *supra*, n° 3549), les retranscriptions peuvent être réalisées, puisque tel en est l'objet.

CONSEIL En cas de doute, il semble prudent de solliciter le magistrat pour savoir s'il convient de retranscrire.

2 Scellés

3596 Les articles 100-4 et 100-6 du Code de procédure pénale encadrent le sort des enregistrements réalisés. Ceux-ci sont placés sous scellés fermés. De plus, ils sont détruits, à la diligence du procureur de la République ou du procureur général, à l'expiration du délai de prescription de l'action publique. Il est dressé procès-verbal de l'opération de destruction.

3597 **PNIJ.** L'article 230-45 précise que les obligations de mise sous scellés fermés et de rédaction d'un procès-verbal de destruction ne sont pas applicables aux données conservées par la PNIJ.
L'article R. 40-49 du Code de procédure pénale prévoit que les données relatives aux interceptions judiciaires sont placées sous scellés au sein de la PNIJ qui joue le rôle d'un coffre-fort numérique.
De plus, cet article R. 40-49 précise que les données et informations « ne sont accessibles qu'au magistrat en charge de la procédure et aux personnels qu'il a autorisés à y accéder ». Les scellés

peuvent donc être consultés au sein de la PNIJ avec l'autorisation du magistrat (V. fiches thématiques sur le site intranet du Secrétariat général du ministère de la Justice, onglet « ANTENJ »).

3598 **Procédure incidente.** La chambre criminelle a admis que la transcription d'un enregistrement pouvait être jointe à une procédure distincte de celle dans laquelle l'interception avait été prescrite (Cass. crim., 16 mai 2000, n° 00-80.905 : *Bull. crim.* n° 190). Elle autorise, en conséquence, que les éventuelles irrégularités affectant cette interception puissent être soulevées dans le cadre d'une requête en nullité présentée dans le cadre de la procédure distincte (Cass. crim., 7 déc. 2005, n° 05-85.876 : *Bull. crim.* n° 327).

L'ESSENTIEL 3599 Les interceptions judiciaires de correspondances émises par la voie des communications électroniques visent toutes les correspondances émises par cette voie.

3600 Les interceptions de correspondances émises par la voie des communications électroniques se caractérisent par le fait qu'elles consistent en une interception de communications quelle qu'en soit la forme – écrite, verbale, sonore ou visuelle – au moment où ce message est délivré, et ce par tout moyen. L'interception du message se fait en temps réel, ce qui ne veut pas dire que les enquêteurs écoutent ou lisent nécessairement en temps réel les communications des personnes surveillées (V. *supra*, n°s 3530 et s. et 3540).

3601 **Conditions de mise en œuvre.** Dans le cadre de l'instruction, les interceptions judiciaires sont possibles dès lors qu'il s'agit d'une instruction relative :
– à un crime ou un délit puni d'une peine d'emprisonnement égale ou supérieure à trois ans ;
– à un délit puni d'une peine d'emprisonnement commis par la voie des communications électroniques sur la ligne de la victime si celle-ci demande l'interception ;
– aux recherches des causes de la mort ou des causes d'une disparition mentionnée aux articles 74 et 74-1 (V. *supra*, n° 3543).

3602 Dans le cadre de l'enquête de flagrance ou préliminaire, les interceptions judiciaires sont possibles dans le cadre de :
– la recherche de personne en fuite (V. *supra*, n° 3544) ;
– la délinquance et la criminalité organisées (V. *supra*, n° 3545) ;
ainsi que pour les infractions visées à :
– l'article 706-72, à savoir les délits prévus par l'article 323-4-1 du Code pénal et au blanchiment de ces mêmes délits ainsi qu'à l'association de malfaiteurs lorsqu'elle a pour objet la préparation de l'un desdits délits ;
– l'article 706-1-1, à savoir les délits prévus :
1) aux articles 432-11, 432-15, 433-1, 433-2, 434-9, 434-9-1, 435-1 à 435-4 et 435-7 à 435-10 du Code pénal,
2) aux articles 1741 et 1743 du Code général des impôts, lorsqu'ils sont commis en bande organisée ou lorsqu'il existe des présomptions caractérisées que ces infractions résultent d'un des comportements mentionnés aux 1° à 5° du II de l'article L. 228 du Livre des procédures fiscales,
3) au dernier alinéa de l'article 414 et à l'article 415 du Code des douanes, lorsqu'ils sont punis d'une peine d'emprisonnement d'une durée supérieure à cinq ans,
4) aux articles L. 465-1 à L. 465-3-3 du Code monétaire et financier lorsqu'ils sont commis en bande organisée ;
– à l'article 706-1-2, à savoir les délits prévus au dernier alinéa des articles L. 241-3 et L. 242-6 du Code de commerce ;
– à l'article 706-2-2, à savoir :
1) les délits prévus aux articles L. 5421-2, L. 5421-13, L. 5426-1, L. 5432-1, L. 5432-2, L. 5432-3, L. 5438-4, L. 5438-6, L. 5439-1, L. 5439-2, L. 5442-10, L. 5442-14, L. 5461-3 et L. 5462-3 du Code de la santé publique, lorsqu'ils sont punis d'une peine d'emprisonnement d'une durée supérieure à cinq ans,
2) les délits prévus aux articles L. 451-2 et L. 454-3 du Code de la consommation.
et au blanchiment de ces délits (V. *supra*, n° 3545).

3603 Les interceptions judiciaires peuvent concerner diverses personnes. Selon la jurisprudence, les interceptions peuvent être effectuées à l'insu des personnes intéressées, qui ne sont pas seulement celles sur lesquelles pèsent des indices de culpabilité (V. *supra*, n° 3546).
Elles peuvent aussi concerner des personnes protégées, ce qui nécessite que certaines autorités soient informées préalablement à leur mise en œuvre. Il en va ainsi des parlementaires et des magistrats (V. *supra*, n° 3548).

3604 Le cas particulier de l'avocat doit être signalé, car il bénéficie d'une double protection, en ce que le bâtonnier doit être préalablement informé et parce qu'il est nécessaire d'établir au préalable des raisons plausibles de le soupçonner d'avoir commis ou tenté de commettre, en tant qu'auteur ou complice, l'infraction qui fait l'objet de la procédure ou une infraction connexe au sens de l'article 203 et à la condition que la mesure soit proportionnée au regard de la nature et de la gravité des faits (V. *supra*, n°s 3549 et s.).

3605 **Durée des interceptions judiciaires (V. *supra*, n°s 3576 et s.).**

	Instruction	Enquête préliminaire et flagrance
Droit commun	4 mois renouvelables dans la limite d'1 an	
Délinquance et criminalité organisées et autres infractions	4 mois renouvelables dans la limite de 2 ans	1 mois renouvelable 1 fois
Recherche des causes de la mort ou d'une disparition	2 mois renouvelables dans la limite d'1 an	
Enquête de recherche de personne en fuite		2 mois renouvelables dans la limite de 6 mois

3606 Le point de départ de l'interception judiciaire est le jour de la mise en place effective du dispositif et la durée de l'interception s'apprécie au regard de la ligne téléphonique et non de la personne qui l'utilise (V. *supra*, n°s 3559 et s.).

3607 **Autorisation du magistrat.** Il s'agit d'une autorisation qui doit être délivrée préalablement, il n'est pas possible de régulariser (V. *supra*, n° 3585).

	Instruction	Enquête préliminaire et flagrance
Magistrat compétent	Juge d'instruction	Juge des libertés et de la détention sur requête du procureur de la République
Nature et forme de l'autorisation	Commission rogatoire technique écrite motivée en droit et en fait ou commission rogatoire + ordonnance d'autorisation.	Ordonnance écrite motivée en droit et en fait.
	Motivation « renforcée » lorsqu'il s'agit d'un avocat (V. *supra*, n°s 24 et s.).	
Contenu de l'autorisation	– les éléments d'identification de la liaison à intercepter ; – l'infraction qui motive le recours à l'interception ; – la durée ; – la nécessité.	

3608 **Déroulement des opérations.** Les opérations d'interceptions de communication sont désormais réalisées grâce à la Plateforme nationale des interceptions judiciaires (PNIJ). Toutefois, le recours à des prestataires de service reste possible en cas d'impossibilité technique de recourir à la PNIJ (V. *supra*, n° 3573).

3609 **Contrôle de la mesure.** Le juge d'instruction est informé du résultat des interceptions et le juge des libertés et de la détention est informé sans délai par le ministère public, à l'issue des opérations d'interception, d'enregistrement et de transcription des diligences effectuées (V. *supra*, n° 3579).

3610 Les dispositions relatives au sas sont applicables.

3611 **Procès-verbaux et scellés.** Il y a lieu de rédiger un procès-verbal technique ainsi qu'un procès-verbal de retranscription. S'agissant de la retranscription, elle peut être faite mot à mot ou sous forme de résumé selon son utilité pour la manifestation de la vérité (V. *supra*, n°s 3586 et s.).

3612 **Retranscriptions interdites.** Le Code de procédure pénale interdit que certaines conversations soient retranscrites. Il en va ainsi des correspondances d'un journaliste lorsqu'elles permettent d'identifier sa source, et celles avec un avocat dès lors qu'elles relèvent de l'exercice des droits de la défense (V. *supra*, n°s 3592 et s.).

3613 La PNIJ conserve les enregistrements dans un coffre-fort numérique, ce qui équivaut à un placement sous scellé. Lorsqu'il n'est pas recouru à la PNIJ, les enregistrements sont placés sous scellés « traditionnels » mais qui doivent être fermés (V. *supra*, n° 3596).

IV
Accès à distance aux correspondances stockées par la voie des communications électroniques accessibles au moyen d'un identifiant informatique

3614 Cette technique spéciale d'enquête a été introduite dans le Code de procédure pénale aux articles 706-95-1 à 706-95-3 par la loi n° 2016-731 du 3 juin 2016. Les deux premiers articles sont rédigés en miroir, l'un valant pour les enquêtes préliminaire et de flagrance, l'autre pour l'instruction.
Quelques éléments de définition sont nécessaires avant de détailler le régime juridique qui emprunte largement aux interceptions judiciaires et aux techniques spéciales d'enquête en général.

A Définition de l'accès à distance aux correspondances stockées par la voie des communications électroniques accessibles au moyen d'un identifiant informatique

1 Éléments de définition

3615 Par un arrêt du 8 juillet 2015, la chambre criminelle a jugé que :

> « Vu les articles 100 à 100-5 du code de procédure pénale ;
> Attendu que n'entrent pas dans les prévisions de ces textes l'appréhension, l'enregistrement et la transcription de correspondances émises ou reçues par la voie des télécommunications antérieurement à la date de la décision écrite d'interception prise par le juge d'instruction, lesquels doivent être réalisés conformément aux dispositions légales relatives aux perquisitions » (Cass. crim., 8 juill. 2015, n° 14-88.457 : *Bull. crim.* n° 176).

3616 Le rapport du garde des Sceaux préalablement à l'adoption de la loi du 3 juin 2016 résume bien les motivations qui ont présidé à la création des articles 706-95-1 et 706-95-2 du Code de procédure pénale.

> « Une pratique des juges d'instruction, validée un temps par les chambres de l'instruction, a considéré que la notion d'interception ne visait pas les seules correspondances échangées depuis la décision d'interception, mais l'ensemble des messages envoyés à la personne, y compris les messages archivés sur la boîte de messagerie électronique. Depuis un arrêt du 8 juillet 2015, la Cour de cassation a mis un terme à cette possibilité. Elle a précisé que l'appréhension, l'enregistrement et la transcription des correspondances émises ou reçues antérieurement à la date de la décision d'interception prise par le juge d'instruction, c'est-à-dire les correspondances stockées sur une messagerie, ne peuvent relever du cadre des articles 100 à 100-5 du code de procédure pénale. En l'absence d'un autre cadre légal, elles relèvent des dispositions légales relatives aux perquisitions. Or, les opérations de perquisition doivent être réalisées en présence de la personne ou à défaut, en présence d'un représentant de son choix. La personne qui fait l'objet d'une telle saisie est donc nécessairement informée des investigations qui la concernent. Cette information préalable serait grandement préjudiciable à l'intérêt de la mesure puisqu'elle peut permettre à la personne soupçonnée de supprimer toute information avant la réalisation de la perquisition » (Extrait du Rapport n° 335 [2015-2016] de M. Michel Mercier fait au nom de la commission des lois, déposé le 27 janvier 2016).

3617 La DACG précise que :

> « Afin de répondre aux exigences jurisprudentielles tirées de l'arrêt de la Cour de cassation du 8 juillet

2015, la loi 3 juin 2016 consacre le principe de l'accès furtif à des correspondances numériques stockées, c'est-à-dire antérieures à la décision d'interception du juge » (Fiche Technique, *Le recueil de la preuve numérique, Enjeux et Perspectives*, p. 8).

Il s'agit donc de récupérer, à l'insu des personnes concernées, des messages non pas au moment où ils ont été envoyés ou reçus (V. *supra*, n° 3540), mais après, sous la réserve qu'ils aient été « stockés » par l'opérateur de messagerie électronique qui ne garde pas systématiquement les messages et, quand il les conserve, ne le fait que pour une durée limitée. Il n'est ainsi pas toujours possible de réaliser cet acte d'enquête.

2 Différence avec les autres techniques spéciales d'enquête

3618 L'acte d'investigation prévu aux articles 706-95-1 et 706-95-2 du Code de procédure pénale consiste en une saisie de correspondances électroniques sans recours à une perquisition préalable.

3619 **Distinction avec les interceptions judiciaires.** Cette saisie se distingue des interceptions judiciaires, car dans ce cas, les correspondances ne sont pas enregistrées par les enquêteurs au moment où elles se déroulent, mais sont récupérées après leur enregistrement qui est réalisé par les opérateurs ou les hébergeurs sans intervention d'une autorité publique. Il s'agit en quelque sorte d'un « enregistrement par un tiers » dont la remise à l'autorité publique est encadrée par ces articles 706-95-1 et 706-95-2 du Code de procédure pénale.

3620 **Distinction avec la captation des données informatiques et avec la perquisition informatique prévue à l'article 57-1 du Code de procédure pénale.** Les deux techniques d'enquête ont également une utilité différente. En effet, l'accès à distance permet seulement de prendre connaissance des messages stockés sur un serveur de messagerie ou dans un *cloud*, mais pas de ceux qui ont été téléchargés vers le terminal et qui ne sont plus sur le serveur ou le *cloud*. Ce type de messages sera accessible par la captation de données informatiques, à l'insu de la personne et par la perquisition informatique de l'article 57-1, en présence de la personne (V. *supra*, n°s 3862 et 1959).

Les articles 706-95-1 et 706-95-2 du Code de procédure pénale sont limités à l'accès aux correspondances, tandis que la captation de données informatiques permet de recueillir tout type de données. Ils permettent également une discrétion bien utile à l'efficacité des investigations que n'offrait pas la jurisprudence de la chambre criminelle.

B Conditions mises en œuvre

3621 Cette technique spéciale d'enquête ne peut être utilisée que pour un nombre limité d'infractions et nécessite une autorisation d'un magistrat.

1 Champ d'application

3622 Les articles 706-95-1 et 706-95-2 du Code de procédure pénale prévoient que cette technique spéciale d'enquête peut être utilisée pour :
- tout crime ;
- toute infraction entrant dans le champ d'application des articles 706-73 et 706-73-1 du Code de procédure pénale.

3623 **Autres infractions.** Cette technique spéciale d'enquête peut également être autorisée pour les infractions visées à :
- l'article 706-72, à savoir les délits prévus par l'article 323-4-1 du Code pénal et au blanchiment de ces mêmes délits ainsi qu'à l'association de malfaiteurs lorsqu'elle a pour objet la préparation de l'un desdits délits ;
- l'article 706-1-1, à savoir les délits prévus :
1) aux articles 432-11, 432-15, 433-1, 433-2, 434-9, 434-9-1, 435-1 à 435-4 et 435-7 à 435-10 du Code pénal,
2) aux articles 1741 et 1743 du Code général des impôts, lorsqu'ils sont commis en bande organisée ou lorsqu'il existe des présomptions caractérisées que ces infractions résultent d'un des comportements mentionnés aux 1° à 5° du II de l'article L. 228 du Livre des procédures fiscales,
3) au dernier alinéa de l'article 414 et à l'article 415 du Code des douanes, lorsqu'ils sont punis d'une peine d'emprisonnement d'une durée supérieure à cinq ans,
4) aux articles L. 465-1 à L. 465-3-3 du Code monétaire et financier lorsqu'ils sont commis en bande organisée ;
- à l'article 706-1-2, à savoir les délits prévus au dernier alinéa des articles L. 241-3 et L. 242-6 du Code de commerce ;
- à l'article 706-2-2, à savoir :
1) les délits prévus aux articles L. 5421-2, L. 5421-13, L. 5426-1, L. 5432-1, L. 5432-2, L. 5432-3, L. 5438-4, L. 5438-6, L. 5439-1, L. 5439-2, L. 5442-10, L. 5442-14, L. 5461-3 et L. 5462-3 du Code de la santé publique, lorsqu'ils sont punis d'une peine d'emprisonnement d'une durée supérieure à cinq ans,
2) les délits prévus aux articles L. 451-2 et L. 454-3 du Code de la consommation ;
et au blanchiment de ces délits.

3624 **Enquête et instruction.** L'article 706-95-1 du Code de procédure pénale prévoit que cette

Interceptions judiciaires de correspondances

technique peut être utilisée dans le cadre d'une enquête préliminaire ou de flagrance (à l'exclusion de l'enquête pour recherche de personne en fuite, à la différence des interceptions judiciaires), tandis que l'article 706-95-2 prévoit cette possibilité dans le cadre de l'instruction.

2 Autorisation du magistrat

3625 **Enquête préliminaire et de flagrance.** Lorsque la technique spéciale d'enquête est utilisée dans ce cadre, l'autorisation est délivrée par le juge des libertés et de la détention, sur requête du procureur de la République (CPP, art. 706-95-1).

3626 **Instruction.** Lorsque la technique spéciale d'enquête est utilisée au cours d'une information, l'autorisation est délivrée par le juge d'instruction (CPP, art. 706-95-2).

3627 **Contenu de l'autorisation.** Les articles 706-95-1 et 706-95-2 du Code de procédure pénale sont peu prolixes sur cette autorisation. L'article 706-95-3 indique simplement que les opérations sont effectuées sous l'autorité et le contrôle du magistrat qui les a autorisées et que l'autorisation doit viser les infractions recherchées.

> CONSEIL Dans l'attente d'une décision de la chambre criminelle, il semble prudent, par parallélisme (Cass. crim., 23 nov. 2016, n° 15-83.649 : *Bull. crim.* n° 307) avec les autres techniques spéciales d'enquête, que cette autorisation soit écrite et motivée, en droit et en fait, qu'elle vise donc les infractions objet des investigations, la nécessité d'y recourir et les indications permettant de cibler les communications électroniques stockées à l'aide d'un identifiant informatique et auxquelles les enquêteurs veulent accéder (V. *supra*, n°s 3568 et s.).

3 Personnes protégées

3628 L'article 706-95-3 du Code de procédure pénale dispose que « lorsque l'identifiant informatique est associé au compte d'un avocat, d'un magistrat, d'un sénateur ou d'un député, l'article 100-7 est applicable ». Dans ce cas, des diligences préalables et supplémentaires s'ajoutent alors à l'autorisation du juge des libertés et de la détention ou du juge d'instruction.

3629 **Avocat.** Lorsque l'identifiant concerne un avocat, il y a lieu de s'interroger sur le point de savoir si le magistrat doit indiquer qu'il existe des « raisons plausibles de le soupçonner d'avoir commis ou tenté de commettre, en tant qu'auteur ou complice, l'infraction qui fait l'objet de la procédure ou une infraction connexe ». Une réponse négative pourrait s'appuyer sur le fait que cette exigence n'est prévue que pour les seules interceptions au sens de l'article 100 du Code de procédure pénale.

C Déroulement des opérations

3630 **Finalité et infraction incidente.** Comme pour beaucoup de techniques spéciales d'enquête, l'article 706-95-3 du Code de procédure pénale dispose :
– d'une part, que cette technique ne peut, à peine de nullité, avoir un autre objet que la recherche et la constatation des infractions visées dans la décision du magistrat ;
– d'autre part, que « le fait que ces opérations révèlent des infractions autres que celles visées dans la décision du magistrat qui les a autorisées ne constitue pas une cause de nullité des procédures incidentes ».
Nous renvoyons ici, à titre illustratif, à la fiche dédiée à la sonorisation et à la captation d'images (V. *infra*, n°s 3800 et s.).

3631 **Agents qualifiés.** L'article 706-95-3 du Code de procédure pénale prévoit que pour accéder à ces communications stockées, « le magistrat ou l'officier de police judiciaire commis par lui peut requérir tout agent qualifié d'un service ou d'un organisme placé sous l'autorité ou la tutelle du ministre chargé des communications électroniques ou tout agent qualifié d'un exploitant de réseau ou fournisseur de services de communications électroniques autorisé, en vue de procéder aux opérations mentionnées aux mêmes articles 706-95-1 et 706-95-2 ».
S'agissant du pouvoir de réquisition aux fins d'interception et de rédaction du PV de retranscription (V. *supra*, n°s 3574, 3587 et 3591).

3632 Dans cette hypothèse, l'article 230-45 du Code de procédure pénale relatif à la PNIJ ne prévoit pas la compétence de cette dernière. La DACG précise utilement que :

> « Une difficulté supplémentaire est la mise en place dans certains services de messagerie d'une fonction de suppression automatique des messages après une période de temps prédéterminée (de quelques secondes à 24 heures). (...) Il n'existe à l'heure actuelle aucune obligation légale pour les opérateurs de conserver les correspondances et aucune possibilité d'ordonner judiciairement leur préservation sur la base de l'article 60-2 du code de procédure pénale, dès lors qu'il ne s'agit pas "d'informations consul-

tées". Toutefois, l'article 706-95-3 du code de procédure pénale permet la réquisition de tout "agent qualifié d'un service ou d'un organisme placé sous l'autorité ou la tutelle du ministre chargé des communications électroniques ou tout agent qualifié d'un exploitant de réseau ou fournisseur de services de communications électroniques" pour la mise en œuvre des articles 706-95-1 et 706-95-2 du code de procédure pénale.
Cette disposition est l'équivalent de l'article 100-3 du CPP pour les interceptions de correspondances (...) mais dans ce cas de figure, il pourrait être utile de tenter de requérir la préservation des correspondances afin d'éviter un effacement par l'utilisateur, si les données en question sont dupliquées ou conservées dans les serveurs de l'opérateur.
Une réquisition devrait également en théorie permettre d'imposer à l'opérateur de préserver, si possible, le caractère furtif de la technique d'enquête en bloquant les messages de notification à titre de sécurité ».

Une difficulté grandissante est que la plupart des sociétés de messagerie électronique ne se considèrent pas comme des « fournisseurs de services de communications ». Un débat est en cours au niveau de l'Union européenne sur un nouveau cadre réglementaire concernant ces nouveaux acteurs, communément appelés *Over The Top* (une société « OTT-1 » est une société qui n'est pas légalement un fournisseur de services de communication mais qui potentiellement offre des services comparables aux consommateurs. – Fiche Technique, *Le recueil de la preuve numérique, Enjeux et Perspectives*, p. 9).

3633 **Sort des éléments recueillis.** Les articles 706-95-1 et suivants du Code de procédure pénale sont silencieux sur ce point. Cette technique, ayant été assimilée à une perquisition par la chambre criminelle avant de devenir un acte d'enquête autonome, et le parallélisme avec les interceptions dont les enregistrements doivent être placés sous scellés fermés, conduisent à recommander de placer le support enregistrant des éléments recueillis sous scellés.

L'ESSENTIEL 3634 L'accès à distance aux correspondances stockées par la voie des communications électroniques accessibles au moyen d'un identifiant informatique permet de récupérer, à l'insu des personnes concernées, des communications non pas au moment où elles ont lieu (V. *supra*, n° 3540), mais après qu'elles se sont tenues et sous la réserve qu'elles aient été « stockées » par l'opérateur de messagerie notamment (V. *supra*, n°s 3615 et s.).
3635 Cet accès doit être distingué :
– des interceptions judiciaires qui permettent de capter les communications au moment où elles se déroulent ;
– de la captation de données informatiques qui permet d'accéder à des communications stockées dans un ordinateur et qui ne le sont pas auprès de l'opérateur de téléphonie ;
– de la perquisition informatique qui ne se fait pas à l'insu de la personne (V. *supra*, n°s 3618 et s.).
3636 **Conditions de mise en œuvre.** Cette technique spéciale d'enquête peut être utilisée tant en enquête de flagrance et préliminaire qu'au cours d'une instruction, dès lors que ces cadres d'investigation concernent :
– tout crime ;
– toute infraction entrant dans le champ d'application des articles 706-73 et 706-73-1 du Code de procédure pénale ;
– ainsi que les infractions visées à (V. *supra*, n° 3623) :
• l'article 706-72, à savoir les délits prévus par l'article 323-4-1 du Code pénal et au blanchiment de ces délits,
• l'article 706-1-1, à savoir les délits prévus :
1) aux articles 432-11, 432-15, 433-1, 433-2, 434-9, 434-9-1, 435-1 à 435-4 et 435-7 à 435-10 du Code pénal,
2) aux articles 1741 et 1743 du Code général des impôts, lorsqu'ils sont commis en bande organisée ou lorsqu'il existe des présomptions caractérisées que ces infractions résultent d'un des comportements mentionnés aux 1° à 5° du II de l'article L. 228 du Livre des procédures fiscales,
3) au dernier alinéa de l'article 414 et à l'article 415 du Code des douanes, lorsqu'ils sont punis d'une peine d'emprisonnement d'une durée supérieure à cinq ans,
4) aux articles L. 465-1 à L. 465-3-3 du Code monétaire et financier lorsqu'ils sont commis en bande organisée ;
– à l'article 706-1-2, à savoir les délits prévus au dernier alinéa des articles L. 241-3 et L. 242-6 du Code de commerce ;
– à l'article 706-2-2, à savoir :
1) les délits prévus aux articles L. 5421-2, L. 5421-13, L. 5426-1, L. 5432-1, L. 5432-2, L. 5432-3, L. 5438-4, L. 5438-6, L. 5439-1, L. 5439-2, L. 5442-10, L. 5442-14, L. 5461-3 et L. 5462-3 du Code de la santé publique, lorsqu'ils sont punis d'une peine d'emprisonnement d'une durée supérieure à cinq ans,
2) les délits prévus aux articles L. 451-2 et L. 454-3 du Code de la consommation et au blanchiment de ces délits.

Interceptions judiciaires de correspondances

3637 **Autorisation du magistrat.** Le magistrat compétent est le juge d'instruction lorsque cette technique d'enquête est utilisée dans le cadre d'une information judiciaire et le juge des libertés et de la détention sur requête du procureur de la République lorsqu'il s'agit d'une enquête préliminaire ou de flagrance.

3638 **Personnes protégées.** Lorsque l'identifiant est associé au compte d'un avocat, d'un magistrat, d'un sénateur ou d'un député, il y a lieu de procéder aux informations prévues à l'article 100-7 du Code de procédure pénale (V. *supra*, n°s 3628 et s.).

3639 **Déroulement des opérations.** De manière commune avec d'autres techniques d'enquête, cette technique ne peut, à peine de nullité, avoir un autre objet que la recherche et la constatation des infractions visées dans la décision de ce magistrat ; de plus, le fait que ces opérations révèlent des infractions autres que celles visées dans la décision du magistrat qui les a autorisées ne constitue pas une cause de nullité des procédures incidentes (V. *supra*, n° 3630).

3640 Le support sur lequel sont enregistrés les éléments recueillis devra être placé sous scellés (V. *supra*, n° 3633).

POUR ALLER PLUS LOIN...

Fascicule JurisClasseur

• *JCl. Procédure pénale*, Art. 100 à 100-7, *Interceptions des correspondances émises par la voie des communications électroniques*, par J. Dumont et J.-C. Fombonne.

Ouvrages

• J. Pradel, *Procédure pénale*, Cujas, 20e éd., 2019, n° 472.

• F. Desportes et M. Lazerges-Cousquer, *Traité de procédure pénale*, Economica, 2015, n° 2252.

Circulaire

• Circ. 4 août 2011 portant sur la présentation des dispositions de la loi n° 2011-267 du 14 mars 2011 dite « LOPPSI II » relatives à la criminalité organisée et autres contentieux spécialisés (NOR : JUSD1121937C).

Fiche 60
Données chiffrées

Sommaire

3641 Lorsqu'au cours de ses investigations, un enquêteur découvre que des données qu'il a saisies parce qu'elles lui paraissaient pouvoir être utiles à la manifestation de la vérité ne lui sont pas accessibles car elles ont été chiffrées, plusieurs façons de procéder lui sont offertes.

Pour tenter de rendre les données lisibles pour lui, il peut requérir une personne qualifiée ou demander au juge d'instruction sous le contrôle duquel il instrumente de recourir à un expert (I).

Il peut également requérir les personnes ayant connaissance de la convention secrète de déchiffrement. On parle aussi de « clé » de déchiffrement (V. Cons. const., 30 mars 2018, n° 2018-696 QPC) de la lui remettre ou de la mettre en œuvre (II).

Il peut également utiliser le mécanisme de mise au clair des données chiffrées prévu par les articles 230-1 à 230-5 du Code de procédure pénale (III).

À SAVOIR **Selon la fiche technique de la DACG consacrée à la mise au clair des données chiffrées, le chiffrement se définit comme étant le processus de transformation des informations de façon à les rendre inintelligibles à toute personne autre que le destinataire. Le terme « cryptage » est impropre. La fiche ne donne pas de définition du « cryptage » mais définit le « décryptage » comme l'opération consistant à retrouver le message clair correspondant à un message chiffré sans posséder la clé de déchiffrement.**

3642 La possibilité de mettre en œuvre la première solution était ancienne mais, à la suite des attentats survenus le 11 septembre 2001 aux États-Unis, le législateur, par la loi n° 2001-1062 du 15 novembre 2001, a estimé nécessaire d'introduire dans le *corpus* législatif des dispositions spécifiques pénalisant, d'une part, le refus de remettre ou de mettre en œuvre la convention de déchiffrement et réglementant, d'autre part, la mise au clair des données chiffrées en vue de la manifestation de la vérité.

I

Réquisition à personne qualifiée ou expertise

3643 **Solution ancienne.** Avant l'intervention de la loi du 15 novembre 2001, lorsque l'enquêteur ou le juge d'instruction découvrait des données chiffrées dont il ne pouvait pas prendre connaissance, il avait pour seule ressource de faire appel à un technicien ou à un expert qui avait quelque compétence en matière de déchiffrement.

3644 **Solution toujours actuelle.** Cette possibilité n'a pas disparu.
Le texte de l'article 230-1 du Code de procédure pénale qui réglemente la mise au clair des données chiffrées commence par relever que la procédure qu'il définit est « sans préjudice des dispositions des articles 60, 77-1 et 156 » du Code de procédure pénale ».
M. Detraz fait valoir qu'il n'est pas certain que l'opération de mise au clair relève de l'expertise dès lors qu'elle ne nécessite pas de résoudre une question d'ordre technique mais consiste simplement en des opérations techniques. Le fait que le législateur ait expressément fait référence à l'article 156 du Code de procédure pénale montre, semble-t-il, qu'il tenait la mise au clair pour une opération posant « une question d'ordre technique ».

3645 **Au cours de l'enquête diligentée sous le contrôle du procureur de la République.** L'enquêteur peut donc, en enquête de flagrance, requérir de sa propre initiative toute personne qualifiée pour tenter de rendre les données lisibles. En enquête préliminaire, l'enquêteur peut procéder de la même façon s'il y est autorisé par le procureur de la République.

3646 **Au cours d'une instruction.** Si l'enquêteur diligente une commission rogatoire et que, dans ce cadre, il découvre des données chiffrées, c'est le juge d'instruction qui devra commettre un expert pour les déchiffrer.
Les procédures de réquisition et d'expertise ne se distinguent pas de celles qui concernent les autres questions techniques ou scientifiques. Elles ne présentent pas de particularités.

II

Demande de remise ou de mise en œuvre de la convention de déchiffrement

3647 **Pénalisation.** La loi du 15 novembre 2001 a inséré dans le Code pénal un article 434-15-2 (mod. par L. n° 2016-731, 3 juin 2016) qui prévoit que :

> « Est puni de trois ans d'emprisonnement et de 270 000 € d'amende le fait, pour quiconque ayant connaissance de la convention secrète de déchiffrement d'un moyen de cryptologie susceptible d'avoir été utilisé pour préparer, faciliter ou commettre un crime ou un délit, de refuser de remettre ladite convention aux autorités judiciaires ou de la mettre en œuvre, sur les réquisitions de ces autorités délivrées en application des titres II et III du livre Ier du code de procédure pénale.
> Si le refus est opposé alors que la remise ou la mise en œuvre de la convention aurait permis d'éviter la commission d'un crime ou d'un délit ou d'en limiter les effets, la peine est portée à cinq ans d'emprisonnement et à 450 000 € d'amende ».

A Éléments constitutifs

3648 **Refus.** Le délit prévu par l'article 434-15-2 du Code pénal n'est constitué qu'en cas de refus

de la part de la personne à qui il est demandé de remettre la convention de déchiffrement ou de la mettre en œuvre.
Le fait que le législateur ait incriminé également le refus de mise en œuvre semble permettre d'incriminer le comportement de celui qui accepterait de livrer la convention de déchiffrement mais qui refuserait de montrer aux enquêteurs comment procéder alors que l'opération technique supposerait des compétences que les enquêteurs n'auraient pas.

3649 **Préparation, facilitation ou commission d'un crime ou d'un délit.** Le refus n'est punissable que si le moyen de cryptologie dont les enquêteurs veulent obtenir la convention de déchiffrement est susceptible d'avoir été utilisé pour préparer, faciliter ou commettre un crime ou un délit.
On peut gager que cette condition sera souvent établie puisque, par hypothèse, les données font l'objet d'une saisie lorsqu'elles apparaissent de nature à établir la preuve du crime ou du délit. En outre, le fait qu'elles soient chiffrées peut, en l'absence d'autre explication plus convaincante, donner à penser que c'est précisément pour tenter de les rendre inaccessibles aux enquêteurs que les données ont été chiffrées.

3650 **Prévention d'une infraction ou limitation des effets de celle-ci.** La peine est aggravée lorsque la remise de la convention de déchiffrement aurait permis d'éviter la commission d'un crime ou d'un délit ou d'en limiter les effets.
Cette situation pourrait se présenter lorsque les données chiffrées ont trait à un attentat en préparation, mais elles pourraient également concerner les affaires de trafic où les données concernent un projet de livraison de produits ou objets illicites.

3651 **Personne devant remettre ou mettre en œuvre la convention de déchiffrement.** L'infraction peut bien évidemment être commise par un producteur de logiciels de cryptographie, par un prestataire de services assurant le chiffrement de données, mais aussi par le délinquant qui aura procédé lui-même au chiffrement. C'est donc à lui qu'il pourra être demandé de remettre ou de mettre en œuvre la convention de déchiffrement.

3652 **Constitutionnalité du dispositif.** Le Conseil constitutionnel a jugé que, dans ce dernier cas, la demande ne contrevenait pas au droit de ne pas s'accuser pas plus qu'au droit au respect de la vie privée, au secret des correspondances, aux droits de la défense, au principe de proportionnalité des peines et à la liberté d'expression, ni à aucun autre droit ou liberté que la Constitution garantit.
Pour ce faire, il a retenu que les dispositions de l'article 434-15-2 du Code pénal n'ont pas pour objet d'obtenir des aveux de la part de la personne suspectée et n'emportent ni reconnaissance ni présomption de culpabilité mais permettent seulement le déchiffrement des données cryptées. Il a estimé qu'en outre, l'enquête ou l'instruction doivent avoir permis d'identifier l'existence des données traitées par le moyen de cryptologie susceptible d'avoir été utilisé pour préparer, faciliter ou commettre un crime ou un délit et qu'enfin, ces données, déjà fixées sur un support, existaient indépendamment de la volonté de la personne suspectée (Cons. const., 30 mars 2018, n° 2018-696 QPC).

3653 **Position de la chambre criminelle.** La chambre criminelle a elle aussi retenu que « le droit de ne pas s'incriminer soi-même ne s'étend pas aux données que l'on peut obtenir de la personne concernée en recourant à des pouvoirs coercitifs mais qui existent indépendamment de la volonté de l'intéressé » (Cass. crim., 10 déc. 2019, n° 18-86.878 : *Dr. pén.* 2020, comm. 27, obs. P. Comte).
Le professeur Comte relève que ce motif est la reproduction littérale de la jurisprudence de la Cour européenne des droits de l'homme qui concerne des « prélèvements d'haleine, de sang et d'urine ainsi que de tissus corporels en vue d'une analyse de l'ADN » (CEDH, 17 déc. 1996, n° 19187/91, *Saunders* c/ *Royaume-Uni*, § 69), mais que la question peut se poser différemment en ce qui concerne des données de connexion qui, par hypothèse, dépendent du comportement de l'intéressé lui-même. Il remarque que « rétorquer que ces données sont enregistrées dans l'appareil indépendamment de sa volonté ne convainc que modérément » et qu'« il reste donc à dégager le critère qui permettrait de déterminer, de façon précise, dans quelles conditions il est possible, sans méconnaître le droit de ne pas s'accuser soi-même, d'incriminer le refus, par le suspect, de livrer une preuve permettant d'établir sa propre culpabilité ».

3654 **Application du texte.** La consultation des bases de données juridiques ne permet pas de trouver d'affaires dans lesquelles l'incrimination prévue par l'article 434-15-2 du Code pénal aurait été utilisée pour autre chose qu'un refus de communication du code de déverrouillage d'un téléphone portable.

B Refus de remettre à un enquêteur le code de déverrouillage d'un téléphone portable

3655 Il semble que le législateur de 2001 n'a pas édicté l'article 434-15-2 du Code pénal en pensant au code de déverrouillage des téléphones portables, mais la pratique des enquêteurs s'est rapidement heurtée, spécialement dans les affaires de trafic de stupéfiants, au refus des personnes suspectées de communiquer le code permettant d'ouvrir leur téléphone et d'accéder aux données qui y sont enregistrées (leurs contacts, leurs appels, émis et reçus, leurs photos et films, leur carnet d'adresses, leurs SMS et messages WhatsApp, leur agenda), toutes données susceptibles de constituer des éléments à charge contre elles ou de mener les enquêteurs sur la piste de tels éléments.

Certains parquets ont donc engagé des poursuites du chef de l'infraction prévue par l'article 434-15-2 du Code pénal contre les personnes refusant de communiquer aux enquêteurs le code de déverrouillage de leur téléphone portable, voire de leurs téléphones, tant il est vrai que les enquêtes portant sur des trafics de stupéfiants montrent qu'il est courant que les suspects soient en possession de plusieurs téléphones.

Ces poursuites ont connu des sorts variables selon les juridictions, certains tribunaux et cours d'appel considérant que le code de déverrouillage d'un téléphone portable ne constituait pas une convention secrète de déchiffrement d'un moyen de cryptologie.

3656 **Question prioritaire de constitutionnalité.** La chambre criminelle de la Cour de cassation a tout d'abord été saisie d'une question prioritaire de constitutionnalité par une personne poursuivie pour infraction à la législation sur les stupéfiants qui avait refusé de communiquer les codes de déverrouillage de ses téléphones portables et que le parquet avait poursuivie également pour refus de remettre aux autorités judiciaires ou de mettre en œuvre la convention secrète de déchiffrement d'un moyen de cryptologie (Cass. crim., 10 janv. 2018, n° 17-90.019).

La chambre criminelle a transmis la question au Conseil, la jugeant sérieuse « en ce que l'article 434-15-2 du Code pénal qui contraint, sous menace de sanctions pénales, une personne suspectée dans le cadre d'une procédure pénale, à remettre aux enquêteurs la convention secrète de déchiffrement d'un moyen de cryptologie susceptible d'avoir été utilisé pour préparer, faciliter ou commettre un crime ou un délit, pourrait porter atteinte au droit de ne pas faire de déclaration et à celui de ne pas contribuer à sa propre incrimination ».

On a vu que le Conseil constitutionnel a jugé que ce texte ne méconnaissait pas le droit de ne pas s'incriminer soi-même (V. *supra*, n° 3652).

3657 **Période d'incertitude.** Le justiciable qui avait présenté la question prioritaire de constitutionnalité n'ayant pas soutenu à ce stade que le code de déverrouillage ne constituait pas une convention secrète de déchiffrement d'un moyen de cryptologie, les praticiens sont restés « sur leur faim ».

Mais devant les juridictions du fond, le même justiciable a soutenu que le code de déverrouillage de son smartphone ne constituait pas une convention secrète de déchiffrement et, s'il a été condamné par le tribunal, il a emporté la conviction de la cour d'appel qui l'a relaxé du délit prévu par l'article 434-15-2 du Code pénal aux motifs qu'« un code de déverrouillage d'un téléphone portable d'usage courant, s'il permet d'accéder aux données de ce téléphone portable et donc aux éventuels messages qui y sont contenus, ne permet pas de déchiffrer des données ou messages cryptés et, en ce sens, ne constitue pas une convention secrète d'un moyen de cryptologie ».

Seul le prévenu a formé un pourvoi en cassation mais il n'a bien évidemment pas critiqué la relaxe dont il avait bénéficié, de sorte que la question du refus de remettre le code de déverrouillage d'un téléphone portable est restée en suspens.

La chambre criminelle a bien été saisie d'une nouvelle affaire dans laquelle une cour d'appel avait déclaré coupable de l'infraction prévue par l'article 434-15-2 du Code pénal une personne, interpellée en possession de cannabis et d'une certaine somme d'argent liquide, qui avait refusé de communiquer aux enquêteurs le code de déverrouillage de ses trois téléphones portables mais la critique du moyen s'étant concentrée sur la conventionnalité de l'incrimination et sur le constat que les téléphones avaient servi à la préparation ou à la commission d'une infraction, la chambre criminelle ne répondit qu'indirectement à la question que se posaient certains praticiens puisqu'elle se borna à approuver les motifs souverains de l'arrêt attaqué qui avait notamment retenu que le prévenu avait « refusé de communiquer aux enquêteurs le code de ses téléphones, rendant ainsi impossible leur exploitation » (Cass. crim., 10 déc. 2019, n° 18-86.878) ce qui conduisit certains auteurs à écrire que : « La Cour de cassation n'a pas dit que le code de déverrouillage d'un téléphone constitue une convention de cryptologie ».

3658 **La clarification.** La question ne s'éclaircit vraiment que le 13 octobre 2020 quand la chambre

criminelle, d'une part, fit droit à un pourvoi dans l'intérêt de la loi, formé par le procureur général près la Cour de cassation, sur ordre du garde des Sceaux, contre l'arrêt ayant relaxé du chef de l'infraction prévue par l'article 434-15-2 du Code pénal le justiciable qui avait posé la question prioritaire de constitutionnalité sus-évoquée (Cass. crim., 13 oct. 2020, n° 20-80.150) et, d'autre part, cassa un arrêt de relaxe rendu par la cour d'appel de Douai (Cass. crim., 13 oct. 2020, n° 19-85.984).
À l'occasion de ces deux décisions, la chambre criminelle énonça tout d'abord que « le code de déverrouillage d'un téléphone mobile constitue une convention de déchiffrement au sens des articles L. 871-1 et R. 871-3 du Code de la sécurité intérieure s'il permet de mettre au clair les données contenues dans ce téléphone, lorsque celui-ci est équipé d'un logiciel permettant de transformer ces données. Le refus de remettre ce code de déchiffrement aux autorités judiciaires ou de le mettre en œuvre sur la réquisition de ces autorités constitue alors l'infraction prévue et réprimée par l'article 434-15-2 du Code pénal ».
Elle ajouta que l'existence d'un moyen de cryptologie pouvait se déduire des caractéristiques de l'appareil ou des logiciels qui l'équipent ainsi que par les résultats d'exploitation des téléphones au moyen d'outils techniques, utilisés notamment par les personnes qualifiées requises ou experts désignés à cette fin, portés, le cas échéant, à la connaissance de la personne concernée.
Elle précisa enfin que la réquisition délivrée par un officier de police judiciaire agissant en vertu des articles 60-1, 77-1-1 ou 99-3 du Code de procédure pénale sous le contrôle de l'autorité judiciaire, entrait dans les prévisions de l'article 434-15-2 du Code pénal ; que toutefois, une simple demande formulée au cours d'une audition, sans avertissement que le refus d'y déférer était susceptible de constituer une infraction pénale, ne constituait pas une réquisition au sens du texte précité.
Il est vrai que la question de la délivrance d'une réquisition au suspect pouvait faire débat dès lors qu'en général une réquisition s'adresse à un tiers à la procédure (V. *supra*, n° 3420).
Précision doit encore être apportée que la remise du code de déverrouillage du téléphone par la personne ne nécessite pas qu'elle soit faite en la présence d'un avocat, puisque l'acte d'enquête est une réquisition et non une audition (Cass. crim., 12 janv. 2021, n° 20-84.045 : Lexis360, 11 févr. 2021, J.-Y. Maréchal).

3659 **Position de la DACG.** Ces arrêts ont conduit la DACG à diffuser une dépêche retenant que :

« Il résulte de cet arrêt que l'infraction est susceptible d'être caractérisée dès lors qu'une personne refuse de donner le code de déverrouillage de son téléphone sous réserve des conditions suivantes :
– une demande de remise du Code est formulée en procédure :
• dans le cadre de l'enquête, par le procureur de la République, l'officier de police judiciaire ou, sous le contrôle de ce dernier, par l'agent de police judiciaire ;
• dans le cadre de l'instruction préparatoire, par le juge d'instruction ou l'officier de police judiciaire ;
– il est rappelé à la personne que le refus de répondre à la réquisition est constitutif d'une infraction pénale (V. *supra*, n° 3425) ;
– les caractéristiques de l'appareil visé par la réquisition, les logiciels qui l'équipent ou les résultats de son exploitation au moyen d'outils techniques, révèlent qu'il est doté d'un moyen de cryptologie.

PRÉCISIONS **1. La DACG indique que la réquisition peut émaner d'un agent de police judiciaire. Les arrêts rendus le 13 octobre 2020 n'ont pas visé l'agent de police judiciaire car, dans une des hypothèses (n° 19-85.984), la question de la qualification juridique de l'enquêteur n'était pas posée, tandis que, dans l'autre espèce (n° 20-80.150), l'enquête de flagrance concernait des faits antérieurs à la loi du 23 mars 2019 ayant inséré dans l'article 60-1 du Code de procédure pénale la possibilité pour l'agent de police judiciaire de présenter des réquisitions sous le contrôle de l'officier de police judiciaire. L'arrêt avait expressément relevé que les textes qu'il visait étaient ceux applicables au litige.**
2. Sont équipés de moyens de cryptologie la plupart des appareils fonctionnant sous iOS. Tous les IPhone, à partir de la série 4, le sont, de série. Ce moyen ne peut être désactivé par l'utilisateur, seul le code déverrouillage pouvant l'être : V. concl. av.-gén. ss Cass. ass. plén., 7 nov. 2022, n° 21-83.146. La plupart des téléphones fonctionnant sous Android, au moins pour les plus récents, sont également équipés de série de moyens de cryptologie. Le mot de passe ou le code défini par l'utilisateur pour le verrouillage de l'appareil fait partie intégrante de la chaîne de chiffrement et de déchiffrement des données.

3660 **Pratique de la gendarmerie nationale.** À la suite de ces arrêts, la gendarmerie nationale a mis au point une trame de procès-verbal de réquisition spécifique que ses enquêteurs devront utiliser lorsqu'ils seront face à un téléphone portable

Données chiffrées

dont ils ne connaîtront pas le code de déverrouillage. Ce procès-verbal comprend non seulement la réquisition de la personne concernée de donner son code, mais précise que le code de déverrouillage est, selon le fabricant du téléphone, un moyen de cryptologie et lui rappelle les peines encourues en cas de refus.

3661 **Contrôle de la Cour de cassation.** La chambre criminelle veille à ce que les juridictions du fond caractérisent l'ensemble des critères. Ainsi elle a été conduite à censurer des arrêts qui avaient prononcé une condamnation sans constater que le téléphone en cause était équipé d'un moyen de cryptologie et que le code déverrouillage permettait de mettre au clair les données que l'appareil contenait (Cass. crim., 3 mars 2021, n° 19-86.757. – Cass. crim., 9 mars 2022, n° 21-83.557).

Elle a également censuré un arrêt qui n'avait pas constaté que les prévenus avaient été requis par l'autorité poursuivante de remettre leurs codes dans un cas où ils avaient reçu une simple demande au cours d'une audition sans avoir été avertis que le refus d'y déférer était susceptible de constituer une infraction (Cass. crim., 12 oct. 2022, n° 21-81.648).

3662 **Rébellion et confirmation de la solution.** La question, que l'on pouvait croire résolue, a connu un rebondissement quand la cour d'appel devant laquelle avait été renvoyée l'affaire après cassation a maintenu que la clé de déverrouillage de l'écran d'accueil d'un smartphone n'était pas une convention secrète de déchiffrement car elle n'intervenait pas à l'occasion de l'émission d'un message et ne visait pas à rendre incompréhensibles ou compréhensibles des données, au sens de l'article 29 de la loi du 21 juin 2004, mais tendait seulement à permettre d'accéder aux données et applications d'un téléphone, lesquelles pouvaient être ou non cryptées.

Le procureur général forma un nouveau pourvoi qui aboutit à la réunion de l'assemblée plénière de la Cour de cassation qui fit sienne l'analyse de la chambre criminelle et jugea que le code de déverrouillage d'un téléphone portable peut constituer une clé de déchiffrement si le téléphone est équipé d'un moyen de cryptologie et qu'il incombe au juge de rechercher si le téléphone en cause est équipé d'un tel moyen et si son code de déverrouillage permet de mettre au clair tout ou partie des données cryptées qu'il contient ou auxquelles il donne accès (Cass. ass. plén., 7 nov. 2022, n° 21-83.146, publié au bulletin).

La question semble au moins momentanément fixée, étant cependant précisé que certains délinquants préfèrent se voir reprocher une infraction supplémentaire que de permettre aux enquêteurs d'accéder au contenu de leur téléphone, susceptible d'avoir davantage d'incidence sur la peine effectivement prononcée. Une telle attitude n'est cependant pas rédhibitoire dès lors que plusieurs sociétés privées développent des solutions logicielles qui permettent de « craquer » les codes assez rapidement, l'inconvénient majeur de ces solutions étant leur coût qui ne permet pas à tous les enquêteurs d'y avoir recours facilement (V. *infra*, n° 3676).

3663 **Aggravation des peines encourues ?** Dès lors que la Cour de cassation retient qu'un téléphone portable peut contenir un moyen de cryptologie, la question peut se poser d'appliquer aux infractions commises à l'aide dudit téléphone, la circonstance aggravante d'utilisation d'un moyen de cryptologie pour préparer ou commettre un crime ou un délit.

L'article 132-79 du Code pénal prévoit en effet que :

> « Lorsqu'un moyen de cryptologie au sens de l'article 29 de la loi n° 2004-575 du 21 juin 2004 pour la confiance dans l'économie numérique a été utilisé pour préparer ou commettre un crime ou un délit, ou pour en faciliter la préparation ou la commission, le maximum de la peine privative de liberté encourue est relevé ainsi qu'il suit :
> 1° Il est porté à la réclusion criminelle à perpétuité lorsque l'infraction est punie de trente ans de réclusion criminelle ;
> 2° Il est porté à trente ans de réclusion criminelle lorsque l'infraction est punie de vingt ans de réclusion criminelle ;
> 3° Il est porté à vingt ans de réclusion criminelle lorsque l'infraction est punie de quinze ans de réclusion criminelle ;
> 4° Il est porté à quinze ans de réclusion criminelle lorsque l'infraction est punie de dix ans d'emprisonnement ;
> 5° Il est porté à dix ans d'emprisonnement lorsque l'infraction est punie de sept ans d'emprisonnement ;
> 6° Il est porté à sept ans d'emprisonnement lorsque l'infraction est punie de cinq ans d'emprisonnement ;
> 7° Il est porté au double lorsque l'infraction est punie de trois ans d'emprisonnement au plus.
> Les dispositions du présent article ne sont toutefois pas applicables à l'auteur ou au complice de l'infraction qui, à la demande des autorités judiciaires ou administratives, leur a remis la version en clair des messages chiffrés ainsi que les conventions secrètes nécessaires au déchiffrement ».

III

Mise au clair des données chiffrées

3664 **Textes.** Le dispositif de mise au clair des données chiffrées est prévu par les articles 230-1 à 230-5 du Code de procédure pénale issus de la loi n° 2001-1062 du 15 novembre 2001, qui ont, depuis, été remaniés par les lois n° 2014-1353 du 13 novembre 2014, n° 2016-731 du 3 juin 2016 et n° 2018-699 du 3 août 2018. L'article R. 40-47 du Code de procédure pénale, issu d'un décret n° 2021-1469 du 9 novembre 2021, complète le dispositif par son VIII.

3665 Le dispositif législatif et réglementaire détermine l'objet de la mission (A), qui peut prendre la décision de mettre au clair des données chiffrées (B) et qui peut le faire (C).

A Objet de la technique de mise au clair

3666 Le dispositif créé par le législateur tend à :
– effectuer les opérations techniques permettant d'obtenir l'accès aux informations, à leur version en clair et éventuellement à la convention secrète de déchiffrement, si cela apparaît nécessaire dans le cas où un moyen de cryptologie a été utilisé ;
– lorsque des données saisies ou obtenues au cours de l'enquête ou de l'instruction ont fait l'objet d'opérations de transformation empêchant d'accéder aux informations en clair qu'elles contiennent ou de les comprendre, ou que ces données sont protégées par un mécanisme d'authentification,

B Qui peut ordonner la mise au clair ?

3667 Comme déjà souligné, la procédure que réglemente l'article 230-1 du Code de procédure pénale est édictée « sans préjudice des dispositions des articles 60, 77-1 et 156 » du Code de procédure pénale, ce qui signifie que l'officier de police judiciaire ou le magistrat peut avoir recours à une réquisition à personne ou à une expertise « classiques ».
La procédure définie par l'article 230-1 semble, à première vue, proche de celle résultant des articles 60, 77-1 et 156 mais, en réalité, elle s'en distingue sur plusieurs points.
Ce texte prévoit que la mise au clair peut être décidée par :
– le procureur de la République ;
– la juridiction d'instruction ;
– l'officier de police judiciaire, sur autorisation du procureur de la République ou du juge d'instruction ;
– la juridiction de jugement saisie de l'affaire.
Si le procureur de la République, les juridictions d'instruction, les juridictions de jugement ont la même possibilité en application des articles 60, 77-1 et 156, le cas des enquêteurs est différent tant en enquête de flagrance qu'au cours de l'instruction.
En effet, au cours d'une enquête de flagrance, en application de l'article 60, l'officier de police judiciaire, et l'agent de police judiciaire agissant sous son contrôle, peuvent ordonner une opération de mise au clair sans autorisation du procureur de la République. En application de l'article 230-1 du Code de procédure pénale, il en va autrement puisque l'autorisation du procureur de la République semble toujours nécessaire.
Au cours de l'instruction, la résolution d'une question technique relève normalement de l'expertise (CPP, art. 156) et non d'une réquisition à personne qualifiée. L'article 230-1 du Code de procédure pénale déroge à ce principe puisqu'il permet que ce soit l'officier de police judiciaire qui adresse une demande de mise au clair à la personne compétente avec une « simple » autorisation du juge d'instruction.

C Qui effectue l'opération de mise au clair ?

3668 L'article 230-1 du Code de procédure pénale prévoit, outre le recours à la réquisition ou à l'expertise « classiques », que la mise au clair peut être réalisée soit par une personne physique ou morale, soit par un organisme étatique soumis au secret de la défense nationale.

1 Mise au clair par une personne physique ou morale

a) Personne physique

3669 **Serment.** La personne physique qui est désignée au titre de l'article 230-1 du Code de procédure

Données chiffrées

pénale doit, si elle n'est pas inscrite sur la liste nationale d'experts établie par la Cour de cassation ou sur une des listes établies annuellement par les cours d'appel, prêter, par écrit, le serment prévu au deuxième alinéa de l'article 60 et à l'article 160. Le premier de ces textes prévoit que ces personnes prêtent « serment d'apporter leur concours à la justice en leur honneur et en leur conscience » tandis que, selon le second, elles « prêtent serment, (...), d'accomplir leur mission, de faire leur rapport et de donner leur avis en leur honneur et conscience ». Si l'ensemble des obligations prévues par ces deux textes est réuni dans une formule englobant toutes ces prévisions, par exemple, en faisant prêter serment « d'accomplir leur mission, de faire leur rapport, de donner leur avis et d'apporter leur concours à la justice en leur honneur et conscience », toute difficulté devrait pouvoir être évitée.

3670 La personne physique désignée au titre de l'article 230-1 se trouve, du point de vue de son choix, dans la même situation que si elle est requise au titre des réquisitions et expertise « classiques » des articles 60, 77-1 et 156 du Code de procédure pénale.

b) Personne morale

3671 L'alinéa 2 de l'article 230-1 du Code de procédure pénale prévoit que si la personne désignée est une personne morale, son représentant légal soumet à l'agrément du procureur de la République, de l'officier de police judiciaire ou de la juridiction saisie de l'affaire le nom de la ou des personnes physiques qui, au sein de celle-ci et en son nom, effectueront les opérations techniques de mise au clair.

3672 Il s'agit d'une règle identique à celle qui est applicable en cas d'expertise (CPP, art. 157-1).
Il n'y a aucune raison de ne pas appliquer à la désignation d'une personne morale dans le cadre de l'article 230-1 du Code de procédure pénale, le principe retenu par la chambre criminelle pour l'expertise selon lequel l'agrément donné aux noms des personnes physiques qui, au sein et au nom de la personne morale, effectuent l'expertise, n'est soumis à aucune condition de forme et ne constitue pas une formalité substantielle (Cass. crim., 13 nov. 1990, n° 90-85.438 : *Bull. crim.* n° 378).

2 Mise au clair par un organisme étatique soumis au secret de la défense nationale

3673 Les articles 230-1 et 230-2 du Code de procédure pénale permettent aussi, et c'est le principal intérêt des dispositions relatives à la mise au clair des données, d'avoir recours aux moyens de l'État soumis au secret de la défense nationale.

3674 **Centre technique d'assistance (CTA).** C'est en pratique le centre technique d'assistance (CTA) dépendant officiellement de la Direction générale de la sécurité intérieure (DGSI) auquel il faut avoir recours dans ce cas (D. n° 2002-1073, 7 août 2002).

a) Conditions de recours à l'organisme étatique

3675 **Peine encourue pour l'infraction nécessitant le recours au CTA.** Le recours au CTA n'est possible que pour les infractions punies d'une peine au moins égale à deux ans d'emprisonnement.

3676 **Nécessités de l'enquête ou de l'instruction.** Il faut que les nécessités de l'enquête ou de l'instruction l'exigent.
Cette condition pourrait être presque toujours présente si l'on considère que si l'enquêteur a saisi des documents c'est qu'il escompte que leur contenu favorisera la manifestation de la vérité. Il s'ensuit que leur transformation en texte ou image clairs s'impose.
Une interprétation très stricte pourrait conduire à considérer que le recours aux moyens de l'État n'est possible qu'en dernier recours, lorsque les experts et personnes qualifiées moins spécialisées ont échoué.
La jurisprudence n'a pas eu l'occasion de se prononcer sur cette question.
Il n'est pas inutile de noter que selon la fiche technique éditée par la DACG, le délai nécessaire au CTA pour mener à bien ses opérations est en général de six mois.
Il semble donc, en tout état de cause, nécessaire de n'avoir recours au CTA que dans les hypothèses de particulière difficulté. Il convient de signaler que lorsque l'opération de mise au clair a pour but principal de permettre d'accéder au contenu d'un téléphone portable chiffré seulement avec les logiciels installés de série sur les smartphones les plus courants, il existe des dispositifs matériels et logiciels de diffusion plus courante qui permettent d'y parvenir.
Ainsi, à titre d'exemple, la société israélienne Cellebrite affirme, sur son site Internet (www.cellebrite.com/fr/cellebrite-ufed-fr), être en mesure de donner accès aux appareils verrouillés en contournant tout type de verrouillage par modèle, mot de passe ou code PIN et de surmonter rapidement les défis de chiffrement sur les appareils Android et iOS les plus courants.

L'utilisation de ce type de solutions par les services d'enquête ou des experts serait de nature à rendre plus rare le recours, d'une part, au CTA et, d'autre part, à la procédure de l'article 434-15-2 du Code pénal. La DACG rappelle, dans la fiche technique relative à la mise au clair des données chiffrées qu'elle a établie, que l'Institut de recherche criminelle de la gendarmerie nationale (IRCGN) propose des prestations de démontage des téléphones pour accéder aux données de terminaux et que, dans ce cas, le cadre légal est celui de l'expertise.

b) Modalités de recours au CTA

3677 L'article 230-2 du Code de procédure pénale définit les modalités de recours au CTA dont les agents, quand ils sont requis, sont tenus d'apporter leur concours à la justice, sans préjudice des obligations découlant du secret de la défense nationale (CPP, art. 230-5).

La réquisition écrite doit être adressée au CTA avec le support physique contenant les données à mettre au clair ou une copie de celui-ci.

Cette réquisition doit fixer le délai dans lequel les opérations de mise au clair doivent être réalisées. Ce délai peut être prorogé dans les mêmes conditions de forme.

Les données protégées au titre du secret de la défense nationale ne peuvent être communiquées que dans les conditions prévues aux articles L. 2312-4 à L. 2312-8 du Code de la défense, c'est-à-dire après déclassification.

Lorsqu'il s'agit de données obtenues dans le cadre d'interceptions de communications électroniques, au sein de la Plateforme nationale des interceptions judiciaires, la réquisition est adressée directement au CTA. L'article R. 40-47, VIII du Code de procédure pénale définit l'accès du CTA aux données et contenus de conversations chiffrés.

À tout moment, le procureur de la République, la juridiction d'instruction, l'officier de police judiciaire, sur autorisation du procureur de la République ou du juge d'instruction, ou la juridiction de jugement saisie de l'affaire ou ayant requis l'organisme technique peut ordonner l'interruption des opérations prescrites.

c) Prérogatives du CTA

3678 Les opérations réalisées par le centre technique d'assistance sont couvertes par le secret de la défense nationale (D. n° 2002-1073, 7 août 2002, art. 3). Le Conseil constitutionnel, saisi d'une question prioritaire de constitutionnalité relative à l'article 706-102-1 en ce qu'il prévoit le recours aux moyens de l'État soumis au secret de la défense nationale, a considéré que les restrictions au principe du contradictoire que ce recours emportait n'étaient pas contraires aux droits garantis par la Constitution dès lors que ces mesures poursuivaient l'objectif de valeur constitutionnelle de recherche des auteurs d'infractions et mettaient en œuvre les exigences constitutionnelles inhérentes à la sauvegarde des intérêts fondamentaux de la Nation (Cons. const., 8 avr. 2022, n° 2022-987 QPC).

Pour sa mission, le CTA peut procéder à l'ouverture ou à la réouverture des scellés et confectionner de nouveaux scellés après avoir, le cas échéant, procédé au reconditionnement des supports physiques qu'il était chargé d'examiner. En cas de risque de destruction des données ou du support physique qui les contient, l'autorisation d'altérer le support physique doit être délivrée par le procureur de la République, la juridiction d'instruction ou la juridiction de jugement saisie de l'affaire.

3679 **Fin des opérations.** Dès l'achèvement des opérations (ou dès qu'il apparaît que ces opérations sont techniquement impossibles ou à l'expiration du délai prescrit ou à la réception de l'ordre d'interruption), les résultats obtenus et les pièces reçues sont retournés par le responsable de l'organisme technique soit à l'auteur de la réquisition, soit au magistrat mandant dans le cas où la réquisition a été adressée directement. Sous réserve des obligations découlant du secret de la défense nationale, les résultats sont accompagnés des indications techniques utiles à la compréhension et à leur exploitation ainsi que d'une attestation visée par le responsable de l'organisme technique certifiant la sincérité des résultats transmis. La présence de cette attestation au dossier est impérative (Cass. crim., 11 oct. 2022, n° 21-85.148. – Cass. crim., 25 oct. 2022, n° 21-85.763, publié au bulletin).

Les éléments ainsi obtenus font l'objet d'un procès-verbal de réception et sont versés au dossier de la procédure.

La DACG souligne dans sa fiche technique que le rapport technique du CTA ne doit pas être assimilé à une expertise, qu'en conséquence, il est vivement conseillé de confier les données mises au clair placées sous scellés par le CTA à un expert informatique « dont le régime juridique est assorti des garanties procédurales indispensables à l'exercice des droits de la défense (notamment la notification des missions (…) et des concluions…) ».

IV

Décisions non juridictionnelles

3680 L'article 230-4 du Code de procédure pénale dispose que : « Les décisions prises en application du présent chapitre n'ont pas de caractère juridictionnel et ne sont susceptibles d'aucun recours ».
Il s'ensuit que les décisions, qui ne sont pas prises sur le fondement des articles 60, 77-1 ou 156 du Code de procédure pénale, de confier à une personne physique ou morale ou au CTA le soin de mettre au clair des données chiffrées ne peuvent pas faire l'objet d'un quelconque recours.
Ainsi la condition, posée par le texte, que les nécessités de l'enquête ou de l'instruction exigent de recourir à la mise au clair, ne peut, en principe, pas faire l'objet d'un contrôle des juridictions saisies de l'affaire.
De même, une éventuelle absence de serment de la personne non inscrite sur une liste d'experts établie par la Cour de cassation ou une cour d'appel, pourtant prévue par le texte, ne devrait pas pouvoir être sanctionnée par une annulation, comme c'est le cas en « droit commun » (Cass. crim., 25 juill. 1979, n° 79-91.258 : *Bull. crim.* n° 253, p. 683. – Cass. crim., 17 mars 1987 : *JCP* G 1988, II, 20993, note Chambon. – Cass. crim., 27 oct. 1993, n° 92-83.122. – Cass. crim., 10 mai 2016, n° 16-80.312).
Mais on sait que la chambre criminelle a estimé devoir admettre l'examen de pourvois formés contre des décisions dont la loi avait décidé qu'elles étaient insusceptibles de voies de recours, notamment en cas d'excès de pouvoirs et qu'elle a ainsi ouvert des recours que la loi n'avait pas prévus. Rien ne permet d'être sûr qu'elle n'admettrait pas la possibilité de contrôle et de recours des conditions de mise en œuvre de la procédure de mise au clair. Il ne peut dès lors qu'être recommandé de respecter scrupuleusement les exigences posées par les articles 203-1 et suivants, nonobstant les prévisions de l'article 230-4.

L'ESSENTIEL 3681 L'enquêteur qui ne peut accéder à des données saisies parce qu'elles s'avèrent être chiffrées peut, sur le fondement des articles 60 et 77-1 du Code de procédure pénale, requérir une personne qualifiée pour mettre au clair lesdites données (V. *supra*, n°s 3643 et s.). S'il instrumente au cours d'une instruction, c'est le juge d'instruction qui devra nommer un expert pour mettre ces données au clair.

3682 L'enquêteur peut également requérir la personne détenant la convention de déchiffrement de la lui remettre ou de la mettre en œuvre lorsque le moyen de cryptologie est susceptible d'avoir été utilisé pour commettre un crime ou un délit. Si la personne refuse, elle commet un délit (V. *supra*, n° 3648).

3683 Le texte incriminant le refus de remise de la convention de déchiffrement, que le Conseil constitutionnel juge conforme à la Constitution (V. *supra*, n° 3652) et que la chambre criminelle de la Cour de cassation juge conforme à la Convention EDH (V. *supra*, n° 3653), peut s'appliquer au refus par l'utilisateur d'un téléphone portable d'en communiquer le code de déverrouillage (V. *supra*, n° 3655).

3684 Pour cela, il faut (V. *supra*, n° 3659) :
– que l'enquêteur (OPJ ou, sous son contrôle au cours d'une enquête préliminaire ou de flagrance, un APJ) formule en procédure une demande de remise du code :
– qu'il soit rappelé à la personne que le refus de répondre à la réquisition est constitutif d'une infraction pénale ;
– vérifier que les caractéristiques de l'appareil, les logiciels qui l'équipent ou les résultats de son exploitation au moyen d'outils techniques, révèlent qu'il est doté d'un moyen de cryptologie, ce qui est le cas de la plupart des appareils fonctionnant sous iOS ou Android.

3685 Il peut également être recouru à la procédure prévue aux articles 230-1 et suivants du Code de procédure pénale pour mettre au clair des données chiffrées. Les décisions prises sur ce fondement n'ont pas de caractère juridictionnel et ne sont, dit la loi, susceptibles d'aucun recours (V. *supra*, n° 39).

3686 Le recours à cette procédure peut être décidé (V. *supra*, n° 3667) par :
– le procureur de la République ;
– la juridiction d'instruction ;
– l'officier de police judiciaire, sur autorisation du procureur de la République ou du juge d'instruction ;
– la juridiction de jugement saisie de l'affaire.

3687 L'opération de mise au clair peut être réalisée par une personne physique (V. *supra*, n° 3669) ou par une personne morale (V. *supra*, n° 3671). Certaines disposent de solutions matérielles et logicielles leur permettant d'accéder

aux données malgré leur chiffrement (V. *supra*, n° 3676).
La mise au clair peut également, pour les infractions punies d'une peine d'au moins deux ans d'emprisonnement, être effectuée par un organisme étatique soumis au secret de la défense nationale, en pratique le centre d'assistance technique (CTA) dépendant de la Direction générale de la sécurité intérieure (DGSI) (V. *supra*, n°s 3675 et s.). Sous réserve des obligations découlant du secret de la défense nationale, les résultats sont accompagnés des indications techniques utiles à la compréhension et à leur exploitation ainsi que d'une attestation visée par le responsable de l'organisme technique certifiant la sincérité des résultats transmis.

POUR ALLER PLUS LOIN...

Fascicules JurisClasseur

- *JCl. Procédure pénale*, Art. 434-18 à 434-21, *Entraves à l'exercice de la justice*.
- *JCl. Pénal Code*, Art. 434-15-2, fasc. 20, *Refus de déchiffrement d'un moyen de cryptologie utilisé à des fins criminelles*, par C. Ribeyre.

Revue

- I. Bello et E. Mercinier : *AJ pénal* 2020, p. 33.

Fiche 61

Recueil des données techniques de connexion et des interceptions de correspondances émises par la voie des communications électroniques (*IMSI-catcher*)

Sommaire

Introduction

3688 Cette technique spéciale d'enquête est souvent dénommée par le dispositif qui sert à la mettre en œuvre : l'*IMSI-catcher*. Les règles qui président à son recours sont pour partie communes à la sonorisation et à la captation d'images et à la captation de données informatiques prévues aux articles 706-95-11 à 706-95-19 : nous y renverrons donc régulièrement.

Les dispositions propres à cette technique sont contenues dans un unique article, l'article 706-96-20.

Contrairement aux deux autres techniques spéciales précitées, il n'y a pas lieu ici, pour mettre en œuvre ce dispositif, de s'introduire dans un lieu privé ou dans un véhicule.

Toutefois, comme il résulte du titre du paragraphe 2 de la section VI du Code de procédure pénale consacrée aux « autres techniques spéciales d'enquête », l'*IMSI-catcher* peut être utilisé dans deux cas de figure distincts.

I

Définition de l'*IMSI-catcher*

3689 L'article 706-95-20 du Code de procédure pénale recouvre en réalité deux finalités différentes permises par l'*IMSI-catcher*. Ainsi, l'article 706-95-20, I du Code de procédure pénale dispose que :

« I. – Il peut être recouru à la mise en place et à l'utilisation d'un appareil ou d'un dispositif technique mentionné au 1° de l'article 226-3 du code pénal afin de recueillir les données techniques de connexion permettant l'identification d'un équipement terminal ou du numéro d'abonnement de son utilisateur, ainsi que les données relatives à la localisation d'un équipement terminal utilisé ».

Tandis que l'article 706-95-20, II dispose que :

« II. – Il peut être recouru à la mise en place ou à l'utilisation de cet appareil ou de ce dispositif afin d'intercepter des correspondances émises ou reçues par un équipement terminal. Les modalités prévues aux articles 100-3 à 100-7 du présent code sont alors applicables et, lorsque ces interceptions sont autorisées par le juge des libertés et de la détention à la requête du procureur de la République, les attributions confiées au juge d'instruction ou à l'officier de police judiciaire commis par lui sont exercées par le procureur de la République ou l'officier de police judiciaire requis par ce magistrat. Les correspondances interceptées en application du présent II ne peuvent concerner que la personne ou la liaison visée par l'autorisation d'interception. Par dérogation à l'article 706-95-16, les durées maximales d'autorisation de l'interception des correspondances prévue au présent II sont de quarante-huit heures renouvelables une fois ».

En conséquence, l'*IMSI-catcher* permet, en temps réel, de :

- recueillir les données techniques (I de l'article 706-95-20), à savoir : celles permettant l'identification d'un équipement terminal ou du numéro d'abonnement de son utilisateur, ainsi que les données relatives à la localisation d'un équipement terminal ;
- intercepter en urgence des communications (II de l'article 706-95-20).

A Description de l'*IMSI-catcher*

3690 Indiquons ici que l'*IMSI-catcher* est un appareil extrêmement onéreux et que, de ce fait, peu de services de police et unités de gendarmerie en sont dotés. De surcroît, il est soumis à une réglementation spécifique (V. *infra*, n° 3695) qui accentue sa rareté. Enfin, à ce jour, il semble que ce dispositif soit essentiellement utilisé dans sa fonctionnalité permettant le recueil des données de connexion (CPP, art. 706-95-20, I).

3691 En raison de cette rareté mais aussi de sa définition juridique assez aride, il est parfois malaisé de comprendre en quoi consiste un *IMSI-catcher*. Les éléments suivants doivent permettre de mieux cerner ce dispositif. La DACG (DACG Focus, *L'IMSI-catcher*, juin 2019) indique que :

« L'*IMSI-catcher*, littéralement "attrapeur d'IMSI", est un dispositif de proximité permettant d'obtenir des données difficilement accessibles par le recours classique à de simples réquisitions téléphoniques.
Il présente une utilité lorsque les enquêteurs ne connaissent pas le numéro de téléphone des personnes suspectées, en déjouant notamment l'utilisation par les mis en cause de téléphones multiples à usage unique ou l'utilisation d'un téléphone sous une fausse identité ("téléphones de guerre"). L'*IMSI-catcher* se présente ainsi le plus souvent comme une technique d'investigation préalable à une interception de communication.
En pratique, les enquêteurs pourront donc utiliser ce dispositif pour récupérer les numéros de lignes téléphoniques ou numéros de boîtiers téléphoniques de leurs objectifs, à distance, sans qu'il leur soit nécessaire d'avoir un accès direct au support physique.
Imitant le fonctionnement d'une antenne-relais, l'*IMSI-catcher* provoque la connexion des téléphones mobiles ou autres périphériques électroniques situés à proximité ».

3692 F. Chopin indique quant à elle que « ces dispositifs qui ressemblent à des antennes relais mobiles, permettent de collecter massivement et de manière indifférenciée, des données personnelles (données de connexion ou de correspondances), par la connexion des terminaux à cette fausse antenne, qu'il s'agisse des données émises ou reçues par les terminaux des opérateurs. Il est ainsi possible d'obtenir par ce moyen des données techniques de connexion (identification d'un équipement du terminal, numéro d'abonnement de l'utilisateur) et parfois de procéder à la géolocalisation des terminaux et à l'interception des communications selon les modalités prévues par le Code de procédure pénale ».

3693 Quant à la chambre criminelle, elle fait nettement la différence entre le recours à l'*IMSI-catcher* et les réquisitions judiciaires visant au recueil des données de connexion (V. *supra*, n°s 3500 et s.). Dans une affaire où les enquêteurs avaient obtenu le numéro d'identification (IMEI) d'une personne détenue soupçonnée de gérer un trafic de stupéfiants depuis la prison, les enquêteurs savaient que l'intéressé utilisait plusieurs cartes SIM pour son téléphone. Le juge d'instruction avait délivré une commission rogatoire visant les articles 18, 81, 100, 100-1 et suivants, 151 et suivants du Code de procédure pénale en vue de procéder à l'interception, l'enregistrement et la transcription des correspondances émises par la voie de la ligne téléphonique à partir du boîtier IMEI dont le numéro d'identification était précisé, pour une durée de quatre mois. Les enquêteurs avaient requis plusieurs opérateurs privés, aux fins de procéder à l'interception de toutes les lignes associées au boîtier en cause, et à l'issue de ces opérations, avaient dressé un récapitulatif des liaisons passées depuis le boîtier, où deux lignes téléphoniques avaient été identifiées. Les enquêteurs avaient ensuite requis les opérateurs privés de communiquer l'identité de leurs titulaires et les fadettes géolocalisées. Il était apparu que l'une des lignes était utilisée par le suspect, l'autre par un tiers. Les conversations interceptées avaient été retranscrites par procès-verbal. Le suspect a soutenu que l'interception des correspondances émises à partir d'un boîtier de téléphone avait été réalisée avec un *IMSI-catcher*. La chambre criminelle a rejeté ce moyen en retenant :

« Que, d'une part, le dispositif ainsi mis en place, au moyen de réquisitions à des opérateurs privés de télécommunications, ne constitue pas un appareil ou un dispositif technique entrant dans les prévisions des articles 706-95-4 [dispositions transférées depuis dans l'art. 706-95-20] et suivants, issus de la loi du 3 juin 2016 ;
Que, d'autre part, dès lors qu'elle était limitée à l'interception des communications des seules lignes téléphoniques identifiées à partir du boîtier de téléphone, dont le numéro d'identification était précisé, et qui avait été désigné par les enquêteurs au juge d'instruction comme étant en possession de M. [B], la décision d'interception, d'enregistrement et de transcription des correspondances répondait aux exigences des articles 100 et suivants du code de procédure pénale » (Cass. crim., 28 nov. 2017, n° 17-81.736 : *Bull. crim.* n° 269).

3694 Comme pour la géolocalisation, l'*IMSI-catcher*, qu'il soit utilisé comme visant à recueillir des données ou à intercepter des communications, est un dispositif qui fait appel à la notion de « temps réel » et à celle de « mobilité ». Il permet de détourner les flux, en temps réel et à l'endroit même où il est utilisé, afin de recueillir les données que les enquêteurs ne peuvent récupérer autrement souvent parce que les personnes concernées par leurs investigations changent quotidiennement de téléphone ou de cartes SIM, changent de domicile tout aussi régulièrement, ou ont recours à différents téléphones selon qu'ils les utilisent pour leurs activités licites ou illicites (« téléphone de guerre »).

B Obligations résultant de l'article 226-3, 1° du Code pénal

3695 L'*IMSI-catcher*, comme les matériels de sonorisation et ceux de captation de données informatiques, ne peuvent pas être acquis librement par les enquêteurs. C'est l'Agence nationale de la sécurité des systèmes d'information (ANSSI) qui autorise l'achat de ce matériel au profit des services de police et unités de gendarmerie qui en seront finalement dotés.

3696 L'article 226-3, 1° du Code pénal dispose que :

« Est puni de cinq ans d'emprisonnement et de 300 000 € d'amende :
1° La fabrication, l'importation, la détention, l'exposition, l'offre, la location ou la vente d'appareils ou de dispositifs techniques de nature à permettre la réalisation d'opérations pouvant constituer l'infraction prévue par le deuxième alinéa de l'article 226-15 ou qui, conçus pour la détection à distance des conversations, permettent de réaliser l'infraction prévue par l'article 226-1 ou ayant pour objet la captation de données informatiques prévue aux articles 706-102-1 du code de procédure pénale et L. 853-2 du code de la sécurité intérieure et figurant sur une liste dressée dans des conditions fixées par décret en Conseil d'État, lorsque ces faits sont commis, y compris par négligence, en l'absence d'autorisation ministérielle dont les conditions d'octroi sont fixées par ce même décret ou sans respecter les conditions fixées par cette autorisation ».

3697 L'article R. 226-1 du même code précise que :

« La liste d'appareils et de dispositifs techniques prévue par l'article 226-3 est établie par arrêté du Premier ministre.
Par dérogation aux dispositions de l'article 1er du décret n° 97-34 du 15 janvier 1997 relatif à la

déconcentration des décisions administratives individuelles, les autorisations prévues aux articles R. 226-3 et R. 226-7 sont délivrées par le directeur général de l'Agence nationale de la sécurité des systèmes d'information ».

3698 L'Agence nationale de la sécurité des systèmes d'information (ANSSI) fixe la liste des appareils et des dispositifs techniques qui sont utilisés par les services de police et les unités de gendarmerie lorsqu'ils ont recours à des actes d'investigation de :
- sonorisation ;
- captation de données informatiques ;
- recueil des données techniques de connexion et des interceptions de correspondances émises par la voie des communications électroniques.

Il résulte de ces dispositions juridiques des contraintes matérielles qui peuvent être ressenties comme ayant un effet « corsetant » et « limitant » des investigations.

II Conditions de mise en œuvre de l'*IMSI-catcher*

3699 Les conditions de mise en œuvre sont globalement similaires à celles relatives à la sonorisation et à la captation d'images ainsi qu'à la captation de données informatiques (V. *infra*, n°s 3720, 3857).

A Cadres juridiques

3700 Ils sont identiques à ceux applicables à la sonorisation et à la captation d'images tant en ce qui concerne les infractions concernées que la nature des enquêtes au cours desquelles ils peuvent être utilisés.

3701 **Criminalité et délinquance organisées.** L'*IMSI-catcher* ne peut être mis en œuvre que pour une des infractions visées aux articles 706-73 et 706-73-1 du Code de procédure pénale (CPP, art. 706-95-11).

Le législateur avait souhaité élargir le recours à cette technique à l'ensemble des crimes dans le cadre de la loi n° 2019-222 du 23 mars 2019, mais cette disposition a été censurée par le Conseil constitutionnel (Cons. const., 21 mars 2019, n° 2019-778).

3702 **Autres infractions.** Cette technique spéciale d'enquête peut également être utilisée pour les infractions visées à :
- l'article 706-72, à savoir les délits prévus par l'article 323-4-1 du Code pénal et au blanchiment de ces mêmes délits ainsi qu'à l'association de malfaiteurs lorsqu'elle a pour objet la préparation de l'un desdits délits ;
- l'article 706-1-1, à savoir les délits prévus :
1) aux articles 432-11, 432-15, 433-1, 433-2, 434-9, 434-9-1, 435-1 à 435-4 et 435-7 à 435-10 du Code pénal,
2) aux articles 1741 et 1743 du Code général des impôts, lorsqu'ils sont commis en bande organisée ou lorsqu'il existe des présomptions caractérisées que ces infractions résultent d'un des comportements mentionnés aux 1° à 5° du II de l'article L. 228 du Livre des procédures fiscales,
3) au dernier alinéa de l'article 414 et à l'article 415 du Code des douanes, lorsqu'ils sont punis d'une peine d'emprisonnement d'une durée supérieure à cinq ans,
4) aux articles L. 465-1 à L. 465-3-3 du Code monétaire et financier lorsqu'ils sont commis en bande organisée ;
- à l'article 706-1-2, à savoir les délits prévus au dernier alinéa des articles L. 241-3 et L. 242-6 du Code de commerce ;
- à l'article 706-2-2, à savoir :
1) les délits prévus aux articles L. 5421-2, L. 5421-13, L. 5426-1, L. 5432-1, L. 5432-2, L. 5432-3, L. 5438-4, L. 5438-6, L. 5439-1, L. 5439-2, L. 5442-10, L. 5442-14, L. 5461-3 et L. 5462-3 du Code de la santé publique, lorsqu'ils sont punis d'une peine d'emprisonnement d'une durée supérieure à cinq ans,
2) les délits prévus aux articles L. 451-2 et L. 454-3 du Code de la consommation et au blanchiment de ces délits.

3703 **Cadres juridiques des enquêtes.** L'article 706-95-12 du Code de procédure pénale autorise le recueil des données techniques de connexion et la mise en place d'interceptions de correspondances émises par la voie des communications électroniques tant au cours d'une enquête préliminaire que d'une enquête de flagrance ou d'une instruction.

B Conditions tenant aux autorisations

1 Règles communes

3704 La motivation des autorisations délivrées, soit par le juge des libertés et de la détention dans le cadre de l'enquête de flagrance ou préliminaire, soit par le juge d'instruction dans le cadre d'une information judiciaire, doit répondre aux exigences de l'article 706-95-13.
Ces autorisations sont donc écrites et motivées et, lorsqu'elles sont délivrées par le juge d'instruction, elles doivent, sauf urgence résultant d'un risque imminent de dépérissement des preuves ou d'atteinte grave aux personnes ou aux biens, faire l'objet d'un avis préalable du ministère public.
Sur la motivation en droit et en fait, la DACG rappelle que :

> « La motivation ne doit pas se réduire aux nécessités de l'enquête ou de l'information mais justifier l'opération au regard d'éléments précis et circonstanciés et que l'ordonnance du juge des libertés et de la détention précise notamment tout élément de contexte, les éléments d'identification des personnes visées, etc. » (DACG Focus, *IMSI-catcher*, juin 2019 et à rapprocher : Cass. crim., 6 janv. 2015, n° 14-85.448).

3705 **Mobilité.** Comme nous l'avons indiqué précédemment, l'*IMSI-catcher* étant souvent utilisé en mobilité, il est très délicat de préciser le lieu où il sera utilisé. Cependant, le magistrat qui autorise cette technique spéciale d'enquête pourra indiquer dans son autorisation tous les éléments qui lui permettent d'encadrer et de délimiter au mieux son utilisation.

3706 **Procédures incidentes.** Sont applicables les dispositions de l'article 706-95-14 prévoyant que :

> « Les opérations ne peuvent, à peine de nullité, avoir un autre objet que la recherche et la constatation des infractions visées dans les décisions du magistrat. Le fait que ces opérations révèlent des infractions autres que celles visées dans l'autorisation du magistrat ne constitue pas une cause de nullité des procédures incidentes ».

Cependant, il semble qu'une telle disposition trouve plus aisément son intérêt lorsque l'*IMSI-catcher* est utilisé à des fins d'interceptions de communication plutôt que dans le cadre d'un recueil de données qui nécessite souvent une exploitation ultérieure afin de « trier » et d'extraire les données pertinentes et utiles aux investigations et qui a peu de chances de révéler à lui seul la commission d'une autre infraction que celle objet de l'enquête.

3707 **Durée de l'autorisation de l'*IMSI-catcher* utilisé à des fins de recueil de données de connexion.** Conformément à l'article 706-95-16, cette durée est :
– d'un mois, renouvelable une fois, dans les mêmes conditions de forme, soit deux mois au maximum, lorsque l'*IMSI-catcher* est utilisé dans le cadre d'une enquête de flagrance ou préliminaire ;
– de quatre mois renouvelable dans les mêmes conditions de forme, lorsque l'*IMSI-catcher* est utilisé dans le cadre d'une instruction, dans la limite de deux ans maximum.

2 L'*IMSI-catcher* à des fins d'interceptions de communication

a) La durée de l'acte d'enquête

3708 Par dérogation à l'article 706-95-16 du Code de procédure pénale, l'article 706-95-20, II prévoit que la durée de l'interception est d'une durée de quarante-huit heures maximum, renouvelable une seule fois.

b) Application des articles 100-3 à 100-7 du Code de procédure pénale

3709 Nous renvoyons ici à la fiche consacrée aux interceptions de correspondances émises par la voie des communications électroniques. Il est simplement précisé que ces articles encadrent notamment la rédaction des procès-verbaux, ainsi que les personnes protégées dont il est interdit de retranscrire les conversations (V. *supra*, n°s 3586 et s.).
Lorsque l'*ISMI-catcher* est utilisé à cette fin, l'interception ne peut concerner que « la personne ou la liaison visée par l'autorisation ».

C Déroulement des opérations

3710 **Agents habilités.** L'article 706-95-17 du Code de procédure pénale, qui appartient au socle commun des dispositions, est applicable. Il se décline, concernant l'*IMSI-catcher*, à l'article D. 15-1-5-1 du Code de procédure pénale qui dispose que :

> « Les services, unités et organismes mentionnés à l'article 706-95-17, dont les agents peuvent être requis

en vue de procéder à l'utilisation de l'appareil ou du dispositif technique mentionné à l'article 706-95-20, sont les suivants :
– la direction centrale de la police judiciaire et ses directions zonales et régionales ;
– la direction générale de la sécurité intérieure ;
– la force d'intervention de la police nationale ;
– les services territoriaux de police judiciaire et les services territoriaux du RAID des directions territoriales de la police nationale ;
– le commandement de la gendarmerie dans le cyberespace ;
– le groupe d'intervention de la gendarmerie nationale ;
– le groupe d'observation et de surveillance de la région de gendarmerie d'Île-de-France ;
– le groupe d'observation et de surveillance de la région de gendarmerie de Provence-Alpes-Côte d'Azur ;
– le service chargé du soutien opérationnel et technique de la direction du renseignement de la préfecture de police ;
– les services et unités de la direction opérationnelle des services techniques et logistiques de la préfecture de police ».

3711 **Contrôle de la mesure, procès-verbaux et scellés, sas.** Toutes ces dispositions relèvent du régime commun des articles 706-96-11 et suivants du Code de procédure pénale et sont identiques à celles applicables à la sonorisation et à la captation d'images. Nous y renvoyons donc expressément (V. *supra*, n°s 1412 et s. et *infra*, n°s 3781 et s.).

L'ESSENTIEL 3712 La technique spéciale d'enquête consistant à recueillir des données techniques de connexion pour identifier un équipement terminal ou le numéro d'abonnement de son utilisateur et à intercepter les correspondances émises par la voie des communications électroniques sur cet appareil est souvent dénommée par le dispositif qui sert à la mettre en œuvre : l'*IMSI-catcher* (V. *supra*, n° 3688).

3713 Cette technique permet de :
– recueillir les données techniques (I de l'article 706-95-20), à savoir celles permettant l'identification d'un équipement terminal ou du numéro d'abonnement de son utilisateur, ainsi que les données relatives à la localisation d'un équipement terminal ;
– intercepter en urgence des communications (II de l'article 706-95-20) (V. *supra*, n°s 3690 et s.).

3714 Concrètement, l'*IMSI-catcher* ressemble « à des antennes relais mobiles, permettant de collecter massivement et de manière indifférenciée, des données personnelles (données de connexion ou de correspondances), par la connexion des terminaux à cette fausse antenne, qu'il s'agisse des données émises ou reçues par les terminaux des opérateurs. Il est ainsi possible d'obtenir par ce moyen des données techniques de connexion (identification d'un équipement du terminal, numéro d'abonnement de l'utilisateur) et parfois de procéder à la géolocalisation des terminaux et à l'interception des communications selon les modalités prévues par le Code de procédure pénale » (V. *supra*, n°s 3692 et s.).

3715 L'*IMSI-catcher*, comme les matériels de sonorisation et ceux de captation de données informatiques, ne peut pas être acquis librement par les enquêteurs. C'est l'Agence nationale de la sécurité des systèmes d'information (ANSSI) qui en autorise l'achat au profit des services et unités qui en seront finalement dotés (V. *supra*, n°s 3695 et s.).

L'*IMSI-catcher* peut être utilisé dans le cadre des procédures relatives aux articles :
– 706-73 et 706-73-1 du Code de procédure pénale ;
– 706-72 du Code de procédure qui renvoie au délit prévu à l'article 323-4-1 du Code pénal et au blanchiment des mêmes délits ainsi qu'à l'association de malfaiteurs lorsqu'elle a pour objet la préparation de l'un desdits délits ;
– 706-1-1, à savoir les délits prévus :
1) aux articles 432-11, 432-15, 433-1, 433-2, 434-9, 434-9-1, 435-1 à 435-4 et 435-7 à 435-10 du Code pénal ;
2) aux articles 1741 et 1743 du Code général des impôts, lorsqu'ils sont commis en bande organisée ou lorsqu'il existe des présomptions caractérisées que ces infractions résultent d'un des comportements mentionnés aux 1° à 5° du II de l'article L. 228 du Livre des procédures fiscales,
3) au dernier alinéa de l'article 414 et à l'article 415 du Code des douanes, lorsqu'ils sont punis d'une peine d'emprisonnement d'une durée supérieure à cinq ans,
4) aux articles L. 465-1 à L. 465-3-3 du Code monétaire et financier lorsqu'ils sont commis en bande organisée ;
– 706-1-2, à savoir les délits prévus au dernier alinéa des articles L. 241-3 et L. 242-6 du Code de commerce ;
– 706-2-2, à savoir :
1) les délits prévus aux articles L. 5421-2, L. 5421-13, L. 5426-1, L. 5432-1, L. 5432-2, L. 5432-3, L. 5438-4, L. 5438-6, L. 5439-1, L. 5439-2, L. 5442-10, L. 5442-14, L. 5461-3 et L. 5462-3 du Code de la santé publique, lorsqu'ils sont punis d'une peine d'emprisonnement d'une durée supérieure à cinq ans,
2) les délits prévus aux articles L. 451-2 et L. 454-3 du Code de la consommation.

ainsi qu'au blanchiment de ces délits (V. *supra*, n° 3701).

L'*IMSI-catcher* peut être utilisé dans tous les cadres juridiques, à savoir les enquêtes de flagrance et préliminaire et l'instruction (V. *supra*, n° 3703).

3716 **Conditions de mise en œuvre.** Il n'y a pas besoin d'autorisation aux fins d'introduction, mais uniquement d'une autorisation aux fins d'utilisation. Délivrée par le juge des libertés et de la détention dans le cadre de l'enquête de flagrance ou préliminaire et par le juge d'instruction lors de l'information judiciaire, elle doit être écrite et motivée et justifier, au regard d'éléments précis et circonstanciés, la nécessité d'y recourir ainsi que tout élément de contexte et les éléments d'identification des personnes visées, notamment (V. *supra*, n° 3704).

3717 **Durée des opérations.** Lorsque l'*IMSI-catcher* est utilisé à des fins de recueil de données de connexion, la durée est :

– d'un mois renouvelable une fois dans les mêmes conditions de forme, soit deux mois au maximum, lorsque l'*IMSI-catcher* est utilisé dans le cadre d'une enquête de flagrance ou préliminaire ;

– de quatre mois renouvelable dans les mêmes conditions de forme, lorsque l'*IMSI-catcher* est utilisé dans le cadre d'une instruction, dans la limite de deux ans maximum (V. *supra*, n° 3708).

Lorsqu'il est utilisé à des fins d'interceptions de communication, la durée est de quarante-huit heures maximum, renouvelable une fois. Dans ce dernier cas, les dispositions relatives aux interceptions judiciaires des articles 100-3 à 100-7 sont applicables (V. *supra*, n° 3707).

3718 **Agents habilités.** L'officier de police judiciaire, ou sous sa responsabilité l'agent de police judiciaire, peut mettre en œuvre l'*IMSI-catcher* mais en raison de la rareté de ce matériel, il y a lieu de requérir un agent affecté dans un service de police ou une unité de gendarmerie qui doit être sur la liste figurant à l'article D. 15-1-5-1 du Code de procédure pénale (V. *supra*, n° 3710).

3719 **Contrôle de la mesure, procès-verbaux et scellés, sas.** Toutes ces dispositions relèvent du régime commun des articles 706-96-11 et suivants du Code de procédure pénale et sont identiques à celles applicables à la sonorisation et à la captation d'images. Nous y renvoyons donc expressément (V. *infra*, n°s 3781 et s.).

POUR ALLER PLUS LOIN...

Répertoire

- F. Chopin : *Rép. pén.* Dalloz, V° *Cybercriminalité*, § 465.

Fiche 62

Sonorisation et fixation d'images de certains lieux ou véhicules

Sommaire

Introduction

3720 La sonorisation et la fixation d'images appartiennent aux techniques spéciales d'enquête ainsi que l'indique la section IV du titre 25 du livre IV du Code de procédure pénale consacré à la criminalité et à la délinquance organisées. Les articles 706-96 et suivants du Code de procédure pénale encadrent la sonorisation – de tous lieux – et la fixation d'images dans certains lieux privés et dans les véhicules. Ainsi, la captation d'images sur la voie publique n'est pas régie par ces articles (I).

3721 Depuis la loi du 24 janvier 2022 (L. n° 2022-52, 24 janv. 2022, relative à la responsabilité pénale et à la sécurité intérieure, NOR : JUSX2116059L et *JO* n° 0020, 25 janv. 2022, texte n° 1), des dispositions inscrites aux articles 230-47 et suivants du Code de procédure pénale réglementent les captations et fixations d'images dans les lieux publics au moyen de dispositifs aéroportés (II).

I

Les sonorisations et les fixations d'images dans certains lieux ou véhicules

3722 Comme pour toutes les techniques spéciales d'enquête, il est indispensable de les définir afin de bien circonscrire leur champ d'application, avant d'étudier leur régime juridique et le déroulement concret des opérations.

A Définition de la sonorisation et de la fixation d'images

3723 Si la sonorisation ne semble pas poser de difficulté s'agissant de son champ d'application, quelques hésitations peuvent exister concernant la fixation d'images.

1 Définition de la sonorisation

3724 L'article 706-96 du Code de procédure pénale n'utilise pas le mot « sonorisation » ; celui-ci figure uniquement dans le titre du paragraphe 3, consacré à cette technique spéciale d'enquête, et définit celle-ci comme :

> « Un dispositif technique ayant pour objet, sans le consentement des intéressés, la captation, la fixation, la transmission et l'enregistrement de paroles prononcées par une ou plusieurs personnes à titre privé ou confidentiel ».

3725 Les notions de « captation, fixation, transmission et enregistrement » de paroles traduisent les modalités selon lesquelles les paroles prononcées peuvent être recueillies. Aussi, il n'est pas nécessaire que les paroles soient enregistrées pour que l'article 706-96 soit applicable. La simple captation ou transmission entre dans son champ d'application. Semblent donc exclues du champ d'application les seules paroles prononcées publiquement ou encore celles recueillies, en privé, avec l'accord de la personne.

3726 **Paroles entendues et retranscrites.** La lettre de l'article 706-96 du Code de procédure pénale ne semble pas concerner les propos qui auraient simplement été entendus, dans un lieu public ou dans un lieu privé, puis retranscrits par les enquêteurs sans que ceux-ci aient eu recours à un quelconque dispositif de captation, de fixation ou d'enregistrement.
Plusieurs arguments militent en faveur de cette lecture :
– d'une part, comme le souligne la circulaire de la DACG du 2 septembre 2004, « le législateur a élaboré un dispositif original et complet régi par les articles 706-96 à 706-102 du Code de procédure pénale permettant d'installer **un dispositif aux fins de sonoriser** ou de filmer l'intérieur d'un lieu ou d'un véhicule ». La loi vise donc le recours à un dispositif ; tel n'est pas le cas lorsque c'est l'enquêteur qui a entendu les paroles « à l'oreille nue » ;
– d'autre part, il semble possible de soutenir que le fait d'entendre des paroles sans recourir à « un dispositif » peut être comparé au fait de réaliser des constatations visuelles dans un lieu privé. Or, ces constatations, en ce qu'elles ne constituent pas un dispositif de captation, de fixation ou d'enregistrement d'images de personnes, n'entrent pas, selon la chambre criminelle, dans le champ d'application des articles 706-96 et suivants du Code de procédure pénale (V. *infra*, n° 3730).

3727 **Preuves apportées par les tiers.** L'article 706-96 du Code de procédure pénale est applicable aux membres des forces de l'ordre et aux magistrats. Nous rappelons que l'enregistrement réalisé par un tiers ne relève pas du régime de la sonorisation (Cass. crim., 7 mars 2012, n° 11-88.118 : *Bull. crim.* n° 64), sauf dans le cas où ce tiers aurait été instrumentalisé par les autorités publiques (V. *supra*, n° 1632).

2 Définition de la captation d'images

3728 **Le texte.** L'article 706-96 du Code de procédure pénale définit la captation d'images (terme générique recouvrant la captation, la fixation, la transmission et l'enregistrement de l'image) comme :

> « Un dispositif technique ayant pour objet, sans le consentement des intéressés, la captation, la fixation, la transmission et l'enregistrement (...) de l'image d'une ou de plusieurs personnes se trouvant dans un lieu privé ».

Cette réglementation est donc limitée au lieu privé et, en principe, aux personnes.
La chambre criminelle l'a cependant parfois étendue aux objets et a, semble-t-il, parfois tenu compte également de l'endroit depuis lequel la captation était mise en œuvre.

a) Ne relèvent pas des dispositions de l'article 706-96

3729 **Les photos prises sur la voie publique ne relèvent pas des dispositions de l'article 706-96 du Code de procédure pénale.** Est exclue du champ d'application de l'article 706-96 la fixation d'images de personnes sur la voie publique par un dispositif mis en place par les enquêteurs. Le régime de ce dispositif relève soit des articles 230-47 et suivants du Code de procédure pénale lorsqu'il est recouru à un dispositif aéroporté (V. *infra*, n°s 3823 et s.), soit de la jurisprudence de la chambre criminelle relative à la vidéosurveillance sur la voie publique (V. *infra*, n°s 3836 et s.).

3730 **Ne relèvent pas non plus de l'article 706-96 les simples constatations visuelles de ce qui se passe dans un lieu privé.** La chambre criminelle a jugé que :
– le constat par les policiers qui s'étaient introduits régulièrement dans le parking souterrain de l'immeuble du suspect de ce qu'un véhicule se trouvait sur l'emplacement attribué à celui-ci relevait de simples constatations visuelles, qui ne s'étaient pas inscrites dans le cadre d'opérations visées par l'article 706-96 du Code de procédure pénale (Cass. crim., 23 janv. 2013, n° 12-85.059 : *Bull. crim.* n° 29) ;
– dans le cadre d'une enquête du chef de travail dissimulé, la surveillance, par les policiers, de la propriété du bénéficiaire des travaux révélant des entrées et sorties de camions chargés de matériaux de construction, le stationnement de véhicules utilitaires appartenant à une société dirigée par l'entrepreneur suspecté, la présence d'engins de chantier et de personnes en train de travailler relevait de simples constatations visuelles (Cass. crim., 25 juin 2014, n° 14-81.647 : *Bull. crim.* n° 164).

b) Relèvent des dispositions de l'article 706-96

1) Les solutions évidentes

3731 **La captation de l'image de personnes se trouvant dans un lieu privé relève, évidemment, de l'article 706-96 du Code de procédure pénale.** C'est le texte lui-même qui l'indique.
Ainsi la mise en place d'un dispositif de captation et de fixation d'images dans l'allée centrale du parking d'une copropriété dont l'accès nécessite l'usage d'une télécommande, relève de l'article 706-96 car les parties communes d'une copropriété constituent un lieu privé (Cass. crim., 27 mai 2009, n° 09-82.115 : *Bull. crim.* n° 108).
Et la chambre criminelle précise qu'il n'importe que le lieu surveillé soit un lieu extérieur et pour partie visible depuis la voie publique (Cass. crim., 11 oct. 2022, n° 22-81.383). Dès lors, la prise de photographies, même ponctuelle, sans le consentement d'une personne se trouvant dans un lieu privé, est nécessairement subordonnée à l'autorisation du juge des libertés et de la détention.

2) Les solutions plus contrastées à propos de la captation de l'image d'objets

3732 En principe les dispositions de l'article 706-96 du Code de procédure pénale ne devraient pas s'appliquer puisque le texte ne vise que les personnes.
C'est ce que la chambre criminelle a jugé à propos des locaux d'une personne morale :

> « Ne constitue ni une ingérence dans la protection de la vie privée du demandeur ou de son domicile au sens de l'article 8 de la Convention européenne des droits de l'homme, ni une captation d'images relevant des dispositions de l'article 706-96 du Code de procédure pénale, la prise de photographies de locaux d'une personne morale, sis dans une zone industrielle et affectés seulement à une activité de réparation de palettes. En effet, d'une part, l'intéressé n'y figure pas, d'autre part, il n'est pas établi, ni même allégué, qu'elles auraient été prises à partir d'un lieu privé sur laquelle la personne morale en cause ou lui-même aurait été titulaire d'un droit ».

3733 Pourtant la chambre criminelle a souvent estimé que ces dispositions devaient être respectées.
Ainsi elle a rendu, en matière de véhicules, de dispositifs de grossissement, des décisions que l'on a davantage de mal à concilier entre elles.

En matière de véhicules

La chambre criminelle a jugé :
En 2007 (Cass. crim., 21 mars 2007, n° 06-89.444), que les enquêteurs ne pouvaient pas photographier clandestinement des plaques d'immatriculation de véhicules se trouvant dans une propriété privée alors qu'eux-mêmes étaient sur la voie publique.
En 2015 (Cass. crim., 15 avr. 2015, n° 14-87.620 : *Bull. crim.* n° 91), qu'il était possible de capter des images de véhicules stationnant dans une propriété privée en étant visibles depuis la voie publique.
La différence entre ces deux solutions pourrait s'expliquer par le fait que, dans le premier cas, les enquêteurs, pour prendre des photographies,

avaient utilisé un dispositif technique placé en position surélevée sur un poteau électrique, de sorte que les véhicules n'étaient pas visibles depuis la voie publique, à la différence de ce qui s'est passé dans la seconde espèce, où les véhicules étaient visibles depuis la voie publique.

> « Attendu qu'en l'état de ces motifs, et dès lors que ne méconnaît aucune des dispositions légales ou conventionnelles dont la violation est alléguée la captation d'images de véhicules se trouvant sur la voie publique ou stationnant dans une propriété privée en étant visibles depuis la voie publique, la chambre de l'instruction a justifié sa décision ».

La notion de visibilité depuis la voie publique semble donc devoir être prise en compte pour les objets, car pour les personnes elle est clairement indifférente (V. *supra*, n° 3731). Elle est sujette à une certaine casuistique et doit être appréciée strictement. On peut même se demander (V. *infra*, n° 3735) si elle ne tend pas à devenir indifférente.

On ajoutera que dans l'espèce jugée le 21 mars 2007 précitée, la chambre criminelle semble davantage s'appuyer sur l'absence de texte encadrant la violation de la vie privée, en l'espèce, le fait de « photographier à l'intérieur d'un lieu privé » indépendamment du fait que seuls des véhicules avaient été photographiés. Ce même principe, mais utilisé *a contrario*, pourrait expliquer l'arrêt du 15 avril 2015, en ce que, cette fois, les véhicules sont visibles depuis la voie publique.

Mais la chambre criminelle a également validé la prise en photo de la vignette d'assurance d'un véhicule à travers un interstice entre le plafond et la porte d'un box, après que les enquêteurs étaient montés sur un escabeau, car les constatations visuelles des policiers avaient été effectuées à partir des parties communes de l'immeuble, sans dispositif intrusif, dans un garage privatif destiné exclusivement au stationnement de véhicules, et que la photographie, détruite ultérieurement, ne portait que sur un véhicule volé (Cass. crim., 31 janv. 2017, n° 16-84.462).

Dispositifs de grossissement

Une cour d'appel avait validé le recours à un endoscope en dehors de la procédure organisée par l'article 706-96 en considérant que ce procédé technique n'avait pas pour objet de capter une image mais constituait un simple moyen de constatation visuelle. La chambre criminelle a considéré que c'était à tort que la chambre de l'instruction avait estimé que l'utilisation de cet appareil n'avait pas constitué une opération de captation d'une image (Cass. crim., 23 janv. 2013, n° 12-85.059 : *Bull. crim.* n° 29).

On peut donc s'interroger sur le maintien de la solution autrefois retenue par la chambre criminelle qui avait considéré que le fait pour des gardes-chasse d'opérer leurs constatations depuis l'extérieur de la clôture du pavillon de chasse à l'aide d'une paire de jumelles n'entrait pas dans le champ d'application de l'article 368 du Code pénal [devenu 226-1] aux termes duquel l'atteinte à l'intimité de la vie privée est caractérisée par l'enregistrement ou la transmission au moyen d'un appareil quelconque d'images ou de paroles d'une personne se trouvant dans un lieu privé, sans le consentement de celle-ci et que, dès lors, ces constatations, effectuées sans artifice ni stratagème dans le cadre d'une enquête préliminaire destinées à constater une infraction, à en rassembler les preuves et en rechercher les auteurs, ne méconnaissaient ni les règles de procédure pénale ni l'article 8 de la Convention (Cass. crim., 23 août 1994, n° 93-84.739 : *Bull. crim.* n° 291).

Dans une espèce jugée le 25 juin 2014, il a été soutenu que le recours à un moyen d'agrandissement de l'image (jumelles, téléobjectif) constituait une ingérence illégale dans le droit au respect de la vie privée et du domicile, mais rien dans l'affaire ne permettant d'être sûr que les policiers avaient utilisé de tels moyens, la chambre criminelle n'a pas eu l'occasion de dire si sa solution ancienne était toujours pertinente (Cass. crim., 25 juin 2014, n° 14-81.647 : *Bull. crim.* n° 164).

Pour la DACG (DACG Focus, *Sonorisation et fixation d'images*, juin 2019), il semble que seules les constatations visuelles entendues comme faites « à l'œil nu » n'entrent pas dans le champ de l'article 706-96 du Code de procédure pénale.

Cette position doit, pour l'heure, par prudence, être recommandée, dans l'attente d'une décision plus nette de la chambre criminelle.

3734 **Le cas particulier des drones.** Comme déjà indiqué, si le drone est utilisé uniquement sur la voie publique, son utilisation n'est pas soumise aux dispositions de l'article 706-96 mais à celui de l'article 230-47 et son utilisation peut être autorisée par le procureur.

Mais, quand il doit être utilisé au-dessus d'un lieu privé, ce dispositif a ceci de particulier qu'on ne sait pas à l'avance s'il va capter seulement l'image d'objets ou s'il va, en plus, capter celle de personnes. Il paraît donc prudent de respecter les dispositions de l'article 706-96 impliquant l'autorisation d'un juge. La chambre criminelle a jugé que l'utilisation de drones au-dessus d'un lieu privé était possible sur le fondement de l'article 706-96, qui, relève-t-elle, ne distingue pas selon que le dispositif de captation des images est fixe ou mobile (Cass. crim., 15 nov. 2022, n° 22-80.097).

3735 **Extension de l'article 706-96 aux images à l'intérieur d'un lieu privé ?** La jurisprudence de la chambre criminelle peut, eu égard aux incertitudes qui viennent d'être évoquées, donner l'impression qu'elle a étendu le champ d'application de l'article 706-96 à toutes les images peu important leur objet dès lors qu'elles captent ce que si passe à l'intérieur d'un lieu privé.

CONSEIL En conséquence, il semble prudent de recourir aux dispositions des articles 706-96 du Code de procédure pénale dès lors que le dispositif vise à la captation d'images d'objets dans un lieu privé.

B Conditions de mise en œuvre de dispositifs de sonorisation ou de fixation d'images de personnes

3736 Ces conditions sont prévues dans deux séries de dispositions. Les premières, communes à celles relatives à la captation de données informatiques (V. *infra*, n°s 3871 et s.), au recueil de données techniques de connexion et aux interceptions de correspondances émises par la voie des communications électroniques (V. *supra*, n°s 3541 et s.), relèvent des articles 706-95-11 et suivants, tandis que les secondes sont propres à la sonorisation et à la captation d'images et relèvent des articles 706-96 et suivants du Code de procédure pénale.

3737 Ces conditions tiennent à un champ d'application circonscrit ainsi qu'à des décisions préalables de l'autorité judiciaire autorisant le recours à la sonorisation et à la captation d'images et, le cas échéant, à l'introduction dans certains lieux ou véhicules.

1 Le champ d'application

3738 Il tient, d'une part, aux infractions limitativement énumérées permettant de recourir à cette technique d'enquête et, d'autre part, à son objet.

a) Infractions permettant de recourir à la sonorisation et à la captation d'images

3739 **Criminalité et délinquance organisées.** Ainsi que précédemment exposé (V. *supra*, n° 3701), le législateur avait souhaité élargir le recours à cette technique à l'ensemble des crimes dans le cadre de la loi n° 2019-222 du 23 mars 2019 mais cette disposition fut censurée par le Conseil constitutionnel (Cons. const., 23 mars 2019, n° 2019-222 DC).

Aussi, conformément à l'article 706-95-11 du Code de procédure pénale, la sonorisation et la captation d'images ne peuvent être mises en œuvre que pour une des infractions visées aux articles 706-73 et 706-73-1 du même code (Cass. crim., 9 juill. 2008, n° 08-82.091 : *Bull. crim.* n° 170).

3740 **Autres infractions.** Cette technique spéciale d'enquête peut également être autorisée pour les infractions visées aux articles :
– 706-72 du Code de procédure pénale qui renvoie aux délits prévus à l'article 323-4-1 du Code pénal et au blanchiment des mêmes délits ainsi qu'à l'association de malfaiteurs lorsqu'elle a pour objet la préparation de l'un desdits délits ;
– 706-1-1, à savoir les délits prévus :
1) aux articles 432-11, 432-15, 433-1, 433-2, 434-9, 434-9-1, 435-1 à 435-4 et 435-7 à 435-10 du Code pénal,
2)aux articles 1741 et 1743 du Code général des impôts, lorsqu'ils sont commis en bande organisée ou lorsqu'il existe des présomptions caractérisées que ces infractions résultent d'un des comportements mentionnés aux 1° à 5° du II de l'article L. 228 du Livre des procédures fiscales,
3) au dernier alinéa de l'article 414 et à l'article 415 du Code des douanes, lorsqu'ils sont punis d'une peine d'emprisonnement d'une durée supérieure à cinq ans,
4) aux articles L. 465-1 à L. 465-3-3 du Code monétaire et financier lorsqu'ils sont commis en bande organisée ;
– 706-1-2, à savoir les délits prévus au dernier alinéa des articles L. 241-3 et L. 242-6 du Code de commerce ;
– 706-2-2, à savoir :
1) les délits prévus aux articles L. 5421-2, L. 5421-13, L. 5426-1, L. 5432-1, L. 5432-2, L. 5432-3, L. 5438-4, L. 5438-6, L. 5439-1, L. 5439-2, L. 5442-10, L. 5442-14, L. 5461-3 et L. 5462-3 du Code de la santé publique, lorsqu'ils sont punis d'une peine d'emprisonnement d'une durée supérieure à cinq ans,
2) les délits prévus aux articles L. 451-2 et L. 454-3 du Code de la consommation ainsi qu'au blanchiment de ces délits.

b) Cadres juridiques permettant de recourir à la sonorisation et à la captation d'images

3741 L'article 706-95-12 du Code de procédure pénale autorise, depuis l'entrée en vigueur de la loi n° 2016-731 du 3 juin 2016, que la sonorisation et la captation d'images de personnes soient utilisées au cours d'une enquête préliminaire ou de flagrance ou d'une instruction alors qu'auparavant la technique était limitée à l'instruction.

2 Autorisation de mise en œuvre de la sonorisation ou de la captation d'images et durée

3742 La qualité du magistrat qui délivre l'autorisation de recourir à cette technique spéciale d'enquête ainsi que sa durée sont fonction du cadre juridique dans lequel sont diligentées les investigations.

a) Le magistrat compétent

3743 Pour la poursuite des infractions listées précédemment, l'article 706-95-12 du Code de procédure pénale prévoit que l'autorisation de recourir à cette technique spéciale d'enquête est délivrée :
– dans le cadre d'une enquête préliminaire ou de flagrance, par le juge des libertés et de la détention sur requête du procureur de la République ;
– dans le cadre d'une instruction, par le juge d'instruction, après avis du procureur de la République.

b) La durée

3744 **Enquête préliminaire ou de flagrance.** Dans ce cadre, l'autorisation délivrée par le juge des libertés et de la détention est valable pour une durée maximale d'un mois, renouvelable une fois dans les mêmes conditions, soit une durée totale de deux mois maximum.

3745 **Instruction.** Dans ce cadre, l'autorisation délivrée par le juge d'instruction vaut pour une durée maximale de quatre mois et peut être renouvelée dans les mêmes conditions. Toutefois, la durée totale de cette technique spéciale d'enquête ne peut excéder deux ans dans une même procédure. En revanche, si la sonorisation est mise en place dans le cadre de plusieurs procédures, sa durée peut dépasser deux ans, sauf à ce que le recours à un stratagème soit établi (Cass. crim., 29 nov. 2022, n° 22-81.393, publié au bulletin).

3746 Le point de départ des mesures de sonorisation et de captation d'images doit être fixé au jour de leur mise en place effective et non pas à la date de l'autorisation (Cass. crim., 13 nov. 2008, n° 08-85.456 : *Bull. crim.* n° 230 ; V. pour une solution différente concernant la géolocalisation, Cass. crim., 19 févr. 2019, n° 18-84.671 : *Bull. crim.* n° 38).
Le renouvellement d'une autorisation de sonorisation ou de captation d'images doit intervenir avant l'expiration de la mesure précédente (même arrêt).
Un même domicile peut faire l'objet de plusieurs mesures de sonorisation à l'occasion d'une même procédure à condition que leur durée totale ne dépasse pas deux ans (Cass. crim., 29 nov. 2022, n° 22-81.393, publié au bulletin).

c) Contenu de l'autorisation

1) Motivation de l'ordonnance

3747 L'article 706-95-13 du Code de procédure pénale dispose que l'autorisation délivrée par le magistrat « fait l'objet d'une ordonnance écrite et motivée par référence aux éléments de fait et de droit justifiant que ces opérations sont nécessaires. Elle n'a pas de caractère juridictionnel et n'est pas susceptible de recours ». Cette exigence de motivation avait été imposée par la jurisprudence de la chambre criminelle, qui demeure donc applicable. À cette occasion, elle avait jugé que « (...) l'ordonnance, prévue par l'article 706-96 du code de procédure pénale, par laquelle le juge d'instruction autorise les officiers de police judiciaire agissant sur commission rogatoire à mettre en place un dispositif technique de captation et d'enregistrement des paroles prononcées à titre privé ou confidentiel doit être motivée au regard des éléments précis et circonstanciés résultant de la procédure, et que l'absence d'une telle motivation de cette atteinte à la vie privée, qui interdit tout contrôle réel et effectif de la mesure, fait grief aux personnes dont les propos ont été captés et enregistrés » (Cass. crim., 6 janv. 2015, n° 14-85.448 : *Bull. crim.* n° 5).
Depuis, la chambre criminelle a jugé comme suffisante l'ordonnance qui a « retenu que les investigations déjà menées démontraient que l'un des acteurs en cause, M. [B], pourrait être impliqué dans les faits objet de l'information et que placé sur écoute, il ressortait des conversations enregistrées par les enquêteurs que ce dernier se montrait très prudent au téléphone et qu'un dispositif de sonorisation du véhicule qu'il utilise fréquemment pourrait apporter des éléments » (Cass. crim., 20 mars 2019, n° 17-86.319, 18-87.250 : *Bull. crim.* n° 58 et Cass. crim., 10 avr. 2018, n° 17-85.607).
Plus récemment elle a jugé que « on ne saurait déduire de la reprise de tout ou partie de la requête du ministère public par les ordonnances du juge des libertés et de la détention, qui analysent les motifs de fait et de droit rendant nécessaire la mesure, que celui-ci n'a pas examiné les pièces produites ». En conséquence, cette reprise et cette analyse constituent une motivation suffisante (Cass. crim., 17 janv. 2023, n° 22-84.067).

3748 La chambre criminelle a précisé que le juge d'instruction qui décidait de faire procéder à la mise en place d'une sonorisation ou d'une fixation d'images devait, dans tous les cas, même lorsqu'il saisissait le juge des libertés et de la détention aux fins d'introduction dans un domicile, rendre une ordonnance motivée autorisant ces opérations et précisant leur durée.

3749 **Avis du procureur de la République.** Dans le cadre de l'instruction, la chambre criminelle juge que l'avis préalable du procureur de la République n'est soumis à aucun formalisme. Est ainsi valable la mention manuscrite attestant d'un avis du ministère public. Peu importe que l'avis du ministère public ne soit pas motivé au regard des éléments précis et circonstanciés résultant de la procédure dès lors que les textes imposent seulement que l'ordonnance du juge le soit (Cass. crim., 20 mars 2019, n°s 17-86.319 et 18-87.250 : *Bull. crim.* n° 58 et Cass. crim., 25 avr. 2017, n° 16-87.055).

2) Éléments devant figurer dans l'autorisation

3750 L'article 706-97 dispose que « la décision autorisant le recours au dispositif mentionné à l'article 706-96 comporte tous les éléments permettant d'identifier les véhicules ou les lieux privés ou publics visés, l'infraction qui motive le recours à ces mesures ainsi que la durée de celles-ci ».

Il peut être considéré que la durée de la mesure peut figurer tant dans l'ordonnance que dans la commission rogatoire spéciale (sur le maintien de la nécessité d'une commission rogatoire spéciale V. *infra*, n° 3786) délivrée par le juge d'instruction aux fins de mise à exécution par les enquêteurs (Cass. crim., 10 juin 2009, n° 09-80.820, *a contrario*).

Non sans pragmatisme, la chambre criminelle juge que :

> « Aucune disposition légale ne fait obstacle, lorsque des opérations de fixation d'images et de sonorisation sont simultanément ordonnées, à la délivrance d'une commission rogatoire spéciale commune, désignant les mêmes officiers de police judiciaire pour exécuter ces mesures » (Cass. crim., 23 janv. 2013, n° 12-85.059 : *Bull. crim.* n° 29).

À l'inverse, si différents services ou unités sont désignés pour mettre en place ces dispositifs, il y aura lieu de rédiger des commissions rogatoires spéciales – ou des ordonnances pour le juge des libertés et de la détention – distinctes.

3751 **Autorisation mixte.** La circulaire DACG du 2 septembre 2004 précisait que la sonorisation et la fixation d'images « ne sont pas exclusives l'une de l'autre, et il est évident, la loi autorisant les deux, que le dispositif mis en place peut permettre de capter, fixer, transmettre et enregistrer à la fois l'image et les paroles des personnes observées ».

3) Urgence

3752 L'article 706-95-13 du Code de procédure pénale précise qu'en cas d'urgence « résultant d'un risque imminent de dépérissement des preuves ou d'atteinte grave aux personnes ou aux biens », l'autorisation du juge d'instruction peut être donnée sans avis préalable du procureur de la République. Dans cette hypothèse, il reviendra au juge d'instruction de mentionner expressément dans son autorisation les « circonstances de fait établissant l'existence du risque imminent ».

Le recours à cette procédure d'urgence est impossible dans le cadre de l'enquête préliminaire ou de flagrance, ce qui est logique puisque le juge des libertés et de la détention ne peut être saisi pour autoriser la mesure que par le procureur.

3 Autorisation et introduction dans un lieu privé ou un véhicule

3753 L'autorisation de mise en œuvre du dispositif de sonorisation ou de captation d'images doit très souvent être accompagnée d'une seconde visant à l'introduction dans un lieu privé ou un véhicule lorsque c'est à l'intérieur de ces derniers qu'est installé le dispositif.

3754 Le dispositif prévu à l'article 706-96 concerne :

- d'une part, les paroles prononcées à titre privé ou confidentiel dans des lieux ou véhicules privés ou publics ;
- d'autre part, l'image de personnes se trouvant dans un lieu privé.

3755 La détermination de la nature du lieu est donc doublement cruciale, car :

- d'une part, elle conditionne le recours à l'article 706-96 du Code procédure pénale puisque seules relèvent de cet article les images de personnes se trouvant dans un lieu privé ;
- d'autre part, elle impose que les enquêteurs soient autorisés par le magistrat à s'introduire dans un lieu privé ou un véhicule pour installer ou retirer le dispositif.

a) Nature du lieu dans lequel est autorisée l'introduction

1) Véhicule

3756 L'introduction dans un véhicule, quel que soit l'endroit où il se trouve, voie publique ou lieu privé, doit faire l'objet d'une autorisation du magistrat (V. *infra*, n°s 3938 et s.).

2) Lieu privé

3757 Pour une approche plus globale de la définition de la nature de lieu privé, nous renvoyons à la fiche relative à la géolocalisation (V. *infra*, n°s 3944 et s.). Nous rappellerons simplement ici la définition retenue du lieu privé, à savoir :

> « le lieu privé doit être conçu comme un endroit qui n'est ouvert à personne sauf autorisation de celui qui l'occupe d'une manière permanente ou temporaire » et « doit, au contraire, être qualifié de lieu public celui qui est accessible à tous, sans autorisation spéciale de quiconque, que l'accès en soit permanent et inconditionnel ou subordonné à certaines conditions » (*JCl. Pénal* consacré à l'atteinte à la vie privée. M. Pelletier, président de la chambre criminelle, détaille la jurisprudence relative au « lieu privé » au sens de l'article 226-1 du Code pénal).

3758 **Exemples jurisprudentiels.** Pour la chambre criminelle, sont des lieux privés :
– les parties communes d'une copropriété (Cass. crim., 27 mai 2009, n° 09-82.115 : *Bull. crim.* n° 108) ;
– le parloir d'une prison (Cass. crim., 9 juill. 2008, n° 08-82.091 : *Bull. crim.* n° 170) ;
– l'intérieur d'un box fermé, non visible de l'extérieur (Cass. crim., 23 janv. 2013, n° 12-85.056) ;
– la cellule occupée par un détenu en maison d'arrêt (Cass. crim., 17 mars 2015, n° 14-88.351 : *Bull. crim.* n° 54).

3759 **Lieu public.** À l'inverse, ne constitue pas un lieu privé le terrain occupé par des gens du voyage, dès lors qu'il constitue « un équipement de service public mis en place pour répondre aux exigences de la loi du 5 juillet 2000 relative à l'accueil et à l'habitat des gens du voyage » (Cass. crim., 13 oct. 2020, n° 19-87.959).

3) Local d'habitation

3760 Pour une approche plus globale de la définition de la nature de local d'habitation nous renvoyons à la fiche relative à la géolocalisation (V. *infra*, n° 3951).

3761 **Exemples jurisprudentiels.** La chambre criminelle juge que « ni les espaces de circulation, ni les emplacements de stationnement, ni les boxes fermés d'un parking souterrain d'un immeuble collectif d'habitation ne constituent des lieux d'habitation au sens des articles 230-24 et 706-96-1 du Code de procédure pénale » (Cass. crim., 18 juin 2019, n° 18-86.421 : *Bull. crim.* n° 122).

4) Introduction interdite

3762 Le dernier alinéa de l'article 706-96-1 du Code de procédure pénale dispose que :

> « La mise en place du dispositif technique mentionné à l'article 706-96 ne peut concerner les lieux mentionnés aux articles 56-1, 56-2,56-3 et 56-5 ni être mise en œuvre dans le véhicule, le bureau ou le domicile des personnes mentionnées à l'article 100-7 ».

La lettre de cet article, tout comme la *ratio legis*, nous permettent d'affirmer que c'est tant l'introduction dans ces lieux qui est interdite, que toute opération de sonorisation et de captation d'images dans ces lieux quand bien même elles ne nécessiteraient pas de s'y introduire pour être réalisées. Il s'agit des lieux suivants :
– le cabinet d'un avocat ou son domicile, les locaux de l'ordre des avocats ou des caisses de règlement pécuniaire des avocats (CPP, art. 56-1) ;
– les locaux ou véhicules professionnels d'une entreprise ou agence de presse, entreprise de communication audiovisuelle, de communication au public en ligne ou véhicules de ces entreprises (CPP, art. 56-2) ;
– le domicile d'un journaliste (CPP, art. 56-2) ;
– le cabinet d'un médecin, d'un notaire ou d'un huissier (CPP, art. 56-3) ;
– les lieux identifiés comme abritant des éléments couverts par le secret de la défense nationale (CPP, art. 56-4) ;
– les locaux d'une juridiction (CPP, art. 56-5) ;
– le domicile d'une personne exerçant des fonctions juridictionnelles (CPP, art. 56-5) ;
– le bureau ou domicile d'un magistrat (CPP, 100-7, al. 3) ;
– le bureau ou domicile d'un parlementaire (CPP, 100-7, al. 1er).

b) Autorisation et cadres juridiques

1) En enquête préliminaire ou de flagrance

3763 L'autorisation est délivrée par le juge de libertés et de la détention, sur requête du procureur de la République, lorsque l'introduction concerne :
– un véhicule ;
– un lieu privé, y compris en dehors des heures légales prévues à l'article 59 du Code de procédure pénale ;

3764 **Local d'habitation.** Bien que le premier alinéa de l'article 706-96-1 ne vise pas expressément les locaux d'habitation, ceux-ci nous semblent relever de la même autorisation que pour les lieux privés, à savoir celle du juge des libertés et de la détention. Cette introduction nous semble également pouvoir être autorisée par le même juge en dehors des heures légales. Une autre interprétation conduirait à exclure la possibilité d'installer un tel dispositif dans un local d'habitation dans le cadre d'une enquête de flagrance ou préliminaire, obligeant alors à ouvrir une information judiciaire, ce qui semble disproportionné.

3765 **Heures légales.** La DACG précise que :

« Lorsque la mise en place du dispositif nécessite une introduction en dehors des heures légales, le procureur de la République sera également amené à solliciter dans sa requête une autorisation. Le juge des libertés et de la détention devra se prononcer expressément sur ces deux demandes » (Focus DACG, *Sonorisation et captation d'images*, 2019).

3766 En effet, cette lecture doit être approuvée, et ce afin que le juge des libertés et de la détention exerce un contrôle effectif sur cette technique spéciale d'enquête en veillant au respect des principes de nécessité et de proportionnalité.

3767 **Lieu de stationnement d'un véhicule.** Le magistrat compétent étant le juge des libertés et de la détention, il peut être soutenu que son autorisation permet de s'introduire dans un véhicule quel que soit le lieu dans lequel celui-ci se trouve. Telle est la position de la DACG qui, commentant un arrêt concernant le juge d'instruction (Cass. crim., 10 avr. 2018, n° 17-85.301 : *Bull. crim.* n° 69), en déduit que la règle doit être identique pour le juge des libertés et de la détention et que s'il y a lieu d'installer un dispositif dans un véhicule stationné dans un parking privé, une seule ordonnance écrite et motivée comportant tous les éléments permettant d'identifier le véhicule est suffisante (DACG Focus, *Sonorisation et fixation d'images*, juin 2019).

2) Instruction

3768 **Heures légales.** L'article 706-96-1, alinéa 3 du Code de procédure pénale prévoit que l'autorisation est délivrée par le juge d'instruction lorsque l'introduction concerne :
– un véhicule, quels que soient l'heure et le lieu où le véhicule se trouve ;
– un lieu privé ou un local d'habitation, lorsque l'introduction a lieu pendant les heures légales.

3769 **En dehors des heures légales.** Lorsque l'introduction a lieu en dehors des heures légales dans un local d'habitation, c'est le juge des libertés et de la détention, saisi par le juge d'instruction, qui est compétent pour autoriser l'introduction dans le lieu d'habitation, l'autorisation de sonorisation ou de captation d'images continuant de relever de la compétence du juge d'instruction.

3770 **Tableau récapitulatif des autorisations d'introduction, lieux et magistrats compétents.**

<table>
<tr><th></th><th>Instruction</th><th>Enquête de flagrance et préliminaire</th></tr>
<tr><td>Véhicule</td><td rowspan="3">Juge d'instruction</td><td rowspan="4">Juge des libertés et de la détention sur requête du procureur de la République</td></tr>
<tr><td>Lieux privés pendant et hors heures légales</td></tr>
<tr><td>Local d'habitation</td></tr>
<tr><td>Local d'habitation hors heures légales</td><td>Juge des libertés et de la détention saisi par le juge d'instruction</td></tr>
</table>

3) Contenu de l'autorisation

3771 **Motivation.** La lettre des textes, à savoir les articles 706-96-1 et 706-97 ne semble pas imposer que l'ordonnance autorisant la pénétration pour installer le dispositif soit motivée. Seule celle autorisant la sonorisation ou la captation d'images doit l'être. On a vu que les deux autorisations pouvaient être données dans un acte unique (V. *supra*, n° 3750). Ce n'est donc que lorsque la sonorisation ou la captation d'images relèvera du juge d'instruction tandis que l'introduction de nuit dans un lieu d'habitation sera du ressort du juge des libertés et de la détention qu'il devra impérativement y avoir deux ordonnances distinctes. Dans les autres cas, le juge compétent appréciera.

3772 **Autorisation « pour le cas où ».** Cette technique d'enquête spéciale étant réservée à la délinquance et à la criminalité organisées, il n'est pas rare que les enquêteurs ne sachent pas toujours à l'avance à quel moment se présentera l'opportunité d'installer le dispositif, voire de s'introduire en toute discrétion et à l'insu de la personne occupant le lieu privé. Aussi, ces derniers peuvent être conduits à s'introduire de jour comme de nuit sans savoir à quel moment la « fenêtre de tir » s'ouvrira.

CONSEIL Il est utile de solliciter en quelque sorte préventivement une autorisation de s'introduire en dehors des heures légales, dans un lieu privé – auprès du juge d'instruction ou du juge des libertés – ou dans un local d'habitation – auprès du juge des libertés et de la détention –. Si, finalement, l'introduction se fait pendant les heures légales, l'autorisation sera simplement sans objet. C'est le procès-verbal d'installation du dispositif qui permettra de savoir à quelle heure les enquêteurs ont procédé et s'il y avait lieu au non de disposer d'une autorisation particulière (V. *infra*, n° 3789).

3773 **Étendue de l'autorisation d'introduction.** Initialement le Code de procédure pénale ne précisait pas que l'autorisation d'introduction dans un véhicule, dans un lieu privé ou dans un local d'habitation, donnée pour la mise en place du dispositif valait pour son retrait. C'est la jurisprudence qui a énoncé cette règle en jugeant que « l'ordonnance et la commission rogatoire par lesquelles le juge d'instruction prescrit la mise en place du dispositif de captation et le placement sous scellés des enregistrements incluent l'autorisation donnée aux officiers de police judiciaire de pénétrer dans les lieux aux seules fins de contrôler le fonctionnement du système et de recueillir les données, chaque fois qu'il est nécessaire, obligation leur étant faite d'en rendre compte par procès-verbal au magistrat, lequel exerce le contrôle effectif de ces opérations ». L'article 706-96-1 dans sa rédaction actuelle précise désormais que les autorisations données par le juge des libertés et de la détention ou le juge d'instruction pour entrer dans les véhicules, les lieux privés et notamment les lieux d'habitation aux fins d'y installer le dispositif de sonorisation ou de captation d'images valent pour son retrait. La jurisprudence sus évoquée garde de son intérêt en ce qui concerne la nécessité de s'introduire dans un des lieux visés par les textes pour contrôler le fonctionnement du dispositif, recueillir les données et aussi pour assurer la maintenance de l'appareil, notamment pour en changer éventuellement la batterie.

CONSEIL Il peut être utile que le magistrat rappelle la règle dans son autorisation et il est, en tout cas, impératif que l'enquêteur fasse état dans la procédure de toutes les introductions dans les lieux qui se sont avérées nécessaires.

3774 Ni la loi, ni la jurisprudence, en leurs états actuels ne règlent la difficulté pouvant tenir au fait que l'introduction pour mettre en place le dispositif et l'introduction pour le retirer peuvent ne pas être similaires. Si le dispositif est posé dans un véhicule qui se trouve sur la voie publique comment faudra-t-il procéder pour le retirer si le véhicule ne quitte plus son garage ? Faudra-t-il à nouveau solliciter un juge ? Si oui, lequel en fonction des cadres juridiques et des horaires ?

3775 **Modalités d'introduction dans les lieux ou véhicules.** V. *infra*, n° 3795.

c) Pas de nécessité d'autorisation

3776 **Dispositif installé dans un lieu privé avec l'accord de l'occupant.** La chambre criminelle a jugé que la mise en œuvre d'un dispositif de captation d'images ne nécessite pas l'autorisation du juge des libertés et de la détention lorsque, placé dans un lieu privé avec l'accord de l'occupant, il ne vise qu'à capter, fixer, transmettre ou enregistrer l'image d'une ou de plusieurs personnes se situant sur la voie publique (Cass. crim., 18 mai 2021, n° 20-86.266).
Bien que la chambre criminelle n'ait pas encore eu à connaître de cette hypothèse (Cass. crim., 11 nov. 2022, n° 22-81.383, le pourvoi posait la question de la nécessaire autorisation du magistrat en cas d'installation d'un dispositif de captation d'images dans un autre lieu que celui objet de la surveillance, dans l'hypothèse où l'intrusion dans le lieu privé, dans ses parties communes, mais sans autorisation des occupants. Ce moyen a été rejeté faute de qualité à agir du demandeur), il nous semble possible de soutenir que lorsque le dispositif de captation d'images est installé dans un lieu privé avec l'accord de son occupant légitime afin de surveiller un autre lieu privé, les enquêteurs doivent uniquement solliciter du magistrat compétent une autorisation de mise en place du dispositif. Il n'est pas nécessaire de demander une autorisation d'introduction dans un lieu privé aux fins d'installation puisque celle-ci n'est pas réalisée à l'insu de la personne surveillée mais effectuée dans un lieu coopératif avec l'accord de son occupant.

3777 **Dispositif installé par un tiers.** Lorsque la vidéosurveillance est installée par un tiers et qu'elle conduit à capter les images de personnes se trouvant dans un lieu privé, la chambre criminelle juge que :

> « Ce dispositif installé par le propriétaire dans les parties communes de son immeuble échappe aux prévisions des articles 706-96 et suivants du code de procédure pénale.
> Dès lors est régulière l'exploitation par les policiers, dans le cadre d'une enquête de flagrance, des enregistrements des caméras de surveillance communiqués sur réquisition prise en application de l'article 60-1 du code précité » (Cass. crim., 6 mars 2013, n° 12-87.810 : *Bull. crim.* n° 62).

3778 **Dispositif prévu par le Code de la sécurité intérieure.** Les articles L. 241-1 (caméras individuelles) et L. 243-1 (caméras embarquées) du Code de la sécurité intérieure permettent de procéder à des enregistrements audiovisuels des interventions des forces de l'ordre.
Aussi, il pourra être utile, dans le cadre de procédures judiciaires, de recueillir les paroles ou les images enregistrées lors d'une intervention. Pour ce faire, l'enquêteur pourra utiliser directement ces éléments (CSI, art. R. 241-3, II) ou adresser une réquisition judiciaire au service détenteur de ces enregistrements (Cass. crim., 9 janv. 2018, n° 17-82.946 : *Bull. crim.* n° 4). Il n'y a pas lieu ici de solliciter une autorisation du magistrat dans le cadre de l'article 706-96 du Code de procédure pénale.

C Déroulement des opérations

3779 Il s'agit de détailler les agents habilités à mettre en œuvre un dispositif de sonorisation et de captation d'images, les modalités de contrôle du magistrat, la rédaction des actes de procédure, les modalités d'introduction et la finalité de cette technique spéciale d'enquête.

1 Agents habilités

3780 Il résulte de l'article 706-95-17, alinéa 1er du Code de procédure pénale que la sonorisation et la captation d'images de personnes dans un lieu privé ou un véhicule « sont mises en place par l'officier de police judiciaire commis par le juge d'instruction ou requis par le procureur de la République ou, sous sa responsabilité, par l'agent de police judiciaire ».
Dans le second alinéa, cet article prévoit que :

> « En vue de procéder à l'installation, à l'utilisation et au retrait des dispositifs techniques mentionnés à la présente section, le procureur de la République, le juge d'instruction ou l'officier de police judiciaire peut requérir tout agent qualifié d'un service, d'une unité ou d'un organisme placé sous l'autorité ou la tutelle du ministre de l'intérieur ou du ministre de la défense et dont la liste est fixée par décret ».

Les agents pouvant être requis pour procéder à l'installation, à l'utilisation et au retrait d'un tel dispositif sont ceux qui sont affectés dans un service de police ou une unité de gendarmerie listé à l'article D. 15-1-5 du Code de procédure pénale (Cass. crim., 17 janv. 2023, n° 22-84.067). Pour plus de précisions, nous renvoyons à la fiche relative à la géolocalisation (V. *infra*, n° 3970).
Lorsque les enquêteurs font appel à ces agents, il y a lieu de procéder par voie de réquisition.

2 Contrôle du magistrat

3781 L'article 706-95-14 du Code de procédure pénale prévoit que « ces techniques spéciales d'enquête se déroulent sous l'autorité et le contrôle du magistrat qui les a autorisées. Ce magistrat peut ordonner à tout moment leur interruption ».

3782 De manière originale par rapport aux procédures de contrôle organisées par le Code de procédure pénale, l'alinéa 3 de l'article 706-95-14 octroie au juge du premier degré le pouvoir d'annuler des actes. Il autorise le juge des libertés et de la détention qui estime que les opérations n'ont pas été réalisées conformément à son autorisation ou que les dispositions légales n'ont pas été respectées, à ordonner la destruction des procès-verbaux et des enregistrements effectués. Ce magistrat doit rendre une ordonnance motivée susceptible d'appel devant le président de la chambre de l'instruction.
Cette disposition originale ne concerne que les « autres » techniques spéciales d'enquête, à savoir l'*IMSI-catcher*, les sonorisations et fixations d'image, la captation de données informatiques.

3783 **Information du juge des libertés et de la détention.** Les alinéas 2 et 3 de cet article détaillent les modalités d'information du juge des libertés et de la détention qui se déclinent selon deux occurrences :
- l'information, sans délai, par le procureur de la République des actes accomplis ;
- la communication au juge des libertés et de la détention des procès-verbaux dressés en exécution de sa décision.

À la lumière de ces éléments, le juge des libertés et de la détention peut décider de la destruction des procès-verbaux et des enregistrements s'il estime que les investigations diligentées ne l'ont pas été conformément à la loi ou à l'autorisation qu'il a délivrée.
Son ordonnance motivée est alors notifiée au procureur de la République qui a 10 jours pour former appel devant le président de la chambre de l'instruction.
Le texte est silencieux sur la sanction en cas d'absence d'information du juge des libertés et de la détention. On rappellera cependant qu'en matière d'interceptions de communications électroniques, la chambre criminelle juge que si c'est un juge d'instruction qui est informé lors de l'ouverture d'une information dans un délai bref, il est satisfait au contrôle voulu par la loi (Cass. crim., 26 juin 2007, n° 07-82.401 : *Bull. crim.* n° 172).

3784 **Information du juge d'instruction.** Le premier alinéa de l'article 706-95-14 du Code de procédure pénale impose aux enquêteurs

d'informer régulièrement le magistrat ayant autorisé la mesure. En réalité, il s'agit là d'une pratique qui concerne tous les actes d'enquête, quel que soit le cadre d'enquête, préliminaire, de flagrance ou sur commission rogatoire.
La chambre criminelle a cependant jugé que l'information du magistrat devait notamment avoir lieu lorsque les enquêteurs procèdent aux vérifications de bon fonctionnement ou encore au retrait du dispositif. Elle précise que les officiers de police judiciaire « sont tenus d'en rendre compte par procès-verbal au magistrat qui exerce le contrôle effectif de ces opérations » (Cass. crim., 22 nov. 2011, n° 11-84.308 : *Bull. crim.* n° 234).

CONSEIL Qu'il s'agisse de l'information du procureur de la République ou du juge d'instruction, il y a lieu de la mentionner au procès-verbal.

3785 **Le « sas ».** En cas de changement de cadre juridique alors que la sonorisation et la captation d'images est en cours, il est possible de recourir au dispositif dit du « sas » auquel nous renvoyons (V. *supra*, n° 1413).

3 Actes devant figurer en procédure

a) Ordonnance et commission rogatoire spéciale

1) Dans le cadre de l'instruction

3786 La chambre criminelle a jugé que :

« Il résulte des articles 706-96 et suivants du code de procédure pénale que le juge d'instruction qui décide de faire procéder à la mise en place d'un dispositif technique ayant pour objet, sans le consentement des intéressés, la captation, fixation, transmission et enregistrement de paroles prononcées par une ou plusieurs personnes, à titre privé ou confidentiel, ou de l'image de personnes se trouvant dans un lieu privé, doit, dans tous les cas, même lorsqu'il saisit le juge des libertés et de la détention aux fins d'introduction dans un domicile, rendre une ordonnance motivée autorisant ces opérations et précisant leur durée puis délivrer une commission rogatoire spéciale » (Cass. crim., 27 févr. 2008, n° 07-88.275 : *Bull. crim.* n° 53. – Cass. crim., 13 févr. 2008, n° 07-87.458 : *Bull. crim.* n° 40).

À l'époque où ces arrêts ont été rendus, l'article 706-96, qui permettait au seul juge d'instruction d'autoriser une sonorisation ou une captation d'images, évoquait la délivrance d'une commission rogatoire. La loi du 3 juin 2016, qui a permis le recours à la sonorisation et à la captation d'images en enquête préliminaire et en enquête de flagrance, a supprimé toute référence à l'exigence d'une commission rogatoire, en sus de l'ordonnance du juge d'instruction, dans les articles 706-95-13 et 706-96-1, alinéa 2, qui ont remplacé l'article 706-96. Bien que la DACG mentionne dans ses pages intranet (Wiki, Sonorisation et fixation d'images) que « l'ordonnance doit être complétée par la délivrance d'une commission rogatoire spéciale autorisant la mise en place du dispositif », on peut se demander si la jurisprudence de 2008 est toujours d'actualité, d'autant qu'en enquête préliminaire, la chambre criminelle n'a pas imposé d'autre mesure que le prononcé par le juge des libertés et de la détention de son ordonnance d'autorisation. L'ordonnance du juge d'instruction pourrait ainsi être exécutée dans le cadre de la commission rogatoire « générale ».

CONSEIL Malgré tout, en l'attente d'une évolution de la jurisprudence de la chambre criminelle sur ce point, il ne pourra qu'être conseillé aux juges d'instruction de rendre une ordonnance et de délivrer une commission rogatoire spéciale.

2) Dans le cadre de l'enquête préliminaire

3787 Comme il vient d'être dit, la chambre criminelle juge qu'en enquête préliminaire l'article 706-96 du Code de procédure pénale n'exige, pour sa mise en œuvre, aucune diligence spéciale ou complémentaire du juge des libertés et de la détention en plus de l'ordonnance qu'il a rendue pour autoriser la mesure (Cass. crim., 8 août 2018, n° 18-80.061).
Il n'y a pas lieu davantage à diligence spéciale ou complémentaire du magistrat du parquet.

b) Procès-verbaux et scellés

3788 L'article 706-95-18 du Code de procédure pénale précise les procès-verbaux qui doivent être réalisés par les enquêteurs, à savoir :
- le procès-verbal de mise en place du dispositif ;
- le procès-verbal des opérations effectuées ;
- le procès-verbal d'exploitation des éléments recueillis.

1) Le procès-verbal de mise en place du dispositif ou procès-verbal « technique »

3789 Il consiste à rendre compte de l'installation du dispositif et doit contenir la date et l'heure de l'installation mais, aussi, l'indication du lieu d'installation afin de permettre à l'autorité judiciaire d'en assurer le contrôle, notamment s'agissant des éventuelles autorisations d'introduction devant être délivrées le cas échéant (V. *supra*, n° 3753).

Ce procès-verbal est, soit rédigé par l'enquêteur si c'est lui-même qui procède à l'installation, soit par le technicien requis. Cependant, l'article 706-95-18 n'impose pas que ce soit le technicien qui rédige lui-même le procès-verbal « technique » même si c'est lui qui a installé le dispositif. Celui-ci peut donc être rédigé par l'officier ou l'agent de police judiciaire. En effet, parmi les services et unités listés à l'article D. 15-1-5, tous ne sont pas inscrits au décret de catégories de services, et ne comportent donc pas dans leurs rangs des officiers et agents de police judiciaire. Il revient dès lors bien à l'officier ou à l'agent de police judiciaire, qui a confié la mission à l'un de ces services ou unités, de rendre compte de la bonne exécution de la mission.

CONSEIL Il semble recommandé d'acter au procès-verbal « technique » que le technicien a informé l'enquêteur de la pose (ou du retrait) d'un tel dispositif ainsi que le lieu et l'heure de celle-ci.

La chambre criminelle a apporté une précision utile lorsque l'installation d'un tel dispositif est faite par un service ou une unité listé à l'article D. 15-1-5 du Code de procédure pénale. Elle juge que :

> « Aucune disposition de la loi n'impose une désignation nominative, par le juge d'instruction ou par le procureur de la République, de l'officier ou de l'agent de police judiciaire chargé de la mise en place des dispositifs techniques prévus à l'article 706-96 du code de procédure pénale, dont l'utilisation « a été autorisée par le juge des libertés et de la détention » (Cass. crim., 6 avr. 2022, n° 21-84.092).

3790 Naturellement, un tel procès-verbal doit également être rédigé lors de la désinstallation du dispositif et en cas d'opération de vérification du bon fonctionnement (Cass. crim., 22 nov. 2011, n° 11-84.308 : *Bull. crim.* n° 234).

2) Le procès-verbal d'enregistrement des paroles et de captation d'images

3791 Cet acte de procédure permet de contrôler la mise en place effective du dispositif, c'est-à-dire à partir de quel moment précis les enquêteurs ont commencé à surveiller la personne, à écouter ses conversations ou à capter des images dans un lieu privé ou un véhicule. La mention de la date et de l'heure prévue à ce procès-verbal vise à s'assurer du respect de la durée autorisée par le magistrat. Le contrôle ne porte plus ici sur les conditions d'installation ou de désinstallation, mais sur la durée de la période de recueil des éléments.

3) Le procès-verbal d'exploitation des éléments

3792 Il s'agit du procès-verbal dans lequel l'enquêteur décrit ou transcrit les éléments utiles à la manifestation de la vérité. Ce procès-verbal comporte souvent des extraits de captation d'images lorsqu'elles sont éclairantes.

L'article 706-95-18 précise ce qu'il faut entendre par « utile à la manifestation de la vérité » en indiquant qu'« aucune séquence relative à la vie privée étrangère aux infractions visées dans les ordonnances autorisant la mesure ne peut être conservée dans le dossier de la procédure ».

Il ajoute enfin que « les conversations et données en langue étrangère sont transcrites en français avec l'assistance d'un interprète requis à cette fin ».

4) Les scellés

3793 Les articles 706-95-18 et 706-95-19 du Code de procédure pénale indiquent que, d'une part, les enregistrements sont placés sous scellés fermés et, d'autre part, qu'ils sont détruits, « à la diligence du procureur de la République ou du procureur général, à l'expiration du délai de prescription de l'action publique. Il est dressé procès-verbal de l'opération de destruction ».

3794 **Copie de travail.** Une fois les opérations terminées, il y a donc lieu de placer les enregistrements des données recueillies sous scellés. Les copies de travail que les enquêteurs auraient pu valablement faire pendant qu'ils exécutaient leur mission ne peuvent plus être utilisées par eux une fois les diligences terminées et retournées au magistrat compétent (Cass. crim., 8 juill. 2015, n° 15-81.731 : *Bull. crim.* 2015, n° 174 et Cass. crim., 11 mai 2021, n°s 20-86.182, 20-82.415).

4 Modalités d'introduction

3795 Si l'autorisation d'introduction dans un véhicule ou un lieu privé doit contenir les mentions obligatoires prévues aux articles 706-95-13 et 706-97 du Code de procédure pénale, il n'y a pas lieu d'y détailler les « techniques » utilisées. Il ne s'agit en effet que de la déclinaison opérationnelle de l'autorisation qui est sans incidence sur la légalité de la mesure. Toutefois, certains points doivent être précisés.

3796 **Installation ou désinstallation à l'occasion d'un autre acte d'enquête.** L'article 706-96-1 du Code de procédure pénale indique que :

> « Ces opérations, qui ne peuvent avoir d'autre fin que la mise en place du dispositif technique, sont effectuées sous l'autorité et le contrôle du juge d'instruction ».

Ainsi, la chambre criminelle ne permet pas qu'une mesure de perquisition serve à des enquêteurs pour mettre en place un dispositif de sonorisation ou de captation d'images car une perquisition ne peut avoir d'autres fins que la recherche d'objets utiles à la manifestation de la vérité (Cass. crim., 15 févr. 2000, n° 99-86.623 : *Bull. crim.* n° 68).

3797 **Autorisation délivrée par un tiers.** La jurisprudence de la chambre criminelle semble hésitante quant à la possibilité pour les enquêteurs d'entrer dans un lieu privé (en général, les parties communes d'une copropriété) avec l'accord du syndic sans autorisation d'un juge (Cass. crim., 27 mai 2009, n° 09-82.115, publié au bulletin. – A. et M. Haas, *Le syndic qui se pare des plumes du juge d'instruction : Dr. pén.* sept. 2009, n° 9, comm. 114. – Cass. crim., 31 janv. 2017, n° 16-84.462. – Cass. crim., 23 janv. 2013, n° 12-85.059 : *Bull. crim.* n° 29. – Cass. crim., 23 oct. 2013, n° 13-82.762 : *Bull. crim.* n° 203).

CONSEIL En l'état de ces incertitudes, il semble prudent de solliciter l'autorisation d'introduction du juge compétent.

3798 **Matériel utilisé.** L'article 706-98 du Code de procédure pénale dispose que :

> « Les officiers ou agents de police judiciaire ou les agents qualifiés chargés de procéder aux opérations prévues à l'article 706-96 sont autorisés à détenir à cette fin des appareils relevant des dispositions de l'article 226-3 du code pénal ».

3799 C'est l'Agence nationale de la sécurité des systèmes d'information (ANSSI) qui fixe la liste des appareils et des dispositifs techniques pouvant être utilisés pour les opérations de sonorisation par les services de police et les unités de gendarmerie (CPP, art. R. 226-1).

5 Finalité

3800 **Procédures incidentes.** L'article 706-95-14 du Code de procédure pénale alinéa 2 précise que :

> « Les opérations ne peuvent, à peine de nullité, avoir un autre objet que la recherche et la constatation des infractions visées dans les décisions du magistrat. Le fait que ces opérations révèlent des infractions autres que celles visées dans l'autorisation du magistrat ne constitue pas une cause de nullité des procédures incidentes ».

La découverte d'infractions incidentes, c'est-à-dire mises à jour fortuitement, doit être portée à la connaissance du magistrat qui contrôle les opérations, le juge des libertés et de la détention ou le juge d'instruction. Le procureur de la République doit être informé de ces nouveaux faits afin de prendre la décision sur les suites à donner à cette découverte (V. *supra*, n° 845).

Par ailleurs, la chambre criminelle précise que les enquêteurs qui s'introduisent dans un lieu privé pour y installer un dispositif de sonorisation et de captation d'images, peuvent, à cette occasion, procéder à des constatations visuelles dans le lieu privé objet de l'acte d'enquête, faute d'avoir pu installer ledit dispositif (Cass. crim., 23 janv. 2013, n° 12-85.059 : *Bull. crim.* n° 29).

3801 **Utilisation des éléments recueillis dans une autre procédure.** Le juge d'instruction peut exploiter dans le cadre d'une procédure pénale une mesure de sonorisation ordonnée dans le cadre d'une autre procédure (Cass. crim., 11 mai 2021, n°s 20-86.182, 20-82.415).

3802 **Détournement de procédure.** Nous renvoyons ici à la fiche consacrée à la loyauté dans la recherche de la preuve (V. *supra*, n° 1650). Sur l'utilisation de la technique de sonorisation ou de captation, la chambre criminelle précise spécifiquement que :

> « Il résulte des articles 706-96 et 706-96-1 du code de procédure pénale qu'une mesure de sonorisation dans un lieu privé peut être autorisée si les nécessités de l'enquête relative à une infraction prévue par les articles 706-73 ou 706-73-1 du code de procédure pénale l'exigent et hors le cas d'un détournement de procédure ; que l'existence d'un tel détournement s'entend en pareil cas du fait, pour des agents publics, de se placer faussement et à dessein dans le champ d'application des articles 706-73 et 706-73-1 précités, à seule fin de mettre en œuvre les pouvoirs conférés par les articles 706-96 et 706-96-1 du code de procédure pénale, dont ils n'auraient pu disposer autrement.
> Ne justifie pas sa décision la chambre de l'instruction qui, pour retenir un détournement de procédure, énonce que l'implication des protagonistes dans les faits ayant justifié le recours à la sonorisation n'est pas établie et que les intéressés ont ultérieurement été mis en examen pour des faits distincts » (Cass. crim., 18 juin 2019, n° 19-80.015 : *Bull. crim.* 2019, n° 119).

L'ESSENTIEL 3803 **Définitions.** La sonorisation est le dispositif qui permet d'entendre, à leur insu, les paroles de personnes qui sont échangées à titre privé ou confidentiel, que ces personnes se trouvent dans un lieu public ou dans un lieu privé. Sont donc exclus du champ d'application les paroles prononcées publiquement ou encore celles recueillies, en privé, avec l'accord de la personne (V. *supra*, n° 3724).

3804 La captation d'images recouvre les moyens qui permettent de capter, fixer, transmettre et enregistrer l'image d'une personne, à son insu, se trouvant dans un lieu privé non visible depuis la voie publique (V. *supra*, n°s 3732 et s.).

Cependant, et même si l'article 706-96 ne concerne que la captation d'images de personnes, l'évolution de la jurisprudence conduit à préconiser de recourir aux dispositions de cet article dès lors que cette captation d'images est dirigée vers un lieu privé (V. *supra*, n° 3733).

Les constatations visuelles, c'est-à-dire celles faites à l'œil nu dans un lieu privé ne relèvent pas du champ d'application de la captation d'images dans un lieu privé.

Quant à la captation d'images d'une personne sur la voie publique, elle relève d'un autre régime (V. *infra*, n°s 3819 et s.).

3805 **Conditions de mise en œuvre du dispositif de sonorisation et/ou de captation d'images.** Il est possible de mettre en œuvre, en même temps, un dispositif de sonorisation et de captation d'images. Que le dispositif soit simple ou double, il nécessite pour sa mise en œuvre que les infractions relèvent de :

– la criminalité et de la délinquance organisées (CPP, art. 706-73 et 706-73-1) ;

– l'article 706-72 du Code de procédure qui renvoie aux délits prévus à l'article 323-4-1 du Code pénal et au blanchiment des mêmes délits ainsi qu'à l'association de malfaiteurs lorsqu'elle a pour objet la préparation de l'un desdits délits ;

– l'article 706-1-1, à savoir les délits prévus :

1° aux articles 432-11, 432-15, 433-1, 433-2, 434-9, 434-9-1, 435-1 à 435-4 et 435-7 à 435-10 du Code pénal,

2° aux articles 1741 et 1743 du Code général des impôts, lorsqu'ils sont commis en bande organisée ou lorsqu'il existe des présomptions caractérisées que ces infractions résultent d'un des comportements mentionnés aux 1° à 5° du II de l'article L. 228 du Livre des procédures fiscales,

3° au dernier alinéa de l'article 414 et à l'article 415 du Code des douanes, lorsqu'ils sont punis d'une peine d'emprisonnement d'une durée supérieure à cinq ans,

4° aux articles L. 465-1 à L. 465-3-3 du Code monétaire et financier lorsqu'ils sont commis en bande organisée ;

– l'article 706-1-2, à savoir les délits prévus au dernier alinéa des articles L. 241-3 et L. 242-6 du Code de commerce ;

– l'article 706-2-2, à savoir :

1° les délits prévus aux articles L. 5421-2, L. 5421-13, L. 5426-1, L. 5432-1, L. 5432-2, L. 5432-3, L. 5438-4, L. 5438-6, L. 5439-1, L. 5439-2, L. 5442-10, L. 5442-14, L. 5461-3 et L. 5462-3 du Code de la santé publique, lorsqu'ils sont punis d'une peine d'emprisonnement d'une durée supérieure à cinq ans,

2° les délits prévus aux articles L. 451-2 et L. 454-3 du Code de la consommation.

et au blanchiment de ces délits.

3806 **Cadres juridiques.** La sonorisation et la captation d'images de personnes peuvent être utilisées au cours d'une enquête préliminaire ou de flagrance ou d'une instruction (V. *supra*, n° 3741).

3807 **Autorisation de mise en œuvre du dispositif.** L'autorisation de recourir à cette technique spéciale d'enquête est délivrée par (V. *supra*, n°s 3742 et s.) :

	Enquête préliminaire et de flagrance	Instruction
Magistrat compétent	juge des libertés et de la détention sur requête du procureur de la République	juge d'instruction après avis du procureur de la République
Durée	1 mois renouvelable 1 fois	4 mois renouvelable pour une durée maximale de 2 ans

3808 Le point de départ du décompte de la durée de ces mesures est le jour de la mise en place effective du dispositif et non le jour où l'autorisation est délivrée (V. *supra*, n° 3745).

3809 **Contenu de l'autorisation.** Cette autorisation doit être écrite et motivée en fait et en droit et doit contenir « tous les éléments permettant d'identifier les véhicules ou les lieux privés ou publics visés, l'infraction qui motive le recours à ces mesures ainsi que la durée de celles-ci » (V. *supra*, n°s 3746 et s.).

En cas d'urgence, au cours de l'instruction, le juge d'instruction peut ne pas solliciter l'avis du parquet (V. *supra*, n° 3752).

3810 **Autorisation d'introduction dans un lieu privé ou un véhicule.** La détermination de la nature du lieu dans lequel les enquêteurs ou les agents doivent s'introduire conditionne la qualité du magistrat qui délivre cette autorisation. Il faut distinguer entre le véhicule, le lieu privé et le local d'habitation. Dans ce dernier cas, il faut aussi tenir compte du respect des heures légales (V. *supra*, n°s 3756 et s.). Enfin, les lieux qui ne peuvent faire l'objet d'une sonorisation et d'une captation d'images ne peuvent également pas faire l'objet d'une introduction (V. *supra*, n° 3762). L'autorisation d'introduction concerne également les opérations de retrait et de maintenance (V. *supra*, n° 3773).

3811 **Tableau récapitulatif des autorisations d'introduction.**

	Instruction	Enquête de flagrance et préliminaire
Véhicule	Juge d'instruction	Juge des libertés et de la détention sur requête du procureur de la République
Lieux privés pendant et hors heures légales	Juge d'instruction	Juge des libertés et de la détention sur requête du procureur de la République
Local d'habitation	Juge d'instruction	Juge des libertés et de la détention sur requête du procureur de la République
Local d'habitation hors heures légales	Juge des libertés et de la détention saisi par le juge d'instruction	Juge des libertés et de la détention sur requête du procureur de la République

3812 **Absence d'autorisation.** Dans certains cas cette autorisation n'est pas nécessaire – autorisation de l'occupant du lieu privé, installation par un tiers ou installation réalisée dans le cadre du Code de la sécurité intérieure – (V. *supra*, n° 3776).

3813 **Déroulement des opérations.** Le dispositif de sonorisation et de captation d'images peut être mis en place par des officiers de police judiciaire, ou, sous leur responsabilité, par des agents de police judiciaire. Cependant, si le magistrat en charge des investigations ou les enquêteurs souhaitent requérir un agent qualifié pour y procéder, celui-ci devra appartenir à un service ou à une unité listé à l'article D. 15-1-5 du Code de procédure pénale (V. *supra*, n° 3780).

3814 En cas de changement de cadre juridique au cours des opérations, les dispositions relatives au sas sont applicables (V. *supra*, n° 3785).

3815 Bien que la loi du 3 juin 2016 ait supprimé la référence à la délivrance d'une commission rogatoire spéciale, il ne pourra qu'être conseillé aux juges d'instruction d'en délivrer une en plus de l'ordonnance d'autorisation.
En revanche, il est sûr que l'ordonnance délivrée par le juge des libertés et de la détention ne nécessite pas de diligence supplémentaire (V. *supra*, n°s 3786 et s.).

3816 **Procès-verbaux et scellés.** Le Code de procédure pénale impose la rédaction de 3 types de procès-verbaux :
- le PV de mise en place du dispositif ;
- le PV des opérations effectuées ;
- le PV d'exploitation des éléments recueillis.

Les enregistrements sont placés sous scellés fermés et sont détruits, à la diligence du procureur de la République ou du procureur général, à l'expiration du délai de prescription de l'action publique (V. *supra*, n°s 3788 et s.). Des copies peuvent être réalisées (V. *supra*, n° 3794).

3817 **Modalités d'introduction et matériel utilisé.** L'autorisation d'introduction ne peut avoir d'autres fins que l'installation du dispositif qu'elle prévoit (V. *supra*, n° 3795).
Quant au matériel de sonorisation utilisé, il doit se conformer aux exigences de l'ANSSI (V. *supra*, n° 3799).

3818 **Procédures incidentes.** La révélation fortuite d'autres infractions au cours du déroulement des opérations n'est pas une cause de nullité de la procédure sous réserve du respect du principe de loyauté dans la recherche et le recueil de la preuve (V. *supra*, n° 3800).

II La captation d'images sur la voie publique

3819 Rappelons que la sonorisation, qu'elle concerne des paroles privées ou confidentielles prononcées dans un lieu privé ou public ou dans un véhicule, relève du régime juridique précédemment décrit et de l'article 706-96 du Code de procédure pénale (V. *supra*, n° 3724).

3820 La captation d'images, entendue largement, voit son régime juridique dépendre du lieu où sont captées les images.

3821 Ainsi, les images de personnes captées dans un lieu privé relèvent de l'article 706-96 du Code de procédure pénale (V. *supra*, n° 3732).

Si par définition, la captation d'images dans un lieu public ou sur la voie publique est exclue du champ d'application de l'article 706-96, elle est désormais régie par la jurisprudence de la chambre criminelle et les articles 230-47 et s. du Code de procédure pénale.

En effet, selon une distinction que l'on aurait pu espérer plus simple, le législateur est venu encadrer les « captations et fixations d'images dans les lieux publics au moyen de dispositifs aéroportés » (A).

Aussi, restent régies par la jurisprudence de la chambre criminelle les captations d'images réalisées par d'autres moyens que ceux aéroportés (B).

Toutefois, par une dépêche en date du 31 mai 2022, la DACG a précisé que :

> « Ces dispositions législatives [CPP, art. 230-47 et s.] ne sont toutefois pas suffisantes pour permettre la mise en œuvre des captations. En effet, comme l'ont rappelé à plusieurs reprises la Commission nationale de l'informatique et des libertés ainsi que le Conseil d'État, l'utilisation des drones aux fins de captation d'images constitue un traitement de données à caractère personnel au sens de la directive (UE) 2016/680 du 27 avril 2016 et, par suite, au sens de la loi du 6 janvier 1978 relative à l'informatique, aux fichiers et aux libertés.
>
> La qualification de traitement de données à caractère personnel entraîne l'application d'un certain nombre d'exigences que les dispositions légales ne permettent pas totalement de satisfaire.
>
> L'utilisation des drones dans le cadre des procédures judiciaires est ainsi subordonnée à la prise d'un décret en Conseil d'État autorisant la mise en œuvre de ce traitement de données à caractère personnel, pris après avis de la CNIL ».

Cette analyse de la DACG semble discutable dans la mesure où le législateur n'a pas subordonné la mise en œuvre de ce dispositif à un quelconque décret, à la différence de sa mise en œuvre dans le cadre administratif (CSI, art. L. 242-8). De même, il apparaît que l'utilisation de drone ou de tout dispositif aéroporté, à partir du moment où elle est autorisée par un magistrat de l'ordre judiciaire, dans le cadre d'une procédure judiciaire, semble parfaitement remplir les exigences du Conseil constitutionnel, du Conseil d'État et de la CNIL. D'ailleurs, la chambre criminelle a jugé que le recours à un drone pour surveiller un lieu privé, mis en place avant la promulgation des articles 230-47 et s. du Code de procédure pénale, entrait dans les prévisions de l'article 706-96 du même code sans méconnaître le principe conventionnel de prévisibilité prévu par la Convention EDH (Cass. crim., 15 nov. 2022, n° 22-80.097, publié au bulletin). Or, aucun décret ne vient compléter l'article 706-96 du Code de procédure pénale.

A Captation d'images dans les lieux publics au moyen de dispositifs aéroportés

3822 Les articles 230-47 et suivants encadrent le recours à des dispositifs aéroportés pour réaliser des captations et des fixations d'images sur la voie publique, dont il a été succinctement question à propos de la recherche de personnes en fuite (V. *supra*, n° 1238).

1 Champ d'application

a) Cadres d'enquête

3823 L'article 230-47 du Code de procédure pénale autorise le recours à un dispositif aéroporté de captation et de fixation d'images dans le cadre :

> « 1° D'une enquête ou d'une instruction portant sur un crime ou sur un délit puni d'au moins trois ans d'emprisonnement ;
>
> 2° D'une procédure d'enquête ou d'instruction de recherche des causes de la mort ou de la disparition prévue aux articles 74, 74-1 et 80-4 ;
>
> 3° D'une procédure de recherche d'une personne en fuite prévue à l'article 74-2 ».

b) Objet de la mesure

3824 L'article 230-47 du Code de procédure pénale dispose, dans son alinéa 1er, que :

> « Il peut être recouru, au moyen de caméras aéroportées, à la mise en place d'un dispositif technique ayant pour objet la captation, la fixation, la transmission et l'enregistrement sans leur consentement de l'image d'une ou de plusieurs personnes se trouvant dans un lieu public ».

Trois séries d'interrogations apparaissent à la lecture de cet alinéa auxquelles la chambre criminelle sera sans aucun doute amenée à répondre.

3825 **Que faut-il entendre par « caméras aéroportées » ?** S'agit-il ici uniquement des drones, tel que cela était prévu dans la version initiale du projet de loi, ou cela vise-t-il toutes les caméras aéroportées installées tant sur un drone que sur un hélicoptère ou sur un avion de reconnaissance, par exemple ?

3826 ***Quid* de la « captation, la fixation, la transmission et l'enregistrement » par caméra ?** Si les termes de captation, fixation, transmission et enregistrement sont repris de l'article 706-96 du Code de procédure pénale, l'article 230-47 ne concerne que les caméras à la différence de l'article 706-96 qui vise tout dispositif technique (V. *supra*, nos 3728 et s.). Or l'acception courante du terme caméra vise l'enregistrement d'images photographiques successives afin de restituer l'impression de mouvement. Il nous semble que cela exclut la prise d'images fixes que sont les photographies.

3827 **Quid des images des (seules) personnes ?** L'article 230-47 du Code de procédure pénale limite le champ d'application aux images de personnes et en exclut donc les images de choses ou de biens (V. *supra*, n° 3733). Il serait souhaitable que la jurisprudence ne fasse pas une interprétation extensive de ce texte en l'étendant à la captation d'images d'objets.

2 Autorisation du magistrat et durée de la mesure

a) Magistrat compétent et durée

3828 **La mise en place d'un tel dispositif requiert l'autorisation d'un magistrat.** Le Code de procédure pénale désigne le magistrat compétent et la durée maximale pendant laquelle il peut être recouru à ce dispositif.
L'article 230-48 du Code de procédure pénale dispose que ce moyen peut être mis en œuvre :

> « 1° Dans le cadre d'une enquête de flagrance, d'une enquête préliminaire ou d'une procédure prévue aux articles 74 à 74-2, par le procureur de la République, pour une durée maximale d'un mois renouvelable une fois ;
> 2° Dans le cadre d'une instruction ou d'une information pour recherche des causes de la mort ou des causes de la disparition mentionnées aux articles 74, 74-1 et 80-4, par le juge d'instruction, pour une durée maximale de quatre mois renouvelable, sans que la durée totale des opérations puisse excéder deux ans ».

Dans le cadre des enquêtes de flagrance, préliminaire ou de celles prévues aux articles 74 à 74-2, la durée totale de cette mesure sera au maximum de 2 mois, alors que dans le cadre d'une instruction ou d'une information pour recherche des causes de la mort ou des causes de la disparition mentionnées aux articles 74, 74-1 et 80-4, la durée totale sera au maximum de deux ans.

3829 **Contrôle par le magistrat.** L'article 230-50 dispose que :

> « Les opérations prévues au présent chapitre se déroulent sous l'autorité et le contrôle du magistrat qui les a autorisées. Ce magistrat peut ordonner à tout moment leur interruption.
> Les opérations ne peuvent, à peine de nullité, avoir un autre objet que celui pour lequel elles ont été autorisées. Le fait que ces opérations révèlent d'autres infractions ne constitue pas une cause de nullité des procédures incidentes ».

Il y a lieu ici, comme pour bon nombre d'actes d'enquête, d'informer régulièrement le magistrat compétent des résultats des investigations.

> **CONSEIL** Il peut être utile de faire apparaître au procès-verbal (de l'acte d'enquête) ou du procès-verbal de synthèse que le magistrat a été régulièrement informé.

b) Contenu de la décision

3830 L'article 230-49 du Code de procédure pénale dispose que :
– la décision autorisant le recours à ce dispositif doit comporter tous les éléments permettant d'identifier les lieux concernés et précise sa durée ;
– l'autorisation du procureur de la République ou du juge d'instruction, qui peut être donnée par tout moyen, est mentionnée ou versée au dossier de la procédure. Elle n'a pas de caractère juridictionnel et n'est susceptible d'aucun recours.

> **CONSEIL** Il est recommandé d'acter au procès-verbal les autorisations données par le magistrat, surtout lorsque celles-ci le sont verbalement, le texte autorisant qu'elles le soient par « tout moyen ».

3831 **Réquisition ou commission rogatoire.** L'article 230-51 du Code de procédure pénale prévoit que :

> « Le dispositif technique est mis en place par l'officier de police judiciaire commis par le juge d'instruction ou requis par le procureur de la République ou, sous sa responsabilité, par l'agent de police judiciaire ».

Ce dispositif peut être mis en place par l'officier de police judiciaire, ou sous son contrôle, par l'agent de police judiciaire. La lettre du texte semble imposer un acte particulier qui peut être une commission rogatoire ou une réquisition. En tout état de cause, il est possible de soutenir que la désignation de l'officier de police judiciaire pour la mise en place de ce dispositif pourra trouver sa place au sein de l'acte autorisant le recours à ce dispositif (soit-transmis, commission rogatoire...). Il semble également permis de concevoir que l'officier de police judiciaire, ou, sous sa responsabilité, l'agent de police judiciaire, pourra requérir toute personne qualifiée pour mettre en place ce dispositif et le faire fonctionner. En effet, le pilotage d'un drone n'est pas chose aisée et des fonctionnaires de police et des militaires de la gendarmerie sont formés à cette fin. Les requérir, semble opportun.

3 Déroulement de la mesure

3832 Les articles 230-50 à 230-53 du Code de procédure pénale s'attachent à la rédaction des procès-verbaux et aux scellés.

a) Rédaction des procès-verbaux

3833 Comme pour la géolocalisation ou la sonorisation et la captation d'images de personnes dans un véhicule ou un lieu privé, le Code de procédure pénale impose la rédaction de trois types de procès-verbaux que nous citerons ici pour mémoire :
– le procès-verbal de mise en place du dispositif ;
– le procès-verbal des opérations effectuées ;
– le procès-verbal d'exploitation des éléments recueillis.
Pour le détail du contenu de ces procès-verbaux, nous renvoyons à la sonorisation et à la captation d'images (V. *supra*, n°s 3788 et s.). Naturellement les données enregistrées ici sont uniquement des images.

b) Les scellés

3834 Les dispositions étant strictement identiques à celles prévues pour la sonorisation et la captation d'images de personnes dans un véhicule ou un lieu privé, nous y renvoyons expressément (V. *supra*, n° 3793).

3835 **Procédures incidentes.** Selon une formule utilisée couramment par le Code de procédure pénale, les infractions qui seraient relevées de manière fortuite par cet acte d'enquête ne constituent pas une cause de nullité de ces procédures incidentes. Toutefois, il faut ajouter que cela s'entend sous la réserve du respect du principe de loyauté dans la recherche de la preuve, c'est-à-dire en l'absence de tout détournement ou contournement de procédure (V. *supra*, n° 1650).

B Les autres captations d'images

3836 Par plusieurs arrêts, la chambre criminelle est venue encadrer le recours à des dispositifs de captation d'images sur la voie publique autres que les dispositifs aéroportés (V. *supra*, n° 3822).

1 Champ d'application de la captation d'images

3837 La chambre criminelle juge qu'il peut être recouru à un dispositif de captation d'images sur la voie publique tant dans le cadre de l'instruction que des enquêtes préliminaires ou de flagrance. Elle ne soumet pas le recours à cette technique d'enquête à un quantum de peine.

a) Cadres d'enquête

3838 **Enquête de flagrance et préliminaire.** La Cour de cassation juge que :

« 9. Le procureur de la République tient des articles 39-3 et 41 du code de procédure pénale le pouvoir de faire procéder, sous son contrôle effectif et selon les modalités qu'il autorise s'agissant de sa durée et de son périmètre, à une vidéosurveillance sur la voie publique, aux fins de rechercher la preuve des infractions à la loi pénale.
10. L'ingérence dans la vie privée qui résulte d'une telle mesure présentant par sa nature même un caractère limité et étant proportionnée au regard de l'objectif poursuivi, elle n'est pas contraire à l'article 8 de la Convention européenne des droits de l'homme » (Cass. crim., 8 déc. 2020, n° 20-83.885).

Elle a également précisé, s'agissant de l'installation du dispositif de captation d'images dans un lieu privé, que :

« 14. (...), la mise en œuvre d'un dispositif de captation d'images ne nécessite pas l'autorisation du juge des libertés et de la détention lorsque, placé dans un lieu privé, il ne vise qu'à capter, fixer, transmettre ou enregistrer l'image d'une ou de plusieurs personnes se situant sur la voie publique.
15. (...), cette mise en œuvre nécessite l'accord du propriétaire du lieu dans lequel se trouve le dispositif, accord dont l'existence a été également constatée par la chambre de l'instruction » (Cass. crim., 18 mai 2021, n° 20-86.266).

3839 **Instruction.** La chambre criminelle juge, au visa des articles 8 de la Convention européenne des droits de l'homme et 81 du Code de procédure pénale, que :

« ... si le juge d'instruction tire du second de ces textes, interprété à la lumière du premier, le pouvoir de faire procéder à une vidéosurveillance sur la voie publique aux fins de rechercher des preuves des infractions dont il est saisi, à l'encontre des personnes soupçonnées de les avoir commises, une telle ingérence dans la vie privée présentant, par sa nature même, un caractère limité et étant proportionnée au regard de l'objectif poursuivi, il doit résulter des pièces de l'information que la mesure a été mise en place sous le contrôle effectif de ce magistrat et selon les modalités qu'il a autorisées » (Cass. crim., 11 déc. 2018, n° 18-82.365 : *Bull. crim.* n° 211).

b) Définition de la captation d'images

3840 Le dispositif dont la chambre criminelle organise la mise en œuvre est uniquement celui de la vidéosurveillance et non celui de la vidéoprotection, dispositif qui préexiste à l'enquête judiciaire et qui est mis en place par une collectivité territoriale ou par une personne privée (CSI, art. L. 251-1 et s.). Le recueil des images filmées par la vidéoprotection municipale ou privée se fait de façon simple par le biais de la réquisition judiciaire (Cass. crim., 9 janv. 2018, n° 17-82.946 : *Bull. crim.* n° 4 et Cass. crim., 6 mars 2013, n° 12-87.810 : *Bull. crim.* n° 62).

3841 **Vidéosurveillance à l'exclusion des photographies.** La chambre criminelle juge que seul l'acte d'enquête consistant en une vidéosurveillance, autrement dit une captation d'images animées en continu sur la voie publique, doit faire l'objet d'une autorisation préalable du magistrat. Elle juge que la prise de photographies au cours d'une surveillance ne nécessite pas une telle autorisation (Cass. crim., 6 avr. 2022, n° 21-84.092).

3842 La position de la Cour européenne des droits de l'homme est la même que celle de la chambre criminelle s'agissant des photographies prises sur la voie publique. En effet, selon cette dernière, la surveillance des faits et gestes d'un individu dans un lieu public au moyen d'un équipement photographique sans enregistrement n'emporte pas en soi atteinte à sa vie privée, mais l'enregistrement de données peut justifier la conclusion contraire, surtout s'il est de nature systématique ou permanente (CEDH, 28 janv. 2003, n° 44647/98, *Peck c/ Royaume-Uni*).

2 Contenu de l'autorisation du magistrat

3843 L'autorisation de mettre en place un dispositif de vidéosurveillance, par le procureur de la République dans le cadre d'une enquête préliminaire ou de flagrance, ou du juge d'instruction lors d'une information judiciaire, doit mentionner :
– le ou les lieux concernés par la vidéosurveillance ;
– une période délimitée de recours à cette vidéosurveillance.
La chambre criminelle impose que le magistrat soit régulièrement informé des résultats de cet acte d'enquête afin d'exercer effectivement son contrôle (Cass. crim., 11 déc. 2018, n° 18-82.365 : *Bull. crim.* n° 211 et Cass. crim., 18 juin 2019, n° 18-86.421 : *Bull. crim.* 2019, n° 122).

CONSEIL Si le texte prévoit que l'autorisation peut être donnée par tout moyen, la délivrance d'un soit-transmis ou d'une commission rogatoire permettront d'éviter toute ambiguïté quant à la zone et la durée de l'autorisation.
Si l'autorisation est donnée verbalement, les enquêteurs auront intérêt à acter au procès-verbal l'autorisation donnée, par tout moyen, par le magistrat en charge de l'enquête.
Les enquêteurs devront, en tout état de cause, mentionner en procédure :
– le fait que le magistrat est régulièrement informé des résultats des investigations (ex. : PV relatant les résultats des actes d'enquête, PV relatant les directives ou le point de situation fait au magistrat...) ;
– le cas échéant, cette mention de l'information régulière du magistrat trouvera également toute sa place au procès-verbal de synthèse (Cass. crim., 18 juin 2019, n° 18-86.421 : *Bull. crim.* 2019, n° 122).

L'ESSENTIEL **3844** **Captation d'images de personnes sur la voie publique par un dispositif aéroporté.** La captation d'images de personnes sur la voie publique au moyen de dispositifs aéroportés est régie par le Code de procédure pénale. Cette captation, qui consiste en un recours à une caméra, semble concerner les drones à titre principal dès lors que ceux-ci sont utilisés sur la voie publique. Lorsqu'ils survolent un lieu privé, ce sont les dispositions relatives à la captation d'images dans un lieu privé qui s'appliquent (V. *supra*, n°s 3822 et 3732).
3845 Il nous semble que cela exclut la prise d'images fixes que sont les photographies.
3846 Cette captation d'images par un dispositif aéroporté peut être utilisée dans le cadre :
« 1° D'une enquête ou d'une instruction portant sur un crime ou sur un délit puni d'au moins trois ans d'emprisonnement ;
2° D'une procédure d'enquête ou d'instruction de recherche des causes de la mort ou de la disparition prévue aux articles 74, 74-1 et 80-4 ;
3° D'une procédure de recherche d'une personne en fuite prévue à l'article 74-2 ».
3847 Le Code de procédure pénale prévoit, s'agissant du magistrat compétent et de la durée de la mesure, que ce moyen peut être mis en œuvre :
« 1° Dans le cadre d'une enquête de flagrance, d'une enquête préliminaire ou d'une procédure

prévue aux articles 74 à 74-2, par le procureur de la République, pour une durée maximale d'un mois renouvelable une fois ;
2° Dans le cadre d'une instruction ou d'une information pour recherche des causes de la mort ou des causes de la disparition mentionnées aux articles 74, 74-1 et 80-4, par le juge d'instruction, pour une durée maximale de quatre mois renouvelable, sans que la durée totale des opérations puisse excéder deux ans » (V. *supra*, n° 3823).

3848 La décision du magistrat autorisant le recours à ce dispositif aéroporté doit comporter tous les éléments permettant d'identifier les lieux concernés et préciser sa durée (V. *supra*, n° 3828).

3849 Ce dispositif peut être mis en place par l'officier de police judiciaire, ou sous son contrôle, par l'agent de police judiciaire. Ces derniers peuvent au besoin requérir toute personne qualifiée pour mettre en place ou utiliser ce dispositif (V. *supra*, n° 3831).

3850 Trois types de procès-verbaux devront être établis :
– le procès-verbal de mise en place du dispositif ;
– le procès-verbal des opérations effectuées ;
– le procès-verbal d'exploitation des éléments recueillis (V. *supra*, n° 3832).

3851 Les scellés relèvent du même régime que celui de la sonorisation et de la captation d'images (V. *supra*, n° 3793).

3852 **Autres captations d'images de personnes sur la voie publique.** Le régime juridique de la vidéosurveillance sur la voie publique – qui ne doit pas être confondu avec celui de la vidéo protection qui existe en dehors de toute enquête judiciaire – est encadré par la jurisprudence de la chambre criminelle (V. *supra*, n°s 3837 et s.).

3853 Cette vidéosurveillance peut être autorisée tant dans le cadre d'une enquête de flagrance ou préliminaire par le magistrat du parquet que dans le cadre d'une information par le juge d'instruction (V. *supra*, n° 3838).

3854 La chambre criminelle juge que seul l'acte d'enquête consistant en une vidéosurveillance, autrement dit une captation d'images en continu sur la voie publique, doit faire l'objet d'une autorisation préalable du magistrat. Elle juge que la prise de photographies au cours d'une surveillance ne nécessite pas une telle autorisation (V. *supra*, n° 3841).

3855 L'autorisation du magistrat qui peut être donnée par tout moyen doit fixer :
– le ou les lieux concernés par la vidéosurveillance ;
– une période délimitée de recours à cette vidéosurveillance.

3856 La chambre criminelle impose que le magistrat soit régulièrement informé des résultats de cet acte d'enquête afin d'exercer effectivement son contrôle (V. *supra*, n° 3843).

POUR ALLER PLUS LOIN...

Revues

• A. et M. Haas, *Le syndic qui se pare des plumes du juge d'instruction : Dr. pén.* sept. 2009, n° 9, comm. 114.
• J.-P. Valat, *Copie de travail d'un support numérique de stockage : RSC* 2021, p. 870.

Circulaire

• Circ. DACG, CRIM-04-13/G1, 2 sept. 2004 (NOR : JUSD04-30-177 C).

Fiche 63

Captation de données informatiques

Sommaire

Introduction

3857 La captation de données informatiques appartient à la catégorie des techniques spéciales d'enquête auxquelles il peut être recouru dans le cadre de la lutte contre la criminalité et la délinquance organisées (CPP, art. 706-73 et 706-73-1). Avec la sonorisation, la captation d'images, et l'*IMSI-catcher*, elles forment un ensemble dont le régime juridique bénéficie d'un socle commun (CPP, art. 706-95-11 à 706-95-19). Aussi, pour certains développements de la présente fiche, nous renverrons à celui sur la sonorisation et la captation d'images.

Comme souvent avec ces techniques spéciales d'enquête, le régime juridique prévoit une autorisation du magistrat aux fins de mise en place pendant une certaine durée et parfois une autorisation complémentaire lorsqu'il s'agit de s'introduire dans un lieu privé ou un véhicule pour installer le dispositif.

En revanche, le point crucial de ces techniques spéciales d'enquête consiste à définir ce qu'elles recouvrent exactement et à les différencier d'autres, parfois proches.

I Définition de la captation de données informatiques

3858 La captation des données informatiques pourrait être qualifiée de « cyber acte d'investigations ». Elle a d'ailleurs fait son apparition dans le Code de procédure pénale par la loi n° 2011-267 du 14 mars

2011 et non dans celle du 9 mars 2004 qui a créé la grande majorité des autres techniques spéciales d'enquête.

A Approche juridique de la définition

3859 L'article 706-102-1 du Code de procédure pénale autorise la mise en place d'un dispositif permettant, sans le consentement des intéressés d'accéder, en tous lieux, à des données informatiques, de les enregistrer, de les conserver et de les transmettre :

– telles qu'elles sont stockées dans un système informatique ;

– telles qu'elles s'affichent sur un écran pour l'utilisateur d'un système de traitement automatisé de données ;

– telles que l'utilisateur les y introduit par saisie de caractères ou telles qu'elles sont reçues et émises par des périphériques. L'adjectif « audiovisuel » adossé au terme de « périphérique » a été supprimé afin d'étendre cette captation à tout support technique susceptible d'être relié à un ordinateur comme une clé USB, une imprimante, etc. L'objectif du législateur est de sécuriser ainsi le dispositif juridique en cas d'évolutions technologiques de ce dispositif.

3860 **Code de la sécurité intérieure.** Cette technique peut également être mise en œuvre dans le cadre administratif depuis la loi n° 2015-912 du 24 juillet 2015 dite « renseignements ». La première rédaction de ce texte permet de mieux comprendre ce qu'elle recouvre.

L'article L. 853-2 disposait que :

> « I. – Dans les conditions prévues au chapitre Ier du titre II du présent livre, peut être autorisée, lorsque les renseignements ne peuvent être recueillis par un autre moyen légalement autorisé, l'utilisation de dispositifs techniques permettant :
> 1° D'accéder à des données informatiques stockées dans un système informatique, de les enregistrer, de les conserver et de les transmettre ;
> 2° D'accéder à des données informatiques, de les enregistrer, de les conserver et de les transmettre, telles qu'elles s'affichent sur un écran pour l'utilisateur d'un système de traitement automatisé de données, telles qu'il les y introduit par saisie de caractères ou telles qu'elles sont reçues et émises par des périphériques audiovisuels ».

3861 L'article L. 853-2 du Code de la sécurité intérieure établit une distinction entre, d'une part, la technique de recueil de données informatiques (RDI) et, d'autre part, la captation de ces mêmes données (CDI).

Le RDI permet l'accès, l'enregistrement, la conservation et la transmission des données informatiques stockées dans un système informatique, tandis que le CDI concerne des données telles qu'elles s'affichent sur un écran pour l'utilisateur d'un système de traitement automatisé de données, telles qu'il les y introduit par saisie de caractères ou telles qu'elles sont reçues et émises par des périphériques, et qu'il ne stocke pas.

Pour les mêmes raisons que celles qui ont présidé à la suppression du mot « audiovisuel » dans l'article 706-102-1 du Code de procédure pénale, l'article L. 852-2 a été toiletté en ce sens.

3862 **Doublon avec la saisie de correspondances électroniques ?** Cette technique de la captation des données informatiques s'ajoute à celles des articles 706-95-1 et 706-95-2 du Code de procédure pénale, dites de saisie de correspondances électroniques sans recours à la perquisition préalable, qui permettent « l'accès, à distance et à l'insu de la personne visée, aux correspondances stockées par la voie des communications électroniques accessibles au moyen d'un identifiant informatique » (V. *supra*, nos 3529 et s.).

Les deux techniques d'enquête ont une utilité différente et ne constituent pas un doublon. En effet, la captation de données informatiques ne permet qu'imparfaitement de saisir les correspondances électroniques, car ces dernières ne sont pas nécessairement stockées sur un terminal mais peuvent être consultées directement sur un serveur de messagerie. Aussi, les articles 706-95-1 et suivants du Code de procédure pénale demeurent juridiquement nécessaires.

B Approche opérationnelle de la définition

3863 **Grande variété des techniques de captation de données informatiques.** À quoi correspond concrètement cette technique d'investigations ? Les technologies employées pour les opérations de captation sont en réalité très variées et il est délicat d'en proposer une définition technique générique.

3864 Les enquêteurs, et surtout les personnes qualifiées qui sont des spécialistes des nouvelles technologies, vont adapter la technique de captation en fonction de chaque enquête, voire de chaque système de traitement automatisé des données auquel ils souhaitent accéder. Il s'agit là d'une technologie quasiment « sur-mesure ».

Ainsi, par exemple, les outils et méthodes de captation ne seront pas les mêmes selon que la cible de la captation est un téléphone ou un serveur informatique, selon que la cible de la captation est un serveur informatique de tel ou tel type, selon que la cible est un serveur informatique seul ou intégré dans une architecture plus complexe avec d'autres équipements.

3865 Ces techniques vont permettre, grâce à un logiciel espion, qui peut être un *keylogger*, un « cheval de Troie » ou encore un *backdoor server* (porte dérobée), de saisir en temps réel toutes les données écrites, audiovisuelles qui s'affichent sur l'écran, mais aussi celles, et notamment les données contenues sur le disque dur, les supports amovibles et d'accéder à des fichiers conservés sur des périphériques.

3866 La DACG indique (DACG Focus, *Captation de données informatiques*, juill. 2019) que :

> « La captation de données informatiques permet donc de capter à distance et de manière continue des données (textes, images, audio...) sur un terminal informatique cible (ordinateur, téléphone, tablette...). Grâce à cette technique, les enquêteurs peuvent à la fois accéder aux données contenues dans un terminal numérique et en intercepter les flux.
>
> Cette solution présente l'avantage de contourner le chiffrement des communications. En effet, outre l'enregistrement des frappes clavier et la captation des copies écran, le dispositif technique utilisé permet de récupérer des conversations (provenant d'applications telles que Skype ou WhatsApp) et les données stockées dans un système informatique. Elle permet ainsi de rechercher, à distance dans le disque dur d'un terminal, des informations utiles pour le développement des enquêtes judiciaires.
>
> La captation de données informatiques s'effectue soit au moyen d'un dispositif technique introduit directement dans le support soit par injection à distance.
>
> Elle se distingue de l'interception de communications électroniques par son objet car elle vise les données informatiques de toute nature et pas seulement des messages écrits ou sonores ».

3867 Dans le chapitre consacré à la cybercriminalité au *Répertoire de droit pénal et de procédure pénale* Dalloz, F. Chopin expose que :

> « Par cette procédure, il est possible de prendre connaissance, en temps réel, du contenu d'un texte avant qu'il ne soit crypté, par la mise en place d'un dispositif technique installée sur place ou par le recours à un keylogger sur le réseau de communications électroniques. Il permet également de prendre connaissance non seulement de textes tapés sur un ordinateur, puis transportés grâce à un périphérique (clé USB, CD-ROM, disque dur externe, etc.) sur un autre ordinateur choisi au hasard et non surveillé (cybercafé) mais aussi des sons, images émis ou reçus lors de l'utilisation d'un service en ligne (par exemple Skype qui n'est pas un opérateur téléphonique au sens de l'article 33-1 du code des postes et des communications électroniques). De même, la captation peut aussi être utilisée pour prendre connaissance des messages échangés entre deux interlocuteurs sur des forums, des "chats", etc. (...) Ces captations de données visent des données informatiques de toute nature – et pas seulement des messages écrits ou sonores – qui ne sont pas destinées à être émises ».

3868 L'opération peut également consister à capter des données informatiques sur un serveur alimentant un réseau de téléphones cryptés, d'une part, en mettant en place un dispositif de « blocage des opérations » auprès de différents prestataires, affectant le nom de domaine, la résolution DNS et l'infrastructure réseau en place, et d'autre part, en procédant à des opérations de « redirection des flux », consistant en une « modification des règles de routage du réseau ». Tant les données stockées que les données en cours de transmission peuvent être captées car l'article 706-102-1 ne fait pas de distinction entre ces deux types de données. Par ailleurs le « blocage » et la « redirection » rentrent dans le champ d'application de l'article 706-102-1, car l'opération de captation suppose que les administrateurs de la solution de chiffrement en cause ne soient pas mis en mesure de neutraliser l'opération des enquêteurs, notamment en redirigeant les accès vers un autre serveur (Cass. crim., 11 oct. 2022, n° 21-85.148. – Cass. crim., 25 oct. 2022, n° 21-85.763, publié au bulletin).

3869 **Fabrication du dispositif.** L'article 706-102-1 du Code de procédure pénale prévoit que :

> « Le procureur de la République ou le juge d'instruction peut désigner toute personne physique ou morale habilitée et inscrite sur l'une des listes prévues à l'article 157, en vue d'effectuer les opérations techniques permettant la réalisation du dispositif technique mentionné au premier alinéa du présent article. Le procureur de la République ou le juge d'instruction peut également prescrire le recours aux moyens de l'État soumis au secret de la défense nationale selon les formes prévues au chapitre Ier du titre IV du livre Ier ».

3870 Cet article vient encadrer non pas l'installation du dispositif mais sa fabrication. Par arrêté du 9 mai 2018, la conception, la centralisation et la mise en œuvre des dispositifs techniques de captation des données informatiques ont été

Captation de données informatiques

confiées au service technique national de captation judiciaire (STNCJ), rattaché à la direction technique de la DGSI.
Le STNCJ coordonne ou réalise, en tant que de besoin, les opérations d'installation de ces dispositifs techniques. Il anime le réseau des services techniques des directions du ministère de l'Intérieur compétentes dans ce domaine. À ce titre, le STNCJ dispose d'un agrément, délivré par l'Agence nationale des systèmes de sécurité de l'information (ANSSI), pour concevoir ces dispositifs (CPP, art. R. 226-3).
Par conséquent, en pratique, la DSGI sera requise pour la mise en œuvre de la mesure. Cependant rien n'interdit au magistrat de requérir une personne physique ou morale habilitée et inscrite sur l'une des listes prévues à l'article 157. Précisons que, outre le fait qu'elle soit inscrite sur une liste, la personne habilitée doit disposer d'un agrément du même type que celui du STNCJ.

II Conditions de mise en œuvre de la captation de données informatiques

A Cadres juridiques

3871 Ils sont identiques à ceux applicables à la sonorisation et à la captation d'images.

3872 **Criminalité et délinquance organisées.** On rappelle que si le législateur avait souhaité élargir le recours à cette technique à l'ensemble des crimes dans le cadre de la loi n° 2019-222 du 23 mars 2019, cette disposition a été censurée par le Conseil constitutionnel.
Aussi, conformément à l'article 706-95-11 du Code de procédure pénale, la captation de données informatiques ne peut être mise en œuvre que pour une des infractions visées aux articles 706-73 et 706-73-1 du même code.

3873 **Autres infractions.** Cette technique spéciale d'enquête peut également être autorisée pour les infractions visées à :
– l'article 706-72 du Code de procédure qui renvoie aux délits prévus à l'article 323-4-1 du Code pénal et au blanchiment des mêmes délits ainsi qu'à l'association de malfaiteurs lorsqu'elle a pour objet la préparation de l'un desdits délits ;
– l'article 706-1-1, à savoir les délits prévus :
1) aux articles 432-11, 432-15, 433-1, 433-2, 434-9, 434-9-1, 435-1 à 435-4 et 435-7 à 435-10 du Code pénal,
2) aux articles 1741 et 1743 du Code général des impôts, lorsqu'ils sont commis en bande organisée ou lorsqu'il existe des présomptions caractérisées que ces infractions résultent d'un des comportements mentionnés aux 1° à 5° du II de l'article L. 228 du Livre des procédures fiscales,
3) au dernier alinéa de l'article 414 et à l'article 415 du Code des douanes, lorsqu'ils sont punis d'une peine d'emprisonnement d'une durée supérieure à cinq ans,
4) aux articles L. 465-1 à L. 465-3-3 du Code monétaire et financier lorsqu'ils sont commis en bande organisée ;
– à l'article 706-1-2, à savoir les délits prévus au dernier alinéa des articles L. 241-3 et L. 242-6 du Code de commerce ;
– à l'article 706-2-2, à savoir :
1) les délits prévus aux articles L. 5421-2, L. 5421-13, L. 5426-1, L. 5432-1, L. 5432-2, L. 5432-3, L. 5438-4, L. 5438-6, L. 5439-1, L. 5439-2, L. 5442-10, L. 5442-14, L. 5461-3 et L. 5462-3 du Code de la santé publique, lorsqu'ils sont punis d'une peine d'emprisonnement d'une durée supérieure à cinq ans,
2) les délits prévus aux articles L. 451-2 et L. 454-3 du Code de la consommation.
Et le blanchiment de ces délits.

3874 La captation de données peut être utilisée tant dans le cadre d'une information judiciaire que d'une enquête préliminaire ou de flagrance sous réserve que les infractions visées soient celles indiquées précédemment.

B Autorisation de recours au dispositif de captation de données

3875 Pour l'essentiel des développements, nous renvoyons à la technique d'enquête spéciale visant à la sonorisation et la captation d'images de personne dans un véhicule ou un lieu privé. Nous

rappelons succinctement qu'il y a deux autorisations à distinguer :
– celle autorisant la mise en place du dispositif ;
– celle autorisant l'introduction dans un lieu privé ou autorisant la mise en place « par un réseau de communications électroniques », autrement dit à distance.

3876 Il s'agit des conditions prévues aux articles 706-95-11 et 706-96-12 du Code de procédure pénale, communes à celles relatives à la sonorisation et à la captation d'images de personnes dans un véhicule ou un lieu privé. Nous y renvoyons donc expressément (V. *supra*, n°s 3736 et s.).

3877 L'autorisation d'installation du dispositif doit, conformément à l'article 706-102-3 préciser :

> « L'infraction qui motive le recours à ces opérations, la localisation exacte ou la description détaillée des systèmes de traitement automatisé de données ainsi que la durée des opérations ».

3878 De notre point de vue, cet article exige uniquement l'indication de la « cible » de la captation de données informatiques au travers soit de sa localisation, comme un serveur ou un ordinateur, soit de sa description, si par exemple, le traitement automatisé n'est pas installé à demeure ou que sa localisation n'est pas connue. De plus, comme cela est le cas pour la sonorisation et la captation d'images, les moyens et les modalités techniques n'ont pas à être précisés dans cette autorisation. Tout au plus, le magistrat aura recours à une personne inscrite sur une des listes de l'article 157 ou aux services de la défense nationale.

3879 Tel est le sens de la décision du Conseil constitutionnel (Cons. const., 8 avr. 2022, n° 2022-987 QPC) qui a déclaré conforme à la Constitution la seconde phrase du second alinéa de l'article 706-102-1 du Code de procédure pénale en ce qu'il autorise le recours aux moyens des services de l'État soumis au secret de la défense nationale, pour les motifs suivants :
« – permettre aux autorités en charge des investigations de bénéficier de moyens efficaces de captation et de mise au clair des données, sans pour autant fragiliser l'action des services de renseignement en divulguant les techniques qu'ils utilisent. Ce faisant, ces dispositions poursuivent l'objectif de valeur constitutionnelle de recherche des auteurs d'infractions et mettent en œuvre les exigences constitutionnelles inhérentes à la sauvegarde des intérêts fondamentaux de la Nation » ;
– cette technique d'enquête est autorisée et contrôlée par un magistrat qui peut à tout moment y mettre fin ;
– seules certaines informations techniques soumises au secret de la défense nationale sont soustraites du débat contradictoire et l'ensemble des éléments obtenus à l'issue des opérations de mise au clair font l'objet d'un procès-verbal de réception versé au dossier de la procédure et sont accompagnés d'une attestation visée par le responsable de l'organisme technique certifiant la sincérité des résultats transmis ;
– la juridiction peut demander la déclassification et la communication des informations soumises au secret de la défense nationale, dans les conditions prévues aux articles L. 2312-4 à L. 2312-8 du Code de la défense.

3880 **Urgence.** Le cas de l'urgence, prévu par l'article 706-95-13 est également applicable à cette technique spéciale d'enquête au cours de l'instruction : nous y renvoyons (V. *supra*, n° 3752).

C Autorisation d'introduction

3881 Toujours selon le même mimétisme qu'avec les opérations de sonorisation et captation d'image, l'introduction dans un véhicule ou dans un lieu privé aux fins d'installer le dispositif est autorisée :
– par le juge des libertés et de la détention, sur requête du procureur de la République, dès lors qu'il s'agit d'une enquête de flagrance ou préliminaire ;
– par le juge d'instruction, y compris hors des heures prévues à l'article 59. Toutefois, si c'est dans un lieu d'habitation qu'il s'agit d'installer le système hors des heures légales, l'autorisation est délivrée par le juge des libertés et de la détention saisi à cette fin par le juge d'instruction.
Nous renvoyons à la fiche dédiée à la sonorisation et à la captation d'images pour le détail de cette autorisation d'introduction dans un lieu privé ou un véhicule (V. *supra*, n°s 3753 et s.).

3882 **Installation, désinstallation et opérations de maintenance.** L'article 706-102-5 du Code de procédure pénale précise qu'une autorisation donnée selon les mêmes conditions que celle prévue pour l'installation doit être délivrée pour la désinstallation du système de captation sachant qu'il faut y inclure, le cas échéant, les opérations de maintenance. Naturellement, l'ensemble de ces opérations peut faire l'objet d'une unique décision. Ces dispositions étant à nouveau les mêmes que pour la sonorisation et la captation d'images, nous y renvoyons à nouveau (V. *supra*, n° 3773).

3883 **Introduction propre à la captation de données informatiques.** L'article 706-102-5 du Code de procédure pénale prévoit une introduction

Captation de données informatiques

propre à cette technique de captation de données qui consiste en une mise en place « par un réseau de communications électroniques ». Autrement dit, il s'agit d'une introduction à distance. Celle-ci est autorisée par :
– le juge d'instruction, dans le cadre d'une instruction ;
– le juge des libertés et de la détention, sur requête du procureur de la République, dans le cadre d'une enquête préliminaire ou de flagrance.

3884 **Mise en place et introduction interdite.** L'article 706-102-5 du Code de procédure pénale dispose que :

> « La mise en place du dispositif technique mentionné à l'article 706-102-1 ne peut concerner les systèmes automatisés de traitement des données se trouvant dans les lieux visés aux articles 56-1, 56-2, 56-3 et 56-5 ni être réalisée dans le véhicule, le bureau ou le domicile des personnes visées à l'article 100-7 ».

Ces lieux protégés sont les mêmes que ceux qui sont interdits lors des opérations de sonorisation et de fixation d'images. Nous y renvoyons donc expressément (V. *supra*, n° 3762).
Naturellement cette introduction est prohibée dans ces lieux protégés, qu'elle se fasse physiquement ou par le biais d'un réseau de communications électroniques, c'est-à-dire à distance.

III
Déroulement de l'opération de captation de données informatiques

3885 Nous renvoyons pour l'essentiel des points suivants à la fiche sur la sonorisation et la captation d'images (V. *supra*, nos 3779 et s.). Quelques précisions méritent toutefois d'être apportées.

A Agents qualifiés

3886 **Le droit commun.** Comme pour les autres techniques spéciales d'enquête, le procureur de la République, le juge d'instruction ou l'officier de police judiciaire, ou sous sa responsabilité, l'agent de police judiciaire, peut, conformément à l'article 706-95-17, « requérir tout agent qualifié d'un service, d'une unité ou d'un organisme placé sous l'autorité ou la tutelle du ministre de l'intérieur ou du ministre de la défense et dont la liste est fixée par décret ».
Ces services et unités figurent à l'article D. 15-1-6 du Code de procédure pénale et sont :
– la direction centrale de la police judiciaire et ses directions zonales et régionales ;
– la Direction générale de la sécurité intérieure ;
– les offices centraux de police judiciaire ;
– la force d'intervention de la police nationale ;
– les services territoriaux de police judiciaire et les services territoriaux du RAID des directions territoriales de la police nationale ;
– la sous-direction de la police judiciaire de la gendarmerie nationale ;
– le commandement de la gendarmerie dans le cyberespace ;
– le service central de renseignement criminel de la gendarmerie nationale ;
– les sections de recherche de la gendarmerie nationale ;
– les sections d'appui judiciaire de la gendarmerie nationale ;
– le groupe d'intervention de la gendarmerie nationale.

3887 **Matériel utilisé.** Les dispositifs utilisés par les enquêteurs, en ce qu'ils portent atteinte à l'intimité de la vie privée, doivent être agréés au sens des articles R. 226-1 du Code pénal. Faute de quoi, leur utilisation pourrait constituer une des infractions prévues à l'article 226-3, 1° et 2 du Code pénal (V. *supra*, n° 3695).
La gendarmerie et la police nationales détiennent cet agrément leur permettant d'utiliser ces dispositifs. En revanche, comme indiqué précédemment (V. *supra*, n° 3870), seul le STNCJ dispose de l'agrément l'autorisant à fabriquer et à concevoir de tels dispositifs.

B Contrôle de la mesure

3888 Le déroulement de la mesure, à savoir la captation effective des données, se fait sous le

contrôle effectif du magistrat qui l'a autorisée. Les procès-verbaux rédigés par les enquêteurs doivent attester de ce que le magistrat est régulièrement informé des résultats des opérations.
Comme pour la sonorisation et la captation d'images et l'*IMSI-catcher* (V. *supra*, n° 3782), le juge des libertés et de la détention qui estime que les opérations n'ont pas été réalisées conformément à son autorisation ou que les dispositions légales n'ont pas été respectées, peut ordonner la destruction des procès-verbaux et des enregistrements effectués.

3889 **Finalité.** S'agissant de l'introduction dans un véhicule ou un lieu privé y compris les lieux d'habitation, l'article 706-102-5, alinéa 1er prévoit que l'autorisation d'entrée dans ce lieu pour mettre en place un dispositif de captation ne peut avoir pour autre objectif que cet acte d'investigation (V. *supra*, n° 3796).
De même s'agissant des résultats de la captation de données, l'article 706-95-14 dispose que :

> « Les opérations ne peuvent, à peine de nullité, avoir un autre objet que la recherche et la constatation des infractions visées dans les décisions du magistrat. Le fait que ces opérations révèlent des infractions autres que celles visées dans l'autorisation du magistrat ne constitue pas une cause de nullité des procédures incidentes ».

3890 **Sas.** Les dispositions relatives au sas sont également applicables à cette technique d'enquête spéciale.

C Rédaction des procès-verbaux et scellés

3891 **Procès-verbaux.** S'agissant des procès-verbaux à rédiger et des modalités de placement sous scellés et des copies nous renvoyons à la fiche dédiée à la sonorisation et à la fixation d'images (V. *supra*, nos 3788 et s.).
Toutefois, il semble utile de préciser ici que :
– le procès-verbal d'installation du dispositif n'a pas besoin de préciser quel type de matériel ou quelle technologie visant à la captation des données informatiques a été mis en place. D'une part, la loi ne l'exige aucunement, et, d'autre part, comme nous l'avons indiqué précédemment (V. *supra*, n° 3869), ce matériel peut être couvert par le secret de la défense nationale. Par ce procès-verbal, il n'y a lieu qu'à rendre compte de l'installation, de la désinstallation ou des opérations de maintenance autorisées par le magistrat ; le reste n'est que déclinaison technique d'une autorisation judiciaire ;
– les officiers de police judiciaire et les agents de police judiciaire agissant sous leur responsabilité qui rédigent le procès-verbal d'installation du dispositif n'ont pas à y mentionner le nom des agents intervenus (à rapprocher de : Cass. crim., 6 avr. 2022, n° 21-84.092 [sonorisation et captation d'images] et Cass. crim., 11 mai 2021, nos 20-86.182 et 20-82.415 [géolocalisation]), spécialement si ces derniers voient leur identité bénéficier d'une protection particulière (V. *supra*, nos 1553 et s.).

3892 **Scellés.** Les dispositions relatives aux scellés font partie du socle commun à ces techniques spéciales d'enquête.

L'ESSENTIEL 3893 **Définition.** La captation de données informatiques consiste en la mise en place d'un dispositif permettant, sans le consentement des intéressés d'accéder, en tous lieux, à des données informatiques, de les enregistrer, de les conserver et de les transmettre :
– telles qu'elles sont stockées dans un système informatique ;
– telles qu'elles s'affichent sur un écran pour l'utilisateur d'un système de traitement automatisé de données ;
– telles que l'utilisateur les y introduit par saisie de caractères ou telles qu'elles sont reçues et émises par des périphériques. L'adjectif « audiovisuel » adossé au terme de « périphérique » a été supprimé afin d'étendre cette captation à tout support technique susceptible d'être relié à un ordinateur comme une clé USB, une imprimante, etc. (V. *supra*, nos 3859 et s.).
3894 D'un point de vue opérationnel, les technologies employées pour les opérations de captation sont en réalité très variées et il est délicat d'en proposer une définition technique générique (V. *supra*, n° 3863).
3895 La fabrication des dispositifs de captation de données informatiques, souvent appelés « logiciels espions », est très encadrée et doit être approuvée par l'ANSSI (V. *supra*, n° 3869).
3896 **Conditions de mise en œuvre du dispositif.** Deux autorisations doivent être délivrées :
– celle autorisant la mise en place du dispositif ; elle répond aux mêmes exigences que celle relative à la sonorisation et à la captation d'images dans un lieu privé ou un véhicule. Cette autorisation doit préciser « l'infraction qui motive le recours à ces opérations, la localisation exacte ou la description détaillée des systèmes de traitement automatisé de données ainsi que la durée des opérations » (V. *supra*, n° 3877). L'urgence est applicable à cette technique spéciale lorsqu'elle est utilisée dans le cadre de l'instruction (V. *supra*, n° 3880) ;

– celle autorisant l'introduction dans un lieu privé ou autorisant la mise en place « par un réseau de communications électroniques », autrement dit à distance.

3897 **Introduction aux fins de mise en place du dispositif de captation de données.** Lorsque l'introduction se fait dans un lieu privé, elle est autorisée :

– par le juge des libertés et de la détention, sur requête du procureur de la République, dès lors qu'il s'agit d'une enquête de flagrance ou préliminaire ;

– par le juge d'instruction, y compris hors des heures prévues à l'article 59. Toutefois, s'il s'agit d'installer le système hors des heures légales dans un lieu d'habitation, l'autorisation est délivrée par le juge des libertés et de la détention saisi à cette fin par le juge d'instruction (V. *supra*, n° 3881).

3898 S'agissant de l'introduction propre à cette technique de captation de données qui peut consister en une mise place « par un réseau de communications électroniques », elle est autorisée par :

– le juge d'instruction, dans le cadre d'une instruction ;

– le juge des libertés et de la détention, sur requête du procureur de la République, dans le cadre d'une enquête préliminaire ou de flagrance (V. *supra*, n° 3883).

3899 Tant la mise en œuvre du dispositif de captation de données que l'introduction pour sa mise en place sont interdites dans certains lieux protégés (V. *supra*, n° 3541).

3900 L'officier de police judiciaire, ou sous sa responsabilité, l'agent de police judiciaire, peut mettre en œuvre cette technique spéciale d'enquête, mais en raison de très haute technicité, il doit souvent faire appel à des agents affectés dans certains services de police et unités de gendarmerie dont la liste est fixée par l'article D. 15-1-6 du Code de procédure pénale (V. *supra*, n° 3886).

3901 Le matériel utilisé doit être validé par l'ANSSI (V. *supra*, n° 3887).

3902 S'agissant du contrôle de la mesure par le magistrat, du respect de la finalité de la mesure et de la possibilité de recourir au sas en cas de changement de cadre juridique, nous renvoyons à la fiche sur la sonorisation et la captation d'images dans un lieu privé, les dispositions étant les mêmes (V. *supra*, n° 3579).

3903 Il en est de même pour la rédaction des procès-verbaux et le placement sous scellés des enregistrements (V. *supra*, n° 3891).

POUR ALLER PLUS LOIN...

Répertoire

• F. Chopin : *Rép. pén.* Dalloz, V° *Cybercriminalité*, § 463.

Fiche 64
Géolocalisation

Sommaire

Introduction

3904 La géolocalisation a fait son entrée dans le Code de procédure pénale par la loi du 28 mars 2014 (L. n° 2014-372, 28 mars 2014, relative à la géolocalisation), après que la chambre criminelle eut fait évoluer son régime juridique (Cass. crim., 22 nov. 2011, n° 11-84.308 : *Bull. crim.* n° 234. – Cass. crim., 22 oct. 2013, n° 13-81.945 : *Bull. crim.* n° 196. – Cass. crim., 22 oct. 2013, n° 13-81.949 : *Bull. crim.* n° 197. – Cass. crim., 6 janv. 2015, n° 14-84.822 : *Bull. crim.* n° 4).
Cette technique d'enquête, parfois qualifiée de « technique spéciale d'enquête », est régie par les articles 230-32 à 230-44 du Code de procédure pénale. Aussi elle n'appartient pas, *stricto sensu*, à la catégorie de ces techniques spéciales qui relève, de manière communément admise, du titre 25 du livre IV du Code de procédure pénale, intitulé « De la procédure applicable à la criminalité et à la délinquance organisée et aux crimes ».

3905 Il est important de définir cet acte d'investigation qu'est la géolocalisation, car, de sa définition, dépend le régime juridique applicable.

I

La définition de la géolocalisation

3906 **La géolocalisation est une localisation en temps réel.** Ainsi, comme pour les interceptions judiciaires, c'est la notion de « temps réel » qui permet de distinguer la géolocalisation d'autres actes et notamment de la (géo)localisation *a posteriori*, consistant, par l'exploitation des factures détaillées, obtenues par voie de réquisitions, à reconstituer, après coup, les déplacements d'un téléphone.

A L'article 230-32 du Code de procédure pénale

3907 L'article 230-32 du Code de procédure pénale dispose que :

> « Il peut être recouru à tout moyen technique destiné à la localisation en temps réel, sur l'ensemble du territoire national, d'une personne, à l'insu de celle-ci, d'un véhicule ou de tout autre objet, sans le consentement de son propriétaire ou de son possesseur, si cette opération est exigée (...) :
> (...) La géolocalisation est mise en place par l'officier de police judiciaire ou, sous sa responsabilité, par l'agent de police judiciaire, ou prescrite sur réquisitions de l'officier de police judiciaire, dans les conditions et selon les modalités prévues au présent chapitre ».

Cette localisation en temps réel est synonyme de géolocalisation comme l'indiquent, d'une part, le dernier alinéa de l'article 230-32 et, d'autre part, le titre du chapitre V du titre IV du livre Ier intitulé « De la géolocalisation », ou encore comme le prévoient les articles R. 53-40 à R. 53-40-4 qui font référence à la « géolocalisation » et qui renvoient à la mise en œuvre de l'article 230-40 du Code de procédure pénale.

B La jurisprudence de la chambre criminelle

3908 La chambre criminelle de la Cour de cassation fait nettement la différence entre, d'une part, les opérations consistant en une géolocalisation en temps réel pour suivi dynamique d'un mis en cause, seule envisagée par les dispositions des articles 230-32 et suivants et, d'autre part, la géolocalisation en temps différé par reconstitution ultérieure du parcours d'un objet, régulièrement exécutée sur le fondement de l'article 77-1-1 du Code de procédure pénale (Cass. crim., 2 nov. 2016, n° 16-82.376. – Cass. crim., 22 nov. 2011, n° 11-84.308 : *Bull. crim.* n° 234).

3909 Elle a également eu l'occasion d'y revenir en précisant que :
– les données issues d'une géolocalisation mise en œuvre sur le territoire national mentionnant des heures de franchissement aller-retour des frontières avec l'Allemagne, par un véhicule, observées depuis la France, ne constituaient pas, en l'absence de toute indication sur son itinéraire dans ce pays, une localisation en temps réel sur son territoire ;
– la mention de la date et de l'heure d'arrivée au Maroc d'une personne qui provenait de l'exploitation des fadettes d'une ligne téléphonique ne constituait pas une opération de localisation en temps réel sur le territoire marocain (Cass. crim., 2 mars 2021, n° 20-84.004 ; V. *infra*, n° 4628).

C La circulaire de la direction des affaires criminelles et des grâces

3910 Cette circulaire, qui fait suite à la loi du 28 mars 2014 relative à la géolocalisation, indique clairement :

> « En pratique, deux techniques de géolocalisation en temps réel sont mises en œuvre lors d'une procédure pénale :
> – le suivi dynamique d'un terminal de télécommunication ;
> – l'utilisation d'un dispositif dédié de géolocalisation (une balise), placé sur un moyen de transport ou tout autre objet.
> Les articles 230-32 à 230-44 du Code de procédure pénale (CPP) nouvellement insérés, viennent édicter un régime juridique unique applicable au suivi dynamique de tout objet et à la pose d'une balise de géolocalisation.
> Ces articles ne sont, en revanche, pas applicables aux opérations de géolocalisation qui permettent *a posteriori*, par la communication de données conservées par les opérateurs de télécommunication (date et heure de l'appel, borne déclenchée par le téléphone), ou par toute personne ou tout organisme public ou privé, de retracer les déplacements d'un objet ou d'un individu. Ces opérations continuent en effet de relever des articles 60-1, 60-2, 77-1-1 et 77-1-2 du CPP relatifs aux réquisitions judiciaires ».

II Les conditions de mise en œuvre d'une mesure de géolocalisation

A Finalité de la géolocalisation

3911 **Moyen de géolocalisation.** L'article 230-32 du Code de procédure pénale précise que la localisation en temps réel peut être réalisée par « tout moyen ». Ainsi, cet article autorise les enquêteurs à mettre en place un moyen de localisation extrinsèque ou d'utiliser un moyen de géolocalisation intrinsèque. Autrement dit, il est possible tant d'installer une balise de géolocalisation sur l'objet que les enquêteurs veulent suivre, que de recourir à un dispositif d'ores et déjà intégré dans celui-ci.

3912 Cette expression « tout moyen » est heureuse car elle permet d'embrasser et de s'adapter à toutes les évolutions technologiques.

3913 **Objets géolocalisés.** Le Code de procédure pénale dispose que la localisation en temps réel peut concerner une personne, un véhicule ou tout autre objet.

3914 Techniquement, à l'heure actuelle, la localisation en temps réel se fait nécessairement par le truchement d'un objet ou d'un véhicule. La personne humaine ne peut être localisée par dispositif *in corpore*. On pense naturellement aux téléphones portables, ordinateurs ou « terminal de communication électronique » (CPP, art. 230-44) ou encore aux dispositifs GPS et autres balises de suivi intégrés aux véhicules notamment.

CONSEIL Enquêteurs et magistrats doivent être attentifs à ne pas associer irrémédiablement l'objet géolocalisé à son détenteur ou possesseur. Autrement dit, il n'est parfois pas inutile de s'assurer, par un autre acte d'enquête, que l'objet ou le véhicule géolocalisé est bien utilisé par la personne surveillée, d'autant qu'il est courant que la personne à qui l'enquêteur oppose les déplacements de son téléphone prétende l'avoir prêté à un inconnu ou à une personne introuvable.

3915 **Surveillance pouvant concerner toute personne.** Le Code de procédure pénale permet de recourir à la géolocalisation de toute personne concernée par une enquête visée à l'article 230-32, qu'elle soit suspecte, tiers, ou d'un objet qu'elle détient. La mesure est, par hypothèse, réalisée sans le consentement de la personne visée, ce qui implique le respect de diverses conditions légales. Celles-ci ne sont cependant pas applicables aux victimes (CPP, art. 230-44).

B Un recours limité

3916 Issues à la fois de la loi du 28 mars 2014 et de celle du 23 mars 2019, ces conditions sont prévues par deux articles.

1 Limitation tenant au quantum de peines

3917 L'article 230-32 du Code de procédure pénale prévoit que le dispositif de géolocalisation peut être mis en œuvre dans le cadre :

« 1° D'une enquête ou d'une instruction portant sur un crime ou sur un délit puni d'au moins trois ans d'emprisonnement ;
2° D'une procédure d'enquête ou d'instruction de recherche des causes de la mort ou de la disparition prévue aux articles 74, 74-1 et 80-4 ;
3° D'une procédure de recherche d'une personne en fuite prévue à l'article 74-2 ».

2 Victime de l'infraction ou personne disparue

3918 L'article 230-44 du Code de procédure pénale dispose que les règles de mise en œuvre de la localisation en temps réel ne sont pas applicables lorsque cet acte d'investigation a pour objet la localisation d'un équipement terminal de communication électronique, d'un véhicule ou de tout autre objet dont le propriétaire ou le possesseur légitime est :
– la victime de l'infraction sur laquelle porte l'enquête ou l'instruction ;
– la personne disparue.

3919 L'article prévoit que, dans ces hypothèses, « les opérations de géolocalisation en temps réel

font l'objet de réquisitions conformément aux articles 60-1, 60-2, 77-1-1, 77-1-2, 99-3 ou 99-4 ». En effet, dans ce cas, la localisation en temps réel se fait dans l'intérêt de la victime ou de la personne disparue. S'agissant de la victime, il peut s'agir de localiser cette dernière ou l'objet qui lui a été volé. Ainsi, sans recourir aux dispositions des articles 230-32 et suivants, l'enquêteur pourra requérir la société qui a en charge la gestion du système de géolocalisation installé sur le véhiculé dérobé à la victime ou encore l'opérateur téléphonique afin de retrouver un téléphone volé.
En conséquence, ces localisations ne sont soumises à aucun formalisme particulier ni à aucune condition de durée, si ce n'est qu'elles ne doivent être mises en œuvre que le temps strictement nécessaire à la localisation de la victime, de la personne disparue ou de l'objet dérobé.

3920 **Cas particulier du véhicule volé et faussement plaqué.** La chambre criminelle juge de manière constante que :

> « la méconnaissance des formalités substantielles régissant la géolocalisation peut être invoquée à l'appui d'une demande d'annulation d'actes ou de pièces de la procédure par la partie titulaire d'un droit sur l'objet géolocalisé ou qui établit, hors le cas d'un véhicule volé et faussement immatriculé, qu'il a, à l'occasion d'une telle investigation, été porté atteinte à l'intimité de sa vie privée » (Cass. crim., 5 oct. 2021, n° 21-83.219. – Cass. crim., 15 oct. 2014, n°s 12-82.391 et 14-85.056 et Cass. crim., 9 mai 2018, n° 17-86.558 : *Bull. crim.* n° 90 ; cas d'un conteneur maritime géolocalisé : Cass. crim., 23 nov. 2016, n° 16-81.904 : *Bull. crim.* n° 306).

Elle précise également qu'« en dehors du recours, par les autorités publiques, à un procédé déloyal, un mis en examen est irrecevable à contester la régularité de la géolocalisation en temps réel d'un véhicule volé et faussement immatriculé sur lequel il ne peut se prévaloir d'aucun droit » (Cass. crim., 7 juin 2016, n° 15-87.755).

3 Localisation d'une personne condamnée

3921 L'article 709-1-3 du Code de procédure pénale autorise la localisation en temps réel d'une personne condamnée pour un crime ou un délit puni d'une peine d'au moins trois ans d'emprisonnement dès lors qu'il existe une ou plusieurs raisons plausibles de soupçonner que, à l'issue de son incarcération, elle aurait violé une ou plusieurs interdictions résultant de cette condamnation.

C La nécessité d'une autorisation de l'autorité judiciaire

3922 Deux séries d'autorisation peuvent être nécessaires. Une autorisation, qui doit impérativement être donnée, pour recourir à la géolocalisation et fixant la durée de celle-ci, et une seconde, le cas échéant, autorisant l'introduction dans certains lieux ou véhicules.

1 Durée de la mesure de géolocalisation

a) Enquête de flagrance et enquête préliminaire

3923 L'article 230-33 du Code de procédure pénale prévoit deux hypothèses dans lesquelles la géolocalisation est autorisée par le procureur de la République.

1) Géolocalisation d'une durée maximale de quinze jours consécutifs autorisée par le procureur de la République

3924 La géolocalisation est autorisée par le procureur de la République pour une telle durée lorsqu'elle concerne :
– une enquête de flagrance ou une enquête préliminaire portant sur un crime ;
– une enquête de flagrance ou une enquête préliminaire portant sur une infraction mentionnée aux articles 706-73 ou 706-73-1 ;
– une enquête prévue aux articles 74 à 74-2.

2) Géolocalisation d'une durée de maximale de huit jours consécutifs autorisée par le procureur de la République

3925 La géolocalisation est autorisée pour une durée de huit jours lorsqu'elle concerne une enquête préliminaire ou de flagrance portant sur un délit puni d'une peine d'emprisonnement d'au moins trois ans mais qui ne relève pas des articles 706-73 ou 706-73-1 du Code de procédure pénale.

3) Prolongation par le juge des libertés et de la détention

3926 Le juge des libertés et de la détention est compétent pour autoriser la mesure au-delà de la durée de huit ou quinze jours, à la requête du procureur de la République, pour une nouvelle durée d'un mois renouvelable.

3927 **Autorisation d'emblée pour une durée d'un mois ?** Le texte prévoit que l'intervention du juge des libertés et de la détention intervient à l'issue de ces délais. Une telle rédaction peut donner à penser que l'expiration de ces premiers délais de huit et quinze jours est une condition préalable nécessaire à la délivrance d'une autorisation par le juge des libertés et de la détention qui n'aurait qu'un pouvoir de prolongation et non d'autorisation *ab initio*.

b) Instruction

3928 Le juge d'instruction est compétent pour autoriser la mesure de géolocalisation, pour une durée initiale de quatre mois, puis la prolonger dans le cadre d'une instruction ou d'une information :

– portant sur un crime ou un délit puni d'une peine d'emprisonnement d'au moins trois ans ;

– en recherche des causes de la mort ou des causes de la disparition mentionnées aux articles 74, 74-1 et 80-4 du Code de procédure pénale.

La prolongation est valable quatre mois et peut être renouvelée dans les mêmes conditions de forme et de durée.

c) Position de la Cour de justice de l'Union européenne

3929 Par un arrêt *Prokuratuur* du 2 mars 2021 (CJUE, 2 mars 2021, aff. C-746/18, *H.K.* c/ *Prokuratuur*), la Cour de justice de l'Union européenne a jugé qu'était contraire au droit européen une législation :

– permettant l'accès d'autorités publiques à un ensemble de données relatives au trafic ou de données de localisation, susceptibles de fournir des informations sur les communications effectuées par un utilisateur d'un moyen de communication électronique ou sur la localisation des équipements terminaux qu'il utilise et de permettre de tirer des conclusions précises sur sa vie privée, à des fins de prévention, de recherche, de détection et de poursuite d'infractions pénales, sans que cet accès soit circonscrit à des procédures visant à la lutte contre la criminalité grave ou à la prévention de menaces graves contre la sécurité publique, ce indépendamment de la durée de la période pour laquelle l'accès auxdites données est sollicité et de la quantité ou de la nature des données disponibles pour une telle période ;

– donnant compétence au ministère public, dont la mission est de diriger la procédure d'instruction pénale et d'exercer, le cas échéant, l'action publique lors d'une procédure ultérieure, pour autoriser l'accès d'une autorité publique aux données relatives au trafic et aux données de localisation aux fins d'une instruction pénale.

Des personnes poursuivies en France ont soutenu que cette jurisprudence devait s'appliquer au système français et que devait être jugée contraire au droit européen la législation française permettant au procureur d'autoriser une géolocalisation en temps réel.

Pour l'heure, les prétentions de ces justiciables ont été déclarées irrecevables faute d'avoir été présentées devant les juges du fond (Cass. crim., 12 juill. 2022, n° 20-86.652. – Cass. crim., 12 juill. 2022, n° 21-83.805).

Si elles devaient être accueillies, elles conduiraient sans doute à d'importantes modifications.

> **CONSEIL** Le lecteur ne peut qu'être invité à être attentif aux développements de cette question.

d) Durée totale de la géolocalisation

3930 L'article 230-33 du Code procédure pénale prévoit que lorsque la géolocalisation concerne :

– une enquête ou une instruction portant sur des faits relevant des articles 706-73 et 706-73-1, la durée totale ne peut excéder deux ans ;

– tous les autres cas prévus à l'article 230-33, la durée totale ne peut excéder un an.

3931 **Sas.** En cas de bascule d'une enquête préliminaire ou de flagrance ou d'une enquête prévue aux articles 74, 74-1 et 80-4 vers le cadre juridique de l'instruction, il est alors possible de recourir aux dispositions de l'article 80-5 du Code de procédure pénale (V. *supra*, n° 1413).

3932 Le point de départ du décompte de la durée de la géolocalisation est le jour de mise en œuvre effective de la mesure. Bien que la chambre criminelle n'ait jamais eu, pour l'heure, à trancher cette question, il nous semble possible de soutenir que la jurisprudence relative aux interceptions de communications est applicable à la géolocalisation, à savoir que ce n'est pas l'autorisation écrite du magistrat qui fait effectivement débuter l'acte d'investigation mais sa mise en place technique et opérationnelle.

3933 **Fractionnement de la durée de la mesure de géolocalisation.** Le Code de procédure pénale prévoit une compétence du procureur de la République pour des géolocalisations d'une durée maximale de huit ou quinze jours consécutifs. La précision qu'il s'agit de « jours consécutifs » semble ne pas autoriser le fractionnement de la mesure de géolocalisation.

Cette lecture semble être partagée par la DACG (DACG Focus, *La géolocalisation*, juin 2019 ; Wiki DACG, juin 2019).

3934 **Renouvellement de la mesure de géolocalisation.** La chambre criminelle juge que l'article 230-33 du Code de procédure pénale ne pose pas l'exigence d'une continuité entre l'expiration du délai durant lequel la mesure est autorisée par le procureur de la République et la délivrance de l'autorisation du juge des libertés et de la détention, et en cas d'interruption de la géolocalisation, l'autorisation délivrée par le juge des libertés et de la détention fait courir, à partir de ce moment, un nouveau délai (Cass. crim., 19 févr. 2019, n° 18-84.671 : *Bull. crim.* n° 38).

CONSEIL En pratique, dès lors que l'autorisation expire, il y a lieu de désactiver la géolocalisation sans qu'il soit nécessaire de désinstaller le dispositif, si celui-ci est « extrinsèque ». Il peut ainsi être mis en sommeil le temps que le magistrat autorise une nouvelle période de géolocalisation.

e) Contenu de l'autorisation

3935 L'article 230-33 du Code de procédure pénale dispose que « la décision du procureur de la République, du juge des libertés et de la détention ou du juge d'instruction est écrite et motivée par référence aux éléments de fait et de droit justifiant que ces opérations sont nécessaires. Elle n'a pas de caractère juridictionnel et n'est susceptible d'aucun recours ». Sa motivation peut cependant être critiquée dans le cadre d'un recours en nullité (pour un exemple de motivation jugée suffisante : Cass. crim., 12 juill. 2022, n° 20-86.652, publié au bulletin). L'arrêt du 17 janvier 2023 (Cass. crim., 17 janv. 2023, n° 22-84.067, V. *supra*, n° 3747) qui a considéré que « la reprise de tout ou partie de la requête du ministère public par les ordonnances du juge des libertés et de la détention, qui analysent les motifs de fait et de droit rendant nécessaire la mesure, que celui-ci n'a pas examiné les pièces produites » concernait des autorisations de sonorisation et de géolocalisation. En conséquence, en matière de géolocalisation aussi, la reprise de la requête du procureur de la République peut constituer une motivation suffisante s'il y est procédé à une analyse des motifs de fait et de droit rendant la mesure nécessaire.

La DACG (DACG Focus, *La géolocalisation*, déc. 2021 ; Wiki DACG) recommande que figure en outre dans cette autorisation :

– la date de la décision ;
– les éléments permettant d'identifier l'objet géolocalisé (par ex., pour un véhicule, le modèle et le numéro d'immatriculation) ;
– la durée maximale autorisée de la mesure ;
– le cadre des investigations et l'infraction visée, étant précisé que la révélation, au cours des opérations, d'autres infractions non visées par cette autorisation ne fait encourir aucune nullité aux éventuelles procédures incidentes.

3936 Ces décisions peuvent donc prendre la forme d'un soit-transmis, d'une ordonnance ou d'une commission rogatoire spéciale selon la qualité du magistrat qui la délivre. Lorsque c'est un juge d'instruction qui autorise une telle mesure, il n'est pas obligé de rendre une ordonnance. Une commission rogatoire suffit (Cass. crim., 17 janv. 2023, n° 22-84.067). La DACG a mis au point des trames destinées aux divers magistrats concernés.

3937 **Moment.** La chambre criminelle juge « qu'il résulte des articles 230-32 et suivants du Code de procédure pénale que les opérations de géolocalisation en temps réel, réalisées dans le cadre fixé par ces articles, doivent être autorisées par écrit par le magistrat compétent, avant la mise en place du dispositif » (Cass. crim., 9 mai 2018, n° 17-86.558 : *Bull. crim.* n° 90), sauf cas d'urgence expressément prévu par l'article 230-35 (V. *infra*, n° 3959).

2 Introduction dans certains lieux ou véhicules

3938 L'article 230-34 du Code de procédure pénale prévoit qu'aux fins d'installation ou de retrait d'un dispositif de géolocalisation, les enquêteurs puissent être autorisés à entrer dans certains lieux. L'autorité judiciaire qui délivre cette autorisation varie en fonction de la nature du lieu dans lequel il est nécessaire de pénétrer.

Le texte distingue :

– les lieux privés destinés ou utilisés à l'entrepôt de véhicules, fonds, valeurs, marchandises ou matériel ;
– le véhicule situé sur la voie publique ou dans les lieux précédemment cités ;
– les autres lieux privés ;
– les lieux d'habitation.

Naturellement les dispositions de l'article 230-34 ne trouvent à s'appliquer que lorsque les enquêteurs ont recours à un dispositif de géolocalisation extrinsèque à l'objet qu'ils veulent surveiller (V. *supra*, n° 3911). Au plan opérationnel, la manœuvre est plus complexe que celle qui consiste à utiliser un dispositif de suivi intégré à l'objet surveillé.

3939 En revanche, si l'installation ou le retrait du dispositif de géolocalisation, telle une balise, ne nécessite pas une introduction dans le véhicule qui se trouve sur la voie publique, il n'y a pas lieu de solliciter une autorisation. C'est bien l'introduction dans le véhicule qui impose une autorisation préalable.

a) Introduction dans un lieu privé destiné ou utilisé à l'entrepôt de véhicules, fonds, valeurs, marchandises ou matériel

3940 Les autorisations qui président à l'introduction dans ces lieux privés limitativement énumérés sont délivrées par :
– le procureur de la République lorsqu'il s'agit d'une enquête préliminaire ou de flagrance portant sur un crime ou délit puni d'une peine d'emprisonnement d'au moins trois ans – *a fortiori* les infractions prévues aux articles 706-73 et 706-73-1 –, d'une procédure prévue aux articles 74 à 74-2 ;
– le juge d'instruction, lorsqu'il s'agit d'une instruction portant sur un crime ou un délit puni d'une peine d'emprisonnement d'au moins trois ans – *a fortiori* les infractions prévues aux articles 706-73 et 706-73-1 ou lorsqu'il s'agit d'une information pour recherche des causes de la mort ou des causes de la disparition mentionnées aux articles 74, 74-1 et 80-4.
Ces lieux privés peuvent être, par exemple et selon la DACG, des parkings, conteneurs, hangars…
Selon la chambre criminelle, « le parking de l'hôtel où a été posée la balise de géolocalisation ne constitue pas une habitation au sens de l'article 230-34 du Code de procédure pénale » (Cass. crim., 23 mai 2017, n° 16-87.323 : *Bull. crim.* n° 140). Elle précise aussi que les espaces de circulation, les emplacements de stationnement, les boxes fermés du parking souterrain d'un immeuble collectif d'habitation ne constituent pas des lieux d'habitation au sens de l'article 230-34 du Code de procédure pénale (Cass. crim., 18 juin 2019, n° 18-86.421 : *Bull. crim.* n° 122).

3941 **Heures d'introduction.** L'introduction est possible à toute heure, y compris en dehors des heures légales prévues à l'article 59 du Code de procédure pénale.

b) Introduction dans un véhicule

3942 Selon l'article 230-34 du Code de procédure pénale, lorsque l'introduction vise un véhicule situé sur la voie publique ou lorsque ce véhicule est situé dans un lieu destiné ou utilisé à l'entrepôt de véhicules, fonds, valeurs, marchandises ou matériel, l'autorisation écrite est délivrée par :
– le procureur de la République lorsqu'il s'agit d'une enquête préliminaire ou de flagrance portant sur un crime ou délit puni d'une peine d'emprisonnement d'au moins trois ans – *a fortiori* les infractions prévues aux articles 706-73 et 706-73-1 –, d'une procédure prévue aux articles 74 à 74-2 ;
– le juge d'instruction, lorsqu'il s'agit d'une instruction portant sur un crime ou un délit puni d'une peine d'emprisonnement d'au moins trois ans – *a fortiori* les infractions prévues aux articles 706-73 et 706-73-1 ou lorsqu'il s'agit d'une information pour recherche des causes de la mort ou des causes de la disparition mentionnées aux articles 74, 74-1 et 80-4.

3943 **Heures d'introduction.** L'introduction est possible à toute heure, y compris en dehors des heures légales prévues à l'article 59 du Code de procédure pénale.

c) Introduction dans un lieu privé autre qu'un lieu destiné ou utilisé à l'entrepôt de véhicules, fonds, valeurs, marchandises ou matériel

3944 **Éléments de définition.** Le régime juridique de l'autorisation résulte du lieu dans lequel les enquêteurs ou les agents habilités doivent éventuellement s'introduire pour mettre en place ou retirer le dispositif de géolocalisation. Or, il n'est pas toujours aisé de définir ce que sont un lieu privé et un lieu d'habitation. Nous avons déjà constaté avec regret que le législateur n'avait jamais saisi l'occasion de clarifier les notions de domicile, de lieu privé et de lieu d'habitation (V. *supra*, n° 2000) et si la chambre criminelle a pu trancher quelques cas d'espèce, il en ressort que la définition de lieu privé, tout comme celle de domicile, relève essentiellement de la casuistique ainsi que le démontrent les différentes jurisprudences relatives à l'article 226-1 du Code pénal qui sont celles rendues par les juges du fond.

3945 **Approche jurisprudentielle.** De manière assez constante, la jurisprudence définit le lieu privé comme « un endroit qui n'est ouvert à personne sauf autorisation de celui qui l'occupe d'une manière permanente ou temporaire » (Cass. crim., 28 nov. 2006, n° 06-81.200) ou comme le lieu « où une personne est fondée à se croire à l'abri des regards d'autrui » (« Un bateau revêt le caractère d'un lieu privé lorsque, ne se trouvant plus à proximité d'une plage ou d'un port, mais au large, toute personne à bord, si aucune embarcation n'évolue dans le voisinage, est fondée à se croire à l'abri des regards d'autrui » : CA Paris, 5 févr. 1979 : *JCP* G 1980, II, 19343, note Lindon ; *RSC* 1980, 714, obs. Levasseur et CA Paris, 2 nov. 2000 : *Dr. pén.* 2001, 42, obs. Véron). Cette condition

Géolocalisation

d'accès « autorisé » au lieu, comme critère déterminant de la nature de celui-ci, est également retenue par la jurisprudence de la chambre criminelle s'agissant des articles 706-96 et suivants du Code de procédure pénale (les parties communes d'une propriété [Cass. crim., 27 mai 2009, n° 09-82.115 et Cass. crim., 31 janv. 2017, n° 16-84.462], le parking d'un immeuble en copropriété [Cass. crim., 8 août 2018, n° 118-80.061], un parc privé et non clos de garages [Cass. crim., 23 janv. 2013, n° 12-85.056], la cellule d'une maison d'arrêt [Cass. crim., 17 mars 2015, n° 14-88.351] et le local radio « Rubis » d'une brigade de gendarmerie [Cass. crim., 10 juin 2009, n° 09-80.020]). La chambre criminelle semble donner une définition du lieu privé dans un arrêt non publié dans lequel elle indique que « doit être considéré au sens de ce texte [NdA : article 230-34] tout lieu clos dont l'accès dépend du consentement de celui qui l'occupe, et n'est dès lors pas ouvert au public. Tel est le cas de l'enceinte d'un ensemble immobilier en copropriété, dont l'accès est fermé par une barrière et interdit au public (Cass. crim., 11 janv. 2023, n° 22-81.750).

3946 **Approche doctrinale.** La doctrine rejoint cette analyse tirée de la jurisprudence et reprend à son compte l'idée selon laquelle « un lieu retrouve un caractère privé dès lors que son accès est conditionné à une autorisation particulière de la personne l'occupant, que ce soit de façon permanente ou temporaire ». De manière plus restrictive, M. Buisson indique que la loi « autorise la captation d'images dans le "seul lieu privé" donc seulement dans un lieu clos au sens de la police judiciaire ».

3947 Nous donnerons les exemples tirés de la jurisprudence de la chambre criminelle tout au long des développements suivants pour tenter d'illustrer ces définitions.

3948 Le lieu privé tel que visé par l'article 230-34, alinéa 2 correspond à la notion « générale » telle qu'elle a été exposée précédemment et il semble parfois délicat de distinguer ce lieu privé de celui, tout aussi privé mais qui est « destiné ou utilisé à l'entrepôt de véhicules, fonds, valeurs, marchandises ou matériel ».

CONSEIL Au moment de solliciter l'autorisation du magistrat, il y a lieu de préciser les éléments conduisant à qualifier le lieu de « lieu privé » autre que celui « destiné ou utilisé à l'entrepôt de véhicules, fonds, valeurs, marchandises ou matériel » et donc de s'assurer que les conditions légales préalables exposées *infra* sont bien remplies.

3949 L'article limite les possibilités d'introduction dans ces lieux privés aux seuls cas :
- d'enquête ou d'instruction portant sur un crime ou un délit puni d'au moins cinq ans d'emprisonnement ;
- d'enquête ou d'instruction pour recherche des causes de la mort ou de la disparition prévues aux articles 74, 74-1 et 80-4 ;
- d'enquête pour recherche d'une personne en fuite prévue à l'article 74-2.

Lorsque le cadre juridique est celui de l'enquête ou celui des articles 74 à 74-2, l'autorisation est délivrée par le procureur de la République et lorsque le cadre juridique est celui de l'instruction, l'autorisation est délivrée par le juge d'instruction.

3950 **Heures d'introduction.** À nouveau, l'introduction est possible à toute heure, y compris en dehors des heures légales prévues à l'article 59 du Code de procédure pénale.

d) Introduction dans un local d'habitation

3951 **Éléments de définition.** Si le local d'habitation appartient à la catégorie des lieux privés, sa définition est sans doute celle qui s'approche le plus de celle originelle de « domicile », dont on connaît aujourd'hui l'élasticité extrême (V. *supra*, n°s 1947 et s.). Le local d'habitation reçoit une surprotection du législateur qui conditionne la possibilité d'y entrer au respect d'heures légales sauf autorisation spéciale du juge des libertés et de la détention. Aussi, pour distinguer le lieu privé du local d'habitation, il semble que l'on puisse faire référence à la notion d'habitabilité (Cass. crim., 23 mars 2021, n° 20-83.493) parfois utilisée par la chambre criminelle mais uniquement pour faire application de l'article 56 (V. *supra*, n° 2000).

3952 L'article 230-34, alinéas 3 et 4 du Code de procédure pénale distingue deux cas.

1) Le juge des libertés et de la détention

3953 Le juge des libertés et de la détention, saisi par requête du procureur de la République, est compétent pour délivrer l'autorisation d'introduction lorsque la géolocalisation est mise en œuvre, y compris en dehors des heures légales, dans le cadre :
- d'une enquête de flagrance ou préliminaire pour un crime ou un délit puni d'au moins cinq ans d'emprisonnement. Si la peine encourue est inférieure à cinq ans, il sera en revanche impossible de s'introduire dans un local d'habitation pour mettre en place le dispositif ;
- d'une enquête pour recherche des causes de la mort ;

– d'une enquête de recherche d'une personne en fuite ;

2) Le juge d'instruction

3954 Pendant les heures légales prévues à l'article 59 du Code de procédure pénale, l'autorisation est délivrée par le juge d'instruction pour :
– un crime ou un délit puni d'au moins cinq ans d'emprisonnement ;
– recherche des causes de la mort ;
– disparition inquiétante.

3955 **Hors heures légales.** En dehors des heures légales et dans les seuls cas limitativement énumérés par l'article 230-34 du Code de procédure pénale, l'autorisation est délivrée par le juge de libertés et de la détention saisi par le juge d'instruction.

e) Contenu et moment de l'autorisation du magistrat

3956 **Nécessité d'autorisations distinctes ?** L'autorisation de s'introduire dans un véhicule ou dans un lieu est une autorisation complémentaire délivrée, le cas échéant, après une première autorisant le recours à la géolocalisation (V. *supra*, n° 3935). Selon des auteurs, « elle est bien entendu distincte de l'autorisation devant par ailleurs être délivrée pour recourir à la géolocalisation ce qui n'a de véritable conséquence que dans le cas où l'autorité compétente pour délivrer l'une ou l'autre n'est pas la même ».

3957 **Contenu.** La décision autorisant l'introduction dans ces lieux doit mentionner le lieu d'installation du dispositif, les éléments relatifs aux investigations d'ores et déjà conduites et la nécessité de recourir à une mesure de géolocalisation. S'agissant de l'introduction dans un véhicule sur la voie publique, il semble que seules l'immatriculation du véhicule et sa description – modèle – soient nécessaires. L'endroit où l'installation aura lieu sur la voie publique peut difficilement être anticipé.
Il faut préciser que pour une même géolocalisation, plusieurs autorisations distinctes d'introduction dans les lieux pourront être données. En effet, le dispositif de géolocalisation pourra être dans un premier temps installé dans un véhicule sur la voie publique puis, il pourra, dans un second temps, être retiré dans un local d'habitation, par exemple. Ce sont deux autorisations délivrées par deux magistrats potentiellement différents qui devront alors être rédigées.
Enfin, il nous semble également possible de prévoir des autorisations « au cas où » lorsque les enquêteurs ont identifié plusieurs lieux d'installation ou de retrait de la géolocalisation. Le procureur de la République ou le juge d'instruction pourrait ainsi solliciter une autorisation du juge des libertés et de la détention pour que les enquêteurs s'introduisent dans un local d'habitation, hors des heures légales, le cas échéant, et qu'en définitive cette autorisation ne serve pas, les enquêteurs ayant réussi à procéder autrement (pose sur la voie publique, pose dans un lieu privé...).

3 Introduction légalement impossible

3958 Le dernier alinéa de l'article 230-34 du Code de procédure pénale dispose que l'introduction dans certains lieux protégés, aux fins de mise en place et de désinstallation d'un dispositif de géolocalisation, est interdite. Il s'agit des lieux suivants :
– le cabinet d'un avocat ou son domicile, les locaux de l'ordre des avocats ou des caisses de règlement pécuniaire des avocats (CPP, art. 56-1) ;
– les locaux ou véhicules professionnels d'une entreprise ou agence de presse, entreprise de communication audiovisuelle, de communication au public en ligne ou véhicules de ces entreprises (CPP, art. 56-2) ;
– le domicile d'un journaliste (CPP, art. 56-2) ;
– le cabinet d'un médecin, d'un notaire ou d'un huissier (CPP, art. 56-3) ;
– les lieux identifiés comme abritant des éléments couverts par le secret de la défense nationale (CPP, art. 56-4) ;
– les locaux d'une juridiction (CPP, art. 56-5) ;
– le domicile d'une personne exerçant des fonctions juridictionnelles (CPP, art. 56-5) ;
– le bureau ou domicile d'un magistrat (CPP, art. 100-7, al. 3) ;
– le bureau ou domicile d'un parlementaire (CPP, art. 100-7, al. 1er).

D Le cas de l'urgence

3959 L'article 230-35 du Code de procédure pénale prévoit une exception à la nécessaire autorisation préalable délivrée par le magistrat aux fins de mise en œuvre d'un dispositif de géolocalisation. Cette situation d'urgence permet à l'officier de police judiciaire d'installer d'initiative un tel dispositif. Elle est strictement encadrée.

1 Cas d'urgence

3960 La situation d'urgence consiste soit en un risque imminent de dépérissement des preuves ou d'atteinte grave aux personnes ou aux biens.

Ce risque doit être établi et ne peut consister, pour la chambre criminelle, en « la note adressée par l'officier de police judiciaire à sa hiérarchie (…), soulignant l'opportunité d'une surveillance technique, [qui] ne pouvait valoir avis au juge d'instruction de la mesure prise en urgence la nuit précédente » (Cass. crim., 17 nov. 2015, n° 15-84.025 : *Bull. crim.* n° 257).

À l'inverse, constitue un risque imminent de dépérissement de preuves l'impossibilité de localiser, depuis près de six mois, une personne en lien avec une autre, toutes deux étant membres du grand banditisme corse, conjuguée à l'opportunité de géolocaliser le véhicule utilisé par la personne surveillée, seule mesure à même de confirmer ou d'infirmer les suspicions pesant sur les deux intéressés (Cass. crim., 5 avr. 2022, n° 21-85.681).

2 Information immédiate et décision du magistrat

a) Information immédiate

3961 L'article 230-35 du Code de procédure pénale impose que l'officier de police judiciaire, seul compétent pour décider de la mise en place en urgence du dispositif de géolocalisation, informe immédiatement le magistrat.

3962 **Immédiateté.** La chambre criminelle a précisé la notion d'immédiateté en jugeant que l'information du procureur de la République ou du juge d'instruction doit intervenir dès la mise en place effective de la mesure de géolocalisation, sauf circonstances insurmontables (Cass. crim., 29 sept. 2020, n° 20-80.915).

3963 **Par tout moyen.** Cette information peut se faire par tout moyen et est délivrée soit au procureur de la République, lorsque la géolocalisation se déroule dans le cadre d'une enquête de flagrance ou préliminaire ou d'une procédure prévue aux articles 74 à 74-2 du Code de procédure pénale, soit au juge d'instruction lorsqu'une instruction est en cours.

b) Décision du magistrat

3964 **Une fois le magistrat informé, celui-ci dispose de vingt-quatre heures pour :**

– soit ordonner l'interruption de la mesure sans formalisme particulier ;

– soit autoriser la poursuite de la mesure par décision écrite comportant, outre les conditions de forme précédemment décrites, les circonstances de fait établissant l'existence du risque imminent.

À l'issue du délai de vingt-quatre heures, et à défaut d'autorisation, il est mis fin à la mesure de géolocalisation. Les opérations déjà réalisées ne peuvent alors être utilisées ou retranscrites en procédure.

3965 **Contenu et motivation de la décision du magistrat.** La chambre criminelle exerce un contrôle strict du risque imminent au travers de la motivation écrite du magistrat ou de la chambre de l'instruction qui a autorisé ou validé cette mesure. Ainsi, elle juge irrégulière la commission rogatoire délivrée aux fins de poursuite de la géolocalisation d'un véhicule dès lors qu'elle ne mentionne pas en quoi il existait un risque imminent de dépérissement des preuves ou d'atteinte grave aux personnes ou aux biens rendant nécessaire le recours à la procédure d'urgence prévue à l'article 230-35 du Code de procédure pénale. Elle en conclut que cette délégation ne saurait s'analyser en une autorisation régulière de poursuite des opérations précédemment engagées par l'officier de police judiciaire et la chambre criminelle ne permet pas, en cette matière, à la chambre de l'instruction de substituer ses propres motifs à ceux, erronés, de la commission rogatoire (Cass. crim., 25 juill. 2018, n° 18-80.651 : *Bull. crim.* n° 134).

De la même manière, elle juge irrégulière la procédure dans laquelle, d'une part, le procès-verbal établi par l'officier de police judiciaire, après l'information donnée au procureur de la République, n'énonçait que la nécessité d'exercer de manière efficace une surveillance physique d'un suspect et de pouvoir suivre techniquement les déplacements de la voiture qu'il pourrait être amené à utiliser pour ses trajets, et, d'autre part, l'autorisation de prolongation donnée par le procureur de la République qui ne comportait aucun énoncé des circonstances de fait établissant l'existence d'un risque imminent de dépérissement des preuves ou d'atteinte grave aux personnes ou aux biens (Cass. crim., 9 mai 2018, n° 17-86.638 : *Bull. crim.* n° 89).

3966 En revanche, elle autorise que la motivation des juges soit la reprise expresse des éléments contenus dans le procès-verbal de l'officier de police judiciaire qui justifie les raisons pour lesquelles il a eu recours à la mise en place d'un dispositif de géolocalisation sous le signe de l'urgence (Cass. crim., 5 avr. 2022, n° 21-85.681).

3 Accord préalable nécessaire en cas d'introduction dans un lieu d'habitation

3967 Cependant, quand bien même l'officier de police judiciaire agit sous le régime de l'urgence, il

ne lui est pas permis de s'introduire dans un lieu d'habitation sans l'accord préalable donné par :
– le juge des libertés et de la détention, saisi à cette fin par le procureur de la République lorsque la géolocalisation est mise en place dans le cadre d'une enquête de flagrance, d'une enquête préliminaire ou d'une procédure prévue aux articles 74 à 74-2 ;
– le juge d'instruction lorsque la géolocalisation est mise en place, pendant les heures légales, dans le cadre d'une instruction ou d'une information pour recherche des causes de la mort ou des causes de la disparition mentionnées aux articles 74, 74-1 et 80-4 ;
– le juge des libertés et de la détention, quel que soit le cadre juridique dans lequel il est recouru à la géolocalisation, dès que celle-ci nécessite une introduction en dehors des heures légales.

Mais il est impossible de s'introduire, dans un local d'habitation sans autorisation du juge des libertés ou dans les autres lieux privés sans l'autorisation du juge d'instruction ou du juge des libertés et de la détention selon le cadre d'enquête, dès lors que la peine encourue est inférieure à cinq ans.

3968 Cet accord peut être donné par tout moyen. Ainsi, il est possible que celui-ci soit donné verbalement à l'officier de police judiciaire.

CONSEIL Il semble ici hautement recommandé d'acter au procès-verbal l'accord donné adossé à un horodatage précis. Mieux, si l'accord est donné verbalement, le magistrat peut le confirmer par écrit.

III Le déroulement d'une mesure de géolocalisation

3969 Il s'agit de détailler les agents habilités à mettre en œuvre un dispositif de géolocalisation, les modalités de contrôle du magistrat, la rédaction des actes de procédure et enfin, le recours, le cas échéant, à la procédure « secrète ».

A Agents habilités

3970 L'article 230-36 du Code de procédure pénale dispose que :

> « Le juge d'instruction ou l'officier de police judiciaire commis par lui ou autorisé par le procureur de la République peut requérir tout agent qualifié d'un service, d'une unité ou d'un organisme placé sous l'autorité du ministre de l'intérieur et dont la liste est fixée par décret, en vue de procéder à l'installation et au retrait du moyen technique mentionné à l'article 230-32 ».

3971 Selon l'article D. 15-1-7 du Code de procédure pénale, les agents qualifiés doivent appartenir à :
– la direction centrale de la police judiciaire et ses directions zonales et régionales ;
– la Direction générale de la sécurité intérieure ;
– les offices centraux de police judiciaire ;
– la force d'intervention de la police nationale ;
– les services territoriaux de police judiciaire et les services territoriaux du RAID des directions territoriales de la police nationale ;
– la sous-direction de la police judiciaire de la gendarmerie nationale ;
– le commandement de la gendarmerie dans le cyberespace ;
– les sections de recherche de la gendarmerie nationale ;
– le groupe d'intervention de la gendarmerie nationale ;
– les sections d'appui judiciaire de la gendarmerie nationale ;
– les pelotons d'intervention interrégionaux de la gendarmerie nationale ;
– les groupes de pelotons d'intervention de la gendarmerie nationale ;
– le service chargé du soutien opérationnel et technique de la direction du renseignement de la préfecture de police ;
– les sûretés territoriales des directions territoriales et le département criminalité organisée de la sous-direction de la lutte contre l'immigration irrégulière de la direction de la sécurité de proximité de l'agglomération parisienne.

3972 Ces agents sont les mêmes que ceux pouvant procéder à l'installation et au retrait d'un dispositif de captation d'images dans un lieu privé et d'une sonorisation (CPP, art. 706-95-17, V. *supra*, n° 3780).

3973 Cependant, rien n'interdit à l'officier de police judiciaire ou à l'agent de police judiciaire de mettre en place lui-même le dispositif de géolocalisation s'il dispose des compétences requises.

B Contrôle de la mesure

3974 L'article 230-37 du Code de procédure pénale dispose que les opérations de géolocalisation sont conduites sous le contrôle du magistrat qui les a autorisées ou qui a autorisé leur poursuite.
Sans autre précision du texte, il y a lieu ici de comprendre que le magistrat doit être régulièrement informé des résultats de cet acte d'investigation et naturellement de tout incident qui pourrait en découler.

CONSEIL Il y a lieu d'acter cette information au procès-verbal.

3975 Le magistrat est avisé notamment lorsque la géolocalisation conduit à révéler des infractions autres que celles qui sont visées dans sa décision. Dans cette hypothèse, l'article 230-37 du Code de procédure pénale précise que la révélation de telles infractions « ne constitue pas une cause de nullité des procédures incidentes ». En fonction du cadre juridique dans lequel se trouve l'enquêteur, enquête ou instruction, le procureur de la République sera informé de cette infraction incidente et/ou le juge d'instruction. Une enquête de flagrance ou une enquête préliminaire pourra être diligentée en conséquence, ou ces éléments nouveaux pourront donner lieu à un éventuel réquisitoire supplétif (V. *supra*, n°s 845 et 1016 et s.).

C Rédaction des procès-verbaux et scellés

3976 Sauf cas de l'urgence (V. *supra*, n° 3960), le recours à la mesure de géolocalisation est nécessairement autorisé par un magistrat (V. *supra*, n° 3922), qui peut s'accompagner d'une seconde autorisation lorsqu'il s'agit de pénétrer dans certains lieux pour installer ou retirer le dispositif (V. *supra*, n° 3938).
Les articles 230-38 et 230-39 du Code de procédure pénale énumèrent les procès-verbaux qui doivent être rédigés.

1 Procès-verbaux

3977 Trois séries de procès-verbaux sont prévues :
– le procès-verbal d'installation et désinstallation de la balise ; naturellement, lorsque le moyen de géolocalisation est un téléphone portable ou un système préinstallé dans l'objet surveillé, il n'y a pas lieu à rédiger ce procès-verbal, puisqu'aucune intrusion de quelque nature que ce soit n'est nécessaire dans ce cas. En revanche, il sera sans doute nécessaire de procéder par voie de réquisitions pour mettre en œuvre le système de géolocalisation (V. *infra*, n° 3985) ;
– le procès-verbal d'enregistrement des données de localisation ;
– le procès-verbal d'exploitation des données prévues par l'article 230-39 du Code de procédure pénale.

3978 Pour le Sénat (Rapp. Sénat, *Loi du 24 mars 2014 relative à la géolocalisation*), « ces dispositions, qui ont leur équivalent en matière d'interceptions téléphoniques, de sonorisation de véhicule ou de domicile et de captation de données informatiques aux termes respectivement des articles 100-4, 706-100 et 706-102-7 du Code de procédure pénale, permettront aux magistrats saisis du dossier de vérifier la validité du déroulement des opérations de géolocalisation et de garantir la bonne conservation des données enregistrées, à des fins probatoires ».

a) Le procès-verbal « technique »

3979 Il consiste à rendre compte de l'installation (ou du retrait) du dispositif et doit contenir la date et l'heure de l'installation (ou du retrait), mais aussi l'indication du lieu d'installation (ou du retrait) afin de permettre à l'autorité judiciaire d'en assurer le contrôle, notamment s'agissant des éventuelles autorisations d'introduction devant être délivrées le cas échéant (V. *supra*, n° 3938).
Ce procès-verbal est soit rédigé par l'enquêteur si c'est lui-même qui procède à l'installation (ou au retrait) de la géolocalisation, soit par le technicien requis (V. *supra*, n° 3970).
Cependant, les articles 230-38 et 230-39 n'imposent pas que ce soit le technicien qui rédige lui-même le procès-verbal « technique ». Celui-ci peut donc être rédigé par l'officier ou l'agent de police judiciaire. En effet, parmi les services et unités listés à l'article D. 15-1-5, tous ne sont pas inscrits au décret de catégories de services et ne comportent donc pas dans leur rang des officiers et agents de police judiciaire. Il revient dès lors bien à l'officier ou à l'agent de police judiciaire, qui a

confié la mission à l'un de ces services ou unités, de rendre compte de la bonne exécution de la mission.

CONSEIL Il semble recommandé d'acter au procès-verbal « technique » que le technicien a informé l'enquêteur de la pose (ou du retrait) de la géolocalisation ainsi que le lieu et l'heure de celle-ci.

La chambre criminelle a apporté une précision utile lorsque l'installation d'une géolocalisation est faite par un service ou une unité listé à l'article D. 15-1-5 du Code de procédure pénale. Elle juge que :

> « Il résulte de l'article 230-36 du code de procédure pénale que seule doit figurer en procédure la mention du service auquel appartient l'agent ayant procédé à l'opération, qui doit être un de ceux énumérés à l'article D. 15-1-7 du code précité » (Cass. crim., 11 mai 2021, n°s 20-86.182, 20-82.415).

Elle a par ailleurs jugé qu'il n'y a pas lieu de préciser, dans le procès-verbal de changement de balise, le déroulement des opérations rapportées ni le nom de l'agent y ayant procédé (Cass. crim., 11 oct. 2022, n° 21-87.366).

b) Le procès-verbal d'enregistrement des données

3980 Cet acte de procédure permet de contrôler la mise en place effective de la mesure de géolocalisation, c'est-à-dire à partir de quel moment précis les enquêteurs ont commencé à géolocaliser l'objet surveillé – et indirectement la personne. La mention de la date et de l'heure prévue à ce procès-verbal vise à s'assurer du respect de la durée de la géolocalisation autorisée. Le contrôle ne porte plus ici sur les conditions de pose (ou de retrait), mais sur la durée de la période de recueil des données.

c) Le procès-verbal d'exploitation des données

3981 Il s'agit du procès-verbal dans lequel l'enquêteur décrit ou transcrit les données utiles à la manifestation de la vérité. Ce procès-verbal, souvent adossé à une cartographie, permet de retracer les itinéraires et les points de chute utiles à l'enquête.

2 Les scellés

3982 L'article 230-38 du Code de procédure pénale impose que les enregistrements soient placés sous scellés. Cependant l'article 230-45 du même code prévoit que par dérogation aux dispositions de l'article 230-38, les données de géolocalisation qui sont conservées par la PNIJ ne font pas l'objet d'un placement sous scellé fermé. C'est la PNIJ qui garantit l'intégrité de ces scellés stockés dans un coffre-fort numérique intégré à la PNIJ, comme cela existe pour les enregistrements des interceptions judiciaires.

3983 L'article 230-43 du Code de procédure pénale précise que « les enregistrements de données de localisation sont détruits, à la diligence du procureur de la République ou du procureur général, à l'expiration du délai de prescription de l'action publique. Il est dressé procès-verbal de l'opération de destruction ».

3984 **Copie de travail.** Une fois l'opération de géolocalisation terminée, il y a donc lieu de placer les enregistrements des données recueillies sous scellés. Les copies de travail que les enquêteurs auraient pu valablement faire pendant qu'ils exécutaient leur mission ne peuvent plus être utilisées par eux une fois les diligences terminées et retournées au magistrat compétent.

3985 **Plateforme nationale des interceptions judiciaires.** L'article 230-45, alinéa 2 du Code de procédure pénale prévoit que « sauf impossibilité technique, les réquisitions et demandes adressées en application des articles 60-2, 74-2, 77-1-2,80-4, 99-4, 100 à 100-7, 230-32 à 230-44, 706-95 et 709-1-3 du présent code ou de l'article 67 bis-2 du Code des douanes sont transmises par l'intermédiaire de la plateforme nationale des interceptions judiciaires qui organise la centralisation de leur exécution » et l'alinéa 4 dispose que « le décret mentionné au premier alinéa du présent I fixe également les modalités selon lesquelles les données ou correspondances recueillies en application des articles 230-32 à 230-44, 706-95-20 et 709-1-3 du présent code sont, sauf impossibilité technique, centralisées et conservées par la plateforme nationale des interceptions judiciaires ».

Pour l'heure, lorsque le moyen de géolocalisation est adossé à un téléphone portable, il est nécessaire pour l'enquêteur de faire une réquisition à la PNIJ pour demander à l'opérateur de téléphonie de mettre en œuvre la géolocalisation sur le téléphone, puis une seconde réquisition à un prestataire de services privé qui gère l'application permettant le suivi en temps réel de cette localisation grâce notamment à une cartographie.

Il faut procéder de la même manière lorsque le véhicule est équipé d'un système de géolocalisation mis en place par le constructeur. Il y a lieu

de faire une réquisition au prestataire privé gestionnaire du suivi pour connaître l'IMEI, puis une réquisition à une société privée qui propose de traduire les données ainsi recueillies en suivi dynamique sur une cartographie
Cependant, lorsque le moyen de géolocalisation n'est pas adossé à un téléphone portable mais à une balise, il n'y lieu d'adresser aucune réquisition à quiconque (PNIJ ou prestataire privé), car le suivi est réalisé grâce à une interface proposée au moment de l'achat du matériel.

D Procédure « secrète »

3986 L'article 230-40 du Code de procédure pénale, complété par les articles R. 53-40-1 à R. 53-40-4 du même code, encadre une procédure particulière permettant que certaines informations relatives à la géolocalisation n'apparaissent pas en procédure mais soit actées dans un procès-verbal distinct qui n'est pas versé à la procédure en cours. Cette procédure est soumise à plusieurs conditions.

1 Conditions préalables

3987 **Deux conditions cumulatives.** La première tient au cadre juridique : cette procédure ne peut être utilisée que dans le cadre d'une instruction portant sur l'un des crimes ou des délits entrant dans le champ d'application des articles 706-73 et 706-73-1 du Code de procédure pénale. Cette procédure ne peut donc concerner que la criminalité et la délinquance organisées. Les crimes de droit commun sont exclus de son champ d'application.
La seconde tient aux circonstances de faits. Le recours à cette procédure doit permettre de garantir l'anonymat des personnes ayant aidé les services enquêteurs à installer un dispositif de géolocalisation lorsque « la connaissance de ces informations est susceptible de mettre gravement en danger la vie ou l'intégrité physique d'une personne, des membres de sa famille ou de ses proches et qu'elle n'est ni utile à la manifestation de la vérité, ni indispensable à l'exercice des droits de la défense ».

2 Informations conservées dans un procès-verbal distinct

3988 Si ces conditions préalables sont réunies, le juge d'instruction peut saisir le juge des libertés et de la détention pour qu'il autorise que les « données secrètes » n'apparaissent pas dans le dossier de la procédure.

3989 **Requête du juge d'instruction.** Celle-ci doit :
- être motivée et préciser les raisons justifiant la création d'un dossier secret. Ainsi convient-il de caractériser le risque susceptible de mettre gravement en danger la personne ou ses proches et de préciser que ces informations ne sont ni utiles à la manifestation de la vérité, ni indispensables à l'exercice des droits de la défense ;
- comporter la liste des pièces dont le juge d'instruction demande le versement dans le dossier distinct du dossier de la procédure. Un rapport des enquêteurs justifiant le recours à la procédure prévue par l'article 230-40 peut également être joint à la requête (CPP, art. R. 53-40).

Elle est adressée au juge des libertés et de la détention après que le juge d'instruction a recueilli l'avis du procureur de la République, qui est joint à la requête.

3990 **Décision du juge des libertés et de la détention.** Celle-ci peut autoriser que n'apparaissent pas dans le dossier de procédure :
- la date, l'heure et le lieu où le moyen technique mentionné à l'article 230-32 a été installé ou retiré ;
- l'enregistrement des données de localisation et les éléments permettant d'identifier une personne ayant concouru à l'installation ou au retrait du moyen technique mentionné à ce même article.

Le juge des libertés et de la détention autorise que ces informations soient inscrites dans un autre procès-verbal, qui est versé dans un dossier distinct du dossier de la procédure. Cette décision est jointe à la procédure.
Ces informations sont inscrites sur un registre coté et paraphé qui est ouvert à cet effet au tribunal judiciaire. Ce registre est conservé par le président du tribunal judiciaire ou le juge délégué par lui (CPP, art. R. 53-40-1).

3991 **Dossier distinct.** Le dossier distinct est conservé dans les mêmes conditions que le registre. Ils ne peuvent être communiqués qu'au juge des libertés et de la détention, au juge d'instruction, à la chambre de l'instruction et, dans le cas prévu par l'article 230-41, au président de la chambre de l'instruction.

3992 Celui-ci se compose de (CPP, art. R. 53-40-2) :
- la requête du juge d'instruction ;
- l'avis du procureur de la République ;
- le cas échéant, le rapport des enquêteurs.

L'article R. 53-40-3 précise que :

> « si le juge des libertés et de la détention ne fait pas droit à la requête du juge d'instruction, cette requête, la décision du juge des libertés et de la détention, l'avis du procureur de la République et,

le cas échéant, le rapport des enquêteurs sont versés dans un dossier distinct du dossier de la procédure, qui est conservé par le président du tribunal judiciaire ou le juge délégué par lui ».

3993 **Recours.** Les articles 230-41 et 230-42 du Code de procédure pénale organisent le recours du mis en examen ou du témoin assisté qui souhaite contester cette procédure.

3994 **Valeur probante.** Sauf s'il a été fait droit au recours du mis en examen ou du témoin assisté, aucune condamnation ne peut être prononcée sur le fondement des éléments recueillis dans les conditions prévues à l'article 230-40 du Code de procédure pénale, ce qui implique, selon le Conseil constitutionnel, que « sauf si la requête et le procès-verbal mentionnés au dernier alinéa de l'article 230-40 ont été versés au dossier en application de l'article 230-41, il appartiendra à la juridiction d'instruction d'ordonner que les éléments recueillis dans les conditions prévues à l'article 230-40 soient retirés du dossier de l'information avant la saisine de la juridiction de jugement » (Cons. const., 25 mars 2014, n° 2014-693 DC : *JO* 29 mars 2014, p. 6123). Il sera donc nécessaire que la chambre de l'instruction soit saisie, dès lors qu'elle est, dans ce cadre, la seule juridiction d'instruction habilitée à ordonner le retrait de pièces d'une procédure.

L'ESSENTIEL 3995 **Définition de la géolocalisation.** La géolocalisation est une localisation en temps réel. C'est la notion de « temps réel » qui caractérise la géolocalisation telle qu'encadrée par les articles 230-32 et suivants du Code de procédure pénale, qui marque nettement la distinction avec la reconstitution *a posteriori* d'un itinéraire (V. *supra*, n°s 3907 et s.).

3996 La finalité de la géolocalisation consiste à suivre, sans son consentement, une personne ou un objet, par tout moyen, qu'il soit intrinsèque – intégré – ou extrinsèque – installé par les enquêteurs – à l'objet support. Cette surveillance n'est pas conditionnée par un statut particulier de la personne surveillée (V. *supra*, n°s 3911 et s.).

3997 **Autorisation de recours à la géolocalisation.** La géolocalisation peut être autorisée dès lors que l'infraction objet de l'enquête ou de l'instruction porte sur un crime ou un délit puni d'une peine d'emprisonnement d'au moins trois ans ou lorsqu'il s'agit d'enquêtes ou d'instructions prévues aux articles 74 à 74-2 ou 80-4 (V. *supra*, n° 3917). En revanche, il n'y a pas lieu d'appliquer le régime juridique de la géolocalisation lorsque cet acte d'investigation a pour objet la localisation d'un équipement terminal de communication électronique, d'un véhicule ou de tout autre objet dont le propriétaire ou le possesseur légitime est la victime de l'infraction sur laquelle porte l'enquête ou l'instruction ou la personne disparue (V. *supra*, n° 3918). Enfin, la géolocalisation peut être utilisée pour localiser, dans certaines hypothèses, une personne condamnée (V. *supra*, n° 3921).

3998 Le recours à la géolocalisation doit être autorisé par un magistrat. La qualité du magistrat qui autorise cet acte d'enquête est fonction du cadre juridique et de la durée de la mesure. La position de la Cour de justice de l'Union européenne sur cette question est invoquée pour soutenir que le droit français n'est pas conforme au droit européen (V. *supra*, n° 3929) lorsque cette mesure est ordonnée par le procureur.

3999 **Tableaux récapitulatifs (ces tableaux sont inspirés de ceux figurant sur le site intranet de la DACG) relatifs à la mise en œuvre, à la durée, à l'introduction dans certains lieux et véhicules et à l'urgence (V. *infra*, n° 4006).**
- tableau n° 1 : enquête de flagrance et préliminaire ;
- tableau n° 2 : instruction.

4000 **Introduction impossible dans les lieux suivants :**
- le cabinet d'un avocat ou son domicile, les locaux de l'ordre des avocats ou des caisses de règlement pécuniaire des avocats (CPP, art. 56-1) ;
- les locaux ou véhicules professionnels d'une entreprise ou agence de presse, entreprise de communication audiovisuelle, de communication au public en ligne ou véhicules de ces entreprises (CPP, art. 56-2) ;
- le domicile d'un journaliste (CPP, art. 56-2) ;
- le cabinet d'un médecin, d'un notaire ou d'un huissier (CPP, art. 56-3) ;
- les lieux identifiés comme abritant des éléments couverts par le secret de la défense nationale (CPP, art. 56-4) ;
- les locaux d'une juridiction (CPP, art. 56-5) ;
- le domicile d'une personne exerçant des fonctions juridictionnelles (CPP, art. 56-5) ;
- le bureau ou domicile d'un magistrat (CPP, art. 100-7, al. 3) ;
- le bureau ou domicile d'un parlementaire (CPP, art. 100-7, al. 1er).

4001 **Agents habilités.** Lorsque l'officier de police judiciaire, ou l'agent de police judiciaire agissant sous son contrôle, ne peut procéder lui-même à l'installation ou au retrait du

Géolocalisation

dispositif de géolocalisation, il peut requérir des agents qualifiés dont la liste des services et unités auxquels ils appartiennent figure à l'article D. 15-1-5 du Code de procédure pénale (V. *supra*, n° 3970).

4002 **Contrôle du magistrat.** Les enquêteurs doivent informer le magistrat du déroulement des opérations. Cette information est d'autant plus justifiée lorsque ces opérations mettent à jour des infractions incidentes qui doivent être portées à la connaissance du procureur de la République, et du juge d'instruction, le cas échéant (V. *supra*, n° 3974).

4003 **Rédaction des procès-verbaux.** Trois procès-verbaux sont rédigés (V. *supra*, n°s 3977 et s.) :
– le PV d'installation et de désinstallation lorsqu'il est recouru à une balise ;
– le PV d'enregistrement des données de localisation ;
– le PV d'exploitation des données prévues par l'article 230-39 du Code de procédure pénale.

4004 Quant aux enregistrements des données recueillies lors des opérations de géolocalisation, ils doivent être placés sous scellés et sont détruits, à la diligence du procureur de la République ou du procureur général, à l'expiration du délai de prescription de l'action publique (V. *supra*, n° 3793).

4005 **Procédure secrète.** Elle permet que certaines informations relatives à la géolocalisation n'apparaissent pas en procédure mais soient actées dans un procès-verbal distinct qui n'est pas versé à la procédure en cours. Autorisée par le juge des libertés et de la détention, saisi par le juge d'instruction, cette procédure est limitée à la seule instruction et à la double condition :
– de caractériser un risque susceptible de mettre gravement en danger la personne ou ses proches ;
– et que ces informations ne soient ni utiles à la manifestation de la vérité, ni indispensables à l'exercice des droits de la défense.
Si le juge des libertés et de la détention autorise le recours à cette procédure, il est alors constitué un dossier distinct contenant toutes les informations ne figurant au dossier de procédure. Elles sont également consignées dans un registre tenu après du président du tribunal judiciaire local (V. *supra*, n° 3986).

4006 Le Code de procédure pénale prévoit un recours ouvert au mis en examen et au témoin assisté (V. *supra*, n° 3993). Sauf s'il a été fait droit au recours du mis en examen ou du témoin assisté, aucune condamnation ne peut être prononcée sur le fondement des éléments recueillis dans les conditions prévues lors de cette procédure secrète (V. *supra*, n° 3994).

Tableau récapitulatif de la mesure de géolocalisation n° 1

Enquête préliminaire et de flagrance

	Magistrat délivrant l'autorisation de recourir à la mesure	Durée de la mesure	Magistrat délivrant l'autorisation d'introduction	Procédure d'urgence
Crime	Procureur de la République	**15 jours** renouvelable sur décision du juge des libertés et de la détention pour une durée d'1 mois. Durée maximale d'1 an.	Procureur de la République pour les véhicules et lieux privés y compris hors heures légales. Juge des libertés et de la détention pour les locaux d'habitation, pendant et hors heures légales.	– par l'officier de police judiciaire ; – risque imminent de dépérissement des preuves OU d'atteinte grave aux personnes ou aux biens ; – information immédiate du procureur de la République qui peut valider ou pas la mesure sous 24 heures.
Délinquance et criminalité organisées, art. 706-73 et 706-73-1	Procureur de la République	**15 jours** renouvelable sur décision du juge des libertés et de la détention pour une durée d'1 mois. Durée maximale de 2 ans.		

	Magistrat délivrant l'autorisation de recourir à la mesure	Durée de la mesure	Magistrat délivrant l'autorisation d'introduction	Procédure d'urgence
Délit puni d'au moins 5 ans	Procureur de la République	**8 jours** renouvelable sur décision du juge des libertés et de la détention pour une durée d'1 mois. Durée maximale d'1 an.		Nécessité d'une autorisation préalable du juge des libertés et de la détention si introduction dans un local d'habitation pendant et hors heures légales.
Recherche des causes de la mort ou disparition inquiétante	Procureur de la République	**15 jours** renouvelable sur décision du juge des libertés et de la détention pour une durée d'1 mois. Durée maximale d'1 an.	Procureur de la République pour les véhicules et lieux privés y compris hors heures légales. Juge des libertés et de la détention pour les locaux d'habitation, pendant et hors heures légales.	
Recherche de personne en fuite	Procureur de la République	**15 jours** renouvelable sur décision du juge des libertés et de la détention pour une durée d'1 mois. Durée maximale de 2 ans.		
	Magistrat délivrant l'autorisation de recourir à la mesure	Durée de la mesure	Magistrat délivrant l'autorisation d'introduction.	Observations
Délit puni d'au moins 3 ans	Procureur de la République	**8 jours** renouvelable sur décision du juge des libertés et de la détention pour une durée d'1 mois. Durée maximale d'1 an.	Procureur de la République pour les véhicules et les lieux privés destinés ou utilisés à l'entrepôt de véhicules, fonds, valeurs, marchandises ou matériel. Pas possible pour les lieux privés autre qu'un lieu destiné ou utilisé à l'entrepôt de véhicules, fonds, valeurs, marchandises ou matériel et les locaux d'habitation.	– par l'officier de police judiciaire ; – risque imminent de dépérissement des preuves OU d'atteinte grave aux personnes ou aux biens ; – information immédiate du procureur de la République qui peut valider ou pas la mesure sous 24 heures.

	Magistrat délivrant l'autorisation de recourir à la mesure	Durée de la mesure	Magistrat délivrant l'autorisation d'introduction	Procédure d'urgence
				Pas possible pour les lieux privés autres qu'un lieu destiné ou utilisé à l'entrepôt de véhicules, fonds, valeurs, marchandises ou matériel et les locaux d'habitation (V. *supra*, n° 3967)
Délit puni de moins de 3 ans	Géolocalisation impossible			

Tableau récapitulatif de la mesure de géolocalisation n° 2

Instruction

	Magistrat délivrant l'autorisation de recourir à la mesure	Durée de la mesure	Magistrat délivrant l'autorisation d'introduction	Procédure d'urgence
Crime	Juge d'instruction	4 mois renouvelable sur décision du juge d'instruction. Durée maximale d'1 an.	Juge d'instruction pour les véhicules et les lieux privés et les locaux d'habitation. Juge des libertés et de la détention pour les locaux d'habitation hors heures légales.	– par l'officier de police judiciaire ; – risque imminent de dépérissement des preuves OU d'atteinte grave aux personnes ou aux biens ; – information immédiate du juge d'instruction qui peut valider ou pas la mesure sous 24 heures. Nécessité d'une autorisation préalable du juge d'instruction si introduction dans un local d'habitation pendant heures légales ;
Délinquance et criminalité organisées, art. 706-73 et 706-73-1	Juge d'instruction	4 mois renouvelable sur décision du juge d'instruction. Durée maximale de 2 ans.		
Délit puni d'au moins 5 ans	Juge d'instruction	4 mois renouvelable sur décision du juge d'instruction. Durée maximale d'1 an.		

	Magistrat délivrant l'autorisation de recourir à la mesure	Durée de la mesure	Magistrat délivrant l'autorisation d'introduction	Procédure d'urgence
				Nécessité d'une autorisation préalable du juge des libertés et de la détention si introduction dans un local d'habitation hors heures légales.
Recherche des causes de la mort ou disparition inquiétante	Juge d'instruction	4 mois renouvelable sur décision du juge d'instruction ; Durée maximale d'1 an.	Juge d'instruction pour les véhicules et les lieux privés et les locaux d'habitation. Juge des libertés et de la détention pour les locaux d'habitation hors heures légales.	– par l'officier de police judiciaire ; – risque imminent de dépérissement des preuves OU d'atteinte grave aux personnes ou aux biens ; – information immédiate du juge d'instruction qui peut valider ou pas la mesure sous 24 heures. Nécessité d'une autorisation préalable du juge d'instruction si introduction dans un local d'habitation pendant heures légales. Nécessité d'une autorisation préalable du juge des libertés et de la détention si introduction dans un local d'habitation hors heures légales.

Géolocalisation

	Magistrat délivrant l'autorisation de recourir à la mesure	Durée de la mesure	Magistrat délivrant l'autorisation d'introduction	Procédure d'urgence
Délit puni d'au moins 3 ans	Juge d'instruction	4 mois renouvelable sur décision du juge d'instruction. Durée maximale d'1 an.	Juge d'instruction pour les véhicules et les lieux privés destiné ou utilisé à l'entrepôt de véhicules, fonds, valeurs, marchandises ou matériel. Pas possible pour les lieux privés autre qu'un lieu destiné ou utilisé à l'entrepôt de véhicules, fonds, valeurs, marchandises ou matériel et les locaux d'habitation.	– par l'officier de police judiciaire ; – risque imminent de dépérissement des preuves OU d'atteinte grave aux personnes ou aux biens ; – information immédiate du juge d'instruction qui peut valider ou pas la mesure sous 24 heures. Pas possible pour les lieux privés autres qu'un lieu destiné ou utilisé à l'entrepôt de véhicules, fonds, valeurs, marchandises ou matériel et les locaux d'habitation (V. *supra*, n° 3967).
Délit puni de moins de 3 ans	Géolocalisation impossible			

POUR ALLER PLUS LOIN...

Fascicule JurisClasseur

• *JCl. Procédure pénale, Crimes et délits flagrants*, par J. Buisson.

Répertoire

• N. Cazé-Gaillarder : *Rép. pén.* Dalloz, *Atteintes à la vie privée – Définition des atteintes*, n° 142.

Ouvrage

• F. Desportes et L. Lazerges-Cousquer, *Traité de procédure pénale*, Economica, 4e éd., 2015, n° 2298-14.

Revues

• J.-P. Valat, *Copie de travail d'un support numérique de stockage : RSC* 2021, p. 870 ; *Géolocalisation – La loi du 28 mars 2014 relative à la géolocalisation : Dr. pén.* 2014. Étude 12, obs. J.-P. Valat.

Circulaire

• Circ. 1er avr. 2014 de présentation de la loi n° 2014-372 du 28 mars 2014 relative à la géolocalisation (NOR : JUSD1407842C).

Fiche 65

L'enquête sous pseudonyme

Sommaire

I Cadre juridique

4007 Définition. La technique d'enquête sous pseudonyme est définie, par la direction des affaires criminelles et des grâces sur son site Wiki, comme une mesure consistant pour les enquêteurs, dans le cadre de procédures judiciaires, à rassembler des preuves et à rechercher les auteurs de certaines infractions visées par la loi, sans pouvoir inciter à leur commission, en participant avec eux à des échanges de messages électroniques sans utiliser leur véritable identité.

Elle est parfois appelée « cyberpatrouille », bien que son périmètre semble permettre aux enquêteurs d'aller au-delà de la seule possibilité de naviguer sur Internet à la recherche des preuves d'infractions.

4008 Extension progressive du champ d'application. Introduite dans le Code de procédure pénale par la loi n° 2007-297 du 5 mars 2007 relative à la prévention de la délinquance dans le but de constater des infractions mettant en péril des mineurs, notamment autour de la pédopornographie, l'enquête sous pseudonyme s'est peu à peu diversifiée et son champ d'application n'a cessé de s'étoffer jusqu'à concerner, depuis l'entrée en vigueur de la loi n° 2019-222 du 23 mars 2019, l'ensemble des crimes et des délits punis d'emprisonnement commis par la voie des communications électroniques.

Après avoir été prévue par les articles 706-47-3, 706-35-1, 706-2-3 puis 706-87-1 lorsqu'elle a été étendue à la criminalité organisée, son positionnement dans le Code de procédure pénale a été modifié par la loi du 23 mars 2019 et elle est maintenant définie par l'article 230-46 du Code de procédure pénale.

4009 Le texte actuel. L'article 230-46 du Code de procédure pénale dispose que :

« Aux seules fins de constater les crimes et les délits punis d'une peine d'emprisonnement commis par la voie des communications électroniques, et lorsque les nécessités de l'enquête ou de l'instruction le justifient, les officiers ou agents de police judiciaire agissant au cours de l'enquête ou sur commission rogatoire peuvent, s'ils sont affectés dans un service spécialisé et spécialement habilités à cette fin dans des conditions précisées par arrêté du ministre de la justice et du ministre de l'intérieur, procéder sous pseudonyme aux actes suivants sans en être pénalement responsables :

1° Participer à des échanges électroniques, y compris avec les personnes susceptibles d'être les auteurs de ces infractions ;

2° Extraire ou conserver par ce moyen les données sur les personnes susceptibles d'être les auteurs de ces infractions et tout élément de preuve ;

3° Acquérir tout contenu, produit, substance, prélèvement ou service ou transmettre tout contenu en réponse à une demande expresse. L'opération est autorisée par le procureur de la République ou par le juge d'instruction saisi des faits ;

4° Après autorisation du procureur de la République ou du juge d'instruction saisi des faits, en vue de l'acquisition, de la transmission ou de la vente par les personnes susceptibles d'être les auteurs de ces infractions de tout contenu, produit, substance, prélèvement ou service, y compris illicite, mettre à la disposition de ces personnes des moyens juridiques ou financiers ainsi que des moyens de transport, de dépôt, d'hébergement, de conservation et de télécommunication.

À peine de nullité, l'autorisation prévue aux 3° et 4°, qui peut être donnée par tout moyen, est mentionnée ou versée au dossier de la procédure et les actes autorisés ne peuvent constituer une incitation à commettre ces infractions.

Les actes mentionnés au présent article s'effectuent sous le contrôle du procureur de la République ou du juge d'instruction ».

4010 **Constitutionnalité du dispositif.** Le Conseil constitutionnel a été saisi par les parlementaires de la future loi du 23 mars 2019. Il a notamment été soutenu devant lui qu'il résultait de l'extension à tous les crimes et délits du champ d'application de l'enquête sous pseudonyme qui était auparavant limitée à certains crimes ou délits, une méconnaissance du droit au respect de la vie privée et du droit à un procès équitable. Le Conseil a déclaré le texte conforme à la Constitution, en estimant qu'« en autorisant le recours à l'enquête sous pseudonyme aux fins de constater les crimes et délits punis d'une peine d'emprisonnement commis par voie de communications électroniques, le législateur n'a[vait] pas méconnu le droit à un procès équitable. Il n'a[vait] pas opéré une conciliation déséquilibrée entre l'objectif de recherche des auteurs d'infractions et le droit au respect de la vie privée » (Cons. const., 21 mars 2019, n° 2019-778 DC).

La chambre criminelle, devant laquelle il avait été soutenu, à l'appui d'une question prioritaire de constitutionnalité, que les dispositions antérieures (CPP, art. 706-87-1) n'étaient pas conformes au principe d'égalité devant la loi et la justice, au droit au respect de la vie privée et aux droits de la défense en tant qu'elles ne prévoyaient aucune garantie procédurale spécifique pour une mesure de cyber-infiltration réalisée sous pseudonyme dans le cadre d'une enquête ou d'une instruction judiciaire en matière d'atteinte aux systèmes de traitement de données, de criminalité et de délinquance organisée (notamment en ne prévoyant aucune autorisation judiciaire préalable, aucune motivation spécifique, aucun rapport de synthèse versé au dossier de la procédure, ni aucune durée maximale), avait déjà jugé les griefs non sérieux. Elle avait répondu que la question posée n'indiquait pas en quoi le principe d'égalité serait méconnu par les dispositions contestées et que, d'autre part, le texte, qui autorisait un enquêteur habilité à rassembler des preuves et rechercher les auteurs de certaines infractions délimitées par le texte, sans pouvoir inciter à leur commission, en participant avec eux à des échanges de messages électroniques sous pseudonyme, n'entraînait aucune violation des droits de la défense ni aucune intrusion dans la vie privée de la personne qui demeurait libre de répondre auxdits messages en appréciant librement le contenu de sa réponse (Cass. crim., 7 févr. 2018, n° 17-90.026 : *Comm. com. électr.* avr. 2018, n° 4, comm. 29, A. Lepage ; *Dr. pén.* sept. 2018, n° 9, étude 22, G. Dumesnil).

Dans le cadre de la discussion du projet de loi d'orientation et de programmation du ministère de l'Intérieur, les députés ont introduit une disposition limitant la nécessité de l'autorisation d'un magistrat à l'acquisition des seuls contenus ou objets illicites et les sénateurs ont introduit dans le texte des dispositions permettant aux enquêteurs de « porter assistance aux délinquants » en mettant à la disposition de ceux-ci des moyens juridiques, financiers, de transport, de dépôt, d'hébergement, de conservation et de télécommunication. Le Conseil constitutionnel a censuré la disposition introduite par les députés estimant qu'eu égard à la nature particulière et aux conditions de réalisation de ces actes d'enquête, la dispense d'autorisation pour les objets licites privait de garanties légales le droit à un procès équitable. Il a en revanche validé l'apport du Sénat (Cons. Const., Décision n° 2022-846 DC du 19 janv. 2023). La loi n° 2023-22 promulguée le 24 janvier 2023 n'a donc modifié l'économie de l'opération qu'en autorisant que divers moyens soient mis à la disposition des délinquants.

4011 **Conventionalité.** La DACG souligne que la Cour européenne des droits de l'homme n'a pas statué sur l'enquête sous pseudonyme mais qu'elle a admis le procédé de l'infiltration, à condition qu'il soit décidé dans le cadre d'une procédure judiciaire que l'intention criminelle préexiste à l'infiltration, que le témoignage anonyme de l'agent infiltré puisse être connu et contesté des prévenus et qu'il ne soit pas la cause déterminante de leur condamnation (*Lüdi* c/ *Suisse*, 1992 ; *Kostovski* c/ *Pays-Bas*, 1995 ; *Doorson* c/ *Pays-Bas*, 1996 ; *Van Mechelen* c/ *Pays-Bas*, 1997).

II
Cadre matériel

4012 Distinction avec l'infiltration, le recours à l'anonymisation et la veille sur Internet. L'enquête sous pseudonyme est différente de la technique spéciale d'enquête que constitue l'infiltration (V. *infra*, n° 4033) qui consiste, pour un enquêteur prenant une identité d'emprunt, à surveiller des personnes suspectées de commettre une infraction grave en se faisant passer, auprès d'elles, pour un de leurs coauteurs, complices ou receleurs et au besoin à acheter, détenir, transporter, livrer ou délivrer des substances, biens, produits, documents ou informations tirés de la commission des infractions ou servant à la commission de ces infractions ainsi qu'à utiliser ou mettre à disposition de ces personnes des moyens de caractère juridique ou financier ainsi que des moyens de transport, de dépôt, d'hébergement, de conservation et de télécommunication.

Elle est également différente de la possibilité donnée par l'article 15-4 du Code de procédure pénale aux enquêteurs de ne pas être identifiés par leurs nom et prénom dans les actes de procédure relatifs à certaines infractions lorsque la révélation de leur identité est susceptible, compte tenu des conditions d'exercice de leur mission ou de la nature des faits qu'ils sont habituellement amenés à constater, de mettre en danger leur vie ou leur intégrité physique ou celles de leurs proches.

L'enquête sous pseudonyme ne doit pas non plus être confondue avec la veille sur Internet que certains services enquêteurs pratiquent en surfant sur le Web, en surveillant les réseaux sociaux ce qui ne nécessite pas d'autorisation. L'utilisation d'un pseudo pour accéder à des forums ou pour s'inscrire sur des sites ne doit pas être considérée comme relevant de la procédure prévue par l'article 230-46 du Code de procédure pénale lorsqu'il n'y a que constat, si l'on veut conserver au dispositif une réelle efficacité. Il serait d'ailleurs paradoxal que pour accéder à des endroits d'accès libre, les officiers et agents de police judiciaire aient moins de droits que le citoyen lambda lorsqu'ils n'usent pas des prérogatives attachées à leur fonction.

4013 Infractions pour lesquelles l'enquête sous pseudonyme est possible. Comme déjà évoqué (V. *supra*, n° 4008), la possibilité de recourir à cette technique d'enquête a été étendue depuis 2007 successivement aux infractions de :

– traite des êtres humains (C. pén., art. 225-4-1 à 225-4-9) ;

– proxénétisme (C. pén., art. 225-5 à 225-12) ;

– prostitution de mineurs ou de personnes vulnérables (C. pén., art. 225-12-1 à 225-12-4) ;

– à certaines infractions de mise en péril de mineurs : pédopornographie, provocation à l'usage illicite de stupéfiants, à la consommation d'alcool, à la commission de crimes ou délits (C. pén., art. 227-18 à 227-24) ;

– aux infractions commises à l'occasion de paris ou de jeux d'argent ou de hasard en ligne (L. n° 2010-476, 12 mai 2010) ;

– en matière sanitaire (CPP, art. 706-2-2) : infractions relatives aux produits de santé, par exemple la vente de faux médicaments sur Internet ;

– à certaines infractions terroristes (L. n° 2011-267, 14 mars 2011, art. 34) : provocation au terrorisme, apologie du terrorisme ;

– à toutes les infractions relevant de la délinquance et de la criminalité organisée (L. n° 2014-1353, 13 nov. 2014 et L. n° 2015-993, 17 août 2015).

La loi n° 2019-222 du 23 mars 2019 a finalement érigé l'enquête sous pseudonyme en technique d'enquête autonome en déplaçant le texte à l'intérieur du Code de procédure pénale pour le faire figurer à l'article 230-46 et en en autorisant l'usage pour tous les crimes et les délits punis de l'emprisonnement.

L'enquête sous pseudonyme peut être utilisée aussi bien en flagrance, qu'en préliminaire et au cours d'une instruction.

4014 Attribution des pseudonymes. Les pseudonymes utilisés par les enquêteurs doivent être préalablement déclarés au service interministériel d'assistance technique (SIAT) de la direction centrale de la police judiciaire qui les centralise et vérifie le caractère connu du pseudonyme. La circulaire de la DACG précisait qu'« en cas d'urgence, le pseudonyme peut être utilisé sans attendre la validation, qui est alors délivrée *a posteriori* ».

4015 Conditions nécessaires à la mise en œuvre d'une enquête sous pseudonyme. Le texte pose trois conditions.

Le recours à cette technique d'enquête est prévu pour les infractions commises par la voie des communications électroniques.

Il faut aussi que les nécessités de l'enquête ou de l'instruction le justifient.
Enfin, il faut que l'enquête sous pseudonyme soit utilisée aux seules fins de constater les infractions commises par la voie des communications électroniques.

4016 **Durée.** À l'inverse de ce que le législateur prévoit pour un certain nombre d'investigations techniques, il n'a pas posé de limitation de durée à l'enquête sous pseudonyme.

4017 **Qui peut procéder à une enquête sous pseudonyme ?** Ce sont les officiers et agents de police judiciaire qui peuvent avoir recours à l'infiltration numérique. Mais pas tous ! Encore faut-il qu'ils soient affectés dans un service spécialisé.
En l'état, les services spécialisés pouvant recourir au dispositif prévu par l'article 230-46 du Code de procédure pénale sont :
1. Services et unités relevant de la Direction générale de la police nationale :
a) Services des directions territoriales de la police nationale :
– les services territoriaux de sécurité publique,
– les services territoriaux de police judiciaire ;
b) Services et unités relevant de la direction centrale de la police judiciaire :
– l'Office anti-stupéfiants,
– la sous-direction antiterroriste,
– la sous-direction de la lutte contre la criminalité organisée,
– la sous-direction de la lutte contre la criminalité financière,
– la sous-direction de la lutte contre la cybercriminalité,
– les directions zonales et régionales de police judiciaire ;
c) Services et unités relevant de la direction centrale de la sécurité publique :
– les directions départementales de la sécurité publique,
– les sûretés départementales,
– les circonscriptions de sécurité publique ;
d) Services et unités relevant de la direction centrale de la police aux frontières :
– l'office central pour la répression de l'immigration irrégulière et de l'emploi d'étrangers sans titre au sein de la sous-direction de l'immigration irrégulière et des services territoriaux,
– l'unité de coordination opérationnelle de la lutte contre le trafic et l'exploitation des migrants,
– les brigades mobiles de recherche,
– la brigade des chemins de fer ;
e) Services et unités relevant de l'Inspection générale de la police nationale :
– la division nationale des enquêtes,
– les délégations de l'Inspection générale de la police nationale à Paris, Lille, Lyon, Marseille, Bordeaux, Rennes, Metz et Fort-de-France,
– le bureau de l'Inspection générale de la police nationale à Nice.
2. La Direction générale de la sécurité intérieure.
3. Services et unités relevant de la préfecture de police :
– à la direction du renseignement : la sous-direction chargée de la lutte contre l'immigration irrégulière et le travail illégal des étrangers ;
– à la direction régionale de la police judiciaire : la sous-direction des brigades centrales, la sous-direction des affaires économiques et financières et la sous-direction des services territoriaux ;
– à la direction de la sécurité de proximité de l'agglomération parisienne : la sûreté régionale des transports au sein de la sous-direction régionale de la police des transports et les sûretés territoriales au sein des directions territoriales de sécurité de proximité.
4. Services et unités relevant de la Direction générale de la gendarmerie nationale :
– la sous-direction de la police judiciaire ;
– le service central de renseignement criminel de la gendarmerie nationale ;
– les sections de recherches de la gendarmerie départementale et des gendarmeries spécialisées ;
– les sections d'appui judiciaire ;
– les brigades départementales de renseignements et d'investigations judiciaires ;
– les brigades de renseignements et d'investigations judiciaires de la gendarmerie d'outre-mer et des gendarmeries spécialisées ;
– les brigades de recherches de la gendarmerie départementale et des gendarmeries spécialisées.
5. Services et unités relevant de l'Inspection générale de la gendarmerie nationale :
– le bureau des enquêtes judiciaires.
La DACG indique dans son Wiki que : « Ces services ou unités peuvent organiser d'initiative des cyberpatrouilles. Ils peuvent également intervenir au profit des autres services et unités de police judiciaire ou être saisis par un magistrat, en vue d'appuyer une enquête en cours, lorsque des actes d'investigation sous pseudonyme sur Internet sont nécessaires ».
Les officiers de douane judiciaire (V. *supra*, n° 323) peuvent procéder à des enquêtes sous pseudonyme. Il est nécessaire qu'ils soient préalablement spécialement habilités à cette fin dans les conditions déterminées par le décret pris pour l'application de l'article 67 bis 1 du Code des douanes (CPP, art. 28-1, VI).

4018 **Habilitation.** Les officiers de police judiciaire et agents de police judiciaire pouvant procéder à des « cyberpatrouilles » doivent être spécialement habilités à cette fin dans des conditions précisées par arrêté du ministre de la Justice et du ministre de l'Intérieur.

L'arrêté en question, du 21 octobre 2015 modifié par celui du 28 mai 2019, prévoit en substance, en son article 2, que :

– les officiers et agents de police judiciaire jugés aptes doivent recevoir une formation spécifique ;

– qu'ils sont spécialement habilités pour procéder aux enquêtes sous pseudonyme par le procureur général près la cour d'appel dans le ressort de laquelle ils exercent habituellement leurs fonctions. Ceux qui sont affectés dans un service ou une unité à compétence nationale, appelés à ce titre à exercer habituellement leurs fonctions sur tout le territoire de la République, sont habilités par le procureur général près la cour d'appel de Paris, quel que soit le lieu effectif de leur résidence administrative ;

– qu'ils doivent préalablement avoir été agréés ;

– pour la police nationale, par le directeur central de la police judiciaire, le directeur central de la sécurité publique, le directeur central de la police aux frontières, le directeur, chef de l'Inspection générale de la police nationale, le directeur général de la sécurité intérieure, le directeur de la sécurité de proximité de l'agglomération parisienne, le directeur régional de la police judiciaire de Paris, le directeur du renseignement de la préfecture de police ;

– pour la gendarmerie nationale, par le sous-directeur de la police judiciaire de la Direction générale de la gendarmerie nationale, par le chef de l'Inspection générale de la gendarmerie nationale, en fonction de leur service ou unité d'affectation.

Le texte précise que l'habilitation et l'agrément peuvent être retirés à tout moment par les autorités les ayant délivrés ou accordés et que le retrait de l'agrément rend caduque l'habilitation.

4019 **Les actes pouvant être réalisés dans le cadre d'une enquête sous pseudonyme.** L'article 230-46 du Code de procédure pénale autorise les officiers et agents de police judiciaire à :

– participer à des échanges électroniques, y compris avec les personnes susceptibles d'être les auteurs de ces infractions ;

– extraire ou conserver par ce moyen les données sur les personnes susceptibles d'être les auteurs de ces infractions et tout élément de preuve ;

– acquérir tout contenu, produit, substance, prélèvement ou service ou transmettre tout contenu en réponse à une demande expresse ;

– en vue de l'acquisition, de la transmission ou de la vente par les personnes susceptibles d'être les auteurs de ces infractions de tout contenu, produit, substance, prélèvement ou service, y compris illicite, mettre à la disposition de ces personnes des moyens juridiques ou financiers ainsi que des moyens de transport, de dépôt, d'hébergement, de conservation et de télécommunication.

4020 **Financement des acquisitions.** La circulaire de la DACG prévoyait que : « Dans le cas où les cyberpatrouilleurs sont amenés, pour les nécessités de l'enquête, à acquérir des contenus illicites, les demandes de moyens de paiement sont adressées au SIAT, qui se rapprochera le cas échéant des enquêteurs pour obtenir une justification de la demande ».

Il devrait en aller de même lorsque les enquêteurs veulent pouvoir accéder à des espaces payants de l'Internet.

4021 **Autorisation.** Si la participation aux échanges électroniques ainsi que l'extraction et la conservation des données peuvent être faites par l'enquêteur sans autorisation, l'acquisition de contenu, produit, substance, prélèvement ou service, qu'ils soient licites ou illicites (V. *supra*, n° 4010) nécessite en revanche l'autorisation préalable du magistrat en charge de l'enquête, procureur de la République ou juge d'instruction.

La mise à disposition de moyens juridiques, financiers, de transport, de dépôt, d'hébergement, de conservation et de télécommunication nécessite également l'autorisation du procureur de la République ou du juge d'instruction saisi des faits.

Ces autorisations peuvent être données par tout moyen.

Elles doivent être mentionnées ou versées au dossier de la procédure.

Le texte ajoute que les actes autorisés ne peuvent constituer une incitation à commettre les infractions, objet de l'enquête. Cette précision n'est que le rappel d'un principe général dégagé par la jurisprudence (V. *supra*, n° 1639).

4022 **Conservation et destruction des contenus illicites.** L'article D. 47-8 du Code de procédure pénale, rédigé à l'époque où la procédure d'enquête sous pseudonyme ne concernait que les infractions dirigées contre les mineurs, prévoit les conditions de conservation et de destruction des contenus illicites éventuellement obtenus par les enquêteurs.

Les contenus illicites que les enquêteurs peuvent adresser aux suspects en réponse à une demande expresse ne peuvent émaner que du Centre d'analyse des images de pédopornographie et ne peuvent permettre l'identification de personnes physiques (CPP, art. D. 47-9).

L'enquête sous pseudonyme

4023 **Contrôle**. Les actes mentionnés par le texte s'effectuent, qu'ils nécessitent ou pas une autorisation préalable, sous le contrôle du procureur de la République ou du juge d'instruction.

4024 **Contact physique de l'enquêteur avec les personnes objet de l'enquête.** La DACG écrit dans sa page Wiki consacrée à l'enquête sous pseudonyme :

> « À titre liminaire, il convient de relever que l'enquête sous pseudonyme se distingue… de la procédure d'infiltration des articles 706-81 à 706-87 du même code. Là où l'infiltration consiste en une mission particulière, supposant que l'agent infiltré prenne contact physique avec une personne suspecte, en se faisant passer pour un coauteur, complice ou receleur, l'enquête sous pseudonyme autorise seulement les agents à participer sous un pseudonyme aux échanges électroniques et à se trouver en contact avec les personnes susceptibles d'être les auteurs d'infractions dans le but de rassembler la preuve numérique de ces infractions ».

Cette formulation pourrait laisser penser que le cyber-patrouilleur qui veut acheter à son interlocuteur un objet ne pourrait le faire que par voie électronique et que, dans le cas où il voudrait lui acheter un objet qui ne peut pas être transmis par voie électronique et qu'il a donc besoin de le rencontrer physiquement, il devrait se situer dans le cadre d'une opération d'infiltration ou de « coup d'achat », l'enquête sous pseudonyme ne permettant pas de contacts physiques.

Une telle interprétation nous paraît devoir être exclue.

Si l'on veut conserver un peu d'efficacité au dispositif, il est préférable d'autoriser l'enquêteur à prendre livraison, en application de l'article 230-46 du Code de procédure pénale, de ce qu'il veut acheter plutôt que d'imposer un changement de cadre juridique qui prendra du temps au risque de faire échouer l'opération d'achat.

C'est le sens des modifications qu'a connues le texte. Initialement, l'enquête sous pseudonyme a été instaurée pour lutter contre des infractions de provocation et de mise en péril des mineurs pour lesquels Internet était un champ de prédilection. La généralisation de l'enquête sous pseudonyme à tous les crimes et les délits punis d'une peine d'emprisonnement commis par la voie des communications électroniques s'est accompagnée d'une modification des termes de ce que l'enquêteur peut acheter. Dans le texte initial, il pouvait acquérir des contenus illicites. Désormais, il peut acquérir des éléments immatériels (contenu) mais aussi des produits, substances, prélèvements, qui, à l'évidence, ne peuvent transiter par Internet.

L'ESSENTIEL 4025 L'enquête sous pseudonyme, régie par l'article 230-46 du Code de procédure pénale, consiste pour les enquêteurs à rassembler des preuves et à rechercher les auteurs d'infractions commises par la voie des communications électroniques, sans pouvoir inciter à leur commission, en participant avec eux à des échanges de messages électroniques sans utiliser leur véritable identité.

Elle est parfois appelée « cyberpatrouille » (V. *supra*, n° 4007).

4026 Elle peut être utilisée dans les enquêtes relatives aux crimes et aux délits punis d'emprisonnement (V. *supra*, n° 4013).

4027 Les pseudonymes utilisés par les enquêteurs sont attribués par le service interministériel d'assistance technique (SIAT) (V. *supra*, n° 4014).

4028 L'enquête sous pseudonyme est possible (V. *supra*, n° 4015) :

– s'il s'agit d'infractions commises par la voie des communications électroniques ;

– lorsque les nécessités de l'enquête ou de l'instruction le justifient.

Il faut que cette technique soit utilisée aux seules fins de constater les infractions commises par la voie des communications électroniques.

4029 Le recours à cette sorte d'enquête n'est pas limité dans le temps (V. *supra*, n° 4016).

4030 Ce sont les officiers et agents de police judiciaire qui peuvent avoir recours à l'enquête sous pseudonyme (V. *supra*, n° 4017). Il faut qu'ils soient affectés dans un service spécialisé dont la liste est fixée par l'article 1 de l'arrêté du 21 octobre 2015 relatif à l'habilitation au sein de services spécialisés d'officiers ou agents de police judiciaire pouvant procéder aux enquêtes sous pseudonyme et qu'ils soient spécialement habilités à cette fin dans des conditions précisées par arrêté du ministre de la Justice et du ministre de l'Intérieur (V. *supra*, n° 4018).

Les officiers de douane judiciaire peuvent également procéder à une enquête sous pseudonyme.

4031 Dans le cadre d'une enquête sous pseudonyme, les enquêteurs peuvent (V. *supra*, n° 4019) :

1° participer à des échanges électroniques, y compris avec les personnes susceptibles d'être les auteurs de ces infractions ;

2° extraire ou conserver par ce moyen les données sur les personnes susceptibles d'être les auteurs de ces infractions et tout élément de preuve ;

3° acquérir tout contenu, produit, substance, prélèvement ou service ou transmettre tout contenu

en réponse à une demande expresse. L'opération est autorisée par le procureur de la République ou par le juge d'instruction saisi des faits ;
4° en vue de l'acquisition, de la transmission ou de la vente par les personnes susceptibles d'être les auteurs de ces infractions de tout contenu, produit, substance, prélèvement ou service, y compris illicite, mettre à la disposition de ces personnes des moyens juridiques ou financiers ainsi que des moyens de transport, de dépôt, d'hébergement, de conservation et de télécommunication.

Pour les opérations visées aux 3° et 4°, les enquêteurs doivent être autorisés par le procureur de la République ou le juge d'instruction. Le financement des acquisitions relève du SIAT (V. *supra*, n° 4020).

4032 Si l'enquête sous pseudonyme conduit l'enquêteur à acquérir un bien illicite qui ne peut pas être transmis par voie électronique, il semble pouvoir le faire dans le cadre de l'article 230-46 du Code de procédure pénale sans devoir recourir aux procédures d'infiltration ou de coups d'achat (V. *supra*, n° 4024).

POUR ALLER PLUS LOIN...

Fascicule JurisClasseur

- *JCl. Communication*, fasc. 1110, *Infiltrations numériques*, par M. Quéméner.

Circulaire

- Circ. CRIM/2010-7/E6, 22 mars 2010.

Fiche 66
Infiltration

Sommaire

4033 Définition. Selon les articles 706-81 et 706-82 du Code de procédure pénale, l'infiltration consiste, pour un officier ou un agent de police judiciaire (...) à surveiller des personnes suspectées de commettre un crime ou un délit en se faisant passer, auprès de ces personnes, comme un de leurs coauteurs, complices ou receleurs.

L'enquêteur, à cette fin, est autorisé :

– à faire usage d'une identité d'emprunt ;

– si nécessaire, à :

1) acquérir, détenir, transporter, livrer ou délivrer des substances, biens, produits, documents ou informations tirés de la commission des infractions ou servant à la commission de ces infractions,

2) utiliser ou mettre à disposition des personnes se livrant à ces infractions des moyens de caractère juridique ou financier ainsi que des moyens de transport, de dépôt, d'hébergement, de conservation et de télécommunication.

M. Buisson juge cette définition défectueuse et propose de considérer que l'infiltration est l'acte par lequel un officier ou un agent de police judiciaire entre dans une équipe de criminels ou délinquants afin, au besoin en commettant des infractions, d'en suivre les agissements et recueillir les indices nécessaires à leur mise en cause pour l'un des crimes et délits prévus aux articles 706-73 et 706-73-1 du Code de procédure pénale.

Il convient d'ajouter que les officiers de douane judiciaire peuvent, eux aussi, lorsqu'ils procèdent à des enquêtes judiciaires pour les infractions de leur compétence relevant en outre des articles 706-73 ou 706-73-1 du Code de procédure pénale, être autorisés par le procureur de la République ou le juge d'instruction à procéder à une opération d'infiltration dès lors qu'ils « disposent des mêmes prérogatives et obligations que celles attribuées aux officiers de police judiciaire, y compris lorsque ces prérogatives et obligations sont confiées à des services ou unités de police ou de gendarmerie spécialement désignés » (CPP, art. 28-1, VI).

4034 Champ d'application. La technique spéciale d'enquête que constitue l'infiltration peut être mise en œuvre non seulement pour les crimes et délits énumérés aux articles 706-73 et 706-73-1 du Code de procédure pénale mais également :

– par les agents de la douane administrative habilités afin de constater (C. douanes., art. 67 bis) :

• les infractions douanières d'importation, d'exportation ou de détention de substances ou plantes classées comme stupéfiants, de contrebande de tabac manufacturé, d'alcool et spiritueux,

• les infractions de contrebande, importation ou exportation sans déclaration mentionnées à l'article 414 du Code des douanes lorsqu'elles portent sur des marchandises contrefaisantes, des armes ou leurs éléments, des munitions ou des explosifs,

• les infractions de blanchiment douanier prévues à l'article 415 du Code des douanes ;

– par les officiers et agents de police judiciaire dans le cadre des enquêtes concernant :

• les délits de contrefaçon prévus par les articles L. 335-2, L. 335-3, L. 335-4, L. 343-4, L. 521-10, L. 615-14, L. 716-9 et L. 716-10 du Code de la propriété intellectuelle lorsqu'ils sont commis en bande organisée (CPP, art. 706-1),

• les délits de corruption, trafic d'influence, détournement de fonds publics, prévus aux articles 432-11,

432-15, 433-1, 433-2, 434-9, 434-9-1, 435-1 à 435-4 et 435-7 à 435-10 du Code pénal,
- les délits de fraude fiscale prévus aux articles 1741 et 1743 du Code général des impôts, lorsqu'ils sont commis en bande organisée ou lorsqu'il existe des présomptions caractérisées que ces infractions résultent d'un des comportements mentionnés aux 1° à 5° du II de l'article L. 228 du Livre des procédures fiscales,
- les délits prévus au dernier alinéa de l'article 414 (contrebande de marchandises dangereuses ou commises en bande organisée) et à l'article 415 (blanchiment douanier) du Code des douanes, lorsqu'ils sont punis d'une peine d'emprisonnement d'une durée supérieure à cinq ans,
- les délits d'atteinte à la transparence des marchés prévus aux articles L. 465-1 à L. 465-3-3 du Code monétaire et financier lorsqu'ils sont commis en bande organisée,
- le blanchiment des délits de contrefaçon et de fraude fiscale (CPP, art. 706-1-1),
- les abus de biens sociaux réalisés ou facilités au moyen soit de comptes ouverts ou de contrats souscrits auprès d'organismes établis à l'étranger, soit de l'interposition de personnes physiques ou morales ou de tout organisme, fiducie ou institution comparable établis à l'étranger prévus au dernier alinéa des articles L. 241-3 et L. 242-6 du Code de commerce (CPP, art. 706-1-2) ;

– par des agents de police étrangers qui poursuivent en France, avec l'accord préalable du ministre de la Justice puis l'autorisation du procureur de la République ou du juge d'instruction du tribunal judiciaire de Paris et sous le contrôle d'officier de police judiciaire français, une opération d'infiltration commencée dans leur pays (CPP, art. 694-7), voire même dans le cadre d'une procédure judiciaire française (CPP, art. 694-8) ;

– par des agents étrangers détachés par un autre État membre auprès d'une équipe commune d'enquête (CPP, art. 695-2) ;

– par des agents des douanes étrangers, qui poursuivent en France, avec l'accord préalable du ministre de la Justice puis l'autorisation du procureur de la République de Paris et sous la direction d'agents des douanes françaises une opération d'infiltration commencée dans leur pays (C. douanes, art. 67 bis, VIII), voire même dans le cadre d'une procédure douanière nationale.

À NOTER L'autorisation du ministre de la Justice n'est nécessaire que pour les agents de police venant d'un pays non adhérent à la DEE car, pour ceux qui utilisent la DEE, les modalités sont réglées entre autorités judiciaires (V. *infra*, n° 4552).

4035 **Les textes.** Les articles 706-81 à 706-87 et D. 15-1-1 à D. 15-1-4 du Code de procédure pénale réglementent l'infiltration à laquelle les officiers et agents de police judiciaire peuvent procéder tandis que l'article 67 bis du Code des douanes régit – par des dispositions proches – celle à laquelle les agents de la douane administrative peuvent se livrer.

4036 **Nécessité.** L'article 706-81 du Code de procédure pénale prévoit la possibilité d'une infiltration lorsque les nécessités de l'enquête ou de l'instruction le justifient tandis que l'article 67 bis du Code des douanes l'autorise quand les investigations le justifient.
La différence de rédaction semble résulter du fait que l'infiltration par les agents des douanes ne peut être autorisée que par le procureur de la République alors que celle effectuée par des officiers ou agents de police judiciaire peut l'être tant par le procureur que par le juge d'instruction et ne pas avoir d'incidence sur les circonstances pouvant rendre une infiltration nécessaire pour faire aboutir la recherche des preuves.

I
Autorisation

4037 **Procureur de la République ou juge d'instruction.** Comme il vient d'être indiqué, l'infiltration réglementée par le Code de procédure pénale peut être autorisée par le procureur de la République ou par le juge d'instruction mais dans cette dernière hypothèse, le procureur de la République doit donner son avis sur la mesure.

Dès lors que la décision du juge d'instruction de recourir à une infiltration ne fait pas l'objet d'une ordonnance mais seulement d'une commission rogatoire, le procureur de la République qui ne serait pas d'accord avec le juge d'instruction sur l'opportunité de procéder à l'infiltration ne pourrait pas interjeter appel de la décision. Il pourrait,

certes, présenter une requête en annulation si la décision ou les actes d'infiltration étaient affectés d'une nullité mais il ne pourrait pas contester l'opportunité de recourir à la mesure. En réalité la disposition imposant que le juge d'instruction prenne l'avis du procureur de la République semble davantage destinée à permettre au parquet d'apprécier l'opportunité de prendre des réquisitions de dessaisissement au profit d'une juridiction interrégionale spécialisée (JIRS) lorsque c'est un juge d'instruction d'un tribunal non spécialisé qui envisage de recourir à une infiltration.
L'infiltration par les agents de la douane administrative ne peut être autorisée que par le procureur de la République puisque ces agents, seuls concernés par l'article 67 bis du Code des douanes, n'exécutent pas de commission rogatoire (V. *supra*, n°s 302, 323 et s.).

4038 **Forme de l'autorisation.** L'autorisation doit, à peine de nullité, être délivrée par écrit et doit être spécialement motivée (CPP, art. 706-83). La DACG considère que l'autorisation délivrée par le procureur de la République est matérialisée par la délivrance d'une réquisition tandis que celle émanant du juge d'instruction prend la forme d'une commission rogatoire. M. Meindl relève qu'« il s'agissait, au moment de l'introduction dans le Code de la mesure d'infiltration, sans doute de l'unique disposition qui imposait de motiver spécialement une commission rogatoire, autrement dit, une délégation de compétence aux fins d'exécuter les actes utiles à la manifestation de la vérité (CPP, art. 81). Depuis la réforme du 23 mars 2019 (L. n° 2019-222, 23 mars 2019 : *JO* 24 mars 2019), les "décisions", qui en pratique prennent la forme d'une commission rogatoire, délivrées en matière d'interception de correspondance et de géolocalisation doivent aussi être motivées en droit et en fait ». Et il conclut que « l'autorisation devrait donc, comme l'indique la circulaire de 2004, revêtir la forme d'une commission rogatoire ».
L'examen des décisions rendues par la chambre criminelle montre qu'il arrive que les juges d'instruction rendent des ordonnances (Cass. crim., 27 juin 2018, n° 17-87.554), ce qui pourrait conduire à s'interroger sur la possibilité, pour le procureur, d'en interjeter appel.

4039 **Contenu de l'autorisation.** L'autorisation doit mentionner la ou les infractions qui justifient le recours à cette procédure et l'identité de l'officier de police judiciaire sous la responsabilité duquel se déroule l'opération (CPP, art. 706-83).
À cet égard, la chambre criminelle retient que l'exigence de désignation de l'officier de police judiciaire est satisfaite quand la réquisition du procureur puis l'ordonnance du juge d'instruction sont adressées « au chef du Service interministériel d'assistance technique (SIAT) de la Direction de la police judiciaire » (Cass. crim., 27 juin 2018, n° 17-87.554).

4040 **Durée ; possibilité de renouvellement.** L'autorisation fixe la durée de l'opération d'infiltration, qui ne peut pas excéder quatre mois mais qui peut être renouvelée par décision écrite et spécialement motivée pour une période de quatre mois. Le nombre de décisions de renouvellement n'est pas limité (*ibid.*).

4041 **Versement au dossier.** L'autorisation est versée au dossier de la procédure mais, pour ne pas l'éventer, ce n'est évidemment qu'après achèvement de l'opération d'infiltration.

4042 **Contrôle du procureur de la République ou du juge d'instruction.** L'article 706-81 du Code de procédure pénale prévoit que l'opération d'infiltration se déroule sous le contrôle du procureur de la République ou du juge d'instruction, ce que l'article 706-83 renforce en prévoyant que « le magistrat qui a autorisé l'opération peut, à tout moment, ordonner son interruption avant l'expiration de la durée fixée ».
L'article 706-81 impose à l'officier de police judiciaire ayant coordonné l'opération la rédaction d'un rapport comprenant les éléments strictement nécessaires à la constatation des infractions et ne mettant pas en danger la sécurité de l'agent infiltré et des personnes requises. Si ce rapport, par son versement en procédure, permet à ceux qui y ont accès de comprendre le déroulement de l'enquête en assurant un équilibre entre la nécessité de sauvegarder la sécurité des personnels avec le respect du principe du contradictoire, il permet également au procureur ou au juge d'instruction d'exercer son contrôle.
La DACG ajoute que l'ensemble des opérations étant placé sous le contrôle du magistrat, ce dernier devra être régulièrement tenu informé afin de pouvoir apprécier si l'opération est toujours nécessaire.

4043 **Interruption de l'opération.** L'article 706-85 du Code de procédure pénale prévoit qu'en cas de décision d'interruption de l'opération ou à l'issue du délai fixé par la décision autorisant l'infiltration et en l'absence de prolongation, l'agent infiltré peut poursuivre les activités mentionnées à l'article 706-82, sans en être pénalement responsable, le temps strictement nécessaire pour lui permettre de cesser sa surveillance dans des conditions assurant sa sécurité sans que cette durée puisse excéder quatre mois. Le magistrat ayant délivré l'autorisation prévue à l'article 706-81 en est informé dans les meilleurs délais. Si, à l'issue du délai de quatre mois, l'agent infiltré ne peut cesser son opération dans des conditions assurant sa sécurité, ce magistrat en autorise la prolongation pour une durée de quatre mois au plus, dans les mêmes conditions de forme que la décision d'autorisation.

L'article 67 bis du Code des douanes ne pose pas l'exigence d'un temps « strictement nécessaire ». Il dispose simplement que l'agent peut poursuivre ses activités sans être pénalement responsable afin de lui permettre de cesser sa surveillance dans des conditions assurant sa sécurité.

La DACG fait valoir que, pendant toute la période de sortie, l'agent dispose des mêmes droits et des mêmes immunités que lorsqu'il est en opération. Elle ajoute que, pendant cette période, le magistrat ayant autorisé l'opération doit continuer de suivre le déroulement des opérations en application du principe du contrôle des infiltrations par l'autorité judiciaire, qu'il est en droit d'exiger des services d'enquête la remise de rapports, dans la continuité de ce qui se faisait lors des opérations initiales et que tous les éléments constatés par l'agent infiltré pendant cette période doivent être versés en procédure à l'instar de ceux recueillis pendant la période précédente.

4044 **Ouverture d'information.** Si une infiltration a été autorisée au cours de l'enquête initiale et que le juge d'instruction, qui vient d'être saisi, estime qu'il n'y a pas lieu d'en autoriser la poursuite dans le cadre de son instruction, c'est alors sous le contrôle du procureur de la République, nonobstant l'ouverture de l'information, que pourront avoir lieu les actes qu'un agent infiltré peut faire au cours de la « période de sortie ». S'il est nécessaire d'autoriser une prolongation à l'issue du délai de quatre mois, ce sera au procureur de la République de délivrer l'autorisation.

L'article 80-5 du Code de procédure pénale permet aussi au procureur de la République, en cas d'ouverture d'information, d'autoriser les enquêteurs en charge de l'enquête à poursuivre l'infiltration pendant quarante-huit heures maximum à compter de la délivrance du réquisitoire introductif, par une décision écrite, spéciale et motivée, dans le cadre de ce que la pratique dénomme parfois le « sas ». Il semble que, si le juge d'instruction estime, après mise en œuvre du « sas », ne pas devoir autoriser la poursuite de l'infiltration, on se trouve dans le même cas que s'il n'y avait pas eu poursuite de la mesure et que l'opération de sortie de l'infiltration doive être réalisée sous le contrôle du procureur.

II
Formation, agrément, habilitation, responsabilité

4045 **Formation par le SIAT.** Pour pouvoir procéder à une opération d'infiltration, les officiers et agents de police judiciaire doivent, tout d'abord, réussir un stage avec succès. Ce stage est organisé par le service interministériel d'assistance technique (SIAT).

Ce service dépend de la sous-direction de la lutte contre la criminalité organisée au sein de la direction centrale de la police judiciaire.

Il est composé de fonctionnaires de police, de militaires de la gendarmerie et d'agents des douanes. Il est chargé de la formation des agents infiltrés, de l'assistance technique aux opérations d'infiltrations (CPP, art. 15-1-1).

Le SIAT a, en outre, mission de centraliser les informations des opérations d'infiltration. Il doit donc, selon la circulaire de la DACG, avoir connaissance de l'ensemble des opérations d'infiltration afin d'éviter les interférences entre plusieurs opérations en cours.

4046 **Agrément.** L'agrément est accordé, selon le cas, par le directeur général de la police nationale, le directeur général de la gendarmerie nationale ou le directeur général des douanes et droits indirects. Il ne peut l'être que sur proposition du directeur central de la police judiciaire aux personnes jugées aptes à remplir les missions d'agents infiltrés à l'issue du stage de formation organisé par le SIAT (CPP, art. D. 15-1-3).

4047 **Habilitation par le procureur général près la cour d'appel de Paris.** L'article 706-81 du Code de procédure pénale prévoit que les officiers et agents de police judiciaire pouvant procéder à une opération d'infiltration doivent être spécialement habilités.

Peuvent être habilités (CPP, art. D. 15-1-2) les :

– officiers ou agents de police judiciaire :
• des services de la police nationale et

• des unités de la gendarmerie nationale ;
– agents de l'administration des douanes spécialement habilités à effectuer des enquêtes, plus communément appelés officiers de douane judiciaire ;
– les agents des douanes visés à l'article 67 bis du Code des douanes, dans le cadre des infractions visées au II de cet article.
Cette habilitation est délivrée, après agrément, par le procureur général près la cour d'appel de Paris.

4048 **Retrait.** Cette habilitation ainsi que l'agrément peuvent être retirés à tout moment par les autorités les ayant délivrés ou accordés. Le retrait de l'agrément rend caduque l'habilitation (CPP, art. D. 15-1-3).

4049 **Pour les enquêteurs et douaniers étrangers : accord du ministre de la Justice.** S'agissant des agents de police ou des agents des douanes étrangers (V. *supra*, n° 4034), le ministre de la Justice donne son accord après avis, soit du directeur central de la police judiciaire, soit du directeur général des douanes pour l'application des dispositions de l'article 67 bis-VIII du Code des douanes.

4050 **Responsabilité.** Une opération d'infiltration doit être menée sous la responsabilité d'un officier de police judiciaire (CPP, art. 706-81, al. 2) dont le nom apparaîtra en procédure, qui, établira le rapport d'infiltration (CPP, art. 706-81, al. 3), qui sera le seul à pouvoir témoigner dans les conditions classiques (CPP, art. 706-86) et qui coordonnera l'opération (CPP, art. 706-81, al. 2 et 3).

Infiltration

III
Les actes autorisés

4051 **Identité d'emprunt.** L'officier ou agent de police judiciaire qui réalise l'opération d'infiltration est autorisé à faire usage d'une identité d'emprunt.

4052 **Actes normalement répréhensibles mais couverts par une cause d'irresponsabilité (C. pén., art. 122-4, al. 1).** Dans le cadre de sa mission d'infiltration, l'officier ou agent de police judiciaire est autorisé, selon l'article 706-82 du Code de procédure pénale, comme précédemment indiqué, à :
1) acquérir, détenir, transporter, livrer ou délivrer des substances, biens, produits, documents ou informations tirés de la commission des infractions ou servant à la commission de ces infractions ;
2) utiliser ou mettre à disposition des personnes se livrant à ces infractions des moyens de caractère juridique ou financier ainsi que des moyens de transport, de dépôt, d'hébergement, de conservation et de télécommunication.
Si l'agent outrepassait ses prérogatives, notamment s'il incitait à la commission d'infractions, non seulement la procédure serait frappée de nullité mais, en outre, l'immunité pénale de l'agent disparaîtrait.

4053 **Différences entre Code de procédure pénale et Code des douanes.** L'article 67 bis du Code des douanes présente de légères différences avec l'article 706-82 du Code de procédure pénale. Tandis que ce dernier permet d'acquérir, détenir, … des objets tirés de la commission des infractions **et** servant à la commission de celles-ci, autrement dit du produit **et** de l'instrument des infractions, l'article 67 bis du Code des douanes limite l'autorisation aux biens tirés de la commission des infractions. La chambre criminelle ne semble pas avoir été conduite à dire si cette différence de rédaction devait conduire à une appréciation différente.
De même, le Code de procédure pénale permet aux officiers et agents de police judiciaire d'utiliser ou de mettre à la disposition des malfaiteurs des moyens de caractère juridique ou financier alors que l'article 67 bis du Code douanes n'envisage que les moyens de caractère juridique. Là encore, la chambre criminelle n'a pas eu l'occasion de préciser si cette disparité de rédaction devait emporter des conséquences.

4054 **Extension de l'irresponsabilité pénale.** L'article 706-82 du Code de procédure pénale précise que l'exonération de responsabilité dont bénéficient les officiers et agents de police judiciaire s'applique également aux personnes qu'ils ont requises pour les actes commis à seule fin de procéder à l'opération d'infiltration.
Il va sans dire que cette exonération de responsabilité ne saurait bénéficier aux informateurs de l'officier ou de l'agent de police judiciaire qui ne sont pas des personnes requises.

4055 **Prohibition de la provocation à la commission des infractions.** L'article 706-81 du Code de procédure pénale prévoit, mais ce n'est que l'application des principes dégagés de longue date par la jurisprudence (V. *supra*, n°s 1639 et s.), qu'« à peine de nullité, ces actes [ceux mentionnés à l'article 706-82] ne peuvent constituer une incitation à commettre des infractions ».

IV Protection de l'identité de l'agent infiltré et des personnes requises

4056 L'infiltration peut conduire des malfaiteurs à avoir le sentiment d'être « trahis » par l'agent qui s'est infiltré en parvenant à leur faire croire qu'il était des leurs. Ils peuvent en ressentir une amertume susceptible de les pousser à vouloir exercer des représailles. C'est pourquoi la réglementation a prévu plusieurs mesures pour assurer l'anonymat de l'agent infiltré.

4057 **L'identité de l'agent infiltré ne doit jamais apparaître.** L'article 706-84 du Code de procédure pénale prévoit que :

> « L'identité réelle des officiers ou agents de police judiciaire ayant effectué l'infiltration sous une identité d'emprunt ne doit apparaître à aucun stade de la procédure ».

4058 **Prescription sanctionnée par l'incrimination du non-respect de l'obligation.** L'article 706-84 du Code de procédure pénale de même que l'article 67 bis du Code des douanes érigent en délit la révélation de l'identité des agents infiltrés.

La révélation de l'identité de ces officiers ou agents de police judiciaire est punie de cinq ans d'emprisonnement et de 75 000 € d'amende.

Si la révélation a causé des violences, coups et blessures à l'encontre des agents ou de leurs conjoints, enfants et ascendants directs, les peines sont portées à sept ans d'emprisonnement et à 100 000 € d'amende.

Lorsque la révélation a causé la mort des agents ou de leurs conjoints, enfants et ascendants directs, les peines sont portées à dix ans d'emprisonnement et à 150 000 € d'amende, sans préjudice, le cas échéant, de l'application des dispositions du chapitre Ier du titre II du livre II du Code pénal (atteintes à la vie de la personne).

La DACG recommande aux procureurs de poursuivre l'auteur d'une révélation faite avec la seule volonté de révéler l'identité de l'agent infiltré mais sans poursuivre d'autre objectif sur le fondement des infractions de l'article 706-84 du Code de procédure pénale et, si la révélation est faite dans le but de permettre un acte de vengeance à l'encontre de l'agent, de retenir que cette révélation est un acte de complicité de violences volontaires ou d'homicide volontaire et de poursuivre l'auteur de ces chefs.

Elle fait en outre valoir que si la révélation par inattention ne peut être sanctionnée en l'absence de conséquences compte tenu du caractère intentionnel de l'infraction, elle peut, si elle a entraîné des blessures ou la mort de l'infiltré ou de ses proches, l'être sous les qualifications de blessures ou d'homicide involontaires.

4059 **Régime différent pour les personnes requises.** Il est à noter que si l'article 706-81 du Code de procédure pénale a prévu que le rapport d'infiltration ne devait pas mettre en danger la sécurité des personnes requises, le fait de révéler l'identité de ces personnes n'est pas érigé en infraction par l'article 706-84 du même code ou un autre texte.

4060 **Seul l'officier de police judiciaire ayant supervisé l'opération peut être entendu comme témoin dans les conditions ordinaires du témoignage.** L'article 706-86 du Code de procédure pénale dispose que « L'officier de police judiciaire sous la responsabilité duquel se déroule l'opération d'infiltration peut seul être entendu en qualité de témoin sur l'opération » mais son alinéa 2 envisage toutefois une forme de confrontation moins dangereuse.

4061 **Possibilité de confrontation.** Cet alinéa 2 prévoit en effet que, s'il ressort du rapport rédigé par l'officier de police judiciaire ayant coordonné l'opération que la personne poursuivie (mise en examen ou comparaissant devant la juridiction de jugement) est directement mise en cause par des constatations effectuées par un agent infiltré, la personne poursuivie peut demander à être confrontée avec l'agent infiltré dans les conditions prévues par l'article 706-61 du Code de procédure pénale, c'est-à-dire par l'intermédiaire d'un dispositif technique permettant l'audition de l'agent infiltré à distance, sa voix étant rendue non identifiable par des procédés techniques appropriés.

Le texte prévoit encore que « les questions posées à l'agent infiltré à l'occasion de cette confrontation ne doivent pas avoir pour objet ni pour effet de révéler, directement ou indirectement, sa véritable identité ».

Selon la DACG, cette confrontation est de droit si les conditions de fond sont remplies. Elle ne pourrait être refusée que si la personne poursuivie n'était pas directement mise en cause par les constatations effectuées par l'agent infiltré.

La Cour européenne des droits de l'homme a eu l'occasion de se prononcer sur la conventionnalité de la procédure d'infiltration prévue par le droit belge qui ne permet pas que la personne en cause soit confrontée de quelque manière que ce soit avec l'agent infiltré. La Cour a jugé qu'en l'espèce, l'infiltration ne méconnaissait pas les dispositions conventionnelles, ce qui a conduit un commentateur à considérer que même s'il faut apprécier, pour cette raison (existence d'éléments compensateurs suffisants pour contrebalancer l'admission des dépositions des agents infiltrés, tels que l'audition par les juges du fond de témoins cités par le requérant), la décision avec prudence, elle permet néanmoins de penser que le dispositif légal français de l'infiltration pourrait être jugé conforme à la Convention européenne. (...), le mis en cause pouvant demander à la juridiction d'instruction ou de jugement une confrontation avec l'agent infiltré, dans des conditions permettant de garantir son anonymat (CPP, art. 706-86). Enfin, le législateur interdit la condamnation sur le seul fondement des déclarations faites par les agents infiltrés, ce qui limite nécessairement la portée des éléments à charge émanant de ces derniers (CPP, art. 706-87).

4062 **Garantie donnée à la personne poursuivie.** L'article 706-87 du Code de procédure pénale prévoit que :

> « Aucune condamnation ne peut être prononcée sur le seul fondement des déclarations faites par les officiers ou agents de police judiciaire ayant procédé à une opération d'infiltration.
> Les dispositions du présent article ne sont cependant pas applicables lorsque les officiers ou agents de police judiciaire déposent sous leur véritable identité ».

La DACG estime, dans sa circulaire, qu'il s'agit d'une conséquence de ce que la personne mise en cause ne peut être confrontée directement et de façon ouverte avec l'agent infiltré et donc que « fort logiquement, si l'agent infiltré accepte que son anonymat soit levé, le principe précité n'a plus lieu d'être et les déclarations de l'agent infiltré revêtent dès lors la même force probatoire que celles de tout autre agent ou officier de police judiciaire ».

L'ESSENTIEL 4063 **Surveillance de délinquants en se faisant passer pour l'un des leurs.** L'infiltration consiste, pour un officier ou un agent de police judiciaire (...) à surveiller des personnes suspectées de commettre un crime ou un délit en se faisant passer, auprès de ces personnes, comme un de leurs coauteurs, complices ou receleurs (V. *supra*, n° 4033).

4064 **Moyens mis en œuvre pour opérer une infiltration.** L'enquêteur peut faire usage d'une identité d'emprunt (V. *supra*, n° 19) et, si nécessaire, acquérir, détenir, transporter, livrer ou délivrer des substances, biens, produits, documents ou informations tirés de la commission des infractions ou servant à la commission de ces infractions ainsi qu'utiliser ou mettre à disposition des personnes se livrant à ces infractions des moyens de caractère juridique ou financier ainsi que des moyens de transport, de dépôt, d'hébergement, de conservation et de télécommunication (V. *supra*, nos 4034, 4052).

Il peut faire appel par voie de réquisition à des personnes pour permettre la réalisation de l'opération.

4065 **Agents pouvant procéder à une infiltration.** Peuvent avoir recours à l'infiltration non seulement les officiers et agents de police judiciaire mais aussi, à certaines conditions, les officiers de douane judiciaire (V. *supra*, n° 4033), les agents de la douane administrative (V. *supra*, n° 4035), des agents de police ou de douane étrangers (V. *supra*, n° 4034).

4066 **Autorisation et contrôle d'un magistrat.** L'infiltration doit être autorisée par le procureur de la République ou par le juge d'instruction après avis du procureur et délivrée par écrit. Elle doit être spécialement motivée (V. *supra*, nos 4038 et s.). Ces magistrats contrôlent le déroulement de l'opération (V. *supra*, n° 4042). Ils disposent notamment à cette fin d'un rapport que l'officier de police judiciaire coordonnant la mission doit établir (V. *supra*, nos 4041, 4050) et doivent être régulièrement informés des développements de l'opération (V. *supra*, n° 4042) qu'ils peuvent interrompre à tout moment (V. *supra*, nos 4042, 4043), la loi réglementant les

Infiltration

conditions de « sortie » de l'opération (V. *supra*, n°s 4043, 4044).

4067 **Durée.** L'opération ne peut pas être autorisée pour une période supérieure à quatre mois mais elle peut être renouvelée dans les mêmes formes sans que la loi ait fixé un délai maximum (V. *supra*, n° 4040).

4068 **SIAT.** Les officiers et agents de police judiciaire susceptibles d'effectuer des opérations d'infiltration sont formés par le service interministériel d'assistance technique (SIAT) qui centralise les informations relatives à ce genre d'opération (V. *supra*, n° 4045).

Ils doivent être agréés et habilités (V. *supra*, n°s 4046 et 4047). La participation des agents étrangers doit recevoir l'accord du ministre de la Justice (V. *supra*, n° 4049).

4069 L'opération d'infiltration ne peut constituer une incitation à commettre des infractions (V. *supra*, n° 4055).

4070 **Protection des agents.** L'identité de l'agent infiltré ne doit jamais apparaître, de même que celle des personnes requises (V. *supra*, n° 4063).

Le fait de révéler l'identité des agents infiltrés est constitutif d'une infraction susceptible d'être aggravée lorsque la révélation a eu des conséquences pour l'agent ou ses proches (V. *supra*, n° 4056).

En principe seul l'officier de police judiciaire ayant coordonné l'opération peut témoigner (V. *supra*, n° 4060).

Exceptionnellement, une confrontation peut être organisée entre l'agent infiltré et la personne poursuivie, mais dans ce cas l'audition de l'agent a lieu par l'intermédiaire d'un dispositif technique permettant son audition à distance, sa voix étant rendue non identifiable par des procédés techniques appropriés (V. *supra*, n° 4061), cette procédure semblant pouvoir satisfaire aux exigences posées par la Cour européenne des droits de l'homme (V. *supra*, n° 4061).

4071 **Protection de la personne poursuivie.** La loi interdit qu'une condamnation soit prononcée sur le seul fondement des déclarations faites par les agents ayant procédé à une opération d'infiltration (V. *supra*, n° 4062).

POUR ALLER PLUS LOIN...

Fascicules JurisClasseur

• *JCl. Procédure pénale*, Art. 53 à 73, *Crimes et délits flagrants*.

• *JCl. Procédure pénale*, Art. 706-73 à 706-106, fasc. 20, *Procédure applicable à la criminalité et la délinquance organisées*.

Lexis 360 Intelligence

• J.-Y. Maréchal, *L'infiltration d'un groupe criminel devant la Cour EDH*, Lexis360, Intelligence, Dossiers d'actualités, 9 juin 2017.

Revue

• L. Milano, *Techniques d'infiltration et droits de la défense : JCP* G 5 juin 2017, n° 23, 653.

Circulaire

• Circ. CRIM/04-13/G1-02-09-04, p. 44 à 51.

Titre 4
Les fichiers

Sommaire

Fiche 67
Fiche introductive

Sommaire

4072 Si l'informatique a conduit à une multiplication des fichiers de police, l'idée est ancienne puisqu'on trouve trace, dès l'Antiquité, de tentatives de tenue de listes de personnes pour les identifier et les singulariser.
Alphonse Bertillon est suffisamment connu pour qu'il ne soit pas nécessaire d'insister sur son rôle de rationalisation du fichage policier.
Toujours est-il que la consultation des fichiers constitue, pour les enquêteurs, un vecteur incontournable pour faire progresser leurs enquêtes.

4073 **Nombre actuel de fichiers.** Le nombre des fichiers à la disposition des services de police et de gendarmerie se monte à plusieurs dizaines, sans qu'il soit possible d'être plus précis. Un rapport parlementaire rédigé en 2011 évoquait un chiffre compris entre cinquante et quatre-vingts. Un autre de 2018 évoque un chiffre de cent-six fichiers (*Rapport de la mission d'information sur les fichiers mis à la disposition des forces de sécurité*, présenté par MM. Didier Paris et Pierre Morel-À-L'Huissier).

I

Un droit commun des fichiers ?

4074 **Loi informatique et liberté. Règlement relatif à la protection des personnes physiques à l'égard du traitement des données à caractère personnel et à la libre circulation de ces données (RGPD). Directive police justice.** La loi Informatique et libertés du 6 janvier 1978 a édicté un certain nombre de règles qui ont, peu à peu, été appliquées aux fichiers qui existaient antérieurement. Elle avait bien sûr vocation à s'appliquer à ceux créés ensuite.
Cette loi avait instauré une différence entre les fichiers classiques et les fichiers « régaliens ».
En 2016 ont vu le jour un règlement n° 2016/679 du 27 avril 2016 relatif à la protection des personnes physiques à l'égard du traitement des données à caractère personnel et à la libre circulation de ces données (RGPD) et une directive (UE) 2016/680 du Parlement européen et du Conseil en date du 27 avril 2016 dite « directive Police-Justice », le tout formant ce que l'on appelle le « paquet européen de protection des données à caractère personnel ».
La loi Informatique et libertés du 6 janvier 1978 a été modifiée pour tenir compte du RGPD et transposer la directive « Police-Justice ».
Les fichiers peuvent être créés par arrêté ministériel pris après avis de la Commission nationale de l'informatique et des libertés (CNIL), mais lorsqu'ils contiennent des données sensibles (données à caractère personnel qui révèlent la prétendue origine raciale ou l'origine ethnique, les opinions politiques, les convictions religieuses ou philosophiques ou l'appartenance syndicale d'une personne physique ou de traiter des données génétiques,

des données biométriques aux fins d'identifier une personne physique de manière unique, des données concernant la santé ou des données concernant la vie sexuelle ou l'orientation sexuelle d'une personne physique), ils doivent être autorisés par décret en Conseil d'État pris après avis motivé et publié de la commission. Ils peuvent également être institués par une loi.
La transposition de la directive a été opérée au sein des articles 87 à 111 de la loi du 6 janvier 1978 qui, constituent « le droit commun » des fichiers de police.
Y sont énoncées des règles qui doivent être respectées par les textes instituant les divers fichiers. Au nombre de ces règles figurent les obligations pour le responsable du traitement :
– de distinguer dans la mesure du possible les données à caractère personnel fondées sur des faits de celles fondées sur des appréciations personnelles (art. 94) ;
– de vérifier la qualité des données (art. 97) ;
– d'opérer une distinction claire entre suspects, coupables, victimes, et tiers (art. 98) ;
– de tenir un journal des accès au fichier (art. 101) ;
– de désigner un délégué à la protection des données (art. 103).
Les personnes concernées ont le droit d'être informées de l'identité du responsable du traitement et le cas échéant du délégué à la protection des données, de la finalité du traitement, du droit d'introduire une réclamation (art. 104).
Elles ont le droit d'accéder aux données (art. 105) et le droit – qui peut être limité – d'obtenir la rectification des données ou qu'elles soient complétées, voire effacées (art. 106). Ces droits peuvent être restreints dans les conditions et pour les motifs prévus à l'article 107 ce qui donne le droit de saisir la CNIL (art. 108).
Les personnes concernées disposent également d'un droit d'opposition qui peut cependant être exclu par l'acte instaurant le fichier (art. 110).

4075 **Droit de l'Union Européenne.** La Cour de Justice de l'Union Europénne a été saisie d'une question préjudicielle émanant d'une juridiction bulgare qui devait statuer sur le refus d'une personne mise en examen de se soumettre à la collecte de ses données dactyloscopiques, photographiques et à un prélèvement en vue d'établir son profil ADN destinés à être enregistrés dans les fichiers de la police. Par arrêt du 26 janvier 2023 (CJUE, 26 janv. 2023, aff. C-205/21), la Cour a notamment retenu que l'article 10, lu en combinaison avec les articles 4 et 8, de la Directive Police-Justice s'opposait à une législation nationale prévoyant « la collecte systématique des données biométriques et génétiques de toute personne mise en examen pour une infraction intentionnelle poursuivie d'office aux fins de leur enregistrement, sans prévoir l'obligation, pour l'autorité compétente, de vérifier et de démontrer, d'une part, si cette collecte est absolument nécessaire à la réalisation des objectifs concrets poursuivis et, d'autre part, si ces objectifs ne peuvent pas être atteints par des mesures constituant une ingérence de moindre gravité pour les droits et les libertés de la personne concernée ».
La question est susceptible d'intéresser le FNAEG (V. *infra*, n°s 4337 et s.) et le FAED (V. *infra*, n°s 4387 et s.).

II

Secret

4076 **Caractère secret du contenu des fichiers.** On verra que, pour certains fichiers, la loi ou le règlement a prévu que les personnes concernées pouvaient avoir connaissance de tout ou partie des informations contenues dans lesdits fichiers. Cependant, les fichiers de police ont également vocation à permettre de faire aboutir des enquêtes qui s'exercent dans le cadre du secret prévu par l'article 11 du Code de procédure pénale.

La chambre criminelle a ainsi jugé que le contenu des fichiers de police était secret de sorte qu'un fonctionnaire de police, tenu au secret professionnel en ce qui concerne les informations parvenues à sa connaissance dans l'exercice de sa profession, qui révélait à une personne qu'elle était inscrite au fichier des personnes recherchées commettait une violation du secret professionnel (Cass. crim., 7 nov. 1996, n° 96-80.655).

III

Accès aux fichiers

4077 **Habilitation.** Le caractère sensible des informations enregistrées dans les différents fichiers conduit à limiter leur accès à des catégories particulières de personnes. Si, parfois, la consultation des fichiers de police ne nécessite pas, même en enquête préliminaire, d'autorisation du procureur de la République (Cass. crim., 15 sept. 2009, n° 09-82.597 : *Bull. crim.* n° 155), le texte réglementant le fichier impose le plus souvent que les enquêteurs y accédant soient spécialement désignés et habilités (sur l'accès V. *infra*, n°s 4093, 4134, 4171, 4198, 4249, 4360, 4403, 4428, 4453).
La Direction générale de la gendarmerie nationale a mis en place un système d'habilitation centralisé *via* la création de profils basés sur le droit et le besoin d'en connaître. Ont ainsi été créés des profils d'administrateur, d'enquêteur, de gestionnaire ou liés aux qualifications d'officier de police judiciaire ou d'utilisateur d'ANACRIM (analyse criminelle). Le croisement des deux critères conduit à définir les droits accordés aux personnels pour l'exercice de leurs missions. Ce n'est que pour des raisons particulières, qui doivent être motivées au regard des activités exercées par l'unité d'affectation, que l'évolution des droits d'accès peut être accordée.
La chambre criminelle a rendu, à propos du TAJ, du LAPI, du FOVeS, des arrêts manifestant une attention scrupuleuse au respect de ces habilitations (V. *infra*, n°s 4093, 4428 et s.). La première chambre civile de la Cour de cassation a rendu, à propos du fichier automatisé des empreintes digitales (FAED) une décision dans le même sens (V. *infra*, n° 4403). Il ne fait pas grand doute que les règles de même nature qui régissent les autres fichiers auraient pu avoir les mêmes conséquences.
Selon ces arrêts, doit figurer au dossier un document établissant que l'accès au fichier a été le fait d'un agent habilité (Cass. crim., 19 févr. 2019, n° 18-84.671 : *Bull. crim.* n° 38. – Cass. crim., 5 avr. 2022, n° 21-84.078) dont le nom doit être mentionné en procédure (Cass. crim., 5 avr. 2022, n° 21-84.078).

4078 **Réquisition.** La chambre criminelle permet cependant à un enquêteur de délivrer une réquisition à la personne habilitée pour obtenir le renseignement (Cass. crim., 26 juin 2018, n° 18-80.596. – Cass. crim., 19 févr. 2019, n° 18-84.671 : *Bull. crim.* n° 38).
Lorsque c'est au cours d'une enquête préliminaire que l'enquêteur délivre une telle réquisition, il doit y être autorisé par le procureur de la République (*ibid.*).
Il importe peu cependant que l'autorisation du procureur de procéder à toutes réquisitions utiles à l'enquête ne vise pas expressément le LAPI (Cass. crim., 10 déc. 2019, n° 19-84.141). L'article 77-1-1 du Code de procédure pénale, dans sa rédaction résultant de la loi n° 2023-22 du 24 janvier 2023, autorise le procureur de la République à donner des « instructions générales prises en application de l'article 39-3 et concernant des crimes ou délits punis d'une peine d'emprisonnement, limitativement énumérés par ce magistrat, lorsqu'elles sont nécessaires à la manifestation de la vérité et ont pour objet », « 5° La remise de données relatives à la lecture automatisée de plaques d'immatriculation, lorsque l'infraction a été commise en utilisant un véhicule et que ces données sont susceptibles de permettre de localiser une personne contre laquelle il existe une ou plusieurs raisons plausibles de soupçonner qu'elle a commis ou tenté de commettre l'infraction ».
Quand l'enquête se déroule sous le régime de la flagrance, l'enquêteur peut délivrer la réquisition de sa propre autorité sur le fondement de l'article 60-1 du Code de procédure pénale de sorte qu'il peut avoir accès au fichier sans être individuellement désigné et spécialement habilité.
Lorsque l'enquêteur exécute une commission rogatoire, la délégation que le juge d'instruction lui a fait de son pouvoir de réquisition l'autorise à consulter le fichier sans être individuellement désigné et spécialement habilité (Cass. crim., 27 juill. 2022, n° 22-80.363. – Cass. crim., 13 déc. 2022, n° 22-81.851, publié au bulletin).

4079 Le gouvernement a proposé, dans le cadre du projet de loi d'orientation et de programmation du ministère de l'Intérieur que la réalité de l'habilitation puisse être contrôlée à tout moment par un magistrat, mais que l'absence de mention de cette habilitation sur les différentes pièces de procédure n'emporte pas, par elle-même, nullité de la procédure.
C'est en ce sens que les parlementaires se sont prononcés. Ils ont donc voté l'insertion dans le Code de procédure pénale d'un article 15-5 (L. n° 2023-22 du 24 janv. 2023) qui prévoit que :

> « Seuls les personnels spécialement et individuellement habilités à cet effet peuvent procéder à la consultation de traitements au cours d'une enquête ou d'une instruction.

Fiche introductive

La réalité de cette habilitation spéciale et individuelle peut être contrôlée à tout moment par un magistrat, à son initiative ou à la demande d'une personne intéressée. L'absence de la mention de cette habilitation sur les différentes pièces de procédure résultant de la consultation de ces traitements n'emporte pas, par elle-même, nullité de la procédure ».

A été créée une disposition identique pour les douaniers qui résulte du nouvel article 55 ter du Code des douanes.

Ces modifications que le conseil constitutionnel a jugé conformes à la Constitution (Cons. Const., Décision n° 2022-846 DC du 19 janv. 2023) devraient permettre, comme c'était le souhait du gouvernement et de la majorité des parlementaires, de sécuriser les procédures.

IV Périmètre des questions traitées

4080 Le très grand nombre et la très grande variété des fichiers de police ne permettent pas de traiter de chacun d'entre eux. Il a donc été fait le choix – nécessairement arbitraire – d'exposer la réglementation d'un certain nombre de fichiers que les enquêteurs et magistrats responsables des enquêtes sont régulièrement conduits à utiliser.

Cette façon de procéder sera parfois source de redites. Il faudra cependant prendre garde au fait que le législateur n'a pas toujours uniformisé les règles d'accès, de consultation et de conservation qu'il a été conduit à modifier au gré des censures qui ont pu être prononcées par la Cour européenne des droits de l'homme ou le Conseil constitutionnel, ce qui conduit à considérer que le droit commun des fichiers n'est encore qu'incomplet et imparfait.

4081 Seront donc exposées les règles relatives à sept sortes de fichiers réglementés par le Code de procédure pénale : fichiers d'antécédents, fichiers d'analyse sérielle, fichier des personnes recherchées (FPR), logiciels de rapprochement judiciaire, fichier judiciaire national automatisé des auteurs d'infractions terroristes (FNAIT), fichier judiciaire national automatisé des auteurs d'infractions sexuelles ou violentes (FNAIS), fichier national automatisé des empreintes génétiques (FNAEG).

Le casier judiciaire national, bien que réglementé par le Code de procédure pénale, ne sera pas traité ici, cet ouvrage étant destiné aux enquêtes. Or le casier judiciaire n'est pas accessible aux enquêteurs de la police et de la gendarmerie. En outre, sa finalité, dans le cadre des procédures judiciaires, n'est pas d'orienter l'enquête mais de connaître les antécédents de la personne poursuivie pour déterminer, en cas de condamnation, la sanction à prononcer.

Le répertoire des données à caractère personnel collectées dans le cadre des procédures judiciaires, dit « Répertoire des expertises » ou « REDEX », ne sera pas non plus traité. Il n'est pas accessible aux enquêteurs et les magistrats qui le consultent le font pour disposer des examens et expertises psychiatriques d'une personne afin d'avoir une meilleure connaissance de sa personnalité et de l'évaluation de sa dangerosité. Il ne s'agit donc pas d'un outil destiné à faciliter l'enquête mais d'un moyen d'orienter les poursuites, de choisir la peine ou de décider de son aménagement.

Seront également exposés les textes réglementant le fichier des empreintes digitales, le système de lecture automatisé des plaques d'immatriculation et le fichier des objets et véhicules signalés qui ne se trouvent pas dans le Code de procédure pénale mais qui sont très souvent au cœur des enquêtes.

L'ESSENTIEL **4082** Les fichiers de police examinés dans le présent ouvrage sont soumis à la loi Informatique et libertés du 6 janvier 1978 qui a été modifiée pour tenir compte du RGPD et transposer la directive « Police-Justice » (V. *infra*, n° 4074).

4083 L'accès à de nombreux fichiers est réservé à des fonctionnaires de police et militaires de la gendarmerie individuellement désignés et spécialement habilités. La chambre criminelle veillait au respect de cette obligation et exigeait que le nom du fonctionnaire ou du militaire figure en procédure. Le fonctionnaire ou le militaire qui n'est pas individuellement désigné et spécialement habilité pouvait également requérir les personnes gérant le fichier de lui communiquer les informations mais il devait, en enquête préliminaire y être autorisé par le procureur comme l'exige l'article 77-1-1 du Code de procédure pénale et, au cours d'une instruction avoir reçu délégation du juge d'instruction à cette fin (V. *supra*, nos 4077, 4078, 4079). La création d'un article 15-5 prévoyant que l'absence de mention en procédure n'est pas cause de nullité devrait changer les choses (V. *supra*, n° 4079).

POUR ALLER PLUS LOIN...

Circulaire

- Circ. DACG, CRIM/2018-5/Q, 11 avr. 2018.

Fiche 68

Les fichiers d'antécédents (TAJ)

Sommaire

4084 **La section 1 du chapitre II relatif aux fichiers de police judiciaire est consacrée aux fichiers d'antécédents.** Les articles 230-6 à 230-11 du Code de procédure pénale réglementent la matière. Ces dispositions ont trait, de façon générale, aux fichiers d'antécédents.
Les articles R. 40-23 à R. 40-34 du même code sont spécifiques au fichier dénommé « Traitement des antécédents judiciaires » (TAJ) qui a pris la suite du fichier de police dénommé « Système de traitement des infractions constatées » (STIC) et du fichier de la gendarmerie, appelé « Système judiciaire de documentation et d'exploitation » (JUDEX) et qui constitue LE fichier d'antécédents judiciaires actuellement en fonctionnement.

4085 Dès lors, ce sont les dispositions applicables à ce fichier spécifique qui seront exposées.

I Finalité du fichier « TAJ »

4086 **Constatation des infractions, rassemblement des preuves, recherche des auteurs.** L'article 230-6 du Code de procédure pénale dispose que c'est « afin de faciliter la constatation des infractions à la loi pénale, le rassemblement des preuves de ces infractions et la recherche de leurs auteurs » que des fichiers d'antécédents peuvent être tenus par les services de la police nationale et de la gendarmerie nationale.
Le traitement peut également avoir pour objet une recherche statistique.

Pratiquement, le TAJ constitue pour les enquêteurs un outil d'investigations leur permettant d'opérer des rapprochements entre procédures. Il repose sur le découpage de toute procédure en quatre « éléments métier » que sont « l'affaire », les « protagonistes », les « moyens de transport » et les « autres objets pouvant être associés aux faits ». Il est en outre doté d'un outil de reconnaissance faciale et de reconnaissance d'objets qui, après mise en œuvre, soumet à l'enquêteur des images susceptibles de correspondre aux critères qu'il a entrés dans la base de données et qu'il lui appartient de valider.

II

Gestionnaire du fichier

4087 **Ministre de l'Intérieur.** C'est le ministre de l'Intérieur (Direction générale de la police nationale et Direction générale de la gendarmerie nationale) qui est autorisé à mettre en œuvre le « traitement d'antécédents judiciaires ».

III

Contenu du fichier

4088 **Circonstances dans lesquelles les données à caractère personnel peuvent être recueillies.** Les données qui alimenteront le fichier pourront avoir été recueillies au cours des enquêtes :
- préliminaires ;
- de flagrance ;
- exécutées sur commission rogatoire ;
- en recherche des causes de la mort ;
- en recherche des causes d'une disparition.

4089 **Données à caractère personnel.** L'article R. 40-26 du Code de procédure pénale établit la liste des données qui peuvent être enregistrées, pour les personnes physiques (renseignements d'identité, photos comportant des caractéristiques techniques permettant de recourir à un dispositif de reconnaissance faciale, etc.), pour les personnes morales (raison sociale, numéro Siren, etc.) pour les victimes (pas de photo notamment), pour les personnes objet des enquêtes en recherche des causes de la mort ou de la disparition (dans ce cas, possibilité d'enregistrement de la photographie).
Le texte ajoute que sont également enregistrées les données à caractère non personnel qui concernent les faits, objets de l'enquête, les lieux, dates de l'infraction et modes opératoires ainsi que les données et images relatives aux objets, y compris celles qui permettent indirectement d'identifier les personnes concernées.
Les données à caractère personnel qui font apparaître, directement ou indirectement, les origines raciales ou ethniques, les opinions politiques, philosophiques ou religieuses ou l'appartenance syndicale des personnes, ou qui sont relatives à la santé ou à la vie sexuelle de celles-ci ne peuvent être enregistrées que dans les seuls cas où ces données résultent de la nature ou des circonstances de l'infraction ou se rapportent à des signes physiques particuliers, objectifs et permanents, en tant qu'éléments de signalement des personnes. Il faut que ces éléments soient nécessaires à la constatation des infractions à la loi pénale, au rassemblement des preuves de ces infractions et à la recherche de leurs auteurs.

4090 **Personnes concernées par le recueil des données à caractère personnel.** Les données recueillies ne peuvent concerner que les personnes suivantes, sans limitation d'âge (CPP, art. R. 40-25) :
- celles à l'encontre desquelles sont réunis des indices graves ou concordants rendant vraisemblable qu'elles aient pu participer, comme auteurs ou complices, à la commission des crimes, délits ou contraventions de cinquième classe prévues aux articles R. 625-1 à R. 625-3, R. 625-7, R. 625-9, R. 635-1, R. 635-3 à R. 635-5, R. 645-1, R. 645-2 et R. 645-5 à R. 645-15 du Code pénal. Cette règle conduit, en pratique, à n'enregistrer les éléments qu'en fin d'enquête ;
- les victimes de ces infractions (celles-ci peuvent s'opposer à la conservation de leurs données une fois l'auteur condamné) ;
- celles faisant l'objet d'une enquête ou d'une instruction pour recherche des causes de la mort, de blessures graves ou d'une disparition au sens des articles 74 et 74-1 (ces données sont effacées quand l'enquête a permis de retrouver la personne disparue ou d'écarter toute suspicion de crime ou délit).

IV

Alimentation du fichier

4091 **Police, gendarmerie et douane.** L'article R. 40-24 du Code de procédure pénale précise que le TAJ est alimenté par les données recueillies dans le cadre des procédures établies par les services de la police et les unités de la gendarmerie nationales, ou par des agents des douanes habilitées à exercer des missions de police judiciaire.

4092 **Mise à jour des données du fichier.** Lorsque l'autorité judiciaire prend une décision qui change le sens de ce qui a été enregistré, par exemple quand elle requalifie, classe sans suite, rend un non-lieu, elle doit prévenir le gestionnaire du fichier. À cette fin elle doit remplir des « fiches-navette » adressées au service gestionnaire. À terme, le système des fiches-navette doit être remplacé par des échanges inter-applicatifs entre le système Cassiopée (bureau d'ordre national automatisé des procédures judiciaires [CPP, art. 48-1]) et le TAJ. Le procureur de la République doit s'assurer de la mise en œuvre effective de ces transmissions de renseignements.

V

Accès au fichier

4093 **Pour les besoins d'une enquête judiciaire.** Peuvent accéder au fichier, selon l'article 230-10 du Code de procédure pénale :
– les personnels spécialement habilités ;
– des services de la police désignés à cet effet ;
– des services de la gendarmerie nationale désignés à cet effet ;
– de l'État investis par la loi d'attributions de police judiciaire, notamment les agents des douanes, les agents des services fiscaux et les inspecteurs de l'environnement mentionnés à l'article L. 172-1 du Code de l'environnement.
L'habilitation précise la nature des données auxquelles elle autorise l'accès. À cet égard, il peut être signalé que, depuis la fin de l'année 2020, l'ensemble des militaires de la gendarmerie affectés en unités chargées d'une mission de police judiciaire – c'est-à-dire celles inscrites au décret des catégories de services – a accès à la recherche par reconnaissance faciale.
Il a été souligné que la chambre criminelle veillait pour le TAJ, comme elle le fait pour le LAPI (V. *infra*, n° 4428), à ce que la procédure fasse mention de la désignation individuelle et de l'habilitation spéciale de l'enquêteur ayant accédé au traitement et qu'elle censurait les décisions qui, au besoin, en ordonnant un supplément d'information, n'avaient pas recherché l'existence de cette habilitation (Cass. crim., 25 oct. 2022, n° 22-81.466). Mais, comme déjà exposé (V. *infra*, n°s 4077, 4078, 4079), l'enquêteur qui n'est pas désigné individuellement et spécialement habilité, peut procéder par réquisition avec ou sans l'autorisation d'un magistrat. L'insertion dans le Code de procédure pénale du nouvel article 15-5, issu de la loi n° 2023-22 du 24 janvier 2023 pourrait limiter les conséquences d'une absence d'indication en procédure. L'accès par tous moyens techniques mobiles est réservé aux personnels de la police et de la gendarmerie nationales, des douanes et des services fiscaux et aux inspecteurs de l'environnement mentionnés au même article L. 172-1.
L'article R. 40-28 donne quelques précisions supplémentaires au sujet des personnes habilitées à consulter le fichier.

4094 **Destinataires des données.** Les magistrats du parquet et les magistrats instructeurs, pour les recherches relatives aux infractions dont ils sont saisis, peuvent être destinataires des données issues du traitement, comme les organismes de coopération internationale en matière de police judiciaire et les services de police étrangers.

4095 **Accès direct de magistrats.** Pour faciliter l'exercice par l'autorité judiciaire de sa mission de contrôle, une convention du 12 décembre 2017, conclue entre la DACG, la DGGN et la DSJ, permet aux magistrats de disposer d'un accès direct au TAJ. Un plan de déploiement national de cet accès généralisé a été présenté par la DSJ dans une dépêche adressée aux juridictions le 4 juin 2018.

4096 **L'accès au TAJ pour les besoins d'enquêtes administratives.** La partie réglementaire du Code de procédure pénale prévoit l'accès de fonctionnaires de police, de militaires de la gendarmerie et d'autres fonctionnaires pour les besoins des enquêtes de moralité préalables au recrutement et à l'agrément de certaines professions. Ce n'est que pour mémoire que cette possibilité est évoquée puisque cet ouvrage n'est consacré qu'aux enquêtes judiciaires.

4097 **Contrôle des accès au TAJ.** L'article R. 40-30 du Code de procédure pénale dispose que les opérations de collecte, de modification, de consultation et d'effacement des données à caractère personnel et informations font l'objet d'un enregistrement comprenant l'identifiant de l'auteur, la date et l'heure de l'opération ainsi que sa nature administrative ou judiciaire et que ces données sont conservées six ans. Ces dispositions permettent aux procureurs de la République d'exercer le contrôle que la loi leur confie (V. *infra*, n°s 4101 et s.).

VI Contrôle du fichier

A Droits dont disposent les personnes qui sont inscrites dans le TAJ ou qui pensent l'être

4098 **Droits d'information, d'accès, de rectification et d'effacement.** Les droits d'information, d'accès, de rectification et d'effacement prévus par la loi Informatique et libertés du 6 janvier 1978 s'exercent directement auprès du responsable du traitement (CPP, art. R. 40-33). Cependant, l'article R. 40-31 permet également aux personnes intéressées d'adresser leurs demandes de rectification ou d'effacement directement au procureur de la République territorialement compétent ou au magistrat mentionné à l'article 230-9.

Ces droits d'accès, de rectification et d'effacement peuvent faire l'objet de restrictions afin d'éviter de gêner des enquêtes, des recherches et des procédures administratives ou judiciaires et de nuire aux enquêtes, aux poursuites ou à l'exécution des sanctions pénales. Dans ce cas, la personne concernée par ces restrictions exerce ses droits auprès de la Commission nationale de l'informatique et des libertés selon une procédure définie à l'article R. 40-33 du Code de procédure pénale.

4099 **Pas de droit d'opposition.** Le droit d'opposition prévu par la loi informatique et libertés ne s'applique pas au TAJ.

Seules les victimes peuvent s'opposer à ce que des données à caractère personnel les concernant soient conservées dans le fichier dès lors que l'auteur des faits a été condamné définitivement. Ces personnes sont informées du droit d'opposition qui leur est ouvert (CPP, art. R. 40-33).

B Organes de contrôle

4100 **Commission nationale de l'informatique et des libertés (CNIL).** Outre l'intervention de la CNIL qui vient d'être évoquée (V. *infra*, n° 4098), l'article R. 40-34 du Code de procédure pénale prévoit que, chaque année, le directeur général de la police nationale et le directeur général de la gendarmerie nationale rendent compte conjointement à cette commission des opérations de vérification, de mise à jour et d'effacement des informations enregistrées dans le traitement.

4101 **Procureur de la République.** Le traitement des données à caractère personnel est opéré sous le contrôle du procureur de la République territorialement compétent (CPP, art. R. 40-31) qui dispose d'un accès direct au traitement (CPP, art. 230-8).

Celui-ci peut ordonner d'office que les données soient effacées, complétées ou rectifiées, notamment en cas de requalification judiciaire, ou qu'elles fassent l'objet d'une mention.

4102 **Effacement, rectification sur demande de la personne concernée.** Le procureur de la République peut également prendre ce type de décision à la demande de la personne concernée. Il est seul compétent pour traiter les demandes émanant d'une personne morale.

4103 **Compétence d'un deuxième magistrat du parquet.** Un magistrat, chargé de suivre la mise en œuvre et la mise à jour des traitements automatisés de données à caractère personnel mentionnés à l'article 230-6 et désigné à cet effet par le ministre de la Justice, concourt à l'application de

l'article 230-8. Il s'agit d'un magistrat hors hiérarchie du parquet, désigné pour trois ans. Il est assisté par un comité de trois membres désignés également par le garde des Sceaux (CPP, art. R. 40-32).
Ce magistrat peut agir d'office ou sur requête des particuliers. Il dispose des mêmes pouvoirs d'effacement, de rectification ou de maintien des données personnelles dans les traitements automatisés de données à caractère personnel mentionnés à l'article 230-6 que le procureur de la République. Lorsque la personne concernée le demande, la rectification pour requalification judiciaire est de droit. Il se prononce sur les suites qu'il convient de donner aux demandes d'effacement ou de rectification dans un délai de deux mois.
Lorsque les données dont l'effacement ou la rectification sont demandés sont issues de procédures diligentées dans plusieurs ressorts, il a seul compétence. Dans ce cas, le procureur territorialement compétent à qui la demande d'effacement aurait été adressée doit la transmettre au magistrat référent avec les pièces du dossier par la voie dématérialisée, à l'adresse : magistrat-referent-taj@listes.justice.gouv.fr. Le dossier en original doit également être adressé par la voie postale au Secrétariat général du ministère de la Justice – Secrétariat du magistrat référent TAJ – 13, Place Vendôme 75042 Paris cedex 01, qui assure le secrétariat du magistrat référent.
Le magistrat hors hiérarchie dispose, pour l'exercice de ses fonctions, d'un accès direct à ces traitements automatisés (CPP, art. 230-9).
Les décisions de ce magistrat en matière d'effacement ou de rectification des données à caractère personnel sont susceptibles de recours devant le président de la chambre de l'instruction de la cour d'appel de Paris.
Le magistrat hors hiérarchie établit un rapport annuel qu'il adresse au ministre de la Justice.
S'il est temporairement indisponible, il est remplacé par le magistrat hors hiérarchie faisant partie du comité de trois membres (CPP, art. D. 45-2).

4104 **Décision du Conseil constitutionnel.** L'article 230-8 du Code de procédure pénale prévoyait, dans sa version issue de la loi du 3 juin 2016, qu'aucune personne mise en cause autre que celles ayant fait l'objet d'une décision d'acquittement, de relaxe, de non-lieu ou de classement sans suite ne pouvait obtenir l'effacement des données la concernant. Une personne déclarée coupable mais ayant été dispensée de peine ne pouvait demander l'effacement des mentions la concernant. Saisi d'une question prioritaire de constitutionnalité, le Conseil constitutionnel a déclaré le premier alinéa de l'article 230-8 du Code de procédure pénale, dans sa rédaction résultant de la loi n° 2016-731 du 3 juin 2016, contraire à la Constitution (Cons. const., 27 oct. 2017, n° 2017-670 QPC, *M. Mikhaïl P.*).
L'article 36 de la loi n° 2018-493 du 20 juin 2018 a, en conséquence, modifié l'article 230-8 du Code de procédure pénale pour y introduire notamment la possibilité pour une personne dispensée de peine de demander l'effacement des mentions du TAJ la concernant.

C Procédure

4105 **À qui doit-être adressée la demande ?** La demande de rectification ou d'effacement peut être adressée directement au procureur de la République territorialement compétent ou au magistrat mentionné à l'article 230-9 (V. *infra*, n° 4103). Elle peut encore être adressée au ministère de l'Intérieur et, en cas de refus ou d'absence de réponse, à la CNIL, le procureur de la République prenant en définitive la décision (CPP, art. R. 40-33, II et III).
Les personnes morales ne peuvent présenter leur demande que directement auprès du procureur de la République (CPP, art. R. 40-31).
La demande adressée aux magistrats du parquet doit, à peine d'irrecevabilité, être adressée par lettre recommandée avec demande d'avis de réception.
Le magistrat du parquet se prononce dans un délai de deux mois sur les suites qu'il convient de donner aux demandes qui lui sont adressées. La rectification pour requalification judiciaire est de droit.

4106 **Délai pour présenter une demande.** La personne concernée peut former sa demande sans délai à la suite d'une décision devenue définitive de relaxe, d'acquittement, de condamnation avec dispense de peine ou dispense de mention au casier judiciaire, de non-lieu ou de classement sans suite.
Dans les autres cas, la personne ne peut former sa demande, à peine d'irrecevabilité, que lorsque ne figure plus aucune mention de nature pénale dans le bulletin n° 2 de son casier judiciaire.
La circulaire CRIM/2018-8/H2-22.06.2018 de la direction des affaires criminelles et des grâces du ministère de la Justice relève que ces conditions de recevabilité ne s'appliquent naturellement pas aux demandes d'effacement ou de rectification de données inexactes.
Il a été soutenu devant le Conseil constitutionnel (Cons. const., 12 juin 2018, n° 2018-765 DC) qu'il était porté atteinte au droit au respect de la vie privée dès lors qu'une personne n'ayant

Les fichiers d'antécédents (TAJ)

pas fait l'objet d'une décision définitive de relaxe, d'acquittement, de condamnation avec dispense de peine ou dispense de mention au casier judiciaire, de non-lieu ou de classement sans suite ne pouvait demander l'effacement ou la rectification des mentions la concernant que « lorsque ne figure plus aucune mention de nature pénale dans le bulletin n° 2 de son casier judiciaire », alors même que cette mention pouvait être sans lien avec l'inscription à l'origine de la demande. Le Conseil a écarté la critique pour trois raisons :
– en l'absence d'une décision de relaxe, acquittement, etc., la personne peut demander l'effacement ou la rectification des données dès lors qu'il ne figure plus aucune mention de nature pénale dans le bulletin n° 2 de son casier judiciaire ;
– indépendamment des règles légales de retrait des mentions d'une condamnation au bulletin n° 2, le juge pénal peut exclure expressément une telle mention lorsqu'il prononce cette condamnation ou par jugement rendu postérieurement sur la requête du condamné ;
– la mention est supprimée en cas de réhabilitation acquise de plein droit ou de réhabilitation judiciaire.

4107 **Effacement de principe en cas de relaxe ou acquittement, mais un magistrat du parquet peut s'y opposer.** En cas de décision de relaxe ou d'acquittement devenue définitive, les données à caractère personnel concernant les personnes mises en cause sont effacées, sauf si le procureur de la République ou le magistrat du parquet hors hiérarchie en prescrit le maintien, auquel cas elles font l'objet d'une mention. Lorsque le magistrat du parquet prescrit le maintien des données à caractère personnel relatives à une personne ayant bénéficié d'une décision de relaxe ou d'acquittement devenue définitive, il en avise la personne concernée.

4108 **Maintien des données en cas de non-lieu ou classement sans suite, mais le parquet peut les faire effacer.** En cas de décision de non-lieu ou de classement sans suite, les données à caractère personnel concernant les personnes mises en cause font l'objet d'une mention, sauf si le procureur de la République ou le magistrat du parquet hors hiérarchie ordonne l'effacement des données à caractère personnel. Lorsque les données à caractère personnel relatives à la personne concernée font l'objet d'une mention, elles ne peuvent faire l'objet d'une consultation dans le cadre des enquêtes administratives prévues aux articles L. 114-1 et L. 234-1 à L. 234-3 du Code de la sécurité intérieure et à l'article 17-1 de la loi n° 95-73 du 21 janvier 1995 d'orientation et de programmation relative à la sécurité.

4109 **Différence de traitement.** Des parlementaires ont soutenu, à l'appui d'une saisine du Conseil constitutionnel, que la distinction opérée par ces dispositions, en ce qui concerne l'effacement d'office des données, entre les personnes relaxées ou acquittées et celles ayant fait l'objet d'une décision de non-lieu ou de classement sans suite serait contraire au principe d'égalité devant la loi. Le Conseil a écarté cette critique en considérant que cette différence de traitement correspondait à une différence de situation, les décisions de relaxe ou d'acquittement étant revêtues de l'autorité de la chose jugée et faisant obstacle à ce que la personne soit à nouveau condamnée ou poursuivie pour les mêmes faits alors que les décisions de non-lieu à l'issue d'une instruction ou de classement sans suite n'entraînaient pas l'extinction de l'action publique et que cette différence de traitement était en rapport avec l'objet de la loi, qui est de permettre la conservation de données aux fins notamment de faciliter la constatation des infractions à la loi pénale (Cons. const., 12 juin 2018, n° 2018-765 DC).

4110 **Motifs de la décision du magistrat du parquet.** Les décisions du procureur de la République ou du magistrat du parquet hors hiérarchie ordonnant le maintien ou l'effacement des données à caractère personnel ou ordonnant qu'elles fassent l'objet d'une mention sont prises pour des raisons liées à la finalité du fichier au regard de la nature ou des circonstances de commission de l'infraction ou de la personnalité de l'intéressé.
Les décisions d'effacement ou de rectification des informations nominatives prises par le parquetier sont portées à la connaissance des responsables de tous les traitements automatisés pour lesquels, sous réserve des règles d'effacement ou de rectification qui leur sont propres, ces mesures ont des conséquences sur la durée de conservation des données à caractère personnel.

4111 **Recours.** Les décisions du procureur de la République sont susceptibles de recours devant le président de la chambre de l'instruction. Celles rendues par le magistrat hors hiérarchie du parquet relèvent du président de la chambre de l'instruction de la cour d'appel de Paris.
Le recours doit être motivé, à peine d'irrecevabilité. Il doit être formé dans un délai d'un mois à compter de l'envoi de la décision de refus, par lettre recommandée avec demande d'avis de réception ou par déclaration au greffe de la chambre de l'instruction. En cas d'absence de réponse du procureur dans les deux mois, sa décision de rejet implicite peut être déférée au

président de la chambre de l'instruction dans le mois qui suit l'expiration du délai de deux mois. La décision du président de la chambre de l'instruction n'est susceptible de pourvoi en cassation que si elle ne satisfait pas, en la forme, aux conditions essentielles de son existence légale. Tel est le cas lorsque le président de la chambre de l'instruction statue au visa des réquisitions du procureur général sans que ces dernières aient été communiquées au requérant ou qu'il ait pu y avoir accès (Cass. crim., 30 mars 2021, n° 20-84.116, publié au bulletin).

VII

Durée de conservation des données et effacement

4112 Les durées de conservation sont modulées en fonction de la gravité de l'infraction et de l'âge de la personne concernée.
Dans sa décision du 27 octobre 2017 (V. *infra*, n° 4104), le Conseil constitutionnel avait relevé l'absence, dans la loi, de durée maximum de conservation des informations enregistrées dans le TAJ, le législateur ayant en effet renvoyé au pouvoir réglementaire la détermination de cette durée. Il n'en a cependant pas tiré de conséquences ce qui est dans la ligne de ce qu'il avait retenu à propos du FNAEG où il avait considéré que le renvoi au décret pour fixer la durée de conservation des empreintes génétiques dans le FNAEG n'était pas contraire au principe de la présomption d'innocence, sous réserve notamment que le pouvoir réglementaire veille à « proportionner la durée de conservation de ces données personnelles, compte tenu de l'objet du fichier, à la nature ou à la gravité des infractions concernées » (Cons. const., 16 sept. 2010, n° 2010-25 QPC, *M. Jean-Victor C.*).

4113 **Majeurs.** L'article R. 40-27 du Code de procédure pénale fixe les durées de conservation.
Les données concernant les personnes mises en cause majeures sont conservées vingt ans.
Par dérogation, elles sont conservées :
– cinq ans pour certains délits et contraventions (CPP, art. R. 40-27, I : délits routiers, atteintes involontaires à la vie ou à l'intégrité physique, abandon de famille...) ;
– quarante ans pour certains crimes et certains délits (listés au tableau 1 de l'article R. 40-27 : meurtre, assassinat, empoisonnement, viol, agression sexuelle, trafic de stupéfiants, proxénétisme, terrorisme, évasion),

4114 **Mineurs.** Les données concernant les personnes mineures mises en cause sont conservées cinq ans.
Par dérogation, elles sont conservées :
– dix ans pour certains délits (listés au tableau 2 de l'article R. 40-27 : exploitation de la mendicité aggravée, vol avec violences, trafic de stupéfiants...) ;
– vingt ans pour certains crimes et certains délits (listés au tableau 3 de l'article R. 40-27 : agression sexuelle, vol avec arme...).

4115 **Victimes.** Les données concernant les victimes sont conservées au maximum quinze ans. Rappelons qu'elles ne peuvent demander l'effacement des données les concernant que lorsque l'auteur a été définitivement condamné (V. *supra*, n° 4099).

4116 **Recherches des causes de la mort, de blessures graves ou de disparition.** Les données concernant les personnes faisant l'objet d'une enquête ou d'une instruction pour recherche des causes de la mort, de blessures graves ou d'une disparition au sens de l'article 74 et 74-1 du Code de procédure pénale sont conservées jusqu'à ce que l'enquête ait permis de retrouver la personne disparue ou d'écarter toute suspicion de crime ou délit.

4117 L'article R. 40-27 du Code de procédure pénale précise en outre qu'en cas de mise en cause pour une ou plusieurs nouvelles infractions avant l'expiration de l'une des durées de conservation des données initiales, le délai de conservation restant le plus long s'applique aux données concernant l'ensemble des infractions pour lesquelles la personne a été mise en cause.

L'ESSENTIEL 4118 **Objet.** Le « Traitement des antécédents judiciaires » (TAJ) a pris la suite du fichier de police dénommé « Système de traitement des infractions constatées » (STIC) et du fichier de la gendarmerie, appelé « Système judiciaire de documentation et d'exploitation » (JUDEX). Il constitue actuellement LE fichier d'antécédents judiciaires des services de police et de gendarmerie.

4119 **Finalité.** Sa finalité est de faciliter la constatation des infractions à la loi pénale, le rassemblement des preuves de ces infractions et la recherche de leurs auteurs.

4120 **Cadres d'enquêtes permettant recueil de données.** Les données qui alimenteront le fichier pourront avoir été recueillies au cours des enquêtes préliminaires, de flagrance, sur commission rogatoire, en recherche des causes de la mort ou des causes d'une disparition.

4121 **Infractions concernées.** Les données recueillies ne peuvent concerner que les personnes, sans limitation d'âge :

– suspectes de crimes, délits et de quelques contraventions de cinquième classe (C. pén., art. R. 625-1 à R. 625-3, R. 625-7, R. 625-9, R. 635-1, R. 635-3 à R. 635-5, R. 645-1, R. 645-2 et R. 645-5 à R. 645-15) ;

– victimes de ces infractions qui peuvent toutefois s'opposer à la conservation de leurs données une fois l'auteur condamné ;

– faisant l'objet d'une enquête ou d'une instruction pour recherche des causes de la mort, de blessures graves ou d'une disparition mais ces données sont effacées quand l'enquête a permis de retrouver la personne disparue ou d'écarter toute suspicion de crime ou délit (V. *supra*, n° 4090).

Le TAJ est alimenté par les données recueillies dans le cadre des procédures établies par les services de la police et les unités de la gendarmerie nationales, ou par des agents des douanes habilités à exercer des missions de police judiciaire (V. *supra*, n° 4091).

4122 **Accès.** Ont accès au fichier les personnels spécialement habilités des services de police, des unités de gendarmerie, les personnels de l'État investis d'attributions de police judiciaire, notamment les agents des douanes, les agents des services fiscaux et les inspecteurs de l'environnement.

L'accès, par tous moyens techniques mobiles, aux informations figurant dans les traitements de données à caractère personnel est ouvert aux seuls personnels de la police et de la gendarmerie nationales, des douanes et des services fiscaux et aux inspecteurs de l'environnement mentionnés au même article L. 172-1 (V. *supra*, n° 4093).

4123 **Surveillance des accès.** Les opérations de collecte, de modification, de consultation et d'effacement des données à caractère personnel sont enregistrées (V. *supra*, n° 4097).

4124 **Contrôle.** Le TAJ est contrôlé par la CNIL, le procureur de la République territorialement compétent et un magistrat hors hiérarchie du parquet désigné par le garde des Sceaux (V. *supra*, nos 4100 et s.).

4125 **Effacement.** Les personnes inscrites dans le TAJ peuvent demander que les données les concernant soient effacées, complétées ou rectifiées. Elles peuvent présenter une telle demande immédiatement après relaxe, acquittement, condamnation avec dispense de peine ou dispense de mention au casier judiciaire, non-lieu ou classement sans suite.

La relaxe ou l'acquittement entraînent normalement l'effacement de plein droit, mais le procureur de la République peut s'y opposer.

Un non-lieu ou un classement laissent en principe subsister les mentions au TAJ, mais le parquet peut les faire effacer.

Hors ces cas, la personne doit attendre qu'aucune mention de nature pénale ne figure plus au B2 de son casier judiciaire pour présenter une demande d'effacement, de rectification.

4126 Les durées de conservation sont modulées entre cinq et quarante ans en fonction de la gravité de l'infraction et de l'âge de la personne concernée (V. *supra*, nos 4112 et s.).

Fiche 69

Les fichiers d'analyse sérielle (art. 230-12 à 230-18)

Sommaire

4127 La section 2 du chapitre consacré aux fichiers de police judiciaire réglemente les « fichiers d'analyse sérielle » aux articles 230-12 à 230-18 du Code de procédure pénale. Cette réglementation est complétée par les articles R. 40-35 à R. 40-37. Après l'exposé de cette réglementation (I), il sera fait un focus sur le SALVAC, fichier d'analyse sérielle couramment utilisé qui fait l'objet d'un décret particulier (II), étant rappelé, pour mémoire, qu'un autre décret n° 2013-1054 a été promulgué le 22 novembre 2013 qui constitue un acte réglementaire unique, au sens du IV de l'article 26 de la loi du 6 janvier 1978 modifiée, permettant ainsi la déclaration de plusieurs fichiers d'analyse sérielle n'intégrant pas le fichier SALVAC et dont le projet soumis à la CNIL était accompagné de projets de deux autres fichiers, le « CALIOPE » (comparaison et analyse logicielle des images d'origine pédopornographique) et la « base documentaire d'analyse sérielle » de l'Office central de lutte contre la délinquance itinérante (OCLDI), tous deux mis en œuvre par la gendarmerie nationale. Des renseignements recueillis début 2021, il appert que le projet de base CALIOPE n'a pas prospéré et que la base OCLDI n'était pas encore opérationnelle.

I
Le régime défini par le Code de procédure pénale

A Finalité des fichiers d'analyse sérielle

4128 **Rassembler les preuves et identifier les auteurs des crimes et délits présentant un caractère sériel.** L'article 230-12 du Code de procédure pénale autorise les services et unités de la police et de la gendarmerie nationales chargés d'une mission de police judiciaire à mettre en œuvre, sous le contrôle des autorités judiciaires, des traitements automatisés de données à caractère personnel afin de rassembler les preuves et d'identifier les auteurs des crimes et délits présentant un caractère sériel, grâce à l'établissement de liens entre les individus, les événements ou les infractions.

B Gestionnaire du fichier

4129 Ce sont les services et unités de la police et de la gendarmerie nationales chargés d'une mission de police judiciaire qui sont autorisés à gérer de tels fichiers.

C Contenu des fichiers d'analyse sérielle

4130 **Circonstances dans lesquelles les données peuvent être recueillies.** Les données à caractère personnel pouvant alimenter les fichiers d'analyse sérielle sont celles collectées au cours des enquêtes :
- préliminaires ;
- de flagrance ;
- sur commission rogatoire.

Concernant toute infraction punie d'au moins cinq ans d'emprisonnement.
Peuvent également y être enregistrées les données issues des enquêtes en :
- recherche des causes de la mort prévues par l'article 74 ;
- recherche des causes d'une disparition prévues par l'article 74-1.

4131 **Données sensibles.** Ces traitements ne peuvent enregistrer des données à caractère personnel qui révèlent la prétendue origine raciale ou l'origine ethnique, les opinions politiques, les convictions religieuses ou philosophiques ou l'appartenance syndicale d'une personne physique ou des données génétiques, des données biométriques aux fins d'identifier une personne physique de manière unique, des données concernant la santé ou des données concernant la vie sexuelle ou l'orientation sexuelle d'une personne physique, que dans la stricte mesure nécessaire aux finalités de recherche criminelle assignées auxdits traitements.

4132 **Personnes concernées par le recueil des données à caractère personnel.** Les traitements peuvent contenir des données sur les personnes, sans limitation d'âge :
1) à l'encontre desquelles il existe des indices graves ou concordants rendant vraisemblable qu'elles aient pu participer, comme auteurs ou complices, à la commission d'un crime ou d'un délit puni d'au moins cinq ans d'emprisonnement ; l'enregistrement des données concernant ces personnes peut intervenir, le cas échéant, après leur condamnation ;
2) à l'encontre desquelles il existe des raisons sérieuses de soupçonner qu'elles ont commis ou tenté de commettre un crime ou d'un délit puni d'au moins cinq ans d'emprisonnement ;
3) susceptibles de fournir des renseignements sur les faits au sens des articles 62, 78 et 101 et dont l'identité est citée dans une procédure concernant un crime ou d'un délit puni d'au moins cinq ans d'emprisonnement ;
4) victimes d'un crime ou d'un délit puni d'au moins cinq ans d'emprisonnement ;
5) faisant l'objet d'une enquête ou d'une instruction pour recherche des causes de la mort prévue par l'article 74 ou d'une enquête ou d'une instruction pour recherche des causes d'une disparition prévue par l'article 74-1.

D Alimentation les fichiers d'analyse sérielle

4133 L'article 230-12 du Code de procédure pénale donne pour seule indication que ce sont les services et unités de la police et de la gendarmerie nationales chargés d'une mission de police judiciaire qui peuvent mettre en œuvre des traitements automatisés de données à caractère personnel afin de rassembler les preuves et d'identifier les auteurs, grâce à l'établissement de liens entre les individus, les événements ou les infractions, des crimes et délits présentant un caractère sériel.

E Accès aux fichiers d'analyse sérielle

4134 L'article 230-16 du Code de procédure pénale prévoit que :
1) les personnels spécialement habilités et individuellement désignés de la police et de la gendarmerie nationales (V. *supra*, n°s 4077, 4078, 4079) ;
2) les magistrats du parquet et les magistrats instructeurs, pour les recherches relatives aux infractions dont ils sont saisis ;
3) les agents des douanes spécialement habilités et individuellement désignés, à l'occasion des enquêtes visées à l'article 28-1 sont destinataires des données à caractère personnel contenues dans ces fichiers, l'habilitation précisant la nature des données auxquelles elle autorise l'accès.

4135 **Procédure d'habilitation.** C'est l'article R. 40-35 du Code de procédure pénale qui organise la procédure d'habilitation et détermine qui habilite les enquêteurs autorisés à accéder aux données.

4136 **Pas d'utilisation à des fins administratives.** L'article 230-17 du Code de procédure pénale interdit l'utilisation des fichiers d'analyse sérielle à des fins administratives.

F Contrôle des fichiers d'analyse sérielle

4137 **Renvoi aux textes relatifs aux fichiers d'antécédents.** L'article 230-14 dispose que les articles 230-8 et 230-9 sont applicables aux traitements de données personnelles d'analyse sérielle.

Il s'ensuit que le traitement des données est opéré sous le contrôle du procureur de la République territorialement compétent qui dispose d'un accès direct au traitement et du magistrat hors hiérarchie du parquet (CPP, art. R. 40-37) désigné par le garde des Sceaux et assisté par un comité de trois membres – celui hors hiérarchie faisant partie de ce comité pouvant remplacer le magistrat désigné qui serait temporairement indisponible –, que tous deux peuvent, sous le contrôle du président de la chambre de l'instruction locale ou de celle de Paris, ordonner que les données soient effacées, complétées, rectifiées, notamment en cas de requalification judiciaire, ou qu'elles fassent l'objet d'une mention. Les règles de procédure exposées plus haut (V. *supra*, n°s 4105 et s.) sont applicables, étant rappelé que les fichiers d'analyse sérielle ne peuvent être consultés dans le cadre d'une enquête administrative.

Les dispositions selon lesquelles le magistrat du parquet peut ordonner le maintien des données dans le fichier malgré relaxe ou acquittement ou l'effacement malgré non-lieu ou classement sans suite sont applicables.

4138 **Demande des personnes concernées.** Les personnes concernées peuvent également demander aux magistrats du parquet, sous le contrôle des présidents de la chambre de l'instruction, d'ordonner que les données soient effacées, complétées, rectifiées, notamment en cas de requalification judiciaire, ou qu'elles fassent l'objet d'une mention, dans les conditions prévues pour le TAJ, les articles 230-8 et 230-9 étant applicables aux fichiers d'analyse sérielle.

G Durée de conservation des données

4139 **Recherche des causes de la mort ou d'une disparition.** Les données à caractère personnel concernant les personnes qui font l'objet d'une procédure pour recherche des causes de la mort ou d'une disparition sont effacées dès lors que l'enquête a permis de retrouver la personne disparue ou d'écarter toute suspicion de crime ou délit.

4140 **Demande d'effacement.** Outre les demandes évoquées plus haut (V. *infra*, n° 4138), les personnes à l'encontre desquelles il existe des raisons sérieuses de soupçonner qu'elles ont commis ou tenté de commettre un crime ou un délit puni d'au moins cinq ans d'emprisonnement, celles susceptibles de fournir des renseignements sur les faits au sens des articles 62, 78 et 101 et dont l'identité est citée dans une procédure concernant un crime ou un délit puni d'au moins cinq ans d'emprisonnement et les victimes d'une de ces infractions peuvent également demander l'effacement des données enregistrées dans le traitement, dès lors que l'auteur des faits a été définitivement condamné.

Le procureur de la République ou le magistrat mentionné à l'article 230-9 peut cependant en prescrire le maintien pour des motifs liés à la finalité du traitement, auquel cas ces motifs font l'objet d'une mention.

4141 **Pas d'autre disposition spécifique.** L'article 230-18 prévoit qu'un décret en Conseil d'État, pris après avis de la Commission nationale de l'informatique et des libertés, précise la durée de conservation des données enregistrées. Cependant, les articles réglementaires du Code de procédure pénale relatifs aux fichiers d'analyse sérielle ne comportent pas, en l'état, d'autre disposition que celles qui viennent d'être évoquées.

II

Le Système d'analyse des liens de la violence associée aux crimes (SALVAC)

4142 C'est le décret n° 2009-786 du 23 juin 2009 qui réglemente le SALVAC. Mais les dispositions du Code de procédure pénale s'appliquent pour les questions non réglées par le décret. La direction des affaires criminelles et des grâces du ministère de la Justice indique, en effet, dans l'annexe 4 à sa circulaire du 18 août 2014 (NOR : JUSD1419980C) que les fichiers d'analyse sérielle sont soumis au double cadre normatif résultant des dispositions du Code de procédure pénale et du décret autorisant leur mise en œuvre.

A Finalité du SALVAC

4143 La finalité du fichier est de faciliter la constatation des crimes et délits portant atteinte aux personnes et présentant un caractère sériel, d'en rassembler les preuves et d'en identifier les auteurs, grâce à l'établissement de liens entre les individus, les événements ou les infractions pouvant mettre en évidence ce caractère sériel.

B Gestionnaire du SALVAC

4144 C'est le ministre de l'intérieur (Direction générale de la police nationale, direction centrale de la police judiciaire, Office central pour la répression des violences aux personnes) qui est autorisé à mettre en œuvre le Système d'analyse des liens de la violence associée aux crimes (SALVAC).

C Contenu du SALVAC

4145 **Données concernant les infractions sexuelles et les homicides à caractère sériel.** Un encart figurant sur le site Internet du ministère de l'Intérieur présentait le SALVAC ainsi en 2015 :

> « Utilisé depuis plus de dix ans, l'outil d'analyse criminelle et comportementale SALVAC est dédié à la lutte contre les crimes à caractère violent ou sexuel présentant un caractère sériel. La base contient les éléments d'enquête fournis par les services saisis.
>
> (...) Il s'agit du logiciel SALVAC (système d'analyse des liens de la violence associée aux crimes), importé du Canada. Derrière cet acronyme se cache un outil devenu indispensable aux services d'enquête. (...)
> SALVAC est à la disposition des 7 analystes du groupe éponyme spécialement formés à l'analyse criminelle et comportementale dirigé par le commandant de police A... Chaque année, cet outil permet de réaliser de nombreux rapprochements entre des faits élucidés ou non qui remontent parfois à plusieurs années. Ainsi, SALVAC a produit depuis sa création en 2003 jusqu'au 1er janvier de cette année, 281 rapports de rapprochement aboutissant à 37 rapprochements positifs qui concernent près de 220 victimes.
> Ce logiciel s'appuie sur une base de données opérationnelles, commune à la police et à la gendarmerie nationales, ne contenant que des informations relatives aux crimes de violence constatés par les forces de l'ordre et ne présentant, d'emblée, aucun mobile apparent. Par l'expression "crime de violence", il faut comprendre les homicides, viols et agressions sexuelles et leurs tentatives, dont sont exclus les règlements de compte entre voyous et les meurtres intra-familiaux. Il intègre également les disparitions de personnes dont l'origine criminelle est supposée, ainsi que les découvertes de cadavres non identifiés. La base SALVAC contient à l'heure actuelle près de 13 000 affaires, résolues ou non.
> Le rôle de l'équipe SALVAC est d'intégrer dans la base, puis d'analyser, les éléments de procédures communiqués par les enquêteurs sur des affaires dont ils sont saisis. Ces éléments de procédure, transmis par les enquêteurs de leur propre initiative ou sur demande de SALVAC, contiennent un certain nombre d'éléments très précis quant aux manières d'opérer, aux habitudes de la victime, aux propos tenus par l'auteur ou à son comportement. L'exploitation de ces données permet des analyses pertinentes pouvant déboucher sur de potentiels rapprochements entre des affaires parfois distancées dans le temps et/ou l'espace et que rien ne semblait lier *a priori* ».

4146 **Les textes.** Le traitement porte sur les données à caractère personnel et les :
– données collectées au cours d'enquêtes préliminaires ou de flagrance, d'investigations exécutées

sur commission rogatoire, concernant les infractions de meurtre, d'assassinat, d'empoisonnement, d'actes de torture et de barbarie, d'enlèvement et séquestration, de viol, d'agression sexuelle, d'atteinte sexuelle sur mineur et de corruption de mineur lorsqu'elles constituent un crime ou un délit puni de plus de cinq ans d'emprisonnement, et leurs tentatives lorsqu'elles sont punissables ;
– données collectées au cours des procédures de recherche de cause de la mort ou d'une disparition prévues par les articles 74,74-1 et 80-4 du Code de procédure pénale ;
– données contenues dans les traitements gérés par des organismes de coopération internationale en matière de police judiciaire ou des services de police étrangers et transmises par eux dans les conditions prévues à l'article 24 de la loi du 18 mars 2003 susvisée.

Les données peuvent être issues de procédures en cours ou closes, nonobstant la prescription de l'action publique.

Les données doivent être enregistrées en vue des finalités définies à l'article 1er du décret (V. *infra*, n° 4143).

L'article 4 du décret du 23 juin 2009 détaille les informations pouvant être enregistrées ou non. Notamment le traitement ne comporte pas de dispositif de reconnaissance faciale à partir de l'image numérisée de la photographie. Les données sensibles (relatives à l'origine raciale, l'origine ethnique, les opinions politiques, les convictions religieuses ou philosophiques, l'appartenance syndicale, les données génétiques, des données biométriques, les données concernant la santé, les données concernant la vie sexuelle ou l'orientation sexuelle) peuvent être traitées dans la stricte mesure nécessaire à la finalité du fichier.

D Alimentation du fichier

4147 Le décret se borne à indiquer que le ministre de l'Intérieur (Direction générale de la police nationale, direction centrale de la police judiciaire, Office central pour la répression des violences aux personnes) est autorisé, en application de l'article 230-12 du Code de procédure pénale, à mettre en œuvre le traitement SALVAC.

Eu égard aux données qu'il contient, il paraît logique de considérer que les données peuvent également provenir des unités de gendarmerie, ainsi que des organismes de coopération internationale en matière de police judiciaire et des services de police étrangers.

L'article 5 du décret précise que les analyses sont issues du traitement effectué par les personnels spécialement affectés à cette mission au sein de l'Office central pour la répression des violences aux personnes. Ce sont ces mêmes personnels qui procèdent aux enregistrements des données que les services de police et de gendarmerie ont porté sur des questionnaires de 156 rubriques adressés ensuite à l'Office central.

E Accès au fichier SALVAC

4148 **Article 5 du décret du 23 juin 2009.** Il prévoit que sont destinataires des analyses issues du traitement des données effectué par les personnels spécialement affectés à cette mission au sein de l'Office central pour la répression des violences aux personnes, en vue des finalités définies à l'article 1er pour les besoins des enquêtes judiciaires :
1) les officiers de police judiciaire de la police et de la gendarmerie nationales pour les besoins d'une enquête de police judiciaire dont ils sont saisis, relative à l'une des infractions ou à l'une des procédures visées à l'article 2 ;
2) les magistrats du parquet ou les magistrats instructeurs, pour les recherches relatives aux infractions et aux procédures visées à l'article 2 dont ils sont saisis ;
3) les organismes de coopération internationale en matière de police judiciaire et les services de police étrangers, dans les conditions prévues à l'article 24 de la loi n° 2003-239 du 18 mars 2003.

Les rapports établis par les analystes à destination des enquêteurs peuvent contenir aussi bien des informations que des propositions d'orientation d'enquête.

Le traitement a également pour objet, selon l'article 1 du décret, l'exploitation des données recueillies à des fins de recherche statistique.

4149 **Contrôle des accès.** Les consultations font l'objet d'un enregistrement comprenant l'identifiant du consultant, la date et l'heure de la consultation. Ces données sont conservées pendant un délai de trois ans.

F Contrôle du SALVAC

4150 **Obligations du responsable du traitement.** Selon l'article 3 du décret du 23 juin 2009, le responsable du traitement est tenu de modifier ou d'effacer les données enregistrées dès qu'il constate qu'elles sont inexactes, incomplètes ou périmées.

4151 **Contrôle par le procureur de la République.** Le traitement des données à caractère personnel est opéré sous le contrôle du procureur de la République territorialement compétent conformément aux dispositions de l'article 230-8 du Code de procédure pénale.

4152 **Droits dont disposent les particuliers.** Le droit d'opposition prévu par la loi du 6 janvier 1978 ne s'applique pas au SALVAC (D. 23 juin 2009, art. 8).
Toute personne mise en cause lors d'une enquête préliminaire, de flagrance ou sur commission rogatoire d'une juridiction d'instruction peut exiger que la qualification des faits finalement retenue par l'autorité judiciaire soit substituée à la qualification initialement enregistrée dans le fichier.
Toute personne ayant bénéficié d'une mesure de classement sans suite pour insuffisance de charges, d'une décision de non-lieu, de relaxe ou d'acquittement devenue définitive peut demander que le fichier soit mis à jour par le responsable du traitement dans les conditions prévues à l'article 230-8 du Code de procédure pénale compte tenu de ces suites judiciaires.

4153 **Formes.** Ces demandes peuvent être adressées soit directement au procureur de la République territorialement compétent, soit, par l'intermédiaire de la Commission nationale de l'informatique et des libertés, au responsable du traitement qui les soumet au procureur de la République territorialement compétent.

G Durée de conservation

4154 **Quarante ans.** La durée de conservation des données est de quarante ans à compter de la date de leur enregistrement dans le traitement (D. 23 juin 2009, art. 6).

4155 **Possibilité de demander l'effacement des données indépendamment de leur caractère inexact, incomplet ou périmé et possibilité d'opposition du procureur de la République.** Les personnes mentionnées aux 2°, 3° et 4° de l'article 230-13 du Code de procédure pénale (celles à l'encontre desquelles il existe des raisons sérieuses de soupçonner qu'elles ont commis ou tenté de commettre une infraction mentionnée, celles susceptibles de fournir des renseignements sur les faits et les victimes) peuvent demander l'effacement des données enregistrées dans le traitement dès lors que l'auteur des faits a été définitivement condamné, sauf si le procureur de la République territorialement compétent en prescrit le maintien pour des raisons liées à la finalité du traitement, auquel cas elles font l'objet d'une mention.
Les données issues des procédures d'enquête ou d'instruction pour recherche des causes de la mort ou d'enquête ou d'instruction pour recherche des causes d'une disparition sont effacées lorsque l'enquête fait apparaître qu'aucune infraction mentionnée au deuxième alinéa de l'article 2 n'a été commise.

L'ESSENTIEL 4156 **Finalité.** Le SALVAC a pour finalité de faciliter la constatation des crimes et délits portant atteinte aux personnes et présentant un caractère sériel, d'en rassembler les preuves et d'en identifier les auteurs, grâce à l'établissement de liens entre les individus, les événements ou les infractions pouvant mettre en évidence ce caractère sériel (V. *supra*, n° 4143).

4157 **Fonctionnement.** Il s'appuie sur une base de données opérationnelles, commune à la police et à la gendarmerie nationales, ne contenant que des informations relatives aux crimes de violence (homicides, viols et agressions sexuelles et leurs tentatives) collectées au cours d'enquêtes relatives à ces sortes d'infractions et des données collectées au cours des procédures de recherche de cause de la mort ou d'une disparition.
L'équipe SALVAC intègre dans la base puis analyse les éléments de procédures communiqués par les enquêteurs sur des affaires dont ils sont saisis. L'exploitation de ces données permet des analyses pertinentes pouvant déboucher sur de potentiels rapprochements entre des affaires parfois distancées dans le temps et/ou l'espace et que rien ne semblait lier *a priori* (V. *supra*, n° 4145).

4158 **Destinataires des analyses.** Sont destinataires des analyses issues du traitement des données effectué par les personnels spécialisés :
– les enquêteurs pour les besoins d'une enquête dont ils sont saisis ;
– les magistrats du parquet ou les magistrats instructeurs pour les recherches relatives aux procédures dont ils sont saisis ;
– les organismes de coopération internationale en matière de police judiciaire et les services de police étrangers (V. *supra*, n° 4148).

4159 **Durée de conservation.** La durée de conservation des données est de quarante ans à compter de la date de leur enregistrement dans le traitement (V. *infra*, n° 4154).

4160 **Effacement.** Les personnes suspectes (à l'encontre desquelles il existe des raisons sérieuses de soupçonner qu'elles ont commis ou tenté de commettre une des infractions permettant l'utilisation du SALVAC), celles susceptibles de fournir des renseignements sur les faits et les victimes peuvent demander l'effacement des données enregistrées dans le traitement dès lors que l'auteur des faits a été définitivement condamné, sauf si le procureur de la République territorialement compétent en prescrit le maintien.

Les données issues des procédures en recherche des causes de la mort ou en recherche des causes d'une disparition sont effacées lorsque l'enquête fait apparaître qu'aucune infraction n'a été commise (V. *infra*, n° 4155).

POUR ALLER PLUS LOIN...

Circulaire

- Circ. DACG, CRIM-PJ n° 08-D-19, 13 juill. 2009.

Fiche 70

Le fichier des personnes recherchées (FPR)

Sommaire

4161 **Textes.** Le Code de procédure pénale réglemente le fichier des personnes recherchées aux articles 230-19 et R. 40-38 qui indique qu'il est régi par le décret n° 2010-569 du 28 mai 2010.

I Finalité du fichier

4162 **Faciliter les recherches, les surveillances et les contrôles effectués par les forces de sécurité.** L'article 1er du décret du 28 mai 2010 précise que la finalité du fichier est de faciliter les recherches, les surveillances et les contrôles effectués, dans le cadre de leurs attributions respectives, par les services de la police nationale, les unités de la gendarmerie nationale et les agents des douanes exerçant des missions de police judiciaire ou de police administrative ainsi que par les agents de TRACFIN (service mentionné à l'article L. 561-23 du Code monétaire et financier).

II Gestionnaire du fichier

4163 **Ministre de l'Intérieur.** Le décret autorise le ministre de l'Intérieur (Direction générale de la police nationale et Direction générale de la gendarmerie nationale) à mettre le FPR en œuvre.

III
Contenu du fichier

4164 **Décisions justifiant l'inscription.** L'article 230-19 du Code de procédure pénale prévoit que :

« Sont inscrits dans le fichier des personnes recherchées au titre des décisions judiciaires :
1° Les mandats, ordres et notes de recherches émanant du procureur de la République, des juridictions d'instruction, de jugement ou d'application des peines, du juge des libertés et de la détention et du juge des enfants tendant à la recherche ou à l'arrestation d'une personne ;
2° Les obligations ou interdictions visées aux 1°, 2°, 3°, 3° bis, 7°, 8°, 9°, 12°, 12° bis, 14° et 17° de l'article 138 et à l'article 138-3 du présent code ainsi que les obligations et interdictions similaires prévues par l'article L. 331-2 du code de la justice pénale des mineurs et l'obligation prévue par l'avant-dernier alinéa de cet article ;
3° Les interdictions prononcées en application des dispositions des 1°, 2°, 3°, 6°, 11°, 12°, 13° et 14° de l'article 131-6 du code pénal relatif aux peines alternatives à l'emprisonnement ;
3° bis Lorsqu'elles sont prononcées à titre de peine complémentaire, l'interdiction de conduire certains véhicules terrestres à moteur, y compris ceux pour la conduite desquels le permis de conduire n'est pas exigé, la suspension et l'annulation du permis de conduire ;
4° L'interdiction d'exercer certaines activités prononcée en application des articles 131-27 et 131-28 du code pénal ;
5° L'interdiction du territoire français prononcée en application de l'article 131-30 du code pénal ;
6° L'interdiction de séjour prononcée en application de l'article 131-31 du code pénal ;
7° Lorsqu'elle est prononcée à titre de peine complémentaire, l'interdiction de détenir ou de porter une arme soumise à autorisation ;
8° Les obligations ou interdictions prononcées dans le cadre d'un sursis probatoire, d'un suivi socio-judiciaire, d'une libération conditionnelle, d'une semi-liberté, d'un placement à l'extérieur, d'une détention à domicile sous surveillance électronique, d'une suspension ou d'un fractionnement de peine privative de liberté, d'un suivi post-libération ordonné sur le fondement de l'article 721-2, d'une surveillance judiciaire ou d'une surveillance de sûreté en application des dispositions des 5° et 6° de l'article 132-44, des 7° à 14°, 18° et 19° de l'article 132-45, de l'article 132-45-1 et des 3° et 4° de l'article 132-55 du code pénal et des articles L. 611-3 à L. 611-6 du code de la justice pénale des mineurs précité ;
9° L'interdiction de paraître dans certains lieux ou de rencontrer certaines personnes prononcée en application des 5°, 6° et 7° de l'article L. 112-2 du code de la justice pénale des mineurs précité ;
10° L'interdiction de stade prononcée en application des dispositions des articles L. 332-11 à L. 332-15 du code du sport ;
11° L'interdiction de paraître dans certains lieux ou de rencontrer certaines personnes prononcée en application des 7°, 8° ou 9° de l'article 41-1 et des 9°, 10° ou 11° de l'article 41-2 du présent code ;
11° bis Les interdictions prononcées en application de l'article 706-136 du code de procédure pénale ;
12° Les personnes considérées comme insoumises ou déserteurs en application des dispositions des articles 397 à 404 du code de justice militaire ;
13° (Abrogé)
14° L'interdiction de sortie du territoire prévue aux articles 373-2-6,375-5,375-7 et 515-13 du code civil ;
15° Les personnes inscrites au fichier judiciaire national automatisé des auteurs d'infractions terroristes pendant toute la durée de leurs obligations prévues à l'article 706-25-7 ;
16° Les personnes inscrites au fichier judiciaire national automatisé des auteurs d'infractions sexuelles ou violentes dans les cas mentionnés à l'article 706-53-8 ;
17° Les interdictions prévues aux 1°, 1° bis et 2° de l'article 515-11 du code civil et celles prévues par une mesure de protection en matière civile ordonnée dans un autre État membre de l'Union européenne reconnue et ayant force exécutoire en France en application du règlement (UE) n° 606/2013 du Parlement européen et du Conseil du 12 juin 2013 relatif à la reconnaissance mutuelle des mesures de protection en matière civile, ainsi que celles prévues par une décision de protection européenne reconnue conformément à l'article 696-102 du présent code en application de la directive 2011/99/UE du Parlement européen et du Conseil du 13 décembre 2011 relative à la décision de protection européenne ;
18° L'interdiction de participer à des manifestations sur la voie publique prononcée en application de l'article 131-32-1 du code pénal.
19° Les interdictions de détenir un animal prévues à l'article 131-21-2 du même code ».

4165 **Personnes faisant l'objet de recherches pour enquête.** L'article 2 du décret du 28 mai 2010 précise que :

« I. – Sont inscrites dans le fichier les personnes faisant l'objet des décisions judiciaires mentionnées à l'article 230-19 du code de procédure pénale ».

Et ajoute que :

« II. – Sont inscrites dans le fichier, à la demande des services et unités de police judiciaire ou des autorités judiciaires, les personnes faisant l'objet d'une recherche pour les besoins d'une enquête de police judiciaire :

1° Soit dans le cadre d'une enquête préliminaire, d'une enquête de flagrance ou d'une commission rogatoire ;

2° Soit dans le cadre de la mission d'animation et de coordination des recherches criminelles sur tout le territoire national dévolue à la direction centrale de la police judiciaire et aux offices centraux mentionnés à l'article D. 8-1 du code de procédure pénale ;

3° Soit en cas de disparition de personnes dans des conditions inquiétantes ou suspectes ;

4° Soit en cas de découverte de personnes décédées ou vivantes non identifiées ».

4166 **Inscription à la demande des autorités administratives.**

« III. – Peuvent être inscrits dans le fichier à la demande des autorités administratives compétentes :

1° Les étrangers pour lesquels il existe, eu égard aux informations recueillies, des éléments sérieux de nature à établir que leur présence en France constituerait une menace pour l'ordre public susceptible de justifier que l'accès au territoire français leur soit refusé dans les conditions prévues à l'article L. 213-1 du code de l'entrée et du séjour des étrangers et du droit d'asile ;

2° Les ressortissants d'un État non membre de l'Union européenne faisant l'objet d'une mesure restrictive de voyage, interdisant l'entrée sur le territoire ou le transit par le territoire, adoptée par l'Union européenne ou une autre organisation internationale et légalement applicable en France ;

3° Les personnes mineures faisant l'objet d'une opposition à la sortie du territoire ;

4° Les personnes mineures ayant quitté leur domicile ou s'étant soustraites à l'autorité des personnes qui en ont la garde ;

5° Les personnes faisant l'objet d'un signalement en qualité de débiteurs de l'État, des collectivités locales ou de leurs établissements publics, ainsi que les redevables de pensions alimentaires faisant l'objet d'un recouvrement public en application de la loi du 11 juillet 1975 susvisée ;

6° Les personnes recherchées en vue de l'exécution d'une décision de placement d'office en établissement psychiatrique ou évadées d'un tel établissement ;

7° (Abrogé) ;

8° Les personnes faisant l'objet de recherches pour prévenir des menaces graves pour la sécurité publique ou la sûreté de l'État, dès lors que des informations ou des indices réels ont été recueillis à leur égard ;

9° Les personnes faisant l'objet d'une mesure administrative d'interdiction de stade en vertu de l'article L. 332-16 du code du sport.

IV. – Peuvent également être inscrits dans le fichier à l'initiative des autorités administratives compétentes :

1° Les personnes faisant l'objet de recherches en vue de la notification de mesures administratives concernant leur permis de conduire ;

2° Les personnes faisant l'objet d'une mesure administrative de retrait d'un permis de conduire obtenu indûment ;

3° Les personnes qui, au terme du délai prévu au III de l'article R. 223-3 du code de la route, n'ont pas restitué au préfet du département de leur lieu de résidence leur permis de conduire invalidé pour solde de points nul en application de l'article L. 223-5 du même code ;

4° Les personnes qui font l'objet d'une décision de retrait d'une carte nationale d'identité ou d'un passeport obtenus ou détenus indûment et celles qui ont tenté d'obtenir la délivrance d'une carte nationale d'identité ou d'un passeport en violation des dispositions des décrets des 22 octobre 1955 et 30 décembre 2005 susvisés ;

5° Les étrangers faisant l'objet d'une obligation de quitter le territoire français non exécutée, en application du I de l'article L. 511-1 ou de l'article L. 511-3-1 du code de l'entrée et du séjour des étrangers et du droit d'asile ;

6° Les étrangers faisant l'objet d'une interdiction de retour en application du III de l'article L. 511-1 du code de l'entrée et du séjour des étrangers et du droit d'asile, pendant sa période de validité ;

7° Les étrangers faisant l'objet d'une interdiction de circulation sur le territoire français en application de l'article L. 511-3-2 du code de l'entrée et du séjour des étrangers et du droit d'asile, pendant sa période de validité ;

8° Les étrangers faisant l'objet d'un arrêté d'expulsion pris en application du titre II du livre V du code de l'entrée et du séjour des étrangers et du droit d'asile ;

9° Les étrangers faisant l'objet d'une assignation à résidence en application des articles L. 523-3 à L. 523-5 ou du titre VI du livre V du code de l'entrée et du séjour des étrangers et du droit d'asile ;

10° Les personnes qui font l'objet d'une décision d'interdiction de sortie du territoire prononcée en vertu de l'article L. 224-1 du code de la sécurité intérieure ;

11° Les personnes auxquelles a été notifiée une décision d'interdiction de sortie du territoire et qui n'ont pas procédé à la restitution de leur passeport et de leur carte nationale d'identité dans le délai prévu au huitième alinéa de l'article L. 224-1 du code de la sécurité intérieure ;

12° Les étrangers qui font l'objet d'une interdiction administrative du territoire, prononcée en application des articles L. 214-1 ou L. 214-2 du code de l'entrée et du séjour des étrangers et du droit d'asile ;

13° Les personnes qui font l'objet d'une interdiction de séjour dans tout ou partie d'un département en application du 3° de l'article 5 de la loi n° 55-385 du 3 avril 1955 modifiée relative à l'état d'urgence ;

14° Les personnes qui font l'objet d'une assignation à résidence et, le cas échéant, d'une interdiction de se trouver en relation avec certaines personnes, en application de l'article 6 de la loi du 3 avril 1955 précitée ;

15° Les personnes qui font l'objet d'un contrôle administratif dès leur retour sur le territoire national et des obligations afférentes à cette mesure, en application des articles L. 225-1 à L. 225-3 du code de la sécurité intérieure ».

4167 **Données venant d'organismes de coopération internationale en matière de police judiciaire ou de services de police étrangers.**

« V. – En tant que de besoin et dans le respect des conditions prévues à l'article L. 235-1 du code de la sécurité intérieure, le fichier est également constitué de données à caractère personnel issues de traitements gérés par des organismes de coopération internationale en matière de police judiciaire ou des services de police étrangers. »

4168 **Données à caractère personnel enregistrées.** L'article 3 du décret du 28 mai 2010 prévoit que :

« Pour chaque personne inscrite dans le traitement, donnent lieu à enregistrement les données à caractère personnel et informations suivantes :

1° L'état civil (nom, prénom[s], date et lieu de naissance, filiation), l'alias, le sexe, la nationalité ;

2° Le signalement ;

2° bis Les photographies ;

3° Les motifs de la recherche ainsi que, le cas échéant, les actes administratifs ou judiciaires afférents ;

4° La conduite à tenir en cas de découverte ».

Il précise encore que la photographie ne fait pas l'objet d'un dispositif de reconnaissance faciale. Il réglemente l'enregistrement des **données sensibles**, c'est-à-dire celles relatives à l'origine raciale, l'origine ethnique, les opinions politiques, les convictions religieuses ou philosophiques, l'appartenance syndicale, les données génétiques, les données biométriques, les données concernant la santé, les données concernant la vie sexuelle ou l'orientation sexuelle, en énonçant que leur enregistrement est autorisé dans les seuls cas où ces informations sont nécessairement liées au motif même de l'inscription ou se rapportent à des signes physiques particuliers, objectifs et permanents, en tant qu'éléments de signalement des personnes.

IV
Alimentation du fichier

4169 Selon l'alinéa 4 du décret du 28 mai 2010 :

« I. – L'inscription des personnes mentionnées au I, au II et au III de l'article 2 est effectuée par les agents des services de la police nationale et les militaires des unités de la gendarmerie nationale, individuellement désignés et spécialement habilités par les autorités mentionnées, respectivement, au 1° et au 2° du I de l'article 5.

II. – L'inscription des personnes mentionnées au IV de l'article 2 est effectuée, dans le cadre de leurs attributions respectives, par les agents mentionnés au 4° du I de l'article 5, désignés et spécialement habilités, respectivement, par leur chef de service ou par le préfet.

Pour la gendarmerie, les inscriptions sont assurées par les Brigades départementales de renseignements et d'investigations judiciaires (BDRIJ) localement et le Service central de renseignement criminel (SCRC) au niveau central à la demande des unités de gendarmerie.

En cas de circonstances particulières et sur demande des autorités administratives compétentes, l'inscription peut être effectuée par les services de la police nationale ou les unités de la gendarmerie nationale ».

4170 **Circulaire DACG-DSJ du 5 août 2016.** Cette circulaire CRIM-04-2481-H18 et SJ 16-290-DSJ-DACG/03.08.2016, commune à la direction des affaires criminelles et des grâces et à la direction des services judiciaires du ministère de la Justice, relève que certaines inscriptions au FPR sont parfois aléatoires et que si ce sont les agents des services de la police nationale et les militaires des unités de la gendarmerie nationale individuellement désignés et spécialement habilités qui sont chargés de procéder matériellement aux inscriptions dans le FPR, il importe que le service gestionnaire du fichier soit informé sans délai des peines et mesures mentionnées à l'article 230-19 du Code de procédure pénale.
En conséquence, elle rappelle la nécessité que :
– les magistrats instructeurs, les juges des enfants ainsi que les juges des libertés et de la détention sollicitent l'inscription des interdictions et obligations prononcées dans le cadre d'un contrôle judiciaire, ainsi que des mandats de l'article 122 du Code de procédure pénale.
– les parquets et les parquets généraux assurent systématiquement l'inscription au FPR des mandats de recherche et ordres de recherche, ainsi que des peines alternatives ou complémentaires visées à l'article 230-19 du Code de procédure pénale ;
– les parquets (ou le cas échéant les parquets généraux) ainsi que les magistrats instructeurs (ou le cas échéant les présidents de chambre de l'instruction), qui inscrivent une personne au FIJAIT fassent procéder, en application des articles 706-25-7 et R. 50-43 du Code de procédure pénale, dans le même temps, à son inscription au FPR ;
– les juges de l'application des peines (ou le cas échéant les juges des enfants) sollicitent la diffusion au FPR des obligations et interdictions prononcées dans le cadre des mesures post-sentencielles, dont ils assurent le suivi ;
– les présidents de formation de jugement, de première instance ou d'appel, prononçant les mesures mentionnées à l'article 230-19 du Code de procédure pénale veillent à ce que l'inscription au FPR soit bien effectuée ;
– les parquets ou le cas échéant les parquets généraux sollicitent l'inscription au fichier, au besoin par voie de réquisitions, s'il apparaît lors de l'examen d'un dossier qu'il n'a pas été procédé à l'inscription prévue.

V Accès au fichier

4171 **Personnes ayant accès au fichier et personnes destinataires des informations.** L'article 5 du décret dresse la liste des personnes ayant accès au FPR ou destinataires des informations qui y sont contenues.
Il dispose :

« I. – Peuvent seuls avoir **accès** aux données à caractère personnel et informations enregistrées dans le fichier des personnes recherchées, dans le cadre de leurs attributions légales et pour les besoins exclusifs des missions qui leur sont confiées :

1° Les agents des services de la police nationale individuellement désignés et spécialement habilités soit par les chefs des services territoriaux de la police nationale, soit par les chefs des services actifs à la préfecture de police ou, le cas échéant, par le préfet de police, soit par les chefs des services centraux de la police nationale ou, le cas échéant, par le directeur général dont ils relèvent (V. *supra*, n°s 4077, 4078, 4079) ;

2° Les militaires des unités de la gendarmerie nationale individuellement désignés et spécialement habilités soit par les commandants de groupement, soit par les commandants de la gendarmerie dans les départements et collectivités d'outre-mer et en Nouvelle-Calédonie, soit par les commandants de région, soit par les commandants des gendarmeries spécialisées, soit par le sous-directeur de la police judiciaire ou, le cas échéant, par le directeur général de la gendarmerie nationale (V. *supra*, n°s 4077, 4078, 4079) ;

3° Les agents des services des douanes individuellement désignés et spécialement habilités soit par les directeurs régionaux des douanes, soit par le chef du service national de douane judiciaire ou, le cas échéant, par le directeur général des douanes et droits indirects ;

4° Les agents des services centraux du ministère de l'intérieur et des préfectures et sous-préfectures individuellement désignés et spécialement habilités, respectivement, par leur chef de service ou par le préfet, et chargés :

a) De l'application de la réglementation relative aux étrangers, aux titres d'identité et de voyages, aux visas, aux armes et munitions et aux permis de conduire ;

b) De la mise en œuvre des mesures prises en application du 3° de l'article 5 et de l'article 6 de la loi n° 55-385 du 3 avril 1955 modifiée relative à l'état d'urgence ;
c) De la mise en œuvre des mesures prises en application des articles L. 225-1 à L. 225-3 du code de la sécurité intérieure.
5° Les agents du ministère des affaires étrangères, chargés du traitement des titres d'identité et de voyage et de l'instruction des demandes de visa, individuellement désignés et spécialement habilités par le directeur général dont ils relèvent ;
6° Les agents du Conseil national des activités privées de sécurité, individuellement désignés et spécialement habilités par le préfet compétent en application de l'article R. 632-14 du code de la sécurité intérieure ;
7° Les agents du service à compétence nationale dénommé "agence nationale des données de voyage" et rattaché au ministère de l'intérieur, individuellement désignés et spécialement habilités par le directeur de l'agence ;
8° Les agents du service mentionné à l'article L. 561-23 du code monétaire et financier, individuellement désignés et spécialement habilités par le directeur du service [TRACFIN] ;
9° Les agents du service à compétence nationale dénommé "service national des enquêtes administratives de sécurité", individuellement désignés et spécialement habilités par le directeur général de la police nationale ;
10° Les agents du service à compétence nationale dénommé "Commandement spécialisé pour la sécurité nucléaire", individuellement désignés et spécialement habilités par le directeur général de la gendarmerie nationale.
II. – Sont **destinataires** des données à caractère personnel et informations enregistrées, dans le cadre de leurs attributions légales :
1° Les autorités judiciaires ;
2° Les organismes de coopération internationale en matière de police judiciaire et les services de police étrangers, dans les conditions prévues à l'article L. 235-1 du code de la sécurité intérieure ;
3° Les agents de police municipale, à l'initiative des agents des services de la police nationale ou des militaires des unités de la gendarmerie nationale aux fins et dans les limites fixées à l'article 12 des annexes IV-I et IV-II du code général des collectivités territoriales, dans le cadre des recherches des personnes disparues. Afin de parer à un danger pour la population, les services de la police nationale et les unités de la gendarmerie nationale peuvent, à titre exceptionnel, transmettre oralement aux agents de police municipale certaines informations relatives à une personne inscrite dans le présent fichier ;
4° Les agents du service gestionnaire du fichier judiciaire national automatisé des auteurs d'infractions sexuelles ou violentes aux fins de consultation des seules fiches concernant le fichier judiciaire national automatisé des auteurs d'infractions sexuelles ou violentes ;
5° Les agents du service gestionnaire du fichier judiciaire national automatisé des auteurs d'infractions terroristes aux fins de consultation des seules fiches concernant le fichier judiciaire national automatisé des auteurs d'infractions terroristes ;
6° Les agents des services spécialisés de renseignement du ministère de la défense, individuellement désignés et spécialement habilités par les directeurs de ces services, aux seules fins de prévention des actes de terrorisme et dans la limite du besoin d'en connaître ».

4172 **Consultation.** La direction de la gendarmerie prescrit aux militaires de son arme de consulter le fichier systématiquement lors d'un contrôle en présence, d'une vérification d'identité, d'un placement en garde à vue, d'une audition simple de mis en cause et de la mise à exécution d'une décision de justice et, au cas par cas, dans le cadre de l'exercice des missions de police judiciaire et de police administrative. Elle ajoute que la méconnaissance des obligations et des conditions de consultation peut conduire à des sanctions.
La consultation à partir de l'identité lance automatiquement une recherche dans le système d'information Schengen (V. *infra*, n° 4796). En revanche, la consultation du FPR par signalement n'emporte pas consultation de la base Schengen.

4173 **Transfert à un organisme de coopération internationale.** L'article 6 du décret du 28 mai 2010 prévoit que : « Les données contenues dans le fichier peuvent, dans le respect des conditions prévues à l'article L. 235-1 du Code de la sécurité, être transférées à des organismes de coopération internationale en matière de police judiciaire ou à des services de police étrangers ».

À SAVOIR **L'article L. 235-1 du Code de la sécurité intérieure dispose : « Les données contenues dans les traitements automatisés de données à caractère personnel gérés par les services de police et de gendarmerie nationales peuvent être transmises, dans le cadre des engagements internationaux régulièrement introduits dans l'ordre juridique interne, à des organismes de coopération internationale en matière de police judiciaire ou à des services de police étrangers, qui représentent un niveau de protection suffisant de la vie privée, des libertés et des droits fondamentaux des personnes à l'égard du traitement dont ces données font l'objet ou peuvent faire l'objet. Le caractère suffisant du niveau**

de protection assuré par un État s'apprécie en fonction notamment des dispositions en vigueur dans cet État, des mesures de sécurité qui y sont appliquées, des caractéristiques propres du traitement, telles que ses fins et sa durée, ainsi que de la nature, de l'origine et de la destination des données traitées. Les services de police et de gendarmerie nationales peuvent recevoir des données contenues dans les traitements gérés par les organismes de coopération internationale en matière de police judiciaire ou les services de police étrangers dans le cadre des engagements prévus au présent article ».

4174 **Traçabilité.** L'article 8 du décret du 28 mai 2010 réglemente la traçabilité des accès en prévoyant que : « Les consultations font l'objet d'un enregistrement comprenant l'identification du consultant ainsi que la date, l'heure et l'objet de la consultation. Les informations relatives aux consultations sont conservées dans le traitement pendant une durée de cinq ans ».

4175 **Conduite à tenir en cas de découverte d'une personne inscrite au FPR.** La direction centrale de la police nationale et la Direction générale de la gendarmerie nationale ont établi un mémento des conduites à tenir lorsqu'est découverte une personne inscrite au FPR.

Ce document, dont la version du 27 septembre 2018, figure *infra*, en Annexe 10, énumère les dix-huit catégories de mesures de recherches et, au sein de ces catégories, les conduites à tenir sous la forme d'un numéro.

Les dix-huit catégories sont :

« 1. AF : Police de l'air et des frontières
2. AL : aliénés
3. CJ : contrôles judiciaires
4. D : déserteurs et insoumis
5. E : police générale des étrangers
6. G : mesures administratives concernant les permis de conduire
7. I : interdictions judiciaires (toutes sauf les interdictions judiciaires du territoire)
Interdictions administratives de stade
Interdictions administratives de sortie du territoire
8. IT : interdictions judiciaires du territoire
9. J : recherches de justice
10. M : mineurs fugueurs
11. PJ : recherches de police judiciaire
12. S : sûreté de l'état
13. T : débiteurs envers le trésor
14. TE : oppositions à entrée en france
15. TM : oppositions à sortie du territoire de mineurs
16. TP : oppositions à délivrance de documents d'identité
17. V : évadés
18. personnes non identifiées ».

Les conduites à tenir sont variables. Parfois l'agent devra se borner à relever des renseignements, plus ou moins discrètement et, d'autres fois, il devra procéder à l'interpellation et rendre compte au magistrat à l'origine de l'inscription. Ainsi, le code PJ 13 correspond, dans le cadre des recherches de police judiciaire à « Procéder à l'interpellation. Aviser d'urgence le service demandeur qui donnera les indications nécessaires pour la suite. Placer l'intéressé en garde à vue avec l'accord de l'officier de police judiciaire saisi du dossier. Ne pas interroger l'intéressé sur le fond. Prendre toutes les mesures conservatoires utiles ».

VI Contrôle du fichier

4176 **Droits d'accès direct et indirect.** Le décret du 28 mai 2010 organise deux types de droits d'accès.

4177 **Droit d'accès direct.** Selon l'article 9 du décret, les droits d'accès et de rectification s'exercent directement auprès du ministère de l'Intérieur (direction centrale de la police judiciaire) pour les données relatives à l'état civil (nom, prénom[s], date et lieu de naissance, filiation), l'alias, le sexe, la nationalité, le signalement, les photographies, les motifs de la recherche ainsi que, le cas échéant, les actes administratifs ou judiciaires afférents, concernant :

« 1° Les personnes faisant l'objet des décisions judiciaires mentionnées aux 2° à 16° de l'article 230-19 du code de procédure pénale ;
2° Les personnes mentionnées aux 3°, 4°, 5°, 7° et 9° du III et au IV de l'article 2 du présent décret ».

4178 **Droit d'accès indirect.** Le dernier alinéa de l'article 9 prévoit que :

> « Pour toutes les autres données, les droits d'accès indirect et de rectification s'exercent auprès de la Commission nationale de l'informatique et des libertés, dans les conditions prévues aux deuxième et troisième alinéas de l'article 41 de la loi du 6 janvier 1978 susvisée ».

4179 **Droits d'information et d'opposition.** Ils ne sont pas applicables au FPR, selon l'article 10 du décret.

4180 **Pas d'intervention d'un magistrat.** Le décret ne prévoit pas de contrôle par un magistrat comme pour les autres fichiers évoqués plus haut.

VII Conservation des données

4181 **Article 7 du décret du 28 mai 2010.** Selon ce texte, les données à caractère personnel enregistrées dans le fichier sont effacées sans délai en cas d'aboutissement de la recherche ou d'extinction du motif de l'inscription.

Il est important qu'en cas d'élargissement après le contrôle, l'enregistrement soit promptement effacé afin d'éviter une nouvelle interpellation qui serait injustifiée et pourrait conduire à une rétention illégale.

Les données enregistrées concernant les étrangers faisant l'objet d'une obligation de quitter le territoire français non exécutée, en application du I de l'article L. 511-1 ou de l'article L. 511-3-1 du Code de l'entrée et du séjour des étrangers et du droit d'asile sont effacées, au plus tard, trois ans après la date à laquelle l'obligation de quitter le territoire français a été signée.

La mise à jour des données enregistrées est réalisée, à l'initiative de l'autorité ayant demandé l'inscription au fichier ou, le cas échéant, du gestionnaire du fichier judiciaire national automatisé des auteurs d'infractions sexuelles ou violentes et du gestionnaire du fichier judiciaire national automatisé des auteurs d'infractions terroristes, par les services ayant procédé à l'enregistrement des données en application des dispositions de l'article 4, ce sur quoi la circulaire commune à la DACG et à la DSJ (V. *infra*, n° 4170) a attiré l'attention.

Des vérifications périodiques sont mises en œuvre afin de garantir la fiabilité des données.

L'ESSENTIEL 4182 La finalité du FPR est de faciliter les recherches, les surveillances et les contrôles effectués, dans le cadre de leurs attributions respectives, par les services de la police nationale, les unités de la gendarmerie nationale et les agents des douanes exerçant des missions de police judiciaire ou de police administrative ainsi que par les agents de TRACFIN (V. *supra*, n° 4162).

4183 **Personnes pouvant être inscrites.** L'article 230-19 du Code de procédure pénale énumère les dix-huit catégories de décisions judiciaires qui peuvent être inscrites au FPR (V. *supra*, n° 4164) auxquelles il convient d'ajouter les personnes faisant l'objet d'une recherche pour les besoins d'une enquête de police judiciaire (V. *supra*, n° 4165) et celles qui peuvent l'être sur demande des autorités administratives (V. *supra*, n° 4166).

4184 **Alimentation.** Le fichier est alimenté par des agents de la police nationale et des militaires de la gendarmerie nationale, individuellement désignés et spécialement habilités par les autorités, mais en cas de circonstances particulières et sur demande des autorités administratives compétentes, l'inscription peut être effectuée par les services de la police nationale ou les unités de la gendarmerie nationale (V. *supra*, n° 4169).

4185 **Accès.** Peuvent avoir accès au FPR divers fonctionnaires énumérés à l'article 5 du décret n° 2010-569 du 28 mai 2010 dont les agents des services de la police nationale et les militaires des unités de la gendarmerie nationale individuellement désignés et spécialement habilités (V. *supra*, sur l'habilitation n°s 4077, 4078, 4079).

Sont destinataires des informations contenues dans le FPR six catégories de personnes dont les autorités judiciaires (V. *supra*, n° 4171).

4186 Les consultations du FPR sont enregistrées (V. *supra*, n° 4174).

4187 **Conduite à tenir.** Dix-huit catégories de mesures peuvent être prises par les forces de l'ordre en fonction de la situation. Ces éléments sont recensés dans un mémento des conduites à tenir figurant *infra*, en Annexe 10 du présent ouvrage (V. *supra*, n° 4175).

4188 **Effacement.** Les données sont effacées sans délai en cas d'aboutissement de la recherche ou d'extinction du motif de l'inscription.

Les données enregistrées concernant les étrangers faisant l'objet d'une obligation de quitter le territoire français non exécutée, sont effacées, au plus tard, trois ans après la date à laquelle l'obligation de quitter le territoire français a été signée.
La mise à jour des données enregistrées est réalisée par les services ayant procédé à l'enregistrement des données.

4189 **Fiabilité des données.** Des vérifications périodiques sont mises en œuvre afin de garantir la fiabilité des données, ce qui s'impose d'autant plus que le maintien d'une inscription qui n'a plus cours peut aboutir à une privation de liberté injustifiée (V. *supra*, n° 4181).

Fiche 71

Les logiciels de rapprochement judiciaire

Sommaire

4190 Aux côtés des fichiers de police judiciaire qui font l'objet du chapitre II du titre IV du livre Ier du Code de procédure pénale, le chapitre III est consacré aux logiciels de rapprochement judiciaire (CPP, art. 230-20 à 230-27).

Comme on le verra, ceux-ci se distinguent des fichiers d'analyse sérielle en ce qu'ils peuvent être utilisés pour des infractions de moindre gravité et se démarquent de l'ensemble des fichiers de police en ce qu'ils ne peuvent être alimentés que par des données provenant de pièces et documents de procédures déjà en possession des enquêteurs. Comme l'a indiqué le Conseil constitutionnel à qui a été soumise la loi les instituant : « ces logiciels ne pourront conduire qu'à la mise en œuvre, autorisée par ces autorités judiciaires, de traitements de données à caractère personnel particuliers, **dans le cadre d'une enquête ou d'une procédure déterminée** portant sur une série de faits et pour les seuls besoins de ces investigations » (Cons. const., 10 mars 2011, n° 2011-625 DC). Comme le relève le commentaire de la décision du Conseil : « Il ne saurait être question de faire "travailler" des logiciels de rapprochement sur un grand fichier global de toutes les informations en provenance de tous les services d'enquête ».

En d'autres termes, les croisements inter-enquêtes sont prohibés.

4191 **ANACRIM.** Le fichier de rapprochement le plus connu du grand public est le fichier ANACRIM utilisé par la gendarmerie nationale.

En réalité ce logiciel, développé par la société IBM, se décline sous plusieurs formes :

Le logiciel ANACRIM-ATRT permet l'exploitation automatisée de relevés bancaires et de documents téléphoniques (facturation détaillée, localisation de relais, etc.), obtenus sur réquisitions judiciaires. Par ses fonctions de recherche, de tri et de recoupement de données, l'application permet à l'enquêteur de mettre en évidence des corrélations entre les données collectées : il est par exemple possible d'identifier des numéros de téléphone systématiquement utilisés à l'heure et au lieu de la commission des crimes ou délits qui font l'objet de l'enquête. Il peut également servir à l'étude de comptes bancaires ou d'adresses IP.

ANACRIM-ANB est un logiciel d'analyse et de représentation visuelle de données. Il permet de représenter des données sous forme de graphes relationnels ou événementiels, afin de représenter par exemple des réseaux de relations entre individus ou des enchaînements chronologiques d'événements. Les informations contenues dans les pièces et documents de procédures (procès-verbal, compte-rendu, etc.) sont ainsi représentées sous différentes formes, qui peuvent être enrichies par les enquêteurs, afin de mettre en évidence des contradictions entre certaines données ou de confirmer certains faits (Source : CNIL, délib. n° 2011-418, 15 déc. 2011).

I
Finalité des logiciels

4192 Faciliter le rassemblement des preuves des infractions et l'identification de leurs auteurs. L'article 230-20 du Code de procédure pénale précise que c'est :

« Afin de faciliter le rassemblement des preuves des infractions et l'identification de leurs auteurs » que « les services de la police nationale et de la gendarmerie nationale chargés d'une mission de police judiciaire ainsi que le service placé sous l'autorité du ministre chargé du budget chargé d'effectuer des enquêtes judiciaires peuvent mettre en œuvre, sous le contrôle de l'autorité judiciaire, des logiciels destinés à faciliter l'exploitation et le rapprochement d'informations sur les modes opératoires… ».

4193 Interdiction d'une utilisation à une autre fin, notamment administrative. L'article 230-26 du Code de procédure pénale précise que :

« Les logiciels faisant l'objet du présent chapitre ne peuvent en aucun cas être utilisés pour les besoins d'enquêtes administratives, ni à une autre fin que celle définie à l'article 230-20 ».

II
Gestionnaire

4194 Services chargés d'enquêtes judiciaires. Ce sont « les services de la police nationale et de la gendarmerie nationale chargés d'une mission de police judiciaire ainsi que le service placé sous l'autorité du ministre chargé du budget chargé d'effectuer des enquêtes judiciaires » qui peuvent mettre en œuvre les logiciels de rapprochement judiciaire.

III
Contenu

4195 Cadre juridique des enquêtes au cours desquelles les informations doivent avoir été réunies. Les informations qui peuvent être exploitées et rapprochées doivent avoir été réunies par les services au cours :

1° des enquêtes préliminaires, des enquêtes de flagrance ou des investigations exécutées sur commission rogatoire ;

2° des procédures de recherche des causes de la mort ou d'une disparition prévues par les articles 74 et 74-1.

S'agissant des enquêtes classiques aucune condition de peine encourue pour l'infraction objet de l'enquête n'est édictée.

4196 Données provenant de pièces et documents de procédure judiciaire déjà détenus par les services. Comme déjà indiqué (V. *infra*, n° 4190), le Conseil constitutionnel a émis une réserve d'interprétation ainsi explicitée dans son commentaire : « S'agissant des traitements, les dispositions en cause présentaient une ambiguïté en ce qu'elles se prêtent à deux interprétations : soit il s'agissait de permettre le recours à ces logiciels par des services déterminés de police judiciaire conduisant à travailler sur une série de faits et, partant, de données collectées dans le cadre d'une enquête déterminée, soit il s'agissait de permettre à tous les services de police judiciaire de mettre en commun leurs informations exploitées par des logiciels de rapprochement. Le Conseil a exclu cette seconde interprétation qui conduirait à des traitements de données à caractère personnel dont le champ serait manifestement excessif ».

4197 **Identité des personnes.** L'alinéa 2 de l'article 230-21 du Code de procédure pénale précise que :

« Lorsque sont exploitées des données pouvant faire indirectement apparaître l'identité des personnes, celle-ci ne peut apparaître qu'une fois les opérations de rapprochement effectuées, et uniquement pour celles de ces données qui sont effectivement entrées en concordance entre elles ou avec d'autres informations exploitées par le logiciel ».

Cela suppose une programmation particulière ne prenant pas en compte l'identité dans les requêtes, au moins dans un premier temps.

IV Alimentation

4198 **Articles 230-25 et R. 40-39 du Code de procédure pénale.** Le premier de ces textes prévoit que « peuvent seuls utiliser » les logiciels de rapprochement les enquêteurs individuellement désignés et spécialement habilités (sur cette question, V. *supra*, nos 4077, 4078, 4079) et divers magistrats tandis que le second précise les conditions d'habilitation des enquêteurs.

4199 **Habilitation.** L'habilitation des enquêteurs relève :

– soit des chefs des services territoriaux de la police nationale, soit des chefs des services actifs à la préfecture de police ou, le cas échéant, du préfet de police, soit des chefs des services centraux de la police nationale ou, le cas échéant, du directeur général, en ce qui concerne les agents des services de la police nationale exerçant des missions de police judiciaire ;

– soit des commandants de groupement, soit des commandants de la gendarmerie dans les départements et les collectivités d'outre-mer et en Nouvelle-Calédonie, soit des commandants de région, soit des commandants des gendarmeries spécialisées, soit du sous-directeur de la police judiciaire ou, le cas échéant, du directeur général de la gendarmerie nationale, en ce qui concerne les militaires des unités de la gendarmerie nationale exerçant des missions de police judiciaire.

4200 **Autorisation des magistrats.** Selon l'article R. 40-40 du Code de procédure pénale :

« La mise en œuvre des logiciels de rapprochement judiciaire mentionnés aux articles 230-20 et suivants est autorisée, pour chaque procédure qu'il contrôle, par le magistrat saisi de l'enquête ou chargé de l'instruction.

En matière d'enquête de flagrance, l'autorisation est réputée acquise sauf décision contraire du procureur de la République.

La mise en œuvre de ces logiciels ainsi que l'autorisation du procureur de la République ou de la juridiction d'instruction compétents font l'objet d'une mention en procédure.

À la clôture de l'enquête, l'exploitation des enquêtes et investigations mentionnées à l'article 230-20 donne lieu à l'établissement d'un rapport joint à la procédure. Une copie informatique de l'ensemble des données et informations exploitées peut être également jointe au rapport, à la demande du magistrat compétent ».

CONSEIL Il convient impérativement de faire apparaître en procédure l'autorisation du magistrat.

V Accès

4201 **Article 230-25 du Code de procédure pénale.** Peuvent avoir accès aux analyses et rapprochements issus de l'exploitation des logiciels de rapprochement tant les enquêteurs habilités et les magistrats en charge du dossier (V. *infra*, n° 4198) que le procureur de la République compétent et le magistrat du parquet chargé du contrôle (V. *infra*, n° 4205).

VI
Contrôle

4202 **Multiplicité des contrôles.** Tant la CNIL que divers magistrats participent au contrôle.

4203 **CNIL.** La CNIL dispose de ses pouvoirs de contrôle habituels.

4204 **Procureur de la République compétent.** Le traitement des données par un logiciel de rapprochement est, selon l'article 230-23 du Code de procédure pénale, opéré sous le contrôle du procureur de la République compétent qui dispose, pour l'exercice de ses fonctions, d'un accès direct à ces logiciels. Il peut demander que les données soient effacées, complétées ou rectifiées, notamment en cas de requalification judiciaire, la rectification pour requalification judiciaire étant de droit lorsque la personne concernée la demande.

4205 **Magistrat du parquet hors hiérarchie.** Les articles 230-24 et R. 40-41 du Code de procédure pénale prévoient qu'un magistrat du parquet hors hiérarchie, nommé pour trois ans par le garde des Sceaux et assisté par un comité de trois membres également nommés par le ministre de la Justice, est chargé de contrôler la mise en œuvre des logiciels de rapprochement et de s'assurer de la mise à jour des données.
Ce magistrat peut se faire adresser toutes informations relatives aux traitements. Il dispose, pour l'exercice de ses fonctions, d'un accès direct à ces logiciels et peut ordonner toutes mesures nécessaires.
Il peut agir d'office ou sur requête des particuliers.
Il adresse tous les ans au garde des Sceaux et aux autorités gestionnaires des logiciels un rapport.
S'il est temporairement indisponible, il est remplacé par le magistrat hors hiérarchie faisant partie du comité de trois membres (CPP, art. D. 45-2-1).

4206 **Demande des personnes concernées.** Comme il vient d'être indiqué, le magistrat hors hiérarchie du parquet peut agir sur demande des particuliers, ce qui implique que ceux-ci puissent demander l'effacement, la rectification des données ou qu'elles soient complétées, mais les textes ne donnent aucune précision quant aux formes et délais de ces demandes et des réponses qu'elles appellent.

VII
Conservation

4207 **Trois ans maximum.** C'est l'article 230-23 du Code de procédure pénale qui réglemente la durée de conservation.
Il dispose que les données à caractère personnel éventuellement révélées par l'exploitation des enquêtes et investigations provenant des enquêtes préliminaires, des enquêtes de flagrance ou des investigations exécutées sur commission rogatoire sont effacées à la clôture de l'enquête et, en tout état de cause, à l'expiration d'un délai de trois ans.
Les données à caractère personnel éventuellement révélées par l'exploitation des enquêtes en recherche des causes de la mort ou d'une disparition sont effacées dès que l'enquête a permis de retrouver la personne disparue ou d'écarter toute suspicion de crime ou délit.

L'ESSENTIEL 4208 **Finalité, différence avec fichiers d'analyse sérielle.** Les logiciels de rapprochement judiciaire dont la finalité est de faciliter le rassemblement des preuves des infractions et l'identification de leurs auteurs (V. *supra*, n° 4192) se distinguent :
– des fichiers d'analyse sérielle en ce qu'ils peuvent être utilisés pour des infractions de moindre gravité ;
– de l'ensemble des fichiers de police en ce qu'ils ne peuvent être alimentés que par des données provenant de pièces et documents de procédures déjà en possession des enquêteurs.
Ils ne peuvent être utilisés que dans le cadre d'une enquête ou d'une procédure déterminée portant sur une série de faits et pour les seuls besoins de ces investigations.

4209 **Réserve du Conseil constitutionnel.** Le Conseil constitutionnel a considéré qu'il ne saurait être question de faire « travailler » des logiciels de rapprochement sur un grand fichier global de toutes les informations en provenance de tous les services d'enquête (V. *supra*, n° 4190).

4210 **ANACRIM.** Le fichier de rapprochement le plus connu du grand public est le fichier ANACRIM utilisé par la gendarmerie nationale. Il se décline sous plusieurs formes :
ANACRIM-ATRT qui permet l'exploitation automatisée de relevés bancaires et de documents téléphoniques et qui, par ses fonctions de recherche, de tri et de recoupement de données, permet de mettre en évidence des corrélations entre les données collectées.
ANACRIM-ANB, qui est un logiciel d'analyse et de représentation visuelle de données, qui permet de représenter des données sous forme de graphes relationnels ou événementiels (V. *supra*, n° 4191).

4211 **Alimentation.** Les informations qui peuvent être exploitées et rapprochées doivent avoir été réunies par les services au cours des enquêtes classiques ou pour recherche des causes de la mort ou d'une disparition.

4212 Les enquêteurs utilisant les logiciels de rapprochement judiciaire doivent être individuellement désignés et spécialement habilités, pour les seuls besoins des enquêtes dont ils sont saisis (V. *supra*, n° 4198).

4213 **Autorisation du magistrat.** L'utilisation de ces logiciels doit être autorisée par le magistrat responsable du dossier. Mais, en matière d'enquête de flagrance, l'autorisation est réputée acquise sauf décision contraire du procureur de la République (V. *supra*, n° 4200).

4214 **Accès.** Tant les enquêteurs habilités que les magistrats en charge du dossier ainsi que le procureur de la République compétent et le magistrat du parquet chargé du contrôle peuvent avoir accès aux analyses et rapprochements issues de l'exploitation des logiciels de rapprochement (V. *supra*, n° 4201).

4215 **Durée de conservation.** Les données à caractère personnel éventuellement révélées par l'exploitation des enquêtes « classiques » sont effacées à la clôture de l'enquête et, en tout état de cause, à l'expiration d'un délai de trois ans et dès que l'enquête a permis de retrouver la personne disparue ou d'écarter toute suspicion de crime ou délit pour les enquêtes en recherche des causes de la mort ou d'une disparition (V. *supra*, n° 4207).

Fiche 72

Le fichier judiciaire national automatisé des auteurs d'infractions terroristes (FIJAIT)

Sommaire

4216 **Création par la loi n° 2015-912 du 24 juillet 2015 relative au renseignement.** Le fichier, qui recense les personnes de treize ans ou plus condamnées ou mises en cause pour des infractions de terrorisme, a été institué par la loi précitée dans le but, selon le communiqué du Conseil des ministres du 19 mars 2015, de mettre en œuvre un suivi plus efficace des individus identifiés comme présentant une menace terroriste et la détection en amont de projets terroristes.

Ces personnes doivent se présenter tous les trois mois aux autorités, justifier de leur adresse et déclarer préalablement tout déplacement transfrontalier.

Il a commencé à fonctionner le 1er juillet 2016 (Communiqué de presse du garde des Sceaux).

Sa réglementation figure aux articles 706-25-3 à 706-25-14 et R. 50-30 à R. 5068 du Code de procédure pénale.

I Finalité

4217 **L'article 706-25-3 du Code de procédure pénale.** Ce texte précise que :

« Le fichier judiciaire national automatisé des auteurs d'infractions terroristes constitue une application automatisée d'informations nominatives tenue par le service du casier judiciaire national sous l'autorité du ministre de la justice et le contrôle d'un magistrat. **Afin de prévenir le renouvellement des**

infractions mentionnées à l'article 706-25-4 et de faciliter l'identification de leurs auteurs, ce traitement reçoit, conserve et communique aux personnes habilitées les informations prévues au même article 706-25-4, selon les modalités prévues à la présente section ».

4218 **Le FIJAIT ne méconnaît pas le droit à la vie privée et la liberté d'aller et venir.** La chambre criminelle de la Cour de cassation a approuvé une cour d'appel d'avoir estimé que l'inscription au FIJAIT ne violait ni le droit à la vie privée de la personne inscrite, ni la liberté d'aller et venir en retenant, d'abord, que les personnes inscrites au FIJAIT sont soumises notamment aux obligations de justifier de leur adresse, d'en déclarer les changements et de déclarer tout déplacement à l'étranger quinze jours au plus tard avant celui-ci, ensuite, que la conservation par une autorité publique de telles données relatives à la vie privée constitue une ingérence au sens de l'article 8 de la Convention précitée proportionnée au regard de la gravité des infractions justifiant l'inscription au fichier et à son objectif de prévention de nouvelles actions terroristes, de renforcement de la sécurité nationale et de facilitation de l'identification des auteurs d'infractions (Cass. crim., 21 avr. 2020, n° 19-83.495. – Cass. crim., 6 févr. 2018, n° 17-90.024).

4219 **Le FIJAIT ne méconnaît pas le principe de nécessité des peines et n'impose pas une rigueur non nécessaire.** La même juridiction a refusé de transmettre une question prioritaire de constitutionnalité soutenant que l'inscription au fichier méconnaissait les principes constitutionnels de nécessité des peines et de prohibition d'une rigueur non nécessaire. Elle a estimé que la décision d'inscription résulte de la seule décision d'un magistrat ou d'une juridiction, qu'il en résulte que, d'une part, cette décision prend nécessairement en compte la personnalité de l'intéressé et les considérations de fait pour lesquelles cette condamnation a été prononcée, ainsi que les mobiles et la dangerosité constatée de cette personne. Elle a, par ailleurs considéré que l'inscription répond à des impératifs spécifiques découlant tant de la nature propre de l'infraction ayant entraîné ladite condamnation que du risque de renouvellement de cette dernière, indépendamment de l'obligation, pour l'intéressé, de déclarer tout changement de domicile et de résidence. Enfin, elle a relevé que la personne inscrite dans ce fichier peut demander au procureur de la République, sur le fondement de l'article 706-25-12 du Code de procédure pénale, l'effacement des informations la concernant et saisir d'un éventuel refus le juge des libertés et de la détention dont la décision peut être contestée devant le président de la chambre de l'instruction (Cass. crim., 18 juin 2019, n° 19-80.129).

4220 **Constitutionnalité de l'obligation de déclarer tout déplacement à l'étranger quinze jours au moins avant ledit déplacement.** La chambre criminelle, saisie d'une question prioritaire de constitutionnalité relative à l'alinéa 3 de l'article 706-25-7 du Code de procédure pénale, qui prévoit que les personnes inscrites au fichier doivent déclarer tout déplacement à l'étranger quinze jours à l'avance, en a saisi le Conseil constitutionnel qui a jugé ces dispositions conformes à la Constitution (Cons. const., 7 oct. 2021, n° 2021-936 QPC).

Pour ce faire, le Conseil a retenu que :

– le législateur avait poursuivi l'objectif de lutte contre le terrorisme, qui participe de l'objectif de valeur constitutionnelle de prévention des atteintes à l'ordre public ;

– l'obligation faite à la personne inscrite au FIJAIT de déclarer tous ses déplacements à l'étranger n'était susceptible de s'appliquer qu'aux personnes ayant fait l'objet, pour l'une des infractions en lien avec le terrorisme mentionnées à l'article 706-25-4 du Code de procédure pénale, d'une condamnation, d'une décision d'irresponsabilité pénale pour cause de trouble mental, d'une mise en examen ou d'une mesure applicable spécifiquement aux personnes mineures ; qu'elle ne s'appliquait qu'à la suite de la décision prise par le magistrat compétent d'ordonner l'inscription au sein du fichier qui, eu égard aux finalités de ce fichier, tenait compte de la situation personnelle des intéressées et, en particulier, de leur risque de récidive ;

– les dispositions contestées se bornaient à faire obligation à la personne de déclarer ses déplacements à l'étranger quinze jours au plus tard avant ceux-ci en se présentant personnellement au commissariat de police ou à la brigade de gendarmerie dont dépend son domicile, sans limiter la possibilité pour elle d'effectuer de tels déplacements ni de déclarer plusieurs déplacements lors d'une même présentation ;

– si la personne était tenue de respecter cette obligation pendant une durée de cinq ou dix années, selon qu'elle était mineure ou majeure, elle pouvait en obtenir la levée en saisissant à tout moment le procureur de la République ou le juge d'instruction, selon les cas, d'une demande d'effacement des données la concernant. Conformément à l'article 706-25-12 du Code de procédure pénale, cet effacement pouvait être ordonné si, compte tenu de la finalité du fichier, la conservation des données n'apparaissait plus nécessaire au regard de la nature de l'infraction, de l'âge de la personne lors de sa commission, du temps écoulé depuis lors et de la personnalité actuelle de l'intéressée. En cas de refus du procureur de la République ou du juge d'instruction d'ordonner un tel effacement, la personne pouvait saisir à cette fin le juge des libertés et de la détention, dont la décision pouvait être contestée devant le président de la chambre de l'instruction.

II

Gestionnaire du fichier

4221 **Service du casier judiciaire national.** C'est le service du casier judiciaire national, sous l'autorité du ministre de la Justice et le contrôle d'un magistrat, qui tient le FIJAIT (CPP, art. 706-25-3).

Le magistrat dirigeant le service du casier judiciaire national veille au respect des dispositions réglementaires relatives au fichier (CPP, art. R. 50-30).

III

Contenu

4222 **Les informations enregistrées dans le fichier sont définies aux articles 706-25-4 et R. 50-36 du Code de procédure pénale.** Le premier de ces textes prévoit l'enregistrement des informations relatives à l'identité et aux adresses successives des personnes concernées par des décisions judiciaires relatives à des infractions précisément déterminées.
Le second détaille les données à caractère personnel qui sont enregistrées.

4223 **Les infractions rendant l'enregistrement possible.** Ce sont les infractions de terrorisme mentionnées aux articles 421-1 à 421-6 du Code pénal ainsi que les infractions mentionnées aux articles L. 224-1 et L. 225-7 du Code de la sécurité intérieure qui entraînent l'inscription au FIJAIT.
Le texte initial excluait l'inscription pour les infractions de provocation à un acte de terrorisme, apologie publique d'un acte de terrorisme, extraction, reproduction, et transmission de données provoquant à un acte de terrorisme ou en faisant l'apologie pour entraver une procédure de blocage d'un service de communication au public en ligne, prévues aux articles 421-2-5 à 421-2-5-2 mais la loi n° 2021-1109 du 24 août 2021 a modifié la règle.

4224 **Les décisions judiciaires.** Les décisions permettant l'inscription sont désormais :
1) une condamnation, même non encore définitive, y compris une condamnation par défaut ou une déclaration de culpabilité assortie d'une dispense ou d'un ajournement de la peine ;
2) une décision même non encore définitive prononçant à l'égard d'un mineur une mesure éducative, une dispense de mesure éducative ou une déclaration de réussite éducative en application du titre I du livre I du Code de la justice pénale des mineurs ;
3) une décision d'irresponsabilité pénale pour cause de trouble mental ;
4) une décision de même nature que celles mentionnées aux 1° à 3° prononcées par les juridictions ou les autorités judiciaires étrangères qui, en application d'une convention internationale ou d'un accord international, ont fait l'objet d'un avis aux autorités françaises ou ont été exécutées en France à la suite du transfèrement des personnes condamnées ;
5) une mise en examen.
Le fichier comprend aussi les informations relatives à la décision judiciaire ayant justifié l'inscription et la nature de l'infraction.

4225 **Âge des personnes pouvant être inscrites dans le fichier.** Les décisions concernant des mineurs de moins de treize ans ne sont pas inscrites dans le fichier.
Les décisions (condamnations ou mesures éducatives) concernant des mineurs de treize à dix-huit ans ne sont pas inscrites dans le fichier, sauf si cette inscription est ordonnée par décision expresse de la juridiction ou, dans les cas prévus aux 3° et 4°, du procureur de la République.

4226 **Les données à caractère personnel qui sont enregistrées.** Sont enregistrées des informations relatives à la personne elle-même, des informations relatives à la ou aux décisions ayant donné lieu à l'enregistrement et des informations diverses. L'ensemble est détaillé à l'article R. 50-36 du Code de procédure pénale.

IV Alimentation

4227 **Moyens sécurisés.** L'enregistrement des données à caractère personnel dans le fichier est réalisé directement par les personnes autorisées ou habilitées et se fait par l'intermédiaire de moyens de télécommunication sécurisés (CPP, art. R. 50-68).

A Inscriptions initiales

4228 **Principe d'inscription de plein droit pour les majeurs.** Les décisions visées aux 1°, 3° et 5 de l'article 706-25-4 du Code de procédure pénale, soit :
– une condamnation, même non encore définitive, y compris une condamnation par défaut ou une déclaration de culpabilité assortie d'une dispense ou d'un ajournement de la peine ;
– une décision d'irresponsabilité pénale pour cause de trouble mental ;
– une mise en examen ;
sont inscrites de plein droit dans le fichier, sauf décision contraire et spécialement motivée de la juridiction compétente.

Les décisions visées au 4°, c'est-à-dire les décisions de condamnation même non définitives ou les déclarations d'irresponsabilité pénale prononcées par les juridictions ou les autorités judiciaires étrangères qui, en application d'une convention internationale ou d'un accord international, ont fait l'objet d'un avis aux autorités françaises ou ont été exécutées en France à la suite du transfèrement des personnes condamnées, le sont également de plein droit sauf décision contraire et spécialement motivée du procureur de la République.

Les décisions concernant les mineurs de treize à dix-huit ans (3°) sont inscrites uniquement sur décision expresse de la juridiction ou, quand il s'agit d'une décision d'irresponsabilité ou d'une décision étrangère, du procureur de la République.

C'est la loi du 24 août 2021 qui a prévu l'inscription de plein droit pour les condamnations, les déclarations d'irresponsabilité pénale et les mises en examen. Auparavant, il fallait une décision particulière de la juridiction ou du magistrat compétent.

4229 **Inscription effectuée matériellement à la diligence du procureur de la République.** Selon l'article 706-25-5 du Code de procédure pénale, le procureur de la République compétent fait procéder sans délai à l'enregistrement des informations devant figurer dans le fichier par l'intermédiaire d'un moyen de communications électroniques sécurisé.

L'article R. 50-31 prévoit que l'enregistrement dans le fichier des données à caractère personnel concernant :
– une condamnation, même non encore définitive, y compris une condamnation par défaut ou une déclaration de culpabilité assortie d'une dispense ou d'un ajournement de la peine ;
– une décision, même non encore définitive, prononçant à l'égard d'un mineur une mesure éducative, une dispense de mesure éducative ou une déclaration de réussite éducative en application du titre I du livre I du Code de la justice pénale des mineurs ;
– une décision d'irresponsabilité pénale pour cause de trouble mental ;
est réalisé par le procureur de la République.

4230 **Moment de l'inscription.** Les décisions de condamnation même non définitive, de dispense de mesure éducative, de déclaration de réussite éducative et d'irresponsabilité pénale pour cause de trouble mental sont inscrites dès leur prononcé (CPP, art. 706-25-4).

4231 **Inscription des décisions étrangères à la diligence du procureur de la République de Paris ou du PNAT ou du procureur du lieu de détention.** L'article R. 50-31, alinéa 3du Code de procédure pénale prévoit que :

> « L'enregistrement des données à caractère personnel prévues au 4° de l'article 706-25-4 [décisions de même nature que celles mentionnées aux 1° à 3° prononcées par les juridictions ou les autorités judiciaires étrangères qui, en application d'une convention internationale ou d'un accord international, ont fait l'objet d'un avis aux autorités françaises ou ont été exécutées en France à la suite du transfèrement des personnes condamnées] est réalisé par le procureur de la République de Paris, après transmission par le service gestionnaire du fichier des avis adressés aux autorités françaises, ou par le procureur de la République du lieu de détention où sont exécutées les peines à la suite des transfèrements des personnes condamnées ».

Ce texte a été élaboré avant la création du parquet national anti-terroriste. La DACG dans sa page Wiki consacrée au FIJAIT et l'exposé des motifs du projet de loi n° 2021-1109 du 24 août 2021 confortant le respect des principes de la République (Projet n° 3649 rectifié déposé à l'Assemblée nationale) considèrent que la mission prévue à l'article R. 50-31 du Code de procédure pénale échoit au PNAT. La partie réglementaire du Code de procédure pénale relative au FIJAIT a pourtant été partiellement modifiée par un décret n° 2021-682 du 27 mai 2021, postérieure à la mise en place de ce parquet, sans que soit modifié l'article R. 50-31.

4232 **Par un juge d'instruction.** L'enregistrement des mises en examen est réalisé par le juge d'instruction ou son greffier (CPP, art. R. 50-31).

B Changement de situation

4233 **Nouvelle adresse.** Lorsqu'ils ont connaissance de la nouvelle adresse d'une personne dont l'identité est enregistrée dans le fichier, lorsqu'ils reçoivent la justification de l'adresse d'une telle personne, ainsi que lorsqu'ils sont informés d'un déplacement à l'étranger, les officiers de police judiciaire, les services du ministre des Affaires étrangères ou le service gestionnaire, selon les hypothèses prévues à l'article 706-25-7, enregistrent sans délai cette information dans le fichier par l'intermédiaire d'un moyen de communications électroniques sécurisé (CPP, art. 706-25-5).

Les agents des services de police ou des unités de gendarmerie habilités et les agents habilités des services du ministère des Affaires étrangères et du Développement international doivent enregistrer dans le fichier les justifications d'adresse ou de changement d'adresse, et les déplacements transfrontaliers dont ils ont eu connaissance en application des dispositions de l'article 706-25-5 (CPP, art. R. 50-35).

4234 **Écrou, libération.** L'agent du greffe pénitentiaire habilité enregistre sans délai dans le fichier la date de mise sous écrou et de libération, l'adresse du domicile déclaré par la personne libérée, si elle est différente du dernier domicile enregistré et la date de la notification à laquelle il a été procédé (CPP, art. R. 50-34).

4235 **Relaxe ou acquittement.** Le procureur de la République informe sans délai le gestionnaire du fichier des décisions de relaxe ou d'acquittement intervenues dans les procédures ayant donné lieu à enregistrement au fichier une fois acquis leur caractère définitif (CPP, art. R. 50-33).

4236 **Non-lieu.** Le juge d'instruction ou son greffier, enregistre les décisions de non-lieu, ou de retrait dans les procédures ayant donné lieu à enregistrement au fichier (CPP, art. R. 50-33).

V Obligations résultant de l'inscription au fichier

4237 L'inscription emporte un certain nombre d'obligations pour les personnes qui y sont inscrites.
Pour que ces obligations puissent être effectives, il est nécessaire que les personnes concernées en soient informées.

A Obligations

4238 **Article 706-25-7 du Code de procédure pénale.** Selon ce texte, toute personne dont l'identité est enregistrée dans le fichier – sauf celle qui y est inscrite pour avoir été condamnée pour les infractions mentionnées aux articles 421-2-5 et 421-2-5-1 du Code pénal et aux articles L. 224-1 et L. 225-7 du Code de la sécurité intérieure – est astreinte, à titre de mesure de sûreté :

« 1° De justifier de son adresse, une première fois après avoir reçu l'information des mesures et des obligations mentionnée au deuxième alinéa de l'article 706-25-8, puis tous les trois mois ;
2° De déclarer ses changements d'adresse, dans un délai de quinze jours au plus tard après ce changement ;
3° De déclarer tout déplacement à l'étranger quinze jours au plus tard avant ledit déplacement ;
4° Si la personne réside à l'étranger, de déclarer tout déplacement en France quinze jours au plus tard avant ledit déplacement.
Si la personne réside en France, elle doit se présenter personnellement au commissariat de police ou à la brigade de gendarmerie dont dépend son domicile.

Si une personne de nationalité française réside à l'étranger, elle doit se présenter personnellement au consulat de France ou à la section consulaire de l'ambassade de France le plus proche de son domicile.

Si une personne de nationalité étrangère réside à l'étranger, elle doit adresser ses justificatifs par lettre recommandée avec demande d'avis de réception auprès du service gestionnaire.

Les obligations de justification et de présentation prévues au présent article cessent de s'appliquer pendant le temps où la personne est incarcérée sur le territoire national ».

Toute personne inscrite au fichier judiciaire national automatisé des auteurs d'infractions terroristes est enregistrée au fichier des personnes recherchées pendant toute la durée de ses obligations (V. aussi CPP, art. R. 50-43). Les personnes condamnées pour les infractions mentionnées aux articles 421-2-5 et 421-2-5-1 du Code pénal et aux articles L. 224-1 et L. 225-7 du Code de la sécurité intérieure n'étant pas soumises aux obligations prévues à l'article 706-25-7, il n'y a pas lieu de les inscrire au FPR. La DACG précise, à cet égard, que « contrairement aux personnes concernées par le respect des obligations mentionnées à l'article 706-25-7 du code de procédure pénale et dont le 15° de l'article 230-19 du même code prévoit l'inscription au FPR pendant toute la durée de ces obligations, les personnes inscrites dans le FIJAIT au seul titre des infractions évoquées supra ne devront pas faire l'objet d'une inscription au sein du FPR ».

La personne est astreinte aux obligations de justification et de présentation prévues au présent article, à compter du prononcé de la décision prévue à l'article 706-25-4, pendant un délai de :

a) dix ans s'il s'agit d'un majeur ;

b) cinq ans s'il s'agit d'un mineur.

Lorsque la personne exécute une peine privative de liberté sans sursis en application de la condamnation entraînant l'inscription, ces délais ne commencent à courir qu'à compter de sa libération.

4239 **Sanction en cas de non-respect des obligations.** Le fait pour les personnes tenues aux obligations prévues à l'article 706-25-7 de ne pas les respecter est puni de deux ans d'emprisonnement et de 30 000 € d'amende.

La tentative de déplacement à l'étranger sans avoir procédé à la déclaration prévue au 3° de l'article 706-25-7 est punie des mêmes peines.

Le non-respect, par les personnes résidant à l'étranger, des obligations prévues au même texte est puni des mêmes peines.

Mais ces dispositions ne s'appliquent pas aux personnes condamnées pour :

– provocation à un acte de terrorisme ou apologie d'un tel acte (C. pén., art. 421-2-5) ;

– extraction, reproduction et transmission de données provoquant à des actes de terrorisme ou en faisant l'apologie pour entraver une procédure de blocage d'un service de communication au public en ligne (C. pén., art. 421-2-5-1) ;

– sortie du territoire français malgré interdiction administrative, non-restitution de document d'identité malgré notification d'une interdiction administrative de sortie du territoire français (CSI, art. L. 224-1) ;

– soustraction aux obligations fixées par l'autorité administrative en application des articles L. 225-2 et L. 225-3 du Code de la sécurité intérieure (CSI, art. L. 225-7) ;

– car elles ne sont pas tenues aux obligations de justification et de présentation prévues par le texte.

4240 **Détails dans la partie réglementaire du Code de procédure pénale.** Les articles R. 50-43 à R. 50-50, auxquels il convient de se reporter pour le détail, prévoient les modalités des obligations incombant aux personnes inscrites dans le fichier.

B Information

4241 **Avis de la décision d'enregistrement.** Toute personne dont l'identité est enregistrée dans le fichier en est informée par l'autorité judiciaire (CPP, art. 706-25-8). Cette information est réalisée soit par notification à personne, soit par lettre recommandée avec demande d'avis de réception adressée à la dernière adresse déclarée. Le texte prévoit qu'à défaut, il peut être recouru à la force publique par l'officier de police judiciaire, avec l'autorisation préalable du procureur de la République.

La personne concernée est informée des mesures et des obligations auxquelles elle est astreinte en application de l'article 706-25-7 et des peines encourues en cas de non-respect de ces obligations.

Lorsque la personne est détenue au titre de la condamnation justifiant son inscription au fichier et qu'elle n'a pas encore reçu l'information mentionnée au premier alinéa de l'article 706-25-8, les informations prévues au même article lui sont données au moment de sa libération définitive ou préalablement à la première mesure d'aménagement de sa peine (CPP, art. 706-25-8).

La DACG précise que « Bien qu'elles ne soient pas concernées par les différentes obligations de l'article 706-25-7 du Code de procédure pénale, les personnes enregistrées dans le fichier pour les infractions des articles L. 224-1 et L. 225-7 du Code de la sécurité intérieure et des articles 421-2-5 et 421-2-5-1 du Code pénal doivent être informées de leur inscription par la juridiction de jugement, le juge d'instruction ou le procureur de la République », car « cette notification, (...) vise à permettre l'exercice des droits d'information, de rectification et d'effacement reconnus par les articles 706-25-11 et 706-25-12 du Code de procédure pénal... ».

4242 **Modalités pratiques d'information précisées par décret.** Lorsque la personne est présente à l'audience, l'information relative à son inscription dans le fichier et la notification de ses obligations sont faites par le président de la juridiction ou le greffier ou l'agent du greffe qu'il désigne. Toutefois, il n'est pas procédé lors de l'audience à la notification de ses obligations à la personne si celle-ci est placée ou maintenue en détention en application de la condamnation justifiant son inscription au fichier.

À défaut, la notification est faite par le procureur de la République, ou par un agent placé sous son autorité ou un délégué du procureur de la République désignés par lui, par lettre recommandée avec demande d'avis de réception. S'il apparaît que l'adresse de la personne est inconnue, le procureur de la République fait inscrire cette personne au fichier des personnes recherchées et l'information lui sera donnée par un agent de la force publique lorsqu'elle sera découverte.

Lorsqu'il résulte de la consultation du fichier effectuée par l'agent du greffe habilité par le chef de l'établissement pénitentiaire conformément au 4° de l'article 706-25-9, que la personne incarcérée n'a pas fait l'objet de l'information mentionnée à l'article 706-25-8, cette information lui est donnée par le greffe de l'établissement pénitentiaire, sur instruction du procureur de la République, soit au moment de sa libération définitive ou préalablement à la première mesure d'aménagement de sa peine entraînant la sortie de l'établissement pénitentiaire, autre qu'une permission de sortir, si elle exécute une peine privative de liberté en application de la condamnation ayant entraîné son inscription au fichier, soit immédiatement, si elle est détenue pour une autre cause.

Dans tous les cas, il lui est remis contre récépissé ou adressé un document récapitulant ses obligations et précisant les conditions selon lesquelles il doit y être satisfait conformément aux dispositions de la section 3. Ce document informe la personne inscrite dans le fichier que les administrations de l'État mentionnées à l'article R. 50-52 peuvent directement interroger le fichier en application du 3° de l'article 706-25-9. Le modèle de ce document est établi par le ministre de la Justice.

Si la personne est un majeur protégé, le procureur de la République avise son représentant légal de la notification (CPP, art. R. 50-38).

4243 **Décision étrangère.** Dans les cas prévus par le 4° de l'article 706-25-4 [décision de même nature que celles mentionnées aux 1° à 3° prononcées par les juridictions ou les autorités judiciaires étrangères qui, en application d'une convention internationale ou d'un accord international, ont fait l'objet d'un avis aux autorités françaises ou ont été exécutées en France à la suite du transfèrement des personnes condamnées], l'information de la personne et la remise du document prévu par l'article R. 50-38 [document récapitulant les obligations et précisant les conditions selon lesquelles il doit y être satisfait] sont faites, dans les conditions fixées par les troisième et quatrième alinéas de cet article, soit par le greffe de l'établissement pénitentiaire si la personne est détenue en France, soit par le procureur de la République de Paris.

S'il apparaît que l'adresse de la personne est inconnue, le procureur de la République fait inscrire cette personne au fichier des personnes recherchées (CPP, art. R. 50-41).

4244 **Irresponsabilité.** En cas de décision d'irresponsabilité pénale pour cause de trouble mental le procureur de la République (ou un agent placé sous son autorité ou un délégué) doit notifier la décision d'inscription au fichier à la personne concernée par lettre recommandée avec demande d'avis de réception (CPP, art. R. 50-39).

4245 **Mise en examen.** Le juge d'instruction doit procéder à l'information de la personne mise en examen (sauf dispense par décision contraire et spécialement motivée) et lui remettre, contre récépissé, un document, dont un modèle est établi par le ministre de la Justice, récapitulant ses obligations et précisant les conditions selon lesquelles il doit y être satisfait conformément aux dispositions de la section 3. Ce document informe la personne inscrite dans le fichier que les administrations de l'État mentionnées à l'article R. 50-52 peuvent directement interroger le fichier en application du 3° de l'article 706-25-9 (CPP, art. R. 50-40).

4246 **Notification par l'administration pénitentiaire.** L'administration pénitentiaire informe sans délai le procureur de la République du lieu de condamnation de la notification des obligations à laquelle elle a procédé conformément au quatrième alinéa de l'article R. 50-38.

Si la personne a été condamnée à l'étranger, l'administration pénitentiaire informe le procureur de la République compétent en application de l'article R. 50-31 (CPP, art. R. 50-42).

VI
Accès

4247 **Article 706-25-9 du Code de procédure pénale.** Ce texte prévoit que :

« Les informations contenues dans le fichier sont **directement accessibles**, par l'intermédiaire d'un système de communications électroniques sécurisé :

1° Aux autorités judiciaires ;

2° Aux officiers de police judiciaire, dans le cadre de procédures concernant une des infractions prévues aux articles 421-1 à 421-6 du code pénal ou aux articles L. 224-1 et L. 225-7 du code de la sécurité intérieure, et pour l'exercice des diligences prévues aux articles 706-25-7, 706-25-8 et 706-25-10 du présent code. Les officiers de police judiciaire peuvent également, sur instruction du procureur de la République ou du juge d'instruction ou avec l'autorisation de l'un de ces magistrats, consulter le fichier dans le cadre d'une enquête de flagrance ou d'une enquête préliminaire ou en exécution d'une commission rogatoire ;

3° Aux représentants de l'État dans le département et aux administrations de l'État dont la liste est fixée par le décret prévu à l'article 706-25-14, pour les décisions administratives de recrutement, d'affectation, d'autorisation, d'agrément ou d'habilitation ;

4° Aux agents des greffes pénitentiaires habilités par les chefs d'établissement, pour vérifier que la personne a fait l'objet de l'information mentionnée à l'article 706-25-8 et pour enregistrer les dates de mise sous écrou et de libération ainsi que l'adresse du domicile déclaré par la personne libérée, ainsi qu'aux agents individuellement désignés et habilités du bureau du renseignement pénitentiaire de la direction de l'administration pénitentiaire ;

5° Aux agents individuellement désignés et habilités des services mentionnés à l'article L. 811-2 du code de la sécurité intérieure et des services désignés par le décret en Conseil d'État prévu à l'article L. 811-4 du même code pour la seule finalité de prévention du terrorisme ;

6° Aux agents du ministère des affaires étrangères habilités pour l'exercice des diligences de l'article 706-25-7 du présent code.

Les autorités et personnes mentionnées aux 1° et 2° et 4° à 6° du présent article **peuvent interroger le fichier à partir d'un ou de plusieurs critères** fixés par le décret prévu à l'article 706-25-14, et notamment à partir de l'identité d'une personne, de ses adresses successives ou de la nature des infractions.

Les personnes mentionnées au 3° du présent article **ne peuvent consulter le fichier qu'à partir de l'identité** de la personne concernée par la décision administrative.

Les maires et les présidents des collectivités territoriales et des groupements de collectivités territoriales sont également **destinataires**, par l'intermédiaire des représentants de l'État dans le département, des informations contenues dans le fichier pour les décisions administratives mentionnées au même 3°.

À **l'issue des délais** prévus à l'article 706-25-7 [V. *supra*, n° 4238], les informations contenues dans le fichier sont **uniquement consultables** par le service gestionnaire du fichier, les autorités judiciaires, les officiers de police judiciaire mentionnés au 2° du présent article et les agents individuellement désignés et habilités des services mentionnés au 5° ».

4248 **Vérification préalable.** L'article 706-25-5 du Code de procédure pénale dispose que le procureur de la République fait procéder aux enregistrements sans délai, mais le texte prévoit qu'en cas de consultation du fichier, les informations ne sont accessibles qu'après vérification par le service gestionnaire du fichier au vu du Répertoire national de l'identité de la personne concernée.

À cet égard, l'article R. 50-53 prévoit que :

« Lors des interrogations, les identités consultées comportent également le résultat de la vérification effectuée par le service gestionnaire du fichier conformément à l'article 706-25-5 au moyen des informations communiquées au service du casier judiciaire en application de l'article R. 64 [communication par l'INSEE des données d'identité enregistrées au répertoire national d'identification].

Si l'intéressé est né hors de la France métropolitaine, ou si son lieu de naissance est inconnu, est inscrite la mention : "identité non vérifiable par le service" ».

4249 **Procédures d'accès.** Toutes les personnes pouvant accéder au fichier ne peuvent pas le faire de la même façon.

Selon l'article R. 50-51 du Code de procédure pénale :

« Les **autorités judiciaires**, ainsi que les **officiers de police judiciaire habilités** [V. *supra*, n°s 4077, 4078, 4079], saisis dans le cadre d'une procédure mentionnée au 2° de l'article 706-25-9 [concernant notamment les infractions terroristes] ou avisés conformément à l'article R. 50-54 [avis d'inscription et de modifications adressés quotidiennement par le gestionnaire au ministère de l'intérieur], ainsi que les **agents mentionnés au 5° de l'article 706-25-9**, peuvent interroger le fichier par un système de communication électronique sécurisé à partir des **critères suivants**, même incomplets :

a) Numéro de dossier ;

b) Données d'identité ;

c) Données d'adresse ou éléments de localisation ;

d) Nature des infractions ;

e) Date des faits ;

f) Lieu de commission des faits ;

g) Nature et date de la décision judiciaire ;

h) Nature de peines principales ou complémentaires et mesures prononcées ;

i) Personnes en défaut de justification.

Les **agents des greffes pénitentiaires** habilités par les chefs d'établissement, les agents individuellement désignés et habilités du **bureau du renseignement pénitentiaire** de la direction de l'administration pénitentiaire, et les **agents du ministère des affaires étrangères** et du développement international habilités peuvent interroger le fichier par un système de communication électronique sécurisé à partir des **critères suivants** même incomplets :

a) Numéro de dossier ;

b) Données d'identité ».

L'article R. 50-52 donne moins de pouvoirs aux personnes qu'il vise puisqu'il dispose que :

« I. – En application des dispositions du 3° de l'article 706-25-9, les autorités, agents ou services mentionnés au II peuvent directement interroger le fichier, par un système de communication électronique sécurisé, à partir de la seule identité d'une personne :

– pour toute demande de recrutement, d'affectation, d'autorisation, d'agrément, d'habilitation, ou de renouvellement de tout emploi dans la fonction publique, de tout emploi auprès d'un opérateur d'importance vitale, dans une installation classée pour la protection de l'environnement dite SEVESO, ou concernant une activité ou une profession dans le domaine de la sécurité, de l'enseignement de l'éducation, ou des transports ;

– ainsi que pour le contrôle de l'exercice de ces activités et professions.

II. – Les autorités, agents ou services mentionnés au I sont :

1° Les **préfets** ou les **agents des préfectures** habilités par eux à cette fin ;

2° Les **chefs de services** ou agents individuellement désignés et habilités par eux à cette fin des **administrations de l'État** suivantes :

a) La direction chargée de la gestion des ressources humaines du ministère chargé de **l'éducation nationale** et de l'enseignement supérieur ;

b) Les **rectorats** et les directions des services départementaux de l'éducation nationale ;

c) La direction de la **protection judiciaire de la jeunesse** et ses directions régionales ;

d) La direction de **l'administration pénitentiaire** et les directions interrégionales des services pénitentiaires ;

e) La direction générale de la gendarmerie nationale et la direction générale de la police nationale dans le cadre des **enquêtes administratives** dont elles ont la charge ;

***f)* La direction générale de la sécurité intérieure.**

III. – Les personnes mentionnées au II indiquent le motif pour lequel elles interrogent le fichier ».

4250 **Accès surveillé.** L'article R. 50-63 du Code de procédure pénale met en place un système permettant de s'assurer que nul n'a accès au fichier sans y être autorisé et qu'il n'a pas outrepassé ses droits.

Ce texte dispose :

« Le fichier conserve pendant une durée de trois ans les informations relatives aux enregistrements et interrogations dont il fait l'objet, en précisant la qualité de la personne ou de l'autorité ayant procédé à l'opération.

Ces informations ne peuvent être consultées que par le magistrat chef du service gestionnaire du fichier ou, avec son autorisation, par les personnes qu'il habilite.

Elles peuvent donner lieu à des exploitations statistiques ».

4251 **Moyens sécurisés.** La consultation du fichier se fait par l'intermédiaire de moyens de télécommunication sécurisés (CPP, art. R. 50-68).

VII

Contrôle

4252 Droit d'information. Comme il a été indiqué, les personnes inscrites au fichier en sont informées (V. *supra*, n° 4241).

4253 Droit de communication. L'article 706-25-11 permet à toute personne justifiant de son identité d'obtenir, sur demande adressée au procureur de la République près le tribunal judiciaire dans le ressort duquel elle réside, communication de l'intégralité des informations la concernant figurant dans le fichier.
La communication est faite par l'intermédiaire de l'agent diplomatique ou du consul compétent si la personne réside ou a son siège à l'étranger.
La communication ne vaut pas notification des décisions non définitives et ne fait pas courir les délais de recours.
Aucune copie de ce relevé intégral ne peut être délivrée.

4254 Droit de demander la rectification ou l'effacement. L'article 706-25-12 autorise toute personne dont l'identité est inscrite dans le fichier à demander au procureur de la République, ou au juge d'instruction lorsque l'inscription a été prise sur le fondement du 5° de l'article 706-25-4, de rectifier ou d'ordonner l'effacement des informations la concernant si les informations ne sont pas exactes ou si leur conservation n'apparaît plus nécessaire compte tenu de la finalité du fichier, au regard de la nature de l'infraction, de l'âge de la personne lors de sa commission, du temps écoulé depuis lors et de la personnalité actuelle de l'intéressé.
La demande d'effacement est irrecevable tant que les mentions sont relatives à une procédure judiciaire en cours, sauf dans l'hypothèse de l'inscription d'une mise en examen.

4255 Cas particulier de demande d'effacement. L'article R. 50-62 du Code de procédure pénale prévoit que :

> « Les personnes inscrites au fichier en application du premier alinéa du B du II de l'article 19 de la loi n° 2015-912 du 25 juillet 2015 peuvent saisir le juge des libertés et de la détention aux fins d'effacement des informations les concernant dans un délai de dix jours suivant la notification de son inscription.
> Dans cette hypothèse, les délais et règles procédurales de la présente section s'appliquent ».

Il s'agit des personnes condamnées pour des faits de nature terroriste relevant de l'article 706-25-4 dont la condamnation a été prononcée avant la mise en service du fichier si les délais propres à l'effacement des mentions du casier judiciaire ne sont pas écoulés.
La chambre criminelle de la Cour de cassation a estimé que le fait que le procureur de la République puisse décider de l'inscription au FIJAIT pour des condamnations prononcées avant l'entrée en vigueur du fichier était conforme à la Convention européenne des droits de l'homme dès lors que l'inscription au FIJAIT est une mesure de sûreté selon l'article 706-25-7 du Code de procédure pénale, qu'elle ne saurait s'analyser en une peine au sens de l'article 7 de la Convention européenne des droits de l'homme, en sorte que, ne ressortissant pas à la matière pénale au sens de l'article 6 de ladite Convention, s'inscrirait-elle dans le contexte d'une instance pénale, elle n'est soumise ni au principe du contradictoire ni au principe de non-rétroactivité de la loi pénale (Cass. crim., 21 avr. 2020, n° 19-83.495).

4256 Compétences respectives du procureur de la République et du juge d'instruction. Elles sont réglées par l'article R. 50-55 du Code de procédure pénale.

4257 Compétence du procureur général et du président de la chambre de l'instruction. L'article R. 50-67 du Code de procédure pénale précise que pour les décisions rendues par les cours d'appel et les cours d'assises, les pouvoirs reconnus au procureur de la République et au juge d'instruction par le décret sont exercés respectivement par le procureur général et le président de la chambre de l'instruction.

4258 Forme de la demande. La demande est, à peine d'irrecevabilité, adressée par lettre recommandée avec demande d'avis de réception ou effectuée par déclaration au greffe (CPP, art. R. 50-55).

4259 Délai pour statuer et défaut de réponse. L'article R. 50-56 du Code de procédure pénale prévoit une réponse dans les trois mois.

4260 Recours. Le décret a institué – ce que la loi ne prévoyait pas – un premier recours devant

le juge des libertés et de la détention lorsque le procureur de la République ou le juge d'instruction n'a pas répondu dans les trois mois et lorsque ce magistrat a donné une réponse négative à la demande.
Le recours que la loi a prévu contre la décision du procureur de la République ou du juge d'instruction (CPP, art. 706-25-12) devant le président de la chambre de l'instruction est organisé, par le décret, contre la décision négative ou l'absence de réponse du juge des libertés et de la détention dans le délai de trois mois.
Le président de la chambre de l'instruction doit statuer par ordonnance motivée qui n'est susceptible de pourvoi en cassation que si elle ne satisfait pas, en la forme, aux conditions essentielles de son existence légale.
Le décret prévoit que le procureur de la République peut également contester devant le président de la chambre de l'instruction une décision d'effacement (CPP, art. R. 50-59). Ce recours est suspensif.
Avant de statuer sur la demande de rectification ou d'effacement, le procureur de la République, le juge d'instruction et le président de la chambre de l'instruction peuvent faire procéder à toutes les vérifications qu'ils estiment nécessaires.
Le décret prévoit également que les personnes inscrites au fichier pour des condamnations prononcées pour terrorisme avant l'entrée en vigueur du fichier, inscrites dans le fichier sur décision du procureur de la République, peuvent saisir le juge des libertés et de la détention aux fins d'effacement des informations les concernant dans un délai de dix jours suivant la notification de leur inscription. Les délais et les règles procédurales sont les mêmes que celles qui ont été exposées plus haut.

4261 **Magistrat, chef du casier judiciaire national.** Le fichier judiciaire national automatisé des auteurs d'infractions terroristes constitue une application... tenue par le service du casier judiciaire national sous... le contrôle d'un magistrat (CPP, art. 706-25-3).
Celui-ci veille au respect des dispositions réglementaires (CPP, art. R. 50-30).
Il contrôle la validité des informations enregistrées et, selon le cas, refuse ou efface les enregistrements qui ne respectent pas les exigences légales (CPP, art. R. 50-37).

VIII

Durée de conservation

4262 **Articles 706-25-6, R. 50-64 et R. 50-65.** Les informations relatives aux décisions judiciaires pour terrorisme sont retirées du fichier à la mort de la personne concernée ou vingt ans après la condamnation pour les majeurs, dix ans pour les mineurs.
Les délais sont réduits respectivement à cinq ans et trois ans pour les décisions relatives aux infractions de provocation à un acte de terrorisme, d'apologie d'un tel acte, de sortie du territoire en violation d'une interdiction, de soustraction à l'obligation de restitution du passeport et de la carte nationale d'identité par une personne s'étant vu notifier une décision d'interdiction de sortie du territoire, soustraction aux obligations imposées par l'autorité administrative aux personnes de retour de théâtre d'opérations de groupements terroristes.
Lorsque la personne exécute une peine privative de liberté sans sursis en application de la condamnation entraînant l'inscription, ces délais ne commencent à courir qu'à compter de sa libération.
L'amnistie ou la réhabilitation ainsi que les règles propres à l'effacement des condamnations figurant au casier judiciaire n'entraînent pas l'effacement de ces informations.
Ces informations ne peuvent, à elles seules, servir de preuve à la constatation de l'état de récidive.
Les mentions prévues aux 1°, 2° et 5° de l'article 706-25-4 sont retirées du fichier en cas de décision définitive de non-lieu, de relaxe ou d'acquittement.
Les mentions prévues au même 5° (mise en examen) peuvent également être retirées sur décision spécialement motivée de la juridiction.

4263 **Service gestionnaire et/ou juge d'instruction.** C'est le service gestionnaire qui procède à l'effacement des informations et qui prévient les personnes concernées de cet effacement.
Le décret a également prévu que le juge d'instruction ou son greffier procédait à l'effacement des données inscrites dans le fichier en cas de cessation ou mainlevée de l'enregistrement, ce qui

paraît logique, le juge d'instruction étant chargé de l'exécution de ses propres décisions.
Mais l'article R. 50-65 a également prévu que le juge d'instruction ou son greffier procède à l'effacement des informations en cas de non-lieu, ce dont l'article R. 50-64 charge également le service gestionnaire, en prévoyant que : « Le service gestionnaire du fichier procède à l'effacement des données qui y sont inscrites : (…) *b*) Lorsqu'il est informé d'une des décisions mentionnées à l'avant-dernier alinéa de l'article 706-25-6 ; » parmi lesquelles figurent les décisions définitives de non-lieu.

IX
Rapprochements et interconnexions

4264 **Prohibition sauf avec le fichier des personnes recherchées.** L'article 706-25-13 pose le principe de l'interdiction : « Aucun rapprochement ni aucune interconnexion, au sens de l'article 33 de la loi n° 78-17 du 6 janvier 1978 relative à l'informatique, aux fichiers et aux libertés, ne peuvent être effectués entre le fichier prévu à la présente section et tout autre fichier ou recueil de données nominatives détenu par une personne quelconque ou par un service de l'État ne dépendant pas du ministère de la justice », mais prévoit une exception : « à l'exception du fichier des personnes recherchées pour l'exercice des diligences prévues à la présente section », ce qui apparaît logique dès lors que l'inscription au FIJAIT implique une inscription au FPR (V. *supra*, n° 4238).
Il interdit également l'utilisation des informations hors les cas prévus par la loi : « Aucun fichier ou recueil de données nominatives détenu par une personne quelconque ou par un service de l'État ne dépendant pas du ministère de la justice ne peut mentionner, hors les cas et dans les conditions prévus par la loi, les informations figurant dans le fichier », en assortissant les prohibitions édictées de sanctions : « Toute infraction aux deux premiers alinéas du présent article est punie des peines encourues pour le délit prévu à l'article 226-21 du Code pénal ».

4265 **Synthèse.**

	Type de décision	De plein droit ou sur décision	Enregistrement	Cas particulier	Conservation
Majeur					
Majeur	Condamnation même non définitive	De plein droit sauf décision contraire et spécialement motivée de la juridiction	Dès le prononcé		20 ans (sauf décès ou décision d'effacement), retirées du fichier en cas de décision définitive, de relaxe ou d'acquittement
	Irresponsabilité pour cause de trouble mental	De plein droit sauf décision contraire et spécialement motivée de la juridiction	Dès le prononcé		20 ans (sauf décès ou décision d'effacement)
	Décision étrangère	De plein droit sauf décision contraire et spécialement motivée du procureur de la République			20 ans (sauf décès ou décision d'effacement)
	Mise en examen	De plein droit sauf décision contraire et spécialement motivée du juge d'instruction			20 ans (sauf décès ou décision d'effacement), retirées du fichier en cas de décision définitive de non-lieu, de relaxe ou d'acquittement ou sur décision spécialement motivée de la juridiction
				infraction mentionnée aux articles 421-2-5 et 421-2-5-1 du Code pénal et aux articles L. 224-1 ou L. 225-7 du Code de la sécurité intérieure	5 ans (sauf décès ou décision d'effacement), retirées du fichier en cas de décision définitive de non-lieu, de relaxe ou d'acquittement

	Type de décision	De plein droit ou sur décision	Enregistrement	Cas particulier	Conservation
			Mineur		
Mineur de moins de 13 ans		Jamais inscrite			
Mineur de 13 à 18 ans	Condamnation	Inscrite seulement si décision expresse de la juridiction	Dès le prononcé		10 ans (sauf décès ou décision d'effacement), retirées du fichier en cas de décision définitive de relaxe ou d'acquittement
	Mesure éducative,...	Inscrite seulement si décision expresse de la juridiction	Dès le prononcé		10 ans (sauf décès ou décision d'effacement), retirées du fichier en cas de décision définitive de relaxe ou d'acquittement
	Irresponsabilité pour cause de trouble mental	Inscrite seulement si décision expresse du procureur de la République	Dès le prononcé		10 ans (sauf décès ou décision d'effacement)
	Décision étrangère	Inscrite seulement si décision expresse du procureur de la République			10 ans (sauf décès ou décision d'effacement)
	Mise en examen	Inscrite seulement si décision expresse du juge d'instruction			10 ans (sauf décès ou décision d'effacement), retirées du fichier en cas de décision définitive de non-lieu, de relaxe ou d'acquittement ou sur décision spécialement motivée de la juridiction
				infraction mentionnée aux articles 421-2-5 et 421-2-5-1 du Code pénal et aux articles L. 224-1 ou L. 225-7 du Code de la sécurité intérieure	3 ans (sauf décès ou décision d'effacement), retirées du fichier en cas de décision définitive de non-lieu, de relaxe ou d'acquittement

L'ESSENTIEL 4266 **Finalité.** Le fichier judiciaire national automatisé des auteurs d'infractions terroristes (FIJAIT) est tenu afin de prévenir le renouvellement des infractions terroristes et de faciliter l'identification de leurs auteurs.

4267 **Objet.** Il reçoit, conserve et communique aux personnes habilitées les informations relatives à l'identité, aux adresses actuelle ou successives et aux résidences des personnes qui, pour terrorisme, ont été condamnées, en France voire à l'étranger, même de façon définitive, ainsi que de celles qui ont été déclarés irresponsables pour cause de trouble mental et de celles qui sont mises en examen (V. *supra*, n° 4217).

4268 **Inscription.** Les décisions de condamnation des majeurs, mêmes non définitives, d'irresponsabilité pénale, de mise en examen et les décisions étrangères sont inscrites de plein droit sauf décision contraire motivée de la juridiction ou du magistrat (V. *supra*, n° 4228).

4269 **Obligations des personnes inscrites au FIJAIT.** Les personnes inscrites dans le fichier – sauf celles condamnées pour apologie du terrorisme, provocation à un acte terroriste, infractions aux articles L. 224-1 ou L. 225-7 du Code de la sécurité intérieure – doivent justifier de manière régulière de leur adresse pendant cinq à dix ans. Le fait de manquer à ces obligations constitue une infraction punie de deux ans d'emprisonnement et 30 000 € d'amende (V. *supra*, n° 4239).

4270 **Accès.** Le FIJAIT est accessible notamment aux autorités judiciaires et aux enquêteurs chargés de procédures pour terrorisme (V. *supra*, n° 4247). Les enquêteurs peuvent interroger le fichier à partir de l'identité d'une personne, de ses adresses successives ou de la nature des infractions.

4271 **Enregistrement des accès.** L'accès au FIJAIT fait l'objet d'un enregistrement (V. *supra*, n° 4250).

4272 **Effacement.** Toute personne inscrite dans le fichier peut demander au procureur de la République ou au juge d'instruction, selon la procédure concernée, de rectifier ou d'ordonner l'effacement des informations la concernant si les informations ne sont pas exactes ou si leur conservation n'apparaît plus nécessaire compte tenu de la finalité du fichier, au regard de la nature de l'infraction, de l'âge de la personne lors de sa commission, du temps écoulé depuis lors et de la personnalité actuelle de l'intéressé. Les décisions de relaxe, acquittement, non-lieu entraînent effacement de l'inscription au fichier (V. *supra*, n° 4235).

4273 **Durée de conservation.** Les informations relatives aux décisions judiciaires pour terrorisme sont retirées du fichier à la mort de la personne concernée ou vingt ans après la condamnation pour les majeurs, dix ans pour les mineurs.

Les délais sont réduits respectivement à cinq ans et trois ans pour les décisions relatives aux infractions de provocation à un acte de terrorisme, d'apologie d'un tel acte, de sortie du territoire en violation d'une interdiction, de soustraction à l'obligation de restitution du passeport et de la carte nationale d'identité par une personne s'étant vu notifier une décision d'interdiction de sortie du territoire, de soustraction aux obligations imposées par l'autorité administrative aux personnes de retour de théâtre d'opérations de groupements terroristes (V. *supra*, n° 4262).

POUR ALLER PLUS LOIN...

Circulaire

- Circ. CRIM-2021-12/H3, 19 oct. 2021.

Fiche 73

Le fichier judiciaire national automatisé des auteurs d'infractions sexuelles (FIJAIS)

Sommaire

4274 Le fichier judiciaire national des auteurs d'infractions sexuelles ou violentes (FIJAIS) constitue une application informatique destinée à prévenir le renouvellement des infractions à caractère sexuel ou violent mentionnées à l'article 706-47 du Code de procédure pénale et à faciliter l'identification de leurs auteurs.

Il a été créé par la loi Perben II du 9 mars 2004. Il est opérationnel depuis le 30 juin 2005. Il a vu son périmètre étendu aux auteurs d'infractions de grande violence par une loi n° 2005-1549 du 12 décembre 2005.

Il se veut un fichier avant tout préventif même si son fonctionnement permet aux enquêteurs de mener plus efficacement leurs recherches.

Sa réglementation se trouve aux articles 706-53-1 à 706-53-12 et R. 53-8-1 à R. 53-8-39 du Code de procédure pénale.

I

Finalité

4275 **L'article 706-53-1 du Code de procédure pénale.** Ce texte définit la finalité du fichier, mis en œuvre « afin de prévenir le renouvellement des infractions mentionnées à l'article 706-47 et de faciliter l'identification de leurs auteurs ».

4276 **Fichier conforme à la Constitution.** Le Conseil constitutionnel saisi, avant sa promulgation, de la future loi du 9 mars 2004 a validé le fichier.

Il a considéré « qu'eu égard, d'une part, aux garanties apportées par les conditions d'utilisation et de consultation du fichier et par l'attribution à l'autorité judiciaire du pouvoir d'inscription et de retrait des données nominatives, d'autre part, à la gravité des infractions justifiant l'inscription des données nominatives dans le fichier et au taux de récidive qui caractérise ce type d'infractions, les dispositions contestées sont de nature à assurer, entre le respect de la vie privée et la sauvegarde de l'ordre public, une conciliation qui n'est pas manifestement déséquilibrée ».

Il a retenu « de même, que, en raison du motif qu'elles assignent aux consultations du fichier par des autorités administratives, et compte tenu des restrictions et prescriptions dont elles les assortissent, les dispositions contestées ne portent une atteinte excessive ni au respect de la vie privée ni aux exigences de l'article 9 de la Déclaration de 1789 ».

Il a encore estimé que « l'obligation faite aux personnes inscrites de faire connaître périodiquement l'adresse de leur domicile ou de leur résidence ne constitue pas une sanction, mais une mesure de police destinée à prévenir le renouvellement d'infractions et à faciliter l'identification de leurs auteurs ; que l'objet même du fichier rend nécessaire la vérification continue de l'adresse de ces personnes ; que la charge qui leur est imposée dans le but de permettre cette vérification ne constitue pas une rigueur qui ne serait pas nécessaire au sens de l'article 9 de la Déclaration de 1789 ».

Enfin, il a jugé que « les adaptations ainsi apportées, en faveur des mineurs délinquants, au régime du fichier automatisé des auteurs d'infractions sexuelles sont inspirées par la nécessité de rechercher leur relèvement éducatif et moral ; qu'elles ne sont pas contraires au principe fondamental reconnu par les lois de la République en matière de droit pénal des mineurs » (Cons. const., 2 mars 2004, n° 2004-492 DC).

Par conséquent, la chambre criminelle a dit n'y avoir lieu à renvoyer au Conseil constitutionnel des questions prioritaires de constitutionnalité qui lui ont été présentées par la suite dès lors que le texte avait déjà été déclaré conforme à la Constitution (Cass. crim., 29 sept. 2010, n° 10-84.904. – Cass. crim., 1er févr. 2012, n° 11-85.024) et a jugé, dans le prolongement de ce qu'avait retenu le Conseil constitutionnel, que l'inscription constituait, non une peine au sens conventionnel, mais une mesure ayant pour seul objet de prévenir le renouvellement des infractions sexuelles et de faciliter l'identification de leurs auteurs (Cass. crim., 31 oct. 2006, n° 05-87.153 : *Bull. crim.* n° 267. – Cass. crim., 13 mai 2015, n° 14-81.199).

4277 **Conventionnalité du FIJAIS.** Par trois arrêts du 17 décembre 2009, la Cour européenne des droits de l'homme a considéré « que l'inscription au FIJAIS et l'obligation qui en découle ne constitu[ai]ent pas une "peine" au sens de l'article 7, § 1 de la Convention, et doivent[devaient] être analysées comme une mesure préventive à laquelle le principe de non-rétroactivité énoncé dans cette disposition n'a[vait] pas vocation à s'appliquer », que « l'inscription au FIJAIS, telle qu'elle a été appliquée au requérant en l'espèce, tradui[sai]t un juste équilibre entre les intérêts privés et publics concurrents en jeu, et que l'État défendeur n'a[vait] pas outrepassé sa marge d'appréciation acceptable en la matière. Partant, il n'y a pas eu, en l'espèce, violation de l'article 8 de la Convention » (CEDH, 5e sect., 17 déc. 2009, nos 16428/05, 5335/06, 22115/06).

II
Gestionnaire du fichier

4278 **Fichier tenu par le service du casier judiciaire.** L'article 706-53-1 dispose que le fichier est tenu par le service du casier judiciaire sous l'autorité du ministre de la justice.

Il est également tenu sous le contrôle d'un magistrat, en l'espèce le responsable du service du casier judiciaire. Ce magistrat veille au respect des dispositions réglementaires (CPP, art. R. 53-8-1).

III

Contenu

4279 Les informations enregistrées dans le fichier sont définies aux articles 706-53-2 et R. 53-8-7 du Code de procédure pénale. Le premier de ces textes prévoit l'enregistrement dans le fichier des informations relatives à l'identité ainsi que l'adresse ou les adresses successives du domicile et, le cas échéant, des résidences, des personnes ayant fait l'objet de plusieurs types de décisions judiciaires.
L'article R. 53-8-7 détaille les données à caractère personnel enregistrées dans le fichier.

4280 Les décisions judiciaires entraînant éventuellement enregistrement au fichier. Il s'agit des décisions suivantes, relatives aux infractions mentionnées à l'article 706-47 :

« 1° une condamnation, même non encore définitive, y compris d'une condamnation par défaut ou d'une déclaration de culpabilité assortie d'une dispense ou d'un ajournement de la peine. Ces décisions sont enregistrées dès leur prononcé.
2° une décision même non encore définitive prononçant à l'égard d'un mineur une mesure éducative, une dispense de mesure éducative ou une déclaration de réussite éducative en application du titre I du livre I du code de la justice pénale des mineurs. Ces décisions sont enregistrées dès leur prononcé.
3° une composition pénale prévue par l'article 41-2 du présent code dont l'exécution a été constatée par le procureur de la République ;
4° une décision d'irresponsabilité pénale pour cause de trouble mental ;
5° une mise en examen, lorsque le juge d'instruction a ordonné l'inscription de la décision dans le fichier ; en matière criminelle, l'inscription dans le fichier est de droit, sauf décision motivée du juge d'instruction ;
6° une décision de même nature que celles visées ci-dessus prononcées par les juridictions ou autorités judiciaires étrangères qui, en application d'une convention ou d'un accord internationaux, ont fait l'objet d'un avis aux autorités françaises ou ont été exécutées en France à la suite du transfèrement des personnes condamnées ».

4281 Infractions concernées. Les informations pouvant être enregistrés sont celles relatives aux décisions ci-dessus visées qui concernent une ou plusieurs des infractions mentionnées à l'article 706-47.

4282 Infractions visées par l'article 706-47 du Code de procédure pénale. Les infractions visées par ce texte sont les suivantes :

« 1° Crimes de meurtre ou d'assassinat prévus aux articles 221-1 à 221-4 du code pénal, lorsqu'ils sont commis sur un mineur ou lorsqu'ils sont commis en état de récidive légale ;
2° Crimes de tortures ou d'actes de barbarie prévus aux articles 222-1 à 222-6 du même code et crimes de violences sur un mineur de quinze ans ayant entraîné une mutilation ou une infirmité permanente prévus à l'article 222-10 dudit code ;
3° Crimes de viol prévus aux articles 222-23 à 222-26 du même code et délit prévu à l'article 222-26-1 du même code ;
4° Délits d'agressions sexuelles prévus aux articles 222-27 à 222-31-1 du même code ;
5° Délits et crimes de traite des êtres humains à l'égard d'un mineur prévus aux articles 225-4-1 à 225-4-4 du même code ;
6° Délit et crime de proxénétisme à l'égard d'un mineur prévus au 1° de l'article 225-7 et à l'article 225-7-1 du même code ;
7° Délits de recours à la prostitution d'un mineur prévus aux articles 225-12-1 et 225-12-2 du même code ;
8° Délit de corruption de mineur prévu à l'article 227-22 du même code ;
9° Délit de proposition sexuelle faite par un majeur à un mineur de quinze ans ou à une personne se présentant comme telle en utilisant un moyen de communication électronique, prévu à l'article 227-22-1 du même code ;
10° Délits de captation, d'enregistrement, de transmission, d'offre, de mise à disposition, de diffusion, d'importation ou d'exportation, d'acquisition ou de détention d'image ou de représentation pornographique d'un mineur ainsi que le délit de consultation habituelle ou en contrepartie d'un paiement d'un service de communication au public en ligne mettant à disposition une telle image ou représentation, prévus à l'article 227-23 du même code ;
11° Délits de fabrication, de transport, de diffusion ou de commerce de message violent ou pornographique susceptible d'être vu ou perçu par un mineur, prévus à l'article 227-24 du même code ;
12° Délit d'incitation d'un mineur à se soumettre à une mutilation sexuelle ou à commettre cette mutilation, prévu à l'article 227-24-1 du même code ;
13° Délits d'atteintes sexuelles prévus aux articles 227-25 à 227-27 du même code ».

FIJAIS

4283 **Infraction d'ordre sexuel exclues.** Les délits d'exhibition sexuelle et de harcèlement sexuel qui ne figurent pas dans la liste de l'article 706-47 du Code de procédure pénale ne sont donc pas susceptibles de faire l'objet d'inscription au FIJAIS.

4284 **Régime des majeurs.** Les informations relatives aux décisions concernant des **crimes** prévus par l'article 706-47 du Code de procédure pénale sont toujours **enregistrées.**

Les informations relatives aux décisions concernant des **délits** prévus par l'article 706-47 du Code de procédure pénale **punis de plus de cinq ans** d'emprisonnement sont toujours **enregistrées** (Cass. crim., 27 janv. 2016, n° 15-81.376). La juridiction correctionnelle ne peut dispenser le condamné de son inscription au FIJAIS (Cass. crim., 16 janv. 2008, n° 07-82.115 : *Bull. crim.* n° 12. – Cass. crim., 17 févr. 2010, n° 09-87.570 : *Bull. crim.* n° 35. – Cass. crim., 1er févr. 2012, n° 11-85.024).

Les informations relatives aux décisions concernant des **délits** prévus par l'article 706-47 du Code de procédure pénale **punis d'une peine de cinq ans** d'emprisonnement sont **enregistrées sauf décision contraire** spécialement motivée de la juridiction ou, dans les cas prévus aux 3° et 4° du présent article, du procureur de la République. Une telle décision contraire ne peut pas être prise quand la victime est mineure.

Les informations relatives aux décisions concernant des **délits** prévus par l'article 706-47 du Code de procédure pénale **punis d'une peine de moins de cinq ans** d'emprisonnement **ne sont pas enregistrées sauf** si cette inscription est ordonnée par **décision expresse** de la juridiction ou, dans les cas prévus aux 3° et 4° du présent article, du procureur de la République. Quand la victime est mineure, le processus est inversé : le principe est l'inscription mais la juridiction ou le procureur peut, par décision spécialement motivée, dire que la décision ne sera pas inscrite au fichier.

4285 **Régime des mineurs.** Pour les **mineurs de treize ans**, les informations relatives aux décisions les concernant ne sont jamais inscrites.

Pour les **mineurs de treize à dix-huit ans** :

– les informations relatives aux décisions concernant des crimes sont enregistrées ;

– quand il s'agit de délits, les informations relatives aux décisions ne sont enregistrées que si cette inscription est ordonnée par décision expresse de la juridiction ou, dans les cas prévus aux 3° et 4° du présent article, du procureur de la République.

4286 **Les données qui sont enregistrées.** L'article 706-53-2 Code de procédure pénale prévoit que sont également enregistrées dans le fichier les informations relatives à la décision judiciaire ayant justifié l'inscription et la nature de l'infraction.

L'article R. 53-8-7 du même code détaille les données à caractère personnel qui sont enregistrées. Il s'agit de :

1) informations relatives à la personne elle-même :

– nom, prénom, sexe, date et lieu de naissance de la personne, la ou les nationalités, ainsi que le cas échéant alias, changement de nom et nom d'usage ; sont également enregistrées les informations relatives à la filiation de la personne, si cette personne ne figure pas au Répertoire national d'identification des personnes physiques, ces informations ne pouvant toutefois constituer un critère de recherche,

– adresses successives du domicile et de la ou des résidences de la personne, ou du lieu où elle a fait élection de domicile dans les conditions prévues à l'article L. 264-1 du Code de l'action sociale et des familles, ainsi que le cas échéant les dates correspondantes ;

2) informations relatives à la ou aux décisions ayant donné lieu à l'enregistrement :

– nature et date de la décision,

– juridiction ayant prononcé la décision,

– peines principales ou complémentaires ou mesures prononcées,

– nature de l'infraction ou des infractions pour lesquelles la personne est poursuivie ou condamnée,

– lieu des faits,

– date des faits,

– caractère exprès de l'enregistrement,

– date de notification des obligations prévues par l'article 706-53-6 et de l'alinéa 2 du II de l'article 216 de la loi n° 2004-204 du 9 mars 2004,

– date d'exécution ou de fin d'exécution de la peine ou de la mesure,

– le cas échéant, dates de mise sous écrou et de libération ;

3) informations diverses :

– dates de justification d'adresse,

– périodicité de l'obligation de présentation si elle existe,

– décisions prises en application de l'article 706-53-10 et de l'alinéa 2 du I de l'article 216 de la loi n° 2004-204 du 9 mars 2004,

– le cas échéant, date et motif de l'inscription au fichier des personnes recherchées.

IV Alimentation

4287 **Personnes autorisées ou habilitées.** Les enregistrements dans le fichier ne peuvent être réalisés que par des personnes autorisées ou habilitées (CPP, art. R. 53-8-39).
À cet égard, les magistrats du parquet et tout fonctionnaire du parquet spécialement habilité par le procureur de la République exercent les compétences reconnues à ce magistrat pour l'application des dispositions des articles R. 53-8-1 à R. 53-8-39.
Il en est de même pour celles reconnues au service gestionnaire du fichier, pour les magistrats placés sous son autorité et les fonctionnaires spécialement habilités par lui (CPP, art. R. 53-8-37).
Pour les décisions rendues par les cours d'appel ou, le cas échéant, par les cours d'assises, les pouvoirs reconnus aux articles R. 53-8-1 à R. 53-8-39 au juge d'instruction ou à son greffier sont exercés par le président de la chambre de l'instruction ou le greffier de cette chambre et ceux reconnus au procureur de la République le sont par le procureur général, les magistrats du parquet général et tout fonctionnaire du parquet général spécialement habilité par le procureur général (CPP, art. R. 53-8-38).

A Inscriptions initiales

4288 **Qui alimente le fichier ?** Ce sont respectivement le procureur de la République et le juge d'instruction qui sont chargés de transmettre au gestionnaire du fichier les éléments devant figurer dans le fichier (CPP, art. 706-53-3, al. 1).
L'enregistrement dans le fichier des données à caractère personnel prévues aux 1° à 4° de l'article 706-53-2 est réalisé par le procureur de la République. Celui des données prévues au 5° de l'article 706-53-2 est réalisé par le juge d'instruction ou son greffier (CPP, art. 53-8-2).
Quant aux données relatives aux décisions des juridictions ou autorités judiciaires étrangères qui, en application d'une convention ou d'un accord internationaux, ont fait l'objet d'un avis aux autorités françaises ou ont été exécutées en France à la suite du transfèrement des personnes condamnées, c'est soit le service gestionnaire du fichier destinataire des avis adressés aux autorités françaises soit le procureur de la République du lieu de détention où sont exécutées les peines à la suite des transfèrements des personnes condamnées qui doit procéder à l'enregistrement.
Les officiers de police judiciaire des services de police ou des unités de la gendarmerie spécialement habilités ont, quant à eux, la charge d'enregistrer la nouvelle adresse d'une personne inscrite au fichier et la justification dont ils ont connaissance (CPP, art. 706-53-3, al. 2, R. 53-8-6).

4289 **Vérifications.** Le magistrat dirigeant le service du casier judiciaire, gestionnaire du fichier, est chargé du contrôle du FIJAIS. À ce titre, il doit veiller au respect des règles (CPP, art. R. 53-8-1) et procéder à divers contrôles. Le gestionnaire doit notamment contrôler la validité des informations enregistrées et, selon le cas, refuser ou effacer les enregistrements qui ne respectent pas les exigences légales (CPP, art. R. 53-8-8). D'autre part, les informations transmises par le procureur de la République et le juge d'instruction ne seront accessibles qu'après vérification, lorsqu'elle est possible, de l'identité de la personne concernée, faite par le service gestionnaire du fichier au vu du Répertoire national d'identification (CPP, art. 706-53-3, R. 53-8-3).

4290 **Moyens sécurisés.** Les articles 706-53-3 et R. 53-8-39 prévoient que c'est par l'intermédiaire d'un moyen de télécommunication sécurisé que le procureur de la République ou le juge d'instruction font procéder aux enregistrements qui leur incombent et que c'est par l'intermédiaire d'un moyen de télécommunication sécurisé que les officiers de police judiciaire enregistrent les nouvelles adresses et leurs justificatifs.

B Changement de situation

4291 **Relaxe ou acquittement.** Les décisions de relaxe ou d'acquittement emportent le retrait des informations figurant au fichier (CPP, art. 706-53-4). Le procureur de la République doit donc informer sans délai le gestionnaire du fichier des décisions de ce type, une fois qu'elles sont définitives, en ce qui concerne les affaires enregistrées (CPP, art. R. 53-8-4 ; R. 53-8-35).

4292 **Non-lieu.** Les décisions de non-lieu emportent le retrait des informations figurant au fichier (CPP, art. 706-53-4). C'est au juge d'instruction ou à son

FIJAIS

greffier qu'il incombe d'enregistrer les décisions de non-lieu de même que celles de cessation ou de mainlevée du contrôle judiciaire dans les procédures ayant donné lieu à enregistrement au fichier (CPP, art. 706-53-4 ; R. 53-8-4 ; R. 53-8-36). Il peut paraître surprenant que le juge d'instruction ait une obligation spécifique en cas de mainlevée de contrôle judiciaire alors qu'actuellement la mise en place de cette mesure ne justifie pas un enregistrement mais cela s'explique par le fait qu'à l'époque où l'article R. 53-8-4 a été promulgué, le juge d'instruction ne pouvait faire inscrire une mise en examen dans le FIJAIS que lorsqu'elle était assortie d'un contrôle judiciaire. Le décret n'a pas été remis à jour sur ce point alors que la loi a été modifiée plusieurs fois depuis.

4293 **Écrou, libération.** Selon l'article R. 53-8-5, l'agent du greffe pénitentiaire spécialement habilité enregistre sans délai dans le fichier la date de mise sous écrou et de libération, l'adresse du domicile déclaré par la personne libérée, si elle est différente du dernier domicile enregistré et, sur instruction du procureur de la République, la date de la notification à laquelle il a été procédé conformément à l'article R. 53-8-9.

4294 **Nouvelle adresse.** Ce sont les agents des services de police ou des unités de gendarmerie spécialement habilités qui doivent enregistrer dans le fichier les justifications d'adresse ou de changement d'adresse dont ils ont eu connaissance (CPP, art. R. 53-8-6).

V Obligations résultant de l'inscription au fichier

4295 **Information nécessaire.** Les personnes inscrites au FIJAIS sont astreintes, à titre de mesure de sûreté, à diverses obligations dont le manquement peut être pénalement sanctionné. Il est, dès lors, indispensable que la personne concernée soit précisément informée de ses obligations.

A Obligations

4296 **Article 706-53-5.** Cet article est le siège des obligations imposées aux personnes inscrites au FIJAIS.

> « La personne est tenue, soit, si elle réside à l'étranger, auprès du gestionnaire du fichier, par lettre recommandée avec demande d'avis de réception, soit auprès du commissariat de police ou de la gendarmerie de son domicile, par lettre recommandée avec demande d'avis de réception ou en se présentant au service :
> 1° De justifier de son adresse, une première fois après avoir reçu l'information des mesures et des obligations mentionnées au deuxième alinéa de l'article 706-53-6, puis tous les ans ;
> 2° De déclarer ses changements d'adresse, dans un délai de quinze jours au plus tard après ce changement ».

Si la personne a été condamnée pour un crime ou pour un délit puni de dix ans d'emprisonnement, elle doit justifier de son adresse une fois tous les six mois en se présentant à cette fin soit auprès du commissariat ou de l'unité de gendarmerie de son domicile, soit auprès du groupement de gendarmerie départemental ou de la direction départementale de la sécurité publique de son domicile ou auprès de tout autre service désigné par la préfecture. Si la dangerosité de la personne le justifie, la juridiction de jugement ou, selon les modalités prévues par l'article 712-6, le juge de l'application des peines peut ordonner que cette présentation interviendra tous les mois. Lorsque la personne est en état de récidive légale, le régime de présentation mensuelle s'applique de plein droit. Le présent alinéa n'est applicable aux mineurs de treize à dix-huit ans qu'en cas de condamnation pour un crime puni d'au moins vingt ans de réclusion. Les obligations de justification et de présentation prévues par le présent article cessent de s'appliquer pendant le temps où la personne est incarcérée.

4297 **Sanction en cas de non-respect des obligations.** Le fait, pour les personnes tenues aux obligations énoncées ci-dessus, de ne pas respecter ces obligations est puni de deux ans d'emprisonnement et de 30 000 € d'amende.

4298 **Modalités.** Les articles R. 53-8-13 à R. 53-8-20 détaillent les modalités de justification du domicile initial ou de changement de domicile. La chambre criminelle a précisé que la personne dont l'identité est enregistrée dans le fichier national automatisé des auteurs d'infractions sexuelles ou violentes, lorsque les mesures ou obligations auxquelles elle est astreinte lui ont été notifiées, doit justifier une première fois de son adresse dans les quinze jours suivant la date de cette notification (Cass. crim., 1er avr. 2015, n° 13-85.957 : *Bull. crim.* n° 73).

B Information

4299 **Avis de la décision d'enregistrement.** Toute personne dont l'identité est enregistrée dans le fichier en est informée (CPP, art. 706-53-6) :
– par l'autorité judiciaire :
• soit par notification à personne, notamment par le président de la juridiction ou le greffier ou un agent du greffe désigné quand la personne condamnée n'est pas placée ou maintenue en détention en application de la décision rendue (CPP, art. R. 53-8-9),
• soit par le procureur de la République, ou par un agent placé sous son autorité ou un délégué du procureur de la République désignés par lui,
• soit par lettre recommandée avec demande d'avis de réception adressée à la dernière adresse déclarée. S'il apparaît que l'adresse de la personne est inconnue, le procureur de la République fait inscrire cette personne au fichier des personnes recherchées.
Elle est alors informée des mesures et des obligations auxquelles elle est astreinte en application des dispositions de l'article 706-53-5 et des peines encourues en cas de non-respect de ces obligations ;
– au moment de sa libération définitive ou préalablement à la première mesure d'aménagement de sa peine, lorsqu'elle est détenue au titre de la condamnation justifiant son inscription au fichier et qu'elle n'a pas encore reçu l'information. Les modalités sont détaillées à l'article R. 53-8-9 du Code de procédure pénale.

4300 **Remise d'un document.** La personne concernée doit recevoir un document récapitulant ses obligations et précisant les conditions selon lesquelles il doit y être satisfait (CPP, art. R. 53-8-9).

4301 **Mineur ou majeur protégé.** Les titulaires de l'autorité parentale, les personnes auxquelles la garde d'un mineur a été confiée par décision judiciaire ou ses représentants légaux doivent être avisés par le procureur de la République de ce que le mineur a été informé de son inscription et de ses obligations.
Il en va de même en ce qui concerne le représentant légal nommé par décision judiciaire d'un majeur protégé inscrit au fichier (CPP, art. R. 53-8-9).

4302 **Décision étrangère.** L'information de la personne et la remise du document récapitulant les obligations sont faites, soit par le greffe de l'établissement pénitentiaire si la personne est détenue en France, soit par le procureur de la République de Nantes qui fait inscrire la personne au fichier des personnes recherchées si son adresse est inconnue (CPP, art. R. 53-8-12-1).

4303 **Irresponsabilité pénale pour cause de trouble mental.** Lorsqu'est rendue une décision d'irresponsabilité pénale pour cause de trouble mental, le magistrat ou la juridiction qui rend la décision informe l'intéressé et lui notifie ses obligations soit oralement soit par lettre recommandée avec accusé de réception.
À défaut, la notification est faite par le procureur de la République selon les modalités décrites au troisième alinéa de l'article R. 53-8-9. Le document récapitulant les obligations est remis ou adressé à l'intéressé (CPP, art. R. 53-8-11).

4304 **Contrôle judiciaire.** L'article R. 53-8-12 prévoit que : « Dans le cas d'un placement sous contrôle judiciaire prévu par le 5° de l'article 706-53-2, l'information de la personne et la remise du document prévu à l'article R. 53-8-9 sont faites par le juge d'instruction qui ordonne l'inscription au fichier, même si la mesure de contrôle a été ordonnée par le juge des libertés et de la détention », mais il a été relevé (V. *supra*, n° 4292) que ces dispositions n'avaient pas été modifiées après que l'article 706-53-2 a rendu possible l'inscription au FIJAIS de toute mise en examen même non assortie d'un placement sous contrôle judiciaire.

FIJAIS

VI

Accès

4305 **Article 706-53-7 du Code de procédure pénale.** Ce texte énumère les autorités qui peuvent avoir accès au FIJAIS. Il s'agit des :
– autorités judiciaires ;
– officiers de police judiciaire, dans le cadre de procédures concernant un crime d'atteinte volontaire à la vie, d'enlèvement ou de séquestration, ou une infraction mentionnée à l'article 706-47 et pour l'exercice des diligences prévues aux articles 706-53-5 et 706-53-8, mais le procureur de la République ou le juge d'instruction peut leur donner instruction ou les autoriser à consulter le fichier dans le cadre d'une enquête de flagrance ou d'une enquête préliminaire ou en exécution d'une commission rogatoire, même si cette procédure ne concerne pas une de ces infractions ;
– préfets et des administrations de l'État dont la liste est fixée par le décret prévu à l'article 706-53-12, pour les décisions administratives de recrutement, d'affectation, d'autorisation, d'agrément ou d'habilitation concernant des activités ou professions impliquant un contact avec des mineurs ainsi que pour le contrôle de l'exercice de ces activités ou professions ;
– agents des greffes spécialement habilités par les chefs d'établissement pénitentiaire, à partir de l'identité de la personne incarcérée, de données nominatives la concernant ou du numéro de dossier, pour vérifier qu'elle a fait l'objet de l'information mentionnée à l'article 706-53-6 et pour enregistrer les dates de mise sous écrou et de libération ainsi que l'adresse du domicile déclaré par la personne libérée.

4306 **Critères d'interrogation.** Les autorités judiciaires et les officiers de police judiciaire peuvent interroger le fichier à partir de plusieurs des critères suivants : numéro de dossier, données d'identité, données d'adresse ou éléments de localisation, nature des infractions, date des faits, lieu de commission des faits, nature et date de la décision judiciaire, nature de peines principales ou complémentaires et mesures prononcées, personnes en défaut de justification (CPP, art. 706-53-7 ; R. 53-8-23).

En revanche, ne peuvent interroger le fichier qu'à partir de la seule identité d'une personne ayant formé une demande de recrutement, d'affectation, d'autorisation, d'agrément ou d'habilitation concernant une activité ou une profession impliquant un contact avec des mineurs ou dont l'exercice d'une telle activité ou profession doit être contrôlé (CPP, art. 706-53-7 ; R. 53-8-24) :

1° Les préfets ou les agents des préfectures spécialement habilités par eux à cette fin ;

2° Les chefs de services ou agents individuellement désignés et spécialement habilités par eux à cette fin des administrations de l'État suivantes :

a) la direction chargée de la gestion des ressources humaines du ministère chargé de l'éducation nationale et de l'enseignement supérieur ;

b) les rectorats et les inspections académiques ;

c) la direction de la protection judiciaire de la jeunesse et ses directions régionales ;

d) la direction de l'administration pénitentiaire et les directions interrégionales des services pénitentiaires ;

e) la direction de la jeunesse et de l'éducation populaire et la direction des sports ;

f) les directions régionales de l'économie, de l'emploi, du travail et des solidarités, les délégations régionales académiques à la jeunesse, à l'engagement et aux sports, les directions départementales de la cohésion sociale et les directions départementales interministérielles chargées de la cohésion sociale ;

3° Les directeurs généraux des agences régionales de santé.

4307 **Vérification préalable.** Comme pour le FIJAIT, la loi prévoit qu'après enregistrement des données, les informations ne sont accessibles en consultation qu'après vérification, lorsqu'elle est possible, de l'identité de la personne concernée, faite par le service gestionnaire du fichier au vu du Répertoire national d'identification judiciaire conformément aux dispositions de l'article R. 64 (CPP, art. 706-53-3 ; R. 53-8-3 ; R. 53-8-25).

4308 **Transmission d'informations au ministère de l'Intérieur.** L'article 706-53-8 prévoit que le gestionnaire du fichier avise directement et quotidiennement (CPP, art. R. 53-8-26) le ministère de l'Intérieur en cas de nouvelle inscription ou de modification d'adresse concernant une inscription ou lorsque la personne n'a pas apporté la justification de son adresse dans les délais requis.

Le ministère de l'Intérieur transmet sans délai l'information aux services de police ou de gendarmerie compétents.

Quand la personne inscrite n'est plus à l'adresse indiquée, l'officier de police judiciaire en informe

le procureur de la République qui la fait inscrire au fichier des personnes recherchées (FPR). Les services de police ou de gendarmerie peuvent procéder à une enquête pour vérifier ou retrouver l'adresse de la personne.
Le service gestionnaire du FIJAIS avise directement le fichier des personnes recherchées (FPR) des effacements auxquels il a procédé (CPP, art. 706-53-8 ; R. 53-8-26).
Pour ces besoins, le service gestionnaire du FIJAIS est autorisé à mettre en œuvre la consultation automatisée du fichier national des personnes incarcérées (CPP, art. R. 53-8-26).

4309 **Accès surveillé.** L'article R. 53-8-34 prévoit la conservation pendant trois ans des informations relatives aux enregistrements et interrogations dont le fichier a fait l'objet, en précisant la qualité de la personne ou autorité ayant procédé à l'opération.
Ces informations ne peuvent être consultées que par le magistrat chef du service gestionnaire du fichier ou, avec son autorisation, par les personnes qu'il habilite spécialement.
Elles peuvent donner lieu à des exploitations statistiques.

4310 **Moyens sécurisés.** Les enregistrements sont faits par l'intermédiaire de moyens sécurisés (V. *supra*, n° 4290), mais c'est aussi le cas des interrogations (CPP, art. 706-53-7 ; R. 53-8-39).

VII
Contrôle

4311 **Droit d'information.** Comme déjà mentionné (V. *supra*, n° 4299), toute personne dont l'identité est enregistrée dans le fichier est informée des mesures et des obligations auxquelles elle est astreinte et des peines encourues en cas de non-respect de ces obligations.

4312 **Droit de communication.** L'article 706-53-9 du Code de procédure pénale prévoit que :

> « Toute personne justifiant de son identité obtient, sur demande adressée au procureur de la République près le tribunal judiciaire dans le ressort duquel elle réside, communication de l'intégralité des informations la concernant figurant dans le fichier ».

Si la personne réside ou a son siège à l'étranger, la communication est faite par l'intermédiaire de l'agent diplomatique ou du consul compétent.
La communication ne vaut pas notification des décisions non définitives et ne fait pas courir les délais de recours.
Aucune copie de ce relevé intégral ne peut être délivrée.

4313 **Droit de demander la rectification ou l'effacement.** Toute personne dont l'identité est inscrite dans le fichier peut demander au procureur de la République ou au juge d'instruction lorsque l'inscription a été prise sur le fondement du 5° de l'article 706-53-2 de rectifier ou d'ordonner l'effacement des informations la concernant si les informations ne sont pas exactes ou si leur conservation n'apparaît plus nécessaire compte tenu de la finalité du fichier, au regard de la nature de l'infraction, de l'âge de la personne lors de sa commission, du temps écoulé depuis lors et de la personnalité actuelle de l'intéressé.
La demande d'effacement est irrecevable tant que les mentions sont relatives à une procédure judiciaire en cours (sauf dans l'hypothèse de l'inscription d'une mise en examen), tant que la personne n'a pas été réhabilitée ou que la mesure à l'origine de l'inscription n'a pas été effacée du bulletin n° 1 (CPP, art. 706-53-10).
À cet égard, constitue une procédure en cours celle dans laquelle un arrêt de cour d'assises a été cassé par l'assemblée plénière de la Cour de cassation dans le cadre de la procédure de réexamen d'une décision pénale, l'affaire étant renvoyée devant une autre cour d'assises. Dans ce cas, l'arrêt de condamnation ayant perdu son caractère définitif, la procédure est toujours en cours. Il s'ensuit que la requête en effacement du fichier informatisé des auteurs d'infractions sexuelles des informations concernant la personne devant comparaître devant une nouvelle cour d'assises est irrecevable (Cass. crim., 20 sept. 2006, n° 06-80.733 : *Bull. crim.* n° 231 ; *Gaz. Pal.* 29 mars 2007, p. 24, note Y. Monnet).

4314 **Recours.** Si le procureur de la République ou le juge d'instruction n'ordonne pas la rectification ou l'effacement, la personne peut exercer un recours devant le président de la chambre de l'instruction (CPP, art. 706-53-10). L'article R. 53-8-28 a ajouté un recours à celui prévu par l'article 706-53-10

puisqu'il permet une saisine du juge des libertés et de la détention tant en cas d'absence de réponse du magistrat compétent qu'en cas de réponse défavorable.
Avant de statuer sur la demande de rectification ou d'effacement, le procureur de la République et le président de la chambre de l'instruction peuvent faire procéder à toutes les vérifications qu'ils estiment nécessaires et notamment ordonner une expertise médicale de la personne. S'il s'agit d'une mention concernant soit un crime, soit un délit puni de dix ans d'emprisonnement et commis contre un mineur, la décision d'effacement du fichier ne peut intervenir en l'absence d'une telle expertise (CPP, art. 706-53-10).

4315 **Modification de la fréquence de présentation.** Dans le cas prévu au cinquième alinéa de l'article 706-53-5 (crime ou délit puni de dix ans d'emprisonnement), le procureur de la République et le président de la chambre de l'instruction, saisis en application des dispositions du présent article, peuvent également ordonner, à la demande de la personne, qu'elle ne sera tenue de se présenter auprès des services de police ou de gendarmerie pour justifier de son adresse qu'une fois par an ou, lorsqu'elle devait se présenter une fois par mois, qu'une fois tous les six mois (CPP, art. 706-53-10).

4316 **Compétence territoriale du procureur de la République.** La détermination du procureur de la République territorialement compétent est réglée par l'article R. 53-8-27.

4317 **Forme de la demande.** La demande de rectification ou d'effacement doit, à peine d'irrecevabilité, être adressée par lettre recommandée avec demande d'avis de réception ou effectuée par déclaration au greffe (CPP, art. R. 53-8-27).

4318 **Délai pour statuer, défaut de réponse, refus, recours.** Le magistrat compétent doit faire connaître sa décision à l'intéressé, par lettre recommandée avec demande d'avis de réception dans un délai de deux mois à compter de la réception de la demande. Ce délai est porté à quatre mois si une expertise est ordonnée (CPP, art. R. 53-8-28).
À défaut de réponse dans ce délai, ou si le magistrat ne fait pas droit à la demande, l'intéressé peut saisir aux mêmes fins le juge des libertés et de la détention dans un délai de dix jours par lettre recommandée avec demande d'avis de réception ou par déclaration au greffe (CPP, art. R. 53-8-28). L'article R. 53-8-29 détaille la procédure applicable et l'article R. 53-8-30 prévoit le recours devant le président de la chambre de l'instruction en cas de défaut de réponse du juge des libertés et de la détention ou de refus.
En cas d'acceptation, le procureur de la République peut former un recours devant le président de la chambre de l'instruction (CPP, art. R. 53-8-31). L'ordonnance que ce magistrat doit rendre, dans les conditions détaillées à l'article R. 53-8-32, n'est susceptible de pourvoi en cassation que si elle manque, en la forme, aux conditions essentielles de son existence légale.

4319 **Magistrat, chef du Casier judiciaire national.** S'il est fait droit aux demandes de rectification, d'effacement ou de modification de la périodicité de l'obligation de comparution, le procureur de la République informe le service gestionnaire du fichier de la décision, lequel procède sans délai, aux enregistrements imposés par la nouvelle décision (CPP, art. R. 53-8-33).

VIII
Durée de conservation

4320 **Article 706-53-4 du Code de procédure pénale.** Outre le cas du décès de la personne concernée qui entraîne l'effacement des données la concernant, ce texte prévoit, pour les majeurs, une durée de conservation des informations de trente ans pour les crimes et délits punis de dix ans d'emprisonnement, de vingt ans dans les autres cas. Pour les mineurs la durée de conservation est de dix ans.
Ces délais ne courent qu'à compter de la libération de la personne qui exécute la peine d'emprisonnement entraînant l'inscription.

L'effacement des données incombe au service gestionnaire du FIJAIS quand il est informé (CPP, art. R. 53-8-35) :
– d'une décision emportant effacement (non-lieu, relaxe, acquittement) ;
– d'une décision prescrivant l'effacement ;
– quand les délais expirent ;
– quand il est avisé du décès de la personne concernée.

4321 **Amnistie, réhabilitation, effacement des condamnations.** Le même texte dispose que l'amnistie, la réhabilitation et les règles propres à l'effacement des condamnations figurant au casier judiciaire n'entraînent pas l'effacement de ces informations qui ne peuvent cependant, à elles seules, servir de preuve à la constatation de l'état de récidive.

4322 **Non-lieu, relaxe, acquittement.** Les décisions définitives de non-lieu, relaxe, acquittement entraînent le retrait du fichier des mentions qui y figurent. Le procureur de la République et le juge d'instruction sont chargés d'y procéder (V. *supra*, nos 4291, 4292).

4323 **Retrait décidé par le juge d'instruction.** Les mentions relatives à une mise en examen peuvent également être retirées sur décision du juge d'instruction (CPP, art. 706-53-4).

4324 **Conventionnalité de la durée de conservation.** Dans une décision déjà évoquée (V. *supra*, n° 4277) la Cour européenne des droits de l'homme a abordé la question de la durée de conservation des données et l'a jugée conforme aux exigences de la Convention en relevant que :

> « 67. Quant à la durée de conservation des informations, la Cour constate qu'elle est de vingt ou trente ans selon la gravité de la condamnation passée.
> 68. Comme l'indique le Gouvernement, il s'agit d'une durée maximale. Quoiqu'elle soit importante en l'espèce puisqu'elle est de trente ans, la Cour observe que l'effacement des données est de droit, une fois ce délai écoulé, lequel se calcule dès que la décision ayant entraîné l'inscription cesse de produire tous ses effets. La Cour relève également que la personne concernée peut présenter une demande d'effacement au procureur de la République si la conservation des données la concernant n'apparaît plus pertinente compte tenu de la finalité du fichier, au regard de la nature de l'infraction, de l'âge de la personne lors de sa commission, du temps écoulé depuis lors et de sa personnalité actuelle (article 706-53-10 du CPP, paragraphe 18 ci-dessus). La décision du procureur est susceptible de recours devant le juge des libertés et de la détention puis devant le président de la chambre de l'instruction.
> 69. La Cour considère que cette procédure judiciaire d'effacement des données assure un contrôle indépendant de la justification de la conservation des informations sur la base de critères précis (S. et Marper, précité, § 119) et présente des garanties suffisantes et adéquates du respect de la vie privée au regard de la gravité des infractions justifiant l'inscription sur le fichier.
> Certes, la mémorisation des données pour une période aussi longue pourrait poser un problème sous l'angle de l'article 8 de la Convention, mais la Cour constate que le requérant aura, en tout état de cause, la possibilité concrète de présenter une requête en effacement des données mémorisées à compter du jour où la décision ayant entraîné leur inscription cessera de produire tous ses effets. Dans ces conditions, la Cour est d'avis que la durée de conservation des données n'est pas disproportionnée au regard du but poursuivi par la mémorisation des informations ».

IX Rapprochements et interconnexions

4325 **Prohibition sauf avec le fichier des personnes recherchées.** De la même façon que les dispositions relatives au FIJAIT prohibent toute interconnexion avec d'autres fichiers, sauf avec le fichier des personnes recherchées (FPR), l'article 706-53-11 interdit tout rapprochement ou connexion au sens de l'article 33 de la loi n° 78-17 du 6 janvier 1978 relative à l'informatique, aux fichiers et aux libertés « entre le fichier prévu par le présent chapitre et tout autre fichier ou recueil de données nominatives détenus par une personne quelconque ou par un service de l'État ne dépendant pas du ministère de la justice, à l'exception du fichier des personnes recherchées pour l'exercice des diligences prévues au présent chapitre ».
Il ajoute qu'« aucun fichier ou recueil de données nominatives détenu par une personne quelconque ou par un service de l'État ne dépendant pas du ministère de la justice ne peut mentionner, hors les cas et dans les conditions prévues par la loi, les informations figurant dans le fichier » et punit des peines encourues pour le délit prévu à l'article 226-21 du Code pénal toute infraction aux dispositions qui précèdent.

4326 **Exception pour le FPR.** C'est l'article R. 53-8-26 qui définit les transmissions quotidiennes d'information (nouvelles inscriptions, modifications d'adresse, défauts de justification d'adresse, effacements) au FPR.
Pour les besoins de sa mission, le service gestionnaire du fichier est habilité à mettre en œuvre la consultation automatisée du fichier national des personnes incarcérées.

L'ESSENTIEL 4327 La finalité du FIJAIS est de prévenir le renouvellement des infractions à caractère sexuel ou violent mentionnées à l'article 706-47 du Code de procédure pénale et à faciliter l'identification de leurs auteurs. Il se veut un fichier avant tout préventif même si son fonctionnement permet aux enquêteurs de mener plus efficacement leurs recherches (V. *supra*, n° 4274).

4328 Son objet est d'enregistrer les informations relatives à l'identité, les adresses actuelle et successives et, le cas échéant, les résidences des personnes (V. *supra*, n° 4279), qui, pour les infractions prévues à l'article 706-47 (V. *supra*, n° 4282), ont été condamnées en France, voire à l'étranger, même de façon non définitive et de celles qui pour des faits de même type ont été déclarées irresponsables pour cause de trouble mental, et éventuellement celles qui sont mises en examen (V. *supra*, n° 4280).

4329 **Inscription des majeurs.** Pour les majeurs, les condamnations pour :

– crimes sont toujours enregistrées ;

– délits punis de plus de cinq ans d'emprisonnement sont toujours enregistrées sauf dispense par la juridiction ;

– délits punis de cinq ans d'emprisonnement sont enregistrées sauf décision contraire de la juridiction ou du procureur de la République, laquelle ne peut être prise quand la victime est mineure ;

– délits punis de moins de cinq ans d'emprisonnement ne sont pas enregistrées sauf décision expresse de la juridiction ou du procureur de la République. Lorsque la victime est mineure, l'enregistrement est de principe mais il peut ne pas intervenir sur décision spécialement motivée du procureur ou de la juridiction.

4330 **Inscription des mineurs.** Les informations concernant les mineurs de treize ans ne sont jamais inscrites.

Les condamnations pour crimes commis par des mineurs de treize à dix-huit ans sont inscrites.

Les condamnations pour délits commis par des mineurs de treize à dix-huit ans ne sont enregistrées que si cette inscription est ordonnée par la juridiction ou par le procureur de la République (V. *supra*, n° 4285).

4331 **Alimentation.** L'alimentation initiale du fichier relève des autorités judiciaires (V. *supra*, n° 4288).

Les officiers de police judiciaire des services de police ou des unités de la gendarmerie spécialement habilités ont, quant à eux, la charge d'enregistrer la nouvelle adresse d'une personne inscrite au fichier et la justification dont ils ont connaissance.

4332 **Obligations des personnes inscrites au FIJAIS.** Les personnes inscrites au FIJAIS doivent justifier de manière régulière de leur adresse (V. *supra*, n° 4296).

Le fait de manquer à ces obligations constitue une infraction punie de deux ans d'emprisonnement et 30 000 € d'amende.

4333 **Accès au fichier.** Le FIJAIS est accessible notamment aux autorités judiciaires et aux officiers de police judiciaire, dans le cadre de procédures concernant un crime d'atteinte volontaire à la vie, d'enlèvement ou de séquestration, ou une infraction mentionnée à l'article 706-47 et pour l'exercice des diligences prévues aux articles 706-53-5 et 706-53-8 et, sur instruction ou autorisation du magistrat, pour d'autres infractions (V. *supra*, n° 4305).

Les officiers de police judiciaire peuvent interroger le fichier à partir de plusieurs des critères suivants : numéro de dossier, données d'identité, données d'adresse ou éléments de localisation, nature des infractions, date des faits, lieu de commission des faits, nature et date de la décision judiciaire, nature de peines principales ou complémentaires et mesures prononcées, personnes en défaut de justification (V. *supra*, n° 4306).

Le gestionnaire du fichier (responsable du casier judiciaire) avise directement et quotidiennement le ministère de l'Intérieur en cas de nouvelle inscription ou de modification d'adresse concernant une inscription ou lorsque la personne n'a pas apporté la justification de son adresse dans les délais requis. Le ministère de l'Intérieur transmet sans délai l'information aux services de police ou de gendarmerie compétents. Quand la personne inscrite n'est plus à l'adresse indiquée, l'officier de police judiciaire en informe le procureur de la République qui la fait inscrire au fichier des personnes recherchées (FPR). Les services de police ou de gendarmerie peuvent procéder à une enquête pour vérifier ou retrouver l'adresse de la personne (V. *supra*, n° 4308).

4334 **Enregistrement des accès.** Les accès au FJAIS sont enregistrés (V. *supra*, n° 4309).

4335 **Effacement.** Toute personne inscrite au FIJAIS peut demander au procureur de la République ou au juge d'instruction de rectifier ou d'ordonner l'effacement des informations la concernant si les informations ne sont pas exactes ou si leur conservation n'apparaît plus nécessaire compte tenu de la finalité du fichier, au regard de la nature de l'infraction, de l'âge de la personne lors de sa commission, du temps écoulé depuis lors et de la personnalité actuelle de l'intéressé (V. *supra*, n° 4313).

4336 **Durée de conservation.** Le décès de la personne concernée entraîne l'effacement des données la concernant.
Pour les majeurs, les données sont conservées trente ans pour les crimes et délits punis de dix ans d'emprisonnement, vingt ans dans les autres cas.
Pour les mineurs la durée de conservation est de dix ans.
Ces délais ne courent qu'à compter de la libération de la personne qui exécute la peine d'emprisonnement entraînant l'inscription (V. *supra*, n° 4320).

POUR ALLER PLUS LOIN...

Revue

- J.-E. Schoettl, *La constitutionnalité du FIJAIS : LPA* 26 juill. 2004, p. 9-16.

Fiche 74

Le fichier national automatisé des empreintes génétiques (FNAEG)

Sommaire

4337 **Fichier créé en 1998.** C'est la loi n° 1998-468 qui a institué le fichier national automatisé des empreintes génétiques (FNAEG) à la suite de diverses affaires dont la résolution avait été tardive, voire impossible, en raison de l'absence de fichier centralisant les empreintes génétiques. Sa réglementation figure aux articles 706-54 à 706-56-1-1 et R. 53-9 à R. 53-21 du Code de procédure pénale. Les articles réglementaires ont été modifiés par un décret n° 2021-1402 du 29 octobre 2021.

I Objet, finalité

4338 **Objet.** Le FNAEG a pour objet de centraliser les empreintes génétiques issues de traces biologiques et les empreintes génétiques des personnes déclarées coupables d'un certain nombre d'infractions graves, des personnes soupçonnées d'avoir commis ces infractions graves ou d'avoir été poursuivies pour ces infractions et déclarés irresponsables. Il contient également les empreintes génétiques recueillies à l'occasion des procédures de recherche des causes de la mort ou des causes d'une disparition ainsi que celles destinées à identifier les personnes décédées dont l'identité n'a pu être établie comme le prévoit l'article 16-11 du Code civil.

4339 **Finalité.** Le traitement a pour finalités :

« 1° De faciliter la recherche et l'identification des auteurs de crimes et de délits mentionnés à l'article 706-55, y compris par le biais de recherche en parentalité prévue à l'article 706-56-1-1 ;

2° De faciliter la recherche et la découverte des mineurs et majeurs protégés disparus ainsi que celles des majeurs dont la disparition présente un caractère inquiétant ou suspect eu égard aux circonstances, à l'âge de l'intéressé ou à son état de santé ;

3° De faciliter l'identification dans un cadre judiciaire des personnes décédées dont l'identité n'a pu être établie ;

4° De faciliter l'identification dans un cadre extrajudiciaire des personnes décédées dont l'identité n'est pas établie, des victimes de catastrophes naturelles ou des personnes faisant l'objet de recherche et dont la mort est supposée » (CPP, art. R. 53-9).

II

Gestionnaire du FNAEG

4340 **Service national de police scientifique du ministère de l'Intérieur.** C'est le ministre de l'Intérieur (service national de police scientifique) que l'article R. 53-9 du Code de procédure pénale désigne comme étant autorisé à mettre le FNAEG en œuvre.

Le service central de préservation des prélèvements biologiques, dépendant de la Gendarmerie nationale, conserve, quant à lui, les scellés (CPP, art. R. 53-20-1).

III

Contenu

4341 **Distinction.** Il convient d'évoquer, d'une part, les infractions permettant la centralisation et, d'autre part, le matériel et les analyses qui peuvent faire l'objet de cette centralisation.

A Infractions concernées par le fichier

4342 **Article 706-55 du Code de procédure pénale.** Ce texte dresse la liste des infractions pour lesquelles des traces et empreintes génétiques peuvent être centralisées.
Il s'agit :

« 1° des infractions de nature sexuelle visées à l'article 706-47 du code de procédure pénale ainsi que du délit prévu par l'article 222-32 du code pénal ;
2° des crimes contre l'humanité et des crimes et délits d'atteintes volontaires à la vie de la personne, de torture et actes de barbarie, de violences volontaires, de menaces d'atteintes aux personnes, de trafic de stupéfiants, d'atteintes aux libertés de la personne, de traite des êtres humains, de proxénétisme, d'exploitation de la mendicité et de mise en péril des mineurs, prévus par les articles 221-1 à 221-5, 222-1 à 222-18, 222-34 à 222-40, 224-1 à 224-8, 225-4-1 à 225-4-4, 225-5 à 225-10, 225-12-1 à 225-12-3, 225-12-5 à 225-12-7 et 227-18 à 227-21 du code pénal ;
3° des crimes et délits de vols, d'extorsions, d'escroqueries, de destructions, de dégradations, de détériorations et de menaces d'atteintes aux biens prévus par les articles 311-1 à 311-13, 312-1 à 312-9, 313-2 et 322-1 à 322-14 du code pénal ;
4° d'atteintes aux intérêts fondamentaux de la Nation, des actes de terrorisme, de la fausse monnaie, de l'association de malfaiteurs et des crimes et délits de guerre prévus par les articles 410-1 à 413-12, 421-1 à 421-6, 442-1 à 442-5, 450-1 et 461-1 à 461-31 du code pénal ;
5° des délits prévus aux articles 222-52 à 222-59 du code pénal, aux articles L. 2339-2, L. 2339-3, L. 2339-4, L. 2339-4-1, L. 2339-10 à L. 2339-11-2, L. 2353-4 et L. 2353-13 du code de la défense et aux articles L. 317-1-1 à L. 317-9 du code de la sécurité intérieure ;
6° des infractions de recel ou de blanchiment du produit de l'une des infractions mentionnées aux 1° à 5°, prévues par les articles 321-1 à 321-7 et 324-1 à 324-6 du code pénal ».

B Matériel biologique et analyses

4343 **Les articles 706-54 et 706-56-1 du Code de procédure pénale.** L'article 706-54 du Code de procédure pénale dispose que sept catégories de données peuvent être enregistrées dans le FNAEG.
Il s'agit :
1) des **empreintes** génétiques **issues des traces biologiques** (appelées, dans la pratique, traces non résolues ou TNR) ;
2) des **empreintes génétiques** des personnes déclarées **coupables** de l'une des infractions mentionnées à l'article 706-55 du Code de procédure pénale ;

3) des **empreintes génétiques** des personnes **poursuivies** pour l'une des infractions mentionnées à l'article 706-55 ayant fait l'objet d'une décision **d'irresponsabilité pénale** ;
4) des **empreintes génétiques** des personnes à l'encontre desquelles il existe des **indices graves ou concordants** rendant vraisemblable qu'elles aient commis l'une des infractions mentionnées à l'article 706-55 ;
5) des **empreintes génétiques** recueillies à l'occasion des procédures de **recherche des causes de la mort** ou **de recherche des causes d'une disparition** ;
6) des **empreintes génétiques** recueillies à l'occasion des recherches aux fins d'**identification** de **personnes décédées** dont l'identité n'a pu être établie ;
7) des **empreintes génétiques** des **victimes d'un crime sériel ou non élucidé** (CPP, art. 706-106-1) ainsi que, lorsque l'empreinte génétique de la victime n'a pu être recueillie ou qu'il est nécessaire de confirmer son identification, les empreintes génétiques des ascendants, descendants et collatéraux de ces victimes (sous réserve de leur consentement éclairé, exprès et écrit, et de leur possibilité de demander à tout moment au procureur de la République d'effacer leur empreinte du fichier).

L'article 706-56-1 du même code prévoit, par ailleurs, l'inscription dans le fichier :
– des **empreintes génétiques** des personnes de nationalité française, ou de nationalité étrangère résidant de façon habituelle sur le territoire national, qui ont été **condamnées par une juridiction pénale étrangère** pour une infraction de même nature que celles mentionnées aux 1° et 2° de l'article 706-55 (infractions de nature sexuelle visées à l'article 706-47, délit prévu par l'article 222-32 du Code pénal, crimes contre l'humanité et crimes et délits d'atteintes volontaires à la vie de la personne, de torture et actes de barbarie, de violences volontaires, de menaces d'atteintes aux personnes, de trafic de stupéfiants, d'atteintes aux libertés de la personne, de traite des êtres humains, de proxénétisme, d'exploitation de la mendicité et de mise en péril des mineurs). Ces condamnations sont inscrites sur instruction du procureur de la République du lieu de résidence ou de détention de l'intéressé, lorsque, en application d'une convention ou d'un accord international, elles ont fait l'objet d'un avis aux autorités françaises ou ont été exécutées en France à la suite du transfèrement des personnes condamnées.

4344 **L'article R. 53-10 du Code de procédure pénale détaille ce qui est enregistré au fichier.** Ce texte apporte des précisions par rapport à l'article 706-54 en indiquant que les résultats des analyses d'identification par empreintes génétiques des traces et échantillons détaillés dans le tableau ci-dessous font l'objet d'un enregistrement au fichier. Il indique en outre qui prend la décision d'enregistrement :

Article 706-54	Article R. 53-10	Décision	Observations
Traces biologiques (TNR).	**I-1°** Issues de personnes inconnues, recueillies dans le cadre d'une enquête préliminaire, d'une enquête pour crime ou délit flagrant, ou d'une information, relatives à l'une des infractions mentionnées à l'article 706-55. **I-3°** issues des cadavres non identifiés, recueillies dans le cadre d'une enquête préliminaire, d'une enquête pour crime ou délit flagrant, ou d'une information, relatives à l'une des infractions mentionnées à l'article 706-55.	OPJ, agissant soit d'office, soit à la demande du procureur de la République ou du juge d'instruction.	
Empreintes génétiques des personnes déclarées **coupables** de l'une des infractions mentionnées à l'article 706-55.	**II-1°** Échantillons biologiques prélevés sur des personnes définitivement déclarées coupables de l'une des infractions mentionnées à l'article 706-55.	Selon le cas, procureur de la République ou procureur général (CPP, art. R. 53-10, II).	
Empreintes génétiques des personnes poursuivies pour l'une des infractions mentionnées à l'article 706-55 ayant fait l'objet d'une décision d'**irresponsabilité pénale**.	**II-2°** Échantillons biologiques prélevés sur des personnes poursuivies pour l'une des infractions mentionnées à l'article 706-55 ayant fait l'objet d'une décision définitive d'irresponsabilité pénale.	Selon le cas, procureur de la République ou procureur général (CPP, art. R. 53-10, II).	
Empreintes génétiques des personnes à l'encontre desquelles il existe des **indices graves ou concordants** rendant vraisemblable qu'elles aient commis l'une des infractions mentionnées à l'article 706-55 sont également conservées dans ce fichier.	**I-2°** Échantillons biologiques prélevés dans le cadre d'une enquête préliminaire, d'une enquête pour crime ou délit flagrant, ou d'une information sur les personnes à l'encontre desquelles il existe des indices graves ou concordants rendant vraisemblable qu'elles aient commis l'une des infractions mentionnées à l'article 706-55.	OPJ, agissant soit d'office, soit à la demande du procureur de la République ou du juge d'instruction.	V. *infra*, n° 4349. – pour les personnes décédées identifiées.

Article 706-54	Article R. 53-10	Décision	Observations
Empreintes génétiques recueillies à l'occasion : 1° Des procédures de **recherche des causes de la mort ou** de recherche des causes d'une **disparition** prévues par les articles 74, 74-1 et 80-4.	**I-1° bis** Traces biologiques issues de **personnes inconnues**, recueillies dans le cadre d'une enquête ou d'une information pour recherche des causes de la mort ou d'une disparition prévue par les articles 74,74-1 et 80-4. **I-3°** Traces biologiques issues des **cadavres non identifiés**, recueillies… dans le cadre d'une enquête ou d'une information pour recherche des causes de la mort prévue par les articles 74 et 80-4. **I-4°** Traces et échantillons biologiques issus ou susceptibles d'être issus d'une **personne disparue**, recueillis dans le cadre d'une enquête ou d'une information pour recherche des causes d'une disparition prévue par les articles 74-1 ou 80-4. **I-5°** Échantillons biologiques prélevés, avec leur accord, sur les **ascendants ou descendants d'une personne disparue**, dans le cadre d'une enquête ou d'une information pour recherche des causes d'une disparition prévue par les articles 74-1 et 80-4 ou sur les **collatéraux** (le texte ajoute qu'en cas d'impossibilité ou de refus de prélèvement d'échantillons biologiques sur la mère ou sur le père biologique, des prélèvements peuvent également être réalisés, avec leur accord, sur les collatéraux aux deuxième et troisième degrés de la personne disparue, au sens de l'article 743 du Code civil. Dans les cas prévus au 5°, l'accord des personnes est recueilli par procès-verbal. Les personnes intéressées précisent également, par une mention expresse à ce même procès-verbal, qu'elles autorisent la comparaison entre leur empreinte génétique et celles enregistrées ou susceptibles d'être enregistrées dans le fichier ainsi que celles susceptibles d'être comparées dans le fichier en application du troisième alinéa de l'article 706-54, à l'exception des traces mentionnées aux 1° et 1° bis du I. En l'absence d'une telle autorisation, ces empreintes ne peuvent être comparées qu'avec celles enregistrées au titre des 3° et 4° du I et des 1°, 2° et 3° du III).	OPJ, agissant soit d'office, soit à la demande du procureur de la République ou du juge d'instruction.	

Article 706-54	Article R. 53-10	Décision	Observations
2° Des recherches aux fins d'**identification**, prévues par l'article 16-11 du Code civil, de **personnes décédées** dont l'identité n'a pu être établie, à l'exception des militaires décédés à l'occasion d'une opération conduite par les forces armées ou les formations rattachées (enregistrement distinct de celui des autres empreintes génétiques conservées dans le fichier).	**III-1°** Des traces biologiques issues des cadavres non identifiés. **III-2°** Des échantillons biologiques issus ou susceptibles d'être issus de **personnes disparues** faisant l'objet de recherches au titre de l'article 26 de la loi n° 95-73 du 21 janvier 1995 d'orientation et de programmation relative à la sécurité et **dont la mort est supposée**, recueillis dans les lieux qu'elles sont susceptibles d'avoir habituellement fréquentés. **III-3°** Des traces biologiques issues ou susceptibles d'être issues de **victimes de catastrophes naturelles**. **III-4°** Des échantillons biologiques prélevés, avec leur accord, sur les **ascendants ou descendants de victimes de catastrophes naturelles ou de personnes disparues** faisant l'objet de recherches au titre de l'article 26 de la loi du 21 janvier 1995 susmentionnée et dont la mort est supposée. En cas d'impossibilité ou de refus de prélèvement d'échantillons biologiques sur la mère ou sur le père biologique, des prélèvements peuvent également être réalisés, avec leur accord, sur les **collatéraux** aux deuxième et troisième degrés de la victime de catastrophe naturelle ou de la personne disparue, au sens de l'article 743 du Code civil.	Procureur de la République, en application de 706-54, alinéa 6.	• Effacement sur instruction du procureur de la République, agissant soit d'office, soit à la demande des intéressés, lorsqu'il est mis fin aux recherches d'identification qui ont justifié leur recueil. • Les empreintes génétiques des ascendants, descendants et collatéraux des personnes dont l'identification est recherchée ne peuvent être conservées dans le fichier que sous réserve du consentement éclairé, exprès et écrit des intéressés (l'accord des personnes est recueilli par écrit. Les personnes intéressées précisent également, par une mention expresse, qu'elles autorisent la comparaison entre leur empreinte génétique et celles mentionnées aux 3° et 4° du I et aux 1° à 3° du III. Les services et unités de police ou de gendarmerie compétents conservent les documents écrits dans lesquels sont exprimés l'accord et l'autorisation et en adressent copie dans chaque cas au procureur de la République qui les a saisis). • Les données mentionnées aux 1°, 2° et 3° font l'objet d'une comparaison avec celles mentionnées aux 3° à 5° du I et au III du présent article. Les résultats des analyses d'identification par empreintes génétiques des personnes mentionnées au III de l'article R. 53-10 transmis par les autorités étrangères peuvent faire l'objet d'un rapprochement avec les données inscrites au fichier.

4345 **Personnes décédées identifiées.** La question de l'enregistrement de l'ADN des personnes décédées mais identifiées reste en suspens. La DACG fait valoir dans sa Foire aux questions que les articles 706-54 et R. 53-10 ne précisent pas que la personne mise en cause doive être vivante et qu'ainsi, s'il existe à l'encontre d'une personne décédée des indices graves ou concordants de participation à une des infractions visées à l'article 706-55, son profil génétique peut être enregistré, ce qui pourrait permettre de résoudre des affaires non immédiatement élucidées. En revanche, s'il n'existe que des raisons plausibles de participation contre cette personne désormais décédée, l'enregistrement de son profil génétique ne serait pas possible, seule une comparaison l'étant. Contre une telle interprétation, on peut faire valoir que la durée maximale de conservation de l'empreinte génétique d'un majeur, en un tel cas, est, selon l'infraction, de quinze ou vingt-cinq ans et qu'un effacement anticipé a été prévu pour satisfaire aux critères du droit européen soit par le procureur soit à la demande de l'intéressé et qu'au cas particulier celle-ci est exclue ce qui pourrait poser problème. La question de l'enregistrement de l'ADN d'une victime identifiée reste également entière. Les articles 706-54 et R. 53-10 du Code de procédure pénale envisagent l'enregistrement des ADN des victimes non identifiées ou dont on recherche les causes de la mort mais pas de celles dont on sait que la mort est le résultat d'une infraction à l'exception de celles qui ont été victimes d'un crime sériel. Il pourrait pourtant parfois être utile de pouvoir enregistrer l'ADN d'une victime connue.

4346 **Comparaison des empreintes d'une personne à l'encontre de laquelle il existe une ou plusieurs *raisons plausibles* de soupçonner qu'elle a commis l'une des infractions mentionnées à l'article 706-55 avec les données conservées dans le fichier sans possibilité de conservation.** Les empreintes de toute personne à l'encontre de laquelle il existe une ou plusieurs **raisons plausibles** de soupçonner qu'elle a commis l'une des infractions mentionnées à l'article 706-55 peuvent faire l'objet d'un **rapprochement** avec les données incluses au fichier. Les empreintes de ces personnes soupçonnées **ne peuvent pas être conservées** dans le fichier.

Ce sont les officiers de police judiciaire qui peuvent demander ce rapprochement, d'office ou à la demande du procureur de la République ou du juge d'instruction (V. *infra*, n° 4349, pour les personnes décédées identifiées).

4347 **Segments non codants.** Les empreintes génétiques conservées dans le fichier ne peuvent être réalisées qu'à partir de segments d'acide désoxyribonucléique non codants, à l'exception du segment correspondant au marqueur du sexe. L'article R. 53-13 du Code de procédure pénale prévoit que :

> « Le nombre et la nature des segments d'ADN non codants sur lesquels portent les analyses d'identification par empreintes génétiques sont définis par arrêté du ministre de la justice et du ministre de l'intérieur [CPP, art. A. 38] pris après avis de la commission chargée d'agréer les personnes habilitées à effectuer des missions d'identification par empreintes génétiques dans le cadre des procédures judiciaires ou de la procédure extrajudiciaire d'identification des personnes décédées, prévue par l'article 1er du décret n° 97-109 du 6 février 1997 relatif aux conditions d'agrément des personnes habilitées à procéder à des identifications par empreintes génétiques dans le cadre d'une procédure judiciaire ou de la procédure extrajudiciaire d'identification des personnes décédées ».

La Cour de cassation a relevé dans une décision de refus de transmission d'une question prioritaire de constitutionnalité « qu'il appart[enait] au pouvoir réglementaire de définir le nombre et la nature des segments sur lesquels portent les analyses d'identification par empreintes génétiques, cette liste pouvant, le cas échéant, être modifiée en raison de l'évolution des connaissances scientifiques » (Cass. crim., 11 juill. 2012, n° 12-81.533).

4348 **Distinction traces/empreintes et analyses.** Le FNAEG centralise, sur son site d'Écully, les résultats des analyses d'identification par empreintes génétiques qui peuvent y être conservées et à partir desquelles sont faits les rapprochements tandis que c'est le service central de préservation des prélèvements biologiques en vue de leur conservation, dépendant de l'Institut de recherches criminelles de la gendarmerie nationale, basé à Cergy-Pontoise, qui assure la conservation des scellés (CPP, art. R. 53-20-1)

> **À SAVOIR** **La DACG a édité une fiche Focus relative au service central de préservation des prélèvements biologiques en juillet 2015 qui a été modifiée en juin 2022.**

IV

Prélèvements

4349 **Article 706-56 du Code de procédure pénale.** Ce texte réglemente les prélèvements.
Le pouvoir de prélever qui appartient à l'officier de police judiciaire peut être délégué à un agent de police judiciaire, ou un agent spécialisé, technicien ou ingénieur de police technique et scientifique.
Ce texte permet le prélèvement sur les personnes mentionnées au premier, au deuxième ou au troisième alinéa de l'article 706-54, c'est-à-dire sur :
– les personnes déclarées coupables de l'une des infractions mentionnées à l'article 706-55 ;
– les personnes poursuivies pour l'une des infractions mentionnées à l'article 706-55 ayant fait l'objet d'une décision d'irresponsabilité pénale ;
– les personnes à l'encontre desquelles il existe des indices graves ou concordants rendant vraisemblable qu'elles aient commis l'une des infractions mentionnées à l'article 706-55 ;
– les personnes à l'encontre desquelles il existe une ou plusieurs raisons plausibles de soupçonner qu'elles ont commis l'une des infractions mentionnées à l'article 706-55 dont l'ADN pourra seulement être comparé avec ceux enregistrés dans le FNAEG, sans pouvoir y être conservé.
Le texte n'évoque pas les prélèvements faits sur une scène de crime (traces biologiques ou TNR), ce qui est normal, leur prélèvement relevant des pouvoirs de l'enquêteur lors des constatations et ne nécessitant pas de dispositions particulières.

4350 **Combinaison avec les articles 55-1, 76-2 et 154-1 du Code de procédure pénale.** Les dispositions de l'article 706-56 du Code de procédure pénale doivent être combinées avec les règles plus générales relatives aux prélèvements.
Il s'ensuit que si l'officier de police judiciaire peut, en enquête de flagrance et sur commission rogatoire (CPP, art. 55-1 et 154-1), prendre l'initiative de procéder à un prélèvement génétique, sur les personnes visées aux 1er, 2e et 3e alinéas de l'article 706-54 (coupables et pénalement irresponsables, suspects-indices graves ou concordants, suspects-raisons plausibles) il doit, en enquête préliminaire, comme l'agent de police judiciaire (CPP, art. 76-2), y être autorisé par le procureur de la République (V. *infra*, n° 4395).
S'agissant des simples témoins, le prélèvement n'est envisageable qu'avec leur accord aux seules fins d'opérer une « discrimination » (sur cette question, V. *supra*, n° 1882).

4351 **Vérification préalable.** Préalablement au prélèvement, l'officier de police judiciaire peut vérifier ou faire vérifier par un agent de police judiciaire placé sous son contrôle ou par un agent spécialisé, technicien ou ingénieur de police technique et scientifique placé sous son contrôle, que l'empreinte génétique de la personne concernée n'est pas déjà enregistrée, au vu de son seul état civil, dans le fichier national automatisé des empreintes génétiques (CPP, art. 706-56).
Les modalités de la vérification sont détaillées à l'article R. 53-18 du Code de procédure pénale.

CONSEIL Cette vérification s'impose, ne serait-ce que pour éviter des opérations inutiles.

4352 **Matériel biologique s'étant naturellement détaché du corps.** La loi permet à l'officier de police judiciaire, lorsqu'il n'est pas possible de procéder à un prélèvement biologique sur une des personnes concernées, d'identifier son empreinte génétique à partir de matériel biologique qui se serait naturellement détaché du corps de l'intéressé (CPP, art. 706-56). Ce pourra être de l'ADN laissé sur une brosse à dents, sur un peigne ou une brosse à cheveux, sur un verre, une cigarette, etc.
La saisie devra alors donner lieu à l'établissement d'un procès-verbal selon les formes légales ce qui, en d'autres termes, implique qu'en cas d'enquête préliminaire la personne concernée donne son assentiment ou que le juge des libertés et de la détention autorise l'opération. Il pourrait cependant être plus expédient de faire appel aux dispositions évoquées au paragraphe suivant si les conditions en sont réunies.

4353 **Accord ou non de l'intéressé.** Le prélèvement par voie buccale de cellules constituant une intervention sur le corps, il pourrait être soutenu qu'elle ne peut pas être faite à l'aide de la contrainte. Le législateur a cependant prévu plusieurs correctifs.
Il a tout d'abord, comme il vient d'être dit, retenu que l'ADN pouvait être recherché à partir de matériel biologique s'étant naturellement détaché du corps, ce qui constitue un moyen de ne pas devoir user de contrainte physique.
D'autre part, le législateur a prévu la possibilité de prélever le matériel biologique d'une personne

FNAEG

condamnée pour crime ou déclarée coupable d'un délit puni de dix ans d'emprisonnement ou poursuivie pour un crime ou un délit puni de dix ans d'emprisonnement ayant fait l'objet d'une décision d'irresponsabilité pénale, sans son accord sur réquisitions écrites du procureur de la République.

Enfin, le législateur a érigé en infraction le fait, pour les condamnés et les suspects, de refuser de se soumettre au prélèvement biologique (CPP, art. 706-56, II). La chambre criminelle a jugé, à cet égard, que « le caractère obligatoire de ce prélèvement et la sanction encourue en cas de refus ne méconnaiss[ai]ent pas l'article 8 de la Convention européenne des droits de l'homme, car la personne qui n'a pas été condamnée pour l'infraction à l'occasion de laquelle le prélèvement a été effectué peut demander au procureur de la République l'effacement de son empreinte génétique du fichier automatisé, et dispose d'un recours juridictionnel effectif en cas de rejet de sa demande ou de défaut de réponse » (Cass. crim., 28 oct. 2020, n° 19-85.812). Néanmoins, les juges ne se contredisent pas en retenant que les dispositions sanctionnant le refus de prélèvement sont conformes à l'article 8 de la Convention européenne des droits de l'homme, tout en estimant, dans le cadre de l'exercice du contrôle de proportionnalité, qu'il existe en l'espèce une disproportion entre les faits reprochés et l'atteinte au respect de la vie privée résultant de l'enregistrement de l'empreinte génétique au FNAEG (Cass. crim., 22 sept. 2021, n° 20-80.489 : *Bull. crim.*, publié au bulletin).

Les peines applicables au refus de se soumettre au prélèvement sont alourdies quand la personne a été condamnée pour crime et la confusion avec la peine que la personne subissait ou avec celles prononcées pour l'infraction ayant fait l'objet de la procédure à l'occasion de laquelle les prélèvements devaient être effectués est impossible.

Le législateur a également incriminé le fait, pour une personne faisant l'objet d'un prélèvement, de commettre ou de tenter de commettre des manœuvres destinées à substituer à son propre matériel biologique le matériel biologique d'une tierce personne, avec ou sans son accord.

Plus récemment, la loi a été modifiée et prévoit que le refus ou les manœuvres visées par le texte commis par une personne condamnée entraînaient de plein droit le retrait des crédits de réductions de peine dont cette personne avait pu bénéficier au titre de la condamnation prononcée pour ces infractions et de la condamnation en vertu de laquelle le prélèvement devait être effectué.

4354 **Prélèvement sur une personne condamnée.** Lorsqu'il n'a pas été réalisé au cours de la procédure d'enquête, d'instruction ou de jugement, le prélèvement concernant une personne définitivement condamnée est effectué, sur instruction du procureur de la République ou du procureur général et selon les modalités prévues par le I de l'article 706-56, au plus tard dans un délai d'un an à compter de l'exécution de la peine (CPP, art. R. 53-20).

V
Analyse

4355 L'article 706-56 du Code de procédure pénale dispose que, pour qu'il soit procédé à l'analyse d'identification de l'empreinte génétique des personnes sur lesquelles un prélèvement a été effectué, l'officier de police judiciaire peut requérir toute personne habilitée dans les conditions fixées par l'article 16-12 du Code civil. Selon ce texte, sont seuls habilités à procéder à des identifications par empreintes génétiques : 1° les services ou organismes de police technique et scientifique mentionnés à l'article 157-2 du Code de procédure pénale ; 2° les personnes ayant fait l'objet d'un agrément dans des conditions fixées par décret en Conseil d'État. Il n'est pas nécessaire que la personne visée à l'article 16-12 du Code civil soit inscrite sur une liste d'experts judiciaires. Quand elle n'est pas inscrite sur une liste, elle prête par écrit le serment prévu au troisième alinéa de l'article 60 du Code de procédure pénale. Lorsque l'analyse est faite par un service de PTS il n'est nul besoin de prestation de serment et si la demande émane d'un officier de police judiciaire ou d'un agent de police judicaire il n'est pas nécessaire qu'elle prenne la forme d'une réquisition. Les réquisitions permises à l'officier de police judiciaire peuvent également être faites par le procureur de la République ou le juge d'instruction.

Les services, organismes ou personnes appelés à réaliser les analyses qui viennent d'être évoquées peuvent procéder, par tous moyens y compris télématiques, à la demande de l'officier de police judiciaire ou, sous son contrôle, de l'agent de police judiciaire ou à la demande du procureur de la République ou du juge d'instruction, aux opérations permettant l'enregistrement des empreintes dans le fichier national automatisé des empreintes génétiques.

Si un rapprochement est établi par le service gestionnaire du FNAEG entre une trace inconnue qui y est enregistrée et les profils des personnes dont l'empreinte génétique est enregistrée, un rapport est adressé à l'officier de police judiciaire ou au magistrat à l'origine de l'enregistrement de la trace non identifiée. Ces rapprochements n'ayant qu'une valeur indicative, il sera nécessaire de recourir, pour comparaison, à une personne qualifiée ou à un expert selon le cadre juridique de l'enquête. Comme l'indique le document « DACG Focus » relatif aux empreintes génétiques, établi par la direction des affaires criminelles et des grâces, le travail de l'expert consistera à valider scientifiquement le rapprochement effectué. Cette validation pourra se présenter au travers d'une probabilité de coïncidence dans laquelle, plus la valeur sera haute, plus le rapprochement sera probant. Dans certains cas de valeur trop faible, l'expert pourra suggérer des analyses complémentaires pour réexaminer le rapprochement proposé.

> À SAVOIR **La DACG a édité une fiche Focus sur les *Empreintes génétiques : notions de base*, juill. 2018.**

4356 **Recherche en parentalité.** La loi du 3 juin 2016 a inséré dans le Code de procédure pénale un article 706-56-1-1 qui permet de procéder à des recherches en parentalité, qui, auparavant, étaient régies par un simple protocole signé par la direction des affaires criminelles et des grâces, la Direction générale de la police nationale et la Direction générale de la gendarmerie nationale.

Ce texte dispose que :

> « Lorsque les nécessités d'une enquête ou d'une information concernant l'un des crimes prévus à l'article 706-55 l'exigent, le procureur de la République ou, après avis de ce magistrat, le juge d'instruction, peut requérir le service gestionnaire du fichier afin qu'il procède à une comparaison entre l'empreinte génétique enregistrée au fichier établie à partir d'une trace biologique issue d'une personne inconnue et les empreintes génétiques des personnes mentionnées aux premier et deuxième alinéas de l'article 706-54 aux fins de recherche de personnes pouvant être apparentées en ligne directe à cette personne inconnue.
>
> Le nombre et la nature des segments d'ADN non codants nécessaires pour qu'il soit procédé à cette comparaison sont fixés par arrêté du ministre de la justice et du ministre de l'intérieur ».

Ce dispositif consiste à comparer :

– d'une part, l'empreinte génétique enregistrée dans ce fichier, établie à partir d'une trace biologique issue d'une personne inconnue recueillie sur une scène d'infraction ;

– avec, d'autre part, les empreintes génétiques des personnes mises en cause ou déclarées coupables ou irresponsables enregistrées au FNAEG, en application des alinéas 1 et 2 de l'article 706-54 du Code de procédure pénale ;

– afin d'identifier un éventuel parent de l'individu à l'origine de la trace inconnue, susceptible d'être victime ou auteur d'un crime.

Le dernier alinéa de l'article R. 53-10 du Code de procédure pénale expose la mise en œuvre de cette comparaison, précisant notamment que les traces inconnues à comparer peuvent avoir été recueillies sur :

– une personne inconnue ou sur un cadavre non identifié :

• au cours d'une enquête « classique »,

• ou au cours d'une enquête en recherche des causes de la mort ou en recherche des causes d'une disparition.

Il convient de souligner que les articles 706-56-1-1 et R. 53-10 limitent la recherche de parentalité aux crimes prévus par l'article 706-55 du Code de procédure pénale et aux personnes pouvant être apparentées en ligne directe alors que la chambre criminelle, statuant, après l'entrée en vigueur de la loi mais sur le régime antérieur, avait validé la recherche en parentèle également en matière délictuelle et en l'étendant aux collatéraux (Cass. crim., 28 juin 2017, n° 17-80.055 : *Bull. crim.* n° 182).

> À SAVOIR **La DACG a édité une Fiche Focus sur *Les recherches en parentalité dans le FNAEG*, juill. 2017, modifiée en juin 2022.**

4357 **Portrait-robot génétique.** La Cour de cassation a validé, sur la base de l'article 81 du Code de procédure pénale, le recours par un juge d'instruction à une expertise tendant à l'analyse de traces biologiques relevées sur deux victimes n'ayant pas permis l'identification de l'auteur des faits par ses empreintes génétiques afin que soient extraites les données essentielles à partir de l'ADN et fournis tous renseignements utiles relatifs au caractère morphologique apparent du suspect (Cass. crim., 25 juin 2014, n° 13-87.493 : *Bull. crim.* n° 166 ; *JCP* G 7 juill. 2014, n° 27, act. 784, p. 1337 ; *D.* 10 juill. 2014, n° 25, act. dr. pén. et proc. pén., p. 1453).

La solution n'était pas évidente au regard des articles 16-10 et 16-11 du Code civil qui n'autorisent l'examen des caractéristiques génétiques d'une personne qu'à des fins médicales ou de recherche scientifique tandis que, dans le cadre de mesures d'enquête ou d'instruction diligentées lors d'une procédure judiciaire, seule peut être recherchée l'identification d'une personne par ses empreintes. D'autre part, on sait que la Cour européenne des droits de l'homme a, à plusieurs reprises, sanctionné la France pour avoir validé la mise en œuvre de mesures attentatoires à la vie privée sur le seul fondement de l'article 81 du Code de procédure pénale (CEDH, 24 avr. 1990, n° 11801/85, *Kruslin c/ France*. – CEDH, 31 mai 2005, n° 59842/00, *Vetter c/ France*. – CEDH, 20 déc. 2005, n° 71611/01, *Wisse c/ France*. – CEDH, 8 févr. 2018, n° 31446/12, *Ben Faïza c/ France*). Enfin, la mise en œuvre de cette technique impose d'examiner des segments codants de l'ADN, ce qui n'est pas conforme aux prévisions des articles 706-54, R. 53-13 et A. 38 du Code de procédure pénale.

VI Alimentation

4358 **Officier de police judiciaire ou magistrat.** La décision d'enregistrement appartient, selon que les empreintes génétiques concernent des personnes inconnues, des suspects, des cadavres non identifiés, des personnes disparues, des condamnés ou des irresponsables, à l'officier de police judiciaire, d'office ou à la demande du procureur de la République ou du juge d'instruction, au procureur de la République ou au procureur général ou au procureur de la République seul, selon les modalités prévues aux I, II et III de l'article R. 53-10 du Code de procédure pénale. Ces éléments sont portés dans le tableau figurant *supra*, n° 4344, auquel il est renvoyé.

Il a, en outre, déjà été indiqué (V. *supra*, n° 4343) que le procureur de la République du lieu de résidence ou de détention de l'intéressé pouvait décider de faire inscrire dans le FNAEG les empreintes génétiques de personnes condamnées par une juridiction pénale étrangère pour certaines infractions.

L'alinéa 3 de l'article 706-56 du Code de procédure pénale prévoit que « les services, organismes ou personnes appelés à réaliser les analyses conformément à l'alinéa précédent peuvent procéder, par tous moyens y compris télématiques, à la demande de l'officier de police judiciaire ou, sous son contrôle, de l'agent de police judiciaire ou à la demande du procureur de la République ou du juge d'instruction, aux opérations permettant l'enregistrement des empreintes dans le fichier national automatisé des empreintes génétiques ».

4359 **Partie réglementaire.** Les articles R. 53-11 à R. 53-13 détaillent les informations enregistrées et diverses formalités devant être effectuées lors de l'enregistrement.

L'article R. 53-18 précise les conditions de transmission et d'enregistrement des informations. La transmission peut être faite par les magistrats du parquet et de l'instruction, les officiers de police judiciaire, les personnes physiques ou morales agréées conformément au décret n° 97-109 du 6 février 1997 précité ayant réalisé les analyses, et les personnels agissant sous leur responsabilité (CPP, art. R.53-18, al. 4) tandis que l'alimentation du fichier est réservée aux personnels du service national de police scientifique de la police nationale et à ceux de la gendarmerie nationale, spécialement affectés dans le service mettant en œuvre le traitement, et dûment habilités (CPP, art. R.53-18, al. 1).

L'article R. 53-18 ajoute que les opérations d'enregistrement proprement dites sont matériellement exécutées par les personnels du service national de police scientifique de la police nationale et ceux de la gendarmerie nationale, spécialement affectés dans le service mettant en œuvre le traitement, et dûment habilités.

Les scellés sont, quant à eux, adressés au service central de préservation des prélèvements biologiques en vue de leur conservation (CPP, art. R. 53-20-1, R. 53-20-2 qui détaillent la procédure à suivre).

VII

Accès au FNAEG

4360 **Accès limité.** L'article R. 53-18 du Code de procédure pénale précise que :

« Les **personnels du service national de police scientifique de la police nationale et ceux de la gendarmerie nationale**, spécialement affectés dans le service mettant en œuvre le traitement, et dûment habilités, **pourront seuls**, à la demande de l'autorité judiciaire ou des officiers de police judiciaire, assurer l'alimentation du fichier, **avoir accès aux informations enregistrées et procéder aux opérations de rapprochement.**

Les **officiers et les agents de police judiciaire ainsi que les agents spécialisés, techniciens ou ingénieurs de police technique et scientifique** agissant en application des dispositions du I de l'article 706-56 **ne peuvent accéder directement au fichier que pour vérifier si y figure l'état civil** d'une personne susceptible de faire l'objet d'un prélèvement biologique en application de ces dispositions. Ils ne peuvent accéder à aucune autre donnée.

Les **personnels affectés au service central de préservation des prélèvements biologiques** et dûment habilités **peuvent accéder directement aux données enregistrées dans le fichier, à l'exception de celles relatives aux résultats d'analyse.** Ils peuvent y enregistrer des informations relatives aux scellés.

(...)

En vue de procéder à l'envoi des profils génétiques, les **personnes physiques ou morales agréées** conformément aux dispositions du décret n° 97-109 du 6 février 1997 précité ayant réalisé les analyses, et les personnels agissant sous leur responsabilité, **peuvent accéder aux données s'y rapportant enregistrées dans le fichier et mentionnées au I et au 1° du II de l'article R. 53-11**, ainsi que, le cas échéant, aux nom, prénoms, date et lieu de naissance et filiation des personnes dont les empreintes génétiques sont supposées avoir été recueillies. **Elles ne peuvent accéder à aucune autre donnée** ».

4361 **Coopération internationale.** L'article R. 53-19-1 prévoit cependant que les données enregistrées dans le fichier national automatisé des empreintes génétiques, à l'exception de celles mentionnées au III de l'article R. 53-10 [*traces biologiques issues des cadavres non identifiés ; échantillons biologiques issus ou susceptibles d'être issus de personnes disparues ; traces biologiques issues ou susceptibles d'être issues de victimes de catastrophes naturelles ; échantillons biologiques prélevés sur les proches de victimes de catastrophes naturelles ou de personnes disparues*] peuvent être consultées, en vue notamment de faire l'objet de rapprochements, par les agents d'organismes de coopération internationale en matière de police judiciaire ou par les agents des services de police ou de justice d'États étrangers, aux fins et dans les conditions qu'il précise.

Le traité de Prüm (Cons. UE, déc. n° 2008/615/JAI, 23 juin 2008, relative à l'approfondissement de la coopération transfrontalière, notamment en vue de lutter contre le terrorisme et la criminalité transfrontalière), dont l'article R. 56-19-1 constitue la mise en œuvre pour les échanges depuis la France vers les autres États membres, permet aux pays signataires de s'échanger les profils génétiques aux fins de comparaison. Ainsi, les profils « traces » contenus dans le FNAEG sont régulièrement comparés aux profils « traces » et « individus » contenus dans les bases étrangères sans échange des informations associées, notamment le nom. Ce n'est qu'en cas de concordance que le magistrat en charge de la procédure en France ou le service enquêteur pourra solliciter des autorités étrangères les informations complémentaires. Les enquêteurs doivent le faire par l'intermédiaire de la section centrale de coopération opérationnelle de police (SCCOPOL) tandis que les magistrats doivent passer par les canaux de coopération judiciaire.

4362 **Magistrat chargé du contrôle.** Le magistrat hors hiérarchie du parquet chargé du contrôle du FNAEG et, à sa demande les trois membres du comité qui l'assistent, ont un accès permanent au FNAEG et au lieu où il se trouve. La CNIL, dans le cadre de ses pouvoirs, peut également y avoir accès (CPP, art. R. 53-17).

Ce magistrat hors hiérarchie peut également procéder à toute vérification sur place aux fins de contrôler les conditions dans lesquelles fonctionne le service central de préservation des prélèvements biologiques (CPP, art. R. 53-21).

VIII Contrôle

4363 **Droit d'accès des personnes inscrites dans le fichier.** Le droit d'accès mentionné aux articles 13 à 15 du règlement (UE) n° 2016/679 du 27 avril 2016 et aux articles 104 et 105 de la loi informatique et libertés du 6 janvier 1978 s'exerce auprès du chef du service national de police scientifique du ministère de l'Intérieur (CPP, art. R. 53-15).

4364 **Par un magistrat hors hiérarchie du parquet assisté d'un comité de trois membres.** Comme il vient d'être évoqué (V. *infra*, n° 4362), l'article 706-54 énonce que le FNAEG est placé sous le contrôle d'un magistrat. Il s'agit, selon l'article R. 53-16, d'un magistrat hors hiérarchie du parquet nommé pour trois ans par arrêté du garde des Sceaux, ministre de la Justice. Il est assisté par un comité composé de trois membres nommés dans les mêmes conditions.

L'autorité gestionnaire du fichier adresse au magistrat hors hiérarchie un rapport annuel d'activité ainsi que, sur sa demande, toutes informations relatives au fichier.

Ce magistrat peut ordonner toutes mesures nécessaires à l'exercice de son contrôle, telles que saisies ou copies d'informations, ainsi que l'effacement d'enregistrements illicites.

4365 **Par la CNIL.** Les pouvoirs confiés au magistrat dont le rôle vient d'être exposé s'exercent sans préjudice du contrôle exercé par la Commission nationale de l'informatique et des libertés en application des dispositions et selon les modalités prévues par la loi n° 78-17 du 6 janvier 1978 relative à l'informatique, aux fichiers et aux libertés (CPP, art. R. 53-17).

IX Conservation

4366 **Renvoi au pouvoir réglementaire.** L'article 706-54 renvoie à un décret en Conseil d'État, pris après avis de la Commission nationale de l'informatique et des libertés, pour préciser la durée de conservation des informations enregistrées.

4367 **Initialement : trois cas de figure différents.** Les textes initiaux prévoyaient deux délais de conservation de quarante ans et vingt-cinq ans et l'effacement immédiat en cas d'identification d'un cadavre inconnu ou de découverte d'une personne disparue.

4368 **Conventionnalité et constitutionnalité du dispositif.** Les questions de durée de conservation et de possibilité d'effacement par le procureur de la République, d'office ou à la demande de la personne intéressée, ont donné lieu à des contentieux portés devant le Conseil constitutionnel et la Cour européenne des droits de l'homme. Le Conseil constitutionnel a émis une réserve d'interprétation en 2010, considérant qu'il convenait de proportionner la durée de conservation compte tenu de l'objet du fichier, à la nature ou la gravité des infractions concernées tout en adaptant ces modalités aux spécificités de la délinquance des mineurs (Cons. const., 16 sept. 2010, n° 2010-25 QPC).

Par la suite, la Cour de Strasbourg (CEDH, 22 juin 2017, n° 8806/12, *Aycaguer c/ France : AJ pénal* 2017, 391, obs. V. Gautron ; *JCP* G 2017, 773, note F. Sudre ; *Dr. famille* 2017, comm. 198, obs. J.-R. Binet) a jugé excessive la durée de conservation de quarante ans prévue pour les personnes condamnées. Elle a estimé qu'une différenciation était nécessaire selon la gravité des infractions. Elle a déploré l'absence de possibilité d'effacement anticipé pour les personnes condamnées.

4369 **Modification de la réglementation.** C'est en considération de cet arrêt que la loi du 23 mars 2019 a introduit dans le Code de procédure pénale un article 706-54-1 qui autorise l'effacement anticipé.

4370 **Effacement anticipé.** Les règles relatives à l'effacement anticipé résultent tant de l'article 706-54-1 du Code de procédure pénale que des articles R. 53-14-1 à R. 53-14-4.

Les personnes condamnées pour une infraction prévue à l'article 706-55 du Code de procédure pénale et les personnes poursuivies pour une infraction de ce type mais déclarées pénalement irresponsables peuvent demander l'effacement de leurs empreintes génétiques mais seulement à l'expiration des délais de conservation prévus par le règlement, soit vingt-cinq ou quarante ans pour les majeurs et quinze ou vingt-cinq ans pour les mineurs selon l'infraction (V. *infra*, tableau sous n° 4371) (CPP, art. 706-54-1, al. 1, R. 53-14).

Les personnes sur qui pèsent des indices graves ou concordants rendant vraisemblable qu'elles aient commis une infraction prévue à l'article 706-55 du Code de procédure pénale peuvent demander l'effacement de leurs empreintes génétiques au procureur de la République lorsque la conservation de celles-ci n'apparaît plus nécessaire compte tenu de la finalité du fichier (CPP, art. 706-54-1, al. 2). C'est notamment le cas dans l'hypothèse d'une décision de relaxe ou d'acquittement devenue définitive (CPP, art. R. 53-14, 2°), situation dans laquelle le procureur de la République **doit** faire droit à la demande (CPP, art. R. 53-14-2, al. 3).

Lorsque le procureur de la République n'a pas ordonné l'effacement (CPP, art. 706-54-1) ou ne répond pas à la demande d'effacement dans le délai de trois mois à compter de la réception de la demande, un recours est possible devant le président de la chambre de l'instruction. Les articles R. 53-14-2 à R. 53-14-4 réglementent la compétence du procureur de la République, les formes et délais des demandes et des réponses et le recours devant le président de la chambre de l'instruction et en prévoyant une possibilité de pourvoi en cassation si l'ordonnance du président de la chambre de l'instruction ne satisfait pas, en la forme, aux conditions essentielles de son existence légale (CPP, art. R. 53-14-4) (Cass. crim., 19 nov. 2013, n° 12-84.222).

Les ascendants, descendants et collatéraux d'une personne disparue peuvent accepter que leurs empreintes soient enregistrées. Ils ont corrélativement le droit d'en demander l'effacement ce que le procureur de la République doit faire (CPP, art. R. 53-14-2, al. 3).

4371 **Délais de conservation et d'effacement anticipé.** Le décret auquel l'article 706-54-1 du Code de procédure pénale renvoie a été modifié le 29 octobre 2021. La chambre criminelle de la Cour de cassation a d'ailleurs jugé que ce n'est qu'à compter de l'entrée en vigueur des dispositions issues de ce décret que le dispositif français était devenu conforme à la Convention européenne des droits de l'homme (Cass. crim., 8 déc. 2021, n° 20-84.201 , publié au bulletin).

Les articles R. 53-14-1 et suivants du Code de procédure pénale fixent les délais de conservation, les motifs, délais et modalités d'effacement anticipé, comme synthétisé dans le tableau ci-dessous :

Cas visés par R. 53-10	Durée conservation (R. 53-14)	Effacement anticipé (R. 53-14-1)	Demande d'effacement	Personne compétente pour ordonner effacement anticipé	Recours	Délai pour présenter demande d'effacement
I-1° Traces biologiques issues de **personnes inconnues**, recueillies dans le cadre d'une enquête préliminaire, d'une enquête pour crime ou délit flagrant, ou d'une information, relatives à l'une des infractions mentionnées à l'article 706-55.	• 25 ans. • 40 ans quand traces recueillies dans enquête ou information sur infractions graves listées au 4° de R. 53-14.	Données effacées avant l'expiration du délai, quand conservation n'apparaît plus nécessaire compte tenu de la finalité du fichier, notamment en cas de prescription de l'action publique.		Sur instruction du procureur de la République ou du juge d'instruction ou, à leur demande, de l'officier de police judiciaire.		
I-1° bis Traces biologiques issues de **personnes inconnues**, recueillies dans le cadre d'une enquête ou d'une information pour recherche des causes de la mort ou d'une disparition prévue par les articles 74,74-1 et 80-4.	• 25 ans. • 40 ans quand traces recueillies dans enquête ou information sur infractions graves listées au 4° de R. 53-14.	Données effacées avant l'expiration du délai, quand conservation n'apparaît plus nécessaire compte tenu de la finalité du fichier, notamment en cas de prescription de l'action publique.		Sur instruction du procureur de la République ou du juge d'instruction ou, à leur demande, de l'officier de police judiciaire.		

Cas visés par R. 53-10	Durée conservation (R. 53-14)	Effacement anticipé (R. 53-14-1)	Demande d'effacement	Personne compétente pour ordonner effacement anticipé	Recours	Délai pour présenter demande d'effacement
I-2° Échantillons biologiques prélevés dans le cadre d'une enquête préliminaire, d'une enquête pour crime ou délit flagrant, ou d'une information sur les personnes à l'encontre desquelles il existe des **indices graves ou concordants** rendant vraisemblable qu'elles aient commis l'une des infractions mentionnées à l'article 706-55.	• Majeur : 15 ans. • Mineur : 10 ans. Quand empreintes génétiques concernent infractions graves listées au 4° de R. 53-14 : – majeur : 25 ans ; – mineur : 15 ans.	Données effacées avant l'expiration du délai en cas de décision de relaxe ou d'acquittement devenue définitive, dès réception de l'avis l'en informant (l'avis est transmis par le procureur général ou le procureur de la République près la juridiction qui a rendu la décision de relaxe ou d'acquittement dans les délais les plus brefs à compter de la date d'acquisition du caractère définitif de cette décision). Le PR est tenu de faire droit à la demande en cas de relaxe ou d'acquittement (R. 53-14-1, al. 3). Il peut prescrire le maintien des données au fichier en cas de décision de non-lieu, de classement sans suite pour absence d'infraction ou insuffisance de charges ou pour auteur inconnu, sauf lorsque la prescription de l'action publique est acquise.	La demande d'effacement doit, à peine d'irrecevabilité, être adressée, par lettre recommandée avec demande d'avis de réception ou par déclaration au greffe, au procureur de la République de la juridiction dans le ressort de laquelle a été menée la procédure ayant donné lieu à l'enregistrement mais aussi à celui du domicile de l'intéressé, qui la transmet à son collègue compétent.	Sur instruction du procureur de la République de la juridiction dans le ressort de laquelle a été menée la procédure ayant donné lieu à l'enregistrement agissant soit d'office, soit à la demande de l'intéressé.	Si le procureur de la République n'a pas ordonné l'effacement, l'intéressé peut exercer un recours devant le président de la chambre de l'instruction.	

Cas visés par R. 53-10	Durée conservation (R. 53-14)	Effacement anticipé (R. 53-14-1)	Demande d'effacement	Personne compétente pour ordonner effacement anticipé	Recours	Délai pour présenter demande d'effacement
I-3° Traces biologiques issues des **cadavres non identifiés**, recueillies dans le cadre d'une enquête préliminaire, d'une enquête pour crime ou délit flagrant, ou d'une information, relatives à l'une des infractions mentionnées à l'article 706-55, ou dans le cadre d'une enquête ou d'une information pour recherche des causes de la mort prévue par les articles 74 et 80-4.	40 ans	Dès réception de l'avis informant le service gestionnaire de l'identification définitive de la personne décédée. Cet avis est transmis par le service enquêteur ou l'autorité judiciaire compétente dans les délais les plus brefs à compter de la date de survenance de l'événement justifiant l'effacement.				
I-4° Traces et échantillons biologiques issus ou susceptibles d'être issus d'une **personne disparue**, recueillis dans le cadre d'une enquête ou d'une information pour recherche des causes d'une disparition prévue par les articles 74-1 ou 80-4.	40 ans	Dès réception d'un avis informant le service gestionnaire de la découverte de la personne disparue. Cet avis est transmis par le service enquêteur ou l'autorité judiciaire compétente dans les délais les plus brefs à compter de la date de survenance de l'événement justifiant l'effacement.				

Cas visés par R. 53-10	Durée conservation (R. 53-14)	Effacement anticipé (R. 53-14-1)	Demande d'effacement	Personne compétente pour ordonner effacement anticipé	Recours	Délai pour présenter demande d'effacement
I-5° Échantillons biologiques prélevés, avec leur accord, sur les **ascendants ou descendants d'une personne disparue**, dans le cadre d'une enquête ou d'une information pour recherche des causes d'une disparition prévue par les articles 74-1 et 80-4. En cas d'impossibilité ou de refus de prélèvement d'échantillons biologiques sur la mère ou sur le père biologique, des prélèvements peuvent également être réalisés, avec leur accord, sur les **collatéraux** aux deuxième et troisième degrés de la personne disparue, au sens de l'article 743 du Code civil.	40 ans	Dès réception d'un avis informant le service gestionnaire de la découverte de la personne disparue. Cet avis est transmis par le service enquêteur ou l'autorité judiciaire compétente dans les délais les plus brefs à compter de la date de survenance de l'événement justifiant l'effacement.	La demande d'effacement doit, à peine d'irrecevabilité, être adressée, par lettre recommandée avec demande d'avis de réception ou par déclaration au greffe, au procureur de la République de la juridiction dans le ressort de laquelle a été menée la procédure ayant donné lieu à l'enregistrement mais aussi à celui du domicile de l'intéressé, qui la transmet à son collègue compétent.	Le procureur de la juridiction dans le ressort de laquelle a été menée la procédure ayant donné lieu à cet enregistrement doit faire droit à la demande.		

Cas visés par R. 53-10	Durée conservation (R. 53-14)	Effacement anticipé (R. 53-14-1)	Demande d'effacement	Personne compétente pour ordonner effacement anticipé	Recours	Délai pour présenter demande d'effacement
II-1° Échantillons biologiques prélevés sur des personnes définitivement déclarées **coupables** de l'une des infractions mentionnées à l'article 706-55.	• Majeur : 25 ans. • Mineur : 15 ans. Quand les empreintes génétiques concernent les infractions graves listées au 4° de R. 53-14. • Majeur : 40 ans. • Mineur : 25 ans.	Effacement possible sur instruction du procureur de la République, agissant à la demande de l'intéressé.	La demande d'effacement doit, à peine d'irrecevabilité, être adressée, par lettre recommandée avec demande d'avis de réception ou par déclaration au greffe, au procureur de la République de la juridiction dans le ressort de laquelle a été menée la procédure ayant donné lieu à l'enregistrement mais aussi à celui du domicile de l'intéressé, qui la transmet à son collègue compétent.	Procureur de la juridiction dans le ressort de laquelle a été menée la procédure ayant donné lieu à l'enregistrement.		À peine d'irrecevabilité, la demande d'effacement ne peut être adressée qu'à l'issue d'un délai de trois ans quand le délai de conservation est de quinze ans, de sept ans quand ce délai est de vingt-cinq ans et de dix ans quand ce délai est de quarante ans. Ces délais courent à compter de la date d'acquisition du caractère définitif de la décision de culpabilité.

Cas visés par R. 53-10	Durée conservation (R. 53-14)	Effacement anticipé (R. 53-14-1)	Demande d'effacement	Personne compétente pour ordonner effacement anticipé	Recours	Délai pour présenter demande d'effacement
II-2° Échantillons biologiques prélevés sur des personnes poursuivies pour l'une des infractions mentionnées à l'article 706-55 ayant fait l'objet d'une décision définitive d'**irresponsabilité pénale** en application des articles 706-120, 706-125, 706-129, 706-133 ou 706-134.	• 25 ans. • 15 ans pour un mineur. Quand les empreintes génétiques concernent les infractions graves listées au 4° de R. 53-14 : • Majeur : 40 ans. • Mineur : 25 ans.	Peuvent être effacées sur instruction du procureur de la République, agissant à la demande de l'intéressé.	La demande d'effacement doit, à peine d'irrecevabilité, être adressée, par lettre recommandée avec demande d'avis de réception ou par déclaration au greffe, au procureur de la République de la juridiction dans le ressort de laquelle a été menée la procédure ayant donné lieu à l'enregistrement mais aussi à celui du domicile de l'intéressé, qui la transmet à son collègue compétent.	Procureur de la juridiction dans le ressort de laquelle a été menée la procédure ayant donné lieu à l'enregistrement.		À peine d'irrecevabilité, la demande d'effacement ne peut être adressée qu'à l'issue d'un délai de trois ans quand le délai de conservation est de quinze ans, de sept ans quand ce délai est de vingt-cinq ans et de dix ans quand ce délai est de quarante ans. Ces délais courent à compter de la date d'acquisition du caractère définitif de la décision d'irresponsabilité pénale.
III-1° Traces biologiques issues des **cadavres non identifiés** (enregistrement distinct de ceux mentionnés aux I et II).	40 ans	Dès réception de l'avis informant le service gestionnaire de l'identification définitive de la personne décédée. Cet avis est transmis par le service enquêteur ou l'autorité judiciaire compétente dans les délais les plus brefs à compter de la date de survenance de l'événement justifiant l'effacement.				

Cas visés par R. 53-10	Durée conservation (R. 53-14)	Effacement anticipé (R. 53-14-1)	Demande d'effacement	Personne compétente pour ordonner effacement anticipé	Recours	Délai pour présenter demande d'effacement
III-2° Échantillons biologiques issus ou susceptibles d'être issus de **personnes disparues** faisant l'objet de recherches au titre de l'article 26 de la loi n° 95-73 du 21 janvier 1995 d'orientation et de programmation relative à la sécurité et dont la mort est supposée, recueillis dans les lieux qu'elles sont susceptibles d'avoir habituellement fréquentés (enregistrement distinct de ceux mentionnés aux I et II).	40 ans	Dès réception d'un avis informant le service gestionnaire de la découverte de la personne disparue. Cet avis est transmis par le service enquêteur ou l'autorité judiciaire compétente dans les délais les plus brefs à compter de la date de survenance de l'événement justifiant l'effacement.				
III-3° Traces biologiques issues ou susceptibles d'être issues de **victimes de catastrophes naturelles** Enregistrement distinct de ceux mentionnés aux I et II).	40 ans	Dès réception d'un avis informant le service gestionnaire de la découverte de la personne disparue. Cet avis est transmis par le service enquêteur ou l'autorité judiciaire compétente dans les délais les plus brefs à compter de la date de survenance de l'événement justifiant l'effacement.				

Cas visés par R. 53-10	Durée conservation (R. 53-14)	Effacement anticipé (R. 53-14-1)	Demande d'effacement	Personne compétente pour ordonner effacement anticipé	Recours	Délai pour présenter demande d'effacement
III-4° Échantillons biologiques prélevés, avec leur accord, sur **les ascendants ou descendants de victimes de catastrophes naturelles ou de personnes disparues** faisant l'objet de recherches au titre de l'article 26 de la loi du 21 janvier 1995 susmentionnée et dont la mort est supposée. En cas d'impossibilité ou de refus de prélèvement d'échantillons biologiques sur la mère ou sur le père biologique, des prélèvements peuvent également être réalisés, avec leur accord, sur les collatéraux aux deuxième et troisième degrés de la victime de catastrophe naturelle ou de la personne disparue, au sens de l'article 743 du Code civil (enregistrement distinct de ceux mentionnés aux I et II).	40 ans	Dès réception d'un avis informant le service gestionnaire de la découverte de la personne disparue. Cet avis est transmis par le service enquêteur ou l'autorité judiciaire compétente dans les délais les plus brefs à compter de la date de survenance de l'événement justifiant l'effacement.		Le procureur de la juridiction dans le ressort de laquelle a été menée la procédure ayant donné lieu à cet enregistrement doit faire droit à la demande.		

Cas visés par R. 53-10	Durée conservation (R. 53-14)	Effacement anticipé (R. 53-14-1)	Demande d'effacement	Personne compétente pour ordonner effacement anticipé	Recours	Délai pour présenter demande d'effacement
Résultats des analyses d'identification par empreintes génétiques mentionnées aux I et II de l'article R. 53-10 transmis par des **organismes de coopération internationale en matière de police judiciaire ou des services de police étrangers**.	25 ans maximum.	Sur demande de l'organisme ou du service.				

4372 **Calcul du délai.** L'article R. 53-14 prévoit que le délai court, selon les cas, soit de la date d'enregistrement au fichier, soit de la date d'acquisition du caractère définitif de la décision de culpabilité ou de la décision.

4373 **Motifs.** L'article R. 53-14-2 précise que les décisions du procureur de la République ordonnant l'effacement ou le maintien des données sont prises pour des raisons liées à la finalité du fichier, au regard de la nature ou des circonstances de commission de l'infraction ou de la personnalité de la personne concernée.

4374 **Délai pour présenter une nouvelle demande d'effacement.** En cas de refus opposé à une demande d'effacement, aucune nouvelle demande ne peut être formée avant l'expiration d'un délai d'un an à compter du caractère définitif de la décision de refus.

X

Rapprochement et interconnexions

4375 Selon l'article R. 53-19 du Code de procédure pénale, le fichier national automatisé des empreintes génétiques ne peut faire l'objet d'aucune interconnexion ni de rapprochement ou de mise en relation avec un autre traitement automatisé d'informations nominatives, à l'exception :

« 1° Du traitement mis en œuvre par le service central de préservation des prélèvements biologiques mentionné à l'article R. 53-20-1. Ce traitement peut comporter un numéro d'ordre commun avec le fichier national automatisé des empreintes génétiques. Il ne peut, en aucun cas, contenir des résultats d'analyses d'identification par empreintes génétiques ;

2° Du traitement mentionné à l'article R. 15-33-66-4 aux fins de mise à jour du fichier prévu par le présent décret ;

3° Du traitement mentionné à l'article R. 249-9 ;

4° Des traitements automatisés utilisés par les personnes physiques ou morales agréées au titre du décret n° 97-109 du 6 février 1997 précité ayant réalisé les analyses dans les conditions prévues à l'article R. 53-18 ;

5° Des traitements autorisés par les décrets n° 2011-110 du 27 janvier 2011 autorisant la création d'un traitement automatisé de données à caractère personnel dénommé Logiciel de rédaction des procédures de la police nationale (LRPPN) et n° 2011-111 du 27 janvier 2011 autorisant la mise en œuvre par le ministère de l'intérieur (direction générale de la gendarmerie nationale) d'un traitement automatisé de données à caractère personnel d'aide à la rédaction des procédures (LRPGN) ;

6° De la passerelle internationale en matière d'ADN de l'organisation internationale de police criminelle Interpol ».

L'ESSENTIEL 4376 **Objet, finalité.** Le FNAEG a pour objet de centraliser les empreintes génétiques issues de traces biologiques et les empreintes génétiques des personnes déclarées coupables d'un certain nombre d'infractions graves (V. *supra*, n° 4343), énumérées à l'article 706-55 du Code de procédure pénale (V. *supra*, n° 4342), des personnes soupçonnées d'avoir commis ces infractions graves ou d'avoir été poursuivies pour ces infractions et déclarées irresponsables.

4377 Il contient également les empreintes génétiques recueillies à l'occasion des procédures de recherche des causes de la mort ou des causes d'une disparition et des recherches aux fins d'identification de personnes décédées dont l'identité n'a pu être établie prévues par l'article 16-11 du Code civil (V. *supra*, n° 4338).

4378 **Suspects.** Les empreintes de suspects à l'encontre desquels il existe simplement une ou plusieurs raisons plausibles de soupçonner qu'ils ont commis l'une des infractions mentionnées à l'article 706-55 peuvent être rapprochées avec les données incluses dans le fichier mais ne peuvent y être conservées (V. *supra*, n° 4346).

4379 **Prélèvement.** Le pouvoir de prélever les empreintes génétiques qui appartient à l'officier de police judiciaire peut être délégué à des personnes agissant sous son contrôle (V. *supra*, n° 4349). Le prélèvement de traces sur une scène de crime relève des pouvoirs généraux qu'ont les enquêteurs lorsqu'ils procèdent aux constatations.

Le prélèvement peut être fait à partir de matériel biologique qui se serait naturellement détaché du corps de l'intéressé (V. *supra*, n° 4352).

Le prélèvement de cellules par voie buccale peut être réalisé, sur réquisitions écrites du procureur de la République, sans l'accord de la personne concernée si elle a été condamnée pour crime ou déclarée coupable d'un délit puni de dix ans d'emprisonnement ou poursuivie pour un crime ou un délit puni de dix ans d'emprisonnement ayant fait l'objet d'une décision d'irresponsabilité pénale.

Enfin, le fait de refuser de se soumettre au prélèvement biologique, constitue une infraction spécifique qui peut être sanctionnée en plus du fait justifiant le prélèvement (V. *supra*, n° 4353).

4380 **Analyse.** L'analyse d'identification de l'empreinte génétique des personnes sur lesquelles un prélèvement a été effectué, doit être faite par une personne habilitée dans les conditions fixées par l'article 16-12 du Code civil. Si cette personne n'est pas inscrite sur une liste d'experts judiciaires, elle doit prêter par écrit le serment prévu au deuxième alinéa de l'article 60 du Code de procédure pénale.

L'analyse peut aussi être demandée à un service de PTS auquel cas il n'y a pas lieu à prestation de serment. Si la demande émane d'un officier de police judiciaire ou d'un agent de police judicaire il n'y a pas lieu d'établir une réquisition à cette fin (V. *supra*, n° 4355).

4381 **Rapprochement positif.** En cas de rapprochement entre une empreinte contenue dans le fichier et une trace ou une empreinte adressée par l'enquêteur, un rapport est adressé à l'officier de police judiciaire ou au magistrat à l'origine de l'enregistrement de la trace non identifiée. Ces rapprochements n'ayant qu'une valeur indicative, il sera nécessaire de recourir, pour comparaison, à une personne qualifiée ou à un expert selon le cadre juridique de l'enquête (V. *supra*, n° 4355).

4382 **Recherche en parentalité.** Les recherches en parentalité consistant à comparer :
- d'une part, l'empreinte génétique enregistrée dans ce fichier, établie à partir d'une trace biologique issue d'une personne inconnue recueillie sur une scène d'infraction ;
- avec d'autre part, les empreintes génétiques des personnes mises en cause ou déclarées coupables ou irresponsables enregistrées au FNAEG, en application des alinéas 1 et 2 de l'article 706-54 du Code de procédure pénale ;
- afin d'identifier un éventuel parent de l'individu à l'origine de la trace inconnue, susceptible d'être victime ou auteur d'un crime sont autorisées par la loi mais limitées aux seuls crimes prévus par l'article 706-55 du Code de procédure pénale et aux personnes pouvant être apparentées en ligne directe (V. *supra*, n° 4356).

4383 **Portrait-robot génétique.** La jurisprudence a admis la validité du « portrait-robot génétique » consistant à analyser des traces biologiques relevées sur des victimes, qui n'avaient pas permis l'identification de l'auteur des faits par ses empreintes génétiques, afin qu'en soient extraites les données essentielles à partir de l'ADN et que soient fournis tous renseignements relatifs au caractère morphologique apparent du suspect (V. *supra*, n° 4357).

4384 **Enregistrement.** La décision d'enregistrement appartient, selon les cas, à l'officier de police judiciaire, d'office ou à la demande du procureur de la République ou du juge d'instruction, au procureur de la République ou au procureur général ou au procureur de la République seul, selon les modalités synthétisées dans le tableau figurant au n° 4344.

4385 **Accès.** L'accès direct au FNAEG est réservé aux personnels du service national de police scientifique de la police nationale et à ceux de la gendarmerie nationale, spécialement affectés dans le service mettant en œuvre le traitement, et dûment habilités.

Les enquêteurs ne peuvent y accéder directement que pour vérifier si y figure l'état civil d'une personne susceptible de faire l'objet d'un prélèvement biologique et ils ne peuvent pas consulter d'autres données.

Les personnels affectés au service central de préservation des prélèvements biologiques et dûment habilités peuvent accéder directement aux données enregistrées dans le fichier, à l'exception de celles relatives aux résultats d'analyse (V. *supra*, n° 4360).

4386 **Durée de conservation.** Les données peuvent être conservées pour des périodes variables pouvant, dans certains cas, aller jusqu'à quarante ans et peuvent être effacées par anticipation selon des modalités résumées *supra*, n° 4371.

Fiche 75

Le fichier automatisé des empreintes digitales (FAED)

Sommaire

4387 Il a été créé et est régi par le décret n° 87-249 du 8 avril 1987 qui a été modifié à de nombreuses reprises, notamment pour tenir compte de décisions rendues par la Cour européenne des droits de l'homme.

I Finalité du fichier

4388 Le traitement est autorisé :

– en vue de **faciliter la recherche et l'identification**, par les services de la police nationale et les unités de la gendarmerie nationale ainsi que par le service national de la douane judiciaire, des **auteurs de crimes et de délits** et de faciliter la **poursuite, l'instruction et le jugement des affaires criminelles et délictuelles** dont l'autorité judiciaire est saisie ;

– en vue de **faciliter la recherche et la découverte des mineurs et majeurs protégés disparus** ainsi que celles des **majeurs dont la disparition présente un caractère inquiétant ou suspect** eu égard aux circonstances, à l'âge de l'intéressé ou à son état de santé ;

– en vue de faciliter l'**identification** dans un cadre judiciaire des **personnes décédées** ainsi que l'identification des **personnes découvertes grièvement blessées** dont l'identité n'a pu être établie ;

– en vue de faciliter **l'identification dans un cadre extrajudiciaire des personnes décédées**.

Le fichier peut également être consulté :

– en vue de permettre l'**identification d'un étranger** dans les conditions prévues à l'article L. 611-4 du Code de l'entrée et du séjour des étrangers et du droit d'asile ;

– en vue de permettre **l'identification des personnes dans le cadre de la procédure de vérification d'identité** de l'article 78-3 du Code de procédure pénale.

II

Gestionnaire du fichier

4389 Le traitement est mis en œuvre par le service national de police scientifique au ministère de l'Intérieur.

III

Contenu

4390 **Traces et empreintes.** Sont enregistrées dans le fichier, d'une part, des traces et, d'autre part, des empreintes.

A Traces

4391 Peuvent être enregistrées :
– les traces relevées dans le cadre :
a) d'une enquête pour crime ou délit flagrant,
b) d'une enquête préliminaire,
c) d'une commission rogatoire,
d) d'une enquête ou d'une information pour recherche des causes de la mort ou d'une disparition, prévue par les articles 74,74-1 et 80-4 du Code de procédure pénale,
e) d'une enquête consécutive à la découverte d'une personne grièvement blessée, lorsque la cause de ses blessures est inconnue ou suspecte, prévue par l'article 74 du Code de procédure pénale,
f) de l'exécution d'un ordre de recherche délivré par une autorité judiciaire ;
– peuvent également l'être : les **traces** et les empreintes digitales et palmaires **transmises** par des **organismes de coopération internationale** en matière de police judiciaire ou **des services de police étrangers** en application d'engagements internationaux. Les échanges, dans le cadre du traité de Prüm, se font dans des conditions comparables à celles régissant les échanges de données génétiques (V. *supra*, n° 4361).

B Empreintes

4392 **Peuvent être enregistrées :**
– les **empreintes** digitales et palmaires relevées dans le cadre d'une **enquête** pour crime ou délit flagrant, d'une enquête préliminaire, d'une commission rogatoire ou de l'exécution d'un **ordre de recherche** délivré par une autorité judiciaire, lorsqu'elles concernent des personnes à l'encontre desquelles il existe des **indices graves ou concordants** rendant vraisemblable qu'elles aient pu participer, comme auteur ou comme complice, à la commission d'un **crime ou d'un délit,** ou des **personnes mises en cause** dans une procédure criminelle ou délictuelle, dont **l'identification** certaine s'avère **nécessaire** ;
– les **empreintes** digitales et palmaires relevées sur les **cadavres non identifiés** et les **personnes** découvertes grièvement **blessées** dont **l'identité n'a pu être établie**, dans le cadre d'une enquête pour crime ou délit flagrant, d'une enquête préliminaire, d'une commission rogatoire, d'une enquête ou d'une information pour recherche des causes de la mort ou d'une enquête consécutive à la découverte d'une personne grièvement blessée, lorsque la cause de ses blessures est inconnue ou suspecte, prévue par les articles 74 et 80-4 du Code de procédure pénale ;
– les **empreintes** digitales et palmaires relevées dans les **établissements pénitentiaires**, en vue de s'assurer de manière certaine de l'identité des détenus qui font l'objet d'une procédure pour crime ou délit et d'établir les cas de récidive ;
– les traces et les **empreintes** digitales et palmaires transmises par des **organismes de coopération internationale** en matière de police judiciaire ou **des services de police étrangers** en application d'engagements internationaux ;
– les **empreintes** digitales et palmaires relevées en application des articles L. 2223-42 du Code général des collectivités territoriales et 87 du Code civil et du décret n° 2012-125 du 30 janvier 2012 relatif à la procédure extrajudiciaire d'identification des **personnes décédées**.

C Informations complémentaires pouvant être enregistrées

4393 **Pour les empreintes.** Les empreintes digitales et palmaires enregistrées sont accompagnées des informations suivantes :
1° le sexe de la personne et, lorsqu'ils sont connus, ses nom, prénoms, date et lieu de naissance et éléments de filiation ;
2° le service ayant procédé à la signalisation ;
3° la date et le lieu d'établissement de la fiche signalétique ;
4° la nature de l'affaire et la référence de la procédure.
5° les clichés anthropométriques.

4394 **Pour les traces.** Les traces d'empreintes enregistrées sont accompagnées des informations suivantes :
1° le lieu sur lequel elles ont été relevées, ainsi que la date du relevé ;
2° le service ayant procédé au relevé des traces ;
3° la date et le lieu d'établissement de la fiche supportant la reproduction des traces papillaires ;
4° la nature de l'affaire et la référence de la procédure ;
5° l'origine de l'information et la date de son enregistrement dans le traitement ;
6° pour les empreintes transmises dans le cas prévu au 5° de l'article 3, l'origine de l'information et la date de son enregistrement dans le traitement.

IV Prélèvements

4395 **En flagrance.** L'article 55-1 du Code de procédure pénale prévoit les conditions de prélèvement en énonçant que :

> « L'officier de police judiciaire peut procéder, ou faire procéder sous son contrôle, sur toute personne susceptible de fournir des renseignements sur les faits en cause ou sur toute personne à l'encontre de laquelle il existe une ou plusieurs raisons plausibles de soupçonner qu'elle a commis ou tenté de commettre l'infraction, aux opérations de prélèvements externes nécessaires à la réalisation d'examens techniques et scientifiques de comparaison avec les traces et indices prélevés pour les nécessités de l'enquête.
> Il procède, ou fait procéder sous son contrôle, aux opérations de relevés signalétiques et notamment de prise d'empreintes digitales, palmaires ou de photographies nécessaires à l'alimentation et à la consultation des fichiers de police selon les règles propres à chacun de ces fichiers ».

Et la sanction du refus au 4e alinéa :

> « Le refus, par une personne à l'encontre de laquelle il existe une ou plusieurs raisons plausibles de soupçonner qu'elle a commis ou tenté de commettre une infraction, de se soumettre aux opérations de prélèvement, mentionnées aux premier et deuxième alinéas ordonnées par l'officier de police judiciaire est puni d'un an d'emprisonnement et de 15 000 euros d'amende ».

4396 **En enquête préliminaire.** Au cours d'une enquête préliminaire, c'est au procureur de la République qu'il revient de faire procéder aux prélèvements ou d'autoriser l'officier de police judiciaire ou l'agent de police judiciaire à y procéder (CPP, art. 76-2).

4397 **Sur commission rogatoire.** Au cours d'une instruction, l'officier de police judiciaire peut faire procéder aux opérations de prélèvements externes prévues par l'article 55-1 et procéder, ou faire procéder sous son contrôle, aux opérations de relevés signalétiques et notamment de prise d'empreintes digitales, palmaires ou de photographies nécessaires à l'alimentation et à la consultation des fichiers de police selon les règles propres à chacun de ces fichiers. Le refus de prélèvement est, là aussi, incriminé pénalement (CPP, art. 154-1).

4398 **L'article D. 15-5-1-1 du Code de procédure pénale.** Ce texte permet que les opérations prévues par l'article 55-1 soient effectuées, sur instruction d'un officier de police judiciaire, par un agent de police judiciaire, ou par un agent spécialisé, technicien ou ingénieur de police technique et scientifique. Lorsque ceux-ci procèdent aux prélèvements et au placement sous scellés des échantillons biologiques, des objets et des traces et indices utiles à la manifestation de la vérité, aux fins d'examens techniques et scientifiques, ils doivent en dresser inventaire et en faire mention dans leur rapport.

4399 **Recours à la contrainte.** La loi n° 2022-52 du 24 janvier 2022 a ajouté un alinéa 4 à l'article 55-1

qui permet, dans certains cas, de recourir à la contrainte pour relever les empreintes digitales ou palmaires d'une personne ou la prendre en photo. Il faut que :
– que la prise d'empreintes digitales ou palmaires ou d'une photographie constitue l'unique moyen d'identifier la personne entendue ;
– que cette personne soit entendue sous le régime de l'audition libre ou de la garde à vue ;
– que l'audition ait lieu pour un crime ou un délit puni d'au moins trois ans d'emprisonnement ;
– que la personne refuse de justifier de son identité ou fournisse des éléments d'identité manifestement inexacts ;
– que l'officier de police judiciaire présente au procureur une demande motivée ;
– que le procureur de la République délivre une autorisation écrite ;
– que le recours à la contrainte soit strictement nécessaire et mis en œuvre de manière proportionnée ;
– que ce recours soit le fait de l'officier de police judiciaire ou, sous son contrôle, d'un agent de police judiciaire ;
– que l'officier de police judiciaire ou l'agent de police judiciaire tienne compte, s'il y a lieu, de la vulnérabilité de la personne ;
– que soit dressé un procès-verbal, qui mentionne les raisons pour lesquelles le recours à la contrainte constitue l'unique moyen d'identifier la personne ainsi que le jour et l'heure auxquels il y est procédé ;
– qu'une copie du procès-verbal soit remise à l'intéressé ;
– que le procès-verbal soit transmis au procureur de la République.
Bien que le texte n'en dise rien, on peut penser que si la signalisation est nécessaire dans le cadre d'une information, ce sera au juge d'instruction de délivrer l'autorisation demandée par l'enquêteur.

V

Alimentation du fichier

4400 Le décret ne donne pas d'indication sur ce point, se bornant à indiquer quelles traces et empreintes sont enregistrées au fichier.
Selon le rapport parlementaire établi par Mme Batho et M. Benisti en 2009, l'envoi des fiches papier par courrier aux centres d'alimentation du FAED pour saisie manuelle avait peu à peu été remplacé par l'envoi direct depuis les commissariats grâce des terminaux de signalisation (bornes T1, présentes dans 52 sites traitant un haut volume de signalisation et d'une valeur unitaire de 75 000 €, permettant la capture sans encrage sur un bloc optique et la numérisation immédiate des relevés dactyloscopiques et bornes T4, au nombre de 251 et d'une valeur unitaire de 15 000 €, offrant seulement une faculté de numérisation des fiches papiers).
Les mêmes parlementaires, dans un rapport de 2011, saluaient la mise en œuvre d'une recommandation de leur précédent rapport tendant au déploiement dans les unités de la gendarmerie nationale de bornes T1 et T4.
Les évolutions techniques intervenues depuis ont permis à la gendarmerie nationale de mettre en place, dans ses unités, des bornes T 41 composées d'un poste informatique et d'un scanner d'acquisition des empreintes qui permet l'insertion de celles-ci dans le FAED et d'accéder à la base.

4401 Le législateur, par la loi n° 2023-22 du 24 janvier 2023 a inséré dans l'article 55-1 du Code de procédure pénale un alinéa prévoyant que « L'officier de police judiciaire peut également procéder, ou faire procéder sous son contrôle, aux opérations permettant l'enregistrement, la comparaison et l'identification des traces et des indices ainsi que des résultats des opérations de relevés signalétiques dans les fichiers mentionnés au deuxième alinéa, selon les règles propres à chacun de ces fichiers », pour dispenser les enquêteurs de devoir adresser une réquisition aux personnels PTS en charge de la gestion du fichier automatisé des empreintes digitales (FAED) en vue de son alimentation de l'empreinte digitale révélée et d'une comparaison avec les traces et les empreintes des personnes déjà enregistrées dans le fichier (Sénat, projet de loi d'orientation et de programmation du ministère de l'intérieur, rapport n° 876 enregistré à la présidence le 7 sept. 2022).

VI Accès

4402 **Par les personnes dont les empreintes sont enregistrées.** L'article 6 du décret du 8 avril 1987 prévoit que le droit d'accès prévu par les articles 39 et 40 de la loi n° 78-17 du 6 janvier 1978 s'exerce auprès du chef du service national de police scientifique au ministère de l'Intérieur, place Beauvau, Paris (8e).
Il en va de même du droit de rectification.
En revanche, le droit d'opposition prévu par l'article 38 de la loi du 6 janvier 1978 susvisée ne s'applique pas au présent traitement.

> **À NOTER** Bien que l'article 38 de la loi du 6 janvier 1978 relatif au droit d'opposition et les articles 39 et 40 de la même loi relatifs au droit d'accès n'aient plus trait à ces sujets depuis que cette loi a été réformée, le texte de l'article 6 du décret n'a pas été changé alors pourtant que le décret a connu une modification postérieurement à celle de la loi « Informatique et libertés ».

4403 **Accès par les enquêteurs.** Les fonctionnaires et militaires individuellement désignés et habilités des services d'identité judiciaire de la police nationale, du service central de renseignement criminel de la gendarmerie nationale ainsi que des unités de recherches de la gendarmerie nationale **peuvent seuls avoir accès** aux données à caractère personnel et aux informations contenues dans le traitement (V. *supra*, nos 4077, 4078, 4079) :
1° pour procéder aux opérations d'identification à la demande de l'autorité judiciaire, des officiers de police judiciaire de la police nationale ou de la gendarmerie nationale, ou des agents des douanes habilités à effectuer des enquêtes judiciaires en vertu des dispositions de l'article 28-1 du Code de procédure pénale ;
2° pour procéder aux opérations d'identification à la demande de l'autorité judiciaire, des fonctionnaires de la police ou des militaires de la gendarmerie dans le cadre des recherches aux fins d'identification des personnes décédées prévues aux articles L. 2223-42 du Code général des collectivités territoriales et 87 du Code civil et du décret n° 2012-125 du 30 janvier 2012 relatif à la procédure extrajudiciaire d'identification des personnes décédées ;
3° pour procéder aux opérations d'identification à la demande des officiers de police judiciaire de la police nationale ou de la gendarmerie nationale en vertu des dispositions des articles L. 611-1-1, L. 611-3 et L. 611-4 du Code de l'entrée et du séjour des étrangers et du droit d'asile ;
4° pour procéder aux opérations d'identification à la demande des officiers de police judiciaire de la police nationale ou de la gendarmerie nationale en vertu des dispositions de l'article 78-3 du Code de procédure pénale (D. 8 avr. 1987, art. 8).
La première chambre civile de la Cour de cassation juge qu'au regard de l'ingérence dans le droit au respect de la vie privée que constituent la conservation dans un fichier automatisé des empreintes digitales d'un individu identifié ou identifiable et la consultation de ces données, l'habilitation des agents est une garantie institutionnelle édictée pour la protection des libertés individuelles, de sorte que, s'il ne résulte pas des pièces du dossier que l'agent ayant consulté les fichiers d'empreintes était expressément habilité à cet effet, la procédure se trouve entachée d'une nullité d'ordre public, sans que l'étranger qui l'invoque ait à démontrer l'existence d'une atteinte portée à ses droits (Cass. 1re civ., 14 oct. 2020, n° 19-19.234).
S'il y a contestation sur l'habilitation de l'enquêteur à accéder à des fichiers biométriques à l'occasion d'une retenue pour vérification du droit de circulation et de séjour, il incombe au juge de vérifier s'il résulte des actes de la procédure, notamment des mentions, faisant foi jusqu'à preuve contraire, du procès-verbal contenant le résultat de la consultation des fichiers, que le fonctionnaire de police les ayant consultés était expressément habilité à cet effet (Cass. 1re civ., 17 oct. 2018, n° 17-16.852).

4404 La modification de l'article 55-1 du Code de procédure pénale (V. *supra*, n° 4401) devrait dispenser les enquêteurs de devoir délivrer une réquisition au gestionnaire du FAED pour obtenir la comparaison entre une trace découverte sur les lieux d'une infraction ou prélevée sur un suspect avec les traces et les empreintes des personnes déjà enregistrées dans le fichier.

4405 **Enquêteurs destinataires des résultats des identifications.**

« I. – Les officiers de police judiciaire de la police nationale ou de la gendarmerie nationale et les agents des douanes mentionnés à l'article précédent sont **destinataires des résultats des opérations**

d'identification dont ils ont demandé la réalisation en vue des finalités définies à l'article 1er dans le cadre et pour les besoins exclusifs des procédures judiciaires dont ils sont saisis.
II. – Les officiers de police judiciaire de la police nationale ou de la gendarmerie nationale sont destinataires des résultats des opérations d'identification dont ils ont demandé la réalisation à raison de leurs attributions, dans le cadre et pour les besoins exclusifs :
1° Des recherches aux fins d'identification des personnes décédées effectuées en application des articles L. 2223-42 du code général des collectivités territoriales et 87 du code civil et du décret n° 2012-125 du 30 janvier 2012 relatif à la procédure extrajudiciaire d'identification des personnes décédées ;
2° Des procédures d'identification prévues aux articles L. 611-1-1, L. 611-3 et L. 611-4 du code de l'entrée et du séjour des étrangers et du droit d'asile dont ils sont saisis ;
3° Des mesures de vérification d'identité de l'article 78-3 du code de procédure pénale » (D. 8 avr. 1987, art. 8-1).

VII
Contrôle

4406 Le traitement est placé sous le contrôle du procureur général près la cour d'appel dans le ressort de laquelle est situé le service gestionnaire. Celui-ci étant le service national de police scientifique dont le siège est à Écully, le magistrat compétent est le procureur général près la cour d'appel de Lyon.
Il peut d'office et sans préjudice du contrôle effectué par la Commission nationale de l'informatique et des libertés en application de la loi du 6 janvier 1978, ordonner l'effacement des informations dont la conservation ne paraîtrait manifestement plus utile compte tenu de la finalité du traitement. L'autorité gestionnaire du fichier adresse à ce magistrat ainsi qu'à la Commission nationale de l'informatique et des libertés un rapport annuel d'activité mentionnant notamment les résultats des opérations de mise à jour et d'apurement du fichier (D. 8 avr. 1987, art. 7).

4407 **Rappel à l'ordre du ministère de l'Intérieur par la CNIL.** Le site Internet de la CNIL fait état de ce qu'elle a, le 24 septembre 2021, rappelé le ministère de l'Intérieur à l'ordre dans les circonstances suivantes :

« À l'issue de contrôles effectués auprès des services de la police technique et scientifique et de juridictions (tribunaux judiciaires et cours d'appel), la formation restreinte, organe de la CNIL chargé de prononcer les sanctions, a décidé de publiquement rappeler à l'ordre le ministère de l'Intérieur.
Cinq manquements concernant la manière dont étaient traitées les données du FAED ont été relevés par la CNIL :
– la conservation, dans le fichier, de données non prévues par les textes ;
– la conservation de données pendant une durée excédant celle prévue par les textes ;
– la conservation de données relatives à des personnes ayant bénéficié d'un acquittement, d'une relaxe, d'un non-lieu ou d'un classement sans suite ;
– une sécurité des données insuffisante en raison d'un mot de passe peu robuste ;
– l'absence d'information des personnes concernées.
Bien que le ministère de l'Intérieur ait entamé des travaux sur la plupart des manquements, la formation restreinte a néanmoins considéré les moyens engagés comme insuffisants. En conséquence, elle a également décidé d'adopter plusieurs injonctions à l'encontre du ministère.
La CNIL a ainsi enjoint au ministère de l'Intérieur de :
– supprimer les fiches d'un ancien "fichier manuel" qui aurait dû être détruit ;
– effacer les données dont la collecte n'est pas prévue par le décret FAED ;
– supprimer les fiches dont la durée de conservation est atteinte ;
– s'assurer que les décisions de relaxe, d'acquittement et de correctionnalisation (lorsqu'un crime est requalifié en délit) soient répercutées dans le FAED ;
– s'assurer que les décisions de non-lieu et de classement sans suite soient répercutées dans le FAED uniquement en cas de décision expresse du procureur de la République ;
– renforcer la sécurité de la connexion au FAED ;
– délivrer une information aux personnes dont les empreintes sont versées au FAED.
Le ministère doit se mettre en conformité sur ces points au plus tard le 31 octobre 2021, sauf en ce qui concerne la suppression du "fichier manuel" qui devra intervenir le 31 décembre 2022 ».

VIII Conservation, effacement

4408 **L'arrêt *M.K.* c/ *France* de la Cour européenne des droits de l'homme.** La Cour européenne des droits de l'homme a condamné la France pour violation de l'article 8 de la Convention par une décision du 18 avril 2013 (CEDH, 18 avr. 2013, n° 19522/09, *M.K.* c/ *France* : *RSC* 2013, 666, obs. Roets) en estimant « que l'État défendeur a outrepassé sa marge d'appréciation en la matière, le régime de conservation dans le fichier litigieux des empreintes digitales de personnes soupçonnées d'avoir commis des infractions mais non condamnées, tel qu'il a été appliqué au requérant en l'espèce, ne traduisant pas un juste équilibre entre les intérêts publics et privés concurrents en jeu. Dès lors, la conservation litigieuse s'analyse en une atteinte disproportionnée au droit du requérant au respect de sa vie privée ». À cette date la conservation des données était régie par un texte prévoyant la conservation pendant une durée maximale de vingt-cinq ans, sauf effacement préalable par le procureur de la République à la demande de l'intéressé. C'est à la suite de cette décision que le décret de 1987 a été modifié par un décret n° 2015-1580 du 2 décembre 2015 qui, selon sa notice, précise les finalités pour lesquelles le traitement automatisé de traces et empreintes digitales et palmaires est autorisé, limite aux seuls crimes et délits le champ infractionnel dans le cadre duquel il est possible de recourir au traitement, précise les données pouvant être enregistrées suivant le cadre juridique du recueil ainsi que les conditions d'accès des différents services aux données, garantit un droit effectif à l'effacement des données personnelles des personnes ayant bénéficié d'un acquittement, d'une relaxe, d'un classement sans suite ou d'un non-lieu avant la fin des vingt-cinq ans correspondant à la durée de conservation maximale des données, module les durées de conservation des traces et empreintes au regard de la gravité de l'infraction et de la qualité de la personne, selon notamment qu'elle est majeure ou mineure, et ce pour satisfaire aux critiques retenues par la Cour européenne pour aboutir au constat de violation de l'article 8.

A Conservation

4409 L'article 5 du décret du 8 avril 1987 distingue trois durées de conservation maximum de dix, quinze et vingt-cinq ans.

La durée de dix ans n'est prévue que pour des mineurs.

La durée peut être portée de quinze à vingt-cinq ans sur décision du magistrat ou en considération du type d'enquête et de l'infraction à l'occasion de laquelle les traces ou empreintes ont été relevées.

4410 **Le texte.**

« Les traces, empreintes digitales et palmaires et les informations liées sont conservées suivant les durées maximales détaillées ci-dessous s'il n'a pas été préalablement procédé à leur effacement dans les conditions prévues aux articles 7,7-1 et 7-2 du présent décret.

1° Les traces mentionnées au 1° de l'article 3 et les informations liées sont conservées pendant une durée maximale de quinze ans à compter de l'établissement de la fiche signalétique.

Toutefois, la durée de conservation est portée à vingt-cinq ans :

a) Sur décision du procureur de la République ou, en cours d'information, du juge d'instruction ; ou

b) Lorsque ces traces relatives à des personnes inconnues ont été relevées dans le cadre :

– d'une enquête ou d'une instruction préparatoire relative soit à un crime, soit à un délit mentionné aux articles 706-47 ou 706-73 du code de procédure pénale ; ou

– d'une enquête ou d'une information pour recherche des causes de la mort ou d'une disparition prévue par les articles 74,74-1 et 80-4 du code de procédure pénale ; ou

– d'une enquête consécutive à la découverte d'une personne grièvement blessée, lorsque la cause de ses blessures est inconnue ou suspecte, prévue par l'article 74 du code de procédure pénale ;

2° Les empreintes digitales et palmaires mentionnées au 2° de l'article 3 du présent décret et les informations liées sont conservées durant **quinze** ans à compter de l'établissement de la fiche signalétique ou, si elles ont été relevées sur une personne mineure, durant **dix** ans ;

Toutefois lorsqu'elles ont été relevées dans le cadre d'une enquête relative soit à un crime, soit à un délit mentionné aux articles 706-47 ou 706-73 du code de procédure pénale, la durée de conservation est portée à **vingt-cinq** ans ou, si elles ont été relevées sur une personne mineure, à **quinze** ans ;

3° Les empreintes digitales et palmaires mentionnées au 3° de l'article 3 du présent décret et les

informations liées sont conservées pendant **vingt-cinq** ans à compter de l'établissement de la fiche signalétique ;
4° Les empreintes digitales et palmaires mentionnées au 4° de l'article 3 du présent décret et les informations liées sont conservées durant **quinze** ans à compter de l'établissement de la fiche signalétique ou, si elles ont été relevées sur une personne mineure, durant **dix** ans ;
Toutefois lorsque la personne concernée est détenue dans le cadre d'une procédure relative soit à un crime, soit à un délit mentionné aux articles 706-47 ou 706-73 du code de procédure pénale, la durée de conservation est portée à **vingt-cinq** ans ou, si elles ont été relevées sur une personne mineure, à **quinze** ans ;
5° Les traces et empreintes digitales et palmaires mentionnées au 5° de l'article 3 du présent décret et les informations liées sont conservées durant **vingt-cinq** ans ou, si elles concernent une personne mineure, durant **quinze** ans à compter de l'établissement de la fiche signalétique ;
6° Les empreintes digitales et palmaires mentionnées au 6° de l'article 3 du présent décret et les informations liées sont conservées **vingt-cinq** ans à compter de leur date d'enregistrement dans le traitement ».

B Effacement

4411 Article 7-1 du décret du 8 avril 1987.
« I. – Sont effacées par le service gestionnaire :
1° Les traces et informations mentionnées au d du 1° de l'article 3, dès réception par ce service d'un avis l'informant de la découverte de la personne disparue ;
2° Les empreintes et informations mentionnées au 2° de l'article 3, dès réception par le service gestionnaire d'un avis l'informant du décès de la personne concernée ;
3° Les empreintes et informations mentionnées au 3° de l'article 3, dès réception par le service gestionnaire d'un avis l'informant de l'identification de la personne grièvement blessée ou décédée ;
4° Les traces et empreintes mentionnées au 5° de l'article 3 sur demande dudit organisme ou service ou parce que le service gestionnaire a été informé du décès de la personne en cause ou de sa découverte, lorsqu'il s'agit d'une personne disparue ;
5° Les empreintes et informations mentionnées au 6° de l'article 3, dès réception par le service gestionnaire d'un avis l'informant de l'identification de la personne décédée ;
6° Les empreintes et informations liées en cas de décision de relaxe ou d'acquittement devenue définitive, dès réception de l'avis en informant le service gestionnaire.
II. Les empreintes et informations liées sont effacées en cas de décision de non-lieu, de classement sans suite pour absence d'infraction ou insuffisance de charges ou pour auteur inconnu, sauf si le procureur de la République estime que leur conservation apparaît nécessaire pour des raisons liées à la finalité du fichier au regard de la nature ou des circonstances de commission de l'infraction ou de la personnalité de la personne concernée.
Le procureur de la République ne peut s'opposer à l'effacement lorsque la prescription de l'action publique est acquise.
III. Les empreintes et informations mentionnées aux 2° et 4° de l'article 3 sont effacées à la demande de l'intéressé, lorsque leur conservation n'apparaît plus nécessaire pour des raisons liées à la finalité du fichier au regard de la nature ou des circonstances de commission de l'infraction ou de la personnalité de la personne concernée ».

4412 Procédure. Toute demande d'effacement doit, à peine d'irrecevabilité, être adressée par lettre recommandée avec demande d'avis de réception ou par déclaration au greffe. Cette demande est directement adressée au procureur de la République compétent, qui est celui de la juridiction dans le ressort de laquelle a été menée la procédure ayant donné lieu à cet enregistrement. Elle peut également être adressée au procureur de la République du domicile de l'intéressé, qui la transmet au procureur de la République compétent.
Le magistrat compétent fait connaître sa décision à l'intéressé, par lettre recommandée avec demande d'avis de réception, dans un délai de trois mois à compter de la réception de la demande soit par lui-même, soit par le procureur de la République du domicile de l'intéressé.
À défaut de réponse dans ce délai, ou si le magistrat n'ordonne pas l'effacement, l'intéressé peut saisir aux mêmes fins le juge des libertés et de la détention dans un délai de dix jours, à compter de l'expiration du délai prévu à l'alinéa précédent ou de la réception par le requérant de la décision du procureur de la République, par lettre recommandée avec demande d'avis de réception ou par déclaration au greffe.
Après avoir sollicité les réquisitions écrites du procureur de la République, le juge des libertés et de la détention statue par ordonnance motivée dans un délai de deux mois, à compter de la date de réception ou de la déclaration au greffe de la demande d'effacement formée devant lui. L'ordonnance est notifiée au procureur de la République et, par lettre recommandée avec demande d'avis de réception, à l'intéressé.
Faute pour le juge des libertés et de la détention de statuer dans le délai de deux mois ou en cas

d'ordonnance refusant l'effacement, l'intéressé peut, dans un délai de dix jours à compter de l'expiration du délai prévu à l'alinéa précédent ou de la notification à la personne de l'ordonnance du juge des libertés et de la détention, saisir le président de la chambre de l'instruction, par lettre recommandée avec accusé de réception ou par déclaration au greffe. À peine d'irrecevabilité, sa contestation doit être motivée.

En cas d'ordonnance prescrivant l'effacement, le procureur de la République peut également, dans un délai de dix jours à compter de la date de la notification de l'ordonnance du juge des libertés et de la détention, contester cette décision devant le président de la chambre de l'instruction. Cette contestation suspend l'exécution de la décision.

Le président de la chambre de l'instruction statue, après avoir sollicité les réquisitions écrites du procureur général, par une ordonnance motivée, dans un délai de trois mois à compter de la date de réception de la lettre recommandée ou de la déclaration au greffe par le requérant, ou de la date de la contestation par le procureur de la République de l'ordonnance du juge des libertés et de la détention. Cette ordonnance est notifiée au procureur de la République et, par lettre recommandée avec demande d'avis de réception, à l'intéressé. Elle ne peut faire l'objet d'un pourvoi en cassation que si elle ne satisfait pas, en la forme, aux conditions essentielles de son existence légale (D. n° 2015-1580, 2 déc. 2015, art. 7-2. – Cass. crim., 1 oct. 2008, n° 07-87.231), la Cour de cassation faisant parfois appel à la notion d'excès de pouvoir (Cass. crim., 10 avr. 2018, n° 17-84.674 : *Bull. crim.* n° 68 ; *Procédures* 2018, comm. 190, note A.-S. Chavent-Leclère. – Cass. crim., 19 juin 2018, n° 17-85.864).

IX

Interconnexion

4413 Le FAED ne peut faire l'objet d'aucune interconnexion, rapprochement ou d'aucune autre forme de mise en relation avec un autre traitement automatisé de données à caractère personnel, à l'exception du traitement visé à l'article 48-1 du Code de procédure pénale [Cassiopée] aux seules fins d'alimentation et de mise à jour du fichier prévu par le décret relatif au FAED.

Mais par dérogation aux articles 8 et 9, les données enregistrées dans le fichier automatisé des empreintes digitales, à l'exclusion de celles enregistrées au titre du 6° de l'article 3, peuvent être consultées, en vue notamment de faire l'objet de rapprochements, par les agents d'organismes de coopération internationale en matière de police judiciaire ou par les agents des services de police ou de justice d'États étrangers, aux fins et dans les conditions prévues :

1° par le traité relatif à l'approfondissement de la coopération transfrontalière, notamment en vue de lutter contre le terrorisme, la criminalité transfrontalière et la migration illégale, signé à Prüm le 27 mai 2005 ;

2° par tout acte pris en application du titre V du Traité sur le fonctionnement de l'Union européenne et poursuivant des buts analogues, en tout ou partie, à ceux du traité mentionné au 1° ;

3° par tout engagement liant, aux fins et dans les conditions définies à l'article L. 235-1 du Code de la sécurité intérieure, la France à des organismes internationaux ou à des États étrangers, lorsque ces organismes et ces États assurent à la vie privée, aux libertés et aux droits fondamentaux des personnes à l'égard de données à caractère personnel un niveau de protection suffisant au sens de l'article 68 de la loi n° 78-17 du 6 janvier 1978 relative à l'informatique, aux fichiers et aux libertés.

Sous réserve des règles particulières prévues par les actes et accords mentionnés aux 2° et 3° de l'article 9-1, les opérations réalisées en vertu de ces dispositions :

1° sont le fait d'agents spécialement habilités à cet effet par les organismes internationaux ou États requérants ;

2° font l'objet, de la part de ces agents, de demandes préalables motivées ;

3° donnent lieu à la mise en place, par le gestionnaire du traitement, d'un dispositif permettant de retracer, par enregistrement informatique, la consultation du fichier.

4414 **Tableau récapitulatif de la DACG.** La DACG met en ligne sur son site intranet le tableau reproduit ci-après qui récapitule les informations relatives à l'enregistrement, la conservation et l'effacement des données du FAED :

CADRES D'ENREGISTREMENT, DE CONSERVATION ET D'EFFACEMENT DES TRACES ET EMPREINTES DIGITALES ENREGISTREES AU FAED

CADRE JURIDIQUE D'ENREGISTREMENT *Article 3 du décret n° 87-249 du 8 avril 1987*	AUTRES DONNES ENREGISTREES AU FICHIER *Article 4 du décret n° 87-249 du 8 avril 1987*	DUREE DE CONSERVATION DES TRACES, EMPREINTES ET INFORMATIONS LIEES *A compter de l'établissement de la fiche signalétique* *Article 5 du décret n° 87-249 du 8 avril 1987*	EFFACEMENT ANTICIPE *Articles 7-1 et 7-2 du décret n° 87-249 du 8 avril 1987* Obligatoire	Par principe	Facultatif *Opportunité autorité judiciaire*
→ a), b) et c) du 1° de l'article 3 **TRACES PAPILLAIRES INCONNUES** relevées dans le cadre d'une **ENQUÊTE OU D'UNE INFORMATION POUR CRIME OU DELIT**	→ 1° à 5° suivants le 8e alinéa de l'article 4 **Les traces d'empreintes/papillaires** enregistrées sont accompagnées des informations suivantes : - Lieu sur lequel elles ont été relevées, ainsi que la date du relevé ; - Service ayant procédé au relevé des traces ; - Date et lieu d'établissement de la fiche supportant la reproduction des traces papillaires ; - Nature de l'affaire et référence de la procédure ; - Origine de l'information et la date de son enregistrement dans le traitement.	**Principe** : 1° de l'article 5 15 ans **Exceptions** : → Al. 3 et 4 de l'article 5 25 ans *Sur décision du PR ou, en cours d'information, du JI* → Al. 3, 5 et 6 de l'article 5 25 ans *Lorsque les traces relatives à des personnes inconnues ont été relevées dans le cadre d'une enquête ou d'une information relative soit à un crime, soit à un délit mentionnée aux articles 706-47 et 706-73 du CPP*			
→ d) du 1° de l'article 3 **TRACES PAPILLAIRES INCONNUES** relevées dans le cadre d'une **ENQUÊTE** ou d'une **INFORMATION POUR RECHERCHE DES CAUSES DE LA MORT OU D'UNE DISPARITION**[1]		→ Al. 3, 5 et 7 de l'article 5 25 ans	→ I-1° de l'article 7-1 **Par le service gestionnaire dès la réception d'un avis l'informant de la découverte de la personne disparue**[2]		
→ e) du 1° de l'article 3 **TRACES PAPILLAIRES INCONNUES** relevées dans le cadre d'une **ENQUÊTE CONSECUTIVE A LA DECOUVERTE D'UNE PERSONNE GRIEVEMENT BLESSEE**[3], lorsque la cause de ses blessures est inconnue ou suspecte		→ Al. 3, 5 et 8 de l'article 5 25 ans			
→ f) du 1° de l'article 3 **TRACES PAPILLAIRES INCONNUES** relevées dans le cadre de l'**EXECUTION D'UN ORDRE DE RECHERCHE DELIVRE PAR UNE AUTORITE JUDICIAIRE**		**Principe** : → 1° de l'article 5 15 ans **Exception** : → Al. 3 et 4 de l'article 5 25 ans *Sur décision du PR ou, en cours d'information, du JI*			
→ 2° de l'article 3 **EMPREINTES DIGITALES ET PALMAIRES** relevées dans le cadre d'une **ENQUÊTE**, d'une **INFORMATION POUR CRIME OU DELIT** ou de l'**EXECUTION D'UN ORDRE DE RECHERCHE DELIVRE PAR UNE AUTORITE JUDICIAIRE** : - des **PERSONNES A L'ENCONTRE DESQUELLES IL EXISTE DES INDICES GRAVES OU CONCORDANTS RENDANT VRAISSEMBLABLE QU'ELLES AIENT PU PARTICIPER, COMME AUTEUR OU COMPLICE, A LA COMMISSION D'UN CRIME OU DELIT** - des **PERSONNES MISES EN CAUSE DANS UNE PROCEDURE CRIMINELLE OU DELICTUELLE DONT L'IDENTIFICATION CERTAINE S'AVERE NECESSAIRE**	→ 1° à 5° suivants le 1er alinéa de l'article 4 **Les empreintes digitales et palmaires** enregistrées sont accompagnées des informations suivantes : - Sexe de la personne et, lorsqu'ils sont connus, ses nom, prénoms, date et lieu de naissance et éléments de filiation ; - Service ayant procédé à la signalisation ;	**Principe** : MAJEURS : → 2° de l'article 5 15 ans MINEURS : → 2° de l'article 5 10 ans **Exception** : *Lorsque les empreintes ont été relevées dans le cadre d'une enquête ou d'une information relative soit à un crime, soit à un délit mentionnée aux articles 706-47 et 706-73 du CPP* MAJEURS : → Al. 10 de l'article 5 *25 ans* MINEURS : → Al. 10 de l'article 5 15 ans	→ I-2° de l'article 7-1 **Par le service gestionnaire dès la réception d'un avis l'informant du décès de la personne concernée** → I-6° de l'article 7-1 **Par le service gestionnaire en cas de décision définitive de relaxe ou d'acquittement** → Al. 9 de l'article 7-1 **Par le PR, saisi sur demande de l'intéressé, en cas de prescription de l'action publique si décision de non-lieu ou de CSS 11, 21 ou 71**	→ II de l'article 7-1 **Par le PR, en cas de décision de non-lieu ou de classement sans suite pour les motifs 11, 21 ou 71** /!\ Possibilité de maintien des données pour des raisons liées à la finalité du fichier au regard de la nature ou des circonstances de commission de l'infraction ou de la personnalité de la personne concernée	→ III de l'article 7-1 **Opportunité du PR lorsque la conservation n'apparaît plus nécessaire pour des raisons liées à la finalité du fichier au regard de la nature ou des circonstances de commission de l'infraction ou de la personnalité de la personne concernée**

[1] En application des articles 74, 74-1 ou 80-4 du CPP.

[2] Il résulte de la circulaire du 5 août 2016 relative au FAED que « *Le texte ne précise pas comment le service gestionnaire est informé de la survenance des événements précités. Il peut ainsi l'être par l'autorité judiciaire, mais il le sera le plus souvent par le service d'enquête, premier informé de l'événement justifiant l'effacement. Il est également envisageable qu'il le soit par l'intéressé lui-même ou sa famille* ».

[3] En application de l'article 74 du CPP.

Le fichier automatisé des empreintes digitales (FAED)

CADRE JURIDIQUE D'ENREGISTREMENT Article 3 du décret n° 87-249 du 8 avril 1987	AUTRES DONNES ENREGISTREES AU FICHIER Article 4 du décret n° 87-249 du 8 avril 1987	DUREE DE CONSERVATION DES TRACES, EMPREINTES ET INFORMATIONS LIEES A compter de l'établissement de la fiche signalétique Article 5 du décret n° 87-249 du 8 avril 1987	EFFACEMENT ANTICIPE Articles 7-1 et 7-2 du décret n° 87-249 du 8 avril 1987 Obligatoire	Par principe	Facultatif *Opportunité autorité judiciaire*
→ 3° de l'article 3 du décret **EMPREINTES DIGITALES ET PALMAIRES** relevées dans le cadre d'une **ENQUÊTE** ou d'une **INFORMATION POUR CRIME OU DELIT**, pour **RECHERCHE DES CAUSES DE LA MORT** ou pour **RECHERCHE DES CAUSES DES BLESSURES GRAVES** sur : - des **CADAVRES NON IDENTIFIES** - des **PERSONNES DECOUVERTES GRIEVEMENT BLESSES DONT L'IDENTITE N'A PU ETRE ETABLIE**	- Date et lieu d'établissement de la fiche signalétique ; - Nature de l'affaire et la référence de la procédure ; - Clichés anthropométriques	→ 3° de l'article 5 **25 ans**	→ **I-3° de l'article 7-1** **Par le service gestionnaire dès la réception d'un avis l'informant de l'identification de la personne grièvement blessée ou décédée**		
→ **4° de l'article 3 du décret du 8 avril 1987** **EMPREINTES DIGITALES ET PALMAIRES** relevées dans les **ETABLISSEMENT PENITENTIAIRES EN VUE DE S'ASSURER DE MANIERE CERTAINE DE L'IDENTITE DES DETENUS QUI FONT L'OBJET D'UNE PROCEDURE POUR CRIME OU DELIT** et d'**ETABLIR LES CAS DE RECIDIVE**		**Principe** **MAJEURS** → 4° de l'article 5 **15 ans** **MINEURS** → 4° de l'article 5 **10 ans** **Exception** *Lorsque la personne concernée est détenue dans le cadre d'une procédure relative soit à un crime, soit à un délit mentionnée aux articles 706-47 et 706-73 du CPP* **MAJEURS** → Al. 13 de l'article 5 **25 ans** **MINEURS** → Al. 13 de l'article 5 **15 ans**	→ **I-6° de l'article 7-1** **Par le service gestionnaire** en cas de décision définitive de relaxe ou d'acquittement		→ **III de l'article 7-1** **Opportunité du PR lorsque la conservation n'apparaît plus nécessaire pour des raisons liées à la finalité du fichier au regard de la nature ou des circonstances de commission de l'infraction ou de la personnalité de la personne concernée**
→ **6° de l'article 3** CADRE EXTRAJUDICIAIRE[4] **EMPREINTES DIGITALES ET PALMAIRES DE LA PERSONNE DECEDEE NON IDENTIFIEE**		→ **6° de l'article 5** **25 ans**	→ **I-5° de l'article 7-1** **Par le service gestionnaire dès la réception d'un avis l'informant de l'identification de la personne décédée**		
→ **5° de l'article 3 du décret du 8 avril 1987** **TRACES PAPILLAIRES** et **EMPREINTES DIGITALES ET PALMAIRES** transmises par des **ORGANISMES DE COOPERATION INTERNATIONALE EN MATIERE DE POLICE JUDICIAIRE** ou des **SERVICES DE POLICE ETRANGERS EN APPLICATION D'ENGAGEMENT INTERNATIONAUX**	→ **6° de l'article 4** - L'origine de l'information et la date de son enregistrement dans le traitement	**MAJEURS** → 5° de l'article 5 **25 ans** **MINEURS** → 5° de l'article 5 **15 ans**	→ **I-4° de l'article 7-1** **Par le service gestionnaire sur demande de l'organisme de coopération internationale ou du service étranger** → **I-4° de l'article 7-1** **Par le service gestionnaire dès la réception d'un avis l'informant du décès de la personne en cause ou de sa découverte s'il s'agit d'une personne disparue**		

[4] Articles 87 al. 2 du code civil, L. 2223-42 dernier alinéa du code général des collectivités territoriales et décret n° 2012-125 du 30 janvier 2012)

2

L'ESSENTIEL 4415 Le fichier automatisé des empreintes digitales (FAED) a été créé en 1987 pour faciliter :
- la recherche et l'identification des auteurs de crimes et de délits ;
- la poursuite, l'instruction et le jugement des affaires criminelles et délictuelles ;
- la recherche de certaines personnes disparues ;
- l'identification des personnes décédées ou grièvement blessées non identifiées ;

et pour établir l'identité d'un étranger ou dans le cadre des vérifications d'identité (V. *supra*, n° 4388).

4416 Sont enregistrées au FAED, d'une part, des traces relevées au cours des enquêtes et, d'autre part, des empreintes digitales et palmaires de personnes condamnées, de personnes soupçonnées, de personnes non identifiées mortes ou blessées. Sont également enregistrées des traces et empreintes transmises par des services étrangers (V. *supra*, n° 4392).

4417 L'alimentation du fichier en empreintes est faite à partir de bornes de signalisation présentes dans les services de police et de gendarmerie. Les enquêteurs n'ont pas à délivrer une réquisition aux personnels de la PTS gérant le FAED pour qu'y soient enregistrées les empreintes (V. *supra*, n° 4401).

4418 Seuls les fonctionnaires et militaires individuellement désignés et habilités des services d'identité judiciaire de la police nationale, du service central de renseignement criminel de la gendarmerie nationale ainsi que des unités de recherches de la gendarmerie nationale individuellement désignés et habilités peuvent accéder au fichier pour procéder aux opérations d'identification demandées par l'autorité judiciaire ou les enquêteurs qui sont destinataires des résultats des opérations qu'ils ont sollicitées (V. *supra*, n° 4403). Les rapprochements sont effectués par des fonctionnaires et militaires ayant reçu une formation spéciale. Là encore les enquêteurs n'ont pas besoin de délivrer une réquisition aux personnels du FAED pour que les traces soient comparées aux empreintes (V. *supra*, n° 4404).

4419 À la suite d'une condamnation de la France par la Cour européenne des droits de l'homme, les durées de conservation au FAED ont été modifiées et désormais les traces et empreintes peuvent être conservées dix, quinze ou vingt-cinq ans selon le type d'infractions (V. *supra*, n° 4410) tandis que l'effacement doit obligatoirement intervenir dans des situations déterminées, certaines personnes concernées pouvant en outre demander l'effacement de leurs empreintes quand leur conservation n'apparaît plus nécessaire (V. *supra*, n° 4411).

POUR ALLER PLUS LOIN...

Circulaire

- Circ. 5 août 2016, relative au fichier automatisé des empreintes digitales (NOR : JUSD1622422C).

Fiche 76

La lecture automatique des plaques d'immatriculation (LAPI)

Sommaire

4420 **Code de la sécurité intérieure.** Les articles L. 233-1, L. 233-1-1 et L. 2333-2 du Code de la sécurité intérieure, qui constituent la reprise de l'article 26 de la loi du 18 mars 2003 pour la sécurité intérieure et de l'article 8 de la loi n° 2006-64 du 23 janvier 2006 relative à la lutte contre le terrorisme et portant dispositions diverses relatives à la sécurité et aux contrôles frontaliers, réglementent ce procédé.

Leurs dispositions sont reprises dans un arrêté du 18 mai 2009 en des termes identiques sauf en ce qui concerne la durée de conservation que l'arrêté a réduite par rapport à la loi.

La loi du 23 janvier 2006 a été soumise au Conseil constitutionnel (Cons. const., 19 janv. 2006, n° 2005-532 DC, Loi relative à la lutte contre le terrorisme et portant dispositions diverses relatives à la sécurité et aux contrôles frontaliers) qui a validé le principe de la LAPI en retenant « qu'eu égard aux finalités que s'est assignées le législateur et à l'ensemble des garanties qu'il a prévues, les dispositions contestées sont propres à assurer, entre le respect de la vie privée et la sauvegarde de l'ordre public, une conciliation qui n'est pas manifestement déséquilibrée ».

4421 **Arrêté du 18 mai 2009 portant création d'un traitement automatisé de contrôle des données signalétiques des véhicules.** C'est un arrêté du 18 mai 2009 qui a pérennisé les dispositifs de lecture des plaques d'immatriculation et de prise de photographies des véhicules, créés à titre expérimental par un arrêté du 2 mars 2007.

Le dispositif de LAPI peut être utilisé par la police et la gendarmerie mais aussi par la douane car, selon l'article 1er de l'arrêté, « le directeur général de la police nationale, le directeur général de la gendarmerie nationale et le directeur général des douanes et droits indirects sont autorisés à mettre en œuvre des traitements automatisés de contrôle des données signalétiques des véhicules prenant la photographie de leurs occupants ».

La CNIL décrit le système ainsi :

> « Grâce aux caméras vidéo installées sur les véhicules, sur des trépieds et sur des systèmes fixes, le traitement permet à la fois :
> – de capter et lire les plaques d'immatriculation de tous les véhicules passant dans leur champ de vision, de les comparer en temps réel au fichier des véhicules volés et signalés (FVV) [devenu FOVeS] et au système d'information Schengen (SIS), et de générer une "alerte" lorsqu'un rapprochement positif est effectué ;
> – de capter et stocker une image de la plaque d'immatriculation et une image plus large des mêmes véhicules comportant la photographie des occupants,

en même temps que la date et l'heure de chaque photographie et les coordonnées de géolocalisation du véhicule de prise de vues.
Ces dispositifs, (...) ont pour objet de :
– faciliter la constatation des infractions de vol et de recel de véhicules volés ainsi que des infractions criminelles, prévenir et réprimer des actes de terrorisme, préserver l'ordre public lors d'événements particuliers ».

4422 En pratique, le système – en ce qui concerne les LAPI mobiles – fonctionne de la façon suivante. Un équipage qui prévoit d'effectuer une patrouille dans un véhicule équipé d'un dispositif de LAPI extrait du FOVeS et du SIS la liste des véhicules signalés volés et de ceux mis en surveillance et l'enregistre sur une clé USB. Il injecte ces données dans l'ordinateur installé dans le véhicule qui est couplé avec le dispositif de lecture des plaques. Lorsqu'au cours de la patrouille le dispositif de lecture identifie un numéro d'immatriculation signalé dans le FOVeS, une alerte intervient. L'opérateur vérifie au FOVeS ou au SIS que c'est à juste titre que l'alarme a été déclenchée et il prend les mesures prescrites, mentionnées au FOVeS ou au SIS, qui peuvent varier selon que le véhicule est volé ou qu'il est placé sous surveillance.
Lorsque l'équipage est de retour à son service, les données sont transférées dans deux bases. Dans l'une sont conservées pendant un mois les données relatives aux rapprochements positifs effectués entre les images et le contenu du FOVeS ou du SIS. Dans l'autre base, sont conservées pendant huit jours les données enregistrées qui n'ont pas donné lieu à rapprochement. Elles ne peuvent être consultées que sur réquisition ou par une personne habilitée mais une telle consultation n'interviendra que pour rechercher un élément précis dans le cadre d'une enquête judiciaire et non de façon automatique pour comparer le FOVeS ou le SIS aux données enregistrées (V. *infra*, n° 4434).
Il n'existe donc pas, en l'état, un fichier LAPI national mais autant de fichiers qu'il y a de services dotés du système de lecture des plaques, fichiers qui ne conservent les données que de façon très temporaire. À terme, il devrait y avoir un fichier national regroupant l'ensemble des données collectées par la douane, la police et la gendarmerie, dénommé Système de traitement central des LAPI-STCL (V. *infra*, n° 4436).

I
Finalité

4423 Plusieurs finalités sont assignées aux fichiers alimentés par les informations issues de la LAPI.
Ils peuvent être mis en œuvre :
– par les services de police et de gendarmerie nationales et des douanes, afin de prévenir et de réprimer le **terrorisme**, de faciliter la constatation des infractions s'y rattachant, de faciliter la constatation **des infractions criminelles ou liées à la criminalité organisée** au sens de l'article 706-73 du Code de procédure pénale, des infractions de **vol et de recel de véhicules volés**, des infractions de **contrebande, d'importation ou d'exportation** commises **en bande organisée**, prévues et réprimées par le deuxième alinéa de l'article 414 du Code des douanes, ainsi que la constatation, lorsqu'elles portent sur des fonds provenant de ces mêmes infractions, de la réalisation ou de la tentative de réalisation des **opérations financières définies à l'article 415 du même code** et afin de permettre le rassemblement des preuves de ces infractions et la recherche de leurs auteurs ;
– par les services de police et de gendarmerie nationales, **à titre temporaire**, pour la **préservation de l'ordre public**, à l'occasion d'événements particuliers ou de grands rassemblements de personnes, par **décision de l'autorité administrative**.

II
Gestionnaire

4424 Le directeur général de la police nationale, le directeur général de la gendarmerie nationale et le directeur général des douanes et droits indirects sont les gestionnaires des fichiers mis en œuvre par leur administration.

III
Contenu

4425 **Article 3 de l'arrêté du 18 mai 2009.**

« I. – Les données à caractère personnel et informations enregistrées sont les suivantes :
– la photographie du numéro d'immatriculation du véhicule et son taux de lisibilité ;
– le numéro d'immatriculation du véhicule ;
– la photographie du véhicule et de ses éventuels occupants ;
– la date et l'heure de chaque photographie ;
– pour chaque photographie, l'identifiant et les coordonnées de géolocalisation du dispositif de contrôle automatisé.

II. – En cas de rapprochement positif avec un des numéros d'immatriculation enregistrés dans les traitements mentionnés à l'article 2 (véhicules volés ou signalés et système d'information Schengen), sont également enregistrées les informations suivantes :
– le motif du signalement ;
– la conduite à tenir pour les véhicules placés sous surveillance. »

IV
Alimentation

4426 Les traitements automatisés de contrôle des données signalétiques des véhicules prenant la photographie de leurs occupants peuvent prendre la forme de dispositifs fixes ou mobiles (art. 1). En pratique, les caméras vidéo peuvent être installées sur les véhicules, sur des trépieds et sur des systèmes fixes.

L'arrêté ne donne pas davantage de précisions sur la façon dont les données sont enregistrées dans le fichier. Cependant, la délibération n° 2009-146 du 26 février 2009 de la CNIL précise, comme il a déjà été dit, que le traitement permet à la fois :
– de capter et lire les plaques d'immatriculation de tous les véhicules passant dans leur champ de vision, de les comparer en temps réel au fichier des véhicules volés et signalés (FVV) et au système d'information Schengen (SIS), et de générer une « alerte » lorsqu'un rapprochement positif est effectué ;
– de capter et stocker une image de la plaque d'immatriculation et une image plus large des mêmes véhicules comportant la photographie des occupants, en même temps que la date et l'heure de chaque photographie et les coordonnées de géolocalisation du véhicule de prise de vues.

Il y est précisé que les occupants des véhicules photographiés ne seront pas reconnaissables, seuls le nombre de passagers et éventuellement leur sexe pourront être déterminés grâce aux images.

V Accès

A Droit d'accès des personnes dont les données sont enregistrées

4427 Le droit d'accès s'exerce de manière indirecte auprès de la Commission nationale de l'informatique et des libertés dans les conditions prévues par la loi du 6 janvier 1978 (A. 18 mai 2009, art. 6).

B Accès des agents

4428 **Accès direct des agents.** L'alinéa 1 de l'article 5 de l'arrêté du 18 mai 2009 prévoit que « Peuvent **seuls accéder** à la totalité ou, à raison de leurs attributions, à une partie des données les agents des services de police et de gendarmerie nationales ainsi que des douanes, **individuellement désignés et dûment habilités** par leur chef de service ». La délibération précitée de la CNIL fait état de ce qu'en cas d'alerte, c'est-à-dire de rapprochement positif, les opérateurs habilités pourront accéder aux images pour contrôler visuellement le numéro d'immatriculation fourni par la lecture automatique, ainsi qu'aux données du FVV et/ou du SIS concernant le motif du signalement et la conduite à tenir.

Cette question de l'accès des enquêteurs au LAPI a donné lieu à une jurisprudence assez fournie.

La chambre criminelle impose que figure au dossier un document établissant que l'accès au fichier a été le fait d'un agent habilité (Cass. crim., 19 févr. 2019, n° 18-84.671 : *Bull. crim.* n° 38. – Cass. crim., 5 avr. 2022, n° 21-84.078) dont le nom doit être mentionné en procédure (Cass. crim., 5 avr. 2022, n° 21-84.078), mais s'il n'est pas individuellement désigné et spécialement habilité, il peut, avec ou sans autorisation selon le cadre juridique, délivrer une réquisition (V. *supra*, n°s 4077, 4078, 4079). Mais on a vu que le législateur était intervenu, d'une part, pour prévoir que l'absence de mention en procédure de l'habilitation spéciale et individuelle de l'enquêteur ne devrait pas entraîner la nullité de la procédure (CPP, art. 15-5 ; V. *supra*, n° 4079) et, d'autre part, pour permettre au procureur de la République, en enquête préliminaire, de donner des instructions générales lorsque l'infraction a été commise en utilisant un véhicule (V. *supra*, n° 4078).

C Agents destinataires

4429 L'alinéa 2 de l'article 5 de l'arrêté du 18 mai 2009 prévoit, d'autre part, que :

> « Sont également **destinataires** des données :
> – les agents, **individuellement désignés et dûment habilités** par leur chef de service, des services de police et de gendarmerie nationales ayant fait procéder à une inscription dans le fichier des véhicules volés ou signalés, ainsi que des douanes ;
> – les agents, **individuellement désignés et dûment habilités**, des services de la police nationale et de la direction générale de la gendarmerie nationale énumérés à l'arrêté du 31 mars 2006 susvisé ».

Les agents énumérés à l'arrêté du 31 mars 2006 sont ceux des services et unités anti-terroristes.

L'alinéa 3 qui prévoit que les agents ayant fait procéder à l'inscription au FOVeS sont également destinataires des informations exige, lui aussi, que les intéressés soient désignés et habilités. Il semblerait s'en déduire qu'il est nécessaire que l'enquêteur qui obtient le renseignement d'un agent habilité soit, lui aussi, désigné et habilité. Cependant, une telle exigence n'est pas posée quand l'enquêteur a délivré une réquisition à l'agent habilité à avoir accès au LAPI. La chambre criminelle a en effet jugé qu'un officier de police judiciaire qui avait sollicité, par réquisition (Cass. crim., 5 avr. 2022, n° 21-84.078), le service des diffusions de la direction interrégionale de la police judiciaire et le centre de liaison inter-services des douanes n'avait pas besoin d'être habilité dès lors qu'il n'avait pas eu lui-même accès au système LAPI et s'était contenté de recueillir des informations de la part des agents des services requis.

4430 **Conseil.** Compte tenu de ce qui semble se dégager de ces différents arrêts, il est recommandé :

– de faire apparaître en procédure le fait que l'accès direct au LAPI a été le fait d'un agent individuellement désigné et dûment habilité par son chef de service et de mentionner en procédure son nom et les renseignements relatifs à son habilitation ;

– que l'enquêteur ayant fait inscrire un véhicule au FOVeS et qui est destinataire, sans avoir délivré de réquisition, des informations est individuellement désigné et dûment habilité par son chef de service ;

– que l'enquêteur, non désigné individuellement et habilité par son chef de service, qui a reçu des informations issues de la consultation du LAPI a délivré une réquisition à cette fin, au besoin après y avoir été autorisé par le magistrat sous le contrôle duquel il agit, le nom et l'habilitation de l'agent ayant directement accédé au LAPI devant figurer en procédure.

VI Contrôle

4431 **Pas de droit d'opposition.** Le droit d'opposition prévu par la loi du 6 janvier 1978 ne s'applique pas au LAPI (A. 18 mai 2009, art. 6).

4432 **Par la CNIL.** Selon l'article 7 de l'arrêté, la mise en œuvre des traitements mentionnés à l'article 1er par le directeur général de la police nationale, le directeur général de la gendarmerie nationale et le directeur général des douanes et droits indirects est subordonnée à l'envoi préalable à la Commission nationale de l'informatique et des libertés, en application du IV de l'article 26 de la loi du 6 janvier 1978 susvisée, d'un engagement de conformité faisant référence au présent arrêté et précisant le nombre de dispositifs de contrôle automatisé des données signalétiques des véhicules, la désignation du service utilisateur, les mesures de sécurité et de confidentialité des données du traitement fixe ou mobile mises en œuvre. Dans sa délibération n° 2009-146 du 26 février 2009, la CNIL avait souligné que la mise en œuvre des traitements décrits, compte tenu des risques potentiels qu'ils comportaient au regard de la protection des libertés individuelles et de la vie privée, nécessitait des procédures internes de contrôle *a posteriori* de l'utilisation des données collectées et enregistrées rigoureuses aux fins de prévenir et empêcher tout traitement ultérieur pour d'autres finalités que celles inscrites dans l'article 26 de la loi du 18 mars 2003, modifié par la loi 23 janvier 2006.

VII Effacement, rectification

4433 Le droit de rectification s'exerce de manière indirecte auprès de la CNIL (A. 18 mai 2009, art. 6). L'effacement des données intervient dès lors qu'elles n'ont donné lieu à aucun rapprochement positif avec un des numéros d'immatriculation enregistrés dans les traitements mentionnés à l'article 2 (FVV et SIS).

VIII Durée de conservation

4434 Afin de permettre les rapprochements prévus à l'article 2 (avec le FVV et le SIS), les données et informations mentionnées au I de l'article 3 (la photographie du numéro d'immatriculation du véhicule et son taux de lisibilité, le numéro d'immatriculation du véhicule, la photographie du véhicule et de ses éventuels occupants, la date et l'heure de chaque photographie, et pour chaque photographie, l'identifiant et les coordonnées de géolocalisation du dispositif de contrôle automatisé) sont conservées huit jours.
Pendant cette durée, la consultation des données et informations n'ayant pas fait l'objet d'un rapprochement positif avec un des numéros d'immatriculation enregistrés dans les traitements

mentionnés à l'article 2 (FVV et SIS) est interdite, sauf pour les besoins d'une procédure pénale. Au-delà de cette durée, les données enregistrées sont effacées dès lors qu'elles n'ont donné lieu à aucun rapprochement positif avec un des numéros d'immatriculation enregistrés dans les traitements mentionnés à l'article 2 (FVV et SIS).

En cas de rapprochement positif avec ces mêmes numéros d'immatriculation, les données et informations mentionnées au I de l'article 3 sont conservées un mois à compter de ce rapprochement, sans préjudice de leur conservation pour les besoins d'une procédure pénale ou douanière (A. 18 mai 2009, art. 4).

En d'autres termes, comme le relève la délibération de la CNIL :

– les données relatives à un rapprochement positif entre le FVV et/ou le SIS et les caractéristiques d'un véhicule sont conservées pendant une durée d'un mois ;

– les données qui n'ont pas fait l'objet d'un rapprochement positif avec le FVV et/ou le SIS sont conservées durant un délai maximum de huit jours ;

– l'application utilise la totalité de ce délai afin que les données qui n'auront pas fait l'objet d'un rapprochement positif avec le FVV et/ou le SIS le premier jour soient, pendant la période de huit jours, comparées chaque jour de manière automatique à la version de l'extraction du FVV et/ou du SIS chargée quotidiennement dans les véhicules. Si cette nouvelle comparaison *a posteriori* débouche sur des rapprochements positifs, ceux-ci seront alors consultables et conservés pendant un mois ;

– en toute hypothèse, pendant la période de huit jours, les données recueillies et conservées ne pourront faire l'objet d'aucune consultation, à l'exception du seul cas d'une procédure pénale ;

– la Commission prend également acte qu'à l'expiration des délais autorisés, les données feront l'objet d'une suppression automatique, totale et définitive.

IX

Interconnexion

4435 À la différence de nombre de fichiers de police qui ne peuvent pas être rapprochés d'autres fichiers ou interconnectés, les LAPI peuvent, dans le cadre des finalités mentionnées à l'article 1er, être rapprochés du traitement automatisé des données relatives aux véhicules volés ou signalés ainsi que du système d'information Schengen (A. 18 mai 2009, art. 2).

X

Système de traitement central des données LAPI (STCL)

4436 La CNIL, saisie par le ministre de l'Intérieur d'une demande d'avis concernant le projet de fichier central unique (STCL), a pris une délibération n° 2019-136 le 12 novembre 2019, mais l'arrêté autorisé par la CNIL est encore attendu pour que ce fichier central puisse voir le jour.

L'ESSENTIEL 4437 **Objet.** Le fichier de lecture automatique des plaques d'immatriculation fonctionne grâce à des caméras vidéo installées sur des véhicules, sur des trépieds et sur des systèmes fixes, permettant :

1) de capter et lire les plaques d'immatriculation de tous les véhicules passant dans leur champ de vision, de les comparer en temps réel au FVV et au SIS, et de générer une « alerte » lorsqu'un rapprochement positif est effectué ;

2) de capter et stocker une image de la plaque d'immatriculation et une image plus large des mêmes véhicules comportant la photographie des occupants, en même temps que la date et l'heure de chaque photographie et les coordonnées de géolocalisation du véhicule de prise de vues.

4438 **Finalité.** Ce dispositif a pour objet de faciliter la constatation des infractions de vol et de recel de véhicules volés ainsi que des infractions criminelles et de délinquance organisée, prévenir et réprimer des actes de terrorisme, préserver l'ordre public lors d'événements particuliers.

4439 Il existe en fait autant de fichiers qu'il y a de dispositifs de lecture des plaques en services dans la police, la gendarmerie et la douane, le projet de fichier central n'ayant pas encore vu le jour (V. *infra*, n° 4436).

4440 Les données enregistrées sont :
- la photographie du numéro d'immatriculation du véhicule et son taux de lisibilité ;
- le numéro d'immatriculation du véhicule ;
- la photographie du véhicule et de ses éventuels occupants, ceux-ci n'étant pas reconnaissables ;
- la date et l'heure de chaque photographie ;
- pour chaque photographie, l'identifiant et les coordonnées de géolocalisation du dispositif de contrôle automatisé.

4441 **Accès.** Peuvent seuls accéder à la totalité ou, à raison de leurs attributions, à une partie des données les agents des services de police et de gendarmerie nationales ainsi que des douanes, individuellement désignés et dûment habilités par leur chef de service. Le nom et l'habilitation de l'agent doivent apparaître en procédure.

Mais l'enquêteur peut délivrer une réquisition à l'agent désigné et habilité afin d'obtenir les renseignements issus de la consultation du LAPI, au besoin après autorisation du magistrat sous le contrôle duquel il agit. L'enquêteur n'a pas besoin dans ce cas d'être désigné et habilité mais le nom et l'habilitation de l'agent ayant accédé directement au LAPI doivent apparaître en procédure.

4442 **Durée de conservation.** Les données relatives un rapprochement positif entre le FVV et/ou le SIS et les caractéristiques d'un véhicule sont conservées pendant une durée d'un mois.

Les données qui n'ont pas fait l'objet d'un rapprochement positif avec le FVV et/ou le SIS sont conservées durant un délai maximum de huit jours. L'application utilise la totalité de ce délai afin que les données qui n'auront pas fait l'objet d'un rapprochement positif avec le FVV et/ou le SIS le premier jour soient, pendant la période de huit jours, comparées chaque jour de manière automatique à la version de l'extraction du FVV et/ou du SIS chargée quotidiennement dans les véhicules. Si cette nouvelle comparaison *a posteriori* débouche sur des rapprochements positifs, ceux-ci seront alors consultables et conservés pendant un mois.

Pendant la période de huit jours, les données recueillies et conservées ne pourront faire l'objet d'aucune consultation, sauf pour les besoins d'une procédure pénale.

Fiche 77
Le fichier des objets et véhicules signalés (FOVeS)

Sommaire

4443 Un arrêté du 17 mars 2014 avait créé à titre expérimental le « **Fichier des objets et véhicules signalés** » (FOVeS) destiné à se substituer à la partie « objets » du STIC (Système de traitement des infractions constatées) de la police nationale et au fichier des « objets signalés » (FOS/JUDEX) de la gendarmerie nationale, puis progressivement au fichier des véhicules volés (FVV).

À l'issue d'une période de transition et après un bilan, un arrêté du 7 juillet 2017 a mis en place définitivement le nouveau fichier fusionné et a abrogé l'arrêté du 15 mai 1996 relatif au FVV.

I Finalité

4444 **Plusieurs finalités définies à l'article 1 de l'arrêté.** Le traitement automatisé de données à caractère personnel dénommé « Fichier des objets et véhicules signalés » (FOVeS) a pour finalités de faciliter les recherches et les contrôles de la police, de la gendarmerie et des douanes dans le cadre de leurs attributions respectives pour :
– la découverte et la restitution des véhicules volés ;
– la découverte et la restitution des objets perdus ou volés ;
– la surveillance des véhicules et objets signalés.

II
Gestionnaire

4445 C'est le ministre de l'Intérieur (Direction générale de la police nationale et Direction générale de la gendarmerie nationale) qui est autorisé par l'arrêté à mettre en œuvre le traitement.

III
Contenu

4446 **Données et informations (A. 7 juill. 2017, art. 2).** Sont enregistrées dans le traitement les données à caractère personnel et les informations issues :

1° des procédures judiciaires diligentées pour des faits de **vol** établies par les services de la police nationale ou par les unités de la gendarmerie nationale ;

2° des mesures de **surveillance** exécutées par les services de la police nationale, les unités de la gendarmerie nationale ou les services des douanes dans le cadre de leurs attributions légales ;

3° des déclarations de **perte** effectuées auprès des services habilités à les recevoir ;

4° des décisions **d'invalidation** de **documents** prononcées par les autorités administratives ;

5° des traitements gérés par des organismes de **coopération internationale** en matière de police judiciaire ou des services de police étrangers, dans les conditions énoncées à l'article L. 235-1 du Code de la sécurité intérieure.

Les données à caractère personnel et les informations enregistrées dans le traitement varient en fonction des cas de figure justifiant l'inscription. L'annexe à l'arrêté prévoit :

« I. – Données concernant les vols et découvertes

1° **Vols** :

– nature de l'objet (ou de l'animal) ou du véhicule ;

– numéro de série et autre numéro d'identification ;

– photographies de l'objet ou du véhicule ; date de la photographie ;

– numéro de procédure ;

– date et heure de plainte ;

– date, heure et lieu du vol ;

– coordonnées du service de plainte ;

– état civil et coordonnées du propriétaire, du plaignant ou du titulaire pour les documents ;

– le cas échéant, identité de la personne susceptible d'utiliser le véhicule ou l'objet ;

– code de la compagnie d'assurance et numéro de police du véhicule ;

– descriptifs et caractéristiques complémentaires de l'objet ;

– conduite à tenir en cas de découverte ;

2° **Découvertes** :

Outre les données précitées relatives aux vols, sont également enregistrées les informations suivantes :

– numéro de procédure de découverte ;

– date, heure et lieu de découverte ;

– coordonnées du service de découverte ;

– descriptif complémentaire de l'objet.

II. – Données concernant les surveillances et cessations de surveillances

1° **Surveillances** :

– nature de l'objet ou du véhicule ;

– numéro de série et autre numéro d'identification ;

– numéro de procédure ou numéro d'ordre administratif ;

– cadre juridique ;

– date de mise sous surveillance ;

– coordonnées du service demandeur et, lorsqu'il diffère, du service inscripteur ;

– photographies de l'objet ou du véhicule [date de la photographie] ;

– le cas échéant, identité de la personne susceptible d'utiliser le véhicule ou l'objet ;

– conduite à tenir ;

– descriptif et caractéristiques complémentaires de l'objet ;

– date et heure de cessation de la surveillance ;

2° **Cessations de surveillances** :

Outre les données précitées relatives aux surveillances, sont également enregistrées les informations suivantes :

– numéro de procédure ou numéro d'ordre administratif de cessation ;

– motif, date et heure de cessation de surveillance.

III. – Données concernant les pertes et découvertes

1° **Pertes** :

– nature de l'objet ;

– numéro de série et autre numéro d'identification ;

– numéro d'ordre administratif ;
– date et heure de déclaration de perte ;
– date, heure et lieu de la perte ;
– coordonnées du service saisi ;
– propriétaire : état civil et coordonnées ;
– descriptif et caractéristiques complémentaires de l'objet ;
– conduite à tenir ;
2° **Découvertes** :
Outre les données précitées relatives aux pertes, sont également enregistrées les informations suivantes :
– numéro d'ordre administratif de découverte ;
– date, heure et lieu de découverte ;
– coordonnées du service de découverte ».

IV Alimentation

4447 **Article 3 de l'arrêté du 7 juillet 2017.** L'inscription dans le traitement mentionné à l'article 1er est effectuée par les services de police ou les unités de la gendarmerie nationales. Elle ne nécessite pas que les membres de ces services aient reçu une habilitation nominative (Cass. crim., 20 avr. 2022, n° 21-85.435).
L'inscription d'une mesure de surveillance peut également être effectuée par les services des douanes.
L'inscription d'un document invalidé par décision d'une autorité administrative peut être effectuée par la direction des libertés publiques et des affaires juridiques du ministère de l'Intérieur.
Pour les véhicules ou objets déclarés volés, cette inscription est effectuée dans les meilleurs délais après le dépôt de plainte.

4448 **Mise à jour.** La mise à jour des informations est réalisée par les services dûment habilités par la Direction générale de la police nationale, la Direction générale de la gendarmerie nationale, la direction des libertés publiques et des affaires juridiques du ministère de l'Intérieur ou la Direction générale des douanes et droits indirects.

V Accès

4449 L'accès des personnes concernées peut être direct ou indirect. S'agissant des autorités pouvant prendre connaissance des données et informations contenues dans le fichier, il y a lieu de distinguer l'accès pur et simple du fait d'être destinataire des données et informations.

A Accès des personnes concernées

4450 **Accès direct.** Le droit d'accès s'exerce directement auprès de la Direction générale de la police nationale ou de la Direction générale de la gendarmerie nationale, conformément aux dispositions du dernier alinéa de l'article 41 [118] de la loi du 6 janvier 1978 susvisée, pour les données à caractère personnel et informations relatives aux véhicules volés, aux objets volés ou perdus et aux documents invalidés (A. 7 juill. 2017, art. 8). Pour la gendarmerie nationale, c'est le département des droits d'accès indirects qui traite les demandes de la CNIL.

4451 **Accès indirect.** Le droit d'accès s'exerce de manière indirecte auprès de la Commission nationale de l'informatique et des libertés dans les conditions prévues à l'article 41 [118] de la loi du 6 janvier 1978 susvisée, pour les données à caractère personnel et informations relatives aux véhicules et aux objets surveillés (A. 7 juill. 2017, art. 8). Pour la gendarmerie nationale, c'est le service central de renseignement criminel (SCRC) qui traite ces demandes.

B Accès des autorités

4452 **Article 4 de l'arrêté du 7 juillet 2017.** Le texte distingue l'accès aux informations et la possibilité d'être destinataire des informations.

4453 **Accès.** Ont accès à tout ou partie des données à caractère personnel et informations mentionnées à l'article 2, à raison de leurs attributions légales et dans la limite du besoin d'en connaître :
1) les agents des services de la police nationale, **individuellement désignés et habilités** soit par les chefs des services territoriaux de la police nationale, soit par les chefs de services actifs à la préfecture de police ou, le cas échéant, par le préfet de police, soit par les chefs des services centraux de la police nationale ou, le cas échéant, par le directeur général de la police nationale (V. *supra*, n°s 4077, 4078, 4079) ;
2) les militaires des unités de la gendarmerie nationale, **individuellement désignés et habilités** soit par les commandants de groupement, soit par les commandants de la gendarmerie dans les départements, collectivités et territoires d'outre-mer et en Nouvelle-Calédonie, soit par les commandants de région, soit par les commandants de gendarmeries spécialisées, soit par le sous-directeur de la police judiciaire ou, le cas échéant, par le directeur général de la gendarmerie nationale (V. *supra*, n°s 4077, 4078, 4079) ;
3) les agents des douanes, **individuellement désignés et habilités** soit par les directeurs régionaux des douanes, soit par le chef du service national de douane judiciaire ou, le cas échéant, par le directeur général des douanes et droits indirects ;
4) les agents de la direction des libertés publiques et des affaires juridiques du ministère de l'Intérieur, individuellement désignés et habilités par leur directeur ;
5) les agents du service à compétence nationale dénommé « Unité Information Passagers » rattaché au ministère chargé du budget, individuellement désignés et habilités par le directeur de l'unité ;
6) les agents du service à compétence nationale dénommé « Service national des enquêtes administratives de sécurité » rattaché à la Direction générale de la police nationale, individuellement désignés et habilités par le directeur général de la police nationale ;
7) les agents du service à compétence nationale dénommé « Commandement spécialisé pour la sécurité nucléaire » relevant du ministre chargé de l'énergie et du ministre de l'intérieur et rattaché à la Direction générale de la gendarmerie nationale, individuellement désignés et habilités par le directeur général de la gendarmerie nationale.

4454 **Destinataires des données ou informations.** Peuvent être destinataires, dans le cadre de leurs attributions légales et dans la limite du besoin d'en connaître, de tout ou partie des mêmes données et informations :
1) les autorités administratives en charge de l'immatriculation des véhicules, de la gestion des titres sécurisés et de la délivrance d'autorisations de détention et d'acquisition d'armes ;
2) les organismes de coopération internationale en matière de police judiciaire ou des services de police étrangers dans les conditions énoncées à l'article L. 235-1 du Code de la sécurité intérieure ;
3) les agents de police municipale ;
4) les contrôleurs de la préfecture de police exerçant leurs fonctions dans la spécialité voie publique et les agents de surveillance de Paris ;
5) les organismes d'assurance liés par un protocole d'accord avec le ministère de l'Intérieur pour les seules informations relatives aux véhicules volés et découverts ;
6) les autorités judiciaires ;
7) le service statistique ministériel de la sécurité intérieure.

VI
Contrôle

4455 **Droits d'information et d'opposition.** Les droits d'information et d'opposition prévus par la loi du 6 janvier 1978 ne s'appliquent pas au traitement, mais les victimes de vol et les propriétaires d'objets perdus sont informés qu'ils peuvent faire l'objet d'une inscription dans le traitement.

4456 **Contrôle des connexions.** Les opérations de création, consultation, modification et suppression font l'objet d'un enregistrement comprenant l'identification de l'auteur, la date, l'heure et la nature de l'opération. Ces informations sont conservées pendant cinq ans.

VII
Effacement

4457 **À l'expiration des délais de conservation.** L'article 5 de l'arrêté du 7 juillet 2017 prévoit que les données à caractère personnel et informations relatives aux objets et véhicules sont supprimées du traitement à l'expiration des durées de conservation qu'il prévoit et qu'elles sont archivées pendant une durée de dix ans, n'étant plus alors accessibles qu'au seul exploitant technique du traitement, sur demande expresse et écrite des administrateurs du traitement.

4458 **Après disparition de la cause d'inscription (A. 7 juill. 2017, art. 5-IV).** En cas de découverte ou de fin de surveillance avant les délais fixés aux I, II et III (V. *infra*, n° 4467), les données à caractère personnel et informations relatives aux véhicules et aux objets sont conservées pendant quatre mois.
Cette durée est portée à cinq ans pour les seules découvertes de véhicules terrestres, de bateaux et de moteurs de bateau.
Elles sont uniquement accessibles aux administrateurs du traitement.

4459 **À la demande des personnes intéressées ?** L'arrêté ne prévoit pas de disposition spécifique.

VIII
Durée de conservation

4460 **Véhicules et objets volés.** Les données à caractère personnel et informations relatives aux véhicules et objets volés sont conservées pendant :
1) cinq ans pour les moyens de paiement et les appareils audiovisuels ou objets divers ;
2) dix ans pour les véhicules (véhicules terrestres, bateaux et aéronefs), documents, containers et équipements industriels, plaques d'immatriculation, certificats d'immatriculation et moteurs de bateau ;
3) vingt ans pour les billets de banque ;
4) cinquante ans pour les armes, munitions, explosifs, bijoux, montres, horlogeries et objets d'art.

4461 **Objets perdus.** Les données à caractère personnel et informations relatives aux objets perdus sont conservées pendant :
1) dix ans pour les documents ;
2) cinquante ans pour les armes.

4462 **Véhicules et objets surveillés.** Les données à caractère personnel et informations relatives aux véhicules et objets surveillés sont conservées pendant une durée maximale de six mois renouvelables.

IX
Interconnexion

4463 Il n'y a pas de disposition spécifique dans l'arrêté.
La délibération n° 2017-158 du 18 mai 2017 de la CNIL portant avis sur le projet d'arrêté fait état de ce qu'« il est prévu plusieurs mises en relation du FOVeS avec des traitements relatifs aux procédures judiciaires, avec des traitements mis en œuvre dans le cadre de la coopération internationale, avec plusieurs traitements relatifs aux véhicules et aux permis de conduire, ainsi qu'avec

un traitement relatif aux détentions d'armes et de munitions.

Dans le cadre de la pérennisation du FOVeS, de nouvelles mises en relation sont prévues, notamment avec le "système API/PNR France", le traitement dénommé "DOCVERIF" et des bases de données gérées par Interpol ».

Il y est également indiqué que certaines données sont importées de manière automatique par l'intermédiaire d'autres traitements.

Signalons, à cet égard, que les signalements effectués par l'État français dans le N.SIS découlaient des signalements introduits dans le FOVeS et que le LAPI permettait de capter et lire les plaques d'immatriculation de tous les véhicules passant dans son champ de vision, de les comparer en temps réel au fichier des véhicules volés et signalés (FVV) [V. *infra*, n°s 4805, 4426].

La CNIL a recommandé dans sa délibération précitée, que les mises en relation avec d'autres traitements soient réalisées par des moyens sécurisés, mettant en œuvre le chiffrement. Elle privilégie à cet égard la systématisation de l'usage de la carte agent.

4464 Courant 2019 étaient déjà opérationnelles :
- une interconnexion entre le FOVeS et le Système d'immatriculation des véhicules (SIV) ;
- la réception automatique par le SIS des signalements FOVeS éligibles et la possibilité pour l'enquêteur consultant le FOVeS d'y voir les résultats du SIS ;
- la communication quotidienne des vols de véhicules enregistrés au FOVeS à Interpol ;
- la communication aux assureurs de renseignements sur les vols de véhicules et leur découverte selon protocole d'accord.

L'ESSENTIEL **4465** Le « Fichier des objets et véhicules signalés » (FOVeS) se substitue à la partie « objets » du STIC (Système de traitement des infractions constatées) de la police nationale et au fichier des « objets signalés » (FOS/JUDEX) de la gendarmerie nationale, ainsi qu'au fichier des véhicules volés (FVV) [V. *supra*, n° 4443].

4466 Sa finalité est de faciliter les recherches et les contrôles de la police, de la gendarmerie et des douanes dans le cadre de leurs attributions respectives pour :
- la découverte et la restitution des véhicules volés ;
- la découverte et la restitution des objets perdus ou volés ;
- la surveillance des véhicules et objets signalés (V. *supra*, n° 4444).

4467 Y sont enregistrés des données et informations issues des procédures pour de vol, des mesures de surveillance de la police et de la gendarmerie ou des douanes, des déclarations de perte, des décisions d'invalidation de documents administratifs, des traitements provenant des services internationaux ou étrangers (V. *supra*, n° 4446).

4468 L'inscription dans le traitement est effectuée par la police et la gendarmerie et également par les douanes pour les mesures de surveillance.

4469 Les enquêteurs individuellement désignés et habilités ont accès au fichier (V. *supra*, n° 4077). Leurs connexions font l'objet d'enregistrement dans un journal (V. *supra*, n° 4456).

4470 Les durées de conservation s'étalent de six mois à cinquante ans (V. *supra*, n° 4460).

Partie 5

Aspects internationaux des enquêtes

Sommaire

Introduction

4471 **Enquêtes transfrontières.** Les facilités de déplacement d'un pays à un autre et l'internationalisation des échanges conduisent de plus en plus souvent les enquêtes à devoir se développer dans plusieurs pays.

Les enquêteurs français sont ainsi conduits à exécuter en France des actes d'enquête à la demande d'autorités étrangères.

Inversement, ils sont souvent conduits à prolonger leurs investigations à l'étranger.

4472 **Compétence des juridictions françaises pour connaître d'infractions commises à l'étranger.** Les enquêteurs, pourtant saisis d'une « enquête classique » à la suite d'une plainte déposée en France, doivent même parfois effectuer l'essentiel de leurs investigations à l'étranger puisque la loi française décide, dans certains cas, qu'elle est applicable à des faits commis en territoire étranger ce qui rend, par conséquent, les tribunaux français compétents pour les juger. La tendance récente de notre législation est d'ailleurs à l'extension de ces hypothèses.

Ainsi la loi française est applicable ou peut l'être à des faits commis à l'étranger, en tout ou partie, sous certaines réserves notamment procédurales, dans les cas où :

– un des faits constitutifs de l'infraction a eu lieu en France. Corrélativement, cela implique que d'autres faits constitutifs ont eu lieu à l'étranger dont les tribunaux français peuvent connaître (C. pén., art. 113-2) ;

– un crime ou un délit a été commis ou tenté au moyen d'un réseau de communication électronique, au préjudice d'une personne physique résidant en France ou d'une personne morale dont le siège s'y trouve (C. pén., art. 113-2-1) ;

– des infractions ont été commises à bord ou à l'encontre :

• de navires battant pavillon français, ou à l'encontre de tels navires ou des personnes se trouvant à bord, en quelque lieu qu'ils se trouvent (C. pén., art. 113-3),

• de navires de la marine nationale, ou à l'encontre de tels navires ou des personnes se trouvant à bord, en quelque lieu qu'ils se trouvent (C. pén., art. 113-3),

• d'aéronefs immatriculés en France, ou à l'encontre de tels aéronefs ou des personnes se trouvant à bord, en quelque lieu qu'ils se trouvent (C. pén., art. 113-4),

• d'aéronefs militaires français, ou à l'encontre de tels aéronefs ou des personnes se trouvant à bord, en quelque lieu qu'ils se trouvent (C. pén., art. 113-4) ;

– une personne de n'importe quelle nationalité s'est rendue coupable sur le territoire français, comme complice, d'un crime ou d'un délit commis

à l'étranger si le crime ou le délit est puni à la fois par la loi française et par la loi étrangère et s'il a été constaté par une décision définitive de la juridiction étrangère (C. pén., art. 113-5) ;
– des actes de complicité par don, promesse, menace, ordre, abus d'autorité ou de pouvoir ou instructions, commis en France concernent les crimes contre les personnes commis à l'étranger (C. pén., art. 113-5) ;
– un crime a été commis par un français à l'étranger (C. pén., art. 113-6) ;
– un délit a été commis par un Français à l'étranger si les faits sont punis par la législation du pays étranger en question (C. pén., art. 113-6) ;
– des infractions aux dispositions du règlement (CE) n° 561/2006 sur la législation sociale dans les transports par route ont été commises dans un autre État membre de l'Union européenne et constatées en France, si la personne n'a pas été jugée ou sanctionnée pénalement ou administrativement dans le pays étranger (C. pén., art. 113-6) ;
– un crime ou un délit puni d'emprisonnement a été commis à l'étranger sur une victime française quelle que soit la nationalité de l'auteur (C. pén., art. 113-7) ;
– un crime ou un délit puni d'au moins cinq ans d'emprisonnement a été commis à l'étranger par un étranger dont l'extradition ou la remise a été refusée à l'État requérant par les autorités françaises pour divers motifs (C. pén., art. 113-8-2) ;
– un crime ou un délit :
• d'atteinte aux intérêts fondamentaux de la nation,
• de falsification et de contrefaçon ;
– du sceau de l'État ;
– de pièces de monnaie, de billets de banque ou d'effets publics ;
• contre les agents ou les locaux diplomatiques ou consulaires français,
• a été commis à l'étranger (C. pén., art. 113-10) ;
– un crime ou un délit a été commis à bord ou à l'encontre des aéronefs non immatriculés en France ou des personnes se trouvant à bord :
1) lorsque l'auteur ou la victime est de nationalité française,
2) lorsque l'appareil atterrit en France après le crime ou le délit,
3) lorsque l'aéronef a été donné en location sans équipage à une personne qui a le siège principal de son exploitation ou, à défaut, sa résidence permanente en France (C. pén., art. 113-11) ;
– un crime ou un délit de terrorisme a été commis à l'étranger par un Français ou par une personne résidant habituellement sur le territoire français (C. pén., art. 113-13) ;
– une escroquerie, un abus de confiance, un détournement de biens, une corruption, un délit de contrebande douanière, un blanchiment ont été commis à l'étranger par un Français ou par une personne résidant habituellement ou exerçant tout ou partie de son activité économique sur le territoire français, lorsque ces infractions portent atteinte aux recettes perçues, aux dépenses exposées ou aux avoirs qui relèvent du budget de l'Union européenne, des budgets des institutions, organes et organismes de l'Union européenne ou des budgets gérés et contrôlés directement par eux (C. pén., art. 113-14) ;
– une agression sexuelle est commise à l'étranger contre un mineur par un Français ou par une personne résidant habituellement en France (C. pén., art. 222-22).

4473 **Délimitation des questions abordées.** L'objet du présent ouvrage n'est pas d'exposer de façon exhaustive les aspects internationaux des poursuites et de l'exécution des décisions de justice. Des ouvrages plus autorisés sont consacrés à ces questions.

L'ambition des auteurs est simplement d'apporter des précisions aux enquêteurs de terrain sur leurs prérogatives et obligations lorsqu'ils sont confrontés à un élément d'extranéité. Les mêmes indications pourront être utiles aux magistrats.

Après qu'auront été évoqués à grands traits les instruments de coopération policière proprement dite (V. Fiche 77 : La coopération purement policière), seront évoqués le droit commun de l'entraide pénale internationale passive (quand la France est requise) et active (quand la France est requérante) (V. Fiche 78 : Le droit commun de l'entraide pénale internationale), les actes de procédure qui, commencés dans un pays, se poursuivent dans un autre (V. Fiche 79 : Poursuite dans un pays d'actes commencés dans un autre), un certain nombre de procédures spécifiques (V. Fiche 80 : Procédures spécifiques) avant de terminer ce tour d'horizon des incidences internationales des enquêtes pénales par une présentation des fichiers européens et internationaux (V. Fiche 81 : Les fichiers européens et internationaux).

Ne seront pas abordées les questions relatives aux poursuites (mise en mouvement, exercice) et à l'exécution des peines que sont : les dénonciations officielles, la reconnaissance des décisions de contrôle judiciaire, les décisions de protection européenne, la reconnaissance mutuelle des mesures de probation, la reconnaissance et l'exécution transfrontalières des jugements, toutes matières qui ne relèvent pas de la procédure d'enquête proprement dite.

Les développements à venir seront exclusivement consacrés à la phase de mise en état de la procédure pénale.

Fiche 78

La coopération purement policière

Sommaire

4474 La coopération entre services de police de différents pays est ancienne. Elle a été, peu à peu, organisée. Elle reste néanmoins assez morcelée. Ne seront évoqués ici que les organismes auxquels les enquêteurs français peuvent avoir recours, dans le cadre de leurs enquêtes, sans intervention d'un magistrat. Quand il est nécessaire qu'un procureur ou un juge donne une autorisation, un accord ou un ordre, on passe alors dans le cadre de la coopération judiciaire.
Ne seront bien sûr abordés ici que les mécanismes dont les enquêteurs se servent le plus souvent, le foisonnement des institutions ne permettant pas d'en dresser un panorama exhaustif.

I

Interpol

4475 Il s'agit sans doute du mécanisme le plus ancien de coopération policière.
Des indications disponibles sur le site Internet de la DCPJ, on peut retenir que l'Organisation internationale de police criminelle-Interpol a été créée en 1928. Elle regroupe près de deux cents pays. Son siège se trouve à Lyon depuis 1989.
Chaque pays membre a un Bureau central national (BCN), correspondant Interpol pour l'ensemble des services d'enquêtes judiciaires. Le BCN France est attaché à la direction centrale de la police judiciaire (DCPJ). Sa gestion quotidienne est confiée à la division des relations internationales (DRI), également en charge de la coopération policière dans le cadre d'Europol, de Schengen et de Prüm. Il intervient *via* la Section centrale de la coopération opérationnelle de police (SCCOPOL) à laquelle participent les ministères de l'Intérieur, des Collectivités territoriales, de l'Outre-mer et de l'Immigration (police et gendarmerie nationales), de l'Économie et des Finances par le biais des Douanes et de la Justice par le biais de la mission justice du Bureau de l'entraide pénale internationale (BEPI) et qui est point de contact unique national pour les trois canaux de coopération (Interpol, Europol, Schengen).
Le BCN réceptionne, analyse et diffuse les demandes des pays membres d'Interpol, ainsi que celles

émanant des services français à destination de l'étranger.
Il traite, par ailleurs, dans les « groupes de relations internationales » (GRI) placés au sein des offices centraux spécialisés de la police judiciaire, de la police aux frontières et de la gendarmerie (crime organisé, stupéfiants, traite des êtres humains, grande délinquance financière), les demandes opérationnelles d'Interpol, directement ou en liaison avec les services territoriaux. Chaque office de la DCPJ – partie intégrante du BCN France – est chargé du traitement direct des enquêtes Interpol sur le territoire national et de leur traitement en liaison avec les services locaux.
Les demandes d'arrestation provisoire en vue d'extradition ou de remise, qu'il s'agisse de diffusions ou de notices rouges, sont quant à elles traitées dans leur phase policière par le « bureau des extraditions » de la SCCOPOL. Le bureau des extraditions s'occupe également de la gestion des remises lorsque les personnes recherchées sont interpellées, en relais du service des transfèrements du ministère de la Justice. Son travail est facilité par l'existence au sein de la DRI d'une « mission Justice », permanence assurée par des magistrats du bureau d'entraide pénale internationale du ministère de la Justice.

À NOTER Il est indiqué sur le site Internet de la DCPJ qu'Interpol compte 188 membres tandis que celui de l'OIPC évoque 195 États.

II

Convention d'application de l'accord de Schengen

4476 L'article 39 de la Convention d'application de l'accord de Schengen permet, à certaines conditions, notamment quand il n'est pas nécessaire de recourir à la contrainte, aux services de police de s'accorder assistance aux fins de prévention et de recherche de faits punissables.
Ils peuvent, à cette fin, s'adresser des informations écrites.
Une affaire tranchée par la chambre criminelle a été l'occasion de préciser l'étendue des pouvoirs conférés par cet article de la convention. Des policiers espagnols avaient transmis à leurs homologues français un rapport relatant diverses investigations effectuées en Espagne, dont des écoutes téléphoniques autorisées par les tribunaux locaux, portant sur les activités criminelles de plusieurs personnes en relation avec la personne qui devait être ultérieurement poursuivie en France. Ce rapport avait ensuite été communiqué par un officier de police judiciaire au juge d'instruction saisi de divers crimes et délits qui auraient été commis par les intéressés. La personne poursuivie avait alors soutenu que la transmission du rapport avait été effectuée en violation des dispositions de la Convention de Schengen du 19 juin 1990. La chambre de l'instruction, qui avait retenu qu'une telle transmission était autorisée par l'article 39.2 de ladite convention, qui, au titre de la coopération policière entre les États parties, prévoyait qu'il pouvait être procédé à des échanges d'informations écrites aux fins d'apporter la preuve d'une infraction, a vu sa décision approuvée pour deux motifs :
– d'une part, la circonstance qu'un juge d'instruction ait été saisi des faits auxquels se rapportaient les informations détenues par les autorités espagnoles n'imposait pas la mise en œuvre des dispositions de l'article 53 de la Convention de Schengen relatives à l'entraide judiciaire pour en obtenir la communication, dès lors que ces informations pouvaient être régulièrement obtenues en application de l'article 39 de cette convention, au titre de la coopération policière ;
– d'autre part, les policiers espagnols, qui se sont bornés à communiquer des informations tirées d'investigations effectuées dans des procédures suivies en Espagne, n'avaient accompli, au titre de la coopération policière, aucun acte coercitif ou ressortissant exclusivement à l'autorité judiciaire, telle une interception de correspondances, qui eût été prohibée en application du premier paragraphe de l'article 39 précité (Cass. crim., 9 juill. 2003, n° 03-82.163 : *Bull. crim.* n° 134).

III
Europol

4477 L'article 88 du Traité sur le fonctionnement de l'Union européenne définit le rôle d'Europol. Il s'agit « d'appuyer et de renforcer l'action des autorités policières et des autres services répressifs des États membres ainsi que leur collaboration mutuelle dans la prévention de la criminalité grave affectant deux ou plusieurs États membres, du terrorisme et des formes de criminalité qui portent atteinte à un intérêt commun qui fait l'objet d'une politique de l'Union, ainsi que la lutte contre ceux-ci ».

Europol n'a pas de pouvoirs opérationnels, mais sert de plateforme aux États membres pour échanger des informations par l'intermédiaire des officiers de liaison détachés à La Haye, siège d'Europol, et coordonner leurs actions.

Le site Internet de la DCPJ présente Europol comme une agence européenne ayant pour objectif la lutte contre la criminalité organisée quand deux États membres de l'Union européenne ou plus sont concernés. Le domaine de compétence d'Europol couvre toutes les formes graves de criminalité transfrontalière et le terrorisme. Dans chaque État membre, l'organisation dispose d'un correspondant unique : l'unité nationale Europol (UNE), laquelle, pour la France, est placée au sein de la SCCOPOL, basée à Nanterre.

En collaboration avec le Bureau de liaison France (BDL) situé au siège d'Europol, l'UNE constitue le seul organe de liaison entre Europol et les services français compétents.

Alimentée par les services français, elle transmet les contributions nationales vers Europol et ses fichiers d'analyse qui sont des instruments mis en place et dédiés à certaines formes de criminalité ou à certains groupes criminels. Pour les données qui n'entrent pas dans ces fichiers spécialisés, l'UNE dispose d'un accès au Système d'information dans lequel elles sont introduites.

Le BDL a, quant à lui, pour mission de représenter les intérêts de son UNE au sein d'Europol conformément au droit national de l'État membre d'origine et dans le respect des dispositions applicables au fonctionnement d'Europol.

L'UNE permet (V. *infra*, n°s 4814 et s.) :
- d'échanger des informations opérationnelles et stratégiques en provenance de la France et des États membres ;
- d'offrir un soutien opérationnel d'implication des analystes d'Europol et la mise en place éventuelle d'un bureau mobile ;
- de valoriser l'information par la confrontation des données dans le Système d'information d'Europol et la base d'indexation des fichiers d'analyse d'Europol (ou *analysis work files* – AWF) ;
- d'offrir un soutien aux enquêtes par la traduction en langue française des rapports analytiques opérationnels et stratégiques produits par Europol à destination des services répressifs ;
- de former des enquêteurs français aux différentes applications mises à disposition par Europol (Système d'information, *Check the Web*, SIENA) et de gérer les comptes d'accès.

IV
L'échange d'informations entre services de pays européens

4478 **Décision-cadre.** Une décision-cadre n° 2006/960/JAI du Conseil du 18 décembre 2006 relative à la simplification de l'échange d'informations et de renseignements entre les services répressifs des États membres de l'Union européenne a été prise pour « fixer les règles en vertu desquelles les services répressifs des États membres peuvent échanger d'une manière efficace et rapide des informations et des renseignements afin de mener des enquêtes pénales ou des opérations de renseignements en matière pénale ».

Elle a été transposée dans le Code de procédure pénale aux articles 695-9-31 à 695-9-49.

A Services et informations concernés

4479 **Services concernés.** L'article 695-9-31 du Code de procédure pénale prévoit que ce sont les services ou unités de la police nationale, de la gendarmerie nationale, de la Direction générale des douanes et droits indirects et de la Direction générale des finances publiques qui peuvent échanger des informations avec les services compétents des autres États membres.

Ils doivent, pour ce faire, être désignés par arrêté du ministre de la Justice et, selon le cas, du ministre de l'Intérieur ou du ministre chargé du budget.

4480 **Motifs permettant les échanges.** C'est aux fins de prévenir une infraction, d'en rassembler les preuves ou d'en rechercher les auteurs, que les enquêteurs peuvent échanger des informations.

4481 **Informations susceptibles d'être échangées.** Les informations que les enquêteurs peuvent échanger sont :

– celles qu'ils détiennent ;

– celles auxquelles ils peuvent accéder, notamment par consultation d'un traitement automatisé de données, sans qu'il soit nécessaire de prendre ou solliciter une réquisition ou toute autre mesure coercitive.

4482 **Secret.** L'article 695-9-32 du Code de procédure pénale indique que « sans préjudice des dispositions de l'article 11 relatives au secret de l'enquête et de l'instruction, les informations ou données échangées sont confidentielles. Les modalités de leur transmission et de leur conservation garantissent le respect de ce principe ».

La mention de ce que les échanges sont faits « sans préjudice des dispositions de l'article 11 » peut susciter des interrogations. Cependant la décision-cadre précise que « les services répressifs compétents prennent dûment en compte, pour chaque échange spécifique d'informations ou de renseignements, les exigences liées au secret de l'enquête. À cette fin, ils garantissent, conformément à leur droit national, la confidentialité de l'ensemble des informations et des renseignements communiqués qui sont classés confidentiels » et le rapport au Président de la République relatif à l'ordonnance transposant le texte européen précise que « l'article 695-9-32 rappelle le principe essentiel de la protection des données. Les échanges s'effectuent dans le cadre général des dispositions pertinentes du Code de procédure pénale, visé dans son ensemble, et de la loi n° 78-17 du 6 janvier 1978 relative à l'informatique, aux fichiers et aux libertés. Les services prennent en compte, pour chaque échange spécifique, les exigences liées au secret de l'enquête. À cette fin, ils garantissent la confidentialité de l'ensemble des informations communiquées ».

Il semble pouvoir en être déduit que les informations couvertes par le secret de l'enquête et de l'instruction peuvent être échangées mais qu'il est important de veiller à leur confidentialité, ce que les règles relatives à leur utilisation organisent de façon détaillée (V. *infra*, n°s 4486, 4489, 4493 et s.).

4483 **Modalités de mise en œuvre.** L'article 695-9-47 du Code de procédure pénale prévoit qu'« un arrêté du ministre de la justice, du ministre de l'intérieur et du ministre chargé du budget désigne les points de contact auxquels les demandes de transmission d'informations peuvent être adressées par les services compétents des États membres ».

L'article 1er de l'arrêté du 27 septembre 2012 relatif aux points de contact habilités à recevoir les demandes d'informations provenant de services d'enquête des États membres de l'Union européenne a désigné :

– la Section centrale de coopération opérationnelle de police (SCCOPOL), gérée par la division des relations internationales de la direction centrale de la police judiciaire ;

– le bureau de la communication et des relations extérieures (BCRE) de la Direction nationale du renseignement et des enquêtes douanières.

L'article 695-9-47-1 prévoit, quant à lui, que c'est par le biais d'Europol que les officiers de police judiciaire, les officiers de douane judiciaire et les officiers fiscaux judiciaires répondent aux demandes, dûment justifiées, d'informations contenues dans le fichier des comptes bancaires (FICOBA).

B Demandes françaises

4484 Les articles 695-9-33 à 695-9-36 réglementent les demandes émanant des services enquêteurs français.

4485 **La demande doit être justifiée.** Quand il y a des raisons de penser qu'un État étranger détient des informations intéressant un service d'enquête français, celui-ci peut demander la communication de ces informations en exposant les raisons laissant supposer que de telles informations sont détenues par ces services. Le service enquêteur doit notamment préciser à quelles fins les informations sont demandées et, lorsque les informations sont relatives à une personne déterminée, le lien entre cette personne et les fins de la demande.

4486 **Utilisation des informations.** Les informations obtenues ne peuvent être utilisées :

– à titre de preuve qu'avec l'accord de l'État membre qui les a transmises ;

– à d'autres fins que celles pour lesquelles elles ont été communiquées qu'avec l'accord de l'État membre qui les a transmises (principe de spécialité), sauf pour prévenir un danger grave et immédiat pour la sécurité publique, étant en outre précisé que ce principe de spécialité n'empêche pas l'autorité judiciaire et les autorités indépendantes de contrôle d'exercer leurs prérogatives. Ainsi le parquet pourrait, sur la base de ces informations, sans demander l'accord des autorités étrangères, ouvrir une enquête.
Si l'État étranger le demande, le service enquêteur français doit informer le service compétent de l'État étranger de l'utilisation faite des informations communiquées.
Un service français ne peut transmettre à un État étranger des informations qui lui ont été communiquées par un autre État, sans l'accord et aux conditions fixées par ce dernier (CPP, art. 695-9-39).

C Demandes étrangères

1 Demande

4487 **Sur demande.** Les services enquêteurs français doivent transmettre aux services étrangers qui le demandent les informations dont ils disposent.

4488 **Sans demande.** Ils doivent même transmettre aux services compétents d'un État étranger, sans que cela leur soit demandé, les informations permettant de prévenir ou de conduire les investigations tendant à établir la preuve ou à rechercher les auteurs de certaines infractions, lorsqu'il y a lieu de penser que ces informations leur seraient utiles.
Cette disposition concerne les infractions entrant dans l'une des trente-deux catégories énumérées à l'article 694-32 et punies en France d'une peine privative de liberté d'une durée égale ou supérieure à trois ans d'emprisonnement.

4489 **Informations provenant d'un autre État.** Comme il a été indiqué (V. *supra*, n° 4486), un service français ne peut pas communiquer des informations venant d'un autre État sans l'accord de ce dernier.

4490 **Accord éventuel du magistrat.** L'article 695-9-40 du Code de procédure pénale subordonne la transmission des informations aux services compétents de l'État membre demandeur à l'autorisation préalable d'un magistrat chaque fois que cette autorisation est requise en France pour accéder à ces mêmes informations ou les transmettre à un service ou une unité de police judiciaire.
Ainsi, si le renseignement fait partie de ceux qui ne peuvent être requis par un officier de police judiciaire que sur autorisation du procureur de la République (CPP, art. 77-1-1), le renseignement ne pourra être communiqué à l'État membre étranger qu'après accord du procureur de la République.
Lorsqu'il s'agit d'une pièce d'une procédure pénale en cours, l'accord de la juridiction d'instruction ou du ministère public, selon les cas, est nécessaire.

4491 **Europol et Eurojust.** Les informations transmises par les services français à un service étranger sont, en même temps, transmises à Europol et Eurojust si elles portent sur une infraction relevant de leur mandat (CPP, art. 695-9-46).

2 Refus

4492 **Refus de communication.** L'article 695-9-41 précise les trois cas dans lesquels, outre le cas d'un refus de l'autorité judiciaire cité à l'article 695-9-40 (V. *infra*, n° 4490), les services compétents français peuvent refuser de communiquer les informations. Il s'agit :
– de l'atteinte aux intérêts fondamentaux de l'État en matière de sécurité nationale ;
– du risque de nuire au déroulement de l'enquête ou à la sécurité des personnes ;
– de la disproportion de l'information requise par rapport à la finalité de la demande.
L'article 695-9-42 évoque une autre possibilité de refuser de communiquer l'information requise, prévue par la décision-cadre à son article 10 : elle concerne les demandes d'informations relatives à une infraction punie d'une durée d'emprisonnement égale ou inférieure à un an et ne paraissant pas présenter un intérêt suffisant pour justifier les contraintes attachées à leur transmission. Il s'agit là, selon le Rapport fait au Président de la République lors de la promulgation de l'ordonnance de transposition, de réserver les échanges d'informations qui peuvent mobiliser le personnel actif des services répressifs à des infractions d'une certaine gravité.

3 Utilisation des informations

4493 **Vérification de l'usage qui est fait des informations.** L'article 695-9-43 du Code de procédure pénale précise que les services français de police, de gendarmerie ou de la douane indiquent au service destinataire les conditions d'utilisation des informations et qu'ils peuvent demander au service destinataire de les informer de l'utilisation qui a été faite de l'information transmise.

4494 **Transmission des informations par l'État destinataire à un autre État.** Si l'État qui a reçu les informations données par la France souhaite

La coopération purement policière

les retransmettre à un autre État, il doit solliciter l'accord du service français qui est compétent pour apprécier s'il y a lieu d'accéder à la demande et en fixer éventuellement les conditions.
Il en va de même lorsque le service étranger destinataire envisage de faire des informations une utilisation différente de celle pour laquelle la transmission avait été décidée (CPP, art. 695-9-44).

4495 **Utilisation à titre de preuve.** Sauf mention contraire lors de leur transmission, les informations transmises par les services français peuvent être utilisées par le service destinataire à titre de preuve.

D Application en dehors de l'Union européenne

4496 L'article 695-9-48 du Code de procédure pénale prévoit que les dispositions qui viennent d'être évoquées sont applicables à l'échange d'informations avec les services compétents des États non membres de l'Union européenne associés à la mise en œuvre, à l'application et au développement de l'acquis de Schengen : Islande, Norvège, Suisse et Liechtenstein.

V Les officiers de liaison

4497 Les États membres ont la possibilité de détacher des officiers de police sur le territoire d'un autre État – qu'il soit ou non membre de l'Union – pour améliorer la coopération policière avec celui-ci.
La convention d'application de l'accord de Schengen prévoyait déjà la possibilité de conclure des accords bilatéraux permettant le détachement, pour une durée déterminée ou indéterminée, de fonctionnaires de liaison d'une partie contractante auprès de services de police de l'autre partie contractante dans le but de promouvoir et d'accélérer la coopération entre les parties contractantes, notamment en accordant l'assistance sous la forme d'échange d'informations aux fins de la lutte tant préventive que répressive contre la criminalité, dans l'exécution de demandes d'entraide policière et judiciaire en matière pénale.
Les modalités de ce détachement sont maintenant encadrées par la décision n° 2003/170/JAI du 27 février 2003 relative à l'utilisation commune des officiers de liaison détachés par les autorités répressives des États membres (Cons. UE, déc. n° 2003/170/JAI, 27 févr. 2003 : *JOUE* n° L 67, 12 mars 2003, p. 27).
Des officiers de liaison sont également détachés auprès d'Europol.
Les renseignements que ces officiers en poste à l'étranger peuvent recueillir dans le pays où ils sont affectés et qu'ils communiquent à leurs collègues français « ne constituent pas des actes de police judiciaire mais des informations utiles, dans la lutte contre la criminalité transfrontière, pour orienter d'éventuelles investigations accomplies en France par la police judiciaire » (Cass. crim., 13 sept. 2011, n° 11-83.100 : *Bull. crim.* n° 178. – Cass. crim., 1er avr. 2015, n° 14-87.647 : *Bull. crim.* n° 74).
Si l'officier de liaison français en poste en Chine rend compte au juge d'instruction de l'inexécution de la commission rogatoire internationale délivrée en vue de remettre une convocation à un témoin aux fins d'audition en France et fait état des explications fournies spontanément par ce témoin quant aux craintes que cette audition suscite, la note qu'il a rédigée n'est pas un acte de police judiciaire mais constitue une pièce de la procédure susceptible d'annulation, au sens des articles 170 et 173 du Code de procédure pénale. Seulement destinée à guider d'éventuels actes d'investigation des autorités françaises, elle ne peut, au cas où elle serait soumise au débat contradictoire devant la juridiction de jugement dans le respect des droits de la défense, servir d'unique fondement à une déclaration de culpabilité (Cass. crim., 19 sept. 2017, n° 17-82.317 : *Bull. crim.* n° 223).

VI
Prüm

4498 La décision n° 2008/615/JAI du 23 juin 2008 relative à l'approfondissement de la coopération transfrontalière, notamment en vue de lutter contre le terrorisme et la criminalité transfrontalière (Cons. UE, déc. n° 2008/615/JAI, 23 juin 2008 : *JOUE* n° L 210, 6 août 2008, p. 1), a intégré dans le droit de l'Union les dispositions du traité de Prüm du 27 mai 2005 (D. n° 2008-33, 10 janv. 2008) et permet ainsi aux États membres d'accéder :
- aux fichiers d'analyses ADN ;
- aux systèmes automatisés d'identification dactyloscopique ;
- aux registres d'immatriculation des véhicules des autres États membres.

4499 **ADN.** S'agissant de l'ADN, le site Internet de la DCPJ indique que le traité de Prüm instaure un système automatisé de comparaison des profils ADN présents dans les fichiers nationaux des pays partenaires européens.
Il y est précisé que :

> « L'unité de coordination et d'assistance Prüm (UCAP) a été créée afin de traiter des échanges d'information consécutifs à un "hit" lors des comparaisons automatisées d'ADN ou d'empreintes digitales dans les bases de données des pays de l'Union européenne.
> Ce système comporte deux phases distinctes :
> – une phase de comparaison technique automatique qui donne un résultat de type "hit/no hit" ;
> – une phase d'échange d'informations complémentaires qui utilise les canaux de coopération policière existants.
> 1. La phase de comparaison technique :
> Les États membres créent et conservent des fichiers nationaux d'analyse ADN aux fins des enquêtes relatives aux infractions pénales. Le traitement de ces données s'effectue conformément au droit national applicable au traitement.
> Les États tiers sont autorisés à accéder aux données afin de réaliser une comparaison automatisée avec leurs propres profils ADN.
> En cas de concordance, les données indexées correspondantes sont transmises automatiquement à l'État membre effectuant la consultation.
> Pour la France, la police technique et scientifique est chargée de réaliser ces opérations techniques.
> 2. La phase d'échange d'information :
> En cas de "hit", le service enquêteur à l'origine du prélèvement ADN est informé par le gestionnaire national du fichier ADN du résultat positif. Les données indexées sont également communiquées.
> L'UCAP est également destinataire de ces informations. C'est donc cette structure de la SCCOPOL qui relayera la demande de coopération de l'enquêteur saisi et qui sera en mesure d'obtenir des informations nominatives utiles à l'enquête.
> Les relations étroites entre l'UCAP et la SDPTS, d'une part, et la parfaite maîtrise des outils de coopération internationale, d'autre part, sont un gage d'efficacité.
> Au 1er mars 2011, 700 identifications ont déjà été réalisées grâce à la comparaison automatisée des traces ADN. La mise en œuvre attendue de la comparaison automatisée des empreintes digitales, de la même manière, devrait ouvrir des champs insoupçonnés dans la résolution des enquêtes ».

L'ESSENTIEL 4500 **Interpol.** L'organisation internationale de police criminelle-Interpol regroupe près de deux cents pays qui ont chacun un Bureau central national (BCN). Interpol coordonne le travail des services de police des pays membres afin de garantir la sécurité dans le monde entier et leur apporte une aide technique et opérationnelle. Elle les conseille pour faire face aux nouvelles formes de criminalité. Elle traite les demandes opérationnelles des pays membres d'Interpol et les demandes que la France adresse à destination de l'étranger. Les demandes d'arrestation provisoire en vue d'extradition ou de remise, qu'il s'agisse de diffusions ou de notices rouges, sont quant à elles traitées dans leur phase policière par le « bureau des extraditions » de la SCCOPOL (V. *supra*, n° 4475).

4501 **Convention d'application de l'accord de Schengen (CAAS).** La CAAS permet, à son article 39, aux services de police de s'accorder assistance aux fins de prévention et de recherche de faits punissables notamment quand il n'est pas nécessaire de recourir à la contrainte. Sur cette base, les services enquêteurs peuvent se communiquer des informations (V. *supra*, n° 4476).

4502 **Europol.** Agence sans pouvoirs opérationnels, chargée d'appuyer et de renforcer l'action des autorités policières et des autres services répressifs des États membres ainsi que leur collaboration mutuelle dans la prévention de la criminalité grave affectant deux ou plusieurs États membres, du terrorisme et des formes de criminalité qui portent atteinte à un intérêt commun qui fait l'objet d'une politique de l'Union, ainsi que la lutte contre ceux-ci, Europol sert de plateforme aux États membres pour échanger des informations par l'intermédiaire des officiers de liaison détachés à son siège et coordonner leurs actions (V. *supra*, n° 4477).

Dans chaque État membre Europol a un correspondant qui, en France, est l'Unité nationale Europol, basée auprès de la SCCOPOL.

4503 **Échanges d'informations entre services de pays européens.** Les articles 695-9-31 à 695-9-49 du Code de procédure pénale réglementent la transmission, facultative ou obligatoire selon les cas, d'informations entre services enquêteurs d'États de l'Union européenne et avec ceux associés à la mise en œuvre de l'acquis de Schengen (V. *supra*, n°s 4478 et s.).

Sauf mention contraire, ces éléments peuvent être utilisés à titre de preuve (V. *supra*, 4495).

4504 **Les officiers de liaison.** Les États membres de l'Union européenne peuvent détacher des officiers de liaison dans d'autres états, de l'UE ou non, pour améliorer la coopération policière.

Les renseignements qu'ils peuvent communiquer à leurs collègues en poste en France ne constituent pas des actes de police judiciaire. Ils ne peuvent, seuls, fonder une déclaration de culpabilité (V. *supra*, n° 4497).

4505 **Prüm.** Le traité de Prüm du 27 mai 2005 (D. n° 2008-33, 10 janv. 2008) permet aux États membres d'accéder :

– aux fichiers d'analyses ADN ;

– aux systèmes automatisés d'identification dactyloscopique ;

– aux registres d'immatriculation des véhicules des autres États membres (V. *supra*, n° 4498).

Fiche 79

Le droit commun de l'entraide pénale internationale

Sommaire

I Les acteurs

4506 Trois acteurs de la coopération judiciaire justifient quelques développements.

A Les magistrats de liaison

1 Création

4507 C'est une action commune de l'Union européenne (Cons. UE, action commune n° 96/277/JAI, 22 avr. 1996 : *JOCE* n° L 105, 27 avr. 1996, p. 1) qui est à l'origine de l'institution des magistrats de liaison. Elle établissait « un cadre d'échange de magistrats de liaison visant à l'amélioration de la coopération judiciaire entre les États membres de l'Union européenne ».
La France a dix-sept magistrats de liaison tandis que dix magistrats de liaison étrangers sont en poste en France (Algérie, Italie, Espagne, Allemagne, Maroc, Japon, USA, Canada, Royaume-Uni, Pays-Bas).

2 Organisation

4508 Les magistrats de liaison français sont rattachés à la Délégation aux affaires européennes et internationales du Secrétariat général du ministère de la Justice.
Ils sont en poste dans les pays suivants :
– Sénégal, compétent pour l'Afrique de l'Ouest (Sénégal, Burkina-Faso, Cap-Vert, Guinée Conakry, Mali, Mauritanie) ;
– Cote d'Ivoire, compétent pour l'Afrique de l'Ouest et centrale (Côte d'Ivoire, Bénin, Cameroun, Ghana, Niger, Nigéria, Tchad, Togo) ;
– Algérie ;
– Allemagne ;
– Belgique (également compétent pour le Luxembourg) ;
– Brésil (également compétent pour Guyana et Suriname) ;

- Thaïlande (également compétent pour Japon, Vietnam, Singapour, Malaise, Philippines, Indonésie et Chine) ;
- Espagne ;
- États-Unis ;
- Serbie, compétent pour l'Europe du sud-est (Serbie, Albanie, Bulgarie, Chypre, Bosnie-Herzégovine, Kosovo, Monténégro, Macédoine) ;
- Italie (également compétent pour Malte) ;
- Maroc ;
- Pays-Bas ;
- Roumanie (également compétent pour la Moldavie) ;
- Royaume-Uni (également compétent pour l'Irlande) ;
- Tunisie ;
- Turquie.

Mis à disposition du ministère des Affaires étrangères et placés sous l'autorité de l'ambassadeur de France, ils sont en principe installés au sein du ministère de la Justice du pays d'accueil, ce qui facilite concrètement la coopération et l'entraide par une meilleure connaissance et compréhension des institutions et systèmes judiciaires réciproques.

Ils sont en outre points de contact du Réseau judiciaire européen.

3 Missions

4509 Les magistrats de liaison ont de nombreuses attributions diplomatiques, telles la représentation de l'ambassadeur sur des thématiques en lien avec la justice et la contribution aux actions de l'ambassade présentant une dimension judiciaire. Ils ont également la charge de rédiger des notes sur des thématiques juridiques (applicabilité de conventions ou de textes en cours de ratification, protection consulaire, droit de la famille, droit pénal, droit de la nationalité…), ou encore d'exercer une veille sur les législations françaises et locales.

Ils ont également un rôle important en matière de coopération juridique, d'information des autorités françaises sur l'organisation et l'évolution de la justice dans le pays dans lequel ils sont en poste et des autorités du pays d'accueil sur le système français, de préparation des échanges entre autorités des deux pays.

4510 En ce qui concerne plus spécifiquement l'entraide judiciaire pénale, qui est l'objet premier de ces développements, ils ont des attributions opérationnelles.

Ils peuvent apporter leur concours au traitement des demandes d'entraide pénale internationale par les conseils qu'ils peuvent fournir aux collègues de leur pays d'origine dans la formulation de leurs demandes d'assistance afin que soient utilisées des voies permettant au pays d'accueil d'y répondre favorablement. Ils sont également à même d'aider réciproquement les deux pays à mieux comprendre les exigences et les demandes des uns et des autres. Par exemple, ils pourront déterminer si le moment est opportun pour envoyer la demande au regard du contexte politique, si la demande française d'extradition a des chances d'aboutir compte tenu des relations économiques du pays requis avec la France, s'il y a lieu d'espérer raisonnablement que les autorités du pays dans lequel ils sont en poste mettront à disposition les moyens humains et financiers pour répondre utilement à la demande d'entraide.

Ils sont également en mesure de suivre étroitement l'exécution de la demande ainsi que faciliter l'organisation du déplacement des magistrats français souhaitant assister à l'exécution de leur demande.

Leur connaissance des spécificités du pays dans lequel ils sont en poste est accrue par les contacts qu'ils peuvent nouer avec les services de police judiciaire de l'État d'accueil, notamment par l'intermédiaire des fonctionnaires de police français détachés dans ce pays.

4511 **Les magistrats de liaison n'ont pas la charge de transmettre les demandes d'entraide.** Il est essentiel d'avoir à l'esprit que le magistrat de liaison n'est pas une autorité compétente, désignée au moment de la ratification des conventions internationales ou sur le fondement de la réciprocité, pour transmettre officiellement les demandes d'entraide pénale émanant des juridictions françaises, y compris s'agissant des « copies avancées » précédant les originaux en format papier. Il ne peut pas davantage émettre une demande d'entraide ni exécuter des mesures d'investigations sur le sol du territoire étranger. C'est le Bureau de l'entraide pénale internationale (BEPI) du ministère de la Justice qui exerce les fonctions d'autorité centrale désignée par la France pour l'application des conventions d'entraide et qui, à ce titre, a pour mission générale d'assurer la transmission, après contrôle formel, des demandes d'entraide aux autorités compétentes pour les exécuter (soit hors Union européenne principalement), dans le respect des dispositions des instruments conventionnels applicables et de la législation française et qui assure le suivi de l'exécution des demandes d'entraide.

B Le Réseau judiciaire européen

4512 **Organisation.** Le Réseau judiciaire européen (RJE) a été créé par une action commune du Conseil de l'Union européenne du 29 juin 1998 (Cons. UE, action commune n° 98/428/JAI, 29 juin

1998 : *JOCE* n° L 191, 7 juill. 1998, p. 4. – Abrogée et remplacée par Cons. UE, déc. n° 2008/976/JAI, 16 déc. 2008 : *JOUE* n° L 348, 24 déc. 2008, p. 130) en vue d'établir des « points de contact » dans chaque État membre, qui facilitent la coopération judiciaire en matière pénale. Son existence a été reconnue par l'article 85 du Traité sur le fonctionnement de l'Union européenne (TFUE).
Son Secrétariat général est situé à La Haye (Pays-Bas) dans les locaux d'Eurojust. Des rencontres pluriannuelles sont organisées entre les principaux points de contact afin d'échanger sur les difficultés opérationnelles rencontrées.

4513 **Points de contact.** En France, il existe des points de contact au niveau national (le directeur des affaires criminelles et des grâces et trois magistrats du bureau de l'entraide pénale internationale [BEPI] dont son chef), au niveau régional (un point de contact dans chaque parquet général dont la liste actualisée est disponible sur le site intranet de la DACG [entraide pénale internationale/contacts]) et au niveau international (tous les magistrats de liaison en charge de la coopération avec les États membres de l'Union européenne).

4514 **Attributions.** La mission des points de contact du Réseau judiciaire européen est de faciliter la coopération judiciaire entre États membres en particulier dans le cadre de la lutte contre les formes graves de la criminalité, notamment :
– en permettant aux autorités judiciaires nationales et des autres États membres d'identifier l'interlocuteur le plus approprié ;
– en communiquant aux autorités judiciaires nationales et des autres États membres les informations juridiques nécessaires pour leur permettre d'établir de façon efficace une demande de coopération judiciaire ou pour améliorer la coopération judiciaire en général ;
– en participant à l'organisation de sessions de formation, à leur niveau respectif, sur la coopération judiciaire à l'attention des autorités judiciaires compétentes de leur État membre ;
– en aidant à la rédaction, l'exécution et la coordination des demandes d'entraide pénale au sein de l'Union européenne.

4515 **Bon usage du RJE.** Il est recommandé d'avoir recours au Réseau judiciaire européen, qui est un réseau de praticiens, pour les dossiers peu complexes, n'impliquant que deux États membres, lorsqu'il s'agit de régler des questions ponctuelles (état d'avancement d'une commission rogatoire internationale ou d'un mandat d'arrêt européen, identification du bon interlocuteur, conseils de rédaction concernant une demande d'entraide ou un mandat d'arrêt européen).

4516 **Site Internet.** Le site Internet du Réseau judiciaire européen (https://www.ejn-crimjust.europa.eu/ejn) permet notamment d'obtenir :
Via l'Atlas :
– la juridiction territorialement compétente pour exécuter l'acte requis ;
Via la bibliothèque judiciaire :
– l'état des transpositions des instruments de l'Union européenne ;
– les textes applicables.
Via la rubrique points de contact (les codes d'accès sont mentionnés dans la rubrique « contacts » du site intranet du BEPI) :
– l'identité, les coordonnées et la ou les langues parlées par les points de contact nationaux des États membres ;
Via les fiches belges :
– la loi applicable dans l'État requis à l'acte requis.

4517 **Décision d'enquête européenne (DEE).** Les textes spécifiques relatifs à la DEE prévoient :
– l'utilisation du système de télécommunications du Réseau judiciaire européen pour consulter l'autorité étrangère d'exécution ou d'émission, pour faciliter la reconnaissance et l'exécution de la décision, notamment pour régler toute difficulté relative à la transmission ou à l'authenticité d'un document nécessaire à l'exécution de cette décision (CPP, art. D. 47-1-1) ;
– la transmission des DEE par ce réseau ;
– la détermination de l'identité de l'autorité d'exécution par le biais des points de contact du RJE (CPP, art. D. 47-1-2).

C L'agence Eurojust

4518 Si les magistrats de liaison rendent plus aisée la coopération bilatérale, la nécessité de faciliter la coopération multilatérale a conduit à la naissance d'Eurojust.

1 Création

4519 Créée par une décision du 28 février 2002 (Cons. UE, déc. n° 2002/187/JAI, 28 févr. 2002 instituant Eurojust afin de renforcer la lutte contre les formes graves de criminalité : *JO* n° L 63, 6 mars 2002, p. 1) afin de promouvoir et d'améliorer la coordination et la coopération entre les autorités judiciaires compétentes des États membres, en particulier en ce qui concerne les formes graves de criminalité organisée, Eurojust a été réformée à plusieurs reprises et est devenue une agence (PE et Cons. UE, règl. [UE] n° 2018/1727, 14 nov. 2018, relatif à l'Agence de l'Union européenne pour la coopération judiciaire en matière pénale [Eurojust] et remplaçant et abrogeant la décision n° 2002/187/JAI du

Conseil), « organe de l'Union européenne doté de la personnalité juridique » (CPP, art. 695-4).
Sa mission est définie par l'article 85 du Traité sur le fonctionnement de l'Union européenne.
Elle a son siège à La Haye (Pays-Bas).

2 Compétence

4520 L'article 3 du règlement (UE) n° 2018/1727 du Parlement européen et du Conseil du 14 novembre 2018 relatif à l'Agence de l'Union européenne pour la coopération judiciaire en matière pénale (Eurojust), remplaçant et abrogeant la décision n° 2002/187/JAI du Conseil prévoit qu'Eurojust est compétente à l'égard des formes graves de criminalité énumérées à l'annexe I, soit : terrorisme, criminalité organisée, trafic de stupéfiants, activités de blanchiment d'argent, criminalité liée aux matières nucléaires et radioactives, filière d'immigration, traite d'êtres humains, criminalité liée aux véhicules, meurtre et coups et blessures graves, trafic d'organes et de tissus humains, enlèvement, séquestration et prise d'otage, racisme et xénophobie, vol qualifié et vol aggravé, trafic de biens culturels, y compris les antiquités et les œuvres d'art, escroquerie et fraude, infractions portant atteinte aux intérêts financiers de l'Union, délits d'initiés et manipulation des marchés financiers, racket et extorsion de fonds, contrefaçon et piratage de produits, falsification de documents administratifs et trafic de faux, faux-monnayage et falsification de moyens de paiement, criminalité informatique, corruption, trafic d'armes, de munitions et d'explosifs, trafic d'espèces animales menacées, trafic d'espèces et d'essences végétales menacées, criminalité au détriment de l'environnement, y compris la pollution causée par les navires, trafic de substances hormonales et d'autres facteurs de croissance, abus sexuels et exploitation sexuelle, y compris matériel pédopornographique et sollicitation d'enfants à des fins sexuelles, génocides, crimes contre l'humanité et crimes de guerre.
Mais ce même article 3 dispose toutefois, qu'à compter de la date à laquelle le Parquet européen assume ses missions d'enquête et de poursuites conformément à l'article 120, § 2, du règlement (UE) n° 2017/1939, Eurojust n'exerce pas sa compétence à l'égard des infractions pour lesquelles le Parquet européen est compétent, à l'exception des affaires qui concernent également des États membres qui ne participent pas à la coopération renforcée concernant la création du Parquet européen et à la demande de ces États membres ou à la demande du Parquet européen.

3 Composition

4521 L'agence Eurojust comprend vingt-sept États membres.
Dix procureurs de liaison y sont détachés par des États tiers.
Le Royaume-Uni, depuis qu'il a quitté l'Union européenne, a le statut de pays tiers.

a) Membre national

4522 Chaque État est représenté par un membre national, assisté de collaborateurs. Le membre national français, magistrat hors hiérarchie, est assisté de trois magistrats français.

b) Collège d'Eurojust

4523 Le collège réunit les vingt-sept membres nationaux. Ce collège se prononce sur la compétence d'Eurojust pour chaque saisine par un État membre.

4 Objectifs

4524 Aux termes de l'article 695-4 du Code de procédure pénale, Eurojust est chargée de promouvoir et d'améliorer la coordination et la coopération entre les autorités compétentes des États membres de l'Union européenne dans toutes les enquêtes et poursuites relevant de sa compétence et elle peut également, avec l'accord des États membres concernés :

> « 1° Coordonner l'exécution des demandes d'entraide judiciaire émises par un État non membre de l'Union européenne lorsque ces demandes se rattachent à des investigations portant sur les mêmes faits et doivent être exécutées dans deux États membres au moins ;
> 2° Faciliter l'exécution des demandes d'entraide judiciaire devant être exécutées dans un État non membre de l'Union européenne lorsqu'elles se rattachent à des investigations portant sur les mêmes faits et émanent d'au moins deux États membres ».

4525 **Agence au service de la coopération judiciaire.** Eurojust se présente comme une agence au service de la coopération judiciaire (présentation à Lyon, 18 mars 2022).

4526 **Autres fonctions.** Elle a d'autres fonctions, notamment d'initiative, l'article 695-5 du Code de procédure pénale lui permettant, par l'intermédiaire du membre national ou en tant que collège, de :
1° informer le procureur général des infractions dont elle a connaissance et lui demander de faire procéder à une enquête ou de faire engager des poursuites ;
2° demander au procureur général de dénoncer ou de faire dénoncer des infractions aux autorités compétentes d'un autre État membre de l'Union européenne ;

3° demander au procureur général de faire mettre en place une équipe commune d'enquête ;
4° demander au procureur général ou au juge d'instruction de lui communiquer les informations issues de procédures judiciaires qui sont nécessaires à l'accomplissement de ses tâches.

Et, agissant par l'intermédiaire du membre national, de demander au procureur général de faire prendre toute mesure d'investigation particulière ou toute autre mesure justifiée par les investigations ou les poursuites.

La loi prévoit également que le membre national est destinataire d'informations de la part des autorités nationales et qu'il leur en donne également pour être à même de mettre en œuvre ses prérogatives (CPP, art. 695-8-2, 695-8-3).

4527 **Interface dans la transmission des demandes d'entraide.** L'objet des développements de cette partie étant la coopération judiciaire, seuls les pouvoirs d'Eurojust en cette matière sont évoqués.

Un auteur présente Eurojust comme une « interface majeure dans la transmission des demandes d'entraide » en relevant que « le besoin est apparu d'assurer une coordination des demandes dans les enquêtes les plus lourdes et d'assurer une forme de suivi des demandes » malgré l'instauration de la possibilité de transmission directe.

Le bureau français revendique d'être saisi pour tous les types de dossiers pénaux, du plus simple au plus compliqué, bilatéral ou multilatéral, avec un ou plusieurs pays européens ou un ou plusieurs pays tiers.

Le bureau français précise que la saisine d'Eurojust n'est pas réservée aux juridictions interrégionales spécialisées (JIRS).

Eurojust peut apporter une aide ponctuelle à l'élaboration des demandes d'entraide, assurer l'exécution d'une demande d'entraide en aidant à choisir le bon instrument d'entraide pénale, anticiper et résoudre les problèmes d'exécution des demandes. Elle est en mesure de transmettre une DEE urgente à une autorité judiciaire. Elle peut renseigner sur la faisabilité juridique ou pratique d'une mesure d'enquête, aider à mettre en place une stratégie judiciaire coordonnée pour les dossiers aux implications transnationales (répartition des objectifs et des poursuites).

Elle est capable de permettre de se coordonner avec une autorité étrangère et d'offrir un accompagnement tout au long d'un dossier aux enjeux complexes.

Elle peut aider à mettre en place une stratégie d'investigations transnationales, apporter son soutien à des opérations à mener simultanément dans plusieurs pays, renseigner sur l'existence d'une enquête sur des faits similaires à l'étranger et aider à la mise en place d'une équipe commune d'enquête (V. *infra*, n° 4691).

> À SAVOIR **Transmission de DEE : le considérant 13 de la directive sur la DEE prévoit que : « En vue d'assurer la transmission de la décision d'enquête européenne à l'autorité compétente de l'État d'exécution, l'autorité d'émission peut recourir à tous les moyens de transmission possibles ou appropriés, par exemple le système de télécommunications sécurisé du Réseau judiciaire européen, Eurojust, ou d'autres canaux utilisés par les autorités judiciaires ou répressives ».**

4528 **Formes de la saisine.** La saisine du bureau français d'Eurojust se fait simplement et sans formalisme. Il peut être saisi par mail, téléphone, courrier. Un magistrat du bureau français est joignable 7 jours sur 7, 24 heures sur 24. Il suffit de transmettre un exposé des faits et de l'enquête faisant apparaître les autres États impliqués ainsi que la qualification juridique des faits.

4529 **Guerre en Ukraine.** À la suite de la découverte de possibles crimes de guerre commis par la Russie, dans le cadre de la guerre qu'elle mène contre l'Ukraine, laquelle est pays partenaire d'Eurojust, le statut de l'Agence a été modifié pour lui permettre de collecter, de conserver et de partager des preuves de crimes de guerre. L'aide fournie par Eurojust prend la forme d'équipes communes d'enquête, de mise en place de réunions de coordination pour harmoniser et partager les résultats des enquêtes commencées dans plusieurs pays au titre de la compétence universelle et Eurojust héberge en outre un réseau d'experts en crimes de guerre et crimes contre l'humanité (Source : www.touteleurope.eu).

II
L'entraide pénale internationale

A Droit commun

4530 **Code de procédure pénale.** Le Code de procédure pénale consacre ses articles 694 à 694-4-1 aux principes généraux régissant l'entraide judiciaire internationale en l'absence de convention internationale en stipulant autrement.

4531 **Conventions.** La France est liée par des conventions bilatérales ou multilatérales nombreuses qu'il serait vain de vouloir recenser de manière exhaustive. Le site intranet de la DACG dresse une liste des principales conventions intéressant la France.
Il sera simplement signalé qu'en Europe une convention du Conseil de l'Europe du 20 avril 1959 a longtemps régi les relations ; qu'elle a été complétée par une convention du 29 mai 2000 relative à l'entraide judiciaire en matière pénale entre les États membres de l'Union européenne et son protocole additionnel du 16 octobre 2001. En 2017 est entrée en vigueur la décision d'enquête européenne, fruit d'une directive du Parlement européen et du Conseil.
La France est également partie à de multiples conventions d'extradition, notamment à la convention européenne d'extradition du 13 décembre 1957. En tant qu'adhérente à l'Union européenne, elle a participé et a mis en application les instruments internationaux relatifs au mandat d'arrêt européen et aux gels de biens dont il sera question dans les développements qui suivent.

4532 **Caractère subsidiaire du Code de procédure pénale.** Il convient donc de se référer à la convention internationale liant l'État requérant et la France quand il en existe une. Le Code de procédure pénale n'a qu'un caractère subsidiaire. Ses dispositions ne sont applicables que quand il n'existe pas de convention ou qu'il y en a une mais qu'elle ne règle pas la question qui se pose.

B France, État requis

4533 L'enquêteur français pourra être amené à exécuter une demande d'entraide judiciaire émanant d'un État étranger.

4534 **Délégation donnée à un officier de police judiciaire par un magistrat français.** Il est notamment précisé par le Code de procédure pénale (CPP, art. 694-2) que les demandes d'entraide sont exécutées par le procureur de la République ou par les officiers ou agents de police judiciaire que ce magistrat requiert pour procéder aux actes demandés. En pratique il pourra les requérir par un soit-transmis.
Quand les actes que l'État étranger demande ne peuvent être exécutés ou ordonnés, en droit français, qu'au cours d'une instruction préparatoire, la demande d'entraide est exécutée par un juge d'instruction ou par un officier de police judiciaire que ce magistrat saisit par commission rogatoire.

4535 **Est-il possible de verser, dans une procédure française, des pièces étrangères transmises par l'autorité requérante à l'appui de sa demande ou des pièces d'exécution retournées à cette dernière ?** La DACG, dans son *Guide méthodologique sur l'entraide pénale internationale*, retient la position suivante :

> « Si aucune convention n'interdit explicitement à la France, État requis, de verser les pièces étrangères transmises à l'appui d'une demande d'entraide, dans une procédure déjà ouverte sur notre territoire, l'utilisation de ces informations ainsi que des pièces d'exécution obtenues en France sur demande d'entraide étrangère sans le consentement du magistrat requérant est susceptible de mettre à mal l'établissement et le maintien de relations de confiance entre autorités judiciaires.
> Ainsi, il paraît préférable de demander, par écrit, à l'autorité étrangère compétente (autorité judiciaire requérante ou, le cas échéant, autorité centrale qui a transmis sa demande) son consentement au versement de ces pièces dans une procédure française, même si l'absence de consentement ne saurait constituer une nullité dans la procédure française au sens littéral de l'article 171 du code de procédure pénale. Ce consentement sera un préalable obligatoire si l'autorité étrangère mandante a assorti sa demande d'un principe de spécialité ».

Cette position nous paraît devoir d'autant plus être approuvée qu'il est arrivé, en sens inverse, que les autorités étrangères ouvrent une enquête au vu des pièces transmises par l'autorité française, sans lui demander son accord ni même la prévenir, et poursuivent la personne intéressant la France, refusant ensuite d'exécuter la demande d'entraide française, ce qui paralyse la procédure française. Une concertation entre les autorités des deux pays apparaît donc constituer un minimum au maintien de bonnes relations entre des pays liés par des conventions internationales.

4536 **Demande d'entraide pénale internationale (DEPI) ou commission rogatoire internationale (CRI).** La forme des demandes émanant des États étrangers n'est pas réglementée. Les demandes, que l'on nomme souvent « demandes d'entraide pénale internationale » (DEPI), peuvent également se présenter sous forme d'une commission rogatoire ou commission rogatoire internationale, dénominations issues du vocabulaire juridique français alors que, par hypothèse, il est ici question de demandes étrangères.

1 Demande d'entraide émanant d'un pays qui n'est pas lié par la directive instituant la décision d'enquête européenne

4537 **Procédure pénale applicable.** En principe, l'enquêteur exécute la demande selon la procédure pénale française. Ce n'est qu'exceptionnellement qu'il pourra lui être demandé d'exécuter les actes demandés ou certains d'entre eux selon des règles de procédure précisées expressément par l'État requérant. Ce n'est toutefois possible que si les règles que l'État étranger demande d'appliquer ne réduisent pas les droits des parties ou les garanties procédurales prévus par le Code de procédure pénale français (CPP, art. 694-3), ce que le magistrat français destinataire de la demande d'entraide, voire le ministre de la Justice, réglera préalablement avec l'autorité étrangère (CPP, art. 694-3, 694-4, 694-4-1).

L'enquêteur peut donc considérer que, s'il lui est demandé de procéder selon des règles autres que celles prévues par le Code de procédure pénale, la rectitude juridique de la demande a été examinée par le magistrat français et l'autorité étrangère. En d'autres termes, il n'a pas à s'en soucier et doit procéder ainsi qu'il lui est demandé par le procureur de la République ou le juge d'instruction.

4538 **Convention internationale.** Pour les conditions et modalités d'exécution de la demande d'entraide, il convient de se reporter à la convention internationale liant la France et le pays demandeur, s'il en existe une.

S'il n'en existe pas et qu'un enquêteur se trouve à devoir exécuter une demande étrangère, c'est qu'au titre de la courtoise internationale, l'entraide a été accordée. Il conviendra, dans ce cas, d'appliquer les règles générales du Code de procédure pénale, à défaut d'instructions contraires qui ne peuvent être suivies que si elles ne réduisent pas les droits des parties ou les garanties procédurales prévus par le Code de procédure pénale français.

2 Décision d'enquête européenne (DEE)

4539 Lorsque la demande d'entraide émane d'un pays de l'Union européenne autre que le Danemark et l'Irlande, qui ne sont pas liés par la directive 2014/41/UE du Parlement européen et du Conseil du 3 avril 2014 transposée dans le Code de procédure pénale aux articles 694-14 et suivants, elle prend la forme d'une décision d'enquête européenne (DEE).

4540 **Définition.** La DEE est une décision judiciaire émise par un État membre, appelé État d'émission, demandant à un autre État membre, appelé État d'exécution, en utilisant des formulaires communs à l'ensemble des États, de :

– réaliser dans un certain délai sur son territoire des investigations tendant à l'obtention d'éléments de preuve relatifs à une infraction pénale ou à la communication d'éléments de preuve déjà en sa possession ;

– ou ayant pour objet d'empêcher provisoirement sur le territoire de l'État d'exécution toute opération de destruction, de transformation, de déplacement, de transfert ou d'aliénation d'éléments susceptibles d'être utilisés comme preuve ;

– ou ayant encore pour objet le transfèrement temporaire dans l'État d'émission d'une personne détenue dans l'État d'exécution, afin de permettre la réalisation dans l'État d'émission d'actes de procédure exigeant la présence de cette personne, ou le transfèrement temporaire dans l'État d'exécution d'une personne détenue dans l'État d'émission aux fins de participer sur ce territoire aux investigations demandées.

a) Actes susceptibles ou non de réalisation dans le cadre d'une DEE

4541 En principe, tout acte peut être demandé dans le cadre d'une DEE.

Il existe cependant des exceptions mais aussi des dispositions prévoyant que certaines mesures ne peuvent pas être refusées ou qu'une mesure équivalente doit être réalisée.

1) Actes ne pouvant pas être effectués

4542 **Actes prévus par d'autres dispositions.** Ne peuvent pas être demandés dans le cadre d'une DEE :

– la constitution des équipes communes d'enquêtes ;

– les gels de biens susceptibles de faire l'objet d'une confiscation (à la différence des saisies de

biens susceptibles de constituer une preuve qui relèvent, quant à elles, de la DEE) ;
– l'observation transfrontalière ;
toutes mesures qui sont régies par d'autres textes (V. *infra*, n°s 4623, 4730, 4574).

4543 **Actes non autorisés par le Code de procédure pénale pour l'infraction motivant la décision d'enquête.** L'autorité étrangère ne peut pas non plus obtenir de la France la réalisation de mesures qui ne seraient pas autorisées par le code français pour l'infraction motivant la décision d'enquête (CPP, art. 694-31).

2) Correctifs apportés à l'impossibilité de réaliser certains actes

4544 **Actes ne pouvant pas être refusés.** L'article 694-33 du Code de procédure pénale prévoit que les mesures suivantes ne peuvent pas être refusées :

« 1° L'obtention d'informations ou d'éléments de preuve qui sont déjà en possession des autorités françaises et qui auraient pu être obtenus, en application du droit national, dans le cadre d'une procédure pénale ou aux fins de la décision d'enquête européenne ;
2° L'obtention d'informations contenues dans des traitements automatisés de données à caractère personnel mis en œuvre par les services de la police nationale et de la gendarmerie nationale ou les autorités judiciaires directement accessibles dans le cadre d'une procédure pénale ;
3° L'audition d'un témoin, d'un expert, d'une victime, d'un suspect, d'une personne poursuivie ou d'un tiers ;
4° L'identification d'abonnés titulaires d'un numéro de téléphone spécifique ou de personnes détentrices d'une adresse de protocole internet spécifique ;
5° Toute autre mesure d'enquête non intrusive qui ne porte pas atteinte aux droits ou libertés individuels ».

4545 **Si possible, mesure équivalente.** Si la mesure demandée par l'autorité étrangère n'est pas prévue par le Code de procédure pénale français ou qu'elle ne pourrait être exécutée dans le cadre d'une procédure nationale similaire, il convient d'avoir recours, chaque fois que cela s'avère possible, à toute autre mesure d'investigation permettant d'obtenir les éléments demandés par l'autorité d'émission ou à une autre mesure d'enquête que celle demandée qui permet d'obtenir le même résultat de façon moins intrusive (CPP, art. 694-38). C'est au magistrat qu'il revient de prévenir l'autorité requérante et de s'accorder avec elle. Il s'ensuit que lorsque l'enquêteur est saisi, la difficulté que le magistrat français aurait pu détecter lors de la réception de la demande devrait avoir été réglée. Si, en revanche, la difficulté apparaissait à l'enquêteur à l'occasion de l'exécution de la mission confiée par le magistrat français, il devrait en rendre compte immédiatement à ce dernier.

b) Les règles générales

4546 **Délai d'exécution.** Il est prévu qu'en principe la DEE soit exécutée au plus tard dans les quatre-vingt-dix jours de sa reconnaissance par le magistrat français, autrement dit à compter de sa transmission au service de police ou à l'unité de gendarmerie choisi par le magistrat. Il est cependant possible de dépasser le délai en cas de circonstances particulières. Le magistrat doit alors prévenir immédiatement l'autorité d'émission et lui indiquer les raisons qui motivent la prolongation ainsi que la date prévisible d'exécution de la décision d'enquête (CPP, art. 694-37).

4547 **Loi applicable.** La DEE doit, comme les autres demandes d'entraide, notamment celles émanant d'un pays non adhérent à la DEE (V. *supra*, n° 4538), être exécutée selon les modalités prévues par le Code de procédure pénale français (CPP, art. 694-17).
Mais elle peut l'être conformément aux formalités et procédures expressément indiquées par l'autorité d'émission, à condition que la loi française n'en dispose pas autrement et que les règles dont l'autorité étrangère demande l'application ne réduisent pas les droits des parties et les garanties procédurales résultant des principes fondamentaux rappelés à l'article préliminaire de notre Code de procédure pénale tels les principes du contradictoire, du procès équitable ou de la présomption d'innocence (CPP, art. 694-36).
À cet égard, la DACG évoque dans son *Guide méthodologique sur l'entraide pénale internationale* plusieurs situations susceptibles de se présenter, et notamment :
– l'enregistrement de la déposition qui, en droit français, n'est prévu, au cours de l'enquête, que pour les mineurs victimes et les personnes placées en garde à vue pour crime, mais dont elle pense qu'il pourrait être effectué pour d'autres personnes, en application de l'alinéa 2 de l'article 694-3, car, sous réserve de l'appréciation de la Cour de cassation, cet enregistrement ne semble pas porter atteinte aux principes fondamentaux ;
– l'audition d'un témoin en présence de son avocat, qui, non prévue en droit interne, ne lui apparaît pas, sous réserve de l'appréciation de la Cour de cassation, constituer une atteinte aux principes fondamentaux. La DACG relève en outre que s'il apparaît à l'autorité judiciaire française que la personne à entendre, qualifiée de témoin par les autorités étrangères, pourrait, dans une procédure nationale équivalente, avoir le statut de témoin

assisté, parce qu'il existe contre elle des indices d'avoir commis l'infraction qui a donné lieu à la demande d'entraide, il n'est pas nécessaire de faire application de l'alinéa 2 de l'article 694-3. Il suffit, pour donner une suite favorable à la requête, d'appliquer la procédure interne de témoin assisté.

4548 **Recours.** La mesure d'enquête exécutée en France peut y faire l'objet de recours (CPP, art. 694-41). Les personnes concernées doivent en conséquence être informées de leur possibilité de les exercer, quand cette information est prévue par le Code de procédure pénale. Les informations qui doivent être données aux personnes concernées quant à l'exercice des recours sont peu nombreuses en procédure pénale et, en tout état de cause, concernent davantage les magistrats que les enquêteurs.

c) Préconisations particulières

4549 Certains actes spécifiques que l'enquêteur peut être conduit à exécuter méritent d'être évoqués.

4550 **Visioconférence.** Une DEE peut être délivrée par une autorité étrangère pour procéder à l'audition d'une personne par un moyen de communication audiovisuelle (CPP, art. 694-48).
Si la personne à entendre est une personne suspecte ou poursuivie et qu'elle s'oppose à être entendue, le magistrat saisi peut refuser l'exécution de la demande. Il semble donc préférable que le magistrat exécute la DEE lui-même afin d'être en mesure d'apprécier l'ensemble des conditions. C'est d'ailleurs l'hypothèse envisagée par la circulaire de la DACG, ce qui se justifie d'autant plus que l'article D. 47-1-2 du Code de procédure pénale prévoit que :

> « ... les modalités pratiques de l'audition, qui doit être réalisée conformément aux dispositions du droit de l'État d'émission, sont préalablement fixées d'un commun accord avec les autorités de cet État, en précisant notamment l'heure et le lieu de l'audition, les données d'identification de la personne entendue ainsi que, s'il s'agit d'une personne suspectée ou poursuivie, les conditions dans lesquelles est garanti l'exercice des droits de la défense... ».

Il ne semble pas, en revanche, inconcevable que le magistrat charge des policiers ou des gendarmes d'organiser l'audition d'un « simple » témoin par l'autorité étrangère par visioconférence, cas dans lequel les dispositions réprimant le refus de déposer ou de prêter serment, et celles du Code pénal réprimant le faux témoignage sont applicables. Dans cette hypothèse, les policiers ou les gendarmes assisteront à l'audition. Si cette audition devait faire apparaître que la personne entendue peut, au regard du droit français, être considérée comme suspecte, c'est-à-dire qu'il se révèle qu'existent contre elle des raisons plausibles ou des indices faisant présumer qu'elle a commis ou tenté de commettre l'infraction, il conviendra que les enquêteurs rendent compte immédiatement au magistrat sous la responsabilité duquel ils agissent afin que ce dernier puisse apprécier s'il convient de solliciter l'accord de la personne entendue, et éventuellement d'arrêter l'exécution de la DEE.

4551 **Saisie d'éléments de preuve à titre provisoire.** Une DEE, comme il a été signalé, peut tendre à empêcher provisoirement toute opération de destruction, de transformation, de déplacement, de transfert ou d'aliénation d'éléments susceptibles d'être utilisés comme preuve. L'urgence qui s'attache à la réalisation de telles demandes a conduit le législateur à prévoir que le magistrat devait reconnaître ou refuser la DEE dans les meilleurs délais et, si possible, dans les vingt-quatre heures suivant sa réception (CPP, art. 694-46). Si le magistrat reconnaît la DEE et en saisit des enquêteurs, il va de soi que ceux-ci doivent exécuter la mission aussi tôt que possible.

4552 **Infiltration.** Il a été indiqué dans la fiche consacrée à l'infiltration (V. *supra*, n° 4034) que des agents de police étrangers, affectés dans leur pays dans un service spécialisé et exerçant des missions de police similaires à celles des agents nationaux spécialement habilités mentionnés à l'article 706-81, pouvaient poursuivre en France, sous la direction d'officiers de police judiciaire français, des opérations d'infiltration commencées dans leur pays conformément aux dispositions du Code de procédure pénale français, avec l'accord préalable du ministre de la Justice puis l'autorisation du procureur de la République près le tribunal judiciaire de Paris ou du juge d'instruction du même ressort (CPP, art. 694-7) et qu'ils pouvaient aussi procéder à des opérations d'infiltration dans le cadre d'une enquête française (CPP, art. 694-8). Ces dispositions ne concernent cependant que les demandes d'entraide formées hors Union européenne. Une demande d'infiltration émanant d'un pays de l'Union européenne doit être présentée dans le cadre d'une DEE (sauf pour le Danemark et l'Irlande), de sorte que les modalités de la mesure d'infiltration réalisée en France seront fixées d'un commun accord (CPP, art. 694-47) par le magistrat français saisi et l'autorité étrangère compétente, quant à la durée et au statut juridique des agents infiltrés, sans que le ministre de la Justice soit amené à donner son accord. L'obligation que les agents étrangers soient affectés, dans leur État, dans un service spécialisé et exercent des missions de police similaires à celles des officiers ou agents de police judiciaire nationaux spécialement habilités pour ce type d'opérations prévues par les articles 706-81 et suivants est applicable aux infiltrations demandées par DEE (V. *infra*, n° 4618). Comme les infiltrations demandées par un pays n'appartenant pas à l'Union européenne, celles demandées par un pays de l'Union sont réalisées sous la direction d'officiers de police judiciaire français (CPP, art. 694-7).

C France, État requérant

4553 **DEPI, CRI, DEE.** Lorsque l'enquête ouverte en France nécessite des recherches à l'étranger, il se peut que les instruments de coopération policière permettent d'obtenir les éléments nécessaires.
Mais, notamment quand il y a lieu de procéder à des auditions, perquisitions, interceptions de correspondances, etc., la coopération policière est insuffisante. Le magistrat en charge de l'enquête doit alors solliciter de l'État étranger concerné la réalisation des actes nécessaires.
La demande peut prendre le nom générique de demande d'entraide pénale internationale (DEPI). Si c'est un juge d'instruction français qui instrumente, sa demande aux autorités étrangères prendra le nom de commission rogatoire internationale. Quand c'est à un pays de l'Union européenne (hors Danemark et Irlande) que sont demandés les actes, la demande devra être présentée dans le cadre d'une DEE, que l'enquête soit effectuée sous l'autorité du parquet ou qu'elle le soit sous celle d'un juge d'instruction.
Les problèmes relatifs aux dispositions législatives et conventionnelles applicables étant réglés par le magistrat, l'enquêteur de terrain n'est concerné, par ce type de situation, que si le magistrat mandant lui demande de l'accompagner dans le pays étranger ou de s'y rendre seul pour assister aux investigations. Encore faut-il que les autorités compétentes de l'État requis autorisent la venue des enquêteurs. C'est à elles qu'il revient de fixer la date de l'exécution de la demande d'entraide, en concertation avec l'autorité requérante.

4554 **Simple assistance.** Le principe en la matière est que le rôle de l'enquêteur français, lors des actes réalisés en exécution de la demande d'entraide, est limité à une **simple assistance**. Il ne peut pas, sauf traité le lui permettant, procéder à des actes d'enquête (Cass. crim., 21 sept. 1999, n°s 99-83.692 et 99-83.229 : *Bull. crim.* n° 189).
L'enquêteur français, s'il peut notamment demander ou suggérer à l'autorité étrangère de réaliser certains actes, de poser certaines questions ou de présenter certains documents aux personnes entendues, ne saurait y procéder lui-même sans porter atteinte à la régularité de la procédure.
Il en va de même quand le magistrat se déplace pour assister aux investigations qu'il a demandées. Il ne peut pas procéder lui-même à un acte d'enquête (Cass. crim., 20 août 1992, n° 92-82.970) ni même délivrer une nouvelle DEPI ou CRI. Il est forcé de faire appel alors à ses collègues restés en France pour le substituer et établir la demande complémentaire. Ce n'est que lorsqu'il est présent à l'étranger dans le cadre d'une DEE qu'il peut, en vertu du dernier alinéa de l'article 694-20 du Code de procédure pénale, émettre une décision d'enquête en complément de la précédente décision.

4555 **Exceptions.** Il existe cependant deux exceptions à l'impossibilité pour le magistrat ou l'enquêteur de procéder lui-même à des actes : d'une part, la constitution d'équipes communes d'enquête (ECE) (V. *infra*, n° 4623) et, d'autre part, les dispositions de l'article 18, alinéa 4 du Code de procédure pénale qui prévoient qu'« avec l'accord des autorités compétentes de l'État concerné, les officiers de police judiciaire peuvent, sur commission rogatoire expresse du juge d'instruction ou sur réquisitions du procureur de la République, procéder à des auditions sur le territoire d'un État étranger » (le procureur de la République et le juge d'instruction tiennent des articles 41, alinéa 6 pour le premier et 93-1 du Code de procédure pénale pour le second le pouvoir de se rendre à l'étranger pour y procéder eux-mêmes à des auditions).
La DACG attire l'attention, dans son Guide méthodologique relatif à l'entraide pénale internationale, sur le fait que :

> « – les seuls actes pouvant être réalisés par les enquêteurs paraissent être les auditions de témoins (le texte visant les seules auditions et non les interrogatoires, sous réserve de l'appréciation souveraine des juridictions) ;
> – l'accord des autorités étrangères doit émaner de l'autorité centrale et non de l'autorité judiciaire localement compétente pour exécuter la demande d'entraide ;
> – la réciprocité ne peut aucunement être visée, la France n'accordant pas cette possibilité aux autorités judiciaires étrangères ».

4556 **Quelle forme doit prendre la demande d'audition de témoins à l'étranger par les enquêteurs français ?** Lorsque la loi du 9 mars 2004 a inséré à l'article 18 du Code de procédure pénale un alinéa 5 [aujourd'hui 4] pour permettre aux officiers de police judiciaire de procéder à des auditions sur le territoire d'un État étranger, certains ont fait remarquer que « la commission rogatoire "article 18, al. 5" est une commission rogatoire nationale dont l'exécution est prévue en territoire étranger. Il ne s'agit pas d'une commission rogatoire internationale (elle est visée par un texte particulier) et n'est pas destinée à une autorité judiciaire étrangère (mais aux enquêteurs français ayant obtenu l'accord des autorités compétentes de l'État concerné). Sauf exception, et souhait particulier de l'État concerné, elle n'a pas non plus à être doublée ou à doubler une commission rogatoire internationale. Elle a son autonomie propre ».

D'autres considéraient, au contraire, qu'« une telle disposition revient à solliciter, dans le cadre d'une commission rogatoire internationale, de l'État requis l'autorisation de permettre à des OPJ français, eux-mêmes mandatés dans une commission rogatoire générale, d'acter sur son sol ».

La DACG retient que la demande prévue par l'alinéa 4 de l'article 18 du Code de procédure pénale doit être présentée dans une CRI (document « Conseils de rédaction de Commission rogatoire Internationale/ Demande d'entraide internationale » disponible sur le site intranet de la DACG) ou une DEE, et plus précisément, pour cette dernière, dans la section I. de l'annexe A du formulaire de DEE (Guide méthodologique et CRIM/2017-15/H2-16.05.2017).

En l'absence de jurisprudence de la chambre criminelle sur ce point, il semble préférable de passer par la DEPI, la CRI ou la DEE pour utiliser la possibilité ouverte par l'alinéa 4 de l'article 18 du Code de procédure pénale, plutôt que de considérer qu'un simple soit-transmis ou une commission rogatoire nationale suffirait. Cette façon de procéder semble d'autant plus s'imposer que l'article 93-1, qui concerne le juge d'instruction, évoque expressément « une commission rogatoire adressée à un État étranger ou (...) une décision d'enquête européenne adressée à un État membre de l'Union européenne ». Il serait illogique d'imposer une CRI ou une DEE quand c'est le juge d'instruction qui instrumente personnellement et de se contenter d'une simple commission rogatoire nationale quand il délègue un officier de police judiciaire.

À SAVOIR **La chambre criminelle a eu l'occasion de valider l'audition de quatorze témoins, réalisée par des juges d'instruction français au Rwanda. Ils avaient été autorisés à procéder ainsi par le procureur général du Rwanda dans le cadre de la CRI qu'ils avaient adressée à ce pays (Cass. crim., 20 juin 2012, n° 12-81.024 : *JurisData* n° 2012-015055 ; *Bull. crim.* n° 157. - Cass. crim., 7 janv. 2015, n° 14-86.850). Comme l'article 93-1 du Code de procédure pénale n'existait pas à l'époque du transport, il n'est pas possible de voir dans cet arrêt la validation de la position de la DACG, mais celle-ci doit, par prudence jusqu'à plus ample informé, être suivie.**

4557 **Actes pouvant être demandés en DEPI, CRI.** Hors Union européenne, il convient de se référer aux conventions pour savoir ce qui peut être demandé et ce qui est exclu.

Quand il n'existe pas de convention, le magistrat français peut présenter toute demande puisque c'est souverainement que l'État requis appréciera s'il entend apporter son aide.

Il est recommandé de ne pas avoir recours à des formules générales du type « pour enquête » ou « faire tous actes utiles à la manifestation de la vérité ». Si une audition est sollicitée, il y a tout intérêt à préparer et transmettre un canevas de questions.

4558 **Actes pouvant être demandés dans le cadre d'une DEE.** Quand la demande concerne l'Union européenne, ne peuvent être demandés que des actes qui auraient pu être ordonnés dans les mêmes conditions dans le cadre d'une procédure nationale similaire, selon les articles 6 de la directive relative à la DEE et 694-20 du Code de procédure pénale.

Dès lors que la directive est fondée sur le principe de reconnaissance mutuelle, « l'autorité d'exécution reconnaît une décision d'enquête européenne, transmise conformément à la présente directive, sans qu'aucune autre formalité ne soit requise, et veille à ce qu'elle soit exécutée de la même manière et suivant les mêmes modalités que si la mesure d'enquête concernée avait été ordonnée par une autorité de l'État d'exécution, à moins que cette autorité ne décide de se prévaloir de l'un des motifs de non-reconnaissance ou de non-exécution ou de l'un des motifs de report prévus par la présente directive », ainsi que le précise l'article 9 de la même directive.

Peuvent donc être sollicités notamment les actes suivants :

- auditions de suspect, de victime, témoins, experts, tiers ;
- transmission d'informations contenues dans des fichiers détenus par les forces de sécurité ;
- investigations relatives à des comptes ou à des opérations bancaires et financières ;
- identification du titulaire d'un numéro de téléphone ou adresse IP ;
- interceptions de télécommunications ;
- mesures d'enquêtes en temps réel telles que livraison surveillée ;
- enquêtes discrètes telles que les infiltrations ;
- saisie de documents dans le cadre d'une perquisition ;
- transfèrement temporaire d'une personne détenue en France ou sur celui d'un autre État membre afin d'assurer sa participation à un acte d'enquête ;
- mesures de sonorisation, captation de données informatiques ;
- géolocalisation.

4559 **Actes devant être autorisés en droit national par le juge des libertés et de la détention.** Comme il vient d'être indiqué, l'article 694-20 du Code de procédure pénale prévoit que les autorités judiciaires pouvant émettre une DEE (procureur de la République, juge d'instruction, chambre de l'instruction et son président, juridictions de jugement ou d'application des peines et leurs présidents) ne peuvent le faire que pour l'exécution de mesures qu'elles sont elles-mêmes habilitées à ordonner ou exécuter conformément aux dispositions du présent code. Il ajoute que :

« Si la décision d'enquête concerne un acte exigeant l'autorisation préalable du juge des libertés et de la détention, elle ne peut être émise qu'après l'autorisation de ce dernier. Les autorisations du juge des libertés et de la détention prévue aux articles 76, 230-33, 230-34 et 706-92 peuvent ne pas mentionner l'adresse du lieu privé dans lequel une perquisition pourra intervenir ou dans lequel un dispositif de géolocalisation pourra être installé ou retiré, si cette adresse n'est pas connue lors de la délivrance de la décision d'enquête, à condition de mentionner l'identité de la personne chez laquelle ces opérations pourront intervenir. La première décision du juge des libertés et de la détention prévue au 1° de l'article 230-33 permettant la poursuite pour un mois de la géolocalisation décidée pour quinze jours ou huit jours par le procureur de la République peut être délivrée avant l'émission de la décision d'enquête ».

Cette dernière précision est le fruit d'une modification introduite par la loi n° 2020-1672 du 24 décembre 2020.

Auparavant, le texte était plus souple. Lorsqu'un acte demandé par DEE nécessitait, en droit français, l'autorisation du juge des libertés et de la détention, la DEE pouvait être délivrée sans autorisation préalable de ce magistrat à charge d'indiquer que l'acte en question devrait être préalablement autorisé dans l'État d'exécution par un juge selon des modalités et, le cas échéant, pour une durée similaire à celles prévues par le Code de procédure pénale français.

Cette modification est issue d'un amendement qui a voulu aligner le régime de la DEE sur celui prévu par l'article 31 du règlement (UE) n° 2017/1939 du Conseil du 12 octobre 2017 mettant en œuvre une coopération renforcée concernant la création du Parquet européen qui prévoyait expressément un tel système (Rapp. n° 2731 fait au nom de la commission des lois constitutionnelles, de la législation et de l'administration générale de la République sur le projet de loi, adopté par le Sénat après engagement de la procédure accélérée, relatif au Parquet européen et à la justice pénale spécialisée, par Mme N. Moutchou, p. 41).

4560 **Comptes bancaires.** Si la demande de communication des opérations effectuées sur un compte bancaire identifié ou la surveillance des opérations ayant lieu sur un tel compte ne posent pas de problème particulier, l'identification des comptes ouverts au nom d'une personne peut, en revanche, se révéler plus délicate dès lors que certains pays étrangers ne tiennent pas de fichier centralisant tous les comptes bancaires ouverts dans leur pays, comme la France le fait avec le Fichier national des comptes bancaires et assimilés (FICOBA).

L'ESSENTIEL **Les acteurs de la coopération judiciaire**

4561 **Les magistrats de liaison.** Leur rôle est d'améliorer la coopération judiciaire, au départ entre États membres de l'Union européenne, et ensuite avec d'autres pays. Il y a dix-sept magistrats de liaison français en poste qui sont compétents pour divers pays d'Europe mais aussi d'Afrique, d'Asie et d'Amérique (V. *supra*, n° 4508) et dix magistrats de liaison étrangers en poste en France.

Ils ont diverses missions mais en matière de coopération, ils peuvent apporter leur concours au traitement des demandes d'entraide pénale internationale, par des conseils, par une aide réciproque des deux pays (la France et le pays auquel la coopération est demandée) à mieux comprendre les exigences et les demandes des uns et des autres. Ils peuvent également suivre l'exécution des demandes d'entraide, faciliter le déplacement des magistrats qui voudraient assister à l'exécution de leur demande (V. *supra*, n° 4509).

Les magistrats de liaison français ne sont toutefois pas l'autorité compétente pour transmettre officiellement les demandes d'entraide, tâche qui incombe au BEPI (V. *supra*, n° 4511).

4562 **Le Réseau judiciaire européen.** Il a été créé en vue d'établir des points de contact pour faciliter la coopération judiciaire. Il existe en France des points de contact au niveau national (DACG), régional (parquet général) et international (magistrats de liaison) (V. *supra*, n° 4513).

Ces points de contact facilitent l'identification de l'interlocuteur le plus approprié, la communication entre autorités judiciaires nationales et autres États membres en leur fournissant les informations juridiques nécessaires, participent à la formation sur la coopération, aident à la rédaction, l'exécution et la coordination des demandes d'entraide pénale (V. *supra*, n° 4514).

Le site Internet du RJE (https://www.ejn-crimjust.europa.eu/ejn) fournit des informations

utiles en matière de coopération judiciaire (V. *supra*, n° 4516).
Le réseau judiciaire peut être utilisé pour la mise en œuvre d'une décision d'enquête européenne (V. *supra*, n° 4517).

4563 **Eurojust.** L'Agence Eurojust, composée des vingt-sept États membres de l'Union européenne, et auprès de laquelle sont détachés des représentants d'États tiers, a pour mission de promouvoir et améliorer la coordination et la coopération entre les autorités des États membres en ce qui concerne spécialement les formes de criminalité grave (V. *supra*, n°s 4519 et s.).
Chaque État est représenté par un membre national, assisté de collaborateurs.
Certaines décisions relèvent du collège composé des vingt-sept représentants nationaux, mais le membre national dispose d'informations et de pouvoirs, qui, s'agissant de la France, sont prévus aux articles 695-5, 695-8-2, 695-8-3 du Code de procédure pénale (V. *supra*, n°s 4521 et s.).
La mission de l'Agence consiste, notamment, à servir d'interface dans la transmission des demandes d'entraide. Elle peut apporter son aide à l'élaboration des demandes, en faciliter l'exécution en aidant à choisir le bon instrument, renseigner sur la faisabilité d'une mesure d'enquête, aider à l'organisation d'opérations à mener simultanément dans plusieurs pays et elle peut également aider à la mise en place d'une équipe commune d'enquête (V. *supra*, n°s 4524 et s.).

Le droit commun de l'entraide

4564 **Convention et, à défaut, Code de procédure pénale.** Le Code de procédure pénale réglemente aux articles 694 à 694-4-1 la coopération judiciaire internationale quand il n'existe pas de convention internationale ou que celle-ci ne réglemente pas la question qui se pose (V. *supra*, n° 4530). Il convient donc de commencer par rechercher si une convention lie la France et le pays auquel la coopération va être demandée ou qui demande à la France de coopérer (V. *supra*, n° 4531).

France, État requis

4565 **Autorité d'exécution.** Lorsque la France coopère à une procédure pénale diligentée dans un pays étranger, les actes demandés peuvent être exécutés par un magistrat (procureur ou juge d'instruction) ou par un officier de police judiciaire que ce magistrat délègue (V. *supra*, n° 4534).

4566 **Législation applicable.** Les actes demandés doivent, en principe, être exécutés selon la législation française. Les autorités judiciaires étrangères peuvent cependant demander l'application de leurs règles juridiques mais il ne peut être fait droit à une telle demande que si les règles que l'État étranger demande d'appliquer ne réduisent pas les droits des parties ou les garanties procédurales prévues par le droit français (V. *supra*, n°s 4537, 4547).

4567 **Versement de pièces.** Il est possible de verser les pièces transmises par des autorités étrangères dans une procédure déjà ouverte en France mais il est préférable de demander leur accord à ces autorités (V. *supra*, n° 4535).

4568 **DEE.** Une demande d'entraide pénale émanant d'un pays de l'Union européenne autre que le Danemark et l'Irlande – qui ne sont pas liés par ce mécanisme –, prend la forme d'une décision d'enquête européenne (DEE), mécanisme fondé sur l'utilisation de formulaires communs pour demander la réalisation d'investigations en vue de réunir des preuves ou obtenir communication de preuves déjà rassemblées, saisir des éléments susceptibles d'être utilisés comme preuve ou, encore, obtenir le transfèrement temporaire d'un détenu sur le territoire de l'autre État pour participer aux investigations (V. *supra*, n° 4540).
Toute la gamme connue des actes d'enquête peut être demandée par DEE à l'exception de la constitution d'une équipe commune d'enquête (ECE), du gel de biens susceptibles d'être confisqués et de l'observation transfrontalière (V. *supra*, n° 4542). Les actes non autorisés par la législation française pour l'infraction sur laquelle porte l'enquête ne peuvent en principe pas être demandés (V. *supra*, n° 4543), sauf exceptions (V. *supra*, n° 4544) et une mesure équivalente doit normalement être effectuée (V. *supra*, n° 4545).
La DEE doit, en principe, être exécutée dans un délai de quatre-vingt-dix jours (V. *supra*, n° 4546).
La réalisation de certains actes dans le cadre d'une DEE justifie des préconisations particulières : visioconférence (V. *supra*, n° 4550), saisie d'éléments de preuve à titre provisoire (V. *supra*, n° 4551), infiltration (V. *supra*, n° 4552).

France, État requérant

4569 **DEPI, CRI ou DEE.** La France sollicite l'entraide par le biais d'une demande d'entraide pénale internationale (DEPI), d'une commission rogatoire internationale (CRI) ou d'une décision d'enquête européenne (DEE) selon que le magistrat qui la demande est procureur de la République ou juge d'instruction et selon le pays destinataire, la DEE servant au sein de l'Union européenne, sauf avec le Danemark et l'Irlande (V. *supra*, n° 4553).

4570 **Simple assistance.** Le magistrat ou l'officier de police judiciaire qui a été autorisé par le pays étranger à être présent lors de l'exécution de la demande d'entraide voit son rôle limité à une simple assistance (V. *supra*, n° 4554). Ce n'est qu'exceptionnellement, dans le cadre d'une ECE ou pour une audition en application des articles 18, alinéa 4 ou 41, alinéa 6 ou 93-1 du Code de procédure pénale que l'enquêteur, magistrat, policier ou gendarme, peut avoir un rôle actif (V. *supra*, n° 4555).

4571 **Actes pouvant être demandés.** Dans le cadre d'une DEE, les autorités judiciaires françaises ne peuvent demander que des actes qui auraient pu être ordonnés dans les mêmes conditions dans le cadre d'une procédure nationale similaire. En dehors de l'Union européenne, la question relève de la convention s'il en existe une, du principe de réciprocité dans le cas contraire (V. *supra*, n°s 4557 et s.).

4572 **Autorisation préalable du juge des libertés et de la détention.** Le Code de procédure pénale prévoit que si la décision d'enquête concerne un acte exigeant l'autorisation préalable du juge des libertés et de la détention, elle ne peut être émise qu'après l'autorisation de ce dernier (V. *supra*, n° 4559).

POUR ALLER PLUS LOIN…

Fascicules JurisClasseur

- *JCl. Procédure pénale*, Art. 695 à 695-9-53, fasc. 20, *Entraide judiciaire internationale*, par O. Beauvallet.
- *JCl. Procédure pénale*, Art. 694 à 694-9, fasc. 30, *Les commissions rogatoires internationales*, et fasc. 20, *Entraide judiciaire internationale, dispositions générales*, par O. Beauvallet.

Revue

- B. Lavielle et E. Manteaux, *L'article 18, alinéa 5, du Code de procédure pénale : ingéniosité ou incongruité ? : AJ pénal* 2005, p. 67.

Circulaire

- Circ. CRIM/2017-15/H2, 16 mai 2017, p. 11.

Fiche 80

Poursuite dans un pays d'actes commencés dans un autre

Sommaire

4573 La suppression des contrôles aux frontières dans l'espace Schengen et, plus généralement, les facilités de communication, conduisent parfois les enquêteurs à devoir poursuivre dans un pays étranger au leur des investigations qu'ils y ont commencées.

Plusieurs des mesures pouvant être mises en œuvre dans une telle hypothèse font l'objet d'une réglementation spécifique.

I

L'observation transfrontalière

4574 **Textes.** L'article 40 de la Convention d'application de l'accord de Schengen (CAAS), modifié par la décision n° 2003/725/JAI du Conseil du 2 octobre 2003, prévoit que :

> « Les agents d'un État membre qui, sur leur territoire, observent, dans le cadre d'une enquête judiciaire, une personne présumée avoir participé à un fait punissable pouvant donner lieu à extradition, ou, pour apporter un élément nécessaire à une enquête judiciaire, une personne à l'égard de laquelle il y a de sérieuses raisons de penser qu'elle peut conduire à l'identification ou à la localisation de la personne susmentionnée, peuvent continuer cette observation sur le territoire d'un autre État membre, lorsque ce dernier État a autorisé l'observation transfrontalière sur la base d'une demande d'entraide présentée au préalable et motivée. L'autorisation peut être assortie de conditions ».

L'observation transfrontalière est également prévue, dans le cadre du Conseil de l'Europe, par le deuxième protocole additionnel à la Convention EDH du 8 novembre 2001 (art. 17).

A Champ d'application

4575 **Objet.** Il s'agit en pratique de poursuivre une filature commencée dans un pays sur le territoire d'une autre partie. Le plus souvent, mais pas exclusivement, il s'agira de poursuivre la surveillance dans un pays limitrophe sur le territoire duquel la personne surveillée aura pénétré.

Dans le pays étranger, les enquêteurs peuvent procéder à des constatations – lieu de refuge de la personne observée, contacts de cette personne avec des coauteurs, complices, receleurs –, prendre des photographies, recueillir des déclarations spontanées de témoins.

Lorsque des enquêteurs veulent poursuivre, dans un pays qui n'est pas le leur, la surveillance à distance de véhicules, sans franchissement physique de la frontière, au moyen de balises, cela ne relève pas de l'observation transfrontalière mais d'une demande d'entraide pénale classique.

1 Pays concernés

4576 **Union européenne et quatre pays non membres.** La Convention d'application de l'accord de Schengen (CAAS) lie tous les États membres de l'Union européenne à l'exception de l'Irlande. Toutefois, la Bulgarie, la Roumanie et Chypre ne font pas partie de « l'espace Schengen » (autrement dit : « Ils ne sont pas des membres à part entière » de la Convention, selon M. Gaillard, https://www.vie-publique.fr/parole-dexpert/38580-les-accords-de-schengen) contrairement à l'Islande, le Liechtenstein, la Norvège et la Suisse (Accords de Paris, art. 12), qui ne sont pourtant pas membres de l'Union européenne.

La Croatie fait partie de l'espace Schengen depuis le 1er janvier 2023.

4577 **Conseil de l'Europe.** Comme indiqué plus haut, l'observation transfrontalière est possible au sein de pays adhérents au Conseil de l'Europe. Début 2022, quarante-trois pays du Conseil de l'Europe avaient ratifié le protocole, outre deux pays non membres : Israël et le Chili.

2 Personnes concernées

4578 **Agents pouvant procéder à une observation transfrontalière.** Les agents habilités à procéder à une observation transfrontalière sont énumérés au 4° de l'article 40 de la Convention.

Pour la France, il s'agit des officiers et agents de police judiciaire de la police nationale et de la gendarmerie nationale, ainsi que, dans les conditions fixées par accords bilatéraux, les agents de la douane administrative (à l'époque de la signature des accords, les officiers de Douane judiciaire n'existaient pas) en ce qui concerne leurs attributions touchant au trafic illicite de stupéfiants et substances psychotropes, au trafic d'armes et d'explosifs et au transport illicite de déchets toxiques et nuisibles.

4579 **Personnes pouvant être « observées ».** Il fallait, dans le texte d'origine, que la personne prise en filature soit « présumée avoir participé à un fait punissable pouvant donner lieu à extradition ». Il paraît logique de considérer qu'est également concernée par le texte la personne susceptible d'avoir participé à une infraction pouvant donner lieu à remise en exécution d'un mandat d'arrêt européen.

Depuis la modification de l'article 40 de la CAAS par la décision n° 2003/725/JAI du Conseil du 2 octobre 2003, l'observation peut se poursuivre, « pour apporter un élément nécessaire à une enquête judiciaire, à l'encontre d'une personne à l'égard de laquelle il y a de sérieuses raisons de penser qu'elle peut conduire à l'identification de la personne soupçonnée ou à sa localisation ».

B Autorisation nécessaire

4580 **Demande d'autorisation.** L'observation transfrontalière doit être autorisée par le pays dans lequel la filature va se poursuivre. La circulaire de la DACG du 23 juin 1995, commentant les dispositions des articles 39, 40 et 41 de la convention signée à Schengen le 19 juin 1990, indiquait au point 2.1.1 que l'autorisation devait être délivrée sur la base d'une demande d'entraide judiciaire présentée au préalable. L'article 694-18 du Code de procédure pénale, insérant dans le code les dispositions relatives à la DEE, prévoit maintenant qu'il n'y a pas lieu à émission d'une décision d'enquête européenne lorsqu'est demandée une observation transfrontalière en application de l'article 40 de la convention d'application des accords de Schengen du 19 juin 1990. La DACG considère que « rien n'empêche pour autant de solliciter une telle observation dans le cadre d'une DEE » (Dépêche 182DIV17, 20 déc. 2017). On verra qu'au plan pratique, l'enquêteur français doit contacter l'Unité centrale de coopération policière internationale (UCCPI) qui gère la coopération « Schengen » au sein de la SCCOPOL (V. *infra*, n° 4581). L'autorisation est délivrée par le magistrat de la Mission Justice près du bureau « Supplément d'Information requis à l'entrée nationale » (Sirene), ou par un magistrat de permanence à la Chancellerie.

Lorsque l'observation transfrontalière a lieu dans le cadre de l'exécution d'une commission rogatoire d'un juge d'instruction français, il n'est pas nécessaire que le magistrat instructeur donne son autorisation puisque le droit d'observation découle de la Convention (Cass. crim., 14 juin 2000, n° 00-81.386 : *Bull. crim.* n° 224). Le guide de l'École Nationale de la Magistrature consacré à l'entraide pénale internationale fait cependant état de ce qu'un visa de l'autorité judiciaire française serait demandé par les Pays-Bas, la Belgique et le Luxembourg.

4581 **Autorité à contacter.** Lorsque la France est État requis, c'est le Bureau de l'entraide pénale internationale de la DACG qui accorde l'autorisation, laquelle est transmise par la section de coopération opérationnelle de police (SCCOPOL).

Quand la France est État requérant, c'est également par l'intermédiaire de la SCCOPOL que les enquêteurs doivent présenter leur demande d'autorisation. La demande devant être motivée, il convient que l'enquêteur fournisse les éléments justifiant la poursuite de la filature aux agents de la SCCOPPOL. En pratique l'enquêteur adresse une demande d'entraide « simplifiée » (V. *infra*, Annexes 2 et 3, Demande d'entraide judiciaire pour une observation transfrontalière [OTO ou OTU]) à cette section si l'observation transfrontalière est prévisible, soit il lui téléphone lorsque l'observation doit être réalisée en urgence.

4582 **Autorisation pouvant faire l'objet de conditions.** L'article 40 de la CAAS prévoit que :

> « Sur demande, l'observation sera confiée aux agents de la Partie Contractante sur le territoire de laquelle elle est effectuée ».

L'autorisation peut aussi être assortie de conditions. La circulaire du garde des Sceaux du 23 juin 1995 commentant les dispositions des articles 39, 40 et 41 de la convention signée à Schengen le 19 juin 1990 (NOR : JUSA9500149C) cite à ce titre :

> « ... l'obligation pour les agents étrangers d'être accompagnés par des officiers ou des agents de police judiciaire français, (...) une éventuelle limitation du ressort territorial sur lequel l'observation pourra être effectuée, ce ressort correspondant à celui dans lequel les accompagnateurs sont eux-mêmes territorialement compétents, (...) l'interdiction d'emporter une arme de service pendant la durée de l'observation... ».

C Droits et obligations des enquêteurs

4583 **Devoirs.** Les enquêteurs, dans toute observation transfrontalière :

– doivent se conformer aux dispositions de l'article 40 de la Convention et au droit de la partie contractante sur le territoire de laquelle ils opèrent ; ils doivent obtempérer aux injonctions des autorités localement compétentes ;

– sauf en cas d'observation transfrontalière urgente, se munissent durant l'observation d'un document attestant que l'autorisation a été accordée ;

– doivent être en mesure de justifier à tout moment de leur qualité officielle ;

– peuvent emporter leur arme de service pendant l'observation, sauf décision contraire expresse de

la partie requise ; ne peuvent s'en servir qu'en cas de légitime défense ;
– ne peuvent entrer dans les domiciles et les lieux non accessibles au public ;
– ne peuvent ni interpeller ni arrêter la personne observée ;
– doivent faire un rapport aux autorités de la partie contractante sur le territoire de laquelle l'observation est intervenue ;
– leur comparution personnelle peut être requise. Ce dernier fait l'objet d'une forme simplifiée (V. *infra*, modèles en Annexes 4 et 5, Rapport consécutif à une observation transfrontalière) à l'image de la demande d'observation transfrontalière.

Il est en outre prévu que les autorités de la partie contractante dont les agents observateurs sont originaires apportent, lorsqu'il est demandé par les autorités de la partie contractante sur le territoire de laquelle l'observation a eu lieu, leur concours à l'enquête consécutive à l'opération à laquelle ils ont participé y compris aux procédures judiciaires.

4584 **Droits.** Les seuls actes que les enquêteurs peuvent effectuer sont ceux qui n'impliquent pas l'usage de la contrainte : filatures, prises de photographies, recueils de déclarations spontanées de témoins, saisies de pièces remises volontairement.

D Observation transfrontalière ordinaire et observation transfrontalière urgente

1 Observation transfrontalière ordinaire (OTO)

4585 L'autorisation du pays sur le territoire duquel l'observation va se poursuivre est en principe préalable à l'entrée des enquêteurs dans le pays où se poursuit l'observation.

2 Observation transfrontalière urgente (OTU)

4586 **Infractions spécifiques justifiant l'OTU.** Cependant, en cas d'urgence (« pour des raisons particulièrement urgentes », dit la Convention), les agents observateurs sont autorisés à continuer au-delà de la frontière l'observation d'une personne présumée avoir commis une des infractions suivantes :
– assassinat ;
– meurtre ;
– infraction grave de nature sexuelle ;
– incendie volontaire ;
– contrefaçon et falsification de moyens de paiement ;
– vol et recel aggravés ;
– extorsion ;
– enlèvement et prise d'otage ;
– trafic d'êtres humains ;
– trafic illicite de stupéfiants et substances psychotropes ;
– infractions aux dispositions légales en matière d'armes et explosifs ;
– destruction par explosifs ;
– transport illicite de déchets toxiques et nuisibles ;
– escroquerie grave ;
– filière d'immigration clandestine ;
– blanchiment de capitaux ;
– trafic de substances nucléaires et radioactives ;
– participation à une organisation criminelle au sens de l'action commune 98/733/JAI du Conseil du 21 décembre 1998 relative à l'incrimination de la participation à une organisation criminelle dans les États membres de l'Union européenne ;
– actes de terrorisme au sens de la décision-cadre n° 2002/475/JAI du Conseil du 13 juin 2002 relative à la lutte contre le terrorisme.

4587 **Avis à l'État sur le territoire duquel l'observation se poursuit et demande d'entraide.** Dans ce cas, le franchissement de la frontière sera communiqué immédiatement, durant l'observation, à l'autorité du pays sur le territoire duquel l'observation continue, et une demande d'entraide judiciaire exposant les motifs justifiant le franchissement de la frontière, sans autorisation préalable, sera transmise sans délai. En pratique l'enquêteur qui est conduit à franchir la frontière en urgence prévient l'UCCPI de la section de coopération opérationnelle de police (SCCOPOL).

4588 **Arrêt de l'observation.** L'État dans lequel les enquêteurs ont poursuivi la filature en urgence peut arrêter l'observation qui, en tout état de cause, doit prendre fin si l'autorisation n'est pas obtenue cinq heures après le franchissement de la frontière. L'État dans lequel les enquêteurs sont entrés en urgence peut également faire reprendre la surveillance par ses agents.

4589 **Aide de l'État sur le territoire duquel l'observation se poursuit.** Il n'est pas rare que les unités de police de l'État membre sur lequel se déroule l'observation viennent apporter leur concours aux enquêteurs de l'État membre requérant. Ceci facilite grandement la mission dans la mesure où les enquêteurs « locaux » ont une connaissance bien plus fine de leur territoire et de leur population. Ces relations privilégiées font parfois l'accord d'un traité bilatéral comme cela est le cas entre l'Alsace, la Moselle et les trois *Länder* limitrophes que sont la Sarre, le Bade-Würtenberg et la Rhénanie-Palatinat (D. n° 2000-924, 18 sept. 2000 portant publication de l'accord entre le Gouvernement de la République française et le Gouvernement de la République fédérale d'Allemagne relatif à la coopération dans leurs zones frontalières entre les autorités de police et les autorités douanières [ensemble une déclaration], signé à Mondorf-les-Bains le 9 octobre 1997 : *JO* n° 221, 23 sept. 2000. Les articles 15 à 17 viennent préciser les rôles de chacun lors des OTU et OTO, notamment les assistances et l'armement).

II La poursuite d'une surveillance du type de celle réglementée par l'article 706-80 du Code de procédure pénale

4590 On a vu (V. *supra*, n° 3323) que l'article 706-80 du Code de procédure pénale permettait aux enquêteurs d'étendre à l'ensemble du territoire national la surveillance :

– de personnes suspectées de se livrer à des infractions relevant de la criminalité et de la délinquance organisées ;

– de l'acheminement ou du transport des objets, biens ou produits tirés de la commission de ces infractions ou servant à les commettre ;

après avoir informé le procureur de la République saisi qui pouvait s'y opposer et le procureur du tribunal dans le ressort duquel les opérations de surveillance étaient susceptibles de débuter.

Un auteur fait valoir que « ce mécanisme présente un intérêt réduit dans la mesure où il n'apporte rien aux investigations sur commission rogatoire d'un juge d'instruction ni aux services d'enquête à compétence territoriale nationale, sauf précisément en matière de surveillance transfrontalière ».

A Surveillance réalisée à l'étranger par des enquêteurs français

1 Poursuite d'une surveillance commencée en France

4591 C'est précisément l'hypothèse où une opération de surveillance commencée en France doit être poursuivie dans un État étranger qui a conduit le législateur à prévoir, à l'article 694-6 du Code de procédure pénale, que celle-ci est autorisée, dans les conditions prévues par les conventions internationales, par le procureur de la République chargé de l'enquête.

Le procureur de la République saisi de l'enquête devra donc établir une demande d'entraide en matière pénale ou, si la poursuite a lieu dans un pays de l'Union européenne, une DEE. La circulaire de la DACG indique que la poursuite d'une surveillance relève des « mesures d'investigation qui requièrent l'obtention de preuve en temps réel, de manière continue et au cours d'une période déterminée », visées par la section H5 de l'annexe A du formulaire de DEE.

4592 **Compétence du juge d'instruction ?** Le texte de l'article 694-6 n'envisage que l'autorisation du procureur de la République. Qu'en est-il lorsque la surveillance a lieu dans le cadre d'une information et qu'il convient de la poursuivre en territoire étranger ? Il est indiqué dans le fascicule relatif à l'entraide pénale internationale de l'ENM que : « Le procureur de la République dispose d'une compétence exclusive dès lors que le législateur n'a pas envisagé la surveillance à l'étranger dans le cadre d'une commission rogatoire ».

Il ne nous semble pas possible de retenir que, dans le cadre d'une information, la poursuite à l'étranger serait impossible ni que l'autorisation devrait être donnée par le procureur de la République s'agissant d'une poursuite commencée sous l'autorité d'un juge d'instruction. Nous sommes donc enclins à considérer que c'est au juge d'instruction de donner son autorisation, par le biais d'une commission rogatoire internationale ou d'une DEE.

4593 **Modalités de la surveillance.** L'article 694-6 du Code de procédure pénale ne précise pas si ce sont les enquêteurs français qui procéderont à la surveillance ou leurs homologues étrangers qui la conduiront. La poursuite d'une surveillance à l'étranger se différenciant peu de l'observation transfrontalière, il pourrait sembler logique d'appliquer les principes prévus par la CAAS : surveillance effectuée par les enquêteurs français sauf refus des autorités étrangères ou reprise de cette surveillance par les agents étrangers.

4594 **Forme.** Les procès-verbaux d'exécution des opérations de surveillance ou rapports y afférents ainsi que l'autorisation d'en poursuivre l'exécution sur le territoire d'un État étranger doivent, selon l'article 694-6, alinéa 2 du Code de procédure pénale, être versés au dossier de la procédure.
Si la surveillance est réalisée par les enquêteurs français, ce sont les procès-verbaux qu'ils ont établis qui devront être versés. Si la surveillance est effectuée par les enquêteurs étrangers, ce sera leur procédure qui devra être récupérée et versée au dossier.

2 Dans le cadre d'une équipe commune d'enquête

4595 L'article 695-3 du Code de procédure pénale permet aux officiers et agents de police judiciaire français détachés dans le cadre d'une ECE agissant à l'étranger de procéder aux opérations prescrites par le responsable d'équipe, sur toute l'étendue du territoire de l'État où ils interviennent, dans la limite des pouvoirs qui leur sont reconnus par le Code de procédure pénale. Il précise encore que leurs missions sont définies par l'autorité de l'État membre compétente pour diriger l'équipe commune d'enquête sur le territoire duquel l'équipe intervient.
Dès lors, si la législation du pays dans lequel ils interviennent le permet et que le responsable d'équipe le décide, des enquêteurs français détachés pourront procéder à des surveillances en territoire étranger.

B Surveillance réalisée en France par des enquêteurs étrangers

4596 Des enquêteurs étrangers peuvent être conduits à effectuer en France une surveillance dans deux situations distinctes.

1 Surveillance de l'acheminement ou du transport des produits ou instruments d'une infraction

4597 **DEE.** Une telle surveillance relève, selon la DACG, des « mesures d'investigation qui requièrent l'obtention de preuve en temps réel ». L'article 694-49 du Code de procédure pénale prévoit que lorsqu'une telle mesure est demandée par un pays de l'Union européenne (hors Irlande et Danemark), les modalités pratiques en sont fixées d'un commun accord par le magistrat saisi et l'autorité compétente de l'État d'émission.
À défaut d'accord, le magistrat saisi peut, sans préjudice des dispositions de l'article 694-31, refuser l'exécution de la demande. La question de la présence des agents français aux côtés des enquêteurs étrangers devra donc être réglée, semble-t-il, par accord entre le procureur de la République français compétent et le magistrat étranger demandeur.

4598 **Hors Union européenne.** Lorsque la demande émane d'un pays se trouvant hors de l'Union européenne, c'est à la convention internationale régissant les relations d'entraide pénale entre la France et le pays en question qu'il convient de se référer.
S'il n'existe pas de convention, c'est sur la base de la réciprocité que la demande pourra éventuellement être acceptée.

2 Dans le cadre d'une équipe commune d'enquête

4599 L'article 695-2 du Code de procédure pénale prévoit que, dans le cadre d'une ECE (V. *infra*, n° 4681), des agents étrangers détachés peuvent, sous la direction de l'autorité judiciaire compétente, avoir pour mission, le cas échéant, sur toute l'étendue du territoire national, procéder à des surveillances.

C Principales différences entre ces surveillances et l'observation transfrontalière

4600 La CAAS règle par les mêmes dispositions la poursuite en France d'une surveillance commencée à l'étranger et la poursuite à l'étranger d'une surveillance commencée en France alors que le droit français distingue les hypothèses où la France est requise et celles où elle est requérante, outre les dispositions relatives aux équipes communes d'enquête.

1 Différences spécifiques entre la poursuite à l'étranger par des enquêteurs français d'une surveillance commencée en France et l'observation transfrontalière

4601 La poursuite à l'étranger d'une surveillance réglementée par l'article 706-80 du Code de procédure pénale commencée en France, que permet

l'article 694-6 du même code, se distingue d'une observation transfrontalière en ce que :
– les infractions pour lesquelles l'une et l'autre mesure peuvent être mises en œuvre ne se recouvrent pas totalement ;
– la poursuite autorisée par l'article 694-6 peut concerner la surveillance de produits, ce qui n'est pas prévu dans le cadre de l'observation transfrontalière ;
– la poursuite sur le fondement de l'article 694-6 nécessitera l'établissement d'une DEPI, d'une DEE ou d'une CRI, alors que ce n'est pas obligatoire dans le cadre de l'observation transfrontalière ;
– l'observation transfrontalière peut être réalisée en urgence, sur simple appel à la SCCOPOL, alors qu'aucune procédure d'urgence n'est prévue par l'article 694-6 ;
– les pays où une observation transfrontalière peut être mise en œuvre sont seulement ceux de l'espace Schengen et ceux du Conseil de l'Europe alors que la poursuite d'une surveillance effectuée en application de l'article 706-80 concerne tout État étranger si les conventions internationales le permettent.

2 Différences spécifiques entre la poursuite en France par des enquêteurs étrangers d'une poursuite commencée à l'étranger et l'observation transfrontalière

4602 Il est très difficile de dresser la liste des différences dès lors que la poursuite en France, par des enquêteurs étrangers, d'une surveillance qu'ils ont commencée dans leur pays n'est possible que dans le cadre d'un accord passé entre les autorités étrangères et le magistrat français saisi ou des stipulations de la convention internationale liant la France au pays concerné.
En tout état de cause, la poursuite en France par des enquêteurs étrangers d'une surveillance qu'ils ont entamée nécessitera une DEE ou une CRI et des discussions avec le magistrat français saisi, ce qui n'est pas toujours compatible avec une très grande urgence.

III La poursuite transfrontalière de personnes

4603 **Texte.** L'article 41 de la CAAS accorde un droit de poursuite en territoire étranger, après passage de la frontière, aux agents des autres États parties à certaines conditions.
Le texte dispose que :

> « Les agents d'une des Parties Contractantes qui, dans leur pays, suivent une personne prise en flagrant délit de commission d'une des infractions visées au paragraphe 4 ou de participation à l'une desdites infractions, sont autorisés à continuer la poursuite sans autorisation préalable sur le territoire d'une autre Partie Contractante lorsque les autorités compétentes de l'autre partie Contractante n'ont pu être averties préalablement de l'entrée sur ce territoire, en raison de l'urgence particulière, par un des moyens de communication prévus à l'article 44, ou que ces autorités n'ont pu se rendre sur place à temps pour reprendre la poursuite. Il en est de même lorsque la personne poursuivie, se trouvant en état d'arrestation provisoire ou purgeant une peine privative de liberté, s'est évadée… ».

Cette rédaction semble privilégier le fait que les agents poursuivants préviennent leurs collègues étrangers qui reprendront la poursuite. L'entrée des agents poursuivants dans le pays étranger aux fins de continuer la poursuite semble plutôt être une dérogation au principe.

A Champ d'application

4604 **Espace Schengen.** La procédure de poursuite transfrontalière a quelques points communs avec l'observation transfrontalière, à commencer par son champ d'application. Les deux outils étant prévus par la même convention, ils trouvent à s'appliquer dans les mêmes pays, sous réserve, cependant, des possibilités de limitation offertes par le texte (V. *infra*, n°s 4606 et 4611).

4605 **Conseil de l'Europe.** Contrairement à ce qui s'est passé pour l'observation transfrontalière, le Conseil de l'Europe n'a pas institué de disposition instituant un droit de poursuite à travers les frontières.

4606 **Limites géographiques.** Le droit de poursuite ne s'étend pas forcément sur l'ensemble du territoire étranger limitrophe.

La convention permet à chaque partie contractante de choisir les modalités d'exercice de la poursuite. La France a choisi de limiter le rayon d'action des agents espagnols, italiens (D. n° 97-970, 15 oct. 1997) et luxembourgeois à une zone de dix kilomètres à partir de la frontière tandis que les agents allemands, belges et suisses ne sont, quant à eux, pas limités dans leurs déplacements en France.
Les agents français peuvent se déplacer partout en Allemagne et en Belgique et dans une zone de dix kilomètres à partir de la frontière au Luxembourg.

B Les personnes concernées

4607 **Les agents.** Les agents pouvant continuer une poursuite dans un pays limitrophe sont énumérés au 7° de l'article 41.
Pour la France, il s'agit des mêmes agents que ceux qui peuvent procéder à une observation transfrontalière (V. *supra*, n° 4578).

4608 **Les personnes pouvant être poursuivies en territoire étranger limitrophe.** Comme l'indique clairement le texte, peuvent être poursuivies en territoire étranger limitrophe :
1. Les personnes suivies par les forces de l'ordre dans leur pays, prises en flagrant délit de commission ou de participation à une des infractions visées au paragraphe 4, soit :
– 1re catégorie :
• assassinat,
• meurtre,
• viol,
• incendie volontaire,
• fausse monnaie,
• vol et recel aggravés,
• extorsion,
• enlèvement et prise d'otage,
• trafic d'êtres humains,
• trafic illicite de stupéfiants et substances psychotropes,
• infractions aux dispositions légales en matière d'armes et explosifs,
• destruction par explosifs,
• transport illicite de déchets toxiques et nuisibles,
• délit de fuite à la suite d'un accident ayant entraîné la mort ou des blessures graves ;
– 2e catégorie :
• les infractions pouvant donner lieu à extradition.
Chaque pays peut cependant n'admettre le droit de poursuite que pour une des deux catégories ce qui est le cas de la France qui a déclaré que le droit de poursuite ne concernerait que les infractions de la 1re catégorie et non celles qui sont seulement susceptibles d'extradition,
2. les personnes poursuivies s'étant évadées alors qu'elles se trouvaient en état d'arrestation provisoire ou qu'elles purgeaient une peine privative de liberté.

C Procédure à suivre

4609 **Avis et pas autorisation.** Les agents qui pénètrent en territoire étranger n'ont pas besoin de solliciter une autorisation des autorités du pays dans lequel ils entrent, mais ils doivent les prévenir au plus tard au moment du franchissement de la frontière par l'intermédiaire de l'UCCPI (V. *supra*, n° 4580).
Pour la France, la circulaire de la DACG du 23 juin 1995 indique que c'est le procureur de la République territorialement compétent qui devra être informé du franchissement de la frontière par les agents étrangers par l'intermédiaire d'un officier de police judiciaire français territorialement compétent.

4610 **Possibilité pour le pays « hôte » de demander l'arrêt de la poursuite et de procéder lui-même à l'arrestation.** Le texte prévoit que « la poursuite sera arrêtée dès que la Partie Contractante sur le territoire de laquelle la poursuite doit avoir lieu, le demande. À la demande des agents poursuivants, les autorités localement compétentes appréhenderont la personne poursuivie pour établir son identité ou procéder à son arrestation ».
Lorsque ce sont des agents étrangers qui entrent en France, selon la circulaire de la DACG précitée, le procureur de la République pourra s'opposer à la continuation de la poursuite, en particulier s'il estime que les conditions prévues par l'article 41 de la CAAS ne sont pas remplies, ou s'il lui apparaît que les modalités de la poursuite ne sont pas respectées (par ex., en cas d'usage illégitime des armes).
S'il estime que la poursuite peut se continuer et dès lors que la France a exclu la possibilité que des agents étrangers procèdent seuls à une interpellation sur son territoire, le procureur devra décider, soit de faire accompagner les agents étrangers poursuivants par un ou plusieurs officiers de police judiciaire français, soit de faire continuer la poursuite par ces derniers sans le concours d'agents étrangers (V. *infra*, n° 4611).

4611 **Possibilité d'interpellation par les agents poursuivants.** Comme il vient d'être évoqué, le paragraphe 9 de l'article 41 permet en effet à un État contractant de déclarer qu'il n'autorise sur son territoire aucune interpellation de la personne poursuivie par des agents étrangers. De l'avis de certains auteurs, cette possibilité réduit à presque rien le droit de poursuite transfrontalière.

La France a fait plusieurs déclarations en ce sens, de sorte que les agents étrangers devront toujours passer le relais à la police ou à la gendarmerie française.

Par mesure de rétorsion, la Belgique et le Luxembourg ont refusé aux agents français tout droit d'interpellation sur leur territoire, ce que n'a pas fait l'Allemagne.

4612 **Interpellation à l'étranger par des agents français.** Dès lors que la France ne permet pas aux agents étrangers d'interpeller seuls une personne sur le territoire français, les développements qui suivent n'ont trait qu'à l'hypothèse où des agents français pénètrent en territoire étranger limitrophe autre que la Belgique et le Luxembourg.

Selon le 2° de l'article 41, ils ne disposent pas, en principe, du droit d'interpellation.

Cependant, si aucune demande d'interruption de la poursuite n'est formulée et que les autorités localement compétentes ne peuvent intervenir assez rapidement, les agents français poursuivants pourront interpeller la personne poursuivie, qui, une fois appréhendée, ne pourra subir qu'une fouille de sécurité mais pourra être menottée tandis que les objets en sa possession pourront être saisis. Ce sont les agents du pays sur le territoire duquel la poursuite a lieu, qui, informés sans délai par leurs homologues français, établiront l'identité de la personne interpellée ou procéderont à son arrestation proprement dite. Autrement dit, il est nécessaire que les agents interpellateurs français conduisent la personne concernée très rapidement devant les agents compétents du pays où l'interpellation a eu lieu.

4613 **Suite de l'affaire.** La personne arrêtée ainsi peut être retenue aux fins d'audition.

Si elle n'a pas la nationalité du pays dans lequel elle a été arrêtée, elle sera mise en liberté au plus tard six heures après l'arrestation, les heures entre minuit et neuf heures non comptées, à moins que les autorités localement compétentes n'aient reçu au préalable une demande d'arrestation provisoire aux fins d'extradition sous quelque forme que ce soit.

Le texte n'apparaît pas avoir été modifié après l'entrée en vigueur du mécanisme du mandat d'arrêt européen qui permet qu'un pays remette ses nationaux.

La personne arrêtée, si elle ne peut être remise au pays poursuivant, doit pouvoir être poursuivie dans le pays d'arrestation si le pays poursuivant adresse en temps voulu une dénonciation officielle.

4614 **Obligations des agents poursuivants.** Selon le paragraphe 5 de l'article 41 :

« *a)* les agents poursuivants doivent se conformer aux dispositions du présent article et au droit de la Partie Contractante sur le territoire de laquelle ils opèrent ; ils doivent obtempérer aux injonctions des autorités localement compétentes ;

b) la poursuite se fait uniquement par les frontières terrestres ;

c) l'entrée dans les domiciles et les lieux non accessibles au public est interdite ;

d) les agents poursuivants sont aisément identifiables, soit par le port d'un uniforme, soit par un brassard ou par des dispositifs accessoires placés sur le véhicule ; l'usage de tenue civile combiné avec l'utilisation de véhicules banalisés sans l'identification précitée est interdit ; les agents poursuivants doivent être en mesure de justifier à tout moment de leur qualité officielle ;

e) les agents poursuivants peuvent emporter leur arme de service ; son utilisation est interdite sauf en cas de légitime défense ;

f) aux fins d'être conduite devant les autorités localement compétentes, la personne poursuivie, une fois appréhendée comme prévu au paragraphe 2, point *b)*, ne pourra subir qu'une fouille de sécurité ; des menottes pourront être utilisées au cours de son transfert ; les objets en possession de la personne poursuivie pourront être saisis ;

g) après chaque opération mentionnée aux paragraphes 1, 2 et 3, les agents poursuivants se présentent devant les autorités localement compétentes de la Partie Contractante sur le territoire de laquelle ils ont opéré et rendent compte de leur mission ; à la demande de ces autorités, ils sont tenus de rester à disposition jusqu'à ce que les circonstances de leur action aient été suffisamment éclaircies ; cette condition s'applique même lorsque la poursuite n'a pas conduit à l'arrestation de la personne poursuivie ;

h) les autorités de la Partie Contractante dont les agents poursuivants sont originaires apportent, lorsqu'il est demandé par les autorités de la Partie Contractante sur le territoire de laquelle la poursuite a eu lieu, leur concours à l'enquête consécutive à l'opération à laquelle ils ont participé, y compris aux procédures judiciaires ».

Ces exigences ne sont que pour partie identiques à celles pesant sur les agents procédant à une observation transfrontalière (V. *supra*, n° 4583). Notamment, et c'est naturel compte tenu de la finalité différente des deux instruments, en cas de poursuite les agents doivent être aisément identifiables alors qu'en cas d'observation, ils doivent rester discrets et seulement être en mesure de justifier de leur qualité.

IV
L'infiltration

4615 L'infiltration, définie par les articles 706-81 et 706-82 du Code de procédure pénale, 67 bis du Code des douanes, comme l'opération consistant, pour un officier ou un agent de police judiciaire ou encore un agent des douanes (…) à surveiller des personnes suspectées de commettre un crime ou un délit en se faisant passer, auprès d'elles, pour un de leurs coauteurs, complices ou receleurs peut, ayant commencé à l'étranger, devoir se poursuivre en France (B) ou bien, ayant débuté sur le territoire national, devoir se prolonger à l'étranger (C). Il est également possible que des agents étrangers interviennent dans une infiltration réalisée uniquement en France (D).
Il convient au préalable de préciser quels sont les principes applicables (A).

A Dispositions générales

4616 **Forme de la demande.** Une demande d'infiltration présentée par un pays à un autre doit être formée dans le cadre d'une demande d'entraide conforme aux règles précédemment exposées (V. *supra*, n°s 4530 et s.).
Si l'autorisation que requiert l'infiltration relève du procureur (V. *supra*, n° 4037), la demande sera présentée dans une demande d'entraide pénale internationale ou d'une DEE dans l'Union européenne. Si elle relève du juge d'instruction, elle sera formalisée dans une commission rogatoire internationale ou dans une DEE lorsque ce sera un pays de l'Union européenne qui sera concerné (sauf pour l'Irlande et le Danemark).
Pour la DEE, la DACG souligne, dans son *Guide sur l'entraide internationale*, qu'il convient de renseigner la période dans la section B de l'annexe A et attire l'attention sur la nécessité, pour l'autorité judiciaire française de développer les raisons pour lesquelles l'infiltration est nécessaire à la manifestation de la vérité au sein de la section H6 (enquêtes discrètes) de cette même annexe.

B Poursuite de l'infiltration sur le territoire français

4617 **Agents de police et agents des douanes étrangers.** La loi française consacre deux textes à la poursuite en France d'une opération d'infiltration commencée à l'étranger.
Les articles 694-7 du Code de procédure pénale et 67 bis du Code des douanes permettent à des agents de police étrangers ou à des agents des douanes étrangers de poursuivre sur le territoire français des opérations d'infiltration.
Ils doivent, disent les textes, y être autorisés préalablement par le ministre de la justice, saisi d'une demande d'entraide judiciaire à cette fin, qui peut assortir son accord de conditions.
Ils doivent agir sous la direction d'officiers de police judiciaire français ou d'agents des douanes français. L'opération doit ensuite être autorisée, pour les agents de police, par le procureur de la République près le tribunal judiciaire de Paris ou le juge d'instruction du même ressort et, pour les douaniers, par le seul procureur de la République.
Les agents étrangers doivent impérativement être affectés dans leur pays à un service spécialisé et exercer des missions similaires à celles des agents nationaux spécialement habilités.

4618 **Agents de police de l'Union européenne.** Lorsque la demande de poursuite d'une infiltration émane d'un pays appartenant à l'Union européenne, l'autorisation préalable du ministre de la Justice n'est plus nécessaire depuis que la DEE est entrée en vigueur. L'article 694-47 du Code de procédure pénale prévoit que les modalités de la mesure d'infiltration réalisée sur le territoire national, plus particulièrement sa durée et le statut juridique des agents infiltrés, sont fixées d'un commun accord par le magistrat français saisi et l'autorité étrangère compétente et qu'à défaut d'accord, le procureur de la République ou le juge d'instruction peut refuser l'exécution de la décision.
Ainsi, indique la DACG dans sa circulaire du 16 mai 2017, en cas de DEE, l'accord préalable du ministre de la Justice prévu par les articles 694-7 et D. 15-1-4 du Code de procédure pénale n'est plus nécessaire, ces dispositions n'ayant désormais vocation à s'appliquer qu'aux demandes d'entraide formées hors Union européenne.
Cependant, l'infiltration demandée dans le cadre d'une DEE devant, en application des dispositions générales de l'article 694-17, s'exécuter de la même manière et selon les mêmes modalités que si la demande émanait d'un magistrat français, et donc conformément aux règles prévues par le Code de procédure pénale, dont l'article 706-81 qui exige notamment l'intervention d'agents « spécialement

habilités », il convient, poursuit la circulaire, que le magistrat français saisi ne donne son accord que si les agents étrangers sont affectés dans leur État dans un service spécialisé et qu'ils exercent des missions de police similaires à celles des officiers ou agents de police judiciaire nationaux spécialement habilités pour ce type d'opérations prévues par les articles 706-81 et suivants.
La DACG conseille de saisir pour avis le « Service interministériel d'assistance technique » (SIAT) de la direction centrale de la police judiciaire, conformément à ce que prévoit l'article D. 15-1-4 pour savoir si ces deux conditions sont respectées et rappelle qu'en cas de difficulté, il pourra être utilement pris attache avec le BEPI.
On rappelle qu'il est également nécessaire, comme pour les agents venant d'un pays situé hors de l'Union européenne, que ceux d'un pays de l'UE agissent sous la direction d'officier de police judiciaire français.

C Poursuite de l'infiltration sur un territoire étranger

4619 La loi française ne peut évidemment pas réglementer l'infiltration se déroulant à l'étranger et la participation éventuelle d'enquêteurs français à une telle opération.
C'est chaque droit national qui organise cette question, éventuellement en fonction des conventions existantes.
Deux de celles-ci donnent des indications.

4620 **États parties à la Convention d'entraide judiciaire en matière pénale du 29 mai 2000.** L'article 14 de la Convention d'entraide judiciaire en matière pénale du 29 mai 2000, réglemente les enquêtes discrètes, ce à quoi correspond ce que notre droit appelle « infiltration ». Il prévoit notamment que les autorités compétentes de l'État membre requis décident, dans chaque cas d'espèce, de la réponse à donner à la demande en tenant dûment compte de la loi et des procédures nationales et que les enquêtes discrètes sont menées conformément à la loi et aux procédures nationales de l'État membre sur le territoire duquel elles se déroulent.

4621 **Au sein de l'Union européenne.** Lorsque la question se pose au sein de l'Union européenne, l'article 29 de la directive 2014/41/UE du Parlement européen et du Conseil du 3 avril 2014 concernant la décision d'enquête européenne en matière pénale définit le cadre des enquêtes discrètes dans lesquelles entrent les infiltrations, encadre davantage la question.

L'article 29 prévoit ce qui suit :

« 1. Une décision d'enquête européenne peut être émise en vue de demander à l'État d'exécution de prêter assistance [à] l'État d'émission dans la conduite d'enquêtes pénales menées par des agents intervenant en secret ou sous une fausse identité (ci-après dénommées "enquêtes discrètes").
2. Dans la décision d'enquête européenne, l'autorité d'émission indique les raisons pour lesquelles elle considère que l'enquête discrète est susceptible d'être pertinente aux fins de la procédure pénale concernée. La décision relative à la reconnaissance et à l'exécution d'une décision d'enquête européenne émise au titre du présent article est prise dans chaque cas individuel par les autorités compétentes de l'État d'exécution dans le respect de son droit interne et des procédures nationales.
3. Outre les motifs de non-reconnaissance et de non-exécution visés à l'article 11, l'autorité d'exécution peut refuser d'exécuter une décision d'enquête européenne visée au paragraphe 1, lorsque :
a) l'exécution d'une enquête discrète ne serait pas autorisée dans le cadre d'une procédure nationale similaire ;
ou
b) il n'a pas été possible de parvenir à un accord sur les modalités des enquêtes discrètes au titre du paragraphe 4.
4. Les enquêtes discrètes sont menées conformément au droit interne et aux procédures nationales de l'État membre sur le territoire duquel elles se déroulent. Le droit d'agir, de diriger et de contrôler les opérations liées aux enquêtes discrètes relève des seules autorités compétentes de l'État d'exécution. L'État d'émission et l'État d'exécution conviennent, dans le respect de leur droit interne et de leurs procédures nationales, de la durée de l'enquête discrète, de ses modalités précises et du statut juridique des agents concernés participant aux enquêtes discrètes ».

D Intervention d'agents étrangers dans une infiltration effectuée en France

4622 L'article 694-8 du Code de procédure pénale prévoit qu'avec l'accord des autorités judiciaires étrangères, des agents de police étrangers spécialisés puissent également, dans les conditions fixées par les articles 706-81 à 706-87, participer sous la direction d'officiers de police judiciaire français à des opérations d'infiltration conduites sur le territoire de la République dans le cadre d'une procédure judiciaire nationale.
Le recours à des agents étrangers peut s'avérer particulièrement adapté lorsqu'il convient d'infiltrer un groupe de suspects dont les agents

étrangers parlent la langue et connaissent les habitudes culturelles.

E Équipe commune d'enquête (ECE)

4623 Le Code de procédure pénale prévoit, à l'article 695-2, alinéa 2, une autre hypothèse d'intervention d'agents étrangers. Ceux qui sont détachés par un autre État membre auprès d'une ECE, dans la limite des attributions attachées à leur statut, peuvent sous la direction de l'autorité judiciaire compétente, avoir pour mission, le cas échéant, sur toute l'étendue du territoire national : 4° de procéder…, s'ils sont spécialement habilités à cette fin, à des infiltrations, dans les conditions prévues aux articles 706-81 et suivants et sans qu'il soit nécessaire de faire application des dispositions des articles 694-7 et 694-8 (V. *infra*, n° 4682).

V La géolocalisation

4624 La géolocalisation en temps réel est définie par l'article 230-32 du Code de procédure pénale comme l'usage d'un moyen technique destiné à la localisation en temps réel, sur l'ensemble du territoire national, d'une personne, à l'insu de celle-ci, d'un véhicule ou de tout autre objet, sans le consentement de son propriétaire ou de son possesseur (pour une étude complète, V. *supra*, n°s 3904 et s.).

Il arrive que des personnes se trouvant à l'étranger fassent l'objet d'une enquête en France et qu'il soit nécessaire de les géolocaliser dans le pays étranger (A).

Il arrive également que des personnes faisant déjà l'objet d'une géolocalisation en temps réel en France traversent une frontière et restent un certain temps dans le pays autre que celui dans lequel le dispositif a été décidé et mis en place. Le fait que l'article 230-32 ait expressément visé le territoire national a pu susciter des interrogations quant à la possibilité de poursuivre l'opération quand une frontière est franchie et, même si l'opération se poursuit techniquement, sur la possibilité d'utiliser les données issues de la géolocalisation en temps réel (B).

A La géolocalisation d'une personne ou d'un objet se trouvant à l'étranger

4625 Lors de l'entrée en vigueur de la loi n° 2014-372 du 28 mars 2014 donnant un cadre spécifique à la géolocalisation, la DACG a publié une circulaire indiquant que la géolocalisation d'une personne ou d'un objet se trouvant à l'étranger nécessitait l'émission d'une demande d'entraide pénale internationale qui serait exécutée selon la loi de l'État requis.

Elle ajoutait qu'en phase d'enquête diligentée par le procureur de la République, la demande d'entraide pénale internationale devait être émise par ce magistrat, qu'elle devait être adressée aux autorités étrangères pour exécution au visa des conventions applicables et selon les modes de transmission prévus par ces instruments, ou par le Code de procédure pénale en cas de réciprocité. Au cours d'une instruction, la demande d'entraide pénale internationale devait être émise par le magistrat instructeur.

Ces préconisations restent d'actualité si ce n'est qu'à l'intérieur de l'Union européenne (hors Irlande et Danemark), c'est la DEE qui doit être mise en œuvre (Section C, I de l'Annexe A).

Les enquêteurs français pourront, en cas de géolocalisation effectuée sur un territoire étranger, tenter d'entrer en contact avec leurs homologues étrangers afin d'être tenus informés des allers et venues des objets ou personnes surveillées en temps réel ou en tout cas dans un délai proche des déplacements. S'il fallait que les enquêteurs français attendent le retour des pièces d'exécution de la demande pour prendre connaissance des déplacements de leurs « cibles », il serait à craindre que la mesure perde de son intérêt.

4626 **Autorisation du juge des libertés et de la détention.** La géolocalisation doit, dans certains cas, être ordonnée par le juge des libertés et de la détention ou bien encore, c'est lui qui doit autoriser l'entrée de nuit dans un lieu d'habitation pour installer le dispositif, parfois quelle que soit l'heure, parfois entre 21 heures et 6 heures.

Pour satisfaire aux exigences de l'article 694-20 du Code de procédure pénale déjà évoquées (V. *supra*, n° 4559), en cas de délivrance d'une DEE aux fins de géolocalisation, le procureur devra éventuellement avoir préalablement obtenu l'autorisation du juge des libertés et de la détention, comme le juge d'instruction devra au besoin avoir obtenu du même juge l'autorisation de pénétrer dans un lieu d'habitation de nuit pour y installer le dispositif (V. *supra*, n° 3955).

B La poursuite de la géolocalisation française d'une personne qui se rend à l'étranger et son exploitation

4627 **Circulaire du 1er avril 2014.** Dès la promulgation de la loi sur la géolocalisation, la DACG indiquait que :

« La poursuite ou l'activation dynamique au-delà des frontières nationales d'un terminal de télécommunication ou le suivi à distance, hors du territoire national, d'un dispositif dédié de géolocalisation placé sur un moyen de transport ou tout autre objet nécessite l'émission d'une demande d'entraide pénale internationale qui sera exécutée selon la loi de l'État requis.

Lorsque les investigations montrent un possible déplacement à l'étranger de la personne ou de l'objet géolocalisé, ces demandes d'entraide peuvent très utilement être formulées de manière anticipée.

Dans le cas où la géolocalisation accompagne la surveillance physique d'une personne qui se déplacerait vers le territoire d'un autre État, la demande d'entraide pourra prendre la forme d'une demande d'autorisation d'observation transfrontalière dans les conditions prévues par l'article 40 de la Convention d'application de l'accord de Schengen (CAAS) du 14 juin 1985 ou par l'article 12 de l'accord de Paris avec la Suisse ».

Elle relevait en outre que :

« En l'absence de demande d'entraide pénale internationale ou de réponse à une telle demande, lorsqu'il apparaît que la géolocalisation se poursuit hors du territoire national, celle-ci devra être suspendue. La géolocalisation ne pourra reprendre qu'au retour du dispositif sur le territoire national.

Dans l'hypothèse où les services enquêteurs réaliseraient *a posteriori* que la géolocalisation s'est poursuivie sur le territoire d'un État tiers, le procureur de la République ou le magistrat instructeur pourront délivrer une demande d'entraide pénale internationale aux fins d'utilisation et d'exploitation des données en procédure ».

4628 **La position de la chambre criminelle.** La chambre criminelle a jugé, à cet égard, que « les données issues d'une géolocalisation mise en œuvre sur le territoire national et s'étant poursuivie sur le territoire d'un autre État ne peuvent, lorsque cette mesure n'a pas fait l'objet d'une acceptation préalable ou concomitante de celui-ci au titre de l'entraide pénale, être exploitées en procédure qu'avec son autorisation » (Cass. crim., 9 févr. 2016, n° 15-85.070 : *Bull. crim.* n° 32).

Il semble pouvoir en être déduit qu'en cas de passage de frontière par un véhicule ou une personne géolocalisée dont le déplacement n'a pas été anticipé, l'interruption de la mesure n'est pas nécessaire si une demande d'entraide est rapidement présentée. On peut même penser que les enquêteurs français qui continueraient à recevoir les données techniques relatives aux déplacements sur le territoire étranger ne seraient nullement tenus de les supprimer. Il pourrait leur suffire de ne pas les exploiter avant que le magistrat sous la responsabilité duquel ils enquêtent obtienne l'autorisation de la part des autorités étrangères d'exploiter les éléments.

Si, en revanche, les données de géolocalisation en territoire étranger ne sont pas exploitées, il n'est pas nécessaire de présenter une demande. En pareille hypothèse, la chambre criminelle considère que le procès-verbal mentionnant un franchissement de frontière sans aucune indication sur l'itinéraire du véhicule hors du territoire national est valide et ne contrevient pas aux règles de l'entraide pénale judiciaire (Cass. crim., 11 janv. 2017, n° 16-86.394. – Cass. crim., 2 mars 2021, n° 20-84.004).

VI Les drones

4629 Les articles 230-47 et suivants du Code de procédure pénale, issus de la loi n° 2022-52 du 24 janvier 2022, réglementent la mise en place d'un dispositif technique ayant pour objet la captation, la fixation, la transmission et l'enregistrement sans leur consentement de l'image d'une ou de plusieurs personnes se trouvant dans un lieu public au moyen de caméras aéroportées.

A Demande d'utilisation de drones à l'étranger

4630 Si l'utilisation de drones à l'étranger, pour les besoins d'une enquête française, apparaissait nécessaire, il conviendrait de déterminer si l'État étranger requis accepte ce mode d'enquête.

Les dispositions relatives à la DEE n'évoquent pas ce moyen d'enquête. Il faudra attendre quelque temps avant de savoir si les autorités judiciaires des différents pays de l'Union européenne estiment que cela peut entrer dans le cadre des « enquêtes discrètes ».

B France, État requis

4631 Si un pays étranger, pour les besoins de son enquête, demande aux autorités judiciaires françaises de mettre en place des drones, la demande devrait pouvoir être exécutée dès lors que les conditions prévues par le droit français sont réunies puisque, en principe, les demandes d'entraide émanant des autorités judiciaires étrangères sont exécutées selon les règles de procédure prévues par le Code de procédure pénale français (CPP, art. 694-3).

C Poursuite à l'étranger et exploitation d'images fixées en territoire étranger

4632 Là encore, le procédé est entré trop récemment dans notre arsenal législatif pour que l'on puisse déterminer les problèmes que la pratique et la jurisprudence rencontreront.

Dans l'hypothèse, d'une surveillance par drone commencée en France et qui devrait se poursuivre en territoire étranger – nécessairement limitrophe – il pourrait être envisagé de s'inspirer des solutions retenues pour la géolocalisation ou de celles relatives aux interceptions de communication (V. *infra*, n°s 4638 et s.).

En l'état, la DACG ne s'est pas prononcée sur la question car elle considère que l'utilisation de drones au-dessus d'un lieu public n'est pas encore possible, faute de décret autorisant la mise en en œuvre de ce traitement de données (V. *supra*, n° 3821).

VII La sonorisation et la captation d'images

4633 **France, État requis et État requérant.** La sonorisation (mise en place d'un dispositif technique de captation, fixation, transmission, enregistrement, des paroles prononcées à titre privé ou confidentiel dans des lieux ou véhicules privés ou publics sans le consentement de la personne intéressée) et la captation d'images (mise en place d'un dispositif technique de captation, fixation, transmission, enregistrement, de l'image d'une personne qui se trouve dans un lieu privé sans son consentement) peuvent être demandées dans le cadre de l'entraide pénale internationale.

La DACG note, à propos de la DEE, que la liste des investigations énumérées dans la section C de l'annexe A du formulaire n'est pas limitative et que « tout acte d'investigation autorisé ou prévu par le Code de procédure pénale [peut]être demandé, y compris s'il n'apparaît pas dans la liste figurant dans cette section (comme par exemple des mesures de sonorisation, de captation de données informatiques ou de géolocalisation) ».

4634 **Passage de la frontière d'un véhicule dans lequel a été installé un dispositif de captation de paroles ou d'images.** La chambre criminelle n'a pas eu l'occasion de se prononcer sur l'hypothèse dans laquelle un dispositif de captation de paroles ou d'images a été mis en place dans un véhicule et que celui-ci part en territoire étranger.

Il semble que si, dans ce cas, les magistrats dirigeant les enquêtes agissaient comme quand une balise de géolocalisation ou un téléphone géolocalisé passe en territoire étranger, la procédure pourrait être valide.

> **CONSEIL** En d'autres termes, il convient de demander l'entraide au moment du passage de la frontière et, si cela n'a pas été possible, de n'utiliser les enregistrements qu'après avoir obtenu l'autorisation des autorités étrangères.

VIII Les communications électroniques

4635 On a vu (V. *supra*, n°s 3526 et s.) que le juge d'instruction pouvait ordonner, sur le fondement des articles 100 et suivants du Code de procédure pénale et que le juge des libertés et de la détention pouvait autoriser, en matière de délinquance et criminalité organisées, en application des articles 706-95 et suivants du Code de procédure pénale, l'interception, l'enregistrement et la transcription de correspondances émises par la voie des communications électroniques.

Selon l'article L. 32 du Code des postes et des communications électroniques (CPCE) sont des communications électroniques : les émissions, transmissions ou réceptions de signes, de signaux, d'écrits, d'images ou de sons, par câble, par la voie hertzienne, par moyen optique ou par d'autres moyens électromagnétiques.

Sont donc soumis au régime des articles 100 et suivants et 706-5 et suivants :

- les écoutes des conversations téléphoniques ;
- les SMS ;
- les messages laissés sur un répondeur ;
- le suivi en temps réel d'une messagerie électronique ;
- les messages instantanés échangés entre plusieurs personnes au moyen d'une liaison sécurisée par un dispositif de cryptage de type *Blackberry Messenger* (Cass. crim., 16 déc. 2015, n° 15-82.642 : *Bull. crim.* n° 309) ;

N'y sont pas soumises, en revanche :

- l'écoute et la retranscription sur procès-verbaux, par des officiers de police judiciaire, du contenu de communications téléphoniques adressées à une personne au domicile de laquelle ils exercent une surveillance (Cass. crim., 2 avr. 1997, n°s 97-80.269 et 97-80.270 : *Bull. crim.* n° 131) ;
- les simples lecture et transcription, par les policiers, des messages parvenus sur la bande d'un récepteur de messagerie unilatérale « Tatoo » (Cass. crim., 14 avr. 1999, n° 98-87.224 : *Bull. crim.* n° 82). Par assimilation, on doit pouvoir considérer que la lecture de SMS ou de messages transitant par WhatsApp ou tout autre procédé similaire directement sur un téléphone saisi ne relève pas des dispositions sur les interceptions de communication.

4636 Il arrive qu'un élément d'extranéité affecte ces communications électroniques.

À cet égard, la chambre criminelle a dégagé des règles qui tiennent compte des éléments techniques. Le critère qui guide les solutions consiste, schématiquement, en un rattachement à la France.

Ainsi peuvent être surveillées les communications intervenant dans les conditions suivantes.

A La ligne surveillée se trouve en France

4637 Les communications d'une ligne utilisée depuis la France peuvent valablement être interceptées, sur ordre du juge d'instruction ou autorisation du juge des libertés et de la détention, que l'abonnement de la ligne soit souscrit auprès d'un opérateur français ou auprès d'un opérateur étranger, que l'interlocuteur utilise une ligne dont l'abonnement a été souscrit auprès d'un opérateur français ou d'un opérateur étranger et que ce soit la personne surveillée qui appelle ou qu'elle soit appelée.

Dans ce cas, en effet les réquisitions adressées aux opérateurs de téléphonie français ne peuvent porter que sur des échanges transitant par ces opérateurs installés sur le territoire national et dont les moyens techniques sont sollicités (Cass. crim., 1er févr. 2011, n° 10-83.523 : *Bull. crim.* n° 15. – Cass. crim., 14 janv. 2014, n° 13-84.909 : *Bull. crim.* n° 8).

B La ligne surveillée se trouve à l'étranger

1 Interception sans assistance technique de l'État étranger

4638 Un juge d'instruction ou un juge des libertés et de la détention peut prescrire ou autoriser l'interception, par un opérateur français, d'une ligne téléphonique étrangère ou d'une ligne française se trouvant à l'étranger lorsque ces interceptions ne nécessitent pas l'assistance technique d'un autre État (Cass. crim., 28 mars 2017, n° 16-84.853).

C'est ainsi qu'ont été validées des interceptions de communications entre un téléphone portable situé en Tunisie et un autre situé au Maroc, opérées par utilisation du réseau international de l'opérateur Orange et de ses récepteurs, installés sur le territoire français alors qu'aucune pièce du dossier ne mentionnait le recours à un opérateur étranger ni l'assistance technique d'un État étranger (Cass. crim., 5 févr. 2020, n° 19-85.188).

En pratique, l'hypothèse se présente le plus souvent lorsque la cible se trouvant à l'étranger utilise un réseau :

– national de téléphonie mobile (GSM ou autre) permettant d'intercepter les communications passées ou reçues de l'étranger, notamment en zone frontalière ;

– satellitaire dont une station terrestre est localisée en France.

4639 **Vérifications nécessaires.** Les enquêteurs devront toutefois, dans le cas de communication entre deux téléphones portables se trouvant tous deux à l'étranger, s'assurer que l'interception passe bien par le réseau d'un opérateur français. Une chambre de l'instruction qui ne rechercherait pas comment des interceptions de ce type ont pu être opérées si les communications n'ont pas transité par le territoire national expose sa décision à la censure (Cass. crim., 20 juin 2018, n° 17-86.651 : *Bull. crim.* n° 117).

L'Agence nationale des techniques d'enquête numérique judiciaires (ANTENJ) a consacré sa lettre n° 4 du mois d'avril 2019 à l'interception de lignes à l'international dans laquelle elle expose les différentes possibilités techniques ce qui la conduit à préconiser de procéder à une vérification auprès de l'opérateur, *via* la PNIJ. Elle écrit : « afin d'établir si les communications interceptées sur une ligne étrangère ont été émises depuis la France, reçues en France ou ont transité par la France, le guide utilisateur [de la PNIJ] recommande [pages 61 à 70] d'adresser une réquisition à l'OCE dans la PNIJ en sélectionnant le code HREF "afin qu'il fournisse tout élément technique et/ou contextuel de nature à expliquer que les communications concernées ont transité par le réseau de l'opérateur français" ».

2 Notification prévue par l'article 100-8 du Code de procédure pénale

4640 **Cas dans lesquels il y a lieu à notification.** Dans l'hypothèse où la ligne, dont les communications peuvent être interceptées *via* un réseau français, est utilisée dans un pays de l'Union européenne (hors Danemark et Irlande) et que l'interception n'est pas réalisée dans le cadre d'une DEE, il convient, aux termes de l'article 100-8 du Code de procédure pénale, de notifier cette interception à l'autorité compétente de l'État sur le territoire duquel se trouve la personne visée par la surveillance afin que l'État étranger puisse éventuellement s'opposer à la mesure.

Si la ligne étrangère est utilisée en France, il n'y a pas lieu de procéder à la notification à l'État étranger. On se trouve alors dans un cas de figure déjà vu de ligne utilisée depuis la France (V. *infra*, n° 4637).

4641 **Qui doit réaliser la notification ?** C'est à l'officier de police judiciaire ou au juge d'instruction qu'incombe la notification dans le cadre d'une instruction (CPP, art. 100-8), au procureur de la République ou à l'officier de police judiciaire dans le cadre d'une interception autorisée par le juge des libertés et de la détention (CPP, art. 706-95).

4642 **Quand la notification doit-elle intervenir ?** La notification doit intervenir :

– avant l'interception lorsqu'il résulte des éléments du dossier de la procédure au moment où est ordonnée l'interception, que la personne visée se trouve ou se trouvera sur le territoire de cet État ;

– au cours de l'interception ou après sa réalisation, dès qu'il est établi que cette personne se trouve ou s'est trouvée sur le territoire de cet État au moment de l'interception.

Elle doit être faite en utilisant le formulaire figurant à l'annexe C de la directive 2014/41/UE précitée, conformément à l'article D. 32-2 du Code de procédure pénale.

4643 **Opposition de l'État concerné.** Si le droit national de l'État concerné n'autorise pas une telle interception dans le cadre d'une procédure nationale similaire, l'État pourra faire savoir, dans les quatre-vingt-seize heures de la notification, que l'interception ne peut pas être effectuée ou qu'elle doit être interrompue, ou encore que les données interceptées alors que la personne se trouvait sur son territoire ne pourront être utilisées et doivent être retirées du dossier de la procédure ou ne pourront être utilisées que dans les conditions que cette autorité spécifiera et pour les motifs qu'elle précisera.

4644 **Absence de notification.** L'absence de notification ne constitue une cause de nullité de la procédure que s'il est établi que l'interception réalisée ne pouvait pas être autorisée, dans le cadre d'une procédure nationale similaire, en application du droit de l'État membre sur le territoire duquel s'est trouvée la personne.

4645 **Notification à la France.** Lorsque c'est un État étranger qui procède à l'interception d'une ligne utilisée sur notre territoire sans assistance technique de la France, c'est au directeur des affaires criminelles et des grâces du ministère de la Justice que la notification doit être faite (CPP, art. D. 32-2-1).

4646 **Pour le Danemark et l'Irlande : Convention du 29 mai 2000.** L'article 20 de la Convention du 29 mai 2000 relative à l'entraide judiciaire en matière pénale entre les États membres de l'Union européenne prévoit des dispositions identiques à celles de l'article 100-8 du Code de procédure pénale. Il y a donc lieu de les mettre en œuvre quand l'interception concerne une ligne utilisée en Irlande ou au Danemark sans assistance technique de ces pays.

3 Assistance technique de l'État étranger

4647 Lorsque l'interception ne peut pas être réalisée sans l'assistance technique d'un État étranger, alors une DEPI, une CRI ou une DEE est nécessaire selon le cadre juridique de la procédure.

4648 **DEE.** Lorsque la demande intervient au sein de l'Union européenne (hors Danemark et Irlande), la demande d'interception devra être présentée dans les sections C et H7 de l'imprimé de DEE.

L'article 694-28 du Code de procédure pénale prévoit que :

> « Lorsqu'il émet une décision d'enquête afin d'obtenir l'assistance technique d'un État membre aux fins de mise en place d'une interception de télécommunications, le magistrat précise dans sa demande les informations nécessaires à l'identification de la personne visée par la demande d'interception, la durée souhaitée de l'interception et toutes les données techniques nécessaires à la mise en place de la mesure ».

C'est dans la section H7 de l'annexe A que ces éléments doivent être mentionnés.

4649 **Renvoi de la ligne ou exploitation par l'autorité étrangère.** Au plan pratique, selon la DACG (*Guide méthodologique sur l'entraide pénale internationale*) :

> « La télécommunication interceptée peut être soit directement dirigée vers la France où elle est écoutée et éventuellement enregistrée, soit enregistrée puis transmise ultérieurement par l'État d'exécution. Ces modalités font l'objet d'un commun accord entre le magistrat français et l'autorité d'exécution. Ainsi et conformément à l'article D. 47-1-8 dudit code, le magistrat français détermine, d'un commun accord avec l'autorité d'exécution, si l'interception :
> – est réalisée en transmettant les télécommunications immédiatement ou à l'issue des opérations ;
> – doit faire l'objet d'une transcription, d'un décodage ou d'un déchiffrement de l'enregistrement, étant précisé que les frais de ces opérations restent alors exclusivement à la charge de l'État français conformément à l'article 694-50 (2°) ».

L'ESSENTIEL L'observation transfrontalière

4650 **Objet, champ d'application.** La Convention d'application de l'accord de Schengen (V. *supra*, n° 4576, permet à des enquêteurs d'un pays qui surveillent un suspect ou une personne susceptible de les conduire au suspect de continuer leur filature sur le territoire d'un autre État partie (V. *supra*, n°s 4574 et s.).

Le 2e protocole additionnel à la Convention EDH du 8 novembre 2001 permet la même chose dans le cadre du Conseil de l'Europe et au-delà dès lors que des pays non membres de ce Conseil ont ratifié ce protocole (V. *supra*, n° 4577).

La surveillance à distance par géolocalisation quand la personne surveillée passe une frontière ne relève pas de l'observation transfrontalière mais de l'entraide « classique » (V. *supra*, n° 4575).

4651 **Pouvoirs des enquêteurs.** Sur le territoire d'un État étranger, les enquêteurs ne peuvent pas procéder à des actes coercitifs (V. *supra*, n°s 4575, 4584). Ils doivent se conformer à diverses obligations (V. *supra*, n° 4583).

4652 **Quels sont les enquêteurs français habilités ?** Les enquêteurs français qui peuvent procéder à une observation transfrontalière sont les officiers et agents de police judiciaire de la police et de la gendarmerie nationales, de même que les agents des douanes pour certaines infractions (V. *supra*, n° 4578).

4653 **Autorisation en principe préalable : observation transfrontalière ordinaire (OTO).** L'observation transfrontalière doit être autorisée préalablement (V. *supra*, n° 4585) par le pays sur le territoire duquel elle va s'effectuer (V. *supra*, n° 4580).

Cette autorisation doit être sollicitée par les enquêteurs français auprès de l'Unité centrale de coopération policière internationale (UCCPI) qui gère la coopération Schengen au sein de la section de coopération opérationnelle de police (SCCOPOL) rattachée à la direction centrale de la police judiciaire (DCPJ) et au sein de laquelle œuvrent concurremment des policiers, des gendarmes, des douaniers et des magistrats du Bureau de l'entraide pénale internationale (BEPI) (V. *supra*, n° 4581).

La demande d'autorisation d'observation transfrontalière n'a pas à être formalisée par l'intermédiaire d'une décision d'enquête européenne (DEE) (V. *supra*, n° 4580).

Le pays sollicité peut demander à exécuter lui-même l'observation. Il peut aussi assortir l'autorisation de conditions, notamment l'obligation d'être accompagnés d'agents du pays dans lequel l'observation va se poursuivre (V. *supra*, n° 4582).

4654 **Entrée en urgence dans le pays étranger : observation transfrontalière urgente (OTU).** En cas d'urgence, les agents observateurs peuvent continuer la surveillance d'une personne qui vient de passer la frontière si elle est suspectée d'avoir commis une infraction grave, visée par le paragraphe 7 de l'article 40 de la Convention (V. *supra*, n° 4586). L'État sur le territoire duquel les enquêteurs entrent sans autorisation préalable doit être immédiatement prévenu – par l'intermédiaire de l'UCCPI pour les enquêteurs français – et il peut arrêter l'observation qui doit, de toute façon, être stoppée si l'autorisation n'a pas été donnée au bout de cinq heures. L'État sur le territoire duquel l'observation s'est poursuivie peut la faire reprendre par ses enquêteurs (V. *supra*, n°s 4587, 4588).

La poursuite d'une surveillance réglementée par l'article 706-80 du Code de procédure pénale

4655 Lorsqu'une surveillance telle que réglementée par l'article 706-80 doit être poursuivie à l'étranger, il faut qu'elle soit autorisée par le procureur de la République, dans les conditions prévues par les conventions internationales (V. *supra*, n° 4590).

Le procureur de la République établit à cette fin une demande d'entraide pénale internationale (DEPI) ou une DEE (section H5 de l'annexe A du formulaire de DEE) (V. *supra*, n° 4591).

Le texte ne prévoit pas la situation où une information est ouverte. Il nous semble qu'en un tel cas, c'est au juge d'instruction qu'il devrait appartenir de délivrer une commission rogatoire internationale (CRI) ou une DEE (V. *supra*, n° 4592).

Le texte ne précise pas qui réalise effectivement la surveillance. Par parallélisme avec l'observation transfrontalière, il semble possible de considérer que ce sont les agents français qui pourront mener la surveillance et que, si l'État étranger le demande, les enquêteurs français devront être accompagnés d'agents étrangers à moins que l'État étranger n'estime devoir assurer seul la poursuite de la surveillance (V. *supra*, n° 4593).

4656 **Surveillance réalisée en France.** Des enquêteurs étrangers peuvent procéder à des opérations de surveillance de l'acheminement ou du transport des objets, biens ou produits tirés de la commission d'une infraction ou servant à la commettre dans le cadre d'une DEE. Dans le cadre d'une équipe commune d'enquête (ECE), ils peuvent procéder à des surveillances (V. *supra*, n°s 4597, 4599).

La poursuite transfrontalière d'une personne

4657 L'article 41 de la CAAS accorde aux enquêteurs, au sein de l'espace Schengen, le droit de poursuivre en territoire étranger limitrophe une personne qu'ils ont vue commettre une infraction sur leur territoire (V. *supra*, n° 4603).

Ce droit est cependant strictement encadré.

4658 **Avis nécessaire.** Les agents poursuivants doivent prévenir leurs collègues étrangers lors de leur entrée sur leur territoire, et non solliciter une autorisation. Ce sont en principe ces derniers qui reprendront la poursuite (V. *supra*, n°s 4603, 4609).

4659 **Limitations géographiques.** Le droit de poursuite est limité au plan géographique : les agents espagnols, italiens, luxembourgeois ne peuvent opérer la poursuite en France que dans une zone de 10 kilomètres à partir de la frontière terrestre. Les déplacements des agents allemands, belges et suisses ne sont pas géographiquement limités.

Les agents français (policiers, gendarmes, douaniers) peuvent se déplacer partout en Allemagne et en Belgique. Mais au Luxembourg, ils ne peuvent se déplacer que dans une zone de 10 kilomètres (V. *supra*, n° 4606).

4660 **Infractions permettant la poursuite.** Les infractions permettant la poursuite sont énumérées par le texte (V. *supra*, n° 4608).

4661 **Arrêt de la poursuite.** Le pays « hôte » peut demander l'arrêt de la poursuite.

4662 **Arrestation demandée par la France.** Les agents poursuivants peuvent demander aux autorités étrangères d'arrêter la personne poursuivie.

4663 **Interdiction d'interpellation.** La France interdit l'interpellation en France par des agents étrangers. Lorsque ce sont des agents étrangers qui effectuent une poursuite en France, le procureur de la République localement compétent doit être informé. S'il estime que la poursuite peut être continuée, il peut décider de faire accompagner les agents étrangers par des agents français ou la faire poursuivre par des agents français agissant seuls. Compte tenu de l'interdiction d'interpellation édictée par la France, les agents étrangers ne sont jamais autorisés à procéder seuls à une interpellation en France (V. *supra*, n° 4610).

La Belgique et le Luxembourg ayant, comme la France, prévu une interdiction d'interpellation, les enquêteurs français ne peuvent jamais procéder à une interpellation en Belgique ou au Luxembourg (V. *supra*, n° 4611).

4664 **Possibilité exceptionnelle d'interpellation.** Exceptionnellement, les agents français effectuant une poursuite dans un pays limitrophe autre que la Belgique et le Luxembourg, qui sont soumis à diverses obligations (V. *supra*, n° 4614), peuvent procéder à l'interpellation de la personne poursuivie qui pourra tout au plus faire l'objet d'une fouille de sécurité et être menottée pour être remise aux autorités locales qui établiront l'identité de la personne interpellée ou procéderont à son arrestation proprement dite. Il faut, pour que cette interpellation soit possible, que les autorités étrangères n'aient pas demandé l'interruption de la poursuite et qu'elles ne puissent pas intervenir elles-mêmes rapidement (V. *supra*, n° 4612).

4665 **Suites de l'arrestation.** La personne ainsi arrêtée peut être retenue aux fins d'audition. Si elle n'a pas la nationalité du pays dans lequel elle est arrêtée, elle doit être remise en liberté au bout de six heures (les heures de nuit ne comptent pas) sauf si une demande d'arrestation provisoire aux fins d'extradition arrive avant l'expiration du délai (V. *supra*, n° 4613). Si elle ne peut pas être remise au pays poursuivant, elle doit pouvoir être poursuivie dans le pays d'arrestation si le pays poursuivant lui adresse une dénonciation officielle en temps voulu (V. *supra*, n° 4613).

L'infiltration

4666 Lorsqu'il apparaît nécessaire qu'une infiltration ait lieu dans un pays étranger, elle doit être demandée dans le cadre d'une demande d'entraide : DEPI, CRI ou DEE selon les cas (V. *supra*, n° 4615).

4667 **Autorisation du ministre de la Justice pour la poursuite en France d'une infiltration commencée dans un pays situé hors UE.** Lorsqu'une opération d'infiltration commencée à l'étranger doit être poursuivie en France, il est nécessaire que le ministre de la Justice donne son autorisation lorsqu'il s'agit d'une infiltration commencée dans un pays se trouvant hors de l'Union européenne. Le procureur de la République ou le juge d'instruction de Paris doit donner son accord également. Les agents étrangers doivent agir sous la direction d'officiers de police judiciaire ou de douaniers français (V. *supra*, n° 4617).

4668 **Pas d'autorisation du ministre pour la poursuite en France d'une infiltration commencée dans un pays de l'UE mais accord entre autorités judiciaires.** Lorsque c'est une infiltration commencée par des agents d'un pays de l'Union européenne qui doit être poursuivie en France, les modalités de la poursuite de la mesure sont fixées entre le magistrat français chargé d'exécuter la DEE et le demandeur étranger (V. *supra*, n° 4618). Les agents étrangers doivent toutefois être affectés, dans leur pays, dans un service spécialisé et agir sous la direction d'officiers de police judiciaire français (V. *supra*, n°s 4618, 4617).

4669 **Poursuite à l'étranger d'une infiltration commencée en France.** Lorsque l'infiltration commencée en France doit être poursuivie dans un pays étranger, les règles applicables peuvent être celles du pays étranger, celles de la Convention d'entraide judiciaire en matière pénale du 29 mai 2000 ou celles de l'article 29 de la directive 2014/41/UE du Parlement européen et du Conseil du 3 avril 2014 concernant la décision d'enquête européenne en matière pénale (V. *supra*, n°s 4620 et s.).

4670 **Agents étrangers intervenant dans une infiltration franco-française.** L'article 694-8 du Code de procédure pénale permet que des agents étrangers participent à une opération d'infiltration purement française (V. *supra*, n° 4622).

4671 **Infiltration dans le cadre d'une ECE.** Dans le cadre d'une ECE opérant en France, les agents étrangers qui y sont détachés peuvent participer à une infiltration (V. *supra*, n° 4623).

La géolocalisation

4672 La géolocalisation d'une personne installée dans un pays étranger doit être demandée par le biais d'une demande d'entraide : DEPI, CRI, DEE (V. *supra*, n° 4625).

4673 Si une personne ou un objet faisant l'objet d'une géolocalisation en France entre en territoire étranger, le procès-verbal mentionnant le franchissement de frontière sans aucune indication sur l'itinéraire du véhicule hors du territoire national est valide et ne contrevient pas aux règles de l'entraide pénale judiciaire.

Il n'y a pas lieu, dans cette hypothèse, d'interrompre la mesure dès le passage de la frontière si, du moins, il n'y a pas lieu de penser que la personne surveillée est passée à l'étranger pour s'y installer.

Pour pouvoir exploiter les éléments issus de la géolocalisation en territoire étranger qui n'a pu être anticipée, il faut présenter une demande d'entraide. Les éléments ne pourront être exploités qu'en cas d'accord de l'autorité requise. En attendant la réponse, les éléments issus de la géolocalisation ne doivent pas être exploités. Il n'y a pas lieu, pour autant, de les supprimer puisqu'ils pourront être exploités si le pays requis donne son assentiment.

Si les enquêteurs français continuent à recevoir les données techniques relatives aux déplacements sur le territoire étranger, ils ne sont pas tenus de les supprimer non plus. Il leur suffit de ne pas les exploiter avant que le magistrat sous la responsabilité duquel ils enquêtent obtienne l'autorisation de la part des autorités étrangères d'exploiter les éléments (V. *supra*, n° 4628).

Les drones

4674 La reconnaissance juridique des drones par le Code de procédure pénale est si récente qu'aucune préconisation ne peut être faite à ce stade. Si des enquêteurs français estimaient nécessaire de recourir à des drones à l'étranger, la possibilité de le faire dépendrait du droit de l'État requis (V. *supra*, n° 4630). Si un État étranger demandait à la France d'utiliser des drones dans une enquête, ce devrait être possible (V. *supra*, n° 4627). Si un drone français devait passer une frontière, on pourrait envisager de s'inspirer des règles dégagées par la jurisprudence pour la géolocalisation (V. *supra*, n° 4628) ou de celles prévues par la loi pour les communications électroniques (V. *supra*, n° 4638).

La sonorisation et la captation d'images

4675 La sonorisation ou la captation d'images concernant un lieu ou véhicule se trouvant en territoire étranger relève de l'entraide judiciaire classique : DEPI, CRI, DEE (V. *supra*, n° 4633).

4676 Le passage de frontière d'un véhicule dans lequel a été mis en place un dispositif de sonorisation ou de captation d'images n'a pas été examiné par la jurisprudence. La solution dégagée par la chambre criminelle pour la géolocalisation pourrait utilement inspirer la solution à retenir pour le cas qui nous intéresse (V. *supra*, n° 4634).

Les communications électroniques

4677 Une ligne se trouvant en France, même si elle est souscrite auprès d'un opérateur étranger peut être surveillée selon les règles du Code de procédure pénale (V. *supra*, n° 4637).

4678 S'il est techniquement possible de surveiller une ligne se trouvant à l'étranger par l'entremise d'un opérateur français sans assistance technique de l'État étranger, la surveillance peut valablement être effectuée par les enquêteurs sur le fondement des règles classiques du Code de procédure pénale. Les enquêteurs ont intérêt à vérifier que la communication passe bien par l'opérateur français (V. *supra*, n°s 4638 et s.).

4679 Si la ligne surveillée se trouve dans un pays de l'Union européenne et que l'interception n'a pas été réalisée dans le cadre d'une DEE, le magistrat responsable ou l'officier de police judiciaire doit notifier à l'État étranger cette interception pour que cet État puisse s'y opposer éventuellement (V. *supra*, n°s 4640 et s.). La notification doit intervenir dès que l'enquêteur acquiert la connaissance de ce que la cible part à l'étranger ou s'y rend.

4680 Quand l'interception ne peut pas être réalisée sans l'assistance technique d'un État étranger, elle doit être demandée par les mécanismes d'entraide classiques (V. *supra*, n°s 4647 et s.).

POUR ALLER PLUS LOIN...

Fascicules JurisClasseur

- JCl. *Droit international*, fasc. 406-40, *Conventions internationales répressives. – Conventions régionales d'entraide répressive « lato sensu »*, par A. Huet et R. Koering-Joulin.
- *JCl. Procédure pénale*, Art. 694 à 694-9, fasc. 20, *Entraide judiciaire internationale. – Dispositions générales*, par O. Beauvallet.

Circulaires

- Circ. 23 juin 1995 commentant les dispositions des articles 39, 40 et 41 de la convention signée à Schengen le 19 juin 1990 (NOR : JUSA9500U9C).
- Circ. CRIM/2014-7/G, 1er avr. 2014.
- Circ. CRIM/2017-15/H2, 16 mai 2017, pt 2-2-5.

Fiche 81
Procédures spécifiques

Sommaire

I
Équipe commune d'enquête

4681 **Objet de l'équipe commune d'enquête (ECE).** Les articles 695-2 et 695-3, insérés dans le Code de procédure pénale par la loi du 9 mars 2004, y ont transposé les dispositions de la décision-cadre n° 2002/465/JAI du Conseil du 13 juin 2002 relative aux équipes communes d'enquête.

Cette dernière a été prise à la suite d'une réunion des pays de l'UE en 1999 qui appelait à la mise sur pied sans délai de ces équipes pour lutter contre le trafic de drogue, la traite des êtres humains et le terrorisme. Certes, la convention européenne d'entraide judiciaire en matière pénale adoptée en mai 2000 prévoyait la création des ECE, mais la lenteur des ratifications a conduit les décideurs à recourir à une décision-cadre.

Les objectifs de la décision-cadre sont résumés ainsi sur le site de l'Union européenne (https://eur-lex.europa.eu/legal-content/FR/TXT/?uri=LEGISSUM%3Al33172) :

> « Lorsqu'une enquête pénale au sein de l'UE exige une action coordonnée et concertée, au moins deux pays de l'UE peuvent mettre sur pied une ECE. Pour ce faire, les autorités compétentes des pays de l'UE concernés concluent un accord afin de déterminer les procédures que doit suivre l'équipe. L'équipe commune est créée :
> – avec un objectif précis ;

– pour une durée limitée (pouvant être prolongée avec l'accord de toutes les parties concernées).

Les pays de l'UE qui créent une équipe en fixent la composition, l'objectif et la durée du mandat.

L'équipe est menée par une personne originaire d'un des pays de l'UE dans lesquels l'enquête a lieu.

Les pays de l'UE peuvent également autoriser des représentants d'Europol, d'Eurojust, de l'OLAF et des représentants des pays non-membres de l'UE à participer aux activités de l'équipe. Tous les membres de l'équipe doivent exécuter leurs tâches conformément au droit du pays sur le territoire duquel ils opèrent.

Les ECE peuvent également être mises sur pied en collaboration avec et entre des pays non membres de l'UE, pour autant qu'il existe une base juridique, telle qu'un accord international ou une législation nationale ».

Le guide pratique du Secrétariat général du Conseil indique pour sa part que :

« Par rapport aux formes traditionnelles de coopération policière et judiciaire, les ECE présentent les avantages suivants :

– Elles permettent la collecte et l'échange directs d'informations et d'éléments de preuve sans devoir passer par les canaux traditionnels de l'entraide judiciaire. Les informations et les éléments de preuve recueillis conformément à la législation de l'État membre sur le territoire duquel l'équipe intervient peuvent être échangés sur la base (exclusive) de l'accord relatif à l'ECE ;

et

– Les membres détachés de l'équipe (c'est-à-dire provenant d'un État autre que celui sur le territoire duquel l'ECE intervient) ont le droit, lorsque des mesures d'enquête sont prises en dehors de leur État d'origine, d'être présents et d'y participer, dans les limites prévues par la législation nationale et/ou précisées par le responsable de l'ECE.

Pour ces raisons, les ECE constituent un outil de coopération très efficace et performant, qui facilite la coordination des enquêtes et des poursuites menées en parallèle dans plusieurs États ».

4682 **Textes.** L'article 695-2 du Code de procédure pénale prévoit que :

« Avec l'accord préalable du ministre de la justice et le consentement du ou des autres États membres concernés, l'autorité judiciaire compétente peut créer une équipe commune d'enquête, soit lorsqu'il y a lieu d'effectuer, dans le cadre d'une procédure française, des enquêtes complexes impliquant la mobilisation d'importants moyens et qui concernent d'autres États membres, soit lorsque plusieurs États membres effectuent des enquêtes relatives à des infractions exigeant une action coordonnée et concertée entre les États membres concernés.

Les agents étrangers détachés par un autre État membre auprès d'une équipe commune d'enquête, dans la limite des attributions attachées à leur statut, peuvent, sous la direction de l'autorité judiciaire compétente, avoir pour mission, le cas échéant, sur toute l'étendue du territoire national :

1° De constater tous crimes, délits ou contraventions et d'en dresser procès-verbal, au besoin dans les formes prévues par le droit de leur État ;

2° De recevoir par procès-verbal les déclarations qui leur sont faites par toute personne susceptible de fournir des renseignements sur les faits en cause, au besoin dans les formes prévues par le droit de leur État ;

3° De seconder les officiers de police judiciaire français dans l'exercice de leurs fonctions ;

4° De procéder à des surveillances et, s'ils sont spécialement habilités à cette fin, à des infiltrations, dans les conditions prévues aux articles 706-81 et suivants et sans qu'il soit nécessaire de faire application des dispositions des articles 694-7 et 694-8.

Les agents étrangers détachés auprès d'une équipe commune d'enquête peuvent exercer ces missions, sous réserve du consentement de l'État membre ayant procédé à leur détachement.

Ces agents n'interviennent que dans les opérations pour lesquelles ils ont été désignés. Aucun des pouvoirs propres de l'officier de police judiciaire français, responsable de l'équipe, ne peut leur être délégué.

Un original des procès-verbaux qu'ils ont établis et qui doit être rédigé ou traduit en langue française est versé à la procédure française ».

Pour sa part, l'article 695-3 dispose que :

« Dans le cadre de l'équipe commune d'enquête, les officiers et agents de police judiciaire français détachés auprès d'une équipe commune d'enquête peuvent procéder aux opérations prescrites par le responsable d'équipe, sur toute l'étendue du territoire de l'État où ils interviennent, dans la limite des pouvoirs qui leur sont reconnus par le présent code.

Leurs missions sont définies par l'autorité de l'État membre compétente pour diriger l'équipe commune d'enquête sur le territoire duquel l'équipe intervient.

Ils peuvent recevoir les déclarations et constater les infractions dans les formes prévues par le présent code, sous réserve de l'accord de l'État sur le territoire duquel ils interviennent ».

A Constitution d'une ECE

4683 **Pas par DEE.** La décision d'enquête européenne ne peut pas être utilisée pour demander la constitution d'une équipe commune d'enquête. C'est dans le cadre d'un accord spécifique qu'est établie une ECE.

4684 **Protocole d'accord.** C'est par le truchement d'un protocole d'accord qu'une ECE est constituée. La DACG et Eurojust proposent des trames de protocole.

4685 **Avec quel pays ?** Une ECE peut être constituée avec tout pays de l'Union européenne qui a transposé la décision-cadre. La transposition devait intervenir avant le 1er janvier 2003. La France ne l'a fait que par la loi du 9 mars 2004. Depuis l'entrée en vigueur, le 23 août 2005, de la Convention relative à l'entraide judiciaire du 29 mai 2000, la décision-cadre n° 2002/465/JAI du Conseil du 13 juin 2002 relative aux équipes communes d'enquête serait devenue caduque.
L'article 695-10 du Code de procédure pénale permet de conclure des accords d'ECE avec des pays autres que ceux appartenant à l'Union européenne à condition qu'ils soient parties à une convention comportant des stipulations similaires à celles de la Convention du 29 mai 2000 relative à l'entraide judiciaire en matière pénale entre les États membres de l'Union européenne. Des accords ont été négociés entre États membres et la Norvège et l'Islande. Mais d'autres instruments juridiques internationaux thématiques ou géographiques peuvent servir de fondement à la création d'une équipe commune d'enquête :
– l'article 20 du deuxième protocole additionnel du 8 novembre 2001 à la Convention européenne d'entraide judiciaire en matière pénale du 20 avril 1959 ;
– l'accord d'entraide judiciaire entre les États-Unis d'Amérique et l'Union européenne signé le 25 juin 2003 et l'instrument bilatéral fait à La Haye le 30 septembre 2004 relatif à l'application du traité d'entraide judiciaire en matière pénale entre les États-Unis et la France du 10 décembre 1998 ;
– la Convention des Nations unies contre la criminalité transnationale organisée du 15 novembre 2000, dite de Palerme ;
– la Convention des Nations unies contre la corruption du 31 octobre 2003, dite de Mérida ;
– la Convention des Nations unies contre le trafic illicite de stupéfiants et de substances psychotropes de 1988.
Ainsi, des ECE ont été signées entre les autorités françaises et des États tiers à l'Union européenne (la Bosnie-Herzégovine, la Suisse et les États-Unis par exemple).
Selon les chiffres communiqués par Eurojust, 254 ECE étaient en cours en 2021 dont 51 impliquant la France.

4686 **Initiative.** Pour la France, « l'autorité judiciaire compétente » pour créer une équipe commune d'enquête, au sens de l'article 695-2, est soit le procureur de la République soit le juge d'instruction. L'article 695-5 du Code de procédure pénale permet toutefois à l'Agence Eurojust, agissant par l'intermédiaire du membre national ou en tant que collège, de demander au procureur général de faire mettre en place une équipe commune d'enquête.

4687 **Critères de constitution.** Les critères posés par l'article 695-2 du Code de procédure pénale sont alternatifs :
– lorsqu'il y a lieu d'effectuer, dans le cadre d'une procédure française, des enquêtes complexes impliquant la mobilisation d'importants moyens et qui concernent d'autres États membres,
– lorsque plusieurs États membres effectuent des enquêtes relatives à des infractions exigeant une action coordonnée et concertée entre les États membres concernés.
Il est donc nécessaire qu'une enquête soit déjà ouverte (préliminaire, de flagrance ou information judiciaire). Une ECE ne peut avoir « pour unique vocation de mettre en exergue des phénomènes criminels ».
Le texte ne vise aucune infraction spécifique. Une ECE peut donc être mise en place pour toute infraction. Cependant la logique commande qu'il y soit recouru pour des infractions d'une gravité certaine, ce que les notions de « complexité » ou « d'enquêtes effectuées dans plusieurs pays » semblent postuler.

4688 **Concertation préalable.** Les autorités judiciaires qui envisagent de mettre en place une ECE devront se rapprocher de leurs homologues étrangers. Dans cette optique la DACG rappelle le rôle que peuvent jouer les magistrats de liaison, l'Agence Eurojust, le réseau judiciaire européen (RJE), le bureau de la lutte contre la criminalité organisée (Bulco).

4689 **Accord des autorités étrangères.** Sa formalisation dépend de la législation en vigueur dans chaque État. Selon la circulaire CRIM-09-3/GI du 23 mars 2009, Eurojust et Europol ont pris l'initiative d'établir un guide réunissant les différentes législations nationales en matière d'équipes communes d'enquête disponible sur le site Bulco. Il a été actualisé en 2017 et est disponible à l'adresse : *JITs practical guide* (justice.gouv.fr).
Ainsi, il peut être formalisé par un accord mais il est également possible qu'il se déduise de la demande ou de l'acceptation de création d'une équipe commune d'enquête formulée par l'autorité judiciaire de l'autre pays.
Le plus souvent un accord écrit sera établi entre les parties.

4690 **Accord du ministre de la Justice français.** Pour constituer une ECE dans laquelle œuvreront des enquêteurs français, que ce soit à l'initiative des autorités judiciaires françaises ou d'autorités judiciaires étrangères, l'accord du ministre de la Justice français est nécessaire (CPP, art. 695-2). Celui-ci prend préalablement l'avis du directeur central de la police judiciaire (CPP, art. D. 15-1-4). C'est, en pratique, à la DACG que la demande d'autorisation doit être adressée.

La DACG recommande de lui adresser le projet d'accord de création de l'ECE (des modèles sont disponibles sur le site Intranet du BEPI [DACG]) et préconise, quand c'est un juge d'instruction qui est à l'origine de la création, que l'avis du procureur de la République soit recueilli et lui soit adressé (*ibid.*). Elle estime également que si l'ECE a été créée à l'initiative du parquet et qu'une information est ensuite ouverte, le juge d'instruction qui entend poursuivre la collaboration entre enquêteurs français et étrangers devra demander un nouvel accord du ministre. Un tel changement de cadre juridique nécessite, en tout état de cause, qu'un avenant à l'accord d'ECE soit signé.

Dans son *Guide méthodologique relatif à l'entraide pénale internationale* la DACG, tout en insistant sur le fait que les juridictions ne se sont pas encore prononcées sur la question, préconise de solliciter une autorisation préalable de la DACG :

– en cas d'élargissement de l'ECE à une autorité judiciaire d'un État qui n'était pas partie à l'accord initial ;

– en cas d'avenant à une ECE entre deux ou plusieurs États intégrant une autorité judiciaire française non partie à l'accord initial.

Elle estime, au contraire, qu'une autorisation ne serait pas nécessaire :

– en cas de prolongation du délai de l'ECE ;

– en cas de changement de magistrat instructeur en charge du dossier ;

– en cas d'ouverture d'information judiciaire en cours d'ECE par le parquet français ayant signé l'accord initial ;

– en cas de changement de cadre procédural au sein de l'État étranger partie à l'ECE sous réserve du respect des contours de l'enquête initialement visée.

4691 **Rôle d'Eurojust.** L'agence Eurojust peut aider à la constitution d'une ECE et fournir des trames d'accord spécifiques en fonction des matières ou des pays, une aide à la rédaction, la négociation de l'accord, les échanges de signatures, des analyses faites *a posteriori* (une évaluation proposée, à prévoir dans l'accord d'ECE), des financements.

Eurojust, qui ne peut évidemment pas faire partie d'une ECE étant une agence et non un service opérationnel, peut néanmoins apporter son soutien matériel, outre celui d'ordre financier, à une ECE.

Le bureau français de l'Agence peut être saisi sans formalisme par mail, téléphone, courrier et a mis en place un dispositif permanent de coordination en cas d'urgence, un magistrat du bureau français étant joignable 7 jours sur 7, 24 heures sur 24.

L'article 695-8 du Code de procédure pénale prévoit que le membre national est informé des affaires susceptibles d'entrer dans le champ de compétence d'Eurojust lorsqu'elles concernent au moins deux autres États membres et qu'elles portent sur une infraction comprise dans une liste limitative de neuf catégories d'infractions (traite des êtres humains, trafic d'armes, trafic de drogue, blanchiment…) ou bien qu'elles impliquent une organisation criminelle, ou bien qu'elles sont susceptibles d'affecter gravement l'Union européenne. Mais, de façon plus spécifique en ce qui concerne les ECE, son II, 1° dispose que le membre national d'Eurojust est « informé par le procureur général, le procureur de la République ou le juge d'instruction : 1° De la mise en place des équipes communes d'enquête et des résultats de leurs travaux », sauf « lorsque cette communication serait de nature à porter atteinte à la sécurité de la Nation ou à compromettre la sécurité d'une personne » (CPP, art. 695-8, III).

4692 **Durée.** La durée pour laquelle l'ECE est créée doit être précisée dans l'accord.

Mais la chambre criminelle a jugé que si selon « l'article 13 de la Convention de Bruxelles du 29 mai 2000 relative à l'entraide judiciaire en matière pénale entre les États membres de l'Union européenne et (…) l'article 1er de la décision-cadre 2002/465/JAI du Conseil du 13 juin 2002 relative aux équipes communes d'enquête, qui a fait l'objet d'une transposition en droit interne par la loi du 9 mars 2004, créant les articles 695-2 et 695-3 du Code de procédure pénale, les autorités compétentes de deux États membres au moins peuvent, d'un commun accord, créer une équipe commune d'enquête, avec un objectif précis et pour une durée limitée pouvant être prolongée avec l'accord de toutes les parties », néanmoins, « aucun texte ne prévoit que doivent être expressément indiquées la date de début et de fin de l'équipe commune d'enquête ». À défaut de précision contraire, le début du délai doit être fixé à la date de création de l'équipe commune (Cass. crim., 30 juin 2021, n° 20-84.449, publié au bulletin).

B Fonctionnement de l'ECE

4693 **Directeur et chef d'enquête.** La DACG indique, dans sa circulaire du 23 mars 2009, qu'en France, le directeur d'enquête est l'autorité judiciaire signataire de l'accord de création de l'ECE et que le chef d'enquête est le chef de service ou l'enquêteur désigné.

4694 **Identité des membres de l'ECE.** L'accord de création mentionne l'identité de chaque enquêteur sauf application des règles leur permettant d'être identifiés par leur numéro d'immatriculation administrative (CPP, art. 15-4, 706-24).

1 Compétence territoriale

4695 Lorsque les actes d'enquête se déroulent en France, les enquêteurs français appartenant à l'ECE disposent de leur compétence territoriale habituelle et les enquêteurs étrangers membres de cette ECE peuvent, selon l'article 695-2, procéder à des actes, le cas échéant, sur toute l'étendue du territoire national.

2 Actes d'enquête que les enquêteurs peuvent faire

a) En France

4696 Lorsque l'ECE diligente ses investigations en France, les enquêteurs français sont soumis aux règles du Code de procédure pénale qui varient selon le cadre juridique dans lequel ils agissent. Les enquêteurs étrangers, pour leur part, se trouvent sous l'autorité et le contrôle du chef d'enquête français. Ils n'interviennent donc que dans les opérations pour lesquelles celui-ci les a désignés et ils n'exercent leurs missions que dans la limite des attributions attachées à leur statut dans leur pays d'origine. Ils ne peuvent donc pas aller au-delà des pouvoirs qui leur sont octroyés dans leur propre pays et aucun des pouvoirs propres de l'officier de police judiciaire français, responsable de l'équipe, ne peut leur être délégué.
Les actes qu'ils peuvent être autorisés à effectuer par le chef d'équipe français sont énumérés à l'article 695-2. Ils peuvent avoir pour mission :

> « 1° De constater tous crimes, délits ou contraventions et d'en dresser procès-verbal, au besoin dans les formes prévues par le droit de leur État ;
> 2° De recevoir par procès-verbal les déclarations qui leur sont faites par toute personne susceptible de fournir des renseignements sur les faits en cause, au besoin dans les formes prévues par le droit de leur État ;
> 3° De seconder les officiers de police judiciaire français dans l'exercice de leurs fonctions ;
> 4° De procéder à des surveillances et, s'ils sont spécialement habilités à cette fin, à des infiltrations, dans les conditions prévues aux articles 706-81 et suivants et sans qu'il soit nécessaire de faire application des dispositions des articles 694-7 et 694-8 ».

4697 **Auditions.** À propos des auditions, la DACG indique dans sa circulaire que :

> « Les agents étrangers détachés peuvent assister, participer ou procéder aux auditions à la condition qu'elles se réalisent sous la direction d'un ou plusieurs enquêteurs français. Ils peuvent, dans ces conditions, poser toutes les questions utiles à la manifestation de la vérité. Si les agents étrangers détachés peuvent procéder aux auditions dans la langue officielle de leur État, lorsque les mis en cause parlent la même langue, les enquêteurs français doivent, en revanche, continuer à utiliser les services d'un interprète.
> Les agents étrangers peuvent ainsi établir des procès-verbaux, en français ou dans leur langue, et dans les formes du droit français ou de leur propre droit.
> L'original de ces procès-verbaux est versé à la procédure française.
> Lorsque ces procès-verbaux sont établis dans la langue de l'agent étranger, leur traduction en français est également versée à la procédure française. Une copie ou un second original peut être remis à l'agent détaché pour être versé à la procédure de l'État cocontractant.
> Ces procès-verbaux ont la même force probante que ceux établis par les membres français de l'équipe commune d'enquête ».

4698 **Ils ne peuvent recourir à la coercition.** La même circulaire rappelle que l'article 695-2 précisant que « ces agents [étrangers] n'interviennent que dans les opérations pour lesquelles ils ont été désignés. Aucun des pouvoirs propres de l'officier de police judiciaire français, responsable de l'équipe, ne peut leur être délégué », ceux-ci ne sauraient convoquer ou contraindre à comparaître une personne susceptible de fournir des renseignements sur les faits ou les objets ou documents saisis, interpeller une personne et la placer en garde à vue, procéder à une perquisition, à la saisie et à la mise sous scellés d'objets et documents, faire des réquisitions à toute personne, administration ou établissement public ou privé susceptible de détenir des documents intéressant l'enquête, effectuer des prélèvements. Leur rôle se limite à assister l'officier de police judiciaire français

4699 **Surveillances et infiltrations.** Les enquêteurs étrangers peuvent procéder à des surveillances. Pour qu'ils puissent procéder à une opération d'infiltration, il faut, en revanche, qu'ils appartiennent à un service spécialisé reconnu comme tel par le service interministériel d'assistance (SIAT) (V. *supra*, n°s 4039, 4045, 4068).
Il n'est pas nécessaire, lorsqu'une ECE est mise en place, de faire application des dispositions spécifiques des articles 694-7 et 694-8 du Code de

Procédures spécifiques

procédure pénale relatives aux infiltrations dans le cadre de l'entraide.

4700 **Port d'armes.** L'État français peut autoriser les agents étrangers détachés à porter leur arme de service sur le territoire français pour les besoins de leur activité professionnelle dans le cadre de l'équipe commune d'enquête.

b) À l'étranger

4701 C'est le droit interne du pays dans lequel des agents français sont détachés dans le cadre d'une ECE qui réglemente les pouvoirs dont ils disposent sur le territoire de cet État membre.
Ils ne peuvent, en tout état de cause, se voir octroyer des pouvoirs qu'ils ne pourraient exercer sur le territoire français en application du Code de procédure pénale.
S'ils sont autorisés par le droit du pays sur le territoire duquel ils se trouvent à dresser des procès-verbaux, ces derniers peuvent leur être remis, en original ou en copie, pour être versés à la procédure française, si le droit du pays dans lequel l'équipe intervient le permet.

4702 **Actes nécessaires à l'équipe commune d'enquête.** Le paragraphe 7 de l'article 13 de la convention du 29 mai 2000 permet d'éviter que l'État membre sur le territoire duquel intervient l'équipe commune d'enquête soit obligé de présenter une demande d'entraide à l'État membre cocontractant en prévoyant que :

« Lorsque l'équipe commune d'enquête a besoin que des mesures d'enquête soient prises dans un des États membres qui l'ont créée, les membres détachés auprès de l'équipe par ledit État membre peuvent demander à leurs autorités compétentes de prendre ces mesures. Ces mesures sont considérées dans l'État membre en question selon les conditions qui s'appliqueraient si elles étaient demandées dans le cadre d'une enquête nationale ».

La DACG fait valoir que :

« Ainsi, si au cours d'une intervention sur le territoire de l'État cocontractant, il apparaît nécessaire aux agents détachés de réaliser un acte sur le territoire français (par exemple une audition, une perquisition...), les agents français détachés peuvent saisir le magistrat français afin que celui-ci, en tant que directeur d'enquêteur, s'il l'estime nécessaire, procède ou fasse procéder à cette mesure.
Dans la mesure où la demande formulée sur le fondement de cette disposition n'est pas une demande d'entraide, les actes ainsi réalisés le sont dans le cadre exclusif de la procédure française, y compris s'agissant d'une saisie ».

3 Échange d'informations et de pièces

4703 Le but d'une ECE est notamment de mettre en commun des moyens et des informations pour améliorer l'efficacité de l'enquête menée.
La convention organise donc la communication des informations entre membres de l'équipe.
Le paragraphe 9 de l'article 13 de la convention permet ainsi à un membre détaché auprès de l'équipe commune d'enquête de fournir à l'équipe conformément à son droit national et dans les limites de ses compétences, des informations qui sont disponibles dans l'État membre qui l'a détaché aux fins des enquêtes pénales menées par l'équipe.
La DACG signale, à ce titre, que les éléments d'identification, notamment décadactylaires peuvent être transmis, dans ces conditions à l'État cocontractant, si celui-ci dispose d'éléments de nature à permettre l'identification de l'individu mis en cause dans la procédure.
C'est en application de ce paragraphe 9 et du paragraphe 10 que, selon la DACG, les informations contenues dans les fichiers gérés par la police ou la gendarmerie nationale, auxquels les services de police étrangers ne peuvent accéder directement, peuvent être communiquées aux agents étrangers détachés.
Le paragraphe 10 de cet article 13 réglemente l'exploitation des informations recueillies dans le cadre d'une ECE. Il dispose :

« Les informations obtenues de manière régulière par un membre ou un membre détaché dans le cadre de sa participation à une équipe commune d'enquête, et qui ne peuvent pas être obtenues d'une autre manière par les autorités compétentes de l'État membre concerné, peuvent être utilisées aux fins suivantes :
a) aux fins pour lesquelles l'équipe a été créée ;
b) pour détecter, enquêter sur et poursuivre d'autres infractions pénales sous réserve du consentement préalable de l'État membre où l'information a été obtenue. Le consentement ne peut être refusé que dans les cas où une telle utilisation représenterait un danger pour les enquêtes pénales menées dans l'État membre concerné, ou pour lesquels cet État membre pourrait refuser l'entraide ;
c) pour la sécurité publique et sans préjudice des dispositions du point *b)* si, par la suite, une enquête pénale est ouverte ;
d) à d'autres fins, pour autant que cela ait été convenu par les États membres qui ont créé l'équipe ».

Lorsque les informations ont été recueillies en France, c'est le magistrat directeur d'enquête qui peut autoriser l'utilisation, par l'État membre cocontractant, des informations transmises, à d'autres fins que celles pour lesquelles l'équipe commune d'enquête a été créée.

La DACG considère que la transmission des pièces de procédure peut, en dehors du cas particulier de la communication de pièces dans le cadre de l'article 13, § 9 de la Convention européenne d'entraide judiciaire du 29 mai 2000, se faire sur le fondement de l'article 7 de ladite convention. Cet article 7 dispose que :

« 1. Dans la limite de leur droit national, les autorités compétentes des États membres peuvent, sans qu'une demande ait été présentée en ce sens, échanger des informations concernant des faits pénalement punissables ainsi que des infractions aux règlements visées à l'article 3, paragraphe 1, dont la sanction ou le traitement relève de la compétence de l'autorité destinataire au moment où l'information est fournie.
2. L'autorité qui fournit l'information peut, conformément à son droit national, soumettre à certaines conditions son utilisation par l'autorité destinataire.
3. L'autorité destinataire est tenue de respecter ces conditions ».

Pour la DACG, tant les procès-verbaux, en originaux ou en copies, que les scellés peuvent être transmis sur cette base et versés à la procédure.

4 Difficulté spécifique

4704 La DACG, dans la circulaire précitée, s'attarde sur la question de l'éventuelle poursuite d'une garde à vue entre États membres pour finalement conclure qu'une garde à vue commencée sur le territoire d'un État membre cocontractant ne peut se continuer en France et qu'à défaut de convention l'autorisant, il n'est pas possible de continuer en territoire étranger une garde à vue débutée en France.

S'agissant d'une perquisition à réaliser en France alors que la personne chez qui celle-ci doit être effectuée se trouve en garde à vue à l'étranger, la DACG recommande d'y procéder en présence de deux témoins ou d'un représentant désigné par celui dont le domicile est en cause.

Cette solution paraît justifiée dès lors qu'il n'est pas possible de faire assister la personne concernée à la perquisition, hors procédure de remise laquelle ne peut pas être mise en œuvre dans des délais compatibles avec la nécessité d'effectuer la perquisition le plus vite possible après l'interpellation.

II Obtention de données électroniques

4705 L'obtention de données électroniques ou de données de connexion est souvent déterminante dans la réussite d'une enquête pénale.

L'interprétation par la Cour de justice de l'Union européenne de la directive 2002/58/CE du Parlement européen et du Conseil, du 12 juillet 2002, concernant le traitement des données à caractère personnel et la protection de la vie privée dans le secteur des communications électroniques (directive vie privée et communications électroniques) a été récemment source de difficultés pour les juridictions nationales européennes, notamment pour la France s'agissant de ses enquêtes sans prolongement international. Il est renvoyé, pour l'état de la question après que la chambre criminelle a rendu plusieurs arrêts le 12 juillet 2022 et que la DACG a établi des préconisations, aux développements figurant à la fiche consacrée aux réquisitions (V. *supra*, n° 3524).

Mais, de longue date, l'obtention de ce type de données est délicate pour les enquêteurs lorsque les données intéressant l'enquête se trouvent dans un pays étranger.

4706 Cet ouvrage ne peut être l'occasion de traiter de façon exhaustive la question de l'obtention de données électroniques détenues dans un pays étranger. Les technologies, en cette matière, évoluent très rapidement. Les pratiques des opérateurs varient selon la législation du pays dans lequel ils sont installés mais aussi en fonction de leurs pratiques personnelles.

4707 Il convient donc, comme toujours en matière internationale, de commencer par déterminer si une convention bilatérale ou multilatérale liant la France au pays concerné prévoit spécifiquement l'obtention de données électroniques.

À défaut, si les conventions d'entraide liant la France à l'État dans lequel se trouvent les données utiles ont été signées à une époque où la question de l'obtention de données électroniques ne se posait pas, il convient de vérifier si les termes de la convention ne permettent pas, tout de même, de fonder une demande d'entraide pour lesdites données.

Procédures spécifiques

A Convention de Budapest

4708 Au sein du Conseil de l'Europe a été élaborée une convention sur la cybercriminalité dite « Convention de Budapest » du 23 novembre 2001. Elle a pour objectif la lutte contre la cybercriminalité, mais elle fait également obligation aux États parties de veiller à ce que leurs autorités de justice pénale soient dotées des pouvoirs prescrits dans le droit procédural pour traiter toute infraction où la preuve se présente sous forme électronique et elle tend également à faciliter la coopération internationale. Ses articles 23 à 35 traitent spécifiquement de l'entraide internationale. Elle constitue donc un instrument important en matière d'obtention de données électroniques.

Au 30 juin 2020, elle était ratifiée par soixante-cinq pays dont la France, nombre de pays européens mais aussi par les États-Unis avec lesquels les relations sont fréquentes compte tenu du nombre de fournisseurs de données et opérateurs qui y sont implantés (Google, Facebook, Apple, Twitter, etc.) mais aussi délicates eu égard au *corpus* législatif américain.

Il y est notamment prévu une procédure de conservation rapide des données ou « gel des données », que les enquêteurs français mettent en œuvre par le truchement de l'Office central de lutte contre la criminalité liée aux technologies de l'information et de la communication (OCLCTIC) dans l'attente de la demande officielle de l'autorité judiciaire sous forme de demande d'entraide pénale internationale ou de commission rogatoire internationale (Conv., art. 29 et 35). Cette procédure permet de ne pas se heurter à l'absence de conservation ou à une conservation brève qui prévalent dans certains pays.

B Cas spécifique des États-Unis

4709 Avec ce pays, des difficultés sont susceptibles de provenir de ce que, d'une part, le premier amendement de la Constitution américaine, qui dispose que : « Le Congrès n'adoptera aucune loi relative à l'établissement d'une religion, ou à l'interdiction de son libre exercice ; ou pour limiter la liberté d'expression, de la presse ou le droit des citoyens de se réunir pacifiquement ou d'adresser au gouvernement des pétitions pour obtenir réparations des torts subis », incite beaucoup de sites Internet à s'installer dans ce pays.

D'autre part, le quatrième amendement, selon lequel : « Le droit des citoyens d'être garantis dans leurs personne, domicile, papiers et effets, contre les perquisitions et saisies non motivées ne sera pas violé, et aucun mandat ne sera délivré, si ce n'est sur présomption sérieuse, corroborée par serment ou affirmation, ni sans qu'il décrive particulièrement le lieu à fouiller et les personnes ou les choses à saisir » implique, selon le droit américain, que les perquisitions et saisies soient préalablement autorisées par un juge, justifiées par des « présomptions sérieuses » (*probable cause*), explicitement exposées dans la demande d'entraide, que les demandes exposent avec précision les pièces à saisir et le lieu où la perquisition doit avoir lieu, qu'elles explicitent pourquoi la perquisition permettrait d'obtenir des éléments de preuve de la commission de l'infraction.

Il s'ensuit que l'entraide est assez souvent refusée.

4710 **Guide d'obtention des données électroniques aux États-Unis.** La DACG a élaboré un *Guide pratique de l'obtention de données électroniques aux États-Unis* mis à jour en février 2020 dont l'intérêt est incontestable et dont l'essentiel des développements à venir est inspiré. Il s'agit en effet d'un des rares documents synthétiques à jour qui soient disponibles.

1 Les données susceptibles d'intéresser une enquête

4711 **Trois types de données.** La législation américaine distingue trois types de données qui, en droit américain, suivent des régimes juridiques différents. Il s'agit des données de base, des données avancées et des données de contenu. La communication à des autorités étrangères dépend également de cette classification. Les données de base sont plus faciles à obtenir que les données avancées qu'il est plus aisé de se procurer que les données de contenu qui ne sont presque jamais fournies par les autorités américaines.

a) Données de base

4712 Ce sont les données permettant l'identification d'un utilisateur.

En font notamment partie, selon la législation américaine :

– le nom renseigné par l'utilisateur ;
– l'adresse physique/courriel renseignée par l'utilisateur ;
– l'identifiant de l'utilisateur ;
– le type de service utilisé et la durée d'utilisation ;
– le numéro de téléphone d'un abonné (ou inversement).

b) Données avancées

4713 Elles permettent d'identifier concrètement l'individu derrière le profil virtuel et d'avoir une vision exhaustive de ses activités électroniques par le type de contenus consultés et les modalités de connexion. On les appelle également données de transaction, voire de connexion.

Elles comprennent :

– le données relatives aux connexions :

• heure et date des connexions et des déconnexions du service avec toute autre *routing information* (adresse IP, navigateur utilisé, etc.),

• méthode de connexion (WIFI, fibre optique, réseau mobile, etc.),

• provenance de la connexion (emplacement de l'utilisateur/géolocalisation, en particulier lorsqu'il utilise le réseau mobile),

• volumes de données échangés,

• l'historique des communications, heures et durées des appels (FADET),

• type d'appareil utilisé (modèle, numéro IMEI de l'appareil pour les smartphones, etc.) ;

– les données relatives aux communications :

• en-têtes des communications : destinataire/émetteur, heure, date, format et longueur du message. Ces informations sont particulièrement utiles pour les mails, mais également pour les conversations sur Facebook, Snapchat, etc.,

• informations relatives aux contenus téléchargés sur le site Internet (taille, emplacement, heure et date du téléchargement, etc.). Cela peut permettre de savoir si un individu a mis en ligne une photo, où et à quelle heure, sans toutefois donner accès à ladite photo,

• toute information permettant d'identifier les personnes ayant accédé à un contenu précis à une date précise et dans un intervalle précis. Cela est particulièrement pertinent pour les affaires de pédopornographie ou de mise en ligne de contenus illicites en général ;

– les données relatives au paiement :

• les moyens de paiement utilisés (numéro de carte de crédit, etc.).

c) Données de contenu

4714 Il s'agit du contenu :

– des *e-mails*, des conversations privées sur les réseaux sociaux, etc. ;

– des fichiers téléchargés (photos, vidéos, texte, etc.) sur le site, par exemple :

• le contenu d'un fichier stocké sur Dropbox,

• une photo publiée sur Facebook par un utilisateur qui aurait choisi de la masquer aux autres utilisateurs.

2 Nécessité de principe d'une demande d'entraide classique

4715 En principe, l'obtention de données électroniques de transaction et de contenu stockées aux États-Unis nécessite le recours à une demande d'entraide pénale internationale ou à une commission rogatoire internationale rédigée et signée par un procureur ou un juge d'instruction et envoyée par le ministère de la Justice, Bureau de l'entraide pénale internationale, aux autorités américaines. La DACG donne dans son guide des conseils de rédaction des demandes d'entraide, des formulaires pouvant être téléchargés sur le site intranet du Bureau de l'entraide pénale internationale.

4716 **Demande de gel.** Un des éléments que tout enquêteur doit avoir en permanence à l'esprit est la nécessité, avant que le magistrat adresse une DEPI ou une CRI, de solliciter le gel des données par l'intermédiaire de l'Office central de lutte contre la criminalité liée aux technologies de l'information et de la communication (OCLCTIC), point de contact national du réseau H24, car l'obligation de conservation des données n'est pas universelle dans le monde et est, quand elle existe, variable dans sa durée.

Selon le guide de la DACG, les fournisseurs soumis à la loi américaine n'ont aucune obligation légale de conserver les données en leur possession.

Il est ensuite essentiel que la demande d'entraide soit transmise rapidement afin de pouvoir être examinée par les autorités étrangères compétentes avant l'expiration de la fin de période de gel et que soit présentée une demande de confidentialité motivée, pour que le pays requis ne prévienne pas l'utilisateur des mesures d'enquêtes, ce que, sinon, certains opérateurs font.

Quand la demande de gel est acceptée, les données sont conservées quatre-vingt-dix jours. Un renouvellement est possible une fois ; l'enquêteur doit donc être attentif à le solliciter.

3 Demandes directes

4717 Deux exceptions au principe existent cependant.

D'une part, les États-Unis admettent que les autorités étrangères saisissent directement les fournisseurs de services Internet implantés sur leur territoire, selon certaines conditions, sans avoir recours à l'entraide judiciaire pénale pour obtenir les données de base.

D'autre part, depuis les attentats de Paris de janvier 2015, des procédures particulières ont été organisées avec Microsoft, Google, Apple, Twitter et Facebook pour obtenir un traitement plus rapide des requêtes dans certains cas d'urgence, différents de la procédure d'urgence en raison d'une menace grave et imminente pesant sur l'intégrité physique d'une personne (V. *infra*, n° 4723).

a) Requête directe de l'officier de police judiciaire français à l'opérateur

4718 **Position de la chambre criminelle.** Dans un arrêt du 6 novembre 2013, elle a jugé que les officiers de police judiciaire pouvaient valablement demander des renseignements à un opérateur installé à l'étranger, celui-ci n'étant pas contraint de répondre à la demande. En l'espèce, les officiers de police judiciaire avaient adressé une réquisition à Google États-Unis, pour obtenir l'identification des titulaires d'adresses électroniques et un certain nombre d'informations relatives à ces adresses. La personne poursuivie avait soutenu que les enquêteurs étaient territorialement incompétents. La chambre de l'instruction avait considéré que la demande faite directement par des enquêteurs, depuis le territoire national, à une partie privée résidant à l'étranger, à l'effet de leur communiquer des informations ou des documents, sans recours à des moyens coercitifs, tendait à une remise au sens de l'article 77-1-1 du Code de procédure pénale, et qu'une telle remise, qui n'impliquait en elle-même aucun acte positif des officiers de police judiciaire hors du ressort de leur circonscription, ne portait atteinte ni aux règles du droit international ni aux règles internes de compétence. Sa décision a été approuvée par la Cour de cassation « dès lors que, si, selon l'article 18, alinéa 1er, du Code de procédure pénale, les officiers de police judiciaire n'ont, en principe, compétence que dans les limites territoriales où ils exercent leurs fonctions habituelles, il ne leur est pas interdit de recueillir, notamment par un moyen de communication électronique, des renseignements en dehors de leur circonscription, fût-ce en adressant directement une demande à une personne domiciliée à l'étranger, celle-ci restant, dans ce cas, libre de ne pas y répondre » (Cass. crim., 6 nov. 2013, n° 12-87.130 : *Bull. crim.* n° 217).

Cette jurisprudence valide une pratique mise en œuvre aux États-Unis pour la communication des données de base.

4719 **Difficultés de mise en œuvre des demandes adressées à l'étranger par un officier de police judiciaire français.** La DACG signale que, cependant, la mise en œuvre de ces requêtes directes se heurte à plusieurs difficultés.

Les fournisseurs de services ne sont tenus ni de répondre, ni de motiver leur refus, ni de respecter la confidentialité de la demande qui leur est adressée de sorte qu'ils peuvent informer l'utilisateur d'un compte de la requête effectuée.

4720 Les procédures de requête, ainsi que les catégories de données qu'il est possible d'obtenir par ce moyen auprès des fournisseurs de services sont variables. Le ministère de l'Intérieur a donc entrepris un travail de coopération avec ces sociétés qui conduit à recommander de s'adresser aux guichets uniques, mis en place par les services enquêteurs et de passer par l'OCLCTIC qui a des contacts, un savoir-faire et pourra suivre l'exécution de la requête mieux que le service d'enquête local.

À SAVOIR **Les guichets uniques mis en place sont :**

– Pour la DGPN : Bureau de l'Internet [BI] de la sous-direction de lutte contre la cybercriminalité de la DCPJ. Téléphone : 01.40.97.81.23 (heures ouvrables) 06.30.24.44.84 (permanence de l'OCLTIC la nuit et le week-end). Courriel : sdlc-bureau-internet@interieur.gouv.fr – Portail intranet : http://bi.sdlc.dcpj.minint.fr.

– Pour la DGGN : Guichet Unique Téléphonie et Internet (GUTI) Téléphone : 01.78.47.36.79/36.81 Courriel : dlc.strjd+guti@gendarmerie.interieur.gouv.fr.

– Pour la préfecture de police de Paris : Permanence cyber de la Préfecture de Police (BEFTI + État-Major PJ]) du lundi au vendredi 09-12h et 13h-19h Téléphone : 01.55.75.26.19 Courriel : cyber-pp@interieur.gouv.fr HNO : salle État-Major PJ : 01.77.72.06.36.

– Pour la DGSI : État-major de la DGSI Téléphone : 01.77.92.50.00 (standard/permanence 24/24h 7/7) Courriel : etat-major-dgsi@interieur.gouv.fr.

b) Procédures particulières avec Microsoft, Google, Apple, Twitter et Facebook

4721 La mise en œuvre de l'accord passé avec ces opérateurs dépend de l'importance de l'infraction. S'ensuivent des régimes différents entraînant une célérité accrue, voire un accès à des catégories de données plus important :

– la délinquance générale. Il s'agit de la catégorie par défaut. L'urgence (garde à vue en cours par exemple) doit être validée par les guichets uniques dont se sont dotées les directions de la police nationale, de la gendarmerie nationale, de la sécurité intérieure et la préfecture de police de Paris, avant l'envoi de la requête par l'enquêteur suivant un modèle type intégré aux logiciels de rédaction de procédure de la police et de la gendarmerie ;

– les atteintes graves aux personnes et aux biens. Cette catégorie doit être distinguée de la procédure dérogatoire de la menace grave et imminente pesant sur l'intégrité physique d'une personne (V. *infra*, n° 4723). Sa caractérisation est plus souple et peut concerner des faits passés (pédopornographie, viol, etc.), mais dont un traitement en urgence est nécessaire à l'enquête. Cette caractérisation de l'urgence doit être validée par les guichets uniques avant l'envoi de la requête par l'enquêteur suivant un modèle type intégré aux logiciels de rédaction de procédure de la police et de la gendarmerie ;

– les enquêtes en matière de terrorisme. Là encore, il s'agit des enquêtes diligentées en matière de terrorisme sans qu'il ne soit question d'une menace grave et imminente pesant sur l'intégrité physique d'une personne (il peut s'agir, par exemple, de l'enquête consécutive à la réalisation d'un attentat). L'urgence de ces requêtes n'a pas à être validée par les guichets uniques, mais elles doivent être adressées à l'aide de formulaires disponibles sur demande auprès de ces guichets.

4 Procédures spécifiques

4722 La DACG expose dans le guide quelques procédures utilisables avec les États-Unis :

1) menace imminente grave sur l'intégrité physique d'une personne ;
2) divulgation par consentement de l'utilisateur ;
3) pédopornographie ;
4) interceptions en temps réel de communications ;
5) droit de la presse.

a) Menace imminente grave sur l'intégrité physique d'une personne

4723 La loi américaine prévoit que les fournisseurs de services ont la possibilité (mais pas l'obligation) de divulguer les données de connexion et les informations personnelles des utilisateurs ainsi que le contenu de leurs communications aux services de police et aux autorités judiciaires s'ils estiment qu'une menace imminente grave pèse sur l'intégrité physique d'une personne, et que celle-ci requiert de transmettre ces données sans délai.

L'appréciation du caractère imminent et grave de la menace semble dépendre de l'opérateur. Il est donc nécessaire, si l'on souhaite que la requête adressée à l'opérateur aboutisse, de lui donner des explications suffisantes pour justifier de la gravité et de l'imminence de la menace.

La DACG conseille d'adresser la requête par l'intermédiaire des guichets uniques même si ce n'est pas obligatoire.

b) Divulgation par consentement de l'utilisateur

4724 Selon l'article 32 de la Convention de Budapest et la loi américaine, les fournisseurs de services sont autorisés à divulguer les données personnelles et les informations relatives aux abonnés ainsi que le contenu des communications s'ils disposent du consentement exprès de l'utilisateur. Ce peut être le consentement du destinataire d'un message dont le consentement sera suffisant pour que le fournisseur de services transmette les données sans passer par une demande d'entraide.

La DACG signale qu'ainsi, si un utilisateur de Facebook a disparu, les services de police pourront demander aux membres de sa famille de donner leur accord à la transmission des messages échangés avec celui-ci.

c) Pédopornographie

4725 La loi américaine oblige les fournisseurs de services décelant un contenu pédopornographique (pédopornographie, exploitation sexuelle de mineur, agression sexuelle sur mineurs mais aussi confrontation de mineurs à des images pornographiques) à le signaler aux autorités compétentes. Toute information pertinente peut être révélée ainsi que les contenus en cause. Le *Department of Justice* peut ensuite transmettre ces informations aux services de police étrangers.

Les autorités françaises peuvent donc, plutôt que d'envoyer une demande d'entraide judiciaire, informer le fournisseur de services des suspicions qui pèsent sur un individu pour l'inciter à rédiger un rapport, afin d'en demander la transmission par le *Department of Justice* dans un second temps. Dans ce cas, il faut remplir un formulaire en ligne en se connectant à : www.missingkids.com/cybertipline.

d) Interceptions en temps réel de communications

4726 La loi américaine ne permet pas l'interception en temps réel du contenu des communications électroniques dans le cadre d'une demande d'entraide étrangère.

Une telle demande ne peut être prise en compte que s'il existe une enquête américaine en cours sur les mêmes faits dans laquelle il est possible d'obtenir un ordre d'interception des communications au regard des standards probatoires américains. Les données peuvent alors être partagées avec une autorité judiciaire étrangère.

La DACG indique donc que, pour avoir accès aux interceptions en temps réel, il faut obtenir des autorités américaines qu'elles ouvrent une enquête pour les mêmes faits si aucune investigation n'est en cours, ce qui est, en pratique, très complexe à mettre en place. Si réellement les interceptions sont absolument nécessaires, il est vivement recommandé de prendre contact avec le magistrat de liaison français aux États-Unis.

e) Droit de la presse

4727 Les dispositions du premier amendement de la Constitution américaine ont pour effet qu'un certain nombre de propos qui tomberaient sous le coup de la loi en France, comme les diffamations ou injures publiques, ne le peuvent pas aux États-Unis.

Il s'ensuit que les discours de haine ne sont pénalisés aux États-Unis que s'ils appellent à une action violente immédiate. Les menaces pamphlétaires et les propos politiques excessifs n'y sont pas condamnables. Le racisme ou le négationnisme y sont des opinions et non des délits.

Les injures ne sont pénalisées aux États-Unis que si elles sont de nature à troubler gravement l'ordre public et sont très fortement susceptibles de conduire à une réaction violente.

Les menaces ne sont sanctionnées que si l'individu suspecté a conscience que ses propos seront reçus comme une menace, ce qui est subjectif.

La diffamation relève du droit civil et non du droit pénal.

4728 **Procédure de consultation informelle.** La DACG expose que, pour éviter d'envoyer une demande d'entraide pénale internationale qui ne pourrait pas être exécutée, une procédure de consultation informelle a été mise en place avec le *Department of Justice* qui consiste à solliciter une consultation sur la recevabilité de la demande en fonction de la nature des faits.

La procédure se décline ainsi :

> « 1) Envoi par courriel par le magistrat instructeur ou le procureur qui souhaite obtenir des données électroniques en matière de droit de la presse d'un soit transmis au magistrat de liaison aux États-Unis : ce document, rédigé en français, doit exposer les faits dont le magistrat est saisi, en se focalisant sur l'existence de menaces ou de risques pour l'intégrité physique de toute personne ciblée par les propos visés ;
>
> 2) Consultation du *Department of Justice* par le magistrat de liaison afin de déterminer s'il existe une possibilité d'exécution de la demande d'entraide. Si c'est le cas, une demande d'entraide pourra être envoyée.
>
> 3) Si les faits tels que décrits dans le soit transmis sont protégés par le premier amendement à la Constitution américaine, les États-Unis refuseront d'exécuter une demande d'entraide, estimant que leurs contraintes constitutionnelles constituent une atteinte à leurs intérêts essentiels en application de l'article 6 du traité bilatéral. Ils transmettront alors une lettre au magistrat de liaison qui explicitera pourquoi une demande d'entraide ne peut pas être exécutée.
>
> 4) Cette lettre, en anglais, sera ensuite envoyée par courriel au magistrat mandant par le magistrat de liaison aux États-Unis avec un soit-transmis explicatif.
>
> L'ensemble de ces documents pourra être intégré à la procédure française, et ainsi justifier la non-délivrance d'une demande d'entraide. L'objectif est de permettre à une chambre de l'instruction de confirmer une ordonnance de refus de demande d'acte dès lors que la demande d'entraide est inexécutable.
>
> Cette procédure permet :
>
> – d'éviter de rédiger une demande d'entraide inutile car inexécutable ;
>
> – d'éviter des dépenses de traduction ;
>
> – de clôturer une procédure beaucoup plus rapidement ».

5 Données pouvant être obtenues auprès des opérateurs américains

4729 La DACG consacre une partie importante du *Guide d'obtention des données électroniques* à recenser les données conservées par les principaux fournisseurs de services américains et les procédures applicables, selon les connaissances acquises en octobre 2015.

Les fiches établies par la DACG sont annexées ci-dessous, étant précisé que sont surlignées les données que les opérateurs acceptent de communiquer sur requête directe sans exiger une demande d'entraide classique.

APPLE

DUREE DE CONSERVATION	INFORMATIONS SUR LE COMPTE SANS DEMANDE D'ENTRAIDE	POLITIQUE DE NOTIFICATION A L'UTILISATEUR	FILIALES EN EUROPE
Pendant toute la durée de vie du compte Après la suppression du compte par l'utilisateur : 14 jours Historique d'échange mails : 90 jours Histoire de connexions : 30 jours Gel de données : 90 jours renouvelables une fois, à l'issue les données sont automatiquement supprimées du serveur de stockage	Oui, y compris les dates et le volume des sauvegardes *iCloud*	Pas systématique mais préférable de le solliciter dans la demande d'entraide Demande de confidentialité dans le formulaire standardisé de requête pour se prémunir de tout avis à l'utilisateur	Dublin : accepte requêtes pour données de base et avancées

	DONNÉES DE BASE	DONNÉES AVANCÉES	CONTENUS
IDENTIFICATION	Nom Identifiant *iCloud*	Date de naissance Sexe Pays Ville de résidence Adresse physique	
CONNEXIONS	Adresse mail Numéro de téléphone	Historique des connexions : date, heure, lieu, type d'appareil, méthode de connexion (WIFI, réseau mobile et opérateur, etc.), etc. Informations sur les appareils utilisés : modèle, version, système d'exploitation, identifiant de l'appareil (IMEI, etc.) Adresse IP, adresse MAC, type et langue du navigateur, site de provenance, site de destination, etc. Informations de géolocalisation en cas d'utilisation d'un opérateur mobile	
COMMUNICATIONS		**iTunes :** Historique des transactions (téléchargements et mises en ligne)	Contenu des transactions.
		iCloud : En-têtes des communications : émetteur, destinataire, numéro de téléphone contacté/utilisé, heure, date, etc. ; Informations sur les contenus stockés sur le Cloud : taille, format, date de création des fichiers, emplacement de création, etc. ; Carnet d'adresse	Contenu des mails ; Contenu des brouillons ; Contenus stockés sur le Cloud : photos, documents, carnet d'adresses, calendrier, marque-pages, *backups*, SMS, MMS, messages vocaux, etc.
		Find My iPhone : Localisation d'un téléphone (seulement si l'utilisateur a activé cette option).	
PROFIL BANCAIRE	Informations bancaires : numéro de carte de crédit	Historique des transactions effectuées	

MICROSOFT (Hotmail/Live/MSN)

DUREE DE CONSERVATION	INFORMATIONS SUR LE COMPTE SANS DEMANDE D'ENTRAIDE	POLITIQUE DE NOTIFICATION A L'UTILISATEUR	FILIALES EN EUROPE
Pendant toute la durée de vie du compte, 60 jours après la suppression de compte		Pas de notification si utilisation du formulaire de requête directe	Succursale en France à Issy les Moulineaux

	DONNÉES DE BASE	DONNÉES AVANCÉES	CONTENUS
IDENTIFICATION	Nom Identifiant PUID (Personal User ID)	Date de naissance Sexe Pays Ville de résidence Fuseau horaire Adresse physique	
CONNEXIONS	Adresse mail Numéro de téléphone	Historique des connexions : date, heure, lieu, type d'appareil, méthode de connexion (WIFI, réseau mobile et opérateur, etc.), etc. Informations sur les appareils utilisés : modèle, version, système d'exploitation, identifiant de l'appareil (IMEI, etc.) Adresse IP adresse IP de création et celle de la dernière connexion sur le compte, adresse MAC, type et langue du navigateur, site de provenance, site de destination, etc. Gamertag XBOX Date de création du compte Informations de géolocalisation en cas d'utilisation d'un opérateur mobile	
COMMUNICATIONS		En-têtes des communications : émetteur, destinataire, numéro de téléphone contacté/utilisé, heure, date, etc. Réseau de contacts Hotmail	Contenu des mails Contenu des brouillons
PROFIL BANCAIRE	Informations bancaires : numéro de carte de crédit	Historique des transactions effectuées	

28

GOOGLE

DUREE DE CONSERVATION	INFORMATIONS SUR LE COMPTE SANS DEMANDE D'ENTRAIDE	POLITIQUE DE NOTIFICATION A L'UTILISATEUR	FILIALES EN EUROPE
Logs de connexion : 6 mois à partir de la dernière connexion Données de création de compte : durée illimitée Gel de données 90 jours renouvelable une fois	Informe sur l'existence et le volume des données	Pas systématique mais préférable de le solliciter dans la demande d'entraide Demande de confidentialité dans le formulaire standardisé de requête directe pour se prémunir de tout avis à l'utilisateur	Dublin – Inutilisable pour les demandes d'entraide Les demandes sont adressées en Californie (maison mère)

	DONNÉES DE BASE	DONNÉES AVANCÉES	CONTENUS
IDENTIFICATION	Nom Identifiant	Ville Date de naissance Sexe Adresse physique Etudes Emploi	
CONNEXIONS	Adresse mail Numéro de téléphone Site web	Historique des connexions : date, heure, lieu, type d'appareil, méthode de connexion (WIFI, réseau mobile et opérateur, etc.), etc. Informations sur les appareils utilisés : modèle, version, système d'exploitation, identifiant de l'appareil (IMEI, etc.) Adresse IP, adresse MAC, type et langue du navigateur, site de provenance, site de destination, etc. Informations de géolocalisation en cas d'utilisation d'un opérateur mobile. Adresse IP d'expédition du mail à partir de l'ID du message	
COMMUNICATIONS		**Mail, bloc-notes, calendrier :** En-têtes des communications : émetteur, destinataire, numéro de téléphone contacté/utilisé, heure, date, etc. Carnet d'adresses Calendrier Google	contenu des mails et des brouillons ;
		Google + : informations relatives aux messages postés et au profil Google +	contenu des publications Google +
		Google Photos : Informations relatives aux photos Google	Photos Google
		Google Chrome : Si compte Google, historique du navigateur communiqué à Google.	
		Google Drive et Docs : Informations relatives aux contenus	Contenus
PROFIL BANCAIRE	Informations bancaires : numéro de carte de crédit	Historique des transactions effectuées	

30

YAHOO

DUREE DE CONSERVATION	INFORMATIONS SUR LE COMPTE SANS DEMANDE D'ENTRAIDE	POLITIQUE DE NOTIFICATION A L'UTILISATEUR	FILIALES EN EUROPE
Jusqu'à désinscription du compte mail 90 jours après la suppression du compte par l'utilisateur Fichiers journaux liés à Yahoo ! Search : Données identifiables 18 mois. Les adresses IP contenues dans ce fichier seront anonymisées ou supprimées dans les 6 mois suivants leur collecte. Yahoo messenger : journal de logs conservé 21 jours Dans le cadre d'une demande de gel de données : 18 mois	Accepte de dire si le compte existe encore	Systématique sauf demande expresse dans la demande d'entraide	Dublin : Utilisable seulement pour yahoo.fr

	DONNÉES DE BASE	DONNÉES AVANCÉES	CONTENUS
IDENTIFICATION	Nom/Surnoms Identifiant	Ville Date de naissance Sexe Adresse physique Etudes Emploi	
CONNEXIONS	Adresse mail Numéro de téléphone Site web	Historique des connexions : date, heure, lieu, type d'appareil, méthode de connexion (WIFI, réseau mobile et opérateur, etc.), etc. Informations sur les appareils utilisés : modèle, version, système d'exploitation, identifiant de l'appareil (IMEI, etc.) Adresse IP, adresse MAC, type et langue du navigateur, site de provenance, site de destination, etc. Informations de géolocalisation en cas d'utilisation d'un opérateur mobile	
COMMUNICATIONS		**<u>Mail, bloc-notes, calendrier :</u>** En-têtes des communications : émetteur, destinataire, numéro de téléphone contacté/utilisé, heure, date, etc. Carnet d'adresses Calendrier Yahoo	Contenu des mails et des brouillons Contenu bloc-notes Yahoo
		<u>Yahoo Forums et groupes :</u> Informations relatives aux messages postés et au profil sur ce forum Yahoo Groupes : informations du même type que celles des réseaux sociaux	Contenu messages postés sur Yahoo Forums contenu des publications Yahoo Groupes
		<u>Yahoo Photos :</u> Informations relatives aux photos Yahoo	Photos Yahoo
PROFIL BANCAIRE	Informations bancaires : numéro de carte de crédit	Historique des transactions effectuées	

FACEBOOK

DUREE DE CONSERVATION	INFORMATIONS SUR LE COMPTE SANS DEMANDE D'ENTRAIDE	POLITIQUE DE NOTIFICATION A L'UTILISATEUR	FILIALES EN EUROPE
Au moins jusqu'à suppression du contenu par l'utilisateur Données supprimées par l'utilisateur (*NOTION VARIABLE*) : 15 jours Suspension de compte (en général par Facebook) : pas de limite sauf si besoin d'espace sur le disque dur Suppression de compte par l'utilisateur : conservation de l'intégralité des données pendant **15 jours** puis suppression de celles-ci de manière aléatoire pendant les **90 jours suivants**. Au-delà, toutes les données sont supprimées.	Non Données de base (BSI)	Pas systématique mais préférable de le solliciter dans la demande d'entraide Demande de confidentialité dans le formulaire standardisé de requête directe pour se prémunir de tout avis à l'utilisateur	Dublin – Inutilisable pour les demandes d'entraide

	DONNÉES DE BASE	DONNÉES AVANCÉES	CONTENUS
IDENTIFICATION	Nom/Surnoms Identifiant	Ville Âge Sexe Ecole/Université/Employeur Langues parlées Opinions religieuses, politiques et centres d'intérêt	
CONNEXION	Adresse mail Numéro de téléphone Site web	Historique des connexions : date, heure, lieu, type d'appareil, méthode de connexion (WIFI, réseau mobile et opérateur, etc.) Informations sur les appareils utilisés : modèle, version, système d'exploitation, identifiant de l'appareil (IMEI, etc.) Adresse IP, adresse MAC, type et langue du navigateur, site de provenance, site de destination, etc. Informations de géolocalisation en cas d'utilisation d'un opérateur mobile Date et heure de création du compte format UTC Identification de l'état d'indexation du profil de l'utilisateur	
COMMUNICATIONS		En-têtes des communications : émetteur, destinataire, numéro de téléphone contacté/utilisé, heure, date, etc. Statistiques sur les types de contenu Facebook visités, fréquence, durée de consultation, etc. Informations sur les contenus publiés : format, volume, date de création du fichier, lieu du partage, date et heure de la publication… Sites web/applications en liens avec Facebook visités Réseau de contacts Facebook	Contenus partagés : photos, vidéos, textes, commentaires, etc. Contenus téléchargés Contenu des messages instantanés avec les autres membres Contenus « likés »
PROFIL BANCAIRE	Informations bancaires : numéro de carte de crédit	Historique des transactions effectuées	

INSTAGRAM

Instagram

DUREE DE CONSERVATION	INFORMATIONS SUR LE COMPTE SANS DEMANDE D'ENTRAIDE	POLITIQUE DE NOTIFICATION A L'UTILISATEUR	FILIALES EN EUROPE
Données supprimées par l'utilisateur (<u>*NOTION VARIABLE*</u>) : 15 jours Conservation en gel de données 90 jours			

	DONNÉES DE BASE	DONNÉES AVANCÉES	CONTENUS
IDENTIFICATION	Nom Identifiant	Âge Sexe	
CONNEXIONS	Adresse mail Numéro de téléphone Site web	Historique des connexions : date, heure, lieu, type d'appareil, méthode de connexion (WIFI, réseau mobile et opérateur, etc.), etc. Informations sur les appareils utilisés : modèle, version, système d'exploitation, identifiant de l'appareil (IMEI, etc.) Adresse IP, adresse MAC, type et langue du navigateur, site de provenance, site de destination, etc. Informations de géolocalisation en cas d'utilisation d'un opérateur mobile.	
COMMUNICATIONS		Statistiques sur les types de contenu Instagram visités, fréquence, durée de consultation, etc. Informations sur les contenus publiés : format, volume, date de création du fichier, lieu du partage, date et heure de la publication, etc. Sites web/applications en liens avec Instagram visités Réseau de contacts Instagram	Contenus partagés : photos, vidéos, textes, commentaires, etc. Contenus téléchargés Contenus « likés »
PROFIL BANCAIRE	Informations bancaires : numéro de carte de crédit	Historique des transactions effectuées	

TWITTER

DUREE DE CONSERVATION	INFORMATIONS SUR LE COMPTE SANS DEMANDE D'ENTRAIDE	POLITIQUE DE NOTIFICATION A L'UTILISATEUR	FILIALES EN EUROPE
30 jours après désactivation du compte Après suppression du compte par l'utilisateur : 30 jours Après suspension du compte par Twitter : 30 jours	Informe sur l'existence de données	A priori oui sauf demande expresse dans la demande d'entraide Pas de notification si utilisation du formulaire de requête directe et demande de confirmation par mail	Dublin – Mais inutilisable pour les demandes d'entraide

	DONNÉES DE BASE	DONNÉES AVANCÉES	CONTENUS
IDENTIFICATION	Nom/Surnoms Identifiant	Age Sexe Site Web	
CONNEXIONS	Adresse mail En-tête mail Numéro de téléphone Site web	Historique des connexions : date, heure, lieu, type d'appareil, méthode de connexion (WIFI, réseau mobile et opérateur, etc.) Informations sur les appareils utilisés : modèle, version, système d'exploitation, identifiant de l'appareil (IMEI, etc.) Adresse IP, adresse MAC, type et langue du navigateur, site de provenance, site de destination, etc. Informations de géolocalisation en cas d'utilisation d'un opérateur mobile	
COMMUNICATIONS		En-têtes des communications : émetteur, destinataire, numéro de téléphone contacté/utilisé, heure, date, etc. Statistiques sur les types de contenu Twitter visités, fréquence, durée de consultation, etc. Informations sur les contenus publiés : format, volume, date de création du fichier, lieu du partage, date et heure de la publication, etc. Sites web/applications en liens avec Twitter visités Réseau de contacts Twitter	Contenus tweetés : photos, vidéos, textes, commentaires, etc. Contenus téléchargés Contenu des communications privées avec les autres membres. Contenus likés, retweetés, etc.
PROFIL BANCAIRE	Informations bancaires : numéro de carte de crédit	Historique des transactions effectuées	

TUMBLR

DUREE DE CONSERVATION	INFORMATIONS SUR LE COMPTE SANS DEMANDE D'ENTRAIDE	POLITIQUE DE NOTIFICATION A L'UTILISATEUR	FILIALES EN EUROPE

	DONNÉES DE BASE	DONNÉES AVANCÉES	CONTENUS
IDENTIFICATION	Nom/Surnoms Identifiant	Âge Sexe Site Web	
CONNEXIONS	Adresse mail Numéro de téléphone Site web	Historique des connexions : date, heure, lieu, type d'appareil, méthode de connexion (WIFI, réseau mobile et opérateur, etc.) Informations sur les appareils utilisés : modèle, version, système d'exploitation, identifiant de l'appareil (IMEI, etc.) Adresse IP, adresse MAC, type et langue du navigateur, site de provenance, site de destination, etc. Informations de géolocalisation en cas d'utilisation d'un opérateur mobile	
COMMUNICATIONS		En-têtes des communications : émetteur, destinataire, numéro de téléphone contacté/utilisé, heure, date, etc. Statistiques sur les types de contenu Tumblr visités, fréquence, durée de consultation, etc. Informations sur les contenus publiés : format, volume, date de création du fichier, lieu du partage, date et heure de la publication, etc. Sites web/applications en liens avec Tumblr visités Réseau de contacts Tumblr, blogs Tumblr auxquels l'utilisateur est abonné, etc.	Contenus partagés : photos, vidéos, textes, commentaires, etc. Contenus téléchargés Contenu des communications privées avec les autres membres Contenus likés, retweetés, etc.
PROFIL BANCAIRE	Informations bancaires : numéro de carte de crédit	Historique des transactions effectuées	

PINTEREST

DUREE DE CONSERVATION	INFORMATIONS SUR LE COMPTE SANS DEMANDE D'ENTRAIDE	POLITIQUE DE NOTIFICATION A L'UTILISATEUR	FILIALES EN EUROPE
	Au cas par cas sur urgence vitale		

	DONNÉES DE BASE	DONNÉES AVANCÉES	CONTENUS
IDENTIFICATION	Nom/Surnoms Identifiant	Âge Sexe Pays de résidence Site web Centres d'intérêt	
CONNEXIONS	Adresse mail Numéro de téléphone Site web	Historique des connexions : date, heure, lieu, type d'appareil, méthode de connexion (WIFI, réseau mobile et opérateur, etc.), etc. Informations sur les appareils utilisés : modèle, version, système d'exploitation, identifiant de l'appareil (IMEI, etc.) Adresse IP, adresse MAC, type et langue du navigateur, site de provenance, site de destination, etc. Informations de géolocalisation en cas d'utilisation d'un opérateur mobile	
COMMUNICATIONS		Statistiques sur les types de contenu Pinterest visités, fréquence, durée de consultation, etc. Informations sur les contenus publiés : format, volume, date de création du fichier, lieu du partage, date et heure de la publication, etc. Sites web/applications en liens avec Pinterest visités Réseau de contacts Pinterest, tableaux de bord auxquels l'utilisateur est abonné, etc.	Contenus épinglés: photos, vidéos, textes, commentaires, etc. Contenus téléchargés
PROFIL BANCAIRE	Informations bancaires : numéro de carte de crédit	Historique des transactions effectuées	

LINKEDIN

DUREE DE CONSERVATION	INFORMATIONS SUR LE COMPTE SANS DEMANDE D'ENTRAIDE	POLITIQUE DE NOTIFICATION A L'UTILISATEUR	FILIALES EN EUROPE
Les données du profil sont conservées jusqu'à la demande de fermeture par son titulaire A la fermeture : suppression des données dans les 24 heures En règle générale, les informations personnelles et les comptes fermés sont supprimés dans les 30 jours après la fermeture	Possible au cas par cas pour les urgences vitales		

	DONNÉES DE BASE	DONNÉES AVANCÉES	CONTENUS
IDENTIFICATION	Nom Identifiant	Ville Age Sexe Langues parlées Compétences particulières CV exhaustif Site web	
CONNEXIONS	Adresse mail Numéro de téléphone Site web	Historique des connexions : date, heure, lieu, type d'appareil, méthode de connexion (WIFI, réseau mobile et opérateur, etc.) Informations sur les appareils utilisés : modèle, version, système d'exploitation, identifiant de l'appareil (IMEI, etc.) Adresse IP, adresse MAC, type et langue du navigateur, site de provenance, site de destination, etc.	
COMMUNICATIONS		En-têtes des communications : émetteur, destinataire, numéro de téléphone contacté/utilisé, heure, date, etc. Statistiques sur les types de contenu Linkedin visités, fréquence, durée de consultation, etc. Informations sur les contenus publiés : format, volume, date de création du fichier, lieu du partage, date et heure de la publication, etc. Sites web/applications en liens avec Linkedin visités Réseau de contacts Linkedin	Contenus partagés : photos, vidéos, textes, commentaires, etc. Contenus téléchargés Contenu des communications privées avec les autres membres Contenus « likés »
PROFIL BANCAIRE	Informations bancaires : numéro de carte de crédit	Historique des transactions effectuées	

44

SNAPCHAT

DUREE DE CONSERVATION	INFORMATIONS SUR LE COMPTE SANS DEMANDE D'ENTRAIDE	POLITIQUE DE NOTIFICATION A L'UTILISATEUR	FILIALES EN EUROPE
30 jours si le Snap n'a pas été ouvert			

	DONNÉES DE BASE	DONNÉES AVANCÉES	CONTENUS
IDENTIFICATION	Nom Identifiant	Ville Age Sexe	
CONNEXIONS	Adresse mail Numéro de téléphone Site web	Historique des connexions : date, heure, lieu, type d'appareil, méthode de connexion (Wifi, réseau mobile et opérateur, etc.) Informations sur les appareils utilisés : modèle, version, système d'exploitation, identifiant de l'appareil (IMEI, etc.) Adresse IP, adresse MAC, type et langue du navigateur, site de provenance, site de destination, etc. Informations de géolocalisation destinataire ou émetteur	
COMMUNICATIONS		Heure et date du message type (texte, photo, vidéo), taille, lieu d'émission Nombre de messages envoyés à chaque utilisateur Classement de densité des liens par utilisateur Screenshots pris Replays	Snapchat ne stocke pas les contenus. Toutefois, des exceptions existent : stockés pendant une durée de 30 jours si le destinataire n'a pas ouvert le snap stockés environ un jour si la fonction replay est activée
PROFIL BANCAIRE	Informations bancaires : numéro de carte de crédit	Historique des transactions effectuées	

SKYPE

DUREE DE CONSERVATION	INFORMATIONS SUR LE COMPTE SANS DEMANDE D'ENTRAIDE	POLITIQUE DE NOTIFICATION A L'UTILISATEUR	FILIALES EN EUROPE
Appels Skype Out et Skype Online : 6 mois			

	DONNÉES DE BASE	DONNÉES AVANCÉES	CONTENUS
IDENTIFICATION	Nom Identifiant	Ville Age Sexe Préférences linguistiques	
CONNEXIONS	Adresse mail Numéro de téléphone (portable/fixe) Numéro de téléphone Skype Site web	Historique des connexions : date, heure, lieu, type d'appareil, méthode de connexion (WIFI, réseau mobile et opérateur, etc.), etc. Informations sur les appareils utilisés : modèle, version, système d'exploitation, identifiant de l'appareil (IMEI, etc.) Adresse IP, adresse MAC, type et langue du navigateur, site de provenance, site de destination, etc. Informations de géolocalisation en cas d'utilisation d'un opérateur mobile	
COMMUNICATIONS		En-têtes des communications : émetteur, destinataire, numéro de téléphone contacté/utilisé, heure, date, etc. Réseau de contacts Skype Produits commandés, pages Web vues et liens activés à partir de Skype Informations liées à la création du compte. Adresse de facturation. Abonnements en cours Skype Online. Historique d'appel Skype Out, historique d'appel Skype Online, historique des messages SMS, historique des connexions WIFI, données de courriel et de mot de passe	Contenus des messages instantanés, vocaux et vidéo (mais pas des appels)
PROFIL BANCAIRE	Informations bancaires : numéro de carte de crédit	Historique des transactions effectuées	

48

WHATSAPP

DUREE DE CONSERVATION	INFORMATIONS SUR LE COMPTE SANS DEMANDE D'ENTRAIDE	POLITIQUE DE NOTIFICATION A L'UTILISATEUR	FILIALES EN EUROPE

	DONNÉES DE BASE	DONNÉES AVANCÉES	CONTENUS
IDENTIFICATION	Nom Identifiant		
CONNEXIONS	Numéro de téléphone	Historique des connexions : date, heure, lieu, type d'appareil, méthode de connexion (WIFI, réseau mobile et opérateur, etc.), etc. Informations sur les appareils utilisés : modèle, version, système d'exploitation, identifiant de l'appareil (IMEI, etc.) Adresse IP, adresse MAC, type et langue du navigateur, site de provenance, site de destination, etc. Informations de géolocalisation en cas d'utilisation d'un opérateur mobile	
COMMUNICATIONS		En-têtes des communications : émetteur, destinataire, numéro de téléphone contacté/utilisé, heure, date, etc. Réseau de contacts Whatsapp Lien avec le compte Facebook	Contenus des messages instantanés
PROFIL BANCAIRE	Informations bancaires : numéro de carte de crédit	Historique des transactions effectuées	

VIBER

DUREE DE CONSERVATION	INFORMATIONS SUR LE COMPTE SANS DEMANDE D'ENTRAIDE	POLITIQUE DE NOTIFICATION A L'UTILISATEUR	FILIALES EN EUROPE
90 jours sans activité : suppression du carnet d'adresse du serveur mais le compte n'est pas désactivé			

	DONNÉES DE BASE	DONNÉES AVANCÉES	CONTENUS
IDENTIFICATION	Nom Identifiant		
CONNEXIONS	Numéro de téléphone	Historique des connexions : date, heure, lieu, type d'appareil, méthode de connexion (WIFI, réseau mobile et opérateur, etc.) Informations sur les appareils utilisés : modèle, version, système d'exploitation, identifiant de l'appareil (IMEI, etc.) Adresse IP, adresse MAC, type et langue du navigateur, site de provenance, site de destination, etc. Informations de géolocalisation en cas d'utilisation d'un opérateur mobile	
COMMUNICATIONS		En-têtes des communications : émetteur, destinataire, numéro de téléphone contacté/utilisé, heure, date, etc. Réseau de contacts Viber	Contenus des messages instantanés
PROFIL BANCAIRE	Informations bancaires : numéro de carte de crédit	Historique des transactions effectuées	

DROPBOX

Dropbox

DUREE DE CONSERVATION	INFORMATIONS SUR LE COMPTE SANS DEMANDE D'ENTRAIDE	POLITIQUE DE NOTIFICATION A L'UTILISATEUR	FILIALES EN EUROPE

	DONNÉES DE BASE	DONNÉES AVANCÉES	CONTENUS
IDENTIFICATION	Nom Identifiant	Age Site mail Informations sur les autres personnes stockant sur une Dropbox	
CONNEXIONS	Numéro de téléphone	Historique des connexions : date, heure, lieu, type d'appareil, méthode de connexion (WIFI, réseau mobile et opérateur, etc.), etc. Informations sur les appareils utilisés : modèle, version, système d'exploitation, identifiant de l'appareil (IMEI, etc.) Adresse IP, adresse MAC, type et langue du navigateur, site de provenance, site de destination, etc. Informations de géolocalisation en cas d'utilisation d'un opérateur mobile	
COMMUNICATIONS		Informations sur les contenus stockés : format, volume, date de création du fichier, emplacement, date et heure du stockage Sites web / applications en lien avec Dropbox visitées Possibilité d'associer des comptes Facebook, Gmail, Twitter ou Yahoo Mail Calendrier Dropbox	Fichiers stockés : textes, photos, vidéos, bandes sons, etc.
PROFIL BANCAIRE	Informations bancaires : numéro de carte de crédit	Historique des transactions effectuées	

III Gel de biens en vue de leur confiscation

4730 **La saisie des éléments de preuve est exclue de ce dispositif.** Les conventions internationales et le droit interne réglementent spécifiquement le gel de biens. Il n'est donc pas possible d'avoir recours, pour faire geler un bien dans un pays étranger, aux instruments classiques d'entraide que sont notamment la DEPI, la CRI et la DEE (V. pour la DEE : CPP, art. 694-18, sauf si le bien est en même temps un élément de preuve).

4731 **La saisie d'éléments de preuve relève des mécanismes de l'entraide pénale internationale.** La décision-cadre n° 2003/577/JAI du Conseil de l'Union européenne du 22 juillet 2003 relative à l'exécution dans ladite Union européenne des décisions de gel de biens ou d'éléments de preuve, transposée dans notre droit par la loi n° 2005-750 du 4 juillet 2005, avait prévu la même procédure pour la saisie – le terme gel étant quasi équivalent ; en tout cas, le gel entraîne les mêmes effets que la saisie (CPP, art. 695-9-1) – destinée à empêcher la destruction, la transformation, le déplacement, le transfert ou l'aliénation d'un bien susceptible de faire l'objet d'une confiscation ou de constituer un élément de preuve et se trouvant sur le territoire d'un autre État membre.
La législation a été modifiée à la suite de l'entrée en vigueur du mécanisme de la décision d'enquête européenne (DEE).
Désormais, une demande de saisie d'un élément de preuve se trouvant à l'étranger doit être présentée dans le cadre d'une demande d'enquête européenne, et ce même s'il s'agit d'un bien qui peut, par ailleurs ou ultérieurement, faire l'objet d'une mesure de confiscation (CPP, art. 695-9-2).
Lorsque le pays requis est situé hors de l'Union européenne, la demande de saisie d'un élément de preuve doit être présentée conformément aux mécanismes de coopération judiciaire internationale, soit par DEPI ou par commission rogatoire internationale.

4732 **Autorité d'émission ou requérante et autorité d'exécution ou requise.** Deux situations doivent être distinguées en ce qui concerne les saisies en vue d'obtenir une confiscation : celle dans laquelle ce sont les autorités d'enquête françaises qui estiment devoir faire pratiquer une saisie dans un pays étranger, auquel cas la France est autorité d'émission, et celle dans laquelle les autorités d'enquête françaises sont chargées d'exécuter en France des saisies à la demande d'autorités étrangères ; dans cette hypothèse, la France est autorité d'exécution.

A France, autorité d'émission

4733 **Trois réglementations distinctes.** Trois régimes coexistent.
Un règlement (UE) n° 2018/1805 du Parlement européen et du Conseil du 14 novembre 2018 concernant la reconnaissance mutuelle des décisions de gel et des décisions de confiscation est entré en vigueur le 19 décembre 2020. Il régit les décisions de gel de biens pour les pays de l'Union européenne hormis le Danemark et l'Irlande.
Les demandes françaises de gel de biens à exécuter au Danemark et en Irlande sont soumises aux dispositions des articles 695-9-1 à 695-9-30 et 713 à 713-35 du Code de procédure pénale transposant les décisions-cadres n° 2003/577/JAI, relative à l'exécution dans l'Union européenne des décisions de gel de biens ou d'éléments de preuve, et n° 2006/783/JAI, relative à l'application du principe de reconnaissance mutuelle aux décisions de confiscation.
Lorsque les autorités françaises estiment nécessaire de faire geler des biens dans des pays situés hors de l'Union européenne, du Danemark et de l'Irlande, ce sont les conventions internationales, s'il en existe, qui régissent ces opérations et, à défaut les articles 694 à 694-4-1 du Code de procédure pénale et plus spécialement l'article 694, seul de ces textes à concerner le cas où la France est État requérant.

1 Gel de biens demandé sur le fondement du règlement n° 2018/1805

a) Les lignes directrices du règlement

4734 **Principe de reconnaissance mutuelle.** Ce principe, considéré comme la pierre angulaire de la coopération judiciaire en matière pénale dans l'Union européenne, est à la base de l'instrument.

4735 **Décision visant à empêcher la destruction, la transformation, le déplacement, le transfert ou la disposition de biens en vue de permettre leur confiscation.** La décision de gel

est définie par le règlement comme une décision émise ou validée par une autorité d'émission dans le but d'empêcher la destruction, la transformation, le déplacement, le transfert ou la disposition de biens en vue de permettre leur confiscation.
Le législateur européen a fait le constat que les instruments mis en place par les décisions-cadres de 2003 et 2006 étaient insuffisants et a estimé nécessaire de faire en sorte que tous les types de décisions de gel soient exécutés dans l'ensemble de l'Union, ce qui l'a conduit à édicter un règlement, texte contraignant et directement applicable. Son but est d'obliger un État membre à reconnaître, sans autre formalité, les décisions de gel du pays d'émission et à les exécuter. Le règlement ne se limite pas aux infractions transfrontalières les plus graves.

4736 **Biens concernés.** Au regard des éléments essentiels à garder à l'esprit, il convient de relever :
– qu'est visé le bien de toute nature, qu'il soit corporel ou incorporel, meuble ou immeuble, ainsi que les actes juridiques ou documents attestant d'un titre ou d'un droit sur ce bien, dont l'autorité d'émission estime :
a) qu'il constitue le produit d'une infraction pénale ou son équivalent, que ce soit le montant total de la valeur de ce produit ou seulement une partie de cette valeur ;
b) qu'il constitue l'instrument d'une infraction pénale ou la valeur de cet instrument ;
c) qu'il est passible de confiscation par l'application, dans l'État d'émission, de l'un des pouvoirs de confiscation prévus par la directive 2014/42/UE ;
d) qu'il est passible de confiscation en application de toute autre disposition relative aux pouvoirs de confiscation, y compris de confiscation sans condamnation définitive, au titre du droit de l'État d'émission à la suite d'une procédure en lien avec une infraction pénale.

4737 **Notion de produit.** Le règlement définit le produit de l'infraction comme « tout avantage économique tiré, directement ou indirectement, d'une infraction pénale, qui peut consister en tout type de bien et qui comprend tout réinvestissement ou toute transformation ultérieurs des produits directs et tout autre gain de valeur ».

b) Apports du règlement n° 2018/1805

4738 **Possibilité de saisie en valeur de l'instrument de l'infraction.** Le règlement définit l'instrument de l'infraction comme étant « tout bien employé ou destiné à être employé, de quelque façon que ce soit, en tout ou en partie, pour commettre une infraction pénale ».
Les décisions-cadres antérieures, encore applicables dans les relations avec l'Irlande et le Danemark, ne permettaient pas de saisir en valeur l'instrument de l'infraction (en revanche, le produit en valeur pouvait faire l'objet d'une décision de gel), ce que l'article 2 du règlement permet désormais.

4739 **Possibilité de délivrer un certificat de gel de biens en vue d'une confiscation élargie ou générale.** Un certificat de gel peut être délivré sur un bien passible de confiscation par application, dans l'État d'émission, de l'un des pouvoirs de confiscation prévus par la directive 2014/42/UE ce qui permet, sous réserve de la nécessité et de la proportionnalité de la décision (Règl. [UE] n° 2018/1805, consid. 21) de demander le gel de biens visés par les confiscations prévues aux alinéas 5 et 6 de l'article 131-21 du Code pénal.

c) Procédure

4740 **Autorités françaises compétentes.** Les autorités compétentes pour la France sont le procureur de la République, le parquet européen, les juridictions d'instruction, le juge des libertés et de la détention et les juridictions de jugement (CPP, art. 695-9-30-1).

4741 **Double incrimination ?** Les décisions de gel de biens sont exécutées sans contrôle de la double incrimination des faits ayant donné lieu à de telles décisions si ces faits sont passibles dans l'État d'émission d'une peine privative de liberté d'une durée maximale d'au moins trois ans et constituent une ou plusieurs des trente-deux infractions pénales dont la liste figure à l'article 3, telles qu'elles sont définies par le droit de l'État d'émission.
Dans les autres cas, l'État requis peut subordonner la reconnaissance et l'exécution de la décision de gel à la condition que les faits soient punissables dans son droit interne.

4742 **Formalisation de la décision de gel.** L'autorité compétente prend, dans les mêmes formes et selon la même procédure qu'en droit interne, la décision de saisie.
Si le bien dont le gel à l'étranger est demandé est un bien qui, en droit interne, n'a pas à faire l'objet d'une décision préalable de saisie parce qu'il est placé sous main de justice par l'officier de police judiciaire, le plus souvent au cours d'une perquisition, il sera nécessaire que le magistrat compétent formalise par écrit sa décision de saisie.
Ensuite est établi un certificat de gel – sur un formulaire annexé au règlement – qui est transmis directement à l'autorité d'exécution (chaque État membre devait désigner ses autorités d'exécution ou une autorité centrale. Ces renseignements sont disponibles sur le site du Réseau judiciaire

européen [RJE]) par tout moyen permettant de laisser une trace écrite et dans des conditions qui permettent à l'autorité d'exécution d'établir l'authenticité du certificat. Si le certificat remplit les conditions prévues par le texte, il implique que les biens doivent rester gelés dans l'État d'exécution dans l'attente de la transmission et de l'exécution d'une décision de confiscation. En principe, il n'est pas nécessaire de joindre la décision préalable de saisie au certificat de gel, sauf si l'État requis l'a prévu en faisant une déclaration à la Commission européenne (il est possible de consulter le site du Réseau judiciaire européen [RJE] pour savoir quels pays ont fait une déclaration en ce sens).

L'autorité d'exécution doit prendre les mesures nécessaires à l'exécution de la décision de gel de la même manière que pour une décision de gel émise au niveau national par une autorité de l'État d'exécution, sauf motifs de non-reconnaissance et de non-exécution ou de sursis prévus par le règlement. Les motifs de non-reconnaissance, visés par l'article 8, sont limitativement énumérés et sont facultatifs. Le règlement prévoit en outre un mécanisme obligatoire de consultation préalable de l'État d'émission : avant toute décision de ne pas reconnaître ou de ne pas exécuter, en tout ou en partie, la décision de gel, l'autorité d'exécution doit consulter l'autorité d'émission par tout moyen approprié et, s'il y a lieu, lui demander de fournir sans tarder toute information nécessaire, notamment si le certificat est incomplet ou manifestement incorrect.

L'autorité d'exécution doit agir avec diligence, « avec la même rapidité et le même degré de priorité que dans un cas similaire au niveau national après avoir reçu le certificat de gel ».

4743 **Durée.** Les décisions de gel sont valables jusqu'à ce que l'autorité compétente de l'État d'exécution ait apporté une réponse définitive à une décision de confiscation ou jusqu'à ce que l'autorité d'émission ait informé l'autorité d'exécution de toute décision ou mesure ayant pour effet de faire perdre à la décision son caractère exécutoire ou de faire retirer la décision.

2 Gel de biens réglementé par les articles 695-9-1 à 695-9-9 du Code de procédure pénale

4744 **Pas de saisie en valeur de l'instrument de l'infraction ; pas de saisies aux fins de confiscations élargies ou générales.** Ces textes, qui sont la transposition des décisions-cadres n°s 2003/577/JAI (relative à l'exécution dans l'Union européenne des décisions de gel de biens ou d'éléments de preuve), et 2006/783/JAI (relative à l'application du principe de reconnaissance mutuelle aux décisions de confiscation), ont constitué le droit commun des saisies au sein de l'Union européenne jusqu'à l'entrée en vigueur du règlement n° 2018/1805 le 19 décembre 2020. Ils ne sont désormais applicables que lorsque les autorités françaises demandent le gel de biens situés en Irlande ou au Danemark, ces deux pays n'appliquant pas le règlement.

En ce qui concerne le gel de biens avant jugement, les conditions sont assez proches de celles résultant du règlement 2018/1805, exposées *supra*, si ce n'est qu'elles ne permettaient pas de saisir en valeur l'instrument de l'infraction pas plus que de demander les saisies aux fins de confiscations élargies ou générales prévues en droit interne par les dispositions des alinéas 5 et 6 de l'article 131-21 du Code pénal.

3 Gel de biens demandé hors Union européenne

4745 Il convient, dans cette hypothèse, de se référer à chacun des traités que la France a pu signer et ratifier et, en complément, à l'article 694 du Code de procédure pénale qui prévoit la transmission de la demande d'entraide par l'intermédiaire du ministère de la Justice, sauf urgence permettant une transmission directe.

4 Office des enquêteurs français

4746 Les quelques indications succinctes qui viennent d'être données n'ont d'autre ambition que de dessiner à gros traits l'organisation légale et conventionnelle du gel de biens demandé par les autorités françaises. Les magistrats ayant à les mettre en œuvre pourront utilement se référer à des ouvrages plus complets et aux fiches et circulaires établies par la DACG. L'exposé schématique de cette législation permettra aux enquêteurs de percevoir l'intérêt de dresser, par le biais des coopérations policière et judiciaire, un état aussi détaillé que possible du patrimoine des personnes sur lesquelles porte l'enquête afin de permettre aux magistrats de prendre les décisions de gel de biens adaptées dans des conditions permettant aux autorités requises de les accepter.

B France, autorité d'exécution

4747 **Quatre situations distinctes.** Lorsque la France est autorité d'exécution, ce sont, là aussi, le règlement n° 2018/1805, les articles 695-9-1 et suivants et les conventions internationales qui trouvent à s'appliquer. Mais le Code de procédure pénale réglemente aussi le gel de biens demandé par des pays non-européens en l'absence de convention internationale en stipulant autrement.

1 Gel de bien demandé à la France par des pays de l'Union européenne autres que le Danemark et l'Irlande

4748 Les principaux apports du règlement par rapport aux dispositions issues des décisions-cadres sont relatifs :

– aux restitutions pour lesquelles l'article 29 permet, lorsque l'autorité d'émission a pris une décision de restitution des biens gelés à la victime, d'en informer l'autorité d'exécution afin que celle-ci prenne les mesures nécessaires pour la mettre en œuvre dans les plus brefs délais et selon les règles procédurales de l'État d'exécution, à condition que le titre de la victime sur ces biens ne soit pas contesté, que les biens ne soient pas nécessaires comme éléments de preuve dans le cadre d'une procédure pénale dans l'État d'exécution et qu'il ne soit pas porté atteinte aux droits des personnes concernées ;

– aux motifs de refus d'exécution d'une décision de gel où le règlement met en place une liste de motifs, lesquels deviennent facultatifs et non plus obligatoires, et où il prévoit un mécanisme obligatoire de consultation préalable de l'État d'émission : avant toute décision de ne pas reconnaître ou de ne pas exécuter, en tout ou en partie, la décision de gel, l'autorité d'exécution doit consulter l'autorité d'émission par tout moyen approprié et, s'il y a lieu, lui demander de fournir sans tarder toute information nécessaire, notamment dans la situation dans laquelle le certificat est incomplet ou manifestement incorrect ;

– à la mise en place d'un principe de confidentialité en application duquel l'autorité d'exécution garantit la confidentialité des faits et du contenu de la décision de gel conformément à son droit national à moins que la levée du caractère confidentiel n'apparaisse nécessaire à l'exécution de la décision de gel. La personne concernée ne peut être informée qu'à compter de l'exécution de la décision, voire ultérieurement si l'autorité d'émission le sollicite afin de préserver l'enquête.

4749 **Autorité compétente.** C'est le juge d'instruction qui est l'autorité d'exécution des décisions de gel de bien présentées dans ce cadre (CPP, art. 695-9-30-1).

Le juge d'instruction territorialement compétent est celui du lieu de situation d'un des biens dont le gel est demandé. Si le lieu n'est pas précisé, c'est le juge d'instruction du tribunal judiciaire de Paris qui est compétent.

Un juge qui recevrait – par tout moyen permettant de laisser une trace écrite et dans des conditions qui lui permettent d'établir l'authenticité du certificat – un certificat de gel pour lequel il ne serait pas compétent devrait le transmettre à son collègue compétent.

La France n'ayant pas fait de déclaration auprès de la Commission européenne, le certificat n'a pas à être accompagné de la décision préalable de saisie ou gel.

Le certificat doit avoir été traduit en français.

C'est au juge d'instruction qu'il appartiendra, au besoin, de demander des informations complémentaires à l'État d'émission et, en cas de refus d'exécution, de le notifier à l'État d'émission, le mieux étant de rendre une ordonnance motivée.

4750 **Causes de refus.** Comme il a été indiqué, les causes de refus envisagées par l'article 8 du règlement sont toutes facultatives.

Si l'infraction poursuivie à l'étranger n'est pas punie d'une peine d'au moins trois ans d'emprisonnement et qu'elle n'entre pas dans la liste des trente-deux infractions, le juge d'instruction doit vérifier si les faits poursuivis constituent une infraction en droit français. Le refus d'exécution ne sera pas, pour autant, obligatoire.

4751 **Recours.** L'article 33 du règlement prévoit, pour les personnes concernées, un recours devant une juridiction de l'État d'exécution conformément à son droit. C'est pourquoi l'article 695-9-30-2 du Code de procédure pénale, issu de la loi n° 2021-1729 du 22 décembre 2021 pour la confiance dans l'institution judiciaire, définit les formes de ce recours en prévoyant qu'il est organisé dans les conditions prévues aux articles 695-9-22 et 695-9-24 (V. *infra*, n° 4756).

2 Gel de biens demandé à la France par des autorités judiciaires danoises ou irlandaises

a) Textes

4752 Outre les articles 695-9-1 à 695-9-6 du Code de procédure pénale qui définissent les règles générales, il convient de se reporter aux articles 695-9-10 à 695-9-30 relatifs aux demandes adressées à la France par les autorités étrangères (désormais danoises ou irlandaises).

b) Autorité compétente

4753 C'est le juge d'instruction qui, aux termes de l'article 695-9-10 du Code de procédure pénale, est compétent pour statuer sur les demandes de gel de biens et pour les exécuter.

Il doit prendre l'avis du procureur de la République. C'est lui qui rendra, éventuellement, l'ordonnance motivée de refus d'exécution.

c) Cas de refus

4754 **Facultatifs.** L'article 695-9-16 du Code de procédure pénale prévoit des cas de refus facultatifs :
- si le certificat n'est pas produit ;
- s'il est établi de manière incomplète ;
- ou s'il ne correspond manifestement pas à la décision de gel.

Toutefois, le juge d'instruction peut impartir un délai à l'auteur de la décision pour que le certificat soit produit, complété ou rectifié, accepter un document équivalent ou, s'il s'estime suffisamment éclairé, dispenser l'autorité judiciaire de l'État d'émission de toute production complémentaire.

4755 **Obligatoires.** L'article 695-9-17 du Code de procédure pénale prévoit, quant à lui des motifs obligatoires de refus :

« 1° Si une immunité y fait obstacle ou si le bien ou l'élément de preuve est insaisissable selon la loi française ;
2° S'il ressort du certificat que la décision de gel se fonde sur des infractions pour lesquelles la personne visée dans ladite décision a déjà été jugée définitivement par les autorités judiciaires françaises ou par celles d'un État autre que l'État d'émission, à condition, en cas de condamnation, que la peine ait été exécutée, soit en cours d'exécution ou ne puisse plus être ramenée à exécution selon les lois de l'État de condamnation ;
3° S'il est établi que la décision de gel a été prise dans le but de poursuivre ou de condamner une personne en raison de son sexe, de sa race, de sa religion, de son origine ethnique, de sa nationalité, de sa langue, de ses opinions politiques ou de son orientation sexuelle ou identité de genre, ou que l'exécution de ladite décision peut porter atteinte à la situation de cette personne pour l'une de ces raisons ;
4° Si la décision de gel a été prise à des fins de confiscation ultérieure d'un bien et que les faits qui la justifient ne constituent pas une infraction permettant, selon la loi française, d'ordonner la saisie de ce bien.
Toutefois, le motif de refus prévu au 4° n'est pas opposable lorsque la décision de gel concerne une infraction qui, en vertu de la loi de l'État d'émission, entre dans l'une des catégories d'infractions mentionnées à l'article 694-32 et y est punie d'une peine privative de liberté d'une durée égale ou supérieure à trois ans d'emprisonnement ».

4756 **Recours.** L'article 695-9-22 du Code de procédure pénale prévoit que celui qui détient le bien objet de la décision de gel ou toute autre personne qui prétend avoir un droit sur ledit bien peut, par voie de requête remise au greffe de la chambre de l'instruction de la cour d'appel territorialement compétente dans les dix jours à compter de la date de mise à exécution de la décision considérée, former un recours à l'encontre de cette dernière. Les dispositions de l'article 173 sont alors applicables. Le recours n'est pas suspensif et ne permet pas de contester les motifs de fond de la décision de gel. Un appel interjeté contre cette décision par déclaration au greffe du tribunal est donc irrecevable (Cass. crim., 13 févr. 2013, n° 12-82.999 : *Bull. crim.* n° 41).

3 Gel de biens demandé par les autorités d'un pays situé hors de l'Union européenne, du Danemark ou de l'Irlande

4757 **Existence de conventions.** Le troisième cas de figure qui peut se présenter est celui où le pays d'émission et la France sont liés par une convention. Dans ce cas, c'est ce texte qui réglemente le gel.

4758 **Articles 694-10 à 694-13 du Code de procédure pénale.** Enfin, la quatrième hypothèse est celle où il n'existe pas de convention internationale ou qu'il en existe une mais qu'elle ne règle pas la question qui se pose. Dans ce cas, les articles 694-10 à 694-13 sont applicables aux demandes d'entraide émanant des autorités étrangères compétentes, tendant à la saisie, en vue de leur confiscation ultérieure, des biens meubles ou immeubles, quelle qu'en soit la nature, ayant servi ou qui étaient destinés à commettre l'infraction ou qui paraissent être le produit direct ou indirect de l'infraction ainsi que de tout bien dont la valeur correspond au produit de cette infraction.

4759 **Refus.** Les causes de refus sont les mêmes que celles qui, en application de l'article 713-37, ne permettent pas les confiscations, c'est-à-dire :

« 1° Si les faits à l'origine de la demande ne sont pas constitutifs d'une infraction selon la loi française ;
2° Si les biens sur lesquels elle porte ne sont pas susceptibles de faire l'objet d'une confiscation selon la loi française ;
3° Si la décision étrangère a été prononcée dans des conditions n'offrant pas de garanties suffisantes au regard de la protection des libertés individuelles et des droits de la défense ;
4° S'il est établi que la décision étrangère a été émise dans le but de poursuivre ou de condamner une personne en raison de son sexe, de sa race, de sa religion, de son origine ethnique, de sa nationalité, de sa langue, de ses opinions politiques ou de son orientation sexuelle ou identité de genre ;
5° Si le ministère public français avait décidé de ne pas engager de poursuites pour les faits à raison desquels la confiscation a été prononcée par la juridiction étrangère

Procédures spécifiques

ou si ces faits ont déjà été jugés définitivement par les autorités judiciaires françaises ou par celles d'un État autre que l'État demandeur, à condition, en cas de condamnation, que la peine ait été exécutée, soit en cours d'exécution ou ne puisse plus être ramenée à exécution selon les lois de l'État de condamnation ;

6° Si elle porte sur une infraction politique ; ».

Il y a également lieu à refus dans le cas où la demande de saisie émanant d'une autorité judiciaire étrangère est de nature à porter atteinte à l'ordre public ou aux intérêts essentiels de la Nation (CPP, art. 694-4).

4 Rôle des enquêteurs

4760 Les fonctionnaires de police et militaires de la gendarmerie sont susceptibles d'être requis de mettre à exécution les décisions de gel de biens émanant d'autorités étrangères.

S'il appartient au juge d'instruction (CPP, art. 694-12, 695-9-10, 695-9-30-1) d'apprécier les conditions d'exécution de la décision de gel, matériellement il chargera les policiers ou les gendarmes procéder au gel. L'article 695-9-13 dispose que le juge d'instruction « ... exécute ou fait exécuter immédiatement la décision de gel » et l'article 695-9-15 prévoit que « les décisions de gel de biens ordonnées à des fins de confiscation ultérieure sont exécutées, (...) selon les modalités prévues par le présent code », c'est-à-dire selon les règles des saisies nationales.

IV
Mandat d'arrêt européen

4761 **Définition.** Le mandat d'arrêt européen est une décision judiciaire émise par un État membre de l'Union européenne, appelé État membre d'émission, en vue de l'arrestation et de la remise par un autre État membre, appelé État membre d'exécution, d'une personne recherchée pour l'exercice de poursuites pénales ou pour l'exécution d'une peine ou d'une mesure de sûreté privative de liberté (CPP, art. 695-11).

Il repose sur un jugement exécutoire, un mandat d'arrêt ou toute autre décision judiciaire ayant la même force selon la législation de l'État membre d'émission (CPP, art. 695-13).

Il s'agit d'une procédure de remise d'une personne recherchée par un État étranger beaucoup plus rapide que la procédure d'extradition. La procédure de mandat d'arrêt européen est exclusivement judiciaire alors que la procédure d'extradition comporte une phase judiciaire puis une phase administrative, chacune ayant ses recours propres.

Le fait que la personne consente à sa remise accélère encore la procédure.

Le mandat d'arrêt européen émis par l'autorité judiciaire française et exécuté dans les autres pays adhérents au mécanisme de la décision-cadre instituant ledit mandat d'arrêt européen ne sera pas l'objet des observations qui vont suivre puisqu'il n'implique pas l'intervention des services enquêteurs français.

Seul sera abordé ici le mandat d'arrêt européen émis par un État membre lorsqu'il est exécuté en France et ne seront évoqués que les cas dans lesquels les agents de la force publique sont susceptibles d'intervenir, les autorités judiciaires concernées étant alors le procureur général et la chambre de l'instruction.

4762 **Inscription au système d'information Schengen (SIS) ou transmission directe.** En pratique, les services de police et les unités de gendarmerie français sont, le plus souvent, conduits à exécuter un mandat d'arrêt européen émanant d'un autre État membre dans les deux hypothèses suivantes.

Soit, lors d'un contrôle, ils découvrent que la personne contrôlée est inscrite au fichier des personnes recherchées (FPR) en raison de la délivrance à son encontre par un autre État membre d'un mandat d'arrêt européen qui a été enregistré dans le système d'information Schengen (SIS).

Soit, l'autorité d'émission savait où se trouvait la personne recherchée et elle avait adressé le mandat d'arrêt européen au parquet général du lieu de résidence, lequel avait chargé un service d'enquête d'exécuter le mandat d'arrêt européen en interpellant la personne concernée (CPP, art. 695-15 et 695-26).

4763 **Recherche de la personne faisant l'objet d'un mandat d'arrêt européen.** L'article 695-26 du Code de procédure pénale permet, dans l'hypothèse où il y a lieu de rechercher la personne faisant l'objet d'un mandat d'arrêt européen, de recourir à la procédure de l'article 74-2 du même code ainsi qu'aux mesures de géolocalisation (V. *supra*, n° 3917) (CPP, art. 230-33). L'article 230-47 du Code de procédure pénale relatif aux dispositifs d'enregistrement aéroportés prévoit que ceux-ci peuvent être utilisés dans le cadre de la procédure de recherche d'une personne en fuite prévue à l'article 74-2 du Code de procédure pénale.

Les services de police ou les unités de gendarmerie qui seront chargés de la recherche pourront donc procéder à des perquisitions, des saisies, des réquisitions, des examens techniques et scientifiques, à des interceptions de correspondances, à des géolocalisations de même qu'ils pourront utiliser des dispositifs aéroportés comportant des caméras (drones).

Il ne semble pas que les enquêteurs puissent recourir aux techniques spéciales d'enquête prévues aux sections 1, 2 et 4 à 6 du chapitre II du titre XXV du livre IV (mesures de surveillance, infiltration, perquisitions nocturnes, accès à distance aux correspondances stockées par la voie des communications électroniques, recueil de données techniques de connexion par IMSI-catcher, sonorisation et fixations d'images, captation de données informatiques. On sait (V. *supra*, n° 1233) que la loi n° 2023-22 du 24 janvier 2023 a autorisé le recours à ces techniques pour rechercher une personne en fuite faisant l'objet d'un mandat d'arrêt ou devant purger une peine d'emprisonnement d'une certaine durée. Mais il faut que ce soit pour une infraction mentionnée aux articles 706-73 et 706-73-1. Par hypothèse, la demande de l'autorité judiciaire étrangère ne pourra pas concerner une infraction de ce type. En l'absence de texte autorisant à prendre en compte une infraction prévue par le droit étranger d'une catégorie équivalente – à l'instar de ce que prévoient les articles 694-23 et 695-23 du Code de procédure pénale – il ne semble pas possible de considérer que, pour la recherche d'une personne faisant l'objet d'un mandat d'arrêt européen, ces techniques spéciales d'enquête pourraient être utilisées. Il en va de même dans les autres hypothèses d'application de l'article 74-2 du Code de procédure pénale au mandat d'arrêt européen (V. *infra*, n° 4766) et il devrait en aller également ainsi en matière d'extradition (V. *infra*, n°s 4769, 4802).

Les attributions qu'ont le procureur de la République et le juge des libertés et de la détention en application des articles 74-2 et 230-47 du Code de procédure pénale sont, pour la recherche d'une personne faisant l'objet d'un mandat d'arrêt européen, respectivement exercées par le procureur général et le président de la chambre de l'instruction ou le conseiller par lui désigné. C'est donc le président de la chambre de l'instruction saisi par le procureur général qui pourra autoriser une écoute.

L'article 134 du Code de procédure pénale permet aussi aux agents chargés de l'exécution d'un mandat d'arrêt européen de s'introduire dans le domicile d'un citoyen entre 6 heures et 21 heures.

4764 **Conduite devant le procureur général.** La personne appréhendée en exécution d'un mandat d'arrêt européen doit être conduite dans les quarante-huit heures devant le procureur général territorialement compétent.

4765 **Droits de la personne.** Pendant ce délai, les dispositions des articles 63-1 à 63-7 sont applicables. On renvoie, pour le détail de ces mesures, à l'examen qui en a été fait à propos de la garde à vue (V. *supra*, n° 2794). Il convient d'appeler l'attention sur le fait que les droits devant être mis en œuvre ne sont pas tout à fait les mêmes que pour les mandats nationaux. Pour ces derniers, il faut notifier les droits prévus par les articles 63-2 et 63-3 tandis que pour le mandat d'arrêt européen, il faut notifier les droits prévus aux articles 63-1 à 63-7. S'il s'agit d'un mineur, outre les droits prévus à l'article 695-27 du Code de procédure pénale, il y a lieu de porter à la connaissance du mineur les droits suivants (CJPM, art. R. 332-2) :

« 1° Le droit à ce que les représentants légaux ou l'adulte approprié mentionné à l'article L. 311-2 soient informés et le droit d'être accompagné par ceux-ci lors de ses auditions ou interrogatoires dans les conditions prévues par l'article L. 311-1, sauf circonstances particulières énoncées au deuxième alinéa de l'article L. 413-3 et au deuxième alinéa de l'article L. 413-7 ;

2° Le droit à la protection de sa vie privée garanti par l'interdiction de diffuser les enregistrements de ses auditions, par la tenue des audiences en publicité restreinte et par l'interdiction de publier le compte-rendu des débats d'audience ou de tout élément permettant son identification ;

3° Le droit d'assister aux audiences ;

4° Le droit d'être accompagné par les représentants légaux ou par l'adulte approprié mentionné à l'article L. 311-2 au cours des audiences ;

5° Le droit à une évaluation éducative personnalisée ;

6° Le droit de bénéficier de l'aide juridictionnelle dans les conditions fixées par la loi n° 91-647 du 10 juillet 1991 relative à l'aide juridique ».

La chambre criminelle a jugé à propos des droits ouverts pendant la période de rétention, que : « Même si, aux termes de l'article 695-27 du Code de procédure pénale, la personne appréhendée en exécution d'un mandat d'arrêt européen bénéficie, pendant le délai de rétention qui précède sa conduite devant le procureur général, des droits conférés par les articles 63-1 à 63-7 dudit code, l'éventuelle annulation, pour cause de notification tardive ou incomplète de ces droits, des procès-verbaux établis au cours de la mesure de rétention, qui ne constitue pas une mesure de garde à vue, ne peut affecter la validité de la procédure d'exécution du mandat d'arrêt européen » (Cass. crim., 23 sept. 2014, n° 14-86.162 : *Bull. crim.* n° 195).

4766 **Autres interventions possibles des forces de l'ordre.** Les agents de la force publique peuvent être sollicités pour intervenir dans la suite de la procédure.
Tout d'abord, il peut arriver que la personne recherchée en vertu du mandat d'arrêt européen n'ait pas été placée en détention et qu'elle en profite pour se soustraire volontairement aux obligations du contrôle judiciaire ou de l'assignation à résidence sous surveillance électronique ou qu'après avoir bénéficié d'une mise en liberté non assortie du contrôle judiciaire ou de l'assignation à résidence sous surveillance électronique, il apparaisse qu'elle entend manifestement se dérober à l'exécution du mandat d'arrêt européen délivré contre elle.
Dans ce cas, la chambre de l'instruction peut, sur les réquisitions du ministère public, décerner mandat d'arrêt à son encontre. Les forces de l'ordre peuvent alors se voir confier la mission de rechercher cette personne. Les dispositions de l'article 74-2 sont de nouveau applicables, les attributions du procureur de la République et du juge des libertés et de la détention étant là encore respectivement confiées au procureur général et au président de la chambre de l'instruction ou un conseiller par lui désigné (CPP, art. 695-36).
Le texte ne précise pas dans quel délai, dans cette hypothèse, le service capteur doit déférer la personne retrouvée devant le procureur général. La DACG, dans son guide méthodologique (*Guide méthodologique : Les processus de remise des personnes : extradition et mandat d'arrêt européen*), propose la solution suivante : « Ainsi, aussitôt interpellée, la personne paraît devoir être placée en rétention pour une durée de 48 heures maximum (par analogie à l'article 695-27 du Code de procédure pénale) afin d'être présentée au procureur général du lieu d'interpellation ».
Lorsque la chambre de l'instruction a autorisé la remise de la personne faisant l'objet d'un mandat d'arrêt européen à l'État membre d'émission, le procureur général doit, selon l'article 695-37 du Code de procédure pénale, prendre les mesures nécessaires afin que la personne recherchée soit remise à l'autorité judiciaire de l'État d'émission au plus tard dans les dix jours suivant la date de la décision définitive de la chambre de l'instruction. À cette fin, quand la personne est détenue il prend l'attache du service des transfèrements de la direction de l'administration pénitentiaire. Faute de respect de ce délai, la personne est remise en liberté.
Le même texte prévoit que si la personne recherchée est en liberté lorsque la décision de la chambre de l'instruction autorisant la remise est prononcée, le procureur général peut ordonner l'arrestation de l'intéressé et son placement sous écrou. L'article 74-2 est encore applicable. Les attributions du procureur de la République et du juge des libertés et de la détention sont alors respectivement exercées par le procureur général et le président de la chambre de l'instruction ou le conseiller par lui désigné.
Ce sont donc, là encore, des services de police ou des unités de gendarmerie qui seront requis par le procureur général de rechercher la personne aux fins d'arrestation. Cette procédure n'est pas impérative. Le procureur général peut aussi convoquer la personne s'il n'y a pas lieu de craindre qu'elle prenne la fuite.
Les agents de la force publique peuvent également être conduits à intervenir quand la chambre de l'instruction a sursis temporairement à la remise pour des raisons humanitaires sérieuses, en particulier si la remise de la personne recherchée est susceptible d'avoir pour elle des conséquences graves en raison notamment de son âge ou de son état de santé. Le procureur général doit, dans cette hypothèse, convenir avec l'autorité d'émission d'une nouvelle date de remise et, à cette date, si la personne doit être recherchée, les services de police ou les unités de gendarmerie peuvent encore être appelés à rechercher la personne dont la remise a été autorisée.
Les forces de l'ordre peuvent enfin être requises, pour assurer la conduite auprès des autorités étrangères, en cas de remise temporaire autorisée par la chambre de l'instruction, les modalités ayant été arrêtées entre le procureur général et l'autorité étrangère (CPP, art. 695-39) ou en cas de transfèrement temporaire auquel a consenti la personne réclamée (CPP, art. 695-45).

4767 **Possibilité de saisie.** Une disposition spécifique prévoit que des saisies peuvent avoir lieu à la demande de l'autorité requérante ou à l'initiative des services de police ou unités de gendarmerie exécutant le mandat d'arrêt européen aussi bien pour servir de pièces à conviction que dans un but de confiscation (CPP, art. 695-41).
Les services enquêteurs peuvent donc disposer, dans ce cadre, d'une certaine marge d'initiative qui peut toutefois être délicate à mettre en œuvre, les informations résultant du signalement dans

le système d'information Schengen étant parfois assez succinctes et ne permettant que difficilement de déterminer si la saisie peut être utile à titre de pièce à conviction ou si l'objet a été acquis par la personne recherchée du fait de l'infraction. Il y a tout intérêt dans une hypothèse de ce genre à ce que la demande des autorités étrangères soit précise.

V

Demande d'extradition, ordre d'arrestation provisoire

4768 **Définition.** L'extradition est, comme celle du mandat d'arrêt européen, une procédure permettant de remettre à un État étranger une personne poursuivie ou condamnée dans ledit pays étranger.
L'article 696-2 du Code de procédure pénale dispose que :

> « Le gouvernement français peut remettre, sur leur demande, aux gouvernements étrangers, toute personne n'ayant pas la nationalité française qui, étant l'objet d'une poursuite intentée au nom de l'État requérant ou d'une condamnation prononcée par ses tribunaux, est trouvée sur le territoire de la République ».

La demande d'extradition doit se fonder sur un jugement ou un arrêt de condamnation, même par défaut, ou sur un acte de procédure pénale décrétant formellement ou opérant de plein droit le renvoi de la personne poursuivie devant la juridiction répressive, ou un mandat d'arrêt ou tout autre acte ayant la même force et décerné par l'autorité judiciaire (CPP, art. 696-8).
Comme il a été indiqué, la procédure n'est que partiellement judiciaire. La demande d'extradition est en général adressée par la voie diplomatique, transmise par le ministre des Affaires étrangères au ministre de la Justice qui, après s'être assuré de la régularité de la requête, l'adresse au procureur général territorialement compétent. La chambre de l'instruction doit donner son avis sur la demande d'extradition. En cas d'avis favorable, le Gouvernement français peut prendre un décret d'extradition, qui peut faire l'objet d'un recours devant le Conseil d'État. En cas d'avis défavorable, le gouvernement ne peut pas procéder à l'extradition (CPP, art. 696-17).
Comme pour le mandat d'arrêt européen, le consentement à la remise est de nature à accélérer la procédure.
En cas d'urgence, sur la demande directe des autorités compétentes de l'État requérant, le procureur général territorialement compétent peut ordonner l'arrestation provisoire d'une personne réclamée aux fins d'extradition par ledit État. Cette demande d'arrestation provisoire doit donner des précisions sur le titre qui la fonde (mandat d'arrêt, jugement de condamnation, etc.) et faire part de l'intention de l'État requérant d'envoyer une demande d'extradition (CPP, art. 696-23).
Avec certains pays, telle la Confédération helvétique, il existe une procédure d'extradition simplifiée (CPP, art. 696-25 à 696-33).
Là encore, il ne sera question que des demandes d'extradition présentées par un État étranger (extradition passive) et non des demandes présentées par la France à des États étrangers (extradition active), puisque les forces de l'ordre n'interviennent pas dans ces procédures, mêmes si c'est sur la base de leur travail d'enquête que la France peut être conduite à solliciter l'extradition.

4769 **Recherche de la personne visée par la demande d'extradition ou une demande d'arrestation provisoire.** L'article 696-9-1 du Code de procédure pénale prévoit des dispositions similaires à celles prévues en matière de mandat d'arrêt européen (V. *infra*, n° 4763). L'article 230-47 renvoyant à l'article 74-2 du Code de procédure pénale et l'article 134 du même code visant aussi l'extradition, les services de police ou les unités de gendarmerie qui seront chargés de la recherche pourront procéder à :
- des perquisitions ;
- des saisies ;
- des réquisitions ;
- des examens techniques et scientifiques ;
- des interceptions de correspondances sur autorisation du président de la chambre de l'instruction, saisi par le procureur général ;
- des géolocalisations ;
- l'utilisation de dispositifs d'enregistrement aéroportés (drones) dans un lieu public ;
- l'entrée dans le domicile d'un citoyen entre 6 heures et 21 heures.

4770 **Conduite devant le procureur général.** Toute personne appréhendée à la suite d'une demande d'extradition doit être conduite dans les quarante-huit heures devant le procureur général territorialement compétent (CPP, art. 696-10).
L'article 696-23 du Code de procédure pénale, qui réglemente l'arrestation provisoire, prévoit que le procureur général donne diverses informations à la personne arrêtée et qu'il peut saisir le premier président d'une demande d'incarcération mais il n'indique pas dans quel délai la présentation au procureur général doit avoir lieu. Par analogie avec les dispositions de l'article 696-10, il semble qu'il y ait lieu de procéder à cette présentation dans le délai de quarante-huit heures et de donner à la personne arrêtée les droits ouverts par les articles 63-1 à 63-7 du Code de procédure pénale. C'est aussi la préconisation du guide édité par la DACG (*Guide méthodologique : Les processus de remise des personnes : extradition et mandat d'arrêt européen*).

4771 **Droits de la personne retenue.** Pendant le délai de quarante-huit heures ci-dessus visé, la personne concernée bénéficie des droits prévus par les articles 63-1 à 63-7 relatifs à la garde à vue (V. *supra*, n°s 2794 et s.).

4772 **Autres possibilités d'intervention des forces de l'ordre.** Comme pour les mandats d'arrêt européens, des dispositions prévoient une possibilité de remise temporaire (CPP, art. 696-7), la possibilité de délivrance d'un mandat d'arrêt puis d'un placement en détention en cas de violation d'un contrôle judiciaire ou d'une assignation à résidence sous surveillance électronique ou de présomptions sérieuses que la personne concernée entend se dérober à la demande d'extradition (CPP, art. 696-11, dernier al. et art. 696-21), de recherche et d'arrestation aux fins de placement sous écrou extraditionnel quand la décision d'extradition du gouvernement est définitive (CPP, art. 696-22).
Dans toutes ces hypothèses, l'intervention des services de police ou des unités de gendarmerie peut être sollicitée par le procureur général.
Les enquêteurs disposent des pouvoirs d'enquête prévus par l'article 74-2 du Code de procédure pénale dans le cadre des recherches pour violation d'une mesure restrictive de liberté et pour rechercher une personne qui entend manifestement se dérober à la demande (CPP, art. 696-21).

L'ESSENTIEL **Les équipes communes d'enquête**

4773 Une équipe commune d'enquête (ECE) peut être mise en place au sein de l'Union européenne lorsqu'une enquête pénale exige une action coordonnée et concertée d'au moins deux pays avec un objectif précis et pour un temps limité (V. *supra*, n° 4692). Ces équipes permettent de collecter et échanger des informations et éléments de preuve entre services enquêteurs de différents pays qui vont travailler ensemble (V. *supra*, n°s 4681 et s., 4687).

4774 **Textes.** Les articles 695-2 et 695-3 du Code de procédure pénale définissent les pouvoirs des enquêteurs détachés dans une ECE agissant en France ou à l'étranger.

4775 **Constitution.** La mise en place d'une ECE ne relève pas de la DEE, mais d'un protocole d'accord entre pays.

4776 **Avec quels pays ?** Une ECE est possible avec les pays de l'Union européenne mais aussi avec des pays parties à des conventions prévoyant le même type de mise en commun des moyens (V. *supra*, n° 4685).

4777 **Initiative.** En France, l'initiative d'une ECE appartient au procureur de la République ou au juge d'instruction mais Eurojust peut demander au procureur général d'en faire mettre une en place (V. *supra*, n° 4686) et également apporter son aide à la constitution de toute ECE (V. *supra*, n° 4691).

4778 **Pouvoirs en France.** Les pouvoirs des enquêteurs varient selon l'endroit où ils opèrent.
En France, les officiers de police judiciaire français disposent de leurs pouvoirs habituels qui dépendent du cadre juridique dans lequel ils opèrent. Les enquêteurs étrangers détachés dans une ECE opérant en France agissent sous l'autorité du chef d'enquête français et n'exercent leurs missions que dans la limite des attributions attachées à leur statut dans leur pays d'origine. Les actes qu'ils peuvent effectuer en France sont énumérés à l'article 695-2. Ils ne peuvent recourir à la coercition (V. *supra*, n°s 4696 et s.).

4779 **Pouvoirs à l'étranger.** Les pouvoirs des enquêteurs français détachés dans une ECE opérant à l'étranger sont nécessairement définis par le droit du pays sur le territoire duquel ils se trouvent mais ils ne peuvent, en tout état de cause, pas user de pouvoirs qu'ils n'auraient pas en France en application du Code de procédure pénale (V. *supra*, n° 4701). S'il y a lieu de faire des actes dans le pays d'où viennent les enquêteurs détachés, ceux-ci peuvent demander à leurs autorités compétentes de les exécuter ce qui évite de devoir présenter une nouvelle demande d'entraide (V. *supra*, n° 4702).

4780 **Communication d'informations et de pièces.** L'essence d'une ECE étant notamment de partager l'information, la Convention européenne d'entraide permet à un membre détaché de fournir à l'équipe, conformément à son droit national et dans les limites de ses compétences, des informations disponibles dans son pays (empreintes décadactylaires, informations contenues dans les fichiers de police, etc.). Ils peuvent également, selon la DACG, transmettre ainsi des pièces de procédure (V. *supra*, n° 4703).

Obtention de données électroniques

4781 **Convention de Budapest.** L'obtention de données électroniques conservées à l'étranger est traitée par la Convention de Budapest, ratifiée par soixante-cinq pays, dont la France et les États-Unis avec lesquels la question est importante eu égard au nombre de grands opérateurs qui y sont installés (V. *supra*, n°s 4705 et s.).

4782 **Conservation rapide.** La Convention de Budapest prévoit une procédure de conservation rapide, consistant à demander à un pays étranger – pour la France, par l'intermédiaire de l'OCLCTIC – de geler les données qui intéressent les enquêteurs dans l'attente de la réception de la demande d'entraide officielle. Le gel des données n'est cependant que temporaire et doit être renouvelé, mais il permet de faire face à l'absence, dans certains pays, d'obligation légale faite aux opérateurs de conserver les données (V. *supra*, n° 4708).

4783 **États-Unis.** Les États-Unis distinguent trois catégories de données : celles de base (V. *supra*, n° 4712), les données avancées ou de transaction ou de connexion (V. *supra*, n° 4713) et les données de contenu (V. *supra*, n° 4714). En principe, l'obtention des données de transaction et de contenu nécessite le recours à l'entraide judiciaire classique (V. *supra*, n° 4715) après demande de gel qui doit impérativement être faite dès lors que la législation américaine n'imposerait pas d'obligation de conservation (V. *supra*, n° 4716).

4784 **Exceptions.** Les États-Unis font deux exceptions :
- ils admettent que les autorités étrangères saisissent directement les opérateurs, pour les données de base, sans recourir à l'entraide officielle, ce que la jurisprudence de la chambre criminelle facilite en jugeant que les enquêteurs peuvent recueillir, des renseignements en dehors de leur circonscription en adressant une demande à une personne domiciliée à l'étranger qui, dans ce cas est libre de ne pas y répondre, et en admettant que cette demande soit présentée par un moyen de communication électronique (V. *supra*, n°s 4715 et s.) ;
- en outre, Microsoft, Google, Apple, Twitter et Facebook ont passé un accord pour communiquer différents éléments plus simplement et plus rapidement, les modalités dépendant de la gravité de l'infraction en cause (V. *supra*, n° 4721).

4785 **Procédures spécifiques.** Il existe en outre aux États-Unis des procédures spécifiques en ce qui concerne la menace imminente grave sur l'intégrité d'une personne (V. *supra*, n° 4723), la divulgation par consentement de l'utilisateur (V. *supra*, n° 4724) :
- la pédopornographie (V. *supra*, n° 4725 ;
- l'interception en temps réel de communications qui n'est possible que si les autorités américaines ont ouvert elles-mêmes une enquête sur les faits en cause (V. *supra*, n° 4726) et le droit de la presse (V. *supra*, n° 4727).

La DACG a recensé dans un tableau les données conservées par les opérateurs américains et les procédures applicables (V. *supra*, n° 4729).

Gel de biens

4786 **La saisie d'un élément de preuve relève des mécanismes de l'entraide pénale internationale.** Si une enquête menée en France nécessite la saisie d'un élément de preuve se trouvant à l'étranger – même s'il peut faire l'objet d'une mesure de confiscation, ce qui, par exemple, est le cas de l'instrument de l'infraction –, il conviendra d'avoir recours à une demande d'entraide, à une décision d'enquête européenne ou à une commission rogatoire internationale, selon le pays concerné par la demande. C'est donc le magistrat en charge de l'affaire qui s'en chargera.

Si les autorités judiciaires françaises reçoivent une demande d'entraide émanant d'un pays étranger en vue de la saisie d'un élément de preuve, un officier de police judiciaire français pourra être chargé d'exécuter la mission qu'il effectuera selon les règles de procédure pénale française.

4787 **Saisies de biens en vue de leur confiscation.** Si une enquête diligentée en France permet de déterminer que la personne en cause dispose de biens à l'étranger et qu'il apparaît souhaitable de les saisir en vue de leur confiscation, la décision appartient aux magistrats qui peuvent, selon le pays concerné, agir, en demandant à l'autorité étrangère le gel des biens, en vertu :
- des articles 695-9-1 et suivants du Code de procédure pénale ;

Procédures spécifiques

– d'un règlement européen n° 2018/1805 entré en vigueur le 19 décembre 2020 ;
– ou de conventions internationales s'il en existe (V. *supra*, nos 4733 et s.).
Quand ce sont les autorités étrangères qui demandent le gel d'un bien se trouvant en France, les autorités judiciaires peuvent mandater un officier de police judiciaire pour procéder au gel de biens ou à leur saisie. Ce sont les autorités judiciaires qui sont chargées de contrôler la conformité de la demande aux dispositions légales. L'officier de police judiciaire, lui, exécute la mission selon les règles de procédure française sauf demande de l'État étranger comme prévu à l'article 694-3, alinéa 2 du Code de procédure pénale sous réserve que la demande ne réduise pas les droits des parties (V. *supra*, nos 4747 et s., 4760).

Mandat d'arrêt européen

4788 Le mandat d'arrêt européen que les forces de l'ordre françaises peuvent être amenées à exécuter est une décision judiciaire émise par un État membre de l'Union européenne (État membre d'émission), en vue de l'arrestation et de la remise par les autorités judiciaires françaises (État membre d'exécution), d'une personne recherchée pour l'exercice de poursuites pénales ou pour l'exécution d'une peine ou d'une mesure de sûreté privative de liberté. Le mandat d'arrêt européen doit reposer sur un mandat d'arrêt national, une décision de condamnation ou toute autre décision équivalente dans la législation du pays d'émission (V. *supra*, n° 4761).

4789 Un mandat d'arrêt européen est inscrit au système d'information Schengen et au fichier des personnes recherchées. C'est souvent sur cette base que les services de police ou les unités de gendarmerie découvriront, à l'occasion d'un contrôle, qu'une personne est recherchée par un pays étranger sur la base d'un mandat d'arrêt européen. Mais si les autorités judiciaires étrangères savent où se trouve la personne recherchée, elles peuvent aussi adresser le mandat d'arrêt européen au procureur général français territorialement compétent qui chargera alors un service d'enquête de rechercher la personne concernée et d'exécuter ledit mandat d'arrêt européen. Dans le cadre de cette recherche, les dispositions de l'article 74-2 du Code de procédure pénale peuvent être mises en œuvre, de même que des interceptions de correspondances, le recours à une géolocalisation et l'utilisation de drones dans des lieux publics. L'agent peut, pour exécuter le mandat d'arrêt européen, s'introduire au domicile d'un citoyen entre 6 heures et 21 heures (V. *supra*, n° 4762).

4790 Lorsqu'un service de police ou une unité de gendarmerie interpelle une personne faisant l'objet d'un mandat d'arrêt européen, il doit la conduire devant le procureur général territorialement compétent dans le délai de quarante-huit heures. Pendant ce délai, la personne dispose des droits prévus par les articles 63-1 à 63-7 du Code de procédure pénale (V. *supra*, n° 4764).

4791 Les forces de l'ordre peuvent également être amenées à intervenir pour rechercher la personne qui aurait été laissée en liberté et aurait disparu au moment où il y a lieu à remise effective de même que pour assurer le transfèrement vers le pays étranger demandeur (V. *supra*, n° 4766).

Extradition et arrestation provisoire

4792 L'extradition passive, seule traitée ici, est une procédure destinée à remettre à un pays étranger une personne qui y est recherchée pour l'exercice de poursuites pénales ou pour l'exécution d'une peine et qui est trouvée en France. La demande d'extradition doit reposer sur un mandat d'arrêt national, une décision de condamnation ou un acte équivalent. Elle peut, à la différence du mandat d'arrêt européen qui ne concerne que certains pays d'Europe, être mise en œuvre avec tous les pays étrangers. Les personnes de nationalité française ne peuvent pas être extradées par la France. La procédure comporte une phase judiciaire au cours de laquelle la chambre de l'instruction donne son avis. Ce n'est que s'il est favorable que le Gouvernement français peut prendre un décret d'extradition, soumis au contrôle du Conseil d'État. La procédure est donc plus longue que celle du mandat d'arrêt européen (V. *supra*, n° 4768).

4793 En cas d'urgence, le pays étranger peut demander à la France de procéder à une arrestation provisoire en attendant la transmission d'une demande formelle d'extradition (V. *supra*, n° 4768).

4794 Pour la recherche d'une personne faisant l'objet d'une demande d'extradition, les enquêteurs français, s'ils ne découvrent pas la personne fortuitement à l'occasion d'un contrôle ou s'ils ne sont pas saisis d'une demande d'arrestation provisoire parce qu'ils exécutent déjà une commission rogatoire internationale ou une demande d'enquête européenne qui les a conduits à retrouver et à entendre la personne, peuvent avoir recours à :
– des perquisitions ;

– des saisies ;
– des réquisitions ;
– des examens techniques et scientifiques ;
– des interceptions de correspondances sur autorisation du président de la chambre de l'instruction, saisi par le procureur général ;
– des géolocalisations ;
– l'utilisation de dispositifs d'enregistrement aéroportés (drones) dans un lieu public ;
– l'entrée dans le domicile d'un citoyen entre 6 heures et 21 heures.

4795 La personne découverte doit être conduite devant le procureur général territorialement compétent dans le délai de quarante-huit heures et dispose, pendant cette période, des droits prévus par les articles 63-1 à 63-7 du Code de procédure pénale (V. *supra*, n° 4770).

POUR ALLER PLUS LOIN...

Fascicule JurisClasseur

• *JCl. Procédure pénale*, Art. 695 à 695-9-53, fasc. 20, *Entraide judiciaire internationale. – Dispositions propres à l'entraide entre la France et les autres États membres de l'Union européenne*, par O. Beauvallet.

Circulaires

• Circ. CRIM-09-3/GI, 23 mars 2009 (NOR : JUSD0906870C).
• Circ. CRIM/2017-15/H2, 16 mai 2017.

Fiche 82

Les fichiers européens et internationaux

Sommaire

I Les fichiers européens

A Le SIS

4796 **Textes.** La décision n° 2007/533/JAI du Conseil du 12 juin 2007 sur l'établissement, le fonctionnement et l'utilisation du système d'information Schengen de deuxième génération (SIS II), le règlement (CE) n° 1987/2006 du Parlement européen et du Conseil du 20 décembre 2006 sur l'établissement, le fonctionnement et l'utilisation du système d'information Schengen de deuxième génération (SIS II), la décision de la Commission du 4 mai 2010 établissant un plan de sécurité pour le SIS II central et l'infrastructure de communication (n° 2010/261/UE), la décision d'exécution (UE) n° 2016/1209 de la Commission – du 12 juillet 2016 – remplaçant l'annexe de la décision d'exécution n° 2013/115/UE, relative au manuel Sirene et à d'autres mesures d'application pour le système d'information Schengen, les articles R. 231-1 à R. 231-16 du Code de la sécurité intérieure, constituent les textes de référence relatifs au système d'information Schengen II, en vigueur actuellement.

4797 **Objet.** Le système d'information Schengen de deuxième génération (SIS II) a pour objet d'assurer un niveau élevé de sécurité dans l'espace de liberté, de sécurité et de justice de l'Union européenne, notamment la préservation de la sécurité et de l'ordre publics sur les territoires des États membres de l'espace Schengen (CSI, art. R. 231-1). Cet objectif reprend celui défini par l'article 93 de la Convention d'application de l'accord de Schengen tendant à la préservation de l'ordre et de la sécurité publics, y compris la sûreté de l'État, et l'application des dispositions sur la circulation des personnes sur les territoires des parties contractantes à l'aide des informations transmises par ce système.

4798 **Organisation.** Le fichier est constitué :
– d'une partie centrale dite « de support technique » placée sous la responsabilité de l'Agence pour la gestion opérationnelle des systèmes d'information à grande échelle dans le domaine de la liberté, de la sécurité et de la justice (EU-LISA) (CSI, art. R. 231-1) qui est installée à Strasbourg

et qui est géré par la France. Une sauvegarde du système est gérée près de Salzbourg (Autriche) ;
– d'une partie nationale, elle-même composée :
1° du système informatique national dénommé N-SIS II, alimenté par des traitements de données nationaux, relié à la partie centrale du SIS II, qui comporte une copie nationale complète et des copies techniques partielles de la base de données du SIS II ;
2° de l'office N-SIS II, responsable du bon fonctionnement et de la sécurité du système N-SIS II qui doit prendre les mesures nécessaires pour que les autorités compétentes aient accès au SIS II et pour assurer le respect des dispositions des instruments légaux du SIS II ;
3° du bureau Sirene (Supplément d'information requis à l'entrée nationale), chargé d'assurer les échanges entre États membres des informations supplémentaires portant sur les données inscrites dans le SIS II, conformément à la décision d'exécution relative au manuel Sirene et qui coordonne la vérification de la qualité des informations introduites dans le SIS II.

Le **bureau Sirene France est l'intermédiaire obligatoire** entre l'enquêteur de terrain français qui découvre l'individu ou l'objet et le service demandeur du pays requérant, à l'origine du signalement. Il s'agit d'une structure opérationnelle fonctionnant en continu. Placée sous l'autorité du ministère de l'Intérieur, au sein de la direction centrale de la police judiciaire (CPP, art. D. 8-2), elle est composée de policiers, gendarmes, douaniers, magistrats. Le bureau Sirene fait partie, aux côtés du BCN Interpol, de l'UNE Europol, et de l'UCCPI la SCCOPOL (V. *supra*, n°s 4475 et s.) qui détermine, en fonction de la demande et du contexte juridique, quel réseau de coopération doit être utilisé (SIS, Interpol ou Europol).

1 Finalité

4799 **Centralisation d'informations concernant les personnes et objets.** L'article R. 231-5 du Code de la sécurité intérieure dispose que :

> « La finalité exclusive du système informatique national N-SIS II est la centralisation d'informations concernant les personnes et objets signalés par les autorités administratives et judiciaires des États parties au règlement du Parlement européen et du Conseil (CE) n° 1986/2006 du 20 décembre 2006 sur l'accès des services des États membres chargés de l'immatriculation des véhicules au système d'information Schengen de deuxième génération (SIS II) ainsi qu'au règlement et à la décision mentionnés au 1° de l'article R. 231-3, afin de permettre aux autorités désignées par ces États de décider de la conduite à tenir à l'égard des personnes et objets signalés ».

2 Gestionnaire

4800 La partie centrale dite « de support technique » est placée sous la responsabilité de l'Agence pour la gestion opérationnelle des systèmes d'information à grande échelle dans le domaine de la liberté, de la sécurité et de la justice (EU-LISA).

La partie nationale est placée sous l'autorité du ministre de l'Intérieur

3 Contenu

4801 **Personnes (CSI, art. R. 231-6).** Le fichier peut contenir les données nominatives concernant :
1) les personnes signalées en vue d'une arrestation aux fins de remise sur la base d'un mandat d'arrêt européen ou aux fins d'extradition ;
2) les personnes signalées aux fins de non-admission ou d'interdiction de séjour à la suite d'une décision administrative ou judiciaire ;
3) les personnes disparues, devant être le cas échéant placées sous protection dans l'intérêt de leur propre sécurité ou pour la prévention de menaces ;
4) les personnes signalées aux fins de contrôle discret ou de contrôle spécifique dans le cadre de la répression d'infractions pénales, pour la prévention de menaces pour la sécurité publique ou de menaces graves pour la sûreté intérieure et extérieure de l'État ;
5) les personnes signalées par l'autorité judiciaire dans le cadre d'une procédure pénale ou pour la notification ou l'exécution d'une décision pénale.

Les **données enregistrées** sont (CSI, art. R. 231-9) :
1) l'état civil (nom, prénoms et alias, date et lieu de naissance), le sexe et la nationalité ;
2) les signes physiques particuliers, objectifs et inaltérables, ainsi que l'indication que la personne est armée, violente ou en fuite ;
3) les photographies ;
4) les empreintes digitales ;
5) le motif du signalement ;
6) la conduite à tenir en cas de découverte ;
7) l'autorité ayant effectué le signalement ;
8) les références de la décision à l'origine du signalement ;
9) les liens vers d'autres signalements introduits dans le SIS II ;
10) le type d'infraction.

4802 **Objets (CSI, art. R. 231-7).** Peuvent être enregistrées dans le traitement N-SIS II, aux fins de saisie ou de preuve dans une procédure pénale, les catégories d'objets suivantes :
1) les véhicules à moteur d'une cylindrée supérieure à 50 cm^3, les embarcations et les aéronefs ;

2) les remorques d'un poids à vide supérieur à 750 kg, les caravanes, le matériel industriel, les moteurs hors-bords et les conteneurs ;
3) les armes à feu ;
4) les documents officiels vierges volés, détournés ou égarés ;
5) les documents d'identité tels que passeports, cartes d'identité, permis de conduire, titres de séjour et documents de voyage délivrés qui ont été volés, détournés, égarés ou invalidés ;
6) les certificats d'immatriculation et les plaques d'immatriculation volés, détournés, égarés ou invalidés ;
7) les billets de banque (billets enregistrés) ;
8) Les titres et les moyens de paiement tels que chèques, cartes de crédit, obligations et actions volés, détournés, égarés ou invalidés.
Les **données enregistrées** sont (CSI, art. R. 231-9-1) :
1) la nature, la catégorie, le type, la marque ;
2) le numéro de série, l'immatriculation ou un autre numéro d'identification ;
3) la nationalité ou le pays d'immatriculation ;
4) la ou les photographies et leur date ;
5) la date du vol, de la perte, de la déclaration de perte ou de la plainte ;
6) l'état civil du propriétaire, du plaignant ou du titulaire ;
7) les descriptifs et caractéristiques complémentaires, notamment la devise, la valeur faciale et l'organisme de délivrance ;
8) la conduite à tenir en cas de découverte.

4803 **Contrôle discret (CSI, art. R. 231-7).** Peuvent être enregistrées dans le traitement N-SIS II, aux fins de contrôle discret ou de contrôle spécifique, les catégories d'objets suivantes :
1) les véhicules ;
2) les embarcations ;
3) les aéronefs ;
4) les conteneurs.
Les **données enregistrées** sont :
– les données relatives aux personnes ou aux véhicules, embarcations, aéronefs et conteneurs signalés pour la répression d'infractions pénales ou pour la prévention de menaces pour la sécurité publique :
1) lorsque des indices réels laissent supposer que la personne concernée commet ou a l'intention de commettre une des infractions mentionnées à l'article 694-32 du Code de procédure pénale ;
2) lorsque l'appréciation globale portée sur la personne, en particulier au regard des infractions pénales commises jusqu'alors, laisse supposer qu'elle commettra également à l'avenir une des infractions mentionnées au 1) ;
3) lorsque des indices concrets permettent de supposer que les informations visées à l'article 37 de la décision mentionnée au 1° de l'article R. 231-3 sont nécessaires à la prévention d'une menace grave émanant de l'intéressé ou d'autres menaces graves pour la sûreté intérieure et extérieure de l'État.

4804 **Données sensibles (CSI, art. R. 231-16).** Le bureau national Sirene est autorisé à enregistrer et conserver dans le cadre du traitement automatisé dénommé « Gestion électronique de documents » (GED), en tant qu'éléments de signalement, des informations concernant des signes physiques qui peuvent faire apparaître, directement ou indirectement, des données relevant du I de l'article 8 de la loi du 6 janvier 1978 précitée, lorsque celles-ci constituent des éléments déterminants pour l'identification des personnes qui sont enregistrées dans le système d'information Schengen de deuxième génération (SIS II).

4 Alimentation

4805 Ainsi que l'indique la CNIL sur son site Internet, chaque État membre désigne une instance (« l'office N.SIS II ») qui assume la responsabilité centrale du N.SIS II. Les données du SIS II sont introduites, mises à jour, supprimées et consultées par le biais des systèmes N.SIS II de chaque État membre. Chaque État membre transmet ses signalements par l'intermédiaire de son office N.SIS II. Les signalements effectués par l'État français dans le N.SIS II découlent des signalements introduits dans le fichier des personnes recherchées (FPR), le fichier des objets volés et signalés (FOVeS), le fichier des titres électroniques sécurisés (TES) et DOCVERIF (V. Délib. CNIL, n° 2017-158, 18 mai 201 sur FOVeS).
Les N.SIS II ne peuvent échanger des données directement entre elles. Elles doivent le faire en passant par le C.SIS II.

5 Accès

4806 **Droit d'accès des personnes concernées.** L'article R. 231-12 du Code de la sécurité intérieure prévoit que :

> « I. – Les droits d'accès et de rectification relatifs aux données enregistrées dans le traitement N-SIS II s'exercent auprès de la Commission nationale de l'informatique et des libertés, dans les conditions prévues à l'article 41 de la loi n° 78-17 du 6 janvier 1978 relative à l'informatique, aux fichiers et aux libertés.
> II. – Par exception au I, les droits d'accès et de rectification s'exercent directement auprès du ministère de l'intérieur (direction centrale de la police judiciaire) :
> 1° Lorsqu'ils concernent des données relatives à l'état civil, au sexe, à la nationalité, aux signes physiques

particuliers, aux photographies et au motif de signalement, s'agissant des personnes mentionnées à l'article 9 du décret n° 2010-569 du 28 mai 2010 relatif au fichier des personnes recherchées ;

2° Lorsqu'ils concernent des données relatives aux objets volés, perdus, invalidés ou détournés.

III. – Le demandeur est informé de la suite donnée à sa demande d'accès ou de rectification dans les meilleurs délais et au plus tard deux mois après la date de sa demande ».

Sur son site Internet, la CNIL indique qu'il convient de saisir d'abord le ministère de l'Intérieur et que ce n'est que si le ministère refuse l'accès à la fiche, rejette une demande de rectification ou ne répond pas à la demande qu'il convient de la saisir. La personne concernée ne dispose pas des droits d'information et d'opposition mais les victimes de vol et les propriétaires d'objets perdus sont informés du fait qu'ils peuvent faire l'objet d'une inscription dans le fichier (CSI, art. R. 231-13).

4807 **Autorités françaises.** L'article R. 231-10 du Code de la sécurité intérieure réglemente l'accès et la possibilité d'être destinataire des informations :

« I. – Peuvent seules avoir **accès** à tout ou partie des informations mentionnées aux articles R. 231-9 et R. 231-9-1, dans le cadre de leurs attributions et dans la limite du besoin d'en connaître, les personnes suivantes, **individuellement désignées et spécialement habilitées** (V. *supra*, n°s 4077 et s.) par l'autorité hiérarchique dont elles relèvent :

1° Les agents du bureau Sirene français et de l'office N-SIS II français ;

2° Les fonctionnaires de la police nationale, les militaires de la gendarmerie nationale et les agents des douanes qui agissent dans le cadre de leur mission générale de police administrative et de police judiciaire ;

3° Les agents des services chargés de l'immatriculation des véhicules, exclusivement en vue de vérifier si les véhicules qui leur sont présentés afin d'être immatriculés ont été volés, détournés ou égarés, ou sont recherchés aux fins de preuve dans une procédure pénale

4° Les agents des préfectures et des services de l'administration centrale du ministère de l'intérieur compétents en matière d'entrée, de séjour et d'éloignement des étrangers et de recherche des personnes, majeures ou mineures, disparues, pour les seules consultations relevant de leurs attributions ;

5° Les agents des services du ministère des affaires étrangères, des consulats et des sections consulaires d'ambassades chargés de la délivrance des visas, pour les seuls renseignements concernant des étrangers signalés aux fins de non-admission ou d'interdiction de séjour dans l'espace Schengen ;

6° Les agents du service à compétence nationale dénommé "Unité Information Passagers" et rattaché au ministère chargé du budget.

II. – Peuvent seuls être **destinataires** de tout ou partie des informations mentionnées au premier alinéa, dans le cadre de leurs attributions et dans la limite du besoin d'en connaître :

1° Les autorités judiciaires ;

2° Les autorités et services homologues des autres États parties à la convention du 19 juin 1990 d'application de l'accord de Schengen du 14 juin 1985 ».

En pratique, comme il a déjà été indiqué, une consultation du FPR entraîne consultation du SIS. Dès lors qu'une personne faisant l'objet d'un contrôle d'identité ou d'une garde à vue y est inscrite, l'agent de la force publique doit vérifier, par les données biométriques, qu'il n'est pas en présence d'une usurpation d'identité. Cette vérification se fait en premier lieu en comparant la personne contrôlée à la photo figurant dans le SIS, s'il en existe une. C'est en cas de doute ou d'absence de photo qu'il est procédé à une vérification par les empreintes digitales si le cadre juridique le permet et s'il n'est pas prescrit de se borner à un contrôle discret. Pour la gendarmerie nationale, c'est le département FAED du service central de renseignement criminel qui procède à la comparaison d'empreintes après récupération par l'enquêteur des données disponibles au SIS auprès du bureau Sirene de la section centrale de coopération opérationnelle de police (SCCOPOL).

4808 **Autorités étrangères. Dans les autres États membres de l'Union européenne**, peuvent avoir communication des informations enregistrées dans le fichier, les autorités nationales compétentes légalement désignées et chargées :

- des contrôles aux frontières ;
- des contrôles de police et de douanes ;
- des poursuites judiciaires dans le cadre de procédures pénales et des enquêtes judiciaires, avant la mise en examen ou l'inculpation ;
- des visas et des permis de séjour ;
- l'Office européen de police (Europol). Cette agence peut rechercher des données directement, mais l'utilisation des informations trouvées dans le cadre de ces recherches nécessite l'autorisation du pays de l'espace Schengen concerné ;
- les membres nationaux d'Eurojust et leurs assistants, mais pas le personnel d'Eurojust. Les utilisateurs peuvent accéder uniquement aux données nécessaires à la réalisation de leurs tâches.

6 Contrôle

4809 Dans le but d'assurer la coordination du contrôle du système d'information Schengen de deuxième génération, des représentants des autorités nationales chargées de la protection des données (« APD nationales ») et le Contrôleur européen de la protection des données se réunissent habituellement deux fois par an.

7 Effacement

4810 Le Code de la sécurité intérieure ne réglemente pas le droit de demander l'effacement d'une donnée.

La décision n° 2007/533/JAI du Conseil du 12 juin 2007 sur l'établissement, le fonctionnement et l'utilisation du système d'information Schengen de deuxième génération (SIS II), le règlement (CE) n° 1987/2006 du Parlement européen et du Conseil du 20 décembre 2006 prévoient que :

« 1. Le droit de toute personne d'accéder aux données la concernant qui sont introduites dans le SIS II conformément au présent règlement s'exerce dans le respect du droit de l'État membre auprès duquel elle le fait valoir.

2. Si le droit national le prévoit, l'autorité de contrôle nationale décide si des informations doivent être communiquées et selon quelles modalités ».

La CNIL, sur son site Internet, indique que les demandes d'effacement doivent être adressées au ministère de l'Intérieur. En cas de refus ou d'absence de réponse, la CNIL peut être saisie.

8 Durée de conservation

4811 1) Les données relatives aux signalements concernant des personnes sont conservées au maximum pendant **trois** ans. Cette durée est réduite à **un** an pour les signalements aux fins de contrôle discret ou spécifique.

2) Les données relatives aux signalements concernant des objets sont conservées au maximum pendant **dix** ans. Cette durée est réduite à **cinq** ans pour les signalements aux fins de contrôle discret ou spécifique.

3) Les durées mentionnées aux 1° et 2° peuvent être **prolongées** si leur maintien est nécessaire aux fins pour lesquelles le signalement a été effectué, dans les conditions prévues aux articles 29 du règlement et 44 et 45 de la décision mentionnés au 1° de l'article R. 231-3.

4) En tout état de cause, **les données** de chaque signalement **ne peuvent être conservées une fois expirée la période de conservation prévue par le traitement national** d'où elles sont issues.

5) La mise à jour ou la suppression des données dans le traitement national d'origine emporte la mise à jour ou la suppression des données correspondantes dans le traitement N-SIS II.

9 Interconnexion

4812 Les conditions d'alimentation du fichier (V. *infra*, n° 4805) sont antinomiques avec l'interdiction de toute interconnexion, que, d'ailleurs, aucun texte n'énonce.

10 Révision du cadre juridique du SIS II

4813 Les textes relatifs au SIS doivent à terme être remplacés par trois règlements adoptés le 19 novembre 2018, en vue de combler toute lacune potentielle dans le système et d'introduire plusieurs changements majeurs relatifs aux types de signalements introduits.

Les nouveaux règlements introduisent des catégories supplémentaires de signalements dans le système, notamment :

– les signalements introduits à des fins de contrôles d'investigation, une étape intermédiaire entre les contrôles discrets et les contrôles spécifiques, qui permettent d'interroger les personnes ;

– les signalements portant sur des suspects inconnus ou des personnes recherchées, qui permettent d'introduire dans le SIS les empreintes digitales ou les empreintes de paume de main découvertes sur les scènes d'un crime grave ou d'incidents terroristes et qui sont considérées comme appartenant au coupable ;

– les signalements à des fins de prévention pour les enfants susceptibles de faire l'objet d'un enlèvement par un parent, ainsi que pour les enfants et les personnes vulnérables qui, pour leur propre protection, ne doivent pas être autorisés à voyager (par ex., si le voyage peut entraîner un risque de mariage forcé, de mutilation génitale féminine ou de trafic d'êtres humains) ;

– les signalements à des fins de retour pour des ressortissants de pays tiers en situation de séjour illégal, améliorant ainsi l'échange d'informations concernant les décisions de retour.

Ils élargissent également la liste des objets pour lesquels des signalements peuvent être introduits, y compris des faux documents et des objets identifiables de grande valeur, ainsi que du matériel informatique.

En outre, l'introduction dans le SIS de signalements concernant les interdictions d'entrée pour les ressortissants de pays tiers est désormais obligatoire.

Les règlements introduisent la possibilité d'utiliser les images faciales à des fins d'identification, en particulier pour garantir la cohérence dans les procédures de contrôle aux frontières. Ils permettent également d'inclure un profil ADN afin de faciliter

l'identification des personnes disparues dans les cas où les empreintes digitales, les photos ou les images faciales ne sont pas disponibles ou ne permettent pas l'identification.
Europol peut accéder à toutes les catégories de données dans le SIS et échanger des informations supplémentaires avec les bureaux Sirene nationaux de l'UE. De plus, les pays de l'UE doivent informer Europol de tout résultat trouvé lorsqu'une personne est recherchée dans le cadre d'une infraction terroriste.

À SAVOIR **Le 19 novembre 2018, le Conseil a adopté trois règlements sur l'utilisation du système d'information Schengen, qui remplacent progressivement le règlement (CE) n° 1987/2006 et la décision 2007/533/JAI.**
Le nouveau cadre juridique se compose des règlements suivants :
– dans le domaine de la coopération policière et de la coopération judiciaire en matière pénale : règlement (UE) 2018/1862 ;
– dans le domaine des contrôles aux frontières : règlement (UE) 2018/1861 ;
– pour le rapatriement de ressortissants de pays tiers séjournant illégalement : règlement (UE) 2018/1860.

B Le système d'information Europol (SIE)

4814 **Informations issues du site Internet https://www.europol.europa.eu/activities-services/services-support/information-exchange/europol-information-system.** Le système d'information d'Europol (SIE) est la base de données centrale d'Europol en matière d'informations criminelles et de renseignements. Il couvre tous les domaines de criminalité mandatés par Europol, y compris le terrorisme.
Lancé en 2005 et disponible en vingt-deux langues, le SIE (EIS en anglais) contient des informations sur les crimes internationaux graves, les personnes soupçonnées et condamnées, les structures criminelles et les infractions et les moyens utilisés pour les commettre. C'est un système de référence qui peut être utilisé pour vérifier si des informations sur une personne déterminée ou un objet d'intérêt (comme une voiture, un téléphone ou un message électronique) sont disponibles au-delà des juridictions nationales ou organisationnelles.
L'EIS est utilisé par les fonctionnaires d'Europol, les officiers de liaison des États membres et les experts nationaux détachés en poste au siège d'Europol, ainsi que par le personnel des unités nationales Europol et des autorités compétentes des États membres. En outre, certains des partenaires de coopération d'Europol peuvent stocker et interroger des données *via* le centre opérationnel d'Europol.
Les données du SIE sont stockées dans différentes « entités » en ligne correspondant à des objets réels tels que des voitures et des documents d'identité, et à des personnes. Les « entités » en ligne peuvent être liées les unes aux autres de différentes manières afin de créer une image structurée d'une affaire pénale. Le système permet également le stockage et le recoupement automatique des données biométriques (ADN) et liées à la cybercriminalité.
En 2015, vingt-quatre pays et organisations ont commencé à utiliser le SIE pour partager des listes de combattants terroristes étrangers (FTF) et, à la fin de cette année-là, environ vingt unités de lutte contre le terrorisme y avaient directement accès. La liste des FTF qu'elle contenait était passée à plus de 7 800 contributions de vingt-quatre pays en décembre 2016. Des identifications positives dans le système ont conduit à un certain nombre d'actions policières conjointes impliquant divers pays.

4815 **Sécurité et protection des données.** Les données insérées dans le SIE restent sous le contrôle total de l'entité de saisie (le propriétaire des données) et ne peuvent en aucun cas être modifiées par Europol ou un autre État membre.
Le propriétaire a la charge :
- d'assurer l'exactitude et la fiabilité des données ;
- de vérifier les délais de conservation des données ;
- de s'assurer que les données sont à jour.

La sécurité et la protection des données sont d'une importance capitale pour le SIE. Le droit d'accès des utilisateurs aux données qui y sont stockées dépend de leur profil d'utilisateur et des restrictions définies par le propriétaire des données. En règle générale, les utilisateurs d'Europol et des unités nationales Europol ont un accès direct à toutes les données stockées dans le système, mais le propriétaire des données peut limiter ce droit au cas par cas.

4816 **Comment fonctionne le SIE.** Les utilisateurs des autorités désignées des États membres peuvent effectuer des recherches dans le système. Si leurs recherches donnent des premiers résultats, les utilisateurs peuvent demander plus d'informations *via* leur unité nationale Europol. Le SIE s'interface avec SIENA, le système d'échange de messages d'Europol, pour le suivi des recherches et des appels trouvés.
Par exemple, un enquêteur du pays X souhaite partager des données *via* l'EIS mais, en raison de la sensibilité du cas, souhaite en limiter l'accès direct.

L'enquêteur applique la restriction au moyen d'un code de gestion, qui rend les données invisibles aux utilisateurs d'autres pays, même si elles restent consultables. En pratique, cela signifie qu'un utilisateur à la recherche de ces données recevra une réponse indiquant si elles sont présentes dans le système, mais ne pourra voir aucun détail. Pendant ce temps, le propriétaire des données recevra une notification indiquant qu'une recherche a été effectuée et pourra contacter cet utilisateur. Ces caractéristiques améliorent la sécurité du système sans sacrifier la capacité de coordonner les efforts.

4817 **Le SIE en 2015** : 295 374 objets dans le système (soit une augmentation de 25 % par rapport à 2014) :
- 86 629 suspects criminels (soit une augmentation de 40 %) ;
- 633 639 recherches effectuées (soit une augmentation de 62 %) ;
- 4 569 utilisateurs dans vingt-huit États membres ;
- 26 % des objets concernent le vol, 20 % le trafic de drogue, 7 % l'immigration clandestine et autres délits, 6 % la fraude, l'escroquerie et le blanchiment d'argent et 5 % la falsification d'argent.

II Bref aperçu des fichiers d'Interpol

4818 L'Organisation internationale de police criminelle (Interpol), organisation intergouvernementale, compte près de deux cents pays membres et favorise la collaboration entre les autorités de police. Dans chaque pays, un Bureau central national Interpol (BCN), dirigé par des agents de police nationale et installé au sein du ministère responsable des activités policières, sert de point de contact central pour le Secrétariat général et les autres BCN.
Interpol gère dix-huit bases de données, offrant aux pays qui en sont membres la possibilité d'accéder directement et instantanément aux données qui y sont contenues. Ces différentes bases de données contiennent 100 millions d'enregistrements et font l'objet de 20 millions de recherches par jour.
Les bases de données sont accessibles à partir d'un portail Internet à accès restreint, à l'exception de celle sur l'exploitation sexuelle des enfants.
Interpol ouvre l'accès à ses ressources, au-delà de ses bureaux centraux nationaux (BCN), aux fonctionnaires chargés de l'application de la loi de première ligne tels que ceux de la police des frontières des pays membres, afin qu'ils puissent consulter les bases de données sur les personnes recherchées, les documents de voyage volés et perdus, et les véhicules volés. Il est possible de lancer une même recherche simultanément dans une base de données nationale et dans une base de données d'Interpol et d'obtenir des réponses des deux en quelques secondes.

A Principales bases de données

4819 **Données nominatives.** Cette base contient plus de 225 346 enregistrements sur des malfaiteurs internationaux connus des services de police, sur des personnes disparues et sur des cadavres, avec antécédents judiciaires, photographies, empreintes digitales, etc.

4820 **Profils génétiques.** Cette base de données contient près de 226 000 profils provenant de quatre-vingt-sept pays. Les profils génétiques, qui sont des ensembles codés numériquement de marqueurs génétiques propres à chaque individu, peuvent aider à élucider des affaires et à identifier des personnes disparues et des cadavres.

4821 **Empreintes digitales.** Interpol gère un système de comparaison/reconnaissance automatisées d'empreintes digitales (AFIS) contenant plus de 220 000 fiches décadactylaires et plus de 17 000 traces latentes relevées sur les scènes de crime, transmises par les pays membres soit par la voie électronique, soit par courrier.
Les utilisateurs de la passerelle AFIS reçoivent très rapidement les résultats de leurs recherches :
- en quelques minutes seulement pour les individus non enregistrés dans la base de données (recherche automatique) ;
- en une heure environ pour les individus enregistrés dans la base de données (recherche semi-automatique) ;
- en une heure environ pour les traces papillaires latentes relevées sur une scène de crime (recherche manuelle).

Ce processus automatisé permet d'effectuer plus de 3 000 comparaisons par jour et le système peut également rechercher et enregistrer des empreintes palmaires.
Il est prévu de mettre en œuvre une nouvelle technologie (système automatisé d'identification biométrique [ABIS]) présentant l'avantage d'accélérer

les recherches et d'améliorer leur précision. Cette technologie sera intégrée à une nouvelle plateforme biométrique qui simplifiera la recherche dans l'ensemble des bases de données de police scientifique d'Interpol. Il sera ainsi possible de gagner du temps et de mettre au jour des liens qui risqueraient sinon de passer inaperçus.

4822 **Images d'abus pédosexuels.** La base de données internationale sur l'exploitation sexuelle des enfants s'appuie sur un logiciel complexe de comparaison d'images permettant de relier des victimes à des agresseurs et à des lieux. L'objectif est de secourir les victimes et d'identifier, de localiser et d'arrêter les criminels. 21 458 victimes et 9 698 auteurs d'abus ont été identifiés par des enquêteurs à l'aide de la Base de données internationale sur l'exploitation sexuelle des enfants (ICSE).

4823 **Documents de voyage volés et perdus.** Cette base de données contient des informations sur plus de 89 millions de documents de voyage déclarés perdus ou volés par 179 pays. Elle permet aux bureaux centraux nationaux Interpol et à d'autres services autorisés (comme par exemple les services d'immigration et la police des frontières) de vérifier la validité d'un document de voyage suspect en quelques secondes.

4824 **Documents administratifs volés.** Cette base de données contient des informations sur près de 1,6 million de documents officiels servant à identifier des objets, comme par exemple les documents d'immatriculation des véhicules et les certificats de dédouanement utilisés pour l'import/export.

4825 **Véhicules volés.** Cette base de données contient des éléments d'identification détaillés concernant quelque 7,4 millions de véhicules déclarés volés partout dans le monde. En 2019, près de 210 000 véhicules volés ont été identifiés grâce à cette base de données.

4826 **Œuvres d'art volées.** Cette base de données permet aux pays membres d'effectuer des recherches sur plus de 52 000 œuvres d'art et biens culturels déclarés volés par les cent trente-quatre pays participants.
Tout le monde peut, en utilisant un formulaire de demande d'accès, devenir utilisateur autorisé de cette base de données, afin de vérifier en temps réel si un objet se trouve parmi les objets enregistrés.

4827 **Combattants terroristes étrangers.** Cette base de données d'analyse a été créée en août 2015 avec les profils de plus de 53 000 combattants terroristes étrangers suspectés. Des informations nominatives ont été communiquées par soixante-dix-sept pays.

4828 **Armes à feu.** Le Système Interpol de gestion des données sur les armes illicites et du traçage des armes (iARMS) fournit aux services chargés de l'application de la loi du monde entier une plateforme centralisée pour signaler, lancer des requêtes, et tracer des armes à feu perdues, volées, ayant fait l'objet d'un trafic ou de contrebande.
Il contient plus de 1,4 million de fichiers enregistrés par quatre-vingt-sept pays.
Le Tableau de référence Interpol des armes à feu (IFRT) permet aux enquêteurs d'identifier correctement une arme à feu ayant servi à commettre une infraction. Il contient plus de 164 000 références d'armes à feu et 51 500 images de grande qualité. Le Réseau d'information balistique d'Interpol (IBIN) est la seule plateforme à grande échelle pour le partage et la comparaison au plan international de données balistiques. Il contient plus de 1,3 million de fichiers communiqués par les vingt-neuf pays participants.

4829 **Reconnaissance faciale.** Le Système de reconnaissance faciale d'Interpol (IFRS) contient des images faciales communiquées par plus de cent soixante-dix-neuf pays.
Associé à une application logicielle biométrique automatisée, ce système est capable d'identifier une personne ou d'en vérifier l'identité en comparant et en analysant les caractéristiques, formes et proportions des traits et contours de son visage.
Lorsqu'une image faciale (image de comparaison) est saisie dans le système, elle est automatiquement codée par un algorithme et comparée aux profils déjà enregistrés. On obtient ainsi une liste de « candidats » établie à partir des concordances les plus vraisemblables.
Il est toujours fait appel à un processus manuel – ou « identification faciale » – afin de corroborer les résultats du système automatisé : des fonctionnaires d'Interpol qualifiés et expérimentés examinent les images pour y déceler les caractéristiques uniques qui permettront de déterminer s'il s'agit d'un « candidat potentiel », d'un « candidat à écarter » ou d'un « résultat non concluant ».
Cette information est ensuite communiquée aux pays qui ont fourni les images ou qui pourraient être concernés par le profil ou par une concordance.
Toutes les images faciales figurant dans les demandes de publication de notices et de diffusions émanant des pays membres font l'objet de recherches et sont enregistrées dans le système de reconnaissance faciale, sous réserve qu'elles répondent aux critères de qualité requis à cet effet.

Les pays membres peuvent également demander une simple recherche dans le système de reconnaissance faciale, par exemple dans des aéroports ou autres points de passage frontaliers, concernant des personnes d'intérêt. Les résultats sont transmis rapidement, ce qui permet de prendre des mesures immédiates, et les images ne sont pas enregistrées dans le système.

B Alimentation

4830 Les pays membres transmettent à Interpol des données sur la base du volontariat, dans le respect d'un cadre juridique strict et des dispositions en matière de protection des données afin de garantir la fiabilité et la qualité des informations.

C Contrôle des fichiers

4831 **Commission de contrôle des fichiers d'Interpol.** La Commission de contrôle des fichiers d'Interpol (CCF) est un organe indépendant qui veille à ce que le traitement des données à caractère personnel par le canal d'Interpol soit conforme à la réglementation de l'Organisation. Elle traite les demandes d'accès aux données contenues dans le Système d'information de l'Organisation ou de rectification ou d'effacement de ces données (V. Règlement d'Interpol sur le traitement des données accessible à https://www.interpol.int/fr/Qui-nous-sommes/Commission-de-controle-des-fichiers-d-INTERPOL-CCF/A-propos-de-la-CCF).

Toute personne est en droit de demander à accéder aux données la concernant contenues dans les fichiers d'Interpol.

La Commission consulte le Secrétariat général d'Interpol afin de déterminer s'il existe, dans le Système d'information d'Interpol, des données concernant le demandeur. Dans le cas des demandes d'accès, la Commission consulte ensuite le propriétaire des informations contenues dans le Système d'information d'Interpol, autrement dit la source des données (Statut de la Commission, art. 35[2]), avant de divulguer l'existence ou l'absence d'informations dans le Système d'information d'Interpol.

De plus, dans le cas des demandes de rectification et d'effacement et des demandes de révision, la Commission peut consulter le Secrétariat général d'Interpol ou toute autre entité appropriée afin d'obtenir des informations ou des précisions.

Les pouvoirs de la Commission se limitent à contrôler que le traitement des données dans le Système d'information d'Interpol est conforme à la réglementation applicable de l'Organisation.

Elle n'est donc pas habilitée à connaître des fichiers nationaux (lesquels sont du seul ressort des autorités nationales compétentes), pas plus qu'elle n'est habilitée à déterminer si un demandeur peut se rendre à l'étranger sans craindre d'être arrêté. Elle n'est pas non plus habilitée à connaître des procédures d'extradition nationales, ni à intervenir en matière de coopération judiciaire bilatérale entre États souverains. Il ne lui appartient pas non plus de se substituer aux autorités judiciaires nationales pour vérifier l'exactitude des faits dénoncés ou les requalifier. Mais elle peut toutefois poser toute question susceptible de l'aider à déterminer si la procédure est toujours valable, si les données de police sont exactes et à jour ou, de manière plus générale, si les données doivent être enregistrées ou conservées dans les fichiers.

L'ESSENTIEL **Le SIS**

4832 **Finalité, objet.** Le système d'information Schengen de deuxième génération (SIS II), dont la finalité exclusive est la centralisation d'informations concernant les personnes et objets signalés par les autorités administratives et judiciaires des États membres, a pour objet d'assurer un niveau élevé de sécurité dans l'espace de liberté, de sécurité et de justice de l'Union européenne, notamment la préservation de la sécurité et de l'ordre publics sur les territoires des États membres de l'espace Schengen.

4833 **Organisation.** Il est constitué :

– d'une **partie centrale** dite « de support technique » placée sous la responsabilité de l'Agence pour la gestion opérationnelle des systèmes d'information à grande échelle dans le domaine de la liberté, de la sécurité et de la justice (CSI, art. R. 231-1) ;

– d'une **partie nationale**, elle-même composée :

1) du système informatique national dénommé N-SIS II, alimenté par des traitements de données nationaux, relié à la partie centrale du SIS II, qui comporte une copie de la base de données du SIS II,

2) de l'office N-SIS II, responsable du bon fonctionnement et de la sécurité du système N-SIS II qui doit prendre les mesures nécessaires pour que les autorités compétentes aient accès au SIS II et pour assurer le respect des dispositions des instruments légaux du SIS II,

3) du bureau **Sirene**, chargé d'assurer les échanges entre États membres des informations supplémentaires portant sur les données inscrites dans le SIS II, qui coordonne la vérification de la qualité des informations introduites dans le SIS II.

4834 **Contenu.** Y sont enregistrés des données relatives aux personnes recherchées ou à surveiller (contrôle discret), des objets (véhicules,

Les fichiers européens et internationaux

armes, documents, billets de banque, moyens de paiement) ainsi que des véhicules, embarcations aéronefs ou conteneurs dont la surveillance discrète est sollicitée des autres États membres. L'alimentation par les autorités françaises résulte des signalements introduits dans le fichier des personnes recherchées (FPR), le fichier des objets volés et signalés (FOVeS), le fichier des titres électroniques sécurisés (TES) et DOCVERI.

4835 **Accès.** Les enquêteurs français ont accès au SIS dans le cadre de leur mission de police judiciaire.

4836 **Conservation.** Les données relatives aux personnes sont conservées au plus trois ans dans le SIS, celles concernant les objets le sont au maximum dix ans sauf prolongation si le maintien s'avère nécessaire aux fins pour lesquelles le signalement a été fait.

4837 **Évolution législative.** Les textes relatifs au SIS doivent à terme être remplacés par trois règlements (V. *supra*, n° 4813) adoptés le 19 novembre 2018, en vue de combler toute lacune potentielle dans le système et d'introduire plusieurs changements majeurs relatifs aux types de signalements introduits.

Le SIE

4838 Le système d'information d'Europol (SIE) est la base de données centrale d'Europol en matière d'informations criminelles et de renseignements. Il couvre tous les domaines de criminalité mandatés par Europol, y compris le terrorisme.

4839 Il contient des informations sur les crimes internationaux graves, les personnes soupçonnées et condamnées, les structures criminelles et les infractions et les moyens utilisés pour les commettre.

4840 Il est utilisé par les fonctionnaires d'Europol, les officiers de liaison des États membres et les experts nationaux détachés en poste au siège d'Europol, ainsi que par le personnel des unités nationales Europol et des autorités compétentes des États membres. En outre, certains des partenaires de coopération d'Europol peuvent stocker et interroger des données *via* le centre opérationnel d'Europol.

4841 Les utilisateurs des autorités désignées des États membres peuvent effectuer des recherches dans le système. Si leurs recherches donnent des premiers résultats, les utilisateurs peuvent demander plus d'informations *via* leur unité nationale Europol. Le SIE s'interface avec SIENA, le système d'échange de messages d'Europol, pour le suivi des recherches et des appels trouvés.

Interpol

4842 Interpol (Organisation internationale de police criminelle) gère dix-huit bases de données, qui permettent à ses membres d'accéder à 100 millions d'enregistrements.

4843 La plupart de ces bases de données sont accessibles à partir d'un portail Internet à accès restreint.

4844 Elles concernent les **personnes** (données nominatives, agresseurs pédosexuels et victimes), la **criminalistique** (empreintes digitales, profils ADN, reconnaissance faciale), les **documents** officiels et de voyage (documents de voyage volés ou perdus [SLTD], documents administratifs volés [SAD], documents contrefaits, comparaison de documents authentiques et falsifiés), les **biens volés** (véhicules, navires, œuvres d'art), le **trafic d'armes à feu** (identification des armes à feu, traçage des armes à feu, comparaison des données balistiques), les **réseaux criminels** organisés (piraterie maritime).

4845 Les bases d'Interpol sont alimentées par les pays membres qui lui transmettent des données sur la base du volontariat.

4846 Interpol a mis en place une Commission de contrôle des fichiers d'Interpol (CCF) qui veille à ce que le traitement des données à caractère personnel soit conforme à la réglementation de l'Organisation.
Elle traite les demandes d'accès aux données contenues dans le Système d'information de l'Organisation ou de rectification ou d'effacement de ces données, toute personne étant en droit de demander à accéder aux données la concernant contenues dans les fichiers d'Interpol.

Annexes

Sommaire

Annexe 1

RÉCÉPISSÉ DE DÉPÔT DE PLAINTE

RÉCÉPISSÉ DE DÉPÔT DE PLAINTE

Date du dépôt de plainte **15/02/2023**

Identité du plaignant

Références de la procédure

Unité du dépôt de plainte

GENDARMERIE NATIONALE

Conservez précieusement cette lettre. Elle constitue la preuve de votre dépôt de plainte. Elle vous sera utile dans vos démarches auprès de votre employeur, de votre compagnie d'assurance…

Affaire suivie par *(grade, prénom, nom)*

Objet de la plainte

Madame, Monsieur,

Vous venez de déposer une plainte pour le(s) fait(s) cité(s) ci-dessus. Cette plainte, après enquête par l'unité compétente, va être transmise à M. le procureur de la République près le tribunal judiciaire de **AMIENS 80000** qui décidera de la suite à lui donner et vous en tiendra informé(e).

Pour vous permettre connaître vos droits et de mieux comprendre ce qui va se passer, les informations utiles vous sont communiquées dans la partie « **Information sur la procédure et sur vos droits** » de cet imprimé.

Vous pouvez aussi obtenir toutes les informations et toute l'aide nécessaire à l'exercice de vos droits en vous adressant à :

Adresse mail :

Permanence :

Ou à la permanence gratuite des avocats

Tél. :

Permanence :

L'enquête effectuée sur l'infraction dont vous avez été victime sera transmise au procureur de la République qui peut donner différentes suites à la procédure.

Cette note est destinée à vous informer sur la teneur et les conditions d'exercice de vos droits dont il vous est donné connaissance au verso.

Pour le procureur de la République

L'article 441-6 et l'article 441-9 du Code Pénal punissent d'un emprisonnement de deux ans et d'une peine de 30.000 euros d'amende, quiconque se sera fait délivrer, ou aura tenté de se faire délivrer, indûment par une administration publique, par quelque moyen frauduleux que ce soit, un document destiné à constater un droit. L'article 441-7 du Code Pénal punit d'un an d'emprisonnement et de 15.000 euros d'amende, le fait de faire usage d'un certificat inexact ou falsifié. Ces peines sont portées à trois ans d'emprisonnement et à 45.000 euros d'amende, si cette infraction est commise en vue de porter atteinte au patrimoine d'autrui.

PV n° 00516/01542/2021 Pièce n° Feuillet n° 2 / 6

Information sur les délais de prescription

Madame, Monsieur

Vous venez ce jour de déposer plainte pour une infraction dont vous avez été victime, et votre plainte a été reçue par procès-verbal.

Vous êtes informé(e) que les faits que vous avez dénoncés seront susceptibles d'être prescrits, ce qui empêcherait d'en condamner leur auteur, à l'issue d'un délai de prescription d'une durée égale à celles figurant dans le tableau ci-dessous, délai courant à compter de ce jour.

Ce délai sera toutefois interrompu par des actes d'enquête, de poursuite et de jugement qui le feront de nouveau repartir à zéro.

Ce sera notamment le cas si vous déposez plainte avec constitution de partie civile devant un juge d'instruction.

Nature de l'infraction	Délai de prescription
Délit de presse (loi du 29 juillet 1881)	3 mois
Délit de presse raciste, sexiste, homophobe ou discriminatoire	1 an
Contravention	1 an
Délit	6 ans
Délits à caractère sexuel commis sur un mineur	10 ans
Délit d'agression sexuelle, ou d'atteinte sexuelle aggravée, commis sur un mineur âgé de moins de quinze ans Délit de violences graves commis sur un mineur Délits de trafic de stupéfiant ou acte de terrorisme Délits de guerre ou de prolifération d'armes de destruction massive	20 ans
Crime	20 ans
Crime de trafic de stupéfiant ou de terrorisme Crimes de guerre ou de prolifération d'armes de destruction massive Crimes de disparition forcée, d'eugénisme et de clonage	30 ans
Crimes contre l'humanité	Imprescriptibilité (pas de prescription)

Nota : cet imprimé ne préjuge pas du fait qu'au moment où votre plainte a été déposée, l'infraction avait déjà pu être prescrite, ce qui est le cas si le délai figurant au tableau ci-dessous s'est déjà écoulé depuis la date des faits. Le point de départ du délai de prescription est cependant reporté dans certains cas à la majorité de la victime, ou au jour où l'infraction a pu être découverte.

PV n° 00516/01542/2021 Pièce n° Feuillet n° 3 / 6

VOS DROITS SUITE A VOTRE PLAINTE

ÊTRE ACCOMPAGNÉ DANS VOS DÉMARCHES

PAR UN AVOCAT (article 10- 2 du Code de procédure pénale)
Vous pouvez vous faire assister ou représenter par un avocat :
- soit à vos frais, en choisissant vous-même votre avocat ou demander qu'il vous en soit désigné un par le bâtonnier de l'ordre. Si vous souhaitez qu'il vous en soit désigné un par le bâtonnier, vous devez l'indiquer à l'officier ou à l'agent de police judiciaire qui a reçu votre plainte.
- soit par l'intermédiaire d'une assurance protection juridique, il vous faut alors prendre contact avec votre assureur pour en connaître les règles de prise en charge.
- soit si vos revenus mensuels sont inférieurs au plafond fixé par la loi, vous pouvez bénéficier de l'aide juridictionnelle. En effet, les frais d'avocats sont alors pris en charge en tout ou partie par l'État. L'attribution de l'aide juridictionnelle est sans condition de ressources pour les victimes de crimes tels que les viols, le meurtre, les actes de torture, de barbarie ou de terrorisme. Vous pouvez obtenir tous les renseignements utiles auprès du bureau d'aide juridictionnel du tribunal judiciaire de votre domicile.
Pour vous aider dans votre démarche, il existe un formulaire permettant d'obtenir l'aide juridictionnelle par le Cerfa n°16146*03 disponible sur le site internet : https://www.formulaires.service-public.fr/gf/cerfa_16146.do

PAR DES ASSOCIATIONS D'AIDE AUX VICTIMES (article 10-2 du Code de procédure pénale)
Il existe des associations d'aide aux victimes, agrées par le ministère de la justice, et chargées d'accueillir les victimes d'infractions. De manière à être accessibles sur l'ensemble du territoire, elles sont présentes dans divers lieux tels que les maisons de la Justice et du Droit, les tribunaux judiciaires et les services des urgences des hôpitaux. L'officier ou l'agent de police judiciaire qui a reçu votre plainte peut vous fournir les coordonnées de ou des associations dont vous pourriez dépendre.
Ces associations d'aide aux victimes proposent un service gratuit d'accueil des victimes d'infractions dans le but :
- de vous informer sur vos droits ;
- de vous assister et vous accompagner tout au long de la procédure judiciaire, tant sur le plan juridique que psychologique ;
- de vous orienter, si nécessaire, vers des services spécialisés.
Pour contacter une association vous pouvez vous renseigner auprès d'un service de police ou gendarmerie, ou composer le 116006 (numéro d'aide aux victimes) ou vous rendre sur le site suivant : http://www.annuaires.justice.gouv.fr/annuaires-12162/annuaire-des-associations-daide-aux-victimes-21769.html

LA DÉCLARATION DU DOMICILE (article 10-2 du Code de procédure pénale)
Tout au long de la procédure vous pouvez déclarer comme domicile l'adresse d'un tiers sous réserve de l'accord exprès de celui-ci. Il vous revient donc d'obtenir cet accord par écrit.
Si vous êtes une personne dépositaire de l'autorité publique ou chargée d'une mission de service public, vous pouvez déclarer votre adresse professionnelle ou la gendarmerie en lieu est place de votre adresse personnelle.

LE CERTIFICAT D'EXAMEN MÉDICAL (article 10-2 du Code de procédure pénale)
Si vous êtes victime de violences et qu'un examen médical est requis par le service enquêteur, un magistrat ou une juridiction, vous bénéficiez du droit de vous voir remettre une copie du certificat d'examen médical constatant votre état de santé physique ou psychologique et décrivant les éventuelles lésions que vous auriez subies. Cette demande peut être formulée au cours de l'examen auprès du médecin.
À défaut, cette copie peut être remise par le service enquêteur ou selon les cas par le procureur de la République, par le juge d'instruction ou par le greffe de la juridiction de jugement, à votre demande ou à celle de votre avocat.

L'INTERPRÉTARIAT ET LA TRADUCTION (article 10-3 du Code de procédure pénale)
Si vous ne parlez pas ou si vous ne comprenez pas le français, vous avez le droit de bénéficier dans le cadre du suivi de la procédure d'un interprète et d'une traduction des informations indispensables à l'exercice de vos droits.

Récépissé de dépôt de plainte

PV n° 00516/01542/2021 Pièce n° Feuillet n° 4 / 6

VOS DROITS SUITE A VOTRE PLAINTE

OBTENIR UNE RÉPARATION OU UNE INDEMNISATION DE VOTRE PRÉJUDICE

LA RÉPARATION DE VOTRE PRÉJUDICE (article 10-2 du Code de procédure pénale)
Vous avez le droit d'obtenir la réparation de votre préjudice, par l'indemnisation de celui-ci ou par tout autre moyen adapté, y compris, s'il y a lieu, par une mesure de justice restaurative. Elle a pour but d'ouvrir un dialogue entre vous et l'auteur. Elle peut vous être expliqué par le bureau d'aide aux victimes du tribunal judiciaire, toute association compétente dans l'assistance aux victimes ou par un service relevant d'une ou plusieurs collectivités publiques.

Cette indemnisation est liée à deux conditions :

1/ Vous devez vous constituez partie civile :
Comment ?
- au moment du dépôt de votre plainte et avec l'accord du procureur de la République ;
- tout au long de l'enquête par lettre recommandée avec avis de réception adressé au tribunal et au moins 24 heures avant la tenue de l'audience à l'aide de l'imprimé Cerfa n° 16141*01 mis à votre disposition sur le site internet www.service-public.fr ;
- au cours de l'audience en votre présence ou celle de votre avocat.

2/ Le juge doit condamner l'auteur des faits à vous verser des dommages-intérêts.

COMMISSION D'INDEMNISATION DES VICTIMES D'INFRACTIONS PÉNALES (CIVI)
(article 10-2 du Code de procédure pénale)

Indépendamment de la décision du procureur de la République, vous pouvez demander à être indemnisé(e) de votre préjudice par la commission d'indemnisation des victimes d'infractions pénales (CIVI). Cette indemnisation est versée par l'État au titre de la solidarité nationale. Ce dédommagement ne comprend pas les accidents de la circulation et les actions de chasse.

Une indemnité peut vous être accordée :

- Sans condition de ressources pour les infractions ayant causé la mort, une incapacité permanente ou une incapacité totale de travail égale ou supérieure à un mois (hors accidents de la circulation routière ou de chasse), ou encore pour les faits de viol viol, agression sexuelle, atteinte sexuelle commise sans violence, traite des êtres humaines et atteintes sexuelles sur mineur.

- Sous condition de ressources pour les faits de destruction volontaire de véhicule par incendie.

- Sous condition de ressources et avec l'existence d'une situation matérielle ou psychologique grave pour les faits de vol, escroquerie, abus de confiance, extorsions de fonds, destruction, dégradation ou détérioration d'un bien, et toute infraction ayant causé une incapacité de travail de moins d'un mois.

La demande doit être adressée, par lettre recommandée avec accusé de réception, au greffe de la commission du tribunal judiciaire de votre domicile ou du tribunal judiciaire saisi de l'infraction. Votre demande doit être accompagnée des pièces justificatives (factures, certificats médicaux…).

Pour vous aider dans cette démarche, vous pouvez renseigner le formulaire Cerfa 12825*05 disponible à cette adresse : https://www.service-public.fr/particuliers/vosdroits/R18782

TRANSMISSION DE L'ENQUÊTE
ET INFORMATIONS DIVERSES

Suite à votre dépôt de plainte et après enquête, la procédure est transmise au procureur de la République qui peut :
1/ Décider de poursuivre l'auteur :
- si l'auteur est identifié, le procureur de la République peut décider d'exercer des poursuites en saisissant directement une juridiction de jugement (tribunal de police ou tribunal correctionnel) ;
- ouvrir une information judiciaire devant le juge d'instruction

2/ Décider de ne pas poursuivre l'auteur :
- le procureur de la République peut décider de classer sans suite la procédure. Il vous avisera de sa décision en indiquant les raisons juridiques qui le justifient. Vous pouvez former un recours contre cette décision de classement sans suite en vous

adressant au procureur général près la cour d'Appel dont dépend la procédure. Si ce recours est infondé, vous en serez tenu informé.

3/ Proposer à l'auteur des faits :
- une mesure de médiation pénale. Il s'agit d'une mesure alternative aux poursuites proposée par le procureur de la République pour régler un conflit pénal sans procès pénal. Elle nécessite l'accord et la participation active de toutes les parties, l'auteur de l'infraction et vous-même. Elle consiste en un accord à l'amiable entre les parties.
- une composition pénale. Elle permet au procureur de la République de proposer une sanction à l'auteur des faits pour éviter un procès pénal. Elle peut être utilisée si l'auteur des faits reconnaît sa culpabilité et s'il accepte la sanction. L'accord doit être validée par le président du tribunal. Vous pouvez vous voir proposer la réparation de votre préjudice.

PROCÉDURE PÉNALE NUMÉRIQUE (article 801-1 du Code de procédure pénale)
Tous les actes d'enquête ou d'instruction ou de décisions juridictionnelles ou toute autre pièce de la procédure, peuvent être établis ou convertis sous format numérique.
Sauf dispositions contraires, le dossier de la procédure peut être intégralement conservé sous format numérique, dans des conditions sécurisées, sans nécessité d'un support papier.
Lorsque ces actes sont établis sous format numérique et que les dispositions du présent code exigent qu'ils soient signés, ils font l'objet, quel qu'en soit le nombre de pages et pour chaque signataire, d'une signature unique sous forme numérique, selon des modalités techniques qui garantissent que l'acte ne peut plus ensuite être modifié. Ces actes n'ont pas à être revêtus d'un sceau et font foi auprès des organismes qui pourraient vous les réclamer.

Récépissé de dépôt de plainte

PV n° 00516/01542/2021 Pièce n° Feuillet n° 6 / 6

NOTICE EXPLICATIVE RELATIVE À L'INFORMATION DES VICTIMES D'INFRACTIONS PÉNALES

Exercice des droits d'accès, de rectification, d'effacement et d'opposition aux informations vous concernant et enregistrées dans certains fichiers de police judiciaire :

Dans le seul but de faciliter l'identification des auteurs d'infractions, des informations vous concernant peuvent être enregistrées dans le système judiciaire de traitement d'antécédents judiciaires (T.A.J) de la gendarmerie et de la police nationales.

Vous pouvez obtenir communication de ces données, ainsi que, en cas d'erreur, leur rectification ou leur suppression. Vous pouvez aussi vous opposer à la conservation de ces informations lorsque l'auteur des faits a été condamné de façon définitive.

Ces droits (sauf pour les personnes morales) s'exercent directement auprès de :

Ministère de l'Intérieur – Place Beauvau – 75800 PARIS Cedex 08

Ce traitement est contrôlé par le délégué à la protection des données du ministère de l'Intérieur.

En cas d'absence de réponse dans un délai de deux mois ou en cas de refus, vous pouvez également adresser une réclamation à la Commission Nationale de l'Informatique et des Libertés (CNIL) sise 3 place de Fontenoy, TSA 80715 75334 PARIS Cedex 07.

Pour exercer vos droits, vous pouvez choisir d'utiliser l'un des modèles ci-dessous, accompagné d'une copie recto-verso d'une pièce d'identité vous concernant. Merci d'envoyer le tout en courrier recommandé avec accusé de réception.

A l'attention du
Ministre de l'Intérieur

Monsieur le Ministre,

Pour une demande de droit d'accès et de rectification des données :
Conformément à l'article 105 de la loi n° 78-17 du 6 janvier 1978 modifiée relative à l'informatique, aux fichiers et aux libertés, je vous prie de bien vouloir m'indiquer si des informations me concernant figurent dans le système de traitement d'antécédents judiciaires mis en œuvre par la gendarmerie et la police nationales. Dans l'affirmative, je souhaite qu'il soit procédé aux éventuelles rectifications nécessaires.

Pour une demande d'opposition à la conservation des données, une fois le jugement définitif intervenu :

Conformément à l'article R. 40-33 du code de procédure pénale, je souhaite m'opposer à la conservation des informations me concernant enregistrées dans le système de traitement d'antécédents judiciaires mis en œuvre par la gendarmerie et la police nationales.

Pour faciliter le traitement de ma demande, je vous précise que je suis enregistré(e) dans le système de traitement d'antécédents judiciaires en qualité de personne physique victime d'une infraction suite à… [à compléter]

Je vous prie d'agréer, Monsieur le Ministre, l'expression de mes salutations distinguées.

[Signature]

A l'attention du
Procureur de la République

Monsieur le Procureur de la République,

Pour une demande de droit d'accès et de rectification des données :
Conformément à l'article R. 40-31 du code de procédure pénale, je vous prie de bien vouloir m'indiquer si des informations me concernant figurent dans le système de traitement d'antécédents judiciaires mis en œuvre par la gendarmerie et la police nationales. Dans l'affirmative, je souhaite qu'il soit procédé aux éventuelles rectifications nécessaires.

Pour une demande d'opposition à la conservation des données, une fois le jugement définitif intervenu :

Conformément à l'article R. 40-33 du code de procédure pénale, je souhaite m'opposer à la conservation des informations me concernant enregistrées dans le système de traitement d'antécédents judiciaires mis en œuvre par la gendarmerie et la police nationales.

Pour faciliter le traitement de ma demande, je vous précise que je suis enregistré(e) dans le système judiciaire de traitement d'antécédents judiciaires en qualité de personne physique victime d'une infraction suite à… [à compléter]

Je vous prie d'agréer, Monsieur le Procureur de la République, l'expression de mes salutations distinguées.

[Signature]

Annexe 2

DEMANDE D'ENTRAIDE JUDICIAIRE POUR UNE OBSERVATION TRANSFRONTALIÈRE (ART. 40 DE LA CAAS)

DEMANDE D'ENTRAIDE JUDICIAIRE
POUR UNE OBSERVATION TRANSFRONTALIERE
(Art. 40 de la C.A.A.S)

IDENTIFICATION DE LA DEMANDE

- ETAT REQUERANT	010	
- ETAT(S) REQUIS	011	
- SERVICE EXPEDITEUR	012	
- SERVICE DESTINATAIRE	013	**S.C.C.O.POL**
- DATE ET HEURE DE LA DEMANDE	014	
- NOM DE LA PERSONNE OBSERVEE ou à défaut NOM ou N° de l'affaire	015	
- OBSERVATION TRANSFRONTALIERE ORDINAIRE (OTO) ou URGENTE (OTU)	016	OTO
SI OTU, DATE ET HEURE DE PASSAGE FRONTIERE	017	
SI OTU, MOTIF JUSTIFIANT LA DEMANDE	018	

RENSEIGNEMENTS SUR L'ENQUÊTE

- AUTORITE JUDICIAIRE COMPETENTE	020	
- NUMERO DE DOSSIER	021	
- NOM ET FONCTION DU MAGISTRAT COMPETENT TELEPHONE FAX	022	
- SERVICE DE POLICE COMPETENT RESPONSABLE TELEPHONE FAX	023	
- QUALIFICATION LEGALE DES FAITS a) OTO : - INFRACTION - PEINE ENCOURUE	024	
b) **OTU**	025	☐ Assassinat ☐ Meurtre ☐ Infraction grave de nature sexuelle ☐ Incendie volontaire ☐ Contrefaçon et falsification de moyens de paiement ☐ Vol et recel aggravés ☐ Extorsion ☐ Enlèvement et prise d'otage ☐ Trafic d'êtres humains ☐ trafic illicite de stupéfiants et substances psychotropes ☐ Infraction aux dispositions légales en matières d'armes et d'explosifs ☐ Destruction par explosifs ☐ Transport illicite de déchets toxiques et nuisibles ☐ Escroquerie grave ☐ Filière d'immigration clandestine ☐ Blanchiment de capitaux ☐ Trafic de substances nucléaires et radioactives ☐ Participation à une organisation criminelle au sens de l'action commune 98/733/JAI du

		conseil du 21.12.1998 relative à l'incrimination de la participation à une organisation criminelle dans les états membres de l'Union Européenne ☐ Actes de terrorisme au sens de la décision cadre 2005/475/JAI du Conseil du 13 juin 2002 relative à la lutte contre le terrorisme.
- DATE DES FAITS	026	
- LIEU DES FAITS	027	
- EXPOSE DES FAITS	028	
- RÔLE DU MIS EN CAUSE	029	

INFORMATIONS OPERATIONNELLES DISPONIBLES

SERVICE CHARGE DE L'OBSERVATION		
RESPONSABLE OPERATIONNEL TELEPHONE TELEPHONE GSM FREQUENCE RADIO (facultatif)	030	
- FORCES D'OBSERVATION NOMBRES DE VEHICULES N° D'IMMATRICULATION TYPE DE VEHICULES	031	
- UTILISATION ALTERNEE DE PLAQUES D'IMMATRICULATION DEMANDEE	032	
- MOMENT PROBABLE DE L'OBSERVATION (JJ-MM-AA, HEURE, DUREE DE L'OPERATION, RELEVE)	033	
- ZONE PROBABLE DE L'OPERATION	034	
- ZONE DE FRANCHISSEMENT PROBABLE DE LA FRONTIERE	035	
PERSONNE(S) OBSERVEE(S)		
- NOM -PRENOM - DATE DE NAISSANCE	040	
- NATIONALITE	041	
- SEXE	042	
- AGE APPARENT	043	
- DESCRIPTION (TAILLE, STATURE, COULEUR DE CHEVEUX, ETC...)	044	
- ADRESSE (CODE POSTAL, LIEU, RUE, NUMERO D'HABITATION)	045	
- TELEPHONE - TELEPHONE GSM	046	
- RENSEIGNEMENTS PERSONNELS (ARME, VIOLENT, CONSOMMATEURS DE STUPEFIANTS)	047	
- PHOTO(S) ET/OU EMPREINTE(S)	048	
- VEHICULE (MARQUE, TYPE, COULEUR, N° D'IMMATRICULATION)	049	
- VEHICULE BALISE AVEC TRACKING	050	
- AUTRES RENSEIGNEMENTS : - PERSONNES EN CONTACT AVEC LE SUSPECT - POINT DE RENCONTRE	051	
- AUTRE(S) PERSONNE(S) ACCOMPAGNANT LE SUSPECT	052	
- DIVERS	053	

FIN / END.

Annexe 3

DEMANDE D'ENTRAIDE JUDICIAIRE POUR UNE OBSERVATION TRANSFRONTALIÈRE (ART. 12 DE L'ACCORD FRANCO-SUISSE)

DEMANDE D'ENTRAIDE JUDICIAIRE POUR UNE OBSERVATION TRANSFRONTALIERE

(Article 12 de l'accord Franco-Suisse)

DÉTAILS DE LA DEMANDE

Etat requérant	010.	
Etat requis	011.	
Service expéditeur	012.	
Service destinataire	013.	
Date et heure de la demande	014.	
Nom de la personne observée ou à défaut nom ou numéro de l'affaire	015.	
Observation transfrontalière ordinaire ou urgente (OTO ou OTU)	016.	
Si OTU, date et heure du franchissement de la frontière	017.	au lieu de passage
Si OTU, motif justifiant l'urgence	018.	au lieu de justifiant la demande

RENSEIGNEMENTS SUR L'ENQUETE

Autorité judiciaire compétente	020.	
Numéro de dossier	021.	
Nom et fonction du magistrat compétent • Téléphone • Fax • E-mail	022.	rajout
Service de police compétent • Responsable • Téléphone • Fax • E-mail	023.	rajout
Qualification légale des faits a) OTO — Infraction — Peine encourue	024.	
b) OTU Infractions autorisant la réalisation d'une observation transfrontalière urgente *(Choisir dans la liste en annexe et reporter l'infraction ci-contre)*	025.	champs déroulant limités à 25 donc obligation de report à la liste des infractions en annexe
Date des faits	026.	
Lieu des faits	027.	
Exposé des faits	028.	
Rôle de la (des) personne(s) observée(s)	029.	au lieu du mis en cause

INFORMATIONS OPERATIONNELLES DISPONIBLES

SERVICE CHARGE DE L'OBSERVATION		
Responsable opérationnel • Téléphone • Téléphone portable • Radio (facultatif), Code d'appel • E-mail	030.	rajout
Moyens d'observation • Nombre de véhicules • Immatriculation(s) • Marques/modèles de véhicules	031.	au lieu de force Marque modèle au lieu de type
• Utilisation alternée de plaques d'immatriculation demandée • Moyens de surveillance optique et acoustique utilisés	032.1 032.2	 rajout article 12-6i
Moment probable de l'observation (jour, mois, année, heure, durée de l'opération, relève)	033.	
Zone probable de l'opération	034.	
Zone/Lieu probable de franchissement de la frontière	035.	rajout de Lieu

PERSONNE OBSERVEE *(en cas de besoin, ce bloc de champs peut être copié et inséré à la suite du formulaire)*		
Nom Prénom Date de naissance	040.	
Nationalité	041.	
Sexe	042.	
Age apparent	043.	
Description (taille, stature, couleur des cheveux, etc.)	044.	
Adresse (code postal, lieu, rue, numéro d'habitation)	045.	
Téléphone Téléphone portable	046.	
Renseignements sur la personne (armé, violent, consommateur de stupéfiants)	047.	
Photo et / ou empreintes digitales	048.	
Véhicule (marque, modèle, couleur, numéro d'immatriculation)	049.	idem remplacement du terme type
Véhicule avec balise ou GPS	050.	remplacement de tracking par GPS
Autres renseignements Personnes en contact avec la personne observée Point de rencontre	051.	personne observée au lieu de suspect
Autres personnes accompagnant la personne observée	052.	au lieu de suspect
Divers	053.	

Annexe : (il n'est pas nécessaire d'imprimer cette page)

Catégories d'infractions et infractions autorisant la réalisation d'une observation transfrontalière urgente :

- homicide volontaire, coups et blessures graves,
- infraction grave de nature sexuelle,
- incendie volontaire,
- contrefaçon et falsification de moyens de paiement,
- vol et recel aggravés,
- racket et extorsion de fonds,
- enlèvement, séquestration et prise d'otage,
- traite des êtres humains,
- trafic illicite de stupéfiants et de substances psychotropes,
- trafic illicite d'armes, de munitions et d'explosifs,
- destruction par explosifs,
- trafic illicite de matières toxiques, nuisibles, nucléaires et radioactives,
- actes de terrorisme,
- exploitation sexuelle des enfants et pédopornographie,
- corruption,
- fraude,
- blanchiment du produit du crime,
- cybercriminalité,
- crimes contre l'environnement, y compris le trafic illicite d'espèces animales menacées et le trafic illicite d'espèces et d'essences végétales menacées,
- aide à l'entrée et au séjour irréguliers,
- trafic illicite d'organes et de tissus humains,
- racisme et xénophobie,
- trafic illicite de biens culturels, y compris antiquités et œuvres d'art,
- escroquerie,
- contrefaçon et piratage de produits,
- falsification de documents administratifs et trafic de faux,
- trafic illicite de substances hormonales et autres facteurs de croissance,
- détournement de moyen de transport,
- sabotage,
- participation à une organisation criminelle,

Les faits s'entendent d'un acte consommé, d'une simple tentative ou d'actes préparatoires délictueux.

Ils sont toujours qualifiés selon le droit de la Partie requise.

Annexe 4

RAPPORT CONSÉCUTIF À UNE OBSERVATION TRANSFRONTALIÈRE (ART. 40 DE LA CCAS)

RAPPORT CONSECUTIF A UNE OBSERVATION TRANSFRONTALIERE (Art 40 de la C.A.A.S)

- ETAT REQUERANT	100	
- ETAT REQUIS	101	
- DATE	102	
- EXPEDITEUR	103	
- DESTINATAIRE	104	
- NOM ou NUMERO D'AFFAIRE	105	
IDENTIFICATION DU SERVICE OPERATIONNEL AYANT EFFECTUE L'OBSERVATION		
- NOM et GRADE du RESPONSABLE OPERATIONNEL	110	
- ADRESSE	111	
- N° de TELEPHONE	112	
- N° de FAX	113	
CIRCONSTANCES A L'ORIGINE DE L'OPERATION		
- INFORMATIONS RELATIVES A L'INFRACTION	120	
- INFORMATIONS RELATIVES AU MIS EN CAUSE	121	
MOYENS MIS EN OEUVRE		
- NOMBRE DE VEHICULES 1- MARQUE 2- TYPE 3- COULEUR 4- N° D'IMMATRICULATION	130	
- NOMBRE DE PERSONNES	131	
- DIVERS	132	
RELATION DE L'ACTION		
- DEBUT	140	
- ITINERAIRE ET LIEU(X) DE PASSAGE	141	
- POINT D'ARRIVEE	142	
- DATE ET HEURE DE FIN D'OBSERVATION	143	
- SERVICES LOCAUX AYANT ASSURE L'ASSISTANCE	144	
- DIVERS	145	

EVENEMENTS PARTICULIERS A SIGNALER		
- INCIDENT(S) SURVENU(S) AVEC LES AUTORITES DE L'ETAT REQUIS	150	
- INCIDENT(S) SURVENU(S) AVEC LE(S) MIS EN CAUSE	151	
- AUTRE(S) INCIDENT(S)	152	
ELEMENTS OBSERVES AU COURS DE L'OPERATION		
- LIEU(X) - VEHICULE(S) - PERSONNE(S)	160	
SUITE DONNE A L'AFFAIRE		
- A L'EGARD DU MIS EN CAUSE	170	
- JURIDICTION(S) OU MAGISTRAT(S) CONTACTE(S) DANS L'ETAT REQUIS	171	
- DIVERS	172	

FIN / END

Annexe 5

RAPPORT CONSÉCUTIF À UNE OBSERVATION TRANSFRONTALIÈRE (ART. 12 DE L'ACCORD FRANCO-SUISSE)

RAPPORT CONSECUTIF A UNE OBSERVATION TRANSFRONTALIERE

(Article 12 de l'accord Franco-Suisse)

Etat requérant	100.	
Etat requis	101.	
Date	102.	
Service expéditeur	103.	
Service destinataire	104.	
Nom de la personne observée ou à défaut nom ou numéro de l'affaire	105.	
SERVICE OPERATIONNEL AYANT EFFECTUE L'OBSERVATION		
Nom et grade du responsable opérationnel	110.	
Adresse	111.	
Téléphone	112.	
Fax	113.	
E-mail	114.	
CIRCONSTANCES A L'ORIGINE DE L'OPERATION		
Informations relatives à l'infraction	120.	
Informations relatives aux personnes mises en cause et / ou observées	121.	
MOYENS ENGAGES		
Nombre de véhicules 1. Marque 2. Modèle 3. Couleur 4. Numéro d'immatriculation	130.	
Nombre de personnes	131.	
Divers	132.	
RELATION DE L'ACTION		
Début (heure et lieu)	140.	
Itinéraire et lieu(x) de franchissement de la frontière	141.	
Point d'arrivée	142.	
Date et heure de fin d'observation	143.	
Services locaux ayant apporté leur soutien	144.	
Divers	145.	
EVENEMENTS PARTICULIERS A SIGNALER		
Incidents impliquant les autorités de l'Etat requis	150.	
Incidents impliquant les personnes observées	151.	
Autres incidents	152.	
ELEMENTS OBSERVES AU COURS DE L'OPERATION		
Lieu(x) Véhicules Personnes	160.	
SUITE DONNEE A L'AFFAIRE		
A l'égard des personnes observées	170.	
Juridiction(s) ou Magistrat(s) contactés dans l'Etat requis	171.	
Divers	172.	

Remarque : document administratif qui ne doit pas être utilise comme pièce de justice.

Annexe 6

FORMULAIRE DE NOTIFICATION DES DROITS D'UNE PERSONNE PLACÉE EN GARDE À VUE (FORMULAIRE GÉNÉRAL)

FORMULAIRE DE NOTIFICATION DES DROITS
D'UNE PERSONNE PLACÉE EN GARDE À VUE
(formulaire général)
Les informations ci-dessous doivent vous être données dans une langue que vous comprenez

Vous êtes informé(e) que vous avez été placé(e) en garde à vue parce qu'il existe contre vous une ou plusieurs raisons plausibles de soupçonner que vous avez commis ou tenté de commettre une infraction punie d'une peine d'emprisonnement.

Vous allez être entendu(e) sur ces faits pendant la garde à vue qui peut durer 24 heures. A l'issue de ce délai, le procureur de la République ou le juge d'instruction pourra décider la prolongation de la garde à vue pour une nouvelle durée de 24 heures, si la peine que vous encourez est d'au moins un an d'emprisonnement.

A l'issue de la garde à vue, vous serez, sur décision du procureur de la République ou du juge d'instruction, soit présenté(e) devant ce magistrat, soit remis(e) en liberté.

VOUS ÊTES EN OUTRE INFORMÉ(E) QUE VOUS AVEZ LE DROIT DE :

Faire prévenir l'un de vos proches et votre employeur et, le cas échéant, votre tuteur ou curateur ainsi que les autorités consulaires de votre pays au regard de votre nationalité et communiquer avec une de ces personnes

Vous pouvez demander à faire prévenir, au plus tard dans un délai de trois heures et par téléphone, une personne avec laquelle vous vivez habituellement, l'un de vos parents en ligne directe, l'un de vos frères ou sœurs et votre employeur, ainsi que le cas échéant les autorités consulaires (au regard de la nationalité déclarée), de la mesure de garde à vue dont vous faites l'objet.

Le procureur de la République ou le juge d'instruction pourra toutefois différer ou refuser cet avis, si cela apparaît indispensable afin de permettre le recueil ou la conservation des preuves ou de prévenir une atteinte grave à la vie, à la liberté ou à l'intégrité physique d'une personne.

Vous pouvez demander à communiquer avec une des personnes sus-mentionnée, sur autorisation de l'officier de police judiciaire, s'il lui apparaît que cette communication n'est pas incompatible avec les objectifs visés motivant le recours à la garde à vue et qu'elle ne risque pas de permettre une infraction.

L'officier ou l'agent de police judiciaire détermine le moment, les modalités (écrit, téléphone ou entretien) et la durée de cette communication, qui ne peut excéder trente minutes et intervient sous son contrôle, le cas échéant en sa présence ou en la présence d'une personne qu'il désigne.

Garder le silence

Lors des auditions, après avoir décliné votre identité, vous pouvez choisir de faire des déclarations, de répondre aux questions qui vous seront posées ou de vous taire.

Droit de demander la fin de la garde à vue

Vous pouvez demander au procureur de la République, au juge d'instruction ou au juge des libertés et de la détention, lorsque ce magistrat se prononcera sur une éventuelle prolongation de la garde à vue, que cette mesure ne soit pas prolongée.

Être assisté(e) d'un avocat

Dès le début de la garde à vue et à tout moment au cours de celle-ci vous pouvez demander à être assisté(e) d'un avocat de votre choix.

Si vous n'êtes pas en mesure de désigner un avocat ou si l'avocat choisi ne peut être contacté, vous pouvez demander à être assisté(e) par un avocat commis d'office.

Ce droit à l'assistance vous permet de bénéficier :

– d'un entretien confidentiel d'une durée de trente minutes (votre audition pourra toutefois débuter immédiatement, même en l'absence de votre avocat, sur autorisation du procureur de la République (ou du juge d'instruction), si les nécessités de l'enquête l'exigent),

– de l'assistance d'un avocat lors des auditions et confrontations (ce droit peut, pour des raisons impérieuses tenant aux circonstances particulières de l'enquête, être reporté par le procureur de la République ou le juge d'instruction pendant une période de 12 heures, renouvelable une fois, si la peine d'emprisonnement encourue est d'au moins cinq ans).

Être examiné(e) par un médecin

Vous pouvez demander à être examiné(e) par un médecin. En cas de prolongation, vous pourrez demander à être examiné(e) une seconde fois par un médecin.

Être assisté(e) par un interprète

Si vous ne parlez pas ou ne comprenez pas le français, vous avez le droit d'être assisté gratuitement par un interprète lors de vos auditions et pour communiquer avec votre avocat.

Consulter certaines pièces de la procédure

Vous pouvez, ou votre avocat, demander à consulter, les documents (ou leur copie) mentionnés à l'article 63-4-1 CPP :

- le procès-verbal établi en application de l'avant-dernier alinéa de l'article 63-1 CPP constatant la notification du placement en garde à vue et des droits y étant attachés ;

- le certificat médical établi en application de l'article 63-3 CPP ;

- les procès-verbaux d'audition et de confrontation vous concernant.

Signature de la personne en garde à vue

/2

Qualification du ou des faits justifiant le placement en garde à vue :

____

____

____

____

Lieu, date ou période présumés des faits :

____

____

____

Motif(s) du placement en garde à vue :

	permettre l'exécution des investigations impliquant la présence ou la participation de la personne
	garantir la présentation de la personne devant le procureur de la République afin que ce magistrat puisse apprécier la suite à donner à l'enquête
	empêcher que la personne ne modifie les preuves ou indices matériels
	empêcher que la personne ne fasse pression sur les témoins ou les victimes ainsi que sur leur famille ou leurs proches
	empêcher que la personne ne se concerte avec d'autres personnes susceptibles d'être ses coauteurs ou complices
	garantir la mise en œuvre des mesures destinées à faire cesser le crime ou le délit

Nom & Prénom : ______________________________

reconnaît avoir pris connaissance des droits ci-avant,

A ____________ **, le** ____________ **à** ____ **heures** ____ **, heure de début de garde à vue[1].**

Je demande :

- à faire prévenir * :
- à communiquer * :

Famille ______________________________

Employeur ______________________________

Autorités consulaires ______________________________

- à être assisté(e) par un interprète * : ______________________________
- à être visité(e) par un médecin * : ______________________________
- à être assisté(e) par un avocat * : ______________________________

Je désigne Maître ______________________________ , Tel : ______________________________

[ ] Avocat commis d'office

Je reconnais avoir reçu l'imprimé du ministère de la justice relatif à la « DÉCLARATION DES DROITS » remise à une personne placée en garde à vue et être informé(e) du droit de la conserver pendant la durée de la garde à vue* :____

* Mention manuscrite **OUI** ou **NON** :

Signature de la personne en garde à vue

1 **Attention** : Cette heure est celle à rapporter dans le procès-verbal de notification des droits qui doit être obligatoirement établi, ce formulaire n'en tenant pas lieu.

2/2

Annexe 7

FORMULAIRE DE NOTIFICATION DES DROITS D'UNE PERSONNE PLACÉE EN GARDE À VUE (CRIMINALITÉ, DÉLINQUANCE ORGANISÉE OU TRAFIC DE STUPÉFIANTS, DE L'ARTICLE 706-73 HORS 11° DU CODE DE PROCÉDURE PÉNALE)

FORMULAIRE DE NOTIFICATION DES DROITS
D'UNE PERSONNE PLACÉE EN GARDE À VUE
(criminalité, délinquance organisée ou trafic de stupéfiants, de l'article 706-73 hors 11° du code de procédure pénale)
Les informations ci-dessous doivent vous être données dans une langue que vous comprenez

Vous êtes informé(e) que vous avez été placé(e) en garde à vue parce qu'il existe contre vous une ou plusieurs raisons plausibles de soupçonner que vous avez commis ou tenté de commettre une infraction punie d'une peine d'emprisonnement.

Vous allez être entendu(e) sur ces faits pendant la garde à vue qui peut durer 24 heures. A l'issue de ce délai, le procureur de la République ou le juge d'instruction pourra décider la prolongation de la garde à vue pour une nouvelle durée de 24 heures. A titre exceptionnel, et si les nécessités de l'enquête ou de l'instruction l'exigent, deux prolongations supplémentaires, d'une durée de vingt-quatre heures chacune, pourront être décidée soit par le juge des libertés et de la détention, sur requête du procureur de la République, soit par le juge d'instruction.

Toutefois, si la durée prévisible des investigations restant à réaliser à l'issue des premières quarante-huit heures le justifie, le juge des libertés et de la détention, sur requête du procureur de la République, ou le juge d'instruction, pourra décider que la garde à vue ne sera prolongée qu'une seule fois pour une durée de quarante-huit heures.

A l'issue de la garde à vue, vous serez, sur décision du procureur de la République ou du juge d'instruction, soit présenté(e) devant ce magistrat, soit remis(e) en liberté.

VOUS ÊTES EN OUTRE INFORMÉ(E) QUE VOUS AVEZ LE DROIT DE :

Faire prévenir l'un de vos proches et votre employeur et, le cas échéant, votre tuteur ou curateur ainsi que les autorités consulaires de votre pays au regard de votre nationalité et communiquer avec une de ces personnes

Vous pouvez demander à faire prévenir, au plus tard dans un délai de trois heures et par téléphone, une personne avec laquelle vous vivez habituellement, l'un de vos parents en ligne directe, l'un de vos frères ou sœurs ou votre employeur, ainsi que le cas échéant les autorités consulaires (au regard de la nationalité déclarée), de la mesure de garde à vue dont vous faites l'objet.

Le procureur de la République ou le juge d'instruction pourra toutefois différer ou refuser cet avis, si cela apparaît indispensable afin de permettre le recueil ou la conservation des preuves ou de prévenir une atteinte grave à la vie, à la liberté ou à l'intégrité physique d'une personne.

Vous pouvez demander à communiquer avec une des personnes sus-mentionnée, sur autorisation de l'officier de police judiciaire, s'il lui apparaît que cette communication n'est pas incompatible avec les objectifs visés motivant le recours à la garde à vue et qu'elle ne risque pas de permettre une infraction.

L'officier ou l'agent de police judiciaire détermine le moment, les modalités (écrit, téléphone ou entretien) et la durée de cette communication, qui ne peut excéder trente minutes et intervient sous son contrôle, le cas échéant en sa présence ou en la présence d'une personne qu'il désigne. Si la demande de communication concerne les autorités consulaires, l'officier de police judiciaire ne peut s'y opposer au-delà de la quarante-huitième heure de la garde à vue.

Garder le silence

Lors des auditions, après avoir décliné votre identité, vous pouvez choisir de faire des déclarations, de répondre aux questions qui vous seront posées ou de vous taire.

Droit de demander la fin de la garde à vue

Vous pouvez demander au procureur de la République, au juge d'instruction ou au juge des libertés et de la détention, lorsque ce magistrat se prononcera sur une éventuelle prolongation de la garde à vue, que cette mesure ne soit pas prolongée.

Être assisté(e) d'un avocat

Dès le début de la garde à vue et à tout moment au cours de celle-ci, vous pouvez demander à être assisté(e) d'un avocat de votre choix.

Si vous n'êtes pas en mesure de désigner un avocat ou si l'avocat choisi ne peut être contacté, vous pouvez demander à être assisté(e) par un avocat commis d'office.

Ce droit à l'assistance vous permet de bénéficier :

– d'un entretien confidentiel d'une durée de trente minutes (votre audition pourra toutefois débuter immédiatement, même en l'absence de votre avocat, sur autorisation du procureur de la République (ou du juge d'instruction), si les nécessités de l'enquête l'exigent),

– de l'assistance d'un avocat lors des auditions et confrontations (ce droit peut, pour des raisons impérieuses tenant aux circonstances particulières de l'enquête, être reporté par le procureur de la République ou le juge d'instruction pendant une période de 48 heures pour des faits de criminalité ou délinquance organisées, renouvelable une fois, ou de 72 heures pour trafic de stupéfiants, en considération de raisons impérieuses).

Être examiné(e) par un médecin

Vous pouvez demander à être examiné(e) par un médecin. En cas de prolongation, vous pourrez demander à être examiné(e) une seconde fois par un médecin. En cas de prolongation supplémentaire, vous serez obligatoirement examiné(e) par un médecin.

Être assisté(e) par un interprète

Si vous ne parlez pas ou ne comprenez pas le français, vous avez le droit d'être assisté gratuitement par un interprète lors de vos auditions et pour communiquer avec votre avocat.

Consulter certaines pièces de la procédure

Vous pouvez, ou votre avocat, demander à consulter, les documents (ou leur copie) mentionnés à l'article 63-4-1 CPP :

- le procès-verbal établi en application de l'avant-dernier alinéa de l'article 63-1 CPP constatant la notification du placement en garde à vue et des droits y étant attachés ;
- le certificat médical établi en application de l'article 63-3 CPP ;
- les procès-verbaux d'audition et de confrontation vous concernant.

Signature de la personne en garde à vue

Qualification du ou des faits justifiant le placement en garde à vue :

____

____

____

____

Lieu, date ou période présumés des faits :

____

____

____

Motif(s) du placement en garde à vue :

	permettre l'exécution des investigations impliquant la présence ou la participation de la personne
	garantir la présentation de la personne devant le procureur de la République afin que ce magistrat puisse apprécier la suite à donner à l'enquête
	empêcher que la personne ne modifie les preuves ou indices matériels
	empêcher que la personne ne fasse pression sur les témoins ou les victimes ainsi que sur leur famille ou leurs proches
	empêcher que la personne ne se concerte avec d'autres personnes susceptibles d'être ses coauteurs ou complices
	garantir la mise en œuvre des mesures destinées à faire cesser le crime ou le délit

Nom & Prénom : ____

reconnaît avoir pris connaissance des droits ci-avant,

A ____________________ **, le** ________________ **à** ____ **heures** ____ **, heure de début de garde à vue**[1]**.**

Je demande :

- à faire prévenir * :
- À communiquer * :

Famille ______________________________

Employeur ______________________________

Autorités consulaires ______________________________

- à être assisté(e) par un interprète * : ______________________________
- à être visité(e) par un médecin * : ______________________________
- à être assisté(e) par un avocat * : ______________________________

Je désigne Maître ______________________________ , Tel : ______________________________

[ ] Avocat commis d'office

Je reconnais avoir reçu l'imprimé du ministère de la justice relatif à la « DÉCLARATION DES DROITS » remise à une personne placée en garde à vue et être informé(e) du droit de la conserver pendant la durée de la garde à vue* :____

* Mention manuscrite **OUI** ou **NON** :

Signature de la personne en garde à vue

1 **Attention** : Cette heure est celle à rapporter dans le procès-verbal de notification des droits qui doit être obligatoirement établi, ce formulaire n'en tenant pas lieu.

Annexe 8

ORGANIGRAMME DE L'INSTITUT DE RECHERCHE CRIMINELLE DE LA GENDARMERIE NATIONALE (IRCGN)

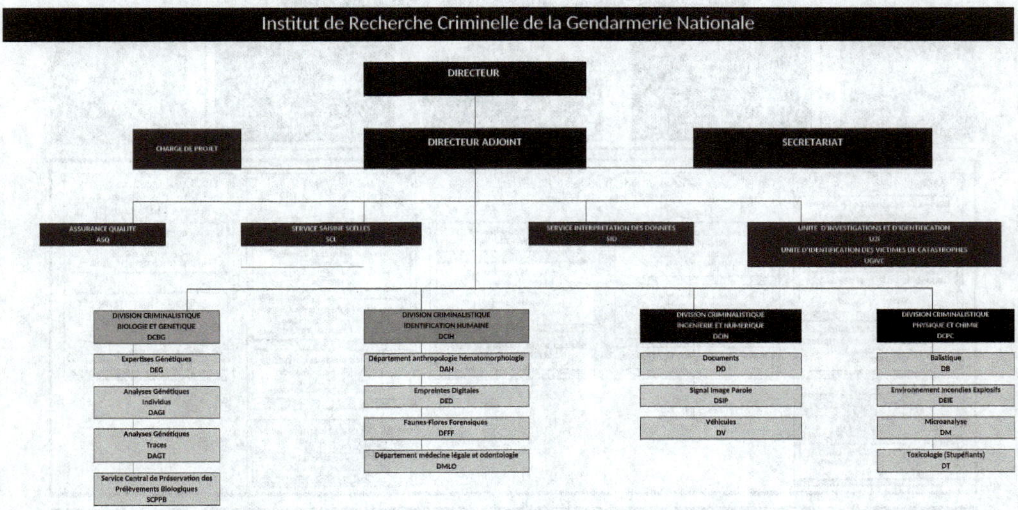

Annexe 9

ORGANIGRAMME DU SERVICE NATIONAL DE POLICE SCIENTIFIQUE

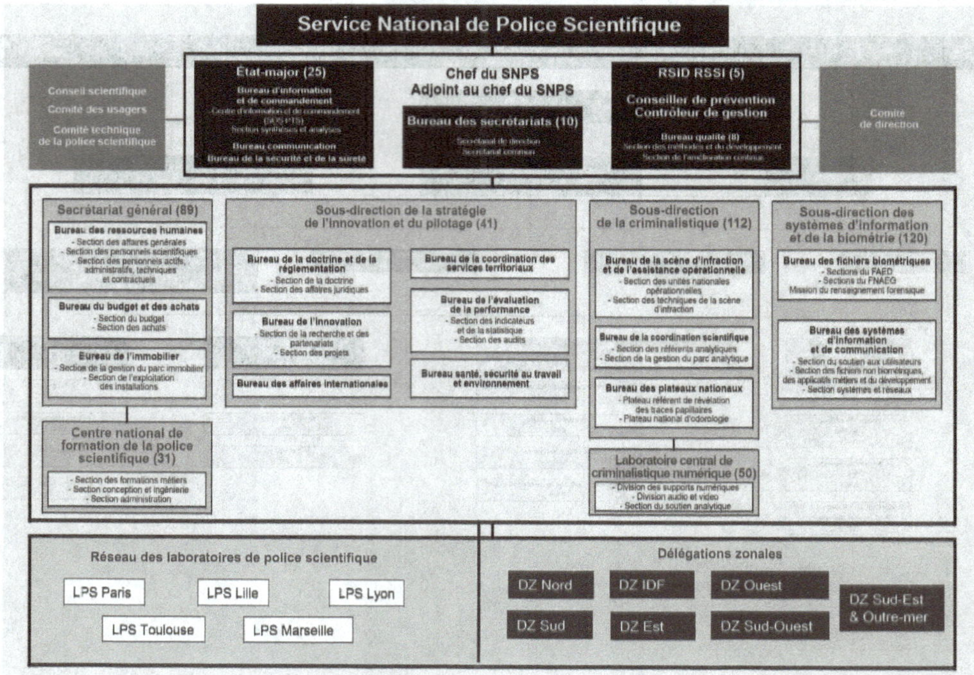

Annexe 10

MÉMENTO DES CONDUITES À TENIR DU FICHIER DES PERSONNES RECHERCHÉES (FPR)

MÉMENTO DES CONDUITES A TENIR

DU FICHIER DES PERSONNES RECHERCHÉES (FPR)

****

DCPJ/DND2CPT/SSNIC Version du 27/09/2018 DGGN/PJGN/SCRC

Préambule

Le présent mémento contient les indications et prescriptions générales et particulières à observer lors de la découverte de personnes dont la recherche a été prescrite par les autorités judiciaires, de police ou administratives.

Les différentes mesures de recherches, regroupées à travers 18 catégories, comportent toutes une **conduite à tenir** en cas de découverte de la personne recherchée, qui se traduit par l'utilisation d'un code.

Ce code comporte :

- une ou deux lettres qui indiquent la catégorie de la mesure de recherches qui est obligatoirement l'une de celles mentionnées ci-après.
- un numéro qui est celui de l'instruction particulière à exécuter parmi celles de la catégorie désignée.

Pour chaque catégorie figurant dans ce mémento, le lecteur trouvera :

- les **indications et prescriptions générales** liées a la nature des mesures de recherches et les règles à observer à leur sujet.
- les **conduites à tenir**, c'est-à-dire les prescriptions particulières dans le cas de découverte de la personne recherchée. En effet, la plupart des catégories de recherches comportent diverses situations qui nécessitent des conduites à tenir adaptées à chaque cas. La conduite à tenir qui convient, parmi toutes celles que peut comporter la catégorie, est indiquée par un numéro.

Certaines conduites à tenir sont complétées par une « **Note d'application** » (en italique dans le texte) qui a pour but de préciser certaines modalités particulières, juridiques ou techniques, d'utilisation de cette conduite.

Les différentes catégories de mesures de recherches sont détaillées dans le tableau figurant en page suivante.

Les 18 catégories de mesures de recherches

1	AF	POLICE DE L'AIR ET DES FRONTIERES
2	AL	ALIENES
3	CJ	CONTROLES JUDICIAIRES
4	D	DESERTEURS ET INSOUMIS
5	E	POLICE GENERALE DES ETRANGERS
6	G	MESURES ADMINISTRATIVES CONCERNANT LES PERMIS DE CONDUIRE
7	I	INTERDICTIONS JUDICIAIRES (TOUTES SAUF LES INTERDICTIONS JUDICIAIRES DU TERRITOIRE) INTERDICTIONS ADMINISTRATIVES DE STADE INTERDICTIONS ADMINISTRATIVES DE SORTIE DU TERRITOIRE
8	IT	INTERDICTIONS JUDICIAIRES DU TERRITOIRE
9	J	RECHERCHES DE JUSTICE
10	M	MINEURS FUGUEURS
11	PJ	RECHERCHES DE POLICE JUDICIAIRE
12	S	SURETE DE L'ETAT
13	T	DEBITEURS ENVERS LE TRESOR
14	TE	OPPOSITIONS A ENTREE EN FRANCE
15	TM	OPPOSITIONS A SORTIE DU TERRITOIRE DE MINEURS
16	TP	OPPOSITIONS A DELIVRANCE DE DOCUMENTS D'IDENTITE
17	V	EVADES
18	X	PERSONNES NON IDENTIFIEES

1. La catégorie « AF » : Recherches de la police aux frontières.

Indications et prescriptions générales :

Toutes les recherches de la catégorie « AF » sont demandées par la direction centrale de la police aux frontières (DCPAF) dans le cadre de ses attributions propres.

La catégorie « AF » concerne les ressortissants français ou étrangers qui, en raison de leurs activités, doivent faire l'objet de mesures de surveillance ou de vérifications de situation particulières.

Les interventions sont soumises au code de procédure pénale (CPP) s'il s'agit d'actes de police judiciaire, ou aux règles administratives en vigueur (droit de fouille en matière de sécurité du transport aérien, réglementation sur la circulation transfrontalière, accords de collaboration avec la douane, etc...).

Conduites à tenir :

AF 01
Nature : Recherches de renseignements sans attirer l'attention.
Conduite à tenir : Ne pas attirer l'attention, signaler passage, relever provenance, destination, moyen de transport et signaler accompagnateurs.

AF 02
Nature : Recherches de renseignements sans attirer l'attention.
Conduite à tenir : Ne pas attirer l'attention, recueillir le maximum de renseignements à l'occasion du contrôle.
Si possible, photocopier les documents de voyage.

AF 03
Nature : Recherches de renseignements sans attirer l'attention.
Conduite à tenir : Ne pas attirer l'attention, recueillir le maximum de renseignements à l'occasion du contrôle pour l'intéressé et les personnes l'accompagnant.
Si possible, photocopier les documents de voyage.

AF 04
Nature : Recherches de renseignements sans attirer l'attention.
Conduite à tenir : Signaler discrètement le passage a la douane, en vue d'une visite éventuelle.

AF 11
Nature : Vérifications ou application de prescriptions particulières.
Conduite à tenir : Vérifier la situation de l'intéressé, si possible prendre photocopie des documents de voyage.
Recueillir le maximum de renseignements sur les motifs de déplacement, destination, provenance, accompagnateurs, moyens de transports, etc...

AF 12
Nature : Vérifications ou applications de prescriptions particulières.
Conduite à tenir : Vérifier la situation de l'intéressé et signaler le passage à la douane en vue d'une visite éventuelle des personnes, des bagages et des véhicules.

AF 13
Nature :Vérifications ou applications de prescriptions particulières.
Conduite à tenir : Vérifier la situation de l'intéressé et des personnes l'accompagnant, signaler le passage à la douane en vue d'une visite éventuelle des personnes, des bagages et des véhicules.

AF 16
Nature : Vérifications ou application de prescriptions particulières.
Conduite à tenir : Vérifier la situation de l'intéressé, établir procédure s'il y a lieu et rendre compte au parquet compétent.

2. La catégorie « AL » : Aliénés.

Indications et prescriptions générales :

Les malades mentaux à placer en établissements psychiatriques suite à un arrêté préfectoral ou évadés de ces établissements font l'objet de recherches à la demande de l'autorité ayant pris la décision de placement ou du responsable de l'établissement où ils étaient internés, en raison du risque qu'ils présentent pour eux-mêmes ou pour autrui.

Certains sont particulièrement dangereux. Tous nécessitent que les précautions et mesures de sécurité utiles soient prises en attendant leur placement dans l'établissement spécialisé où ils doivent toujours être amenés ou ramenés dans les plus brefs délais par un personnel spécialisé (hospitalier – ambulancier).

Dans tous les cas, le placement doit avoir été ordonné par les autorités et selon les formes prévues par la loi.

Sauf en cas de force majeure, ces personnes ne doivent pas être placées en chambre de sûreté.

Les demandes comportent, outre l'état civil du malade, l'autorité qui est responsable de son internement, l'établissement où il doit être amené ou ramené, la date de l'évasion s'il y a lieu ou de la décision d'internement, les adresses et numéros de téléphone des autorités en question.

Conduites à tenir :

AL 01
Nature : Internés administratifs en état d'évasion.
Conduite à tenir : Appréhender l'intéressé, prendre toutes mesures de sécurité utiles et aviser d'urgence le service demandeur qui donnera indications et instructions nécessaires.

AL 02
Nature : Internés administratifs en état d'évasion.
Conduite à tenir : Appréhender l'intéressé, prendre toutes les précautions et mesures de sécurité utiles, le faire conduire a l'hôpital psychiatrique le plus proche.

AL 04
Nature : Internés évadés objet de recherches judiciaires.
Conduite à tenir : Appréhender l'intéressé, prendre toutes les précautions et mesures de sécurité utiles et aviser d'urgence le parquet compétent et l'établissement psychiatrique concerné qui donneront instructions et indications nécessaires.

3. catégorie « CJ » : Contrôles judiciaires.

Indications et prescriptions générales :

Les inscriptions au FPR de la catégorie CJ émanent généralement d'un juge d'instruction.
Exceptionnellement, elles peuvent être ordonnées par une chambre de l'instruction ou une juridiction de jugement.

Elles concernent uniquement des obligations de portée nationale :

- ne pas sortir du territoire national ou de limites territoriales déterminées ;
- ne s'absenter de son domicile ou de la résidence fixée par le juge d'instruction qu'aux conditions et pour les motifs déterminés par ce magistrat ;
- ne pas se rendre dans certains lieux ;
- remettre, soit au greffe du magistrat instructeur, soit à un service de police ou de gendarmerie tous documents justificatifs d'identité et notamment le passeport, en échange d'un récépissé valant justification d'identité ;
- s'abstenir de conduire tous les véhicules ou certains véhicules à moteur immatriculés et le cas échéant, remettre au greffe son permis de conduire contre un récépissé ;
- ne pas se livrer à une activité professionnelle ou sociale déterminée (gérance de droit ou de fait de société, tenue d'hôtel, démarchage à domicile, direction d'une association...).

Elles comportent deux types d'instructions :

- les unes tendent à constater la violation par le mis en examen des obligations fixées par ordonnance du juge d'instruction et à en informer le magistrat mandant, sans qu'il y ait lieu à mesure coercitive ;
- les autres visent à informer immédiatement le magistrat instructeur en vue, le cas échéant, de la révocation du contrôle judiciaire et de la délivrance d'un mandat d'arrêt ou de dépôt immédiat.

Le magistrat mandant est informé de l'exécution. Il y a lieu d'informer également le parquet local, notamment pour lui faire connaître les incidents se rapportant à l'exécution. Ce parquet donne, en outre, les instructions nécessaires si le magistrat mandant ne peut être joint en temps voulu.

Conduites à tenir :

CJ 01
Nature : Obligation de ne pas sortir du territoire national.
Conduite à tenir : En cas de tentative de franchissement de frontière par le mis en examen, s'opposer à la sortie et aviser le magistrat ayant ordonné la mesure qui donnera toutes instructions utiles.
En cas de rentrée du mis en examen sur le territoire, aviser également le magistrat ayant ordonné la mesure.

CJ 02
Nature : Obligation de ne pas sortir du territoire national.
Conduite à tenir : En cas de tentative de franchissement de frontière ou de rentrée du mis en examen sur le territoire, interpeller et aviser le magistrat ayant ordonné la mesure, qui le cas échéant, délivrera un mandat.

CJ 03
Nature : Obligation de ne pas sortir de limites territoriales déterminées.
Conduite à tenir : En cas de découverte du mis en examen démuni de toute autorisation écrite régulière, dans un lieu où il doit s'abstenir de se rendre, aviser le magistrat ayant ordonné la mesure qui donnera toutes instructions utiles.
S'il détient une autorisation, adresser un rapport au magistrat pour son information.

CJ 04
Nature : Ne pas se rendre dans certains lieux, ou ne se rendre que dans les lieux déterminés par le magistrat. Ne s'absenter de son domicile ou de la résidence fixée par le magistrat ayant ordonné la mesure qu'aux conditions et pour les motifs déterminés par ce dernier.
Conduite à tenir : En cas de découverte du mis en examen démuni de toute autorisation écrite régulière du magistrat ayant ordonné la mesure dans un lieu où il doit s'abstenir de se rendre , l'interpeller et aviser ce magistrat qui, le cas échéant, délivrera un mandat.
Lui adresser un rapport si la personne concernée détient une autorisation.

CJ 05
Nature : Retrait du passeport et de la carte d'identité ou autres documents d'identité.
Conduite à tenir : En cas de découverte du mis en examen en possession de son passeport ou de sa carte nationale d'identité, procéder au retrait de ces documents par procès verbal, lui délivrer une attestation constatant ce retrait, informer le magistrat ayant ordonné la mesure et transmettre à ce dernier les documents.
En cas de tentative d'obtention de ces pièces, aviser immédiatement l'autorité administrative concernée de la mesure prononcée à l'encontre du mis en examen et informer le magistrat ayant ordonné la mesure qui adressera une confirmation écrite à ladite autorité.

CJ 06

Nature : Retrait du passeport et de la carte d'identité ou autres documents d'identité.

Conduite à tenir : En cas de découverte du mis en examen en possession de son passeport ou de sa carte nationale d'identité ou en état de tentative de délivrance de ces pièces, l'interpeller, procéder s'il y a lieu au retrait de ces documents par procès verbal, lui délivrer une attestation constatant ce retrait, aviser le magistrat ayant ordonné la mesure qui, le cas échéant délivrera un mandat, et transmettre à ce dernier les documents.

CJ 07

Nature : Abstention de conduite de tous ou certains véhicules.

Conduite à tenir : En cas de découverte du mis en examen en possession de son permis de conduire, l'inviter à remettre ce document, dresser procès verbal de la remise ou non remise de ce document, lui délivrer une attestation constatant ce retrait, aviser le magistrat ayant ordonné la mesure et transmettre à ce dernier le procès verbal établi et le cas échéant le document remis.

En cas de tentative d'obtention de cette pièce, aviser immédiatement l'autorité administrative concernée de la mesure prononcée à l'encontre du mis en examen et aviser le magistrat ayant ordonné la mesure qui adressera confirmation écrite à ladite autorité.

CJ 08

Nature : Retrait du permis de conduire.

Conduite à tenir : En cas de découverte du mis en examen en possession de son permis de conduire ou en état de tentative d'obtention de cette pièce, l'interpeller, procéder s'il y a lieu au retrait de ce document par procès verbal, lui délivrer une attestation constatant ce retrait, aviser le magistrat ayant ordonné la mesure qui, le cas échéant, délivrera un mandat, et transmettre à ce dernier le document.

CJ 09

Nature : Obligation de s'abstenir de conduire tous les véhicules à moteur immatriculés ou certains d'entre eux.

Conduite à tenir : En cas de découverte du mis en examen conduisant un véhicule à moteur immatriculé, faire cesser l'infraction à la mesure de contrôle judiciaire.
Appliquer le cas échéant, les dispositions du code de la route.

CJ 10

Nature : Obligation de s'abstenir de conduire tous les véhicules à moteur immatriculés ou certains d'entre eux.

Conduite à tenir : En cas de découverte du mis en examen conduisant un véhicule à moteur immatriculé, l'interpeller, faire cesser l'infraction à la mesure de contrôle judiciaire.

Appliquer, le cas échéant, les dispositions du code de la route.

Aviser le magistrat ayant ordonné la mesure qui, le cas échéant, délivrera un mandat.

CJ 11

Nature : Obligation de ne pas se livrer à une activité professionnelle ou sociale déterminée, s'abstenir de recevoir ou de rencontrer certaines personnes spécialement désignées, ainsi que d'entrer en relation avec elles, de quelque façon que ce soit.

Conduite à tenir : En cas de découverte de l'exercice par le mis en examen d'une activité professionnelle ou sociale interdite, ou de la constatation de sa fréquentation des personnes visées par l'interdiction, aviser immédiatement le magistrat ayant ordonné la mesure qui donnera toutes instructions utiles.

Relever, le cas échéant, toute nouvelle infraction à la loi pénale.

CJ 12

Nature : Obligation de ne pas se livrer à une activité professionnelle ou sociale déterminée, s'abstenir de recevoir ou de rencontrer certaines personnes spécialement désignées, ainsi que d'entrer en relation avec elles, de quelque façon que ce soit.

Conduite à tenir : En cas de découverte de l'exercice par le mis en examen d'une activité professionnelle ou sociale interdite, ou de la constatation de sa fréquentation des personnes visées par l'interdiction, l'interpeller, relever s'il y a lieu toute nouvelle infraction à la loi pénale et aviser le magistrat ayant ordonné la mesure qui, le cas échéant, délivrera un mandat.

CJ 13

Nature : Interdiction de détenir ou porter une arme.

Conduite à tenir : En cas de constatation de la détention ou du port d'une arme par la personne visée, l'interpeller, relever s'il y a lieu toute nouvelle infraction à la loi pénale et aviser le magistrat ayant ordonné la mesure qui, le cas échéant, délivrera un mandat.

CJ 14

Nature: **Obligation de résider hors du domicile/résidence du couple et s'abstenir de paraître dans ce domicile/résidence ou aux abords immédiats.**

Conduite à tenir : En cas de présence de l'intéressé dans ce domicile/résidence ou aux abords immédiats, dresser procès-verbal, aviser le parquet localement compétent et le juge mandant.

Adresser procès-verbal au juge mandant.

4. La catégorie « D » : Déserteurs et insoumis.

Indications et prescriptions générales :

La catégorie « D » concerne :

- les déserteurs et les insoumis,
- les auteurs d'infractions relevant de la compétence des juridictions de droit commun spécialisées pour juger les crimes et délits en matière militaire et de sûreté de l'Etat : infractions militaires prévues par le livre III du code de justice militaire ; crimes et délits de droit commun commis par les militaires (CJM Art. 61 a 63).

Les recherches peuvent être entreprises à la demande de l'autorité judiciaire (notes de recherches, mandats d'arrêt, extraits de jugement ou d'arrêt).

L'exécution des recherches doit être immédiatement signalée aux autorités judiciaires compétentes (le service de police interpellateur peut, en tant que de besoin, se renseigner auprès de l'unité de gendarmerie la plus proche).

Conduites à tenir :

D 03
Nature : Mandat d'arrêt.
Conduite à tenir : Procéder à l'arrestation et exécuter le mandat selon les règles habituelles.
Aviser d'urgence le magistrat désigné qui donnera instructions.
Établir la procédure réglementaire.

D 04
Nature : extrait de jugement par défaut. (opposition recevable).
Conduite à tenir : En cas d'acquiescement : exécuter la décision de justice, aviser d'urgence le parquet compétent qui donnera instructions, établir la procédure réglementaire.
En cas d'opposition : demander au parquet compétent date d'audience à laquelle le prévenu devra comparaître, notifier à l'intéressé cette convocation, le laisser en liberté, établir la procédure réglementaire.

D 05
Nature : Extrait de jugement définitif (opposition non recevable).
Conduite à tenir : Exécuter la décision de justice.
Aviser d'urgence le parquet compétent qui donnera instructions.
Établir la procédure réglementaire.

D 81
Nature : Notification d'un jugement contradictoire à signifier ou d'un jugement itératif défaut avec peine de prison ferme (appel possible).
Conduite à tenir : Aviser sans délai le parquet requérant.
Procéder à la notification de la décision de condamnation en informant l'intéressé qu'il dispose d'un délai de 10 jours à compter de ladite notification pour former appel par déclaration au greffe de la juridiction de condamnation.
Lui remettre un récépissé de notification.
Rendre compte au parquet pour devenir de l'intéressé (remise en liberté ou déferrement).
Établir un procès-verbal de ces diligences et l'adresser au parquet compétent.

5. La catégorie « E » : Police générale des étrangers.

Indications et prescriptions générales :

Cette catégorie concerne :

- les étrangers dont la présence sur le territoire national constitue une menace pour l'ordre public et qui ont fait l'objet, soit d'un arrêté préfectoral, soit d'un arrêté ministériel d'expulsion, sur proposition ou demande des préfets, du préfet de police ou de la Direction des Libertés Publiques et des Affaires Juridiques,
- les étrangers ayant fait l'objet d'un arrêté préfectoral de reconduite à la frontière qui n'a pu, pour des raisons diverses, être exécuté, soit que la mesure n'ait pu être notifiée à l'étranger ou que les moyens nécessaires au départ de l'étranger aient fait défaut, soit que l'intéressé se soit soustrait à l'exécution de cette mesure,
- les étrangers faisant l'objet d'une obligation de quitter le territoire français non exécutée avec ou sans délai de départ volontaire, assortie ou non d'une interdiction administrative de retour sur le territoire français,
- les étrangers faisant l'objet d'une interdiction de retour en cours de validité,
- les étrangers ayant fait l'objet soit d'un arrêté ministériel, soit d'un arrêté préfectoral d'assignation à résidence.

Sont également inclus dans la catégorie « E », les étrangers susceptibles de séjourner sur le territoire national en infraction avec les règles concernant l'entrée ou le séjour des étrangers en France et dont il convient de vérifier la situation à la demande de la Direction des Libertés Publiques et des Affaires Juridiques.

En ce qui concerne les arrêtés d'expulsion et les arrêtés préfectoraux de reconduite à la frontière, la mesure diffusée au fichier des personnes recherchées peut être « à notifier » ou « notifiée ».

Si l'arrêté d'expulsion, l'arrêté de reconduite à la frontière ou l'interdiction administrative de retour est assorti d'une assignation à résidence (qu'elle soit ministérielle ou préfectorale), cette mesure ne peut être inscrite que sous la conduite à tenir « E 03 » avec précision du lieu d'assignation.

Les recherches sont faites dans la catégorie « TE » lorsqu'il s'agit d'empêcher l'entrée en France de l'étranger.

Elles étaient précédemment faites dans la catégorie « R » lorsque l'étranger n'était pas autorisé à établir sa résidence en France (catégorie caduque depuis le décret du 28 mai 2010).

Cette fiche a uniquement pour objectif d'empêcher un étranger d'obtenir un titre de séjour. Par conséquent, il peut venir en France pour des séjours touristiques n'excédant pas trois mois sous réserve qu'il remplisse les conditions d'une entrée régulière, c'est à dire la possession d'un visa s'il y est soumis en raison de sa nationalité.

Les interdictions administratives du territoire

Les interdictions administratives du territoire concernent certains étrangers dont la venue sur le territoire français constituerait une menace grave pour l'ordre ou la sécurité publics. Elles permettent, d'une part, de refuser l'entrée aux étrangers qui en font l'objet et, d'autre part, pour les majeurs uniquement, de les reconduire à la frontière s'ils sont néanmoins présents sur le territoire français.

Le non respect d'une mesure d'interdiction administrative du territoire est pénalement répréhensible, en application de l'article L.624-1 du CESEDA. Ainsi, constituent des délits punis d'une peine d'emprisonnement les faits de :

- se maintenir sur le territoire malgré l'existence d'une telle interdiction exécutoire (à la condition expresse qu'une rétention ou assignation à résidence préalables n'aient pas permis de réaliser l'éloignement) ;
- se soustraire ou de tenter de se soustraire à l'exécution d'une interdiction administrative du territoire ;
- pénétrer, sans autorisation, sur le territoire français, après interdiction administrative du territoire ;
- ne pas présenter à l'autorité administrative compétente les documents de voyage permettant l'exécution de l'interdiction administrative du territoire ou de ne pas communiquer les renseignements permettant cette exécution ou de communiquer des renseignements inexacts sur son identité.

Lorsque l'étranger se voit refuser l'entrée, le pouvoir de décision est confié au chef du service de la police nationale ou des douanes, chargé du contrôle aux frontières ou un fonctionnaire désigné par lui, à Saint Barthélémy au commandant d'unité de la gendarmerie nationale ou un militaire désigné par lui ; dans les aérodromes affectés à titre exclusif ou principal au ministère de la défense, cette décision peut être également prise par le commandant d'unité de la gendarmerie maritime ou de la gendarmerie de l'air ou par un militaire désigné par lui.

Dans le cas d'une frontière terrestre, le contrôle se borne à refuser l'entrée. Pour être effectif, ce refus d'entrée ne nécessite pas le recours à des mesures de rapatriement.

Sur les aéroports, dans les ports ou dans certaines gares, des moyens de rapatriement doivent être pris.
La non admission de l'étranger conduira à son réacheminement sans délai si un départ est possible, soit à son maintien dans une zone d'attente pendant le temps strictement nécessaire à son départ.

Certaines garanties sont accordées à l'étranger auquel est opposé un refus d'entrée :
- droit d'avertir ou de faire avertir la personne chez laquelle il a indiqué qu'il devait se rendre, son consulat ou le conseil de son choix ;
- droit de demeurer sur place un jour franc, lorsque l'étranger non admis doit être rapatrié contre son gré.

Conduites à tenir :

E 03
Nature : Étrangers – assignation à résidence
Conduite à tenir : Pour les étrangers faisant l'objet d'un arrêté d'assignation à résidence et découverts en dehors du périmètre de leur assignation, sans pouvoir produire d'autorisation de l'autorité administrative (sauf-conduit), contacter :

* pour les arrêtés ministériels, la Direction des libertés publiques et des affaires juridiques (DLPAJ - BDPE) ;

* pour les arrêtés préfectoraux, le service des étrangers de la préfecture indiquée ou, à défaut, de celle du lieu de découverte.

Si l'absence d'autorisation est confirmée, dresser procès-verbal et saisir le parquet territorialement compétent.
Pour les étrangers ayant fait l'objet d'un arrêté ministériel ou préfectoral d'assignation à résidence, contacter la direction des libertés publiques et des affaires juridiques (DLPAJ BDPE) et la préfecture compétente, si l'individu est découvert en dehors du périmètre de l'assignation sans y avoir été autorisé par l'autorité administrative.

Dresser une procédure judiciaire si une infraction est constatée.

E 11
Nature : Expulsion - arrêté à notifier.
Conduite à tenir : Vérifier la situation de l'intéressé.
Demander ampliation de l'arrêté et instructions à la préfecture qui a proposé l'expulsion, ou si celle-ci n'est pas indiquée, à la direction des libertés publiques et des affaires juridiques (DLPAJ BDPE).
Notifier l'arrêté, remettre une ampliation et rédiger un procès-verbal de notification.
Retirer, le cas échéant, le titre de séjour de l'étranger, lui remettre un récépissé de retrait.
Pour les ressortissants communautaires, ressortissants d'un autre état partie à l'accord sur l'espace économique européen ou de la confédération suisse, et membres de famille, mentionner le délai imparti pour quitter le territoire (1 mois sauf urgence).
Adresser le procès-verbal :

- ➢ au préfet du département de découverte,
- ➢ au préfet qui a proposé l'expulsion,
- ➢ à la direction des libertés publiques et des affaires juridiques (DLPAJ 5eme bureau).

Se mettre en rapport avec la préfecture du lieu de découverte pour l'exécution de la mesure.

E 12
Nature : Expulsion – arrêté notifié.
Conduite à tenir : Appréhender, se mettre en rapport avec la préfecture du lieu de découverte pour l'exécution de la mesure sauf si l'intéressé est muni d'un visa spécial.
Rédiger un procès-verbal et l'adresser:

- ➢ au parquet du lieu de découverte,
- ➢ au préfet du département,

- au préfet qui a proposé l'expulsion,
- à la direction des libertés publiques et des affaires juridiques ((DLPAJ BDPE).

Si la préfecture ne requiert pas l'exécution de la mesure (absence d'instruction ou instruction de ne pas exécuter), constater la situation irrégulière et déférer l'intéressé au parquet local pour infraction à obligation de quitter le territoire français.

E 41
Nature : Reconduite - arrêté à notifier.
Conduite à tenir : Vérifier la situation de l'intéressé.
Si sur le document de voyage de l'intéressé apparaît un visa ou une date d'entrée postérieure à la date d'émission de la mesure, laisser en liberté.
Dans ce cas, informer la préfecture émettrice.
Dans tous les autres cas, contacter la préfecture qui a émis la mesure, lui demander ampliation de l'arrêté de reconduite et les instructions.
Se mettre en rapport avec la préfecture du lieu de découverte pour l'exécution de la mesure.
Notifier l'arrêté de reconduite, remettre une ampliation et rédiger un procès-verbal de notification.
Adresser les procès-verbaux de notification, et le cas échéant, d'exécution :

- au préfet qui a émis la mesure,
- au préfet du département de découverte.

E 42
Nature : Reconduite - arrêté notifié.
Conduite à tenir : Vérifier la situation de l'intéressé.
Si sur le document de voyage de l'intéressé apparaît un visa ou une date d'entrée postérieure à la date d'émission de la mesure, laisser en liberté.
Dans ce cas, informer la préfecture émettrice.
Dans tous les autres cas, contacter la préfecture qui a émis la mesure et lui demander ampliation de l'arrêté de reconduite et les instructions.
Sur instructions de la préfecture émettrice et après contacts avec la préfecture du lieu de découverte, procéder à l'exécution de la mesure, sous la responsabilité de cette dernière.
Si la préfecture ne requiert pas l'exécution de l'arrêté (absence d'instructions ou instructions de ne pas exécuter), constater la situation irrégulière et déférer l'intéressé au parquet local pour infraction à arrêté de reconduite.
Adresser le procès-verbal :

- au parquet local, dans le cas où l'étranger a été déféré devant lui,
- au préfet qui a émis la mesure,
- au préfet du département de découverte.

E 51
Nature : Obligation de quitter le territoire avec délai.
Conduite à tenir : Vérifier la situation de l'intéressé.
Si le délai de départ n'est pas dépassé, laisser en liberté.
Si sur le document de voyage de l'intéressé apparaît un visa ou une date d'entrée postérieure à la date de notification de la mesure, ne pas poursuivre l'exécution de la mesure, dans ce cas, informer la préfecture émettrice.
Dans tous les cas, contacter la préfecture qui a émis la mesure et lui demander ampliation de l'arrêté d'obligation de quitter le territoire français.

Contacter la préfecture du lieu de découverte et sur ses instructions, procéder à l'exécution de la mesure, sous la responsabilité de cette dernière.
Si la préfecture ne requiert pas l'exécution de l'arrêté (absence d'instruction ou instruction de ne pas exécuter), constater la situation irrégulière et déférer l'intéressé au parquet local pour infraction à obligation de quitter le territoire français.
Adresser le procès verbal :

- ➢ au parquet local. Dans le cas où l'étranger a été déféré devant lui.
- ➢ au préfet qui a émis la mesure.
- ➢ au préfet du département de découverte.

E 52
Nature : Obligation de quitter le territoire sans délai.
Conduite à tenir : Vérifier la situation de l'intéressé.
Si sur le document de voyage de l'intéressé apparaît un visa ou une date d'entrée postérieure à la date de notification de la mesure, ne pas poursuivre l'exécution de la mesure, dans ce cas, informer la préfecture émettrice.
Dans tous les cas, contacter la préfecture qui a émis la mesure et lui demander ampliation de la mesure d'obligation de quitter le territoire français.
Sur instruction de la préfecture émettrice et après contact avec la préfecture du lieu de découverte, procéder à l'exécution de la mesure, sous la responsabilité de cette dernière.
Si la préfecture ne requiert pas l'exécution de l'arrêté (absence d'instruction ou instruction de ne pas exécuter), constater la situation irrégulière et déférer l'intéressé au parquet local pour infraction à obligation de quitter le territoire français.
Adresser le procès verbal :

- ➢ au parquet local. Dans le cas où l'étranger a été déféré devant lui.
- ➢ au préfet qui a émis la mesure.
- ➢ au préfet du département de découverte.

E 61
Nature : Interdiction administrative de retour.
Conduite à tenir : Vérifier la situation de l'intéressé
Si l'intéressé fait toujours l'objet d'une mesure d'obligation de quitter le territoire avec ou sans délai de départ volontaire exécutoire, exécuter la conduite à tenir liée à l'obligation de quitter le territoire.
Sinon contacter la préfecture qui a émis l'interdiction de retour et solliciter ses instructions en lien avec la préfecture du lieu de découverte.
Dans tous les cas, contacter la préfecture qui a émis la mesure et lui demander ampliation de la mesure d'obligation de quitter le territoire français,
En l'absence d'instructions, constater la situation irrégulière et déférer l'intéressé au parquet local pour non respect de l'interdiction administrative de retour..
Adresser le procès verbal :

- ➢ au parquet local. Dans le cas où l'étranger a été déféré devant lui.
- ➢ au préfet qui a émis la mesure.
- ➢ au préfet du département de découverte.

E 62

Nature : Interdiction administrative du territoire – Décision notifiée :

Conduite à tenir :

1) **Si l'étranger se présente à la frontière, refuser l'entrée :**

Lui indiquer, dans les conditions habituelles, par décision écrite, le refus d'entrée, ayant pour motif :

- *la « menace grave pour l'ordre public, la sécurité intérieure ou les relations internationales »* (non-ressortissant d'un État membre de l'UE, d'un autre État partie à l'accord sur l'EEE ou de la Confédération suisse et non-membre de la famille d'un tel ressortissant européen)

- ou la *« menace réelle, actuelle et suffisamment grave pour un intérêt fondamental de la société, du point de vue de l'ordre ou de la sécurité publics »* (ressortissant d'un Etat membre de l'UE, d'un autre Etat partie à l'accord sur l'EEE ou de la Confédération suisse ou membre de la famille d'un tel ressortissant).

2) En cas de découverte sur le territoire français, appréhender aux fins d'éloignement :

* Placer la personne en retenue et contacter la DLPAJ-BDPE (jours et heures ouvrables au 01.49.27.37.41 ou .31.05 ou 38.55 - week-end et jours fériés au 01.49.27.49.27) et lui demander la copie de la décision d'IAT.

* S'assurer du caractère exécutoire de la mesure (individu majeur, délai de départ non octroyé ou écoulé, validité de la mesure).

* Si l'une des infractions prévues et réprimées par l'article L.624-1, alinéa 1 et 2 du CESEDA a été commise, aviser le parquet du lieu de découverte.

En cas d'abandon des poursuites pénales, sur instructions de la DLPAJ/BDPE et après contact avec la préfecture du lieu de découverte, procéder à l'exécution de la mesure, sous la responsabilité de cette dernière et aviser le parquet.

Adresser le procès-verbal :
- ➢ à la DLPAJ / BDPE ((place Beauvau – 75 800 Paris CEDEX 08) et au préfet du département de découverte.
- ➢ En cas d'infraction pénale, au parquet du lieu de découverte.

E 63

Nature : Interdiction administrative du territoire – Décision à notifier :

Conduite à tenir :

1) Si l'étranger se présente à la frontière, refuser l'entrée :

* Lui indiquer, dans les conditions habituelles, par décision écrite, le refus d'entrée, ayant pour motif :

- *la « menace grave pour l'ordre public, la sécurité intérieure ou les relations internationales »* (non-ressortissant d'un État membre de l'UE, d'un autre État partie à l'accord sur l'EEE ou de la Confédération suisse et non-membre de la famille d'un tel ressortissant européen)
- ou la *« menace réelle, actuelle et suffisamment grave pour un intérêt fondamental de la société, du point de vue de l'ordre ou de la sécurité publics »* (ressortissant d'un Etat membre de l'UE, d'un autre Etat partie à l'accord sur l'EEE ou de la Confédération suisse ou membre de la famille d'un tel ressortissant).

* Contacter le service demandeur DLPAJ-BDPE (jours et heures ouvrables au 01.49.27.37.41 ou 31.05 ou 38.55 - week-end et jours fériés au 01.49.27.49.27) pour notification de la mesure d'IAT.

* Demander copie de l'original de l'arrêté et instructions à la DLPAJ / BDPE, notifier l'arrêté, remettre une copie de l'original et rédiger un procès-verbal de notification.

* Adresser le procès-verbal à la DLPAJ / BDPE (place Beauvau – 75 800 Paris CEDEX 08) et
au préfet du département de découverte.

2) **En cas de découverte sur le territoire français, placer l'étranger en retenue :**

* Contacter le service demandeur (DLPAJ- BDPE) pour notification de la mesure d'interdiction administrative du territoire.

* Demander copie de l'arrêté préfectoral et instructions à la DLPAJ - BDPE.
Aviser la préfecture de département des instructions de la DLPAJ.
Notifier l'arrêté, remettre une copie et rédiger un procès-verbal de notification.

* Sur instruction de la DLPAJ/BDPE, procéder à l'éloignement de l'intéressé, sous la responsabilité de la préfecture de département.

- Si l'intéressé est mineur, il ne peut faire l'objet d'une reconduite d'office à la frontière.

- Pour les ressortissants CEE ou assimilés, ou pour les membres de leur famille mentionner le délai imparti pour quitter le territoire (1 mois sauf urgence, suivant instructions de la DLPAJ).

Adresser le procès-verbal de notification :
- à la DLPAJ / BDPE (place Beauvau – 75 800 Paris CEDEX 08) ;
- au préfet du département de découverte.

E 64

Assignation à résidence avec interdiction de se trouver en relation avec certaines personnes nommément désignées

Contacter DLPAJ-BDPE (jours et heures ouvrables au 01.49.27.37.41 ou 31.05 ou 38.55 - week-end et les jours fériés au 01.49.27.49.27) et la préfecture du lieu d'assignation à résidence si l'individu est découvert en dehors du périmètre de l'assignation ou en relation avec la ou les personnes nommément désignées, sans y avoir été autorisé par l'autorité administrative.

Dresser une procédure judiciaire si une infraction est constatée (article L. 624-4 du CESEDA).

E 65

Interdiction de circuler sur le territoire national – arrêté à notifier

Vérifier la situation de l'intéressé.

Si à la date du contrôle la durée de l'interdiction de circulation a expiré, laisser en liberté.
Dans ce cas, informer la préfecture émettrice.

Dans tous les autres cas, contacter la préfecture qui a émis la mesure, lui demander ampliation de l'obligation de quitter le territoire et de la décision d'interdiction de circulation et les instructions.
Se mettre en rapport avec la préfecture du lieu de découverte pour l'exécution de la mesure.
Notifier l'obligation de quitter le territoire et l'interdiction de circuler sur le territoire national, remettre une ampliation et rédiger un procès-verbal de notification.

Adresser les procès-verbaux de notification, et le cas échéant, d'exécution :

- au préfet qui a émis la mesure,
- au préfet du département de découverte.

E 66

Interdiction de circuler sur le territoire national – arrêté notifié

Vérifier la situation de l'intéressé.

Si à la date du contrôle la durée de l'interdiction de circulation a expiré, laisser en liberté.
Dans ce cas, informer la préfecture émettrice.

Dans tous les autres cas, contacter la préfecture qui a émis la mesure et lui demander ampliation de l'obligation de quitter le territoire et de la décision d'interdiction de circulation et les instructions.
Sur instructions de la préfecture émettrice et après contacts avec la préfecture du lieu de découverte, procéder à l'exécution de la mesure, sous la responsabilité de cette dernière.
Si la préfecture ne requiert pas l'exécution de la décision (absence d'instructions ou instructions de ne pas exécuter), constater la situation irrégulière et déférer l'intéressé au parquet local pour infraction à une décision d'interdiction de circulation sur le territoire national.

Adresser le procès-verbal :

- au parquet local, dans le cas où l'étranger a été déféré devant lui,
- au préfet qui a émis la mesure,
- au préfet du département de découverte.

6. La catégorie « G » : Mesures administratives concernant les permis de conduire.

Indications et prescriptions générales :

Les demandes de recherches de cette catégorie émanent des autorités administratives habilitées à prendre des mesures de restriction des droits de conduire : ministère de l'intérieur (service du fichier des permis de conduire) pour ce qui concerne le permis à points, ainsi que préfectures et sous préfectures pour les autres mesures (suspension, retrait d'un titre frauduleux...).
Les personnes recherchées au titre de mesures de restriction du droit de conduire relèvent de quatre catégories :

catégorie G 01 : personnes faisant l'objet de recherches en vue de leur notifier une décision administrative portant restriction de leurs droits de conduire (arrêtés préfectoraux de suspension 3F, 1F ou 61),
catégorie G 02 : personnes faisant l'objet de recherches en vue de leur notifier une décision administrative de retrait d'un permis de conduire obtenu frauduleusement (arrêté préfectoral 60),
catégorie G 03 : personnes auxquelles une décision ministérielle d'invalidation de leur permis de conduire pour solde de points nul (décisions référencée 48SI) a été dûment notifiée, mais qui n'ont pas restitué au préfet leur titre invalidé dans le délai réglementaire,
catégorie G 04 : personnes faisant l'objet de recherches en vue de leur notifier une décision référencée 48SI portant invalidation de leur permis de conduire.

Le service demandeur sera averti de toutes difficultés rencontrées lors de l'exécution.

Conduites à tenir :

G 01
Nature : Permis de conduire, notification et retrait éventuel du titre.
Conduite à tenir :
Pendant les heures ouvrables :
Contacter la (sous-) préfecture auteur de la décision de suspension (service ayant procédé à l'inscription de l'intéressé au FPR).
Notifier à l'intéressé la mesure le concernant.
Lui retirer le permis de conduire s'il y a lieu de le faire aux termes de l'arrêté préfectoral.
Dresser un procès-verbal de ces opérations et en adresser un exemplaire et le permis éventuellement retiré à la (sous-) préfecture concernée.

Hors heures ouvrables :
S'assurer du domicile de l'intéressé.
Communiquer à la (sous-) préfecture concernée l'adresse de l'intéressé.

G 02
Nature : Permis de conduire, notification et retrait du titre.
Conduite à tenir :
Pendant les heures ouvrables :
Contacter la (sous-) préfecture auteur de la décision d'annulation (service ayant procédé à l'inscription de l'intéressé au FPR).
Notifier à l'intéressé la mesure le concernant.
Lui retirer le permis de conduire.
Dresser un procès-verbal de ces opérations et en adresser un exemplaire et le permis retiré à la (sous-) préfecture concernée.

Hors heures ouvrables :
S'assurer du domicile de l'intéressé.
Communiquer à la (sous-) préfecture concernée l'adresse de l'intéressé.

G 03
Nature : Permis de conduire, retrait du titre.
Conduite à tenir :
Retirer le permis de conduire de l'intéressé.
Dresser un procès-verbal de ces opérations et en adresser un exemplaire et le permis retiré à la (sous-) préfecture concernée.
Établir une procédure judiciaire pour délit de refus de restitution d'un permis de conduire invalidé pour solde de points nul (article L.223-5 du code de la route).

Pour tout renseignement complémentaire et/ou pour que soit adressée une copie de la décision d'invalidation du permis de conduire prise à l'encontre de l'intéressé, saisir, pendant les heures ouvrables, le ministère de l'intérieur, service du fichier national des permis de conduire par messagerie à l'adresse fonctionnelle suivante : bndc-fpr@interieur.gouv.fr (Tel : 01.60.37.16.54 ou 01.60.37.17.35 : Fax / 01.60.37.16.25).

G 04
Nature : Permis de conduire, notification et retrait du titre.
Conduite à tenir :
Pendant les heures ouvrables :
Contacter le ministère de l'intérieur, service du fichier national des permis de conduire par messagerie à l'adresse fonctionnelle suivante :
bndc-fpr@interieur.gouv.fr (Tel : 01.60.37.16.54 ou 01.60.37.17.35 : Fax / 01.60.37.16.25).
Notifier à l'intéressé la décision référence 48SI transmise par ce service (signature de l'intéressé sur chaque page du document).
Lui retirer le permis de conduire.
Dresser un procès-verbal de ces opérations.
Adresser le permis retiré, le document signé et un exemplaire du procès-verbal à la (sous-) préfecture concernée.
Hors heures ouvrables :
S'assurer du domicile de l'intéressé. Communiquer la nouvelle adresse au ministère de l'intérieur, service du fichier national des permis de conduire par messagerie à l'adresse fonctionnelle suivante : bndc-fpr@interieur.gouv.fr (ce service adressera alors une nouvelle décision référence 48SI à l'intéressé).

7. La catégorie « I » : Interdictions judiciaires (toutes sauf interdictions judiciaires du territoire), interdictions administratives de stade, interdictions admnistratives de sortie du territoire.

Indications et prescriptions générales :

Les interdictions judiciaires (toutes sauf interdictions judiciaires du territoire) et interdiction administratives (de stade et de sortie de territoire).

1° <u>Les interdictions judiciaires</u>

L'inscription des personnes signalées dans cette catégorie est réalisée :

➢ soit à la demande des autorités judiciaires suite à une condamnation pénale exécutoire :
  - l'interdiction de participer à des manifestations sur la voie publique ;
  - l'interdiction de se rendre à l'étranger ;
  - l'obligation de ne pas se déplacer à l'étranger sans autorisation du juge de l'application des peines ;

➢ soit de façon obligatoire pour certaines décisions judiciaires,
  - l'interdiction de séjour,
  - l'interdiction du territoire français,
  - l'interdiction de pénétrer dans une ou plusieurs enceintes où se déroule une manifestation sportive,
  - l'obligation de s'abstenir de paraître en certains lieux,
  - l'obligation de s'abstenir de fréquenter les débits de boisson.

Il convient de distinguer les personnes à l'encontre desquelles une peine complémentaire a été prononcée et dont le non respect constitue une infraction pénale, les peines d'interdiction dont la méconnaissance n'est pas sanctionnée pénalement et les obligations imposées dans le cadre des procédures d'exécution des peines.

<u>Les interdictions dont la méconnaissance constitue un délit :</u>
La peine complémentaire d'interdiction de séjour qui emporte défense de paraître en certains lieux est prononcée par la juridiction de jugement qui fixe les lieux interdits et la durée de la peine.
La liste des lieux interdits peut être modifiée par le juge de l'application des peines. Ce dernier, le Tribunal Correctionnel et le procureur de la République peuvent en outre, suspendre provisoirement cette peine ou autoriser l'intéressé à séjourner dans un lieu interdit.

Les peines complémentaires d'interdiction de participer à des manifestations sur la voie publique et d'interdiction de pénétrer dans une ou plusieurs enceintes où se déroule une manifestation sportive sont prononcées par la juridiction de condamnation qui indique les lieux dans lesquels l'interdiction s'exerce et sa durée.

Les interdictions dont la méconnaissance n'est pas pénalement sanctionnée :
La peine d'interdiction de se rendre à l'étranger est prononcée par la juridiction de condamnation qui fixe la durée de l'interdiction.

Les obligations imposées dans le cadre des procédures d'exécution des peines :
Il s'agit des obligations imposées dans le cadre du régime de la mise à l'épreuve ou de la liberté conditionnelle.
La méconnaissance de ces obligations ne constitue pas une infraction mais emporte, le cas échéant, révocation en totalité ou partie du ou des sursis antérieurement accordés ou révocation de la liberté conditionnelle.

Les obligations de s'abstenir de paraître en tout lieu spécialement désigné et de ne pas fréquenter les débits de boissons sont prononcées :

- dans le cadre du régime de la mise à l'épreuve, par la juridiction de condamnation, par le juge de l'application des peines ou par le Tribunal Correctionnel ;
- dans le cadre du régime de libération conditionnelle par ordonnance du juge de l'application des peines ou par arrêté du garde des sceaux.

L'obligation de ne pas se déplacer à l'étranger sans autorisation du juge de l'application des peines est une mesure de contrôle qui s'impose par le seul effet de la loi aux personnes placées sous le régime du sursis avec mise à l'épreuve ou bénéficiant de la liberté conditionnelle.

L'intervention du service interpellateur consiste à s'assurer que l'intéressé n'agit pas en violation de la mesure qui le frappe.

Hors les cas d'infraction pénale, il convient d'agir avec le maximum de discrétion et d'éviter toutes mesures de surveillance ou de contrôle ostensibles qui pourraient révéler aux tiers la situation de l'intéressé et par suite, nuire à son reclassement.

2° Les interdictions administratives

Les interdictions administratives de stade.

Depuis janvier 2007, le fichier des personnes recherchées est en mesure d'enregistrer les personnes interdites administratives de stade dont le cadre juridique est fixé par l'article 31 de la loi 23 janvier 2006 susvisée et le décret n° 2006-288 du 15 mars 2006 fixant les modalités d'application de l'article 42-12 de la loi n° 84-610 du 16 juillet 1984 relative à l'organisation et à la promotion des activités physiques et sportives.

Cet enregistrement dans le FPR tire son fondement juridique des dispositions prévues au 3° du II de l'article 2 de l'arrêté du 15 mai 1996 modifié relatif au fichier des personnes recherchées, qui disposent que « *peuvent être inscrites dans le traitement (…) à la demande des autorités administratives (…) les recherches de personnes pour prévenir la menace pour la sécurité publique ou la sûreté de l'État, dès lors que des informations ou des indices réels ont été recueillis à leur égard.* »

Les données sont conservées dans le FPR le temps de la mesure d'interdiction administrative de stade.

L'inscription au FPR est réalisée à travers trois nouvelles conduites à tenir I51, I52 et I53 selon que l'arrêté préfectoral est à notifier, a été notifié, ou que la mesure est assortie d'une obligation de pointage.

Les interdictions administratives de sortie du territoire.

Depuis la loi n° 2014-1353 du 13 novembre 2014 renforçant les dispositions relatives à la lutte contre le terrorisme, le fichier des personnes recherchées est en mesure d'enregistrer les ressortissant français faisant l'objet d'une interdiction de sortie de territoire. Cet enregistrement dans le FPR tire son fondement juridique des dispositions prévues a l'article 3 du decret 2015/174 du 13 février 2015 modifiant le décret FPR du 28 mai 2010 modifié relatif au fichier des personnes recherchées.

Les données sont conservées dans le FPR le temps de la mesure d'interdiction administrative de sortie de territoire, soit 6 mois renouvelables dans la limite de deux ans.
L'inscription au FPR est réalisée à travers trois nouvelles conduites à tenir I61, I62 et I63 selon que l'arrêté ministériel est à notifier, a été notifié, ou que la mesure concerne l'obligation de restitution d'un passeport ou d'une carte nationale d'identité invalidés.

Conduites à tenir :

I 04
Nature : Interdiction de participer à des manifestations sur la voie publique, en certains lieux.
Conduite à tenir : Contrôler, lors du déroulement d'une manifestation sur la voie publique, si l'intéressé se trouve dans un lieu interdit, l'interpeller.
Aviser le parquet localement compétent.

I 05
Nature : Interdiction de pénétrer ou de se rendre aux abords d'une enceinte où se déroule une manifestation sportive.
Conduite à tenir : Si l'intéressé se présente à l'entrée d'une enceinte qui lui est interdite et dans laquelle se déroule une manifestation sportive, l'interpeller et aviser le parquet.
Si l'intéressé est trouvé dans ou aux abords d'une enceinte qui lui est interdite lors du déroulement d'une manifestation sportive, l'interpeller et aviser le parquet localement compétent.

I 06

Nature : Interdiction de se rendre a l'étranger.

Conduite à tenir : Si l'intéressé se présente à la frontière pour sortir de France, lui interdire la sortie du territoire.

Dresser procès-verbal et l'adresser au parquet du lieu de l'infraction.

I 07

Nature : Obligation de s'abstenir de paraître en tout lieu spécialement désigné.

Conduite à tenir : En cas de présence de l'intéressé dans un lieu interdit, dresser procès-verbal, aviser le parquet localement compétent et le juge mandant.

Adresser procès-verbal au juge de l'application des peines du lieu de résidence de l'intéressé.

I 08

Nature : Obligation de ne pas se déplacer à l'étranger sans autorisation du juge d'application des peines.

Conduite à tenir : Si l'intéressé se présente à la frontière pour sortir de France et qu'il n'est pas porteur d'une autorisation du juge d'application des peines, lui rappeler l'interdiction dont il fait l'objet, lui interdire la sortie du territoire et aviser le parquet localement compétent.

Dresser procès-verbal et l'adresser au juge de l'application des peines du lieu de résidence.

Si l'intéressé se présente à la frontière pour entrer en France, dresser procès-verbal et aviser le parquet localement compétent.

Adresser procès-verbal au juge de l'application des peines du lieu de résidence.

I 10

Nature : Suspension du permis de conduire.

Conduite à tenir : En cas de découverte du mis en cause en possession de son permis de conduire, l'interpeller et aviser le parquet.

Procéder au retrait du permis de conduire par procès verbal.

Délivrer une attestation constatant ce retrait à l'intéressé et transmettre le permis de conduire au parquet.

En cas de tentative d'obtention de cette pièce, aviser immédiatement l'autorité administrative concernée de la mesure prononcée à l'encontre du mis en cause et aviser le magistrat ayant ordonné la mesure qui adressera confirmation écrite à ladite autorité.

I 11

Nature : Annulation du permis de conduire.

Conduite à tenir : En cas de découverte du mis en cause en possession de son permis de conduire ou en état de tentative d'obtention de cette pièce, l'interpeller, procéder s'il y a lieu au retrait de ce document par procès-verbal, lui délivrer une attestation constatant ce retrait, aviser le magistrat ayant ordonné la mesure, qui, le cas échéant, délivrera un mandat.

Transmettre au magistrat le procès verbal constatant le retrait.

I 12

Nature : Interdiction de conduire certains véhicules.

Conduite à tenir : En cas de découverte du mis en cause conduisant un véhicule désigné par l'interdiction, l'interpeller et aviser le parquet.
Appliquer, le cas échéant, les dispositions du code de la route.

I 13

Nature : Obligation de s'abstenir de conduire certains véhicules.

Conduite à tenir : En cas de découverte du mis en cause conduisant un véhicule désigné par la mesure, dresser un procès verbal, aviser le magistrat ayant ordonné la mesure et transmettre le procès verbal à ce dernier.

I 14

Nature : Obligation de s'inscrire et se présenter aux épreuves du permis de conduire.

Conduite à tenir : En cas de découverte de l'intéressé, recueillir renseignements sur sa situation relative au permis de conduire (présentation et inscription aux épreuves du permis de conduire).
Dresser procès verbal de renseignements et l'adresser au juge mandant.

I 20

Nature : Interdiction de se livrer à une activité professionnelle ou sociale déterminée, s'abstenir de recevoir ou de rencontrer certaines personnes spécialement désignées, ainsi que d'entrer en relation avec elles, de quelque façon que ce soit.

Conduite à tenir : En cas de découverte de l'exercice par le mis en cause d'une activité professionnelle ou sociale interdite ou de la constatation de sa fréquentation des personnes visées par l'interdiction, l'interpeller et aviser le parquet.
Relever, le cas échéant, toute nouvelle infraction à la loi pénale.

I 21

Nature : Obligation de s'abstenir de fréquenter ou d'entrer en relation avec certaines personnes ou certaines catégories de personnes, et notamment des mineurs, de quelque façon que ce soit.

Conduite à tenir : En cas de constatation de la fréquentation du mis en cause des personnes visées par l'interdiction et notamment de mineurs, aviser immédiatement le magistrat ayant ordonné la mesure qui donnera toutes instructions utiles.
Relever, le cas échéant, toute nouvelle infraction à la loi pénale.

I 22

Nature : Interdiction de se livrer à une activité professionnelle ou sociale déterminée, s'abstenir de recevoir ou de rencontrer certaines personnes spécialement désignées, ainsi que d'entrer en relation avec elles, de quelque façon que ce soit.

Conduite à tenir : En cas de découverte de l'exercice par le mis en cause d'une activité professionnelle ou sociale interdite ou de la constatation de sa fréquentation des personnes visées par l'interdiction, l'interpeller, relever s'il y a lieu toute nouvelle infraction à la loi pénale et aviser le magistrat ayant ordonné la mesure, qui, le cas échéant, délivrera un mandat.

I 23

Nature : Obligation de s'abstenir de recevoir ou de rencontrer certaines personnes spécialement désignées et notamment des mineurs, ainsi que d'entrer en relation avec elles, de quelque façon que ce soit.

Conduite à tenir : En cas de constatation de la fréquentation du mis en cause des personnes visées par l'interdiction et notamment de mineurs, aviser le magistrat ayant ordonné la mesure.

Relever s'il y a lieu toute nouvelle infraction à la loi pénale et aviser le magistrat ayant ordonné la mesure, qui, le cas échéant, délivrera un mandat.

I 24

Nature : Interdiction d'exercer une activité professionnelle ou bénévole impliquant un contact habituel avec des mineurs.

Conduite à tenir : En cas de découverte de l'exercice par le mis en cause d'une activité professionnelle ou bénévole interdite impliquant un contact habituel avec des mineurs, aviser immédiatement le magistrat ayant ordonné la mesure qui donnera toutes instructions utiles.

Relever, le cas échéant, toute nouvelle infraction à la loi pénale.

I 25

Nature : Interdiction d'exercer une activité professionnelle ou bénévole impliquant un contact habituel avec des mineurs.

Conduite à tenir : En cas de découverte de l'exercice par le mis en cause d'une activité professionnelle ou bénévole interdite impliquant un contact habituel avec des mineurs, l'interpeller, relever s'il y a lieu toute nouvelle infraction à la loi pénale et aviser le magistrat ayant ordonné la mesure, qui, le cas échéant, délivrera un mandat.

I 26

Nature : Obligation d'obtenir l'autorisation préalable du juge de l'application des peines avant tout changement d'emploi ou de résidence.

Conduite à tenir : En cas de découverte de l'intéressé, recueillir renseignements sur son emploi et son lieu de résidence.

Dresser procès verbal de renseignements et l'adresser au juge mandant.

I 30

Nature : Obligation de s'abstenir de porter ou détenir une arme.

Conduite à tenir : En cas de découverte du mis en cause en possession d'une arme, aviser le magistrat ayant ordonné la mesure, dresser un procès verbal et le transmettre à ce dernier.

I 31

Nature : Interdiction de porter ou détenir une arme.

Conduite à tenir : En cas de découverte du mis en cause en possession d'une arme, l'interpeller et aviser le parquet localement compétent.

I 51
Nature : Interdiction administrative de stade - arrêté à notifier.
Conduite à tenir : S'assurer de l'identité.
Prendre attache avec l'autorité décisionnelle.
Notifier à l'intéressé la mesure ou, à défaut, le convoquer au service désigné par l'autorité décisionnelle.

I 52
Nature : Interdiction administrative de stade - - arrêté notifié.
Conduite à tenir : En cas de contrôle dans le cadre du déroulement d'une manifestation sportive :
S'assurer de l'identité.
Établir la procédure.
Aviser l'autorité décisionnelle par rapport.

I 53
Nature : Interdiction administrative de stade avec obligation de pointage- - arrêté notifié.
Conduite à tenir : En cas de contrôle hors déroulement d'une manifestation sportive :
S'assurer de l'identité.
Vérifier auprès du service compétent pour le pointage la situation de l'intéressé (si le pointage est prévu).
En cas d'infraction (défaut de pointage) établir la procédure.
Aviser l'autorité décisionnelle par rapport.

I 61
Nature : interdiction de sortie de territoire (IST) – mesure à notifier.
Conduite a tenir : en cas de découverte de l'intéressé, prendre attache, aux heures et jours ouvrables, avec la dlpaj-bntiv (01 40 07 29 71). en dehors de ces périodes ou en cas d'impossibilité, contacter la DGPN-SVOPN (01.40.07.27.20) ; les unités de gendarmerie contacteront le CROG-DGGN (01.84.22.01.40) qui fera le lien avec la DGPN-SVOPN, service centralisateur.

Solliciter copie de la décision d'IST aux fins de sa notification ainsi que de la notice d'information à remettre à la personne.

En cas de notification de la mesure :

- solliciter la restitution des titres invalidés visés dans la décision d'IST (CNI et/ou passeport)
- faire signer une attestation de notification (conserver un exemplaire)
- faire signer l'attestation de restitution de documents d'identité en précisant s'il s'agit d'une restitution totale ou partielle des documents (Lorsque la personne concernée a restitué l'ensemble de ses documents d'identité invalidés - restitution totale - l'attestation est délivrée pour une durée de 15 jours dans l'attente de l'établissement du récépissé prévu par l'article L.224-1 du code de la sécurité intérieure). Conserver un exemplaire
- adresser copie des attestations et des titres restitués à la DLPAJ

– adresser les documents d'identité restitués à la préfecture territorialement compétente.

En cas d'impossibilité de notifier :

- informer l'intéressé sur la mesure dont il fait l'objet et l'invalidation de ses documents d'identité ;
- inviter l'intéressé à se présenter à la préfecture de son domicile ou de son lieu de séjour dans les plus brefs délais, muni de ses documents d'identité ;
- dresser un procès verbal de renseignements et l'adresser à la DLPAJ.

I62

nature : interdiction de sortie de territoire (IST) – mesure notifiée – présentation de l'intéressé aux frontières.

conduite à tenir : En cas de découverte de l'intéressé à une frontière quittant ou réintégrant le territoire national, l'interpeller pour présentation à un OPJ et avis au parquet territorialement compétent (article L.224-1 du code de la sécurité intérieure).

En cas de découverte du passeport et/ou de la carte nationale d'identité invalidés et non restitués :

– procéder au retrait de ces documents ;
– faire signer l'attestation de restitution de documents d'identité en précisant s'il s'agit d'une restitution totale ou partielle des documents (Lorsque la personne concernée a restitué l'ensemble de ses documents d'identité invalidés - restitution totale - l'attestation est délivrée pour une durée de 15 jours dans l'attente de l'établissement du récépissé prévu par l'article L.224-1 du code de la sécurité intérieure.) Conserver un exemplaire ;
– transmettre ces documents au parquet territorialement compétent avec l'ensemble des actes établis ;
– Informer la DGPN-SVOPN (01.40.07.27.20), par l'intermédiaire du CORG-DGGN pour les unités de gendarmerie (01.84.22.01.40), et la DLPAJ-BNTIV(01 40 07 29 71) ;
– adresser une copie de l'attestation et des titres restitués à la dlpaj-bntiv (cni-passeport@interieur.gouv.fr).

I63

nature : non-restitution dans le délai légal de 24 heures du passeport et de la carte nationale d'identité dans le cadre d'une interdiction de sortie de territoire (ist) notifiée.

conduite à tenir :

– Interpeller l'intéressé pour présentation à un OPJ et avis au parquet territorialement compétent (article L.224-1 du code de la sécurité intérieure) ;
– En cas de découverte du passeport et/ou de la carte nationale d'identité, procéder au retrait de ces documents ; lui délivrer l'attestation de restitution de documents d'identité en précisant s'il s'agit d'une restitution totale ou partielle des documents (Lorsque la personne concernée a restitué l'ensemble de ses documents d'identité invalidés - restitution totale, l'attestation est délivrée pour une durée de 15 jours dans l'attente de l'établissement du récépissé prévu par l'article L.224-1 du code de la sécurité

intérieure et transmettre ces documents au parquet territorialement compétent avec l'ensemble des actes établis ;

- Informer la DLPAJ-BNTIV (01 40 07 29 71) ; Adresser la copie de l'attestation et des titres retirés à la DLPAJ-BNTIV (cni-passeport@interieur.gouv.fr).

I 71

Nature : Interdiction de paraître en tout lieu spécialement désigné.

Conduite à tenir : En cas de présence de l'intéressé dans un lieu interdit, l'interpeller et aviser le parquet localement compétent.

I 72

Nature: **Obligation de résider hors du domicile/résidence du couple et s'abstenir de paraître dans ce domicile/résidence ou aux abords immédiats.**

Conduite à tenir : En cas de présence de l'intéressé dans ce domicile/résidence ou aux abords immédiats, dresser procès-verbal, aviser le parquet localement compétent et le juge mandant.

Adresser procès-verbal au juge de l'application des peines du lieu de résidence de l'intéressé.

I 73

Nature : **Interdiction pour un mineur d'au moins 10 ans de se trouver sur le voie publique entre 23 heures et 6 heures sans être accompagné de l'un de ses parents ou du titulaire de l'autorité parentale.**

Conduite à tenir : En cas de présence de l'intéressé sur la voie publique, dresser procès-verbal, aviser le parquet localement compétent.

Adresser procès-verbal au juge des enfants du lieu de résidence de l'intéressé.

I 81

Nature : Obligation d'informer préalablement le juge de l'application des peines de tout déplacement à l'étranger

Conduite à tenir: Si l'intéressé se présente à la frontière pour sortir de France, lui rappeler l'obligation dont il fait l'objet.

Dresser procès verbal de renseignements et l'adresser au magistrat mandant.

Si l'intéressé se présente à la frontière pour entrer en France, dresser procès verbal de renseignements et l'adresser au magistrat mandant

I 91

Nature : Obligation de s'abstenir d'engager des paris, notamment dans les organismes de paris mutuels, et de ne pas prendre part à des jeux d'argent et de hasard.

Conduite à tenir : En cas de présence de l'intéressé dans un organisme de paris mutuels, ou de constatation de part prise à des jeux d'argent et de hasard, dresser un procès-verbal, aviser le parquet localement compétent et le juge mandant.

Adresser un procès-verbal au juge de l'application des peines du lieu de résidence.

8. La catégorie « IT » : Interdictions judiciaires du territoire.

Indications et prescriptions générales :

La catégorie « IT » concerne les étrangers frappés d'une mesure d'interdiction définitive ou temporaire du territoire français, prononcée à titre de peine principale ou complémentaire suite à la commission d'un crime ou d'un délit en application de l'article 131-30 du code pénal, sur le fondement notamment de :

➢ l'article 19 et 27 de l'ordonnance n°45-2658 du 02 novembre 1945 relative aux conditions d'entrée et de séjour des étrangers en France ;

dans l'hypothèse suivante :

➢ entrée et séjour irrégulier en France.

À l'expiration de la peine d'emprisonnement s'il s'agit d'une peine complémentaire, l'interdiction du territoire est notifiée à l'intéressé et celui-ci est reconduit à la frontière sans délai (art 39 de la loi n°83-466 du 10 juin 1983 portant abrogation ou révision de certaines dispositions de la loi n°81-82 du 02.02.1981 et complétant certaines dispositions du Code Pénal et du Code de Procédure Pénale.)

Conduites à tenir :

IT 01
Nature : Interdiction judiciaire du territoire.
Conduite à tenir : Si l'intéressé se présente à la frontière pour entrer en France, l'interpeller, aviser le Parquet.
Lui rappeler l'interdiction dont il fait l'objet et lui interdire l'accès du territoire.
Adresser un procès verbal à l'autorité judiciaire à l'origine de la mesure.
Si l'intéressé est découvert sur le territoire, rédiger un procès verbal constatant l'infraction, déférer au Parquet du lieu de découverte.

9. La catégorie « J » : Recherches de justice.

Indications et prescriptions générales :

Les recherches référencées « J » émanent des autorités judiciaires. Elles comportent deux types d'inscriptions :

- les une tendent à rechercher une adresse ou tout autre renseignement, sans exécution d'une pièce de justice proprement dite, ou à vérifier la situation particulière de l'intéressé (inscription FNAEG, FIJAIS),
- les autres comportent l'arrestation et la conduite devant un magistrat ou, tout au moins, l'exécution d'une pièce de justice (mandat, jugement, arrêt, ordonnance de prise de corps, retrait de permis de conduire, etc...).

Le magistrat mandant est informé de l'exécution de la fiche.
Il y a lieu d'informer aussi le parquet local, notamment pour lui faire connaître les incidents se rapportant à l'exécution de la mesure.
Ce parquet donne en outre les instructions nécessaires si le magistrat mandant ne peut être joint au moment voulu.

En cas d'exécution d'une pièce de justice, il convient d'en demander l'extrait au magistrat mandant pour la notification. Si cet extrait ne peut pas être obtenu à temps, faire la notification d'après les indications apparaissant au FPR. Après s'être assuré auprès du magistrat précité qu'elles restent en vigueur.

Les recherches judiciaires pour crime, délit ou contravention ou pour exécution de la peine prononcée deviennent caduques par le fait de la prescription. Elles ne doivent donc pas être exécutées lorsque la prescription est acquise. En cas de doute, s'adresser au magistrat mandant qui est systématiquement avisé de la découverte.

Les mêmes observations sont à faire en cas d'amnistie.

Si la même personne fait l'objet de plusieurs fiches de recherches, toutes sont exécutées si possible. Dans le cas contraire, la raison en est indiquée au procès-verbal. C'est notamment le cas lorsqu'un retrait judiciaire du permis de conduire a été précédé d'une mesure administrative analogue.

Conduites à tenir :

J 01
Nature : Note de recherches.
Conduite à tenir : Ne pas appréhender l'intéressé, rechercher ou vérifier son domicile ou sa résidence et aviser d'urgence le magistrat mandant qui donnera les instructions.

J 02

Nature : Note de recherches.

Conduite à tenir : Ne pas appréhender l'intéressé, recueillir tous renseignements utiles sur son comportement et ses moyens d'existence depuis sa disparition et aviser le magistrat mandant.

J 04

Nature : Ordre ou ordonnance de recherches.

Conduite à tenir : Conduire l'intéressé devant le juge des enfants du lieu le plus proche et aviser d'urgence le magistrat mandant.

J 05

Nature : Mandat d'arrêt.

Conduite à tenir : Procéder à l'arrestation de l'intéressé.

Aviser immédiatement le procureur du lieu d'arrestation.

Lui notifier dès le début de la mesure les droits mentionnés à l'article 133-1 -du code de procédure pénale.

J 06

Nature : Exécution de jugement par défaut (opposition recevable).

Conduite à tenir : Procéder à l'exécution de la pièce mentionnée selon les formes prescrites.

En cas d'acquiescement et si la condamnation comporte une peine de prison ferme, déférer l'intéressé au parquet du lieu, en aviser le parquet requérant.

En cas d'opposition, s'informer auprès du parquet requérant de la date de l'audience à laquelle devra comparaître l'intéressé auquel cette obligation et cette date seront notifiées, s'il y a lieu.

Laisser l'intéressé en liberté.

J07

Nature : Exécution de jugement par défaut de retrait immédiat du permis de conduire pour une durée déterminée supérieure à 1 mois ou à la suite d'une annulation du permis de conduire

Conduite à tenir : Procéder à l'exécution de la pièce selon les formes prescrites, en aviser le parquet requérant.

Notifier à l'intéressé la décision.

Si l'opposition n'est pas recevable, ou si l'opposition est recevable et en cas d'acquiescement lui retirer le permis de conduire. Lui remettre un récépissé mentionnant :

-date du retrait,

-date à laquelle pourra être demandée la restitution ou à laquelle pourra être sollicité un nouveau permis.

-parquet compétent pour restitution (sauf en cas d'annulation du permis)

En cas d'opposition, ne pas procéder au retrait du permis de conduire, même si la peine est assortie de l'exécution provisoire.

Établir un procès-verbal de ces diligences et l'adresser avec le permis au parquet compétent. Laisser l'intéressé en liberté.

J 08

Nature : Exécution de jugement par défaut de retrait du permis de conduire pour une durée égale ou inférieure à 1 mois.

Conduite à tenir : Procéder à l'exécution de la pièce selon les formes prescrites, notifier à l'intéressé la décision et aviser le parquet requérant.

Si l'opposition n'est pas recevable ou en cas d'acquiescement si elle est recevable, ou si la condamnation prononce le retrait par provision, retirer le permis de conduire et remettre un récépissé mentionnant :

- date du retrait,
- date ou pourra être demandée la restitution,

Conserver et restituer le permis en temps voulu, en mentionnant au récépissé que l'autorité compétente pour restituer le permis est celle qui a procédé au retrait.

Établir un procès-verbal de ces diligences et l'adresser au parquet compétent.

Laisser l'intéressé en liberté.

J10

Nature : Exécution de jugement exécutoire ou définitif de retrait immédiat du permis de conduire pour une durée déterminée supérieure à 1 mois ou à la suite d'une annulation du permis de conduire.

Conduite à tenir : Procéder à l'exécution de la pièce selon les formes prescrites, en aviser le parquet requérant. Notifier à l'intéressé la décision.

L'opposition n'étant pas recevable, lui retirer le permis de conduire. Lui remettre un récépissé mentionnant :

-date du retrait,

-date ou pourra être demandée la restitution ou à laquelle pourra être sollicité un nouveau permis.

-parquet compétent pour restitution (sauf en cas d'annulation du permis)

Établir un procès-verbal de ces diligences et l'adresser avec le permis au parquet compétent. Laisser l'intéressé en liberté

J 11

Nature : Exécution de jugement définitif de retrait immédiat du permis de conduire pour une durée égale ou inférieure à 1 mois.

Conduite à tenir : Procéder à l'exécution de la pièce selon les formes prescrites, en aviser le parquet requérant.

Conserver et restituer le permis en temps voulu, en mentionnant au récépissé que l'autorité compétente pour restituer le permis est celle qui a procédé au retrait.

Laisser l'intéressé en liberté.

J 12

Nature : Exécution de jugement avec mandat de dépôt ou mandat d'arrêt à l'audience (art 465 du CPP) ou mandat tenant du juge d'instruction. Jugement par défaut.

Conduite à tenir : Exécuter l'extrait du jugement selon les formes prescrites.

Aviser immédiatement le parquet du lieu d'arrestation.

Faire application des dispositions des art 63-2 et 63-3 du code de procédure pénale.

Si le condamné fait opposition, la recevoir.

J 13

Nature : Exécution de jugement avec mandat de dépôt ou mandat d'arrêt à l'audience (art. 465 du CPP), ou mandat tenant du juge d'instruction. Jugement définitif ou itératif défaut.

Conduite à tenir : Procéder à l'exécution de la pièce mentionnée selon les formes prescrites, en aviser le parquet requérant et déférer l'intéressé au parquet du lieu.
Exécuter le mandat désigné selon les formes prescrites.

J 15

Nature : Remise d'acte judiciaire en provenance de l'étranger.

Conduite à tenir : Informer l'intéressé du motif de la recherche, relever son adresse et la communiquer au ministère de la justice, direction des affaires criminelles et des grâces (bureau de l'entraide répressive internationale), ou direction des affaires civiles et du sceau (bureau de l'entraide judiciaire internationale).

J 16

Nature : Mise à exécution d'un décret d'extradition à caractère définitif.

Conduite à tenir : Procéder à l'interpellation de l'intéressé.
Informer immédiatement le parquet général du lieu d'interpellation.
Appliquer les dispositions des articles 63-1 à 63-5 du code de procédure pénale.

Note d'application :
A compter du 01.01.2005, et en application de la loi du 09.03.2004, le mandat d'arrêt européen remplace la procédure d'extradition pour les états membres de l'UE et ayant transposé la décision-cadre du 13 juin 2002.
Pour les pays ou la procédure du mandat d'arrêt européen n'est pas applicable, s'applique alors la convention européenne d'extradition du 13 décembre 1957 ainsi que, le cas échéant, la convention du 10 mars 1995 relative à la procédure simplifiée d'extradition et la convention du 27 septembre 1996 relative à l'extradition. Dans ces cas, l'individu fait l'objet d'une demande d'arrestation provisoire en vue d'extradition.

J 17

Nature : Demande d'arrestation provisoire en vue d'extradition.

Conduite à tenir : interpeller l'intéressé et informer immédiatement le parquet du lieu.
Aviser sans délai la section centrale de coopération opérationnelle de police (SCCOPOL) à la la DCPJ/DRI, soit le bureau SIRENE-France pour le SIS, soit le bureau central national-France (BCN) pour INTERPOL, en indiquant la date, l'heure et le lieu d'interpellation ainsi que le parquet compétent.
Faire savoir si l'intéressé est en garde à vue pour un crime ou un délit commis en France.
L'autorité étrangère dispose d'un délai de 24 heures pour faire parvenir la demande d'arrestation provisoire en vue de l'extradition au parquet du lieu d'interpellation qui fera alors connaître sa décision au service interpellateur.
Appliquer pendant ce délai les dispositions des articles 63-1 à 63-5 du code de procédure pénale.

Note d'application :
A compter du 01.01.2005, et en application de la loi du 09.03.2004, le mandat d'arrêt européen remplace la procédure d'extradition pour les états membres de l'UE et ayant transposé la décision-cadre du 13 juin 2002.
Pour les pays ou la procédure du mandat d'arrêt européen n'est pas applicable, s'applique alors la convention européenne d'extradition du 13 décembre 1957 ainsi que, le cas échéant, la convention du 10 mars 1995 relative à la procédure simplifiée d'extradition et la convention du 27 septembre 1996 relative à l'extradition. Dans ces cas, l'individu fait l'objet d'une demande d'arrestation provisoire en vue d'extradition.

J 18
Nature : Note de recherches.
Conduite à tenir : Rechercher ou vérifier le domicile ou la résidence de l'intéressé.
Conformément aux réquisitions du magistrat mandant, ne pas appréhender l'intéressé et l'inviter à se présenter au service pour se soumettre à un prélèvement de matériel biologique en vue de l'inscription au FNAEG.
En cas de refus des opérations de prélèvement, aviser le magistrat mandant et, en cas de placement en garde à vue, le parquet territorialement compétent.

J 19
Nature : Défaut de justification FIJAIS.
Conduite à tenir : Appréhender. Présenter à l'OPJ territorialement compétent. Consulter le FIJAIS pour vérifier que la personne est en défaut de justification d'adresse ou de déclaration de changement de domicile.
Si tel est le cas, la placer en garde à vue et aviser le procureur de la République territorialement compétent.
Aviser de l'interpellation le référent départemental FIJAIS du lieu de domicile.
Dans tous les cas, y compris si la personne est en situation régulière au regard des obligations du FIJAIS, aviser le parquet mandant qui donnera toute instructions utiles.

J 20
Nature : Notification FIJAIS.
Conduite à tenir : Vérifier sur place, s'assurer de l'identité de la personne.
L'inviter à vous suivre au service aux fins de notification de son inscription au FIJAIS après vérification au fichier par un OPJ.
Contact pris avec le magistrat mandant pour transmission de l'imprimé "notification à personne" rédigé par ce dernier ainsi que la réquisition à OPJ/APJ FIJAIS.
Un OPJ ou un APJ fera signer la personne concernée et lui remettra une copie, l'original étant retourné au magistrat mandant.
Si la personne refuse de vous suivre, aviser l'O.P.J TC et en faire part au magistrat mandant de permanence qui pourra autoriser la comparution forcée en application de l'article 706-53-6 alinéa 1 du CPP (article 12.I.2°a) de la loi du 10 mars 2010).
A défaut, lui remettre une convocation au service de police ou à la brigade de gendarmerie du lieu de domicile (SEDJ (PJ/PP)) quand elle demeure à Paris.
En cas de carence, aviser le parquet local et/ou mandant, ainsi que le référent départemental Fijais du lieu de domicile.

J 21

Nature : Inscription au FIJAIT – Procédure de vérification

Conduite à tenir : Vérifier sur place l'identité de la personne

Procéder à une consultation du FIJAIT pour vérifier la situation de la personne, en particulier son domicile déclaré.

Si la personne a déclaré au FIJAIT un domicile à l'étranger, vérifier dans le FIJAIT l'existence d'une déclaration de déplacement.

Si la personne a déclaré un domicile en France et si le contrôle est effectué à la frontière, vérifier dans le FIJAIT l'existence d'une déclaration préalable de déplacement.

Une fois ces vérifications effectuées, si aucune déclaration préalable de déplacement n'est enregistrée dans le FIJAIT, appréhender la personne.

La présenter à l'OPJ territorialement compétent

La placer en GAV et aviser le Procureur de la République territorialement compétent.

J22

Nature : Défaut de justification d'adresse ou non déclaration d'un changement de domicile

Conduite à tenir : Appréhender.

Présenter à l'OPJ territorialement compétent.

Consulter le FIJAIT pour vérifier que la personne est en défaut de justification d'adresse ou de déclaration de changement de domicile.

Si tel est le cas, la placer en garde à vue et aviser le procureur de la République territorialement compétent.

Aviser de l'interpellation le référent départemental FIJAIT du lieu de domicile.

À l'issue de la garde à vue, solliciter le retrait de la fiche J22 auprès du procureur de la République ayant procédé à son inscription.

J 23

Nature : Notification FIJAIT.

Conduite à tenir : Vérifier sur place, s'assurer de l'identité de la personne.

L'inviter à vous suivre au service aux fins de notification de son inscription au FIJAIT après vérification au fichier par un OPJ.

Prendre contact avec le procureur de la république à l'origine de l'inscription de la fiche au FPR pour transmission de l'imprimé "notification à personne" rédigé par ce dernier ainsi que la réquisition à OPJ/APJ FIJAIT.

Un OPJ ou un APJ fera signer la personne concernée et lui remettra une copie, l'original étant retourné au procureur de la République à l'origine de la fiche au FPR.

Si la personne refuse de vous suivre, aviser le procureur de la République territorialement compétent qui pourra autoriser la comparution forcée en application de l'article 706-25-8 alinéa 1 du CPP.

A défaut de contact avec l'un des magistrats, relever tout renseignement sur la localisation et remettre une convocation au service de police ou à la brigade de gendarmerie du lieu de domicile ou au BEDJ (PJ/PP) lorsqu'elle demeure à Paris.ou aux services départementaux de la police judiciaire (SDPJ92, SDPJ93 et SDPJ94) lorsqu'elle demeure dans les départements des Hauts de Seine (92), de la Seine Saint Denis (93) et du Val de Marne (94)

En aviser le référent départemental FIJAIT du lieu de domicile.

Aviser le procureur de la république à l'origine de l'inscription de la fiche J23 au FPR pour en solliciter la levée et l'inscription d'une fiche J21.

J 51
Nature : Mandat de comparution.
Conduite à tenir : Procéder à l'exécution de la pièce selon les formes prescrites.
Notifier à l'intéressé la convocation.
Aviser le parquet ou le magistrat requérant.
Établir un procès verbal de ces diligences et l'adresser au parquet compétent.
Laisser l'intéressé en liberté.

J 52
Nature : Mandat d'amener.
Conduite à tenir : Procéder à l'arrestation de l'intéressé et aviser immédiatement le magistrat mandant.
En cas d'impossibilité d'exécution immédiate, aviser sans délai le procureur du lieu d'arrestation.
Lui notifier dès le début de la mesure les droits mentionnés à l'article 133-1 du code de procédure pénal

J 53
Nature : Mandat de dépôt.
Conduite à tenir : Conduire l'intéressé devant le chef de l'établissement pénitentiaire précisé par le mandat.
Aviser sans délai le parquet du lieu d'arrestation.

J 54
Nature : Mandat de recherche.
Conduite à tenir : Procéder à l'arrestation de l'intéressé, aviser immédiatement le magistrat ayant délivré le mandat et placer l'intéressé en garde à vue.

J 55
Nature : Mandat d'arrêt européen.
Conduite à tenir : Procéder à l'arrestation de l'intéressé.
Aviser sans délai le procureur général territorialement compétent en vue de sa présentation devant lui.
Appliquer les dispositions des articles 63-1 à 63-5 du code de procédure pénale.

J 56
Nature : Ordonnance d'incarcération provisoire (Article 712-19 CPP)
Conduite à tenir : Aviser sans délai le juge de l'application des peines mandant.
Conduire l'intéressé devant le chef de l'établissement pénitentiaire précisé dans l'ordonnance d'incarcération provisoire.

J 57

Nature : Non-respect de ses obligations et interdictions par une personne condamnée (Article 709-1-1 du CPP)

Conduite à tenir : Procéder à l'arrestation de l'intéressé.

Aviser sans délai le juge d'application des peines ou le procureur de la République mandant.

La personne pouvant être retenue vingt-quatre heures au plus dans un local de police ou de gendarmerie, afin que soit vérifiée sa situation et qu'elle soit entendue sur la violation de ses obligations, lui notifier dès le début de la mesure les droits mentionnés à l'article 709-1-1 du CPP.

En application de l'article 64 du CPP, dresser procès verbal.

J 58

Nature : Non-respect de ses obligations par une personne placée sous contrôle judiciaire (Article 141-4 CPP)

Conduite à tenir : Procéder à l'arrestation de l'intéressé.

Aviser sans délai le juge d'instruction mandant qui donnera ses instructions.

La personne pouvant être retenue vingt-quatre heures au plus dans un local de police ou de gendarmerie, afin que soit vérifiée sa situation et qu'elle soit entendue sur la violation de ses obligations, lui notifier dès le début de la mesure les droits mentionnés à l'article 141-4 du CPP.

En application de l'article 64 du CPP, dresser procès verbal.

J 59

Nature : Arrestation provisoire d'une personne condamnée à l'étranger (Article 728-64 du CPP)

Conduite à tenir : Procéder à l'interpellation de l'intéressé.

Aviser sans délai le procureur de la République requérant qui donnera ses instructions.

La personne pouvant être retenue vingt-quatre heures au plus dans un local de police ou de gendarmerie, lui notifier dès le début de la mesure les droits mentionnés à l'article 728-64 du CPP.

J60 :

Nature : Suspension d'aménagement de la peine d'un condamné (article 712-18 du CPP)

Conduite à tenir : Aviser sans délai le juge d'application des peines mandant.

Conduire l'intéressé devant le chef de l'établissement pénitentiaire désigné par ce magistrat.

J 81

Nature : Notification d'un jugement contradictoire à signifier ou d'un jugement itératif défaut avec peine de prison ferme (appel possible).

Conduite à tenir : Aviser sans délai le parquet requérant.

Procéder à la notification de la décision de condamnation en informant l'intéressé qu'il dispose d'un délai de 10 jours à compter de ladite notification pour former appel par déclaration au greffe de la juridiction de condamnation.

Lui remettre un récépissé de notification.

Rendre compte au parquet pour devenir de l'intéressé (remise en liberté ou déferrement).

Établir un procès-verbal de ces diligences et l'adresser au parquet compétent.

J 82

Nature : Notification d'un arrêt contradictoire à signifier ou d'un défaut criminel avec peine de prison ferme (pourvoi en cassation possible).

Conduite à tenir : Aviser sans délai le parquet requérant.

Procéder à la notification de la décision de condamnation en informant l'intéressé qu'il dispose d'un délai de 05 jours à compter de ladite notification pour se pourvoir en cassation par déclaration au greffe de la juridiction de condamnation.

Lui remettre un récépissé de notification.

Rendre compte au parquet pour devenir de l'intéressé (remise en liberté ou déferrement).

Établir un procès-verbal de ces diligences et l'adresser au parquet compétent.

J 91

Nature : Exécution de jugement définitif sans peine de prison ferme.

Conduite à tenir : Procéder à l'exécution de la pièce selon les formes prescrites, en aviser le parquet requérant. Laisser l'intéressé en liberté.

J 92

Nature : Exécution de jugement définitif avec jours-amendes.

Conduite à tenir : Procéder à l'exécution de la pièce mentionnée.

Si l'intéressé ne peut régler en totalité le montant des jours-amendes, informer le parquet requérant et déférer la personne au parquet du lieu.

J 93

Nature : Exécution de jugement ou d'arrêt avec peine d'emprisonnement ou de réclusion (Article 716-5 CPP)

Conduite à tenir : Procéder à l'exécution de la pièce mentionnée selon les formes prescrites.

Aviser le parquet ou le parquet général du lieu d'interpellation qui donnera ses instructions.

Informer le parquet du lieu de condamnation.

La personne pouvant être retenue vingt-quatre heures dans un local de police ou de gendarmerie, aux fins de vérifications de son identité, de sa situation pénale ou de sa situation personnelle, lui notifier dès le début de la mesure les droits mentionnés à l'article 716-5 du CPP.

J 94
Nature : Exécution d'un arrêt de Cour d'assises prononcé par défaut et délivrant un mandat d'arrêt .
Conduite à tenir : Procéder à l'arrestation de l'intéressé. Aviser immédiatement le parquet requérant qui donnera les instructions utiles.

10.La catégorie « M » : Mineurs fugueurs.

Indications et prescriptions générales :

La catégorie « M » concerne uniquement les personnes de moins de 18 ans, qui ont quitté leur domicile et se sont soustraits à l'autorité des personnes qui en ont la garde.

Les recherches sont demandées selon les procédures administratives par les personnes investies de l'autorité parentale.

Les recherches sont en revanche inscrites, selon les cas, dans la catégorie « PJ » ou « J » quand la disparition est liée à un crime ou à un délit dont le mineur est présumé être l'auteur ou la victime et qu'il fait l'objet à ce titre d'une enquête de police ou de gendarmerie ou d'une recherche des autorités judiciaires.

Elles sont inscrites dans la catégorie « TM » lorsqu'il s'agit d'oppositions à sortie du territoire à la demande du titulaire de l'autorité parentale par le canal des autorités administratives ou à la demande de l'autorité judiciaire.

Elles sont inscrites dans la catégorie « V » quand les mineurs se sont évadés des établissements pénitentiaires où ils avaient été incarcérés par décision de justice.
En cas de placement dans un établissement ouvert, ils sont inscrits dans la catégorie « M ».

Conduites à tenir :

M 01
Nature : Mineurs fugueurs français ou résidant en France.
Conduite à tenir : Retenir l'intéressé, prendre les mesures de protections utiles à son égard et aviser d'urgence le service demandeur qui donnera toutes instructions utiles. Aviser le Parquet local.

M 04
Nature : Mineurs fugueurs étrangers mineurs en France.
Conduite à tenir : Aviser le Parquet et sauf avis contraire du Parquet, entrer en rapport avec la représentation consulaire la plus proche du pays concerné en vue d'un rapatriement si celui-ci ne peut être assuré autrement.

M 07
Nature : Fugueur signalé par l'établissement qui en a la garde (placement judiciaire ou administratif).
Conduite à tenir : Retenir l'intéressé, prendre toutes mesures de protection utiles à son égard, alerter sans délai le service demandeur, le magistrat requérant ou l'autorité judiciaire ou administrative ou le cas échéant le Parquet local, qui donneront les instructions utiles.

11.La catégorie « PJ » : Recherches de police judiciaire.

Indications et prescriptions générales :

Les recherches de police judiciaire dont il s'agit concernent des personnes identifiées qui sont recherchées, à titre de témoin ou d'auteur présumé d'un crime ou d'un délit, et dont le domicile est inconnu ou qui n'ont pas de domicile fixe ou qui ont quitté leur domicile.

Les actes de police judiciaire nécessaires lorsque ces personnes sont découvertes restent soumis aux règles du code de procédure pénale.
Ces règles s'imposent donc aussi bien à l'officier de police judiciaire saisi de l'enquête qui demande les recherches qu'à celui qui se trouve, dans un autre lieu, chargé de l'exécution après la découverte.

En particulier ces actes et, notamment l'audition, l'arrestation, la garde à vue, la perquisition, la fouille corporelle (celle qui n'est pas de simple sécurité) doivent être effectués dans les cas prévus et selon les formes prescrites pour chaque mode de procéder : enquête préliminaire(art 75 et suivant), enquête de flagrance (art 54 et suivant), exécution de commission rogatoire(art 151 et suivant).

Les conditions qui fondent le mode de procéder au moment où la recherche est lancée sont le plus souvent différentes au moment où elle peut être exécutée (cessation de flagrance, mise en examen, dessaisissement de l'OPJ par ouverture d'une information ou transmission du dossier au magistrat ou saisine d'un autre service).

Il appartient donc à l'OPJ demandeur de la recherche de s'assurer du cadre juridique qui la fonde et de veiller à la mise à jour du FPR en faisant modifier en temps opportun la conduite à tenir pour l'adapter à la nouvelle situation juridique.

C'est le service demandeur de la recherche, dûment averti par celui qui a découvert la personne recherchée, qui, contact pris s'il y a lieu avec le magistrat compétent, donne à l'exécutant les indications complémentaires utiles pour la suite, notamment pour la décision de garde à vue.

Lorsqu'une personne recherchée est découverte, l'OPJ qui a demandé la recherche et celui qui doit l'exécuter informent sans délai, l'un et l'autre, l'autorité judiciaire compétente dont ils relèvent respectivement.

Si l'enquête le nécessite et les circonstances de temps et de distance le permettent, l'OPJ initialement saisi pourra être chargé de se transporter sur place.

En tous cas, les instructions nécessaires pourront être données par le magistrat compétent à l'OPJ qui sera chargé de l'exécution.

Tous les actes de police judiciaire ainsi exécutés doivent faire l'objet de procès verbaux qui sont transmis à l'autorité judiciaire du lieu de l'exécution dans les conditions habituelles.
Si les recherches prescrites ne comportent aucun acte de police judiciaire, ni aucune coercition, ni aucune privation de liberté momentanée, mais une simple demande de renseignements, il y a lieu d'en informer le service qui a demandé ces renseignements.

Quand une personne fait l'objet d'une recherche de police judiciaire, et en même temps pour une autre cause, d'une recherche pour exécution d'une pièce de justice, il est nécessaire d'en informer spécialement l'autorité judiciaire responsable et, sauf opposition de sa part, d'exécuter la pièce de justice à la fin des opérations de police judiciaire.

Il est procédé simultanément à l'exécution des recherches administratives ou autres dont peut faire aussi l'objet une personne recherchée pour des motifs se rattachant à un crime ou délit.

Quand une personne arrêtée en flagrant délit fait l'objet d'une diffusion de recherches pour d'autres crimes ou délits commis ailleurs, le service qui l'a arrêtée ne doit l'interroger que sur le crime ou délit flagrant. Mais il doit aviser immédiatement le demandeur de la recherche qui donne les indications nécessaires pour la suite de l'enquête relative au crime ou délit ayant donné lieu à la recherche.

La plus grande discrétion est de rigueur, notamment, dans les cas où les investigations et vérifications concernent des personnes qui ne doivent pas être interpellées.

Conduites à tenir :

PJ 01
Nature : Recherche d'adresse.
Conduire à tenir : Ne pas interpeller l'intéressé, ni attirer son attention sur la recherche dont il fait l'objet, mais rechercher sa résidence et la faire connaître d'urgence au service demandeur.

PJ 02
Nature : Recherche de renseignements sans attirer l'attention en matière de crimes et délits.
Conduire à tenir : Ne pas interpeller l'intéressé, ni attirer son attention sur la recherche dont il fait l'objet, mais rechercher son domicile, ses occupations, ses ressources, sa manière de vivre, ses moyens de locomotion, les personnes avec lesquelles il est en relation.

PJ 03
Nature : Recherche de renseignements sans impératif particulier de discrétion, à la demande des divisions et offices centraux de la direction centrale de la police judiciaire (DCPJ).

Conduite à tenir : En cas d'interpellation de l'intéressé pour autre cause, recueillir l'identité de toutes les personnes l'accompagnant, relever les caractéristiques et le numéro d'immatriculation de la voiture utilisée, se renseigner sur les motifs du séjour ou du voyage, préciser la nature de ses relations avec le propriétaire de l'établissement dans lequel il a été découvert.
S'il n'a pas été interpellé, recueillir tous renseignements sur l'intéressé, les personnes qui l'accompagnent et le véhicule utilisé, afin de signaler son passage.
En aucun cas, il ne doit être fait état de la présente fiche à l'individu qui en fait l'objet.
Adresser les renseignements a la division ou l'office central concerné de la direction centrale de la police judiciaire (DCPJ).

PJ 04
Nature : Notification de l'historique FIJAIS.
Conduite à tenir : Vérifier sur place, s'assurer de l'identité de la personne.
L'inviter à vous suivre au service aux fins de notification par un OPJ ou un APJ de son inscription au FIJAIS après vérification au fichier par un OPJ.
Remettre copie de la notification à l'intéressé, transmettre l'imprimé original de notification au FIJAIS à Nantes et copie au service demandeur.
Si la personne refuse de vous suivre, aviser l'OPJ TC et le magistrat du parquet qui pourra autoriser la comparution forcée en application de l'article 78 du CPP (article 28 de la loi du 12 décembre 2005).
En l'absence d'instruction spécifique du procureur, remettre à la personne une convocation au commissariat ou à la brigade de gendarmerie de son lieu de domicile et au SEDJ (PJ/PP) lorsqu'elle demeure à Paris.
En aviser le référent départemental FIJAIS du lieu de domicile.

PJ 10
Nature : Demande de visite par la douane lors des passages frontaliers.
Conduite à tenir : Signaler discrètement le passage en douane en vue d'une visite minutieuse.
Dans le cas de résultat positif, en aviser d'urgence le service demandeur et l'autorité judiciaire compétente.

PJ 11
Nature : Demande de localisation en vue d'une interpellation.
Conduite à tenir : En cas de localisation de l'intéressé, ou d'interpellation pour autre cause, solliciter d'urgence les renseignements complémentaires et les instructions voulues du service demandeur.

PJ 12
Nature : Demande de localisation en vue d'une interpellation avec mesures conservatoires immédiates.
Conduite à tenir : En cas de localisation, surveiller résidence et véhicule pour éviter la dissimulation ou la distraction des preuves.
Si l'intéressé est interpellé pour autre cause, prendre toutes mesures conservatoires utiles concernant le véhicule, les objets, les armes, les documents et marchandises détenues ou transportées.
Dans tous les cas, solliciter d'extrême urgence les instructions voulues du service demandeur.

PJ 13
Nature : Demande d'interpellation en vue d'un éventuel placement en garde à vue.
Conduite à tenir : Procéder à l'interpellation.
Aviser d'urgence le service demandeur qui donnera les indications nécessaires pour la suite.
Placer l'intéressé en garde à vue avec l'accord de l'OPJ saisi du dossier.
Ne pas interroger l'intéressé sur le fond.
Prendre toutes les mesures conservatoires utiles.

Note d'application :
Les modifications apportées à la conduite PJ 13 et la création de la conduite PJ 20 ont été rendues nécessaires par l'obligation de différencier les mesures à prendre envers un suspect (PJ 13) et un témoin (PJ 20).

PJ 14
Nature : Demande de vérifications concernant le porteur de faux documents d'identité ou de documents obtenus indûment.
Conduite à tenir : Procéder aux vérifications nécessaires.
S'il y a lieu, donner a l'affaire la suite judiciaire qu'elle comporte.

PJ 15
Nature : Recherche de personne ayant détourné un mineur.
Conduite à tenir : Ne pas interpeller, s'assurer de la présence du (ou des) mineur(s) auprès de l'intéressé, découvrir son domicile et le communiquer au service demandeur qui donnera les instructions nécessaires.

PJ 16
Nature : Recherche de personne débitrice de pension alimentaire sur instruction du parquet ou ministère de la justice.
Conduite à tenir : Inviter l'intéressé à se mettre en rapport avec la personne qui a la garde du (ou des) mineur(s), et à satisfaire à ses obligations alimentaires sous peine de poursuites pour abandon de famille.

PJ 17
Nature : Étranger recherché en France en vue d'une extradition.
Conduite à tenir : Interpeller l'intéressé et informer immédiatement le parquet du lieu.
Aviser sans délai la section centrale de coopération opérationnelle de police (SCCOPOL) à la la DCPJ/DRI, soit le bureau SIRENE-France pour le SIS, soit le bureau central national-France (BCN) pour INTERPOL, en indiquant la date, l'heure et le lieu d'interpellation ainsi que le parquet compétent.
Faire savoir si l'intéressé est en garde à vue pour un crime ou un délit commis en France.
L'autorité étrangère dispose d'un délai de 24 heures pour faire parvenir la demande d'arrestation provisoire en vue de l'extradition au parquet du lieu d'interpellation qui fera connaître sa décision au service interpellateur.
Appliquer les dispositions des articles 63-1à 63-5 du code de procédure pénale.

PJ 20

Nature : Demande de rétention du témoin.

Conduite à tenir : Aviser d'urgence le service demandeur qui donnera les indications nécessaires pour la suite.

Retenir l'individu le temps nécessaire à son audition.

Si l'intéressé est interpellé pour autre cause, prendre toutes mesures conservatoires utiles concernant le véhicule, les objets, les armes, les documents et les marchandises détenues ou transportées.

Note d'application :

Les modifications apportées à la conduite PJ 13 et la création de la conduite PJ 20 ont été rendues nécessaires par l'obligation de différencier les mesures à prendre envers un suspect (PJ 13) et un témoin (PJ 20).

PJ 22

Nature : Recherche de personne susceptible d'être victime d'un crime ou d'un délit.

Conduite à tenir : Vérifier si l'intéressé est victime d'un crime ou d'un délit.

Prendre, si besoin, des mesures de protection à son égard. Aviser d'urgence le service demandeur.

PJ 23

Nature : Personne en état dépressif susceptible d'attenter a ses jours.

Conduite à tenir : Prendre des mesures de protection ou de sécurité à son égard. Aviser d'urgence le service demandeur.

PJ 24

Nature : Mineur français enlevé ou détourné.

Conduite à tenir : Retenir l'intéressé, prendre les mesures de protection utiles à son égard et aviser d'urgence le service demandeur.

PJ 25

Nature : Mineur étranger emmené indûment en France par l'un des parents ou tout autre personne n'en ayant pas la garde.

Conduite à tenir : Prendre les mesures de protection utiles à son égard et aviser d'urgence le parquet territorialement compétent qui donnera les instructions voulues. Vérifier l'identité et la domiciliation de toute personne se trouvant en sa compagnie.

PJ 26

Nature : Recherche de renseignements sans attirer l'attention en matière de crimes et délits.

Conduite à tenir : ne pas interpeller l'intéresser, ni attirer son attention sur la recherche dont il fait l'objet, mais recueillir tous renseignements sur son domicile, ses occupations, ses ressources, sa manière de vivre, ses moyens de locomotion, les personnes avec lesquelles il est en relation. Recueillir les identités des personnes l'accompagnant.

En aucun cas, il ne doit être fait état de la présente fiche à l'individu qui en fait l'objet.

Aviser immédiatement le service demandeur.

PJ 27

Nature : Recherche de renseignements sans impératif particulier de discrétion, à la demande des divisions de la DCPJ.

Conduite à tenir : en cas d'interpellation de l'intéressé pour autre cause, recueillir tous renseignements sur son domicile, ses occupations, ses ressources, sa manière de vivre, ses moyens de locomotion, relever l'identité de toutes les personnes l'accompagnant, le numéro d'immatriculation de la voiture utilisée, se renseigner sur les motifs du séjour ou du voyage.

S'il n'a pas été interpellé, recueillir tous renseignements sur l'intéressé, les personnes qui l'accompagnent et le véhicule utilisé, afin de signaler son passage.

En aucun cas, il ne doit être fait état de la présente fiche à l'individu qui en fait l'objet.

Contacter immédiatement le service demandeur.

12.La catégorie « S » : Sûreté de l'État.

Indications et prescriptions générales :

Les inscriptions de la catégorie « S » concernent les personnes qui peuvent, en raison de leur activité individuelle ou collective, porter atteinte à la sûreté de l'État et à la sécurité publique par le recours ou le soutien actif apporté à la violence, ainsi que celles entretenant ou ayant des relations directes et non fortuites avec ces personnes.

Elles sont demandées par la Direction générale de la sécurité intérieure (DGSI), la Direction des renseignements de la préfecture de police (DRPP), le Service central du renseignement territorial (SCRT) et certains services spécialisés de la Gendarmerie nationale, dans le cadre de leurs attributions propres.

La découverte des individus surveillés devra être signalée au service demandeur avec le maximum de rapidité et toute la discrétion souhaitée eu égard à la nature des recherches.

Conduites à tenir :

S 02
Nature : Recherche de renseignements sans attirer l'attention.
Conduite à tenir : Ne pas attirer l'attention, signaler passage, relever provenance, destination, moyen de transport et signaler accompagnant.

S 03
Nature : Recherche de renseignements sans attirer l'attention.
Conduite à tenir : Ne pas attirer l'attention, recueillir le maximum de renseignements à l'occasion du contrôle.
Si possible, photocopie des documents de voyage.

S 04
Nature : Recherche de renseignements sans attirer l'attention.
Conduite à tenir : Ne pas attirer l'attention, signaler passage, relever provenance, destination, moyen de transport pour l'intéressé et les personnes l'accompagnant.

S 05
Nature : Recherche de renseignements sans attirer l'attention.
Conduite à tenir : Signaler discrètement le passage à la douane en vue d'une visite éventuelle.

S 06
Nature : Recherche de renseignements sans attirer l'attention.
Conduite à tenir : Signaler simplement le passage. Ne pas interroger la personne. Ne pas attirer l'attention.
S 11

Nature : Vérifications diverses.
Conduite à tenir : Vérifier situation de l'intéressé.
Si possible, prendre photocopie des documents de voyage.
Recueillir le maximum de renseignements sur les motifs du déplacement, destination, provenance, moyens de transport, accompagnant, etc.

S 12
Nature : Vérifications diverses.
Conduite à tenir : Vérifier la situation de l'intéressé et signaler le passage à la douane en vue d'une visite éventuelle des personnes, des bagages et des véhicules.

S 13
Nature : Vérifications diverses.
Conduite à tenir : Vérifier la situation de l'intéressé et des personnes l'accompagnant, signaler le passage en douane en vue d'une visite éventuelle des personnes, des bagages et des véhicules.

S 15
Nature : Vérifications diverses.
Conduite à tenir : A la présentation à la frontière, retenir l'intéressé et ses bagages.
Ne pas interroger et aviser sans délai le service demandeur qui donnera instructions.

S 14
Nature : Recherche de renseignements.
Conduite à tenir : Militant jihadiste retenant l'attention dans le cadre de ses déplacements à l'étranger.
Aviser immédiatement le service demandeur qui donnera instructions et vérifier la situation de l'intéressé.

S 16 :
Nature: Recherche de renseignements sans attirer l'attention en matière de crimes et délits.
Conduite à tenir : Ne pas interpeller l'intéresser, ni attirer son attention sur la recherche dont il fait l'objet, mais recueillir tous renseignements sur son domicile, ses occupations, ses ressources, sa manière de vivre, ses moyens de locomotion, sa téléphonie, sa tenue vestimentaire, sa photographie, les personnes avec lesquelles il est en relation.
Recueillir les identités des personnes l'accompagnant.
En aucun cas, il ne doit être fait état de la présente fiche à l'individu qui en fait l'objet.
Contacter immédiatement le service demandeur.

13.La catégorie « T » : Débiteurs envers le Trésor public.

Indications et prescriptions générales :

La catégorie « T » concerne les personnes de nationalité française ou étrangère recherchées comme redevables envers le Trésor des catégories de dettes ci-dessous mentionnées :

- ➢ impôts directs ,
- ➢ sommes n'ayant pas le caractère fiscal, dues à l'État, aux collectivités locales et à leurs établissements publics, dont les pensions alimentaires.

Le rôle des services de police et de gendarmerie se limite à recueillir l'adresse du débiteur ainsi que le cas échéant, tous autres renseignements utiles au recouvrement de la dette que l'intéressé consentirait à communiquer (nom et adresse de l'employeur, ressources).

Aucune mesure coercitive ne peut donc être prise à l'encontre de ce dernier.

Conduites à tenir :

T 02
Nature : Débiteur suite à une dette envers le trésor.
Conduite a tenir : Informer l'intéressé du motif de la recherche en lui donnant toute précision sur le service demandeur.
L'inviter à se mettre en rapport avec ce service.
Recueillir son adresse et, s'il y consent, les renseignements suivants :

- ➢ nom et adresse de l'employeur,
- ➢ ressources,
- ➢ solvabilité.

Par exception à la règle générale, aucun contact téléphonique ne doit être pris par le service de police ou de gendarmerie avec le service demandeur indiqué.

14.La catégorie « TE » : Opposition à entrée en France.

Indications et prescriptions générales :

Les inscriptions de la catégorie « TE » concernent les étrangers dont la venue sur le territoire constituerait une menace pour l'ordre public.

Lorsque l'étranger se voit refuser l'entrée, le pouvoir de décision est confié au fonctionnaire investi des fonctions de chef de poste ou à un agent désigné par lui.

Dans le cas d'une frontière terrestre, le contrôle se borne à refuser l'entrée. Pour être effectif ce refus d'entrée ne nécessite pas le recours à des mesures de rapatriement.

Sur les aéroports, dans les ports ou dans certaines gares, des moyens de rapatriement doivent être effectivement pris et leur exécution peut parfois soulever des difficultés.
La non admission de l'étranger conduira à le laisser dans les espaces de transit, si ceux-ci présentent les garanties nécessaires de sécurité et de salubrité. Si ces conditions ne peuvent être réunies, l'étranger pourra être maintenu dans des locaux ne relevant pas de l'administration pénitentiaire pendant le temps strictement nécessaire à son départ.

Certaines garanties sont accordées à l'étranger auquel est opposé un refus d'entrée :

- droit d'avertir une personne susceptible d'apporter des preuves de sa bonne foi et de l'assister,
- droit de demeurer sur place un jour franc lorsque l'étranger non admis, doit être rapatrié contre son gré.

Conduites à tenir :

TE 02
Nature : Opposition à entrée en France.
Conduite à tenir : Si l'étranger se présente à la frontière, lui refuser l'entrée en lui notifiant dans les conditions habituelles une décision écrite indiquant comme motif "menace pour l'ordre public".
En cas de découverte sur le territoire français, vérifier si l'intéressé est porteur d'un titre de circulation transfrontalière et, éventuellement, d'un visa valable pour un court séjour. Aviser, dans ce cas, la préfecture du lieu de découverte.
Dans le cas contraire, l'intéressé séjournant irrégulièrement sur le territoire français, dresser procès-verbal et saisir l'autorité judiciaire compétente.
Adresser copie du procès-verbal à :

- la direction des libertés publiques et des affaires juridiques (DLPAJ 5eme bureau),
- la préfecture du lieu de découverte.

15.La catégorie « TM » : Opposition à sortie du territoire de mineurs.

Indications et prescriptions générales :

Dans cette catégorie sont signalés les mineurs français, les mineurs en séjour de courte durée ou en transit en France, ainsi que les mineurs de nationalité étrangère dont les parents résident régulièrement en France, faisant l'objet d'une interdiction ou d'une opposition à sortie du territoire. Peuvent également être signalées des personnes majeures menacées de mariage forcé qui, à leur demande auprès d'un magistrat, pourront faire l'objet d'une interdiction de sortie de territoire.

Il convient de souligner que les recherches lancées dans cette catégorie s'appliquent essentiellement à la phase civile des conflits touchant à la garde des enfants mineurs. Aussi, lorsqu'un service de police ou de gendarmerie est saisi d'une enquête de police judiciaire pour enlèvement de mineur ou de non-représentation d'enfant, les recherches doivent être inscrites dans la catégorie « PJ » tant pour le mineur que pour le majeur susceptible de l'emmener à l'étranger, l'un étant victime d'un délit, l'autre étant auteur.

De même, si l'affaire est à l'instruction ou a fait l'objet d'un jugement au pénal, les inscriptions de recherches doivent être prises dans la catégorie « J ».

On distingue les interdictions de sortie de territoire de mineurs prononcées par les parquets (à la demande d'un juge aux affaires familiales, d'un juge pour enfant,...) depuis la loi du 9 juillet 2010 sur les violences faites aux femmes, des mesures d' oppositions préventives ayant un caractère administratif, du ressort des préfectures ou des sous-préfectures. L'opposition à sortie de territoire à titre conservatoire a pour objectif de permettre au titulaire de l'autorité parentale de faire opposition, sans délai, à la sortie du territoire de son enfant dans l'attente d'obtenir, en référé, une décision judiciaire d'interdiction de sortie de territoire.Elle peut également être utilisée dans le cadre des dispositifs mis en œuvre pour empêcher les départs vers les zones de conflit.

Pendant les périodes de fermeture des préfectures et des sous-préfectures et lorsque l'urgence est avérée, la demande d'opposition à sortie de territoire peut être déposée auprès des services de police ou de gendarmerie qui devront néanmoins solliciter les permanences des préfectures ou sous-préfectures de leur ressort pour décision et demande d'inscription de la mesure au FPR par la DND2CPT ex -SCDC. (l'ancienne procédure d'urgence permettant une inscription par les SRPJ valable 7 jours a été abrogée par la circulaire interministérielle N° INTD1237286C du 20/11/2012).

Cas particulier :

Pour les enfants qui ne résident pas en France mais qui s'y trouvent en séjour de courte durée ou en transit, les mesures d'opposition à la sortie de France peuvent être inscrites à la demande du bureau d'entraide civile et commerciale internationale du Ministère de la Justice (BECC).

Conduites à tenir :

TM 04
Nature : Interdiction de sortie du territoire d'un mineur

CONDUITE A TENIR : En cas de tentative de sortie du territoire pendant la durée de validité de la mesure :

- s'opposer à la sortie du territoire du mineur concerné,
- recueillir toutes informations sur les circonstances de la tentative de sortie du territoire du mineur et sur la personne qui l'accompagne,
- contacter le parquet demandeur qui statuera sur la remise du mineur en fonction des éléments précédemment recueillis,
- aviser également pour information le parquet territorialement compétent,
- appliquer les instructions particulières qui seront données en clair,
- adresser procès verbal de renseignement et d'exécution des instructions au parquet demandeur et copie au parquet territorialement compétent.

TM 05
Nature: Interdiction de sortie du territoire d'un mineur sans l'autorisation des deux parents

CONDUITE A TENIR : En cas de tentative de sortie du territoire pendant la durée de validité de la mesure :

- vérifier qu'aucune mention ne précise en clair une autorisation temporaire de sortie donnée par le parent absent (si l'enfant voyage avec un seul de ses parents) ou par les 2 parents (si l'enfant voyage sans ses parents) pendant la période considérée,
- s'opposer à la sortie du territoire du mineur et inviter l'accompagnant à rester à disposition le temps nécessaire aux vérifications,
- recueillir toutes informations sur les circonstances de la tentative de sortie du territoire du mineur et sur la personne qui l'accompagne,
- contacter téléphoniquement le ou les parents du mineur aux fins de vérifier les circonstances de l'absence d'autorisation,
- contacter le parquet demandeur qui statuera sur la remise du mineur en fonction des éléments précédemment recueillis,
- aviser également pour information le parquet territorialement compétent,
- appliquer les instructions particulières qui seront données en clair,
- adresser procès verbal de renseignement et d'
- exécution des instructions au parquet demandeur et copie au parquet territorialement compétent.

TM 06
Nature : Interdiction de sortie du territoire d'un majeur à sa demande

CONDUITE A TENIR : En cas de tentative de sortie du territoire pendant la durée de validité de la mesure :

- s'opposer à la sortie du territoire du majeur menacé de mariage forcé,
- recueillir toutes informations sur les circonstances de la tentative de sortie du territoire du majeur menacé de mariage forcé, notamment sur la ou les personnes qui l'accompagnent,
- contacter le parquet demandeur pour instructions,
- aviser également pour information le parquet territorialement compétent,
- appliquer les instructions particulières qui seront données en clair,
- adresser procès verbal de renseignement et d'
- exécution des instructions au parquet demandeur et copie au parquet territorialement compétent.

TM 07
Nature : Applicable uniquement aux frontières - Opposition à sortie du territoire d'un mineur (mesure conservatoire - 15 jours)

CONDUITE A TENIR : En cas de tentative de sortie du territoire pendant la durée de validité de la mesure :
- s'opposer à la sortie du territoire du mineur concerné
- aviser en priorité le service demandeur (préfecture ou sous-préfecture) dont les coordonnées sont précisées ci-dessous
- en cas d'impossibilité de joindre ce service, informer le bureau des titres d'identité et de voyage de la DLPAJ au ministère de l'intérieur (tel : 01.40.07.29.71 ou adresse fonctionnelle cni-passeport@interieur.gouv.fr)
- recueillir toute information sur les circonstances de la tentative de sortie du territoire du mineur et sur la personne qui l'accompagne
- adresser procès-verbal de renseignement à la préfecture ou sous-préfecture, ainsi qu'à la DLPAJ (n° fax : 01.40.07.60.50)

TM 08
Nature : Opposition à sortie du territoire d'un mineur (non résidant en France)

CONDUITE A TENIR : En cas de tentative de sortie du territoire pendant la durée de validité de la mesure :

- s'opposer à la sortie du territoire du mineur concerné,
- alerter par téléphone le service demandeur (bureau d'entraide civile et commerciale internationale du Ministère de la Justice Tél N° 01.44.77.61.05),
- recueillir toutes informations sur les circonstances de la tentative de sortie du territoire du mineur et sur la personne qui l'accompagne,
- appliquer les instructions particulières qui seront données en clair,

- adresser procès verbal de renseignement et d'exécution des instructions au bureau d'entraide civile et commerciale internationale (Fax N° 01.44.77.61.22) ainsi qu'au 1er bureau de la DLPAJ (BTIV Fax N° 01.40.07.60.50)

TM 09
Nature : Applicable uniquement aux frontières - Opposition à sortie du territoire d'un mineur sans titulaire de l'autorité parentale (6 mois)

CONDUITE A TENIR : En cas de tentative de sortie du territoire pendant la durée de validité de la mesure :

- vérifier si le mineur est accompagné d'un titulaire de l'autorité parentale
- dans le cas contraire, s'opposer à la sortie du territoire du mineur concerné
- aviser en priorité le service demandeur (préfecture ou sous-préfecture) dont les coordonnées sont précisées ci-dessous
- en cas d'impossibilité de joindre ce service, informer le bureau des titres d'identité et de voyage de la DLPAJ au ministère de l'intérieur (tel : 01.40.07.29.71 ou adresse fonctionnelle cni-passeport@interieur.gouv.fr)
- recueillir toute information sur les circonstances de la tentative de sortie du territoire du mineur et sur la personne qui l'accompagne
- adresser procès-verbal de renseignement à la préfecture ou sous-préfecture, ainsi qu'à la DLPAJ (n° fax : 01.40.07.60.50)

16. La catégorie « TP » : Opposition à délivrance de documents d'identité.

Indications et prescriptions générales :

Les inscriptions au FPR de la catégorie « TP » émanent des services préfectoraux. Elles concernent deux catégories de personnes :

- celles qui ne sont pas autorisées à formuler une demande de délivrance ou de renouvellement de passeports, ou de cartes nationales d'identité, etc...
- celles à qui il convient de retirer des documents obtenus indûment.

Conduites à tenir :

TP 02
Nature : Opposition à la délivrance d'un document d'identité et/ou de voyage.
Conduite à tenir : Aviser le service à l'origine de la mesure de toute demande susceptible d'être présentée par l'intéressé.
A la frontière, ne pas s'opposer, sauf instructions spéciales contenues dans le texte au passage de l'intéressé.
Établir une note de renseignements précisant si l'intéressé est en possession d'un passeport, d'une carte nationale d'identité ou d'un autre document.
L'adresser au service à l'origine de la mesure.

TP 03
Nature : Retrait d'un document obtenu indûment.
Conduite à tenir : Aviser le service à l'origine de la mesure de toute demande de titre susceptible d'être présentée par l'intéressé.

A la frontière,

- Établir une note de renseignements si l'intéressé présente des titres non référencés dans le signalement et précisant si l'intéressé est en possession d'un passeport, d'une carte nationale d'identité ou d'un autre document. L'adresser au service demandeur.
- Si l'intéressé est découvert en possession d'une carte d'identité ou d'un document de voyage obtenus indûment (dont les références sont mentionnées en motif), procéder au retrait du ou des document(s) spécifié(s) pour destruction par l'autorité de délivrance, sauf instructions contraires du parquet et en aviser immédiatement le service à l'origine de la mesure.

17. La catégorie « V » : Évadés.

Indications et prescriptions générales :

Les fiches « V » concernent les personnes mineures ou majeures qui se sont évadées ou enfuies d'un établissement pénitentiaire ou d'un lieu où elles étaient gardées (maison d'arrêt provisoire, établissement hospitalier, chambre de sûreté) ou au cours d'un transfèrement.

Est également considéré comme évadé, le détenu qui à l'issue de la permission de sortie ne réintègre pas l'établissement.

Elles sont faites à la demande du chef de l'établissement pénitentiaire, d'un service de police ou d'une unité de gendarmerie.

Conduites à tenir :

V 04
Nature : Evadés.
Conduite à tenir : Appréhender l'intéressé et aviser d'urgence le procureur de la république du lieu.

18.La catégorie « X » : Personnes non identifiées.

Indications et prescriptions générales :

Les fiches « X » concernent les cadavres non identifiés, et toutes personnes vivantes qui ne peut donner son identité (personnes amnésiques, nouveaux-nés, etc).

La personne sans identité connue est gérée comme une personne recherchée caractérisée par une référence FPR, un lieu et une date de découverte (avec texte libre pour les circonstances), un service enquêteur saisi, et l'enregistrement d'un signalement le plus complet et précis possible.
Considérés dès lors comme des personnes recherchées d'un type particulier, les différents éléments de leur signalement peuvent être croisés avec ceux des personnes signalées disparues (enregistrées « personnes recherchées »), visuellement en consultant les différentes fiches ou de façon plus automatisée avec le criblage automatisé destiné à l'office central chargé des disparitions inquiétantes de personnes de la direction centrale de la police judiciaire (DCPJ/SDAC/OCRVP).

Les rapprochements opérés auront pour but de rapprocher le signalement de l'inconnu avec celui d'une fiche de personne signalée tardivement disparue.
Ils devront cependant être suivis d'investigations et de recherches supplémentaires pour être confirmés.

Le but dans ce type de rapprochement est évidemment de découvrir une personne recherchée, car disparue, mais aussi mettre fin à une procédure de recherche qui laisse la famille dans l'attente, quitte à révéler une issue fatale.

Conduites à tenir :

X 01
Nature : Personne non identifiée.
Conduite à tenir : En cas d'identification ou de renseignement susceptible d'aider à l'identification, il y a lieu d'aviser d'urgence le service enquêteur et l'office central chargé des disparitions inquiétantes de personnes de la direction centrale de la police judiciaire (DCPJ/SDAC/OCRVP), au 01.40.97.80.16, de 09h00 à 19h00, ou la permanence DCPJ au 01.49.27.40.21.
Tenir informé le SRPJ du lieu de découverte.

Index alphabétique

(Les chiffres renvoient aux numéros des paragraphes)

O

P

Photocomposition Nord Compo Multimédia
59650 Villeneuve-d'Ascq

Imprimé en Allemagne
CPI books GmbH, Germany
Dépôt légal : avril 2023